Corso di
Diritto privato

IUSTITIAM COLIMUS

Giovanni Iorio

Corso di Diritto privato

QUINTA EDIZIONE

Giappichelli

VIA PO, 21 - TEL. 011-81.53.111 - FAX 011-81.25.100

http://www.giappichelli.it

ISBN/EAN 978-88-921-4378-4

G. Giappichelli Editore

MARCHIO STORICO

Stampa: Stampatre s.r.l. - Torino

Ai miei Studenti,
ai loro Sogni,
ai loro Sacrifici.

INDICE

Parte prima
LINGUAGGIO E STRUMENTI DEL DIRITTO PRIVATO

Capitolo 1
IL DIRITTO E LA NORMA GIURIDICA

pag.

Capitolo 8

LA TUTELA GIURISDIZIONALE DEI DIRITTI

Capitolo 9

LE PROVE

Parte seconda

LE PERSONE FISICHE E LE PERSONE GIURIDICHE

Capitolo 10

LE PERSONE FISICHE

Capitolo 11

LE PERSONE GIURIDICHE

Parte terza

LE OBBLIGAZIONI

Capitolo 12

NOZIONI PRELIMINARI

Capitolo 13

OBBLIGAZIONI SOGGETTIVAMENTE E OGGETTIVAMENTE COMPLESSE

Capitolo 14

L'ADEMPIMENTO

Capitolo 15

LE OBBLIGAZIONI PECUNIARIE

pag.

Capitolo 16

L'INADEMPIMENTO DELLE OBBLIGAZIONI E IL RISARCIMENTO DEL DANNO

Capitolo 17

LA MORA DEL DEBITORE

Capitolo 18

L'ESTINZIONE DELL'OBBLIGAZIONE PER CAUSE DIVERSE DALL'ADEMPIMENTO

pag.

Capitolo 19

LE MODIFICAZIONI SOGGETTIVE DEL RAPPORTO OBBLIGATORIO

Capitolo 20

LA RESPONSABILITÀ PATRIMONIALE ED I MEZZI DI CONSERVAZIONE DELLA GARANZIA PATRIMONIALE

Capitolo 21

LE CAUSE LEGITTIME DI PRELAZIONE

Parte quarta
IL CONTRATTO

Capitolo 22
PROFILI DEFINITORI E CLASSIFICATORI DEL CONTRATTO

Capitolo 23
LE TRATTATIVE E LA RESPONSABILITÀ PRECONTRATTUALE

pag.

Capitolo 24

L'ACCORDO DELLE PARTI

Capitolo 25

I VIZI DELLA VOLONTÀ

Capitolo 31

GLI EFFETTI DEL CONTRATTO

Capitolo 32

LA SIMULAZIONE

Parte quinta

I SINGOLI CONTRATTI

Capitolo 40

LA CLASSIFICAZIONE DEI TIPI CONTRATTUALI

Capitolo 41

I CONTRATTI CHE REALIZZANO UN *DO UT DES*: IL CONTRATTO DI COMPRAVENDITA

Capitolo 44

I CONTRATTI DI COOPERAZIONE NELL'ALTRUI ATTIVITÀ GIURIDICA

Capitolo 45

I CONTRATTI REALI PIÙ IMPORTANTI

pag.

Parte sesta

LE OBBLIGAZIONI NASCENTI DAGLI ATTI UNILATERALI

Capitolo 52

PROMESSA AL PUBBLICO, PROMESSA DI PAGAMENTO, RICONOSCIMENTO DI DEBITO

Capitolo 53

I TITOLI DI CREDITO

Parte settima

GLI ALTRI FATTI IDONEI A PRODURRE OBBLIGAZIONI

Capitolo 54

LA GESTIONE DI AFFARI ALTRUI, L'INDEBITO, L'INGIUSTIFICATO ARRICCHIMENTO

Parte ottava

IL FATTO ILLECITO

Capitolo 55

LA STRUTTURA DEL FATTO ILLECITO

Capitolo 56

IPOTESI PARTICOLARI DI RESPONSABILITÀ CON PROVA LIBERATORIA, FRA PRESUNZIONE DI COLPA E RESPONSABILITÀ OGGETTIVA

Parte nona

I DIRITTI REALI, IL POSSESSO, LA COMUNIONE, IL CONDOMINIO

Capitolo 61

I BENI MATERIALI

Capitolo 62

I DIRITTI REALI IN GENERALE

Capitolo 63

IL DIRITTO DI PROPRIETÀ

Capitolo 66

IL CONDOMINIO DEGLI EDIFICI

Capitolo 67

IL POSSESSO

pag.

Parte decima
LA FAMIGLIA

Capitolo 68
PRINCIPI E NOZIONI

Capitolo 69
IL MATRIMONIO

Capitolo 70
I RAPPORTI FRA I CONIUGI DERIVANTI DAL MATRIMONIO

Capitolo 71

IL REGIME DEGLI ACQUISTI PATRIMONIALI

Capitolo 72

I RAPPORTI FRA GENITORI E FIGLI

Capitolo 73

LA FILIAZIONE, L'ADOZIONE, LA PROCREAZIONE MEDICALMENTE ASSISTITA

pag.

Capitolo 77

L'UNIONE CIVILE E LA CONVIVENZA DI FATTO

Parte undicesima

LE SUCCESSIONI

Capitolo 78

PRINCIPI GENERALI

Capitolo 79

LA SUCCESSIONE LEGITTIMA

Capitolo 80

LA SUCCESSIONE TESTAMENTARIA

pag.

Capitolo 81

LA SUCCESSIONE NECESSARIA

Capitolo 82

L'ACQUISTO DELL'EREDITÀ

Capitolo 83

I RAPPORTI TRA L'EREDE E I TERZI

PREFAZIONE ALLA QUINTA EDIZIONE

Siamo giunti alla quinta edizione del Corso di diritto privato. Pure in questo biennio le novità non sono di poco conto.

Sul fronte delle innovazioni legislative, basterà ricordare il *restyling* alle disposizioni del Codice del Consumo riguardanti la vendita dei beni ai consumatori; oppure la l. 26.11.2021, n. 206, che da un lato annuncia importanti cambiamenti, per il diritto di famiglia, attraverso lo strumento dei decreti delegati; dall'altro ha già apportato modifiche con cui l'interprete si deve sin da subito confrontare (si pensi al nuovo art. 403 cod. civ., rubricato "Intervento della pubblica autorità a favore dei minori"). Ci sono settori, va pur detto, in cui il legislatore continua a "tacere": sono di fronte a tutti, ad esempio, le resistenze all'adozione della tabella "nazionale" sui danni non patrimoniali, che il Codice delle assicurazioni rimette alla penna del legislatore (e non a quella dei giudici). Ci si deve pur domandare perché alcuni corpi normativi (che nel corso del tempo hanno dimostrato palesi criticità) non siano riconsiderati complessivamente: è il caso della l. n. 40/2004 sulla procreazione medicalmente assistita, colpita costantemente dalla scure dei giudici della Corte costituzionale.

Sul versante giurisprudenziale, le decisioni sono state come al solito numerose e spesso decisive per delineare un volto coerente e razionale del "diritto vivente". Se ne avrà contezza leggendo le pagine che seguono, quando si dirà delle più recenti pronunce in materia di nullità, di risoluzione, di buona fede nell'esecuzione del contratto, di causa concreta. A quest'ultimo proposito, non mi sembra che possa essere condivisa l'idea di chi ritiene sia giunto il momento di promuovere il definitivo pensionamento della "causa" del contratto: sono proprio i giudici, invece, a parlarci di nuova "stagione" di questo requisito del contratto. Ed ancora, interi settori del nostro ordinamento (obbligazioni, responsabilità civile, diritti reali, diritto di famiglia, successioni) non possono essere compresi se non attraverso la lente delle sentenze.

Nel Corso fa ingresso, per la prima volta, il tema dell'Intelligenza artificiale, già oggetto di attenzione da parte degli organismi europei.

Nella prefazione alla Quarta edizione di questo Corso (eravamo in una fase delicata della pandemia causata dal Covid-19), formulavo gli auspici per una società ispirata ad un nuovo umanesimo che valorizzasse, fra l'altro, il principio solidaristico cui si richiama la Costituzione della Repubblica italiana del 1948. Il cammino da compiere (non si può negarlo) è ancora lungo, anche perché i venti della crisi causata dalla pandemia si sono incrociati con quelli della guerra in Ucraina, esplosa in tutta la sua virulenza agli inizi del 2022.

Ebbene, negli ultimi anni si sta assistendo ad un fenomeno che non deve sfuggire neppure agli occhi del giurista: si formano, con una velocità tipica dei tempi che stiamo vivendo, le fazioni dei favorevoli e quelle dei contrari. L'importante è aderire all'uno o all'altro schieramento e agitare petizioni di principio o slogan che inibiscono ogni approfondimento critico della materia. Non sembrano contare i morti, la devastazione dei territori, i crimini contro l'umanità, ma l'appartenenza a questa o quella frangia.

Questo ci dice che, soprattutto oggi, non bisogna perdere il lume della ragione. E proprio ragionando, è opportuno riflettere sul fatto che gli avvenimenti "straordinari e imprevedibili" (per utilizzare un'espressione cara al privatista), in realtà, fanno parte della vita. Per questo motivo occorre imparare a conviverci e, allo stesso tempo, a governarli. Vediamo con che approccio e con quali strumenti.

Innanzitutto, a me sembra che molte questioni attuali possano essere risolte attingendo al sistema e ai princìpî che da esso si ricavano. Si tratta solo di riflettere, appunto. Si pensi, in particolare, al delicato tema dei minorenni che intendono sottoporsi alla vaccinazione anti-Covid, mentre uno o entrambi i genitori sono di parere contrario. Che fare? Non si tratta di farsi prendere dall'emozione del momento, né – tantomeno – di ricorrere a questo o quel sito *internet*. Le disposizioni vigenti e i princìpî permettono di raggiungere soluzioni coerenti ed equilibrate. Ne parleremo in questa edizione del Corso.

Inoltre, se è vero che i princìpî costituiscono spesso un faro per non perdersi, non si deve nascondere il fatto che talvolta essi sono intesi in maniera differente dagli interpreti, tanto da far nascere incertezze in ordine alla loro applicazione. Si pensi al tema (assai attuale) dell'obbligo di rinegoziazione di un contratto di durata, ai sensi dell'art. 1375 cod. civ. (rubricato "esecuzione di buona fede"). Ora, qualora una delle due parti si rifiuti di rinegoziare il contratto (magari stravolto proprio in virtù degli eventi sopravvenuti di cui sopra si faceva cenno), l'altra parte può chiedere al giudice di riequilibrare i termini dell'accordo? Si tratta di un nodo che, a mio avviso, il legislatore stesso dovrebbe finalmente sciogliere, attraverso una semplice disposizione che preveda il potere del giudice di intervenire sul contenuto del contratto; soltanto, però, in caso di rifiuto di una delle due parti di rinegoziare i termini iniziali dell'accordo di fronte al verificarsi di eventi straordinari e imprevedibili. Uno sguardo a quello che succede in altri Paesi europei può essere assai utile. Si dirà: stiamo parlando di una proposta di modifica legislativa all'interno di un manuale, che deve essere rivolto all'illustrazione degli istituti codificati. Ma dove sta scritto che in un corso istituzionale non si possa guardare al futuro? La verità è che il giurista non è (e non può essere) mai neutrale. Anzi, a forza di proclamare una (inesistente) neutralità, lo studioso rischia di mettere in un cono d'ombra una delle sue più importanti funzioni: quella di dialogare con il legislatore, prospettandogli soluzioni coerenti con il sistema.

Infine, ma forse è la cosa più importante, per imparare a gestire le sopravvenienze non vi è nulla di più importante che avere solide basi. Per questo, e qui mi rivolgo agli studenti, non vi sembri poco importante o addirittura inutile la Parte prima del corso, intitolata “Linguaggio e strumenti del diritto privato”: lì troverete gli strumenti di lavoro che vi serviranno per non perdervi di fronte alle fattispecie complesse che di volta in volta incontrerete, nei vostri studi e nella vita lavorativa.

Da parte mia, nell’ambito della Prima parte del Corso ho sentito la necessità di aggiungere alcune considerazioni nei paragrafi relativi all’interpretazione delle norme giuridiche. Ho infatti l’impressione che, in qualche caso, l’interprete finisca per leggere una disposizione in base a ciò che vorrebbe o a ciò che sarebbe preferibile. In questo modo, però, si va al di là dei criteri interpretativi codificati, i quali invece debbono essere tenuti in adeguata considerazione.

Debbo ringraziare, per l’aiuto nell’aggiornamento di alcune parti del manuale, le dottoresse Lucrezia Berutti e Stefania Pia Perrino e i dottori Andrea Pisani Tedesco e Alessandro Semprini. Ognuno di loro ha specifiche attitudini e propensioni: in comune, però, hanno l’amore per lo studio e la ricerca. Credono in quello che fanno. Un ringraziamento va anche al dott. Fabio Ferrarin per avermi fornito utili indicazioni.

Pure in questa edizione la dedica è immutata e immutabile: agli studenti che ho avuto e a quelli che leggeranno per la prima volta il Corso.

Pesaro, in una giornata caldissima d’estate del 2022

PREFAZIONE ALLA QUARTA EDIZIONE

Il Corso di diritto privato giunge alla quarta edizione. In due anni ci sono state novità importanti, alcune delle quali davvero inaspettate. Cominciamo dalle novità annunciate: quelle, cioè, che costituiscono l'espressione fisiologica dei moderni ordinamenti, sempre in continua evoluzione.

La giurisprudenza, nel biennio 2018/2020, ha scritto pagine importanti sui diritti della personalità, l'amministrazione di sostegno, le nullità "selettive", la risoluzione, la vendita, l'appalto, i contratti fiduciari, le clausole *claims made*, le nuove figure contrattuali. Ed ancora, nel novembre 2019 è scoppiata l'estate di San Martino-*bis*, con ben dieci decisioni della Corte di cassazione sulla responsabilità civile e sanitaria. Nel diritto di famiglia sono le sentenze ad assicurare il bilanciamento fra fondamentali interessi in gioco (si pensi alle azioni di stato), prospettando altresì mirate forme di tutela dei minori e dei soggetti più deboli. I giudici, sia chiaro, tessono un colloquio costante ed acceso con la dottrina, che sovente si fa propugnatrice di soluzioni poi accolte nelle aule dei tribunali.

Pure il legislatore si è fatto sentire. Il GDPR, con qualche criticità, sta andando a regime. Le azioni di classe, completamente rinnovate, chiedono di avere uno spazio maggiore rispetto al passato. Ancora in fase di transizione è il settore degli enti *non profit* in cui, accanto ad un rinnovato quadro normativo, si attendono interventi attuativi e di dettaglio in grado di far accendere davvero i motori del terzo settore. Nel Corso entrano per la prima volta gli *smart contract*, che in futuro costituiranno il terreno di riferimento di diverse trame del diritto privato. Di essi, dunque, il legislatore si dovrà occupare.

Fin qui la fisiologia. Agli inizi del 2020 si è diffusa l'epidemia del Covid-19 (il coronavirus), che è diventata presto una pandemia. Ecco la novità inaspettata. Ebbene, a me sembra che questo accadimento epocale, capace di modificare costumi, abitudini e regole, possa essere ordinato – ai fini che qui interessano – secondo una triplice prospettiva.

In primo luogo, c'è stata una risposta, da parte del legislatore, attraverso norme emergenziali, di cui si dà conto in questa edizione del Corso. Una lettura non "emotiva" delle recenti discipline, tuttavia, permette di affermare che in alcuni casi si è di fronte a disposizioni che ho chiamato "rassicuranti". Intendo dire che alle conseguenze giuridiche approntate dalla decretazione d'urgenza si sarebbe potuto pervenire, ugualmente, applicando i princìpî e le regole contenuti nel codice civile. Mi riferisco, in particolare, all'art. 91 del d.l. n. 18/2020 (decreto "Cura Italia").

Quanto osservato permette di arrivare ad una seconda considerazione. Se si riflette, spesso è possibile rinvenire nel sistema del diritto privato le risposte ai problemi che nascono in situazioni emergenziali e, più in generale, di fronte ad eventi imprevisti ed inattesi. L'inedito scenario del 2020, in sostanza, costituisce un importante banco di prova per quelle dottrine che si occupano da tempo dell'obbligo di rinegoziazione tra le parti del contratto o per quelle che intendono valorizzare la regola della revisione del prezzo *ex* art. 1664 cod. civ. Né può essere disconosciuto, come sostengo dalla prima edizione, il ruolo fondamentale che gioca, nelle dinamiche negoziali, la causa "in concreto". Ed ancora, il tema della presupposizione merita di essere ripreso, non già in una prospettiva teorica, ma per le importanti applicazioni pratiche che possono nascere da un suo sapiente utilizzo. Se questo è vero, bisogna essere avvertiti dell'importanza di saper "leggere" il sistema. In questo quadro, ritengo che il compito principale di un corso istituzionale sia quello di valorizzare, nell'esposizione, gli strumenti ed il linguaggio del diritto privato; ciò al fine di fornire un bagaglio di conoscenze necessarie per muoversi nei marosi che prima o poi si incontrano. Di fronte alla complessità, dunque, occorre rafforzare la conoscenza delle Istituzioni.

Giungo, infine, alla terza considerazione, quella di più ampio respiro. Non è azzardato affermare che di fronte alla pandemia del 2020 molte cose sono cambiate e cambieranno. Se però si vuole dare un senso (aggiungerei: un valore) al dolore individuale e collettivo che si è vissuto, occorre guardare avanti con fiducia, registrando i progressi che sin da subito, al tempo della crisi, ci sono stati. Si pensi all'accelerazione del processo di alfabetizzazione informatica che ha toccato diversi settori della società, a cominciare dalla scuola e dall'università: i professori hanno continuato a fare lezione e i ragazzi a parteciparvi; ci sono stati esami online, lauree a distanza. La vita è andata avanti.

Il senso di fiducia appena espresso vuole essere anche un auspicio: quello di (ri)costruire una comunità che non abbia al centro la finanza ed il dio denaro, l'egoismo dei singoli e delle Nazioni, ma l'uomo e i suoi bisogni reali; una società ispirata ad un nuovo umanesimo che valorizzi, fra l'altro, il principio solidaristico cui si richiama la Costituzione della Repubblica italiana del 1948. Ognuno è chiamato a svolgere un ruolo importante in questa fase che si apre. Ed il giurista non può certo tirarsi indietro.

Ringrazio di cuore i collaboratori della cattedra che mi hanno aiutato ad aggiornare alcune parti del Corso: Andrea Belotti, Donatella Bonomo, Stefania Perrino, Andrea Pisani Tedesco; Elisa Remonti; Davide Matteo Ripamonti; Alessandro Semprini, Cristina Varano. Ringrazio pure il dottor Fabio Ferrarin per i suggerimenti che mi ha fornito. Il Corso è dedicato, come sempre, ai miei studenti, con cui è continuo il dialogo durante le lezioni. Per rappresentare, anche visivamente, questo senso di "gruppo", ho cambiato l'immagine di copertina (la foto che si vede è di Renato Arzeni di Ginestreto, in provincia di Pesaro). Non c'è più un fiore, in primo piano, ma un campo di girasoli. Quei girasoli che i miei genitori vedevano, in estate, affacciandosi dalla finestra della loro casa di campagna.

Cernobbio, in un giorno d'estate del 2020, riprendendo la normalità

INTRODUZIONE

Queste pagine nascono dall'esperienza degli ultimi anni ed organizzano, con taglio più meditato, le lezioni da me tenute al primo anno della Scuola di Giurisprudenza dell'Università di Milano-Bicocca.

Il riferimento al "Corso" mi è sembrato più adatto ad esprimere il senso del lavoro svolto. Come in un corso d'acqua, si rinviene nel testo un inizio ed una fine, forse una traccia. Non vi è, però, alcunché di fisso ed immutabile, giacché il Corso è aperto alle necessarie integrazioni ed agli aggiustamenti che i frenetici avvicendamenti (normativi e giurisprudenziali) imporranno sin dal giorno successivo a quello della pubblicazione.

Un cantiere aperto, si può dire, da far vivere sul campo, nelle aule universitarie, in cui gli studenti hanno un ruolo attivo nel lavoro di ricostruzione del sistema.

Alla base del lavoro vi è (sia consentita, in questa introduzione, la libertà delle parole) un atto d'amore per il diritto e, in particolare, per il diritto privato. Si può amare il diritto, si chiederà perplesso lo studente? Non è forse esso un insieme di nozioni astratte, di commi del codice da imparare a memoria?

Dico subito quale è il mio punto di vista, sperando di poterlo condividere, durante le lezioni, con i ragazzi. Il diritto privato è la vita in movimento, giacché riguarda i bisogni delle persone, le istanze che emergono nella società.

Si imbatte nel diritto privato chiunque vada a fare la spesa al supermercato o in un negozio, faccia un acquisto su *internet*, chieda un mutuo alla banca, compri una casa o la prenda in locazione, costituisca un'associazione, stipuli un qualsiasi contratto, anche non disciplinato direttamente dalla legge. Tutte queste attività presuppongono che una persona sia in grado di rendersi conto di quello che sta facendo e, dunque, di regolare da sé i propri interessi: non tutti, peraltro, sono in grado di farlo, come non si tarderà ad imparare (il minore, ad esempio, è rappresentato dai genitori o da un tutore; forme di tutela sono stabilite anche per i maggiorenni che, per qualsiasi motivo, non abbiano la capacità, in tutto o in parte, di agire).

Il condominio in cui si abita ha delle regole, dettate dal codice civile, cui pure occorre avere riguardo per comprendere come siano regolati i rapporti di vicinato. Dovrà farsi riferimento alle norme privatistiche per verificare se ed in che termini una persona, vittima di un incidente, possa chiedere il risarcimento dei danni subìti o, ancora, per comprendere come siano disciplinati i rapporti tra debitore e creditore e a chi spetti il patrimonio di una persona, dopo la sua morte. Nella famiglia si rinvengono regole di diritto privato riguardanti i rapporti personali e patrimoniali fra i coniugi, ma anche fra i genitori ed i figli (non importa se quest'ultimi siano nati da genitori non sposati).

Chi studia il diritto (compreso il mero teorico) non vive in una torre d'avorio, ma è partecipe (come pochi altri) alla realtà che ci circonda. Non è dunque esagerato affermare che la passione per il diritto è la passione per la vita stessa, per le singole persone di cui quotidianamente incrociamo lo sguardo.

Il riferimento alla "centralità" della persona costituisce la premessa, negli ultimi anni, di un'aggiornata visione del diritto privato: si assiste, così, alla costruzione di nuove categorie (o, meglio, alla destrutturazione di dogmi consolidati), alla valorizzazione dei diritti fondamentali e della volontà (anche "biografica") di uomini e donne, alla rivisitazione delle norme sulla responsabilità civile, a nuovi approdi del danno non patrimoniale, alla predisposizione di aggiornate forme di tutela per i soggetti con menomazioni fisiche o psichiche, all'inclusione delle problematiche della bioetica nei programmi dei corsi istituzionali. Lo sfondo è quello dei principî costituzionali, su cui va orientata la lettura degli istituti civilistici.

Sono peraltro molteplici le trame che caratterizzano il dibattito attuale degli studiosi: basti pensare alla materia contrattuale ed alla emersione, nella pratica degli affari, di figure negoziali non disciplinate nelle leggi; al tema, nei contratti di durata, dell'equilibrio del rapporto contrattuale e della rinegoziazione degli accordi intercorsi fra le parti; alla definitiva affermazione delle clausole generali, come quella della buona fede. Si pensi, ancora, alla figura del "consumatore", cui si rivolge oggi il Codice del Consumo, che richiede di aggiornare la tavola di principî che il giurista tradizionale era solito trarre dal codice civile del 1942; o ai rapporti contrattuali fra imprenditori, che fanno nascere problematiche di non facile soluzione, richiedendo anche un aggiornamento del linguaggio giuridico fino a qualche tempo fa utilizzato (l'espressione "terzo contratto", in effetti, va considerata di conio recente).

Il legislatore codicistico, del resto, aveva abituato lo studioso a muoversi entro nozioni e principî consolidati, come quello di "tipicità" dei diritti reali, strumentale ad una realtà economico-sociale che l'età moderna ha, in gran parte, stravolto. Del resto, è proprio muovendo dal dinamismo del Paese che è possibile comprendere la continua evoluzione del diritto di famiglia, il cui approdo più recente ha condotto ad una piena equiparazione, dal punto di vista giuridico, fra figli nati nel matrimonio e figli nati al di fuori di esso.

Ogni questione, poi, va vagliata alla luce dell'ordinamento sovranazionale, entro cui va collocato il nostro Paese, che aderisce all'Unione europea: l'attuale sistema, dunque, comprende anche le fonti europee, che devono essere coordinate con quelle di diritto interno.

Il catalogo di istituti e di questioni appena accennato, di cui lo studente troverà memoria nel Corso, vuol fare solo riflettere sul fatto che il diritto privato, a prescindere dal "taglio" che si voglia dare alla materia, interessa problemi pratici, aspetti cruciali dei rapporti fra i consociati, snodi essenziali di ogni ordinamento giuridico. Né, mi sembra, può essere assecondata quella tesi, dal sapore rinunciatario, secondo cui attualmente il sistema sarebbe "saltato", per cui sarebbe vano cercare di ricostruire in un quadro organico il diritto privato, obbedendo il legislatore a logiche estemporanee, contingenti, avventate.

La ricostruzione del sistema (spesso difficile e complessa, così come difficile e complessa è la vita) costituisce il compito imprescindibile di ogni studioso del diritto, che si trova a rammendare, a cucire, a coordinare una legislazione talvolta poco chiara, ma che obbedisce ad alcuni obiettivi di fondo (talvolta criticabili, è vero, ma pur sempre esistenti, ove solo si abbia la pazienza di rinvenirli). Del resto, soltanto partendo da un'analisi complessiva del sistema, credo, si può davvero esercitare quella funzione di pungolo, di critica ragionata, incisiva, che fa parte del DNA di ogni giurista.

* * *

Se si comprende, sin dall'inizio dello studio, che il diritto privato non è qualcosa di astratto, di teorico, lontano dagli interessi e dai bisogni delle persone, ci si accorgerà subito che nel capitolo riguardante le situazioni giuridiche attive e passive sono presenti (e sono vivi) gli interessi del proprietario, del locatore, di colui che è obbligato a pagare un mutuo, della vittima di un fatto illecito, dei coniugi, dei figli, dei condòmini.

Quando si discute di atto giuridico negoziale, non si vuole affrontare una questione semplicemente teorica: si sta parlando del contratto, del matrimonio, del testamento, ossia di quegli atti della vita quotidiana con cui ciascuno decide di regolare, in maniera autonoma, i propri interessi.

La parte sul carattere generale ed astratto delle norme, sulle norme speciali e su quelle eccezionali, ancora, permette di toccare direttamente alcune questioni cruciali (ed attuali) nella regolazione dei rapporti tra i privati.

Gli esempi svolti di continuo nel testo (caratterizzati da un corpo più piccolo) costituiscono l'immediata "traduzione" dei concetti e delle nozioni acquisite.

Si noterà come, nella formulazione degli esempi, non si è fatto riferimento (se non qualche volta) a Tizio o a Caio, a *Primus* o a *Secundus*. Attingendo al serbatoio dei cognomi più diffusi nelle diverse Regioni d'Italia, le rappresentazioni casistiche hanno come protagonisti i coniugi Innocenti di Firenze che si recano al ristorante; il Sig. De Gasperi di Trento che subisce la perdita della proprietà di un immobile; il Sig. Dalmasso di Torino, che ha diritto al pagamento di una somma di denaro; il Sig. Fabbri di Bologna, che è obbligato a consegnare al Sig. Ferrari un quadro di Guttuso.

Viene il momento in cui si incontra il caso del Sig. Parodi di Genova, titolare di un'impresa di pulizie, o ci si imbatte nel contratto di compravendita stipulato, in Sardegna, fra il Sig. Floris ed il Sig. Melis, o nell'azione giudiziale promossa dal Sig. Esposito di Napoli. Non possono mancare, poi, alcune vicende che descrivono, in maniera immaginaria, quanto capitato ai Sig.ri Rossi e Bianchi.

Altre volte i protagonisti sono il Sig. Arrabbiatis (una persona un po' litigiosa) ed il Sig. Distrattis, che ha investito un passante mentre guidava la sua bicicletta.

Qualche lettore potrà rinvenire, negli esempi, alcuni personaggi della storia del cinema: il giornalaio Alberto, di Roma, citato a proposito del contratto estimatorio, farà pensare al film “Il Conte Max”, del 1957, diretto da Giorgio Bianchi; Peppino e Totò, che entrano in un locale e ricevono un tagliando al fine di ritirare, all’uscita, i loro cappotti, sono i protagonisti del film “Totò, Peppino e la malafemmina”, del 1956, di Camillo Mastrocinque. In un esempio è citato Jep Gambardella, il famosissimo protagonista del film di Paolo Sorrentino, “La Grande Bellezza”, del 2013. Del resto, come si dice spesso, il cinema non è altro che la vita senza le parti più noiose.

C’è una duplice ragione alla base dell’utilizzo di questi nomi e cognomi (assai diffusi o, comunque, evocativi): si vuole ribadire come il diritto privato non sia qualcosa di distante ma riguardi, da vicino, le vicende quotidiane delle persone (la famiglia, i parenti, gli amici, i conoscenti, i colleghi di lavoro, i consociati). Gli esempi, in tal modo, costituiscono i frammenti di un “romanzo popolare” caratterizzato da rapporti giuridicamente rilevanti tra le persone.

Si aggiunga, poi, che le vicende spiegate con nomi e cognomi “concreti” permettono, più facilmente, la memorizzazione delle fattispecie (ecco una parola destinata a diventare presto familiare): il che serve ad articolare, con più facilità, il discorso giuridico.

È inteso che ogni riferimento, attraverso gli esempi, a persone, cose e circostanze reali deve considerarsi assolutamente casuale ed involontario.

Va dato qualche suggerimento su come procedere alla lettura del testo: i singoli paragrafi contengono di frequente (qualcuno potrà dire ossessivamente) rimandi ad altri paragrafi. Sta, qui, uno degli aspetti più importanti del diritto: una norma o un istituto non vanno considerati isolatamente, ma devono essere letti congiuntamente ad altre norme e ad altri istituti.

Non tarderà a giungere il momento in cui lo studente sentirà la necessità di compiere, autonomamente, i collegamenti fra le diverse norme: è l’esercizio quotidiano che si trova a compiere il giurista.

Si noterà, inoltre, come all’interno dei singoli paragrafi siano diversi i richiami alle norme del codice civile o di altre leggi. La lettura del testo, in effetti, va accompagnata a quella delle altre norme citate (è questo il motivo per cui occorre abituarsi a tenere sul tavolo, mentre si studia, il codice civile e le leggi collegate).

Talvolta, nell’esposizione, i riferimenti normativi sono presentati nella loro “crudità”: senza, cioè, il corredo di una spiegazione o la traduzione del concetto giuridico in un caso concreto. Anche in questa circostanza non si dovrà rinunciare al ragionamento, al tentativo di comprendere gli istituti (almeno nella loro essenza), rifuggendo da ogni tentazione di imparare a memoria, in maniera sterile, il contenuto delle norme giuridiche. In ogni paragrafo, poi, alcune “parole chiave” sono evidenziate in neretto. Esse si ritrovano, in ordine alfabetico, nell’indice analitico finale: in sede di ripasso è utile scorrere l’indice per verificare se i concetti e gli istituti fondamentali (che si celano dietro le parole evidenziate) siano stati compresi ed assimilati.

Un altro esercizio consiste nello scorrere l’indice relativo agli esempi svolti (anch’esso si trova in fondo al testo): la sicura comprensione degli esempi è spesso il viatico per ricostruire, in maniera appropriata, l’istituto o gli istituti cui essi si riferiscono.

Il Corso si articola in tredici parti che rappresentano, all'incirca, il programma oggetto dell'insegnamento di Istituzioni di diritto privato in una Scuola di Giurisprudenza (con qualche adattamento, le materie trattate corrispondono a quelle che i praticanti avvocati debbono studiare per l'abilitazione alla professione); non vi è, invece, la parte relativa all'impresa ed alle società, né quella sul diritto del lavoro, che sono oggetto di appositi corsi istituzionali.

Tale esclusione si spiega considerando che gli argomenti appena ricordati, altamente specifici, vanno approfonditi in appositi insegnamenti; non mi pare serva troppo, inoltre, occuparsi in un manuale di diritto privato di impresa, società e lavoro, con l'avvertenza (esplicitata puntualmente dal docente all'inizio delle lezioni) che quelle parti non fanno parte del programma (in effetti, nei manuali, esse rimangono intonse).

È forse più utile, allora, accennare alla società, all'impresa, all'azienda, al fallimento, al licenziamento, nel *corpus* del programma che, invece, andrà effettivamente studiato (nella parte sulle associazioni e sulle fondazioni, ad esempio, si fa riferimento alla nozione di fallimento). Non ho adottato questo modo di procedere, invece, per i titoli di credito (che, di solito, rientrano nel programma di diritto commerciale): le regole di circolazione dei beni mobili richiedono, per essere meglio comprese, una trattazione, già a livello istituzionale, dei princìpî riguardanti l'assegno e la cambiale.

* * *

Il tempo di gestazione di un Corso di diritto privato non può che essere lungo, occupando diverse stagioni, durante le quali si susseguono i normali accadimenti di una vita: la crescita dei figli, l'inizio per loro della scuola dell'obbligo, alcune gioie, un passaggio accademico, il tempo della malattia (e la rinnovata consapevolezza che, dopo di essa, per dirla con le parole di Tiziano Terzani, mi è stato concesso un altro "giro di giostra").

Debbo ringraziare alcuni cultori della materia, dottorandi e dottori di ricerca di diritto privato della Scuola di Giurisprudenza di Milano-Bicocca, che hanno accettato di buon grado di rileggere alcune parti delle bozze del Corso, fornendomi utili indicazioni e suggerimenti. Si tratta di Andrea Belotti, Donatella Bonomo, Lorenzo Colangelo, Lodovica De Stefano, Elena Depetris, Francesca Tomasoni. Ogni responsabilità per le idee, l'interpretazione e le ricostruzioni che si leggono nel testo è personale. L'idea di scrivere un Corso di privato mi è stata data dall'avv. Davide Cavicchi, il quale mi ha spronato ad andare avanti, quando ero in mezzo al guado e non vedevo l'attracco in riva.

Un ringraziamento va ai miei genitori, che in questi anni, sempre silenziosamente, mi hanno guardato dal loro ritiro in campagna, nelle colline pesaresi, dove in primavera ed in estate compare un cielo azzurro di una bellezza unica (come quello che si vede nella fotografia, in copertina, di Stefano Maria Pagnini, anch'egli marchigiano). Mio padre e mia madre mi hanno dato, sin da giovane, il dono più bello: quello di scegliere (e talvolta di sbagliare) da solo.

Ho sottratto ai miei bambini qualche sabato e domenica mattina di troppo. Se ne sono fatti una ragione, presentandosi con il pallone, puntualmente, all'orario pomeridiano che era stato indicato loro dalla mamma. Devo tutto, sempre e per sempre, a Francesca.

Ginestreto (Pesaro), in un giorno d'estate del 2014

Parte prima

LINGUAGGIO E STRUMENTI DEL DIRITTO PRIVATO

Capitolo 1

IL DIRITTO E LA NORMA GIURIDICA

1. La definizione di diritto. L'ordinamento giuridico.

Il diritto è l'insieme delle regole (norme giuridiche) per la soluzione dei conflitti che insorgono o possono insorgere fra gli uomini. Esso, dunque, stabilisce quale interesse, in un determinato contesto, debba prevalere e sia degno di protezione e quale interesse, invece, debba soccombere.

Così definito, il diritto costituisce lo specchio (*ubi societas ibi ius*) di un elemento storicamente costante della convivenza umana: la perenne contesa. Si pensi, ad esempio, ai conflitti per l'appropriazione delle risorse, a quelli per la distribuzione della ricchezza prodotta, per porsi alla guida della comunità, a quelli che si rinvengono nel nucleo familiare, nei rapporti di vicinato.

La **funzione del diritto** è proprio quella di dirimere le controversie fra gli uomini, impedendo che quest'ultimi affermino, senza regole e con l'uso della forza, i propri interessi.

Esempio. Si verifica un incidente, presso un incrocio stradale, fra un automobilista ed un motociclista. Quest'ultimo è passato quando il semaforo segnalava il rosso, mentre il primo transitava quando era segnalato il verde. Entrambi pretendono di avere ragione ed esigono il risarcimento del danno. Chi prevale? Chi farà la voce più grossa e userà la forza? È il diritto a risolvere il conflitto fra i litiganti: una norma stabilisce che chi ha di fronte il segnale verde è abilitato a transitare; chi, invece, ha di fronte il segnale rosso si deve fermare. Fra i due interessi a transitare prevale quello dell'automobilista: cosicché quest'ultimo avrà diritto al risarcimento del danno, anche contro la volontà del motociclista (carattere coercitivo del diritto: § 2).

Si abbia riguardo, ora, non soltanto alla singola norma che si occupa di regolare il diritto di transito agli incroci stradali. Si consideri, nel suo complesso, l'intero Codice della strada, composto da tante norme giuridiche: ci si accorgerà che con esso il legislatore ha inteso affermare alcuni interessi, come quello della sicurezza sulle strade, della tutela dei pedoni, del coordinamento del traffico.

Non ci si accontenti di questo: si considerino, più ampiamente, le norme giuridiche vigenti in Italia (quelle, cioè, create dalle fonti del diritto: Cap. 2): la Costituzione, le leggi statali, i decreti, le leggi regionali, i regolamenti, e così via. Tutte le norme giuridiche compongono, nel complesso, l'**ordinamento (o sistema) giuridico italiano** (altro sinonimo è **diritto oggettivo**).

La visione d'insieme dell'ordinamento giuridico italiano (cosa non facile, ovviamente, giacché comporta una certa dimestichezza con lo studio del diritto), fa emergere come la nostra società tenda ad affermare un dato modello di ordinata convivenza fra gli uomini.

Solo per limitarsi a qualche cenno, nell'ordinamento emerge il carattere democratico della Repubblica fondata sul lavoro (art. 1, 1° co., Cost.); la Repubblica, inoltre, riconosce e tutela i diritti inviolabili dell'uomo, sia come singolo sia nelle formazioni sociali in cui vive e richiede l'adempimento dei doveri inderogabili di solidarietà politica, sociale ed economica (art. 2 Cost.). Il nostro ordinamento, ancora, è fondato sul rispetto della dignità umana ed è ispirato ai principî di libertà e di eguaglianza, validi per chiunque si trovi a vivere nel territorio italiano (art. 3 Cost.).

Si sono citati alcuni principî della Costituzione, che è la fonte del diritto più importante nel nostro ordinamento (§ 10), cui devono conformarsi le altre norme gerarchicamente subordinate (§ 10.1).

Lo studio del sistema è importante non solo perché, in tal modo, risulta possibile cogliere le linee di fondo, i valori esistenti nella società in un dato momento storico.

Vi è di più. Quando si interpreta una singola norma giuridica, occorre tenere in considerazione l'ordinamento giuridico: si vedrà, infatti, come sia lo stesso legislatore ad imporre un'interpretazione "sistematica" delle norme giuridiche (§ 24). Il senso di una norma, in sostanza, si comprende qualora non si abbia una visione parziale del sistema.

Sotto un altro aspetto, poi, la protezione di un interesse è affidata di sovente non ad una singola norma ma ad una serie di norme collegate fra loro (§§ 5 ss.): ancora una volta occorre considerare il sistema al fine di individuare quale interesse sia tutelato. Talvolta il collegamento risulta più stretto in quanto alcune norme giuridiche concorrono a disciplinare una stessa materia: queste norme compongono un **istituto** (cosicché, nell'ambito del diritto privato, si ha l'istituto dell'usucapione, della proprietà, del contratto).

Infine, la lesione di un interesse tutelato dal diritto fa nascere l'esigenza di applicare altre norme con cui si reagisce alla lesione stessa: il che, dunque, pone l'interprete di fronte alla necessità di collegare sistematicamente le norme primarie con le norme secondarie (§§ 5 ss.).

L'ordinamento giuridico non è fisso, ma mutevole nel tempo e nello spazio. È facile verificare, infatti, come ogni ordinamento sia storicamente soggetto a profondi cambiamenti (anche se una matrice comune, almeno per il diritto continentale europeo, si rinviene nel diritto romano); inoltre, ogni società nazionale ha un proprio ordinamento giuridico, ancorché oggi occorra prendere atto della creazione di ordinamenti giuridici sovranazionali (sull'Unione europea § 11).

1.1. *La legittimazione del diritto.*

Il diritto, lo si è appena visto, ha la funzione di dirimere le controversie fra gli uomini attraverso norme che, nel complesso, compongono l'ordinamento giuridico.

Un fondamentale passaggio, nello studio delle nozioni preliminari del diritto, è il seguente: chi pone le norme giuridiche?

Nel 1600 (era il tempo delle monarchie assolute), Thomas Hobbes definiva il diritto come "ciò che il sovrano comanda": per il filosofo il consenso delle persone al potere del sovrano nasceva essenzialmente dal desiderio dell'uomo di sottoporsi ad un'autorità, pur di trovare la garanzia dell'ordine e della pace sociale (contro "la guerra di tutti contro tutti", diceva Hobbes).

Da un lato, dunque, il diritto veniva inteso come potere formale di cui era investito il sovrano; dall'altro il diritto veniva legittimato dal desiderio dei consociati di avere una difesa contro la violenza generalizzata.

La questione della **legittimazione** dell'**autorità** si ripete costantemente nella Storia. Si pensi ai regimi totalitari: qui campeggia l'autorità ed il consenso all'esercizio del potere sovrano viene ridotto al minimo, se non eliminato.

Nella nostra società democratica, invece, il diritto viene legittimato dal consenso sociale, chiamato a determinare la composizione degli organi che lo creano (i quali rappresentano il volto formale del diritto). Il diritto, in sostanza, è posto da assemblee elette a suffragio universale e chiamate ad essere rinnovate periodicamente.

Jean Jacques Rousseau, nel 1700, prefigurava un sistema politico in cui gli uomini, decidendo di assoggettarsi ad un'autorità, potessero "obbedire a se stessi". Le società democratiche si avvicinano a questo ideale: le istanze e le esigenze che si agitano nella comunità tendono a tradursi in nuove norme del diritto. Il diritto, così, finisce per essere l'espressione dei bisogni delle persone.

Non può nascondersi, d'altra parte, come le **democrazie moderne** conoscano, negli ultimi decenni, elementi di forte **tensione sociale** ed **economica**, le cui cause sono complesse e richiedono, per la loro spiegazione, un approccio multidisciplinare. Possono solo ricordarsi, qui, alcuni nodi cruciali, su cui i diversi ordinamenti sono chiamati a confrontarsi.

In un'epoca in cui si è passati dalla modernità alla post-modernità, gli avvenimenti accadono, si sviluppano e si modificano con estrema velocità, cosicché per il legislatore è spesso difficile adeguarsi ai bisogni che la società, nel suo complesso, di volta in volta manifesta.

Sotto un altro aspetto la crisi economica su scala mondiale mette in discussione la realizzabilità, in concreto, di quei valori e quei principî che, invece, costituiscono il patrimonio genetico delle moderne democrazie. Basterà un esempio: si proclama solennemente, nella nostra Carta costituzionale, il diritto di tutti i cittadini al lavoro (art. 4 Cost.). In concreto però, la difficoltà di reperimento del lavoro è un fatto evidente, specie in alcune aree geografiche ed in determinate fasce sociali: l'assenza di una prospettiva di occupazione mina fortemente la sicurezza delle persone ed il patto sociale che costituisce la base di ogni società civile.

Infine, è ancora la crisi economica che porta di sovente il legislatore ad effettuare scelte (necessitate o meno che siano) le quali finiscono per non essere percepite come la traduzione effettiva dei bisogni delle persone: il che rischia di accentuare il distacco fra l'esercizio del potere sovrano e le istanze ed i bisogni della società. Si pensi, per rimanere ancora nel mondo del lavoro, al fenomeno diffuso (e in parte regolamentato) del precariato.

2. Il diritto ed il suo carattere coercitivo, la morale, il costume e la religione. Il diritto naturale.

Accanto alle regole del diritto, che compongono l'ordinamento giuridico, esistono altre regole che presiedono la convivenza umana: quelle della **morale**, del **costume sociale**, della **religione**, le quali costituiscono anch'esse un "sistema".

Le regole della morale sono basate sulla distinzione tra "bene" e "male"; quelle del costume sulla distinzione fra "ciò che è corretto" e "ciò che è scorretto"; quelle della religione, infine, si richiamano ad una fonte sovrannaturale.

Talvolta i vari sistemi di regole coincidono con il contenuto del diritto. Uccidere è vietato dalle regole della morale e da quelle della religione. Il divieto è sancito anche dal legislatore italiano (art. 575 cod. pen.). La coincidenza non deve certo sorprendere, alla luce delle considerazioni svolte a proposito dei regimi democratici, chiamati a tradurre, attraverso le autorità politico-legislative, le istanze ed i bisogni dei consociati (§ 1.1).

Altre volte, però, non c'è identità: il diritto ammette che i coniugi possano ottenere il divorzio; per la Chiesa cattolica, invece, il matrimonio è un vincolo sacro e indissolubile. La Chiesa, ancora, condanna l'aborto, mentre il legislatore italiano disciplina i casi in cui la donna può interrompere volontariamente la gravidanza (l. n. 194/1978).

Al di là delle possibili sovrapposizioni, esiste un preciso elemento che consente di distinguere le regole del diritto dagli altri sistemi di regole: il **carattere coercitivo del diritto**.

Alle regole della morale, del costume, della religione si obbedisce (talvolta anche in maniera ferrea) in virtù di un'interna adesione ai valori espressi dalle stesse regole, e non in virtù di una costrizione esterna.

Si potrà dire, è vero, che la violazione dei precetti religiosi comporta alcune sanzioni "spirituali" da parte della Chiesa (si pensi alla scomunica): ma tali sanzioni non costringono, materialmente, il credente a fare qualcosa in via coercitiva (quest'ultimo non è tenuto, per intenderci, a pagare una somma di denaro).

Il diritto, invece, non soltanto afferma la prevalenza di un determinato interesse rispetto all'altro (proibendo o prescrivendo questo o quel comportamento, disciplinando i rapporti fra i soggetti in un determinato modo), ma impone l'osservanza delle proprie regole.

I modi in cui il diritto esprime il proprio carattere coercitivo sono diversi (alcuni di essi sono analizzati proprio nello studio del diritto privato). Ove sia possibile, esso tende ad eliminare le conseguenze della trasgressione.

Esempio. Il Sig. Rossi ha concluso un contratto con il Sig. Dalmasso di Torino, in base al quale il primo è obbligato a corrispondere al secondo la somma di 10.000 euro. Alla scadenza del termine convenuto il Sig. Rossi non adempie la prestazione. Poiché l'interesse del Sig. Dalmasso non viene soddisfatto con il pagamento spontaneo della somma, lo stesso può chiedere, ricorrendo al giudice, l'applicazione di altre norme del diritto: otterrà, così, una sentenza di condanna del Sig. Rossi al pagamento della somma e con la sentenza (con il titolo, si dice) potrà chiedere l'applicazione di ulteriori norme in grado di assicurargli il recupero coattivo. Dopo la pronuncia della sentenza di condanna, infatti, verrà promossa una procedura esecutiva (§§ 55 ss.) con conseguente vendita di un bene del patrimonio del Sig. Rossi: il ricavato della vendita sarà assegnato al Sig. Dalmasso (che alla fine sarà soddisfatto nel suo interesse, sebbene dopo un po' di tempo). In tal modo verranno eliminate le conseguenze della trasgressione.

In altri casi la rimozione delle conseguenze della trasgressione non è possibile. Ciò non vuol dire che l'autore della lesione non subisca alcuna conseguenza: nei suoi confronti si applicherà comunque una **sanzione**, che contribuirà nel suo complesso a rafforzare l'osservanza del diritto (sul ruolo della sanzione § 5.1).

Esempio. Tizio commette un omicidio nei confronti di Caio. Il carattere coercitivo del diritto, qui, non può spingersi fino ad eliminare le conseguenze della trasgressione (non si può riportare in vita Caio). L'omicidio allora viene sanzionato con la pena della reclusione, che può essere (a seconda dei casi) anche lunga. La minaccia della sanzione del carcere, inoltre, costituisce un deterrente a delinquere: se pure non si vuole obbedire alle regole della morale e della religione, si sa, in via preventiva, che chi commette un reato andrà in carcere. L'omicida, inoltre, può essere condannato al risarcimento dei danni a favore dei familiari del defunto.

Nell'accezione sin qui ricordata il diritto va inteso come il "**diritto positivo**" (*ius positum*) di una determinata società. Nel corso della storia, tuttavia, si è affermata di sovente l'idea che esista un altro diritto, quello **naturale**.

Esso, almeno secondo alcune definizioni, sarebbe costituito da quell'insieme di princìpî universali, connaturali all'uomo, che tutelano interessi dello stesso a prescindere dalla previsione di specifiche norme giuridiche. Già Aristotele (384-322 a.C.) proclamava l'esistenza di un diritto universale, percepibile da ciascun individuo attraverso la ragione, giacché intimamente connesso alla natura sociale o politica dell'uomo (*homo animal politicum*): un diritto, si aggiungeva, prevalente sui vari modelli di società esistenti, in quanto conforme ad un'idea di razionalità e ad un'esigenza superiore di giustizia.

Anche nel diritto romano, del resto, accanto allo *ius civile* (il diritto vigente per i cittadini) si elaborò lo *ius gentium*, ossia il diritto fondato sulla ragione e sulla buona fede e destinato ad operare anche nei confronti delle popolazioni con cui Roma entrava in contatto.

Peraltro, l'idea che il diritto naturale consista in un insieme di principî immuni agli avvicendamenti storici e giuridici non deve essere presa troppo alla lettera: ciò che era diritto naturale in epoche passate non è detto che lo sia attualmente. Talché l'idea che taluni diritti (come quelli della personalità) costituiscano diritti "naturali" dell'uomo va "relativizzata", occorrendo muovere sempre dall'ordinamento giuridico cui, di volta in volta, si fa riferimento (§ 78.1).

3. La norma giuridica: il carattere della generalità ed astrattezza. Il principio di eguaglianza.

L'unità elementare dell'ordinamento giuridico è la **norma giuridica**. In una legge (o in altre fonti del diritto) vi sono di solito più articoli, ciascuno dei quali può essere suddiviso in parti (commi): ogni comma corrisponde ad una o più norme giuridiche o ad un loro frammento. La maggior parte delle norme giuridiche sono strutturalmente formulate con il carattere della **generalità** ed **astrattezza**.

Si consideri, ad esempio, l'art. 2043 cod. civ.: "qualunque fatto doloso o colposo, che cagiona ad altri un danno ingiusto, obbliga colui che lo ha commesso a risarcire il danno".

La norma è generale quando non si rivolge a determinate persone ma ad una serie indeterminata di soggetti: l'art. 2043 cod. civ. non stabilisce che coloro i quali appartengano a una determinata classe sociale, se commettono un fatto illecito, siano tenuti a risarcire il danno. La norma, invece, fa riferimento (genericamente) a "colui" che ha commesso il fatto.

La norma è astratta perché non si riferisce ad un fatto concreto ma ad una serie ipotetica di fatti ("qualunque fatto doloso o colposo").

Un **comando individuale** e concreto, all'opposto, è la **sentenza** del giudice che, applicando norme generali ed astratte, risolve la controversia. Si tratta di un comando che si rivolge, concretamente, ad un determinato soggetto: ad esempio a colui che, con la sua automobile, ha investito una persona, cagionandole un "danno ingiusto" (per utilizzare l'espressione di cui all'art. 2043 cod. civ.).

Ci sono abbastanza elementi, a questo punto, per introdurre la nozione di **fattispecie**, spesso adoperata nel linguaggio giuridico (letteralmente l'espressione vuol dire "immagine del fatto").

La descrizione del fatto contenuta in una norma giuridica, lo si è detto, può adattarsi ad una serie indefinita di eventi storici che presentino quelle caratteristiche descritte. La descrizione contenuta nella norma viene definita fattispecie astratta. La norma si dice analitica quando descrive in modo dettagliato la fattispecie astratta; si dice, invece, che contiene una "**clausola generale**" allorché sia formulata in modo più ampio ed elastico (è il caso, ad esempio, degli artt. 1175, 1176, 1337, 1343, 1366, 1375, 2043 cod. civ.).

In concreto, nella vita di tutti i giorni, può verificarsi una situazione che rientra nella descrizione contenuta nella fattispecie astratta: si realizza allora, una **fattispecie concreta**.

L'operazione logica con cui si verifica che una fattispecie concreta corrisponda alla fattispecie astratta viene chiamata **qualificazione della fattispecie** (concreta). Il che permette di applicare direttamente, ad una singola persona, la regola formulata in astratto.

Va pure detto che, in non pochi casi, per effettuare la qualificazione della fattispecie concreta non basta prendere in considerazione l'evento storico e raffrontarlo con una singola norma giuridica. Occorre, invece, raffrontare la fattispecie concreta con più norme giuridiche, che vanno coordinate tra loro. Ciascuna norma, in questi casi, detta un frammento della fattispecie astratta: soltanto all'esito di tale coordinamento si comprende il trattamento giuridico di una fattispecie concreta. Nel linguaggio dei giuristi si discute di **combinato disposto** quando una soluzione giuridica deriva dalla lettura congiunta di due o più norme (il che accade di frequente ove si consideri che il diritto è organizzato, per lo più, in istituti: § 1).

L'art. 2059 cod. civ., ad esempio, prevede che il danno non patrimoniale sia risarcibile solo nei casi previsti dalla legge. Per qualificare la fattispecie, dunque, occorre invocare sia la ricordata disposizione codicistica sia una norma di legge che fa riferimento al danno non patrimoniale (si veda, ad esempio, l'art. 185 cod. pen.).

La fattispecie astratta può constare di un solo fatto: si discute, allora di **fattispecie semplice**. Quando, invece, si articola in più fatti, la **fattispecie** si definisce **complessa**.

Infine, si ha una fattispecie **a formazione progressiva** quando essa è caratterizzata da una serie di fatti che si sviluppano nel tempo. Può accadere che, prima del completamento dell'intera serie, si verifichino alcuni effetti preliminari. Si pensi, ad esempio, al contratto sottoposto a condizione sospensiva (artt. 1353 ss. cod. civ.): gli effetti definitivi si produrranno soltanto quando si sia verificata la condizione. Prima di quel momento, tuttavia, la parte contrattuale è titolare di un'aspettativa che riceve una certa protezione dall'ordinamento giuridico (si confronti l'art. 1356 cod. civ.).

Le ragioni che stanno dietro alla creazione di norme generali ed astratte richiamano la funzione stessa del diritto (§ 1): un sistema che già precostituisce le sue regole riesce ad impostare i rapporti umani ad un dato modello di convivenza sociale. Inoltre, la previsione *ex ante* delle regole asseconda un fondamentale principio di civiltà giuridica: la **certezza del diritto**. I consociati, infatti, devono sapere in anticipo, al fine di potersi regolare di conseguenza, quali siano gli interessi protetti dal diritto e quali siano quelli non protetti.

In alcuni Paesi di *Common law*, in cui vale la regola del "precedente giudiziario", è la norma creata dal giudice ad assumere quei caratteri di **generalità** ed **astrattezza** che, invece, nei Paesi di *Civil law* si rinvengono nella norma scritta.

Il carattere della **generalità** ed **astrattezza** può essere più o meno ampio. È ampio nella sua massima misura per le c.d. **norme di diritto comune** o di diritto generale, che si riferiscono a "chiunque" (art. 575 cod. pen.) o a qualunque fatto (art. 2043 cod. civ.). Il carattere in discussione, invece, è meno ampio nelle c.d. **norme di diritto speciale**, in cui viene delimitata la serie delle persone o dei fatti cui si riferiscono, sottraendoli all'applicazione del diritto generale.

Ci si deve chiedere se le norme di diritto speciale abbiano diritto di albergo nel nostro ordinamento o se, invece, contrastino con un fondamentale principio, quello di uguaglianza (art. 3 Cost.). Il principio è talmente importante che va ricordato: "tutti i cittadini hanno pari dignità sociale e sono eguali davanti alla legge, senza distinzione di sesso, di razza, di lingua, di religione, di opinioni politiche, di condizioni personali e sociali" (art. 3, 1° co., Cost.). Inoltre "è compito della Repubblica rimuovere gli ostacoli di ordine economico e sociale, che, limitando di fatto la libertà e l'uguaglianza dei cittadini, impediscono il pieno sviluppo della persona umana e l'effettiva partecipazione di tutti i lavoratori all'organizzazione politica, economica e sociale del Paese" (art. 3, 2° co., Cost.).

Quest'ultima disposizione detta un programma per il legislatore, che deve assumere le misure più idonee al fine di attenuare le differenze di fatto (di carattere economico e sociale) che sussistono fra i consociati.

Ci si occupi, però, del 1° co. della norma costituzionale. La disposizione, come ha spiegato la Corte costituzionale (§ 10.1), non vuol dire che tutte le norme di legge debbano indirizzarsi in modo uguale a tutti i cittadini: se così fosse, anzi, rischierebbero di essere accentuate alcune disuguaglianze di fatto esistenti tra le persone.

Piuttosto, ripetono i giudici delle leggi (così, pure, sono chiamati i giudici della Corte costituzionale), l'individuazione della categoria dei "soggetti" cui la norma giuridica si riferisce (gli imprenditori, i lavoratori subordinati, i consumatori, le donne in stato di gravidanza, i locatori) deve avvenire in modo non arbitrario, in omaggio al "**principio di ragionevolezza**": occorre evitare, in sostanza, di trattare situazioni omogenee in modo differenziato, ovvero situazioni disomogenee in modo eguale.

Si pensi, in particolare, alla disciplina dei "contratti dei consumatori" (artt. 33 ss. del d.lgs. n. 206/2005, Codice del Consumo: §§ 260 ss.): essa prevede una particolare tutela del "consumatore", proprio al fine di riequilibrare la posizione di "debolezza" contrattuale in cui lo stesso si trova, attenuando nel contempo la posizione di preminenza del "professionista".

Talvolta vengono emanate **norme eccezionali**, che fanno eccezione alla regola generale (art. 14 disp. prel. cod. civ.) in virtù di una situazione (eccezionale) che si è verificata. Se si vuol rinvenire un carattere differenziale fra norme speciali e norme eccezionali (entrambe, infatti, derogano al diritto generale), deve dirsi che quest'ultime sono dettate da considerazioni contingenti e variabili (non a caso si discute, talvolta, di norme congiunturali).

Esempio. Una norma generale prevede che i contribuenti, ogni anno, debbano pagare le tasse entro una certa scadenza. In una zona d'Italia si verifica un violento terremoto, che priva gli abitanti del territorio della propria abitazione, costringendoli a fronteggiare una situazione economica straordinaria. Interviene una norma che fa slittare il pagamento delle tasse di qualche mese. La disposizione non può considerarsi contraria alla Costituzione (per violazione del principio di uguaglianza di cui all'art. 3, 1° co., Cost.), sussistendo una situazione tale da giustificare l'emanazione della norma eccezionale.

Accade di imbattersi, inoltre, in leggi che si riferiscono a singole situazioni. Si utilizza, in questi casi, l'espressione **norme singolari o norme fotografia** (si pensi alla istituzione, con legge, di un determinato ente pubblico o alla l. n. 17/1982, che al 1° co. prevede lo scioglimento della loggia massonica denominata P2). La legittimità di queste leggi deve essere verificata alla luce dei princìpî costituzionali. È certo, comunque, che il principio della certezza del diritto nonché il modello di ordinata convivenza sociale rischiano di essere fortemente compromessi in un sistema giuridico caratterizzato da un elevato tasso di norme singolari.

Talvolta nel linguaggio comune si utilizza l'espressione "leggi *ad personam*". Si fa riferimento a leggi (o atti aventi forza di legge: § 1.2) che, almeno secondo alcune opinioni, sono state emanate avendo la finalità di raggiungere determinati effetti favorevoli (o sfavorevoli) per una persona singola o per uno stretto numero di persone; ciò anche quando esse abbiano, formalmente, i caratteri (più o meno ampi) della **generalità** ed **astrattezza**.

Una precisazione terminologica si impone. Occorre distinguere fra la norma giuridica prima della sua interpretazione (Cap. 4) e la norma giuridica dopo l'attività ermeneutica. All'esito di quest'ultima il significato della norma potrebbe non coincidere perfettamente con il suo enunciato linguistico. Proprio per questo fra gli interpreti talvolta si distingue tra **disposizione** e norma giuridica: la disposizione è l'enunciato presente in un documento normativo; la norma giuridica, invece, è il significato attribuibile ad una disposizione.

4. Norme giuridiche imperative (o inderogabili) e norme giuridiche dispositive (o derogabili).

La norma giuridica può essere **imperativa** (o inderogabile) o **dispositiva** (o derogabile). Mentre le norme del diritto pubblico sono, per lo più, imperative, quelle del diritto privato (§ 6) possono essere sia imperative sia dispositive.

La norma giuridica è detta imperativa quando i soggetti non possono regolare i loro rapporti in modo difforme rispetto a quanto contenuto nella disciplina legale. Qualora ciò avvenga, scatta una conseguenza giuridica negativa come, ad esempio, la nullità dell'atto giuridico compiuto in violazione della norma imperativa.

Esempio. Una norma giuridica vieta espressamente il commercio di una sostanza altamente pericolosa. Viene concluso un contratto di compravendita avente ad oggetto proprio la sostanza pericolosa. Il contratto è nullo e, dunque, non produce effetti.

La norma, invece, è detta dispositiva quando i privati possono modificarne il contenuto, regolando i loro rapporti in maniera diversa da quanto previsto nella norma stessa.

L'art. 1182, 1° co., cod. civ. prevede, ad esempio, che "se il luogo nel quale la prestazione deve essere eseguita non è determinato dalla convenzione o dagli usi e non può desumersi dalla natura della prestazione o da altre circostanze, si osservano le norme che seguono". In particolare, per l'art. 1182, 2° co., cod. civ. "l'obbligazione di consegnare una cosa certa e determinata, deve essere adempiuta nel luogo in cui si trovava la cosa quando l'obbligazione è sorta".

Esempio. Il Sig. Fabbri, in virtù di un contratto di compravendita, è obbligato a consegnare al Sig. Ferrari, di Bologna, un quadro di Guttuso. Il contratto è stato concluso in un negozio di antiquariato. La disciplina codicistica prevede che il quadro debba essere consegnato nel negozio (si confronti l'art. 1182, 2° co., cod. civ.). Succede, però, che le parti, con una clausola del contratto (attraverso, cioè, una singola partizione dello stesso) prevedano che la consegna del quadro debba avvenire presso l'abitazione del compratore. Poiché la norma del codice civile è derogabile, vale la regola stabilita convenzionalmente dalle parti. Il venditore, pertanto, è inadempiente se pretende di consegnare il quadro presso il negozio di antiquariato o in un altro posto che non sia l'abitazione del compratore.

La norma derogabile, si deve precisare, va applicata anche in assenza di qualsiasi statuizione delle parti in ordine ad alcuni aspetti della disciplina cui assoggettare la fattispecie (si confronti, ad esempio, l'art. 1490, 1° e 2° co., cod. civ.: § 270.3).

Si evidenzia, qui, la **funzione suppletiva o integrativa** delle norme dispositive, che operano in quegli spazi non regolati espressamente dai privati.

Talvolta, nel diritto privato, le parole utilizzate consentono di distinguere una norma imperativa da una norma dispositiva: quando, ad esempio, si incontrano gli incisi "salvo patto contrario", "se le parti non dispongono diversamente", "salva diversa volontà delle parti", si è in presenza di una norma dispositiva.

Ciò, tuttavia, vale soltanto come indicazione di massima: una norma, infatti, può essere dispositiva anche se non contenga uno degli incisi ricordati. Occorre considerare la disposizione nell'ambito del sistema entro cui opera per verificare se sia derogabile o meno. Va accertato, in particolare, quale interesse il legislatore voglia tutelare, con la specifica norma dettata, per formulare un giudizio circa l'imperatività o meno della stessa.

Si consideri, ad esempio, l'art. 1343 cod. civ., secondo cui "la **causa** è illecita quando è contraria a norme imperative, all'ordine pubblico o al buon costume". Approfondendo i concetti di ordine pubblico e di buon costume (formulati con la tecnica della "clausola generale": § 3), ci si accorge che essi intendono salvaguardare valori considerati come fondamentali nel nostro ordinamento (§§ 187.1, 187.2). Le parti, dunque, non possono stipulare un contratto con causa contraria all'ordine pubblico o al buon costume, pretendendo che lo stesso sia valido.

5. La struttura della norma giuridica: (a) la norma-regola.

Se si prendono in considerazione diverse norme giuridiche, ci si accorge che ciascuna di esse concorre a realizzare la funzione generale del diritto oggettivo (§ 1). Le norme giuridiche, tuttavia, non hanno una struttura sempre uguale (la diversità strutturale, anzi, è un requisito essenziale affinché il diritto assolva alla sua funzione).

Possono individuarsi, avendo riguardo alla **struttura**, almeno tre tipi di norme giuridiche: la norma-**regola**, la norma-**sanzione**, la **norma produttrice** di determinati **effetti legali** al verificarsi di certe situazioni.

Molte norme prevedono una regola, che di solito è una regola di condotta, rivolta ai consociati al fine di orientarne il comportamento nel senso desiderato (obbligo o divieto di condotta): si pensi alla norma che impone a chiunque di non tenere comportamenti che cagionino ad altri un danno ingiusto; alla norma che impone di pagare le tasse; a quella che prescrive a marito e moglie di essere fedeli, di coabitare, di assistersi moralmente e materialmente.

L'osservanza di queste regole realizza spontaneamente, da parte dei consociati, quel modello di ordinata convivenza disegnato dal legislatore. Può succedere, però, che le regole di condotta non siano osservate.

Un ordinamento che rinunciasse ad occuparsi di questa evenienza fallirebbe nel suo disegno generale di assicurare la convivenza fra gli uomini, facendo prevalere alcuni interessi rispetto ad altri.

Proprio in relazione alla possibile trasgressione della norma-regola (detta anche **norma primaria**) l'ordinamento giuridico prevede diverse norme-sanzione (definite anche **norme secondarie**, giacché entrano in gioco soltanto quando la norma primaria sia disattesa).

5.1. (b) *La norma-sanzione.*

Si definisce **sanzione** la conseguenza che la norma giuridica fa discendere dalla violazione della regola di condotta: se è violata la norma che codifica il principio del *neminem laedere*, ad esempio, vi è una regola secondaria che obbliga l'autore del comportamento (posto in essere trasgredendo la regola primaria) al risarcimento del danno. Prevede il già ricordato art. 2043 cod. civ. che "qualunque fatto doloso o colposo, che cagiona ad altri un danno ingiusto, obbliga colui cha ha commesso il fatto a risarcire il danno".

Vi sono norme, nel nostro ordinamento, che contengono soltanto regole di condotta (o alcuni frammenti della regola di condotta) e norme che contengono soltanto regole sanzionatorie (o alcuni frammenti della regola sanzionatoria). Vi sono norme, infine, che contengono tanto la regola di condotta quanto la regola sanzionatoria o frammenti della stessa. È il caso, a ben guardare, dell'art. 2043 cod. civ.: è vero che in base a questa norma l'autore del fatto illecito è obbligato a risarcire il danno, ma nulla viene detto sul *quantum*; di questo aspetto della sanzione si occupa un'altra norma (art. 2056 cod. civ.), che a sua volta richiama altre norme del codice civile.

Si studino, più da vicino, le diverse funzioni che la sanzione ha nel nostro ordinamento.

Essa può avere, in primo luogo, **funzione satisfattiva**. Deve muoversi dal rilievo che la violazione della regola di condotta è la lesione di un interesse che la norma stessa vuole affermare e proteggere. La sanzione, dunque, serve ad eliminare la lesione dell'interesse e a ripristinare l'interesse tutelato dalla regola primaria. Ad esempio, la sanzione che colpisce chi non paga le tasse o non adempie un'obbligazione contrattuale è di carattere satisfattivo: il creditore (il Fisco o il contraente) otterrà, attraverso l'applicazione delle regole sanzionatorie, la soddisfazione dell'interesse al pagamento delle tasse o di una somma di denaro ad altro titolo.

In altri casi la sanzione ha **funzione compensativa**. Qui accade che la regola di condotta sia stata violata, ma l'applicazione della norma secondaria non può ripristinare esattamente l'interesse leso. Si pensi ad una persona che, trovandosi a visitare un museo, per distrazione rompe un vaso cinese. In questo caso viene applicata una norma sanzionatoria di carattere compensativo: la sanzione, infatti, consiste nell'obbligazione di pagare una somma di denaro, che costituisce un surrogato di valore economico equivalente alla perdita subìta. Il titolare del credito, in definitiva, viene "compensato" per la lesione dell'interesse protetto dalla norma primaria, che non può più essere ripristinato.

In altri casi ancora la sanzione ha **funzione punitiva**: la norma sanzionatoria si applica a seguito della violazione di una regola di condotta, che impone un determinato comportamento giacché sarebbe "riprovevole" un comportamento diverso.

Nel diritto penale la funzione punitiva della sanzione è evidente: l'autore dell'omicidio (art. 575 cod. pen.) è punito con la pena della reclusione. La sanzione penale non ha certo una funzione satisfattiva (non si può riportare in vita la persona morta) né compensativa; essa ha la funzione di punire chi ha violato la norma penale.

La funzione punitiva, peraltro, si rinviene anche nel diritto privato (§ 6): si pensi all'indegnità a succedere, che costituisce la sanzione prevista per rimuovere un soggetto dall'eredità o dal legato a causa della sua condotta riprovevole nei confronti del defunto (artt. 463 ss. cod. civ.: § 507).

La sanzione punitiva finisce per avere, contestualmente, anche un'altra **funzione**: **deterrente** o **preventiva**. L'erede sa che, se terrà determinati comportamenti nei confronti del *de cuius* (la persona della cui eredità si tratta), subirà una pesante sanzione, giacché sarà escluso dalla eredità. Eviterà, pertanto, di assumere quei comportamenti sanzionati. Ecco spiegato perché la norma sull'indegnità a succedere ha una funzione punitiva (funzione che si realizza allorché la regola di condotta sia stata violata) e una funzione preventiva (che si esplica con la "minaccia" della sanzione, prevista dalla norma giuridica).

Nel diritto privato alla violazione delle norme giuridiche può seguire un'ulteriore conseguenza, ossia la negazione di validità o di efficacia di un atto giuridico (§§ 44, 44.1).

Chiarite le diverse funzioni della sanzione, ci si deve chiedere a chi spetti applicare le norme secondarie. Si tocca un nodo cruciale dell'organizzazione giuridica di uno

Stato, che costituisce l'oggetto di specifiche materie di studio: il corso di diritto costituzionale nonché il corso di diritto processuale (civile, penale, amministrativo).

Qui va solo detto, in linea generale, come i moderni Stati prevedano una distinzione fra il potere legislativo (ossia l'autorità deputata a creare le norme giuridiche) ed il potere giurisdizionale (ossia l'autorità, detta giudiziaria, chiamata ad applicare le norme). Ulteriore potere, poi, è quello esecutivo (il Governo). Nel sistema di *Common law* vale il ricordato principio del precedente giudiziario: i giudici sono creatori della norma giuridica e nel contempo sono chiamati ad applicarla (peraltro il diritto scritto, proveniente dal potere legislativo, non è sconosciuto nei Paesi anglosassoni ed in quelli angloamericani).

L'autorità giudiziaria ha la **funzione giurisdizionale**, ossia di applicare il diritto (§§ 51 ss.): una serie di norme giuridiche (dette norme processuali), sono deputate a regolare il funzionamento dell'attività dei giudici e le procedure che occorre rispettare, nel processo, da parte di tutti i soggetti chiamati a parteciparvi (giudici, attori, convenuti, avvocati). È la riprova, questa, che le norme giuridiche non possono essere considerate isolatamente nel sistema: il discorso sulle norme sanzionatorie, in particolare, si accompagna necessariamente a quello sulle norme processuali, che regolano modalità e procedure di reazione alla violazione dell'interesse leso ai fini dell'applicazione della sanzione prevista.

5.2. (c) *La norma che contiene la previsione di determinati effetti legali al verificarsi di certe situazioni.*

Ad ulteriore conferma della complessità del sistema giuridico, va ricordato come vi siano una serie di norme che non contengono né una regola di condotta né una sanzione.

Si tratta di norme che contengono la **previsione di determinati effetti legali**, in relazione al verificarsi di certe situazioni (che non consistono nella violazione di una regola di condotta).

Si pensi all'art. 1376 cod. civ., in cui opera il c.d. "**principio consensualistico**": in virtù di questa disposizione, il compratore diventa proprietario di un **bene determinato** per effetto dell'accordo con il venditore e non in virtù della consegna del bene o del pagamento del prezzo (§ 178).

Queste norme, a ben vedere, si sviluppano secondo uno schema che si rinviene nella regola di condotta e nella connessa sanzione. Per quest'ultime regole, infatti, lo schema è il seguente: "se si verifica (a), allora ne discende (b)" (ossia, se vi è la violazione di una regola di condotta, si applica la sanzione).

La stessa formula si rinviene nelle norme che prevedono determinati effetti legali, in relazione al verificarsi di certe situazioni: "se si verifica (a), ne discende (b)". Qui cambia, però, il contenuto della formula: per riprendere l'esempio appena fatto, può dirsi che se si firma un contratto di compravendita di un bene determinato (a), ne discende il passaggio di proprietà a favore del compratore (b).

Spesso, va precisato, la previsione di un effetto legale risulta dal combinato disposto di più norme, ciascuna delle quali detta soltanto un frammento di disciplina.

Si pensi all'art. 702 cod. civ., che richiede l'accettazione della nomina da parte dell'esecutore testamentario. Quale effetto legale ha questa nomina? Non lo dice l'art. 702 cod. civ., ma il successivo art. 703 cod. civ., rubricato "funzioni dell'esecutore testamentario". Questa norma, in concorso con le altre che compongono l'istituto, permette di applicare la formula sopra ricordata "se si verifica (a), ne discende (b)" (se viene nominato un esecutore testamentario, che abbia la capacità di essere nominato, ed accetti l'incarico, si verificano una serie di effetti legali).

Si consideri, ancora, la norma sopra ricordata (art. 1376 cod. civ.), secondo cui l'effetto traslativo immediato di un bene determinato si verifica allorché il consenso delle parti sia "legittimamente manifestato": le norme codicistiche che si occupano del consenso delle parti contribuiscono a realizzare lo schema dell'art. 1376 cod. civ.

6. Diritto privato e diritto pubblico: la distinzione.

L'ordinamento giuridico va considerato nel suo complesso: al suo interno, tuttavia, esistono varie branche del diritto (§ 6). Una fondamentale distinzione riguarda le norme di **diritto pubblico** e le norme di **diritto privato**.

Per comprendere bene la **distinzione** occorre evitare alcuni fraintendimenti: è sbagliato, in primo luogo, affermare che le norme di diritto pubblico sono quelle che si rivolgono ai soggetti pubblici (ad esempio Stato, Regioni, Province, Comuni) e le norme di diritto privato quelle che si rivolgono ai soggetti privati.

Ben può succedere che alcune norme di diritto privato trovino applicazione nei confronti degli enti pubblici: lo Stato, ad esempio, può decidere di acquistare un terreno (su cui intende costruire un ospedale) attraverso un contratto di compravendita, che è un tipico strumento privatistico. Va pure aggiunto, peraltro, che alcune norme di diritto privato non possono, per definizione, trovare applicazione nei confronti degli enti pubblici: è il caso, ad esempio, del diritto di famiglia.

Né può dirsi che la distinzione fra diritto privato e diritto pubblico dovrebbe rinvenirsi nelle diverse finalità delle norme. In particolare, le norme del diritto pubblico perseguirebbero interessi pubblici mentre le norme del diritto privato avrebbero di mira interessi privati. Tale affermazione è vera soltanto parzialmente: se è indubbio che le norme di diritto pubblico perseguono interessi generali, il diritto privato è "neutro" rispetto agli interessi perseguiti. Con esso, infatti, possono realizzarsi, alternativamente, sia interessi pubblici sia interessi privati: quando, ad esempio, lo Stato utilizza le norme di diritto privato, intende perseguire interessi pubblici (le norme privatistiche, dunque, si piegano alla realizzazione di interessi superindividuali).

Per le considerazioni anzidette è preferibile adottare un'altra distinzione: le norme di diritto pubblico si caratterizzano per la posizione di **preminenza**, **autorità**, **supremazia** in cui formalmente si trova ad essere il soggetto pubblico rispetto a quello privato. Quest'ultimo è in uno stato di **soggezione**, giacché subisce l'esercizio del potere legittimo del soggetto pubblico.

Esempio. Gli enti pubblici stabiliscono che ogni contribuente, in base al proprio reddito, debba pagare le tasse. Il privato non è libero di pagarle o meno. Qualora ometta, in tutto o in parte, il pagamento, l'esercizio del potere sovrano si manifesta costringendo il contribuente (anche coattivamente) a pagare ciò che lo stesso deve corrispondere per il bene della *res publica*.

Esempio. Tizio, avendo commesso un reato, viene condannato alla pena della reclusione. Non può scegliere se scontare o meno la pena. Lo Stato, nel rispetto delle norme di legge, gli impone di subire la sanzione comminata.

Esempio. A causa di lavori di rifacimento del manto stradale, l'ente pubblico gestore di quel tratto di strada impone temporaneamente il divieto di transito.

L'ente pubblico, ovviamente, nell'esercizio del potere sovrano, è vincolato al rispetto delle norme di legge che regolano la sua attività e al dovere di realizzare l'interesse generale della collettività (si tratta di un punto acquisito nelle società moderne, che anche per questo segnano lo stacco rispetto alle antiche organizzazioni giuridiche, dove il re era *legibus solutus*).

Diversamente, le norme del diritto privato si fondano sulla reciproca **autonomia** e sulla **parità formale** delle parti nel regolare i propri interessi individuali.

Esempio. La Regione decide di prendere in locazione un immobile in cui deve svolgere un'attività di pubblico interesse. Si siede al tavolo delle trattative con il proprietario dell'immobile; il proprietario, poiché la Regione offre un canone di locazione ritenuto troppo basso, decide di non concludere il contratto. L'ente pubblico non può imporre la sua volontà. Diverso è il caso in cui esistano i presupposti per "espropriare" il bene (art. 43 Cost.): le norme che disciplinano l'espropriazione sono norme di diritto pubblico.

Di fronte a situazioni in cui lo squilibrio tra le parti (soprattutto di tipo economico) è evidente, il diritto privato mette in campo una delle sue funzioni più importanti dell'era moderna: quello di tutelare il contraente "debole" contro il potere del contraente "forte" (si vedano Cap. 24, § 175.2 e Cap. 39).

Le norme di diritto pubblico sono **imperative** (o **inderogabili o cogenti**): sono, cioè, vincolanti per i soggetti, che non possono disporre diversamente o adottare un contegno diverso da quello previsto.

Nel diritto privato, invece, accanto a norme imperative od inderogabili vi sono anche norme dispositive o derogabili (§ 4): i soggetti cui esse si rivolgono, in questo caso, possono modificarne in tutto o in parte il contenuto.

Inoltre, l'attuazione delle norme di diritto privato e le tutele previste dalle stesse sono tendenzialmente rimesse all'iniziativa dei privati, ossia al loro **potere dispositivo** (§ 51). Il contraente, ad esempio, può decidere o meno se agire in giudizio per chiedere l'annullamento del contratto (artt. 1427 ss. cod. civ.); il proprietario può scegliere se richiedere o meno l'applicazione delle norme che tutelano il suo diritto (artt. 948 ss. cod. civ.); chi ha subìto un fatto illecito, può decidere se chiedere il risarcimento del danno (artt. 2043 ss. cod. civ.).

Di converso, l'applicazione delle norme di diritto pubblico è indisponibile, giacché attiene ai compiti specifici delle autorità preposte alla loro applicazione (**principio di indisponibilità**).

6.1. *Le varie branche del diritto.*

Chiarita la *summa divisio* fra diritto pubblico e diritto privato, va aggiunto che ciascuna di queste due parti del diritto si suddivide in ulteriori branche.

Le principali aree del diritto pubblico sono il diritto costituzionale, il diritto amministrativo, il diritto tributario, il diritto processuale (civile, penale, amministrativo), il diritto ecclesiastico, il diritto canonico, il diritto penale.

Il **diritto costituzionale** detta le norme fondamentali dell'ordinamento giuridico, che sono contenute nella Costituzione: diritti e doveri dei cittadini; assetto istituzionale e finalità dello Stato; rapporti tra potere legislativo, giudiziario ed esecutivo; regolamentazione degli organi ed enti di maggiore rilevanza politica.

Il **diritto amministrativo** regola la struttura ed il funzionamento della Pubblica amministrazione, ossia dell'apparato che provvede alla concreta attuazione delle finalità dello Stato. Il diritto amministrativo, ancora, disciplina il rapporto tra Pubblica amministrazione ed i soggetti privati.

Il **diritto tributario** disciplina il rapporto tra i cittadini e le autorità pubbliche competenti a riscuotere imposte e tasse.

Il **diritto processuale** regola l'attività dei giudici e di tutti coloro che sono coinvolti nello svolgimento del processo.

Il **diritto ecclesiastico** si occupa dei rapporti fra lo Stato e le altre confessioni religiose, mentre il **diritto canonico** si occupa dell'ordinamento della Chiesa cattolica.

Il **diritto penale** detta regole di condotta la cui violazione (reato) comporta una sanzione essenzialmente punitiva di carattere personale. Ciò perché con il reato si lede l'interesse alla pacifica ed ordinata convivenza civile che l'ordinamento si prefigge di difendere.

All'interno dell'ordinamento giuridico, il diritto privato occupa un'area alquanto vasta. Si distingue, in particolare, il diritto civile, il diritto commerciale, il diritto industriale, il diritto del lavoro, il diritto della navigazione.

Il **diritto civile** si occupa, soprattutto, delle persone fisiche, degli enti non lucrativi, dei rapporti di famiglia, delle successioni, della proprietà e degli altri diritti reali, delle obbligazioni, dei contratti, della responsabilità civile.

Il **diritto commerciale** ha ad oggetto lo svolgimento delle attività economiche (attività di impresa) ed il funzionamento delle organizzazioni create a questo fine (le società).

Il **diritto industriale** (che può considerarsi una sottopartizione del diritto commerciale) regola la concorrenza tra le imprese, nonché i diritti sulle creazioni intellettuali (diritto di autore, marchi, brevetti per invenzioni industriali).

Il **diritto del lavoro** regola, principalmente, i rapporti tra datori di lavoro e lavoratori.

Il **diritto della navigazione** regola le attività di trasporto aereo, marittimo e per acque interne.

Il corso di "diritto privato", tradizionalmente, si occupa delle nozioni fondamentali nonché degli istituti principali del diritto privato. Nel prosieguo degli studi si approfondiscono alcune materie trattate durante il corso istituzionale: ad esempio il corso di diritto civile ha ad oggetto lo studio monografico del contratto, oppure delle obbligazioni, delle successioni, del fatto illecito. Vi è poi il corso di diritto del lavoro, di diritto commerciale, di diritto industriale, di diritto della navigazione. A seconda dell'indirizzo di studio intrapreso ci si potrà imbattere in altri corsi privatistici, come quello di diritto di famiglia.

6.2. *Il diritto privato come "diritto comune".*

Ci si deve chiedere quale sia, attualmente, la linea di confine tra diritto pubblico e diritto privato: tende a prevalere, nella regolazione dei rapporti sociali, il diritto pubblico o il diritto privato?

La risposta a questa domanda non è facile, anche perché in non pochi casi accade che una medesima situazione possa essere regolata sia da norme del diritto pubblico sia da norme del diritto privato.

Si pensi all'istituto della proprietà: chi è proprietario di un terreno può invocare le norme del codice civile che gli consentono di reagire contro il comportamento del vicino, il quale propaghi in maniera intollerabile fumi ed esalazioni (art. 844 cod. civ.). Lo stesso comportamento può costituire un reato, interessando norme di diritto pubblico. Ed ancora, per sapere se il proprietario di un terreno possa costruire una casa, occorre avere riguardo al piano urbanistico, ossia a norme di diritto pubblico.

A parte i frequenti intrecci fra le due aree del diritto è possibile, attualmente, far riferimento ad un principio (c.d. **principio di sussidiarietà**) che è entrato nella Carta costituzionale.

La nuova versione dell'art. 118, 4° co., Cost. (introdotto dalla l. cost. n. 3/2001: § 10), stabilisce che lo Stato e gli altri enti pubblici territoriali "favoriscono l'autonoma iniziativa dei cittadini, singoli e associati, per lo svolgimento di attività di interesse generale, sulla base del principio di sussidiarietà".

Ciò vuol dire, in sintesi, che per la realizzazione delle finalità di interesse sociale è preferibile assecondare, in prima battuta, l'iniziativa privata di persone fisiche e gruppi organizzati.

Si farà ricorso, in seconda battuta, agli interventi del diritto pubblico, allorché quei fini sociali non possano essere raggiunti con altrettanta efficacia attraverso gli strumenti del diritto privato.

Si giustifica, così, l'espressione ricorrente, secondo cui il diritto privato è il **diritto comune**. Ciò vale almeno in due sensi: esso, lo si è visto, può applicarsi sia a persone private sia a persone pubbliche. Ma soprattutto esso si applica, in via generale, a tutti i rapporti e a tutte le situazioni, esclusi soltanto i rapporti e le situazioni che sono soggetti (in virtù di norme di diritto pubblico) ad una disciplina diversa da quella generale, ossia la disciplina del diritto privato.

Questo non vuol significare, si badi, che il diritto pubblico debba considerarsi marginale, nell'attuale sistema, o destinato a scomparire di fronte al diritto privato.

L'importanza del diritto pubblico, infatti, si coglie svolgendo due brevi considerazioni. In primo luogo, vi sono settori che non possono essere lasciati alla libera iniziativa dei privati, in quanto riguardano aspetti fondamentali dell'organizzazione e del funzionamento di un ordinamento: la difesa, l'ordine pubblico, l'amministrazione della giustizia, la politica economica e monetaria.

Inoltre, anche in quei settori in cui è consentita l'iniziativa privata (si pensi alla sanità e all'istruzione), l'intervento del diritto pubblico assolve alla fondamentale funzione di consentire a tutti (anche a coloro che non hanno i mezzi economici sufficienti) di accedere ad un livello minimo e garantito di servizi. Muta, così, il modo di intendere il rapporto fra cittadini e lo Stato: mentre secondo la concezione dello Stato liberale (invalsa almeno fino alla Prima guerra mondiale) l'autorità pubblica si doveva astenere dall'intralciare la libera iniziativa privata, oggi l'intervento pubblico viene considerato come lo strumento attraverso cui è possibile reagire ad alcune forme di disuguaglianza (art. 3, 2° co., Cost.). È, in sostanza, il mezzo attraverso cui l'iniziativa privata può effettivamente e pienamente esplicarsi.

Capitolo 2
LE FONTI DEL DIRITTO

7. Definizione di fonti del diritto. Fonti di cognizione e fonti di produzione.

Si è visto, in precedenza, come l'ordinamento giuridico sia composto da norme giuridiche (§§ 3 ss.). Occorre ora studiare come nascano e da chi siano prodotte le stesse.

Le **fonti del diritto** si definiscono come quegli **atti o fatti** che, in un determinato ordinamento giuridico, sono capaci di **creare norme giuridiche** (di immettere cioè nel sistema norme giuridiche). In questa accezione, le fonti del diritto sono chiamate **fonti di produzione**.

La definizione proposta permette di distinguere gli "atti" ed i "fatti" che creano le norme giuridiche.

Nel primo caso si discute di "atti normativi", ossia di atti emanati dalle autorità competenti e con le procedure, spesso minuziose, espressamente previste: ad esempio, la legge dello Stato è promulgata dal Presidente della Repubblica, con il rispetto delle formalità previste (artt. 70 ss. Cost.); la legge regionale dal Presidente della Giunta regionale.

Si verificherà subito come il nostro sistema sia caratterizzato dalla **pluralità** delle fonti di produzione: il che equivale a dire che le norme giuridiche possono essere prodotte da autorità diverse. Per rimanere agli esempi svolti, la legge parlamentare promana dallo Stato; la legge regionale dalla Regione.

Con l'espressione "fonti di produzione", peraltro, non si fa riferimento solo agli "atti normativi" (Costituzione, leggi nazionali, leggi regionali, regolamenti), ma anche ai "fatti", ossia agli usi normativi (o, con espressione equivalente, consuetudini: § 16) i quali, sussistendo determinati requisiti, sono idonei a produrre norme giuridiche nel nostro ordinamento.

Si dovrà precisare, tra poco, cosa si intenda per uso normativo o consuetudine. Per adesso basti osservare che la differenza più immediata tra "atti" e "fatti" è questa: i primi sono fonti del diritto scritte; i secondi sono fonti non scritte.

Quando si discute di fonti del diritto, tuttavia, viene in considerazione un'ulteriore accezione dell'espressione: **fonti di cognizione**. Si fa riferimento, in questo caso, al testo o documento scritto, pubblicato ufficialmente con le modalità previste dalla legge: il testo, cioè, da cui si può apprendere il contenuto delle norme giuridiche create dalle fonti di produzione. È fonte di cognizione, ad esempio, il testo della l. 9.1.2004, n. 6, pubblicata nella Gazzetta Ufficiale della Repubblica italiana.

Si è appena visto, peraltro, che esistono delle fonti non scritte, come gli usi normativi (o consuetudini): ebbene, chi voglia sapere quali siano le consuetudini in grado di produrre norme giuridiche, potrà leggere le "raccolte" scritte degli usi. Tali raccolte costituiscono le fonti di cognizione, che però non trasformano gli usi normativi in fonti scritte (tanto che, come si vedrà, se le consuetudini non si trovano nelle raccolte si può provare ugualmente la loro vigenza: § 16).

8. L'elenco attuale delle fonti del diritto.

Esistono, dunque, una pluralità di fonti del diritto, che vanno coordinate fra loro, in base ad alcuni principî che ci si accinge a studiare.

Occorre procedere, però, con ordine. Innanzitutto, vi è una norma, nel nostro ordinamento, che si occupa di elencare le fonti del diritto: l'art. 1 delle "Disposizioni sulla legge in generale", che precedono il codice civile (dette, comunemente, **preleggi**), indica le seguenti fonti del diritto: (1) le leggi; (2) i regolamenti; (3) gli usi.

È, questo, un elenco non più attuale. Dopo l'entrata in vigore del codice civile, avvenuta nel 1942, sono accaduti una serie di eventi che, inevitabilmente, hanno sconvolto il sistema delle fonti del diritto: si pensi, in particolare, all'entrata in vigore della Costituzione della Repubblica italiana (1° gennaio 1948); all'istituzione della Comunità europea, nel 1957; all'autonomia legislativa delle Regioni, già prevista nella Costituzione ma resa operativa nel 1970.

Attualmente l'elenco delle fonti del diritto va così riformulato: (1) la Costituzione, le leggi costituzionali e di revisione costituzionale; (2) le fonti comunitarie (regolamenti comunitari e direttive); (3) le leggi ordinarie (e gli atti aventi forza di legge ad esse equiparati); (4) gli statuti e le leggi regionali; (5) i regolamenti; (6) gli usi normativi (o consuetudini).

Non vi è una norma che contenga l'elenco attuale delle fonti del diritto: esso si ricava dalla considerazione unitaria dell'ordinamento giuridico, che si è andato arricchendo nel tempo di diverse fonti di produzione, di cui va tenuto conto.

9. I criteri di coordinamento fra le fonti del diritto: il principio gerarchico; il principio di competenza; il principio cronologico.

Uno degli aspetti più problematici che si deve affrontare, nello studio delle fonti del diritto, è quello del loro coordinamento. Una fonte di produzione (ad esempio la legge regionale) può immettere nell'ordinamento giuridico norme destinate a valere su tutto il territorio e a regolare qualsiasi materia? Che succede, tra l'altro, se due fonti di produzione creano norme giuridiche in contrasto tra loro? O, ancora, se la stessa fonte di produzione (ad esempio la legge statale) prima detta alcune norme giuridiche che, successivamente, sono disattese da norme emanate in un momento successivo?

Le risposte a queste e ad altre domande possono essere fornite mettendo capo a tre principî ordinatori: (a) il principio gerarchico; (b) il principio di competenza; (c) il principio cronologico.

9.1. (a) *Il principio gerarchico.*

Per coordinare tra loro le diverse fonti del diritto occorre far riferimento, in primo luogo, al **principio gerarchico**: ciò vuol dire che le fonti non si pongono tutte sullo stesso piano, esistendo fonti di grado superiore e fonti di grado inferiore. Si pensi, per comodità, ad una scala: alcune fonti sono posizionate sul gradino più alto e, scendendo, si trovano le fonti di grado inferiore (o secondarie).

Le fonti poste su un grado inferiore non possono immettere nell'ordinamento norme giuridiche diverse o contrastanti con quelle immesse dalle fonti superiori; né, tantomeno, possono abrogarle (si veda, peraltro, § 15). La norma giuridica che disattenda il principio gerarchico è **illegittima** e, dunque, destinata ad essere cancellata dal nostro ordinamento, in base alle modalità espressamente previste per la loro eliminazione. Diversamente, le fonti di grado superiore possono modificare o abrogare le fonti di grado inferiore.

Si noti che una fonte di grado inferiore, nella scala gerarchica, può a sua volta essere fonte di grado superiore rispetto ad una fonte ad essa sottostante: valgono, in questo caso, le regole gerarchiche appena esposte.

Con le precisazioni che si dovranno compiere tra breve, la gerarchia delle fonti, nell'ordinamento vigente, è la seguente (partendo dalle fonti superiori e discendendo verso quelle inferiori): (1) Costituzione (nonché leggi costituzionali e di revisione costituzionale); (2) fonti comunitarie; (3) leggi ordinarie dello Stato e atti normativi aventi forza di legge ad esse equiparati; (4) statuti e leggi regionali (che sono regolati, per lo più, dal principio di competenza: § 9.2); (5) regolamenti; (6) usi normativi.

Si è soliti definire le fonti comunitarie come **fonti primarie "esterne"**; fonti **normative primarie "interne"**, invece, sono le leggi ordinarie dello Stato, gli atti aventi forza di legge e le leggi regionali. Infine, sono **fonti secondarie interne** (o di grado inferiore) i regolamenti e gli usi normativi.

Esempio. Una legge parlamentare consente soltanto agli uomini di svolgere un determinato lavoro. Questa norma si pone in evidente contrasto con la Costituzione, che sancisce il fondamentale principio dell'uguaglianza fra tutte le persone, senza distinzione, fra l'altro, di sesso (art. 3, 1° co., Cost.). La legge ordinaria, pertanto, è illegittima, ossia incostituzionale (§ 10.1), perché contrasta con una norma giuridica posta da una fonte ad essa superiore.

9.2. (b) *Il principio di competenza.*

Il **principio di competenza** ha la funzione di delimitare il raggio d'azione delle fonti di produzione, in base alle materie da disciplinare.

Esempio. Prevede l'art. 29, 2° co., Cost., che "il matrimonio è ordinato sull'uguaglianza morale e giuridica dei coniugi, con i limiti stabiliti dalla legge a garanzia dell'unità familiare". Qui la Costituzione introduce una "riserva di legge": prevede, cioè, che una determinata materia (come quella del matrimonio) possa essere disciplinata (nei limiti peraltro stabiliti dalla stessa Costituzione) soltanto da una fonte di produzione (la legge parlamentare, di cui agli artt. 70 ss. Cost.).

Il principio di competenza serve anche a delimitare il rapporto tra legge statale e legge regionale (su cui § 14): l'art. 117 Cost. (modificato dalla l. cost. n. 3/2001, nell'ambito di una più ampia revisione costituzionale: artt. 114-120 Cost.) è ispirato proprio al principio di competenza (più che a quello gerarchico), definendo l'ambito della potestà legislativa dello Stato e delle Regioni. Non a caso, in alcune ricostruzioni dottrinali sulle fonti del diritto, la legge regionale è posta sullo stesso piano della legge statale (e degli atti normativi ad essa equiparati).

Anche la norma giuridica emanata in violazione del principio di competenza (ad esempio una norma regionale che disciplina una materia rimessa alla potestà legislativa statale) è illegittima e, dunque, destinata ad essere cancellata secondo le modalità previste.

9.3. (c) *Il principio cronologico.*

Il **principio cronologico** serve a risolvere i possibili contrasti tra norme giuridiche emanate, in tempi diversi, dalla stessa fonte di produzione o da fonti diverse (la prima norma, ad esempio, è stata creata da una fonte inferiore, come il regolamento; la seconda da una fonte superiore, come la legge).

Ebbene, il principio in parola vuole che ove più norme giuridiche create in momenti distinti disciplinino in maniera diversa la medesima fattispecie, prevale la norma creata per ultima, che abroga quella precedente (art. 15 disp. prel. cod. civ.; sull'abrogazione § 22).

10. La Costituzione, le leggi di revisione costituzionale e le leggi costituzionali.

I princìpî appena ricordati, che risolvono i possibili conflitti fra le fonti del diritto, sono semplici nella loro enunciazione teorica. Peraltro, come si potrà constatare intrattenendosi nello studio delle singole fonti di produzione, non sono rari i casi in cui, in concreto, nascono contrasti fra le diverse autorità che creano norme giuridiche.

Nell'analisi delle singole fonti di produzioni occorre iniziare da quella che, gerarchicamente, è sovraordinata a tutte le altre: la Costituzione della Repubblica italiana. Essa fu approvata dall'Assemblea Costituente il 22 dicembre 1947 e promulgata dal Capo provvisorio dello Stato, Enrico De Nicola, il 27 dicembre 1947. Fu pubblicata nella Gazzetta Ufficiale della Repubblica Italiana n. 298, edizione straordinaria, il 27 dicembre 1947, ed entrò in vigore il 1° gennaio 1948.

Le norme della **Costituzione** (il cui studio approfondito è oggetto del corso di diritto costituzionale) dettano i **princìpî fondamentali** dell'ordinamento giuridico nonché i diritti e i doveri dei cittadini; regolano, inoltre, la struttura dello Stato ed i rapporti fra quest'ultimo ed i cittadini. Sono disciplinati e ripartiti, ancora, i rapporti tra i diversi poteri (legislativo, esecutivo e giudiziario) e stabilite le norme principali che regolano la vita degli organi e degli enti di maggiore rilevanza per lo Stato.

I primi 12 articoli della Costituzione sanciscono i princìpî fondamentali: vanno ricordati, fra gli altri, il principio della dignità dell'uomo, il principio di laicità, pluralista, democratico, di uguaglianza, di solidarietà, dell'unità ed indivisibilità della Repubblica, internazionalista, pacifista.

La Costituzione ha natura "**rigida**" (a differenza dello Statuto albertino del 1848, che aveva una struttura "flessibile"); ciò vuol dire che per poter modificare la stessa occorre una maggioranza parlamentare qualificata, come prevede l'art. 138, 1° co., Cost.: le **leggi di revisione** della **Costituzione** sono "adottate da ciascuna Camera con due successive deliberazioni ad intervallo non minore di tre mesi, e sono approvate a maggioranza assoluta dei componenti di ciascuna Camera nella seconda votazione".

Un'importante legge di revisione costituzionale, ad esempio, è la l. cost. 18.10.2001, n. 3, recante "Modifiche al Titolo V della parte seconda della Costituzione" (§ 14).

Lo stesso procedimento dettato per la revisione della Costituzione è previsto per le **leggi costituzionali**: si tratta di leggi emanate in materie rispetto alle quali la Costituzione formula una **riserva di legge costituzionale**. In pratica, essa prevede che determinate materie si possono regolare soltanto attraverso le leggi costituzionali.

È stabilito, ad esempio, che "l'iniziativa delle leggi appartiene al Governo, a ciascun membro delle Camere ed agli organi ed enti ai quali sia conferita da **legge costituzionale**" (art. 71, 1° co., Cost.). Ed ancora, è prevista la possibilità, soltanto con legge costituzionale, di disporre la fusione di Regioni esistenti o la creazione di nuove Regioni (art. 132, 1° co., Cost.).

In altri casi la Costituzione formula una **riserva** di **legge ordinaria**; prevede, cioè, che alcune materie possano essere regolate soltanto attraverso le leggi ordinarie (§

12): ad esempio, la proprietà privata "è riconosciuta e garantita dalla legge" (art. 42, 2° co., Cost.).

10.1. *L'illegittimità costituzionale delle norme di legge. La Corte costituzionale.*

È considerata costituzionalmente illegittima una norma di legge contraria alla Costituzione o alle altre leggi costituzionali. Il giudizio definitivo sulla illegittimità, tuttavia, non spetta a qualsiasi giudice; esiste, infatti, un organo giurisdizionale appositamente deputato a tale funzione: la **Corte costituzionale**.

Come prevede l'art. 134 Cost., essa giudica, fra l'altro, "sulle controversie relative alla legittimità costituzionale delle leggi e degli atti, aventi forza di legge, dello Stato e delle Regioni".

Si veda, in sintesi, come si fa a sottoporre una norma di legge al giudizio della Corte costituzionale: durante un giudizio civile, penale o amministrativo, una delle parti o lo stesso giudice possono sollevare una questione di legittimità costituzionale di una norma di legge; deve trattarsi, però, di una controversia che non può essere decisa a prescindere dalla soluzione della questione di legittimità costituzionale.

Peraltro, se la questione è stata sollevata dalle parti, il giudice si pronuncia soltanto sulla sua "manifesta infondatezza": qualora la questione non sia manifestamente infondata rimette gli atti alla Corte costituzionale, sospendendo il giudizio nell'attesa della pronuncia di quest'ultima (artt. 23 ss. l. cost. 11.3.1953, n. 87).

Esempio. Durante un giudizio penale il Sig. Arrabbiatis chiede, a mezzo del suo difensore, di rimettere gli atti alla Corte costituzionale, giacché il fatto che ha insultato un pubblico ufficiale non è, a suo dire, perseguibile. La nostra Costituzione, aggiunge, prevede la libertà di pensiero. La questione è manifestamente infondata: il giudice, pertanto, non rimetterà gli atti alla Corte costituzionale.

Qualora la Corte costituzionale dichiari l'illegittimità costituzionale della norma di legge, essa cessa di avere efficacia dal giorno successivo alla pubblicazione della sentenza (art. 136, 1° co., Cost.). La sentenza, dunque, ha un effetto generale e non limitato al giudizio in corso: cancella definitivamente dall'ordinamento giuridico la norma giudicata costituzionalmente illegittima.

Il giudizio di incostituzionalità, si dice, è incidentale (giacché nasce soltanto all'interno di un processo). Ciò segna il distacco del nostro ordinamento rispetto alle c.d. Costituzioni di terza generazione, come quella del Brasile, che ha previsto l'azione diretta di incostituzionalità, promossa da un Procuratore generale presso il Tribunale costituzionale, dal Presidente e dai Governatori degli Stati, nonché dai partiti e dai sindacati.

Per chiudere il discorso sulla nostra Corte costituzionale, va aggiunto che essa spesso pronuncia (oltre che sentenze di accoglimento o di mero rigetto) anche **sentenze "interpretative di rigetto"** e "**sentenze additive**".

Con le prime la Corte dichiara infondata la questione giacché il dubbio di legittimità costituzionale si basa su un'errata interpretazione della norma impugnata. Con le seconde la Corte dichiara illegittima una norma nella parte in cui non prevede ciò che, invece, sarebbe costituzionalmente necessario prevedere.

10.2. *La Costituzione ed i rapporti di diritto privato.*

La Costituzione italiana ha una grande importanza nel diritto privato. La sua entrata in vigore, anzi, ha imposto una lettura costituzionale dell'intero sistema del diritto privato.

L'incidenza della Costituzione sulle norme di diritto privato si manifesta almeno in tre modi.

Si è appena visto come la Costituzione permetta di operare un **controllo** di **costituzionalità** sulle leggi che, se contrarie ai principî della Carta fondamentale, sono destinate ad essere cancellate dall'ordinamento.

La Costituzione, in secondo luogo, stabilisce alcune **direttive** per il **legislatore ordinario**, che è chiamato a creare norme giuridiche privatistiche conformi ai principî espressi nella Carta.

Si pensi alla disciplina codicistica sul diritto di famiglia, che prima della Riforma del 1975 non assecondava in pieno quei principî di eguaglianza morale e giuridica fra i coniugi che, invece, sono stati solennemente consacrati nella Costituzione.

La stessa ispirazione di eguaglianza si rinviene nella recente Riforma in materia di "figli naturali", la quale supera la gerarchia fra famiglia "legittima" e famiglia "naturale" che il legislatore costituente, all'art. 30, 3° co., Cost., aveva istituito (l. 10.12.2012, n. 219; d.lgs. 28.12.2013, n. 154).

Molti principî costituzionali hanno ispirato con il tempo le norme di diritto privato: si pensi non solo al principio di uguaglianza (art. 3 Cost.), ma anche al principio della libertà di associazione (art. 18 Cost.), a quello sulla tutela dei lavoratori (artt. 35 e 36 Cost.), a quello sul diritto di proprietà (art. 42 Cost.).

Da ultimo, va notato come le norme costituzionali non si limitino ad esprimere una serie di principî, cui il legislatore ordinario è tenuto a conformarsi: talvolta, esse possono trovare direttamente applicazione nei rapporti privati. Il giudice, ad esempio, può stabilire che lo sciopero non obbliga i lavoratori al risarcimento dei danni eventualmente cagionati al datore di lavoro: applica, infatti, l'art. 40 Cost., secondo cui lo sciopero è un diritto dei lavoratori, che esclude la possibilità di domandare a quest'ultimi il risarcimento dei danni. È inoltre diffusa l'affermazione secondo cui il dovere di solidarietà, previsto dall'art. 2 Cost., entra direttamente nel contratto e, più in generale, nei rapporti tra i privati (Cass., Sez. Un., 6.5.2016, n. 9140). Si tratta di un tema che, negli anni dell'emergenza legata al diffondersi del coronavirus, è stato particolarmente avvertito, allorché (per riprendere un'espressione di Stefano Rodotà) si è parlato di contratti come "istituzioni della solidarietà": istituzioni, cioè, in cui i privati soddisfano certamente i loro interessi, ma nel contempo perseguono soluzioni rispettose dell'ambiente, delle disuguaglianze, degli interessi collettivi.

11. Le fonti comunitarie.

Nella scala gerarchica, in posizione peculiare, si trovano le **fonti comunitarie** (il cui studio costituisce l'oggetto specifico del corso di diritto comunitario o diritto dell'Unione europea): si fa riferimento a quegli atti normativi, emanati dagli organi dell'Unione europea (UE), che hanno efficacia vincolante, all'interno dello Stato italiano, in virtù del fatto che lo stesso è membro della UE.

È l'art. 11, 1° co., Cost., a permettere tale adesione: l'Italia "consente, in condizioni di parità con gli altri Stati, alle **limitazioni di sovranità** necessarie ad un ordinamento che assicuri la pace e la giustizia fra le Nazioni; promuove e favorisce le organizzazioni internazionali rivolte a tale scopo".

Gli organi principali dell'Unione europea sono il Parlamento europeo (che ha funzioni promozionali e consultive), il Consiglio (cui è attribuito il potere regolamentare), la Commissione (avente funzioni organizzative), la Corte di Giustizia e la Corte dei Conti.

I principali atti normativi dell'Unione europea sono i regolamenti comunitari e le direttive previsti dai Trattati europei (art. 249, 2° e 3° co., del Trattato di Roma istitutivo della Comunità Economica Europea del 25 marzo 1957, modificato dal Trattato di Maastricht del 7 febbraio 1992, che ha istituito l'Unione europea; ulteriori modificazioni al Trattato istitutivo sono intervenute con il Trattato di Amsterdam del 2 ottobre 1997 ed il Trattato di Nizza del 26 febbraio 2001; sui Trattati più recenti si veda *infra*, in questo paragrafo). I Trattati internazionali, va precisato, vincolano lo Stato soltanto se sono ratificati con apposita legge (art. 80 Cost.).

I **regolamenti** comunitari sono atti normativi "esterni", emanati dagli organi della UE, che contengono norme giuridiche automaticamente operative negli Stati aderenti. Le norme create dai regolamenti comunitari, per intenderci, vincolano direttamente lo Stato italiano nonché tutti i cittadini ed i soggetti dell'ordinamento, senza che sia necessaria una legge che ne recepisca il loro dettato. Può dunque succedere che il giudice italiano si trovi ad applicare non la legge italiana, come si è abituati a pensare, ma un regolamento comunitario.

Occorre chiedersi che posto occupino le fonti comunitarie in esame nella gerarchia delle fonti. Non vi è dubbio che esse, in quanto fonti primarie "esterne", prevalgano sulle fonti secondarie "interne" (§§ 15, 16).

In caso di contrasto con le altre fonti primarie "interne" (leggi ordinarie dello Stato, atti aventi forza di legge, leggi regionali), le fonti primarie "esterne" prevalgono su di esse: il giudice italiano dovrà applicare le fonti comunitarie e disapplicare le fonti primarie interne (art. 117, 1° co., Cost.; in questo senso si confronti già Corte cost., 18.6.1984, n. 170).

I regolamenti non sono oggetto del giudizio diretto di incostituzionalità, che è riservato alle leggi statali e regionali.

Diversa è, invece, la forza normativa delle **direttive**: esse sono direttamente vincolanti per gli Stati membri, che devono recepire il loro contenuto in fonti normative interne. Attraverso tale recepimento il contenuto della direttiva diventa vincolante per i cittadini e per i soggetti degli ordinamenti aderenti alla UE.

Lo strumento attraverso cui le direttive diventano operanti nel nostro ordinamento è, attualmente, previsto dalla l. 24.12.2012, n. 234, in base alla quale ogni anno, entro il 28 febbraio, il Governo è tenuto a presentare alle Camere un disegno di **legge di delegazione europea**, volto a delegare il Governo al recepimento delle direttive e degli altri atti della UE (al primo disegno di legge ne può seguire un secondo, entro il 31 luglio di ciascun anno).

La l. n. 234/2012 prevede anche che, ove sia necessario, il Governo possa presentare un disegno di **legge europea**, con cui si provvede a dare attuazione diretta agli obblighi normativi derivanti dall'adesione alla UE.

Un esempio di legge comunitaria è la l. n. 52/1996, che ha attuato la Direttiva comunitaria 93/13/CEE: in tal modo è stato "novellato" il codice civile, attraverso l'introduzione degli artt. 1469-*bis* ss. cod. civ., poi trasfusi negli artt. 33 ss. del Codice del Consumo (d.lgs. n. 206/2005).

Qualora uno Stato membro non adempia all'obbligo di attuare una direttiva, nel termine previsto dalla stessa, può essere sanzionato dagli organi comunitari.

In linea generale, dunque, le direttive non sono *self-executing*: può però accadere che esse siano automaticamente operative quando lo Stato membro risulti essere inadempiente rispetto ai termini fissati per il recepimento, e quando le disposizioni contenute nelle stesse direttive siano così puntuali da poter essere direttamente applicate senza la mediazione della fonte interna. In questo caso, è evidente, la differenza tra regolamenti comunitari e direttive tende a sfumare.

Il quadro delle fonti comunitarie va completato, attualmente, con il riferimento al **Trattato di Lisbona** del 13 dicembre 2007, ratificato dai singoli Stati fra il 2008 ed il 2009 (in Italia con la l. n. 130/2008). Il Trattato di Lisbona è una sorta di Carta costituzionale dell'Unione europea (anche se formalmente non è utilizzata questa dizione), che riprende alcuni dei princìpî già contenuti nel precedente Trattato di Roma del 29 ottobre 2004, il quale non era stato definitivamente approvato (a causa dell'esito negativo di alcuni *referendum* che dovevano provvedere alla sua ratifica).

Sorgono, a questo punto, delicati problemi di coordinamento tra il Trattato di Lisbona e la nostra Costituzione (problemi analoghi, evidentemente, hanno anche gli altri Stati membri della UE).

Sembra possibile, per quel che riguarda il nostro ordinamento, rifarsi all'interpretazione che la Corte costituzionale ha fatto dell'art. 11 Cost., il quale consente "limitazioni di sovranità" all'ordinamento giuridico "in condizioni di parità con gli altri Stati" e al fine di realizzare "la pace e la giustizia fra le Nazioni". Le "limitazioni di sovranità", costituite dalla possibile incidenza di fonti normative "esterne" (e fra queste, oggi, il Trattato di Lisbona), incontrano comunque un "contro-limite" invalicabile: esso è rappresentato dai diritti inviolabili della persona umana e dai princìpî fondamentali ("supremi", li chiamano i giudici delle leggi) del nostro ordinamento, che non possono subire alcuna compressione (Corte cost., n. 170/1984).

Sono fonti comunitarie anche le **decisioni** (art. 288, 4° co., Trattato sul funzionamento dell'Unione europea), che di solito sono vincolanti soltanto per i soggetti destinatari specificamente individuati. Con l'entrata in vigore del Trattato di Lisbona, tuttavia, esse possono avere anche portata generale (si pensi alle decisioni di carattere organizzativo o a quelle prese in materia di politica estera o di sicurezza comune).

Si ricordi che il Trattato sul funzionamento dell'Unione europea (TFUE) risale al già ricordato Trattato sulla fondazione della Comunità economica europea, stipulato a Roma nel 1957 e più volte modificato nel corso del tempo. L'attuale denominazione (TFUE) si deve proprio al Trattato di Lisbona: il cambiamento del nome deriva dal fatto che con quest'ultimo è stata sancita la fine della Comunità europea e tutte le sue funzioni sono state assunte dall'Unione europea.

12. Le leggi e gli altri atti aventi "forza di legge".

Fonti normative primarie "interne" sono le leggi e gli altri atti aventi "forza di legge".

Le **leggi ordinarie statali** (dette anche leggi in senso proprio o formale) sono approvate dal Parlamento in base ad una procedura prevista dalla Costituzione: lo stesso testo deve essere approvato da parte di entrambe le Camere del Parlamento (la Camera del Senato e la Camera dei Deputati); segue, poi, la promulgazione da parte del Presidente della Repubblica e, infine, la pubblicazione sulla Gazzetta Ufficiale (artt. 70 ss. Cost.).

L'iniziativa delle leggi appartiene al Governo, a ciascun membro delle Camere e agli organi ed enti ai quali sia conferita da legge costituzionale (art. 71, 1° co., Cost.). Il popolo esercita l'iniziativa delle leggi mediante la proposta, da parte di almeno cinquantamila elettori, di un progetto redatto in articoli (art. 71, 2° co., Cost.).

Accanto alle leggi ordinarie statali si trovano, equiparati alle stesse, altri atti normativi con forza di legge: i **decreti legislativi** (detti anche decreti delegati) ed i **decreti-legge**.

I decreti legislativi (d.lgs.) sono atti normativi con forza di legge adottati dal Governo (ossia dal c.d. potere esecutivo) per delega del Parlamento. Le Camere, in sostanza, adottano una legge-delega che stabilisce i princìpî ed i criteri direttivi cui il Governo deve attenersi, definendo nel contempo l'oggetto dell'attività legislativa ed il tempo entro cui la delega deve essere esercitata (art. 76 Cost.).

Ancorché non sia prevista espressamente dalla Costituzione, è invalsa la prassi secondo cui il Governo, prima di approvare definitivamente un decreto delegato, sottopone lo schema alle Commissioni parlamentari competenti sulla materia, accogliendo eventuali pareri ed osservazioni.

Ai decreti legislativi, adottati di norma nella forma del decreto del Presidente della Repubblica (d.p.r.), si fa di solito ricorso allorché occorra disciplinare materie complesse che comportano l'adozione di testi normativi molto articolati.

I decreti-legge (d.l.), invece, possono essere emanati dal Governo in "casi straordinari di necessità ed urgenza" (art. 77, 1° co., Cost.): essi, tuttavia, perdono efficacia sin dall'inizio se, entro il termine di sessanta giorni, il Parlamento non li abbia convertiti in legge (art. 77, 3° co., Cost.). Nonostante la precisa indicazione della norma costituzionale, nella pratica i decreti-legge sono diventati uno strumento ordinario di legislazione.

13. I codici e la loro posizione nel sistema delle fonti del diritto.

Non sono più fonti del diritto i "regi decreti" con cui, nel Novecento, sono state create importanti norme giuridiche: basterà pensare al **codice civile**, approvato con regio decreto (r.d.) 16.3.1942, n. 262; al codice di procedura civile, approvato con r.d. 28.10.1940, n. 1443; al codice penale, approvato con r.d. 19.10.1930, n. 1398; al codice della navigazione, approvato con r.d. 30.3.1942, n. 327. La fonte del codice di procedura penale, attualmente, si rinviene nel d.p.r. 22.9.1988, n. 447, e successive modifiche (in quest'ultimo caso, dunque, si fa riferimento ad una fonte normativa esistente).

I "regi decreti", si diceva, non costituiscono più fonti del diritto: lo erano fino a quando il nostro ordinamento è stato retto dalla Monarchia. Con il *referendum* del 2 giugno 1946 si è passati alla forma istituzionale della Repubblica, che ha inciso anche sul sistema delle fonti.

Una precisazione va fatta: se i regi decreti non sono più fonti del diritto, le norme da essi create (almeno quelle che non sono state abrogate o modificate) costituiscono tutt'ora diritto vigente. L'impianto del codice civile del 1942, dunque, rappresenta ancora oggi la disciplina di riferimento del diritto privato.

Quanto alla posizione dei codici nell'attuale sistema delle fonti del diritto, essi si pongono sullo stesso piano delle altre fonti primarie "interne": tanto è vero che con legge ordinaria statale si possono abrogare gli articoli del codice civile (l'art. 308 cod. civ., ad esempio, è stato abrogato dall'art. 67 della l. 4.5.1983, n. 184); con legge ordinaria vengono aggiunti nuovi articoli nel codice civile attraverso la tecnica della numerazione *bis*, *ter*, *quater* e così via (l'art. 2500-*bis* cod. civ. è stato aggiunto con il d.lgs. 17.1.2003, n. 6); sempre con legge ordinaria, infine, vengono modificate alcune norme codicistiche (l'art. 415 cod. civ. è stato modificato dall'art. 1 della l. 20.2.2006, n. 95).

È vero che il codice civile ha una numerazione che arriva all'art. 2969: tuttavia, fra aggiunte e modifiche il numero degli articoli è in continua evoluzione.

13.1. *La funzione dei codici.*

Se dal punto di vista della gerarchia delle fonti i codici si pongono sullo stesso piano delle fonti primarie, sotto il profilo politico-culturale essi hanno un'importanza di assoluto rilievo.

Con l'espressione "codice", infatti, si fa riferimento ad un testo normativo complesso ed articolato, con cui si detta la disciplina organica di una determinata materia: il codice civile, in particolare, costituisce l'architrave del sistema del diritto privato.

Lo studio delle codificazioni (italiane ed europee) rappresenta l'oggetto specifico del corso di storia del diritto: è necessario, però, svolgere qualche cenno per inquadrare sistematicamente il codice civile del 1942, che costituisce ancora oggi la principale **fonte del diritto privato** (così come il codice di procedura civile costituisce la principale fonte del diritto processuale civile).

Il codice civile francese (*le Code Napoléon*), che tanta influenza ha avuto sulle codificazioni di altri Paesi, è del 1804.

Il periodo precedente è denominato, comunemente, "*ancien régime*". Esso era caratterizzato, ai fini che qui interessano, dal c.d. **particolarismo giuridico**: i diversi gruppi sociali erano sottoposti ad un sistema diverso di norme giuridiche. La stessa situazione, dunque, poteva essere sottoposta ad un diverso trattamento normativo, a seconda della persona che si trovava ad essere protagonista (il nobile, il contadino).

Lo **Stato moderno** si afferma nel momento in cui riesce ad avocare a sé tutta la sovranità, fra cui il potere di creare norme giuridiche. Al particolarismo giuridico si sostituisce la c.d. **unità del diritto**: tutti i cittadini dello Stato sono soggetti ad un unico diritto statuale.

I codici rappresentano lo strumento privilegiato attraverso cui si fondano gli Stati moderni: essi regolano unitariamente una determinata materia, senza distinzione fra i soggetti cui le norme si devono applicare. Il che è ben visibile anche nelle codificazioni attuali: per l'art. 1, 1° co., cod. civ. italiano, la capacità giuridica si acquista con il momento della nascita. Con la nascita, dunque, tutti (e non una determinata categorie di persone) acquistano l'idoneità ad essere destinatari di diritti e di doveri (ad essere, come si dice, un **centro di imputazione giuridica**).

La riprova dello stretto collegamento fra l'affermazione degli Stati sovrani e le codificazioni è presto fornita: quando l'unità politica si è affermata più tardi rispetto ad altre esperienze, la codificazione ha subìto, parallelamente, lo stesso slittamento. E così, il codice civile tedesco (*Bürgerliches Gesetzbuch*, comunemente indicato con le iniziali BGB) è entrato in vigore nel 1900.

Non si deve pensare, peraltro, che l'affermazione dello Stato unitario si accompagni, necessariamente, alla creazione di codici (tipici dei Paesi che hanno adottato il diritto scritto: c.d. sistema di ***Civil law***). Esistono Paesi che non hanno una codificazione e, in particolare, il codice civile. Si fa riferimento ai sistemi giuridici angloamericani e anglosassoni (di ***Common law***), che si fondano, principalmente, su fonti non scritte, ossia su regole e principî che si ricavano dai precedenti giudiziari.

13.2. *Il codice civile italiano: cenni storici.*

L'unificazione dell'Italia avvenne nel 1861. Il primo codice civile italiano unitario fu quello del Regno d'Italia del 1865 (detto Codice Pisanelli), che si richiamava espressamente, quanto alla struttura ed ai principî ispiratori, al codice civile francese del 1804 (il primo codice civile della Penisola italiana, invece, fu il codice civile albertino, emanato da Carlo Alberto con l'editto del 20 giugno 1837).

Nel codice del 1865 si affermarono quei valori e quegli ideali che erano stati propugnati dalla **Rivoluzione francese** (negli anni 1789-1799) e che assecondavano, principalmente, le esigenze della nuova società borghese: affermazione dell'autonomia dell'individuo, libertà di iniziativa economica e di contrattazione, assoluto rispetto del diritto di proprietà, delimitazione precisa dei poteri dello Stato.

La convulsa trasformazione economica e sociale degli anni successivi, tuttavia, contribuì a far maturare l'idea di un nuovo codice civile, più aderente alle esigenze dei tempi. Proprio fra la fine del 1800 e gli inizi del 1900 si avviò, in Italia, il decollo industriale, con una forte espansione del settore tessile, dell'industria saccarifera, siderurgica, idroelettrica. L'industria meccanica, poi, si sviluppò attraverso la produzione di materiale ferroviario, caldaie, utensili di precisione, macchine da scrivere, da cucire e, in particolar modo, automobili (nel 1899 nacque la FIAT, Fabbrica italiana automobili Torino).

Si aggiunga, poi, la sciagura della **Prima guerra mondiale** (1915-1918), che portò sconvolgimenti sociali e politici destinati a ripercuotersi anche negli anni successivi.

In questo contesto si avviò, negli anni Venti del secolo scorso, l'opera di revisione del codice civile, che terminò soltanto negli anni Quaranta, con l'adozione del codice civile del 1942. Il testo è il frutto del lavoro di diverse commissioni e sottocommissioni (formate da professori universitari, magistrati, avvocati e funzionari), coordinate da Filippo Vassalli. Gli anni dell'entrata in vigore del codice civile coincidono con quelli del **ventennio fascista** (1922-1943), nonché con quelli della **Seconda guerra mondiale** (1939-1945).

Il codice civile italiano non può essere considerato, comunque, un codice "fascista", ponendosi semmai nel solco di quello precedente. Il fondamentale apporto, nella sua elaborazione, di giuristi liberali, permise un'opera di modernizzazione, di affinamento tecnico e di appropriata collocazione sistematica degli istituti.

È pur vero, d'altra parte, che nel momento dell'emanazione del codice civile la propaganda del regime fascista cercò di allontanarsi da alcuni princìpî liberali (su cui si era fondato il codice civile del 1865) invisi allo Stato corporativo. Tale tentativo, in concreto, si attuò soltanto con alcune norme, che non riuscirono però a modificare il volto del codice civile: tanto è vero che, dopo la caduta del fascismo, furono abrogate soltanto quelle disposizioni codicistiche che costituivano l'immediata trasposizione dell'ideologia del Ventennio (si pensi alle norme "corporative"). L'impianto generale, invece, tenne, anche se successivamente alcune norme del codice civile sarebbero state modificate o cambiate, secondo la normale dinamica dell'ordinamento democratico e repubblicano.

Alcuni istituti, poi, ebbero una storia singolare: si pensi alle associazioni, disciplinate nel primo Libro del codice civile. La loro regolamentazione risentì della diffidenza del legislatore verso enti promossi dall'iniziativa privata, in cui si potevano agitare idee e fermenti culturali diversi da quelli imposti dallo Stato fascista. Da qui l'idea, del legislatore codicistico, di dettare una scarna disciplina, soprattutto per le associazioni non riconosciute (artt. 36-38 cod. civ.). Ebbene, l'assenza di una puntuale normativa, dopo la caduta del regime fascista, si sarebbe tramutata nella fortuna degli stessi enti, che avrebbero avuto (ed hanno) un'enorme diffusione anche grazie all'assenza di particolari vincoli nello svolgimento della loro attività. Basti pensare che, ancora oggi, i **sindacati** ed i **partiti** sono associazioni non riconosciute.

Il codice civile del 1942, inoltre, introdusse una novità assai rilevante rispetto al passato: esso assorbì tutte le materie che, in precedenza, erano regolate dal **codice di commercio** del 1882 (il quale aveva sostituito un più risalente codice del commercio del 1865).

L'idea pregressa era che le attività dei "commercianti" (così erano chiamati, all'epoca, gli imprenditori) dovessero avere una specifica regolamentazione, diversa da quella dei comuni cittadini: esisteva, dunque, un diritto privato delle obbligazioni e dei contratti civili (regolato dal codice civile) ed un diritto privato delle obbligazioni e dei contratti commerciali (regolato dal codice del commercio). Quest'ultima regolamentazione era maggiormente improntata alle esigenze dell'economia moderna: velocità nella contrattazione e sicurezza degli affari.

Con l'emanazione del codice civile del 1942 il codice di commercio venne abrogato; il suo "spirito", tuttavia, si trasfuse nel codice civile, che dà un adeguato spazio alle esigenze di efficienza del traffico economico. Si comprende, in tal modo, il perché di alcune espressioni ricorrenti nel linguaggio degli studiosi: il codice civile italiano, si suole affermare, ha determinato la "**unificazione del diritto privato**" ma ha comportato, nel contempo, la "**commercializzazione**" del diritto privato.

Non tutti i Paesi hanno seguito l'esempio dell'Italia: in Francia, in Germania e in Spagna, ad esempio, accanto al codice civile sussiste ancora il codice di commercio.

13.3. *Le partizioni del codice civile italiano. La legislazione settoriale e le nuove codificazioni.*

Il codice civile italiano è ripartito in sei libri. Studiando i singoli **libri**, ci si accorge come ognuno di essi sia suddiviso in titoli. I titoli, a loro volta, sono suddivisi in capi; i capi, infine, possono essere ulteriormente suddivisi in sezioni. Ciascun articolo del codice civile ha un titolo, che si suole chiamare **rubrìca**: l'art. 1 del codice civile è "rubricato" "capacità giuridica". Gli articoli possono essere suddivisi in più commi, ciascuno dei quali detta una o più norme giuridiche.

Il codice civile è preceduto da alcune disposizioni preliminari (artt. 1-16; gli artt. 17-31 sono stati abrogati dalla l. n. 218/1995). Vi sono, poi, le disposizioni di attuazione dei singoli libri del codice civile, nonché alcune disposizioni transitorie.

Il Libro Primo è denominato "Delle persone e della Famiglia" (artt. 1-455 cod. civ.): disciplina la capacità giuridica e di agire delle persone, i diritti della personalità, le organizzazioni collettive (associazioni, fondazioni, comitati), la famiglia.

Il Libro Secondo è denominato "Delle successioni" (artt. 456-809 cod. civ.): disciplina le successioni a causa di morte ed il contratto di donazione.

Il Libro Terzo è denominato "Della proprietà" (artt. 810-1172 cod. civ.): disciplina il diritto di proprietà, gli altri diritti reali, la comunione, il condominio ed il possesso.

Il Libro Quarto è denominato "Delle obbligazioni" (artt. 1173-2059 cod. civ.): disciplina le obbligazioni e le loro fonti (il contratto, il fatto illecito e gli altri atti o fatti idonei a produrre obbligazioni). Contiene, inoltre, una regolamentazione specifica dei **contratti tipici**, così detti perché sono regolati dalla legge (a differenza dei **contratti innominati**).

Il Libro Quinto è denominato "Del lavoro" (artt. 2060-2642 cod. civ.): disciplina, fra l'altro, l'impresa in generale, il lavoro subordinato ed autonomo, le società aventi scopo di lucro, la concorrenza. Le materie di questo libro costituiscono l'oggetto specifico del corso di diritto commerciale e del diritto del lavoro.

Il Libro Sesto è denominato "Della tutela dei diritti" (artt. 2643-2969 cod. civ.): disciplina la trascrizione, le prove, la responsabilità patrimoniale del debitore, le cause di prelazione, la prescrizione e la decadenza.

Non si deve pensare che la materia del diritto privato sia disciplinata soltanto dal codice civile (che ancora oggi, comunque, è la legge di riferimento principale). Numerose materie, infatti, sono regolate da apposite leggi "complementari" o "collegate", così chiamate perché completano, spesso con tratto originale ed innovativo, la regolamentazione dei rapporti di diritto privato già prevista dal codice civile.

Negli ultimi decenni, anzi, si è parlato spesso di "**decodificazione**", espressione con cui si fa riferimento alla rilevante produzione di leggi che integrano e specificano la disciplina codicistica oppure dettano *ex novo* materie che non hanno trovato spazio nel codice civile. Il che porterebbe (ed è questa la ragione dell'espressione utilizzata) ad una crescente marginalità del codice civile rispetto all'importanza crescente della legislazione settoriale.

Si pensi, solo per fare qualche esempio, alla l. 20.5.1970, n. 300, sullo Statuto dei lavoratori; alla l. 3.5.1982, n. 203, sull'affitto dei fondi rustici; alla l. 4.5.1983, n. 184 (e successive modifiche), sull'adozione; alla l. 1.12.1970, n. 898 (e successive modifiche), sullo scioglimento del matrimonio; alla l. 27.7.1978, n. 392, sulle locazioni urbane; alla legislazione "a pioggia" che ha investito gli enti *non profit*. Non è raro che in queste discipline (peraltro modificate nel corso del tempo) si rinvengano alcuni princìpî innovativi, che non è dato rinvenire nel codice civile.

La tecnica di procedere all'emanazione di leggi distaccate dal codice è preferita rispetto a quella della "**novellazione**", con cui il *corpus* del codice viene modificato e integrato (anche nella sua numerazione) da una legge, che si occupa appunto di "ridisegnare" alcune parti del codice civile (ciò è avvenuto, ad esempio, con la Riforma del diritto di famiglia del 1975).

Negli ultimi decenni si assiste alla tendenza del legislatore a dettare discipline settoriali nella materia privatistica, cui viene attribuito il titolo di "codici" (nuovi codici, dunque, rispetto ai cinque codici di cui si è dato conto: § 13). In alcuni di essi ci si deve imbattere, inevitabilmente, nello studio del diritto privato. Si pensi, in particolare, al Codice del Terzo settore (d.lgs. n. 117/2017), al Codice in materia di protezione dei dati personali (d.lgs. n. 196/2003), al Codice delle comunicazioni elettroniche (d.lgs. n. 259/2003), dei beni culturali e del paesaggio (d.lgs. n. 42/2004), della proprietà industriale (d.lgs. n. 30/2005), dell'amministrazione digitale (d.lgs. n. 82/2005), dei diritti dei consumatori (d.lgs. n. 206/2005), delle assicurazioni private (d.lgs. n. 209/2005), dell'ambiente (d.lgs. n. 152/2006), delle pari opportunità fra uomo e donna (d.lgs. n. 198/2006).

I "nuovi codici" sono ispirati alla necessità di regolare in un unico testo legislativo una determinata materia: è il caso del codice dei consumatori, che ha raccolto una serie di discipline sparse, fino a quel momento, in diverse leggi.

Il punto, però, è proprio questo. Si assiste, oggi, ad una mutazione del significato della parola "codice": nei recenti utilizzi esso è inteso come un tentativo di raccolta organica e sistematica di norme relative ad una o più specifiche materie. Il processo evolutivo del termine ha abbandonato il concetto di "completezza" con cui, invece, si intendeva il "codice" dalla metà dell'Ottocento fino al periodo fascista.

14. Gli statuti e le leggi regionali.

Chiusa la digressione sui codici ed il discorso sul loro inserimento nella gerarchia delle fonti, occorre riprendere l'analisi delle stesse. Dopo aver esaminato le leggi e gli altri atti aventi forza di legge, vanno presi in considerazione gli statuti e le leggi regionali.

Per comprendere queste fonti è necessario far riferimento alla l. cost. n. 3/2001, che ha provveduto alla revisione degli artt. 114-120 Cost., nell'ottica del **decentramento** delle **funzioni** amministrative e finanziarie dello **Stato** (artt. 118 ss. Cost.).

Deve dirsi, in linea generale, che ciascuna "Regione ha uno statuto che, in armonia con la Costituzione, ne determina la forma di governo e i principî fondamentali di organizzazione e funzionamento" (art. 123, 1° co., Cost.).

Gli statuti e le leggi regionali sono da considerare fonti primarie "interne": essi, dunque, sono gerarchicamente subordinati alla Costituzione, alle leggi costituzionali e di revisione costituzionale. Inoltre, sono subordinati alle fonti primarie "esterne", ossia alle fonti comunitarie (si veda l'art. 117, 1° co., Cost., secondo cui la potestà legislativa delle Regioni, oltre che quella statale, è esercitata "*nel rispetto* della Costituzione, nonché dei vincoli derivanti dall'ordinamento comunitario e dagli obblighi internazionali").

Un esame più approfondito delle fonti regionali, tuttavia, porta ad osservare come il rapporto degli statuti con la Costituzione, da un lato, e delle leggi regionali con le leggi ordinarie dello Stato, dall'altro, sia diverso a seconda della natura (speciale o ordinaria) dello statuto regionale.

Esistono, nel nostro ordinamento, alcune **Regioni a statuto speciale**; ciò a causa della loro collocazione geografica o delle loro particolari condizioni storico-sociali. Si tratta del Friuli-Venezia Giulia (l. cost. 31.1.1963, n. 1); della Sardegna (l. cost. 26.2.1948, n. 4); della Sicilia (r.d. 15.5.1946, convertito nella l. cost. 26.2.1948, n. 2); del Trentino-Alto Adige (l. cost. 26.2.1948, n. 5); della Valle d'Aosta (l. cost. 26.2.1948, n. 5).

Nelle Regioni a statuto speciale lo statuto è adottato con legge costituzionale (art. 116, 1° co., Cost.): si tratta, dunque, di fonti normative equiparate alla Costituzione.

Ed ancora, le Regioni a statuto speciale godono di una maggiore autonomia legislativa rispetto alle Regioni a statuto ordinario (art. 116, 3° co., Cost., ove peraltro si prevede che "ulteriori forme e condizioni particolari di autonomia" possono essere "attribuite ad altre Regioni").

Gli statuti delle **Regioni a statuto ordinario**, invece, non sono adottati con legge costituzionale; inoltre, esse hanno un potere legislativo più ristretto rispetto a quelle a statuto speciale, anche se modificato (ed ampliato) a seguito della riforma dell'art. 117 Cost. (intervenuta con la già ricordata l. cost. n. 3/2001).

Per comprendere la portata della riforma costituzionale va ricordato come si atteggiava, in precedenza, il criterio della "competenza per materia" fra Stato e Regioni: a quest'ultime veniva attribuita, su materie specificamente previste, una potestà legislativa tendenzialmente subordinata alle leggi statali. Semmai, come accennato, la potestà legislativa era più ampia e talvolta "esclusiva" per le Regioni a statuto speciale.

Il nuovo testo dell'art. 117 Cost., invece, prevede quanto segue:

(a) una **competenza "generale"** delle leggi regionali in "ogni materia non espressamente riservata alla legislazione dello Stato" (art. 117, 4° co., Cost.);

(b) una **competenza "esclusiva"** della legge ordinaria dello Stato nelle materie espressamente indicate (art. 117, 2° co., Cost.): ad esempio, ordinamento civile e penale (ciò vuol dire che non possono esistere un diritto privato ed un diritto penale regionali); giurisdizione e norme processuali; giustizia amministrativa; immigrazione; rapporti tra la Repubblica e le confessioni religiose; cittadinanza, stato civile e anagrafe; moneta, tutela del risparmio e mercati finanziari; ordine pubblico e sicurezza, ad esclusione della polizia amministrativa locale; ordinamento e organizzazione amministrativa dello Stato e degli enti pubblici nazionali; determinazione dei livelli essenziali delle prestazioni concernenti diritti civili e sociali che devono essere garantiti su tutto il territorio nazionale;

(c) una **competenza "concorrente"**: ripartita, cioè, in alcune determinate materie, fra legislazione statale e legislazione regionale (art. 117, 3° co., Cost.). La concorrenza sussiste, ad esempio, nelle seguenti materie: tutela della salute; governo del territorio; protezione civile; porti e aeroporti civili; tutela e sicurezza del lavoro; commercio con l'estero; valorizzazione dei beni culturali e ambientali e promozione e organizzazione di attività culturali; ordinamento della comunicazione; casse di risparmio, casse rurali, aziende di credito a carattere regionale.

In queste materie la potestà legislativa spetta alle Regioni, "salvo che per la determinazione dei princìpî fondamentali, riservata alla legislazionc dcllo Stato" (art. 117, 3° co., Cost.).

Può dunque concludersi che il criterio di coordinamento fra le fonti statali e quelle regionali è quello della competenza, nel senso poc'anzi specificato; il principio gerarchico, invece, sussiste quanto alla fissazione dei princìpî da parte della legislazione statale nella legislazione concorrente.

Non sono rari i conflitti tra Stato e Regione nascenti dal nuovo assetto costituzionale. Ci si è chiesti, ad esempio, se l'organizzazione del servizio farmaceutico sia una materia in cui sussiste o meno una legislazione concorrente (con applicazione dell'art. 117, 3° co., Cost.). A dirimere i conflitti come questi interviene la Corte costituzionale, che ha anche la funzione di giudicare "sui conflitti di attribuzione tra i poteri dello

Stato e su quelli tra lo Stato e le Regioni, e tra le Regioni" (art. 134 Cost.; per l'altra funzione della Corte costituzionale § 10.1; l'ulteriore funzione della Corte è di giudicare "sulle accuse promosse contro il Presidente della Repubblica a norma della Costituzione").

Nella specie i giudici delle leggi hanno deciso che l'organizzazione del servizio farmaceutico va ricondotta alla competenza concorrente: la complessa regolamentazione pubblicistica dell'attività di rivendita di farmaci mira, infatti, ad assicurare e controllare l'accesso dei cittadini ai prodotti medicinali e, dunque, a garantire la tutela del fondamentale diritto alla salute (Corte cost., 14.12.2007, n. 430).

15. I regolamenti.

I regolamenti, nella gerarchia delle fonti, costituiscono una fonte "secondaria" interna. Essi possono essere adottati dal Governo (ed emanati dal Presidente della Repubblica, tramite d.p.r.: art. 1 l. n. 400/1988), dai Ministri (ed emanati con decreto ministeriale), da altri soggetti pubblici, come gli enti territoriali (Regioni, Province, Comuni) e non territoriali (Università), od altri enti ancora (la Banca d'Italia, la Consob), in base a disposizioni di legge (art. 3 disp. prel. cod. civ.).

Negli ultimi anni sono aumentate, poi, le c.d. "**autorità indipendenti**", cui la legge ha affidato il potere di emanare regolamenti: si pensi all'Autorità Garante della Concorrenza e del Mercato, all'Autorità Garante per l'Energia Elettrica ed il Gas, all'Autorità Garante per la tutela dei Dati Personali.

Proprio per l'eterogeneità degli enti che hanno il potere di emanare i regolamenti, il loro oggetto varia di volta in volta. È utile, allora, distinguere i **regolamenti indipendenti** dai regolamenti emanati in virtù di una **riserva di legge**.

I primi sono così definiti perché disciplinano una materia non regolata dalla legge, né riservata (in tutto o in parte) alla stessa. Essi possono liberamente disciplinare una materia, ovviamente con il limite imposto dal principio gerarchico, che fa divieto di creare regolamenti in contrasto con fonti sovraordinate (art. 4, 1° co., disp. prel. cod. civ.). In presenza di un contrasto tra un regolamento ed una norma di legge, il giudice civile è tenuto a disapplicare il primo. Allorché il regolamento sia impugnato davanti al giudice amministrativo, quest'ultimo ha il potere di annullarlo per contrarietà alla legge. È evidente la differenza tra disapplicazione ed annullamento: la disapplicazione riguarda soltanto il singolo processo; l'annullamento rimuove il regolamento definitivamente.

Altri regolamenti, invece, si muovono nell'ambito di una riserva di legge. Si distingue fra **riserva di legge assoluta** e **riserva di legge relativa**. Nel primo caso è previsto che il regolamento non possa disciplinare affatto una materia rimessa alla competenza di una fonte gerarchicamente superiore (la legge); nel secondo caso, invece, la legge disciplina una materia soltanto nei suoi aspetti generali, fissando principî e criteri direttivi, che poi saranno specificati dai regolamenti.

Peraltro, nel momento in cui la legge stabilisce la cornice della materia, si introduce una differenza fra **regolamenti esecutivi** e **regolamenti integrativi**: nel primo caso il regolamento si limita semplicemente a dare attuazione pratica a quanto disposto dalla legge, regolando la disciplina di dettaglio; nel secondo caso, invece, il regolamento è autorizzato direttamente dalla legge (nei limiti che la stessa prevede) ad integrare e completare la disciplina prevista dalla fonte sovraordinata. Eccezionalmente i regolamenti integrativi sono autorizzati dalla legge ad abrogare norme di legge.

16. Gli usi normativi (o la consuetudine).

Nella scala gerarchica delle fonti si trovano, sul gradino più basso, gli usi normativi (o, con un'espressione equivalente, le consuetudini). Essi creano norme di diritto positivo non scritto. Per questo motivo gli usi normativi sono definiti un "fatto", ossia un evento giuridicamente rilevante e produttivo di norme giuridiche.

Essi nascono dal contesto sociale e si definiscono come un comportamento costante e generalizzato dei consociati, che tengono quel determinato comportamento con la convinzione di esservi obbligati da norme già esistenti nel nostro ordinamento.

Dalla **definizione** emergono due elementi, che devono sussistere affinché la consuetudine sia fonte creatrice di norme nel nostro ordinamento: l'**elemento oggettivo** e l'**elemento soggettivo**.

L'elemento oggettivo è costituito da un comportamento costante e generalizzato dei consociati, in un determinato momento storico ed in un determinato luogo, che non coincide necessariamente con l'intero territorio nazionale.

L'elemento soggettivo (detto anche elemento psicologico) è costituito dalla convinzione che quel comportamento sia obbligatorio, in quanto imposto da una norma giuridica. Per definire questo elemento si è soliti utilizzare un'espressione latina: *opinio iuris ac necessitatis*.

La mancanza di uno di questi elementi non permette di discutere di consuetudine come fonte del diritto.

Esempio. Il Sig. Innocenti si reca al ristorante, a Firenze, con la moglie, per festeggiare il suo compleanno. Alla fine del pranzo, congratulandosi per il servizio che ha ricevuto, lascia una lauta mancia al cameriere, secondo un'usanza che è invalsa soprattutto in certi ristoranti di lusso, come quello che i coniugi Innocenti hanno frequentato. Qui non si è in presenza di un uso normativo, mancando l'elemento psicologico, ossia la convinzione che quel determinato comportamento sia obbligatorio. Né sarà un comportamento dovuto quello della Sig.ra Innocenti che, ogni anno, fa un regalo a suo marito.

Gli usi normativi, si è detto all'inizio, sono fonti secondarie. Per meglio comprendere la subordinazione gerarchica occorre introdurre le nozioni di consuetudine ***contra legem***, consuetudine ***secundum legem***, consuetudine ***praeter legem***.

La consuetudine, salva la precisazione che si svolgerà tra breve, non può essere contraria e non può derogare ad una norma di legge (consuetudine *contra legem*).

Qualora un uso normativo si ponesse contro una norma di legge non sarebbe fonte del diritto (quand'anche si ritenesse di rinvenire, nella consuetudine, i due elementi di cui si è fatto sopra cenno).

Esempio. Una norma del Codice della strada impone un preciso comportamento all'automobilista. In un determinato contesto sociale, tuttavia, quel comportamento viene disatteso, con la convinzione che non vi sia alcun obbligo da rispettare. Vi è, qui, un comportamento contrario ad una norma di diritto, che non ha efficacia: non è consentita, dunque, l'abrogazione per "desuetudine" (e ciò vale sia quando la norma di legge abbia carattere imperativo sia quando abbia carattere dispositivo).

È ammessa, semmai, la consuetudine *secundum legem*, in base a quanto previsto dall'art. 8, 1° co., disp. prel. cod. civ.: "nelle materie regolate dalle leggi o dai regolamenti gli usi hanno efficacia solo in quanto sono da essi richiamati".

È la norma scritta, dunque, ad abilitare come fonte di diritto la consuetudine, che può operare nei limiti stabiliti dalla stessa fonte primaria. Se, ad esempio, la norma scritta lo consente, la consuetudine può anche derogare ad una norma dispositiva (non si può derogare, invece, ad una norma imperativa). Qui, è bene precisarlo, non si è in presenza di una consuetudine *contra legem*, ma di una consuetudine richiamata da una norma di legge.

Esempio. L'art. 1182, 1° co., cod. civ. così stabilisce: "se il luogo nel quale la prestazione deve essere eseguita non è determinato dalla convenzione o dagli usi e non può desumersi dalla natura della prestazione o da altre circostanze, si osservano le norme che seguono". Per comprendere, dunque, quale sia il luogo in cui la prestazione dovrà essere eseguita, occorre far riferimento alle norme del codice civile (2°, 3° e 4° co., art. 1182 cod. civ.), a meno che diversamente dispongano le parti o sussista un uso diverso (il quale, quindi, può derogare a quanto previsto dal diritto positivo).

Altri richiami alla consuetudine si rinvengono, in materia di obbligazioni e contratti, negli artt. 1187, 1269, 1283, 1454, 1457, 1492, 1497, 1510, 1512, 1517, 1520, 1521, 1522, 1527, 1528, 1535, 1755 cod. civ., e così via.

Un ulteriore riferimento alla consuetudine *secundum legem* è previsto dall'art. 1374 cod. civ.: "il contratto obbliga le parti non solo a quanto è nel medesimo espresso, ma anche a tutte le conseguenze che ne derivano secondo la legge o, in mancanza, secondo gli *usi* e l'equità".

Deve dirsi, infine, della consuetudine *praeter legem*. Può darsi che una determinata materia non sia affatto regolata da norme di diritto scritto (cosa assai rara). Accade, in sostanza, che il legislatore non sia interessato a disciplinare una materia: nello spazio lasciato vuoto, allora, può inserirsi un uso normativo (detto appunto *praeter legem*), che si pone come la fonte (esclusiva) di una materia.

Si è visto, fin qui, che gli usi normativi sono fonti non scritte, le quali nascono nel contesto sociale. Ci si chiede (e la domanda richiama le esigenze di certezza del diritto) se esista una fonte di cognizione (ossia un documento: § 7) da cui poter apprendere, in un determinato contesto sociale, l'esistenza di una consuetudine (per gli atti normativi, infatti, il discorso è facile, posto che gli stessi sono tradotti in un documento scritto pubblicato nelle forme previste dalla legge: § 19).

Ebbene, la fonte di cognizione delle consuetudini è rappresentata, per lo più, dalle "**raccolte di usi**" curate dagli enti o organi autorizzati a tale raccolta (come, ad esempio, le Camere di commercio).

Le raccolte, peraltro, hanno una **rilevanza** meramente **probatoria**: l'esistenza degli usi, in sostanza, si presume, fino a prova contraria, per quegli usi inseriti nelle raccolte (art. 9 disp. prel. cod. civ.).

Ciò non vuol dire che un soggetto non possa provare, in altro modo, un uso non rientrante nelle raccolte: ma avrà un preciso onere probatorio (§ 38) se vorrà che il giudice applichi le norme di diritto prodotte dall'uso stesso. È evidente, sotto questo aspetto, la differenza rispetto alle norme di diritto scritto, che il giudice è tenuto a conoscere e ad applicare (principio ***iura novit curia***).

16.1. *Usi normativi, usi negoziali ed usi interpretativi: differenze.*

Soltanto gli usi normativi costituiscono fonti del diritto; tale qualifica, invece, non si addice agli **usi contrattuali** (o negoziali, o **clausole d'uso**) ed agli usi interpretativi.

Si approfondisca la nozione di usi contrattuali: può succedere che in un certo luogo e per un certo tipo di contratto sia diffusa e consolidata una determinata pattuizione. Si tratta di una prassi contrattuale in cui, secondo un'accreditata ricostruzione, sarebbe assente il requisito soggettivo dell'*opinio iuris ac necessitatis* (Cass., 6.3.2007, n. 5135; Cass., 4.11.2004, n. 21095; Cass., 19.4.1980, n. 2583).

Le clausole d'uso "s'intendono inserite nel contratto, se non risulta che non sono state volute delle parti" (art. 1340 cod. civ.): le parti, dunque, possono decidere di espungere dal testo contrattuale quella pattuizione che si usa adottare, ma devono manifestare una volontà contraria in tal senso.

Gli usi contrattuali possono prevedere, per un determinato contratto, una disciplina differente rispetto a quella prevista dalle norme derogabili (mentre gli usi normativi possono derogare a norme dispositive soltanto se abilitati dalla legge e nei limiti previsti dalla stessa).

Diversi dagli usi contrattuali e dagli usi normativi sono gli **usi interpretativi**: si fa riferimento, qui, a criteri di interpretazione del contratto. Le clausole ambigue, è previsto, si interpretano "secondo ciò che si pratica generalmente nel luogo in cui il contratto è stato concluso" (art. 1368, 1° co., cod. civ.); nel caso in cui uno dei contraenti sia un imprenditore, le clausole ambigue si interpretano "secondo ciò che si pratica generalmente nel luogo in cui è la sede dell'impresa" (art. 1368, 2° co., cod. civ.).

Gli usi interpretativi, dunque, fanno riferimento alla "pratica contrattuale" per chiarire il significato di clausole ambigue. Il che permette di svolgere un'osservazione di sintesi: gli usi contrattuali o clausole d'uso, in prima battuta, costituiscono uno strumento di completamento del contratto; in seconda battuta, essi stessi si traducono in strumento di interpretazione delle clausole ambigue del contratto (si traducono, quindi, in usi interpretativi).

17. L'equità.

Non costituisce fonte generale del diritto l'**equità**, definita come la "giustizia del caso singolo". Ci sono dei casi della vita che, almeno secondo un sentimento largamente condiviso dai consociati, potrebbero ricevere un trattamento diverso da quello cui si giunge attraverso l'applicazione rigorosa delle norme di diritto.

Esempio. Un signore anziano, malato, è conduttore di un appartamento. Avendo una pensione minima non riesce più a pagare il canone di locazione. Il proprietario dell'abitazione lo sfratta, seguendo la procedura giudiziale. Dopo aver ottenuto tutti i rinvii consentiti, l'anziano chiede al giudice di accordargli un'ulteriore proroga di qualche mese. Forse sarebbe "giusto" concederla, ma le norme di diritto non lo permettono: il giudice deve applicare le norme create dalle fonti del diritto. Non può essere guidato, in questo caso, da un sentimento di giustizia.

Se ci si ferma a riflettere, d'altra parte, l'impossibilità di ricorrere in maniera generalizzata all'equità trova una valida spiegazione: l'esigenza della certezza del diritto impone che siano predeterminate le norme di diritto che il giudice è chiamato ad applicare qualora sorga una controversia.

C'è un margine di operatività, però, per l'equità, come prevede una norma del codice di procedura civile: nel decidere le controversie il giudice "deve seguire le norme del diritto" e può fare ricorso all'equità soltanto nel caso in cui la "legge gli attribuisca il potere di decidere secondo equità" (art. 113, 1° co., cod. proc. civ.). Il che può avvenire nelle cause di minor valore (art. 113, 2° co., cod. proc. civ.: quelle, cioè, che sono attribuite alla competenza del giudice di pace), ovvero quando siano le parti stesse della controversia ad attribuire concordemente al giudice il potere di decidere secondo equità (art. 114 cod. proc. civ.).

È da chiarire, peraltro, che anche nelle ipotesi in cui il giudice sia chiamato a decidere secondo equità, lo stesso non può mettere in campo, ai fini della decisione, le sue convinzioni personali (c.d. **equità *cerebrina***): deve, invece, avere riguardo all'ordinamento vigente e verificare come si sarebbe comportato il legislatore se avesse potuto prevedere il caso.

L'equità di cui si è appena detto, intesa come "giustizia del caso singolo", è un criterio di decisione della controversia (nei casi in cui sia ammessa). Diversa è, invece, l'**equità** c.d. **integrativa**: essa ricorre quando la legge prevede espressamente che il giudice sia chiamato ad integrare o determinare "secondo equità" gli elementi di una fattispecie.

È previsto, così, che "se il danno non può essere provato nel suo preciso ammontare, è liquidato dal giudice con valutazione equitativa" (art. 1226 cod. civ.). L'integrazione, talvolta, riguarda il regolamento contrattuale predisposto dalle parti (art.

1374 cod. civ.): è stabilito, ad esempio, che la penale può essere diminuita "equamente" dal giudice se l'obbligazione principale è stata eseguita ovvero se l'ammontare della penale è "manifestamente eccessivo", avuto sempre riguardo all'interesse che il creditore aveva all'adempimento (art. 1384 cod. civ.).

18. La giurisprudenza: sistema di *Civil law* e di *Common law*.

Non è fonte del diritto, nel nostro ordinamento, la **giurisprudenza**, ossia il risultato dell'attività di interpretazione e di applicazione delle norme giuridiche, svolta dai giudici, e contenuta nelle decisioni (sentenze) con cui viene composta una controversia giudiziale.

Esempio. Il Tribunale di Perugia ha statuito che, in una determinata controversia giudiziale fra un organizzatore di un viaggio in Madagascar ed il cliente, quest'ultimo abbia ragione. La sentenza non costituisce fonte del diritto: quando, pertanto, il Tribunale di Perugia o un altro tribunale italiano dovessero decidere la stessa fattispecie, non si dovrà considerare la precedente decisione come "fonte del diritto". Occorrerà, invece, interpretare ed applicare le norme giuridiche (prodotte dalle fonti di produzione) che si attagliano alla fattispecie. Si valuterà, certo, come ha ragionato il precedente giudice, potendosene anche condividere il ragionamento logico-giuridico e la decisione: ma questo precedente, come si suole dire, non ha valore vincolante.

Nei Paesi di *Civil law*, che si basano essenzialmente sul diritto scritto (sulle codificazioni e sugli altri atti normativi), la giurisprudenza non costituisce fonte del diritto.

Diverso discorso deve farsi per i **Paesi di *Common law*** (i Paesi anglosassoni e angloamericani) dove, invece, la decisione del giudice è fonte del diritto: crea, cioè, una **norma giuridica**. Si vuol dire questo, dunque, quando si afferma che nei Paesi di *Common law* vale la "**forza vincolante**" del "**precedente**".

Qui la decisione resa da un determinato giudice costituisce, in linea di principio (e a certe condizioni), una regola giuridica cui devono attenersi i successivi giudici (specie quelli di grado inferiore) chiamati a dirimere una controversia analoga.

Peraltro, la distinzione tra Paesi di *Common law* e Paesi di *Civil law* non deve intendersi, oggi, in maniera troppo rigida. Come si è rilevato nell'esempio poc'anzi svolto, è vero che la sentenza non ha nel nostro ordinamento valore vincolante. È pur vero, tuttavia, che alcune decisioni finiscono per essere il punto di partenza privilegiato del percorso interpretativo ed applicativo compiuto dal giudice rispetto al caso concreto.

Ciò vale soprattutto per le c.d. **massime** o **principî di diritto** formulati dalla Corte di cassazione, la quale, fra l'altro, ha una **funzione nomofilattica** (consistente nell'assicurare una corretta interpretazione-applicazione delle norme giuridiche). Quando si afferma, dunque, che un **orientamento** è "**consolidato**", si vuole intendere che la giurisprudenza precedente (e si ha riguardo, soprattutto, all'orientamento della Suprema Corte) ha assunto un determinato indirizzo interpretativo-applicativo, che il giudice di merito deve adeguatamente considerare (pur non essendo vincolato) nella pronuncia della sentenza.

Può dunque concludersi che anche nei Paesi di *Civil law*, cui appartiene quello italiano, vale il **principio di effettività**: il significato "effettivo" delle norme giuridiche è quello che si ricava dall'attività svolta dai giudici nell'esercizio della loro funzione giurisdizionale.

Alcune norme del codice di procedura civile hanno lo scopo precipuo di rafforzare il valore del precedente. L'art. 360-*bis*, n. (1) cod. proc. civ., in particolare, prevede che il ricorso per cassazione sia inammissibile quando "il provvedimento impugnato ha deciso le questioni di diritto in modo conforme alla giurisprudenza della Corte e l'esame dei motivi non offre elementi per confermare o mutare l'orientamento della stessa". Ed ancora, l'art. 374, 3° co., cod. proc. civ. stabilisce che qualora la sezione semplice della Corte di cassazione "ritiene di non condividere il principio di diritto enunciato dalle Sezioni Unite, rimette a queste ultime, con ordinanza motivata, la decisione del ricorso".

Capitolo 3

L'EFFICACIA TEMPORALE E SPAZIALE DELLE NORME GIURIDICHE

19. L'entrata in vigore delle norme giuridiche. *Ignorantia legis non excusat*.

In base all'art. 10 delle disposizioni preliminari al codice civile, la **legge** ed i **regolamenti** diventano obbligatori nel quindicesimo giorno successivo a quello della loro **pubblicazione** (nella **Gazzetta Ufficiale**), salvo che sia diversamente disposto.

La disposizione citata fa riferimento soltanto alle fonti ed alla disciplina vigenti al momento dell'entrata in vigore del codice civile nel 1942 (§ 8). Il quadro va completato, aggiungendo che le leggi regionali sono pubblicate nel **Bollettino Ufficiale della Regione** (B.U.R.) ed entrano in vigore successivamente alla ***vacatio legis*** (da intendersi come il periodo di tempo che intercorre dal momento della pubblicazione a quello dell'entrata in vigore delle norme giuridiche).

L'**Albo Pretorio** (o albo municipale), inoltre, è il luogo dove, per disposizione di legge o di regolamento, vengono affissi le deliberazioni, le ordinanze, i manifesti, gli avvisi e gli atti che devono essere portati a conoscenza di tutta la cittadinanza.

Ad esempio, il d.lgs. 18.8.2000, n. 267, recante il "Testo Unico delle leggi e degli ordinamenti locali", prevede all'art. 6 che lo statuto comunale o quello provinciale entrino in vigore trascorsi trenta giorni dall'affissione nell'Albo Pretorio. L'art. 32 della l. n. 69/2009 sancisce l'obbligo per le Pubbliche Amministrazioni di dotarsi di un albo pretorio ***on line***.

Ed ancora, le direttive europee (§ 11) sono efficaci per gli Stati destinatari dalla data della loro notifica agli stessi e vengono pubblicate sulla **Gazzetta Ufficiale della Unione europea**. Esse recano il termine entro il quale gli Stati membri sono tenuti ad adottare le misure necessarie al recepimento nell'ordinamento nazionale.

I regolamenti europei devono essere firmati dal Presidente del Parlamento europeo e dal Presidente del Consiglio dell'Unione europea (ovvero solo da quest'ultimo, se sono approvati esclusivamente dal Consiglio) ed entrano in vigore venti giorni dopo la pubblicazione nella Gazzetta Ufficiale dell'Unione europea. Esigenze pratiche o motivi d'urgenza possono giustificare la fissazione di una data d'entrata in vigore anteriore al ventesimo giorno successivo alla pubblicazione.

Dal momento della pubblicazione (ossia dal momento in cui si intendono "formalmente" conosciute) le norme giuridiche diventano obbligatorie per tutti: anche per coloro che, effettivamente, non ne abbiano conoscenza (***ignorantia legis non excusat***).

Il principio tende ad assicurare la certezza e la stessa funzione del diritto: si pensi a cosa potrebbe succedere se qualsiasi persona fosse ammessa a provare che non ha tenuto questo o quel comportamento perché, in concreto, ignorava la legge. Del resto, il periodo di *vacatio legis* assicura a chiunque, almeno formalmente, la possibilità di conoscere le norme giuridiche.

Peraltro, la Corte costituzionale ha stabilito che l'ignoranza della legge è scusabile allorché l'errore di una persona sul significato o sull'esistenza di una legge penale sia stato inevitabile (Corte cost., n. 364/1988, che ha pronunciato la declaratoria di illegittimità dell'art. 5 cod. pen., nella parte in cui non prevede l'ignoranza inevitabile della legge penale).

Affinché l'ignoranza della legge penale sia scusabile devono concorrere, però, alcuni elementi: si deve essere di fronte, in primo luogo, ad un "reato artificiale", non dettato cioè dalla natura delle cose o, come pure può dirsi, dalla coscienza comune. L'errore, poi, diventa inevitabile allorché il testo sia assolutamente oscuro o la sua interpretazione, da parte degli organi giudiziari, sia caotica. Si afferma, infine, che l'errore deve rispondere al criterio della c.d. "generalizzazione": qualsiasi persona di media cultura ed intelligenza, posta nella posizione del soggetto, deve cadere vittima dello stesso errore.

20. L'irretroattività delle norme giuridiche.

La regola generale è che "la **legge** non dispone che per l'avvenire: essa **non** ha **effetto retroattivo**" (art. 11, 1° co., disp. prel. cod. civ.). La fattispecie astratta descritta nella norma, dunque, può riferirsi soltanto a quelle fattispecie concrete che si siano verificate successivamente all'entrata in vigore della legge. Come tra poco si vedrà, si ammette, anche se non sempre, la retroattività della norma.

Esempio. Una norma giuridica stabilisce che determinati tipi di contratto debbano concludersi, a pena di nullità, adottando la forma scritta. In precedenza, mancando siffatta norma, i contratti di quel tipo venivano conclusi, indifferentemente, con la forma scritta o con quella verbale. Che ne è dei contratti conclusi verbalmente prima dell'entrata in vigore della norma? Essi sono validi: la norma giuridica, infatti, dispone per l'avvenire, non per il passato.

La spiegazione di questa regola generale è semplice e richiama, così come si è appena detto a proposito dell'entrata in vigore della norma giuridica, il principio della certezza e la funzione del diritto: i consociati devono sapere in precedenza quali siano le regole di condotta e le conseguenze giuridiche dei loro comportamenti; ciò anche al fine di orientare spontaneamente quest'ultimi ai modelli delineati da ciascun ordinamento giuridico.

Si è di fronte, invece, ad una norma giuridica **retroattiva** quando la fattispecie astratta da essa prevista si riferisce ad una fattispecie concreta posta in essere prima dell'entrata in vigore della norma giuridica.

Il **divieto assoluto di retroattività** vale soltanto per la legge penale. Ciò è sancito, solennemente, nella Costituzione: "nessuno può essere punito per un fatto che, secondo la legge del tempo in cui fu commesso, non costituiva reato" (art. 25, 2° co., Cost.; si veda anche l'art. 2, 1° co., cod. pen.).

Il principio trova applicazione solo per le norme penali in *malam partem* (quelle sfavorevoli al reo): se la legge penale varia in modo favorevole al reo, essa si applica anche in via retroattiva (in ossequio al più ampio **principio** del *favor rei*: art. 2, 2° e 3° co., cod. pen.; il principio è stato introdotto anche nel settore tributario dall'art. 3, 2° e 3° co., d.lgs. n. 472/1997).

La norma costituzionale, dunque, impone al legislatore di non applicare, retroattivamente, una legge penale successiva sfavorevole all'agente, ossia una legge penale che: (a) individua una fattispecie di reato nuova; (b) ampia una figura di reato già preesistente; (c) detta una disciplina meno favorevole per l'agente ed una pena principale o accessoria ed effetti penali più severi.

Al di là di quanto detto per la legge penale, qualsiasi norma giuridica può avere effetto retroattivo: affinché ciò accada, tuttavia, deve essere lo stesso legislatore a prevedere la retroattività nella norma giuridica (in deroga alla regola generale).

Esempio. Una legge prevede che coloro i quali si troveranno in una determinata situazione di difficoltà economica, potranno sospendere per qualche tempo il pagamento del mutuo. Occorre documentare, peraltro, l'assenza di redditi adeguati in seno al nucleo familiare. La norma specifica che la previsione favorevole si applica anche a coloro che, al momento dell'entrata in vigore della legge, erano già nella situazione di difficoltà economica prevista nella fattispecie astratta.

La Corte costituzionale ha avuto modo di precisare che la retroattività di una norma privatistica è giustificata se sia motivata dall'esigenza di tutelare diritti e beni aventi rilevanza costituzionale o riconosciuti dalla Convenzione europea dei diritti dell'uomo (Corte cost., 28.11.2012, n. 264); la retroattività, inoltre, non deve produrre ingiustificate disparità di trattamento o la lesione di legittimi affidamenti (Corte cost., 5.4.2012, n. 78).

Una legge, inoltre, può stabilire la regola dell'**ultrattività**: ciò accade quando, in deroga alla regola generale (*tempus regit actum*) la nuova norma prevede (e lo deve fare espressamente) che determinate fattispecie continuino ad essere regolate dalla disciplina precedente.

21. La successione delle leggi nel tempo.

La **successione delle leggi** nel tempo fa nascere, talvolta, dubbi in ordine alla norma di legge da applicare.

Proprio per questo in alcuni casi è lo stesso legislatore ad intervenire, con norme apposite, dette **disposizioni transitorie**. Con esse, ad esempio, si può espressamente stabilire che le nuove norme troveranno applicazione anche di fronte ai fatti compiuti antecedentemente, i cui effetti non si sono ancora esauriti.

In assenza di specifiche norme di legge, trova seguito la **teoria del fatto compiuto** (*facta praeterita*): la nuova norma non estende la sua efficacia ai fatti definitivamente perfezionati sotto la legge previgente (si confronti Cass., 16.4.2008, n. 9972).

Si pensi ad una norma che prevede la prescrizione di un determinato diritto dopo che sia decorso un certo numero di anni. Una volta decorsi gli anni previsti dalla norma il diritto è estinto definitivamente, anche se interviene una legge che prevede un termine più lungo (il fatto è compiuto, per utilizzare l'espressione sopra ricordata).

22. L'abrogazione delle norme giuridiche.

Le norme giuridiche non sono fisse ed immutabili: non potrebbe essere diversamente, considerato che il diritto è teso a recepire i bisogni, le istanze e gli interessi dei consociati, i quali sono storicamente mutevoli nel corso del tempo. L'avvicendamento frenetico (e spesso caotico) delle leggi, anzi, è una delle caratteristiche costanti del tempo che si sta vivendo.

Si dice che una **norma** di legge viene **abrogata** quando perde di efficacia: il principio generale è che essa perde di efficacia ad opera di una posteriore norma giuridica di pari valore gerarchico (art. 15 disp. prel. cod. civ.; peraltro, sulla possibilità che i regolamenti abroghino una norma giuridica prodotta da una legge, ossia da una fonte gerarchicamente superiore, § 15).

L'abrogazione può essere **espressa** o **tacita**. L'abrogazione è espressa quando una legge (o un'altra fonte del diritto) dichiara espressamente abrogata una precedente legge (o un'altra fonte del diritto) o alcuni suoi articoli.

Il ***referendum* popolare**, ancora, costituisce uno strumento costituzionale di abrogazione espressa. Prevede, l'art. 75, 1° co., Cost., che "è indetto *referendum* popolare per deliberare la abrogazione, totale o parziale, di una legge o di un atto avente valore di legge, quando lo richiedono cinquecentomila elettori o cinque Consigli regionali". La proposta soggetta a *referendum* è approvata se ha partecipato alla votazione la maggioranza degli aventi diritto, e se è raggiunta la maggioranza dei voti validamente espressi (art. 75, 4° co., Cost.).

Si ha, invece, abrogazione tacita in due casi: (a) quando le norme giuridiche posteriori risultano incompatibili con una o più norme giuridiche emanate in precedenza; vi è, cioè, una contraddizione tale da rendere impossibile l'applicazione, contemporaneamente, delle confliggenti disposizioni (prevale, così, la norma posteriore); (b) quando la legge successiva o altre fonti del diritto disciplinano, *ex novo*, un'intera materia, sicché la precedente normativa deve considerarsi superata da quella successiva (il nuovo Codice della strada, ad esempio, prende il posto, integralmente, del vecchio Codice della strada).

Può succedere che venga abrogata una norma giuridica la quale, a sua volta, aveva abrogato un'altra norma giuridica. L'abrogazione di questa norma non fa rivivere la precedente disposizione abrogata, a meno che non sia così espressamente previsto: la norma che contiene questa previsione viene definita **ripristinatoria**.

Si è visto, inoltre, che anche la dichiarazione di incostituzionalità di una legge (o di un suo articolo, di un comma o di una singola sua parte) comporta l'inefficacia della stessa legge o di quelle parti colpite dalla sentenza della Corte costituzionale (§ 10.1). Qui, però, vi è una differenza rispetto all'abrogazione di cui si è appena detto.

L'**abrogazione** ha effetto per l'avvenire: si dice che ha **effetto *ex nunc*** (ciò vuol dire che la legge, ancorché abrogata, può essere applicata a quei fatti commessi quando la stessa era in vigore). Diversamente la dichiarazione di **incostituzionalità** ha **efficacia *ex tunc***: la sentenza della Corte costituzionale annulla la disposizione, che deve considerarsi come mai esistita. La conseguenza è che nei giudizi in corso alla data di incostituzionalità della norma giuridica questa non potrà più trovare applicazione, anche se si tratta di fatti perfezionati sotto la vigenza della norma cancellata dai giudici delle leggi.

23. L'efficacia delle norme nello spazio: cenni al diritto privato internazionale e al diritto uniforme.

Ogni Stato nazionale, anche se aderisce all'Unione europea, ha un proprio diritto penale e privato. Per il diritto penale vale il principio secondo cui lo stesso si applica a tutti coloro (cittadini e stranieri) che si trovano sul territorio nazionale. Lo stesso principio non vale per il diritto privato.

Ci si deve chiedere, allora, quale diritto applicare (il diritto privato italiano o quello di un altro Paese) quando si verifica una fattispecie che presenta elementi di collegamento con altri Stati.

Si pensi ad un italiano che conclude un contratto con un tedesco a Parigi: si applicheranno le norme del codice civile italiano, la disciplina tedesca o quella francese? Ed ancora, uno straniero si trova, in Italia, in una situazione di assoluta incapacità, tanto che sarebbe opportuno sottoporlo a "tutela": si applicheranno le norme italiane o quelle del suo Paese di provenienza? Gli esempi possono essere numerosi. Una donna italiana si sposa con un uomo straniero: si applicherà la disciplina del matrimonio prevista nel codice civile italiano o quella del Paese di provenienza del marito?

I punti di contatto con altri ordinamenti dipendono, essenzialmente, dalla diversa nazionalità della persona alla quale la situazione giuridica si riferisce o con la quale il rapporto intercorre; o, ancora, dalla localizzazione fuori del territorio nazionale del bene, del rapporto o dell'atto dal quale lo stesso rapporto trae origine.

Si può creare, dunque, un potenziale conflitto di leggi, che è risolto dalle **norme del diritto internazionale** privato: si tratta di un sistema di regole che permette di individuare quale tra i diversi diritti degli Stati coinvolti il giudice debba applicare alla fattispecie concreta. Esiste un apposito corso, negli studi di giurisprudenza, che si occupa di studiare tali norme: quello di diritto internazionale privato.

Qui basti fornire alcune nozioni preliminari. Le norme del diritto internazionale privato sono contenute nella l. 31.5.1995, n. 218, che ha abrogato gli artt. 17-31 delle disposizioni preliminari al codice civile, le quali in precedenza regolavano la materia.

Occorre fare riferimento, inoltre, a numerose **convenzioni** di diritto internazionale uniforme, che prevedono (per gli Stati aderenti alle stesse) regole comuni di soluzione dei conflitti delle leggi nello spazio. Le convenzioni, cui talvolta fa riferimento direttamente la stessa l. n. 218/1995, sono rese esecutive con apposite leggi dello Stato.

Vengono in considerazione, in particolare, la Convenzione di Bruxelles del 27 settembre 1968, sulla competenza giurisdizionale e sull'esecuzione delle decisioni in materia civile e commerciale; la Convenzione di Roma del 19 giugno 1980, sulle obbligazioni contrattuali (si veda anche il Regolamento n. 593/2008/CE del 17 giugno 2008); la Convenzione dell'Aja del 2 ottobre 1973, sulle obbligazioni alimentari nella famiglia; la Convenzione di Ginevra del 7 giugno 1930, sui conflitti di legge in materia di cambiale e di vaglia cambiario; la Convenzione di Ginevra del 19 marzo 1931, sui conflitti di legge in materia di assegni bancari; la Convenzione dell'Aja del 5 ottobre 1961, sulla protezione dei minori; la Convenzione dell'Aja del 29 maggio 1993, sulla cooperazione in materia di adozione internazionale; la Convenzione dell'Aja del 1° luglio 1985, sui *trusts* e sul loro riconoscimento.

Nel processo di armonizzazione fra le regole dei diversi Paesi europei, un ruolo importante è svolto dai regolamenti dell'Unione europea (§ 58), che si occupano sia di aspetti di diritto sostanziale sia di aspetti di diritto processuale (si pensi al regolamento sul riconoscimento dell'efficacia delle sentenze).

23.1. *La qualificazione ed i vari criteri di collegamento.*

La preliminare operazione da compiere, di fronte ad una norma di diritto internazionale privato, è quella della **qualificazione**: si tratta, in sostanza, di sussumere la fattispecie concreta in una delle fattispecie astratte previste dalle norme di conflitto. Un classico problema di qualificazione, ad esempio, si pone quando occorre stabilire se il diritto di una donna sposata ai beni del marito attenga ad una questione ereditaria (da ricondurre alla norma di conflitto sulle successioni) oppure ad una questione familiare (da sottoporre ad un'altra norma di conflitto relativa ai rapporti familiari). Occorre allora interpretare il significato delle espressioni "successioni" e "rapporti di famiglia" contenute nelle norme di conflitto potenzialmente invocabili, al fine di comprendere se debba venire in considerazione l'una o l'altra norma di diritto internazionale privato.

Secondo quale legge va compiuta quest'operazione interpretativa? Il quesito non è di poco conto, considerando che i vari ordinamenti possono presentare differenze significative in ordine ai concetti giuridici contenuti nelle norme di conflitto.

Si ritiene, generalmente, che si debba far riferimento alla legge nazionale del giudice investito della causa (*lex fori*; si confronti, oggi, Cass., Sez. Un., 5.2.2021, n. 2867). La giurisdizione italiana, ad esempio, sussiste quando il convenuto (§ 52) sia domiciliato o residente in Italia (art. 3, 1° co., l. n. 218/1995; si veda l'art. 3 per intero, nonché i successivi artt. 4 e 5).

L'applicazione della *lex fori*, si badi, riguarda la fase dell'individuazione della norma di diritto internazionale privato. Esaurita questa fase, se ne apre un'altra, consistente nell'individuazione della norma applicabile alla fattispecie concreta. A tal fine occorre mettere capo ai "criteri di collegamento" dettati dalle norme di diritto internazionale privato (o dalle convenzioni internazionali).

Si consideri, ad esempio, la **capacità giuridica** delle persone fisiche. È previsto che si applica la legge nazionale della persona (art. 20 l. n. 218/1995). È il caso di un bambino straniero, nato in Italia: le norme sulla sua capacità giuridica sono quelle del suo Paese di appartenenza. Se la persona ha più cittadinanze "si applica la legge di quello tra gli Stati di appartenenza con il quale essa ha il collegamento più stretto. Se tra le cittadinanze vi è quella italiana, questa prevale" (art. 19, 2° co., l. n. 218/1995).

La **capacità di agire** delle persone fisiche è, anch'essa, regolata dalla loro legge nazionale (art. 23, 1° co., l. n. 218/1995). Qualora per un determinato atto si debba applicare un diverso ordinamento il quale "prescrive condizioni speciali di capacità di agire", si applica la disposizione di quest'ultimo ordinamento.

Le **associazioni**, **fondazioni e società** "sono disciplinate dalla legge dello Stato nel cui territorio è stato perfezionato il procedimento di costituzione" (art. 25, 1° co., l. n. 218/1995). Si applica, però, la legge italiana "se la sede amministrativa è situata in Italia, ovvero se in Italia si trova l'oggetto principale di tali enti". E così via.

Va ricordato, peraltro, che alcune norme fondamentali del nostro ordinamento giuridico, che attengono ai **diritti inviolabili** della persona, si applicano indifferentemente sia ai cittadini italiani sia agli stranieri (art. 2, 1° co., d.lgs. n. 286/1998). La giurisprudenza chiarisce che tali diritti sono riconosciuti, nel nostro ordinamento, a chiunque (non importa se cittadino comunitario o extracomunitario), indipendentemente dal riconoscimento di un uguale diritto in favore del cittadino italiano nello Stato in cui lo straniero appartiene (Cass., 11.1.2011, n. 450).

23.2. *Il limite dell'ordine pubblico.*

Attraverso il rinvio ad una norma straniera è possibile che il giudice italiano applichi una norma straniera e non quella italiana.

Esiste, però, un limite all'applicabilità della norma straniera: il **limite dell'ordine pubblico**. Prevede, infatti, l'art. 16, 1° co., l. n. 218/1995 che la legge straniera non può essere applicata "se i suoi effetti sono contrari all'ordine pubblico".

Viene in considerazione, dunque, il concetto di "**ordine pubblico internazionale**", inteso come l'insieme dei princìpî fondamentali cui l'ordinamento giuridico italiano è ispirato.

La Corte di cassazione lo definisce come il "complesso di quei principî, ivi compresi quelli desumibili dalla Carta costituzionale, che formano il cardine della struttura economico-sociale della comunità nazionale in un determinato momento storico, conferendole una ben individuata ed inconfondibile fisionomia, nonché quelle regole fondamentali ed inderogabili immanenti ai più importanti istituti giuridici nazionali" (Cass., 13.12.1999, n. 13928; si veda anche Cass., n. 14007/2018, sulla trascrizione nei registri dello stato civile italiano di una sentenza francese di adozione di un minore da parte di due donne unite da un patto civile di solidarietà; Cass., Sez. Un., 8.5.2019, n. 12193 e Cass., 22.1.2022, n. 1842, in tema di maternità surrogata).

Esso va distinto dall'"**ordine pubblico interno**" almeno sotto due aspetti. L'ordine pubblico internazionale, in primo luogo, costituisce un'eccezione al normale funzionamento delle norme di diritto internazionale privato.

L'ordine pubblico interno, invece, non presenta questo carattere di eccezionalità, costituendo (insieme alle norme imperative ed al buon costume: art. 1343 cod. civ.) un limite normale alla facoltà dei privati di autoregolamentare i propri interessi.

L'ordine pubblico internazionale, inoltre, ha un contenuto più ristretto dell'ordine pubblico interno. Si utilizza, talvolta, l'immagine di due cerchi concentrici: quello più largo racchiude i principî dell'ordine pubblico interno, quello più piccolo racchiude i principî dell'ordine pubblico internazionale. Si pensi alla norma italiana che fissa il limite della maggiore età (18 anni) per l'acquisto della capacità di agire: essa è una norma di ordine pubblico interno, tanto che non può essere derogata per volontà privata; non esprime, però, un principio di ordine pubblico internazionale (il che vuol dire che non sussiste alcun ostacolo all'applicazione di una norma straniera che disponga diversamente).

Sono state considerate, invece, contrarie all'ordine pubblico internazionale quelle norme che prevedono l'esistenza di diritti di credito non prescrittibili; il ripudio unilaterale della moglie; il divieto del matrimonio tra cittadini di razza o religione diversa.

Ed ancora, l'ordine pubblico internazionale impedisce l'applicazione, da parte del giudice italiano, della norma straniera che non consente l'accertamento giudiziale della paternità, o restringe tale possibilità ad ipotesi eccezionali, negando al figlio la possibilità di far valere qualsivoglia diritto nei confronti del padre naturale: si è affermata, infatti, l'incompatibilità di disposizioni straniere di tale tenore rispetto ai principî enunciati dall'art. 30 Cost., a tutela del figlio nato al di fuori del matrimonio.

Il concetto di ordine pubblico internazionale è, d'altra parte, storicamente mutevole: oggi, ad esempio, non è più considerata contraria ad esso la norma straniera che consentiva lo scioglimento del matrimonio; e ciò perché il legislatore italiano ha finito, col tempo, per prevedere espressamente l'istituto del divorzio.

Allorché operi il limite della contrarietà all'ordine pubblico, l'art. 16, 2° co., della l. n. 218/1995 prevede l'applicazione della "legge richiamata mediante altri criteri di collegamento eventualmente previsti per la medesima ipotesi normativa. In mancanza si applica la legge italiana".

In base all'art. 17 della l. n. 218/1995 (rubricato "norme di applicazione necessaria") è fatta salva la prevalenza "delle norme italiane che, in considerazione del loro oggetto e del loro scopo, debbono essere applicate nonostante il richiamo alla legge straniera". La norma risponde all'esigenza di assicurare in ogni caso l'applicazione, anche ai rapporti regolati dalla legge straniera, di disposizioni che costituiscono l'espressione di principî fondamentali (e non derogabili) dell'ordinamento italiano. Ad esempio, il principio che prevede la responsabilità genitoriale dell'uomo e della donna si applica anche nel caso in cui la legge straniera regolatrice del rapporto detti una diversa regolamentazione.

23.3. *Il limite della* lex mercatoria *internazionale.*

Una limitazione all'operare delle norme di diritto internazionale privato si rinviene in quella che, spesso, viene chiamata la ***lex mercatoria*** internazionale.

Si deve muovere dalla constatazione che gli operatori economici internazionali hanno spesso difficoltà ad affidare i loro rapporti esclusivamente ai vari sistemi di diritto internazionale privato o alle convenzioni internazionali. Con il tempo, dunque, si sono andate affermando regole nate spontaneamente tra gli appartenenti a determinati settori del commercio (si abbia riguardo, in particolare, al settore dei trasporti, delle merci, delle assicurazioni, dell'informatica). Si discute anche, con un'espressione da alcuni studiosi ritenuta preferibile, di usi del **commercio internazionale**.

Gli usi in esame, in diversi settori, sono stati raccolti in fonti di cognizione scritte: si pensi, ad esempio, agli *Incoterms*, un prontuario di settore delle pratiche *standards* dei contratti di vendita internazionali; alle raccolte di regole ed usi effettuate dalla Camera di Commercio Internazionale (ICC), che associa federazioni nazionali di imprese di settore; alle clausole FOB (relative al trasporto merci e al rischio di perimento delle stesse durante il trasporto); alle clausole CIF (riguardanti l'assicurazione del trasporto a carico del venditore).

Alla *lex mercatoria* attingono vari progetti di unificazione del diritto contrattuale europeo: è il caso dei **Principî *Unidroit*** dei contratti commerciali internazionali, redatti dall'Istituto internazionale per l'unificazione del diritto privato (il primo progetto è del 1994); o, ancora, dei ***Principles of European Contract Law*** (PECL), redatti dalla Commissione Ole Lando (la prima pubblicazione è del 1995). La revisione dei PECL ha portato all'adozione del ***Draft Common Frame of Reference*** (pubblicato per la prima volta nel 2008). Vanno ricordati, poi, i *Principles of the Existing EC Contract Law – Acquis Principles* ("Principî del vigente diritto comunitario dei contratti", detti "Principî Acquis"). Si tratta di un testo di principî elaborato da un gruppo di studio, costituito nel 2002 su iniziativa della Commissione della Comunità Europea, composto da accademici europei di varia provenienza (*Research Group on the Existing EC Private Law – Acquis Group*).

Non è un caso che numerosi arbitrati internazionali indicano i Principî *Unidroit* come la fonte attendibile di conoscenza della *lex mercatoria*, quale diritto da applicare per la soluzione di controversie attinenti a contratti internazionali.

I Principî *Unidroit* hanno ispirato pure alcune legislazioni europee: si pensi alla modifica del codice civile tedesco, del 2002, che ha introdotto l'*Hardship*; o al codice civile francese, riformato nel biennio 2016/2018, che ora prevede l'*imprévision*. Nel codice francese, inoltre, è stata eliminata la causa fra i requisiti del contratto, conformemente ai Princip̂ı *Unidroit*.

Prevale in dottrina l'idea che gli usi del commercio internazionale non possano essere considerati come usi normativi (§ 16.1), in quanto non è dato rinvenire un contesto normativo internazionale di riferimento che valga come fonte del loro richiamo. Essi, dunque, sono intesi come usi negoziali (qualifica, in particolare, che viene in considerazione quando si discute dei Principî *Unidroit*). Anche la giurisprudenza della Cassazione sembra di essere questo avviso (Cass., n. 1842/1996; Cass., n. 3992/1983), ancorché un precedente abbia fatto riferimento alla *lex mercatoria* come ad un uso normativo (Cass., n. 722/1982).

È un fatto, comunque, che gli usi del commercio internazionale hanno acquistato un'importanza sempre più crescente. Si spiega, così, la definizione sintetica che della legge mercatoria è stata fornita: il più riuscito esempio di **diritto globale** senza Stato.

Capitolo 4

L'INTERPRETAZIONE DELLA LEGGE

SOMMARIO: 24. L'interpretazione della norma giuridica. Interpretazione letterale e interpretazione teleologica. – 25. L'analogia. I princìpî generali dell'ordinamento giuridico.

24. L'interpretazione della norma giuridica. Interpretazione letterale e interpretazione teleologica.

L'**interpretazione** di una norma giuridica indica l'attività diretta a stabilire il significato delle disposizioni, ossia del testo di un atto normativo. L'interpretazione precede l'applicazione della norma giuridica, la quale permette di ricondurre una fattispecie concreta nell'alveo di una fattispecie astratta. Non può aversi applicazione, dunque, se non è chiaro quanto descritto dalla norma giuridica.

Nell'interpretazione giuridica le soluzioni cui l'interprete può giungere sono molteplici ma delimitate: egli opera discrezionalmente ma non arbitrariamente.

La stessa disciplina positiva stabilisce alcune regole interpretative, cui ci si deve attenere. Prevede l'art. 12, 1° co., disp. prel. cod. civ. che "nell'applicare la legge non si può ad essa attribuire altro senso che quello fatto palese dal significato proprio delle parole secondo la connessione di esse, e dalla intenzione del legislatore".

Nella prima parte di tale disposizione si fa riferimento alla c.d. **interpretazione letterale**: la norma va interpretata secondo il comune significato che le parole e le frasi del testo hanno nella lingua italiana. Occorre considerare anche la connessione, che può consentire di attribuire alla stessa parola un significato di volta in volta diverso.

Esempio. Una norma prevede che "l'azione è prescritta entro ...". Un'altra norma stabilisce che "è prescritto l'utilizzo del casco". Lo stesso termine ("prescritto"), letto in connessione con altre parole, assume un significato diverso.

Talvolta si è affermato che qualora il significato del testo sia univoco, ci si deve fermare all'interpretazione letterale, non essendo necessario ricorrere ad altri criteri interpretativi. Si può dissentire da tale ricostruzione, anche perché l'art. 12, 1° co., disp. prel. cod. civ. pone sullo stesso piano l'interpretazione letterale e quella c.d. **teleologica** (o finalistica). Del resto, la distinzione stessa fra una fattispecie chiara ed una fattispecie oscura richiede un'attività interpretativa, che impone di andare al di là della lettera della legge.

L'interpretazione teleologica è rivolta ad accertare "l'intenzione del legislatore", ossia la finalità che si è voluta perseguire attraverso una determinata norma (c.d. *ratio legis*).

Non si tratta, come pure qualche volta si suggerisce, di aver riguardo ai lavori preparatori e alla fase di discussione antecedente l'approvazione della legge (c.d. criterio psicologico). Merita di essere privilegiata, invece, quella tesi secondo cui l'interpretazione teleologica consiste nell'interpretazione logico-sistematica (c.d. criterio oggettivo).

Esempio. In una torre medioevale, visitabile a piedi, si legge il seguente cartello: "è vietato sporgersi". Si cambi scenario. Su un treno i passeggeri vedono affissa, sui finestrini, la stessa prescrizione: "è vietato sporgersi". Le parole utilizzate sono le medesime: riflettendo con attenzione, tuttavia, ci si accorge che i comportamenti vietati, nelle due situazioni, non sono gli stessi. È possibile, infatti, che il turista, salendo le rampe di scale, ad un certo punto metta un braccio fuori da un'apertura della torre: ciò nonostante, non vi sarà alcuna violazione della norma. Qualora, invece, il passeggero di un treno in corsa apra il finestrino per sporgere il braccio, avrà violato la norma e sarà soggetto a sanzione. In base a cosa si è giunti ad una diversa interpretazione delle due norme? In base ad un ragionamento logico che si può esprimere attraverso i seguenti passaggi: (a) entrambe le norme intendono tutelare l'incolumità fisica delle persone; (b) non vi è alcun pericolo per i visitatori qualora gli stessi, salendo su una torre, sporgano il braccio; (c) il comportamento di colui che sporge il braccio su una torre (per verificare, ad esempio, quale sia la temperatura) non è in contrasto con la norma. Utilizzando il ragionamento logico, inoltre, può dirsi che non è sanzionabile il comportamento del passeggero che si sporga dal finestrino del treno, quando quest'ultimo è fermo ad una stazione.

Nell'esempio svolto l'interpretazione della norma si è basata, essenzialmente, su un ragionamento logico. Altre volte l'interpretazione della norma giuridica richiederà di collegare ("sistematicamente") la stessa norma ad altre disposizioni dell'ordinamento (si veda l'ultimo esempio di questo paragrafo).

L'interpretazione sistematica deve anche tenere in considerazione i precedenti storici, la cui indagine può essere utile per stabilire il significato della norma attualmente vigente.

Si insegna, in dottrina, che l'interpretazione letterale e l'interpretazione sistematica del testo legislativo vanno considerate come due aspetti di un'unica operazione intellettuale. Il principio comunemente ripetuto *in claris non fit interpretatio* non va inteso nel senso che l'interpretazione letterale prevale su quella sistematica, ma nel senso che la piena corrispondenza tra il significato letterale e quello che si rinviene nel sistema non offre la possibilità di scelta tra significati diversi. In tal caso il significato dell'enunciato è univoco, per effetto di un'accertata conformità all'"intenzione del legislatore".

Quando i risultati dell'interpretazione letterale coincidono con quelli dell'interpretazione logico-sistematica, si ha l'**interpretazione** c.d. **dichiarativa**.

Si ha, invece, un'**interpretazione estensiva** (che è sempre un'interpretazione letterale) quando si "estende" il significato delle parole contenute nella norma.

Esempio. Si immagini una norma che vieta espressamente la riproduzione di dischi contenenti parole blasfeme. La parola disco, è evidente, fa riferimento ai c.d. vinili (ossia i dischi, che si usavano una volta, a 33, 45 e 78 giri). Si può, tuttavia, interpretare estensivamente la norma, ritenendo che essa si debba riferire anche ai moderni CD, Dvd e Blu-ray, da intendersi come "dischi". Rimanendo nell'ambito del tenore letterale della disposizione, dunque, si sono ricomprese diverse fattispecie concrete.

L'interpretazione estensiva si serve, di solito, del c.d. *argumentum a simili*: il significato di una parola viene esteso al fine di comprendere fenomeni "simili" a quelli risultanti dal contenuto letterale della disposizione stessa; è la somiglianza, in sostanza, a consentire l'identità di disciplina.

Può essere utilizzato, poi, anche l'*argumentum a fortiori*: il significato della parola è esteso in modo tale da farvi rientrare fenomeni che, a maggior ragione, meritano il trattamento previsto dal contenuto letterale della disposizione.

Quando, infine, per avere una interpretazione logica e razionale rispetto al sistema il significato del dato letterale debba essere "ridotto", si discute di **interpretazione restrittiva**.

Esempio. Si pensi all'art. 21, 6° co., Cost., secondo cui sono vietate "le pubblicazioni a stampa, gli spettacoli e tutte le altre manifestazioni contrarie al buon costume". L'esigenza di non comprimere eccessivamente un diritto fondamentale della persona (qual è il diritto di manifestare il proprio pensiero) induce ad interpretare la norma restrittivamente: talché devono considerarsi limitabili soltanto le manifestazioni oscene (quelle contrarie al pudore sessuale) e non quelle che possono interferire con altre manifestazioni del sentire collettivo.

L'interpretazione restrittiva si serve dell'*argumentum a contrario*: si esclude dalla norma quanto non vi appare espressamente compreso (*ubi lex voluit, dixi; ubi noluit, tacuit*). Altro criterio, spesso utilizzato, è quello logico dell'*argumentum ad absurdum*: si esclude quell'interpretazione che conduce ad una norma "assurda".

Un'ulteriore tecnica di argomentazione giuridica, nata negli Stati Uniti ma sviluppatasi anche in altre culture giuridiche, è quella che si basa sulla c.d. **analisi economica del diritto** (*economic analysis of law*). Per essa i problemi giuridici (e anche quelli interpretativi) vanno risolti all'esito di una comparazione tra i diversi gradi di efficienza economica delle diverse soluzioni prospettabili. È proprio dalla comparazione che si può rinvenire la soluzione più efficiente (che è quella in grado di assicurare ad un soggetto il maggior numero possibile di vantaggi).

Si deve aggiungere che l'utilizzo dell'interpretazione teleologica può portare ad attribuire alla norma un significato non corrispondente alla lettera del testo. Affinché ciò avvenga, ammoniscono gli studiosi, occorrono ragioni ed argomenti forti.

Esempio. Per l'art. 2947, 1° co., cod. civ. "il diritto al risarcimento del danno derivante da fatto illecito si prescrive in cinque anni dal giorno in cui il fatto si è verificato". Per "fatto" si intende il comportamento che ha cagionato il danno. Eppure, la giurisprudenza, attraverso un'interpretazione sistematica (coordinando gli artt. 2935 e 2043 cod. civ.), interpreta la norma in questo modo: il diritto al risarcimento del danno si prescrive in cinque anni dal giorno in cui il danno è percepibile dalla vittima. Si giunge ad un'interpretazione che disattende, palesemente, il significato letterale, ma che si fonda su argomenti convincenti, i quali fanno leva sulla necessità di tutelare effettivamente la vittima di un fatto illecito (§ 49.4).

L'interpretazione teleologica ha dei limiti? Certamente sì. Innanzitutto, il significato di una disposizione può essere ampliato se vi sono argomenti logico-razionali o riscontri nel contesto normativo. Inoltre, se è vero che il criterio in esame permette di superare il "significato iniziale" della disposizione, il "nuovo" significato deve essere compatibile con il "testo" oggetto di interpretazione. La disposizione, come pure si può dire, possiede un "*range* semantico", composto da significati letterali e da significati che si approssimano alla lettera del testo: ebbene, l'interpretazione non può oltrepassare questo *range*.

Lo stesso deve dirsi per la c.d. interpretazione costituzionalmente orientata, cui talvolta negli ultimi anni si è fatto ricorso senza la dovuta attenzione. Se è vero che l'interprete è chiamato ad interpretare sistematicamente una disposizione, non vi è dubbio che del sistema fa parte integrante la Carta costituzionale, la quale anzi si pone in una posizione primaria nella gerarchia delle fonti. Tuttavia, neppure l'esigenza di rendere il testo legislativo compatibile con i princìpî costituzionali può giustificare un'interpretazione del testo oltre il suo possibile orizzonte di senso (oltre, cioè, il suo *range* semantico).

Nel caso in cui l'interpretazione di una norma giuridica sia particolarmente controversa, può soccorrere l'**interpretazione autentica**. È tale quell'interpretazione effettuata dallo stesso organo che ha emanato l'atto normativo, il quale sceglie quale fra le diverse interpretazioni di una o più norme giuridiche sia da considerare l'espressione della "volontà del legislatore". La legge d'interpretazione autentica ha effetto retroattivo (ha efficacia *ex tunc* e non *ex nunc*).

Talvolta sono emanate **circolari ministeriali** (ossia documenti provenienti dai Ministeri), rivolte ai dipendenti dell'amministrazione statale, contenenti direttive circa il comportamento da tenere in applicazione di alcune disposizioni di legge. I dipendenti sono tenuti al rispetto delle direttive, così come ogni dipendente deve rispettare le direttive del suo datore di lavoro. Le circolari, dunque, possono avere valore interpretativo: va peraltro aggiunto che l'interpretazione contenuta nelle stesse non è vincolante per i giudici, che sono soggetti, per espressa previsione costituzionale, soltanto alla legge (art. 101 Cost.).

Anche la c.d. **interpretazione dottrinale** (quella compiuta dagli studiosi del diritto, nello svolgimento della loro attività scientifica) non è vincolante per i giudici, pur potendo incidere (come molte volte si verifica) sulle decisioni prese nelle aule dei tribunali.

25. L'analogia. I principî generali dell'ordinamento giuridico.

Può succedere che una determinata fattispecie concreta, su cui vi sia controversia, non abbia una "copertura" normativa: non sia riconducibile, cioè, ad alcuna fattispecie astratta. Entra in gioco, allora, l'**analogia**, di cui discute l'art. 12, 2° co., disp. prel. cod. civ.: "se una controversia non può essere decisa con una precisa disposizione, si ha riguardo alle disposizioni che regolano casi simili o materie analoghe ...". Si discute, qui, di *analogia legis.*

Tra le due fattispecie (quella riconducibile e quella non riconducibile ad una fattispecie astratta) ci deve essere un punto di contatto: esso va rinvenuto studiando la giustificazione della disciplina del caso regolato. Se questa **giustificazione** può riguardare anche il caso non regolato, si afferma che fra le due fattispecie c'è identità di *ratio* (*ubi eadem legis ratio, ibi eadem legis dispositio*).

Esempio. Una legge è dettata per i "lavoratori dipendenti". Allorché la sua giustificazione vada rintracciata nel fatto che si applica soltanto ai "dipendenti", non si può prospettare un'applicazione analogica ai lavoratori "autonomi". Ove, invece, la sua giustificazione vada rintracciata nella circostanza che essa è dettata per i "lavoratori" (senza riferimento al tipo di contratto di lavoro), vi è spazio per l'interpretazione analogica.

Esempio. Per la giurisprudenza al contratto *di leasing* si applica, "per analogia", l'art. 1525 cod. civ. sulla vendita a rate con riserva di proprietà.

Prevede l'art. 14 disp. prel. cod. civ. che "le leggi penali e quelle che fanno eccezione a regole generali o ad altre leggi non si applicano oltre i casi e i tempi in esse considerati".

Quanto alla legge penale, vale la norma della Carta costituzionale, secondo cui "nessuno può essere punito se non in forza di una legge che sia entrata in vigore prima del fatto commesso" (art. 25, 2° co., Cost.). Il procedimento analogico è escluso per le leggi penali incriminatrici o, comunque, in *malam partem*, cioè sfavorevoli al reo.

Si è già detto, in altra parte (§ 3), delle norme eccezionali che, avendo una particolare *ratio*, si pongono come eccezione rispetto alla disciplina generale degli altri casi. Esse, pertanto, non possono essere applicate, per analogia, a persone, casi, luoghi e tempi non esplicitamente previsti dalla lettera della norma.

Esempio. Con un decreto-legge si prevede che gli abitanti di una città, colpita da un grave terremoto, possano pagare le tasse usufruendo di una dilazione nel tempo. Pochi mesi dopo succede che, in altra parte d'Italia, alcuni paesi sono colpiti da un altro terremoto e altri paesi da un'alluvione. La norma eccezionale dettata per gli abitanti della città non trova applicazione analogica.

Sono eccezionali pure diverse disposizioni dettate, durante il 2020, per affrontare l'emergenza legata alla pandemia del coronavirus (si veda, ad esempio, il d.l. n. 18/2020, decreto "Cura Italia").

L'analogia non va confusa con l'interpretazione estensiva, di cui si è detto, ancorché la distinzione, in concreto, non sia sempre agevole. L'analogia, infatti, presuppone una lacuna, che viene colmata riferendo una conseguenza giuridica ad una fattispecie non regolata, sulla base di una somiglianza rilevante con la fattispecie regolata da una norma. Con l'interpretazione estensiva, invece, il significato della formulazione normativa viene esteso sino a ricomprendervi una fattispecie esclusa da una precedente interpretazione. Si tratta di un significato più ampio, ma rientrante nell'ambito dei significati possibili.

Infine, quando una controversia non possa essere decisa con una precisa disposizione e non risulta applicabile una norma per analogia, "se il caso rimane ancora dubbio, si decide secondo i princip̂ generali dell'ordinamento dello Stato" (art. 12, 2° co., disp. prel. cod. civ., ultima parte). È, questa, la c.d. *analogia juris*.

Ai princip̂ generali va attribuita natura normativa (possono definirsi, dunque, come regole di contenuto molto ampio). Essi si ricavano da complessi di norme che si ispirano a qualche obiettivo comune, pur senza enunciarlo esplicitamente. Ad esempio, dalle norme sui rapporti contrattuali fra inquilini e locatori, tra consumatori e imprese, fra datori di lavoro e lavoratori, può ricavarsi il **principio** della **tutela** del **contraente** più **debole**. Altre volte ci si richiama a norme fondamentali, come quelle costituzionali, che affermano **il principio della solidarietà fra gli uomini** (art. 2 Cost.), quello per cui si devono superare le **disuguaglianze di fatto** esistenti fra i cittadini (art. 3, 2° co., Cost.), quello della **libertà** dell'**iniziativa economica** privata (art. 41, 1° co., Cost.).

Scorrendo i repertori di giurisprudenza, ci si accorge come non sia infrequente, nel momento della decisione della controversia, il riferimento ai princip̂ generali.

Esempio. Si considerino i rapporti di vicinato fra più proprietari e, in particolare, le distanze fra le costruzioni. La giurisprudenza della Suprema Corte ha affermato che il **principio della tutela proprietaria** permette di stabilire che le distanze debbono essere osservate avendo riguardo alle parti strutturali dell'edificio. Non è necessario, invece, osservare le distanze per le sporgenze cui si riconosce scopo ornamentale o di raccolta delle acque grondaie (Cass., 5.4.1984, n. 2207).

Si è osservato come i princip̂ generali dell'ordinamento finiscano per assolvere non soltanto una funzione interpretativa (consentendo all'interprete di sussumere la fattispecie controversa in un enunciato ampio). Fra le altre funzioni, particolarmente rilevante è quella "fondativa": i princip̂ offrono i valori su cui l'intero ordinamento si fonda.

Non vanno confusi, da ultimo, i princip̂ generali con le norme che prevedono **clausole generali** (si veda, ad esempio, l'art. 1375 cod. civ.): i princip̂, infatti, servono a risolvere controversie riguardanti casi non previsti; le clausole generali, invece, sono norme molto ampie, che consentono al giudice di concretizzare il criterio di comportamento genericamente prescritto. L'interprete, in sostanza, traduce la regola astratta in una regola più concreta, idonea al caso sottoposto al suo giudizio.

Capitolo 5

IL RAPPORTO GIURIDICO E LE SITUAZIONI GIURIDICHE ATTIVE E PASSIVE

26. La nozione di situazioni giuridiche soggettive ed il rapporto giuridico.

La funzione del diritto, lo si è visto, è quella di regolare la convivenza fra gli uomini (§ 1). Affinché ciò avvenga è necessario che alcuni interessi siano considerati preminenti rispetto ad altri e siano tutelati contro le possibili aggressioni perpetrate dai consociati (sulla nozione di interesse si veda anche § 40).

Esiste, in sostanza, una gerarchia di interessi da tutelare, che si riflette nella singola unità elementare del sistema: la norma giuridica.

La norma giuridica, infatti, afferma come preminente l'interesse di chi si trovi in una determinata posizione o ponga in essere un determinato comportamento, rispetto a colui che si trovi in un'altra posizione o tenga altri comportamenti.

L'interesse di un soggetto, dunque, è strettamente correlato alla situazione della persona o delle persone che devono cooperare per la realizzazione di tale interesse, o che comunque debbono astenersi dal tenere comportamenti che ledano quell'interesse considerato meritevole di protezione.

Esempio. Il locatore ha diritto a ricevere il pagamento del canone mensile da parte del locatario (o conduttore). Vi è, in sostanza, un interesse, quello del locatore, che è tutelato dall'ordinamento giuridico, tanto che allo stesso viene attribuito un diritto per la soddisfazione di quell'interesse. Per la soddisfazione di quell'interesse un altro soggetto (la sua controparte) è obbligato a tenere un determinato comportamento, ossia a pagare il canone di locazione. Qualora non lo faccia, la "coercitività" del diritto (§ 2) permette al locatore di ottenere coattivamente la soddisfazione del suo credito.

Ci sono abbastanza elementi, a questo punto, per introdurre il concetto di **situazione giuridica soggettiva**: essa è la posizione giuridicamente rilevante di un soggetto nei confronti di un altro soggetto.

Il soggetto cui appartiene una situazione giuridica si dice titolare: si è titolari di un diritto, di un'obbligazione, e così via.

La situazione giuridica può essere **attiva** o **passiva**: è attiva quella situazione che indica la prevalenza dell'interesse del titolare, rispetto all'interesse di altri soggetti. Nell'esempio appena svolto, il locatore è titolare, tra l'altro, di una situazione giuridica attiva (il diritto a ricevere la prestazione del conduttore).

È passiva, invece, quella situazione giuridica che indica la subordinazione dell'interesse del titolare rispetto all'interesse di altri soggetti, cui la norma giuridica (nel comporre i conflitti tra i soggetti) dà prevalenza.

Si discute di **rapporto giuridico** per indicare la relazione tra il titolare di una situazione giuridica attiva ed il titolare di una situazione giuridica passiva. I soggetti attivi e passivi del rapporto giuridico si dicono **parti**: non sempre una parte corrisponde ad una persona; può succedere, infatti, che una parte sia composta da più persone. Da qui la definizione di **parte** come **centro unitario** di interessi. Si pensi, ad esempio, a due amici che decidono di acquistare in comproprietà un'abitazione. Si tratta di due persone ma, nel rapporto giuridico, esse sono definite come un'unica parte (la parte compratrice).

Il **rapporto** si definisce **semplice** quando ad una situazione soggettiva attiva corrisponde una situazione soggettiva passiva. Il rapporto, invece, si definisce **complesso** quando ciascuna parte è titolare sia di una situazione giuridica passiva sia di una situazione giuridica attiva.

Esempio. Si conclude un contratto di locazione avente ad oggetto un immobile: da esso nasce un rapporto giuridico tra due parti, il locatore ed il locatario. Si tratta di un rapporto giuridico complesso. Il locatario, in particolare, è titolare contemporaneamente di una situazione giuridica attiva (il diritto al godimento dell'immobile) e di una situazione giuridica passiva (l'obbligazione di pagare il canone di locazione).

Il rapporto giuridico è **bilaterale** quando in esso vi sono due parti (il compratore ed il venditore; il locatore ed il locatario; il creditore ed il debitore). Il rapporto, invece, è **plurilaterale** quando in esso vi sono più di due parti. Il contratto di associazione, ad esempio, può essere sia un contratto bilaterale sia, come più spesso accade, un contratto plurilaterale, composto anche da decine o centinaia di parti (si pensi ai partiti politici o ai sindacati).

Si definiscono terzi, invece, coloro che non sono parte del rapporto giuridico.

Una precisazione va compiuta: si è appena visto che il rapporto giuridico può essere definito come la relazione tra il titolare di una situazione giuridica attiva ed il titolare di una situazione giuridica passiva. Il rapporto giuridico, peraltro, è una figura che rientra nella categoria più generale della "situazione giuridica", da intendersi come un mutamento dei fenomeni giuridici al verificarsi di determinate fattispecie previste dalle norme.

Il compimento del diciottesimo anno di età, ad esempio, determina l'acquisto della **capacità di agire** (art. 2, 1° co., cod. civ.). In base alla valutazione della legge, allo stato di cose preesistente si è sostituita una situazione giuridica nuova.

Nel prosieguo si studieranno le situazioni giuridiche attive (§§ 27 ss.) e, successivamente, quelle passive (§§ 33 ss.). Un cenno, poi, andrà fatto alle situazioni giuridiche soggettive che presentano alcuni elementi peculiari (§§ 37 ss.).

27. Il diritto soggettivo.

La classificazione e le singole definizioni che di seguito si propongono sono "convenzionali": trattandosi di elaborazioni concettuali, ben può darsi che altre trattazioni utilizzino diversi criteri classificatori e definitori.

Con la precisazione appena compiuta, si può cominciare dalla situazione giuridica attiva più importante, il **diritto soggettivo**, che è il potere di agire per il soddisfacimento del proprio interesse individuale, protetto dall'ordinamento giuridico. La protezione, da parte dell'ordinamento giuridico, è essenziale per poter qualificare una situazione di interesse come contenuto di un diritto.

L'**esercizio** del diritto soggettivo comporta l'esplicazione dei poteri da parte del titolare: il titolare del diritto di credito, ad esempio, esercita il suo diritto allorché intima al debitore di eseguire la sua prestazione.

L'esercizio di un diritto soggettivo può determinare la frustrazione o la lesione di un interesse altrui: tuttavia, proprio perché il titolare esercita un potere protetto dall'ordinamento, egli non è tenuto a compensare alcuno per gli eventuali pregiudizi subìti.

Talvolta la legge individua limiti puntuali all'esercizio del diritto: si pensi, ad esempio, all'art. 833 cod. civ. (rubricato "atti di emulazione"), secondo cui "il proprietario non può fare atti i quali non abbiano altro scopo che quello di nuocere o recare molestia ad altri".

La norma in questione è stata presa a riferimento, da una parte della dottrina, per ritenere operante, nel nostro ordinamento, un principio di carattere generale: quello del **divieto dell'abuso del diritto**. Si ha abuso del diritto allorché il titolare eserciti i poteri in modo da realizzare un risultato difforme dal fine per il quale gli vengono riconosciuti. Il tema dell'abuso del diritto, nelle più recenti applicazioni, è collegato alla violazione della buona fede contrattuale (art. 1375 cod. civ.: § 253.2). Alcune norme di legge prevedono specifiche figure di abuso: si pensi all'abuso da parte del contraente della situazione di dipendenza economica nella quale un'altra parte si trovi (l. n. 192/1998) o all'abuso di posizione dominante vietata dalla legge *antitrust* (art. 3 l. n. 287/1990). L'art. 54 della Carta dei diritti fondamentali dell'Unione europea (Carta di Nizza) stabilisce che nessuna disposizione della Carta "deve essere interpretata nel senso di comportare il diritto di esercitare un'attività o compiere un atto che miri a distruggere diritti o libertà riconosciuti nella presente Carta o a imporre a tali diritti e libertà limitazioni più ampie di quelle previste dalla presente Carta".

I diritti soggettivi si suddividono, fondamentalmente, in due categorie: quella dei **diritti assoluti**, che attribuiscono al titolare un potere che può far valere verso tutti (*erga omnes*); quella dei diritti relativi, che attribuiscono al titolare un potere che può far valere soltanto nei confronti di uno o più soggetti. Si dice, nel linguaggio giuridico, che il titolare di un diritto relativo ha una **pretesa** (la pretesa del creditore, ad esempio, verso il debitore).

Nell'ampia categoria dei diritti assoluti rientrano i **diritti reali** e i **diritti della personalità**.

I diritti reali, lo dice l'espressione, sono i diritti su una cosa (*iura in re*). Più precisamente, essi attribuiscono al titolare un potere pieno (proprietà) o con delle limitazioni (diritti reali su cosa altrui) su un bene.

Viene in considerazione, in primo luogo, la relazione tra l'uomo e la cosa, ma vi è anche, come subito si studierà, la relazione tra il titolare del diritto reale ed i titolari di situazioni giuridiche passive.

Vediamo, dunque, in cosa consiste l'assolutezza del diritto: il titolare del diritto reale ha il potere di esigere che tutti (non una persona o più persone determinate) si astengano dal porre in essere comportamenti o atti lesivi dei suoi interessi, tutelati dalle norme giuridiche. Si consideri, ad esempio, il proprietario (gli altri diritti reali minori sono l'usufrutto, l'uso, l'abitazione, l'enfiteusi, la superficie, la servitù).

Esempio. A norma dell'art. 832 cod. civ. "il proprietario ha diritto di godere e di disporre delle cose in modo pieno ed esclusivo, entro i limiti e con l'osservanza degli obblighi stabiliti dall'ordinamento giuridico". Il proprietario, pertanto, può pretendere (il diritto in questo lo protegge) che qualsiasi persona si astenga dal porre in essere comportamenti o atti lesivi del suo diritto: ciò avverrebbe, ad esempio, se qualcuno impedisse al proprietario di godere in maniera piena ed esclusiva del bene oggetto del diritto di proprietà. Correlativamente, si può dire che tutti hanno il dovere di astenersi dal realizzare atti o comportamenti in grado di ledere l'interesse del proprietario.

Si comprende, così, l'espressione utilizzata talvolta dagli studiosi, secondo cui attraverso la disciplina dei diritti reali l'ordinamento risolve un problema, tra le persone, di attribuzione di beni.

Va pur detto che la concezione tradizionale, qui esposta, del diritto reale, è stata nel tempo sottoposta ad alcune critiche: si è rilevato, in particolare, che è un non senso (quasi un'astrazione) configurare un rapporto giuridico in cui i titolari della situazione giuridica passiva siano "tutti". Si è allora precisato che i soggetti passivi del rapporto non sono "tutti" i consociati ma coloro che di volta in volta possono venire, di fatto, a contatto con la cosa (coloro, cioè, che interferiscono con il titolare del diritto reale).

Nella categoria dei diritti assoluti si trovano, poi, i **diritti della personalità o diritti inviolabili o personalissimi**. Si tratta, ad esempio, del diritto alla vita, all'integrità fisica, all'immagine, all'onore, alla riservatezza, all'identità personale (§§ 78 ss.).

Anche nei diritti della personalità campeggia il carattere dell'assolutezza: "tutti", ad esempio, si devono astenere dal tenere comportamenti che possano ledere l'interesse del titolare del diritto alla vita.

Come si preciserà tra poco, a fronte del titolare di un diritto assoluto vi sono, nel lato passivo del rapporto, i titolari di un "dovere" (§ 33).

L'altra grande categoria dei diritti soggettivi, lo si diceva, è quella dei **diritti relativi**, che attribuiscono al titolare un potere che può essere fatto valere soltanto nei confronti di uno o più soggetti.

Nella categoria dei diritti relativi vi sono i **diritti di credito**, ossia i diritti ad una prestazione, nei confronti di uno più soggetti, avente valore economico. I diritti di credito sono anche definiti "diritti personali", proprio per contrapporli ai diritti reali, in cui campeggia sia il rapporto tra il titolare del diritto e la cosa sia il rapporto tra il titolare del diritto e i titolari della situazione giuridica passiva. Nei diritti di credito, invece, viene in considerazione il rapporto tra due soggetti, il titolare del diritto di credito ed il titolare della situazione giuridica passiva, detta obbligazione (§ 34).

Nell'ambito dei diritti relativi, ancora, si rinvengono i **diritti di famiglia**, ossia i diritti tra i reciproci componenti della famiglia. I doveri correlativi ai diritti di famiglia si definiscono, di solito, obblighi (proprio per distinguerli dalle obbligazioni).

27.1. *Ulteriori classificazioni dei diritti soggettivi: diritti patrimoniali e diritti non patrimoniali; diritti disponibili e diritti indisponibili.*

Ulteriori criteri classificatori vengono in considerazione nell'ambito dei diritti soggettivi privati, cui in questa sede si ha riguardo (non ci si occupa, dunque, di quei diritti soggettivi pubblici che attribuiscono al titolare poteri che gli consentono di incidere sull'organizzazione politica o, comunque, definiscono la sua posizione all'interno della stessa: si pensi al diritto di voto *ex* art. 48 Cost.).

Un'importante distinzione va fatta tra **diritti patrimoniali** e **diritti non patrimoniali**. I primi sono quelli in cui il titolare mira a soddisfare interessi economici (interessi, per meglio intenderci, suscettibili di essere tradotti, ossia "liquidati", in una somma di denaro). Sono diritti patrimoniali i diritti di credito, i diritti reali, i diritti di sfruttare una propria invenzione industriale.

Sono, invece, diritti non patrimoniali quei diritti in cui il titolare non mira a soddisfare (almeno in prima battuta) interessi economici, ma interessi morali, ideali o comunque attinenti alla sfera personale. Sono diritti non patrimoniali i diritti di famiglia ed i diritti della personalità.

Altra distinzione importante è quella tra **diritti disponibili** e **diritti non disponibili**.

I primi sono quei diritti che il titolare, nell'ambito della c.d. autonomia privata, può trasferire, autolimitare, cancellare, con atti giuridici (§ 43) che si definiscono "dispositivi". Di regola sono disponibili tutti i diritti patrimoniali.

Si considerino le diverse possibilità di "disporre" del proprio diritto, prendendo l'esempio del diritto di proprietà (artt. 832 ss. cod. civ.).

Esempio. Il proprietario di una casa può liberamente decidere di stipulare con la controparte una compravendita (atto dispositivo con cui trasferisce il suo diritto di proprietà). Può, ancora, consentire (sottoscrivendo un contratto di locazione) che qualcuno abiti la sua casa (atto dispositivo con cui autolimita il suo diritto di proprietà). Può, infine, nel rispetto altrui, distruggere la sua casa (in tal modo il suo diritto viene cancellato).

Il carattere della "disponibilità" spiega perché, secondo alcuni autori, il diritto soggettivo acquisti il valore di una "categoria politica": con esso si esprime e si esalta il **principio di libertà** e di **autodeterminazione** del privato.

Sono indisponibili, invece, quei diritti di cui il titolare non può liberamente disporre, nel senso appena ricordato. Il titolare, qui, subisce una restrizione della sua autonomia privata (ossia del potere di decidere come agire nel proprio interesse).

Sono indisponibili, in genere, i diritti non patrimoniali. Non si può, ad esempio, disporre del proprio diritto all'integrità fisica, all'onore, alla vita. Peraltro, anche alcuni diritti patrimoniali sono considerati dall'ordinamento indisponibili (è il caso dei diritti patrimoniali scaturenti dai rapporti familiari, come il diritto agli alimenti: artt. 433 ss. cod. civ.).

La ragione dell'indisponibilità sta nell'importanza degli interessi in gioco: si tratta o di interessi che attengono a valori fondamentali per la persona umana (come il diritto all'onore) o di interessi la cui forte protezione è considerata dall'ordinamento importante non solo per la persona in sé ma, più in generale, per la collettività (si pensi ai diritti di famiglia).

28. Il diritto potestativo.

Il **diritto potestativo** è una sottospecie del diritto soggettivo: esso consiste nel potere del titolare di incidere sulle situazioni soggettive altrui senza che il titolare delle situazioni su cui si incide possa fare nulla per impedirlo. Il soggetto che subisce l'esercizio del diritto potestativo si trova in uno stato di **soggezione** (§ 35).

Diversi sono gli esempi di diritto potestativo nel diritto privato, di cui si ha piena comprensione addentrandosi nel suo studio: il diritto di riscatto convenzionale nella vendita (art. 1500 cod. civ.); il potere di scelta nelle obbligazioni alternative (artt. 1285 ss. cod. civ.); il diritto dell'opzionario di determinare la conclusione del contratto con la sola dichiarazione di volontà (art. 1331 cod. civ.).

Per comprendere bene il concetto, però, si può fare riferimento all'istituto del recesso dal contratto (art. 1373 cod. civ.).

Le parti, una volta concluso il contratto, sono vincolate a quanto da esso previsto. Il codice riassume questo vincolo con una metafora: il contratto "ha forza di legge" (art. 1372, 1° co., cod. civ.). È possibile prevedere, tuttavia, in una clausola del contratto, il diritto di **recesso** convenzionale di una delle parti o di entrambe (deve dirsi che esiste anche il recesso legale, ossia il recesso previsto direttamente dalla legge: si vedano, ad esempio, gli artt. 1569, 1612, 1616, 1627, 1660, 1671 cod. civ.). Il diritto in questione è un diritto potestativo, giacché permette al suo titolare di sciogliere unilateralmente il contratto (con la semplice comunicazione del recesso), senza che la controparte debba o possa fare alcunché per evitare tale conseguenza.

Spesso la situazione giuridica passiva correlata al diritto potestativo è qualcosa di più di una mera soggezione. Nella materia contrattuale, in particolare, l'esercizio del diritto potestativo è vincolato al rispetto dei canoni della correttezza e della buona fede (art. 1375 cod. civ.). Una tutela incisiva, poi, è prevista in alcune ipotesi di recesso legale. Si pensi, in particolare, alla posizione del lavoratore dipendente nei confronti del datore di lavoro: il potere di quest'ultimo di irrogare sanzioni disciplinari e di disporre il licenziamento incontra una serie di limiti e di regole procedimentali, a garanzia della posizione del lavoratore stesso.

Se con l'espressione recesso si indica l'atto negoziale estintivo dei contratti in genere, si utilizza il termine **revoca** per designare l'atto negoziale estintivo di atti giuridici negoziali unilaterali (si pensi alla procura) o di contratti conclusi nell'interesse principale della parte che effettua la revoca (è il caso del mandato).

29. La facoltà.

La **facoltà** è il potere, riconosciuto al titolare del diritto, di tenere un comportamento (o di compiere un atto), che è compreso nel contenuto del diritto, ma non lo esaurisce. L'insieme di tutte le facoltà costituisce il contenuto del diritto: quest'ultimo, come pure può dirsi, si scompone in una serie di situazioni giuridiche elementari.

Esempio. Il titolare del diritto di proprietà ha la facoltà di disporre del bene, di utilizzarlo, di consentire ad altri l'utilizzo, di distruggerlo. Questi comportamenti ed atti si dicono facoltà: l'insieme di tutte le facoltà definisce il contenuto del diritto di proprietà.

La dottrina tradizionale, peraltro, distingue tra "potere" e "facoltà". Con il potere si indica un comportamento (liberamente attuabile) il cui compimento determina una modifica della preesistente situazione giuridica di colui che esercita il potere. È il caso del potere del proprietario di disposizione attraverso la vendita. La facoltà, invece, è intesa come un comportamento (anch'esso liberamente attuabile) il cui compimento non determina, però, una modifica della preesistente situazione giuridica: viene in considerazione, ad esempio, la facoltà del proprietario di utilizzare materialmente il bene, cui non consegue alcuna modificazione della sua situazione giuridica.

30. L'aspettativa.

L'**aspettativa** si distingue dal diritto soggettivo e dalle sue facoltà. Essa indica la posizione di chi non è ancora titolare di una situazione giuridica attiva, ma è in attesa di diventare titolare se si verificherà un determinato evento.

Si è in presenza di un'aspettativa **di diritto** quando l'ordinamento tutela la posizione di attesa, consentendo ad esempio alla persona in aspettativa di compiere atti conservativi sul diritto di cui in futuro potrà essere titolare. Qualcuno discute, di fronte all'aspettativa di diritto, di diritto soggettivo "potenziale" o di situazione giuridica soggettiva "provvisoria".

Esempio. Si può concludere un **contratto** sottoposto a **condizione sospensiva** o a **condizione risolutiva** (art. 1353 cod. civ.). Nel primo caso, il contratto comincerà a produrre i suoi effetti al verificarsi di un determinato evento incerto e futuro; nel secondo caso il contratto produce subito i suoi effetti, ma cesserà di produrli al verificarsi di un determinato evento futuro. Nella "pendenza" della condizione sospensiva (prima, cioè, che si verifichi il determinato evento incerto e futuro), "l'acquirente di un diritto può compiere atti conservativi" (art. 1356, 1° co., cod. civ.). Ed ancora, "l'acquirente di un diritto sotto condizione risolutiva può, in pendenza di questa, esercitarlo, ma l'altro contraente può compiere atti conservativi" (art. 1356, 2° co., cod. civ.).

Si discute, invece, di aspettativa **di fatto** quando questa posizione di attesa non è tutelata in alcun modo dal diritto.

Esempio. Una persona ha l'aspettativa di diventare l'erede di un suo parente; lo sarà soltanto alla morte del *de cuius*. Prima di quel momento, tuttavia, l'ordinamento non tutela la posizione di aspettativa: la persona non potrà compiere atti conservativi sul patrimonio del parente che cominci a dissipare le sue ricchezze.

31. L'interesse legittimo.

Fra le situazioni giuridiche attive trova posto anche l'**interesse legittimo**. Esso è il potere (principalmente di controllo e/o di impugnativa) attribuito ad un soggetto a tutela di un suo interesse individuale, ma soltanto in via indiretta e mediata; il potere, infatti, è a tutela diretta ed immediata di un interesse generale, di cui è parte anche l'interesse individuale il quale (di riflesso ed in via mediata) viene anch'esso tutelato.

Esempio. Un laureato in giurisprudenza ha i requisiti per iscriversi ad un concorso pubblico. Si accorge, però, che il concorso non si svolge secondo le modalità procedimentali ed i requisiti di trasparenza previsti dalla normativa vigente. Impugna, pertanto, l'esito del concorso (in cui non è risultato vincitore), chiedendone l'annullamento al giudice amministrativo (in primo grado il tribunale amministrativo regionale; in secondo grado il Consiglio di Stato).

L'interesse legittimo ha rilevanza, principalmente, nel diritto pubblico (§ 6), dove vi è la posizione di supremazia di un ente pubblico, i cui poteri però vanno esercitati con le modalità ed entro i limiti previsti dall'ordinamento giuridico.

Talvolta, di fronte all'esercizio del potere da parte dell'ente pubblico, l'interesse legittimo può essere inteso come l'"affievolimento" di un diritto soggettivo.

Esempio. Il diritto del proprietario, di fronte al provvedimento di espropriazione da parte dell'autorità pubblica, degrada ad interesse legittimo: interesse, cioè, al rispetto, da parte dell'ente espropriante, della normativa esistente in materia. Qualora ciò non avvenga il privato può impugnare il provvedimento di espropriazione e, si ritiene oggi, chiedere il risarcimento dei danni subìti a causa dell'esercizio illegittimo del potere.

Qualche studioso, peraltro, non ha mancato di sottolineare come l'interesse legittimo esisterebbe anche all'interno del diritto privato. Ciò sarebbe provato da quelle norme privatistiche che attribuiscono poteri a tutela di un interesse di carattere generale (ancor prima che privato).

Si fa l'esempio, in proposito, delle norme in materia di nullità del contratto (artt. 1418 ss. cod. civ.), che legittimano "chiunque vi abbia interesse" (e non solo i contraenti) ad impugnare un contratto nullo; o, ancora, delle norme che regolano gli istituti a protezione delle persone "deboli" (artt. 404 ss. cod. civ.), che legittimano anche il pubblico ministero a proporre l'istanza di protezione (a tutela, si dice, di un interesse di carattere generale, ossia la salvaguardia della salute dei consociati). Si è fatto anche l'esempio del diritto del socio di impugnare la delibera dell'assemblea presa in modo irregolare, rilevando che esso realizza non soltanto l'interesse particolare del socio contrario alla delibera ma l'interesse (di carattere generale) a che la società deliberi regolarmente.

32. Gli interessi collettivi e gli interessi diffusi.

Gli interessi collettivi e gli interessi diffusi sono il portato delle esigenze e dei bisogni delle società moderne, in cui i consociati avvertono la necessità di nuove forme di tutela.

Talvolta le due espressioni vengono utilizzate come sinonimi; è preferibile, tuttavia, distinguere i diversi ambiti d'azione degli interessi in questione.

Gli **interessi collettivi** sono situazioni giuridiche attive caratterizzate non da un interesse individuale ma da un interesse afferente a determinate categorie sociali e/o professionali operanti nella società: si pensi, in particolare, ai "consumatori" ed agli imprenditori.

Gli **interessi diffusi** sono situazioni giuridiche attive caratterizzate da un interesse riferibile genericamente ("diffusamente") a tutti i membri della collettività. Si tratta, dunque, di interessi che hanno ad oggetto beni comuni, come l'ambiente ed il paesaggio.

Negli ultimi anni sono aumentati gli strumenti attraverso cui è possibile far valere sia gli interessi collettivi sia gli interessi diffusi.

Quanto a quest'ultimi, si pensi all'art. 310, 1° co., d.lgs. 3.4.2006, n. 152 (Codice dell'ambiente), che ha conferito, tra l'altro, agli enti di protezione ambientale di cui al precedente art. 309, 1° co., la legittimazione "ad agire, secondo i princìpî generali, per l'annullamento degli atti e dei provvedimenti in violazione delle disposizioni di cui alla parte sesta", in materia di danno ambientale e di tutela dell'ambiente.

Quanto agli interessi collettivi, va detto che in un primo momento la loro tutela si è affermata settorialmente: si pensi alla legittimazione delle organizzazioni dei consumatori contro le pratiche commerciali scorrette e contro le c.d. clausole vessatorie.

Un più ampio strumento di tutela si rinviene oggi nelle "azioni di classe" dirette a tutelare collettivamente i diritti individuali omogenei dei consumatori e degli utenti (§ 264).

Al di là delle specifiche disposizioni di legge, la giurisprudenza amministrativa ha chiarito, più in generale, che affinché sia riconosciuta la legittimazione processuale delle associazioni rappresentative di interessi collettivi è necessario che la questione dibattuta attenga in via immediata al perimetro delle finalità statutarie dell'associazione. È inoltre indispensabile che l'interesse tutelato con l'intervento sia comune a tutti gli associati, che non vengano tutelate le posizioni soggettive solo di una parte degli stessi e che non siano configurabili conflitti interni all'associazione (Cons. Stato, 4.11.2016, n. 4628).

33. Il dovere.

Avendo esaminato le situazioni giuridiche attive, diventa più agevole far riferimento, ora, alle situazioni giuridiche passive correlate alle prime.

Viene in considerazione, innanzitutto, il **dovere**, che è la situazione giuridica passiva cui corrispondono, dal lato attivo, i diritti soggettivi assoluti (diritti reali e diritti della personalità: § 27).

Il dovere ha un **contenuto** oggettivamente e soggettivamente **generico**: esso non comporta l'attribuzione di uno specifico dovere in capo ad un determinato soggetto. Vi è, piuttosto, un generico dovere di astensione o, come pure può dirsi, un generico divieto di invadere e ledere l'altrui diritto assoluto.

Esempio. A fronte del diritto soggettivo all'integrità fisica, vi è un dovere generico di astenersi dal tenere comportamenti che possano ledere il diritto in considerazione.

34. L'obbligazione e l'obbligo.

L'**obbligazione** è la situazione giuridica passiva cui corrisponde, dal lato attivo, il diritto di credito (che, come visto, è uno dei diritti relativi).

L'obbligazione ha un contenuto oggettivamente e soggettivamente determinato: essa, infatti, consiste in un "vincolo" imposto ad un soggetto (detto debitore), che è tenuto ad un determinato comportamento (prestazione: di dare, di fare, di non fare) a favore di un altro soggetto (detto creditore).

Sono "fonti" dell'obbligazione il contratto, il fatto illecito o ogni altro atto o fatto idoneo a produrle in conformità dell'ordinamento giuridico (art. 1173 cod. civ.).

Talvolta i termini obbligazione ed **obbligo** sono considerati come sinonimi. Ci si può attenere alla differenza sopra prospettata, che individua nell'obbligo (e non nella obbligazione) la situazione giuridica passiva correlata ai diritti di famiglia. Correttamente, la nuova formulazione dell'art. 148 cod. civ. (introdotto dal d.lgs. n. 154/2013) prevede che "i coniugi devono adempiere l'obbligo di cui all'art. 147, secondo quanto previsto dall'art. 316-*bis*".

L'obbligo, così inquadrato, ha anch'esso un contenuto oggettivamente e soggettivamente determinato: consiste in un vincolo imposto ad un soggetto (un familiare), che è tenuto ad un determinato comportamento a favore di un altro familiare.

35. La soggezione.

La **soggezione** è la situazione giuridica passiva cui corrisponde, dal lato attivo, il diritto potestativo (§ 28). Il titolare della soggezione subisce e non può impedire l'esercizio del diritto, che incide sulla sua situazione giuridica determinandone unilateralmente una modificazione. Agli esempi già svolti se ne può aggiungere un altro.

Esempio. Il proprietario di un terreno, in virtù di una sentenza del giudice, ha il diritto di passare sul terreno del suo vicino per poter accedere alla pubblica via: ha, cioè, un diritto di **servitù coattiva**. Il titolare del fondo "servente" (l'altro è titolare del fondo definito "dominante") si trova in una "soggezione": non può impedire il passaggio del vicino sul suo terreno, che è titolare di un diritto potestativo.

La soggezione si rinviene anche nel diritto pubblico: tale è la situazione del cittadino che subisce l'esercizio del potere sovrano degli enti pubblici.

36. La responsabilità.

Nel linguaggio normativo ed in quello giuridico si utilizza spesso l'espressione "**responsabilità**": non soltanto, si badi, nel diritto privato, ma anche nel diritto penale e nel diritto amministrativo. A seconda dei casi, dunque, si discute di responsabilità civile, di responsabilità penale, di responsabilità amministrativa.

Se ne fa cenno qui perché il concetto è legato alla nascita di situazioni giuridiche passive in capo ai soggetti.

Può dirsi, in prima battuta, che la responsabilità è la situazione di chi, avendo commesso un **illecito** (§ 44.1), è esposto a subire la sanzione che ne consegue.

Si pensi a colui che, violando il divieto di *neminem laedere*, cagiona un danno ingiusto ad un consociato (art. 2043 cod. civ.). Egli, si dice, è responsabile civilmente (è la responsabilità che in questa sede interessa, pur essendo possibile che con questa concorra la responsabilità penale): la sanzione consiste nell'obbligazione, per l'autore del fatto illecito, di risarcire il danno cagionato.

Va aggiunto, tuttavia, che la nozione di responsabilità ha confini più ampi rispetto a quelli appena descritti: può incorrere in responsabilità (il discorso, si ripete, è circoscritto al profilo privatistico) anche chi non abbia commesso alcun illecito e, proprio per la posizione che occupa, subisce la sanzione prevista.

Esempio. Il Sig. Parodi, di Genova, ha un'impresa di pulizia in cui lavora un operaio, il Sig. Pastorino. Quest'ultimo, mentre effettua le pulizie presso l'ufficio di un cliente, colposamente fa cadere un computer, che si rompe. Il Sig. Parodi, in virtù del fatto che è il datore di lavoro, può essere chiamato solidalmente a rispondere dei danni cagionati, anche se non ha partecipato in alcun modo al fatto illecito.

Si discute, nell'esempio svolto, di **responsabilità oggettiva**. Nel diritto penale, invece, vale la regola generale per cui la responsabilità è personale (art. 27, 1° co., Cost.).

Si può giungere, allora, ad una definizione più complessa di responsabilità rispetto a quella fornita all'inizio: essa è la situazione di chi, avendo commesso un illecito, oppure a causa della posizione che occupa, è esposto a subire una sanzione.

Questa è soltanto una prima accezione del termine responsabilità. Ve n'è una seconda. Nel diritto privato si discute di responsabilità del debitore per indicare che questi risponde dei propri debiti con tutti i suoi beni, presenti e futuri (art. 2740 cod. civ.: § 36): viene in considerazione, qui, la **responsabilità patrimoniale del debitore**.

Essa comporta che se il debitore non paga spontaneamente, il creditore può attivare un meccanismo grazie al quale riuscirà a far vendere i beni del debitore e, con il denaro ricavato, soddisfare il suo credito (§ 55).

Nel senso appena illustrato, dunque, la responsabilità non crea un'obbligazione (il debitore è già obbligato): essa pone il debitore in uno stato di soggezione rispetto al creditore, che prende l'iniziativa per ottenere la realizzazione coattiva del suo credito.

Va accennato, da ultimo, al fatto che la riforma sul riconoscimento dei figli naturali (l. n. 219/2012 e d.lgs. n. 154/2013) ha introdotto il concetto di "responsabilità genitoriale", destinato a sostituire quello (tradizionale) di "potestà genitoriale" (§ 443): si tratta dell'ufficio legalmente attribuito ai genitori al fine di provvedere alla cura personale e patrimoniale dei figli.

37. La potestà.

La **potestà** è una situazione giuridica soggettiva che presenta i caratteri, contemporaneamente, di una situazione giuridica attiva e di una situazione giuridica passiva.

Essa è il potere di un soggetto di agire per soddisfare non un proprio interesse ma un interesse altrui. Si discute, in proposito, di potere-dovere del titolare.

La definizione evidenzia la differenza fra la potestà ed il diritto soggettivo: quest'ultimo, lo si è visto (§ 27), è il potere di un soggetto per soddisfare un proprio interesse; nella potestà, invece, si ha riguardo ad un interesse altrui.

Esempio. I genitori di un minorenne hanno la potestà (oggi si deve dire la "responsabilità genitoriale") nei confronti del figlio. Hanno, cioè, un potere disciplinare, attraverso cui adempiono il loro obbligo di istruzione, educazione e mantenimento nei confronti dei figli (art. 147 cod. civ.). Hanno, inoltre, un potere rappresentativo.

Inoltre, a differenza di quello che si è visto per i diritti soggettivi, nella potestà il titolare non può scegliere se esercitare o meno i poteri attribuitigli, né può rinunciare agli stessi (il genitore, ad esempio, non può rinunciare alla sua responsabilità).

Proprio perché in questo caso campeggia un potere nell'interesse altrui, le scelte del titolare sono soggette a controlli esterni, che mirano a verificare se la potestà sia effettivamente esercitata nell'interesse altrui. Ad esempio, la vendita dei beni del figlio minorenne, da parte dei genitori, è sottoposta ad autorizzazione da parte del giudice tutelare (art. 320, 3° co., cod. civ.).

Le considerazioni svolte consentono di distinguere agevolmente fra diritto potestativo (che è una sottospecie di diritto soggettivo) e potestà: nella prima situazione giuridica vi è un potere di un soggetto nel proprio interesse; nella seconda, pur configurandosi una soggezione di chi è sottoposto a potestà, vi è un potere nell'interesse altrui.

Fin qui si è detto della potestà nell'ambito del diritto privato. La potestà può essere anche di diritto pubblico: si discute, allora, del potere dell'autorità pubblica, esercitato nell'interesse generale, cui corrisponde la soggezione di chi è sottoposto a tale potere-dovere.

38. L'onere.

Altra figura che presenta una doppia natura è l'**onere**. Esso è la situazione giuridica di chi è tenuto ad un determinato comportamento nel proprio interesse, se vuole utilizzare qualche sua situazione giuridica attiva: ciò perché le norme giuridiche vincolano tale possibilità ad un determinato comportamento.

Esempio. A norma dell'art. 2697 cod. civ. chi agisce in giudizio per far valere un diritto deve fornire la dimostrazione dei fatti su cui tale diritto si fonda, così come chi gli oppone un'eccezione deve dimostrare i fatti sui cui essa si basa (§ 59); se la parte non assolve all'onere della prova, il giudice deciderà la causa in modo sfavorevole alla stessa.

Il soggetto su cui grava l'onere è libero di tenere o meno il comportamento: ciò distingue l'onere dall'obbligo, dall'obbligazione e dal dovere. Il mancato assolvimento dell'onere, infatti, non comporta alcuna sanzione ma soltanto l'impossibilità di utilizzare una situazione attiva.

Si spiega, così, perché all'onere venga attribuito un duplice carattere: di situazione giuridica attiva e di situazione giuridica passiva. L'onere è finalizzato a realizzare un interesse del soggetto; nel contempo, però, l'onere stabilisce un vincolo all'azione del soggetto: questi è tenuto, per rimanere all'esempio, a provare i fatti a fondamento del suo diritto se vuole ottenere una sentenza a lui favorevole.

39. Lo *status*.

Lo ***status*** si definisce come un complesso di situazioni giuridiche (alcune attive ed altre passive) che spettano ad un soggetto in virtù di una sua qualità o della sua collocazione sociale. Esso è, secondo le parole di Pietro Rescigno, uno strumento tecnico "capace di tradurre in una condizione rilevante per il diritto, e rilevante in maniera non precaria né discontinua, una situazione che, nell'ambiente sociale e secondo l'apprezzamento comune, distingue un soggetto dagli altri soggetti, per ragioni strettamente individuali o in ragione dell'appartenenza ad un gruppo".

Viene in considerazione, in particolare, lo *status* di cittadino, che rileva, principalmente, ai fini del rapporto fra cittadino e Stato. Si tratta, dunque, di uno *status* di diritto pubblico, di cui occorre qui fare un breve cenno.

La normativa di riferimento è costituita dalla l. 5.2.1992, n. 91 (così come risultante dalle modifiche introdotte dalla l. n. 94/2009). La **cittadinanza** può acquistarsi, in primo luogo, per vincolo di sangue, ossia per nascita da padre o madre cittadini italiani (***iure sanguinis***). È sufficiente che la cittadinanza italiana sia soltanto di uno dei due genitori ed è indifferente il luogo di nascita (art. 1, 1° co., lett. a, l. n. 91/1992). Tale modalità di acquisto della cittadinanza vale anche per i figli adottivi stranieri di un cittadino italiano, a seguito del provvedimento di adozione (art. 3 l. n. 91/1992).

Altra modalità di acquisto della cittadinanza è quella per nascita nel territorio della Repubblica italiana (***iure soli***), allorché i genitori siano ignoti o apolidi ovvero se il figlio non ne assume la cittadinanza secondo la legge del loro Stato (art. 1, 1° co., lett. b, l. n. 91/1992).

La cittadinanza si acquista anche **per matrimonio**: "il coniuge, straniero o apolide, di cittadino italiano può acquistare la cittadinanza italiana quando, dopo il matrimonio, risieda legalmente da almeno due anni nel territorio della Repubblica, oppure dopo tre anni dalla data del matrimonio se residente all'estero, qualora, al momento dell'adozione del decreto di cui all'art. 7, 1° co., non sia intervenuto lo scioglimento, l'annullamento o la cessazione degli effetti civili del matrimonio e non sussista la separazione personale dei coniugi (1° co.). I termini di cui al 1° co. sono ridotti della metà in presenza di figli nati o adottati dai coniugi (2° co.)" (art. 5 l. n. 91/1992, sostituito dall'art. 1, 11° co., l. n. 94/2009). Alla figura del coniuge, oggi, deve essere equiparata quella del contraente l'unione civile.

Infine, in base a quanto previsto dalla legge, la cittadinanza italiana può essere ottenuta per **naturalizzazione** o concessione (art. 9 della l. n. 91/1992). È il caso del cittadino di uno Stato dell'Unione europea che risieda legalmente nel territorio della Repubblica da almeno quattro anni; o dello straniero che vi risieda legalmente da almeno dieci anni. Le disposizioni più recenti tendono a semplificare il procedimento per l'acquisto della cittadinanza per lo straniero nato in Italia (art. 33 d.l. n. 69/2013, convertito nella l. n. 98/2013).

Nel diritto privato, peraltro, vengono in considerazione altri *status*: quello di coniuge, di genitore, di figlio. Anche l'imprenditore o il socio della società sono titolari di una serie di situazioni giuridiche attive e passive, che formano il loro *status*.

40. L'oggetto del rapporto giuridico. La nozione di patrimonio.

Il diritto, lo si è detto più volte, tende a tutelare un **interesse** dei soggetti. Si può ora definire l'interesse come la relazione (disciplinata dalle norme giuridiche) fra il soggetto e l'entità idonea a soddisfarne i bisogni.

A questa entità va dato il nome di **oggetto** del **rapporto giuridico**, ossia il bene (in senso lato), su cui il soggetto, nel suo interesse, esercita i poteri propri della situazione giuridica di cui è titolare.

L'oggetto del rapporto giuridico è diverso a seconda delle situazioni giuridiche che vengono in considerazione.

Nei rapporti giuridici in cui vi è, da un lato, un diritto assoluto (diritti reali, diritti riconducibili alla proprietà intellettuale, diritti della personalità), e dall'altro una situazione giuridica passiva corrispondente al dovere, l'oggetto del rapporto giuridico è costituito dal **bene materiale o immateriale** su cui il titolare della situazione giuridica attiva esercita il proprio diritto.

In particolare, oggetto del diritto di proprietà e degli altri diritti reali sono le cose materiali, che si distinguono in **beni immobili** e **beni mobili**: sono beni immobili il suolo, le sorgenti e i corsi d'acqua, gli alberi, gli edifici e le altre costruzioni, anche se unite al suolo a scopo transitorio, e in genere tutto ciò che naturalmente o artificialmente è incorporato al suolo (art. 812, 1° co., cod. civ.; si veda anche l'art. 812, 2° co., cod. civ.). Sono mobili tutti gli altri beni (art. 812, 3° co., cod. civ.).

Sono beni immateriali, che formano oggetto di una serie di diritti, la ditta, l'insegna e il marchio (i segni distintivi). Sono considerati beni immateriali pure le opere dell'ingegno, come le opere letterarie, scientifiche, didattiche, le opere d'arte, architettoniche (si consideri che qui il bene immateriale è costituito dalla creazione intellettuale in sé e non si identifica con alcuna delle sue materiali estrinsecazioni). Si ritiene che nell'alveo dei beni immateriali possano essere ricondotti attualmente gli "strumenti finanziari" negoziati sui c.d. "mercati regolamentati" (come la borsa), rispetto ai quali la legge prescrive la "dematerializzazione": in pratica, si prescrive che l'emissione e la circolazione di questi strumenti avvenga attraverso semplici scritturazioni contabili, escludendo la loro incorporazione in un supporto cartaceo (artt. 12 ss. d.p.r. n. 398/2003). I diritti televisivi, sportivi e cinematografici sono considerati dalla giurisprudenza beni immateriali (Cass., 14.12.2018, n. 32417).

Oggetto del diritto della personalità è il bene immateriale rappresentato dall'onore, la vita, l'immagine, e così via.

Nei diritti relativi (diritti di credito e di famiglia) l'oggetto del rapporto giuridico è costituito da una **prestazione** o, comunque, da un **comportamento** a contenuto prevalentemente personale, considerato quale bene in sé.

Si suole distinguere, di solito, fra oggetto del rapporto giuridico (ossia l'entità che è idonea a soddisfare i bisogni del soggetto, secondo le norme giuridiche) e **contenuto** (o oggetto in senso ampio) del **rapporto giuridico**. Con quest'ultima espressione si intende il complesso delle situazioni giuridiche nelle quali il rapporto si articola.

Diverso dall'oggetto del rapporto giuridico è il concetto di **patrimonio**. Nel linguaggio parlato, quando si discute di patrimonio, si ha riguardo alla ricchezza di una persona, alla disponibilità economica.

In senso giuridico il concetto di patrimonio è diverso: con esso si fa riferimento all'insieme delle situazioni giuridiche attive e passive di cui si è titolari. Il patrimonio di un soggetto, dunque, potrebbe essere costituito principalmente da situazioni giuridiche passive.

Ognuno ha un patrimonio in senso giuridico: può darsi, infatti, che un soggetto non sia titolare di diritti reali e non abbia alcun debito (cosa ben difficile). In ogni caso è titolare di situazioni giuridiche attive come i diritti della personalità e, in definitiva, ha un suo patrimonio.

Capitolo 6

FATTO E ATTO GIURIDICO

41. Il mutamento delle situazioni giuridiche: gli effetti giuridici e la fattispecie giuridica.

Si sono studiate, in precedenza, le situazioni giuridiche attive e passive (Cap. 5). Ora va ribadito che esse non restano immobili ma sono destinate a mutare nel tempo. Può dirsi, anzi, che una delle caratteristiche naturali delle situazioni giuridiche sia la mutevolezza.

Esempio. Il Sig. Floris, proprietario di una casa in Sardegna, stipula un contratto di compravendita con il Sig. Melis. Con la vendita il titolare del diritto di proprietà non è più il Sig. Floris ma l'acquirente; in capo a quest'ultimo nasce una nuova situazione giuridica passiva, l'obbligazione di pagare il prezzo. Il venditore, a sua volta, diventa titolare del diritto soggettivo al pagamento del prezzo. Si sono estinte, dunque, alcune situazioni giuridiche e se ne sono create altre.

I mutamenti che si producono nelle situazioni giuridiche dei soggetti si chiamano **effetti giuridici**. Gli effetti giuridici, come già si è accennato nell'esempio, possono essere diversi. Le varianti sono: la **creazione**, la **modificazione**, **l'estinzione** di situazioni giuridiche.

Gli effetti giuridici si producono soltanto quando vi è una causa: questa è rappresentata dalla **fattispecie giuridica**. Un elemento della realtà (fattispecie concreta) produce effetti giuridici quando corrisponde ad una fattispecie astratta; e poiché la norma giuridica, descrivendo la fattispecie astratta, prevede un dato effetto giuridico, ecco che l'accadimento riconducibile alla previsione della norma giuridica determina l'effetto giuridico (creativo, modificativo, estintivo delle situazioni giuridiche).

Si è già visto, in precedenza, come la fattispecie possa essere semplice, complessa, a formazione progressiva (§ 3).

Qui va posto l'accento su un'ulteriore distinzione fra le fattispecie: in base al ruolo che assume la volontà e la consapevolezza umana è possibile distinguere fra fatti giuridici (§ 42) ed atti giuridici (§ 43).

42. I fatti giuridici (o fatti giuridici in senso stretto).

I **fatti giuridici** (qualcuno utilizza l'espressione fatti giuridici in senso stretto) sono, innanzitutto, **accadimenti** o **eventi naturali**, indipendenti cioè da un'attività dell'uomo: l'ordinamento, ad esempio, prevede che il crollo di un edificio fa sorgere, in capo al proprietario, l'obbligo di risarcire i danni (art. 2053 cod. civ.); il decorso del tempo (quale fatto naturale) determina la prescrizione di un diritto che non è fatto valere dal suo titolare (artt. 2946 ss. cod. civ.); il raggiungimento della maggiore età fa acquistare la capacità di agire (art. 2, 1° co., cod. civ.).

Rientrano nella categoria dei fatti giuridici in senso stretto anche quegli accadimenti o eventi naturali che possono derivare pure dall'**attività umana**. Tuttavia, essi producono effetti giuridici a prescindere dall'eventualità che provengano o meno dall'uomo.

Si consideri, ad esempio, l'acquisto per "accessione" (artt. 934 ss. cod. civ.: § 390) di una pianta da parte del proprietario di un fondo: questi ne diventa proprietario sia nel caso in cui essa germogli spontaneamente sia nel caso in cui venga piantata dallo stesso o da altre persone. Si pensi, ancora, alla morte di una persona: essa determina l'apertura della successione (art. 456 cod. civ.), sia nel caso di morte naturale sia nel caso di uccisione della persona. Quel che conta è che ci sia un accadimento o evento naturale, preso in considerazione dalla legge ai fini della produzione degli effetti giuridici.

Da ultimo, devono considerarsi fatti giuridici in senso stretto anche quegli eventi naturali che hanno come necessario antecedente un comportamento umano: e però, riprendendo quanto si è appena rilevato, non è il comportamento dell'uomo a determinare, immediatamente, l'effetto giuridico, ma un accadimento o evento naturale. La nascita di una persona, per intenderci, è l'evento naturale che determina l'acquisto della capacità giuridica (art. 1, 1° co., cod. civ.): l'effetto giuridico non è collegato all'atto umano della procreazione ma all'evento fisico della nascita. Può considerarsi, ancora, il ritrovamento di cose smarrite (artt. 927 ss. cod. civ.): a monte, è vero, c'è un'attività umana, ma l'acquisto della proprietà delle stesse si determina soltanto dopo che sia decorso un anno (fatto naturale) da quando è stato dato avviso del ritrovamento.

Da quanto detto emerge che i fatti giuridici in senso stretto vengono presi in considerazione dall'ordinamento (tanto da farne discendere effetti giuridici) a prescindere dalla circostanza che vi sia o meno la volontarietà del comportamento o la volontà degli effetti giuridici da parte dell'uomo.

43. Gli atti giuridici. La fondamentale distinzione fra atti giuridici negoziali ed atti giuridici non negoziali.

L'ampia categoria degli **atti giuridici** fa riferimento agli atti e comportamenti "necessariamente" umani. L'effetto giuridico, qui, deriva soltanto dagli atti ed i comportamenti umani, che dunque devono avere il requisito minimo della volontarietà e della consapevolezza, sotto il profilo che subito si andrà ad approfondire.

Nel novero degli atti giuridici si devono distinguere gli atti giuridici negoziali ("atti giuridici" senza alcuna ulteriore qualificazione) e gli atti giuridici non negoziali (detti anche atti giuridici in senso stretto o meri atti giuridici).

La differenza sta proprio nel diverso ruolo che gioca la volontarietà e la consapevolezza. È necessario considerare distintamente le due sottocategorie, cominciando dall'atto giuridico negoziale (o "atto giuridico" senza alcuna ulteriore qualificazione).

44. Gli atti giuridici negoziali (o atti giuridici *tout court*): volontà dell'atto e volontà degli effetti. Cenni sull'origine del negozio giuridico.

Gli **atti giuridici negoziali** (atti giuridici *tout court*) sono quelli in cui l'intenzionalità e la consapevolezza si manifestano con maggiore intensità.

La volontà, in particolare, si manifesta sotto due aspetti: **volontà** dell'**atto** e **volontà** degli **effetti giuridici**.

La volontà dell'atto è la volontà che un soggetto ha di porre in essere una determinata dichiarazione nella sua pura materialità (ad esempio con scritti, parole, cenni). Si discute, con un'espressione di sintesi, di volontà della dichiarazione. Se tale volontà manca del tutto, l'atto giuridico negoziale è nullo (artt. 1325, 1418 ss. cod. civ.).

Esempio. Una dichiarazione è scritta apparentemente dal Sig. Pavan ma, in realtà, è stata falsificata dal Sig. Zanottin: essa non ha alcuna efficacia, poiché manca la volontà dell'atto da parte del Sig. Pavan.

La volontà degli effetti giuridici, invece, è la volontà di produrre proprio gli effetti giuridici che le norme ricollegano all'atto giuridico. Talvolta tale volontà è indicata, sinteticamente, come volontà negoziale (così come si chiamano effetti negoziali quelli che derivano dall'atto giuridico negoziale).

Esempio. Il Sig. Pavan simula, con la controparte, la compravendita di un suo immobile. Lo fa perché vuol far credere ad un suo creditore che non ha beni nel patrimonio. Vi è l'apparenza del contratto di compravendita, ma le parti sono d'accordo di non volere gli effetti negoziali (tanto che concludono un accordo segreto in cui dichiarano che il contratto è simulato). La compravendita, in questo caso, non produce effetti giuridici (art. 1414, 1° co., cod. civ.).

Il contratto, invece, è annullabile quando la volontà c'è ma risulta alterata (si discute di vizio della volontà) per errore, violenza morale o dolo (artt. 1427 ss. cod. civ.). Ma torneremo sul tema in seguito (Cap. 25).

Non è richiesto che i privati abbiano la piena rappresentazione degli effetti giuridici dell'atto che pongono in essere, essendo sufficiente che essi manifestino la volontà di conseguire determinati effetti pratici (che sono, poi, quelli economici).

La coincidenza fra gli effetti giuridici e gli effetti voluti spiega perché l'ordinamento richieda la piena maturità ed idoneità del soggetto nel valutare gli effetti (voluti) dell'atto. Non basta, dunque, la capacità naturale di intendere e di volere, occorrendo anche la capacità legale di agire, che si acquista al compimento del diciottesimo anno di età (art. 2, 1° co., cod. civ.). Peraltro, qualora il soggetto abbia raggiunto la maggiore età, può essere privato, in tutto o in parte, della capacità di agire, allorché si accerti che non sia in grado di provvedere da solo ai propri interessi (si veda il titolo XII, capo I, del primo Libro del codice civile).

Alla categoria degli atti giuridici negoziali appartengono il contratto, il matrimonio, il testamento, nonché, a titolo di esempio, le rinunzie, le ratifiche, le promesse, l'atto di fondazione. Si tratta di atti con cui i privati manifestano la libertà di regolare come meglio credono i propri interessi; l'ordinamento, inoltre, garantisce che l'assetto di interessi da essi previsto sia rispettato e trovi un'attuazione concreta.

Occorre chiedersi, a questo punto, quale sia l'origine della categoria degli atti giuridici negoziali o, per utilizzare un'espressione tradizionale, dei **negozi giuridici**.

Il "negozio giuridico" nasce, nel 1800, dall'elaborazione dottrinale della Scuola giuridica tedesca, detta pandettistica. Il nome si deve allo studio critico, compiuto dai membri della Scuola, delle disposizioni del *Corpus iuris civilis* di Giustiniano e, in particolare, di quella parte denominata Pandette.

I pandettisti elaborarono, in mancanza di una disciplina legislativa, regole generali per gli atti di volontà indirizzati alla produzione degli effetti giuridici: nacque, attraverso un lento processo di elaborazione, la teoria generale del negozio giuridico.

Il codice civile tedesco (il BGB), entrato in vigore nel 1900, recepisce i risultati e la sistematica della pandettistica, dedicando una parte proprio al "negozio giuridico", la *Willenserklärung* (che diventa così una categoria di diritto positivo).

Il negozio giuridico, tuttavia, è una astrazione: esso, nella realtà, non esiste, esistendo la locazione, la compravendita, il matrimonio, il testamento. Il negozio giuridico, dunque, è la sintesi delle regole giuridiche comuni a tali atti.

Il codice civile italiano del 1942, invece, non ha seguito l'esempio del codice civile tedesco; non si rinviene, in esso, una parte dedicata al "negozio giuridico". A ben guardare, anzi, l'espressione negozio giuridico non compare proprio nel codice civile, che adotta l'espressione "atto": si vedano, ad esempio, gli artt. 428, 1324, 1325 cod. civ. Già nell'art. 2, 2° co., cod. civ. si prevede che "con la maggiore età si acquista la capacità di compiere tutti *gli atti* per i quali non sia stabilita un'età diversa".

D'altra parte, i risultati e le acquisizioni della dottrina tedesca sono stati tenuti in grande considerazione da parte degli studiosi italiani che, specie in passato, hanno elaborato una vera e propria teoria del negozio giuridico.

Inoltre, il codice civile del 1942 non ha disconosciuto del tutto l'opportunità di riunire in un'unica categoria generale le norme comuni agli atti di volontà. Tuttavia, non è stato preso, come modello di riferimento, il negozio giuridico (che è, come detto, un'astrazione) ma il **contratto**, soggetto ad una **disciplina generale** (artt. 1321-1469 cod. civ.).

Il contratto è stato inteso dal legislatore italiano come l'istituto cardine della vita economica e sociale: ad esso è dedicata una disciplina che, tendenzialmente, trova applicazione per tutti i tipi di contratto (la compravendita, la locazione, l'appalto, e così via). La singola disciplina dei tipi contrattuali (di cui agli artt. 1470 ss. cod. civ.), poi, stabilisce se e in che misura la disciplina generale debba lasciare il campo a quella specifica.

Il codice civile italiano, inoltre, ha previsto, nella disciplina generale del contratto, una norma sugli **atti unilaterali**, ossia quegli atti giuridici negoziali formati dalla dichiarazione di una sola parte: l'art. 1324 cod. civ. prevede che "salvo diverse disposizioni di legge, le norme che regolano i contratti si osservano, in quanto compatibili, per gli atti unilaterali tra vivi aventi contenuto patrimoniale".

La disciplina relativa agli atti giuridici unilaterali può così riassumersi. Vi sono alcuni atti unilaterali (cui non si applica direttamente l'art. 1324 cod. civ.) che hanno una propria disciplina: si pensi al testamento o agli atti non aventi contenuto patrimoniale, come quelli di diritto di famiglia. Anche in questi casi, peraltro, non si esclude talvolta la possibilità di applicare per analogia (§ 25) le norme sui contratti. Il testamento, ad esempio, può essere impugnato per violenza (art. 624 cod. civ.): si ritiene, allora, che per determinare i caratteri della violenza occorra rifarsi alle norme sulla disciplina generale del contratto che si occupano di questo vizio del consenso (artt. 1435 ss. cod. civ.).

Altri atti giuridici unilaterali, poi, oltre ad avere una propria disciplina, sono sottoposti alle norme generali del contratto "in quanto compatibili" (si pensi alla convalida, al recesso, alla procura, alla ratifica, alla rinunzia).

In alcuni casi le norme dettate dalla disciplina generale del contratto non sono affatto compatibili con gli atti unilaterali: è il caso, ad esempio, delle regole sulla formazione del consenso (artt. 1326 ss. cod. civ.), basate sulla bilateralità del rapporto che manca negli atti unilaterali.

Alcune norme, invece, risultano perfettamente compatibili: si pensi alle norme sulla rappresentanza (artt. 1387 ss. cod. civ.) o a quelle che prevedono la nullità del contratto per illiceità, ossia per contrarietà alle norme imperative, all'ordine pubblico, al buon costume (art. 1343 cod. civ.).

Altre volte, infine, la compatibilità sussiste ma richiede un adattamento che tenga conto della struttura unilaterale dell'atto: si abbia riguardo, ad esempio, all'art. 1345 cod. civ., secondo cui "il contratto è illecito quando le parti si sono determinate a concluderlo esclusivamente per un motivo illecito comune ad entrambe". La norma è applicabile anche all'atto unilaterale (che così risulta nullo quando è posto in essere per un motivo illecito): non si applica, tuttavia, il requisito previsto dall'ultima parte della disposizione, che si riferisce alla bilateralità.

Le considerazioni appena svolte spiegano perché, ancora oggi, nel linguaggio dei giuristi si suole discutere di atti "negoziali" unilaterali: il suffisso negoziale fa intendere, sinteticamente, che a tali atti si applica, in quanto compatibile, la disciplina generale del contratto (che è la disciplina generale di riferimento, così come il negozio giuridico lo è per il codice civile tedesco).

Alcuni studiosi, d'altra parte, avvertono da tempo che occorre parlare di "atto" e di "contratto" se ci si vuol far comprendere in più vasti circuiti internazionali. Il concetto di negozio giuridico, infatti, è del tutto sconosciuto sia in Francia sia nei Paesi anglosassoni e, in genere, di *Common law* (mentre è conosciuto, dietro l'influenza tedesca ed italiana, nei Paesi di lingua spagnola e portoghese).

Da questi ultimi rilievi si può trarre un monito. È possibile, ancora oggi, discutere di atti giuridici negoziali (o atti giuridici) e di atti giuridici non negoziali (o atti giuridici in senso stretto o meri atti giuridici): ma lo si può fare non per mero intento speculativo ma per esigenze pratiche; al fine, cioè, di rinvenire la disciplina applicabile all'atto di autonomia privata.

Per il resto si dovrà sempre discutere di contratto, di matrimonio, di testamento, di atto di fondazione, di promessa, di recesso: di quei modelli di operazioni economiche, cioè, scelti dai privati per regolare i propri interessi.

44.1. *Le principali classificazioni degli atti giuridici negoziali: atti validi ed invalidi; atti leciti e illeciti.*

Gli atti giuridici negoziali sono suscettibili di diverse classificazioni. Si distinguono, in primo luogo, gli atti validi dagli atti invalidi.

Sono **atti validi** quegli atti rispettosi dei presupposti o dei requisiti previsti dalla legge per la loro formazione, ovvero dei limiti imposti all'esplicazione dell'autonomia privata; sono validi, ancora, se il procedimento formativo della volontà non è affetto da anomalie.

Sono **invalidi**, invece, quegli atti non rispettosi dei presupposti e dei requisiti di legge, dei limiti imposti all'autonomia privata o, ancora, caratterizzati da un'alterazione nel processo di formazione della volontà. Quando l'atto è **invalido** non produce gli effetti voluti dalle parti (si vedano gli artt. 1418-1424 cod. civ., sulla nullità del contratto; gli artt. 1425-1446 cod. civ., sull'annullamento del contratto).

Uno dei criteri (non l'unico) per accertare se l'atto sia valido o invalido è quello della liceità. L'**atto** è **lecito** se non si pone in contrasto con alcun obbligo o divieto di condotta; l'**atto** è **illecito** se si pone in contrasto con un obbligo o divieto di condotta. L'atto negoziale illecito è invalido e, dunque, non produce effetti giuridici (sugli atti non negoziali leciti e illeciti si rimanda al § 45.1).

44.2. *Atti unilaterali, bilaterali, plurilaterali, collegiali, collettivi, complessi.*

Altro criterio di classificazione fa riferimento alla struttura dell'atto.

Sono **atti unilaterali** quelli formati dalla dichiarazione di una sola parte (da intendersi come centro unitario di interessi: § 26): si pensi, ad esempio, all'atto di fondazione, al testamento, all'accettazione di eredità, alla promessa, alla rinuncia, alla revoca.

Gli atti unilaterali (il discorso vale anche per gli atti unilaterali non negoziali: § 45) si chiamano **recettizi** se sono rivolti ad un determinato soggetto e produttivi di effetti dal momento in cui pervengono a conoscenza del destinatario (art. 1334 cod. civ.). Va precisato che non è richiesta l'effettiva conoscenza, da parte del destinatario, ma la semplice "conoscibilità" dell'atto (art. 1335 cod. civ.).

Un atto unilaterale, invece, si dice **non recettizio** quando per la sua efficacia non è chiesto il suo indirizzo ad un determinato destinatario che ne abbia conoscenza: è atto non recettizio, ad esempio, l'accettazione di eredità (art. 459 cod. civ.).

Sono **bilaterali** quegli atti formati dalla dichiarazione di due parti coinvolte nell'atto: tipico atto bilaterale è il contratto di scambio, in cui le parti perseguono interessi distinti e contrapposti (tale è, ad esempio, la vendita). Un atto negoziale bilaterale è anche il matrimonio, che peraltro non può essere definito un contratto (si veda l'art. 1321 cod. civ.).

Sono **plurilaterali** quegli atti formati dalla dichiarazione di tre o più parti coinvolte nell'atto. Il contratto di associazione o di società (definiti con comunione di scopo) possono essere costituiti da due parti (ed allora si definiscono atti bilaterali) ma anche da tre o più parti (sono, in questo caso, plurilaterali).

Nei contratti associativi le parti perseguono un interesse comune. Vi sono, tuttavia, atti plurilaterali in cui le diverse parti perseguono un interesse potenzialmente in conflitto tra loro: è quello che accade, ad esempio, nell'atto di divisione della cosa comune (art. 1111 cod. civ.) fra due o più proprietari, in cui ciascuno di essi tende a valorizzare al massimo la propria quota a discapito degli altri comproprietari.

I riferimenti appena compiuti a proposito della unilateralità e bilateralità (o plurilateralità) permettono di compiere un'osservazione di sintesi a proposito del rapporto tra "negozio" e contratto: il contratto è sempre un atto giuridico negoziale bi/plurilaterale, mentre non ogni atto giuridico negoziale è un contratto.

Sono **collegiali** quegli atti in cui le dichiarazioni di volontà di più persone sono dirette a formare la volontà di una organizzazione: è il caso, ad esempio, della deliberazione assembleare di un'associazione o di una società per azioni. All'atto collegiale si applica il principio maggioritario: la deliberazione è valida ed efficace allorché risulti approvata dalla maggioranza (ciò vuol dire che la minoranza dissenziente deve ritenersi vincolata). Si aggiunga che le espressioni di voto si fondono originando, così, la volontà dell'ente, inteso come soggetto diverso dai singoli componenti che fanno parte di esso.

Vanno distinti gli atti collegiali dagli atti complessi e dagli atti collettivi.

Si è in presenza di un **atto collettivo** allorché la volontà di più persone è espressa sempre secondo il sistema della formazione di una maggioranza in seno ai votanti. Tuttavia (e qui sta la differenza rispetto agli atti collegiali), le singole manifestazioni rimangono separate, giacché esse non vengono imputate ad un'entità soggettivamente autonoma rispetto ai votanti. Si pensi alla deliberazione dei soggetti partecipanti ad una comunione o, ancora, alla deliberazione dell'assemblea dei condómini.

Nell'**atto complesso**, infine, le diverse dichiarazioni di volontà che formano l'atto non rimangono distinte né vanno a formare la volontà di un'organizzazione: esse si fondono in un'unica volontà, che può essere quella di un soggetto considerato meritevole di particolare tutela. È il caso dell'inabilitazione (artt. 415 ss. cod. civ.), in cui il curatore integra la sua volontà con quella dell'incapace (si discute, nell'esempio fatto, di atto complesso diseguale, giacché le volontà dei dichiaranti non sono poste sullo stesso piano).

44.3. *Atti formali ed atti non formali.*

A seconda delle modalità di manifestazione della volontà, si distinguono gli atti formali (o solenni) dagli atti non formali.

Gli **atti formali** sono quegli atti in cui la legge determina le modalità di manifestazione della volontà: se non sono adottate determinate "forme" l'atto è nullo e, dunque, non produce effetti giuridici.

Il discorso viene ripreso, più analiticamente, allorché ci si dedica allo studio del contratto e del testamento. Qui basti accennare all'art. 1350 cod. civ., secondo cui alcuni contratti, sotto pena di nullità, devono essere adottati con la forma scritta, ossia con l'atto pubblico o la scrittura privata (§ 61). Si pensi, ad esempio, al contratto che trasferisce la proprietà di un immobile: esso è nullo se non si adotta la forma scritta.

Anche il testamento è un atto formale, non ammettendo il nostro ordinamento un atto a causa di morte pronunciato verbalmente.

Sono atti **non formali** quelli in cui la legge non determina le modalità di manifestazione della volontà, che le parti sono libere di scegliere. Esse, anzi, possono convenire per iscritto di adottare una determinata forma scritta per la futura conclusione del contratto, pur non essendo tenute per legge all'adozione della forma scritta (art. 1352 cod. civ.).

44.4. *Atti patrimoniali ed atti non patrimoniali.*

La distinzione fra atti patrimoniali e non patrimoniali si basa sulle situazioni giuridiche (patrimoniali o non patrimoniali) cui si riferiscono gli effetti dell'atto. In particolare, sono situazioni giuridiche patrimoniali quelle di tipo economico, avendo ad oggetto beni (§ 40) traducibili in valori monetari. Sono situazioni giuridiche non patrimoniali quelle di tipo non economico, avendo ad oggetto beni non traducibili in valori monetari.

Sono **atti patrimoniali**, ad esempio, il contratto, le promesse di pagamento, la rinuncia del debito. Il testamento è pure un atto patrimoniale, anche se può avere un contenuto non patrimoniale.

È **atto non patrimoniale** il matrimonio (artt. 82 ss. cod. civ.): è vero, infatti, che dal matrimonio derivano anche effetti giuridici patrimoniali (artt. 159 ss. cod. civ.); tuttavia gli effetti più importanti sono di tipo personale (artt. 143 ss. cod. civ.).

La distinzione in esame permette di chiarire, ulteriormente, il rapporto fra contratti ed atti giuridici negoziali: quest'ultimi possono disciplinare tanto rapporti personali che rapporti patrimoniali. Diversamente, il contratto è rivolto a "costituire, regolare, o estinguere ... un **rapporto giuridico patrimoniale**" (art. 1321 cod. civ.).

In linea di massima gli atti patrimoniali attengono a **diritti disponibili**, mentre gli atti non patrimoniali a **diritti indisponibili**.

Disporre di un diritto significa venderlo, donarlo, rinunciarvi, sottoporlo a limitazioni, farne oggetto di accordi transattivi (sul contratto di transazione si vedano gli artt. 1965 ss. cod. civ.). Gli atti di disposizione, dunque, sono quelli in cui un soggetto si priva del diritto (a titolo gratuito o oneroso: § 44.5) oppure lo sottopone a limitazioni (usufrutto, ipoteca).

Diversamente, i diritti indisponibili sono quelli sottratti agli atti di disposizione del titolare. Gli atti di disposizione di diritti indisponibili sono nulli (si confronti l'art. 1966, 2° co., cod. civ., in tema di transazione). Dall'indisponibilità del diritto, inoltre, discende che lo stesso è imprescrittibile (art. 2934, 2° co., cod. civ.); non può essere oggetto di confessione (art. 2733, 2° co., cod. civ.) e di giuramento (art. 2739 cod. civ.); ed ancora, la disciplina legale della decadenza non può essere modificata per accordo delle parti, né si può rinunciare all'avvenuta decadenza (§ 50).

L'ordinamento giuridico ammette alcuni margini di disposizione dei diritti della personalità, come accade per il diritto all'immagine (art. 10 cod. civ.). Si pensi, in particolare, alla pubblicazione della foto di una persona con il suo consenso: non si tratta, peraltro, di una vendita o di una rinuncia al diritto all'immagine, ma della rinuncia all'esercizio del diritto stesso nei confronti di un determinato soggetto (tanto che il diritto all'immagine continua a sussistere in capo al suo titolare, che può utilizzarlo nei confronti di altri soggetti).

Poteri di disposizione, poi, si rinvengono anche nell'ambito del diritto di famiglia. Nel caso di separazione personale, il coniuge che risulti non avere redditi adeguati può pretendere che l'altro coniuge gli versi un assegno di mantenimento (art. 156, 1° co., cod. civ.). Il diritto all'assegno di mantenimento non è di per sé rinunciabile (esso è l'espressione dell'obbligo di assistenza materiale che sussiste in capo ai coniugi: art. 143, 2° co., cod. civ.); sono però rinunciabili (e possono essere oggetto di transazione) le singole prestazioni già maturate.

Parimenti, non si deve istituire un'equazione assoluta fra atti patrimoniali ed atti disponibili. Si pensi, ad esempio, al rapporto contrattuale fra lavoratore e datore di lavoro: il diritto del lavoratore alle ferie ed al riposo settimanale è irrinunciabile per espressa norma costituzionale (art. 36, 3° co., Cost.). Altri diritti del lavoratore, poi, sono relativamente indisponibili: la loro rinuncia, cioè, non è nulla ma annullabile nel termine previsto dalla legge (art. 2113 cod. civ.).

Si aggiunga, infine, che sono disponibili i diritti patrimoniali (come quello al risarcimento del danno) che derivano dalla lesione di un diritto indisponibile.

44.5. *Atti onerosi ed atti gratuiti.*

La distinzione tra atti onerosi ed atti gratuiti si fonda sul significato economico (la **funzione**) dell'atto giuridico.

È **oneroso**, in genere, quell'atto che determina un immediato vantaggio patrimoniale corrispondente ad una perdita subìta, che giustifica l'atto. La compravendita, ad esempio, è un contratto oneroso.

È **gratuito** l'atto in cui venga a mancare il suddetto vantaggio patrimoniale, a fronte di un atto di disposizione giustificato da un altro interesse ugualmente apprezzabile.

Il comodato, ad esempio, è un contratto essenzialmente gratuito (art. 1803, 2° co., cod. civ.): con esso "una parte consegna all'altra una cosa mobile o immobile, affinché se ne serva per un tempo o per un uso determinato, con l'obbligo di restituire la stessa cosa ricevuta" (art. 1803, 1° co., cod. civ.).

Il contratto di donazione, oltre ad essere un contratto gratuito, è un contratto caratterizzato dallo "spirito di liberalità" (ossia dall'assenza di costrizione, in capo a colui che dispone, e dalla natura non patrimoniale dell'interesse dello stesso donante); ciò permette di distinguere tale specie di contratto (si veda la definizione *ex* art. 769 cod. civ.) nell'ampio genere dei contratti gratuiti (*amplius*, § 530).

La differenza tra atti onerosi ed atti gratuiti è importante ai fini della tutela dei terzi estranei all'atto ma interessati allo stesso (si veda l'art. 1445 cod. civ.: §§ 240 ss.); talvolta la differenza incide sulla tutela delle stesse parti dell'atto (art. 1153 cod. civ.: § 418).

Il testamento è un atto giuridico unilaterale a carattere gratuito.

44.6. *Atti fra vivi ed atti a causa di morte.*

Vi è, poi, un'ulteriore distinzione fra atti fra vivi (atti *inter vivos*) ed atti a causa di morte (atti *mortis causa*).

Allorché le attribuzioni patrimoniali effettuate rinvengano la propria causa nella morte del disponente, la fattispecie è qualificabile come **atto a causa di morte**.

Il nostro ordinamento ammette un tipo di atto unilaterale a causa di morte: il testamento. Al fine di assicurare questo risultato esiste una norma "di chiusura", che assolve alla funzione di impedire la predisposizione di pattuizioni che trovino nella morte la causa della disposizione: l'art. 458 cod. civ. sanziona con la nullità i c.d. **patti successori** (siano essi istitutivi, rinunziativi o dispositivi: § 474). È però fatto salvo, prevede tale disposizione, quanto disposto dagli artt. 768-*bis* ss. cod. civ. (norme che si riferiscono al patto di famiglia: § 529).

Tutti gli altri atti diversi da quello contrassegnato dalla causa di morte sono definiti **atti tra vivi**.

45. Gli atti giuridici non negoziali: criteri di individuazione in base alla loro funzione.

Gli **atti giuridici non negoziali** (detti anche atti giuridici in senso stretto o meri atti giuridici) si distinguono dagli atti giuridici negoziali a cominciare dalla loro **funzione**.

Anche negli atti giuridici non negoziali, infatti, è presente la volontà dell'atto; manca, invece, la volontà degli effetti giuridici; oppure, se tale volontà sussiste, non ha alcuna rilevanza giuridica.

La spiegazione di questa differenza è presto data. Gli atti giuridici negoziali, che si sono sopra studiati (§ 44), costituiscono lo strumento dei privati per autoregolamentare i propri interessi (sono, come si dice, uno strumento dell'**autonomia privata**).

Un soggetto può davvero autoregolamentare i propri interessi se ha la volontà dell'atto e la volontà degli effetti giuridici (se possiede, cioè, la massima consapevolezza e volontà circa l'atto che compie).

Non hanno la funzione appena ricordata gli atti giuridici non negoziali: essi si sostanziano in un comportamento che l'ordinamento assume come presupposto per farne derivare determinati **effetti fissi**.

Per utilizzare una felice espressione di un giurista del 1900, Francesco Santoro Passarelli, l'atto giuridico in senso stretto è "mero presupposto di effetti giuridici preordinati dalla legge, senza funzione e natura di autoregolamento".

La diversa "funzione" comporta queste conseguenze: affinché la legge attribuisca all'atto giuridico l'effetto suo proprio, non occorre che sussista in capo al soggetto la volontà dell'effetto, ma bastano soltanto la consapevolezza e la volontà dell'atto; salvo che la legge non disponga diversamente, è richiesta soltanto la **capacità naturale di intendere e di volere** (sull'atto di pagamento del debitore si veda, però, § 45.2; sulla confessione § 64; sul riconoscimento del figlio, cui può attribuirsi la natura di atto giuridico in senso stretto, § 448).

Una conferma in tal senso pare giungere dall'art. 2046 cod. civ., che esclude l'imputabilità dell'illecito extracontrattuale posto in essere dall'incapace di intendere e volere; dall'art. 2731 cod. civ., che considera inefficace la confessione resa da un incapace; dall'art. 2732 cod. civ., che consente, fra l'altro, la revoca della confessione quando sia stata determinata da violenza (quest'ultima, è evidente, fa venire meno la volontarietà del comportamento).

Si faccia l'esempio dell'atto di costituzione in mora (art. 1219 cod. civ.), che è un atto giuridico non negoziale (§§ 126 ss.). Ebbene, dall'atto di intimazione per iscritto, dal creditore al debitore, l'ordinamento giuridico fa discendere alcuni effetti (artt. 1221, 1224 cod. civ.), che si producono indipendentemente dal fatto che la volontà del creditore sia diretta a produrre tali effetti o che soltanto li conosca.

Né il creditore può (e questo è un aspetto importante per la comprensione degli atti giuridici non negoziali) modellare secondo i suoi interessi gli effetti dell'atto di intimazione (ampliandoli, diminuendoli, apponendovi una condizione): essi sono fissi, ossia predeterminati dalla legge.

L'esempio fa comprendere come il soggetto, se si tratta di atti facoltativi, ha soltanto una scelta: quella di compiere o meno l'atto giuridico non negoziale. Una volta che lo stesso sia posto in essere, gli effetti giuridici sono quelli previsti dalla legge.

Vi possono essere dei casi in cui non è agevole distinguere fra un atto giuridico negoziale ed un atto giuridico non negoziale: per i casi dubbi è utile far riferimento alle norme di legge, al fine di accertare se esse diano rilevanza alla volontà degli effetti giuridici (e non solo alla volontà dell'atto).

Si consideri, ad esempio, il dibattito in ordine al riconoscimento del figlio (§ 448): secondo alcuni interpreti si è di fronte ad un negozio giuridico; altri ritengono che esso integri un atto giuridico non negoziale. Avendo riguardo alla disciplina codicistica, si ricava che gli effetti del riconoscimento sono per intero previsti dalla legge e non è prevista l'impugnazione dell'atto al fine di dimostrare l'esistenza di una volontà diversa: il che permette di condividere la tesi di chi osserva come si sia in presenza, qui, di un atto giuridico non negoziale.

45.1. *La classificazione degli atti giuridici non negoziali: atti leciti ed atti illeciti.*

Si distinguono gli atti giuridici non negoziali leciti dagli **atti giuridici non negoziali illeciti** (sul concetto di illiceità § 44.1).

Sono atti giuridici non negoziali illeciti, ad esempio, gli atti emulativi, ossia quegli atti del proprietario "i quali non abbiano altro scopo che quello di nuocere o recare molestia ad altri" (art. 833 cod. civ.).

È atto giuridico non negoziale illecito, ancora, qualunque fatto colposo o doloso che cagiona ad altri un danno ingiusto (c.d. illecito extracontrattuale o aquiliano: art. 2043 cod. civ.: §§ 338 ss.). Anche per questi atti, come è caratteristica degli atti giuridici non negoziali, è irrilevante la volontà degli effetti giuridici che derivano dal compimento dell'atto.

Esempio. Una persona in bicicletta urta distrattamente un'altra persona, che si trova per strada, e la fa cadere. Realizza un fatto "colposo" (per imprudenza, negligenza o imperizia), che cagiona un danno ingiusto: l'investitore è obbligato a risarcire il danno subìto dalla vittima. L'obbligazione risarcitoria sussiste anche se l'investitore non vuole quegli effetti giuridici (la nascita dell'obbligazione di risarcire il danno). Ma anche se l'autore del fatto illecito investe volontariamente il pedone (fatto doloso) e vuole gli effetti giuridici (cosa alquanto rara, giacché l'autore del fatto illecito tende a sottrarsi ad essi), si è sempre in presenza di un atto giuridico negoziale illecito: la volontà degli effetti giuridici da parte dell'autore dell'atto è irrilevante.

Atto illecito, ancora, è l'inadempimento dell'obbligazione da parte del debitore (c.d. **illecito contrattuale**, previsto dall'art. 1218 cod. civ.).

Sono atti giuridici non negoziali leciti quelli consentiti dall'ordinamento. Essi possono essere **facoltativi** o **dovuti**. Sono dovuti quegli atti che il soggetto è tenuto a compiere *ex lege* o in ragione di un vincolo assunto in base ad essa (è il caso dell'adempimento dell'obbligazione: § 45.2).

45.2. *Gli atti giuridici non negoziali leciti:* (a) *le operazioni (o atti giuridici materiali).*

Gli atti giuridici non negoziali leciti si distinguono, a loro volta, in "operazioni" (o atti giuridici materiali), dichiarazioni di scienza, notificazioni, dichiarazioni di volontà, comportamenti con significato predeterminato dalla legge.

Si abbia riguardo, in primo luogo, alle **operazioni**. Si tratta di **atti giuridici materiali** che producono effetti giuridici: si pensi alla "occupazione" (ossia all'impossessamento di beni materiali che non appartengono ad alcun soggetto); essa determina l'acquisto della proprietà in capo all'occupante (art. 923 cod. civ.).

Altre operazioni materiali sono, ad esempio, la "destinazione del padre di famiglia" nella costituzione delle servitù (art. 1062 cod. civ.), la creazione di un rapporto pertinenziale (art. 817 cod. civ.), il trasferimento della residenza e del domicilio (artt. 44 ss. cod. civ.), la creazione dell'opera d'ingegno.

Una considerazione particolare deve farsi per l'**adempimento della obbligazione**. Si tratta di un atto dovuto ed esecutivo: il debitore, infatti, è tenuto all'adempimento in virtù di un vincolo obbligatorio che lo lega al creditore. L'adempimento è, dunque, l'esecuzione di quel vincolo.

L'adempimento dell'obbligazione può consistere in un atto materiale: pagamento di una somma di denaro, consegna di un quantitativo di merci, esecuzione di un'opera. Per il compimento di tale atto materiale (così come per tutti gli atti giuridici non negoziali) è irrilevante la volontà del debitore (o del creditore) di volere l'estinzione del rapporto obbligatorio, che consegue all'adempimento.

Peraltro, proprio perché si è in presenza di un atto dovuto, l'adempimento (e in ciò va ravvisata una particolarità rispetto agli altri atti giuridici non negoziali) non richiede la capacità di intendere e di volere del debitore (art. 1191 cod. civ.).

Sia la capacità naturale sia la capacità legale di agire sono richieste per la valida assunzione del rapporto obbligatorio: ad esempio, nel momento in cui una parte conclude un contratto di compravendita (che determina il sorgere di situazioni giuridiche attive e passive fra le parti), essa deve avere la capacità sotto entrambi gli aspetti appena indicati.

Deve aggiungersi che, in alcuni casi, l'adempimento (pur essendo sempre esecutivo di un obbligo) può consistere in un vero e proprio atto giuridico negoziale. L'esempio è quello di un contratto definitivo perfezionato in adempimento di un precedente contratto preliminare.

45.3. (b) *Le dichiarazioni di scienza.*

Le **dichiarazioni di scienza** sono quegli atti giuridici non negoziali con cui un soggetto dichiara la conoscenza che ha di un determinato fatto passato. La dichiarazione di scienza ha efficacia sul piano probatorio: essa non determina la costituzione, la modificazione o l'estinzione di un rapporto giuridico; tuttavia, forma prova dell'esistenza di un fatto idoneo a costituire, modificare o estinguere un rapporto giuridico.

Si consideri, ad esempio, la **quietanza di pagamento**, con cui il creditore dichiara di aver ricevuto il pagamento da parte del debitore (art. 1199 cod. civ.).

Altra dichiarazione di scienza è la **confessione**, che può essere giudiziale o stragiudiziale (resa, cioè, nel corso di un giudizio o al di fuori di esso): consiste nella "dichiarazione che una parte fa della verità di fatti ad essa sfavorevoli e favorevoli all'altra parte" (art. 2730 cod. civ.; sull'efficacia probatoria della confessione § 64).

Proprio perché la confessione fa prova di un fatto giuridico che incide sui diritti (costituendoli, modificandoli, estinguendoli), il codice prevede che la "confessione non è efficace se non proviene da una persona capace di disporre del diritto, a cui i fatti confessati si riferiscono. Qualora sia resa da un rappresentante, è efficace solo se fatta entro i limiti e nei modi in cui questi vincola il rappresentato" (art. 2731 cod. civ.). Si è in presenza, in sostanza, di una dichiarazione che costituisce un atto di disposizione del proprio diritto: il che giustifica la richiesta, da parte dell'ordinamento, della capacità di agire.

In ciò si manifesta una particolarità della confessione nel *genus* degli atti giuridici non negoziali (in cui, come detto, è richiesta di solito la semplice capacità di intendere e di volere).

La giurisprudenza ha precisato che la dichiarazione a contenuto confessorio resa da un soggetto incapace (come un minore) ha valore di mero indizio e può essere valutata dal giudice unitamente agli altri elementi di prova acquisiti nel giudizio (Cass., 9.7.1998, n. 6687).

Le dichiarazioni di scienza, di cui si è detto sin qui, devono essere tenute distinte dagli **atti di accertamento**, che sono veri e propri atti giuridici negoziali (essi sono detti tradizionalmente **negozi di accertamento**).

Talvolta può accadere che un soggetto non voglia, semplicemente, dichiarare l'esistenza di un fatto di cui abbia conoscenza (ciò che dà luogo ad una dichiarazione di scienza), ma attribuire certezza ad un precedente rapporto giuridico, che risulta controverso.

Si ha, allora, un atto negoziale di accertamento, che è l'atto con cui le parti intendono eliminare l'incertezza su un precedente rapporto giuridico, rendendolo certo ed incontroverso.

Presupposto dell'atto di accertamento è l'esistenza di un'incertezza riguardante un rapporto giuridico controverso; l'effetto giuridico dell'atto, invece, è il vincolo della parte o delle parti a quanto accertato. Occorre che le parti vogliano questo effetto giuridico (e non soltanto l'atto in sé): si è in presenza di un atto giuridico negoziale.

Esempio. Due parti hanno concluso un contratto ma risulta ambigua una clausola contrattuale (non si comprende, in particolare, come essa debba essere intesa). Per eliminare tale ambiguità le parti concludono un contratto di accertamento, con cui si vincolano ad attribuire alla pattuizione il significato risultante dall'atto di accertamento. Se non è chiaro cosa deve intendersi per prestazioni "accessorie", le parti possono chiarire il significato dell'espressione con un contratto di accertamento, che costituisce una delle diverse manifestazioni dell'autonomia privata.

45.4. (c) *Le notificazioni (o comunicazioni).*

Le **notificazioni** (o **comunicazioni**) consistono nella comunicazione di un fatto, atto, circostanza o rapporto ad un soggetto che, pur essendo interessato ad essi, non vi abbia partecipato (proprio per questo gli atti in questione sono denominati anche "partecipazioni di fatti").

Si pensi, ad esempio, alla convocazione dell'assemblea della società per azioni, che avviene ad opera degli amministratori o del consiglio di gestione, mediante indicazione del giorno, dell'ora e del luogo dell'adunanza, nonché delle materie da trattare (art. 2366 cod. civ.).

Altro esempio di partecipazione di fatti è la comunicazione della cessione del credito (dal cedente al cessionario) al debitore "ceduto" (art. 1264 cod. civ.).

Qualche interprete fa rientrare nella categoria in questione anche la denunzia al venditore dei vizi della cosa da parte del compratore (art. 1495 cod. civ.).

45.5. (d) *Le dichiarazioni di volontà non negoziali.*

Vi sono, poi, le **dichiarazioni di volontà non negoziali**, i cui effetti giuridici sono legati soltanto alla consapevolezza e volontà dell'atto.

Possono essere annoverati, in questa categoria: gli ordini e le istruzioni (come quelli del datore di lavoro al lavoratore, del mandante al mandatario; del mittente al vettore); gli inviti (si pensi all'invito che l'appaltatore rivolge al committente affinché verifichi l'opera); le intimazioni (si è già accennato alla costituzione in mora del creditore al debitore; si aggiunga l'intimazione del debitore al creditore, che dà luogo alla mora del creditore: artt. 1206 ss. cod. civ.); le offerte (come l'offerta reale del debitore al creditore: art. 1209, 1° co., cod. civ.); le scelte (è il caso della scelta della prestazione nelle obbligazioni alternative ai sensi dell'art. 1286 cod. civ.); le riserve (si pensi alla riserva nella remissione compiuta a favore di uno dei debitori in solido *ex* art. 1301 cod. civ.); le opposizioni (come quella al matrimonio *ex* art. 102 cod. civ. o all'adempimento del terzo *ex* art. 1180, 2° co., cod. civ.).

45.6. (e) *I comportamenti con significato predeterminato dalla legge.*

Fra gli atti giuridici non negoziali, infine, si trovano **i comportamenti con significato predeterminato dalla legge** (definiti, talvolta, atti con significato legale tipico).

Si tratta, per lo più, di "omissioni" di un soggetto, che producono per l'ordinamento effetti giuridici.

Ad esempio, chi ha concluso un contratto con un "rappresentante senza potere" (ossia con colui che non ha alcun potere rappresentativo o ha ecceduto i poteri conferitigli), può invitare il "rappresentato" a pronunciarsi sulla ratifica, "assegnandogli un termine, scaduto il quale, nel silenzio, la ratifica s'intende negata" (art. 1399 cod. civ.). Il comportamento silenzioso, qui, ha l'efficacia prevista dalla legge.

Ed ancora, "la locazione si ha per rinnovata se, scaduto il termine di essa, il conduttore rimane ed è lasciato nella detenzione della cosa locata, o se, trattandosi di locazione a tempo indeterminato, non è stata comunicata la disdetta" (art. 1597, 1° co., cod. civ.). Si rileva, anche in questa fattispecie, un comportamento omissivo che produce gli effetti predeterminati dalla legge.

È irrilevante che il soggetto abbia la volontà o meno di produrre gli effetti giuridici prodotti dal suo comportamento. E così, per rimanere all'ultimo esempio, non rileva che il locatore voglia o meno la rinnovazione del contratto: la sua mancata disdetta produce gli effetti voluti dalla legge.

Nella categoria in esame non si rinvengono soltanto comportamenti omissivi. Qualche interprete vi fa rientrare, ad esempio, la "restituzione volontaria" del documento originale del credito, fatta dal creditore al debitore, che determina (ecco l'effetto predeterminato dalla legge: art. 1237, 1° co., cod. civ.) la remissione del debito.

Diversi, invece, sono quei casi in cui l'ordinamento attribuisce al comportamento di un soggetto determinati effetti giuridici ma consente, nel contempo, di provare che lo stesso abbia avuto una diversa volontà concreta. Qui la legge muove dalla considerazione che ad un dato comportamento corrisponde, normalmente, una certa volontà: ammette, tuttavia, la possibilità di provare una diversa volontà difforme dalla previsione legale.

Questi comportamenti sono manifestazione di una volontà negoziale e si definiscono "**comportamenti concludenti**" (secondo la terminologia più recente) o "**dichiarazioni di volontà tacite**" (secondo un'espressione più in voga in passato).

Esempio. Il testatore cancella il suo testamento olografo. Si tratta di un comportamento cui la legge (art. 684 cod. civ.) attribuisce l'efficacia di revoca del testamento; la stessa disposizione aggiunge: "a meno che si provi che il testatore non ebbe l'intenzione di revocarlo". È ammessa, dunque, una diversa volontà della persona: ciò vuol dire che si può considerare la revoca un atto giuridico negoziale, soggetto alla relativa disciplina.

45.7. *La disciplina dell'atto giuridico non negoziale.*

Per gli **atti giuridici non negoziali** non esiste una **disciplina** generale di riferimento (a differenza di quello che si è visto per gli atti giuridici negoziali).

Si pone il problema, allora, della normativa applicabile ad essi. In prima battuta può dirsi che occorre far capo alle regole specifiche dettate per ciascun atto giuridico non negoziale (il che vale, a ben vedere, anche per gli atti giuridici negoziali).

Si pensi, ad esempio, alla "forma" prevista per gli atti giuridici non negoziali: essa è quella stabilita, di volta in volta, dalla disciplina che viene in considerazione.

In alcuni casi è prevista la forma scritta (la costituzione in mora del debitore: art.

1219 cod. civ.). Soltanto quando manchi una specifica prescrizione si ritiene che possa essere adottata qualsiasi forma: il mandante, ad esempio, può dare "istruzioni" al mandatario in qualsiasi modo (verbalmente o per iscritto).

Al di là della disciplina specifica del singolo atto giuridico non negoziale, va osservato quanto segue.

Si ritiene che si possa procedere all'applicazione analogica (§ 25) della disciplina dettata per gli atti giuridici negoziali, tenendo conto del tipo di atto giuridico non negoziale che viene in considerazione.

In particolare, le regole previste dal codice per le dichiarazioni recettizie (artt. 1334 e 1335 cod. civ.) possono essere applicate anche agli atti giuridici non negoziali. Ciò non vale, però, per tutti gli atti: sono infatti esclusi dall'applicazione della disciplina in esame le operazioni (che producono effetti giuridici a prescindere dal fatto che altri ne abbiano conoscenza) e le dichiarazioni di scienza (per esse vale la considerazione che il fatto dichiarato è vero o falso a prescindere dalla conoscenza che qualcuno abbia della stessa dichiarazione).

Agli atti giuridici non negoziali (escluse le operazioni) è inoltre applicabile la disciplina sulla rappresentanza (legale o volontaria). Si pensi, ad esempio, alla costituzione in mora del debitore, che può essere fatta dal rappresentante (volontario o legale) del creditore; allo stesso modo, anche la ricezione dell'atto può avvenire in capo al rappresentante del debitore. Un indice espresso a favore della possibilità di invocare le norme sulla rappresentanza si rinviene nell'art. 2731 cod. civ., secondo cui la confessione può essere resa da un rappresentante munito dei necessari poteri.

Agli atti giuridici non negoziali, invece, non si applica di regola la disciplina sui c.d. **elementi accidentali** del negozio (come il termine o la condizione). Quest'ultimi hanno la principale funzione di adattare lo schema astratto dell'atto giuridico negoziale agli interessi contingenti delle parti: il che non può avvenire per gli atti giuridici non negoziali, i quali non hanno la funzione di autoregolamento di interessi ma costituiscono il presupposto di effetti giuridici stabiliti, tipicamente, dall'ordinamento giuridico. Si ritiene, peraltro, che nelle dichiarazioni di volontà non negoziali (§ 45.6) l'autore possa, eccezionalmente, apporre un termine o una condizione: ad esempio, l'ordine o l'istruzione del mandante al mandatario possono essere sottoposti ad un termine iniziale o finale.

Non sono applicabili, poi, le norme in tema di annullamento (artt. 1425 ss. cod. civ.), mentre si considera applicabile il concetto di nullità (di cui pure si occupa la disciplina generale sul contratto: artt. 1418 ss. cod. civ.) ai casi in cui l'atto giuridico non negoziale sia caratterizzato dalla forma scritta. La non applicabilità della disciplina sull'annullamento contrattuale è confermata dall'art. 2731 cod. civ., secondo cui la confessione resa da un incapace è "inefficace" (cosa diversa dall'annullabilità), nonché dall'art. 2733 cod. civ., per il quale è "revocabile" la confessione frutto di errore di fatto o di violenza.

D'altra parte, se è vero che le norme sull'annullamento del contratto non trovano applicazione (e fra esse quelle sulla violenza, sul dolo, sull'errore), va evidenziato che l'autore dell'atto giuridico non negoziale può revocare lo stesso (salvi, bene inteso, i limiti previsti dalla legge). Pertanto, all'eventuale compimento dell'atto in presenza di un vizio del consenso si può rimediare attraverso lo strumento della **revoca**.

46. Sintesi sulla classificazione compiuta in ordine ai fatti ed atti giuridici (e suo valore convenzionale). Cenni ad altri criteri classificatori.

Volendo riassumere schematicamente la classificazione sin qui compiuta, si può dire che da un lato vi sono i fatti giuridici (o fatti giuridici in senso stretto), dall'altro gli atti giuridici.

Gli atti giuridici, a loro volta, si dividono in atti giuridici negoziali e atti giuridici non negoziali (o atti giuridici in senso stretto o meri atti giuridici).

Quest'ultimi si distinguono in: (a) atti materiali (o operazioni), (b) dichiarazioni di scienza, (c) notificazioni (o comunicazioni o partecipazioni di fatto), (d) dichiarazioni di volontà non negoziali, (e) comportamenti con significato predeterminato dalla legge.

Si deve essere consapevoli, d'altra parte, del **valore convenzionale** della **classificazione** proposta, sussistendone altre che si basano su **criteri** distintivi **diversi**.

Si consideri, a titolo di esempio, una classificazione che talvolta si legge nei manuali e nei trattati (e che tende ad abbandonare definitivamente il riferimento alla categoria concettuale del negozio giuridico).

Da un lato si individuano i "fatti giuridici", in un'accezione diversa da quella cui in questa sede ci si è riferiti (§ 42): nella categoria, infatti, si ricomprendono sia gli accadimenti naturali (del tutto indipendenti dall'opera dell'uomo) sia i fatti (comportamenti) umani, caratterizzati da un consapevole e volontario comportamento dell'uomo. Si fa l'esempio, in particolare, del fatto "doloso o colposo", ossia del "fatto illecito", di cui all'art. 2043 cod. civ.

Dall'altro lato si pongono gli "atti giuridici", soggetti ad una triplice classificazione.

Vengono in considerazione, in primo luogo, gli atti o dichiarazioni di volontà. Si muove, in proposito, dalla seguente considerazione: i fatti umani (appartenenti alla categoria dei "fatti giuridici") producono effetti soltanto in quanto siano fatti consapevoli e volontari dell'uomo, indipendentemente dalla circostanza che il soggetto ne abbia voluto gli effetti giuridici (e, anzi, anche se lo stesso non li voleva). Gli atti o le dichiarazioni di volontà, invece, producono effetti giuridici soltanto se gli effetti siano voluti (si fa riferimento, dunque, alla categoria che sopra è stata identificata con l'espressione "atti giuridici negoziali").

Nell'ambito degli atti giuridici, poi, si individuano gli atti o dichiarazioni di scienza e, infine, le partecipazioni e comunicazioni (si vedano, per i riferimenti a queste categorie, §§ 45.3, 45.4).

Le varie classificazioni proposte debbono servire per effettuare la qualificazione giuridica delle fattispecie: l'interprete sceglierà i criteri che meglio gli consentono di effettuare questa operazione e, in ultima analisi, di comprendere con più sicurezza e facilità il fenomeno giuridico.

47. Le fattispecie giuridiche e le vicende del rapporto giuridico: l'acquisto.

Si può compiere, a questo punto, un passo in avanti. Si è detto, sin qui, che la fattispecie giuridica (fatto e atto giuridico) determina gli effetti giuridici.

Occorre studiare più da vicino, ora, in cosa consistano gli effetti giuridici e, in particolare, come essi incidano sul rapporto giuridico.

Si cominci, in primo luogo, dalla **nascita** del **rapporto giuridico**. Le modalità attraverso cui nasce il rapporto giuridico si distinguono in **acquisti a titolo originario** e **acquisti a titolo derivativo**. Nel linguaggio giuridico il titolo di acquisto è il fatto o l'atto da cui deriva l'acquisto.

Prima di vedere, separatamente, le singole modalità di acquisto, occorre svolgere un chiarimento in merito all'utilizzo del termine acquisto, quando concerne beni o cose materiali (come accade per i diritti reali).

Nel linguaggio comune si dice che si "acquista" una casa, un'automobile, un libro. In realtà, da un punto di vista giuridico l'acquisto non riguarda il bene ma il diritto sulla cosa: sicché, se una compravendita ha ad oggetto i beni appena citati, occorre dire, più correttamente, che il compratore ha acquistato la proprietà (o altro diritto reale) della casa, dell'automobile, del libro.

Talché può concludersi che si acquistano (e si trasferiscono: § 47.3) soltanto diritti e, più in generale, situazioni giuridiche (che compongono, nel complesso, il patrimonio del soggetto: § 40).

L'idoneità di un soggetto ad esercitare la situazione giuridica è detta **legittimazione**; essa, di regola, si accompagna con la titolarità. Vi può essere, peraltro, una dissociazione tra titolarità e legittimazione: si pensi al minorenne, titolare del diritto di proprietà ma privo della capacità di agire (e, dunque, privo del potere ad esercitare il diritto di proprietà). La legittimazione alla vendita del bene di cui è proprietario un minorenne spetta, così, ai genitori o a chi è investito della tutela.

47.1. *L'acquisto a titolo originario.*

L'acquisto si dice originario quando si fonda esclusivamente su un fatto dell'acquirente, indipendentemente dalla posizione di un precedente titolare. La fonte dell'acquisto a titolo originario non è un atto negoziale, né un provvedimento amministrativo o una sentenza del giudice: si tratta, invece, di fatti specificamente indicati dalla legge.

Esempio. Il possesso prolungato di un bene (immobile o mobile) fa acquistare la proprietà dello stesso per usucapione (artt. 1158 ss. cod. civ.). La situazione è quella per cui il proprietario si disinteressa totalmente del suo bene ed un altro soggetto lo possiede (comportandosi come se fosse proprietario) per il tempo previsto dalla legge. Al termine di questo periodo di tempo il possessore acquista la proprietà per usucapione (il fatto che determina l'acquisto del diritto di proprietà). L'istituto in questione vale a far acquistare la proprietà a titolo originario ancorché il possessore abbia acquistato, ad esempio, un terreno in base ad un contratto dichiarato nullo. Se il contratto è nullo, lo stesso non è in grado di trasmettere la proprietà "a titolo derivativo": se tuttavia ricorre il possesso prolungato ed indisturbato del terreno da parte del compratore, lo stesso ha acquistato la proprietà del bene a titolo originario.

L'acquisto a titolo originario del diritto di proprietà può fondarsi, oltre che sull'usucapione, su altri fatti: si pensi, ad esempio, alla "occupazione" di cose mobili che non appartengono ad alcuno (art. 923 cod. civ.); alla "invenzione" di cose smarrite (art. 929 cod. civ.); alla "accessione" al suolo (artt. 934 ss. cod. civ.).

Un altro modo di acquisto a titolo originario si rinviene nella regola del "**possesso vale titolo**", di cui all'art. 1153 cod. civ. (il cui 1° co. prevede che "colui al quale sono alienati beni mobili da parte di chi non è proprietario, ne acquista la proprietà mediante il possesso, purché sia in buona fede al momento della consegna e sussista un titolo idoneo al trasferimento della proprietà"; per un'applicazione della medesima regola si veda l'art. 1155 cod. civ.).

La locuzione "possesso vale titolo" significa che il possesso svolge la funzione di un titolo acquisitivo autonomo, mentre l'atto assume, unitamente alla buona fede, la funzione di semplice requisito ai fini del perfezionamento della fattispecie. In base alla disposizione codicistica, dunque, colui al quale vengono alienati beni mobili da chi non è il proprietario, acquista la proprietà degli stessi attraverso il possesso, purché sia in buona fede al momento della consegna e via sia un titolo idoneo al trasferimento del diritto di proprietà (o di altro diritto reale minore).

Esempio. Il Sig. Proietti si reca, a Roma, in un negozio di computer. Dopo qualche minuto, il cliente decide di scegliere uno dei modelli esposti dal negoziante in vetrina. Acquista il computer, lo prende in consegna e si reca a casa. Il giorno successivo si viene a sapere che il negoziante è stato arrestato, giacché ha rubato alcuni computer, tra cui quello che è stato venduto al Sig. Proietti. Quest'ultimo cade dalle nuvole: non vi era alcuna circostanza che lasciasse pensare che il negoziante fosse un ladro. Se è così, il Sig. Proietti è diventato proprietario del computer ai sensi dell'art. 1153 cod. civ.: (a) ha concluso un contratto astrattamente idoneo al trasferimento della proprietà; (b) ha preso in consegna il computer; (c) era in buona fede.

Si noti, peraltro, che non soltanto i **diritti reali** ma anche i diritti di credito possono essere acquistati a titolo originario. Il riferimento corre, in particolare, alla circolazione dei **titoli di credito**: qui vale la regola per cui colui che acquista la proprietà del documento dal precedente titolare diventa titolare, "in via originaria", del diritto di credito in esso incorporato; ciò comporta, in particolare, che il debitore non può opporre all'acquirente a titolo originario le eccezioni che, invece, avrebbe potuto opporre ai precedenti titolari del credito incorporato (art. 1993 cod. civ.).

Se il nuovo diritto è incompatibile con il diritto preesistente, quest'ultimo si estingue simultaneamente al nascere del nuovo diritto. Nell'esempio in precedenza svolto, la nascita del diritto di proprietà a seguito di usucapione fa perdere il diritto di proprietà in capo a colui che, per un certo periodo di tempo, ha trascurato di esercitare il suo diritto.

Ci si chiede, proprio con riferimento all'usucapione del diritto di proprietà, se i terzi che vantano un diritto reale minore sul bene (come ad esempio la servitù, la superficie) mantengano la titolarità di tale diritto anche nei confronti di colui che ha acquistato a titolo originario o se, invece, la proprietà venga usucapita libera da tutti i diritti reali minori (c.d. ***usucapio libertatis***). In dottrina è stata avanzata questa spiegazione: se il possesso sia stato esercitato secondo modalità incompatibili con tali diritti, decorso il ventennio quest'ultimi si estingueranno e la proprietà del bene verrà acquistata "libera"; se, invece, il possesso sia stato esercitato rispettando e riconoscendo tali diritti, quest'ultimi non si estingueranno e la proprietà del bene verrà acquistata "gravata" da essi.

47.2. *L'acquisto a titolo derivativo.*

Si ha acquisto a titolo derivativo allorché tra il diritto acquistato e quello precedente ci sia una relazione di derivazione. Il precedente titolare della situazione giuridica si definisce **dante causa** (o alienante); il nuovo titolare, invece, **avente causa** (o acquirente).

Diverse sono le "fonti" dell'acquisto a titolo derivativo: viene in considerazione, in primo luogo, un atto negoziale (come il contratto o il testamento). Altre volte l'acquisto a titolo derivativo non ha la fonte in un atto di autonomia negoziale ma nella legge: quando, ad esempio, manchi in tutto o in parte il testamento, operano le regole della "**successione legittima**" (artt. 565 ss. cod. civ.), che permettono di individuare colui o coloro che saranno i continuatori del patrimonio del *de cuius*. Altre volte ancora, infine, la fonte dell'acquisto a titolo derivativo deriva da un provvedimento dell'autorità amministrativa o giudiziaria: in base all'art. 2919 cod. civ., ad esempio, "la vendita forzata trasferisce all'acquirente i diritti che sulla cosa spettavano a colui che ha subito l'espropriazione, salvi gli effetti del possesso in buona fede".

L'acquisto a titolo derivativo può essere **derivativo-traslativo** oppure **derivativo-costitutivo** (o, come pure si dice, "costitutivo"). Nel primo caso vi è identità fra la situazione giuridica oggetto dell'acquisto e quella sussistente in capo al dante causa. Nel secondo caso, invece, non sussiste questa identità: viene creata e trasferita all'avente causa una situazione giuridica nuova, che rappresenta una "componente" della situazione giuridica più ampia di cui è titolare il dante causa. Da quest'ultima, in sostanza, viene scorporata una "situazione giuridica autonoma", che viene trasferita all'avente causa.

Anche in questa ipotesi, comunque, il carattere "derivativo" dell'acquisto emerge chiaramente ove si osservi che le facoltà proprie del diritto nuovo (quello minore) presuppongono analoghe facoltà che si rinvengono nel diritto maggiore: ed infatti, alcune delle facoltà tipiche del diritto maggiore compongono il contenuto del diritto minore; oppure le facoltà tipiche del diritto maggiore risultano compresse nel loro esercizio dalle facoltà che si rinvengono nel diritto minore.

Si ha acquisto a titolo derivativo-costitutivo, ad esempio, quando si stipula un contratto costitutivo del diritto di usufrutto o di servitù (diritti reali minori). Talvolta è la legge stessa a porsi come fonte dell'acquisto costitutivo: l'art. 540 cod. civ., ad esempio, attribuisce al coniuge del defunto i diritti di abitazione sulla casa adibita a residenza familiare e di uso sui mobili che la corredano. Altre volte, infine, vi può essere a monte un provvedimento dell'autorità amministrativa o giudiziaria: è il caso della sentenza che costituisce una servitù coattiva (art. 1032 cod. civ.).

La disciplina generale degli acquisti a titolo derivativo obbedisce ad alcune regole, di cui vanno ricordate le principali.

Vale, in primo luogo, il principio *nemo plus iuris ad alium transferre potest quam ipse habet*: il diritto dell'acquirente sussiste soltanto se esisteva lo stesso diritto in capo al dante causa. Il venditore, ad esempio, può trasmettere il diritto di proprietà all'acquirente soltanto se è effettivamente titolare del diritto di proprietà. Tale regola, peraltro, conosce rilevanti limitazioni in virtù delle regole dell'acquisto *a non domino* (si vedano, ad esempio, gli artt. 1153, 1994, 1415, 1° co., 23, 2° co., 2652, nn. 6, 7 e 9, cod. civ.).

Vale, inoltre, il principio *resoluto iure dantis resolvitur et ius accipientis*: allorché viene meno la titolarità del diritto in capo al dante causa, viene meno anche l'acquisto in capo all'avente causa.

Esempio. Il Sig. Angelucci stipula con il Sig. Bracaglia un contratto di compravendita, trasferendogli la proprietà di un bene. Successivamente, il Sig. Bracaglia trasferisce la proprietà dello stesso bene al Sig. Nobili. Sennonché il primo contratto (quello fra il Sig. Angelucci ed il Sig. Bracaglia) viene annullato per incapacità legale di uno dei contraenti. L'annullamento del primo contratto travolge anche il secondo contratto (si confronti, però, l'art. 1445 cod. civ.).

Il principio, tuttavia, va verificato di volta in volta, giacché in alcuni casi è destinato a non operare: ad esempio, la risoluzione e la rescissione del contratto "non hanno effetto retroattivo" nei confronti dei terzi subacquirenti (artt. 1458, 2° co., 1467, 1° co., cod. civ.). Ciò vuol dire che vengono fatti salvi i diritti dei terzi acquistati prima del verificarsi della rescissione o della risoluzione.

Inoltre, l'avente causa acquista il diritto nella misura e con le modalità che si rinvengono in capo al suo dante causa. Ad esempio, il diritto di credito è trasferito all'avente causa (al cessionario) con i privilegi, le garanzie personali e reali e tutti gli altri accessori (art. 1263, 1° co., cod. civ.); se il diritto del dante causa è sottoposto a condizione sospensiva, anche il diritto dell'avente causa è sottoposto alla medesima condizione.

Ed ancora, a seguito dell'acquisto a titolo derivativo la prescrizione non si interrompe (§ 49.2): non inizia, cioè, a decorrere un nuovo termine, sicché l'avente causa deve considerare il tempo già trascorso quando il titolare del diritto era il dante causa.

All'avente causa, poi, possono essere opposte le stesse eccezioni che si potevano opporre al dante causa.

Esempio. Viene ceduto un credito (artt. 1260 ss. cod. civ.) pari a 1.000 euro: il debitore ha un nuovo creditore (non più il cedente, originario creditore, ma il cessionario, il nuovo creditore). Il debitore si accorge che ha già pagato 800 euro e, quindi, non è più tenuto al pagamento dell'intera somma iniziale. Può eccepire che vi è già stato un parziale adempimento e la somma residua da pagare è soltanto pari a 200 euro: si tratta di un'eccezione che poteva essere formulata all'originario creditore (il cedente) ma anche al nuovo creditore (il cessionario).

Va considerata, infine, un'importante regola processuale: le sentenze diventate definitive estendono i loro effetti anche agli eredi o agli aventi causa delle parti originarie (art. 2909 cod. civ.).

Esempio. Una sentenza stabilisce che il convenuto è tenuto a corrispondere all'attore una somma pari a 100.000 euro. Sennonché, dopo che la sentenza è diventata definitiva (art. 324 cod. proc. civ.: § 56), la parte attrice muore. Gli eredi possono giovarsi della sentenza e chiedere il pagamento della somma al debitore.

L'acquisto derivativo-traslativo dà luogo alla **successione** nel diritto trasmesso. Nel linguaggio giuridico l'avente causa è detto **successore**; il dante causa, invece, è detto **autore**.

Il concetto di successione, dunque, non ha a che fare, necessariamente, con la morte di una persona: tecnicamente sta ad indicare che la posizione giuridica del nuovo titolare è, per il nostro ordinamento, identica a quella del precedente titolare.

La successione può avvenire a titolo universale o a titolo particolare.

Si ha **successione a titolo universale** allorché il successore subentri nella totalità delle situazioni giuridiche attive e passive facenti capo al suo dante causa. Vediamo quando si può avere una successione a titolo universale.

In caso di morte di una persona, colui cui è attribuita la qualifica di erede subentra (in tutto o *pro quota*) nei rapporti giuridici (trasmissibili) che facevano capo al defunto: subentra, ad esempio, nei contratti del *de cuius*, nei suoi debiti, nelle situazioni di possesso.

Anche in materia societaria è possibile discutere di successione a titolo universale. È previsto, infatti, che "la società che risulta dalla fusione o quella incorporante assumono i diritti e gli obblighi delle società partecipanti alla fusione, proseguendo in tutti i loro rapporti, anche processuali, anteriori alla fusione" (art. 2504-*bis*, 1° co., cod. civ.).

Si ha **successione a titolo particolare** allorché il successore subentri soltanto in specifiche situazioni giuridiche attive o passive facenti capo al suo dante causa. La successione a titolo particolare può avvenire *inter vivos* o *mortis causa*.

Si pensi, nel primo caso, al subentro che si verifica per effetto di una compravendita, di una permuta, di una donazione; altre ipotesi di successione a titolo particolare fra vivi si rinvengono nel pagamento con surrogazione (artt. 1201 ss. cod. civ.), nella cessione del credito (artt. 1260 ss. cod. civ.), nella cessione del contratto (artt. 1406 ss. cod. civ.).

Quando la successione a titolo particolare avviene *mortis causa* (con il testamento), il successore assume il nome di **legatario** (artt. 649 ss. cod. civ.): questi subentra soltanto in alcune situazioni giuridiche del defunto (ad esempio nella proprietà di un'automobile) ed è, quindi, suo successore a titolo particolare.

47.3. *Svolgimento del rapporto giuridico.*

Una volta nato, il **rapporto giuridico** ha un suo **svolgimento**: esso, cioè, è sottoposto alla disciplina specificamente prevista dall'ordinamento giuridico, che prevede ampi spazi per l'autonomia privata.

Si consideri, ad esempio, un contratto di compravendita: il rapporto giuridico, che nasce con la fattispecie giuridica (un atto giuridico negoziale: § 44), si svolge secondo il modello regolamentare previsto dal legislatore. In particolare, i diritti e le obbligazioni del venditore e del compratore sono regolati dalla disciplina sul contratto di compravendita (artt. 1476 ss. cod. civ.), ma anche dagli accordi delle parti.

Il contratto di compravendita, inoltre, fa nascere in capo al compratore la titolarità del diritto di proprietà: questi, conformemente al dettato legislativo, ha il potere di godere e disporre della cosa "in modo pieno ed esclusivo, entro i limiti e con l'osservanza degli obblighi stabiliti dall'ordinamento giuridico" (art. 832 cod. civ.).

47.4. *Estinzione del rapporto giuridico.*

Nella fisiologia del **rapporto giuridico**, che nasce ed ha un suo svolgimento, può accadere che lo stesso si estingua: ciò determina il venir meno degli effetti propri del rapporto giuridico.

L'**estinzione** può essere **assoluta** quando una situazione giuridica viene dismessa dal titolare senza che la stessa venga trasferita ad altri (sebbene qualcuno possa, indirettamente, avvantaggiarsi dalla dismissione).

Comporta l'estinzione assoluta del rapporto giuridico la c.d. **rinuncia abdicativa**: si tratta di un atto giuridico negoziale unilaterale (§ 44.2), a titolo gratuito (§ 44.5), con cui il titolare di un diritto lo dismette senza trasferirlo ad altri. La rinuncia, oltre a dover essere rispettosa dei requisiti formali richiesti dalla legge, non può riguardare, ovviamente, i diritti indisponibili (ossia quei diritti che non sono "rinunciabili" da parte del loro titolare: § 27.1).

Si pensi, ad esempio, alla rinuncia al diritto di usufrutto (artt. 978 ss. cod. civ.), che consente al proprietario (per il **principio** di "**elasticità**" del **diritto di proprietà**) di riacquistare il potere di usare la cosa e di percepirne i frutti (potere che era stato compresso dal diritto reale minore); o, ancora, alla remissione del debito, attraverso cui il creditore rinuncia al proprio diritto di credito, con conseguente liberazione del debitore (artt. 1236 ss. cod. civ.).

Non è escluso, peraltro, che la rinuncia al diritto avvenga dietro pagamento di un corrispettivo da parte del beneficiario della rinuncia: in tal caso non si è in presenza più di un atto giuridico unilaterale gratuito, bensì di un contratto oneroso (rinuncia al diritto dietro pagamento di una somma di denaro).

Va pure aggiunto che l'estinzione assoluta di un rapporto giuridico può prescindere da un atto di rinuncia del suo titolare (o da un contratto in cui la rinuncia è inserita nel c.d. sinallagma).

L'ordinamento, infatti, prevede che l'estinzione assoluta si possa realizzare anche al verificarsi di una pluralità di determinati fatti o atti. La prescrizione di un diritto, ad esempio, è legata al non esercizio dello stesso, da parte del suo titolare, per un determinato tempo (artt. 2934 ss. cod. civ.). Ed ancora, la riunione, in capo alla medesima persona, della qualità di creditore e di debitore (la c.d. confusione: artt. 1253 ss. cod. civ.) comporta l'estinzione dell'obbligazione. Si pensi, poi, all'esatto adempimento della prestazione da parte del debitore: esso estingue la sua obbligazione e, correlativamente, il corrispondente diritto del creditore.

Si discute, invece, di **estinzione relativa** allorché una determinata situazione giuridica, attiva o passiva, venga dismessa dal suo titolare e trasferita ad un altro soggetto.

Nell'acquisto derivativo-traslativo, di cui poc'anzi si è detto, si verifica un'ipotesi di estinzione relativa: la situazione giuridica in capo al dante causa continua a sussistere e a produrre i suoi stessi effetti in capo all'avente causa. Il trasferimento, come meglio si comprende studiando la disciplina generale delle obbligazioni, può riguardare anche una situazione giuridica passiva: è il caso del contratto di accollo (art. 1273 cod. civ.), con cui una delle due parti del contratto assume il debito che l'altra ha verso un terzo.

48. La pubblicità. Cenni.

Esistono diversi tipi di **pubblicità** delle vicende giuridiche: la pubblicità sull'esistenza e sul contenuto degli atti giuridici negoziali; la pubblicità sullo stato delle persone fisiche; la pubblicità sulle vicende delle persone giuridiche.

Si pensi ai registri dello stato civile, che sono tenuti in ogni Comune in conformità alle norme contenute nella legge sull'ordinamento dello stato civile (artt. 449 ss. cod. civ.). In essi vengono iscritti, tra l'altro, gli atti di nascita, di matrimonio, dell'unione civile, di morte.

Va svolto, qui, qualche cenno sulla pubblicità che riguarda gli atti giuridici negoziali. Tradizionalmente si distinguono tre tipi di pubblicità: la pubblicità-notizia; la pubblicità dichiarativa; la pubblicità costitutiva.

La **pubblicità-notizia** serve a rendere conoscibile un atto da parte dei terzi (ossia coloro che non hanno partecipato allo stesso). L'omissione della pubblicazione non inficia in alcun modo la validità e l'efficacia dell'atto; piuttosto deve dirsi che colui o coloro che non effettuano la pubblicità, pur essendo tenuti, vanno incontro a sanzioni.

Tipico esempio di pubblicità-notizia è la pubblicazione matrimoniale: è previsto che la celebrazione del matrimonio debba essere preceduta dalla pubblicazione, fatta a cura dell'ufficiale dello stato civile (art. 93 cod. civ.). La pubblicazione serve ai fini dell'eventuale opposizione: al matrimonio, infatti, ci si può opporre ove vi siano ragioni ostative alla sua celebrazione (artt. 85 ss. cod. civ.). L'atto di opposizione si propone con ricorso al presidente del tribunale del luogo in cui sono state eseguite le pubblicazioni.

Peraltro, anche quando la pubblicazione non avvenga, il matrimonio celebrato è perfettamente valido: gli sposi e l'ufficiale dello stato civile che hanno celebrato il matrimonio, senza che la celebrazione sia stata preceduta dalla prescritta pubblicazione, sono soggetti ad una sanzione amministrativa pecuniaria (art. 134 cod. civ.).

Anche la **pubblicità dichiarativa** non attiene all'esistenza o alla produzione degli effetti dell'atto: l'omissione della pubblicità comporta una "diminuzione" dei suoi effetti. Accade che determinati effetti non si producono nei confronti di alcuni terzi (come si dice in gergo, quegli effetti non sono "opponibili" ad essi).

Il meccanismo in esame vale, ad esempio, per gli atti soggetti a trascrizione nei registri immobiliari, ossia nei registri tenuti presso uffici pubblici (le conservatorie immobiliari), esistenti in ogni Provincia. La conservatoria immobiliare non è da confondere con il catasto (terreni o edilizio urbano), in cui vi è l'inventario delle proprietà immobiliari che si trovano in ogni Comune.

Il codice elenca una serie di atti soggetti alla trascrizione (artt. 2643 ss. cod. civ.). Fra questi, la categoria più rilevante è costituita dai contratti che trasferiscono la proprietà di beni immobili (art. 2643, n. 1, cod. civ.): su questi contratti conviene intrattenersi, al fine di comprendere il meccanismo della **trascrizione** (su cui si rinvia alla Parte Tredicesima).

Esempio. Il Sig. Pedrotti, di Trento, stipula un contratto di compravendita con il Sig. Degasperi, con cui gli trasferisce la proprietà di un bene immobile: il rogito avviene in data 15 luglio 2020 e la trascrizione del contratto in data 15 dicembre 2020. Accade, peraltro, che il Sig. Pedrotti trasferisce la proprietà dello stesso bene immobile ad un altro acquirente, il Sig. Bortolotti, con rogito del 15 ottobre 2020. Il Sig. Bortolotti fa trascrivere il contratto in data 15 novembre 2020.

Un punto, sin da subito, va chiarito. La prima vendita è perfettamente valida sin dalla data del rogito (avvenuto in data 15 luglio 2020). Vale, infatti, il **principio consensualistico**, in base al quale nei contratti che hanno per oggetto il trasferimento della proprietà di una cosa determinata, la proprietà si trasmette per effetto del consenso delle parti legittimamente manifestato (art. 1376 cod. civ.). Tanto che se il giorno 16 luglio 2020 il Sig. Degasperi decide di dare in locazione l'immobile al Sig. Tomasi, quest'ultimo non potrà certo pretendere di non pagare il canone affermando che il contratto di compravendita non è stato trascritto.

Peraltro, avendo il Sig. Bortolotti trascritto il suo acquisto prima della trascrizione compiuta dal Sig. Degasperi, l'acquisto di quest'ultimo subisce una riduzione dei suoi effetti: esso, infatti, non è opponibile al Sig. Bortolotti (è come se non esistesse).

È quanto prevede il codice civile, per il quale "gli atti enunciati nell'articolo precedente non hanno effetto riguardo ai terzi che a qualunque titolo hanno acquistato diritti sugli immobili in base a un atto trascritto o iscritto anteriormente alla trascrizione degli atti medesimi" (art. 2644 cod. civ.). Si aggiunga che se il contratto stipulato dal secondo acquirente (colui che ha trascritto per primo) dovesse essere dichiarato nullo, annullato o risolto, l'acquisto del primo acquirente (che ha trascritto per secondo) sarebbe pienamente efficace: il che dimostra ulteriormente che il primo contratto è valido, a prescindere dalla trascrizione.

Rimane da chiarire come si possa coordinare la regola sulla trascrizione, appena ricordata, con il principio consensualistico. Si potrebbe ritenere che in base a quest'ultimo principio il proprietario, che con il primo contratto ha già trasferito il suo diritto reale, ha perduto il potere di disposizione di tale diritto. Il secondo contratto, pertanto, dovrebbe essere inefficace (*nemo plus iuris transferre potest quam ipse habet*). Accade, invece, che se il secondo acquirente trascrive per primo, tale priorità determina anche la preferenza nell'acquisto della proprietà.

La grande varietà delle ricostruzioni proposte dimostra come non sia facile ordinare organicamente la materia. Può solo accennarsi, qui, che secondo un'accredita ricostruzione non vi sarebbe contraddizione tra principio consensualistico e regole sulla trascrizione: l'acquisto del primo acquirente, infatti, sarebbe sottoposto ad una condizione risolutiva della priorità della trascrizione a favore del contraente successivo. La trascrizione del secondo acquirente (primo trascrivente) risolverebbe *ex tunc* l'atto di acquisto del primo acquirente (secondo trascrivente); il secondo acquisto, dunque, dovrebbe pur sempre considerarsi a titolo derivativo.

Opposta è la tesi che discute di acquisto a titolo originario (*a non domino*), reso possibile dalla funzione costitutiva che eccezionalmente avrebbe la trascrizione.

In ogni caso il primo acquirente, che ha perso il suo diritto, può esercitare l'azione di risarcimento dei danni nei confronti dell'alienante secondo le regole della responsabilità contrattuale (qualche autore ha discusso di responsabilità per evizione: si confrontino gli artt. 1483 ss. cod. civ.). Oggi si ammette, inoltre, che l'azione di risarcimento dei danni possa essere esercitata anche nei confronti del secondo acquirente che per primo abbia trascritto: questi, come afferma la giurisprudenza di legittimità, è responsabile civilmente per aver cooperato all'inadempimento del venditore, allorché risulti la sua malafede (ossia la conoscenza della precedente vendita).

Il meccanismo della trascrizione, va ricordato, opera anche per i beni mobili registrati: imbarcazioni, aeromobili, autoveicoli (artt. 2683 ss. cod. civ.).

Nella fattispecie di trascrizione di cui si è fatto cenno l'atto non trascritto non è opponibile a determinati terzi (i contraenti che per primi hanno trascritto), anche se risulta che questi lo conoscevano perfettamente.

Vi sono dei casi di pubblicità dichiarativa, invece, in cui l'atto può risultare opponibile verso qualche terzo allorché si dimostri che quest'ultimo, pur in mancanza di pubblicità, conosceva effettivamente l'atto stesso (si confronti, ad esempio, l'art. 2193, 1° co., cod. civ.).

Va fatto un cenno, infine, alla **pubblicità costitutiva**. L'espressione stessa suggerisce che la pubblicità è costitutiva della fattispecie: senza la pubblicità, non soltanto l'atto non è opponibile ai terzi ma non produce effetti tra le parti. La pubblicità ipotecaria è un esempio di pubblicità costitutiva: l'**ipoteca** (che è un **diritto reale di garanzia**: §§ 155 ss.) si costituisce mediante iscrizione nei pubblici registri immobiliari (art. 2808 cod. civ.).

Si consideri, ancora, il registro delle persone giuridiche private, di cui al primo

Libro del codice civile (d.p.r. 10.2.2000, n. 361). L'iscrizione in tale registro determina l'acquisto della "personalità giuridica" degli enti che, in tal modo, ottengono il c.d. beneficio della responsabilità limitata: in pratica, un'associazione, una volta ottenuto l'iscrizione in tal registro, risponderà delle obbligazioni contratte soltanto nei limiti del suo patrimonio e non con il patrimonio personale di coloro che agiscono in nome dell'ente. Si spiega, in tal modo, perché l'autorità prefettizia consenta l'iscrizione nel registro delle persone giuridiche soltanto ad enti che abbiano un patrimonio considerato sufficiente rispetto allo scopo statutario.

Anche la società per azioni acquista la personalità giuridica con l'iscrizione nel registro delle imprese (art. 2331 cod. civ.).

Capitolo 7
LA PRESCRIZIONE E LA DECADENZA

49. La prescrizione ed il suo fondamento. Diritti soggetti a prescrizione e diritti imprescrittibili.

Il titolo V del Libro quinto del codice civile è dedicato alla prescrizione ed alla decadenza. Il capo I si occupa della prescrizione (artt. 2934-2963 cod. civ.); il capo II della decadenza (artt. 2964-2969 cod. civ.).

Si cominci dalla prescrizione e dalla sua **definizione**: essa è l'estinzione del diritto per inerzia del titolare, che non lo esercita per il tempo determinato dalla legge (art. 2934 cod. civ.). Per questo si discute di prescrizione estintiva: essa estingue il diritto, ancorché il legislatore preveda la prescrizione anche di alcune azioni giudiziali (si veda, ad esempio, la prescrizione dell'azione di annullamento *ex* art. 1442 cod. civ.).

Il fondamento della prescrizione va ravvisato nell'esigenza di **certezza dei rapporti giuridici**. Ciò, almeno, sotto due aspetti. In primo luogo, va osservato che quando il titolare del diritto non lo eserciti, si tende a creare una divergenza tra la situazione di fatto e quella di diritto: ben può crearsi la convinzione, da parte dei consociati, che il diritto non esista o sia stato abbandonato. La prescrizione, dunque, determina un adeguamento del diritto al fatto e, di conseguenza, una maggiore certezza nelle vicende giuridiche.

Si aggiunga, sotto un secondo aspetto, che qualora vi fosse una controversia su un diritto sorto da diverso tempo e mai esercitato, potrebbe risultare assai difficile dare la prova delle eventuali vicende costitutive o modificative dello stesso: ancora una volta risulterebbe pregiudicata la certezza dei rapporti giuridici.

Risulta evidente, allora, che l'istituto della prescrizione corrisponde ad interessi generali: proprio per questo essa riguarda tutti i diritti (assoluti e relativi).

Il codice civile, peraltro, stabilisce che non sono soggetti a prescrizione i **diritti indisponibili** e gli **altri diritti** indicati dalla legge (art. 2934, 2° co., cod. civ.).

La ragione per cui i diritti indisponibili non sono soggetti a prescrizione è presto spiegata: si vuol evitare, in tal modo, che il mancato esercizio del diritto, per un determinato tempo, costituisca una forma di indiretta disposizione del diritto.

L'**imprescrittibilità**, negli altri casi previsti dalla legge, è giustificata dalla natura del diritto preso in considerazione o, comunque, è frutto di una scelta del legislatore. Avendo riguardo, ad esempio, al diritto di proprietà (art. 948, 3° co., cod. civ.), la sua imprescrittibilità discende dal fatto che il non uso è una delle facoltà riconosciute al proprietario.

Non sono soggette a prescrizione, fra l'altro, l'azione di contestazione dello stato di figlio (art. 248, 2° co., cod. civ.); l'azione di reclamo dello stato di figlio (art. 249, 2° co., cod. civ); l'azione per impugnare il riconoscimento del figlio per difetto di veridicità, qualora sia promossa dallo stesso (art. 263, 2° co., cod. civ.); l'azione per ottenere che sia dichiarata giudizialmente la paternità o la maternità naturale (art. 270, 1° co., cod. civ.); l'azione di petizione ereditaria (art. 533, 1° co., cod. civ.); la domanda di scioglimento della comunione (art. 1111, 1° co., cod. civ.); l'azione per far dichiarare la nullità del contratto (art. 1422 cod. civ.).

Non si deve pensare che l'esercizio del diritto imprescrittibile, anche quando sia trascorso un notevole lasso di tempo, possa assicurare sempre la tutela degli interessi cui il diritto stesso è preposto.

Esempio. Due parti stipulano un contratto di compravendita di un immobile in presenza di una causa di nullità. Il compratore, dal momento del rogito notarile, è immesso nel possesso dell'immobile, che si protrae per oltre vent'anni. Il compratore, dopo tutti questi anni, è diventato proprietario dell'immobile a titolo originario, ossia per usucapione (artt. 1158 ss. cod. civ.). È vero che l'azione di nullità è imprescrittibile; tuttavia, l'eventuale accertamento giudiziale dell'invalidità del contratto, dopo venticinque anni dalla stipula dello stesso, non farà perdere la qualità di proprietario in capo al compratore. Questi, infatti, potrà opporre alla controparte l'intervenuta usucapione.

Esempio. Se è vero che l'azione di nullità è imprescrittibile, la ripetizione d'indebito *ex* artt. 2033 ss. cod. civ. (con cui si chiede la restituzione di ciò che si è pagato) è soggetta alla prescrizione ordinaria di dieci anni.

Non sono soggette a prescrizione le singole facoltà: esse si estinguono se e quando si estingue il diritto soggettivo che le comprende (*in facultativis non datur praescriptio*).

49.1. *L'inderogabilità della disciplina sulla prescrizione.*

La prescrizione, si è detto, attiene alla tutela di interessi generali: si comprende, allora, l'**inderogabilità** della disciplina codicistica (art. 2936 cod. civ.). Le parti, in sostanza, non possono escludere la prescrizione, né modificare la disciplina.

Esse, inoltre, non possono rinunciare alla prescrizione, fino a quando essa non sia compiuta (art. 2937, 2° co., cod. civ.). La rinuncia alla prescrizione, quando il diritto sia estinto, significa che il debitore (in ossequio, magari, ad una sua regola morale), decide di adempiere ugualmente la prestazione, pagando la somma che vantava il creditore.

Non è ammessa la ripetizione di ciò che è stato spontaneamente pagato in adempimento di un debito prescritto (art. 2940 cod. civ.). È, questa, un'ipotesi di **obbligazione naturale** (in cui l'adempimento avviene in osservanza di un dovere morale e sociale: art. 2034 cod. civ.).

Il giudice non può rilevare **d'ufficio** la prescrizione non opposta (art. 2938 cod. civ.). È compito della parte interessata far valere in giudizio l'avvenuta prescrizione del diritto altrui.

Peraltro, la prescrizione può essere opposta dai creditori e da chiunque vi ha interesse, qualora la parte non la faccia valere. Può essere opposta anche se la parte vi ha rinunziato (art. 2939 cod. civ.).

49.2. *Interruzione e sospensione della prescrizione.*

Alla base dell'istituto della prescrizione vi è l'inerzia del titolare del diritto: ove l'inerzia venga meno o sia giustificata la prescrizione non opera.

Non vi è inerzia, in particolare, quando la prescrizione sia **interrotta**. Per effetto dell'interruzione inizia a decorrere un nuovo periodo di prescrizione (art. 2945, 1° co., cod. civ.) e il periodo trascorso non ha più valore.

L'interruzione della prescrizione si verifica con la notificazione dell'atto con cui si inizia un giudizio, sia questo di cognizione ovvero conservativo o esecutivo (art. 2943, 1° co., cod. civ.). È pure interrotta dalla domanda proposta nel corso di un **giudizio** (art. 2943, 2° co., cod. civ.). L'interruzione si verifica anche se il giudice adito è incompetente (art. 2943, 3° co., cod. civ.).

La prescrizione non si interrompe soltanto con un atto giudiziale. È previsto, infatti, che essa sia interrotta da "**ogni altro atto** che valga a costituire in mora il debitore e dall'atto notificato con il quale una parte, in presenza di compromesso o clausola compromissoria, dichiara la propria intenzione di promuovere il procedimento arbitrale, propone la domanda e procede, per quanto le spetta, alla nomina degli arbitri" (art. 2943, 4° co., cod. civ.). La comunicazione alle altre parti della domanda di mediazione (§ 58) produce sulla prescrizione gli stessi effetti della domanda giudiziale (art. 5, 6° co., d.lgs. n. 28/2010).

Qualche rilievo va svolto in ordine ad "ogni altro atto che valga a costituire in mora il debitore". Affinché si abbia efficacia interruttiva della prescrizione l'atto, oltre a contenere l'esatta indicazione della persona obbligata, deve contenere l'intimazione o la richiesta scritta di adempimento (si confronti l'art. 1219, 1° co., cod. civ.), idonea ad esprime l'inequivocabile volontà del titolare del credito di far valere il proprio diritto nei confronti dell'obbligato, con l'effetto sostanziale di costituirlo in mora. Tale elemento, dunque, non è ravvisabile in semplici sollecitazioni prive del carattere dell'espressa richiesta formale al debitore, né può attribuirsi efficacia interruttiva al semplice invio di documentazione (come per esempio quella sanitaria).

Effetto interruttivo va riconosciuto altresì alla sottoscrizione (o anche soltanto all'invito alla stipula) di una convenzione di negoziazione assistita (art. 8 d.l. n. 132/2014) e alla domanda presentata per avviare una procedura di risoluzione extragiudiziale delle controversie previste dagli artt. 141 ss. Cod. Cons. (art. 141-*quinquies* Cod. Cons.).

La prescrizione, inoltre, è interrotta dal riconoscimento del diritto da parte di colui contro il quale il diritto stesso può essere fatto valere (art. 2944 cod. civ.).

Se l'interruzione è avvenuta mediante un atto giudiziale, la prescrizione non corre fino al momento in cui passa in giudicato la sentenza che definisce il giudizio (art. 2945, 2° co., cod. civ.; sulla nozione di giudicato § 56). Ragionando su questa norma, ci si accorge che all'effetto interruttivo (cui dovrebbe seguire, subito, il decorso di un nuovo termine prescrizionale) si aggiunge un effetto sospensivo (durante il quale la prescrizione non corre): il tutto fino al passaggio in giudicato della sentenza (Cass., n. 12879/1991, secondo cui quando il processo si estingue, senza terminare con una pronuncia, l'interruzione rimane tale: non è seguita, cioè, da un effetto sospensivo).

Ci si chiede quale sia la *ratio* (§ 24) della norma appena ricordata. Si è affermato che la regola secondo cui la prescrizione non decorre durante la pendenza della domanda giudiziale (a condizione che, all'esito della stessa, venga pronunciata una sentenza), corrisponde ad un principio processuale: quello per cui l'attore non deve subire pregiudizio nel periodo intercorrente tra l'instaurazione del giudizio e la fine della causa.

Può essere avanzata, peraltro, un'altra spiegazione. Il diritto che nasce dalla sentenza passata in giudicato non corrisponde più a quello che si è azionato: è un diritto nuovo, soggetto ad un diverso termine di prescrizione (art. 2953 cod. civ.).

Esempio. L'attore cita in giudizio il convenuto per far valere il suo diritto al risarcimento del danno derivante da un incidente stradale: tale diritto è soggetto al termine di prescrizione breve biennale (art. 2947, 2° co., cod. civ.). Con la sentenza di condanna, passata in giudicato, il diritto vantato dalla vittima del sinistro è soggetto al termine di prescrizione decennale (e non più a quello, breve, di due anni).

L'inerzia del titolare del diritto, altresì, può essere giustificata in virtù di particolari rapporti fra i soggetti: in questi casi si ha la **sospensione** della prescrizione.

Il codice civile elenca i rapporti fra le parti che determinano la sospensione della prescrizione (art. 2941 cod. civ.): vanno ricordati, in particolare, quelli fra i coniugi o i contraenti l'unione civile (si veda, per quest'ultimi, l'art. 1, 18° co., l. 20.5.2016, n. 76); fra chi esercita la responsabilità genitoriale o i poteri ad essa inerenti e le persone che vi sono sottoposte; fra l'erede e l'eredità accettata con beneficio d'inventario; fra il debitore che ha dolosamente occultato l'esistenza del debito e il creditore, finché il dolo non sia stato scoperto.

Si è posto il quesito se sia possibile estendere il beneficio della sospensione della prescrizione al convivente che abbia un credito nei confronti dell'altro. Giurisprudenza e dottrina hanno dato sempre risposta negativa, affermando che la previsione di cui all'art. 2941 cod. civ. riguarda soltanto il coniuge convivente o separato (Cass., 4.6. 2007, n. 12953).

La sospensione, ancora, può aversi in relazione a particolari condizioni del titolare, che non gli consentono di esercitare il suo diritto. La prescrizione, ad esempio, rimane sospesa contro i minori non emancipati e gli interdetti per infermità di mente, per il tempo in cui non hanno un rappresentante legale e per sei mesi successivi alla nomina del medesimo o alla cessazione dell'incapacità (art. 2942, n. 1, cod. civ.).

Le cause di sospensione sono tassative: non si possono invocare altre circostanze, al fine di giustificare l'inerzia o l'impedimento del titolare, diverse da quelle previste dalla legge.

Va ricordato che, in presenza di una causa di sospensione, il computo del tempo rimane sospeso ma non viene tolto valore a quello già trascorso: eliminata la causa di sospensione, il calcolo del tempo inizia nuovamente, sommandosi al tempo già trascorso.

49.3. *La durata della prescrizione.*

La prescrizione inizia a decorrere dal giorno in cui il diritto può essere fatto valere (art. 2935 cod. civ.). Qualora il diritto sia sottoposto a condizione, dunque, occorre che la stessa si sia verificata ai fini dell'inizio della **decorrenza** della prescrizione; qualora il diritto sia sottoposto a termine, occorre che lo stesso sia scaduto.

La prescrizione si verifica quando è compiuto l'ultimo giorno del termine (art. 2962 cod. civ.). I termini di prescrizione contemplati dal codice (o dalle altre leggi) si computano secondo il calendario comune (art. 2963, 1° co., cod. civ.). Non si **computa** il giorno nel corso del quale cade il momento iniziale del termine e la prescrizione si verifica con lo spirare dell'ultimo istante del giorno finale (art. 2963, 2° co., cod. civ.). Se il termine scade in un giorno festivo, è prorogato di diritto al giorno seguente non festivo (art. 2963, 3° co., cod. civ.). La prescrizione a mesi si verifica nel mese di scadenza e nel giorno di questo corrispondente al giorno del mese iniziale (art. 2963, 4° co., cod. civ.). Se nel mese di scadenza manca tale giorno, il termine si compie con l'ultimo giorno dello stesso mese (art. 2964, 5° co., cod. civ.).

Avendo riguardo alla durata, si distingue la **prescrizione ordinaria** dalle **prescrizioni brevi**.

È previsto che, salvi i casi in cui la legge dispone diversamente, i diritti si estinguono per prescrizione con il decorso di dieci anni (art. 2946 cod. civ.).

In alcuni casi, invece, il legislatore prevede prescrizioni brevi (in cui è richiesto il decorso di un numero di anni inferiore a dieci).

Il diritto al risarcimento del danno derivante da fatto illecito (art. 2043 cod. civ.) si prescrive in cinque anni dal giorno in cui il fatto si è verificato (art. 2947, 1° co., cod. civ.). Per il risarcimento del danno prodotto dalla circolazione dei veicoli di ogni specie il diritto si prescrive in due anni (art. 2947, 2° co., cod. civ.). In ogni caso, se il fatto è considerato dalla legge come reato e per il reato è stabilita una prescrizione più lunga, questa si applica anche all'azione civile. Tuttavia, se il reato è estinto per causa diversa dalla prescrizione o è intervenuta sentenza irrevocabile nel giudizio penale, il diritto al risarcimento del danno si prescrive nei termini indicati dai primi due commi dell'art. 2947 cod. civ., con decorrenza dalla data di estinzione del reato o dalla data in cui la sentenza è divenuta irrevocabile (art. 2947, 3° co., cod. civ.; Cass., Sez. Un., 23.1.2017, n. 1641).

Si prescrivono in cinque anni: (1) le annualità delle rendite perpetue e vitalizie; (1-*bis*) il capitale nominale dei titoli di Stato emessi al portatore; (2) le annualità delle pensioni alimentari; (3) le pigioni delle case, i fitti dei beni rustici e ogni altro corrispettivo di locazioni; (4) gli interessi e, in generale, tutto ciò che deve pagarsi periodicamente ad anno o in termini più brevi; (5) le indennità spettanti per la cessazione del rapporto di lavoro (art. 2948 cod. civ.).

Si prescrivono in cinque anni i diritti che derivano dai rapporti sociali, se la società è iscritta nel registro delle imprese (art. 2949, 1° co., cod. civ.). Nello stesso termine si prescrive l'azione di responsabilità che spetta ai creditori sociali verso gli amministratori nei casi stabiliti dalla legge (art. 2949, 2° co., cod. civ.).

Nei contratti di fornitura di energia elettrica e di gas il diritto al corrispettivo si prescrive in due anni (art. 1, 4° co., l. 27.12.2017, n. 205) e non più in cinque anni, come in passato.

Si prescrive in un anno il diritto del mediatore al pagamento della provvigione (art. 2950 cod. civ.).

Si prescrivono in un anno i diritti derivanti dal contratto di spedizione e dal contratto di trasporto (art. 2951, 1° co., cod. civ.). La prescrizione si compie col il decorso di diciotto mesi se il trasporto ha inizio o termine fuori d'Europa (art. 2951, 2° co., cod. civ.).

Infine, in materia di assicurazione è previsto che il diritto al pagamento delle rate di premio si prescrive in un anno dalle singole scadenze (art. 2952, 1° co., cod. civ.). Gli altri diritti derivanti dal contratto di assicurazione e dal contratto di riassicurazione si prescrivono in due anni dal giorno in cui si è verificato il fatto su cui il diritto si fonda, ad esclusione del contratto di assicurazione sulla vita i cui diritti si prescrivono in dieci anni (art. 2952, 2° co., cod. civ.). Nell'assicurazione della responsabilità civile, il termine decorre dal giorno in cui il terzo ha richiesto il risarcimento all'assicurato o ha promosso contro di questo l'azione (art. 2952, 3° co., cod. civ.). La comunicazione all'assicuratore della richiesta del terzo danneggiato o dell'azione da questo proposta sospende il corso della prescrizione finché il credito del danneggiato non sia divenuto liquido ed esigibile oppure il diritto del terzo danneggiato non sia prescritto (art. 2952, 4° co., cod. civ.). Quest'ultima disposizione si applica all'azione del riassicurato verso il riassicuratore per il pagamento dell'indennità (art. 2952, 5° co., cod. civ.).

Qualora, peraltro, sul diritto controverso sia intervenuta una sentenza passata in giudicato, i diritti che nascono da quest'ultima si prescrivono in dieci anni (art. 2953 cod. civ.: c.d. prescrizione decennale dell'*actio iudicati*).

49.4. *Il diritto al risarcimento del danno ed alcune questioni sul* dies a quo *della prescrizione.*

In tema di **prescrizione** del diritto al **risarcimento del danno** si dibatte su quale debba essere il momento iniziale in cui la prescrizione comincia a decorrere (su quale sia il ***dies a quo***).

Il codice, si è detto, prevede testualmente che il diritto al risarcimento del danno derivante da fatto illecito si prescrive in cinque anni dal giorno in cui il fatto si è verificato (art. 2947, 1° co., cod. civ.). Per la giurisprudenza della Suprema Corte, tuttavia, la norma va coordinata con gli artt. 2043 e 2935 cod. civ.: il coordinamento porta a concludere che la prescrizione inizia a decorrere dalla data in cui si è verificato il danno e non dalla data (antecedente) della commissione del fatto (Cass., 7.10.2011, n. 20609).

I giudici di legittimità svolgono, in proposito, il seguente ragionamento: se fra il fatto ed il danno intercorresse un periodo superiore a cinque anni, il danneggiato rischierebbe di essere privo di tutela. Ed infatti: (a) prima del danno non avrebbe diritto al risarcimento del danno (si confronti l'art. 2043 cod. civ., che consente di ottenere il risarcimento soltanto se vi sia un danno); (b) dopo l'insorgenza del danno, peraltro, l'interessato non avrebbe diritto al risarcimento del danno, perché tale diritto sarebbe estinto per prescrizione.

Il *dies a quo* del risarcimento del danno, dunque, va ricollegato al momento in cui il diritto stesso può essere esercitato: al momento, cioè, in cui si è "**verificato il danno**". Tutto sta a comprendere cosa si intenda con quest'ultima espressione. Per la Suprema Corte la nascita della responsabilità extracontrattuale è collegata ad una "esteriorizzazione, conoscibilità o percepibilità del danno": da questo momento l'ordinamento ricollega la nascita del diritto al risarcimento del danno (patrimoniale o non patrimoniale).

Esempio. Quando il danno di cui si chiede il risarcimento consiste nella sofferenza morale conseguita alla lesione della reputazione, la consapevolezza del fatto lesivo da parte della vittima ne costituisce lo stesso presupposto. Può sussistere un turbamento psichico da intervenuta lesione della reputazione in quanto il diffamato abbia avuto contezza dell'atto diffamatorio. Ne deriva che ove il danno morale si verifichi solo a seguito della conoscenza della diffamazione acquisita dalla persona offesa, con la lettura di un articolo di giornale, prima di questo momento il diritto al risarcimento non esisteva: non esistendo il diritto, neppure poteva iniziare a decorrere il termine di prescrizione.

L'impostazione riferita è stata mantenuta ferma, dai giudici di legittimità, di fronte alla **patologia da HIV**, che può essere avvertita anche dopo molti anni dal contagio. In presenza di questo **fatto** c.d. **lungolatente**, si è stabilito che la prescrizione del diritto al risarcimento del danno extracontrattuale inizia a decorrere dal momento in cui la vittima ha percepito (o avrebbe potuto percepire, utilizzando l'ordinaria diligenza) che il danno sofferto è causato da un determinato comportamento colposo o doloso di un terzo (Cass., 3.5.2016, n. 8645; Cass., 16.10.2015, n. 20934; sull'onere probatorio Cass., 28.6.2019, n. 17421; si veda anche Trib. Perugia, 15.11.2019).

Nel caso di "illecito permanente" (si pensi alle immissioni riversate per anni da uno stabilimento siderurgico sulle abitazioni adiacenti) la prescrizione al diritto al risarcimento decorre dal giorno successivo a quello in cui il danno si manifesta (Cass., 28.5.2013, n. 13201).

49.5. *Le prescrizioni presuntive.*

Il codice civile detta una specifica disciplina per le **prescrizioni presuntive** (artt. 2954-2961 cod. civ.). Si tratta di **figure ibride**, che partecipano sia dei caratteri delle prescrizioni sia dei caratteri delle presunzioni (§ 63). Esse si basano, infatti, sul decorso del tempo; il suo decorso, in particolare, fa presumere che il debito sia stato estinto (per adempimento della prestazione o negli altri modi previsti dalla legge).

Il legislatore muove dalla consapevolezza che, in alcuni rapporti della vita quotidiana, le obbligazioni siano eseguite immediatamente, senza il rilascio di quietanze o senza che ci si preoccupi di conservarle (si pensi al rapporto contrattuale intercorso tra il cliente e l'albergatore). Pertanto, decorso un breve periodo di tempo, senza che il creditore abbia sollecitato il pagamento (provvedendo, così, ad interrompere la prescrizione), si presume che il pagamento sia avvenuto o, comunque, il debito si sia estinto per altra causa.

Occorre distinguere i diversi termini delle prescrizioni presuntive. Si prescrive in sei mesi il diritto degli albergatori e degli osti per l'alloggio e il vitto che somministrano, e si prescrive nello stesso termine il diritto di tutti coloro che danno alloggio con o senza pensione (art. 2954 cod. civ.).

Si prescrive in un anno il diritto: (1) degli insegnanti, per la retribuzione delle lezioni che impartiscono a mesi o a giorni o a ore; (2) dei prestatori di lavoro, per le retribuzioni corrisposte a periodi non superiori al mese (la Corte costituzionale, con sentenza n. 63/1996, ha dichiarato l'illegittimità di questo numero, così come dell'art. 2948, n. 4, cod. civ., nella parte in cui consente che la prescrizione del diritto alla retribuzione decorra durante il rapporto di lavoro); (3) di coloro che tengono convitto o casa di educazione e d'istruzione, per il prezzo della pensione e dell'istruzione; (4) degli ufficiali giudiziari, per il compenso degli atti compiuti nella loro qualità; (5) dei commercianti, per il prezzo delle merci vendute a chi non ne fa commercio; (6) dei farmacisti, per il prezzo dei medicinali (art. 2955 cod. civ.).

Si prescrive in tre anni il diritto: (1) dei prestatori di lavoro, per le retribuzioni corrisposte a periodi superiori al mese (si veda, anche in questo caso, Corte cost., n. 63/1996); (2) dei professionisti, per il compenso dell'opera prestata e per il rimborso delle spese correlative; (3) dei notai, per gli atti del loro ministero; (4) degli insegnanti, per la retribuzione delle lezioni impartite a tempo più lungo di un mese (art. 2956 cod. civ.).

Una precisazione va compiuta: il legislatore utilizza la formula "si prescrive in sei mesi il diritto"; "si prescrive in un anno il diritto"; "si prescrive in tre anni il diritto". Tali espressioni sono improprie: è preferibile affermare che, trascorso il periodo di tempo indicato dal codice, si presume l'estinzione del debito.

Per il debitore è sufficiente invocare la prescrizione presuntiva; non è tenuto, dunque, a provare l'avvenuto adempimento o, comunque, l'estinzione dell'obbligazione (non ha l'onere, ad esempio, di esibire la quietanza di pagamento). La presunzione, peraltro, non è assoluta (il creditore può fornire la prova contraria: c.d. presunzione *iuris tantum*).

Le **prove** che il creditore può offrire sono però alquanto circoscritte: questi può vincere la presunzione solo deferendo il **giuramento decisorio** (art. 2960 cod. civ.: § 65) o ottenendo dallo stesso una **confessione** (§ 64). Quest'ultima può essere piena o, come si dice, indiretta: ciò si verifica quando il debitore ha "comunque ammesso in giudizio che l'obbligazione non è stata estinta" (art. 2959 cod. civ.).

Esempio. Convenuto in giudizio, il debitore imposta la sua difesa sostenendo che non ha pagato giacché il contratto, da cui l'obbligazione è sorta, era invalido. In tal modo ammette che l'obbligazione non è stata estinta.

Esempio. Convenuto in giudizio da un ristoratore, il cliente afferma: "è vero, non ho pagato il ristoratore, ma sono passati due anni e quindi la pretesa della mia controparte non può più essere fatta valere". Così facendo il debitore ha ammesso che l'obbligazione non si è estinta.

L'ammissione effettuata dal debitore al di fuori del giudizio non produce gli effetti di cui all'art. 2959 cod. civ., potendo soltanto valere ai fini dell'interruzione della prescrizione (Cass., n. 4365/1995).

Quanto al giuramento, può essere deferito direttamente al debitore, ossia al soggetto che è a conoscenza diretta della circostanza (c.d. giuramento *de veritate*); oppure al coniuge superstite, agli eredi o ai loro rappresentanti legali, per dichiarare se hanno notizia dell'estinzione del debito (c.d. giuramento *de notitia*).

Il deferimento del giuramento, è evidente, costituisce un rischio per il creditore: è sufficiente che il debitore dichiari solennemente davanti al giudice di aver provveduto al pagamento perché le ragioni dell'attore non trovino accoglimento; nel giudizio, infatti, si sarà formata piena prova che rende incontrovertibile l'avvenuto pagamento.

Va osservato, comunque, che il debitore disonesto non può considerarsi esente da conseguenze: qualora il creditore disponga di elementi di prova da cui poter desumere la non rispondenza al vero delle dichiarazioni rese sotto giuramento, può istaurare un procedimento penale a carico del debitore per falso giuramento (art. 371 cod. pen.). Il creditore, pertanto, è indotto a deferire giuramento decisorio allorché disponga di elementi di per sé non sufficienti per vincere la presunzione di estinzione, ma sufficienti per la formulazione dell'imputazione penale.

50. La decadenza ed il suo fondamento.

Il decorso del termine prescrizionale, si è visto, determina l'estinzione del diritto. D'altra parte, la durata del termine prescrizionale (che, ordinariamente, è di dieci anni) prolunga la situazione di incertezza sui rapporti giuridici, che talvolta è necessario definire con celerità.

Proprio per evitare che la situazione di incertezza si prolunghi troppo nel tempo la legge, in alcune circostanze, impone al titolare del diritto un onere: il compimento di uno specifico atto che dimostri l'intenzione del soggetto di avvalersi del diritto; il che contribuisce a dare certezza in tempi brevi alle situazioni giuridiche. Il compimento di quest'atto impedisce la **decadenza** dal diritto (ossia la sua perdita).

Ci sono gli elementi, dunque, per fornire la **definizione** di decadenza: essa è l'estinzione del diritto dovuta all'oggettivo decorso del tempo fissato in modo perentorio dalla legge. Nell'istituto in esame, per le accennate esigenze di celerità, non trovano applicazione le regole sull'interruzione e quelle sulla sospensione (è fatto salvo il caso previsto dall'art. 245 cod. civ.).

Inoltre, a differenza di quello che si è visto per la prescrizione, la decadenza è impedita soltanto dal compimento dell'atto specificamente previsto dalla legge (o, in caso di decadenza convenzionale, dalle parti). Talvolta si tratta di un atto stragiudiziale (ad esempio, la "denuncia" prevista dall'art. 1495, 1° co., cod. civ.); altre volte di un'azione giudiziale (artt. 244, 265 ss., 802 cod. civ.).

L'indicazione specifica dell'atto da compiere e la brevità del termine sono gli elementi che l'interprete dovrà maggiormente tenere in considerazione al fine di rinvenire l'istituto della decadenza. In alcuni casi, peraltro, è il legislatore a specificare la natura del termine (si veda, ad esempio, l'art. 1442, 1° co., cod. civ., secondo cui l'azione di annullamento "si prescrive in cinque anni"): si esclude, così, la necessità di ogni indagine sul punto.

Quando si verte in tema di diritti disponibili, la decadenza può essere impedita dal riconoscimento del diritto proveniente dalla persona contro la quale si deve far valere il diritto soggetto a decadenza (art. 2966 cod. civ.).

Nel caso in cui la decadenza è impedita, il diritto rimane soggetto alle disposizioni che regolano la prescrizione (art. 2967 cod. civ.). La norma si riferisce ai casi in cui le regole della prescrizione si intersecano con quelle della decadenza. La decadenza, come ripete la dottrina, è un istituto che si aggiunge alle regole della prescrizione e non si pone in sostituzione di quest'ultime.

Esempio. Il compratore acquista la proprietà di un bene: dopo quattordici mesi dalla consegna scopre un vizio del bene. Non può domandare la risoluzione giudiziale del contratto ovvero la riduzione del prezzo. Il suo diritto è prescritto (art. 1495, 2° co., cod. civ.: "l'azione si prescrive, in ogni caso, in un anno dalla consegna"). Il compratore ha l'onere di denunciare il vizio entro otto giorni dalla scoperta (art. 1495, 1° co., cod. civ.); tuttavia, se scopre il vizio dopo che sia trascorso un anno dalla consegna, il suo diritto è prescritto.

50.1. *Decadenza legale e decadenza convenzionale.*

La **decadenza** può essere **legale** o **convenzionale**.

La decadenza del primo tipo è prevista nell'interesse generale o nell'interesse di uno dei soggetti (si vedano, ad esempio, gli artt. 80, 2° co., 117, 2° co., 120, 2° co., 123, 2° co., 244, 1° co., 265, 2° co., 481, 487, 488, 489, 505, 1° co., 516, 650, 732, 1° co., 802, 1° co., 804, 1° co., 935, 2° co., 936, 2° co.; 937, 2° co., 963, 3° co., 1109, 2° co., 1137, 3° co., 1171, 1° co., 1287, 1333, 2° co., 1399, 4° co., 1402, 1495, 1° co., 1503, 1512, 1° co., 1522, 3° co., 1566, 2° co., 1667, 2° co., 1670, 1832, 2° co., 1887, 1892, 2° co., 2098, 2° co., 2113, 2° co., cod. civ.).

Termini di decadenza sono previsti anche nel codice del consumo (art. 132 Cod. Cons.) nonché in altre disposizioni di legge (art. 325 cod. proc. civ.).

Quando la decadenza è stabilita nell'interesse generale (riguarda, cioè, diritti indisponibili), le parti non possono modificare la disciplina prevista né rinunciarvi; il giudice, inoltre, è tenuto a rilevare d'ufficio la decadenza (artt. 2968 ss. cod. civ.).

La decadenza, peraltro, può riguardare diritti disponibili oppure le parti stesse possono prevedere la c.d. **decadenza convenzionale** o contrattuale (non prevista, cioè, dal legislatore). In questi casi è consentito prevedere diversi termini di decadenza o individuare particolari oneri per effettuare comunicazioni o denunce. Le parti, inoltre, possono rinunciare alla decadenza, la quale non è rilevabile d'ufficio.

Esiste un limite, tuttavia, all'accordo delle parti: è nullo il patto con cui si stabiliscono termini di decadenza che rendono "eccessivamente difficile l'esercizio del diritto" (art. 2965 cod. civ.).

Esempio. Le parti stabiliscono convenzionalmente che il termine per denunciare il vizio del bene acquistato sia di poche ore (modificando, così, la disciplina legale, che prevede un termine di decadenza di otto giorni: art. 1495, 1° co., cod. civ.). Tale previsione può rendere eccessivamente difficile l'esercizio del diritto da parte del titolare.

Talvolta si discute di **decadenza giudiziale** quando i termini di decadenza sono fissati dal giudice su istanza della parte interessata (si veda, ad esempio, l'art. 481 cod. civ.).

Capitolo 8

LA TUTELA GIURISDIZIONALE DEI DIRITTI

51. La tutela dei diritti ed il ricorso al giudice. L'eccezionalità della c.d. "autotutela". Il principio dispositivo.

Il titolo IV del Libro sesto del codice civile è intitolato "Della tutela giurisdizionale dei diritti" (artt. 2907-2933 cod. civ.).

Alla tutela giurisdizionale dei diritti provvede l'autorità giudiziaria su domanda di parte e, quando la legge lo dispone, anche su istanza del pubblico ministero o d'ufficio (art. 2907 cod. civ.).

Sulla **tutela giurisdizionale** dei diritti (la tutela dei diritti davanti al giudice) va svolta, in questa sede, qualche osservazione di carattere generale; la materia, infatti, costituisce l'oggetto specifico del corso di diritto processuale civile.

Di regola il diritto sostanziale trova un'automatica attuazione: ad esso ci si adegua spontaneamente. Nelle moderne società democratiche, si è visto, il potere legislativo non è mai avulso dalla legittimazione che lo stesso riceve dai consociati (§ 1.1).

Quando, peraltro, si verifica una violazione di norme sostanziali, l'ordinamento prevede l'esercizio della **funzione giurisdizionale**, ossia il potere dei giudici di applicare il diritto per risolvere le controversie insorte.

In relazione alla natura della controversia, si distingue la **giurisdizione civile**, penale ed amministrativa. La giurisdizione civile ha ad oggetto i rapporti giuridici di diritto privato (si badi che nella giurisdizione civile rientrano anche quei rapporti in cui sia parte la Pubblica amministrazione, quando non siano devoluti al giudice amministrativo). La **giurisdizione penale** riguarda la responsabilità di un soggetto per un reato e l'applicazione di una pena (la sanzione penale) a seguito dell'accertamento dello stesso. La **giurisdizione amministrativa**, infine, è demandata ai giudici amministrativi (tribunali amministrativi regionali e Consiglio di Stato) per quelle controversie che riguardano rapporti in cui una delle parti sia la Pubblica amministrazione.

Una forma speciale di **giurisdizione** è quella **contabile**, attribuita alla Corte dei conti: questa svolge funzioni di controllo (art. 100 Cost.) e funzioni giurisdizionali nelle materie di contabilità pubblica ed in quelle altre specificate dalla legge (art. 103 Cost.). Inoltre, ha funzioni amministrative e consultive (si pensi ai pareri al Governo ed a Ministri su alcuni atti normativi; ai pareri in materia di contabilità pubblica richiesti da Regioni, Comuni, Province e Città metropolitane).

Sulla **giurisdizione costituzionale**, invece, si rimanda alle osservazioni svolte nel capitolo sulle fonti del diritto (§ 10.1).

Il discorso, qui, sarà limitato alla giurisdizione civile. Il già ricordato art. 2907 cod. civ. consente di sottolineare due aspetti fondamentali di tale giurisdizione. La norma esclude, in via generale, la possibilità che il privato si faccia valere da solo per la tutela dei suoi diritti. Le ipotesi di **autotutela** previste dall'ordinamento devono considerarsi eccezionali.

È il caso, ad esempio, del c.d. **diritto di ritenzione**, che spetta a determinati soggetti in connessione con un diritto di credito da tutelare: il titolare di tale diritto, in sostanza, può rifiutarsi di consegnare la cosa di proprietà del debitore, finché quest'ultimo non abbia eseguito la prestazione connessa con la cosa (si vedano gli artt. 1006, 1011, 1152, 2756, 2757, 2761, 2794 cod. civ.). Le disposizioni che prevedono il diritto di ritenzione non sono applicabili per analogia (§ 25).

Altre ipotesi di autotutela sono l'eccezione di adempimento (art. 1460 cod. civ.), la diffida ad adempiere (art. 1454 cod. civ.), la legittima difesa (art. 2044 cod. civ.).

L'art. 2907 cod. civ. evidenzia un altro aspetto del processo civile: esso è un processo di parti, basato sulle domande proposte e sulle eccezioni svolte dalle stesse, salve ipotesi particolari in cui è ammessa l'istanza del pubblico ministero (artt. 67, 85, 2° co., 102, 5° co., 117, 119, 125, 336, 517, 418, 838, 2098, 2487 cod. civ.) o l'iniziativa d'ufficio.

Vige, dunque, il principio della domanda (art. 99 cod. proc. civ.), cui fa da corollario il principio del contraddittorio tra le parti (art. 101 cod. proc. civ.). Il c.d. **principio dispositivo** caratterizza il processo civile sia nella determinazione dell'oggetto del giudizio (inteso come *thema probandum* e come *thema decidendum*) sia nel successivo svolgimento (tanto che in caso di inattività delle parti il processo può estinguersi: artt. 306 ss. cod. proc. civ.).

Ulteriori espressioni del principio dispositivo si rinvengono nella regola della corrispondenza fra "chiesto e pronunciato" (art. 112 cod. proc. civ.) e nell'onere della prova a carico delle parti del giudizio (art. 2697 cod. civ.: §§ 59, 59.1).

52. Il processo civile: l'attore e il convenuto. Nozione di azione.

Il **processo civile** è il procedimento con cui viene esercitata la funzione giurisdizionale. Talvolta, per definire il processo, si utilizzano le espressioni "causa" o "giudizio".

Il processo è una sequenza di atti giuridici (gli atti processuali) posti in essere dalle parti, dal pubblico ministero, dal giudice e dai suoi ausiliari (cancellieri e ufficiali giudiziari). Tali atti sono compiuti secondo le norme processuali e sono preordinati all'emanazione di un atto finale (il provvedimento giurisdizionale).

Alcune caratteristiche del processo civile sono già state accennate (§ 51). Qui va aggiunto che costituisce un principio costituzionale quello per cui tutti possono agire in giudizio per la **tutela** dei propri **diritti** e **interessi legittimi** (art. 24, 1° co., Cost.). La difesa è diritto inviolabile in ogni stato e grado del procedimento (art. 24, 2° co., Cost.). Sono assicurati ai non abbienti, con appositi istituti, i mezzi per agire e difendersi davanti ad ogni giurisdizione (art. 24, 3° co., Cost.).

In ambito civile la controversia sorge fra parti che prendono il nome di **attore** (colui che inizia la procedura) e **convenuto** (colui che si difende). L'attore, di regola, si rivolge in primo grado al giudice di pace o al tribunale, in secondo grado alla corte di appello, in ultima istanza alla Corte di cassazione.

L'**azione** è il diritto di provocare l'esercizio della funzione giurisdizionale. L'attore esercita il diritto di azione attraverso un atto introduttivo (domanda giudiziale); il convenuto è il soggetto con cui, attraverso l'esercizio dell'azione, viene costituito il rapporto processuale (il che prescinde dalla volontà di quest'ultimo: tanto che la mancata costituzione in giudizio non impedisce che lo stesso vada avanti ma determina una particolare condizione del convenuto, definita **contumacia**).

53. Il processo di cognizione.

In base al tipo di tutela che viene domandata al giudice con l'esercizio dell'azione, si distingue il **processo di cognizione**, il processo cautelare e quello esecutivo (si discute di azione di cognizione, cautelare, esecutiva).

Si cominci dal processo di cognizione, con cui il giudice stabilisce la regola di diritto da applicare al caso concreto. Le azioni di cognizione sono di tre tipi: di accertamento, di condanna, costitutiva.

Con l'**azione di accertamento** si mira ad accertare l'esistenza o meno di un rapporto giuridico (o il suo modo di essere). Il giudice, con la sentenza pronunciata alla fine del giudizio, accerta se esiste o meno un rapporto giuridico o quale sia il suo modo di essere.

Esempio. Il Sig. Esposito di Napoli afferma che il confine del suo terreno va al di là del fiume (afferma, dunque, che la sua proprietà ha una determinata estensione); il titolare del fondo contiguo, invece, sostiene che il confine del terreno deve individuarsi in un lembo di terra prima del fiume. Il Sig. Esposito, allora, cita in giudizio il vicino per l'accertamento dell'estensione del suo diritto di proprietà.

Con l'**azione di condanna** si mira ad ottenere l'emanazione di un comando. Il giudice, con la sentenza finale, condanna la parte soccombente a tenere una determinata condotta.

Esempio. Il Sig. Distrattis investe, con la sua bicicletta, un passante, provocandogli danni per 5.000 euro. L'investitore, tuttavia, non è affatto disposto a corrispondere al passante la somma che rappresenta il danno subìto a causa dell'incidente. L'investito, allora, promuove un giudizio di cognizione, con cui chiede la condanna del convenuto al risarcimento del danno. Il giudice, se riconosce la fondatezza della pretesa, ordina al convenuto di pagare la somma di 5.000 euro a favore dell'attore.

Esempio. Il Sig. Rossi si rifiuta di consegnare al Sig. Bianchi un bene di cui quest'ultimo è proprietario. Il Sig. Bianchi si rivolge al giudice il quale, accertato che l'attore è proprietario del bene, condanna il convenuto alla sua restituzione.

Ogni sentenza di condanna contiene un accertamento, anche implicito (l'accertamento che l'attore è titolare del diritto di credito; che l'attore è titolare del diritto di proprietà, per rimanere agli esempi fatti).

Con l'azione **costitutiva**, infine, si mira ad ottenere la costituzione, la modificazione, l'estinzione di un rapporto giuridico. La sentenza costituiva può essere pronunciata soltanto nei casi previsti dalla legge (art. 2908 cod. civ.): da qui il rilievo che l'azione costitutiva è retta dal principio di tipicità.

Esempio. Due parti stipulano un contratto preliminare avente ad oggetto un bene immobile. Le parti si obbligano a stipulare il contratto definitivo (quello che trasferirà il diritto di proprietà) dopo 3 mesi. Sennonché una delle parti si rifiuta di stipulare il rogito notarile. L'altra parte, allora, può agire in giudizio ai sensi dell'art. 2932 cod. civ. ed ottenere una sentenza costitutiva, la quale sostituisce il contratto definitivo non stipulato: è la sentenza stessa che trasferisce la proprietà del bene.

Esempio. Due parti hanno concluso un contratto, ma una di esse non esegue le prestazioni previste. Vi è un grave inadempimento, che legittima la parte non inadempiente (talvolta definita anche parte "virtuosa") a domandare giudizialmente, ai sensi degli artt. 1453 ss. cod. civ., la risoluzione (ossia lo scioglimento del contratto). La sentenza è costitutiva in quanto estingue il rapporto giuridico esistente tra le parti.

54. Il processo cautelare.

Può accadere che, durante il tempo occorrente per ottenere la tutela giurisdizionale in sede di cognizione (o in sede di esecuzione forzata: §§ 55 ss.), le condizioni patrimoniali o di fatto del convenuto cambino: il che potrebbe compromettere l'effettività della tutela invocata (ossia la "fruttuosità" pratica dei futuri provvedimenti di tutela giurisdizionale).

A tale pericolo ovvia il **processo cautelare**, che è caratterizzato, almeno nella sua prima fase, da una cognizione sommaria (artt. 669-*bis* ss. cod. proc. civ.). La seconda fase (in alcuni casi necessaria, in altri casi facoltativa) è detta a cognizione piena.

Nella prima fase, che si svolge con particolare celerità, il giudice è chiamato ad accertare, ai fini dell'emanazione del provvedimento richiesto, l'esistenza di due presupposti: il ***periculum in mora*** e il ***fumus boni iuris***.

Il *periculum in mora* indica il pericolo o il danno causato dal ritardo nell'ottenere la tutela invocata (in sede di cognizione o di esecuzione forzata); il *fumus boni iuris* è la possibilità che il diritto vantato esista in concreto (il giudice, in sostanza, è chiamato ad accertare la probabile fondatezza della pretesa).

Il provvedimento cautelare concesso, all'esito della fase sommaria, è caratterizzato dalla provvisorietà e dalla strumentalità: esso, dunque, è modificabile o revocabile quando mutino le circostanze che ne hanno legittimato l'adozione. Inoltre, il provvedimento cautelare non passa in giudicato (§ 56).

Il processo cautelare è regolato in maniera unitaria (artt. 669-*bis* ss. cod. proc. civ.): la disciplina generale, peraltro, deve integrarsi con la disciplina di ciascun procedimento cautelare: i sequestri (conservativo e giudiziale: artt. 670-687 cod. proc. civ.); le denunce di nuova opera e di danno temuto (artt. 688-691 cod. proc. civ.; artt. 1171-1172 cod. civ.); i procedimenti possessori (artt. 703-705 cod. proc. civ.); i provvedimenti d'urgenza (art. 700 cod. proc. civ.).

Esempio. Il Sig. De Luca cita in giudizio il Sig. Laganà per ottenere la condanna di quest'ultimo al pagamento di una somma di denaro pari a 1.000.000 di euro. L'attore, infatti, lamenta un inadempimento contrattuale. Durante il giudizio il convenuto comincia a dismettere il suo patrimonio: ciò vuol dire che, arrivati alla fine del giudizio, quand'anche il giudice dovesse pronunciare sentenza di condanna al pagamento della somma vantata dall'attore, quest'ultimo rischia di non poter soddisfare il suo credito. Il Sig. De Luca, allora, promuove un **sequestro conservativo** (art. 671 cod. proc. civ.) sui beni del convenuto. Il sequestro conservativo è un mezzo di conservazione della garanzia patrimoniale: gli atti dispositivi del debitore compiuti sui beni sottoposti a sequestro non hanno effetto verso il sequestrante. Quest'ultimo, per ottenere il provvedimento cautelare, deve dimostrare il *fumus boni iuris* (elementi sufficienti, cioè, da considerare fondato il diritto di credito) e il *periculum in mora* (il rischio effettivo di pregiudizio per il suo diritto di credito, che è in corso di accertamento).

Esempio. Alcuni pezzi di intonaco minacciano di cadere, dal balcone di un appartamento di un condominio, sul cortile. Il proprietario dell'appartamento si rifiuta di sistemare il balcone. L'amministratore del condominio, allora, promuove un giudizio cautelare ai sensi dell'art. 1172, 2° co., cod. civ. (**denunzia di danno temuto**) secondo cui "il proprietario, il titolare di altro diritto reale di godimento o il possessore, il quale ha ragione di temere che da qualsiasi edificio, albero o altra cosa sovrasti pericolo di un danno grave e prossimo alla cosa che forma oggetto del suo diritto o del suo possesso, può denunziare il fatto all'autorità giudiziaria e ottenere, secondo le circostanze, che si provveda per ovviare al pericolo". Il giudice, quindi, può ordinare che vengano effettuati i lavori e che siano apposte, provvisoriamente, le opportune recinzioni.

Esempio. La Soc. *Luxury shoes* si accorge che un'altra società, la Soc. *Fashion*, utilizza, per contrassegnare i propri prodotti, un marchio assolutamente identico a quello utilizzato dalla prima. La Soc. *Luxury shoes* ha registrato il marchio nelle forme stabilite dalla legge, ben prima della Soc. *Fashion*. Il comportamento di quest'ultima integra un'ipotesi di concorrenza sleale: tanto è vero che, negli ultimi giorni, vi è stato un notevole sviamento di clientela. La Soc. *Luxury shoes* intende chiedere i danni alla società concorrente: nel frattempo, però, vi è l'urgenza di far cessare il comportamento scorretto della Soc. *Fashion*. La Soc. *Luxury shoes*, dunque, promuove un'azione cautelare, chiedendo un **provvedimento d'urgenza** *ex* art. 700 cod. proc. civ. Formula in tal modo le conclusioni: "voglia il Giudice adito, verificata la sussistenza dei presupposti di cui agli artt. 700 cod. proc. civ. e 669-*bis* ss. cod. proc. civ. emettere, con decreto e *inaudita altera parte*, o con ordinanza, previa audizione delle parti, i provvedimenti necessari ed idonei a far cessare immediatamente la condotta pregiudizievole della Soc. *Fashion*". Il Giudice, accogliendo il ricorso, potrà ordinare la pubblicazione sul giornale del provvedimento di urgenza, in modo da avvertire subito la clientela del comportamento scorretto della Soc. *Fashion*; inibirà alla convenuta, inoltre, l'utilizzo del marchio.

La caratteristica specifica del provvedimento d'urgenza è l'**atipicità**, come emerge dallo stesso art. 700 cod. proc. civ. (condizioni per la concessione): "fuori dei casi regolati nelle precedenti sezioni di questo capo, chi ha fondato motivo di temere che durante il tempo occorrente per far valere il suo diritto in via ordinaria, questo sia minacciato da un **pregiudizio imminente** e **irreparabile**, può chiedere con ricorso al giudice i provvedimenti d'urgenza, che appaiono, secondo le circostanze, più idonei ad assicurare provvisoriamente gli effetti della decisione sul merito". La procedura d'urgenza, in definitiva, è azionabile in tutti quei casi in cui, mancando i presupposti, non siano invocabili le misure cautelari tipiche.

55. Il processo esecutivo. L'esecuzione forzata in forma specifica.

Può darsi che il comando contenuto nella sentenza di condanna (§ 53) non venga adempiuto. Il tal caso, colui a cui favore il comando è stato emesso può esercitare l'azione esecutiva.

È necessario distinguere fra **esecuzione forzata in forma specifica** e esecuzione mediante espropriazione forzata (§ 55.1).

Con il primo tipo di esecuzione si riesce ad ottenere coattivamente quel risultato voluto nel comando contenuto nella sentenza: guardata la cosa dal punto di vista del creditore, può dirsi che il diritto di quest'ultimo viene realizzato nella sua specifica identità (attraverso, cioè, la consegna del bene o il compimento dell'attività dovutagli).

Il codice di procedura civile prevede l'esecuzione per consegna o rilascio (artt. 605-611 cod. proc. civ.) e l'esecuzione forzata degli obblighi di fare e di non fare (artt. 612-614-*bis* cod. proc. civ.). Le due forme di esecuzione sono previste anche dal codice civile (artt. 2930-2933 cod. civ.), che fa riferimento, inoltre, all'esecuzione dell'obbligo di concludere un contratto ai sensi dell'art. 2932 cod. civ. (qui, però, non siamo nell'ambito di un processo di esecuzione ma di cognizione).

L'**esecuzione per consegna o rilascio** è diretta a far conseguire al creditore la disponibilità materiale di una determinata cosa oggetto del suo diritto. Ai sensi dell'art. 2930 cod. civ. "se non è adempiuto l'obbligo di consegnare una cosa determinata, mobile o immobile, l'avente diritto può ottenere la consegna o il rilascio forzati a norma delle disposizioni del codice di procedura civile".

L'organo preposto a questa forma di esecuzione è l'ufficiale giudiziario, mentre il tribunale interviene, su richiesta di ciascuna parte, ad emettere quei provvedimenti necessari quando sorgano particolari difficoltà che non ammettono dilazione (art. 610 cod. proc. civ.).

L'esecuzione deve essere preceduta dal precetto (art. 605 cod. proc. civ.): questo deve contenere l'invito a rilasciare i **beni mobili** entro il termine di dieci giorni o entro il diverso termine previsto nel titolo esecutivo (art. 480 cod. proc. civ.) e la descrizione sommaria dei beni stessi.

Decorso il termine previsto, l'ufficiale giudiziario, con il titolo (ad esempio una sentenza) e il precetto si reca sul posto dove si trovano le cose mobili, le ricerca e le consegna alla parte istante.

Quando si tratta di un **bene immobile**, è richiesta anche la notifica dell'avviso con cui l'ufficiale giudiziario comunica alla parte, almeno dieci giorni prima, che è tenuta a rilasciare l'immobile il giorno e l'ora in cui procederà (art. 608, 1° co., cod. proc. civ.). Nel giorno e nell'ora stabiliti, l'ufficiale giudiziario, munito del titolo esecutivo e del precetto, si reca nel luogo dell'esecuzione e immette la parte istante o una persona da lui designata nel possesso dell'immobile, del quale le consegna le chiavi, ingiungendo agli eventuali detentori di riconoscere il nuovo possessore (art. 608, 2° co., cod. proc. civ.).

In pratica, per i beni immobili, oltre alla notifica del precetto, occorre predisporre e notificare "il preavviso di esecuzione", ossia la comunicazione che l'ufficiale giudiziario (non l'esecutante) deve fare all'esecutato del "giorno e dell'ora in cui si procederà".

L'**esecuzione forzata degli obblighi di fare e di non fare** è diretta, invece, a far conseguire al creditore la medesima prestazione specifica di fare oggetto del suo diritto, ossia l'eliminazione di quanto posto in essere dal debitore in violazione del suo obbligo di non fare.

In particolare, se non è adempiuto un obbligo di fare, l'avente diritto può ottenere che esso sia eseguito a spese dell'obbligato nelle forme stabilite dal codice di procedura civile (art. 2931 cod. civ.).

Se non è adempiuto un obbligo di non fare, l'avente diritto può ottenere che sia distrutto, a spese dell'obbligato, ciò che è stato fatto in violazione dell'obbligo (art. 2933, 1° co., cod. civ.). Non può essere ordinata la distruzione della cosa e l'avente diritto può conseguire solo il risarcimento dei danni, se la distruzione della cosa è di pregiudizio all'economia nazionale (art. 2933, 2° co., cod. civ.).

Chi intende ottenere l'esecuzione forzata di una sentenza di condanna per violazione di un obbligo di fare o di non fare, dopo la notificazione del precetto, deve chiedere con ricorso al giudice dell'esecuzione che siano determinate le modalità dell'esecuzione (art. 612, 1° co., cod. proc. civ.). Il giudice dell'esecuzione provvede sentita la parte obbligata. Nella sua ordinanza designa l'ufficiale giudiziario che deve procedere all'esecuzione e le persone che debbono provvedere al compimento dell'opera non eseguita o alla distruzione di quella compiuta (art. 612, 2° co., cod. proc. civ.).

L'ufficiale giudiziario può farsi assistere dalla forza pubblica e deve chiedere al giudice dell'esecuzione le opportune disposizioni per eliminare le difficoltà che sorgono nel corso dell'esecuzione. Il giudice dell'esecuzione provvede con decreto (art. 613 cod. proc. civ.).

Con il provvedimento di condanna il giudice, salvo che ciò sia manifestamente iniquo, fissa, su richiesta di parte, la somma di denaro dovuta dall'obbligato per ogni violazione o inosservanza successiva, ovvero per ogni ritardo nell'esecuzione del provvedimento. Il provvedimento di condanna costituisce titolo esecutivo per il pagamento delle somme dovute per ogni violazione o inosservanza (art. 614-*bis* cod. proc. civ.). Tale disposizione introduce una coazione indiretta all'adempimento: il debitore, infatti, è indotto ad adempiere all'obbligo su di lui gravante. Istituti corrispondenti si ritrovano negli ordinamenti europei e nei sistemi di *Common law*: si pensi alle *zwangsstrafe* tedesche, alle *astreintes* francesi, al *contempt of court* dei paesi di *Common law*.

Qualche precisazione, giunti a questo punto del discorso, va compiuta in ordine al **titolo esecutivo**. Esso è il documento che consente di promuovere l'esecuzione, unitamente al precetto. Il codice di rito riconosce efficacia di titolo esecutivo alla sentenza di primo grado, la cui esecutività però può essere sospesa dal giudice di appello su richiesta dell'appellante in presenza di "gravi e fondati motivi" (artt. 283 e 351 cod. proc. civ.). Oltre alla sentenza, sono titoli esecutivi i provvedimenti giurisdizionali cui la legge attribuisce tale efficacia: è il caso, ad esempio, del decreto ingiuntivo non opposto o dichiarato immediatamente esecutivo dal giudice (artt. 642, 647 e 648 cod. proc. civ.); l'ordinanza di convalida di sfratto (artt. 663, 665 cod. proc. civ.); le ordinanze di pagamento di somme non contestate (artt. 186-*bis*, *ter*, *quater* cod. proc. civ.); i provvedimenti cautelari (§ 54).

Il titolo esecutivo, invece, è detto stragiudiziale quando si forma fuori dal processo. Sono titoli esecutivi stragiudiziali, ad esempio, la cambiale e gli altri titoli di credito (l'**assegno bancario** e **circolare**), le scritture private autenticate, relativamente alle somme di denaro in esse contenute, gli atti ricevuti da notaio o da altro pubblico ufficiale autorizzato dalla legge a riceverli (art. 474 cod. proc. civ.).

55.1. *L'esecuzione mediante espropriazione forzata.*

L'**espropriazione forzata** è quel tipo di processo esecutivo diretto a sottrarre coattivamente al debitore determinati beni facenti parte del suo patrimonio ed a convertirli in denaro: ciò al fine di soddisfare il creditore procedente. Si tratta, dunque, di una forma di esecuzione indiretta (mentre l'esecuzione in forma specifica, si è visto, può definirsi un'esecuzione diretta).

La disciplina dell'espropriazione forzata è alquanto complessa e non è questa la sede per occuparsene: basti ricordare che il codice di procedura civile detta, in primo luogo, alcune norme sull'espropriazione forzata in generale (artt. 483-512 cod. proc. civ.); quindi dedica le successive norme all'espropriazione mobiliare presso il debitore (artt. 513-542 cod. proc. civ.); all'espropriazione presso terzi (artt. 543-554 cod. proc. civ.); all'espropriazione immobiliare (artt. 555-598 cod. proc. civ.); all'espropriazione dei beni indivisi (artt. 599-610 cod. proc. civ.); all'espropriazione contro il terzo proprietario (artt. 602-604 cod. proc. civ.).

Un cenno va fatto al **pignoramento**, con cui si inizia l'espropriazione forzata (tranne le eccezioni previste dalla legge: art. 502 cod. proc. civ.). Esso è un'ingiunzione che l'ufficiale giudiziario fa al debitore di astenersi dal compimento di qualsiasi atto in grado di sottrarre alla garanzia del credito determinati beni ed i loro frutti (art. 492 cod. proc. civ.). Il pignoramento è posto in essere su istanza del creditore e previa esibizione, da parte dello stesso, del titolo esecutivo e del precetto ritualmente notificati.

Il codice civile prevede che non hanno effetto in pregiudizio del creditore pignorante e dei creditori che intervengono nell'esecuzione gli atti di alienazione dei beni sottoposti a pignoramento, salvi gli effetti del possesso di buona fede per i mobili non iscritti in pubblici registri (art. 2913 cod. civ.).

Si tratta di un'**inefficacia relativa**, giacché l'atto è di per sé valido ma non produce effetti soltanto nei confronti dell'espropriante o degli intervenuti.

Esempio. Il debitore ha subìto il pignoramento di un bene. Vende, tuttavia, il bene pignorato ad un terzo. Il creditore pignorante può sottoporre ad esecuzione il bene pignorato, anche se lo stesso è stato venduto.

L'ultima parte della norma fa riferimento ai terzi che abbiano acquistato in buona fede ignorando il pignoramento: la regola del "possesso vale titolo" (art. 1153 cod. civ.: § 47.1) li tutela nei confronti del creditore espropriante e di coloro che intervengono nell'esecuzione.

56. La cosa giudicata.

L'esigenza di certezza dei rapporti giuridici richiede che il provvedimento del giudice con cui si chiude il processo (la sentenza) non sia più suscettibile, ad un certo punto, di modifica. Nel contempo, occorre considerare un'ulteriore esigenza, quella di ottenere la migliore giustizia, a seguito di un riesame, da parte di un altro giudice, della controversia già decisa.

Le due diverse esigenze sono contemplate dal legislatore, che prevede la **cosa giudicata formale**: "si intende passata in giudicato la sentenza che non è più soggetta né a regolamento di competenza, né ad appello, né a ricorso per cassazione, né a revocazione per i motivi di cui ai numeri 4 e 5 dell'art. 395" (art. 324 cod. proc. civ.). Anche se la norma fa riferimento alla sentenza, si ritiene che siano suscettibili di passare in giudicato tutti i provvedimenti che abbiano il contenuto di sentenza (contenuto decisorio), pur non avendone la forma.

Lo studio dei diversi mezzi di impugnazione della sentenza appartiene al diritto processuale civile. Qui è sufficiente chiarire il concetto di passaggio in giudicato della sentenza: quando siano stati esperiti tutti i mezzi di impugnazione o quando essi non siano più proponibili per il decorso dei termini, il provvedimento del giudice è immodificabile.

La giurisprudenza della Suprema Corte insegna che "l'autorità del giudicato copre non solo il dedotto, ma anche il deducibile in relazione al medesimo oggetto, cioè non soltanto le ragioni giuridiche fatte valere in giudizio (giudicato esplicito), ma anche tutte le altre proponibili sia in via di azione, sia in via di eccezioni, le quali sebbene non dedotte specificamente costituiscono tuttavia precedenti logici essenziali e necessari della pronuncia (giudicato implicito)" (Cass., n. 375/2000; Cass., n. 16/2020).

Le sentenze passate in giudicato, peraltro, sono suscettibili, nei casi previsti dalla legge, di revocazione straordinaria (artt. 395 ss. cod. proc. civ.) e di opposizione di terzo (artt. 404 ss. cod. proc. civ.).

A seguito del passaggio della sentenza in cosa giudicata formale si verificano gli effetti della **cosa giudicata sostanziale**. Prevede l'art. 2909 cod. civ. che "l'accertamento contenuto nella sentenza passata in giudicato fa stato a ogni effetto tra le parti, i loro eredi o aventi causa".

La cosa giudicata sostanziale richiede che le parti osservino quanto stabilito dal giudice, come se fosse una legge speciale vigente nei loro confronti. L'accertamento contenuto nella sentenza non può essere oggetto di un nuovo esame, da parte del giudice, al fine di ottenere un'altra sentenza: se così avviene, il giudice adito deve d'ufficio, in qualunque stato e grado del giudizio, rilevare l'esistenza di un precedente giudicato.

Esempio. Una sentenza, passata in giudicato, ha ritenuto non provata la circostanza che il convenuto sia titolare di un determinato rapporto controverso. Tale accertamento preclude la proposizione della stessa domanda nei confronti del medesimo convenuto (Cass., n. 20802/2010).

57. L'arbitrato.

L'**arbitrato** è lo strumento con cui le parti sottraggono al giudice ordinario la risoluzione di una determinata controversia per rimetterla ai privati (artt. 806 ss. cod. proc. civ.).

Non tutte le controversie possono essere rimesse alla decisione degli arbitri: l'arbitrato, infatti, non può avere ad oggetto diritti indisponibili e non può vertere su materie che, per espressa previsione di legge, non possono essere devolute ad arbitri (art. 806, 1° co., cod. proc. civ.). Le controversie di lavoro possono essere decise da arbitri solo se previsto dalla legge o nei contratti o accordi collettivi di lavoro (art. 806, 2° co., cod. proc. civ.).

Il codice di procedura civile disciplina l'arbitrato rituale, che ha la propria fonte nel **compromesso** o nella **clausola compromissoria** (artt. 807-808 cod. proc. civ.), ossia nell'atto giuridico negoziale con cui gli interessati affidano il giudizio ad uno o più arbitri. Il codice di rito regola tutti gli aspetti dell'arbitrato rituale: dalla convenzione arbitrale, alla nomina ed al numero degli arbitri, al procedimento arbitrale, al lodo (la decisione degli arbitri).

È oggi previsto che il lodo abbia, dalla data della sua ultima sottoscrizione, gli **effetti** della **sentenza pronunciata** dall'autorità giudiziaria (art. 824 cod. proc. civ.). Peraltro, la parte che intende far eseguire il lodo nel territorio italiano ha l'onere di proporre istanza depositando lo stesso in originale, o in copia conforme, insieme con l'atto contenente la convenzione di arbitrato, nella cancelleria del tribunale nel cui circondario vi è la sede dell'arbitrato. Il tribunale, accertata la regolarità formale del lodo, lo dichiara esecutivo con decreto. (art. 825, 1° co., cod. proc. civ.).

Contro il decreto che nega o concede l'esecutorietà del lodo, è ammesso reclamo mediante ricorso alla corte d'appello, entro trenta giorni dalla comunicazione; la corte, sentite le parti, provvede in camera di consiglio con ordinanza (art. 825, 3° co., cod. proc. civ.).

Il lodo è soggetto a specifici mezzi di impugnazione (artt. 827 ss. cod. proc. civ.), che possono essere proposti indipendentemente dal deposito del lodo.

Il lodo rituale, in definitiva, presenta i caratteri strutturali e funzionali di un giudizio: si tratta, in particolare, di un giudizio privato effettuato da soggetti che, in virtù dei poteri conferitigli, operano come giudici.

Diverso è, invece, l'**arbitrato irrituale** o **libero**: con esso le parti conferiscono agli arbitri il potere di comporre una lite attraverso un atto negoziale, impegnandosi a considerare come espressione della propria volontà quanto deciso da altri. La giurisprudenza sottolinea come la differenza tra arbitrato rituale ed irrituale risieda nel fatto che la funzione di quest'ultimo non è quella di risolvere un conflitto: con l'arbitrato libero, infatti, si provvede ad una "regolamentazione negoziale dei contrapposti interessi tra le parti" (Cass., 8.11.2001, n. 13840).

Soltanto un articolo del codice di procedura civile si occupa dell'arbitrato libero (art. 808-*ter* cod. proc. civ.). È previsto che, affinché si abbia arbitrato irrituale, le parti devono indicare espressamente, per iscritto, che intendono definire la loro controversia mediante "determinazione contrattuale": altrimenti si applicano le disposizioni sull'arbitrato rituale (art. 808-*ter*, 1° co., cod. proc. civ.).

Il lodo contrattuale è annullabile dal giudice competente, secondo le disposizioni del primo Libro del codice di procedura civile (art. 808-*ter*, 2° co., cod. proc. civ.): (1) se la convenzione dell'arbitrato è invalida, o gli arbitri hanno pronunciato su conclusioni che esorbitano dai loro limiti e la relativa eccezione è stata sollevata nel procedimento arbitrale; (2) se gli arbitri non sono stati nominati con le forme e nei modi stabiliti dalla convenzione arbitrale; (3) se il lodo è stato pronunciato da chi non poteva essere nominato arbitro (art. 812 cod. proc. civ.); (4) se gli arbitri non si sono attenuti alle regole imposte dalle parti come condizione di validità del lodo; (5) se non è stato osservato nel procedimento arbitrale il principio del contraddittorio. Al lodo contrattuale non si applica l'art. 825 cod. proc. civ.

58. La mediazione finalizzata alla conciliazione delle controversie civili e commerciali.

Il d.lgs. 4.3.2010, n. 28 ha dato attuazione, in Italia, all'art. 60 della l. n. 69/2009, in materia di **mediazione** finalizzata alla **conciliazione** delle **controversie civili** e

commerciali (il d.lgs. n. 28/2010 è stato parzialmente modificato dal d.l. 21.6.2013, n. 69, convertito dalla l. 9.8.2013, n. 98).

Per mediazione deve intendersi l'attività, comunque denominata, svolta da un terzo imparziale e finalizzata ad assistere due o più soggetti nella ricerca di un accordo amichevole per la composizione di una controversia, anche con formulazione di una proposta per la risoluzione della stessa (art. 1, lett. a, d.lgs. n. 28/2010).

La mediazione può svolgersi presso un ente (pubblico o privato) presso il quale si svolge il procedimento di mediazione: si tratta di un organismo che ha ricevuto un'abilitazione pubblica ed è soggetto alla vigilanza del Ministero della giustizia (d.m. 18.10.2010, n. 182). Gli avvocati iscritti all'albo sono di diritto mediatori (art. 16, co. 4°-*bis*, d.lgs. n. 28/2010, introdotto dall'art. 84, lett. o, d.l. n. 69/2013).

Chiunque può ricorrere alla mediazione per la conciliazione di una controversia civile e commerciale (art. 2 d.lgs. n. 28/2010), purché si tratti di diritti disponibili (c.d. **mediazione facoltativa**).

L'esperimento del procedimento di mediazione ai sensi della disciplina in esame (ovvero del procedimento di mediazione previsto dal d.lgs. n. 179/2007 o del procedimento istituito in attuazione dell'art. 128-*bis* del d.lgs. n. 385/1993, nelle materie previste) è condizione di procedibilità della domanda giudiziale (c.d. **mediazione obbligatoria**) nelle controversie in materia di: condominio, diritti reali, divisione, successioni ereditarie, patti di famiglia, locazione, comodato, affitto di aziende, risarcimento del danno derivante dalla circolazione di veicoli e natanti, da responsabilità medica e da diffamazione con il mezzo della stampa o con altro mezzo di pubblicità, contratti assicurativi, bancari e finanziari (art. 5, 1° co., d.lgs. n. 28/2010; si veda anche l'art. 1, 4° co., lett. c, l. n. 206/2021, che prevede l'estensione della mediazione obbligatoria ad altre materie, come i contratti di associazione in partecipazione, di consorzio, di *franchising*, di opera, di rete, di somministrazione, di società di persone e di subfornitura).

È previsto che il giudice, anche nel giudizio d'appello, considerata la natura della causa, lo stato dell'istruzione ed il comportamento delle parti, possa disporre l'esperimento del procedimento di mediazione (c.d. **mediazione delegata**). In tal caso l'esperimento del procedimento di mediazione è condizione di procedibilità della domanda giudiziale (art. 5, 2° co., d.lgs. n. 28/2010, come modificato dall'art. 84, lett. c, d.l. n. 69/2013).

All'atto del conferimento dell'incarico l'avvocato è tenuto ad informare l'assistito, chiaramente e per iscritto, della possibilità di avvalersi del procedimento di mediazione. L'avvocato informa altresì l'assistito dei casi in cui l'esperimento del procedimento di mediazione è condizione di procedibilità della domanda giudiziale. La violazione degli obblighi di informazione è causa di annullamento del contratto tra avvocato ed assistito (art. 4, 3° co., d.lgs. n. 28/2010, come modificato dall'art. 84, lett. a, d.l. n. 69/2013).

La mediazione si svolge, senza particolari formalità, presso la sede dell'organismo di mediazione o nel luogo previsto dal regolamento di procedura dell'organismo (art. 8, 2° co., d.lgs. n. 28/2010).

Dalla mancata partecipazione senza giustificato motivo al procedimento di mediazione, il giudice può desumere argomenti di prova nel successivo giudizio, ai sensi dell'art. 116, 2° co., cod. proc. civ. Il giudice condanna la parte costituita che, nei casi previsti dall'art. 5, non abbia partecipato al procedimento senza giustificato motivo, al versamento all'entrata del bilancio dello Stato di una somma di importo corrispondente al contributo unificato dovuto per il giudizio (art. 8, 5° co., d.lgs. n. 28/2010, come modificato dall'art. 84, lett. i, d.l. n. 69/2013).

Qualora sia raggiunto un accordo amichevole, il mediatore redige processo verbale, cui è allegato il testo dell'accordo raggiunto. Allorché, invece, l'accordo non sia raggiunto, il mediatore può formulare una proposta di conciliazione. Il mediatore, in ogni caso, formula una proposta di conciliazione se le parti gliene fanno concorde richiesta in qualsiasi momento del procedimento. Prima della formulazione della proposta, il mediatore informa le parti delle possibili conseguenze di cui all'art. 13 (art. 11, 1° co., d.lgs. n. 28/2010, come modificato dall'art. 84, lett. l, d.l. n. 60/2013).

Quando il provvedimento che definisce il giudizio corrisponde interamente al contenuto della proposta, il giudice esclude la ripetizione delle spese sostenute dalla parte vincitrice che ha rifiutato la proposta, riferibili al periodo successivo alla formulazione della stessa, e la condanna al rimborso delle spese sostenute dalla parte soccombente relative allo stesso periodo, nonché al versamento all'entrata del bilancio dello Stato di un'ulteriore somma di importo corrispondente al contributo unificato dovuto. Resta ferma l'applicabilità degli artt. 92 e 96 cod. proc. civ. (art. 13, 1° co., d.lgs. n. 28/2010, come modificato dall'art. 84, lett. n, d.l. n. 69/2013).

Ove tutte le parti aderenti alla mediazione siano assistite da un avvocato, l'accordo che sia stato sottoscritto dalle parti e dagli stessi avvocati costituisce titolo esecutivo per l'espropriazione forzata, l'esecuzione per consegna e rilascio, l'esecuzione degli obblighi di fare e non fare, nonché per l'iscrizione di ipoteca giudiziale. Gli avvocati attestano e certificano la conformità dell'accordo alle norme imperative e all'ordine pubblico. In tutti gli altri casi l'accordo allegato al verbale è omologato, su istanza di parte, con decreto del presidente del tribunale, previo accertamento della regolarità formale e del rispetto delle norme imperative e dell'ordine pubblico (art. 12, 1° co., d.lgs. n. 28/2010, come modificato dall'art. 84, lett. m, d.l. n. 69/2013).

Da qualche tempo, nel tentativo di velocizzare i tempi della giustizia civile, è stata introdotta la "**convenzione di negoziazione assistita**": un accordo con cui le parti convengono di cooperare per risolvere in via amichevole la controversia, attraverso avvocati iscritti all'albo (art. 2 d.l. 12.9.2014, n. 132). L'esperimento del procedimento di negoziazione assistita è condizione di procedibilità della domanda giudiziale in materia di risarcimento del danno da circolazione dei veicoli e per le richieste di risarcimento a qualunque titolo di somme non eccedenti 50.000 euro (art. 3 d.l. n. 132/2014).

Più in generale, la l. 26.11.2021, n. 206 ha previsto una "Delega al Governo per l'efficienza del processo civile e per la revisione della disciplina degli strumenti di risoluzione alternativa delle controversie e misure urgenti di razionalizzazione dei procedimenti in materia di diritti delle persone e delle famiglie nonché in materia di esecuzione forzata".

Capitolo 9

LE PROVE

59. Le prove: definizione, oggetto ed onere della prova.

Le **prove** sono i mezzi processuali necessari per fornire la dimostrazione di un fatto dedotto da una delle parti. È attraverso la prova che le parti dimostrano (o, quanto meno, rendono verosimile agli occhi del giudice) la tesi dedotta in giudizio: in tal modo la loro domanda od eccezione verrà accolta. Con l'espressione prova, talvolta, si indica anche il risultato che con i "mezzi di prova" si mira a realizzare, ossia il convincimento del giudice sulla veridicità dei fatti di causa ("si è raggiunta la prova della responsabilità del convenuto").

Il giudice deve porre a fondamento della decisione le prove proposte dalle parti o dal pubblico ministero (art. 115, 1° co., cod. proc. civ., che fa salvi i casi previsti dalla legge: si vedano, ad esempio, gli artt. 61 e 191, 117, 118, 257, 317 cod. proc. civ.).

L'**oggetto** della prova sono i fatti di causa, ossia quelle circostanze di fatto dedotte dalle parti a fondamento delle loro domande ed eccezioni.

Non costituiscono oggetto di prova: (a) le norme di diritto, che vanno ricercate ed applicate dal giudice, senza che assuma rilievo l'iniziativa delle parti del giudizio (*iura novit curia*); (b) il **fatto notorio**, ossia quel fatto conosciuto dalla **generalità** delle persone di media cultura nel luogo e nel tempo della decisione (tanto che non vi sono dubbi sulla sua esistenza e sulle sue caratteristiche: art. 115, 2° co., cod. proc. civ.); (c) le c.d. **massime di esperienza**, ossia quei princìpî logici e quelle nozioni di comune esperienza da cui si possono ricavare elementi di apprezzamento o di giudizio sui fatti.

I fatti pacifici ed incontroversi non necessitano di prova: si pensi, ad esempio, a quelli allegati concordemente dalle due parti. Il giudice, inoltre, pone alla base della propria decisione "i fatti non specificamente contestati dalla parte costituita" (art. 115, 1° co., cod. proc. civ.).

L'**onere della prova** è distribuito in questo modo: chi vuol far valere un diritto in giudizio deve provare i fatti che ne costituiscono il fondamento (art. 2697, 1° co., cod. civ.); chi eccepisce l'inefficacia di tali fatti ovvero eccepisce che il diritto si è modificato o estinto deve provare i fatti su cui l'eccezione si fonda (art. 2697, 2° co., cod. civ.).

Sono nulli i **patti** con i quali è invertito ovvero è **modificato** l'onere della prova, quando si tratta di diritti di cui le parti non possono disporre o quando l'inversione o la modificazione ha per effetto di rendere per una delle parti eccessivamente difficile l'esercizio del diritto (art. 2698 cod. civ.).

L'attore, in sintesi, deve provare i fatti costitutivi a fondamento della sua domanda (i fatti, cioè, che producono gli effetti da lui invocati). Il convenuto, invece, deve provare i fatti impeditivi, estintivi o modificativi, i quali siano in grado di portare al rigetto della domanda dell'attore.

Si noti che fino a quando l'attore non abbia provato il fatto costitutivo, nessun onere probatorio grava in capo al convenuto; questi, infatti, ha l'onere di contrapporre un'eccezione e provare i fatti (impeditivi, estintivi o modificativi) sui cui essa si fonda soltanto quando l'attore avrà fornito la prova.

Va ricordato, inoltre, che in materia vige il **principio dell'acquisizione della prova**: la prova, una volta che sia entrata nel processo, è a disposizione del giudice e può esplicare efficacia sia a favore sia contro la parte che ha promosso il suo ingresso nel giudizio (Cass., 4.4.2000, n. 4116). Tutte le prove che hanno avuto ingresso nel processo, in definitiva, concorrono a formare il convincimento del giudice, senza che abbia rilievo la loro provenienza.

59.1. *Alcune questioni in tema di distribuzione dell'onere della prova: l'inadempimento delle obbligazioni.*

Particolarmente discussa è la questione della **ripartizione** dell'**onere probatorio** in caso di inadempimento delle obbligazioni. La giurisprudenza sembra aver raggiunto alcuni punti fermi, ancorché la questione, specie in dottrina, sia particolarmente dibattuta. Qualora vi sia inadempimento ed il creditore agisca in giudizio per il risarcimento del danno, ha l'onere di provare il suo credito.

È tenuto a provare, dunque, il "titolo" in virtù del quale è diventato creditore. Sarà tenuto poi a provare il danno di cui chiede il risarcimento e ad allegare l'inadempimento. Si badi: può limitarsi ad allegare (senza provare) l'inadempimento. È il debitore, semmai, ad essere onerato della prova di aver esattamente eseguito la prestazione dovuta; o, ancora, della prova che la prestazione è diventata impossibile per causa a lui non imputabile (Cass., Sez. Un., 30.10.2001, n. 13533; Cass., 15.3.2010, n. 6205; Cass., 17.5.2016, n. 10083; Cass., 12.6.2018, n. 15328).

Esempio. Il Sig. D'Orazio, abruzzese, lamenta che il Sig. Rossi non gli ha pagato una somma di denaro, in adempimento di un'obbligazione derivante da un contratto precedentemente concluso. Cita in giudizio, allora, il Sig. Rossi, producendo il contratto ed allegando l'inadempimento. A seguito della notifica dell'atto di citazione, il Sig. Rossi si costituisce in giudizio (con comparsa di costituzione e risposta) producendo, mediante deposito in cancelleria, la quietanza di pagamento. Il giudice, dopo aver esaminato quest'ultima, pronuncia sentenza con cui rigetta la domanda di pagamento proposta dall'attore.

Viene introdotto, in tal modo, un regime agevolato in ordine alla prova spettante al creditore, che si suole racchiudere nel **principio di persistenza del diritto**: ogni diritto deve presumersi esistente se non risulta intervenuta una sua causa di estinzione. Questo principio si collega a quello **della vicinanza o riferibilità della prova** che i giudici di legittimità, nelle pronunce più recenti, hanno addotto a fondamento delle loro decisioni: tale principio vuole che la prova di un fatto giuridico sia da addossare al soggetto nella cui sfera di organizzazione e di controllo lo stesso si è verificato (Cass., Sez. Un., 3.5.2019, n. 11748; Cass., 10.2.2017, n. 3584).

I rilievi sin qui svolti in ordine all'onere della prova valgono di fronte alle obbligazioni di dare e a quelle di fare, diverse da quelle professionali (§ 90.1). Per quest'ultime, infatti, la recente giurisprudenza di legittimità compie un ragionamento più articolato (Cass., 11.11.2019, n. 28891; Cass., 11.11.2019, n. 28992; Cass., 26.5.2021, n. 14702). Si muova da una premessa: per i primi due tipi di obbligazione l'inadempimento corrisponde alla lesione dell'interesse tutelato dal titolo (in particolare, dal contratto); corrisponde dunque al danno-evento. Pertanto, allegando l'inadempimento non è necessario dimostrare il nesso causale. La Suprema Corte, invece, rileva che questo non accade nelle obbligazioni professionali, come quella del medico: qui l'inadempimento dell'obbligazione lede un interesse "strumentale", quello al perseguimento delle *leges artis* da parte del medico; l'interesse "primario" è rappresentato, sinteticamente, dalla "guarigione dalla malattia". Occorrerà così provare il nesso causale fra l'inadempimento del professionista ed il danno-evento, costituito dall'aggravamento della situazione patologica o dall'insorgenza di nuove patologie.

Si spiega, così, il principio di diritto enunciato nel 2019 dalla Suprema Corte: ove sia dedotta la responsabilità contrattuale del sanitario per l'inadempimento della prestazione di diligenza professionale e la lesione del diritto alla salute, è onere del danneggiato provare, anche a mezzo di presunzioni, il nesso di causalità fra l'aggravamento della situazione psicologica, o l'insorgenza di nuove patologie, e la condotta del sanitario, mentre è onere della parte debitrice provare, ove il creditore abbia assolto il proprio onere probatorio, che una causa imprevedibile ed inevitabile ha reso impossibile l'esatta esecuzione della prestazione (Cass., 11.11.2019, n. 28891). Il principio, va ricordato, si riferisce a quei casi in cui venga concluso un contratto fra paziente e medico; qualora ciò non avvenga si sarà di fronte ad un'ipotesi di responsabilità extracontrattuale, per la quale varranno oneri probatori diversi (§ 338; ma si veda anche 365-*bis*, in cui evidenziano alcuni possibili allineamenti fra i due regimi probatori).

Con due precisazioni. (a) In primo luogo, come sottolineato dalla stessa pronuncia ricordata, il creditore avrà l'onere di "allegare" l'inadempimento del medico; (b) in secondo luogo, sulla scorta di un importante chiarimento degli stessi giudici di legittimità (Cass., n. 4024/2018), deve dirsi che non è corretto discutere di "prova del nesso causale": il nesso causale in quanto tale non è provabile, perché costituisce l'oggetto di un ragionamento deduttivo, non un fatto materiale. Semmai possono provarsi quei fatti su cui fondare il ragionamento deduttivo.

Le due precisazioni permettono di comporre un quadro di sintesi. In presenza di un rapporto contrattuale fra medico e paziente quest'ultimo, qualora lamenti un inadempimento del primo, sarà tenuto ad assolvere i seguenti oneri probatori: (i) dovrà provare il titolo (il contratto); (ii) dovrà allegare l'inadempimento; (iii) dovrà allegare un inadempimento astrattamente efficiente alla produzione del danno-evento; (iv) dovrà provare fatti che siano in grado di fondare il ragionamento sull'esistenza del nesso causale; (v) dovrà provare il danno-conseguenza, ai sensi dell'art. 1223 c.c. (su cui §§ 125 e 343).

Quando, invece, il creditore contesti l'inadempimento delle obbligazioni negative (si confronti l'art. 1222 cod. civ.), ha l'onere di provare non soltanto il suo diritto di credito, ma anche l'inadempimento del debitore (Cass., Sez. Un., 30.10.2001, n. 13533).

60. I vari tipi di prova.

I mezzi di prova possono essere classificati secondo diversi criteri; alcuni di questi, per la loro rilevanza, vanno ricordati.

Avendo riguardo, in primo luogo, al momento in cui la prova si forma, si distinguono le **prove precostituite** dalle **prove non precostituite** (o prove costituende). Le prove precostituite si formano fuori dal giudizio (di solito prima dello stesso), anche per motivi diversi da quelli che attengono al processo (si pensi alla prova documentale: § 62). Le prove non precostituite, viceversa, si formano all'interno del processo, in ossequio alle norme del codice di procedura civile.

Mentre le prove precostituite devono essere poste a disposizione del giudice (vi è, in sostanza, un onere di produzione), per le prove costituende si prospetta un'attività di assunzione dei mezzi di prova da parte del giudice. L'assunzione (l'ascolto dei testimoni, ad esempio) è disposta con ordinanza, a seguito dell'accertamento della ammissibilità e della rilevanza della prova. L'ammissibilità è un requisito di legalità della prova: questa, infatti, deve essere consentita dalla legge. La rilevanza, invece, comporta un giudizio preliminare di utilità della prova: il fatto che si vuol provare, in sostanza, deve essere rilevante ai fini della decisione della controversia e la prova deve essere efficace ai fini della dimostrazione del fatto. L'attività di assunzione delle prove costituisce oggetto del diritto processuale civile (si vedano, ad esempio, sulle prove testimoniali, gli artt. 244 ss. cod. proc. civ.).

Con riferimento, poi, all'oggetto della prova, si discute di **prove dirette** e **prove indirette**: le prime hanno ad oggetto il fatto stesso che deve essere provato, il quale ha rilevanza immediata per il giudizio (la prova testimoniale, ad esempio, del sinistro stradale che ha cagionato il danno per cui l'attore ha promosso il giudizio). Le seconde, al contrario, hanno per oggetto un fatto diverso da quello che deve essere provato (l'indizio); da questo fatto, però, attraverso un procedimento logico, può risalirsi al fatto che deve essere provato (è questa la presunzione semplice, di cui si dirà: § 63).

Le prove, inoltre, vanno distinte in base alla loro diversa efficacia: si discute di **prove liberamente apprezzabili** e **prove legali**. Le prime sono valutate dal giudice secondo il suo prudente apprezzamento (art. 116, 1° co., cod. proc. civ.). Le prove del secondo tipo, invece, in deroga alla regola generale del libero convincimento, vincolano il giudice: questi non può valutare il risultato probatorio in modo diverso da quello stabilito dalla legge (esempi di prove legali sono la confessione ed il giuramento: §§ 64, 65). I criteri di giudizio, in sostanza, sono "cristallizzati" dal legislatore ed il giudice deve automaticamente applicare l'effetto stabilito dalla legge.

61. La prova documentale. Cenni.

Secondo la definizione di Carnelutti, il documento è quell'oggetto materiale idoneo, in qualsiasi maniera, a rappresentare o a dare conoscenza di un fatto. I **documenti** possono essere **dichiarativi** o **narrativi**: i primi contengono una dichiarazione del loro autore (si tratta, a seconda dei casi, di una dichiarazione di volontà o di scienza); tutti gli altri documenti sono narrativi. Un documento, peraltro, può essere nel contempo sia dichiarativo sia narrativo (è il caso dell'atto notarile).

Una particolare rilevanza assumono gli atti pubblici e le scritture private (sui documenti informatici si veda il d.lgs. n. 235/2010: § 202).

L'**atto pubblico** è il documento redatto, con le richieste formalità, da un notaio o da altro pubblico ufficiale autorizzato ad attribuirgli pubblica fede (art. 2699 cod. civ.).

L'atto pubblico fa piena prova, fino a querela di falso (art. 221 cod. proc. civ.), della provenienza del documento dal pubblico ufficiale che lo ha formato, nonché delle dichiarazioni delle parti e degli altri fatti che il pubblico ufficiale attesta avvenuti in sua presenza o da lui compiuti (art. 2700 cod. civ.). L'efficacia probatoria dell'atto pubblico, dunque, è fissata dalla legge; essa, tuttavia, non si estende al contenuto sostanziale delle dichiarazioni. Le parti, ad esempio, potrebbero simulare una dichiarazione: per far valere la stessa non è necessaria la querela di falso. Cos'è la querela di falso: una richiesta al giudice di accertare, in un apposito procedimento, che quel documento è oggettivamente falso (e questo a prescindere dall'individuazione dell'autore di falsità, che semmai può rilevare in un processo penale).

Il documento formato da un pubblico ufficiale incompetente o incapace ovvero senza l'osservanza delle formalità prescritte, se è stato sottoscritto dalle parti, ha la stessa efficacia probatoria della scrittura privata (art. 2701 cod. civ.).

La **scrittura privata** è il documento scritto che non proviene dal pubblico ufficiale ed è sottoscritto dalle parti. La scrittura privata fa piena prova, fino a querela di falso, della provenienza delle dichiarazioni da chi l'ha sottoscritta, se colui contro il quale la scrittura è prodotta ne riconosce la sottoscrizione, ovvero se questa è legalmente considerata come riconosciuta (art. 2702 cod. civ.).

Si ha per riconosciuta la sottoscrizione autenticata dal notaio o da altro pubblico ufficiale a ciò autorizzato. L'autenticazione consiste nell'attestazione da parte del pubblico ufficiale che la sottoscrizione è stata apposta in sua presenza. Il pubblico ufficiale deve previamente accertare l'identità della persona che sottoscrive (art. 2703 cod. civ.).

Quanto alla **data** della sottoscrizione (che può avere rilevanza nei confronti dei terzi), il codice detta alcuni criteri oggettivi per la sua individuazione, in modo da evitare possibili frodi delle parti, che potrebbero mettersi d'accordo tra loro per apporre una data fittizia (si veda l'art. 2704 cod. civ.).

Il **telegramma** ha l'efficacia probatoria della scrittura privata, se l'originale consegnato all'ufficio di partenza è sottoscritto dal mittente, ovvero se è stato consegnato o fatto consegnare dal mittente medesimo, anche senza sottoscriverlo (art. 2705, 1° co., cod. civ.).

Le **carte** e i **registri domestici** fanno prova contro chi li ha scritti: (1) quando enunciano espressamente un pagamento ricevuto; (2) quando contengono la menzione espressa che l'annotazione è stata fatta per supplire alla mancanza di titolo in favore di chi è indicato come creditore (art. 2707 cod. civ.).

I **libri** e le altre **scritture contabili** delle imprese soggette a registrazione (art. 2195 cod. civ.) fanno prova contro l'imprenditore. Tuttavia, chi vuol trarne vantaggio non può scinderne il contenuto (art. 2709 cod. civ.). I libri bollati e vidimati nelle forme di legge, quando sono regolarmente tenuti, possono fare prova tra imprenditori, per i rapporti inerenti all'esercizio dell'impresa (art. 2710 cod. civ.).

Le **riproduzioni fotografiche**, **informatiche**, **cinematografiche**, le **registrazioni fonografiche** e, in genere, ogni altra rappresentazione meccanica di fatti e di cose formano piena prova dei fatti e delle cose rappresentate, se colui contro il quale sono prodotte non ne disconosce la conformità ai fatti o alle cose medesime (art. 2712 cod. civ.).

Le **taglie** o **tacche di contrassegno** corrispondenti al contrassegno di riscontro formano piena prova tra coloro che usano provare in tal modo le somministrazioni che fanno o ricevono al minuto (art. 2713 cod. civ.).

Le **copie di atti pubblici** spedite nelle forme prescritte da depositari pubblici autorizzati fanno fede come l'originale (art. 2714, 1° co., cod. civ.). La stessa fede fanno le copie di copie di atti pubblici originali, spedite da depositari pubblici di esse, a ciò autorizzati (art. 2714, 2° co., cod. civ.).

Le **copie fotografiche di scritture** hanno la stessa efficacia delle autentiche, se la loro conformità con l'originale è attestata da un pubblico ufficiale competente ovvero non è espressamente disconosciuta (art. 2719 cod. civ.).

L'**atto di ricognizione o di rinnovazione** fa piena prova delle dichiarazioni contenute nel documento originale, se non si dimostra, producendo quest'ultimo, che vi è stato errore nella ricognizione o nella rinnovazione (art. 2720 cod. civ.).

62. La prova testimoniale.

La **prova testimoniale** è la narrazione dei fatti della causa resa al giudice, durante lo svolgimento del giudizio e con le modalità previste dal codice di procedura civile; la testimonianza proviene da persone che non sono parti del processo e sono estranee agli interessi su cui è sorta la controversia.

Esistono alcuni **limiti di ammissibilità** alla prova testimoniale. Essa non è ammissibile per provare un contratto che, per volontà delle parti o per espresse disposizione di legge, deve essere stipulato per iscritto (art. 2725, 1° co., cod. civ.): qui la forma costituisce un requisito essenziale dell'atto e la sua mancanza determina la nullità dello stesso.

Esempio. Due parti concludono verbalmente un contratto di compravendita di un immobile (per il quale la legge richiede la forma scritta a pena di nullità: art. 1350 cod. civ.). Una delle due parti pretende di ottenere il pagamento del prezzo convenuto verbalmente. Non potrà servirsi di testimoni che hanno assistito all'accordo verbale con cui si è stabilito l'ammontare della somma da corrispondere.

Allo stesso modo, la prova testimoniale non è ammissibile per provare un contratto il quale, per volontà delle parti o per disposizione di legge, deve essere solo provato per iscritto (art. 2725, 1° co., cod. civ.: si vedano, ad esempio, gli artt. 1967, 1888, 1° co., 1928, 1° co., 2556, 1° co.). Qui l'atto compiuto senza la prevista forma non è nullo: per la sua prova, tuttavia, non si può ricorrere alla prova testimoniale o a quella presuntiva.

La prova per testimoni, nei casi fin qui ricordati, è soltanto ammessa quando la parte abbia perduto, senza sua colpa, il documento che le forniva la prova (artt. 2725, 1° co., 2724, n. 3, cod. civ.).

La prova per testimoni, inoltre, non è ammessa quando il valore dell'oggetto eccede la somma di euro 2,58 (art. 2721, 1° co., cod. civ.). Si tratta, evidentemente, di una somma irrisoria; l'autorità giudiziaria può però consentire la prova oltre il limite anzidetto, tenuto conto della qualità delle parti, della natura del contratto e di ogni altra circostanza (art. 2721, 2° co., cod. civ.). La giurisprudenza sottolinea come il divieto valga soltanto per la prova del contratto e non per fatti diversi, come ad esempio il vizio della volontà che si allega per impugnare il contratto (Cass., n. 9423/2008).

Non è ammessa, infine, la prova testimoniale, a prescindere dal valore dell'oggetto, se ha per oggetto patti aggiunti o contrari al contenuto di un documento, per i quali si alleghi che la stipulazione è stata anteriore o contemporanea (art. 2722 cod. civ.). La *ratio* della norma va ravvisata nel fatto che non è verosimile, contestualmente alla redazione di un contratto per iscritto, il raggiungimento di un accordo verbale che lo contraddica. Qualora, invece, dopo la formazione di un documento, sia stato concluso un patto aggiunto o contrario al contenuto di esso, l'autorità giudiziaria può consentire la prova per testimoni soltanto se, avuto riguardo alla qualità delle parti, alla natura del contratto e a ogni altra circostanza, appare verosimile che siano state fatte aggiunte o modificazioni verbali (art. 2723 cod. civ.).

La prova per testimoni, viceversa, è ammessa: (1) quando vi è un **principio di prova scritta**: questo è costituito da qualsiasi scritto, proveniente dalla persona contro la quale è diretta la domanda o dal suo rappresentante, che faccia apparire verosimile il fatto allegato; (2) quando il contraente è stato nell'impossibilità morale o materiale di procurarsi una prova scritta. Vi è impossibilità morale, ad esempio, quando una parte si sia trovata in una condizione di soggezione che gli abbia impedito di poter insistere per il rilascio di un documento; (3) quando il contraente ha senza sua colpa perduto il documento che gli fornisce la prova (art. 2724 cod. civ.).

Le norme stabilite per la prova testimoniale dei contratti si applicano anche al pagamento e alla remissione del debito (art. 2726 cod. civ.).

63. Le presunzioni.

Le presunzioni, si è detto, sono prove indirette: dalla prova di un fatto si risale alla prova di un altro fatto, sfornito di prova diretta. Si distingue fra presunzioni legali e presunzioni semplici.

Le **presunzioni legali** sono quelle in cui è la stessa legge che attribuisce ad un fatto valore di prova in ordine ad un altro fatto, che si considera presunto.

È previsto, ad esempio, che nelle obbligazioni solidali le parti si presumono uguali, se non risulta diversamente (art. 1298, 2° co., cod. civ.). Qui il "fatto base" è costituito dalla solidarietà, che fa presumere la ripartizione in parti uguali, a meno che ci sia una diversa indicazione. Ed ancora, il rilascio di una quietanza per il capitale fra presumere il pagamento degli interessi (art. 1199 cod. civ.; si confrontino anche gli artt. 195, 462, 2° co., 880, 881, 897, 898, 899, 2° co., 1147, 3° co., 1095, 1101, 1141, 2° co., 1142, 1143, 1184, 1199, 2° co., 1237, 2° co., 1298, 2° co., 1335, 1352 cod. civ.).

Nell'ambito delle presunzioni legali si distinguono le **presunzioni *iuris et de iure*** (dette anche presunzioni "assolute") e **presunzioni *iuris tantum*** (definite anche presunzioni "relative"). Le presunzioni legali "assolute" non ammettono prova contraria.

In dottrina si evidenzia come le presunzioni *iuris et de iure* non vadano considerate, in effetti, come delle vere e proprie prove indirette: ciò che rileva, infatti, è il fatto "base" (l'indizio), essendo irrilevante quello presunto e non essendo ammessa la prova che quest'ultimo non si è verificato.

Le presunzioni legali relative, invece, ammettono la prova contraria. È previsto, ad esempio, che "la proposta, l'accettazione, la loro revoca e ogni altra dichiarazione diretta a una determinata persona si reputano conosciute nel momento in cui giungono all'indirizzo del destinatario, se questi non prova di essere stato, senza sua colpa, nell'impossibilità di averne notizia" (art. 1335 cod. civ.). La norma, peraltro, evidenzia come talvolta il legislatore ammetta soltanto un determinato tipo di prova contraria.

Le presunzioni sono dette **semplici** quando non sono stabilite dalla legge, ma sono rimesse al prudente apprezzamento del giudice: questi, in sostanza, può ritenere provato un fatto (quello presunto) sulla base della prova di un altro fatto o più fatti (indizi). È sufficiente che il fatto da provare sia desumibile dal fatto noto come conseguenza ragionevolmente possibile secondo un criterio di normalità basato sull'*id quod plerumque accidit* (Cass., 2.3.2017, n. 5374).

Il codice, peraltro, richiede che gli **indizi** siano "**gravi**, **precisi** e **concordanti**" (art. 2729, 1° co., cod. civ.). Gli indizi devono essere gravi, ossia tali da poter resistere alle obiezioni; precisi, ossia non generici e suscettibili di una diversa ricostruzione (che sia altrettanto o più verosimile); concordanti, ossia non contrastanti tra loro o con ulteriori dati o elementi certi.

Per la giurisprudenza di legittimità il giudice può decidere il caso sottopostogli anche soltanto sulla base di presunzioni semplici (Cass., 13.12.2017, n. 29956; Cass., 21.1.2008, n. 2394). Si è anzi aggiunto che potrebbe essere sufficiente un solo elemento assunto a fonte di prova, non essendo necessaria la concorrenza di più elementi (Cass., 26.9.2018, n. 23153; Cass., 29.7.2009, n. 17574). Il requisito della concordanza, in sostanza, deve considerarsi menzionato dalla legge soltanto in previsione di un eventuale (ma non necessario) concorso tra più elementi presuntivi.

Esempio. Nelle società di capitali, i cospicui versamenti da parte dei soci "nullatenenti" fanno presumere la distribuzione di utili occulti (Cass., 26.11.2007, n. 24531). Da un solo elemento di prova si giunge a provare il fatto presunto.

Non può farsi ricorso alle presunzioni semplici nei casi in cui la legge esclude la prova per testimoni (art. 2729, 2° co., cod. civ.).

Non è ammessa la "presunzione della presunzione" (Cass., 18.1.2019, n. 1278).

64. La confessione.

La **confessione** è la dichiarazione che una parte fa della verità di fatti ad essa sfavorevoli e favorevoli all'altra parte (art. 2730 cod. civ.).

Non si tratta di un atto giuridico negoziale ma di una dichiarazione di scienza (§ 45.3): non occorre, dunque, che il confitente voglia gli effetti della dichiarazione, pur essendo richiesta la consapevolezza e la volontà di ammettere e riconoscere la verità di un fatto a sé sfavorevole e favorevole all'altra parte (Cass., 19.11.2010, n. 23495).

Oggetto della confessione possono essere soltanto i fatti di causa (costitutivi, estintivi, modificativi, impeditivi).

Esempio. In un giudizio avente ad oggetto la richiesta di risarcimento del danno per sinistro stradale, il convenuto confessa di aver provocato l'incidente: dichiara un fatto a sé sfavorevole e favorevole all'altra parte. A seguito della sua confessione, il giudice, con la sentenza, lo condannerà a pagare a favore dell'attore una somma a titolo di risarcimento del danno.

La confessione può essere giudiziale o stragiudiziale. La **confessione giudiziale** è quella resa in giudizio (art. 2733, 1° co., cod. civ.). Essa forma piena prova contro colui che l'ha fatta, purché non verta su fatti relativi a diritti non disponibili (art. 2733, 2° co., cod. civ.). L'ordinamento, allorché si controverte su diritti indisponibili, richiede un maggiore rigore probatorio.

Esempio. Una donna confessa una relazione extraconiugale da cui è nato un figlio. La sua dichiarazione non è sufficiente a decidere sulla paternità o meno del coniuge che vuol disconoscere il figlio. Il giudice, infatti, deve dar corso a tutte le altre prove (in particolar modo quelle ematologiche) per accertare o meno la paternità del marito.

La confessione fa "piena prova" limitatamente al giudizio in cui è resa: in altro giudizio può essere liberamente valutata dal giudice.

In caso di litisconsorzio necessario, la confessione resa da alcuno soltanto dei litisconsorti è liberamente apprezzata dal giudice (art. 2733, 3° co., cod. civ.).

Si ha il **litisconsorzio** quando nel giudizio vi sia una pluralità di parti: più attori (litisconsorzio attivo), più convenuti (litisconsorzio passivo), oppure più attori e convenuti (litisconsorzio misto). Il litisconsorzio è necessario quando la decisione non può essere pronunciata che nei confronti di più parti: il che accade quando il rapporto sostanziale dedotto in giudizio è unico rispetto a più parti. In alcuni casi è la legge stessa a prevedere la necessità del litisconsorzio (si pensi alla domanda di divisione ereditaria o di scioglimento di qualsiasi altra comunione, che deve farsi, in base all'art. 784 cod. proc. civ., nei confronti di tutti gli eredi, condómini e creditori opponenti; si vedano anche gli artt. 247, 1° co., 2900, 2° co., cod. civ.).

Nel caso di litisconsorzio necessario (che richiede una decisione unitaria della controversia), il giudice non può considerare prova legale la confessione resa soltanto da uno dei litisconsorti: se così fosse, gli altri litisconsorti si vedrebbero vincolati da una dichiarazione altrui. La dichiarazione resa, d'altra parte, non può considerarsi inesistente: in tal modo si toglierebbe efficacia, ingiustificatamente, ad una confessione pienamente valida. Da qui la scelta del legislatore di rimettere all'apprezzamento del giudice la confessione resa soltanto da uno dei litisconsorti necessari.

La confessione giudiziale può essere spontanea o provocata, ossia ottenuta nell'interrogatorio formale (art. 228 cod. proc. civ.).

La confessione spontanea può essere contenuta in qualunque atto processuale firmato dalla parte personalmente (art. 229 cod. proc. civ.).

L'interrogatorio è un mezzo di prova che tende a provocare la confessione della parte. Esso deve essere dedotto per articoli separati e specifici (art. 230, 1° co., cod. proc. civ.). Il giudice istruttore procede all'assunzione dell'interrogatorio nei modi e nei termini stabiliti nell'ordinanza che l'ammette (art. 230, 2° co., cod. proc. civ.). Non possono farsi domande su fatti diversi da quelli formulati nei capitoli, ad eccezione delle domande su cui le parti concordano e che il giudice ritiene utili; ma il giudice può sempre chiedere i chiarimenti opportuni sulle riposte date (art. 230, 3° co., cod. proc. civ.).

La parte interrogata deve rispondere personalmente (art. 231, 1° co., cod. proc.

civ.). Se la parte non si presenta o rifiuta di rispondere senza giustificato motivo, il giudice, valutato ogni altro elemento di prova, può ritenere come ammessi i fatti dedotti nell'interrogatorio (art. 232, 1° co., cod. proc. civ.). È, questa, la c.d. *ficta confessio*, che deve essere valutata nel quadro complesso degli elementi probatori acquisiti nel giudizio.

La confessione **stragiudiziale** è quella resa fuori dal giudizio. Essa, fatta alla parte o a chi la rappresenta, ha la stessa efficacia probatoria di quella giudiziale. Se è fatta ad un terzo o se è contenuta in un testamento, è liberamente apprezzata dal giudice (art. 2735, 1° co., cod. civ.). La confessione stragiudiziale deve essere provata in giudizio: essa, però, non può provarsi per testimoni, se verte su un oggetto per il quale la prova testimoniale non è ammessa dalla legge (art. 2735, 2° co., cod. civ.; sulla prova testimoniale § 62).

La confessione non è efficace se non proviene da persona capace di disporre del diritto, a cui i fatti confessati si riferiscono. Qualora sia resa da un rappresentante, è efficace solo se fatta entro i limiti e nei modi in cui questi vincola il rappresentante (art. 2731 cod. civ.). La norma, come già ricordato, si spiega con la considerazione che la confessione ha, di solito, conseguenze equivalenti a quelle di un atto di disposizione del proprio diritto: i requisiti di capacità, dunque, devono essere gli stessi.

La confessione non può essere revocata se non si prova che sia stata determinata da errore di fatto o da violenza (art. 2732 cod. civ.). È irrilevante il dolo, se non nei limiti in cui abbia provocato un errore di fatto di colui che rende la confessione.

Quando alla confessione si accompagna la dichiarazione di altri fatti o circostanze tendenti a infirmare l'efficacia del fatto confessato ovvero a modificarne o a estinguerne gli effetti, le dichiarazioni fanno piena prova nella loro integrità se l'altra parte non contesta la verità dei fatti o delle circostanze aggiunte. In caso di contestazione, è rimesso al giudice il compito di apprezzare, secondo le circostanze, l'efficacia probatoria delle dichiarazioni (art. 2734 cod. civ.).

Il principio della "inscindibilità della confessione", previsto dalla disposizione appena ricordata, si applica soltanto quando si sia di fronte ad un unico fatto o a fatti strettamente connessi fra loro (tanto che l'uno appare la necessaria conseguenza dell'altro).

65. Il giuramento.

Il **giuramento** è una dichiarazione di scienza con cui una parte asserisce come vero un fatto, secondo le formalità previste dalla legge: con tale dichiarazione il fatto si ritiene pienamente e definitivamente provato.

Il giuramento può essere di due specie: decisorio o suppletorio. È **decisorio** quello che una parte deferisce all'altra per farne dipendere la decisione, totale o parziale, della causa. Il giuramento decisorio deve essere formulato in articoli separati, in modo chiaro e specifico (art. 233, 1° co., cod. proc. civ.).

È **suppletorio** quello che è deferito d'ufficio dal giudice ad una delle parti al fine di decidere la causa, quando la domanda o le eccezioni non sono pienamente provate, ma non sono del tutto sfornite di prova, ovvero quello che è deferito al fine di stabilire il valore della cosa domandata (c.d. giuramento estimatorio) se non si può accertarlo altrimenti (art. 2736 cod. civ.).

Per deferire o riferire il giuramento si richiedono le condizioni previste per la confessione (art. 2737 cod. civ.: § 64). Il codice di procedura civile chiarisce il significato dell'espressione "riferimento": "finché non abbia dichiarato di essere pronta a giurare, la parte, alla quale il giuramento decisorio è stato deferito, può riferirlo all'avversario nei limiti fissati dal codice civile" (art. 234 cod. proc. civ.). Il giuramento deferito d'ufficio ad una delle parti non può da questa essere riferito all'altra (art. 242 cod. proc. civ.).

Il giuramento non può essere deferito o riferito per la decisione di cause relative a diritti di cui le parti non possono disporre, né sopra un fatto illecito o sopra un contratto per la validità del quale sia richiesta la forma scritta, né per negare un fatto che da un atto pubblico risulti avvenuto alla presenza del pubblico ufficiale che ha formato l'atto stesso (art. 2739, 1° co., cod. civ.).

Il giuramento non può essere deferito che sopra un fatto proprio della parte a cui si deferisce (c.d. giuramento *de veritate*) o sulla conoscenza che essa abbia di un fatto altrui (c.d. giuramento *de notitia* o *de scientia*); inoltre, non può essere riferito qualora il fatto che ne è l'oggetto non sia comune a entrambe le parti (art. 2739, 2° co., cod. civ.).

Il giuramento è prestato personalmente dalla parte ed è ricevuto dal giudice. Questi ammonisce il giurante sull'importanza morale dell'atto e sulle conseguenze penali delle dichiarazioni false e, quindi, lo invita a giurare (art. 238, 1° co., cod. proc. civ.).

Quanto all'efficacia, è previsto che se è stato prestato il giuramento deferito o riferito, l'altra parte non è ammessa a provare il contrario, né può chiedere la revocazione della sentenza (ai sensi dell'art. 395 cod. proc. civ.) qualora il giuramento sia stato dichiarato falso (art. 2738, 1° co., cod. civ.). Il giuramento, si badi, vincola come prova legale il giudice anche quando i fatti con esso dedotti siano stati accertati o esclusi in base ad altre risultanze probatorie (Cass., 17.5.2010, n. 11964).

L'altra parte, tuttavia, può domandare il risarcimento dei danni nel caso di condanna penale per falso giuramento (cfr. l'art. 371 cod. pen.). Se la condanna penale non può essere pronunciata perché il reato è estinto (art. 198 cod. pen.), il giudice può conoscere del reato al solo fine del risarcimento (art. 2738, 2° co., cod. civ.; di tale disposizione, peraltro, è stata dichiarata l'illegittimità costituzionale "nella parte in cui non prevede che il giudice civile possa conoscere del reato di falso giuramento al solo fine del risarcimento anche nel caso in cui la sentenza irrevocabile di assoluzione, pronunciata nel giudizio penale, non abbia efficacia di giudicato nei confronti del danneggiato": Corte cost., 4.4.1996, n. 105).

In caso di litisconsorzio necessario, il giuramento prestato da alcuni soltanto dei litisconsorti è liberamente apprezzato dal giudice (art. 2738, 3° co., cod. civ.).

La disciplina del codice civile sull'efficacia del giuramento va coordinata con quella del codice di rito: si prevede che la parte alla quale il giuramento è deferito, se non si presenta senza giustificato motivo all'udienza all'uopo fissata, o, comparendo, rifiuta di prestarlo e non lo riferisce all'avversario, soccombe rispetto alla domanda o al punto di fatto relativamente al quale il giuramento è stato ammesso; del pari soccombe la parte avversaria, se rifiuta di prestare il giuramento che le è stato riferito (art. 239, 1° co., cod. proc. civ.).

Parte seconda

LE PERSONE FISICHE E LE PERSONE GIURIDICHE

Capitolo 10
LE PERSONE FISICHE

66. L'idoneità ad essere titolare di diritti e di doveri: la capacità giuridica delle persone fisiche.

Il diritto ha senso in quanto vi siano degli interessi da soddisfare e da tutelare; si tratta, naturalmente, di interessi di uomini e donne. È evidente, dunque, come quest'ultimi siano protagonisti del diritto: l'ordinamento giuridico è in funzione delle persone fisiche e dei loro interessi.

Ci si deve chiedere, tuttavia, quando si diventa protagonisti del mondo del diritto (quando si può acquistare, per esempio, un diritto o assumere un'obbligazione). La risposta giunge dall'art. 1, 1° co., cod. civ.: "la capacità giuridica si acquista al momento della nascita". In quel frangente (ecco il significato di **capacità giuridica**) si acquista **l'attitudine ad essere titolari delle situazioni giuridiche** (ad esempio diritti, obblighi, doveri) che mirano a realizzare interessi propri o altrui.

Esempio. Si consideri un bambino piccolo, di appena un anno. Questi ha un nonno che gli lascia, per testamento, un immobile, nel centro di Milano. Potrà il neonato (sarà idoneo a) diventare titolare del diritto di proprietà? La risposta è positiva, perché il bambino, per quanto piccolo, è una persona fisica. Essere proprietari di un bene, d'altra parte, può comportare l'assunzione di alcune obbligazioni. Si pensi al caso in cui l'immobile in questione abbia bisogno di riparazioni urgenti: occorrerà, allora, concludere un contratto con un'impresa specializzata, in base al quale il proprietario è obbligato a pagare un prezzo per i lavori di ristrutturazione. Può il neonato essere titolare dell'obbligazione di corrispondere la somma prevista dal contratto? Sì, è la disposizione del codice in commento a confermarcelo. Naturalmente, lo si capirà fra breve, il bambino è un centro di imputazione di situazioni giuridiche, ma non è affatto in grado di determinarsi ad accettare l'eredità o a stipulare un contratto: egli, si dice, ha la capacità giuridica ma non ha la capacità di agire. Ciò vuol dire che qualcuno agirà come rappresentante del bambino fino a quando lo stesso sarà in grado di determinarsi da solo (con la maggiore età).

L'art. 1, 1° co., cod. civ. va analizzato ancora sotto due aspetti: quando una persona può dirsi nata? Quando, ancora, cessa di vivere?

Una persona è nata allorché si accerti l'inizio dell'autonoma respirazione polmonare, secondo i criteri elaborati dalla scienza medica (la c.d. docimasia polmonare). La norma del codice civile non richiede la possibilità di sopravvivere (la c.d. vitalità) né la durata minima della vita, essendo sufficiente accertare il momento della nascita.

Quanto alla seconda questione, relativa al momento della cessazione della vita, vale una specifica disciplina di legge, in base alla quale la persona fisica si estingue con la morte, da intendersi come cessazione irreversibile delle funzioni cerebrali (art. 1 l. n. 578/1993; si veda anche la l. n. 91/1999). Occorre considerare, in materia, le nuove acquisizioni della medicina, definite ed aggiornate con decreti ministeriali (si confronti, ad esempio, il decreto del Ministero della salute dell'11.4.2008, per il quale la durata dell'osservazione, ai fini dell'accertamento della morte, deve essere non inferiore a sei ore; sotto l'anno di età, tuttavia, sono richiesti ulteriori test). Entro le ventiquattro ore dal decesso, la morte è dichiarata all'ufficiale di stato civile per la formazione dell'atto di morte (artt. 71 ss. d.p.r. n. 396/2000).

Allorché non sia possibile ritrovare o riconoscere un cadavere, si procede all'accertamento indiretto attraverso un verbale redatto dal procuratore della repubblica (art. 78 del reg. stato civile). Si ricorre all'accertamento indiretto in presenza di circostanze (si pensi ad un incendio, ad un naufragio) in cui è possibile desumere con ragionevole certezza la morte di una persona.

Qualora vi sia una situazione di incertezza relativamente alla sopravvivenza di una persona rispetto all'altra (coinvolte, ad esempio, in uno stesso incidente) si presume, fino a prova contraria, che le stesse siano decedute nello stesso momento: si presume, cioè, che non vi sia stata sopravvivenza dell'una rispetto all'altra (art. 4 cod. civ.: c.d. **presunzione di commorienza**). La regola della presunzione di commorienza acquista una particolare rilevanza in materia di successione ereditaria.

Esempio. Due coniugi, Tizio e Caia, senza figli, muoiono a seguito di un incidente stradale. Non hanno lasciato un testamento. I rispettivi parenti hanno interesse a provare che il proprio congiunto sia sopravvissuto all'altro, seppur per poco tempo. Qualora Tizio muoia per primo, la successione si apre a favore dei suoi parenti e di Caia, non ancora defunta. Dopo poco, però, muore pure Caia: se il chiamato all'eredità muore senza averla accettata, il diritto di accettazione si trasmette ai parenti, secondo le regole previste dal diritto successorio (§§ 495 ss.).

66.1. *La capacità giuridica speciale.*

Ci si può chiedere, ora, se la regola appena studiata stia a significare che tutte le persone fisiche hanno, in posizione paritaria, le medesime possibilità di essere centri di imputazione giuridica o se, invece, ci siano dei casi in cui alcune persone possono essere titolari di determinate situazioni giuridiche ed altre no.

Deve osservarsi, in prima battuta, come l'art. 1, 1° co., cod. civ. vada letto alla luce del principio costituzionale di eguaglianza (art. 3, 1° co., Cost.: § 3): sarebbe, dunque, incostituzionale una norma (che pure in passato esisteva) in base alla quale soltanto gli uomini avessero il diritto di accedere, previo concorso, al ruolo della magistratura. Non vi sarebbe alcun plausibile motivo, infatti, per affermare che soltanto agli uomini può essere riconosciuto l'esercizio delle funzioni di giudice.

Peraltro, il principio di uguaglianza non va declinato nel senso che tutte le persone, indifferentemente, debbano essere trattate allo stesso modo: questa interpretazione, anzi, finirebbe per negare in radice il significato autentico di eguaglianza davanti alla legge.

Occorre considerare che esistono, in partenza, delle differenze di base fra le persone: può allora concludersi che vanno trattate in maniera uguale le persone che si trovano in situazioni uguali; nel contempo, persone che si trovano in situazioni diverse vanno trattate in modo ragionevolmente diverso.

Ecco perché, in definitiva, il legislatore introduce talvolta (senza violare alcun principio costituzionale) particolari requisiti o limiti in relazione a determinati rapporti o situazioni; introduce, cioè, dei casi di **capacità giuridica speciale**.

Si consideri qualche caso di capacità giuridica speciale. Chi svolge la professione di avvocato è titolare di determinate situazioni giuridiche, attive e passive: ha, ad esempio, il diritto di proporre in giudizio una domanda per il proprio cliente (*ius postulandi*). Tale diritto spetta a qualsiasi persona fisica? Ovviamente no. Sa bene, chi studia diritto, che il percorso è lungo: occorre essere laureati in giurisprudenza, svolgere un periodo di pratica, sostenere un esame e, infine, dopo aver compiuto il giuramento, iscriversi all'albo degli avvocati. Bisogna aver maturato, in sostanza, una competenza professionale.

Altre volte a difettare non sono capacità e competenze professionali ma alcuni requisiti di onorabilità, derivanti dall'aver riportato determinate condanne penali o essere stati dichiarati falliti. Ebbene, per chi si venga a trovare in siffatte condizioni risulta pregiudicata la possibilità di assumere la carica di amministratore di società per azioni (art. 2382 cod. civ.).

Ancora, chi non ha compiuto i diciotto anni di età (salvo il caso del minore emancipato: § 72) non può contrarre matrimonio e assumere i relativi diritti e obblighi (art. 143 cod. civ.). Né, ovviamente, qualcuno può contrarre il matrimonio in rappresentanza del minorenne ed imputare a quest'ultimo l'obbligo di fedeltà, di assistenza, di collaborazione, di coabitazione. Non può sposarsi, poi, l'interdetto che sia stato dichiarato malato di mente con sentenza del tribunale (§ 73).

Il requisito essenziale affinché una persona possa essere parte di un contratto di lavoro è il compimento di un'età minima: occorre, in particolare, aver compiuto sedici anni di età e aver svolto l'istruzione obbligatoria per dieci anni (art. 1, 622° co., l. n. 296/2006).

Nell'ambito delle incapacità speciali si distinguono le **incapacità assolute** (quando il soggetto, come nei casi sopra visti, non può compiere in assoluto quel dato atto o non può far parte di quel determinato rapporto) e le **incapacità relative** (quando il soggetto non può compiere quel dato atto o non può far parte di quel rapporto, ma solo se si trova ad assumere una determinata veste o si trova in determinate circostanze). Un caso di incapacità relativa è il seguente: il pubblico ufficiale non può rendersi acquirente di beni venduti con il concorso della propria opera (art. 1471, 1° co., n. 2, cod. civ.).

66.2. *La condizione giuridica degli stranieri.*

Sin qui si è discusso della "capacità" dei cittadini italiani (sull'acquisto della cittadinanza § 39). Qualche cenno, però, merita la questione della condizione giuridica dello straniero.

Può essere utile ricordare, in proposito, la distinzione tra "cittadini comunitari" ed "extracomunitari". Per i primi occorre far riferimento all'art. 17 del "Trattato istitutivo della Comunità europea", nella versione modificata dal Titolo II del Trattato di Maastricht, che ha introdotto la "Cittadinanza dell'Unione".

Il **cittadino comunitario** non soltanto ha la libera circolazione e la libertà di soggiorno negli Stati membri; ha pure gli stessi "diritti civili" del cittadino nazionale (con qualche regola particolare, invero, che riguarda l'esercizio di attività professionali ed imprenditoriali). Ha la capacità, ad esempio, di acquistare un immobile da destinare ad abitazione.

Il cittadino dell'Unione, addirittura, gode anche di alcuni limitati diritti politici, come il diritto al voto nelle elezioni comunali.

Quanto ai **cittadini extracomunitari**, va rilevato come la normativa sia alquanto complessa e non obbedisce, spesso, ad un disegno organico e coerente del legislatore.

Essi sono titolari di alcune garanzie fondamentali: godono, in primo luogo, del **diritto di asilo**, previsto dalla Costituzione per qualsiasi straniero "al quale sia impedito nel suo paese l'effettivo esercizio delle libertà democratiche garantite dalla Costituzione italiana" (art. 10, 3° co. Cost.). La nostra Carta fondamentale, altresì, esclude l'estradizione per "reati politici" (art. 10, 4° co., Cost.).

Inoltre, nel novero delle guarentigie fondamentali va menzionata la disposizione per cui "allo straniero comunque presente alla frontiera o nel territorio dello Stato sono riconosciuti **i diritti fondamentali della persona umana** previsti dalle norme di diritto interno, dalle convenzioni internazionali in vigore e dai principî di diritto internazionale generalmente riconosciuti" (art. 2, 1° co., del d.lgs. 25.7.1998, n. 286, recante il "Testo unico delle disposizioni concernenti la disciplina dell'immigrazione e norme sulla condizione dello straniero"; il Testo unico ha subìto numerose modifiche: l. 6.8.2008, n. 133 e l. 15.7.2009, n. 94).

Sul piano dei diritti civili va ricordata la disposizione del Testo unico secondo cui all'extracomunitario "regolarmente soggiornante" in Italia è assicurato il godimento dei "**diritti in materia civile** attribuiti al cittadino italiano, salvo che le convenzioni internazionali in vigore per l'Italia e il presente testo unico dispongano diversamente. Nei casi in cui il presente testo unico o le convenzioni internazionali prevedono la condizione di reciprocità, essa è accertata secondo i criteri e le modalità previste dal regolamento di attuazione" (art. 2, 2° co., d.lgs. n. 286/1998).

Quest'ultimo inciso va spiegato: viene fatta salva l'ipotesi in cui lo stesso Testo unico o le convenzioni internazionali prevedano la "**condizione di reciprocità**", cui si riferisce l'art. 16 delle disposizioni preliminari al codice civile. In base a tale norma un determinato diritto può essere riconosciuto ad uno straniero a condizione che nella stessa fattispecie un cittadino italiano, che si trovi nel Paese straniero in questione, può vedersi attribuito lo stesso diritto.

Il quadro normativo, peraltro, deve essere aggiornato: l'art. 1, 2° co., d.p.r. 31.8.1999, n. 394 (Regolamento di attuazione del Testo unico sull'immigrazione), nella versione sostituita dall'art. 1, 1° co., d.p.r. n. 334/2004, stabilisce che l'accertamento della condizione di reciprocità "non è richiesto per i cittadini titolari della carta di soggiorno di cui all'art. 9 del testo unico, nonché per i cittadini stranieri titolari di un permesso di soggiorno per motivi di lavoro subordinato o di lavoro autonomo, per l'esercizio dell'impresa individuale, per motivi di famiglia, per motivi umanitari e per motivi di studio, e per i relativi familiari in regola con il soggiorno".

Come sottolineano i giudici di legittimità, l'accertamento del principio di reciprocità, da regola che era, finisce per diventare eccezione: il principio, infatti, è destinato ad avere applicazione "soltanto in relazione all'attività giuridica negoziale posta in essere dalle persone giuridiche o dagli enti collettivi stranieri ovvero dai cittadini stranieri che non siano in possesso dello *status* di soggiorno regolare previsto dalla disciplina sull'immigrazione" (Cass., 21.3.2013, n. 7210).

A tutti i lavoratori stranieri, infine, è garantita la "parità di trattamento e piena uguaglianza di diritti rispetto ai lavoratori italiani" (art. 2, 3° co., d.lgs. n. 286/1998).

66.3. *La posizione del concepito.*

L'analisi dell'art. 1 cod. civ. deve essere completata con il riferimento al secondo comma, per il quale "i diritti che la legge riconosce a favore del concepito sono subordinati all'evento della nascita".

Ciò vuol dire che il nostro ordinamento non si disinteressa totalmente della figura del **concepito**, ossia di colui che è stato procreato ed è nel ventre materno. Tuttavia, occorre essere avvertiti del fatto che, in base alla previsione codicistica: (a) al concepito non spetta una capacità giuridica generale; (b) i diritti sono subordinati comunque all'evento della nascita.

Nel Libro secondo del codice civile sono diversi i riferimenti al concepito: è previsto, ad esempio, che "sono capaci di succedere tutti coloro che sono nati o *concepiti* al tempo dell'apertura della successione" (art. 462, 1° co., cod. civ.). Una norma si spinge ancora più in là, stabilendo che "possono inoltre ricevere per testamento i figli di una determinata persona vivente al tempo della morte del testatore, benché *non ancora concepiti*" (art. 462, 3° co., cod. civ.). Ed ancora, "la donazione può essere fatta anche a favore di chi è stato soltanto *concepito*, ovvero a favore dei figli di una determinata persona vivente al tempo della donazione, benché non ancora concepiti" (art. 784, 1° co., cod. civ.). Al concepito, dunque, vengono "conservati" i diritti che gli derivano da successioni o da atti di liberalità.

Nel Libro primo del codice civile, a proposito della forma del riconoscimento del figlio nato fuori del matrimonio, è precisato che esso è fatto nell'atto di nascita, oppure con una apposita dichiarazione, posteriore alla nascita o al *concepimento* (art. 254, 1° co, cod. civ.).

Peraltro, al di là delle disposizioni del codice civile, la l. 19.2.2004, n. 40, recante la disciplina della procreazione medicalmente assistita (su cui § 455), detta specifiche norme sulla tutela dell'embrione: ciò offrirebbe argomento, almeno a detta di alcuni studiosi, per affermare il riconoscimento implicito, nel nostro ordinamento, della soggettività giuridica dell'embrione.

La figura del concepito, sotto un ulteriore profilo, richiama il tema, oggi ampiamente dibattuto, del "**diritto a nascere sani**". Si è riconosciuto, da parte della giurisprudenza, che il medico (di solito ostetrico-ginecologo) si obbliga nei confronti della gestante non solo a prestare alla stessa tutte le cure necessarie al fine di assicurarle un normale decorso della gestazione; l'obbligo, infatti, si estende anche a tutte quelle ulteriori prestazioni necessarie al feto, al fine di garantirne la nascita ed evitare qualsiasi possibile danno, prevedibile, in base alle attuali conoscenze della scienza (Cass., n. 14488/2004).

Tra la gestante ed il sanitario, come è stato talvolta affermato dai giudici, può intercorrere un "contratto con effetti protettivi a favore di terzo" (*Vertrage mit Schutzwirkung fur Dritte*): ne discende che colui che nasce, acquistando così la capacità giuridica, potrà far valere, a garanzia di un suo specifico interesse, la responsabilità del medico per inadempimento delle ricordate obbligazioni accessorie. Sarà necessario, ovviamente, accertare l'esistenza di un rapporto di causalità tra un comportamento colposo anteriore alla nascita ed il danno al soggetto che, con la nascita, abbia acquistato la capacità giuridica (sulla responsabilità medica, per un primo inquadramento, § 88.1).

In questa materia la Cassazione non ha esitato, in maniera alquanto innovativa, a discutere di "soggettività" del concepito, considerando quest'ultimo un "soggetto giuridico titolare di interessi protetti dall'ordinamento" (Cass. 11.5.2009, n. 10741, che a fondamento normativo dell'attribuzione di soggettività ricorda, in particolare, l'art. 1 della l. n. 40/2004, l'art. 1 della l. n. 194/1978, l'art. 2 della Carta di Nizza, l'art. 2 della Dichiarazione Universale dei diritti dell'uomo, l'art. 32 Cost.).

Ciò non vuol dire, però, che il feto, il quale presenti gravi anomalie genetiche, abbia "**diritto a non nascere**" se non sano: il nostro ordinamento non conosce l'aborto eugenetico (Cass., n. 16123/2006; Cass., n. 10741/2009; Cass., n. 13/2010), né come diritto della gestante né come diritto del nascituro (da far valere attraverso un'azione risarcitoria per il suo mancato esercizio).

L'interruzione volontaria della gravidanza, infatti, può essere esercitata nei limiti della l. n. 194/1978, intitolata "Norme per la tutela sociale della maternità e sull'interruzione volontaria della gravidanza". È previsto che la donna, entro i primi novanta giorni, possa rivolgersi al proprio medico, ad un consultorio pubblico, ad una struttura sociosanitaria, per ottenere il certificato di autorizzazione a praticare l'interruzione della gravidanza (art. 5 l. n. 194/1978). La legge descrive le condizioni in presenza delle quali l'aborto può essere richiesto (art. 4 l. n. 194/1978): si fa riferimento a circostanze per le quali la prosecuzione della gravidanza, il parto o la maternità comporterebbero un "serio pericolo per salute fisica o psichica della donna", in relazione al suo stato di salute, o alle condizioni economiche, o sociali, o familiari, o alla circostanza in cui è avvenuto il concepimento, o a previsioni di anomalie o malformazioni del concepito. L'interruzione volontaria della gravidanza, dopo i primi novanta giorni, può essere praticata: (a) quando la gravidanza o il parto comportino un grave pericolo per la vita della donna; (b) quando siano accertati processi patologici, tra cui quelli relativi a rilevanti anomalie o malformazioni del nascituro che determinino un grave pericolo per la salute fisica o psichica della donna (art. 6 l. n. 194/1978).

Da queste disposizioni è possibile trarre una conclusione: la sola esistenza di malformazioni nel feto, che non incidano sulla salute o sulla vita della donna, non permettono alla gestante di praticare l'aborto. Lo scopo della legge, infatti, è quello di consentire, ricorrendo le condizioni espressamente previste, il sacrificio del concepito per tutelare la salute fisica o psichica della gestante. Da qui, come detto, l'inesistenza nel nostro ordinamento dell'aborto eugenetico. Deve escludersi, dunque, la possibilità per il figlio nato non sano di ottenere il risarcimento dei danni nei confronti della madre che non abbia deciso di interrompere volontariamente la gravidanza (avendo la donna valutato l'assenza di pericoli per la sua salute e per la sua vita o deciso di "sacrificare" questi aspetti personali a favore del preminente interesse a far nascere il figlio).

Sempre più spesso, negli ultimi anni, si discute di **danni da nascita indesiderata**, figura che ricorre quando, a causa del mancato rilievo da parte del sanitario dell'esistenza di malformazioni congenite del feto, la gestante perde la possibilità di abortire.

Il diritto ad essere risarciti da parte dei sanitari, si è stabilito in un importante precedente, si fonda sugli artt. 2, 3, 29 e 32 Cost. (così Cass., 2.10.2012, n. 16754; Cass., 15.1.2021, n. 653). I familiari potranno domandare il risarcimento dei danni non patrimoniali, ma anche il risarcimento di quelli patrimoniali (per Cass., n. 27528/2013 sono risarcibili i danni "derivanti dall'impegno economico conseguente all'attenzione ed alle cure da somministrare per tutto il corso della vita" al bambino nato con malformazioni).

Le Sezioni Unite della Suprema Corte hanno precisato che il genitore che agisce per il risarcimento del danno ha l'onere di provare che la madre avrebbe esercitato la facoltà d'interrompere la gravidanza (ricorrendo le condizioni di legge) ove fosse stata tempestivamente informata dell'anomalia fetale; si tratta di un onere che può essere assolto attraverso diversi elementi di prova presuntivi, come il ricorso al consulto medico per conoscere lo stato di salute del nascituro, le precarie condizioni psicofisiche della gestante o le sue pregresse manifestazioni di pensiero propense all'opzione dell'aborto. Sul medico incombe la prova contraria, consistente nella dimostrazione che la donna non si sarebbe determinata all'interruzione della gravidanza per qualsivoglia ragione personale (Cass., Sez. Un., 22.12.2015, n. 25767; Cass., 31.10.2017, n. 25849; Cass., 11.4.2017, n. 9251; Cass., 2.5.2021, n. 36645).

Il nato disabile non può, invece, agire per il risarcimento del danno da nascita indesiderata, neppure sotto il profilo dell'interesse ad avere un ambiente familiare preparato ad accoglierlo, giacché l'ordinamento non conosce il "diritto a non nascere se non sano", né la vita del bambino può integrare un danno-conseguenza dell'illecito omissivo del medico (Cass., Sez. Un., n. 25767/2015). Viene smentito, in tal modo, un precedente di qualche anno prima, secondo cui il diritto al risarcimento del danno spetterebbe anche, *iure proprio*, al concepito (una volta venuto ad esistenza), il quale potrebbe lamentare la lesione del **diritto della salute** (art. 32 Cost.), intesa "non soltanto nella sua dimensione statica di assenza di malattia, ma come condizione dinamico-funzionale di **benessere psicofisico**" (Cass., n. 16754/2012, che ha accordato il risarcimento del danno alla persona che si trova a vivere una "vita handicappata", in quanto *down*).

Quest'ultima decisione delle sezioni semplici si espone ad una valutazione critica: non è facile conciliare la (corretta) premessa dei giudici di legittimità (secondo cui non esiste un diritto del nascituro a non nascere se non sano) con l'affermazione secondo cui al figlio *down*, una volta venuto ad esistenza, spetterebbe il diritto al risarcimento del danno per lesione al diritto alla salute *ex* art. 32 Cost. In tal modo, infatti, nonostante le premesse del ragionamento, lo stesso finisce per dolersi del fatto di essere nato non sano.

La giurisprudenza recente, infine, riconosce al concepito un ulteriore diritto, anch'esso subordinato all'evento della nascita: il diritto al risarcimento del danno sofferto a seguito dell'uccisione del genitore ad opera di un terzo, avvenuta durante il corso della gestazione. Ad essere leso è il suo diritto al mantenimento ed il diritto alla relazione con il genitore, aventi anch'essi rilevanza costituzionale (Cass., 3.5.2011, n. 9700; si veda § 340).

Il quadro complessivo fin qui ricordato spiega perché alcuni interpreti, sempre più spesso, riconoscano al concepito una propria capacità giuridica, ancorché parziale e condizionata: si discute, in proposito, di **capacità giuridica prenatale**.

Al di là delle possibili etichette giuridiche, spesso di comodo, che sono attribuite al concepito, va sottolineata una precisa linea di tendenza, manifestata negli ultimi anni, anche grazie all'apporto della giurisprudenza: quella di valorizzare e riconoscere, sin dal momento della nascita della persona, i suoi diritti fondamentali. Il che può avvenire, in alcune occasioni, considerando il **nascituro** come **oggetto di una tutela** "**progressiva**".

67. Dichiarazione di nascita, nome, cognome, mutamento del cognome e del sesso.

La nascita deve essere dichiarata o direttamente all'ufficiale dello stato civile del Comune in cui la nascita è avvenuta, entro dieci giorni dall'evento, o alla direzione sanitaria dell'ospedale o del luogo di cura in cui si è verificato il parto, in questo caso entro tre giorni dall'evento. La dichiarazione deve essere fatta da uno dei genitori (o da un loro procuratore speciale) o da chi abbia assistito al parto (art. 30 d.p.r. n. 396/2000, recante il "Regolamento per la revisione e la semplificazione dell'ordinamento dello stato civile").

L'ufficiale di stato civile riceve la dichiarazione di nascita (che forma, propriamente, l'atto di nascita) e provvede alla sua iscrizione nel **registro dello stato civile** (artt. 28 ss. d.p.r. n. 396/2000). In ciascun ufficio dello stato civile sono registrati e conservati gli atti riguardanti la cittadinanza, la nascita, il matrimonio, l'unione civile, la morte.

Il codice civile attribuisce agli atti dello stato civile una particolare **forza probatoria**: è previsto che "gli atti dello stato civile fanno prova, fino a querela di falso, di ciò che l'ufficiale pubblico attesta essere avvenuto alla sua presenza o da lui compiuto" (art. 451, 1° co., cod. civ.; si confronti anche il 2° co., nonché gli artt. 452, 453, 455 cod. civ.).

L'atto di stato civile, in sostanza, determina una qualificazione giuridica (riguardante lo *status familiae* o *civitatis*) che è opponibile *erga omnes* (ossia non può essere contestata neanche dai terzi). La non veridicità dell'atto di stato civile può essere dimostrata soltanto con l'instaurazione di un giudizio, detto di querela di falso (artt. 221 ss. cod. proc. civ.). Sembra corretto, pertanto, affermare che la funzione degli atti dello stato civile non sia meramente certificativa, avendo essi una funzione di accertamento costitutivo.

Colui che è appena nato è identificato ed iscritto nel registro dello stato civile attraverso il **prenome** (o **nome in senso stretto**) ed il **cognome**: Mario, dunque, è il prenome, Rossi il cognome (sulla tutela del diritto al nome § 78.5). Il nome imposto al bambino deve corrispondere al sesso e può essere costituito da un solo nome o da più nomi, anche separati, non superiori a tre (art. 35, d.p.r. n. 396/2000, modificato dall'art. 5, 2° co., l. n. 219/2012).

Il nome è attribuito, liberamente, da colui che dichiara la nascita. Quanto al cognome occorre compiere qualche distinzione. Il figlio nato nell'ambito del matrimonio (§§ 444 ss.) ha sempre assunto, per il codice civile, il cognome del padre (si confrontino gli artt. 237, 262, 299 cod. civ.). La Corte costituzionale ha da tempo rilevato che il sistema codicistico di attribuzione del cognome sia il retaggio di una concezione patriarcale della famiglia, non più coerente con il principio costituzionale dell'uguaglianza tra uomo e donna (Corte cost., n. 61/2006). Con una sentenza del 2016 i giudici delle leggi hanno stabilito l'illegittimità costituzionale di quelle norme del codice civile che non consentono ai coniugi, di comune accordo, di trasmettere ai figli, al momento della nascita, anche il cognome materno (Corte cost., 21.12.2016, n. 286). Per la Corte, "la piena ed effettiva realizzazione del diritto all'identità personale, che nel nome trova il suo primo ed immediato riscontro, unitamente al riconoscimento del paritario rilievo di entrambe le figure genitoriali nel processo di costruzione di tale identità personale, impone l'affermazione del diritto del figlio ad essere identificato, sin dalla nascita, attraverso l'attribuzione del cognome di entrambi i genitori". Il Ministero degli interni (Dipartimento per gli Affari interni e territoriali) aveva emanato il 14.6.2017 una Circolare per consentire ai genitori del nuovo nato (coniugati o meno) "di attribuire, di comune accordo, il doppio cognome, paterno e materno, al momento della nascita" (sulla necessità dell'accordo di entrambi i genitori si veda TAR Lazio, 26.11.2018, n. 11410).

Più di recente, con una pronuncia del 27.4.2022, n. 131, la Corte è tornata sulla materia, statuendo che le norme del nostro ordinamento sull'attribuzione del cognome ai figli sono illegittime per contrasto con una serie di disposizioni della nostra Carta fondamentale (artt. 2, 3, 117, 1° co., Cost., quest'ultimo in relazione agli artt. 8 e 14 della Convenzione europea dei diritti dell'uomo). Nel solco del principio di eguaglianza e dell'interesse del figlio, si precisa, entrambi i genitori devono poter condividere la scelta del cognome, che costituisce elemento fondamentale dell'identità personale. La regola, dunque, è che il figlio assume il cognome di entrambi i genitori nell'ordine concordato dai medesimi, salvo che essi decidano, di comune accordo, di attribuire soltanto il cognome di uno dei due. In mancanza di accordo sull'ordine di attribuzione del cognome di entrambi i genitori, resta salvo l'intervento del giudice. È compito del legislatore, a questo punto, regolare una serie di questioni che derivano dalla decisione dei giudici delle leggi. Nel frattempo, con la circolare n. 63 dell'1.6.2022 il Ministero dell'interno (Dipartimento di affari interni e territoriali) ha ribadito che la ricordata sentenza dei giudici delle leggi si "applicherà alle ipotesi in cui l'attribuzione del cognome non sia ancora avvenuta, comprese quelle in cui sia pendente un procedimento giurisdizionale finalizzato a tale scopo. Eventuali richieste di modifica del cognome, salvo specifici interventi del legislatore, seguiranno la disciplina a tal fine prevista dalle disposizioni vigenti".

Si prosegua. Il nato al di fuori del matrimonio (§ 447) assume il cognome del genitore che per primo lo ha riconosciuto. Se il riconoscimento è stato effettuato contemporaneamente da entrambi i genitori, il figlio assume il cognome dei due genitori, a meno che gli stessi si accordino per attribuire soltanto il cognome di uno dei due (art. 262, 1° co., cod. civ., letto alla luce della sentenza della Corte cost. n. 131/2022). Se la filiazione nei confronti del padre è stata accertata o riconosciuta (§§ 448 ss.) successivamente al riconoscimento da parte della madre, il figlio può assumere il cognome del padre aggiungendolo, anteponendolo o sostituendolo a quello della madre (art. 262, 2° co., cod. civ.; questa disposizione, è evidente, dovrà essere aggiornata dal legislatore alla luce della sentenza n. 131/2022 Corte cost.).

Se la filiazione nei confronti del genitore è stata accertata o riconosciuta successivamente all'attribuzione del cognome da parte dell'ufficiale dello stato civile (il che accade quando alla nascita nessuno dei genitori riconosca il figlio), si applica il primo e il secondo comma dell'art. 262 cod. civ.; il figlio può mantenere il cognome precedentemente attribuitogli, ove tale cognome sia divenuto autonomo segno della sua **identità personale**, aggiungendolo, anteponendolo o sostituendolo al cognome del genitore o al cognome dei genitori in caso di riconoscimento da parte di entrambi (art. 262, 3° co., cod. civ.).

Nel caso di minore età del figlio, il giudice decide circa l'assunzione del cognome del genitore, previo ascolto del figlio minore, che abbia compiuto gli anni dodici e anche di età inferiore ove capace di discernimento (art. 262, 4° co., cod. civ.).

La persona che sia diventata maggiorenne può, con le procedure previste dalla legge, ottenere la **modifica** del **prenome e nome** o aggiungere un altro cognome al proprio. In particolare, chiunque voglia cambiare il nome o aggiungere al proprio un altro nome ovvero voglia cambiare il cognome, anche perché ridicolo o vergognoso o perché riveli l'origine naturale o aggiungere al proprio un altro cognome, deve farne domanda al prefetto della provincia del luogo di residenza o di quello nella cui circoscrizione è situato l'ufficio dello stato civile dove si trova l'atto di nascita al quale la richiesta si riferisce. Nella domanda l'istante deve esporre le ragioni a fondamento della richiesta (art. 89, 1° co., d.p.r. n. 396/2000). Per la giurisprudenza amministrativa è illegittimo il provvedimento con il quale il Ministero dell'interno nega, senza congrua motivazione, l'autorizzazione al cambio del cognome di un cittadino straniero adottato da una famiglia italiana (TAR, Torino, Piemonte, 6.8.2019, n. 925). Nella domanda si deve indicare la modificazione che si vuole apportare al nome o al cognome oppure il nome o il cognome che si intende assumere (art. 89, 2° co., d.p.r. n. 396/2000). In nessun caso può essere richiesta l'attribuzione di cognomi di importanza storica o comunque tali da indurre in errore circa l'appartenenza del richiedente a famiglie illustri o particolarmente note nel luogo in cui si trova l'atto di nascita del richiedente o nel luogo di sua residenza (art. 89, 3° co., d.p.r. n. 396/2000).

Il **sesso** della persona, maschile o femminile, è quello risultante dall'atto di nascita: è possibile, tuttavia, apportare una rettifica al sesso risultante nei registri, qualora sia stato compiuto un errore materiale. Colui che intenda promuovere la **rettificazione** di un **atto dello stato civile** deve proporre ricorso al tribunale nel cui circondario si trova l'ufficio dello stato civile. Il tribunale può assumere informazioni, acquisire documenti e sentire l'ufficiale dello stato civile; deve sentire il procuratore della repubblica e gli interessati e richiedere, se del caso, il parere del giudice tutelare. La decisione è assunta con decreto motivato emesso in camera di consiglio (artt. 95 e 96 d.p.r. n. 396/2000).

Ben diversa è la scelta di una persona di cambiare il sesso originario. Il tribunale, quando risulti necessario un adeguamento dei caratteri sessuali, da realizzare mediante trattamento medico-chirurgico, lo autorizza con sentenza (art. 31, 4° co., d.lgs. n.

150/2011). La *riattribuzione chirurgica* di *sesso* (RCS) o "*Sex Reassignment Surgery*", dunque, deve essere autorizzata; ciò perché essa comporta l'asportazione degli organi della riproduzione che, in assenza di patologie organiche che la giustifichino, è vietata nell'ordinamento giuridico italiano in quanto lesiva dell'integrità della persona.

Peraltro, sulla scorta di importanti pronunce della Corte costituzionale e della Corte di cassazione, attualmente la pronuncia da parte del tribunale di una sentenza di rettificazione di attribuzione del sesso può prescindere dal rilascio dell'autorizzazione ad un intervento chirurgico di adeguamento dei caratteri sessuali (Corte cost., 13.7.2017, n. 180; Corte cost., 5.11.2015, n. 221; Cass., 20.7.2015, n. 15138; Trib. Milano, 6.3.2019; Trib. Roma, 13.7.2017; Trib. Firenze, 3.5.2021; Trib. Milano, 6.7.2021; Trib. Cuneo, 3.12.2021; Trib. Torino, 25.1.2022). I giudici di legittimità, in particolare, hanno stabilito che "l'interesse pubblico alla definizione certa dei generi, anche considerando le implicazioni che ne possono conseguire in ordine alle relazioni familiari e filiali, non richiede il sacrificio del diritto alla conservazione della propria integrità psico-fisica sotto lo specifico profilo dell'obbligo dell'intervento chirurgico inteso come segmento non eludibile dell'avvicinamento del soma alla psiche, giacché l'acquisizione di una nuova identità di genere può essere il frutto di un processo individuale che non ne postula la necessità, purché la serietà ed univocità del percorso scelto e la compiutezza dell'approdo finale sia accertata, ove necessario, mediante rigorosi accertamenti tecnici in sede giudiziale" (Cass., n. 15138/2015, secondo cui il "processo individuale" di avvicinamento all'identità psichica può avvenire attraverso trattamenti ormonali di lungo periodo, interventi di chirurgia estetica modificativi di tratti somatici, interventi additivi o ricostruttivi).

Con la sentenza che accoglie la domanda di rettificazione di attribuzione del sesso il tribunale ordina all'ufficiale dello stato civile del Comune dove è stato compilato l'atto di nascita di effettuare la rettificazione nel relativo registro (art. 31, 5° co., d.lgs. n. 150/2011; sulla possibilità, per una persona sposata che abbia ottenuto la rettifica di attribuzione del sesso, di continuare ad essere legata al *partner* attraverso il regime giuridico dell'unione civile si veda § 463). Il prenome non va necessariamente convertito nel genere scaturente dalla rettificazione, dovendo il giudice tenere conto del nuovo prenome, indicato dalla persona, pur se del tutto diverso dal prenome precedente (Cass., 17.2.2020, n. 3877).

Una speciale forma di tutela, di recente, è stata introdotta a favore degli orfani per "crimini domestici": i figli della vittima di un omicidio hanno la facoltà di chiedere la modificazione del proprio cognome per adottarne uno diverso da quello del genitore che sia stato condannato per tale reato con sentenza definitiva (l. 11.1.2018, n. 4).

68. Domicilio, residenza, dimora.

Il **domicilio** di una persona è il luogo in cui essa ha stabilito la sede principale dei suoi affari ed interessi (art. 43, 1° co., cod. civ.). Due sono gli elementi che caratterizzano il domicilio: (a) un elemento oggettivo, ossia la presenza in un luogo degli affari e degli interessi della persona; (b) un elemento soggettivo, che consiste nell'intenzione di fissare in un luogo la sede stabile dei propri affari ed interessi.

Esempio. L'avvocato Recupero vive con la sua famiglia a Bologna. Il suo studio, però, è a Firenze: nel capoluogo toscano, dunque, l'avvocato ha eletto il proprio domicilio professionale. Tutta la corrispondenza, gli atti, le comunicazioni che riguardano il suo lavoro giungeranno presso l'indirizzo fiorentino.

La nozione di domicilio implica che ciascuno dei coniugi abbia il proprio domicilio nel luogo in cui ha stabilito la sede principale dei propri affari o interessi (art. 45, 1° co., cod. civ.): è ammesso, così, che essi abbiano domicili diversi (ciò accade, ad esempio, quando entrambi, liberi professionisti, svolgano la loro attività separatamente).

Il **domicilio** può essere **generale** o **speciale** (art. 47 cod. civ.): è generale quando in un determinato luogo si fissa la sede principale di tutti i propri affari o interessi (lo studio dell'avvocato, la sede dell'impresa per l'imprenditore); è speciale quando si elegge domicilio in un determinato luogo soltanto per uno o più specifici affari.

L'elezione di domicilio speciale deve essere fatta necessariamente per iscritto (art. 47, 2° co., cod. civ.): in caso contrario si considera come mai avvenuta.

Esempio. Il cliente elegge il domicilio speciale presso il suo avvocato (presso, cioè, l'indirizzo fiorentino dell'avvocato Recupero). Ciò vuol dire che gli atti giudiziari ed ogni tipo di comunicazione riguardante la sua causa dovranno giungere presso il domicilio speciale. Ogni altra comunicazione estranea alla causa non sarà recapitata presso l'avvocato Recupero. La formula che di solito si usa per eleggere domicilio speciale presso un avvocato, ai fini di una causa, è la seguente: "Procura speciale alle liti: il sottoscritto Sig. ... nato a ..., il ..., cod. fisc. ... residente a ... via n. ..., con la presente nomina e costituisce suoi difensori l'avv. ..., cod. fisc. ..., posta elettronica certificata (p.e.c.) ... del foro di ..., nonché l'avv. ..., cod. fisc. ..., p.e.c. ... del foro di ..., e conferisce loro procura alle liti, affinché essi lo rappresentino e difendano, anche disgiuntamente, ed esperiscano per suo conto ogni azione giudiziaria innanzi a qualunque Autorità Giudiziaria ordinaria o speciale nei confronti di .... A tal fine il Sig. ... elegge domicilio presso lo studio dell'avv. ... in ..., via ...".

Il domicilio può essere volontario o necessario: si ha domicilio volontario quando (come negli esempi fatti) esso è scelto liberamente dalla persona; il domicilio è necessario qualora risulti imposto dalla legge: il minore, in particolare, ha il domicilio nel luogo di residenza della famiglia o del tutore. Se i genitori sono separati o il loro matrimonio è stato annullato o sciolto o ne sono cessati gli effetti civili (o comunque non hanno la stessa residenza), il minore ha il domicilio del genitore con cui convive (art. 45, 2° co., cod. civ.).

In relazione al sempre più diffuso utilizzo di *internet*, è prevista l'assegnazione, ad ogni cittadino, di una casella di posta elettronica certificata, con la funzione di **domicilio digitale** (art. 14, 1° co., d.l. n. 69/2013, convertito nella l. n. 98/2013).

La **residenza** è il luogo in cui la persona ha la dimora abituale (art. 43, 2° co., cod. civ.). Essa, dunque, implica l'effettiva ed abituale presenza del soggetto in un dato luogo (Cass., n. 25726/2011). La residenza anagrafica si costituisce con l'iscrizione nell'anagrafe del Comune di dimora abituale. Il trasferimento della residenza, invece, è richiesto allorché la dimora abituale si venga a trovare in un Comune diverso: essa si attua mediante una doppia dichiarazione al Comune che si lascia e a quello in cui si intende fissare la nuova residenza (art. 31 disp. att. cod. civ.).

Entro due giorni dalla dichiarazione di cambio di residenza all'ufficiale d'anagrafe, quest'ultimo effettua le iscrizioni anagrafiche. Gli effetti giuridici decorrono dalla data della dichiarazione (art. 5, 3° co., d.l. 9.2.2012, n. 5, convertito nella l. n. 35/2012). Il dichiarante è soggetto a sanzioni qualora le dichiarazioni non risultino vere (art. 5, 4° co., d.l. n. 5/2012).

Il codice civile prevede espressamente cosa accade allorché non si rispettino le ricordate formalità: il trasferimento della residenza non può essere opposto ai terzi di buona fede, se non è stato denunciato nei modi prescritti dalla legge (art. 44, 1° co., cod. civ.). Ciò vuol dire che, ad esempio, gli atti giudiziari potranno validamente essere notificati ancora presso il luogo della vecchia dimora qualora la nuova residenza non venga pubblicizzata nei modi previsti dalla legge. Pertanto, colui che ha ricevuto la notifica non potrà protestare, affermando di non aver letto l'atto giudiziario in quanto, nel frattempo, aveva stabilito la sua dimora abituale in un altro luogo.

Il legislatore, a più riprese, prende in considerazione la nozione di residenza. È previsto che la pubblicazione del matrimonio debba essere richiesta all'ufficiale dello stato civile del Comune dove uno degli sposi ha la residenza ed è fatta nei Comuni di residenza degli sposi (art. 94, 1° co., cod. civ.). Ed ancora, in tema di adozione di persone di maggiore età è stabilito che il consenso dell'adottante e dell'adottando o del legale rappresentante di questo deve essere manifestato personalmente al presidente del tribunale nel cui circondario l'adottante ha la residenza (art. 311, 1° co., cod. civ.).

Anche il codice di procedura civile richiama talvolta la nozione di residenza: ad esempio, qualora la notificazione di un atto giudiziario non avvenga in mani proprie (art. 138 cod. proc. civ.), essa deve essere fatta nel Comune di residenza del destinatario, ricercandolo nella casa di abitazione o dove ha l'ufficio o esercita l'industria o il commercio (art. 139, 1° co., cod. proc. civ.). Quando, peraltro, non sia noto il Comune di residenza, la notificazione si fa nel Comune di dimora e, se anche questa è ignota, nel comune di domicilio (art. 139, 6° co., cod. proc. civ.).

Rimane da dire della **dimora**, che però non è oggetto di una definizione legislativa. Vi è concordia nel ritenere che essa sia il luogo in cui il soggetto si trova attualmente, anche se non corrisponde a quello in cui soggiorna abitualmente: si pensi alla casa al mare o alla camera affittata dallo studente che si trova fuori sede.

Potendo la dimora avere rilievo ai fini della notificazione degli atti, come sopra si è ricordato, si richiede che essa abbia un minimo di stabilità: è da ritenere quindi che non possa considerarsi tale l'alloggio del tutto occasionale o momentaneo (come la camera di albergo in cui la persona trascorre una notte). Anche la legge sulle adozioni fa riferimento alla dimora, stabilendo che ai fini della dichiarazione dello stato di adottabilità, è competente il tribunale per i minorenni del distretto nel quale i minori si trovano (art. 81 l. n. 184/1983).

Coloro i quali si trovino **senza fissa dimora**, ma che abbiano un domicilio in un determinato Comune, possono chiedere l'iscrizione anagrafica nel Comune stesso (l. 15.7.2009, n. 94; l. n. 1228/1954; si veda anche il d.m. 6.7.2010, relativo al "registro nazionale delle persone che non hanno fissa dimora", istituito presso il Ministero dell'interno). L'ufficio dell'anagrafe, a seguito di positivi accertamenti, procede alla registrazione all'indirizzo dove è situato il domicilio del senza fissa dimora. In caso contrario, sarà informato il Comune di nascita, che è tenuto alla registrazione. La nozione di domicilio, di cui all'art. 43 cod. civ., è sufficientemente elastica da poter ricomprendere una varietà di situazioni personali, patrimoniali, esistenziali, relazionali (si pensi alla panchina pubblica, al portico o al ponte in cui il senza fissa dimora si reca per passare la notte).

L'iscrizione anagrafica consente di esercitare i diritti all'assistenza sociale e sanitaria. Essa non è un provvedimento concessorio ma un diritto per il cittadino ed un obbligo per l'ufficiale dell'anagrafe (Cass., Sez. Un., 19.6.2000, n. 449).

69. La scomparsa, l'assenza, la dichiarazione di morte presunta.

Il codice civile detta alcune regole per il caso in cui la persona fisica risulti **scomparsa** e di essa non si abbiano più notizie per un periodo di tempo ragionevole (in relazione alle sue abitudini e ai suoi impegni).

È previsto, in particolare, che quando una persona non sia più comparsa nel luogo del suo ultimo domicilio o dell'ultima residenza e non se ne abbiano più notizie, il tribunale dell'ultimo domicilio o dell'ultima residenza, su istanza degli interessati o dei presunti successori legittimi (ossia i soggetti che sarebbero chiamati alla successione legittima nel caso in cui si fosse verificata la morte del soggetto scomparso: Cap. 79) o del pubblico ministero, può nominare un **curatore**. Questi rappresenta la persona in giudizio o nella formazione degli inventari e dei conti e nelle liquidazioni o divisioni in cui sia interessata, e può prendere gli altri provvedimenti necessari alla **conservazione** del **patrimonio** dello scomparso (art. 48, 1° co., cod. civ.). Il curatore, ad esempio, può promuovere le azioni a tutela della proprietà o del possesso dei beni dello scomparso.

Se però vi è un legale rappresentante (come i genitori o un tutore) non si fa luogo alla nomina di un curatore (art. 48, 2° co., cod. civ.). La ragione è ovvia: i rappresentanti legali possono compiere tutti gli atti di gestione del patrimonio della persona scomparsa. Se vi è, poi, un procuratore (ossia un soggetto autorizzato, sulla base di una procura, a rappresentare una persona e a compiere atti al suo posto: §§ 213 ss.), il tribunale provvede soltanto per gli atti che il medesimo non può compiere (art. 48, 2° co., cod. civ.).

Trascorsi due anni dal giorno a cui risale l'ultima notizia, i presunti successori legittimi (art. 565 cod. civ.) e chiunque ragionevolmente creda di avere sui beni dello scomparso diritti dipendenti dalla morte di lui, possono domandare al tribunale competente che sia dichiarata con sentenza l'**assenza** (art. 49 cod. civ.).

Divenuta eseguibile la sentenza che dichiara l'assenza, il tribunale, su istanza di chiunque vi abbia interesse o del pubblico ministero, ordina l'apertura degli atti di ultima volontà dell'assente, se vi sono (art. 50, 1° co., cod. civ.).

Coloro che sarebbero eredi testamentari o legittimi se l'assente fosse morto nel giorno a cui risale l'ultima notizia di lui, o i loro rispettivi eredi, possono domandare l'immissione nel **possesso temporaneo** dei **beni** (art. 50, 2° co., cod. civ.). Esso attribuisce a coloro che l'ottengono e ai loro successori l'amministrazione dei beni dell'assente (art. 54 cod. civ.), la rappresentanza a stare in giudizio ed il godimento delle **rendite dei beni** (art. 52, 2° co., cod. civ.). Il tutto con i seguenti limiti: gli ascendenti, i discendenti e il coniuge immessi nel possesso temporaneo dei beni ritengono a loro profitto la totalità delle rendite. Gli altri devono riservare all'assente il terzo delle rendite (art. 53 cod. civ.).

I legatari (§§ 494.1 ss.), i donatari e tutti quelli ai quali spetterebbero diritti dipendenti dalla morte dell'assente possono domandare di essere ammessi all'esercizio temporaneo dei diritti (art. 50, 3° co., cod. civ.). Coloro che per effetto della morte dell'assente sarebbero liberati da obbligazioni possono essere temporaneamente esonerati dall'adempimento di esse, salvo che si tratti di obbligazioni alimentari previste dall'art. 434 cod. civ. (art. 50, 4° co., cod. civ.).

Se durante il possesso temporaneo l'assente ritorna o è provata la sua esistenza, **cessano** gli **effetti** della **dichiarazione** di **assenza**, salva, se occorre, l'adozione di provvedimenti per la conservazione del patrimonio (art. 56, 1° co., cod. civ.). La cessazione della dichiarazione di assenza, dunque, deve intendersi come un'automatica conseguenza della ricomparsa della persona o delle notizie circa la sua esistenza, non occorrendo alcuna pronuncia formale.

I possessori temporanei dei beni devono restituirli, ma fino al giorno della loro costituzione in mora continuano a godere dei vantaggi attribuiti dagli artt. 52 e 53 cod. civ. (immissione nel possesso temporaneo e godimento dei beni), e gli atti compiuti ai sensi dell'art. 54 cod. civ. restano irrevocabili (art. 56, 1° co., cod. civ.). Se l'assenza è stata volontaria e non è giustificata, l'assente perde il diritto di farsi restituire le rendite riservategli dall'art. 53 cod. civ. (art. 56, 2° co., cod. civ.).

Viene in considerazione, poi, l'istituto della **dichiarazione di morte presunta**. Quando siano trascorsi dieci anni dal giorno a cui risale l'ultima notizia dell'assente, il tribunale competente, su istanza del pubblico ministero o di uno dei soggetti interessati ai sensi dell'art. 50 cod. civ., può con sentenza dichiarare la morte presunta dell'assente nel giorno a cui risale l'ultima notizia (art. 58, 1° co., cod. civ.). In nessun caso la sentenza può essere pronunciata se non sono trascorsi nove anni dal raggiungimento della maggiore età dell'assente (art. 58, 2° co., cod. civ.). Può essere dichiarata la morte presunta anche se sia mancata la dichiarazione di assenza (art. 58, 3° co., cod. civ.). Il termine può essere anche inferiore a dieci anni quando la scomparsa sia da collegare a particolari vicende (guerre, prigionie) che lasciano ritenere probabile la morte (art. 60 cod. civ.).

La sentenza che dichiara la morte presunta è frutto di una valutazione del giudice: pertanto la scadenza del termine decennale (o di quello minore previsto dalla legge) non comporta alcun automatismo, ben potendo il giudice affermare l'esistenza di ragioni ostative alla dichiarazione di morte presunta.

La sentenza che dichiara la morte presunta determina l'**apertura** della **successione**, che coincide con la data della presunta morte. In particolare, diventata eseguibile la sentenza, coloro che hanno ottenuto l'immissione nel possesso temporaneo dei beni dell'assente (artt. 49 ss.) o i loro successori, possono disporre liberamente dei beni (art. 63, 1° co., cod. civ.). Vengono meno, così, i limiti alla disponibilità dei beni, che invece sussistono allorché si sia di fronte ad una persona assente (si confronti l'art. 54 cod. civ.). Inoltre, coloro ai quali è stato concesso l'esercizio temporaneo dei diritti o la liberazione temporanea dalle obbligazioni (art. 50 cod. civ.), conseguono l'esercizio definitivo dei diritti o la liberazione definitiva dalle obbligazioni (art. 63, 2° co., cod. civ.). Qualora non vi sia stata immissione nel possesso temporaneo dei beni, gli aventi diritto o i loro successori conseguono il pieno esercizio dei diritti loro spettanti, allorché la sentenza sia diventata eseguibile (art. 64, 1° co., cod. civ.). Peraltro, coloro che prendono possesso dei beni devono far precedere l'inventario dei beni ai sensi dell'art. 769 cod. proc. civ. Parimenti, devono far precedere l'inventario dei beni coloro che succedono per effetto della dichiarazione di morte presunta nei casi indicati dall'art. 60 cod. civ. (art. 64, 2° e 3° co., cod. civ.).

Altro effetto importante è il seguente: diventata eseguibile la sentenza che dichiara la morte presunta, il **coniuge** può contrarre **nuovo matrimonio** (art. 65 cod. civ.). Ciò vuol dire, dunque, che la sentenza dichiarativa della morte presunta comporta lo scioglimento del vincolo matrimoniale dal momento in cui si fa risalire la morte. La possibilità di contrarre nuovo matrimonio, in concreto, si ha allorché l'ufficiale dello stato civile annoti la sentenza dichiarativa della morte presunta a margine dell'atto di matrimonio.

Può accadere che la **persona** di cui sia stata dichiarata la morte presunta **ritorni** o si **provi** la sua **esistenza**. In tal caso la stessa ha diritto a recuperare i beni nello stato in cui si trovano e ha diritto a conseguire il prezzo di quelli alienati, quando esso sia tuttora dovuto, o i beni nei quali esso sia stato investito (art. 66, 1° co., cod. civ.). La dichiarazione di morte presunta, in pratica, perde immediatamente efficacia nel momento in cui ritorna la persona dichiarata morta; il medesimo effetto si verifica allorché venga accertata con sentenza l'esistenza della persona.

Il codice prevede il diritto di recupero dei beni "nello stato in cui si trovano": il riferimento non è solo per lo stato di conservazione materiale dei beni, ma anche per il loro stato giuridico; ciò vuol dire, in sostanza, che il ritorno della persona dichiarata morta non fa venire meno i diritti che, nel frattempo, siano stati costituiti sui suoi beni (si pensi ad un contratto costitutivo di servitù su un immobile di sua proprietà).

Se invece viene provata la data della morte della persona, i diritti appena ricordati spettano a coloro che, a quella data, sarebbero stati suoi eredi o legatari (art. 66, 3° co., cod. civ.).

Infine, il **matrimonio** eventualmente **contratto** dopo la dichiarazione di morte presunta è **nullo**, qualora la persona ritorni o ne sia accertata l'esistenza (art. 68, 1° co., cod. civ.). Sono salvi, però, gli effetti civili del matrimonio dichiarato nullo (art.

68, 2° co., cod. civ.: si rimanda, in materia, al § 429.2). La nullità, invece, non può essere pronunciata nel caso in cui sia accertata la morte, anche se avvenuta in una data posteriore a quella del matrimonio (art. 68, 3° co., cod. civ.).

In base all'art. 1, 5° co., l. n. 76/2016, all'unione civile si applicano, fra l'altro, gli artt. 65 e 68 cod. civ. (si veda, più in generale, Cap. 77).

70. La capacità di agire: nozione.

Con la nozione di capacità giuridica si fa riferimento all'attitudine della persona fisica ad essere destinataria, fra l'altro, di diritti, obblighi, doveri. Diverso è il concetto di **capacità di agire**: essa è l'**attitudine del soggetto a compiere atti giuridici negoziali che incidono sui propri interessi** (per questo si discute anche di **capacità negoziale**).

Mentre la capacità giuridica si acquista al momento della nascita, la capacità di agire presuppone che la persona sia in grado di provvedere ai propri interessi: essa si acquista con la maggiore età, ossia con il compimento del diciottesimo anno (art. 2, 1° co., cod. civ.). La mancanza di capacità di agire, dunque, impedisce di compiere atti giuridici validi: non si può validamente stipulare, ad esempio, un contratto di compravendita o porre in essere un atto unilaterale (costituzione di fondazione, promessa al pubblico). Non sono valide, inoltre, le dichiarazioni di scienza (come la confessione o il giuramento), che possono provenire soltanto dai soggetti che hanno il potere di disporre del diritto cui la dichiarazione di scienza si riferisce (art. 2731 cod. civ.).

Eccezionalmente la legge consente al **minore** di compiere determinati **atti giuridici**: ciò vuol dire l'art. 2, 1° co., cod. civ., nella parte in cui precisa che "con la maggiore età si acquista la capacità di compiere tutti gli atti per i quali non sia stabilita un'età diversa".

Ad esempio, il minore ultrasedicenne, giudizialmente ammesso al matrimonio, acquista una limitata capacità di agire (§ 72). Il riconoscimento del figlio, altresì, non può essere fatto dai genitori che non abbiano compiuto il sedicesimo anno di età, salvo che il giudice li autorizzi, valutate le circostanze e avuto riguardo all'interesse del figlio (art. 250, 5° co., cod. civ.; sulla natura del riconoscimento, peraltro, § 45).

Sono salve, ancora, le leggi speciali che stabiliscono un'età inferiore in materia di capacità a prestare il proprio lavoro (si veda, in particolare, l'art. 1, 622° co., l. n. 296/2006, che fissa nel compimento del sedicesimo anno l'età per l'accesso al lavoro). In tal caso il minore è abilitato all'esercizio dei diritti e delle azioni che dipendono dal contratto di lavoro (art. 2, 2° co., cod. civ.). L'opinione tradizionale vuole che i contratti di lavoro del minorenne debbano essere conclusi esclusivamente dal rappresentante legale. Si tratta, però, di una tesi che mal si concilia con l'idea della libertà del lavoro, sussistente in capo al minorenne che abbia acquistato la capacità lavorativa.

Qualora il minore compia atti giuridici che non ha la capacità di compiere, gli stessi sono annullabili (Cap. 34). Vi è un'ipotesi in cui l'annullamento non può essere pronunciato: quella dei **raggiri usati dal minore**. Il contratto, infatti, non è annullabile se il minore ha con raggiri occultato la sua minore età; ma la semplice dichiarazione da lui fatta di essere maggiorenne non è di ostacolo all'impugnazione del contratto (art. 1426 cod. civ.).

La nozione legislativa di capacità di agire (c.d. capacità legale di agire, giacché presuppone il compimento dell'età prevista dal codice) è diversa dalla nozione di **capacità naturale di agire**: questa prescinde dal raggiungimento della maggiore età o dal compimento di una diversa età stabilita dalla legge, e deve essere accertata caso per caso in relazione al singolo atto compiuto. Si discute, in questa ipotesi, di **capacità di intendere e volere**, prevista espressamente da alcuni articoli del codice civile (artt. 428, 1389 e 2046 cod. civ.).

Si prenda in considerazione, ad esempio, l'art. 1389, 1° co., cod. civ., secondo il quale "quando la rappresentanza è conferita dall'interessato, per la validità del contratto concluso dal rappresentante basta che questi abbia la capacità di intendere e volere, avuto riguardo alla natura e al contenuto del contratto stesso, sempre che sia legalmente capace il rappresentato". Affinché l'atto compiuto dal rappresentante sia valido è sufficiente che in quest'ultimo sia presente la capacità di intendere e di volere (e non la capacità legale di agire). Ciò permette di precisare, in definitiva, che la veste di rappresentante può essere assunta anche dal minorenne il quale, come visto, non ha la capacità legale di agire ma, a seconda dei casi, può avere in concreto la capacità di intendere e di volere.

Nella vita quotidiana, del resto, si assiste alla conclusione di diversi contratti da parte dei minorenni, sulla cui validità non si dubita affatto: il minorenne si reca in cartoleria e compra un quaderno; dal fornaio e compra il pane; dal fruttivendolo e compra le verdure; acquista un paio di scarpe da ginnastica nel negozio sportivo. In questi casi il minorenne agisce come rappresentante dei genitori, i quali sono i soggetti "rappresentati": il minorenne è mandato da quest'ultimi, come pure può dirsi, a svolgere alcune semplici incombenze.

Peraltro, chi contrae con il minore non è esentato da ogni controllo. Anzi, la controparte dovrà verificare che, in rapporto all'età, alla natura e al valore del contratto, il minorenne abbia in concreto la capacità di intendere e di volere. Da queste circostanze, inoltre, deve appurare se il minorenne agisca in rappresentanza dei genitori, conferitagli espressamente o (come molte volte accade) tacitamente. In caso di dubbio, chi contrae con il minore potrà ricorrere alla facoltà prevista dall'art. 1393 cod. civ., che consente di domandare la giustificazione dei poteri in base ai quali si contratta.

Esempio. Il cartolaio, di fronte alla richiesta del minorenne di comprare un quaderno ed una penna di poco valore, potrà facilmente ritenere – facendo riferimento alla natura e al contenuto del contratto – che il minorenne ha la capacità naturale e che, in base alle circostanze, agisce quale rappresentante dei genitori, i quali gli hanno conferito (tacitamente) il potere rappresentativo. Il cartolaio, qui, non avrà neanche l'onere di chiedere la giustificazione dei poteri rappresentativi ("ti manda la mamma? Me lo dimostri?"). Diversa, invece, è la situazione che si presenta in quest'altro caso: in una gioielleria entra un ragazzino di quindici anni che chiede di acquistare un orologio del valore di 30.000 euro. Qui il negoziante dovrà porsi alcune domande, se non vuol rischiare di stipulare un contratto annullabile: il bambino si rende conto dell'acquisto che sta per compiere? È stato mandato dai genitori o si tratta di una sua iniziativa personale? Il gioielliere avrà l'onere di eseguire una serie di verifiche: prima fra tutte, quella prevista dall'art. 1393 cod. civ. E di fronte alla risposta del bambino ("mi ha mandato papà") il gioielliere non potrà considerarsi soddisfatto, dovendo verificare a monte (contattando il genitore) l'esistenza o meno del potere rappresentativo.

Senza ricorrere alla ricostruzione appena compiuta, una parte della dottrina osserva come al minore debbano comunque essere consentiti quegli atti necessari a soddisfare le esigenze della vita quotidiana: diversamente, l'istituto della minore età rischierebbe di trasformarsi in uno strumento di emarginazione dal consorzio sociale e non di protezione di una persona non ancora maggiorenne.

Si ritiene, inoltre, che la nozione di capacità di intendere e volere possa venire in considerazione anche per valutare la rilevanza giuridica di alcuni **atti personali compiuti dal minore**, attraverso i quali si esprime la sua personalità. Si osserva, in proposito, come le scelte di carattere personale compiute da un minore, quando siano assistite dalla sua capacità di intendere e di volere, siano giuridicamente rilevanti, tanto da prevalere su quelle (di segno contrario) manifestate dai genitori: si pensi, ad esempio, alla scelta di abbracciare una determinata fede religiosa o di iscriversi ad un movimento politico.

L'incapacità di agire non impedisce di porre in essere **atti giuridici in senso stretto** (o **atti non negoziali**). Salva diversa disposizione legislativa, infatti, qui è sufficiente la capacità di intendere e di volere dell'agente (per Cass., 3.12.2004, n. 22776, la semplice capacità di intendere e volere è sufficiente per l'acquisto del possesso, con rilevanti conseguente anche in tema di usucapione).

71. La responsabilità genitoriale e dei tutori. Gli atti strettamente personali.

Il figlio è soggetto alla **responsabilità genitoriale** sino alla maggiore età o alla emancipazione. La responsabilità genitoriale è esercitata tenendo conto delle capacità, delle inclinazioni naturali e delle aspirazioni del figlio (art. 316, 1° co., cod. civ., così come risultante dalla modifica apportata dal d.lgs. n. 154/2013; sui diversi profili relativi all'esercizio della responsabilità genitoriale nei confronti dei figli nati nel matrimonio e al di fuori di esso, nonché durante la "crisi della famiglia", si rimanda al Cap. 72).

La responsabilità genitoriale consiste, in primo luogo, in un potere disciplinare, attraverso cui i genitori adempiono il loro obbligo di mantenimento, istruzione, educazione ed assistenza morale nei confronti dei figli (§§ 441 ss.).

La responsabilità genitoriale, poi, comprende un potere rappresentativo. I **genitori**, congiuntamente, o quello di essi che esercita in via esclusiva la responsabilità genitoriale, **rappresentano** i figli nati e nascituri, fino alla maggiore età o all'emancipazione, in "tutti gli atti civili e ne amministrano i beni. Gli **atti di ordinaria amministrazione**, esclusi i contratti con i quali si concedono o si acquistano diritti personali di godimento, possono essere compiuti disgiuntamente da ciascun genitore" (art. 320, 1° co., cod. civ.).

Ai genitori, dunque, spetta la legale rappresentanza dei minori: essi compiono atti giuridici, in loro nome, attraverso i quali gli stessi acquistano diritti ed assumono obbligazioni. È diffusa opinione, peraltro, che la lettera del codice (la quale fa riferimento a tutti "gli atti civili") comprenda anche alcuni atti di natura personale: è il caso dell'azione di risarcimento di danni non patrimoniali e dell'esercizio delle azioni di stato. La rappresentanza, inoltre, comprende il potere dei genitori di sporgere querela in ordine a fatti che abbiano leso un interesse del figlio (si veda anche, sui poteri dei genitori e dei rappresentanti legali in materia di trattamenti sanitari, § 78.3).

In caso di disaccordo, o di esercizio difforme alle decisioni concordate, si applicano le disposizioni di cui all'art. 316 cod. civ. (art. 320, 2° co., cod. civ.).

I genitori non possono alienare, ipotecare o dare in pegno i beni pervenuti al figlio a qualsiasi titolo, anche a causa di morte, accettare o rinunziare ad eredità o legati, accettare donazioni, procedere allo scioglimento di comunioni, contrarre mutui o locazioni ultranovennali o compiere altri **atti eccedenti l'ordinaria amministrazione**, né promuovere, transigere o compromettere in arbitri giudizi relativi a tali atti, se non per **necessità o utilità evidente del figlio dopo l'autorizzazione del giudice tutelare** (art. 320, 3° co., cod. civ.).

La norma appena ricordata individua, specificamente, alcuni atti (come, ad esempio, l'autorizzazione alla rinuncia all'eredità), cui va riconosciuto il carattere di atti di straordinaria amministrazione; la stessa disposizione, peraltro, fa riferimento agli "altri atti eccedenti l'ordinaria amministrazione", senza indicare i requisiti che un atto debba avere per poter essere definito di straordinaria amministrazione.

Eppure, la differenza fra i diversi tipi di atti è fondamentale: per gli atti di ordinaria amministrazione, lo si è visto, non ci sono limiti al loro compimento da parte del genitore; per quelli di straordinaria amministrazione, invece, occorre verificare, attraverso l'autorizzazione del giudice tutelare, la necessità o l'utilità degli stessi.

Alcuni interpreti considerano di ordinaria amministrazione quegli atti che comportano una conservazione o un miglioramento del patrimonio; di straordinaria amministrazione, invece, quegli atti in grado di modificare la struttura o la consistenza del patrimonio.

Altre volte si preferisce utilizzare un criterio più articolato, considerando di ordinaria amministrazione quegli atti che, ad un tempo: (a) siano oggettivamente utili alla conservazione del valore del patrimonio; (b) abbiano un valore economico non particolarmente elevato, soprattutto in relazione al valore totale del patrimonio; (c) comportino, infine, un margine di rischio modesto in relazione alle caratteristiche del patrimonio.

Se sorge **conflitto di interessi patrimoniali** tra i figli soggetti alla stessa responsabilità genitoriale, o tra essi e i genitori o quello di essi che esercita in via esclusiva la responsabilità genitoriale, il giudice tutelare nomina un curatore speciale. Se il conflitto sorge tra i figli e uno solo dei genitori esercenti la responsabilità genitoriale, la rappresentanza dei figli spetta esclusivamente all'altro genitore (art. 320, 6° co., cod. civ.).

Gli atti compiuti senza l'osservanza delle norme appena ricordate **possono essere annullati** su istanza dei genitori esercenti la responsabilità genitoriale o del figlio o dei suoi eredi o aventi causa (art. 322 cod. civ.).

I genitori esercenti la responsabilità genitoriale sui figli non possono, neppure all'asta pubblica, rendersi acquirenti, direttamente o per interposta persona, dei beni e dei diritti del minore (art. 323, 1° co., cod. civ.). Gli **atti** compiuti in violazione di tale divieto possono essere annullati su istanza del figlio o dei suoi eredi o aventi causa (art. 323, 2° co., cod. civ.). Infine, i genitori esercenti la responsabilità genitoriale non possono diventare cessionari di alcuna ragione o credito verso il minore (art. 323, 3° co., cod. civ.).

I genitori esercenti la responsabilità genitoriale hanno in comune **l'usufrutto** dei **beni** del **figlio**: ciò vuol dire che i frutti percepiti sono destinati al mantenimento della famiglia e all'istruzione ed educazione dei figli (art. 324, 1° e 2° co., cod. civ.).

Quando il patrimonio del minore sia male amministrato, il tribunale può stabilire le condizioni a cui i genitori devono attenersi nell'amministrazione o può rimuovere entrambi o uno solo di essi dall'amministrazione stessa, e privarli, in tutto o in parte, dell'usufrutto legale (art. 334, 1° co., cod. civ.). L'amministrazione è affidata ad un curatore, se è disposta la rimozione di entrambi i genitori (art. 334, 2° co., cod. civ.).

In mancanza dei genitori (perché sono morti o non sono in grado di provvedere alla tutela dei figli) il minore è sottoposto ad un **tutore**, nominato dal giudice tutelare (artt. 343 ss. cod. civ.). Se manca la designazione da parte del genitore che per ultimo ha esercitato la responsabilità genitoriale (o se gravi motivi si oppongono alla nomina della persona designata), la scelta del tutore avviene preferibilmente tra gli ascendenti o tra gli altri prossimi parenti o affini del minore (art. 348, 1° e 2° co., cod. civ.). Il giudice, prima di procedere alla nomina del tutore, dispone l'ascolto del minore che abbia compiuto gli anni dodici e anche di età inferiore ove capace di discernimento (art. 348, 3° co., cod. civ.).

Al tutore spetta la rappresentanza legale del minore. Il codice detta limiti più stringenti per l'esercizio della tutela: in particolare, egli non può, senza autorizzazione del giudice tutelare, acquistare beni per conto del minore, tranne il caso in cui si tratti di beni necessari per la persona o per l'amministrazione del patrimonio (art. 374, n. 1, cod. civ.). Si muove dal rilievo, qui, che gli acquisti, anche se a titolo gratuito, possano comunque comportare degli oneri per il patrimonio dell'acquirente: è il caso, ad esempio, delle obbligazioni fiscali che gravano sul proprietario di un bene immobile.

Il tutore deve inoltre chiedere l'autorizzazione del giudice tutelare per il compimento di altri atti espressamente previsti (art. 374 cod. civ.); per alcuni atti, poi, l'autorizzazione deve essere chiesta al tribunale ordinario (art. 375 cod. civ.). Gli **atti** che ai sensi delle predette disposizioni richiedono l'autorizzazione del giudice tutelare o del tribunale sono da considerare di **straordinaria amministrazione** (al contrario, gli atti compiuti dal tutore che non richiedono l'autorizzazione sono di ordinaria amministrazione). Gli atti compiuti senza l'osservanza delle norme dettate per la tutela sono annullabili (art. 377 cod. civ.).

Il protutore rappresenta il minore quando tra lo stesso ed il tutore vi sia un conflitto di interessi (art. 360 cod. civ.).

Va chiarito, peraltro, che la rappresentanza legale (del genitore o del tutore) non opera rispetto agli **atti** considerati **strettamente personali**: ci si riferisce, in primo luogo, all'atto di matrimonio, al testamento, al riconoscimento di un figlio; si tratta di atti che non ammettono la rappresentanza (e che, tranne le deroghe previste, non possono essere compiuti dai minorenni).

Vengono in considerazione, poi, altri atti implicanti una scelta di natura personale (ad esempio, la partecipazione a un'associazione o a un partito politico). Va ribadito come, in questi casi, escluso il potere rappresentativo in capo ai genitori e tutori, non siano da considerare sempre invalidi gli atti dei minorenni attraverso i quali si manifesta una scelta di natura personale. Ed infatti, possono considerarsi sottratti alla regola dell'incapacità quegli atti attraverso cui il minore manifesta la sua partecipazione alla vita di relazione, quando essi siano conformi alle normali esigenze della sua personalità (salvo il caso in cui si tratti di atti che lo espongono ad un rilevante pregiudizio). Occorre soltanto valutare, per questo ordine di casi, la capacità di intendere e volere del minorenne.

Per un'attenta dottrina, avendo riguardo agli atti che, per espressa previsione di legge, non possono essere compiuti dai minorenni (se non in determinati casi) e, nel contempo, escludono la rappresentanza, quella che ordinariamente sarebbe qualificabile come incapacità di agire si converte in incapacità giuridica.

Esempio. I genitori non possono certo sposarsi al posto del figlio minorenne, il quale – a parte le deroghe previste – ha l'incapacità giuridica a contrarre matrimonio. Il figlio minorenne, ancora, non può acquistare un immobile, ma possono farlo – agendo come rappresentanti legali – i genitori dello stesso: si dice, in questo caso, che il figlio minorenne ha l'incapacità di agire.

Impostata in tal modo la questione, sembra corretto affermare che l'incapacità del testatore, fino a quando non abbia compiuto la maggiore età (art. 591, 1° co., n. 1, cod. civ.), va considerata come un caso di incapacità giuridica.

72. L'emancipazione.

La capacità giuridica al matrimonio si raggiunge al compimento del diciottesimo anno di età (art. 84, 1° co., cod. civ.; sull'unione civile si rimanda al Cap. 77); età in cui il soggetto acquista anche la capacità legale di agire.

In un caso la capacità giuridica al matrimonio si acquista al compimento del sedicesimo anno di età: in particolare, il minore di diciotto anni, ma maggiore di sedici, può essere eccezionalmente autorizzato dal tribunale, previa verifica della sua maturità psico-fisica, a contrarre matrimonio (art. 84, 2° co., cod. civ.). Nella pratica, peraltro, accade che sempre più difficilmente i tribunali ammettono il minorenne infradiciottenne a sposarsi.

Con il matrimonio, il sedicenne acquista lo *status* di **minore emancipato**. Il minore emancipato, per il solo fatto di aver contratto matrimonio, acquista una parziale capacità di agire, pur non diventando pienamente capace.

Occorre procedere con ordine. Al minore emancipato si assegna un **curatore**, che la legge fa coincidere con il coniuge, sempre che questi sia maggiorenne (art. 392, 1° co., cod. civ.). Se entrambi i coniugi sono di minore età, il giudice tutelare può nominare un unico curatore, scelto preferibilmente tra i genitori (art. 392, 2° co., cod. civ.). Se interviene l'annullamento, lo scioglimento o la cessazione degli effetti civili del matrimonio o la separazione personale, il giudice tutelare nomina curatore uno dei genitori, se idoneo all'ufficio o, in mancanza, altra persona (art. 392, 3° co., cod. civ.).

L'emancipazione conferisce al minore la capacità di compiere da solo gli **atti che non eccedono l'ordinaria amministrazione** (art. 394, 1° co., cod. civ.; Trib. Bologna, 17.10.2017). Per gli **atti eccedenti l'ordinaria amministrazione**, oltre il consenso del curatore, è necessaria l'autorizzazione del giudice tutelare o, per alcuni atti, del tribunale (art. 394, 3° co., cod. civ.: sulla nozione di atti di ordinaria e straordinaria amministrazione § 71). Diversamente, gli atti di straordinaria amministrazione sono annullabili su istanza del minore o dei suoi eredi o aventi causa (art. 396 cod. civ.). Le disposizioni appena ricordate si applicano esclusivamente agli atti a contenuto patrimoniale.

Nel caso in cui il curatore rifiuti il suo consenso, il minore può ricorrere al giudice tutelare, il quale, se stima ingiustificato il rifiuto, nomina un **curatore speciale** per assistere il minore nel compimento dell'atto, salva, se occorre, l'autorizzazione del tribunale (art. 395 cod. civ.). La nomina di un curatore speciale può avvenire anche quando nasca un conflitto di interessi fra il minore ed il curatore (art. 394, 4° co. cod. civ.).

Il minore emancipato può esercitare un'**impresa commerciale** senza l'assistenza del curatore, se è autorizzato dal tribunale, previo parere del giudice tutelare e sentito il curatore (art. 397, 1° co., cod. civ.). L'autorizzazione del tribunale consente al minore emancipato anche di iniziare un'attività di impresa e non solo di continuarne una che esista nel suo patrimonio.

Il minore emancipato che è autorizzato all'esercizio di un'impresa commerciale può compiere da solo gli atti che eccedono l'ordinaria amministrazione, "anche se estranei all'esercizio dell'impresa" (art. 397, 3° co., cod. civ.; si veda anche, sulla capacità di donare del minore emancipato, autorizzato all'esercizio di un'impresa commerciale, l'art. 774 cod. civ.). La ragione della norma è chiara: il minore emancipato, che per giunta esercita un'attività d'impresa, merita piena fiducia, anche perché si sta avviando, di lì a breve, a compiere la maggiore età.

73. L'interdizione.

La capacità di agire, acquistata con la maggiore età (o con l'emancipazione) si conserva di regola sino alla morte. Essa, peraltro, è legata alla idoneità del soggetto a curare i propri interessi. Nei casi in cui il soggetto risulti totalmente inidoneo al compimento di atti giuridici, il legislatore prevede l'istituto della interdizione, che tradizionalmente si riconduce alla categoria dell'**incapacità legale di agire assoluta o totale**, cui pure vi rientra il minore di età.

Qualora, invece, sussista una parziale inidoneità alla cura dei propri interessi, tale da escludere solo parzialmente l'attitudine del soggetto al compimento di atti giuridici, viene in considerazione l'istituto della inabilitazione, che va a comporre la categoria dell'**incapacità legale di agire relativa o parziale** (cui pure si riconduce l'emancipazione del minore: § 72).

Il legislatore, da qualche tempo, ha previsto un ulteriore **istituto di protezione** della persona fisica, certamente più attento ai bisogni specifici del beneficiario: l'amministrazione di sostegno (§§ 76 ss.).

Si cominci l'analisi dall'istituto dell'**interdizione giudiziale** (così definita perché l'incapacità dell'interdetto è frutto di un accertamento giudiziario). Il maggiore di età e il minore emancipato, i quali si trovino in condizione di **abituale infermità mentale** che li rende **incapaci a provvedere ai propri interessi**, sono interdetti, quando ciò è necessario per assicurare la loro adeguata protezione (art. 414 cod. civ.: articolo così sostituito dall'art. 4, 2° co., della l. 9.1.2004, n. 6).

Vanno analizzati gli aspetti più importanti di tale disposizione. È ormai riconosciuto che per l'esistenza dell'infermità mentale non è necessario che si accerti una tipica malattia mentale (i cui caratteri, cioè, siano descritti espressamente in manuali clinici), ma è sufficiente che esista una patologia che renda il soggetto del tutto incapace di provvedere ai propri interessi.

L'abitualità, poi, implica un perdurare della malattia, ancorché essa non sia inguaribile. L'abitualità, ancora, non va confusa con la continuità o perpetuità, potendo essere saltuaria o intermittente: ne consegue che può interdirsi giudizialmente anche la persona che, ad intervalli, manifesti segni di lucidità. Va sottolineato che la dichiarazione di interdizione non consegue necessariamente alla situazione di abituale infermità mentale: l'utilizzo dell'interdizione giudiziale, infatti, deve essere limitato ai casi più gravi, quando sia necessario per assicurare all'interdetto un'adeguata protezione (Trib. Torino, 5.8.2019; Trib. Pistoia, 26.6.2019).

L'incapacità a provvedere ai propri interessi, infine, non deve essere valutata avendo riguardo soltanto agli affari di natura patrimoniale della persona: occorre far riferimento, più in generale, alla personalità e alla condizione sociale dell'interdicendo, unitamente alla natura e all'entità degli interessi che rientrano nella sua disponibilità.

L'interdizione può essere promossa, fra gli altri, dal coniuge, dalla persona stabilmente convivente, dai parenti entro il quarto grado, dagli affini entro il secondo grado, dal curatore ovvero dal pubblico ministero (art. 417, 1° co., cod. civ.).

Non si può pronunciare l'interdizione senza che si sia proceduto all'esame dell'interdicendo (art. 419, 1° co., cod. civ.). Il giudice, nell'esame, può farsi assistere da un consulente tecnico. Può anche d'ufficio disporre i mezzi istruttori utili ai fini del giudizio, interrogare i parenti prossimi dell'interdicendo ed assumere le necessarie informazioni (art. 419, 2° co., cod. civ.). Dopo l'esame, qualora sia ritenuto opportuno, può essere nominato un tutore provvisorio dell'interdicendo (art. 419, 3° co., cod. civ.).

L'interdizione produce i suoi effetti dal giorno della pubblicazione della sentenza (art. 421 cod. civ.), che va annotata a margine dell'atto di nascita (art. 423 cod. civ.), per renderla facilmente conoscibile a chiunque. Con la sentenza il giudice tutelare nomina un **tutore** in capo all'interdetto, scelto di solito fra i familiari. Si applicano, per la tutela dell'interdetto, le disposizioni sulla tutela del minore (art. 424, 1° co., cod. civ.), di cui già si è detto (§ 71). Ciò vuol dire che il tutore sostituisce completamente l'interdetto (il quale è privato della sua capacità di agire), agendo in sua rappresentanza con atti giuridici i cui effetti si ripercuotono direttamente nel patrimonio dell'incapace; per gli atti più importanti, peraltro, è prevista l'autorizzazione da parte dell'autorità giudiziaria. Si noti come l'esercizio della tutela comporta la rappresentanza del tutore anche "in tutti gli atti civili" (così l'art. 357 cod. civ.). Secondo i più recenti approdi della giurisprudenza di legittimità, in base ad un'interpretazione costituzionalmente orientata degli artt. 357 e 414 cod. civ. all'interdetto è consentito, per il tramite del tutore, anche il compimento di atti personali (a meno che non gli siano vietati) come la domanda di separazione giudiziale, "ben potendo l'esercizio del corrispondente diritto rendersi necessario per assicurare la sua adeguata protezione" (Cass., 6.6.2018, n. 14669). Ed ancora, un'interpretazione costituzionalmente orientata consente all'adottando maggiorenne, che si trovi in stato di interdizione giudiziale, di manifestare il proprio consenso per il tramite del suo rappresentante legale (così Cass., 3.2.2022, n. 3462). Emerge il rilievo, da ultimo, che nel nostro ordinamento non esiste un principio di generale e tassativa preclusione al compimento di atti personali e di straordinaria amministrazione da parte del legale rappresentante dell'incapace (App. Palermo, 8.7.2021).

Gli atti compiuti dall'interdetto dopo la sentenza di interdizione possono essere annullati su istanza del tutore, dell'interdetto o dei suoi eredi o aventi causa. Sono del pari annullabili gli atti compiuti dall'interdetto dopo la nomina del tutore provvisorio, qualora alla nomina segua la sentenza di interdizione (art. 427, 2° co., cod. civ.).

Nella sentenza che pronuncia l'interdizione (o in successivi provvedimenti dell'autorità giudiziaria), può stabilirsi che taluni atti di ordinaria amministrazione possano essere compiuti dall'interdetto senza l'intervento ovvero con l'assistenza del tutore (art. 427, 1° co., cod. civ.). Tale norma, introdotta dall'art. 9 della l. 9.1.2004, n. 6, consente all'interdetto una limitata capacità di esercizio dei propri diritti: l'idea del legislatore è quella di attribuire rilievo, il più possibile, alla volontà dell'interessato (ed è questa la prospettiva che anima l'intero istituto dell'amministrazione di sostegno, introdotto con la predetta l. n. 6/2004, di cui si dirà ai §§ 76 ss.).

Diversa dall'interdizione giudiziale è la c.d. **interdizione legale** (art. 32 cod. pen.). È interdetto legalmente colui che è stato condannato alla pena dell'ergastolo o alla reclusione non inferiore a cinque anni. La privazione della capacità di agire, qui, va intesa come una pena accessoria alla sanzione penale e non come una misura di protezione nei confronti del soggetto incapace a provvedere ai propri interessi.

All'interdizione legale si applicano le stesse disposizioni dell'interdizione giudiziale, anche per quel che riguarda l'amministrazione del patrimonio e la rappresentanza negli atti.

L'interdizione legale, comunque, non comporta alcuna incapacità del soggetto al compimento degli atti a carattere personale (matrimonio, riconoscimento del figlio naturale, testamento).

74. L'inabilitazione.

Qualora lo stato di abituale **infermità non** sia **tale da pregiudicare totalmente la capacità di intendere e di volere della persona**, tanto da richiedere la privazione della sua capacità di agire, le stesse persone legittimate a richiedere l'interdizione possono presentare domanda di **inabilitazione** (art. 415, 1° co., cod. civ.). Peraltro, promosso il giudizio di interdizione può essere dichiarata anche d'ufficio l'inabilitazione per infermità di mente (art. 418, 1° co., cod. civ.).

L'infermità di cui si discute, pur essendo meno grave di quella richiesta per l'interdizione, deve avere pur sempre il carattere della abitualità.

Possono anche essere inabilitati coloro che, per **prodigalità** o per **abuso abituale di bevande alcooliche o di stupefacenti**, espongono sé o la loro famiglia a **gravi pregiudizi economici** (art. 415, 2° co., cod. civ.). L'abuso di alcool e di stupefacenti, per condurre alla inabilitazione, deve tradursi in una concreta alterazione della sfera psico-volitiva. Il prodigo, invece, è colui che sperpera il patrimonio per motivi futili. In entrambi i casi, affinché sia possibile pronunciare la sentenza di inabilitazione, occorre che si accerti un **grave pregiudizio economico** per l'inabilitando e per la sua famiglia.

Esempio. Il Sig. De Allegris vive con la sua famiglia (moglie e due figli) in condizioni agiate, in una villetta in Brianza. È proprietario, inoltre, di altri due appartamenti sul Lago di Como. Un giorno il Sig. De Allegris comincia a giocare alle carte, perdendo ingenti cifre. Non avendo più disponibilità di denaro per pagare i debiti di gioco, vende i suoi due appartamenti sul lago, che fra l'altro gli fruttavano cospicue rendite, in quanto erano dati in locazione a turisti. Il Sig. De Allegris non si ferma qui: essendo vittima, ormai, del demone del gioco, intende continuare a sedersi sul tavolo verde, prospettando ai suoi compagni che è disposto anche a vendere la sua casa familiare, pur di essere ammesso a giocare. La Sig.ra De Allegris viene a conoscenza della circostanza e promuove un procedimento di inabilitazione del marito. In tal modo quest'ultimo non potrà da solo vendere l'immobile brianzolo, occorrendo l'assistenza del curatore (che potrà essere, nel nostro caso, la moglie) e l'autorizzazione del giudice tutelare (si confronti l'art. 394 cod. civ.). È da ritenere che, in base alle circostanze illustrate, il curatore non darà alcun consenso alla vendita, né vi sarà alcuna autorizzazione da parte del giudice: in tal modo la casa familiare sarà salva.

La prodigalità, che giustifica l'inabilità, ricorre qualora il ripetersi di spese disordinate, nonché sproporzionate alla consistenza patrimoniale della persona, sia ricollegabile non ad una mera cattiva amministrazione (ossia all'incapacità di impostare e trattare vantaggiosamente i propri affari), ma ad un'alterazione mentale che escluda o riduca notevolmente la capacità di valutare il denaro, di risolvere problemi anche semplici di amministrazione, di cogliere il pregiudizio conseguente allo sperpero delle proprie sostanze (Trib. Modena, 3.11.2017).

Infine, possono essere inabilitati il sordo e il cieco dalla nascita o dalla prima infanzia, se non hanno ricevuto un'educazione sufficiente, salva l'applicazione dell'art. 414 cod. civ. quando risulta che essi siano del tutto incapaci di provvedere ai propri interessi (art. 415, 3° co., cod. civ.). Il termine "educazione sufficiente" non vuol dire istruzione, ma un medio livello di cura dei propri interessi, ossia l'acquisizione di quei parametri di conoscenza del mondo esteriore che avviene in una situazione di normalità.

In presenza dei presupposti previsti dalla legge il giudice "può" pronunciare l'inabilitazione: l'autorità giudiziaria, infatti, è chiamata a verificare in concreto se le condizioni della persona rendano necessaria, nel suo interesse, una limitazione della capacità di agire.

L'istruttoria si svolge secondo le modalità previste per l'interdizione (artt. 419 ss. cod. civ.). Le stesse regole valgono per la scelta del curatore (art. 424, 3° co., cod. civ.).

Con la sentenza il tribunale nomina un **curatore** in capo all'inabilitato: le disposizioni già studiate sulla **curatela dei minori emancipati** (§ 72) si applicano alla curatela degli inabilitati (art. 424, 1° co., cod. civ.). L'inabilitato, come nell'esempio sopra riportato, non può compiere da solo un atto di straordinaria amministrazione, essendo richiesto il consenso del curatore e l'autorizzazione del giudice tutelare (artt. 424, 1° co., 394, 2° co., cod. civ.)

L'inabilitazione produce i suoi effetti dal giorno della pubblicazione della sentenza (art. 421 cod. civ.), che va annotata a margine dell'atto di nascita (art. 423 cod. civ.).

Possono essere annullati, su istanza dell'inabilitato o dei suoi eredi o aventi causa, gli atti eccedenti l'ordinaria amministrazione compiuti dall'inabilitato, senza l'osservanza delle prescritte formalità, dopo la sentenza di inabilitazione o dopo la nomina del curatore provvisorio, qualora alla nomina sia seguita l'inabilitazione (art. 427, 3° co., cod. civ.).

Peraltro, nella sentenza che pronuncia l'inabilitazione o in successivi provvedimenti dell'autorità giudiziaria può stabilirsi che taluni atti eccedenti l'ordinaria amministrazione possano essere compiuti dall'inabilitato senza l'assistenza del curatore (art. 427, 1° co., cod. civ.).

Va ricordato, infine, che l'inabilitato può continuare l'esercizio dell'impresa commerciale soltanto se autorizzato dal tribunale su parere del giudice tutelare. L'autorizzazione può essere subordinata alla nomina di un institore (art. 425 cod. civ.). L'inabilitato, dunque, non può costituire una nuova impresa, potendo soltanto proseguirla. Inoltre, pur restando in capo all'inabilitato l'iniziativa circa la continuazione dell'esercizio dell'impresa, per gli atti di straordinaria amministrazione è richiesto sempre il consenso congiunto del curatore.

75. La revoca dell'interdizione e dell'inabilitazione.

Le sentenze di **interdizione** o di **inabilitazione** possono essere **revocate**. In particolare, quando cessa la causa dell'interdizione o dell'inabilitazione, queste possono essere revocate su istanza del coniuge, dei parenti entro il quarto grado, o degli affini entro il secondo grado, del tutore dell'interdetto, del curatore dell'inabilitato o su istanza del pubblico ministero (art. 429, 1° co., cod. civ.). Anche il convivente di fatto, si ritiene, può formulare istanza di revoca.

Il giudice tutelare deve vigilare se la causa dell'interdizione o dell'inabilitazione continui. Se ritiene che sia venuta meno deve informare il pubblico ministero (art. 429, 2° co., cod. civ.).

Due sono i requisiti per l'accoglimento della domanda di revoca: il passaggio in giudicato della sentenza di interdizione e di inabilitazione; il venir meno dei presupposti oggettivi su cui si fondava la sentenza di interdizione o di inabilitazione.

Se nel corso del giudizio per la revoca dell'interdizione o dell'inabilitazione appare opportuno che, successivamente alla revoca, il soggetto sia assistito dall'amministratore di sostegno, il tribunale, d'ufficio o ad istanza di parte, dispone la trasmissione degli atti al giudice tutelare (art. 429, 3° co., cod. civ.).

Altra possibilità è che l'autorità giudiziaria, pur riconoscendo fondata l'istanza di revoca dell'interdizione, non crede che l'infermo abbia riacquistato la piena capacità: in tal caso, allora, può revocare l'interdizione e dichiarare inabilitato l'infermo medesimo (art. 432, 1° co., cod. civ.).

La sentenza di revoca deve essere immediatamente annotata, a cura del cancelliere, nell'apposito registro e comunicata entro dieci giorni all'ufficiale dello stato civile per le annotazioni in margine all'atto di nascita (artt. 430 e 423 cod. civ.).

La sentenza che revoca l'interdizione o l'inabilitazione produce i suoi effetti appena passata in giudicato (art. 431, 1° co., cod. civ.). Tuttavia, gli atti compiuti dopo la pubblicazione della sentenza di revoca non possono essere impugnati se non quando la revoca è esclusa con sentenza passata in giudicato (art. 431, 2° co., cod. civ.).

76. L'amministrazione di sostegno: i presupposti.

Negli ultimi decenni il ricorso al procedimento di interdizione e di inabilitazione è stato abbastanza raro, essendo molto pesanti, per l'infermo, le conseguenze della sentenza di un tipo o dell'altro (la cancellazione o, comunque, la forte limitazione della sua autonomia). Ciò ha finito per penalizzare, in concreto, quelle persone che avevano bisogno di una protezione più flessibile, modulata cioè su alcuni specifici bisogni ed istanze, anche di carattere transitorio. Ed infatti, per non costringere questi soggetti entro le maglie non adeguate dell'interdizione e dell'inabilitazione, gli stessi sono stati spesso lasciati senza un'effettiva protezione.

Anche per rimediare a siffatta situazione è stata emanata la l. 9.1.2004, n. 6, che ha introdotto il nuovo istituto dell'**amministrazione di sostegno** e ha ritoccato in alcuni punti gli originari istituti di protezione degli incapaci.

Il presupposto per la nomina di un amministratore di sostegno in capo al soggetto bisognoso è indicato dall'art. 404 cod. civ.: "la persona che, per effetto di una **infermità** ovvero di una **menomazione fisica o psichica**, si trova nella **impossibilità**, **anche parziale o temporanea**, **di provvedere ai propri interessi**, può essere assistita da un amministratore di sostegno, nominato dal giudice tutelare del luogo in cui questa ha la residenza o il domicilio".

La novità di questo istituto, rispetto ai tradizionali strumenti di tutela degli incapaci, è evidente: in primo luogo non si fa più solo riferimento ad una situazione di infermità mentale, ma anche ad una menomazione psichica o fisica (Trib. Campobasso, 24.1.2022); in secondo luogo l'impedimento può anche essere parziale o temporaneo, non facendosi più riferimento alla nozione di "abitualità" che, invece, caratterizza gli istituti della interdizione e della inabilitazione.

Come può facilmente intendersi, la categoria dei destinatari della disposizione è quanto mai vasta, comprendendo situazioni soggettive che non possono essere ricondotte negli istituti tradizionali: si pensi, ad esempio, agli anziani, ai pazienti lungodegenti in ospedale, ai malati terminali, a coloro che si trovano in una situazione di oggettiva debolezza, anche se non necessariamente abituale (depressione, astenia, *deficit* fisico diverso da quello indicato nell'art. 415 cod. civ.).

Le parole dei giudici della Cassazione evidenziano bene le potenzialità dell'amministrazione di sostegno: essa ha la "finalità di offrire a chi si trovi nella impossibilità, anche parziale o temporanea, di provvedere ai propri interessi, uno strumento di assistenza che ne sacrifichi nella minor misura possibile la capacità di agire, distinguendosi, con tale specifica funzione, dagli altri istituti a tutela degli incapaci, quali l'interdizione e l'inabilitazione, non soppressi, ma solo modificati dalla stessa legge attraverso la novellazione degli artt. 414 e 417 cod. civ." (Cass., 12.6.2006, n. 13584; si veda anche Trib. Firenze, 13.5.2021).

Aggiungono, i giudici di legittimità, che l'ambito di applicazione dell'amministrazione di sostegno va individuato con riguardo non già al diverso, e meno intenso, grado di infermità o di impossibilità di attendere ai propri interessi del soggetto carente di autonomia, ma piuttosto alla maggiore capacità di tale strumento di adeguarsi alle esigenze della persona fisica, in relazione alla sua flessibilità e alla maggiore agilità della relativa procedura applicativa (Cass., 26.10.2011, n. 22332, che fa riferimento alla necessità di valutare in via prioritaria il tipo di attività che deve essere compiuta per conto del beneficiario).

Tale rilievo merita di essere sottolineato: se, infatti, l'amministrazione di sostegno trova applicazione allorché una persona si trovi in una situazione di impossibilità "anche" parziale o temporanea di provvedere ai propri interessi, l'applicabilità dell'istituto non è esclusa quando l'impossibilità sia totale o permanente.

Il conflitto tra le aree di applicazione dell'istituto dell'interdizione (o dell'inabilitazione) e l'amministrazione di sostegno va risolto, allo stato, in base al seguente criterio: si può ricorrere **in via residuale** all'**interdizione** (o all'**inabilitazione**) tutte le volte in cui la protezione del soggetto abitualmente infermo di mente (e dunque incapace a provvedere ai propri interessi) non possa essere garantita dall'amministrazione di sostegno (Trib. Rieti, 4.2.2020; Trib. Palermo, 27.10.2021; Trib. Messina, 5.10.2021; Trib. Piacenza, 1.2.2022; si veda anche Trib. Termini Imerese, 1.2.2022, secondo cui l'interdizione va preferita quando le condizioni della persona interdicenda siano tali da comportare una severa alterazione delle sue facoltà mentali e da rendere il soggetto totalmente incapace di provvedere ai propri interessi). La Cassazione, peraltro, ha precisato che l'amministrazione di sostegno non può essere disposta nei confronti di chi sia dotato della piena capacità di poter esprimere il proprio dissenso alla misura di sostegno (Cass., 31.12.2020, n. 29981).

In una prospettiva di riforma generale degli istituti di protezione, d'altra parte, va condivisa l'idea di chi ritiene che l'interdizione e l'inabilitazione andrebbero abrogate, a favore di una piena espansione dell'amministrazione di sostegno, la cui *ratio* è quella di offrire un'effettiva e specifica tutela nei confronti dei soggetti bisognosi, qualsiasi siano le loro incapacità o impedimenti. È questa la strada che sembra suggerire, nel 2018, la stessa Corte di cassazione, per la quale "può adottarsi la misura dell'amministrazione di sostegno, nell'interesse del beneficiario e a protezione del di lui patrimonio, anche in presenza dei presupposti di legge per l'interdizione e l'inabilitazione e anche in caso di prodigalità" (Cass., 7.3.2018, n. 5492).

76.1. *La procedura per la nomina dell'amministratore di sostegno.*

Il **ricorso per la nomina dell'amministratore di sostegno** può essere proposto dallo stesso soggetto beneficiario, anche se minore, interdetto o inabilitato, ovvero da uno dei familiari indicati nell'art. 417 cod. civ. (art. 406, 1° co., cod. civ.). Se il ricorso concerne la persona interdetta o inabilitata il medesimo è presentato congiuntamente all'istanza di revoca dell'interdizione o dell'inabilitazione davanti al giudice competente per quest'ultima (art. 406, 2° co., cod. civ.). I responsabili dei servizi sanitari e sociali direttamente impegnati nella cura e assistenza della persona, ove a conoscenza di fatti tali da rendere opportuna l'apertura del procedimento di amministrazione di sostegno, sono tenuti a proporre al giudice tutelare il ricorso o a fornire comunque notizia al pubblico ministero (art. 406, 3° co., cod. civ.).

Il ricorso deve indicare le generalità del beneficiario, la sua dimora abituale, le ragioni per cui si chiede la nomina dell'amministratore di sostegno, il nominativo ed il domicilio, se conosciuti, del ricorrente, del coniuge, dei discendenti, degli ascendenti, dei fratelli e dei conviventi del beneficiario (art. 407, 1° co., cod. civ.).

Il giudice tutelare deve sentire personalmente la persona cui il procedimento si riferisce, anche recandosi, ove occorra, nel luogo in cui questa si trova; deve altresì assumere ogni idonea informazione, nell'interesse della persona, presso i familiari e, ove richiesto, disporre accertamenti di natura medica ovvero assumere ogni mezzo istruttorio utile ai fini della decisione (art. 407, 2° e 3° co., cod. civ.). Il giudice tutelare può, in ogni tempo, modificare o integrare, anche d'ufficio, le decisioni assunte con il decreto di nomina dell'amministratore di sostegno (art. 407, 4° co., cod. civ.).

Nella **scelta dell'amministratore di sostegno** si conferma la volontà del legislatore di aver riguardo, principalmente, alla volontà e ai bisogni della persona sottoposta al procedimento.

L'amministratore può essere designato dallo stesso interessato, mediante atto pubblico o scrittura privata autenticata. In mancanza, ovvero in presenza di **gravi motivi**, il giudice tutelare può designare con decreto motivato un **amministratore di sostegno diverso**, che sarà preferibilmente il coniuge, il contraente l'unione civile (art. 1, 15° co., l. n. 76/2016), il convivente *more uxorio* o una persona scelta nella cerchia dei parenti dell'amministrato (art. 408, 1° co., cod. civ.). Il giudice tutelare, quando ne ravvisi l'opportunità, e nel caso di designazione dell'interessato quando ricorrano gravi motivi, può chiamare all'incarico di amministratore di sostegno anche altra persona idonea (art. 408, 4° co., cod. civ.).

Le designazioni personali del futuro amministrato possono essere revocate dallo stesso con l'adozione delle medesime forme previste per la designazione (art. 408, 2° co., cod. civ.).

È ammesso, dunque, che lo stesso beneficiario indichi una persona che sarà incaricata di curare i suoi interessi, secondo le modalità previste nel decreto del giudice tutelare. Il giudice potrà disattendere tale indicazione, ma soltanto in presenza di "gravi motivi", di cui dovrà essere dato conto nel decreto di nomina di altro amministratore di sostegno.

Esempio. Il Sig. Brambilla, di Milano, viene trasferito dalla sua società a Bologna, dove deve restare per un anno. Nella città felsinea incontra una donna, con cui si fidanza. Qualche mese dopo, durante un normale controllo medico, il Sig. Brambilla viene a scoprire che è affetto da una grave patologia, la quale richiede, da lì a qualche mese, un intervento chirurgico ed una lungodegenza in ospedale. Il Sig. Brambilla, allora, si reca da un notaio e nomina, con atto pubblico, la sua fidanzata quale amministratrice di sostegno, precisando che la stessa dovrà provvedere a gestire i due immobili di cui il Sig. Brambilla è proprietario a Milano, per tutto il periodo in cui non potrà occuparsene. Pochi giorni prima dell'intervento i due fidanzati litigano e si lasciano: la rottura del fidanzamento non è priva di strascichi. Fra l'altro il Sig. Brambilla lamenta la sparizione di alcune somme di denaro che aveva nel suo appartamento bolognese, accusando la ragazza. Quest'ultima, a sua volta, nutre un forte rancore verso il suo ex compagno, assicurandogli ritorsioni per le pene e per le accuse subìte. Dopo il litigio il Sig. Brambilla si scorda di revocare la nomina della sua ex fidanzata quale amministratrice di sostegno: entra in ospedale e si preoccupa soltanto di guarire. Apprese queste circostanze, il giudice tutelare nominerà con decreto una persona diversa dalla ex fidanzata del Sig. Brambilla: sussistono, qui, gravi motivi affinché si disattenda la scelta operata dal Sig. Brambilla, quando lo stesso viveva un periodo di idillio con la donna.

76.2. *Doveri dell'amministratore di sostegno. Revoca dell'incarico.*

Nello svolgimento dei suoi compiti l'amministratore di sostegno deve tenere conto dei "**bisogni** e delle **aspirazioni del beneficiario**" (art. 410, 1° co., cod. civ.). Il linguaggio utilizzato nella disposizione (non presente nell'istituto dell'interdizione e della inabilitazione) intende sottolineare come l'amministratore non debba limitarsi a svolgere un ruolo di controllo, di vigilanza e di direzione del soggetto assistito: egli, infatti, deve aver riguardo agli specifici bisogni ed aspirazioni del beneficiario.

Lo spirito collaborativo fra amministratore di sostegno e beneficiario si rinviene anche nella disposizione secondo cui il primo deve tempestivamente informare il secondo circa gli atti da compiere, nonché il giudice tutelare in caso di dissenso con il beneficiario stesso. In caso di contrasto, di scelte o di atti dannosi ovvero di negligenza nel perseguire l'interesse o nel soddisfare i bisogni o le richieste del beneficiario, questi, il pubblico ministero o i familiari indicati nell'art. 406 cod. civ. possono ricorrere al giudice tutelare, che adotta con decreto motivato gli opportuni provvedimenti (art. 410, 2° co., cod. civ.). La formula della norma è tale per cui può ritenersi che il giudice debba intervenire, in caso di dissenso espresso del beneficiario, a prescindere dalle reali capacità di intendere e di volere di quest'ultimo, che in concreto potrebbero non sussistere affatto.

L'amministratore di sostegno non è tenuto a continuare nello svolgimento dei suoi compiti oltre dieci anni, ad eccezione dei casi in cui tale incarico sia rivestito dal coniuge, dalla persona stabilmente convivente, dagli ascendenti o dai discendenti (art. 410, 3° co., cod. civ.).

Quando il beneficiario, l'amministratore di sostegno, il pubblico ministero o taluno dei soggetti indicati all'art. 406 cod. civ. ritengono che si siano determinati i presupposti per la **cessazione dell'amministrazione di sostegno**, o per la sostituzione dell'amministratore, rivolgono istanza motivata al giudice tutelare (art. 413, 1° co., cod. civ.).

L'istanza è comunicata al beneficiario ed all'amministratore di sostegno. Il giudice tutelare provvede con decreto motivato, acquisite le necessarie informazioni e disposti gli opportuni mezzi istruttori (art. 413, 2° e 3° co., cod. civ.).

Il giudice tutelare provvede, anche **d'ufficio**, alla **dichiarazione di cessazione dell'amministrazione di sostegno**, quando questa si sia rivelata inidonea a realizzare la piena tutela del beneficiario. In tale ipotesi, se ritiene che debba promuoversi giudizio di interdizione o di inabilitazione, ne informa il pubblico ministero, affinché provveda. In questo caso l'amministrazione di sostegno cessa con la nomina del tutore o del curatore provvisorio ai sensi dell'art. 419 cod. civ., ovvero con la dichiarazione di interdizione o di inabilitazione (art. 413, 4° co., cod. civ.).

76.3. *Il contenuto del decreto di nomina dell'amministratore di sostegno.*

La flessibilità dell'istituto in esame si coglie avendo riguardo al contenuto del decreto con cui si nomina l'amministratore di sostegno.

Ancor prima della pronuncia del decreto, qualora sussista la necessità, il giudice tutelare adotta anche d'ufficio i provvedimenti urgenti per la cura della persona interessata e per la conservazione e l'amministrazione del suo patrimonio. Può procedere alla nomina di un amministratore di sostegno provvisorio, indicando gli atti che è autorizzato a compiere (art. 405, 4° co., cod. civ.).

Il **decreto di nomina dell'amministratore** di sostegno **deve contenere** l'indicazione (art. 405, 5° co., cod. civ.):

(1) delle generalità della persona beneficiaria e dell'amministratore di sostegno;

(2) della durata dell'incarico, che può essere anche a tempo indeterminato;

(3) dell'oggetto dell'incarico e degli **atti che l'amministratore di sostegno ha il potere di compiere in nome e per conto del beneficiario**;

(4) degli **atti che il beneficiario può compiere solo con l'assistenza dell'amministratore di sostegno** (c.d. amministrazione puramente di assistenza, che va distinta

dalla c.d. amministrazione sostitutiva: Trib. Bologna, 10.8.2021). Sul punto, e su quello precedente, converrà svolgere qualche approfondimento. La giurisprudenza di merito in un'occasione ha stabilito che "a differenza del tutore l'amministratore non potrebbe sostituirsi all'amministrato nelle decisioni di natura personale, essendo esclusa l'estensione all'amministrazione di sostegno dei poteri previsti in capo al tutore dagli artt. 357, 358, 371 cod. civ." (Trib. Torino, 2.11.2017). In effetti l'art. 411, 1° co., cod. civ., nel definire i poteri dell'amministratore di sostegno, non richiama i già menzionati articoli del codice (l'art. 357, 1° co., cod. civ., in particolare, prevede che il tutore abbia la funzione di "rappresentanza" in tutti gli atti civili). L'indirizzo appena ricordato va però aggiornato alla luce del mutato quadro normativo, che attribuisce espressamente all'amministratore di sostegno il potere di "assistenza necessaria" o "rappresentanza esclusiva" del beneficiario in ambito sanitario (art. 3, 4° co., l. n. 219/2017, sui cui § 78.3). Non vi è dubbio che, in tal modo, pure all'amministratore di sostegno possano spettare *ex lege* poteri che riguardano scelte di natura personale dell'amministrato, quali sono quelle riguardanti i trattamenti sanitari. Sulla scia dell'innovazione legislativa vanno ridefiniti, come già si era avvertito nelle precedenti edizioni di questo Corso, i presupposti in presenza dei quali la persona bisognosa può promuovere la procedura per la nomina di un amministratore di sostegno. La Suprema Corte oggi lo dice chiaramente: l'art. 408 cod. civ. (che ammette la designazione preventiva dell'amministratore di sostegno da parte dello stesso interessato in previsione di una propria futura incapacità) è espressione del principio di autodeterminazione della persona, in cui si realizza il valore fondamentale della dignità umana, "ed attribuisce quindi rilievo al rapporto di fiducia interno fra il designante e la persona prescelta, che sarà chiamata ad esprimerne le intenzioni in modo vincolato, anche per quel che concerne il consenso alle cure sanitarie" (Cass., 15.5.2019, n. 12998; si veda anche, prima della l. n. 219/2017, Trib. Modena, 15.12.2015; Trib. Modena 30.11.2014). Si pensi alla situazione di una persona che, gravemente malata, sa che di lì a breve non riuscirà ad esprimere il proprio consenso o dissenso ai trattamenti sanitari. Nomina allora un amministratore di sostegno che sarà chiamato a rispettare le volontà dell'amministrato;

(5) dei limiti, anche periodici, delle spese che l'amministratore di sostegno può sostenere con l'utilizzo delle somme di cui il beneficiario ha o può avere la disponibilità;

(6) della periodicità con cui l'amministratore di sostegno deve riferire al giudice circa l'attività svolta e le condizioni di vita personali e sociali del beneficiario.

Il decreto di apertura dell'amministratore di sostegno, il decreto di chiusura ed ogni altro provvedimento assunto dal giudice tutelare nel corso dell'amministrazione di sostegno devono essere immediatamente annotati a cura del cancelliere nell'apposito registro. Il decreto di apertura dell'amministratore di sostegno e il decreto di chiusura devono essere comunicati, entro dieci giorni, all'**ufficiale dello stato civile** per le **annotazioni in margine all'atto di nascita del beneficiario**. Se la durata dell'incarico è a tempo determinato, le annotazioni devono essere cancellate alla scadenza del termine indicato nel decreto di apertura o in quello di eventuale proroga (art. 405, 7° e 8° co., cod. civ.).

Il contenuto del decreto è, dunque, dettagliato e prevede che l'amministratore di sostegno possa avere **poteri di rappresentanza** oppure di **semplice assistenza** del beneficiario. Mentre negli istituti dell'interdizione e dell'inabilitazione si fa riferimento alle categorie generali degli atti di ordinaria o straordinaria amministrazione (con l'eccezione di alcuni atti indicati espressamente nella sentenza), nel caso dell'amministrazione di sostegno la regola generale vuole che siano indicati uno o più atti che l'amministratore è chiamato a compiere, in qualità di rappresentante o in assistenza del beneficiario.

Esempio. Il Sig. Palazzetti, ex ingegnere edile, molto anziano, percepisce una pensione e ha una rendita derivante dalla locazione di un suo immobile. Ha qualche difficoltà di deambulazione, ancorché sia mentalmente lucido e ancora capace di provvedere ai propri interessi. Il Sig. Palazzetti non ha parenti prossimi che possano aiutarlo. Nella vita quotidiana ha bisogno di sbrigare poche incombenze fuori casa: in particolare, deve fare la spesa e recarsi all'ufficio postale. Inoltre, poiché l'immobile locato richiede alcuni interventi di straordinaria amministrazione, occorre stipulare un contratto con una società di costruzione affinché vengano realizzati i lavori necessari. Propone, allora, ricorso per la nomina di un amministratore di sostegno, esponendo la sua situazione ed i suoi bisogni. Il decreto che nomina l'amministratore di sostegno potrà prevedere quanto segue: l'amministratore assisterà l'anziano nella conclusione di un contratto di collaborazione domestica. L'amministratore di sostegno, ancora, assisterà il beneficiario nella conclusione del contratto con la società specializzata in ristrutturazione: il Sig. Palazzetti, essendo un ingegnere di lungo corso, ha le competenze necessarie per valutare la convenienza del contratto da concludere, ma essendo ormai in là con gli anni è opportuno che alla sua volontà si aggiunga quella di un amministratore di sostegno, chiamato ad intervenire per questo specifico atto. L'istituto dell'amministrazione di sostegno, in questo caso, consente alla persona anziana di continuare a condurre la propria vita quotidiana, grazie all'aiuto (non invasivo) fornitogli dalla persona preposta alla sua tutela.

Va evidenziato che il beneficiario conserva la capacità di agire per tutti gli atti che non richiedano la rappresentanza esclusiva o l'assistenza necessaria dell'amministratore di sostegno (art. 409, 1° co., cod. civ.). Conserva, ad esempio, la capacità di donare, salvo che il giudice tutelare ritenga di limitarla (Corte cost., 7.3.2019, n. 114). Il beneficiario dell'amministrazione di sostegno può, in ogni caso, compiere gli atti necessari a soddisfare "le esigenze della propria vita quotidiana" (art. 409, 2° co., cod. civ.). Potrà, ad esempio, concludere contratti di compravendita di beni di consumo o di utilizzazione di pubblici servizi (c.d. **microcontrattualità**).

Gli **atti** compiuti dall'amministratore di sostegno in violazione di disposizioni di legge, od in eccesso rispetto all'oggetto dell'incarico o ai poteri conferitigli dal giudice, possono essere **annullati** su istanza dell'amministratore di sostegno, del pubblico ministero, del beneficiario o dei suoi eredi o aventi causa (art. 412, 1° co., cod. civ.).

Possono essere inoltre annullati, su istanza dell'amministratore di sostegno, del beneficiario, o dei suoi eredi ed aventi causa, gli atti compiuti personalmente dal beneficiario in violazione delle disposizioni di legge o di quelle contenute nel decreto che istituisce l'amministrazione di sostegno (art. 412, 2° co., cod. civ.). Le azioni relative si prescrivono nel termine di cinque anni. Il termine decorre dal momento in cui è cessato lo stato di sottoposizione all'amministrazione di sostegno (art. 412, 3° co., cod. civ.).

77. Gli atti compiuti dall'incapace naturale (incapace di intendere e di volere).

Fin qui si sono studiati gli istituti a protezione del soggetto considerato incapace dalla legge (minorenne), da una sentenza o un decreto (interdetto, inabilitato, beneficiario dell'amministrazione di sostegno). Può peraltro succedere, e nella vita quotidiana gli esempi sono numerosi, che una persona maggiorenne ponga in essere un atto unilaterale o concluda un contratto senza avere la capacità di intendere e di volere, ancorché non sia stata pronunciata nei suoi confronti alcuna sentenza o decreto: ciò accade perché lo stato di incapacità naturale è improvviso e del tutto temporaneo; oppure perché lo stato di incapacità, pur protrattosi da tempo, non è stato ancora posto all'attenzione dell'autorità giudiziaria.

L'incapacità di intendere o di volere può essere definita come uno stato di minorazione delle facoltà psichiche dovuta a qualsiasi causa (ad esempio *ictus*, suggestione ipnotica, ubriachezza, assunzione di sostanze stupefacenti): **l'incapacità di intendere**, in particolare, indica l'incapacità della persona di rendersi conto del significato delle proprie azioni; **l'incapacità di volere**, invece, fa riferimento all'incapacità di autodeterminarsi liberamente. Chi è incapace di intendere e di volere, dunque, non ha quel minimo di attitudine psichica a rendersi conto delle conseguenze dannose della propria condotta.

Per la giurisprudenza di legittimità l'incapacità di intendere e di volere può aversi non soltanto in seguito ad infermità, fisica o psichica, ma anche come conseguenza di un perturbamento psichico tale per cui "le facoltà intellettive e volitive risultino diminuite in modo tale da impedire od ostacolare una seria valutazione dell'atto e la formazione di una volontà cosciente, facendo quindi venire meno la capacità di piena autodeterminazione del soggetto e la completa consapevolezza in ordine all'atto che si sta per compiere" (Cass., 8.2.2012, n. 1770).

Il codice civile stabilisce un trattamento diverso per gli **atti unilaterali** e per i **contratti** conclusi dall'incapace naturale. Quanto ai primi è previsto che "gli atti compiuti da persona che, sebbene non interdetta, si provi essere stata per qualsiasi causa, anche transitoria, incapace di intendere o di volere, al momento in cui gli atti sono stati compiuti, possono essere annullati, su istanza della persona medesima o dei suoi eredi o aventi causa, se ne risulta un **grave pregiudizio** all'autore" (art. 428, 1° co., cod. civ.). L'utilizzo del disgiuntivo "o" evidenzia come sia sufficiente, ai fini dell'annullamento, l'una o l'altra incapacità. Il grave pregiudizio, valutato caso per caso, è di carattere economico, quando l'atto è patrimoniale; esso, si ritiene, può essere anche di carattere morale ove il contenuto dell'atto rivesta tale caratteristica. Il requisito del grave pregiudizio, possibile solo per gli atti di disposizione, induce a condividere l'opinione di chi ritiene applicabile la norma unicamente agli atti giuridici negoziali.

Quanto ai **contratti**, è previsto che "l'annullamento dei contratti non può essere pronunziato se non quando, per il pregiudizio che sia derivato o possa derivare alla persona incapace d'intendere o di volere o per la qualità del contratto o altrimenti, risulti la **malafede** dell'altro contraente" (art. 428, 2° co., cod. civ.).

Ai fini dell'annullamento del contratto per incapacità di intendere o di volere non è richiesta, a differenza dell'ipotesi prevista dal primo comma, la sussistenza di un grave pregiudizio, che costituisce indizio rivelatore dell'essenziale requisito della mala fede dell'altro contraente (Cass., 26.2.2009, n. 4677; Cass., 13.12.2011, n. 26729). Una parte della dottrina, invece, sostiene l'applicazione dell'art. 428, 1° co., cod. civ., anche alla materia contrattuale (richiedendo, per l'annullamento, sia il grave pregiudizio sia la mala fede dell'altro contraente).

La malafede, di cui discute la norma, va intesa come conoscenza o consapevolezza dell'altrui stato di incapacità di intendere o di volere; per una parte della giurisprudenza, anzi, essa deve consistere nell'intenzione di abusare dello stato di infermità della persona incapace.

Esempio. Il Sig. Rossi esce di casa e si reca presso un concessionario per acquistare un'automobile nuova. Poco prima di entrare nel salone delle vetture viene colto da un improvviso malore che altera la sua capacità di intendere e di volere. Il Sig. Rossi ha difficoltà di deambulazione ed il respiro è affannato. Il concessionario, invece di preoccuparsi del suo stato di salute, si affretta a vendergli un'automobile usata, che da mesi non riusciva a "piazzare", per un prezzo elevatissimo, tanto che il Sig. Rossi firma delle cambiali. Qui è evidente l'annullabilità del contratto: sarà facile dimostrare la malafede del concessionario, ossia la conoscenza dello stato di incapacità. A parte il prezzo della compravendita (fuori da ogni valore di mercato), ogni persona di media avvedutezza è in grado di accorgersi che nel momento della conclusione del contratto l'acquirente non aveva la capacità naturale.

Il requisito della malafede per l'annullamento del contratto è richiesto a tutela del c.d. **affidamento della controparte** e, in ultima analisi, della sicurezza degli affari. Se fosse consentito l'annullamento del contratto anche in assenza della malafede di una parte, in definitiva, ci sarebbero non poche remore a stipulare un contratto, sulla cui "tenuta" nessuno potrebbe far effettivo affidamento: ed è noto che uno dei princìpî cardine dell'economia liberale si fonda sulla maggior circolazione possibile della ricchezza, destinata in tal modo a creare altra ricchezza.

Per i giudici di legittimità, una volta accertata l'incapacità di un soggetto in due determinati periodi prossimi nel tempo, per il periodo intermedio la sussistenza dell'incapacità è assistita da presunzione *iuris tantum*, sicché in concreto si verifica l'inversione dell'onere della prova, dovendo la parte interessata dimostrare che il soggetto abbia agito in una fase di lucido intervallo (Cass., 9.8.2011, n. 17130).

A norma, infine, dell'art. 428, 3° co., cod. civ., "resta salva ogni diversa disposizione di legge". Vengono in considerazione gli **atti di diritto familiare** (ad esempio il matrimonio, il riconoscimento del figlio), il **testamento** e la **donazione** (artt. 120, 591, n. 3, 775 cod. civ.). Tali atti, in cui assume una particolare rilevanza il momento volitivo della persona che li compie, sono annullabili semplicemente attraverso la prova dell'incapacità naturale, non essendo necessario dimostrare né il pregiudizio né malafede.

78. I diritti della personalità: introduzione.

I **diritti della personalità** sono detti anche diritti inviolabili o diritti personalissimi. Di essi si occupa l'art. 2 della Cost., per il quale "la Repubblica riconosce e garantisce i **diritti inviolabili dell'uomo**, sia come singolo sia nelle formazioni sociali ove si svolge la sua personalità ...". È un diritto inviolabile, ad esempio, il diritto alla vita, alla salute, all'onore, al nome, all'immagine.

Si noti l'utilizzo del verbo "riconoscere", che attribuisce alla disposizione costituzionale un sapore giusnaturalista: lo Stato, si vorrebbe dire, non "inventa" i diritti della personalità, ma prende atto dell'esistenza di "diritti innati" e, dunque, si attiva per la loro tutela (che i diritti della personalità, invero, siano in senso assoluto diritti naturali può essere messo in discussione alla luce di quanto si dirà nel prosieguo: § 78.1).

La tutela dei diritti della personalità si muove secondo una duplice direttrice: da un lato si afferma una sfera di intangibilità dei diritti della personalità nei confronti dei pubblici poteri (si confrontino gli artt. 13, 14, 15, 16, 17, 18, 19, 21 Cost.); dall'altro si dettano una serie di disposizioni dirette a tutelare i diritti della personalità contro le aggressioni che una persona può subire da parte degli altri consociati (eventuali limitazioni al "dovere di astensione" potranno considerarsi ammissibili solo ove trovino giustificazione nella tutela di altre posizioni di pari rango, attraverso un'opera di "**bilanciamento**" degli **interessi** da parte del giudice, avuto riguardo al caso concreto: Cass., 5.8.2010, n. 18279; Cass., 30.6.2009, n. 15327).

La tutela, nel caso di aggressioni di una persona da parte dei consociati, è assicurata dalle norme di diritto penale (si vedano, ad esempio, gli artt. 575 ss. cod. pen., relativi ai "delitti contro la persona") e da quelle di diritto privato, cui qui si avrà riguardo.

78.1. *L'elenco dei diritti della personalità: una categoria "aperta".*

È ormai opinione comune che quella dei diritti della personalità sia una **categoria "aperta"**, a differenza della categoria dei diritti reali (§ 375): l'art. 2 Cost., allorché discute di "diritti inviolabili" della persona, si riferisce a quei diritti che la coscienza sociale, di volta in volta, considera insiti nella persona umana in sé considerata (c.d. teoria unitaria o monistica dei diritti della personalità). È la giurisprudenza, per lo più, a far emergere "nuovi" diritti della personalità, rispetto ai quali vi è un "sentire comune" della società.

È evidente, peraltro, come taluni diritti della personalità, particolarmente avvertiti in un determinato momento storico, siano oggetto di attenzione legislativa, passando dal rango di diritti atipici a quello di diritti tipizzati.

Quest'ultimi, in particolare, si individuano avendo riguardo sia alle **norme** del diritto interno sia a quelle **di diritto extrastatuale**, quali: (a) la "*Dichiarazione universale dei diritti dell'uomo*", approvata con risoluzione dell'Assemblea generale delle Nazioni Unite il giorno 10 dicembre 1948 (ritenuta operante, nel nostro ordinamento, in virtù dell'art. 10, 1° co., Cost.); (b) la "*Convenzione europea per la salvaguardia dei diritti dell'uomo e delle libertà fondamentali*" (CEDU), firmata a Roma in data 4 novembre 1950, e resa esecutiva in Italia con la l. 4 agosto 1955, n. 848; (c) la "*Convenzione internazionale per l'eliminazione di tutte le forme di discriminazione razziale*", approvata a New York il 21 dicembre 1965, ed entrata in vigore nel 1969; (d) il "*Patto internazionale sui diritti civili e politici*", firmato a New York il 16 dicembre 1966, reso esecutivo in Italia con la l. 25 ottobre 1977, n. 881; (e) la "*Carta dei diritti fondamentali dell'Unione europea*" (Carta di Nizza), proclamata il 7 dicembre 2000; (f) il "*Trattato sull'Unione Europea*", firmato a Maastricht in data 7 febbraio 1992, e reso esecutivo in Italia con la l. 3 novembre 1992, n. 454; (g) il *Trattato di Lisbona*, firmato il 13 febbraio del 2007, entrato in vigore il 1° dicembre 2009.

Limitandosi alle fonti più significative, va detto che la tutela dei diritti sanciti dalla "Dichiarazione Universale" è garantita anche dalla **Corte di Giustizia dell'Aja**; la tutela dei diritti previsti dalla CEDU dalla **Corte europea dei Diritti dell'Uomo di Strasburgo** (che però può essere adita quando siano esaurite le vie di ricorso interno); la tutela dei diritti fondamentali riconosciuti in ambito europeo si può chiedere anche alla **Corte di Giustizia dell'Unione europea di Lussemburgo**, ma soltanto in casi determinati.

L'art. 6 del Trattato dell'Unione europea (come modificato dal Trattato di Lisbona) prevede che "l'Unione riconosce i diritti, le libertà e i principî sanciti nella **Carta** dei **diritti fondamentali** dell'Unione europea del 7.12.2000 (...), che ha lo **stesso valore giuridico** dei **trattati**" (paragrafo 1, 1° co.). Si ricordi come, già da tempo, la giurisprudenza costituzionale sia orientata ad affermare che le disposizioni contenute nei trattati siano invocabili direttamente davanti ai tribunali italiani, essendo riconosciuti alle persone dei veri e propri diritti soggettivi da far valere giudizialmente (Corte cost., 24.10.2007, n. 348).

L'art. 6 del Trattato dell'Unione europea, ancora, stabilisce che "l'Unione aderisce alla **Convenzione europea per la salvaguardia dei diritti dell'uomo e delle libertà fondamentali**" (paragrafo 2); "i diritti fondamentali, garantiti dalla Convenzione europea per la salvaguardia dei diritti dell'uomo e delle libertà fondamentali e risultanti dalle tradizioni costituzionali comuni agli Stati membri, fanno parte del diritto dell'Unione europea in quanto **principî generali**" (paragrafo 3).

Si aggiunga che i giudici delle leggi hanno diverse volte affermato, in questi ultimi anni, che il sindacato di legittimità di una norma di diritto interno può essere effettuato, a norma dell'art. 117, 1° co., Cost., in base alle norme della CEDU, che dunque riveste un'importanza sempre più importante nei Paesi degli Stati membri (Corte cost., 7.4.2011, n. 113).

Una considerazione finale va fatta in ordine ai diritti della personalità, intesi come "categoria aperta". Fra i giudici ed il legislatore (nazionale o extrastatuale) vi è, inevitabilmente, un rapporto di reciproca corrispondenza: i primi portano alla luce i nuovi diritti della personalità (emergenti nella coscienza sociale), che finiscono per essere regolamentati dal legislatore; la disciplina legislativa vigente, a sua volta, costituisce l'orizzonte di riferimento per il giudice, che dal tessuto normativo trae conforto per l'aggiornamento del catalogo dei diritti personalissimi.

78.2. *I caratteri dei diritti della personalità.*

I principali **caratteri dei diritti della personalità** possono così riassumersi:

(a) **necessarietà**. Essi sono immanenti alla persona, senza che la stessa debba compiere alcun atto giuridico per acquistarli: fanno parte della persona, in sostanza, dal momento della nascita e perdurano fino alla morte;

(b) **non patrimonialità**. I diritti inviolabili sono diritti non patrimoniali: non consistono, cioè, in un valore economico accertabile sin dall'inizio. Quanto vale, in assoluto, il diritto alla vita o all'integrità morale? È ovvio che questa domanda non può ricevere una risposta precisa. Ciò non vuol dire, però, che la violazione dei diritti della personalità non possa cagionare (oltre ad un danno non patrimoniale: Cap. 59) un danno patrimoniale, ossia suscettibile di valutazione economica (Cap. 58);

(c) **assolutezza**. I diritti della personalità possono essere vantati nei confronti di chiunque, ossia verso la generalità dei consociati, a prescindere dall'esistenza di qualsiasi preesistente rapporto giuridico. Chiunque, come pure può dirsi, deve astenersi dal compiere comportamenti lesivi dei diritti della personalità. Se qualcuno dei consociati viene meno a questo dovere, si crea un rapporto obbligatorio in cui la vittima potrà chiedere il risarcimento dei danni all'autore del fatto lesivo;

(d) **indisponibilità**. I diritti della personalità non sono rinunciabili, né a titolo oneroso né a titolo gratuito (sulla "commercializzazione", nell'attuale epoca, di alcuni diritti della personalità, § 44.4);

(e) **imprescrittibilità**. Essi non vengono meno con il "non utilizzo".

78.3. *Il diritto alla vita.*

Il **diritto alla vita** trova un esplicito riconoscimento nell'art. 3 della "Dichiarazione universale dei diritti umani", nonché nell'art. 2 della "Convenzione europea dei diritti dell'uomo". Pur mancando una norma di rango costituzionale che espressamente proclama tale diritto, non vi è dubbio che esso sia riconosciuto anche nel nostro diritto interno, come testimoniano le norme penali che puniscono l'attentato alla vita altrui (artt. 575 ss. cod. pen.).

Il diritto alla vita, peraltro, non è tutelato nei confronti del diretto interessato: nessuna sanzione, infatti, consegue al **suicidio**, all'atto cioè con cui una persona cagiona la propria morte. Il codice penale, semmai, punisce l'**istigazione o aiuto al suicidio** (art. 580 cod. pen.), ossia la condotta con cui taluno induca altri al suicidio, rafforzi le sue idee suicidarie o agevoli, comunque, l'esecuzione dell'atto.

È considerato reato, inoltre, il c.d. **omicidio del consenziente** (art. 579 cod. pen.). L'**eutanasia attiva**, dunque, deve considerarsi illecita: tale è la condotta di chi provochi la morte dell'infermo su sollecitazione o con il consenso di quest'ultimo; ciò per motivi di pietà, derivanti dal fatto che la persona ha una malattia sicuramente o molto probabilmente incurabile.

Diversa dall'eutanasia attiva è la fattispecie del **rifiuto o interruzione del trattamento terapeutico** necessario per salvare la vita del paziente. Come si vedrà a proposito di un altro fondamentale diritto della personalità, il diritto alla salute, vale in materia il principio di autodeterminazione (§ 78.12): i trattamenti medici (compresi quelli salvavita) possono essere somministrati solo con il consenso dell'avente diritto (art. 32, 2° co., Cost.: § 78.4).

Il diritto alla salute, come insegnano i giudici di legittimità, va inteso non soltanto nella sua accezione positiva, ma anche in quella negativa (Cass., 16.10.2007, n. 21748). Esso è anche il **diritto di non curarsi** o, come pure può dirsi, il **diritto di lasciarsi morire**: di fronte alla volontà del paziente (libera e consapevole) di non curarsi o di interrompere il trattamento sanitario iniziato, esiste l'obbligo del medico di rispettare la sua volontà.

Esempio. Una persona si reca dal cardiologo e scopre che è urgentissimo un intervento chirurgico al cuore, senza il quale la stessa rischia di morire. Dopo aver ricevuto ogni informazione da parte del medico e la rappresentazione di tutti i rischi derivanti dalla sua inerzia, il paziente decide di non affrontare l'intervento. Nel giro di pochi giorni muore. Al medico non potrà essere imputato nulla, giacché la persona ha deciso, in piena autonomia, di lasciarsi morire.

Diverso discorso deve farsi di fronte a quel paziente che, per qualsiasi motivo, si trovi in uno stato di incapacità e non sia in grado di manifestare il proprio consenso o dissenso rispetto al trattamento medico: in questi casi il personale sanitario, sussistendo uno **stato di necessità** (si confronti l'art. 54 cod. pen. e l'art. 1, 7° co., l. n. 219/2017, su cui § 78.4), è tenuto a somministrare tutti quei trattamenti terapeutici urgenti in grado di curare il paziente.

Occorre studiare, peraltro, cosa succede allorché si superi la situazione di stretta urgenza che ha richiesto l'intervento immediato del medico e, ciò nondimeno, il paziente non sia in grado di esprimere alcun attuale consenso o dissenso al trattamento medico (ciò accade, ad esempio, quando la persona si trovi in uno **stato vegetativo permanente**).

Fino alla fine del 2017 non esisteva una specifica disciplina nella materia del **c.d. testamento biologico**. I giudici, in presenza di un *vulnus* normativo, avevano manifestato talvolta il seguente orientamento: il medico chiamato ad effettuare (o reiterare) un intervento terapeutico urgente o salvavita è tenuto a prendere in considerazione le "**direttive di vita**" eventualmente fornite dal paziente (App. Milano, 31.12.1999); la stessa attenzione deve essere prestata dal tutore o dall'amministratore di sostegno, chiamati a pronunciarsi sul rifiuto al trattamento medico nei confronti dell'incapace assistito. Le "direttive di vita" devono ricavarsi da elementi di prova chiari, univoci e convincenti, tratti dalla voce del paziente medesimo, dalle sue precedenti dichiarazioni ovvero dalla sua personalità, dal suo stile di vita e dai suoi convincimenti; deve emergere, in sostanza, il suo modo di concepire, prima di cadere in uno stato di incoscienza, l'idea stessa di dignità della persona (App. Milano, decreto 9.7.2008, relativa al caso di "Eluana Englaro", che recepisce il principio di diritto enunciato da Cass., 16.10.2007, n. 21748).

Attualmente, l'art. 3 della l. 22 dicembre 2017, n. 219 (recante le "Norme in materia di consenso informato e di disposizioni anticipate di fine vita") si occupa del **trattamento sanitario** dei "**minori** ed **incapaci**". Converrà premettere che in base alla nuova legge per trattamento sanitario si intende anche "la nutrizione artificiale e l'idratazione artificiale, in quanto somministrazione, su prescrizione medica, di nutrienti mediante dispositivi medici" (art. 1, 5° co., l. n. 219/2017). Si tratta di un chiarimento resosi necessario di fronte alle accese discussioni sorte, nel corso del tempo, in ordine alla nozione di trattamento sanitario.

È previsto che "il consenso informato al trattamento sanitario del minore è espresso o rifiutato dagli esercenti la responsabilità genitoriale o dal tutore tenendo conto della volontà della persona minore, in relazione alla sua età e al suo grado di maturità, e avendo come scopo la tutela della salute psicofisica e della vita del minore nel pieno rispetto della sua dignità" (art. 3, 2° co., l n. 219/2017). Il consenso informato dei genitori o dei tutori, dunque, non è discrezionale: il loro agire deve essere ispirato alla tutela della salute psicofisica e della vita del minore. Essi, inoltre, debbono tenere conto della volontà stessa del minore (la cui rilevanza ovviamente avrà un peso diverso a seconda dell'età e del grado di maturità raggiunto), nel "pieno rispetto della sua dignità": il che vuol dire che i genitori ed i tutori non potranno essere insensibili all'idea stessa della vita e della dignità che i minori possono aver già manifestato relazionandosi con la famiglia o nell'ambito della comunità di riferimento. In questo quadro di riferimento si inserisce un importante precedente dei giudici milanesi, secondo cui l'interesse dei minori, nelle questioni che attengono alla loro salute, deve essere perseguito anche contro la posizione di quel genitore che, in nome di proprie convinzioni personali, non suffragate da alcuna evidenza scientifica, imponga al figlio scelte errate. Pertanto, nel perseguimento dell'interesse del figlio minorenne, un genitore può essere autorizzato a provvedere in autonomia, senza il consenso dell'altro coniuge che manifesti volontà contraria, a far effettuare al figlio minorenne le **vaccinazioni** obbligatorie e facoltative, comprese quelle **anti-Covid 19** (Trib. Milano, 13.9.2021; si veda anche Trib. Monza, 22.7.2021). Sempre ragionando nell'ambito del diritto positivo, non sembra che siano preclusi spazi per promuovere un ricorso al giudice tutelare allorché il medico constati che il minorenne chieda di ricevere la somministrazione vaccinale anche contro il consenso dei genitori. Occorrerà procedere, però, ad una valutazione caso per caso, non potendosi pensare a soluzioni standardizzate che prescindano da un'attenta considerazione delle vicende di ogni persona.

Si venga all'interdetto. La legge stabilisce che "il consenso informato della persona interdetta ai sensi dell'articolo 414 è espresso o rifiutato dal tutore, sentito l'interdetto ove possibile, avendo come scopo la tutela della salute psicofisica e della vita della persona nel pieno rispetto della sua dignità" (art. 3, 3° co., l. n. 219/2017). Pure in questo caso il tutore è chiamato ad esprimere un consenso "conforme" alla *ratio legis*. Considerato che l'interdetto può essere una persona, la quale ha maturato esperienze e convincimenti nel corso degli anni, il tutore, nell'esprimere il consenso informato, sarà chiamato a tener conto di eventuali "direttive di vita", le quali dovranno essere valutate con il rigore richiesto dalla giurisprudenza formatasi prima dell'entrata in vigore della nuova legge.

Si abbia riguardo, infine, alla persona inabilitata e al beneficiario dell'amministrazione di sostegno. Il "consenso informato della persona inabilitata è espresso dalla medesima persona inabilitata. Nel caso in cui sia stato nominato un amministratore di sostegno la cui nomina preveda l'assistenza necessaria o la rappresentanza esclusiva in ambito sanitario, il consenso informato è espresso o rifiutato anche dall'amministratore di sostegno ovvero solo da quest'ultimo, tenendo conto della volontà del beneficiario, in relazione al suo grado di capacità di intendere e di volere" (art. 3, 4° co., l. n. 219/2017; per una delle prime applicazioni si veda Trib. Modena, decreto 23.3.2018, che ha nominato un amministratore di sostegno, a vantaggio del beneficiario impossibilitato a provvedere ai propri interessi, attribuendogli tra l'altro il potere di "prestazione del consenso informato – ovvero rifiuto – per cure e trattamenti sanitari che si rendessero necessari per la salute della persona"). Qualche breve considerazione va svolta a proposito del comma appena ricordato.

In primo luogo, l'inabilitato è chiamato da solo ad esprimere (ma anche a rifiutare) il consenso informato. Ciò si spiega con il fatto che, in base a quanto prevede il codice civile, la presenza del "curatore" si giustifica soltanto per le vicende patrimoniali dell'inabilitato (artt. 394 e 424 cod. civ.) e non per quelle personali. Ad una differente soluzione, nella nuova legge, si sarebbe potuti arrivare qualora il codice civile avesse previsto un'assistenza del "curatore" anche per gli "atti civili" dell'inabilitato (a voler utilizzare l'espressione impiegata dal codice per il tutore: art. 357 cod. civ.).

In secondo luogo, va evidenziato come sia prevista la figura dell'amministratore di sostegno "in ambito sanitario", chiamato ad esprimere il proprio consenso in maniera "congiunta" ovvero in via esclusiva. Si può pensare, a proposito del consenso "partecipato" dell'amministratore, a quei casi in cui il beneficiario, a causa delle sue condizioni di salute, si venga a trovare in una situazione di capacità limitata che consiglia il ricorso ad una persona di fiducia con cui confrontarsi nel momento del trattamento sanitario proposto. Quanto al consenso rimesso unicamente all'amministratore di sostegno, vanno immaginati diversi scenari, come quello in cui il beneficiario, nella consapevolezza che in futuro non potrà esprimere la propria volontà, si affidi ad una persona di sua fiducia; altra variante è quella in cui la persona manifesti la volontà di non ricevere informazioni sulle proprie condizioni di salute, incaricando una persona di fiducia di esprimere il consenso "in sua vece", come previsto espressamente dall'art. 1, 3° co., l. n. 219/2017. L'amministratore di sostegno, al fine di provare la corrispondenza della decisione alla volontà dell'amministrato, può far ricorso anche alla prova testimoniale delle dichiarazioni rese in precedenza da quest'ultimo (Trib. Roma, 23.9.2019). Già da tempo, del resto, i giudici hanno individuato nell'atto di nomina dell'amministratore di sostegno uno degli strumenti privilegiati attraverso cui si possono esprimere le scelte in ordine ai trattamenti medici (Cass., 20.12.2012, n. 23707; Trib. Varese, decr. 25.8.2010; per la precisazione che è sempre il giudice tutelare, con il decreto di nomina, ad individuare l'oggetto dell'incarico e gli atti che l'amministratore ha il potere di compiere in nome e per conto del beneficiario, si veda Corte cost., 13.6.2019, n. 144). Infine, va evidenziato come la disposizione in esame non vincoli espressamente il consenso informato dell'amministratore di sostegno alla "tutela della salute psicofisica e della vita della persona". È però da ritenere, anche alla luce del successivo quinto comma della norma, che il consenso dell'amministratore (a seconda dei casi, congiunto o esclusivo) non potrà prescindere dalle finalità descritte nei precedenti 2° e 3° comma.

L'art. 3, nel suo ultimo comma, stabilisce che "nel caso in cui il rappresentante legale della persona interdetta o inabilitata oppure l'amministratore di sostegno, in assenza delle disposizioni anticipate di trattamento (DAT) di cui all'articolo 4, o il rappresentante legale della persona minore rifiuti le cure proposte e il medico ritenga invece che queste siano appropriate e necessarie, la decisione è rimessa al giudice tutelare su ricorso del rappresentante legale della persona interessata o dei soggetti di cui agli articoli 406 e seguenti del codice civile o del medico o del rappresentante legale della struttura sanitaria" (art. 3, 5° co., l. n. 219/2017). La norma non è formulata in maniera ineccepibile: basti considerare che, nel caso di inabilitazione, non si configura una vera e propria rappresentanza legale, ma una curatela (§ 74). Al di là di questo, il senso della stessa è chiaro: i genitori, i tutori, gli amministratori di sostegno manifestano un rifiuto al trattamento medico *contra legem* quando al rifiuto stesso si possa opporre un quadro clinico che, a detta del medico, permetta cure "appropriate" e "necessarie". La legge stessa permette di ricavare la nozione di cure non appropriate e necessarie, allorché stabilisce che "nei casi di paziente con prognosi infausta a breve termine o di imminenza di morte, il medico deve astenersi da ogni ostinazione irragionevole nella somministrazione delle cure e dal ricorso a trattamenti inutili o sproporzionati" (art. 2, 2° co., l. n. 219/2017). Si noti come l'art. 3, 5° co., l. n. 219/2017 attribuisca allo stesso medico, ossia al soggetto che meglio di ogni altro è in grado di valutare l'esistenza e l'efficacia delle cure, la legittimazione a proporre ricorso al giudice tutelare.

Il codice civile, lo si è detto studiando l'istituto, prevede che l'amministratore di sostegno debba tempestivamente informare il beneficiario circa gli atti da compiere nonché il giudice tutelare in caso di dissenso con il beneficiario (§ 76.2). In caso di contrasto, la persona stessa, il pubblico ministero o gli altri soggetti di cui all'art. 406 cod. civ. possono ricorrere al giudice tutelare che adotta con decreto motivato gli opportuni provvedimenti (art. 410, 2° co., cod. civ.). La norma, non vi è dubbio, trova applicazione anche di fronte all'amministratore di sostegno nominato in ambito sanitario (si veda Trib. Vercelli, 31.5.2018). Considerando, anzi, che in quest'ultimo settore è particolarmente avvertita l'esigenza di valorizzare la volontà della persona interessata (come si ricava dall'art. 3 della l. n. 219/2017), si può prospettare un'applicazione analogica della norma codicistica anche di fronte al tutore chiamato a compiere scelte mediche. L'esigenza di valorizzare il più possibile le scelte e la volontà di chi riceve il trattamento sanitario (si confronti, in particolare, l'art. 3, 1° co., l. n. 219/2017) permette di compiere un ulteriore passo in avanti: l'art. 410, 2° co., cod.

civ. può essere invocato non soltanto quando la persona manifesti una volontà contraria a quella dell'amministratore o del tutore, ma anche quando quest'ultimi omettano di interpellare, nei casi in cui ciò sia possibile, il beneficiario al fine di raccogliere la sua volontà.

La l. n. 219/2017 introduce, all'art. 4, le **disposizioni anticipate di trattamento (DAT)**. Ogni persona maggiorenne e capace di intendere e volere (siamo al di fuori, dunque, dei casi di incapacità), "in previsione di un'eventuale futura incapacità di autodeterminarsi e dopo aver acquisito adeguate informazioni mediche sulle conseguenze delle sue scelte, può, attraverso le DAT, esprimere le proprie volontà in materia di trattamenti sanitari, nonché il consenso o il rifiuto rispetto ad accertamenti diagnostici o scelte terapeutiche e a singoli trattamenti sanitari" (art. 4, 1° co., l. n. 219/2017). Si è in presenza di atti giuridici unilaterali *inter vivos* a contenuto non patrimoniale; ad essi non si addice la qualifica di atti *mortis causa*, giacché le scelte dettate sono destinate ad operare prima dell'evento della morte. Con le DAT è possibile indicare un "**fiduciario**" che faccia le veci del disponente e lo rappresenti nelle relazioni con il medico e con le strutture sanitarie (art. 4, 1° co., l. n. 219/2017).

Qualora le DAT non contengano l'indicazione del fiduciario (che deve essere una persona maggiorenne e capace di intendere e di volere: art. 4, 2° co., l. n. 219/2017) o lo stesso vi abbia rinunciato o sia deceduto o sia divenuto incapace, le DAT mantengono efficacia in merito alla volontà del disponente. In caso di necessità, il giudice provvede alla nomina di un amministratore di sostegno (così l'art. 4, 4° co., l. n. 219/2017). La norma (che espressamente riconosce l'efficacia delle DAT anche quando venga meno il fiduciario ed attribuisce al giudice il potere di nominare un amministratore di sostegno, ma solo "in caso di necessità") rende evidente come la presenza del fiduciario non sia un elemento costitutivo delle DAT. Ciò è confermato pure dalla previsione secondo cui l'accettazione della nomina da parte del fiduciario avviene attraverso la sottoscrizione delle DAT "o con atto successivo, che è allegato alle DAT" (art. 4, 2° co., l. n. 219/2017).

È dunque prevista la possibilità di nominare un amministratore di sostegno "fiduciario" con l'incarico di fare "le veci del disponente" e di rappresentarlo "nelle relazioni con il medico e le strutture sanitarie": è questa una delle nuove funzioni rinvenibili nella figura introdotta con la l. n. 6/2004 (si veda anche l'art. 405 cod. civ. e l'art. 3, 4° co., l. n. 219/2017).

Ferma restando l'esenzione dalla responsabilità civile e penale (art. 1, 6° co., l. n. 219/2017), il medico è tenuto al **rispetto delle DAT**. Queste possono essere disattese, in tutto o in parte, in accordo con il fiduciario, qualora: (a) appaiano "palesemente incongrue"; (b) appaiano non corrispondenti alla condizione clinica attuale del paziente; (c) sussistano terapie non prevedibili all'atto della sottoscrizione, capaci di offrire concrete possibilità di miglioramento delle condizioni di vita. Nel caso di conflitto fra il fiduciario ed il medico, decide il giudice tutelare ai sensi del già ricordato art. 3, 5° co., l. n. 219/2017 (art. 4, 5° co., l. n. 219/2017). Soprattutto la formula utilizzata *sub* (a) è alquanto generica, consentendo di rinvenire una serie di ipotesi che permettono al medico di disattendere le DAT: si pensi, ad esempio, ad una persona che, opportunamente edotta ed informata dal dottore, abbia (senza alcuna condivisione con quest'ultimo) immaginato per il futuro alcuni trattamenti medici che non sono affatto adeguati alla malattia diagnosticata e al decorso della stessa.

Si venga alla **forma** delle DAT. Esse devono essere redatte per atto pubblico o per scrittura privata autenticata ovvero per scrittura privata consegnata personalmente dal disponente presso l'ufficio dello stato civile del Comune di residenza del disponente medesimo, che provvede all'annotazione in apposito registro, ove istituito, oppure presso quelle strutture sanitarie che curano la raccolta delle copie delle DAT (per alcuni chiarimenti in materia si veda Cons. Stato, adunanza della Commissione speciale del 18.7.2018). Nel caso in cui le condizioni fisiche del paziente non lo consentano, le DAT possono essere espresse attraverso videoregistrazione o dispositivi che consentano alla persona con disabilità di comunicare. Con le medesime forme esse sono rinnovabili, modificabili e revocabili in ogni momento. Non solo: nei casi in cui ragioni di emergenza e urgenza impediscano di procedere alla revoca della DAT con le forme appena ricordate, queste possono essere revocate "con dichiarazione verbale raccolta o videoregistrata da un medico, con l'assistenza di due testimoni" (art. 4, 6° co., l. n. 219/2017). L'ampio ricorso alle moderne tecnologie ai fini della redazione delle DAT pone alcune questioni più generali che, in una prospettiva futura, non sembra possano essere disconosciute: si fa riferimento, ad esempio, alla forma dei testamenti e all'opportunità che, pure per essi, vengano introdotte dal legislatore modalità più efficienti e maggiormente rispondenti alle necessità di persone non in grado, per qualsiasi motivo, di comunicare attraverso la scrittura (sui vari tipi di testamento § 486).

A far data dall'entrata in vigore della l. n. 219/2017, deve ritenersi che le previsioni in esse contenute abroghino implicitamente le norme in tema di scelta sul trattamento sanitario contenute nella legge n.76/2016 (si veda, in particolare, l'art. 1, 40° co., lett. a, e 41° co., l. n. 76/2016, sulla designazione di un convivente di fatto per le "decisioni in materia di salute": § 470).

Occorre dar conto, infine, della **pianificazione condivisa delle cure**, introdotta dall'art. 5 della l. n. 219/2017 (il cui ultimo comma prevede che, per quanto non espressamente previsto nella norma, "si applicano le disposizioni dell'articolo 4"). In relazione "all'evolversi delle conseguenze di una patologia cronica o caratterizzata da inarrestabile evoluzione con prognosi infausta, può essere realizzata una pianificazione condivisa delle cure tra il paziente e il medico, alla quale il medico e l'équipe sanitaria sono tenuti ad attenersi qualora il paziente venga a trovarsi nella condizione di non poter esprimere il proprio consenso o in una condizione di incapacità" (art. 5, 1° co., l. n. 219/2017). Si tratta di un vero e proprio accordo tra medico e paziente ("il paziente esprime il proprio consenso rispetto a quanto proposto dal medico": art. 5, 3° co., l. n. 219/2017) che costituisce una delle manifestazioni concrete della "relazione di cura e di fiducia tra paziente e medico" (per utilizzare le parole che introducono la legge in esame: art. 1, 2° co., l. n. 219/2017). Quanto all'oggetto dell'accordo, è previsto che "il paziente e, con il suo consenso, i suoi familiari o la parte dell'unione civile o il convivente ovvero una persona di sua fiducia sono adeguatamente informati, ai sensi dell'articolo 1, comma 3, in particolare sul possibile evolversi della patologia in atto, su quanto il paziente può realisticamente attendersi in termini di qualità della vita, sulle possibilità cliniche di intervenire e sulle cure palliative" (art. 5, 2° co., l. n. 219/2017). Si deve rimarcare l'odiosa formulazione della norma, che da un lato annovera i "familiari", dall'altro la parte dell'unione civile o il convivente (come se a quest'ultimi non si addicesse la qualifica di famiglia). Sembra corretto affermare che, ogni qual volta la legge in esame cita i "familiari", intenda riferirsi ad una delle possibili forme che la famiglia oggi può assumere nel nostro ordinamento: quella fondata sul matrimonio, sull'unione civile, sulla convivenza di fatto.

Il consenso del paziente e l'eventuale indicazione di un beneficiario sono espressi in **forma** scritta, ovvero, nel caso in cui le condizioni fisiche del paziente non lo consentano, attraverso videoregistrazione o dispositivi che permettano alla persona con disabilità di comunicare. La pianificazione delle cure può essere aggiornata al progressivo evolversi della malattia, su richiesta del paziente o su suggerimento del medico (art. 5, 4° co., l. n. 219/2017).

La legge prevede pure che il medico, avvalendosi di mezzi appropriati allo stato del paziente, debba adoperarsi per alleviarne le sofferenze, anche in caso di rifiuto o di revoca del consenso al trattamento sanitario indicato dal medico. Al tal fine, è sempre garantita un'appropriata **terapia del dolore**, con il coinvolgimento del medico di medicina generale e l'erogazione delle cure palliative di cui alla legge 15 marzo 2010, n. 38 (art. 2, 1° co., l. n. 219/2017). In presenza di sofferenze refrattarie ai trattamenti sanitari, il medico può ricorrere alla **sedazione palliativa profonda** continua in associazione con la terapia del dolore, con il consenso del paziente (art. 2, 2° co., l. n. 219/2017).

L'innovazione legislativa, di cui è sin qui detto, è alla base di un'importante declaratoria di incostituzionalità, nel 2019, di una norma del codice penale. I giudici delle leggi hanno dichiarato l'illegittimità costituzionale dell'art. 580 cod. pen. ("istigazione o aiuto al suicidio") nella parte in cui non esclude la punibilità di chi, con le modalità previste dagli artt. 1 e 2 della l. n. 217/2019 (ovvero, quanto ai fatti anteriori alla pubblicazione della sentenza, con modalità equivalenti) agevola l'esecuzione di un proposito di suicidio, "autonomamente e liberamente formatosi, di una persona tenuta in vita da trattamenti di sostegno vitale e affetta da una patologia irreversibile, fonte di sofferenze fisiche o psicologiche che ella reputa intollerabili, ma pienamente capace di prendere decisioni libere e consapevoli, sempre che tali condizioni e le modalità di esecuzione siano state verificate da una struttura pubblica del servizio sanitario nazionale, previo parere del comitato etico territorialmente competente" (Corte cost., 22.11.2019, n. 242).

Si avverte la necessità, in materia, di un intervento del legislatore. Nel frattempo, la giurisprudenza di merito ha stabilito che, per quanto vada escluso che il paziente sia titolare di un diritto soggettivo a scegliere quando e come morire, va ordinato all'Azienda sanitaria regionale, previa acquisizione del parere del Comitato etico territorialmente competente, di accertare: (a) se il paziente sia persona tenuta in vita da trattamenti di sostegno vitale ed affetta da patologia irreversibile, fonte di sofferenze fisiche o psicologi che egli reputa intollerabili; (b) se lo stesso paziente sia pienamente capace di prendere decisioni libere e consapevoli; (c) se la modalità, la metodica ed il farmaco prescelti siano idonei a garantirle la morte più rapida, indolore e dignitosa possibile (Trib. Ancona, 9.6.2021).

78.4. *Il diritto alla salute.*

Il **diritto alla salute** trova un espresso riconoscimento nell'art. 32 Cost., che al primo comma sancisce il principio per il quale "la Repubblica tutela la salute come fondamentale diritto dell'individuo e interesse della collettività, e garantisce cure gratuite agli indigenti". La salute costituisce non soltanto un diritto primario dell'individuo, ma anche un interesse preminente della collettività, che è chiamata a predisporre adeguate strutture per la sua protezione.

Il diritto alla salute è inteso, tradizionalmente, come il diritto alla **tutela dell'integrità fisica e psichica** dell'uomo (per una nozione più ampia, però, § 66.3, nella sua parte finale).

Ai nostri fini può osservarsi come il legislatore approntì una protezione del diritto alla salute secondo una duplice prospettiva: da un lato si ha riguardo alle possibili aggressioni all'integrità fisica o psichica che la persona può arrecare a se stessa; dall'altro alle aggressioni esterne al diritto alla salute.

Sotto il primo aspetto viene in considerazione l'art. 5 cod. civ., per il quale "gli **atti di disposizione del proprio corpo** sono vietati quando cagionino una diminuzione permanente della integrità fisica, o quando siano altrimenti contrari alla legge, all'ordine pubblico o al buon costume" (si veda anche, su questa disposizione, § 197).

Non si può, dunque, disporre della propria cornea per un trapianto: in questo caso, la funzione visiva del cedente sarebbe in maniera irreversibile pregiudicata (si determinerebbe, cioè, una vietata diminuzione della sua integrità fisica). Si può consentire, invece, al prelievo di midollo osseo, di tessuti, di lembi di pelle, a condizione che tale intervento non incida stabilmente sull'integrità della persona.

L'atto di disposizione del proprio corpo, vietato dalla norma codicistica, va tenuto distinto dal principio di autodeterminazione al trattamento medico (di cui si dirà ancora nel prosieguo di questo paragrafo): è evidente, infatti, che nell'atto di disposizione non si rinviene alcuna scelta (positiva o negativa) rispetto al trattamento sanitario.

In alcuni casi l'atto di disposizione è previsto dal legislatore, ma nei limiti e con le procedure prescritti dallo stesso: è il caso, ad esempio, della **cessione**, ai fini di trapianto, del **rene** (l. n. 458/1967), di **parte del fegato** (l. n. 483/1999), del **prelievo del sangue** ai fini della trasfusione (l. n. 219/2005), del trapianto parziale di **polmone**, **pancreas** ed **intestino** fra persone viventi (l. n. 167/2012). A proposito del trapianto di parte del fegato si prevede espressamente che esso è consentito in deroga al divieto previsto dall'art. 5 cod. civ. In tutte le leggi appena citate esiste un comune denominatore: l'**atto di disposizione** deve essere **a titolo gratuito** (più in generale, l'art. 6-*bis* della l. n. 91/1999 stabilisce che "le donazioni di organi di donatori viventi e deceduti sono volontarie e non remunerate").

Non vi è, invece, alcun problema di lesione all'integrità fisica di fronte al **trapianto di organi** effettuato su **persona** ormai **defunta**: si tratta di interventi che molto spesso permettono di salvare altre vite umane.

Il problema, qui, è quello di rispettare la volontà del defunto. Proprio per questo è intervenuta un'apposita disciplina (l. 91/1999), che così può riassumersi: (a) il prelievo di organi dal defunto, effettuato ai fini del trapianto in una persona in vita, è consentito soltanto dopo un rigoroso accertamento della morte del soggetto su cui si deve effettuare l'intervento; (b) il trapianto può essere solo a titolo gratuito; (c) il prelievo può effettuarsi soltanto se non sia in contrasto con la volontà del defunto. Vale, in mancanza di espressa dichiarazione, la regola del silenzio-assenso.

Quest'ultimo aspetto va chiarito. Ogni cittadino maggiorenne è chiamato a dichiarare, su invito della ASL, la propria libera volontà in ordine alla donazione degli organi e tessuti del proprio corpo dopo la morte, ed è inoltre informato che la mancata dichiarazione è considerata quale assenso alla donazione (art. 4, 4° co., lett. b, l. n. 91/1999).

La dichiarazione è ricevuta dalla ASL, che provvede alla registrazione nella banca dati nazionale; essa è inoltre annotata nei documenti personali e nella tessera sanitaria. È previsto, inoltre, l'inserimento del consenso (o del diniego) nel **fascicolo sanitario elettronico** (art. 43, 1° co.-*bis*, d.l. n. 69/2013, convertito nella l. n. 98/2013). In qualsiasi momento si può chiedere la rettifica della propria dichiarazione. Il legislatore ha previsto che la dichiarazione di volontà sulla donazione di organi e tessuti possa essere espressa anche al momento del rilascio o del rinnovo della carta d'identità (art. 3, 8° co.-*bis*, l. n. 25/2010; art. 43 d.l. n. 69/2013, come modificato dalla l. n. 98/2013); tale possibilità, tuttavia, sussiste soltanto presso quei Comuni che abbiano attivato il servizio di raccolta e registrazione della dichiarazione di volontà.

Il prelievo di organi e tessuti dopo la morte è consentito nei seguenti casi (art. 4, 4° co., l. n. 91/1999): (a) quando dai documenti personali o dall'annotazione nella banca-dati risulti che la persona abbia in vita manifestato volontà favorevole alla donazione dei propri organi; (b) quando dalla banca dati risulti che la persona sia stata invitata a manifestare la propria volontà e non l'abbia espressa. In quest'ultima ipotesi il prelievo è consentito a meno che, entro il periodo di osservazione ai fini dell'accertamento della morte, i familiari presentino una dichiarazione autografa di volontà contraria della persona di cui sia accertata la morte.

Quanto alle **aggressioni esterne** al diritto della salute, vale il principio generale per cui ogni atto lesivo dell'integrità fisica o psichica obbliga l'autore del fatto al risarcimento del danno (§ 338).

Esempio. Se durante una manifestazione pubblica una persona provoca una rissa e sferra un pugno ad un'altra persona che pacificamente assisteva all'evento, quest'ultima, avendo riportato una lesione alla propria integrità fisica, potrà chiedere il risarcimento dei danni all'autore del fatto.

Esistono alcuni settori, peraltro, in cui la salute della persona è naturalmente esposta agli interventi altrui: ci si riferisce, in particolare, ai **trattamenti medico-chi-**

rurgici, che sicuramente possono incidere sull'integrità fisica del paziente (basti pensare ad un intervento particolarmente invasivo o alla necessità di effettuare l'amputazione di un arto).

In materia vale il principio generale per cui il trattamento medico può intervenire soltanto a seguito del **consenso del paziente**. È richiesto il consenso del paziente non soltanto per un intervento chirurgico ma per ogni altro trattamento medico: senza il consenso dell'interessato, infatti, il sanitario non può somministrare medicine, sottoporlo ad esami e a test (come, ad esempio, quello sull'Aids).

Esempio. Il Sig. Campagnoli, durante una passeggiata, subisce l'attacco di un'ape, che lo ferisce ad un occhio. Prontamente si reca presso il più vicino ospedale: qui viene visitato ed il medico-chirurgo gli riferisce che è necessaria un'operazione immediata, senza la quale il paziente è destinato a perdere la vista. Nonostante questo ammonimento il Sig. Campagnoli non dà il consenso all'operazione, preferendo attendere la diagnosi del suo medico di fiducia, che lo potrà visitare dopo due giorni (in quanto attualmente all'estero). Nel momento in cui il medico di fiducia effettua la visita, constata che la funzione visiva dell'occhio interessato dall'incidente è perduta irreversibilmente. Al medico dell'ospedale non potrà essere mosso alcun addebito, giacché egli poteva intervenire soltanto con il consenso del paziente, che nella specie non c'è stato.

È la nostra Costituzione a sancire questo principio, allorché prevede che "nessuno può essere obbligato a un determinato trattamento sanitario se non per disposizione di legge. La legge non può in nessun caso violare i limiti imposti dal rispetto della persona umana" (art. 32, 2° co., Cost.). La norma costituzionale fa riferimento a quei casi, previsti dalla legge, in cui i trattamenti diagnostici e sanitari siano previsti per la salute pubblica (si pensi alle vaccinazioni obbligatorie contro la poliomielite, la difterite, il tetano, l'epatite B, la pertosse, l'*Haemophilus* influenzale di tipo B, il meningococco B e C, il morbillo, la rosolia, la parotite, la varicella, previste dal d.l. 7.6.2017, n. 73).

La centralità del **consenso informato** in materia sanitaria è oggi confermata dalla l. n. 219/2017, il cui 3° co. dell'art. 1 prevede che "ogni persona ha il diritto di conoscere le proprie condizioni di salute e di essere informata in modo completo, aggiornato e a lei comprensibile riguardo alla diagnosi, alla prognosi, ai benefici e ai rischi degli accertamenti diagnostici e dei trattamenti sanitari indicati, nonché riguardo alle possibili alternative e alle conseguenze dell'eventuale rifiuto del trattamento sanitario e dell'accertamento diagnostico o della rinuncia ai medesimi. Può rifiutare in tutto o in parte di ricevere le informazioni ovvero indicare i familiari o una persona di sua fiducia incaricati di riceverla e di esprimere il consenso in sua vece se il paziente lo vuole. Il rifiuto o la rinuncia alle informazioni e l'eventuale indicazione di un incaricato sono registrati nella cartella clinica e nel fascicolo sanitario elettronico". La norma prevede anche il diritto di ogni persona di non ricevere o di rinunciare alle informazioni sulle proprie condizioni di salute, le quali (sempre che vi sia una volontà in tal senso) potranno essere indirizzate verso un familiare o una persona di fiducia (sulle diverse conseguenze della violazione dell'obbligo di acquisire il consenso si veda Trib. Perugia, 18.2.2022).

È fatta salva l'applicazione delle norme speciali che disciplinano l'acquisizione del consenso informato per determinati atti o trattamenti sanitari (art. 1, 11° co., l. n. 219/2017).

Il medico è tenuto a rispettare la volontà espressa dal paziente di rifiutare il trattamento sanitario o di rinunciare al medesimo e, "in conseguenza di ciò, è esente da responsabilità civile o penale" (art. 1, 6° co., l. n. 219/2017). In realtà, a fronte dell'esercizio del diritto del paziente che rifiuta una cura medica, deve dirsi, più correttamente, che non si configura un fatto illecito e che non sussiste una fattispecie incriminatrice penale.

Con un'espressione perentoria, la nuova l. n. 219/2017 stabilisce che "il tempo della comunicazione tra medico e paziente costituisce **tempo di cura**" (art. 1, 8° co., l. n. 219/2017). Questo vuol dire che sin dal momento dell'informazione al paziente il medico "cura" il paziente, dovendo farlo con la professionalità e nel rispetto delle leggi che caratterizzano l'esercizio della professione sanitaria.

Si può prescindere dal consenso del paziente soltanto quando si verta in uno **stato di necessità**: quando, cioè, è necessario intervenire tempestivamente e non è possibile raccogliere la volontà del paziente (perché, ad esempio, è incapace di esprime qualsiasi manifestazione di consenso o di dissenso). La legge oggi lo stabilisce espressamente: "nelle situazioni di emergenza o di urgenza il medico o i componenti dell'équipe sanitaria assicurano le cure necessarie, nel rispetto della volontà del paziente ove le sue condizioni cliniche e le circostanze consentano di recepirla" (art. 1, 7° co., l. n. 219/2017).

In tema di responsabilità medica la giurisprudenza ha elaborato una serie di criteri guida che oggi debbono confrontarsi con la nuova l. n. 24/2017, su cui ci si intratterrà a suo tempo (§ 285.1).

78.5. *Il diritto al nome.*

L'art. 22 Cost. stabilisce che "nessuno può essere privato, per motivi politici, della capacità giuridica, della cittadinanza, del nome".

Ogni persona ha diritto al nome che le è per legge attribuito (sul cognome del figlio § 67; su quello della moglie § 430; sul cognome nelle unioni civili § 469). Nel nome si comprendono il **prenome** ed il **cognome** (art. 6, 1° co., cod. civ.).

Non sono ammessi cambiamenti, aggiunte o rettifiche al nome, se non nei casi e con le formalità indicate dalla legge (art. 6, 2° co., cod. civ.).

Due sono le possibili aggressioni che il titolare del diritto al nome può subire: la **contestazione** e l'**usurpazione** (art. 7, 1° co., cod. civ.). Nel primo caso accade che taluno impedisca l'utilizzo, da parte del titolare, del suo nome oppure identifichi la persona con un nome diverso dal suo (non è richiesta la mala fede da parte del contestatore). Si pensi al marito separato, che tenta di impedire alla moglie l'uso del cognome maritale; oppure a chi rimuova la targa affissa sulla porta di uno studio professionale. Nel secondo si verifica una appropriazione illecita, da parte di terzi, del nome, con danno (anche solo non patrimoniale) in capo al titolare.

Esempio. Il Sig. Rossi intende acquistare dei biglietti per la prima serata della stagione concertistica della sua città. Decide, allora, di telefonare alla biglietteria del teatro, per riservare un posto per sé e per sua moglie, comunicando di essere Maurizio Pollini. L'addetto alla prenotazione provvede subito a prenotare due posti in prima fila, aggiungendo che la direzione del teatro avrà piacere di riservare per loro i posti migliori. Il giorno del concerto, il Sig. Rossi si presenta come Maurizio Pollini con la sua consorte (creduta da tutti la Sig.ra Pollini). Poiché nessuno, vista la somiglianza col noto musicista, muove alcuna contestazione, il Sig. Rossi decide di procedere in tal modo per tutta la stagione concertistica: ogni concerto assumerà le vesti (ed il nome) di Pollini: usurpa, in sostanza, il suo nome.

Contro le due aggressioni, la vittima può agire in giudizio (con le azioni dette di reclamo e di usurpazione) e chiedere la **cessazione del fatto lesivo**: viene chiesta al giudice la pronuncia di una sentenza che inibisca la condotta lesiva. Resta salva, comunque, la domanda di **risarcimento dei danni** subìti (art. 7, 1° co., cod. civ.).

L'autorità giudiziaria, inoltre, può ordinare che la sentenza sia pubblicata su uno o più giornali (art. 7, 2° co., cod. civ.). La pubblicazione della sentenza assolve ad una funzione sanzionatoria e preventiva (viene scoraggiato, cioè, chi ha intenzione di violare il diritto). La pubblicazione, inoltre, mira a ridurre le conseguenze negative della lesione del diritto, perché permette di ristabilire (agli occhi della comunità) la verità in ordine all'usurpazione del nome ed al suo uso indebito.

Le azioni a tutela del nome possono essere promosse anche da chi, pur non portando il nome contestato o indebitamente usato, abbia un interesse alla tutela "fondato su ragioni familiari degne d'essere protette" (art. 8 cod. civ.). Il codice civile intende affermare il principio della **solidarietà familiare**, da intendersi in senso lato: la tutela al diritto al nome, infatti, spetta non soltanto ai componenti della famiglia in senso stretto, ma anche a coloro che sono legati, con la vittima dell'aggressione, da vincoli affettivi.

Anche lo **pseudonimo**, ossia il nome d'arte o usato normalmente per rapportarsi con i consociati, è tutelato (quando abbia acquistato l'importanza del nome) con le azioni previste dall'art. 7 cod. civ. (art. 9 cod. civ.). È famoso l'esempio del politico "Bettino" Craxi, conosciuto da sempre con questo pseudonimo (il suo vero nome era Benedetto). Gli esempi, nel campo dello spettacolo, sono numerosi: il vero nome dell'attrice Sophia Loren è Sofia Scicolone. La cantante Madonna si chiama, in realtà, Louise Veronica Ciccone; Lorenzo Cherubini è conosciuto come Jovanotti.

Per i giudici di legittimità, poiché il diritto al nome costituisce uno dei diritti fondamentali della persona, va garantito "l'interesse del figlio a conservare il cognome originario se questo sia divenuto autonomo segno distintivo della sua identità personale in una determinata comunità" (Cass., 11.7.2017, n. 17139; Cass., 6.11.2019, n. 28518: quest'ultima pronuncia riconosce al figlio il diritto a proporre domanda di mantenimento del cognome paterno dopo l'accoglimento dell'azione di disconoscimento di paternità). Più in generale, la persona fisica ha sempre titolo di rivendicare per sé il cognome con il quale è stata individuata e iscritta dai propri genitori negli atti dello stato civile (Cass., 12.11.2021, n. 34090).

78.6. *Il diritto all'immagine.*

Il diritto all'immagine intende assicurare la tutela della persona, nei casi previsti dalla legge, allorché si pubblichi o esponga la sua immagine (ad esempio la sua fotografia). Valgono, in materia, le seguenti regole (art. 10 cod. civ.; artt. 96 e 97 della legge sul diritto di autore n. 633/1941, e successive modifiche). L'immagine della persona non può essere esposta o pubblicata senza il suo **consenso** (o, in caso di morte, dei suoi familiari), quando la riproduzione dell'immagine non sia giustificata dalla notorietà o dall'incarico pubblico coperto, da necessità di giustizia o di polizia, da scopi scientifici, didattici, culturali, oppure dal collegamento a fatti, avvenimenti o cerimonie di interesse pubblico o svoltisi in pubblico.

La giurisprudenza evidenzia di sovente come, dai riferimenti normativi appena ricordati, si possa concludere che la pubblicazione dell'altrui immagine senza il consenso deve trovare giustificazione in generali **esigenze di pubblica informazione**.

Proprio per questo non è consentita la pubblicazione o l'esposizione, a meno che consti il consenso, della fotografia di un personaggio politico che si trovi nella sua intimità familiare; allo stesso modo è vietata, senza consenso, la pubblicazione dell'immagine di un personaggio famoso (sportivo, attore) a fini di sfruttamento economico (per pubblicizzare, ad esempio, un determinato prodotto di consumo): nei casi appena visti, in definitiva, non sussiste quell'esigenza di pubblica informazione che deve essere presente per la pubblicazione dell'immagine senza il consenso (Cass., n. 10957/2010).

Ed ancora, può essere pubblicata o esposta l'immagine di una persona non nota, senza la necessità di ottenere il suo consenso, quando si tratti di "avvenimenti o cerimonie di interesse pubblico o svoltisi in pubblico" (Cass., n. 11353/2010).

Esempio. Mario Rossi si reca allo stadio del Conero di Ancona, al concerto del suo omonimo (ben più famoso) Vasco Rossi. Le televisioni ed i giornali riprendono l'avvenimento: il giorno successivo Mario Rossi vede pubblicata la sua fotografia su un noto quotidiano. Egli è ripreso, in primo piano, mentre canta a squarciagola "Alba Chiara", la canzone finale del concerto. Mario Rossi protesta perché non ha dato il suo consenso per la pubblicazione: se avesse saputo della pubblicazione, addirittura non si sarebbe recato al concerto. Ebbene, qualora decidesse di ricorrere ad un giudice, questi non gli darebbe certo ragione: partecipando al concerto (un avvenimento svoltosi in pubblico), Mario Rossi ha, per ciò solo, accettato di correre il "rischio" di essere ritratto in una fotografia destinata alla pubblicazione (si discute anche di "consenso implicito").

L'esposizione o la pubblicazione dell'immagine altrui è abusiva non soltanto quando avvenga senza il consenso della persona o senza il concorso delle altre circostanze espressamente previste dalla legge, ma anche quando, pur ricorrendo quel consenso o quelle circostanze, l'esposizione o la pubblicazione siano tali da arrecare pregiudizio all'onore, alla reputazione o al decoro della persona medesima (art. 97, 2° co., l. sul diritto d'autore; per un'applicazione Cass., 29.9.2006, n. 21172).

In caso di pubblicazione o esposizione non consentita, la persona interessata o i più stretti congiunti (genitori, coniuge, figli) possono chiedere all'autorità giudiziaria la **cessazione dell'abuso**, salvo il **risarcimento del danno**. In concreto, la cessazione della condotta lesiva può avvenire attraverso l'ordine di distruzione, il sequestro delle fotografie o di altre immagini pubblicate o esposte fuori dai casi previsti dalla legge.

78.7. *Il diritto all'integrità morale.*

Qualsiasi espressione di mancato rispetto dell'onore, del decoro, e della reputazione, realizzata verbalmente, con gli scritti, disegni, suoni, gesti nei confronti del diretto interessato o di terzi, integra la lesione del **diritto all'integrità morale**.

Il diritto della personalità in esame trova una protezione diretta nelle leggi speciali e nel codice penale. A norma dell'art. 4, 1° co., lett. (a), d.lgs. 15.1.2016, n. 7, soggiace alla sanzione pecuniaria civile da 100 euro a 8.000 euro "chi offende l'**onore** e il **decoro** di una persona presente, ovvero mediante comunicazione telegrafica, telefonica, informatica o telematica, o con scritti e disegni, diretti alla persona offesa" (l'art. 1 del d.lgs. n. 7/2016 ha abrogato, fra gli altri, il delitto di **ingiuria,** previsto dall'art. 594 cod. pen.). Questi fatti, se dolosi, obbligano non soltanto al pagamento della sanzione pecuniaria, ma anche "alle restituzioni e al risarcimento del danno secondo le leggi civili" (art. 3, 1° co., d.lgs. n. 7/2016).

Prevede, poi, l'art. 595 cod. pen. (**diffamazione**) che chiunque, "comunicando con più persone, offende l'altrui **reputazione**, è punito con la reclusione fino a un anno o con la multa fino a 1032 euro (1° co.). Se l'offesa consiste nell'attribuzione di un fatto determinato, la pena è della reclusione fino a due anni, ovvero della multa fino a euro 2065 (2° co.). Se l'offesa è recata col mezzo della stampa o con qualsiasi altro mezzo di pubblicità, ovvero in atto pubblico, la pena è della reclusione da sei mesi a tre anni o della multa non inferiore a euro 516 (3° co.). Se l'offesa è recata a un Corpo politico, amministrativo o giudiziario, o ad una sua rappresentanza, o ad una Autorità costituita in collegio, le pene sono aumentate (4° co.)".

È necessario estrapolare dalle norme ricordate alcuni concetti, il cui approfondimento consente di comprendere i tratti fondamentali del diritto all'integrità morale.

Il diritto della personalità in questione intende tutelare l'onore, il decoro e la reputazione di una persona. L'"onore" va inteso come il **valore sociale di un individuo**, riguardato sotto l'aspetto delle sue qualità morali. Il "decoro", invece, costituisce il valore sociale di una persona, considerato sotto l'insieme delle altre sue doti, come quelle intellettuali e fisiche. La "reputazione", infine, va intesa come l'opinione che i consociati hanno dell'onore e del decoro di una determinata persona.

Le nozioni appena esposte hanno, ovviamente, carattere relativo, concorrendo nella loro individuazione le circostanze concrete attraverso cui l'offesa è realizzata, nonché l'ambiente sociale ed il momento storico.

Esempio. Il giudice De Bilancis si reca al luna park con suo figlio piccolo ed un gruppo di amici, tutti con prole. La compagnia decide di fare un giro sulle macchinine a scontro: durante il gioco, gli amici si apostrofano con espressioni goliardiche e un po' cameratesche. Colui che, durante uno scontro con le macchinine, apostrofa il giudice con l'epiteto "deficiente", non potrà certo essere chiamato a rispondere dei danni per lesione della integrità morale. A diversa conclusione, però, potrà giungersi allorché la stessa persona, seriamente, riferisca la medesima espressione, in pubblica udienza, davanti al giudice De Bilancis che sta esercitando le sue funzioni.

La c.d. ***exceptio veritatis*** non è scriminante (si confronti l'art. 596 cod. pen.): anche se il fatto attribuito alla persona o il giudizio formulato nei suoi confronti corrispondano al vero o siano di pubblico dominio, la violazione del diritto in parola si configura ugualmente, se i "modi usati" nel riferire espressioni, comportamenti, gesti sono tali da offendere l'onore, il decoro e la reputazione della persona.

Esempio. Marito e moglie decidono di separarsi. La separazione non è molto tranquilla, anche perché l'uomo rimprovera alla donna di averlo tradito: ciò è scritto nel ricorso per separazione, che si conclude con la richiesta di pronuncia di sentenza con addebito a carico della moglie. Il giorno dell'udienza presidenziale, in cui il giudice tenta la conciliazione, marito e moglie hanno un alterco: la discussione, anzi, degenera, tanto che la donna comincia, ad alta voce, ad apostrofare il marito come "cornuto". Sempre urlando, poi, utilizza altre espressioni offensive della reputazione del marito. Le parole, pronunciate ad alta voce ed in stato di alterazione, sono ascoltate da tutti: giudici, cancellieri, avvocati, persone presenti in tribunale. Il marito, in questo caso, potrà lamentare la lesione al suo diritto all'integrità morale, ancorché il fatto attribuito (il tradimento) corrisponda a verità.

La violazione del diritto all'integrità morale comporta, in capo all'autore del fatto, **l'obbligo di risarcimento** del danno, patrimoniale e non patrimoniale (con la precisazione che il danno non patrimoniale da lesione di diritti fondamentali, quali l'onore e la reputazione, non va rinvenuto *in re ipsa* nella lesione, ma deve essere provato, ancorché sia consentito il ricorso a valutazioni prognostiche ed a presunzioni: così Cass., 4.6.2020, n. 10596; Cass., 16.4.2018, n. 9385; Cass., 6.12.2018, n. 31537). Il giudice, inoltre, qualora lo ritenga opportuno ai fini della riparazione del danno, può ordinare la **pubblicazione della sentenza** su uno o più giornali.

Allorché si verifichi la fattispecie di **diffamazione a mezzo stampa**, la vittima, oltre al risarcimento del danno, può domandare una somma a titolo di **riparazione**, per la cui determinazione si dovrà tenere conto della gravità dell'offesa, nonché della diffusione che la notizia offensiva ha avuto (art. 12, l. 8.2.1948, n. 47).

Un discorso a parte va fatto per il diritto di satira, che costituisce una manifestazione del diritto di critica. La satira è sottratta all'obbligo di riferire fatti veri, in quanto esprime mediante il paradosso e la metafora surreale un giudizio ironico su un fatto. Essa però è soggetta al limite della continenza e della funzionalità delle espressioni o immagini rispetto allo scopo di denuncia sociale o politica perseguito; per cui possono essere utilizzate espressioni di qualsiasi tipo, purché siano strumentalmente collegate alla manifestazione di un dissenso ragionato dall'opinione o comportamento preso di mira e non si risolvano in un'aggressione gratuita e distruttiva dell'onore e della reputazione del soggetto interessato (Trib. Roma, 8.11.2018).

78.8. *Il diritto alla riservatezza.*

Il **diritto alla riservatezza** (detto anche diritto alla intimità privata o, con un termine anglosassone, diritto alla *privacy*), intende tutelare la **sfera personale e familiare** di ciascun individuo.

Due sono le possibili minacce alla riservatezza: (a) le **ingiustificate intromissioni** nella sfera privata della persona e nei luoghi in cui si svolge la sua **vita intima**; (b) le **divulgazioni**, all'esterno, di fatti o elementi che riguardano gli aspetti della vita intima.

Una serie di disposizioni si occupano, specificamente, del primo tipo di aggressione. L'art. 14 Cost. prevede che il domicilio sia inviolabile (1° co.); non vi si possono eseguire ispezioni o perquisizioni o sequestri, se non nei casi e nei modi stabiliti dalla legge secondo le garanzie prescritte per la tutela della libertà personale (2° co). Il riferimento al domicilio, contenuto nella norma costituzionale, comprende qualsiasi luogo chiuso ed isolato dall'ambiente esterno, in cui la persona svolge la sua vita privata, escludendo la presenza di estranei (dunque non solo l'abitazione ma anche una camera di albergo, un camper, una cabina di una nave, la sede di una associazione privata).

Il codice penale prevede che "chiunque s'introduce nell'abitazione altrui, o in un altro luogo di privata dimora, o nelle appartenenze di essi, contro la volontà espressa o tacita di chi ha il diritto di escluderlo, ovvero vi s'introduce clandestinamente o con inganno, è punito con la reclusione fino a tre anni" (art. 614, 1° co., cod. pen.).

Ed ancora "chiunque mediante l'uso di strumenti di ripresa visiva o sonora, si procura indebitamente notizie o immagini attinenti alla vita privata svolgentesi nei luoghi indicati nell'articolo 614, è punito con la reclusione da sei mesi a quattro anni" (art. 615-*bis*, cod. pen.).

Anche al di fuori delle disposizioni penalistiche è possibile rinvenire norme che mirano a tutelare la persona contro ingiustificate intromissioni. In particolare, lo Statuto del Lavoratori (l. 20.5.1970, n. 300) vieta l'utilizzo di impianti audiovisivi per il controllo dell'attività dei lavoratori; ed ancora, il datore di lavoro non può compiere indagini riguardanti le opinioni politiche, religiose e sindacali dei lavoratori e, più in generale, su ogni altro aspetto che non sia rilevante per verificare le attitudini professionali dei lavoratori.

Vi sono, poi, disposizioni che **tutelano** l'**individuo** contro le **divulgazioni**, all'**esterno**, di alcuni aspetti della vita intima di una persona. Il codice penale punisce "chi rivela o diffonde, mediante qualsiasi mezzo di informazione al pubblico, le notizie o le immagini illecitamente acquisite attraverso mezzi di ripresa visiva o sonora" (art. 615-*bis*, 2° co., cod. pen.).

Se la diffusione riguarda immagini di una persona, troveranno applicazione le disposizioni già studiate a proposito della tutela del diritto dell'immagine.

Al di là delle singole disposizioni del nostro ordinamento, tuttavia, oggi la giurisprudenza riconosce un generale **diritto al riserbo della vita privata**, che peraltro trova fondamento in alcune fonti internazionali (si confronti l'art. 8 della Convenzione europea per la salvaguardia dei diritti dell'uomo e delle libertà fondamentali, su cui Corte europea diritti dell'uomo, sez. *grande chambre*, 5.9.2017, n. 61496).

Questa generale valorizzazione del diritto al riserbo, in sostanza, può condurre il giudice a riconoscere la **tutela risarcitoria** nei confronti di aspetti della vita privata che non sono oggetto di un'espressa disciplina legislativa.

I giudici di legittimità hanno tracciato alcune indicazioni in ordine al rapporto tra diritto alla riservatezza e diritto di cronaca: il diritto di una persona a pretendere che proprie, passate vicende, non siano pubblicamente rievocate, trova un limite nel diritto di cronaca solo quando sussista un interesse effettivo ed attuale alla loro diffusione, nel senso che quanto recentemente accaduto trovi diretto collegamento con quelle vicende stesse e ne "rinnovi l'attualità" (Cass., 26.6.2013, n. 16111).

La Cassazione, nel 2018, ha dettato un vero e proprio "decalogo" in ordine al rapporto tra diritto all'oblio e diritto alla cronaca. Dal quadro normativo esistente (art. 2 Cost.; art. 10 cod. civ.; art. 97 l. n. 633 del 1941; artt. 8 e 10, 2° co., CEDU; artt. 7 e 8 della Carta di Nizza) si ricava che il diritto fondamentale all'oblio può subire una compressione, a favore dell'ugualmente fondamentale diritto di cronaca, in presenza di determinati presupposti: (1) il contributo arrecato dalla diffusione dell'immagine o della notizia ad un dibattito di interesse pubblico; (2) l'interesse effettivo ed attuale alla diffusione dell'immagine o della notizia (per ragioni di giustizia, di polizia o di tutela dei diritti e delle libertà altrui, ovvero per scopi scientifici, didattici o culturali); (3) l'elevato grado di notorietà del soggetto rappresentato, per la peculiare posizione rivestita nella vita pubblica e, segnatamente, nella realtà economica o politica del Paese; (4) le modalità impiegate per ottenere e nel dare l'informazione, che deve essere veritiera (poiché attinta da fonti affidabili, e con un diligente lavoro di ricerca), diffusa con modalità non eccedenti lo scopo informativo, nell'interesse del pubblico, e scevra da insinuazioni o considerazioni personali, sì da evidenziare un esclusivo interesse oggettivo alla nuova diffusione; (5) la preventiva informazione circa la pubblicazione o la trasmissione della notizia o dell'immagine a distanza di tempo, in modo da consentire all'interessato il diritto di replica prima della sua divulgazione al grande pubblico (Cass., 20.3.2018, n. 6919; si veda anche Cass., 8.2.2022, n. 3952; Trib. Milano, 17.6.2021; Trib. Roma, 3.7.2019).

Ed ancora, in tema di rapporti tra diritto alla riservatezza (nella sua particolare connotazione del c.d. diritto all'oblio) e diritto alla rievocazione storica di fatti e vicende concernenti eventi del passato, il giudice di merito ha il compito di valutare l'interesse pubblico, concreto ed attuale alla menzione degli elementi identificativi delle persone che di quei fatti e di quelle vicende furono protagonisti. Tale menzione deve ritenersi lecita solo nell'ipotesi in cui si riferisca a personaggi che destino nel momento presente l'interesse della collettività, sia per ragioni di notorietà sia per il ruolo pubblico rivestito (Cass., Sez. Un., 22.7.2019, n. 19681; Trib. Lucca, 19.1.2019, che esclude il diritto all'oblio quando sia carente l'elemento del lungo lasso di tempo trascorso).

Sempre per via giurisprudenziale si è stabilito che la richiesta di informazioni di un coniuge sull'estratto conto dell'altro, in vista di una causa di separazione, non determina alcuna violazione del diritto alla riservatezza (Cass., 31.8.2017, n. 20649).

Ci si è chiesti, in tempi recenti, se la richiesta del **green pass** (imposto nel periodo della pandemia per combattere la diffusione del Covid-19) comportasse la violazione della riservatezza dei dati sanitari. La giurisprudenza amministrativa ha dato risposta negativa, sul presupposto che il sistema predisposto non rendeva riconoscibili ai terzi il concreto presupposto dell'ottenuta certificazione (così Cons. Stat., 17.9.2021, n. 5130).

78.9. *Il "Codice" per la protezione dei dati personali: le banche dati.*

Nella società moderna assai frequente è la tenuta di **banche dati**, in cui si registrano, organizzano ed utilizzano dati attinenti alla vita di ciascun individuo: si pensi alle semplici informazioni anagrafiche, a quelle sul tipo di studi e di attività lavorative svolte, ad informazioni sui gusti e sulle abitudini commerciali, sulla salute, sugli orientamenti politici, religiosi e così via.

La tenuta delle banche dati non soddisfa soltanto le esigenze di coloro che le istituiscono e gestiscono, ma anche degli utenti: attraverso la consultazione di un archivio, ad esempio, è possibile attingere immediate informazioni per verificare l'esistenza o meno di disponibilità di sangue, necessario per una celere trasfusione.

Occorre, peraltro, che la diffusione delle banche dati non si traduca in una inammissibile violazione della riservatezza delle persone che forniscono una serie di informazioni destinate a essere conservate e "trattate" dai responsabili delle stesse.

La materia è oggi disciplinata dal Regolamento (CE) 27 aprile 2016, n. 2016/679/UE, relativo alla protezione delle persone fisiche con riguardo al trattamento dei dati personali, adottato dal Parlamento europeo e dal Consiglio dell'Unione europea. Il Regolamento, composto da 173 "Considerando" e da 99 articoli, è entrato in vigore il 28 maggio 2018 e viene definito, sinteticamente, **GDPR** (acronimo di *General Data Protection Regulation*). La materia è altresì disciplinata dal d.lgs. n. 196/2003 (Codice in materia di protezione dei dati personali, detto **Codice della *privacy***). La normativa interna, dunque, non è stata interamente abrogata a seguito dell'entrata in vigore del GDPR, anche se risulta fortemente ridimensionata dalla recente normativa europea. Proprio per assicurare un non facile coordinamento fra il GDPR e il Codice della *privacy* è stato emanato il d.lgs. 10.8.2018, n. 101.

La finalità della regolamentazione è quella di garantire la protezione delle persone fisiche di fronte al "trattamento dei dati personali" (art. 1 GDPR), "nel rispetto della dignità umana, dei diritti e delle libertà fondamentali della persona" (art. 1 Cod. *Privacy*).

Converrà innanzitutto chiarire alcuni concetti fondamentali, senza la comprensione dei quali non è possibile procedere nell'esame, ancorché per sommi capi, della disciplina. I soggetti protagonisti del GDPR sono i seguenti: l'interessato, il titolare del trattamento, il responsabile del trattamento, il responsabile della protezione dei dati. L'**interessato** è la persona fisica titolare del diritto alla *privacy* (gli enti, non importa se privati o pubblici, sono esclusi dalla normativa); il **titolare del trattamento** è il soggetto che effettua il trattamento dei dati personali; il **responsabile del trattamento** è colui che tratta i dati personali per conto del titolare del trattamento; il **responsabile della protezione dei dati** è investito di una serie di compiti, come quello di informare e di fornire consulenza al titolare e al responsabile del trattamento sugli obblighi incombenti su di loro. Deve anche sorvegliare sull'osservanza degli stessi obblighi (sul responsabile del trattamento si veda Cass., 23.7.2021, n. 21234).

Fondamentale è pure il concetto di **trattamento dei dati personali**. Per **dato personale** si intende qualsiasi informazione che riguardi una persona fisica identificata o identificabile, direttamente o indirettamente (art. 4, par. 1 n. 1, GDPR). Vengono in considerazione non solo le informazioni riguardanti la vita privata, ma anche quelle concernenti la vita professionale, economica, e così via. Per **trattamento** si intende "qualsiasi operazione o insieme di operazioni, compiute con o senza l'ausilio di processi automatizzati e applicate a dati personali o insieme di dati personali, come la raccolta, la registrazione, l'organizzazione, la strutturazione, la conservazione, l'adattamento o la modifica, l'estrazione, la consultazione, l'uso, la comunicazione mediante trasmissione, diffusione o qualsiasi altra forma di messa a disposizione, il raffronto o l'interconnessione, la limitazione, la cancellazione o la distruzione" (art. 4, par. 1 n. 2, GDPR).

Il titolare del trattamento rende **informazioni all'interessato** relative allo stesso trattamento, in maniera concisa, trasparente, intellegibile e facilmente accessibile, con un linguaggio semplice e chiaro. Le informazioni sono fornite per iscritto o con altri mezzi (anche, se del caso, con mezzi elettronici). Se richiesto dall'interessato, le informazioni possono essere fornite oralmente, purché sia comprovata con altri mezzi l'identità dell'interessato (art. 12, par. 1, GDPR). Le informazioni riguardano, nel momento in cui i dati sono ottenuti: (a) l'identità ed i dati di contatto del titolare del trattamento; (b) i dati di contatto del responsabile della protezione dei dati; (c) le finalità del trattamento nonché la base giuridica del trattamento; (d) i legittimi interessi perseguiti dal titolare del trattamento o da terzi; (e) gli eventuali destinatari o le eventuali categorie di destinatari dei dati personali; (f) l'eventuale intenzione del titolare del trattamento di trasferire i dati personali ad un paese terzo o ad un'organizzazione internazionale (art. 13, par. 1 n. 1, GDPR; si veda anche l'art. 14 GDPR).

Il **trattamento** è **lecito** soltanto se ricorra almeno una delle seguenti condizioni (art. 6 GDPR, che detta le c.d. **basi giuridiche** del trattamento): (a) l'interessato abbia espresso il proprio **consenso** al trattamento dei dati personali per una o più specifiche finalità. Il consenso deve essere manifestato liberamente, inequivocabilmente e specificamente ex art. 4, par. 1 n. 11, GDPR (Cass., n. 17278/2018); (b) il trattamento è necessario nell'esecuzione di un contratto di cui l'interessato è parte o all'esecuzione di misure precontrattuali adottate su richiesta dello stesso; (c) il trattamento è necessario per adempiere un obbligo legale al quale è soggetto il titolare del trattamento; (d) il trattamento è necessario per la salvaguardia degli interessi vitali dell'interessato o di altra persona fisica; (e) il trattamento è necessario per l'esecuzione di un compito di interesse pubblico; (f) il trattamento è necessario per il perseguimento del legittimo interesse del titolare del trattamento o di terzi, a condizione che non prevalgano gli interessi o i diritti e le libertà fondamentali dell'interessato.

Un particolare trattamento è riservato ai c.d. **dati sensibili** (definiti **dati particolari** dal GDPR): è vietato trattare dati personali che rivelino l'origine razziale o etnica, le opinioni politiche, le convinzioni religiose o filosofiche, o l'appartenenza sociale, nonché trattare dati genetici, dati biometrici intesi a identificare in modo univoco una persona fisica, dati relativi alla salute o alla vita o all'orientamento sessuale della persona (art. 9, par. 1, GDPR). Il divieto non sussiste soltanto in una serie di casi espressamente previsti: (a) quando vi sia il consenso esplicito dell'interessato per una o più finalità specifiche; (b) quando il trattamento è necessario per assolvere gli obblighi ed esercitare i diritti del titolare del trattamento o dell'interessato in materia di diritto del lavoro e della sicurezza sociale; (c) quando il trattamento è necessario per tutelare un interesse vitale dell'interessato o di altra persona fisica, qualora l'interessato si trovi nell'incapacità fisica o giuridica di prestare il proprio consenso; (d) quando il trattamento è effettuato da un ente non lucrativo che persegua finalità politiche, filosofiche, religiose o sindacali, a condizione che il trattamento riguardi unicamente i membri e gli ex membri dell'ente e che i dati non siano comunicati all'esterno senza il consenso dell'interessato; (e) quando il trattamento riguarda dati personali resi manifestamente pubblici dall'interessato; (f) quando il trattamento è necessario per accertare, esercitare o difendere un diritto in sede giudiziaria; (g) quando il trattamento è necessario per motivi di interesse pubblico rilevante sulla base del diritto dell'Unione o degli Stati membri; (h) quando il trattamento è necessario per finalità di medicina preventiva o di medicina del lavoro; (i) quando il trattamento è necessario per motivi di interesse pubblico nel settore della sanità pubblica; (j) quando il trattamento è necessario a fini di archiviazione nel pubblico interesse, di ricerca scientifica o storica o a fini statistici (art. 9, par. 2, GDPR).

Vediamo ora quali debbano essere le **modalità di trattamento** dei dati personali. Essi sono: (a) trattati in modo lecito, corretto e trasparente nei confronti dell'interessato (c.d. "liceità, correttezza e trasparenza"); (b) raccolti per finalità determinate, esplicite e legittime, e successivamente trattati in modo che non siano incompatibili con tali finalità; un ulteriore trattamento dei dati personali a fini di archiviazione nel pubblico interesse, di ricerca scientifica o storica o a fini statistici non è considerato incompatibile con le finalità iniziali (c.d. "limitazione delle finalità"); (c) adeguati, pertinenti e limitati a quanto necessario rispetto alle finalità per le quali sono trattati (c.d. "minimizzazione dei dati", su cui si veda Cass., n. 26778/2019); (d) esatti e, se necessario, aggiornati; devono essere adottate tutte le misure ragionevoli per cancellare o rettificare tempestivamente i dati inesatti rispetto alle finalità per le quali sono trattati (c.d. "esattezza"); (e) conservati in una forma che consenta l'identificazione degli interessati per un arco di tempo non superiore al conseguimento delle finalità per le quali sono trattati; i dati personali possono essere conservati per periodi più lunghi, a condizione che siano trattati esclusivamente a fini di archiviazione nel pubblico interesse, di ricerca scientifica o storica o a fini statistici, fatta salva l'attuazione di misure tecniche o organizzative adeguate richieste dal GDPR a tutela dei diritti e delle libertà dell'interessato (c.d. "limitazione della conservazione"); (f) trattati in maniera da garantire un'adeguata sicurezza dei dati personali, compresa la protezione, mediante misure tecniche e organizzative adeguate, da trattamenti non autorizzati o illeciti e dalla perdita, dalla distruzione o dal danno accidentali (c.d. "integrità e riservatezza") (art. 5 GDPR).

In ogni caso, tenendo conto dello stato dell'arte e dei costi di attuazione, nonché della natura, dell'oggetto, del contesto e delle finalità del trattamento, come anche del rischio di varia probabilità e gravità per i diritti e le libertà delle persone fisiche, il titolare del trattamento e il responsabile del trattamento devono mettere in atto misure tecniche e organizzative idonee per garantire un livello di sicurezza adeguato al rischio (art. 32 GDPR).

L'interessato è titolare di alcuni diritti espressamente previsti dal GDPR:

(i) **il diritto di accesso.** L'interessato ha diritto di ottenere dal titolare del trattamento la conferma che sia o meno in corso un trattamento di dati personali che lo riguardano. In tal caso ha diritto di ottenere l'accesso ai dati personali e ad una serie di informazioni, fra cui le finalità del trattamento, i destinatari o le categorie di destinatari cui i dati personali sono o saranno comunicati, il periodo di conservazione dei dati (art. 15 GDPR);

(ii) **il diritto di rettifica**. L'interessato ha diritto di ottenere dal titolare del trattamento la rettifica dei dati personali inesatti che lo riguardano senza ingiustificato ritardo. Tenuto conto delle finalità del trattamento, l'interessato ha diritto di ottenere l'integrazione dei dati personali incompleti, anche fornendo una dichiarazione integrativa (art. 16 GDPR);

(iii) **il diritto all'oblio**. Il titolare del trattamento ha l'obbligo di cancellare i dati personali, senza ingiustificato ritardo, in una serie di casi: quando, ad esempio, i dati personali non sono più necessari rispetto alle finalità per cui sono stati trattati; quando l'interessato abbia revocato il consenso; quando i dati personali sono stati trattati illecitamente; quando i dati personali debbono essere cancellati per adempiere ad un obbligo previsto dal diritto dell'Unione europea o dello Stato membro (art. 17 GDPR).

Il GDPR intende promuovere la "responsabilizzazione" (***accountability***, nell'accezione inglese) dei titolari e dei responsabili, che devono adottare comportamenti tali da dimostrare la concreta adozione di misure finalizzate ad assicurare l'applicazione del Regolamento stesso (si veda l'intero Capo IV del GDPR). È necessario dunque prevedere, sin dall'inizio, le garanzie indispensabili al fine di soddisfare i requisiti del Regolamento e tutelare i diritti degli interessati. Si tratta di un'attività (***data protection by default and by design***) che deve avvenire a monte e sostanziarsi in una serie di comportamenti specifici e dimostrabili. Occorre procedere, inoltre, alla valutazione del **rischio inerente al trattamento**: si fa riferimento, in particolare, al rischio di **impatti negativi** sulle libertà e sui diritti degli interessati (Considerando 75-77). Gli impatti devono essere analizzati attraverso un apposito processo di valutazione (artt. 35-36 GDPR), all'esito del quale il titolare può decidere in autonomia se iniziare il trattamento (avendo adottato le misure idonee a mitigare il rischio) ovvero consultare l'Autorità di controllo competente per ottenere indicazioni su come gestire il rischio residuale. L'Autorità non ha il compito di autorizzare il trattamento, ma di indicare le misure ulteriori da adottare da parte del titolare. Può, ove necessario, ricorrere a tutte le misure correttive previste dal Regolamento: dall'ammonimento al titolare fino alla limitazione o al divieto di procedere al trattamento (art. 58 GDPR). L'intervento dell'Autorità di controllo, dunque, avviene principalmente *ex post*; si spiega così l'eliminazione, a partire dal 25 maggio 2018, di alcuni istituti previsti dal Codice italiano della *privacy*, come la notifica preventiva dei trattamenti al Garante. Si prevede, peraltro, che il titolare del trattamento debba notificare all'Autorità di controllo le violazioni dei dati personali di cui venga a conoscenza entro 72 ore e comunque "senza giustificato ritardo", ma soltanto se ritiene probabile che da tale violazione derivino rischi per i diritti e le libertà degli interessati (Considerando 85).

Pure la designazione di un **responsabile della protezione dati** (RPD, ovvero DPO, se si utilizza l'acronimo inglese: *data protection officer*) riflette il ricordato approccio "responsabilizzante" del Regolamento. La sua designazione è obbligatoria in alcuni casi (art. 37 GDPR). Fra i suoi compiti vi è quello della "sensibilizzazione e formazione del personale" nonché della sorveglianza sullo svolgimento delle valutazioni di impatto di cui all'art. 35 del GDPR.

Tutti i titolari e i responsabili di trattamento, fatte salve alcune eccezioni, devono tenere un registro delle operazioni di trattamento (art. 30 GDPR). Il registro deve avere forma scritta, anche elettronica, ed essere esibito su richiesta del Garante.

In caso di illecito trattamento dei dati è possibile rivolgersi, in via alternativa (art. 140-*bis* Cod. *privacy*), all'Autorità Garante per la protezione dei dati personali (artt. 77 ss. GDPR; artt. 141 ss. Cod. *privacy*) o all'autorità giudiziaria ordinaria (art. 153 Cod. *privacy*). Quest'ultima potrà essere adita dalla vittima dell'illecito trattamento anche per ottenere il risarcimento dei **danni non patrimoniali** subìti (art. 82 GDPR). Sono previste, dalla disciplina di diritto interno, sanzioni penali (artt. 167 ss. Cod. *privacy*, su cui si veda Cass. pen., 10.10.2019, n. 41604). L'autore dell'illecito trattamento dei dati, infine, potrà andare incontro anche a sanzioni amministrative pecuniarie (art. 83 GDPR; art. 166 Cod. *privacy*). Deve sottolinearsi la non lieve entità di quest'ultime, che possono arrivare fino a 20.000.000 euro o, per le imprese, corrispondere al 4% del fatturato dell'esercizio precedente (art. 83, par. 5, GDPR).

78.10. *Il diritto all'identità personale.*

Il **diritto all'identità personale** non è espressamente previsto dal legislatore, ma è frutto di elaborazione giurisprudenziale, a partire dagli anni Settanta del secolo scorso. È il diritto a che non vengano pubblicamente attribuite, ad una persona, qualifiche, opinioni o comportamenti non veri, in grado di alterare l'immagine sociale della persona stessa (Cass., 9.7.2018, n. 18006; Cass., Sez. Un., 25.1.2017, n. 1946).

La falsa attribuzione non necessariamente deve integrare un'offesa alla persona o una violazione della sua sfera privata (in questi casi, semmai, sussisterebbe una violazione del diritto all'integrità morale o del diritto alla riservatezza della persona). È sufficiente, ai fini del **risarcimento del danno**, che la persona sia collocata in una "falsa luce agli occhi del pubblico".

Esempio. Un partito politico diffonde, in una città, un *depliant* elettorale in cui è riportata l'immagine di un sacerdote in abito talare impegnato in una funzione religiosa. Ad accompagnare l'immagine vi sono alcuni slogan, come "il Partito ... e la Chiesa contro la corruzione. I cattolici votano ...", nonché "Il partito ..., una garanzia anche per i cristiani". Il sacerdote riconosce la propria immagine e cita in giudizio il partito politico, chiedendo il risarcimento dei danni per lesione della propria identità personale. Mostra l'assoluta incompatibilità tra le idee propugnate dal partito politico e i valori da lui perseguiti nell'espletamento delle attività quotidiane. Sulla base delle prove fornite dal sacerdote, il tribunale risarcirà i danni subìti per violazione del diritto all'identità personale.

Esempio. Viene pubblicata, su un giornale, un'intervista ad un noto oncologo, il quale denuncia i rapporti tra fumo e cancro. Nel corso dell'intervista il professore, alla domanda se esistano sigarette innocue, risponde che "sono state prodotte sigarette leggere meno nocive che però non eliminano i pericoli denunciati". Il medico conclude il discorso affermando che "tutto sarebbe più semplice se la gente si convincesse a non fumare". Nei giorni successivi appare, su un altro periodico, una pubblicità di alcune sigarette nella quale si legge testualmente che secondo il medico precedentemente intervistato "questo tipo di sigarette riduce quasi della metà il rischio del cancro!". Il medico insorge e chiede al tribunale il risarcimento dei danni. I giudici, all'esito del giudizio, gli danno ragione, affermando che esiste un diritto all'identità personale quale interesse giuridicamente protetto a non veder travisato o alterato il proprio patrimonio intellettuale, politico, sociale, religioso, scientifico, ideologico, professionale.

78.11. *Possibili interferenze tra alcuni diritti della personalità e l'esercizio dell'attività giornalistica (art. 21 Cost.).*

Non sono rari i casi di interferenza tra alcuni diritti della personalità (il diritto all'onore, all'immagine, alla riservatezza, all'identità personale) e l'esercizio dell'**attività giornalistica** (si veda oggi, quanto al rapporto tra diritto di cronaca e diritto all'onore, Corte europea dei diritti dell'uomo, 25.5.2021, n. 57574). Deve ricordarsi come quest'ultima costituisca l'esplicazione del diritto, costituzionalmente tutelato, di "manifestare liberamente il proprio pensiero con la parola, lo scritto e ogni altro mezzo di diffusione" (art. 21, 1° co., Cost.).

La giurisprudenza, che sovente si occupa del tema della responsabilità del giornalista (nonché di quella, in solido, del direttore del giornale e dell'editore), sembra avere fissato alcuni punti fermi (Trib. Milano, 13.6.2019; si veda, già, § 78.8):

(a) allorché, nell'esercizio dell'attività giornalistica, la notizia data consista in **fatti non corrispondenti** al vero, può configurarsi, a seconda dei casi, la lesione del diritto all'onore (allorché si tratti di notizie che tendono a diffamare o screditare la persona di fronte al pubblico) o del diritto all'identità personale (che tutela il diritto di non vedersi attribuiti fatti, comportamenti, opinioni non corrispondenti alla realtà). Può essere leso, altresì, il diritto all'immagine (che costituisce, al pari di quello alla riservatezza, l'espressione di un più generico diritto all'intimità della propria sfera personale).

(b) Una responsabilità nell'esercizio dell'attività giornalistica può sussistere anche quando la notizia consista in fatti corrispondenti al vero. Il che accade quando la divulgazione di determinati fatti **non abbia** un **apprezzabile interesse sociale**. Il criterio in questione, ovviamente, dovrà essere rapportato, di volta in volta, con la rilevanza sociale e, più in generale, la notorietà della persona cui si riferiscono le notizie.

Un personaggio televisivo, uno sportivo, un politico non possono pretendere che ogni aspetto della loro vita privata sia sottratto alla divulgazione e, dunque, alla conoscenza da parte del pubblico. Inoltre, le esigenze di ricerca storica e di insegnamento possono legittimare la diffusione di notizie sulla vita personale di una persona, allorché ciò serva a meglio far comprendere i tratti del personaggio, l'ambiente sociale ed il contesto storico oggetto di studio.

(c) Infine, anche se la notizia consista in fatti corrispondenti al vero, la responsabilità nell'esercizio dell'attività giornalistica può configurarsi avendo riguardo alle **modalità** di **esternazione** e di **enunciazione** della notizia stessa. Occorre che quest'ultime rispecchino la c.d. **continenza espositiva**: le modalità di esposizione della notizia devono essere strumentali allo scopo informativo e ispirarsi ad una "leale chiarezza", senza indugiare in toni scandalistici, insinuazioni, sottintesi, accostamenti suggestivi.

78.12. *I "nuovi" diritti della personalità.*

La categoria dei diritti della personalità, si diceva, non costituisce un numero chiuso. L'emersione continua di "nuovi" diritti della personalità si coglie sfogliando i repertori della giurisprudenza.

Da qualche tempo la Suprema Corte ha affermato esplicitamente che il "**diritto all'abitazione**" rientra nella categoria dei diritti fondamentali della persona (Cass., 11.3.2011, n. 9908); ciò in forza di un'interpretazione desumibile da diverse pronunce della Corte europea dei Diritti dell'Uomo e della Corte costituzionale (Corte cost., 21.11.2000, n. 520; Corte cost., 25.7.1996, n. 309). Questo comporta che la vittima può chiedere, in caso di sua lesione, anche il risarcimento dei danni non patrimoniali.

Ed ancora, il consenso informato, inteso quale espressione della consapevole adesione al trattamento sanitario proposto dal medico, si configura come un vero e proprio diritto della personalità (Corte cost., n. 438/2008, che fa riferimento agli artt. 2, 13 e 32 Cost.). Per i giudici di legittimità la lesione del c.d. **diritto all'autodeterminazione** non necessariamente comporta la lesione della salute, come accade quando manchi il consenso ma l'intervento terapeutico, di per sé considerato, sia stato eseguito correttamente (Cass., 23.3.2021, n. 8163; Cass., 9.2.2010, n. 2847; sugli oneri probatori incombenti sul paziente si veda Cass., 11.11.2019, n. 28985; Cass., 4.11.2020, n. 24471).

In particolare, dall'inadempimento dell'obbligo informativo gravante sul medico possono derivare le seguenti situazioni: (a) omessa/insufficiente informazione in relazione ad un intervento che ha cagionato un danno alla salute per condotta colposa del medico: se il paziente, qualora fosse stato compiutamente informato, avrebbe comunque scelto di sottoporsi all'intervento, sarà risarcibile soltanto il danno alla salute; (b) omessa/insufficiente informazione in relazione ad un intervento che ha cagionato un danno alla salute per condotta colposa del medico: se il paziente, qualora fosse stato compiutamente informato, avrebbe scelto di non sottoporsi all'intervento, sarà risarcibile anche il danno da lesione del diritto all'autodeterminazione; (c) omessa informazione in relazione ad un intervento che ha cagionato un danno alla salute (inteso anche nel senso di un aggravamento delle condizioni preesistenti) per condotta non colposa del medico: se il paziente, qualora fosse stato compiutamente informato, avrebbe scelto di non sottoporsi all'intervento, saranno risarcibili il danno da lesione del diritto all'autodeterminazione (sul piano puramente equitativo) e il danno alla salute, da valutarsi in relazione all'eventuale situazione "differenziale" tra il maggior danno biologico conseguente all'intervento e il preesistente stato patologico invalidante; (d) omessa informazione in relazione ad un intervento che non ha cagionato un danno alla salute: se il paziente, qualora fosse stato compiutamente informato, avrebbe comunque scelto di sottoporsi all'intervento, nessun risarcimento sarà dovuto; (e) omessa/inadeguata diagnosi che non ha cagionato un danno alla salute del paziente, ma gli ha imposto di accedere a più accurati e attendibili accertamenti: se il paziente allega che dall'omessa, inadeguata o insufficiente informazione gli sono, comunque, derivate conseguenze dannose di natura non patrimoniale, in termini di sofferenza soggettiva e contrazione della libertà di disporre di se stesso, psichicamente e fisicamente, sarà risarcibile il danno da lesione del diritto all'autodeterminazione (Cass., 11.11.2019, n. 28985).

Cosa succede, inoltre, quando risulti un colpevole ritardo nella diagnosi di una **malattia ad esito infausto**? In questo caso viene leso il diritto del paziente **di determinarsi liberamente nei propri** (ultimi) **percorsi esistenziali**. La persona, in sostanza, viene privata della possibilità di vivere le ultime fasi della sua vita nella cosciente e consapevole accettazione della sofferenza e del dolore fisico. Si è in presenza di un diritto personalissimo che, se violato, non richiede (ai fini risarcitori) nessun'altra dimostrazione (Cass., 15.4.2019, n. 10424; Cass., 23.3.2018, n. 7260; si veda anche § 355).

Da qualche anno, poi, si riconosce la rilevanza costituzionale del "**diritto al mantenimento**" dei familiari (Cass., n. 7713/2000). In particolare, quando l'uccisione di una persona, a seguito di un fatto illecito, comporta la lesione del diritto al mantenimento che il coniuge o i figli avevano nei confronti della vittima del fatto illecito, i familiari possono chiedere il risarcimento dei danni per lesione di questo loro diritto fondamentale.

La Corte di Strasburgo, inoltre, ha affermato che nel diritto inviolabile alla **bigenitorialità** è compreso il diritto del genitore separato di esercitare il naturale rapporto familiare con il figlio (Corte europea dei Diritti dell'Uomo, 29.1.2013; sul concetto di bigenitorialità §§ 443, 460). La preclusione del cognome materno, inoltre, lede il diritto all'identità personale del figlio del minore e, nel contempo, costituisce un'irragionevole disparità di trattamento tra i coniugi che non trova alcuna giustificazione nella finalità di salvaguardia dell'unità familiare (Corte cost., n. 286/2016).

Del pari è inviolabile il **diritto alla vita familiare**, inteso come diritto a vivere liberamente la condizione di coppia, anche omosessuale (Cass., n. 601/2013; Cass., n. 4184/2012).

Sempre più avvertito, poi, è il **diritto del minore all'ascolto** (proclamato nella Convenzione dell'ONU del 20.11.1989, sui diritti del fanciullo) ed il **diritto** dello stesso a **crescere nella propria famiglia**. Entrambi i diritti hanno avuto un ampio riconoscimento nella recente riforma sulla filiazione (l. n. 219/2012 e d.lgs. n. 154/2013). Pur nell'assenza di una precisa disciplina legislativa, oggi viene considerato fondamentale il **diritto a conoscere le proprie origini parentali** (sul tema § 451.1).

La giurisprudenza di legittimità discute di un **diritto** fondamentale di **"fratellanza e di sorellanza"**, che impone di preservare, nella separazione dei coniugi, la conservazione del rapporto fra fratelli e sorelle e di non adottare provvedimenti di affidamento che comportino la loro separazione se non per ragioni ineludibili; occorre, dunque, una motivazione rigorosa che evidenzi il contrario interesse del minore alla convivenza (Cass., 24.5.2018, n. 12957).

Nelle aule di tribunale si afferma che "il **diritto alla sessualità** è un diritto inviolabile, tutelato dalla Costituzione, da riconoscere anche alle persone adulte con disabilità psichiche, non potendosi la misura di protezione (come l'interdizione) tradursi in un 'esproprio' dei diritti fondamentali dell'individuo" (Trib. Varese, decr. 24.10.2011; si veda anche Cass., Sez. Un., 24.3.2006, n. 6572). È stato riconosciuto, inoltre, il diritto al risarcimento dei danni esistenziali ad un convivente di una coppia di fatto, per lesione al diritto alla sessualità: nella specie un errato intervenuto chirurgico nei confronti della compagna ha comportato per l'attore, ancora in giovane età, una lunga rinuncia ai rapporti sessuali con la propria donna (Trib. Verona, 26.9.2013).

È personalissimo pure il diritto all'**identità di genere**, ossia il diritto ad identificarsi con un genere, maschile o femminile (Cass., n. 15138/2015; §§ 67 e 463).

78.13. *La violazione dei diritti della personalità: i rimedi civilistici.*

L'analisi compiuta dei diversi diritti della personalità permette di compiere qualche osservazione di sintesi in ordine ai rimedi civilistici esperibili in caso di lesione dei diritti stessi.

Esiste un **rimedio generale** (si confrontino gli artt. 2043 e 2059 cod. civ.) che consente alla vittima di domandare il **risarcimento dei danni**, **patrimoniali e non patrimoniali**.

La risarcibilità dei danni patrimoniali deve oggi essere ammessa pacificamente: se qualcuno ledesse il diritto all'onore di una persona, questa (per la gravità delle offese) potrebbe non trovare lavoro per tre mesi. Se la causa dell'inattività è proprio la violazione del suo diritto all'integrità morale, non si vede perché al risarcimento dei danni non patrimoniali non si debba accompagnare quello dei danni patrimoniali.

Al rimedio risarcitorio se ne aggiunge un altro, anch'esso di carattere generale: l'**invalidità degli atti di disposizione**. Se con un contratto si dispone definitivamente di un diritto della personalità, il contratto è invalido. Ciò vuol dire che le prestazioni previste da quel contratto invalido non dovranno essere eseguite.

Vi sono, poi, alcuni **rimedi specifici**: (a) l'**inibitoria** (ossia l'ordine del giudice di cessare il fatto illecito), prevista anche da alcune leggi in materia di inquinamento elettromagnetico, acustico o ambientale (l. n. 36/2001; l. n. 349/1986; l. n. 447/1995); (b) la **pubblicazione della sentenza** su uno o più giornali, in modo tale che essa possa essere apprezzata da un pubblico più vasto possibile; (c) la **rettifica**, per riaffermare la verità delle cose che la vittima del fatto illecito ha il diritto di far conoscere attraverso lo stesso strumento con cui è stato propagato (per alcuni riferimenti normativi si rimanda all'art. 8 della l. n. 47/1948, sulla stampa, e all'art. 10 della l. n. 223/1990, sulla televisione).

Nella società moderna, peraltro, non può tacersi come alcuni diritti della personalità siano oggetto di "commercializzazione", senza che ciò venga considerato un attentato agli stessi diritti: si pensi alla pubblicità che un personaggio famoso fa ad un prodotto pubblicitario, accettando di prestare la propria immagine (dietro compenso) per la diffusione commerciale dello stesso. È evidente come in questi casi il diritto della personalità (il diritto all'immagine) non venga ceduto definitivamente: terminato il periodo previsto dal contratto pubblicitario, infatti, la persona ha diritto a che la sua immagine non venga più collegata a quel prodotto (per il rilievo che i contratti aventi ad oggetto il diritto all'utilizzazione dell'altrui immagine richiedono la forma scritta *ad probationem*, ai sensi dell'art. 110 l. aut., si veda Cass., 29.1.2016, n. 1748).

Per altri diritti della personalità, invece, non è possibile in alcun modo discutere di "commerciabilità": gli organi umani, ad esempio, non possono essere oggetto di contratti.

Capitolo 11
LE PERSONE GIURIDICHE

79. Il concetto di persona giuridica.

Si è detto, in precedenza, come i protagonisti del diritto siano le persone fisiche (§ 66). Tale osservazione va mantenuta ferma anche di fronte allo studio delle persone giuridiche: per soddisfare meglio alcuni interessi, infatti, le persone fisiche possono decidere di dotarsi di una organizzazione comune, in cui ciascuno è tenuto a compiere determinati comportamenti, è titolare di alcuni diritti ed assume alcune obbligazioni. Proprio perché si dà vita ad una organizzazione collettiva, trovano applicazione norme di legge che vengono in considerazione qualora la persona fisica si trovi ad agire collettivamente (*uti societas*) e non singolarmente (*uti singulus*).

L'organizzazione comune è chiamata, con un'espressione sintetica, **persona giuridica**, che designa, a seconda dei casi, un ente pubblico, un'associazione, una fondazione, una società per azioni, e così via.

Il termine persona giuridica, in definitiva, è un espediente del linguaggio, utile per riassumere una complessa disciplina di rapporti intercorrenti pur sempre fra persone fisiche.

Quanto appena rilevato non è privo di conseguenze pratiche: sotto un primo aspetto la persona giuridica (in quanto composta, appunto, da persone fisiche) può far valere alcuni diritti fondamentali, come i **diritti della personalità**, che sono riconosciuti ai singoli consociati: solo che tali diritti saranno fatti valere direttamente dalla persona giuridica (che riassume le istanze dei suoi componenti) e non dai singoli membri che la compongono.

Sotto un secondo aspetto, poiché la persona giuridica è formata da persone fisiche, che costituendo o aderendo ad essa accettano di sottoporsi ad alcune norme specificamente dettate per l'ente prescelto, tutte le volte in cui una persona fisica tenga comportamenti estranei alle regole dettate per la persona giuridica, **abusa della personalità giuridica**. Ciò vuol dire che potranno venir meno le specifiche norme dettate per l'associazione, la fondazione o la società per azioni, e la persona fisica che ha abusato della personalità giuridica verrà trattata come se non facesse parte di un ente collettivo ma agisse *uti singulus*.

Esempio. L'amministratore di una fondazione, approfittando di tale carica, svolge un'attività imprenditoriale al fine di realizzare degli utili personali (realizza quello che si definisce un lucro soggettivo); si tratta di una finalità non consentita alla fondazione (§ 85). Ancorché l'amministratore si professi un semplice organo dell'ente, il tribunale può dichiarare, se ricorrano i presupposti, il suo fallimento (o meglio, secondo la nuova espressione prevista dal legislatore, la "liquidazione giudiziale": si veda il d.lgs. n. 14/2019, che detta il "Codice della crisi d'impresa e dell'insolvenza"): in tal modo, come si dice con un'espressione tratta dal gergo anglosassone, si supera il "velo della personalità giuridica" per giungere ad applicare la disciplina che si riferisce ad un comportamento proprio di una persona fisica (la quale non merita il trattamento speciale che si riserva a chi agisce all'interno di un ente, rispettando però le regole che governano il suo funzionamento).

Occorre a questo punto essere avvertiti del fatto che nel linguaggio giuridico (nonché in quello del legislatore) la nozione di persona giuridica può avere anche un altro (più circoscritto) significato: per limitare il discorso agli enti del primo Libro del codice civile, è "persona giuridica" quell'ente che abbia ottenuto l'iscrizione in un registro (chiamato delle persone giuridiche), tenuto dall'autorità prefettizia (§ 82).

In virtù di questa iscrizione l'ente è soggetto ad un determinato regime giuridico (§ 82); sicché ci possono essere associazioni non riconosciute (non iscritte nel suddetto registro) ed associazioni riconosciute (iscritte, invece, nel registro) e, perciò, denominate associazioni riconosciute o, con un'espressione equivalente, associazioni con personalità giuridica (associazioni-persone giuridiche).

80. Persone giuridiche pubbliche e persone giuridiche private.

In questa sede ci si occuperà soltanto di alcune persone giuridiche private (associazioni, fondazioni, comitati), giacché è il corso di diritto costituzionale (o di diritto pubblico) ad occuparsi delle persone giuridiche pubbliche (lo Stato, le Regioni, le Province, i Comuni, nonché tutti quegli enti strumentali rispetto alle finalità istituzionali dei principali enti pubblici).

Vanno individuati, tuttavia, alcuni tratti distintivi tra enti pubblici ed enti privati. L'art. 11 cod. civ. è, in proposito, di aiuto: "le province, i comuni nonché gli enti pubblici riconosciuti come persone giuridiche godono dei diritti secondo le leggi e gli usi osservati come diritto pubblico".

Un **ente pubblico**, dunque, è disciplinato da norme di diritto pubblico. È quello che afferma la giurisprudenza compiendo il seguente ragionamento: la semplice finalità di interesse generale non è sufficiente, da sola, ad attribuire lo *status* di ente pubblico (se così fosse, infatti, l'associazione per la ricerca contro il cancro sarebbe sicuramente un ente pubblico). I criteri da tenere in considerazione, invece, sono i seguenti: (a) lo **speciale regime giuridico** dettato per alcune persone giuridiche, giustificato dal pubblico interesse rinvenibile nello svolgimento della loro attività; (b) l'**inserimento istituzionale** nell'organizzazione della Pubblica amministrazione, in modo che le stesse vengano ad essere organismi ausiliari per il raggiungimento di finalità di interesse generale.

Negli ultimi anni, peraltro, si è diffuso il fenomeno della "**privatizzazione**" degli enti pubblici. È, questa, una linea di tendenza "liberalizzatrice", giacché risponde ad istanze di libertà sotto diversi aspetti: libertà per lo Stato, oberato dal peso di un'amministrazione spesso inefficiente e con costi assai elevati; libertà per gli enti, che si liberano dalle maglie di strutture burocratiche in grado di indebolire la loro efficienza; libertà per il singolo, che può dare vita ed aderire ad organismi grazie all'autonomia privata.

La privatizzazione ha riguardato, fra l'altro, le c.d. fondazioni bancarie (d.lgs. n. 356/1990 e successive modifiche; l. n. 461/1998); gli enti pubblici gestori di forme obbligatorie di previdenza ed assistenza (d.lgs. n. 509/1994); gli enti di prioritario interesse nazionale che operano nel settore musicale (d.lgs. n. 367/1996 e successive modifiche; d.lgs. n. 134/1998); le federazioni sportive nazionali (d.lgs. n. 242/1999); le Ipab (l. n. 328/2000 e d.lgs. n. 207/2001; sulla loro natura si veda Cass., Sez. Un., 6.5.2009, n. 10365), le università pubbliche (art. 16 della l. n. 133/2008).

Il quadro normativo, assai articolato, permette di compiere un'osservazione unitaria: la privatizzazione non comporta mai la completa riconduzione degli enti in questione nell'alveo delle norme di diritto privato (prima fra tutte, il codice civile). Gli enti privatizzati, in sostanza, godono di un regime speciale, in cui accanto a frammenti di disciplina di carattere pubblico convivono, in quanto applicabili, tratti di normativa che regolano gli enti di diritto privato.

Chiariti i confini degli enti pubblici, è più agevole individuare i caratteri fondamentali degli enti privati: quest'ultimi sono disciplinati dalla normativa del codice civile (e dalle altre leggi speciali espressamente dettate per le persone giuridiche private); non hanno, inoltre, alcun inserimento istituzionale nell'organizzazione della Pubblica amministrazione: semmai cooperano con la stessa nel perseguimento di finalità di interesse generale.

81. Le persone giuridiche private: gli enti del primo e del quinto Libro del codice civile.

Nello studio delle persone giuridiche private una *summa divisio* si ha tra enti del primo Libro del codice civile (artt. 14 ss. cod. civ.) ed enti del quinto Libro del codice civile (artt. 2247 ss. cod. civ.).

La distinzione va impostata in questo modo: gli enti del primo Libro del codice civile (associazioni, fondazioni, comitati, detti enti non lucrativi o enti *non profit*) perseguono, in linea generale uno **scopo ideale**. Ciò vuol dire, in prima approssimazione, che essi possono realizzare uno scopo culturale, di ricerca scientifica, di beneficenza, assistenziale, e così via.

La finalità ideale, trattandosi di associazioni, può soddisfare soltanto le istanze dei singoli associati (l'associazione bocciofila) o interessare anche la comunità (l'associazione per la lotta contro l'Aids). Nelle fondazioni, almeno secondo l'impostazione tradizionale, si richiede il perseguimento di uno scopo di pubblica utilità (§ 85).

Approfondendo il concetto di scopo ideale, va aggiunto che gli enti in esame possono anche svolgere un'attività imprenditoriale (c.d. lucro oggettivo) per il perseguimento dei loro fini: tuttavia gli associati ed i fondatori non possono riversare a se stessi gli utili eventualmente percepiti dallo svolgimento di detta attività imprenditoriale (c.d. divieto di lucro soggettivo).

Esempio. Un'associazione ha lo scopo di diffondere la cultura sudamericana nella città di Napoli. Organizza, a tal fine, incontri, conferenze, dibattiti. Per meglio realizzare le finalità dichiarate nello statuto, l'ente decide di svolgere l'attività imprenditoriale di vendita al pubblico di libri. L'attività va davvero bene, tanto che le casse dell'associazione sono piene. Ebbene, il denaro guadagnato da quest'ultima non potrà essere diviso fra gli associati ma dovrà essere impiegato nello scopo dell'ente, che è quello della diffusione della cultura sudamericana nella città partenopea.

L'assenza dello scopo di lucro soggettivo trova alcuni riscontri nella disciplina del codice civile: in tema di associazioni riconosciute, prevede l'art. 24, 4° co., cod. civ. che "gli associati, che abbiano receduto o siano stati esclusi o che comunque abbiano cessato di appartenere all'associazione, non possono ripetere i contributi versati, né hanno alcun diritto sul patrimonio dell'associazione". Il loro contributo è a "fondo perduto" e non ha il carattere di un investimento di capitali (in vista cioè di una distribuzione degli utili): se così non fosse, gli associati, in caso di esclusione o di recesso, avrebbero diritto alla restituzione dei contributi versati (come avviene nelle società del quinto Libro del codice civile).

Norma corrispondente a quella appena ricordata è dettata per le associazioni non riconosciute: l'art. 37 cod. civ. stabilisce che in caso di recesso gli associati non possono pretendere la quota versata.

Un'altra disposizione, riguardante anche le fondazioni, conferma come ai fondatori e agli associati sia preclusa la realizzazione del lucro soggettivo: quando si verifica una causa di estinzione, lo si vedrà, si avvia una fase di liquidazione in cui si provvede a definire tutte le pendenze (crediti o debiti) degli enti. Ebbene, terminata la fase della liquidazione, se vi sono ancora dei beni che facevano capo alla fondazione, essi sono devoluti secondo quanto ha predisposto lo statuto o l'atto costitutivo della fondazione; "qualora questi non dispongano, se trattasi di fondazione, provvede l'autorità governativa, attribuendo i beni ad altri **enti che hanno fini analoghi**; se trattasi di associazione, si osservano le deliberazioni dell'assemblea che ha stabilito lo sciogliemento e, quando anche queste mancano, provvede nello stesso modo l'autorità governativa" (art. 31, 2° co., cod. civ.).

Il potere dell'autorità prefettizia di attribuire i beni residui ad enti che hanno fini analoghi vuol significare che sia il fondatore sia gli associati (con la propria delibera) devono destinare i beni che rimangono all'esito della liquidazione alle stesse o analoghe finalità (ideali o di pubblica utilità) previste sin dall'inizio nello statuto o nell'atto costitutivo: è preclusa qualsiasi forma di destinazione di utili (residui) a favore degli associati e dei fondatori.

Di contro, nel quinto Libro del codice civile si trovano le **società**, che istituzionalmente sono chiamate a svolgere un'attività imprenditoriale allo **scopo della divisione degli utili**. Ciò è confermato dalla definizione di società, prevista dall'art. 2247 cod. civ.: "con il contratto di società due o più persone conferiscono beni o servizi per l'esercizio in comune di un'attività economica allo scopo di dividerne gli utili".

Non vi è, dunque, una società lucrativa se questa non esercita un'attività economica idonea a produrre utili, da distribuire tra i soci. L'**utile** è ciò che la società ha guadagnato nell'esercizio dell'attività imprenditoriale, detratti i costi. Qualora la società abbia un pareggio del bilancio (ha, cioè, costi pari ai ricavi) non vi sarà alcun utile da distribuire a favore dei soci.

Va precisato che lo scopo lucrativo è proprio di quelle società del quinto Libro del codice civile che possono definirsi, appunto, **società lucrative**: si tratta della società semplice, in nome collettivo, in accomandita semplice, per azioni, in accomandita per azioni e a responsabilità limitata.

Nel quinto Libro del codice civile, peraltro, vi sono anche le società cooperative, che perseguono uno **scopo mutualistico** (artt. 2511 ss. cod. civ.), nonché le società consortili, che hanno uno **scopo consortile** (artt. 2602 ss. cod. civ.).

Lo scopo mutualistico mira a procurare ai soci beni, servizi ed occasioni di lavoro a condizioni più vantaggiose rispetto a quelle che otterrebbero dal mercato. Il concetto di mutualità, in sostanza, si traduce nell'attribuzione, ai soci, di un vantaggio patrimoniale diretto (economicamente valutabile), che può consistere nel risparmio, in occasioni di lavoro, e così via. Tale vantaggio patrimoniale non è presente negli enti di cui al primo Libro del codice civile.

E veniamo allo scopo consortile: "con il contratto di consorzio più imprenditori istituiscono un'organizzazione comune per la disciplina o per lo svolgimento di determinate fasi delle rispettive imprese" (art. 2602, 1° co., cod. civ.). Lo scopo consortile ha di mira la creazione di un'organizzazione per soddisfare in comune bisogni ed esigenze proprie dei consorziati (gli imprenditori). La finalità in questione presenta tratti di specificità che la distinguono dallo scopo ideale delle associazioni, delle fondazioni e dei comitati.

In conclusione, gli enti del primo Libro del codice civile si distinguono dal punto di vista funzionale dalle società disciplinate dal quinto Libro del codice civile, siano esse società lucrative, cooperative o consortili. Appartiene allo studio del diritto commerciale la disciplina delle c.d. "società *benefit*": in sintesi, l'art. 1, 376° co. e 378° co., lett. (b), l. n. 208/2015, prevede che anche le società del Libro V del codice civile possano perseguire, oltre ai loro tradizionali scopi (lucrativi o mutualistici), anche "finalità di beneficio comune", operando "in modo responsabile, sostenibile e trasparente nei confronti delle persone, comunità, territori e ambiente, beni e attività culturali e sociali, enti e associazioni ed altri portatori di interesse" (come i lavoratori, i clienti, i fornitori, i creditori, la Pubblica amministrazione, la società civile, e così via).

Sulla possibilità, per gli enti non lucrativi, di svolgere attività d'impresa (fermo il divieto del c.d. lucro soggettivo), va svolta qualche ulteriore considerazione.

In base all'art. 2082 cod. civ. è **imprenditore** "chi esercita professionalmente una attività economica organizzata al fine della produzione o dello scambio di beni o servizi". La nozione di imprenditore viene comunemente così spiegata: è tale colui che esercita un'attività produttiva (di beni o servizi o di scambio di essi) svolta in modo organizzato con criteri di economicità (finalità di profitto o quantomeno di equilibrio tra costi e ricavi) e professionalità (abitualità).

Può succedere che un'associazione o una fondazione svolgano attività di impresa in modo esclusivo o principale.

Esempio. Un'associazione ha come finalità statutaria la rappresentazione di spettacoli teatrali. Per ogni spettacolo che organizza l'ente fa pagare un biglietto al fine di realizzare un profitto, da reinvestire in nuove messe in scena. Può dirsi che l'associazione svolga l'attività d'impresa in modo esclusivo: esercita, infatti, un'attività produttiva (produzione di un servizio), svolta in modo organizzato, con criteri di economicità e professionalità.

In giurisprudenza si ritiene che l'associazione o la fondazione assumano la qualità di "imprenditore commerciale" (e siano sottoposti alla relativa disciplina: artt. 2188 ss. cod. civ.) soltanto esercitando un'attività commerciale in via esclusiva o principale.

Ciò vuol dire, fra l'altro, che un'associazione o una fondazione, le quali acquistano lo *status* di imprenditore commerciale possono essere soggetti al **fallimento** (Trib. Alba, 25.3.2009) se sussistano i requisiti previsti dalla legge: un presupposto oggettivo, ossia l'insolvenza dell'imprenditore (in sostanza la "crisi aziendale"); un presupposto soggettivo (si deve trattare di un'impresa commerciale, che non abbia natura di ente pubblico e presenti alcuni requisiti dimensionali).

Va ricordato il fenomeno recente delle c.d. **trasformazioni eterogenee**. La riforma del diritto societario del 2003 ha previsto che le società disciplinate nei capi V, VI, VII del titolo V del quinto Libro del codice civile possono trasformarsi, secondo le modalità previste dal codice civile, in consorzi, società consortili, società cooperative, comunioni di azienda, *associazioni non riconosciute* e *fondazioni* (art. 2500-*septies*, 1° co., cod. civ.). Inoltre, i consorzi, le società consortili, le comunioni di azienda, le *associazioni riconosciute* e le *fondazioni* possono trasformarsi, secondo le modalità espressamente previste, in una delle società disciplinate nei capi V, VI e VII del titolo V del quinto Libro del codice civile (art. 2500-*octies*, 1° co., cod. civ.).

Accogliendo una tesi già espressa in dottrina da qualche anno, il legislatore ammette oggi pure le c.d. **trasformazioni omogenee** nell'ambito degli enti del primo Libro del codice civile. Il nuovo art. 42-*bis* cod. civ. prevede, al primo comma, che "se non è espressamente escluso dall'atto costitutivo o dallo statuto, le associazioni riconosciute e non riconosciute e le fondazioni di cui al presente titolo possono operare reciproche trasformazioni, fusioni o scissioni" (la disposizione del codice è stata introdotta dall'art. 98 del Codice del Terzo settore).

82. Gli enti del primo Libro del codice civile: l'iscrizione nel registro delle persone giuridiche ed il beneficio della responsabilità limitata.

Le associazioni possono decidere di svolgere le proprie finalità con o senza il **riconoscimento della personalità giuridica**.

Vi sono associazioni riconosciute (o, che è lo stesso, con personalità giuridica) ed associazioni non riconosciute, le quali non si sono rivolte all'autorità pubblica per ottenere l'iscrizione nel **registro delle persone giuridiche** oppure, pur domandando l'iscrizione, hanno avuto un diniego da parte della stessa autorità.

La maggior parte delle norme del codice riguardano le associazioni riconosciute (artt. 14 ss. cod. civ.); soltanto pochi articoli sono riservati alle associazioni non riconosciute (artt. 36-38 cod. civ.).

Non sono disciplinate, invece, le fondazioni non riconosciute: quando il legislatore disciplina le fondazioni, dunque, ha riguardo ad enti che sono stati iscritti (o stanno per essere iscritti) nel registro delle persone giuridiche. È da ritenere, peraltro, che nella disciplina dei comitati (artt. 39-42 cod. civ.) si possano cogliere i tratti della fondazione non riconosciuta (§ 86).

Occorre, a questo punto, porsi tre interrogativi di fondo: (a) ci si deve chiedere, in primo luogo, perché un ente, che nasce dall'iniziativa privata, sia portato a chiedere l'iscrizione in un registro delle persone giuridiche; (b) va poi individuata l'autorità competente all'iscrizione; (c) infine va studiato quale tipo di controllo l'autorità preposta sia chiamata a compiere.

Alla prima domanda si può rispondere nei seguenti termini. Attraverso l'iscrizione nel registro delle persone giuridiche l'ente mira ad ottenere il **beneficio della responsabilità limitata**: dopo che esso ha ottenuto l'iscrizione nel registro, per tutte le obbligazioni assunte dai rappresentanti dell'ente (dai suoi organi, cioè) o comunque nate in capo all'organizzazione, risponde soltanto quest'ultima con il suo patrimonio (esclusa ogni forma di responsabilità personale di coloro che hanno agito per l'ente o che ne fanno parte).

Il patrimonio delle associazioni o delle fondazioni riconosciute può essere assai cospicuo, tanto da essere in grado di onorare tutti i debiti contratti. Non è escluso, però, che qualora i creditori vantino un credito superiore al patrimonio dell'ente, essi rimangano (parzialmente) insoddisfatti; nonostante ciò, non potranno rifarsi nei confronti dei membri o dei rappresentanti dell'ente.

Esempio. Viene costituita, con atto pubblico, una fondazione. Poco dopo gli amministratori incaricati presentano domanda di iscrizione nel registro delle persone giuridiche. Effettuati i controlli previsti dalla legge, l'autorità competente provvede all'iscrizione. La fondazione riconosciuta risulta avere un patrimonio di 300.000 euro. Successivamente al riconoscimento della personalità giuridica gli amministratori della fondazione decidono di promuovere una costosa campagna pubblicitaria, riguardante le finalità e l'attività dell'ente stesso. Il costo della campagna pubblicitaria è, nel complesso, pari a 400.000 euro, da pagare alla società che si incarica della promozione in due rate: la prima, pari a 200.000 euro, la seconda per i rimanenti 200.000 euro. Il pagamento della seconda rata non sarà completo, posto che la fondazione ha soltanto un patrimonio complessivo di 300.000 euro. Il creditore, in definitiva, avrà un debito residuo pari a 100.000, che non potrà soddisfare rivalendosi sul patrimonio personale dei rappresentanti dell'ente che hanno stipulato il contratto per la campagna pubblicitaria.

L'impossibilità, per i creditori dell'ente non lucrativo, di riscuotere per intero il loro credito, non è comunque priva di conseguenze: sotto un primo aspetto, gli amministratori dell'ente che hanno impegnato l'ente al di là delle proprie possibilità economiche possono essere sfiduciati: alla scadenza del loro mandato, rischiano di vedersi revocato l'incarico di amministratori. A quest'ultimi, in sostanza, si potrà rimproverare di non aver avuto una gestione accorta del patrimonio dell'ente.

Quanto ai creditori insoddisfatti, vale la regola generale della **responsabilità patrimoniale** del **debitore**, per la quale "il debitore risponde dell'adempimento delle obbligazioni con tutti i suoi beni presenti e futuri" (art. 2740, 1° co., cod. civ.). Qualora, pertanto, la fondazione o l'associazione, nel prosieguo dell'attività, abbiano un patrimonio attivo, i creditori potranno far valere il loro credito non soddisfatto inizialmente. I "beni futuri" dell'ente, perciò, saranno oggetto dell'azione esecutiva da parte del creditore.

Infine, va contemplata la possibilità che l'autorità competente **revochi** il riconoscimento della personalità giuridica, qualora la fondazione o l'associazione non abbiano più quel patrimonio di cui disponevano al momento del riconoscimento. Può succedere, ad esempio, che l'ente impieghi tutto il suo patrimonio per una campagna pubblicitaria e, ciò nonostante, non abbia quel ritorno (anche economico, e non solo di immagine) che si aspettava dall'investimento effettuato.

La revoca del riconoscimento comporta che l'associazione riconosciuta sia degradata ad associazione non riconosciuta, cui si applicherà un regime normativo diverso rispetto a quello degli enti personificati (§ 84). La possibilità di continuare ad esistere quali enti non riconosciuti, tuttavia, è subordinata alla volontà in tal senso degli associati. Per la fondazione, invece, si aprirà la fase della liquidazione, salvi i poteri dell'autorità prefettizia di trasformazione o di coordinamento dell'attività della fondazione con quella di altre fondazioni perseguenti analoghe finalità.

Si giunge, così, al secondo quesito, relativo all'individuazione dell'autorità competente ad iscrivere l'ente nel registro delle persone giuridiche. Va osservato, in proposito, come l'impianto originario del codice civile sia stato, in materia di riconoscimento della personalità giuridica, riformato a seguito del d.p.r. 20.2.2000, n. 361, cui dunque occorre aver riguardo.

È previsto che le associazioni, le fondazioni e le altre istituzioni di carattere privato "acquistano la personalità giuridica mediante il riconoscimento determinato dall'iscrizione nel **registro delle persone giuridiche**, istituito presso **le prefetture**" (art. 1, 1° co., d.p.r. n. 361/2000).

Il riconoscimento delle persone giuridiche private che operano nelle materie attribuite alla competenza delle Regioni dall'art. 14 del d.p.r. n. 616/1977 e le cui finalità statutarie si esauriscono nell'ambito di una sola Regione, è determinato dall'iscrizione nel registro delle persone giuridiche istituito presso la stessa **Regione** (art. 7, 1° co., d.p.r. n. 361/2000). Regole particolari, poi, valgono per le **Regioni** a **statuto speciale** e le **Province** autonome di Trento di Bolzano (art. 7, 3° co., d.p.r. n. 616/1977). Sono fatte salve le norme speciali che derogano alla disciplina delle persone giuridiche di cui al Libro primo, titolo II, del codice civile (art. 9, 3° co., d.p.r. n. 361/2000).

Rimane da indagare quale tipo di controllo l'autorità competente sia chiamata a svolgere in sede di riconoscimento della personalità giuridica: "ai fini del riconoscimento è necessario che siano state soddisfatte le condizioni previste da norme di legge o di regolamento per la costituzione dell'ente, che lo scopo sia possibile e lecito e che il patrimonio risulti adeguato alla realizzazione dello scopo" (art. 1, 3° co., d.p.r. n. 361/2000).

Dalla disposizione appena ricordata si ricava che il **controllo** dell'autorità governativa è di **mera liceità**: ad essa, in sostanza, è inibita ogni valutazione discrezionale nel decidere se un ente possa o non possa acquistare la personalità giuridica.

Se, infatti, sono rispettate tutte le norme di legge per la costituzione dell'ente, se lo scopo indicato nell'atto costitutivo e nello statuto è possibile e lecito e se, infine, il patrimonio risulti congruo rispetto alla realizzazione dello scopo, non vi può essere un diniego dell'autorità competente all'iscrizione dell'ente nel registro delle persone giuridiche (iscrizione che ha valore costitutivo, nel senso che da quel momento si acquista la personalità giuridica).

Si considerino le norme di legge per la costituzione dell'ente: se a chiedere il riconoscimento è un'associazione, l'autorità competente deve verificare che nello statuto siano previsti gli organi necessari dell'ente associativo, ossia l'assemblea degli associati e gli amministratori (§ 84); deve controllare, ancora, che nell'atto costitutivo e nello statuto dell'ente siano presenti gli elementi prescritti dalla legge, come la denominazione, l'indicazione dello scopo, del patrimonio, della sede (art. 16, 1° co., cod. civ.). Lo scopo, poi, deve essere possibile e lecito: le finalità saranno illecite, ad esempio, quando l'ente persegua intenti criminali o comunque vietati dalla legge.

L'ultimo accertamento è quello dell'adeguatezza del patrimonio rispetto alla realizzazione dello scopo indicato nello statuto: se l'associazione o la fondazione hanno come finalità la ricerca scientifica contro il cancro, non è certo adeguato un patrimonio di poche migliaia di euro.

L'autorità competente, in questo caso, potrà rifiutare di iscrivere l'ente nel registro delle persone giuridiche: qui il privilegio della responsabilità limitata non sarà giustificato, occorrendo tutelare *ex ante* le ragioni dei terzi che, a vario titolo, dovessero acquistare la qualifica di creditori nei confronti dell'organizzazione.

83. Associazioni e fondazioni: differenze strutturali.

Posto che associazioni e fondazioni sono entrambe espressione dell'autonomia privata, le differenze tra esse attengono, in primo luogo, alla diversa natura dei rispettivi atti costitutivi.

L'atto costitutivo **dell'associazione** è sempre un **contratto**; l'atto di fondazione, per contro, ha sempre natura di **atto unilaterale**, anche quando alla costituzione intervengano più persone (in questo caso si discuterà di una pluralità di atti unilaterali).

Una seconda significativa distinzione attiene ai diversi modi di esecuzione degli atti costitutivi. Le parti del contratto di associazione partecipano all'esecuzione dell'atto costitutivo, pur essendo diverse le modalità di partecipazione di queste all'attività dell'associazione. L'esecuzione dell'atto di fondazione, invece, è affidata a persone diverse dal fondatore, gli amministratori della fondazione.

La posizione degli **amministratori** della **fondazione**, poi, va tenuta distinta da quella degli **associati** e da quella degli **amministratori** della **associazione**. Avendo riguardo alle parti del contratto di associazione queste, nell'ambito della loro autonomia contrattuale, possono modificare il contenuto del contratto, deliberare lo scioglimento dell'associazione e decidere sulla devoluzione dei beni che residuano dopo la liquidazione, con l'unico limite di non distribuire "utili" agli associati; in questo senso appare appropriata la definizione, invalsa nel linguaggio degli studiosi, di "organi dominanti".

Gli amministratori della fondazione, invece, nell'esecuzione dell'atto di fondazione, adempiono un "ufficio", essendo vincolati al perseguimento dello scopo assegnato dal fondatore: di qui la tradizionale definizione dell'organo amministrativo come "organo servente", con un'espressione che sembrerebbe non lasciare allo stesso uno *spatium deliberandi* autonomo e discrezionale (ma si vedano i rilievi svolti *infra*, § 85.1).

Ulteriori elementi di differenziazione, da ultimo, si rinvengono nella diversa posizione degli amministratori dell'associazione e degli amministratori della fondazione.

Le attribuzioni dei primi trovano un "bilanciamento" in quelle dell'assemblea degli associati. Quest'ultima è chiamata a pronunciarsi sui criteri di gestione adottati dagli amministratori con l'approvazione o disapprovazione del bilancio; a confermare o sostituire periodicamente gli amministratori, esprimendo così una valutazione sul loro operato; a fornire, infine, direttive di carattere generale sul modo di amministrare in sede di approvazione del bilancio annuale o in sede di nomina degli amministratori.

Diversamente, gli amministratori della fondazione sono i soli arbitri della gestione, non essendoci un organo paragonabile a quello dell'associazione che controlli le scelte ed i criteri adottati per l'amministrazione del patrimonio e per la destinazione dello stesso allo scopo statutario.

84. La disciplina delle associazioni riconosciute.

Le associazioni che aspirano al riconoscimento devono essere costituite con **atto pubblico** (art. 14, 1° co., cod. civ.).

L'atto costitutivo dell'associazione è il contratto (plurilaterale) con cui si dà vita all'ente (Cass., 26.7.2007, n. 16600); lo **statuto**, invece, è il documento (che può essere formato separatamente o unitamente all'atto costitutivo) che contiene le norme relative all'organizzazione e al funzionamento dell'ente. Anch'esso è soggetto alla forma dell'atto pubblico.

L'atto costitutivo e lo statuto devono contenere la denominazione dell'ente, l'indicazione dello scopo, del patrimonio e della sede, nonché le norme sull'ordinamento e sull'amministrazione. Devono anche determinare, quando si tratta di associazioni, i diritti e gli obblighi degli associati e le condizioni della loro ammissione (art. 16, 1° co., cod. civ.).

L'atto costitutivo e lo statuto possono inoltre contenere le norme relative all'estinzione dell'ente e alla devoluzione del patrimonio (art. 16, 2° co., cod. civ.).

Le successive norme del codice civile sulle associazioni riconosciute si occupano dei due organi essenziali dell'ente associativo: gli amministratori e l'assemblea degli associati.

Si considerino, in primo luogo, le norme sugli **amministratori**. Essi sono **responsabili** verso l'ente secondo le norme del mandato (art. 18 cod. civ.): pertanto, devono risarcire solidalmente i danni causati all'ente per l'inadempimento dei doveri derivanti dalla loro carica. È però esente da responsabilità quello degli amministratori, il quale non abbia partecipato all'atto che ha causato il danno, salvo il caso in cui, essendo a cognizione che l'atto si stava per compiere, non abbia fatto constare il proprio dissenso (art. 18 cod. civ.).

Le **limitazioni** del **potere** di **rappresentanza** che non risultano dal registro delle persone giuridiche non possono essere opposte ai terzi, salvo che si provi che essi ne erano a conoscenza (art. 19 cod. civ.). La norma vuol significare che gli amministratori hanno generalmente il potere di rappresentanza dell'ente. L'atto costitutivo e lo statuto, tuttavia, possono contenere dei limiti a tali poteri (prevedendo, ad esempio, la limitazione ai soli atti di ordinaria amministrazione). Se però tali limitazioni non risultano dal registro delle persone giuridiche o, comunque, non erano conosciute dai terzi, gli atti compiuti dagli amministratori, al di fuori dei loro poteri, sono da considerare comunque efficaci nei confronti dei terzi.

Infine, le azioni di responsabilità contro gli amministratori delle associazioni per fatti da loro compiuti sono deliberate dall'assemblea e sono esercitate dai nuovi amministratori o dai loro liquidatori (art. 22 cod. civ.).

Si venga, ora, alle norme **sull'assemblea** degli **associati**. Essa deve essere convocata dagli amministratori una volta l'anno per l'approvazione del bilancio (art. 20, 1° co., cod. civ.). L'assemblea deve essere inoltre convocata quando se ne ravvisa la necessità o quando ne è fatta richiesta motivata da almeno un decimo degli associati. In quest'ultimo caso, se gli amministratori non vi provvedono, la **convocazione** può essere ordinata dal presidente del tribunale (art. 20, 2° co., cod. civ.).

Le **deliberazioni** dell'assemblea sono prese a maggioranza di voti e con la presenza di almeno la metà degli associati. In seconda convocazione la deliberazione è valida qualunque sia il numero degli intervenuti. Nelle deliberazioni di approvazione del bilancio ed in quelle che riguardano la loro responsabilità gli amministratori non hanno voto (art. 21, 1° co., cod. civ.).

Per modificare l'atto costitutivo e lo statuto, se in essi non è altrimenti disposto, occorrono la presenza di almeno tre quarti degli associati ed il voto favorevole della maggioranza dei presenti (art. 21, 2° co., cod. civ.). Per deliberare lo scioglimento dell'associazione e la devoluzione del patrimonio occorre il voto favorevole di almeno tre quarti degli associati (art. 21, 3° co., cod. civ.).

Si noti come le maggioranze siano computate sempre secondo il criterio "**una testa un voto**": ciò diversamente da quello che accade nelle assemblee societarie, dove un socio (in virtù del fatto che sia titolare di più partecipazioni sociali, come le quote o le azioni), nel momento della votazione, può avere più influenza rispetto agli altri.

Le deliberazioni dell'assemblea contrarie alla legge, all'atto costitutivo o allo statuto possono essere annullate su istanza degli organi dell'ente, di qualunque associato o del pubblico ministero (art. 23, 1° co., cod. civ.).

L'annullamento della deliberazione non pregiudica i diritti acquistati dai terzi di buona fede in base ad atti compiuti in esecuzione della deliberazione medesima (art. 23, 2° co., cod. civ.).

Esempio. L'assemblea di un'associazione delibera di vendere un bene dell'ente. L'amministratore, in ossequio alla delibera assembleare, stipula il contratto di compravendita ed il terzo acquista il bene. Successivamente la delibera è annullata: il terzo, in questo caso, non perde il suo diritto di proprietà qualora sia stato in buona fede, ossia abbia ignorato l'invalidità della delibera dell'assemblea degli associati.

Il presidente del tribunale o il giudice istruttore, sentiti gli amministratori dell'associazione, può sospendere, su istanza di colui che ha proposto l'impugnazione, l'esecuzione della deliberazione impugnata, quando sussistono gravi motivi. Il decreto di sospensione deve essere motivato ed è notificato agli amministratori (art. 23, 3° co., cod. civ.). L'esecuzione delle deliberazioni contrarie all'ordine pubblico o al buon costume può essere sospesa anche dall'autorità governativa (art. 23, 2° co., cod. civ.).

La qualità di associato non è trasmissibile, salvo che la trasmissione sia consentita dall'atto costitutivo o dallo statuto (art. 24, 1° co., cod. civ.).

L'associato può sempre **recedere** dall'associazione se non ha assunto l'obbligo di farne parte per un tempo determinato. La dichiarazione di recesso deve essere comunicata per iscritto agli amministratori e ha effetto con lo scadere dell'anno in corso, purché sia fatta almeno tre mesi prima (art. 24, 2° co., cod. civ.).

Il differimento, per un periodo di tempo determinato, dell'efficacia del recesso dell'associato (e, quindi, la permanenza dello stesso nell'associazione, con conseguente persistenza di tutti gli obblighi associativi), non costituisce una lesione della libertà di associazione *ex* art. 18 Cost. Vale la considerazione, infatti, che l'adesione di un soggetto all'associazione presuppone l'accordo delle parti anche in ordine alle regole dell'ordinamento interno (Trib. Roma, 23.2.2009).

L'esclusione di un **associato** non può essere deliberata dall'assemblea che per

gravi motivi; l'associato può **ricorrere** all'**autorità giudiziaria** entro sei mesi dal giorno in cui gli è stata notificata la deliberazione (art. 24, 3° co., cod. civ.). Un grave motivo di esclusione, ad esempio, si rinviene nel mancato pagamento dei contributi previsti. La validità di una delibera di esclusione dell'associato non presuppone necessariamente la preventiva contestazione dell'addebito all'associato, atteso che essa non è prevista da alcuna disposizione di legge (così Cass., 10.8.2021, n. 22605).

Gli associati che abbiano receduto o siano stati esclusi o che comunque abbiano cessato di appartenere all'associazione, non possono ripetere i contributi versati, né hanno alcun diritto sul patrimonio dell'associazione (art. 24, 4° co., cod. civ.). La norma, lo si è rilevato in precedenza, costituisce la conferma del fatto che agli associati non spetta alcun utile derivante dall'attività dell'associazione.

Si giunge, così, alle disposizioni sull'**estinzione dell'associazione**. Oltre che per le cause previste nell'atto costitutivo e nello statuto, la persona giuridica si estingue quando lo scopo è stato raggiunto o è divenuto impossibile (art. 27, 1° co., cod. civ.). L'associazione, inoltre, si estingue quando tutti gli associati sono venuti a mancare (art. 27, 2° co., cod. civ.), in seguito a delibera assembleare di scioglimento (art. 21, 3° co., cod. civ.), per l'esaurirsi del termine di durata ed in seguito della dichiarazione di nullità del contratto associativo.

La Prefettura, la Regione o la Provincia autonoma competente accertano d'ufficio, o su istanza di qualsiasi interessato, l'esistenza di una causa di estinzione dell'ente e ne danno comunicazione agli amministratori ed al presidente del tribunale competente. Si apre così, la fase della **liquidazione** (art. 30 cod. civ.), durante la quale si definiscono i rapporti giuridici pendenti e si provvede alla sorte dei beni.

Chiusa la fase della liquidazione, il presidente del tribunale provvede affinché ne sia data comunicazione agli uffici competenti per la cancellazione dell'ente dal registro delle persone giuridiche.

I **beni** della **persona giuridica**, che restano dopo l'esaurimento della liquidazione, sono **devoluti** in conformità dell'atto costitutivo o dello statuto (art. 31, 1° co., cod. civ.). Qualora questi non dispongano in merito alla liquidazione, se trattasi di associazione, si osservano le deliberazioni dell'assemblea che ha stabilito lo scioglimento dell'ente e, quando queste mancano, provvede l'autorità governativa attribuendo i beni residui ad enti che hanno "fini analoghi" (art. 31, 2° co., cod. civ.).

I creditori che durante la liquidazione non hanno fatto valere il loro credito possono chiedere il pagamento a coloro ai quali i beni sono stati devoluti, entro l'anno della chiusura della liquidazione, in proporzione e nei limiti di ciò che hanno ricevuto (art. 31, 3° co., cod. civ.).

84.1. *La disciplina delle associazioni non riconosciute.*

Scarna è la disciplina codicistica sulle associazioni non riconosciute (artt. 36-38 cod. civ.). Secondo l'idea originaria del legislatore del '42, infatti, soltanto residuale doveva essere tale figura rispetto a quella dell'associazione riconosciuta. Tuttavia, l'esperienza della prassi (in particolare quella dei **partiti politici** e dei **sindacati**) ha dimostrato come il ricorso all'associazione non riconosciuta sia stato e sia molto frequente, essendo rimessa sostanzialmente all'autonomia degli associati la previsione dei loro rapporti e delle regole organizzative dell'ente (sui partiti politici come associazioni non riconosciute si veda App. Napoli, 30.6.2011).

È il codice, d'altra parte, che fa espresso riferimento all'autonomia privata, allorché prevede che l'ordinamento interno e l'amministrazione delle associazioni non riconosciute come persone giuridiche siano "regolati dagli **accordi** degli associati" (art. 36, 1° co., cod. civ.). Esse, inoltre, possono stare in giudizio nella persona di coloro ai quali, secondo questi accordi, è attribuita la presidenza o la direzione (art. 36, 2° co., cod. civ.).

Anche l'associazione non riconosciuta ha una propria dotazione patrimoniale, il **fondo comune**, costituito dai contributi e dai beni acquistati con i contributi. Finché l'associazione non riconosciuta dura, i singoli associati non possono chiedere la divisione del fondo comune, né pretenderne la quota in caso di **recesso** (art. 37 cod. civ.).

Infine, per le obbligazioni assunte dalle persone che rappresentano l'associazione, i terzi possono far valere i loro diritti sul fondo comune (il che porta a concludere che anche le associazioni non riconosciute siano "centri di imputazione di situazioni giuridiche" distinti dagli associati: Cass., 23.1.2007, n. 1476). Delle obbligazioni contratte rispondono anche **personalmente** e **solidamente** le persone che hanno agito in nome e per conto dell'associazione (art. 38 cod. civ., applicabile anche ai debiti tributari: Cass., 17.6.2008, n. 16344).

La norma appena ricordata rende evidente come all'associazione non riconosciuta sia attribuita la c.d. **autonomia patrimoniale imperfetta**: è vero, cioè, che esiste un fondo comune su cui i creditori possono rivalersi; ciò nonostante quest'ultimi, qualora tale fondo non sia sufficiente a soddisfare le loro ragioni, possono rivolgersi anche nei confronti di coloro che hanno agito in nome e per conto dell'associazione.

La responsabilità personale e solidale di cui discute l'art. 38 cod. civ. è una diretta conseguenza della mancanza di riconoscimento della personalità giuridica e risponde all'esigenza della **tutela dei terzi** che entrano in contatto con l'ente non riconosciuto: in mancanza di ogni controllo sull'autorità governativa, infatti, i terzi non hanno alcuna conoscenza sull'effettiva consistenza patrimoniale dell'associazione.

La giurisprudenza della Suprema Corte, a proposito della disposizione in esame, muove spesso dal seguente ragionamento: essendo le associazioni non riconosciute autonomi soggetti di diritto, la prevista responsabilità personale di coloro che hanno agito in nome e per conto dell'associazione va qualificata come **responsabilità per debito altrui**, ed in particolare come **fideiussione *ex lege*** (Cass., 24.10.2008, n. 25748; Trib. Roma, 17.4.2019; sul contratto di fideiussione §§ 299 ss.).

I corollari che derivano dall'impostazione appena ricordata sono molteplici: (a) è inoperante, a favore del rappresentante dell'ente non riconosciuto, il beneficio della preventiva escussione del fondo comune, conformemente a quanto previsto dall'art. 1944 cod. civ. (Trib. Bologna, 14.2.2011); (b) la fideiussione non sussiste nei confronti degli amministratori che abbiano deliberato l'atto, fonte dell'obbligazione, ma non abbiano agito all'esterno in nome dell'associazione (Trib. Milano, 17.3.2010; per Cass., 4.10.2019, n. 24874, la responsabilità ai sensi dell'art. 38 cod. civ. è collegata all'attività negoziale concretamente svolta per conto dell'associazione); (c) la fideiussione sussiste nei confronti di coloro che abbiano agito in nome e per conto dell'associazione, anche se estranei alla stessa (per la considerazione che la responsabilità personale e solidale prevista dall'art. 38, 2° co., cod. civ. non è collegata alla mera titolarità della rappresentanza dell'associazione, bensì all'attività negoziale effettivamente svolta per conto di essa, si veda Cass., 4.4.2017, n. 8752).

L'art. 6-*bis* della l. 3.6.1999, n. 157, che prevede l'esonero degli amministratori dei partiti e dei movimenti politici dalla responsabilità per le obbligazioni dei medesimi partiti e dei movimenti (se non limitatamente ai casi in cui abbiano agito con dolo o colpa grave), introduce una deroga eccezionale e, dunque, di stretta interpretazione, rispetto al generale regime di responsabilità solidale che vale per le associazioni non riconosciute (Cass., 21.1.2010, n. 982).

Fin qui si è discusso della disciplina codicistica che, espressamente, si riferisce alle associazioni non riconosciute. Da tempo, tuttavia, si afferma che fra associazioni riconosciute ed associazioni non riconosciute esisterebbe una **identità strutturale**.

Le conseguenze di questa ricostruzione, frutto principalmente degli studi di Francesco Galgano, sono assai importanti: sotto un primo aspetto, si è osservato, potranno applicarsi alle associazioni non riconosciute le norme sugli enti riconosciuti che non si ricollegano direttamente al riconoscimento della personalità giuridica. Anche per le associazioni non riconosciute, ad esempio, vale la regola per cui all'assemblea spetta la competenza in ordine alla modifica di norme statutarie, all'approvazione dei bilanci, alle nomine delle cariche sociali ed alla delibera di esclusione degli associati.

Sotto un secondo aspetto, poi, le norme dettate per le associazioni riconosciute e ritenute inderogabili dalla volontà degli associati, lo sono anche per le associazioni non riconosciute: si fa riferimento, specificamente, all'art. 23 cod. civ., che consente all'associato di invocare l'annullamento delle deliberazioni contrarie alla legge, all'atto costitutivo e allo statuto, nonché all'art. 24, 3° co., cod. civ., secondo cui l'esclusione di un associato non può essere deliberata se non per gravi motivi.

Negli ultimi anni, peraltro, sembra essere prevalsa, in giurisprudenza, l'idea dell'applicazione analogica (e non diretta) della disciplina delle associazioni riconosciute a quelle non riconosciute (Cass., 23.1.2007, n. 1476).

Può fornirsi, a margine di questo indirizzo dei giudici, la seguente spiegazione. Nel corso degli ultimi decenni la consapevolezza della tutela giurisdizionale del singolo associato anche all'interno delle associazioni non riconosciute è diventata un dato acquisito: quasi un "senso comune" o, come ebbe a dire Augusto Barbera, "costituzione materiale". Acquisita questa consapevolezza, è sembrato naturale prediligere quella ricostruzione del fenomeno ritenuta più coerente con l'ordinamento: in effetti, pur muovendo dal presupposto incontestato che fra associazioni riconosciute ed associazioni prive di personalità giuridica non sussistano differenze ontologiche (è la stessa collocazione sistematica degli istituti a confermarlo), non può disconoscersi come il legislatore abbia dettato soltanto per le associazioni riconosciute una serie di norme; le associazioni non riconosciute, invece, sono regolate dagli artt. 36-38 cod. civ., che rimettono agli accordi degli associati il loro ordinamento interno e l'amministrazione.

L'applicazione analogica (e non diretta) delle norme dettate per le associazioni riconosciute non deve far pensare ad un minor grado di tutela per gli associati all'interno degli enti privi di personalità giuridica.

Si pensi ad una clausola statutaria di un'associazione non riconosciuta che consenta, all'organo preposto, di escludere un associato "a suo insindacabile giudizio" e senza dover offrire alcuna motivazione. Siffatta pattuizione potrà essere considerata nulla per contrarietà all'ordine pubblico (artt. 2, 18 e 24 Cost.).

Le medesime considerazioni devono essere compiute di fronte ad una clausola statutaria che impedisse l'impugnazione delle deliberazioni dell'assemblea contrarie alla legge, all'atto costitutivo o allo statuto. L'art. 23 cod. civ. è espressione (e nel contempo contribuisce a creare, secondo un inevitabile processo circolare) del principio di ordine pubblico secondo cui nei gruppi organizzati (comunioni, condomìni, società) è sempre ammesso il ricorso all'autorità giudiziaria contro le decisioni degli organi contrarie alla legge o al loro statuto (si confrontino gli artt. 1109, 1137, 2377 cod. civ.). Nelle associazioni non riconosciute, inoltre, va tenuto presente non soltanto il principio costituzionale sulla tutela giurisdizionale dei diritti (art. 24 Cost.), ma anche quello sulla libertà di associazione (art. 18 Cost.), che trova una completa attuazione nella misura in cui al singolo associato sia consentito sottoporre all'autorità giudiziaria delibere ritenute contrarie alla legge, allo statuto o all'atto costitutivo.

Alle associazioni non riconosciute, hanno stabilito i giudici di legittimità, non si applicano analogicamente le norme dettate per lo scioglimento delle associazioni riconosciute; pertanto, le prime possono procedere alle attività di liquidazione attraverso rappresentanti in carica alla data di scioglimento, in regime di *prorogatio* (Cass., 30.9.2019, n. 24214; Cass., 10.3.2009, n. 5738; Trib. Vicenza, 1.2.2021). Lo scioglimento di un'associazione non riconosciuta non ne determina l'automatica perdita della capacità di stare in giudizio, permanendo in vita l'associazione, quale centro di imputazione di effetti giuridici, in relazione a tutti i rapporti non ancora esauriti (App. Milano, 22.2.2020).

85. La disciplina delle fondazioni.

La **fondazione** per atto tra vivi deve essere costituita con **atto pubblico** (art. 14, 1° co., cod. civ.; Cass., 4.7.2017, n. 16409, esclude la necessità della presenza di due testimoni per l'atto, non essendo dinnanzi ad una donazione). L'atto di costituzione è un atto unilaterale (o una pluralità di atti unilaterali): con esso si dispone che venga ad esistenza l'ente e si dota lo stesso di un patrimonio necessario al raggiungimento dello scopo. Lo statuto (che può essere contenuto nel medesimo documento con cui si redige l'atto costitutivo) contiene, invece, le norme che regolano l'organizzazione ed il funzionamento dell'ente.

La fondazione, inoltre, può essere disposta anche con **testamento** (art. 14, 2° co., cod. civ.).

L'atto di fondazione può essere revocato dal fondatore fino a quando non sia intervenuto il riconoscimento della personalità giuridica ovvero il fondatore non abbia fatto iniziare l'attività dell'opera da lui disposta. La facoltà di revoca non si trasmette agli eredi (art. 15, 1° e 2° co., cod. civ.).

In ordine al contenuto dell'atto costitutivo e dello statuto, vale quanto già detto per le associazioni riconosciute: essi devono contenere la denominazione dell'ente, l'indicazione dello scopo, del patrimonio e della sede, nonché le norme sull'ordinamento e sull'amministrazione. Devono anche determinare, trattandosi di fondazioni, i criteri e le modalità di erogazione delle rendite (art. 16, 1° co., cod. civ.). Facoltativa, invece, è la previsione delle regole relative all'estinzione, alla devoluzione del patrimonio e alla trasformazione della fondazione (art. 16, 2° co., cod. civ.).

La responsabilità degli **amministratori** della fondazione e la limitazione dei loro poteri di rappresentanza sono soggette alle regole già studiate per le associazioni riconosciute (artt. 18 e 19 cod. civ.).

Nelle fondazioni, si è visto, non esiste un vero e proprio organo assembleare destinato a dividersi le competenze con l'organo amministrativo: campeggia, qui, la figura degli amministratori.

A verificare il loro operato, pertanto, provvede **l'autorità prefettizia** (TAR Calabria, Catanzaro, 29.3.2011, n. 416; TAR Palermo, 12.9.2019, n. 2178): questa, in particolare, esercita il **controllo** e la vigilanza sull'amministrazione delle fondazioni; provvede alla nomina e alla sostituzione degli amministratori o dei rappresentanti, quando le disposizioni contenute nell'atto di fondazione non possono attuarsi; annulla, sentiti gli amministratori, con provvedimento definitivo, le deliberazioni contrarie a norme imperative, all'atto di fondazione, all'ordine pubblico o al buon costume; può sciogliere l'amministrazione e nominare un **commissario straordinario**, qualora gli amministratori non agiscano in conformità dello statuto e dello scopo della fondazione o della legge (art. 25, 1° co., cod. civ.).

L'annullamento della deliberazione non pregiudica i diritti acquistati dai terzi di buona fede in base ad atti compiuti in esecuzione della deliberazione medesima (art. 25, 2° co., cod. civ.). Le azioni contro gli amministratori per fatti riguardanti la loro responsabilità devono essere autorizzate dall'autorità governativa e sono esercitate dal commissario straordinario, dai liquidatori o dai nuovi amministratori (art. 25, 3° co., cod. civ.).

Il codice ha previsto un ulteriore potere dell'autorità prefettizia durante la vita dell'ente: essa può disporre il **coordinamento** dell'attività di più fondazioni ovvero **l'unificazione** della loro amministrazione, rispettando, per quanto è possibile, la volontà del fondatore (art. 26 cod. civ.). Attraverso il coordinamento si mira ad evitare interferenze nell'attività di più fondazioni e, dunque, un inutile dispiego di mezzi. Con l'unificazione, invece, si dà vita ad un unico organo amministrativo che sostituisce quelli di ciascuna fondazione. L'art. 26 cod. civ. non si applica, però, alle **fondazioni** destinate a vantaggio soltanto di una o più **famiglie** (cfr. art. 28, 3° co., cod. civ.).

La fondazione si estingue, come già studiato per le associazioni, quando lo scopo sia stato raggiunto o è diventato impossibile (art. 27 cod. civ.). L'estinzione può verificarsi anche quando sia scaduto il termine di durata previsto dal fondatore.

Il codice civile, peraltro, detta una specifica norma, in materia, per le fondazioni: quando lo scopo è esaurito o diventato impossibile o di **scarsa utilità**, o il patrimonio è divenuto insufficiente, l'autorità governativa, anziché dichiarare estinta la fondazione, può provvedere alla sua **trasformazione**, allontanandosi il meno possibile dalla volontà del fondatore (art. 28, 1° co., cod. civ.). Tale disposizione è diretta ad evitare l'estinzione dell'ente attraverso la sua trasformazione: l'autorità governativa, infatti, provvederà a mutare la finalità dell'ente, che comunque sarà simile a quella originariamente prevista dal fondatore.

La norma non trova applicazione per le fondazioni di famiglia (art. 28, 3° co., cod. civ.). La trasformazione, inoltre, non è ammessa quando i fatti che vi darebbero luogo sono considerati nell'atto di fondazione come causa di estinzione della persona giuridica e di devoluzione dei beni a terze persone (art. 28, 2° co., cod. civ.).

Va sottolineato come l'autorità prefettizia possa disporre la trasformazione della fondazione quando, fra l'altro, lo scopo sia di scarsa utilità: da ciò si trae l'argomento, da parte di alcuni interpreti, secondo cui la finalità della fondazione deve essere, sin dall'inizio, di **pubblica utilità**: non soltanto al fondatore è inibita ogni possibilità di ricavare utili dall'attività della fondazione, ma lo scopo indicato nello statuto deve essere di pubblica utilità (nel campo della cultura, della ricerca scientifica, della beneficenza, e così via).

Del resto, al di là di tale argomento letterale non si manca di aggiungere come la fondazione implichi la realizzazione di un fenomeno che i moderni ordinamenti (compreso quello italiano) guardano con sfavore: quello per cui determinate ricchezze si concentrano (in questo caso in un ente) in modo tendenzialmente perpetuo. Con ciò si pregiudica (o comunque si affievolisce) un principio cardine delle economie liberali, quello della libera circolazione della ricchezza (maggior ricchezza circola, vuole questo principio, maggior ricchezza si produce). Il tendenziale immobilismo delle ricchezze, allora, può essere "compensato" attraverso la destinazione delle stesse a finalità di utilità sociale.

Va d'altra parte osservato come l'idea dell'assoluto immobilismo della fondazione, che deve rispettare in maniera ossequiosa le finalità indicate dal fondatore e la destinazione dei beni stabilita dallo stesso, oggi vada (almeno in parte) aggiornata: lo stesso legislatore ammette che tanto le associazioni quanto le fondazioni possano modificare lo statuto e l'atto costitutivo, con le modalità e nei termini previsti per l'acquisto della personalità giuridica (art. 2, d.p.r. n. 361/2000).

Sono pertanto ammesse, per le fondazioni, le c.d. **modifiche organizzative**; sono escluse, invece, come ha precisato la giurisprudenza amministrativa, quelle modifiche che siano tali da pregiudicare "lo scopo programmato e da travolgere i *connotati inderogabili* della fattispecie, quali voluti dal fondatore" (Cons. Stato, n. 123/1996).

Sono modifiche organizzative, ad esempio, la creazione, da parte del fondatore, di ulteriori fondazioni accessorie, quando il patrimonio dell'ente sia esuberante; l'ampliamento della gamma delle attività finalizzate al conseguimento dello scopo; la limitazione del campo di attività dell'ente, qualora il patrimonio risulti esiguo; la fusione con una fondazione avente fini analoghi.

C'è di più. Il carattere tendenzialmente perpetuo delle fondazioni può, attualmente, essere messo in discussione alla luce del nuovo art. 42-*bis*, 1° co., cod. civ. (introdotto dall'art. 98 del d.lgs. n. 117/2017) per il quale "se non è espressamente escluso dall'atto costitutivo o dallo statuto, le associazioni riconosciute e non riconosciute e le fondazioni di cui al presente titolo possono operare reciproche trasformazioni, fusioni, scissioni" (si vedano anche, sulle modalità di trasformazione, i commi 2 e 4; già prima dell'introduzione della nuova norma del codice civile, l'art. 2500-*octies* cod. civ. ha ammesso, fra l'altro, la trasformazione di una fondazione in una società di capitali, ove però consti una volontà in tal senso del fondatore). Se non ricorre un espresso divieto statutario, dunque, pure una fondazione può trasformarsi in un'associazione (la quale, attraverso la decisione dell'organo assembleare, può deliberare in qualsiasi momento lo scioglimento dell'ente). Il "dinamismo" dell'ente, sotto il profilo appena ricordato, suggerisce di aggiornare l'impostazione tradizionale: la fondazione potrà ottenere il riconoscimento della personalità giuridica qualora persegua qualsiasi "scopo ideale" (similmente a quello che si è detto per le associazioni) ed abbia un patrimonio congruo per la realizzazione dello stesso. Potrà ammettersi, ad esempio, l'operatività di una fondazione "privata" che persegua il fine di soddisfare soltanto alcuni interessi interni all'ente (come quelli del collegio dei partecipanti o di coloro che, a vario titolo, partecipano all'ente: § 85.1).

L'aggiornamento del catalogo delle finalità perseguibili dalla fondazione, imposto dall'innovazione legislativa, non sembra possa spingersi fino a ritenere ammissibile una fondazione che abbia, come unico scopo, quello di erogare le rendite a determinati soggetti diversi dal fondatore (senza che sussista una finalità ideale, la quale giustifichi tale attribuzione). La fondazione di mera conservazione patrimoniale urta contro l'art. 16, 1° co., cod. civ., per il quale la fondazione deve determinare sia lo scopo sia i criteri e le modalità di erogazione delle rendite: quest'ultime, quindi, potranno essere devolute a determinati soggetti qualora sussista una finalità statutaria che giustifichi l'attribuzione. Lo scopo della fondazione, pertanto, non può essere la semplice erogazione delle rendite. Ad esempio, nella fondazione di famiglia (art. 28, 3° co., cod. civ.) i beneficiari dell'ente potranno essere soltanto coloro che appartengono alla cerchia della famiglia, ma per poter fruire dei benefici dell'ente dovranno trovarsi in una determinata situazione (indigenza, meritevolezza, e così via) che l'atto di fondazione avrà preso in considerazione. In tal modo la conservazione del patrimonio all'interno di una data famiglia non è lo scopo dell'ente, ma il mezzo per realizzare la sua finalità ideale.

Alla fondazione non è preclusa la possibilità di detenere partecipazioni in società di capitali (TAR Milano, Lombardia, 2.4.2019, n. 723).

85.1. *La prassi delle fondazioni.*

La dottrina degli ultimi anni, che ha studiato la prassi statutaria delle fondazioni, ha sottolineato un processo di "metamorfosi" dell'istituto, che può cogliersi sotto molteplici aspetti.

Viene meno, talvolta, il distacco dell'ente dal fondatore, che tradizionalmente è indicato come il dato caratteristico della fondazione. Il controllo del fondatore o dei fondatori sull'attività dell'ente può avvenire con criteri diversi, che prevedono: la partecipazione diretta dei fondatori al consiglio di amministrazione; l'elezione di propri rappresentanti nello stesso consiglio; la riserva del diritto di nomina in seno al consiglio di amministrazione di un maggior numero di consiglieri, in ragione del maggior contributo versato all'atto di costituzione della fondazione.

Un altro fenomeno che occorre rilevare dalla prassi è la posizione sempre più sovrana del consiglio di amministrazione in seno alla fondazione. Vari sono gli indici del superamento della connotazione caratteristica della fondazione, individuata nella posizione "servente" del consiglio di amministrazione. A quest'ultimo, infatti, spettano le più importanti decisioni riguardanti l'attività e la vita dell'ente, quali: gli investimenti patrimoniali e l'erogazione delle rendite; l'individuazione dei beneficiari dell'attività dell'ente; la devoluzione dell'attivo risultante dalla liquidazione; il potere di direzione scientifica sulle attività culturali dell'ente; la nomina dei membri del collegio sindacale; il potere di modificazione statutaria.

L'evoluzione della prassi appare comunque compatibile con le "costanti normative" della fondazione (artt. 15, 16, 25, 26, 28 cod. civ.). Ciò a condizione che non si prevedano disposizione statutarie che riservino al fondatore il ruolo di disporre a suo piacimento del patrimonio e dei risultati da esso provenienti.

A partire dagli anni Novanta del secolo scorso, inoltre, si sono diffuse le c.d. **fondazioni di partecipazione**. Coloro che, a vario titolo, contribuiscono all'attività della fondazione (finanziatori, donatori, partecipanti alle iniziative dell'ente) vedono riconosciuto sempre più spesso un ruolo formale all'interno dell'ente: si prevede, così, un collegio di partecipanti, cui vengono attribuite alcune specifiche competenze: ad esempio, quella di esprimere un parere a proposito delle iniziative che l'organo amministrativo ha intenzione di intraprendere. Il collegio dei partecipanti si affianca ad **ulteriori organi** che, di frequente, vengono previsti nelle moderne istituzioni al fine di assecondare le esigenze organizzative e di specializzazione tra i diversi settori di attività (comitati scientifici, collegi sindacali, segreteria di fondazione).

In tal modo la fondazione acquista un maggiore dinamismo, coinvolgendo al suo interno coloro che vengono ad interloquire, sotto vari aspetti, con l'ente, ed hanno interesse a verificare concretamente come venga amministrata l'istituzione e quali siano le iniziative di volta in volta intraprese.

86. I comitati.

I **comitati** sono disciplinati dagli artt. 39-42 cod. civ. Con tale figura si fa riferimento ad un ente collettivo composto da una pluralità di persone le quali, attraverso la **raccolta** di **fondi**, si propongono di raggiungere uno scopo di pubblica utilità: è il caso, ad esempio, del comitato promotore di opere pubbliche, di monumenti, esposizioni, mostre, festeggiamenti (art. 39 cod. civ.). A tal fine viene sollecitata la raccolta di contributi per mezzo di pubbliche sottoscrizioni.

Di regola le offerte e le oblazioni hanno il valore di donazioni di modico valore e sono esenti dall'onere della forma dell'atto pubblico. I sottoscrittori sono tenuti soltanto ad effettuare le **oblazioni** promesse (art. 41, 1° co., cod. civ.).

Il comitato può stare in giudizio nella persona del presidente (art. 41, 2° co., cod. civ.).

Gli **organizzatori** e **coloro che assumono** la **gestione dei fondi** sono responsabili solidalmente e personalmente della conservazione dei fondi e della loro destinazione allo scopo annunciato (art. 40 cod. civ.).

Qualora il comitato non abbia ottenuto la personalità giuridica, i suoi componenti rispondono personalmente e solidalmente delle obbligazioni assunte (art. 41, 1° co., cod. civ.).

Infine, qualora i fondi raccolti siano insufficienti allo scopo, o questo non sia più attuabile o venga raggiunto o si abbia un residuo di fondi, l'autorità governativa stabilisce la devoluzione dei beni, se questa non è stata disciplinata al momento della costituzione (art. 42 cod. civ.).

Per la giurisprudenza della Cassazione è possibile individuare, nella disciplina del comitato, una **struttura bifasica** (Cass., n. 6032/1994). Nella prima fase il comitato assume i caratteri di una vera e propria **associazione non riconosciuta**, giacché si forma sulla base di un accordo di tipo associativo.

Dopo la raccolta delle offerte il vincolo di destinazione impresso ad esse corrisponde a quello che grava sul patrimonio di una **fondazione**. Tanto che, allorché venga richiesta l'iscrizione dell'ente nel registro delle persone giuridiche, lo stesso diventa una vera e propria fondazione riconosciuta. Ciò dimostra come, nella fase precedente all'acquisto della personalità giuridica, si sia di fronte ad una **fondazione non riconosciuta**.

87. La legislazione speciale sugli *enti non profit*. Il Codice del Terzo settore.

Un fenomeno tipico degli ultimi decenni è quello della **legislazione settoriale** in materia di ***enti non profit***. L'intento del legislatore, che peraltro non sempre si muove in maniera organica e sistematica, è quello di promuovere e favorire associazioni e fondazioni che operano in settori spesso cruciali del nostro ordinamento.

Di qui la previsione di norme specifiche, che talvolta si affiancano o derogano alla disciplina di diritto comune dettata dal primo Libro del codice civile. Non sempre il legislatore prevede (come requisito essenziale) l'iscrizione nel registro delle persone giuridiche da parte di associazioni o fondazioni: piuttosto si richiedono altri requisiti, come la rappresentatività e la diffusione nel territorio, l'adozione di particolari clausole negli statuti, l'iscrizione in specifici registri, la sottoposizione a determinati sistemi di controllo.

Agli inizi degli anni Novanta del secolo scorso numerose sono le leggi che hanno interessato gli enti *non profit*: è il caso, ad esempio, della **legge quadro sul volontariato** (l. 11.8.1991, n. 266), che si occupa di quelle organizzazioni che svolgono attività dirette a conseguire finalità di carattere sociale, civile e culturale attraverso l'impiego (in modo determinante o prevalente) delle prestazioni personali, volontarie e gratuite dei propri dipendenti; della legge sulle **cooperative sociali** (l. 8.11.1991, n. 381); dei **fondi pensione**, che possono essere costituiti attraverso associazioni non riconosciute, persone giuridiche o anche attraverso la formazione di un patrimonio di destinazione, separato e autonomo, nell'ambito della società o ente, con gli effetti previsti dall'art. 2117 cod. civ. (art. 4, 1° e 2° co., d.lgs. 5.12.2005, n. 252, che ha abrogato il d.lgs. n. 124/1993, costituente l'iniziale regolazione della materia).

Di qualche anno successiva è la legge sulle **associazioni dei consumatori e degli utenti** (l. 30.7.1998, n. 281, abrogata e trasfusa nel titolo I del d.lgs. 6.9.2005, n. 206, "Codice del Consumo").

Con l'art. 31 della l. 31.12.1998, n. 476 si è previsto che **gli aspiranti all'adozione** debbano conferire incarico, per la procedura di adozione, ad uno degli enti autorizzati previsti dall'art. 39-*ter*, iscritti in un albo curato dalla Commissione per le adozioni internazionali.

Agli inizi degli anni 2000 va ricordata la l. 8.11.2000, n. 383, sulle **associazioni di promozione sociale**. Sono tali le associazioni (riconosciute e non riconosciute), i movimenti ed i gruppi ed i loro coordinamenti o federazioni, costituiti al fine di svolgere attività di utilità sociale a favore di associati o di terzi, senza finalità di lucro e nel pieno rispetto della libertà e dignità degli associati (art. 1, 1° co., l. n. 383/2000).

La l. 27.12.2002, n. 289 ha previsto l'istituzione presso il Coni del registro nazionale delle **associazioni e società sportive dilettantistiche**. L'art. 6 del d.lgs. 9.7.2003, n. 215 ha istituito il Registro delle **associazioni** e degli **enti** che svolgono attività nella **lotta alle discriminazioni** e nella **promozione della parità di trattamento**.

Con il d.lgs. 24.3.2006, n. 155 è stata introdotta la disciplina sull'**impresa sociale**, oggi regolata dal d.lgs. 3.7.2017, n. 112. Possono acquisire la qualifica di impresa sociale tutti gli enti privati, inclusi quelli costituiti nelle forme di cui al Libro V del codice civile che, in conformità delle disposizioni del d.lgs. n. 112/2017, esercitano in via stabile e principale un'attività di impresa di interesse generale, senza scopo di lucro e per finalità civiche, solidaristiche e di utilità sociale, adottando modalità di gestione responsabili e trasparenti e favorendo il più ampio coinvolgimento dei lavoratori, degli utenti e degli altri soggetti interessati alle loro attività.

Quanto agli **enti** operanti nel **settore ambientale**, è previsto, fra l'altro, che gli stessi possano presentare al Ministro dell'ambiente e della tutela del territorio e del mare denunce ed osservazioni, corredate da documenti ed informazioni, concernenti qualsiasi caso di danno ambientale o di minaccia imminente di danno ambientale e chiedere l'intervento statale a tutela dell'ambiente (art. 309, 1° e 2° co., d.lgs. n. 152/2006, "Codice dell'ambiente", sui cui § 365).

In materia fiscale, infine, va fatta menzione del d.lgs. 4.12.1997, n. 460, che ha dettato un regime agevolato per gli enti non commerciali di tipo associativo e, nel contempo, ha individuato particolari soggetti (le **Onlus**, organizzazioni non lucrative di utilità sociale), dotati di un regime privilegiato, giustificato dalla rilevanza sociale dell'attività svolta e dai fini perseguiti.

L'esigenza di razionalizzare e rendere organica la legislazione che nel corso degli anni ha investito l'universo *non profit* ha trovato attuazione, di recente, nel d.lgs. 3.7.2017, n. 117, con cui è entrato in vigore il **Codice del Terzo settore**, in attuazione della l. 6 giugno 2016, n. 106 (il nuovo impianto, peraltro, andrà a pieno regime all'esito dell'approvazione di diversi decreti attuativi ed integrativi: si veda, ad esempio, il d.lgs. 3.8.2018, n. 105).

Sono enti del Terzo settore (ETS) "le organizzazioni di volontariato, le associazioni di promozione sociale, gli enti filantropici, le imprese sociali, incluse le cooperative sociali, le reti associative, le società di mutuo soccorso, le associazioni, riconosciute o non riconosciute, le fondazioni e gli altri enti di carattere privato diversi dalle società costituiti per il perseguimento, senza scopo di lucro, di finalità civiche, solidaristiche e di utilità sociale mediante lo svolgimento di una o più attività di interesse generale in forma di azione volontaria o di erogazione gratuita di denaro, beni o servizi, o di mutualità o di produzione o scambio di beni o servizi, ed iscritti nel registro unico nazionale del Terzo settore" (art. 4, 1° co., Cod. Terzo settore).

Non sono enti del Terzo settore, invece, per espressa previsione legislativa, alcuni enti, come i partiti, i sindacati, le amministrazioni pubbliche, le associazioni professionali, di categoria e di datori di lavoro (art. 4, 2° co., Cod. Terzo settore).

Gli enti del Terzo settore (diversi dalle imprese sociali incluse le cooperative sociali) esercitano in via esclusiva o principale "**una o più attività di interesse generale** per il perseguimento, senza scopo di lucro, di finalità civiche, solidaristiche e di utilità sociale" (art. 5, 1° co., Cod. Terzo settore). È il Codice stesso ad indicare quali siano le attività di interesse generale (art. 5, 1° co., lett. a-z): vi rientrano, ad esempio, quelle che hanno ad oggetto le attività culturali, ricreative, di beneficenza, di promozione dei diritti umani, di ricerca scientifica, di valorizzazione del patrimonio culturale, sportive, sociosanitarie, ambientali.

La qualifica di enti del Terzo settore è subordinata **all'iscrizione nel Registro unico nazionale del Terzo settore** (artt. 45 ss. Cod. Terzo settore), diventato operativo il 21.11.2021. Avendo riguardo alle associazioni e fondazioni del Terzo settore (cui si riferisce il titolo IV del Codice) è previsto che esse debbano rispettare alcuni **requisiti statutari**. È prescritto, in particolare che "l'atto costitutivo deve indicare la denominazione dell'ente; l'assenza di scopo di lucro e le finalità civiche, solidaristiche e di utilità sociale perseguite; l'attività di interesse generale che costituisce l'oggetto sociale; la sede legale, il patrimonio iniziale ai fini dell'eventuale riconoscimento della personalità giuridica; le norme sull'ordinamento, l'amministrazione e la rappresentanza dell'ente; i diritti e gli obblighi degli associati, ove presenti; i requisiti per l'ammissione di nuovi associati, ove presenti, e la relativa procedura, secondo criteri non discriminatori, coerenti con le finalità perseguite e l'attività di interesse generale svolta; la nomina dei primi componenti degli organi sociali obbligatori e, quando previsto, del soggetto incaricato della revisione legale dei conti; le norme sulla devoluzione del patrimonio residuo in caso di scioglimento o di estinzione; la durata dell'ente, se prevista" (art. 21, 1° co., Cod. Terzo settore).

Nelle associazioni (riconosciute o non) lo statuto, inoltre, dovrà rispettare le seguenti “competenze inderogabili dell’assemblea”: (a) nomina e revoca dei componenti degli organi sociali; (b) nomina e revoca, quando previsto, del soggetto incaricato della revisione legale dei conti; (c) approvazione del bilancio; (d) delibera sulla responsabilità dei componenti degli organi sociali e sull’azione di responsabilità nei loro confronti; (e) delibera sull’esclusione degli associati, se l’atto costitutivo o lo statuto non attribuiscono la relativa competenza ad un organo eletto dalla medesima; (f) delibera sulle modificazioni dell’atto costitutivo o dello statuto; (g) approvazione dell’eventuale regolamento dei lavori assembleari; (h) delibera sullo scioglimento, sulla trasformazione, sulla fusione o la scissione dell’associazione; (i) delibera sugli altri oggetti attribuiti dalla legge, dall’atto costitutivo o dallo statuto rimessi alla sua competenza (art. 25 Cod. Terzo settore). Appare chiaro come la norma, che valorizza il ruolo centrale dell’assemblea degli associati, sia improntata al criterio della “democraticità”.

Rispettando i requisiti prescritti dal Codice, gli enti del Terzo settore potranno godere di un **regime fiscale agevolato** (artt. 79 ss. Cod. Terzo settore), essere coinvolti nelle **programmazioni** delle **Pubbliche amministrazioni** (artt. 55 ss. Codice Terzo settore) e immessi in un circuito di **agevolazioni** previsto dal legislatore (artt. 77 e 78 Cod. Terzo settore).

Durante lo svolgimento della loro attività, inoltre, gli enti del Terzo settore debbono sottostare ad alcuni adempimenti riguardanti, fra l’altro, le scritture contabili, il bilancio, la tenuta di libri sociali obbligatori (artt. 13, 14, 15 Cod. Terzo settore, contenuti nel titolo II, intitolato “Degli enti del Terzo settore in generale”).

Il profilo teleologico sopra ricordato (artt. 4 e 5 Cod. Terzo settore) permette di concludere che la qualifica di enti del Terzo settore potrà essere attribuita a numerosi soggetti operanti nel mondo *non profit*.

La *vis attractiva* delle norme di nuovo conio si manifesta sotto un ulteriore aspetto. È vero che il Codice del Terzo settore non incide, se non in maniera marginale, sull’impianto originario del codice civile; le associazioni e fondazioni del Terzo settore, tuttavia, non debbono rinvenire *aliunde* le norme che regolano l’acquisto della personalità giuridica. È previsto, infatti, che “le associazioni e le fondazioni del Terzo settore possono, in deroga al decreto del Presidente della Repubblica 10 febbraio 2000, n. 361, acquistare la **personalità giuridica** mediante l’iscrizione nel registro unico nazionale del Terzo settore” (art. 22, 1° co., Cod. Terzo settore). Si tratta di una procedura più funzionale rispetto a quella prevista, sino ad ora, dal d.p.r. n. 361/2000. Ciò sotto almeno sotto due aspetti: (a) essa comporta un preventivo controllo da parte del notaio, la cui competenza tecnico-giuridica si rivela importante per la verifica delle condizioni richieste statutariamente; (b) la personalità giuridica è concessa non in base ad un complesso (e talvolta difficile) giudizio sulla “congruità” del patrimonio rispetto alle finalità statutarie, ma a seguito della (più semplice) dimostrazione di una disponibilità monetaria non inferiore a 15.000 euro (per le fondazioni la soglia è aumentata a 30.000 euro).

Alcune norme del Codice del Terzo settore, infine, dirimono con tratto efficace ed equilibrato alcune questioni problematiche, nell’ambito dell’universo *non profit*, tanto da porsi come un utile riferimento allorché si voglia riprendere, in futuro, il discorso sulla **riforma civilistica** degli **enti** di cui al **primo libro** del **codice civile**. Si pensi, in particolare, alla disciplina introdotta dal decreto delegato in ordine all'ammissione di nuovi aspiranti associati e agli organi deputati al controllo della domanda: è previsto che, in assenza di una diversa disposizione statutaria, l'ammissione di un nuovo associato sia fatta con deliberazione dell'organo di amministrazione (art. 23, 1° co., Cod. Terzo Settore). L'organo competente deve entro sessanta giorni motivare la deliberazione di rigetto della domanda di ammissione e comunicarla agli interessati (art. 23, 2° co., Cod. Terzo settore). Chi ha proposto la domanda può entro sessanta giorni dalla comunicazione della deliberazione di rigetto chiedere che sull'istanza si pronunci l'assemblea o un altro organo eletto da quest'ultima (art. 23, 3° co., Cod. Terzo settore). La norma si muove nel solco delle regole contrattuali che attribuiscono a chi riceve una proposta la discrezionalità nel respingere la domanda di ingresso. Nel contempo, essa finisce per chiamare in causa l'organo assembleare, in caso di rigetto della domanda, in modo da consentire un riesame della stessa che assicuri un processo di decisione più meditato e condiviso.

In una prospettiva futura, allora, si potrà prevedere (per tutte le associazioni e non soltanto per quelle del Terzo settore) che, in assenza di una diversa disposizione statutaria, l'ammissione di un nuovo iscritto sia fatta con deliberazione dell'organo di amministrazione. L'organo competente dovrà motivare, entro un determinato numero di giorni, la deliberazione di rigetto della domanda di ammissione e comunicarla agli interessati. Chi ha proposto la domanda sarà ammesso, entro un tempo decorrente dalla comunicazione della deliberazione di rigetto, a chiedere che sull'istanza si pronunci l'assemblea o un altro organo eletto da quest'ultima.

Il Codice del Terzo settore abroga una serie di disposizioni, fra cui alcune norme della legge sul volontariato n. 266/1991, della legge sulle associazioni di promozione sociale n. 383/2000 e diverse disposizioni del d.lgs. n. 460/1997 sulle Onlus (art. 102 Cod. Terzo settore, rubricato "Abrogazioni").

Deve osservarsi, da ultimo, come il Codice del Terzo settore imponga un aggiornamento del linguaggio fino ad ora utilizzato nel mondo *non profit*. Si sono usualmente definiti enti del terzo settore quegli enti "intermedi" tra Stato ed individuo. Ora, invece, tale qualifica si addice soltanto agli enti che possiedono i requisiti previsti dal d.lgs. 3.7.2017, n. 117.

Parte terza

LE OBBLIGAZIONI

Capitolo 12
NOZIONI PRELIMINARI

SOMMARIO: 88. Le fonti delle obbligazioni nell'art. 1173 cod. civ. – 88.1. Le fonti delle obbligazioni: ricognizione. – 89. Nozione di obbligazione: i soggetti e l'oggetto. – 90. I vari tipi di prestazione: le prestazioni di dare (o consegnare). – 90.1. Le prestazioni di fare. – 90.2. Le prestazioni di non fare. – 90.3. Le prestazioni di contrattare. – 90.4. Le "prestazioni" di garanzia. – 91. Il comportamento del debitore e del creditore secondo le regole della correttezza. – 92. Le obbligazioni naturali.

88. Le fonti delle obbligazioni nell'art. 1173 cod. civ.

Il titolo I del Libro quarto del codice civile è intitolato "Delle obbligazioni in generale" (artt. 1173-1320 cod. civ.). Seguendo il modello del codice civile tedesco, viene prevista una disciplina generale delle obbligazioni a prescindere dalla loro fonte (deve dirsi, tuttavia, che alcune norme sono dettate dal legislatore tenendo in considerazione, specificamente, il contratto: si vedano, ad esempio, gli artt. 1174, 1176 e 1218 cod. civ.). Il *Code Napoléon* e i sistemi di *Common law*, invece, hanno adottato un'altra soluzione: le obbligazioni trovano una disciplina separata a seconda della loro fonte.

L'art. 1173 cod. civ. (rubricato "**fonti delle obbligazioni**") prevede che "le obbligazioni derivano da contratto, da fatto illecito, o da ogni altro atto o fatto idoneo a produrle in conformità dell'ordinamento giuridico".

L'art. 1097 del codice abrogato del 1865, sulla scorta della tradizione giustinianea e del codice civile francese del 1804, annoverava fra le fonti dell'obbligazione la legge, il contratto, il delitto, il quasi-contratto ed il quasi-delitto. Nell'ambito dei quasi-contratti venivano ricondotti il pagamento dell'indebito e la gestione di affari altrui; nel novero dei quasi-delitti, invece, venivano fatti rientrare quelle fattispecie in cui si era chiamati a rispondere di un danno non per fatto proprio ma per fatto riconducibile ad altri soggetti (è il caso della responsabilità per danno cagionato dai dipendenti).

Con l'attuale formula è scomparso il riferimento ai quasi-contratti, mentre i quasi-delitti sono stati ricondotti nella categoria generale dei fatti illeciti.

Si noti, inoltrc, chc l'art. 1173 cod. civ. non annovera espressamente, come faceva la norma previgente, la legge come fonte delle obbligazioni. Si è sostenuto, da parte di alcuni interpreti, che la menzione della legge, fra le fonti delle obbligazioni, sarebbe stata superflua: ogni obbligazione, infatti, nasce in quanto è la stessa legge ad attribuire ad una determinata fattispecie l'idoneità a far nascere obbligazioni (direttamente, quando vengono in considerazione le obbligazioni legali in senso stretto; indirettamente, attraverso il conferimento ad alcune fattispecie della dignità di fonti, come accade per il contratto o il fatto illecito).

Altra parte della dottrina, peraltro, ha osservato che l'art. 1173 cod. civ. non fa riferimento alla legge ma, più genericamente, all'ordinamento giuridico: quello attuale, si precisa, è un sistema aperto ed elastico di fonti. Il giudizio di idoneità di un atto o fatto a porsi come fonte di obbligazioni, in sostanza, non richiede una esplicita menzione legislativa ma si ricava dalle varie indicazioni contenute nell'ordinamento giuridico.

Vengono in considerazione, in particolare, quei principî che, pur appartenendo all'ordinamento giuridico, prescindono da specifiche disposizioni legislative: si pensi alla libertà ed alla dignità della persona umana, alla funzione sociale della proprietà, al diritto al lavoro, agli inderogabili doveri di solidarietà politica, economica, sociale, alla rimozione delle disuguaglianze di fatto, e così via. È dunque compito dell'interprete, attraverso un'indagine dei principî (soprattutto costituzionali) del nostro ordinamento, individuare quelle fattispecie che possono definirsi generatrici di rapporti obbligatori.

Si vedrà, tra breve, che proprio dall'idea delle fonti come "sistema aperto" nasce l'elaborazione, dottrinale e giurisprudenziale, della c.d. responsabilità da contatto sociale (§ 88.1).

88.1. *Le fonti delle obbligazioni: ricognizione.*

Nel prosieguo del Corso ci si soffermerà sulle principali fonti delle obbligazioni: il contratto (Parte Quarta), il fatto illecito (Parte Ottava), gli atti unilaterali (Parte Sesta), gli altri "fatti" idonei a produrre obbligazioni (gestione di affare altrui, indebito, arricchimento senza causa: Parte Settima).

Va fatta menzione, già ora, di altre obbligazioni *ex lege* (che nascono, appunto, al verificarsi di determinati presupposti previsti dalla legge). Tali fonti saranno approfondite nelle sedi opportune: si abbia riguardo, ad esempio, alle obbligazioni alimentari, all'obbligazione di rimborso per le spese fatte dal possessore, a quella del comproprietario di partecipare alle spese per la cosa comune, all'obbligazione di colui che si trova in una situazione di monopolio. Si consideri, ancora, l'obbligazione da parte del coniuge separato di mantenere l'altro coniuge o i figli.

Un cenno, poi, va fatto alle c.d. obbligazioni di fonte successoria: si tratta di quelle obbligazioni che hanno come presupposto una successione *mortis causa*. È possibile distinguere, in particolare, quattro categorie di obbligazioni che traggono origine dalla morte di un uomo: (a) i debiti ereditari, ossia quei debiti che facevano capo al *de cuius* e che non si estinguono alla morte dello stesso ma si trasmettono, a titolo derivativo, per effetto della successione *mortis causa*; (b) le obbligazioni che sorgono in capo all'erede, a titolo originario, per il fatto di succedere al *de cuius* a titolo universale (si pensi alle obbligazioni per le spese di inventario o a quelle per l'imposta di successione); (c) le c.d. obbligazioni assistenziali che sorgono *ex novo* (ad esempio l'assegno vitalizio a favore del coniuge cui sia addebitabile la separazione; l'assegno in favore dei figli non riconoscibili); (d) le obbligazioni testamentarie, ossia quelle obbligazioni che nascono, in virtù di una disposizione del *de cuius*, in capo all'erede onerato dell'esecuzione di un legato o di un *modus* o in capo al legatario onerato dell'esecuzione di un sublegato o di un *modus* (si veda, sulle successioni, la Parte Undicesima).

Anche la clausola generale di correttezza e buona fede (art. 1175 cod. civ.: § 91) costituisce la fonte di un'obbligazione integrativa a carico delle parti.

Le fonti delle obbligazioni, si è detto in precedenza, mettono capo ad un sistema aperto (§ 88): atti e fatti possono porsi come fonte di obbligazioni a prescindere dall'espressa previsione legislativa. Il sistema dell'atipicità delle fonti costituisce il punto di partenza di quell'elaborazione dottrinale che ha ricondotto il c.d. **contatto sociale** fra le fonti delle obbligazioni.

Si deve muove dalla considerazione che fra responsabilità contrattuale e responsabilità extracontrattuale esiste una differenza di tipo strutturale: si ha, infatti, responsabilità contrattuale allorché vi sia la violazione di un'obbligazione funzionale alla realizzazione di un diritto; la responsabilità extracontrattuale, invece, prescinde dall'esistenza di un'obbligazione: essa consegue alla lesione di un diritto.

Posto, dunque, che la responsabilità contrattuale presuppone la violazione di un'obbligazione, di essa può discutersi non soltanto quando si verifichi la violazione di obbligazioni che hanno ad oggetto prestazioni nascenti dal contratto, ma anche quando ci sia la violazione di altre obbligazioni, come quelle di comportamento che fanno capo ad un determinato soggetto per la tutela della sfera giuridica altrui: si discute, allora, di **obbligazioni senza prestazione**.

Sulla base di queste premesse la giurisprudenza aveva affermato, almeno fino ai più recenti interventi legislativi in materia (§ 365-*bis*), la "responsabilità contrattuale" del medico dipendente di un ente ospedaliero (pubblico o privato) per il danno cagionato al paziente. Il tema va brevemente approfondito. Nel nostro ordinamento, si evidenziava, vi sono una serie indici normativi dai quali si ricava che il "fatto" del contatto sociale fra medico e paziente (a prescindere dall'esistenza di un contratto) genera determinate obbligazioni di comportamento in capo al primo. L'attività sanitaria del medico nei confronti del paziente, anzi, non può che essere sempre la stessa, vi sia o meno alla base un contratto d'opera professionale.

In effetti la professione del medico costituisce un servizio di pubblica necessità ai sensi dell'art. 359 cod. pen. (servizio che non può svolgersi senza una speciale abilitazione dello Stato). Il diritto alla salute (art. 32 Cost.), si rilevava, non sarebbe adeguatamente tutelato se si ritenesse che il medico dipendente di una struttura ospedaliera non sia tenuto ad adottare lo stesso comportamento richiesto di fronte alla stipula di un contratto di prestazione d'opera. La legislazione nel settore dell'attività medica, si aggiungeva, prescrive obblighi e prevede linee guida a prescindere dal fatto che il medico abbia concluso o meno un contratto con il paziente.

Per utilizzare il linguaggio contenuto nell'art. 1173 cod. civ., è "conforme all'ordinamento giuridico" che un soggetto (il paziente), il quale si rechi in una struttura ospedaliera, faccia affidamento sulle obbligazioni di comportamento del medico che nella stessa svolge la sua attività. Si comprende, in tal modo, l'espressione "**contatto sociale qualificato**", utilizzata di sovente dagli interpreti: essa fa riferimento ad un rapporto socialmente tipico (qualificato dall'ordinamento giuridico), in cui un consociato fa **obiettivo affidamento sulla "professionalità"** di alcune persone. La giurisprudenza di merito ha individuato nel contatto sociale qualificato "ogni fatto dal quale derivano, a carico delle parti, non obblighi di prestazione, ma obblighi di protezione e informazione. In tale tipologia di rapporti anche chi non ha stipulato un contratto risulta obbligato in base a una elazione che simula un rapporto contrattuale e dunque risponde a titolo di responsabilità contrattuale" (App. Milano, 2.2.2022). E la giurisprudenza di legittimità ha precisato che "la c.d. responsabilità da contatto sociale, soggetta alle regole della responsabilità contrattuale, pur in assenza di un vincolo negoziale tra danneggiante e danneggiato, è configurabile non in ogni ipotesi in cui taluno, nell'eseguire un incarico conferitogli da altri, nuoccia a terzi, come conseguenza riflessa dell'attività così espletata, ma soltanto quando il danno sia derivato dalla violazione di una precisa regola di condotta, imposta dalla legge allo specifico fine di tutelare i terzi potenzialmente esposti a rischi dell'attività svolta dal danneggiante" (Cass., 29.12.2020, n. 29711).

Seguendo questa impostazione, la violazione delle obbligazioni di comportamento (si pensi all'errata diagnosi di una malattia di un paziente recatosi in un ospedale pubblico) comportava una responsabilità "contrattuale". La giurisprudenza aveva avallato la teoria del contatto sociale: "in questi casi non può esservi responsabilità aquiliana, poiché questa non nasce dalla violazione di obblighi ma dalla lesione di situazioni giuridiche soggettiva altrui (è ormai acquisito che, nell'ambito dell'art. 2043 cod. civ., l'ingiustizia non si riferisce al fatto, ma al danno); quando ricorre la violazione di obblighi, la responsabilità è necessariamente contrattuale, poiché il soggetto non ha fatto (*culpa in non faciendo*) ciò a cui era tenuto in forza di un precedente *vinculum iuris*, secondo lo schema caratteristico della responsabilità contrattuale" (Cass., 22.1.1999, n. 589).

Poteva dirsi, semmai, che in assenza di contratto, il paziente non aveva diritto a ricevere la prestazione da parte del medico; se, però, quest'ultimo interveniva (perché, ad esempio, tenuto nei confronti della struttura ospedaliera), il suo impegno non poteva essere differente, nel contenuto, da quello che aveva come fonte un comune contratto tra paziente e medico.

Trattandosi di responsabilità "contrattuale", sul piano degli **oneri probatori** le conseguenze erano sicuramente rilevanti (si veda § 59.1).

La c.d. **legge Balduzzi** aveva messo in discussione le acquisizioni dottrinali e giurisprudenziali in materia di contatto sociale. Era previsto che "l'esercente la professione sanitaria che nello svolgimento della propria attività si attiene a linee guida e buone pratiche accreditate dalla comunità scientifica non risponde penalmente per colpa lieve. In tali casi *resta* comunque *fermo l'obbligo di cui all'art. 2043* del codice civile ..." (art. 3, 1° co., d.l. n. 158/2012, convertito con modifiche dalla l. n. 189/2012). Peraltro, nonostante il riferimento normativo alla responsabilità aquiliana, alcuni interpreti avevano ribadito che, nel rapporto con il paziente, quella del medico era una responsabilità, a seconda dei casi, da contratto o "contatto" sociale. In questo senso sembrava orientarsi anche la giurisprudenza della Suprema Corte (Cass., 11.3.2016, n. 4764; Cass., 13.1.2016, n. 344; Cass., 8.7.2014, n. 15490; Cass., 30.9.2014, n. 20547). Qualche giudice di merito, invece, aveva inteso valorizzare la lettera della legge Balduzzi: "il tenore letterale dell'art. 3, 1° co., della legge Balduzzi e l'intenzione del legislatore conducono a ritenere che la responsabilità del medico (e quella degli altri esercenti professioni sanitarie) per condotte che non costituiscono inadempimento di un contratto d'opera (diverso dal contratto concluso con la struttura) venga ricondotta dal legislatore del 2012 alla responsabilità da fatto illecito *ex* art. 2043 cod. civ. e che, dunque, l'obbligazione risarcitoria del medico possa scaturire solo in presenza di tutti gli elementi costitutivi dell'illecito aquiliano, che il danneggiato ha l'onere di provare" (Trib. Milano, 15.1.2015, Trib. Milano, 23.7.2014).

Attualmente, a seguito dell'entrata in vigore della **legge Gelli-Bianco**, non vi è più dubbio sul fatto che quella dell'esercente la professione sanitaria sia una responsabilità extracontrattuale (art. 7, 3° co., l. n. 24/2017; Cass., 11.11.2019, n. 28994). Il che, peraltro, non elimina una serie di complesse questioni che richiedono di essere trattate unitariamente allorché si studierà la responsabilità civile del medico, così come delineata dalla nuova disciplina (§ 365-*bis*).

La teoria della responsabilità da contatto sociale ha trovato applicazione anche in settori diversi da quello oggetto dei ricordati interventi legislativi: si pensi alla **responsabilità del precettore** o **dipendente** di un **istituto scolastico** nei confronti dell'allievo che si procura da solo un danno (Cass., Sez. Un., 27.6.2002, n. 9346; Cass., 28.4.2017, n. 10516; Cass., 25.11.2021, n. 36723; Trib. Latina, 5.11.2019); alla responsabilità della Pubblica amministrazione per l'adozione di provvedimenti illegittimi e dannosi (Cons. Stato, 2.9.2005, n. 4461; Cass., Sez. Un., 15.1.2021, n. 615); alla responsabilità della banca negoziatrice per aver permesso l'incasso dell'assegno di traenza, che aveva la clausola di non trasferibilità, a persona diversa dal beneficiario del titolo (Cass., Sez. Un., 26.6.2007, n. 14712, Cass., 26.10.2011, n. 22336; Cass., 31.12.2020, n. 30063; Trib. Vicenza, 28.2.2019; Trib. Como, 7.8.2013); alla responsabilità dell'Amministrazione finanziaria nei confronti dei detenuti (App. Ancona, 29.1.2019; Trib. Firenze, 17.6.2019).

Dal contatto sociale qualificato, aggiunge di recente la Suprema Corte, derivano in capo alle parti reciproci obblighi di buona fede ai sensi degli artt. 2 Cost., 1175 e 1375 cod. civ. (sulla prima norma del codice civile § 91; sulla seconda § 253): i contraenti, così, sono tenuti ad obbligazioni di condotta che si aggiungono all'adempimento dell'obbligazione principale (Cass., 13.10.2017, n. 24071).

89. Nozione di obbligazione: i soggetti e l'oggetto.

Nelle Istituzioni di Giustiniano viene data la seguente **definizione** di **obbligazione**: "*iuris vinculum quo necessitate adstringimur alicuius solvendi rei*". L'obbligazione, può dirsi, è un rapporto (o vincolo: *obligatio*) che lega un soggetto ad un altro per l'esecuzione di una data prestazione. Il soggetto attivo del rapporto, detto **creditore**, ha diritto all'esecuzione della prestazione; quello passivo del rapporto, detto **debitore**, è tenuto ad eseguire la prestazione a favore del debitore.

Nel linguaggio giuridico si suole affermare che il debitore è tenuto ad una determinata "obbligazione", mentre il creditore ha un diritto di credito. In ogni caso il creditore ha bisogno dell'indispensabile cooperazione del debitore per conseguire l'utilità di cui ha diritto.

Esempio. Due parti concludono un contratto, che è la fonte di alcune obbligazioni, come quella del debitore di consegnare un determinato quantitativo di legname. Attraverso l'esecuzione della prestazione il debitore soddisfa l'interesse del creditore a ricevere il legname.

Il diritto del creditore si rivolge nei confronti del debitore: è un diritto relativo (o personale), giacché può essere fatto valere soltanto nei confronti del debitore.

I soggetti del rapporto obbligatorio debbono essere determinati oppure determinabili (si vedano, ad esempio, gli artt. 631, 2° e 3° co., 778, 2° co., 1989 cod. civ.).

In alcuni casi la titolarità passiva del rapporto obbligatorio viene determinata in base alla titolarità del diritto di proprietà o di altro diritto reale su un determinato bene: si discute, allora, di **obbligazioni *propter rem*** o di obbligazioni reali (obbligati a corrispondere le spese condominiali, ad esempio, sono i singoli proprietari delle singole unità immobiliari che si trovano nel condominio: art. 1123, 1° co., cod. civ.; si vedano anche gli artt. 886, 1006, 1009, 1° co., 1010, 1091, 1104, 1° co., cod. civ.).

L'oggetto dell'obbligazione è la **prestazione**: essa, stabilisce il codice civile, "deve essere suscettibile di valutazione economica e deve corrispondere ad un interesse, anche non patrimoniale, del creditore" (art. 1174 cod. civ.). La prestazione, dunque, deve avere il carattere della "**patrimonialità**" ("deve essere suscettibile di valutazione economica"): deve essere traducibile, come si suole dire, in un valore monetario.

Si devono utilizzare una serie di indici per individuare la patrimonialità della prestazione. Essa è, in primo luogo, patrimoniale quando abbia un valore di mercato (quando, cioè, venga resa in una logica di scambio economico). Non si può escludere la possibilità, peraltro, che una prestazione sia patrimoniale anche quando non abbia, di per sé, un valore di mercato: il che accade quando in cambio di quella prestazione ne sia prevista un'altra economicamente valutabile o, ancora, quando quella prestazione (priva di valore di mercato) sia comunque funzionale ad un interesse patrimoniale del creditore, che ha valore economico.

Sulla base di quanto appena osservato, ecco un esempio in cui la prestazione non ha carattere patrimoniale.

Esempio. Il Sig. Fiorucci ed il Sig. Ricci, perugini, stabiliscono che, tutte le volte in cui il primo tornerà a casa la sera, farà visita al secondo per giocare a carte. In tal modo viene alleviata la solitudine del Sig. Ricci, cagionata da uno stato di difficoltà di deambulazione.

Si abbia riguardo, invece, a due esempi in cui la prestazione ha carattere patrimoniale. Nel primo la prestazione (priva di valore di mercato) ha una controprestazione economicamente valutabile.

Esempio. Il Sig. Fiorucci ed il Sig. Ricci si mettono d'accordo in questo modo: una volta alla settimana il primo passerà a prendere il secondo e lo porterà a fare una passeggiata nella campagna perugina; in cambio il Sig. Ricci pagherà alla controparte una somma di denaro, già fissata con il loro accordo.

Nel successivo esempio, la prestazione di una parte (priva di valore di mercato) soddisfa un interesse patrimoniale del creditore: essa ha carattere patrimoniale.

Esempio. Il Sig. De Cantis si impegna a decantare presso i terzi le qualità professionali del Sig. Tettamanti, imprenditore comasco. In tal modo quest'ultimo realizza un interesse patrimoniale: la sua attività imprenditoriale sarà meglio conosciuta ed apprezzata, contribuendo a realizzare un maggior ritorno economico.

Il carattere della patrimonialità della prestazione ha la funzione di delimitare l'ambito di applicazione delle norme sulle obbligazioni, le quali non vengono in considerazione quando manchi tale requisito (si pensi ad alcuni obblighi familiari, privi del carattere in esame).

Discorso diverso, invece, deve farsi per la seconda parte dell'art. 1174 cod. civ., secondo cui la prestazione deve corrispondere all'**interesse**, anche **non patrimoniale**, del creditore. In base a quanto si legge nella Relazione al codice, n. 23, l'interesse della prestazione deve consistere in "uno scopo ritenuto utile secondo l'apprezzamento predominante nella coscienza sociale". È un interesse non patrimoniale, ad esempio, quello dello spettatore che, pagando un biglietto, ha diritto di vedere il film al cinema, soddisfacendo così un suo interesse ricreativo o culturale.

Per alcuni autori la necessità di un interesse apprezzabile del creditore costituirebbe un requisito per la valida costituzione del rapporto obbligatorio. L'interesse del creditore, inoltre, opererebbe quale requisito per la permanenza del rapporto obbligatorio: questo, in sostanza, si estinguerebbe allorché l'interesse creditorio, presente al momento del sorgere dell'obbligazione, venisse successivamente meno.

Deve convenirsi, peraltro, con quella dottrina che rileva come sia stato lo stesso legislatore a confondere i piani. Si osserva, infatti, che ai sensi dell'art. 1173 cod. civ. l'obbligazione nasce a seguito di fatti o atti idonei a produrla: questi (e soltanto questi) sono i requisiti di esistenza dell'obbligazione. Può così dirsi che l'art. 1174 cod. civ. contiene al suo interno un requisito che riguarda una delle fonti delle obbligazioni, ossia il contratto: tale requisito altro non è se non l'interesse meritevole di tutela che, ai sensi dell'art. 1322, 2° co., cod. civ., l'interprete è chiamato ad accertare nei contratti atipici o nelle clausole atipiche di un contratto tipico (§ 188). Il che conferma quanto si è evidenziato all'inizio del discorso sulle obbligazioni: la disciplina generale del rapporto obbligatorio ha, in alcuni casi, come riferimento privilegiato la fonte contrattuale.

90. I vari tipi di prestazione: le prestazioni di dare (o consegnare).

La prestazione, si è detto, costituisce l'oggetto del rapporto obbligatorio: essa può dar luogo ad un comportamento positivo (di fare o dare) o negativo (di non fare). I tre tipi di prestazione (di dare, fare e non fare) vanno analizzati separatamente.

La **prestazione di dare** (o consegnare) consiste nel pagamento di una somma di denaro o nella consegna di un bene. Nel contratto di compravendita, ad esempio, vi è la prestazione di pagare una somma di denaro (da parte del compratore) e quella di consegnare il bene (da parte del venditore). Il fatto illecito, ancora, fa nascere un rapporto obbligatorio in cui il debitore è tenuto a corrispondere al creditore, ossia alla vittima, una somma di denaro (a meno che quest'ultima non chieda un risarcimento in forma specifica, che obbliga ad una prestazione di fare: § 358). Anche la prestazione di restituire appartiene alla categoria in esame: si pensi al mutuatario, che è tenuto a restituire al mutuante il denaro ricevuto in prestito; o a colui che ha ricevuto indebitamente una somma di denaro ed è tenuto a restituirla.

È possibile distinguere, nell'ambito delle prestazioni di dare, le obbligazioni di genere da quelle di specie: nel primo caso la consegna riguarda una cosa determinata soltanto nel genere (vino, olio, auto); nel secondo una cosa determinata nella sua identità (quella determinata automobile).

Esempio. Viene concluso un contratto, grazie al quale il Sig. Santoro, agricoltore molisano, si obbliga a consegnare al Sig. De Santis 100 quintali di grano: l'obbligazione è generica.

Esempio. Viene concluso un successivo contratto, in forza del quale il Sig. Santoro vende al Sig. De Santis il suo trattore usato: qui l'obbligazione è di specie.

Il genere può essere più o meno limitato (ad esempio, "le stoffe prodotte dalla tua azienda"): il che assume rilevanza ai fini dell'accertamento dell'impossibilità sopravvenuta della prestazione (§ 135).

Quando l'obbligazione ha per oggetto la prestazione di cose determinate soltanto nel genere, il debitore deve prestare cose di qualità non inferiore alla media (art. 1178 cod. civ.). Il debitore, dunque, nell'ambito del genere di riferimento ha la possibilità di scegliere i beni da consegnare, purché abbiano caratteristiche funzionali "normali". La qualità media delle cose va intesa nel senso che le singole qualità (resistenza, morbidezza, età, e così via) devono essere presenti in quella misura che attribuisca al bene un valore medio.

L'obbligazione di consegnare una cosa determinata, invece, include quella di custodirla fino alla consegna (art. 1177 cod. civ.).

90.1. *Le prestazioni di fare.*

Le **prestazioni di fare** (si pensi a quella dell'operaio, a quella del musicista, dell'ingegnere) si articolano, tradizionalmente, in **obbligazioni** di **mezzi** e **obbligazioni di risultato**.

Nelle obbligazioni di mezzi il debitore si obbliga a compiere una determinata attività astrattamente idonea a realizzare il risultato che il creditore si aspetta (ma non si obbliga a realizzare il risultato). Nelle obbligazioni di risultato, invece, il debitore si obbliga a realizzare il risultato che il creditore attende.

La differenza tra le due prestazioni, salve le precisazioni di cui si dirà tra breve, è evidente: nelle obbligazioni di mezzi il debitore è considerato adempiente allorché abbia svolto la prestazione oggetto dell'obbligazione con il dovuto grado di diligenza (art. 1176 cod. civ.: § 91); ciò anche quando il risultato che il creditore si aspettava non si sia realizzato. Nelle obbligazioni di risultato, invece, il debitore è considerato inadempiente se, nonostante la diligenza posta nello svolgimento della prestazione, non abbia realizzato il risultato.

Per utilizzare il linguaggio della Suprema Corte, nelle obbligazioni di mezzi è l'attività svolta ad essere *in obligatione*; nelle obbligazioni di risultato è il risultato cui il creditore mira ad essere *in obligatione* (Cass., Sez. Un., 28.7.2005, n. 15781).

Esempio. Un chirurgo è chiamato a compiere un intervento chirurgico assai complesso: nonostante tutta l'attenzione e la perizia propria della classe medica, l'intervento non riesce ed il paziente non guarisce. Il medico, in questo caso, non può essere considerato inadempiente (la sua è un'obbligazione di mezzi).

Esempio. L'appaltatore si obbliga a consegnare una casa, al committente, entro l'inizio dell'estate. La casa non viene consegnata perché l'edificio, prima della consegna, crolla per cause che rimangono ignote. L'appaltatore è considerato inadempiente, essendo in presenza di un'obbligazione di risultato.

Ciò non vuol dire che nelle obbligazioni di risultato il debitore sia chiamato a rispondere (sempre e comunque) delle conseguenze del mancato risultato: lo stesso, infatti, può dare una prova liberatoria, dimostrando che l'impossibilità della prestazione è derivata da causa a lui non imputabile (art. 1218 cod. civ.: §§ 121 ss.). Se, peraltro, non riesce a dare questa specifica prova (come nell'esempio da ultimo svolto), a nulla vale la dimostrazione di aver avuto un grado di diligenza adeguato all'attività compiuta.

Obbligazioni di mezzi sono quelle dei professionisti intellettuali (art. 2230 cod. civ.: § 285.1): l'avvocato, ad esempio, non è obbligato a vincere la causa per il cliente che difende, ma a compiere tutte quelle attività difensive astrattamente idonee a raggiungere il risultato della vittoria per il suo assistito (Cass., n. 6967/2006; Trib. Torino, 8.8.2019). Anche l'attività del consulente aziendale viene considerata un'obbligazione di mezzi (Cass., n. 26895/2006); le stesse considerazioni valgono per il consulente contabile (Trib. Milano, 4.4.2019).

Va aggiunto che non tutte le obbligazioni dei professionisti sono considerate, dalla giurisprudenza attuale, obbligazioni di mezzi: si afferma, in particolare, che "l'obbligazione di redigere un progetto di ingegneria o di architettura, pur avendo per oggetto una prestazione d'opera intellettuale costituisce un'obbligazione di risultato" (Cass., Sez. Un., 28.7.2005, n. 15781; Trib. Belluno, 21.4.2021). Tale indirizzo può spiegarsi considerando la natura strettamente tecnica dell'attività del progettista:

il buon esito del progetto, in sostanza, è legato alla prestazione diligente dell'ingegnere, del geometra, dell'architetto, i quali sono tenuti unicamente a seguire determinate regole tecniche.

La dottrina aggiunge che il notaio, chiamato a redigere un atto pubblico, è sempre tenuto a fornire al cliente un risultato utile, ossia un atto valido; parimenti l'avvocato, quando abbia accettato l'incarico di presentare appello contro una sentenza, è tenuto ad un risultato (l'impugnazione del provvedimento: Cass., 20.12.2013, n. 28575). La distinzione tra obbligazioni di mezzi e obbligazioni di risultato, dunque, non deve essere assunta in modo dogmatico (Cass., Sez. Un., 11.1.2008, n. 577, che evidenzia alcuni profili problematici nella tradizionale partizione).

Sono obbligazioni di mezzi anche quelle dei prestatori di lavoro subordinato (art. 2094 cod. civ.), i quali non sono obbligati a raggiungere il risultato produttivo che l'imprenditore si attende dal loro lavoro, potendosi considerare adempienti se svolgono il loro lavoro secondo la diligenza richiesta e le direttive ricevute (Cass., 22.11.1984, n. 6029; Cass., 17.12.1994, n. 10829).

Rientrano nella categoria delle obbligazioni di risultato, invece, le obbligazioni dell'appaltatore (art. 1655 cod. civ.: §§ 283 ss.) o del prestatore d'opera (art. 2222 cod. civ.: § 285), la cui prestazione consiste nell'esecuzione di un'opera o nell'esecuzione di un servizio.

La bipartizione viene talvolta utilizzata anche di fronte alle nuove figure contrattuali atipiche: si è stabilito, ad esempio, che "l'obbligazione assunta da un'**agenzia pubblicitaria** di condurre una campagna promozionale in favore del committente non costituisce una obbligazione di risultato, attenendo semplicemente all'apprestamento dei mezzi necessari per tale campagna; con la conseguenza che il mancato conseguimento dell'obiettivo di un significativo incremento della clientela del committente non può costituire prova del mancato adempimento" (Cass., 5.2.2000, n. 1288).

Un punto, a questo punto, va chiarito. Nelle obbligazioni di mezzi il mancato raggiungimento del risultato non deve considerarsi del tutto irrilevante: se ne ha conferma ove si analizzi il tema della responsabilità medica, alla luce delle più moderne acquisizioni in materia.

Si consideri l'attività del medico che abbia concluso un contratto di prestazione d'opera professionale con il paziente. In ossequio alla regola giurisprudenziale sulla ripartizione dell'onere della prova (§ 59.1), il paziente può limitarsi a provare il titolo (il contratto) ed il danno; ha l'onere, poi, di allegare l'inadempimento che sia la causa efficiente del danno lamentato e di provare quei fatti in grado di supportare il giudizio sul nesso casuale. Il medico, invece, ha l'onere di fornire la prova positiva dell'esatto adempimento.

In alcuni casi, peraltro, l'onere di allegazione si può esaurire nel semplice richiamo al mancato risultato, ossia al danno subìto (peggioramento della salute o mancato risultato sperato). Ciò avviene di fronte alle **prestazioni mediche c.d. di *routine*** (su cui Cass., 13.10.2017, n. 24074): si tratta di quelle prestazioni in cui il dato della comune esperienza insegna che l'applicazione diligente delle regole tecniche consente di raggiungere, quasi sempre, il risultato previsto. Da qui l'operare della presunzione:

se tale risultato non si ottiene, si presume la negligenza o l'imperizia del medico che ha operato (sugli interventi medici particolarmente complessi si veda § 285.1). Talché la prova del fatto che si trattava un intervento routinario costituirà la base per formulare il giudizio sull'esistenza del nesso casuale. Si pensi ad una semplice operazione di asportazione delle tonsille; ad un intervento estetico per il rifacimento del setto nasale; a quello del dentista che predispone una protesi dentaria, e così via.

Allorché invece non sia possibile discutere di prestazioni di *routine*, è da ritenere che l'onere di allegazione del paziente debba essere più circostanziato. Quest'ultimo dovrà dedurre la carenza di indici che, "normalmente", permettono un risultato che invece è mancato. Si farà riferimento, fra l'altro: (a) alla prestazione eseguita dal medico; (a) al grado di specializzazione professionale dello stesso; (c) agli aspetti organizzativi della struttura sanitaria. In questi casi, dunque, viene in rilievo un circostanziato onere di contestazione della responsabilità del sanitario (il quale, a sua volta, ha l'onere di dimostrare l'infondatezza delle contestazioni). La prova, in giudizio, di indici di questo tipo sarà il substrato per la valutazione del nesso causale.

Quello dell'allegazione (a seconda dei casi, semplificata o articolata) costituisce un vero e proprio onere in capo al paziente che agisce in giudizio; se non viene assolto, l'attore rischia di non vedere accolta la sua domanda di risarcimento. Si consideri, fra l'altro, che l'atto di citazione deve contenere, a pena di nullità, "l'esposizione dei fatti e degli elementi di diritto costituenti le ragioni della domanda" (art. 163, 3° co., n. 4, cod. proc. civ.). D'altra parte, in base al codice di rito, il giudice deve porre a fondamento della sua decisione "i fatti non specificamente contestati dalla parte costituita" (art. 115, 1° co., cod. proc. civ.). A fronte delle contestazioni ricevute, pertanto, il medico ha l'onere di opporsi alle stesse in maniera circostanziata.

Si è discusso, poc'anzi, di una presunzione di colpa del medico: si tratta di una **presunzione giudiziale** (nel giudizio, infatti, il medico convenuto può dare la prova contraria). La **presunzione** di colpa, poi, può essere **contrattuale**: il che si verifica quando una clausola di un determinato contratto preveda, in capo ad una delle parti, un "minimo di rendimento". Il mancato raggiungimento di quel minimo livello, indicato dalla clausola, fa presumere l'inadempimento del debitore.

Esempio. L'agente di commercio è tenuto ad una prestazione di mezzi: promuovere la conclusione dei contratti in una determinata zona (art. 1742 cod. civ.). Nel contratto che conclude con il preponente, peraltro, si inserisce una clausola di "livello minimo di produzione": se l'agente non raggiunge il livello stabilito è considerato inadempiente.

La **presunzione**, da ultimo, può essere **legale**. È previsto, ad esempio, che nei "giudizi di risarcimento dei danni cagionati al cliente nello svolgimento dei servizi di investimento e di quelli accessori, spetta ai soggetti abilitati l'onere della prova di avere agito con la specifica diligenza richiesta" (art. 23, 6° co., d.lgs. n. 58/1998, recante il "Testo unico delle disposizioni in materia di intermediazione finanziaria, ai sensi degli artt. 8 e 21 della l. 6.2.1996, n. 52").

Va precisato che nei casi in cui opera la presunzione (dei giudici, contrattuale, legale), le obbligazioni di mezzi non si trasformano in obbligazioni di risultato (anche se questo aspetto, va detto, non sempre viene rimarcato dagli interpreti). Come meglio si vedrà nel prosieguo, nelle obbligazioni di risultato il debitore si libera dalla responsabilità per inadempimento soltanto con la prova che la prestazione è diventata impossibile per causa a lui non imputabile (art. 1218 cod. civ.: §§ 121 ss.). Nelle obbligazioni di mezzi con colpa presunta, invece, il debitore che non abbia realizzato il risultato che il creditore si aspettava si libera provando di aver agito con prudenza, perizia, diligenza: se riesce a dare questa prova, è liberato, anche se il risultato non è stato ottenuto per cause che rimangono non conosciute (le cause incognite sono a carico del creditore); diversamente, nelle obbligazioni di risultato le cause incognite sono a carico del debitore.

90.2. *Le prestazioni di non fare.*

Le **prestazioni** di non **fare** (dette anche obbligazioni negative) sono quelle in cui il debitore si obbliga a non fare qualcosa.

Alcune disposizioni del codice civile fanno riferimento a prestazioni di non fare. Ad esempio, l'art. 1567 cod. civ. (esclusiva a favore del somministrante) prevede che "se nel contratto è pattuita la clausola di esclusiva a favore del somministrante, l'altra parte non può ricevere da terzi prestazioni della stessa natura, né, salvo patto contrario, può provvedere con mezzi propri alla produzione delle cose che formano oggetto del contratto". Frequente è il patto di non concorrenza, con cui un imprenditore si obbliga nei confronti dell'altro a non fargli concorrenza (un'ipotesi di patto di non concorrenza fra preponente e agente di commercio è prevista dall'art. 1743 cod. civ.).

90.3. *Le prestazioni di contrattare.*

La classificazione tradizionale fa riferimento alle prestazioni di dare, fare e non fare. Alcuni interpreti, però, aggiungono un ulteriore tipo di **prestazione**, quella **di contrattare**.

Si fa riferimento ad obbligazioni aventi per oggetto una prestazione che consiste nel concludere un contratto, ossia nel prestare il consenso contrattuale. Esse possono nascere dal contratto: si pensi al contratto preliminare, che obbliga le parti (o una sola di esse) a stipulare un futuro contratto (§ 176.1), oppure al mandato senza rappresentanza ad acquistare, che fa nascere l'obbligazione di trasferire al mandante la cosa acquistata in proprio nome dal mandatario (§ 286.2).

La fonte delle obbligazioni in esame, peraltro, può anche non essere contrattuale: si pensi all'obbligo legale del monopolista a contrattare (§ 175).

Alle obbligazioni di concludere il contratto il codice civile appresta una particolare tutela (art. 2932 cod. civ.: § 176.1). Si noti, inoltre, come l'accertamento dell'inadempimento dell'obbligazione di contrattare presenta alcuni tratti peculiari (§ 122.3), che giustificano l'autonoma considerazione, in sede di ricostruzione teorica, di questo tipo di prestazione.

90.4. *Le "prestazioni" di garanzia.*

Le prestazioni che sin qui si sono studiate hanno una caratteristica comune: consistono in comportamenti. Discorso diverso deve farsi per le c.d. "**prestazioni" di garanzia**, che consistono nell'assunzione di un rischio (e non in un comportamento).

Si pensi, ad esempio, all'obbligazione *ex lege* del venditore di garantire il compratore dall'evizione e dai vizi della cosa (art. 1476, n. 3, cod. civ.: §§ 270.1, 270.2). La fonte della garanzia, peraltro, può anche essere contrattuale.

Come si vedrà, alle prestazioni di garanzia non si applica l'art. 1218 cod. civ., che presuppone un comportamento del debitore (§§ 121 ss.).

91. Il comportamento del debitore e del creditore secondo le regole della correttezza.

A norma dell'art. 1175 cod. civ., "il debitore e il creditore devono comportarsi secondo le **regole della correttezza**". In termini generali può dirsi che la norma, letta in connessione con l'art. 2 Cost. (che prevede inderogabili doveri di solidarietà sociale), impone al debitore ed al creditore di comportarsi lealmente: ciascuna delle parti, in sostanza, deve cooperare per soddisfare l'interesse dell'altro (Cass., 27.10.2006, n. 23273).

Secondo un'accreditata ricostruzione, la correttezza assume una duplice funzione: (a) quella di costituire il criterio legale per la valutazione del comportamento delle parti del rapporto obbligatorio. Si è fatto riferimento alla correttezza, ad esempio, nel valutare i criteri seguiti dal datore di lavoro nelle promozioni, nei passaggi di qualifiche e di livelli, nonché nei trasferimenti e nei licenziamenti dei lavoratori (Cass., 18.10.1996, n. 9086); (b) quella di integrare lo stesso contenuto del rapporto obbligatorio. L'art. 1374 cod. civ., si argomenta, prevede che le fonti di integrazioni del contratto siano, tassativamente, la legge o, in mancanza, gli usi e l'equità (§ 177); la correttezza deriva da una norma di legge e, dunque, costituisce fonte di integrazione del rapporto fra le parti.

La clausola generale in esame è stata concretizzata, dalla giurisprudenza, in diversi modi (più diffusamente, in materia contrattuale, §§ 253 ss.). Nell'ambito degli obblighi di correttezza tra le parti rientrano i c.d. **doveri di avviso** e di **informazione**: ciascuna parte è tenuta ad informare l'altra su ogni circostanza che possa influire sul programma negoziale. Si è stabilito, ad esempio, che incorre nella violazione degli obblighi di correttezza e buona fede contrattuale la banca che concede finanziamenti al debitore principale, pur conoscendo le sue difficoltà economiche, senza avvertire il fideiussore dell'aumentato rischio (Cass., 21.2.2006, n. 3761).

Sempre in fase di attuazione del rapporto, la giurisprudenza ha stabilito, in applicazione del principio in esame, che il debitore è talvolta tenuto ad eseguire **prestazioni diverse** da quelle previste dalla legge o dal regolamento convenzionale. Il promittente venditore, ad esempio, è obbligato a porre in essere tutte le attività che possano consentire al promissario acquirente di ottenere il mutuo finalizzato all'acquisto dell'immobile. Si consideri, in particolare, l'obbligazione di cancellare tempestivamente l'ipoteca già iscritta (Cass., 4 .3.2003, n. 3185).

Le parti, ancora, sono tenute a svolgere **attività modificative** o **di adattamento** delle precedenti prestazioni (Trib. Monza, 6.4.2006, che si riferisce ad una fattispecie oggetto dell'esempio di seguito riportato).

Esempio. Vengono venduti apparecchi professionali i quali, al momento della conclusione del contratto, sono conformi alla legislazione vigente. Gli apparecchi, tuttavia, non sono conformi alle prescrizioni normative già emesse ma non ancora in vigore. Il dovere di correttezza, allora, impone al venditore di adeguare le apparecchiature vendute agli *standard* previsti dall'ultima normativa. Il rifiuto di operare tale adeguamento fa nascere l'obbligazione di risarcire il danno, considerata l'impossibilità di utilizzare il bene.

Per la dottrina e la giurisprudenza, poi, il dovere di correttezza comprende anche quello di **tolleranza** del creditore: questi, si ritiene, è tenuto a ricevere una prestazione non esattamente conforme a quella pattuita, quando non sia pregiudicata l'utilità sostanziale derivante dall'esecuzione della prestazione stessa (Cass., n. 14531/2013; Cass., Sez. Un., n. 13658/2010; Cass., n. 26617/2007).

È accreditata l'idea secondo cui il concetto di correttezza, di cui all'art. 1175 cod. civ., abbia lo stesso contenuto del concetto di buona fede contrattuale previsto da diverse disposizioni della disciplina generale del contratto (si vedano, ad esempio, gli artt. 1337, 1358, 1366, 1375 cod. civ.). Correttezza e buona fede, si osserva, sono accomunate dal fatto che entrambe riguardano un rapporto tra parti titolari di contrapposti interessi: ciò che rileva è la posizione di ciascun contraente non isolatamente considerata ma in relazione a quella dell'altro (Cass., 7.7.2006, n. 13345).

In più occasioni il fondamento dell'eccezione di dolo generale (§ 253.2) si è rinvenuto nei principî di correttezza e buona fede previsti dagli artt. 1175 e 1375 cod. civ.

92. Le obbligazioni naturali.

Le **obbligazioni** che hanno la fonte in uno degli atti o fatti di cui all'art. 1173 cod. civ. si dicono **civili**; da esse vanno distinte le **obbligazioni naturali**, in cui la prestazione è dovuta in adempimento di **doveri morali** o **sociali**. Si tratta di doveri la cui inosservanza comporta soltanto un giudizio di riprovazione da parte della comunità dei consociati, alla luce della morale esistente in un determinato momento storico.

Esempio. Due persone convivono stabilmente, pur non essendo sposate (c.d. convivenza *more uxorio*). Una di esse lavora e provvede al mantenimento dell'altra. Si tratta dell'adempimento di un dovere morale (Trib. Grosseto, 18.12.2019; Cass., 15.2.2019, n. 4659), non imponendo la legge ad uno dei due conviventi un obbligo di mantenimento (come accade, invece, per gli sposi).

Le attribuzioni patrimoniali oggetto dell'esempio appena svolto, va precisato, configurano l'adempimento di un'obbligazione naturale a condizione che siano rispettati i princípî di proporzionalità e adeguatezza (Cass., 1.7.2021, n. 18721; Trib. Lucca, 26.10.2021).

Per la giurisprudenza costituisce obbligazione naturale il pagamento di interessi pattuiti oralmente in misura superiore a quella legale (Cass., 30.5.2008, n. 14481). Obbligazione naturale è pure l'adempimento spontaneo di una disposizione testamentaria orale o la prestazione effettuata a favore di parenti rispetto ai quali non sussiste un vero e proprio obbligo alimentare. Non si ritiene obbligazione naturale, invece, il pagamento effettuato a favore di un professionista non iscritto all'albo (Cass., 16.10.2016, n. 12996).

In alcuni casi è lo stesso legislatore a prevedere esplicitamente alcune ipotesi di obbligazioni naturali: sono tali il debito di gioco (art. 1933 cod. civ.) e l'obbligo di eseguire la disposizione fiduciaria (art. 627, 1° e 2°, cod. civ.). Anche il pagamento di un debito prescritto (art. 2940 cod. civ.) è considerato un'obbligazione naturale.

Il debitore non è giuridicamente tenuto ad eseguire le obbligazioni naturali: il codice, tuttavia, prevede che "non è ammessa la ripetizione di quanto è stato spontaneamente prestato in esecuzione di doveri morali e sociali, salvo che la prestazione sia stata eseguita da un incapace" (art. 2034, 1° co., cod. civ.: c.d. ***soluti retentio***).

Esempio. Un giorno i conviventi decidono di interrompere la vita in comune. Il compagno che ha provveduto al mantenimento a favore della compagna non può chiedere la restituzione di quanto ha versato in adempimento di un dovere morale (così Cass., n. 3713/2003).

La *soluti retentio* richiede il concorso dei seguenti presupposti: (a) la prestazione eseguita deve essere spontanea (art. 2034, 1° co., cod. civ.). Non vi è spontaneità, ovviamente, se essa è eseguita dietro la minaccia altrui, né quando è eseguita a seguito di una sentenza di condanna di primo grado, che poi sia stata riformata in grado di appello; (b) la capacità di colui che esegue la prestazione (per la diversa regola stabilita con riferimento alle obbligazioni civili, invece, si veda l'art. 1191 cod. civ.); (c) l'adeguatezza della prestazione alle circostanze e la sua proporzionalità all'entità del patrimonio e alle condizioni sociali del *solvens*. I giudici di legittimità, infatti, affermano che non può considerarsi doverosa una prestazione che supera ciò che l'adempiente può ragionevolmente fare o quanto il beneficiario può ragionevolmente aspettarsi (Cass., 7.6.2018, n. 14732; Cass., 13.3.2003, n. 3713).

Le obbligazioni naturali e ogni altro dovere per cui la legge non accorda azione ma esclude la ripetizione di ciò che è stato spontaneamente pagato, non producono altri effetti (art. 2034, 2° co., cod. civ.). L'obbligazione naturale, pertanto, non può essere compensata, oggetto di novazione, ceduta, trasmessa ereditariamente, e così via.

Capitolo 13

OBBLIGAZIONI SOGGETTIVAMENTE E OGGETTIVAMENTE COMPLESSE

93. Le obbligazioni soggettivamente complesse.

Si è ragionato, in precedenza, sul presupposto che nel rapporto obbligatorio vi sia un soggetto nel lato passivo (il debitore) ed un soggetto nel lato attivo (il creditore).

Ora deve aggiungersi che, molte volte, vi possono essere nel lato passivo più debitori, così come nel lato attivo vi possono essere più creditori. Viene in considerazione, allora, la categoria delle **obbligazioni soggettivamente complesse**, al cui interno è necessario distinguere le obbligazioni solidali dalle obbligazioni parziarie.

Quando, invece, il rapporto obbligatorio ha più di un oggetto, si discute di **obbligazioni oggettivamente complesse**: in questo caso occorre procedere alla distinzione tra obbligazioni cumulative, obbligazioni alternative ed obbligazioni facoltative.

Il discorso muoverà, inizialmente, dalle obbligazioni soggettivamente complesse, per poi passare a quello sulle oggettivamente complesse.

94. Nozione e struttura delle obbligazioni solidali.

Le obbligazioni solidali sono caratterizzate da una pluralità di creditori (**solidarietà attiva**) o da una pluralità di debitori (**solidarietà passiva**). La caratteristica della solidarietà, tuttavia, non è soltanto questa: ciascuno dei creditori (nella solidarietà attiva) può rivolgersi al debitore e chiedere la prestazione per intero; ciascuno dei debitori (nella solidarietà passiva) può essere costretto dal creditore a pagare per intero la prestazione, con la conseguenza che il suo adempimento libera gli altri condebitori (art. 1292 cod. civ.; Cass., 15.1.2020, n. 542).

Esempio. Cinque fratelli acquistano un'abitazione da un unico proprietario, per un prezzo pari a 500.000 euro. Il venditore si rivolge, per il pagamento, ad uno dei fratelli. Ottiene il pagamento dell'intera somma: il rapporto obbligatorio si è estinto.

Nella solidarietà passiva, peraltro, si può prevedere a favore di un condebitore il c.d. beneficio dell'ordine (per cui il creditore ha l'onere di chiedere prima il pagamento ad altro debitore), oppure il c.d. beneficio di escussione (in base al quale il creditore ha l'onere di escutere preventivamente un altro debitore; dovrà, cioè, agire giudizialmente nei suoi confronti per ottenere forzosamente il pagamento).

Discussa è la questione se le obbligazioni solidali consistano in un'unica obbligazione con una pluralità di soggetti oppure in una pluralità di obbligazioni connesse tra loro (tante quanti sono i concreditori o i condebitori). Quest'ultima ricostruzione, accolta tradizionalmente dagli interpreti, è da preferire (Cass., 11.1.2005, n. 379; Cons. Stato, 1.6.2020, n. 3416). Un argomento testuale, del resto, si ricava dall'art. 1306, 1° co., cod. civ., per il quale la sentenza pronunciata tra il creditore e uno dei debitori in solido, o tra il debitore e uno dei creditori in solido, non ha effetto contro gli altri debitori o contro gli altri creditori (Cass., 9.1.2019, n. 303). Viene esclusa, dunque, la necessità del litisconsorzio necessario: sarebbe incongruente, allora, affermare che l'obbligazione solidale sia un'unica obbligazione con pluralità di soggetti, che però non sono parti necessarie del rapporto processuale.

L'art. 1306, 2° co., cod. civ., va aggiunto, prevede un'eccezione al principio stabilito dal primo comma: gli effetti della sentenza pronunciata nei confronti di uno dei debitori in solido si estendono a favore dei condebitori che non abbiano partecipato al processo, i quali ne vogliano approfittare; del pari, gli effetti della sentenza pronunciata nei confronti di uno dei creditori si estendono a favore dei concreditori che non abbiano partecipato al processo, i quali intendano approfittarne.

Esempio. Il creditore cita in giudizio Alfredo, uno dei tre condebitori e, all'esito del giudizio, ottiene una sentenza di condanna al pagamento del debito per intero. La sentenza non fa stato nei confronti degli altri due condebitori non costituiti (non potrà essere eseguita, cioè, nei loro confronti). Per ottenere la condanna degli altri due condebitori il creditore dovrà instaurare nuovi giudizi.

Esempio. All'esito del giudizio instaurato contro Alfredo, che è uno dei tre condebitori, la sentenza accerta l'invalidità del patto sugli interessi convenzionali e riduce la pretesa del creditore. I debitori non convenuti possono giovarsi della sentenza ed opporre al creditore la sentenza (senza che sia necessario instaurare un nuovo giudizio al fine di ottenere il medesimo accertamento).

95. Le fonti della solidarietà.

Occorre indagare le fonti della solidarietà. Più debitori possono essere tenuti a eseguire la medesima prestazione a favore del creditore (oppure più creditori possono pretendere la medesima prestazione nei confronti di un unico debitore) in virtù di una **stessa fonte dell'obbligazione**: è il caso, di cui si è detto nell'esempio precedente, del **contratto** dal quale nascono obbligazioni solidali.

L'unica fonte può anche essere diversa dal contratto: si pensi al **fatto illecito** commesso da più persone, che fa nascere un'obbligazione solidale dal lato passivo (art. 2055, 1° co., cod. civ.).

Non è da escludere che più debitori siano tenuti ad eseguire la medesima prestazione (o più creditori abbiano diritto di ricevere la medesima prestazione) in virtù di **titoli diversi**. Le diverse fonti possono essere omogenee o non omogenee (Cass., 3.5.2016, n. 8643).

Ecco alcuni esempi di **fonti omogenee**.

Esempio. Il Sig. Pace, di Potenza, stipula un contratto con il Sig. Telesca, assumendo un debito verso quest'ultimo. Il Sig. Colangelo intende garantire il debito del suo amico: pertanto stipula un contratto di fideiussione con il creditore, il Sig. Telesca. Il Sig. Pace ed il Sig. Colangelo sono obbligati in solido, in virtù di due fonti omogenee (due contratti).

Esempio. Il committente conclude due distinti contratti, i quali riguardano l'immobile che deve essere costruito sul suo terreno: uno con l'appaltatore e l'altro con il progettista. L'opera eseguita presenta però dei vizi di costruzione: appaltatore e progettista sono responsabili in solido nei confronti del committente.

Le diverse **fonti**, invece, sono **non omogenee** quando la fonte di un'obbligazione solidale sia il contratto e l'altra il fatto illecito.

Esempio. Viene stipulato un contratto di fideiussione con cui il garante assume la responsabilità solidale per l'altrui eventuale fatto illecito (c.d. *fideiussio indemnitatis*).

Esempio. Il terzo concorre con una parte contrattuale nell'inadempimento di quest'ultima nei confronti della controparte. Il terzo ed il contraente sono obbligati in solido in forza di due titoli diversi (fatto illecito e contratto).

96. I rapporti interni, nelle obbligazioni solidali, tra concreditori e fra condebitori.

Si è studiato, sin qui, il lato esterno delle obbligazioni solidali. Ora occorre occuparsi dei rapporti interni tra concreditori e fra condebitori.

È previsto che nei **rapporti interni** l'obbligazione in solido si divida tra i diversi debitori o tra i diversi creditori, salvo che sia stata contratta nell'interesse esclusivo di alcuno di essi (art. 1298, 1° co., cod. civ.). Le parti di ciascuno si presumono uguali, se non risulta diversamente (art. 1298, 2° co., cod. civ.).

Ciò vuol dire che il creditore, il quale ha riscosso l'intera prestazione, deve corrispondere alle altre parti la prestazione che spetta loro; il condebitore che ha pagato per intero ha **azione di regresso** nei confronti degli altri debitori per ripetere la parte di ciascuno di essi (art. 1299, 1° co., cod. civ., su cui si veda Cass., 27.8.2018, n. 21197, nonché Trib. Pavia, 19.2.2020, che esclude la preventiva messa in mora per l'esercizio dell'azione di regresso). Sebbene il codice utilizzi l'espressione "regresso" nella solidarietà passiva, si può discutere di azione di regresso anche nella solidarietà attiva (il concreditore, così, ha azione di regresso nei confronti di colui che ha ricevuto per intero la prestazione).

Secondo una ricostruzione dottrinale, il **fondamento** dell'azione di regresso risiede nell'indebito arricchimento (§ 335) che si verifica in capo al creditore, il quale ha riscosso per l'intero (o a favore dei condebitori, i quali non hanno pagato). Per la c.d. teoria del rapporto di mandato, invece, il creditore solidale che riscuote l'intero pagamento incamera per sé e per gli altri la somma (allo stesso modo, il debitore che paga interamente, paga per sé e per gli altri): l'azione di regresso, per questa via, si fonda sull'obbligo del mandatario nei confronti di uno o più mandanti.

Esempio. Il creditore chiede il pagamento del debito, pari a 500.000 euro, ad uno dei 5 condebitori. Dopo aver pagato l'intera somma, il condebitore ha azione di regresso nei confronti degli altri 4 debitori: a ciascuno di essi potrà chiedere 100.000 euro. In tal modo, alla fine dell'operazione, ciascun condebitore avrà pagato la somma di 100.000 euro.

Se **uno dei debitori** è **insolvente**, la perdita si ripartisce per contributo tra gli altri condebitori, compreso quello che ha fatto il pagamento (art. 1299, 2° co., cod. civ.). Ciò non vuol dire, sia inteso, che il debitore insolvente non possa essere più chiamato, dagli altri condebitori, a rispondere del suo debito: vale, in proposito, il principio generale secondo cui "il debitore risponde dell'adempimento delle obbligazioni con tutti i suoi beni presenti e futuri" (art. 2740, 1° co., cod. civ.).

Il principio della divisione dell'obbligazione solidale non opera allorché la stessa "sia stata contratta nell'interesse esclusivo di uno di essi" (art. 1298, 1° co., cod. civ.). La fideiussione è un esempio di obbligazione solidale contratta nell'interesse esclusivo di uno dei debitori: qualora il fideiussore paghi, ha azione di regresso per l'intero nei confronti del debitore principale; qualora sia quest'ultimo a pagare, non ha azione di regresso nei confronti del garante.

97. Vicende diverse dall'adempimento nelle obbligazioni solidali.

Si è detto che l'adempimento di uno dei condebitori, nella solidarietà passiva, libera tutti gli altri debitori, e che il concreditore, ricevendo il pagamento per intero del debito, libera il debitore nei confronti di tutti gli altri creditori.

Deve aggiungersi, a questo punto, che fra condebitori e creditore o fra concreditori e debitore possono intercorrere **vicende diverse** dall'**adempimento**: il creditore, ad esempio, può rimettere il debito ad uno soltanto dei condebitori. Occorre verificare, allora, quale incidenza abbiano queste vicende diverse dall'adempimento rispetto agli altri condebitori o concreditori che non vi abbiano preso parte. Conviene scendere nel dettaglio e passare in rassegna le diverse fattispecie previste dal codice:

(a) il **giuramento** ricusato (ossia rifiutato) dal creditore o dal debitore, ovvero prestato dal condebitore o dal concreditore in solido, giova agli altri condebitori o concreditori (art. 1305, 2° co., cod. civ.); il giuramento prestato dal creditore o dal debitore, ovvero ricusato dal condebitore o dal concreditore in solido, nuoce solo a chi lo ha deferito o a colui al quale è stato deferito (art. 1305, 3° co., cod. civ.). In queste disposizioni emerge il principio per cui si **trasmettono agli altri condebitori ed agli altri concreditori le conseguenze favorevoli e non quelle sfavorevoli**.

(b) la **costituzione in mora** (art. 1219 cod. civ.) fatta nei confronti di un debitore in solido non ha efficacia nei confronti degli altri, ma interrompe anche nei confronti di quest'ultimi la **prescrizione** (artt. 1308, 1° co.; 1310 cod. civ., su cui Cass., 29.8.2018, n. 21327). Nella solidarietà attiva, invece, la costituzione in mora effettuata da uno dei creditori giova anche agli altri (art. 1308, 2° co., cod. civ.);

(c) la **remissione del debito** (art. 1236 cod. civ.) fatta nei confronti di uno dei debitori libera anche gli altri (art. 1301, 1° co., cod. civ.), a meno che il creditore si sia riservato il diritto verso gli altri condebitori nei cui confronti non è fatta la remissione (in questo caso, peraltro, si deve sottrarre dal totale la parte del debitore liberato). Nella solidarietà attiva, invece, la remissione libera il debitore soltanto in parte (quella corrispondente alla remissione: art. 1301, 2° co., cod. civ.);

(d) il **riconoscimento del debito** (art. 1988 cod. civ.) non ha effetto, nella solidarietà passiva, nei confronti degli altri debitori. Nella solidarietà attiva, invece, ha effetto nei confronti di tutti i creditori in solido (art. 1309 cod. civ.);

(e) se **l'adempimento** dell'obbligazione è diventato **impossibile per causa imputabile** ad uno o più dei condebitori (art. 1218 cod. civ.), gli altri condebitori non sono liberati dall'obbligo solidale di corrispondere il valore della prestazione dovuta. Il creditore può chiedere il risarcimento del danno ulteriore al condebitore o a ciascuno dei condebitori inadempienti (art. 1307 cod. civ.);

(f) la **novazione** (art. 1230 cod. civ.) tra il creditore ed uno dei debitori in solido libera gli altri debitori. Qualora però si sia voluto limitare la novazione ad uno solo dei debitori, gli altri non sono liberati che per la parte di quest'ultimo (art. 1300, 1° co., cod. civ.). Se è convenuta tra uno dei creditori in solido ed il debitore, la novazione ha effetto verso gli altri creditori solo per la parte del primo (art. 1300, 2° co., cod. civ.);

(g) ciascuno dei debitori in solido può opporre in **compensazione** (art. 1241 cod. civ.) il credito di un condebitore solo fino alla concorrenza della parte di quest'ultimo (art. 1302, 1° co., cod. civ.). A uno dei creditori in solido il debitore può opporre in compensazione ciò che gli è dovuto da un altro dei creditori, ma solo per la parte di questo (art. 1302, 2° co., cod. civ.);

(h) la **transazione** fatta dal creditore con uno dei debitori in solido non produce effetto nei confronti degli altri, se questi non dichiara di volerne profittare (art. 1304, 1° co., cod. civ.). La norma si riferisce alla transazione riguardante l'intero debito (Cass., 3.3.2022, n. 7094; Cass., 18.6.2018, n. 16087; Cass., Sez. Un., 30.12.2011, n.

30174) e riguarda anche la materia tributaria (Cass., 19.12.2019, n. 33879). Parimenti, se è intervenuta tra uno dei creditori in solido ed il debitore, la transazione non ha effetto nei confronti degli altri creditori, se questi non dichiarino di volerne profittare (art. 1304, 2° co., cod. civ.). La giurisprudenza riconosce alla dichiarazione in esame natura di eccezione (Cass., 29.1.1998, n. 884). Non sono mancate, peraltro, diverse costruzioni dottrinali, favorevoli ad intendere la dichiarazione di voler profittare, ai sensi dell'art. 1304 cod. civ., come una dichiarazione di volontà diretta a provocare l'effetto estintivo dell'obbligazione del dichiarante. Per questa impostazione l'effetto estintivo sarebbe prodotto non dalla transazione ma dalla dichiarazione (diversamente, aderendo alla tesi dell'eccezione, deve dirsi che l'effetto estintivo è prodotto dalla transazione).

98. Le eccezioni nelle obbligazioni solidali.

Uno dei debitori in solido non può opporre al creditore le **eccezioni personali** agli altri debitori (art. 1297, 1° co., cod. civ.). Ad uno dei creditori in solido il debitore non può opporre le eccezioni personali degli altri creditori (art. 1297, 2° co., cod. civ.).

Per eccezioni personali si intendono, ad esempio, quelle fondate sull'incapacità o sul vizio del consenso (errore, violenza, dolo) di uno dei coobbligati e, comunque, sui fatti ed atti strettamente personali (si pensi alla sussistenza o meno, in capo al condebitore, del requisito della colpa o della malafede, e così via).

Inoltre, se si ritiene che la dichiarazione di voler profittare della transazione abbia natura di eccezione (§ 97), non vi è la possibilità di formulare quest'ultima allorché la transazione ponga termine o prevenga una controversia riguardante la capacità o il vizio del consenso di uno dei coobbligati.

99. Le obbligazioni parziarie.

Non è detto che in presenza di più condebitori o concreditori si debba discutere, necessariamente, di obbligazioni solidali; obbligazioni soggettivamente complesse (dal lato attivo o dal lato passivo) sono anche le **obbligazioni parziarie**.

La loro caratteristica è la seguente: ciascuno dei debitori, nell'obbligazione parziaria passiva, è tenuto ad eseguire soltanto una parte dell'intera prestazione; ciascuno dei creditori, nell'obbligazione parziaria attiva, ha diritto di ricevere soltanto una parte dell'intera prestazione.

Esempio. Felice e Giocondo sono designati come eredi: il primo nella misura del sessanta per cento, il secondo nella misura del quaranta per cento del patrimonio ereditario. Ciascuno degli eredi è tenuto a pagare i debiti ereditari in proporzione della propria quota (art. 752 cod. civ.: *nomina hereditaria ipso iure dividuntur*, come ribadito da Cass., 29.4.2016, n. 8487).

Le singole obbligazioni parziarie sono distinte sia per i soggetti sia per l'oggetto. Esse, tuttavia, costituiscono un complesso unitario di rapporti obbligatori, considerando che i loro oggetti sono parti di un tutto. Il che comporta alcune significative conseguenze, come il dovere di correttezza nel coordinare i singoli adempimenti, quando questo corrisponda all'utilità del creditore e non sia eccessivamente gravoso per i debitori.

Di fronte ad obbligazioni soggettivamente complesse si tratta di capire quando si è di fronte ad obbligazioni solidali e quando ad obbligazioni parziarie.

Il codice detta, in materia, la seguente regola: "i **condebitori** sono tenuti in solido se dalla legge o dal titolo non risulta diversamente" (art. 1294 cod. civ.). Allorché, dunque, vi siano più condebitori e dalla legge o dal titolo (ad esempio, dall'accordo delle parti) non risulti il riferimento alla parziarietà, la regola è quella della solidarietà (Cass., 28.3.2018, n. 7704). È evidente come tale disciplina sia ispirata all'esigenza di favorire il creditore (Cass., 28.4.2021, n. 11199): quest'ultimo, infatti, può soddisfarsi per intero chiedendo il pagamento soltanto ad un debitore (e la scelta ricadrà, per lo più, su quello che sia maggiormente solvente). In tal modo il creditore non ha l'onere di chiedere, a ciascuno dei condebitori, il pagamento della propria parte.

Qualora, invece, ci siano una **pluralità** di **creditori**, la giurisprudenza suole ripetere che la regola della solidarietà ricorre soltanto nelle ipotesi espressamente previste dalla legge (Cass., 28.1.2019, n. 2267). L'art. 1854 cod. civ., ad esempio, prevede che nel caso in cui il conto sia intestato a più persone, con facoltà per le medesime di compiere operazioni anche separatamente, gli intestatari sono considerati creditori o debitori in solido dei saldi del conto. La solidarietà attiva fra più creditori può sussistere anche se espressamente prevista in un titolo negoziale preesistente alla richiesta di adempimento (così Cass., 6.10.2021, n. 27135).

Le regole sulla parziarietà appena ricordate, però, non valgono per le **obbligazioni indivisibili**. Si tratta di obbligazioni che, ai sensi dell'art. 1316 cod. civ., hanno per oggetto una prestazione che non può essere eseguita parzialmente: o per sua natura (indivisibilità oggettiva) o per volontà delle parti (indivisibilità soggettiva). Le altre obbligazioni, invece, sono **divisibili** (art. 1314 cod. civ.).

Le obbligazioni indivisibili sono regolate dalle norme relative alle obbligazioni solidali, in quanto applicabili (art. 1317 cod. civ.). Vi sono, però, alcune differenze (artt. 1318-1320 cod. civ.).

In particolare, è previsto che l'indivisibilità opera anche nei confronti degli eredi del debitore o di quelli del creditore (art. 1318 cod. civ.; si veda, invece, la regola generale di cui all'art. 1295 cod. civ.).

Ciascuno dei creditori può esigere l'esecuzione della intera prestazione indivisibile. Tuttavia, l'erede del creditore, che agisce per il soddisfacimento dell'intero credito, deve dare cauzione a garanzia dei coeredi (art. 1319 cod. civ.).

Inoltre, se si verifica un fatto estintivo dell'obbligazione nei confronti di uno dei creditori (remissione, transazione, novazione, compensazione, confusione: art. 1320 cod. civ.), il debitore non è liberato nei confronti degli altri creditori, che hanno diritto alla prestazione per intero, ancorché debbano restituire al debitore il valore della parte di colui nei cui confronti si è verificato il fatto estintivo.

100. Le obbligazioni cumulative.

Il discorso, ora, deve volgere verso le obbligazioni oggettivamente complesse. Vengono in considerazione, in primo luogo, le **obbligazioni cumulative (o congiunte)**: si fa riferimento a quelle obbligazioni in cui il debitore è tenuto ad eseguire due o più prestazioni. L'estinzione del rapporto obbligatorio, dunque, non si ha con l'esecuzione di una sola prestazione, ma con l'adempimento di tutte le prestazioni previste.

Nelle obbligazioni cumulative le prestazioni previste possono avere la stessa natura o natura diversa (si pensi ad una prestazione di dare che si cumula ad una prestazione di fare): in quest'ultimo caso in dottrina si discute di **obbligazioni miste**.

101. Le obbligazioni alternative.

Da non confondere con le obbligazioni cumulative sono le **obbligazioni alternative** (artt. 1285-1291 cod. civ.): in queste, infatti, sono sempre previste due o più prestazioni; tuttavia, il debitore si libera eseguendo (alternativamente) l'una o l'altra prestazione (non può, per espressa previsione legislativa, costringere il creditore a ricevere parte dell'una e parte dell'altra prestazione: art. 1285 cod. civ.).

Si è di fronte, secondo un'opinione accreditata, ad un'obbligazione unica ma a contenuto parzialmente indeterminato: la prestazione è determinabile a seguito della scelta (c.d. **concentrazione**) di una delle prestazioni da eseguire.

La fonte dell'obbligazione alternativa può essere la legge: è previsto, ad esempio, che chi è tenuto a dare una garanzia, senza che ne siano determinati il modo e la forma, possa prestare a sua scelta un'idonea garanzia reale o personale, ovvero altra sufficiente cautela (art. 1179 cod. civ.).

La fonte dell'obbligazione alternativa può essere anche la volontà delle parti.

Esempio. I Sig.ri Mammoliti e Bionaz, di Aosta, concludono un contratto in base al quale il secondo è obbligato a fornire, entro il 15 novembre del 2022, cento quintali di pellet o cento quintali di legna. Il Sig. Bionaz, nel termine convenuto, consegna alla controparte il legname: il rapporto obbligatorio, in tal modo, si estingue.

Il codice civile specifica a chi spetta la **facoltà di scelta**: è il debitore ad effettuare la scelta, a meno che essa non sia attribuita al creditore o ad un terzo (art. 1286, 1° co., cod. civ.).

La scelta diviene **irrevocabile** con l'esecuzione di una delle due prestazioni, ovvero con la dichiarazione di scelta comunicata all'altra parte, o ad entrambe se la scelta è fatta da un terzo (art. 1286, 2° co., cod. civ.).

Se la scelta deve essere fatta da più persone, il giudice può fissare loro un termine. Se la scelta non è fatta nel termine stabilito, essa è fatta dal giudice (art. 1286, 3° co., cod. civ.).

La facoltà di scelta è soggetta a **decadenza**. È previsto che quando il debitore, condannato alternativamente a due prestazioni, non ne esegue alcuna nel termine assegnatogli dal giudice, la scelta spetta al creditore (art. 1287, 1° co., cod. civ.).

Se la facoltà di scelta spetta al creditore e questi non l'esercita nel termine stabilito o in quello fissatogli dal debitore, la scelta passa a quest'ultimo (art. 1287, 2° co., cod. civ.). Se la scelta è rimessa ad un terzo e questi non la fa nel termine assegnatogli, essa è fatta dal giudice (art. 1287, 3° co., cod. civ.).

Infine, il codice civile disciplina alcune conseguenze derivanti dall'**impossibilità** di **una delle prestazioni**. L'obbligazione alternativa si considera semplice, se una delle due prestazioni non poteva formare oggetto di obbligazioni (artt. 1346 ss. cod. civ.) o se è diventata impossibile per causa non imputabile ad alcuna delle parti (art. 1288 cod. civ.).

Ed ancora, quando la **scelta** spetti **al debitore**, l'obbligazione alternativa diviene semplice se una delle due prestazioni diventa impossibile anche per causa a lui imputabile. Se una delle due prestazioni diviene impossibile per colpa del creditore, il debitore è liberato dall'obbligazione, qualora non preferisca eseguire l'altra prestazione e chiedere il risarcimento dei danni (art. 1289, 1° co., cod. civ.).

Esempio. L'erede (il debitore) è obbligato a consegnare a sua scelta uno dei due quadri. Il legatario (il creditore) cagiona la distruzione di uno dei due quadri. Il debitore è liberato dalla sua obbligazione, a meno che preferisca consegnare il quadro rimasto e domandare il risarcimento dei danni (tale possibilità risulterà più conveniente qualora il creditore abbia distrutto il quadro di maggior valore).

È da ritenere che il diritto al risarcimento del danno trovi fondamento in un illecito extracontrattuale, non sussistendo in capo al creditore alcuna precedente obbligazione di cui si sia reso inadempiente.

Allorché la **scelta** spetti al **creditore**, il debitore è liberato dall'obbligazione se una delle prestazioni divenga impossibile per colpa del creditore, a meno che questi preferisca esigere l'altra prestazione e risarcire il danno. Se dell'impossibilità deve rispondere il debitore, il creditore può scegliere l'altra prestazione o esigere il risarcimento del danno (art. 1289, 2° co., cod. civ.). Si consideri la disposizione appena ricordata attraverso due esempi, che si basano sul legato alternativo (sul legato §§ 494 ss.).

Esempio. Il legatario (il creditore) ha la scelta tra due mobili antichi. Uno dei due mobili, però, subisce la distruzione a causa del comportamento del legatario: lo stesso può esigere il bene che ancora esiste, ma deve risarcire all'erede (il debitore) il danno consistente nella perdita del mobile distrutto.

Esempio. L'erede (il debitore) ha determinato la distruzione di uno dei due mobili antichi. Il mobile rimasto ha il valore di 5.000 euro, mentre quello distrutto valeva 10.000 euro. Il legatario, a questo punto, può richiedere il mobile rimasto oppure pretendere il risarcimento del danno per una somma pari al valore dell'altro mobile distrutto.

Qualora **entrambe** le **prestazioni** siano divenute **impossibili** e il debitore debba rispondere riguardo ad una di esse, egli deve pagare l'equivalente di quella che è divenuta impossibile per ultima, se la scelta spetta a lui. Se la scelta spettava al creditore, questi può domandare l'equivalente dell'una o dell'altra (art. 1290 cod. civ.). Dalla norma appena ricordata si ricava che il debitore, il quale determini l'impossibilità sopravvenuta di una delle prestazioni, è tenuto a sopportare il rischio dell'eventuale impossibilità dell'altra prestazione per causa a lui non imputabile. Si badi bene: l'impossibilità di entrambe le prestazioni per causa non imputabile ad alcuna delle parti estingue l'obbligazione (art. 1256 cod. civ.: § 135).

Le regole stabilite dal codice civile per le obbligazioni alternative si osservano anche quando le prestazioni dedotte in obbligazioni siano più di due (art. 1291 cod. civ., rubricato "**obbligazione con alternativa multipla**").

102. Le obbligazioni facoltative.

Da non confondere con le obbligazioni alternative sono le **obbligazioni facoltative**: in esse, infatti, è prevista una sola prestazione, anche se il debitore può liberarsi eseguendo una prestazione diversa (dicevano i latini: *una res est in obligatione, duae autem in facultate solutionis*).

Esempio. Due parti concludono un contratto, in base al quale una di esse si obbliga a consegnare una motocicletta di una determinata marca; si stabilisce, peraltro, che la stessa parte si può liberare consegnando una motocicletta di una diversa marca.

Essendo in presenza, qui, di obbligazioni **semplici**, le conseguenze non tardano a giungere: se la prestazione principale non può essere adempiuta per causa non imputabile al debitore, l'obbligazione si estingue (§ 135); non si potrà, dunque, pretendere l'adempimento della prestazione facoltativa.

Capitolo 14

L'ADEMPIMENTO

103. Nozione di adempimento.

L'**adempimento** (o il "**pagamento**") è l'esatta esecuzione della prestazione da parte del debitore; con esso quest'ultimo è liberato e l'obbligazione si estingue.

Le norme sull'adempimento (artt. 1176 ss. cod. civ.) sono formulate, in generale, con riferimento a qualsiasi rapporto obbligatorio. Vale, tuttavia, quanto già osservato in precedenza: diverse disposizioni trovano applicazione, per lo più, di fronte al rapporto obbligatorio avente la fonte nel contratto.

L'esattezza della prestazione va valutata in base ad una serie di criteri di cui ci si deve occupare specificamente. Essi sono: (a) le modalità di esecuzione della prestazione; (b) il tempo dell'esecuzione; (c) il luogo dell'esecuzione; (d) la persona che esegue la prestazione; (e) la persona destinataria della prestazione; (f) l'identità della prestazione.

104. (a) Le modalità di esecuzione della prestazione. La diligenza.

Prevede, l'art. 1176, 1° co., cod. civ., che "nell'adempiere l'obbligazione il debitore deve usare la diligenza del buon padre di famiglia". L'espressione utilizzata richiama il diritto romano, in cui il ***pater familias*** era la persona, mentre non erano considerati tali altri soggetti (la moglie o i figli, almeno finché fosse rimasto in vita il padre).

Singoli aspetti della diligenza sono la cura (l'attenzione per il soddisfacimento dell'interesse del creditore), la cautela (la prudenza idonea ad evitare che sia impedita la realizzazione dell'interesse del creditore), la perizia (l'impiego delle adeguate nozioni e degli idonei strumenti tecnici), la legalità (l'osservanza delle norme giuridiche rilevanti ai fini della soddisfazione dell'interesse creditorio).

Spesso la diligenza del buon padre di famiglia è stata intesa come **diligenza** dell'**uomo medio**, ossia dell'uomo comune, né troppo né troppo poco attento ai suoi affari. Per questa via, dunque, la diligenza media si ricaverebbe statisticamente dall'indagine sui comportamenti degli uomini. Va preferita l'idea secondo cui la diligenza del buon padre di famiglia non richiami un criterio statistico bensì deontologico. Il criterio in esame, in sostanza, indica ciò che in una determinata situazione può essere preteso da un buon debitore di quel tipo di obbligazione.

Ciò sembra confermato dall'art. 1176, 2° co., secondo cui "nell'adempimento delle obbligazioni inerenti all'esercizio di un'**attività professionale**, la diligenza deve valutarsi con riguardo alla natura dell'attività esercitata".

Vengono in considerazione, in particolare, le professioni intellettuali (discorso non diverso vale per le attività economiche imprenditoriali). Qui si richiede l'abilità tecnica (la perizia) prevista per lo svolgimento di quella determinata attività professionale (l'attività del medico; dell'avvocato; dell'ingegnere; del notaio, su cui Cass., 16.3.2021, n. 7283; sulla "diligenza bancaria" si veda Trib. Genova, 29.3.2021). Si discute, in queste ipotesi, di **diligenza qualificata** (Cass., 15.6.2018, n. 15723, Cass., 2.2.2016, n. 1981).

Esempio. Un avvocato riceve l'incarico, da un cliente, di impugnare una sentenza pronunciata in primo grado. L'avvocato deve sapere quali sono i termini per l'impugnazione: il criterio di valutazione, qui, è quello della categoria professionale cui il legale appartiene.

L'esame congiunto dei due commi da cui è composto l'art. 1176 cod. civ., consiglia di invertire l'apparente rapporto tra regola (contenuta nel 1° co.) ed eccezione (contenuta nel 2° co.). Va considerato, in proposito, che la "misura" della diligenza si ricava proprio dall'indicazione contenuta nel secondo comma della norma, che così assume il valore di regola generale: la diligenza cui far riferimento non è mai, infatti, quella astratta ma quella di chi concretamente opera sul piano della realtà giuridica.

La diligenza non va confusa con la **correttezza** (e la buona fede), di cui si è già discusso a proposito dell'art. 1175 cod. civ. (§ 91). La **differenza** va colta sotto i seguenti profili.

Innanzitutto, la diligenza costituisce, essenzialmente, uno strumento di controllo dell'attività del debitore: essa presuppone che sia già stabilito il contenuto dell'obbligazione e, rispetto a tale contenuto, si pone come strumento di valutazione dell'impegno richiesto al debitore. La correttezza, invece, è in grado di agire anche in relazione al contenuto del rapporto obbligatorio, ponendosi come la fonte di ulteriori obbligazioni in capo al debitore ed al creditore.

Si è ricordato, peraltro, che la stessa correttezza può essere intesa anche come criterio legale per la valutazione del comportamento delle parti del rapporto obbligatorio. Pure in questo caso va individuata una differenza rispetto alla diligenza: quest'ultima riguarda esclusivamente la prestazione che il debitore è tenuto ad eseguire a favore del creditore; la correttezza, invece, si riferisce a tutti quei comportamenti accessori che si rendono necessari in relazione alle circostanze del rapporto.

Come si vedrà a proposito dell'inadempimento, quando si studierà l'art. 1218 cod. civ. (Cap. 16), l'art. 1176 cod. civ. è al centro di un vivace e mai sopito dibattito. Anticipando rilievi che saranno meglio approfonditi nel prosieguo, può dirsi che merita considerazione la tesi per la quale il criterio di diligenza, ancorché formulato in via generale, riguardi le obbligazioni di mezzi e le obbligazioni di diligenza in senso stretto (§ 122.1). Per gli altri tipi di prestazione, invece, la diligenza non si pone come criterio idoneo a valutare la prestazione e, quindi, l'inadempimento del debitore.

105. L'esecuzione della prestazione per intero.

Il debitore deve eseguire la **prestazione per intero**. È previsto che "il creditore può rifiutare un adempimento parziale anche se la prestazione è divisibile, salvo che la legge o gli usi dispongano diversamente" (art. 1181 cod. civ.). La norma è dispositiva: ciò vuol dire che le parti possono pattuire modalità frazionate di adempimento della prestazione.

In mancanza di diverso accordo delle parti, dunque, un adempimento parziale non costituisce esatto adempimento, potendo essere legittimamente rifiutato dal creditore. In base alla tesi più rigorosa, il rifiuto dell'adempimento dovrebbe considerarsi legittimo a prescindere dall'entità dell'inesattezza. È preferibile la tesi secondo cui, in applicazione della regola generale di cui all'art. 1175 cod. civ., la scarsa entità dell'ammanco, da valutare in relazione all'interesse del creditore, rende illegittimo il rifiuto di quest'ultimo.

Il creditore ha la facoltà di accettare un adempimento parziale senza pregiudizio per l'ulteriore parte che rimanga da adempiere. Il riconoscimento di tale facoltà, tuttavia, non può esimere il creditore dall'osservanza, ancora una volta, del principio generale della buona fede. La c.d. "parcellizzazione giudiziale" del credito potrebbe in alcuni casi non corrispondere ad alcun interesse del creditore ed essere pregiudizievole o comunque peggiorare la posizione del debitore: sia per il prolungamento del vincolo coattivo sia per l'aggravio di spese derivante dall'onere di molteplici opposizioni (Cass., Sez. Un., 15.11.2007, n. 23726; Cass., 20.11.2009, n. 24539; Cass., 19.2.2016, n. 3361; Cass., 9.9.2021, n. 24371).

I giudici di legittimità aggiungono che la richiesta, in giudizio, dell'adempimento frazionato di una prestazione originariamente unica lede anche il **principio del giusto processo** (art. 111 Cost.). La parcellizzazione in giudizio del credito unico, infatti, si traduce in un vero e proprio "**abuso** degli **strumenti processuali** che l'ordinamento offre alla parte", eccedendo così i limiti della corretta tutela, assicurata in sede giurisdizionale, del proprio interesse. Di conseguenza, la domanda giudiziale avente ad oggetto una frazione di un unico credito, quando non corrisponda ad un interesse apprezzabile del creditore, è da dichiarare improponibile. Diversa è l'ipotesi in cui le domande abbiano ad oggetto distinti diritti di credito, anche relativi ad un medesimo rapporto di durata; non vi è alcun ostacolo, qui, alla proposizione delle azioni in processi separati (Cass., 27.7.2018, n. 19898; Cass., 16.2.2017, n. 4090).

Il principio stabilito dall'art. 1181 cod. civ. e la disposizione dettata dall'art. 1455 cod. civ. sull'importanza dell'inadempimento ai fini della risoluzione del contratto (§ 245.2) operano in due sfere autonome: pertanto il legittimo rifiuto dell'adempimento parziale non può costituire elemento giustificativo della risoluzione del contratto e non esime il giudice dal valutare l'importanza dell'inadempimento imputabile alla parte (Cass., 5.8.2019, n. 20893).

L'art. 1181 cod. civ. fa salve le ipotesi in cui la legge o la disciplina consuetudinaria impongano al creditore di accettare l'adempimento parziale. Si pensi, ad esempio, all'art. 45 L. cambiaria e all'art. 37 L. assegni, che escludono la facoltà del portatore del titolo di rifiutare un pagamento parziale; il trattario, invece, potrà esigere la menzione del pagamento parziale sul titolo e la relativa quietanza (si veda, in materia, il Cap. 53).

106. (*b*) Il tempo dell'esecuzione della prestazione.

Nel valutare l'esatto adempimento della **prestazione** occorre aver riguardo anche al **tempo** dell'**esecuzione** della stessa. Si distinguono due varianti: nella prima non è fissato esattamente un termine; nella seconda esso è fissato.

È previsto che se **non** sia **determinato il tempo** in cui la **prestazione** deve essere eseguita, il creditore può esigerla immediatamente (senza neanche la diffida ad adempiere: Cass., 23.8.2019, n. 21647). Qualora, tuttavia, in virtù degli usi o per la natura della prestazione ovvero per il modo o il luogo dell'esecuzione, sia necessario un termine, questo, in mancanza di accordo delle parti, è stabilito dal giudice (art. 1183, 1° co., cod. civ.).

Esempio. Viene concluso un contratto di appalto, il 7 dicembre del 2020, nel quale non è previsto il termine in cui l'appaltatore debba consegnare all'appaltante l'opera. Per la natura della prestazione, il creditore non può esigere immediatamente (l'8 dicembre del 2020) la consegna dell'opera.

La fissazione giudiziale del termine, peraltro, potrebbe richiedere un lungo periodo (che va dalla domanda al giudice del creditore o del debitore fino alla sentenza). La giurisprudenza di legittimità, allora, ha interpretato in questo modo la norma in esame: il creditore può esigere la prestazione indipendentemente dalla fissazione giudiziale del termine; spetterà al giudice valutare successivamente, allorché la prestazione non sia eseguita, se il creditore abbia lasciato trascorrere un termine congruo rispetto alla natura dell'obbligazione (Cass., 5.11.1985, n. 5360).

Il creditore, inoltre, non ha l'onere di far fissare il termine per l'adempimento al giudice allorché dal momento del sorgere dell'obbligazione sia decorso un lasso di tempo tale da far ritenere superato, in concreto, ogni limite entro cui era ragionevole ritenere che la prestazione avrebbe dovuto essere eseguita (Cass., 6.7.2009, n. 15796).

Se il termine per l'adempimento è rimesso alla volontà del debitore, spetta ugualmente al giudice stabilirlo secondo le circostanze; se è rimesso alla volontà del creditore, il termine può essere fissato su istanza del debitore che intende liberarsi (art. 1183, 2° co., cod. civ.). Qualora, dunque, la parte cui è rimesso il potere di fissazione del termine non si avvalga di tale facoltà (ossia non ne abbia fatto uso in modo conforme all'*arbitrium boni viri*), spetta al giudice la fissazione del termine.

L'altra variante è quella in cui sia **fissato** il **termine** per l'**adempimento**: esso, in questo caso, si presume **a favore del debitore**, qualora non risulti a favore **del creditore** o **di entrambi** (art. 1184 cod. civ.).

Esempio. È previsto che il debitore debba eseguire la prestazione entro il giorno di Natale del 2020. Se non è previsto diversamente, il termine si presume a favore del debitore: ciò vuol dire che il creditore non può esigere la prestazione prima del giorno di Natale; il debitore, invece, può adempiere anche prima.

Il debitore, anche se il termine è fissato a suo favore, non può ripetere ciò che ha pagato anticipatamente, anche se ignorava l'esistenza del termine. In questo caso però può ripetere, nei limiti della perdita subìta, ciò di cui il creditore si è arricchito per effetto del pagamento anticipato (art. 1185, 2° co., cod. civ.).

Il creditore può esigere la prestazione prima della scadenza soltanto se il termine risulti stabilito esclusivamente a suo favore (art. 1185, 1° co., cod. civ.). Il debitore, in questo caso, non può liberarsi eseguendo la prestazione prima che il termine sia scaduto.

Deve aggiungersi, inoltre, che quantunque il termine sia fissato a favore del debitore, il creditore può esigere immediatamente la prestazione se il debitore è divenuto insolvente o ha diminuito, per fatto proprio, le garanzie che aveva date o non ha dato le garanzie che aveva promesso (art. 1186 cod. civ.). L'insolvenza va intesa come una situazione di dissesto economico (ancorché temporaneo) in cui il debitore venga a trovarsi, tanto da rendere verosimile l'impossibilità di far fronte agli impegni assunti (Cass., 11.11.2016, n. 23093).

Va chiarito, infine, cosa voglia dire termine di adempimento fissato a favore "di entrambi" (art. 1184 cod. civ.): il creditore non può richiedere né il debitore può effettuare l'adempimento prima della scadenza.

Il termine fissato per l'adempimento delle obbligazioni è computato secondo le disposizioni dell'art. 2963 cod. civ. (art. 1187, 1° co., cod. civ.; sui termini di prescrizione §§ 49 ss.). La disposizione relativa alla proroga del termine che scade in giorno festivo si osserva se non vi sono usi diversi (art. 1187, 2° co., cod. civ.). È salva in ogni caso una diversa pattuizione (art. 1187, 3° co., cod. civ.).

Una disciplina specifica è dettata per il tempo del pagamento delle c.d. **transazioni commerciali**, ossia per quei contratti, comunque denominati, fra imprese ovvero tra imprese e pubbliche amministrazioni che comportano, in via esclusiva o prevalente, la consegna di merci o la prestazione di servizi contro il pagamento di un prezzo. Per queste obbligazioni l'art. 4 d.lgs. 9.10.2002, n. 231 (recante la "Attuazione della direttiva 2000/35/CE relativa alla lotta contro i ritardi di pagamento nelle transazioni commerciali") prevede che il **periodo di pagamento** non può superare determinati **termini** espressamente indicati.

107. (c) Il luogo di esecuzione della prestazione.

Se il **luogo** in cui la **prestazione** deve essere eseguita non è determinato dalla convenzione o dagli usi (normativi) e non può desumersi dalla natura della prestazione o da altre circostanze, si osservano le norme del codice civile (art. 1182, 1° co., cod. civ.).

Esempio. La "natura della prestazione" determina il luogo di adempimento dell'obbligazione del lavoratore subordinato: si tratta, salva diversa indicazione, della sede dell'impresa.

Mancando ogni diversa indicazione o criterio di individuazione, l'obbligazione di consegnare una cosa certa e determinata deve essere adempiuta nel luogo in cui si trovava la cosa quando l'obbligazione è sorta (art. 1182, 2° co., cod. civ.).

L'obbligazione avente per oggetto una somma di danaro deve essere adempiuta al domicilio che il creditore ha al tempo della scadenza (si discute di **obbligazioni *portable***, da contrapporre a quelle ***querable***, che vanno eseguite al domicilio del debitore). Se tale domicilio è diverso da quello che il creditore aveva quando è sorta l'obbligazione e ciò rende più gravoso l'adempimento, il debitore, previa dichiarazione al creditore, ha diritto di eseguire il pagamento al proprio domicilio (art. 1182, 3° co., cod. civ.). Le obbligazioni pecuniarie da adempiersi al domicilio del creditore, secondo la norma del codice appena ricordata, sono esclusivamente quelle liquide, delle quali cioè il titolo determini l'ammontare oppure indichi i criteri per determinarlo senza lasciare alcun margine di scelta discrezionale (così Cass., Sez. Un., 13.9.2016, n. 17989; Cass., 15.1.2019, n. 722; Trib. Savona, 23.3.2019).

Negli altri casi l'obbligazione deve essere adempiuta al domicilio che il debitore ha al tempo della scadenza; si discute di *forum destinatae solutionis* (art. 1182, 4° co., cod. civ.). Per i crediti il cui ammontare debba essere accertato e liquidato con indagini diverse dal semplice calcolo aritmetico, vale il criterio previsto dall'art. 1182, 4° co., cod. civ. (Cass., 29.3.2004, n. 17665). Si applica la regola del domicilio del debitore anche in caso di obbligazione riguardante il risarcimento dei danni derivanti da fatto illecito, in quanto debiti di valore e non di valuta (Cass., 2.8.2000, n. 10120).

108. (*d*) La persona che esegue la prestazione.

Il **debitore** è tenuto ad eseguire la prestazione. È previsto, peraltro, che l'**obbligazione** possa essere adempiuta da un **terzo**, anche contro la volontà del creditore, se questi non ha interesse a che il debitore esegua personalmente la prestazione (art. 1180, 1° co., cod. civ.; Cass., 3.6.2019, n. 15111). L'adempimento del terzo, per avere effetto liberatorio, deve avere carattere specifico e conforme all'obbligazione del debitore (Cass., 22.11.2021, n. 35786).

Esempio. Viene concluso un contratto d'appalto avente ad oggetto la costruzione di una villa. Per il committente non è indifferente il fatto che la costruzione dell'immobile avviene da parte di un imprenditore diverso da quello che ha scelto inizialmente: qualora, pertanto, un terzo si offra di eseguire la prestazione, il committente potrà legittimamente rifiutare l'adempimento del terzo.

Esempio. Un imprenditore assume un lavoratore dipendente presso la propria impresa: può senz'altro rifiutarsi di far lavorare una persona diversa da quella con cui è stato stipulato il contratto di lavoro.

La norma in esame, con i limiti appena indicati, ha la funzione di attribuire al pagamento effettuato dal terzo effetto solutorio, anche contro la volontà del creditore (sarà il terzo, dunque, ad avere diritto alla quietanza); la disposizione, tuttavia, non conferisce al terzo adempiente titolo per agire nei confronti del debitore al fine di ripetere quanto versato, essendo necessario, a tal fine, che sia allegato e dimostrato il rapporto sottostante tra terzo e debitore (Cass., Sez. Un., 8.11.2007, n. 23292; Cass., 3.12.2019, n. 31572). Semmai il creditore che riceve l'adempimento del terzo può surrogarlo nei diritti che ha verso il debitore (art. 1201 cod. civ.).

Il creditore può rifiutare l'adempimento offertogli dal terzo, se il debitore gli ha manifestato la sua opposizione (art. 1180, 2° co., cod. civ.). Di fronte all'opposizione del debitore, si badi, il creditore ha la facoltà e non il dovere di rifiutare l'adempimento offerto dal terzo. Emerge, qui come in altre norme, il *favor* del codice civile verso il creditore, il cui interesse a ricevere la prestazione viene preferito rispetto all'interesse del debitore ad opporsi all'esecuzione della prestazione da parte del terzo.

109. (e) La persona destinataria dell'adempimento.

Il **pagamento** fatto **al creditore incapace** di riceverlo non libera il debitore, se questi non prova che ciò che fu pagato è stato rivolto a vantaggio dell'incapace (art. 1190 cod. civ.). Parte della dottrina ritiene che l'incapacità di cui discute la disposizione sia l'incapacità naturale nonché quella legale. Una diversa ricostruzione, invece, evidenzia come la norma non troverebbe applicazione di fronte all'incapacità naturale del creditore: se così fosse, si argomenta, si esporrebbe il debitore ad un pagamento non liberatorio in presenza di una situazione spesso incontrollabile.

Il "vantaggio dell'incapace", di cui discute la disposizione, va inteso come utilizzo della prestazione nella sfera dell'*accipiens*.

Esempio. Il debitore è obbligato a pagare al creditore la somma di 100.000 euro. Nel momento in cui esegue la prestazione il creditore è incapace. Il debitore, tuttavia, riesce a provare che il denaro è stato depositato in banca e prontamente utilizzato dal rappresentante legale dell'incapace. In questo caso il debitore è liberato (non è costretto, cioè, ad eseguire ancora la prestazione).

Il pagamento deve essere fatto al creditore o al suo rappresentante, ovvero alla persona indicata dal creditore (c.d. *adiectus solutionis causa*) o autorizzata dalla legge o dal giudice a riceverlo (art. 1188, 1° co., cod. civ., su cui si veda Cass., 26.9.2018, n. 22544).

Esempio. Il cliente che compra una maglietta in un negozio paga il prezzo della stessa, di solito, nelle mani di un commesso (la persona indicata dal titolare del negozio).

Esempio. Il pagamento effettuato nelle mani dell'ufficiale giudiziario che si presenta per effettuare un pignoramento è un pagamento fatto alla persona indicata dalla legge.

Il **debitore** non è **liberato** se esegue la prestazione nelle mani di chi non è legittimato a riceverla, a meno che:

(1) il **creditore** non abbia **ratificato** il pagamento o non ne abbia **approfittato** (art. 1188, 2° co., cod. civ.).

Esempio. Il pagamento viene fatto dal debitore ad un creditore del creditore. Il debitore, in questo caso, è liberato, giacché la sua controparte, ancorché non sia stata destinataria della prestazione, ne ha "approfittato".

Quanto alla ratifica, si tratta di un atto unilaterale recettizio: esso, dunque, deve essere comunicato all'autore del pagamento.

(2) Il pagamento è eseguito dal debitore nei confronti di chi appare legittimato a riceverlo in base a circostanze univoche, allorché il debitore stesso dimostri di essere stato in buona fede (art. 1189, 1° co., cod. civ., rubricato "**pagamento al creditore apparente**"). La disposizione evidenzia che il pagamento al "creditore apparente" libera il debitore allorché esso sia suscitato da "circostanze univoche" (presupposto oggettivo) e vi sia la "buona fede" di quest'ultimo (presupposto soggettivo).

Le **circostanze** possono definirsi "**univoche**" quando sono tali da non provocare incertezze in capo al debitore.

Esempio. Il Sig. De Fidis paga la merce acquistata nelle mani di chi appare legittimato a riceverlo (si tratta di una persona, con indosso la "divisa" del negozio, presso la quale diversi clienti si sono rivolti in precedenza). In realtà il titolare del negozio ha dato l'incarico ad un'altra persona, il vero commesso, di ricevere il pagamento. In questo caso il pagamento effettuato libera il cliente (ossia il debitore).

La situazione di apparenza trova un limite nell'ipotesi in cui l'ordinamento attribuisca valore probatorio ad un determinato sistema di pubblicità diretto a far conoscere a terzi alcune situazioni giuridiche (Cass., 5.4.2016, n. 6563). Pertanto, il terzo che non abbia avuto la diligenza di effettuare i dovuti accertamenti, non può invocare la regola dell'apparenza. Il *solvens* che paghi nelle mani del fallito, ad esempio, non è liberato giacché poteva avere conoscenza della sentenza dichiarativa di fallimento (Cass., 22.6.1994, n. 5963).

Il debitore deve comunque provare la sua **buona fede** (ossia la non conoscenza o la non conoscibilità del fatto che colui che ha ricevuto il pagamento non era legittimato).

La buona fede è esclusa dalla colpa grave (c.d. buona fede temeraria).

Esempio. Il debitore paga l'apparente creditore sulla base di un documento contraffatto che, in relazione alle circostanze concrete ed alla sua professione, avrebbero dovuto fargli comprendere la divergenza dell'apparenza dalla realtà. Il pagamento effettuato, in questo caso, non libera il debitore.

Colui che ha ricevuto il pagamento e non è legittimato a riceverlo, è tenuto alla restituzione al creditore, secondo le norme previste per la ripetizione dell'indebito (art. 1189, 2° co., cod. civ.).

Il principio previsto dalla norma del codice qui esaminata si rinviene anche nella materia dei titoli di credito e dei documenti di legittimazione. È previsto che il debitore, il quale senza dolo o colpa grave adempia la prestazione nei confronti del possessore, è liberato anche se questi non è titolare del diritto (art. 1992, 2° co., cod. civ.). Ed ancora, in tema di contratti bancari, il codice stabilisce che se il libretto di deposito è pagabile al portatore, la banca che senza dolo o colpa grave adempia la prestazione nei confronti del possessore è liberata, anche se questi non è il depositante (art. 1836, 1° co., cod. civ.).

In rapporto di specialità, rispetto all'art. 1189, 1° co., cod. civ., si pone l'art. 43, 2° co., L. assegni (così Cass., Sez. Un., 21.5.2018, n. 12477, su cui § 330.1).

110. *(f)* L'identità della prestazione.

Si ha esatto adempimento soltanto quando il debitore esegua la prestazione dedotta nel rapporto obbligatorio. Il debitore, dunque, non è liberato se esegue una prestazione diversa, anche se abbia un valore superiore. Il creditore, peraltro, può consentire che il debitore si liberi eseguendo una prestazione diversa da quella prevista: viene in considerazione, allora, l'istituto della **prestazione in luogo di adempimento** (c.d. ***datio in solutum***).

Il codice prevede che il debitore non possa liberarsi eseguendo una prestazione diversa da quella dovuta, anche se di valore uguale o maggiore, salvo che il creditore consenta. In questo caso l'obbligazione si estingue quando la diversa prestazione è eseguita (art. 1197, 1° co., cod. civ.).

Esempio. Viene concluso un contratto di fornitura che impegna il fornitore a consegnare alla controparte dieci quintali di grano. Il debitore chiede di consegnare erba medica, non avendo più la disponibilità del grano. Con il consenso del creditore, il debitore si libera eseguendo una prestazione diversa da quella prevista originariamente.

Il ricorso alla prestazione in luogo di adempimento è frequente per il debitore che si trovi in difficoltà finanziarie.

Esempio. Un costruttore edile non riesce a pagare il suo fornitore, non avendo la necessaria liquidità. Offre al creditore un appartamento che ha recentemente costruito: con il consenso del creditore, il debitore si libera dalla sua obbligazione eseguendo una diversa prestazione.

Se la prestazione consiste nel trasferimento della proprietà o di un altro diritto, il debitore è tenuto alla garanzia per l'evizione e per i vizi della cosa secondo le norme della vendita (§§ 270.2, 270.3), salvo che il creditore preferisca esigere la prestazione originaria e il risarcimento del danno (art. 1197, 2° co., cod. civ.). Se la prestazione originaria era dovuta a titolo di donazione, la disciplina di riferimento, quanto alla tutela contro i vizi e l'evizione, è contenuta negli artt. 797 e 798 cod. civ.

In ogni caso non rivivono le garanzie prestate dai terzi (art. 1197, 3° co., cod. civ.).

In luogo dell'originaria prestazione può essere ceduto un **credito** (artt. 1260 ss. cod. civ.: §§ 137 ss.). In questo caso l'obbligazione si estingue con la riscossione del credito, se non risulta una diversa volontà delle parti (art. 1198, 1° co., cod. civ.). È fatto salvo quanto previsto dall'art. 1267 cod. civ. (art. 1198, 2° co., cod. civ.; sull'art. 1267 § 137.2).

Nella prassi, un caso assai frequente di prestazione in luogo di adempimento ricorre allorché il pagamento avvenga mediante **assegni** (bancari o circolari). Come si vedrà, le obbligazioni pecuniarie si estinguono attraverso il pagamento di una somma di denaro (art. 1277 cod. civ.): sicché il pagamento attraverso titoli di credito integra un'ipotesi di *datio in solutum*. Dal che dovrebbe discendere che il creditore possa rifiutare gli assegni offerti dal debitore ed esigere il pagamento in denaro. La rigida applicazione dell'art. 1277 cod. civ., peraltro, appare anacronistica: va rilevato, infatti, come in ampi settori della prassi commerciale ed economica la carta moneta sia stata sostituita dal pagamento attraverso assegni e, ancor più, dal pagamento attraverso la carta elettronica o le operazioni telematiche. Va considerato, inoltre, lo stretto divieto legislativo di effettuare pagamenti in denaro oltre una determinata somma (§ 116).

Si spiega, così, l'attuale orientamento della giurisprudenza, secondo cui in capo al creditore vi è, anche in questa materia, un dovere di correttezza ai sensi dell'art. 1175 cod. civ.: in particolare, il pagamento effettuato mediante un sistema diverso dal versamento di moneta avente corso legale dello Stato, ma che comunque assicuri al creditore la disponibilità della somma dovuta, può essere rifiutato solo in presenza di un giustificato motivo, dovendo altrimenti ritenersi il rifiuto contrario a correttezza e buona fede (Cass., 10.1.2013, n. 14531).

Quando si realizza il pagamento attraverso un assegno al posto del contante, l'obbligazione si estingue soltanto al momento dell'effettiva percezione della somma di denaro da parte del creditore (Cass., Sez. Un., 18.12.2007, n. 26617; Cass., 17.12.2019, n. 33428). Allorché, invece, l'incasso dell'assegno non avvenga per colpa del creditore, l'obbligazione deve considerarsi estinta (Cass., 24.5.2007, n. 12079, che si riferisce alla mancata tempestiva presentazione all'incasso del titolo di credito).

Non integra una *datio in solutum* il rilascio di una **cambiale** (§§ 329 ss.), trattandosi di una promessa di pagamento (Cass., 19.7.2000, n. 12397).

Qualche osservazione, da ultimo, va fatta sui **caratteri** della *datio in solutum*. Essa costituisce un vero e proprio contratto, che richiede l'accordo di due o più parti per estinguere tra loro un rapporto giuridico patrimoniale (art. 1321 cod. civ.). Si tratta, in particolare, di un **contratto solutorio**, giacché attraverso esso si addiviene all'estinzione del rapporto obbligatorio esistente.

Può succedere che il debitore esegua la prestazione effettivamente prevista (non ricorre, cioè, la figura della *datio in solutum*): il pagamento, tuttavia, è eseguito con cose altrui. Il debitore non può impugnare il pagamento eseguito con cose di cui non poteva disporre, salvo che offra la prestazione dovuta con cose di cui può disporre (art. 1192, 1° co., cod. civ.). Il creditore che ha ricevuto il pagamento in buona fede può impugnarlo, salvo il diritto al risarcimento del danno (art. 1192, 2° co., cod. civ.). Il termine "impugnazione", di cui al primo comma della disposizione appena ricordata, indica un'azione di ripetizione condizionata all'offerta di esatto adempimento; l'impugnativa del creditore di cui al secondo comma, invece, deve intendersi come una facoltà di rifiuto: questi, resosi conto della non disponibilità da parte del *solvens*, ha la possibilità di rifiutare il pagamento anche al fine di evitare azioni da parte del terzo proprietario (resta salvo il diritto al risarcimento del danno).

111. L'imputazione di pagamento.

Può succedere che il debitore abbia più debiti nei confronti dello stesso creditore. Si pone il problema, in questi casi, dell'**imputazione di pagamento**. Il codice civile detta alcuni criteri che trovano applicazione allorché il debitore non dichiari, quando paga, quale debito intende soddisfare (art. 1193, 1° co., cod. civ.; Cass., 14.5.2018, n. 11632) o quando il creditore, nel rilasciare quietanza (§ 112), non dichiari a quale dei debiti imputare il pagamento (in questo caso il debitore non può pretendere un'imputazione diversa, se non vi è stato dolo o sorpresa da parte del creditore: art. 1195 cod. civ.; si veda, sulla scelta da parte del creditore, Cass., 27.10.2021, n. 30190).

In mancanza di tali dichiarazioni, valgono i seguenti criteri legali. Il pagamento deve essere imputato al debito scaduto; tra più debiti scaduti, a quello meno garantito; tra più debiti ugualmente garantiti, al più oneroso per il debitore; tra più debiti ugualmente onerosi, al più antico. Se tali criteri non soccorrono, l'imputazione è fatta proporzionalmente ai vari debiti (art. 1193, 2° co., cod. civ.; sull'onere della prova in tema di imputazione si veda Cass., n. 450/2020).

Il *favor* del codice civile si evidenzia anche in tema di imputazione di pagamento: il debitore non può imputare il pagamento al capitale, piuttosto che agli interessi e alle spese, senza il consenso del creditore (art. 1194, 1° co., cod. civ.). Il pagamento fatto in conto di capitale e d'interessi deve essere imputato prima agli interessi (art. 1194, 2° co., cod. civ.).

Le spese del pagamento sono a carico del debitore (art. 1196 cod. civ.). Peraltro, il creditore che ha ricevuto il pagamento deve consentire la liberazione dei beni dalle garanzie reali date per il credito e da ogni altro vincolo che comunque ne limiti la disponibilità (art. 1200 cod. civ.). Si fa riferimento non soltanto al pegno ed all'ipoteca, ma ad ogni altro vincolo alla libera disponibilità che abbia ad oggetto beni del debitore o di terzi (come, ad esempio, il pignoramento immobiliare).

112. La quietanza.

Il creditore che riceve il pagamento, a richiesta e a spese del debitore, deve rilasciare **quietanza** e farne annotazione sul titolo, se questo non è restituito al debitore (art. 1199, 1° co., cod. civ.).

La quietanza è una **dichiarazione di scienza** a carattere recettizio che ha il valore probatorio di una **confessione** (Cass., Sez. Un., 22.9.2014, n. 19888; Cass., 14.12.2018, n. 32458). La confessione riguarda soltanto il fatto giuridico del pagamento, non l'estinzione dell'obbligazione: il creditore, pertanto, può esigere un pagamento ulteriore qualora quello attestato dalla quietanza sia soltanto parziale. Inoltre, dal rilascio di una quietanza non può desumersi l'esistenza di una volontà transattiva o di rinuncia ad altre pretese da parte del creditore (Cass., 24.9.2019, n. 23636), a meno che ciò non emerga da specifici elementi di fatto e dal complesso del documento (Cass., 20.1.2003, n. 729; Cass., 6.5.2015, n. 9120).

Si richiede, per la quietanza, la forma scritta (scrittura privata o atto pubblico). La necessità della forma scritta si spiega considerando la funzione certificativa dell'avvenuto pagamento. Non sono necessari, peraltro, requisiti sacramentali per la dichiarazione: può pertanto essere sufficiente l'annotazione "pagato" (o una dicitura simile) apposta sulla fattura intestata al debitore e seguita dalla sottoscrizione del creditore.

Il rilascio di una quietanza per il **capitale** fa presumere il pagamento degli **interessi** (art. 1199, 2° co., cod. civ.). Si tratta di una presunzione *iuris tantum* (Cass., 7.4.1994, n. 3280).

La mera sottoscrizione delle buste paga non è idonea di per sé a provare, neppure in via presuntiva, il pagamento, potendo la firma del lavoratore significare l'avvenuta consegna della sola busta paga (Trib. Pescara, 5.12.2019).

113. La surrogazione (per volontà del creditore, per volontà del debitore, legale).

Il **creditore**, ricevendo il pagamento di un **terzo**, può **surrogarlo** nei propri diritti. La **surrogazione** deve essere fatta in modo espresso e contemporaneamente al pagamento (art. 1201 cod. civ., rubricato "surrogazione per volontà del creditore"). È esclusa, dunque, la rilevanza di un comportamento concludente ai fini della surrogazione. La surroga, di solito, avviene nel momento in cui il creditore rilascia al terzo la quietanza.

Per effetto della surrogazione, il terzo è sostituito nei diritti del creditore e può pretendere dal debitore il rimborso di quanto abbia pagato. La surrogazione va intesa come "una modificazione soggettiva del rapporto obbligatorio, con la sostituzione di un terzo all'originario creditore e senza incidenza sull'aspetto oggettivo del rapporto" (Cass., 20.7.1984, n. 4808). La struttura del rapporto obbligatorio, in sostanza, rimane inalterata ed il debito mantiene le sue caratteristiche essenziali.

Diversa, invece, è la **surrogazione per volontà del debitore**: quest'ultimo, che prende a mutuo una somma di denaro o altra cosa fungibile al fine di pagare il debito, può surrogare il mutuante nei diritti del creditore, anche senza il consenso di questo (art. 1202, 1° co., cod. civ.). La surrogazione, in questo caso, ha effetto quando concorrono le seguenti condizioni: (1) che il mutuo e la quietanza risultino da atto avente data certa (sulla data certa § 201); (2) che nell'atto di mutuo sia indicata espressamente la specifica destinazione della somma mutuata; (3) che nella quietanza si menzioni la dichiarazione del debitore circa la provenienza della somma impiegata nel pagamento. Sulla richiesta del debitore, il creditore non può rifiutarsi di inserire nella quietanza tale dichiarazione (art. 1202, 2° co., cod. civ.). In caso di contratti di finanziamento conclusi da intermediari bancari e finanziari, l'esercizio da parte del debitore della facoltà di surrogazione di cui all'art. 1202 cod. civ. non è precluso dalla non esigibilità del credito o dalla pattuizione di un termine a favore del creditore (art. 120-*quater*, 1° co., TUB). Per effetto della surrogazione il mutuante surrogato subentra nelle garanzie, personali e reali, accessorie al credito cui la surrogazione si riferisce (art. 120-*quater*, 2° co., TUB). Non possono essere imposte al cliente spese o commissioni per la concessione del nuovo finanziamento, per l'istruttoria e per gli accertamenti catastali, che si svolgono secondo procedure di collaborazione tra intermediari improntate a criteri di massima riduzione dei tempi, degli adempimenti e dei costi connessi (art. 120-*quater*, 4° co., TUB).

La surrogazione, infine, può essere **legale** (a prescindere, cioè, dalla volontà del debitore e del creditore). Essa ha luogo di diritto nei seguenti casi (art. 1203 cod. civ.): (1) a vantaggio di chi, essendo creditore, ancorché chirografario (§ 249), paga un altro creditore che ha diritto di essergli preferito in ragione dei suoi privilegi, del suo pegno o delle sue ipoteche; (2) a vantaggio dell'acquirente di un immobile che, fino alla concorrenza del prezzo di acquisto, paga uno o più creditori a favore dei quali l'immobile è ipotecato; (3) a vantaggio di colui che, essendo tenuto con altri o per altri al pagamento del debito, aveva interesse di soddisfarlo; (4) a vantaggio dell'erede con beneficio di inventario (§§ 514 ss.), che paga con denaro proprio i debiti ereditari; (5) negli altri casi previsti dalla legge (artt. 756, 1259, 1762, 1776, 1780, 1796, 1916, 2036, 2038, 2856, 2886, 2869, 2871 cod. civ.; art. 37 L. cambiaria; art. 30 L. assegni).

Esempio. Il Sig. Mancini, di Pesaro, creditore chirografario del Sig. Moretti, paga il Sig. Sabbatini, creditore ipotecario dello stesso Sig. Moretti. Con il pagamento il Sig. Mancini assume, *ex lege*, la stessa posizione del Sig. Sabbatini. La surrogazione avviene non soltanto nel tipo di garanzia ma anche nel grado che questa aveva. La surrogazione deve essere annotata a margine dell'iscrizione ipotecaria (surrogazione legale ex art. 1203, n. 1, cod. civ.).

Esempio. Il Sig. Russo, di Foggia, compra dal Sig. Greco un immobile su cui grava un'ipoteca a garanzia del credito che il Sig. Scopece vanta nei confronti del Sig. Greco. Il Sig. Russo paga al Sig. Scopece il debito del Sig. Greco, estinguendo l'ipoteca e subentrando nei diritti che il Sig. Scopece ha nei confronti del Sig. Greco (surrogazione legale *ex* art. 1203, n. 2, cod. civ.).

Esempio. Il Sig. Furlan, di Pordenone, fideiussore, paga al creditore Sig. Brusadin il debito del debitore principale Santarossa. Il Sig. Furlan succede nei diritti che il Sig. Brusadin vanta nei confronti del Sig. Santarossa (surrogazione legale ex art. 1203, n. 3, cod. civ.).

Esempio. Il Sig. Giuffrida, di Catania, accetta con beneficio d'inventario l'eredità del Sig. Grasso e paga con il proprio denaro (non quello dell'eredità) i debiti che il Sig. Grasso aveva nei confronti del Sig. Caruso. Il Sig. Giuffrida subentra nei diritti che il Sig Caruso vantava nei confronti del Sig. Grasso e, ora, dell'eredità (surrogazione legale ex art. 1203, n. 4, cod. civ.).

114. La mora del creditore: nozione e modalità di offerta da parte del debitore.

La **mora del creditore** è l'ingiustificato rifiuto del creditore di ricevere la prestazione offerta dal debitore o, comunque, di mettere il debitore in condizione di poterla eseguire (artt. 1206-1217 cod. civ.). Un punto, preliminare, va chiarito: il debitore è obbligato ad eseguire la prestazione, ma non ha il diritto di eseguire la stessa; il creditore, a sua volta, ha diritto di ricevere l'esatta prestazione da parte del debitore, ma non è obbligato a riceverla.

Esempio. Viene concluso un contratto avente ad oggetto la fornitura di medicinali. Il fornitore non ha il diritto ad effettuare la prestazione dei medicinali, né il creditore è obbligato a riceverli.

L'atteggiamento "ostruzionistico" del creditore, tuttavia, rischia di nuocere sotto diversi aspetti al debitore: questi, infatti, può essere costretto a custodire i beni da consegnare al creditore per un certo periodo di tempo, durante il quale va incontro a spese per la loro conservazione (le medicine, rimanendo all'esempio svolto, dovranno essere preservate in appositi locali). Il debitore, inoltre, può essere esposto al rischio che la prestazione da eseguire diventi impossibile, privandolo del diritto alla controprestazione (il corrispettivo per la fornitura di medicinali). Per questi motivi il codice civile prevede che il creditore sia tenuto a compiere "quanto è necessario affinché il debitore possa adempiere l'obbligazione" (art. 1206 cod. civ.). Il c.d. **dovere di cooperazione** del creditore nell'adempimento della prestazione è, in realtà, un onere del creditore: quest'ultimo, non cooperando nell'adempimento, si espone alle conseguenze della mora.

La **costituzione** in **mora** si esegue con l'**offerta** della **prestazione** al creditore che, a seconda del tipo di prestazione, può essere reale, per intimazione, o nelle forme d'uso.

L'offerta è **reale** per il denaro e per le cose mobili da consegnare al domicilio del creditore (art. 1209, 1° co., cod. civ.): il debitore, attraverso l'ufficiale giudiziario o il notaio, offre la prestazione al creditore. Affinché l'offerta sia idonea a costituire in mora il creditore, è necessario che essa comprenda la totalità della somma dovuta, degli interessi e delle spese liquide (Cass., 16.11.2017, n. 27225).

L'offerta è **per intimazione** per i beni immobili, per i beni mobili da consegnare in un luogo diverso, per le prestazioni di fare (artt. 1209, 2° co., 1216, 1217 cod. civ.): il debitore, attraverso l'ufficiale giudiziario, notifica al creditore la richiesta di ricevere la prestazione.

Per le prestazioni di fare è previsto che l'intimazione possa essere fatta anche nelle **forme d'uso**, dispensando il debitore dalla necessità di ricorrere all'offerta mediante pubblico ufficiale autorizzato (art. 1217, 2° co., cod. civ.): è ammessa, ad esempio, l'offerta per comportamento concludente del lavoratore che si presenta sul posto di lavoro. Nel silenzio del codice è da ritenere che l'offerta nelle forme d'uso possa valere anche per le prestazioni di contrarre: è sufficiente, quindi, l'invito rivolto dal creditore al debitore di presentarsi, per il rogito, davanti al notaio.

L'offerta eseguita in modo non formale, invece, ha soltanto l'effetto di evitare la mora del debitore (art. 1220 cod. civ.; sulla mora del debitore si veda Cap. 17).

114.1. *Gli effetti della costituzione in mora del creditore.*

Gli **effetti** della **costituzione in mora** del creditore sono i seguenti (art. 1207 cod. civ.): (1) l'impossibilità sopravvenuta della prestazione, per causa non imputabile al debitore, è a carico del creditore (si veda, invece, la regola generale di cui all'art. 1256 cod. civ.). Il debitore, in sostanza, conserva il diritto alla controprestazione, anche quando il creditore non può più ricevere la prestazione, diventata nel frattempo impossibile; (2) non sono più dovuti dal debitore gli interessi sulle somme di denaro; (3) il creditore è obbligato a corrispondere al debitore le spese di custodia della cosa e a risarcire i danni che il debitore abbia subìto a causa della mora.

Persistendo la mora del creditore, il **debitore** può anche ottenere di **liberarsi dall'obbligazione**, attraverso il deposito dei beni per cui c'è stata l'offerta reale o per intimazione (art. 1210, 1° co., cod. civ.). Il deposito che ha per oggetto titoli di credito o somme di denaro si esegue presso la cassa depositi e prestiti oppure presso un istituto di credito (art. 76 disp. att. cod. civ.). Il deposito di cose mobili diverse dal denaro si esegue presso stabilimenti di pubblico deposito a norma delle leggi speciali (art. 77, 1° co., disp. att. cod. civ.). Qualora non esistano stabilimenti di pubblico deposito, nel luogo in cui deve essere eseguita la prestazione, o se ricorrano particolari ragioni, il tribunale (che, per effetto dell'art. 27, 3° co., lett. g, d.lgs. 13.7.2017, n. 116, verrà sostituito dal giudice di pace a far tempo dal 31.10.2021) su ricorso della parte interessata, può autorizzare con decreto il deposito presso altro locale idoneo (art. 77, 2° co., disp. att. cod. civ.; si veda anche l'art. 78 disp. att. cod. civ.).

Gli **effetti** della mora si verificano dal giorno dell'offerta, se questa è successivamente dichiarata valida con **sentenza passata in giudicato** o se è accettata dal creditore (artt. 1207, 3° co., su cui si veda Cass., 19.7.2018, n. 19261): gli effetti, dunque, non si verificano qualora il giudice accerti che il rifiuto era giustificato (perché, ad esempio, il debitore ha offerto una prestazione non esatta).

Capitolo 15

LE OBBLIGAZIONI PECUNIARIE

115. Le obbligazioni pecuniarie. Definizione.

Il codice civile riserva una particolare disciplina per le **obbligazioni pecuniarie**, ossia le obbligazioni che hanno per oggetto una somma di **denaro** (artt. 1277-1284 cod. civ.).

Tradizionalmente si insegna che le obbligazioni pecuniarie costituiscono **obbligazioni di dare** aventi ad oggetto **cose generiche**. Va considerato, peraltro, il fenomeno della "smaterializzazione" del denaro, in relazione al diffondersi di sempre nuove forme di pagamento e di trasferimento dello stesso: è possibile, così, discutere di "moneta bancaria" o "moneta elettronica" (la materia sarà accennata già nel prossimo paragrafo e, più diffusamente, nel § 331).

116. L'estinzione delle obbligazioni pecuniarie attraverso altri mezzi di pagamento.

La giurisprudenza ammette che le obbligazioni pecuniarie possano essere estinte, oltre che con la consegna di pezzi monetari, anche con **altri mezzi di pagamento**, come gli assegni bancari o circolari, idonei a garantire al creditore lo stesso effetto del pagamento avvenuto in contanti (Cass., 10.6.2013, n. 14531; Cass., Sez. Un., 4.6.2010, n. 13658). Altri mezzi di pagamento diffusi sono costituiti da carte di credito, bonifici bancari, trasferimenti elettronici di fondi. Si ricordi che il creditore può **rifiutare** il pagamento attraverso assegno circolare o assegno bancario (o altro mezzo di pagamento) soltanto se vi sia un **giustificato motivo** (che dovrà essere allegato e, ove necessario, anche provato).

Il legislatore, al fine di combattere alcuni fenomeni dilaganti (il c.d. **riciclaggio** del **denaro sporco** o il **finanziamento** del **terrorismo**) ha previsto alcuni limiti alla possibilità di utilizzare il denaro in contante (si veda anche il d.lgs. 25.5.2017, n. 90, sulla "prevenzione dell'uso del sistema finanziario a scopo di riciclaggio dei proventi di attività criminose e di finanziamento del terrorismo").

In particolare, è vietato il trasferimento di denaro contante e di titoli al portatore in euro o in valuta estera, effettuato a qualsiasi titolo tra soggetti diversi, siano esse persone fisiche o giuridiche, quando il valore oggetto di trasferimento è complessivamente pari o superiore a 2.000 euro (soglia che vale dal 1° luglio 2020 fino al 31 dicembre 2022). A decorrere dal 1° gennaio 2023 la soglia è di 1.000 euro. Il trasferimento superiore al predetto limite è vietato anche quando è effettuato con più pagamenti, inferiori alla soglia, che appaiono artificiosamente frazionati e può essere eseguito esclusivamente per il tramite di banche, Poste italiane S.p.a., istituti di moneta elettronica e istituti di pagamento a ciò abilitati (art. 49, 1° co., d.lgs. 21.11.2007, n. 231; art. 49, 3° co.-*bis*, d.lgs. n. 231/2007: comma modificato, da ultimo, dalla l. n. 215/2021 e dall'art. 3, 6° co.-*septies* d.l. n. 228/2021, convertito con modifiche dalla l. n. 15/2022). Qualora il pagamento avvenga in contanti attraverso l'intermediario abilitato, il *solvens* è liberato anche prima della consegna della somma al destinatario; è sufficiente, infatti, che a quest'ultimo venga comunicato, da parte del debitore, che il denaro a lui destinato è stata messo a disposizione presso l'intermediario autorizzato (art. 49, 1° co., d.lgs. n. 231/2007).

In base all'art. 1, 910° co., l. 27.12.2017, n. 205 (c.d. legge di bilancio 2018), a far data dal 1° luglio 2018 i datori di lavoro o committenti corrispondono ai lavoratori la retribuzione, nonché ogni anticipo di essa, attraverso una banca o un ufficio postale con uno dei seguenti mezzi: (a) bonifico sul conto identificato dal codice IBAN indicato dal lavoratore; (b) strumenti di pagamento elettronico; (c) pagamento in contanti presso lo sportello bancario o postale dove il datore di lavoro abbia aperto un conto corrente di tesoreria con mandato di pagamento; (d) emissione di un assegno consegnato direttamente al lavoratore o, in caso di suo comprovato impedimento, a un suo delegato.

I datori di lavoro o committenti **non possono corrispondere** la **retribuzione per mezzo di denaro contante** direttamente al **lavoratore**, qualunque sia la tipologia del rapporto di lavoro instaurato (art. 1, 911° co., l. n. 205/2017). Il pagamento in contanti, dunque, è ammesso soltanto attraverso un istituto dove il datore di lavoro abbia un conto corrente con mandato di pagamento; il che assicura la tracciabilità del pagamento.

Per rapporto di lavoro, ai fini del comma 910, si intende ogni rapporto di lavoro subordinato di cui all'art. 2094 cod. civ., indipendentemente dalle modalità di svolgimento della prestazione e dalla durata del rapporto, nonché ogni rapporto di lavoro originato da contratti di collaborazione coordinata e continuativa e dai contratti di lavoro instaurati in qualsiasi forma dalle cooperative con i propri soci ai sensi della l. n. 142/2001 (art. 1, 912° co., l. n. 205/2017). La firma apposta dal lavoratore sulla busta paga non costituisce prova dell'avvenuto pagamento della retribuzione (art. 1,

912° co., l. n. 205/2017). Al datore di lavoro o committente che viola l'obbligo di cui al comma 910 si applica la sanzione amministrativa pecuniaria consistente nel pagamento di una somma da 1.000 euro a 5.000 euro (art. 1, 913° co., l. n. 205/2017).

117. Il principio nominalistico.

L'art. 1277 cod. civ. stabilisce che "i **debiti pecuniari** si estinguono con moneta avente corso legale nello Stato al tempo del pagamento e per il suo **valore nominale**" (1° co.); "se la somma dovuta era determinata in una moneta che non ha più corso legale al tempo del pagamento, questo deve farsi in moneta legale ragguagliata per valore alla prima" (2° co.; sull'introduzione dell'**euro** si veda il d.lgs. 24.6.1998, n. 213).

Il primo comma della disposizione in esame introduce il c.d. **principio nominalistico**: l'obbligazione pecuniaria si estingue in relazione all'importo nominale e non in base al valore effettivo della moneta.

Esempio. Nel 2000 viene concluso un contratto in base al quale il Sig. De Ricchis ha diritto al pagamento di una somma di denaro pari a 100.000 euro. Siamo nel 2020 e ancora la prestazione non è stata eseguita. L'importo da corrispondere continua ad essere di 100.000 euro (oltre agli interessi, di cui si dirà: § 120): e ciò anche se il valore di scambio di quella somma di denaro sia nel frattempo modificato.

Il principio nominalistico si applica anche se la somma dovuta è determinata in una moneta non avente corso legale nello Stato: in tal caso il debitore ha facoltà di pagare in moneta legale, al corso del cambio nel giorno della scadenza e nel luogo stabilito per il pagamento (art. 1278 cod. civ.). Tale disposizione, peraltro, non si applica se la moneta non avente corso legale nello Stato è indicata con la clausola "effettivo" o altra equivalente, salvo che alla scadenza dell'obbligazione non sia possibile procurarsi tale moneta (art. 1279 cod. civ.).

Il principio in parola asseconda un'esigenza di certezza sull'entità economica del debito pecuniario: senza di esso, infatti, risulterebbe alquanto difficile sapere, prima della scadenza dell'obbligazione, quanto il debitore deve pagare.

Le disposizioni sin qui ricordate si osservano in quanto non siano in contrasto con i princìpî derivanti da leggi speciali (art. 1281, 1° co., cod. civ.). Sono salve le disposizioni particolari concernenti i pagamenti da farsi fuori del territorio dello Stato (art. 1281, 2° co., cod. civ.; sulla disciplina valutaria si veda il t.u. approvato con d.p.r. 31.3.1988, n. 148, modificato con l. 7.11.2000, n. 326).

118. Debiti di valuta e debiti di valore.

Una precisazione importante si impone. Il principio nominalistico non si applica a tutte le obbligazioni che sono destinate ad essere estinte attraverso la dazione di una somma di denaro: si riferisce soltanto ai debiti di valuta e non ai debiti di valore.

Sono **debiti di valuta** quelle obbligazioni che, sin dal loro sorgere, hanno per oggetto una somma di denaro, che può essere già determinata (si pensi al prezzo di una compravendita) o che sia da determinare attraverso una successiva liquidazione: è il caso dell'onorario da corrispondere ad un avvocato (Cass., 30.7.2019, n. 20547) o dell'indennità dovuta all'espropriato per pubblica utilità (Cass., 10.2.2021, n. 3274; Cass., 9.1.2020, n. 217).

Sono **debiti di valore** quelle obbligazioni che hanno per oggetto, sin dall'inizio, una prestazione diversa da quella monetaria: il denaro, qui, costituisce soltanto un bene sostitutivo della prestazione avente un oggetto diverso.

Esempio. Si verifica un sinistro stradale che determina la lesione dell'integrità fisica di un pedone. L'autore del fatto illecito è obbligato a rimuovere le conseguenze dell'incidente: tale obbligazione si converte in quella di pagare una somma di danaro a titolo di risarcimento del danno.

Come ha affermato più volte la giurisprudenza, sono debiti di valore (oltre a quelli che derivano da fatto illecito: Trib. Ancona, 22.6.2021) l'arricchimento indebito, l'indennità dovuta al possessore di buona fede per i miglioramenti, il rimborso al conduttore dell'importo di eventuali migliorie, l'indennizzo da assicurazione.

Inoltre, per i giudici di legittimità l'obbligazione di risarcimento del danno per inadempimento di obbligazioni contrattuali diverse da quelle pecuniarie costituisce un debito di valore: ciò in quanto essa tiene luogo della materiale utilità che il creditore avrebbe conseguito se avesse ricevuto la prestazione dovutagli (Cass., 19.1.2022, n. 1627; Cass., n. 13225/2016; Cass., n. 1335/2009; Cass., n. 16963/2009).

118.1. *La liquidazione dei debiti di valore.*

Qualche cenno va fatto in ordine ai criteri utilizzatati dalla giurisprudenza per "**liquidare**" i debiti di valore.

In primo luogo, si procede alla ***aestimatio***: si quantifica in termini monetari il valore che la prestazione oggetto dell'obbligazione aveva nel momento in cui quest'ultima è nata.

Si provvede, poi, alla c.d. ***taxatio***, ossia alla **rivalutazione** dell'importo ottenuto con l'*aestimatio* (Cass., 10.4.2018, n. 8766). La rivalutazione viene compiuta dal momento in cui l'obbligazione è nata fino al giorno in cui è effettuata la liquidazione, utilizzando gli indici ISTAT di variazione del costo della vita.

Si liquida, infine, un ulteriore **danno da ritardo** nell'ottenimento della prestazione (il periodo del ritardo è quello che va dal momento in cui l'obbligazione è nata a quello della liquidazione). La liquidazione avviene con il riconoscimento, a favore del creditore, dei c.d. interessi compensativi (su cui si veda anche § 120.2), che secondo un orientamento giurisprudenziale si calcolano sulla somma corrispondente al valore della prestazione via via rivalutata (Cass., Sez. Un., 17.2.1995, n. 1712; Cass., 10.4.2018, n. 8766; Trib. Imperia, 4.10.2021). In pratica gli interessi compensativi sui debiti di valore sono computati con riferimento ai singoli momenti in cui la somma equivalente al bene perduto si incrementa nominalmente, per effetto dei prescelti indici di rivalutazione.

Una parte della giurisprudenza, peraltro, adotta un criterio di liquidazione semplificato, quantificando direttamente, al momento della decisione, il valore monetario attuale dell'obbligazione e specificando se nel valore ottenuto è compreso o meno, anche attraverso una valutazione equitativa, il danno da ritardo (in caso negativo occorrerà calcolare gli interessi compensativi: Cass., Sez. Un., 11.1.2008, n. 584; Cass., n. 3268/2008; Cass., 5.5.2016, n. 9039; Cass., 23.3.2018, n. 7267).

Dal momento della liquidazione (non importa se avvenga in via convenzionale o attraverso l'intervento del giudice), l'obbligazione di valore si converte in obbligazione di valuta (la quale, come visto, è soggetta al principio nominalistico).

Esempio. All'esito di una lite giudiziale durata 2 anni, il giudice con sentenza liquida a favore della vittima del fatto illecito una somma pari a 20.000 euro. L'obbligazione del debitore di pagare la somma stabilita dal giudice è soggetta al principio nominalistico.

119. Le clausole di indicizzazione.

Nell'attuale momento storico, è evidente, il principio nominalistico tende a favorire il debitore, considerato il fenomeno dell'**inflazione** della stessa moneta, da intendersi come la perdita nel tempo del potere di acquisto della moneta (la **deflazione**, ossia l'aumento del potere di acquisto della moneta, è evento raro nell'epoca moderna; raro ma non impossibile: si pensi ad alcune conseguenze, almeno nel breve periodo, derivanti dalla pandemia del Covid-19).

Nella prassi, pertanto, si sono previsti alcuni rimedi per fronteggiare il fenomeno della perdita di potere della moneta. Le parti possono prevedere le c.d. **clausole di indicizzazione**, che vincolano la somma pecuniaria dovuta a determinati parametri, la cui variazione incide automaticamente sull'importo finale da corrispondere: si pensi, ad esempio, agli **indici ISTAT** di variazione del costo della vita e agli **indici Euribor** (ossia il tasso di interesse medio, calcolato giornalmente, delle operazioni finanziarie tra le principali banche europee).

Sono clausole di indicizzazione anche le c.d. **clausole oro**: il loro inserimento comporta che il debitore, alla scadenza dell'obbligazione, sia tenuto a restituire non la somma di denaro nominale ma la quantità di denaro necessario per poter acquistare la stessa quantità di oro che si poteva acquistare quando l'obbligazione è nata.

Talvolta è la stessa legge ad indicizzare le obbligazioni pecuniarie: è quello che accade per i crediti di lavoro (art. 439, 3° co., cod. proc. civ.) o per l'assegno che spetta al coniuge divorziato (art. 5, 7° co., l. n. 898/1970).

Altri rimedi costituenti un correttivo al principio nominalistico, inoltre, saranno studiati allorché si avrà riguardo agli interessi moratori nelle obbligazioni pecuniarie (§ 129).

120. Gli interessi nelle obbligazioni pecuniarie: caratteri principali.

Gli **interessi** possono essere **definiti** come una particolare obbligazione pecuniaria, accessoria rispetto ad un'obbligazione principale, anch'essa pecuniaria. I caratteri principali degli interessi sono la accessorietà, la periodicità, la loro determinazione in percentuale sulla sorte capitale, l'omogeneità rispetto alla c.d. sorte capitale. Si analizzi, in breve, ciascuno di questi caratteri.

L'**accessorietà** dell'obbligazione degli interessi rispetto a quella principale del capitale comporta che se quest'ultima viene meno (perché, ad esempio, è dichiarato nullo o risolto il contratto da cui derivava), viene meno anche l'obbligazione degli interessi.

La **periodicità** comporta che gli interessi sorgono ("maturano" si dice in gergo) e quindi diventano esigibili con il decorso del tempo. Essi possono essere pagati alla scadenza (mensile, trimestrale, annuale), in anticipo oppure in corrispondenza del versamento, rateale o per intero, del capitale.

Gli interessi, da ultimo, sono dovuti in una **percentuale** rispetto alla sorte capitale (sulla percentuale negli interessi legali § 120.1): il che dimostra che l'oggetto dell'obbligazione degli interessi deve essere necessariamente una somma di denaro (si discute, allora, di **omogeneità** dell'obbligazione degli interessi rispetto a quella principale).

120.1. *La fonte degli interessi: interessi legali ed interessi convenzionali.*

La fonte degli interessi può essere legale o convenzionale. Si considerino, in primo luogo, gli **interessi legali**. Prevede l'art. 1282, 1° co., cod. civ., che i "**crediti liquidi** ed **esigibili** di somme di denaro producono interessi di pieno diritto, salvo che la legge o il titolo stabiliscano diversamente". I crediti liquidi sono quelli che hanno per oggetto somme determinate nel loro ammontare; i crediti esigibili, invece, sono quelli non sottoposti a termine o a condizione (Cass., 4.7.2018, n. 17437).

Si suole spiegare la *ratio* della norma in questo modo: il debitore, trattenendo presso di sé le somme che sono dovute (in quanto liquide ed esigibili), guadagna quel corrispettivo che spetterebbe al creditore se potesse impiegare il denaro. La disposizione, dunque, mira ad evitare un ingiusto arricchimento in capo al debitore.

La norma avverte che la legge può stabilire diversamente: è previsto, ad esempio, che nelle obbligazioni cambiarie non sono previsti, in generale, interessi: semmai essi devono essere stabiliti espressamente attraverso apposita clausola e sono dovuti soltanto nei casi di scadenza "a vista" o a "certo tempo vista".

Il **tasso (o saggio) di interesse** è determinato dal Ministero dell'economia e delle finanze, con decreto che viene pubblicato nella Gazzetta Ufficiale non oltre il 15 dicembre dell'anno precedente a quello in cui il nuovo saggio intende riferirsi (art. 1284, 1° co., cod. civ.). Il saggio di interessi legali è stato determinato in misura pari all'1,25% in ragione d'anno a partire dall'1.1.2022 (d.m. 13.12.2021).

Allo stesso saggio si computano gli interessi convenzionali, se le parti non ne hanno determinato la misura (art. 1284, 2° co., cod. civ.). Il tasso legale (in assenza di diversa previsione delle parti) si applica sia per gli interessi corrispettivi sia per gli interessi moratori (sul tasso negli interessi compensativi si veda § 120.2).

Gli **interessi convenzionali**, invece, sono quelli dovuti in forza di un accordo tra creditore e debitore. Le parti possono stabilire interessi in misura superiore a quella legale: se, però, il loro accordo non è previsto per iscritto, gli interessi sono dovuti nella misura fissata dalla legge (art. 1284, 3° co., cod. civ.). Il patto sugli interessi moratori, a cagione della sua natura di liquidazione forfetaria e preventiva del danno, è inquadrabile nell'art. 1382 c.c., essendo un "tipo di clausola penale" (così Cass., n. 19597/2020).

Di recente l'art. 17 del d.l. n. 132/2014 (convertito nella l. n. 164/2014) ha aggiunto altri due commi all'art. 1284 cod. civ.: se le parti non ne hanno determinato la misura, dal momento in cui è proposta domanda giudiziale il saggio degli interessi legali è pari a quello previsto dalla legislazione speciale relativa ai ritardi di pagamento nelle transazioni commerciali (4° co.; per Cass., 7.11.2018, n. 28409, questa disposizione si applica solo alle obbligazioni pecuniarie derivanti da contratto); la disciplina del quarto comma si applica anche all'atto con cui si promuove il procedimento arbitrale (5° co.).

In ogni caso le parti non possono stabilire **interessi** c.d. **usurari** (Cass., Sez. Un., 20.6.2018, n. 16303). È previsto dalla legge un limite oltre il quale gli interessi sono considerati usurari: (a) in primo luogo si calcola il tasso effettivo globale medio di interesse (TEGM) praticato dalle banche e dagli intermediari finanziari, così come trimestralmente rilevato con decreto del Ministero dell'economia e delle finanze; (b) tale tasso è poi aumentato del 25%; (c) al valore ottenuto, infine, si aggiungono ulteriori quattro punti percentuali. La differenza tra il tasso di usura ed il tasso medio non può essere superiore ad otto punti percentuali (art. 8, 5° co., lett. d, d.l. 13.5.2011, n. 70). La disciplina antiusura intende sanzionare sia la pattuizione di interessi eccessivi convenuti al momento della stipula del contratto, quale corrispettivo per la concessione del denaro, sia gli interessi moratori, che costituiscono un possibile debito per il finanziato (Cass., Sez. Un., 18.9.2020, n. 19597).

Per l'art. 644, 3° co., cod. pen., "sono altresì usurari gli interessi, anche se inferiori a tale limite, e gli altri vantaggi o compensi che avuto riguardo alle concrete modalità del fatto e al tasso medio praticato per operazioni similari risultano comunque sproporzionati rispetto alla prestazione di denaro o di altre utilità, ovvero all'opera di mediazione, quando chi li ha dati o promessi si trova in condizioni di difficoltà economica o finanziaria".

Se sono convenuti interessi usurari, la clausola è nulla e non sono dovuti interessi (art. 1815, 2° co., cod. civ.). La nullità sussiste quando gli interessi siano usurari al giorno della conclusione del contratto (si confronti l'interpretazione autentica della l. n. 108/1996, fornita dal d.l. n. 394/2000, convertito nella l. n. 24/2001). Le Sezioni Unite della Cassazione, però, hanno però precisato che quando gli interessi moratori non sono dovuti al tasso usurario convenuto, troverà comunque applicazione l'art. 1224, 1° co., c.c.: quindi, il risarcimento del danno da ritardo subìto dal creditore sarà determinato nella misura degli interessi corrispettivi, allorché questi siano stati pattuiti legittimamente, ossia sotto la soglia dell'usura (Cass., Sez. Un., 18.9.2020, n. 19597).

In caso, invece, di **usura sopravvenuta**, la Suprema Corte, nel 2017, ha formulato il seguente principio di diritto: "nei contratti di mutuo, allorché il tasso degli interessi concordato tra mutuante e mutuatario superi, nel corso dello svolgimento del rapporto, la soglia dell'usura, come determinata in base alle disposizioni di legge n. 108 del 1996, non si verifica la nullità o l'inefficacia della clausola contrattuale di determinazione del tasso degli interessi stipulata anteriormente all'entrata in vigore della predetta legge o della clausola stipulata successivamente per un tasso non eccedente tale soglia quale risultante al momento della stipula, né la pretesa del mutuante, di riscuotere gli interessi secondo il tasso validamente concordato, può essere qualificata, per il solo fatto del sopraggiunto superamento di detta soglia, contraria al dovere di buona fede nell'esecuzione del contratto" (Cass., Sez. Un., 19.10.2017, n. 24675; si veda anche Cass., 30.1.2018, n. 2311). A proposito della buona fede, nella motivazione le Sezioni Unite precisano: "in presenza di particolari modalità o circostanze, anche la pretesa di interessi divenuti superiori al tasso soglia in epoca successiva alla loro pattuizione potrebbe dirsi scorretta ai sensi dell'art. 1375 cod. civ.; ma va escluso che sia da qualificare scorretta la pretesa in sé di quegli interessi, corrispondenti ad un diritto validamente riconosciuto dal contratto". L'indicazione della Suprema Corte, dunque, è di procedere alla valutazione delle circostanze fattuali proprie di ciascun rapporto di finanziamento. Si tratta di un'impostazione che non soddisfa tutti gli interpreti: negare che la riscossione degli interessi oltre soglia integri di per sé un abuso ai sensi dell'art. 1375 cod. civ. finisce per dar voce, secondo taluno, alla "tesi negazionista" dell'usura sopravvenuta (si confronti, invece, l'Arbitrato Bancario Finanziario, 10.1.2017, Collegio di coordinamento n. 77, secondo cui può considerarsi contrario a buona fede il rifiuto di una parte di portare i tassi concordati al di sotto della soglia usuraria).

La giurisprudenza di merito, da parte sua, è costante nell'affermare che in tema di contratto di mutuo, qualora il tasso degli interessi concordato nel corso dello svolgimento del rapporto oltrepassi la soglia dell'usura, non si verifica la nullità o l'inefficacia della clausola contrattuale di determinazione del tasso degli interessi stipulata anteriormente all'entrata in vigore della l. n. 108/1996 o della clausola stipulata successivamente per un tasso non eccedente tale soglia quale risultante al momento della stipula (App. Milano, 26.1.2022; App. Ancona, 13.1.2022; Trib. Milano, 21.1.2020; Trib. Arezzo, 15.1.2020; Trib. Cosenza, 9.1.2020; Trib. Livorno, 19.11.2019).

Il saggio degli interessi da applicare a favore del creditore per il ritardo dei pagamenti nelle transazioni commerciali è comunicato dal Ministero dell'economia e delle finanze ai sensi dell'art. 5 del d.lgs. n. 231/2002 (come modificato dalla lettera *e* del 1° co. del d.lgs. n. 192/2012): esso, per il primo semestre del 2022, è stato fissato nella misura dello 0% dal d.m. 26.1.2022 (sugli interessi moratori nel contratto di subfornitura si veda § 265).

120.2. *La funzione degli interessi: interessi corrispettivi, interessi compensativi, interessi moratori.*

In base alla funzione è possibile distinguere gli interessi corrispettivi, gli interessi compensativi e gli interessi moratori. È vano, peraltro, ricercare nel codice la definizione di interessi corrispettivi e di interessi compensativi (le espressioni, infatti, sono invalse nella prassi e sono adoperate dalla giurisprudenza). Il termine interessi moratori, invece, si ritrova espressamente nel codice civile (§ 129).

Gli **interessi corrispettivi** sono quelli dovuti sui crediti liquidi ed esigibili di somme di denaro (art. 1282, 1° co., cod. civ.).

Esempio. Viene stipulato un contratto di compravendita di un immobile, in cui il compratore è obbligato a pagare la somma di 500.000 euro. Nel contratto non è previsto un termine per l'adempimento dell'obbligazione pecuniaria, che così è immediatamente esigibile. Se il compratore paga il prezzo dell'immobile dopo 6 mesi, alla somma di 500.000 euro si devono aggiungere gli interessi corrispettivi legali, calcolati su sei mesi.

Sono corrispettivi, ancora, quegli interessi dovuti dal debitore al creditore sui capitali concessi a mutuo (art. 1815 cod. civ., che richiama espressamente l'art. 1284 cod. civ.) o, comunque, su capitali lasciati nella disponibilità di un altro soggetto. Si pensi, per esempio, al deposito che abbia per oggetto una quantità di denaro: in tal caso si osservano, in quanto applicabili, le norme relative al mutuo (art. 1782, 2° co., cod. civ.). È previsto, ancora, che sulle rimesse in conto corrente decorrono gli interessi nella misura stabilita dal contratto o dagli usi ovvero, in mancanza, in quella legale (art. 1825 cod. civ.).

Gli interessi, qui, vengono considerati come un "corrispettivo" per il godimento che il debitore ha sul denaro del creditore. Il denaro, in sostanza, è inteso come una cosa fruttifera: i suoi **frutti civili** sono, appunto, gli interessi.

Diversi sono gli **interessi compensativi**, frutto di creazione giurisprudenziale. Si tratta di interessi accessori ad un'obbligazione di valore (§ 118) e rappresentano una sorta di "compensazione" del danno sofferto dal creditore per non aver ottenuto tempestivamente la prestazione che gli spettava (Cass., 14.6.2016, n. 12140; Cass., 20.1.2020, n. 1111).

Nei tribunali si è andata diffondendo la figura in esame nella consapevolezza che, diversamente, il creditore in questi casi sarebbe rimasto privo degli interessi posto che, per precisa disposizione del codice, l'illiquidità del credito di valore non determina la decorrenza automatica degli interessi corrispettivi (art. 1282, 1° co., cod. civ.).

Per la Suprema Corte il giudice può liquidare gli interessi compensativi nella misura legale o in misura diversa, superiore o inferiore (Cass., 18.2.2022, n. 5317; Cass., 10.12.2021, n. 39376; Cass., 18.4.2012, n. 6070; Cass., Sez. Un., 5.4.2007, n. 8520). Si aggiunga che gli interessi compensativi, a differenza di quelli moratori, non vanno domandati (nel senso che il giudice del merito è tenuto d'ufficio alla loro liquidazione), essendo anch'essi finalizzati a reintegrare il patrimonio del danneggiato, qual era all'epoca del prodursi del danno (Cass., n. 6070/2012).

Infine, gli **interessi moratori** sono dovuti dal debitore in mora: su questi interessi ci si intratterrà studiando, analiticamente, la figura della mora del debitore (Cap. 17). Per adesso basti ricordare la disciplina di riferimento: nelle obbligazioni che hanno per oggetto una somma di denaro (art. 1277 cod. civ.) sono dovuti dal giorno della mora gli interessi legali, anche se non erano dovuti precedentemente e anche se il creditore non prova di aver sofferto alcun danno. Se prima della mora erano dovuti interessi in misura superiore a quella legale, gli interessi moratori sono dovuti nella stessa misura (art. 1224, 1° co., cod. civ.). Al creditore che dimostra di aver subìto un danno maggiore spetta l'ulteriore risarcimento. Questo non è dovuto se è stata convenuta la misura degli interessi moratori (art. 1224, 2° co., cod. civ.).

120.3. *L'anatocismo.*

L'**anatocismo** (dal greco anà, che vuol dire di nuovo, e tokòs, che significa interesse) è la capitalizzazione degli interessi sulla somma capitale: gli interessi maturati nel periodo di riferimento, in sostanza, si sommano al capitale e costituiscono la base per il calcolo degli interessi nel periodo successivo.

Il codice civile **vieta** l'anatocismo, ossia la produzione degli interessi sugli interessi. Gli interessi scaduti producono a loro volta interessi soltanto in due casi (art. 1283 cod. civ.): (a) dal giorno della domanda giudiziale diretta specificamente ad ottenere il pagamento degli interessi sugli interessi scaduti o per effetto di convenzione posteriore alla scadenza degli interessi (sempre che siano dovuti per almeno sei mesi); (b) se esistono usi che espressamente li prevedono (gli usi di cui qui si discute sono usi normativi). Si vedrà, tra poco, che alla fine degli anni Novanta la legislazione bancaria ha espressamente previsto altri casi in cui l'anatocismo deve considerarsi consentito.

L'anatocismo è stato per lungo tempo applicato dalle banche, secondo una **prassi** per cui gli interessi a debito del correntista venivano liquidati con frequenza trimestrale, mentre gli interessi a credito dello stesso venivano liquidati con cadenza annuale. La capitalizzazione trimestrale è stata prevista per la prima volta dall'ABI (**Associazione banche italiane**) con effetto dal 1° gennaio 1952. A partire da questa data gli istituti di credito hanno capitalizzato gli interessi debitori, trimestralmente, al 31 marzo, 30 giugno, 30 settembre e 31 dicembre.

Esempio. Se un cliente aveva il conto corrente "in rosso" per la somma pari a euro 10.000, la banca ogni tre mesi gli addebitava i relativi interessi: se il tasso di interessi era pari al 10%, gli interessi trimestrali erano pari a euro 250. Tale somma andava a gravare subito (senza attendere la fine dell'anno) sul capitale a debito. I successivi interessi, pertanto, venivano calcolati non più su euro 10.000 ma sulla somma di euro 10.250, e così via.

A partire dalla fine degli anni Novanta, peraltro, la Suprema Corte ha dichiarato questo anatocismo **illegittimo**, non potendo le banche capitalizzare ogni tre mesi gli interessi debitori sulle somme prestate al cliente. Si è stabilito, in particolare, che "la previsione contenuta nei contratti di conto corrente bancario, concernente la capitalizzazione trimestrale degli interessi dovuti dal cliente, in quanto basata su un mero uso negoziale e non su una vera e propria norma consuetudinaria, è nulla, in quanto anteriore alla scadenza degli interessi" (Cass., 16.3.1999, n. 2374).

Della materia, allora, è tornato ad occuparsi il legislatore. Poco dopo l'intervento dei giudici di legittimità, l'art. 25, 2° co., del d.lgs. n. 342/1999 ha introdotto un nuovo comma all'art. 120 del d.lgs. n. 385/1993 (Testo Unico Bancario), prevedendo la possibilità di stabilire, attraverso un'apposita delibera del CICR (Comitato Interministeriale per il Credito e Risparmio), le modalità ed i criteri di produzione degli interessi sugli interessi, maturati nell'esercizio dell'attività bancaria, purché fosse rispettata la stessa periodicità nel conteggio dei saldi passivi e dei saldi attivi (la delibera del CICR è intervenuta il 9.2.2000, su cui si veda Trib. Pordenone, 9.8.2019; l'art. 120 del TUB è stato oggetto di un'ulteriore modifica ad opera della l. n. 147/2013, nonché, da ultimo, della l. 8.4.2016, n. 49, che ha convertito con modifiche il d.l. 14.2.2016, n. 18; le disposizioni attuative dell'art. 120 TUB sono state approvate con delibera CICR del 3.8.2016).

Il nuovo art. 120, 2° co., TUB, prevede che "il CICR stabilisce modalità e criteri per la produzione di interessi nelle operazioni poste in essere nell'esercizio dell'attività bancaria, prevedendo in ogni caso che: (a) nei rapporti di conto corrente o di conto di pagamento sia assicurata, nei confronti della clientela, la stessa periodicità nel conteggio degli interessi sia debitori sia creditori, comunque non inferiore ad un anno; gli interessi sono conteggiati il 31 dicembre di ciascun anno e, in ogni caso, al termine del rapporto per cui sono dovuti; (b) gli interessi debitori maturati, ivi compresi quelli relativi a finanziamenti a valere su carte di credito, non possono produrre interessi ulteriori, salvo quelli di mora, e sono calcolati esclusivamente sulla sorte capitale; per le aperture di credito regolate in conto corrente e in conto di pagamento, per gli sconfinamenti anche in assenza di affidamento ovvero oltre il limite del fido: (1) gli interessi debitori sono conteggiati al 31 dicembre e divengono esigibili il 1° marzo dell'anno successivo a quello in sono maturati; nel caso di chiusura definitiva del rapporto, gli interessi sono immediatamente esigibili; (2) il cliente può autorizzare, anche preventivamente, l'addebito degli interessi sul conto al momento in cui questi divengono esigibili; in questo caso la somma addebitata è considerata sorte capitale; l'autorizzazione è revocabile in ogni momento, purché prima che l'addebito abbia luogo".

Tre brevi considerazioni vanno svolte. In primo luogo, la lettera (a) della disposizione si applica ai soli rapporti di conto corrente e di conto pagamento. In secondo luogo, nonostante le tante dichiarazioni di principio degli ultimi anni, per i contratti bancari sembra sussistere ancora l'anatocismo, pur se limitato agli interessi moratori. Infine, ed il rilievo non è poco conto, ai sensi della lettera (b), seconda parte, n. (2) è possibile rinvenire un'altra forma di anatocismo su "autorizzazione" del cliente (ancorché la produzione di interessi su interessi, questa volta, venga calcolata su base annuale e non più trimestralmente, come accadeva in passato).

Nell'art. 25, 3° co., d.lgs. n. 342/1999 veniva prevista, con una disposizione transitoria, una "sanatoria" per il periodo precedente, facendo salve le clausole di capitalizzazione trimestrale contenute nei contratti stipulati prima dell'entrata in vigore della nuova disciplina (analoga norma era contenuta nell'art. 7 della citata delibera del CICR). La norma transitoria, però, è stata dichiarata illegittima per violazione dell'art. 77 Cost. (Corte cost., 17.10.2000, n. 425).

La Suprema Corte, a sua volta, nella solennità delle Sezioni Unite ha affermato l'illegittimità, per il passato, degli addebiti bancari per anatocismo (Cass., Sez. Un., 4.11.2004, n. 21095). Per i giudici di legittimità, infatti, le clausole di capitalizzazione trimestrale degli interessi debitori, precedenti al 1999, non sono mai state rispondenti ad un uso normativo bensì negoziale: esse, dunque, sono in contrasto con il principio contenuto nell'art. 1283 cod. civ.

L'uso normativo, come si legge nella sentenza, consiste nella "ripetizione generale, uniforme, costante e pubblica di un determinato comportamento, accompagnato dalla convinzione che si tratta di comportamento giuridicamente obbligatorio, in quanto conforme a una norma che già esiste o che si ritiene debba far parte dell'ordinamento giuridico".

Le clausole anatocistiche, invece, venivano accettate non perché i clienti fossero convinti della loro corrispondenza ai principî dell'ordinamento giuridico, ma perché erano costretti ad accettarle al fine di usufruire dei servizi bancari. Si tratta di un atteggiamento psicologico ben lontano da quella spontanea accettazione che, invece, caratterizza l'uso normativo (in questo senso si veda anche Trib. Trani, 1.8.2019).

Tale indirizzo è stato successivamente confermato da un'altra pronuncia a Sezioni Unite della Suprema Corte che, oltre ad affermare definitivamente il carattere decennale della prescrizione dell'azione di restituzione nei confronti delle banche, ha meglio chiarito i criteri secondo cui può avvenire il rimborso degli interessi anatocistici illegittimamente pretesi ed incassati dalle banche (Cass., Sez. Un., 2.12.2010, n. 24418; sui termini di prescrizione si veda anche Corte cost., 5.4.2012, n. 78). Ed ancora, nel 2016 la Suprema Corte ha ribadito che una volta dichiarata la nullità della clausola negoziale di capitalizzazione trimestrale, contrastante con il divieto di anatocismo stabilito dall'art. 1283 c. c., in un contratto anteriore al 22 aprile 2000, gli interessi a debito del cliente non possono essere calcolati secondo una capitalizzazione annuale, ma devono essere depurati da ogni capitalizzazione (Cass., n. 17150/2016).

L'eccezione di nullità della clausola anatocistica può essere sollevata nei confronti della banca anche dal garante autonomo (Cass., 10.1.2018, n. 371; sul contratto autonomo di garanzia § 314).

Capitolo 16

L'INADEMPIMENTO DELLE OBBLIGAZIONI E IL RISARCIMENTO DEL DANNO

121. L'inadempimento: nozione. La fattispecie di cui all'art. 1218 cod. civ.

Dopo aver studiato il concetto di adempimento, risulta più agevole ora occuparsi della nozione di **inadempimento**: esso può definirsi come la non esecuzione della prestazione o l'esecuzione inesatta della prestazione. La prestazione, in quest'ultimo caso, può essere inesatta qualitativamente o quantitativamente.

È possibile distinguere, dunque, l'**inadempimento totale** (in cui la prestazione è del tutto ineseguita), dall'**inadempimento parziale** (in cui l'adempimento non è esatto).

Ulteriore distinzione poi, è quella fra **inadempimento definitivo** (la prestazione non può più essere eseguita) e **inadempimento temporaneo** (la prestazione può ancora essere eseguita, ancorché sia scaduto il termine). L'inadempimento temporaneo è detto anche ritardo (a seconda dei casi può sfociare in un adempimento tardivo o in un inadempimento definitivo).

Sulla nozione di inadempimento definitivo va svolto un ulteriore rilievo. Non vi è dubbio che la definitività dell'inadempimento sussista quando il debitore si trovi nell'impossibilità (materiale o giuridica) di eseguire la prestazione: qui, semmai, si porrà la questione se l'inadempimento sia o meno imputabile allo stesso debitore (soltanto in caso di impossibilità della prestazione imputabile, infatti, il creditore può invocare l'applicazione delle regole sanzionatorie).

La definitività dell'inadempimento, peraltro, può aversi anche quando la prestazione, pur essendo ancora possibile (materialmente o giuridicamente), non sia più corrispondente all'interesse del creditore: il che accade, ad esempio, quando in un contratto la prestazione sia scaduta e passi un determinato lasso di tempo senza che il debitore si sia, nel frattempo, attivato per eseguire la prestazione tardiva. Nell'ampia nozione di "definitività" dell'inadempimento, pertanto, convivono due caratteri: quello dell'impossibilità oggettiva e quello della non realizzabilità dell'interesse originario del creditore (ecco dove sta, in questo caso, la "definitività").

Per regola generale, affinché vi sia ritardo nell'adempimento deve essere maturato il tempo dell'adempimento.

Esempio. Viene concluso un contratto di appalto, in base al quale l'appaltatore dovrà consegnare l'immobile entro il 15 luglio del 2021. Alla scadenza del termine, se l'appaltatore non ha consegnato l'immobile (e non sussistono cause di esonero dalla responsabilità), lo stesso dovrà considerarsi inadempiente.

In alcuni casi, però, può aversi inadempimento ancor prima che sia maturato il tempo dell'adempimento. Si pensi proprio alla disciplina dell'appalto: quando, nel corso dell'opera (prima cioè che sia scaduto il termine) si accerti che la sua esecuzione non proceda secondo le condizioni stabilite dal contratto e a regola d'arte, il committente può fissare un congruo termine entro il quale l'appaltatore si deve conformare a tali condizioni; trascorso inutilmente tale termine, il contratto è risolto (art. 1662, 2° co., cod. civ.). Più in generale, è da ritenere inadempiente il debitore quando sia certo che lo stesso non sarà in grado, alla scadenza del termine, di eseguire la prestazione prevista.

Quali sono le **conseguenze** dell'**inadempimento**? La norma fondamentale, in materia, è contenuta nell'art. 1218 cod. civ., per il quale "il debitore che non esegue esattamente la prestazione dovuta è tenuto al risarcimento del danno se non prova che l'inadempimento o il ritardo è stato determinato da impossibilità della prestazione derivante da causa a lui non imputabile". La conseguenza dell'impossibilità della prestazione derivante da causa non imputabile al debitore, ossia l'estinzione dell'obbligazione (art. 1256 cod. civ.), sarà studiata a suo tempo (quando ci si occuperà dell'estinzione dell'obbligazione per cause diverse dall'adempimento: Cap. 18). Del pari, saranno considerati successivamente i rimedi risolutori derivanti dall'inadempimento contrattuale (Cap. 35).

L'indagine da compiere, qui, attiene alla responsabilità risarcitoria del debitore. L'art. 1218 cod. civ. afferma **due principî**: (a) il **fatto oggettivo** dell'inadempimento obbliga il debitore al risarcimento del danno (qualora il creditore, come si vedrà, sia in grado di invocare almeno una delle due voci risarcitorie: il danno emergente o il lucro cessante); (b) il **debitore** è ammesso a provare che l'inadempimento è derivato dall'**impossibilità sopravvenuta** derivante da **causa** a lui **non imputabile**.

La responsabilità di cui qui si discute, e che sarà affrontata nelle pagine successive, si definisce "**responsabilità contrattuale**". L'espressione, diffusa nel linguaggio dei giuristi, è in realtà impropria: con essa deve intendersi la responsabilità per inadempimento dell'obbligazione (e non del contratto); ciò a prescindere dalla fonte dell'obbligazione (che può essere il contratto, il fatto illecito o gli altri atti o fatti idonei, per l'ordinamento, a creare un rapporto obbligatorio). In questo senso può dirsi che incorre in "responsabilità contrattuale" anche la persona tenuta a risarcire il danno *ex* art. 2043 cod. civ. la quale non versa al danneggiato la somma liquidata a favore di quest'ultimo. Va osservato, d'altra parte, come l'art. 1218 cod. civ. sia una di quelle norme, nella disciplina generale delle obbligazioni, che il legislatore ha dettato avendo riguardo, principalmente, al contratto (il che giustifica, in definitiva, il linguaggio invalso tra gli interpreti).

121.1. *La prova liberatoria del debitore: l'impossibilità sopravvenuta della prestazione e la causa non imputabile.*

Il **debitore**, per non sottostare all'obbligazione di risarcire il danno, è tenuto ad offrire due **prove liberatorie** (non basta una sola di esse): ha l'onere di provare che la prestazione è diventata impossibile; ha l'onere di provare, ancora, che l'impossibilità sopravvenuta deriva da cause a lui non imputabili.

Ci si occupi, separatamente, delle due prove liberatorie.

La prestazione è impossibile quando si accerta un'**impossibilità oggettiva** (e non soggettiva): è impossibile oggettivamente quella prestazione che non può essere eseguita da alcun debitore (e non soltanto da quel singolo debitore). Non va confusa la nozione di impossibilità oggettiva con quella di **impossibilità assoluta**, ossia come impedimento all'esecuzione della prestazione che non può in alcun modo essere vinto da forze umane.

La nozione di impossibilità oggettiva si ferma ad uno stadio precedente, dovendo intendersi **in senso economico**, nel rapporto tra mezzi e fini: in questo senso la prestazione è impossibile quando l'impedimento alla sua esecuzione non può essere superato con l'impegno esigibile dal debitore in quella data specie di obbligazione. Una sintetica espressione di un giurista del Novecento, Luigi Mengoni, descrive l'impossibilità della prestazione come inesigibilità secondo buona fede.

Esempio. Una nave proveniente dagli Stati Uniti affonda ed il carico di merce da trasportare (alcuni apparecchi elettronici da vendere sul mercato europeo) cade in mare ad una profondità abissale. Tecnicamente sarebbe possibile, ricorrendo ai più recenti strumenti che la moderna tecnica offre, recuperare la merce. Si tratta, tuttavia, di un impegno non esigibile in relazione a quella data obbligazione.

Il debitore, poi, è tenuto a provare che la prestazione è diventata impossibile per **causa a lui non imputabile**, ossia in base ad un evento che non era prevedibile ed evitabile da parte sua (se il debitore si è avvalso dell'opera di terzi la non prevedibilità e la non evitabilità va dimostrata in capo ai suoi ausiliari: si confronti l'art. 1228 cod. civ.).

Nella nozione di causa non imputabile rientrano sia la **forza maggiore** sia il **caso fortuito**. Con la prima espressione si fa riferimento ad un evento di una forza tale da non poterle resistere: viene in considerazione non solo la forza della natura (una tempesta), ma anche una forza umana (come il fatto del terzo o il fatto dello stesso creditore) o un provvedimento dell'autorità amministrativa; con la seconda espressione, invece, si intende un evento assolutamente imprevedibile, ossia una fatalità (il terremoto, ad esempio, non era previsto né prevedibile da parte di alcun centro sismologico). I due concetti, peraltro, spesso vengono considerati come sinonimi.

La forza maggiore o il caso fortuito vanno intesi come eventi non prevedibili e non evitabili in relazione alla prestazione dedotta nell'obbligazione.

Esempio. L'appaltatore costruisce una villetta la quale, subito dopo la consegna al committente, crolla a causa di una frana. L'appaltatore non può sostenere la non prevedibilità dell'evento se risulta che, attraverso una normale verifica del terreno (cui il costruttore è, ovviamente, tenuto) si poteva accertare la natura franosa del fondo.

Esempio. Il costruttore non può pensare di andare sempre esente da responsabilità risarcitoria se, a seguito di un terremoto, sia andata distrutta un'abitazione da lui costruita, con conseguenti danni a persone e a cose. Se erano previste misure antisismiche e non sono state adottate, il costruttore è tenuto al risarcimento del danno: costruendo la casa nel rispetto delle norme di legge, infatti, si sarebbero potuti evitare i danni che, invece, sono stati cagionati (o, a seconda dei casi, essi sarebbero stati di minore entità).

Esempio. Anche il *factum principis*, in alcuni casi, non può essere invocato quale esimente della responsabilità risarcitoria. Si pensi ad un divieto, da parte della pubblica autorità, di realizzare un tipo di costruzione se non ottemperando a determinate prescrizioni amministrative. Il ragionamento da compiere qui è il seguente: se si fosse ottemperato alle prescrizioni amministrative la costruzione si sarebbe potuta realizzare (o si sarebbe potuta realizzare in tempo)? Se la risposta è positiva il debitore non può invocare il fatto del principe per andare esente da responsabilità.

Allo stesso modo è possibile risolvere il problema dello **sciopero** che, talvolta, rende impossibile l'esecuzione della prestazione ad opera di una parte contrattuale. In materia sembra decisivo il riferimento alle circostanze concrete che hanno generato la sospensione del lavoro: per la giurisprudenza, lo sciopero aziendale non libera l'imprenditore da responsabilità, potendo quest'ultimo evitare con opportune trattative la sospensione del lavoro. A diversa conclusione si dovrà giungere per lo sciopero nazionale, su cui l'imprenditore non può influire in alcun modo (Cass., n. 10139/2006).

121.2. *L'interpretazione oggettivistica e l'interpretazione soggettivistica nella lettura dell'art. 1218 cod. civ. Cenni.*

Quella riferita nel precedente paragrafo può definirsi, in aderenza alla lettera della legge, l'**interpretazione oggettivistica** dell'art. 1218 cod. civ.: il fatto oggettivo dell'inadempimento determina la responsabilità risarcitoria del debitore, a meno che quest'ultimo offra la duplice prova liberatoria. Ad essere più precisi, quella ricordata è la variante della teoria oggettivistica che intende l'impossibilità liberatoria non come impossibilità assoluta, ma come impossibilità relativa, in relazione all'impedimento esigibile dal debitore in quella data specie di obbligazione.

Esiste, peraltro, un'**interpretazione soggettivistica**, che pure trova spazio tra gli studiosi ed è accolta in più di una trattazione manualistica. In base a tale ricostruzione non vi può essere responsabilità risarcitoria se il debitore non è in colpa: la responsabilità, dunque, è sempre colposa, presupponendo un'assenza di diligenza del debitore. Per questa via non può concepirsi una lettura dell'art. 1218 cod. civ. disgiunta da quella di cui all'art. 1176 cod. civ. (rubricato diligenza nell'adempimento).

Pure nella giurisprudenza si ritrova spesso il riferimento alla colpa del debitore, che si considera "presunta" (Cass., 26.8.2002, n. 12477; si veda, anche, negli anni Settanta del secolo scorso, Cass., 22.10.1976, n. 3770).

La presunzione, quale logico corollario, potrebbe essere vinta dando la prova, da parte del debitore, dell'assenza di colpa (ossia della diligenza). Ed invece, la stessa giurisprudenza che discute di "**presunzione di colpa**", il più delle volte richiede una diversa prova: esige, infatti, la dimostrazione della specifica causa, estranea alla sfera di controllo, che ha impedito l'adempimento. Il che permette di affermare, sulla scorta delle valutazioni di un'attenta dottrina, che il concetto di presunzione di colpa viene impiegato qui non in senso tecnico (ai sensi, cioè, dell'art. 2727 cod. civ.: § 63). Si tratta, invece, di un omaggio (puramente nominalistico) all'idea tradizionale secondo cui non può concepirsi la responsabilità del debitore se questi non è in colpa: idea che non ha trovato ingresso nella formulazione dell'art. 1218 cod. civ.

Ecco perché alcuni interpreti rilevano come il richiamo alla colpa, da parte della giurisprudenza, sia molto spesso il prodotto della propensione dei giudici a basare su categorie classiche soluzioni che sono meglio dimostrabili con la moderna categoria della buona fede. Aderendo a quest'ultima impostazione, la conclusione è che il debitore può liberarsi da responsabilità quando la prestazione sia diventata inesigibile sulla base di una valutazione di buona fede *ex* art. 1175 cod. civ. (o, mettendosi nell'ottica del creditore, quando lo stesso non possa esigere l'adempimento con mezzi non connaturati alla prestazione).

Esempio. Il piccolo posteggiatore subisce una rapina, da parte di un gruppo organizzato, della cosa lasciata in custodia. Può dirsi inadempiente? La valutazione da compiere è la seguente: non si può ritenere, secondo buona fede, che il piccolo posteggiare sia tenuto a fronteggiare la rapina (semmai alla grande impresa può essere richiesto di approntare i sistemi idonei a fronteggiarla).

122. Le applicazioni della regola generale sull'inadempimento delle obbligazioni, in relazione ai diversi tipi di prestazione. (a) Le prestazioni di dare.

Il discorso sull'art. 1218 cod. civ., in realtà, non può considerarsi concluso. La norma, infatti, si applica diversamente in relazione ai vari tipi di prestazione che si sono presi in rassegna (ancorché, secondo una diversa ricostruzione, al giudizio di responsabilità dovrebbe darsi un "fondamento unitario").

Si considerino, in primo luogo, le **prestazioni di dare** che in precedenza sono state suddivise in **prestazioni generiche** e **prestazioni di specie** (§ 90).

Per le prestazioni generiche (denaro, grano, petrolio) il debitore non può offrire la prova liberatoria richiesta dalla disposizione codicistica in esame: vale il rilievo secondo cui ***genus numquam perit.***

Esempio. Il debitore si sta recando presso il domicilio del creditore per pagare il suo debito pecuniario, pari a 900 euro. Ha risparmiato per qualche mese e, finalmente, è riuscito a racimolare la somma. Succede però un imprevisto: viene assalito da un rapinatore che, con la pistola alla mano, gli sottrae il portafoglio. A questo punto il debitore non ha più la somma a disposizione per pagare il creditore: non ha un lavoro (l'ha perso di recente) e le banche non sono disposte a fargli credito. Si tratta, tuttavia, di una impossibilità soggettiva a trovare il denaro, che comunque in circolazione esiste (e, almeno potenzialmente, vi è la possibilità di reperirlo).

Qualche interprete, peraltro, fa salva l'ipotesi in cui il denaro non sia rinvenibile a causa di sopravvenienze straordinarie ed imprevedibili (come un terremoto o una insurrezione).

Nelle prestazioni specifiche, invece, il debitore può offrire entrambe le prove liberatorie previste dall'art. 1218 cod. civ.

Esempio. Il trasportatore ha preso in locazione un camion particolarmente grande per effettuare una consegna di una barca, che da Genova deve essere portata a Imperia. Accade che il camion si incendia e, dunque, il trasportatore (il debitore) non è più in grado di riconsegnare il bene al locatore (il creditore). Per non incorrere nella responsabilità risarcitoria il trasportatore deve dimostrare l'impossibilità oggettiva della prestazione (provando che il camion si è incendiato) e la causa non imputabile (un improvviso fulmine, mentre guidava, ha colpito il camion e eccezionalmente questo ha preso fuoco).

Qualora il debitore non riesca ad identificare la causa dell'impossibilità, non basta la prova dell'impossibilità oggettiva: restano a suo carico, si suole dire, le **cause ignote** (il debitore, cioè, è obbligato al risarcimento del danno).

Si ritiene ammissibile la doppia prova liberatoria anche di fronte a prestazioni che abbiano per oggetto un "**genere limitato**" (ad esempio l'intera tiratura di un libro).

122.1. (b) *Le prestazioni di fare.*

Avendo riguardo alle **prestazioni di fare**, torna utile la distinzione, già proposta, fra **obbligazioni di mezzi** e **obbligazioni di risultato** (§ 90.1).

Di fronte ad un'obbligazione di mezzi (come quella del lavoratore subordinato *ex* art. 2104, 1° co., cod. civ. o quella del libero professionista) il criterio per valutare se il debitore sia stato adempiente o inadempiente si rinviene nell'art. 1176 cod. civ.

Esempio. In un giudizio civile l'avvocato ha difeso il proprio cliente utilizzando tutti gli strumenti che la legge e la sua preparazione tecnica gli hanno consentito. Ha depositato la comparsa di costituzione e risposta svolgendo tutte le possibili eccezioni di rito ed adducendo gli argomenti sostanziali più pertinenti alla difesa del proprio cliente; ha poi redatto e depositato, nei termini, le ulteriori memorie previste dal codice di procedura civile; ha depositato i documenti che il cliente gli ha messo a disposizione e citato alcuni testimoni. Nonostante questo, la sentenza finale ha condannato l'assistito. Non può dirsi che l'avvocato sia stato inadempiente (ed il cliente, rimasto soccombente nel giudizio, non potrà certo chiedergli i danni): il professionista, infatti, si è comportato con la "diligenza qualificata", ossia con la diligenza propria di un avvocato civilista (art. 1176, 2° co., cod. civ.).

Nell'esempio svolto, la regola generale è quella prevista dall'art. 1176, 2° co., cod. civ. Allorché, invece, la prestazione implichi la soluzione di problemi di particolare difficoltà, opera l'art. 2236 cod. civ., che delimita la responsabilità al dolo o alla colpa grave (così Cass., n. 13874/2020).

Quando la giurisprudenza, nelle obbligazioni di mezzi, discute di "presunzione di colpa", ne discute in senso tecnico: il debitore, pertanto, è ammesso a fornire la prova contraria, dimostrando di aver impiegato la diligenza, la perizia, la prudenza richieste per quella determinata obbligazione.

L'art. 1176 cod. civ., si deve sottolineare, viene in considerazione quale "misuratore" della prestazione di mezzi, allorché la stessa sia eseguita. Può succedere, peraltro, che anche la prestazione di mezzi diventi oggettivamente impossibile: in questo caso il debitore, per non andare incontro a responsabilità risarcitoria, avrà l'onere di fornire l'ulteriore prova liberatoria della causa non imputabile prevista dall'art. 1218 cod. civ.

Esempio. Il primo violino dell'Orchestra della Scala di Milano è uno dei protagonisti del concerto di inaugurazione del Teatro milanese, il 7 dicembre. La mattina stessa il concertista, appassionato di arti marziali, svolge in palestra una sessione di allenamento e si fa male al polso. La distorsione lo costringe a saltare il concerto. Difficilmente il violinista sarà in grado di provare che l'impossibilità di suonare deriva da causa a lui non imputabile: il concertista, prevedendo un possibile infortunio a seguito dello svolgimento di un'attività sportiva (come quella marziale), si sarebbe dovuto astenere dal compierla.

Il codice civile fa riferimento ad una serie di altre ipotesi in cui il debitore risponde "per colpa" (ossia per non aver utilizzato la diligenza, la perizia, la prudenza necessarie). Vengono in considerazione, in particolare, quelle che una parte della dottrina definisce **obbligazioni di diligenza in senso stretto** (non tecnico-professionali), in cui la prestazione consiste in un *facere* caratterizzato dall'attenzione, impegno ed accortezza che si potrebbero pretendere da un buon *pater familias* in quella concreta attività.

Il mandatario, ad esempio, è tenuto ad eseguire il mandato con la diligenza del buon padre di famiglia (art. 1710, 1° co., cod. civ.). Il conduttore, ancora, deve "prendere in consegna la cosa e osservare la diligenza del buon padre di famiglia nel servirsene per l'uso determinato nel contratto o per l'uso che può altrimenti presumersi dalle circostanze" (art. 1587, 1° co., n. 1, cod. civ.); lo stesso criterio di diligenza si richiede per l'obbligo del comodatario di utilizzare il bene ricevuto in godimento (art. 1804, 1° co., cod. civ.); per l'obbligo del mezzadro e del colono di custodire e conservare le cose affidate loro dal concedente (artt. 2148, 2° co., 2167, 2° co., cod. civ.); per l'obbligo di trasferire in proprietà o in detenzione una cosa non affetta da vizi, nei contratti di vendita, di locazione, di mutuo (artt. 1494, 1° co., 1587, 2° co., 1821, 1° co., cod. civ.).

Quando la **prestazione** è **gratuita**, peraltro, la responsabilità per colpa è valutata di solito con minor rigore (si veda, ad esempio, l'art. 1710, 1° co., cod. civ., sul mandato; l'art. 1768, 2° co., cod. civ., sul deposito; l'art. 1821, 2° co., cod. civ., sul mutuo).

Si deve avere riguardo, poi, alle prestazioni di fare consistenti nella realizzazione di un risultato: è il caso dell'obbligazione dell'appaltatore o del vettore (art. 1693, 1° co., cod. civ.; Cass., 3.9.2019, n. 21971). In questi casi il debitore si libera non provando la propria diligenza, ma fornendo la duplice prova liberatoria prevista dall'art. 1218 cod. civ. Regole analoghe valgono per la responsabilità dell'albergatore per deterioramento, distruzione o sottrazione delle cose portate in albergo (artt. 1783 e ss. cod. civ.); per la responsabilità del gestore di grandi magazzini per la perdita, il calo o l'avaria delle merci depositate (art. 1787 cod. civ.); per la responsabilità della banca per il servizio di cassette di sicurezza (art. 1839 cod. civ.).

122.2. (c) *Le prestazioni di non fare.*

Poche considerazioni richiedono le **prestazioni di non fare**. È evidente che, per questi tipi di prestazione, non si pone neanche la questione dell'impossibilità di adempiere: ogni fatto compiuto in violazione dell'obbligazione di non fare, infatti, costituisce fatto volontario del debitore, che dunque è responsabile del danno cagionato al creditore.

122.3. (d) *Le prestazioni di contrattare.*

Qualche considerazione in più, invece, meritano le **prestazioni di contrattare**, di cui pure si è detto in precedenza (§ 90.3). L'inadempimento, in questi casi, può consistere nel rifiuto di prestare il consenso contrattuale dovuto. La parte non inadempiente, oltre ad invocare i rimedi risarcitori e risolutori, può agire in giudizio al fine di ottenere una sentenza costitutiva, ai sensi dell'art. 2932 cod. civ., che tenga luogo del contratto non concluso (§ 176.1).

Non si può escludere che anche rispetto alle prestazioni di contrattare possa prospettarsi un'impossibilità di eseguire la prestazione: l'impossibilità, però, riguarderà la prestazione oggetto del contratto da concludere; nei confronti di quest'ultima, dunque, il debitore è ammesso a fornire le prove liberatorie richieste dall'art. 1218 cod. civ.

122.4. (e) *Le "prestazioni" di garanzia.*

Le **prestazioni di garanzia**, si è detto, consistono nell'assunzione di un rischio (§ 90.4). La semplice verificazione del rischio costituisce il fatto giuridico produttivo dell'obbligazione di garanzia.

Esempio. L'art. 1483 cod. civ. prevede la garanzia, a favore del compratore, per l'evizione totale della cosa. Ebbene, il fatto stesso dell'evizione totale della cosa per effetto di diritti che un terzo ha fatto valere su di essa genera l'obbligazione del venditore di risarcire il compratore ai sensi dell'art. 1479 cod. civ.

123. Le clausole di esonero da responsabilità o di limitazione di responsabilità.

Le **clausole** di **esonero** o di **limitazione** di **responsabilità** del **debitore** sono quelle pattuizioni che hanno per effetto di trasferire sul creditore (in tutto o in parte) i rischi che l'art. 1218 cod. civ. addossa sul debitore.

Esempio. Viene concluso un contratto di deposito in cui si prevede una clausola che limita, entro un determinato importo, la responsabilità del depositario per la perdita della cosa affidatagli.

Il codice civile prevede che la validità di queste clausole sia soggetta ad un duplice limite. È nullo, in primo luogo, il patto che esclude o limita preventivamente la responsabilità del debitore per **dolo** o **colpa grave** (art. 1229, 1° co., cod. civ.).

Il debitore, così, può essere esonerato da responsabilità (o la sua responsabilità può essere contenuta entro un determinato importo) se l'impossibilità sopravvenuta sia imputabile ad una sua lieve mancanza di diligenza (colpa lieve). L'esonero da responsabilità, invece, non può mai essere invocato se l'impossibilità della prestazione sia stata dal debitore cagionata volontariamente (dolo) o se l'impossibilità derivi da una grave negligenza (colpa grave). Spetta al debitore, come in più occasioni ha ribadito la giurisprudenza, provare che le modalità e le circostanze delle sue azioni od omissioni sono tali da integrare gli estremi della colpa lieve.

La nullità prevista dalla norma in questione non riguarda soltanto i patti che escludono o limitano il risarcimento del danno, ma anche quelli che limitano la facoltà di recesso o di risoluzione dei contratti ai sensi degli artt. 1453 ss. cod. civ. Allo stesso modo, si ritiene che rientri nella previsione di cui all'art. 1229, 1° co., cod. civ. la clausola penale che, attraverso la previsione di un ammontare irrisorio, finisca per limitare la responsabilità per dolo o colpa grave. In particolare, precisano i giudici di legittimità, per accertare l'intento elusivo occorre avere riguardo all'entità presumibile dell'eventuale futuro danno da risarcire, ricostruibile secondo una prognosi *ex post* (Cass., 30.6.2021, n. 18549).

Un cenno merita la limitazione di responsabilità della banca per il servizio di **cassette di sicurezza** (§ 312). Fin dagli anni Settanta del secolo scorso la Suprema Corte ha considerato nulle, ai sensi dell'art. 1229 cod. civ., le clausole con cui gli istituti di credito limitavano la responsabilità della banca per il servizio di cassette di sicurezza ad una somma determinata (Cass., n. 1129/1976). Le clausole in questione, in effetti, finivano per limitare la responsabilità delle banche anche in caso di dolo o colpa grave.

Successivamente, al fine di aggirare il divieto, si iniziò ad inserire nei formulari una clausola che vietava al cliente di introdurre nelle cassette di sicurezza beni di valore superiore ad una certa somma: la clausola, così predisposta, veniva qualificata come pattuizione limitativa dell'oggetto del contratto.

Le Sezioni Unite della Suprema Corte, tuttavia, si sono mostrate di contrario avviso, rilevando come l'oggetto del contratto, nei servizi di cassetta di sicurezza, consiste nell'obbligo di vigilare le stesse e non nell'obbligo di risarcire i danni. Pertanto, la clausola che vieta di introdurre beni di un certo valore non delimita l'oggetto del contratto, ma limita la responsabilità della banca anche per dolo e colpa grave: essa, dunque, è da considerare nulla ai sensi dell'art. 1229 cod. civ. (Cass., Sez. Un., n. 6225/1994; Cass., n. 18637/2017).

Va notato come, ai sensi dell'art. 1341, 2° co., cod. civ., debbano essere approvate specificamente per iscritto le clausole limitative della responsabilità della parte che le predispone (Cass., 11.6.2019, n. 15598); inoltre, in base all'art. 33, 2° co., lett. (a), Cod. Cons., si presumono vessatorie le clausole che hanno per effetto di escludere o limitare la responsabilità del professionista in caso di morte o danno alla persona del consumatore, risultante da un fatto o da un'omissione del professionista.

L'art. 1229, 2° co., cod. civ., prevede un secondo limite: le clausole di esonero o di limitazione non esonerano da responsabilità, anche se si è in presenza di una colpa lieve, se il fatto del debitore o dei suoi ausiliari costituisce la violazione di "**obblighi derivanti da norme di ordine pubblico**". Si fa riferimento, in particolare, alle norme che impongono obblighi al debitore nell'interesse generale (per applicazioni, si vedano gli artt. 1785-*quater* e 1838, 4° co., cod. civ.); o, anche, alle norme che mirano a tutelare l'integrità fisica, la sicurezza, la salute delle persone, i diritti della personalità (si confrontino gli artt. 1580 e 1681 cod. civ.).

124. La responsabilità per fatto degli ausiliari.

Prevede l'art. 1228 cod. civ. (rubricato "**responsabilità per fatto degli ausiliari**") che, salva diversa volontà delle parti, il debitore il quale nell'adempimento dell'obbligazione si avvalga dell'opera di **terzi** risponde anche dei **fatti dolosi** o **colposi** di costoro.

Rientrano nella nozione di "terzi", di cui discute la disposizione codicistica, i dipendenti del debitore (Cass., 28.5.2020, n. 9997), ma anche i mandatari di cui il primo si serva per i pagamenti o, ancora, il subappaltatore, il sub depositario, il sub vettore. Non occorre, peraltro, l'instaurazione di uno specifico rapporto contrattuale, essendo sufficiente che il debitore si sia comunque avvalso del terzo nell'attuazione della sua obbligazione (Cass., 9.12.2015, n. 7768). Si devono annoverare fra i collaboratori dell'imprenditore anche gli esercenti il servizio di c.d. *handling* aeroportuale, ovvero quanti svolgono quell'insieme di servizi finalizzati a fornire assistenza a terra a terzi, vettori ed utenti di aeroporto (Cass., 20.9.2017, n. 21850).

La *ratio* della norma è presto spiegata: vi è l'esigenza che il creditore, esposto nel momento dell'esecuzione della prestazione all'ingerenza di soggetti estranei, possa comunque far affidamento sulla responsabilità originaria del debitore; il ricorso agli ausiliari, dunque, non deve comportare la sostituzione di altri soggetti a quello originariamente responsabile. La giurisprudenza di legittimità qualifica la responsabilità di chi ha volontariamente incaricato l'ausiliario, e organizzato attraverso questo incarico l'esecuzione della propria obbligazione per i fini negoziali perseguiti, come responsabilità per "fatto proprio" e non altrui (Cass., 20.10.2021, n. 20991).

Altro discorso, invece, deve farsi per la sopravvenuta impossibilità della prestazione da eseguirsi da parte del terzo incaricato: in questo caso il debitore, in ossequio all'art. 1218 cod. civ., è ammesso a provare che la prestazione sia diventata impossibile per causa non imputabile all'ausiliario stesso.

Si è visto, in precedenza, come l'art. 1218 cod. civ. conduca ad una lettura dell'inadempimento come fatto oggettivo; il che, si è pure aggiunto, non costituisce un dogma assoluto, posto che rispetto ad alcune obbligazioni il criterio di valutazione dell'inadempimento è costituito dalla colpa del debitore.

La complessità delle soluzioni, che si rinviene nel sistema, deve essere tenuta presente anche di fronte all'art. 1228 cod. civ. ove si consideri che, ai fini della responsabilità risarcitoria, il fatto dell'ausiliario deve costituire un inadempimento (riconducibile al suo autore) alla stregua delle regole sulla responsabilità contrattuale.

In alcuni casi, allora, l'ausiliario è da considerare responsabile per il solo fatto oggettivo dell'inadempimento; in altri casi occorrerà invocare il metro della diligenza (§ 122.1).

Deve aggiungersi che il fatto dell'ausiliario può far nascere anche la sua personale responsabilità allorché fra l'ausiliario stesso ed i terzi si instauri un rapporto contrattuale, che si aggiunge a quello esistente fra il *dominus* e gli stessi terzi: è il caso, ad esempio, della responsabilità (di tipo contrattuale) del medico, il quale è dipendente (ossia ausiliario) di un ente ospedaliero presso cui si ricovera un paziente (Trib. Taranto, 21.1.2020; Trib. Reggio Calabria, 1.10.2019).

L'art. 1228 cod. civ., infine, ammette una diversa volontà delle parti: queste possono prevedere **clausole di manleva**, stabilendo la responsabilità dell'ausiliario in luogo di quella del debitore contraente. Si pensi al patto di manleva con cui il subappaltatore ausiliario si impegni a tenere indenne l'appaltatore da richieste risarcitorie del committente.

Dalle clausole di manleva, peraltro, devono essere tenute distinte le clausole con cui si prevede l'esclusione di responsabilità sia del debitore sia del terzo incaricato di eseguire la prestazione: si è in presenza, in questo caso, di pattuizioni che devono essere lette in conformità all'art. 1229, 1° co., cod. civ.

125. Il danno da inadempimento delle obbligazioni.

Il discorso sul danno da inadempimento delle obbligazioni deve muovere dalla distinzione, già proposta, fra inadempimento definitivo, in cui la prestazione non può più essere eseguita, e inadempimento temporaneo, in cui la prestazione può ancora essere eseguita, ancorché sia scaduto il termine (§ 103).

Nel primo caso il risarcimento del danno si "sostituisce" alla prestazione ed è costituito dalle conseguenze negative derivanti dalla definitiva mancata esecuzione della prestazione; nel secondo caso il risarcimento del danno si "aggiunge" alla prestazione (ancora possibile) ed è costituito dalle conseguenze negative derivanti dal ritardo nell'esecuzione della prestazione.

In entrambi i casi, prevede il codice, è risarcibile, ai sensi dell'art. 1223 cod. civ., sia "la perdita subita dal creditore" (il c.d. **danno emergente**), sia il "mancato guadagno" (il c.d. **lucro cessante**). I due concetti vanno meglio specificati: il danno emergente fa riferimento alla perdita che il creditore ha subìto, nel suo patrimonio, derivante dall'inadempimento del debitore.

Esempio. Si conclude un contratto con cui viene dato in locazione un trattore. Durante i lavori il Sig. Rossi, che ha ricevuto in prestito il macchinario, lo rompe, rendendolo inutilizzabile. Il locatore ha subìto un danno emergente, ossia una diminuzione del suo patrimonio. Il risarcimento consente a quest'ultimo di ottenere una somma di denaro che sia in grado di ristabilire la consistenza del suo patrimonio nella situazione antecedente l'inadempimento.

Il danno "da deprezzamento" di una cosa integra il danno emergente (Cass., 20.6.2019, n. 16585).

Il lucro cessante, invece, indica ciò che il creditore non ha guadagnato in conseguenza del mancato utilizzo della prestazione cui era tenuto il debitore.

Esempio. Un imprenditore compra un macchinario industriale, da utilizzare nella sua fabbrica. Il macchinario è essenziale per poter sviluppare il ciclo produttivo, che altrimenti si fermerebbe. Accade, però, che il venditore ritardi la consegna del macchinario e, invece di consegnarlo il 1° dicembre del 2020, lo consegna quindici giorni dopo. Per circa due settimane l'imprenditore non ha potuto conseguire il normale profitto derivante dalla sua attività: si tratta di un mancato guadagno, di cui l'acquirente potrà chiedere conto al venditore.

Pure la perdita di ***chance*** costituisce un danno emergente: la *chance*, infatti, non va configurata come un danno futuro, ma come danno concreto, attuale, ricollegabile alla perdita di una prospettiva favorevole già presente nel patrimonio del soggetto (il riconoscimento di questa controversa figura si ritrova in Cass., 4.3.2004, n. 4400). Il danno da perdita di *chance* designa una tecnica risarcitoria applicabile sia alla responsabilità contrattuale (Cass., Sez. Un., 23.9.2013, n. 21678; Trib. Brescia, 27.5.2020) sia, soprattutto, a quella aquiliana (si veda § 356, ove il riferimento anche alla perdita di *chance* non patrimoniale). Qualora in giudizio sia stato domandato soltanto il danno per lucro cessante, il giudice non può esaminare e eventualmente liquidare il danno da perdita di *chance*, trattandosi di domande diverse, non ricomprese l'una nell'altra (App. L'Aquila, 18.1.2019).

L'art. 1223 cod. civ., peraltro, aggiunge che sia la perdita subìta sia il mancato guadagno devono essere la "**conseguenza immediata e diretta**" dell'inadempimento (Cass., 18.2.2020, n. 4002). Fra l'inadempimento ed il danno, in sostanza, vi deve essere un **nesso di causalità** da accertare in base ad un giudizio di tipo probabilistico (per un approfondimento, § 343, a proposito della responsabilità extracontrattuale). In sostanza, l'inadempimento è causa del danno qualora quest'ultimo sia la conseguenza prevedibile dell'inadempimento stesso, sulla base delle comuni regole dell'esperienza, delle leggi statistiche e/o scientifiche e della logica (Cass., 21.1.2020, n. 1169).

Esempio. Il ritardo del venditore nella consegna del macchinario industriale necessario per il ciclo produttivo dell'impresa è un fatto da cui, prevedibilmente, discende l'arresto del ciclo produttivo.

Non rientrano nel concetto di lucro cessante quei (mancati) guadagni meramente ipotetici, in quanto dipendenti da condizioni incerte (Cass., 8.3.2018, n. 5613).

Qualora l'**inadempimento** sia **colposo**, i **danni** risarcibili sono limitati a quelli **prevedibili** nel tempo in cui è sorta l'obbligazione (art. 1225 cod. civ.). L'inadempimento è colposo quando non deriva da una scelta consapevole del debitore ma è frutto, ad esempio, della sua negligenza o imperizia (Cass., 16.10.2008, n. 25271). Il danno è prevedibile quando, nel momento in cui l'obbligazione è nata, era possibile prevedere che l'inadempimento avrebbe comportato quel pregiudizio lamentato dal creditore.

Esempio. Il vettore è incaricato di trasportare via mare alcune merci che il mittente, il Sig. Rubinis, intende vendere al compratore nel momento in cui giungeranno a destinazione. Le merci verranno vendute ad un prezzo di mercato. Il vettore durante la traversata perde colpevolmente le merci: è tenuto al risarcimento del danno prevedibile (il valore di mercato di quanto trasportato).

Esempio. Il vettore trasporta alcune merci che verranno vendute al compratore, non appena giungeranno a destinazione, non ad un prezzo di mercato ma ad un prezzo superiore (l'imprenditore, in sostanza, è riuscito a concludere un affare assai vantaggioso per lui). Le merci, durante la traversata, si inabissano in mare per colpa del vettore. Il venditore, in questo caso, non può domandare il danno consistente nel prezzo favorevole che era riuscito a raggiungere con il compratore delle merci.

L'**inadempimento**, invece, è **doloso** quando è la conseguenza di una scelta consapevole del debitore; quest'ultimo, allora, è tenuto a corrispondere anche i danni imprevedibili al momento in cui è sorta l'obbligazione. Si ritiene, da parte di alcuni interpreti, che l'inadempimento sia doloso anche quando il danno non sia direttamente voluto, ma previsto ed accettato come possibile conseguenza del proprio comportamento (c.d. **dolo eventuale**).

Nella liquidazione del danno a favore del creditore occorre poi tenere conto del **concorso del fatto colposo del creditore**: se il fatto colposo del creditore ha concorso a cagionare il danno, il risarcimento è diminuito secondo la gravità della colpa e l'entità delle conseguenze che ne sono derivate (art. 1227, 1° co., cod. civ.; Cass., 17.1.2020, n. 842). La norma fa riferimento al "contributo causale" del creditore nella produzione del danno; essa, pertanto, esclude che il debitore debba risarcire il danno se non per quel pregiudizio che abbia cagionato con il proprio fatto.

Inoltre, il risarcimento non è dovuto per i danni che il creditore avrebbe potuto evitare utilizzando l'ordinaria diligenza (art. 1227, 2° co., cod. civ.).

Prevale, in giurisprudenza, la seguente interpretazione dei due commi dell'art. 1227 cod. civ.: il primo comma si riferisce all'ipotesi in cui il comportamento del creditore abbia concorso a causare l'evento dannoso. Il secondo presuppone che l'evento dannoso (che può derivare sia dall'inadempimento sia da un illecito extracontrattuale) si sia già prodotto e non sia addebitabile sotto il profilo causale al creditore; tuttavia, non sono considerati risarcibili quei danni che il creditore avrebbe potuto evitare utilizzando l'ordinaria diligenza (Cass., 21.1.2020, n. 1165).

L'art. 1227, 2° co., cod. civ., precisa la Suprema Corte, "escludendo il risarcimento per il danno che il creditore avrebbe potuto evitare con l'uso della normale diligenza, non si limita ad esigere dal creditore la mera inerzia di fronte all'altrui comportamento dannoso, ma gli impone, secondo i principî di correttezza e buona fede di cui all'art. 1175 cod. civ., una condotta attiva o positiva, diretta a limitare le conseguenze dannose di quel comportamento" (Cass., 28.11.2013, n. 26639; Cass., 31.5.2016, n. 11230; Cass., 18.2.2020, n. 4129, la quale fa riferimento al "dovere generale di ragionevole cautela riconducibile al principio di solidarietà espresso dall'art. 2 Cost.").

Deve aversi riguardo, infine, al criterio della **valutazione equitativa del danno**: se il danno non può essere provato nel suo preciso ammontare, è liquidato dal giudice con valutazione equitativa (art. 1226 cod. civ.). Occorre intendersi nell'interpretazione della norma: può succedere che il creditore abbia provato il danno, ma non sia in grado di dimostrarlo nel suo preciso ammontare. Il giudice, in questo caso, non respingerà la domanda del creditore, ma liquiderà il danno con una valutazione equitativa, ossia attraverso una stima approssimativa che tenga conto di tutti gli elementi del caso concreto. Il ricorso al criterio equitativo è pertanto consentito non al fine di sopperire alle carenze probatorie imputabili al danneggiato, ma solamente per colmare le lacune insuperabili ai fini della precisa determinazione del pregiudizio, quando sia obiettivamente impossibile o particolarmente difficile da provare, nel suo preciso ammontare, il danno di cui è certa la sussistenza (Cass., 8.3.2018, n. 5613; Cass., 8.11.2016, n. 22638; App. Firenze, 19.7.2019).

Al di là della possibile valutazione equitativa del giudice, rimane confermato come sia onere del creditore provare il danno subìto. A meno che le parti convengano, nella stipula del contratto, una **clausola penale**, grazie alla quale si stabilisce preventivamente e forfettariamente quanto il debitore dovrà corrispondere in caso di inadempimento (sulla clausola penale § 211).

Fin qui si è discusso di risarcimento del danno patrimoniale, ossia di quel danno suscettibile di valutazione economica o, come pure può dirsi, traducibile in una somma di denaro. Da qualche tempo, peraltro, la giurisprudenza ammette che a seguito dell'inadempimento contrattuale possano essere risarciti anche i **danni non patrimoniali** (Cass., Sez. Un., 11.11.2008, nn. 26972, 26973, 26974 e 26975, dette "sentenze gemelle di San Martino"); si precisa, però, che in questi casi il risarcimento del danno non patrimoniale (su cui § 59) possa essere accordato soltanto quando vi sia la **lesione di diritti inviolabili della persona** (Cass., 15.6.2016, n. 12280).

Parte della dottrina si spinge ancora oltre, rilevando che la semplice lesione dell'interesse non patrimoniale perseguito da una delle parti contrattuali (ancorché non assurga ad interesse costituzionalmente rilevante) consentirebbe alla stessa di domandare anche il risarcimento dei danni non patrimoniali.

Resta inteso che nei casi in cui il contratto configuri un'ipotesi di reato, la vittima potrà domandare il risarcimento del danno (Cass., 12.1.2021, n. 261, che ha riconosciuto il risarcimento del danno morale a favore del consumatore cui sia stata fornita energia elettrica in base ad un contratto recante una firma falsa).

In Germania è espressamente codificato il diritto, per la persona che abbia subìto la lesione della salute, dell'integrità fisica, della libertà personale o della autodeterminazione sessuale, di ottenere (oltre al risarcimento dei danni patrimoniali) il risarcimento dei danni non patrimoniali (§ 253 del codice civile tedesco, valevole per le fattispecie di responsabilità per inadempimento e di responsabilità oggettiva).

Il risarcimento cui si è fatto riferimento viene detto "**per equivalente**", giacché consiste nell'attribuzione al danneggiato di una somma di denaro che equivale al danno, ossia al valore distrutto. Il nostro ordinamento, dunque, tende a non ammettere i c.d. **danni punitivi**, ossia quei risarcimenti imposti al danneggiante come sanzione di una condotta riprovevole o come deterrente rispetto a comportamenti su cui si appunta un deciso sfavore sociale (si veda, però, § 337).

Capitolo 17
LA MORA DEL DEBITORE

SOMMARIO: 126. La mora del debitore: concetto e definizione. – 127. Mora *ex re* e mora *ex persona*. – 128. Gli effetti della mora del debitore. – 129. Gli interessi moratori.

126. La mora del debitore: concetto e definizione.

Per introdurre l'istituto della **mora del debitore** (artt. 1219 ss. cod. civ.) occorre richiamare alcuni concetti in tema di inadempimento. In particolare, tra il momento in cui diviene attuale il tempo dell'esecuzione della prestazione e quello in cui l'inadempimento diventa definitivo può intercorrere un periodo di tempo in cui il debitore potrebbe ancora eseguire la prestazione, sebbene in **ritardo**.

Il ritardo equivale ad inadempimento definitivo soltanto quando: (a) la prestazione non eseguita, scaduto il termine, non è più utile per il creditore (lo stesso, come pure può dirsi, non ha più l'interesse al suo conseguimento); (b) la prestazione non eseguita, scaduto il termine, non sia più possibile.

Qui si deve avere riguardo al **ritardo ingiustificato** che, ancora, non sia sfociato in un inadempimento definitivo: la mora del debitore, dunque, si definisce come quella situazione che può verificarsi quando il debitore non esegue, ingiustificatamente, la prestazione nel termine stabilito per l'adempimento. Non vi è mora del debitore quando il ritardo sia giustificato (perché, ad esempio, dopo la scadenza del termine il creditore rifiuti di ricevere la prestazione: § 114; o quando, alla scadenza del termine, la prestazione comunque non risulti più possibile per causa non imputabile al debitore: § 121.1).

Non si ha mai ritardo nelle **obbligazioni negative** (in cui il debitore deve limitarsi a non fare o sopportare): nel momento in cui il debitore compie quanto si era obbligato a non fare diventa inadempiente. Ciò spiega la disposizione del codice civile secondo cui "le disposizioni della mora non si applicano alle obbligazioni di non fare; ogni fatto compiuto in violazione di queste costituisce di per sé inadempimento" (art. 1222 cod. civ.).

127. Mora ex *re* e mora ex *persona*.

Dalla mora del debitore derivano una serie di effetti che, tra breve, si studieranno

(§ 128). La disciplina del codice, peraltro, impone di distinguere fra **mora *ex re*** (o mora automatica, o di diritto) e ***mora ex persona***. La distinzione è necessaria per comprendere in che momento esatto il debitore possa considerarsi in mora.

La mora è automatica (senza che sia necessaria alcuna attività del debitore) quando (art. 1219, 2° co., cod. civ.): (1) il debito derivi da fatto illecito di cui agli artt. 2043 ss. cod. civ. (in questo caso il legislatore ha avvertito la necessità di eliminare, celermente, le conseguenze dell'ingiusta lesione cagionata dall'illecito); (2) il debitore abbia dichiarato per iscritto di non voler eseguire l'obbligazione (è ovvio che, a fronte di tale dichiarazione, una lettera di intimazione da parte del creditore dovrebbe considerarsi del tutto inutile); (3) sia scaduto il termine, se la prestazione deve essere eseguita al domicilio del creditore (obbligazione *portables*). Poiché, qui, l'attività del creditore è limitata al compito, meramente passivo, di ricevere la prestazione da parte del debitore, la mancata richiesta non può assumere il valore di una presunzione di tolleranza. Se il termine scade dopo la morte del debitore, aggiunge il codice, gli eredi non sono costituiti in mora che mediante intimazione o richiesta fatta per iscritto, e decorsi otto giorni dall'intimazione o dalla richiesta.

Quando, invece, non è fissato un termine per l'adempimento, o l'obbligazione è *querable* (ed è richiesta, dunque, l'iniziativa del creditore), il legislatore ha ritenuto che l'inerzia possa trovare la giustificazione nella tolleranza del creditore (che viene superata con l'intimazione per iscritto).

Alle ipotesi di mora automatica previste dal codice civile se ne devono aggiungere altre. Si ha mora *ex re* quando: (4) l'obbligazione nasca, a favore del subfornitore nei confronti del committente, in virtù di un "**contratto di subfornitura**" (art. 3, 3° co., l. 18.6.1998, n. 192: § 265); (5) l'obbligazione pecuniaria derivi da una c.d. "**transazione commerciale**" (§ 106).

In tutti gli altri casi il debitore è in mora attraverso un'intimazione formale ad adempiere ancorché tardivamente (c.d. **atto di costituzione in mora**): la mora *ex persona* può essere fatta attraverso l'ufficiale giudiziario o, più semplicemente, attraverso un atto per iscritto, come una lettera raccomandata (non sono richieste particolari formule sacramentali).

La costituzione in mora interrompe la prescrizione (art. 2943, 4° co., cod. civ.).

Il debitore non può essere considerato in mora se tempestivamente ha fatto offerta della prestazione dovuta, anche senza osservare le forme previste per la mora del creditore, a meno che il creditore l'abbia rifiutata per un motivo legittimo (art. 1220 cod. civ.).

128. Gli effetti della mora del debitore.

Un punto va chiarito. Il ritardo ingiustificato del debitore che però non sia in mora (giacché mancano i presupposti della mora *ex re* o non vi è stata intimazione per iscritto, che dà luogo alla mora *ex persona*) non è preclusivo di alcuni possibili effetti giuridici.

Per quanto alcuni interpreti, talvolta, suggeriscono una diversa soluzione, di fronte ad un ritardo ingiustificato il creditore può, ad esempio, domandare il risarcimento del danno, la risoluzione per inadempimento, il pagamento della penale, sollevare l'eccezione di inadempimento. Occorre, naturalmente, che siano presenti i presupposti per l'applicazione degli istituti appena ricordati.

Gli effetti propri della *mora debendi*, invece, sono i seguenti (già si è visto, in precedenza, l'**effetto interruttivo della prescrizione**):

(a) l'obbligo di pagamento degli **interessi moratori** sulle somme dovute, anche se non sono ancora liquide (art. 1224, 1° co., cod. civ.: sull'argomento § 129);

(b) la ***perpetuatio obligationis***, ossia il **passaggio del rischio**: il debitore in mora non è liberato per la sopravvenuta impossibilità della prestazione derivante da causa a lui non imputabile, se non prova che l'oggetto della prestazione sarebbe ugualmente perito presso il creditore (art. 1221, 1° co., cod. civ.). A parte la possibilità della prova liberatoria (di cui si dirà nell'esempio seguente), l'obbligazione rimane in essere, anche se non ha più ad oggetto la prestazione, bensì il suo equivalente risarcitorio. In base alla regola generale, invece, l'impossibilità sopravvenuta della prestazione per causa non imputabile al debitore estingue l'obbligazione (art. 1256: § 135).

Esempio. Tre ragazzi prendono in locazione un appartamento in montagna, per le festività natalizie. Alla scadenza del termine gli stessi non riconsegnano l'immobile al proprietario, decidendo di prolungare la loro vacanza. I ragazzi, costituiti in mora, fanno finta di niente, preferendo passare qualche altra giornata sciando. Una mattina, mentre gli amici si stanno dedicando al loro sport preferito, una valanga travolge e distrugge l'appartamento. Il proprietario non può pretendere il risarcimento del danno consistente nel valore della casa distrutta: è ovvio che, se anche la consegna fosse stata tempestiva (e i ragazzi non fossero stati in mora), l'immobile sarebbe andato lo stesso in rovina.

In qualunque modo sia perita o smarrita una cosa illecitamente sottratta, la perdita di essa non libera chi l'ha sottratta dall'obbligo di restituirne il valore (art. 1221, 2° co., cod. civ.). Vale la regola, conosciuta dai latini, secondo cui *qui in re illicita versatur tenetur etiam pro casu*.

Ulteriori effetti della mora del debitore si rinvengono in altre norme del codice civile (artt. 56, 2° co., 71, 2° co., 445, 972, 1° co., n. 2, 1282, 2° co., 1591, 1673, 1° co., 1867, n. 1, 2344, 4° co., 2545-*bis*, 2° co., cod. civ.) o della legge speciale (art. 125-*quinquies* TUB).

129. Gli interessi moratori.

Uno degli effetti della mora del debitore, nelle obbligazioni pecuniarie, è l'obbligazione di corrispondere gli **interessi moratori**. Prevede, l'art. 1224, 1° co., cod. civ., che "nelle obbligazioni che hanno per oggetto una somma di danaro, sono dovuti dal giorno della mora gli interessi legali, anche se non erano dovuti precedentemente e anche se il creditore non prova di aver sofferto alcun danno. Se prima della mora erano dovuti interessi in misura superiore a quella legale, gli interessi moratori sono dovuti nella stessa misura".

Si cominci con il dire che gli interessi moratori rappresentano una sorta di "risarcimento" per il ritardo con cui il creditore riceve il pagamento dovutogli (Cass., 16.2.2010, n. 3619). In deroga alla regola generale, secondo cui i danni devono essere provati, è previsto che al creditore spettino gli interessi moratori a **prescindere dalla prova** di aver subìto, in concreto, alcun danno.

Gli interessi moratori sono dovuti al tasso legale; qualora in precedenza sia stata convenuta la misura degli interessi per il caso di ritardo qualificato (ciò accade, ad esempio, nei contratti bancari), gli interessi moratori sono dovuti nella misura convenuta. Resta inteso che la disciplina antiusura si applica anche agli interessi moratori (così Cass., 10.3.2022, n. 7774; si veda anche Trib. Trapani, 24.1.2022, secondo cui il carattere usurario degli interessi moratori non travolge l'intero contratto).

Peraltro, al creditore che dimostra di aver subìto un **maggior danno** spetta l'ulteriore risarcimento del danno (art. 1224, 2° co., cod. civ.). Torna ad applicarsi, in questo caso, la regola generale secondo cui il creditore deve **provare** il (maggior) danno subìto. Quest'ultimo potrebbe non accontentarsi del risarcimento costituito dalla corresponsione degli interessi: ha l'onere, tuttavia, di dimostrare quei danni che non sono compresi nella somma che riceve a titolo di interessi moratori. L'ulteriore risarcimento, prevede il codice, non è dovuto se è stata convenuta la misura degli interessi moratori (art. 1224, 2° co., cod. civ.).

Per comprendere bene la materia del "maggior danno", peraltro, occorre muovere da un dato della realtà: il tasso di rendimento derivante dalle più diffuse forme di investimento è sensibilmente più elevato rispetto al tasso di interesse legale (sicché per il debitore potrebbe essere più conveniente, in ipotesi, non adempiere, confidando sul fatto di avere la disponibilità di una somma di denaro, che ha un certo tasso di rendimento, e di dover corrispondere semmai in futuro interessi legali non particolarmente elevati).

Si spiega, così, l'indirizzo dei giudici di legittimità, secondo cui il risarcimento del "maggior danno" va riconosciuto, di regola, in misura presuntivamente pari alla differenza tra il tasso di rendimento medio annuo netto dei titoli di Stato di durata non superiore ai dodici mesi e quello degli interessi legali, se inferiore.

Ferma questa presunzione: (a) il creditore può dimostrare che il danno sofferto è stato maggiore rispetto alla misura presunta (provando, ad esempio, che è stato costretto a ricorrere al credito bancario, con conseguente esborso di elevati interessi passivi); (b) il debitore può provare che il creditore non ha subìto alcun danno o lo ha subìto in misura inferiore al saggio degli interessi legali; fornita questa dimostrazione, al creditore non è dovuto nulla oltre gli interessi legali (Cass., Sez. Un., 16.7.2008, n. 19499; Cass., 10.6.2016, n. 11943; Cass., 19.3.2018, n. 6684; Cass., 12.2.2019, n. 3976; Cass., 9.8.2019, n. 21224).

Negli ultimi anni, peraltro, la Suprema Corte ha in alcune occasioni espresso un diverso orientamento, stabilendo che per ottenere il risarcimento del maggior danno da deprezzamento monetario il creditore di un debito di valuta ha l'onere di fornire la prova che, se avesse ricevuto tempestivamente quanto gli spettava, avrebbe impiegato il denaro in modo tale da porsi al riparo dal deprezzamento monetario (Cass., 14.6.2018, n. 15708; Cass., 4.6.2018, n. 14289; Cass., 28.11.2014, n. 25302).

Capitolo 18

L'ESTINZIONE DELL'OBBLIGAZIONE PER CAUSE DIVERSE DALL'ADEMPIMENTO

130. Le diverse ipotesi di estinzione dell'obbligazione per causa diversa dall'adempimento.

L'obbligazione si estingue quando la prestazione sia eseguita esattamente, realizzando l'interesse del creditore. In questo senso l'adempimento va inteso come un **modo satisfattorio** dell'estinzione dell'obbligazione. Tra i modi satisfattori dell'obbligazione, secondo la dottrina tradizionale, vanno annoverate anche la compensazione e la confusione. In tutti questi casi, si afferma, viene soddisfatto l'interesse originario o altro interesse succedaneo del creditore, attraverso una prestazione imputabile al debitore.

Vi sono, poi, alcuni **modi non satisfattori** dell'estinzione dell'obbligazione (l'obbligazione si estingue senza che vi sia la soddisfazione dell'interesse del creditore né di un suo interesse succedaneo): essi sono la novazione, la remissione del debito, l'impossibilità della prestazione per causa non imputabile al debitore.

Di seguito ci si occuperà dei modi satisfattori dell'estinzione dell'obbligazione e, poi, dei modi non satisfattori dell'estinzione dell'obbligazione.

Va detto, peraltro, che la distinzione fra modi satisfattori e modi non satisfattori dell'estinzione dell'obbligazione viene messa in discussione da una parte degli interpreti, che sottolineano come tutte le cause di estinzione dell'obbligazione attribuiscano al creditore qualche utilità o siano collegate ad un suo interesse. Si pensi, per intendersi, all'impossibilità sopravvenuta della prestazione per causa non imputabile al debitore: è vero che l'obbligazione si estingue senza che il creditore abbia ricevuto la prestazione; tuttavia, se si tratta di un contratto a prestazioni corrispettive, la parte liberata per la sopravvenuta impossibilità della prestazione dovuta non può chiedere la controprestazione e deve restituire quella che abbia già ricevuta, secondo le norme relative alla ripetizione dell'indebito (art. 1463 cod. civ.: § 246).

131. La compensazione.

Si ha compensazione (artt. 1241-1252 cod. civ.) quando due parti sono obbligate reciprocamente in virtù di distinti rapporti obbligatori: una parte è debitrice della seconda e la seconda è debitrice della prima. Non è configurabile la compensazione quando le reciproche ragioni creditorie traggano origine da un unico rapporto (Cass., 19.2.2019, n. 4825).

La compensazione estingue i reciproci debiti per le quantità corrispondenti (art. 1241 cod. civ.).

Esempio. Sono creditore, nei confronti del mio debitore, di una somma pari a 1.000 euro. Il debitore, peraltro, è mio creditore per la stessa somma. I nostri rapporti obbligatori si estinguono reciprocamente per compensazione. Se, invece, sono creditore di 1.000 euro nei confronti del mio debitore e quest'ultimo vanta un credito nei miei confronti pari a 500 euro, in virtù della compensazione risulterà che sono creditore per una somma pari a 500 euro.

La compensazione può essere di tre tipi: legale, giudiziale, volontaria.

La **compensazione legale** opera automaticamente (al verificarsi, cioè, dei presupposti previsti dalla legge): i debiti reciproci, per l'operatività della compensazione automatica, devono essere omogenei, liquidi ed esigibili (art. 1243, 1° co., cod. civ.).

I debiti sono **omogenei** quando hanno per oggetto entrambi una somma di denaro o altre quantità di cose fungibili dello stesso genere; sono **liquidi** quando sono determinati nel loro ammontare; sono **esigibili** quando non sono sottoposti a termine non ancora scaduto (o a condizione sospensiva, prima del suo verificarsi). La giurisprudenza aggiunge un ulteriore requisito: la **certezza** del debito. Non vi è certezza, in particolare, quando uno dei crediti sia accertato con sentenza non ancora passata in giudicato (Cass., 5.2.1996, n. 936). Sul meccanismo della compensazione legale è basato il contratto di conto corrente bancario (art. 1823 cod. civ.).

Se è vero che la compensazione legale opera automaticamente (senza cioè che sia necessaria un'ulteriore manifestazione delle parti), il giudice non può rilevarla d'ufficio (così l'art. 1242, 1° co., cod. civ.). Pertanto, solo la parte costituita in giudizio può eccepire l'avvenuta compensazione, con effetto estintivo *ex tunc*, ossia dal giorno della coesistenza dei due debiti (art. 1242, 1° co., cod. civ.; questo spiega perché la compensazione in esame sia definita legale).

La **compensazione giudiziale** è attuata dal giudice quando i due debiti reciproci siano omogenei ed esigibili, ma uno dei due non sia liquido (uno dei debiti, ad esempio, deriva dalla commissione di un fatto illecito e, ancora, non è liquidato): in particolare, se il debito opposto in compensazione non è liquido, ma è di facile e pronta liquidazione, il giudice può dichiarare la compensazione per la parte del debito che riconosce esistente. Il giudice può anche sospendere la decisione sul credito oggetto della domanda principale, fino all'accertamento del credito posto in compensazione (art. 1243, 2° co., cod. civ.). A differenza di quello che si è visto in precedenza, qui la compensazione sarà effetto della sentenza del giudice, che avrà efficacia *ex nunc* (essa, infatti, non si limita ad accertare un fatto, ma lo determina).

Se è controversa, nel medesimo giudizio instaurato dal creditore principale, o in altro giudizio già pendente, l'esistenza di un controcredito opposto in compensazione, il giudice non può pronunciare la compensazione, né legale né giudiziale (Cass., 4.12.2018, n. 31359; Cass., Sez. Un., 15.11.2016, n. 23225; Trib. Milano, 28.11.2019).

La compensazione si verifica qualunque sia il titolo dell'uno o dell'altro debito, eccettuati i casi (art. 1246 cod. civ.): (1) di credito per la restituzione di cose di cui il proprietario sia stato ingiustamente spogliato; (2) di credito per la restituzione di cose depositate o date in comodato; (3) di credito dichiarato impignorabile; (4) di rinunzia alla compensazione fatta preventivamente dal debitore; (5) di divieto stabilito dalla legge (si vedano, ad esempio, gli artt. 447, 2° co., 1272, 3° co., 2271; 2805 cod. civ.). In questi casi, dunque, la compensazione non si verifica.

La compensazione, inoltre, non è ammessa tra un'obbligazione civile ed un'obbligazione naturale, posto che l'unico effetto di quest'ultima è la *soluti retentio* (art. 2034 cod. civ.).

Il codice, infine, prevede la **compensazione volontaria** (art. 1252 cod. civ.). Per volontà delle parti può aver luogo la compensazione anche se non ricorrono le condizioni previste per la compensazione giudiziale o legale. Le parti possono anche stabilire preventivamente le condizioni di tale compensazione.

La disciplina fiscale prevede alcune fattispecie di **compensazione a favore dei contribuenti** (si veda, ad esempio, l'art 17 del d.lgs. n. 241/2017).

132. La confusione.

Si ha estinzione dell'obbligazione per **confusione** (artt. 1253-1255 cod. civ.) quando la qualità di creditore e debitore si riuniscano in una sola parte (art. 1253 cod. civ.). Non si può essere creditore di se stessi.

Esempio. Il Sig. Aspettis vanta un credito nei confronti del Sig. Debendum. Quest'ultimo muore, lasciando come erede il suo creditore. L'obbligazione si estingue per confusione.

Nella materia successoria, peraltro, non si verifica la confusione se l'erede accetta l'eredità con beneficio d'inventario (art. 490 cod. civ.: §§ 514 ss.).

I terzi che hanno prestato garanzia per il debitore sono liberati a seguito dell'estinzione per confusione (art. 1253 cod. civ.). Tuttavia, non c'è estinzione della fideiussione per confusione, se chi ha garantito l'adempimento del debito altrui diventa, egli stesso, il soggetto passivo del debito da lui garantito: la fideiussione, in questo caso, resta in vita, purché il creditore vi abbia interesse (art. 1255 cod. civ.). È il caso, ad esempio, in cui l'obbligazione fideiussoria sia assistita da altre garanzie, come il pegno o l'ipoteca sui beni del fideiussore.

La confusione non è opponibile ai terzi che abbiano acquistato diritti di usufrutto o di pegno sul credito (art. 1254 cod. civ.). Il creditore pignoratizio, pertanto, conserva il diritto di prelazione attribuitogli dal pegno (si veda l'art. 2800 cod. civ.); ciò anche quando il credito ricevuto in pegno si sia estinto a seguito della successione ereditaria del debitore al titolare del credito.

133. La novazione.

La **novazione** (artt. 1230-1235 cod. civ.) determina l'estinzione dell'obbligazione per volontà delle parti, che si accordano al fine di costituire una nuova obbligazione, diversa da quella originaria per l'oggetto o per il titolo (art. 1230 cod. civ.; sulla sorte dei privilegi, del pegno e delle ipoteche si vedano gli artt. 1232 e 1233 cod. civ.). Caratteristico dell'istituto in considerazione è l'effetto estintivo-costitutivo (mentre nella prestazione in luogo di adempimento si rinviene soltanto l'effetto estintivo dell'obbligazione).

Si distingue la c.d. novazione reale dalla c.d. novazione causale. Si ha novazione **reale** quando la nuova obbligazione è diversa da quella precedente per l'oggetto (Cass., 13.3.2019, n. 7194).

Esempio. L'obbligazione originaria prevedeva la consegna di una determinata somma di denaro. Le parti stipulano un contratto di novazione reale stabilendo che il debitore non è più tenuto a consegnare denaro ma un immobile.

Si ha, invece, novazione **causale** quando la nuova obbligazione diverge da quella originaria per il titolo.

Esempio. Una somma di denaro dovuta a titolo di mutuo viene trattenuta a titolo di prezzo di una successiva compravendita.

Il codice precisa che il rilascio di un documento o la sua rinnovazione, l'apposizione o l'eliminazione di un termine e ogni altra modificazione accessoria dell'obbligazione non producono novazione (art. 1231 cod. civ.).

La **volontà** di estinguere l'obbligazione precedente (il c.d. *animus novandi*) deve risultare **in modo non equivoco** (art. 1230, 2° co., cod. civ.). Ciò non significa che la volontà di novare debba essere espressamente dichiarata (Cass., Sez. Un., 21.6.2005, n. 13294); è richiesto, invece, che la volontà di estinguere l'obbligazione e di costituirne una nuova emerga con certezza (se così non è, la costituzione della nuova obbligazione lascia sopravvivere quella precedente).

La causa del contratto di novazione è l'assunzione dell'obbligazione per estinguere una precedente obbligazione: si spiega, pertanto, la regola codicistica secondo cui la novazione è senza effetto se non esisteva (o era nulla) l'obbligazione originaria (art. 1234, 1° co., cod. civ.). Qualora l'obbligazione originaria derivi da un titolo annullabile, la novazione è valida se il debitore ha assunto validamente il nuovo debito, conoscendo il vizio del titolo originario (art. 1234, 2° co., cod. civ.).

L'ultima norma dell'istituto in esame fa riferimento alla **novazione soggettiva**, che si ha quando un debitore è sostituito a quello originario che viene liberato: si osservano, in questo caso, le norme che disciplinano la delegazione, l'espromissione e l'accollo (art. 1235 cod. civ.; su queste figure §§ 140 ss.). La novazione soggettiva produce un effetto diverso dalla **novazione oggettiva**, di cui qui si è discusso: essa, infatti, non estingue l'obbligazione, che permane pur nella modificazione del soggetto passivo del rapporto.

134. La remissione del debito.

La **remissione** è un atto giuridico negoziale recettizio (Cass., 14.7.2006, n. 16125) con cui il creditore rinuncia al proprio credito, parzialmente o totalmente. La remissione può consistere in una dichiarazione espressa (art. 1236 cod. civ.) ed estingue l'obbligazione quando è comunicata al debitore.

Esempio. Con la presente lettera dichiaro di rinunciare al credito di 10.000 euro che ho nei tuoi confronti (credito che deriva dal contratto di fornitura stipulato fra noi il giorno 10 gennaio 2020).

La remissione, inoltre, può risultare implicitamente dalla volontaria restituzione al debitore del documento da cui risulta il titolo (art. 1237 cod. civ.) o da altri fatti concludenti (Cass., 5.2.2018, n. 2739). La rinuncia alle garanzie dell'obbligazione non fa presumere la remissione del debito (art. 1238 cod. civ.).

La remissione estingue l'obbligazione sempre che il debitore, entro un congruo termine, non dichiari di opporvisi (art. 1236 cod. civ.). La possibilità accordata al debitore di manifestare un rifiuto esplicito è presto spiegata: il debitore, per il legislatore, non può essere costretto a subire la remissione del proprio debito, che tra l'altro potrebbe essere particolarmente frustrante o lesiva della propria dignità; si aggiunga che il debitore, per svariati motivi, potrebbe non essere interessato a ricevere un "favore" da un creditore con cui non voglia avere nulla a che fare.

Sul silenzio del debitore e sulla sua opposizione occorre, peraltro, intendersi. L'effetto estintivo si produce, come prevede il codice, nel momento in cui essa è portata a conoscenza del debitore: non è dunque necessario che, prima dell'effetto estintivo, passi un "congruo termine" entro il quale il debitore non manifesti l'opposizione. Se però l'opposizione giunge, la remissione perde efficacia (e perde efficacia *ab initio*).

La remissione accordata al debitore principale libera i fideiussori (art. 1239, 1° co., cod. civ.). La remissione accordata a uno dei fideiussori non libera gli altri che per la parte del fideiussore liberato. Tuttavia, se gli altri fideiussori hanno consentito la liberazione, essi rimangono obbligati per l'intero (art. 1239, 2° co., cod. civ.).

Il creditore che ha rinunciato, verso corrispettivo, alla garanzia prestata da un terzo deve imputare al debito principale quanto ha ricevuto, a beneficio del debitore e di coloro che hanno prestato garanzia per l'adempimento dell'obbligazione (art. 1240 cod. civ.).

La remissione del debito va distinta dal c.d. ***pactum de non petendo***, con cui il creditore si obbliga a non chiedere l'adempimento prima di un determinato tempo (nel conto corrente bancario, ad esempio, il tempo è quello della chiusura del conto). Nel *pactum de non petendo* il creditore conserva le garanzie e, inoltre, può rivolgersi verso gli altri eventuali debitori solidali.

135. L'impossibilità sopravvenuta.

Sulla nozione di **impossibilità sopravvenuta** per causa non imputabile al debitore ci si è già intrattenuti, in precedenza, allorché si è studiata la nozione di inadempimento di cui all'art. 1218 cod. civ.

Qui va completato l'esame della disciplina codicistica (artt. 1256-1259 cod. civ.). L'obbligazione si estingue quando, per una causa non imputabile al debitore, la prestazione diventa impossibile (art. 1256, 1° co., cod. civ.). Se l'impossibilità è solo **temporanea**, il debitore, finché essa perdura, non è responsabile del ritardo nell'adempimento (non si produrranno, dunque, gli effetti della *mora debendi*). Tuttavia, l'obbligazione si estingue se l'impossibilità perdura fino a quando, in relazione al titolo dell'obbligazione o alla natura dell'oggetto, il debitore non può più essere ritenuto obbligato ad eseguire la prestazione ovvero il creditore non ha più interesse a conseguirla (art. 1256, 2° co., cod. civ.).

Esempio. Il direttore d'orchestra è chiamato a dirigere un concerto in occasione dell'inaugurazione del teatro. Il direttore è colpito da una brutta polmonite che gli impedisce di dirigere l'orchestra. A nulla vale il fatto che, dopo qualche tempo, è guarito: l'obbligazione deve comunque considerarsi estinta.

La situazione di **emergenza**, nel 2020, legata alla diffusione del Covid-19 (il **coronavirus**), ha indotto il legislatore a dettare una specifica norma diretta ad "agevolare" la prova, da parte del debitore, circa l'impossibilità temporanea della prestazione derivante da causa a lui non imputabile. L'art. 91 del d.l. n. 18/2020 (decreto "Cura Italia") ha stabilito che "il rispetto delle misure di contenimento di cui al presente decreto è sempre valutata ai fini dell'esclusione, ai sensi e per gli effetti degli articoli 1218 e 1223 del codice civile, della responsabilità del debitore, anche relativamente all'applicazione di eventuali decadenze o penali connesse a ritardi o omessi adempimenti". La disposizione, peraltro, è circoscritta al periodo emergenziale.

All'impossibilità temporanea è equiparato lo smarrimento di una cosa determinata di cui non può essere provato il perimento (art. 1257, 1° co., cod. civ.); occorre, naturalmente, che lo smarrimento non sia dovuto a causa imputabile al debitore. In caso di successivo ritrovamento della cosa, si applicano le disposizioni di cui all'art. 1256 cod. civ. (art. 1257, 2° co., cod. civ.).

L'impossibilità, poi, può essere **parziale**: se la prestazione è diventata impossibile solo in parte, il debitore si libera dall'obbligazione eseguendo la prestazione per la parte che è rimasta possibile (art. 1258, 1° co., cod. civ.).

Esempio. Un artista si è obbligato, per il teatro, ad eseguire uno spettacolo che comprende un balletto ed un'esecuzione canora. A causa di un grave incidente l'artista, il giorno dello spettacolo, è immobilizzato e può solo cantare: si libererà eseguendo la prestazione canora rimasta possibile (si veda, però, l'art. 1464 cod. civ. sull'impossibilità parziale nei contratti a prestazioni corrispettive: § 246).

La stessa disposizione si applica quando, essendo dovuta una cosa determinata, questa ha subìto un deterioramento, o quando residua alcunché dal perimento totale della cosa (art. 1258, 2° co., cod. civ.). Si deve trattare, ovviamente, di prestazione divisibile: se la prestazione è indivisibile (per sua natura o per il modo in cui le parti l'hanno considerata), l'impossibilità parziale produrrà gli stessi effetti di un'impossibilità totale.

Se la prestazione che ha per oggetto una cosa determinata è diventata impossibile, in tutto o in parte, il creditore subentra nei diritti spettanti al debitore in dipendenza del fatto che ha causato l'impossibilità, e può esigere dal debitore la prestazione di quanto questi abbia conseguito a titolo di risarcimento (art. 1259 cod. civ.). La norma si riferisce all'ipotesi in cui il debitore possa avere ragioni di credito, a titolo di risarcimento, nei confronti del terzo: l'azione riconosciuta al creditore, però, è contenuta nei limiti di quanto al debitore spetta nei confronti del terzo. Il creditore, peraltro, potrebbe agire *iure proprio* ai sensi dell'art. 2043 cod. civ., lamentando la lesione del suo credito ed ottenendo un risarcimento non circoscritto entro i limiti previsti dall'art. 1259 cod. civ.

Capitolo 19

LE MODIFICAZIONI SOGGETTIVE DEL RAPPORTO OBBLIGATORIO

136. Le modificazioni attive e passive del rapporto obbligatorio.

Durante lo svolgimento del rapporto obbligatorio i soggetti dello stesso, al verificarsi di certi eventi, possono mutare: può cambiare il creditore o il debitore. Nel primo caso si discute di modificazioni soggettive attive (o del lato attivo) dell'obbligazione; nel secondo di modificazioni soggettive passive (o del lato passivo).

In termini generali, la modificazione può assumere connotati diversi, in quanto può consistere nel fatto che, all'interno del rapporto, al creditore o al debitore originario si sostituisca un nuovo soggetto, prima di allora estraneo al rapporto stesso; oppure nel fatto che al creditore o al debitore originario si aggiunga un nuovo creditore o debitore.

Queste modificazioni scaturiscono da situazioni di varia natura e possono, anzitutto, costituire gli effetti di una **successione a titolo universale**: in una siffatta forma di successione, di regola, il successore subentra (per intero o per quota) in tutti rapporti (non solo in alcuni di essi) che facevano capo al precedente titolare e nella stessa posizione giuridica di quest'ultimo. Ciò accade, in caso di successione *mortis causa*, all'erede, che subentra in tutte le situazioni, attive e passive, già facenti capo al defunto; per cui, se il *de cuius* era titolare di un credito, questo diritto si trasferirà al suo erede (o ai suoi eredi); se il defunto aveva un debito, tale debito si trasmetterà al successore.

Modificazioni soggettive possono poi derivare da una **successione a titolo particolare**: ciò accade, ad esempio, allorquando il **credito** o il **debito** si trasferiscano, da un soggetto ad un altro, non isolatamente bensì quali **elementi di un** determinato **complesso di rapporti attivi e passivi**. Si pensi alla cessione di azienda (con la quale si trasferiscono non solo i beni aziendali ma anche alcuni rapporti contrattuali, di debito e credito, inerenti all'esercizio dell'impresa: artt. 2558-2560 cod. civ.) o alla cessione del contratto (con la quale un terzo subentra ad una parte nel complesso dei rapporti derivanti da un dato contratto: artt. 1406-1410 cod. civ.).

Infine, la modificazione del soggetto dell'obbligazione può avvenire con riferimento ad uno **specifico rapporto obbligatorio**, considerato isolatamente, e non quindi quale elemento di un patrimonio o di un più vasto complesso di rapporti giuridici collegati. Il codice civile detta alcune regole proprio con riferimento a tutte quelle ipotesi in cui la figura del creditore o del debitore venga a mutare all'interno di un determinato e specifico rapporto obbligatorio: si discute, anche in questi casi, di "trasferimento" del credito o del debito e, quindi, di successione nel credito o nel debito.

Per intanto, a completamento del quadro generale, basti riferire che:

(a) la modificazione del soggetto attivo (creditore) del rapporto obbligatorio può realizzarsi attraverso la **cessione del credito**, la **delegazione attiva**, il **pagamento con surrogazione** (su quest'ultima figura si è già detto: § 113);

(b) la modificazione del soggetto passivo (debitore) può attuarsi con la **delegazione passiva**, l'**espromissione** e l'**accollo**.

137. La cessione del credito.

Il **credito** appartiene alla categoria dei diritti soggettivi e, in particolare, a quella dei diritti soggettivi relativi.

Così come per la maggior parte dei diritti, siano essi assoluti o relativi, anche per il credito vale il principio per cui esso è, di regola, **trasmissibile**: può trasferirsi, cioè, da un soggetto ad un altro, dal suo titolare ad un nuovo e diverso titolare.

Solo in alcuni casi la trasferibilità è preclusa: si parla, a tal riguardo, di **crediti incedibili**. Appartengono a questa categoria i crediti aventi carattere strettamente personale (si pensi al credito alimentare: art. 447 cod. civ.) e quelli per i quali la cessione è esclusa da un espresso divieto di legge (si considerino, ad esempio, i divieti previsti dagli artt. 1261, 1471, cod. civ.).

La cedibilità può essere esclusa anche da un accordo tra le parti (creditore e debitore), ma il relativo patto non è opponibile al cessionario (che, come si vedrà, è colui che acquista il credito dal suo titolare) se non si prova che questi lo conosceva al tempo della cessione (art. 1260, 2° co., cod. civ.). Si tratta, comunque, di eccezioni: la regola rimane quella della libera cedibilità dei crediti.

La **cessione del credito** può definirsi come quell'atto giuridico negoziale con il quale una parte (detta **cedente**) trasferisce ad un'altra (detta **cessionario**) il credito di cui è titolare, cioè il suo diritto a ricevere la prestazione dal debitore (detto **ceduto**). Perfezionatasi la cessione, il debitore ceduto non dovrà più eseguire la prestazione in favore del cedente (originario creditore) bensì in favore del cessionario, divenuto, per effetto della cessione, il nuovo creditore.

Il codice civile disciplina la cessione del credito all'interno del Capo V, Titolo I del Libro dedicato alle obbligazioni, intitolato, per l'appunto, "Della cessione dei crediti" (artt. 1260-1267 cod. civ.).

Già la prima di queste norme (art. 1260 cod. civ.) pone alcune regole caratterizzanti la struttura dell'atto di cessione. Essa specifica, anzitutto, che la cessione può realizzarsi **a titolo oneroso o gratuito**; ciò vuol dire che il trasferimento del diritto, dal cedente al cessionario, può avvenire a fronte della sopportazione di un sacrificio patrimoniale da parte del cessionario (cessione a titolo oneroso) oppure senza alcun corrispondente sacrificio da parte di quest'ultimo (cessione a titolo gratuito).

Se il credito è stato ceduto verso un corrispettivo in denaro, le parti avranno stipulato una vendita del credito (secondo lo schema previsto dall'art. 1470 cod. civ.), che è un contratto tipicamente oneroso. Nella prassi, la vendita del credito assolve alla funzione di consentire al cedente il reperimento di liquidità immediata e, normalmente, avviene ad un prezzo inferiore al valore del credito, in quanto il cessionario, divenendo il nuovo titolare del credito, assume su di sé una serie di oneri legati alla sua gestione: il rischio che il debitore non paghi e i costi finanziari fino al momento della riscossione.

Esempio. Tizio è titolare di un credito verso Caio, il quale deve corrispondere al primo, entro il termine di novanta giorni, un importo di 40.000 euro. Tizio ha bisogno di pronta liquidità e, per di più, non avrebbe la disponibilità economica per affrontare il rischio dell'inadempimento da parte di Caio. Sempronio è disponibile all'acquisto del credito, per cui Tizio glielo vende ad un prezzo di 30.000 euro, conseguendo così liquidità immediata ma di valore inferiore al credito. Sempronio, da un lato si accolla i rischi ed i costi della gestione del credito, dall'altro confida nella riscossione dell'intero credito che gli permetterebbe di lucrare sulla differenza, al netto dei costi sostenuti.

Se il corrispettivo, poi, dovesse consistere (non in denaro, bensì) nel trasferimento di un altro diritto, si realizza la funzione della permuta (art. 1552 cod. civ.).

Esempio. Tizio cede a Caio il proprio credito, cioè il proprio diritto di ricevere la prestazione dal debitore Sempronio; in cambio, quale corrispettivo, Caio trasferisce a Tizio la proprietà di alcune sue merci giacenti in magazzino.

La cessione del credito a titolo oneroso, inoltre, può realizzarsi allorquando il diritto venga ceduto in luogo dell'adempimento, cioè per estinguere un altro debito che il cedente ha verso il cessionario (c.d. cessione solutoria *ex* art. 1198 cod. civ., di cui si è detto trattando delle modalità di adempimento dell'obbligazione: § 110); oppure quando venga conferito nel patrimonio di una società o ceduto allo scopo di comporre una lite (divenendo così elemento di una transazione: §§ 302 ss.).

La cessione, si è detto, può avvenire anche a titolo gratuito, onde, s'essa avvenisse per spirito di liberalità, si avrebbe una donazione del credito (art. 769 cod. civ.).

Proprio queste considerazioni, che evidenziano la diversità di interessi che le parti possono perseguire e realizzare con la cessione del credito (vendita, permuta, donazione, e così via), hanno indotto alcuni autori e la giurisprudenza (Cass., 16.11.2018,

n. 29608; Cass. 3.2.2010, n. 2517; Cass. 3.7.2009, n. 15677; Cass. 3.4.2009, n. 8145) ad affermare che la cessione del credito abbia una "**causa variabile**", cioè una causa che varia a seconda del programma negoziale che le parti, di volta in volta, si prefigurano e realizzano.

Secondo un preferibile punto di vista, invece, la cessione del credito si caratterizzerebbe non per il profilo causale ma solo per il suo oggetto, che consiste, per l'appunto, nel trasferimento di un diritto di credito (Cass., 7.4.2016, n. 6759): la cessione del credito, si dice, non è un tipo di contratto ma soltanto un elemento di un diverso contratto (vendita, permuta, donazione, e via dicendo) con cui le parti intendono perseguire certi interessi, considerando i quali si perviene alla individuazione della causa del negozio posto in essere (che, di volta in volta, sarà quella della vendita, della permuta, della donazione e via dicendo).

È importante precisare che, indipendentemente dal titolo in forza del quale la cessione avvenga, il credito viene **acquistato** dal cessionario **a titolo derivativo**, dunque con tutte le caratteristiche che lo connotavano prima della cessione: se un dato credito è assistito da privilegio tale qualità permane anche in caso di cessione; e lo stesso vale per le garanzie reali o personali e gli altri accessori (come il diritto agli interessi, salvo quelli già scaduti alla data della cessione) che si trasmettono al cessionario unitamente al credito (art. 1263 cod. civ.; si veda Cass., 9.7.2018, n. 17997).

La cessione del credito non richiede, di per sé, il rispetto di forme particolari, ma la necessità di una data forma può derivare dal particolare titolo in forza del quale avviene la cessione; e così, qualora il trasferimento del credito avvenga a titolo di donazione, il contratto dovrà rivestire la forma dell'atto pubblico (che è la forma richiesta, a pena di nullità, per il contratto di donazione).

137.1. *Il perfezionamento della cessione del credito e la sua efficacia riguardo al debitore ceduto e riguardo ai terzi.*

L'art. 1260 cod. civ. stabilisce che la **cessione** può avvenire "anche **senza il consenso**" del **debitore**. Le parti del contratto di cessione sono unicamente il cedente ed il cessionario, non anche il debitore ceduto, il cui consenso non rileva ai fini del perfezionamento del contratto.

All'interno del rapporto obbligatorio non assume rilevanza una certa identità della persona del creditore; ciò che conta è che un creditore esista affinché il debitore possa eseguire, in suo favore, la prestazione oggetto dell'obbligazione. Il debitore ceduto, quindi, "subisce" la cessione, ossia la modificazione del soggetto attivo del rapporto obbligatorio: non essendo richiesto il suo consenso alla cessione, egli può ritrovarsi con un nuovo creditore in forza di un accordo intervenuto tra questi e l'originario titolare del diritto.

Questa possibile mutazione dei soggetti dell'obbligazione, peraltro, può creare una serie di problemi, legati proprio all'esatta **individuazione** della **persona del creditore**: se la cessione del credito si perfeziona con il consenso del solo cedente e cessionario, senza il concorso del consenso del debitore, potrebbe verificarsi, nei fatti, una modificazione della persona del creditore senza che il debitore ne venga a conoscenza.

Quale soluzione adottare se il debitore, ignorando l'intervenuta cessione, eseguisse la prestazione in favore dell'originario creditore (cedente), mentre avrebbe dovuto eseguirla in favore del nuovo creditore (cessionario)?

Esempio. Tizio vende a Caio il proprio credito, senza la partecipazione all'atto di Sempronio, debitore ceduto, il quale neanche viene informato dell'intervenuta cessione. Sempronio, ignorando che il creditore è mutato, paga nelle mani di Tizio, il quale, pur avendo ceduto il proprio diritto, riceve comunque la prestazione. In un caso simile, il debitore che ha eseguito la prestazione (in favore di un soggetto che, quindi, non era più titolare del diritto) avrà pagato con effetto liberatorio o sarà comunque tenuto, verso Caio, ad eseguire nuovamente la prestazione?

Questa problematica è tenuta in considerazione dal legislatore il quale, se da un lato stabilisce che la cessione può avvenire anche senza il consenso del debitore, dall'altro pone dei requisiti per l'efficacia della cessione stessa nei confronti del debitore ceduto: l'art. 1264 cod. civ. prevede, a tal riguardo, che la **cessione** abbia effetto nei confronti del **debitore** ceduto quando questi l'ha **accettata** o quando gli è stata **notificata**. La stessa norma precisa, al secondo comma, che anche prima della notificazione il debitore che paga al cedente non è liberato, se il cessionario prova che il **debitore** medesimo **era a conoscenza dell'avvenuta cessione**.

Per comprendere la ragione e la portata di queste disposizioni, occorre considerare che la cessione del credito, in quanto atto giuridico negoziale che trasferisce un diritto, appartiene alla più ampia categoria dei **contratti con effetti reali** (Cons. Stato, 30.11.2021, n. 7972), cioè quei contratti che, per quanto qui interessa, hanno per oggetto il trasferimento di un diritto, sia esso reale o di credito (§ 178).

Per questa categoria di contratti, la legge (art. 1376 cod. civ.) prevede che, per il loro perfezionamento, sia sufficiente la presenza del consenso delle parti legittimamente manifestato (c.d. principio consensualistico): si tratta di una regola che vale anche per la cessione del credito, appartenente, come detto, alla categoria dei contratti con effetti reali.

Se, dunque, il principio del consenso traslativo vale anche per la cessione del credito (Cass., 9.8.2019, n. 21227; Trib. Cosenza, 13.1.2020), e se la legge richiede, per il trasferimento, il consenso dei soli cedente e cessionario, deve concludersi nel senso che la manifestazione di volontà di questi due soggetti sarà condizione necessaria e sufficiente per il perfezionamento della cessione, rimanendo estraneo, alla struttura del contratto, il consenso del debitore: in presenza del consenso del cedente e di quello del cessionario, quest'ultimo potrà considerarsi il nuovo titolare del diritto oggetto del trasferimento.

Le formalità previste dal primo comma dell'art. 1264 cod. civ. (notificazione o accettazione della cessione da parte del debitore) non costituiscono, allora, condizioni per il perfezionamento della cessione tra le parti, bensì solo condizioni di opponibilità della cessione stessa al debitore ceduto (Cass. 5.11.2009, n. 23463). Si avrà, allora, che:

(a) se la cessione viene notificata al debitore o viene da questi accettata, la cessione stessa gli sarà opponibile. In questo caso, qualora il debitore dovesse pagare al vecchio creditore (cedente), pagherebbe con effetto non liberatorio e l'effettivo (nuovo) titolare del credito (cioè il cessionario) avrebbe il diritto di pretendere dal debitore un nuovo adempimento, questa volta in suo favore. Il debitore pagherebbe, così, due volte, ma sarebbe salvo il suo diritto di ripetere, dal cedente, quanto a lui pagato indebitamente, esperendo l'azione di ripetizione dell'indebito;

(b) se le formalità previste dalla legge (notificazione o accettazione) non vengono espletate, la cessione non sarà opponibile al debitore. Per cui, qualora questi dovesse adempiere in favore del cedente, pagherebbe con effetto liberatorio, a meno che il cessionario non riesca a dimostrare che il debitore (pur mancando la notificazione e l'accettazione) era venuto, comunque, a conoscenza della cessione; non riuscendo a fornire questa prova, il cessionario non avrebbe alcuna azione verso il debitore, ma potrebbe agire verso il cedente, che ha percepito senza titolo la prestazione di cui avrebbe dovuto beneficiare il cessionario stesso.

Si può notare una similitudine con un'altra fattispecie già considerata, e cioè quella del pagamento al creditore apparente (art. 1189 cod. civ.): anche in quella, come in questa ipotesi, il debitore esegue la prestazione in favore di un soggetto diverso dall'effettivo titolare del credito; tuttavia, mentre nel caso del pagamento al creditore apparente, il debitore, per ottenere la liberazione, deve fornire la prova di essere stato in buona fede, nel caso del pagamento a colui che ha ceduto un credito è il cessionario che deve dimostrare la conoscenza della cessione da parte del debitore.

Si tratta di una differenza di disciplina, la quale si giustifica considerando che, nel caso della cessione, l'apparenza della titolarità del credito in capo al cedente deriva da un comportamento di questi (il creditore cede il suo diritto ma, poi, riceve una prestazione che non gli spetterebbe più), per cui appare giusto non gravare il debitore dell'onere di provare fatti che non attengono propriamente alla sua sfera.

All'interno del meccanismo della cessione del credito, le formalità sopra viste (cioè la notificazione e l'accettazione da parte del debitore) assolvono anche ad un'altra importante funzione: quella di risolvere il **conflitto tra più persone che hanno acquistato lo stesso diritto** di credito da un medesimo dante causa: ai sensi dell'art. 1265, 1° co., cod. civ., se il medesimo credito ha formato oggetto di più cessioni a persone diverse, prevale la cessione notificata per prima al debitore, o quella che è stata prima accettata dal debitore con atto di data certa, ancorché essa sia di data posteriore. La stessa regola vale se il credito ha formato oggetto di costituzione di usufrutto o di pegno (art. 1265, 2° co., cod. civ.).

Anche in questo caso, si noti, le formalità previste dalla legge non sono necessarie per il perfezionamento della cessione (per la quale, come detto, basta il consenso, legittimamente manifestato, del cedente e del cessionario: Cass. 5.11.2009, n. 23463); le predette formalità, invece, devono essere espletate affinché, in ipotesi di cessione a più soggetti dello stesso credito, il cessionario possa opporre il suo diritto agli altri.

Esempio. Tizio vende a Caio il proprio credito. Successivamente (con atti separati) lo vende prima a Sempronio e poi, ancora, a Mevio. In questo caso, se nessuno dei tre acquirenti esegue le formalità previste dalla legge, si applicherà il principio *prior in tempore potior in iure*: prevarrà colui che riuscirà a dimostrare l'anteriorità della propria cessione rispetto a quella degli altri. Se, però, uno di essi (poniamo, nel nostro esempio, Mevio) esegue la notificazione della cessione al debitore o si procura la sua accettazione con atto avente data certa, il conflitto si risolverà in suo favore e la sua cessione prevarrà su quella degli altri, anche se il suo acquisto fosse successivo. Analogamente, se più di un cessionario dovesse eseguire le formalità, prevarrebbe colui che le ha eseguite per primo.

Pure qui ricorre una similitudine con tutte quelle fattispecie in cui la legge pone a carico dei privati l'onere di eseguire alcune formalità per l'opponibilità di certi atti ai terzi: la trascrizione nei registri immobiliari per gli atti aventi ad oggetto, tra l'altro, il trasferimento o la costituzione di diritti reali su beni immobili (art. 2643 cod. civ.); il conseguimento del possesso di buona fede da parte dell'acquirente di beni mobili (art. 1155 cod. civ.); il conseguimento del godimento del bene, o la presenza di un titolo avente data certa, per la soluzione del conflitto tra più diritti personali di godimento (art. 1380 cod. civ.).

La formalità della notificazione della cessione e quella dell'accettazione da parte del debitore ceduto assolvono anche alla funzione di risolvere il **conflitto con** un'altra categoria di terzi: **i creditori del cedente**. Per comprendere questa ipotesi di conflitto occorre tenere presente che anche il credito, come di regola ogni altro bene, sia esso mobile o immobile, può divenire oggetto di esecuzione forzata, cioè può essere pignorato, nelle forme previste dal codice di procedura civile (artt. 513 ss. cod. proc. civ.), dai creditori del suo titolare.

Può accadere, dunque, che un certo diritto di credito, da un lato, venga ceduto dal suo titolare a terzi, dall'altro, divenga oggetto di pignoramento da parte dei creditori del titolare stesso.

Esempio. Tizio cede il proprio credito a Caio e, successivamente, subisce, nelle forme di legge, un pignoramento del proprio credito da parte di Sempronio, suo creditore. In un caso simile, chi prevale fra Caio (cessionario) e Sempronio (creditore pignorante del cedente)?

Ebbene, anche questa ipotesi di conflitto si risolve facendo ricorso ai meccanismi appena studiati: il cessionario prevale e fa salvo il suo acquisto solo se ha provveduto a notificare la cessione al debitore, o ad ottenere la sua accettazione, in data anteriore al pignoramento; altrimenti prevale il creditore pignorante (art. 2914, n. 2, cod. civ.).

Chiarita la funzione della notificazione della cessione del credito e della sua accettazione da parte del debitore ceduto, rimane da precisare che, secondo l'orientamento prevalente in giurisprudenza, la notificazione della cessione non deve essere necessariamente eseguita per il tramite dell'ufficiale giudiziario, cioè nelle forme previste dal codice di procedura civile per la notificazione degli atti processuali (artt. 137 ss. cod. proc. civ.); essa può avvenire con qualsiasi atto, a forma libera, non soggetto a particolari discipline o formalità: si pensi ad una comunicazione di cessione fatta tramite telegramma (Cass. 2.11.2010, n. 22280; Cass. 14.3.2006, n.5516; Cass. 21.12.2005, n. 28300; Trib. Arezzo, 16.12.2019). La stessa regola della forma libera vale per il correlativo atto di accettazione da parte del debitore ceduto.

In conclusione, il cessionario dovrà provvedere alla notificazione della cessione al debitore o procurarsi una sua accettazione, con atto avente data certa, se vuole porre il suo acquisto al sicuro dal pericolo che il debitore paghi al cedente, o dal pericolo di soccombere nei confronti di chi potrebbe avere acquistato lo stesso diritto dal suo dante causa o nei confronti di chi potrebbe pignorare il credito a lui ceduto.

Nulla esclude, poi, che la formalità della notificazione venga, di fatto, eseguita dal cedente a beneficio della certezza e del consolidamento della cessione.

137.2. *I rapporti tra il cedente ed il cessionario.*

Si è visto che la cessione del credito comporta il trasferimento, in capo al cessionario, del diritto di ricevere la prestazione dal debitore ceduto, il quale può pagare puntualmente oppure rimanere inadempiente: ci si chiede, in questi casi, chi debba sopportare il rischio dell'inadempimento del debitore, se il cedente oppure il cessionario.

Esempio. Tizio è creditore di Caio, in quanto deve ricevere da questi, con scadenza a trenta giorni, l'importo di 500 euro. Tizio cede, per il prezzo di 400 euro, il proprio credito a Sempronio, il quale alla scadenza richiede a Caio il pagamento cui questi è tenuto. Caio si rifiuta di pagare. In questo caso, Sempronio (cessionario) ha come unica possibilità quella di agire nei confronti di Caio (debitore ceduto), oppure ha un qualche rimedio anche nei confronti di Tizio (cedente), che gli ha ceduto un credito verso un debitore rivelatosi poco affidabile?

In questi casi la legge distingue a seconda che la cessione sia avvenuta a titolo oneroso (come nel caso dell'esempio) ovvero a titolo gratuito (artt. 1267 ss. cod. civ.).

Nel primo caso (cessione a titolo oneroso) il cedente è tenuto a garantire al cessionario solo "l'esistenza del credito al tempo della cessione", non anche l'adempimento del debitore. E così, se il credito ceduto si dovesse rivelare inesistente, in quanto prescritto o già adempiuto dal debitore, il cessionario potrebbe pretendere dal cedente la restituzione del prezzo pagato per la cessione e il risarcimento del danno subìto.

Di contro, se il diritto ceduto esiste, l'inadempimento del debitore rimane a carico del cessionario (per tale ragione si dice che la **cessione** del credito è, di regola, ***pro soluto***): nell'esempio fatto, appurato che il credito esisteva al tempo della cessione, il cessionario (Sempronio) non avrà alcuna azione verso il cedente (Tizio), ma potrà agire solo nei confronti del ceduto (Caio) per fare valere il proprio diritto al pagamento. Questa garanzia (limitata all'esistenza del credito) può essere esclusa dalle parti con un patto accessorio alla cessione; tuttavia, anche in caso di esclusione, il cedente resta obbligato se l'inesistenza del credito dipenda da un fatto a lui imputabile (si pensi all'ipotesi in cui il cedente abbia rinunciato al credito, determinandone l'estinzione, ed abbia ceduto, dunque, un credito che non esiste più; oppure al caso in cui il credito sia stato ceduto a più soggetti ed uno di essi prevalga sugli altri per effetto della notificazione della cessione al debitore).

Se, invece, si tratta di cessione a titolo gratuito (art. 1266, 2° co., cod. civ.), la garanzia, pur sempre limitata all'esistenza del credito, "è dovuta solo nei casi e nei limiti in cui la legge pone a carico del donante la garanzia per l'evizione": dunque, ai sensi dell'art. 797 cod. civ., solo se il cedente ha espressamente promesso la garanzia; se l'evizione deriva da dolo o da fatto personale del cedente; se si tratta di donazione che pone oneri a carico del cessionario o di donazione remuneratoria (in questo caso la garanzia è limitata all'ammontare degli oneri o all'entità delle prestazioni ricevute dal donante).

Le parti possono, però, prevedere che il cedente (a fronte della cessione onerosa o gratuita) sia tenuto a garantire anche la solvenza del debitore (art. 1267 cod. civ.: si discute, in tal caso, di **cessione *pro solvendo***).

In questa ipotesi, se il debitore rimane inadempiente, il cedente ne risponde nei confronti del cessionario ma, si noti, non per l'intero valore del credito, bensì nei limiti di quanto ha ricevuto per effetto della cessione: in altre parole, se il debitore non paga, il cessionario potrà rivalersi verso il cedente, chiedendo a lui il pagamento fino alla concorrenza del prezzo di cessione; in più, il cedente dovrà pagare gli interessi e rimborsare al cessionario le spese sostenute per escutere il debitore e dovrà risarcire il danno. Nell'esempio fatto in questo paragrafo, se Tizio (cedente) e Sempronio (cessionario) convengono che il primo sia tenuto a garantire la solvenza del debitore Caio, verificatosi l'inadempimento di quest'ultimo, Sempronio potrà richiedere a Tizio la restituzione del prezzo pagato per la cessione, gli interessi, il rimborso delle spese sostenute ed il risarcimento del danno subìto.

La responsabilità del cedente, così configurata, non può essere aggravata con un patto tra le parti del negozio di cessione: un patto che prevedesse un'estensione della garanzia oltre questi limiti sarebbe senza effetto (art. 1267, 1° co., cod. civ., ultimo periodo).

La garanzia della solvenza del debitore, prestata dal cedente, viene meno se la mancata realizzazione del credito dipende da negligenza del cessionario nel coltivare le azioni contro il debitore insolvente (art. 1267, 2° co., cod. civ.).

Una regola particolare vale allorquando la cessione del credito sia avvenuta con funzione solutoria, cioè per estinguere un debito del cedente verso il cessionario: in tal caso, se le parti non stabiliscono diversamente, l'obbligazione (del cedente verso il cessionario) si estingue solo con la riscossione del credito (art. 1198 cod. civ.).

137.3. *I rapporti tra il cessionario ed il debitore ceduto.*

Come si è visto, la cessione comporta che il cessionario acquisti il credito a titolo derivativo, con tutte le qualità, le garanzie e gli accessori che il credito aveva prima che intervenisse la cessione.

Occorre considerare però che, simmetricamente, e per la stessa ragione, il debitore ceduto potrà opporre al cessionario tutte le eccezioni che avrebbe potuto opporre al cedente, per escludere il pagamento o limitarlo ad una minore somma.

Esempio. Tizio cede a Sempronio il proprio credito verso Caio. Sempronio, vantando di essere il nuovo titolare del credito, richiede il pagamento a Caio, il quale però si rifiuta di pagare in quanto eccepisce che il contratto, che aveva concluso con Tizio e dal quale era sorto il credito ceduto, è invalido; oppure, si rifiuta di pagare in quanto il credito ceduto si era in precedenza estinto per compensazione con un credito che lui stesso aveva nei confronti del cedente; e così via.

In questi casi, essendo impotente di fronte all'eccezione oppostagli dal debitore, al cessionario non rimarrà che far valere, nei confronti del cedente, le garanzie di legge o convenzionali che assistono la stipulata cessione, secondo le regole esaminate nel paragrafo precedente.

La possibilità per il debitore ceduto di rifiutare il pagamento, eccependo al cessionario fatti estintivi o modificativi del credito ceduto, subisce tuttavia una restrizione in alcune ipotesi:

(a) se il debitore ha accettato la cessione senza riserve, non potrà poi opporre al cessionario la compensazione che avrebbe potuto opporre al cedente (art. 1248, 1° co., cod. civ.);

(b) se la cessione del credito è stata notificata al debitore, questi non può opporre al cessionario la compensazione con crediti che siano sorti successivamente alla notificazione stessa (art. 1248, 2° co., cod. civ.);

(c) il debitore non può opporre al cessionario i fatti estintivi o modificativi del credito ceduto che siano successivi alla notificazione o all'accettazione della cessione (Cass., 7.4.2009, n. 8373).

Una deroga alla norma del codice si rinviene nella disciplina del credito al consumo (§ 262-*bis*), dove si prevede che "in caso di cessione del credito o del contratto di credito, il consumatore può sempre opporre al cessionario tutte le eccezioni che poteva far valere nei confronti del cedente, ivi inclusa la compensazione, anche in deroga al disposto dell'art. 1248 cod. civ." (art. 125-*septies*, 1° co., TUB).

138. Il *factoring* e la cessione dei crediti d'impresa.

In tema di cessione del credito occorre aver riguardo ad una figura contrattuale, di origine anglosassone, assai diffusa nel commercio: si fa riferimento al contratto di ***factoring***, con cui il creditore si impegna a cedere tutti i crediti (presenti e futuri) derivanti dalla sua attività imprenditoriale; la cessione avviene a favore di un altro imprenditore specializzato, detto ***factor***, il quale riceve un corrispettivo (una commissione) per lo svolgimento di una serie di servizi, quali: la contabilizzazione, la gestione e la riscossione dei crediti.

Talvolta il *factor* garantisce anche l'eventuale inadempimento dei debitori (c.d. funzione assicurativa) e svolge un'attività che si può definire di "finanziamento" a favore dell'imprenditore, sia attraverso la concessione dei prestiti sia attraverso il pagamento anticipato dei crediti ceduti. La cessione del credito può essere *pro solvendo* o *pro soluto*; accade anche, in alcuni casi, che i crediti non vengano ceduti ma siano dati in "amministrazione" al *factor*.

Nel corso del tempo si è rilevato come la disciplina codicistica sulla cessione del credito creava alcuni ostacoli, sul piano giuridico, alle operazioni di *factoring*: a ciò si è ovviato con la l. 21.2.1991, n. 52, che ha derogato, in alcuni punti, alle norme di cui agli artt. 1260 ss. cod. civ.

La legge, va detto in via di premessa, trova applicazione nel caso in cui: (a) il cedente sia un imprenditore; (b) i crediti siano pecuniari e siano sorti dal cedente nell'esercizio dell'impresa; (c) il cessionario sia una banca o un intermediario finanziario, che abbia come oggetto sociale l'attività di acquisto di crediti di impresa (art. 1, 1° co., l. n. 52/1991).

Sono due, principalmente, gli aspetti che segnano il distacco dalla normativa codicistica esaminata: (1) in deroga all'art. 1267 cod. civ., il cedente, salvo patto contrario, garantisce la solvenza del debitore ceduto (art. 4 l. n. 52/1991); (2) in parziale deroga all'art. 1265 cod. civ., la cessione può essere opposta ai terzi non soltanto quando sia stata notificata o accettata con data certa, ma anche quando sia avvenuto il pagamento da parte del *factor*, all'impresa cedente, del corrispettivo della cessione (in tutto o in parte), con atto avente data certa (art. 5 l. n. 52/1991).

È previsto, inoltre, che possano essere oggetto di cessione anche crediti futuri (crediti, cioè, anteriori alla stipula dei contratti da cui derivano); è necessario, peraltro, che i contratti fonte dei crediti vengano stipulati entro ventiquattro mesi dalla cessione (art. 3, 1° e 3° co., l. n. 52/1991).

Possono essere ceduti crediti (esistenti o futuri) "in massa": la condizione affinché l'oggetto della cessione sia determinato è l'indicazione del nominativo del debitore ceduto (art. 3, 4° co., l. n. 52/1991).

139. La cartolarizzazione dei crediti. Cenni.

È fondata sulla cessione dei crediti la c.d. "**cartolarizzazione dei crediti**", introdotta nel nostro ordinamento con la l. 30.4.1999, n. 130 (Cass., 27.5.2015, n. 10885). A decorrere dal 1° gennaio 2019 si applica anche il Regolamento 12.12.2017, n. 2017/2402/UE.

L'operazione può così riassumersi: la società cessionaria dei crediti (detta "**società veicolo**") si procura il corrispettivo dovuto al cedente attraverso l'emissione di titoli; in quest'ultimi è incorporato il diritto di ottenere in "via esclusiva" quanto pagato dai debitori ceduti alla società. È previsto che la società risponderà nei confronti dei sottoscrittori soltanto con il portafoglio dei crediti acquistati per quella determinata operazione di cartolarizzazione.

Al fine di garantire che le somme incassate dai debitori ceduti vengano destinate, in "via esclusiva", ai portatori di titoli, è stabilito che i crediti ceduti alla "società veicolo" costituiscano un "**patrimonio separato**" (un patrimonio, cioè, distinto sia dal residuo patrimonio della "società veicolo" sia da quello relativo ad altre operazioni di cartolarizzazione poste in essere dalla società; si veda Cass., 30.8.2019, n. 21843). In virtù della suddetta separazione patrimoniale non è consentito al debitore ceduto proporre nei confronti del cessionario eccezioni di compensazione o domande giudiziali fondate su crediti vantati verso il cedente nascenti dal rapporto con quest'ultimo intercorso (Cass., 2.5.2022, n. 13735).

140. La delegazione: introduzione al concetto.

Per iniziare il discorso sulla delegazione (artt. 1268 ss. cod. civ.) è utile svolgere alcune considerazioni pratiche. Può succedere che un soggetto sia, contemporaneamente, creditore di una persona e debitore di un'altra. Si schematizzi questa situazione.

Esempio. Matteo è creditore di Luca; nel contempo è debitore di Marco. I soggetti che entrano in questa vicenda sono tre: il creditore-debitore Matteo; il debitore Luca; il creditore Marco.

Vi è il rapporto Matteo-Luca ed il rapporto Matteo-Marco; non vi è alcun rapporto che lega Marco e Luca. Ebbene, alcune operazioni disciplinate dal codice (e, fra queste, si vedrà in primo luogo la delegazione), mirano a costituire questo rapporto (che nell'esempio appena ricordato non si è ancora instaurato).

La delegazione è l'incarico conferito da un soggetto, il delegante, ad un altro soggetto, detto delegato, di pagare o di obbligarsi a pagare ad un terzo, chiamato delegatario. Quando il delegante è creditore del delegato, la **delegazione** si dice **attiva**. Nella pratica, come nell'esempio sopra riportato, la delegazione attiva è, nel contempo, passiva (il delegante è debitore del delegatario). Il codice regola espressamente la delegazione passiva.

140.1. *La delegazione di debito (*delegatio promittendi*).*

La **delegazione passiva** si presenta in due forme: la delegazione di debito e la delegazione di pagamento. Esse vanno studiate distintamente.

Con la delegazione di debito il debitore (delegante) assegna al proprio creditore (delegatario) un nuovo debitore (delegato), che si obbliga verso il creditore (art. 1268, 1° co., cod. civ.). Si torni alle persone di cui si è detto nell'esempio del precedente paragrafo.

Esempio. Matteo (delegante) assegna a Marco (delegatario) un nuovo debitore (Luca, che chiamiamo delegato).

Il rapporto tra delegante e delegatario (fra Matteo e Marco) è detto **rapporto di valuta**; quello fra delegante e delegato (fra Matteo e Luca) è detto **rapporto di provvista**.

La funzione della delegazione è la seguente: con un unico pagamento, quello del delegato nei confronti del delegatario (di Luca a favore di Marco), si estingueranno simultaneamente due rapporti (quello di provvista e quello di valuta).

Inquadrato il fenomeno dal punto di vista funzionale, conviene ripercorrere analiticamente le fasi in cui si articola l'operazione:

(1) vi è, in primo luogo, l'**invito** (definito anche **ordine** o *iussum*) del delegante rivolto al delegato (che di solito è debitore del delegante).

Esempio. Con la presente lettera, io sottoscritto Matteo, invito Lei, Sig. Luca, a volersi obbligare nei confronti del Sig. Marco e a pagargli la somma di 100.000 euro.

(2) Segue, poi, l'**accettazione** da parte del delegato, il quale, anche se è debitore del delegante, non è obbligato ad accettare l'incarico (si veda in questo senso, l'art. 1269, 2° co., cod. civ., sia pur con riferimento alla delegazione di pagamento, di cui ci si occuperà nel prosieguo: § 140.2).

(3) Se il delegato accetta, lo stesso formula la **promessa**, ossia dichiara al delegatario di volersi obbligare nei suoi confronti. Per questa dichiarazione non sono richiesti particolari requisiti di forma (Cass., 19.2.2019, n. 4852).

Esempio. Su invito di Matteo, io sottoscritto Sig. Luca mi obbligo a pagare a Lei, Sig. Marco, la somma di 100.000 euro.

4) Si giunge, infine, alla **accettazione** da parte del delegatario: quest'ultimo può accettare tacitamente (attraverso il mancato rifiuto espresso: si confronti l'art. 1333 cod. civ.); peraltro, se il delegatario dichiara di liberare il delegante (art. 1268, 1° co., cod. civ.) è tenuto ad accettare espressamente (sulla liberazione o meno del delegante si veda *infra*, in questo paragrafo).

Si sono acquisiti, fin qui, alcuni elementi importanti dell'istituto: la sua funzione e gli aspetti strutturali attraverso cui si dipana l'operazione che coinvolge i tre soggetti.

Ci si deve domandare se la delegazione dia luogo ad un unico contratto composto dalla volontà di tre parti (il delegante, il delegato e il delegatario) o se, invece, essa consista in una pluralità di atti, ed esattamente: un contratto di mandato senza rappresentanza fra delegante e delegato, in virtù del quale quest'ultimo si obbliga verso il delegante a contrarre con il delegatario; un contratto tra il delegato ed il delegatario, con cui il primo si fa debitore del secondo.

Alcuni interpreti prediligono la concezione unitaria della delegazione (in questo senso si veda anche Cass., 19.2.2019, n. 4852); altri la concezione atomistica dell'istituto. L'argomento svolto dai sostenitori della prima tesi è che, se manca l'accettazione del delegatario, l'intera operazione non può dispiegarsi. La replica è che, come si legge negli scritti di Walter Bigiavi, qualsiasi mandato a stipulare un contratto viene vanificato se interviene il rifiuto del terzo a stipulare il contratto con il mandatario; se, però, il contratto è concluso, non si può dire di essere in presenza di un unico contratto trilaterale: vi sono, invece, due distinti contratti (il contratto di mandato e quello concluso dal mandatario).

La delegazione può essere **privativa** o **cumulativa**: qualora il delegatario abbia dichiarato espressamente di liberare il delegante, quest'ultimo è liberato dall'obbligazione (delegazione privativa o liberatoria). Si produce, in questo caso, una novazione soggettiva (art. 1235 cod. civ.), posto che l'obbligazione si estingue mediante la costituzione di una nuova obbligazione avente per debitore un soggetto diverso; qualora il delegato non effettui il pagamento, il creditore non può rivolgersi al delegante (art. 1274 cod. civ.). La delegazione liberatoria determina l'estinzione anche di tutte le garanzie connesse al credito, a meno che colui che le ha prestate non consenta espressamente a mantenerle (art. 1275 cod. civ.).

Diversamente, qualora il delegatario non liberi il delegante, non si ha una novazione soggettiva: il nuovo debitore si aggiunge a quello precedente (delegazione cumulativa) e se il delegato non effettua il pagamento il delegatario può successivamente rivolgersi al delegante (art. 1268, 2° co., cod. civ.).

La delegazione, infine, può essere **causale** (qualcuno dice anche "titolata") oppure **astratta** (o "pura").

Quando la delegazione è causale, il delegato, obbligandosi verso il delegatario, menziona il rapporto di provvista sottostante, oppure il rapporto di valuta, oppure tutte e due i rapporti. Si vedano, con alcuni esempi, le tre diverse ipotesi di "spendita" del rapporto sottostante.

Esempio. Su invito di Matteo, io sottoscritto Luca mi obbligo a pagare a Lei, Marco, la somma di 100.000 euro che debbo a Matteo come prezzo del contratto di compravendita stipulato con lo stesso in data 10.1.2014. Viene menzionato il rapporto di provvista.

Esempio. Su invito di Matteo, io sottoscritto Luca mi obbligo a pagare a Lei, Marco, la somma di 100.000 euro che Matteo Le deve in virtù del contratto di fornitura concluso fra voi il giorno 15.1.2014. Viene menzionato il rapporto di valuta.

Esempio. Su invito di Matteo, io sottoscritto Luca mi obbligo a pagare a Lei, Marco, la somma di 100.000 euro che devo a Matteo (in virtù del contratto di compravendita stipulato in data 10.1.2014) e che Matteo le deve (in virtù del contratto di compravendita stipulato fra voi in data 15.1.2014). Viene menzionato sia il rapporto di provvista sia il rapporto di valuta.

Nella delegazione astratta, invece, non viene menzionato né il rapporto di provvista né il rapporto di valuta.

Esempio. Su invito di Matteo, io sottoscritto Luca mi obbligo a pagare a Lei, Marco, la somma di 100.000 euro.

La differenza fra delegazione causale e delegazione astratta si coglie avendo riguardo alle **eccezioni** sollevabili dal delegato. Qualora la delegazione sia causale, il delegato può rifiutarsi di eseguire il pagamento facendo valere nei confronti del delegatario le eccezioni basate sul rapporto che ha menzionato (quello di provvista o di valuta).

Esempio. Io sottoscritto Luca eccepisco che non devo alcunché a Matteo, giacché il contratto stipulato con lo stesso in data 10.1.2014 è stato annullato con sentenza del Tribunale di Milano del 20.2.2016. Si fa valere un'eccezione basata sul rapporto di provvista.

Esempio. Io sottoscritto Luca eccepisco che Matteo non deve nulla a Marco, giacché il contratto di fornitura tra loro intercorso è stato risolto con sentenza del Tribunale di Milano del 25.5.2016. Si va valere un'eccezione basata sul rapporto di valuta.

Se, invece, la delegazione è astratta, le eccezioni fondate sul rapporto di provvista o di valuta non possono essere opposte dal delegato al delegatario: il primo, dunque, deve comunque effettuare il pagamento al secondo, salvo il caso che manchino entrambi i rapporti (art. 1271, 2° e 3° co., cod. civ.). Se è così (Luca non è debitore di Matteo e Matteo non è debitore di Marco) viene meno la funzione stessa della delegazione (Cass., 14.6.1994, n. 5770).

Il delegante può revocare la delegazione fino a quando il debitore non abbia assunto l'obbligazione nei confronti del delegatario (art. 1270, 1° co., cod. civ.). Il delegato può assumere l'obbligazione o eseguire il pagamento a favore del delegatario anche dopo la morte o la sopravvenuta incapacità del delegante (art. 1270, 2° co., cod. civ.).

140.2. *La delegazione di pagamento* (delegatio solvendi).

La differenza tra la delegazione di debito e la **delegazione di pagamento** (o *delegatio solvendi*) è la seguente: in quest'ultima figura il delegato non è invitato a farsi debitore del delegatario (costituendo con lo stesso un nuovo rapporto obbligatorio); è invitato, invece, a pagare il debito del delegante, ossia ad estinguere il rapporto obbligatorio esistente tra il delegante ed il delegatario. L'accordo, dunque, è fra il debitore (delegante) e terzo (delegato), con cui quest'ultimo è invitato ad eseguire una prestazione a favore del creditore (delegatario).

Il delegato non è tenuto ad accettare l'incarico, a meno che, secondo gli usi, sia tenuto a farlo (art. 1269, 2° co., cod. civ.).

Così come visto a proposito della delegazione di debito, anche la delegazione di pagamento può essere causale o astratta; valgono, qui, le stesse regole esaminate in precedenza. La delegazione di pagamento è sempre cumulativa (a differenza di quello che si è visto per la delegazione di debito): l'obbligazione del delegante, dunque, non si estingue.

La delegazione di pagamento trova concreta applicazione nei c.d. "**mandati di pagamento**": una società conclude con una banca un contratto di deposito ed è creditrice della stessa di una somma di denaro; in virtù del contratto in essere, delega la banca a pagare un proprio creditore (ad esempio, il fornitore della società).

Si aggiunga, inoltre, che la struttura della delegazione di pagamento si rinviene nella cambiale tratta e nell'assegno bancario.

Il delegante può revocare la delegazione fino a quando il delegato non abbia eseguito il pagamento nei confronti del delegatario (art. 1270, 1° co., cod. civ.).

141. L'espromissione.

Nell'**espromissione** un terzo, espromittente, si assume l'obbligazione del debitore originario (espromesso) nei confronti del creditore (espromissario).

Esempio. Il padre, constatato che il figlio è tenuto a pagare una somma di denaro al debitore, a seguito della commissione di un fatto illecito, si assume l'obbligazione del figlio nei confronti del creditore. Il padre è definito espromittente, il figlio espromesso, il creditore espromissario.

Nell'espromissione, a differenza di quello che si è visto nella delegazione, il terzo agisce senza delegazione del debitore (Cass., 1.3.2022, n. 6732). L'iniziativa del terzo espromittente, come nell'esempio fatto, è spontanea; peraltro, non si esclude che anche nell'espromissione possa esservi una sollecitazione del debitore originario, che dà mandato all'espromittente di assumere l'obbligazione (l'esistenza del mandato, si precisa, non deve però essere manifestata all'esterno: Cass., 7.12.2012, n. 22166).

Il contratto di espromissione interviene fra l'espromittente e l'espromissario; pertanto, se manca il consenso di quest'ultimo il debito non è validamente assunto dall'espromittente. La causa del contratto è l'assunzione del debito altrui e dà luogo ad un "mero arricchimento" del beneficiario (Cass., 22.7.2021, n. 21102): ciò vuol dire, come ha avuto modo di precisare la giurisprudenza, che l'espromittente non ha azione di regresso nei confronti dell'originario debitore; non è escluso, tuttavia, che l'espromissario, il quale riceve il pagamento da parte dell'espromittente, lo surroghi nei suoi diritti verso il debitore originario, ai sensi dell'art. 1201 cod. civ.

Come si è visto per la delegazione, l'espromissione può essere sia **cumulativa** sia **privativa** (art. 1272, 1° co., cod. civ.). Con l'espromissione cumulativa l'espromittente diventa obbligato in solido insieme al debitore espromesso; con quella privativa, l'espromittente diventa unico debitore, liberando l'espromesso e succedendo nello stesso rapporto obbligatorio.

Quanto **all'astrazione**, invece, valgono regole particolari: si può astrarre l'espromissione soltanto dal rapporto di provvista (fra il padre ed il figlio, per rimanere all'esempio fatto) e non dal rapporto di valuta (fra il figlio ed il suo creditore). L'espromittente, dunque, può sempre rifiutarsi di eseguire il pagamento eccependo la mancanza del rapporto di valuta (art. 1272, 2° e 3° co., cod. civ.). Il genitore, per intenderci, può eccepire che il giudizio di risarcimento del danno promosso nei confronti del figlio si è concluso con il rigetto della domanda risarcitoria formulata dalla presunta vittima del fatto illecito.

142. L'accollo.

Con l'**accollo**, disciplinato dall'art. 1273 cod. civ., il debitore (accollato) si accorda con un terzo (accollante) affinché quest'ultimo si assuma l'obbligazione nei confronti del creditore (accollatario). Si tratta di un contratto tra il debitore originario ed il terzo, cui è estraneo il creditore (un contratto, come rileva la dottrina maggioritaria, a favore del terzo).

Mentre nella delegazione di debito, almeno secondo l'opinione preferibile, si rivengono due contratti (il mandato dal debitore al delegato ed il contratto fra il delegato ed il creditore), nell'accollo vi è soltanto un contratto.

L'accollo può essere **privativo** o **cumulativo**; può essere, inoltre, causale o astratto. L'accollante, peraltro, è obbligato nei confronti del creditore soltanto nei limiti in cui ha assunto il debito; inoltre può opporre al creditore le eccezioni basate sul contratto di accollo (art. 1273, 4° co., cod. civ.).

Va distinto l'accollo **interno** dall'accollo **esterno**: l'accollo è interno quando l'accollante assume il debito dell'accollato verso il creditore senza che l'accollatario aderisca alla convenzione (Cass., 3.12.2021, n. 38225; Cass., 29.11.2018, n. 30938); si ha l'accollo esterno quando l'accollatario aderisce alla convenzione. In presenza di un accollo interno, è evidente, il creditore non ha alcun diritto verso l'accollante; quest'ultimo eseguirà il pagamento dell'accollato quale terzo secondo la disciplina di cui all'art. 1180 cod. civ.

Con l'espressione accollo legale, invece, si designa l'assunzione cumulativa del debito in capo ad un terzo per effetto della legge (si confronti l'art. 2560, 2° co., cod. civ.).

Capitolo 20

LA RESPONSABILITÀ PATRIMONIALE ED I MEZZI DI CONSERVAZIONE DELLA GARANZIA PATRIMONIALE

143. La responsabilità patrimoniale e la garanzia "generica" del credito.

La **responsabilità patrimoniale** del debitore si definisce come l'assoggettamento del patrimonio del debitore al soddisfacimento, anche forzoso, delle ragioni del creditore. Quest'ultimo, quando sia munito di titolo esecutivo, può: (1) promuovere l'esecuzione in forma specifica, in modo tale da ottenere la soddisfazione del proprio interesse attraverso il conseguimento del bene dovuto; (2) promuovere l'espropriazione forzata, che serve a realizzare coattivamente i crediti pecuniari.

I beni del debitore sono idealmente al servizio del creditore ed esposti alle azioni esecutive dello stesso: il principio generale è quello della responsabilità patrimoniale illimitata, come confermato dalla norma del codice secondo cui "il debitore risponde dell'adempimento delle obbligazioni con tutti i suoi beni presenti e futuri" (art. 2740, 1° co., cod. civ.).

Esempio. Il Sig. Rossi vanta un credito nei confronti del Sig. Bianchi pari a 50.000 euro. Quest'ultimo non ha un patrimonio attivo in grado di poter soddisfare, anche coattivamente, l'interesse del creditore. La regola appena ricordata, peraltro, non fa venir meno l'obbligazione del Sig. Rossi: se in futuro entreranno nel suo patrimonio alcuni beni, il creditore potrà promuovere l'espropriazione forzata sugli stessi. Nel frattempo, il creditore deve stare attento a non far decorrere il termine di prescrizione del suo diritto.

Nel 2016 è stato istituito presso il Ministero della giustizia un registro elettronico delle procedure di espropriazione forzata immobiliare, nonché delle procedure d'insolvenza e degli strumenti di gestione della crisi (art. 3, 1° co., d.l. 3.5.2016, n. 59).

Le **limitazioni** della responsabilità non sono ammesse se non nei **casi stabiliti dalla legge** (art. 2740, 2° co., cod. civ.). È previsto, ad esempio, che alcuni beni del debitore, essenziali per la sua vita ed il suo lavoro, non possano essere assoggettati ad espropriazione forzata (artt. 514 ss. cod. proc. civ.); i beni dei coniugi, i quali siano costituiti in fondo patrimoniale, non possano essere aggrediti dai creditori per crediti estranei ai bisogni della famiglia (art. 170 cod. civ.); l'erede sia tenuto al pagamento dei debiti ereditari soltanto nei limiti del valore dei beni a lui pervenuti, se ha accettato con il beneficio dell'inventario (art. 490, n. 2, cod. civ.).

Si pensi anche ai patrimoni delle società per azioni destinati ad uno specifico affare (artt. 2447-*bis* ss. cod. civ.) o agli atti negoziali di destinazione patrimoniale (art. 2645-*ter* cod. civ.).

I notai, ancora, sono tenuti ad aprire un "conto corrente dedicato" in cui sono versate, fra l'altro, le somme dovute a titolo di tributi per i quali gli stessi siano sostituti o responsabili d'imposta (art. 1, 63° co., l. n. 147/2013, nella nuova versione risultante dall'art. 1, 142° co., l. 4.8.2017, n. 124). Le somme depositate nel conto corrente dedicato costituiscono "patrimonio separato" e sono impignorabili (art. 1, 65° co., l. n. 147/2013, nella nuova versione risultante dall'art. 1, 142° co., l. n. 124/2017).

Le limitazioni della responsabilità, pur significative, mettono capo ad ipotesi tipiche, giacché altre non possono essere previste in virtù di un accordo fra creditore e debitore. A parte le eccezioni previste dalla legge, dunque, il patrimonio del debitore costituisce la garanzia "generica" del credito: ciò in quanto la soddisfazione dell'interesse del creditore, attraverso l'esecuzione forzata, dipende dall'entità del patrimonio del debitore.

144. La conservazione della garanzia patrimoniale.

Non è raro che una parte, prima di costituire un rapporto obbligatorio, verifichi il patrimonio della controparte giacché esso, come appena ricordato, costituisce la garanzia "generica" del credito. Il creditore, peraltro, ha anche un altro interesse: quello al mantenimento della garanzia "generica" del credito. Se il debitore, infatti, dopo che è sorto il rapporto, diminuisce (fino a perdere) il suo patrimonio, il creditore vedrà diminuire la possibilità di ottenere la soddisfazione del suo interesse.

Proprio per questo l'ordinamento prevede alcuni **strumenti** giuridici che mirano a "**conservare**" la **garanzia patrimoniale** del creditore. Uno di questi è stato già studiato nella disciplina generale delle obbligazioni: "quantunque il termine sia stabilito a favore del debitore, il creditore può esigere immediatamente la prestazione se il debitore è divenuto insolvente o ha diminuito, per fatto proprio, le garanzie che aveva date, o non ha dato le garanzie che aveva promesse" (art. 1186, 1° co., cod. civ.).

Di seguito ci si deve occupare di tre importanti strumenti di conservazione della garanzia patrimoniale che il creditore può attivare attraverso apposite azioni: l'azione surrogatoria, l'azione revocatoria, il sequestro conservativo. Una caratteristica comune alle tre azioni è la seguente: esse possono essere esercitate dal creditore anche se il credito non sia liquido ed esigibile (la liquidità ed esigibilità, invece, costituiscono condizioni necessarie per promuovere l'esecuzione forzata).

145. L'azione surrogatoria.

Occorre muovere dalla premessa che il patrimonio, nel suo lato attivo, è costituito non soltanto da cose materiali ma anche da diritti ed azioni (sul patrimonio § 40).

Posto ciò, i creditori, per il conseguimento di quanto spetta loro, possono esercitare in **surrogazione** del debitore (ossia sostituendosi a quest'ultimo) i **diritti** (sostituzione "sostanziale") e le **azioni** (sostituzione "processuale": art. 81 cod. proc. civ.) a lui spettanti.

La surrogazione, precisa il codice, può avvenire purché i diritti e le azioni abbiano contenuto patrimoniale e non si tratti di diritti o di azioni che, per loro natura o per disposizioni di legge, non possono essere esercitati se non dal loro titolare (art. 2900, 1° co., cod. civ.: si vedano, in particolare, gli artt. 974, 1015, 3° co., 1113, 1201 ss., 1259, 1780, 2° co., 1796, 2° co., 2036, 3° co., 2789, 2856, 2866, 3° co., 2871, 2° co., 2939 cod. civ.).

Presupposto per l'esercizio della surrogatoria è una situazione di **trascuratezza** del debitore che sia **nociva** per il patrimonio su cui i creditori contano per la conservazione o soddisfazione delle loro ragioni. A tal fine, va precisato, non occorre la previa escussione del debitore o la prova della sua insolvenza; né è necessaria alcuna preventiva autorizzazione da parte del giudice (si veda, peraltro, l'art. 524 cod. civ., riguardante l'autorizzazione che i creditori debbono ottenere per accettare l'eredità in nome e in luogo del debitore che vi abbia rinunciato, anche senza frode, in danno alle loro ragioni).

Esempio. Il Sig. Sbadatis ha un credito molto ingente, pari a 500.000 euro, nei confronti di un suo fornitore, il quale però non ha alcuna intenzione di pagare la somma di denaro. Passa del tempo e il Sig. Sbadatis sembra quasi essersi scordato di recuperare il credito. Sennonché lo stesso è debitore di un ingente somma di denaro nei confronti del Sig. Puntualis, che non intende affatto soprassedere nella sua richiesta. Perdurando l'inerzia del Sig. Sbadatis, il Sig. Puntualis agisce direttamente nei confronti del debitore del Sig. Sbadatis, sostituendosi a quest'ultimo. L'azione giudiziale è vittoriosa: il che vuol dire che il Sig. Puntalis vedrà aumentare la garanzia patrimoniale generica rappresentata dal patrimonio del suo debitore, il Sig. Sbadatis.

È ammissibile pure l'esercizio dell'azione surrogatoria nella proposizione della domanda di riduzione delle disposizioni testamentarie lesive della quota legittima (Cass., 20.6.2019, n. 16623).

I creditori, se agiscono come "sostituti processuali", devono citare il debitore al quale intendono surrogarsi (art. 2900, 2° co., cod. civ.).

Il contenuto del rimedio in esame non è, necessariamente, un'**azione giudiziale**; i creditori, infatti, ben possono surrogarsi al debitore nell'**esercizio di un diritto in via stragiudiziale**: si pensi, ad esempio, agli atti di interruzione della prescrizione (o quelli diretti ad opporre una prescrizione), agli atti di costituzione in mora, a quelli con cui si ottiene una risoluzione attraverso la diffida ad adempiere.

I creditori surroganti agiscono *ex persona debitoris*: ciò vuol dire che ad essi sono opponibili tutte quelle eccezioni che sono opponibili al debitore.

146. L'azione revocatoria

L'**azione revocatoria** (detta anche, in omaggio alla sua origine, "**pauliana**") si definisce come un mezzo per conservare la garanzia patrimoniale del debitore contro gli atti di disposizioni posti in essere dallo stesso sul proprio patrimonio.

Esempio. In base ad un contratto concluso il 2.4.2020 una delle parti contrattuali dovrà eseguire, a favore dell'altra, un pagamento pari a 500.000 euro: la somma, come da contratto, dovrà essere pagata il 28.12.2020. Prima della scadenza il debitore, al fine di danneggiare il creditore, inizia a dismettere il suo patrimonio. La situazione è tale per cui, alla data di scadenza, il creditore probabilmente non riceverà il pagamento di quanto dovuto (né sussisterà più la garanzia generica del patrimonio, che giorno per giorno viene dismesso). Per evitare questo, il creditore agisce con l'azione revocatoria per far dichiarare privi di effetto, nei suoi confronti, gli atti di alienazione compiuti dal suo debitore. Il creditore, ottenuta la revocatoria, potrà agire in esecuzione sui beni del debitore, ancorché questi siano stati venduti (nei confronti del creditore, si può pure dire, è come se i beni non fossero mai usciti dal patrimonio del debitore).

L'azione revocatoria viene concessa ai creditori per **impugnare atti di disposizione** del patrimonio che il debitore abbia compiuto contro le loro ragioni (art. 2901 cod. civ.). L'azione, dunque, può colpire ogni atto con cui il debitore diminuisce la garanzia generica: si pensi all'alienazione o alla costituzione di un diritto reale, alla cessione di un credito, all'assunzione di un'obbligazione, all'accettazione pura e semplice di un'eredità passiva, e così via.

Non è soggetto a revoca l'adempimento di un debito scaduto (art. 2901, 3° co., cod. civ.; Cass., 22.1.2020, n. 1414). È da ritenere, invece, soggetta a revoca la *datio in solutum* (qui non si è in presenza di un atto dovuto, come il pagamento, ma di un atto libero).

Per poter ricorrere all'azione revocatoria occorre che il credito esista al momento dell'esercizio della stessa azione. Oltre a ciò, sono richiesti due presupposti (uno "oggettivo" e l'altro "soggettivo"):

(a) il **presupposto "oggettivo"** è rappresentato dal pregiudizio alle ragioni del creditore (c.d. ***eventus damni***). Occorre che l'atto di disposizione abbia, in concreto, determinato o aggravato il pericolo dell'insufficienza del patrimonio a garantire il credito (Cass., 19.7.2018, n. 19207);

(b) il **presupposto "soggettivo"**, invece, è costituito dalla ***scientia damni*** o dal ***consilium fraudis.*** Basta la *scientia damni* (ossia la consapevolezza del pregiudizio: Cass., 27.9.2018, n. 7747; Cass., 1.4.2022, n. 10594) allorché l'atto sia compiuto posteriormente alla nascita del credito; è richiesto, invece, il *consilium fraudis* (ossia la dolosa preordinazione dell'atto in pregiudizio del soddisfacimento del credito) allorché l'atto sia posto in essere prima della nascita del credito (art. 2901, 1° co., n. 1, cod. civ.).

L'onere della prova dei suddetti elementi soggettivi spetta al creditore (che potrà ricorrere a testimoni, ma valersi anche delle presunzioni: Trib. Velletri, 18.2.2020).

La disciplina del codice civile richiede di distinguere, peraltro, fra **atti a titolo gra-**

tuito (si pensi ad una donazione) ed **atti a titolo oneroso** (è il caso di una compravendita). Nel primo caso è sufficiente che la *scientia damni* o il *consilium fraudis* siano in capo soltanto al debitore; nel secondo, la consapevolezza o la frode devono risultare in capo ad entrambi i contraenti (art. 2901, 1° co., n. 2, cod. civ.).

Qualora il terzo acquirente (che per comodità si chiama "terzo immediato") abbia a sua volta alienato, o concesso diritti reali ad un altro acquirente (il c.d. terzo mediato), quest'ultimo prevale sul creditore, ove sussistano le seguenti condizioni: abbia acquistato a titolo oneroso, sia in buona fede e (ove vengano in questione beni immobili o beni mobili registrati) il suo acquisto sia anteriore alla trascrizione della domanda di revocatoria (art. 2901, 4° co., cod. civ.).

Deve essere ribadito (è utile, sul punto, richiamarsi all'esempio in precedenza svolto) che l'azione revocatoria non annulla l'atto compiuto dal debitore, né fa venire meno gli effetti giuridici che si sono verificati fra il debitore ed il terzo; la revocatoria, invece, toglie efficacia giuridica dell'atto di fronte al creditore istante il quale (nella misura del danno subìto) potrà, per il caso di inadempimento, agire sui beni usciti dal patrimonio del debitore.

Con un'espressione di sintesi, che fa parte del linguaggio dei giuristi, si dice che l'inefficacia dell'atto di disposizione del terzo è una "**inefficacia relativa**" (tanto è vero che l'impugnativa va a vantaggio soltanto del creditore). Ed infatti, il creditore (e soltanto il creditore istante), ottenuta la dichiarazione di inefficacia, può promuovere nei confronti dei terzi acquirenti le azioni esecutive o conservative sui beni che formano oggetto dell'atto impugnato (art. 2902, 1° co., cod. civ.). Il terzo contraente, che abbia verso il debitore ragioni di credito dipendenti dall'esercizio dell'azione revocatoria, non può concorrere sul ricavato dei beni che sono stati oggetto dell'atto dichiarato inefficace, se non dopo che il creditore sia stato soddisfatto (art. 2902, 2° co., cod. civ.).

L'azione revocatoria si **prescrive** in cinque anni dalla data dell'atto (art. 2903 cod. civ.). Sono salve le disposizioni sull'azione revocatoria in materia fallimentare (artt. 64 ss. l. fall.) e in materia penale (art. 2904 cod. civ.).

146.1. *La revocatoria abbreviata* o per saltum.

Il nuovo art. 2929-*bis* cod. civ. (rubricato "espropriazione di beni oggetto di vincoli di indisponibilità o di alienazioni a titolo gratuito") ha introdotto quella che in dottrina è stata chiamata, per sintesi espositiva, la revocatoria "abbreviata" o *per saltum* (l'articolo è stato introdotto dall'art. 12 del d.l. n. 83/2015, convertito con modificazioni dalla l. n. 132/2015; successivamente è stato modificato dal d.l. n. 59/2016, convertito nella l. n. 119/2016).

Il creditore che sia pregiudicato da un atto del debitore, di costituzione di vincolo di indisponibilità o di alienazione, che ha per oggetto beni immobili o mobili iscritti in pubblici registri, compiuto a titolo gratuito successivamente al sorgere del credito, può procedere, munito di titolo esecutivo, ad esecuzione forzata, ancorché non abbia preventivamente ottenuto sentenza dichiarativa di inefficacia, se trascrive il pignoramento nel termine di un anno dalla data in cui l'atto è stato trascritto (art. 2929-*bis*,

1° co., cod. civ., il quale aggiunge che la disposizione si applica anche al creditore anteriore che, entro un anno dalla trascrizione dell'atto pregiudizievole, intervenga nell'esecuzione da altri promossa).

Quando il bene, per effetto o in conseguenza dell'atto, è stato trasferito a un terzo, il creditore promuove l'azione esecutiva nelle forme dell'espropriazione contro il terzo proprietario ed è preferito ai creditori personali di costui nella distribuzione del ricavato. Se con l'atto è stato riservato o costituito alcuno dei diritti di cui all'art. 2812, 1° co., cod. civ., il creditore pignora la cosa come libera nei confronti del proprietario. Tali diritti si estinguono con la vendita del bene e i terzi titolari sono ammessi a far valere le loro ragioni sul ricavato, con preferenza rispetto ai creditori cui i diritti sono opponibili (art. 2929-*bis*, 2° co., cod. civ.). Il debitore, il terzo assoggettato a espropriazione e ogni altro interessato alla conservazione del vincolo possono proporre le opposizioni all'esecuzione di cui al titolo V del Libro terzo del codice di procedura civile "quando contestano la sussistenza dei presupposti di cui al primo comma o che l'atto abbia arrecato pregiudizio alle ragioni del creditore o che il debitore abbia avuto conoscenza del pregiudizio arrecato" (art. 2929-*bis*, 2° co., cod. civ.). L'azione esecutiva non può esercitarsi in pregiudizio dei diritti acquisiti a titolo oneroso dall'avente causa del contraente immediato, salvi gli effetti della trascrizione del pignoramento (art. 2929-*bis*, 2° co., cod. civ.).

L'innovazione legislativa, si è sottolineato, mira soprattutto a colpire l'utilizzazione fraudolenta di fondi patrimoniali o di *trust*, permettendo l'esercizio della revocatoria *per saltum* a quei soggetti, come gli istituti di credito, in grado di monitorare periodicamente la capienza patrimoniale dei propri debitori o dei loro fideiussori.

Dal punto di vista sistematico, peraltro, non è facile giustificare un istituto che produce effetti per i quali tradizionalmente si richiedeva non solo una sentenza costitutiva (la *sententia pauliana*), ma anche il suo passaggio in giudicato. Può dirsi che l'azione esecutiva contenga al proprio interno ("cova", è stato efficacemente detto) un'azione pauliana che però dispiegherà i suoi effetti soltanto nel caso eventuale in cui venga proposta opposizione all'esecuzione.

147. Il sequestro conservativo.

Sul **sequestro conservativo** ci si è già intrattenuti nella prima parte del Corso (§ 54). Qui basti ricordare che si tratta di una misura preventiva e cautelare che il creditore può chiedere, sui beni del debitore (o anche sui beni del terzo acquirente, se è stata proposta azione revocatoria del suo acquisto: art. 2905, 2° co., cod. civ.), quando sussiste il fondato timore di perdere la garanzia del credito (si vedano, quanto alla disciplina processuale, gli artt. 671 ss. cod. proc. civ.).

Due requisiti sono richiesti affinché la richiesta venga accolta: il *fumus boni iuris* ed il *periculum in mora* (§ 54).

Non hanno effetto in pregiudizio del creditore sequestrante le alienazioni e gli altri atti che hanno per oggetto la cosa sequestrata, in conformità delle regole stabilite per il pignoramento (art. 2906, 1° co., cod. civ.).

148. La *par condicio creditorum*.

Il debitore può avere più di un creditore: in questo caso chi prevale sul patrimonio del debitore che, come rilevato, costituisce la garanzia generica del credito?

Il codice detta una regola generale (la c.d. ***par condicio creditorum***): i creditori hanno eguale diritto di essere soddisfatti sui beni del debitore (art. 2741, 1° co., cod. civ.).

Questa regola generale va verificata con un esempio.

Esempio. Il Sig. Dotti ha due creditori: il primo vanta un credito di 100.000 euro, il secondo un credito di 300.000 euro. Il patrimonio su cui si può promuovere azione esecutiva ha un valore di 200.000 euro. Ebbene, la *par condicio creditorum* vuole che entrambi i creditori si soddisfino nella stessa percentuale (il 50%). Talché il primo creditore, all'esito della procedura esecutiva, otterrà una somma pari a euro 50.000 ed il secondo creditore una somma pari a 150.000 euro.

Non sempre, va detto, si raggiungerà un tale risultato. Occorre tenere conto di alcune varianti che si verificano spesso nella pratica. Per rimanere all'esempio svolto, ben può succedere che, prima dell'azione esecutiva, il debitore decida di pagare per intero uno dei debitori.

Esempio. Il Sig. Dotti, di cui abbiamo fatto conoscenza in precedenza, prima di subire qualsiasi azione esecutiva, decide di pagare per intero il suo debito al creditore che vantava un credito di 100.000 euro. Quindi, essendo il suo patrimonio iniziale pari a 200.000 euro, all'esito del pagamento residua una somma pari a 100.000 euro. Il secondo creditore, che vantava un credito pari a 300.000 euro, potrà (se gli va bene) ottenere un pagamento pari a 100.000 euro. La situazione del secondo creditore, risulta evidente, è ben diversa da quella studiata in precedenza, quando entrambi hanno partecipato all'azione esecutiva.

Né può escludersi, al di là del pagamento spontaneo, che soltanto uno dei creditori promuova l'azione esecutiva e l'altro non vi partecipi: quando il secondo creditore deciderà di farlo, con una nuova azione esecutiva, non potrà che trovare una situazione patrimoniale ben diversa da quella esistente prima dell'iniziale azione del creditore più solerte.

La situazione appena ricordata, anzi, deve considerarsi assai frequente nella pratica: non vale, infatti, la regola per cui, promossa un'azione esecutiva, tutti i creditori sono chiamati a parteciparvi (con conseguente soddisfazione, in percentuale, del proprio credito). La c.d. esecuzione concorsuale (va pur detto) non è assente nel nostro ordinamento, ma costituisce l'eccezione e non la regola: è prevista, ad esempio, in materia fallimentare, in cui tutti i creditori dell'imprenditore commerciale insolvente sono soddisfatti in condizione di parità. Altre fattispecie in cui vige il metodo concorsuale sono le seguenti: il pagamento dei creditori del defunto, da parte dell'erede che abbia accettato l'eredità con beneficio d'inventario; il pagamento dei debiti da parte dell'associazione o della fondazione in liquidazione.

Peraltro, l'elemento più importante, che porta alla vanificazione del principio della *par condicio creditorum*, è contenuto nella stessa norma che quel principio prevede. Si legga per intero l'art. 2741 cod. civ.: "i creditori hanno eguale diritto di essere soddisfatti sui beni del debitore, salve le cause di legittima prelazione" (1° co.); "sono cause legittime di prelazione i privilegi, il pegno e le ipoteche" (2° co.).

Sulle cause legittime di prelazione ci si deve intrattenere nel capitolo successivo.

Nel codice civile, qua e là si rinvengono fattispecie che costituiscono una deroga al principio della *par condicio creditorum*: è il caso dei crediti "postergati", ossia quei crediti che possono essere soddisfatti soltanto dopo che siano stati soddisfatti altri crediti (artt. 2467, 2497-*quinquies*, 2902, 2° co., cod. civ.).

Capitolo 21

LE CAUSE LEGITTIME DI PRELAZIONE

149. Le cause legittime di prelazione: nozione.

Al principio generale dell'uguaglianza di tutti i creditori, di cui si è detto, fanno eccezione il privilegio, il pegno e l'ipoteca, che sono **cause legittime di prelazione** (art. 2740, 2° co., cod. civ.).

I creditori che abbiano una di queste cause di prelazione possono soddisfarsi integralmente, con preferenza sugli altri creditori, sul ricavato della vendita giudiziale dei beni vincolati al diritto di prelazione. I creditori che non hanno un diritto di prelazione sono detti **chirografari**: essi, in sostanza, non hanno una garanzia speciale, essendo il loro credito commisurato unicamente al documento di credito (*chirographum*).

I diritti di prelazione costituiscono un'eccezione alla regola generale dell'uguaglianza dei creditori (art. 2740, 1° co., cod. civ.; Cass., 15.4.2019, n. 13002): le norme che li riguardano, pertanto, non possono trovare applicazione analogica (art. 14 disp. prel. cod. civ.).

Il diritto di prelazione si aggiunge al diritto di garanzia generica e non lo esclude: ciò vuol dire che se il creditore titolare della prelazione non può soddisfarsi integralmente sul valore dei beni che costituiscono oggetto dello *ius praelationis*, per l'eccedenza del suo credito ha diritto di concorrere sui rimanenti beni del debitore (sarà, in questo caso, un creditore chirografario).

Salvo diverse disposizioni di legge (art. 2777 cod. civ., su cui § 150), mentre il privilegio speciale sui beni mobili non può esercitarsi in pregiudizio del creditore pignoratizio (il creditore che ha ricevuto in pegno la cosa), i creditori che hanno privilegi sui beni immobili sono preferiti a tutti gli altri creditori, anche ipotecari (art. 2748 cod. civ.). Ciò vuol dire, dunque, che i privilegi, i quali cadono sugli immobili ipotecati sono preferiti alle ipoteche, anche quando quest'ultime siano state iscritte anteriormente al sorgere del credito privilegiato.

Al loro interno i privilegi e le ipoteche hanno un **ordine** (il diritto più favorito nell'ordine, si vuol dire, esclude il concorso del diritto meno favorito).

Quanto all'ordine dei privilegi (su cui § 150), esso è stabilito dalla legge, che prescinde dalla priorità temporale. I crediti ugualmente privilegiati, invece, concorrono tra loro in proporzione del loro ammontare.

Per le ipoteche, invece, l'ordine è data dal tempo della iscrizione (*prior in tempore, potior in iure*: § 152.6).

150. I privilegi.

Il **privilegio** si definisce come il diritto di prelazione previsto dalla legge in considerazione della causa del credito (art. 2745 cod. civ.). Esso, rileva una parte della dottrina, si presenta come una "**qualità**" **del credito**.

I privilegi, in quanto previsti direttamente dalla legge, si presumono (per ciò solo) conosciuti e non richiedono alcuna forma di pubblicità, anche se cadono su beni immobili. Conviene distinguere fra privilegi sui beni mobili e privilegi sui beni immobili.

Si cominci col dire che i **privilegi sui beni mobili** sono generali o speciali: i primi si giustificano per la particolare meritevolezza del credito; i secondi per il particolare rapporto di connessione in cui il credito si trova con la cosa soggetta a privilegio. Se la legge non dispone diversamente, il privilegio speciale su beni mobili, sempre che sussista la particolare situazione alla quale è subordinato, può esercitarsi in pregiudizio dei diritti acquisiti dai terzi posteriormente al sorgere di esso (art. 2747, 2° co., cod. civ.).

Hanno privilegio sulla generalità dei mobili (**privilegio generale**) una serie di crediti (artt. 2751-2754 cod. civ.): ad esempio, il credito per le spese funebri; quello per le retribuzioni dovute ai prestatori di lavoro (a qualsiasi titolo); per le indennità derivanti dalla cessazione di un rapporto di lavoro; il credito per la retribuzione dei professionisti; i crediti per gli alimenti; per i tributi diretti; per i contributi assicurativi.

Hanno, invece, **privilegio speciale** su determinati beni mobili una serie di altri crediti (artt. 2755 ss. cod. civ.): ad esempio, i crediti per spese di giustizia fatte per atti conservativi o per l'espropriazione di beni mobili nell'interesse comune dei creditori hanno privilegio sui beni stessi (art. 2755 cod. civ.); i crediti per le prestazioni e le spese relative alla conservazione o al miglioramento di beni mobili hanno privilegio sui beni stessi, purché questi si trovino ancora presso chi ha fatto le prestazioni o le spese (art. 2756, 1° co., cod. civ.); i crediti dello Stato per i tributi indiretti hanno privilegio sui mobili sui quali i tributi si riferiscono e sugli altri beni indicati dalle leggi relative, con l'effetto da esse stabilito (art. 2758, 1° co., cod. civ.).

L'**ordine** fra i privilegi è, in sintesi, il seguente: su tutti i privilegi prevalgono quelli relativi ai crediti per spese di giustizia (artt. 2755 e 2770 cod. civ.); si tratta di crediti preferiti ad ogni altro credito, anche se questo è pignoratizio o ipotecario (art. 2777, 1° co., cod. civ.).

Subito dopo le spese di giustizia sono posti i crediti per retribuzioni, per provvigioni e quegli altri previsti dall'art. 2751-*bis* cod. civ. (art. 2777, 2° co., cod. civ.).

Nel concorso di crediti aventi privilegio generale o speciale sui medesimi beni mobili, la prelazione si esercita nell'ordine previsto dal codice civile (si veda l'art. 2778 cod. civ.); si aggiunga che se i privilegi indicati da tale norma concorrono con le ipoteche sugli autoveicoli, quest'ultime sono posposte ai privilegi indicati nei primi dieci numeri della stessa disposizione, mentre sono preferite a tutti gli altri privilegi (art. 2779 cod. civ.).

Se la legge non dispone diversamente, il privilegio speciale sui beni mobili non può esercitarsi in pregiudizio del creditore pignoratizio (art. 2748, 1° co., cod. civ.).

Si giunge, così, ai **privilegi immobiliari**: essi, va subito detto, prevalgono sulle ipoteche (art. 2748, 2° co., cod. civ.: si veda, per un'eccezione, l'art. 2775-*bis*, 2° co., cod. civ.), ma non sono assistiti da alcuna forma di pubblicità; è questa la ragione per cui i privilegi immobiliari speciali sono assai ridotti nella previsione del codice.

In particolare, i crediti per le spese di giustizia fatte per atti conservativi o per l'espropriazione di beni immobili nell'interesse comune dei creditori sono privilegiati sul prezzo degli immobili stessi (art. 2770, 1° co., cod. civ.); del pari, ha privilegio il credito dell'acquirente di un immobile per le spese fatte per la dichiarazione della liberazione dell'immobile dalle ipoteche (art. 2770, 2° co., cod. civ.). Altri privilegi immobiliari speciali, poi, sono quelli per i tributi indiretti (art. 2772 cod. civ.); per i crediti dello Stato relativi ai canoni dovuti dai concessionari di acque pubbliche (art. 2774, 1° co., cod. civ.); per i contributi di opere di bonifica e di miglioramento (art. 2775 cod. civ.); per la mancata esecuzione di contratti preliminari (art. 2775-*bis*, 1° co., cod. civ.).

Quando sul prezzo dello stesso immobile concorrono più crediti privilegiati, la prelazione ha luogo secondo l'ordine previsto dall'art. 2780 cod. civ. Se concorrono più crediti con lo stesso grado di preferenza, trova applicazione la regola generale del concorso: il ricavato viene suddiviso in proporzione del rispettivo importo (art. 2782 cod. civ.).

151. Il pegno.

Il **pegno** (artt. 2784-2807 cod. civ.) è il diritto reale di garanzia sulla cosa mobile (non registrata), oppure sull'universalità di beni mobili, sui crediti e, più in generale, sui diritti aventi per oggetto beni mobili (si pensi, ad esempio, all'usufrutto sui beni mobili).

Vi è, qui, una **garanzia specifica**: determinati beni vengono destinati a garantire un credito in modo particolarmente incisivo. Il creditore pignoratizio (o quello ipotecario), infatti, ha due diritti sul bene costituito in garanzia: (a) il **diritto di seguito**, ossia il diritto di aggredire il bene, sottoponendolo ad esecuzione forzata, anche se è uscito dal patrimonio del debitore. La garanzia, si suole dire, è opponibile ai terzi (a coloro che, per intenderci, abbiano acquistato nel frattempo il bene oggetto della garanzia specifica); (b) il **diritto di prelazione**, ossia il diritto di soddisfarsi sul bene con priorità sugli altri creditori, i quali potranno soddisfarsi sul ricavato della vendita del bene soltanto se residui qualcosa dopo l'integrale soddisfazione del creditore pignoratizio (o ipotecario).

Le considerazioni che precedono spiegano perché il pegno e l'ipoteca siano definiti **diritti reali di garanzia**. Il creditore, va detto, può avere ulteriori **garanzie** (non assistite dalla "realità") che si definiscono **personali**, di cui ci si occupa in altre parti del Corso: si pensi, ad esempio, alla fideiussione, al contratto autonomo di garanzia, alle *lettere di patronage*.

Si torni al pegno. Esso nasce dal **contratto di pegno**, che è un contratto reale e, dunque, si perfeziona con il consenso legittimamente manifestato e la consegna della cosa. Si evidenzia, allora, un aspetto importante del diritto di prelazione in esame: gli effetti sopra ricordati (la "realità" e il diritto di prelazione) non si realizzano se la cosa (o il documento che attribuisce l'esclusiva disponibilità della cosa) non sia consegnata al creditore e rimanga in suo potere (la consegna, peraltro, può essere anche a favore di un terzo designato dalle parti: art. 2786, 2° co., cod. civ.).

Il c.d. **impossessamento** assolve due funzioni. In primo luogo, con esso viene data **pubblicità** al pegno: gli altri creditori, in tal modo, sono avvertiti di non fare affidamento sui beni mobili che non sono nelle mani del debitore; il **creditore**, inoltre, viene **assicurato** contro il rischio di eventuali alienazioni del bene a terzi in buona fede.

Quando il credito garantito eccede la somma di euro 2,58, la prelazione non ha luogo se il pegno non risulta da scrittura privata con data certa, la quale contenga sufficiente indicazione del credito e della cosa (art. 2787, 3° co., cod. civ.).

Ci si deve occupare, ora, dei **rapporti** fra il **datore** di **pegno** ed il **creditore**. Colui che ha costituito il pegno non può esigerne la restituzione, se non sono stati interamente pagati il capitale e gli interessi e non sono state rimborsate le spese relative al debito ed al pegno (art. 2794, 1° co., cod. civ.).

Il creditore è tenuto a custodire la cosa ricevuta in pegno e risponde, secondo le regole generali, della perdita e del deterioramento di essa (art. 2790, 1° co., cod. civ.). Colui che ha costituito il pegno è tenuto al rimborso delle spese sostenute per la conservazione della cosa (art. 2790, 2° co., cod. civ.).

Se è data in pegno una cosa fruttifera, il creditore, salvo patto contrario, ha la facoltà di fare suoi i frutti, imputandoli prima alle spese e agli interessi e poi al capitale (art. 2791 cod. civ.).

Il creditore non può, senza il consenso del costituente, usare della cosa, salvo che l'uso sia necessario per la conservazione di essa. Egli non può darla in pegno o concederne ad altri il godimento (art. 2792, 1° co. cod. civ.). In ogni caso, deve imputare l'utile ricavato prima alle spese e agli interessi e poi al capitale (art. 2792, 2° co., cod. civ.).

Se il creditore abusa della cosa data in pegno, il costituente può domandarne il sequestro (art. 2793 cod. civ.).

Si giunge, così, ai **diritti del creditore**. Questi ha due diritti principali: il diritto di ritenzione ed il diritto di soddisfarsi prelativamente sul valore del pegno.

Si consideri, in primo luogo, il **diritto di ritenzione**: il creditore ha diritto di ritenere il pegno fino a che non sia integralmente soddisfatto. Va notato che il diritto in questione vale non soltanto nei confronti del datore di pegno, ma (per il carattere della realità, proprio del diritto in esame) anche nei confronti dei terzi (in particolare di fronte al nuovo proprietario).

Vi è poi il secondo diritto, quello **di soddisfarsi prelativamente** sul valore del pegno. Il creditore, in particolare, ha diritto di far ordinare la vendita all'incanto della cosa ricevuta in pegno per soddisfarsi, con priorità sugli altri creditori, sul prezzo ricevuto; in alternativa, ha diritto di farsi assegnare la cosa in pagamento, fino alla concorrenza del debito, secondo la stima da effettuarsi attraverso periti (artt. 2796-2798 cod. civ.; si veda anche l'art. 2804 cod. civ., relativamente al pegno di crediti).

È espressamente **vietato** il **patto commissorio**: il patto, cioè, con cui si conviene che, in mancanza del pagamento del credito nel termine fissato, la proprietà della cosa ipotecata o data in pegno passi al creditore (Cass., 3.6.2019, n. 15112). Il patto è nullo anche se posteriore alla costituzione dell'ipoteca o del pegno (art. 2744 cod. civ.; si veda anche § 193).

La *ratio* della norma si ispira a ragioni di equità (ancorché, va detto, le spiegazioni esistenti in dottrina siano molteplici): se non vi fosse questa norma il debitore, pressato dal bisogno, sarebbe indotto facilmente a dare in pegno beni superiori alle somme dovute, di cui poi si vedrebbe spogliato definitivamente (nel momento in cui non potesse adempiere in tempo); si realizzerebbe, così, un indebito lucro a favore del creditore pignoratizio. A ben guardare la norma permette di contemplare anche le esigenze dei creditori chirografari, i quali possono soddisfarsi soltanto su ciò che rimane del prezzo ottenuto dalla vendita giudiziale della cosa data in pegno, dopo che sia soddisfatto il creditore pignoratizio: con il patto commissorio, è evidente, non vi sarebbe neanche questa possibilità, posto che il bene dato in pegno passerebbe interamente nella proprietà del creditore pignoratizio.

Ecco un caso in cui il contratto è nullo in quanto in frode alla legge ai sensi dell'art. 1344 cod. civ.

Esempio. Al fine di eludere il divieto di patto commissorio, le parti stipulano una vendita con patto di riscatto, attraverso la quale il debitore vende al creditore un proprio bene per un prezzo determinato. Il prezzo è uguale al suo debito e non è pagato, in quanto "compensato" con il debito preesistente. Qualora, alla scadenza, il debitore sarà in grado di pagare il suo debito originario, eserciterà il diritto di riscatto ottenendo la restituzione della cosa data; diversamente, la stessa rimarrà definitivamente nelle mani del creditore. Le prove per considerare nulla la vendita con patto di riscatto (in quanto contratto in frode alla legge) possono essere diverse: varrà, in particolare, la dimostrazione dell'esistenza di un preesistente debito tra venditore e compratore e la mancanza di pagamento effettivo del prezzo da parte del compratore (ovvero creditore).

La giurisprudenza della Suprema Corte, peraltro, distingue il patto commissorio dal **patto marciano**, che considera valido. Si è stabilito che "il patto marciano che preveda, al momento dell'inadempimento, un procedimento tale da assicurare la stima imparziale del bene entro tempi certi esclude la violazione del divieto di patto commissorio e, conseguentemente, la nullità per illiceità della causa del contratto di *sale and lease back*, al quale sia apposto" (Cass., 28.1.2016, n. 1625; Cass., 10.5.2017, n. 11449; Cass., 17.1.2020, n. 844; si veda anche Trib. Milano, 19.1.2021).

Una fattispecie legislativa di patto marciano si rinviene, oggi, nell'art. 120-*quinquiesdecies* TUB (introdotto dal d.lgs. 21.4.2016, n. 72, su cui § 295) e nell'art. 48-*bis* TUB (introdotto dal d.l. 3.5.2016, n. 59, convertito con modifiche con la l. 30.6.2016, n. 119).

L'art. 48-*bis* TUB (rubricato "Finanziamento alle imprese garantito da trasferimento di bene immobile sospensivamente condizionato") stabilisce che il contratto di finanziamento concluso tra un imprenditore e una banca o altro soggetto autorizzato a concedere finanziamento può essere garantito dal trasferimento della proprietà di un immobile o di un altro diritto immobiliare dell'imprenditore o di un terzo, sospensivamente condizionato all'inadempimento del debitore (art. 48-*bis*, 1° co., TUB) In caso di inadempimento, il creditore ha diritto di avvalersi degli effetti del patto, purché al proprietario sia corrisposto l'eventuale differenza tra il valore di stima del diritto e l'ammontare del debito inadempiuto e delle spese di trasferimento (art. 48-*bis*, 2° co., TUB). Il trasferimento non può essere convenuto in relazione ad immobili adibiti ad abitazione principale del proprietario, del coniuge o di suoi parenti e affini entro il terzo grado (art. 48-*bis*, 3° co., TUB).

Si torni ai diritti del creditore pignoratizio. Se la cosa data in pegno si deteriora in modo da far temere che essa divenga insufficiente alla sicurezza del creditore, questi, previo avviso a colui che ha costituito il pegno, può chiedere al giudice l'autorizzazione a vendere la cosa (art. 2795, 1° co., cod. civ.).

Inoltre, il creditore che ha perduto il possesso della cosa ricevuta in pegno, oltre le azioni a difesa del possesso, può anche esercitare l'azione di rivendicazione, se questa spetta al costituente (art. 2789 cod.civ.).

Infine, nella ricognizione delle disposizioni più rilevanti in materia, va ricordato che qualora la cosa data in pegno (o sottoposta ad ipoteca) perisca o si deteriori, anche per caso fortuito, in modo da essere insufficiente alla sicurezza del creditore, questi può chiedere che gli sia prestata idonea garanzia su altri beni e, in mancanza, può chiedere l'immediato pagamento del suo credito (art. 2743 cod. civ.). Si tratta di una particolare ipotesi di "decadenza dal beneficio del termine" (si veda, nella disciplina generale delle obbligazioni, l'art. 1186 cod. civ.).

Veniamo all'**estinzione** del **diritto di pegno**. Questo è un **diritto accessorio** e, dunque, si estingue per le cause che estinguono il credito. Essendo un diritto reale su cosa altrui, esso si estingue per tutte le cause di estinzione comuni a questi diritti: si pensi al caso in cui il datore del pegno sia un terzo che diventa erede del creditore.

Si ha **pegno irregolare** quando vengano date in pegno cose fungibili (si tratta, per lo più, di denaro o titoli di credito): in questo caso il datore del pegno non conserva la proprietà delle cose date in pegno, essendo il nuovo proprietario, con la consegna, il creditore pignoratizio. Quest'ultimo, nel momento dell'estinzione del debito, è tenuto a restituire il *tantundem eiusdem generis et qualitatis.* Ancorché sia lo stesso codice civile a discutere di "pegno irregolare" (art. 1851 cod. civ.), la figura in esame non può considerarsi un pegno in senso tecnico. Decisiva è la constatazione che qui (a differenza di quello che si è studiato nel pegno in senso proprio) al creditore è conferita la facoltà di disporre dei beni mobili dati in garanzia (Cass., 8.8.2016, n. 16618). Al pegno irregolare, dunque, non si applica la disciplina codicistica dettata per il pegno (artt. 2784 ss. cod. civ.).

La giurisprudenza ammette, sulla scorta degli studi di un'attenta dottrina, il c.d. **pegno rotativo.** Esso ricorre quando le parti abbiano convenuto la possibilità di sostituire i beni originariamente costituiti in garanzia con altri beni. Un'applicazione pratica si rinviene nelle pattuizioni con cui è attribuita alla banca creditrice pignoratizia la facoltà di riscuotere, alla scadenza, i titoli dati in pegno; con il ricavato l'istituto di credito acquisterà titoli della stessa natura (Cass., 22.12.2015, n. 25796). La Cassazione, peraltro, detta alcune condizioni affinché il pegno rotativo sia legittimo: (a) la sostituzione deve essere accompagnata dall'apprensione dei beni da parte del creditore o di un terzo che sia stato scelto dalle parti; (b) i beni dati in sostituzione non devono avere un valore superiore a quelli precedenti (Cass., 26.1.2010, n. 1526; si veda anche, nella giurisprudenza di merito, Trib. Roma, 13.2.2017).

La disciplina codicistica sul pegno, talvolta, è significativamente derogata da alcune discipline di settore. Si consideri, in particolare, una recente innovazione legislativa che ammette il pegno mobiliare **non possessorio**. È previsto che gli imprenditori iscritti nel registro delle imprese possano costituire un pegno non possessorio per garantire i crediti loro concessi, presenti o futuri, se determinati o determinabili e con la previsione dell'importo massimo garantito, inerenti all'esercizio dell'impresa (art. 1, 1° co., d.l. n. 59/2016). Il contratto costitutivo, a pena di nullità, deve risultare da atto scritto (art. 1, 3° co., d.l. n. 59/2016). Il pegno non possessorio si costituisce esclusivamente con la iscrizione in un registro informatizzato costituito presso l'Agenzia delle entrate e denominato "registro dei pegni non possessori"; dalla data dell'iscrizione il pegno prende grado ed è opponibile ai terzi e nelle procedure concorsuali (art. 1, 4° co., d.l. n. 59/2016). Al verificarsi di un evento che determina l'escussione del pegno, il creditore, previo avviso scritto, ha la facoltà di procedere: (a) alla vendita dei beni oggetto del pegno, trattenendo il corrispettivo a soddisfacimento del credito fino alla concorrenza della somma garantita e con l'obbligo di restituire l'eccedenza; (b) alla escussione dei crediti oggetto di pegno fino a concorrenza della somma garantita; (c) ove previsto nel contratto di pegno e iscritto nel registro delle imprese, alla locazione del bene oggetto del pegno, imputando i canoni a soddisfacimento del proprio credito fino alla concorrenza della somma garantita; (d) ove previsto nel contratto di pegno e iscritto nel registro delle imprese, all'appropriazione dei beni oggetto del pegno fino a concorrenza della somma garantita (art. 1, 7° co., d.l. n. 59/2016).

L'anteriorità della iscrizione serve a dirimere il conflitto tra più creditori pignoratizi. A questa regola, però, non obbedisce il pegno non possessorio concesso per l'acquisto di un bene determinato destinato all'esercizio dell'impresa. Alle condizioni previste dalla legge (art. 1, 5° co., d.l. n. 59/2016) il pegno in esame prevale sui pegni non possessori iscritti anteriormente. Si avverte, qui, l'esigenza di favorire quei finanziamenti destinati ad incrementare l'esercizio dell'attività di impresa.

È ammessa dalla disciplina in esame la "rotatività" del pegno: ove non sia diversamente disposto nel contratto, il debitore o il terzo concedente il pegno è autorizzato a trasformare o alienare, nel rispetto della loro destinazione economica, o comunque a disporre dei beni gravati da pegno. In tal caso il pegno si trasferisce, rispettivamente, al prodotto risultante dalla trasformazione, al corrispettivo della cessione del bene gravato o al bene sostitutivo acquistato con tale corrispettivo, senza che ciò comporti la costituzione di una nuova garanzia (art. 1, 2° co., d.l. n. 59/2016). Si noti come la norma non richiede (come, invece, preteso dalla ricordata giurisprudenza) che il nuovo bene assoggettato a pegno non possessorio non abbia un valore superiore al precedente. Prevede, però, che "è fatta salva la possibilità per il creditore di promuovere azioni conservative o inibitorie nel caso di abuso nell'utilizzo dei beni da parte del debitore o del terzo concedente il pegno".

Il pegno non possessorio si cui si è appena detto è oggi regolato nello specifico dal decreto del Ministero dell'economia e delle finanze n. 114/2021, che ha istituito il Registro informatico per l'iscrizione dei pegni mobiliari non possessori.

Il pegno rotativo è previsto anche dall'art. 5 del d.lgs. 21.5.2004, n. 170 sui contratti di garanzia finanziaria. Stabilisce, la norma, che il creditore pignoratizio può disporre, anche mediante alienazione, delle attività finanziarie oggetto del pegno, se previsto nel contratto di garanzia finanziaria e conformemente alle previsioni in esso contenute (1° co.). Il creditore pignoratizio che si sia avvalso di questa facoltà ha l'obbligo di costituire la garanzia equivalente in sostituzione della garanzia originaria entro la data di scadenza dell'obbligazioni finanziaria garantita (2° co.). La ricostituzione della garanzia equivalente non comporta costituzione di una nuova garanzia e si considera effettuata alla data di prestazione della garanzia originaria (3° co.).

Infine, il d.l. 17.3.2020, n. 18, convertito con modifiche nella l. 24.4.2020, n. 27, ha introdotto il pegno rotativo per i prodotti DOP e IGP (prodotti agricoli e prodotti alimentari, inclusi i prodotti vitivinicoli e le bevande spiritose). Le modalità di costituzione, individuazione, annotazione ed estinzione del pegno rotativo sono stabilite dal Decreto del Mipaaf del 2.7.2020.

152. L'ipoteca. Nozioni preliminari.

L'**ipoteca** (artt. 2808-2899 cod. civ.) è il diritto reale di garanzia, costituito sopra beni "perseguibili" (di solito beni immobili, ma non solo, come si vedrà: § 152.2), del debitore (o del terzo), che consente al creditore ipotecario di espropriare i beni stessi (anche nei confronti del terzo acquirente) e di soddisfarsi con preferenza rispetto agli altri creditori sul prezzo ricavato dalla vendita del bene ipotecato.

L'ipoteca, a differenza di quello che si è visto per il pegno, non richiede l'impossessamento da parte del creditore; deve, invece, essere resa pubblica attraverso l'iscrizione nei pubblici registri (§ 152.4).

L'ipoteca (così come il pegno) è **indivisibile**: l'eventuale divisione dell'obbligazione garantita o la divisione dei beni ipotecati non tocca l'ipoteca, che rimane integra: essa, cioè, sussiste sempre per l'intero credito e per intero sopra i beni vincolati, sopra ciascuno di essi e sopra ogni loro parte (art. 2809, 2° co., cod. civ.).

Gli **elementi essenziali** dell'ipoteca, di cui ci si deve subito occupare, sono i seguenti: l'esistenza del credito garantito, l'oggetto, il titolo, nonché la pubblicità e la specialità.

152.1. *L'esistenza del credito garantito.*

L'ipoteca è **accessoria** al credito garantito e, dunque, sorge se esiste il credito cui accede. L'ipoteca, inoltre, segue le sorti del credito (*accessorium sequitur principale*): si trasmette con il credito nella cessione e nella surrogazione e, ovviamente, si estingue quando lo stesso credito viene meno.

L'ipoteca concessa per il credito garantisce anche gli accessori, ossia gli interessi e le spese (almeno nei limiti di cui all'art. 2855 cod. civ.).

152.2. *L'oggetto della ipoteca.*

Sono "**capaci**" di ipoteca: (1) i beni immobili che sono in commercio con le loro pertinenze; (2) l'usufrutto dei beni stessi; (3) il diritto di superficie; (4) il diritto dell'enfiteuta e quello del concedente sul fondo enfiteutico (art. 2810, 1° co., cod. civ.). Sono anche capaci d'ipoteca le rendite dello Stato, nel modo determinato dalle leggi relative al debito pubblico, e inoltre le navi, gli aeromobili e gli autoveicoli, secondo le leggi che li riguardano (art. 2810, 2° co., cod. civ.). Sono considerati ipoteche i privilegi iscritti sugli autoveicoli a norma della legge speciale (art. 2810, 3° co., cod. civ.).

L'ipoteca si estende ai miglioramenti nonché alle costruzioni e alle altre accessioni dell'immobile ipotecato, salve le eccezioni stabilite dalla legge (art. 2811 cod. civ.).

152.3. *Il titolo.*

Il **titolo** dell'ipoteca è la causa giustificativa della costituzione dell'ipoteca: si distingue tra ipoteca legale (prevista direttamente dalla legge), ipoteca giudiziale (che deriva da una sentenza) e ipoteca volontaria (che nasce dalla volontà delle parti).

Il titolo dell'ipoteca si dice **speciale** quando ha ad oggetto un determinato bene ipotecabile; è, invece, **generale** il titolo che permette l'iscrizione dell'ipoteca su qualsiasi bene ipotecabile del debitore.

Hanno **ipoteca legale** (art. 2817 cod. civ.): (1) l'alienante sopra gli immobili alienati per l'adempimento degli obblighi che derivano dall'atto di alienazione; (2) i coeredi, i soci e altri condividenti per il pagamento dei conguagli sopra gli immobili assegnati ai condividenti ai quali incombe tale obbligo; (3) lo Stato sopra i beni dell'imputato e della persona civilmente responsabile, secondo le disposizioni del codice penale e del codice di procedura penale.

Le prime due ipoteche hanno una particolarità: fino a quando l'atto di alienazione o di divisione non sia trascritto (il conservatore delle ipoteche deve trascrivere d'ufficio l'ipoteca ai sensi dell'art. 2834 cod. civ.), non possono avere pregiudizio, nei confronti delle ipoteche stesse, le trascrizioni o le iscrizioni di diritti acquistati verso il nuovo proprietario. È quanto prevede l'art. 2650, 3° co., cod. civ.: "l'ipoteca legale a favore dell'alienante e quella a favore del condividente, iscritte contemporaneamente alla trascrizione del titolo di acquisto o della divisione, prevalgono sulle trascrizioni o iscrizioni eseguite anteriormente contro l'acquirente o il condividente tenuto al conguaglio".

Qui può notarsi come l'ipoteca, per meglio assicurare il credito dell'alienante o del condividente, ha valore anche prima di essere iscritta (in deroga alla regola generale della pubblicità, di cui si dirà: § 152.4). Per questo motivo essa, in queste fattispecie, mantiene il carattere del privilegio, in linea con la tradizione dei codici precedenti (art. 2305 del Codice albertino).

Si aggiunga, poi, che per le prime due ipoteche ricordate non trovano applicazione le regole sulla riduzione delle ipoteche (artt. 2874 ss. cod. civ.).

Veniamo all'**ipoteca giudiziale**. Ogni sentenza che porta condanna al pagamento di una somma o all'adempimento di altra obbligazione ovvero al risarcimento dei danni da liquidarsi successivamente è titolo per iscrivere ipoteca sui beni del debitore (art. 2818, 1° co., cod. civ.). Lo stesso ha luogo per gli altri provvedimenti giudiziali ai quali la legge attribuisce tale effetto (art. 2818, 2° co., cod. civ.). Si pensi, ad esempio, al decreto ingiuntivo dichiarato esecutivo e quello rispetto al quale è rigettata l'opposizione (art. 655 cod. proc. civ.); al verbale di accordo raggiunto in sede di negoziazione assistita (art. 5, 1° co., d.l. n. 132/2014); al verbale di conciliazione raggiunta all'esito di un procedimento di mediazione di una controversia civile o commerciale (art. 12 d.lgs. n. 28/2010).

Si può iscrivere ipoteca anche in base al lodo degli arbitri, quando è stato reso esecutivo (art. 2819 cod. civ.). Si può parimenti iscrivere ipoteca in base alle sentenze pronunziate dalle autorità giudiziarie straniere, dopo che ne è stata dichiarata l'efficacia dall'autorità giudiziaria italiana, salvo che le convenzioni internazionali dispongano diversamente (art. 2820 cod. civ.).

L'**ipoteca volontaria**, infine, nasce in base ad un atto giuridico del proprietario del bene (sul terzo datore di ipoteca, peraltro, § 152.9). L'atto giuridico può essere un contratto stipulato con il creditore o anche un atto unilaterale del concedente (dovrà essere, però, un atto unilaterale e non un testamento, come prevede l'art. 2821, 2° co., cod. civ.). È richiesta la forma dell'atto pubblico o la scrittura privata. Per l'iscrizione ipotecaria è però necessario che la sottoscrizione sia autenticata o giudizialmente accertata (art. 2835, 1° co., cod. civ.). Nell'atto devono risultare indicazioni idonee ad individuare con esattezza l'immobile su cui si concede l'ipoteca (art. 2826 cod. civ.) nonché il credito garantito (Cass., 7.3.2017, n. 5630).

152.4. *La pubblicità.*

La **pubblicità** dell'ipoteca si ha con l'iscrizione. Altra formalità, poi, consiste nella rinnovazione dell'ipoteca (e nell'effettuazione di speciali annotazioni, attestanti fatti modificativi del vincolo ipotecario).

Si cominci con il dire che l'ipoteca non produce effetti se non con l'iscrizione presso l'Ufficio dell'Agenzia delle entrate, la c.d. "conservatoria dei registri immobiliari" (per i mobili registrati occorre avere riguardo ai rispettivi registri). Si tratta, quindi, di una forma di **pubblicità costitutiva**.

La **forma** dell'**iscrizione** è analoga a quella della trascrizione. Chi richiede l'iscrizione deve presentare al conservatore il titolo dell'ipoteca in forma autentica e due note contenenti alcune speciali indicazioni (artt. 2835 e 2839 cod. civ.). Le note, con le prescritte indicazioni, sono due moduli che servono a rendere più agevole l'operato del conservatore, presentandogli in sintesi gli elementi dell'iscrizione, senza che lo stesso sia costretto a rinvenirli nel titolo.

L'**omissione** o le eventuali **inesattezze** contenute nelle note (o anche nel titolo costitutivo dell'ipoteca) non determinano la nullità dell'iscrizione, a meno che vi sia l'assoluta incertezza sugli elementi essenziali del vincolo ipotecario: il creditore o il debitore (o il terzo datore di ipoteca), l'identità dei singoli beni ipotecati, l'ammontare del credito. Le altre omissioni ed inesattezze si possono rettificare (art. 2841 cod. civ.).

L'iscrizione non sana i vizi del titolo: ove questo sia dichiarato nullo, anche l'iscrizione potrà cancellarsi per sentenza (art. 2884 cod. civ.).

L'**iscrizione** conserva **efficacia** per venti anni dalla sua data. Successivamente l'ipoteca può continuare a sussistere con lo stesso grado attribuitole attraverso l'originaria iscrizione (sul grado § 152.6): affinché questo accada, peraltro, occorre procedere (prima che scada il termine di venti anni) con la **rinnovazione** (art. 2847 cod. civ.; sulla forma della stessa si vedano gli artt. 2850 e 2851 cod. civ.). Se non effettua la rinnovazione, il creditore può comunque procedere ad una nuova iscrizione, che però perderà il grado della vecchia iscrizione: pertanto, se un terzo aveva precedentemente acquistato il bene e trascritto l'acquisto, la nuova iscrizione non può valere contro questo terzo (art. 2848 cod. civ.).

152.5. *La specialità*

La **specialità** costituisce un altro elemento essenziale dell'ipoteca: essa comporta l'**individuazione** del **bene ipotecato** e la fissazione dell'**ammontare** del **credito garantito**. L'iscrizione è nulla se vi sia l'assoluta incertezza dell'uno o dell'altro elemento.

Con queste informazioni i terzi possono non soltanto sapere se l'eventuale loro contraente ha qualche bene ipotecato, ma anche quale sia la misura del vincolo.

Dal momento che l'iscrizione non può farsi se non per una somma determinata di denaro, qualora l'indicazione dell'ammontare della somma non sia fatta nel titolo costitutivo (o dichiarativo) del credito, o in altro atto posteriore, può farsi dallo stesso creditore nelle note per l'iscrizione (artt. 2838 e 2839, n. 4 cod. civ.). Il debitore e gli interessati, semmai, hanno il diritto alla riduzione (§ 152.7).

Qualora tra la somma enunciata nell'atto e quella enunciata nella nota vi sia divergenza, l'iscrizione ha efficacia per la somma minore (art. 2838, 2° co., cod. civ.).

152.6. *Il grado dell'ipoteca.*

Il creditore ipotecario ha diritto ad essere preferito rispetto agli altri creditori chirografari. Può succedere, però, che vi siano più creditori ipotecari, iscritti contro lo stesso debitore e sugli stessi immobili. In questi casi il diritto di prelazione è regolato dal **grado** delle ipoteche.

Il grado è rappresentato dal **numero d'ordine** delle diverse iscrizioni che si succedono: esso dipende dalla data di presentazione della nota di iscrizione dell'ipoteca.

Soltanto quando per più ipoteche le note siano presentate contemporaneamente per l'iscrizione, il conservatore provvederà all'iscrizione sotto il medesimo ordine: in questo caso le ipoteche concorreranno senza distinzione di grado (artt. 2853 e 2854 cod. civ.).

Il diritto di prelazione, che spetta al creditore ipotecario in base al grado della sua ipoteca, non può essere modificato *in peius* senza il suo consenso. Il creditore, peraltro, così come può rinunciare all'ipoteca (o cederla con la cessione del credito), può cedere il proprio grado con il patto di **postergazione** di ipoteca: accade, in pratica, che il creditore posteriore, a cui favore è disposta la cessione, acquista il diritto di farsi pagare in luogo del postergante e sino all'ammontare del credito di lui (art. 2843 cod. civ.).

Il creditore ipotecario (come ogni altro creditore chirografario) ha inoltre il diritto di **pagare integralmente** un **creditore** che risulta iscritto anteriormente e di **succedergli** nel **grado** (art. 1203, n. 1, cod. civ.).

Vale la regola, poi, della **surroga legale per evizione**. Il creditore di grado posteriore che sia evitto (ossia risulti perdente), giacché sui beni a lui ipotecati si è soddisfatto un creditore anteriore la cui ipoteca aveva ad oggetto anche altri beni dello stesso debitore, subentra al creditore nell'ipoteca su quest'ultimi beni; il subentro avviene con preferenza rispetto ai creditori successivi alla propria iscrizione (artt. 2856 e 2857 cod. civ.). La stessa regola si applica anche ai creditori perdenti per causa di privilegi immobiliari (art. 2856, 2° co., cod. civ.).

La *ratio* della surroga legale per evizione ha un fondamento equitativo: il legislatore ha voluto evitare che l'individuazione dei creditori ipotecari di grado inferiore, invece di avvenire in base alla regola (oggettiva) della priorità della iscrizione, finisca per dipendere dall'arbitrio del creditore ipotecario che abbia la possibilità di scelta fra diversi beni ipotecati.

Esempio. Il debitore ha due immobili ipotecati, la casa di montagna e la casa di campagna: su ciascuno di questi immobili gravano due ipoteche, iscritte nel 2012, a favore di Primus, ciascuna per un ammontare di 100.000 euro. Sull'immobile di montagna grava un'ipoteca di secondo grado a favore di Tertius, iscritta nel 2014, per 70.000 euro; inoltre, sull'immobile di campagna grava un'ipoteca, anch'essa di secondo grado, iscritta nel 2013, a favore di Secundus, per 60.000 euro. Il debitore è inadempiente nei confronti di Primus, il quale sceglie di soddisfarsi sull'immobile di campagna, che viene venduto per 100.000 euro. Ora, il credito di Secundus, stando ai criteri ordinari, rimarrebbe del tutto privo di garanzia ipotecaria, mentre Tertius, che ha un'iscrizione ipotecaria successiva, avrebbe una piena garanzia sull'immobile di montagna. Per evitare che Primus si erga ad arbitro della vicenda creditoria, la legge surroga Secundus nell'ipoteca sul bene di montagna, preferendolo ad altro creditore ipotecario (Tertius) sullo stesso bene. La surroga avviene in considerazione della priorità dell'iscrizione, anche se questa era su un bene diverso.

Deve dirsi, inoltre, della **rinuncia all'ipoteca** di un creditore che ha ipoteca sopra più immobili: essa può favorire e (nel contempo) danneggiare gli altri creditori che hanno ipoteca sopra l'uno o l'altro bene immobile.

Esempio. Il Sig. Forgione, rinunciando alla sua ipoteca sul fondo A, intendendo concentrare il suo diritto sul fondo B, cagionerà un pregiudizio al Sig. Cappetta, creditore ipotecario sul fondo B; ciò a vantaggio del Sig. Cicolella, creditore ipotecario sul fondo A, anche se l'ipoteca di quest'ultimo è di grado posteriore.

Il codice civile non prevede alcun correttivo rispetto al risultato appena esemplificato; deve notarsi, del resto, che il creditore ipotecario con la rinuncia esercita un suo diritto (e, quindi, gli è consentito non preoccuparsi delle conseguenze del suo atto).

Tuttavia, dopo che sia iniziato il giudizio di espropriazione o quello di purgazione (§ 152.9), e dopo che sia fatta (nel giudizio di espropriazione) la notifica del provvedimento che dispone la vendita o (nel giudizio di purgazione) la notifica dell'offerta del terzo possessore (attraverso cui ogni creditore è in grado di conoscere lo stato di tutte le iscrizioni), il creditore che ha ipoteche su più immobili non può, sotto la pena dei danni, rinunciare all'ipoteca su uno degli immobili né astenersi dall'intervenire nel giudizio di espropriazione, qualora sia con ciò favorito un creditore a danno di altro creditore anteriormente iscritto (art. 2899, 1° co., cod. civ.). La stessa disposizione si applica nel caso in cui la rinuncia o l'astensione favorisca un terzo acquirente a danno di un creditore con ipoteca anteriore o di un altro terzo acquirente che abbia un titolo anteriormente trascritto (art. 2899, 2° co., cod. civ.).

152.7. *La riduzione dell'ipoteca.*

In alcuni casi spetta al creditore individuare, nel momento dell'iscrizione, i beni da vincolare e determinare la somma da iscriversi (artt. 2828, 2838 cod. civ.). Può succedere, dunque, che il creditore dia luogo ad una **iscrizione eccessiva**: ciò accade quando vi sia una sproporzione fra il valore del credito garantito ed il valore del bene ipotecato o la somma per cui si provvede all'iscrizione.

La domanda di **riduzione** non è ammessa, né avendo riguardo alla quantità dei beni né alla somma per cui si è proceduto all'iscrizione, quando esse sono stabilite per convenzione o attraverso una sentenza: in questo caso la riduzione potrà aversi soltanto attraverso il consenso del creditore, come cancellazione parziale dell'iscrizione (artt. 2873, 1° co., 2882 cod. civ.; Trib. Roma, 25.11.2019).

Negli altri casi la riduzione è ammessa allorché si accerti che sussistano le condizione di legge: è richiesto che siano stati eseguiti pagamenti parziali per almeno un quinto del debito originario (art. 2873, 2° co., cod. civ.); ovvero, ove si tratti di ipoteca legale (eccettuata l'ipotesi dell'ipoteca a favore dell'alienante e di quella a favore del condividente) o di ipoteca giudiziale, che la somma indicata dal creditore nell'iscrizione ecceda di un quinto quella che l'autorità giudiziaria dichiara dovuta; oppure il valore dei beni risultanti dall'iscrizione ecceda di un terzo l'importo dei crediti iscritti, accresciuto degli accessori (artt. 2874-2876 cod. civ.).

La riduzione, che va annotata, si effettua riducendo la somma per cui è stata effettuata l'iscrizione, oppure restringendo l'iscrizione soltanto su alcuni beni ipotecati; la restrizione può aversi anche se il bene ipotecato sia soltanto uno, a condizione che quest'ultimo abbia parti distinte distinguibili comodamente (art. 2872 cod. civ.).

Il creditore che, senza adoperare la normale diligenza, iscriva ipoteca sui beni il cui valore superi i parametri previsti dall'art. 2875 cod. civ., incorre nella responsabilità prevista dall'art. 96, 2° co., cod. proc. civ., configurandosi un **abuso** del diritto della garanzia patrimoniale in danno del debitore (Cass., 5.4.2016, n. 6533).

152.8. *L'estinzione dell'ipoteca.*

Le **cause di estinzione** dell'ipoteca possono essere diverse. Si ricordi, in particolare: (a) l'estinzione del credito ipotecario (*accessorium sequitur principale*); (b) la rinuncia del creditore ipotecario; (c) la scadenza del termine che può essere apposto all'ipoteca (questa ipotesi è da non confondere con quella sub d) o il verificarsi della condizione risolutiva, cui l'ipoteca è stata sottoposta; (d) la scadenza del termine ventennale (sulla possibilità di rinnovazione § 152.4); (e) la distruzione del bene ipotecato; (f) la prescrizione, con il decorso di venti anni dalla trascrizione dell'acquisto da parte del terzo (art. 2880 cod. civ.: la prescrizione, dunque, opera soltanto a favore del terzo acquirente del bene ipotecato; Cass., 28.8.2019, n. 21752); (g) la vendita forzata del bene a seguito della procedura esecutiva promossa dal creditore.

Allorché si verifichi una causa di estinzione dell'ipoteca, questa viene cancellata: con la **cancellazione** il bene è liberato dal vincolo.

Il conservatore, va detto, non ha il potere di giudicare sulle cause che fanno sorgere il diritto alla cancellazione; né ha il potere o il dovere di cancellare l'iscrizione, fino a quando il richiedente non gli presenti il titolo per la cancellazione (artt. 2882, 2886 cod. civ.).

Due soltanto sono i **titoli per la cancellazione**: (1) una **sentenza** passata in giudicato o un altro provvedimento definitivo emesso dall'autorità competente (art. 2884 cod. civ.); (2) un **atto di consenso** del creditore, che consenta la cancellazione (art. 2882 cod. civ.).

Quanto al primo titolo per la cancellazione, l'autorità giudiziaria può ordinare la cancellazione quando l'ipoteca non sussista (essa, cioè, sia nulla nel suo titolo esecutivo o estinta) o l'iscrizione sia nulla.

L'atto di consenso, invece, deve provenire da tutte le persone interessate: ad esempio, se il credito è solidale, il consenso deve provenire da tutti i creditori; se il credito appartiene ad una eredità, da tutti i coeredi. Il consenso deve essere dato nella stessa forma del titolo per la iscrizione (artt. 2821, 2835, 2837 cod. civ.).

L'art. 40-*bis* TUB prevede oggi un procedimento semplificato per la cancellazione di ipoteche iscritte a garanzia di mutui e finanziamenti concessi da banche e intermediari finanziari, oppure da enti di previdenza obbligatoria ai propri dipendenti e iscritti.

I giudici di legittimità hanno stabilito che, in caso di avvenuta estinzione del debito ipotecario, "alla mancata cancellazione dell'ipoteca consegue il diritto del debitore al risarcimento del danno, il quale è *in re ipsa*, e trova la sua causa diretta e immediata nella situazione illegittima posta in essere dal creditore a seguito della mancata o ritardata cancellazione dell'iscrizione ipotecaria" (Cass., n. 27950/2020).

152.9. *Il terzo datore d'ipoteca ed il terzo acquirente del bene ipotecato.*

Il bene ipotecato, lo si è già accennato, può essere di proprietà di una persona diversa dal debitore. Questa eventualità può verificarsi in due ipotesi: quando, sin dall'inizio, il bene ipotecato sia del terzo (il **terzo datore di ipoteca**); quando il bene, all'inizio, è del debitore ma, pur ipotecato, viene alienato ad un terzo (**terzo acquirente del bene ipotecato**).

Si consideri, in primo luogo, il terzo datore di ipoteca: se questi, dopo aver costituito l'ipoteca, vuole evitare che il creditore espropri il suo bene, è tenuto a pagare egli stesso il creditore. Peraltro, il terzo datore che ha pagato i creditori iscritti o ha sofferto l'espropriazione ha **regresso** contro il debitore. Se vi sono più debitori obbligati in solido il terzo che ha costituito l'ipoteca a garanzia di tutti ha regresso contro ciascuno per l'intero (art. 2871, 1° co., cod. civ.).

Il terzo acquirente del bene ipotecato che voglia evitare l'esecuzione forzata, ha a disposizione altre due possibilità, oltre quella di pagare i debiti ipotecari: (a) può rilasciare il bene ad un amministratore nominato dal tribunale. Il **rilascio** dei **beni ipotecati** si esegue con dichiarazione alla cancelleria del tribunale competente per l'espropriazione. La dichiarazione deve essere fatta non oltre i dieci giorni dalla data del pignoramento. In tal modo la procedura esecutiva si svolge nei confronti dell'amministratore ed il terzo datore evita di essere coinvolto personalmente nella stessa; (b) può realizzare la c.d. **purgazione dell'ipoteca** (artt. 2889 ss. cod. civ.). Il terzo datore, in sostanza, deve offrire ai creditori una somma pari al prezzo che ha versato per comprare il bene; se, invece, l'acquisto è stato gratuito, deve offrire una somma secondo un valore da lui stimato. Qualora i creditori, rispetto all'offerta, mostrino acquiescenza, il bene è liberato attraverso il deposito della somma da parte del terzo.

Parte quarta

IL CONTRATTO

Capitolo 22
PROFILI DEFINITORI E CLASSIFICATORI DEL CONTRATTO

153. La disciplina generale del contratto (artt. 1321-1469 cod. civ.) e il suo ambito di applicazione.

Il codice civile, dall'art. 1321 all'art. 1469 (titolo II del IV Libro), detta la disciplina dei "**contratti in generale**". Si è visto come il legislatore italiano del 1942, a differenza di quello tedesco, non abbia tradotto in categoria normativa la figura concettuale del negozio giuridico (§ 44); non ha rinunciato, tuttavia, a dettare una disciplina generale del contratto.

Le norme in questione, dunque, rivestono un'importanza fondamentale nel sistema del diritto privato. Basti considerare che esse, in quanto applicabili, costituiscono la disciplina di riferimento di tutti i **tipi contrattuali** e di tutti i **contratti atipici o innominati** che le parti, nell'ambito della loro autonomia privata, possono stipulare. Lo dice espressamente l'art. 1323 cod. civ.: "tutti i contratti, ancorché non appartengono ai tipi che hanno una disciplina particolare, sono sottoposti alle norme generali contenute in questo titolo" (cioè nel titolo II del IV Libro del codice civile).

Esempio. Due parti stipulano un contratto di compravendita, scegliendo di adottare un modello di operazione economica espressamente disciplinato dal legislatore (contratto tipico). La disciplina di riferimento è costituita dalle norme sul contratto in generale e dalle norme che, specificamente, regolano il contratto di compravendita (artt. 1470 ss. cod. civ.). Dopo la stipula del contratto il compratore si accorge di essere stato ingannato dal venditore: invocherà, allora, la disciplina sul dolo contrattuale (artt. 1439-1440 cod. civ.) contenuta nella parte generale del contratto.

Esempio. Due parti concludono un contratto di "portierato", ossia un contratto innominato. Il contratto prevede che il portiere debba svolgere determinate mansioni, come quella di controllare lo stabile, verificando che non vi entrino ospiti sgraditi. Sennonché il portiere non svolge le mansioni previste: la controparte, allora, decide di "risolvere" il contratto, invocando la disciplina generale sul contratto (artt. 1453 ss. cod. civ.).

La possibilità, per le parti, di concludere contratti innominati, è prevista espressamente dall'art. 1322, 2° co., cod. civ.: "le parti possono anche concludere contratti che non appartengono ai tipi aventi una disciplina particolare, purché siano diretti a realizzare **interessi meritevoli di tutela** secondo l'ordinamento giuridico". La parte finale della norma prevede che non esiste una libertà assoluta per le parti di stipulare contratti innominati, dovendo gli stessi soddisfare "interessi meritevoli di tutela" (su questo concetto §§ 184 ss.).

Come regola, le norme generali sul contratto si applicano a tutti i tipi contrattuali ed a tutte le figure contrattuali non disciplinate dal legislatore, con i seguenti limiti: (a) alcune norme generali possono essere incompatibili con i singoli contratti stipulati: esse, dunque, non trovano applicazione. Ad esempio, la norma che prevede la necessaria forma scritta di alcuni contratti (art. 1350 cod. civ.) non riguarda i contratti che le parti possono stipulare verbalmente; (b) alcune norme contenute negli articoli 1321-1469 cod. civ. non si applicano al singolo tipo contrattuale, giacché la disciplina dettata per quest'ultimo deroga a quella generale; (c) infine, alcune norme generali non disciplinano il contratto concluso tra le parti giacché le stesse, nell'ambito della loro autonomia privata, possono aver dettato una disciplina ritenuta più consona ai loro interessi (diversa da quella di cui agli artt. 1321-1469 cod. civ.). Il discorso, ovviamente, vale per le norme derogabili e non per quelle imperative.

L'importanza della disciplina generale sul contratto si coglie anche sotto un altro aspetto. Si è detto, all'inizio del Corso, che gli **atti unilaterali** non hanno un proprio statuto normativo; soccorre, allora, la disciplina generale del contratto, come previsto dall'art. 1324 cod. civ.: "salvo diverse disposizioni di legge, le norme che regolano i contratti si osservano, in quanto compatibili, per gli atti unilaterali tra vivi aventi contenuto patrimoniale".

La norma discute di "compatibilità": è evidente, ad esempio, che non si applicheranno agli atti unilaterali tra vivi a contenuto patrimoniale le norme sull'accordo contrattuale, le quali presuppongono la struttura bilaterale dell'atto giuridico.

La disposizione codicistica fa espresso riferimento agli atti unilaterali tra vivi a contenuto patrimoniale: come già detto, tuttavia, l'interprete non deve rinunciare a verificare l'applicabilità in via analogica della disciplina generale sul contratto anche agli atti unilaterali diversi da quelli indicati dall'art. 1324 cod. civ.: è da ritenere, in particolare, che alcune norme sul vizio del consenso trovino applicazione anche nei confronti del testamento, che è un atto unilaterale a causa di morte.

154. La definizione del contratto ai sensi dell'art. 1321 cod. civ.

Il **contratto** è definito dall'art. 1321 cod. civ. come "l'accordo di due o più parti, per costituire, regolare o estinguere tra loro un rapporto giuridico patrimoniale".

Il contratto in primo luogo è un **atto**, ossia la "fattispecie" contratto formata dall'accordo delle parti: quando si dice che il contratto è stato concluso il 10 marzo del 2020, si fa riferimento all'atto. Il contratto, poi, è un **rapporto giuridico**: dalla stipula dell'atto discendono una serie di effetti giuridici. A seconda dei casi, nel prosieguo del discorso, si farà riferimento al contratto-fattispecie o al contratto-rapporto giuridico.

La **definizione** evidenzia che il **contratto** (a) è un **atto negoziale** (il più importante atto negoziale); (b) è un accordo tra due o più parti (**atto negoziale bilaterale o plurilaterale**); (c) è un **atto patrimoniale**, giacché incide su situazioni giuridiche patrimoniali.

L'atto giuridico, si è visto, è negoziale quando è presente la volontà dell'atto e la volontà degli effetti (§§ 44 ss.). Non vi è dubbio che il contratto sia un atto negoziale, essendo la volontà delle parti (l'accordo) diretta a costituire il rapporto giuridico (cioè a dargli vita); a regolare il rapporto giuridico (a modificare, ad esempio, un rapporto già in essere tra le parti); ad estinguere il rapporto giuridico (a fare cessare un rapporto esistente fra loro).

Quando manchi la volontà di produrre effetti giuridici non si è in presenza di un atto negoziale e, dunque, di un contratto: tale non è, ad esempio, l'accordo tra l'automobilista ed il passante, con cui il primo accetta di condurre il secondo in una determinata località. Qui la **prestazione** è compiuta **per cortesia**, per benevolenza, per amicizia: sul chiaro presupposto, cioè, che essa non è dovuta per un obbligo giuridico.

Il contratto è uno strumento di regolamentazione dei propri interessi, il quale incide in maniera vincolante, proprio perché vi è l'accordo, sulle situazioni giuridiche di ciascuna delle parti che vi prende parte. Gli atti unilaterali, invece, è vero che incidono su situazioni giuridiche altrui, ma di regola lo fanno in modo non direttamente vincolante.

Si pensi alla procura, che è un atto giuridico negoziale unilaterale, con cui il rappresentato attribuisce al rappresentante il potere di rappresentarlo (§ 215). Se, però, il rappresentante decide di non esercitare tale potere rappresentativo, è come se la procura non gli fosse stata conferita. Diverso è il discorso qualora due parti abbiano concluso un contratto, come ad esempio quello di mandato, con cui una di esse (mandatario) si obbliga a compiere uno o più atti giuridici per conto dell'altra (mandante); se il mandatario riceve anche la procura, potrà agire non solo per conto, ossia nell'interesse, ma anche in nome del mandante.

Si consideri, ancora, il testamento, che è un atto unilaterale a causa di morte: se l'erede accetta l'eredità, egli modificherà (spesso in maniera assai rilevante, positivamente o negativamente) la propria situazione giuridica. Si tratta però di una possibilità, giacché colui che è designato come erede è chiamato ad accettare l'eredità.

In alcuni casi, peraltro, l'esercizio di un atto unilaterale incide direttamente (e non indirettamente) sulla sfera giuridica altrui: è il caso del recesso, che è il potere unilaterale di sciogliere il contratto. Il potere di recesso, tuttavia, o è previsto direttamente dalle parti (recesso convenzionale) e trova la fonte pur sempre in un loro accordo; oppure è previsto dalla legge (recesso legale), che in alcuni casi ritiene opportuno consentire l'esercizio di tale diritto potestativo (si pensi alle "dimissioni" del dipendente).

155. Le funzioni del contratto: in particolare, fonte di obbligazioni e strumento di circolazione giuridica.

Il **contratto** è, in primo luogo, **fonte di obbligazioni**. A norma dell'art. 1173 cod. civ. le obbligazioni derivano da contratto, da fatto illecito o da ogni altro atto o fatto idoneo a produrle in conformità dell'ordinamento giuridico.

Se si conclude, ad esempio, un contratto di locazione, da esso nascono obbligazioni in capo alle parti: quella, in particolare, del locatore di concedere alla controparte il godimento di un bene; quella del locatario o conduttore di pagare il canone di locazione. Il contratto, d'altra parte, è uno degli strumenti più diffusi per l'acquisto della proprietà, per l'utilizzo, in altro modo, dei beni giuridici e, più in generale, per il trasferimento dei diritti: esso, in sintesi, è uno **strumento di circolazione giuridica**.

Talvolta le funzioni appena indicate convivono nello stesso contratto: il contratto di compravendita è fonte di obbligazioni e strumento di circolazione giuridica; altre volte, invece, il contratto è soltanto fonte di obbligazioni (è il caso della locazione).

Si aggiunga, poi, il ruolo importante del contratto nel diritto di famiglia: attraverso le **convenzioni matrimoniali** (veri e propri contratti), i coniugi possono instaurare tra loro un regime patrimoniale diverso rispetto a quello legale.

Anche nella materia successoria si ritrova il contratto: il riferimento corre al **patto di famiglia** (artt. 768-*bis* ss. cod. civ.), che è un contratto attraverso cui il titolare dell'impresa trasferisce la stessa ad uno o più discendenti.

156. Le principali classificazioni dei contratti: contratti a titolo oneroso e contratti a titolo gratuito; contratti bilaterali e contratti plurilaterali.

I contratti sono suscettibili di diverse classificazioni. Si analizzino qui le più importanti, con l'intesa che (almeno in qualche caso) occorrerà riprendere il discorso. Alcuni inquadramenti sono già stati effettuati: si fa riferimento, in particolare, alla distinzione fra contratti tipici e contratti atipici o innominati (§ 153), a quella fra atti giuridici negoziali formali e non formali (§ 44.3).

(a) **Contratti a titolo oneroso e contratti a titolo gratuito**. Nei contratti a titolo oneroso si verifica un immediato vantaggio patrimoniale corrispondente ad una perdita subìta, che giustifica il contratto (è il caso del contratto di compravendita, della locazione, del mandato oneroso). I contratti gratuiti, invece, comportano un vantaggio patrimoniale a favore di una delle parti senza che questa sia tenuta a corrispondere alcun corrispettivo (si pensi al comodato, alla donazione, alla fideiussione gratuita);

(b) **contratti bilaterali e contratti plurilaterali**. Il contratto, lo dice la definizione di cui all'art. 1321 cod. civ., è un accordo tra le parti: presuppone, dunque, due parti (intese come centro di imputazione di interessi). Quando le parti sono due si ha un contratto bilaterale; quando, invece, le parti sono più di due si discute di contratti plurilaterali, ai quali la disciplina generale del contratto riserva, specificamente, alcuni articoli (artt. 1420, 1446, 1459, 1466 cod. civ.).

Nei contratti bilaterali, di solito, la causa del contratto risiede nello scambio fra prestazioni o attribuzioni patrimoniali (locazione, vendita, appalto, contratto di lavoro). Si discute, allora, di **contratti di scambio**. L'idea dello scambio implica quella della corrispettività: le prestazioni o attribuzioni patrimoniali sono "corrispettive" in quanto caratterizzate da un nesso di interdipendenza (c.d. **sinallagma**). L'eventuale anomalia riguardante il corretto funzionamento del nesso "sinallagmatico", in sede di esecuzione del contratto, costituisce una alterazione della causa o, come pure si dice, un "vizio funzionale": da qui una serie di rimedi (come quello della risoluzione) di cui ci si occuperà a suo tempo.

I contratti con comunione di scopo, invece, sono quelli caratterizzati dagli interessi convergenti delle parti, che mirano a realizzare un risultato utile comune: si pensi ai contratti associativi o al contratto di società. Si tratta, per lo più, di contratti plurilaterali, sebbene non sia vietato costituire e svolgere un'attività associativa con due parti soltanto (anzi, per le società di capitali è ammessa la costituzione di società con un unico socio: si confronti, ad esempio, l'art. 2328, 1° co., cod. civ.).

Talvolta si parla di contratti unilaterali. Sul punto, con riserva di meglio approfondire il discorso (§ 173.1), occorre svolgere qualche precisazione. Tranne i casi legislativamente previsti (art. 2328, 1° co., cod. civ.), il contratto è l'accordo di due o più parti: esso, dal punto di vista strutturale, presuppone la bilateralità o la pluralità. Il concetto di contratto unilaterale, semmai, va adoperato dal punto di vista funzionale: con tale nozione, infatti, si può intendere che esso impone obbligazioni soltanto in capo ad una parte (è il caso della fideiussione).

Non si deve credere che il contratto unilaterale si identifichi, in tutto e per tutto, con il contratto gratuito.

In alcuni casi, certo, vi è coincidenza tra unilateralità e gratuità, giacché chi è tenuto ad eseguire contrattualmente una prestazione non riceve in cambio alcunché. Si pensi, ad esempio, al deposito gratuito (artt. 1766-1767 cod. civ.): qui il depositario (colui cioè che riceve il deposito) è tenuto unilateralmente e gratuitamente nei confronti della controparte, il depositante, ad eseguire una prestazione contrattuale (quella di custodire e restituire il bene depositato). Il depositante, invece, non è tenuto ad eseguire alcuna prestazione, né subisce sacrifici economici.

In altri casi manca la coincidenza tra unilateralità e gratuità. Si pensi al mutuo oneroso, perfezionato attraverso la consegna di una determinata quantità di denaro o cose fungibili; ebbene, dal momento del perfezionamento del contratto vi è soltanto un'obbligazione, quella del mutuatario, il quale non soltanto deve restituire la somma di denaro ricevuta a prestito ma anche corrispondere gli interessi (art. 1814 cod. civ.). Pur essendoci soltanto una prestazione, quella del mutuatario, le attribuzioni patrimoniali sono reciproche (il contratto, dunque, è oneroso).

L'esempio appena riportato offre l'occasione per un'ulteriore considerazione: la categoria dei contratti onerosi non coincide con quella dei contratti a prestazioni corrispettive. Ed infatti, i contratti a prestazioni corrispettive sono necessariamente onerosi, ma non è sempre vero il contrario. Quando i contratti onerosi non sono a prestazioni corrispettive, ma vi è comunque una corrispettività tra le attribuzioni patrimoniali, si dice che sono ad "attribuzioni corrispettive".

Si aggiunga, infine, che ampliando il concetto di onerosità possono considerarsi onerosi anche i contratti associativi, in cui ciascuna parte affronta un sacrificio economico (rappresentato dal pagamento del contributo associativo o, trattandosi di società, dal conferimento del capitale). Qui non si istituisce una corrispettività fra il sacrificio economico di ciascun associato e quello degli altri: tutti affrontano un sacrificio per ottenere un vantaggio comune, costituito dall'ingresso nell'ente (l'associazione o la società).

157. Contratti commutativi e contratti aleatori.

Un'ulteriore differenza va istituita tra i **contratti commutativi** e quelli **aleatori**. I contratti si dicono commutativi quando sono certi e sicuri i vantaggi ed i sacrifici reciproci delle parti, derivanti dalle prestazioni cui le stesse sono tenute contrattualmente. Il contratto di compravendita è, di regola, un contratto commutativo: il venditore sa qual è il suo sacrificio economico (consistente nella perdita della titolarità del diritto di proprietà); ed altrettanta certezza ha il compratore (il quale sa che è obbligato a pagare il prezzo convenuto).

Va d'altra parte chiarito che ogni contratto (anche quello commutativo) ha un certo margine di **alea**, ossia di rischio per i contraenti. Si consideri proprio il contratto di compravendita: l'acquirente è esposto al rischio del perimento del bene acquistato o a quello della diminuzione del suo valore, subito dopo il trasferimento della proprietà. A sua volta il venditore corre il rischio di un aumento di valore del bene (in relazione alla svalutazione monetaria), a tutto vantaggio dell'acquirente. Si tratta, tuttavia, di un'alea normale del contratto (si confronti l'art. 1467, 2° co., cod. civ.), che non vale a rendere il contratto aleatorio.

Quest'ultima qualifica, invece, si addice a quei contratti in cui i sacrifici ed i vantaggi delle parti, nonché la loro consistenza, sono incerti poiché dipendono da circostanze altrettanto incerte (si discute, allora, di alea fisiologica e non più di alea normale).

Tipici contratti aleatori sono il **giuoco** e la **scommessa** (artt. 1933-1935 cod. civ.), in cui la possibilità per il giocatore e lo scommettitore di vincere, a fronte della corresponsione di una somma di denaro, è sostanzialmente legata al caso, pur essendo talvolta richiesta una dose di abilità.

Altro tipico contratto aleatorio è quello di **assicurazione** (artt. 1882 ss. cod. civ.) e, in particolare, l'assicurazione contro i danni (artt. 1904 ss. cod. civ.). Accade, in questo caso, che una prestazione, quella dell'assicurato, è certa (il pagamento del "premio" alle scadenze pattuite); è del tutto incerta, invece, la prestazione dell'assicuratore, che sarà eseguita se e quando (ma l'evento è incerto) l'assicurato subirà un danno che obbligherà l'assicurazione ad intervenire.

Quelli appena ricordati (il giuoco, la scommessa, l'assicurazione) sono contratti aleatori per natura: l'aleatorietà è connaturata, cioè, al modello di operazione economica che essi realizzano. Esistono, però, contratti aleatori "per volontà" delle parti (art. 1469 cod. civ.): sono i contraenti, cioè, a renderli tali. Si pensi alla compravendita di beni futuri: per il codice essa è nulla, "se la cosa non viene ad esistenza"; è però valida se le parti "abbiano voluto concludere un contratto aleatorio" (art. 1472, 2° co., cod. civ.).

Esempio. Le parti concludono un contratto di compravendita avente ad oggetto una cosa futura (ossia un bene non ancora venuto ad esistenza): in particolare, il raccolto del grano che si trova in quel determinato terreno. Esse stabiliscono che il compratore pagherà comunque la somma convenuta, anche se il grano (magari per il cattivo andamento della stagione) non nascerà. In tal modo viene conclusa una vendita aleatoria, giacché una prestazione è certa (quella del compratore) mentre l'effetto traslativo (ossia il trasferimento della proprietà) non lo è affatto.

La vendita aleatoria è detta *emptio spei* (vendita di speranza), diversa dalla *emptio rei speratae* (vendita della cosa sperata): in quest'ultimo caso l'obbligazione di pagare il prezzo sussiste soltanto quando la cosa futura viene ad esistenza.

Si vedrà in seguito come ai contratti aleatori non si applichi la disciplina della rescissione per lesione (art. 1448, 2° co., cod. civ.: §§ 248 ss.) e quella della risoluzione per eccessiva onerosità sopravvenuta (artt. 1467, 2° co., 1469 cod. civ.: § 247).

158. Contratti consensuali e contratti reali. Contratti ad effetti reali e ad effetti obbligatori.

Un'altra importante classificazione è quella che distingue i **contratti consensuali** dai **contratti reali**. Si ha riguardo, qui, al momento della conclusione del contratto, ossia al momento in cui gli effetti giuridici iniziano a prodursi.

Per introdurre la distinzione in parola si muova dal seguente esempio.

Esempio. Tizio intende vendere a Caio la sua abitazione; a tal fine le parti si recano dal notaio per il rogito. Il giorno dopo la stipula Tizio continua ad abitare nell'appartamento, che da lì a qualche giorno intende sgombrare per consentire a Caio l'accesso nell'appartamento di sua proprietà. Caio, nonostante non abiti ancora nell'appartamento, è il nuovo proprietario dal momento del rogito notarile (con tutte le conseguenze giuridiche che ne derivano). Non occorre, quindi, la consegna della cosa (che in questo caso avverrebbe "simbolicamente", con la *traditio* delle chiavi), per far diventare proprietario il compratore. Per altri contratti, lo si vedrà, occorre la consegna delle cose oggetto del contratto ai fini del loro perfezionamento.

Nel nostro ordinamento la maggior parte dei contratti sono consensuali: si perfezionano, cioè, con l'accordo (il consenso) delle parti legittimamente manifestato.

Sono consensuali la gran parte dei contratti ad effetti obbligatori, ossia quei contratti che fanno nascere obbligazioni in capo alle parti (ad esempio il contratto di locazione, il contratto d'opera, il contratto di appalto).

Sono consensuali anche i contratti previsti dall'art. 1376 cod. civ. (rubricato contratto con effetti reali). Per i contratti ad effetti reali, dunque, vale il "principio consensualistico" (l'esempio appena fatto della compravendita si riferisce proprio ad un contratto ad effetto reale).

L'art. 1376 cod. civ., su cui si dovrà tornare, fa riferimento alle "cose determinate" (come la vendita di un appartamento). Va peraltro chiarito che sono contratti consensuali anche quei contratti riguardanti il "trasferimento di cose determinate solo nel genere" o fungibili (art. 1378 cod. civ.). È vero, infatti, che in questi casi l'effetto traslativo si verifica in un momento successivo (la "individuazione" o consegna): tuttavia è sufficiente l'accordo delle parti per il perfezionamento del contratto, che fa nascere l'obbligo in capo al venditore di far diventare proprietario l'acquirente (si veda, per una più attenta analisi, § 270.1).

Si noti come, discutendo di contratti consensuali, si ha modo di studiare un'altra differenza: quella fra **contratti ad effetti reali** e **contratti ad effetti obbligatori**. Qui la distinzione non attiene al momento di perfezionamento del contratto, ma al tipo di effetti che discende dalla stipulazione del contratto.

In particolare, sono contratti ad effetti reali (detti anche contratti traslativi) quelli che realizzano il trasferimento della proprietà, la costituzione o il trasferimento di un diritto reale ovvero il trasferimento di un "altro diritto" (come la cessione di un credito).

Sono, invece, contratti ad effetti obbligatori quelli da cui derivano obbligazioni in capo a una o ad entrambe le parti, le quali saranno tenute a eseguire le prestazioni oggetto del contratto.

Il contratto di compravendita di una cosa determinata è, pertanto, un contratto consensuale sia ad effetti reali sia ad effetti obbligatori (il venditore, in particolare, è obbligato a consegnare la cosa di cui non è più proprietario; il compratore è obbligato a pagare il prezzo della cosa di cui è diventato proprietario). In altri contratti, invece, è presente soltanto l'effetto obbligatorio e non quello traslativo (la locazione, il contratto di lavoro, il mandato, l'appalto).

Diversi dai contratti consensuali sono i **contratti reali**: essi si perfezionano non soltanto con il consenso delle parti, occorrendo anche la consegna materiale della cosa (la *traditio*): è il caso, ad esempio, del comodato, del mutuo, del deposito, del pegno. Si vedrà, in seguito, perché il nostro ordinamento richiede, per i contratti reali, anche la consegna della cosa quale requisito di perfezionamento del contratto (§ 179).

159. Contratti ad esecuzione istantanea e contratti di durata. Contratti ad esecuzione immediata e ad esecuzione differita.

Altri criteri di distinzione attengono alle diverse modalità di esecuzione della prestazione. Viene in considerazione, in particolare, la differenza fra contratti ad esecuzione istantanea e contratti di durata.

Si discute di **contratti ad esecuzione istantanea** quando l'esecuzione di una o più prestazioni si esaurisca in determinato momento (si pensi, nella vendita, al pagamento del prezzo e alla consegna del bene).

I **contratti di durata**, invece, sono quelli in cui l'esecuzione di almeno una delle prestazioni oggetto del contratto continua o si ripete periodicamente nel tempo successivo alla stipula dello stesso (per questo si discute di contratti ad esecuzione continuata o periodica).

Nel contratto di locazione, ad esempio, si ha una prestazione continuata (quella del locatore, che consiste nel concedere il godimento del bene alla controparte) ed una prestazione periodica (quella del locatario o conduttore, che consiste nel pagamento del canone periodico). Altro contratto di durata è quello di somministrazione.

I contratti ad esecuzione istantanea possono essere ad esecuzione immediata o ad esecuzione differita.

Sono **contratti ad esecuzione immediata** quei contratti in cui la prestazione o le prestazioni sono eseguite contestualmente alla conclusione del contratto: colui che acquista un giornale esegue immediatamente la prestazione di pagare il prezzo; il giornalaio, contestualmente, consegna il giornale.

Sono **contratti ad esecuzione differita** quei contratti in cui intercorre un lasso di tempo (più o meno lungo) tra la stipula del contratto e l'esecuzione delle prestazioni: in una compravendita di un immobile, ad esempio, è frequente che sia differita l'esecuzione della prestazione da parte del compratore (che magari versa un acconto, accordandosi con il venditore per un pagamento a scadenze successive).

Un certo lasso di tempo fra la conclusione del contratto e le successive esecuzioni delle prestazioni intercorre anche nei contratti ad esecuzione continuata o periodica (in cui appunto la prestazione continua nel tempo o si ripete periodicamente).

Ciò spiega perché talvolta i contratti ad esecuzione differita ed i contratti ad esecuzione continuata o periodica siano accomunati sotto un'unica definizione di contratti di durata "in senso ampio". Del resto, va detto che pure nei contratti ad esecuzione differita trova applicazione il rimedio della risoluzione per eccessiva onerosità sopravvenuta (art. 1467 cod. civ.; § 247).

160. Contratti ad effetti immediati e ad effetti differiti.

La distinzione fra contratti ad effetti immediati e contratti ad effetti differiti, che talvolta compare nella classificazione dei contratti, attiene al momento della modifica delle situazioni giuridiche soggettive secondo la volontà delle parti.

Il **contratto** è **ad effetti immediati** se questa modifica si verifica contestualmente alla stipula del contratto. Nel contratto di compravendita, ad esempio, l'effetto traslativo è immediato quando ha ad oggetto una cosa determinata (§ 178). Al momento della conclusione del contratto di mandato, ancora, nasce l'obbligazione del mandatario di compiere uno o più atti giuridici per conto del mandante, ai sensi dell'art. 1703 cod. civ.

Il **contratto** è **ad effetti differiti** allorché la modifica della situazione giuridica soggettiva non si produca contestualmente alla stipula del contratto, ma in un momento successivo.

Ciò accade, ad esempio, allorché una compravendita abbia ad oggetto una cosa generica: l'effetto traslativo è differito al momento della "individuazione" (art. 1378 cod. civ.). La compravendita di cose generiche, peraltro, fin dal momento della conclusione del contratto produce l'obbligazione, in capo al venditore, consistente nel far acquistare la proprietà al compratore (si veda anche, per altre fattispecie di effetti reali differiti, § 270.1, ove il riferimento alla vendita di cose future, alla vendita di cose altrui, alla vendita a rate).

Contratti ad effetti differiti, poi, sono quelli in cui le stesse parti prevedono una scissione fra il momento della stipula del contratto e la produzione degli effetti: si pensi al contratto sottoposto alla condizione sospensiva (concedo in locazione un appartamento a condizione che il conduttore venga trasferito per lavoro) o sottoposto a termine iniziale (viene concluso oggi un contratto di locazione che avrà effetto a partire dal primo giorno del mese prossimo).

161. Gli elementi essenziali del contratto: cenni.

A norma dell'art. 1325 cod. civ. (rubricato "indicazione dei requisiti") gli elementi essenziali del contratto sono: "1) l'accordo, 2) la causa; 3) l'oggetto; 4) la forma, quando risulta che è prescritta dalla legge sotto pena di nullità".

Ogni contratto, per poter essere valido e, dunque, produrre effetti giuridici, deve fondarsi su un accordo, avere una causa, un oggetto e, quando prescritta dalla legge, una forma.

Se uno di questi elementi manca in assoluto, il contratto è nullo.

Esempio. Una persona prepotente predispone un testo contrattuale e vi mette la propria firma. Poi, con l'utilizzo della forza, tenendo per il braccio un'altra persona, la costringe a firmare il contratto. Quest'ultimo risulta essere firmato da due parti ma è ovvio che, essendoci stato un episodio di violenza fisica, non vi è stato alcun accordo fra le stesse: il contratto è nullo per mancanza di uno degli elementi essenziali del contratto.

Altre volte non si è di fronte alla mancanza assoluta di uno degli elementi essenziali del contratto; ciò nondimeno il contratto può essere invalido, allorché uno dei requisiti non sia conforme alle prescrizioni del codice.

Il contratto, ad esempio, può avere una causa o un oggetto illecito o può essere stato stipulato per motivi illeciti comuni ad entrambe le parti: esso, allora, è nullo (Cap. 33).

In altri casi la volontà contrattuale di una delle parti può essere "viziata": ciò accade quando si sia verificato un processo di alterazione nella formazione della volontà (contratto stipulato per errore, carpito con dolo o estorto con minaccia): il rimedio, allora, è l'annullamento (Cap. 34).

Altre volte, infine, le parti hanno soltanto "simulato" un accordo, ma in realtà non volevano affatto concludere un contratto o ne volevano concludere uno diverso (il contratto dissimulato, ossia nascosto). La regola generale è che il contratto simulato non produce effetti tra le parti (art. 1414, 1° co., cod. civ.). Occorre considerare, peraltro, la posizione dei terzi e dei creditori (del simulato alienante e del simulato acquirente): queste esigenze sono contemplate dal legislatore che detta una disciplina analitica in tema di contratto simulato (Cap. 32).

Come si vede, dalla semplice lettura dell'art. 1325 cod. civ. nascono una serie di questioni assai importanti, che costituiscono l'architrave del diritto dei contratti.

Occorre procedere con ordine, esaminando ciascuno dei singoli elementi del contratto: l'accordo, la causa, l'oggetto, la forma. L'accordo è preceduto dalla fase delle trattative: da esse occorre iniziare.

Capitolo 23

LE TRATTATIVE E LA RESPONSABILITÀ PRECONTRATTUALE

162. La fase delle trattative. La minuta (o puntuazione) e la lettera d'intenti.

L'accordo, che è un elemento essenziale del contratto, consiste nell'incontro della volontà delle parti. Le modalità dell'accordo, lo si vedrà, possono essere diverse. Di solito vi è un atto iniziale, la proposta contrattuale, cui segue l'accettazione della proposta da parte dell'oblato: se l'accettazione è conforme alla proposta, il contratto si conclude. Si studieranno, peraltro, anche modalità "semplificate" di perfezionamento del contratto. Va inoltre aggiunto che se si tratta di un contratto reale (§ 179), per il perfezionamento dello stesso occorre la consegna materiale della cosa.

Qui però, ci si deve occupare della fase anteriore alla conclusione del contratto. Può accadere, talvolta, che prima del suo perfezionamento vi sia un lasso di tempo in cui le parti si dedicano alle **trattative**, ossia alla discussione del contenuto del contratto che si accingono a stipulare.

Esempio. Una compravendita immobiliare è preceduta dalle trattative, durante le quali il futuro acquirente rappresenta al futuro venditore che è disposto a pagare 300.000 euro. Quest'ultimo, invece, intende vendere l'immobile a 310.000 euro. Si comincia, dunque, a discutere del prezzo. Altre cose entrano nelle trattative: il futuro compratore chiede se può effettuare il pagamento del prezzo (ancora da concordare) in due *tranche*: la prima alla stipula del contratto, la seconda dopo sei mesi. La controparte sembra essere d'accordo sulle modalità di pagamento, pur richiedendo una garanzia personale (una fideiussione) sul secondo pagamento. Infine, le parti "trattano" la sorte dei mobili presenti nell'abitazione: il futuro acquirente vorrebbe che la controparte lasciasse soltanto il mobilio che si trova nella cucina, mentre per il resto vorrebbe che l'abitazione venisse venduta vuota. Durante la fase delle trattative le parti si incontrano diverse volte di persona; inoltre, si scambiano alcuni fax e diverse e-mail.

Spesso, durante la fase delle trattative, le parti stendono un testo provvisorio, fissando alcuni punti del contratto in discussione; quindi, siglano il testo così redatto (**minuta** o **puntuazione**). La minuta non vale a perfezionare il contratto e rileva solamente come prova utile a dimostrare lo stato di avanzamento delle trattative.

Lo stesso deve dirsi, in linea generale, per la **lettera d'intenti** (o *memorandum of understanding*), con cui le parti decidono di trasferire in un documento un accordo parziale, dichiarando nel contempo (ecco l'elemento distintivo della lettera d'intenti) che è loro intenzione impegnarsi a continuare le trattative al fine di concludere il contratto (App. Roma, 17.6.2002).

La pratica, peraltro, conosce diverse varianti della lettera d'intenti. Essa può limitarsi ad indicare la volontà delle parti di trattare su un certo contratto, con la definizione dei tempi, dei luoghi e delle modalità delle trattative. Può, in uno stadio già avanzato, indicare i punti su cui c'è l'accordo, rinviando al seguito della trattativa l'intesa sui residui punti. Può, infine, documentare l'accordo su tutti i punti del contratto, con la specificazione, però, che il contratto non è stato ancora concluso.

Se, dunque, non equivale alla conclusione del contratto, la lettera d'intenti è comunque in grado di creare vincoli di natura contrattuale. Le obbligazioni che possono nascere da essa, in particolare, sono: (a) quella di rispettare i tempi, i luoghi ed i modi concordati per lo svolgimento delle trattative; (b) quella di esclusiva, ossia di non svolgere, parallelamente, trattative con altri soggetti; (c) quella di non modificare, durante la fase delle trattative, certe situazioni (*standstill agreement*); (d) quella di comunicare alla controparte alcuni dati, come quelli relativi alla propria organizzazione, specie se si tratta di una società o di un imprenditore (*disclosure agreement*); (e) quella, collegata alla precedente, di tenere riservate le notizie apprese dalla controparte durante la fase delle trattative (*secrecy* o *confidentiality agreement*).

L'accordo su queste obbligazioni, in sostanza, crea **contratti** (**secondari** e **strumentali**) sul modo di condurre le trattative relative al **contratto principale**.

163. La fattispecie di cui all'art. 1337 cod. civ.: il comportamento secondo buona fede nella fase delle trattative.

La fase delle trattative è governata da una regola generale, prevista dall'art. 1337 cod. civ., secondo cui "le parti, nello svolgimento delle **trattative** e nella **formazione del contratto**, devono comportarsi secondo **buona fede**".

L'espressione "trattative" e "formazione del contratto" sono riferibili ad un'unica "fase precontrattuale", che prepara e precede la conclusione del contratto (Cass., 16.11.2021, n. 34510).

Occorre chiarire il concetto di buona fede. L'art. 1337 cod. civ. fa riferimento alla buona fede oggettiva (diversa dalla buona fede soggettiva: si veda, ad esempio, § 77), da intendersi come dovere di lealtà, di correttezza e di probità.

L'idea del dovere di comportamento, nella fase precontrattuale, secondo determinati parametri (pena l'applicazione di una sanzione: § 165) è precedente al codice civile italiano del 1942. Già nel 1861 uno studioso tedesco, Jhering, elaborò la responsabilità per "***culpa in contrahendo***", facendo riferimento, in particolare, alla responsabilità per stipula di un contratto invalido e alla responsabilità per rottura delle trattative precontrattuali (lo stesso studioso elaborò il concetto di danno per lesione dell'interesse contrattuale c.d. "negativo", di cui si dirà: § 166).

Ci si occupi, però, del nostro sistema. Il dovere di buona fede caratterizza la disciplina delle obbligazioni e dei contratti (si confrontino gli artt. 1175, 1358, 1366, 1374, 1375 cod. civ.). Si tratta, è evidente, di una clausola generica: è compito degli interpreti, allora, riempirla di contenuti specifici.

Avendo riguardo all'art. 1337 cod. civ., può dirsi, sulla scorta soprattutto delle applicazioni giurisprudenziali, che il dovere delle parti di comportarsi in buona fede impone loro, nella fase delle trattative: (a) un'obbligazione di chiarezza; (b) un'obbligazione di informazione, avviso e collaborazione; (c) un'obbligazione di segretezza; (d) un'obbligazione di protezione (Cass., n. 629/2014; Cass., n. 24795/2008).

L'**obbligazione di chiarezza** fa divieto ai contraenti di utilizzare espressioni o comportamenti equivoci, in grado di generare fraintendimenti e, soprattutto, di creare affidamenti infondati sulla sicura conclusione del contratto.

In alcuni casi la violazione dell'obbligo di chiarezza si può manifestare nel recesso dalle trattative (si discute di **recesso ingiustificato dalle trattative**: Cass., 29.3.2007, n. 7768). È responsabile del risarcimento dei danni per responsabilità precontrattuale colui che: (1) abbia intenzionalmente intrapreso una trattativa pur sapendo, sin dall'inizio, che non avrebbe stipulato il contratto; (2) non abbia informato tempestivamente la controparte dell'esistenza di altre trattative più vantaggiose; (3) non si sia riservato con chiarezza la facoltà di riconsiderare gli accordi di massima già raggiunti e di non concludere il contratto in qualsiasi fase delle trattative (anche quelle più avanzate); (4) abbia formulato, durante la fase precontrattuale, richieste più convenienti per sé e, dopo averle ottenute, abbia receduto dalle trattative; (5) si sia rifiutato di mettere per iscritto, essendo richiesta per il contratto la forma scritta a pena di nullità, un accordo già completo in tutti i suoi punti e manifestato verbalmente.

Non incorre in responsabilità precontrattuale la parte che receda per aver appreso che il contratto da concludere è illecito; oppure per essere venuta a conoscenza che la controparte è diventata insolvente (su quest'ultima fattispecie Trib. Udine, 22.4.1996).

L'**obbligazione di informazione, avviso e collaborazione** ha ad oggetto: (1) quelle circostanze che, se conosciute da una parte, avrebbero consigliato la stessa di non concludere il contratto o l'avrebbero indotta a concluderlo secondo modalità differenti (Cass., 23.3.2016, n. 5762); (2) le cause di invalidità del contratto (art. 1338 cod. civ., di cui si dirà al § 164).

L'**obbligazione di segretezza** consiste nel divieto di divulgare notizie e circostanze riservate apprese durante la fase precontrattuale e riguardanti l'oggetto della trattativa.

Va detto, peraltro, che la violazione dell'obbligo di segretezza conduce, a seconda dei casi, a responsabilità precontrattuale o a responsabilità extracontrattuale ai sensi degli artt. 2043 ss. cod. civ. Se la notizia divulgata, infatti, riguarda l'oggetto della trattativa (c.d. connessione funzionale) si è in presenza di una responsabilità precontrattuale. Se, invece, la divulgazione della notizia attiene a fatti non riguardanti la trattativa ma "occasionalmente" appresi durante la trattativa (ad esempio, concernenti la sfera personale o familiare della controparte), può configurarsi, sussistendone i presupposti, una responsabilità aquiliana.

L'**obbligazione di protezione**, infine, consiste nell'obbligazione di preservare, secondo i parametri della diligenza e della correttezza, l'integrità della persona ed i beni della controparte dal rischio di un possibile danno. Occorre, ad esempio, custodire e non danneggiare il bene, oggetto della trattativa, ricevuto in prova; avvertire la controparte sulle modalità di utilizzo del bene, al fine di evitare che lo stesso possa provocare un danno in capo all'utilizzatore (va spiegato, ad esempio, come si utilizza una centrifuga presa in visione dal potenziale acquirente).

Più in generale, oggi i giudici di legittimità precisano che l'obbligo di comportarsi secondo buona fede assume rilievo anche nel caso in cui il contratto sia valido e, tuttavia, risulti **pregiudizievole** per la parte vittima dell'altrui comportamento scorretto (Cass., 14.2.2022, n. 4715).

Una precisazione si impone, similmente a quello che si è detto discutendo dell'obbligazione di segretezza: il comportamento protettivo dovrà avere come riferimento l'oggetto delle trattative (e non altro). Si richiede, in sostanza, una "connessione funzionale" fra il comportamento ed il bene su cui cade la trattativa. Ove non sussista tale connessione si è al di fuori della fattispecie di cui all'art. 1337 cod. civ.: in questo caso l'eventuale violazione dell'altrui sfera personale o patrimoniale, essendosi collegata soltanto "occasionalmente" alla trattativa, darà luogo ad una responsabilità extracontrattuale *ex* artt. 2043 ss. cod. civ.

Esempio. Un cliente entra in un negozio con l'intenzione di acquistare un fornello a gas. Mentre sta conducendo le trattative, il cane del proprietario del negozio lo morde, cagionandogli una ferita. La vittima può chiedere i danni, non ai sensi dell'art. 1337 cod. civ., ma in base alla disciplina della responsabilità extracontrattuale (si applicherà, nella specie, l'art. 2052 cod. civ.).

164. La fattispecie di cui all'art. 1338 cod. civ.: la conoscenza delle cause di invalidità del contratto.

In base all'art. 1338 cod. civ. (rubricato "conoscenza delle cause di invalidità") "la parte che, conoscendo o dovendo conoscere l'esistenza di una causa di invalidità del contratto, non ne ha dato notizia all'altra parte è tenuta a risarcire il danno da questa risentito per aver confidato, senza sua colpa, nella validità del contratto".

La norma in esame costituisce un'applicazione del dovere di buona fede già previsto nel precedente art. 1337 cod. civ. (Cass. 21.8.2004, n. 16508): è la violazione dell'obbligazione di informazione (sulle cause di invalidità del contratto) a condurre alla responsabilità risarcitoria.

L'affidamento della controparte sulla validità del contratto deve essere "senza colpa": anch'essa, dunque, è tenuta ad adottare la normale diligenza nell'accertamento del vizio contrattuale; se non lo fa non può domandare il risarcimento dei danni subìti.

Si ritiene, in proposito, che l'art. 1338 cod. civ. non operi di fronte ad ipotesi macroscopiche di nullità che chiunque è tenuto a conoscere in base all'ordinaria diligenza (è il caso della nullità del contratto per difetto di forma, ai sensi degli artt. 1325, n. 4 e 1350 cod. civ.: Cass., n. 16149/2010; Cass., n. 4635/2006). Qualora l'invalidità negoziale derivi da una violazione di una norma imperativa o da altre norme in grado di essere conosciute attraverso un comportamento di normale diligenza, non si può configurare una colpa contrattuale a carico del contraente che abbia omesso di far rilevare alla controparte l'esistenza delle disposizioni stesse (Cass., n. 10156/2016).

La norma in esame, invece, torna ad applicarsi di fronte a nullità legate alle c.d. **asimmetrie informative**: si tratta di quelle situazioni in cui la conoscenza e la conoscibilità di norme di legge (e della relativa nullità da essi risultante) richiedono precise competenze tecnico-professionali che si rinvengono più in capo a chi è tenuto alle obbligazioni informative che in capo alla controparte.

Si pensi, in proposito, al rapporto tra il cittadino e la Pubblica amministrazione: qui la nullità di un contratto dipende spesso dall'illegittimità degli atti amministrativi (emessi anteriormente, in occasione o successivamente alla stipula del contratto). Non si può, dunque, gravare i cittadini della loro conoscenza. Asimmetrie informative, ancora, si rinvengono nei contratti stipulati fra banche e clienti.

Peraltro, il concetto di invalidità di cui discute l'art. 1338 cod. civ. (che in senso stretto fa riferimento soltanto alle ipotesi di nullità e di annullamento), è stato interpretato in modo da farvi rientrare i casi in cui l'inefficacia del contratto dipenda anche da cause diverse dall'invalidità (Cass., n. 16149/2010).

Sarà tenuto al risarcimento per danni, allora, colui che abbia omesso di informare la controparte dell'estrema improbabilità di avveramento (conosciuta da chi conduce le trattative) della condizione sospensiva che le parti stanno per apporre al contratto (sicché la sua efficacia è subordinata ad un evento futuro ed incerto, il quale è probabile che non si verificherà mai).

165. La natura della responsabilità precontrattuale.

L'art. 1337 cod. civ., si è visto, non specifica quale sia la sanzione conseguente alla violazione del dovere di buona fede. Nessun dubbio, tuttavia, sussiste sul fatto che alla sua trasgressione consegua la sanzione del risarcimento del danno, come del resto espressamente previsto dall'art. 1338 cod. civ. (che, lo si è detto, costituisce una specificazione della regola generale contenuta nel precedente articolo). La Cassazione, inoltre, ha escluso che la violazione di un obbligo di condotta durante la fase delle trattative possa determinare la nullità del contratto, fuori dei casi previsti dalla legge (Cass., Sez. Un., 19.12.2007, n. 26724).

Le questioni che devono essere affrontate, quando si discute del risarcimento del danno da responsabilità precontrattuale, sono due: la **natura giuridica** della **respon-**

sabilità precontrattuale; i criteri di quantificazione del danno subìto da una delle parti durante la fase delle trattative.

Ci si occupi del primo tema. La giurisprudenza tradizionale ed una parte della dottrina sono solite discutere, in materia, di responsabilità extracontrattuale (Cass., 3.10.2019, n. 24738; Cass., 14.3.2017, n. 6587; Cass., Sez. Un., 16.7.2001, n. 9645; Trib. Milano, 17.7.2019; in via incidentale, Cass., 11.6.2010, n. 14056; in senso diverso, a favore della tesi della responsabilità contrattuale, Trib. Milano, 25.7.2008).

Il ragionamento che si svolge, in proposito, è il seguente. Il dovere generico di buona fede, previsto dall'art. 1337 cod. civ., è assimilabile ad un altro dovere generico: quello previsto dall'art. 2043 cod. civ. (dovere di *neminem laedere*); talché non sarebbe corretto, avendo riguardo alla responsabilità precontrattuale, discutere di un vero e proprio rapporto obbligatorio, non sussistendo i requisiti della specificità dell'obbligazione e della determinazione della prestazione dovuta.

Da ciò si conclude che qualora gli estremi dell'illecito civile siano integrati, ad esempio, dal recesso ingiustificato di una parte, grava sull'altra parte l'onere di dimostrare che il recesso esula dai limiti della buona fede, cui fa riferimento l'art. 1337 cod. civ. (così App. Milano, 5.10.2011).

La tesi della natura extracontrattuale della responsabilità precontrattuale non convince gran parte della dottrina. Si può discutere, in effetti, di un vero e proprio rapporto obbligatorio (rapporto contrattuale: § 88.1) muovendo dai seguenti rilievi.

Sotto un primo aspetto i soggetti del rapporto obbligatorio, nella fase delle trattative, sono determinati. Parimenti, fra i soggetti (determinati) delle trattative il dovere di buona fede si specifica, in base alle esigenze del caso concreto, nell'obbligazione di chiarezza, di informazione, di protezione, e così via.

Si è allora ritenuto corretto, ad opera di alcuni interpreti, considerare la trattativa come "fatto" idoneo, *ex* art. 1173 cod. civ., a costituire un rapporto obbligatorio avente ad oggetto obbligazioni di condotta fondate sul disposto dell'art. 1337 cod. civ., il cui adempimento soddisfa l'interesse di ciascuna delle parti alla libera esplicazione dell'autonomia contrattuale; obbligazioni che comportano, per il caso della loro violazione, una responsabilità risarcitoria del soggetto inadempiente.

In linea con questa impostazione, la giurisprudenza di legittimità, con una prima pronuncia, ha precisato che la responsabilità precontrattuale trova fondamento nel c.d. **contatto sociale** qualificato (espressione con cui si vuole designare una particolare relazione sociale fra le parti, considerata dall'ordinamento idonea a determinare specifiche obbligazioni comportamentali): sono gli artt. 1337 e 1338 cod. civ., in particolare, a far sorgere nella fase delle trattative gli "obblighi di protezione" della sfera giuridica del *partner* (Cass., 20.12.2011, n. 27648; Trib. Taranto, 15.2.2022; Trib. Ravenna, 21.2.2019).

Tale orientamento è stato nuovamente ribadito in una successiva sentenza della Corte di cassazione, in cui il giudice di legittimità ha affermato la natura "contrattuale" della responsabilità precontrattuale ascrivibile alla Pubblica amministrazione nell'ipotesi di mancata approvazione ministeriale degli atti di aggiudicazione definitiva di un appalto dalla stessa bandito (Cass. 12.7.2016, n. 14188). Sul punto, si precisa che risulta pacifica in giurisprudenza la configurabilità di una responsabilità precontrattuale in capo alla Pubblica amministrazione qualora l'ente pubblico, nella fase delle trattative, abbia tenuto una condotta contrastante con i principî di correttezza e buona fede (Cass., Sez. Un., 27.4.2017, n. 10413).

A seguito della riforma del codice civile francese, avvenuta nel biennio 2016/2018, la responsabilità precontrattuale è espressamente qualificata dal legislatore transalpino come responsabilità contrattuale per inadempimento di un'obbligazione *ex lege* (per violazione, cioè, degli obblighi della buona fede).

166. La quantificazione del danno nella responsabilità precontrattuale.

Si giunge, così, al tema della quantificazione del danno. Per comprendere la questione conviene distinguere, sotto un profilo generale, due ipotesi: (a) quella in cui un contratto sia validamente concluso e la prestazione da esso prevista non venga adempiuta (da qui il danno subìto da uno dei contraenti); (b) quella in cui il contratto non venga stipulato o, se stipulato, sia invalido (sono, quest'ultime, le varianti che si sono studiate a proposito della responsabilità precontrattuale).

Si consideri, innanzitutto, la prima ipotesi. L'inadempimento lede l'interesse positivo all'esecuzione della prestazione prevista dal contratto. Il risarcimento, qui, è commisurato al danno patito dal contraente per non aver ricevuto la prestazione che gli era dovuta in forza del contratto validamente concluso. In particolare, esso comprende sia le perdite subìte dall'inadempimento (danno emergente) sia l'utile che la parte creditrice avrebbe ottenuto se non ci fosse stato l'inadempimento.

Esempio. Il titolare di un'impresa, poiché è proprietario di un macchinario ormai obsoleto, ha ordinato un nuovo macchinario che gli serve per poter continuare la sua attività. Il contratto è validamente concluso, ma il bene non è consegnato tempestivamente. Per proseguire la sua attività, il titolare dell'impresa è costretto a prendere a noleggio un altro macchinario, che però non ha la funzionalità di quello che aveva ordinato (il quale era stato scelto *ad hoc*). L'imprenditore, a causa dell'inadempimento (sotto la specie del ritardo), potrà vantare sia il danno emergente (i costi sostenuti per poter noleggiare un macchinario sostitutivo) sia il lucro cessante (il mancato guadagno, giacché nel periodo in cui è stato utilizzato il macchinario sostitutivo, la sua impresa non ha prodotto secondo gli *standard* ordinari; cosa che sarebbe successa se non vi fosse stato l'inadempimento).

Diverso discorso, invece, deve farsi per l'**inadempimento** delle **obbligazioni precontrattuali**: avendo riguardo, in particolare, al recesso dalle trattative ed alla stipula di un contratto invalido o inefficace, la circostanza che non sussiste un contratto validamente concluso dalle parti impedisce di considerare leso l'interesse del singolo contraente a ricevere una prestazione che non gli è dovuta.

In questi casi, piuttosto, è leso l'interesse della parte a non iniziare inutilmente trattative che possono aver procurato delle spese e cagionato un mancato guadagno (Cass., 13.10.2005, n. 19883). Perciò si dice che viene leso l'**interesse negativo** della parte (*id quod interest contractum initum non fuisse*). Il danno risarcibile, si osserva talvolta in dottrina, è un **danno da affidamento**.

Esempio. Il Sig. Floris, che ha comprato a Cagliari un macchinario per una somma pari a 40.000 euro, ha trovato a sua volta un potenziale acquirente disposto a comprarlo per 42.000 euro. Quest'ultimo, peraltro, non può muoversi dalla sua città, Palermo. Per le trattative, ogni volta il Sig. Floris si sposta nella città siciliana con l'aereo. Proprio durante uno di questi viaggi, il Sig. Floris riceve la telefonata da un nuovo potenziale acquirente, il Sig. Melis, che lo informa di avergli fatto pervenire una proposta di acquisto del macchinario per la somma pari a 43.000 euro. Il Sig. Floris, tuttavia, rifiuta subito la proposta, affermando che ormai sta chiudendo la trattativa (che è arrivata a buon punto) con un'altra parte. Sennonché, violando gli obblighi precontrattuali, il primo potenziale acquirente recede "ingiustificatamente" dalle trattative. Il Sig. Floris, a questo punto, gli potrà chiedere: (a) i danni emergenti (spese e costi per la contrattazione: ad esempio, il costo dei biglietti dell'aereo); (b) il lucro cessante, costituito dalla somma di euro 3.000 euro, che sarebbe stato il guadagno ottenuto dal Sig. Floris con la stipula del contratto con il Sig. Melis (contratto che però non si è potuto concludere, essendo stato impegnato il Sig. Floris in una inutile trattativa).

Va dunque precisato che: (a) il risarcimento del danno da lesione dell'interesse negativo comprende (come quello da lesione di interesse positivo) sia il danno emergente sia il lucro cessante (Cass., 27.10.2006, n. 23289; Cass., 27.10.2021, n. 30186); (b) può essere, a seconda dei casi, inferiore, uguale o quantitativamente superiore al risarcimento del danno per lesione dell'interesse positivo. Non vi è alcuna ragione logico-giuridica affinché esso debba rimanere sotto la soglia del risarcimento del danno da interesse positivo, come pure qualche volta si è sostenuto.

Si riprenda l'esempio di poc'anzi. Il Sig. Floris ha visto sfumare la conclusione del contratto, che gli avrebbe assicurato un lucro di 2.000 euro. L'ammontare del risarcimento per lesione dell'interesse negativo è però superiore, avendo lo stesso Sig. Floris rifiutato di stipulare (in quanto impegnato in trattative inutili) un contratto per la somma di 43.000 euro, che gli avrebbe fatto guadagnare 3.000 euro (somma che costituirà il risarcimento del danno per responsabilità precontrattuale, cui andranno aggiunti i danni emergenti).

Fin qui, peraltro, si è ragionato sulla logica della contrapposizione fra interesse positivo ed interesse negativo, facendo riferimento alle ipotesi più rilevanti di responsabilità precontrattuale: il recesso dalle trattative e la stipula di un contratto invalido e/o inefficace.

Si esce, però, dalla contrapposizione appena studiata quando si è di fronte alla **violazione delle regole di buona fede**, nella **fase delle trattative**, che **conduca alla stipula di un contratto (valido)** ma non conveniente per una delle parti contrattuali (si veda Cass., 21.10.2013, n. 23873, secondo cui la regola di cui all'art. 1337 cod. civ. si applica anche nel caso in cui il contratto concluso sia valido e, tuttavia, risulti "pregiudizievole per la parte vittima dell'altrui comportamento scorretto"; più di recente, Cass., 23.3.2016, n. 5762).

In questo caso è da ritenere che il risarcimento del danno debba essere ragguagliato, per utilizzare un'espressione dei giudici di legittimità, al "minor vantaggio o al maggior aggravio economico cagionato" dalla malafede della controparte durante la fase delle trattative (Cass., n. 24795/2008).

Un caso previsto dal legislatore di contratto valido, ma preceduto da comportamenti scorretti di una delle parti, è quello che dà luogo alla c.d. **responsabilità da prospetto**. Si fa riferimento alla violazione (omissioni, falsità, inesattezze, errori) degli obblighi di informazione cui sono tenuti coloro che sollecitano il pubblico risparmio o l'investimento (ossia le banche e gli **intermediatori finanziari** abilitati).

Tali soggetti sono tenuti a redigere, pubblicare secondo le modalità di legge e consegnare un prospetto informativo sulle caratteristiche delle operazioni di investimento in prodotti o strumenti finanziari da loro proposti (artt. 94 ss. d.lgs. n. 58/1998, recante il "Testo unico in materia di intermediazione finanziaria").

La giurisprudenza introduce, in materia, una distinzione: qualora la violazione sia commessa nella fase dell'esecuzione del contratto-quadro di prestazione di servizi finanziari, stipulato tra il cliente e l'intermediario, la responsabilità di quest'ultimo è di tipo contrattuale (si è in presenza, infatti, di violazione di obblighi che nascono dalla stipula del contratto). Qualora, invece, la violazione si verifichi nella fase delle trattative prima della stipula del contratto-quadro (si pensi al difetto di informazioni da parte dell'intermediario), la responsabilità in cui si incorre è di tipo precontrattuale (Cass., Sez. Un., 19.12.2007, n. 26725).

Si rimanda, infine, al § 182 per un'analisi dei casi in cui il dolo di una delle parti può portare all'annullamento del contratto stipulato.

Capitolo 24
L'ACCORDO DELLE PARTI

167. L'accordo: definizione. Accordo espresso ed accordo tacito.

L'**accordo**, come visto, è uno dei requisiti essenziali del contratto (art. 1325 cod. civ.): la sua mancanza assoluta determina la nullità del contratto. Esso è l'**incontro** delle **dichiarazioni** di **volontà** delle parti: il contratto è concluso (o perfezionato) allorché le dichiarazioni di volontà delle parti coincidano totalmente. In tal modo, si suole dire, le distinte dichiarazioni di volontà formano un *unicum*, il consenso delle parti. Pertanto, un accordo parziale (ossia un accordo solo su alcuni aspetti dell'affare che le parti sono intenzionate a concludere) non vale a perfezionare il contratto. Del pari, una divergenza fra le dichiarazioni di volontà delle parti non permette di perfezionare il contratto. Lo dice espressamente il codice allorché afferma che l'accettazione non conforme alla proposta vale come nuova proposta (art. 1326, 5° co., cod. civ.).

Le dichiarazioni di volontà delle parti possono essere **espresse** o **tacite**. Sono espresse le dichiarazioni in cui la manifestazione di volontà avviene mediante **segni** convenzionalmente idonei ad esprimere il proprio pensiero e le proprie decisioni: si tratta, in particolare, dei segni del linguaggio (linguaggio scritto, parlato, quello utilizzato dai non udenti, quello cui si ricorre nel corso di un'asta quando, alzando il braccio, si mostra di voler acquistare il bene descritto dal banditore).

Sono, invece, **dichiarazioni tacite** quelle in cui la manifestazione di volontà non avviene attraverso i segni del linguaggio ma attraverso un **comportamento concludente**.

È, questo, un contegno che, alla stregua del sentire comune e delle circostanze del caso concreto, equivale ad una dichiarazione espressa di volontà (Cass., 17.10.2019, n. 26292). L'equivalenza, come pure si afferma in dottrina, sussiste quando il comportamento risulti incompatibile, in modo ragionevolmente univoco, con una volontà contraria. L'incompatibilità, avverte la giurisprudenza, va intesa, più che in senso logico, in senso economico: è basata "sul concetto predominante nella vita pratica degli affari" (Cass., n. 6591/1983).

Si studi, più da vicino, in cosa può consistere il comportamento concludente. Esso può concretarsi: (1) nella diretta esecuzione della prestazione ad opera di una parte contrattuale.

Esempio. Il potenziale acquirente invia ad un fornitore una proposta di acquisto di una certa quantità di merce, ad un determinato prezzo, specificando che essa può essere direttamente spedita, "senza che sia necessaria la comunicazione dell'accettazione". Il fornitore, ricevuta la proposta, perfeziona il contratto con un comportamento concludente, ossia spedendo direttamente la merce ordinata. Il contratto, in definitiva, si conclude senza che sia necessaria un'accettazione espressa del venditore. La fattispecie concreta qui descritta, si vedrà, è riconducibile all'art. 1327 cod. civ.

Altre volte il comportamento concludente consiste: (2) nella materiale apprensione del bene oggetto del contratto, accompagnata dal pagamento del prezzo (si pensi alla spesa fatta al supermercato); (3) nell'introduzione di denaro in una macchina distributrice del prodotto (il distributore di caffè, bibite, panini); (4) nell'immediata utilizzazione dell'altrui prestazione contrattuale, che determina l'assunzione delle obbligazioni correlate (il riferimento corre al contegno di chi sale su un autobus ed usufruisce della prestazione di trasporto).

Si consideri, invece, l'atteggiamento di una persona che, entrata in un supermercato, rubi della merce e la nasconda sotto il cappotto: il comportamento, qui, non ha il significato sociale di un'accettazione espressa e, dunque, non permette il perfezionamento del contratto. Il ladro, semmai, potrà essere chiamato a risarcire i danni per la sottrazione della merce, avendo commesso un fatto illecito (art. 2043 cod. civ.) che, tra l'altro, lo esporrà anche a conseguenze penali.

Ci si può chiedere se valga ad escludere il perfezionamento del contratto un comportamento concludente che ha in sé il significato di accettazione ma che sia accompagnato da una dichiarazione del suo autore che "sconfessi" il significato sociale dello stesso (c.d. ***protestatio***).

Si ritiene che valga, in questo caso, un principio generale: la *protestatio,* allorché sia contraddittoria e contrasti apertamente con il contegno tenuto dal soggetto, non vale ad escludere il perfezionamento del contratto (*protestatio contra factum proprium non valet*).

Esempio. Un automobilista lascia la sua auto in un parcheggio a pagamento. Entrando, dichiara al custode che non intende affatto pagare il prezzo per il parcheggio della macchina. Egli, proprio perché la sua dichiarazione si pone in contraddizione rispetto al contegno tenuto (l'ingresso in un'area a pagamento), sarà comunque obbligato ad eseguire il pagamento previsto. Alle stesse conclusioni si dovrà giungere di fronte ad una persona che, salendo sull'autobus, dichiari contraddittoriamente al personale addetto al controllo di non voler pagare il biglietto per il trasporto di cui intende però usufruire.

A volte il legislatore esclude l'ammissibilità di una tacita manifestazione di volontà: ad esempio, la volontà di liberare il debitore deve essere espressamente dichiarata nella delegazione (art. 1268, 1° co., cod. civ.), nell'espromissione (art. 1272, 1° co., cod. civ.), nell'accollo (art. 1273, 2° co., cod. civ.). Ed ancora, la volontà di prestare la fideiussione deve essere espressa (art. 1937 cod. civ.), così come la rinuncia del creditore all'ipoteca (art. 2879, 1° co., cod. civ.).

167.1. *Il "silenzio".*

Il comportamento concludente esprime in maniera non equivoca, su piano sociale, la volontà del suo autore. Può dunque dirsi che il semplice "**silenzio**" (il non parlare) non vale come comportamento concludente.

Esempio. Un imprenditore decide di indirizzare ad alcuni potenziali acquirenti (il cui nominativo è appreso da un indirizzario pubblico) una proposta contrattuale. Le persone contattate non rispondono alla proposta: il loro silenzio non vale a perfezionare il contratto. Non si avrà conclusione del contratto neppure di fronte alla proposta del venditore, il quale precisi che "in caso di mancata risposta" l'accordo si intenderà perfezionato. Se il silenzio, infatti, non ha (in sé considerato) il valore di comportamento concludente, tale carattere non potrà essergli unilateralmente attribuito da un soggetto diverso da quello che non proferisce alcuna parola.

Il silenzio, però, può assumere il significato di tacito consenso se le circostanze in cui viene osservato o che lo accompagnano sono tali da attribuirgli il significato di comportamento concludente (Cass., 20.2.2004, n. 3403).

Si consideri quando ciò accade: (a) in primo luogo può essere la legge ad attribuire al silenzio uno specifico significato (silenzio avente **significato legale**); (b) le stesse parti, pattiziamente, possono attribuire al silenzio un determinato significato (silenzio **convenzionale**); (c) uno specifico significato del silenzio può derivare, infine, dalle relazioni intercorrenti tra le stesse parti e dalle circostanze concrete del rapporto, da valutare in base al principio della buona fede oggettiva (che presiede il rapporto obbligatorio e contrattuale). Si discute, in tal caso, di silenzio **circostanziato**.

Mentre il silenzio convenzionale non crea particolari questioni, ci si intratterrà, nel prosieguo, su una fattispecie di silenzio avente significato legale di accettazione della proposta (art. 1333 cod. civ.: § 173.1). Avendo riguardo, invece, alla disciplina dei singoli tipi contrattuali, può ricordarsi che, in tema di locazione, il silenzio consistente nella mancata disdetta di un contratto prima della scadenza può significare per il legislatore tacita rinnovazione (art. 1596, 2° co., cod. civ.).

Ecco, invece, un esempio di silenzio circostanziato:

Esempio. Tra il libraio De Culturis ed un cliente vi sono rapporti contrattuali intercorrenti da tempo. Fra di essi, in particolare, è stabilita la prassi secondo cui ogni sei mesi il libraio spedisce al cliente alcune specifiche novità editoriali che il cliente acquista, a meno che entro un determinato termine lo stesso decida di restituire i libri che non sono di suo gradimento. Il silenzio e la mancata restituzione dei volumi, in base alle circostanze del rapporto consolidato nel tempo, equivalgono ad accettazione contrattuale.

168. Accordo tra parti vicine e tra parti lontane.

L'**accordo** può essere **a formazione simultanea**: ciò accade quando entrambe le parti siano presenti nel momento dell'accordo. Chi va ad acquistare un giornale conclude un contratto di compravendita direttamente con il giornalaio: sono presenti, simultaneamente, le due parti contrattuali. Due persone decidono di andare dal notaio per la compravendita di un immobile: anche in questo caso c'è la simultaneità.

L'accordo, peraltro, può formarsi fra persone distanti (*inter absentes*): le dichiarazioni di volontà delle parti, allora, assumono il nome di **proposta** e di **accettazione** (§ 169).

Un'apposita disciplina regola, oggi, il "**commercio elettronico**" (d.lgs. 9.4.2003, n. 70, in attuazione della Direttiva 2000/31/CE; sul documento informatico § 202). È previsto, tra l'altro, che "le norme sulla conclusione dei contratti si applicano anche nei casi in cui il destinatario di un bene o di un servizio della società dell'informazione inoltri il proprio ordine per via telematica" (art. 13, 1° co., d.lgs. n. 70/2003). L'inciso riportato si riferisce all'ordine inviato attraverso la "**posta elettronica**" o attraverso la connessione al sito di un soggetto prestatore di servizi o fornitore di beni.

169. La proposta, l'accettazione e il momento della conclusione del contratto.

La **proposta** è la dichiarazione di volontà di chi prende l'**iniziativa contrattuale**: è tale, ad esempio, la dichiarazione di voler dare in locazione un immobile (proposta di locazione), di voler vendere una casa (proposta di compravendita), di voler donare un gioiello (proposta di donazione), di voler affidare l'incarico di compiere un atto giuridico ad un'altra persona (proposta di mandato).

L'**accettazione** è la dichiarazione di volontà che il destinatario della proposta (che si chiama, nel linguaggio giuridico, **oblato**) rivolge al proponente.

Proposta ed accettazione sono talvolta definiti come **atti prenegoziali**, nel senso che costituiscono i primi due segmenti dell'intento contrattuale dei contraenti, il cui incontro costituisce il consenso o accordo contrattuale (sul carattere negoziale della proposta, si veda Cass., 20.9.2012, n. 15856).

Il destinatario della proposta è, nell'ambito della sua autonomia contrattuale, libero di accettare o di non accettare la proposta: non è neanche tenuto, se non vuole accettare, a comunicare il suo diniego (si veda, peraltro, § 167.1). Si noti che le parti, nello svolgimento delle trattative, devono comportarsi secondo buona fede: il che può esporre l'oblato a responsabilità precontrattuale qualora la sua non accettazione assuma le caratteristiche di un recesso ingiustificato dalle trattative.

La proposta e l'accettazione (così come la loro revoca: § 170) sono atti unilaterali recettizi: essi "producono effetto dal momento in cui pervengono a conoscenza della persona alla quale sono destinati" (art. 1334 cod. civ.).

Il **contratto** è **concluso** nel momento in cui chi ha fatto la proposta riceve notizia dell'accettazione dell'altra parte (art. 1326, 1° co., cod. civ.; App. Palermo, 20.6.2019).

L'accettazione, per essere tale: (a) deve essere conforme alla proposta (altrimenti equivale a nuova proposta: art. 1326, 5° co., cod. civ.). Anche la semplice modifica, da parte dell'accettante, del termine dell'esecuzione indicato dal proponente, configura una nuova proposta (Cass., 15.5.2019, n. 12899); (b) deve pervenire al proponente entro il termine stabilito dallo stesso o, in mancanza, entro un tempo ragionevole, in relazione alla natura dell'affare o secondo gli usi (art. 1326, 2° co., cod. civ.). Il proponente può ritenere efficace l'accettazione tardiva, purché ne dia immediatamente avviso all'altra parte (art. 1326, 3° co., cod. civ.); (c) deve assumere la forma eventualmente richiesta dal proponente, altrimenti non ha efficacia (art. 1326, 4° co., cod. civ.). Il proponente, ad esempio, può richiedere per l'accettazione la forma del fax o della lettera. Occorre tuttavia precisare che la disposizione di cui al quarto comma dell'art. 1326 cod. civ. è posta nell'esclusivo interesse del proponente, il quale può quindi scegliere liberamente di considerare valida un'accettazione formulata in una forma differente da quella inizialmente richiesta (Cass., 24.5.2019, n. 13033)

Il contratto, si diceva, è concluso nel momento in cui il proponente riceve notizia dell'accettazione dell'oblato. Vale, nel nostro ordinamento, il **principio della cognizione**, secondo cui ciascuna delle parti deve avere conoscenza della concordante volontà dell'altra. Come si legge nella Relazione al Re, n. 70, "non si può ammettere che un soggetto resti volontariamente obbligato senza avere la coscienza dell'esistenza del vincolo"; coscienza che "si acquista appunto con la notizia della volontà dell'altra parte di piena adesione alla propria proposta; ciò, del resto, è più rispondente alle esigenze del commercio, che vuole sicurezza e chiarezza nei rapporti".

Altri ordinamenti, invece, adottano diverse soluzioni. Nei paesi di *Common law* e, per soluzione giurisprudenziale, in Francia, vale il principio della spedizione (*mailbox rule*), secondo cui il contratto è concluso nel tempo e nel luogo in cui il destinatario della proposta spedisce la propria accettazione (il vincolo contrattuale, dunque, si perfeziona prima che il proponente ne abbia conoscenza).

Una soluzione intermedia si rinviene nell'ordinamento tedesco, in cui vige il principio della ricezione: il contratto è concluso nel momento in cui l'accettazione è pervenuta all'indirizzo del proponente, essendo irrilevante che questi ne abbia avuto o meno conoscenza.

Il sistema tedesco, invero, non è molto distante da quello italiano: va considerato che "la conoscenza dell'accettazione", prevista dal ricordato art. 1326, 1° co., cod. civ., è convertita in **conoscibilità** dall'art. 1335 cod. civ., secondo cui "la proposta, l'accettazione, la loro revoca e ogni altra dichiarazione diretta a una determinata persona si reputano conosciute nel momento in cui giungono all'indirizzo del destinatario, se questi non prova di essere stato, senza sua colpa, nell'impossibilità di averne notizia". Per indirizzo deve intendersi la residenza o il domicilio della persona o, comunque, il luogo che, essendo nella sua sfera di controllo, appaia idoneo a garantire la ricezione dell'atto e la cognizione del suo contenuto (ai fini dell'operatività della presunzione di cui all'art. 1335 cod. civ. rilevano anche le indicazioni eventualmente fornite dalle parti. La disdetta di un contratto potrà ad esempio essere inviata presso il domicilio eletto dal soggetto contraente: Cass., 19.7.2019, n. 19524).

Ciò per cui si distingue l'ordinamento tedesco (in cui vale il principio della ricezione) è l'impossibilità per il proponente di dare prova che l'accettazione, ancorché pervenuta al suo indirizzo, sia stata da lui senza colpa ignorata.

Tale prova è, invece, ammessa nell'ordinamento italiano.

Esempio. Tizio formula una proposta contrattuale a Caio, indicando nella stessa che l'accettazione debba giungere entro una settimana. Il giorno dopo l'invio della proposta, Tizio subisce un improvviso malore, che lo costringe ad un ricovero in ospedale, per due mesi, durante i quali si trova in uno stato continuo di incoscienza. Il proponente non sa se l'accettazione sia giunta o meno al suo indirizzo: qualora ciò sia avvenuto, potrà provare di aver ignorato senza sua colpa l'accettazione. Non potrà fornire siffatta prova, tuttavia, il proponente che sia un imprenditore: chi assume tale veste, infatti, si ritiene debba avere una capacità organizzativa (di cose e di persone) che comprende anche la costante disponibilità a ricevere la corrispondenza presso la sede dell'impresa.

Per la giurisprudenza, peraltro, la prova contraria non può essere offerta nell'ipotesi in cui non rimanga interrotto in modo assoluto il collegamento (anche telefonico od epistolare) del soggetto con il luogo di destinazione della dichiarazione contrattuale (Cass., n. 450/1985).

169.1. *L'offerta al pubblico.*

Ai sensi dell'art. 1336, 1° co., cod. civ. "l'offerta al pubblico, quando contiene gli estremi essenziali del contratto alla cui conclusione è diretta, vale come proposta, salvo che risulti diversamente dalle circostanze o dagli usi" (sulla revoca dell'offerta al pubblico, di cui all'art. 1336, 2° co., cod. civ., § 170).

La proposta contrattuale, dunque, oltre ad essere rivolta ad un destinatario determinato, può assumere la forma della **proposta** od **offerta al pubblico**: si tratta, in quest'ultimo caso, di una proposta rivolta ad una pluralità indifferenziata di destinatari (proprio per questo essa non è un atto recettizio). L'accettazione conforme da parte di uno dei possibili destinatari vale a perfezionare il contratto.

Esempio. Un negoziante espone, nella vetrina del suo negozio, la merce che intende vendere. Il contratto si perfeziona con la manifestazione di volontà del cliente di acquistare la merce "offerta al pubblico".

Esempio. Un distributore di bibite "offre al pubblico" i suoi prodotti: il contratto si conclude mediante un comportamento concludente del cliente, ossia attraverso l'introduzione del denaro dovuto nel distributore.

Per il legislatore, si noti, l'offerta al pubblico "vale" come proposta se ricorrono due requisiti (art. 1336, 1° co., cod. civ.): (a) se la proposta è completa (ossia se "contiene gli estremi essenziali del contratto alla cui conclusione è diretta") (b) se, pur essendo completa, non "risulti diversamente dalle circostanze o dagli usi".

Si pensi, in proposito, ad un'inserzione pubblicitaria, in cui si offre in locazione un appartamento, del quale si indica l'ubicazione, l'estensione ed il canone. Qui, è vero, la proposta deve considerarsi completa: tuttavia è da intendere che il locatore si riservi la facoltà di non concludere il contratto con un conduttore non gradito. L'**inserzione pubblicitaria**, dunque, vale come **invito a proporre**.

Da non confondere con l'offerta al pubblico è la **promessa al pubblico**, di cui ci si occupa in altra parte del Corso (artt. 1989 ss. cod. civ.: § 321). Le due figure hanno soltanto un tratto in comune: il fatto che si rivolgono ad una pluralità indifferenziata di destinatari.

Fermo questo aspetto comune, deve dirsi che la promessa al pubblico (a differenza dell'offerta al pubblico, che è una proposta contrattuale) è una fonte di obbligazione che si perfeziona con la sola dichiarazione unilaterale del suo autore, il quale è tenuto ad adempiere la prestazione promessa.

169.2. *L'adesione di altre parti al contratto.*

Un'altra figura particolare di proposta e di accettazione contrattuale si rinviene nell'art. 1332 cod. civ. (rubricato **adesione di altre parti al contratto**), per il quale "se ad un contratto possono aderire altre parti e non sono determinate le modalità dell'adesione, questa deve essere diretta all'organo che sia stato costituito per l'attuazione del contratto o, in mancanza di esso, a tutti i contraenti originari".

La disposizione fa riferimento all'adesione di nuove parti, allorché sia consentita, ad un già perfezionato **contratto di scambio** (come il trasporto cumulativo, concluso con il primo vettore ma aperto all'adesione di vettori successivi: Cass., n. 6557/1991), o ad un **contratto plurilaterale**: si pensi all'adesione di nuovi membri ad un'associazione, di nuovi soci ad una società cooperativa, alla sottoscrizione di azioni di nuova emissione, in caso di aumento di capitale di una società per azioni.

L'adesione deve avvenire nel rispetto di quanto previsto nel contratto originario: se questo nulla prevede, l'art. 1332 cod. civ. dispone che l'adesione va "diretta all'organo che sia costituito per l'attuazione del contratto" (ad esempio, il consiglio di amministrazione, il presidente) e, in mancanza, "a tutti i contraenti originari".

È dibattuta la **natura** della **clausola di apertura** contenuta nel contratto originario (la clausola, cioè, che prevede la possibilità di un'adesione successiva di terzi, che diventano perciò parti ulteriori del contratto).

Conviene distinguere. Allorché la clausola in esame preveda un'accettazione dell'adesione del terzo, essa è da considerare come un **invito a proporre**: pertanto, a seguito della proposta del terzo gli organi preposti o tutti i contraenti saranno chiamati ad accettare o meno la proposta contrattuale.

Quando, invece, la clausola di apertura non preveda l'accettazione dell'adesione del terzo, essa va qualificata come una **proposta contrattuale** e, in particolare, come un'offerta al pubblico, in quanto rivolta ad una pluralità indifferenziata di destinatari che, con la loro accettazione, diventano parti del contratto. Ciò sembra essere confermato dallo stesso art. 1332 cod. civ. il quale, in mancanza di organi *ad hoc*, prevede che l'adesione del terzo vada rivolta a tutti i contraenti originari (e non anche alle parti che nel frattempo abbiano aderito), ossia a coloro che hanno stipulato il contratto base, che contiene la clausola di apertura.

170. La revoca della proposta e dell'accettazione e la loro perdita di efficacia.

La **proposta** e l'**accettazione** possono essere revocate. La **revoca** è un atto successivo e contrario alla proposta o all'accettazione. In particolare, "la proposta può essere revocata finché il contratto non sia concluso. Tuttavia, se l'accettante ne ha intrapreso in buona fede l'esecuzione prima di avere notizia della revoca, il proponente è tenuto a indennizzarlo delle spese e delle perdite subite per l'iniziata esecuzione del contratto" (art. 1328, 1° co., cod. civ.).

Va evidenziato che l'accettante, se ha iniziato in buona fede l'esecuzione della prestazione prima di avere notizia della revoca della proposta, ha diritto ad un **indennizzo** e non ad un risarcimento dei danni: non si tratta di un'obbligazione risarcitoria conseguente ad un comportamento illecito, ma di un'obbligazione indennitaria che deriva da un comportamento in sé lecito, fonte di possibili pregiudizi. Proprio per questo è da ritenere che l'indennizzo debba essere limitato al danno emergente subìto da colui che ha intrapreso l'esecuzione della prestazione e non comprendere, invece, il lucro cessante.

Inoltre, "l'accettazione può essere revocata, purché la revoca giunga a conoscenza del proponente prima dell'accettazione" (art. 1328, 2° co., cod. civ.).

Il meccanismo della revoca della proposta e della revoca dell'accettazione, almeno per una parte degli interpreti, sembrano essere diversi.

Si argomenta, infatti, che l'efficacia della revoca dell'accettazione è subordinata alla sua conoscenza da parte del proponente (conoscenza che deve giungere prima dell'accettazione, altrimenti il contratto è concluso); l'efficacia della revoca della proposta, invece, non richiede la conoscenza da parte dell'accettante, essendo sufficiente che sia spedita prima della conclusione del contratto (Cass., n. 296/1969; Cass., n. 4489/1981; più di recente, Cass., 15.4.2016, n. 7543).

Questa ricostruzione, invero, è criticabile almeno sotto due aspetti: da un lato l'art. 1328 cod. civ. non sembra dettare una disciplina diversa per la revoca della proposta e dell'accettazione; più semplicemente, l'art. 1328, 1° co., cod. civ., discutendo della revoca della proposta "finché il contratto non sia concluso", tiene conto di tutte le modalità di conclusione del contratto (come quella di cui all'art. 1327 cod. civ., che si perfeziona non presso il destinatario della proposta, ma attraverso l'inizio dell'esecuzione della prestazione: § 173).

Sotto un secondo aspetto non si comprende perché la supposta "diversa disciplina" della revoca della proposta sia, fra quelle astrattamente possibili, quella che si basa sulla spedizione della dichiarazione di revoca.

Per gli esposti motivi, in definitiva, è preferibile quella tesi (pur emersa fra i giudici di legittimità) la quale, sulla base del combinato disposto degli artt. 1334 e 1335 cod. civ., applica "il principio di cognizione" alla revoca della proposta contrattuale: essa "spiega effetto non dal momento della sua emissione, bensì dal momento in cui perviene all'indirizzo dell'oblato" (Cass., n. 6323/2000). È, questa, una di quelle materie in cui il legislatore dovrebbe intervenire con una norma in grado di porre fine ad un dibattito che dura da decenni.

Esempio. Il Sig. Zanottin, di Verona, propone la vendita di una bicicletta da corsa al Sig. Bortolin, di Venezia, che accetta. L'accettazione però non è ancora giunta all'indirizzo del Sig. Zanottin ed il contratto non si è perfezionato. Il proponente, pertanto, può revocare la sua proposta, che deve giungere a conoscenza della controparte prima che il contratto sia concluso (prima, cioè, che l'accettazione sia giunta presso il suo indirizzo). Aderendo, invece, al più recente indirizzo dei giudici di legittimità (Cass., n. 7543/2016), dovrà dirsi che la revoca della proposta si perfeziona quando è spedita all'indirizzo dell'accettante.

Una particolare modalità di revoca è prevista per la proposta che consiste nell'**offerta al pubblico** (§ 169.1): "la **revoca** dell'offerta, se è fatta nella stessa forma dell'offerta o in forma equivalente, è efficace anche in confronto di chi non ne ha avuto notizia" (art. 1336, 2° co., cod. civ.).

Vi è simmetria, qui, rispetto al primo comma della disposizione, secondo cui l'offerta al pubblico è tale a prescindere dalla conoscenza che i destinatari ne abbiano: anche per la sua revoca, dunque, vale la stessa regola. Peraltro, è da ritenere che l'inidoneità della forma di pubblicità non possa essere invocata da chi abbia comunque avuto conoscenza della revoca; essa, in questo caso, vale anche se non riveste la forma dell'offerta.

La revoca, si è visto, fa perdere efficacia alla proposta ed alla accettazione (ed impedisce il perfezionamento del contratto). Il legislatore, tuttavia, ha inteso occuparsi della possibilità che, dopo la proposta o dopo l'accettazione (ma prima della conclusione del contratto), il **proponente** o l'**accettante muoiano**.

È previsto, così, che "la proposta o l'accettazione, quando è fatta dall'imprenditore nell'esercizio della sua impresa, non perde efficacia se l'imprenditore muore o diviene incapace prima della conclusione del contratto, salvo che si tratti di piccoli imprenditori o che diversamente risulti dalla natura dell'affare o da altre circostanze" (art. 1330 cod. civ.).

L'art. 1330 cod. civ., è evidente, assicura la continuità nei rapporti di impresa e trova la sua ragione nell'organizzazione imprenditoriale, che non può risentire delle vicende personali dell'imprenditore (è tale "chi esercita professionalmente un'attività economica organizzata al fine della produzione o dello scambio di beni o di servizi": art. 2082 cod. civ.).

La disposizione non si applica ai piccoli imprenditori, ossia ai "coltivatori diretti del fondo, gli artigiani, i piccoli commercianti e coloro che esercitano un'attività professionale organizzata prevalentemente con il lavoro proprio e dei componenti della famiglia" (art. 2083 cod. civ.). Nella nozione di piccolo imprenditore, dunque, emerge la rilevanza della persona nello svolgimento dell'attività imprenditoriale: il che giustifica la deroga prevista.

Peraltro, come si ricava pure dall'art. 1330 cod. civ., anche la morte di un imprenditore può determinare la perdita di efficacia della proposta e dell'accettazione, quando ciò "risulti dalla natura dell'affare o da altre circostanze". Si pensi ad un contratto in cui sia fondamentale l'elemento della fiducia (§ 181) che una parte ripone nei confronti dell'imprenditore. Se quest'ultimo muore dopo aver accettato (e prima che il contratto sia concluso), l'accettazione perderà di efficacia e il contratto non potrà considerarsi concluso.

Può così dirsi che: (a) la morte o l'incapacità di una persona (che non sia imprenditore) fanno perdere efficacia alla proposta o all'accettazione; (b) la morte o l'incapacità di un imprenditore (art. 2082 cod. civ.) non fanno perdere efficacia alla proposta o all'accettazione, fatte nell'esercizio dell'attività di impresa; (c) la morte o l'incapacità di un piccolo imprenditore (art. 2083 cod. civ.) fanno perdere efficacia alla proposta o all'accettazione, fatte nell'esercizio dell'attività di impresa; (d) la morte o l'incapacità dell'imprenditore fanno perdere efficacia alla proposta o all'accettazione, fatte nell'esercizio dell'attività di impresa, quando ciò risulti dalla natura dell'affare o da altre circostanze; (e) si aggiunga un altro caso, che emergerà dallo studio della proposta irrevocabile (§ 171): la morte o l'incapacità di una persona che abbia fatto una proposta irrevocabile non fa perdere efficacia alla proposta, salvo che "la natura dell'affare o altre circostanze escludano tale efficacia" (art. 1329, 2° co., cod. civ.).

171. La proposta irrevocabile. L'opzione.

La proposta non è revocabile, secondo le modalità di cui si è detto in precedenza, allorché il proponente abbia formulato una **proposta irrevocabile** (detta anche "proposta ferma").

È previsto, in particolare, che se il proponente si è obbligato a mantenere ferma la proposta per un certo tempo, la revoca è senza effetto (art. 1329, 1° co., cod. civ.). In tal caso, "la morte o la sopravvenuta incapacità del proponente non toglie efficacia alla proposta, salvo che la natura dell'affare o altre circostanza escludano tale efficacia" (art. 1329, 2° co., cod. civ.).

La proposta irrevocabile assicura un vantaggio per il soggetto che la riceve: questi, infatti, gode di un certo lasso di tempo per decidere se accettare o meno, senza rischiare che nel frattempo la stessa venga revocata.

Qualora si formuli una proposta che difetti dell'indicazione del periodo entro cui la stessa deve considerarsi irrevocabile, è da ritenere che manchi un requisito essenziale della irrevocabilità (Cass., n. 3339/1987; Cass., n. 20853/2014): la proposta, allora, varrà come proposta semplice, che potrà essere revocata secondo le regole generali (art. 1328 cod. civ.).

Si noti che l'irrevocabilità è la conseguenza di un atto unilaterale del proponente che, nel formulare la proposta, contestualmente si impegna a mantenerla ferma per un determinato periodo.

Un caso in cui la proposta è irrevocabile, *ex lege*, dal momento in cui giunge a conoscenza del destinatario, è quello della fattispecie del "contratto con obbligazioni a carico del solo proponente", di cui si dirà nel prosieguo (art. 1333 cod. civ.: § 173.1).

La struttura unilaterale distingue la proposta irrevocabile dall'**opzione**: "quando le parti convengono che una di esse rimanga vincolata alla propria dichiarazione e l'altra abbia facoltà di accettarla o meno, la dichiarazione della prima si considera quale proposta irrevocabile per gli effetti previsti dall'art. 1329" (art. 1331, 1° co., cod. civ.). Inoltre, "se per l'accettazione non è stato fissato un termine, questo può essere stabilito dal giudice" (art. 1331, 2° co., cod. civ.).

L'opzione è dunque un atto giuridico negoziale (un contratto) con cui le parti si accordano in questi termini: l'una (concedente) si obbliga a mantenere ferma la proposta contrattuale, ossia a non revocarla per un determinato tempo; l'altra (opzionaria) si riserva la facoltà di accettare o meno la proposta nel termine indicato.

Esempio. Due parti concludono un'opzione di vendita di un immobile in base al quale una di esse propone irrevocabilmente, per un periodo di tre mesi, la vendita dell'immobile alla controparte (opzionario). Se e quando l'opzionario accetterà la proposta irrevocabile, si determinerà l'effetto traslativo della proprietà, che è l'operazione finale rispetto alla quale l'opzione riveste carattere preparatorio.

L'irrevocabilità della proposta, in sostanza, non deriva da un atto unilaterale del proponente ma nasce dal contratto di opzione, che può essere gratuito (Trib. Milano, 3.10.2013) o, come molte volte succede, oneroso (la parte opzionaria, in sostanza, paga il vantaggio che il concedente gli concede: "compra un'opzione", come si dice in gergo; Trib. Lucca, 31.1.2018).

La struttura unilaterale della proposta irrevocabile e quella bilaterale dell'opzione permettono di approfondire ulteriori differenze fra le due figure. In entrambi i casi al contratto finale si giunge attraverso la semplice accettazione dell'oblato o dell'opzionario. Tuttavia, nella proposta irrevocabile a tale conclusione si perviene sulla base di due atti (prenegoziali) unilaterali, ossia la proposta irrevocabile e l'accettazione dell'oblato; nell'opzione, alla conclusione del contratto finale si arriva in base ad un precedente contratto preparatorio (l'opzione) che contiene già un segmento della futura operazione negoziale finale (la proposta irrevocabile frutto dell'accordo delle parti).

È da ritenere, infine, che il patto di opzione contenente la proposta irrevocabile e la successiva accettazione dell'opzionario debbano rivestire, a pena di nullità, la stessa forma eventualmente richiesta dalla legge per l'operazione finale (Cass., n. 10649/1994). Ad esempio, un'opzione di vendita immobiliare e la successiva accettazione dell'opzionario sono soggette al vincolo della forma scritta *ad substantiam* (artt. 1325, n. 4, 1350, n. 1, 1418, 2° co., cod. civ.).

172. La prelazione volontaria e la prelazione legale.

Diversa dall'opzione è la **prelazione volontaria**. Si tratta di un accordo con cui una parte si obbliga nei confronti di un'altra per l'eventualità che intenda alienare un proprio bene: prima di alienarlo a terzi dovrà effettuare la c.d. ***denuntiatio***, ossia offrire il bene al prelazionario, alle stesse condizioni cui il terzo è disposto ad acquistarlo.

È da ritenere che la prelazione convenzionale (come avviene per il contratto preliminare: § 176.1) debba rivestire a pena di nullità la stessa forma prevista per il contratto in vista del quale viene concessa la prelazione: è richiesta la forma scritta, ad esempio, allorché la prelazione venga concessa per la vendita eventuale di un immobile.

Il diritto di prelazione è talvolta previsto direttamente dalla legge (non è frutto dell'accordo delle parti): si parla, allora, di **prelazione legale**. Ad esempio, nella locazione di immobili urbani ad uso abitativo e non, l'art. 3, 1° co., lett. (g), della l. n. 431/1998, nonché l'art. 38 della l. n. 392/1978 prevedono che, allorché il locatore voglia trasferire a titolo oneroso l'immobile locato, deve darne comunicazione al locatario; in particolare, è tenuto ad indicare a quest'ultimo il corrispettivo e le altre condizioni della vendita (Cass., 28.2.2022, n. 6601).

Un analogo diritto è riconosciuto, nel nuovo affitto di fondi rustici, a favore del conduttore (art. 8 l. n. 590/1965; art. 4-*bis* l. n. 203/1982) e, nella vendita di terreni agricoli, al confinante coltivatore diretto (art. 7, 2° co., n. 2, l. n. 817/1971; art. 7 d.lgs. n. 228/2001).

Un'importante fattispecie di prelazione legale si rinviene nella materia successoria: si fa riferimento al retratto successorio (art. 732 cod. civ.), che mira ad evitare l'ingresso, nella comunione ereditaria, di soggetti non legati da vincoli di parentela, nonché ad impedire un eccessivo frazionamento del patrimonio ereditario (§ 521).

Un'ulteriore fattispecie di prelazione legale è prevista dall'art. 9 del d.lgs. n. 122/2005, sulla tutela a favore del compratore di immobili in corso di edificazione.

La violazione del patto di prelazione conduce a conseguenze diverse, a seconda che esso sia di fonte convenzionale o di fonte legale.

Allorché il diritto di prelazione sia riconosciuto dalla legge, esso è opponibile ai terzi: ciò significa che, in caso di vendita conclusa in violazione del diritto di prelazione, il prelazionario può riscattare la cosa direttamente presso il terzo (in tema di retratto successorio, ad esempio, § 521). Proprio perché il prelazionario può "seguire" la cosa, anche se essa è acquistata da un terzo, si dice che la prelazione legale ha natura di **prelazione reale**. Il prelazionario, ovviamente, può chiedere anche il risarcimento danni nei confronti dell'obbligato inadempiente.

Diversamente, la prelazione volontaria ha natura di **prelazione obbligatoria** (così come natura obbligatoria ha il patto di non alienare di cui all'art. 1379 cod. civ.). Il prelazionario, in caso di violazione del patto di prelazione, non può riscattare direttamente la cosa: egli, infatti, ha soltanto diritto al risarcimento del danno per inadempimento dell'obbligazione esistente in capo al concedente la prelazione (obbligazione di effettuare la preventiva *denuntiatio* al prelazionario). Se ricorrono i presupposti, inoltre, il prelazionario può agire per il risarcimento dei danni nei confronti del terzo che abbia acquistato in male fede, ossia con la consapevolezza di ledere il diritto di credito del prelazionario.

Ha natura pubblicistica, infine, la prelazione prevista dal d.lgs. n. 42/2004, a favore dello Stato, nelle alienazioni a titolo oneroso di beni di interesse artistico e storico.

173. Schemi particolari di conclusione del contratto: (*a*) esecuzione della prestazione prima della risposta dell'accettante.

L'incontro tra la proposta e l'accettazione costituisce, per il codice civile, il modello base di conclusione del contratto (art. 1326 cod. civ.). Si tratta di un modello che, con gli opportuni adattamenti, è idoneo a regolare la conclusione anche di quei contratti a distanza che, oggi, si basano sull'utilizzo della tecnologia sconosciuta al legislatore del '42 (si pensi ai contratti stipulati attraverso gli strumenti informatici o telematici: c.d. commercio elettronico o *e-commerce*).

Va tuttavia ricordato come la dichiarazione espressa non costituisca l'unica modalità di esternazione dell'intento negoziale (sul comportamento concludente come manifestazione di volontà si veda, già, § 167).

Proprio per questo il legislatore detta alcuni **schemi particolari di conclusione del contratto**: si fa riferimento, in particolare, alla fattispecie di cui all'art. 1327 cod. civ. (rubricato "**esecuzione prima della risposta dell'accettante**") e a quella di cui all'art. 1333 cod. civ. (rubricato "contratto con obbligazioni del solo proponente").

Ci si occupi della prima delle due fattispecie. È previsto che "qualora, su richiesta del proponente o per la natura dell'affare o secondo gli usi, la prestazione debba eseguirsi senza una preventiva risposta, il contratto è concluso nel tempo e nel luogo in cui ha avuto inizio l'esecuzione" (art. 1327, 1° co., cod. civ.).

Secondo lo schema generale, il contratto si conclude quando l'accettazione espressa è conosciuta dal proponente (art. 1326, 1° co., cod. civ.). In base allo schema particolare in esame, invece, il contratto si conclude quando colui che ha ricevuto la proposta ponga in essere un comportamento concludente, ossia inizi l'esecuzione della prestazione.

Affinché, però, l'inizio dell'esecuzione della prestazione determini il perfezionamento del contratto, è necessario che: (a) vi sia l'indicazione del proponente, il quale espliciti che l'inizio dell'esecuzione della prestazione (senza la preventiva risposta) vale a perfezionare il contratto; (b) in assenza di un'indicazione del proponente, "la natura dell'affare o gli usi" consenta il perfezionamento del contratto mediante l'inizio dell'esecuzione della prestazione.

Si ritiene che la **volontà** del **proponente** sia adeguatamente manifestata con l'apposizione delle clausole "**pronta consegna**" o "**consegna urgente**".

Ci si chiede quando la "**natura dell'affare**" consenta il perfezionamento del contratto ai sensi dell'art. 1327 cod. civ. Per un'accreditata dottrina vengono in considerazione quelle fattispecie in cui la prestazione domandata abbia un contenuto positivo, determini l'ingerenza nella sfera giuridica del proponente e sia esclusa l'utilità di trattative.

Esempio. Un editore fa recapitare presso l'indirizzo del Sig. Rossi un listino contenente le novità editoriali e l'indicazione del prezzo dei libri. Alla fine del listino vi è un cedolino, strappabile, che si può compilare e spedire all'editore. La compilazione consiste nel barrare con una crocetta i libri che la persona intende acquistare, al prezzo indicato nel cedolino. Quest'ultimo prevede anche l'invio dei libri ordinati attraverso la posta. L'editore, ricevuto il cedolino (ossia una proposta di vendita da parte del cliente), provvederà a spedire senz'altro i libri ordinati, senza far precedere l'invio da un'accettazione espressa. L'inizio dell'esecuzione della prestazione (la spedizione dei libri) vale a perfezionare il contratto.

Si fa pure riferimento a quelle fattispecie in cui il prezzo sia determinato da un soggetto terzo, dall'andamento del mercato, dall'autorità pubblica, oppure quando sia pacifico che il prezzo sia fissato *arbitrio boni viri* da una delle parti (si pensi alle piccole riparazioni artigianali).

Per la giurisprudenza, inoltre, si può considerare concluso il contratto anche senza la preventiva risposta dell'accettante quando, per la natura dell'affare, la prestazione sia così urgente da ritenere pregiudicato l'interesse delle parti qualora essa venga eseguita successivamente all'accettazione o, comunque, quando vi sia uno specifico interesse del proponente alla celerità, da considerarsi più rilevante rispetto all'opposto interesse alla conoscenza dell'adesione da parte dell'oblato (Cass., n. 5874/2002).

Quanto agli **usi**, la dottrina è propensa nel comprendere nella nozione anche le pratiche contrattuali che si sviluppano tra gli imprenditori.

In ogni caso l'accettante (ossia colui che ha perfezionato il contratto con l'inizio dell'esecuzione della prestazione) "deve dare prontamente avviso all'altra parte della iniziata esecuzione e, in mancanza, è tenuto al risarcimento del danno" (art. 1327, 2° co., cod. civ.). La **comunicazione tempestiva** non ha a che fare con la conclusione del contratto, che è già avvenuta: essa serve a rendere edotto il proponente che il contratto si è concluso.

Se tale comunicazione non avvenisse (o non avvenisse tempestivamente) il proponente potrebbe ritenere che il contratto non sia concluso: si potrebbe impegnare, dunque, a concludere con altre parti il contratto che ritiene di non aver perfezionato con il primo oblato. Il che potrebbe cagionargli un danno se venisse a sapere (non tempestivamente) che il contratto con il primo oblato si è perfezionato (il proponente, infatti, si vedrebbe impegnato su due fronti, mentre voleva concludere soltanto un contratto).

La comunicazione tempestiva, in definitiva, serve a mettere al riparo l'oblato dal rischio di subire una richiesta, da parte del proponente, di risarcimento dei danni: danni rappresentati dalle spese e dai costi che il proponente abbia affrontato per allacciare nuove trattative o, addirittura, per stipulare nuovi contratti con i terzi.

È da ritenere, peraltro, che l'oblato non debba risarcire al proponente le spese ed i costi sostenuti da quest'ultimo prima della scadenza del termine di efficacia della proposta: quest'ultimo può essere assunto come il momento ultimo entro cui la comunicazione dell'inizio dell'esecuzione della prestazione (e, dunque, dell'avvenuta conclusione del contratto) debba considerarsi tempestiva.

Un ultimo rilievo va svolto a proposito della fattispecie in esame: essa prevede che l'accettazione avvenga attraverso un comportamento concludente (l'inizio dell'esecuzione della prestazione contrattuale). Si deve ritenere, allora, che non si applicherà questo particolare schema legale di fronte ai c.d. contratti formali, ossia quei contratti che prevedono, a pena di nullità, la forma scritta. La forma scritta *ad substantiam*, infatti, è richiesta sia per la proposta sia per l'accettazione: si è visto, invece, che nella fattispecie di cui all'art. 1327 cod. civ. la forma scritta potrebbe essere rispettata, al più, per la proposta, e non certo per l'accettazione (che avviene con un comportamento concludente).

173.1. (b) *Contratto con obbligazione del solo proponente.*

Vi è poi un'altra fattispecie in cui il contratto si perfeziona secondo modalità diverse (e semplificate) rispetto a quelle del modello base, costituito dall'accettazione espressa dell'oblato ai sensi dell'art. 1326 cod. civ.

Si fa riferimento all'art. 1333 cod. civ., relativo ai **contratti con obbligazioni a carico del solo proponente**, ossia ai **contratti gratuiti** (anche se la norma del codice non può applicarsi a tutti i contratti gratuiti). Si possono concludere secondo lo schema che si studierà, ad esempio, la proposta di fideiussione gratuita (Trib. Palermo, 4.11.2019) e, secondo la giurisprudenza e dottrina prevalente, la proposta di concessione gratuita dell'opzione e della prelazione, nonché la proposta di espromissione.

La proposta contrattuale della parte che intende obbligarsi (e sulla quale soltanto graveranno le obbligazioni contrattuali) è irrevocabile appena giunge a conoscenza della parte alla quale è destinata (art. 1333, 1° co., cod. civ.). Il legislatore, qui, introduce una deroga alla disciplina generale sulla revocabilità della proposta, in base alla quale il proponente può privare di efficacia la proposta effettuata finché il contratto non sia concluso (art. 1328, 1° co., cod. civ.).

Si noti che il contratto non è concluso nel momento in cui la proposta giunge a conoscenza del destinatario (ossia è da lui conoscibile ai sensi dell'art. 1335 cod. civ.): in questo momento, l'unico effetto è quello della irrevocabilità della proposta. È il secondo comma dell'art. 1333 cod. civ. a stabilire quando il contratto si perfeziona: "il destinatario può rifiutare la proposta nel termine richiesto dalla natura dell'affare o dagli usi. In mancanza di tale rifiuto il contratto è concluso".

È il **silenzio** (silenzio legale: § 167.1) a perfezionare il contratto: ricevuta la proposta, il destinatario può decidere di rifiutarla in un tempo congruo (conforme alla natura dell'affare o agli usi). Se non lo fa (se rimane silenzioso) il contratto è concluso. Vi è una deroga rispetto allo schema generale di conclusione del contratto, il quale prevede l'accettazione espressa dell'oblato. Questa modalità semplificata di perfezionamento si spiega agevolmente: il legislatore muove dal rilievo che chi riceve una proposta diretta a concludere un contratto in cui non dovrà eseguire alcuna prestazione, tendenzialmente accetterà la proposta stessa. Il che, peraltro, vale solo in linea di massima: chi riceve la proposta *ex* art. 1333 cod. civ., infatti, pur non essendo obbligato ad eseguire la prestazione, potrebbe anche essere onerato di alcuni incombenti, non trascurabili dal punto di vista economico. Inoltre, l'oblato potrebbe non essere interessato ad intrattenere rapporti con il proponente.

Esempio. Il Sig. Soccorsis viene a sapere che una persona è in difficoltà economiche e che l'istituto di credito, per concedergli un prestito, vuole una garanzia personale. Il Sig. Soccorsis, allora, si rivolge direttamente all'istituto di credito e si obbliga personalmente nei confronti di quest'ultimo, garantendo l'adempimento dell'obbligazione restitutoria della persona in difficoltà: formula, così, una proposta irrevocabile ai sensi dell'art. 1333, 1° co., cod. civ. L'istituto di credito, tuttavia, viene a sapere che il Sig. Soccorsis svolge un'attività parallela di prestiti usurari: pertanto, non vuole avere a che fare con questa persona. Ricevuta la proposta del Sig. Soccorsis, l'istituto di credito manifesterà il rifiuto a perfezionare il contratto ai sensi dell'art. 1333, 2° co., cod. civ.

Assai discussa è, soprattutto in dottrina, la **natura giuridica** del **mancato rifiuto**. Si è detto, talvolta, che esso integrerebbe un comportamento concludente: si tratterebbe, in particolare, di un comportamento negativo (o omissivo) avente il valore di accettazione tacita. Altre volte si è rilevato come il mancato rifiuto si spiega perché la fattispecie in esame darebbe luogo ad un contratto con una sola dichiarazione unilaterale (e non ad un contratto bilaterale). Si utilizza, in proposito, l'espressione "contratti unilaterali" (si confronti, peraltro, Trib. Verona, 8.1.2015, che discute di negozio unilaterale, con conseguente applicazione dell'art. 428, 1° co., cod. civ. per il caso di annullamento dell'atto compiuto da un incapace).

Entrambe le ricostruzioni, invero, non convincono. La prima mostra un'incongruenza: quella di rinvenire un comportamento concludente (sotto la specie di accettazione tacita) in un "non comportamento". Non può sfuggire, infatti, il rilievo che qui siamo in presenza, propriamente, di un silenzio.

Anche la seconda ricostruzione si espone ad alcuni rilievi critici: essa si pone in contrasto con l'idea della struttura bilaterale del contratto che si rinviene nella disciplina codicistica (a cominciare dalla nozione di contratto *ex* art. 1321 cod. civ.). A tale struttura bilaterale non sembra possa sottrarsi la fattispecie di cui all'art. 1333 cod. civ., che è inserita nella disciplina generale del contratto.

Si aggiunga, poi, che ammettendo la unilateralità (e non la bilateralità) della fattispecie di cui all'art. 1333 cod. civ., si sarebbe costretti a derogare alla regola della tipicità degli atti unilaterali (§ 321).

Per le ragioni esposte sembra più corretto rinvenire nel mancato rifiuto dell'oblato un silenzio avente significato legale: è il legislatore, cioè, ad attribuire al silenzio il significato di accettazione alla proposta ricevuta dall'oblato. Questo permette di concludere che la fattispecie in esame è sempre caratterizzata dalla bilateralità, essendo presenti sia la proposta sia l'accettazione (manifestata attraverso il silenzio, come consentito dal legislatore stesso).

Quanto all'ambito di operatività dell'art. 1333 cod. civ., va compiuta un'ultima precisazione. Si vedrà che la donazione deve essere fatta con atto pubblico, sotto pena di nullità (art. 782, 1° co., cod. civ.: § 533). Anche l'accettazione deve essere fatta nell'atto stesso o con atto pubblico posteriore (art. 782, 2° co., cod. civ.). Soltanto la donazione di modico valore può essere fatta senza l'atto pubblico, purché vi sia stata la consegna della cosa (art. 783, 1° co., cod. civ.). Ne deriva che quando la donazione debba essere fatta per atto pubblico, essa non può perfezionarsi secondo le modalità previste dall'art. 1333 cod. civ.

Si ritiene, inoltre, che siano sottratte alla disposizione codicistica in esame anche le donazioni modali (art. 793 cod. civ.: § 530): ci si riferisce a quelle donazioni che prevedono un'apposita clausola (modo o onere) di limitazione all'attribuzione gratuitamente disposta a favore del beneficiario. Ciò comporta che quest'ultimo, a fronte di vantaggi, è titolare di vere e proprie obbligazioni, che inducono a ritenere necessaria l'espressa accettazione per la conclusione del contratto.

174. La libertà di concludere un contratto: l'autonomia contrattuale.

L'accordo contrattuale nasce, per regola generale, dalla **libertà** o **autonomia contrattuale**. Le parti sono libere di scegliere se accordarsi e, così, concludere un contratto.

Approfondendo il concetto di autonomia contrattuale, peraltro, ci si accorge di due aspetti: in primo luogo essa ha diversi significati o, come pure può dirsi, diverse applicazioni; in secondo luogo, la libertà contrattuale non è assoluta, in quanto il nostro ordinamento ne prevede alcune significative limitazioni.

Ci si occupi del significato dell'espressione libertà o autonomia contrattuale.

(a) La libertà contrattuale va intesa sia in senso negativo sia in senso positivo. Libertà in **senso negativo** significa che un soggetto non può essere spogliato dei propri beni, subire limitazioni al godimento degli stessi, essere costretto ad eseguire prestazioni contro o indipendentemente dalla propria volontà. Il che può dirsi, più semplicemente, che ciascuno è libero di non concludere contratti;

(b) la libertà contrattuale, poi, va intesa in **senso positivo**. Si ha riguardo, qui, alla:

(1) libertà di concludere il tipo contrattuale che meglio si adatta all'operazione economica che le parti intendono concludere. Se una parte, ad esempio, vuole avere

soltanto il godimento di un bene immobile e non essere proprietaria dello stesso, concluderà un contratto di locazione con un'altra parte, che a sua volta non vuol perdere la proprietà del bene ma soltanto ricavarne un'utilità economica dal suo sfruttamento;

(2) libertà di determinare, entro i limiti previsti dalla legge, il contenuto del contratto (art. 1322, 1° co., cod. civ.). Si pensi ad un contratto di compravendita: il suo contenuto può essere rimesso, in ampia parte, alla libertà contrattuale delle parti. Le stesse, così, stabiliranno il prezzo della vendita, le modalità di consegna, di pagamento, e così via. Ciascuna determinazione delle parti è contenuta nelle **clausole contrattuali** (è tale ogni determinazione volitiva contenuta nel contratto, non frazionabile in ulteriori determinazioni volitive a sé stanti);

(3) libertà di concludere contratti atipici (o, secondo un'altra terminologia, innominati), ossia contratti che non appartengono ai tipi aventi una disciplina particolare, purché idonei a realizzare interessi meritevoli di tutela secondo l'ordinamento giuridico (art. 1322, 2° co., cod. civ.). Si tratta, dunque, di contratti che corrispondono alle esigenze delle parti, pur non essendo disciplinati dal legislatore (hanno, si dice, una "tipicità sociale"). Molti dei contratti atipici nascono proprio dalla pratica negoziale, di cui il legislatore ha finito per prendere atto: si pensi, ad esempio, ai contratti bancari come l'apertura di credito o l'anticipazione bancaria, che oggi trovano una puntuale disciplina, ma per anni sono stati regolati dalla prassi bancaria, nel cui alveo sono nati;

(4) libertà di servirsi di contratti tipici per realizzare finalità atipiche (è il caso dei contratti fiduciari o indiretti: §§ 192, 193); libertà, ancora, di combinare tra loro diverse figure contrattuali (tipiche o atipiche) per dar luogo a contratti collegati (§ 191): ciò al fine di realizzare interessi diversi ed ulteriori rispetto a quelli perseguibili da ciascun contratto isolatamente considerato.

175. I limiti legali all'autonomia contrattuale: (*a*) l'obbligo di contrarre.

La libertà contrattuale non è assoluta: essa è sottoposta ad alcuni **limiti**, di cui occorre occuparsi.

Vi sono alcuni casi in cui il contraente non è libero o meno di contrarre: egli, infatti, è **obbligato a contrarre**.

Viene in considerazione, in particolare, l'obbligo del monopolista: colui che esercita un'impresa in condizioni di **monopolio legale** (e non in condizione di monopolio di fatto) "ha l'obbligo di contrattare con chiunque richieda la prestazione che forma oggetto dell'impresa, osservando la parità di trattamento" (art. 2597 cod. civ.). È in condizione di monopolio legale, ad esempio, l'impresa pubblica (o a partecipazione pubblica) che gestisce i trasporti di linea o le rivendite di generi di monopolio, come i tabacchi.

Colui che si trova in tale situazione non può limitarsi a rifiutare di contrattare senza addurre alcuna giustificazione, come di solito può fare chi ha piena libertà contrattuale di non stipulare.

Esempio. Il Sig. Pendolaris viaggia continuamente per lavoro. Utilizza un treno gestito da un'impresa che si trova in una situazione di monopolio legale. Egli ha diritto a concludere il contratto di trasporto: l'impresa ferroviaria potrà rifiutarsi di stipulare il contratto soltanto se vi sono delle ragioni oggettive (i posti, ad esempio, sono esauriti).

Inoltre, chi si trova in condizioni di monopolio legale è obbligato a rispettare la "parità di trattamento" (di cui discute il citato art. 2597 cod. civ.). L'impresa monopolista, cioè, deve soddisfare le richieste non secondo criteri arbitrari (come può accadere quando vi sia una piena autonomia contrattuale), ma secondo l'ordine delle richieste (così come previsto, per i trasporti pubblici, dall'art. 1679 cod. civ.) oppure secondo altri criteri oggettivi (ad esempio, quello dell'urgenza o della maggiore necessità).

L'obbligo legale del monopolista (è evidente) mira a **tutelare l'interesse del contraente debole**: quest'ultimo sa che il contraente forte è obbligato a contrarre e, dunque, ha la sicurezza di non essere escluso da beni e servizi che può reperire soltanto da imprese monopoliste.

Un'altra fattispecie che prevede l'obbligo legale a contrarre è quella sull'**assicurazione obbligatoria** della **responsabilità civile** (l. 24.12.1969, n. 990, e successive modifiche, sulla circolazione dei veicoli a motore e dei natanti: § 351). Il proprietario di un'automobile, in particolare, è obbligato a concludere un contratto di assicurazione sulla responsabilità civile. In questo caso è **tutelato** l'**interesse dei terzi**: l'interesse, cioè, di ciascun individuo ad essere sempre risarcito dei danni conseguenti allo svolgimento di un'attività potenzialmente pericolosa; ciò anche quando il patrimonio del danneggiante non sia sufficiente a risarcirlo.

Nel Codice delle assicurazioni private, ancora, è previsto che le imprese di assicurazione siano tenute ad accettare le proposte che sono loro presentate secondo le condizioni e le tariffe preventivamente stabilite, fatta salva la necessaria verifica della correttezza dei dati risultanti dall'attestato di rischio, nonché dell'identità del contraente e dell'intestatario del veicolo, se persona diversa (art. 132, 1° co.-*bis*, Codice delle assicurazioni).

175.1. (b) *Il contratto imposto.*

L'obbligo a contrarre, si è visto, pone un vincolo all'autonomia contrattuale soltanto in capo ad una parte (il monopolista legale, il proprietario di un'automobile).

In alcuni casi la limitazione contrattuale è posta in capo ad entrambi i contraenti. Si pensi, ad esempio, alla determinazione, da parte dei pubblici poteri, del prezzo di beni di largo consumo (generi alimentari, pedaggi autostradali) o delle tariffe di determinati servizi (trasporti di linea).

In virtù di diverse leggi speciali un organo pubblico, il **CIPESS** (Comitato interministeriale per la Programmazione Economica e lo Sviluppo Sostenibile), provvede a determinare la variazione periodica di alcuni prezzi e tariffe (in precedenza il Comitato si chiamava CIPE). Così facendo il legislatore ha inteso tutelare particolari interessi pubblici, connessi alla c.d. "direzione pubblica dell'economia": la lotta all'inflazione, il controllo del costo della vita, l'incentivazione delle attività produttive (che si mira a favorire "calmierando" alcuni prezzi).

Altre volte, l'imposizione del contenuto del contratto è diretta a tutelare gli interessi del contraente più debole: il riferimento, ad esempio, corre alla disciplina speciale sulla locazione degli immobili (§ 282.5).

Qui, però, occorre sottolineare il risvolto giuridico, sul regime del contratto, dell'affermazione di questi interessi. Ebbene, è previsto, nella disciplina generale del contratto, che "le clausole, i prezzi di beni o di servizi, imposti dalla legge sono di diritto inseriti nel contratto, anche in sostituzione delle clausole difformi apposte dalle parti" (art. 1339 cod. civ., rubricato **"inserzione automatica di clausole"**).

Le clausole ed i prezzi di beni o di servizi imposti dalla legge, dunque, concorrono direttamente a formare il contenuto del contratto (ecco perché si discute, con un'espressione sintetica, di **contratto imposto**): vi è, in particolare, un'integrazione, laddove il contenuto del contratto nulla disponga; oppure una sostituzione automatica della clausola *secundum legem* a quella *contra legem.*

Si pensi, ad esempio, alla durata minima della locazione di immobili urbani, prevista da una norma imperativa (l. n. 431/1998). Le parti possono non aver previsto alcuna durata del contratto di locazione: vi sarà, allora, l'inserzione automatica della norma imperativa relativa alla durata minima; qualora, invece, le parti abbiano previsto convenzionalmente una durata minima inferiore a quella stabilita dalla norma imperativa, quest'ultima si inserirà nel contenuto del contratto in funzione antitetica rispetto alla volontà delle parti.

Si noti che quando le parti inseriscono una clausola contraria a norma imperativa, la regola generale è quella per cui la clausola è nulla, con possibile estensione della nullità all'intero contratto (art. 1419, 1° co., cod. civ.). Tale regola, però, non si applica "quando le clausole nulle sono sostituite di diritto da norme imperative" (art. 1419, 2° co., cod. civ.): quando, cioè, trova applicazione l'art. 1339 cod. civ.

175.2. (c) *Il contratto in serie. Cenni e rinvio.*

Un'altra limitazione alla libertà contrattuale si rinviene nei c.d. **contratti in serie** (o, con espressioni equivalenti, contratti di massa, contratti per adesione, contratti *standard*). Il fenomeno è alquanto complesso dal punto di vista economico-sociale e giuridico. In questa sede si svolgerà un cenno introduttivo, per poi riprendere l'argomento in un apposito capitolo (Cap. 39).

Si definiscono, innanzitutto, **contratti isolati** quei contratti che sono frutto delle trattative tra le parti, nel corso delle quali esse (in posizione tendenzialmente di parità) discutono delle clausole del contratto per arrivare, da ultimo, ad un accordo. Le parti possono in questo modo "mercanteggiare" il contenuto delle clausole contrattuali: quella sul prezzo, sulle modalità di pagamento, sulla consegna del bene. Il contratto concluso è il risultato delle trattative intercorse fra le parti.

Sono, invece, **in serie** quei contratti in cui il contenuto è in tutto predeterminato da una parte (il contraente forte, da un punto di vista economico): sicché l'altra parte può scegliere soltanto (ecco la limitazione) se concludere o meno il contratto, ma non può trattare il suo contenuto. Per inciso, va detto che la scelta se concludere o no un contratto, molte volte, non è veramente tale, ove si abbia riguardo a beni o servizi di prima necessità, cui il privato "deve" avere accesso per soddisfare alcuni suoi bisogni essenziali.

I contratti in serie sono tali se una parte utilizzi delle "**condizioni generali del contratto**" per una serie indefinita di contrattazioni (Cass., 3.5.2019, n. 11724; App. Brescia, 11.2.2019, secondo cui il contratto di appalto non è ordinariamente compatibile con la struttura del contratto *standard*). L'esigenza dell'utilizzo dei contratti *standard* per regolare i rapporti contrattuali con una serie indefinita di controparti è propria della moderna società industriale e, in particolare, della produzione su larga scala di beni o di servizi da parte di grandi imprese, di banche, di assicurazioni, di enti erogatori di pubblici servizi. Le imprese che producono su larga scala, infatti, manifestano costantemente una duplice esigenza: (a) quella di programmare con largo anticipo la propria produzione (in particolare, "fissando" in anticipo il prezzo e le altre condizioni dei beni e servizi messi in commercio); (b) quella di procedere ad una contrattazione agevole e veloce, assecondando un'esigenza fondamentale per assicurare la produttività su larga scala di beni e servizi (anche in questo caso, la contrattazione in serie costituisce uno strumento importante per evitare il rallentamento del commercio, cui si andrebbe inevitabilmente incontro se si dovesse, ogni volta, procedere ad una singola trattativa).

Queste istanze erano avvertite già nel codice civile del 1942, che pure non aveva di fronte quel forte sviluppo economico, proprio della società industriale e globalizzata, che si sarebbe verificato nei decenni successivi. Il legislatore codicistico, dunque, ha preso atto della contrattazione di massa e, per quanto riguarda la disciplina contrattuale, le ha dato una veste normativa (artt. 1341 e 1342 cod. civ.). Ha ammesso, così, la possibilità che una parte predisponga unilateralmente il testo di un contratto, il quale vincola l'altra parte se, al momento della conclusione dello stesso, questa conosceva effettivamente (secondo le regole ordinarie) o avrebbe potuto conoscere (ecco l'eccezione) le condizioni generali del contratto (1341, 1° co., cod. civ.: §§ 259 ss.).

Peraltro, sul presupposto che alcune clausole possano essere particolarmente gravose per il contraente debole, il legislatore (tornando così ad applicare la regola generale) prevede che le c.d. "**clausole vessatorie**", per essere vincolanti, debbano essere approvate per iscritto (1341, 2° co., cod. civ.): quando una clausola si approva specificamente, vuol affermare il legislatore, s'intende che essa sia effettivamente conosciuta (e non conoscibile).

La prassi sviluppatasi negli anni successivi all'entrata in vigore del codice civile, unitamente ad un'aumentata sensibilità sociale verso la tutela del contraente più debole, ha dimostrato come la scarna disciplina codicistica dettata in materia (soltanto due articoli) non sia stata sufficiente a tutelare davvero coloro che si vedono sottoporre un testo contrattuale già predefinito.

Oggi una nuova disciplina (contenuta nel d.lgs. n. 206/2005, "Codice del Consumo") mira a fornire diversi strumenti di tutela al "consumatore" nei confronti del "professionista" (sulla nozione di consumatore e di professionista § 260). Nel Codice del Consumo sono contenute le principali norme che regolano i rapporti contrattuali fra la parte economicamente forte e quella debole: la logica di fondo è quella di offrire al consumatore un'effettiva tutela (e non solo formale). Si prevede, ad esempio, la nullità di alcune clausole vessatorie che determinano un "significativo squilibrio dei diritti e degli obblighi derivanti dal contratto" (art. 33, 1° co., Cod. Cons.).

Sul Codice del Consumo ci si dovrà intrattenere nel prosieguo (§§ 260 ss.), anche al fine di verificare quali rapporti attualmente sussistano fra l'originaria disciplina codicistica (artt. 1341-1342 cod. civ., tutt'ora in vigore) e quella prevista dal d.lgs. n. 2006/2005.

Il legislatore, peraltro, è oggi avvertito della forte differenza economica che sussiste fra le grandi imprese e quelle medio-piccole: da qui l'esigenza di tutelare quest'ultime (che pure non sono, tecnicamente, "consumatori") con un'apposita disciplina sul "contratto di subfornitura" (l. n. 192/1998, di cui pure si dirà: § 265).

176. I limiti "convenzionali" all'autonomia privata. In particolare, il contratto preliminare.

I **vincoli** all'**autonomia privata** possono derivare, oltre che dalla legge, anche dalle pattuizioni intercorse fra le parti stesse. Quest'ultime, in particolare, possono stabilire convenzionalmente "divieti di alienazione" per un determinato tempo, purché tale divieto sia contenuto entro convenienti limiti di tempo e risponda ad un apprezzabile interesse di una delle parti (art. 1379 cod. civ.).

Le parti, ancora, possono vincolarsi a stipulare un futuro contratto (contratto definitivo) attraverso un impegno preso con un **contratto preliminare** (in gergo si discute talvolta di compromesso, soprattutto quando ci si riferisce ai preliminari immobiliari; i latini usavano l'espressione *pactum de contrahendo*).

Si tratta, è bene evidenziarlo subito, di un contratto "perfetto" (contiene, infatti, tutti gli elementi essenziali del contratto: art. 1325 cod. civ.). È, tuttavia, un "contratto preparatorio", giacché prepara la successiva stipulazione di un altro contratto.

Ci si occupi, ora, della **definizione**: il contratto preliminare è quel contratto con cui le parti si obbligano a concludere un successivo contratto, detto definitivo. L'obbligo può essere assunto da entrambe le parti (come succede nella maggior parte dei casi) o soltanto da una di esse (si discute, allora, di contratto preliminare unilaterale, in cui comunque è richiesto il consenso di entrambi i contraenti per il definitivo). Il termine stabilito per la stipulazione del contratto definitivo non costituisce normalmente un termine essenziale (Cass., 19.1.2022, n. 1552).

La giurisprudenza della Suprema Corte, peraltro, ha affermato la tesi del c.d. **doppio contratto**, affermando che dal preliminare nascerebbero due tipologie di obbligazioni: quella di prestare il consenso e quella di dare o fare, ossia di realizzare concretamente l'assetto di interessi programmato (Cass., Sez. Un., 25.2.1985, n. 1720;

Cass., Sez. Un., 18.5.2006, n. 11624). Un secolo di teorie sul contratto preliminare, si è detto di recente, non ha spento l'attenzione su un istituto che continua ad essere tra i più studiati da parte della dottrina.

A parte le diverse ricostruzioni offerte, è certo che allorché le parti, dopo aver stipulato un contratto preliminare, abbiano concluso il contratto definitivo, quest'ultimo costituisce l'unica fonte dei diritti e delle obbligazioni dei contraenti (Cass., 2.9.2019, n. 21951). Il preliminare, infatti, determinando l'obbligo della conclusione del contratto definitivo, resta superato da questo, la cui disciplina può anche non conformarsi a quella del compromesso, salvo che le parti non abbiano espressamente previsto che essa sopravviva (Cass., 14.3.2018, n. 6223).

Assai diffusa è la figura del contratto preliminare avente ad oggetto un bene immobile, con cui il "promittente alienante" (colui che sarà il venditore) ed il "promissario acquirente" (colui che sarà il compratore) si obbligano a stipulare, in futuro, il contratto definitivo di compravendita. Soltanto con la stipula del contratto definitivo di compravendita si verificherà l'effetto traslativo (per il rilievo che il requisito della determinatezza del preliminare non richiede la specificazione dei dati catastali, necessari semmai per la trascrizione, si veda Cass., 31.5.2016, n. 11237).

Esempio. Due fidanzati decidono di comprare la casa in cui andranno a vivere dopo il matrimonio. All'esito di qualche ricerca trovano un'abitazione di loro gradimento. Raggiungono l'intesa con il proprietario e, pertanto, stipulano un contratto preliminare, in occasione del quale versano una parte del prezzo dell'immobile (la parte residua sarà versata al momento del rogito notarile).

L'ultima parte dell'esempio introduce un aspetto importante nella materia in esame: ci si deve chiedere le ragioni per cui, molto spesso, si stipula un contratto preliminare avente ad oggetto un immobile e non, direttamente, un contratto definitivo (il solo, come detto, a determinare l'effetto traslativo della proprietà).

Le spiegazioni possono essere molteplici: il promissario acquirente vuole "fermare l'affare", evitando che l'immobile sia offerto in vendita ad altre persone; vuole, ancora, assicurarsi la possibilità di compiere alcune verifiche sull'immobile prima di stipulare il definitivo (accerterà l'esistenza o meno di diritti reali altrui, di trascrizioni pregiudizievoli, controllerà la stabilità strutturale dell'immobile). E così, il promissario acquirente potrà rifiutarsi di addivenire alla stipula del definitivo qualora sussista un pericolo concreto e attuale di evizione del bene promesso (Cass., 29.11.2019, n. 31314; si veda anche Trib. Cagliari, 4.4.2022, secondo cui sottacere l'esistenza di un vincolo di inedificabilità può comportare la risoluzione del contratto per inadempimento del promittente venditore). Alla stipula del preliminare, inoltre, si può ricorrere quando le parti non abbiano raggiunto l'accordo su alcune clausole accessorie, che si riservano di "trattare" in vista della stipula del definitivo.

In alcuni casi si preferisce acquistare "in pianta" un appartamento, rinviando la stipula del definitivo al momento in cui il fabbricato sarà terminato.

Nella pratica è diffuso il contratto preliminare **ad effetti anticipati**: le parti si obbligano reciprocamente alla consegna anticipata della cosa ed all'anticipato versamento (in tutto o in parte) del relativo prezzo; con il contratto definitivo, invece, si verificherà l'effetto traslativo. La consegna anticipata fa del promissario acquirente un detentore e non un possessore della cosa, poiché egli riconosce nel promittente alienante il proprietario (Cass., n. 5211/2016; Cass., n. 4863/2010. Si veda anche Cass., 9.7.2021, n. 19576, che discute di un contratto di comodato funzionalmente collegato al contratto preliminare): soltanto al momento del definitivo la detenzione si tramuta in possesso. Del resto, non è configurabile la trasmissione del possesso per patto negoziale indipendentemente dalla trasmissione del diritto di proprietà o di altro diritto reale (App. Napoli, 6.11.2019).

La consegna dell'immobile, effettuata prima della stipula del definitivo, non determina la decorrenza del termine di decadenza per opporre i vizi noti, né di quello di prescrizione, presupponendo l'onere della tempestiva denuncia l'avvenuto trasferimento del diritto (così Cass., 15.4.2016, n. 7584).

Inoltre, coloro che per professione si dedicano alle compravendite immobiliari utilizzano talvolta lo strumento in esame: concludono un primo contratto preliminare con il promittente alienante ed un altro preliminare, dopo averlo trovato, con il promissario acquirente; quindi, al rogito, fanno direttamente incontrare i "clienti" (oppure cedono al secondo cliente il preliminare già concluso con il primo), evitando di diventare intestatari dei beni immobili destinati alla loro clientela.

Queste sono alcune delle ragioni per cui si stipula un preliminare di vendita immobiliare.

Va precisato che il contratto preliminare non riguarda soltanto le compravendite immobiliari. La figura in esame, infatti, è astrattamente applicabile a qualsiasi modello contrattuale: non solo, dunque, ai contratti ad effetti reali (la vendita) ma anche a quelli obbligatori (la locazione) e talora anche ai contratti reali (si pensi alla promessa di mutuo ai sensi dell'art. 1822 cod. civ.: § 295). Non è ammesso, invece, come ribadito da giurisprudenza costante, il preliminare di donazione (Cass., 13.4.2022, n. 11923).

Il contratto preliminare, giova ribadirlo, è un contratto perfetto: esso, dal momento della stipula, produce **effetti obbligatori** (a prescindere dagli effetti, reali od obbligatori, del contratto definitivo): le parti (o una di esse, nel preliminare unilaterale) sono obbligate a prestare il consenso alla conclusione del contratto definitivo. Per questo, talvolta, si dice che la "funzione" del preliminare sia quella di obbligare le parti alla stipula di un successivo contratto definitivo. Proprio in virtù di questa sua natura, la Corte di cassazione ha precisato che il contratto preliminare di vendita di un immobile non può essere qualificato come un atto di disposizione del patrimonio assoggettabile all'azione revocatoria ordinaria, potendo tale azione avere come oggetto solo il successivo contratto definitivo (Cass., 12.6.2018, n. 15215; sull'azione revocatoria, si rimanda al Cap. 20).

È frequente la prassi, nelle compravendite immobiliari, di far sottoscrivere al promissario acquirente una proposta irrevocabile d'acquisto che lo impegna a firmare, in un tempo successivo, il contratto preliminare di compravendita. In passato, il preliminare del preliminare veniva ritenuto nullo per difetto di causa (Cass., n. 19557/2009;

Cass., n. 8038/2009): riconoscere al contratto preliminare l'ulteriore funzione di imporre "l'obbligo di obbligarsi" non è sorretto da alcun effettivo interesse meritevole di tutela; l'impegno può essere assunto immediatamente, non avendo senso pratico "il promettere ora di ancora promettere in seguito qualcosa, anziché prometterlo subito".

Di recente, peraltro, le Sezioni Unite della Suprema Corte hanno stabilito che, ai fini della validità del preliminare del preliminare, è necessario accertare se le parti, nel caso specifico, abbiano avuto l'interesse ad una formazione progressiva del contratto (Cass., Sez. Un., 6.3.2015, n. 4628; si veda anche Cass., 21.5.2018, n. 12527; Cass., 20.3.2019, n. 7868; Cass., 8.3.2019, n. 6727; App. Roma, 23.1.2020). Il che può accadere quando i due contratti abbiano diverso contenuto e quando "sia identificabile la più ristretta area del regolamento di interessi coperta dal vincolo negoziale originato dal primo preliminare". Il giudice, in definitiva, riterrà produttivo di effetti il preliminare di un preliminare solo quando risulti l'interesse delle parti ad una formazione progressiva del contratto basata sulla differenziazione dei contenuti negoziali. Si pensi al caso in cui le parti, raggiunta l'intesa su alcuni punti del contratto (identificazione dell'immobile, prezzo, modalità di pagamento), subordinino la conclusione del successivo preliminare al rilascio di un permesso edilizio o alla liberazione dall'ipoteca che grava sul bene. Nel frattempo, con il primo contratto, si sono già vincolate: ciò vuol dire che la violazione dell'iniziale accordo, in quanto contraria a buona fede, potrà dar luogo a responsabilità contrattuale ed obbligare la parte inadempiente a risarcire i danni eventualmente cagionati (Cass., n. 12527/2018).

176.1. *La disciplina del contratto preliminare.*

Il **contratto preliminare** deve contenere tutti gli **elementi essenziali** del contratto: accordo, causa, oggetto, forma (art. 1325 cod. civ.). I **requisiti di forma** e **di sostanza** si ricavano, *per relationem*, da quelli previsti dal legislatore per lo specifico contratto definitivo, cui il preliminare è strumentale.

Si cominci dal requisito della forma. Il codice detta una specifica disposizione, secondo cui "il contratto preliminare è nullo se non è fatto nella stessa forma che la legge prescrive per il contratto definitivo" (art. 1351 cod. civ.).

Sul requisito della forma del contratto ci si intratterrà in un apposito capitolo (Cap. 28). Qui basti osservare che alcuni contratti richiedono, a pena di nullità, l'adozione della forma scritta (art. 1350 cod. civ.). Vi rientrano, fra questi, i contratti di compravendita di un immobile: il relativo preliminare, allora, deve avere la stessa forma del contratto definitivo che si andrà a stipulare (atto pubblico o scrittura privata).

Anche i requisiti di sostanza (ossia il contenuto del contratto) si ricavano attraverso il riferimento al contratto definitivo: ciò non è detto espressamente da una norma, ma si ricava dalla funzione propria del contratto preliminare (che è quella di obbligare una o più parti a stipulare il definitivo) e dalla tutela prevista dal codice civile, di cui si dirà tra breve, per l'inadempimento dell'obbligo di concludere un contratto preliminare (art. 2932 cod. civ.). La regola, dunque, è che quest'ultimo debba contenere, a pena di nullità, gli elementi essenziali del contratto definitivo.

Ad esempio, il preliminare di vendita di un immobile deve contenere l'indicazione del bene oggetto del successivo trasferimento ed il corrispettivo fissato a carico dell'acquirente, oltre a menzionare le parti del futuro contratto di compravendita. È da ritenere valido, peraltro, il contratto preliminare che ometta alcuni elementi del futuro contratto, quando questi non richiedano una successiva discussione e siano determinabili e suscettibili di integrazione *ex lege* (Cass., n. 2473/2013). È fatta salva la facoltà delle parti di modificare consensualmente le loro pattuizioni in sede di stipula del contratto definitivo.

Si studino, ora, le conseguenze dell'inadempimento del contratto preliminare: la parte virtuosa può ricorrere ai rimedi generali, domandando il risarcimento del danno (Cass., 30.6.2021, n. 18498) e la risoluzione del contratto per inadempimento (sulla risoluzione per inadempimento si veda il Cap. 35).

Esiste, inoltre, un rimedio specifico. È previsto che "se colui che è obbligato a concludere un contratto non adempie l'obbligazione, l'altra parte, qualora sia possibile e non escluso dal titolo, può ottenere una sentenza che produca gli effetti del contratto non concluso" (art. 2932, 1° co., cod. civ.).

In sostanza, la parte non inadempiente può rivolgersi al giudice e chiedere la pronuncia di una **sentenza costitutiva** (ossia modificativa della situazione giuridica precedente) **che tenga luogo del contratto definitivo non concluso**. Pertanto, in caso di preliminare di vendita di un immobile che sia rimasto inadempiuto, il ricorso all'art. 2932, 1° co., cod. civ. consentirà ad una delle parti di diventare proprietaria dell'immobile in virtù della sentenza del giudice (che sarà il titolo dell'acquisto).

Esempio. Il promittente alienante ed il promissario acquirente stipulano un contratto preliminare avente ad oggetto un bene immobile. Poco prima della data fissata per la stipula del contratto definitivo, il promittente alienante telefona alla controparte comunicandole che non è più sua intenzione perfezionare il contratto definitivo. Poiché il promissario acquirente è interessato ancora a diventare proprietario dell'immobile, si rivolge al giudice e chiede, ai sensi dell'art. 2932, 1° co., cod. civ., la pronuncia di una sentenza costitutiva. È la sentenza del giudice a costituire il titolo dell'acquisto: tanto che sarà la stessa ad essere trascritta nei pubblici registri immobiliari.

Si è di fronte, dunque, ad una **esecuzione forzata in forma specifica** dell'**obbligo di concludere un contratto**.

La disciplina codicistica, inoltre, prevede che "se si tratta di contratti che hanno per oggetto il trasferimento della proprietà di una cosa determinata o la costituzione o il trasferimento di un altro diritto, la domanda non può essere accolta, se la parte che l'ha proposta non esegue la sua prestazione o non ne fa offerta nei modi di legge, a meno che la prestazione non sia ancora eseguibile" (art. 2932, 2° co., cod. civ.).

Colui che stipula il contratto preliminare, tuttavia, corre il rischio di non essere sufficientemente tutelato, pur ricorrendo alla fattispecie di cui all'art. 2932 cod. civ. Si approfondisca il punto facendo riferimento ad un caso concreto.

Esempio. Viene concluso un contratto preliminare avente ad oggetto un bene immobile. Nel preliminare è previsto che il contratto definitivo sarà stipulato dopo sei mesi. Successivamente alla conclusione del preliminare (in cui si è stabilito il prezzo dell'immobile) il promittente alienante trova un'altra persona interessata ad acquistare l'immobile e disposta a pagare un prezzo superiore rispetto a quello offerto dal promissario acquirente. Proprio per guadagnare di più dalla compravendita, il promittente alienante (disattendendo quanto previsto nel preliminare) vende direttamente l'immobile alla persona disposta a pagare un prezzo maggiore. Viene, allora, stipulato un contratto di compravendita, trascritto nei pubblici registri immobiliari. A questo punto la posizione del nuovo acquirente (e proprietario dell'immobile) sembrerebbe inattaccabile: e così era prima della riforma legislativa, che ha introdotto la possibilità di trascrivere il contratto preliminare, con gli effetti che si vedranno.

Ai fini di un'esatta comprensione della materia occorre fare un inciso, che sarà sviluppato allorché si studierà la trascrizione (Cap. 86): la trascrizione immobiliare, fra l'altro, serve a dirimere il conflitto tra più acquirenti dello stesso bene immobile. Se vendo la mia casa prima a Tizio e poi a Sempronio, risulta proprietario non chi ha stipulato per primo il contratto, ma chi lo ha trascritto per primo.

Nell'esempio svolto, la situazione, dal punto di vista delle trascrizioni, risulta essere la seguente: è stato concluso un contratto preliminare (non trascritto) ed è stato stipulato, con un'altra parte, un successivo contratto di compravendita (trascritto).

Per offrire una maggiore tutela a chi stipula il contratto preliminare è stato introdotto l'art. 2645-*bis* cod. civ., che consente la **trascrizione** nei pubblici registri immobiliari del **contratto preliminare**, allorché esso risulti da atto pubblico o scrittura privata autenticata e riguardi la conclusione di contratti traslativi o costitutivi di diritti reali immobiliari. Prima dell'introduzione di questa norma codicistica (prevista dall'art. 3 del d.l. n. 669/1996, convertito con la l. n. 30/1997) la trascrizione del preliminare non era consentita.

La trascrizione del preliminare è stata ammessa anche per gli "edifici da costruire o in corso di esecuzione" (art. 2645-*bis*, 4° co., cod. civ.), a condizione che siano indicati "la superficie utile della porzione di edificio e la quota del diritto spettante al promissario acquirente relativa all'intero costruendo edificio espressa in millesimi".

La trascrizione del preliminare ha un **effetto "prenotativo"** della futura trascrizione del contratto definitivo e della trascrizione della sentenza ottenuta ai sensi dell'art. 2932 cod. civ. Nel momento in cui si trascrive uno di questi due titoli, in sostanza, la data della loro trascrizione retroagisce a quella della trascrizione del preliminare (ecco, dunque, spiegato il significato della "prenotazione"): sicché tale trascrizione prevarrà su tutte le trascrizioni successive alla trascrizione del contratto preliminare.

L'effetto prenotativo, tuttavia, non è destinato a durare senza limiti di tempo: esso, infatti, opera soltanto se la trascrizione del contratto definitivo o della domanda giudiziale *ex* art. 2932 cod. civ. avvengano "entro un anno dalla data convenuta tra le parti per la conclusione del contratto definitivo, e in ogni caso entro tre anni dalla trascrizione del preliminare" (art. 2645-*bis* cod. civ.).

Un'ulteriore tutela per il promissario acquirente (che deve essere, però, una persona fisica) è stata introdotta dal d.lgs. 20.6.2005, n. 122, modificato in alcune parti dal d.lgs. 12.1.2019, n. 14. Il problema che spesso si avvertiva, prima dell'entrata in vigore di tale disciplina, era il seguente: veniva stipulato un contratto preliminare con un costruttore e, al tempo della stipula del preliminare, si versava una somma (anche consistente) a titolo di anticipo per il prezzo di acquisto.

Dopo la stipula del preliminare, e prima del perfezionamento del contratto definitivo, il **costruttore** falliva: il promissario acquirente, così, poteva partecipare come creditore al **fallimento**, al fine di recuperare le somme versate; egli, però, si trovava ad essere in concorso con altri creditori, alcuni dei quali avevano un privilegio nella distribuzione delle somme derivanti dalla vendita dei beni del fallito (si pensi alle banche, al fisco, ai dipendenti). Il promissario acquirente, in tal modo, non solo era privo della casa (non ultimata), ma aveva perso (in tutto o in parte) il denaro pagato al costruttore al momento del preliminare, poi fallito.

La nuova disciplina si applica non solo al contratto preliminare relativo ad immobile in corso di edificazione, ma anche al caso di compravendita di cosa futura o di qualsiasi altro contratto, compreso quello di *leasing*, "che abbia o possa avere per effetto l'acquisto o comunque il trasferimento non immediato" della proprietà o di altro diritto reale su un immobile da costruire.

Il d.lgs. n. 122/2005, in primo luogo, definisce in modo analitico il "contenuto del contratto preliminare" (o comunque di ogni altro contratto relativo ad edifici da costruire): occorre che esso contenga la descrizione dell'immobile, le caratteristiche dell'edificio da costruire, i termini massimi di esecuzione dei lavori di costruzione, il prezzo e le relative modalità di pagamento, gli estremi del permesso da costruire.

Si giunge, così, alla **garanzia** a favore degli acquirenti: il costruttore è obbligato a fornire "a pena di nullità del contratto che può essere fatta valere unicamente dall'acquirente" una fideiussione, rilasciata da una banca o da una compagnia assicuratrice, a garanzia della restituzione degli importi pagati dagli acquirenti (art. 2 d.lgs. n. 122/2005; Cass., 22.11.2019, n. 30555). Per il caso del fallimento o, comunque, di "crisi" del costruttore, l'acquirente ha diritto di chiedere il pagamento della somma di denaro prevista dalla fideiussione, al fine di recuperare quanto versato (art. 3 d.lgs. n. 122/2005). Inoltre, ha diritto di prelazione nell'acquisto dell'appartamento, qualora lo stesso venga posto all'incanto per soddisfare i creditori del costruttore (art. 9 d.lgs. n. 122/2005).

A seguito della riforma delle procedure concorsuali il termine fallimento deve intendersi sostituito dall'espressione "liquidazione giudiziale" (artt. 349, 1° co., 389, 1° co., d.lgs. n. 14/2019).

A vantaggio dell'acquirente è oggi prevista un'ulteriore forma di tutela. Il costruttore è obbligato a contrarre e a consegnare all'acquirente, all'atto del trasferimento della proprietà, a pena di nullità del contratto (che può essere fatta valere solo dall'acquirente), una **polizza assicurativa** indennitaria decennale a beneficio dello stesso acquirente. Si tratta di una polizza a copertura dei danni materiali e diretti all'immobile, compresi i danni ai terzi, cui il costruttore sia tenuto ai sensi dell'art. 1669 cod. civ., derivanti da rovina totale o parziale oppure da gravi difetti costruttivi delle opere, per vizio del suolo o per difetto della costruzione, e comunque manifestatisi successivamente alla stipula del contratto definitivo di compravendita o di assegnazione (art. 4, 1° co., d.lgs. n. 122/2005, comma così modificato dall'art. 386, 1° co., lett. a, d.lgs. n. 14/2019; si veda Cass., 19.10.2021, n. 28859). In caso di inadempimento a questo obbligo, l'acquirente che abbia comunicato al costruttore la propria volontà di recedere dal contratto preliminare ha diritto di escutere la fideiussione di cui all'art. 3 (art. 4, 1° co.-*ter*, d.lgs. n. 122/2005, comma aggiunto dall'art. 386, 1° co., lett. b, d.lgs. n. 14/2019).

176.2. *La differenza tra il preliminare unilaterale e l'opzione.*

Il contratto **preliminare unilaterale** (in cui soltanto una delle parti si obbliga a stipulare il contratto definitivo) va tenuto distinto dal contratto di **opzione**, di cui già si è detto, che pure è un contratto preparatorio (§ 171).

La **differenza** si rinviene nel meccanismo di perfezionamento dell'operazione finale: a quest'ultima, se si tratta di opzione, si arriva con la semplice accettazione dell'opzionario nel termine previsto (il concedente, infatti, ha già manifestato il proprio consenso con la proposta irrevocabile inserita nel contratto di opzione).

Nel preliminare, invece, all'operazione finale (al contratto conclusivo) si perviene sempre attraverso due dichiarazioni di volontà (quella dell'obbligato e quella della parte che è libera di stipulare o meno il contratto definitivo).

177. L'integrazione del contratto.

I rilievi sin qui svolti permettono di giungere al tema dell'**integrazione del contratto**. In prima battuta si sarebbe tentati di affermare che il contenuto del contratto sia frutto soltanto del libero accordo fra le parti: esso, dunque, corrisponde unicamente alle scelte da essi effettuate.

Si è già visto, però, che non è così. L'accordo delle parti, è vero, gioca un ruolo importante (che non può essere disconosciuto): le fonti del contenuto del contratto, però, sono diverse. Lo prevede, espressamente, una norma del codice civile (rubricata "integrazione del contratto") secondo cui "il contratto obbliga le parti non solo a quanto è nel medesimo espresso, ma anche a tutte le conseguenze che ne derivano secondo la legge o, in mancanza, secondo gli usi e l'equità" (art. 1374 cod. civ.).

Dalla definizione del codice emerge che sono previste tre fonti di integrazione del contenuto del contratto (e dei suoi effetti): la **fonte privata** (ciò che è "espresso" nel contratto); la **fonte legale** (la "legge" e gli "usi") e la **fonte giudiziale** ("l'equità"). Quest'ultime due possono essere definite come **fonti eteronome** o **esterne** rispetto a quella privata, che nasce dall'accordo delle parti.

Sulla fonte "privata" basterà dire, richiamandosi a quanto rilevato in precedenza, che le parti hanno il potere di inserire nel regolamento contrattuale clausole e statuizioni che arricchiscono o modificano la disciplina generale del contratto o la disciplina particolare del tipo contrattuale prescelto. Il tutto, ovviamente, nei limiti in cui sia loro consentito e tenendo presente l'inderogabilità delle norme imperative.

Venendo alla fonte legale, è necessario compiere qualche ulteriore sotto classificazione. Occorre distinguere fra **integrazione complementare** (di supporto, cioè, all'autonomia privata) ed **integrazione in antitesi** (o in contrasto) all'autonomia delle parti.

Si cominci dall'integrazione legale complementare: si fa riferimento all'ipotesi in cui le parti abbiano omesso di prevedere alcuni elementi non essenziali del contratto. La legge, allora, interviene ad integrare il contenuto del contratto (e gli effetti conseguenti); ciò a supporto dell'autonomia delle parti, e non contro di essa.

Le parti, ad esempio, possono non aver previsto il luogo dell'adempimento della prestazione: è l'art. 1182 cod. civ., allora, a stabilirlo (sempre che, come precisa la norma codicistica, oltre a mancare l'accordo sul punto delle parti, non vi siano usi diversi o, ancora, una diversa soluzione possa ricavarsi dalla natura della prestazione o da altre circostanze).

Ed ancora, qualora le parti non abbiano previsto, in un contratto di compravendita di beni mobili, il luogo della consegna, il codice stabilisce che la cosa vada consegnata nel luogo in cui essa si trovava al momento del perfezionamento del contratto ovvero presso il domicilio o la sede dell'impresa del venditore (art. 1512, 1° co., cod. civ.).

Gli esempi svolti evidenziano come l'integrazione legale complementare operi, tipicamente, attraverso norme derogabili che entrano in gioco in mancanza di accordo delle parti.

Talvolta, ma sono casi eccezionali, l'integrazione legale complementare opera anche quando le parti abbiano omesso di prevedere elementi essenziali (omissione che, secondo le regole generali, conduce alla nullità del contratto: artt. 1325, 1418 cod. civ.: Cap. 38). Ad esempio, nella disciplina sulla vendita di cose che il venditore commercia abitualmente è previsto che la mancata determinazione del prezzo non conduca alla nullità del contratto: supplisce, infatti, la previsione codicistica (art. 1474 cod. civ.); lo stesso dicasi quando, nel contratto di appalto, manchi l'indicazione della misura del corrispettivo o dei relativi criteri di determinazione (art. 1657 cod. civ.).

La funzione integrativa complementare non proviene soltanto dalla legge: essa può essere svolta anche dagli usi normativi, cui si riferisce l'art. 1374 cod. civ. Si tratta, come si è avuto modo di studiare, di vere e proprie fonti di diritto non scritto (§ 16).

L'integrazione complementare, inoltre, può essere svolta anche dagli usi contrattuali, di cui pure si è detto (§ 16.1). L'art. 1340 cod. civ. li definisce come clausole d'uso: esse, salva volontà contraria delle parti, "s'intendono inserite nel contratto" (che viene ad essere integrato nei suoi contenuti e nei suoi effetti).

Per gli usi normativi e per quelli negoziali vale, in linea di massima, questa regola: essi sono destinati a prevalere sulle norme derogabili o dispositive. Quest'ultime trovano applicazione, in via sussidiaria e suppletiva, soltanto quando non vi sia un patto o un uso contrario (si veda, per rimanere all'esempio svolto, l'art. 1182 cod. civ.).

Può dirsi, dunque, che l'integrazione complementare all'autonomia privata si basa sulla seguente gerarchia: viene in considerazione, in primo luogo, la volontà delle parti; seguono gli usi e, da ultimo, le norme derogabili o dispositive.

Occorre poi considerare l'integrazione legale in antitesi (o in contrasto) con l'autonomia privata. È l'ipotesi, già studiata, in cui le clausole e i prezzi d'imperio "sono di diritto inseriti nel contratto, anche in sostituzione delle clausole difformi apposte dalle parti" (art. 1339 cod. civ.).

La congiunzione "anche", contenuta nella disposizione codicistica, è particolarmente significativa. L'inserzione automatica di quanto dispone la norma imperativa opera: (a) sia in presenza di una contraria pattuizione ad opera delle parti; (b) sia quando le stesse non abbiano previsto nulla su un elemento che, invece, è oggetto della previsione di una norma imperativa.

L'integrazione legale in antitesi all'autonomia privata, è evidente, finisce per essere uno strumento di "controllo" dell'autonomia privata: un "correttivo", si dice talvolta. Attraverso le norme imperative il legislatore vuole far valere alcuni interessi generali e, in particolare, la protezione di soggetti che si trovano in una situazione di debolezza economica rispetto a contraenti economicamente più forti.

Infine, avendo riguardo alla classificazione che si rinviene nell'art. 1374 cod. civ., va fatto riferimento alla fonte (o integrazione) giudiziale che va sotto il nome di "**equità**".

In dottrina vi è chi distingue, in materia contrattuale, fra equità integrativa ed integrità correttiva. Ricorre la prima quando la legge attribuisce al giudice il potere di intervenire di fronte ad un'incompleta determinazione del contenuto del contratto. Egli, così, fisserà prezzi, esprimerà stime, assegnerà valori (si vedano, ad esempio, gli artt. 1349, 1° co., 1526, 2263, 2° co., cod. civ.). L'equità correttiva, invece, si prospetta allorché al giudice è attribuito il potere di modificare la determinazione pattizia, allorché questa sia iniqua (art. 1384 cod. civ.).

Si dirà a suo tempo della **buona fede** nell'esecuzione del contratto (Cap. 37): è previsto che le parti debbano comportarsi secondo buona fede, ossia con lealtà e correttezza (art. 1375 cod. civ.). Anche la buona fede, quale criterio legale, entra nel contenuto del contratto (ed è contigua, sotto questo aspetto, all'integrazione giudiziale *ex* art. 1374 cod. civ.); non sembra, tuttavia, che il concetto di "equità" e quello di "buona fede oggettiva" siano sovrapponibili.

Innanzitutto, l'equità integrativa interviene, nei casi previsti dalla legge, di fronte ad una determinazione incompleta del contenuto del contratto; non è questo, specificamente, il campo d'azione della buona fede.

Sussistono, inoltre, significative differenze pure rispetto all'equità correttiva. Come si studierà, infatti, la buona fede oggettiva concorre a determinare in modo diretto il contenuto dei diritti e degli obblighi delle parti (Trib. Siena, 7.3.2019); l'equità correttiva, invece, che opera in via eccezionale, tende a bilanciare i diritti e gli obblighi delle parti già prefigurati: essa, dunque, non determina il loro contenuto.

Si consideri, ad esempio, l'intervento del giudice in via equitativa ai sensi dell'art. 1384 cod. civ., secondo cui la penale (§ 211) può essere diminuita equamente dallo stesso qualora il suo ammontare sia manifestamente eccessivo. Qui il giudice non determina il contenuto dell'obbligo di una parte di pagare la penale: interviene, semmai, a bilanciare i diritti e gli obblighi delle parti, riducendo l'ammontare della penale ritenuta eccessiva rispetto all'economia del contratto.

178. Il principio "consensualistico" e la sua rilevanza ai fini della conclusione del contratto.

L'accordo delle parti, il più delle volte, è sufficiente per perfezionare il contratto; altre volte esso non basta. Richiamandosi ad una classificazione già svolta in precedenza (§ 158), può dirsi che la maggior parte dei **contratti** sono **consensuali** (si perfezionano cioè, col semplice accordo delle parti). Da qui l'espressione **principio consensualistico**, che indica appunto la regola generale secondo cui basta l'accordo (il consenso) per il perfezionamento del contratto.

Il principio consensualistico (fatto proprio già dal codice napoleonico) è espressamente previsto dall'art. 1376 cod. civ. per i contratti ad effetti reali (o traslativi), ossia per quei contratti aventi "ad oggetto il trasferimento della proprietà di una cosa determinata, la costituzione o il trasferimento di un diritto reale ovvero il trasferimento di un altro diritto". Il consenso, qui, è necessario e sufficiente a determinare l'effetto traslativo del diritto, ossia il passaggio dall'alienante (o dante causa) all'acquirente (o avente causa). Regole diverse, invece, valgono per i diritti reali di garanzia (§§ 151 ss.): il pegno si costituisce in forza della consegna della cosa (art. 2786 cod. civ.); l'ipoteca in forza dell'effetto costitutivo dell'iscrizione, che degrada l'atto del datore di ipoteca a semplice titolo per l'iscrizione (art. 2808, 2° co., cod. civ.).

L'art. 1376 cod. civ. permette l'effetto traslativo immediato se l'oggetto del contratto sia una "cosa determinata". Il contratto, peraltro, può avere ad oggetto una "massa di cose" (tutto il vino contenuto nelle botti della mia cantina). Ebbene, la "massa di cose" viene equiparata dal legislatore ad un bene determinato (art. 1377 cod. civ.): sicché l'effetto traslativo si verifica al momento del perfezionamento del contratto (ancorché, "per determinati effetti", aggiunge la norma, le cose debbano essere numerate, pesate o misurate").

Il contratto, ancora, può avere ad oggetto "il trasferimento di cose determinate solo nel genere" o fungibili (art. 1378 cod. civ.). In questo caso il semplice accordo non basta a determinare l'effetto traslativo, occorrendo la "**individuazione**", fatta d'accordo fra le parti o nei modi stabiliti dalle stesse (art. 1378 cod. civ.). L'individuazione, di solito, avviene nel momento della consegna delle cose: ad esempio, l'automobilista che si reca in una stazione di servizio diventa proprietario della benzina a mano a mano che essa entra nel serbatoio dell'auto.

Quando l'oggetto del contratto siano merci da trasportare da un luogo all'altro (si discute di contratto da "piazza a piazza"), l'individuazione (e così il passaggio della proprietà) si ha al momento della consegna della cosa al vettore o allo spedizioniere (art. 1378 cod. civ.): ad esempio, il petrolio che un'impresa di raffineria europea compra nel Medio Oriente diventa di proprietà della stessa impresa nel momento in cui esso viene caricato sulla nave destinata a salpare per l'Europa.

In questi casi si suole dire che l'effetto reale è differito (verificandosi in un momento successivo alla stipula del contratto; per le altre ipotesi di effetti reali differiti si veda § 160 ed i richiami ivi contenuti).

È importante stabilire il momento in cui si è avuto il trasferimento della proprietà:

il **rischio** per il **perimento** della **cosa**, infatti, grava su chi è proprietario della stessa (*res perit domino*). Grava, così, sul venditore, se ne è ancora proprietario; sul compratore, se ha già acquistato la proprietà della cosa.

Ad esempio, il compratore, che sia diventato proprietario del bene, dovrà pagarne il prezzo al venditore, quand'anche questi non abbia consegnato ancora la cosa e la stessa sia andata distrutta per causa non imputabile al venditore (quest'ultimo, come si ricava dall'art. 1218 cod. civ., non dovrà neanche risarcire il danno al compratore: § 121).

Un'osservazione di sintesi, a questo punto, va compiuta. L'effetto traslativo si realizza immediatamente nei contratti ad effetti reali che hanno ad oggetto una cosa determinata (o una massa di cose): opera il principio consensualistico (consacrato nell'art. 1376 cod. civ.). Si noti, però, come il principio consensualistico operi anche nei contratti aventi ad oggetto il trasferimento di cose determinate soltanto nel genere: il consenso delle parti, infatti, è sufficiente a perfezionare il contratto e a far nascere in capo all'alienante l'effetto obbligatorio (di far diventare proprietario l'acquirente attraverso l'individuazione o la consegna necessaria a trasferire il diritto).

Al di là dei contratti ad effetti reali va detto che il principio consensualistico vale, tendenzialmente, anche per i contratti ad effetti obbligatori, ossia quei contratti che fanno sorgere un rapporto obbligatorio. Alcuni contratti, lo si è detto, fanno sorgere soltanto effetti obbligatori in capo alle parti (ad esempio la locazione, il mandato, l'appalto, la spedizione); in altri (come la vendita) sono presenti sia gli effetti traslativi sia quelli obbligatori.

Può dirsi, conclusivamente, che il principio consensualistico è molto esteso, pur non essendo un "dogma", avvertono gli interpreti, ma una "tendenza" del sistema: basti considerare, ad esempio, che ad esso si sottraggono i diritti reali di garanzia. Inoltre, il principio non sopravvive ad alcune vicende successive al trasferimento: ad esempio, l'acquirente di una cosa mobile che non ne abbia acquistato in buona fede il possesso rischia di perderne la proprietà per effetto dell'acquisto a titolo originario del successivo acquirente, che in buona fede abbia conseguito il possesso (si confronti l'art. 1155 cod. civ.: § 418). Del pari, avendo riguardo ai beni immobili, il principio consensualistico deve sottostare alle regole della trascrizione (Cap. 86, in particolare § 538).

È da notare, infine, che per i contratti reali non basta il consenso per la produzione degli effetti (i quali possono essere anche reali, come nel mutuo), occorrendo anche la consegna della cosa. Come regola generale, dunque, il principio consensualistico trova applicazione per i contratti che hanno per oggetto il trasferimento della proprietà di cose; eccezionalmente, è proprio la disciplina del mutuo a confermarlo, ai fini del trasferimento della proprietà di denaro o altre cose fungibili è richiesta anche la *traditio*.

Aprendo lo sguardo verso una prospettiva comparatistica, va detto che il principio del consenso traslativo, che richiede il consenso e la causa per il trasferimento della proprietà, accomuna diversi Paesi (ad esempio la Francia, l'Italia, la Norvegia, il Messico, il Portogallo). Altri Paesi, invece, richiedono tre requisiti per il trasferimento della proprietà, ossia il consenso, la causa e la consegna della cosa (è il caso dell'Olanda, della Svizzera, della Spagna e di diversi Paesi dell'America latina).

Un distinto discorso deve farsi per la Germania e per i Paesi che ne hanno seguito l'esempio. Qui occorre distinguere fra negozio obbligatorio e negozio dispositivo (il primo è detto anche negozio fondamentale e il secondo negozio di attribuzione o reale). Il negozio obbligatorio fa nascere soltanto l'obbligazione di eseguire una prestazione. Ad esempio, il contratto di compravendita (§ 433 BGB) fa nascere l'obbligazione di far acquistare la proprietà di un bene al compratore e di consegnarglielo.

È il negozio dispositivo, invece, a determinare l'effetto traslativo, allorché siano soddisfatti i seguenti requisiti: (1) nella maggior parte dei casi vi deve essere un contratto, che si sostanzia nell'accordo delle parti di trasferire la proprietà di un bene (§ 929 BGB); (2) spesso la legge richiede, per la validità del negozio dispositivo, un elemento reale o di fatto: la consegna del bene mobile (§ 929 BGB) oppure l'intavolazione, ossia l'iscrizione nel libro fondiario per il trasferimento di beni immobili (§ 873 BGB); (3) occorre, infine, la facoltà di disporre del diritto. Essa spetta di solito al titolare del diritto; non è escluso, peraltro, che la legge attribuisca tale facoltà ad un altro soggetto (ad esempio il curatore del fallimento del proprietario) o che il titolare la trasmetta attraverso un negozio giuridico.

Il negozio obbligatorio, nell'ordinamento tedesco, è causale, mentre quello dispositivo è astratto. Ciò vuol dire che la sorte del negozio dispositivo è indipendente dalle vicende che riguardano il negozio causale obbligatorio.

179. La consegna della cosa quale requisito per il perfezionamento del contratto: i contratti "reali".

Sono **contratti reali** il comodato, il deposito, la donazione di modico valore, il mutuo, il contratto costitutivo di pegno, il riporto, il contratto estimatorio, la donazione manuale di modico valore.

Alcuni contratti reali hanno soltanto effetti obbligatori (come il comodato ed il deposito); altri hanno anche effetti reali (come il mutuo o il riporto, che trasferiscono la proprietà di cose, o il pegno, che costituisce il corrispondente diritto reale).

Per il perfezionamento dei contratti reali occorre l'accordo delle parti ed anche la consegna della cosa che costituisce l'oggetto del contratto.

Esempio. Un lettore prende in prestito gratuito (comodato) tre libri presso una biblioteca. Il contratto si perfeziona dal momento in cui, essendoci l'accordo sul prestito, i libri sono materialmente consegnati al lettore: da quel momento nascono le obbligazioni contrattuali, come quella di riconsegnare integri i libri nel termine convenuto.

Molto si è discusso sulla ragione della "realità" in alcuni contratti (per alcuni interpreti la persistenza della necessaria *traditio* sarebbe, attualmente, uno "scandalo giuridico"). Una possibile spiegazione è la seguente: in certi contratti soltanto la consegna della cosa costituisce una "spia" della seria volontà d'impegnarsi giuridicamente.

Si consideri, in proposito, la donazione di modico valore, per il cui perfezionamento non si richiede l'adozione dell'atto pubblico, ma la consegna della cosa donata (art. 783 cod. civ.). Nella donazione ordinaria è la forma solenne (art. 782 cod. civ.) a rassicurare circa la volontà del donante di assumere il vincolo giuridico: mancando tale forma solenne, la serietà dell'impegno è costituita dalla consegna della cosa. Un atto meno "forte", fosse anche il consenso esplicito ad assumere l'impegno, non è considerato sufficiente.

Lo stesso ragionamento può compiersi di fronte al mutuo (art. 1813 cod. civ.), che non è necessariamente un contratto gratuito e, anzi, il più delle volte è oneroso. La possibile onerosità del mutuo comporta che, per la dottrina e per la giurisprudenza, sia ammissibile nel nostro ordinamento (nel senso che sia da considerare produttivo di effetti) l'accordo di mutuo, con cui si stabilisce che una parte consegnerà all'altra una somma di denaro, che poi questa restituirà al mutuante unitamente al pagamento degli interessi (del resto, lo stesso codice civile prevede la "promessa di mutuo", che è efficace e vincolante a prescindere dalla consegna del denaro: art. 1822 cod. civ.).

Ciò perché la causa onerosa è più "forte", mentre quella "gratuita" è più debole: la causa onerosa da sola giustifica il vincolo giuridico; quella gratuita, invece, ha bisogno di un "sostegno", rappresentato dalla consegna della cosa. La *traditio*, in definitiva, integra la debolezza della causa, attribuendo serietà all'operazione e, così, la vincolatività dell'accordo fra le parti.

Si pensi ancora, per ribadire il concetto appena esposto, al contratto di deposito (art. 1766 cod. civ.). Esso può essere oneroso (non, dunque, necessariamente gratuito): se è così, allora, nessun dubbio nasce sul fatto che si possa stipulare un contratto con cui si stabilisce che una parte, dietro pagamento, depositerà le proprie merci presso il deposito dell'altra parte. Se, invece, si stipula un contratto di deposito gratuito, esso si perfeziona con la consegna della cosa (la *traditio*, qui, è l'elemento che "sostiene" la causa gratuita).

Capitolo 25
I VIZI DELLA VOLONTÀ

180. Vizi della volontà. Nozione.

La **volontà** è **viziata** quando il **processo** di **formazione** della stessa, all'esito del quale si rende la dichiarazione negoziale, è **alterato**: la volontà, come pure può dirsi, si forma in maniera anomala, in virtù di elementi perturbatori di varia natura.

Si pensi ad un soggetto che è indotto ad accettare una proposta contrattuale perché minacciato dal proponente ("se non accetti la mia proposta, ucciderò tua moglie"). La volontà, qui, c'è, ma è alterata (probabilmente il marito non avrebbe firmato quel contratto, ma ha la "volontà" di sottoscriverlo per salvare la vita a sua moglie). Si discute, allora, di violenza morale (nella violenza fisica, invece, non vi è proprio la volontà). Vi è pure vizio della volontà in presenza dell'inganno altrui (il dolo contrattuale) o in presenza di un errore (avente determinate caratteristiche, che si studieranno in seguito) di chi rende la dichiarazione.

Peraltro, anche chi manifesta la volontà negoziale in una situazione di incapacità di agire (§§ 72 ss.), lo fa in presenza di interferenze o elementi perturbatori: se una persona è incapace naturalmente (qualcuno l'ha drogata), le cause della sua incapacità influiscono sul processo di formazione della volontà.

Il **contratto** o l'atto unilaterale caratterizzati da un "**vizio del consenso**" (espressione con cui il legislatore definisce, unitariamente, l'errore, la violenza e il dolo) o dall'incapacità di agire sono invalidi: sono, in particolare, **annullabili** (l'altra *species* del *genus* "invalidità" è la nullità: Capitoli 33 e 34). Il soggetto, in sostanza, a determinate condizioni ed entro certi termini può impugnare il contratto o l'atto unilaterale e chiedere al giudice il suo annullamento. Si vedrà, durante lo studio del Corso, come esistano altre cause di annullamento diverse da quelle appena indicate.

Qui il discorso sarà limitato ai "vizi del consenso" nel contratto: "il contraente, il cui consenso fu dato per errore, estorto con violenza o carpito con dolo, può chiedere l'annullamento del contratto, secondo le disposizioni seguenti" (art. 1427 cod. civ.).

181. L'errore. L'essenzialità dell'errore-vizio.

Occorre distinguere due specie di errore: l'errore-vizio (detto anche errore motivo) e l'errore ostativo (si constaterà tra breve, peraltro, che soltanto il primo è, propriamente, un vizio della volontà).

L'**errore-vizio** si definisce come una **falsa rappresentazione della realtà** presente, che induce il soggetto a dichiarare una volontà che altrimenti non avrebbe dichiarato; alla falsa rappresentazione della realtà è equiparata l'ignoranza.

L'errore è causa di annullamento del contratto quando è essenziale ed è riconoscibile dall'altro contraente (art. 1428 cod. civ.).

È **essenziale** l'errore che cade su una delle quattro serie di ipotesi previste dall'art. 1429 cod. civ. Si tratta dell'errore:

(1) sulla **natura** o sull'**oggetto** del **contratto**. Il primo è quello che cade sul tipo di contratto.

Esempio. Credo di aderire ad un'associazione (un ente *non profit*), ed invece aderisco ad una società commerciale.

L'errore sull'oggetto del contratto (si discute di *aliud pro alio*) riguarda la cosa o la prestazione dedotta nel contratto.

Esempio. Acquisto un biglietto del concerto, credendo che si tratti dello spettacolo di Jovanotti (Lorenzo Cherubini) ed invece si tratta di un concerto di Michele Jovanotti, un debuttante mai sentito prima.

(2) Sull'**identità dell'oggetto** della **prestazione** ovvero sopra una **qualità** dello stesso che, secondo il comune apprezzamento o in relazione alle circostanze, deve ritenersi determinante del consenso.

Nel primo caso si è in presenza, ancora, di un *aliud pro alio*. Un esempio può essere utile a comprendere quando vi sia l'errore sull'identità dell'oggetto della prestazione.

Esempio. Il Sig. Crescentini di Rimini intende acquistare un appartamento di 80 metri quadrati, al primo piano del Condominio Le Cellette. Acquista, però, l'appartamento di 80 metri quadri al secondo piano del Condominio Le Cellette. L'errore non è sull'oggetto ma sull'identità dell'oggetto.

Nei casi sopra ricordati di errore *aliud pro alio* (si veda anche l'ipotesi *sub* 1) l'errore è essenziale senza che sia necessario fornire ulteriore dimostrazione.

Quando, invece, l'errore cade sulla qualità dell'oggetto (Trib. Torino, 31.12.2018), ai fini dell'annullamento occorre dimostrare che la qualità, secondo il comune apprezzamento o in base alle circostanze, deve ritenersi determinante del consenso.

Esempio. Acquisto alcune sedie per il mio terrazzo vista lago, credendo si tratti di pezzi degli anni Trenta. Scopro in realtà che si tratta di sedie di fabbrica, costruite nel 2012. Se avessi saputo che si trattava di sedie costruite di recente, non le avrei comprate (o non le avrei comprate a quel prezzo).

Nell'errore sulla qualità rientra anche quello sulla vetustà dell'oggetto.

Esempio. Non avrei comprato quell'orologio (o lo avrei comprato ad un prezzo diverso) se non fossi caduto in errore sulla data della sua fabbricazione.

Non è causa di annullamento del contratto, invece, l'errore sul valore in sé considerato (Cass., 12.11.2018, n. 29010).

Esempio. Ho acquistato quelle sedie degli anni Trenta per il mio terrazzo vista lago. Pensavo di fare un affare: ho scoperto, invece, che le stesse sedie, in quell'altro negozio, costavano meno.

L'errore, in questo caso, cade sulla convenienza economica dell'affare e non sulle qualità dell'oggetto (Cass., 12.11.2018, n. 29010). Deve essere fatto salvo, però, il caso in cui l'errore sul valore dell'oggetto sia frutto dell'inganno altrui: qui sussiste il dolo contrattuale, di cui ci si occuperà in seguito.

L'**errore di calcolo**, invece, non dà luogo ad annullamento del contratto, ma solo a rettifica, tranne che, concretandosi in un errore sulla quantità, sia stato determinante del consenso (art. 1430 cod. civ., che dunque fa riferimento ad un altro caso di errore essenziale).

Esempio. Intendo acquistare tre quintali di acciaio per la mia impresa. Un quintale costa X euro. Il venditore sbaglia la moltiplicazione ed il prezzo da pagare risulta errato: basterà compiere una rettifica all'operazione matematica, senza dover annullare il contratto.

Esempio. Se, invece, mi rivolgo a un commerciante per acquistare del fertilizzante per il mio piccolo orto, e acquisto per errore un quantitativo di prodotto esorbitante rispetto ai miei bisogni, potrò ottenere, qualora sussista anche il requisito della riconoscibilità, l'annullamento del contratto concluso in quanto viziato da un errore sulla quantità.

(3) Sulla **identità** o sulle **qualità dell'altro contraente**, sempre che le une e le altre siano determinanti del consenso.

Esempio. Credo di contrattare con Mario Rossi; in realtà contratto con Giuseppe Bianchi (errore sull'identità della persona).

Esempio. Credo che Mario Rossi sia una persona solvente e con un reddito molto alto. Ignoravo, invece, che non lo è affatto e che nei suoi confronti sono state presentate diverse istanze di fallimento.

L'errore di cui qui si sta parlando, peraltro, acquista rilevanza nei **contratti** c.d. ***intuitu personae*** (quei contratti, cioè, in cui l'identità o le qualità personali dell'altro contraente sono determinanti del consenso).

In alcuni casi, è evidente, le qualità personali del contraente non sono rilevanti. Se vendo un bene ed il pagamento in contanti avviene al momento della conclusione del contratto, risulta irrilevante il fatto che l'acquirente non versi in floride condizioni economiche. Diverso discorso, invece, deve farsi allorché il pagamento avvenga attraverso bonifici scaglionati nel tempo.

Per alcuni contratti, che in dottrina si è soliti denominare **contratti personali**, l'errore sull'identità e sulle qualità personali dell'altro contraente è sempre determinante del consenso: il fatto stesso di essere caduti nell'errore permette di impugnare il contratto e chiederne l'annullamento (senza dover fornire ulteriori dimostrazioni). Si pensi al contratto di locazione, di mutuo, di appalto. Il riferimento ai contratti personali si rinviene nell'art. 2558, 1° co., cod. civ., per il quale "se non è pattuito diversamente, l'acquirente dell'azienda subentra nei contratti stipulati per l'esercizio dell'azienda stessa che non abbiano carattere personale".

(4) Sui **motivi** del **contratto**, se si tratta di **errore di diritto**. I motivi del contratto (le ragioni soggettive che inducono le parti a concludere il contratto) sono di regola irrilevanti. Sono rilevanti, però, in alcune ipotesi, come in quella prevista dall'art. 1345 cod. civ. (§ 185.1) ed in quella qui considerata, che fa riferimento ai motivi inficiati dall'ignoranza o da una falsa conoscenza di una norma di legge o di regolamento, i quali costituiscono la ragione esclusiva o principale del contratto.

Esempio. Il Sig. Brambilla, costruttore, al momento della conclusione del contratto non conosce il nuovo piano di governo territoriale che impedisce di edificare sul terreno acquistato. L'unico motivo che ha indotto il Sig. Brambilla a concludere il contratto di compravendita è stato il suo progetto di edificare villette a schiera (errore sul motivo, caratterizzato da errore di diritto).

All'errore di diritto viene equiparata la sopraggiunta dichiarazione di illegittimità costituzionale della norma in vigore nel momento in cui si era contrattato.

Non ha rilievo, dunque, l'errore sui motivi, quando si tratta di errore di fatto (e non di diritto).

Esempio. Per il prossimo inverno, visto che mi si è rotta la caldaia, ne compro una nuova. Mia moglie, senza che ci fossimo consultati, ne ha comprata ieri un'altra. Il mio errore sui motivi è certamente determinante del consenso: tuttavia non è un errore essenziale e non conduce all'annullamento del contratto.

Un'eccezione vale per la donazione: è previsto che la donazione possa essere impugnata per errore sul motivo, sia esso di fatto o di diritto, quando il motivo risulti dall'atto e sia il solo che ha determinato il donante a compiere la liberalità (art. 787 cod. civ.).

Occorre precisare che l'errore essenziale non va considerato come sinonimo di errore determinante del consenso: è essenziale soltanto l'errore che presenta i requisiti di cui all'art. 1429 cod. civ. (ma si veda anche l'art. 1430 cod. civ.). Può succedere, allora, che vi sia un errore determinante del consenso che però non rientri in una delle ipotesi legislativamente previste: l'errore, allora, non può considerarsi essenziale e, dunque, non conduce all'annullamento del contratto (è il caso, poc'anzi ricordato, dell'errore sul motivo, quando si tratti di errore di fatto).

181.1. *La riconoscibilità dell'errore-vizio.*

Ai fini dell'annullamento del contratto, l'errore non soltanto deve essere essenziale ma anche **riconoscibile** dall'altro contraente (art. 1428 cod. civ.). L'errore si considera riconoscibile quando, in relazione al contenuto, alle circostanze del contratto ovvero alla qualità dei contraenti, una persona di normale diligenza avrebbe potuto rilevarlo (art. 1431 cod. civ.).

La riconoscibilità dell'errore tende a proteggere l'**affidamento** di colui che contrae con chi cade in errore e, più in generale, la **sicurezza nella circolazione dei beni**. Ai fini della riconoscibilità occorre avere riguardo al contenuto, alle circostanze del contratto o alle qualità dei contraenti.

Esempio. Un costruttore, qualificandosi come tale, acquista un terreno sul Lago di Como. Successivamente il costruttore si accorge di essersi sbagliato sulla edificabilità del terreno, avendo ignorato una norma del piano del governo territoriale che, in quella zona, vieta di costruire. L'errore è essenziale ma anche riconoscibile.

Esempio. Un amante del "Fai da te", dopo aver riferito al negoziante di voler acquistare del legno per costruirci una sedia, ne ordina un quantitativo eccessivo rispetto alle sue necessità. Il commerciante avrebbe potuto accorgersi dell'errore.

Colui che è in errore deve provare la sua astratta riconoscibilità da parte dell'altro contraente e non la conoscenza effettiva che questi ne abbia. La prova del fatto che la controparte aveva conoscenza effettiva assorbe quella dell'astratta riconoscibilità (Cass., Sez. Un., n. 5900/1997, ove il rilievo che, in questo caso, manca un affidamento da tutelare).

Nel caso di **errore bilaterale** (cioè comune ai due contraenti) è sufficiente l'essenzialità dell'errore per determinare l'annullabilità del contratto (Cass. 12.11.1979, n. 5829; Cass., n. 26974/2011).

Esempio. Viene acquistato un quadro: sia l'acquirente sia l'alienante lo ritengono un Fontana; invece è una "crosta". L'errore è bilaterale.

Non è di ostacolo all'annullamento del contratto il fatto che colui che è caduto in errore avrebbe potuto, con l'ordinaria diligenza, rendersi conto dell'errore che stava per compiere (e dunque non concluderlo o concluderlo a condizioni diverse). Diversamente, si finirebbe per introdurre un ulteriore requisito per ottenere l'annullamento del contratto rispetto a quelli, legislativamente previsti, dell'essenzialità e della riconoscibilità.

181.2. *L'errore ostativo.*

L'**errore ostativo** è quello che cade non sul processo di formazione delle volontà, ma nel momento dell'emissione della dichiarazione; oppure è l'errore commesso dalla persona o dall'ufficio incaricato di trasmettere la dichiarazione.

Si studino le due situazioni attraverso i seguenti esempi.

Esempio. Ricevo una proposta contrattuale, via *internet*, da parte di un venditore di materiale da campeggio. Questi intende vendermi una tenda canadese, nonché due sacchi a pelo ed un fornelletto a gas, per la somma di 500 euro. Siccome è mia intenzione fare le prossime vacanze estive in tenda, con mia moglie, mi affretto a rispondergli. Mentre scrivo la mail, ascolto la radio, che diffonde la notizia di un buco di bilancio del Comune di Vattalapesca, pari a 50.000 euro. La notizia mi distrae e nella mia accettazione scrivo 500.000 euro. Letta la mail, il venditore si affretta a confermarmi, con una successiva comunicazione, che la compravendita avverrà al prezzo da me indicato, pari a 500.000 euro.

Esempio. L'Avv. De Precisis riceve una proposta contrattuale per l'acquisto di una nuova stampante per il suo studio. La proposta giunge da un negoziante, che è suo amico sin dai tempi del liceo. L'Avv. De Precisis, pertanto, pur non essendo tenuto a rispondere alla proposta, chiede alla sua segretaria, che sente telefonicamente prima di un'udienza in tribunale, di comunicare la seguente risposta negativa: "Ti ringrazio per la proposta, non l'accetto perché non mi serve attualmente una stampante". La segretaria, subito dopo la telefonata, così scrive al negoziante: "comunico, per conto dell'Avv. De Precisis, che lo stesso accetta la sua proposta, perché attualmente gli serve una stampante". La segretaria si è sbagliata ed ha accettato la proposta contrattuale (quel giorno era con la testa tra le nuvole).

La stessa situazione da ultimo rappresentata può verificarsi allorché si detti un telegramma e l'addetto alla ricezione della comunicazione scriva una cosa del tutto diversa da quella che, telefonicamente, è stata riferita.

La norma cui fare riferimento, in questi casi, è l'art. 1433 cod. civ. (errore nella dichiarazione o nella sua trasmissione), secondo cui "le disposizioni degli articoli precedenti si applicano anche al caso in cui l'errore cade sulla dichiarazione, o in cui la dichiarazione è stata inesattamente trasmessa dalla persona o dall'ufficio che ne era stato incaricato".

Il codice civile italiano, in questo modo, equipara l'errore ostativo all'errore vizio: il primo può condurre all'annullamento del contratto soltanto quando l'errore (essenziale) sia riconoscibile da parte dell'altro contraente.

Per questa via, è evidente, il legislatore protegge in massimo grado l'**affidamento** sull'**altrui dichiarazione** (e, così, mira a tutelare la **sicurezza** nella **circolazione** dei **beni**).

Nel primo degli esempi sopra svolti l'errore è riconoscibile ed il contratto è annullabile; nel secondo, invece, l'errore non è affatto riconoscibile: il contratto, pertanto, non potrà essere annullato. Esso è valido ancorché la volontà effettiva della parte vincolata fosse diametralmente opposta (come accade per lo sventurato Avv. De Precisis).

Il che, si è detto in dottrina, mette in discussione il concetto stesso di contratto, definito dall'art. 1321 cod. civ. come "**l'accordo** di due o più parti per costituire, regolare o estinguere fra loro un rapporto giuridico patrimoniale". La disciplina dell'errore ostativo, infatti, permette il perfezionamento del contratto anche se esso non sia voluto da una delle parti.

Se ci si ferma a riflettere, tuttavia, la norma sull'errore ostativo (che certamente fa prevalere la volontà dichiarata o trasmessa sulla volontà reale del dichiarante) non fa venir meno del tutto la volontà della parte contrattuale: l'art. 1433 cod. civ. presuppone che la parte abbia voluto immettersi nel "traffico giuridico", accettando di porsi in contatto con altri soggetti per effettuare una comunicazione che ha un significato contrattuale.

La **volontà**, dunque, pur se **affievolita**, non scompare del tutto anche in presenza della disciplina dell'errore ostativo. Il contraente, allora, potrà pur sempre essere ammesso a provare che la dichiarazione contrattuale, in sé per sé, non era affatto voluta o che non era da lui voluta la trasmissione della dichiarazione.

Esempio. Si accerta che l'Avv. De Precisis non ha affatto comunicato alla sua segretaria di effettuare una comunicazione, avente rilevanza contrattuale, al negoziante. Non vi è, in questo caso, alcuna volontà di una delle parti contrattuali (non opera l'art. 1433 cod. civ.).

182. Il dolo. Dolo determinante e dolo incidente.

Il **dolo** contrattuale indica il "raggiro" o l'"inganno" posto in essere da una parte nei confronti dell'altra. Una parte cade in errore: ma ciò si verifica proprio perché vi è stata la "macchinazione" dell'altra parte (Trib. Milano, 10.11.2021). Nella disciplina del dolo, dunque, l'errore è indotto (ciò non si verifica nella disciplina dell'errore studiata in precedenza). Gli artifici ed i raggiri debbono essere valutati in relazione alle particolari circostanze di fatto, alle qualità ed alle condizioni soggettive dell'altra parte, al fine di stabilire se siano idonei a sorprendere una persona di normale diligenza: l'affidamento, infatti, non può ricevere tutela giuridica qualora sia fondato sulla negligenza (Cass., 20.1.2017, n. 1585). Labeone definiva il dolo come *omnis calliditas, fallacia, machinatio ad circumveniendum, fallendum, decipiendum alterum adhibita.*

A seconda dei casi, il dolo può coincidere con la fattispecie penale della truffa (art. 640 cod. pen.): in tal caso, secondo la tesi prevalente, il contratto non è nullo per illiceità ma rimane annullabile (Cass., 31.3.2011, n. 7468; Cass., 27.9.2016, n. 18930; Cass., 20.08.2018, n. 20801). Del resto, va detto che il dolo costitutivo del delitto di truffa non è diverso da quello che vizia il dolo negoziale, risolvendosi entrambi in artifici e raggiri realizzati dall'agente e diretti ad indurre in errore l'altra parte, viziandone il consenso.

Si distingue il **dolo determinante** dal dolo incidente o incidentale. Il dolo è determinante, e quindi causa di annullamento del contratto, quando i raggiri usati da uno dei contraenti sono stati tali che, senza di essi, l'altra parte non avrebbe concluso il contratto (art. 1439, 1° co., cod. civ.; Cass., 25.10.2019, n. 27406).

Esempio. Il Sig. Colangelo di Potenza abita in una stradina stretta che consente soltanto il passaggio di un'automobile di piccole dimensioni. Si reca presso un concessionario e chiede al negoziante di vendergli un'automobile per le sue necessità. Il negoziante, pur di vendergli l'auto, modifica il dépliant in cui erano indicate le dimensioni del mezzo. Se non ci fosse stato l'inganno del concessionario, il Sig. Colangelo non avrebbe mai acquistato l'automobile. Il contratto è annullabile.

Chi subisce il dolo ha una tutela più ampia, rispetto a colui che cade in un errore non indotto, sotto il seguente profilo: ai fini dell'annullamento del contratto per dolo è sufficiente la dimostrazione, da parte della vittima, che l'inganno sia stato per lui determinante del consenso. Potrebbe trattarsi di errore sul motivo o di errore sul valore, che l'art. 1429 cod. civ. non considera errore essenziale: a rilevare tuttavia è il fatto stesso che l'artificio o il raggiro abbia indotto una parte a concludere un contratto che altrimenti non avrebbe perfezionato.

Si aggiunga, inoltre, che la vittima del dolo, oltre a domandare l'annullamento del contratto, può chiedere alla controparte il risarcimento dei danni per responsabilità precontrattuale (§ 166).

Si è in presenza, invece, di **dolo incidente** quando, nonostante i raggiri, la parte avrebbe comunque concluso il contratto, ma a condizioni più vantaggiose: in questo caso il contratto è valido, ma il contraente in mala fede risponde dei danni (art. 1440 cod. civ.).

Esempio. Il titolare del ristorante "Fritto misto e verdure speziate" intende acquistare 40 bottiglie di olio di oliva extravergine da utilizzare per alcuni suoi piatti di verdure. Il venditore gli fa credere che l'olio acquistato è extravergine, mentre è olio di semi. Il ristoratore avrebbe ugualmente acquistato l'olio di semi per il fritto (il ristorante serve diversi piatti di questo tipo), ma lo avrebbe acquistato ad un prezzo inferiore. Il contratto è valido ma il ristoratore ha diritto al risarcimento dei danni.

L'art. 1440 cod. civ. può ricondursi al principio generale della buona fede durante lo svolgimento delle trattative (art. 1337 cod. civ.). Si può anzi dire che, qualora il legislatore non avesse dettato l'art. 1440, alle stesse conclusioni cui si giunge in base a quest'ultima disposizione si sarebbe potuti arrivare in applicazione del principio generale sulla buona fede nella responsabilità precontrattuale.

Il danno risarcibile, nelle ipotesi di dolo incidente, non si esaurisce nel c.d. interesse contrattuale negativo. Essendosi il contratto concluso, il danno risarcibile deve estendersi ad ogni conseguenza pregiudizievole derivante dalla condotta del *deceptor* (Cass., 29.3.1999, n. 2956). I danni, per dirla con il linguaggio dei giudici di legittimità, vanno commisurati al "minor vantaggio" ovvero al "maggior aggravio economico" prodotto dal comportamento tenuto in violazione dell'obbligo di buona fede (Cass., 16.4.2012, n. 5965).

182.1. *Il dolo del terzo.*

Fin qui si è discusso del dolo proveniente dalla controparte contrattuale. Quando i **raggiri** sono usati da un **terzo**, il contratto è annullabile se essi erano noti al **contraente** che ne ha **tratto vantaggio** (art. 1439, 2° co., cod. civ.).

Esempio. Il terzo, con inganno, fra credere alla banca, attraverso una lettera di referenze, che il Sig. Rossi è solvente. Il Sig. Rossi è a conoscenza dell'inganno ordito dal terzo. Il contratto di mutuo fra la banca ed il Sig. Rossi è annullabile.

È sufficiente, ai fini dell'annullamento, che il terzo sia a conoscenza dell'inganno posto in essere dal terzo, mentre non è richiesto che il contraente abbia ordito l'inganno con il terzo. Se così fosse, del resto, non saremmo più in presenza del dolo del terzo ma, direttamente, del raggiro del contraente, ancorché realizzato con la complicità di un'altra persona.

Se, invece, il contraente è all'oscuro dell'inganno del terzo, il contratto è valido: ecco un'altra applicazione del principio della tutela dell'affidamento del terzo.

182.2. *Dolo commissivo e dolo omissivo.*

Il **dolo** è **commissivo** allorché vi sia una condotta attiva di inganno o raggiro (come negli esempi sin qui svolti). Il dolo può essere anche **omissivo**: la c.d. **reticenza**, in particolare, implica gli estremi del dolo quando, avuto riguardo alle particolari circostanze del contratto, deve ritenersi che il contraente avesse l'obbligo di informare l'altra parte (Cass., 8.5.2018, n. 11009).

Non è facile, d'altra parte, trovare un punto di equilibrio fra il dovere di informazione ed il diritto al riserbo. Un'accreditata dottrina, peraltro, riconosce al contraente il diritto di occultare fatti che riguardano la sua sfera personale: si pensi all'utilizzo che farà della cosa comprata o all'utile che ricaverà dalla compravendita, e così via. Queste reticenze, del resto, sono l'anima del commercio.

Occorre inoltre stabilire i confini fra il dovere di informazione in capo ad una parte e l'onere di auto informazione che spetta all'altra. Si può dire, allora, che la reticenza non implica il dolo qualora si dimostri che la controparte avrebbe potuto conoscere la circostanza utilizzando l'ordinaria diligenza (Cass., n. 20792/2004).

Nella disciplina del contratto di assicurazione, va aggiunto, esistono specifiche norme che impongono ai contraenti un particolare onere di informazione e comunicazione, sotto la sanzione dell'annullamento del contratto (artt. 1892 e 1893 cod. civ.: §§ 297 ss.).

182.3. *Il* dolus bonus.

Con l'espressione ***dolus bonus*** si fa riferimento, di solito, alle esagerate vanterie della qualità di un proprio bene o di un proprio servizio, al fine di indurre il potenziale contraente ad acquistare il bene e ad utilizzare il servizio (Cass., n. 19559/2009).

Esempio. Una pubblicità di diversi anni orsono rappresentava visivamente che, grazie all'utilizzo di un certo dentifricio, il sorriso dell'utilizzatore sarebbe stato così bello da fargli uscire "un fiore dalla bocca".

Esempio. In ambito farmaceutico sono frequenti le pubblicità in cui l'assuntore di un medicinale, qualche secondo dopo l'utilizzo, si sente immediatamente meglio. Quel medicinale, si afferma, stronca sul nascere ogni malessere.

Una persona di media avvedutezza sa di essere di fronte, in questi casi, ad invenzioni pubblicitarie: non è possibile, dunque, impugnare il contratto per dolo contrattuale.

Nell'epoca attuale devono considerarsi anche i **messaggi persuasivi** ed **occulti**, spesso riproposti con ritmo incalzante, che finiscono per indurre il consumatore ad acquistare il prodotto o il servizio. Il problema, peraltro, si sposta dal piano dell'annullamento del contratto a quello dei rimedi previsti a favore del consumatore in caso di pubblicità ingannevole (sui contratti del consumatore si rimanda al Cap. 39).

183. La violenza morale e le sue caratteristiche.

La **violenza morale** (*vis compulsiva o vis animo illata*), quale causa di annullamento del contratto, è la minaccia di un male che verrà inferto alla persona del contraente o ai suoi beni, oppure alla persona dei familiari o ai loro beni qualora non verrà prestato il consenso alla conclusione del contratto.

In presenza della violenza fisica, di cui ci si è occupati, la volontà manca completamente (ed il contratto è nullo). Nel caso della violenza morale, invece, la volontà c'è: il minacciato, infatti, sceglie di concludere il contratto rappresentandosi i rischi della minaccia che subisce; tuttavia, la manifestazione della sua volontà è alterata e, pertanto, il contratto è annullabile (Cass., 13.4.2022, n. 12058).

Affinché ciò accada, però, occorre che la violenza abbia determinati **caratteri** (art. 1435 cod. civ.): essa deve essere di tal natura da fare impressione sopra una persona sensata e da farle temere di esporre sé o i suoi beni a un male ingiusto e notevole. Si ha riguardo, in questa materia, all'età, al sesso e alla condizione delle persone.

Il male minacciato può riguardare la **persona**: si pensi alla minaccia alla vita o all'integrità fisica del contraente; non vi sono dubbi, inoltre, sul fatto che la minaccia possa riguardare anche la lesione di altri diritti della personalità (diritto all'onore, alla riservatezza, alla libertà personale, e così via).

Il male minacciato può riguardare anche i **beni** del contraente.

Esempio. Se non firmi il contratto, quelle taniche che sono nella mia macchina, e che i miei complici hanno già aperto, bruceranno la tua casa.

La violenza è causa di annullamento del contratto anche quando il male minacciato riguardi la persona o i beni del coniuge del contraente o, ancora, di un suo discendente (figlio, nipote) o ascendente (genitori, nonni) (art. 1436, 1° co., cod. civ.). Al coniuge, oggi, va equiparato il contraente l'unione civile ("la violenza è causa di annullamento del contratto anche quando il male minacciato riguarda la persona o i beni dell'altra parte dell'unione civile costituita dal contraente o da un discendente o ascendente di lui": art. 1, 16° co., l. n. 76/2016).

Se il male minacciato riguarda altre persone, l'annullamento del contratto è rimesso alla prudente valutazione delle circostanze da parte del giudice (art. 1436, 2° co., cod. civ.). Questi, in particolare, terrà conto del rapporto affettivo esistente con un convivente, un amico, un socio d'affari, un parente in via collaterale (il fratello), un affine (la suocera).

Il **male** minacciato, poi, deve essere **ingiusto**, cioè contrario al diritto, come negli esempi in precedenza riportati.

Il male minacciato, inoltre, deve essere **notevole**. È notevole quel male che sia più grave del danno provocato dal contratto estorto alla vittima. Nella valutazione da compiersi occorre avere riguardo ad una "persona sensata", ossia all'impressionabilità dell'uomo medio, avuto riguardo però all'età, al sesso, alla condizione della persona.

In effetti la stessa minaccia potrebbe non impressionare una persona giovane e forte, mentre potrebbe essere decisiva per indurre una persona anziana a firmare il contratto. Si consideri, inoltre, che in determinate situazioni una donna potrebbe essere maggiormente impressionabile (il che, pertanto, autorizza a concludere che la norma non va considerata inutilmente discriminatoria ma, al contrario, tiene conto delle possibili diverse reazioni dell'uomo e della donna).

È previsto che la **minaccia** di **far valere un diritto** possa essere causa di annullamento del contratto solo quando è diretta a conseguire vantaggi ingiusti (art. 1438 cod. civ.): quando, cioè, è finalizzata ad ottenere un vantaggio non dovuto o superiore a quello dovuto (Cass., 5.6.1985, n. 3350) o un risultato non inerente al diritto che si minaccia di esercitare (Cass., n. 17523/2011).

Esempio. Il datore di lavoro fa sapere al dipendente che, se non gli cede il brevetto relativo ad una invenzione, lo licenzierà per riduzione del personale. Non vi è, qui, alcun rapporto strumentale fra il risultato cui mira il contratto ed il diritto minacciato (il licenziamento). L'eventuale contratto di cessione del brevetto è annullabile.

La giurisprudenza di legittimità ha precisato che può integrare il reato di estorsione manifestare il proposito di intentare azione giudiziaria per ottenere somme non dovute (Cass. pen., n. 48733/2012).

183.1. *La violenza morale da parte del terzo.*

La **violenza** può provenire anche **da** un **terzo** (art. 1434 cod. civ.). Esiste una differenza, tuttavia, rispetto al già studiato dolo del terzo: non occorre che la minaccia sia nota al contraente che ne abbia tratto vantaggio. È dunque sufficiente provare che la violenza sia pervenuta dal terzo ed abbia i caratteri previsti dalla disciplina codicistica (art. 1435 cod. civ.) per poter ottenere l'annullamento del contratto.

Esempio. In un quartiere residenziale di una città una persona straniera acquista un immobile. Il nuovo arrivato, a causa di stupidi pregiudizi, è mal visto dai vicini che un giorno gli rivolgono la seguente minaccia: "sappiamo dove vivono i tuoi genitori: se entro tre mesi non vendi la casa e non te ne vai da questo quartiere, faremo del male a tua madre e a tuo padre". La minaccia è grave e circostanziata, tanto da indurre la persona a vendere il suo appartamento. Il contratto è annullabile.

Non è, invece, causa di annullamento il timore riverenziale (art. 1437 cod. civ.), detto tradizionalmente *metus ab intrinseco*: si tratta della situazione di riverenza che si ha nei confronti di una determinata persona, la quale può mettere soggezione in relazione alla sua posizione sociale, al prestigio, all'autorevolezza (Cass., n. 647/2008).

In questi casi il legislatore muove dal rilievo che l'uomo medio ha il coraggio di dire no: chi, per una semplice condizione psicologica di sudditanza, non è in grado di farlo, non può essere tutelato (il contratto stipulato, allora, sarà valido).

Diverso dal timore riverenziale, che non è causa di annullamento del contratto, è **l'avvertimento mafioso**, di cui in alcune occasioni la giurisprudenza ha avuto modo di occuparsi. In determinate circostanze l'avvertimento mafioso può assumere i caratteri di una vera e propria violenza morale.

Esempio. Tizio riceve una proposta contrattuale da Caio: il primo, non essendo interessato a perfezionare il contratto, risponde negativamente. Poco dopo Tizio riceve la "visita" di un noto esponente della mafia, che si limita a raccomandargli di accettare la proposta. A seguito dell'avvertimento Tizio accetta la proposta. Tempo dopo l'esponente dell'organizzazione mafiosa viene arrestato e Tizio decide di impugnare il contratto: il contratto viene annullato (fattispecie esaminata da Trib. Palermo, 7.3.1972).

Capitolo 26
LA CAUSA

184. La causa del contratto. La nozione tradizionale.

La **causa** è un altro dei requisiti essenziali del contratto (art. 1325 cod. civ.). Il nostro ordinamento è retto dal "**principio di causalità**": ogni contratto (ed ogni atto giuridico negoziale) deve avere la sua causa.

Essa è tradizionalmente intesa come la **funzione economico-sociale** dell'**atto di volontà**. Per riprendere alcune espressioni utilizzate nelle relazioni che hanno accompagnato l'entrata in vigore del codice civile, essa è "la giustificazione della tutela dell'autonomia privata" (Relazione al Re, nn. 8, 79); è un "vincolo al potere della volontà individuale" (Relazione del Guardasigilli, nn. 193-194).

Queste **definizioni** evidenziano che per costituire, regolare o estinguere un rapporto giuridico (art. 1321 cod. civ.) non basta la volontà delle parti. Affinché un bene passi da una parte all'altra e sorga l'obbligazione fra i contraenti occorre anche che sussista la giustificazione economico-sociale dell'atto di autonomia privata.

Ad esempio, la causa della vendita (artt. 1470 ss. cod. civ.) è il trasferimento del diritto contro prezzo. Il trasferimento del diritto di proprietà non si verifica solo perché c'è l'accordo, ma per l'ulteriore ragione oggettiva che al trasferimento corrisponde l'obbligazione di pagare il prezzo. Il trasferimento della proprietà trova giustificazione nel pagamento del prezzo, e viceversa.

Ed ancora, la causa del contratto di lavoro (artt. 2094 ss. cod. civ.) è lo scambio di prestazione di lavoro contro retribuzione di denaro; la causa del contratto di locazione (artt. 1571 ss. cod. civ.) è il godimento del bene contro il pagamento del canone; la causa del contratto di mutuo (artt. 1813 ss. cod. civ.) è il trasferimento della proprietà e della disponibilità delle cose mutuate, contro l'obbligazione del mutuatario di ritrasferire al mutuante altrettante cose dello stesso genere e, salvo patto contrario, di corrispondergli gli interessi.

Gli esempi riportati si riferiscono a contratti onerosi. Tutti i contratti, però, devono avere una causa: non solo quelli onerosi, ma anche quelli gratuiti. Si pensi, in proposito, al contratto di donazione (art. 769 cod. civ.): qui la causa è lo "spirito di liberalità" con cui una parte arricchisce l'altra per generosità, riconoscenza, affetto e così via (il discorso sarà ripreso: §§ 530 ss.).

I contratti tipici, disciplinati dalla legge, hanno tutti, almeno in **astratto**, una causa (si discute, allora, di **causa tipica**). Per essi, in sostanza, non si pone il problema (già risolto a monte dal legislatore) di verificare la ricorrenza o meno di una funzione economico-sociale. Considerati sotto questo aspetto, i contratti tipici possono essere visti come modelli o schemi precostituiti di "operazioni economiche" attraverso cui i privati regolano i propri interessi. Diverso discorso deve farsi per i contratti atipici (che hanno, dunque, una **causa atipica**). Non può dirsi che essi abbiano, almeno in astratto, una causa: l'interprete è chiamato ad accertare l'esistenza o meno della stessa attraverso gli strumenti che l'ordinamento gli mette a disposizione (§ 188).

185. La causa ed i motivi: distinzione.

La causa del contratto non va confusa con i **motivi** che inducono le parti a concludere un contratto. La prima, infatti, è la ragione oggettiva dell'atto di autonomia privata; i secondi sono la ragione soggettiva dello stesso.

La causa costituisce una costante di ciascun tipo o modello precostituito di operazione economica. Se vendo una penna ad una persona, o le vendo casa mia, la funzione economico-sociale della compravendita è sempre la stessa: scambio del diritto di proprietà del bene contro prezzo. Ciascun contrante, tuttavia, ha un motivo (ossia una ragione soggettiva) per concludere un contratto di compravendita: acquisto una penna per la ragione (soggettiva) che devo scrivere una lettera ad un mio amico; acquisto una casa al mare perché mi voglio svegliare, ogni giorno, davanti all'orizzonte; concludo un contratto di locazione di un appartamento a Roma perché mi sono trasferito, per lavoro, nella città eterna.

In linea generale i motivi non hanno **rilevanza** per il diritto: al tabaccaio non devo spiegare il motivo soggettivo per cui mi reco nella sua rivendita al fine di acquistare una penna. Al venditore della casa al mare non importa il motivo per cui mi determino all'acquisto: la ragione è che amo il mare; ma anche se mi trasferissi al mare soltanto per far respirare lo iodio ai miei figli, il motivo sarebbe estraneo al contratto.

Può così dirsi che, in linea di principio, i motivi sono irrilevanti ai fini della validità e/o efficacia del contratto. Va peraltro avvertito che, in casi eccezionali, essi possono avere rilevanza ed incidere sulla validità e/o efficacia dello stesso.

I motivi sono rilevanti quando: (a) sono contenuti in una condizione o in un modo

(§§ 207 ss.); (b) sono illeciti e comuni ad entrambe le parti (§ 185.1); (c) si traducono in un errore sui motivi (§ 181). Si tratta di fattispecie contenute nella disciplina generale del contratto.

I motivi, poi, possono avere rilievo nella disciplina dei singoli tipi contrattuali (è il caso, ad esempio, del mutuo di scopo: § 295.1) e, ancora, in una figura di elaborazione dottrinale e giurisprudenziale che va sotto il nome di presupposizione, di cui pure si dirà (§ 194).

Il discorso sui motivi, inoltre, è destinato ad essere ripreso allorché si proceda ad indagare un concetto più moderno di causa, intesa nella sua dimensione "concreta" (§ 185.2).

185.1. *I motivi illeciti.*

Uno dei casi, si è appena visto, in cui i motivi hanno rilevanza è quello in cui essi siano illeciti. Viene in considerazione, in particolare, l'art. 1345 cod. civ. (**motivo illecito**), secondo cui "si reputa altresì illecita la causa quando le parti si sono determinate a concluderlo esclusivamente per un motivo illecito comune ad entrambe" (art. 1345 cod. civ.). L'illiceità dei motivi produce la nullità del contratto (art. 1418, 2° co., cod. civ.).

L'analisi della disciplina codicistica permette di affermare che, affinché i motivi abbiano rilevanza (tanto da determinare la nullità del contratto), occorrono tre presupposti: (a) l'illiceità dei motivi, ossia la loro contrarietà a norme imperative, all'ordine pubblico o al buon costume (art. 1343 cod. civ.: §§ 187, 187.1, 187.2); (b) l'essere, il motivo, la ragione "esclusiva" per cui le parti si sono determinate a concludere un contratto; (c) la "comunanza" del motivo ad entrambe le parti. La comunanza, peraltro, non va intesa tanto in chiave "soggettiva" (come conoscenza, cioè, delle ragioni soggettive ad opera di entrambi i contraenti). Essa, piuttosto, va apprezzata secondo un significato oggettivo, ossia come interesse effettivamente perseguito dalle parti e oggettivato nel contratto. Anticipando un concetto su cui tra poco ci si soffermerà, la comunanza del motivo concorre ad integrare la "causa concreta" del contratto.

Esempio. Il Sig. Partecipis mette a disposizione del Sig. Azzardis un immobile verso il corrispettivo di un canone assai elevato (ben superiore al suo valore di mercato). Ciò in considerazione del fatto che il Sig. Azzardis vi esercita l'attività di bisca clandestina, vietata dalla legge.

Una disciplina particolare è prevista, invece, per il motivo illecito nella disposizione testamentaria: il motivo rende nulla la stessa quando risulta dal testamento ed è il solo che ha determinato il testatore a disporre (art. 626 cod. civ.). Allo stesso modo, il motivo illecito rende nulla la donazione quando risulta dall'atto ed è il solo che ha determinato il donante alla liberalità (art. 788 cod. civ.).

185.2. *La causa "astratta" e la causa "concreta".*

Le elaborazioni concettuali in tema di causa non sono poche. Poc'anzi, facendo riferimento alla causa come funzione economico-sociale del contratto, si è fatto riferimento alla teoria tradizionale, ossia alla c.d. **teoria oggettiva** (la quale pure ha avuto diversi approcci ricostruttivi).

Si tratta di una teoria che, nel corso del tempo, ha finito per soppiantare la teoria soggettiva, che ravvisava nella causa lo scopo o motivo ultimo e costante, proprio di ciascun tipo contrattuale (nella vendita, ad esempio, la causa veniva rinvenuta nel risultato finale dell'acquisto della proprietà o di altro diritto, da parte del compratore, nonché nel conseguimento del prezzo pattuito da parte del venditore).

Occorre riflettere, peraltro, su alcuni aspetti critici della teoria oggettiva, evidenziati più volte, e non solo recentemente, dagli interpreti che si sono occupati della materia. Se si dovesse prendere alla lettera questa ricostruzione, che individua nella causa la funzione economico-sociale del contratto, dovremmo concludere che essa, almeno nei contratti tipici, è sempre presente (è il legislatore, si è detto, ad avere risolto *ex ante*, attraverso la previsione dei tipi contrattuali, la questione dell'esistenza della funzione economico-sociale).

Tale conclusione va contro alcune norme del codice civile, secondo cui il contratto (anche quello tipico, dunque) può essere nullo per mancanza di causa (art. 1325, n. 2, cod. civ.); ed ancora, il contratto può essere nullo per illiceità della causa (art. 1343 cod. civ.).

Da questi rilievi muove la dottrina più attenta, oggi seguita anche dalla giurisprudenza, che non discute più di **causa "astratta"** ma di causa "**concreta**". La causa non è tanto la funzione economico-sociale del contratto: è, piuttosto, la funzione economico-individuale dello stesso. Essa si identifica con il significato e la funzione realmente attribuiti al contratto, dalle parti, in base ai loro interessi bilaterali. Gli interessi concreti delle parti, si precisa, entrano nel contratto (si "oggettivizzano") attraverso la concreta definizione del suo contenuto e delle relative clausole (Cass., 13.11.2019, n. 29365; Cass., 29.3.2019, n. 8766; Cass., 9.1.2019, n. 346; Cass., n. 19220/2015; Cass., n. 8867/2015).

Il profilo causale, in definitiva, va indagato nella sua dimensione concreta.

Esempio. La causa astratta del contratto di trasporto è quella di "trasferire persone o cose da un luogo a un altro", normalmente "verso corrispettivo" (art. 1678 cod. civ.). Il contratto di trasporto, in concreto, può consistere in un *tour* in una città d'arte. Qui l'interesse turistico entra a far parte del contenuto del contratto e, in definitiva, della sua causa concreta. Il vettore, infatti, sarà obbligato non solo a trasportare le persone ma anche a farle sostare nelle località previste al fine di soddisfare il loro interesse turistico.

L'esempio è utile per riprendere brevemente il discorso sui motivi del contratto (§ 185.1). Essi, è vero, sono di solito irrilevanti: tuttavia possono acquistare rilevanza allorché siano "oggettivati" nel contratto. Il che può avvenire non soltanto quando siano contenuti in una clausola condizionale (come tradizionalmente si è sempre ritenuto: § 208), ma anche quando caratterizzino la prestazione contrattuale in modo conforme agli interessi dei contraenti. Alla luce delle considerazioni svolte, dunque, può dirsi che il concetto di "motivi illeciti" corrisponde a quello di "causa in concreto illecita".

La nozione di "causa concreta", inoltre, serve a chiarire meglio le caratteristiche di una figura contrattuale che va sotto il nome di contratto indiretto (§ 192).

186. La mancanza di causa.

Impostato il discorso sulla causa avendo riguardo all'interesse concreto perseguito dalle parti, non è più una contraddizione affermare che un contratto tipico può essere privo di causa o, ancora, avere una causa illecita, ossia contraria a norme imperative, all'ordine pubblico e al buon costume (art. 1343 cod. civ.).

Si consideri un contratto tipico privo di causa "concreta": se acquisto una cosa che è già di mia proprietà, stipulando un contratto di compravendita, in "concreto" lo scambio di cosa contro prezzo non si realizza (non si può acquistare ciò che è già di proprietà del venditore). Il contratto, allora, è nullo (Cass., n. 10490/2006; Cass., n. 6492/1987; Trib. Bari, 19.9.2018. Sull'invalidità di una singola clausola si veda Cass., Sez. Un., 17.2.2017, n. 4222). Del pari sarà nullo, per mancanza di causa, il contratto di fideiussione che si riferisce ad un credito invalido o inesistente.

La **mancanza** di **causa** genetica (ossia al momento della conclusione del contratto) determina la nullità del contratto; invece, quella sopravvenuta (successiva alla sua conclusione) dà luogo alla risoluzione del contratto (Cap. 35).

187. L'illiceità della causa: (*a*) la contrarietà alle norme imperative.

Si deve studiare quando una **causa** sia **illecita** (il che determina la nullità del contratto: art. 1418, 2° co., cod. civ.). Essa è tale quando è contraria a **norme imperative**, all'**ordine pubblico** ed al **buon costume** (così l'art. 1343 cod. civ.). Questa disposizione sull'illiceità della causa va analizzata nello specifico (con l'avvertimento che il concetto di illiceità, ancorché formulato con riferimento alla causa, vale anche per l'oggetto ed i motivi illeciti).

Nel suo complesso, l'**illiceità** esprime una forte riprovazione per il risultato che le parti si propongono di realizzare, sotto l'aspetto dell'oggetto che hanno dedotto nel contratto, della causa o dei motivi dello stesso.

La causa è illecita, in primo luogo, quando è contraria a norme imperative: quando, in particolare, l'operazione economico-giuridica perseguita con il contratto sia contraria a un divieto inderogabile previsto dalla legge (la quale intende affermare regole o principî fondamentali dell'ordinamento). Le norme imperative qui in considerazione sono sempre proibitive, imponendo insormontabili divieti.

Ponendo l'attenzione sul concetto di "causa concreta" si riesce a spiegare perché un contratto tipico possa avere una causa illecita.

Esempio. Tizio e Caio concludono un contratto di opera (art. 2222 cod. civ., che corrisponde ad un modello di operazione economica previsto dal legislatore): con esso il primo si obbliga, verso corrispettivo, a compiere un atto che comunque è obbligato a compiere, in quanto rientrante nei suoi doveri di ufficio (ad esempio, rispondere ad una istanza rivolta dal cittadino). Entrambe le prestazioni, qui, sono lecite, ma è la loro combinazione causale (l'interesse concreto delle parti) che rende illecita la causa.

Occorre, a questo punto, fare un passo in avanti. Il divieto di determinati atti o attività può provenire direttamente da una norma imperativa, come molte volte accade. Il divieto, peraltro, può provenire anche dall'ordine pubblico o dal buon costume, su cui ci si deve tra poco intrattenere. Un rilievo preliminare va svolto. Il fatto che i divieti siano previsti anche da clausole generali (come, appunto, l'ordine pubblico ed il buon costume) permette di distinguere chiaramente il sistema civile da quello penale: in quest'ultimo, infatti, vale il principio (art. 25, 2° co., Cost.; art. 14 disp. prel. cod. civ.) secondo cui le leggi penali si applicano soltanto ai casi ad essi previsti. Non si può, in sostanza, essere sottoposti ad una sanzione penale soltanto perché il fatto commesso si pone in contrasto con principî (pur fondamentali) previsti dal nostro ordinamento: occorre che vi sia una "copertura normativa", ossia una norma in base al quale il fatto commesso sia da ricondurre ad una fattispecie di reato.

187.1. (b) *La contrarietà all'ordine pubblico.*

L'**ordine pubblico** (di cui discute l'art. 1343 cod. civ.) è una "clausola generale" che racchiude l'insieme dei principî e dei valori fondamentali dell'organizzazione politica, economica e sociale dell'ordinamento giuridico in un determinato momento storico.

Si ha causa illecita, dunque, quando l'operazione economico-giuridica perseguita dalle parti con il contratto sia contraria ad un divieto, ricavabile da un insieme di principî e valori, i quali: (a) sono sanciti direttamente da norme del nostro ordinamento (si pensi alle norme costituzionali); (b) si ricavano, attraverso un'operazione interpretativa-sistematica, da un complesso di norme che disciplinano una determinata materia. L'ordine pubblico, come si è ben detto in dottrina, individua norme imperative non verbalizzate dalla legge, ma deducibili dal sistema normativo nel suo complesso.

È possibile distinguere, in particolare, un ordine pubblico politico; un ordine pubblico economico di struttura e di direzione; un ordine pubblico economico di protezione.

L'**ordine pubblico politico** è composto da quei principî e valori diretti alla tutela della struttura dello Stato, della sua organizzazione, dei diritti e delle libertà fondamentali delle persone, della famiglia.

Esempio. Due parti concludono un contratto con cui un soggetto assume l'altrui rischio di essere scoperto e condannato a pena pecuniaria, per i reati che commetterà. Non vi è una norma che, espressamente, vieta tali contratti. Il divieto, però, discende dall'ordine pubblico (politico). Se questo contratto fosse considerato valido (ossia non nullo), l'efficacia delle norme penali (che nel complesso mirano ad assicurare un'ordinata e pacifica convivenza) risulterebbe sicuramente indebolita: vi sarebbe un incentivo, cioè, a delinquere. Da qui la conclusione che un siffatto contratto è illecito per contrarietà all'ordine pubblico.

Vi è, poi, un **ordine pubblico economico di struttura e direzione**, formato da princìpî e valori diretti ad assicurare i criteri entro cui deve svolgersi ed uniformarsi l'attività degli operatori economici e del mercato. È per esempio nullo per illiceità della causa, sotto il profilo della contrarietà all'ordine pubblico in considerazione, quel contratto che si pone in violazione della normativa sulla concorrenza, sulla circolazione dei beni, sulla disciplina urbanistica riguardante l'attività edificatoria.

Infine, l'**ordine pubblico economico di protezione** è costituito da quei princìpî e valori che affermano, nel nostro ordinamento, la tutela del "contraente debole". Esso si ricava, ad esempio, dalla disciplina "consumeristica", che regola i rapporti tra "professionista" e "consumatore", su cui ci si soffermerà in seguito (Cap. 39). Alla categoria possono ricondursi i princìpî di protezione dei lavoratori nei confronti dei datori di lavoro, dei conduttori verso i locatori, delle piccole imprese satellite che si trovano in una posizione di dipendenza economica nei confronti di quelle più grandi.

187.2. (c) *La contrarietà al buon costume.*

Il concetto di illiceità, infine, deve essere completato attraverso il riferimento ad un'altra clausola generale, quella del **buon costume**. Esso, in questo caso, individua norme imperative non verbalizzate, ricavabili dall'insieme dei princìpî etici accolti comunemente, in una determinata materia e in un determinato momento storico, dalla generalità dei consociati. Alberto Trabucchi si riferisce a quelle regole di eticità nella vita sociale che si tramandano come *mores maiorum* (si veda anche Cass., n. 5371/1987, che considera contrari al buon costume quei contratti "che urtano contro i princìpî e le esigenze etiche della coscienza collettiva").

Il contratto, dunque, è illecito quando l'operazione giuridico-economica perseguita dalle parti sia contraria ad un divieto che si rinviene nei princìpî della morale esistenti nella comunità. Viene in considerazione il costume sessuale, ma anche quello sportivo, politico, degli affari.

Ad esempio, è contrario a buon costume il contratto di "meretricio", ancorché non vi sia alcuna norma che lo vieti: si ritiene tuttavia contrario alla morale pagare del denaro per un rapporto sessuale, giacché il sesso è una delle manifestazioni della libertà personale di ciascun individuo; esso non può essere "mercificato".

È contrario al buon costume, ancora, benché nessuna norma lo vieti, il contratto con cui una parte accetti del denaro per rinunciare alla propria candidatura alle elezioni o ad una carica politica. È contrario a buon costume il contratto con cui uno sportivo si impegni a non giocare o si impegna a giocare male.

Avendo preso in rassegna i tre aspetti della illiceità, è possibile comprendere la distinzione, assai diffusa nella dottrina, fra **contratti illegali** (quelli contrari, ai sensi dell'art. 1343 cod. civ., alle norme imperative e all'ordine pubblico) e **contratti immorali** (quelli contrari al buon costume).

Per i contratti immorali vale la norma di cui all'art. 2035 cod. civ. (*soluti retentio*): in ossequio alla regola generale non si è tenuti a dare esecuzione al contratto nullo (ad eseguire, cioè, la prestazione prevista dallo stesso). Non si è tenuti, tuttavia, e qui sta la deroga rispetto alla regola generale, a restituire ciò che si è pagato in esecuzione del contratto immorale (art. 2035 cod. civ.).

La regola appena ricordata, si ritiene, vale per ogni contratto qualificabile come contrario al buon costume, ancorché la sua illiceità sia espressamente prevista da una norma di legge. La vendita del voto, ad esempio, è espressamente vietata dal d.p.r. n. 361/1957 (recante disposizioni sulla elezione della Camera dei deputati). Essa dà luogo ad un contratto immorale, rispetto al quale vale la regola della *soluti retentio*.

188. La causa nei contratti atipici.

Si è visto come nei contratti tipici (quelli, cioè, disciplinati dal legislatore) occorra indagare la causa concreta. È necessario ora occuparsi dell'accertamento della causa nei **contratti atipici**, ossia quei contratti che non appartengono "ai tipi aventi una disciplina particolare" (art. 1322, 2° co., cod. civ.).

L'espressione contratti atipici è assunta, di solito, come equivalente di **contratti innominati**. Alcuni autori, invece, distinguono: i contratti innominati sarebbero quei contratti che non hanno alcun riferimento con i contratti previsti dalla legge; i contratti atipici sarebbero quelli che, più semplicemente, hanno apportato dei cambiamenti al contratto tipico. Può utilizzarsi, invero, un'unica espressione (contratti "atipici", da intendersi come equivalente di "contratti innominati") a condizione d'intendersi sul suo significato. Sono, dunque, atipici quei contratti in cui le parti perseguono un'operazione giuridico-economica diversa da quella prevista da uno dei modelli legislativi: il che avviene perché le parti stipulano un contratto che non richiama in alcun modo i tipi normativi, oppure perché le stesse apportano ad uno dei tipi contrattuali delle modifiche così significative da conseguire una diversa (e nuova) operazione giuridico-economica.

Per i contratti atipici non si pone la distinzione, così come si è visto per i contratti tipici, fra causa "astratta" e causa "concreta", giacché manca una predeterminazione legislativa dello schema di operazione economica. Sono contratti atipici, ad esempio, il *catering* ed il *sale and lease back*.

La norma cui fare riferimento, qui, è l'art. 1322, 2° co., cod. civ., secondo cui "le parti possono anche concludere contratti che non appartengono ai tipi aventi una disciplina particolare, purché siano diretti a realizzare **interessi meritevoli di tutela** secondo l'ordinamento giuridico".

Il giudice, in sostanza, deve accertare che nei contratti non disciplinati tipicamente siano presenti gli "interessi meritevoli di tutela", ossia la causa (App. Venezia, 14.2.2017). È da ritenere, seguendo la giurisprudenza più recente, che l'accertamento del giudice non sia soltanto in negativo, volto cioè a verificare che il contratto non persegua interessi illeciti, ossia contrari all'ordinamento giuridico (sulla causa illecita § 187); è, anche, un controllo in positivo, inteso ad accertare che gli interessi perseguiti dalle parti siano "meritevoli di tutela" (Cass., n. 21066/2006; Cass., n. 19657/2004). Emerge inoltre una lettura "costituzionale" dell'art. 1322, 2° co., allorché si afferma che il contratto non deve essere socialmente dannoso, ossia in contrasto con l'utilità sociale, di cui discute l'art. 41, 2° co., Cost. (Cass., 1.4.2011, n. 7557).

Può dunque succedere che gli interessi perseguiti siano leciti ma non siano meritevoli di tutela (in quest'ultimo caso il contratto è da considerare privo di causa).

Si studi, ora, quale metro di valutazione debba utilizzare il giudice nell'accertare, in un contratto atipico, la presenza di un "interesse meritevole di tutela". Lo dice lo stesso art. 1322, 2° co., cod. civ.: l'interprete deve giudicare "secondo l'ordinamento giuridico", ossia secondo diritto (e non secondo equità, che in questo campo non è richiamata dal legislatore). Il giudice, allora, si pronuncerà sulla presenza o meno di "interessi meritevoli di tutela" avendo riguardo alle norme che regolano casi simili o materie analoghe o, in mancanza, ai principî generali dell'ordinamento giuridico (art. 12, 2° co., disp. prel. cod. civ.).

Esempio. Le parti concludono un contratto atipico, denominato nella pratica contratto di "biancosegno". Si tratta di un contratto sottoscritto in bianco delle parti litiganti, con separato patto che impegna un terzo a provvedere al suo riempimento. Il terzo stende su di esso il testo o la conclusione dell'accordo o della decisione, con l'intesa che tale statuizione verrà considerata come espressione della volontà dei mandanti-litiganti. In tal modo, il contenuto sostanziale dell'accordo, per il quale non esiste neppure uno specifico obbligo di motivazione, apparirà anche esternamente come espressione diretta della volontà dei contraenti. L'interesse perseguito dalle parti è meritevole di tutela, come confermato dall'art. 149 L. cambiaria, che regola l'ipotesi della cambiale in bianco.

Nell'accertare o meno la presenza di un "interesse meritevole di tutela", ha aggiunto talvolta la nostra giurisprudenza, occorre tenere in considerazione non solo il nostro ordinamento giuridico ma anche i principî vigenti nelle "**nazioni** di **civiltà giuridica affine**" (Cass., n. 2310/1996): ciò che è valido in questi Paesi, in sostanza, non può non essere valido in Italia. Il rischio, infatti, è quello dell'isolamento economico, nel quale sarebbe relegato il nostro Paese se si considerasse invalido un modello economico diffuso ed ovunque riconosciuto. Proprio ragionando in questo modo, del resto, la giurisprudenza si è pronunciata per la validità del contratto di *performance bond* o contratto autonomo di garanzia (Cass., Sez. Un., n. 3947/2010; Cass., 22.11.2019, n. 30509).

È ammesso, così, un **controllo giudiziario** sull'utilizzo che le parti fanno dell'**autonomia privata**. Si tratta, come è stato osservato, di un controllo esercitato non a protezione di interessi pubblici, ma a tutela degli stessi contraenti, per tutelarli contro il rischio di "atti capricciosi o imponderati"; la tutela, in particolare, riguarda il contraente debole, perché le dichiarazioni prive di causa fanno nascere il sospetto che anche il consenso al vincolo giuridico sia difettoso (App. Firenze, 9.12.2021, secondo cui il contratto immeritevole costringe – fra l'altro – una delle parti a tenere condotte contrastanti coi superiori doveri di solidarietà costituzionalmente imposti).

Lo si comprende bene avendo riguardo ad un lodo arbitrale, pronunciato negli anni Settanta del secolo scorso, relativo alla cessione gratuita, ad una potente multinazionale, di un brevetto per invenzione industriale. Nel caso di specie il cedente era una piccola società.

Esempio. Viene effettuato il trasferimento della proprietà di un bene immateriale di notevole valore. Il contratto di trasferimento non è una compravendita, giacché manca la determinazione del prezzo. Non si tratta di una donazione, per una serie di motivi concorrenti: l'alienante, infatti, non dichiara di "donare"; fra i contraenti, inoltre, vi sono rapporti commerciali e non è configurabile lo "spirito di liberalità" che contraddistingue la donazione. Si tratta, dunque, di un contratto atipico di trasferimento della proprietà a titolo gratuito, che è stato considerato nullo dagli arbitri per mancanza di causa. Il trasferimento gratuito di un bene, in assenza di uno "spirito di liberalità", non è "meritevole di tutela". Nella decisione è possibile rinvenire la tutela del contraente "debole": è da ritenere che chi si induce a prestare il proprio consenso al trasferimento di un bene, senza spirito di liberalità, lo fa perché subisce la "prepotenza" altrui.

189. Causa di liberalità e causa gratuita. Rinvio.

Il "principio causale", si è visto, vuole che la causa sia presente in tutti i contratti (e negli atti giuridici negoziali in generale): sia quelli onerosi sia quelli gratuiti.

Proprio muovendo dal concetto di "causa" è possibile svolgere alcune distinzioni: un contratto a titolo gratuito può essere un "atto di liberalità", ma non lo è necessariamente (lo sarà soltanto se ricorre una particolare causa, lo "spirito di liberalità"). Ed ancora, un "atto di liberalità" non necessariamente è una donazione: può definirsi, anche, una liberalità atipica.

Il tema richiede di essere ripreso in altra parte del Corso (Cap. 85).

190. I contratti misti (o con causa mista).

I contratti atipici, si è visto, sono quelli che non appartengono ai tipi aventi una disciplina particolare. Alcuni di essi sono definiti **contratti misti** (o con **causa mista**) allorché abbiano una causa costituita dalla fusione di due o più contratti tipici.

Un contratto, ad esempio, può essere nel contempo a titolo oneroso e a titolo di liberalità. Si pensi ad un contratto di compravendita, in cui il prezzo del bene venduto è inferiore al suo valore di mercato. Quando il venditore sia mosso da spirito di liberalità verso il compratore, si è in presenza di un **contratto *mixtum cum donatione***, ossia di una liberalità atipica, sottoposta alla relativa disciplina (§ 530).

Altri contratti atipici, invece, nascono dalla fusione della causa di due contratti onerosi: è il caso del contratto di portierato, che nasce dalla commistione della causa della locazione (godimento della cosa contro corrispettivo *ex* art. 1571 cod. civ.) e di quella del contratto di lavoro domestico (scambio di servizi domestici contro corrispettivo, ai sensi dell'art. 2240 cod. civ.).

Secondo la dottrina e la giurisprudenza più accreditate, ai contratti atipici con causa mista si applica, per analogia, la disciplina del tipo contrattuale la cui funzione è, in concreto, prevalente (c.d. **teoria dell'assorbimento**: Cass., n. 22828/2012; Cass., 17.10.2019, n. 26485; App. Roma, 20.10.2021). Minoritaria è la tesi secondo cui la disciplina da applicare sarebbe il risultato della combinazione delle diverse regole dei contratti tipici (c.d. **teoria della combinazione**: Cass., n. 1538/1975).

Peraltro, ove si abbia riguardo alla disciplina dei contratti tipici, alcuni di essi risultino dalla fusione di altri contratti tipici. Qui la combinazione, però, è operata direttamente dal legislatore, che detta un'apposita disciplina. Si pensi all'appalto-somministrazione (art. 1677 cod. civ.), che è un vero e proprio contratto tipico con causa mista; o, ancora, al contratto di conto corrente (art. 1856 cod. civ.), risultante dalla combinazione del contratto di deposito bancario con quello di mandato.

191. I contratti collegati.

Diversi dai contratti misti sono i **contratti collegati**. Nel primo caso si è in presenza di un unico contratto (atipico o tipico) risultante dalla fusione delle cause di due o più contratti tipici. I contratti collegati, invece, sono contratti distinti (ciascuno con propria causa): sennonché i distinti contratti sono funzionalmente collegati al fine di realizzare un'**unitaria operazione economica** condivisa dai contraenti (Cass., n. 7255/2013; Cass., n. 18585/2016; Cass., n. 10722/2017).

Il criterio distintivo tra contratti misti e contratti collegati, si badi, non è quello, formale, dell'unità o della pluralità di documenti contrattuali. Ben può succedere, infatti, che un unico contratto risulti da più documenti contrattuali e, all'opposto, un unico documento contenga distinti, anche se collegati, contratti (Cass., n. 18884/2008). Il criterio distintivo è quello dell'unica causa o delle **pluralità** di **cause**: quando vi è un'unica causa (che è il risultato della fusione delle cause di altri tipi contrattuali) siamo in presenza di un contratto misto (App. Ancona, 14.10.2020); quando vi sono distinte cause, si può discutere di contratti collegati.

Esempio. Due parti concludono un contratto di albergo. Il cliente desidera essere trasportato dalla stazione all'hotel. Poiché quest'ultimo dispone anche del servizio di trasporto, viene concluso un contratto di trasporto accessorio a quello di albergo. Si è in presenza, qui, di due distinti contratti (uno principale e l'altro accessorio) che mirano a realizzare un'unitaria operazione economica.

Esempio. Il cliente di un negozio acquista un computer. Lo stesso cliente richiede l'assistenza tecnica periodica da parte del venditore. Si concludono, così, due contratti collegati: quello di compravendita e quello di manutenzione del computer.

Il collegamento contrattuale (l'assolvimento, cioè, da parte dei contratti collegati, di un'unica operazione economica) reca le seguenti conseguenze: le vicende che riguardano uno dei contratti (invalidità, inefficacia, risoluzione) si ripercuotono su quello collegato. Più precisamente: le vicende del contratto accessorio seguono quelle del contratto principale (nel primo dei due esempi, il contratto principale è quello di albergo). Non sempre è possibile individuare il contratto principale, sussistendo contratti collegati in cui vi è una reciproca interdipendenza: in questo caso le vicende di uno dei contratti collegati si ripercuotono sull'altro. I giudici di legittimità, peraltro, hanno effettuato un'importante precisazione a proposito della domanda di risoluzione per inadempimento di non scarsa importanza (art. 1455 cod. civ.): la gravità dell'inadempimento di un singolo contratto non deve essere apprezzata per ciascuna pattuizione, ma all'interno della complessiva struttura negoziale (così Cass., 26.6.2019, n. 17148).

In caso di collegamento negoziale fra un contratto per il quale sia richiesta la forma scritta *ad substantiam* (ad esempio una compravendita immobiliare) e uno a forma libera (appalto), è necessario che anche il secondo contratto rivesta la forma scritta per la validità del primo, sebbene non occorra che questo requisito sia assicurato in un unico contesto (così Cass., 24.11.2020, n. 26693).

Il **collegamento contrattuale** può essere fissato dal legislatore e, dunque, deve considerarsi **tipico**: si pensi al contratto costitutivo dell'obbligazione principale e quello costitutivo dell'obbligazione fideiussoria (si veda anche, a proposito dell'unitarietà dell'operazione economica, la disciplina del "contratto di rete" di cui all'art. 3, 4° co.-*ter*, d.l. n. 5/2009, e successive modifiche, o quella dettata dall'art. 125-*quinquies* TUB sul contratto di credito al consumo collegato a quello di fornitura).

Il **collegamento atipico**, invece, è quello che nasce dall'autonomia contrattuale (art. 1322, 2° co., cod. civ.; Cass., 25.7.2018, n. 19748), ossia da una clausola atipica che rende un contratto dipendente dall'altro (collegamento unilaterale o per accessorietà) o più contratti tra loro interdipendenti (collegamento con influenza reciproca).

Per la giurisprudenza il collegamento contrattuale può risultare tanto dalla volontà delle parti quanto, in difetto o anche in contrasto con la volontà dichiarata dalle parti, dalla causa di ciascun contratto che oggettivamente riveli interdipendenza con la causa di un altro contratto (Cass., n. 1644/1984). Il collegamento tra diversi contratti può essere individuato dal giudice anche d'ufficio (Cass., n. 17899/2015). Il che vuol dire, in definitiva, che in materia l'autonomia contrattuale può svilupparsi in due direzioni:

(a) rendendo collegati due contratti che, in mancanza di volontà di collegamento, sarebbero indipendenti. È il caso, ad esempio, del mutuo seguito dall'impegno del mutuatario di rifornirsi, presso il mutuante, delle merci necessarie per la sua impresa (Cass., n. 6864/1983);

(b) scomponendo in più contratti un'operazione economica che altrimenti si potrebbe realizzare con un contratto unitario. Qui, però, l'unità della causa costituisce un limite all'autonomia contrattuale, la quale dunque non può sottrarsi al collegamento tra diversi contratti: da ciò deriva che, come sottolineano alcuni interpreti, dovrà considerarsi nulla l'eventuale clausola che escludesse la comunicazione delle vicende di un contratto all'altro (la clausola, in sostanza, non supererebbe il vaglio di meritevolezza *ex* art. 1322 cod. civ.). Si pensi, in particolare, alla pluralità di contratti di vendita in luogo di un unico contratto di somministrazione; o, ancora, alle vendite incrociate al posto del contratto di permuta. Rispetto a queste fattispecie l'eventuale clausola che spezzasse il collegamento contrattuale sarebbe nulla.

Un'ipotesi particolare di collegamento negoziale è costituita dal **subcontratto**, che così può descriversi: un soggetto, che è già parte del contratto principale, riutilizza tale ruolo in un ulteriore contratto con un terzo, assumendo una posizione contrattuale "invertita" rispetto a quella precedente. Il primo contratto è considerato quello principale; il subcontratto quello che funzionalmente dipende dal primo. Si pensi al contratto di sublocazione: il locatario (o conduttore) subloca a sua volta (ove sia consentito) il bene, assumendo nel secondo contratto la diversa qualifica di locatore (art. 1594 cod. civ.). Altro esempio è quello del subappalto: l'appaltatore stipula un subappalto con un terzo assumendo la qualifica di committente (art. 1656 cod. civ.).

Occorre avere riguardo alle singole fattispecie al fine di verificare la possibilità di concludere un subcontratto: talvolta la facoltà di sub contrattare è libera, pur richiedendo il consenso della controparte del contratto principale (art. 2 l. n. 392/1978, sulle locazioni di immobili ad uso abitativo; art. 1656 cod. civ., sul subappalto). Altre volte, invece, il subcontratto prescinde dal consenso del contraente del contratto principale, richiedendo però la sussistenza di alcuni requisiti (art. 36 l. n. 392/1978, sulle locazioni di immobili adibiti ad uso diverso dall'abitazione, per il quale occorre anche la contestuale cessione o locazione dell'azienda).

Il collegamento tra contratto principale e subcontratto comporta che le vicende riguardanti il primo contratto si ripercuotono sul secondo.

Il subcontratto non è da confondere con la cessione del contratto, di cui si dirà (§ 228): il subcontratto, infatti, dà luogo ad un nuovo contratto (distinto da quello principale); ciò non accade nella cessione del contratto, in cui il rapporto contrattuale rimane unico ed inalterato (ancorché un soggetto, detto cessionario, subentri ad un altro, detto contraente ceduto).

192. Il contratto indiretto ed il contratto in frode alla legge.

Il chiarimento del concetto di causa "concreta" serve per comprendere meglio la figura che va sotto il nome di **contratto indiretto**. Esso ricorre quando le parti perseguono "in concreto" una determinata operazione economico-giuridica non utilizzando direttamente lo schema contrattuale corrispondente ad essa; utilizzano, quindi, uno schema contrattuale astratto non corrispondente all'operazione economico-giuridica che vogliono perseguire. Le parti, pur adoperando uno schema astrattamente non idoneo a realizzare la causa concreta, riescono a realizzarla.

E ciò, fondamentalmente, in due modi:

(a) inserendo, nel contratto prescelto, alcune clausole o utilizzando comunque degli accorgimenti in grado di "piegare" la causa astratta del modello di schema utilizzato verso quella, concreta, di un diverso atto negoziale.

Esempio. Le parti, per realizzare un'operazione economico-giuridica sostanzialmente equivalente ad un contratto di compravendita di un immobile, stipulano un contratto di mandato irrevocabile ad amministrare il bene e ad alienarlo, senza alcun obbligo di rendiconto. La previsione, nel contratto di mandato, di alcune pattuizioni (irrevocabilità del mandato, assenza di obbligo di rendiconto) "piega" la causa astratta di tale contratto verso quella, concreta, del contratto di compravendita.

Esempio. Viene acquistato un bene immobile, da parte del figlio, con denaro del padre. Il contratto stipulato è la compravendita. Il fatto, tuttavia, che venga utilizzato denaro di un terzo (il padre) piega la causa astratta del contratto di compravendita verso quella, concreta, della donazione indiretta.

(b) Attraverso il collegamento negoziale tra più atti aventi ciascuno una propria causa. L'interdipendenza tra gli atti determina un risultato economico-giuridico coincidente con la causa di un altro contratto, cui le parti hanno effettivamente avuto riguardo.

Esempio. Tizio intende prestare a Sempronio una somma di denaro. Vengono stipulati due diversi contratti: con il primo Tizio presta a Caio una somma di denaro; con il secondo Caio presta a Sempronio la stessa somma di denaro. Si stipulano due contratti collegati che realizzano, nel complesso, il risultato economico-giuridico che le parti avevano di mira, ossia il prestito di Tizio a Sempronio.

Il contratto indiretto può tradursi in un **contratto in frode alla legge** (Cass., n. 1523/2010), ossia in un contratto che indirettamente (ossia attraverso i meccanismi che si sono appena ricordati) costituisce "il mezzo per eludere l'applicazione di una norma imperativa". La causa di questo contratto è considerata dal legislatore illecita (art. 1344 cod. civ.). Ciò vuol dire che il contratto in frode alla legge, avendo una causa illecita, è nullo (art. 1418, 2° co., cod. civ.; Cass., 11.7.2019, n. 18680). Per la dottrina fautrice della c.d. teoria oggettiva non occorre la consapevolezza e l'intenzione fraudolenta delle parti (come affermano i sostenitori della teoria soggettiva).

Esempio. Una norma imperativa vieta al Sig. Rossi di acquistare determinati beni dal Sig. Bianchi. Le parti, allora, aggirano il divieto previsto dalla norma imperativa, concludendo un mandato irrevocabile ad amministrare tali beni e ad alienarli senza obbligo di rendiconto. Il Sig. Bianchi, in questo contratto, è il mandante, mentre il Sig. Rossi è il mandatario. Il contratto di mandato, astrattamente, è lecito: esso però ha in concreto una causa illecita, giacché costituisce il mezzo per eludere l'applicazione di una norma imperativa (che vieta l'acquisto dei beni del Sig. Bianchi da parte del Sig. Rossi).

193. Il contratto fiduciario.

Si ha **contratto fiduciario** allorché una parte, detta **fiduciante**, trasferisce ad un **fiduciario** la titolarità di un bene: si tratta di un bene immobile o beni mobili, come azioni, quote di società o altri valori mobiliari (per la precisazione che il contratto fiduciario non è sottoposto ad alcuna forma solenne quando abbia per oggetto una somma di denaro si veda Cass., 3.12.2019, n. 31570). Il contratto fiduciario, peraltro, prevede un separato patto (il *pactum fiduciae*): l'intestatario utilizzerà e disporrà dei beni rispettando le istruzioni che gli ha già imposto o che gli imporrà in un secondo momento il fiduciante.

Si può dunque definire contratto fiduciario quel contratto con cui si persegue una finalità diversa dalla causa del contratto prescelto, avendo il *pactum fiduciae* la funzione di piegare il contratto alla realizzazione dello scopo perseguito (sulla prova del patto fiduciario si veda Cass., 4.3.2022, n. 7179; Cass., 8.9.2021, n. 24178). Mentre nel contratto indiretto il diverso scopo può realizzarsi in virtù del solo contratto utilizzato (o di più contratti collegati), in quello fiduciario occorre un separato patto che pieghi il contratto alla funzione voluta dalle parti.

La situazione che si prospetta, in definitiva, è la seguente: le parti vogliono che, effettivamente, il fiduciario acquisti la titolarità del diritto che gli è stato trasferito (non pongono in essere una simulazione: Cap. 32); nel contempo, però, vogliono che il diritto trasferito sia utilizzato non nell'interesse del fiduciario ma nell'interesse del fiduciante, che per questo emana le opportune istruzioni. Quest'ultime limitano il diritto trasferito al fiduciario: si potranno prevedere, ad esempio, le modalità di amministrazione del bene, l'obbligo di ritrasferirlo, alle condizioni indicate, al fiduciante o ad una terza persona indicata dal fiduciante, e così via.

Il codice civile non detta una specifica disciplina del contratto fiduciario come atto *inter vivos* (semmai si occupa delle disposizioni fiduciarie a causa di morte, contenute in un testamento: art. 627 cod. civ.). Di volta in volta, allora, occorrerà accertare se l'accordo fiduciario persegua un interesse meritevole di protezione secondo l'ordinamento giuridico (art. 1322, 2° co., cod. civ.).

Lo studio delle ragioni per cui si stipula un contratto fiduciario permette di fare un cenno alle classiche figure della ***fiducia cum amico*** e ***fiducia cum creditore***.

Nella *fiducia cum amico* il fiduciante (che, ad esempio, non voglia apparire quale alienante) trasferisce determinati beni al fiduciario, il quale ha l'obbligo di rivenderli o trasformarli in altri valori o beni, corrispondenti al profitto sperato dal fiduciante; oppure ha l'obbligo di amministrarli, gestirli e ritrasferirli allo stesso fiduciante o ad un altro soggetto.

Nella *fiducia cum creditore*, invece, il patto intercorre tra debitore (fiduciante) e creditore (fiduciario). Il primo, ad esempio, trasferisce al secondo un bene con il patto che, nel momento dell'estinzione del debito, il creditore ritrasferirà il bene al debitore. La Suprema Corte, di fronte a pattuizioni fra creditore e debitore, ha assunto un atteggiamento particolarmente rigido, pronunciandosi più volte per la nullità della vendita "con causa di garanzia" (artt. 2744 e 1344 cod. civ.).

Ciò non solo quando la vendita dal debitore al creditore sia sottoposta alla condizione sospensiva dell'inadempimento del primo (Cass., n. 6005/1982; Cass., 21.1.2016, n. 1075) o la vendita sia risolutivamente condizionata all'adempimento dell'obbligazione; ma anche quando la vendita sia immediatamente traslativa della proprietà dal debitore al venditore, anche se con patto di riscatto o con patto di retrovendita a favore del debitore (Cass., n. 1657/1996; Cass., n. 1675/2012).

Nella vendita con patto di riscatto o con patto di retrovendita, in effetti, il contratto può costituire il mezzo per eludere l'imperatività dell'art. 2744 cod. civ., che prevede il divieto del patto commissorio (§ 151). Il che accade, in particolare, quando si provi: il debito preesistente fra venditore e compratore; l'equivalenza fra l'importo del precedente debito ed il prezzo della compravendita; il non pagamento, in concreto, del prezzo di vendita (trattandosi, in realtà, di una somma che costituisce il debito del venditore).

Accade talvolta, nella prassi, che la vendita stipulata con patto di riscatto o di retrovenduta sia accompagnata dal pagamento di denaro da parte del compratore, che però costituisce non già il pagamento del prezzo ma l'erogazione di un finanziamento: il trasferimento del bene, in questi casi, è finalizzato a porre in essere una situazione transitoria di garanzia, destinata ad evolversi diversamente a seconda che il debitore adempia o meno all'obbligazione di restituire la somma ricevuta a mutuo. Si è di fronte, anche in questo caso, ad un contratto nullo in quanto in frode alla legge (Cass., 12.10.2011, n. 20956 Cass., 21.1.2016, n. 1075).

Altri contratti o atti che la giurisprudenza ha considerato nulli, in quanto in frode alla legge (art. 1344 cod. civ.), sono i seguenti: il contratto preliminare avente ad oggetto un immobile sottoposto alla condizione sospensiva del mancato pagamento di un debito, in cui la somma dovuta dal promissario acquirente abbia la funzione di compensarsi con il credito vantato dallo stesso nei confronti del promittente venditore (Cass., 21.5.2013, n. 12462); la procura a vendere attribuita, senza obbligo di rendiconto, al creditore, di guisa che quest'ultimo, in caso di inadempimento, proceda alla vendita del bene al fine di trattenere il ricavato per soddisfare la sua pretesa (Cass., 8.7.2014, n. 15486).

Al di fuori degli utilizzi vietati, va detto che la vendita con patto di riscatto o di retrovendita costituisce talvolta un importante strumento di "finanziamento" per il venditore: quest'ultimo, infatti, attraverso la vendita del bene ottiene dal compratore la disponibilità di una somma di denaro che, altrimenti, avrebbe difficoltà a reperire. Nel contempo, però, si riserva la possibilità di riottenere il bene che aveva venduto a scopo di finanziamento.

193.1. *Fiducia "romanistica" e fiducia "germanistica". Cenni sul* trust *e rinvio.*

Il contratto fiduciario si struttura secondo un duplice schema: quello della c.d. **fiducia romanistica** e quello della c.d. **fiducia germanistica**.

Nello schema della c.d. fiducia romanistica (che si attaglia alla nostra cultura giuridica) il fiduciario diventa titolare del diritto di proprietà del bene trasferitogli dal fiduciante. Quest'ultimo, dunque, non ha più alcun diritto reale sul bene ma, semmai, un diritto di credito che nasce dal *pactum fiduciae*, avente ad oggetto gli adempimenti pattuiti: amministrazione, gestione, ritrasferimento del bene (ad una determinata scadenza) al fiduciante stesso o ad altro soggetto, e così via. Il che comporta delle conseguenze importanti: se il bene è entrato nel patrimonio del fiduciario, esso è soggetto all'esecuzione forzata dei creditori di quest'ultimo. Si immagini, ad esempio, un fiduciario che si trovi in difficoltà economiche: i suoi creditori aggrediranno il suo patrimonio (costituito anche dai beni che, "fiduciariamente", sono stati trasferiti dall'alienante per finalità che probabilmente il fiduciario, vista l'azione esecutiva, non riuscirà a soddisfare).

Una particolare attenzione deve porsi nei confronti dell'inadempimento dell'obbligo del fiduciario, assunto con il *pactum fiduciae*, di ritrasferire il bene al fiduciante: per opinione condivisa si ritiene che quest'ultimo possa invocare la tutela dell'esecuzione forzata in forma specifica dell'obbligo di concludere un contratto, ai sensi dell'art. 2932 cod. civ. Il fiduciante, in sostanza, può ottenere una sentenza costitutiva che realizzi coattivamente il trasferimento, cui era obbligato il fiduciario (Trib. Roma, 29.11.1999).

Diverso discorso deve farsi allorché il fiduciario, disattendendo il *pactum fiduciae* che prevedeva l'obbligo di ritrasferimento al fiduciante, alieni il bene ad un terzo soggetto. Il fiduciante, in questo caso, non potrà chiedere al terzo la restituzione del bene opponendogli il patto di fiducia. Vale la considerazione per cui quest'ultimo non ha efficacia reale ma obbligatoria: fa nascere un rapporto obbligatorio tra le parti ma non è opponibile ai terzi. In questo modo, è evidente, sono preferite le esigenze di certezza del traffico giuridico, a discapito del singolo interesse del fiduciante che potrà domandare soltanto il risarcimento del danno al fiduciario per inadempimento del *pactum fiduciae*.

Per il patto fiduciario con oggetto immobiliare, che si innesta su un acquisto effettuato dal fiduciario per conto del fiduciante, non è richiesta la forma scritta *ad substantiam*. Ne consegue che tale accordo, una volta provato in giudizio, è idoneo a giustificare l'accoglimento della domanda di esecuzione specifica dell'obbligo di ritrasferimento gravante sul fiduciario (Cass., Sez. Un., 6.3.2020, n. 6459).

Nella c.d. fiducia germanistica, invece, si ha una dissociazione fra "proprietà sostanziale" e "proprietà formale". Il fiduciario, infatti, ha la "proprietà formale" del bene che gli attribuisce la legittimazione, nei confronti dei terzi, a compiere tutte le operazioni ed attività previste dal *pactum fiduciae*. La "proprietà sostanziale" però rimane in capo al fiduciante: ciò vuol dire che il bene trasferito nel patrimonio del fiduciario sarà insensibile alle richieste dei creditori di quest'ultimo (essendo, appunto, di proprietà "sostanziale" del fiduciante).

Una forma legislativamente ammessa di "proprietà fiduciaria" si rinviene nelle società fiduciarie, regolate da alcune leggi speciali. Si tratta, in sintesi, delle società che, "comunque denominate, si propongono, sotto forma di impresa, di assumere l'amministrazione dei beni per conto di terzi" (art. 1 l. n. 1966/1939). La norma fondamentale in materia prevede che "le società fiduciarie che abbiano intestato al proprio nome titoli azionari appartenenti a terzi sono tenute a dichiarare le generalità dei effettivi titolari dei titoli stessi" (art. 1, ult. co., r.d. n. 239/1942; art. 9, 1° co., l. n. 1745/1962).

Pertanto, la società che amministra i titoli azionari ne diventa "intestataria al proprio nome"; l'affidante, d'altra parte, non cessa di essere l'"effettivo titolare" dei titoli stessi. Il che comporta, tra l'altro, che i creditori della società fiduciaria non possano far valere le proprie ragioni sui titoli azionari intestati per conto altri; inoltre, l'"effettivo titolare" può rivendicare i titoli azionari presso i terzi aventi causa della società fiduciaria (a meno che questa non abbia ricevuto mandato ad alienarli).

Si consideri, inoltre, l'art. 22 del d.lgs. n. 58/1998 (e successive modifiche) recante il "Testo unico in materia di intermediazione finanziaria". È previsto, da tale norma, che i valori e gli strumenti finanziari dei risparmiatori-investitori, gestiti dagli intermediari finanziari, sebbene intestati e detenuti da quest'ultimi, mettono capo ad un patrimonio "distinto" e "separato" "a tutti gli effetti". I beni dei risparmiatori-investitori, dunque, non si confondono con quelli dell'intermediario, i cui creditori non potranno agire nei confronti dei beni separati.

Al modello di fiducia germanistica può ricondursi il *trust*, che nasce nei paesi di *Common law* ma, attualmente, è riconosciuto anche negli ordinamenti giuridici europei, compreso il nostro. La l. n. 364/1989, infatti, ha ratificato la Convenzione sottoscritta a L'Aja, nel 1985, sulla disciplina e riconoscimento del *trust*.

Ci si occupi, in primo luogo, della definizione dell'istituto: con il *trust* un fiduciante (che si chiama anche conferente-costituente) attribuisce determinati beni ad un altro soggetto, chiamato *trustee*. Ciò può avvenire con un atto tra vivi o con un atto a causa di morte. Tali beni sono "formalmente" intestati al *trustee*, che ne ha il controllo (art. 2 Conv.) al fine di amministrarli secondo le indicazioni e gli interessi del fiduciante. L'intestazione formale vuol dire che i beni oggetto del *trust* non si confondono con gli altri del *trustee*, ma compongono una "massa distinta", assimilabile ad un "patrimonio separato".

Il *trustee*, allora, non solo non potrà subire, su questi beni, azioni esecutive da parte dei suoi creditori, ma non potrà neanche disporre di essi per finalità diverse da quelle indicate dal conferente.

Esempio. Viene costituito un *trust*, da parte del concedente, in base al quale determinati beni sono intestati al *trustee*, il quale è tenuto per un certo numero di anni a destinare i beni ad un'attività filantropica, per poi restituirli al conferente. Durante lo svolgimento dell'attività filantropica i beni destinati a tale finalità non potranno essere oggetto di azione esecutiva da parte dei creditori del *trustee*.

La Convenzione dell'Aja del 1985, ratificata in Italia con la l. n. 364/1989, aveva come finalità principale quella di riconoscere, nei Paesi che non conoscevano questa figura (come il nostro), il *trust* costituito nei Paesi anglosassoni secondo la legge propria di quegli ordinamenti. La Convenzione, dunque, ha riconosciuto il c.d. *trust* esterno: si pensi ad un *trust* costituito da uno straniero avente ad oggetto beni situati nel nostro Stato.

Come è facile immaginare, il riconoscimento del *trust* esterno ha posto il problema dell'ammissibilità del *trust* interno: quello, per intenderci, posto in essere da cittadini italiani ed avente ad oggetto beni che si trovano nel territorio italiano. La tematica è tutt'ora al centro di un vivace dibattito. Può solo dirsi, qui, che a detta di alcuni autori un'apertura verso la figura in esame sembrerebbe potersi ricavare da alcune norme già esistenti nel nostro ordinamento (si rinvia, sul tema, al § 540). Pure la giurisprudenza è orientata in questo senso.

Si ritiene applicabile l'azione di riduzione quando con il *trust* si realizzi una donazione indiretta a favore di un beneficiario, con lesione della quota riservata ad un legittimario (Trib. Lucca, 23.9.1997). Non sono infrequenti, inoltre, le pronunce di nullità del *trust*: in particolare, è considerato nullo il *trust* nel quale il conferente non abbia dichiarato o motivi del conferimento (App. Aquila, 1.4.2022); oppure il *trust* nel quale il *settlor* conservi il controllo dei beni conferiti (Trib. Genova, 20.1.2022).

194. La presupposizione.

Lo studio dei "motivi" e della "causa concreta", su cui ci si è intrattenuti in precedenza, risulta importante per comprendere la figura della **presupposizione**, che sarebbe vano ricercare nel codice civile, in quanto è il frutto della creazione dottrinale e giurisprudenziale. L'elaborazione del concetto si deve alla dottrina tedesca (al *Windscheid*, in particolare) che ha fatto riferimento alla figura del sostrato o "fondamento" del contratto (*Geschäftsgrundlage*).

Fra le varie **definizioni** proposte ve n'è una, ancorché articolata, in grado di racchiudere l'essenza del fenomeno. La presupposizione è: (a) una circostanza (passata, attuale o futura, di fatto o di diritto) esterna al contratto, che non riguarda né la causa né il contenuto o le prestazioni oggetto del contratto.

(b) Si tratta, inoltre, di una circostanza che costituisce un presupposto "determinante" del contratto, subordinandone l'efficacia.

(c) Non costituisce una "condizione espressa" ma rimane sostanzialmente un "motivo implicito" del contratto, ancorché fondamentale per la sussistenza e per la permanenza del vincolo contrattuale. La Cassazione ha precisato che affinché si rinvenga l'istituto in esame è necessario che dal contenuto del contratto si evinca l'esistenza di una situazione, non espressamente enunciata in sede di stipulazione, che costituisca presupposto inscindibile della volontà negoziale (Cass., n. 20620/2016; Cass., n. 40279/2021).

(d) La circostanza deve essere "oggettiva", conformemente al principio della buona fede che governa la materia contrattuale. Il suo verificarsi, cioè, deve essere indipendente dalla volontà delle parti.

(e) Deve essere comune alle parti del contratto. Si ritiene che la circostanza è comune alle parti quando vi sia, da parte delle stesse, la coscienza e la consapevolezza della rilevanza della circostanza, nell'economia del rapporto, nonché la concorde (ancorché implicita) subordinazione del vincolo contrattuale al verificarsi della stessa (Cass., Sez. Un., 20.4.2018, n. 9909; Cass., 6.12.2018, n. 31629).

Esempio. Un imprenditore assume un operaio presso la sua futura azienda, sul presupposto (comune ad entrambe le parti) che al primo venga rilasciata la necessaria licenza commerciale. Il rilascio di quest'ultima non viene elevato ad esplicita condizione del contratto, ma costituisce una condizione non espressa, indipendente dalla volontà delle parti. Si è in presenza di una presupposizione. Se la circostanza non si verifica, il contratto non avrà efficacia.

Esempio. Due parti stipulano un contratto di compravendita sul presupposto oggettivo, comune ad entrambe le parti, che l'acquirente ottenga un finanziamento o un'autorizzazione. Il finanziamento o l'autorizzazione, tuttavia, non arrivano. Non si verifica, allora, la circostanza "determinante" del contratto, che di conseguenza non è efficace.

Sulla scorta della definizione data (e degli esempi svolti), alcuni interpreti osservano come la presupposizione debba avere soltanto una **portata residuale**: essa, in sostanza, trova applicazione soltanto quando non risultino applicabili altri rimedi già espressamente previsti dal codice civile (e non in sovrapposizione ad essi).

Si consideri, in proposito, il seguente esempio.

Esempio. Viene stipulato un contratto di compravendita di un terreno sul "presupposto" di realizzare una costruzione, che però non può essere edificata perché alcune prescrizioni normative lo impediscono.

Si potrebbe ritenere, qui, che il "presupposto esterno" al contratto sia rappresentato dall'edificabilità del terreno (non a caso l'esempio talvolta viene richiamato per spiegare la figura della presupposizione). Ad una più attenta valutazione, peraltro, ci si accorge che l'edificabilità del terreno può costituire una "qualità intrinseca" (nel caso proposto, una qualità "giuridica") del bene oggetto del contratto, che il compratore "erroneamente" ritiene esistente al momento della stipula del contratto. Oppure l'edificabilità del terreno può rientrare nel "risultato dovuto", ossia nell'impegno contrattuale dell'alienante nei confronti dell'acquirente (Trib. Avezzano, 3.9.2019).

Talché dovrà applicarsi, a seconda dei casi, la disciplina sull'errore nella stipula del contratto o quella sull'inadempimento. Risulta superfluo, dunque, il riferimento alla figura della presupposizione, alla quale va attribuito carattere "residuale".

Quanto allo strumento cui ricorrere per privare di efficacia un contratto in cui non si sia verificata, successivamente, la circostanza-presupposto, la giurisprudenza talvolta opera un richiamo analogico alla risoluzione del contratto *ex* art. 1467 cod. civ. (§ 247). Si dà rilievo, in particolare, al fatto che l'evento sopraggiunto (ossia la mancata verificazione della circostanza) non renda più giustificato lo scambio fra prestazioni contrattuali, le quali non sono più in quel rapporto di proporzione fissato al momento della conclusione del contratto (Cass., n. 10340/2005; Cass., n. 1064/1985; Cass., n. 4775/1980).

È conforme alla buona fede contrattuale (art. 1375 cod. civ.), si aggiunge, riequilibrare (anche attraverso lo scioglimento) la posizione dei contraenti di fronte al sopravvenuto accertamento della realtà che sconvolge le pattuizioni concordate tra le parti. L'art. 1467 cod. civ., in tal modo, viene considerato un'applicazione, in una situazione specifica, di un più generale principio che si rinviene nella clausola generale della buona fede (per l'applicazione dell'art. 1467 cod. civ. si veda Cass., 5.5.2010, n. 10899).

Altre volte, invece, si è fatto ricorso alla disciplina della risoluzione del contratto per impossibilità sopravvenuta (non imputabile) della prestazione (artt. 1463 ss. cod. civ.: Cass., n. 5168/1987).

Si è pure prospettata, infine, la soluzione del recesso unilaterale, ossia dello scioglimento del contratto attraverso la dichiarazione della parte per la quale il contratto sia diventato inutile a seguito della mancata realizzazione della circostanza presupposta (Cass., n. 20620/2016; Cass., n. 21094/2012). Si tratta, tuttavia, di una soluzione che non si raccorda con il carattere eccezionale del recesso unilaterale (§§ 222 ss.).

Meritano di essere ricordati, infine, quei precedenti dei giudici di legittimità che si riferiscono a casi in cui la presupposizione abbia per oggetto una situazione falsamente presupposta come esistente al momento del perfezionamento del contratto. In tale evenienza il contratto è considerato nullo per mancanza di causa in concreto, non potendo il negozio esplicare la funzione che gli è propria (così Cass., n. 8689/1995; Cass.; n. 3083/1998).

195. L'astrazione della causa: l'atto giuridico negoziale astratto.

Il principio causalistico, si è ormai detto più volte, caratterizza il nostro ordinamento giuridico: è compito dell'interprete, dunque, andare alla ricerca della causa in ogni atto giuridico negoziale.

Esempio. Un contratto scritto, in cui una parte dichiarasse di trasferire la proprietà di un appartamento e l'altra di accettare il trasferimento, senza menzionare la causa (non è dato comprendere, cioè, se si tratti di donazione, di vendita, o di altro), è da considerare nullo.

Altri ordinamenti ammettono soluzioni diverse. È il caso di quello tedesco, di cui si è già avuto modo di discutere. Qui va ribadito che in quel sistema tutti i negozi dispositivi (o di attribuzione) sono astratti, ossia perfettamente validi anche in assenza di un contratto sottostante. Se, ad esempio, il contratto di compravendita (§ 433 BGB) è nullo o viene successivamente annullato, il trasferimento della proprietà resta valido, giacché il negozio di adempimento (§ 929 BGB) è astratto. Allo stesso modo, il vizio di quest'ultimo non interessa il contratto obbligatorio (ossia la compravendita).

Tutto ciò ha conseguenze rilevanti anche in ordine agli strumenti di tutela giuridica cui ricorrere in caso di inesistenza o nullità del negozio causale (e di efficacia del negozio astratto). Dovendosi escludere l'azione di rivendicazione ai sensi del § 985

BGB (data la natura astratta del trasferimento, il disponente non è più proprietario), si potrà far ricorso alla disciplina dell'arricchimento senza causa (§§ 812-822 BGB: su tale istituto, nell'ordinamento italiano, § 335).

La soluzione adottata dall'ordinamento tedesco, si afferma, rende più sicura la circolazione giuridica dei beni. Quella prevista nel diritto italiano, d'altra parte, presenta un vantaggio altrettanto importante: si garantisce da subito, in modo visibile e controllabile, che il trasferimento del diritto avvenga in base ad una ragione giustificativa.

Ma si torni, al di là delle ragioni di politica legislativa che ispirano l'una o l'altra scelta, al nostro ordinamento. Coerente con il "principio causalistico" è l'art. 1988 cod. civ.: la semplice **promessa di pagamento** o il semplice **riconoscimento del debito** sono dichiarazioni unilaterali astratte, dalle quali non è possibile inferire la causa in forza della quale si promette il pagamento o si riconosce un proprio debito.

Esempio. Prometto che il primo giorno del mese prossimo ti pagherò 10.000 euro.

Esempio. Riconosco di essere tuo debitore per la somma di 50.000 euro.

Una dichiarazione di tal fatta, in omaggio al principio "causalistico", ha un'efficacia processuale. In base, infatti, alla citata disposizione codicistica, essa "dispensa colui a favore del quale è fatta dall'onere di provare il rapporto fondamentale".

Si discute, qui, di **astrazione solo processuale della causa**. Ciò vuol dire che, una volta resa la dichiarazione, la strada per il debitore sarà in salita, è vero. Questi, però, potrà liberarsi dall'obbligo di pagare la somma oggetto della dichiarazione provando che non sussiste la ragione giustificatrice del pagamento: e ciò perché, ad esempio, il credito non è mai sorto; oppure è sorto da contratto nullo; oppure il credito sorgeva da un contratto valido, ma il debito è stato pagato da un terzo, e così via.

L'astrazione processuale, va ricordato, è ammessa dal legislatore soltanto per la promessa di pagamento e per la ricognizione di debito, aventi entrambi effetti obbligatori. L'astrazione processuale, invece, si ritiene non ammissibile per il riconoscimento unilaterale di diritto reale: pertanto, al di fuori dai casi espressamente previsti dalla legge (art. 969 cod. civ.), la dichiarazione con cui si afferma che altri è proprietario o comproprietario di un bene non ha valore giuridico.

Diversa dall'astrazione solo processuale della causa è l'**astrazione sostanziale della causa**, di cui si è detto a proposito dell'ordinamento tedesco.

Secondo alcuni interpreti, eccezionalmente un fenomeno di astrazione sostanziale della causa, nel nostro ordinamento, può ravvisarsi nella disciplina dei **titoli di credito** e, in particolare, nei titoli di credito astratti, come la cambiale e l'assegno.

Si consideri un'applicazione pratica della disciplina sui titoli di credito (artt. 1992 ss. cod. civ.): una persona firma alcune cambiali per avere il prestito di una somma di denaro. Le cambiali, poi, vengono "girate" ad un terzo: ebbene, non si può eccepire al terzo in buona fede, al fine di sottrarsi al pagamento, che la causa contenuta nella promessa di pagamento delle cambiali non esiste (perché, ad esempio, il finanziamento promesso in effetti non è stato erogato).

Colui che ha emesso le cambiali, allora, dovrà pagare il terzo: semmai, potrà agire verso colui al quale per primo ha rilasciato le cambiali per ottenere la restituzione della somma che ha dovuto pagare al terzo in buona fede. Il meccanismo dimostrerebbe che in questo caso la causa è irrilevante: pur essendo quest'ultima inesistente, in ipotesi, non ci si può sottrarre al pagamento della somma nei confronti del terzo giratario in buona fede.

Si obietta, peraltro, che quella appena ricordata non può considerarsi una vera e propria eccezione al principio causalistico. In effetti si deve muovere dal rilievo che la promessa cambiaria è una promessa a persona determinata ai sensi dell'art. 1988 cod. civ.; l'opponibilità della mancanza di causa del debitore cambiario al primo prenditore altro non è se non l'applicazione dell'art. 1988 cod. civ.

L'inopponibilità delle eccezioni agli aventi causa del promissario non deriva, invece, dalla asserita astrattezza della promessa, bensì dall'acquisto a titolo originario del credito da parte del promissario, a sua volta conseguente all'acquisto a titolo originario del titolo che menziona il credito (art. 1994 cod. civ.: la materia sarà ripresa, più analiticamente, nei §§ 323 ss.).

Il punto è che quando si acquista a titolo originario una cosa mobile (un quadro, una penna, un computer), lo si acquista "libero": non hanno più rilievo, dunque, le vicende che riguardavano il precedente proprietario (ed i suoi rapporti con altri soggetti). Allo stesso modo, nella materia dei titoli di credito va considerato che la cambiale (ossia quel pezzetto di carta in cui si fa menzione del credito) è una *res*: il successivo proprietario della cambiale (il successivo giratario) potrà far valere senz'altro il credito incorporato nella cambiale (la somma indicata nel titolo di credito), a nulla valendo i rapporti sostanziali che riguardavano il promittente ed il promissario (e che hanno giustificato l'emissione della cambiale).

Sulla delegazione e sulla espromissione astratta ci si è già intrattenuti nella parte dedicata alle obbligazioni in generale (§§ 140 ss.).

Capitolo 27
L'OGGETTO

SOMMARIO: 196. La definizione di oggetto del contratto. – 197. I requisiti dell'oggetto: (*a*) la possibilità. – 197.1. (*b*) La liceità. – 197.2. (*c*) La determinatezza o la determinabilità.

196. La definizione di oggetto del contratto.

L'oggetto è un altro dei requisiti essenziali del contratto (art. 1325 cod. civ.). Occorre preliminarmente soffermarsi sulla sua **definizione**, considerando che gli approcci proposti dagli interpreti sono molteplici: anche il codice talvolta utilizza un linguaggio non univoco, nel senso che sembra privilegiare ora l'una ora l'altra accezione.

La definizione che di seguito si propone muove dalla distinzione tra **oggetto** e **contenuto** del contratto, anche se non manca chi finisce per sovrapporre le due nozioni. Il contenuto del contratto è il **regolamento contrattuale**, ossia il complesso delle clausole che derivano dalla volontà delle parti o sono inserite nel contratto in forza di legge, degli usi e dell'equità. L'oggetto del contratto, invece, è il **diritto** (reale o di credito) **trasferito** da una parte all'altra oppure la **prestazione** che una parte si obbliga ad eseguire nei confronti dell'altra. Talvolta si dice sinteticamente che l'oggetto del contratto è la "prestazione": il significato di prestazione, in questo caso, può essere più ampio di quello di prestazione come oggetto dell'obbligazione. Si fa riferimento, invece, all'impegno che il contratto mette a capo delle parti (impegno che può riguardare il trasferimento di un diritto e/o una prestazione di dare, di fare, di non fare).

Il contratto può avere più oggetti. Nella compravendita, ad esempio, i due oggetti principali sono la prestazione di pagare il prezzo e il trasferimento del diritto di proprietà. Vi sono contratti, però, che hanno soltanto un oggetto: si pensi al comodato, il cui oggetto è la prestazione del comodatario di restituire la cosa prestata; o alla donazione, con cui il donante (ecco l'oggetto) dispone a favore del donatario di un suo diritto o assume nei suoi confronti un'obbligazione.

Talvolta le prestazioni contrattuali riguardano un bene: il venditore è obbligato a consegnare il bene acquistato dal compratore; il locatore è obbligato a mettere a disposizione del locatario o conduttore il bene locato. Per comodità, allora, si suole dire che oggetto del contratto è il bene (il bene venduto, nella compravendita, il bene locato, nella locazione). In realtà l'oggetto del contratto rimane sempre la prestazione (relativa a quei beni), la cui disciplina giuridica muta da caso a caso: la prestazione del venditore avente ad oggetto quell'appartamento è ben diversa dalla prestazione del locatore avente ad oggetto quel medesimo appartamento.

197. I requisiti dell'oggetto: (*a*) la possibilità.

L'oggetto del contratto deve essere possibile, lecito, determinato o determinabile (art. 1346 cod. civ., rubricato "**requisiti**"). La mancanza dell'oggetto produce la nullità del contratto (art. 1418, 2° co., cod. civ.); del pari, produce la nullità del contratto la mancanza, nell'oggetto, dei requisiti stabiliti dall'art. 1346 cod. civ. (art. 1418, 2° co., cod. civ.).

In primo luogo, l'oggetto del contratto deve essere **possibile**. Viene in considerazione il concetto di impossibilità materiale e di impossibilità giuridica.

Si ha **impossibilità materiale** dell'oggetto, innanzitutto, allorché il diritto che si trasferisce (reale o di credito) non esiste.

Esempio. Si vende un'automobile che, prima del contratto, è andata distrutta: non esiste, qui, il diritto di proprietà sull'automobile.

Il codice prevede che "la prestazione di cose future può essere dedotta in contratto, salvo i particolari divieti della legge" (art. 1348 cod. civ.). Si può vendere, così, il diritto di proprietà sui frutti che saranno raccolti sul fondo (art. 820, 2° co., cod. civ.) o sugli appartamenti degli edifici da costruire: in questi casi l'effetto traslativo si determina nel momento in cui la cosa verrà ad esistenza. È vietato, però, donare cose future (art. 771 cod. civ.).

Si ha, ancora, impossibilità materiale allorché la prestazione sia materialmente ineseguibile: è il caso in cui il locatore si obbliga a dare in locazione un appartamento distrutto da un incendio.

L'impossibilità che viene in considerazione è quella oggettiva, dell'oggetto in sé (diritto reale, di credito o prestazione), e non quella derivante da condizioni soggettive del contraente.

È previsto che il contratto sottoposto a condizione sospensiva o a termine sia valido se la prestazione inizialmente impossibile diviene possibile prima dell'avverarsi della condizione o alla scadenza del termine (art. 1347 cod. civ.).

Si ha, invece, **impossibilità giuridica** allorché il diritto trasferito si riferisce ad una cosa che non è per legge un bene in senso giuridico, ossia una cosa che può formare oggetto di diritti (art. 810 cod. civ.). È il caso, ad esempio, delle *res communes omnium*.

Una fattispecie discussa è quella della "donazione" di organi destinati al trapianto. Alcuni interpreti muovono dal rilievo che ogni persona abbia, sul proprio corpo, un diritto della personalità (il diritto alla vita ed all'incolumità fisica) e non un diritto patrimoniale. Si tratta, in particolare, di un diritto della personalità del quale l'art. 5 cod. civ. permette di disporre soltanto se l'atto di disposizione non comporti una diminuzione permanente dell'integrità fisica. Pertanto, si afferma, il consenso al prelievo di organi destinati al trapianto (come il rene) o di altre parti organiche (si pensi al sangue) non deve considerarsi come un atto di autonomia contrattuale (ossia una "donazione", regolata dalle norme del codice sul contratto), ma un atto unilaterale di volontà (sempre revocabile) attraverso cui si esercita quel diritto della personalità che è il diritto sul proprio corpo. Dalle considerazioni che precedono si trae la conclusione che è inammissibile discutere di contratto quando l'oggetto consista in un diritto della persona e non in un diritto patrimoniale.

Per altri autori, invece, la vendita di organi umani trapiantabili è nulla per illiceità della causa: la legge, si argomenta, consente la donazione ma non il trasferimento a titolo oneroso di alcuni organi (come il rene); ciò perché all'ordinamento ripugna l'idea che possa effettuarsi il commercio di organi umani. Se, dunque, non è vietato donare il rene ma ne è proibito esclusivamente il trasferimento a titolo oneroso, l'illiceità dovrebbe riguardare la causa e non l'oggetto.

Si ammette pacificamente la vendita di capelli, considerati "beni" autonomi di proprietà (e quindi oggetto di atti di disposizione, anche a titolo oneroso) una volta che siano staccati dal corpo.

Si ha infine impossibilità giuridica allorché il diritto trasferito si riferisca ad un bene che per legge è dichiarato inalienabile o "fuori commercio". Ad esempio, ha un oggetto impossibile, dal punto di vista giuridico, il contratto che prevede il trasferimento del diritto di proprietà di un bene demaniale.

197.1. (b) *La liceità.*

Il contratto deve avere un **oggetto lecito**: non deve, cioè, essere **contrario** a **norme imperative**, all'**ordine pubblico**, al **buon costume** (art. 1343 cod. civ.). Il concetto di **illiceità** è stato studiato in precedenza, allorché ci si è occupati della causa illecita: valgono, allora, le considerazioni in quella sede svolte (§§ 187 ss.).

Qui va evidenziata la distinzione fra impossibilità giuridica (che diversi interpreti, va pur detto, ritengono di non dover considerare) e illiceità dell'oggetto. Il contratto con oggetto giuridicamente impossibile è quello in cui il diritto (reale o di credito) o la prestazione, in sé leciti, non possono per legge essere dedotti nel contratto; il contratto con oggetto illecito è quello in cui il diritto (reale o di credito) o la prestazione sono di per sé riprovevoli, tanto che la legge li vieta.

Occorre pure distinguere un contratto con causa illecita ed un contratto con oggetto illecito (in entrambi i casi, comunque, si ha contrarietà alle norme imperative, all'ordine pubblico ed al buon costume e, di conseguenza, nullità del contratto: artt. 1343 e 1418 cod. civ.).

La differenza, non sempre agevole, può cogliersi rilevando come il giudizio sulla causa comporta una valutazione complessiva dello "scambio" cui è preordinato il contratto; il giudizio sull'oggetto, invece, si rivolge al singolo diritto (reale o di credito) o alla singola prestazione.

Può così dirsi che è illecito l'oggetto del contratto quando la prestazione dedotta è *contra legem*.

Esempio. Si stipula un contratto con cui si assolda un complice per uccidere una determinata persona (c.d. contratto di killeraggio).

È, invece, illecita la causa quando è riprovato inserire in un rapporto contrattuale una certa condotta.

Esempio. Se votare è lecito, deve considerarsi illecito promettere una somma di denaro al fine di indirizzare il voto di una persona a favore di un candidato che si presenta alle elezioni.

Esempio. Sono nulli per illiceità della causa gli accordi con cui i coniugi fissano il regime giuridico del loro eventuale futuro divorzio (Cass., n. 1810/2000; Cass., n. 8190/2000).

197.2. (c) *La determinatezza o la determinabilità.*

L'**oggetto** del contratto deve essere "**determinato**" o "**determinabile**".

L'oggetto è determinato quando le parti abbiano identificato esattamente il diritto (reale o di credito) che si trasferisce o le prestazioni che devono essere eseguite.

Esempio. Si conclude un contratto di compravendita con cui il venditore trasferisce al compratore 10.000 azioni, senza null'altro specificare. Non è dato sapere quali fra le tante azioni di cui il venditore è titolare siano trasferite. Il contratto è nullo per indeterminatezza dell'oggetto.

Esempio. Tizio vende a Caio un suo appartamento, per un prezzo che nel contratto risulta essere indicato come "equo". Il contratto è nullo giacché uno dei suoi oggetti (il prezzo) non può essere determinato.

Se nel contratto è stata dedotta una prestazione di genere, l'identificazione del bene spetta al debitore (artt. 1178 e 1378 cod. civ.) oppure al creditore (se così è pattuito).

La legge, si è visto, ammette che il contratto possa avere ad oggetto beni futuri (art. 1348 cod. civ.). L'oggetto in questo caso è già identificato, consistendo nella *res sperata*, che dovrà essere consegnata nel momento in cui viene ad esistenza.

In alcuni casi la disciplina dei diversi tipi contrattuali prevede criteri integrativi per la determinazione dell'oggetto del contratto. Si pensi, ad esempio, al contratto di appalto: qualora le parti non abbiano stabilito il compenso spettante all'appaltatore né abbiano fissato criteri per determinarlo, esso è dovuto facendo riferimento "alle tariffe esistenti o agli usi: in mancanza è determinata dal giudice" (art. 1657 cod. civ.).

L'oggetto, anche se non è determinato nel contratto, può essere **determinabile** in base a criteri di identificazione enunciati nel contratto o, comunque, ricavabili dallo stesso (si discute di contratto *per relationem*).

Ad esempio, per la determinazione del prezzo in una compravendita si può far riferimento a listini o quotazioni ufficiali.

Esempio. Viene concluso un contratto di compravendita e si stabilisce che il compratore corrisponderà al venditore il prezzo corrispondente alla quotazione della borsa merci del giorno della consegna.

Peraltro, se il contratto ha per oggetto cose che il venditore vende abitualmente e le parti non hanno determinato il prezzo, si presume che le stesse abbiano voluto riferirsi al prezzo normalmente praticato dal venditore (art. 1474, 1° co., cod. civ.)

Le clausole di rivalutazione monetaria costituiscono un altro esempio di determinabilità dell'oggetto del contratto.

Esempio. Mi darai tanti euro quanti occorreranno, alla data prevista per il pagamento, per comprare 100 grammi di oro.

L'oggetto del contratto, invece, non è "determinabile" allorché la sua specificazione sia rimessa ad un successivo accordo delle parti (Cass., n. 3853/1985; Cass., n. 5421/1983): il documento, allora, è regredito al ruolo di semplice minuta contrattuale che non ha carattere vincolante.

Le parti possono anche stabilire che l'oggetto del contratto sia stabilito da un terzo, che si chiama **arbitratore** (diverso è il ruolo e la funzione dell'arbitro, che è un soggetto privato cui le parti possono rimettersi per far decidere una controversia insorta tra loro, invece che sottoporsi ad un giudice dello Stato). L'attività dell'arbitratore si definisce **arbitraggio**.

Esempio. Viene concluso un contratto di compravendita avente ad oggetto un prezioso gioiello. Nel contratto si stabilisce che il compratore pagherà il prezzo che sarà indicato da un esperto in gioielli: l'oggetto del contratto (in questo caso il prezzo) non è determinato ma determinabile.

Qualora le parti rimettano la determinazione dell'oggetto del contratto all'arbitratore, questi deve procedere con "equo apprezzamento" (si discute di *arbitrium boni viri*): pertanto le parti possono rivolgersi al giudice se la determinazione dell'arbitratore "è manifestamente iniqua o erronea" (art. 1349, 1° co., cod. civ.; per Trib. Torino, 21.6.2021, l'erroneità o la iniquità devono manifestarsi *ictu oculi*), ovvero se il terzo non provvede ad assolvere l'incarico affidatogli (Cass., 8.2.2019, n. 3835).

Le parti possono rimettersi anche al "mero arbitrio del terzo" (ciò accade, in particolare, quando le stesse nutrano una particolare fiducia verso le competenze tecniche dell'arbitratore): in questo caso esse non possono impugnare la determinazione del terzo se non quando si riesca a provare la sua mala fede (art. 1349, 2° co., cod. civ.). Si pensi al caso in cui l'arbitratore abbia voluto favorire una delle due parti da cui è stato corrotto.

Inoltre, allorché la determinazione dell'oggetto del contratto sia rimessa all'arbitrio del terzo, qualora questi non adempia al suo incarico non è possibile rivolgersi al giudice: il contratto è nullo (per mancanza dell'oggetto), a meno che le parti non si accordino per sostituire il terzo (art. 1349, 2° co., cod. civ.).

Capitolo 28
LA FORMA

SOMMARIO: 198. Il principio della libertà delle forme. Il requisito della forma scritta per alcuni contratti. – 199. Le diverse "funzioni" della forma scritta. – 200. L'atto pubblico. – 201. La scrittura privata. – 202. Il documento informatico. – 203. Il telefax e la comunicazione telematica allorché non operino le particolari norme sulla firma elettronica e digitale. Problemi sulla loro idoneità ad integrare la forma scritta. – 204. Il requisito della forma ai fini della prova del contratto (forma *ad probationem*). – 205. La forma scritta (atto pubblico o scrittura privata autenticata) come titolo per la trascrizione. – 206. Le forme convenzionali.

198. Il principio della libertà delle forme. Il requisito della forma scritta per alcuni contratti.

Il quarto requisito del contratto è la forma, "quando risulta che è prescritta dalla legge sotto pena di nullità" (art. 1325, n. 4, cod. civ.).

Si è soliti affermare che nel nostro ordinamento vige il principio della **libertà delle forme** per la conclusione di un contratto. In generale, e salve le precisazioni che tra poco si svolgeranno, le parti sono libere di concludere un contratto attraverso dichiarazioni espresse o comportamenti concludenti. Nell'ambito delle dichiarazioni espresse la scelta è tra contratti scritti e contratti verbali (o orali).

È dunque sufficiente che la **volontà** sia manifestata, a prescindere dal modo e dalla **forma della** sua **manifestazione**.

Talvolta la legge non consente che alcuni contratti si perfezionino tacitamente: è previsto, ad esempio, che la volontà di prestare fideiussione debba essere espressa (art. 1937 cod. civ.).

Una più vasta **deroga** al principio della libertà delle forme vale per una serie di contratti, tra cui si rinvengono i "**contratti immobiliari**". Viene in considerazione, in particolare, l'art. 1350 cod. civ., per il quale debbono farsi per atto pubblico o per scrittura privata, ossia con il ricorso alla **forma scritta**, sotto pena di nullità (c.d. forma ***ad substantiam***):

(1) i contratti che trasferiscono la proprietà di beni immobili;

(2) i contratti che costituiscono, modificano o trasferiscono il diritto di usufrutto su beni immobili, il diritto di superficie, il diritto del concedente e dell'enfiteuta;

(3) i contratti che costituiscono la comunione di diritti (artt. 1100 ss. cod. civ.) indicati dai numeri precedenti;

(4) i contratti che costituiscono o modificano le servitù prediali, il diritto di uso su beni immobili e il diritto di abitazione;

(5) gli atti di rinunzia ai diritti indicati dai numeri precedenti;

(6) i contratti di affrancazione del fondo enfiteutico;

(7) i contratti di anticresi;

(8) i contratti di locazione di beni immobili per una durata superiore a nove anni;

(9) i contratti di società o di associazione con i quali si conferisce il godimento di beni immobili o di altri diritti reali immobiliari per un tempo eccedente i nove anni o per un tempo indeterminato;

(10) gli atti che costituiscono rendite perpetue o vitalizie, salve le disposizioni relative alle rendite dello Stato;

(11) gli atti di divisione di beni immobili e di altri diritti reali immobiliari;

(12) le transazioni che hanno per oggetto controversie relativa ai rapporti giuridici menzionati nei numeri precedenti;

(13) gli altri atti specialmente indicati dalla legge (si vedano, ad esempio, per rimanere alla disciplina codicistica, gli artt. 14, 47, 162, 768-*ter*, 782, 918, 1284, 3° co., 1341, 2° co., 1351, 1392, 1403, 1503, 3° co., 1543, 1° co., 1978, cod. civ.).

Il requisito della forma scritta non si rinviene soltanto nelle disposizioni codicistiche, ma anche nelle leggi che settorialmente disciplinano particolari materie.

In particolare, alcune forme prescritte a pena di nullità vengono definite "**forme di protezione**" in quanto espressione delle c.d. "nullità di protezione": si fa riferimento a quelle figure di nullità, le quali sono stabilite a tutela di determinati soggetti contrattualmente "deboli" (sul d.lgs. n. 206/2005, recante il Codice del Consumo, §§ 260.3 ss.).

Ulteriori leggi speciali prevedono il requisito della forma scritta per la conclusione dei contratti: è il caso dell'art. 23, 1° co., d.lgs. n. 58/1998, recante il Testo unico in materia di intermediazione finanziaria; dell'art. 2, 1° co., l. n. 192/1998, sul contratto di subfornitura; dell'art. 3, 1° co., l. n. 129/2004, sul *franchising*. A proposito dei contratti di intermediazione finanziaria, le Sezioni Unite della Cassazione hanno statuito di recente che la nullità per difetto di forma, ai sensi dell'art. 23 TUF, è posta nell'interesse esclusivo del cliente. Se questa è la *ratio* della norma, proseguono i giudici di legittimità, il vincolo di forma imposto va inteso secondo la funzione propria della norma. Ciò vuol dire che "il requisito della forma scritta del contratto-quadro relativo ai servizi di investimento, disposto dall'art. 23 del d.lgs. n. 58 del 1998, è rispettato ove sia redatto il contratto per iscritto e ne venga consegnata una copia al cliente, ed è sufficiente la sola sottoscrizione dell'investitore, non necessitando la sottoscrizione anche dell'intermediario, il cui consenso ben si può desumere alla stregua di comportamenti concludenti dallo stesso tenuto" (Cass., Sez. Un., 16.1.2018, n. 898; in questo senso si veda anche Cass., 4.6.2018, n. 14243). La nullità per difetto di forma può essere fatta valere esclusivamente dall'investitore (Cass., Sez. Un., 4.11.2019, n. 28314).

Se si prescinde dalla fattispecie appena ricordata, in generale la forma scritta *ad substantiam* non comporta la necessaria "contestualità" delle dichiarazioni scritte delle parti: queste possono risultare da documenti distinti, purché risulti il collegamento inscindibile tra gli stessi (Cass., 24.3.2016, n. 5919). Può dirsi, dunque, che il requisito della forma scritta è soddisfatto: (a) quando le parti sottoscrivano un medesimo documento; (b) quando le parti si scambino due esemplari dello stesso documento, ciascuno dei quali sottoscritto da una di esse; (c) quando si scambino distinte dichiarazioni scritte (il proponente, ad esempio, fa per posta una proposta, e l'oblato risponde con la dichiarazione scritta "accetto").

Il requisito della forma scritta è richiesto, come del resto confermato in alcuni casi dal legislatore, anche per **gli atti preparatori**, **strumentali** e **risolutori**. Si pensi al contratto preliminare, che deve avere la stessa forma del definitivo (art. 1351 cod. civ.), al contratto di opzione, alla procura e alla ratifica (artt. 1392 e 1399 cod. civ.); lo stesso dicasi per l'accordo di modificazione o di scioglimento consensuale del contratto o per quello relativo alla sua cessione (in relazione all'ipotesi di mutuo dissenso si veda Cass. 18.4.2016, n. 7638).

199. Le diverse "funzioni" della forma scritta.

Ci si deve chiedere perché il legislatore richieda, per alcuni contratti, la forma scritta. Le **funzioni della forma** sono molteplici:

(a) viene in considerazione, innanzi tutto, la primaria esigenza di certezza sull'esistenza e sul contenuto del contratto, al fine di prevenire possibili liti (anche giudiziali) fra i contraenti (o gli asseriti contraenti);

(b) la forma, poi, costituisce una modalità di protezione dei contraenti: per la donazione, si vedrà, è necessario l'atto pubblico e la presenza di due testimoni, ossia un atto notarile (a meno che non si tratti di una donazione di modico valore). In questo modo il donante è portato a riflettere con attenzione sul senso e sul significato (anche giuridico) dell'atto di donazione. Il "formalismo", ancora, tende a proteggere il contraente debole contro il rischio della sopraffazione da parte di quello più forte. Il consumatore (e, in generale, il cliente), leggendo un testo per iscritto (ancorché predisposto dalla controparte) può rendersi meglio conto dei diritti e delle obbligazioni che assume con la sottoscrizione;

(c) attraverso il requisito della forma, ancora, possono essere meglio esercitati quei controlli previsti nell'interesse pubblico. Si spiega, così, perché i contratti delle Pubbliche amministrazioni richiedano la forma scritta;

(d) la forma, infine, è richiesta ai fini della pubblicità dei contratti. Senza la forma scritta (ed una qualificata forma scritta, si vedrà) non è possibile dare la pubblicità ai contratti nei registri immobiliari.

Si noti come il requisito della forma scritta tenda, negli ultimi decenni, ad essere sempre di più valorizzato dal legislatore (soprattutto per assecondare l'esigenza di cui si è detto *sub* b). Si assiste, così, ad una **rinascita del formalismo**: la forma viene intesa non come uno strumento di ostacolo e di intralcio all'attività giuridica, ma come il mezzo per affermare alcuni interessi che sono considerati dal legislatore importanti nell'odierno diritto dei contratti.

200. L'atto pubblico.

Si è visto come, a norma dell'art. 1350 cod. civ., il requisito della forma *ad substantiam* sia assolto attraverso il ricorso all'atto pubblico o alla scrittura privata.

L'**atto pubblico** è un documento "redatto, con le richieste formalità, da un notaio o da altro pubblico ufficiale autorizzato ad attribuirgli pubblica fede nel luogo dove l'atto è formato" (art. 2699 cod. civ.). È un atto pubblico, ad esempio, il contratto di vendita di un immobile stipulato dalle parti in presenza di un notaio (c.d. rogante), che cura di persona la redazione del documento scritto (c.d. rogito notarile). È un atto pubblico, ancora, il processo verbale redatto in occasione dell'offerta reale della prestazione dal debitore al creditore a mezzo di "un ufficiale pubblico a ciò autorizzato" (che può essere il notaio o l'ufficiale giudiziario: artt. 1208, 1° co., n. 7 e 1209, 1° co., cod. civ.; artt. 73-74 disp. att. cod. civ.; art. 126 cod. proc. civ.).

Sono atti pubblici anche i verbali di esami universitari compilati e sottoscritti dalla commissione esaminatrice, sempre più spesso attraverso il ricorso agli strumenti informatici.

La legge prevede che l'atto pubblico, proprio perché redatto e sottoscritto da un pubblico ufficiale, "fa piena prova, fino a **querela** di **falso**, della provenienza del documento dal pubblico ufficiale che lo ha formato, nonché delle dichiarazioni delle parti e degli altri fatti che il pubblico ufficiale attesta avvenuti in sua presenza o da lui compiuti" (art. 2700 cod. civ.; sulle modalità della redazione dell'atto pubblico si vedano, in particolare, gli artt. 47-60 della l. 16.2.1913, n. 89, e successive modifiche, sull'"Ordinamento del notariato e degli archivi notarili").

L'atto pubblico, è il senso della norma codicistica appena ricordata, costituisce una **prova legale**. Il giudice, in sostanza, non può porre a fondamento della sua decisione fatti, circostanze o altri mezzi probatori che smentiscano: (a) la provenienza del documento dal pubblico ufficiale; (b) le avvenute dichiarazioni delle parti davanti a lui; (c) l'attestazione di altri fatti avvenuti davanti al pubblico ufficiale o da lui compiuti.

Per accertare la falsità di quanto risulta dall'atto pubblico (sotto gli aspetti appena indicati) la parte interessata dovrà instaurare un apposto giudizio detto **querela di falso** (artt. 221 ss. cod. prov. civ.). Se non si instaura questo giudizio, dimostrando la falsità dell'atto pubblico, l'atto pubblico fa "piena prova".

Su un aspetto occorre ancora insistere: la piena prova riguarda soltanto gli elementi indicati nell'art. 2700 cod. civ. (quelli che si sono indicati, sopra, con le lettere a, b, c). Non riguarda la veridicità delle dichiarazioni delle parti. Le parti, dunque, potrebbero rendere una dichiarazione non veritiera, davanti al notaio, che contrasta con la loro volontà (si pensi ad una dichiarazione simulata sul prezzo).

Si è detto che il requisito della forma scritta è rispettato, ai sensi dell'art. 1350 cod. civ., attraverso l'adozione dell'atto pubblico o della scrittura privata. Vi sono dei casi, però, in cui le parti non hanno questa scelta, dovendo ricorrere necessariamente (a pena di nullità) all'atto pubblico: per gli atti costitutivi di società di capitali (art. 2328 cod. civ.) o di associazioni e fondazioni che aspirino alla personalità giuridica (art. 14 cod. civ.) è richiesto espressamente l'atto pubblico. Lo stesso dicasi per la donazione (art. 782 cod. civ.): qui è avvertita l'esigenza della forma scritta più rigorosa, considerando la natura della donazione che consiste in un impoverimento del donante.

Al di fuori della materia contrattuale forme particolari sono previste dal legislatore per il testamento (artt. 601 ss. cod. civ.) e per il matrimonio (artt. 82 ss., 107, 109 ss. cod. civ.).

Di recente, va aggiunto, è stato introdotto dal legislatore l'**atto notarile informatico**, avente la medesima rilevanza dell'atto pubblico cartaceo (d.lgs. n. 110/2010, che all'art. 1 modifica, in alcune parti, la l. 16.2.1913, n. 89). È previsto che le parti siano libere di stipulare su carta oppure su supporto informatico, attraverso l'apposizione (in quest'ultimo caso) della firma elettronica "semplice", consistente nell'acquisizione digitale della sottoscrizione autografa. Il notaio, invece, "deve munirsi di firma digitale" ed apporla "personalmente" dopo le parti stesse. Il meccanismo previsto dovrebbe agevolare la stipula di un contratto a distanza (in luoghi diversi), in virtù della contemporanea presenza di due notai che assistono le parti.

Il Regolamento UE n. 650/2012 prevede che un atto pubblico redatto in uno Stato membro abbia in un altro Stato membro la stessa efficacia probatoria che ha nello Stato membro d'origine "o produce gli effetti più comparabili, a condizione che ciò non sia manifestamente contrario all'ordine pubblico dello Stato membro interessato" (art. 59 Reg.).

201. La scrittura privata.

La **scrittura privata**, a differenza dell'atto pubblico, non è un documento proveniente e redatto da un pubblico ufficiale, ma da una o entrambe le parti. La sua efficacia probatoria, pertanto, è più limitata. Per scrittura privata si intende qualsiasi documento che risulti sottoscritto da un privato. Il testo del documento può anche essere scritto da terzi, stampato, dattiloscritto: è essenziale però che vi sia la sottoscrizione giacché con la firma ci si assume la paternità del testo e, dunque, la responsabilità di quanto in esso contenuto.

È previsto che la scrittura privata "fa piena prova, fino a querela di falso, della provenienza delle dichiarazioni da chi l'ha sottoscritta, se colui contro il quale la scrittura è prodotta ne riconosce la sottoscrizione, ovvero se questa è legalmente considerata come riconosciuta" (art. 2702 cod. civ.).

La norma evidenzia che la scrittura privata fa "**piena prova**" soltanto su un aspetto (la provenienza della dichiarazione da chi l'ha sottoscritta). Il che si verifica: (a) se colui contro il quale la scrittura è prodotta ne riconosce la sottoscrizione; (b) se questa è legalmente considerata come riconosciuta.

Ci si occupi dei due requisiti appena ricordati. La scrittura privata si ha come "legalmente riconosciuta" allorché sia "autenticata dal notaio o da altro pubblico ufficiale a ciò autorizzato" (art. 2703, 1° co., cod. civ.). L'**autenticazione** consiste "nell'attestazione da parte del pubblico ufficiale che la sottoscrizione è stata apposta in sua presenza. Il pubblico ufficiale deve previamente accertare l'identità della persona che sottoscrive" (art. 2703, 2° co., cod. civ.).

Può accadere, però, che la scrittura privata non sia autenticata e, nel contempo, la relativa sottoscrizione sia **disconosciuta** dalla parte firmataria (se, invece, la sottoscrizione è riconosciuta, come ricorda l'art. 2702 cod. civ., la scrittura privata fa "piena prova"). In questo caso la parte che intende avvalersi della scrittura disconosciuta ha l'onere di promuovere un **procedimento**, detto **di verificazione giudiziale** (artt. 216 ss. cod. prov. civ.). Qualora tale procedimento abbia esito positivo (provi, cioè, che la sottoscrizione provenga dalla parte che, invece, l'aveva disconosciuta), la scrittura privata accertata giudizialmente avrà la stessa efficacia probatoria di quella autenticata o riconosciuta dal sottoscrittore.

Il legislatore ha dettato una disciplina per la **data** nella scrittura privata, ossia l'indicazione del giorno in cui il documento è stato redatto e sottoscritto. La questione è di facile soluzione per l'atto pubblico, che è redatto dal notaio, il quale certifica che la data dell'atto pubblico è quella dallo stesso indicata.

Per la scrittura privata, invece, le cose si complicano, posto che la data viene apposta direttamente dalle parti: essa, dunque, potrebbe non coincidere con quella dell'effettiva formazione e sottoscrizione del documento.

Vengono in soccorso, allora, alcuni criteri stabiliti dal codice civile: la "**data certa**" rispetto ai terzi di una scrittura privata è (art. 2704, 1° co., cod. civ.): (1) quella dell'autenticazione della sottoscrizione da parte del pubblico ufficiale, allorché la scrittura privata sia autenticata, con le modalità sopra ricordate; (2) quella della sua registrazione, ossia della presentazione della scrittura al competente ufficio del registro (la registrazione avviene per scopi prevalentemente fiscali); (3) quella del giorno della morte o sopravvenuta impossibilità fisica di chi l'ha sottoscritta; (4) quella del giorno in cui la scrittura privata è riprodotta in un atto pubblico; (5) quella del giorno "in cui si verifica un altro fatto che stabilisca in modo egualmente certo l'anteriorità della formazione di un documento".

Quando si ha riguardo a dichiarazioni unilaterali non destinate a persone determinate, la data "può essere accertata con qualsiasi mezzo di prova" (art. 2704, 2° co., cod. civ.); la stessa regola è prevista per la data apposta sulle quietanze (art. 2704, 3° co., cod. civ.).

Il **telegramma** ha la stessa efficacia probatoria della scrittura privata, "se l'originale consegnato all'ufficio di partenza è sottoscritto dal mittente, ovvero se è stato consegnato dal mittente medesimo, anche senza sottoscriverlo" (art. 2705, 1° co., cod. civ.).

202. Il documento informatico.

Il requisito della forma scritta *ad substantiam* può essere assolto, a determinate condizioni previste dalla legge, anche dai documenti informatici.

Si è già accennato al fatto che il d.lgs. n. 110/2010 prevede la possibilità di ricorrere all'atto pubblico elettronico (o alla scrittura privata autenticata) con l'intervento del notaio.

Si studino, ora, quali sono i documenti informatici cui è attribuita la stessa efficacia probatoria della scrittura privata (artt. 2702-2703 cod. civ.).

Va chiarito in primo luogo cosa si intende per **documenti informatici**. Ci si riferisce a qualsiasi "rappresentazione informatica di atti, fatti o dati giuridicamente rilevanti" (art. 1, 1° co., lett. p, d.lgs. 7.3.2005, n. 82, recante il "Codice dell'amministrazione digitale" modificato, in diverse parti, dal d.lgs. n. 159/2006, dal d.lgs. n. 235/2010, dal d.lgs. 26.8.2016, n. 179 e dal d.lgs. 13.12.2017, n. 217).

Il documento informatico soddisfa il requisito della forma scritta e ha l'efficacia prevista dall'art. 2702 cod. civ. quando vi sia apposta una **firma digitale**, altro tipo di **firma elettronica qualificata**, una **firma elettronica avanzata** o, comunque, sia formato, previa identificazione informatica del suo autore, attraverso un processo avente i requisiti fissati dall'art. 71 con modalità tali da garantire la sicurezza, l'integrità e l'immodificabilità del documento e, in maniera manifesta e inequivoca, la sua riconducibilità all'autore. In tutti gli altri casi, l'idoneità del documento informatico a soddisfare il requisito della forma scritta e il suo valore probatorio sono liberamente valutabili in giudizio, in relazione alle caratteristiche di sicurezza, integrità e immodificabilità (art. 20, 1° co.-*bis*, d.lgs. n. 82/2005). Le Linee guida per la sottoscrizione elettronica di documenti informatici, ai sensi dell'art. 20 del Codice dell'amministrazione digitale, sono state pubblicate sulla Gazzetta Ufficiale del 4 aprile 2020.

Si ha per riconosciuta, ai sensi dell'art. 2703 cod. civ., la firma elettronica o qualsiasi altro tipo di firma elettronica avanzata **autenticata** dal notaio o da altro pubblico ufficiale a ciò autorizzato (art. 25, 1° co., d.lgs. n. 82/2005). L'autenticazione della firma elettronica, anche mediante l'acquisizione digitale della sottoscrizione autografa o di qualsiasi altro tipo di firma elettronica avanzata, consiste nell'attestazione, da parte del pubblico ufficiale, che la firma è stata apposta in sua presenza dal titolare, previo accertamento della sua identità personale, della validità dell'eventuale certificato elettronico utilizzato e del fatto che il documento sottoscritto non è in contrasto con l'ordinamento giuridico (art. 25, 2° co., d.lgs. n. 82/2005).

A proposito dell'efficacia giuridica dei documenti informatici, meritano di essere ricordate altre due disposizioni del Codice dell'amministrazione digitale. È stabilito che, salvo il caso di sottoscrizione autenticata, le scritture private di cui all'art. 1350, 1° co., numeri da 1 a 12 cod. civ., se fatte con documento informatico, sono sottoscritte, a pena di nullità, con firma elettronica qualificata o con firma digitale. Gli atti di cui all'art. 1350 numero 13 cod. civ. redatti su documento informatico o formati attraverso procedimenti informatici sono sottoscritti, a pena di nullità, con firma elettronica avanzata, qualificata o digitale ovvero sono formati con le ulteriori modalità di cui all'art. 20, 1° co.-*bis*, primo periodo (art. 21, 2° co.-*bis*, d.lgs. n. 82/2005; sull'art. 1350 cod. civ. § 198). Ogni altro atto pubblico redatto su documento informatico è sottoscritto dal pubblico ufficiale, a pena di nullità, con firma qualificata o digitale. Le parti, i fidefacenti, l'interprete e i testimoni sottoscrivono personalmente l'atto, in presenza del pubblico ufficiale, con firma avanzata, qualificata o digitale ovvero con firma autografa acquisita digitalmente e allegata agli atti (art. 21, 2° co.-*ter*, d.lgs. n. 82/2005).

Si ricordi che per firma digitale si intende "un particolare tipo di firma qualificata basata su un sistema di chiavi crittografiche, una pubblica e una privata, correlate tra loro, che consente al titolare di firma elettronica tramite la chiave privata e a un soggetto terzo tramite la chiave pubblica, rispettivamente, di rendere manifesta e di verificare la provenienza e l'integrità di un documento informatico o di un insieme di documenti informatici" (art. 1, 1° co., lett. s, d.lgs. n. 82/2005). Per comprendere il significato di altre definizioni occorre far riferimento all'1, 1° co-*bis* del d.lgs. n. 82/2005, per il quale "ai fini del presente Codice, valgono le definizioni di cui all'articolo 3 del Regolamento eIDAS". Si fa riferimento al Regolamento UE n. 910/2014 del Parlamento Europeo e del Consiglio dell'Unione europea "in materia di identificazione elettronica e servizi fiduciari per le transazioni elettroniche nel mercato interno e che abroga la direttiva 1999/93/CE", conosciuto con l'acronimo eIDAS (*electronic IDentification Authentication and Signature*). L'art. 3 del Regolamento eIDAS definisce la firma elettronica, la firma elettronica avanzata e la firma elettronica qualificata. La firma elettronica è l'insieme dei dati in forma elettronica, acclusi oppure connessi attraverso associazione logica ad altri dati elettronici e utilizzati dal firmatario per firmare. La firma elettronica avanzata (FEA) è una firma elettronica che: (a) risulta connessa unicamente al firmatario; (b) è idonea ad identificare il firmatario; (c) è creata mediante dati per la creazione di una firma elettronica che il firmatario può, con un elevato livello di sicurezza, utilizzare sotto il proprio esclusivo controllo; (d) è collegata ai dati sottoscritti in modo da consentire l'identificazione di ogni successiva modifica di tali dati. La firma elettronica qualificata (FEQ), infine, consiste in una firma elettronica avanzata creata da un dispositivo per la creazione di una firma elettronica qualificata e basata su un certificato qualificato per firme elettroniche.

L'innovazione tecnologica, come è facile comprendere, non si arresta; sicché il legislatore è chiamato spesso ad intervenire su materie nuove, come quella degli **smart contract**. Quest'ultimi, è previsto, "soddisfano il requisito della forma scritta previa identificazione informatica delle parti interessate, attraverso un processo avente i requisiti fissati dall'Agenzia per l'Italia digitale" con apposite linee guida (art. 8-*ter* d.l. 14.12.2018, convertito nella l. 11.2.2019, n. 12).

203. Il telefax e la comunicazione telematica allorché non operino le particolari norme sulla firma elettronica e digitale. Problemi sulla loro idoneità ad integrare la forma scritta.

Il **telefax** costituisce un diffuso mezzo di comunicazione di dati. Si tratta di uno strumento di trasmissione, a distanza, di un documento: l'originale, sottoscritto dal dichiarante, rimane nella sua disponibilità, mentre il destinatario riceve una copia fotostatica del documento.

Assai diffusa, inoltre, è la **comunicazione telematica** senza l'utilizzo delle firme elettroniche o digitali (rispetto alle quali si veda § 202). In questo caso si verifica la trasmissione di dati (ad esempio l'accettazione di una proposta) attraverso l'utilizzo di impulsi elettronici.

Una forma di invio a cavallo tra il telefax e la comunicazione telematica è costituita dalla trasmissione di un documento via **scanner**. Accade, in questo caso, che il documento originale viene "scannerizzato" (ossia "fotografato") direttamente sul computer e poi "salvato" in un ***file*** (ad esempio in formato ".pdf", ".jpg", ".tiff"). Sicché il destinatario, accedendo al suo servizio di posta elettronica o collegandosi ad un sito in cui il documento "scannerizzato" è stato spedito, potrà leggere il documento sul computer e, se vuole, stamparlo: si raggiunge così lo stesso risultato dell'invio del documento via telefax.

Secondo l'opinione più accreditata, i mezzi di comunicazione appena descritti non sono idonei ad integrare la forma scritta: nella trasmissione via telefax o nella comunicazione telematica, infatti, il destinatario non riceve la dichiarazione sottoscritta di pugno dalla controparte, ma una copia della dichiarazione, che dunque non soddisfa i requisiti richiesti dalla legge per la scrittura privata.

Eccezionalmente il legislatore equipara la trasmissione via telefax o la comunicazione telematica alla scrittura privata (il che dimostra che, come regola generale, tale equiparazione non sussiste). Nella disciplina sulla subfornitura, ad esempio, è previsto che costituiscono forma scritta le manifestazioni di consenso trasmesse per mezzo di telefax o altra modalità telematica (art. 2, 1° co., l. n. 192/1998). Lo stesso dicasi per la disciplina sul "patto di compromesso", ossia l'accordo con cui le parti decidono di rimettere la loro lite (riguardante diritti disponibili) alla decisione di arbitri (art. 807, 2° co., cod. proc. civ.). È qui previsto che "la forma scritta si intende rispettata anche quando la volontà delle parti è espressa per telegrafo, telescrivente, telefacsimile o messaggio telematico nel rispetto della normativa, anche regolamentare, concernente la trasmissione o la ricezione dei documenti teletrasmessi".

È inteso che se si tratta di un contratto non formale, esso potrà essere validamente perfezionato con le modalità di comunicazione appena esaminate: sarà sufficiente che la parte contro cui la dichiarazione viene invocata non disconosca di avere inviato la stessa dichiarazione a mezzo di telefax o posta elettronica.

204. Il requisito della forma ai fini della prova del contratto (forma *ad probationem*).

Diversa dalla forma richiesta per la validità del contratto (forma *ad substantiam*) è la forma richiesta per la prova del contratto (**forma *ad probationem***).

Talvolta la legge richiede quest'ultima per la prova del contratto: ciò vale, ad esempio, per il contratto di assicurazione (art. 1888 cod. civ.), per il patto di non concorrenza tra imprese (art. 2596 cod. civ.), per la transazione (art. 1967 cod. civ.), a meno che ricorrano i requisiti per la forma scritta a pena di nullità ai sensi dell'art. 1350, n. 12 cod. civ.

In questi casi il contratto è valido, ossia produttivo di effetti giuridici, anche se non sia redatto per iscritto: tuttavia la sua prova, allorché una delle due parti ne contesti l'esistenza, sarà assai difficile per l'altra: con le precisazioni di cui si dirà tra breve, il contratto non può essere provato per testimoni (art. 2725 cod. civ.) né per presunzioni (art. 2729, 2° co., cod. civ.). Mancando la prova scritta, può essere provato soltanto con la confessione giudiziale dell'altra parte (artt. 2730 e 2735, 2° co., cod. civ.) o attraverso il giuramento (art. 2739 cod. civ.).

Per il contratto di **assicurazione**, in particolare, è previsto che l'assicuratore debba rilasciare al contraente la polizza o altro documento da lui sottoscritto (art. 1888, 2° co., cod. civ.). La **polizza** non è la forma scritta del contratto di assicurazione: il suo rilascio, infatti, presuppone la già avvenuta conclusione del contratto; essa è inoltre sottoscritta soltanto dall'assicuratore. La funzione della polizza, dunque, è quella di consentire all'assicurato di fornire la prova scritta del contratto e del contenuto contrattuale.

Quando un contratto debba, per legge o per volontà delle parti, essere provato per iscritto, la prova per testimoni è ammessa soltanto quando il contraente ha, senza sua colpa, perduto il documento che gli forniva la prova (art. 2725, 1° co., cod. civ., che richiama l'ipotesi indicata dal n. 3 dell'art. 2724 cod. civ.). La stessa regola vige quando la forma è richiesta sotto pena di nullità (art. 2725, 2° co., cod. civ.). Nel primo caso il contraente può provare, per testimoni, di aver smarrito, senza sua colpa, il documento dal quale risultava la prova del contratto (ad esempio la quietanza di pagamento, la confessione scritta dell'esistenza del contratto, la polizza). Nel secondo caso, invece, il contraente deve dare, per testimoni, la prova dell'esistenza del documento contrattuale, ossia del documento che racchiudeva il contenuto del contratto.

Infine, qualora il requisito della forma scritta sia richiesto solo *ad probationem* e non *ad substantiam*, la successiva modifica di singole clausole del contratto non deve necessariamente essere pattuita per iscritto ma può risultare anche da un comportamento concludente delle parti (Cass., 25.10.2019, n. 27391).

205. La forma scritta (atto pubblico o scrittura privata autenticata) come titolo per la trascrizione.

Affinché si possa procedere alla **trascrizione** di un **contratto** nei **pubblici registri immobiliari**, occorre che lo stesso risulti da un atto pubblico o da una scrittura privata autenticata (art. 2657 cod. civ., rubricato "**titolo** per la trascrizione"). Un contratto può essere concluso attraverso una semplice scrittura privata (che assolve perfettamente ai requisiti di forma *ad substantiam* previsti dalla legge: Cass., 21.10.2019, n. 26803). Per poterlo trascrivere, però, occorre che la sottoscrizione delle parti venga autenticata o accertata giudizialmente (sia, cioè, dichiarata autentica dal giudice, come precisa l'art. 2657 cod. civ.).

Sulle funzioni della trascrizione dei registri immobiliari si rimanda alla trattazione svolta in apposita parte del Corso (Cap. 86).

206. Le forme convenzionali.

Le parti, nella loro autonomia contrattuale, possono stabilire per iscritto di adottare una determinata forma per la futura conclusione di un contratto (c.d. **forma convenzionale o volontaria**); in questo caso si presume che la forma sia stata voluta per la validità del contratto (art. 1352 cod. civ.).

Esempio. Le parti stanno svolgendo delle trattative molto complesse in vista della futura conclusione di un contratto. Per evitare equivoci o fraintendimenti circa l'avvenuta formazione del consenso contrattuale, pattuiscono che il loro futuro contratto dovrà essere redatto per iscritto.

Esempio. Le parti di un contratto stabiliscono che la disdetta del contratto, per evitare il suo tacito rinnovo, debba farsi attraverso una lettera raccomandata con avviso di ricevimento.

Ciò vuol dire che, nel silenzio delle parti ed in mancanza di una loro differente volontà (apprezzabile attraverso i criteri di "interpretazione soggettiva" del contratto: §§ 256 ss.), il legislatore "presume" che la forma sia stata voluta per la validità dell'atto. Non si tratta, a ben vedere, di una vera e propria "presunzione" in senso tecnico, ma di una regola legale di interpretazione "oggettiva" del contratto operante in mancanza di una diversa volontà delle parti.

Occorre approfondire il significato dell'espressione "per la validità del contratto": ci si chiede, cioè, se la forma convenzionalmente prevista sia una forma *ad substantiam* analoga a quella legale e se, quindi, il requisito della forma previsto sia un elemento essenziale del contratto (art. 1325, n. 4, cod. civ.), la cui mancanza determina la nullità del contratto.

Merita adesione l'opinione che non discute di nullità del contratto senza il requisito di forma previsto dalle parti: vale la considerazione, infatti, secondo cui il patto di forma non opera a tutela di un interesse generale bensì di un interesse individuale delle stesse parti, le quali ben potrebbero decidere di dare lo stesso esecuzione ad un contratto, ancorché stipulato nella forma non convenuta.

È preferibile, di conseguenza, assegnare alla forma prevista dall'art. 1352 cod. civ. la veste di elemento volontario del contratto, cui le parti subordinano l'efficacia del loro accordo. Il meccanismo è quello degli elementi accidentali del contratto e, in particolare, quello della condizione. Pertanto, può dirsi che l'inosservanza del patto di forma determina l'inefficacia in senso stretto del futuro contratto e non la sua invalidità in termini di nullità (c.d. inefficacia-vizio).

Le parti possono rinunciare al patto sulla forma; e possono farlo, precisano i giudici di legittimità, anche tacitamente, ossia attraverso un comportamento contrastante con lo stesso patto (così Cass., 15.2.2019, n. 4539).

Capitolo 29

GLI ELEMENTI ACCIDENTALI DEL CONTRATTO

207. Gli elementi accidentali del contratto: definizione.

Secondo una tradizionale classificazione, accanto agli **elementi essenziali** esistono gli **elementi accidentali** del contratto (o, più in generale, dell'atto giuridico negoziale).

Gli elementi essenziali sono i requisiti del contratto ai sensi dell'art. 1325 cod. civ. Sotto un altro aspetto, possono definirsi elementi essenziali anche gli elementi di identificazione dei diversi tipi contrattuali, senza i quali il contratto non è qualificabile come contratto appartenente ad un determinato tipo. Sotto questo aspetto, dunque, elemento essenziale del contratto di compravendita è il prezzo; elemento essenziale del contratto di donazione è lo spirito di liberalità, e così via.

Gli elementi accidentali, invece, sono quegli elementi che le parti, nell'ambito della loro autonomia contrattuale, sono libere di apporre o meno nel regolamento contrattuale. Una volta apposti, tali elementi incidono sugli effetti del contratto.

La dottrina indica solitamente come elementi accidentali la **condizione**, il **termine** e il **modo**. Si noti, peraltro, che il termine può essere imposto anche dalla legge (si pensi alla locazione, il cui termine di durata massima è di trent'anni ai sensi dell'art. 1573 cod. civ.). Anche la condizione può essere legale, ossia prevista dal legislatore.

Distinti dagli elementi accidentali sono gli **elementi naturali** (o ***naturalia negotii***): si tratta di elementi caratterizzanti i singoli tipi contrattuali, previsti dalla legge con norme dispositive. Proprio perché previsti da norme derogabili, essi sono suscettibili di essere eliminati per volontà delle parti (è il caso, ad esempio, degli interessi compensativi sul prezzo della vendita, previsti dall'art. 1499 cod. civ. "salvo diversa pattuizione").

Accanto alla condizione, al termine e al modo, va pure considerato un altro elemento, come la clausola penale, che le parti sono libere di inserire o meno nel loro regolamento contrattuale: di essa si dirà pure in questo capitolo, distinguendola dalla caparra.

208. La condizione sospensiva e risolutiva.

Si prenda in considerazione, in primo luogo, la **condizione** volontaria (disciplinata dagli artt. 1353-1361 cod. civ.). È previsto che "le parti possono subordinare l'efficacia o la risoluzione del contratto o di un singolo patto ad un avvenimento futuro e incerto" (art. 1353 cod. civ.).

La condizione consiste in un avvenimento futuro ed incerto al verificarsi del quale è subordinata l'iniziale efficacia del contratto o di una sua clausola (condizione **sospensiva**) oppure la cessazione di efficacia del contratto o di una sua clausola (**condizione risolutiva**).

Esempio. Un signore vende un'automobile ad un ragazzo, sotto la condizione sospensiva che lo stesso conseguirà il titolo di dottore in giurisprudenza (avvenimento, questo, sicuramente futuro ma anche incerto, non essendoci la certezza oggettiva in merito al raggiungimento del traguardo finale degli studi).

Esempio. Viene concluso un contratto di locazione di un immobile a Bari, sotto la condizione risolutiva del trasferimento del conduttore Sig. Lorusso, per ragioni di lavoro, dalla città pugliese ad un'altra città. Verificatosi il trasferimento a Cuneo (anch'esso un avvenimento futuro e incerto, ancorché immaginabile o prevedibile da parte del lavoratore), il contratto di locazione si considera privo di effetti giuridici.

Si ritiene che la condizione volontaria possa essere pattuita in favore soltanto di una delle parti (c.d. **condizione unilaterale**), che dunque può avvalersene o rinunciarvi a propria discrezione, sia prima sia dopo il suo avveramento, espressamente o per fatti concludenti (Cass., n. 5692/2012).

Esempio. Si stipula un contratto di compravendita di un'area sotto la condizione sospensiva, a favore dell'acquirente dell'area, che le autorità competenti rilascino il permesso a costruire. L'assenso però non viene dato: l'acquirente decide comunque di acquistare il terreno (che sarà adibito ad altro utilizzo), senza che il venditore possa rifiutarsi di dare esecuzione al contratto invocando la condizione (che è stata apposta soltanto a favore del compratore).

La condizione è unilaterale soltanto quando sia prevista come tale dalle parti o quando dall'interpretazione del contratto emerga che le parti abbiano voluto rendere soltanto una delle parti arbitro degli effetti della condizione.

Per espressa disposizione legislativa non tutti gli atti giuridici negoziali tollerano l'apposizione della condizione: essa non può essere apposta al matrimonio (ti sposo sotto la condizione risolutiva che perderai il posto di lavoro) e, in generale, agli atti di diritto di famiglia. La condizione, ancora, non può essere apposta all'accettazione di eredità (art. 475, 2° co., cod. civ.), alla cambiale, all'accettazione e alla girata della cambiale (artt. 2, 16, 41 L. cambiaria).

Si discute di ***actus legitimus*** (o atto "puro") allorché si sia di fronte ad un atto giuridico negoziale cui non può essere inserita una condizione (sospensiva o risolutiva). Le conseguenze dell'apposizione della condizione, nonostante il divieto legislativo, non sono sempre le medesime: ad esempio, la condizione prevista nel matrimonio si ha per non apposta; quella inserita nell'accettazione di eredità, invece, comporta la nullità dell'atto.

Diversa dalla condizione volontaria è la **condizione legale** (*condicio iuris*): in questo caso l'avvenimento futuro ed incerto, cui è subordinata la produzione degli effetti contrattuali, è previsto non dalla volontà delle parti bensì dalla legge: ad esempio, gli effetti del contratto concluso dal falso rappresentante dipendono dalla ratifica del preteso rappresentato; i contratti stipulati dalle pubbliche amministrazioni producono efficacia alle condizioni previste dalla legge: l'approvazione ed i controlli da parte delle autorità competenti.

208.1. *La condizione casuale e potestativa (potestativa mista o meramente potestativa).*

L'avvenimento futuro ed incerto può essere indipendente dalla volontà delle parti. Ad esempio, si conclude un contratto di trasporto di merci sotto la condizione risolutiva dello scoppio della guerra nella zona in cui dovrò passare con la mia nave. In tal caso la **condizione** si dice **casuale**.

La condizione, invece, si dice potestativa se dipende dalla volontà di una delle parti: se costruirò degli impianti fotovoltaici acquisterò il materiale necessario presso la tua impresa di ferramenta.

La condizione potestativa, ancora, è detta mista allorché dipenda in parte dal caso ed in parte dalla volontà delle parti: se mi sposerò prenderò in affitto quel terreno (per sposarsi occorre la volontà del nubendo, ma poi occorrono altri fattori, come il consenso della futura moglie che non rientra nella sfera di governo e di decisione dell'uomo). È condizione mista anche quella inserita nel contratto di vendita dell'automobile, sotto la condizione che il compratore si laurei in giurisprudenza. Ed ancora, deve ritenersi mista la condizione con cui le parti subordinano l'efficacia di un contratto preliminare di compravendita immobiliare alla concessione di un mutuo da parte dell'istituto bancario, poiché la concessione del mutuo dipende anche dal comportamento del promissario acquirente nell'approntare la relativa pratica (Cass., 11.9.2018, n. 22046).

La condizione, infine, si dice meramente potestativa allorché il suo avveramento dipenda unicamente da un'arbitraria determinazione di volontà di una delle parti (*si volo, si voluero*). Si è ritenuto, ad esempio, che è meramente potestativa la clausola del contratto di agenzia in cui il predisponente si riserva la facoltà, attraverso semplice comunicazione, di trattare direttamente con alcuni clienti non determinati previamente, escludendo in tal modo ogni diritto dell'agente (Cass., 20.5.1997, n. 4504).

È previsto che sia "nulla l'alienazione di un diritto o l'assunzione di un obbligo subordinata a una condizione sospensiva che la faccia dipendere dalla mera volontà dell'alienante o, rispettivamente, da quella del debitore" (art. 1355 cod. civ.). In questo caso non è soltanto viziata la clausola che contempla tale condizione, ma tutto il contratto (una tale condizione, si dice con il linguaggio della tradizione, *vitiatur et vitiat*). Al contrario, il contratto risulta valido e efficace qualora l'alienazione di un diritto o l'assunzione di un'obbligazione risulti subordinata alla volontà dell'acquirente o del creditore (e non alla loro "mera" volontà): si discute qui di condizione potestativa vera e propria (o semplice o ordinaria).

Proprio per il differente trattamento normativo previsto dal codice, è importante individuare i criteri idonei per distinguere una condizione meramente potestativa da una condizione potestativa vera e propria.

Può dirsi, allora, che quest'ultima consiste in un comportamento il quale, pur essendo volontario, non è meramente arbitrario. E ciò perché (ecco quali sono i criteri distintivi): (a) il comportamento in questione costa qualche sacrificio; (b) il comportamento in questione dipende da un insieme di interessi e motivi, ancorché rimessi alla valutazione del debitore o dell'alienante (Cass., 20.11.2019, n. 30143; Cass., n. 33198/2018).

208.2. *La condizione illecita e la condizione impossibile.*

È nullo il contratto al quale è apposta una condizione, sospensiva o risolutiva, contraria a norme imperative, all'ordine pubblico o al buon costume (art. 1354, 1° co., cod. civ.).

Quando la **condizione** è **illecita** (§ 187) è nullo l'intero contratto (*vitiatur et vitiat*).

Esempio. Due parti concludono un contratto con cui una si obbliga a pagare alla seconda una somma di denaro, a condizione che quest'ultima corrompa un pubblico ufficiale.

Nell'esempio svolto, non vi è alcun dubbio che il contratto sia nullo, anche perché corrompere un pubblico ufficiale è di per sé un reato (dunque un atto vietato). Può peraltro accadere che la condizione sia illecita anche quando l'evento di per sé non sia *contra legem*, ma si ponga contro alcuni principî o valori fondamentali del nostro ordinamento.

Esempio. Il Sig. Rossi conclude con la Sig.ra Verdi un contratto di somministrazione sotto la condizione sospensiva che la stessa divorzi da suo marito.

Il divorzio è consentito dal nostro ordinamento. Si tratta però di una scelta personale, in cui entra in gioco la libertà individuale: libertà che rischierebbe di essere impropriamente coartata se fosse "condizionata" alla produzione degli effetti di un contratto.

Allo stesso modo, in materia testamentaria, è considerata illecita la condizione con cui il testatore imponga all'onorato il matrimonio con una determinata persona. Qui si è in presenza di una condizione illecita in quanto limita in maniera inammissibile la libertà individuale (libertà di sposarsi, di non sposarsi, di sposare chi si vuole).

Il trattamento normativo della condizione illecita negli atti *mortis causa* (art. 634 cod. civ.) è però diverso da quello previsto per i contratti: essa si considera non apposta (*vitiatur sed non vitiat*). Se però il motivo sviluppato nella condizione illecita abbia avuto, da solo, efficacia determinante rispetto alla volizione del testatore, l'intera disposizione testamentarie è nulla (art. 626 cod. civ.: *vitiatur e vitiat*).

La condizione, invece, è **impossibile** quando consiste in un avvenimento che, ragionevolmente, non può verificarsi: il che contrasta con la nozione di condizione, in cui si fa riferimento ad un avvenimento futuro ed incerto (art. 1353 cod. civ.), non già impossibile.

Esempio. Tizio stipula un contratto di compravendita con Caio, una persona molto anziana. In esso si prevede che il primo vende la propria abitazione sotto la condizione sospensiva che il secondo batta il record mondiale nella maratona.

Esempio. Viene concluso un contratto di finanziamento, sotto la condizione che il finanziato entro una settimana scopra la cura contro il cancro.

L'impossibilità può essere anche giuridica.

Esempio. Viene stipulato un contratto di compravendita sotto la condizione sospensiva che l'acquirente diventi il proprietario del duomo di Milano.

La condizione impossibile rende nullo il contratto se è sospensiva (come nell'esempio appena proposto); se è risolutiva, si ha come non apposta (art. 1354, 2° co., cod. civ.).

Esempio. Viene stipulato un contratto di compravendita, sotto la condizione risolutiva che l'acquirente diventi il proprietario del duomo di Milano. Il contratto è valido e la condizione si ha per non apposta.

Per gli atti giuridici *mortis causa*, invece, vale la disciplina appena ricordata per la condizione illecita (artt. 626 e 634 cod. civ.).

208.3. *La pendenza della condizione.*

Si ha **pendenza della condizione** allorché l'avvenimento futuro ed incerto non si sia ancora verificato, ma può ancora verificarsi.

La situazione è quella per cui una parte esercita il diritto (il venditore, ad esempio, ha il potere sul bene venduto sotto la condizione sospensiva); l'altra (l'acquirente del bene acquistato sotto la condizione sospensiva) potrà in futuro esercitare il diritto: ma soltanto se e quando si realizzerà la condizione.

Una parte pertanto è titolare non di un diritto ma di una **aspettativa** all'acquisto del diritto (si discute, in proposito, di **effetti anticipati** o **prodromici** della fattispecie): questa aspettativa è trasmissibile agli eredi.

Ebbene, il codice prevede che in pendenza della condizione sospensiva l'acquirente di un diritto possa compiere atti conservativi (art. 1356, 1° co., cod. civ.). Allo stesso modo, l'acquirente di un diritto sotto condizione risolutiva può, in pendenza di questa, esercitarlo, ma l'altro contraente può compiere atti conservativi (art. 1356, 2° co., cod. civ.). La parte titolare dell'aspettativa, ad esempio, può promuovere un sequestro conservativo del bene (art. 2905 cod. civ.).

Durante la pendenza della condizione, inoltre, colui che si è obbligato o che ha alienato un diritto sotto condizione sospensiva, ovvero lo ha acquistato sotto condizione risolutiva, deve comportarsi secondo **buona fede**, per "conservare integre le ragioni dell'altra parte" (art. 1358 cod. civ.).

Nel contratto sottoposto a condizione casuale l'obbligo di buona fede assume una connotazione puramente negativa; le parti debbono astenersi dal porre in essere atti che siano in grado di pregiudicare l'avveramento dell'evento previsto dalla condizione.

Allorché, invece, si sia di fronte ad una condizione mista, l'obbligo di buona fede assume (per la parte non casuale della condizione) un contenuto positivo. In un contratto di compravendita di un'area edificabile sottoposta alla condizione del rilascio del permesso di edificazione, ad esempio, il venditore è obbligato a provvedere a quanto necessario per conseguire il provvedimento dell'autorità (Cass., n. 14198/2004; Cass., Sez. Un., 19.9.2005, n. 18450).

Si ponga attenzione a cosa succede allorché venga violato l'obbligo di comportarsi secondo buona fede durante la pendenza della condizione: essa si considera avverata qualora sia mancata per causa imputabile alla parte che aveva interesse contrario all'avveramento di essa (art. 1359 cod. civ.). Opera, in sostanza, quella che si suole definire la **finzione di avveramento**: la condizione si considera avverata.

Il fenomeno, se si vuole, può spiegarsi anche senza la necessità di far ricorso alla "finzione di avveramento": la condizione, in caso di violazione della buona fede, si ha per non apposta, e l'altra parte può pretendere l'esecuzione del contratto.

Esempio. Viene concluso un contratto di fornitura sotto la condizione sospensiva dell'arrivo della nave presso un porto. Ciò non è possibile per colpa dell'altra parte, che ne ha determinato l'affondamento. Il contratto in questo caso produce gli effetti: è come se la condizione si fosse avverata (finzione di avveramento) o, come pure può dirsi, non vi fossero condizioni apposte al contratto.

Se la condizione è unilaterale, la finzione di avveramento è invocabile soltanto dalla parte nel cui interesse la condizione risulta essere apposta (Cass., n. 5369/1985).

La finzione di avveramento ha, di fatto, natura sanzionatoria: pertanto, affinché questa si realizzi, è necessario che il fatto impeditivo realizzato sia imputabile al soggetto contraente e quindi conseguenza di una sua condotta perlomeno colposa (Cass., n. 443/2017). È tuttavia pacifico che l'onere di provare l'avveramento della condizione gravi, anche nell'ipotesi di cui all'art. 1359 cod. civ., su colui che afferma il suo verificarsi; in altri termini, sarà onere della parte interessata all'avveramento della condizione dimostrare che essa non si è verificata a causa della condotta di un altro soggetto contraente (Cass., 19.9.2019, n. 23417).

Chi ha un diritto subordinato a condizione sospensiva o risolutiva può compiere **atti di disposizione** (ad esempio, vendita, donazione) in pendenza di questa, ma gli effetti di ogni atto di disposizione sono subordinati alla stessa condizione (art. 1357 cod. civ.).

Esempio. Viene concluso un contratto di compravendita di un quadro sottoposto ad una condizione sospensiva. L'acquirente può, a sua volta, vendere il quadro ad un altro compratore: quest'ultimo peraltro diventerà proprietario allorché la condizione, cui era subordinato il primo contratto di compravendita, si sia verificata.

La durata del periodo di pendenza della condizione può essere temporalmente delimitata dalle parti, le quali possono stabilire che, decorso un determinato periodo, la condizione si considera definitivamente mancata.

208.4. *L'avveramento della condizione.*

Si ha **avveramento della condizione** allorché l'avvenimento futuro ed incerto si sia verificato: in questo caso il contratto acquista pienamente efficacia (contratto sottoposto a condizione sospensiva) o perde definitivamente efficacia (contratto sottoposto a condizione risolutiva).

Vale la regola della **retroattività** della condizione (efficacia *ex tunc*): gli effetti dell'avveramento della condizione retroagiscono al tempo in cui è stato concluso il contratto, salvo che, per volontà delle parti o per la natura del rapporto, gli effetti del contratto o della risoluzione debbano essere riportati ad un momento diverso (art. 1360, 1° co., cod. civ.).

Se però la condizione risolutiva è apposta ad un contratto ad esecuzione continuata o periodica, l'avveramento di essa, in mancanza di patto contrario, non ha effetto riguardo alle prestazioni già eseguite (art. 1360, 2° co., cod. civ.). Il lavoratore, in applicazione di questa norma, non sarà privato della retribuzione prevista per le prestazioni rese.

Si consideri, in concreto, cosa vuol dire retroattività della condizione.

Esempio. Il 15 settembre del 2011 viene stipulato un contratto di compravendita sotto la condizione sospensiva che l'acquirente venga trasferito, per lavoro, a Palermo. Il trasferimento (ossia l'avvenimento futuro ed incerto) si verifica il 2 febbraio del 2012. La retroattività della condizione comporta che l'acquirente sarà considerato proprietario dalla data del rogito, ossia dal 15 settembre del 2011.

La retroattività della condizione non è obbligatoria ma, come si afferma in dottrina, **reale** (o assoluta): la condizione, in sostanza, non retroagisce soltanto fra le parti dell'originario contratto, ma anche nei confronti dei terzi aventi causa o sub acquirenti estranei allo stesso. In via di principio, può dirsi con un'espressione di sintesi, la retroattività è **opponibile ai terzi**.

Esempio. Viene stipulato un contratto di compravendita, sottoposto a condizione sospensiva, fra il Sig. Rossi ed il Sig. Bianchi. L'acquirente Bianchi vende a sua volta il bene a Verdi, il quale non diventa ancora proprietario del bene. Lo diventerà nel momento in cui si verificherà l'avvenimento futuro ed incerto: la retroattività della condizione "giova" anche al sub acquirente Sig. Verdi, che in tal modo si troverà ad aver acquistato la cosa dal titolare del diritto di proprietà (ossia dal Sig. Bianchi).

Il terzo sub acquirente di diritti reali sotto condizione risolutiva, peraltro, può invocare a suo favore altre norme giuridiche, come la regola del "possesso vale titolo" o l'usucapione (Cap. 67, in particolare §§ 418 ss.).

L'avveramento della condizione non pregiudica la validità degli atti di amministrazione compiuti dalla parte a cui, in pendenza della condizione stessa, spettava l'esercizio del diritto (art. 1361, 1° co., cod. civ.). Sono atti di amministrazione, ad esempio, la locazione della cosa o la riscossione del credito oggetto di trasferimento condizionato.

Inoltre, salvo diverse disposizioni di legge o diversa pattuizione, i frutti percepiti durante il periodo di pendenza della condizione sono dovuti dal giorno in cui la condizione si è avverata, e non da quello della stipula del contratto (art. 1361, 2° co., cod. civ.).

209. Il termine: termine iniziale e termine finale.

Altro elemento accidentale è il termine: le parti possono prevedere, con un'apposita clausola, un accadimento futuro e certo, dal quale deriverà l'inizio dell'efficacia del contratto ovvero la cessazione della sua efficacia. Si discute, nel primo caso, di **termine iniziale**; nel secondo di **termine finale**.

Esempio. Due parti concludono un contratto di locazione, il 10 dicembre del 2020, prevedendo che esso comincerà ad avere efficacia il 1° gennaio del 2021.

Esempio. Due parti concludono un contratto di prestazione d'opera, il 10 gennaio del 2020, prevedendo che esso non avrà più efficacia il 15 giugno del 2020. Si è concluso un contratto a tempo determinato, diverso dal contratto a tempo indeterminato, caratterizzato dall'assenza della previsione di un termine finale.

È evidente la differenza tra condizione e termine: nel primo caso si discute di un evento futuro ed incerto; nel secondo di un evento futuro e certo. La certezza, si badi, sussiste anche quando non si conosca, esattamente, il momento in cui si verificherà il termine: è il caso in cui si fa riferimento al giorno della morte di una determinata persona.

Il termine, a differenza della condizione, non opera retroattivamente; inoltre, in pendenza del termine il diritto non può essere esercitato dal futuro titolare. Tuttavia, se una delle parti esegue la prestazione oggetto di contratto prima della scadenza del termine concordato, non potrà ottenerne la ripetizione ma, dimostrando di non essere stata a conoscenza del termine, ottenere una somma corrispondente al vantaggio conseguito dall'altro contraente per aver ricevuto la prestazione con anticipo.

Il termine di cui qui si discute è detto **di efficacia**: esso, infatti, segna il momento a partire dal quale o fino al quale l'atto giuridico negoziale produrrà i suoi effetti. Diverso dal termine di efficacia è il **termine di scadenza** o **di adempimento** che, a differenza del primo, riceve una specifica regolamentazione nella disciplina sulle obbligazioni in generale (artt. 1182 ss. cod. civ.).

Il termine di scadenza, dunque, indica il momento entro cui deve essere eseguita la prestazione oggetto dell'obbligazione: va peraltro evidenziato come, specie nei contratti di durata a prestazione continuata (ad esempio il contratto di locazione), il termine di efficacia e quello di scadenza di alcune delle obbligazioni derivanti dal contratto finiscano per coincidere.

Esempio. Si conclude un contratto di locazione, della durata di quattro anni (termine di efficacia). Alla scadenza di detto termine, peraltro, il conduttore è obbligato a restituire la cosa data in locazione: se egli ritarda la consegna, è inadempiente.

Si spiega così perché al termine di efficacia si applicano gli stessi meccanismi di computo del termine di scadenza previsti dall'art. 1187 cod. civ. (che a sua volta rinvia, in tema di prescrizione, all'art. 2963 cod. civ.).

Alcuni atti giuridici negoziali, diversi dal contratto, non tollerano l'apposizione del termine (*actus legitimi*). Ad esempio, se nel matrimonio le parti aggiungono un termine (o una condizione), l'ufficiale dello stato civile non può procedere alla celebrazione del matrimonio. Se, ciò nonostante, il matrimonio è celebrato, gli elementi accidentali si hanno per non apposti. Altre volte l'apposizione del termine determina la nullità dell'atto (è il caso dell'accettazione e della rinuncia all'eredità, previste, rispettivamente, dagli artt. 475, 2° co. e 520 cod. civ.).

210. L'onere o il modo.

Un altro elemento accidentale, accanto alla condizione e al termine, è **l'onere** o il **modo** (il *modus*, ossia la limitazione), che può essere apposto soltanto agli atti a titolo gratuito o alle liberalità e non a quelli a titolo oneroso.

La clausola modale, pertanto, può essere inserita: (a) negli atti negoziali a causa di morte (come l'istituzione di erede o legato: art. 647 cod. civ.) che per loro natura sono gratuiti; (b) negli atti negoziali tra vivi, come la donazione (art. 793 cod. civ.), il comodato (art. 1803, 2° co., cod. civ.), il contratto gratuito di rendita (art. 1861, 2° co., cod. civ.), la promessa al pubblico per spirito di liberalità (art. 1989 cod. civ.9.

Si abbia riguardo, più da vicino, alla **definizione**: l'onere o il modo è una clausola accessoria inserita in un atto a titolo gratuito o in una liberalità, allo scopo di limitare gli stessi, imponendo a carico del beneficiario (l'onerato) un determinato dovere di condotta o di astensione.

L'onere o modo qui in esame, pertanto, va tenuto distinto dall'onere, di cui si è trattato (§ 38), inteso come un comportamento che un soggetto "deve" tenere se vuole ottenere un effetto giuridico a sé favorevole.

La limitazione che caratterizza gli atti giuridici negoziali in cui è inserito il modo può consistere: (a) in un obbligo di dare; (b) in un obbligo di fare; (c) in un obbligo di non fare.

Esempio. Il Sig. Rossi istituisce suo figlio erede, onerando quest'ultimo dell'obbligo di dare una somma di denaro per la costruzione di un ospedale.

Esempio. Il Sig. Rossi istituisce suo figlio erede, onerandolo dell'obbligo di costruire (ossia di fare) un centro di ricerca per la lotta contro le malattie rare.

Esempio. Il Sig. Rossi istituisce suo figlio erede, con l'onere di non costruire un'abitazione nel terreno lasciato in eredità (qui vi è un obbligo di non fare).

L'onere, è evidente, determina una limitazione agli effetti dell'attribuzione patrimoniale: per rimanere al primo degli esempi appena proposti, il figlio del *de cuius* sarà obbligato ad impiegare parte del denaro ricevuto in eredità per finanziare la costruzione di un ospedale (non potrà, dunque, utilizzare liberamente tutto il denaro avuto dal padre).

L'onere, tuttavia, non può essere considerato un corrispettivo dell'attribuzione patrimoniale ricevuta: il che è assai chiaro ove la clausola modale sia inserita in un testamento (il *de cuius*, in quanto defunto, non può ricevere nulla in "corrispettivo"). Ma anche quando la clausola modale sia inserita in un atto giuridico negoziale tra vivi, deve escludersi che l'onere assuma il carattere del corrispettivo dell'attribuzione patrimoniale ricevuta. Con la donazione modale, infatti, il donante intende beneficiare il donatario senza ricevere alcunché "in cambio": il primo semmai vuole perseguire uno scopo ulteriore attraverso la limitazione degli effetti dell'atto di liberalità. Il donante, in sostanza, non lascia tutto alla piena disponibilità del beneficiario, intendendo destinare una parte della donazione ad un ulteriore scopo. L'onere, inoltre, non può essere considerato la "causa" dell'atto di liberalità: esso, invece, costituisce un motivo dell'atto, la cui rilevanza può essere determinante rispetto alla volizione dell'autore dell'atto.

Dalle considerazioni appena svolte risulta agevole distinguere l'onere dalla condizione, di cui poc'anzi si è detto: quest'ultima non pone obblighi in capo ad una parte; inoltre, l'onere non sospende in alcun modo l'efficacia dell'atto giuridico (come accade quando si è di fronte ad una condizione sospensiva).

210.1. *L'onere impossibile o illecito.*

L'**onere** può essere **impossibile** o **illecito**.

Esempio. Ti dono una somma di denaro con l'obbligo di costruire un centro per anziani sul pianeta Marte.

Esempio. Ti dono un immobile con l'obbligo di commettere un reato nei confronti di quella persona.

L'onere impossibile o illecito si ha per non apposto, sia negli atti tra vivi sia in quelli a causa di morte (l'onere, si dice, *vitiatur sed non vitiat*).

A diverse conclusioni si deve giungere, in certi casi, allorché l'onere abbia costituito il motivo determinante dell'atto: l'onere impossibile o illecito, infatti, rende nulla la disposizione testamentaria, se ne ha costituito il motivo determinante (art. 647, 3° co., cod. civ.); lo stesso vale qualora esso sia il motivo determinante nella donazione (art. 794 cod. civ.).

210.2. *L'adempimento dell'onere.*

L'onere, si è visto, è fonte di un obbligo giuridico. Per l'**adempimento** dell'**obbligo** può agire qualsiasi interessato (art. 648, 1° co., cod. civ.; art. 793, 3° co., cod. civ.).

Nel caso di inadempimento dell'onere, l'autorità giudiziaria può pronunciare la **risoluzione** della disposizione testamentaria soltanto se la risoluzione sia stata prevista dal testatore, o se l'adempimento dell'onere abbia costituito il solo motivo determinante della disposizione (art. 648, 2° co., cod. civ.).

Nel contratto di donazione, invece, è stabilito che la risoluzione per inadempimento dell'onere, se prevista nell'atto di donazione, possa essere domandata dal donante o dai suoi eredi (art. 793, 4° co., cod. civ.). Non si fa riferimento, qui, alla possibilità di risolvere l'atto quando l'onere abbia costituito il solo motivo determinante della donazione (ancorché la risoluzione per il suo inadempimento non sia stata prevista dal donante).

211. La clausola penale.

Tradizionalmente il discorso sugli elementi accidentali si limita all'analisi della condizione, del termine e del modo. Va peraltro evidenziato come vi siano altre importanti clausole accessorie, di cui si occupa la disciplina generale del contratto: si fa riferimento, in particolare, alla clausola penale ed alla caparra.

Si cominci dalla **clausola penale**, definita dal codice come la clausola "con cui si conviene che, in caso d'inadempimento o di ritardo nell'adempimento, uno dei contraenti è tenuto ad una determinata prestazione" (art. 1382, 1° co., cod. civ.; Cass.,

23.5.2019, n. 13956). La prestazione di cui discute la norma è, di regola, una somma di denaro.

La penale, come precisa la disposizione codicistica, ha "l'effetto di limitare il risarcimento alla prestazione promessa, se non è stata convenuta la risarcibilità del danno ulteriore". Inoltre, essa è dovuta "indipendentemente dalla prova del danno" (art. 1382, 2° co., cod. civ.). La norma costituisce un'evidente deroga al principio generale previsto dall'art. 2697 cod. civ. in tema di onere della prova.

Esempio. Due contraenti inseriscono nel loro contratto di fornitura di merci una clausola penale: in essa si prevede che qualora il fornitore eseguirà la prestazione in ritardo, lo stesso dovrà versare (a titolo di penale) una somma pari a 10.000 euro. La controparte non dovrà dimostrare (come, invece, accade qualora non vi sia una clausola penale) di aver subìto un danno pari alla somma prevista dalla clausola penale.

Si comprende, così, quale sia la funzione della clausola penale: essa costituisce una modalità di **liquidazione forfettaria** ed **anticipata** del danno, con cui le parti determinano, in via convenzionale ed *ex ante* (cioè sin dall'inizio), la prestazione risarcitoria che una parte dovrà eseguire a favore dell'altra per il caso di inadempimento o di ritardo di inadempimento (si noti che, al di là della formula del codice, anche il ritardo nell'adempimento integra un vero e proprio inadempimento).

Il che vuol dire che il beneficiario della penale potrà godere di una somma di denaro anche quando, in concreto, non abbia subìto alcun danno (o abbia subìto un danno minore rispetto alla somma prevista dalla penale). È anche vero, d'altra parte, che la parte non inadempiente si dovrà accontentare di una somma minore qualora abbia subìto un danno superiore a quello previsto nella penale (a meno che non sia stata convenuta la "risarcibilità del danno ulteriore": art. 1382, 1° co., cod. civ.).

Sussiste comunque il **divieto di cumulo**: "il creditore non può domandare la prestazione principale e la penale, se questa non è stata stipulata per il semplice ritardo" (art. 1383 cod. civ.). Pertanto, qualora la penale sia stata prevista per il ritardo nell'adempimento, il creditore può "cumulare" sia la richiesta della prestazione principale (la fornitura di merci, per rimanere all'ultimo esempio) sia quella prevista dalla clausola penale (la richiesta di denaro). Il cumulo, invece, è vietato allorché la somma prevista dalla penale sia stata prevista per l'inadempimento assoluto.

È prevista, infine, la **riduzione della penale** (art. 1384 cod. civ.): essa può essere diminuita equamente dal giudice se l'obbligazione principale è stata eseguita in parte ovvero se l'ammontare della penale è manifestamente eccessivo, avuto riguardo all'interesse che il creditore aveva all'adempimento. È, questo, uno dei casi (espressamente previsti dalla legge) in cui al giudice è consentito di intervenire per modificare il contenuto del contratto (nella specie, il contenuto della clausola penale).

Esempio. Viene concluso, fra il titolare di un negozio ed un privato, un contratto avente ad oggetto la vendita di una lampada da tavolo., da consegnarsi in un secondo momento.

Si conviene che, nel caso in cui la prestazione principale non venga eseguita, il titolare del negozio dovrà corrispondere alla controparte una penale pari a 1.000 euro. Avendo riguardo all'interesse che il creditore ha all'adempimento, l'ammontare di tale somma può considerarsi manifestamente eccessivo.

La riduzione, secondo la più recente giurisprudenza della Cassazione, può avvenire da parte del giudice anche d'ufficio, (ricorrendo, naturalmente, i presupposti previsti dalla norma codicistica): a prescindere, cioè, da una specifica richiesta della parte interessata (Cass., 4.11.2021, n. 31835; Cass., 19.12.2019, n. 34021; Cass., n. 2373/2010; Cass., Sez. Un., n. 18128/2005). Tale potere officioso di riduzione della penale eccessiva può essere esercitato anche qualora le parti ne abbiano convenuto l'irriducibilità, trattandosi di un potere funzionale a un interesse generale dell'ordinamento (Cass., 16.12.2019, n. 33159). La riduzione può essere chiesta anche in grado di appello (Cass., 26.10.2016, n. 21646).

I giudici di legittimità discutono anche di "clausola di confisca" allorché le parti, in un contratto di *leasing* traslativo, abbiano previsto il diritto del concedente di trattenere tutte le rate pagate a titolo di corrispettivo del godimento nonostante il mantenimento della proprietà. In questo caso, precisano, il giudice ha il potere di ridurre la penale in modo da contemperare, secondo equità, il vantaggio che essa assicura al contraente adempiente ed il margine di guadagno che il medesimo si riprometteva di trarre dalla regolare esecuzione del contratto (Cass., 30.3.2022, n. 10249).

212. La caparra.

Distinta dalla **clausola penale** è la **caparra** (artt. 1385-1386 cod. civ.), ancorché quest'ultima possa rivestire, in via secondaria, una funzione risarcitoria.

La **differenza** tra i due istituti emerge, in primo luogo, sul piano **strutturale**. La penale, si è visto, è una pattuizione che le parti sono libere di inserire o meno nel contratto: essa, dunque, è la fonte dell'obbligazione di eseguire, successivamente, una prestazione risarcitoria nel caso in cui si verifichi un inadempimento o un ritardo nell'adempimento.

La caparra, invece, non è una clausola, consistendo in una "somma di denaro o una quantità di cose fungibili" che "al momento della conclusione del contratto una parte dà all'altra" (art. 1385, 1° co., cod. civ.). Siamo quindi di fronte a un contratto reale che, in quanto tale, si perfeziona con la consegna del bene che ne costituisce l'oggetto. Nell'ipotesi in cui una parte consegni all'altra un assegno bancario, l'effetto della caparra si perfezionerà solamente con la riscossione della somma recata dall'assegno (Cass., 17.12.2019, n. 33428; Cass., n. 24747/2016).

Sul piano **funzionale**, poi, la differenza emerge allorché si prendano in considerazione le due sottospecie della caparra: quella confirmatoria e quella penitenziale.

La **caparra confirmatoria** è una somma di denaro o una quantità di altre cose fungibili che una parte dà all'altra (a titolo di caparra) al momento della conclusione del contratto. Essa ha la **funzione** (come suggerisce il nome) di "confermare" e rafforzare la serietà del vincolo contrattuale. In caso di adempimento, la caparra "deve essere restituita o imputata alla prestazione dovuta" (art. 1385, 1° co., cod. civ.).

In caso di inadempimento la caparra svolge anche una funzione risarcitoria. È previsto, infatti, che "se la parte che ha dato la caparra è inadempiente, l'altra può recedere dal contratto, ritenendo la caparra; se inadempiente è invece la parte che l'ha ricevuta, l'altra può recedere dal contratto ed esigere il doppio della caparra" (art. 1385, 2° co., cod. civ.). Per poter esercitare il diritto di recesso previsto dall'art. 1385 cod. civ., è necessario che l'inadempimento posto in essere non sia di scarsa rilevanza, in conformità a quanto disposto dall'art. 1455 cod. civ. (Cass., 13.01.2012, n. 409; Cass., 10.5.2019, n. 12549).

Peraltro, se la parte che non è inadempiente preferisce domandare l'esecuzione o la risoluzione del contratto, il risarcimento del danno è regolato dalle norme generali (art. 1385, 3° co., cod. civ.).

La parte non inadempiente ha, qui, una duplice possibilità: o esercita il potere unilaterale di scioglimento del contratto, ottenendo la somma di denaro o altre quantità di cose fungibili; oppure può domandare l'esecuzione o la risoluzione del contratto ed il risarcimento del danno secondo le norme del codice che regolano tali istituti (rispettivamente: artt. 1453 ss. cod. civ.; artt. 1223 ss. cod. civ.).

La Corte costituzionale ha precisato che, sebbene alla caparra non sia applicabile il meccanismo della riduzione ad equità previsto per la clausola penale, il giudice può comunque rilevare d'ufficio la nullità totale o parziale di una clausola contrattuale manifestamente squilibrata a danno di una parte (Corte cost., n. 248/2013).

Diversa è la **caparra penitenziale**: se nel contratto è previsto il diritto di recesso per una o entrambe le parti, la caparra ha la sola funzione di corrispettivo del recesso (art. 1386, 1° co., cod. civ.). In questo caso, il recedente perde la caparra data o deve restituire il doppio o quella che ha ricevuta (art. 1386, 2° co., cod. civ.).

Pertanto, in presenza di una clausola contrattuale di recesso convenzionale, la caparra versata (ossia la consegna di una somma di denaro o di altre cose fungibili) va considerata esclusivamente come "penitenziale".

Diversa dalla caparra penitenziale, infine, è la **multa penitenziale**. In questo caso non si è in presenza della consegna di una somma di denaro (o di altre cose fungibili) contestualmente alla conclusione del contratto. Nel contratto, invece, si prevede una clausola con cui si stabilisce la prestazione che una parte si obbliga a corrispondere all'altra, a titolo di corrispettivo, allorché intenda esercitare il diritto di recesso previsto convenzionalmente. In tal caso il recesso ha effetto quando la prestazione sia stata eseguita (art. 1373, 3° co., cod. civ.).

Capitolo 30

LA RAPPRESENTANZA

213. La rappresentanza: nozioni generali. Rappresentanza legale e rappresentanza volontaria.

Sin qui il discorso sul contratto si è affrontato sul presupposto della coincidenza fra parti che concludono il contratto e parti nei cui confronti il contratto è destinato a produrre effetti giuridici. Stipulo una compravendita, ad esempio, perché voglio diventare proprietario dell'immobile oggetto del contratto.

Nella pratica però molte volte ciò non accade: colui che partecipa alla conclusione non è il destinatario degli effetti giuridici prodotti dal contratto. Quest'ultimo produrrà gli effetti nei confronti di un soggetto che non ha partecipato alla stipula.

Il fenomeno di cui si sta parlando è quello della **rappresentanza**: accade che un soggetto, il **rappresentante**, partecipa alla conclusione del contratto; l'altro, il **rappresentato**, subisce gli effetti giuridici della dichiarazione di volontà del rappresentante.

La rappresentanza può essere definita come il potere di un soggetto, il rappresentante, di compiere un atto giuridico in nome e per conto (ossia nell'interesse) di un altro, il rappresentato, che subirà gli effetti giuridici dell'atto compiuto dal primo.

Nel codice civile le norme sulla rappresentanza vanno dall'art. 1387 all'art. 1400. L'art. 1387 cod. civ. indica le fonti della rappresentanza: "il potere di rappresentanza è conferito dalla legge ovvero dall'interessato". Nel primo caso si discute di **rappresentanza legale**: è tale quella dei genitori nei confronti dei figli. Qui non vi è conferimento di un incarico, da parte del rappresentato, ma è la stessa legge a prevedere che determinati soggetti (come i genitori) abbiano il potere di porre in essere atti giuridici direttamente produttivi di effetti nei confronti del rappresentato.

Diversa è la **rappresentanza volontaria**: nell'ambito della sua autonomia privata, un soggetto, il rappresentato, può prevedere che un atto giuridico sia compiuto da un diverso soggetto, il rappresentante.

Sia nel caso della rappresentanza legale sia in quello della rappresentanza volontaria si determina il seguente fenomeno: il contratto concluso dal rappresentante "produce direttamente effetto nei confronti del rappresentato" (art. 1388 cod. civ.).

Le considerazioni appena svolte permettono di cogliere la distinzione, assai frequente in dottrina, fra **rappresentanza diretta** e **rappresentanza indiretta**. Si ha la prima quando al rappresentante è attribuito il potere (per legge o per volontà del soggetto interessato) di compiere l'atto non solo nell'interesse del rappresentato ma anche in nome del *dominus* (ossia il rappresentato): il che vuol dire che gli effetti giuridici del contratto ricadranno direttamente su quest'ultimo. Il rappresentante è soltanto parte formale, dovendosi riconoscere la qualifica di parte sostanziale al rappresentato.

Si ha, invece, rappresentanza indiretta allorché al rappresentante venga attribuito il potere soltanto di agire per conto del rappresentato, ma non in suo nome: gli effetti giuridici dell'atto compiuto ricadranno in capo al rappresentante il quale, in virtù del "contratto gestorio", sarà obbligato a trasferire gli effetti del contratto nella sfera giuridica del rappresentato. Il meccanismo della rappresentanza indiretta risulterà chiaro allorché si studieranno i caratteri del contratto gestorio (come il mandato: §§ 286 ss.), che obbliga il rappresentante al suddetto trasferimento.

Il discorso, nel prosieguo, riguarderà la rappresentanza volontaria. Affinché il contratto concluso dal rappresentante produca direttamente effetto nei confronti del rappresentato, sono necessarie tre condizioni: il rappresentante deve concludere il contratto "in nome del rappresentato"; il rappresentante deve concludere il contratto "nei limiti delle facoltà conferitegli"; il rappresentante deve concluderlo "nell'interesse del rappresentato".

Occorre ricordare che la possibilità di ricorrere all'istituto della rappresentanza è preclusa in relazione agli atti giuridici negoziali per i quali il nostro ordinamento richiede la partecipazione diretta del soggetto interessato (ad esempio, il matrimonio e il testamento).

Avendo riguardo, invece, agli enti collettivi, si suole discutere di **rappresentanza organica** per indicare il potere di rappresentare un ente (società, associazione, fondazioni): tale potere spetta all'organo (e quindi ad una persona fisica che ne sia titolare), in base a quanto previsto nello statuto. L'amministratore di un'associazione, ad esempio, ha il potere di compiere nei confronti dei terzi atti giuridici vincolanti per l'ente cui appartiene (art. 19 cod. civ.).

214. La conclusione del contratto "in nome del rappresentato".

Affinché gli effetti giuridici del contratto stipulato dal rappresentante ricadano direttamente in capo al rappresentato sono richieste, si è detto, alcune condizioni. È necessario, innanzitutto, che il primo abbia agito in nome del secondo: occorre la **spendita del nome** del rappresentato (c.d. *contemplatio domini*).

Esempio. Il Sig. Rossi, rappresentante di Bianchi, stipula un contratto con Verdi. Nel documento si leggerà: nel presente contratto partecipa Rossi in rappresentanza di Bianchi; oppure: nel presente contratto Bianchi è rappresentato da Rossi.

Esempio. Con una formula più sintetica, si scriverà: il Sig. Rossi per il Sig. Bianchi.

La giurisprudenza di legittimità ha chiarito che nei contratti a forma libera la spendita del nome può essere manifestata anche attraverso un comportamento del rappresentante il quale, per univocità e concludenza, sia idoneo a portare a conoscenza dell'altro contraente la circostanza che egli agisce per un soggetto diverso (Cass., 10.9.2019, n. 22616).

Qualora un soggetto agisca in nome proprio, ancorché per conto (ossia nell'interesse) altrui, ma senza spendere il nome del rappresentato, gli effetti giuridici del contratto ricadranno direttamente nella sua sfera.

215. La conclusione del contratto "nei limiti delle facoltà conferite". La procura.

Nella rappresentanza legale è la legge ad attribuire ad un determinato soggetto (il genitore, il tutore) il potere rappresentativo.

Diversamente, nella rappresentanza volontaria il potere di rappresentare deriva da una dichiarazione di volontà del rappresentato, che si chiama **procura**.

Esempio. Con la presente procura ti incarico di acquistare un'automobile di marca italiana, in nome e per conto mio, del valore non superiore a 50.000 euro. Ti autorizzo espressamente a spendere il mio nome.

La procura è un **atto unilaterale** attraverso il quale un soggetto, il rappresentato, investe un altro soggetto, il rappresentante, del potere di rappresentarlo: quest'ultimo, in sostanza, viene autorizzato con la procura a spendere il nome del rappresentato.

Si tratta di un atto unilaterale che, secondo alcuni autori, ha carattere recettizio; per altri, invece, ha carattere non recettizio. Non sembra che le due posizioni siano inconciliabili: la procura, infatti, può considerarsi un atto recettizio rispetto al rappresentante; un atto non recettizio rispetto ai terzi. Sotto il primo aspetto la recettizietà tende a tutelare, prevalentemente, l'interesse del rappresentato: finché quest'ultimo non immette la procura nel traffico giuridico, può dubitarsi del fatto che egli ha, definitivamente, deciso di esporsi alle conseguenze dell'esercizio dell'altrui potere di rappresentanza. La certezza, invece, sussiste allorché il rappresentato abbia fatto volontariamente pervenire la procura presso il rappresentante. Sotto il secondo aspetto, deve escludersi che la procura sia ricettizia nei confronti dei terzi: l'atto che ha rilevanza per quest'ultimi, ai fini della rappresentanza, non è la procura data dal rappresentato ma la spendita del nome ad opera del rappresentante.

La procura può essere **espressa** (come nell'esempio sopra svolto) oppure **tacita**.

Esempio. Il titolare di un supermercato prepone il commesso al reparto delle scarpe. Il primo, in tal modo, conferisce una procura tacita a vendere le scarpe in nome e per conto del titolare dell'esercizio commerciale.

In conformità alla regola generale sulla libertà delle forme degli atti giuridici, la procura può essere conferita anche verbalmente. Tuttavia, è espressamente previsto che essa "non ha effetto se non è conferita con le forme prescritte per il contratto che il rappresentante deve concludere" (art. 1392 cod. civ.). Pertanto, se il rappresentante ha ricevuto l'incarico di acquistare una casa in nome e per conto del rappresentato, la procura non ha effetto se non è conferita con atto scritto (ossia con atto pubblico o scrittura privata).

La procura, ancora, può essere **speciale** o **generale** (e, in quest'ultimo caso, il grado di generalità può essere più o meno ampio). La procura è speciale quando riguardi un singolo e determinato affare (procura a vendere il mio immobile, ad acquistare un determinato bene mobile, e così via).

La procura è generale allorché si riferisca ad una serie determinata di affari del rappresentato o a tutti gli affari del rappresentato.

Esempio. Procura per una serie determinata di affari del rappresentato: il Sig. Rossi è incaricato dal Sig. Bianchi di compiere, in nome e per conto di quest'ultimo, tutti gli affari relativi alla gestione dei suoi immobili.

Esempio. Procura per tutti gli affari del rappresentato: il Sig. Rossi è incaricato dal Sig. Bianchi di compiere, in nome e per conto di quest'ultimo, tutti gli affari che concernono la sua sfera giuridica patrimoniale.

In quest'ultimo caso, è evidente, la rappresentanza volontaria ha la stessa estensione della rappresentanza legale, che è sempre una rappresentanza generale, riguardando tutti gli affari dell'incapace.

215.1. *La modifica e l'estinzione della procura.*

Il rappresentato, così come può conferire liberamente al rappresentante i poteri rappresentativi, nell'ambito della sua autonomia privata, può del pari privarlo degli stessi attraverso la **revoca** della procura. La revoca può essere sia **espressa** sia **tacita**: si ha quest'ultima allorché il rappresentato nomini un nuovo rappresentante per lo stesso affare oppure quando il rappresentato compia, da solo, l'atto giuridico per cui aveva conferito la procura (si veda, nella disciplina del mandato, l'art. 1724 cod. civ.).

Il rappresentante, inoltre, può modificare la procura, stabilendo ad esempio che il rappresentante abbia maggiori (o minori) poteri rappresentativi.

Non è revocabile, peraltro, la procura conferita anche nell'interesse dei terzi o dello stesso rappresentante: ciò, si ritiene, in analogia con le norme sul mandato (§§ 286 ss.). Va precisato che l'interesse dei terzi o del rappresentante non è valutabile alla stregua del mero conferimento dei poteri rappresentativi, ma in relazione al rapporto gestorio esistente fra rappresentato e rappresentante.

La **revoca** e la **modifica** della procura sono atti unilaterali che devono essere portati a conoscenza dei terzi con "**mezzi idonei**" (art. 1396, 1° co., cod. civ.). Va chiarito cosa debba intendersi per "mezzi idonei". Allorché sia previsto uno speciale regime di pubblicità, occorrerà ricorrere ad esso: per le imprese commerciali, ad esempio, è necessaria l'iscrizione della revoca o della modifica della procura nel registro delle imprese. Negli altri casi si dovrà procedere ad una valutazione di "idoneità" dei mezzi, avendo riguardo, in particolare, all'ambiente (il contesto soggettivo e oggettivo) in cui la rappresentanza era esercitata.

In mancanza di "mezzi idonei", in applicazione del **principio** della **tutela dell'affidamento dei terzi**, è previsto che le modificazioni e la revoca della procura non siano "opponibili ai terzi" (art. 1396, 1° co., cod. civ.). In pratica, qualora la revoca della procura non avvenga con mezzi idonei, il contratto stipulato dal rappresentante produce egualmente effetti in capo al rappresentato, pur in presenza della revoca della procura. La situazione, in questo caso, è quella per cui il rappresentante senza potere (senza procura, dunque) stipula un contratto efficace.

Per evitare queste ultime conseguenze il rappresentato è sempre ammesso a provare che il terzo (pur non essendo stati utilizzati "mezzi idonei") conosceva la revoca della procura o la sua modificazione al momento della conclusione del contratto (art. 1396, 1° co., cod. civ.).

Esempio. Il rappresentato ha conferito una procura al rappresentante attraverso l'utilizzo di diversi mezzi di informazione di massa. Dopo qualche tempo, revoca la procura attraverso un atto unilaterale, di cui però non è stata data alcuna pubblicità. Un terzo, dopo l'avvenuta revoca, pretende di considerare efficace il contratto stipulato con il rappresentante, adducendo il fatto che la revoca non è avvenuta con "mezzi idonei". Il rappresentato, però, ha in mano un fax, spedito al terzo prima della stipula del contratto, in cui si comunicava l'avvenuta revoca della procura. In questo caso il rappresentato avrà buon gioco nel dimostrare che il contratto stipulato fra il rappresentante ed il terzo è privo di efficacia, avendo avuto quest'ultimo conoscenza, prima della stipula, dell'avvenuta revoca della procura.

Si discute se la revoca della procura sia un atto recettizio o meno. È preferibile l'opinione negativa: rispetto ai terzi non è rilevante il fatto che il rappresentato ha loro comunicato la revoca, essendo sufficiente che questa sia stata resa pubblica con mezzi idonei o che comunque essi ne abbiano avuto conoscenza. Ciò non esclude che in alcuni casi (come quello dell'esempio) la prova della conoscenza della revoca potrà essere fornita dimostrando che ai terzi è stata data comunicazione della stessa.

La revoca della procura non è l'unica causa della sua estinzione. Essa può cessare per la sopraggiunta morte del rappresentante o del rappresentato (ciò dimostra che il rapporto fra rappresentato e rappresentante è improntato alla fiducia reciproca); la procura, ancora, può cessare per la sopravvenuta incapacità del rappresentato. Prevede, il codice, che "le altre cause di estinzione del potere di rappresentanza conferito dall'interessato non sono opponibili ai terzi che le hanno senza colpa ignorate" (art. 1396, 2° co., cod. civ.). Si riafferma, anche in questo caso, il principio della **tutela** dell'**affidamento** dei terzi: ancorché la procura sia estinta, il contratto con il rappresentante privo di potere rappresentativo sarà efficace qualora nei loro confronti non sia possibile formulare un giudizio di colpa circa l'accertamento delle cause di estinzione della procura.

Il rappresentante è tenuto a restituire il documento dal quale risultano i suoi poteri, quando questi sono cessati (art. 1397 cod. civ.).

215.2. *Il contratto stipulato dal "falso rappresentante"* (falsus procurator)*: la disciplina.*

La procura, ormai è chiaro, è quell'atto che consente al rappresentante di agire in nome e per conto del rappresentato, con le conseguenze che più volte sin qui si sono ricordate.

Può accadere, peraltro, che un soggetto concluda un contratto presentandosi come rappresentante diretto di un altro soggetto, senza che ne abbia il potere (non è stata conferita, in sostanza, alcuna procura).

Può altresì accadere che un soggetto, pur avendo ricevuto la procura a rappresentare un altro soggetto, ecceda i limiti dei poteri previsti nella procura stessa.

Esempio. Nella procura il rappresentato ha incaricato il rappresentante di acquistare un bene immobile, autorizzandolo a spendere non più di 1.000.000 di euro. Il rappresentante ha acquistato il bene immobile, spendendo però 1.500.000 euro.

Esempio. Nella procura il rappresentato ha incaricato di acquistare una villetta in una località di montagna, nelle Alpi italiane. Il rappresentante ha ritenuto vantaggiosa un'offerta di vendita di una villa alle isole Tremiti e l'ha acquistata in nome e per conto del rappresentato.

Il soggetto che ha agito senza avere la procura o eccedendo i limiti dei poteri rappresentativi si chiama **falso rappresentante** (*falsus procurator*). Il falso rappresentante, per utilizzare un'espressione del codice civile (si veda la rubrica dell'art. 1398 cod. civ.), ha una "rappresentanza senza potere".

Si studi ora quale efficacia abbia il contratto stipulato dal falso rappresentante. È chiaro che se manca il potere rappresentativo, non si può vincolare un soggetto estraneo al contratto stipulato.

Il contratto, peraltro, non ha efficacia nei confronti del falso rappresentante: questi ha stipulato in nome altrui e non a proprio nome. Si aggiunga che il terzo ha contratto sul presupposto che la sua controparte (il falso rappresentante) abbia agito per conto di un altro soggetto. Si può dunque concludere che il **contratto** stipulato dal falso rappresentante è **invalido** o, come si preferisce affermare da parte di alcuni interpreti, inefficace in senso stretto: l'atto, in effetti, pur essendo valido, non produce i suoi effetti per difetto di legittimazione del *falsus procurator* ad agire in nome altrui (Cass., n. 22891/2016).

Per il codice civile, "colui che ha contrattato come rappresentante senza averne i poteri o eccedendo i limiti delle facoltà conferitegli, è responsabile del danno che il terzo contraente ha sofferto per avere confidato senza sua colpa nella validità del contratto" (art. 1398 cod. civ.).

Tale disposizione non solo evidenzia che il contratto stipulato dal falso rappresentante è inefficace; quest'ultimo, infatti, è esposto al **risarcimento** dei **danni**, nei confronti della controparte, qualora la stessa abbia "confidato senza sua colpa nella validità del contratto". La controparte, dunque, non deve essere stata negligente. Allorché essa contragga con il rappresentante, può sempre "esigere che questi giustifichi i suoi poteri e, se la rappresentanza risulta da un atto scritto, che gliene dia una copia da lui firmata" (art. 1393 cod. civ., rubricato **giustificazione dei poteri del rappresentante**).

Esempio. Il Sig. Rossi si presenta come rappresentante del Sig. Bianchi e intende stipulare un contratto con il Sig. Verdi. Quest'ultimo chiede una copia della procura, che però non legge (rendendosi, così, negligente). La procura recava l'esatta indicazione dei limiti del potere di rappresentanza. Il contratto concluso è inefficace (giacché il Sig. Rossi agisce come falso rappresentante) ed il Sig. Verdi subisce, a causa di ciò, delle ingenti perdite economiche. Non può, tuttavia, domandare al falso rappresentante il risarcimento dei danni subìti, perché colposamente ha confidato nella "validità" del contratto stipulato.

Il danno in questione, che costituisce un'ipotesi di responsabilità precontrattuale (Cass., n. 12969/2000), è risarcibile nei limiti dell'**interesse contrattuale negativo**: si fa riferimento ad una somma corrispondente alla diminuzione patrimoniale che il terzo non avrebbe subìto ed al vantaggio che lo stesso avrebbe conseguito qualora non avesse stipulato il contratto con il falso rappresentante. Nella prima voce di danno indicata, ad esempio, possono ricondursi le spese sostenute per le trattative e la contrattazione; nella seconda il danno derivante dalle occasioni che il terzo ha perduto, avendovi dovuto rinunciare per stipulare il contratto con il falso rappresentante.

Può peraltro succedere che il rappresentato, di fronte ad un contratto concluso dal falso rappresentante, sia interessato a farne propri gli effetti: ciò, ad esempio, perché risulti conveniente l'affare concluso da colui che ha stipulato senza alcun potere rappresentativo o eccedendo i poteri previsti nella procura. Il contratto concluso dal falso rappresentante, dunque, può essere ratificato dall'interessato con l'osservanza delle forme prescritte per la conclusione di esso (art. 1399, 1° co., cod. civ.).

La **ratifica** è un atto unilaterale (espresso o tacito: Cass., 24.1.2018, n. 1751; sulla ratifica di un contratto preliminare concluso dal *falsus procurator* si veda Cass., 15.2.2022, n. 4938) che si trasmette agli eredi (art. 1399, 5° co., cod. civ.). Essa è definita da alcuni interpreti come una "procura successiva", giacché il rappresentante viene investito successivamente del potere rappresentativo. A sostegno di questa ricostruzione vale la regola per cui la "ratifica ha effetto retroattivo", ancorché vengano fatti "salvi i diritti dei terzi" (art. 1399, 1° co., cod. civ.; Cass., 29.3.2019, n. 8933).

È previsto che "il terzo contraente può invitare l'interessato a pronunciarsi sulla ratifica assegnandogli un termine, scaduto il quale, nel silenzio, la ratifica s'intende negata" (art. 1399, 4° co., cod. civ.). Il terzo contraente, in sostanza, realizza un'*actio interrogatoria* con cui chiede al rappresentato se intende ratificare il contratto.

Altra possibilità, che elimina la situazione di incertezza circa la futura (ma non certa) ratifica da parte del rappresentato, è la seguente: il terzo e colui che ha contrattato come rappresentante possono d'accordo sciogliere il contratto prima della ratifica (art. 1399, 3° co., cod. civ.). Per comprendere questa disposizione occorre riferirsi al principio generale, di cui si dirà, per il quale "il contratto ha forza di legge fra le parti" e, di norma, "non può essere sciolto che per mutuo consenso" (art. 1372, 1° co., cod. civ.). Prima della ratifica da parte del rappresentato, il terzo non può sciogliersi unilateralmente dal contratto, se non con il consenso della controparte.

La Corte di cassazione ha affermato che il difetto del potere rappresentativo può essere rilevato d'ufficio dal giudice qualora la validità del contratto sottoscritto dal rappresentante costituisca un elemento della domanda esercitata dall'attore (Cass., Sez. Un., 11377/2015).

Si è soliti, invece, discutere di **rappresentanza apparente** quando un individuo, privo di poteri di rappresentanza, si comporta come rappresentante di un altro soggetto, il quale con il proprio contegno ingenera nei terzi un'apparenza di potere rappresentativo in capo all'agente (Trib. Milano, 18.11.2021). In questo caso, il contratto stipulato dal rappresentante apparente è vincolante per il soggetto rappresentato (Cass., n. 18191/2007). Peraltro, il principio dell'apparenza del diritto, attraverso il quale viene tutelato l'affidamento incolpevole del terzo, può trovare applicazione solamente qualora sussista la buona fede di chi ne invoca l'applicazione (Cass., n. 23448/2014). I giudici di legittimità hanno inoltre affermato che, nell'ambito di un contratto preliminare di compravendita immobiliare, il principio dell'apparenza non può essere invocato dal promissario acquirente che abbia confidato nella sussistenza del potere rappresentativo, in capo al preteso rappresentante, senza chiedere alla propria controparte alcuna evidenza dell'atto scritto a fondamento dei suoi poteri (Cass., n. 1192/2017).

216. La conclusione del contratto "nell'interesse del rappresentato".

Occorre esaminare un'ultima condizione che deve essere presente affinché il **contratto** concluso dal rappresentante produca effetti giuridici direttamente in capo al rappresentato.

Tale condizione è prevista a più riprese nella disciplina generale della rappresentanza. Il rappresentante, stabilisce il codice, deve contrattare "nell'**interesse del rappresentato**" (art. 1388 cod. civ.). Colui che ha il potere rappresentativo, pertanto, non può esercitare lo stesso per realizzare un proprio interesse o quello di un terzo: deve realizzare l'interesse del *dominus*.

Un'ipotesi in cui ciò non accade si ha quando il rappresentante è in **conflitto di interessi** con il rappresentato: è la situazione in cui l'interesse del primo è in concorrenza con quello del secondo, giacché la realizzazione di un interesse determina il sacrificio di un altro (concorrente) interesse.

Esempio. Il rappresentato conferisce la procura al rappresentante affinché quest'ultimo acquisti alcune partecipazioni azionarie. Nella procura il *dominus* stabilisce che il rappresentante abbia un tetto di spesa massimo, pari a 100.000 euro. Quest'ultimo è socio di una società per azioni e decide di acquistare le partecipazioni societarie proprio da questa società. Qui è evidente un conflitto di interessi: il rappresentato ha l'interesse ad acquistare le azioni al prezzo più basso possibile. Diversamente, l'interesse del rappresentante è quello di acquistare le azioni, in nome e per conto del rappresentato, al prezzo più alto possibile: così facendo, infatti, farà guadagnare la società di cui è socio (e, dunque, egli stesso si arricchirà).

È previsto che il contratto concluso dal rappresentante in conflitto d'interessi col rappresentato possa essere annullato su domanda del rappresentato, se il conflitto era conosciuto o riconoscibile dal terzo (art. 1394 cod. civ.; per un'applicazione si veda Cass., 10.4.2019, n. 10103).

Esempio. Il rappresentante agisce in una situazione di conflitto di interessi, giacché su incarico del rappresentato acquista alcune azioni rivolgendosi ad una società di cui è socio. Tuttavia, il rappresentante è socio occulto di tale società, perché fa parte della stessa attraverso un prestanome. Il rappresentante legale della società non sa nulla del fatto che vi è un socio occulto: talché il terzo (la società) non conosceva né poteva conoscere il conflitto di interessi. Il contratto, qui, non è annullabile.

Va chiarito che per poter ottenere l'annullamento, ai sensi della disposizione codicistica ricordata, è sufficiente la prova del conflitto di interessi in cui il rappresentante versava nel momento della conclusione del contratto; non è richiesta l'ulteriore dimostrazione del fatto che il rappresentante, trovandosi in questa situazione, ne abbia tratto effettivamente profitto sacrificando l'interesse del rappresentato. Occorre inoltre precisare che il conflitto d'interessi, idoneo a produrre l'annullabilità del contratto *ex* art. 1394 cod. civ., deve essere riscontrato al momento del perfezionamento del contratto, essendo irrilevanti evenienze successive che modificano l'iniziale convergenza d'interessi (Cass., n. 2529/2017).

Un'ipotesi tipica di conflitto di interesse, prevista dal legislatore, va sotto il nome di **contratto con se stesso**: accade che il rappresentante conclude il contratto con se stesso assumendo la duplice qualifica di rappresentante e di *partner* contrattuale del rappresentante.

Esempio. Il rappresentato incarica il rappresentante di vendere la propria automobile. Il rappresentante vende la macchina a se stesso: egli in sostanza assume la duplice veste di venditore (inteso come parte formale) e di acquirente (inteso come parte sostanziale).

Il contratto che il rappresentante conclude con se stesso, in proprio o come rappresentante di un'altra parte, è annullabile, a meno che il rappresentato lo abbia autorizzato specificamente ovvero il contenuto del contratto sia determinato in modo da escludere la possibilità di conflitto d'interessi (art. 1395, 1° co., cod. civ.; Cass., 8.4.2022, n. 11439). L'impugnazione può essere proposta soltanto dal rappresentato (art. 1395, 2° co., cod. civ.).

Il senso della disposizione codicistica, che esclude la possibilità di impugnare il contratto allorché il rappresentato abbia autorizzato espressamente il rappresentante, è chiaro: se è lo stesso rappresentato ad ammettere, preventivamente, che il rappresentante possa agire in una situazione di conflitto di interessi, non vi è motivo per domandare l'annullamento. L'impugnazione, parimenti, è esclusa allorché il contenuto del contratto sia tale da escludere a priori la possibilità di un conflitto di interessi: si pensi al caso in cui il prezzo del contratto di compravendita sia stabilito *ex lege* o dalla pubblica autorità. In questo caso è indifferente per il rappresentato che il contratto sia concluso dal rappresentante con se stesso o con un terzo: in ogni caso il prezzo del bene venduto rimarrà invariato (ciò esclude il perseguimento, da parte del rappresentante, di un proprio interesse a discapito di quello del *dominus*).

217. La capacità legale del rappresentato e la capacità di intendere e di volere del rappresentante.

Se sono presenti le condizioni richieste dalla legge, il contratto concluso dal rappresentante, in nome e per conto del rappresentato, produce effetti direttamente nella sfera giuridica di quest'ultimo. È il rappresentato, dunque, ad acquistare diritti e ad assumere obbligazioni; è il rappresentato, ancora, a diventare titolare del diritto di proprietà, nel contratto di compravendita, e così via.

Affinché ciò avvenga validamente, peraltro, in conformità alle regole generali è necessario che, quando la rappresentanza sia conferita dal **rappresentato**, quest'ultimo abbia la **capacità legale**. È sufficiente, invece, che il **rappresentante** abbia la **capacità di intendere e di volere**, avuto riguardo alla natura ed al contenuto del contratto (art. 1389, 1° co., cod. civ.).

La norma permette di riflettere sulla figura del minorenne (che non sia emancipato): egli non ha la capacità legale ma può avere, a seconda dell'età e del suo processo evolutivo, la capacità di intendere e di volere. Coordinando questi rilievi con la norma codicistica appena ricordata, deve concludersi che anche il minorenne, avendo la capacità naturale, può porsi come rappresentante (in particolare, dei genitori).

Esempio. Tizietto, quindicenne, si reca in un negozio per acquistare olio, sale ed aceto. Egli è minorenne ma il contratto di compravendita che conclude non è annullabile: ha agito (avendo la capacità naturale) quale rappresentante della madre. Il negoziante, in relazione alla natura ed al contenuto del contratto stipulato, nonché avendo riguardo all'età e alla normale capacità relazionale del ragazzo, non dovrà neanche esigere la giustificazione dei poteri di rappresentanza in capo al rappresentante (art. 1393 cod. civ.). È evidente, infatti, che egli agisce perché "incaricato" dalla madre. Diversa, invece, sarà la situazione allorché il minorenne si rechi in una gioielleria per acquistare un prezioso brillante: in questo caso il commerciante, in relazione ad una situazione "anomala" (che non rientra nelle normali incombenze di un ragazzo minorenne), dovrà chiedere la giustificazione dei poteri di rappresentanza.

In ogni caso, per la validità del contratto concluso dal rappresentante è necessario che lo stesso non sia vietato al rappresentato (art. 1389, 2° co., cod. civ.). Si pensi al divieto speciale di comprare previsto dalla disciplina sulla compravendita (art. 1471 cod. civ.), o al divieto di rendersi cessionari sancito dalla disciplina generale sulle obbligazioni (art. 1261 cod. civ.).

218. I vizi della volontà del rappresentante e del rappresentato.

Si è detto che il rappresentante non deve avere la capacità legale ai fini della conclusione del contratto in nome e per conto del rappresentato. Egli però deve avere la capacità di intendere e di volere: deve essere in grado, dunque, di esprimere liberamente, ed in maniera coscienziosa, la propria volontà.

Pertanto, in ossequio alle regole generali, il contratto è **annullabile** se è **viziata** la **volontà** del **rappresentante** (art. 1390 cod. civ.). La volontà è viziata quando la stessa non si forma in maniera corretta, giacché interviene un elemento perturbatore nel suo processo di formazione o nel momento in cui la dichiarazione di volontà è emanata. I vizi della volontà, che determinano l'annullamento del contratto, sono l'errore, violenza, dolo.

Ecco un esempio di contratto concluso dal rappresentante, annullabile perché la volontà dello stesso risulta viziata (in presenza del dolo della controparte).

Esempio. Il rappresentato incarica il rappresentante di acquistare un'automobile usata, che però non abbia percorso più di 50.000 km. Il rappresentante, nel comprare l'automobile in nome e per conto del rappresentato, chiede al venditore quanti chilometri l'automobile abbia percorso: quest'ultimo lo rassicura, mostrandogli il contachilometri, da cui risulta che l'auto ha percorso 35.000 km. In realtà il venditore ha alterato il contachilometri al fine di indurre il rappresentante a concludere un contratto che altrimenti non avrebbe stipulato: da verifiche successive, infatti, emerge che l'automobile ha percorso oltre 100.000 km. Il rappresentato, dunque, potrà impugnare il contratto e chiederne l'annullamento.

Costituisce, ancora, un'applicazione dei principî generali la regola per cui quando il vizio di volontà riguardi elementi predeterminati dal rappresentato, il contratto è annullabile solo se era viziata la volontà di questo (art. 1390 cod. civ.).

Esempio. Il Sig. Costruttis, imprenditore edile, ritenendo che il cemento visionato presso un cantiere sia quello idoneo per la sua attività, incarica il suo rappresentante di acquistarne una certa quantità. Sennonché il cementificio ha ingannato il sig. Costruttis, giacché il materiale acquistato non ha affatto le qualità mostrate al momento della visione del materiale. Vi è qui un vizio del consenso su un elemento predeterminato dal rappresentato: il contratto è annullabile.

Non è da escludere che tutti gli elementi del contratto siano predeterminati dal rappresentato, sicché il rappresentante si limita a dichiarare soltanto la volontà altrui, senza manifestare la propria volontà. Quando questo accade siamo al di fuori dell'istituto della rappresentanza (in cui è presente sempre la volontà del rappresentante, che può essere viziata): il rappresentante, qui, è un mero ***nuncius*** o, come pure si dice, un semplice **portavoce** del rappresentato.

Ricorrendo la figura del *nuncius*, i vizi della volontà (nonché gli stati soggettivi rilevanti) sono sempre quelli del rappresentato. È rilevante, tuttavia, l'errore ostativo del portavoce: se questi commette un errore nel trasmettere la volontà del rappresentato, il contratto è annullabile se l'errore sia riconoscibile dall'altro contraente (art. 1433 cod. civ.).

218.1. *La rilevanza dello stato della buona fede, della malafede, della scienza o dell'ignoranza di determinate circostanze.*

Il rappresentante, per essere tale, deve essere chiamato ad esprimere una propria volontà. Pertanto, nei casi in cui sia rilevante lo stato di **buona fede** o di **malafede**, di **scienza** o di **ignoranza** di **determinate circostanze** (si veda, ad esempio, l'art. 1153 cod. civ.), si ha riguardo alla persona del rappresentante, salvo che si tratti di elementi predeterminati dal rappresentato (art. 1391, 1° co., cod. civ.).

In nessun caso, peraltro, il rappresentato che è in malafede può giovarsi dello stato d'ignoranza o di buona fede del rappresentante (art. 1391, 2° co., cod. civ.): *fraus omnia corrumpit.*

Esempio. Il rappresentato incarica il rappresentante di stipulare un contratto di compravendita. Nel momento in cui il rappresentante conclude il contratto il rappresentato sa (ossia è in malafede) che il terzo contraente si trova in una situazione di incapacità di intendere e di volere: il rappresentante, invece, non si rende conto di tale incapacità. Il contratto è annullabile (art. 428, 2° co., cod. civ.), a nulla valendo la buona fede del rappresentante.

219. Rappresentanza e mandato. Cenni e rinvio.

Non bisogna confondere la **rappresentanza** con il **mandato**. Quest'ultimo è un contratto (§§ 286 ss.) con cui il mandante (ossia la parte che è interessata al compimento di un determinato affare) incarica un'altra parte, il mandatario, di compiere un determinato atto giuridico: lo incarica, ad esempio, di concludere un contratto di compravendita, di locazione, di appalto.

Dal contratto di mandato derivano una serie di obbligazioni in capo alle parti: ad esempio, l'obbligazione del mandante di pagare il compenso al mandatario (se si è in presenza di un mandato a titolo oneroso); l'obbligazione del mandatario di eseguire diligentemente l'incarico. Non occorre la forma scritta per il mandato senza rappresentanza concluso per l'acquisto di beni immobili, trattandosi di un atto avente efficacia obbligatoria, ed essendo invece la forma scritta prevista per l'atto che realizza l'effetto reale (così Cass., 13.12.2021, n. 39566).

Il mandato può essere accompagnato o meno dalla procura: nel primo caso si dirà che il mandato è con rappresentanza; nel secondo che il mandato è senza rappresentanza (artt. 1704 e 1705 cod. civ.). Allorché sia concluso un contratto di mandato senza rappresentanza, gli effetti dell'atto giuridico compiuto dal rappresentante per conto (ossia nell'interesse) del rappresentato ricadranno nella sfera giuridica del primo che, proprio in adempimento del contratto di mandato, sarà obbligato con un altro atto a trasferire gli effetti giuridici nella sfera del rappresentato. Diversamente, allorché sia concluso un contratto di mandato con rappresentanza, il rappresentante agirà in nome e per conto del rappresentato, verso cui ricadranno direttamente gli effetti giuridici dell'atto compiuto dal rappresentante.

La procura può essere rilasciata anche in esecuzione di un contratto diverso da quello di mandato: il **contratto gestorio**, a seconda dei casi, avrà il *nomen* di contratto di lavoro o di agenzia.

Peraltro, si ritiene che, a prescindere dall'esistenza di un **rapporto gestorio**, il rappresentante, il quale eserciti il potere attribuitogli con procura sia comunque obbligato a svolgere la sua attività avendo cura di soddisfare l'interesse del rappresentato. A sostegno di questa conclusione vale il principio generale secondo cui il titolare di un potere nell'interesse altrui è tenuto ad esercitarlo conformemente all'interesse in funzione del quale tale potere gli è stato conferito. La disciplina generale sulla rappresentanza, del resto, conferma che il rappresentante, cui è stata conferita la procura, deve agire nell'interesse del rappresentato (art. 1394 cod. civ.).

220. Il contratto per persona da nominare.

Secondo l'opinione preferibile, nella disciplina del **contratto per persona da nominare** (artt. 1401-1405 cod. civ.) si ha un caso di **rappresentanza eventuale *in incertam personam*** (o **rappresentanza innominata**).

Nel momento della conclusione del contratto una parte può riservarsi la facoltà di nominare successivamente la persona che deve acquistare i diritti e assumere le obbligazioni derivanti dal contratto stesso (art. 1401 cod. civ.).

Si ricorre a questa figura quando una persona, nei cui confronti il contratto è destinato a produrre gli effetti, non vuole comparire al momento della stipula: un imprenditore, ad esempio, non intende figurare come acquirente in una compravendita, ritenendo in tal modo di contenere il prezzo di acquisto.

Non si deve pensare però che il contratto per persona da nominare sia da ricondurre alla **simulazione**, di cui si dirà. Nella fattispecie in esame, infatti, il contraente dichiara di contrarre per altra persona che si riserva di nominare: si tratta di una dichiarazione che corrisponde al suo interno volere; ciò non accade nella dichiarazione simulata.

La **dichiarazione** di **nomina** deve essere comunicata all'altra parte nel termine di tre giorni dalla stipulazione del contratto, se le parti non hanno stabilito un termine diverso (art. 1402, 1° co., cod. civ.). Ai fini fiscali, peraltro, se la nomina viene effettuata oltre il terzo giorno, si considera come se lo stipulante abbia stipulato in proprio e, poi, alienato al terzo: si configura, cioè, un doppio passaggio (il che comporta maggiori oneri fiscali).

La dichiarazione non ha effetto se non è accompagnata dall'**accettazione** della **persona nominata** o se non esiste una **procura anteriore al contratto** (art. 1402, 2° co., cod. civ.).

La dichiarazione di nomina e la procura o l'accettazione della persona nominata non hanno effetto se non rivestono la stessa **forma** che le parti hanno usato per il contratto, anche se non prescritta dalla legge (art. 1403, 1° co., cod. civ.).

Se per il contratto è richiesta, a determinati effetti, una forma di **pubblicità** (art. 2643 cod. civ.), deve agli stessi effetti essere resa pubblica anche la dichiarazione di nomina, con l'indicazione dell'atto di procura o dell'accettazione della persona nominata (art. 1403 cod. civ.).

Quando la dichiarazione di nomina sia stata validamente fatta, la persona nominata acquista i diritti ed assume le obbligazioni derivanti dal contratto, con effetto dal momento in cui questo è stato stipulato (art. 1404 cod. civ.). Se la dichiarazione di nomina non è fatta validamente nel termine stabilito dalla legge o dalle parti, il contratto produce i suoi effetti tra i contraenti originari (art. 1405 cod. civ.).

L'analisi della disciplina del contratto per persona da nominare permette di comprendere perché esso abbia il carattere della rappresentanza *in incertam personam*: uno dei soggetti del contratto che si stipula, infatti, dichiara di agire in nome altrui. Si tratta, peraltro, di **rappresentanza eventuale**, giacché se manca la procura o se manca la dichiarazione di accettazione contemporanea alla dichiarazione di nomina, la rappresentanza viene meno: il contratto produrrà i suoi effetti fra il soggetto che ha dichiarato di concluderlo per persona da nominare e la controparte.

Diverso dal contratto per persona da nominare è il **contratto per conto di chi spetta**: con esso lo stipulante dichiara di contrarre non per sé ma per conto di un altro soggetto che non risulta attualmente identificato; lo sarà in futuro, ma nel momento della conclusione del contratto il soggetto è titolare di una situazione giuridica incerta.

Si pensi alla disciplina sulla compravendita: in caso di divergenza sulla qualità o condizione della cosa, il venditore o il compratore possono chiederne la verifica nei modi stabiliti dal codice di procedura civile. Il giudice, su istanza della parte interessata, può ordinare il deposito o il sequestro della cosa stessa, nonché la **vendita per conto di chi spetta**, determinandone le condizioni (art. 1513, 1° co., cod. civ.). Anche in altri casi il legislatore disciplina la fattispecie del contratto per conto di chi spetta (art. 1690 cod. civ., sulla vendita delle cose trasportate; art. 1891 cod. civ., relativo all'assicurazione per conto di chi spetta).

Capitolo 31
GLI EFFETTI DEL CONTRATTO

221. Il contratto e la "forza di legge" fra le parti. Lo scioglimento del contratto per "mutuo consenso" o per le cause previste dalla legge.

Con una formula solenne il codice proclama che il contratto "ha forza di legge" fra le parti (art. 1372, 1° co., cod. civ.). Si tratta, è evidente, di una metafora, (altro è il contratto, altro è la legge). La formula però evidenzia un aspetto importante: le parti non possono liberamente sottrarsi alle conseguenze giuridiche che derivano dalla conclusione di un contratto.

La "forza" vincolante del contratto vuol dire che esso, una volta concluso, non può essere sciolto che per **mutuo consenso** (per **mutuo dissenso**, come afferma talvolta la dottrina) o per le cause previste dalla legge (art. 1372, 1° co., cod. civ.).

Ci si occupi, in primo luogo, del "mutuo consenso", per poi passare ad elencare le cause previste dalla legge, alcune delle quali peraltro saranno affrontate specificamente in altri capitoli. Il contratto nasce per l'accordo delle parti. Ebbene, così come le parti sono libere di dare vita ad un contratto, le stesse possono "scioglierlo". Va precisato che lo scioglimento di cui discute l'art. 1372, 1° co., cod. civ., riguarda non tanto il contratto come "atto", quanto il "rapporto", ossia l'autoregolamentazione degli interessi che scaturisce dall'atto, in cui si traduce l'efficacia del contratto.

Si ritiene, da parte della giurisprudenza, che per la validità del contratto di mutuo consenso sia necessario adottare la forma *ad substantiam* eventualmente prevista per il contratto concluso dalle parti (Cass., n. 8504/2011; Cass., n. 4906/1998). Una volta che il contratto è sciolto per mutuo consenso, le parti non possono più proporre domande ed eccezioni relative a tale contratto (Cass., 31.10.2019, n. 27999).

La regola per cui il contratto non si risolve che per mutuo consenso esclude che esso si possa sciogliere per decisione unilaterale di una parte, a meno che il potere di recesso sia accordato dalla legge o, come si preciserà tra poco, sia previsto da un'apposita clausola contrattuale.

Altre cause previste dalla legge di scioglimento del contratto sono: la risoluzione del contratto (per inadempimento della prestazione, per eccessiva onerosità sopravvenuta, per impossibilità sopravvenuta) e la rescissione del contratto (concluso in stato di pericolo o in stato di bisogno). La risoluzione e la rescissione sono termini che indicano lo "scioglimento" del rapporto contrattuale; esse, però, vanno studiate separatamente, obbedendo ad una disciplina diversa.

222. Il recesso convenzionale.

La regola codicistica, per cui il contratto non può sciogliersi che per "mutuo consenso" o negli altri casi stabiliti dalla legge (art. 1372, 1° co., cod. civ.), va studiata congiuntamente alla successiva disposizione, che ammette la possibilità di sciogliere il contratto unilateralmente (art. 1373 cod. civ.) allorché ciò sia previsto in una clausola contrattuale (**recesso convenzionale**).

Dal combinato disposto delle due disposizioni si ricava che la volontà delle parti contrattuali, ai fini dello scioglimento del contratto, può esplicarsi in due modi: (a) o attraverso il contratto di mutuo dissenso, che è un atto contrario a quello originariamente stipulato; (b) o attraverso una clausola contrattuale, che attribuisce ad una parte, o ad entrambe, il potere di sciogliere il rapporto contrattuale con una dichiarazione unilaterale. In quest'ultimo caso il rapporto contrattuale si scioglie, pur in via mediata, grazie all'accordo delle parti: colui che subisce lo scioglimento unilaterale vi aveva dato, preventivamente, il consenso.

Al di là della volontà delle parti, che si può esprimere attraverso una delle due modalità appena ricordate, lo scioglimento del rapporto contrattuale può avvenire solo per le cause previste dalla legge.

Ci si occupi ora del recesso convenzionale, per poi fare un cenno a quello legale. Le parti, come già si è detto, possono prevedere in un'apposita clausola il potere, per una di esse o entrambe, di recedere dal contratto. Il recesso è un **diritto potestativo** giacché al suo esercizio corrisponde una situazione di soggezione della controparte che lo subisce, la quale non può fare nulla per evitare lo scioglimento (né sarà chiamata a cooperare per consentire al titolare del diritto di ottenere lo scioglimento).

Il diritto di recesso si esercita con un **atto recettizio** (il che vale anche quando il recesso sia legale): esso, dunque, produce effetto nel momento in cui giunge all'indirizzo della controparte.

Quanto alla **forma** del recesso, occorre avere riguardo alla previsione pattizia: la clausola potrà prevedere determinati requisiti di forma per il suo esercizio (ad esempio l'invio attraverso una raccomandata con ricevuta di ritorno). In mancanza di un espresso vincolo di forma, si ritiene che il recesso debba essere esercitato con la stessa forma prevista per il contratto da cui si recede (Cass., n. 14730/2000).

La clausola di recesso può prevedere che il recesso sia vincolato ad un determinato presupposto (ad esempio, il verificarsi di una giusta causa) oppure sia "libero", senza che si abbia riguardo ad un determinato presupposto (così detto recesso ***ad nutum***; Cass., 15.2.2019, n. 4537).

L'esercizio della facoltà di recesso è sottoposto dal codice civile ad alcune condizioni specifiche, che peraltro risultano derogabili ("è salvo in ogni caso il patto contrario": art. 1373, 4° co., cod. civ.).

È previsto, in primo luogo, che la facoltà di recesso possa essere esercitata finché il contratto non abbia avuto un "**principio di esecuzione**" (art. 1373, 1° co., cod. civ.).

Il riferimento, qui, è per i contratti ad esecuzione immediata e quelli ad esecuzione differita: l'inizio dell'esecuzione può intendersi come rinuncia dell'avente diritto ad esercitare il recesso; d'altra parte, esso ingenera l'affidamento sulla stabilità del contratto.

Ci si domanda se nei contratti ad effetti reali (che costituiscono la classe più importante dei contratti ad esecuzione immediata) sia ammissibile il recesso. Vi è, da un lato, chi si pronuncia per la soluzione negativa, affermando che in virtù della regola del consenso immediatamente traslativo il recesso avverrebbe sempre dopo la "prestazione" di trasferimento (Cass., n. 6582/1984). Deve convenirsi, però, con l'opinione di chi sottolinea come la disciplina sul recesso convenzionale sia derogabile ad opera delle parti: queste, dunque, ben potrebbero togliere all'avvenuto trasferimento l'effetto preclusivo che, invece, sussiste in base alla normativa codicistica (Cass., n. 812/1992).

Diversa è la disciplina del recesso nei contratti ad esecuzione continuata o periodica: in questo caso il recesso non ha effetto per le prestazioni già eseguite o in corso di esecuzione (art. 1373, 2° co., cod. civ.).

Esempio. Viene concluso un contratto di fornitura periodica in cui una parte, il fornitore, si obbliga ad eseguire, ogni quattro mesi, la fornitura di merci alla controparte. A quest'ultima è attribuita la facoltà di recesso, che può essere esercitata almeno dieci giorni prima della consegna della merce. Quindici giorni prima della fornitura del secondo quadrimestre, la parte esercita la facoltà di recesso e scioglie il contratto. Per la fornitura già eseguita nel primo quadrimestre, tuttavia, essa sarà tenuta a corrispondere la somma pattuita.

Ci si chiede cosa voglia dire l'espressione "prestazioni in corso di esecuzione" allorché si discuta di contratti ad esecuzione continuata: in quest'ultimi, a ben guardare, la prestazione è sempre, sin dall'inizio, in corso di esecuzione. La norma va così interpretata: per le prestazioni continuate, che siano in corso di esecuzione, il recesso non ha effetto limitatamente alla porzione di prestazione conseguita e fruita prima del recesso.

Qualora sia stata prevista la prestazione di un corrispettivo per il recesso, questo ha effetto quando la prestazione sia eseguita (art. 1373, 3° co., cod. civ.). Si fa riferimento, qui, alla c.d. **multa penitenziale**, di cui si è già detto a proposito dell'istituto della caparra.

Dal recesso deve distinguersi la **revoca**, che è l'atto unilaterale con cui l'autore di un precedente atto unilaterale gli toglie efficacia. Gli esempi di revoca, disciplinati dal codice, sono diversi: si pensi alla revoca della proposta e dell'accettazione, alla revoca della procura, alla revoca del testamento, alla rinuncia all'eredità, alla revoca della promessa al pubblico. La revoca può riguardare anche contratti conclusi nell'interesse principale del revocante (come accade nel mandato).

223. Il recesso legale.

Il potere di sciogliere unilateralmente il contratto è previsto, in diversi casi, dalla legge e non dalla volontà delle parti: si discute, allora, di **recesso legale**. Il recesso previsto dal legislatore, così come visto a proposito del recesso convenzionale, costituisce un diritto potestativo; l'atto di recesso, inoltre, ha carattere recettizio.

Quanto alla forma e alle modalità di esercizio del recesso, occorre aver riguardo, di volta in volta, alla disciplina che regola il recesso legale.

Il legislatore prevede la facoltà di recesso, innanzitutto, nei **contratti** di durata ad esecuzione continuata o periodica, specie ove essi siano **a tempo indeterminato**. Si pensi, ad esempio, al contratto di comodato: ove non sia convenuto un termine, né questo risulti dall'uso cui la cosa doveva essere destinata, il comodatario è tenuto a restituirla non appena il comodante la richiede (art. 1810 cod. civ.): quando, dunque, chi ha prestato la cosa esercita la facoltà di recesso.

Talvolta, sempre nei contratti di durata a tempo indeterminato, è previsto lo scioglimento unilaterale a condizione che il recedente dia un **congruo preavviso** alla controparte (artt. 1569, 1833, 1° co., cod. civ., relativi al recesso nel contratto di somministrazione e di conto corrente).

Il legislatore, peraltro, riconosce in alcuni casi il potere di sciogliere il rapporto a prescindere dalla durata a tempo indeterminato del contratto: il recedente, tuttavia, è tenuto a **determinati adempimenti**. È ciò che accade, ad esempio, nel contratto di appalto, in cui è prevista la facoltà del committente di recedere, purché egli corrisponda all'appaltatore un indennizzo commisurato alle spese sostenute da quest'ultimo, ai lavori da lui eseguiti ed al mancato guadagno (art. 1671 cod. civ.); allo stesso modo, il cliente può recedere dal contratto stipulato con il libero professionista, rimborsandogli le spese e pagandogli il compenso per l'opera svolta (art. 2237, 1° co., cod. civ.).

Vi sono dei casi, poi, in cui la facoltà di recesso è attribuita ad una sola **delle** parti contrattuali, allorché sussistano **determinati presupposti** (nell'ipotesi precedente, invece, si è fatto riferimento a determinati adempimenti). Se, ad esempio, per l'esecuzione dell'opera a regola d'arte è necessario apportare variazioni al progetto, e l'importo delle variazioni superi il sesto del prezzo complessivo convenuto, l'appaltatore può recedere dal contratto e può ottenere, secondo le circostanze, un'equa indennità (art. 1660, 2° co., cod. civ.). Si consideri, inoltre, la disciplina della compravendita di un immobile venduto con l'indicazione della sua misura e per un prezzo stabilito in ragione di un tanto per ogni unità di misura: ebbene, se la misura risulta superiore a quella indicata nel contratto, il compratore deve corrispondere il supplemento del prezzo, ma ha la facoltà di recedere dal contratto qualora l'eccedenza oltrepassi la ventesima parte della misura dichiarata (art. 1537, 2° co., cod. civ.).

In altri casi, ancora, la facoltà di recesso è attribuita ad **entrambe le parti**, che però non possono esercitare il potere allo stesso modo: l'una, infatti, può esercitare il **recesso *ad nutum***; l'altra, allorché sussista una **giusta causa** o un **giustificato motivo**.

Emblematica, in proposito, è la fattispecie del contratto di lavoro subordinato (l. n. 604/1966; l. n. 300/1970; l. n. 108/1990): il lavoratore può recedere liberamente, pur con un congruo avviso; il datore di lavoro può sciogliere unilateralmente il rapporto contrattuale soltanto se sussista una giusta causa o un giustificato motivo. Si ha giusta causa di "licenziamento" (che è sinonimo, qui, di recesso), allorché il lavoratore tenga comportamenti che rendano inammissibile la prosecuzione del rapporto (il lavoratore, ad esempio, danneggia gravemente tutti i *computer* degli uffici in cui lavora).

Il giustificato motivo di recesso, invece, può essere sia "oggettivo" sia "soggettivo": il primo attiene al profilo organizzativo e produttivo dell'impresa (si pensi alla riduzione del personale per l'avvio di un processo tecnologico dell'azienda); il secondo riguarda inadempimenti delle obbligazioni cui è tenuto il lavoratore. Il licenziamento per giustificato motivo deve essere preceduto da preavviso.

Infine, nella disciplina consumeristica, di cui si dirà (Cap. 39), è particolarmente avvertita da parte del legislatore l'esigenza di tutelare la parte economicamente più debole (il consumatore) nei confronti di quella più forte (il professionista). Da qui le norme che attribuiscono il diritto di recesso (senza che sia necessario addurre particolari presupposti) soltanto in capo al **consumatore**: ciò accade, ad esempio, nei contratti e nelle vendite fuori dei locali commerciali e a distanza, nonché nei contratti di multiproprietà.

La "disdetta", invece, indica il diniego alla rinnovazione di un contratto di durata soggetto per legge ad automatico rinnovo alla scadenza (è il caso, ad esempio, della locazione di immobili urbani: § 282.4).

224. Lo *ius variandi*.

Una parte contrattuale non può, unilateralmente, modificare il contenuto del contratto (esercizio dello ***ius variandi***). Lo potrà fare, semmai, soltanto se la legge glielo consenta ed alle condizioni previste dalla stessa.

In effetti diverse sono le ipotesi in cui la legge consente alla parte di modificare, attraverso l'esercizio di un diritto potestativo, le condizioni contrattuali (***ius variandi* legale**).

Talvolta il potere in esame ha ampio carattere discrezionale, come nella disciplina dell'appalto (art. 1661, 1° co., cod. civ.). Altre volte ha un carattere discrezionale "attenuato", come nel caso del potere unilaterale di modifica dei "servizi finanziari", previsto dalla disciplina del Codice del Consumo (art. 33, 3° co., d.lgs. n. 206/2005). In altri casi, infine, l'esercizio del potere unilaterale di modifica è subordinato al verificarsi di circostanze esterne: si pensi, in particolare, al potere unilaterale del conduttore (art. 1577 cod. civ.), dell'affittuario di fondi rustici (art. 1635, 1° co., cod. civ.), dell'affittuario nell'affitto a coltivatore diretto (art. 1648 cod. civ.), dell'assicuratore (artt. 1897 e 1898 cod. civ.).

Deve considerarsi ammissibile, inoltre, lo *ius variandi* di **fonte pattizia**. Ci si chiede, però, entro che limiti, in assenza di una specifica disciplina legislativa, le condizioni contrattuali possano essere modificate attraverso la previsione di una clausola pattizia attributiva di tale potere.

Ebbene, va ritenuta valida la clausola pattizia che attribuisca ad una delle parti il potere di intervenire unilateralmente al fine di riequilibrare il rapporto alterato a seguito di circostanze sopravvenute. In tal modo lo *ius variandi* di fonte pattizia può considerarsi uno strumento per assicurare il rispetto, durante lo svolgimento del rapporto, dell'equilibrio contrattuale, ossia della regola di proporzionalità, che oggi va elevata a principio generale del diritto dei contratti.

Diversamente, è da considerare invalida la clausola pattizia che attribuisce ad una parte il potere unilaterale di modificare il contratto alterandolo rispetto all'iniziale proporzione convenuta delle parti: ad essere violato, qui, è il **principio** (di **ordine pubblico** economico) dell'"**equilibrio** tra le **prestazioni contrattuali**".

Si deve dubitare, infine, della validità di una clausola che attribuisca ad una parte il potere unilaterale di modificare il contratto, senza alcuna indicazione (non ricavabile neanche in via interpretativa) sui criteri e sui limiti cui subordinare l'esercizio dello *ius variandi*. La genericità e l'indeterminatezza della pattuizione, infatti, la condannano alla nullità.

In ogni caso l'esercizio dello *ius variandi* dovrà avvenire nel rispetto della buona fede contrattuale, che presiede ogni fase dell'attuazione del rapporto. Il potere unilaterale di modifica del contratto non potrà avvenire, ad esempio, in modo da cogliere di "sorpresa" la controparte.

225. L'efficacia *inter partes* del contratto. Alcune applicazioni del principio di "relatività".

Il contratto, sancisce il legislatore, ha "forza di legge" fra le parti (art. 1372, 1° co., cod. civ.): detta, cioè, un regolamento di interessi che riguarda soltanto le parti che hanno concluso il contratto o che vi hanno preso parte successivamente.

Coerente con questo principio è la regola secondo cui il contratto non produce effetto rispetto ai terzi (**principio** di "**relatività** del **contratto**"), se non nei casi previsti dalla legge (art. 1372, 2° co., cod. civ.).

Vanno evidenziate alcune applicazioni del principio di relatività.

È previsto, in particolare, che il **divieto di alienare**, stabilito per contratto, ha **effetto** solo **tra le parti** (art. 1379 cod. civ.). Questo contratto, dunque, non ha alcun effetto nei confronti del terzo (ossia nei confronti di colui che non vi ha preso parte), il quale può validamente acquistare il bene rispetto al quale era stato convenuto, fra i contraenti originari, il divieto di alienazione.

Esempio. Due parti concludono un contratto con cui una si obbliga a non alienare il suo immobile per un certo periodo di tempo. Sennonché, subito dopo la conclusione del contratto, la parte che si era obbligata in tal senso incontra una persona disposta ad acquistare l'immobile. Poiché il prezzo offerto è assai vantaggioso, l'immobile viene venduto senza esitazione: il divieto di alienazione non potrà essere opposto al terzo, giacché vincolava soltanto gli originari contraenti. La violazione del patto di non alienazione, semmai, obbligherà il venditore al risarcimento del danno nei confronti della parte con cui era stato concluso il patto di non alienazione.

Peraltro, il divieto pattizio di alienazione non è valido "se non è contenuto entro **convenienti limiti di tempo** e se non risponde ad un **apprezzabile interesse** di una delle parti" (art. 1379 cod. civ.).

Esempio. Le case automobilistiche di solito inseriscono, nelle condizioni generali di contratto, la clausola con cui si prevede che l'automobile non può essere venduta nei sei mesi successivi all'acquisto. È evidente l'interesse di una delle parti contrattuali (la casa automobilistica) di limitare il mercato dell'usato, che riduce la possibilità di circolazione (e quindi di produzione) dei nuovi prodotti.

Il "conveniente limite di tempo" deve essere apprezzato caso per caso: in generale può dirsi che esso sarà più esteso per i beni immobili; più ridotto per i beni mobili. La previsione normativa, comunque, mostra la diffidenza del legislatore nei confronti dei vincoli di alienazione eccessivamente lunghi, che finiscono per ledere il principio generale, presente nel nostro ordinamento, della **libera circolazione della ricchezza**.

Avendo riguardo a questa *ratio* si comprende l'atteggiamento rigoroso della giurisprudenza, per la quale la previsione codicistica in parola opera non soltanto nel caso di divieto assoluto di alienazione, ma anche quando il potere di alienazione sia limitato in modo tale da incidere, in maniera significativa, sulla disponibilità di un bene.

Per la giurisprudenza, la disposizione commentata viene in considerazione anche di fronte a un testamento; pertanto, il divieto contenuto in atto di ultima volontà non è valido se non è contenuto entro convenienti limiti di tempo e non risponde a un apprezzabile interesse (Cass., n. 6005/1981; Cass., n. 3969/1979; Trib. Palermo, 11.12.2013).

Un'ulteriore applicazione del principio di relatività si riscontra nella fattispecie della **promessa dell'obbligazione o del fatto del terzo**: colui che ha promesso l'obbligazione o il fatto di un terzo è tenuto ad indennizzare l'altro contraente, se il terzo rifiuta di obbligarsi o non compie il fatto promesso (art. 1381 cod. civ.).

Esempio. Viene concluso un contratto in base al quale un contraente promette che un terzo (estraneo al contratto) si obbligherà, nei confronti della controparte, ad eseguire una determinata prestazione, ossia la fornitura di materiale edile (o a compiere un determinato fatto). Sennonché il terzo non si obbliga alla fornitura (né compie il fatto promesso): da ciò, per colui che è estraneo al contratto stipulato, non deriverà alcuna conseguenza. Semmai, chi ha promesso l'obbligazione o il fatto del terzo dovrà indennizzare la controparte, ossia corrispondergli una somma di denaro che lo ristori del pregiudizio subìto dal mancato verificarsi di quanto promesso.

Pur nella vigenza del principio della "relatività" del contratto, di cui si sono appena indicate alcune applicazioni, il **terzo** (ossia colui che non ha partecipato al contratto) può rendersi responsabile di **induzione all'inadempimento** di una delle parti contrattuali.

Esempio. Due parti concludono un contratto con cui si obbligano, per un certo periodo (ed in una determinata zona), a non farsi concorrenza. Un terzo induce una delle due parti a violare il patto: la induce, cioè, a stipulare un contratto che non avrebbe dovuto stipulare in ossequio al patto di non concorrenza. Vi è, qui, una duplice responsabilità: quella della parte (responsabilità contrattuale) e quella del terzo (responsabilità extracontrattuale) per aver concorso nell'inadempimento.

226. L'inefficacia del contratto rispetto ai terzi: la distinzione tra effetti "diretti" ed effetti "indiretti".

Il contratto concluso fra le parti, dunque, non produce effetti nei confronti dei terzi (si confronti anche § 227). Occorre, però, distinguere fra "**effetti diretti**" del contratto ed "**effetti indiretti**".

Gli "effetti diretti" del contratto sono quelli tipici: essi, come si è visto in precedenza, non riguardano i terzi.

Esempio. Il contratto di compravendita ha, come effetto tipico, quello traslativo. L'acquisto del diritto di proprietà non si verifica in capo al terzo, ossia a colui che non ha preso parte al contratto di compravendita.

Dal contratto concluso tra le parti, tuttavia, i terzi possono subire "effetti indiretti", ossia effetti riflessi. Non si discute di quegli effetti che non hanno alcuna giuridica rilevanza nei confronti del terzo: si fa riferimento, invece, a quegli effetti che (se pur indiretti) incidono sulla sfera giuridica personale e patrimoniale del terzo.

Viene in considerazione, in particolare, la fattispecie del conflitto di titolarità fra più acquirenti (che pone un problema di opponibilità/inopponibilità ai terzi dell'efficacia di un atto o di un rapporto cui sono estranei); nonché quella dell'opponibilità/inopponibilità ai terzi dell'inefficacia del contratto.

Di tali fattispecie si discute in apposite parti del Corso, anche attraverso i necessari richiami e rinvii a diversi istituti che vengono in considerazione. Qui di seguito, peraltro, è opportuno svolgere una ricognizione generale della materia.

226.1. *Il conflitto di titolarità fra più acquirenti.*

Una prima ipotesi di effetti "indiretti" o riflessi del contratto concluso tra le parti, nei confronti dei terzi, si ha nei c.d. **conflitti** di **titolarità** tra **più acquirenti**.

Diverse sono le possibili varianti:

(1) si ha riguardo, in primo luogo, al **conflitto** di titolarità **fra più acquirenti** di un diritto di proprietà o altro diritto reale **su un medesimo bene mobile**.

Si applica, in questi casi, la regola di cui all'art. 1155 cod. civ., secondo cui "se taluno con successivi contratti aliena a più persone un bene mobile, quella tra esse che ha acquistato in buona fede il possesso è preferita alle altre, anche se il suo titolo è di data posteriore".

Il contratto concluso tra il titolare e colui che ha acquistato in buona fede il possesso è opponibile, ossia estende la sua efficacia rispetto al "terzo", da intendersi come colui che ha stipulato il contratto con il titolare ma non ha conseguito il possesso del bene mobile.

(2) Vi è, poi, il **conflitto** di titolarità **tra più acquirenti** di un diritto di proprietà o di altro diritto reale **su un medesimo bene immobile**. Soccorre, qui, la disciplina sulla trascrizione e, in particolare, l'art. 2644, 1° co., cod. civ., secondo cui gli atti soggetti a trascrizione (art. 2643 cod. civ.) non hanno effetto "riguardo ai terzi che a qualunque titolo hanno acquistato diritti sugli immobili in base ad un atto trascritto o iscritto anteriormente alla trascrizione degli atti medesimi".

La materia della trascrizione immobiliare merita un'apposita trattazione, su cui ci soffermerà in seguito (Parte Tredicesima).

(3) Si deve far riferimento, poi, al **conflitto** di titolarità **tra più acquirenti** di un **diritto personale di godimento**. La caratteristica dei diritti di godimento è tale che essi si pongono a metà strada tra i diritti reali di godimento su cosa altrui ed i diritti di credito.

Si consideri, infatti, che essi attribuiscono al titolare un potere che ha ad oggetto una *res*; sotto un altro aspetto, peraltro, essi hanno carattere tendenzialmente personale, in quanto il potere di cui gode il titolare può, in via di principio, essere fatto valere nei confronti di un determinato soggetto e non *erga omnes*. Titolare di un diritto personale di godimento è, ad esempio, il conduttore.

È previsto, allora, che "se, con successivi contratti, una persona concede a diversi contraenti un diritto personale di godimento relativo alla stessa cosa, il godimento spetta al contraente che per primo lo ha conseguito" (art. 1380, 1° co., cod. civ.). Peraltro, se nessuno dei contraenti ha conseguito il godimento, subentra una regola sussidiaria: è preferito colui che ha il titolo di data certa anteriore (art. 1380, 2° co., cod. civ.). Sono fatte salve le norme sulla trascrizione (art. 1380, 3° co., cod. civ.). In particolare, la locazione di beni immobili di durata superiore a nove anni è soggetta a trascrizione (art. 2643, n. 8, cod. civ.): in questi casi, allora, sarà preferito il conduttore che abbia trascritto per primo il proprio contratto, che potrà essere opposto all'avente causa-conduttore in conflitto. Qualora, invece, manchi la trascrizione, la locazione sarà opponibile (soltanto entro i limiti del novennio: art. 1599, 3° co., cod. civ.), in base alle due regole in precedenza esposte (art. 1380, 1° e 2° co., cod. civ.).

(4) Occorre considerare, infine, il **conflitto** di **titolarità fra più acquirenti** di uno **stesso credito**. La regola, qui, è quella di cui si è discusso nella disciplina generale delle obbligazioni: se il medesimo credito ha formato oggetto di più cessioni a persone di-

verse, prevale la cessione notificata per prima al debitore, o quella che è stata prima accettata al debitore, con atto di data certa, ancorché essa sia di data posteriore (art. 1265, 1° co., cod. civ.).

226.2. *Inefficacia del contratto tra le parti e opponibilità/inopponibilità nei confronti dei terzi. Rinvio.*

Effetti "indiretti" o riflessi si rinvengono anche in alcune ipotesi in cui il contratto *inter partes* non abbia efficacia.

Si fa riferimento a fattispecie che sono esaminate in appositi capitoli. Qui vanno soltanto elencate le ipotesi di inefficacia in grado, a seconda delle circostanze, di produrre effetti indiretti nei confronti dei terzi: (a) nullità del contratto; (b) annullamento del contratto; (c) simulazione del contratto; (d) rescissione del contratto; (e) risoluzione del contratto; (f) revocatoria.

227. Il contratto a favore di terzi.

Un'eccezione al principio di "relatività" del contratto, si afferma talvolta in dottrina, si rinviene nell'istituto del **contratto a favore di terzi** (artt. 1411-1416 cod. civ.), sia pure limitatamente agli effetti favorevoli o vantaggiosi che possono derivare dall'atto in capo al soggetto diverso dei contraenti.

Il rilievo, tuttavia, non è condiviso da tutti gli interpreti. Si osserva, infatti, che il principio di relatività intende, essenzialmente, proteggere i terzi contro la perdita di diritti o l'imposizione di obblighi contro la loro volontà; il contratto a favore di terzi, invece, attribuisce loro un diritto.

Va detto che il terzo può sempre rifiutare la stipulazione a suo favore. L'istituto del contratto a favore di terzo, dunque, può considerarsi applicazione di un principio presente nel nostro ordinamento: quello per cui un soggetto, **salva** la **facoltà di rifiuto**, può **ricevere posizioni vantaggiose** nella sua sfera giuridica anche **senza la necessità di accettazione**. In materia di successioni, del resto, vale la regola per cui l'acquisto del legato è immediato, salva la rinuncia ad opera del legatario (art. 649, 1° co., cod. civ.).

Ci si occupi, ora, della **definizione** e della disciplina dell'istituto. Il contratto a favore dei terzi è quel contratto con cui le parti espressamente prevedono l'attribuzione, ad un terzo, di un diritto, e non di un generico vantaggio di fatto.

Parti del contratto, qui, sono lo **stipulante** (colui che contratta a favore del terzo) ed il **promittente** (colui che si obbliga verso lo stipulante ad eseguire la prestazione nei confronti del terzo).

Per il codice, è valida la stipulazione a favore di un terzo qualora lo stipulante vi abbia un **interesse** (art. 1411, 1° co., cod. civ.). Lo stipulante, dunque, deve avere un proprio interesse a procurare un beneficio al terzo: il che ben si spiega ricordando che ogni contratto deve avere una causa. L'interesse di cui discute la norma può essere di natura patrimoniale.

Esempio. Il Sig. Rossi, in virtù di un pregresso contratto, è debitore del Sig. Bianchi; è anche creditore, in forza di un altro contratto, nei confronti del Sig. Verdi. Stipula, allora, con il Sig. Verdi un contratto a favore di terzi (a favore del Sig. Bianchi). Con l'adempimento dell'obbligazione da parte del promittente il Sig. Rossi avrà estinto il suo debito. Il rapporto pregresso tra stipulante e promittente è detto rapporto di provvista.

Se si accerta, rimanendo all'esempio svolto, che il preesistente contratto tra il terzo e lo stipulante (in base al quale quest'ultimo si considerava debitore del terzo) era nullo e che non vi era alcun rapporto obbligatorio fra i predetti soggetti, sarà nulla anche la successiva stipulazione a favore dei terzi.

L'interesse di cui discute il codice non necessariamente deve avere natura patrimoniale e non necessariamente presuppone un pregresso rapporto di provvista tra stipulante e promittente.

Esempio. Il Sig. Rossi stipula un contratto di assicurazione sulla propria vita a favore del coniuge. Sussiste, qui, l'interesse dello stipulante: è un interesse (di natura affettiva) a che il coniuge abbia una rendita allorché lo stesso stipulante non possa più provvedervi personalmente.

Salvo patto contrario, il terzo acquista il diritto contro il promittente per effetto della stipulazione. Questa però può essere revocata o modificata dallo stipulante finché il terzo non abbia dichiarato, anche in confronto del promittente, di volerne profittare (art. 1411, 2° co., cod. civ.).

È fatto salvo, dunque, il patto contrario: stipulante e promittente, cioè, possono stabilire che l'acquisto del terzo sia subordinato alla sua accettazione.

Al di là della possibile deroga ad opera delle parti, è sufficiente la semplice stipulazione affinché il terzo acquisti il diritto nei confronti del promittente: non è necessaria alcuna accettazione. La "dichiarazione di volerne profittare", ossia l'accettazione da parte del terzo, semmai, ha l'effetto di non rendere più revocabile o modificabile la stipulazione nei suoi confronti.

La regola appena ricordata, peraltro, subisce un'eccezione per le **prestazioni** che devono essere fatte al terzo **dopo** la **morte dello stipulante** (è il caso dell'assicurazione sulla vita a beneficio di un terzo): in questo caso, infatti, lo stipulante può revocare il beneficio anche con una disposizione testamentaria e quantunque il terzo abbia dichiarato di volerne approfittare, salvo che, in quest'ultimo caso, lo stipulante abbia rinunciato per iscritto al potere di revoca (art. 1412, 1° co., cod. civ.; si veda anche il secondo comma della norma).

Va considerato, ora, cosa accade allorché si verifichi la **revoca della stipulazione** o subentri il **rifiuto del terzo di profittarne**: la prestazione rimane a beneficio dello stipulante, salvo che diversamente risulti dalla volontà delle parti o dalla natura del contratto (art. 1411, 3° co., cod. civ.). Al di là della specifica pattuizione, peraltro, il contratto si risolve se si è in presenza di una prestazione che, per sua natura, non può eseguirsi se non al terzo che l'ha rifiutata.

Rimane da vedere il regime delle **eccezioni opponibili dal promittente al terzo**. È previsto che il promittente possa opporre al terzo le eccezioni fondate sul contratto dal quale il terzo deriva il suo diritto, ma non quelle fondate su altri rapporti tra promittente e stipulante (art. 1413 cod. civ.).

Esempio. Il promittente si rifiuta legittimamente di eseguire la prestazione al terzo, eccependogli di non aver ricevuto il corrispettivo. Del pari, può eccepire l'annullabilità del contratto per suo vizio del volere.

228. La cessione del contratto.

Il tema degli effetti del contratto richiede di prendere in considerazione anche la disciplina della **cessione del contratto** (artt. 1406-1410 cod. civ.).

Ciascuna parte, ecco la **definizione** del codice civile, può sostituire a sé un terzo nei rapporti derivanti da un contratto con prestazioni corrispettive, se queste non sono state ancora eseguite, purché l'altra parte vi consenta (art. 1406 cod. civ.); con la conseguenza che il terzo assumerà, rispetto all'altro contraente, la stessa posizione già occupata dal cedente.

Affinché si abbia la cessione del contratto, dunque, occorre: (a) che vi sia un contratto a prestazioni corrispettive; (b) che le prestazioni non siano state ancora completamente eseguite; (c) che sia manifestato il **consenso** delle parti originarie: il **cedente** e la controparte, detto **contraente ceduto**; (d) che vi sia, ovviamente, l'accordo fra cedente e **cessionario** (ossia colui che subentra al contraente ceduto).

Si rifletta sui primi due presupposti. Nei contratti ad esecuzione istantanea o differita, se uno dei due contraenti ha già eseguito la prestazione, non si potrà avere la cessione del contratto. Si potrà, semmai, cedere il credito.

Esempio. Si conclude un contratto avente ad oggetto delle merci che non sono ancora state consegnate, né è stato pagato, ancora, il prezzo. Il compratore è un commerciante: lo stesso, allora, fino a che le prestazioni non sono state eseguite, potrà ritenere preferibile (anziché dare esecuzione al contratto e poi stipularne un secondo) cedere la propria posizione contrattuale (a titolo oneroso). Il suo guadagno sarà costituito dal prezzo della cessione.

Nei contratti ad esecuzione continuata o periodica, invece, la cessione del contratto opera anche quando, da entrambe le parti, sia iniziata l'esecuzione della prestazione e fino a quando il contratto sia ancora suscettibile di esecuzione.

Esempio. Nella cessione del contratto di locazione accade che il cessionario (nuovo conduttore) prenda il posto del contraente originario (cedente). Assumerà, verso il locatore (contraente ceduto), le medesime obbligazioni ed acquisterà i medesimi diritti del precedente conduttore.

Si giunge, ora, all'analisi degli altri due presupposti della figura in esame. La ragione del necessario consenso fra cedente e contraente ceduto è ovvia: per effetto della cessione del contratto il contraente ceduto smette di avere, come controparte, il contraente originario per avere un nuovo *partner* contrattuale (il **cessionario**), nei cui confronti si instaurano diritti ed obbligazioni reciproche. Il cessionario, dunque, è per il contraente ceduto non solo un nuovo creditore ma anche un nuovo debitore.

Altrettanto ovvia è la ragione del necessario consenso fra cedente e cessionario: la cessione del contratto è l'oggetto di un contratto. Si può vendere, donare, permutare la propria posizione contrattuale, sempre che vi sia l'accordo delle parti.

In definitiva, nella fattispecie in esame sono necessarie tre manifestazioni di consenso: quella del cedente, del cessionario e del ceduto. Si comprende, pertanto, il tradizionale inquadramento dell'istituto come **contratto trilaterale**: il consenso del contraente ceduto, si vuol dire, costituisce un elemento costitutivo della fattispecie (Cass., 22.11.2019, n. 30525).

Non è necessario, peraltro, che il consenso del contraente ceduto sia contestuale alla cessione del contratto fra cedente e cessionario. Esso, infatti, può essere dato anche preventivamente (ad esempio, attraverso un atto giuridico unilaterale oppure attraverso un'apposita clausola inserita nel contratto, poi ceduto).

Se una parte ha consentito preventivamente (nei modi appena visti) che l'altra sostituisca a sé un terzo nei rapporti derivanti dal contratto, la sostituzione è efficace nei suoi confronti dal momento in cui le è stata notificata o in cui essa l'ha accettata (art. 1407, 1° co., cod. civ.). È evidente, qui, l'analogia con la disciplina della cessione del credito nei confronti del debitore ceduto (art. 1264, 1° co., cod. civ.).

Il codice, poi, prevede modalità di cessione semplificate per i **contratti all'ordine** (art. 1407, 2° co., cod. civ.), su cui occorre fare un breve cenno. Vi sono, nella prassi, alcuni contratti che hanno una normale attitudine alla circolazione, tanto che essi si presentano come "beni" (da qui l'espressione utilizzata dai giuristi americani: *contract as thing*).

Si pensi, ad esempio, al mercato del *software*: si dice, normalmente, che si acquista un "pacchetto" dalla *sofware-house*. In realtà si stipula, con quest'ultima, un contratto di licenza; se poi l'acquirente rivende il "pacchetto", egli cede il contratto di licenza: il "licenziatario" è il contraente ceduto.

Ebbene, la semplificazione nella procedura di cessione avviene formalizzando il contratto in un documento, il quale indica tutti gli elementi dello stesso e, in più, contiene la clausola "all'ordine" (o una clausola equivalente): la girata del documento determina la sostituzione del giratario nella posizione del girante (art. 1407, 2° co., cod. civ.).

In sostanza, per la cessione del contratto non è richiesta la notificazione al contraente ceduto del contratto; è sufficiente la girata del documento fatta dal girante (ossia dal cedente) al giratario (al cessionario), unitamente alla consegna del documento (anche se la lettera del codice non lo specifica) al giratario.

Il contraente ceduto, così, pagherà "bene" nei confronti del possessore del documento contenente la girata a suo favore: ciò spiega perché non è richiesta la notificazione della cessione.

228.1. *I rapporti fra le parti contrattuali nella cessione del contratto.*

Occorre occuparsi dei rapporti fra le tre parti coinvolte nella cessione del contratto. Vanno analizzati, in primo luogo, i **rapporti tra contraente ceduto** e **cedente**. Il cedente è liberato dalle sue obbligazioni verso il contraente ceduto dal momento in cui la sostituzione diviene efficace nei confronti di questo (art. 1408, 1° co., cod. civ.). La **cessione** del contratto, nel suo modello tipico, è detta **liberatoria**.

Tuttavia, il contrante ceduto, se dichiara di non liberare il cedente, può agire contro di lui qualora il cessionario non adempia le obbligazioni assunte (art. 1408, 2° co., cod. civ.). La situazione è diametralmente opposta a quella che si verifica nell'accollo, che è normalmente non liberatorio (ma lo diventa per espressa dichiarazione degli interessati: art. 1273, 2° co., cod. civ.).

Allorché la cessione del contratto non sia liberatoria, il contraente ceduto deve dare notizia al cedente dell'inadempimento del cessionario, entro quindici giorni da quello in cui l'inadempimento si è verificato; in mancanza è tenuto al risarcimento del danno (art. 1408, 3° co., cod. civ.).

Si venga, ora, ai **rapporti tra contraente ceduto** e **cessionario**: il contraente ceduto può opporre al cessionario tutte le eccezioni derivanti dal contratto, ma non quelle fondate su altri rapporti col cedente, salvo che ne abbia fatto espressa riserva al momento in cui ha consentito la sostituzione (art. 1409 cod. civ.).

Esempio. Il contraente ceduto può far valere l'eccezione di nullità o di annullamento del contratto. Può, ancora, eccepire la presenza di una clausola di esonero da responsabilità. Non può, invece, eccepire la compensazione fra il proprio debito ed un credito da lui vantato (al di fuori del contratto) nei confronti del cedente.

Quanto, infine, ai **rapporti tra cedente** e **cessionario**, è previsto che il cedente sia tenuto a garantire la validità del contratto (art. 1410, 1° co., cod. civ.). Il cedente, in sostanza, non è tenuto, secondo il modello legale tipico, a garantire l'adempimento del ceduto, ma soltanto l'esistenza e l'integrità della posizione contrattuale ceduta (cessione *pro soluto*).

Le parti possono stabilire che la cessione avvenga *pro solvendo*: se, pertanto, il cedente assume la garanzia dell'adempimento del contratto, egli risponde come fideiussore per le obbligazioni del contraente ceduto (art. 1410, 2° co., cod. civ.).

228.2. *Le cessioni legali.*

Diverse dalle cessioni volontarie del contratto, di cui si è detto, sono le c.d. **cessioni legali**, in cui il trasferimento della posizione contrattuale avviene non per accordo tra le parti ma per disposizione di legge. Si discute, in proposito, di **successione nel contratto**.

Ad esempio, allorché si concluda un contratto di compravendita di un bene dato in locazione, il nuovo locatore diventa l'acquirente del bene, mentre il conduttore riveste, *ex lege*, la qualifica di contraente ceduto. Allo stesso modo, nella vendita di una cosa assicurata, l'assicurazione è trasferita all'acquirente (art. 1918 cod. civ.).

Nella disciplina della locazione è previsto che, verificandosi determinate circostanze che riguardano il conduttore (come la sua morte o la separazione dal coniuge), la posizione contrattuale è ceduta ai soggetti indicati dalla legge (art. 6 l. n. 392/1978).

Ed ancora, nella disciplina della cessione d'azienda è stabilito che i contratti non aventi carattere personali, stipulati per l'esercizio della stessa, passino al cessionario (artt. 2112, 2558 cod. civ.).

Capitolo 32

LA SIMULAZIONE

229. La simulazione: nozione. Simulazione assoluta e simulazione relativa.

Il codice civile, nella disciplina generale del contratto, si occupa di quelle ipotesi in cui le parti esprimono una dichiarazione negoziale che diverge, però, dalla loro effettiva volontà: simulano un contratto (artt. 1414-1417 cod. civ.).

Si distingue la **simulazione assoluta** dalla **simulazione relativa**: con la prima le parti concludono un contratto, ma non intendono realizzare alcun effetto giuridico; con la seconda le parti concludono un contratto diverso da quello che realmente vogliono. Nella simulazione relativa, dunque, si hanno due contratti: il **contratto simulato** ed il **contratto dissimulato** (dissimulare vuol dire nascondere), che è quello realmente voluto dalle parti.

Per realizzare la simulazione (assoluta o relativa) le parti concludono un **accordo simulatorio** (o **controdichiarazione**; il codice napoleonico discuteva di *contre-lettres*): un segreto patto con cui le stesse escludono, nella simulazione assoluta, che il contratto simulato produca qualsiasi effetto giuridico; oppure convengono, nella simulazione relativa, che gli effetti giuridici siano quelli di un diverso contratto, quello dissimulato. Emilio Betti ripeteva che nel contratto simulato le parti parlano con un linguaggio convenzionale, cioè in "cifra"; "cifra" di cui la controdichiarazione è la "chiave". Si vedrà, nel prosieguo, che forma debba avere l'accordo simulatorio e come esso possa essere provato al fine di "smascherare" la simulazione.

Per adesso si abbia riguardo ad alcuni esempi di simulazione assoluta e di simulazione relativa.

Esempio. Il Sig. Furbis, per sfuggire ai suoi creditori, simula un contratto di compravendita di un immobile con il Sig. Rossi: gli stessi contraenti, tuttavia, sottoscrivono un patto segreto (l'accordo simulatorio) in cui dichiarano che il contratto di compravendita simulato in realtà non trasferisce l'immobile al Sig. Rossi. Si è in presenza, qui, di una simulazione assoluta.

Esempio. Il Sig. Furbis stipula un contratto di compravendita con il Sig. Rossi, dichiarando che il prezzo dell'immobile è pari a 300.000 euro. In realtà il Sig. Furbis si mette d'accordo con la controparte (realizza, cioè, un accordo simulatorio), stabilendo che il prezzo del contratto sia di 500.000 euro. Vi è dunque un contratto simulato (quello che indica il prezzo della compravendita pari a 300.000 euro) ed un contratto dissimulato (quello che le parti realmente vogliono, in cui il prezzo della compravendita è pari a 500.000 euro).

Gli esempi appena ricordati permettono di comprendere come le **ragioni** della **simulazione** siano diverse: si conclude un contratto simulato, ad esempio, per sfuggire ai creditori (i quali potranno ritenere, a seguito del contratto simulato, di non poter soddisfare le loro ragioni creditorie sul patrimonio del debitore); oppure per pagare meno imposte. Al di là delle possibili ragioni che inducono a simulare un contratto, il legislatore prende atto del fenomeno e lo regolamenta: ciò perché la simulazione, come si vedrà meglio tra poco, riguarda non soltanto le parti contraenti ma anche i creditori e, più in generale, i terzi estranei al contratto.

Un ulteriore aspetto della simulazione relativa va rimarcato. Il contratto simulato può essere diverso dal contratto dissimulato per il tipo contrattuale: si simula una compravendita, ad esempio, dissimulando una donazione. Il contratto simulato, ancora, può essere diverso da quello dissimulato per il contenuto: si simula un determinato prezzo (ossia un elemento del contratto), dissimulando il prezzo realmente voluto dalle parti.

Un particolare tipo di simulazione relativa va sotto il nome di **interposizione fittizia**, che riguarda l'identità delle parti contrattuali: nel contratto simulato appare contraente un soggetto (che si chiama **interposto**), che è un soggetto distinto dal reale contraente (l'**interponente**).

Esempio. Il Sig. Furbis intende nascondere al Fisco, nei confronti dei quali è debitore, l'acquisto di un immobile. Si mette d'accordo, allora, con il Sig. Convengo ed il Sig. Cistò: in base al contratto simulato, il Sig. Convengo vende al Sig. Cistò il bene immobile; l'accordo simulatorio, tuttavia, indica che è il Sig. Furbis a comprare effettivamente l'immobile e a pagare il prezzo. Il Sig. Cistò è la persona interposta o, come pure si dice nel linguaggio comune, un prestanome.

Per la configurabilità di una simulazione relativa sotto il profilo soggettivo è indispensabile che l'accordo sia intercorso non solo tra interponente e interposto, ma anche con il terzo, il quale dovrà aderire nel rispetto delle forme previste per l'atto concluso tra le parti (Cass., 23.3.2017, n. 7537; Cass., 12.10.2018, n. 25578).

Diversa dall'interposizione fittizia, che dà luogo ad una simulazione relativa del contratto, è l'**interposizione reale**, di cui ci si è già occupati a proposito della c.d. rappresentanza indiretta: ricorre questa figura quando un soggetto non vuol comparire (per varie ragioni) nella conclusione di un contratto e, perciò, incarica un altro soggetto di stipulare per suo conto. Qui non vi è alcuna simulazione, giacché il contratto è effettivamente voluto tra le parti contrattuali.

230. Gli effetti della simulazione rispetto alle parti.

Ci si occupi ora degli effetti, tra le parti, del contratto simulato. Successivamente si avrà riguardo agli effetti della simulazione rispetto ai terzi e ai creditori.

È previsto che il contratto simulato non produca effetto tra le parti (1414, 1° co., cod. civ.). Se si tratta di una simulazione assoluta, dunque, non vi è alcun effetto giuridico.

Esempio. Un soggetto intende sottrarre l'immobile ai suoi creditori. Stipula una vendita simulata, con l'accordo (simulatorio) che la vendita non realizzerà il trasferimento della proprietà. Accade, però, che il simulato acquirente, approfittando del contratto simulato (dell'apparenza creata), inizia a vantare i diritti di proprietario e ad abitare l'immobile con la sua famiglia. Al simulato alienante, a questo punto, non rimarrà che agire in giudizio e provare che la vendita è simulata. Qualora tale prova sia raggiunta, il giudice dichiarerà che il contratto è simulato. Il simulato acquirente, allora, non potrà più vantare i diritti di proprietario (dovrà andarsene dall'abitazione occupata senza titolo).

Se però, come accade nella simulazione relativa, le parti hanno voluto concludere un contratto diverso da quello apparente, ha **effetto** tra esse il **contratto dissimulato**, purché ne sussistano i requisiti di sostanza e di forma (art. 1414, 2° co., cod. civ.). Si approfondisca, con qualche esempio, cosa vuol dire sussistenza dei **requisiti di forma**.

Esempio. Le parti stipulano un contratto di compravendita immobiliare, in cui simulano il prezzo della compravendita pari a 300.000 euro. In realtà essi si accordano per un prezzo pari a 500.000 euro. Questa pattuizione, per essere valida, deve essere prevista per iscritto.

La Suprema Corte lo dice a chiare lettere: la pattuizione dissimulata relativa al prezzo di un immobile (che è un elemento essenziale della vendita) è valida se stipulata per iscritto (Cass., Sez. Un., 26.3.2007, n. 7246; Cass., 5.4.2011, n. 7769), ancorché essa sia contenuta in uno scritto (la controdichiarazione) destinato a rimanere segreto.

Esempio. Si riprenda l'ultimo esempio. Accade che il simulato acquirente, approfittando dell'apparenza creata, pretenda di pagare, per la compravendita, un prezzo pari a 300.000 euro (il prezzo, cioè, simulato). Il venditore, allora, potrà agire in giudizio, esibendo la controdichiarazione scritta (quella in cui risulta che il prezzo realmente convenuto è pari a 500.000 euro). Farà accertare che il prezzo della compravendita dissimulato è più alto rispetto a quello contenuto nel contratto simulato. Potrà così pretendere la somma risultante dal contratto dissimulato.

A proposito dei requisiti di forma, qualche riflessione merita la stipula di un **contratto dissimulato di donazione**. Le parti possano simulare un contratto di compravendita di un immobile e dissimulare un contratto di donazione immobiliare.

Si vedrà, peraltro, come il contratto di donazione necessiti, a pena di nullità, di rigidi requisiti formali: l'atto pubblico e la presenza di due testimoni. Si ritiene, da parte di alcuni interpreti, che il patto segreto non debba rivestire la forma della donazione (l'atto pubblico e la presenza dei testimoni), essendo sufficiente che tale requisito di forma sia presente nella vendita simulata. Le parti, di conseguenza, potranno limitarsi a dichiarare con una scrittura privata che il prezzo dichiarato nel contratto simulato non è dovuto e che l'atto effettivamente voluto era, in realtà, una donazione (in questo senso si veda Cass., n. 18204/2017).

L'interpretazione riferita intende assecondare le caratteristiche del fenomeno simulatorio, in cui la controdichiarazione fra le parti ha carattere segreto (e non viene esternata attraverso un atto pubblico e la presenza di testimoni).

Affinché si producano gli effetti del contratto dissimulato, si è detto, è necessario che siano presenti anche i **requisiti di sostanza**.

Esempio. Le parti concludono un contratto di compravendita avente ad oggetto beni futuri, unitamente ad una controdichiarazione in base alla quale le stesse vogliono, realmente, una donazione di quegli stessi beni. In questo caso non può avere efficacia il contratto dissimulato, giacché la donazione non può avere ad oggetto beni futuri.

Deve aggiungersi che il **contratto dissimulato** non potrà avere efficacia quando lo stesso sia **invalido** (ossia nullo o annullabile).

Esempio. Viene simulata una compravendita di un immobile, in cui si prevede il pagamento di un prezzo pari a 300.000 euro. La finta vendita, in realtà, dissimula un accordo tra le stesse parti, in base al quale il simulato acquirente accetta del denaro dalla controparte (300.000 euro) per commettere un reato. Il contratto dissimulato è nullo.

L'azione per far valere la simulazione del contratto è imprescrittibile (Cass., 10.5.2016, n. 9401, che qualifica il contratto simulato come nullo, anche se il codice discute di inefficacia; sull'imprescrittibilità dell'azione di simulazione si veda anche Cass., 7.1.2019, n. 125). Va precisato, però, che sono soggette a prescrizione le azioni intese ad ottenere l'adempimento del contratto dissimulato: ciò secondo le regole che, di volta in volta, vengono in considerazione per i diritti attribuiti alle parti dal contratto dissimulato.

Le disposizioni codicistiche sugli effetti della simulazione tra le parti del contratto (art. 1414, 1° e 2° co., cod. civ.) si applicano anche agli **atti unilaterali** destinati a una persona determinata (gli atti recettizi), che siano simulati per accordo tra il dichiarante e il destinatario (art. 1414, 3° co., cod. civ.). È il caso, ad esempio, della ricevuta di comodo che il debitore si fa rilasciare dal creditore per poter usufruire di un rimborso, cui ha diritto entro un termine determinato. La controdichiarazione svela la simulazione, giacché con essa le parti sono d'accordo che la ricevuta è stata rilasciata pur non essendo ancora stato effettuato il pagamento. Qualora il debitore, a fronte della successiva richiesta di pagamento da parte del creditore, faccia valere la falsa ricevuta, il creditore potrà agire in giudizio per far accertare la simulazione intercorsa tra le parti.

231. Gli effetti della simulazione rispetto ai terzi.

La simulazione non può essere opposta né dalle parti contraenti né dagli aventi causa o dai creditori del simulato alienante ai terzi che in buona fede hanno acquistato diritti dal titolare acquirente, salvi gli effetti della trascrizione della domanda di simulazione (art. 1415, 1° co., cod. civ.). I terzi possono far valere la simulazione in confronto delle parti, quando essa pregiudica i loro diritti (art. 1415, 2° co., cod. civ.).

La disposizione appena ricordata, dunque, regola gli **effetti** della **simulazione** rispetto ai terzi. Per comprenderne appieno il significato occorre procedere con ordine, distinguendo le diverse situazioni contemplate dal primo e dal secondo comma dell'art. 1415 cod. civ.

Anche se non viene specificato, la fattispecie di cui al secondo comma dell'art. 1415 cod. civ. è rivolta a proteggere, essenzialmente, i **creditori** del **simulato alienante**.

Esempio. Il Sig. Furbis stipula con la controparte un contratto di compravendita simulata, con l'accordo che il contratto non debba produrre alcun effetto (simulazione assoluta). I creditori del Sig. Furbis (che siano in buona fede) possono ottenere una sentenza con cui si accerta che la vendita è simulata; quindi, potranno agire nei confronti del patrimonio del Sig. Furbis (compreso il bene che egli aveva venduto in maniera simulata) per soddisfare le loro ragioni creditorie.

Il contratto simulato, si può dire, è inefficace rispetto a quei terzi i cui diritti sono pregiudicati dallo stesso.

La fattispecie di cui al primo comma dell'art. 1415 cod. civ., invece, costituisce l'applicazione del **principio di affidamento** che si rinviene più volte nel nostro codice civile.

Esempio. Il Sig. Furbis stipula con la controparte, il Sig. De Approfittis, un contratto di compravendita simulata, con l'accordo che il contratto non debba produrre alcun effetto (simulazione assoluta). Il Sig. Furbis può agire in giudizio (qualora la controparte vanti qualche diritto sul bene), ottenendo una sentenza che dichiari inefficace il contratto simulato. Tuttavia, se il Sig. De Approfittis, approfittando della falsa apparenza creata con il contratto simulato, vende ad un terzo in buona fede il bene oggetto del contratto simulato, la simulazione non potrà essere opposta al terzo. Il simulato alienante, a questo punto, potrà soltanto chiedere i danni al simulato acquirente.

Il contratto simulato, in questo caso, è efficace rispetto al terzo che sia in buona fede: è tale quel terzo il quale, nel momento dell'acquisto, ignorava che il contratto iniziale, da cui ha tratto vantaggio, era simulato. La buona fede si presume: spetta, dunque, a chi vuol provare la simulazione dimostrare la malafede.

Il terzo è sia colui che acquista a titolo oneroso (come nell'esempio) sia colui che acquista a titolo gratuito. La disciplina del codice civile, infatti, non istituisce sul punto alcuna distinzione: da ciò si ricava che il terzo ha diritto alla protezione in esame anche se il suo acquisto è a titolo gratuito.

Sono salvi, però, gli **effetti** della **trascrizione** della domanda di simulazione. In sostanza, se siamo in presenza di un bene immobile, dal giorno della trascrizione della domanda giudiziale di simulazione nei pubblici registri immobiliari i terzi hanno la conoscenza della pendenza della lite giudiziale: pertanto, qualora gli stessi non abbiano provveduto a trascrivere il loro acquisto prima della trascrizione della domanda, la sentenza che dichiara la simulazione è opponibile nei loro confronti (il contratto simulato è inefficace anche verso di loro).

232. Gli effetti della simulazione rispetto ai creditori.

Un'immediata applicazione della regola appena vista (quella di cui all'art. 1415, 1° co., cod. civ.), si rinviene in una successiva disposizione: la simulazione non può essere opposta dai contraenti ai **creditori** del **titolare apparente** che in buona fede abbiano compiuto atti di esecuzione sui beni che furono oggetto del contratto simulato (art. 1416, 1° co., cod. civ.).

Esempio. Due parti stipulano un contratto simulato di compravendita. I creditori del simulato acquirente ignorano che questi ha stipulato un contratto simulato e agiscono sul bene oggetto della compravendita (che appare essere del simulato acquirente). In questo caso il simulato alienante avrà perduto il suo bene che, in base all'accordo simulatorio, non era passato in proprietà alla controparte.

Si può dire, in questo caso, che la simulazione non è opponibile ai creditori in buona fede del simulato acquirente.

Può accadere, peraltro, che **alcune categorie di terzi** entrino in **conflitto fra loro**, in quanto portatori di interessi contrapposti. L'istituto della simulazione, però, contiene le regole necessarie per dirimere questi possibili conflitti.

Si consideri una prima ipotesi di **conflitto tra terzi**: l'interesse del creditore del simulato alienante (protetto dall'art. 1415, 2° co., cod. civ.) può venire in conflitto con quello di chi ha acquistato dal simulato acquirente (protetto dall'art. 1415, 1° co., cod. civ.).

Esempio. Il Sig. Furbis, venditore, stipula un contratto di compravendita simulato con il Sig. De Approfittis, acquirente. Quest'ultimo, approfittando della situazione di apparenza, vende il bene ad un terzo in buona fede. Vi possono essere, a questo punto, esigenze contrapposte: il creditore del Sig. Furbis ha l'interesse a far dichiarare l'inefficacia del contratto simulato; il terzo ha l'interesse a che non gli venga opposta la simulazione fra i due originari contraenti.

È il codice a dipanare questo conflitto, stabilendo che la simulazione non può essere opposta, fra l'altro, dai creditori del simulato alienante ai terzi che in buona fede abbiano acquistato diritti dal titolare apparente (art. 1415, 1° co., cod. civ., che fa salvi, come si è detto, gli effetti della trascrizione della domanda di simulazione). Prevale, dunque, il principio dell'affidamento, che tende ad assicurare la circolazione della ricchezza.

Altro possibile conflitto è quello fra i creditori del simulato alienante ed i creditori del simulato acquirente.

Esempio. Viene stipulato un contratto di compravendita simulato. I creditori del simulato alienante hanno l'interesse a far dichiarare l'inefficacia della simulazione; i creditori del simulato acquirente, invece, hanno l'interesse a non vedersi opporre la simulazione tra le parti.

È previsto, in questo caso, che i creditori del simulato alienante possano far valere la simulazione che pregiudica i loro diritti e, nel conflitto con i creditori chirografari del simulato acquirente, sono preferiti a questi, se il loro credito è anteriore all'atto simulato (art. 1416, 2° co., cod. civ.). La regola, qui, è quella per cui prevale l'affidamento basato sulla realtà su quello fondato sull'apparenza.

Qualora, invece, il credito sorga successivamente al compimento dell'atto simulato, non vi è alcuna ragione di proteggere i creditori del simulato alienante, i quali non possono più fare affidamento sul bene che, nel momento in cui sono diventati creditori, non risulta più nel patrimonio del debitore (ancorché ne sia uscito soltanto in maniera simulata).

233. La prova della simulazione.

La **prova** della **simulazione** è diversa a seconda dei soggetti che la fanno valere. Deve muoversi da una considerazione preliminare: la prova verte sull'accordo simulatorio (o controdichiarazione), con cui le parti hanno escluso ogni efficacia giuridica dell'atto simulato (simulazione assoluta) o hanno previsto che abbia efficacia un altro contratto, quello dissimulato (simulazione relativa).

L'accordo simulatorio, è evidente, sarà nelle mani (nel cassetto, anzi) delle parti contraenti, per le quali sarà più facile far valere la simulazione.

La disciplina della prova della simulazione (art. 1417 cod. civ., da coordinarsi con le norme sulle disposizioni in generale sulla prova: artt. 2722 ss. cod. civ.) si basa proprio sulla premessa appena svolta. Si consideri, allora, la **prova** che le **parti** devono offrire per far valere la simulazione.

L'accordo simulatorio necessariamente deve essere anteriore o coevo alla stipula del contratto simulato: vale, allora, la regola per cui è vietato il ricorso alla prova testimoniale (art. 2722 cod. civ.) o per presunzioni (art. 2729, 2° co., cod. civ.), quando la prova abbia ad oggetto patti aggiunti o contrari al contenuto di un documento (nel caso che ci occupa, il contratto simulato), che si assumono essere stati stipulati anteriormente o contemporaneamente al documento stesso.

Per provare la simulazione, dunque, è necessario che l'accordo simulatorio risulti **per iscritto** (prova richiesta *ad probationem tantum*: Cass., 24.7.2017, n. 18204).

Esempio. Viene concluso un contratto simulato, con l'accordo verbale che lo stesso produrrà gli effetti di un diverso contratto dissimulato. Alla conclusione del contratto ed al patto simulatorio è presente un terzo che ascolta il contenuto di quest'ultimo. Tempo dopo il simulato acquirente, approfittando della situazione di apparenza, intende far valere il contratto simulato: il simulato alienante, tuttavia, non è in grado di far valere la simulazione, giacché la prova testimoniale non può essere utilizzata per far dichiarare inefficace il contratto simulato.

Semmai, la parte interessata potrà dare prova della simulazione attraverso l'interrogatorio della controparte, inteso a sollecitarne la **confessione** (Cass., 6.2.2014, n. 2725); oppure, potrà deferire all'altra parte il **giuramento decisorio**. Peraltro, ai fini della prova del contratto dissimulato, la confessione non può supplire alla mancanza del requisito formale della controdichiarazione scritta (Cass., 5.4.2022, n. 10933).

Alla prova testimoniale, invece, si potrà far ricorso nei casi espressamente previsti (art. 2724 cod. civ.; Cass., 3.6.2016, n. 11467): (a) quando vi è un principio di prova scritta; (b) quando il contraente è stato nell'impossibilità morale o materiale di procurarsi una prova scritta; (c) quando il contraente ha senza sua colpa perduto il documento che gli forniva la prova.

Le restrizioni probatorie appena illustrate non valgono quando una delle parti intenda far valere l'illiceità del contratto dissimulato (art. 1417 cod. civ.): in questo caso è ammesso, senza limitazioni, il ricorso alla prova testimoniale ed alle presunzioni. La ragione della norma si spiega considerando che l'ordinamento non intende tollerare un contratto illecito e, quindi, consente di farne dichiarare l'inefficacia attraverso un più ampio possibile dispiego di mezzi di prova.

Poiché l'azione di simulazione (sia essa assoluta o relativa) è destinata a spiegare i suoi effetti nei confronti di tutte le parti dell'accordo simulatorio, essa determina un'ipotesi di litisconsorzio necessario (Cass., 17.9.2021, n. 25163).

Si venga, ora, della prova che i **terzi** hanno a disposizione per far valere l'inefficacia della simulazione. Non avendo, gli stessi, partecipato alla conclusione del contratto simulato, avranno ampia **libertà di prova**, compreso il ricorso ai testimoni e alle presunzioni (Cass., 24.11.2021, n. 36478). Lo prevede espressamente il codice, con riferimento al primo dei mezzi indicati: "la prova per testimoni della simulazione è ammissibile senza limiti, se la domanda è proposta da creditori o da terzi" (art. 1417 cod. civ.).

Esempio. Viene concluso un contratto simulato di compravendita, per un prezzo pari a 500.000 euro. L'acquirente, però, non ha alcuna disponibilità economica; anzi, sta subendo un pignoramento e ha debiti con due istituti di credito. Le circostanze appena indicate mettono capo ad una "presunzione" che i terzi interessati potranno far valere per ottenere la dichiarazione di inefficacia della simulazione (sulla prova della simulazione attraverso la presunzione si veda Cass., 14.11.2019, n. 29540).

Gli eredi delle parti che hanno stipulato il contratto subentrano nella posizione dei loro danti causa: essi, pertanto, subiranno le stesse limitazioni che la legge prevede per quest'ultimi. Esiste, però, un'eccezione: i legittimari che agiscono per la reintegrazione della quota di riserva (§§ 499 ss.) fanno valere un loro personale diritto e non un diritto esistente sul patrimonio del defunto. Potranno così utilizzare, per far valere la simulazione, qualsiasi mezzo di prova (Cass., 10.2.2017, n. 3653, con la quale la Corte si è pronunciata sulla domanda avanzata dell'erede legittimario, volta a ottenere la dichiarazione di simulazione di una vendita realizzata dal *de cuius* diretta a dissimulare una donazione lesiva della sua quota di riserva).

Capitolo 33

IL CONTRATTO NULLO

234. L'invalidità e l'inefficacia del contratto.

I **rimedi contrattuali** sono meccanismi previsti dalla legge per mettere in discussione l'efficacia del contratto o del rapporto contrattuale. I principali rimedi contrattuali sono la nullità, l'annullamento, la risoluzione e la rescissione. I primi due si riconducono alla categoria dell'invalidità.

Il legislatore non definisce espressamente l'invalidità, sebbene l'espressione si rinvenga, in non pochi casi, nella disciplina codicistica (si vedano, ad esempio, gli artt. 1234, 2° co., 1338, 1347, 1352, 1404, 1410 cod. civ.). È compito della dottrina, allora, delineare i confini della categoria in esame.

Può dirsi, in prima battuta, che il contratto (o l'atto unilaterale) sia **invalido** quando è **contrario** a **norme imperative**. Si deve subito aggiungere, però, che la contrarietà a norme imperative può condurre, in base a quanto previsto dalla legge, a conseguenze diverse dalla nullità o dall'annullamento.

Si proceda, quindi, con ordine. Si suole affermare che la **nullità**, fra le due specie di invalidità, sia quella che ha una **portata** più **generale**. Ciò in questo senso: non occorre che la nullità sia espressamente prevista quale conseguenza della violazione di una norma imperativa; basta che sussista la violazione della stessa.

L'**annullabilità**, invece, ha **carattere speciale**: ricorre allorché essa sia stata espressamente prevista quale conseguenza della violazione di una norma imperativa.

La regola appena descritta (portata generale della nullità, portata speciale dell'annullamento) si ricava dall'art. 1418, 1° co., cod. civ. (su cui si tornerà: § 235), per il quale "il contratto è nullo quando è contrario a norme imperative, salvo che la legge disponga diversamente".

Ed infatti:

(a) in alcune ipotesi è previsto che la violazione delle norme imperative comporti l'annullamento del contratto e non la nullità. Si pensi, in particolare, ai contratti stipulati da persone incapaci (artt. 1425 ss. cod. civ.), ai contratti conclusi in presenza di un vizio del consenso (artt. 1427 ss. cod. civ.), al contratto caratterizzato da un conflitto di interesse tra rappresentante e rappresentato (artt. 1394 ss. cod. civ.). Ipotesi di annullamento per violazione di norme imperative si riscontrano anche nella disciplina dei contratti tipici (si veda, ad esempio, l'art. 1892 cod. civ., sul contratto di assicurazione; l'art. 2098 cod. civ., sul contratto di lavoro);

(b) in altre ipotesi la violazione della norma imperativa non comporta l'annullamento. L'ordinamento, infatti, assicura diversamente l'effettività della norma imperativa: si pensi alla previsione del riscatto nella prelazione legale, all'applicazione di sanzioni amministrative, all'obbligo di rimuovere la situazione creata con la violazione delle norme imperative (si veda Cass., 21.4.2016, n. 8066).

Non mancano ricostruzioni dottrinali che individuano nella invalidità una categoria in cui andrebbe ricompresa, oltre alla nullità e all'annullamento, anche la rescissione: anche quest'ultimo rimedio, si afferma, colpisce la fattispecie-atto e non le vicende successive del rapporto contrattuale. Si vedranno, peraltro, le ragioni che permettono di ritenere preferibile la ricostruzione tradizionale che annovera soltanto la nullità e l'annullamento nella categoria dell'invalidità.

Il discorso sulla nullità del contratto sarà ripreso tra breve (§§ 235 ss.). Qui, dopo aver fornito un primo inquadramento generale della categoria dell'invalidità, va subito precisato che essa non può essere sovrapposta a quella dell'**inefficacia**.

Si cominci col dire che la sentenza, la quale dichiara la nullità o pronuncia l'annullamento rende il contratto improduttivo di effetti, sia fra le parti sia fra i terzi (salvo i diritti, per l'ipotesi di annullamento del contratto, acquistati a titolo oneroso dai terzi in buona fede: art. 1445 cod. civ.: § 241).

L'inefficacia, però, ha un'estensione maggiore rispetto all'invalidità. Il contratto, infatti, può essere inefficace (ossia non produttivo di effetti) anche quando sia valido.

La visione d'insieme dell'ordinamento, sotto il profilo in esame, permette di osservare che l'inefficacia presenta l'idoneità "a meglio realizzare il trattamento corrispondente agli interessi in gioco", secondo una fortunata espressione dottrinale. Si consideri, in particolare, che:

(a) il contratto sottoposto a condizione sospensiva è valido ma inefficace: diventerà efficace soltanto quando si realizzerà l'evento incerto e futuro dedotto nella condizione; del pari il contratto sottoposto a condizione risolutiva è valido ma temporaneamente efficace (la perdita dell'efficacia è legata non alla dichiarazione di invalidità ma al verificarsi dell'evento incerto e futuro);

(b) il contratto simulato è inefficace tra le parti (art. 1414 cod. civ) ed è inefficace rispetto a determinati terzi (artt. 1415-1416 cod. civ.). In effetti in questi casi il contratto è voluto e non può dirsi di essere in mancanza di un accordo tra le parti (che conduce alla nullità *ex* art. 1418, 2° co., cod. civ.);

(c) è inefficace, e non nullo, il contratto in frode del creditore che abbia esercitato l'azione revocatoria (art. 2901 cod. civ.). Si è pure visto, nella parte introduttiva del Corso, che sono privi di efficacia nei confronti del creditore pignorante e dei creditori intervenuti nell'esecuzione gli atti di alienazione dei beni pignorati (art. 2913 cod. civ.);

(d) l'inefficacia, talvolta, è collegata al mancato assolvimento di alcuni oneri da parte del contraente. È previsto, ad esempio, che gli atti soggetti a trascrizione non abbiano effetto riguardo ai terzi che a qualunque titolo hanno acquistato diritti sugli immobili in base ad un atto trascritto o iscritto anteriormente alla trascrizione degli atti medesimi (art. 2644, 1° co., cod. civ.);

(e) in alcuni casi si ritiene preferibile, da parte del legislatore, non prevedere il rimedio della nullità a seguito della violazione di norme imperative (secondo la regola generale di cui all'art. 1418, 1° co., cod. civ.). La violazione delle norme (imperative) sulla prelazione legale, ad esempio, comporta che il contratto rimanga valido; esso, tuttavia, è inefficace nei confronti dell'avente diritto alla prelazione, cui è attribuito il rimedio dell'azione di riscatto e non quello dell'azione di nullità;

(f) in altri casi, poi, la contrarietà alle norme imperative ha consigliato il legislatore di prevedere non il rimedio dell'annullamento (come ha fatto per fattispecie simili) ma quello dell'inefficacia. A norma dell'art. 44 della legge fallimentare, ad esempio, gli atti compiuti dal fallito ed i pagamenti da lui eseguiti dopo la dichiarazione di fallimento sono inefficaci rispetto ai creditori. Eppure, il fallito si trova in una situazione di incapacità, trattata di solito con il rimedio dell'annullamento da parte del legislatore;

(g) vi sono dei casi, infine, in cui l'inefficacia può dipendere da un difetto di legittimazione del soggetto che ha posto in essere l'atto, come nel caso del contratto concluso dal *falsus procurator* (in maniera impropria, qui, l'art. 1398 cod. civ. fa riferimento all'invalidità del contratto).

È possibile individuare alcune **caratteristiche costanti** dell'inefficacia che non dipenda dall'invalidità del contratto:

(1) il carattere relativo. La condizione, ad esempio, può essere prevista soltanto a favore di una parte; l'inefficacia del contratto concluso dal *falsus procurator* opera a vantaggio del *dominus*, e così via;

(2) la sua "convalidabilità" (il contatto nullo, lo si vedrà, non può essere convalidato mentre può essere convertito; possibilità, quest'ultima, che invece non si addice al contratto inefficace). Si può rinunciare, ad esempio, all'azione di simulazione; si può rinunciare, ancora, alla condizione unilaterale; il contratto concluso dal *falsus procurator* può essere ratificato. L'inefficacia, sotto questo aspetto, presenta un tratto comune con l'annullabilità (anche il contratto annullabile è convalidabile). Si vedrà, peraltro, come l'azione di annullamento sia soggetta al termine di prescrizione quinquennale (art. 1442 cod. civ.), mentre l'azione per far accertare l'inefficacia, in quanto azione di accertamento, è imprescrittibile.

Al contratto inefficace, si aggiunga, non si applica la disciplina propria dei contratti invalidi (sotto le specie della nullità e dell'annullamento): non si può far valere, ad esempio, l'eccezione di essenzialità della clausola inefficace, a differenza di quanto previsto, in tema di nullità, dall'art. 1419, 1° co., cod. civ.

234.1. *L'inesistenza del contratto.*

Dal contratto invalido va distinto il **contratto inesistente**, di cui sarebbe vano rinvenire nel codice una definizione legislativa. Eppure, la categoria concettuale appartiene alla storia del diritto, ove si consideri che i canonisti medioevali ne parlavano a proposito del matrimonio tra persone dello stesso sesso, definito inesistente in quanto contrario al concetto "naturale" di matrimonio (peraltro l'esempio dei canonisti, lo si vedrà studiando il diritto di famiglia, non può più essere utilizzato alla luce dell'evoluzione, normativa e giurisprudenziale, del concetto di matrimonio).

Per utilizzare un'espressione di Domenico Barbero, il negozio nullo presenta pur sempre (a differenza di quello inesistente) una "impalcatura esterna" e suscita l'interesse dell'ordinamento che, nel qualificarlo, presuppone negativamente la sua rilevanza giuridica.

Rimanendo alla materia contrattuale, il contratto può definirsi inesistente quando sia privo di quei requisiti minimi che permettono di qualificare un determinato accadimento come contratto (discorso non diverso, ovviamente, deve farsi per l'atto unilaterale). Il contratto, in sintesi, è inesistente quando manchi il "simulacro esteriore".

Esempio. Formulo una proposta contrattuale e non ricevo alcuna risposta. Non si è formato l'accordo, è vero: ma ciò non autorizza a dire che il contratto sia nullo. Mancano proprio gli elementi per poter discutere, almeno, di un simulacro di contratto. È più corretto, pertanto, affermare che non esiste il contratto.

Nell'ambito dei contratti in cui sia parte la Pubblica amministrazione, talvolta si fa riferimento al contratto inesistente per indicare la situazione in cui sia mancato completamente il procedimento di formazione della volontà dell'ente pubblico.

Il contratto inesistente non produce neanche quei limitati effetti che, invece, possono rinvenirsi nel contratto nullo o annullabile.

235. Le cause di nullità del contratto: le nullità virtuali.

È possibile, ora, tornare ad occuparsi delle cause di nullità del contratto, muovendo dall'art. 1418 cod. civ., il cui 1° co. prevede che il **contratto** è **nullo** quando sia **contrario** a **norme imperative**, salvo che la legge disponga altrimenti.

La norma fa riferimento alle c.d. **nullità virtuali**: la nullità non deve essere prevista testualmente, essendo sufficiente la contrarietà a norme imperative. Talvolta le nullità virtuali sono definite "nullità residuali" (proprio in virtù dell'inciso contenuto nella parte finale della disposizione).

Si è già detto, in altra parte, quando le norme siano da considerare imperative: sono, in sintesi, le norme non derogabili per volontà delle parti (§ 4); fra di esse, si ricordi, vanno annoverate anche le norme dell'Unione europea.

Peraltro, il grado di imperatività della norma violata, necessario ai fini della nullità del contratto, è più intenso rispetto a quello cui si può giungere attraverso la constatazione della non derogabilità per accordo delle parti. Lo si ricava proprio dalla parte finale dell'art. 1418, 1° co., cod. civ., per il quale il contratto è nullo per contrarietà a norme imperative "salvo che la legge disponga altrimenti".

Per condivisa opinione dottrinale, l'inciso in commento non vuol dire soltanto che la legge, in caso di violazione di norme imperative, può prevedere un rimedio diverso da quello della nullità; l'inciso, si rileva, vuol significare anche che dal tenore stesso della norma imperativa si può escludere la sanzione della nullità per il caso della sua violazione (si veda anche Cass., 15.1.2020, n. 525). Le ragioni del divieto o del comando, in sostanza, possono escludere il rimedio della nullità.

Il che impone di comprendere quando si sia in presenza di una norma imperativa che, se violata, conduce sicuramente alla nullità del contratto. Il riferimento deve correre a quella norma imperativa che contiene un **comando** o un **divieto assoluto**, in quanto a tutela di interessi generali.

Si tratta, in particolare: (a) di un comando o divieto posto a tutela di un interesse generale, formulato dalla legge o da altra fonte del diritto ad essa equiparata e non, dunque, da fonti normative di grado inferiore; (b) di un comando o divieto che non soltanto non ammette la diversa volontà delle parti ma neanche un'eccezione o un esonero.

Dallo spoglio dei repertori si ricava che le norme imperative di cui si discute sono poste a tutela di interessi generali quali la salute, l'incolumità pubblica, la difesa in giudizio, il buon andamento delle pubbliche amministrazioni.

In linea di principio può dirsi che le norme penali esprimono il più alto grado di imperatività, essendo poste a tutela di valori rilevanti per la comunità di riferimento.

La giurisprudenza, peraltro, sembra essere orientata a pronunciarsi per la nullità del contratto, di fronte alle fattispecie penali, avendo riguardo alla rilevanza dell'interesse violato. Ad esempio, il contratto concluso attraverso la circonvenzione di incapaci (art. 643 cod. pen.) è ritenuto nullo in quanto lesivo di un interesse di ordine pubblico, che è quello della tutela dell'autonomia privata dei soggetti psichicamente svantaggiati (Cass., 7.2.2008, n. 2860; Trib. Roma, 11.2.2022; Trib. Torino, 2.2.2021). Del pari va considerato nullo il contratto usurario riconducibile all'art. 644, 3° co., cod. pen.: ad essere tutelato, in questo caso, è l'interesse generale al corretto funzionamento del mercato del credito (per Cass., 17.1.2022, n. 1221, il contratto di trasferimento di un bene immobile in pagamento di un debito usurario è nullo per contrarietà a una norma imperativa posta a tutela di esigenze di interesse collettivo).

Può essere utile, anche al fine di risolvere alcune fattispecie dubbie, ricordare l'insegnamento di una risalente ma ancora attuale dottrina (quella di Francesco Ferrara), secondo cui quando si è di fronte ad uno scopo di polizia o di disciplina, la violazione del divieto previsto dalla norma non dovrebbe toccare l'esistenza e l'efficacia del contratto, comportando penalità, multe, provvedimenti disciplinari, e così via. Qui, per dirla con un linguaggio più moderno, le norme risultano a protezione non dello Stato-comunità (a tutela, cioè, dell'interesse generale) ma dell'efficiente azione dello Stato-persona.

Si discute se comporti la nullità del contratto la **frode fiscale**. La giurisprudenza, in alcuni casi, ha dato risposta positiva (Cass., 7.3.2002, n. 3328); altre volte si è pronunciata negativamente, argomentando che "non è sufficiente che una norma sia inderogabile perché possa essere qualificata come 'imperativa', essendo a tal fine necessario che essa sia di carattere proibitivo e sia posta, altresì, a tutela di interessi generali che si collochino al vertice della gerarchia di valori protetti dall'ordinamento giuridico. Caratteri, questi, certamente non ravvisabili nelle norme tributarie, in quanto esse sono poste a tutela di interessi pubblici di carattere settoriale e, in linea di massima, non pongono divieti, ma assumono un dato di fatto quale indice di capacità contributiva" (Cass., 3.9.2001, n. 11351).

In dottrina, talvolta, si è proposta una tesi intermedia, affermando la necessità di istituire una gerarchia delle norme tributarie; in questo modo sarebbe possibile isolare quelle capaci di condurre alla nullità del contratto (si è escluso, ad esempio, che il semplice contrasto con una delle tante norme formali abbia tale effetto).

Si deve precisare che in tema di nullità del contratto per contrarietà a norme imperative, unicamente la violazione di norme inderogabili concernenti la validità del contratto è suscettibile, ove non altrimenti stabilito dalla legge, di determinare la nullità e non già la violazione di norme (anch'esse imperative) riguardanti il comportamento dei contraenti; quest'ultima violazione, semmai, può essere fonte di responsabilità risarcitoria (Cass., 31.5.2021, n. 15099).

235.1. *Le nullità strutturali.*

L'art. 1418, 2° co., cod. civ., fa riferimento alle c.d. **nullità strutturali** (così definite perché riguardano, intrinsecamente, l'atto di autonomia privata): "producono nullità del contratto la mancanza di uno dei requisiti indicati dall'art. 1325, l'illiceità della causa, l'illiceità dei motivi nel caso indicato dall'art. 1345 e la mancanza nell'oggetto dei requisiti stabiliti dall'art. 1346". Contratto con causa illecita è anche quello in frode alla legge (art. 1344 cod. civ.).

Ci si è già occupati dei requisiti del contratto, dell'illiceità, dei motivi, della frode alla legge.

Secondo un'espressione invalsa in dottrina (ancorché non da tutti accettata) il contratto "illecito", di cui all'art. 1418, 2° co., cod. civ., è sempre nullo; il contratto "illegale" (quello di cui si occupa l'art. 1418, 1° co., cod. civ.) di regola, ma non sempre, è nullo.

Rientrano nell'ambito di applicazione dell'art. 1418, 2° co., cod. civ. quelli che, nel linguaggio della dottrina, si usano denominare i "reati-contratto": si fa riferimento alle fattispecie in cui la norma penale disapprova direttamente il contratto (in relazione all'oggetto o alla causa); l'accordo contrattuale, in pratica, costituisce proprio il comportamento sanzionato penalmente. Si pensi al reato di associazione a delinquere (art. 461 cod. pen.) o a quello di ricettazione (art. 648 cod. pen.).

Si consideri che l'accertamento della nullità del contratto, ai sensi del primo o del secondo comma dell'art. 1418 cod. civ., può recare delle conseguenze diverse: ad esempio l'art. 2126 cod. civ. dà rilievo, fino alla sentenza di nullità, alle prestazioni effettuate in esecuzione di un contratto di lavoro nullo (il lavoratore, in sostanza, può richiedere o trattenere la retribuzione); non si dà rilievo alle prestazioni effettuate, però, se la nullità del contratto dipenda dalla illiceità della causa o dell'oggetto.

Si ritiene, inoltre, che la c.d. conversione del contratto nullo (§ 234) sia esclusa nei casi di nullità per illiceità della causa o dell'oggetto (e non nelle altre ipotesi di contratto *contra legem*).

235.2. *Le nullità testuali.*

Prevede, l'art. 1418, 3° co., cod. civ., che "il contratto è altresì nullo negli altri casi stabiliti dalla legge". Si ha riguardo, qui, alle c.d. **nullità testuali**, posto che la qualificazione in termini di nullità è prevista direttamente dalla legge.

Sono diverse le **fattispecie codicistiche** di nullità testuali. Ad esempio, l'art. 458, 1° co., cod. civ. (divieto di patti successori) prevede che, fatto salvo quanto disposto dagli artt. 768-*bis* ss. cod. civ., è nulla ogni convenzione con cui taluno dispone della propria successione. È del pari nullo, aggiunge la norma, ogni atto col quale taluno dispone dei diritti che gli possono spettare su una successione non ancora aperta, o rinunzia ai medesimi.

Ed ancora, è nullo il mandato con cui si attribuisce ad altri la facoltà di designare la persona del donatario o di determinare l'oggetto della donazione (art. 778, 1° co., cod. civ.). Si vedano, fra gli altri, gli artt. 779, 785, 2° co., 788, 794, 1350, 1354, 1355, 1471, n. 1 e 2, 1472, 2° co., 1876, 1895, 1904, 1963, 1966, 2° co., 1972, 2103, 2° co., 2115, 3° co., 2122, 4° co., 2265, 2332, 2744 cod. civ.

Numerosi casi di nullità testuali, poi, si rinvengono nelle **leggi speciali**. Si consideri, ad esempio, l'art. 13 della l. 9.12.1998, n. 431, sulle locazioni di immobili urbani, secondo cui è "nulla ogni pattuizione volta a determinare un importo del canone di locazione superiore a quello risultante dal contratto scritto e registrato" (1° co), ovvero "volta a derogare ai limiti di durata del contratto stabiliti dalla presente legge" (3° co.).

Il Testo unico dell'edilizia, inoltre, prevede la nullità degli atti traslativi o costitutivi di diritti reali su edifici (o su loro parti), ove nell'atto non siano indicati gli estremi del permesso di costruire (art. 46, d.p.r. 6.6.2001, n. 380).

Sono nulli i contratti che realizzano intese restrittive della concorrenza (art. 2, 3° co., l. n. 287/1990).

L'art. 164 d.lgs. 22.1.2004, n. 42 (Codice dei beni culturali e del paesaggio) stabilisce al primo comma che "le alienazioni, le convenzioni e gli atti giuridici in genere, compiuti contro i divieti stabiliti dalle disposizioni del titolo I della Parte seconda, o senza l'osservanza delle condizioni e modalità da esse prescritte, sono nulli".

Il notaio, ancora, non può ricevere o autenticare gli atti, a pena di nullità, nei casi previsti dall'art. 28 della l. 16.2.1913, n. 89, che fa divieto allo stesso di ricevere atti che siano "espressamente proibiti dalla legge" (la norma è stata modificata dall'art. 12 l. 28.11.2005, n. 246).

L'art. 1 del d.l. n. 95/2012, convertito dalla l. n. 135/2012 (c.d. *spending review*), ha previsto alcuni meccanismi di disciplina delle spese delle amministrazioni pubbliche. La sanzione prevista per la mancata osservanza delle procedure è la nullità del contratto (si confronti, in particolare, l'art. 1 e l'art. 4, ult. co, del d.l. n. 135/2012).

Anche le leggi regionali, talvolta, annoverano ipotesi di nullità testuale: si pensi, ad esempio, alla l. n. 136/2010 della Regione Sicilia, che prevede la nullità del contratto qualora non sia inserita nello stesso la clausola relativa all'uso degli strumenti di tracciabilità finanziaria.

Si può compiere, rispetto al variegato quadro normativo, un'osservazione di sintesi: il legislatore, assai di frequente, sente l'esigenza di specificare "testualmente" la nullità del contratto a fronte della violazione di norme imperative; vuole evitare, così, che ci siano dubbi circa il rimedio da applicare. In non pochi casi, peraltro, la previsione testuale pare superflua. Si pensi alla ricordata disposizione che prevede la nullità dei contratti che realizzano intese restrittive della concorrenza (l. n. 287/1990): alla medesima conclusione prevista testualmente si giunge osservando che le intese restrittive della concorrenza hanno un oggetto illecito.

236. L'azione di nullità.

Il **contratto nullo non** produce **effetti giuridici**. Ciò non significa che non possa essere portato ad esecuzione: il programma da esso previsto, in concreto, ben può essere realizzato. Il contratto c.d. di killeraggio, con cui viene pagata una somma di denaro ad una persona affinché quest'ultima commetta un omicidio è senz'altro nullo; in non pochi casi, tuttavia, esso viene portato a compimento.

Siccome il contratto nullo non produce effetti giuridici, le parti hanno diritto alla restituzione delle prestazioni eventualmente eseguite in esecuzione del contratto, a meno che si tratti di prestazioni immorali (art. 2035 cod. civ.).

Può succedere che le parti stesse si accorgano che il contratto sia nullo e, pacificamente, decidano di non pretendere l'esecuzione del contratto; sempre d'accordo, possono stabilire di non dare esecuzione al contratto nullo. Come spesso accade, però, sulla validità del contratto sorgono contestazioni. La controversia può riguardare: (a) il fatto che una parte ritiene il contratto nullo e l'altra valido; (b) la pretesa restituzione di una prestazione eseguita; (c) il rifiuto ad eseguire una prestazione.

Per dirimere la controversia, è richiesta una sentenza del giudice che, a seguito della domanda di colui che sia interessato alla pronuncia, accerti la nullità del contratto.

L'**azione di nullità** presenta le seguenti caratteristiche:

(1) salvo diverse disposizioni di legge, la nullità può essere fatta valere da **chiunque** vi **abbia interesse** (art. 1421 cod. civ.); non solo, dunque, dalle parti che hanno stipulato il contratto, come invece accade per l'azione di annullamento;

(2) la nullità può essere **rilevata anche d'ufficio** dal giudice (art. 1421 cod. civ.; Cass., Sez. Un., 22.3.2017, n. 7294; Cass., 23.11.2021, n. 36353; Cass., 13.5.2021, n. 12964). Già da qualche tempo i giudici di legittimità sottolineano come il potere del giudice di rilevare d'ufficio la nullità del contratto sussista non soltanto quando fra le parti vi sia contestazione sull'applicazione o sull'esecuzione del contratto (l'applicazione e l'esecuzione del contratto, è evidente, può avvenire soltanto se il contratto sia valido: Cass., 9.8.2019, n. 21243; Cass., 15.2.2021, n. 3839).

Si è rilevato, infatti, che anche l'accoglimento della domanda di risoluzione implica che il contratto sia valido: il giudice, in sostanza, deve svolgere preliminarmente tale accertamento, sollevando la questione della nullità del contratto (Cass., Sez. Un., n. 14828/2012; Cass., n. 24483/2013; si veda anche, per alcune ulteriori questioni, Cass., 3.7.2013, n. 16630). In tal modo, si precisa, non risulta violato il principio della **corrispondenza** tra **chiesto** e **pronunciato** che caratterizza il processo civile (art. 112 cod. proc. civ.): la questione della validità del contratto, del resto, costituisce una pregiudiziale logico-giuridica rispetto all'accertamento dei presupposti della risoluzione del contratto.

Sul punto sono intervenute ancora le Sezioni Unite della Cassazione (Cass., Sez. Un., n. 26242/2014), evidenziando che il giudice è tenuto a rilevare d'ufficio la nullità del contratto non soltanto quando ne venga chiesta l'esecuzione o la risoluzione, ma anche a seguito di domanda di rescissione o annullamento (per una conferma si veda Cass., 17.1.2019, n. 1036). Per i giudici di legittimità, infatti, costituisce un interesse generale quello per cui un contratto nullo non produca alcun effetto, né tra le parti né rispetto ai terzi. Resta da dire che il giudice dinnanzi al quale sia proposta una domanda di nullità contrattuale deve rilevare d'ufficio l'esistenza di una causa di nullità diversa da quella prospettata (così Cass., 17.10.2019, n. 26495).

La soluzione cui è giunta, negli ultimi anni, la giurisprudenza, si coordina con il codice di procedura civile, secondo cui il giudice, nell'udienza di trattazione, indica le questioni rilevabili d'ufficio delle quali ritiene opportuna la trattazione (art. 183, 4° co., cod. proc. civ.). In sostanza il giudice, di fronte ad una questione rilevabile d'ufficio e non considerata dalle parti, deve sottoporla ad esse al fine di provocare il contraddittorio e consentire lo svolgimento delle opportune difese. La mancata segnalazione, da parte del giudice, costituisce violazione del principio del contradditorio e determina la nullità della sentenza per violazione del diritto di difesa delle parti; ciò in quanto esse sono private dell'esercizio del contraddittorio, con le connesse facoltà di modificare domande ed eccezioni, allegare fatti nuovi e formulare richieste istruttorie sulla questione (Cass., n. 21108/2005). Qualora la violazione si sia verificata nel giudizio di primo grado, la sua denuncia in appello, accompagnata dalle indicazioni delle attività processuali che la parte avrebbe potuto svolgere, determina, se fondata, non già la regressione al primo giudice, ma la rimessione in termini per lo svolgimento nel processo d'appello delle attività il cui esercizio non è stato possibile (art. 354, 4° co., cod. proc. civ.; Cass., 17.10.2019, n. 26495).

A seguito del rilievo officioso di una causa di nullità da parte del giudice, può verificarsi (è la situazione tipica) che una parte del giudizio domandi l'accertamento della nullità del contratto, con conseguente instaurazione del contraddittorio: il giudice, quindi, accerta la nullità dichiarandola nel dispositivo della sentenza. Tale accertamento, idoneo al passaggio in giudicato, fa stato tra le parti ed è suscettibile di essere opposto ai terzi.

Il giudizio sull'insussistenza di una causa di nullità del contratto preclude la possibilità di invocare, in un diverso giudizio, la nullità del medesimo contratto sotto un altro profilo, posto che il giudicato, coprendo il dedotto e il deducibile, si estende anche all'insussistenza di cause di invalidità diverse da quelle fatte valere nella causa definita con sentenza irrevocabile (Cass., 14.2.2022, n. 4717, che si riferisce al c.d. "giudicato per implicazione discendente").

Nel caso di nullità di protezione (§§ 239, 260.3), il giudice è tenuto al rilievo d'ufficio della nullità del contratto, indicando alla parte interessata che il rilievo si pone come possibile fonte di nullità; la parte, però, mantiene la facoltà di non avvalersene, chiedendo che la causa sia decisa nel merito. In questo caso il giudice, dopo aver effettuato il rilievo d'ufficio, non può dichiarare con la sentenza la nullità del contratto (Cass., Sez. Un., n. 26242/2014);

(3) l'azione di nullità è **imprescrittibile** (art. 1422 cod. civ.);

(4) la **sentenza** che dichiara la nullità del contratto **opera retroattivamente** sia **tra le parti** sia **verso** i **terzi**, ancorché quest'ultimi fossero in buona fede (ignoravano, cioè, la causa di nullità).

Esempio. Viene stipulato fra Tizio e Caio un contratto di compravendita di un terreno. Successivamente, Caio vende lo stesso terreno a Sempronio. Tizio impugna il primo contratto domandandone la nullità. La nullità di tale contratto travolge anche quello stipulato fra Caio e Sempronio.

È indubbio che la nullità del contratto abbia effetti molto gravi sulla circolazione dei beni. Va aggiunto, peraltro, che tali effetti possono essere neutralizzati dall'operatività di alcune regole che disciplinano l'acquisto dei beni a titolo originario: le regole sul possesso vale titolo e quelle dell'usucapione (previste dallo stesso art. 1422 cod. civ.).

Esempio. Il Sig. Parravicini è indotto con la violenza fisica ad acquistare un gioiello dal Sig. Forzutis, il quale con la forza induce il primo a firmare il contratto. Qualche tempo dopo il Sig. Parravicini vende il gioiello al Sig. Rossi, che in buona fede paga il prezzo convenuto e riceve in consegna il gioiello. Un familiare del Sig. Parravicini decide di chiedere la nullità del contratto stipulato con il Sig. Forzutis: la nullità del contratto, peraltro, non fa venire meno l'acquisto del Sig. Rossi, che è diventato proprietario del bene mobile a titolo originario (art. 1153 cod. civ.).

Occorre inoltre considerare gli effetti che sul contratto nullo produce la c.d. **trascrizione sanante** (art. 2652, n. 6, cod. civ.: § 547): se la trascrizione della domanda di nullità (o di annullamento) è eseguita dopo cinque anni dalla data della trascrizione dell'acquisto, la sentenza che accoglie la domanda non pregiudica i diritti acquistati a qualunque titolo dai terzi di buona fede in base ad un atto trascritto o iscritto anteriormente alla trascrizione della domanda;

(5) a norma dell'art. 1422 cod. civ., l'azione per far dichiarare la nullità non è soggetta a prescrizione, salvi gli effetti della "**prescrizione** delle **azioni** di **ripetizione**". Alla dichiarazione di nullità (o di annullamento) del contratto segue il diritto della parte di ottenere la restituzione della prestazione eventualmente eseguita (un limite all'azione di ripetizione, peraltro, si studierà a proposito del contratto annullabile per incapacità di uno dei contraenti).

Esempio. Per il contratto di compravendita, dichiarato nullo, è stato versato il prezzo di 500.000 euro, che uno dei contraenti richiede indietro con l'azione di ripetizione.

Si deve però considerare che l'azione di ripetizione è soggetta all'azione di prescrizione ordinaria, ossia alla prescrizione decennale. È vero, dunque, che l'azione di nullità è imprescrittibile; tuttavia, potrebbe risultare inutile ottenere una sentenza che dichiari la nullità del contratto concluso se, nel frattempo, l'azione di ripetizione è prescritta (in tal caso, infatti, non si potrà più ottenere la restituzione della prestazione eseguita).

237. La conversione del contratto nullo.

Il **contratto nullo** è **convertibile** (mentre, ai sensi dell'art. 1423 cod. civ., non è convalidabile, se la legge non dispone diversamente: si vedano, ad esempio, gli artt. 117, 123, 2° co., 590, 799, 2332, 5° co., 2379 cod. civ.).

La conversione consiste in questo: il contratto nullo può produrre gli effetti di un contratto diverso, del quale contenga i requisiti di sostanza e di forma, qualora, avuto riguardo allo scopo perseguito delle parti, debba ritenersi che esse lo avrebbero voluto se avessero conosciuto la nullità (art. 1424 cod. civ.).

Esempio. La subenfiteusi ventennale, nulla come subenfiteusi (art. 968 cod. civ.), può produrre gli effetti di una locazione ventennale.

La norma trova applicazione anche per gli atti unilaterali, come la cambiale.

Esempio. Una cambiale, nulla in presenza di un requisito di forma, può produrre gli effetti di una promessa di pagamento.

Il meccanismo di conversione è spiegato dalla Relazione al Re, n. 117: "attraverso un negozio giuridico le parti mostrano di voler raggiungere un certo fine; il negozio da esse prescelto non ha, di fronte a questo fine, se non una funzione strumentale. In modo che è conforme alla buona fede che ciascuna parte rimanga vincolata agli effetti che si proponeva di trarre dal contratto nullo e che avrebbe ugualmente cercato di realizzare con altro contratto se si fosse rappresentata l'inefficienza giuridica di quello concluso".

La conversione, va sottolineato, non sostituisce un contratto nullo, effettivamente voluto dalle parti, con un contratto valido, voluto dalle parti solo "ipoteticamente": essa, piuttosto, modifica la causa del contratto originariamente voluto dalle parti.

La giurisprudenza ha individuato alcuni limiti alla conversione del contratto nullo: essa non opera, in particolare, quando le parti conoscevano la causa di nullità del contratto o se la nullità deriva da illiceità. In effetti, sotto il primo aspetto, volere un contratto nullo equivale a non volerlo: manca, dunque, la volontà contrattuale, che è il presupposto per la conversione. Sotto il secondo aspetto, l'illiceità si propaga allo "scopo perseguito dalle parti", non permettendo la conversione in un contratto lecito.

È necessario, poi, che la parte interessata alla conversione richieda una pronuncia in tal senso. Per l'art. 1424 cod. civ., infatti, il contratto nullo (non deve ma) può produrre gli effetti di un contratto diverso: il giudice potrà pronunciarsi sulla conversione soltanto se vi sia una domanda di parte (Cass., Sez. Un., n. 26242/2014; Cass., 24.9.2018, n. 22466).

La regola della conversione del contratto nullo costituisce l'applicazione del **principio** della **conservazione** del **contratto**: il codice tende il più possibile ad attribuire gli effetti ad una dichiarazione di volontà, nella consapevolezza che la conclusione di un affare alimenta la circolazione della ricchezza.

Figura diversa da quella in esame è, invece, la rinnovazione del contratto nullo: in tale ipotesi le parti concludono un nuovo contratto privo del vizio che ha inficiato quello precedente.

238. La nullità parziale.

Un'altra applicazione del principio della **conservazione del contratto** si rinviene nella disciplina della **nullità parziale**.

È previsto che la nullità parziale di un contratto o la nullità di singole clausole importi la nullità dell'intero contratto, se risulta che i contraenti non lo avrebbero concluso senza quella parte del suo contenuto che è colpita da nullità (art. 1419, 1° co., cod. civ.). La nullità di singole clausole non comporta la nullità del contratto quando le clausole nulle sono sostituite di diritto da norme imperative (art. 1419, 2° co., cod. civ.). La regola della sostituzione di diritto è stata studiata in altra parte del Corso (§ 177). Il principio della conservazione del contratto, in questo caso, si combina con quello dell'integrazione dello stesso.

Qui si abbia riguardo alla regola prevista dal primo comma della disposizione codicistica. L'indagine sulla **essenzialità** della **clausola**, come ha precisato la giurisprudenza, "va condotta con criterio oggettivo, con riferimento alla perdurante utilità del contratto rispetto agli interessi con esso perseguiti" (Cass., 11.8.1998, n. 7871).

Pertanto, avendo riguardo ad un contratto a prestazioni corrispettive, la nullità parziale può essere dichiarata "soltanto allorché occorra amputare una parte del contratto senza la quale i contraenti avrebbero ugualmente raggiunto l'accordo e non pure nel caso in cui occorrerebbe procedere, da parte del giudice, ad adeguamento e rettifiche delle complessive prestazioni al fine del loro equilibrio" (Cass., 3.2.1995, n. 1306).

Le leggi speciali, talvolta, escludono espressamente l'applicazione della regola codicistica: nel Codice del Consumo, ad esempio, è previsto che le clausole vessatorie sono nulle, "mentre il contratto rimane valido per il resto" (art. 36 Cod. Cons.).

Il principio della conservazione del contratto, da ultimo, trova applicazione anche nei **contratti plurilaterali** con **comunione di scopo**: la nullità che colpisce il vincolo di una sola delle parti non importa la nullità del contratto, salvo che la partecipazione debba, secondo le circostanze, considerarsi essenziale (art. 1420 cod. civ.).

Esempio. La nullità della partecipazione sociale colpisce proprio quel socio la cui presenza è considerata fondamentale per lo svolgimento dell'attività sociale. In questo caso può ritenersi che la nullità parziale determini la nullità dell'intero contratto.

La stessa regola appena ricordata si rinviene anche nella disciplina dell'annullamento: nei contratti plurilaterali con comunione di scopo l'annullabilità che riguarda il vincolo di una sola delle parti non importa annullamento del contratto, salvo che la partecipazione di questa debba, secondo le circostanze, considerarsi essenziale (art. 1446 cod. civ.; si veda anche l'art. 1459 cod. civ., sulla risoluzione del contratto plurilaterale, nonché l'art. 1466 cod. civ., sull'impossibilità nel contratto plurilaterale).

239. Le nullità di protezione e le nullità speciali: rinvio e cenni.

Regole particolari, che si studiano in altra parte del Corso, valgono per le c.d. **nullità di protezione**, previste dal Codice del Consumo (§ 260.3). La nullità, in questi casi, può essere fatta valere soltanto dai consumatori (mentre si è visto che, secondo la disciplina del codice civile, l'azione di nullità può essere fatta valere da chiunque abbia interesse). Del resto, come sottolineano i giudici di legittimità, la caratteristica della nullità di protezione sta nel fatto che il contraente può articolare la domanda di nullità in protezione per farla operare secondo il proprio vantaggio (Cass., 17.5.2021, n. 13259).

Il fenomeno delle c.d. **nullità relative** deve considerarsi, negli ultimi anni, in forte espansione, in coincidenza con l'affermarsi delle discipline dirette a tutelare consumatori e clienti: si pensi, ad esempio, alle **nullità** relative previste dalle **norme** sui **con-**

tratti bancari, che possono essere fatte valere soltanto dal cliente e non dalla banca (art. 127, 2° co., TUB); oppure alla nullità per difetto di forma, contenuta nell'art. 23, 3° co., TUF, che può essere fatta valere esclusivamente dall'**investitore**. Con un'importante precisazione, però: l'intermediario, ove la domanda di nullità dell'investitore sia diretta a colpire soltanto alcuni ordini di acquisto, può opporre l'eccezione di buona fede se la **selezione** della **nullità** determini un ingiustificato sacrificio economico a suo danno, alla luce della complessiva esecuzione degli ordini conseguiti alla conclusione del contratto quadro (Cass., Sez. Un., 4.11.2019, n. 28314). Questo vuol dire, chiosano i giudici di legittimità, che entro il limite del pregiudizio per l'investitore (accertato in giudizio) l'azione di nullità non contrasta con il principio di buona fede; oltre tale limite opera, ove sia oggetto di allegazione, l'effetto paralizzante dell'eccezione di buona fede.

Al di là della disciplina consumeristica e di quella a tutela dei clienti, in altri settori è possibile registrare l'affermarsi delle nullità relative. Se ne possono fornire due esempi.

L'art. 2 del d.lgs. n. 122/2005 impone al costruttore, a pena di nullità della stipulazione, di procurare al promissario acquirente il rilascio di polizza fideiussoria al momento del perfezionamento di un contratto diretto al trasferimento non immediato della proprietà o di altro diritto reale di godimento su un immobile da costruire. La nullità può essere fatta valere unicamente dal promissario acquirente.

L'art. 164 del d.lgs. n. 42/2004 (Codice dei beni culturali), rubricato "violazione in atti giuridici" stabilisce, con riferimento all'alienazione dei beni culturali, una nullità relativa: essa, infatti, non può essere fatta valere dal privato ma soltanto dai soggetti pubblici.

Capitolo 34

IL CONTRATTO ANNULLABILE

240. Le cause di annullamento del contratto.

Il **contratto** è **annullabile**, come già si è avuto modo di rilevare, soltanto nei casi in cui la legge prevede espressamente, in relazione alla violazione delle norme imperative, la speciale conseguenza dell'annullamento.

È annullabile, ad esempio, il contratto stipulato dal rappresentante in conflitto di interessi con il rappresentato (art. 1394 cod. civ.). Sono annullabili le deliberazioni delle associazioni contrarie alla legge, all'atto costitutivo o allo statuto (art. 23 cod. civ.). Ed ancora, nella vigenza del regime della comunione legale fra i coniugi, è previsto che gli atti compiuti da un coniuge senza il necessario consenso dell'altro coniuge e da questi non convalidati siano annullabili se riguardano beni immobili o beni mobili elencati nell'art. 2683 cod. civ. (art. 184, 1° co., cod. civ.).

Si vedano, inoltre, gli artt. 322, 323, 377, 378, 388, 396, 427, 428, 482, 526, 624, 761, 775, 787, 1394, 1395, 1425 ss., 1471, n. 3 e 4, 1971 ss., 1892 cod. civ.

Alcune ipotesi di annullamento (quelle più tradizionali) sono collocate dal codice sotto un unico capo (il capo XII del titolo II del quarto Libro), denominato "dell'annullabilità del contratto" (artt. 1425 ss. cod. civ.). Vengono in considerazione, in particolare, l'incapacità a contrattare (artt. 1425-1426 cod. civ.), l'errore (artt. 1427-1433 cod. civ.); la violenza (artt. 1434-1438 cod. civ.), il dolo (artt. 1439-1440 cod. civ.).

241. L'azione di annullamento.

Legittimata all'**azione** di **annullamento** è soltanto la parte nel cui interesse è stabilito dalla legge l'annullamento stesso (art. 1441, 1° co., cod. civ.). La legittimazione, ad esempio, spetta a chi cade in errore, a chi subisce il dolo o la violenza, alla parte incapace di agire (o al suo legale rappresentante), a chi subentra ai predetti soggetti come erede o avente causa.

Un'eccezione riguarda l'incapacità del condannato in stato di interdizione legale: in questo caso la legittimazione spetta a chiunque vi abbia interesse (art. 1441, 2° co., cod. civ.).

L'**annullamento**, inoltre, può essere pronunciato dal giudice **soltanto su domanda** o **eccezione** della parte legittimata (la nullità del contratto nullo, invece, può essere rilevata d'ufficio dal giudice).

L'azione di annullamento è, di regola, soggetta al **termine** di **prescrizione** di cinque anni (art. 1442, 1° co., cod. civ.). Diverso, però, è il termine di decorrenza della prescrizione: il *dies a quo* coincide con la scoperta del dolo (Cass., 27.9.2016, n. 18930) o dell'errore, oppure decorre dalla cessazione della violenza, dal venir meno dell'interdizione, dell'inabilitazione, dell'amministrazione di sostegno o dal raggiungimento della maggiore età (art. 1442, 2° co., cod. civ.). Negli altri casi la prescrizione decorre dal momento della conclusione del contratto (art. 1442, 3° co., cod. civ.; si vedano, a proposito del termine di decorrenza, alcune specifiche regole previste dagli artt. 184, 428, 3° co., 482, 2° co., 526, 2° co., 624, 3° co., 761, 2° co., 775, 2° co., cod. civ.). La prescrizione, va avvertito, riguarda l'azione di annullamento e non l'eccezione di annullamento: l'annullamento del contratto può essere eccepito anche dopo che siano trascorsi cinque anni, se in quel momento la parte chieda l'esecuzione del contratto (art. 1442, 4° co., cod. civ.).

Si è visto, in precedenza, come la sentenza che dichiara la nullità del contratto abbia carattere retroattivo: essa, in particolare, opera sia fra le parti sia rispetto ad i terzi. Non accade ciò per l'annullamento, rispetto al quale vale l'art. 1445 cod. civ. ("**effetti** dell'**annullamento** nei confronti dei **terzi**"): "l'annullamento che non dipende da incapacità legale non pregiudica i diritti acquistati a titolo oneroso dai terzi in buona fede, salvi gli effetti della trascrizione della domanda di annullamento".

La norma si può spiegare in questo modo. La sentenza che annulla il contratto opera retroattivamente fra le parti (fa venir meno ogni effetto fra esse), mentre opera soltanto nei confronti dei terzi in mala fede, i quali conoscevano (o, che è lo stesso, potevano conoscere, attraverso l'utilizzo dell'ordinaria diligenza) la causa di annullabilità del contratto. L'annullamento, invece, non pregiudica i diritti acquistati dai terzi in buona fede.

Peraltro, qualora il terzo abbia acquistato a titolo gratuito (in base, ad esempio, ad un comodato o ad una donazione) o se l'annullamento dipende da incapacità legale (minore età, interdizione, inabilitazione, amministrazione di sostegno), la sentenza di annullamento produce verso i terzi (anche quelli di buona fede) gli stessi effetti della sentenza di nullità (art. 1445 cod. civ.). La norma appena citata prevede però un inciso finale: "salvi gli effetti della trascrizione della domanda di annullamento". Si deve avere riguardo, in particolare, agli effetti della trascrizione sanante prevista dall'art. 2652, n. (6) cod. civ., di cui si è già studiato il contenuto della prima parte (comune alla domanda di nullità e alla domanda di annullamento) allorché ci si è occupati degli effetti della nullità del contratto (§ 236). Ora si deve aver riguardo alla seconda parte della disposizione, che riguarda specificamente la domanda di annullamento: "se però la domanda è diretta a far pronunziare l'annullamento per una causa diversa dall'incapacità legale, la sentenza che l'accoglie non pregiudica i diritti acquistati dai terzi di buona fede in base a un atto trascritto o iscritto anteriormente alla trascrizione della domanda, anche se questa è stata trascritta prima che siano decorsi cinque anni dalla data della trascrizione dell'atto impugnato, purché in questo caso i terzi abbiano acquistato a titolo oneroso".

È costante, soprattutto nella manualistica, l'insegnamento secondo cui la sentenza che pronuncia la **nullità** sia una **sentenza dichiarativa**, mentre la sentenza che pronuncia l'**annullamento** sia una **sentenza costitutiva**. Anche la giurisprudenza, in non poche occasioni, finisce per affermare che il contratto annullabile è efficace sino a quando non sopraggiunga la sentenza costitutiva (Cass., n. 7468/2011).

Si deve osservare, peraltro, come la distinzione tradizionale tra sentenza di nullità (intesa come sentenza dichiarativa) e sentenza di annullamento (intesa come sentenza costitutiva) sia equivoca, posto che anche la sentenza di annullamento opera retroattivamente tra le parti ed elimina, sin dall'inizio, il contratto fra le stesse.

Il che vuol dire che la posizione di colui che è chiamato ad eseguire un contratto colpito da una causa di invalidità non muta in base al rimedio da esperire: in entrambi i casi, la parte che si rifiuta di eseguire il contratto ha l'onere di promuovere un giudizio per chiederne la nullità o l'annullamento; in entrambi i casi, il rischio è quello di essere condannati per inadempimento qualora la domanda di invalidità (nelle due varianti possibili) non venga accolta.

Se si vuole mantenere la distinzione tradizionale, si dovrà allora dire che il contratto annullabile, in quanto convalidabile (§ 242), possiede una sua "vitalità" che la sentenza di annullamento è destinata a far venire meno. In questo senso, allora, può rinvenirsi nella decisione del giudice un carattere costitutivo.

Sull'**azione di ripetizione**, a seguito dell'accoglimento della domanda di invalidità, si è detto a proposito del contratto nullo. Qui va aggiunto un limite all'azione di ripetizione: se il contratto è annullabile per incapacità di uno dei contraenti, questi è tenuto a restituire all'altro la prestazione ricevuta se non nei limiti in cui è rivolta a suo vantaggio (art. 1443 cod. civ.; si veda anche, a proposito del pagamento dell'indebito, l'art. 2039 cod. civ.). La norma intende tutelare l'incapace (legale o naturale): la sua *ratio*, dunque, va individuata nella presunzione che chi si trova in questa situazione non sia in grado di ben governare la prestazione ricevuta (avrà, ad esempio, sperperato il denaro o distrutto la cosa ricevuta). La presunzione, tuttavia, può essere vinta con la dimostrazione che la prestazione eseguita è andata "a vantaggio" dell'incapace (il denaro è stato utilizzato, la cosa ricevuta è stata impiegata nell'interesse dell'incapace).

242. La convalida del contratto annullabile.

Il **contratto annullabile** può essere **convalidato**: la convalida ha l'effetto di sanare il contratto, precludendo l'azione di annullamento dello stesso.

Il contratto può essere convalidato in due modi:

(a) in **modo espresso**, con una espressa dichiarazione unilaterale da parte del contraente cui spetta l'azione di annullamento; questi, in sostanza, compie un atto che contiene la menzione del contratto e del motivo dell'annullabilità, e la dichiarazione che s'intende convalidarlo (art. 1444, 1° co., cod. civ.);

(b) in **modo tacito**: il contratto è convalidato se il contraente vi ha dato volontariamente esecuzione, conoscendo il motivo di annullabilità (art. 1442, 2° co., cod. civ.). L'intervenuta convalida tacita del contratto annullabile non è però rilevabile d'ufficio, formando oggetto di un'eccezione di merito in senso stretto (Cass. 8.3.2017, n. 5794).

La convalida produce i suoi effetti, secondo un'accreditata opinione, dal momento della conclusione del contratto convalidato, come è implicito nel concetto stesso di convalida.

La convalida non ha effetto se chi l'esegue non è in condizione di concludere validamente il contratto (art. 1444, 3° co., cod. civ.).

Nei casi di "annullabilità assoluta" (quando, per legge, l'annullamento spetta non soltanto ad un soggetto determinato, ma a chiunque ne abbia interesse: si veda, ad esempio, l'art. 6 della l. n. 379/1967), è esclusa la possibilità di convalidare il contratto: da un lato, infatti, la convalida dovrebbe pervenire da tutti i soggetti legittimati a far valere l'annullabilità; dall'altro, la sanzione in questi casi è finalizzata alla tutela di interessi di natura diversa e trascendenti da quelli meramente individuali dei contraenti (Cass., 18.5.2017, n. 15268).

243. La rettifica del contratto.

La regola del mantenimento del **contratto rettificato** è prevista dall'art. 1432 cod. civ., secondo cui la parte in errore non può domandare l'annullamento del contratto se, prima che ad essa possa derivarne pregiudizio, l'altra offre di eseguirlo in modo conforme al contenuto e alle modalità del contratto che quella intendeva concludere.

L'offerta di rettifica è un atto unilaterale che modifica il contenuto del contratto in modo tale da riportarlo al contenuto supposto dalla parte che è caduta in errore.

La disposizione codicistica, peraltro, esclude l'ammissibilità dell'offerta di rettifica allorché l'errante abbia, nel frattempo, perso interesse per l'esecuzione del contratto (il che dimostra come il codice, con questa ed altre norme, tenda a rispettare l'equilibrio fra le prestazioni contrattuali; si studino anche, sul punto, §§ 247 e 248).

La norma è formulata, specificamente, per l'errore: in dottrina si è affermata, tuttavia, la possibilità di applicarla in presenza degli altri vizi del consenso. Va pur detto che un'offerta di rettifica è difficilmente configurabile in caso di violenza morale o dolo.

Capitolo 35

LA RISOLUZIONE DEL CONTRATTO

244. La risoluzione del contratto ed il suo fondamento.

Nei **contratti** a **prestazioni corrispettive** una parte si obbliga ad eseguire una prestazione al fine di ricevere, a sua volta, una controprestazione: ciascuna prestazione, in sostanza, trova giustificazione (o causa) nella prestazione dell'altra.

Il rapporto di corrispettività fra le prestazioni si designa con l'espressione "**sinallagma**", che esprime l'idea della interdipendenza, ossia della reciprocità fra le prestazioni (il termine, derivante dalla lingua greca, è presente nell'art. 1102 del *Code Napoléon*).

Gli schemi causali possono essere diversi: *do ut des*, *do ut facias*, *facio ut des* (essi, ed altri, si ritrovano nello studio dei singoli tipi contrattuali: §§ 266 ss.).

Ci si deve addentrare meglio, ora, nel concetto di sinallagma. Esso risulta dal contratto (costituendo la causa di esso): si discute, allora, di **sinallagma genetico**. Il sinallagma, tuttavia, si realizza nella fase dell'esecuzione del contratto, allorché le parti eseguono la prestazione: si parla, allora, di **sinallagma funzionale**.

Durante lo svolgimento del rapporto contrattuale possono verificarsi degli eventi che, in seguito, andranno studiati analiticamente: può succedere, in particolare, che una delle parti non esegua la prestazione e si renda, così, inadempiente; può accadere, inoltre, che una delle prestazioni diventi impossibile per causa non imputabile a una delle parti; può verificarsi, infine, che una delle prestazioni risulti eccessivamente onerosa.

Le ipotesi, è evidente, sono assai diverse fra loro. Esse, peraltro, secondo un'accreditata ricostruzione dottrinale, presentano un'importante caratteristica comune: si è in presenza di un'**alterazione della causa**. Lo scambio fra le prestazioni, infatti, non può più realizzarsi o non può realizzarsi alle condizioni economiche stabilite inizialmente.

Nel linguaggio giuridico, quando ciò accade, si dice che vi è un **difetto funzionale** della **causa** (distinto dal difetto genetico della causa, che si ha quando la causa del contratto, sin dall'inizio, è assente o è illecita). Il difetto genetico riguarda il contratto come atto e rende il contratto nullo; il difetto funzionale, invece, investe il rapporto contrattuale e comporta non la nullità del contratto ma la risoluzione: il contratto, di per sé considerato, resta valido, mentre il rapporto contrattuale si risolve.

Vi può essere un nesso sinallagmatico anche in quei contratti in cui una delle prestazioni sia requisito di perfezionamento del contratto (il che accade nei contratti reali). Quel che conta è che l'attribuzione procurata o promessa ad una parte sia lo scopo dell'attribuzione procurata o promessa all'altra parte. Si discute, in questi casi, di contratti ad attribuzioni corrispettive, che possono essere risolti per inadempimento (ancorché il codice faccia riferimento, letteralmente, soltanto ai contratti a prestazioni corrispettive).

Esempio. Nel mutuo oneroso, dopo il perfezionamento del contratto la prestazione (di restituire l'equivalente di quanto ricevuto, nonché gli interessi) è a carico soltanto del mutuatario. Ciò nondimeno, non pare vi siano dubbi sul fatto che si è in presenza di un contratto sinallagmatico (o, appunto, ad attribuzioni corrispettive): attraverso di esso si realizzano due prestazioni patrimoniali contrapposte (il trasferimento del denaro o di cose da parte del mutuante ed il pagamento degli interessi da parte del mutuatario). A nulla rileva il fatto che una delle prestazioni, quella del mutuante, oltre a determinare l'attribuzione patrimoniale costituisca l'elemento perfezionativo del contratto.

Va fatto un cenno ai **contratti** societari o di associazione, definiti tradizionalmente contratti **con comunione di scopo**. Qualche autore, seguito dalla giurisprudenza, ritiene che i contratti con comunione di scopo possano essere definiti onerosi, ove si accolga una nozione ampia di onerosità, intesa come sacrificio economico che si rinviene in capo a tutte le parti contrattuali (nelle società o nelle associazioni, in effetti, tutti i soci o gli associati sono tenuti ad eseguire un conferimento o a pagare la quota).

Nello stesso tempo, però, si aggiunge che i contratti con comunione di scopo non possono essere definitivi **contratti di scambio**: i conferimenti dei soci, per intenderci, non sono in rapporto di reciproca dipendenza, giacché confluiscono tutti nella realizzazione di uno scopo comune. La materia, peraltro, è oggetto di un vivace dibattito. Alcuni studiosi rilevano come non si possa discutere, in assoluto, di "incompatibilità" fra comunione di scopo e corrispettività. Può ammettersi, è vero, che quest'ultima appare molto più evidente nei contratti di scambio; essa, però, non può escludersi nei contratti associativi. Il nesso di corrispettività (ecco una delle ricostruzioni offerte) può istituirsi, anche nei contratti societari, fra il conferimento, da un lato, e la partecipazione agli utili sociali dall'altro.

Il che ha portato a ritenere applicabile al contratto di società il rimedio della rescissione per lesione, in cui pure viene in considerazione la corrispettività delle prestazioni; quello della risoluzione per inadempimento e per impossibilità sopravvenuta, invece, non trova applicazione in quanto, per le società, il codice detta una disciplina particolare che prevale su quella generale (Trib. Milano, 2.6.1988).

Un chiarimento sul termine "**risoluzione**" si impone: esso vuol dire **scioglimento** del contratto. L'art. 1372, 1° co., cod. civ. prevede che "il contratto ha forza di legge tra le parti. Non può essere sciolto che per mutuo consenso o per cause ammesse dalla legge". Fra le altre cause "ammesse dalla legge" vanno ricomprese le tre diverse ipotesi di risoluzione del contratto che tra breve saranno esaminate. Esse trovano applicazione quando la legge non preveda, per i diversi tipi contrattuali, una diversa e più specifica disciplina.

245. La risoluzione per inadempimento. I presupposti.

Si abbia riguardo, in primo luogo, alla **risoluzione per inadempimento** (artt. 1453-1462 cod. civ.). L'inadempimento consiste nella mancata o inesatta esecuzione della prestazione.

Nei contratti a prestazioni corrispettive la risoluzione per inadempimento è esclusa quando la prestazione sia diventata impossibile per causa non imputabile al debitore; qualora quest'ultimo dia la prova in tal senso, sarà liberato dall'obbligazione ai sensi dell'art. 1256 cod. civ. ed il contratto si risolverà per impossibilità sopravvenuta della prestazione. Si suole affermare, con un'espressione di sintesi, che soltanto l'inadempimento "imputabile" può dar luogo alla risoluzione (il concetto di "imputabilità", in alcuni utilizzi, vorrebbe sottintendere una presunzione di "colpa" nell'inadempimento: Cass., 16.12.2019, n. 33149; sul punto, per una considerazione critica di tale impostazione, si rimanda al Cap. 16).

Non basta, però: occorre che sia presente un ulteriore requisito: la **non scarsa importanza** dell'inadempimento (peraltro, a proposito della clausola risolutiva espressa, § 245.4). Stabilisce l'art. 1455 cod. civ. che "il contratto non si può risolvere se l'inadempimento di una delle parti ha scarsa importanza, avuto riguardo all'interesse dell'altra".

Tutto sta a comprendere il significato dell'espressione "non scarsa importanza dell'inadempimento". Le ricostruzioni proposte in dottrina sono molteplici. Una possibile linea ricostruttiva è quella che valorizzi la "causa concreta" del contratto e non si limiti a considerare soltanto la "causa in astratto" (su questi concetti § 185.2).

L'inadempimento, può dirsi, dovrà considerarsi di non scarsa importanza quando è destinato ad incidere sulla funzione concreta del contratto stipulato. Si consideri un esempio, in cui l'inadempimento di una parte consiste nel ritardo nell'esecuzione della prestazione.

Esempio. Un libraio, nel mese di settembre, ordina 200 libri di Ken Follett ad un rivenditore, fissando come termine per la consegna i primi giorni di dicembre. Il pagamento è effettuato contestualmente all'ordine. Qui la causa astratta del contratto (la funzione economico-sociale) è lo scambio di cosa contro prezzo, ma poiché occorre avere riguardo alla funzione economico-individuale della contrattazione, andranno tenuti in considerazione gli interessi (concreti) che emergono dall'operazione.

Ai fini della valutazione degli interessi concreti, l'interprete porrà l'attenzione su alcuni indici specifici: ad esempio, il momento in cui il contratto è stato concluso, i tempi di adempimento, il tipo e l'entità delle prestazioni, la qualità dei contraenti. Di volta in volta, attingendo agli indici appena ricordati, è possibile concretizzare gli interessi che il contratto stipulato mira a realizzare.

Si torni, ora, all'esempio dell'ordine dei libri di Ken Follett.

Esempio. Il significato concreto dell'operazione economica emerge ove si abbia riguardo, in particolare, a tre aspetti: la qualifica professionale dei contraenti (quella, in particolare, del libraio); il tempo in cui il contratto è stato stipulato; la previsione del termine di esecuzione della prestazione di consegna. Lo studio congiunto di questi elementi evidenzia, dunque, che il libraio ha l'interesse concreto di ricevere i libri entro i primi giorni di dicembre, giacché nel periodo natalizio venderà i volumi di maggior successo (come i libri dell'autore britannico). Il termine della consegna, in assenza di una specifica indicazione contrattuale, non può considerarsi essenziale (i libri hanno quasi sempre una commerciabilità non circoscritta a pochi giorni); tuttavia è "importante" che i libri vengano consegnati entro la data prevista.

Ora, alla data del 10 dicembre i libri non sono stati ancora consegnati: poiché vi è l'interesse (concreto) del libraio di ricevere i libri, lo stesso si rivolge ad un altro rivenditore, che prontamente effettua la consegna. In tal modo, il libraio realizza quell'interesse che costituiva la ragione concreta del primo contratto.

Quest'ultimo passaggio aiuta a comprendere quando il ritardo debba considerarsi di non scarsa importanza. Tutte le volte in cui la parte "virtuosa", a seguito del ritardo nell'adempimento della controparte, non realizza l'interesse concreto per cui aveva concluso il contratto o, per realizzare lo stesso interesse, si vede costretta a reperire altrove l'utilità economica non assicurata dalla prestazione ineseguita, l'inadempimento deve considerarsi di non scarsa importanza.

Nell'esempio di cui si è discusso, in particolare, il reperimento *aliunde*, da parte del negoziante, dei libri, implica il venir meno della "tolleranza" che in precedenza sussisteva rispetto al ritardo nell'adempimento contrattuale; è questo, in sostanza, il momento in cui il ritardo diventa di non scarsa importanza.

In alcuni casi, peraltro, è la legge stessa a prevedere quando l'inadempimento stesso sia da considerare grave: nella vendita a rate, ad esempio, per poter domandare la risoluzione non basta il mancato pagamento di una singola rata, a meno che questa superi l'ottava parte del prezzo (art. 1525 cod. civ.).

La più recente giurisprudenza di legittimità richiede l'accertamento di un duplice criterio (oggettivo e soggettivo) ai fini della sussistenza della gravità dell'inadempimento: "in primo luogo, il giudice, applicando un parametro oggettivo, deve verificare che l'inadempimento abbia inciso in misura apprezzabile nell'economia complessiva del rapporto (in astratto, per la sua entità e, in concreto, in relazione al pregiudizio effettivamente causato all'altro contraente), sì da creare uno squilibrio sensibile del sinallagma contrattuale; nell'applicare il criterio soggettivo, invece, il giudicante deve considerare il comportamento di entrambe le parti (un atteggiamento incolpevole o una tempestiva riparazione ad opera dell'una, un reciproco inadempimento o una protratta tolleranza dell'altra) che può, in relazione alla particolarità del caso, attenuare il pregiudizio di gravità nonostante la rilevanza della prestazione mancata o ritardata" (Cass., 18.2.2008, n. 3954; Cass., 4.3.2022, n. 7187; Trib. Roma, 29.1.2020).

La gravità dell'inadempimento, si vuol affermare, va accertata avendo riguardo all'economia generale del contratto e al concreto svolgimento del rapporto contrattuale (per Cass., 9.7.2021, n. 19579, vanno in particolare considerate le violazioni delle obbligazioni costitutive del sinallagma contrattuale). Si tratta di una ricostruzione che si pone in linea con quella, poc'anzi suggerita, che richiede di far riferimento alla causa concreta del contratto.

In ogni caso, anche nell'ipotesi in cui la gravità dell'inadempimento non sia tale da giustificare la risoluzione del contratto, la parte adempiente avrà comunque il diritto ad ottenere il risarcimento del pregiudizio subìto (Cass., 16.6.2016, n. 12466).

245.1. *Gli effetti della risoluzione del contratto per inadempimento.*

La **risoluzione** del **contratto** per inadempimento ha **effetto** retroattivo fra le parti, salvo il caso di contratti ad esecuzione continuata o periodica, riguardo ai quali l'effetto della risoluzione non si estende alle prestazioni già eseguite (art. 1458, 1° co., cod. civ.; si veda anche, con riferimento alla "salvezza" delle prestazioni eseguite, l'art. 1360, 2° co., cod. civ., sulla condizione risolutiva; l'art. 1373, 2° co., cod. civ., sul recesso unilaterale).

La risoluzione, anche se è stata espressamente pattuita, non pregiudica i diritti acquistati dai terzi, salvi gli effetti della trascrizione della domanda di risoluzione (art. 1458, 2° co., cod. civ.). A differenza di quello che si è visto per l'annullamento, nella fattispecie in esame sono irrilevanti sia la buona fede sia la mala fede del terzo; sono irrilevanti, inoltre, sia il titolo gratuito sia il titolo oneroso dell'acquisto.

Sebbene la risoluzione abbia, ai sensi dell'art. 1458 cod. civ., efficacia retroattiva, comportando quindi l'obbligo per i contraenti di restituire le prestazioni ricevute in esecuzione del contratto, nell'ambito della risoluzione giudiziale il giudice investito della controversia non può emettere *sua sponte* un provvedimento che disponga la suddetta restituzione, essendo comunque necessaria un'apposita domanda della parte (Cass., 15.2.2022, n. 4928; Cass., 13.1.2015, n. 298).

245.2. *La risoluzione giudiziale per inadempimento.*

Occorre approfondire, ora, le modalità di risoluzione del contratto per inadempimento. È possibile distinguere la **risoluzione giudiziale per inadempimento** (quella che richiede una sentenza del giudice) dalla risoluzione di diritto (che si verifica automaticamente al verificarsi di determinati presupposti).

Si cominci con la risoluzione giudiziale. Nei contratti a prestazioni corrispettive, quando uno dei contraenti non adempie le sue obbligazioni, l'altro può a sua scelta chiedere l'adempimento o la risoluzione del contratto, salvo, in ogni caso, il risarcimento del danno (art. 1453, 1° co., cod. civ.).

A parte il rimedio generale del risarcimento del danno, la parte non inadempiente ha due possibilità: o chiede al giudice di condannare l'inadempiente ad eseguire la prestazione mancata (deve offrire, naturalmente, la propria prestazione, se non l'ha eseguita); o agisce per ottenere la risoluzione del contratto (sulla domanda di risoluzione e quella di risarcimento si veda Cass., 14.10.2021, n. 28022). In questo caso, ottenuto lo scioglimento, è esonerata dall'eseguire la propria prestazione, se ancora non l'ha eseguita; oppure, se aveva già eseguito la prestazione, ha il diritto di ottenere la restituzione della stessa (occorre, peraltro, che nell'atto di citazione, oltre alla domanda di risoluzione vi sia anche quella di ripetizione).

La risoluzione può essere domandata anche quando il giudizio sia stato promosso per ottenere l'adempimento, ma non può chiedersi l'adempimento quando è stata domandata la risoluzione (art. 1453, 2° co., cod. civ.). Dalla data della domanda di risoluzione l'inadempiente non può più adempiere la propria obbligazione (art. 1453, 3° co., cod. civ.).

La ragione del **divieto** di **domandare** l'**adempimento**, quando sia stata domandata la risoluzione, viene rinvenuta nella **tutela delle ragioni della parte inadempiente**: quest'ultima, infatti, dopo che viene chiesta la risoluzione, confida sul fatto che la controparte non abbia più interesse all'adempimento; pertanto, non predispone più (o smette di predisporre) quelle attività preparatorie per l'esecuzione della prestazione. Sarebbe troppo gravoso, ecco il senso della norma, costringerla a riattivarsi per l'esecuzione della prestazione a seguito del mutamento della domanda del creditore.

Diversamente, qualora la parte chieda l'adempimento giudiziale della prestazione, può successivamente domandare (fino a quando non abbia ottenuto, spontaneamente o coattivamente, la prestazione dovutagli) la risoluzione del contratto, in ogni stato e grado del processo. La facoltà di *mutatio libelli* di cui all'art. 1453, 2° co., cod. civ., si estende alla domanda consequenziale e accessoria di restituzione, purché la stessa sia proposta contestualmente o, in ogni caso, nel medesimo grado di giudizio rispetto alla domanda restitutoria (Cass., 27.7.2016, n. 15461); in caso di *mutatio libelli*, inoltre, la parte può domandare anche il risarcimento del danno derivante dalla cessazione degli effetti del contratto (Cass., 9.1.2020, n. 212; sull'onere della prova in capo alla parte che domanda la risoluzione si veda Cass., 4.1.2022, n. 127).

Si deve precisare, comunque, che il divieto di chiedere l'adempimento, una volta domandata la risoluzione, viene meno quando la domanda di risoluzione sia rigettata (così Cass., 25.6.2020, n. 12637).

La **sentenza** del giudice che pronuncia la risoluzione del contratto ha carattere **costitutivo** (Cass., 26.11.2021, n. 36918): il che si può spiegare considerando che la risoluzione per inadempimento è una vicenda del rapporto contrattuale e non del contratto; quest'ultimo, in sé considerato, rimane valido, mentre il rapporto contrattuale si scioglie.

Nell'ipotesi in cui entrambe le parti siano risultate inadempienti, il giudice chiamato a decidere sulla controversia, accertata la sussistenza dei presupposti previsti dalla legge, dovrà necessariamente imputare la risoluzione ad uno solo dei soggetti contraenti, in ragione della gravità e rilevanza delle rispettive inadempienze (Cass.,

11.2.2020, n. 3272; Trib. Milano, 1.2.2020). Il giudice, invece, non potrà respingere entrambe le domande e dichiarare l'intervenuta risoluzione consensuale del rapporto (Cass., 5.6.2018, n. 14314). Diverso è il caso in cui il giudice, in presenza di reciproche domande di risoluzione fondate da ciascuna parte sugli inadempimenti dell'altra, accerti l'inesistenza di singoli specifici addebiti: non potendo pronunciare la risoluzione, dovrà dare atto dell'impossibilità dell'esecuzione del contratto per effetto della scelta di entrambi i contraenti (così Cass., 9.7.2021, n. 19569).

Quanto agli oneri probatori, ormai i giudici di legittimità sembrano aver raggiunto alcuni punti fermi: il creditore che agisca per la risoluzione contrattuale, per il risarcimento del danno ovvero per l'adempimento, deve soltanto provare la fonte (negoziale o legale) del suo diritto, limitandosi alla mera allegazione della circostanza dell'inadempimento della controparte; il debitore convenuto, invece, è gravato dell'onere della prova del fatto estintivo dell'altrui pretesa, costituito dall'avvenuto adempimento (Cass., 18.11.2019, n. 29871; Cass., 21.5.2019, n. 13685. Si veda anche § 59.1).

Ancora per via pretoria si è affermato l'indirizzo per cui, prima della domanda di risoluzione, la parte non inadempiente ha la facoltà di rifiutare l'adempimento tardivo, quando quest'ultimo non corrisponde più all'interesse del creditore (Cass., Sez. Un., 6.6.1997, n. 5086; Cass., 14.5.2018, n. 11653).

245.3. *La risoluzione stragiudiziale.* (a) *La diffida ad adempiere.*

Le tre ipotesi di risoluzione stragiudiziale (o automatica o di diritto) per inadempimento sono: la diffida ad adempiere; la clausola risolutiva espressa; il termine essenziale (si vedrà, nel prosieguo, che anche la risoluzione del contratto per impossibilità sopravvenuta integra un'ipotesi di risoluzione di diritto).

Si cominci con la **diffida ad adempiere**: alla parte inadempiente l'altra può intimare per iscritto di adempiere entro un congruo termine, con dichiarazione che, decorso inutilmente detto termine, il contratto s'intenderà senz'altro risolto (art. 1454, 1° co., cod. civ.). Il termine non può essere inferiore a quindici giorni, salvo diversa pattuizione delle parti o salvo che, per la natura del contratto o secondo gli usi, risulti congruo un termine minore (art. 1454, 2° co., cod. civ.). La valutazione sulla congruità del termine indicato nella diffida deve essere svolta avendo riguardo solo alla diffida stessa, senza che possa assumere rilievo la circostanza che in passato siano state intimate al debitore ulteriori diffide rimaste infruttuose (Cass., 14.05.2020, n. 8943). Decorso il termine senza che il contratto è stato adempiuto, questo è risoluto di diritto (art. 1454, 3° co., cod. civ.).

Affinché, attraverso la diffida ad adempiere, si arrivi alla risoluzione di diritto, occorre che l'inadempimento sia di non scarsa importanza (Cass., 11.6.2018, n. 15052; Cass., 16.12.2021, n. 40325).

Il requisito della forma scritta previsto per la diffida comporta che, nell'ipotesi in cui questa sia inviata da un procuratore nell'interesse della parte adempiente, anche la relativa procura debba, ai sensi dell'art. 1392 cod. civ., essere redatta in forma scritta, e questo indipendentemente dalla forma prevista per il per il contratto che si intende risolvere (Cass., Sez. Un., 15.06.2010, n. 14292); ciò, tuttavia, non comporta la necessità che la procura sia allegata alla diffida inviata, essendo sufficiente che questa sia portata a conoscenza del debitore con mezzi idonei, salvo il diritto dell'intimato a farsene rilasciare copia ai sensi dell'art. 1393 cod. civ. (Cass., 07.5.2018, n. 10860).

Qualora la parte non inadempiente contesti giudizialmente la ricorrenza dell'inadempimento oppure il fatto che esso non sia grave, il giudice accerterà o meno l'avvenuta risoluzione del contratto (non pronuncerà, dunque, una sentenza costitutiva ma di mero accertamento: Cass., 10.9.2019, n. 22542).

Non sono rare le sentenze dei giudici di legittimità che attribuiscono alla parte non inadempiente la "disponibilità" dell'effetto risolutivo. Si è così stabilito che il contraente, il quale abbia intimato diffida ad adempiere, dichiarando espressamente che allo spirare del termine fissato il contratto sarà risolto di diritto, può rinunciare, anche dopo la scadenza nel termine indicato e anche attraverso comportamenti concludenti, alla diffida ed al suo effetto risolutivo (Cass., 9.5.2016, n. 9317). Ed ancora, si è affermato che la rinnovazione della diffida evidenzia un interesse del diffidante ad un tardivo adempimento della controparte, con la concessione quindi di un nuovo termine che impedisca l'effetto risolutorio di diritto collegato alla prima diffida (Cass., 3.3.2016, n. 4205). Si tratta di un indirizzo che, sotto il profilo teorico, desta più di una perplessità: quando il contratto si è risolto, infatti, non pare che esso possa rinascere attraverso la dichiarazione unilaterale di una delle parti interessata comunque all'adempimento.

In non pochi casi, poi, la Suprema Corte è chiamata a pronunciarsi in ordine alla possibilità, per la parte adempiente che si sia avvalsa della risoluzione di diritto, di invocare la disciplina sulla caparra confirmatoria ai sensi dell'art. 1385 cod. civ. Si è in proposito stabilito che "il promissario acquirente di un contratto preliminare di vendita, dopo avere inutilmente formulato, nei confronti del promittente venditore, diffida ad adempiere, ed aver instaurato il conseguente giudizio per l'accertamento dell'avvenuta risoluzione di diritto del contratto, ben può, ove non abbia contestualmente avanzato richiesta di risarcimento ai sensi dell'art. 1453 cod. civ., instare per il semplice conseguimento del doppio della caparra versata, secondo la previsione dell'art. 1385 cod. civ. e sul presupposto della risoluzione di diritto verificatasi *ex* art. 1454 cod. civ." (Cass., 27.10.2017, n. 25623).

245.4. (b) *La clausola risolutiva espressa.*

I contraenti possono convenire espressamente che il contratto si risolva allorché una determinata obbligazione non sia adempiuta secondo le modalità stabilite (art. 1456, 1° co., cod. civ.).

Esempio. In un contratto di fornitura le parti stabiliscono che qualora il fornitore non esegua la consegna entro i primi dieci giorni del mese, il contratto si risolverà di diritto ai sensi dell'art. 1456 cod. civ.

Nella clausola risolutiva espressa il **giudizio** sull'**importanza** dell'**inadempimento** (tale da condurre alla risoluzione automatica) è formulato *ex ante* dalle parti, senza che si possa sindacare la rilevanza o meno della prestazione inadempiuta rispetto all'economia del contratto (Cass., 12.11.2019, n. 29301; App. Torino, 30.3.2022).

Si è soliti ripetere, anche in giurisprudenza, che per la configurabilità della **clausola risolutiva espressa** le parti devono aver previsto la risoluzione di diritto del contratto per effetto dell'inadempimento di una o più obbligazioni specificamente determinate (Cass., 11.8.2021, n. 22725). È di stile, si precisa, la clausola redatta con generico riferimento alla violazione di tutte le obbligazioni contenute nel contratto: la conseguenza è che, in quest'ultimo caso, l'inadempimento non risolve di diritto il contratto, sicché della violazione deve essere valutata l'importanza secondo i criteri per l'inadempimento nella risoluzione giudiziale (Cass., n. 32681/2019; Cass., n. 4796/2016).

È pacifico che il requisito della specifica determinazione dell'obbligazione sia soddisfatto anche quando le parti abbiano ricollegato l'effetto risolutivo all'inadempimento di una pluralità di obbligazioni determinate (e non di una sola di esse). Si può compiere, allora, un passo in avanti: non sembra sia da escludere la possibilità che le parti ricolleghino l'effetto risolutivo all'inadempimento di tutte le obbligazioni cui sono tenute in base al contratto concluso. I contraenti, peraltro, dovranno avere l'accortezza di specificare tutte le obbligazioni il cui inadempimento conduce alla risoluzione di diritto secondo il meccanismo di cui all'art. 1456 cod. civ. (il rischio è quello della declaratoria di nullità, per indeterminatezza dell'oggetto, di una clausola che attribuisca ad uno dei contraenti la facoltà di considerare risolto il contratto per "gravi e reiterate violazioni" della controparte a "tutti gli obblighi" da esso discendenti: così Cass., 11.3.2016, n. 4796; Trib. Ferrara, 31.12.2019).

Prevede, l'art. 1456, 2° co., cod. civ. che, verificatosi l'inadempimento previsto dalla clausola risolutiva espressa, la risoluzione si verifica di diritto, quando la **parte interessata dichiari** all'altra **che intende valersi della clausola**. L'effetto risolutivo, così, si realizza soltanto quando si pone in essere l'ultimo segmento della fattispecie risolutiva in esame, rimesso alla **volontà della parte non inadempiente**.

Il principio della buona fede contrattuale, pure nella fattispecie di cui all'art. 1456 cod. civ., si pone come canone di valutazione dell'esercizio del potere unilaterale di risolvere il contratto (Cass., 23.11.2015, n. 23868; Cass., 22.2.2019, n. 5401).

245.5. (c) *Il termine essenziale.*

Se il termine fissato per la prestazione di una delle parti deve considerarsi essenziale nell'interesse dell'altra, questa, salvo patto o uso contrario, se vuole esigerne l'esecuzione nonostante la scadenza del termine, deve darne notizia all'altra parte entro tre giorni (art. 1457, 1° co., cod. civ.). In mancanza, il contratto s'intende risoluto di diritto anche se non è stata espressamente pattuita la risoluzione (art. 1457, 2° co., cod. civ.).

Si discute, fra gli interpreti, come vada inteso il termine essenziale. Pare opportuno, in proposito, far riferimento al termine essenziale in senso oggettivo e al termine essenziale in senso soggettivo.

Il **termine** è essenziale **in senso oggettivo** quando il suo decorso fa perdere definitivamente (ed immediatamente) l'utilità economica che il contraente mirava a realizzare, impedendogli anche di ottenere altrove (attraverso, cioè, un contratto "riparatore") l'interesse che intendeva perseguire con la conclusione del contratto.

Esempio. Una ragazza, che si deve sposare il 27 agosto, ha ordinato alla sarta un vestito per la cerimonia. La sarta dovrà consegnare l'abito da sposa nel termine essenziale (almeno il giorno prima). La nubenda non avrebbe alcun interesse a ricevere il vestito il 28 o il 29 agosto.

Il **termine**, poi, è essenziale in senso **soggettivo** quando le stesse parti abbiano attribuito tale carattere alla scadenza del tempo della prestazione (Cass., 29.8.1997, n. 8233). Di volta in volta, dunque, occorrerà indagare quando le parti abbiano voluto attribuire alla scadenza effetto risolutivo.

Esempio. In un contratto si prevede che una delle parti si obbliga ad eseguire la consegna di alcune merci entro il 31 agosto. Nella clausola relativa al termine di consegna è specificato quanto segue: "la consegna dovrà avvenire entro il 31 agosto, termine da considerarsi essenziale ai sensi dell'art. 1457 cod. civ." Il termine scade e, ciò nonostante, la prestazione eseguita in ritardo potrebbe ancora corrispondere all'interesse concreto delle parti; il creditore però non si avvale della facoltà di domandare l'adempimento tardivamente, previsto dal primo comma della disposizione codicistica. Il contratto, allora, deve considerarsi sciolto, giacché in questo senso si è orientata la volontà dei contraenti.

Una clausola che desta non pochi dubbi in sede interpretativa, come testimoniato dalla copiosa giurisprudenza in materia, è quella con cui si prevede che la prestazione debba essere eseguita "**entro e non oltre il** ...". I giudici hanno da tempo manifestato un indirizzo univoco, rilevando che l'espressione "entro e non oltre" sarebbe da intendere come una mera locuzione di stile, non essendo indicativa di per sé dell'essenzialità del termine cui si accompagna. La locuzione in esame, in sostanza, varrebbe soltanto ad indicare una data e non è idonea a qualificare l'improrogabilità di detto termine, che invece deve risultare da inequivoche e specifiche espressioni (fra le tante, Cass., 25.10.2010, n. 21838).

Nonostante l'indirizzo univoco, non sembra siano preclusi spazi per un approfondimento della materia. Si può essere d'accordo con la giurisprudenza quando afferma che la pattuizione in esame, da sola considerata, non costituisce l'espressione inequivoca della volontà delle parti di considerare "essenziale" il termine di adempimento. Essa, infatti, sembra ribadire (semmai con una certa enfasi) che il termine per l'adempimento della prestazione è proprio quello indicato. Tuttavia, sarà l'utilizzo delle regole interpretative a chiarire se la pattuizione in parola possa consentire o meno la risoluzione di diritto del contratto.

A queste conclusioni, d'altra parte, sembrano giungere quelle massime dei giudici di legittimità secondo cui "il carattere essenziale del termine, dovendo risultare da inequivoca ed espressa manifestazione di volontà delle parti, non può desumersi da formule di stile, come fra le altre, quella 'entro e non oltre', *non accompagnata da altri dati che esplicitamente o implicitamente* rivelino che il soggetto o i soggetti interessati non hanno più interesse all'adempimento dopo il termine indicato" (Cass., 27.2.1996, n. 1537; si veda anche Cass., 10.12.2019, n. 32238).

Ad esempio, la clausola "entro e non oltre" dovrà essere coordinata con quei comportamenti che facciano emergere l'essenzialità del termine. Si pensi al compratore che, successivamente alla conclusione del contratto, insistentemente chieda al venditore la consegna entro (e non oltre) il termine prefissato, ed il venditore confermi che la consegna avverrà entro (e non oltre) il suddetto termine. Qui l'utilizzo congiunto di diverse regole interpretative (il significato letterale della clausola, nonché il comportamento delle parti successivo alla conclusione del contratto: art. 1362, 1° e 2° co., cod. civ.) porterà a considerare il termine previsto dalle parti come essenziale.

Potranno avere rilievo, a seconda dei casi, anche i comportamenti e le dichiarazioni delle parti anteriori alla conclusione del contratto (art. 1362, 2° co., cod. civ.), da cui si desuma la concorde volontà di ritenere "essenziale" il termine di adempimento. Ed ancora, l'utilizzo del canone interpretativo della buona fede potrà consentire di rinvenire il carattere della essenzialità nella clausola che prevede il termine di adempimento "entro e non oltre".

Si torni, da ultimo, alla lettera dell'art. 1457 cod. civ. Ci si è chiesti, fra gli interpreti, **quando** il **contratto** debba considerarsi **risolto**: al momento della scadenza del termine o allo spirare dei tre giorni successivi alla scadenza del termine essenziale (o alla scadenza del periodo di tempo previsto convenzionalmente).

Quest'ultima tesi va senz'altro preferita. L'art. 1457, 1° co., cod. civ. prevede che il creditore, scaduto il termine, "se vuole esigerne l'esecuzione nonostante la scadenza del termine, deve darne notizia all'altra parte entro tre giorni". Si può esigere l'esecuzione della prestazione soltanto se il contratto non si sia ancora estinto: dopo la scadenza del termine, avverte la disposizione, il creditore ha ancora un margine di tempo per sciogliere il contratto.

Se si accogliesse l'opposta ricostruzione, d'altra parte, si dovrebbe ammettere che il creditore, con un atto unilaterale (qual è la domanda di adempimento) faccia rivivere il contratto ormai estinto. Il che non è possibile, posto che il contratto può nascere (o rinascere) soltanto per accordo delle parti, non certo a seguito dell'iniziativa unilaterale di una di esse (art. 1372, 1° co., cod. civ.).

245.6. *La clausola che prevede un termine essenziale in senso soggettivo e la clausola risolutiva espressa: un possibile criterio di distinzione.*

Si pone il problema di individuare alcuni **criteri distintivi** fra la clausola che prevede un **termine essenziale** in senso **soggettivo** e la **clausola risolutiva espressa**.

Occorre partire da una considerazione di fondo: sia nell'ipotesi prevista dall'art. 1456 cod. civ. sia in quella contenuta nell'art. 1457 cod. civ. (allorché le parti prevedano un termine essenziale soggettivo) l'effetto risolutivo discende dalla volontà delle parti.

I contraenti, pertanto, possono volontariamente scegliere se adottare l'una o l'altra fattispecie per regolare i loro interessi. Talvolta sarà agevole individuare la loro volontà di indirizzarsi verso uno dei due rimedi risolutori automatici; altre volte, almeno ad una prima valutazione, la distinzione sarà meno evidente.

Si consideri, in primo luogo, la fattispecie di più facile soluzione. Le parti prevedono che, in caso di scadenza del termine, il contratto si intenderà risolto ai sensi dell'art. 1457 cod. civ. Lo specifico richiamo normativo permettere di concludere che si è qui in presenza di una clausola, la quale prevede un termine "essenziale" di adempimento.

Allo stesso modo, non vi saranno particolari problemi nell'accertare la volontà delle parti di fronte ad una clausola in cui le stesse prevedano che, in caso di scadenza del termine, il contratto si intenderà risolto ai sensi dell'art. 1456 cod. civ. Si è in presenza, in questo caso, di una clausola risolutiva espressa.

Non è preclusa, d'altra parte, la possibilità di individuare la volontà comune delle parti allorché le stesse, nel redigere la clausola sulla scadenza del termine, omettano i suddetti riferimenti normativi.

La prima variante da prendere in considerazione è questa: le parti convengono che l'inadempimento del termine "essenziale" conduca alla risoluzione di diritto. Qui la volontà comune delle parti valorizza l'"essenzialità" del termine e, dunque, consente di applicare la disposizione di cui all'art. 1457 cod. civ.

Diversa, invece, è la conclusione allorché i contraenti si siano limitati a prevedere che la scadenza del termine di adempimento della prestazione conduca alla risoluzione di diritto. In questo caso lo scioglimento sarà disciplinato dall'art. 1456 cod. civ.

245.7. *L'eccezione di inadempimento.*

Nei contratti a prestazioni corrispettive, quando una parte è inadempiente la controparte non soltanto può domandare la risoluzione del contratto per inadempimento (ove sussistano i presupposti); può anche formulare l'**eccezione di inadempimento** (*inadimplenti non est adimplendum*).

È previsto che nei contratti a prestazioni corrispettive, ciascuno dei contraenti possa rifiutarsi di adempiere la sua obbligazione, se l'altro non adempie o non offre di adempiere contemporaneamente la propria, salvo che termini diversi per l'adempimento siano stabiliti dalle parti o risultino dalla natura del contratto (art. 1460, 1° co., cod. civ.). Tuttavia, non può rifiutarsi l'esecuzione se, avuto riguardo alle circostanze, il rifiuto è contrario alla buona fede (art. 1460, 2° co., cod. civ.; per un'applicazione della norma al contratto d'opera professionale si veda Cass., 22.3.2017, n. 7309, secondo cui l'eccezione da parte del cliente è correttamente opposta quando la negligenza del professionista sia tale da incidere sugli interessi del primo).

L'eccezione di inadempimento (che può essere sollevata anche in caso di inesatto adempimento: Cass., 28.5.2021, n. 14986; Cass., 29.1.2021, n. 2154) determina la **sospensione** dell'**obbligazione** di **eseguire** la propria **prestazione** fino a quando non sia venuto meno l'inadempimento altrui; non determina, invece, la risoluzione del contratto (Cass., 25.6.2019, n. 16917).

L'eccezione di inadempimento, inoltre, se legittima, ha l'effetto di precludere l'altrui domanda di risoluzione del contratto per inadempimento e di risarcimento del danno; impedisce, ancora, l'operatività della clausola risolutiva espressa.

Sulla scorta della giurisprudenza affermatasi in materia, l'eccezione di inadempimento è contraria a buona fede (art. 1460, 2° co., cod. civ.) in una serie di casi (Cass., n. 74/2010; Cass., n. 3341/2001; Trib. Milano, 20.2.2020):

(a) quando non sussiste proporzione fra la prestazione ineseguita e quella rifiutata;

(b) quando la mancata esecuzione della prima prestazione deriva da ragioni "scusabili".

Esempio. Il Sig. Zen di Vicenza si reca in vacanza con la famiglia, nel periodo di agosto. Torna a casa i primi giorni di settembre. Al suo ritorno, non avendo pagato la bolletta nel mese in cui era fuori, si accorge che non ha più l'energia elettrica. L'eccezione di inadempimento formulata dall'ente gestore dell'energia elettrica è contraria a buona fede.

(c) Quando vi sia stata acquiescenza all'inadempimento di controparte. L'eccezione di inadempimento, in sostanza, viene formulata dopo che sia passato un considerevole lasso di tempo dall'inadempimento, durante il quale ci si è astenuti dal proporre alla controparte qualsiasi doglianza.

Qualora entrambe le parti formulino eccezione di inadempimento (che non richiede formule sacramentali: Trib. Cagliari, 9.11.2021), spetta al giudice valutare quale tra le due condotte, in relazione alla funzione del contratto, abbia influito sull'equilibrio sinallagmatico dello stesso e perciò abbia legittimato la sospensione dell'adempimento di una delle prestazioni (Cass., 21.6.2010, n. 14926).

Dal punto di vista processuale, l'eccezione d'inadempimento comporta un'inversione dell'onere della prova: spetterà al creditore che agisce provare in giudizio il proprio adempimento, fermo restando l'onere del debitore convenuto di dimostrare la corretta esecuzione della propria prestazione (Cass., 17.6.2015, n. 12501).

Simile all'**eccezione** di inadempimento è l'eccezione che la parte contrattuale può formulare allorché intervenga il **mutamento nelle condizioni patrimoniali** della controparte (art. 1461 cod. civ.): ciascun contraente può sospendere l'esecuzione della prestazione da lui dovuta, se le condizioni patrimoniali dell'altro sono divenute tali da porre in evidente pericolo il conseguimento della controprestazione, salvo che sia prestata idonea garanzia.

È valida la clausola con cui le **parti rinunciano** ad opporre le **eccezioni** previste dagli artt. 1460 e 1461 cod. civ. e, più in generale, le eccezioni diverse da quelle di nullità, di annullabilità e di rescissione del contratto, le quali invece non possono essere rinunciate (art. 1462, 1° co., cod. civ.).

Nei casi in cui la clausola di rinuncia (clausola *solve et repete*) sia efficace, il giudice, se riconosce che concorrono gravi motivi, può tuttavia sospendere la condanna, imponendo, se del caso, una cauzione (art. 1462, 2° co., cod. civ.). La norma vuol dire questo: in presenza della clausola ricordata, ciascuna parte, pur in presenza dell'inadempimento dell'altra (o di mutate condizioni patrimoniali), è tenuta alla propria prestazione. Ricorrendo “gravi motivi” (che dovranno essere apprezzati in base alle circostanze concrete) il giudice può sospendere la condanna, prevedendo semmai una cauzione.

Infine, occorre rilevare come la clausola in esame sia ricompresa, dall’art. 1341, 2° co., cod. civ., nell’elenco delle clausole vessatorie (§ 259.1).

246. La risoluzione per impossibilità sopravvenuta della prestazione.

Si è visto, studiando la disciplina generale delle obbligazioni, che la **sopravvenuta impossibilità** della **prestazione**, per causa non imputabile al debitore, estingue l’obbligazione: il debitore non è più tenuto ad eseguire la prestazione.

Si consideri, ora, l’ipotesi in cui l’obbligazione estinta, per le cause anzidette, sia derivata da un contratto a prestazioni corrispettive: in questo contratto l’impossibilità sopravvenuta di una prestazione (per cause non imputabili) rende priva di giustificazione l’altra prestazione. Il contratto, pertanto, si risolve (artt. 1463-1466 cod. civ.); il che vuol dire che si estingue anche l’obbligazione dell’altra parte (la parte, cioè, che era tenuta alla prestazione non caratterizzata da impossibilità sopravvenuta).

Si spiega, così, la norma codicistica, secondo cui “nei contratti con prestazioni corrispettive, la parte liberata per la sopravvenuta impossibilità della prestazione dovuta non può chiedere la controprestazione, e deve restituire quella che abbia già ricevuta, secondo le norme relative alla ripetizione dell’indebito” (art. 1463 cod. civ.).

La risoluzione del contratto per impossibilità sopravvenuta della prestazione opera **di diritto**, ossia automaticamente, al verificarsi dei presupposti di legge; non è quindi necessario domandare al giudice una sentenza costitutiva che determini lo scioglimento del contratto (Cass., 23.11.2021, n. 36329).

Non si può però escludere che, in alcuni casi, sia necessario chiedere una sentenza del giudice: ciò accade quando, verificatosi lo scioglimento del contratto per impossibilità sopravvenuta di una delle prestazioni, l’altra parte si rifiuti di prendere atto della risoluzione e di restituire la prestazione che, nel frattempo, aveva ricevuto.

Esempio. Viene concluso un contratto di locazione di un immobile. Al momento della conclusione il locatore riceve il pagamento di un anticipo. Sennonché l’immobile non viene consegnato alla data stabilita perché, a seguito di un incendio, è andato distrutto. Il contratto si è risolto di diritto, ma il locatore si rifiuta di restituire la somma ricevuta dal conduttore: quest’ultimo, allora, promuove un giudizio con cui chiede l’accertamento, da parte del giudice, dell’avvenuta risoluzione del contratto e la conseguente condanna del locatore alla restituzione delle somme pagate.

Quando la prestazione di una parte sia diventata solo parzialmente impossibile, l’altra parte ha diritto ad una corrispondente riduzione della prestazione da essa dovuta, e può anche recedere dal contratto qualora non abbia un interesse apprezzabile all’adempimento parziale (art. 1464 cod. civ.; in giurisprudenza si veda Cass., n. 4939/2017).

Si è già detto, in altra parte, dell’effetto traslativo nei **contratti ad effetti reali**. Sulla base di quelle acquisizioni può essere letto l’art. 1465 cod. civ. (“contratto con effetti traslativi o costitutivi”), suddiviso in quattro commi: nei contratti che trasferiscono la proprietà di una cosa determinata ovvero costituiscono o trasferiscono diritti reali, il perimento della cosa per una causa non imputabile all’alienante non libera l’acquirente dall’obbligo di eseguire la controprestazione, ancorché la cosa non gli sia stata consegnata (1° co.).

La stessa disposizione si applica anche nel caso in cui l’effetto traslativo o costitutivo sia differito fino allo scadere di un termine (2° co.).

Qualora oggetto del trasferimento sia una cosa determinata solo nel genere, l’acquirente non è liberato dall’obbligo di eseguire la controprestazione, se l’alienante ha fatto la consegna o se la cosa è stata individuata (3° co.).

L’acquirente è in ogni caso liberato dalla sua obbligazione, se il trasferimento era sottoposto a condizione sospensiva e l’impossibilità è sopravvenuta prima che si verifichi la condizione (4° co.). Vi è, qui, una deroga al principio della retroattività della condizione.

L’ultima norma dettata dal codice, in materia, riguarda l’impossibilità nei **contratti plurilaterali** (art. 1466 cod. civ.): in questi casi l’impossibilità della prestazione di una delle parti non importa scioglimento del contratto rispetto alle altre, salvo che la prestazione mancata debba, secondo le circostanze, considerarsi essenziale.

Il codice, invece, tace in ordine alle conseguenze prospettabili allorché la **prestazione** sia diventata **impossibile** per **causa imputabile** al **creditore**.

In dottrina si manifestano, sul punto, due principali orientamenti. Secondo una prima ricostruzione (che trova fondamento anche nel codice civile tedesco: § 324, 1° co., BGB) il contratto non si risolve. La conseguenza è che una parte sarà liberata dall’obbligazione ai sensi dell’art. 1256 cod. civ.; l’altra sarà tenuta ad eseguire la controprestazione. Una diversa tesi sostiene che il contratto si risolve; il creditore, semmai, sarà tenuto a rispondere dei danni che la controparte ha subìto per la mancata esecuzione del contratto. Sarebbe incongrua, in sostanza, la pretesa di una prestazione allorché la controprestazione non possa più essere eseguita. Vi è da dire, peraltro, che le due soluzioni tendono ad avvicinarsi sotto il profilo economico: ammettendo che una delle due prestazioni possa essere pretesa, si dovrebbero pur sempre detrarre i risparmi ed i guadagni che una parte ha conseguito per non aver eseguito la controprestazione; in tal modo il valore della prestazione ricevuta non sarebbe troppo diverso da quello conseguibile a titolo di risarcimento del danno.

E quando la **prestazione** sia diventata **impossibile** per **causa non imputabile** al **creditore**? Si può essere d’accordo con la giurisprudenza quando afferma che l’impossibilità della prestazione per causa imputabile al creditore, pur se non disciplinata in modo espresso, costituisce autonoma causa di estinzione dell’obbligazione: essendo la prestazione divenuta inidonea a soddisfare l’interesse creditorio, la conseguente estinzione del rapporto obbligatorio comporta l’esonero delle parti dalle rispettive obbligazioni (Cass., 20.12.2007, n. 26958; Cass., 10.7.2018, n. 18047).

Per chiudere il discorso sulla risoluzione del contratto per impossibilità sopravvenuta della prestazione, è utile riflettere sul fatto che la disciplina codicistica ricordata (si veda, in particolare, l'art. 1464 cod. civ.) evidenzia un altro carattere che, di regola, si rinviene nei contratti a prestazioni corrispettive.

In essi non vi è soltanto un rapporto sinallagmatico, ossia di corrispettività, fra le prestazioni; vi è anche un rapporto di corrispettività fra il valore economico delle prestazioni, così come è stato fissato dalle parti al momento della conclusione del contratto. Ed infatti, se sopravviene un'impossibilità parziale della prestazione perde giustificazione l'ammontare del corrispettivo pattuito; tanto è vero che lo stesso sarà ridotto in misura corrispondente al minor valore economico della prestazione eseguita. L'esistenza di un rapporto di corrispettività fra il valore economico delle prestazioni si rinviene pure in altre norme del codice sui contratti tipici (si vedano, ad esempio, gli artt. 1492, 1537, 1538, 1664 cod. civ.).

247. La risoluzione per eccessiva onerosità sopravvenuta.

Si abbia riguardo, ora, alla disciplina sulla **risoluzione** del **contratto** per **eccessiva onerosità sopravvenuta** (artt. 1467-1469 cod. civ.).

Nei contratti a esecuzione continuata o periodica, ovvero a esecuzione differita, se la prestazione di una delle parti sia divenuta eccessivamente onerosa per il verificarsi di avvenimenti straordinari e imprevedibili, la parte che deve tale prestazione può domandare la risoluzione del contratto, con gli effetti stabiliti dall'art. 1458 cod. civ. (art. 1467, 1° co., cod. civ.).

Affinché possa essere domandata la risoluzione, dunque, occorre che la prestazione sia diventata **eccessivamente onerosa** per il verificarsi di **avvenimenti straordinari** e **imprevedibili**.

I due concetti vanno approfonditi. L'eccessiva onerosità sopravvenuta indica uno squilibrio economico grave, fra prestazione e controprestazione, rispetto alle condizioni economiche fissate dalle parti al momento della conclusione del contratto. L'apprezzamento della gravità dello squilibrio economico è rimesso alla valutazione del giudice.

Gli avvenimenti straordinari ed imprevedibili consistono, per lo più, in scoppio di guerre non preventivabili, in eccezionali rialzi delle materie prime, e così via. Si può trattare anche di un provvedimento della pubblica autorità. Il giudizio di prevedibilità va formulato in base ad una valutazione che, *ex ante*, il contraente sarebbe stato in grado di formulare al momento della stipula del contratto.

Esempio. Viene concluso un contratto di trasporto per la consegna, via nave, di alcune merci. Il contratto prevede il pagamento di una somma, per il trasporto, calcolata su un percorso di 1.000 miglia. Mentre il vettore effettua il viaggio, un'improvvisa guerra, scoppiata lungo le coste che deve circumnavigare, lo costringe ad allungare il suo viaggio di altre 1.000 miglia. Il vettore, allora, può rivolgersi al giudice per ottenere la risoluzione del contratto per eccessiva onerosità sopravvenuta.

Negli anni Settanta del secolo scorso la giurisprudenza ha ritenuto evento straordinario ed imprevedibile il tasso di inflazione maturatosi (Cass., n. 5827/1984): ha ammesso, dunque, lo scioglimento di un contratto di compravendita quando il prezzo da corrispondere non era contestuale alla conclusione del contratto e, in virtù di un'eccezionale inflazione monetaria, si era fortemente svalutato.

Quando l'evento straordinario ed imprevedibile interviene dopo che la prestazione sia stata già eseguita, la risoluzione non può più essere ottenuta (lo afferma, espressamente, l'art. 1467, 1° co., cod. civ., il quale fa riferimento alla "parte che deve" eseguire la prestazione).

La parte contro la quale è domandata la risoluzione può evitarla offrendo di modificare equamente le condizioni del contratto (art. 1467, 3° co., cod. civ.). A seconda dei casi, può offrire di ridurre la prestazione diventata eccessivamente onerosa oppure di accrescere l'ammontare della propria prestazione: in tal modo si ristabilisce l'equilibrio economico tra le prestazioni raggiunto dalle parti al momento della conclusione del contratto.

È previsto che la risoluzione non possa essere domandata se la sopravvenuta onerosità rientra nel**l'alea normale del contratto** (art. 1467, 2° co., cod. civ.). I rischi naturali propri di ogni contrattazione (si pensi agli ordinari margini di oscillazione dei prezzi di mercato) non consentono la risoluzione del contratto. In giurisprudenza si è affermato, talvolta, che un criterio da utilizzare per identificare l'alea normale è quello della prevedibilità dell'evento.

La disciplina sulla risoluzione del contratto per eccessiva onerosità sopravvenuta non si applica ai **contratti aleatori** per loro natura o per volontà delle parti (art. 1469 cod. civ.). Un esempio di contratto aleatorio del primo tipo è il contratto di assicurazione (art. 1882). Contratto aleatorio per volontà delle parti è, invece, la vendita aleatoria di cosa futura (*emptio spei*): il compratore si obbliga a pagare il prezzo anche nel caso in cui il bene non venga ad esistenza.

Non si scordi, peraltro, che i contratti aleatori sono contratti a prestazioni corrispettive: ad essi si applicano le norme sulla risoluzione del contratto per inadempimento e per impossibilità sopravvenuta della prestazione (Cass., n. 12235/2009).

Nei contratti con obbligazioni a carico soltanto di una parte, l'eccessiva onerosità non dà luogo alla risoluzione del contratto per eccessiva onerosità sopravvenuta, ma alla **rivedibilità**: la parte obbligata, infatti, può chiedere una riduzione della sua prestazione ovvero una modificazione nelle modalità di esecuzione in grado di ricondurla ad equità (art. 1468 cod. civ.).

Capitolo 36
LA RESCISSIONE DEL CONTRATTO

248. La rescissione del contratto. Inquadramento dell'istituto.

Le parti sono libere di stabilire, al momento della conclusione del contratto, le condizioni economiche del loro accordo. Chi è proprietario di una casa al centro di Roma può decidere di venderla ad un prezzo di mercato. È però libero di venderla ad un prezzo inferiore (perché vuole fare un favore al compratore, o addirittura fargli una donazione, oppure perché non gli interessa spuntare un buon prezzo). Se ha il fiuto degli affari, può anche vendere l'immobile ad un prezzo superiore rispetto a quello di mercato; la controparte non potrà eccepire nulla, a meno che al momento della conclusione del contratto si riscontri un vizio del consenso, come l'errore, la violenza o il dolo.

Se, dunque, le parti sono libere di fissare, al momento della conclusione del contratto, la **proporzione tra il valore delle prestazioni**, può succedere che **durante lo svolgimento del rapporto contrattuale** tale proporzione si **alteri**: il che legittima, se ricorrono i presupposti di legge, la domanda di risoluzione del contratto per eccessiva onerosità sopravvenuta.

Il principio generale dell'incensurabilità dell'autonomia contrattuale, al momento della conclusione del contratto, subisce una deroga con l'istituto della rescissione del contratto, cui di seguito si avrà riguardo.

Una prima precisazione terminologica si impone. **Rescissione** altro non vuol dire che scioglimento (allo stesso modo, si è visto, anche risoluzione vuol dire scioglimento).

Il termine rescissione, però, ha nel linguaggio del codice civile un significato più preciso, indicando lo scioglimento del contratto che può avvenire per due specifiche cause: (a) quando il contratto è concluso in uno stato di pericolo di una delle parti, con forte sproporzione fra il valore di ciò che dà e ciò che riceve; (b) quando il contratto è concluso in stato di bisogno, con sproporzione fra la prestazione di una parte e quella dell'altra, dipesa dallo stato di bisogno di una parte, di cui l'altra ha approfittato.

Le due figure di rescissione saranno analizzate, analiticamente, nel prosieguo. Qui, però, ci si soffermi in generale sulle accennate cause di rescissione. Esse, a rigore, sono difetti genetici del contratto e non difetti funzionali ("svendo" la mia casa perché sono tallonato dai miei creditori e ho la necessità di denaro: sono in uno stato di bisogno nel momento in cui firmo il contratto).

Tuttavia (lo si capirà bene studiando i due tipi di rescissione), il legislatore non tutela in sé la libertà del contraente, il quale non può sciogliersi dal vincolo provando semplicemente di aver concluso il contratto in stato di pericolo e di bisogno. Le norme del codice permettono al contraente di ottenere la rescissione allorché abbia concluso il contratto in quello stato e lo abbia concluso (ecco l'aspetto che permette di comprendere l'istituto) a condizioni inique.

Può dunque dirsi che la disciplina codicistica sulla rescissione intende porre rimedio allo **squilibrio** tra le **prestazioni contrattuali** (anche se, a differenza di quello che si è visto per la risoluzione del contratto, si tratta di uno squilibrio venutosi a creare già al momento della conclusione del contratto).

Si spiega, così, il regime specifico del **contratto rescindibile**, il quale **non** è **convalidabile** (art. 1451 cod. civ.; ciò a differenza di quello che si è visto per il contratto annullabile).

Si comprende, ancora, perché sia possibile evitare la rescissione del contratto offrendo di ricondurre la prestazione ad equità: è previsto, infatti, che il contraente contro il quale è domandata la rescissione può evitarla offrendo una modificazione del contratto sufficiente per ricondurla ad equità (art. 1450 cod. civ.; la stessa possibilità, si è visto, è prevista nella disciplina della risoluzione per eccessiva onerosità sopravvenuta). Da ultimo, anche gli **effetti** della **rescissione** sono regolati come quelli della risoluzione: la rescissione del contratto non pregiudica i diritti acquistati dai terzi, salvi gli effetti della trascrizione della domanda di rescissione (art. 1452 cod. civ.).

249. La rescissione del contratto concluso in stato di pericolo.

Il contratto con cui una parte ha assunto obbligazioni a **condizioni inique**, per la necessità, nota alla controparte, di salvare sé o altri dal **pericolo attuale** di un danno grave alla persona, può essere rescisso su domanda della parte che si è obbligata (art. 1447, 1° co., cod. civ.).

Il giudice, nel pronunciare la rescissione, può, secondo le circostanze, assegnare un equo compenso all'altra parte per l'opera prestata (art. 1447, 2° co., cod. civ.).

Esempio. Il Sig. Rossi, di notte, si accorge che sua moglie sta male. Chiede al vicino di accompagnare la moglie all'ospedale, che si trova ad un paio di chilometri di distanza. Il vicino acconsente al trasporto, chiedendo però il pagamento di un prezzo iniquo (10.000 euro). Il contratto di trasporto è rescindibile.

Esempio. A causa della sua inesperienza, il Sig. Sprovvedutis si blocca durante una ferrata di montagna di media difficoltà. Se non effettua i giusti movimenti, il Sig. Sprovvedutis, considerata la sua scarsa attitudine alle camminate in alta quota, rischia di cadere e farsi male. Sopraggiunge una guida molto esperta, che si dimostra disposta ad aiutare il camminatore della domenica, per la cifra di 15.000 euro. Pur sorpreso dalla richiesta, il Sig. Sprovvedutis accetta di firmare un foglio, velocemente preparato dalla guida, in cui è previsto il pagamento della suddetta somma per l'intervento di salvataggio. Il contratto è rescindibile.

Il danno grave alla persona va inteso come lesione di ogni diritto della personalità (e non, dunque, soltanto dell'integrità fisica, come visto negli esempi sopra riportati). Non rileva, invece, il danno alle cose.

Non importa, poi, che la situazione di pericolo sia stata volontariamente causata da una parte contrattuale o fosse dalla stessa evitabile (come nell'esempio della gita in montagna): il contratto è comunque rescindibile. Diversamente, nel sistema della responsabilità civile accade che chi abbia causato un danno, per sottrarsi ad un pericolo da lui stesso provocato, non può invocare l'esimente prevista dall'art. 2045 cod. civ.

L'apprezzamento dell'iniquità delle condizioni è rimesso alla valutazione del giudice, giacché manca un criterio stabilito *ex lege* per stabilire la sproporzione tra le prestazioni (il criterio è previsto per l'altra ipotesi di rescissione: § 250). Il giudice, peraltro, per accogliere la domanda di rescissione del contratto concluso in stato di pericolo dovrà accertare che la necessità fosse "nota" da chi ha ricevuto la prestazione sproporzionata (come risulta evidente nei due esempi riportati in precedenza).

250. La rescissione del contratto concluso in stato di bisogno (c.d. rescissione per lesione).

Se vi è **sproporzione** tra la **prestazione** di una parte e quella dell'altra, e la sproporzione è dipesa dallo **stato di bisogno** di una parte, del quale l'altra ha approfittato per trarne vantaggio, la parte danneggiata può domandare la rescissione del contratto (art. 1448, 1° co., cod. civ.). Si fa riferimento, qui, alla rescissione del contratto concluso in stato di bisogno (detta rescissione per lesione).

Esempio. Una persona, dovendo pagare alcuni creditori, non avendo altri beni immobili e non riuscendo ad accedere a prestiti bancari, decide di "svendere" la sua abitazione ad un compratore, il Sig. Iena, che ha approfittato della situazione per trarne vantaggio.

La lesione deve perdurare fino al tempo in cui la domanda è proposta (art. 1448, 3° co., cod. civ.).

Fra gli elementi previsti dalla disciplina codicistica non intercorre alcun ordine di priorità o di precedenza. Questo vuol dire che, quando si sia riscontrata la mancanza o la mancata dimostrazione dell'esistenza di uno degli elementi, diviene superflua l'indagine degli altri e, pertanto, l'azione di rescissione non potrà essere accolta (così App. Ancona, 7.5.2021).

Riservando, a tra poco, il discorso sull'entità della sproporzione (di cui si occupa il secondo comma dell'art. 1448 cod. civ.), si cominci con il dire che per stato di bisogno si fa riferimento al "**bisogno economico**" in cui può trovarsi un contraente. Non deve trattarsi, necessariamente, di indigenza assoluta, bastando una situazione di difficoltà economica che incida sulla libera determinazione a contrattare (Cass., 12.6.2018, n. 15338; per Cass., n. 1284/2017, l'accertamento di tale requisito costituisce una valutazione di fatto riservata al giudice di merito, incensurabile in sede di legittimità se adeguatamente motivata).

Sussiste, poi, l'altro estremo dell'**approfittamento** quando vi sia la duplice consapevolezza dello stato di bisogno dell'altro contraente e della grave sproporzione esistente tra le prestazioni (Cass., n. 140/2007).

A quest'ultimo proposito la legge fissa un criterio che permette di capire quando vi sia sproporzione: "l'azione non è ammissibile se la lesione non eccede la metà del valore che la prestazione eseguita o promessa dalla parte danneggiata aveva al tempo del contratto" (art. 1448, 2° co., cod. civ.). Si discute di **lesione *ultra dimidium*** (lesione, peraltro, che deve perdurare fino al tempo in cui la domanda è proposta: art. 1448, 3° co., cod. civ.): la prestazione ricevuta, in sostanza, deve essere inferiore alla metà del valore che la prestazione eseguita aveva al tempo del contratto.

Esempio. Essendo in difficoltà economiche, un padre di famiglia decide di vendere un quadro di un pittore famoso, che ha nel soggiorno. La controparte conosce bene la difficoltà economica in cui si trova la persona che vende il quadro e sa anche che il valore di mercato del quadro è pari a 20.000 euro. Il contratto di compravendita è concluso per un prezzo di 8.000 euro. Vi è qui, una lesione *ultra dimidium*.

Non possono essere rescissi per causa di lesione i contratti aleatori (art. 1448, 4° co., cod. civ.). In tali casi, infatti, risulta radicalmente incerto, per una o tutte e due le parti, il vantaggio economico che si può conseguire attraverso il ricevimento della prestazione. Sono salve le disposizioni relative alla rescissione della divisione (art. 1448, 5° co., cod. civ.; si vedano, in particolare, gli artt. 763 e 764 cod. civ.).

La transazione non può essere impugnata per causa di lesione (art. 1970 cod. civ.).

Si ricordi, infine, che in base alla nuova formulazione dell'art. 644, 3° co., cod. pen. (introdotto dalla l. n. 108/1996), sono "usurari" anche altri "vantaggi" (diversi dagli interessi monetari) che, avuto riguardo alle concrete modalità del fatto, risultano comunque sproporzionati "rispetto alla prestazione di denaro o di altra utilità", "quando chi li ha dati o promessi si trova in condizioni di difficoltà economica o finanziaria". Il reato di usura previsto dall'art. 644 cod. pen., in sostanza, non è circoscritto soltanto ai casi in cui siano pattuiti interessi usurari, ma si allarga anche alla c.d. usura reale, che può assumere la forma di un contratto a prestazioni corrispettive squilibrate.

Con il che, si è osservato da parte di alcuni interpreti, si assisterebbe ad una "marginalizzazione" della figura rescissoria, posto che il contratto viziato da sproporzione deve essere considerato nullo per illiceità (§ 235). Secondo qualche autore la disciplina civilistica della rescissione *ultra dimidium* potrebbe, almeno in astratto, mantenere un suo spazio di operatività, circoscritto a quelle ipotesi in cui il contratto con prestazioni sproporzionate non sia configurabile come reato di usura.

251. La prescrizione del contratto rescindibile.

L'**azione** di **rescissione** si **prescrive** in un anno dalla conclusione del contratto; ma se il fatto costituisce reato si applica l'ultimo comma dell'art. 2947 cod. civ. (art. 1449, 1° co., cod. civ.). Prevede, la disposizione in tema di prescrizione, che se il **fatto** è **considerato** dalla legge come **reato** e per lo stesso è stabilita una prescrizione più lunga, questa si applica anche all'azione civile.

La rescindibilità del contratto non può essere opposta in via di **eccezione** quando l'azione sia prescritta (art. 1449, 2° co., cod. civ.). Si assiste, qui, ad una deroga al principio generale della non prescrivibilità delle eccezioni (si confronti, a proposito del contratto annullabile, l'art. 1442, 4° co., cod. civ.).

Capitolo 37
LA BUONA FEDE NELL'ESECUZIONE DEL CONTRATTO

252. Premessa. La buona fede oggettiva nella disciplina generale del contratto.

Studiando la disciplina generale del contratto ci si è imbattuti, a più riprese, nel concetto di **buona fede oggettiva**.

Si è approfondito, in particolare, l'istituto della condizione: colui che si è obbligato o che ha alienato un diritto sotto condizione sospensiva, ovvero lo ha acquistato sotto condizione risolutiva, deve, in pendenza della condizione, comportarsi secondo buona fede, per conservare integre le ragioni dell'altra parte (art. 1358 cod. civ.).

La buona fede oggettiva, ancora, costituisce un'importante regola ermeneutica: il contratto deve essere interpretato secondo buona fede (art. 1366 cod. civ.).

Si è pure visto come le parti, già nello svolgimento delle trattative, debbano comportarsi secondo buona fede (art. 1337 cod. civ.). Si aggiunga che il legislatore, in alcuni casi, stabilisce la nullità di clausole che costituiscono l'"espressione" del comportamento scorretto tenuto da una delle parti del contratto. Nella disciplina sui contratti con i consumatori, in particolare, è prevista la nullità della clausola che determini un significativo squilibrio dei diritti e degli obblighi derivanti dal contratto (artt. 33 ss. Cod. del Consumo: §§ 260 ss.). È lo squilibrio, qui, ad essere considerato dal legislatore contrario alla buona fede oggettiva.

La legge sulla subfornitura (l. n. 192/1998), inoltre, prevede la nullità del patto che realizzi l'abuso di dipendenza economica (§ 265).

La regola della buona fede, infine, accompagna le parti anche durante la fase dell'esecuzione del contratto: questo; infatti, deve essere eseguito secondo buona fede (art. 1375 cod. civ.). Sempre nella fase dell'esecuzione del contratto è previsto che l'eccezione di inadempimento sia sottoposta alla regola della buona fede (art. 1460,

2° co., cod. civ.). Si vedrà, tra breve, come dall'art. 1375 cod. civ. la giurisprudenza abbia tratto una serie di regole di condotta che accompagnano la fase di esecuzione del rapporto contrattuale.

In via di premessa, peraltro, va chiarito che le regole della correttezza e della lealtà (espressioni con cui può tradursi il concetto di buona fede oggettiva) sono regole di costume: si fa riferimento, infatti, a ciò che un contraente (di media correttezza e lealtà) si sente di fare o di non fare. Occorrerà aver riguardo, ovviamente, al livello medio di correttezza in quel determinato settore economico o sociale.

Il giudice dovrà tener conto di ciò nell'applicare le regole della buona fede oggettiva: non potrà, in sostanza, far valere un proprio concetto di correttezza e lealtà.

Pur entro i limiti appena indicati, in materia il giudice "crea" diritto, giacché le norme "elastiche" della buona fede consentono, per loro definizione, di identificare altri divieti ed obbligazioni, oltre a quelli previsti dalla legge. Il che permette di realizzare la c.d. "chiusura" del sistema legislativo: consente, cioè, di colmare le lacune di cui il sistema, inevitabilmente, soffre, a causa della infinita molteplicità delle situazioni della vita economica e sociale. La creazione del diritto, da parte del giudice, avvicina il nostro ordinamento di *Civil law* a quelli di *Common law* (dove è centrale il ruolo del giudice, quale creatore del diritto).

253. La buona fede nell'esecuzione del contratto: il dovere di ciascuna parte di realizzare l'interesse dell'altra (o di evitare di recarle danno).

Nello studio della regola della **buona fede** nell'esecuzione del contratto è possibile registrare alcuni orientamenti, soprattutto dei giudici di legittimità, che hanno dato luogo ad una sorta di "tipizzazione" della fattispecie.

Più volte si sottolinea il dovere di ciascuna delle parti contrattuali di realizzare l'**interesse contrattuale** del *partner* oppure di **evitare** di **recarle danno**. La buona fede nell'esecuzione del contratto, insegna la Suprema Corte, "impone a ciascuna parte di tenere quei comportamenti che, a prescindere da specifici obblighi contrattuali, senza rappresentare un apprezzabile sacrificio a suo carico, siano idonei a preservare gli interessi dell'altra parte" (Cass., n. 22819/2010; Cass., n. 20106/2009; Cass., n. 264/2006; Cass., n. 2885/2005).

L'obbligo di buona fede oggettiva, aggiungono i giudici di legittimità, costituisce l'espressione di un principio di solidarietà sociale, avente rilevanza costituzionale ai sensi dell'art. 2 Cost. (Cass., 18.9.2009, n. 20106; Cass., 13.10.2017, n. 24071; Cass., n. 12714/2020; Cass., n. 10549/2020; Cass., n. 16743/2021; Cass., n. 9200/2021; Cass., n. 2154/2021).

In materia di compravendita, in particolare, il dovere di buona fede nell'esecuzione del contratto viene tradotto dai giudici nell'obbligo per il venditore di non alienare ai terzi l'immobile prima che il compratore non abbia, attraverso la trascrizione del contratto, reso opponibile l'acquisto (Cass., n. 4090/1988).

Il dovere in parola può anche tradursi in prestazioni accessorie positive rispetto a quelle contrattuali. Si pensi alla locazione di un appartamento ad un disabile, che si trova in carrozzina: il locatore ha il dovere di dotare l'ingresso di un'attrezzatura idonea che consenta al conduttore di entrare e di uscire.

Non realizza l'interesse della controparte la banca nella c.d. **concessione abusiva del credito**: operazione, questa, consistente nell'erogazione di finanziamenti da parte dell'istituto di credito ad un imprenditore di cui l'erogatore conosce l'insolvenza, ingenerando nei terzi l'opinione erronea della solidità dell'impresa finanziata. Per la Corte di cassazione la concessione abusiva del credito è fonte di responsabilità extracontrattuale nei confronti dei creditori dell'impresa finanziata e dei terzi, nonché del concorrente dell'impresa finanziata; è, invece, fonte di responsabilità contrattuale nell'ipotesi in cui si verifichi un danno al patrimonio della società (Cass., Sez. Un., 28.1.2006, n. 7030).

253.1. *Il dovere di informare la controparte su circostanze sopraggiunte che la stessa non è in grado di conoscere.*

In più occasioni la Suprema Corte ha affermato che la regola della **buona fede** di cui all'art. 1375 cod. civ. comporta anche il dovere di una parte di fornire **informazioni** alla controparte su circostanze che la stessa non è in grado di conoscere. Il dovere di informazione, a ben guardare, è strumentale a quello di realizzare l'interesse della controparte o comunque di non arrecarle danno.

Esempio. Un professionista si trova, il venerdì pomeriggio, nello stabile in cui lavora. Sono le 17,30 e sta uscendo dallo studio. Prende l'ascensore per uscire dal palazzo. Dopo essere entrato nell'ascensore, tuttavia, la corrente elettrica si interrompe, giacché l'ente somministratore dell'energia elettrica aveva programmato dei lavori di manutenzione, per il venerdì pomeriggio, a partire dalle 17,30. Sennonché il somministrante non aveva dato alcuna informazione circa i lavori di manutenzione. Il professionista, dunque, rimane bloccato in ascensore per molte ore, fino a quando qualcuno, accortosi della cosa, chiama i soccorsi.

Applicazioni della *regola iuris* appena ricordata si rinvengono in svariate fattispecie contrattuali. Per i giudici di legittimità, nella fideiussione prestata a garanzia di un'apertura di credito in conto corrente, la violazione da parte della banca del dovere di correttezza e buona fede, per avere fornito informazioni inesatte, può dar luogo a responsabilità contrattuale della stessa e all'obbligo di risarcire il danno (Cass., n. 2284/1999).

Il notaio incaricato della redazione di un contratto di compravendita è tenuto a compiere le attività preparatorie e successive, necessarie per il conseguimento del risultato pratico voluto dalle parti, rientrando tra i suoi doveri anche l'obbligo di "consiglio o dissuasione", la cui omissione è fonte di responsabilità per violazione delle clausole generali *ex* artt. 1175 e 1375 cod. civ. (così Cass., 4.3.2022, n. 7185, che ha confermato la sentenza di merito pronunciatasi per la responsabilità del notaio, il quale aveva rogato quattro atti di compravendita – con previsione di pagamento rateale e clausola di rinuncia della venditrice all'iscrizione dell'ipoteca legale – e nei due giorni successivi aveva rogato altri quattro atti di rivendita ai terzi dei medesimi cespiti da parte dello stesso acquirente, spogliatosi così dei beni costituenti garanzia patrimoniale generica per il pagamento del prezzo).

Ancora, l'art. 1375 cod. civ. impone alla banca un obbligo di protezione nei confronti dei propri clienti (obbligo che deriva, in generale, dalla fiducia che i clienti ripongono nell'istituto: Trib. Milano, 8.6.2021).

Ed ancora, è responsabile per inadempimento il gestore telefonico che ometta una tempestiva informazione sulle presumibili tempistiche dell'attivazione delle linee, notevolmente e prevedibilmente diverse da quelle inizialmente promesse (Trib. Milano, 26.4.2021).

Infine, il mediatore ha l'obbligo di comunicare le circostanze a lui note o comunque conoscibili con la comune diligenza. Lo stesso, poi, soggiace al divieto di fornire informazioni non veritiere o informazioni su fatti dei quali non abbia piena e precisa consapevolezza e che non abbia controllato (Trib. Bergamo, 16.2.2022).

253.2. *La violazione della buona fede come "abuso del diritto".*

Numerose sono le pronunce che individuano la violazione della buona fede nell'**abuso del diritto**, figura che ricorre, secondo una parte degli interpreti, quando un contraente esercita verso la controparte diritti (che gli spettano in base alla legge o al contratto) per realizzare scopi diversi da quelli per cui quei diritti sono preordinati (Cass., n. 20106/2009; Trib. Spoleto, 4.1.2019).

Non esiste, nel nostro ordinamento, una norma che si occupa della figura in esame, ancorché il progetto preliminare del codice civile ne avesse previsto un'espressa regolamentazione (sul modello del § 226 del codice civile tedesco e dell'art. 2 di quello svizzero). La formula prevista nell'art. 7 del progetto preliminare del codice civile così recitava: "nessuno può esercitare il proprio diritto in contrasto con lo scopo per il quale il diritto medesimo gli è stato riconosciuto".

La disposizione fu soppressa e non comparve nel codice del 1942: prevalse la preoccupazione che l'utilizzo della norma, da parte dei giudici, potesse compromettere la certezza del diritto.

Nonostante l'assenza di una norma che codifichi espressamente la figura, sono numerose oggi le applicazioni giurisprudenziali dell'abuso del diritto (inteso come violazione del canone della buona fede di cui all'art. 1375 cod. civ.). Un esempio, tratto da una nota vicenda giurisprudenziale, aiuterà a comprendere il concetto. Si tratta del c.d. **caso Fiuggi** (Cass., n. 3775/1994).

Esempio. Il Comune laziale aveva concesso ad una società la gestione delle sorgenti. Era previsto, contrattualmente, che il canone fosse commisurato al prezzo della vendita delle bottiglie di acqua minerale. La società concessionaria, nel tempo, era riuscita, nonostante l'inflazione, a mantenere inalterato il prezzo delle bottiglie. Aveva fatto ricorso, infatti, al seguente stratagemma: le bottiglie erano vendute, sempre allo stesso prezzo, ad una società controllata, che era deputata a vendere le bottiglie ad un maggior prezzo, tenendo conto dell'inflazione in atto. In tal modo, dunque, il prezzo del canone a favore del Comune di Fiuggi rimaneva invariato. Questo comportamento è stato considerato, dai giudici, contrario alla regola di cui all'art. 1375 cod. civ.; essi hanno rinvenuto nello stesso un inadempimento idoneo a giustificare la risoluzione contrattuale. All'eccezione *feci, sed iure feci*, fatta valere dalla parte convenuta in giudizio, il concedente ha replicato che quest'ultima ha abusato del proprio diritto (il diritto, cioè, di fissare liberamente il prezzo di vendita dell'acqua minerale). L'abuso del diritto, in sostanza, ha pregiudicato l'interesse dell'altra parte contrattuale.

Un'applicazione del concetto dell'abuso del diritto si rinviene in materia societaria: la maggioranza assembleare di una società per azioni **delibera** l'**aumento** di **capitale** con l'unico scopo di eliminare un socio minoritario non gradito, sapendo che questo non sarà in grado di sottoscrivere azioni di nuova emissione. I soci, è il ragionamento dei giudici di legittimità, con l'esercizio del voto danno esecuzione al contratto di società: il diritto di voto, pertanto, deve essere esercitato secondo buona fede (Cass., 19.12.2008, n. 29776; Cass., n. 11151/1995).

Si discute, ancora, di abuso del diritto di fronte alla fattispecie del **recesso *ad nutum*** dal contratto di apertura di credito. È vero che la figura in esame si distingue dal recesso per "giusta causa": tuttavia il recesso è comunque un atto di esecuzione del contratto da cui si recede. Ciò comporta che anche il recesso *ad nutum* debba essere sottoposto al vaglio dell'art. 1375 cod. civ.

La Cassazione, muovendo da questa impostazione, ha statuito che la facoltà di recesso *ad nutum* non implica la totale insindacabilità del modo di esercizio del diritto potestativo da parte delle banche. In particolare, il recesso di una banca dal rapporto di apertura di credito è da considerare illegittimo, "ove in concreto assuma connotati del tutto imprevisti ed arbitrari": connotati tali, cioè, da contrastare con la ragionevole aspettativa di chi, in base a comportamenti usualmente tenuti dalla banca e all'assoluta normalità commerciale dei rapporti in atto, abbia fatto conto di poter disporre della provvista creditizia per il tempo previsto (Cass., n. 4538/1997; Cass., n. 15482/2003; Cass., n. 2642/2003; Cass., n. 29317/2020, che considera legittimo il recesso *ad nutum* della banca, allorché la stessa abbia dato un congruo preavviso al cliente).

Le parole della Cassazione evidenziano come le fattispecie del recesso per giusta causa e del recesso *ad nutum* tendano ad avvicinarsi significativamente. Proprio per questo, da parte di qualche autore, si è rilevato che il criterio per distinguere le due figure sia di ordine processuale, riguardando la distribuzione dell'onere della prova: in particolare, nel recesso per giusta causa spetta al recedente l'onere di provare una giusta causa di recesso (altrimenti il recesso non è efficace); diversamente, nel recesso *ad nutum* spetta alla controparte provare, per impedire l'efficacia risolutiva del recesso, che esso è privo di ogni plausibile giustificazione.

L'abuso del diritto è stato invocato anche per censurare il comportamento della banca che, in maniera ingiustificata, abbia rifiutato la richiesta di **frazionamento** del **mutuo** (Cass., n. 12405/2000).

L'abusivo esercizio del diritto di recesso si può riscontrare non soltanto nel rapporto tra cliente e banca, ma anche tra altri soggetti, come ad esempio tra imprenditori (Cass., n. 20106/2009, relativa alla fattispecie del recesso della Renault nei confronti di alcuni suoi concessionari di vendita).

Ed ancora, è stata considerata inammissibile, in quanto contraria al principio della buona fede, la c.d. **parcellizzazione** del **credito**, ossia la richiesta giudiziale frazionata del credito (Cass., Sez. Un., 15.11.2007, n. 23726; Cass., Sez. Un., 17.1.2017, n. 961; Cass., Sez. Un., 16.2.2017, n. 4090; Cass., 13.1.2020, n. 337, secondo cui le domande del creditore possono essere proposte in separati giudizi solo se risulta in capo all'attore un interesse oggettivamente valutabile alla tutela processuale frazionata; Cass., 30.6.2021, n. 18562). Salvo il giudicato interno, l'eccezione di frazionamento del credito sollevata dalla parte non soggiace a preclusioni, in quanto, attenendo alla proponibilità della domanda, è rilevabile anche d'ufficio dal giudice, il quale, ove provveda in tal senso, è tenuto a d assegnare al creditore un termine a difesa, al fine di consentirgli di provare l'esistenza di un interesse alla tutela processuale (Cass., 6.10.2021, n. 27089).

Per la giurisprudenza di merito, pure il divieto di venire *contra factum proprium* è espressione del divieto di abusare di un proprio diritto attraverso un uso strumentale di esso (Trib. Genova, 21.11.2021). E per quella di Cassazione, in caso di prolungata inerzia del locatore nell'escutere il conduttore per ottenere il dovuto, l'improvvisa richiesta dell'integrale pagamento è abuso del diritto (Cass., 14.6.2021, n. 16743).

Quali sono gli elementi sintomatici dell'abuso del diritto? I giudici di legittimità lo dicono a chiare lettere: (1) la titolarità di un diritto soggettivo in capo ad un soggetto; (2) la possibilità che il concreto esercizio di quel diritto possa essere effettuato secondo una pluralità di modalità non rigidamente predeterminate; (3) la circostanza che tale esercizio concreto, anche se formalmente rispettoso della cornice attributiva di quel diritto, sia svolto secondo modalità censurabili rispetto ad un criterio di valutazione, giuridico o extragiuridico; (4) la circostanza che, a causa di una tale modalità di esercizio, si verifichi una sproporzione ingiustificata tra il beneficio del titolare del diritto ed il sacrificio cui è soggetta la controparte (Cass., 30.9.2021, n. 26541).

Il divieto di abuso del diritto, oggi, si rinviene anche in **materia tributaria** (Cass., 31.12.2019, n. 34750): l'art. 10-*bis* della legge n. 212/2000 (lo Statuto dei diritti del contribuente), è rubricato "disciplina dell'abuso del diritto o elusione fiscale" e configura l'abuso del diritto come "una o più operazioni prive di sostanza economica che, pur nel rispetto formale delle norme fiscali, realizzano essenzialmente vantaggi fiscali indebiti". L'accertamento dell'abuso comporta che tali operazioni non siano opponibili all'amministrazione finanziaria, che ne disconosce i vantaggi determinando i tributi sulla base delle norme e dei principî elusi e tenuto conto di quanto versato dal contribuente per effetto di dette operazioni.

254. Le conseguenze della violazione del dovere di buona fede nell'esecuzione del contratto.

Diverse sono le conseguenze che nascono dalla violazione del dovere di buona fede nell'esecuzione del contratto (art. 1375 cod. civ.).

L'inadempimento di una parte può determinare, secondo le regole generali, la nascita dell'**obbligazione** di **risarcire** il **danno** in capo al contraente scorretto o sleale (Cass., Sez. Un., 15.11.2007, n. 23726; Cass., 22.1.2009, n. 1618).

Si ritiene, peraltro, che la violazione in esame possa determinare una sorta di **esecuzione in forma specifica** del **dovere di buona fede**. In particolare: (a) qualora l'inadempimento sia di non scarsa importanza (art. 1455 cod. civ.), si potrà domandare la risoluzione giudiziale del contratto; (b) qualora il recesso della banca sia "arbitrario", dovrà essere respinta la domanda di rientro delle somme anticipate al cliente; (c) qualora la delibera assembleare di aumento del capitale sia stata presa con abuso del diritto di voto, la stessa potrà essere annullata; (d) qualora sia stato dichiarato un fallimento su istanza del creditore in mala fede, lo stesso fallimento potrà essere revocato.

Alla polivalenza dei contenuti regolamentari, si è osservato, corrisponde una "polivalenza coercitiva", dovendosi calibrare i rimedi in relazione alla specificità dei comportamenti trasgressivi e in relazione ai concreti conflitti di interesse.

Si ritiene, inoltre, che fra i rimedi esperibili vi sia anche quello della ***exceptio*** (o ***replicatio***) ***doli generalis***: esso rappresenta un rimedio di carattere generale diretto a precludere l'esercizio fraudolento o sleale dei diritti riconosciuti in capo ad un soggetto. Con l'eccezione di dolo, in sostanza, viene paralizzata la pretesa che si fa valere o si domanda il rigetto della domanda giudiziale fondata su tale pretesa (a differenza delle ipotesi poc'anzi viste, dunque, non vi è alcuna declaratoria di inefficacia di un atto o di un provvedimento). Affinché l'eccezione vada a buon fine occorre la prova, ad esempio, che l'attore abbia nascosto situazioni sopravvenute al contratto ed idonee a modificare o estinguere il diritto, oppure abbia presentato richieste di pagamento abusive o fraudolente, o abbia violato il divieto di *venire contra factum proprium*.

Quest'ultima espressione ha il seguente significato: alla parte che intende far valere un diritto è fatto divieto di porsi in contraddizione con un suo precedente comportamento (Cass., n. 17888/2004; Cass., n. 3442/2003; Cass., n. 8029/2000). Se lo fa, la controparte potrà opporsi all'esercizio del diritto (che appunto avviene *contra factum proprium*).

Esempio. In applicazione della regola del divieto di *venire contra factum proprium*, il curatore fallimentare non può agire giudizialmente per far revocare una causa di prelazione, in precedenza dallo stesso già riconosciuta nella formazione dello stato passivo.

Va pure ricordata, in tema di *exceptio doli generalis*, la giurisprudenza sul contratto autonomo di garanzia (Cass., n. 26262/2007): si tratta, come si vedrà meglio nel prosieguo (§ 314), di un contratto atipico che dà vita ad una garanzia "personale" svincolata dal rapporto garantito. Il contratto autonomo di garanzia è stato considerato "meritevole di tutela" per il nostro ordinamento giuridico: meritevole, in particolare, è l'interesse all'esecuzione sicura e tempestiva della prestazione a favore del garantito, senza che il garante possa opporre contestazioni sul diritto garantito.

Peraltro, qualora le contestazioni risultino già fondate (sussistendo prove certe ed evidenti sull'inesistenza o l'estinzione del credito garantito), il creditore che comunque si intende avvalere della garanzia realizza non già l'interesse (meritevole di tutela) ad un adempimento sicuro e celere; realizza, invece, un interesse (non meritevole di tutela) di ricevere una prestazione non dovutagli. È così riconosciuta, al garante, la possibilità di opporre *l'exceptio doli* nei confronti del beneficiario: ciò in presenza di una prova documentale o, comunque, di una prova certa, evidente ed incontestabile sull'inesistenza del debito garantito.

I giudici di legittimità tendono a riconoscere alla figura in esame una **portata generale**, al di là delle espresse norme di legge in cui essa compare (Cass., n. 6896/2009; Cass., n. 5273/2007; Cass., n. 2890/1991; per i riferimenti alle singole disposizioni in cui il principio si ritiene essere presente si vedano, in particolare, l'art. 1993, 2° co., cod. civ.; l'art. 2384, 2° co., cod. civ.; gli artt. 21 e 65 L. cambiaria; gli artt. 25 e 571 L. assegni). Di recente la Suprema Corte ha statuito che ove la domanda di nullità dell'investitore sia diretta a colpire soltanto alcuni ordini di acquisto, l'intermediario può opporre l'eccezione di buona fede se la selezione della nullità determini un ingiustificato sacrificio economico a suo danno (Cass., Sez. Un., 4.11.2019, n. 28314, su cui § 239).

255. La rinegoziazione contrattuale.

Al dovere delle parti di comportarsi secondo buona fede nell'esecuzione del contratto si riconnette il tema della **rinegoziazione** dei contratti a lunga scadenza (quelli, cioè, in cui l'esecuzione delle diverse prestazioni può avvenire dopo un considerevole lasso di tempo dalla conclusione del contratto).

Può accadere, in questi contratti, che si verifichino delle significative modifiche rispetto all'iniziale situazione di fatto. Le parti sono spesso consapevoli di ciò: ed è questo il motivo per cui le stesse inseriscono nel contratto una **clausola** di rinegoziazione. Si tratta di una pattuizione con cui le stesse si obbligano a rinegoziare il contratto (o singole clausole) al verificarsi di determinate circostanze o, comunque, a scadenze specificamente indicate.

La rinegoziazione indica l'attività delle parti che "ridiscutono" il contenuto dei patti cui si sono vincolate con un precedente accordo. Qualora una delle parti rifiuti di sedersi al tavolo della rinegoziazione, pone in essere un inadempimento (inadempimento dell'obbligazione di rinegoziare il contratto o singole sue clausole, al verificarsi dei presupposti indicati nella stessa clausola di rinegoziazione). Tale inadempimento potrà assumere il carattere della non scarsa importanza (art. 1455 cod. civ.) e giustificare, ad opera della controparte, la domanda giudiziale di risoluzione del contratto (oltre quella di risarcimento per i danni subìti).

Alla risoluzione del contratto, inoltre, si potrà giungere allorché una parte, di fronte ad una clausola di rinegoziazione, ponga in essere una c.d. **trattativa maliziosa**: quando, cioè, tenga un comportamento che soltanto esteriormente ha le sembianze di una rinegoziazione; in realtà, non vuol pervenire ad alcun accordo.

Può succedere, peraltro, che non sia previsto contrattualmente un obbligo di rinegoziazione e, cionondimeno, si verifichino durante lo svolgimento del rapporto alcune circostanze che modificano sensibilmente la situazione di fatto esistente al momento della stipula del contratto.

Si è affermato, da parte di alcuni interpreti, che pur in assenza di una specifica clausola di rinegoziazione, il rifiuto ingiustificato di rinegoziare il contratto (o qualche singola sua clausola) costituisca **violazione** del **dovere** di eseguire il contratto secondo **buona fede** ai sensi dell'art. 1375 cod. civ. (alle stesse conclusioni si dovrà giungere di fronte ad una trattativa maliziosa).

Anche in questo caso l'inadempimento contrattuale (l'art. 1375 cod. civ., si rileva, impone *ex lege* alle parti un'obbligazione di comportarsi secondo buona fede) potrà condurre, se possiede i requisiti della non scarsa importanza, alla risoluzione del contratto (artt. 1453 ss. cod. civ.), salvo in ogni caso il diritto al risarcimento dei danni subìti.

Resta da occuparsi di un'ulteriore questione: ci si chiede se, in caso di rifiuto di rinegoziare il contratto (non importa se il rifiuto costituisca violazione di un'obbligazione contrattuale o della regola generale di cui all'art. 1375 cod. civ.), la parte virtuosa possa rivolgersi al **giudice** e chiedere allo stesso **l'adeguamento** del **contratto** alle mutate condizioni di fatto.

La giurisprudenza, sul punto, non ha ancora formato un proprio orientamento. La cautela, del resto, si impone, ove si consideri che nel nostro ordinamento il giudice può intervenire sul contenuto del contratto soltanto nei casi espressamente previsti dalla legge.

Nel periodo della pandemia, caratterizzato dalla diffusione del **Covid-19**, non poche sono state le oscillazioni da parte della giurisprudenza. il Tribunale di Roma, nel 2020, ha ritenuto sussistente, in base alla clausola generale in esame, un obbligo delle parti di contrattare i termini della locazione al fine di addivenire ad un nuovo accordo volto a riportare in equilibrio il contratto entro i limiti dell'alea normale; ha dunque ridotto i canoni di locazione (richiamando gli artt. 1256 e 1464 cod. civ.) in percentuale significativa, per i periodi di chiusura "forzata" dei locali (Trib. Roma, 27.8.2020; si veda anche Trib. Firenze, 27.1.2021, secondo cui i princìpî di correttezza e buona fede "consentono al giudice di intervenire anche in senso modificativo o integrativo sul contenuto del contratto, qualora ciò sia necessario per garantire l'equo contemperamento degli interessi delle parti e prevenire o reprimere l'abuso del diritto"). Pure la giurisprudenza della Corte dei Conti si è espressa a favore della rinegoziazione dei contratti di locazione commerciale conclusi fra privati ed enti locali (Corte dei Conti, sez. riunite in sede di controllo, n. 7/2021, secondo cui occorre procedere preliminarmente alla ponderazione di una serie di interessi coinvolti). In senso diverso, una più recente pronuncia del Tribunale capitolino ha ritenuto che la chiusura obbligatoria, durante la pandemia, non configuri per il locatore l'obbligo di rinegoziare il contratto di locazione ad uso commerciale divenuto svantaggioso per il conduttore; né attribuisce al giudice il potere di modificarlo d'ufficio riducendo temporaneamente i canoni di locazione (Trib. Roma, 5.1.2022).

Per evitare queste incertezze, servirebbe un intervento del legislatore che stabilisse il potere del giudice di intervenire sul contenuto del contratto allorché una delle due parti (violando l'obbligo della buona fede *ex* art 1375 cod. civ.) si rifiuti di rinegoziare i termini iniziali dell'accordo di fronte al verificarsi di eventi straordinari e imprevedibili.

Nell'ambito dei contratti internazionali, del resto, è prevista la figura dell'***hardship*** (letteralmente "disagio", "avversità"). Nel linguaggio del commercio l'espressione sta ad indicare una situazione sopravvenuta o sconosciuta al momento della conclusione del contratto, al cui verificarsi l'equilibrio economico del rapporto risulta sensibilmente alterato, rendendo una delle prestazioni particolarmente onerosa rispetto all'altra. L'art. 6.2.3 dei Principî dei contratti commerciali internazionali (**Principî** ***Unidroit***: § 23.3) prevede che, in presenza di eventi tali da alterare fondamentalmente l'equilibrio delle prestazioni, la parte lesa può chiedere la rinegoziazione. In caso di rifiuto può rivolgersi al giudice, il quale risolve il contratto oppure lo adatta alle esigenze di riequilibrio fra le prestazioni.

L'*hardship* è stata recepita nel diritto tedesco, in seguito alla riforma del diritto delle obbligazioni (entrata in vigore nel 2002): il § 313 del BGB, inserito nella rubrica "Alterazione della base negoziale", consente al giudice di "imporre ad una delle parti l'adeguamento del contratto" a fronte del mutamento successivo delle circostanze che erano state poste a fondamento del contratto.

Nell'attesa di un intervento del nostro legislatore, un'attenta lettura dell'art. 1464 cod. civ. (secondo cui quando la prestazione di una parte è diventata parzialmente impossibile, l'altra ha diritto a una corrispondente riduzione del prezzo o, in alternativa, al recesso), può servire a dirimere fattispecie simili a quelle che si sono verificate durante la pandemia. In particolare, per alcune locazioni la disciplina emergenziale ha determinato, almeno temporaneamente, una riduzione della superficie effettivamente fruibile per l'utilizzo convenuto. Si è verificata, in sostanza, una diminuzione materiale della prestazione caratteristica (di carattere temporaneo), che fa nascere il diritto a una corrispondente riduzione del canone di locazione (per un'applicazione giurisprudenziale si veda anche Trib. Milano, 7.2.2022, su cui § 282.1).

Capitolo 38

L'INTERPRETAZIONE DEL CONTRATTO

256. L'interpretazione del contratto: criteri oggettivi e criteri soggettivi.

Gli artt. 1362-1371 cod. civ. disciplinano l'**interpretazione** del **contratto**. Si tratta di norme giuridiche rivolte, principalmente, alle **parti** contrattuali ed all'**interprete** (in particolare al **giudice**).

L'interpretazione del contratto può essere "collimante" e, dunque, nessuna controversia nascerà fra i contraenti sul significato da attribuire ad esso. Non è raro, peraltro, che ciascuna delle parti segua una propria interpretazione: ad esempio, una di esse sostiene che, interpretando il contratto, non sia tenuta ad eseguire una determinata prestazione; l'altra afferma il contrario. In tal modo, è evidente, ciascuna si assume il rischio della propria interpretazione: se, in giudizio, risulterà che l'interpretazione di una delle parti era sbagliata, la stessa ne subirà le conseguenze; potrà vedersi imputare, ad esempio, l'inadempimento della prestazione.

Attraverso il procedimento ermeneutico è possibile attribuire il **corretto significato** ai **segni** che manifestano la **volontà contrattuale**. Qualora il giudice disattenda le regole legali sull'interpretazione, incorre in errore di diritto, consentendo alla parte che si lamenta dell'ingiusta interpretazione di impugnare la sentenza, fino a giungere al giudizio della Corte di cassazione.

Delle norme sull'interpretazione del contratto, va aggiunto, si avvalgono anche i **terzi** che, a qualsiasi titolo, possono essere interessati ad un contratto cui non hanno partecipato. Si pensi, ad esempio, all'impugnazione del contratto da parte di un terzo che è interessato a farne dichiarare la nullità. Il terzo deve chiedersi, per poter ottenere la sentenza dichiarativa della nullità, se il contratto stipulato tra le parti presenti una causa di invalidità: per fare ciò ricorrerà alle norme sulla interpretazione del contratto.

Tradizionalmente si distinguono i criteri di interpretazione soggettiva dai criteri di interpretazione oggettiva: i primi (artt. 1362-1365 cod. civ.) si fondano sulla ricerca della "comune intenzione delle parti"; i secondi (artt. 1367-1370 cod. civ.) su elementi oggettivi non riconducibili all'intenzione delle parti. Come si vedrà, l'interpretazione di buona fede, ai sensi dell'art. 1366 cod. civ, merita una collocazione *ad hoc* nell'ambito delle disposizioni in esame.

Ci si occuperà, innanzitutto, dei criteri di interpretazione soggettiva; poi si studierà l'interpretazione di buona fede; infine, si passeranno in esame i criteri di interpretazione oggettiva.

257. I criteri di interpretazione soggettiva: il "senso letterale delle parole" e la "comune intenzione delle parti".

Il primo e fondamentale criterio di interpretazione soggettiva del contratto è previsto dall'art. 1362, 1° co., cod. civ.: "nell'interpretare il contratto si deve indagare quale sia stata la **comune intenzione delle parti** e non limitarsi al **senso letterale** delle **parole**".

La norma enuncia due criteri di interpretazione: il senso letterale delle parole e la comune intenzione delle parti. Occorre studiare in che rapporto siano tra loro i criteri enunciati dalla disposizione codicistica. La materia è oggetto di diverse pronunce dei giudici di legittimità, che hanno finito per dar luogo a due distinte ricostruzioni.

Secondo un orientamento tradizionale il senso letterale delle parole è criterio "fondamentale e prioritario". Ciò vuol dire che "ove le espressioni usate nel contratto siano di chiara e inequivoca significazione, la ricerca della comune volontà è esclusa" (Cass., n. 19140/2005; Cass., n. 2372/1996; più di recente, Cass., n. 20131/2013; Cass., n. 11694/2013; Cass., n. 14206/2014; Cass., 20.5.2022, n. 16351).

Un diverso (preferibile) orientamento sostiene che il giudice "non può mai prescindere dalla ricerca della comune intenzione delle parti, rispetto alla quale il senso letterale delle parole adoperate dai contraenti si pone come il primo degli strumenti di interpretazione" (Cass., 7.10.2021, n. 27232; Cass., 14.9.2021, n. 24699; Cass., 8.2.2021, n. 2945; Cass., n. 2848/2019; Cass., n. 6641/2004; Cass., n. 1198/1982; Cass., n. 1198/1982). Lo chiariscono talvolta anche i giudici di merito: "nell'interpretazione del contratto, il carattere prioritario dell'elemento letterale non deve essere inteso in senso assoluto, atteso che il richiamo nell'art. 1362 cod. civ. alla comune intenzione delle parti impone di estendere l'indagine ai criteri logici, teleologici e sistematici, anche laddove il testo dell'accordo sia chiaro ma incoerente con indici rivelatori di una diversa volontà dei contraenti" (App. Milano, 4.2.2022; App. Messina, 7.12.2021; Trib. Firenze, 23.11.2021, sulla scorta di Cass., 11.8.2020, n. 16875). La supremazia dell'interpretazione letterale, come pure può dirsi, "è effettiva soltanto ove vi sia coincidenza con la generale volontà delle parti" (Cass., 17.12.2020, n. 29014).

Il primo orientamento si fonda sull'antico brocardo "***in claris non fit interpretatio***" che, peraltro, si pone in contrasto con la formula dell'art. 1362, 1° co., cod. civ., per il quale l'interprete non si deve limitare a cogliere il senso letterale delle parole. La Corte di cassazione, d'altra parte, ha recentemente precisato che la chiarezza menzionata dal principio in parola non deve essere interpretata come una chiarezza meramente lessicale ma, al contrario, deve essere intesa come la chiarezza delle intenzioni dei contrenti: solamente quando la lettera del contratto e le intenzioni delle parti siano chiare e coerenti potrà arrestarsi l'indagine dell'interprete (Cass., n. 14432/2016).

Il fatto è che le parole, molto spesso, possono tradire l'effettiva intenzione dei contraenti, come risulta dal seguente esempio.

Esempio. Le parti qualificano un contratto come "preliminare". Nel testo del contratto, tuttavia, risulta che una parte, denominata espressamente parte venditrice, vende l'immobile ad un'altra, denominata espressamente parte compratrice, per un prezzo pattuito nel contratto stesso. Al di là del senso letterale dell'espressione utilizzata ("preliminare"), si è in presenza di un contratto di compravendita.

Casi come quelli riferiti nell'esempio pongono un problema di **qualificazione giuridica** del **contratto**, che è l'operazione diretta ad identificare l'astratto tipo contrattuale cui ricondurre la singola operazione negoziale.

Ebbene, di fronte a questi problemi si è statuito che "la denominazione che le parti danno ad un istituto contrattuale in tanto assume rilevanza nel procedimento di ermeneutica del negozio giuridico in quanto essa corrisponda al contenuto giuridico delle pattuizioni che le parti intendono esprimere" (Cass., n. 756/1986).

È dunque importante comprendere la reale intenzione dei contraenti. A tal fine, procedendo secondo l'ordine del codice, è previsto un primo criterio che consente di compiere un'**indagine** anche **al di fuori del testo contrattuale**: "per determinare la comune intenzione delle parti, si deve valutare il loro comportamento complessivo anche posteriore alla conclusione del contratto" (art. 1362, 2° co., cod. civ.).

La formula utilizzata dal codice, in sintesi, consente di far riferimento sia ai **comportamenti** anteriori sia a quelli **successivi** alla conclusione del contratto. I comportamenti **anteriori** sono quelli tenuti nella fase delle trattative (le lettere intercorse, gli incontri e le riunioni tenutesi), ma anche quelli maturati in relazione a consolidati rapporti commerciali tra le parti. Successivamente alla conclusione del contratto, invece, assumono rilievo i comportamenti delle parti in sede di esecuzione dello stesso (si pensi, ad esempio, all'attribuzione costante di un determinato significato al contratto, che non potrà consentire ai contraenti di obiettare che il contratto vada interpretato in altro modo).

Il criterio che fa riferimento al comportamento delle parti va inteso come "criterio concorrente e non sussidiario rispetto al tenore letterale del contratto menzionato al 1° comma dello stesso articolo, atteso che un testo apparentemente chiaro non può esserlo più di fronte al comportamento diverso dei contraenti che hanno inteso concretamente il loro rapporto in altro senso" (Cass., n. 6935/1983; Trib. Pisa, 19.11.2019). Per questa via l'interpretazione del contratto va intesa come un'operazione "logica circolare", che impone all'interprete di verificare se l'intenzione delle parti ricostruita in base all'esegesi del testo sia coerente con le restanti disposizioni del contratto e con la condotta delle parti medesime (Cass., n. 2848/2019; Cass., n. 24560/2016; Cass., n. 9380/2016).

In effetti non si può escludere che la lettera del contratto (soltanto apparentemente chiara ed univoca), possa essere smentita dal complessivo comportamento delle parti, anteriore o posteriore alla stipula del contratto.

Un punto, peraltro, va precisato. Ben può accadere che, durante la fase delle trattative, le parti facciano riferimento ad elementi che, in fase di conclusione del contratto, le stesse decidano di abbandonare definitivamente. Le trattative servono proprio per discutere e soppesare le reciproche disponibilità: la discussione, ad esempio, può riguardare alcuni aspetti che, in sede di consacrazione delle intese nel contratto, sono destinati a sparire.

È vero, dunque, che le parole del contratto vanno lette unitamente al comportamento delle parti tenuto anche prima della stipula dello stesso: tuttavia, proprio perché il testo è stato adottato posteriormente, si potrà dar rilievo a pregressi elementi extratestuali soltanto se essi siano particolarmente "significativi" (rivelatori della "reale" intenzione delle parti). In definitiva, colui che vuol far prevalere il comportamento delle parti, tenuto prima della conclusione del contratto, deve farsi carico di un onere di motivazione particolarmente accurato.

257.1. *Gli altri criteri di interpretazione soggettiva.*

Gli ulteriori criteri di interpretazione soggettiva, previsti dal codice civile, forniscono una guida per ricercare la "**comune intenzione delle parti**" **attraverso la lettura** del **testo contrattuale** o di una parte di esso.

È previsto che le "**clausole** del contratto si interpretano le une per mezzo delle altre, attribuendo a ciascuna il **senso** che risulta dal **complesso** dell'**atto**" (art. 1363 cod. civ.).

Il significato di una clausola, in sostanza, spesso è chiarito da un'altra clausola o da altre clausole contenute nel testo del contratto.

Esempio. Una clausola del contratto prevede l'attribuzione di un bene immobile dal Sig. Rossi al Sig. Bianchi. Dalla lettura di questa clausola non si comprende se le parti abbiano voluto realizzare una donazione o una vendita: lo si capirà leggendo (congiuntamente) le altre clausole. In particolare, la clausola che prevede il pagamento di un prezzo da parte del Sig. Bianchi al Sig. Rossi ci dirà che le parti hanno inteso stipulare un contratto di compravendita.

Inoltre, "per quanto **generali** siano le **espressioni** usate nel contratto, questo non comprende che gli oggetti sui quali le parti si sono proposte di contrattare" (art. 1364 cod. civ.).

Esempio. Con un contratto di transazione le parti pongono fine ad una lite già iniziata. Nell'esordio della transazione si legge: "il presente accordo definisce in via transattiva la lite insorta tra il Sig. Rossi ed il Sig. Bianchi in ordine alla fornitura di derrate alimentari prevista dal contratto stipulato fra le stesse parti in data 4 aprile 2020". Nella parte finale vi è una clausola del seguente tenore: "ogni controversia insorta o che insorgerà tra le parti deve considerarsi definitiva". L'espressione è generica: essa, però, non può far riferimento a qualsiasi controversia esistente tra le parti (o che potrebbe fra le stesse insorgere): si riferisce, invece, soltanto all'oggetto della transazione (ossia al contratto di fornitura di derrate alimentari che ha creato una controversia fra i contraenti).

L'ultima regola di interpretazione soggettiva prevede che "quando in un contratto si è espresso un caso al fine di spiegare un patto, non si presumono esclusi i casi non espressi, ai quali, secondo ragione, può estendersi lo stesso patto" (art. 1365 cod. civ.). Le **indicazioni esemplificative** non escludono gli esempi che non sono stati citati nel testo contrattuale.

Esempio. Nel contratto di compravendita il venditore garantisce che l'immobile sia "libero da vincoli o diritti di terzi, quali ipoteche e servitù". La garanzia (posto che il riferimento alle ipoteche ed alle servitù deve considerarsi soltanto un'indicazione esemplificativa) si riferisce anche all'inesistenza di vincoli urbanistici o di trascrizioni pregiudizievoli.

258. L'interpretazione di buona fede.

Una serie di norme riguarda la c.d. interpretazione oggettiva del contratto (artt. 1367-1371 cod. civ.). Si suole insegnare che tali disposizioni soccorrono allorché le norme sull'interpretazione soggettiva non siano in grado di chiarire il significato del testo contrattuale. Allorché, dunque, il testo (nonostante il dispiego degli artt. 1362-1365 cod. civ.) rimanga "oscuro" o "ambiguo", entrano in gioco gli ulteriori criteri dell'interpretazione oggettiva.

A questa rigida subordinazione gerarchica, in realtà, si sottrae la regola sull'**interpretazione** "di buona fede", secondo la quale "il contratto deve essere interpretato secondo **buona fede**" (art. 1366 cod. civ.). La Relazione al codice (n. 622), del resto, colloca la disposizione in una posizione di congiuntura fra le classi di regole interpretative.

Quel che subito importa chiarire è il significato dell'art. 1366 cod. civ., al fine di evitare che la disposizione in esso contenuta venga considerata una regola priva di significato nel procedimento ermeneutico. Sotto un primo aspetto va precisato che la buona fede di cui si discute sia quella **oggettiva**: il contratto, può dirsi, deve essere interpretato secondo correttezza e lealtà. Per meglio comprendere la norma, è utile riferirsi al criterio dell'**affidamento**: l'interpretazione in buona fede è quella che attribuisce al contratto il significato su cui una parte aveva riposto legittimo affidamento. È contro buona fede, dunque, la pretesa di far valere un'interpretazione che si pone contro l'affidamento di una parte al momento della conclusione del contratto.

Esempio. Al momento della stipula del contratto risulta che alcune clausole siano di significato oscuro. L'accettante, allora, mostra di intendere quelle clausole in un determinato modo, che il predisponente non smentisce. Si crea, così, un affidamento dell'accettante sul significato delle clausole contrattuali. Sennonché, ad un certo punto il predisponente intende assegnare alla clausola un significato diverso (peraltro compatibile con il testo assegnato). La regola della buona fede nell'interpretazione del contratto esclude che il predisponente, successivamente, possa far valere un significato diverso da quello su cui l'accettante ha fatto affidamento.

Emerge, dall'esempio, come il significato cui dar seguito (in base all'art. 1366 cod. civ.) non corrisponda alla comune intenzione delle parti: ciascuna delle parti, infatti, intendeva assegnare alle clausole contrattuali ambigue un diverso significato. L'affidamento, per inciso, può anche non essere generato dalle parole della controparte, ma dalle circostanze concrete esistenti al momento della stipula del contratto.

I rilievi appena svolti sono accolti dalla Suprema Corte quando afferma che la clausola risolutiva espressa (§ 245.4) va interpretata secondo buona fede, nel senso che le parole in essa impiegate non devono essere intese in un significato tale da violare il ragionevole affidamento delle parti (Cass., 27.10.2016, n. 21740).

Nonostante alcune ricostruzioni diverse, è da escludere che la regola di interpretazione di buona fede debba venire in considerazione sussidiariamente rispetto alle altre regole di interpretazione soggettiva (di cui agli artt. 1362-1365 cod. civ.). La subordinazione è senz'altro vera per i criteri di interpretazione oggettiva di cui agli artt. 1367-1371 cod. civ., che si possono invocare per l'ipotesi di "dubbio", "ambiguità", "oscurità" del testo contrattuale. La buona fede oggettiva, invece, costituisce un criterio generale che vincola le parti nella fase delle trattative, nella formazione e nell'esecuzione del contratto: in quanto criterio generale essa vincola le parti pure in sede di interpretazione del contratto. Ciò, del resto, è confermato dalla Relazione al Re (n. 88) del codice civile del 1942: "la dichiarazione di volontà contrattuale deve essere intesa secondo un criterio obiettivo, che ha per fondamento un canone di reciproca lealtà di condotta tra le parti".

258.1. *Le regole di interpretazione oggettiva.*

Le **regole di interpretazione oggettiva** possono essere distinte in due sottospecie: **regole aperte** e regole **finalizzate**. Le regole aperte sono quelle che forniscono alcuni criteri per scegliere fra una serie di possibili significati; le regole finalizzate, invece, ipotizzano l'alternativa tra due possibili significati e ne impongono uno (in relazione a precise scelte di politica legislativa).

Ci si occupi, in primo luogo, delle **regole aperte**. Le **espressioni con più sensi** devono, nel dubbio, essere intese nel senso più conveniente alla natura e all'oggetto del contratto (art. 1369 cod. civ.). Ad esempio, le diverse clausole del contratto di fideiussione devono essere interpretate in modo coerente con il contenuto e con l'oggetto del contratto e, quindi, con le finalità di sollecita percezione della somma da parte del beneficiario.

Altro criterio riconducibile alle regole aperte è quello relativo alle **pratiche generali interpretative**: le clausole ambigue s'interpretano secondo ciò che si pratica generalmente nel luogo in cui il contratto è stato concluso (art. 1368, 1° co., cod. civ.).

Nei contratti in cui una delle parti è un imprenditore, le clausole ambigue s'interpretano secondo ciò che si pratica generalmente nel luogo in cui è la sede dell'impresa (art. 1368, 2° co., cod. civ.). Si fa riferimento, qui, agli usi interpretativi, ossia alle pratiche contrattuali. Si noti come tale disposizione assolva ad una funzione simile a quella che si rinviene nell'art. 1341 cod. civ., relativo alla determinazione del regolamento contrattuale ad opera di una parte. L'intento, infatti, è quello di assicurare all'imprenditore un'uniforme interpretazione dei contratti da lui stipulati in luoghi diversi: il che gli permette di soddisfare le esigenze connesse ad un sistema di produzione o distribuzione di massa.

Si giunge, ora, alle regole finalizzate: nel dubbio, il contratto o le singole clausole devono interpretarsi nel senso in cui possono avere qualche effetto, anziché quello secondo cui non ne avrebbero alcuno (art. 1367 cod. civ.). La norma costituisce applicazione del **principio** della **conservazione** del **contratto**.

Esempio. Un testo dal significato oscuro è suscettibile di una duplice interpretazione: in base alla prima l'oggetto del contratto deve considerarsi impossibile; in base alla seconda l'oggetto del contratto deve considerarsi possibile. La seconda interpretazione è destinata a prevalere: diversamente, il contratto sarebbe condannato alla nullità (ecco perché la regola in esame costituisce applicazione del principio della conservazione del contratto).

Deve evidenziarsi, peraltro, che l'interpretazione conservativa non deve essere smentita dall'effettiva volontà delle parti. Se quest'ultime, inequivocabilmente, volevano un contratto nullo, l'interpretazione in parola non opera. Inoltre, l'interpretazione conservativa deve essere compatibile con il testo (ancorché ambiguo) del contratto.

Vi è, poi, la regola dell'**interpretazione contro** l'**autore** della **clausola**: le clausole inserite nelle condizioni generali dei contratti o in moduli o formulari predisposti da uno dei contraenti s'interpretano, nel dubbio, a favore dell'altro (art. 1370 cod. civ.).

Esempio. In un contratto concluso tra il predisponente e l'aderente si stabilisce che quest'ultimo possa evitare la proroga automatica del contratto con comunicazione da effettuare entro una certa data. Non è chiaro, però, se il termine utile per la comunicazione scada nel momento della spedizione o in quello della ricezione della lettera: nel dubbio, prevarrà la prima interpretazione, che è più favorevole per l'aderente.

Tale regola è prevista anche nella disciplina sul Codice del Consumo, di cui si dirà: "nel caso di dubbio sul senso di una clausola, prevale l'interpretazione più favorevole al consumatore" (art. 35, 2° co., Cod. Cons.).

Vi è poi una disposizione che detta **regole finali**, di chiusura, allorché il significato del contratto o di qualche sua clausola continui a rimanere oscuro: il contratto, in questi casi, deve essere inteso nel senso meno gravoso per l'obbligato, se è a titolo gratuito, e nel senso che realizzi l'equo contemperamento degli interessi delle parti, se è a titolo oneroso (art. 1371 cod. civ.).

Il legislatore ritiene che, nel dubbio, sia preferibile favorire chi dal contratto riceva dei sacrifici e non colui che dallo stesso riceva soltanto vantaggi e nessun sacrificio. È, questa, una regola che trova applicazione nei contratti gratuiti, anche se non liberali.

Se invece il contratto è oneroso, esso deve interpretarsi nel senso di realizzare un "equo contemperamento degli interessi delle parti". La formula sembra aver riguardo all'economia del contratto, ossia alla causa concreta dello stesso. Altri autori, peraltro, sostengono che l'espressione deve essere intesa in senso più ampio, dovendo farsi riferimento alla "giustizia del caso singolo": il giudice, secondo quest'ultima tesi, dovrà tenere in considerazione i motivi, le aspettative, le esigenze, gli interessi delle parti anche estranei alla causa del contratto.

Capitolo 39

I CONTRATTI DEL CONSUMATORE

259. La disciplina codicistica: le condizioni generali del contratto predisposte unilateralmente dal contraente.

Lo studio del "diritto dei consumatori" richiede di prendere le mosse dal codice civile (artt. 1341-1342 cod. civ.), per poi giungere all'analisi delle principali disposizioni contenute nel "Codice del Consumo" (d.lgs. n. 206/2005).

Si sono già viste le ragioni economico-sociali che hanno indotto il legislatore codicistico del 1942 a "limitare" la libertà contrattuale dei contraenti, consentendo ad una delle parti di predisporre unilateralmente il testo del contratto: l'aderente, in sostanza, "subisce" (nei modi che tra poco vedremo) le condizioni generali del contratto predisposte dalla controparte e ha soltanto la "libertà" di aderire o meno ad esso. Non sempre, peraltro, quest'ultima è una vera e propria libera scelta, trovandosi il contraente "debole" nella necessità di ricorrere ai prodotti e ai servizi forniti dal contraente "forte", al fine di soddisfare alcuni bisogni importanti, suoi e della sua famiglia.

Ci si occupi, però, degli aspetti giuridici della materia. È previsto che le **condizioni generali del contratto** predisposte da uno dei contraenti siano efficaci nei confronti dell'altro se, al momento della conclusione del contratto, questi le ha conosciute o avrebbe dovuto conoscerle usando l'ordinaria diligenza (art. 1341, 1° co., cod. civ.).

La regola generale vuole che le parti siano vincolate alle pattuizioni contrattuali soltanto quando, al momento della conclusione del contratto, le stesse conoscevano effettivamente le clausole su cui si è raggiunto l'accordo. Il legislatore, però, ha introdotto una deroga a questa regola: allorché una delle parti predisponga unilateralmente le clausole del contratto, in modo tale che le stesse siano suscettibili di un utilizzo ripetuto nei confronti di un numero indefinito di persone (questo vuol dire condizioni generali del contratto: Cass., 17.1.2022, n. 1166; Cass., 31.12.2021, n. 42091), le stesse clausole sono efficaci anche quando, al momento della conclusione del contratto, l'aderente avrebbe dovuto conoscerle utilizzando l'ordinaria diligenza.

Esempio. Il Sig. Pacelli si reca alla biglietteria della stazione di Roma e compra un biglietto per raggiungere Napoli: conclude un contratto di trasporto. Il Sig. Pacelli non "concorda" con le ferrovie (che agiscono, nella fattispecie, attraverso il bigliettaio) le condizioni di trasporto. Eppure, esse esistono (sono, anzi, alquanto analitiche), giacché sono state predisposte unilateralmente dalla società che gestisce il servizio di trasporti per treno. Quest'ultima ha reso conoscibili le condizioni generali del contratto: basterà consultare il sito *internet* per leggerle o recarsi negli appositi locali deputati alla pubblicità di queste notizie. Lo stesso biglietto ferroviario avverte l'aderente dove può rinvenire le condizioni generali del contratto.

Sono numerosi i contratti che, nella vita quotidiana, si concludono attraverso la semplice accettazione di condizioni generali del contratto: si pensi non solo ai contratti di trasporto, ma anche a quelli con le imprese assicuratrici, con le banche, con le società che producono beni e rendono servizi su larga scala.

Colui che predispone le condizioni generali del contratto ha un unico onere: quello di rendere conoscibili le stesse attraverso l'ordinaria diligenza. Diversamente, le pattuizioni predisposte unilateralmente non sono efficaci per l'aderente. Nell'esempio fatto non si potrà dire che l'aderente sia stato privato della possibilità di leggere le condizioni generali del contratto.

Ben può succedere (e nella prassi accade spesso) che l'aderente si trovi vincolato ad un contratto di cui non conosceva effettivamente le pattuizioni. Egli avrebbe potuto conoscerle (magari ricorrendo ad una semplice consultazione su un sito *internet*) ma non l'ha fatto: per mancanza di tempo, per non perdere l'occasione di concludere il contratto, per dimenticanza, per pigrizia, per "fiducia" verso la controparte, e così via.

Si noti che il codice non utilizza l'espressione "professionista" (per designare colui che predispone unilateralmente le condizioni generali del contratto) né quella di "consumatore" (per indicare l'aderente). Si vedrà tra breve, quando si esaminerà la disciplina contenuta nel Codice del Consumo, che quest'ultime espressioni hanno un preciso significato tecnico-giuridico.

Il codice civile, invece, fa riferimento a colui che ha predisposto le condizioni generali di contratto nei confronti dell'altro (non si discute neanche di aderente). Il predisponente, per lo più, è chi svolge un'attività di impresa che produce beni o servizi su larga scala: diversamente non si spiegherebbe perché lo stesso abbia la necessità di predisporre condizioni generali di contratto da far valere nei confronti di una serie indefinita di contraenti.

Colui che aderisce alle condizioni generali del contratto, invece, può essere sia una persona fisica sia una persona giuridica (un'associazione, una fondazione, una società). Ciò vuol dire che la disciplina in esame può applicarsi ad un contratto concluso fra una società ed una persona fisica (come molte volte accade), ma anche ad un contratto concluso tra due società (in cui una si limita semplicemente ad aderire alle condizioni generali predisposte dall'altra).

Sotto questo aspetto la **disciplina codicistica** ha un **più vasto campo di applicazione rispetto a quella consumeristica**, la quale si riferisce soltanto alle parti contrattuali che assumano la qualifica, da un lato, di "professionista" e, dall'altro, di "consumatore".

259.1. *Le clausole vessatorie (e la loro inefficacia) nella disciplina del codice civile.*

Il legislatore è consapevole del fatto che la regola della "conoscibilità" delle condizioni generali del contratto può portare a concludere contratti caratterizzati dalla mancanza di conoscenza del loro contenuto da parte dell'aderente. Il che può essere un problema quando vengano conclusi contratti che contengono **clausole vessatorie** per l'aderente, ossia clausole particolarmente gravose per lo stesso. Si fa riferimento, in sostanza, a quelle clausole che, per il loro contenuto, mirano a creare un obiettivo squilibrio tra le posizioni delle parti, a vantaggio di colui che ha predisposto le pattuizioni e, dunque, le ha imposte alla controparte.

Proprio per questo il codice civile prevede (ritornando, alla regola generale della conoscenza "effettiva") che "in ogni caso non hanno effetto, se non sono specificamente approvate per iscritto, le condizioni che stabiliscono, a favore di colui che le ha predisposte, limitazioni di responsabilità, facoltà di recedere dal contratto o di sospenderne l'esecuzione, ovvero sanciscono a carico dell'altro contraente decadenze, limitazioni alla facoltà di opporre eccezioni, restrizioni alla libertà contrattuale nei rapporti coi terzi, tacita proroga o rinnovazione del contratto, clausole compromissorie o deroghe alla competenza all'autorità giudiziaria" (art. 1341, 2° co., cod. civ.).

Esempio. Le condizioni generali del contratto prevedono, in un'apposita clausola, che il predisponente possa sciogliere unilateralmente il contratto (possa, cioè, recedere dallo stesso). Si tratta di un potere della cui esistenza l'aderente deve essere messo al corrente "effettivamente", considerate le conseguenze che derivano dall'esercizio del recesso. L'approvazione per iscritto della clausola serve a testimoniare che l'aderente ne ha avuto conoscenza e, così, l'ha accettata.

Esempio. Le condizioni generali del contratto prevedono che le eventuali controversie tra le parti non siano devolute al giudice naturale; si prevede, infatti, che in luogo dell'autorità giudiziaria competente si pronunci un arbitro. Anche in questo caso è richiesta l'approvazione per iscritto delle clausole.

L'elenco previsto dall'art. 1341, 2° co., cod. civ. costituisce un *numerus clausus* (questo vuol dire che non è consentita un'applicazione analogica della disposizione a quelle clausole che non rientrano nell'elenco). Pertanto, le clausole penali non hanno natura vessatoria ai sensi della disposizione codicistica in esame (Cass., 30.6.2021, n. 18550). Inoltre, le clausole inserite in un contratto stipulato per atto pubblico, ancorché si conformino alle condizioni poste da uno dei contraenti, non possono considerarsi come predisposte ai sensi dell'art. 1341 cod. civ. (Cass., 16.7.2020, n. 15253).

Una questione delicata, su cui si sono confrontati gli interpreti e la giurisprudenza, attiene alle **modalità** di **specifica approvazione** delle clausole vessatorie.

La giurisprudenza della Suprema Corte ha da tempo chiarito che "affinché sia configurabile l'approvazione specifica delle clausole vessatorie, occorre che ciascuna delle clausole da approvare sia chiaramente individuata e richiamata, in modo che si abbia la certezza che l'obbligato sia stato posto in grado di fermare la sua attenzione sul contenuto di ogni singola clausola richiamata. Non risponde alla suddetta esigenza la generica dichiarazione di aver preso conoscenza delle clausole contrattuali e di approvarle tutte" (Cass., n. 2849/1998; Cass., n. 1317/1998; Cass., 9.7.2018, n. 17939).

È prevalso l'uso di far apporre al consumatore due firme: la prima è quella che sottoscrive l'intero accordo; la seconda è quella che approva, specificamente, le clausole indicate come "vessatorie", con richiamo, benché sommario, del loro contenuto (Trib. Catania, 5.4.2019).

259.2. *Le condizioni generali contenute in moduli o formulari.*

Molto spesso le condizioni generali del contratto vengono inserite in moduli o formulari prestampati. È previsto che nei contratti conclusi mediante la sottoscrizione di **moduli** o **formulari**, predisposti per disciplinare in maniera uniforme determinati rapporti contrattuali, le clausole aggiunte al modulo o al formulario prevalgono su quelle del modulo o del formulario, qualora siano incompatibili con esse, anche se quest'ultime non sono state cancellate (art. 1342, 1° co., cod. civ.).

Le clausole aggiunte al modulo o al formulario, è evidente, sono il frutto della trattativa diretta fra le parti: in tal caso, dunque, il codice ritiene di far prevalere l'accordo effettivamente raggiunto tra i contraenti.

Qualora nel modulo o nel formulario siano inserite clausole vessatorie, esse dovranno essere specificamente approvate dall'aderente (art. 1342, 2° co., cod. civ.).

259.3. *La tutela "formale" dell'aderente. Aspetti critici in ordine alla carenza di una tutela "sostanziale".*

La doppia sottoscrizione, prevista per le clausole vessatorie, dovrebbe consentire all'aderente di porre l'attenzione sul contenuto delle pattuizioni specificamente indicate, in quanto più gravose per lui. L'esperienza, peraltro, ha dimostrato come la **tutela** codicistica del contraente economicamente meno forte sia talvolta più **apparente** che reale.

Lo si comprende riflettendo su alcune circostanze. Sotto un primo aspetto va rilevato come la maggior parte delle imprese che offrono, su larga scala, beni o servizi, finiscano per inserire nei loro contratti *standard* le medesime clausole vessatorie. Spesso scegliere di stipulare un contratto con un contraente piuttosto che con un altro non comporta una significativa differenza.

Si consideri, poi, che la conclusione del contratto (e, dunque, la possibilità, per l'aderente, di usufruire effettivamente del bene o del servizio proposto dalla controparte) è condizionata all'integrale accettazione delle condizioni contrattuali predisposte unilateralmente (vessatorie e non vessatorie). Pertanto, qualora l'aderente non accetti di sottoscrivere specificamente alcune delle clausole vessatorie previste, lo stesso non potrà concludere il contratto e, in definitiva, usufruire del bene o del servizio di cui ha bisogno.

Si aggiunga, infine, che non sempre la sottoscrizione specifica delle clausole vessatore equivale a conoscenza effettiva delle stesse da parte dell'aderente: la lunghezza dei moduli e formulari, la specificità ed il tecnicismo di alcune clausole, i caratteri redazionali alquanto ridotti, l'esigenza di concludere celermente il contratto sono fattori che conducono spesso alla sottoscrizione di clausole gravose, da parte del contraente economicamente più debole, senza che quest'ultimo ne abbia un'effettiva conoscenza.

Alcuni studiosi dell'**analisi economica del diritto**, infine, svolgono la seguente considerazione. Si deve considerare che sarebbe troppo oneroso, per il professionista, rendere tutte le informazioni sulla "portata precettiva" del contratto e, soprattutto, fornire la "cultura" specifica necessaria a superare l'indifferenza rispetto alle condizioni generali del contratto. Indifferenza, si badi, che deriva dalla "condotta razionale" dei consumatori e non già da loro negligenza o trascuratezza. L'unico rimedio prospettabile, allora, è quello della caducazione *ex iure* delle clausole squilibrate.

260. I "contratti del consumatore" nel Codice del Consumo: il "consumatore" e il "professionista".

La sensibilità "consumeristica", emersa sempre più decisamente negli ultimi decenni, ha evidenziato più volte come l'originario impianto codicistico non potesse considerarsi adeguato al fine di assicurare un'effettiva ed incisiva tutela a favore del contraente economicamente più debole.

La questione non è stata avvertita soltanto a livello nazionale. Basti considerare che la **Direttiva comunitaria** 93/13/CEE imponeva agli Stati membri di adottare una tutela contrattuale minima del "consumatore" nei confronti del "professionista". In **attuazione** della Direttiva, con la l. n. 52/1996 il legislatore italiano ha introdotto, per la prima volta nel nostro ordinamento, la disciplina dei "contratti del consumatore", inserendola inizialmente nel *corpus* del codice civile (artt. 1469-*bis*-1469-*sexies* cod. civ., oggi abrogati).

Attualmente l'intera materia dei contratti dei consumatori è stata collocata nel Codice del Consumo (d.lgs. n. 206/2005), cui ora occorre avere riguardo (sul rapporto tra normativa codicistica e disciplina del Codice del Consumo, di cui agli artt. 33-38, § 260.4).

Il Codice del Consumo è diviso in più parti: parte I (disposizioni generali: artt. 1-3); parte II (educazione, informazione, pubblicità: artt. 4-32); parte III (il rapporto di consumo: artt. 33-101); parte IV (sicurezza e qualità: artt. 102-135); parte V (associazioni dei consumatori e accesso alla giustizia: artt. 136-141-*decies*); parte VI (disposizioni finali: artt. 142-146).

La normativa ha, per protagonisti, il "**professionista**" ed il "**consumatore**", di cui viene data una **definizione** (art. 3 d.lgs. n. 206/2005).

Per professionista si intende la persona fisica o giuridica, privata o pubblica che, nell'ambito della sua attività imprenditoriale o professionale, concluda contratti aventi per oggetto la cessione di beni o la prestazione di servizi, ovvero un suo intermediario. Con questo termine, dunque, si può far riferimento ad un imprenditore (individuale o collettivo), ad un ente non lucrativo, ad una Pubblica amministrazione, ad un esercente una professione intellettuale (ad esempio il medico, l'ingegnere, l'avvocato): è necessario, però, che questi soggetti svolgano non occasionalmente (in modo "professionale") un'attività diretta alla produzione o alla distribuzione di beni oppure alla prestazione di servizi. Nella nozione legislativa rientra anche l'"intermediario" del professionista: l'espressione va intesa in senso ampio, ricomprendendo qualsiasi soggetto che si inserisca professionalmente nella catena produttiva-distributiva (si pensi all'agente, al mediatore, allo spedizioniere, al vettore). Si è precisato, da parte degli interpreti, che affinché ricorra la figura del "professionista" è sufficiente che il contratto venga concluso per una finalità connessa all'esercizio dell'attività imprenditoriale o professionale.

Per consumatore, invece, si intende soltanto la persona fisica (il consumatore finale, si suole dire) che si procura, attraverso il contratto, i beni o i servizi del professionista per fini estranei all'attività imprenditoriale o professionale eventualmente esercitata. L'utilizzo, in sostanza, avviene per fini personali. Si ricava, da quest'ultima definizione, che non sono mai considerati consumatori le persone giuridiche né i professionisti che utilizzano i beni o i servizi per l'esercizio delle proprie attività professionale. È considerato "consumatore", invece, la persona fisica che, anche se svolge attività imprenditoriale o professionale, conclude qualche contratto (avente ad oggetto la cessione di beni o la prestazione di servizi) per la soddisfazione di esigenze della vita quotidiana estranee all'esercizio di dette attività (Cass., 25.7.2011, n. 10127; Cass., 26.3.2019, n. 8419). Non è consumatore l'avvocato che conclude un contratto di utenza telefonica per uso professionale (Cass., 29.6.2018, n. 22810).

Una parte della dottrina e della giurisprudenza, muovendo da considerazioni di giustizia sostanziale, ha cercato di prospettare un'applicazione analogica della disciplina consumeristica, riferendola anche ad enti (personificati o non) caratterizzati da una condizione di effettiva "debolezza" nei confronti del professionista.

Si tratta di un tentativo che non ha trovato accoglimento da parte della giurisprudenza costituzionale (Corte cost., ord. 30.6.1999, n. 282; Corte cost., 22.11.2002, n. 469). L'argomento analogico, del resto, possiede un'intrinseca debolezza: l'organizzazione stessa di un ente, si osserva, sembrerebbe porsi contro quella condizione di debolezza (da valutare, soprattutto, in termini di asimmetria informativa) su cui si basa la disciplina del Codice del Consumo.

Si noti, peraltro, come talvolta si sia finito per utilizzare la qualifica di "consumatore" allorché l'operazione era formalmente riferita ad un ente ma, in realtà, era riconducibile ad una pluralità di persone fisiche (Cass., 24.7.2001, n. 10086, che ha esaminato la fattispecie relativa a contratti conclusi dall'amministratore di condominio, in qualità di mandatario con rappresentanza dei condòmini; Cass., 22.5.2015, n. 10679).

260.1. *La definizione di clausole vessatorie nel Codice del Consumo.*

Individuati i soggetti cui si riferisce la disciplina del Codice del Consumo, si studi quale forma di tutela sia dettata per il consumatore che sottoscrive clausole particolarmente gravose.

È previsto che sono **vessatorie** (e quindi nulle, ai sensi dell'art. 36 Cod. Cons.) le clausole dei contratti fra "professionista" e "consumatore" che, in contrasto con la buona fede (la legge utilizza l'espressione "malgrado la buona fede", ma si tratta di un equivoco di traduzione), "determinano a carico del consumatore un **significativo squilibrio** dei **diritti** e degli obblighi derivanti dal contratto" (art. 33 Cod. Cons.). Nella versione tedesca della traduzione della direttiva si utilizza l'espressione "*entgegen den Gebot von Treu und Glauben*", mentre in quella inglese si discute di "*contrary to the requirement of good faith*".

È sufficiente, per la vessatorietà di una clausola, che ci sia un significativo squilibrio dei diritti e degli obblighi reciproci: non è richiesto, invece, un elemento di ordine soggettivo, come la volontà del professionista di profittare della propria posizione per costringere la controparte a sottoscrivere condizioni inique. Le clausole non chiare e comprensibili possono essere qualificate come vessatorie se determinano un significativo squilibrio del diritto del consumatore (così Cass., 31.8.2021, n. 23655).

Va sottolineato, inoltre, che lo squilibrio di cui discute la disciplina del Codice del Consumo attiene ai diritti e ai doveri che derivano dal contratto, a favore dell'una o dell'altra parte. La valutazione del carattere vessatorio, dunque, non riguarda la quantità o la qualità dei beni o servizi e neanche la congruità del prezzo contrattuale (art. 34, 2° co., Cod. Cons.; Cass., 25.11.2021, n. 36740).

Si ricordi che la disciplina sulle clausole vessatorie nei contratti del consumatore trova applicazione anche nei confronti dei contratti atipici (Cass., 18.2.2022, n. 5423).

260.2. *La lista delle clausole che si presumono vessatorie* (grey list e black list).

Il Codice del Consumo, dopo aver definito le **clausole** vessatorie, individua in una lista le clausole che si presumono **vessatorie**, salva la prova contraria da parte del professionista (**presunzione relativa**). Fra le altre, si presumono vessatorie le clausole che hanno per oggetto o per effetto di (art. 33, 2° co., Cod. Cons.):

escludere o limitare la responsabilità del professionista in caso di morte o danno alla persona del consumatore, risultante da un fatto o da un'omissione del professionista (clausola n. 1);

escludere o limitare le azioni o i diritti del consumatore nei confronti del professionista o di un'altra parte in caso di inadempimento totale o parziale o di adempimento inesatto da parte del professionista (clausola n. 2);

escludere o limitare l'opponibilità da parte del consumatore della compensazione di un debito nei confronti del professionista con un credito vantato nei confronti di quest'ultimo (clausola n. 3);

prevedere un impegno definitivo del consumatore, mentre l'esecuzione della prestazione del professionista è subordinata ad una condizione il cui adempimento dipende unicamente dalla sua volontà (clausola n. 4);

consentire al professionista di recedere da contratti a tempo indeterminato senza un ragionevole preavviso, tranne nel caso di giusta causa (clausola n. 8);

stabilire un termine eccessivamente anticipato rispetto alla scadenza del contratto per comunicare la disdetta al fine di evitare la tacita proroga o rinnovazione (clausola n. 9);

prevedere l'estensione dell'adesione del consumatore a clausole che non ha avuto la possibilità di conoscere prima della conclusione del contratto (clausola n. 10);

consentire al professionista di modificare unilateralmente le clausole del contratto, ovvero le caratteristiche del prodotto o del servizio da fornire, senza un giustificato motivo indicato nel contratto stesso; se il contratto, peraltro, ha per oggetto servizi finanziari a tempo indeterminato, il professionista può per giustificato motivo, anche non indicato nel contratto, recedere o modificare le condizioni del contratto, con facoltà di recesso del consumatore (clausola n. 11).

L'**elenco**, comunque, **non** è **tassativo**: al di là delle venti ipotesi previste (per le quali esiste una presunzione relativa di vessatorietà), il consumatore è ammesso a provare che anche altre clausole provocano un significativo squilibrio dei diritti e degli obblighi fra le parti (e, dunque, sono vessatorie). È stata considerata vessatoria, ad esempio, la clausola dei contratti bancari che prevedeva la capitalizzazione trimestrale degli interessi a carico del cliente (Trib. Roma, 21.1.2000).

Il trattamento normativo delle varie ipotesi sopra elencate non è sempre il medesimo.

Le clausole di cui ai numeri 1, 2, 10 (che compongono la c.d. *black list*) sono nulle quantunque oggetto di trattative (art. 36, 2° co., Cod. Cons.); invece le altre clausole (che fanno parte della c.d. *grey list*) sono nulle soltanto se siano state predisposte unilateralmente dal professionista (al di fuori, cioè, di una trattativa individuale con il consumatore: art. 34, 4° co., Cod. Cons.). Vale, anche in questo caso, una **presunzione**: qualora il contratto sia stato concluso attraverso l'adozione di **moduli** o **formulari** predisposti dal professionista, si presume che la clausola sia stata predisposta unilateralmente. Spetta al professionista "l'**onere** di **provare** che le clausole, o gli elementi di clausola, malgrado siano dal medesimo unilateralmente predisposti, siano stati oggetto di **specifica trattativa** con il consumatore" (art. 34, 5° co., Cod. Cons.).

Ci si chiede, peraltro, cosa voglia dire "specifica trattativa" con il consumatore. Il problema è capire se possa considerarsi sufficiente (al fine di dimostrare l'avvenuta trattativa) la specifica approvazione della clausola da parte del consumatore. All'interrogativo diversi interpreti danno risposta negativa, ritenendo che occorra, da parte del professionista, la prova di un'effettiva trattativa (quella, in sostanza, che emerge dallo scambio di lettere, *e-mail*, incontri, e così via). Quest'interpretazione è in linea con la *ratio* dell'effettiva tutela del consumatore, che ispira l'intera disciplina del Codice del Consumo. Si consideri, infatti, che la semplice sottoscrizione della clausola, ad opera di una parte, si è rivelata nell'esperienza pratica un mero simulacro formale: il consumatore finisce per sottoscrivere una o più clausole (ancorché definite vessatorie) senza neanche conoscere il loro contenuto.

Un altro punto va chiarito. Le clausole che compongono la *black list* (quelle di cui ai nn. 1, 2, 10) rientrano nella lunga lista prevista dall'art. 33, 2° co., Cod. Cons., che consente al professionista di dare prova contraria della loro vessatorietà. Ciò vuol dire che, almeno astrattamente, il professionista potrebbe provare la non vessatorietà delle pattuizioni rientranti nella *black list*: non attraverso l'eventuale trattativa intercorsa, ma dimostrando che esse non hanno determinato un "significativo squilibrio" contrattuale (art. 33, 1° co., Cod. Cons.). Tale prova, a ben guardare, finisce con l'essere alquanto difficile ed improbabile.

Si è del resto osservato, più in generale, che sarà difficile per il professionista convincere il giudice che una clausola compresa tra quelle rientranti nella lunga lista prevista dal Codice del Consumo (art. 33, 2° co., Cod. Cons.) non sia, in concreto, vessatoria.

260.3. *La "nullità di protezione": caratteri.*

Nella disciplina del Codice del Consumo è previsto che le clausole vessatorie siano nulle: la rubrica dell'art. 36, in particolare, discute di **nullità di protezione**, di cui ora vanno indagati i caratteri.

La disciplina consumeristica, in primo luogo, prevede che le clausole vessatorie "sono nulle mentre il contratto rimane valido per il resto" (art. 36, 1° co., Cod. Cons.). Inoltre, "la nullità opera soltanto a vantaggio del consumatore e può essere rilevata d'ufficio dal giudice" (art. 36, 3° co., Cod. Cons.).

La nullità di protezione può considerarsi un **istituto tipico** del diritto dei **contratti** tra **professionista** e **consumatore**: nei rapporti tra questi soggetti, si vuol dire, la nullità sarà sempre soggetta al regime della nullità di protezione.

Ciò non soltanto quando tale regime sia espressamente previsto dalla legge (art. 134, 1° co., Cod. Cons., sulla vendita dei beni di consumo), ma anche quando lo stesso finisca per essere richiamato dalla finalità di tutela del consumatore (art. 72 Cod. Cons.: § 272).

Innanzitutto, la nullità in esame è una **nullità relativa**, che può essere fatta valere solo dal consumatore, ossia dal soggetto nel cui vantaggio è posta. L'invalidità del contratto consumeristico non può essere accertata su iniziativa del professionista o di chiunque (a differenza della nullità "ordinaria" caratterizzata dalla legittimazione assoluta ai sensi dell'art. 1421 cod. civ.: § 233).

La nullità di protezione è, altresì, una **nullità necessariamente parziale**: essa comporta la perdita di efficacia delle clausole vessatorie e non dell'intero contratto. È preclusa, dunque, l'indagine sull'essenzialità o meno della clausola rispetto alla volontà delle parti secondo quanto previsto, invece, dalla disciplina generale del contratto (art. 1419, 1° co., cod. civ.).

Inoltre, anche per la nullità di protezione il giudice ha il potere-dovere di rilevare d'ufficio la nullità; tuttavia, il **rilievo d'ufficio** non comporta l'automatica dichiarazione dell'invalidità del contratto, giacché la dichiarazione giudiziale è subordinata alla manifestazione di volontà del consumatore. La Suprema Corte, infatti, ha prospettato due fasi per l'accertamento d'ufficio della nullità di protezione: (a) rilevazione obbligatoria della nullità e provocazione del contraddittorio tra le parti, le quali propongono le proprie difese processuali; (b) eventuale richiesta del consumatore di declaratoria di nullità. In mancanza di un'eccezione da parte del consumatore, pur in presenza di un vizio di nullità, il giudice non potrà dichiarare nullo il contratto (Cass., Sez. Un., 12.12.2014, n. 26242).

Infine, la nullità in esame è una **nullità funzionalizzata**, in quanto tutela sia l'interesse personale del consumatore sia alcuni valori fondamentali, quali il corretto funzionamento del mercato (art. 41 Cost.) e l'uguaglianza almeno formale tra contraenti forti e deboli (art. 3 Cost.) (Cass., Sez. Un., 12.12.2014, n. 26242).

260.4. *I rapporti tra la disciplina civilistica e quella del Codice del Consumo.*

Dopo avere effettuato la ricognizione della disciplina codicistica e di quella prevista dal Codice del Consumo, in tema di clausole vessatorie, occorre chiedersi quale sia, attualmente, il rapporto tra i due sistemi di norme. Il Codice del Consumo non ha affatto abrogato gli artt. 1341-1342 cod. civ., che dunque continuano ad avere un loro spazio di applicazione.

Sotto un primo aspetto può dirsi che la disciplina prevista dal Codice del Consumo ha un ambito di applicazione più vasto. Le norme codicistiche hanno come presupposto di applicazione la predisposizione, ad opera di una parte contrattuale, delle condizioni generali del contratto. La disciplina del Codice del Consumo, invece, non richiede che una parte (il "professionista") utilizzi la tecnica delle condizioni generali del contratto (anche se, in concreto, il più delle volte è quello che accade).

Sotto un altro aspetto le nuove norme hanno un ambito di applicazione più ristretto. Il Codice del Consumo si riferisce ai contratti stipulati soltanto fra "professionista" e "consumatore", mentre gli artt. 1341-1342 cod. civ. non operano questa delimitazione soggettiva. La disciplina codicistica, così, può applicarsi anche quando il contratto sia concluso tra due società (in cui una predisponga unilateralmente le condizioni generali del contratto). Diversamente, quando si è in presenza di un contratto definibile, ai sensi del d.lgs. n. 206/2005, come contratto tra "professionista" e "consumatore", prevarrà la disciplina del Codice del Consumo (che prevede l'assolvimento di una serie di obblighi di informativa precontrattuale prima della conclusione del contratto: art. 48 Cod. Cons.).

261. Altre materie regolate dal Codice del Consumo: i contratti negoziati fuori dai locali commerciali e i contratti a distanza.

Il Codice del Consumo si occupa anche di altre materie che, originariamente previste da autonome disposizioni di legge, sono state fatte confluire in un unico *corpus* (quello, appunto, del d.lgs. n. 206/2005). Punto di riferimento, ovviamente, sono sempre i "consumatori" ed i "professionisti", della cui definizione si è detto in precedenza.

Già da tempo il legislatore comunitario ha emanato delle direttive sui **contratti stipulati fuori dai locali commerciali**. Si è infatti manifestata l'esigenza di tutelare il consumatore in quelle situazioni in cui lo stesso si trovi in una posizione di maggiore debolezza: si pensi, ad esempio, al contratto concluso per strada, che impedisce di ponderare con calma la convenienza dell'acquisto. Si abbia riguardo, ancora, ai **contratti** conclusi "**a distanza**", che escludono la possibilità per il consumatore di verificare direttamente il bene che acquista nonché di chiedere informazioni a colui che offre il bene o il servizio.

Il legislatore italiano ha dato attuazione alle direttive europee, dettando apposite leggi, oggi ricondotte nel Codice del Consumo (artt. 45 ss. Cod. Cons., modificati dal d.lgs. 21.2.2014, n. 21).

I contratti "negoziati fuori dai locali commerciali" sono quelli, ad esempio, conclusi alla presenza fisica e simultanea del professionista e del consumatore, in un luogo diverso dai locali del professionista (art. 45, lett. h, n. 1, Cod. Cons.); oppure quelli conclusi durante un viaggio promozionale organizzato dal professionista e avente lo scopo o l'effetto di promuovere e vendere beni o servizi al consumatore (art. 45, lett. h, n. 4, Cod. Cons.).

Esempio. Presso il domicilio del consumatore si presenta un venditore di enciclopedie che, dopo aver illustrato il contenuto delle stesse, convince il consumatore a concludere il contratto. Il consumatore può invocare, a sua tutela, l'applicazione della disciplina del Codice del Consumo.

Si aggiunga che i contratti conclusi presso il domicilio del consumatore o presso il luogo del suo lavoro (la c.d. "**vendita porta a porta**") sono oggetto di un'ulteriore specifica disciplina (l. 17.8.2005, n. 173): in base ad essa l'esercizio dell'attività di "vendita porta a porta" è subordinato al possesso, da parte del soggetto incaricato di svolgere la vendita, di un tesserino di riconoscimento.

I "contratti a distanza", invece, sono quei contratti conclusi tra il professionista e il consumatore nel quadro di un regime organizzato di vendita o di prestazione di servizi a distanza senza la presenza fisica e simultanea del professionista e del consumatore, mediante l'uso esclusivo di uno o più mezzi di comunicazione a distanza fino alla conclusione del contratto, compresa la conclusione del contratto stesso (art. 45, lett. g, Cod. Cons.).

261.1. *Gli obblighi informativi ed il diritto di recesso.*

Va esaminata, ora, la tutela prevista a favore del consumatore. In primo luogo, è stabilito che, prima della conclusione di qualsiasi "contratto a distanza" o "fuori dai locali commerciali", questi debba ricevere una serie di **informazioni** in grado di orientare la sua scelta. Fra le altre, vanno ricordate quelle riguardanti l'identità del professionista, l'indirizzo geografico dove il professionista è stabilito e il suo numero di telefono, fax e indirizzo elettronico, il prezzo totale dei beni o servizi comprensivo delle imposte, le modalità di pagamento (art. 49 Cod. Cons.; sugli obblighi informativi verso i consumatori nei contratti diversi da quelli qui in esame si veda l'art. 48 Cod. Cons.).

Esistono, poi, ulteriori tutele, comuni sia ai contratti stipulati fuori dai locali commerciali sia a quelli a distanza. È previsto, in particolare, che dopo aver concluso tali contratti il consumatore possa esercitare il **diritto di recesso**, senza alcuna penalità e senza specificarne il motivo, entro il termine di quattordici giorni lavorativi (art. 52 Cod. Cons.). Eventuali contratti accessori, a seguito del recesso, sono risolti di diritto (art. 58 Cod. Cons.).

Se il professionista non fornisce al consumatore le informazioni sul diritto di recesso, il periodo di recesso termina dodici mesi dopo la fine del periodo di recesso iniziale (art. 53, 1° co., Cod. Cons.).

Se il diritto di recesso è esercitato dal consumatore correttamente, il professionista è tenuto al **rimborso** delle **somme** versate dal consumatore (art. 56 Cod. Cons.).

In caso di violazione delle disposizioni dettate in materia dal Codice del Consumo, è possibile invocare una tutela amministrativa e giurisdizionale (si veda, in proposito, l'art. 66 Cod. Cons.).

Va aggiunto, infine, che il d.lgs. 23.10.2007, n. 221 (abrogando la l. 19.8.2005, n. 190, emanata in attuazione della Direttiva 2002/65/CE), ha introdotto nel *corpus* del Codice del Consumo un'apposita disciplina dedicata alla **commercializzazione a distanza di servizi finanziari** ai consumatori (dall'art. 67-*bis* all'art. 67-*vicies bis*). Per servizio finanziario deve intendersi qualsiasi servizio di natura bancaria, creditizia, di pagamento, di investimento, d'assicurazione o di previdenza individuale (art. 67-*ter*, 1° co., Cod. Cons.).

La disciplina è molto dettagliata e prevede specifici obblighi informativi prima della conclusione del contratto a distanza (art. 67-*quater* Cod. Cons.), informazioni relative al fornitore (art. 67-*quinquies* Cod. Cons.), informazioni relative al servizio finanziario (art. 67-*sexies*, Cod. Cons.), informazioni relative al contratto a distanza (art. 67-*septies* Cod. Cons.). Specifiche obbligazioni, ancora, sono previste in caso di comunicazione attraverso telefonia vocale (art. 67-*novies* Cod. Cons.).

Il consumatore dispone di un termine di quattordici giorni per recedere dal contratto senza penali e senza dover indicare il motivo (art. 67-*duodecies*, 1° co., Cod. Cons., che al successivo quinto comma specifica i casi in cui il diritto di recesso non si applica).

È previsto, ancora, che il consumatore non sia tenuto ad alcuna prestazione corrispettiva in caso di fornitura di servizi finanziari non richiesti. In ogni caso l'assenza di risposta non implica consenso del consumatore (art. 67-*quinquies decies* Cod. Cons.; si veda anche l'art. 67-*sexies decies*, sulle "Comunicazioni non richieste").

261.2. *Il commercio elettronico.*

L'art. 68 del Codice del Consumo, con una disposizione di "rinvio" (così è rubricata la norma) si occupa del **commercio elettronico**. È previsto che "alle offerte di servizi della **società dell'informazione**, effettuate ai consumatori per via elettronica, si applicano, per gli aspetti non disciplinati dal presente codice, le disposizioni di cui al decreto legislativo 9 aprile 2003, n. 70, recante attuazione della direttiva 2000/31/CE del Parlamento europeo e del Consiglio, dell'8 giugno 2000, relativa a taluni aspetti giuridici dei servizi della società dell'informazione, in particolare il commercio elettronico, nel mercato interno".

Per "offerte di servizi della società dell'informazione" devono intendersi "le attività economiche svolte *on line*" e "qualsiasi servizio prestato normalmente dietro retribuzione, a distanza, per via elettronica e a richiesta individuale di un destinatario di servizi" (così l'art. 1, 1° co., lett. b, l. 21.6.1986, n. 317).

Prima dell'inoltro dell'ordine da parte del destinatario del servizio, devono essere fornite una serie di **informazioni** riguardanti: (a) le varie fasi tecniche da seguire per la conclusione del contratto; (b) il modo in cui il contratto concluso sarà archiviato e le relative modalità di accesso; (c) i mezzi tecnici messi a disposizione del destinatario per individuare e correggere gli errori di inserimento dei dati, prima di inoltrare l'ordine al prestatore; (d) gli eventuali codici di condotta e come accedervi per via telematica; (e) le lingue a disposizione per concludere il contratto oltre all'italiano; (f) l'indicazione degli strumenti di composizione delle controversie (art. 12, 1° co., d.lgs. n. 70/2003).

Salvo differente accordo tra parti diverse dai consumatori, il prestatore deve, senza ingiustificato ritardo e per via telematica, accusare **ricevuta** dell'ordine del destinatario contenente un riepilogo delle condizioni generali e particolari applicabili al contratto, le informazioni relative alle caratteristiche essenziali del bene o del servizio e l'indicazione dettagliata del prezzo, dei mezzi di pagamento, del recesso, dei costi di consegna e dei tributi applicabili (art. 13, 2° co., d.lgs. n. 70/2003).

L'ordine e la ricevuta si considerano pervenuti quando le parti alle quali sono indirizzati hanno la possibilità di accedervi (art. 13, 3° co., d.lgs. n. 70/2003).

Un'apposita disciplina è dedicata ai servizi che attengano a prestazioni relative a **professioni regolamentate** (come quella dell'avvocato o del medico). L'offerta deve essere conforme "alle regole di deontologia professionale e, in particolare, all'indipendenza, alla dignità, all'onore della professione, al segreto professionale e alla lealtà verso clienti e colleghi" (art. 10 d.lgs. n. 70/2003).

Salvo che il fatto costituisca reato, le violazioni di una serie di obblighi previsti (artt. 7, 8, 9, 10, 12 d.lgs. n. 70/2003) sono punite con il pagamento di una **sanzione amministrativa pecuniaria** da 103 euro a 10.000 euro (art. 21, 1° co., d.lgs. n. 70/2003). Nei casi di particolare gravità o recidiva, i limiti minimi e massimi della sanzione sono raddoppiati (art. 21, 2° co., d.lgs. n. 70/2003).

Le sanzioni sono applicate ai sensi della l. 24.11.1981, n. 689. All'accertamento delle violazioni provvedono, d'ufficio o su denunzia, gli organi di polizia amministrativa (art. 21, 3° co., d.lgs. n. 70/2003).

262. I singoli contratti del consumatore: la "multiproprietà".

La disciplina del Codice del Consumo recepisce una serie di leggi speciali in cui è particolarmente avvertita l'esigenza di approntare specifiche forme di tutela a favore del consumatore.

Viene in considerazione, in primo luogo, la disciplina della c.d. **multiproprietà**. La materia è stata ridisegnata dall'art. 2 del d.lgs. 23.5.2011, n. 79, recante il Codice della normativa statale in tema di ordinamento e mercato del turismo (il c.d. **Codice del Turismo**), emanato a norma dell'art. 14 della l. 28.11.2005, n. 246, nonché in attuazione della direttiva 2008/122/CE, relativa ai contratti di multiproprietà, contratti relativi ai prodotti per le vacanze di lungo termine, contratti di rivendita e di scambio.

I soggetti del contratto sono "l'**operatore**" ed il "**consumatore**": in particolare, l'operatore è la persona fisica o giuridica che, nell'ambito della sua attività professionale, trasferisce a titolo oneroso al consumatore il diritto di godimento su uno o più alloggi, per il pernottamento per più di un periodo di occupazione. Il consumatore, invece, è il soggetto in favore del quale si trasferisce a titolo oneroso il diritto di godimento su uno o più alloggi per il pernottamento per più di un periodo di occupazione (art. 69, 1° co., lettere e, f, Cod. Cons.).

Per contratto di **multiproprietà** si intende un "un contratto di durata superiore a un anno tramite il quale un consumatore acquisisce a titolo oneroso il diritto di godimento su uno o più alloggi per il pernottamento per più di un periodo di occupazione" (art. 69, 1° co., lett. a, Cod. Cons.). Il **diritto** di **godimento** può avere **natura reale** ovvero **personale**. Nel primo caso si ha un diritto di comproprietà o, comunque, una contitolarità di diritti reali (tutti caratterizzati dal fatto che il diritto attribuito è temporalmente "parziario"): si è qui di fronte alla figura della multiproprietà in senso stretto (anche se la legge, come visto, discute oggi di "multiproprietà" *tout court*). Nel secondo caso si ha per lo più la contitolarità di un diritto di locazione, che dà luogo alla c.d. **multilocazione**. Nella multilocazione alberghiera, ad esempio, il diritto a fruire dell'albergo e dei servizi connessi è attribuito, a più soggetti, a turno e per periodi di tempo predeterminati.

La nuova versione del Codice del Consumo introduce ulteriori nozioni. Viene in considerazione, in particolare, quella di "contratto relativo a un prodotto per le vacanze di lungo termine": si tratta di "un contratto di durata superiore a un anno ai sensi del quale un consumatore acquisisce a titolo oneroso essenzialmente il diritto di ottenere sconti o altri vantaggi relativamente ad un alloggio, separatamente o unitamente al viaggio o ad altri servizi" (art. 69, 1° co., lett. b, Cod. Cons.). Il "contratto di rivendita", invece, è un "contratto ai sensi del quale un operatore assiste a titolo oneroso un consumatore nella vendita o nell'acquisto di una multiproprietà o di un prodotto per le vacanze di lungo termine" (art. 69, 1° co., lett. c, Cod. Cons.). Per "contratto di scambio", ancora, si intende "un contratto ai sensi del quale un consumatore partecipa a titolo oneroso a un sistema di scambio che gli consente l'accesso all'alloggio per il pernottamento o ad altri servizi in cambio della concessione ad altri dell'accesso temporaneo ai vantaggi che risultano dai diritti derivanti dal suo contratto di multiproprietà" (art. 69, 1° co., lett. d, Cod. Cons.).

In tempo utile prima che il consumatore sia vincolato da un contratto o da un'offerta, l'operatore fornisce al consumatore, in maniera chiara e comprensibile, **informazioni** accurate e sufficienti, sul contratto di multiproprietà, sul contratto relativo ad un prodotto per le vacanze di lungo termine o sul contratto di rivendita: ciò attraverso un **formulario informativo**, diverso per ognuno dei contratti in esame (art. 71, 1° co., Cod. Cons., cui è allegato il modello di formulario). La previsione, analitica, del formulario informativo (contenente, ad esempio, l'identità, il luogo di residenza e lo stato giuridico dell'operatore o degli operatori che saranno parti del contratto, la descrizione del prodotto, la natura ed il contenuto esatto dei diritti) muove nella direzione di una tutela effettiva del consumatore.

Si giunge ai **requisiti del contratto**. Esso deve essere redatto per iscritto, a pena di nullità, su carta o altro supporto durevole, nella lingua italiana e in una delle lingue dello Stato dell'Unione europea in cui il consumatore risiede oppure di cui è cittadino, a sua scelta, purché si tratti di una lingua ufficiale dell'Unione europea (art. 72, 1° co., Cod. Cons.).

Le informazioni di cui all'art. 71, 1° co., costituiscono parte integrante e sostanziale del contratto e non possono essere modificate, a meno che vi sia l'accordo esplicito delle parti oppure le modifiche siano causate da circostanze eccezionali e imprevedibili, indipendenti dalla volontà dell'operatore, le cui conseguenze non avrebbero potuto essere evitate neanche con la dovuta diligenza. Tali modifiche, indicate espressamente nel contratto, sono comunicate al consumatore su carta o altro supporto durevole a lui facilmente accessibile, prima della conclusione del contratto (art. 72, 4° co., Cod. Cons.).

Il contratto contiene, oltre alle informazioni di cui all'art. 71, 1° co., i seguenti ulteriori elementi: (a) l'identità, il luogo di residenza e la firma di ciascuna delle parti; (b) la data e il luogo di conclusione del contratto (art. 72, 5° co., Cod. Cons.).

Prima della conclusione del contratto l'operatore informa il consumatore sulle clausole contrattuali concernenti l'esistenza del diritto di recesso, la durata del periodo di recesso e il divieto di versare acconti durante il periodo di recesso. Tali clausole devono essere sottoscritte separatamente dal consumatore. Il contratto include un formulario separato sul recesso (art. 72, 6° co., Cod. Cons.).

L'operatore non avente la forma giuridica della società di capitali ovvero con un capitale sociale versato inferiore a 5.500.000 euro e non avente sede legale e sedi secondarie nel territorio dello Stato, è obbligato a prestare idonea **fideiussione bancaria o assicurativa** a garanzia della corretta esecuzione del contratto (art. 72-*bis*, 1° co., Cod. Cons.). L'operatore è in ogni caso obbligato a prestare fideiussione bancaria o assicurativa allorquando l'alloggio oggetto del contratto di multiproprietà sia in corso di costruzione, a garanzia dell'ultimazione dei lavori (art. 72-*bis*, 2° co., Cod. Cons.). Delle fideiussioni deve farsi espressa menzione, nel contratto di multiproprietà, a pena di nullità (art. 72-*bis*, 3° co., Cod. Cons.).

Al consumatore è concesso un periodo di quattordici giorni per recedere, senza specificare il motivo, dal contratto di multiproprietà, dal contratto relativo a prodotti per le vacanze di lungo termine, dal contratto di rivendita e di scambio (art. 73, 1° co., Cod. Cons.; sul calcolo del recesso si vedano i successivi commi, dal 2° al 5°).

Il **diritto di recesso** da parte del consumatore si esercita con comunicazione scritta, su carta o altro supporto durevole che assicuri la prova della spedizione anteriore alla scadenza del periodo di recesso, alla persona indicata nel contratto o, in mancanza, all'operatore (art. 74, 1° co., Cod. Cons.). L'esercizio del diritto di recesso da parte del consumatore, nei modi indicati, pone fine all'obbligo delle parti di eseguire il contratto (art. 74, 3° co., Cod. Cons.). Il consumatore che esercita il diritto di recesso non sostiene alcuna spesa, non è tenuto a pagare alcuna penalità, né è debitore del valore corrispondente all'eventuale servizio reso prima del recesso (art. 74, 4° co., Cod. Cons.).

Sono nulle le clausole contrattuali o i patti aggiunti di rinuncia del consumatore ai suoi diritti o di limitazione delle responsabilità previste a carico dell'operatore (art. 78, 1° co., Cod. Cons.). Per le eventuali controversie la competenza territoriale, inderogabile, è del giudice del luogo di residenza o di domicilio del consumatore, se ubicati nel territorio dello Stato (art. 78, 2° co., Cod. Cons.).

Al fine di garantire il rispetto delle disposizioni a carico degli operatori, i consumatori possono utilizzare alcuni strumenti specifici, come quelli di cui agli articoli 27 e 139 del Codice del Consumo (art. 79, 1° co., Cod. Cons.; sull'azione inibitoria § 263; sull'azione collettiva risarcitoria § 264). È comunque fatta salva la giurisdizione del giudice ordinario (art. 79, 2° co., Cod. Cons.).

Per la risoluzione delle controversie sull'esatta applicazione dei contratti in esame è possibile ricorrere alle procedure di mediazione di cui al d.lgs. 4.3.2010, n. 28 (art. 80, 2° co., Cod. Cons.).

Salvo che il fatto costituisca reato, l'operatore che contravvenga alle norme che regolano i contratti in esame (in particolare, quelle di cui agli artt. 70, 1° e 2° co., 71, 72, 72-*bis*, 75, 76 e 77 Cod. Cons.) è punito, per ogni singola violazione, con la sanzione amministrativa pecuniaria da 1.000 euro a 5.000 euro (art. 81, 1° co., Cod. Cons.). Si applica la sanzione amministrativa accessoria della sospensione dall'esercizio dell'attività da trenta giorni a sei mesi all'operatore che abbia commesso una ripetuta violazione delle disposizioni (art. 81, 2° co., Cod. Cons.).

262.1. *La vendita e l'offerta di pacchetti turistici.*

Il Codice del Consumo si occupava dei servizi turistici in un apposito capo (il capo II del titolo IV, intitolato **servizi turistici**), dall'art. 82 all'art. 100. L'intero capo è stato abrogato dall'art. 3, 1° co., lett. (m) del già citato d.lgs. 23.5.2011, n. 79, recante nell'Allegato 1 il "Codice della normativa statale in tema di ordinamento e mercato del turismo" (il c.d. **Codice del Turismo**, modificato da ultimo dal d.lgs. 21.5.2018, n. 62).

Le norme di cui agli artt. 32 ss. del Codice del Turismo si applicano ai pacchetti offerti in vendita o venduti da professionisti a viaggiatori e ai servizi turistici collegati la cui offerta o vendita a viaggiatori è agevolata da professionisti (art. 32, 1° co., Codice del Turismo).

La disciplina risultante dal d.lgs. n. 62/2018 è molto analitica, a cominciare dalle "definizioni" (art. 33 Codice del Turismo, che fornisce la nozione di "servizio turistico", di "servizio turistico integrato", di "pacchetto", di "contratto di pacchetto turistico", di "inizio del pacchetto", di "servizio turistico collegato", di "viaggiatore", di "professionista", di "organizzatore", di "viaggiatore").

Sono previsti precisi doveri di informazione precontrattuale (artt. 34 e 35 Codice del Turismo) ed è fatto divieto di fornire informazioni ingannevoli (art. 37 Codice del Turismo).

Il contratto di "pacchetto turistico" deve avere uno specifico contenuto (art. 36 Codice del Turismo, che indica anche i documenti da fornire prima dell'inizio del pacchetto).

Oggetto di attenta regolamentazione è anche la cessione del contratto di pacchetto turistico ad altri viaggiatori (art. 38 Codice del Turismo); la revisione del prezzo e la modifica di altre condizioni del contratto di pacchetto turistico (artt. 39 e 40 Codice del Turismo); il diritto di recesso prima dell'inizio del pagamento (art. 41 Codice del Turismo); la responsabilità dell'organizzatore per inesatta esecuzione del pacchetto e per la sopravvenuta impossibilità in corso di esecuzione del pacchetto (art. 42 Codice del Turismo); la riduzione del prezzo ed il risarcimento del danno (art. 43 Codice del Turismo); l'obbligo di prestare assistenza nel corso del viaggio (art. 45 Codice del Turismo).

Il viaggiatore può anche domandare il risarcimento del danno "da vacanza rovinata" nel caso in cui l'inadempimento delle prestazioni non sia di scarsa importanza ai sensi dell'art. 1455 cod. civ. (così l'art. 46 Codice del Turismo).

262.2. *La vendita di beni ai consumatori e i contratti equiparati*

Il d.lgs. 4.11.2021, n. 170 ha introdotto alcune significative modifiche al Codice del Consumo (artt. 128-135-*vicies ter* Cod. Cons.) in materia di **vendita** dei **beni** ai **consumatori**. Il decreto, che ha attuato la Direttiva UE 2019/771, è entrato in vigore l'1.1.2022.

La disciplina in esame si occupa di alcuni aspetti dei contratti di vendita tra consumatore e venditore, fra i quali la conformità dei beni al contratto, i rimedi in caso di difetto di conformità, le modalità di esercizio di tali rimedi e le garanzie convenzionali. A tali fini, ai contratti di vendita sono equiparati i contratti di permuta e di somministrazione nonché quelli di appalto, d'opera e tutti gli altri contratti comunque finalizzati alla fornitura di beni da fabbricare o produrre (art. 128, 1° co., Cod. Cons.).

Per "bene" si intende: qualsiasi **bene mobile materiale** anche da assemblare; l'acqua, il gas e l'energia elettrica quando sono confezionati per la vendita in un volume delimitato o in quantità determinata; qualsiasi bene mobile materiale che incorpora o è interconnesso con un **contenuto digitale** o un **servizio digitale**, in modo tale che la mancanza di detto contenuto digitale o servizio digitale impedirebbe lo svolgimento delle funzioni proprie del bene (art. 128, 2° co., lett. e, Cod. Cons.). Si ricordi che per contenuto digitale si intendono i dati prodotti e forniti in formato digitale (art. 128, 2° co., lett. f, Cod. Cons.); per servizio digitale un servizio che consente al consumatore di creare, trasformare, memorizzare i dati o di accedervi in formato digitale; oppure un servizio che consente la condivisione di dati in formato digitale caricati o creati dal consumatore o da altri utenti di tale servizio o qualsiasi altra interazione con tali dati (art. 128, 2° co., lett. g, Cod. Cons.).

L'obbligazione principale del venditore è quella di consegnare al consumatore **beni conformi** al **contratto** di vendita, rispettando **requisiti soggettivi** e **oggettivi**. Quanto ai primi, il bene, fra l'altro, deve corrispondere alla descrizione, al tipo, alla quantità e alla qualità contrattuali e possedere la funzionalità, la compatibilità, interoperabilità e le altre caratteristiche previste dal contratto di vendita. Quanto ai secondi, il bene, fra l'altro, deve essere idoneo agli scopi per i quali si impiegano di norma beni dello stesso tipo, tenendo eventualmente conto di altre disposizioni dell'ordinamento nazionale e del diritto dell'Unione, delle norme tecniche o, in mancanza di tali norme tecniche, dei codici di condotta dell'industria applicabili allo specifico settore (per l'elenco completo dei requisiti si rimanda all'art. 129 Cod. Cons.). Specifici requisiti soggettivi e oggettivi sono richiesti dall'art. 135-*decies* Cod. Cons. per la fornitura di contenuto digitale o di servizio digitale (su cui si vedano, più in generale, gli articoli che vanno dal 135-*octies* al 135-*vicies ter* Cod. Cons.).

In caso di difetto di conformità del bene, il consumatore ha diritto al **ripristino** della **conformità**, o a ricevere una **riduzione proporzionale** del **prezzo**, o alla **risoluzione** del **contratto** (art. 135-*bis*, 1° co., Cod. Cons.). Ai fini del ripristino della conformità del bene, il consumatore può scegliere tra riparazione e sostituzione, purché il rimedio prescelto non sia impossibile o, rispetto al rimedio alternativo, non imponga al venditore costi sproporzionati, tenuto conto di tutte le circostanze e, in particolare, delle seguenti: (a) il valore che il bene avrebbe in assenza del difetto di conformità; (b) l'entità del difetto di conformità; (c) la possibilità di esperire il rimedio alternativo senza notevoli inconvenienti per il consumatore (art. 135-*bis*, 2° co., Cod. Cons.; si vedano anche gli artt. 135-*ter* e 135-*quater* Cod. Cons.).

Il **venditore** è **responsabile** nei confronti del consumatore di qualsiasi difetto di conformità esistente al momento della consegna del bene che si manifesta **entro due anni** da tale momento (art. 133, 1° co., Cod. Cons.). L'**azione** diretta a far valere i difetti non dolosamente occultati dal venditore si **prescrive**, in ogni caso, nel termine di **ventisei mesi** dalla consegna del bene (art. 133, 3° co., Cod. Cons.).

Quando un produttore offre al consumatore una **garanzia convenzionale** concernente la durabilità di determinati beni nell'arco di un determinato periodo di tempo, il produttore è direttamente responsabile nei confronti del consumatore durante l'intero periodo di durata della garanzia per la riparazione o la sostituzione dei beni (art. 135-*quinquies*, 1° co., Cod. Cons.).

Il venditore finale, quando è responsabile nei confronti del consumatore a causa di un difetto di conformità imputabile ad un'azione o ad un'omissione di una persona nell'ambito di passaggi precedenti della medesima catena contrattuale distributiva, inclusa l'omissione di fornire gli aggiornamenti per i beni con elementi digitali, ha **diritto di regresso** nei confronti della persona o delle persone responsabili nella catena di transazioni commerciali (art. 134, 1° co., Cod. Cons.). Il venditore finale che abbia ottemperato ai rimedi esperiti dal consumatore può agire in regresso, entro un anno dall'esecuzione della prestazione, nei confronti del soggetto o dei soggetti responsabili per ottenere la reintegrazione di quanto prestato (art. 134, 2° co., Cod. Cons.).

262-*bis*. Il credito al consumo.

Accanto ai sistemi di tutela previsti dagli artt. 1341 e 1342 cod. civ, nonché dal Codice del Consumo, deve darsi conto della disciplina del credito ai consumatori, inserita nel Testo Unico Bancario, che si applica al solo settore bancario e finanziario. Alla luce della sensibilità degli interessi in gioco, la normativa bancaria prevede sia una stringente tutela a favore del cliente-consumatore sia un sistema di controlli amministrativi da parte dell'autorità pubblica (ad esempio, la Banca d'Italia).

Con l'espressione "**credito al consumo**" si fa riferimento al contratto con cui un finanziatore concede o si impegna a concedere ad un consumatore un credito sotto forma di dilazione di pagamento, di prestito o di altra facilitazione finanziaria. La materia è oggi disciplinata dagli artt. 121-126 del TUB. Le disposizioni ricordate non si applicano ad alcune fattispecie (art. 122 TUB): è il caso, ad esempio, di finanziamenti di importo inferiore a 200 euro o superiore a 75.000 euro (sul "credito immobiliare ai consumatori" di cui agli artt. 120-*quinquies* ss. TUB, relativi ai contratti di credito stipulati da consumatori al fine di finanziare l'acquisto di un bene immobile e/o assistiti da ipoteca, si veda § 295).

È previsto che gli annunci pubblicitari riportanti il tasso di interesse o altre cifre concernenti il costo del credito debbano indicare alcune informazioni di base (art. 123 TUB), come il tasso di interesse (specificando se fisso o variabile), le spese comprese nel costo totale del credito, il TAEG, l'eventuale esistenza di servizi accessori.

Il finanziatore o l'intermediario finanziario debbono fornire al consumatore, prima della conclusione del contratto, le informazioni necessarie per consentire il confronto delle diverse offerte di credito sul mercato (art. 124, 1° co., TUB). Le informazioni sono fornite su supporto cartaceo o su altro supporto durevole attraverso il modulo contenente "informazioni europee di base sul credito ai consumatori" (così l'art. 124, 2° co., TUB). Qualora il contratto sia stato concluso, su richiesta del consumatore, usando un mezzo di comunicazione a distanza che non consente di fornire le informazioni prescritte, il finanziatore o l'intermediario del credito forniscono al consumatore il modulo immediatamente dopo la conclusione del contratto (art. 124, 3° co., TUB). In ogni caso il finanziatore o l'intermediario forniscono al consumatore i chiarimenti adeguati, in modo che questi possa valutare se il contratto di credito proposto sia adatto alle sue esigenze ed alla sua situazione finanziaria (art. 124, 5° co., TUB).

Si aggiunga che, per espressa norma di legge, prima della conclusione del contratto di credito il finanziatore valuta il "merito creditizio" del consumatore sulla base di informazioni adeguate, se del caso fornite dal consumatore stesso e, ove necessario, ottenute consultando una banca dati pertinente (art. 124-*bis* TUB).

I contratti di credito sono redatti su supporto cartaceo o su altro supporto durevole che soddisfi i requisiti della forma scritta nei casi previsti dalla legge e contengono in modo chiaro e conciso le informazioni e le condizioni stabilite dalla Banca d'Italia, in conformità alle delibere del CICR (art. 125-*bis*, 1° co., TUB). Il contratto è nullo se non contiene le informazioni essenziali su: (a) il tipo di contratto; (b) le parti del contratto; (c) l'importo totale del finanziamento e le condizioni di prelievo e di rimborso (art. 125-*bis*, 8° co., TUB). Nel caso di assenza o di nullità di alcune clausole contrattuali: (a) il TAEG equivale al tasso nominale minimo dei buoni del tesoro annuali o di altri titoli similari eventualmente indicati dal Ministro dell'economia e delle finanze, emessi nei dodici mesi precedenti la conclusione del contratto; (b) la durata del credito è di trentasei mesi (art. 125-*bis*, 7° co., TUB). In caso di nullità del contratto, il consumatore non può essere tenuto a restituire più delle somme utilizzate e ha facoltà di pagare quanto dovuto a rate, con la stessa periodicità prevista nel contratto o, in mancanza, in trentasei rate mensili (art. 125-*bis*, 9° co., TUB).

Il consumatore può recedere dal contratto di credito entro quattordici giorni. Il termine decorre dalla conclusione del contratto o, se successivo, dal momento in cui il consumatore riceve tutte le informazioni prescritte (art. 125-*ter*, 1° co., TUB). Il recesso si estende automaticamente ai contratti aventi ad oggetto servizi accessori connessi con il contratto di credito, se tali servizi sono resi dal finanziatore ovvero da un terzo sulla base di un accordo con il finanziatore. L'esistenza dell'accordo è presunta. È ammessa, da parte del terzo, la prova contraria (art. 125-*ter*, 4° co., TUB). Inoltre, nei contratti a tempo indeterminato il consumatore ha diritto di recedere in ogni momento senza penalità e spese (art. 125-*quater*, 1° co., TUB).

Un'analitica disciplina è dettata per il "rimborso anticipato". Il consumatore può rimborsare anticipatamente in qualsiasi momento, in tutto o in parte, l'importo dovuto al finanziatore. In tale caso il consumatore ha diritto ad una riduzione del costo totale del credito, pari all'importo degli interessi e dei costi dovuti per la vita residua del contratto (art. 125-*sexies*, 1° co., TUB, articolo modificato da ultimo dal d.l. n. 73/2021, convertito con modificazioni dalla l. n. 106/2021). In caso di rimborso anticipato, il finanziatore ha diritto ad un indennizzo equo ed "oggettivamente giustificato" per eventuali costi direttamente collegati al rimborso anticipato del credito (ciò nei limiti previsti dall'art. 125-*sexies*, 2° co., TUB). L'indennizzo però non è dovuto in alcune ipotesi (art. 125-*sexies*, 3° co., TUB): quando, ad esempio, il rimborso anticipato sia effettuato in esecuzione di un contratto di assicurazione destinato a garantire il credito o quando l'importo rimborsato anticipatamente corrisponda all'intero debito residuo e sia pari o inferiore a 10.000 euro.

263. Le azioni inibitorie.

Il Codice del Consumo prevede che le **associazioni rappresentative** dei consumatori (di cui all'art. 137 Cod. Cons.) e quelle rappresentative dei professionisti possano convenire in giudizio il professionista o l'associazione di professionisti che utilizzano o che raccomandano l'utilizzo di condizioni generali di contratto e richiedere al giudice competente **l'inibizione** all'**uso** delle **condizioni** di cui sia accertata **l'abusività** (art. 37, 1° co., Cod. Cons.).

Attualmente l'azione inibitoria è disciplinata non più dall'art. 140 del Codice del Consumo (come previsto dall'art. 37, 4° co., Cod. Cons.), ma dall'art. 840-*sexiesdecies* cod. proc. civ. (articolo inserito dall'art. 1, 1° co., l. 12.4.2019, n. 31, nell'ambito del nuovo titolo VIII-*bis* del codice di procedura civile).

In base alla nuova disciplina, **chiunque abbia interesse alla pronuncia di un'inibitoria** di atti e comportamenti, posti in essere in pregiudizio di una pluralità di individui o enti, può agire per ottenere l'ordine di cessazione o il divieto di reiterazione della condotta omissiva o commissiva. Le organizzazioni o le associazioni senza scopo di lucro, i cui obiettivi statutari comprendono la tutela degli interessi pregiudicati dalla descritta condotta, sono legittimate a proporre l'azione qualora siano iscritte nell'elenco di cui all'art. 840-*bis*, 2° co., cod. proc. civ. (art. 840-*sexiesdecies*, 1° co., cod. proc. civ.). Occorre, in pratica, che le suddette organizzazioni o associazioni siano iscritte in un elenco pubblico istituito presso il Ministero della giustizia ai sensi dell'art. 196-*ter* disp. att. cod. proc. civ.

Si noti la novità rispetto al passato. L'inibitoria può essere domandata da "chiunque" affermi essere titolare dell'interesse alla tutela giurisdizionale, e non soltanto dalle organizzazioni o associazioni ritenute dalla legge idonee.

L'azione può essere esperita nei confronti di imprese o di enti gestori di servizi pubblici o di pubblica utilità relativamente ad atti e comportamenti posti in essere nello svolgimento delle loro rispettive attività (art. 840-*sexiesdecies*, 2° co., cod. proc. civ.).

La domanda si propone ai sensi degli artt. 737 ss. cod. proc. civ. (c.d. rito camerale), esclusivamente alla sezione specializzata in materia di impresa competente per il luogo in cui ha sede la parte resistente (art. 840-*sexiesdecies*, 3° co., cod. proc. civ.).

Con la condanna alla cessazione della condotta omissiva o commissiva il tribunale può, su istanza di parte, adottare i provvedimenti di cui all'art. 614-*bis* cod. proc. civ., anche fuori dei casi ivi previsti (art. 840-*sexiesdecies*, 6° co., cod. proc. civ.). In base alla disposizione del codice di rito da ultimo citata, il giudice fissa la somma di denaro dovuta dall'obbligato per ogni violazione o inosservanza successiva ovvero per ogni ritardo nell'esecuzione del provvedimento.

Con la condanna alla cessazione della condotta omissiva o commissiva, inoltre, il tribunale può, su richiesta del pubblico ministero o delle parti, ordinare che la parte soccombente adotti le misure idonee ad eliminare o ridurre gli effetti delle violazioni accertate (art. 840-*sexiesdecies*, 7° co., cod. proc. civ.). Infine, su istanza di parte il giudice condanna la parte soccombente a dare diffusione del provvedimento mediante utilizzo dei mezzi ritenuti più appropriati (art. 840-*sexiesdecies*, 8° co., cod. proc. civ.).

Da qualche tempo è stata introdotta anche una "**tutela amministrativa**" contro le clausole vessatorie. È previsto, infatti, che l'Autorità Garante della Concorrenza e del Mercato, previo accordo con le associazioni di categoria, d'ufficio o su denuncia dei consumatori interessati, possa dichiarare la vessatorietà delle clausole inserite nei contratti tra professionisti e consumatori che si concludono mediante adesione a condizioni generali di contratto o con la sottoscrizione di moduli, modelli o formulari (art. 37-*bis*, 1° co., Cod. Cons.).

Il provvedimento che accerta la vessatorietà della clausola è diffuso attraverso la pubblicazione su apposita sezione del sito *internet* istituzionale dell'Autorità, sul sito dell'operatore che adotta la clausola ritenuta vessatoria e attraverso ogni altro mezzo ritenuto opportuno in relazione all'esigenza di informare compiutamente i consumatori. In caso di inottemperanza, l'Autorità applica una sanzione amministrativa pecuniaria da 5.000 euro a 50.000 euro (art. 37-*bis*, 2° co., Cod. Cons.).

Le imprese interessate hanno facoltà di interpellare preventivamente l'Autorità in merito alla vessatorietà delle clausole che intendono utilizzare nei rapporti commerciali con i consumatori. Resta in ogni caso ferma la responsabilità dei professionisti nei confronti dei consumatori (art. 37-*bis*, 3° co., Cod. Cons.).

Contro gli atti dell'Autorità è competente il giudice amministrativo. È fatta salva la giurisdizione del giudice ordinario sulla validità delle clausole vessatorie e sul risarcimento del danno (art. 37-*bis*, 4° co., Cod. Cons.).

264. L'azione collettiva risarcitoria.

Un ulteriore strumento di tutela è rappresentato dall'**azione collettiva risarcitoria** (ispirata al modello inglese della ***class action***), prevista inizialmente dall'art. 140-*bis* del Codice del Consumo. Come già osservato nelle precedenti edizioni del Corso di diritto privato, questa azione (riservata originariamente a tutela dei consumatori) non ha avuto una particolare diffusione (si veda, in giurisprudenza, Trib. Venezia, 7.7.2021).

Nell'intento di valorizzare maggiormente l'istituto si è mosso, di recente, il legislatore, che ha introdotto il titolo VIII-*bis* del codice di procedura civile. L'entrata in vigore della nuova disciplina sull'azione collettiva (artt. 840-*bis*-840-*quinquiesdecies* cod. proc. civ.) è prevista per il 19 novembre 2020 (conseguentemente, l'art. 140-*bis* Cod. Cons. risulta abrogato ai sensi dell'art. 7, 1° co., l. n. 31/2019, come modificato dall'art. 8, 5° co., d.l. n. 162/2019, convertito, con modificazioni, dalla l. n. 8/2020).

Sarà il tempo a dire se le disposizioni del codice di procedura civile (che conducono l'istituto in esame al di fuori del Codice del Consumo) contribuiranno ad attribuire all'azione di classe maggiore efficacia rispetto al passato. Qui si abbia riguardo ai tratti salienti della disciplina.

I "**diritti individuali omogenei**" sono tutelabili anche attraverso l'azione di classe, secondo le disposizioni del titolo VIII-*bis* del codice di procedura civile (art. 840-*bis*, 1° co., cod. proc. civ.). A tal fine, un'organizzazione o un'associazione senza scopo di lucro i cui obiettivi statutari comprendano la tutela dei predetti diritti o ciascun componente della classe può agire nei confronti dell'autore della condotta lesiva per l'accertamento della responsabilità e per la condanna al risarcimento del danno e alle restituzioni. Ferma la legittimazione di ciascun componente della classe, possono proporre l'azione in esame esclusivamente le organizzazioni e le associazioni iscritte in un elenco pubblico istituito presso il Ministero della giustizia ai sensi dell'art. 196-*ter* disp. att. cod. proc. civ. (art. 840-*bis*, 2° co., cod. proc. civ.; si veda il d.m. 17.2.2022, n. 27 recante il Regolamento in materia di disciplina dell'elenco pubblico delle organizzazioni e associazioni di cui all'articolo in esame e di cui all'art. 196-*ter* disp. att. cod. proc. civ.).

L'azione di classe può essere esperita nei confronti di imprese ovvero nei confronti di enti gestori di servizi pubblici o di pubblica utilità, relativamente ad atti e comportamenti posti in essere nello svolgimento delle loro rispettive attività (art. 840-*bis*, 3° co., cod. proc. civ.). Resta fermo, in ogni caso, il diritto all'azione individuale (art. 840-*bis*, 4° co., cod. proc. civ.).

Si abbia riguardo, fra le tante, ad un'importante novità rispetto al passato. L'azione di classe in esame non contempla più i limiti oggettivi previsti dal previgente art. 140-*bis* del Codice del Consumo. In particolare: nell'ambito dei rapporti contrattuali la tutela non è più limitata ai soli "rapporti di consumo"; nell'ambito dei rapporti extracontrattuali, inoltre, la tutela non è più circoscritta alla responsabilità del produttore e a quella delle imprese autrici di pratiche commerciali scorrette o di comportamenti anticoncorrenziali. Pertanto, l'azione di classe prevista dal codice di rito trova applicazione in ogni settore in cui un'impresa o un gestore di servizi pubblici o di pubblica utilità attuino comportamenti illeciti plurioffensivi, idonei a far sorgere una "classe" di soggetti danneggiati.

La domanda per l'azione di classe si propone con ricorso esclusivamente davanti alla sezione specializzata in materia di impresa competente per il luogo ove ha sede la parte resistente (art. 840-*ter*, 1° co., cod. proc. civ.). Il ricorso, unitamente al decreto di fissazione dell'udienza, è pubblicato a cura della cancelleria nell'area pubblica del portale dei servizi telematici gestiti dal Ministero della giustizia (art. 840-*ter*, 2° co., cod. proc. civ.). Entro il termine di trenta giorni dalla prima udienza il tribunale decide con ordinanza sull'ammissibilità della domanda (art. 840-*ter*, 3° co., cod. proc. civ.). La domanda è dichiarata inammissibile, fra l'altro, quando non viene ravvisata l'omogeneità dei diritti individuali (art. 840-*ter*, 4° co., lett. b, cod. proc. civ.).

Con l'**ordinanza** con cui ammette l'azione di classe, il tribunale fissa un termine perentorio per l'adesione all'azione medesima da parte dei soggetti portatori di diritti individuali omogenei. Il che consente all'aderente di accedere al fascicolo elettronico e di ricevere tutte le comunicazioni a cura della cancelleria (art. 840-*quinquies*, 1° co., cod. proc. civ.). Di seguito il tribunale, omessa ogni formalità non essenziale al contraddittorio, procede nel modo che ritiene più opportuno agli atti di istruzione (art. 840-*quinquies*, 2° co., cod. proc. civ.).

Con la **sentenza** che accoglie l'azione di classe, il tribunale (art. 840-*sexies* cod. proc. civ.): (a) provvede in ordine alle domande risarcitorie o restitutorie proposte dal ricorrente, quando l'azione è stata proposta da un soggetto diverso da un'organizzazione o da un'associazione inserita nell'elenco di cui all'art. 840-*bis*, 2° co., cod. proc. civ.; (b) accerta che il resistente, con la sua condotta, ha leso diritti individuali omogenei; (c) definisce i caratteri dei diritti individuali omogenei, specificando gli elementi necessari per l'inclusione nella "classe"; (d) stabilisce la documentazione che deve essere eventualmente prodotta per fornire la prova della titolarità dei diritti individuali omogenei; (e) dichiara aperta la procedura di adesione e fissa il termine perentorio, non inferiore a sessanta giorni e non superiore a centocinquanta giorni, per l'adesione all'azione di classe da parte dei soggetti portatori di diritti individuali omogenei, nonché per l'eventuale integrazione degli atti e per il compimento delle attività da parte di coloro che hanno aderito a norma dell'art. 840-*quinqiues*, 1° co., cod. proc. civ.; (f) nomina il giudice delegato per la procedura di adesione; (g) nomina il **rappresentante comune degli aderenti**; (h) determina, ove necessario, l'importo da versare a cura di ciascun aderente, a titolo di fondo spese.

L'adesione all'azione di classe si propone, mediante inserimento della relativa domanda nel fascicolo informatico, avvalendosi di un'area del portale dei servizi telematici (art. 840-*septies* cod. proc. civ.).

Di seguito si svolge il contraddittorio tra il rappresentante comune degli aderenti ed il resistente (art. 840-*octies* cod. proc. civ.). Durante questa fase il rappresentante comune predispone il **progetto dei diritti individuali omogenei** degli aderenti. Il giudice delegato, con **decreto** reclamabile, quando accoglie in tutto o in parte la domanda di adesione, condanna il resistente al pagamento delle somme o delle cose dovute a ciascun aderente a titolo di risarcimento o di restituzione. Il provvedimento costituisce titolo esecutivo.

Quando il debitore provvede al pagamento spontaneo, le somme sono versate su un conto corrente bancario o postale intestato alla procedura e vincolato all'ordine del giudice. Il rappresentante comune degli aderenti deposita con la massima sollecitudine il piano di riparto e il giudice delegato ordina il pagamento delle somme a ciascun aderente (art. 840-*duodecies* cod. proc. civ.).

La procedura di adesione si chiude: (a) quando le ripartizioni agli aderenti, effettuate dal rappresentante comune, raggiungono l'intero ammontare dei crediti dei medesimi aderenti; (b) quando nel corso della procedura risulta che non è possibile conseguire un ragionevole soddisfacimento delle pretese degli aderenti, anche tenuto conto dei costi che è necessario sostenere (art. 840-*quinquiesdecies*, 1° co., cod. proc. civ.). La chiusura della procedura di adesione è dichiarata con decreto motivato del giudice delegato soggetto a reclamo (art. 840-*quinquiesdecies*, 1° co., cod. proc. civ.).

I danni non patrimoniali rivendicabili con l'azione di classe sono risarcibili a condizione che l'interesse leso sia costituzionalmente rilevante, la lesione sia grave, i pregiudizi siano concreti, comuni a tutti i membri della classe e non si risolvono in meri disagi, fastidi o disappunti (Cass., 31.5.2019, n. 14886).

L'art. 141 del Codice del Consumo prevede che, nei rapporti tra consumatore e professionista, le parti possano avviare, anche in via telematica, procedure di **composizione extragiudiziale** per la risoluzione delle **controversie** in materia di consumo ("**ADR**"). In ogni caso il consumatore, prevede il decimo comma della disposizione, non può essere privato del diritto di adire il giudice competente, qualunque sia l'esito della procedura di composizione extragiudiziale. Le modalità di risoluzione extragiudiziale delle controversie sono stabilite dagli artt. 141-*bis*/141-*decies* Cod. Cons.

265. La subfornitura.

Forti esigenze di tutela, nell'economia moderna, sono avvertite non soltanto dai "consumatori", ma anche da quei soggetti che svolgono un'attività imprenditoriale in una posizione economicamente svantaggiata rispetto ai *partner* commerciali più forti.

Accade infatti che il medio e piccolo imprenditore, pur non potendo rientrare nella nozione di "consumatore", spesso si trovi in una situazione di evidente disparità nei confronti delle grandi imprese (si pensi, ad esempio, alle multinazionali) con cui contratta.

È proprio da queste esigenze che nasce la l. 18.6.1998, n. 192, recante la "Disciplina della **subfornitura** nelle attività produttive". La normativa, almeno secondo l'opinione preferibile, non individua un nuovo tipo contrattuale ma si occupa del fenomeno, oggi assai diffuso, del **decentramento produttivo**: un'impresa più grande affida ad un'impresa minore la predisposizione di alcune parti di un prodotto finale o, comunque, lo svolgimento di talune fasi del processo produttivo.

La "subfornitura", inoltre, non è un subcontratto ma un rapporto autonomo fra due imprese, in cui una (la committente) dà le direttive e l'altra (il subfornitore) subisce le direttive impartite.

Con queste premesse ci si può occupare della **definizione** del contratto di subfornitura: la "subfornitura" è un contratto (che di volta in volta può consistere in una compravendita, in un appalto, in una somministrazione, in una locazione finanziaria, e così via; si veda Trib. Roma, 11.2.2022, che discute genericamente di "contratti di durata") con cui un imprenditore (il subfornitore) si impegna per conto dell'impresa committente ad una prestazione: (a) di *facere*, consistente nell'esecuzione di "lavorazioni su prodotti semilavorati o su materie prime forniti dalla committente medesima"; (b) di dare, consistente nella fornitura di "prodotti o servizi" da incorporare o utilizzare nell'attività economica o produttiva "di un bene complesso", conformemente a "progetti esecutivi, conoscenze tecniche e tecnologiche, modelli o prototipi forniti dall'impresa committente" (art. 1, 1° co., l. n. 192/1998).

Questi sono gli aspetti caratterizzanti della disciplina sulla "subfornitura":

(a) il **contratto** tra committente e subfornitore va stipulato, a pena di nullità, con la **forma scritta**. È precisato, peraltro, che costituiscono forma scritta anche le comunicazioni degli atti di consenso alla conclusione o alla modificazione dei contratti effettuate per telefax o altra via telematica (art. 2, 1° co., l. n. 192/1998).

Il contratto, inoltre, deve contenere la determinazione precisa (o comunque la determinabilità) del prezzo (art. 2, 4° co., l. n. 192/1998), i requisiti specifici dei beni e dei servizi, nonché le relative modalità di consegna e collaudo (art. 2, 5° co., l. n. 192/1998).

Non sempre è richiesta l'accettazione scritta da parte del subfornitore. È infatti previsto che il contratto si intende validamente concluso (ai sensi dell'art. 1327 cod.

civ.) se il subfornitore "inizia le lavorazioni o le forniture" in modo pienamente conforme alla proposta o all'ordinativo per iscritto del committente. È espressamente prevista, in questo caso, l'applicazione dell'art. 1341 cod. civ. (art. 2, 2° co., l. n. 192/1998).

Qualora il contratto sia **nullo** "il subfornitore ha comunque diritto al **pagamento** delle **prestazioni** già **effettuate** e al risarcimento delle spese sostenute in buona fede ai fini dell'esecuzione del contratto" (art. 2, 1° co., l. n. 192/1998).

(b) È previsto che il committente paghi le prestazioni effettuate al subfornitore entro determinati **termini**. Il prezzo pattuito deve essere corrisposto in un termine che non può eccedere i sessanta giorni dal momento della consegna del bene o della comunicazione dell'avvenuta esecuzione della prestazione. Tuttavia, può essere fissato un diverso termine, non eccedente i novanta giorni, grazie ad accordi nazionali o per territorio (art. 3, 2° co., l. n. 192/1998).

In caso di mancato rispetto del termine di pagamento il committente deve al subfornitore, senza bisogno di costituzione in mora, un interesse determinato in misura pari al saggio d'interesse del principale strumento di rifinanziamento della Banca centrale europea applicato alla sua più recente operazione di rifinanziamento principale effettuata il primo giorno di calendario del semestre in questione, maggiorato di otto punti percentuali, salva la pattuizione tra le parti di interessi moratori in misura superiore e salva la prova del danno ulteriore. Ove il ritardo nel pagamento ecceda i trenta giorni dal termine convenuto, il committente incorre in una penale pari al 5 per cento dell'importo in relazione al quale non ha rispettato i termini (art. 3, 3° co., l. n. 192/1998).

(c) Al committente, inoltre, è vietato il c.d. **abuso dello stato di dipendenza economica** in cui versa un'impresa cliente o fornitrice (Trib. Vicenza, 5.7.2021).

Si considera dipendenza economica la situazione in cui un'impresa sia in grado di determinare, nei rapporti commerciali con un'altra impresa, un eccessivo squilibrio di diritti e di obblighi. La dipendenza economica è valutata tenendo conto anche della reale possibilità per la parte che abbia subìto l'abuso di reperire sul mercato alternative soddisfacenti (art. 9, 1° co., l. n. 192/1998).

L'abuso può anche consistere nel rifiuto di vendere o nel rifiuto di comprare, nella imposizione di condizioni contrattuali ingiustificatamente gravose o discriminatorie, nella interruzione arbitraria delle relazioni commerciali in atto (art. 9, 2° co., l. n. 192/1998).

Il patto attraverso il quale si realizzi l'abuso di dipendenza economica è nullo. Il giudice ordinario competente conosce delle azioni in materia di abuso di dipendenza economica, comprese quelle inibitorie e per il risarcimento dei danni (art. 9, 3° co., l. n. 192/1998).

Resta salva, peraltro, la possibilità di intervento dell'Autorità Garante della Concorrenza e del Mercato (art. 9, 3° co.-*bis*, l. n. 192/1998; sui poteri di diffida e sanzionatori dell'Autorità Garante si vedano, in particolare, gli artt. 3 e 15 della l. n. 287/1990).

I giudici di legittimità hanno precisato che l'abuso di dipendenza economica configura una fattispecie di applicazione generale (che può prescindere dall'esistenza di uno specifico rapporto di subfornitura) la quale presuppone, in primo luogo, la situazione di dipendenza economica e, in secondo luogo, l'abuso che di tale situazione venga fatto (Cass., Sez. Un., 25.11.2011, n. 24906). Nella disciplina in esame, come pure ha sottolineato la dottrina, si individua una clausola generale di abuso di potere contrattuale nelle relazioni negoziali tra imprese; relazioni che danno luogo al c.d. **terzo contratto**, secondo un'espressione invalsa, negli ultimi tempi, tra gli interpreti. Talché, riassuntivamente, il "primo" contratto è quello disciplinato dal codice civile, in cui le parti sono in una situazione di tendenziale parità, informate allo stesso modo e dotate di una forza contrattuale equivalente. Il "secondo" contratto è quello fra consumatore e professionista. Il "terzo" contratto è quello in cui la disuguaglianza tra le parti non deriva da una carenza informativa o da assenza di trattative, ma dalla situazione di dipendenza economica in cui un soggetto viene a trovarsi nei confronti dell'altro.

Di recente l'art. 9 della l. n. 192/1998 è stato esteso dal legislatore anche ai contratti di prestazione d'opera conclusi da un imprenditore o una Pubblica amministrazione con un prestatore d'opera manuale o intellettuale non qualificabile come imprenditore (art. 3, 4° co., l. 22 maggio 2017, n. 81, c.d. *Jobs Act* dei lavoratori autonomi). In questo modo risulta confermata l'attitudine espansiva della figura dell'abuso di dipendenza economica.

Parte quinta

I SINGOLI CONTRATTI

Capitolo 40
LA CLASSIFICAZIONE DEI TIPI CONTRATTUALI

266. La disciplina dei singoli tipi contrattuali.

Dopo aver disciplinato il contratto "in generale" il codice civile si occupa dei principali **contratti "nominati"** o "**tipici**" (titolo III del Libro IV cod. civ.): si tratta di quei contratti che, rispondendo a modelli di operazione economica assai diffusi, sono stati espressamente disciplinati dal legislatore.

Non si deve credere, peraltro, che tutti i contratti tipici siano contenuti nel titolo III del Libro quarto del codice civile (artt. 1470 ss. cod. civ.). In altre parti del codice si rinviene la disciplina di ulteriori contratti nominati: nel Libro primo, ad esempio, si trovano il contratto di associazione (artt. 14 ss. cod. civ.) e le convenzioni matrimoniali (artt. 167, 210, 215 cod. civ.). Nel Libro secondo sono dettate le norme sul contratto di donazione (artt. 769 ss. cod. civ.); i contratti di società, di lavoro e quelli agrari sono disciplinati nel Libro quinto del codice civile.

Inoltre, la regolamentazione dei "tipi contrattuali" non costituisce un'"esclusiva" del codice: sono diverse, infatti, le leggi che regolano singoli tipi contrattuali o frammenti importanti di essi. Si pensi alla disciplina speciale sul contratto di locazione (l. n. 431/1998), il quale è pure previsto dal codice civile (artt. 1571 ss. cod. civ.); oppure alla "affiliazione commerciale", figura emersa nel corso degli ultimi anni, che è disciplinata unicamente da disposizioni di legge collocate fuori dal codice civile (§ 290).

Si aggiunga, infine, che l'autonomia privata può dar luogo a innumerevoli contratti atipici (art. 1322, 2° co., cod. civ.) non oggetto di un'espressa disciplina legislativa. Essi nascono dalla pratica degli affari e dalla vita quotidiana, che hanno dato luogo a nuove figure in grado di soddisfare meglio gli interessi delle parti (Cap. 51).

267. La classificazione.

Nello studio della disciplina generale del contratto si sono già proposti alcuni **criteri classificatori** dei contratti: si è avuto riguardo ai contratti a titolo oneroso e a titolo gratuito; a quelli bilaterali e plurilaterali, ai contratti commutativi ed aleatori; ai contratti consensuali e reali; ai contratti ad effetti reali e a quelli ad effetti obbligatori; ai contratti istantanei e di durata; ai contratti ad esecuzione immediata e ad esecuzione differita; ai contratti ad effetti immediati e ad effetti differiti.

Le classificazioni studiate si rivelano utili per comprendere appieno il meccanismo di funzionamento dei singoli contratti tipici che qui di seguito saranno trattati.

L'analisi muoverà dall'ordine tradizionale con cui, di solito, sono esaminati i principali contratti tipici:

1) i contratti che realizzano un *do ut des* (compravendita, permuta, riporto, contratto estimatorio, di somministrazione, di borsa);

2) i contratti di scambio che realizzano un *do ut facias* (locazione, appalto, trasporto, opera);

3) i contratti di cooperazione nell'altrui attività giuridica (mandato, commissione, spedizione, agenzia, franchising, mediazione);

4) i contratti reali più significativi (deposito, comodato, mutuo);

5) i contratti aleatori (rendita, assicurazione, giuoco e scommessa);

6) i contratti diretti a costituire una garanzia (fideiussione, mandato di credito e anticresi);

7) i contratti che dirimono una controversia (transazione e cessione dei beni ai creditori);

8) i contratti agrari (affitto di fondi rustici, mezzadria, colonia parziaria, soccida);

9) i contratti bancari (conto corrente, deposito, apertura di credito, anticipazione bancaria, sconto bancario, cassette di sicurezza).

Si analizzeranno, poi, anche i più diffusi contratti atipici: *leasing*, *rent to buy*, contratto autonomo di garanzia, lettera di *patronage*, *engineering*, sponsorizzazione, *merchandising*, contratti relativi all'utilizzo del *computer* e altri.

Capitolo 41

I CONTRATTI CHE REALIZZANO UN *DO UT DES*: IL CONTRATTO DI COMPRAVENDITA

268. La funzione e la nozione della compravendita.

La **compravendita** è il contratto tipico più importante (artt. 1470-1547 cod. civ.). Si tratta di un **contratto oneroso** la cui **causa** è lo scambio di un diritto contro un prezzo (una somma di denaro). Esso tende a realizzare la circolazione dei diritti.

La compravendita è **definita** dall'art. 1470 cod. civ. come "il contratto che ha per oggetto il trasferimento della proprietà di una cosa o il trasferimento di un altro diritto verso corrispettivo di un prezzo".

È contratto di compravendita, dunque, non soltanto il **trasferimento** del **diritto** di **proprietà** di un bene; la definizione fa riferimento anche al trasferimento di "un **altro diritto**", sul cui concetto occorre intendersi.

Vengono in considerazione sia il diritto di credito sia il diritto reale: si pensi, nel primo caso, alla cessione di credito; nel secondo, al trasferimento di un diritto reale (come l'usufrutto o la superficie).

Si aggiunga, poi, che l'espressione "trasferimento di un altro diritto" va intesa in senso ampio: basti considerare che anche la cessione del contratto, se avviene dietro il pagamento di un prezzo, è una compravendita (la cessione, a ben guardare, è una complessa situazione implicante sia diritti sia obbligazioni); inoltre, la vendita può riguardare la costituzione di un diritto reale che, in precedenza, non esisteva (dietro al pagamento di un prezzo, ad esempio, il proprietario costituisce il diritto di usufrutto).

269. Gli effetti della compravendita. L'obbligazione di pagare il prezzo da parte del compratore.

La compravendita realizza **effetti reali** ed effetti obbligatori. Sotto il primo aspetto si tratta di un contratto ad effetti reali, in quanto il venditore trasmette al compratore il diritto di proprietà, o un altro diritto, in base alla regola di cui all'art. 1376 cod. civ.

Vengono in considerazione, però, anche **effetti obbligatori**. Dal contratto sorgono obbligazioni in capo al compratore ed al venditore (sulle obbligazioni di quest'ultimo §§ 270 ss.). Il compratore è tenuto a pagare il prezzo nel termine e nel luogo fissati dal contratto (art. 1498, 1° co., cod. civ.). In mancanza di pattuizione e salvi gli usi diversi, il pagamento deve avvenire al momento della consegna e nel luogo dove questa si esegue (art. 1498, 2° co., cod. civ.). Se il prezzo non si deve pagare al momento della consegna, il pagamento si fa al domicilio del venditore (art. 1498, 3° co., cod. civ.).

Le parti possono anche affidare la **determinazione del prezzo** ad un **terzo**, eletto nel contratto o da eleggere successivamente (art. 1473, 1° co., cod. civ.). Se il terzo non vuole o non può accettare l'incarico, ovvero le parti non si accordano per la sua nomina o per la sua sostituzione, la nomina, su richiesta di una delle parti, è fatta dal presidente del tribunale del luogo in cui è stato concluso il contratto (art. 1473, 2° co., cod. civ.). La norma si spiega considerando l'intenzione del legislatore di favorire la circolazione della ricchezza, secondo un modello cui si ispira il nostro ordinamento.

Si aggiunga come, avendo riguardo al prezzo, si rinvenga una significativa deroga rispetto alle regole generali, secondo le quali il contratto è nullo quando non sia determinato il suo oggetto (artt. 1418 e 1346 cod. civ.). L'art. 1474 cod. civ., infatti, prevede tre diverse fattispecie:

(1) se il contratto ha per oggetto **cose** che il **venditore vende abitualmente** e le parti non hanno determinato il prezzo, né hanno convenuto il modo di determinarlo, né esso è stabilito per atto della pubblica autorità, si presume che le parti abbiano voluto riferirsi al prezzo normalmente praticato dal venditore (1° co.);

(2) se si tratta di cose aventi un **prezzo di borsa o di mercato**, il prezzo si desume dai listini o dalle mercuriali del luogo in cui deve essere eseguita la consegna, o da quelli della piazza più vicina (2° co.);

(3) qualora le parti abbiano inteso riferirsi al giusto prezzo, si applicano le disposizioni indicate nei due precedenti numeri e, quando non ricorrono i casi previsti da essi, il prezzo (mancando un accordo) è determinato da un terzo, nominato ai sensi dell'art. 1473, 2° co., cod. civ. (3° co.).

Quanto agli interessi, il codice detta una specifica regola (art. 1499 cod. civ., rubricato **interessi compensativi sul prezzo**): salvo diversa pattuizione, qualora la cosa venduta e consegnata al compratore produca frutti o altri proventi, decorrono gli interessi sul prezzo, anche se questo non è ancora esigibile. La norma è coerente con la regola di corrispettività (si veda il già ricordato art. 1498, 2° co., cod. civ.), secondo cui il pagamento deve avvenire al momento della consegna della cosa venduta. Pertanto, qualora il venditore abbia consegnato al compratore la cosa prima di ricevere il prezzo, nel caso in cui la cosa produca frutti (o altri proventi), quest'ultimo li percepisce; dovrà però corrispondere al venditore gli interessi maturati nel periodo che va dalla consegna della cosa al pagamento del prezzo.

270. Le obbligazioni del venditore: (a) l'obbligazione di consegnare la cosa al compratore.

Più complesso è il quadro delle **obbligazioni** che si rinvengono in capo al venditore (art. 1476 cod. civ.). In primo luogo, questi è obbligato a **consegnare** la **cosa** al **compratore** (art. 1476, n. 1, cod. civ.).

Esempio. Viene stipulato un contratto con cui una parte vende all'altra il suo appartamento di Milano. Dal momento del rogito il venditore è obbligato a consegnare l'immobile al compratore: non già per farlo diventare proprietario (l'acquirente è già tale al momento della sottoscrizione dell'atto notarile), ma perché quella di consegnare la cosa è una delle obbligazioni del venditore.

L'obbligazione di dare a carico del venditore è di risultato in quanto l'interesse perseguito dall'acquirente è soddisfatto con la consegna di un bene in grado di realizzare le utilità alle quali, secondo quanto pattuito, la prestazione è preordinata (Cass., 19.7.2021, n. 20551).

In mancanza di patto o di uso contrario, la consegna deve avvenire nel **luogo** dove questa si trovava al tempo della vendita, se le parti ne erano a conoscenza (si confronti l'art. 1182, 2° co., cod. civ.), ovvero nel luogo dove il venditore aveva il suo domicilio o la sede dell'impresa (art. 1510, 1° co., cod. civ.). Salvo patto o uso contrario, se la **cosa** venduta deve essere **trasportata** da un luogo all'altro, il venditore si libera dall'obbligo della consegna rimettendo la cosa al vettore o allo spedizioniere; le spese del trasporto sono a carico del compratore (art. 1510, 2° co., cod. civ.).

La cosa deve essere consegnata nello stato in cui si trovava al momento della vendita. Salvo diversa volontà delle parti, essa deve essere consegnata insieme con gli accessori, le pertinenze e i frutti, dal giorno della vendita (artt. 1477, 1° e 2° co., cod. civ.). In caso di contestazione, il compratore ha l'onere di provare il rapporto pertinenziale; il venditore, invece, ha l'onere di dimostrare che quel rapporto è venuto meno.

Esempio. Si vende un'**azienda**. Il venditore ha l'onere di provare che, tra il momento della vendita e quello della consegna, si è verificata la perdita o il deterioramento di accessori o pertinenze (esempio tratto da Cass., 27.1.1997, n. 808).

Il venditore deve pure consegnare i titoli e i documenti relativi alla proprietà e all'uso della cosa venduta (art. 1477, 3° co., cod. civ.). Tra gli obblighi gravanti in capo al venditore, in materia di compravendita immobiliare, vi è quello di consegnare un immobile dotato della agibilità richiesta ai sensi dell'art. 24 del d.p.r. 6.6.2001, n. 380.

270.1. (b) *L'obbligazione di far acquistare la proprietà della cosa o il diritto.*

La seconda obbligazione prevista in capo al venditore è quella di **fare acquistare al compratore** la proprietà della cosa o il diritto, "se l'acquisto non è effetto immediato del contratto" (art. 1476, n. 2, cod. civ.).

Si è ricordato, a suo tempo, come l'effetto traslativo immediato sussiste quando il contratto abbia per oggetto una **cosa determinata** (art. 1376 cod. civ.): quando, invece, la cosa è determinata soltanto **nel genere**, la proprietà passa dal venditore al compratore soltanto nel momento dell'individuazione (si veda l'art. 1378 cod. civ.).

L'obbligazione del venditore di far acquistare al compratore la proprietà sussiste pure in altre ipotesi, che vanno ricordate.

Si muova dalla premessa, però, che nei casi di c.d. **vendita obbligatoria** (in cui vi è l'obbligazione del venditore *ex* art. 1476, n. 2, cod. civ.) l'effetto traslativo deriva pur sempre dal contratto: solo che tale effetto è differito ad un momento successivo rispetto a quello della stipula del contratto (ed è per questo che si discute, nelle ipotesi in esame, di contratti ad **effetti reali differiti**).

Nella **vendita di cose future** (che non esistono, cioè, al momento della conclusione del contratto), l'acquisto della proprietà si verifica non appena la cosa viene ad esistenza (art. 1472, 1° co., cod. civ.). L'obbligazione del venditore, qui, consiste nel tenere quei comportamenti che sono strumentali alla nascita della cosa: ad esempio il contadino, nella "vendita di fragole" che nasceranno in primavera, è tenuto a coltivare il fondo e a raccogliere, per tempo, i frutti. Qualora le parti non abbiano voluto concludere un contratto aleatorio, la vendita è nulla se la cosa non viene ad esistenza (art. 1472, 2° co., cod. civ.). Nella vendita di cosa futura è dovuta la garanzia per vizi (su cui ci si sofferma nel § 270.3).

Nella **vendita di cose altrui** il proprietario è obbligato a procurarsi la proprietà della cosa e a consegnare la stessa al compratore (art. 1478, 1° co., cod. civ.). Il compratore diventa proprietario nel momento in cui il venditore acquista la proprietà dal titolare di essa (art. 1478, 2° co., cod. civ.). Non è dunque necessario un nuovo atto di trasferimento: l'acquisto della proprietà da parte del venditore determina l'effetto traslativo della vendita di cose altrui (sarà, ovviamente, un effetto traslativo ritardato rispetto alla conclusione del contratto).

Vi è anche la possibilità, peraltro, che il venditore non riesca ad acquistare la cosa altrui: anche se l'offerta è vantaggiosa, infatti, non vi è alcun obbligo del terzo di alienare il suo bene. In questo caso colui che ha venduto una cosa altrui sarà inadempiente. È previsto che "il compratore può chiedere la **risoluzione** del **contratto**, se, quando l'ha concluso, **ignorava** che la cosa non era di proprietà del venditore, e se frattanto il venditore non gliene ha fatto acquistare la proprietà" (art. 1479, 1° co., cod. civ.; sulle obbligazioni di restituzione si veda l'art. 1479, 2° e 3° co.). Vi può essere anche il caso di vendita di **cosa parzialmente di altri**. Se la cosa che il compratore riteneva di proprietà del venditore era solo in parte di proprietà altrui, il compratore può chiedere la risoluzione del contratto ed il risarcimento del danno, quando deve ritenersi, secondo le circostanze, che non avrebbe acquistato la cosa senza quella parte di cui non è divenuto proprietario; altrimenti può solo ottenere una riduzione del prezzo, oltre al risarcimento del danno (art. 1480 cod. civ.).

Va ricordata, da ultimo, la **vendita a rate** con **riserva di proprietà** di cose mobili (nella prassi utilizzata anche rispetto ai beni immobili): si tratta di una vendita ad effetti reali differiti, in cui il compratore acquista la proprietà della cosa con il pagamento dell'ultima rata, ma assume i rischi al momento della consegna (art. 1523 cod. civ.). La norma appena ricordata contiene due deroghe ai princìpî generali già studiati: (a) ad essere derogato, in primo luogo, è il principio dell'eccezione di inadempimento (art. 1460 cod. civ.) secondo cui, in un contratto a prestazioni corrispettive, una parte può rifiutarsi di eseguire la prestazione se l'altra parte non offre contestualmente di eseguire la propria. Qui, invece, accade che il venditore, a seguito della conclusione del contratto, è obbligato a consegnare la cosa, anche se il pagamento del prezzo avverrà a rate; (b) il principio generale vuole che il rischio per la cosa venduta spetti al proprietario (art. 1465 cod. civ.): nella fattispecie in esame, invece, il rischio incombe in capo al compratore, il quale sin dall'inizio ha la disponibilità materiale del bene acquistato.

Esempio. Il Sig. Sfortunatis acquista un'automobile a rate. Sin dalla conclusione del contratto ha la disponibilità del mezzo; un giorno, mentre è a lavoro, un'alluvione provoca la caduta di pesanti rami da un albero, che distruggono la sua automobile. Il Sig. Sfortunatis aveva appena pagato la prima rata: dovrà però pagare anche le restanti rate.

Si pone il problema dell'**opponibilità** della riserva di proprietà nei confronti dei **terzi**. L'art. 1524 cod. civ., in proposito, stabilisce che la riserva di proprietà è opponibile ai creditori del compratore, solo se risulta da atto scritto avente data certa anteriore al pignoramento. Se la vendita ha ad oggetto macchine e il prezzo è superiore ad euro 15,49 (la cifra non è stata aggiornata ed è, evidentemente, irrisoria), la riserva della proprietà è opponibile anche al terzo acquirente, purché il patto di riservato dominio sia trascritto in apposito registro tenuto nella cancelleria del tribunale nella giurisdizione del quale è collocata la macchina, e questa, quando è acquistata dal terzo, si trovi ancora nel luogo dove la trascrizione è stata eseguita. Sono salve, comunque, le norme relative ai beni mobili iscritti in pubblici registri (il che vuol dire che la trascrizione della riserva di proprietà nei pubblici registri vale a renderla opponibile ai terzi).

Nonostante patto contrario, il **mancato pagamento** di una **sola rata**, che non superi l'ottava parte del prezzo, non dà luogo alla risoluzione del contratto, e il compratore conserva il beneficio del termine relativamente alle rate successive (art. 1525 cod. civ.).

Quanto alla risoluzione del contratto, l'art. 1526 cod. civ. prevede che se essa ha luogo per l'inadempimento del compratore, il venditore deve restituire le rate riscosse, salvo il diritto ad un equo compenso per l'uso della cosa, oltre al risarcimento del danno. Qualora sia convenuto che le rate pagate restino acquisite al venditore a titolo d'indennità, il giudice, secondo le circostanze, può ridurre l'indennità convenuta (è, questo, un altro caso di intervento del giudice sul contenuto del contratto: si confronti l'art. 1384 cod. civ., su cui § 211.

270.2. (c) *L'obbligazione di garantire il compratore dall'evizione.*

Il venditore è obbligato a garantire il compratore dall'**evizione** (art. 1476, n. 3, cod. civ.). Si cominci con il dire che, a differenza delle altre obbligazioni in precedenza studiate, si è in presenza in questo caso di un'**obbligazione di garanzia**: la prestazione consiste nell'assunzione di un rischio (e non in un comportamento, commissivo o omissivo).

L'evizione va definita come la **perdita**, da parte del compratore, dopo la conclusione del contratto, della proprietà del bene acquistato, del diritto trasferito, del godimento del bene, a seguito della vittoriosa azione esercitata da un terzo. L'evizione può derivare, ad esempio, dall'esercizio dell'azione di rivendicazione da parte di un terzo (art. 948 cod. civ.).

Esempio. Viene concluso un contratto di compravendita di un gioiello prezioso. Sennonché il venditore non è il proprietario del bene, ma lo è un terzo che, giudizialmente, ottiene la condanna del compratore alla restituzione del bene mobile. L'acquirente ha subìto l'evizione del gioiello. In questo caso il compratore non perde la proprietà del bene (non è mai stato proprietario), ma il godimento dello stesso.

Non è questa l'unica causa di evizione del bene. Si pensi all'ipotesi in cui un vicino lamenti la violazione delle norme sulla costruzione ed ottenga, così, una sentenza che ordina la demolizione del bene immobile acquistato dal compratore; o a quella in cui il terzo creditore del venditore abbia ottenuto l'espropriazione del bene venduto, con trascrizione del pignoramento anteriore alla trascrizione del contratto di vendita.

Gli esempi appena ricordati hanno in comune il fatto che l'evizione dipende da fatti anteriori alla vendita. I fatti, peraltro, possono essere anche successivi alla vendita.

Esempio. Tizio vende un bene immobile a Caio e poi a Sempronio. Quest'ultimo trascrive il contratto prima e diventa proprietario. Caio ha subìto l'evizione del bene, anche se il suo acquisto è anteriore al fatto che ha cagionato l'evizione.

Il compratore convenuto da un terzo, che pretende di avere diritti sulla cosa venduta, deve chiamare in causa il venditore. Qualora non lo faccia e sia condannato con sentenza passata in giudicato, perde il diritto di garanzia, se il venditore prova che esistevano ragioni sufficienti per far respingere la domanda (art. 1485, 1° co., cod. civ.).

Per giurisprudenza costante, la garanzia per evizione è dovuta anche se il compratore conosceva il rischio dell'evizione. Quest'ultimo, in caso di precedente contratto preliminare, può pure rifiutarsi di addivenire alla conclusione del definitivo qualora sussista un pericolo concreto ed attuale di evizione del bene promesso (Cass., 15.12.2021, n. 40290; Cass., 29.11.2019, n. 31314).

Non si ha evizione, invece, se la perdita della proprietà non deriva da un diritto del terzo esercitato vittoriosamente. Si pensi al caso in cui, dopo la compravendita, il bene sia distrutto dal fatto illecito altrui.

Qualora il compratore subisca l'evizione, il venditore è tenuto a restituire al primo il prezzo ricevuto, rimborsargli le spese sostenute per il contratto e quelle eventualmente affrontate per la manutenzione della cosa; lo dovrà indennizzare, inoltre, del valore dei frutti eventualmente percepiti e restituiti al terzo (si confronti l'art. 1483 cod. civ.).

Quello appena ricordato è il contenuto minimo della garanzia (che gli interpreti sono soliti indicare con l'espressione "**interesse contrattuale negativo**"). Peraltro, qualora l'acquirente dimostri di aver subìto un danno superiore all'interesse contrattuale negativo, potrà domandare il risarcimento ulteriore (come, ad esempio, il lucro cessante).

I contraenti possono aumentare o diminuire gli effetti della garanzia e possono altresì pattuire che il venditore non sia soggetto ad alcuna garanzia. Quantunque sia pattuita l'esclusione della garanzia, il venditore è sempre tenuto per l'evizione derivante da un fatto suo proprio. È nullo ogni patto contrario (art. 1487 cod. civ.).

Esempio. Il venditore aliena il medesimo bene a due parti contrattuali diverse. La seconda parte trascrive per primo il contratto e prevale sul primo acquirente. Il venditore è tenuto alla garanzia, anche se nel primo contratto essa sia stata esclusa.

Va peraltro chiarito che il patto di esclusione di garanzia, quand'anche sia valido, non esclude l'obbligazione del venditore di rimborsare il prezzo pagato e le spese (art. 1488 cod. civ.): l'accordo, in sostanza, può escludere l'obbligazione di risarcire i danni da lucro cessante e l'indennizzo del valore dei frutti restituiti.

L'evizione può essere anche parziale (art. 1484 cod. civ.): in questo caso il compratore può chiedere la risoluzione del contratto ed il risarcimento dei danni, qualora debba ritenersi che non avrebbe acquistato la cosa senza la parte che ha subìto l'evizione (art. 1480 cod. civ.); diversamente, può chiedere la riduzione del prezzo, salvo il diritto al risarcimento dei danni, qualora ignorasse l'altruità parziale della cosa.

Dall'evizione va distinta l'ipotesi in cui il bene risulti gravato da preesistenti oneri o da diritti reali o personali non apparenti, né dichiarati nel contratto, i quali diminuiscano il libero godimento del bene. Il compratore che non ne abbia avuto conoscenza può domandare la risoluzione del contratto oppure una riduzione del prezzo, oltre al risarcimento dei danni (art. 1489, 1° co., cod. civ.).

270.3. (d) *L'obbligazione di garantire il compratore dai vizi della cosa.*

Il venditore è obbligato a **garantire** il compratore dai **vizi della cosa** (art. 1476, n. 3, cod. civ.; Cass., 28.3.2022, n. 9960). Il prosieguo del discorso permetterà di comprendere la natura della garanzia in esame. Si anticipi che, secondo un'attenta ricostruzione dottrinale, fedele alle norme in materia, si è in presenza qui di un'obbligazione di garanzia soltanto in parte: la responsabilità risarcitoria, infatti, sussisterà solo se non è adempiuta una specifica obbligazione di comportamento del venditore (quella di controllare che il bene sia immune da vizi).

I vizi di cui discute la norma codicistica sono i **vizi materiali** della cosa, che la rendano inidonea all'uso a cui è destinata o ne diminuiscano in modo apprezzabile il valore (art. 1490, 1° co., cod. civ.).

Non è dovuta la garanzia se, al momento del contratto, il compratore conosceva i vizi della cosa; parimenti, non è dovuta se i vizi erano facilmente riconoscibili, salvo, in questo caso, che il venditore abbia dichiarato che la cosa era esente da vizi (art. 1491 cod. civ.). Sulla scorta della norma appena ricordata si suole dire che la garanzia sussiste quando vizi materiali della cosa sono **occulti**.

Esempio. Viene venduto un immobile, le cui colonne sono prive, internamente, dei necessari rinforzi in ferro. I vizi sono occulti: non erano visibili né facilmente riconoscibili.

270.4. *La disciplina dei vizi occulti.*

Ci si occupi, ora, della disciplina dei vizi occulti (artt. 1490-1495 cod. civ.). È possibile, con apposita pattuizione, **escludere** o **limitare** la **garanzia** dei **vizi**: peraltro, il patto con cui si esclude o si limita la garanzia non ha effetto se il venditore ha in mala fede taciuto al compratore i vizi della cosa (art. 1490, 2° co., cod. civ.).

Il compratore **decade** dal diritto alla garanzia se non denunzia i vizi al venditore entro otto giorni dalla scoperta, salvo il diverso termine stabilito dalle parti (art. 1495, 1° co., cod. civ.). La denunzia non è necessaria se il venditore ha riconosciuto l'esistenza del vizio o l'ha occultato (art. 1495, 2° co., cod. civ.). L'azione si **prescrive**, in ogni caso, in un anno dalla consegna (la prescrizione potrà essere interrotta anche mediante il mero invio di una diffida stragiudiziale: Cass., Sez. Un., 11.7.2019, n. 18762), ma il compratore, che sia convenuto per l'esecuzione del contratto, può sempre far valere la garanzia, purché il vizio della cosa sia stato denunziato entro otto giorni dalla scoperta e prima del decorso dell'anno dalla consegna (art. 1495, 3° co., cod. civ.; sul rapporto fra prescrizione e decadenza si rinvia a quanto osservato, nella parte iniziale, § 50).

I giudici di legittimità, peraltro, hanno stabilito che il diritto del compratore all'eliminazione dei vizi della cosa venduta, sorto in conseguenza dell'**impegno** assunto dal venditore e **accettato** dalla controparte, è soggetto alla prescrizione decennale, mentre gli originari diritti alla riduzione del prezzo e alla risoluzione del contratto restano assoggettati alla prescrizione annuale (Cass., 13.11.2012, n. 19702).

In giudizio il compratore può far valere due **azioni**, dette "**edilizie**" (così denominate in quanto introdotte, in epoca romana, dagli Edili curuli).

La prima è l'**azione redibitoria**, con cui viene domandata la risoluzione del contratto. In tal caso il venditore deve restituire il prezzo e rimborsare al compratore le spese e i pagamenti legittimamente fatti per la vendita (art. 1493, 1° co., cod. civ.). Il compratore deve restituire la cosa, se questa non è perita in conseguenza dei vizi (art. 1493, 2° co., cod. civ.). Si noti che la risoluzione del contratto è esperibile in presenza di vizi che integrano gli estremi della non scarsa importanza (art. 1455 cod. civ.). Ad esempio, i vizi di staticità dell'immobile, conosciuti dal venditore al momento del rogito ma da lui taciuti all'acquirente, possono condurre alla risoluzione del contratto (Trib. Caltanisetta, 30.5.2016).

La seconda è l'**azione estimatoria** (detta anche, in omaggio alla tradizione latina, *quanti minoris*): con essa viene chiesta la riduzione del prezzo oppure il suo parziale rimborso, se è già stato versato (art. 1492, 1° co., cod. civ.). La scelta è irrevocabile quando è fatta con domanda giudiziale (art. 1492, 2° co., cod. civ.): quando il compratore ha esercitato in giudizio una domanda, non può più esercitare l'altra.

Con le azioni edilizie il compratore fa valere una vera e propria obbligazione di garanzia del venditore: verificandosi il rischio (entro i limiti temporali sopra indicati) egli subirà le conseguenze dell'azione redibitoria o estimatoria esercitata dal compratore. Quest'ultimo, come hanno chiarito i giudici di legittimità, ha però l'onere di provare l'esistenza dei vizi lamentati, che costituisce l'elemento costitutivo della pretesa fatta valere (Cass., Sez. Un., 3.5.2019, n. 11748; in senso diverso, Cass., 2.9.2013, n. 20110 aveva affermato che il compratore poteva limitarsi a denunciare la presenza di vizi o difetti).

Il compratore ha diritto al **risarcimento del danno**, se il venditore non provi di aver ignorato senza colpa i vizi della cosa (art. 1494, 1° co., cod. civ.). L'azione di risarcimento del danno è sottoposta agli stessi termini di decadenza e di prescrizione previsti per l'azione redibitoria e l'azione estimatoria.

Esempio. Il vizio del macchinario acquistato ha determinato un blocco della produzione abbastanza lungo. Per quindici giorni l'acquirente del bene non ha conseguito profitti. Potrà domandare il risarcimento del danno, sotto il profilo (in questo caso) del lucro cessante.

Per espressa previsione legislativa, il venditore deve altresì risarcire al compratore i danni derivati dai vizi della cosa (art. 1494, 2° co., cod. civ.). Ad avviso di una parte della dottrina, la consegna di cose suscettibili di recare nocumento darebbe luogo ad un fatto illecito (introducendo, così, una speciale regola di responsabilità extracontrattuale); la responsabilità per i danni derivanti dai vizi della cosa, si aggiunge, investirebbe il venditore non soltanto nei confronti del primo acquirente, ma anche nei confronti dei successivi sub acquirenti.

Diversa disciplina, invece, si applica per i beni di consumo (§ 262.2). Sulla responsabilità del produttore del bene difettoso, inoltre, si rimanda ad altra parte del Corso (§§ 364 ss.).

Si torni alla disciplina codicistica in tema di risarcimento: con la relativa azione il compratore fa valere l'inadempimento, da parte del venditore, dell'obbligazione di comportamento prevista dall'art. 1494, 1° co., cod. civ. (quella di controllo sugli eventuali vizi nella cosa venduta). Il venditore, lo si è detto, si libera da responsabilità se prova di avere "senza colpa ignorato i vizi". Stando alla lettera della norma, si può affermare una presunzione di colpa del debitore, che può essere vinta attraverso la prova, da parte dello stesso, di un diligente controllo esercitato. Non manca però chi in dottrina afferma che l'art. 1494, 1° co., cod. civ. richiamerebbe la regola generale di cui all'art. 1218 cod. civ. (§§ 121 ss.): il venditore, allora, dovrà provare che l'accertamento dei vizi non era possibile per causa a lui non imputabile.

Da non confondere con la garanzia per i vizi occulti, di cui si è sin qui detto, è la **garanzia** per il **buon funzionamento** delle **cose mobili**, che può essere prevista (pattuita, dunque) per un tempo determinato (art. 1512 cod. civ.; si veda anche l'art.

1513 cod. civ.). Se il venditore ha garantito per un periodo determinato il buon funzionamento della cosa venduta, il compratore, salvo patto contrario, deve denunziare al venditore il difetto di funzionamento entro trenta giorni dalla scoperta, sotto pena di decadenza. L'azione si prescrive in sei mesi dalla scoperta. Il giudice, secondo le circostanze, può assegnare al venditore un termine per sostituire o riparare la cosa in modo da assicurarne il buon funzionamento, salvo il risarcimento dei danni. Sono salvi gli usi i quali stabiliscono che la garanzia di buon funzionamento è dovuta anche in mancanza di patto espresso.

In pratica, grazie alla garanzia di buon funzionamento, il compratore è assolto dall'onere di provare che il difetto di funzionamento deriva da un vizio originario (oppure da un'originaria mancanza di qualità della cosa: § 271).

271. La mancanza delle qualità promesse o delle qualità essenziali della cosa.

Il codice distingue dai vizi occulti la **mancanza** delle **qualità promesse** o delle **qualità essenziali** della **cosa** (art. 1497 cod. civ.). Quando la cosa venduta non abbia le qualità promesse ovvero quelle essenziali per l'uso a cui è destinata, il compratore ha diritto di ottenere la risoluzione del contratto secondo le disposizioni generali sulla risoluzione per inadempimento (artt. 1453 ss. cod. civ.).

Tuttavia, il diritto di ottenere la risoluzione è soggetto alla decadenza ed alla prescrizione stabilite dall'art. 1495 cod. civ. (§ 270.4).

Esempio. Vengono venduti alcuni paracaduti ad una scuola di paracadutismo. Gli insegnanti del corso si accorgono subito che i paracaduti hanno una stoffa che rischia di rompersi ad alte quote. I paracaduti sono privi delle qualità essenziali: gli acquirenti possono ottenere la risoluzione del contratto secondo la disciplina generale (art. 1455 cod. civ.: § 245).

Per la giurisprudenza integra la mancanza della qualità promessa, ai sensi dell'art. 1497 cod. civ., la consegna di ortaggi che, successivamente, non siano germogliati (Cass., n. 1261/1981); di tabelle "segnaprezzo" le quali, essendo destinate ad essere esposte all'esterno, si mostrino non resistenti alla luce ed alle intemperie (Cass., n. 1424/1984). Si pensi, ancora, alla consegna di diari scolastici che, tenuto conto della destinazione (l'utilizzo da parte di bambini), siano stampati in modo tale da non essere comprensibili (Cass., n. 4175/1983).

Va rimarcata la differenza tra mancanza delle qualità promesse ed errore (inteso come vizio del consenso): il primo rimedio riguarda l'esecuzione del contratto; il secondo, invece, attiene alla fase di perfezionamento del consenso.

272. L'*aliud pro alio*.

Dalla vendita del bene senza la qualità promessa o essenziale va distinta la figura dell'***aliud pro alio***: essa ricorre allorché la cosa trasferita risulti essere completamente diversa da quella pattuita. Il che accade quando: (a) la cosa appartiene ad un genere merceologico diverso; (b) la cosa sia priva delle qualità necessarie per assolvere alla funzione economico-sociale cui la cosa era destinata.

Non è sempre facile distinguere fra mancanza di qualità e *aliud pro alio* (specie avendo riguardo alle ipotesi *sub* b). Può essere utile, allora, far riferimento ad alcuni precedenti giurisprudenziali relativi all'inedificabilità di un terreno, all'inagibilità dell'impianto di riscaldamento e all'inagibilità dell'appartamento.

Innanzitutto, la parziale inedificabilità di un terreno non costituisce automaticamente *aliud pro alio,* dovendo valutarsi in concreto la misura di tale inedificabilità (Cass., 17.3.2016, n. 5329). Si è stabilito, poi, che la vendita di un appartamento in cui vi sia l'inagibilità dell'impianto di riscaldamento (per mancato rilascio del certificato di collaudo dello stesso) costituisce vendita con mancanza di qualità: in questo caso, infatti, si vende pur sempre un appartamento ad uso di abitazione (privo, semmai, del necessario riscaldamento). Diversamente, l'inagibilità dell'appartamento (dovuta, ad esempio, al mancato rilascio del certificato di abitabilità) costituisce un *aliud pro alio*: l'immobile, in questa ipotesi, non è in grado di assolvere alla sua funzione abitativa (Cass., 10.2.2020, n. 3048; Cass., 31.1.2017, n. 2294). L'assenza di agibilità dell'immobile, del resto, rappresenta circostanza idonea a consentire ai promissari acquirenti di non addivenire alla stipula del definitivo (Cass., 20.5.2020, n. 9226; Cass., 18.9.2019, n. 23265; Cass., 8.2.2016, n. 2438; per i profili risarcitori si veda Cass., 10.10.2019, n. 25418; Trib. Imperia, 28.1.2022). Va peraltro precisato che, a seguito all'abrogazione dell'art. 25 del d.p.r. 6.6.2001 n. 380, ad opera del d.lgs. 25.11.2016, n. 222, non è più necessario ottenere il rilascio del suddetto certificato di agibilità, potendo il venditore limitarsi a presentare una segnalazione certificata che attesti la conformità dell'opera al progetto e l'agibilità dell'immobile.

Ed ancora, la consegna di un dispositivo medico privo di un accessorio tutt'altro che secondario (tanto che per esso è previsto un certificato), implica una vendita *aliud pro alio* (TAR Milano, 22.10.2019, n. 2202).

Non può sfuggire, d'altra parte, come la figura dell'*aliud pro alio* sia sorta come regola giurisprudenziale (essa non è disciplinata dal legislatore) proprio di fronte alla presa d'atto che l'azione di risoluzione per mancanza di qualità sia soggetta ai termini (molto brevi) di decadenza e di prescrizione previsti per l'azione redibitoria.

Per i giudici, in sostanza, quando la mancanza di qualità sia tale da far ritenere che la cosa consegnata sia una cosa diversa da quella prevista contrattualmente, si è in presenza di un vero e proprio inadempimento ai sensi dell'art. 1218 cod. civ.; il termine di prescrizione, allora, sarà quello ordinario.

273. La vendita dei beni mobili.

Il codice civile dedica una serie di norme, specificamente, alla **vendita** di **beni mobili** (si è già accennato, in precedenza, alla garanzia del buon funzionamento delle cose mobili *ex* art. 1512 cod. civ.: § 270.4).

Accanto ad alcune disposizioni generali (artt. 1510-1519 cod. civ.), ve se sono altre che riguardano la vendita con riserva di gradimento, a prova, a campione (artt. 1520-1522 cod. civ.), la vendita con riserva della proprietà (artt. 1523-1526 cod. civ., su cui si veda già, *retro*, § 270.1), la vendita su documenti e con pagamento contro documenti (artt. 1527-1530 cod. civ.), la vendita a termine di titoli di credito (artt. 1531-1536 cod. civ., su cui § 281).

Va ricordata qualche norma contenuta nelle "disposizioni generali". In mancanza di patto o uso contrario, la **consegna** della cosa deve avvenire nel **luogo** dove questa si trovava al tempo della vendita, se le parti ne erano a conoscenza, ovvero nel luogo dove il venditore aveva il suo domicilio o la sede dell'impresa. Salvo patto o uso contrario, se la cosa venduta deve essere trasportata da un luogo all'altro, il venditore si libera dall'obbligo della consegna rimettendo la cosa al vettore o allo spedizioniere; le spese del trasporto sono a carico del compratore (art. 1510 cod. civ.).

Nella vendita di **cose da trasportare** da un luogo all'altro, il termine per la denunzia dei vizi e dei difetti di qualità apparenti decorre dal giorno del ricevimento (art. 1511 cod. civ.).

Se il compratore non si presenta per ricevere la cosa acquistata, il venditore può **depositarla**, per conto e a spese del compratore medesimo, in un locale di pubblico deposito, oppure in altro locale idoneo determinato dal tribunale del luogo in cui la consegna doveva essere fatta. Il venditore deve dare al compratore pronta notizia del deposito eseguito (art. 1514 cod. civ.).

Quanto alla **risoluzione di diritto** (art. 1517 cod. civ.), essa ha luogo automaticamente a favore del contraente che, prima della scadenza del termine stabilito, abbia offerto all'altro, nelle forme d'uso, la consegna della cosa o il pagamento del prezzo, se l'altra parte non adempie la propria obbligazione. La risoluzione di diritto ha pure luogo a favore del venditore se, alla scadenza del termine stabilito per la consegna, il compratore, la cui obbligazione di pagare il prezzo non sia scaduta, non si presenti per ricevere la cosa preventivamente offerta, ovvero non l'accetti. Il contraente che intende valersi della risoluzione prevista dalla norma in considerazione deve darne comunicazione all'altra parte entro otto giorni dalla scadenza del termine; in mancanza di tale comunicazione, si osservano le disposizioni generali sulla risoluzione per inadempimento.

Se la vendita ha per oggetto una cosa che ha un prezzo corrente ed il contratto si risolve per l'inadempimento di una delle parti, il **risarcimento** è costituito dalla differenza tra il prezzo convenuto e quello corrente nel luogo e nel giorno in cui si doveva fare la consegna, salva la prova di un maggior danno. Nella vendita ad esecuzione periodica, la liquidazione del danno si determina sulla base dei prezzi correnti nel luogo e nel giorno fissati per le singole consegne (art. 1518 cod. civ.; sulla restituzione delle cose non pagate si veda l'art. 1519 cod. civ.).

Si è detto, sin qui, della disciplina generale sui beni mobili. Va fatto un cenno alle disposizioni relative a particolari tipi di vendita.

Quando si **vendono** cose **con riserva** di **gradimento** da parte del compratore, la vendita non si perfeziona fino a che il gradimento non sia comunicato al venditore (art. 1520 cod. civ.).

La **vendita a prova** si presume fatta sotto la condizione sospensiva che la cosa abbia le qualità pattuite o sia idonea all'uso a cui è destinata (Cass., 29.4.2016, n. 8491). La prova si deve eseguire nel termine e secondo le modalità stabiliti dal contratto o dagli usi (art. 1521 cod. civ.).

Se la **vendita** è fatta **a campione**, s'intende che questo deve servire come esclusivo paragone per la qualità della merce; in tal caso, qualsiasi difformità attribuisce al compratore il diritto alla risoluzione del contratto. Qualora, però, dalla convenzione o dagli usi risulti che il campione deve servire unicamente a indicare in modo approssimativo la qualità, si può domandare la risoluzione soltanto se la difformità dal campione sia notevole. In ogni caso l'azione è soggetta alla decadenza ed alla prescrizione stabilite dall'art. 1495 cod. civ. (art. 1522 cod. civ.).

Nella **vendita su documenti**, il venditore si libera dall'obbligo della consegna rimettendo al compratore il titolo rappresentativo della merce e gli altri documenti stabiliti dal contratto o, in mancanza, dagli usi (art. 1527 cod. civ.). Salvo patto o usi contrari, il pagamento del prezzo e degli accessori deve eseguirsi nel momento e nel luogo in cui avviene la consegna dei documenti. Quando i documenti sono regolari, il compratore non può rifiutare il pagamento del prezzo adducendo eccezioni relative alla qualità e allo stato delle cose, a meno che queste risultino già dimostrate (art. 1528 cod. civ.; si vedano anche i successivi artt. 1529 e 1530 cod. civ.).

Una particolare disciplina è dettata per i **beni di consumo**, di cui ci si occupa in altra parte del Corso (§ 262.2).

Si aggiunga, infine, che la "**Convenzione di Vienna** sui contratti di compravendita internazionali di **beni mobili**", firmata l'11.4.1980, resa esecutiva in Italia con la l. 11.12.1985, n. 765, detta una disciplina uniforme che si applica a tutti i casi in cui siano compravendute merci tra parti "le cui sedi di affari si trovano in Stati differenti".

274. La vendita di beni immobili.

Alcune norme sono dedicate, nella disciplina codicistica, alla vendita di beni immobili (sulle forme richieste per i contratti immobiliari si rimanda al § 198). Quando un determinato **immobile** sia venduto con l'indicazione della sua **misura** e con un prezzo ad esso correlato, il compratore ha diritto ad una riduzione, se la misura effettiva dell'immobile è inferiore a quella indicata nel contratto. Se la misura risulta superiore a quella indicata nel contratto, il compratore deve corrispondere il supplemento del prezzo, ma ha la facoltà di recedere dal contratto, qualora l'eccedenza oltrepassi la ventesima parte della misura dichiarata (art. 1537 cod. civ.).

Nei casi in cui il prezzo sia determinato in relazione al **corpo** dell'immobile e non alla sua misura, sebbene questa sia stata indicata, non si fa luogo a diminuzione o a supplemento di prezzo, salvo che la misura reale sia inferiore o superiore di un ventesimo rispetto a quella indicata nel contratto. Nel caso in cui debba pagarsi un supplemento di prezzo, il compratore ha la scelta di recedere dal contratto o di corrispondere il supplemento (art. 1538 cod. civ.). Di fronte alla vendita cumulativa di più immobili, lo scostamento significativo dovrà valutarsi con riferimento a tutti i beni oggetto del contratto (Cass., 24.10.2016, n. 21342).

Quando il compratore eserciti il diritto di recesso, il venditore è tenuto a **restituire** il **prezzo** e a rimborsare le spese del contratto (art. 1539 cod. civ.).

Se due o **più immobili** sono stati venduti con lo **stesso contratto** per un solo prezzo, con l'indicazione della misura di ciascuno di essi, e si trova che la quantità è minore nell'uno e maggiore nell'altro, se ne fa la compensazione fino alla debita concorrenza; il diritto al supplemento o alla diminuzione del prezzo spetta in conformità delle disposizioni sopra ricordate (art. 1540 cod. civ.). Il diritto del venditore al supplemento e quello del compratore alla diminuzione del prezzo o al recesso dal contratto si prescrivono in un anno dalla consegna dell'immobile (art. 1541 cod. civ.).

In tema di vendita immobiliare va ricordato, fra l'altro, il d.p.r. 6.6.2001, n. 380, recante il Testo unico delle disposizioni legislative e regolamentari in materia edilizia. È previsto che gli **atti *inter vivos*** aventi ad oggetto i diritti reali, riguardanti edifici la cui costruzione sia iniziata dopo il 17.3.1985 (ossia dopo l'entrata in vigore della l. n. 47/1985, poi confluita nel Testo Unico), sono **nulli** se in essi non sono indicati, per dichiarazione dell'alienante, gli estremi del **permesso** di **costruire**, ovvero del **permesso** rilasciato **in sanatoria** (art. 46, 1° co., d.p.r. n. 380/2001). La norma appena ricordata, che fa divieto al notaio di rogare in assenza di tali dichiarazioni, non si applica agli atti *inter vivos* di costituzione, modificazione o estinzione di diritti reali di garanzia ovvero di servitù relative ad edifici, e ai contratti con efficacia obbligatoria (a proposito dei contratti preliminari di vendita, si veda Cass., 7.3.2019, n. 6685).

In presenza, nell'atto, della dichiarazione dell'alienante degli estremi del titolo urbanistico, reale e riferibile all'immobile, il contratto è valido a prescindere dal profilo della conformità o della difformità della costruzione realizzata al titolo menzionato. Semmai, la difformità sostanziale della costruzione rispetto al titolo abilitativo rileva in termini di inadempimento e giustifica la risoluzione del contratto (Cass., Sez. Un., 22.4.2019, n. 8230). La giurisprudenza di merito si è mossa sulla scia di questa pronuncia dei giudici di legittimità, precisando che (accertata l'esistenza del titolo, riferibile all'immobile oggetto del trasferimento) non ha rilevanza la tipologia di abuso commesso (App. Torino, 5.7.2021; Trib. Asti, 13.7.2021).

Se la mancata indicazione degli estremi non sia dipesa dalla insussistenza del permesso di costruire al tempo in cui gli atti medesimi sono stati stipulati, essi possono essere confermati anche da una sola delle parti mediante atto successivo, redatto nella stessa forma del precedente, che contenga la menzione omessa (art. 46, 4° co., d.p.r. n. 380/2001).

In assenza della dichiarazione sugli estremi della concessione edilizia, contenuta nel contratto preliminare, o successivamente prodotta in giudizio, il giudice non può pronunciare la sentenza di trasferimento coattivo di diritti reali su edifici o loro parti, prevista dall'art. 2932 cod. civ. (così Cass., 29.4.2016, n. 8489; Cass., 5.9.2019, n. 2216).

È inoltre previsto che gli atti pubblici e le scritture private autenticate tra vivi aventi ad oggetto il trasferimento, la costituzione o lo scioglimento di comunione di diritti reali su fabbricati già esistenti, ad esclusione dei diritti reali di garanzia, debbano contenere, per le unità immobiliari urbane, a pena di nullità, oltre all'identificazione catastale, il riferimento alle planimetrie depositate in catasto e la dichiarazione, resa in atti dagli intestatari, della conformità allo stato di fatto dei dati catastali e delle planimetrie, sulla base delle disposizioni vigenti in materia catastale. La dichiarazione può essere sostituita da un'attestazione di conformità rilasciata da un tecnico abilitato alla presentazione degli atti di aggiornamento catastale. Prima della stipula dei predetti atti il notaio individua gli intestatari catastali e verifica la loro conformità con le risultanze dei registri immobiliari (art. 29, 1° co.-*bis*, l. 27.2.1985, n. 52), a pena di responsabilità disciplinare (Cass., 20.11.2018, n. 29894) e nullità dell'atto. Se la mancanza del riferimento alle planimetrie depositate in catasto o alla dichiarazione, resa dagli intestatari, della conformità allo stato di fatto dei dati catastali e delle planimetrie, ovvero dell'attestazione di conformità rilasciata da un tecnico abilitato non siano dipese dall'inesistenza delle planimetrie o dalla loro difformità dallo stato di fatto, l'atto può essere sanato anche da una sola delle parti mediante atto successivo, redatto nella stessa forma del precedente, che contenga gli elementi omessi (art. 29, 1° co.-*ter*, l. 27.2.1985, n. 52). Si ricordi però che il mancato inserimento, in un contratto preliminare di compravendita immobiliare, delle indicazioni circa la conformità catastale, non ne comporta la nullità, in quanto le prescrizioni previste dall'art. 29, 1° co.-*bis*, l. n. 52/1985 si riferiscono ai contratti traslativi e non ai contratti meramente obbligatori (Cass., 8.3.2022, n. 7521).

Qualora la compravendita abbia ad oggetto un terreno, al contratto deve essere allegato dalle parti il certificato di destinazione urbanistica: si tratta di un documento contenente "le prescrizioni urbanistiche riguardanti l'area interessata" (art. 30, 2° co., d.p.r. n. 380/2001). In assenza di certificato il contratto è nullo. Si deve discutere, però, di nullità sanabile (art. 30, 4° co.-*bis*, d.p.r. n. 380/2001): gli atti non accompagnati dal documento ricordato possono essere "confermati" o "integrati", anche soltanto da una delle parti, attraverso un atto pubblico o autenticato al quale sia allegato un certificato contenente le prescrizioni urbanistiche riguardanti le aree interessate al giorno in cui è stato stipulato l'atto da confermare. Inoltre, la mancata allegazione del documento non può produrre la nullità del contratto stipulato se il titolo, idoneo alla trascrizione, debba ancora giungere a completa formazione (Cass., 29.4.2019, n. 11377).

Va ricordato, infine, che nella vendita di immobili in costruzione, tra costruttori e persone fisiche, dovrà applicarsi la disciplina prevista dal d.lgs. 20.6.2005, n. 122, come modificato dal d.lgs. 12.1.2019, n. 14, la quale impone una serie di tutele per l'acquirente (in particolare, la fideiussione di cui all'art. 2, d.lgs. 2005, n. 122; la polizza assicurativa indennitaria decennale di cui all'art. 4, d.lgs. 2005, n. 122: su tale disciplina si veda anche § 176.1).

275. La vendita con patto di riscatto.

La **vendita**, sia quella mobiliare sia quella immobiliare, può essere conclusa **con patto di riscatto** (artt. 1500-1509 cod. civ.). Accade, in questa fattispecie, che il venditore si riserva il diritto di riavere la proprietà della cosa venduta mediante la restituzione del prezzo ed i rimborsi stabiliti dal codice. Il patto di restituire un prezzo superiore a quello stipulato per la vendita è nullo per l'eccedenza (art. 1500 cod. civ.), anche ove abbia ad oggetto la corresponsione di interessi (Cass., 30.3.2016, n. 6144). Il riscatto è un **diritto potestativo** e si esercita con un atto unilaterale, alle condizioni previste dal codice.

La disposizione appena ricordata evidenzia come il patto di riscatto sia diretto ad agevolare il venditore. Quest'ultimo può essere costretto a vendere il bene in quanto versi in temporanee difficoltà economiche; quando ne avrà la possibilità, potrà riacquistare la proprietà, senza che il compratore abbia tratto un profitto dall'operazione economica compiuta.

Il **termine per** il **riscatto** non può essere maggiore di due anni nella vendita di beni mobili e di cinque anni in quella dei beni immobili. Se le parti stabiliscono un termine maggiore, esso si riduce a quello legale. Il termine stabilito dalla legge è perentorio e non si può prorogare (art. 1501 cod. civ.).

Il venditore che esercita il diritto di riscatto è tenuto a **rimborsare** al compratore il prezzo, le spese e ogni altro pagamento legittimamente fatto per la vendita, le spese per le riparazioni necessarie e, nei limiti dell'aumentato, il valore della cosa. Fino al rimborso delle spese necessarie e utili, il **compratore** ha **diritto di ritenere** la **cosa**. Il giudice, tuttavia, per il rimborso delle spese utili, può accordare una dilazione disponendo, se occorrono, le opportune cautele (art. 1502 cod. civ.).

Il venditore **decade** dal **diritto di riscatto** ove, entro il termine fissato, non comunichi al compratore la dichiarazione di riscatto e non gli corrisponda le somme liquide dovute per il rimborso del prezzo, delle spese e di ogni altro pagamento legittimamente fatto per la vendita (art. 1503 cod. civ.).

La pattuizione che prevede il riscatto ha **efficacia reale**, in quanto il venditore che ha legittimamente esercitato il diritto di riscatto nei confronti del compratore può ottenere il rilascio della cosa anche dai successivi acquirenti, purché il patto sia ad essi opponibile (art. 1504, 1° co., cod. civ.). Quando la vendita ha per oggetto beni immobili o mobili registrati, ai fini dell'opponibilità del riscatto nei confronti dei successivi acquirenti è richiesta la formalità della trascrizione.

Esempio. Il Sig. Morabito vende al Sig. Saladino, a Reggio Calabria, un appartamento al prezzo di 200.000 euro; nel contratto si prevede che, nel termine di un anno dalla stipula, il Sig. Morabito potrà tornare ad essere proprietario dell'appartamento, versando al Sig. Saladino una somma pari al prezzo in precedenza corrisposto, incrementata dell'importo delle spese sostenute. Ora, se il Sig. Saladino vende, successivamente, l'appartamento al Sig. Ieradi, il Sig. Morabito potrà riscattare il bene immobile presso il Sig. Ieradi, se il patto sia stato trascritto precedentemente.

Da non confondere con il patto di riscatto è il **patto di retrovendita**, non previsto nel codice ma diffusosi nel mondo degli affari: con quest'ultimo patto si prevede che il compratore sia obbligato a rivendere la cosa acquistata allo stesso venditore, attraverso un nuovo contratto di compravendita.

Non si applicano, in questa fattispecie, i limiti temporali o quelli di prezzo previsti per il patto di riscatto. Inoltre, il patto non ha efficacia reale ma soltanto obbligatoria: il che vuol dire che se l'acquirente aliena il bene acquistato ad un terzo, il contratto è valido; semmai, egli sarà inadempiente e potrà essere chiamato soltanto a rispondere dei danni cagionati al venditore.

Va considerato, infine, che sia il patto di riscatto sia quello di retrovendita sono spesso utilizzati, nella pratica, per eludere il divieto di patto commissorio (art. 2744 cod. civ.): se è così, essi sono nulli in quanto contratti conclusi in frode alla legge (Cass., 26.1.2018, n. 4514).

276. La vendita di eredità.

Alcune norme del codice, da ultimo, regolano la **vendita** di **eredità**, che deve farsi **per iscritto** sotto pena di nullità (art. 1543 cod. civ.). Chi vende un'eredità senza specificarne gli oggetti non è tenuto a garantire che la propria qualità di erede (art. 1542 cod. civ.).

Sono disciplinate sia le **obbligazioni** del **venditore** sia quelle del **compratore**. Il venditore, se ha percepito i frutti di qualche bene o riscosso qualche credito ereditario, ovvero ha venduto qualche bene dell'eredità, è tenuto a rimborsare il compratore, salvo patto contrario (art. 1544 cod. civ.).

Il compratore, invece, deve rimborsare il venditore di quanto questi ha pagato per debiti e pesi dell'eredità, e deve corrispondergli quanto gli sarebbe dovuto dall'eredità medesima, salvo che sia convenuto diversamente (art. 1545 cod. civ.).

Il compratore, se non vi è stato patto contrario, è obbligato in solido con il venditore a pagare i debiti ereditari (art. 1546 cod. civ.).

Capitolo 42

ALTRI CONTRATTI CHE REALIZZANO UN *DO UT DES*

277. La permuta.

La **permuta** è il contratto che ha per oggetto il reciproco trasferimento della proprietà di cose, o di altri diritti, da un contraente all'altro (art. 1552 cod. civ.). È il c.d. **baratto**: mentre nella compravendita vi è lo scambio fra diritti e prezzo, nella permuta vi è scambio di diritti con diritti. Si tratta di un contratto molto antico, che nell'economia moderna (caratterizzata da forti elementi di crisi e dalla scarsa circolazione di denaro), ha trovato una nuova diffusione.

Esempio. In cambio della proprietà della mia macchina per il caffè, mi dai la tua macchina per fare il pane.

Ove i valori dei diritti sui beni scambiati siano tra loro diseguali, dovrà corrispondersi un **conguaglio** in favore di colui che abbia ricevuto il bene di minor valore.

Nella prassi è pure diffusa la fattispecie della permuta di cosa presente con cosa futura: viene trasferita un'area edificabile in cambio di uno o più appartamenti che verranno edificati sull'area. Nei contratti aventi ad oggetto il trasferimento della proprietà di immobili futuri, la forma scritta è necessaria solo per la stipulazione del contratto ad effetti obbligatori e non anche per l'individuazione del bene, la cui proprietà è trasferita non appena lo stesso viene ad esistenza (Cass., 16.5.2016, n. 9994). L'atto di permuta avente ad oggetto un bene futuro è opponibile ai terzi se la relativa trascrizione consente di individuarlo; la mancata indicazione dei dati catastali definitivi non rileva se la nota di trascrizione non determina incertezze sui soggetti e sui beni oggetto del trasferimento (Cass., 23.7.2019, n. 19824).

Il permutante, se ha sofferto l'**evizione** e non intende riavere la cosa data, ha diritto al valore della cosa evitta, secondo le norme stabilite per la vendita, salvo in ogni caso il risarcimento del danno (art. 1553 cod. civ.).

Salvo patto contrario, le **spese** della permuta e le altre accessorie sono a carico di entrambi i contraenti in parti uguali (art. 1554 cod. civ.).

Le **norme** stabilite per la **vendita** si **applicano** alla permuta, in quanto siano con questa compatibili (art. 1555 cod. civ.).

278. Il riporto.

Il **riporto** è il contratto con cui il riportato trasferisce in proprietà al riportatore **titoli di credito** di una data specie per un determinato prezzo, e il riportatore assume l'obbligo di trasferire al riportato, alla scadenza del termine stabilito, la proprietà di altrettanti titoli della stessa specie, verso rimborso del prezzo, che può essere aumentato o diminuito nella misura convenuta (art. 1548 cod. civ.).

Il contratto si perfeziona con la consegna dei titoli (art. 1549 cod. civ.); si tratta, dunque, di un **contratto reale**.

Le **funzioni** del riporto possono essere diverse. Viene in considerazione, in primo luogo, una funzione speculativa (la speculazione riguarda la variazione delle quotazioni tra il momento della conclusione del contratto e quello della sua estinzione); ci può essere, però, anche una funzione di finanziamento del riportato (il quale ottiene la disponibilità di denaro, spesso a condizioni più vantaggiose di quelle praticate nel mercato di credito, posto che il finanziatore è garantito dai titoli consegnatigli).

Va considerato, peraltro, che il **diritto di voto** (relativo ai titoli di credito) spetta, salvo patto contrario, al riportatore (art. 1550, 2° co., cod. civ.). Il che vuol dire che il contratto di riporto può realizzare anche l'interesse del riportatore che desideri esercitare i diritti di voto relativi ai titoli ottenuti a riporto.

In caso di inadempimento di una delle parti, si osservano le disposizioni di cui agli artt. 1515 e 1516 cod. civ., salva per i contratti di borsa l'applicazione delle leggi speciali. Se entrambe le parti non adempiono le proprie obbligazioni nel termine stabilito, il riporto cessa di avere effetto, e ciascuna parte ritiene ciò che ha ricevuto al tempo della conclusione del contratto (art. 1551 cod. civ.).

Prevale l'idea che il riporto sia un **contratto unitario**, il quale determina il trasferimento della proprietà contestualmente alla conclusione del contratto e fa nascere l'obbligazione del riportatore di trasferire altrettanti titoli al riportato.

279. Il contratto estimatorio.

Con il **contratto estimatorio** una parte consegna una o più cose mobili all'altra e questa si obbliga a pagare il prezzo, salvo che restituisca le cose nel termine stabilito (art. 1556 cod. civ.). L'obbligazione principale dell'*accipiens* è quella di pagare il prezzo; lo stesso, però, ha la facoltà di restituire le cose (obbligazione facoltativa).

Esempio. Ogni mattina, a Roma, in via Veneto, il giornalaio Alberto riceve in consegna giornali e quotidiani: nel termine stabilito Alberto restituisce al distributore l'invenduto.

Chi ha ricevuto le cose non è liberato dall'obbligo di pagarne il prezzo, se la **restituzione** di esse nella loro integrità è divenuta **impossibile per causa** a lui **non imputabile** (art. 1557 cod. civ.).

Sono validi gli **atti di disposizione** compiuti da chi ha ricevuto le cose, ma i suoi creditori non possono sottoporle a pignoramento o a sequestro, finché non ne sia stato pagato il prezzo. Colui che ha consegnato le cose non può disporne fino a che non gli siano restituite (art. 1558 cod. civ.).

La lettura delle disposizioni appena ricordate, che esauriscono la disciplina del contratto estimatorio, permette di condividere l'opinione di chi ritiene che il **trasferimento** delle **proprietà** avvenga al momento del pagamento del prezzo; per espressa disposizione legislativa, tuttavia, la consegna da parte del *tradens* gli fa perdere la disponibilità della cosa, posto che legittimamente di essa può disporne l'*accipiens*. La precisazione codicistica ("sono validi gli atti di disposizione"), in effetti, si è resa necessaria proprio perché chi riceve le cose non è ancora proprietario delle stesse.

Inoltre, a conferma della ricostruzione in esame, va considerata la norma del codice da ultimo ricordata, secondo cui i creditori dell'*accipiens* non possono sottoporre le cose a pignoramento o sequestro (il che si spiega affermando che le stesse non sono ancora di proprietà dello stesso *accipiens*).

Il contratto estimatorio è un **contratto reale**, in quanto si perfeziona con la consegna della cosa. La realità, si aggiunga, si giustifica in relazione alle esigenze economiche dei contraenti: l'*accipiens* ha bisogno della disponibilità dei beni, giuridicamente e materialmente. Il che introduce il discorso sul campo di applicazione, nella pratica, del contratto estimatorio: esso, di frequente, viene concluso fra produttore e rivenditore. Il primo trasferisce al secondo (al "grossista", in particolare) i rischi della distribuzione, posto che incombono sul secondo gli oneri della conservazione delle merci e della distribuzione al dettaglio.

Non manca, peraltro, la **variante "consensuale"** del contratto estimatorio (che viene a configurarsi, in tal modo, come un contratto con causa mista): accade, in sostanza, che in un contratto di somministrazione (di durata e a prestazioni periodiche) vi sia l'obbligazione del produttore di rifornire il rivenditore e l'obbligazione di quest'ultimo di provvedere, attraverso un'adeguata organizzazione, al collocamento sul mercato.

280. Il contratto di somministrazione.

La **somministrazione** è il contratto con cui una parte si obbliga, verso pagamento di un prezzo, ad eseguire, a favore dell'altra, prestazioni periodiche o continuative di cose (art. 1559 cod. civ.).

Esempio. Viene concluso un contratto per la somministrazione dell'energia elettrica. Il fornitore è obbligato a fornire all'utente, continuamente, l'energia elettrica (per Trib. Terni, 10.1.2020, tale contratto non è soggetto a forme particolari e, quindi, può essere provato anche per presunzioni; sull'onere della prova in caso di malfunzionamento della somministrazione si veda Cass., 9.1.2020, n. 297).

Esempio. Mi abbono a quella determinata rivista di diritto privato: l'editore si obbliga, ogni mese, a farmi avere la rivista presso il mio domicilio.

Il **termine** stabilito per le singole prestazioni si presume pattuito nell'interesse di entrambe le parti. Se l'avente diritto alla somministrazione ha la facoltà di fissare la scadenza delle singole prestazioni, egli deve comunicare la data al somministrante con un congruo preavviso (art. 1563 cod. civ.).

Se la **durata** della somministrazione non è stata stabilita, ciascuna delle parti può **recedere** dal contratto, dando preavviso nel termine pattuito o in quello stabilito dagli usi o, in mancanza, in un termine congruo avuto riguardo alla natura della somministrazione (art. 1569 cod. civ.).

Nella somministrazione a carattere periodico, il **prezzo** è corrisposto all'atto delle singole prestazioni e in proporzione di ciascuna di esse. Nelle somministrazioni a carattere continuativo, il prezzo è pagato secondo le scadenze d'uso (art. 1562 cod. civ.).

Nella somministrazione a carattere periodico, se il **prezzo** deve essere determinato secondo le norme di cui all'art. 1474 cod. civ. (§ 269), si ha riguardo al tempo della scadenza delle singole prestazioni e al luogo in cui queste devono essere eseguite (art. 1561 cod. civ.).

Qualora non sia determinata l'**entità** della **somministrazione**, s'intende pattuita quella corrispondente al normale fabbisogno della parte che vi ha diritto, avuto riguardo al tempo della conclusione del contratto. Se le parti hanno stabilito soltanto il limite massimo e quello minimo per l'intera somministrazione o per le singole prestazioni, spetta all'avente diritto alla somministrazione di stabilire, entro i limiti suddetti, il quantitativo dovuto. Se l'entità della somministrazione deve determinarsi in relazione al fabbisogno ed è stabilito un quantitativo minimo, l'avente diritto alla somministrazione è tenuto per la quantità corrispondente al fabbisogno se questo supera il minimo stesso (art. 1560 cod. civ.).

In caso di inadempimento di una delle parti relativo a singole prestazioni, l'altra può chiedere la **risoluzione** del **contratto** se l'inadempimento ha una notevole importanza (si confronti l'art. 1455 cod. civ.) ed è tale da menomare la fiducia nell'esattezza dei successivi adempimenti (art. 1564 cod. civ.).

Se la parte che ha diritto alla somministrazione è inadempiente e l'inadempimento è di lieve entità, il somministrante non può sospendere l'esecuzione del contratto senza dare congruo preavviso (art. 1565 cod. civ.).

Esempio. Una famiglia è andata in vacanza soltanto a partire dal 20 agosto. Quando i vacanzieri ritornano a casa, i primi di settembre, si accorgono che la somministrazione di energia è sospesa, per mancato pagamento delle bollette, senza l'avviso previsto dalla legge. La sospensione, in questo caso, è illegittima.

Un'apposita norma regola il **patto di preferenza** (art. 1566 cod. civ.). Il patto con cui l'avente diritto alla somministrazione si obbliga a dare la preferenza al somministrante nella stipulazione di un successivo contratto per lo stesso oggetto, è valido purché la durata dell'obbligo non ecceda il termine di cinque anni. Se è convenuto un termine maggiore, questo si riduce a cinque anni.

Se nel contratto è pattuita la clausola di **esclusiva a favore del somministrante**, l'altra parte non può ricevere da terzi prestazioni della stessa natura, né, salvo patto contrario, può provvedere con mezzi propri alla produzione delle cose che formano oggetto del contratto (art. 1567 cod. civ.).

Se la clausola di **esclusiva** è pattuita **a favore dell'avente diritto alla somministrazione**, il somministrante non può compiere nella zona per cui l'esclusiva è concessa e per la durata del contratto, né direttamente né indirettamente, prestazioni della stessa natura di quelle che formano oggetto del contratto. L'avente diritto alla somministrazione, che assume l'obbligo di promuovere, nella zona assegnatagli, la vendita delle cose di cui ha l'esclusiva, risponde dei danni in caso di inadempimento a tale obbligazione, anche se ha eseguito il contratto rispetto al quantitativo minimo che sia stato fissato (art. 1568 cod. civ.).

La somministrazione va tenuta distinta dall'appalto: diverso è l'oggetto del contratto, costituito nel primo caso da servizi prestati continuativamente, nel secondo da cose prodotte dal somministrante e da prestare in via continuativa. Allorché l'attività di fare sia strumentale rispetto all'erogazione, la fattispecie va qualificata come somministrazione (Cass., 5.7.2019, n. 18179).

Il contratto di somministrazione, inoltre, si distingue dalla vendita a consegne ripartite perché, nel primo caso, la periodicità o la continuità delle prestazioni si pongono come elementi essenziali del contratto stesso, in funzione di fabbisogno del somministrato; cosicché ogni singola prestazione è distinta e autonoma rispetto alle altre. Diversamente, la vendita a consegne ripartite è caratterizzata dalla unicità della prestazione, rispetto alla quale la ripartizione delle consegne attiene soltanto al momento esecutivo del rapporto (Cass., 11.11.2021, n. 33559).

281. I contratti di borsa. Cenni.

Con il termine "**borsa valori**" si fa riferimento ad un mercato finanziario in cui vengono scambiati "**strumenti finanziari**", come azioni di società, obbligazioni, titoli di Stato, quote di fondi comuni di investimento (art. 1 d.lgs. 24.2.1998, n. 58, recante il Testo Unico delle disposizioni in materia di intermediazione finanziaria; il d.lgs. n. 58/1998 è stato in parte modificato dal d.lgs. 17.9.2007, n. 164, che ha attuato la Direttiva 2004/39/CE sui mercati degli strumenti finanziari, detta "Mifid"; si veda anche la Direttiva "Mifid 2", entrata in vigore il 3.1.2018, ed il Regolamento UE n. 600/2014, detto "Mifir").

La "borsa valori" è, secondo una definizione corrente, un "mercato secondario", in quanto vengono trattati strumenti finanziari già emessi e, dunque, in circolazione;

è, inoltre, un "mercato ufficiale" (detto anche "regolamentato"), posto che sono disciplinate specificamente tutte le operazioni di negoziazione, le loro modalità, gli operatori ammessi.

L'organizzazione e la gestione dei mercati "regolamentati" di strumenti finanziari costituisce un'attività a carattere di impresa ed è esercitata da società di diritto privato, ancorché sottoposte ad autorizzazione e vigilanza di organi pubblici, come la CONSOB, ossia la Commissione Nazionale per le Società e la Borsa (artt. 61 ss. d.lgs. n. 58/1998).

Quanto ai **contratti di borsa**, vanno compiuti alcuni riferimenti di carattere generale (la materia rientra, specificamente, nel diritto commerciale o, come oggi talvolta si dice, nel diritto civile degli affari). Con questi contratti si trasferiscono, dagli alienanti agli acquirenti, titoli di serie: si è in presenza, cioè, di un trasferimento di cose generiche. Pertanto, in omaggio ai principî già studiati, la proprietà si trasferisce al momento dell'individuazione (sono i regolamenti in materia, poi, a stabilire i tempi ed i modi della consegna dei titoli negoziati).

Il codice civile detta alcune regole relative alla **vendita a termine di titoli di credito** (artt. 1531-1536 cod. civ.): con essa i contraenti stabiliscono che la concreta attribuzione traslativa ed il pagamento del prezzo avvengano in un certo tempo. Ad esempio, si prevede che una parte venda all'altra alcune azioni ad un prezzo determinato, con l'accordo che sia il trasferimento dei titoli sia il pagamento del prezzo avverranno in seguito (decorsi alcuni giorni). Qualora, nel periodo intercorrente fra la conclusione del contratto e la scadenza del termine convenuto, i titoli oggetto della compravendita abbiano un apprezzamento, il compratore avrà proporzionalmente conseguito un vantaggio economico; nell'ipotesi contraria, sarà il venditore ad aver lucrato dall'affare concluso.

Nella vendita a termine di titoli di credito, gli **interessi** ed i **dividendi** esigibili dopo la conclusione del contratto e prima della scadenza del termine, se riscossi dal venditore, sono accreditati al compratore. Qualora la vendita abbia per oggetto titoli azionari (artt. 2346 ss. cod. civ.) il diritto di voto spetta al venditore fino al momento della consegna (così l'art. 1531 cod. civ.).

Il **diritto di opzione** inerente ai titoli venduti o a termine spetta al compratore (sul diritto di opzione, in sede di aumento di capitale nelle società per azioni, si veda l'art. 2441 cod. civ.). Il venditore, qualora il compratore gliene faccia richiesta in tempo utile, deve mettere il compratore in grado di esercitare il diritto di opzione, oppure deve esercitarlo per conto del compratore, se questi gli ha fornito i fondi necessari. In mancanza di richiesta da parte del compratore, il venditore deve curare la vendita dei diritti di opzione per conto del compratore, a mezzo di un agente di cambio o di un istituto di credito (art. 1532 cod. civ.).

Non sono oggetto di disciplina codicistica i c.d. **strumenti finanziari derivati**, che soggiacciono a norme regolamentari. Vengono in considerazione, qui, quei contratti in cui si fa riferimento all'andamento dei tassi di interesse, delle valute, delle merci, dei titoli in un determinato periodo di tempo, al fine di stabilire quanto una parte dovrà all'altra. Nell'ambito degli strumenti finanziari derivati rientrano i c.d. *futures* e gli *swaps*. A tali contratti non si applica l'art. 1933 cod. civ. (art. 23, 5° co., d.lgs. n. 58/1998): il che giustifica la ricostruzione di questi contratti come figure assimilabili a vere e proprie scommesse.

Va detto, infine, dei **contratti di prestazione dei servizi finanziari** (oggetto, fra l'altro, del Regolamento Consob n. 16190/2007 e del d.lgs. n. 58/1998): si tratta di contratti, da redigere per iscritto a pena di nullità, con cui un intermediario abilitato acquista, per conto dell'investitore, azioni quotate in borsa o altri strumenti finanziari; il contratto, inoltre, può prevedere un'attività di gestione del "portafogli" clienti (in questo caso l'intermediario svolge pure un'attività di scelta di investimento per il cliente: per questo motivo incombono sullo stesso obbligazioni specifiche *ex* art. 24 d.lgs. n. 58/1998).

Sono previsti, in linea generale, obblighi di informazione ai clienti, nonché obblighi di comportamento con diligenza, trasparenza e correttezza (art. 23 d.lgs. n. 58/1998, come modificato, da ultimo, dal d.lgs. n. 129/2017; sul requisito della forma scritta del contratto-quadro relativo ai servizi di investimento si veda, oggi, Cass., Sez. Un., 16.1.2018, n. 898, su cui § 198). In occasione di note vicende giurisprudenziali (si pensi ai casi relativi alle obbligazioni Cirio e Parmalat o a quelli relativi ai titoli del debito pubblico dell'Argentina) si è discusso se la violazione di tali obblighi determini la nullità del contratto di investimento.

Pur essendo la problematica molto discussa, la Suprema Corte ha dato risposta negativa, rilevando che la violazione di una norma di comportamento, quale quella che impone un dovere di diligenza, può dar luogo ad una responsabilità per inadempimento e non alla nullità del contratto (Cass., Sez. Un., 19.12.2007, n. 26725).

Una norma specifica riguarda, in materia, l'onere della prova: nei giudizi di risarcimento dei danni promossi dai clienti contro l'intermediario, è quest'ultimo che deve provare di aver svolto la sua attività con la diligenza richiesta dalla legge (art. 23, 6° co., d.lgs. n. 58/1998).

Capitolo 43

I CONTRATTI DI SCAMBIO CHE REALIZZANO UN *DO UT FACIAS*

282. La locazione. Tipologie contrattuali.

La **locazione** è il contratto con cui una parte si obbliga a far godere all'altra una cosa mobile o immobile per un dato tempo, verso un determinato corrispettivo (art. 1571 cod. civ.). Il corrispettivo è denominato **canone**. Le parti del contratto sono dette **locatore** e **conduttore** (o, con un'espressione equivalente, locatario).

Esempio. Il proprietario di un appartamento conclude un contratto di locazione con cui si obbliga a fare godere l'immobile ad un conduttore, dietro il pagamento di un canone da parte di quest'ultimo.

La **definizione** codicistica evidenzia come l'aspetto caratteristico della locazione sia il godimento di una cosa mobile o immobile: rimangono pertanto al di fuori della nozione le figure che, nel diritto romano, venivano ricondotte alla *locatio operis* e alla *locatio operarum*: con la prima si faceva riferimento al contratto con cui una parte, dietro corrispettivo, si obbligava a fornire un determinato risultato della propria attività (oggi, a seconda dei casi, si può discutere di contratto di appalto o di lavoro autonomo). Nella *locatio operarum*, invece, rientrava quel contratto con cui una parte, dietro pagamento, si obbligava a prestare la propria energia lavorativa a favore dell'altra (nel nostro sistema la figura è riconducibile al lavoro subordinato, il cui studio è oggetto, specificamente, del corso di diritto del lavoro).

A seconda dell'oggetto, il contratto di locazione si distingue in: (1) locazione di beni mobili e di beni mobili registrati; (2) locazione di beni immobili urbani; (3) locazione di beni immobili non urbani; (4) locazione di beni produttivi (in questo caso, come si vedrà, è appropriato discutere di affitto e non di locazione).

A fronte dell'importanza economica e sociale della locazione, il legislatore speciale ha sentito l'esigenza di intervenire, più volte, per regolare la materia. Sicché può dirsi che, attualmente, il codice civile detta le regole generali sulla locazione, le quali trovano applicazione quando non siano derogate dalle norme contenute nelle leggi speciali. Si avrà riguardo, in primo luogo, alle norme codicistiche per poi occuparsi delle principali norme contenute nelle leggi speciali.

282.1. *La disciplina generale della locazione contenuta nel codice civile. Le obbligazioni delle parti.*

La disciplina generale della locazione è contenuta nel titolo III, capo VI del Libro quarto del codice civile (artt. 1571-1654 cod. civ.).

Il contratto di locazione non può avere una **durata** superiore a trent'anni. La locazione, se stipulata per un periodo più lungo o in perpetuo, è ridotta al termine suddetto (art. 1573 cod. civ.). Quando le parti non hanno determinato la durata della locazione, questa si intende convenuta per il periodo stabilito dall'art. 1574 cod. civ. (ad esempio, se si tratta di mobili forniti dal locatore per l'arredamento del fondo urbano, la locazione dei mobili è pari alla durata della locazione del fondo stesso: art. 1574, n. 4, cod. civ.).

Si studino le principali **obbligazioni** del **locatore**. Questi deve: (1) consegnare al conduttore la cosa in buono stato di manutenzione; (2) mantenerla in stato da servire all'uso convenuto; (3) garantirne il pacifico godimento durante la locazione (art. 1575 cod. civ.).

In particolare, il locatore deve eseguire, durante la locazione, tutte le riparazioni necessarie, eccettuate quelle di piccola manutenzione, che sono a carico del conduttore (art. 1576, 1° co., cod. civ.; si veda anche l'art. 1577 cod. civ.). Sono a carico del locatore, così, le opere di adeguamento a nuove disposizioni di legge e la manutenzione straordinaria della fognatura; sono a carico del conduttore, invece, la manutenzione ordinaria dei citofoni e dei video citofoni, le piccole riparazioni dell'ascensore, la manutenzione ordinaria dell'impianto televisivo centralizzato.

Se al momento della consegna la cosa locata è affetta da vizi che ne diminuiscono in modo apprezzabile l'idoneità all'uso pattuito, il conduttore può domandare la risoluzione del contratto o una riduzione del corrispettivo, salvo che si tratti di vizi da lui conosciuti o facilmente conoscibili (art. 1578, 1° co., cod. civ.).

Il locatore non può compiere sulla cosa innovazioni che diminuiscano il godimento da parte del conduttore (art. 1582 cod. civ.). Se, nel corso della locazione, la cosa abbisogna di riparazioni che non possono differirsi fino al termine del contratto, il conduttore deve tollerarle anche quando importano privazione del godimento di parte della cosa locata (art. 1583 cod. civ.).

Se l'esecuzione delle riparazioni si protrae per oltre un sesto della durata della locazione e, in ogni caso, per oltre venti giorni, il conduttore ha diritto ad una riduzione del corrispettivo, proporzionata all'intera durata delle riparazioni stesse e all'entità del mancato godimento (art. 1584, 1° co., cod. civ.). Indipendentemente dalla sua durata, se l'esecuzione delle riparazioni rende inabitabile quella parte della cosa che è necessaria per l'alloggio del conduttore e della sua famiglia, il conduttore può ottenere, secondo le circostanze, lo scioglimento del contratto (art. 1584, 2° co., cod. civ.).

Quanto alle **obbligazioni** del **conduttore**, questi deve: (1) prendere in consegna la cosa e osservare la diligenza del buon padre di famiglia per l'uso determinato nel contratto o per l'uso che può altrimenti presumersi dalle circostanze; (2) dare il corrispettivo nei termini convenuti (art. 1587 cod. civ.).

In tema di contratti di locazione "travolti" dalle misure restrittive adottate per fronteggiare la **pandemia da Covid-19**, va riconosciuto che tali disposizioni emergenziali hanno comportato una compressione nel godimento del bene locato, sotto il profilo non della detenzione (che è rimasta comunque in capo al conduttore), ma dell'utilizzazione secondo la destinazione negoziale. In sostanza, in simili casi il conduttore, a causa delle restrizioni, non ha potuto utilizzare l'immobile in vista del risultato per il quale esso è stato locato e il suo interesse è rimasto frustrato. Qui però non si può discutere propriamente di impossibilità totale della prestazione contrattuale, giacché il conduttore ha conservato il godimento dell'immobile, tanto è vero che ha continuato ad averne la disponibilità. È indubbio, tuttavia, che il sinallagma contrattuale risulta alterato, giacché la controprestazione, costituita dal corrispettivo negoziale pattuito, è stata concordata per l'intera prestazione del locatore. Di conseguenza, in ipotesi del genere si può affermare il principio per cui se per effetto delle disposizioni emergenziali la prestazione del locatore non è stata adempiuta nella sua interezza, il conduttore ha diritto, quanto meno, alla riduzione del canone in proporzione al diminuito uso del bene (così Trib. Milano, 7.2.2022).

Il conduttore risponde della perdita e del deterioramento della cosa che avvengono nel corso della locazione, anche se derivanti da incendio, qualora non provi che siano accaduti per causa a lui non imputabile (art. 1588, 1° co., cod. civ.; si veda anche l'art. 1589 cod. civ.).

Il conduttore deve restituire la cosa al locatore nello stato medesimo in cui l'ha ricevuta, in conformità della descrizione che ne sia stata fatta dalle parti, salvo il deterioramento o il consumo risultante dall'uso della cosa in conformità del contratto (art. 1590, 1° co., cod. civ.). In mancanza di descrizione, si presume che il conduttore abbia ricevuto la cosa in buono stato di manutenzione (art. 1590, 2° co., cod. civ.). Il conduttore, però, quando restituisce la cosa locata, è esonerato dalle conseguenze derivanti dal deterioramento o dal consumo della cosa stessa, qualora siano riconducibili al suo uso conforme al contratto (Cass., 17.5.2022, n. 15839).

Il conduttore non ha diritto ad indennità per i miglioramenti eventualmente apportati alla cosa locata, a meno che non li abbia realizzati a seguito del consenso del locatore *ex* art. 1592 cod. civ. (la clausola che esclude la corresponsione al conduttore di un'indennità per i miglioramenti non deve considerarsi clausola limitativa della responsabilità ai sensi dell'art. 1229 cod. civ.: Cass., 3.3.2020, n. 5968). Ha invece diritto di togliere, alla fine della locazione, le eventuali addizioni: qualora, peraltro, il proprietario preferisca ritenere le addizioni, lo stesso deve pagare al conduttore un'indennità (art. 1593 cod. civ.).

Il conduttore, salvo patto contrario, ha la facoltà di sublocare la cosa locatagli, ma non può cedere il contratto senza il consenso del locatore (art. 1594, 1° co., cod. civ.; sul rapporto tra locatore e subconduttore si veda l'art. 1595 cod. civ.).

La locazione per un tempo determinato dalle parti cessa con lo spirare del termine, senza che sia necessaria la disdetta (art. 1596, 1° co., cod. civ.). La locazione senza determinazione di tempo non cessa, se prima della scadenza (che si considera convenuta a norma dell'art. 1574 cod. civ.) una delle parti non comunica all'altra disdetta nel termine determinato dalle parti o dagli usi (art. 1596, 2° co., cod. civ.).

La locazione si ha per rinnovata se, scaduto il suo termine, il conduttore rimane ed è lasciato nella detenzione della cosa locata o se, trattandosi di locazione a tempo indeterminato, non è stata comunicata la disdetta (art. 1597, 1° co., cod. civ.). La nuova locazione è regolata dalle stesse condizioni della precedente, ma la sua durata è quella stabilita per le locazioni a tempo indeterminato (art. 1597, 2° co., cod. civ.; si veda l'art. 1574 cod. civ.). Se è stata data licenza, il conduttore non può opporre la tacita rinnovazione, salvo che consti la volontà del locatore di rinnovare il contratto (art. 1597, 3° co., cod. civ.).

282.2. *La locazione ed i terzi.*

Il locatore è tenuto a garantire il conduttore dalle molestie, che diminuiscono l'uso o il godimento della cosa, arrecate da terzi che pretendono di avere diritti sulla cosa medesima (art. 1585, 1° co., cod. civ.). Se però il conduttore subisce molestie di fatto, recate cioè da terzi che non pretendono avere diritti sulla cosa, il conduttore ha la facoltà di agire in nome proprio contro di essi (art. 1585, 2° co., cod. civ.).

Se i **terzi**, che arrecano molestie, pretendono di avere diritti sulla cosa locata, il conduttore è tenuto a darne pronto avviso al locatore, sotto pena del risarcimento dei danni (art. 1586, 1° co., cod. civ.). Se i terzi agiscono giudizialmente, il locatore è tenuto ad assumere la lite, qualora sia chiamato nel processo. Il conduttore deve esserne estromesso con la semplice indicazione del locatore, se non ha interesse a rimanervi (art. 1586, 2° co., cod. civ.).

L'alienazione del bene locato (ad esempio la vendita) non comporta lo scioglimento del contratto di locazione (*emptio non tollit locatum*), allorché la locazione abbia data certa anteriore al trasferimento (art. 1599 cod. civ.). Tale disposizione, tuttavia, non si applica alla locazione di beni mobili non iscritti nei pubblici registri, se l'acquirente ne ha conseguito il possesso in buona fede (art. 1599, 2° co., cod. civ.). Inoltre, le locazioni di beni immobili non trascritte non sono opponibili al terzo acquirente, se non nei limiti di un novennio dall'inizio della locazione (art. 1599, 3° co., cod. civ.).

Esempio. Viene venduto un computer che l'acquirente ignorava essere stato dato in locazione al Sig. Rossi. L'acquirente consegue il possesso in buona fede: ciò comporta che il contratto di locazione, stipulato tra l'originario proprietario (il locatore) ed il conduttore, si scioglie.

282.3. *La disciplina dell'affitto.*

L'**affitto** (da intendersi come una *species* del *genus* locazione) ha ad oggetto una **cosa produttiva** (mobile od immobile): da qui la particolarità della disciplina (artt. 1615-1654 cod. civ.) rispetto a quella della locazione (si veda Cass., 17.2.2020, n. 3888, sulla differenza fra locazione e affitto).

In particolare, l'affittuario deve curare la gestione del bene in conformità alla sua destinazione economica e all'interesse della produzione. A lui spettano i frutti e le altre utilità della cosa (artt. 1615 ss. cod. civ.).

Se le parti non hanno determinato la durata dell'affitto, ciascuna di esse può recedere dal contratto, dando all'altra un congruo preavviso (art. 1616, 1° co., cod. civ.).

Il locatore è tenuto a consegnare la cosa, con i propri accessori e le sue pertinenze, in stato da servire all'uso e alla produzione cui è destinata (art. 1617 cod. civ.). Il locatore può chiedere la risoluzione del contratto se l'affittuario non destina al servizio della cosa i mezzi necessari per la gestione di essa, se non osserva le regole della buona tecnica, ovvero se muta stabilmente la destinazione economica della cosa (art. 1618 cod. civ.).

L'affittuario può prendere iniziative atte a produrre un aumento di reddito della cosa, purché esse non importino obblighi per il locatore o non gli arrechino pregiudizio e siano conformi all'interesse della produzione (art. 1620 cod. civ.).

Il locatore è tenuto ad eseguire a sue spese, durante l'affitto, le riparazioni straordinarie. Le altre sono a carico dell'affittuario (art. 1621 cod. civ.), salvo diversa convenzione tra i contraenti (Cass., 27.3.2020, n. 7574).

Disposizioni particolari sono dettate per l'affitto di fondi rustici (artt. 1628-1646 cod. civ.; ma valgono, in particolare, le norme dettate dalla legislazione speciale) e per l'affitto a coltivatore diretto (artt. 1647-1654 cod. civ.). L'affitto d'azienda, invece, è regolato nel quinto Libro del codice civile.

La mancata autorizzazione amministrativa all'esercizio di attività (ad esempio ristorazione o birreria) è causa di risoluzione del contratto di locazione, ma se gli accordi prevedevano che il conduttore fosse tenuto a corrispondere i canoni nelle more della pronuncia del Comune, il conduttore non può sottrarsi a tale obbligo (Cass., 12.10.2011, n. 20987).

282.4. *La locazione di immobili urbani. Premessa.*

La locazione di immobili urbani è stato oggetto, ripetutamente, di specifici interventi legislativi. Si comincerà dall'analisi delle locazioni ad uso abitativo, per poi passare a quelle ad uso non abitativo.

In via di premessa va detto che per gli immobili urbani occorre mediare tra due

contrapposti interessi: quello dei proprietari a valorizzare gli immobili di cui sono titolari; quello dei conduttori a disporre degli stessi in condizioni di tendenziale stabilità, pagando nel contempo un prezzo equo.

I modi attraverso i quali si è tentato di venire incontro alle esigenze dei conduttori, peraltro, sono stati assai diversi nel corso del tempo.

Negli anni Settanta del secolo scorso si è affermata la **legislazione vincolistica**, basata sul "blocco" dei canoni e sulla fissazione della durata dei contratti. In particolare, con la legge del 1978 (l. n. 392/1978, c.d. legge "sull'equo canone") sono state dettate discipline differenti per le locazioni abitative e per quelle non abitative. Per le prime, in particolare, si sono fissati due criteri inderogabili: il calcolo del "canone" in base a criteri fissati dalla legge (**l'equo "canone"**); la durata del contratto di locazione non inferiore a quattro anni. Questa disciplina, nel tempo, ha mostrato alcuni punti deboli: uno di questi si è rinvenuto nella forte espansione dei contratti "in nero", conclusi dalle parti soprattutto per fissare l'entità dei canoni in misura superiore a quella stabilita dalla legge (da qui la l. n. 359/1992, c.d. "legge sui patti in deroga").

L'ultimo intervento legislativo è degli anni Novanta del secolo scorso (l. n. 431/1998): la nuova disciplina ha sostituito quasi integralmente la legge sull'equo canone per la parte relativa alle locazioni abitative; le locazioni non abitative, invece, sono rimaste assoggettate alla l. n. 392/1978.

282.5. *Le locazioni abitative.*

La l. n. 431/1998 ha introdotto il c.d. **doppio binario di contrattazione**: da un lato vi è la possibilità di stipulare contratti a canone libero della durata di quattro anni (rinnovabili per altri quattro); dall'altra vi è la possibilità di stipulare contratti a canone concertato della durata di tre anni (rinnovabili per altri due).

Preliminarmente va sottolineato come il legislatore abbia imposto, per le locazioni ad uso abitativo, il vincolo della forma scritta *ad substantiam* (art. 1, 4° co., l. n. 431/1998). L'assenza della forma scritta, dunque, determina la nullità assoluta del contratto, rilevabile d'ufficio: ove però la forma verbale sia stata imposta dal locatore abusando della propria posizione dominante all'interno del rapporto, l'invalidità dovrà considerarsi nullità di protezione e potrà essere fatta valere solo dal conduttore (Cass., Sez. Un., 17.9.2015, n. 18214; Cass., 9.4.2021, n. 9475; Trib. Verona, 26.1.2016, n. 170). Pure la risoluzione consensuale del contratto dovrà avvenire con forma scritta (Cass., 27.9.2017, n. 22647).

Il **primo modello** di locazione abitativa è a canone libero (art. 2, 1° co., l. n. 431/1998). Non è libera, però, la durata del contratto: quattro anni, con rinnovazione automatica per altri quattro anni. In tal modo, è evidente, sono assecondate le esigenze di stabilità del conduttore, che per un periodo abbastanza lungo potrà avere il godimento dell'immobile.

Peraltro, al **locatore** è riconosciuta una **facoltà** di **disdetta** alla prima scadenza (alla scadenza, cioè, dei primi quattro anni), da comunicare al conduttore con preavviso di almeno sei mesi; tale facoltà può essere esercitata nei casi espressamente indicati dalla legge (art. 3, 1° co., l. n. 431/1998; Cass., 28.3.2022, n. 9851): quando, in particolare, il locatore intenda utilizzare l'immobile per sé, per il coniuge o per i figli; quando lo stesso locatore intenda effettuare sull'immobile opere di consolidamento e/o di ristrutturazione. Ed ancora, la facoltà di disdetta può essere esercitata quando il bene locato non sia utilizzato dal conduttore o quando quest'ultimo abbia la disponibilità di un altro alloggio. La facoltà di disdetta, inoltre, può essere esercitata quando il locatore voglia vendere l'immobile. Le **comunicazioni via p.e.c.**, a meno di disposizioni normative di segno contrario, sono equiparate alla raccomandata con avviso di ricevimento. É, dunque, valida ed efficace la disdetta del contratto di locazione effettuata per posta elettronica certificata, anche se il contratto faceva espresso riferimento alla raccomandata (Cass., 12.4.2022, n. 11808).

Nel modello in esame il punto di equilibrio fra le opposte esigenze delle parti è rappresentato dalla possibilità di concordare liberamente il canone di locazione, senza alcuna predeterminazione o vincolo imposto dalla legge.

Il **secondo modello**, invece, è a canone "concertato" (art. 2, 3° e 5° co., l. n. 431/1998). In questo caso il canone, unitamente ad altre clausole contrattuali, è frutto degli accordi definiti in sede locale fra le organizzazioni rappresentative della proprietà edilizia e dei conduttori.

La durata del contratto è di almeno tre anni: alla scadenza, le parti possono concordare il rinnovo; in caso contrario, scatta una proroga legale di due anni. Il locatore può sottrarsi a questa proroga automatica dando disdetta (secondo le modalità previste dall'art. 2, 5° co., l. n. 431/1998), ma solo nei casi eccezionali già ricordati (art. 3, 1° co., l. n. 431/1998).

La legge, poi, detta alcune specifiche norme a **tutela** del **conduttore** (art. 3, 1° co, lett. g, 2° co., l. n. 431/1998), che valgono per entrambi i modelli di contrattazione. Qualora il locatore, esercitando la facoltà di disdetta, non rinnovi il contratto perché intende vendere l'immobile, il conduttore ha **prelazione legale** per l'acquisto. Inoltre, qualora il locatore, esercitando la facoltà di disdetta, non rinnovi il contratto perché intende rinnovare l'immobile, il conduttore ha prelazione per una nuova locazione, allorché il proprietario intenda rilocare. Peraltro, qualora il diniego del rinnovo sia illegittimo, il conduttore ha diritto al risarcimento del danno, predeterminato in misura non inferiore a trentasei mensilità dell'ultimo canone (art. 3, 3° co., l. n. 431/1998).

Il **conduttore**, inoltre, può sempre **recedere** dal **contratto**, con preavviso di sei mesi, se ricorrono gravi motivi; può recedere, inoltre, anche senza gravi motivi, sempre con preavviso di sei mesi, se tale facoltà è prevista nel contratto (art. 4 l. n. 392/1978). Il locatore, invece, non ha una pari facoltà di recesso dal contratto.

L'analisi della disciplina sulle locazioni abitative va completata con il riferimento ad alcune norme della legge sull'equo canone che non sono state abrogate dalla successiva l. n. 431/1998.

Per la **sublocazione** totale occorre sempre il consenso del locatore; la sublocazione parziale (a meno che non sia esclusa dal contratto) può invece essere fatta dal conduttore, il quale non è tenuto a darne comunicazione al locatore (art. 2 l. n.

392/1978). La sublocazione è totale se riguarda l'intera unità immobiliare oggetto del contratto di locazione; è parziale se riguarda soltanto una parte di essa (ad esempio, una stanza).

È poi previsto che, alla morte del conduttore, subentrino nella locazione il coniuge, gli eredi ed i parenti ed affini abitualmente conviventi con lui (art. 6 l. n. 392/1978); la **successione nel contratto** riguarda anche il convivente *more uxorio* (Corte cost., 7.4.1988, n. 404; si veda, oggi, l'art. 1, 44° co., l. n. 76/2016).

Il contratto di locazione di immobili, sia ad uso abitativo sia ad uso diverso, contenente *ab origine* l'indicazione del canone realmente pattuito, ove non registrato nei termini di legge, è nullo ai sensi dell'art. 1, 346° co., l. n. 311/2004; tuttavia, in caso di tardiva registrazione, da ritenersi consentita in base alle norme tributarie, può comunque produrre i suoi effetti con decorrenza *ex tunc*, "atteso che il riconoscimento di una sanatoria 'per adempimento' è coerente con l'introduzione nell'ordinamento di una nullità (funzionale) 'per inadempimento' all'obbligo di registrazione" (Cass., Sez. Un., 9.10.2017, n. 23601; Cass., 13.3.2018, n. 6009; Cass., 24.9.2019, n. 23637; Cass., 4.6.2021, n. 15582, secondo cui la sanatoria ha efficacia soltanto per il periodo di durata indicato nel contratto successivamente registrato). La suddetta nullità non si configura nei contratti preliminari di locazione non registrati (Cass., 27.1.2017, n. 2037).

L'inerzia del locatore, nel richiedere il puntuale adempimento del canone rispetto a pur reiterati ritardi del conduttore, non va interpretata alla stregua di un comportamento tollerante di accondiscendenza ad una modifica contrattuale dei termini di pagamento (Cass., 26.11.2019, n. 30730).

282.6. *Le locazioni non abitative.*

La disciplina sulle **locazioni non abitative**, contenuta nella legge sull'equo canone (artt. 27 ss. l. n. 392/1978), mira essenzialmente a tutelare le attività di carattere economico che si svolgono negli immobili. Vengono in considerazione, in particolare, attività industriali, commerciali, artigianali, turistiche o libero-professionali. Anche un immobile locato da un avvocato, per svolgere la sua attività professionale, rientra nella normativa in esame.

La **durata** legale **minima** del contratto di locazione è di sei anni (se si tratta di locazioni ad uso industriale, commerciale, artigianale, turistico, professionale) o di nove anni (se si tratta di locazioni ad uso alberghiero e teatrale). È possibile, tuttavia, che le parti convengano una durata minore quando l'immobile è destinato ad un'attività di carattere transitorio (art. 27, 1° e 5° co., l. n. 392/1978). Scaduto il primo termine, il contratto si rinnova tacitamente (art. 28 l. n. 392/1978) per un medesimo periodo di tempo (sei anni o nove anni), se nessuna delle parti comunica all'altra tempestiva disdetta.

Vi è però una differenza tra la posizione del conduttore e quella del locatore: mentre il primo può comunicare la **disdetta** liberamente (senza cioè addurre alcuna giustificazione), il secondo può dare disdetta alla prima scadenza soltanto in presenza di particolari ragioni: utilizzo dell'immobile per esigenze abitative o economico-professionali, sue o degli stretti congiunti, demolizione e ricostruzione dell'immobile, ristrutturazione (artt. 28, 2° co., e 29 l. n. 392/1978). Soltanto dopo la prima scadenza il locatore può liberamente dare disdetta, senza addurre le ragioni giustificative che accompagnano la prima disdetta. Questa disciplina si applica anche ai contratti di locazione stipulati dallo Stato o da altri enti pubblici territoriali in qualità di conduttori (Cass., 20.12.2019, n. 34162).

Quanto al **recesso**, esso spetta soltanto al conduttore, il quale può esercitarlo se previsto nel contratto o, al di là della previsione pattizia, quando ricorrono gravi motivi (art. 27, 7° e 8° co., l. n. 392/1978). Si deve trattare, però, di ragioni determinate da avvenimenti estranei alla volontà del conduttore, imprevedibili e sopravvenuti alla costituzione del rapporto (Cass., 24.9.2019, n. 23639).

Il **canone** iniziale di locazione è libero. Gli aumenti successivi possono essere annuali e per un importo non superiore al 75% della variazione dell'indice dei prezzi al consumo (art. 32 l. n. 392/1978). È nullo il patto con cui le parti concordino occultamente un canone superiore a quello dichiarato (Cass., Sez. Un., 9.10.2017, n. 23601).

Per i giudici di legittimità, la clausola del contratto di locazione che attribuisca al conduttore l'obbligo di farsi carico di ogni tassa, imposta ed onere relativi ai beni locati e al contratto, tenendone conseguentemente manlevato il locatore, non è affetta da nullità per violazione di norme imperative (né, in particolare, per violazione del precetto costituzionale dettato dall'art. 53 Cost.), qualora essa sia stata prevista dalle parti come componente integrante la misura del canone locativo e non implichi che il tributo debba essere pagato da un soggetto diverso dal contribuente. Si tratta infatti di una pattuizione consentita, in mancanza di una specifica e diversa disposizione di legge (Cass., Sez. Un., 8.3.2019, n. 6882).

Il conduttore può **sublocare** l'immobile e anche **cedere il contratto**, pur in assenza del consenso del locatore, quando venga locata o ceduta, insieme, l'azienda di cui l'immobile costituisce una componente (art. 36 l. n. 392/1978; sulla successione nel contratto, invece, si veda l'art. 37).

Il conduttore, inoltre, ha un diritto di **prelazione** legale allorché il locatore intenda vendere l'immobile. In particolare, nel caso in cui il locatore voglia trasferire a titolo oneroso l'immobile locato, deve darne comunicazione al conduttore con atto notificato a mezzo di ufficiale giudiziario. Nella comunicazione devono essere indicati il corrispettivo, da quantificare in ogni caso in denaro, le altre condizioni alle quali la compravendita dovrebbe essere conclusa e l'invito ad esercitare o meno il diritto di prelazione. Il conduttore deve esercitare il diritto di prelazione entro il termine di sessanta giorni dalla ricezione della comunicazione, con atto notificato al proprietario a mezzo di ufficiale giudiziario, offrendo condizioni uguali a quelle comunicategli (art. 38 l. n. 392/1978; Cass., 28.2.2022, n. 6601). Può essere esercitata prelazione sul singolo immobile locato anche ove l'offerta ricevuta dal locatore si riferisca ad una pluralità di immobili (Cass., 17.6.2016, n. 12536).

Qualora il proprietario non provveda alla notificazione o il corrispettivo indicato sia superiore a quello risultante dall'atto di trasferimento a titolo oneroso dell'immobile, l'avente diritto alla prelazione può, entro sei mesi dalla trascrizione del contratto, riscattare l'immobile dall'acquirente e da ogni altro successivo avente causa (art. 39 l. n. 392/1978; Cass., 15.12.2021, n. 40252).

Il **conduttore**, infine, ha diritto a un'**indennità** a titolo di **perdita** dell'**avviamento commerciale**, qualora la cessazione del rapporto di locazione non dipenda da suo inadempimento o recesso (artt. 34-35 l. n. 392/1978). L'avviamento commerciale può essere definito come quel *plus* di valore economico che si incorpora nell'immobile per il fatto di aver ospitato a lungo l'esercizio di una determinata attività produttiva, diventando così un centro di attrazione per la clientela. L'indennità dovuta è pari ad un multiplo dell'ultimo canone mensile (18 volte o, se si tratta di alberghi, 21 volte); l'indennità si raddoppia se l'immobile è adibito da un nuovo soggetto alla stessa attività esercitata dal precedente conduttore.

In presenza di un contratto di locazione ad uso diverso da quello abitativo, per il quale sia stato concordato un canone annuo superiore a 250.000 euro, le parti sono ammesse a concordare termini e condizioni contrattuali in deroga alla disciplina dettata dalla legge (art. 79, 2° co., l. n. 392/1978).

283. Il contratto di appalto. Nozione e natura giuridica.

L'**appalto** (artt. 1655-1677 cod. civ.) è il contratto con cui una parte assume, con l'organizzazione dei mezzi necessari e con gestione a proprio rischio, il compimento di un'opera o di un servizio verso corrispettivo in denaro (art. 1655 cod. civ.). Le parti del contratto vengono dette committente ed appaltatore.

Esempio. Due parti concludono un contratto di appalto con cui l'appaltatore si obbliga, dietro corrispettivo, a costruire una villa sul terreno del committente. Il contratto di appalto ha come oggetto un'opera (la costruzione dell'immobile).

Esempio. Un condominio conclude un contratto di appalto con un'impresa di pulizia (appaltatrice) che si obbliga, per un anno, dietro compenso, ad eseguire le pulizie nello stabile, secondo le modalità convenute nel contratto. Il contratto di appalto, qui, ha per oggetto lo svolgimento di un servizio (la pulizia dell'immobile).

Emergono, dalla **definizione** codicistica, alcune caratteristiche del contratto di appalto: (a) la prestazione di lavoro diretta ad uno specifico scopo (non è necessario che l'opera sia individuata in tutti i suoi particolari, ma è sufficiente che ne siano fissati gli elementi fondamentali: Cass., 8.1.2020, n. 133); (b) l'autonomia dell'appaltatore; (c) l'esistenza di un'organizzazione.

Sotto il primo aspetto il contratto di appalto si caratterizza come un **contratto "di risultato"**, diverso da quei contratti (detti "di attività") che hanno per oggetto direttamente la prestazione di un lavoro e non il risultato che deriva da esso (si pensi, ad esempio, al contratto di lavoro subordinato).

Il "risultato" si realizza attraverso un *facere*: ciò permette di distinguere agevolmente, almeno sul piano teorico, l'appalto dalla vendita, che ha come oggetto un *dare* (Trib. Milano, 3.2.2020; Trib. Velletri, 28.1.2022). La distinzione, peraltro, non è così semplice allorché si prenda in considerazione la vendita di cosa futura. Si suggerisce, allora, il seguente criterio distintivo: si ha la vendita di cosa futura allorché il "venditore" si obbliga a realizzare un bene (ad esempio un immobile) in conformità ad un tipo o ad un modello di propria fabbricazione; si ha, invece, appalto, quando il bene costituisce una "novità" rispetto alla normale serie produttiva. Tenendo fermo questo criterio, può dirsi che l'alienazione "in pianta" di appartamenti di uno stabile in costruzione costituisce, per lo più, una vendita (c.d. vendita "sulla carta") e non un appalto.

Se il suolo è di proprietà dell'appaltatore, va condivisa l'opinione di chi rileva che si concluderanno due contratti collegati: il contratto di vendita del suolo (per cui è richiesta la forma scritta ai sensi dell'art. 1350 cod. civ.) ed il contratto di appalto (che può essere stipulato, trattandosi di appalto privato, a forma libera).

L'**autonomia** dell'**appaltatore**, poi, sta a significare che lo stesso non ha vincoli di subordinazione nei confronti del committente e, come si vedrà meglio nel prosieguo, assume su di sé il rischio della gestione. Ove manchi l'autonomia dell'appaltatore (e la sopportazione del rischio) non si è in presenza di un vero e proprio contratto di appalto. Si pensi, ad esempio, al contratto di **appalto a regìa**: si tratta di una figura atipica, emersa nella prassi, in cui le parti stabiliscono che la direzione dei lavori spetti al committente. L'appaltatore, in questo caso, provvede all'esecuzione dell'opera e fornisce personale, mezzi e materiali, anticipando le spese.

Anche nell'appalto vero e proprio, peraltro, il "progetto" è normalmente procurato dal committente: esso deve essere dettagliato in maniera tale da consentirne la realizzazione. L'appaltatore però può pretendere che siano apportate varianti al progetto quando ciò si renda necessario "per l'esecuzione delle opere a regola d'arte" (art. 1660 cod. civ.; sulla responsabilità solidale del progettista e dell'appaltatore quando quest'ultimo, eseguendo il progetto del primo, non ne abbia segnalato gli errori, si veda Cass., 21.6.2018, n. 16323).

Sotto un ulteriore profilo, infine, si ritiene che l'appaltatore debba essere un **imprenditore**. Va precisato che anche il compimento di un singolo affare può essere sufficiente, per la dottrina, ad integrare la "professionalità" di cui discute la nozione codicistica di "imprenditore" (art. 2082 cod. civ.).

Quanto alla **natura giuridica** del contratto d'appalto, esso è, in primo luogo, un contratto essenzialmente obbligatorio ed oneroso, come emerge dalla definizione fornita dall'art. 1655 cod. civ.

È, poi, un contratto commutativo, in cui le prestazioni delle parti sono, sin dall'inizio, determinate o comunque determinabili. La disciplina del codice prevede la possibilità di revisione del prezzo quando durante lo svolgimento del rapporto sopraggiungano delle circostanze imprevedibili (art. 1664 cod. civ.). In qualche risalente precedente giurisprudenziale si è sostenuto che qualora le parti inseriscano una clausola che escluda la revisione, muterebbe la natura giuridica del contratto: esso non sarebbe più commutativo ma aleatorio. È preferibile però l'orientamento prevalente dei giudici di legittimità (Cass., 15.7.1996, n. 6393; Cass., 14.12.1989, n. 5619), secondo cui l'inserimento della clausola in esame comporta soltanto un ulteriore allargamento del rischio economico, ossia un ampliamento dell'"alea normale" del contratto.

I giudici di legittimità precisano che, fatte salve le ipotesi in cui le prestazioni dedotte attengano a servizi o prestazioni periodiche, l'appalto non può considerarsi un contratto a esecuzione continuata o periodica; pertanto, esso non si sottrae alla regola generale, dettata dall'art. 1458 cod. civ., della piena retroattività di tutti gli effetti della risoluzione, anche in ordine alle prestazioni già eseguite (Cass., 9.2.2022, n. 4225; sulla differenza tra appalto e somministrazione di lavoro si veda Cass., 9.11.2020, n. 25053).

La precisazione appena compiuta conduce ad importanti conseguenze pratiche: soltanto per i contratti di durata, infatti, sono irretroattivi gli effetti dell'avveramento della condizione risolutiva (art. 1360, 2° co., cod. civ.), del recesso (art. 1373, 2° co., cod. civ.), della risoluzione per inadempimento (art. 1458, 1° co., cod. civ.). Non può escludersi, comunque, che vi siano contratti di appalto riconducibili all'alveo dei contratti di durata: si pensi all'appalto di manutenzione.

Si discute se il contratto di appalto sia da annoverare nella categoria dei contratti *intuitu personae*, ossia quei contratti che devono essere eseguiti "personalmente" da uno dei due contraenti. Esistono argomenti testuali per dare una risposta positiva: è previsto che l'appaltatore non possa dare in subappalto l'esecuzione dell'opera o del servizio senza l'autorizzazione del committente (art. 1656 cod. civ.). Autorevole dottrina, tuttavia, precisa che l'infungibilità riguarda non la persona fisica dell'appaltatore, ma l'impresa cui l'appaltatore fa capo.

L'**appalto** qui preso in considerazione è quello **privato** e non quello **pubblico**, ossia l'appalto in cui l'aggiudicazione di una gara dipende da un "organismo di diritto pubblico", secondo le modalità previste in un primo tempo dal d.lgs. 12.4.2006, n. 163, recante il "Codice dei contratti pubblici relativi a lavori, servizi e forniture", abrogato e sostituito oggi dal d.lgs. 18.4.2016, n. 50, intitolato "Attuazione delle direttive 2014/23/UE, 2014/24/UE e 2014/25/UE sull'aggiudicazione dei contratti di concessione, sugli appalti pubblici e sulle procedure d'appalto degli enti erogatori nei settori dell'acqua, dell'energia, dei trasporti e dei servizi postali, nonché per il riordino della disciplina vigente in materia di contratti pubblici relativi a lavori, servizi e forniture" (l'abrogazione del Codice del 2006 è disposta espressamente dall'art. 217 del d.lgs. n. 50/2016).

Nell'appalto privato, a differenza di quello pubblico, la conclusione del contratto è preceduta da una libera trattativa delle parti; la fase precedente la conclusione, dunque, non è sottoposta ad una specifica disciplina in ordine alla "aggiudicazione" dell'appalto.

283.1. *Il corrispettivo e le variazioni del prezzo.*

Il contratto di appalto, si è visto, è un contratto tipicamente oneroso (art. 1655 cod. civ.). Si è affermato, pertanto, che allorché si concluda un contratto di appalto gratuito si è in presenza di un contratto atipico, sotto la specie di una liberalità non donativa (art. 809 cod. civ.): la liberalità, in particolare, va individuata nella parte in cui vi sia stato l'arricchimento del committente ed il correlativo impoverimento dell'appaltatore.

Esempio. Un imprenditore costruisce gratuitamente, per la figlia, una villa sul suolo di proprietà della stessa. È da considerare liberalità soltanto ciò che il padre ha speso (il costo della manodopera, quello dei materiali utilizzati) e non anche il suo mancato guadagno. Le norme sulla donazione (ed in particolare quelle sulla revocazione, riduzione, collazione: artt. 809 e 737 cod. civ.) trovano applicazione limitatamente alle spese affrontate dal padre per la costruzione.

Il **corrispettivo** può essere determinato in due modi: a ***forfait*** o a **misura**. Nel primo caso la somma deve essere corrisposta, dal committente, per tutta l'opera nel suo complesso; nel secondo si procede ad un calcolo in base ad alcune unità di misura convenute (tanto al metro quadro o al metro cubo, e così via).

Allorché i contraenti non abbiano fissato il corrispettivo, né dal contratto emergano criteri per determinarlo, il compenso si determina "con riferimento alle tariffe esistenti o agli usi"; in mancanza, o in caso di conflitto, tra le parti la determinazione spetta al giudice (art. 1657 cod. civ.; Cass., 11.11.2021, n. 33575).

Quando per effetto di circostanze imprevedibili si siano verificati **aumenti** o **diminuzioni** dei **materiali** o della **manodopera**, tali da determinare un aumento o una diminuzione superiori al decimo del prezzo complessivo convenuto, l'appaltatore o il committente possono chiedere una revisione del prezzo medesimo. La revisione può essere accordata solo per quella differenza che eccede il decimo (art. 1664, 1° co., cod. civ.).

Inoltre, se nel corso dell'opera si manifestano **difficoltà di esecuzione** derivanti da cause geologiche, idriche e simili, non previste dalle parti, che rendono notevolmente più onerosa la prestazione dell'appaltatore, questi ha diritto a un equo compenso (art. 1664, 2° co., cod. civ.). Nella prassi le parti sono solite inserire nel contratto una clausola di revisione dei prezzi.

La disciplina appena ricordata (art. 1664 cod. civ.) costituisce un'applicazione del principio della rilevanza dell'eccessiva onerosità sopravvenuta, previsto nella disciplina generale del contratto (art. 1467 cod. civ.). Non è però esclusa la possibilità di applicare, direttamente all'appalto, la disciplina generale del contratto sull'eccessiva onerosità sopravvenuta. L'ambito di applicazione delle due norme, infatti, non è perfettamente coincidente: la disciplina speciale sull'appalto riguarda soltanto l'aumento dei costi che dipende da circostanze imprevedibili; quella generale sul contratto, invece, trova applicazione anche nei casi in cui la prestazione divenga eccessivamente onerosa per circostanze diverse dall'aumento dei costi dei materiali e della manodopera (purché la sopravvenuta onerosità non rientri nell'alea normale del contratto: art. 1467, 2° co., cod. civ.).

283.2. *Il collaudo.*

Un aspetto caratteristico del contratto di appalto è costituito dal c.d. **collaudo**. Il committente, prima di ricevere la consegna, ha diritto a verificare l'opera compiuta (art. 1665, 1° co., cod. civ.).

La verifica deve essere fatta dal committente appena l'appaltatore lo metta in condizioni di poterla eseguire (art. 1665, 2° co., cod. civ.). Se, nonostante l'invito fattogli dall'appaltatore, il committente non procede alla verifica senza giusti motivi, ovvero non ne comunica il risultato entro un breve termine, l'opera si considera accettata (art. 1665, 3° co., cod. civ.). Se il committente riceve senza riserve la consegna dell'opera, questa si considera accettata ancorché non si sia proceduto alla verifica (art. 1665, 4° co., cod. civ.). Salvo diversa pattuizione o uso contrario, l'appaltatore ha diritto al pagamento del corrispettivo quando l'opera è accettata dal committente (art. 1665, 5° co., cod. civ.).

La mera presa in consegna dell'opera appaltata non equivale ad accettazione della stessa. Mentre la presa in consegna si esaurisce in un fatto materiale che si attua mediante la *traditio*, l'accettazione si sostanzia in una manifestazione di volontà, che può essere anche tacita qualora il committente compia un atto incompatibile con la volontà di non accettare o di accettare con riserva (Trib. Trieste, 9.6.2011).

L'**accettazione**, va evidenziato, può essere rilevante ai fini dell'acquisto della proprietà dell'opera. Qualora, infatti, l'appalto abbia per oggetto beni mobili, occorre distinguere l'ipotesi in cui i materiali siano forniti dall'appaltatore da quella in cui siano forniti dal committente: nel primo caso, la proprietà dell'opera viene acquistata a titolo originario dall'appaltatore; il committente ne diventa proprietario, dunque, soltanto con l'accettazione. Nel secondo caso, invece, l'opera è già di proprietà, *ab initio*, del committente (si confronti, in questo senso, l'art. 1673, 2° co., cod. civ.).

Qualora la costruzione abbia per oggetto beni immobili ed il suolo sia di proprietà del committente, per il principio dell'accessione (art. 934 cod. civ.) il bene immobile diventa di proprietà del committente a mano a mano che i materiali sono incorporati nel suolo.

283.3. *Le garanzie dell'appaltatore.*

L'appaltatore è tenuto alla **garanzia per** le **difformità** ed i **vizi** dell'**opera**. La garanzia non è dovuta se il committente abbia accettato l'opera e le difformità o i vizi erano da lui conosciuti o erano riconoscibili, purché in questo caso non siano stati in mala fede taciuti dall'appaltatore (art. 1667, 1° co., cod. civ.).

Il committente deve, a pena di **decadenza**, denunciare all'appaltatore le difformità o i vizi entro sessanta giorni dalla scoperta. La denunzia non è necessaria se l'appaltatore abbia riconosciuto le difformità o i vizi o se li abbia occultati (art. 1667, 2° co., cod. civ.). L'azione contro l'appaltatore è soggetta alla **prescrizione** di due anni dal giorno della consegna dell'opera. Il committente convenuto per il pagamento può sempre far valere la garanzia, purché le difformità o i vizi siano stati denunciati entro sessanta giorni dalla scoperta e prima che siano decorsi i due anni dalla consegna (art. 1667, 3° co., cod. civ.).

Il committente che, ai sensi dell'art. 1667 cod. civ., agisca nei confronti dell'appaltatore per le difformità e i vizi dell'opera, ha l'onere di provare i fatti posti a fondamento della sua domanda e quelli necessari per contrastare le eventuali eccezioni della controparte. Qualora, pertanto, l'appaltatore eccepisca la prescrizione biennale del diritto di garanzia, la prova della data di consegna dell'opera, da cui il termine di garanzia decorre, incombe sul committente stesso e non sull'appaltatore (Cass., 10.6.2011, n. 12879).

Si venga al **contenuto** della garanzia per i difetti dell'opera. Il committente può chiedere che le difformità o i vizi siano eliminati a spese dell'appaltatore, oppure che il prezzo sia proporzionalmente diminuito, salvo il risarcimento del danno nel caso di colpa dell'appaltatore (art. 1668, 1° co., cod. civ.). Se però le difformità o vizi dell'opera siano tali da renderla del tutto inadatta alla sua destinazione, il committente può chiedere la risoluzione del contratto (art. 1668, 2° co., cod. civ.).

Esempio. Un giostraio commissiona ad un appaltatore specializzato la costruzione di una giostra per bambini. Il lavoro è mal eseguito, tanto che la giostra non può assolvere in alcun modo alla sua funzione di trasportare, per scopo di divertimento, i bambini. Il contratto di appalto, in questo caso, può essere risolto dal committente.

Una specifica disciplina è dedicata agli edifici o alle altre cose **immobili** destinate per la loro natura a lunga durata: se, nel corso di dieci anni dal compimento, l'opera, per vizio del suolo o per difetto della costruzione, rovina in tutto o in parte, ovvero presenta evidente pericolo di rovina o gravi difetti, l'appaltatore è responsabile nei confronti del committente e dei suoi aventi causa, purché sia fatta la denuncia entro un anno dalla scoperta (art. 1669, 1° co., cod. civ.). Il termine annuale inizia a decorrere dal giorno in cui il denunciante abbia acquistato un apprezzabile grado di conoscenza, seria e obiettiva, non soltanto della gravità dei difetti della costruzione, ma anche del nesso causale tra i dissesti e l'attività di esecuzione dell'opera (Cass., 5.4.2022, n. 11034). Rientrano fra i gravi difetti le carenze costruttive dell'opera che pregiudicano in modo grave il funzionamento, l'abitabilità e il godimento della stessa (Cass., 9.1.2020, n. 187). Peraltro, anche i vizi rinvenibili nei c.d. elementi accessori e secondari (impermeabilizzazioni, rivestimenti, infissi) possono costituire gravi difetti ai sensi dell'art. 1669 cod. civ., purché tali da compromettere la funzionalità dell'edificio (Trib. Brescia, 25.2.2022, sulla scorta di Cass., 13.12.2021, n. 39599). Il diritto del committente si prescrive in un anno dalla denuncia (art. 1669, 2° co., cod. civ.; Cass., 16.1.2020, n. 777). Tale azione può essere esercitata anche dall'acquirente nei confronti di quel venditore che abbia fatto costruire o ristrutturare l'immobile sotto la propria responsabilità (Cass., 19.4.2017, n. 9911; Cass., 23.5.2017, n. 18891); ovvero verso quel venditore che, pur avvalendosi per la costruzione di soggetti terzi, si sia riservato dei poteri di direzione, coordinamento o sorveglianza e i vizi siano riconducibili all'attività da lui esercitata (Cass., 16.1.2020, n. 777).

L'art. 1669 cod. civ. è applicabile anche alle opere di ristrutturazione edilizia e, in genere, agli interventi manutentivi o modificativi di lunga durata su immobili preesistenti che rovinino o presentino evidente pericolo di rovina o gravi difetti incidenti sul godimento e sulla normale utilizzazione del bene, secondo la destinazione propria di quest'ultimo (Cass., Sez. Un., 27.3.2017, n. 7756). Ove non ricorrano in concreto le condizioni per l'applicazione dell'art. 1669 cod. civ. (come nel caso di danno manifestatosi e prodottosi oltre il decennio dal compimento dell'opera), può farsi luogo all'applicazione dell'art. 2043 cod. civ., senza che tuttavia operi il regime speciale di presunzione della responsabilità del costruttore contemplato dalla norma codicistica sull'appalto. Spetta allora a chi agisce in giudizio l'onere di provare tutti gli elementi richiesta dall'art. 2043 cod. civ., compresa la colpa del costruttore (Cass., Sez. Un., 3.2.2014, n. 2284).

Si deve precisare che non sussiste incompatibilità fra gli artt. 1667 e 1669 cod. civ., potendo il committente di un immobile che presenti gravi difetti invocare, oltre al rimedio risarcitorio del danno (contemplato soltanto dall'art. 1669 cod. civ.), anche quelli previsti dall'art. 1668 cod. civ., con riguardo ai vizi di cui all'art. 1667 cod. civ. Le relative fattispecie, infatti, si configurano l'una (l'art. 1669 cod. civ.) come sottospecie dell'altra (art. 1667 cod. civ.), posto che i gravi difetti dell'opera si traducono inevitabilmente in vizi della medesima (Cass., 25.7.2019, n. 20184).

283.4. *Le nullità del contratto di appalto nella disciplina speciale.*

Nella disciplina speciale si rinvengono ipotesi di nullità che riguardano il contratto di appalto.

È previsto, in particolare, che nei singoli contratti di subappalto, di appalto e di somministrazione, devono essere specificamente indicati, a pena di nullità, i costi delle misure adottate per eliminare o, ove ciò non sia possibile, ridurre al minimo i "rischi in materia di salute e sicurezza sul lavoro derivanti dalle interferenze delle lavorazioni" (art. 26, 5° co., d.lgs. 9.4.2008, n. 81). Si fa riferimento, in sostanza, ai rischi derivanti dal simultaneo agire di una pluralità di imprese in uno stesso stabilimento o cantiere (viene in considerazione, dunque, anche quella figura contrattuale che va sotto il nome di subfornitura, su cui § 265).

Importanti disposizioni, poi, sono dettate dalla l. 13.8.2010, n. 136, recante un "**piano** straordinario **contro le mafie**". È stabilito, in particolare, che per assicurare la tracciabilità dei flussi finanziari finalizzata a prevenire infiltrazioni criminali, gli appaltatori, i subappaltatori e i subcontraenti della filiera delle imprese nonché i concessionari di finanziamenti pubblici a qualsiasi titolo interessati ai lavori, ai servizi e alle forniture pubbliche, devono utilizzare uno o più conti correnti bancari o postali, accesi presso banche o presso la società Poste italiane Spa, dedicati, anche non in via esclusiva, alle commesse pubbliche. Tutti i movimenti finanziari relativi ai lavori, ai servizi e alle forniture pubbliche nonché alla gestione dei finanziamenti devono essere registrati sui conti correnti dedicati e, salvo alcune ipotesi, devono essere effettuati esclusivamente tramite lo strumento del bonifico bancario o postale, ovvero con altri strumenti di incasso o di pagamento idonei a consentire la piena tracciabilità delle operazioni (art. 3, 1° co., l. n. 136/2010).

La stazione appaltante, nei contratti sottoscritti con gli appaltatori, inserisce, a pena di **nullità assoluta**, un'apposita **clausola** con la quale essi assumono gli obblighi di tracciabilità (art. 3, 8° co., l. n. 136/2010).

284. Il contratto di trasporto. Nozione e tipologie di trasporti.

Con il **contratto di trasporto** si fa riferimento ad ogni forma di trasporto, qualunque sia l'oggetto trasportato (persone o cose), a prescindere dalla via di comunicazione (terra, aria, mare) e dall'attività del vettore (che può essere o non essere imprenditoriale). Una parte (il vettore) si obbliga a trasferire a titolo oneroso persone o cose da un luogo all'altro (art. 1678 cod. civ.).

Il particolare *opus* che emerge dalla **definizione** (l'obbligazione di trasferire) non esclude la possibilità di ricondurre tale figura contrattuale nella categoria della *locatio operis* (cui appartengono anche l'appalto di servizi ed il contratto d'opera). Il che può avere significative conseguenze pratiche: mancando, infatti, una specifica disciplina sul trasporto, si potrà invocare l'applicazione delle norme dei contratti che si riconducono alla *locatio operis*.

La disciplina codicistica, cui di seguito si avrà riguardo, regola il trasporto terrestre (artt. 1678-1702 cod. civ.). Il trasporto per acqua e per aria, invece, è regolato, oltre che dalle norme del codice civile (si confronti l'art. 1680 cod. civ.), da quelle del codice della navigazione.

Una disciplina specifica, poi, vale per coloro che esercitano il trasporto in una situazione di monopolio legale, come i pubblici servizi di linea (art. 1679 cod. civ.): sussiste, qui, l'obbligo di contrarre e quello di rispettare la parità di trattamento dei contraenti.

Il contratto di trasporto **non** è **necessariamente oneroso**. Prevale l'opinione, infatti, secondo cui l'onerosità non costituisca un elemento essenziale del trasporto: il contenuto essenziale e sufficiente di tale contratto consiste nell'obbligazione di una determinata parte (il vettore) di trasferire persone o cose da un luogo ad un altro. È vero che in base all'art. 1678 cod. civ. "il vettore si obbliga verso corrispettivo": la norma, tuttavia, ha soltanto il significato di far presumere l'onerosità (art. 1681, 3° co., cod. civ.), come è previsto anche per il mutuo (art. 1815 cod. civ.) e per il mandato (art. 1709 cod. civ.).

Due sono le tipologie di trasporto: il **trasporto** di **cose** ed il trasporto di **persone**. Ci si occuperà prima del trasporto di cose, per poi passare a quello di persone.

284.1. *Il trasporto di cose.*

Con il contratto di **trasporto di cose,** una parte (c.d. **mittente**) affida determinate cose all'altra (il **vettore**) affinché le trasferisca da un luogo all'altro. La prestazione che forma oggetto del contratto di trasporto non si esaurisce nel mero trasferimento delle cose, ma comprende anche la fase antecedente e la fase ad esso successiva (così Cass., Sez. Un., 20.9.2017, n. 21850, con riferimento al servizio c.d. di "*handling* aeroportuale").

Spesso le cose devono essere consegnate al **destinatario**, ossia ad una persona diversa dal mittente. In questo caso il contratto tra mittente ed il destinatario assume la struttura del contratto a favore di terzo: allorché il destinatario domandi al vettore la consegna della merce, il mittente non ha più la facoltà di esercitare il c.d. **diritto di contrordine**, ossia sospendere il trasporto, chiedere la restituzione delle cose o ordinare la consegna ad una persona determinata (artt. 1685, 1689 cod. civ.).

È peraltro evidente, in tale fattispecie, una variante rispetto allo schema tipico del contratto a favore del terzo (art. 1411 cod. civ.): il diritto del destinatario non sorge subito, ossia con la stipulazione del contratto di trasporto; nasce dal momento in cui, arrivate le cose a destinazione o scaduto il termine in cui sarebbero dovute arrivare, il destinatario ne richieda la riconsegna (art. 1689, 1° co., cod. civ.; Cass., 15.5.2018, n. 11744).

Il contratto di trasporto è a forma libera: il legislatore ha però previsto la possibilità del rilascio, a fini probatori, di determinati documenti da parte del mittente o del vettore.

Viene in considerazione, in primo luogo, la **lettera di vettura**, esibita dal vettore, al momento della riconsegna della merce, al destinatario (art. 1687, 3° co., cod. civ.). La lettera di vettura deve essere rilasciata dal mittente, su richiesta del vettore, con la sottoscrizione dello stesso mittente; deve contenere, oltre alle pattuizioni relative al trasporto, il nome del destinatario, il luogo di destinazione, la natura, il peso, la quantità ed il numero delle cose da trasportare e gli altri estremi necessari per eseguire il trasporto (si vedano gli artt. 1684, 1° co., 1683, 1° co., cod. civ.).

Su richiesta del mittente, il vettore deve rilasciare un **duplicato** della lettera di vettura con la propria sottoscrizione o, se non gli è stata rilasciata lettera di vettura, una ricevuta di carico, con le stesse indicazioni (art. 1684, 2° co., cod. civ.). Qualora dal vettore sia stato rilasciato al mittente un duplicato della lettera di vettura o una ricevuta di carico, il mittente non può disporre delle cose consegnate per il trasporto (ai sensi dell'art. 1685, 1° co., cod. civ.), se non esibisce al vettore il duplicato o la ricevuta per farvi annotare le nuove indicazioni. Queste devono essere sottoscritte dal vettore (art. 1685, 2° co., cod. civ.).

I documenti appena ricordati possiedono una funzione probatoria: servono ad attribuire veridicità e certezza circa gli elementi essenziali del contratto. Ciò nell'interesse del vettore (avendo riguardo alla lettera di vettura) o del mittente (se si discute del duplicato della lettera di vettura o della ricevuta di carico).

Diverso discorso deve farsi qualora il duplicato della lettera di vettura o la ricevuta di carico siano rilasciati con la clausola "all'ordine" (come previsto dall'art. 1684, 3° co., cod. civ.). I documenti, in questo caso, hanno la natura di **titoli rappresentativi di merci**, attribuendo al possessore il diritto alla consegna delle cose in essi specificati ed il diritto di disporne attraverso il trasferimento del titolo (art. 1996 cod. civ.). Si è affermato, in proposito, che di fronte a documenti con clausole all'ordine il trasporto perda la sua natura di contratto a favore di terzi: in effetti l'unico titolare dei diritti nei confronti del vettore è il possessore del titolo, che è legittimato da un regolare ordine di girate.

Si abbia riguardo, ora, al regime della responsabilità del vettore per il trasporto di cose. Quest'ultimo è responsabile della perdita e della avaria delle cose consegnategli per il trasporto, dal momento in cui le riceve a quello in cui le riconsegna al destinatario, se non prova che la perdita o l'avaria è derivata da caso fortuito, dalla natura o dai vizi delle cose stesse o dal loro imballaggio, o dal fatto del mittente o da quello del destinatario (art. 1693, 1° co., cod. civ.).

Se il vettore accetta le cose da trasportare senza riserve, si presume che le cose stesse non presentino vizi apparenti d'imballaggio (art. 1693, 2° co., cod. civ.).

Esempio. Il vettore si obbliga a trasportare generi alimentari da un luogo all'altro. Il materiale è imballato e giunge intatto a destinazione. Il destinatario, sul luogo dell'arrivo, toglie l'imballaggio e verifica che tutti i generi alimentari sono avariati. Non sussiste alcuna responsabilità qualora il vettore sia in grado di provare che l'avaria deriva dalla natura o dai vizi dei generi alimentari trasportati.

La **responsabilità** del vettore, prevista dalla disciplina codicistica, è detta ***ex recepto*** (nasce, cioè, dalla ricezione della cosa). Per la giurisprudenza di merito, al fine di escludere la responsabilità *ex recepto* del vettore non è sufficiente la prova della perdita del carico a causa di un furto, se il fatto è avvenuto con modalità tali da evidenziare l'omessa adozione di cautele idonee ad evitarlo. È invece necessario accertare che i fatti, ancorché riconducibili ad un reato perpetrato con violenza e minaccia sulla persona, si siano svolti con modalità talmente atipiche ed abnormi da doversi ritenere del tutto imprevedibili ed inevitabili anche mediante l'assunzione di misure di prevenzione adeguate (Trib. Roma, 14.6.2011).

284.2. *Il trasporto di persone.*

Con il contratto di trasporto di persone il **vettore** assume le seguenti **obbligazioni**: (a) quella di trasportare il viaggiatore secondo le modalità convenute; (b) quella di assicurare l'incolumità dello stesso; inoltre, poiché la disciplina del trasporto di persone attrae a sé quella relativa ai bagagli, il vettore è obbligato anche ad assicurare l'integrità di quest'ultimi.

Trattandosi di responsabilità contrattuale, il viaggiatore ha soltanto l'onere di provare l'esistenza del contratto, il danno subìto ed allegare l'inadempimento; spetta al viaggiatore dimostrare di aver adottato tutte le cautele idonee ad evitare il danno (art. 1681, 1° co., cod. civ.; Cass., 3.5.2022, n. 13958).

Esempio. Si verifica un incidente automobilistico durante il trasporto di alcuni passeggeri, che subiscono escoriazioni e fratture. Questi dovranno provare il titolo di viaggio, il danno subìto ed allegare il nesso causale tra l'attività esplicata dal vettore ed il danno subìto. Non dovranno, invece, dimostrare la dinamica del sinistro (spetterà al vettore, semmai, dare una specifica prova liberatoria).

Sono nulle le **clausole** che prevedono la **limitazione** della **responsabilità** del **vetto-**

re per i sinistri che colpiscono il viaggiatore (art. 1681, 2° co., cod. civ.). La disciplina codicistica, qui, è più rigorosa rispetto alla regola generale, che consente l'esonero da responsabilità o la limitazione della stessa per colpa lieve o per fatto degli ausiliari (art. 1229 cod. civ.).

Qualora la messa in circolazione di un veicolo in condizioni di insicurezza sia ricollegabile all'azione o omissione non solo del conducente ma anche del trasportato, il quale ha accettato i rischi della circolazione, si verifica un'ipotesi di cooperazione colposa dei predetti nella condotta che causa l'evento dannoso. Pertanto, in caso di danni al trasportato medesimo, sebbene la condotta di quest'ultimo non sia idonea di per sé ad escludere la responsabilità del conducente, essa può costituire un contributo colposo alla verificazione del danno, la cui quantificazione in misura percentuale è rimessa all'accertamento del giudice di merito (Cass., 13.5.2011, n. 10526).

Le norme sulla responsabilità del vettore si applicano anche al trasporto gratuito (art. 1681, 3° co., cod. civ.). Si ritiene, al contrario, che la disciplina sulla responsabilità del vettore non trovi applicazione in caso di **trasporto di cortesia**, in cui è assente qualsiasi obbligo giuridico (il trasporto è effettuato per amicizia o per cortesia). Anche in questo caso potranno trovare applicazione le regole sulla responsabilità extracontrattuale e, in particolare, quelle sui danni conseguenti alla circolazione dei veicoli (art. 2054 cod. civ.).

285. Il contratto d'opera. La disciplina generale.

Il titolo III, del capo I, del quinto Libro del codice civile regola il "lavoro autonomo" (artt. 2222-2238 cod. civ.). Viene in considerazione la figura del **contratto d'opera**, la cui definizione è fornita dal primo articolo che si occupa di questa figura contrattuale: "quando una persona si obbliga a compiere verso un corrispettivo un'opera o un servizio, con lavoro prevalentemente proprio e senza vincolo di subordinazione nei confronti del committente, si applicano le norme di questo capo, salvo che il rapporto abbia una disciplina particolare nel Libro IV" (art. 2222 cod. civ.).

Due sono gli elementi caratteristici che emergono dalla **definizione** codicistica: (a) la prevalenza della **prestazione** lavorativa **personale** rispetto al lavoro dei collaboratori e dei dipendenti e ai mezzi materiali impiegati; (b) l'assenza di un vincolo di subordinazione. Sotto questo aspetto è evidente la differenza tra il prestatore d'opera, cui qui si ha riguardo, ed il lavoratore subordinato: il primo organizza la propria attività, nonché i tempi e le modalità di esecuzione della prestazione; il secondo, invece, esegue le sue specifiche prestazioni rispettando le istruzioni impartite dal datore di lavoro.

Le disposizioni in esame si applicano "anche se la materia è fornita dal prestatore d'opera, purché le parti non abbiano avuto prevalentemente in considerazione la materia, nel qual caso si applicano le norme sulla vendita" (art. 2223 cod. civ.).

Esempio. Viene acquistata una caldaia presso un rivenditore, che si impegna anche ad installarla presso l'abitazione dell'acquirente. Qui è presente il lavoro del venditore, ma deve considerarsi accessorio rispetto all'acquisto della caldaia. Le parti, dunque, hanno stipulato un contratto di compravendita.

Se il prestatore d'opera non procede all'esecuzione dell'opera secondo le condizioni stabilite dal contratto e a regola d'arte (art. 1176, 2° co., cod. civ.), il committente può fissare un congruo termine, entro il quale il prestatore d'opera deve conformarsi a tali condizioni (art. 2224, 1° co., cod. civ.). Trascorso inutilmente il termine fissato, il committente può **recedere** dal **contratto**, salvo il diritto al risarcimento del danno (art. 2224, 2° co., cod. civ.).

L'accettazione espressa o tacita dell'opera libera il prestatore d'opera dalla responsabilità per difformità o per vizi della stessa, se all'atto dell'accettazione questi erano noti al committente o facilmente riconoscibili, purché in questo caso non siano stati dolosamente occultati (art. 2226, 1° co., cod. civ.). Il committente deve, a pena di decadenza, denunziare le difformità ed i vizi occulti al prestatore d'opera entro otto giorni dalla scoperta. L'azione si prescrive entro un anno dalla consegna (art. 2226, 2° co., cod. civ.).

I diritti del committente, nel caso di **difformità** o di **vizi** dell'**opera**, sono regolati dalla disciplina dell'appalto (art. 2226, 3° co., cod. civ., che rimanda all'art. 1668 cod. civ.).

Il committente, anche quando sia iniziata l'esecuzione dell'opera, può recedere dal contratto; deve, però, tenere indenne il prestatore d'opera delle spese, del lavoro eseguito e del mancato guadagno (art. 2227 cod. civ.).

Qualora, infine, l'esecuzione dell'opera diventi impossibile per causa non imputabile ad alcuna delle parti, il prestatore d'opera ha diritto ad un compenso per il lavoro prestato in relazione all'utilità della parte dell'opera compiuta (art. 2228 cod. civ.).

285.1. *La prestazione d'opera intellettuale.*

All'interno del titolo III, del quinto Libro del codice civile, un apposito capo (il secondo) è dedicato alle "**professioni intellettuali**" (artt. 2229-2238 cod. civ.).

Non esiste, peraltro, una **definizione** di queste figure. Può dirsi, almeno in prima battuta, che le professioni intellettuali (dette anche professioni "liberali") sono quelle che richiedono un particolare grado di competenza e di conoscenza, necessarie per poter fornire la prestazione.

Si distinguono le c.d. **professioni protette** o **riservate** dalle **professioni non protette**: le prime sono quelle il cui esercizio è subordinato "all'iscrizione in appositi albi o elenchi" (artt. 2229, 1° co., e 2231 cod. civ.) ed al controllo degli ordini o collegi professionali (art. 2229, 2° co., cod. civ.).

Sono professioni intellettuali protette, in particolare, quelle dell'avvocato, del notaio, del medico, dell'ingegnere, dell'architetto, del dottore commercialista, del ragioniere, del geometra.

Quando l'esercizio di un'attività professionale è condizionato all'iscrizione in un albo o elenco, la prestazione eseguita da chi non è iscritto non gli dà azione per il pagamento della retribuzione (art. 2231, 1° co., cod. civ.). La Suprema Corte lo conferma a chiare lettere: quando l'esercizio di un'attività professionale è condizionato all'iscrizione in un albo o elenco, la prestazione eseguita da chi non è iscritto, dando luogo a nullità assoluta del rapporto fra professionista e cliente, rilevabile anche d'ufficio, e privando il contratto di qualsiasi effetto, non dà luogo ad alcuna azione per il pagamento della retribuzione, che non può essere pretesa neanche ai sensi dell'art. 2041 cod. civ. (Cass., 21.3.2011, n. 6402).

Le altre professioni non protette, invece, non sono subordinate ad alcuna iscrizione all'albo: si pensi a quella dell'esperto di ricerche di mercato, al creatore di campagne pubblicitarie, all'artista, all'inventore.

Si considerino, ora, le principali regole che il codice detta per le professioni intellettuali. Il prestatore d'opera deve eseguire **personalmente** l'incarico **assunto** (si tratta di una normale conseguenza della prevalenza del lavoro personale, propria della figura in esame). Il prestatore d'opera, tuttavia, può valersi, sotto la propria direzione e responsabilità, di sostituti e ausiliari, se la collaborazione di altri è consentita dal contratto o dagli usi e non è incompatibile con l'oggetto della prestazione (art. 2232 cod. civ.).

In materia di compenso sono intervenute, per le professioni protette, delle significative modifiche legislative. Si prevedeva, in passato, che il **compenso**, se non era convenuto dalle parti e non poteva essere determinato secondo le tariffe e gli usi, fosse determinato dal giudice, sentito il parere dell'ordine professionale cui il professionista appartiene (art. 2233, 1° co., cod. civ.).

Sennonché da qualche tempo sono state abrogate "le tariffe delle professioni regolamentate nel sistema ordinistico" (art. 9, 1° co., d.l. n. 1/2012; tale articolo è stato sostituito dall'art. 1, 1° co., l. 24.3.2012, n. 27, in sede di conversione). Nel caso di liquidazione da parte di un organo giurisdizionale, il compenso del professionista è determinato con riferimento a parametri stabiliti con decreto del ministero vigilante (art. 9, 2° co., d.l. n. 1/2012, comma modificato dall'art. 5, 1° co., d.l. n. 83/2012).

Il compenso per le prestazioni professionali è pattuito al momento del conferimento dell'incarico professionale. Il professionista deve informare il cliente, in forma scritta o digitale, del grado di complessità dell'incarico, fornendo tutte le informazioni utili circa gli oneri ipotizzabili dal momento del conferimento fino alla conclusione dell'incarico; deve altresì indicare i dati della polizza assicurativa per i danni provocati nell'esercizio dell'attività professionale. In ogni caso la misura del compenso, con un preventivo di massima, è obbligatoriamente resa nota al cliente, in forma scritta o digitale; questa deve essere adeguata all'importanza dell'opera e va pattuita indicando per le singole prestazioni tutte le voci di costo, comprensive di spese, oneri e contributi. Al tirocinante è riconosciuto un rimborso spese forfettariamente concordato dopo i primi sei mesi di tirocinio (art. 9, 4° co., d.l. n. 1/2012, modificato da ultimo dall'art. 1, 150° co., l. 4.8.2017, n. 124).

Il riferimento legislativo alla "importanza dell'opera", ai fini del compenso, si coordina con la previsione codicistica, tutt'ora in vigore, secondo cui la misura dello stesso deve essere adeguata all'importanza dell'opera e al **decoro** della **professione** (art. 2233, 2° co., cod. civ.). Può dirsi, anzi, che sia proprio il decoro della professione ad impedire di fissare un compenso in misura inferiore all'importanza dell'opera. Il che vale anche nei rapporti professionali che l'avvocato intrattiene con le grandi imprese, le quali di sovente predispongono unilateralmente la "convenzione" sul compenso dei professionisti. Per l'art. 13-*bis*, l. n. 247/2012 (così come introdotto dal d.l. n. 148/2017, convertito con modificazioni nella l. 4.12.2017, n. 172) siffatte convenzioni unilaterali sono, a certe condizioni, "vessatorie" e dunque nulle. La disposizione da ultimo ricordata, oggi, si applica anche ai rapporti di lavoro autonomo di cui al titolo III del Libro quinto del codice civile, ivi inclusi i rapporti di lavoro autonomo che hanno una disciplina particolare ai sensi dell'art. 2222 cod. civ. (così l'art. 19-*quaterdecies*, 2° co., d.l. n. 148/2017, inserito dalla legge di conversione n. 172/2017). Per espressa disposizione di legge, però, rimangono esclusi da questa disciplina gli agenti della riscossione (art. 19-*quaterdecies*, 4° co.-*bis*, introdotto dall'art. 1, 488° co., della l. n. 205/2017).

Sono nulli, se non redatti in forma scritta, i patti conclusi tra gli avvocati ed i praticanti abilitati con i loro clienti che stabiliscono i compensi professionali (art. 2233, 3° co., cod. civ.; sulle procedure esperibili dagli avvocati per la liquidazione dei propri onorari si veda Cass., Sez. Un., 23.2.2018, n. 4485).

Il cliente, salvo diversa pattuizione, deve anticipare al prestatore d'opera le spese occorrenti al compimento dell'opera e corrispondere, secondo gli usi, gli acconti sul compenso (art. 2234 cod. civ.). È quello che accade, ad esempio, nel rapporto tra avvocato e cliente, in cui quest'ultimo è chiamato talvolta ad anticipare all'avvocato le spese per l'iscrizione di una causa "a ruolo" o per il compimento di altri incombenti che fanno parte del mandato ricevuto dal professionista.

Si è osservato, in dottrina, come le regole sull'esecuzione "personale" dell'incarico e della retribuzione adeguata al "decoro della professione" siano inderogabili per gli esercenti una professione intellettuale protetta. Tali regole, invece, non devono necessariamente regolare il rapporto tra cliente e coloro che esercitano una professione intellettuale non protetta. Quest'ultimi, dunque, non sono tenuti ad utilizzare necessariamente lo schema del contratto d'opera intellettuale, essendo liberi di adottare anche altre figure contrattuali (non importa se implichino una spersonalizzazione della prestazione ed una retribuzione secondo criteri mercantili). Si potrà far riferimento, ad esempio, alla disciplina del contratto di appalto (art. 1655 cod. civ.).

Il prestatore d'opera non può ritenere le cose e i documenti ricevuti, se non per il periodo strettamente necessario alla tutela dei propri diritti secondo le leggi professionali (art. 2235 cod. civ.).

Quanto alla **responsabilità** del prestatore d'opera, è previsto che "se la prestazione implica la **soluzione** di **problemi tecnici** di **speciale difficoltà**, il prestatore d'opera non risponde dei danni, se non in caso di dolo o di colpa grave" (art. 2236 cod. civ.).

Si consideri, avendo riguardo alla **responsabilità medica**, che un intervento particolarmente difficile può essere considerato di facile esecuzione se realizzato da uno specialista, in grado di affrontare tutte le difficoltà proprie di quel settore clinico in cui è specializzato: per questa via, il medico specialista difficilmente potrà invocare l'art. 2236 cod. civ., anche se l'intervento che ha effettuato era oggettivamente complesso.

Sono residuali, così, i casi in cui la norma in esame può applicarsi: si pensi, ad esempio, ad un intervento "pioneristico" o ad un'operazione particolarmente complessa che, per ragioni di urgenza, non può essere realizzata da uno specialista ma da un medico generico (Cass., 10.5.2000, n. 5945). Viene in considerazione, ancora, un intervento che presenta elevati problemi diagnostici e terapeutici in presenza di un quadro patologico complesso e suscettibile di diversificati esiti.

L'art. 2236 cod. civ., si badi, non richiama soltanto la responsabilità del medico ma, in generale, di qualsiasi professionista. In alcuni casi esso ha trovato applicazione anche nei confronti dell'esercizio della professione dell'avvocato. Per i giudici di legittimità, in particolare, in ipotesi di "interpretazione di leggi o di risoluzione di questioni opinabili" deve ritenersi esclusa la responsabilità dell'avvocato, "a meno che non risulti che abbia agito con dolo o colpa grave" (Cass., 11.8.2005, n. 16846; Cass., 4.12.1990, n. 11612).

Va completata l'analisi della disciplina codicistica sulle professioni intellettuali. Il cliente può **recedere** dal contratto, rimborsando al prestatore d'opera le spese sostenute e pagando il compenso per l'opera svolta (art. 2237, 1° co., cod. civ.). Il prestatore d'opera, invece, può recedere dal contratto per giusta causa. In tal caso egli ha diritto al rimborso delle spese fatte e al compenso per l'opera svolta, da determinarsi con riguardo al risultato utile che ne sia derivato al cliente (art. 2237, 2° co., cod. civ.). Il recesso del prestatore d'opera deve essere esercitato in modo tale da evitare pregiudizi al cliente (art. 2237, 3° co., cod. civ.). Il professionista, del resto, anche in base alle norme deontologiche del proprio ordine di appartenenza, deve comportarsi in maniera tale da evitare di arrecare pregiudizi al suo cliente.

Ecco un esempio di recesso per giusta causa di un avvocato.

Esempio. Il legale viene a sapere che il proprio cliente si rivolge, contestualmente, ad un altro avvocato, al quale vengono sottoposti gli atti giudiziari redatti dal primo. È evidente, qui, come sia venuto meno l'elemento fiduciario che deve caratterizzare il rapporto fra professionista e cliente. L'avvocato, in questo caso, potrà recedere per giusta causa, avendo cura però di non recare pregiudizio al cliente.

Ove il professionista receda senza giusta causa, lo stesso è tenuto al risarcimento del danno di cui il cliente abbia dimostrato l'esistenza (Cass., 16.3.2011, n. 6170).

Se l'esercizio della professione costituisce elemento di un'attività organizzata in forma di impresa, si applicano anche le disposizioni del titolo II del quinto Libro del codice civile (art. 2238, 1° co., cod. civ.). Il che vuol dire, in pratica, che il professionista intellettuale è esonerato dall'applicazione delle norme sullo "statuto dell'imprenditore" (artt. 2188 ss. cod. civ.). Il professionista intellettuale, in particolare, è sottratto all'applicazione delle norme sulle procedure concorsuali; non viene in considerazione, inoltre, la disciplina sull'azienda, quella relativa ai segni distintivi, alla concorrenza sleale, e così via.

Capitolo 44

I CONTRATTI DI COOPERAZIONE NELL'ALTRUI ATTIVITÀ GIURIDICA

286. Il mandato. Nozione e suo oggetto.

Il contratto di **mandato** è disciplinato nel capo IX del quarto Libro del codice civile. La sezione I del capo IX, in particolare, detta le disposizioni generali sul mandato (artt. 1703-1730 cod. civ.); la sezione II disciplina il contratto di commissione (artt. 1731-1736 cod. civ.); la sezione III, infine, quello di spedizione (artt. 1737-1741 cod. civ.).

Ci si occupi, in primo luogo, della disciplina generale del mandato, partendo dalla **definizione**: il mandato è il contratto con cui una parte si obbliga a compiere uno o più atti giuridici per conto dell'altra (art. 1703 cod. civ.).

Esempio. Una parte, mandante, conclude con l'altra, mandatario, un contratto di mandato, in forza del quale quest'ultimo è obbligato a concludere un contratto di locazione di un immobile del mandante.

Il mandato può essere **collettivo** se è conferito da più mandanti ad una stessa persona con un unico atto e per un interesse comune; è **congiunto** se è attribuito a più mandatari, i quali sono chiamati a compiere il medesimo affare. Nel caso di mandato collettivo, la revoca del mandato non ha effetto qualora non sia fatta da tutti i mandanti, salvo che ricorra una giusta causa (art. 1726, 1° co., cod. civ.). Il mandato congiunto, invece, si estingue anche se la causa di estinzione riguarda soltanto uno dei mandatari (art. 1730 cod. civ.).

Il mandato si presume oneroso (art. 1709 cod. civ.): spetterà al mandante, semmai, dimostrare che il mandato era stato convenuto a titolo gratuito.

Come emerge dalla definizione codicistica, il mandatario si obbliga al compimento di uno o più atti giuridici e non, dunque, a un'attività materiale (in ciò il contratto in esame si distingue dalle altre prestazioni di lavoro). Prevale, sia in dottrina sia in giurisprudenza, la tendenza ad attribuire al termine "atto giuridico" (di cui all'art. 1703 cod. civ.) una portata ampia: ci si riferisce, in sostanza, non soltanto agli atti giuridici negoziali ma anche agli atti giuridici in senso stretto (Cass., 4.3.2002, n. 3103).

Come per ogni contratto, il suo oggetto deve essere possibile, lecito, determinato (o determinabile). È ad esempio nullo, ai sensi dell'art. 1418, 2° co., cod. civ., il mandato a compiere un atto personalissimo come il testamento (art. 631 cod. civ.).

286.1. *Il mandato con rappresentanza.*

Ricorre il **mandato con rappresentanza** quando il mandatario ha il potere di compiere atti giuridici non solo per conto (ossia nell'interesse) del mandante, ma anche in suo nome. Quest'ultimo potere, come già si è avuto modo di studiare, deriva da un autonomo atto di procura in virtù del quale il mandatario-rappresentante è autorizzato a spendere il nome del mandante-rappresentato.

La procura è un atto giuridico unilaterale con cui è attribuito il potere di rappresentanza; essa, tuttavia, non obbliga ad agire in nome e per conto di un determinato soggetto. Il mandato è il contratto che obbliga il mandatario a compiere uno o più atti giuridici per conto del mandante.

Il **mandato**, in sostanza, è il c.d. **rapporto interno** (che, a seconda dei casi, può essere un contratto diverso: si pensi al rapporto di lavoro subordinato); con la procura, invece, gli effetti dell'atto giuridico compiuto dal mandatario si producono direttamente nei confronti del mandante.

Se al mandatario è stato conferito il potere di agire in nome del mandante (ossia se al mandato è collegata la procura) si applicano anche le norme sulla rappresentanza (art. 1704 cod. civ.). Non si tratta, è bene evidenziarlo, di norme sovrapponibili: ad esempio, per il procuratore è sufficiente la capacità di intendere e di volere (art. 1389, 1° co., cod. civ.), mentre per il mandatario è richiesta la capacità di agire (art. 2, 1° co., cod. civ.; 1425, 1° co., cod. civ.).

286.2. *Il mandato senza rappresentanza.*

Per il **mandato senza rappresentanza** vale la regola generale secondo cui il mandatario (privo di procura) che agisce in nome proprio acquista i diritti ed assume gli obblighi derivanti dagli atti compiuti con i terzi, anche se questi hanno avuto conoscenza del mandato (art. 1705, 1° co., cod. civ.).

Viene così affermata una netta indipendenza tra il rapporto mandante-mandatario ed il rapporto mandatario-terzo. L'indipendenza in esame dà luogo alla c.d. **interposizione reale**: ricorre questa figura quando la persona interposta (il mandatario) acquista realmente i diritti nascenti dall'atto giuridico posto in essere, ma l'atto giuridico è destinato a produrre i suoi effetti nella sfera giuridica dell'interponente; ciò mediante il compimento di un ulteriore atto giuridico.

Occorre indagare se il suddetto principio subisca, nella materia in esame, alcune eccezioni. Per la disciplina codicistica, infatti, è vero che "i terzi non hanno alcun rapporto col mandante"; tuttavia, si aggiunge subito dopo, "il mandante, sostituendosi al mandatario, può esercitare i **diritti di credito** derivanti dalla esecuzione del mandato, salvo che ciò possa pregiudicare i diritti attribuiti al mandatario" (art. 1705, 2° co., cod. civ.). Si è sostenuto, da parte di alcuni interpreti, che questa disposizione costituirebbe un'eccezione alla regola, sopra ricordata, dell'interposizione reale, giacché attribuirebbe al mandante un'azione diretta nei confronti dei terzi, senza il tramite del mandatario. Sembra preferibile la tesi secondo cui la norma non attribuisce un'azione diretta al mandante: la titolarità del diritto, d'altra parte, resta al mandatario; semmai il mandante può sostituirsi a quest'ultimo attraverso l'esercizio di un'azione **surrogatoria** particolare (diversa, cioè, da quella cui discute l'art. 2900 cod. civ.).

La giurisprudenza della Suprema Corte, peraltro, ha chiarito che tale legittimazione del mandante riguarda soltanto i crediti acquistati, in nome proprio, dal mandatario (Cass., Sez. Un., 8.10.2008, n. 24772; Cass., 9.5.2019, n. 12250). Il mandante, dunque, non può esercitare le ulteriori azioni derivanti dal contratto (come quella di annullamento, risoluzione, rescissione, risarcimento). Può, semmai, esperire l'azione di nullità in forza della regola generale di cui all'art. 1421 cod. civ.

Si verifichi, ancora, se sia possibile individuare un'eccezione al principio generale dell'interposizione reale nella norma secondo cui "il mandante può rivendicare le **cose mobili** acquistate per suo conto dal mandatario che ha agito in nome proprio, salvi i diritti acquistati dai terzi per effetto del possesso di buona fede" (art. 1706, 1° co., cod. civ.).

Anche questa disposizione ha dato luogo ad interpretazioni contrapposte: è da ritenere preferibile la **teoria del doppio trasferimento**, in base alla quale l'acquisto non avviene direttamente dal terzo al mandante, ma dal terzo al mandatario e, automaticamente, dal mandatario al mandante, senza bisogno di un ulteriore atto giuridico.

Ci si occupi, ora, dell'acquisto del mandatario senza rappresentanza di **beni immobili** e di beni **mobili registrati**. È previsto che "se le cose acquistate dal mandatario sono beni immobili o beni mobili iscritti in pubblici registri, il mandatario è obbligato a ritrasferirle al mandante; in caso di inadempimento, si osservano le norme relative all'esecuzione dell'obbligo di contrarre" (art. 1706, 2° co., cod. civ.).

La disposizione conferma che il mandante non è titolare, nei confronti del mandatario, di alcuna azione reale; semmai è titolare nei suoi confronti di un'azione personale per costringerlo a ritrasferire il bene acquistato. Il mandante, in particolare, può invocare l'applicazione dell'art. 2932 cod. civ. (come previsto dall'ultima parte dell'art. 1706, 2° co., cod. civ.) ed ottenere una sentenza costitutiva che produca gli effetti del contratto di trasferimento non concluso.

Quanto all'atto di ritrasferimento dal mandatario al mandante, si ritiene che lo stesso abbia natura unilaterale: ciò, del resto, è confermato dal fatto che il mandatario ha diritto di liberarsi dalla titolarità del bene senza che il mandante possa manifestare alcuna opposizione.

La prevalente dottrina ritiene che il mandato senza rappresentanza che abbia per oggetto beni immobili debba essere concluso per iscritto. Si può condividere questa impostazione in virtù dell'art. 1351 cod. civ.: questa disposizione, infatti, deve considerarsi riferibile a tutti i contratti che importano un obbligo a trasferire o ritrasferire.

286.3. *Le obbligazioni del mandatario e del mandante.*

Occorre aver riguardo, in primo luogo, alle **obbligazioni** del **mandatario**. Questi è tenuto ad eseguire il mandato con la **diligenza** del **buon padre** di **famiglia** (art. 1710, 1° co., cod. civ.). Il mandatario, come afferma la dottrina moderna, dovrà anche considerare, nell'esecuzione dell'incarico, il presumibile interesse concreto del mandante.

Qualora il mandato sia gratuito, la responsabilità per colpa è valutata con minor rigore (art. 1710, 1° co., cod. civ.): essa, dunque, viene in considerazione soltanto quando si rinvenga in capo al mandatario una colpa che supera una lieve e scusabile negligenza.

Vi è, poi, un **obbligo** di **comunicazione**. Il mandatario ha l'obbligo di rendere note al mandante le circostanze che possono determinare la revoca o la modificazione del mandato (art. 1710, 2° co., cod. civ.). Il mandatario, peraltro, può discostarsi dalle istruzioni ricevute quando circostanze ignote al mandante, e tali che non possano essergli comunicate in tempo, facciano ragionevolmente ritenere che lo stesso mandante avrebbe dato la sua approvazione (art. 1711 cod. civ.). Il mandatario, inoltre, è obbligato senza ritardo a comunicare al mandante l'esecuzione del mandato (art. 1712, 1° co., cod. civ.). Il ritardo del mandante a rispondere dopo aver ricevuto tale comunicazione, per un tempo superiore a quello richiesto dalla natura dell'affare o dagli usi, importa approvazione, anche se il mandatario si è discostato dalle istruzioni o ha ecceduto i limiti del mandato (art. 1712, 2° co., cod. civ.). Il silenzio del mandante va inteso, dunque, come una ratifica tacita all'operato del mandatario.

Sussiste, ancora, **l'obbligo di rendiconto**. È previsto che il mandatario debba rendere al mandante il "conto del suo operato" (art. 1713, 1° co., cod. civ.). L'obbligazione di rendiconto è complessa: non soltanto, infatti, il mandatario è tenuto a prestare un prospetto contabile; egli deve anche fornire la descrizione e la giustificazione del proprio operato. La dispensa preventiva dell'obbligo di rendiconto non ha effetto nei casi in cui il mandatario debba rispondere per dolo o per colpa grave (art. 1713, 2° co., cod. civ.).

Il mandatario ha **l'obbligo di restituzione**: egli deve rimettere al mandante tutto ciò che ha ricevuto a causa del mandato (art. 1713, 1° co., cod. civ.). L'obbligo in questione riguarda quelle cose che il mandante ha consegnato al mandatario, per consentire l'esecuzione del mandato, e non siano state utilizzate (danaro, documenti); comprende, inoltre, ciò che il mandatario ha ricevuto da terzi nell'esecuzione del mandato.

Il mandatario ha **l'obbligo di custodia**. È previsto che questi debba provvedere alla custodia delle cose che gli sono state spedite per conto del mandante e tutelare i diritti di quest'ultimo di fronte al vettore, se le cose presentano segni di deterioramento o sono giunte con ritardo (art. 1718, 1° co., cod. civ.). In caso di urgenza, il mandatario può procedere alla vendita delle cose a norma dell'art. 1515 cod. civ. (art. 1718, 2° co., cod. civ.).

Le disposizioni appena ricordate si applicano anche se il mandatario non accetti l'incarico conferitogli dal mandante, sempre che tale incarico rientri nell'attività professionale del mandatario (art. 1718, 4° co., cod. civ.).

Esempio. Il mandante fa una proposta di mandato, spedendo contemporaneamente le merci ad un mandatario che, professionalmente, esercita l'attività di mandato per quel tipo di contratto. Quest'ultimo sarà tenuto all'obbligo di restituzione e di custodia.

Si è in presenza, qui, non di una responsabilità precontrattuale, bensì di una obbligazione *ex lege* che trova giustificazione nella qualifica che assume la persona che riceve l'incarico.

Il mandatario, infine, è tenuto ad un'eventuale **obbligazione**, quella dello "**star del credere**". Si deve muovere dall'art. 1715 cod. civ., secondo cui in mancanza di **patto** contrario, il mandatario che agisce in proprio nome non risponde verso il mandante dell'adempimento delle obbligazioni assunte dalle persone con le quali ha contrattato, tranne il caso che l'insolvenza di queste gli fosse o dovesse essergli nota all'atto della conclusione del contratto. Se però interviene una specifica pattuizione (cui si riferisce l'*incipit* della norma appena ricordata), il mandatario è tenuto allo "star del credere" (di cui si occupa, specificamente, l'art. 1736 in tema di commissione: § 287).

La fattispecie può essere intesa come una promessa dell'obbligazione o del fatto del terzo (art. 1381 cod. civ.): la funzione del patto è quella di garantire dal rischio delle perdite che possono derivare dall'incarico svolto dal mandatario.

Si giunge, così, alle **obbligazioni del mandante**. Nel mandato oneroso il mandante è obbligato a corrispondere il **compenso** al mandatario. La misura del compenso, se non è stabilita dalle parti, è determinata in base alle tariffe professionali o agli usi; in mancanza è determinata dal giudice (art. 1709 cod. civ.).

Inoltre, il mandante, salvo patto contrario, è tenuto a **somministrare** al mandatario i **mezzi necessari** per l'esecuzione del mandato e per l'adempimento delle obbligazioni che a tal fine il mandatario ha contratto in proprio nome (art. 1719 cod. civ.).

Il mandante è poi obbligato al **rimborso** delle **spese**. In particolare, deve rimborsare al mandatario le anticipazioni, con gli interessi legali, dal giorno in cui sono state fatte, e deve pagargli il compenso che gli spetta (art. 1720, 1° co., cod. civ.).

Vi può essere, poi, un'obbligazione di **risarcimento del danno** in capo al mandante. Questi, infatti, è tenuto a risarcire i danni che il mandatario ha subìto a causa dell'incarico (art. 1720, 2° co., cod. civ.). Il mandante, ovviamente, non dovrà risarcire i danni che il mandatario ha subìto a causa del suo comportamento colposo, che sia l'unica causa del danno verificatosi.

A fronte delle suddette obbligazioni del mandante, il legislatore prevede alcune specifiche forme di tutela a favore del mandatario. In primo luogo, è stabilito che quest'ultimo abbia diritto di soddisfarsi sui crediti pecuniari sorti dagli affari che ha conclusi, con precedenza sul mandante sui crediti di questo (art. 1721 cod. civ.). Il mandatario, inoltre, ha alcuni diritti sulle cose del mandante detenute per l'esecuzione del mandato: il privilegio speciale (art. 2761, 2° co., cod. civ.); il diritto di ritenzione (art. 2756, 3° co., parte prima, cod. civ.); il diritto di vendita (art. 2756, 3° co., parte seconda, cod. civ.).

286.4. *L'estinzione del mandato.*

Il contratto di mandato è fondato sull'*intuitus personae*: non si affida ad una parte un incarico di compiere uno o più determinati atti giuridici se non vi è la fiducia nei suoi confronti. L'elemento fiduciario che caratterizza il mandato emerge dallo studio delle **cause di estinzione** dello stesso. Queste sono (art. 1722 cod. civ.): (1) la scadenza del termine o il compimento, da parte del mandatario, dell'affare per il quale il mandato è stato conferito; (2) la revoca da parte del mandante (si tratta di un atto unilaterale); (3) la rinunzia del mandatario (altro atto unilaterale); (4) la morte, l'interdizione o l'inabilitazione del mandante o del mandatario (in questa causa di estinzione si manifesta, in particolare, l'elemento fiduciario che caratterizza il contratto in esame). Tuttavia, il mandato che ha per oggetto il compimento di atti relativi all'esercizio di un'impresa non si estingue, se l'esercizio dell'impresa è continuato, salvo il diritto di recesso delle parti o degli eredi.

La dottrina, inoltre, equipara ai casi espressamente previsti l'estinzione della persona giuridica, la revoca dell'autorizzazione all'esercizio dell'impresa commerciale già concessa all'emancipato (art. 397 cod. civ.), la nomina del tutore o del curatore provvisorio (art. 419 cod. civ.).

Inoltre, in base all'art. 183, 2° co., del Codice della crisi d'impresa (d.lgs. 12.1.2019, n. 14) il contratto di mandato si scioglie per effetto dell'apertura della liquidazione giudiziale nei confronti del mandatario.

Qualche approfondimento va fatto in ordine alla **revoca** del **mandato** da parte del mandante (revoca che può essere espressa o tacita; quest'ultima modalità si attua attraverso la nomina di un nuovo mandatario per il medesimo affare o attraverso il compimento dello stesso da parte del mandante: art. 1724 cod. civ.).

Il mandante può, discrezionalmente, revocare il mandato: tuttavia, se ne era stata pattuita l'irrevocabilità, egli risponde dei danni, salvo che ricorra una **giusta causa** (art. 1723, 1° co., cod. civ.). La giusta causa può essere rappresentata sia da fatti soggettivi (come, ad esempio, l'indebita ritenzione da parte del mandatario di somme da versare al mandante) sia da fatti oggettivi.

Il mandato conferito anche nell'interesse del mandatario (mandato *in rem propriam*) o di terzi non si estingue per revoca da parte del mandante, salvo che sia diversamente stabilito o ricorra una giusta causa di revoca. Non si estingue, inoltre, per la morte o per la sopravvenuta incapacità del mandante (art. 1723, 2° co., cod. civ.).

La revoca del mandato oneroso, conferito per un tempo determinato o per un determinato affare, obbliga il mandante a risarcire i danni, se è fatta prima della scadenza del termine o del compimento dell'affare, salvo che ricorra una giusta causa (art. 1725, 1° co., cod. civ.). Se poi il mandato è a tempo indeterminato, la revoca obbliga il mandante al risarcimento, qualora non sia dato un congruo preavviso, salvo che ricorra una giusta causa (art. 1725, 2° co., cod. civ.).

Quanto alla **rinunzia** ad opera del **mandatario**, qualora questi rinunci senza giusta causa, deve risarcire i danni al mandante. Se il mandato è a tempo indeterminato, il mandatario che rinunzia senza giusta causa è tenuto al risarcimento, qualora non abbia dato un congruo preavviso (art. 1727, 1° co., cod. civ.). In ogni caso la rinuncia deve essere fatta in modo ed in tempi tali che il mandante possa provvedere altrimenti, salvo il caso di impedimento grave da parte del mandatario (art. 1727, 2° co., cod. civ.).

Il codice, infine, si occupa in una singola disposizione della **morte** del **mandante** o del **mandatario** (art. 1728 cod. civ.). Quando il mandato si estingue per morte o incapacità sopravvenuta del mandante, il mandatario che ha iniziato l'esecuzione deve continuarla, se vi è pericolo nel ritardo (art. 1728, 1° co., cod. civ.). Quando il mandato si estingue per morte o sopravvenuta incapacità del mandatario, i suoi eredi ovvero colui che lo rappresenta o lo assiste, se hanno conoscenza del mandato, devono avvertire prontamente il mandante e prendere intanto nell'interesse di questo i provvedimenti richiesti dalle circostanze (art. 1728, 2° co., cod. civ.).

Gli atti che il mandatario ha compiuto prima di conoscere l'estinzione del mandato sono validi nei confronti del mandante o dei suoi eredi (art. 1729 cod. civ.).

287. Il contratto di commissione.

Il **contratto di commissione** è un **mandato senza rappresentanza** che ha per oggetto l'acquisto o la vendita di beni per conto di una parte (detta **committente**) e in nome dell'altra (il **commissionario**).

Esempio. Si conclude un contratto di commissione, in virtù del quale il commissionario acquista, per conto del committente, un'abitazione. Il commissionario dovrà poi trasferire al committente la proprietà del bene acquistato.

Trovano applicazione, dunque, le norme generali sul mandato senza rappresentanza, salva l'applicazione delle norme dettate dal codice espressamente per la commissione (artt. 1731-1736 cod. civ.).

Prima di occuparsi di queste disposizioni, ci si deve chiedere se costituisca un elemento essenziale della commissione la qualità professionale del commissionario: sembra preferibile la tesi negativa, che muove dalla lettera del codice (art. 1731 cod. civ.), la quale non fa alcun riferimento ad un commissionario professionista (un imprenditore, cioè, che professionalmente eserciti questa attività).

Il commissionario si presume autorizzato a concedere **dilazioni di pagamento** in conformità degli usi del luogo in cui compie l'operazione, se il committente non ha disposto altrimenti (art. 1732, 1° co., cod. civ.). Se il commissionario concede dilazioni di pagamento, malgrado il divieto del committente o quando non è autorizzato dagli usi, il committente può esigere da lui il pagamento immediato. Rimane salvo il diritto del commissionario di far propri i vantaggi che derivano dalla concessa dilazione (art. 1732, 2° co., cod. civ.). Peraltro, il commissionario che ha concesso dilazioni di pagamento deve indicare al committente la persona del contraente e il termine concesso; altrimenti l'operazione si considera fatta senza dilazione e si applica il secondo comma della norma in esame (art. 1732, 3° co., cod. civ.).

Il compenso del commissionario viene definito **provvigione**: essa, se non è stabilita dalle parti, si determina secondo gli usi del luogo in cui è compiuto l'affare. In mancanza di usi, provvede il giudice secondo equità (art. 1733 cod. civ.).

Il committente può revocare l'ordine di concludere l'affare fino a che il commissionario non l'abbia concluso. In tal caso spetta al commissionario una parte della provvigione, che si determina tenendo conto delle spese sostenute e dell'opera prestata (art. 1734 cod. civ.). Il commissionario, ad esempio, potrà aver sostenuto spese per viaggi, effettuato appuntamenti, mostrato e spiegato le caratteristiche tecniche del bene oggetto dell'incarico.

La regola generale è che i rischi delle operazioni gravano sul committente (se, ad esempio, l'acquirente di un immobile venduto dal commissionario non versa il prezzo, il committente non potrà pretendere la somma dal commissionario). Le parti possono però pattuire diversamente: possono stabilire, cioè, che il commissionario sia tenuto allo **star del credere**. Quest'ultimo, in sostanza, garantisce il buon fine dell'affare (art. 1736 cod. civ.). Nella pratica si stabilisce, per lo più, che il commissionario risponda di una quota minoritaria della perdita, mentre il resto è a carico del committente. Per la garanzia data il commissionario ha diritto ad una maggior provvigione.

Di regola il commissionario non può vendere o acquistare il bene oggetto dell'incarico: è da evitare, infatti, un possibile conflitto fra i suoi interessi e quelli del committente. Questo rischio, tuttavia, non sussiste allorché i beni abbiano un prezzo ufficiale: ricorrendo tale circostanza il commissionario, mantenendo il diritto alla provvigione, può acquistare o vendere per se stesso (art. 1735 cod. civ.: c.d. **entrata del commissionario**). Tale disposizione è da ritenere estensibile anche al mandato ordinario.

288. Il contratto di spedizione.

La **spedizione** è un contratto di **mandato senza rappresentanza** (artt. 1737-1741 cod. civ.) con cui una parte (detta spedizioniere) assume l'obbligo di concludere in nome proprio e per conto di un'altra parte (il mandante) un contratto di trasporto, compiendo altresì le operazioni accessorie (art. 1737 cod. civ.; Trib. Milano, 18.1.2020).

Esempio. Per il Sig. Rossi è complesso provvedere da solo a tutte le operazioni necessarie per spedire un mobile del Settecento ai suoi figli, che si trovano all'estero. Occorrerebbe cercare un vettore, concludere con lui un contratto e compiere una serie di operazioni accessorie al trasporto (in particolare, le pratiche doganali per il mobile che deve giungere all'estero). Rivolgendosi ad uno spedizioniere, il Sig. Rossi concluderà con lo stesso un contratto di spedizione: il primo si occuperà della spedizione e di tutte le attività accessorie al trasporto.

Nella scelta della via, del mezzo e delle modalità di trasporto della merce, lo spedizioniere è tenuto ad osservare le istruzioni del committente e, in mancanza, ad operare secondo il miglior interesse dello stesso (art. 1739, 1° co., cod. civ.). Salvo che gli sia stato diversamente ordinato e salvi gli usi contrari, lo spedizioniere non ha l'obbligo di provvedere all'assicurazione delle cose spedite (art. 1739, 2° co., cod. civ.).

In assenza di accordo, la misura della **retribuzione** è determinata secondo le tariffe professionali o, in mancanza, secondo gli usi del luogo in cui avviene la spedizione (art. 1740, 1° co., cod. civ.).

Lo spedizioniere che con propri mezzi o altrui assuma direttamente l'esecuzione del trasporto (in tutto o in parte), ha i diritti e le obbligazioni del vettore (art. 1741 cod. civ.). Si discute, in questo caso, di **entrata** dello **spedizioniere nel contratto** di **trasporto**.

289. Il contratto di agenzia. Nozione e caratteristiche essenziali.

Il **contratto di agenzia** (artt. 1742-1753 cod. civ.) è il contratto con cui una parte (**agente**) assume stabilmente l'incarico di promuovere, per conto dell'altra (**preponente**), verso retribuzione, la conclusione di contratti in una zona determinata (art. 1742, 1° co., cod. civ.).

Dalla definizione del codice emerge come l'**oggetto** del contratto sia un'attività materiale (e non un'attività giuridica): la "promozione" dei contratti. Sarà poi il preponente a stipulare il contratto (a meno che il contratto di agenzia sia con rappresentanza).

Il contratto di agenzia, inoltre, è caratterizzato dalla stabilità del rapporto tra preponente ed agente: quest'ultimo, in sostanza, coopera nella produzione e nello sviluppo degli affari del preponente.

Nello svolgimento della sua attività l'agente è indipendente rispetto al preponente: il che permette di distinguere agevolmente il contratto di agenzia da altri contratti, come quello di lavoro subordinato. Lo sottolinea la giurisprudenza di merito: l'elemento distintivo tra il rapporto di agenzia e il rapporto di lavoro subordinato va individuato nella circostanza che il primo ha per oggetto lo svolgimento a favore del preponente di un'attività economica esercitata in forma imprenditoriale, mentre oggetto del secondo è la prestazione, in regime di subordinazione, di energie lavorative, il cui risultato rientra esclusivamente nella sfera giuridica dell'imprenditore, che sopporta il rischio dell'attività svolta (Trib. Milano, 3.3.2010).

Esempio. Due parti concludono un contratto di agenzia, in virtù del quale una di esse, l'agente, si obbliga a promuovere stabilmente la conclusione di contratti di vendita relativi ad una serie di cucine componibili contraddistinte da un marchio specifico (elencate e descritte specificamente nel contratto stipulato). Viene stabilito che la "zona di esclusiva" sia la provincia di Roma.

Il contratto di agenzia deve essere provato per **iscritto** (forma *ad probationem*). Ciascuna parte ha diritto di ottenere dall'altra il documento dalla stessa sottoscritto che riproduce il contenuto del contratto e delle clausole aggiunte. Tale diritto è irrinunciabile (art. 1742, 2° co., cod. civ.).

Deve precisarsi che la disciplina codicistica del contratto di agenzia, su cui ci si intrattiene, è stata più volte modificata dal legislatore, anche per dare attuazione a direttive comunitarie (si considerino, in particolare, il d.lgs. n. 303/1991; il d.lgs. n. 65/1999; la l. n. 526/1999). Vengono in considerazione, inoltre, specifici accordi economici collettivi che regolano i rapporti tra agente e preponente. Infine, deve dirsi che l'attività dell'agente preposto da imprese di assicurazioni private è disciplinata dal Codice delle Assicurazioni private (artt. 108 ss. d.lgs. n. 209/2005, sulla c.d. "distribuzione assicurativa").

289.1. *Il diritto di esclusiva.*

Il preponente non può valersi contemporaneamente di più agenti nella stessa zona e per lo stesso ramo di attività, né l'agente può assumere l'incarico di trattare nella stessa zona e per lo stesso ramo gli affari di più imprese in concorrenza tra loro (art. 1743 cod. civ.). Tale norma definisce il c.d. **diritto di esclusiva** (sui profili risarcitori derivanti dalla lesione di questo diritto si veda Cass., 10.5.2022, n. 14763).

La zona è l'ambito territoriale entro cui l'agente ha il diritto di operare con esclusione di altri incaricati: può essere individuata, a seconda dei casi, facendo riferimento alla città, alla provincia o invocando altri criteri territoriali.

Quanto al ramo di attività, si afferma talvolta che debba venire in considerazione tutto il settore commerciale in cui opera il preponente. In realtà sembra opportuno distinguere i diversi prodotti del preponente, che (come molte volte succede) sono destinati a clientela differenziata. In questo caso, allora, è legittimo che il preponente nomini diversi agenti (l'agente, a sua volta, potrà prendere incarico da più preponenti).

In base alla legge speciale, è vietato alle compagnie assicurative stipulare con gli agenti clausole di distribuzione esclusiva di polizze assicurative della responsabilità civile derivante alla circolazione di veicoli (art. 8 d.l. n. 223/2006, convertito in l. 4.8.2006, n. 248).

289.2. *Alcune clausole tipiche del contratto di agenzia.*

Nel contratto di agenzia si è soliti inserire alcune clausole di cui occorre brevemente occuparsi: si tratta delle clausole "salvo approvazione della casa" e "star del credere".

La clausola "**salvo approvazione della casa**" impegna il cliente a rimanere subordinato alla successiva conferma del preponente. Per individuare con più precisione la natura giuridica di questa clausola si suole distinguere tra agenzia con rappresentanza ed agenzia senza rappresentanza.

Quando fra agente e preponente si è concluso un contratto di agenzia con rappresentanza, la clausola salvo approvazione della casa è intesa, da parte di alcuni interpreti, ora come una clausola attributiva del diritto di recesso, ora come una condizione sospensiva potestativa apposta al contratto di agenzia. In realtà il tenore letterale della clausola ("salvo approvazione della casa") lascia intendere che non vi è stata alcuna accettazione da parte dell'agente (rappresentante del preponente). Può dunque dirsi di essere in presenza di un'opzione: mentre il cliente è vincolato alla propria opzione, il preponente (rappresentato dall'agente) ha la facoltà di accettarla o di non accettarla.

Più semplice è il discorso allorché tra agente e preponente sia concluso un contratto senza rappresentanza (che è l'ipotesi tipica: art. 1742 cod. civ.): in questo caso la clausola in esame è pleonastica. Mancando, infatti, il potere rappresentativo in capo all'agente, è ovvio che l'accettazione dovrà sempre provenire dal preponente (la "casa madre").

Si giunge alla clausola dello "**star del credere**": il suo inserimento, nel contratto di agenzia, comporta che l'agente sia tenuto a rispondere verso il preponente dell'adempimento delle persone con cui ha promosso la conclusione del contratto. Trattandosi di un'obbligazione di garanzia, l'agente non potrà sottrarsi ad essa dimostrando, ad esempio, di aver avuto cura nella scelta del cliente o di aver informato il preponente circa possibili dubbi in ordine allo stato di insolvenza.

La possibilità di inserire tale clausola, tuttavia, è fortemente limitata dal codice civile. È infatti vietato il patto generico che ponga a carico dell'agente una responsabilità per l'inadempimento del terzo. È consentito eccezionalmente alle parti di concordare, di volta in volta, la concessione di un'apposita garanzia da parte dell'agente. La garanzia, però, deve riguardare singoli affari, di particolare natura ed importo, individualmente determinati. È richiesto, inoltre, che l'obbligo di garanzia assunto dall'agente non sia di ammontare più elevato della provvigione che per quell'affare l'agente stesso avrebbe diritto di percepire. Infine, deve essere previsto per l'agente, a fronte della previsione della clausola "star del credere", un apposito corrispettivo (art. 1746, 3° co., cod. civ.).

289.3. *La qualificazione giuridica dell'agente. La soppressione del "ruolo".*

L'agente è, in primo luogo, un lavoratore autonomo (art. 2222 cod. civ.), svolgendo la sua attività senza vincolo di subordinazione e non essendo soggetto agli ordini del preponente.

Il rischio dell'attività compiuta, inoltre, è tutto a suo carico (si confronti l'art. 1748, ult. co., cod. civ.): questo vuol dire che deve escludersi la possibilità di rinvenire un rapporto di agenzia allorché il compenso sia previsto in misura fissa. È corretto, pertanto, definire l'agente un **imprenditore ausiliario** (art. 2195, 1° co., n. 3, cod. civ.); un imprenditore collettivo allorché l'attività sia svolta da una società e non da una persona fisica.

Da qualche tempo è stato soppresso il ruolo di agente e rappresentante di commercio, il ruolo degli agenti di affari in mediazione e quello degli spedizionieri (d.lgs. 26.3.2010, n. 59, recante la attuazione della direttiva 2006/123/CE relativa ai servizi nel mercato interno).

Tale disciplina non ha abrogato però le norme di settore che disciplinano le suddette attività, richiedendo per il loro esercizio alcuni requisiti, come quelli professionali e morali (l. n. 204/1985, e successive modifiche, recante la "disciplina dell'attività di agente e rappresentante di commercio"; per gli agenti di commercio il d.lgs. n. 59/2010 ha abrogato i requisiti di cui all'art. 5, lett. a, lett. b e lett. d, l. n. 204/1985).

Le attività di agente di commercio e degli altri soggetti ricordati (nonché di coloro che svolgono attività di autoriparazione, facchinaggio, installazione impianti, pulizia) sono attualmente soggette a segnalazione certificata di inizio di attività (SCIA), da presentare alle camere di commercio, corredata delle autocertificazioni e delle certificazioni attestanti il possesso dei requisiti prescritti (si veda il decreto del Ministero dello sviluppo economico del 26.10.2011).

La camera di commercio verifica il possesso dei requisiti ed iscrive i relativi dati nel registro delle imprese e nel repertorio delle notizie economiche e amministrative (REA). Ad ogni effetto di legge, i richiami al ruolo contenuti nella normativa di settore si intendono riferiti alle iscrizioni previste nel registro delle imprese e nel REA.

La camera di commercio ha sessanta giorni di tempo dalla presentazione della SCIA per istruire la pratica: in caso di accertata carenza dei requisiti e dei presupposti di legge adotta motivati provvedimenti di divieto di prosecuzione dell'attività e di rimozione degli eventuali effetti dannosi, salvo che l'interessato provveda a conformare alla normativa vigente l'attività ed i suoi effetti entro il termine fissato dalla camera stessa (non inferiore a trenta giorni).

Sono previste, nella disciplina vigente, sanzioni amministrative per chi esercita l'attività senza i requisiti prescritti; inoltre, l'ufficio preposto alla verifica è tenuto a denunciare all'autorità giudiziaria coloro che esercitano abusivamente l'attività.

289.4. *Le obbligazioni ed i diritti delle parti.*

Si abbia riguardo, ora, alle **obbligazioni** e ai **diritti** delle **parti** del contratto di agenzia (sul c.d. patto di "star del credere" si veda, già, § 289.2).

L'agente ha, in primo luogo, **l'obbligazione** di **promuovere** la **conclusione** di **contratti**. Si tratta di un'obbligazione di mezzi: egli è tenuto a svolgere la sua attività promozionale diligentemente (art. 1176 cod. civ.), attraverso la predisposizione di mezzi idonei, come la pubblicità diretta a reclamizzare il prodotto, l'invio dei campionari, le visite alla clientela. Il preponente, dunque, non è tenuto a pretendere dall'agente che vengano raggiunti alcuni risultati. Nulla esclude, peraltro, che nel contratto sia prevista una clausola in cui l'agente si impegni ad un minimo di produzione: l'obbligazione, allora, dovrà considerarsi di risultato (il che espone l'agente, in caso di mancato risultato, ad alcune conseguenze, come il recesso per giusta causa ad opera della controparte).

Nell'esecuzione dell'incarico l'agente deve tutelare gli interessi del preponente e agire con lealtà e buona fede. In particolare, deve adempiere l'incarico in conformità delle **istruzioni** ricevute e fornire al preponente le **informazioni** riguardanti le condizioni del mercato nella zona assegnategli e ogni altra informazione utile per valutare la convenienza dei singoli affari. È nullo ogni patto contrario (art. 1746, 1° co., cod. civ.).

L'obbligazione di eseguire le istruzioni del preponente non deve considerarsi in contraddizione rispetto al ricordato carattere di indipendenza dell'agente: le istruzioni, infatti, si limitano ad integrare la modalità di svolgimento dell'attività, caratterizzata pur sempre dalla discrezionalità dell'agente.

L'obbligo di informazione non deve essere inteso come un'attività di consulenza da parte dell'agente: quest'ultimo non può essere considerato inadempiente qualora si limiti ad esporre al preponente la situazione generale del mercato, senza esprimere giudizi o manifestare previsioni.

L'agente che non è in grado di eseguire l'incarico affidatogli deve dare immediato avviso al preponente. In mancanza è obbligato al risarcimento del danno (art. 1747 cod. civ.).

Si giunge al **diritto di provvigione** dell'agente. È previsto che per tutti gli affari conclusi durante il contratto, l'agente abbia diritto alla provvigione, quando l'operazione sia stata conclusa per effetto del suo intervento (art. 1748, 1° co., cod. civ.). La provvigione può consistere in una somma fissa per ogni contratto concluso, oppure nel "sovrapprezzo" (ossia nell'eccedenza fra il prezzo della merce fissato dal preponente ed il prezzo della vendita ottenuto dall'agente). La provvigione è dovuta anche per gli affari conclusi dal preponente con terzi che l'agente aveva in precedenza acquisito come clienti per affari dello stesso tipo o appartenenti alla zona o alla categoria o gruppo di clienti riservati all'agente, salvo che sia diversamente pattuito (art. 1748, 2° co., cod. civ.). Si discute, qui, di provvigione indiretta. La provvigione spetta all'agente dal momento e nella misura in cui il preponente ha eseguito o avrebbe dovuto eseguire la prestazione in base al contratto concluso con il terzo (art. 1748, 4° co., prima parte, cod. civ.).

Esempio. L'agente promuove la conclusione di un contratto per l'acquisto di un mobile del preponente, nella zona di sua esclusiva. Il preponente, tuttavia, non consegna nel termine pattuito il mobile. L'agente avrà comunque diritto ad ottenere la sua provvigione.

Se il preponente ed il terzo si accordano per non dare, in tutto o in parte, esecuzione al contratto, l'agente ha diritto, per la parte ineseguita, ad una provvigione ridotta nella misura determinata dagli usi o, in mancanza, dal giudice secondo equità (art. 1748, 5° co., cod. civ.). L'agente è tenuto a restituire le provvigioni riscosse solo nella ipotesi e nella misura in cui sia certo che il contratto tra il terzo ed il preponente non avrà esecuzione per cause non imputabili al preponente. È nullo ogni patto più sfavorevole all'agente (art. 1748, 6° co., cod. civ.).

Quanto alle ulteriori **obbligazioni del preponente** (la principale è quella di pagare la provvigione), questi è tenuto, nei rapporti con l'agente, ad agire con lealtà e buona fede. In particolare, deve mettere a disposizione dell'agente la **documentazione** necessaria relativa ai beni o servizi trattati e fornire allo stesso le informazioni necessarie all'esecuzione del contratto. Deve altresì **avvertire** l'agente, entro un termine ragionevole, del fatto che il volume delle operazioni commerciali sarà notevolmente inferiore a quello che l'agente avrebbe potuto normalmente attendersi. Il preponente deve informare l'agente, entro un termine ragionevole, dell'accettazione o del rifiuto e della mancata esecuzione di un affare procuratogli (art. 1749, 1° co., cod. civ.).

Il preponente, inoltre, è tenuto a consegnare all'agente un estratto conto delle provvigioni (art. 1749, 2° co., cod. civ.). Quest'ultimo, poi, ha diritto di esigere che gli siano fornite tutte le **informazioni** necessarie per verificare l'importo delle provvigioni liquidate e, in particolare, un estratto dei libri contabili (art. 1749, 3° co., cod. civ.). È nullo ogni patto contrario alle disposizioni che regolano le obbligazioni del preponente (art. 1749, 4° co., cod. civ.).

Il preponente, infine, è obbligato a pagare all'agente, alla cessazione del contratto, un'**indennità**, se ricorrono determinate condizioni (§ 289.5).

289.5. *La cessazione del rapporto e l'indennità. Il patto di limitazione della concorrenza.*

Il contratto di agenzia può essere a **tempo indeterminato** o a **tempo determinato**. Nel primo caso a ciascuna delle parti è consentito di recedere dal contratto, dandone preavviso all'altra parte entro un termine stabilito e, comunque, entro termini non inferiori a quelli previsti dal codice civile (art. 1750, 2° e 3° co., cod. civ.).

Alla cessazione del rapporto l'agente ha diritto di ricevere il pagamento di un'**indennità** se ricorrono le seguenti condizioni: (a) l'agente abbia procurato nuovi clienti al preponente o abbia sensibilmente sviluppato gli affari con i clienti esistenti e il preponente riceva ancora sostanziali vantaggi derivanti dagli affari con tali clienti; (b) il pagamento di tale indennità sia equo, tenuto conto di tutte le circostanze del caso, in particolare delle provvigioni che l'agente perde e che risultano dagli affari con tali clienti (art. 1751, 1° co., cod. civ.; Cass., 22.8.2019, n. 21602).

Per la giurisprudenza di legittimità, la proposizione della domanda di pagamento delle provvigioni, riguardando un diritto il cui fatto costitutivo è rappresentato non dal rapporto di agenzia ma dalla conclusione di un affare tra preponenti e clienti per il tramite dell'agente, esige che siano indicati e provati i contratti che l'agente assume siano stati conclusi per suo tramite (Cass., 17.5.2011, n. 10821).

L'**importo** dell'indennità non può superare una cifra equivalente ad un'indennità annua calcolata sulla base della media annuale delle retribuzioni riscosse dall'agente negli ultimi cinque anni e, se il contratto risale a meno di cinque anni, sulla media del periodo in questione (art. 1751, 3° co., cod. civ.).

L'indennità non è dovuta: (a) quando il preponente risolve il contratto per un inadempimento imputabile all'agente che, per la sua gravità, non consenta la prosecuzione anche provvisoria del rapporto; (b) quando l'agente recede dal contratto, a meno che il recesso sia giustificato da circostanze attribuibili al preponente o da circostanze attribuibili all'agente, quali età, infermità o malattia, per le quali non può più essergli ragionevolmente chiesta la prosecuzione dell'attività; (c) quando, in virtù di un accordo con il preponente, l'agente cede ad un terzo i diritti e gli obblighi che ha in base al contratto di agenzia (art. 1751, 2° co., cod. civ.).

Si è affermato più volte, da parte della giurisprudenza, che per stabilire se lo scioglimento del contratto di agenzia sia avvenuto o meno per fatto imputabile al preponente o all'agente, tale da impedire la possibilità di prosecuzione (anche temporanea) del rapporto, può essere utilizzato per analogia il concetto di giusta causa previsto dall'art. 2119 cod. civ. in tema di rapporto di lavoro subordinato (Cass., 17.4.2019, n. 10732; Trib. Milano, 1.2.2020; Cass., 14.2.2011, n. 3595).

L'agente decade dal diritto all'indennità se, nel termine di un anno dallo scioglimento del rapporto, omette di comunicare al preponente l'intenzione di far valere i propri diritti (art. 1751, 5° co., cod. civ.).

È consentito alle parti stipulare un **patto di limitazione della concorrenza** dopo lo scioglimento del contratto. Esso deve farsi per iscritto e deve riguardare la medesima zona, clientela e genere di beni o servizi per i quali era stato concluso il contratto di agenzia. La sua durata, inoltre, non può eccedere due anni successivi all'estinzione del contratto (art. 1751-*bis*, 1° co., cod. civ.).

L'accettazione del patto di non concorrenza comporta, in occasione della cessazione del rapporto, la corresponsione all'agente commerciale di un'indennità di natura non provvigionale, secondo le modalità previste nel codice civile (si veda l'art. 1751-*bis*, 2° co., cod. civ.).

Lo scioglimento del contratto di agenzia comporta l'obbligo di restituzione del campionario di cui l'agente aveva la disponibilità (Cass., 29.10.2021, n. 30768).

290. Il contratto di *franchising* (la "affiliazione commerciale").

Il contratto di *franchising* (o "affiliazione commerciale") ha, oggi, un'autonoma disciplina: esso, dunque, non è considerato più un contratto atipico, come accadeva fino a qualche anno addietro. Prima dell'entrata in vigore della disciplina interna, di cui ora si dirà, esisteva il Regolamento della Commissione CEE n. 4087/1988 sugli accordi di *franchising*, entrato in vigore il 1° febbraio 1989.

Si studi, in primo luogo, la **definizione** normativa di *franchising*: il contratto di "affiliazione commerciale" è un contratto con cui un imprenditore (detto **affiliante**, concedente o *franchisor*) attribuisce ad un altro imprenditore (**affiliato**, aggregato alla catena o *franchisee*), verso corrispettivo, un insieme di diritti di proprietà industriale o intellettuale relativi a marchi, denominazioni commerciali, insegne, brevetti, *know-how*; gli fornisce, inoltre, assistenza tecnica e commerciale, inserendolo in un sistema costituito da una pluralità di affiliati distribuiti sul territorio, allo scopo di commercializzare determinati beni o servizi (art. 1, 1° co., l. 6.5.2004, n. 129).

Il contratto di affiliazione può essere utilizzato per ogni settore dell'attività economica (art. 1, 2° co., l. n. 129/2004).

Esempio. Una società, produttrice di vestiti di una determinata marca, concede all'affiliato il diritto di commercializzare i propri prodotti, utilizzando l'insegna dell'affiliante, oltre all'assistenza tecnica e alla consulenza sui metodi di lavoro. In cambio l'affiliato si obbliga a rispettare gli *standard*, nonché i modelli di gestione e di produzione fissati dall'affiliante. È previsto che l'affiliato paghi all'affiliante una percentuale sul fatturato (c.d. *royalty*) ed una commissione di ingresso, oltre a rispettare le disposizioni contrattuali che regolano il rapporto.

Rimanendo l'affiliante e l'affiliato soggetti autonomi e distinti fra loro, il primo non può direttamente richiedere ad un debitore del secondo il pagamento di un credito del medesimo; né la comunicazione scritta indirizzata al debitore in nome e per conto del *franchisee* può valere ad interrompere la prescrizione (Cass., 15.1.2007, n. 647).

Il contratto di affiliazione commerciale deve essere redatto **per iscritto**, a pena di nullità (art. 3 l. n. 129/2004).

Il contratto, inoltre, deve espressamente contenere: (a) l'ammontare degli investimenti e delle eventuali spese di ingresso che incombono sull'affiliato prima dell'inizio dell'attività; (b) le modalità di calcolo e di pagamento delle *royalties* e l'eventuale indicazione di un incasso minimo da realizzare da parte dell'affiliato; (c) l'ambito di eventuale esclusiva territoriale sia in relazione ad altri affiliati sia in relazione a canali ed unità di vendita direttamente gestiti dall'affiliante; (d) la specifica del *know how* fornito dall'affiliante all'affiliato; (e) le eventuali modalità di riconoscimento dell'apporto di *know how* da parte dell'affiliato (Trib. Bergamo, 18.7.2019; Trib. Milano, 29.1.2019; Cass., 10.5.2018, n. 11256); (f) le caratteristiche dei servizi offerti dall'affiliante in termini di assistenza tecnica e commerciale, progettazione ed allestimento, formazione; (g) le condizioni di rinnovo, risoluzione o eventuale cessione del contratto stesso (art. 3, 4° co., l. n. 129/2004).

Si abbia riguardo, ora, alle **obbligazioni delle parti**. Si è già detto dell'obbligazione dell'affiliante di fornire alla controparte una serie di diritti di proprietà industriale o intellettuale, e dell'obbligazione dell'affiliato di pagare le *royalties*. Altre obbligazioni sono previste in capo ai contraenti. Si cominci da quelle dell'**affiliante** (art. 4 l. n. 129/2004).

Almeno trenta giorni prima della sottoscrizione di un contratto di affiliazione commerciale, l'affiliante deve consegnare all'aspirante affiliato copia completa del contratto da sottoscrivere, corredato da una serie di allegati, ad eccezione di quelli per i quali sussistano obiettive e specifiche esigenze di riservatezza, che comunque dovranno essere citati nel contratto.

Occorre allegare, fra l'altro: i principali dati relativi all'affiliante, tra cui ragione e capitale sociale e, previa richiesta dell'aspirante affiliato, copia del suo bilancio degli ultimi tre anni o dalla data di inizio della sua attività, qualora esso sia avvenuto da meno di tre anni; una sintetica illustrazione degli elementi caratterizzanti l'attività oggetto dell'affiliazione commerciale; una lista degli affiliati al momento operanti nel sistema e dei punti vendita diretti dell'affiliante; la descrizione sintetica degli eventuali procedimenti giudiziari o arbitrali, promossi nei confronti dell'affiliante relativamente al sistema di affiliazione commerciale (per l'elenco completo delle allegazioni cui è tenuto l'affiliante si veda l'art. 4 l. n. 129/2004).

Quanto all'**affiliato**, questi non può trasferire la sede, qualora sia indicata nel contratto, senza il preventivo consenso dell'affiliante, se non per causa di forza maggiore (art. 5, 1° co., l. n. 129/2004). L'affiliato, inoltre, è tenuto ad osservare e a far osservare ai propri collaboratori e dipendenti, anche dopo lo scioglimento del contratto, la massima riservatezza in ordine al contenuto dell'attività oggetto dell'affiliazione commerciale (art. 5, 2° co., l. n. 129/2004).

Se una parte ha fornito false informazioni, l'altra parte può chiedere l'annullamento del contratto ai sensi dell'art. 1439 cod. civ., nonché il risarcimento del danno, se dovuto (art. 8 l. n. 129/2004).

L'affiliato è tenuto a rivendere all'affiliante le attrezzature, in caso di chiusura dell'attività, qualora ciò sia previsto espressamente in una clausola del contratto di *franchising* (Trib. Como, 10.8.2007).

291. La mediazione: natura giuridica.

Il codice civile non fornisce una **definizione** di **mediazione** (artt. 1754-1765 cod. civ.) ma di **mediatore**. Questi è "colui che mette in relazione due o più parti per la conclusione di un affare, senza essere legato ad alcuna di esse da rapporti di collaborazione, di dipendenza o di rappresentanza" (art. 1754 cod. civ.).

La mancanza di una definizione codicistica ha fatto nascere non poche discussioni sulla natura giuridica della figura in considerazione.

Secondo una prima opinione la mediazione avrebbe **natura contrattuale**: l'accordo delle parti, si sostiene, si manifesterebbe con l'accettazione dell'operato del mediatore, nel caso che questi abbia, autonomamente, assunto l'iniziativa di mettere in relazione due parti (Cass., 20.8.2009, n. 18514). Nell'ambito di questa ricostruzione, peraltro, si discute se il contratto di mediazione sia un **contratto a tre parti** (il mediatore ed i due intermediati) o un contratto **a due parti** (il mediatore ed uno degli intermediati). Vi è chi ritiene che il contratto di mediazione nascerebbe soltanto quando entrambe le parti (gli intermediati) diano l'incarico al mediatore (o, che è lo stesso, ne accettino l'opera). Fino a quando soltanto una parte abbia dato l'incarico, dunque, non si avrebbe una vera e propria mediazione ma un contratto *in itinere*. Per una diversa tesi, invece, il mediatore stipula distinti contratti (con un intermediato e con l'altro). Ciò risulterebbe confermato dal fatto che ad ogni incarico corrisponde una distinta ed autonoma manifestazione di volontà (del mediatore e del singolo intermediato).

In base ad una seconda impostazione la **mediazione** avrebbe **natura non contrattuale**: l'opera del mediatore, in sostanza, esulerebbe da un accordo delle parti. Del resto, si è aggiunto, se fosse rinvenibile un accordo tra le parti, il mediatore non sarebbe più libero ed imparziale, come richiesto dal codice civile (art. 1754 cod. civ.): il relativo rapporto, allora, sarebbe da configurare, a seconda dei casi, come mandato, commissione, agenzia.

Nell'ambito della ricostruzione "non contrattuale" va posta l'attenzione su un precedente dei giudici di legittimità, in grado di offrire importanti criteri distintivi fra la figura in esame e quella del mandato (Cass., 14.7.2009, n. 16382; nel solco di questa pronuncia Cass., 27.2.2014, n. 4745). Per la Suprema Corte la previsione tipica di cui all'art. 1754 cod. civ., individuando nel mediatore "colui che mette in relazione due o più parti per la conclusione di un affare, senza essere legato ad alcuna di esse da rapporti di collaborazione di dipendenza o di rappresentanza", pone in rilievo tre aspetti: (a) l'attività di mediazione prescinde da un sottostante obbligo a carico del mediatore stesso, perché posta in essere in mancanza di un apposito titolo; (b) la "messa in relazione" delle parti ai fini della conclusione di un affare è qualificabile come attività di tipo non negoziale ma giuridica in senso stretto; (c) detta attività si collega al disposto di cui all'art. 1173 cod. civ., secondo cui le obbligazioni derivano (oltre che da contratto o fatto illecito) da "ogni altro atto idoneo a produrle in conformità dell'ordinamento giuridico". Aggiungono i giudici di legittimità che molto spesso, nella prassi, il mediatore agisce non sulla base di un comportamento di mera messa in contatto tra due o più soggetti per la conclusione di un affare, ma perché "incaricato" da una o più parti ai fini della conclusione dell'affare. In tal caso risulta evidente che l'attività del mediatore-mandatario è consequenziale all'adempimento di un'obbligazione di tipo contrattuale.

In conclusione, la **mediazione tipica** di cui all'art. 1754 cod. civ. comporta che il mediatore, senza vincoli e quindi in una posizione di imparzialità, realizzi un'attività in senso stretto di messa in relazione tra due o più parti, idonea a favorire la conclusione di un affare (Trib. Roma, 5.3.2019). La stessa attività è incompatibile con un sottostante rapporto di mandato tra il c.d. mediatore ed una delle parti che ha interesse alla conclusione dell'affare stesso (come avviene invece nella c.d. **mediazione atipica**). Se tale rapporto di mandato esiste, il mediatore-mandatario non ha più diritto alla provvigione da ciascuna delle parti ma solo dal mandante.

I giudici di legittimità aggiungono che la mediazione immobiliare atipica ricorre quando il mandante attribuisce al mediatore non il generico compito di vendere, ma quello più specifico di ricercare il potenziale acquirente a condizioni preliminarmente individuate (Cass., n. 4745/2014).

La mediazione è "preparatoria" rispetto al contratto principale ed è, nel contempo, autonoma rispetto al successivo contratto da concludere. Ciò è confermato dalla disciplina codicistica, secondo cui se il contratto principale è sottoposto a condizione risolutiva, il diritto alla provvigione non viene meno col verificarsi della condizione (art. 1757, 2° co., cod. civ.). Tale disposizione si applica anche quando il contratto sia annullabile o rescindibile, se il mediatore non conosceva la causa d'invalidità (art. 1757, 3° co., cod. civ.).

Esempio. Viene stipulato un contratto di compravendita di un immobile, annullabile per vizio del consenso. Il mediatore, che ha messo in contatto i due contraenti, conosceva l'esistenza della causa di annullamento: egli, pertanto, non avrà alcun diritto alla provvigione.

La disciplina codicistica fa salve le disposizioni delle leggi speciali (art. 1765 cod. civ.). Sul punto, occorre sottolineare che la recente l. 3.5.2019, n. 37, in adempimento degli obblighi derivanti dalla partecipazione dell'Italia all'Unione europea (c. d. legge europea 2018), ha modificato l'art. 5, 3° co., l. 3.2.1989, n. 39 concernente la professione di mediatore, riducendo il novero delle incompatibilità. L'attività di mediazione, quindi, è oggi incompatibile (soltanto) con: attività imprenditoriali di produzione, vendita, rappresentanza o promozione dei beni afferenti allo stesso settore merceologico per cui si esercita l'attività di mediazione; attività svolta in qualità di dipendente di ente pubblico o privato; attività di dipendente di istituto bancario, finanziario o assicurativo; esercizio di professioni intellettuali afferenti al medesimo settore merceologico per cui si esercita attività di mediazione; situazioni in cui possa configurarsi un conflitto di interessi.

291.1. *Il diritto del mediatore alla provvigione.*

Come già si è avuto modo di precisare a proposito del contratto di agenzia, l'attività del mediatore è attualmente soggetta a segnalazione certificata di inizio di attività (SCIA), da presentare alle camere di commercio, unitamente alle certificazioni attestanti il possesso dei requisiti prescritti (sull'inapplicabilità delle disposizioni che hanno soppresso il ruolo ai rapporti già esauriti e a quelli sorti anteriormente ma ancora in vita si veda App. L'Aquila, 26.6.2020).

Chiunque eserciti l'attività di mediazione senza il rispetto dei requisiti previsti dalla vigente normativa è tenuto, oltre al pagamento della relativa sanzione amministrativa, anche alla restituzione alle parti contraenti delle provvigioni percepite (art. 8, 1° co., l. n. 39/1989, sulla professione del mediatore, come modificato dall'art. 1, 47° co., l. 27.12.2006, n. 296).

Deve considerarsi esclusa, dunque, la possibilità per il mediatore, in questi casi, di agire ai sensi dell'art. 2033 cod. civ., a titolo di indebito oggettivo. Ed infatti, mentre quest'ultimo trova il proprio fondamento giuridico nell'assenza di causa dell'attribuzione patrimoniale effettuata, l'obbligo di restituzione del compenso previsto dalla legge (il citato art. 8, 1° co., l. n. 39/1989) costituisce una sorta di sanzione per lo svolgimento dell'attività senza l'assolvimento dei requisiti legali previsti (Cass., 10.5.2011, n. 10205; si veda anche Cass., Sez. Un., 2.8.2017, n. 19161).

L'avvenuta soppressione del "ruolo" non ha fatto venir meno, dunque, la regola (art. 6 l. n. 39/1989) secondo cui hanno diritto alla provvigione soltanto i mediatori che siano iscritti nei registri o nei repertori tenuti dalle camere di commercio (Cass., 8.7.2010, n. 16147; Cass., 29.1.2016, n. 1735). Alle stesse regole soggiacciono anche i c.d. mediatori atipici (Trib. Ravenna, 10.2.2022).

Il mediatore ha **diritto** ad una **provvigione** se l'affare è concluso "per effetto del suo intervento" (art. 1755, 1° co., cod. civ.). Occorre, quindi, che sussista un nesso tra l'attività di intermediazione e la conclusione dell'affare (Cass., 29.11.2019, n. 31313). Per questa via possono risolversi quei casi che vanno sotto il nome di "**frode al mediatore**".

Esempio. Due parti, che si sono messe in contatto grazie all'intermediazione del mediatore, fingono di disinteressarsi alla conclusione dell'affare, revocandogli il mandato. Soltanto in un secondo momento concludono tra loro il contratto, all'insaputa del mediatore. Quest'ultimo ha diritto comunque alla mediazione, provando che la revoca è intervenuta dopo l'intermediazione, la quale è stata determinante per la successiva conclusione dell'affare.

In particolare, in ipotesi di mediazione immobiliare si è stabilito che il diritto alla provvigione sorge quando la conclusione dell'affare sia in rapporto causale con l'opera svolta del mediatore, non essendo necessario il suo intervenuto in tutte le fasi delle trattative fino all'accordo definitivo. Pertanto, anche la semplice attività consistente nel reperimento e nella indicazione del contraente o nella segnalazione dell'affare attribuisce il diritto alla provvigione (Trib. Roma, 14.9.2011). In sostanza, ciò che conta ai fini del riconoscimento del diritto alla provvigione è la "messa in relazione" dei soggetti, la quale deve costituire l'antecedente imprescindibile per la conclusione dell'affare (Cass., 26.8.2019, n. 21712; Cass., 8.4.2022, n. 11443; Cass., 2.2.2022, n. 3134). La Cassazione ha però precisato che dà luogo ad un contratto di mandato (e non di mediazione) quell'incarico che abbia ad oggetto il compimento di atti giuridici, privo del carattere di imparzialità, nel quale il pagamento alla provvigione sia svincolato dall'esito dell'affare (Cass., 20.1.2019, n. 482).

Ci si chiede se la stipula di un contratto preliminare, attraverso l'attività di intermediazione del mediatore, possa integrare la nozione di "**affare concluso**", di cui discute la disposizione codicistica. La giurisprudenza, ormai in maniera unanime, ritiene che anche la semplice conclusione del contratto preliminare dia luogo al diritto di provvigione a favore del mediatore; del resto, il contratto preliminare ha efficacia obbligatoria e costituisce già di per sé un "affare concluso", anche se non venga poi stipulato il definitivo per assenza del certificato di abitabilità (Cass., 21.2.2017, n. 4415). Le medesime considerazioni devono oggi svolgersi per il preliminare di preliminare (Cass., 17.1.2017, n. 923; Trib. Roma, 19.6.2017, n. 12341), ritenuto ammissibile, a certe condizioni, dalla recente giurisprudenza di legittimità (Cass., Sez. Un., 6.3.2015, n. 4628). Al contrario, non rientra nel concetto di affare concluso (non facendo sorgere il diritto alla provvigione) la mera stipula di un patto di opzione, non applicandosi allo stesso il rimedio di cui all'art. 2932 cod. civ. (Cass., 19.11.2019, n. 30083). In sintesi, va escluso il diritto di provvigione se tra le parti non sia stato concluso un affare in senso economico-giuridico (Cass., 11.3.2021, n. 7029).

La misura della provvigione e la proporzione in cui questa deve gravare su ciascuna delle parti, in mancanza di patto, di tariffe professionali o di usi, sono determinate dal giudice secondo equità (art. 1755, 2° co., cod. civ.).

Se il contratto è sottoposto a condizione sospensiva, il diritto alla provvigione sorge nel momento in cui si verifica la condizione (art. 1757, 1° co., cod. civ.). È da ritenere che tale disposizione vada estesa ad ogni altro requisito di efficacia (ad esempio, approvazioni amministrative o autorizzazioni). Grava sul mediatore, dunque, il rischio della non verificazione di tali requisiti. Come già ricordato, se il contratto è sottoposto a condizione risolutiva, il diritto alla provvigione non viene meno col verificarsi della condizione (art. 1757, 2° co., cod. civ.; si veda anche l'art. 1757, 3° co., cod. civ.). Il mediatore, invece, non ha diritto ad alcuna provvigione se il contratto è nullo. Se l'affare è concluso grazie all'intervento di più mediatori, ciascuno di essi ha diritto ad una quota della provvigione (art. 1758 cod. civ.).

Salvo patti o usi contrari, il mediatore ha diritto al rimborso delle spese nei confronti della persona per incarico della quale sono state eseguite anche se l'affare non sia stato concluso (art. 1756 cod. civ.).

291.2. *Le obbligazioni del mediatore.*

Il mediatore deve **comunicare** alle parti le **circostanze** a lui note, relative alla valutazione ed alla sicurezza dell'affare, che possono influire sulla conclusione di esso (art. 1759, 1° co., cod. civ.; Cass., 12.11.2019, n. 29229). Si tratta di un obbligo di informativa analogo a quello che grava sull'agente di commercio o sul mandatario, ed è imposto dal codice al fine di evitare la stipula di contratti inutili, non convenienti o poco sicuri (ad esempio, il mediatore dovrà riferire alle parti della provenienza donativa dell'immobile oggetto dell'affare, rispetto al quale potrebbe essere vittoriosamente esperita dai legittimari azione di riduzione: Cass., 16.1.2019, n. 965; Cass., 12.12.2019, n. 32694).

La Suprema Corte ha precisato che, dalla citata disposizione del codice, deriva anche un'obbligazione in negativo in capo al mediatore. Questi, infatti, ha il divieto di fornire non solo informazioni non veritiere, ma anche informazioni su fatti dei quali non abbia consapevolezza e che non abbia controllato, poiché il dovere di correttezza e quello di diligenza gli impongono di astenersi dal darle (Cass., 16.7.2010, n. 16623). Il mediatore, inoltre, risponde **dell'autenticità** della **sottoscrizione** delle scritture e dell'ultima girata dei titoli trasmessi per il suo tramite (art. 1759, 2° co., cod. civ.). La norma si spiega con la considerazione che l'intermediario ha la possibilità di controllare personalmente l'autenticità dei documenti che sono a lui trasmessi.

Obbligazioni particolari, poi, riguardano il **mediatore professionale su merci** o su **titoli** (art. 1760 cod. civ.). Questi deve: (1) conservare i campioni delle merci vendute sopra campione, finché sussista la possibilità di controversia sull'identità della merce; (2) rilasciare al compratore una lista firmata dei titoli negoziati, con l'indicazione della serie e del numero; (3) annotare su apposito libro gli estremi essenziali del contratto che si stipula col suo intervento e rilasciare alle parti copia da lui sottoscritta di ogni annotazione.

Il mediatore che non adempie agli obblighi da ultimo citati è soggetto ad una sanzione amministrativa e, nei casi più gravi, alla sospensione dalla professione fino a sei mesi (art. 1764, 1° e 2° co., cod. civ.). Alla stessa sanzione è soggetto il mediatore che presta la sua attività nell'interesse di persona notoriamente insolvente o della quale conosce lo stato di incapacità (art. 1764, 3° co., cod. civ.).

È previsto che il mediatore possa prestare **fideiussione** per una delle parti (art. 1763 cod. civ.).

Va ricordato, infine, che il mediatore, il quale si avvalga, nello svolgimento della propria attività, di **moduli** o **formulari** contenenti condizioni generali di contratto, è tenuto a depositarne copia presso la camera di commercio (art. 5, 4° co., l. n. 39/1989). Fatta salva la sanzione amministrativa e quella disciplinare eventuale a carico del mediatore, non è nullo per difetto di forma essenziale il contratto concluso mediante sottoscrizione di moduli o formulari non depositati ai sensi della l. n. 39/1989 (Cass., 14.9.2017, n. 21353; Cass., 26.5.2011, n. 11600).

292. Le "vendite piramidali".

Il sistema delle "**vendite piramidali**", che si instaura fra l'imprenditore, da un lato, e l'agente (o un lavoratore subordinato o, ancora, una persona che svolge occasionalmente tale attività), dall'altro, è oggi espressamente vietato.

Il legislatore, in particolare, vieta la promozione e la realizzazione di attività e di strutture di vendita nelle quali l'incentivo **economico primario** dei componenti la struttura si fonda sul mero reclutamento di nuovi soggetti e non sulla loro capacità di vendere o promuovere la vendita di beni o servizi determinati, direttamente o attraverso altri componenti la struttura (art. 5, 1° co., l. 17.8.2005, n. 173, così come modificato dall'art. 5 d.lgs. n. 146/2007).

È vietata, altresì, la promozione o l'organizzazione di tutte quelle operazioni, quali giochi, piani di sviluppo, "**catene di Sant'Antonio**" (è proprio l'espressione utilizzata dalla legge), che configurano la possibilità di guadagno attraverso il puro e semplice reclutamento di altre persone e in cui il diritto a reclutare si trasferisce all'infinito, previo il pagamento di un corrispettivo (art. 5, 2° co., l. n. 173/2005).

La legge ha voluto evitare che persone poco avvedute, dietro la promessa di facili (e mai effettivi) guadagni, sfruttando rapporto familiari, di amicizia e cortesia, coinvolgano altre persone nel sistema delle vendite piramidali. Si tratta di un sistema, peraltro, in cui gli unici percettori di un guadagno considerevole sono coloro che hanno dato vita all'iniziativa.

Costituisce **elemento presuntivo** della sussistenza di un'operazione o di una struttura di vendita vietate la ricorrenza di una delle seguenti circostanze (art. 6 l. n. 173/2005): (a) l'eventuale obbligo del soggetto reclutato di acquistare dall'impresa organizzatrice, ovvero da un altro componente la struttura, una rilevante quantità di prodotti senza diritto di restituzione o rifusione del prezzo relativamente ai beni ancora vendibili, in misura non inferiore al 90 per cento del costo originario, nel caso di mancata o parzialmente mancata vendita al pubblico; (b) l'eventuale obbligo del soggetto reclutato di corrispondere, all'atto del reclutamento e comunque quale condizione per la permanenza nell'organizzazione, all'impresa organizzatrice o ad altro componente la struttura, una somma di denaro o titoli di credito o altri valori mobiliari e benefici finanziari in generale di rilevante entità e in assenza di una reale controprestazione; (c) l'eventuale obbligo del soggetto reclutato di acquistare, dall'impresa organizzatrice o da altro componente la struttura, materiali, beni o servizi (compresi materiali didattici e corsi di formazione) non strettamente inerenti e necessari alle attività commerciali in questione e comunque non proporzionati al volume dell'attività svolta.

In caso di violazione delle disposizioni sopra ricordate, salvo che il fatto non costituisca un reato più grave, è previsto l'arresto da sei mesi ad un anno o l'ammenda da 100.000 euro a 600.000 euro (art. 7, 1° co., l. n. 173/2005).

Capitolo 45

I CONTRATTI REALI PIÙ IMPORTANTI

293. Il deposito.

Sono stati esaminati, in altra parte del Corso, alcuni contratti reali (il contratto estimatorio, il riporto, il pegno). Ora si avrà riguardo ad altri contratti reali assai diffusi nella prassi, cominciando dal **contratto di deposito** che, secondo un'ulteriore classificazione dottrinale, appartiene alla categoria dei "contratti per l'esecuzione di opere o di servizi" (insieme all'appalto, al contratto d'opera, al trasporto, al contratto di *engineering*).

Il deposito è il contratto con cui una parte riceve dall'altra una cosa mobile, con l'obbligo di **custodirla** e di **restituirla** in natura (art. 1766 cod. civ.).

Esempio. Mi reco al teatro di sera e deposito la mia auto nella rimessa che si trova lì vicino. Il contratto di deposito si perfeziona nel momento in cui consegno il mezzo al depositario.

Il depositario è obbligato a restituire la cosa appena il depositante la richiede, salvo che sia convenuto un termine nell'interesse del depositario. Il depositario può richiedere in qualunque tempo che il depositante riprenda la cosa, salvo che sia convenuto un termine nell'interesse del depositante. Anche se non è stato convenuto un termine il giudice può concedere al depositante un termine congruo per ricevere la cosa (art. 1771 cod. civ.).

Il deposito si **presume gratuito**, salvo che dalla qualità professionale del depositario o da altre circostanze si debba desumere una diversa volontà delle parti (art. 1767 cod. civ.). Nell'esempio fatto il deposito non può considerarsi gratuito.

Il depositario (e si prescinde qui dalla onerosità o dalla gratuità) non può servirsi dalla cosa depositata né darla in deposito ad altri senza il consenso del depositante. Se circostanze urgenti lo richiedono, il depositario può esercitare la custodia in modo diverso da quello convenuto, dandone avviso al depositante appena è possibile (art. 1770 cod. civ.).

Esempio. Mentre mi trovo a teatro, un incendio inizia a propagarsi presso il garage dove avevo depositato l'auto. Il depositario, ove sia possibile, metterà in moto la mia auto e la sposterà al fine di metterla in salvo; si preoccuperà di rendere noto, al mio ritorno, dove l'ha collocata.

Il deposito, di regola, ha ad oggetto cose infungibili. È ammesso, però, il **deposito irregolare** che ha per oggetto una quantità di danaro o di altre cose fungibili, con facoltà per il depositario di servirsene; in questo caso il depositario ne acquista la proprietà ed è tenuto a restituirne altrettante della stessa specie e qualità. Si osservano allora, in quanto applicabili, le norme relative al mutuo (art. 1782 cod. civ.). Il riferimento alla disciplina del mutuo (art. 1813 cod. civ.) e, in particolare, alla norma sugli interessi (art. 1815 cod. civ.), permette di comprendere come il deposito irregolare possa avere una funzione creditoria.

293.1. *L'obbligazione di custodire la cosa con la "media diligenza".*

È previsto che il depositario debba utilizzare nella custodia la **diligenza** del **buon padre di famiglia** (art. 1768, 1° co., cod. civ.).

L'espressione adoperata da questa norma potrebbe far pensare, in prima battuta, che si tratti di un'obbligazione di mezzi. In realtà la norma va coordinata con quanto previsto dall'art. 1780, 1° co., cod. civ., secondo cui "se la detenzione della cosa è tolta al depositario in conseguenza di un **fatto a lui non imputabile**, egli è liberato dall'obbligazione di restituire la cosa" (semmai, aggiunge la disposizione, il depositario deve, "sotto pena di risarcimento del danno, denunziare immediatamente al depositante il fatto per cui ha perduto la detenzione").

Si deve concludere che il depositario è inadempiente se non prova uno specifico fatto a lui non imputabile (ad esempio, l'incendio imprevedibile occorso al magazzino): deve provare, cioè, la causa concreta che ha fatto venire meno la detenzione, mentre non si libera dalla responsabilità provando di avere adottato nella custodia la diligenza del buon padre di famiglia. Secondo un'accreditata ricostruzione, allora, trova applicazione, nella fattispecie in considerazione, l'art. 1218 cod. civ.: la diligenza, semmai, va tenuta in considerazione soltanto dopo che il depositario ha provato la causa concreta del perimento o della sottrazione; serve soltanto per escludere o ammettere l'imputabilità della causa concreta allo stesso depositario (in questo senso anche Cass., 12.6.1995, n. 6592).

293.2. *Il deposito in albergo. Il deposito nei magazzini generali.*

Un'apposita disciplina è prevista per il **deposito in albergo** (artt. 1783-1786 cod. civ.): qui la custodia della cosa costituisce una prestazione accessoria rispetto all'obbligazione principale dell'albergatore (quella di fornire l'alloggio ed il vitto al cliente).

È previsto che l'**albergatore** risponda della "sottrazione, della perdita, o del deterioramento delle cose portate dai clienti nell'albergo e a lui non consegnate, fino ad un **limite massimo** pari a cento volte il prezzo dell'alloggio giornaliero in albergo" (art. 1783 cod. civ.).

Vi sono alcuni casi, peraltro, in cui l'albergatore è **responsabile illimitatamente**. Ciò accade, in primo luogo: (1) quando le cose gli sono state consegnate in custodia; (2) quando ha rifiutato di ricevere in custodia cose che aveva l'obbligo di accettare (art. 1784, 1° co., cod. civ.). L'albergatore ha l'obbligo di accettare le carte-valori, il denaro contante e gli oggetti di valore; egli può rifiutarsi di riceverli soltanto se si tratti di oggetti pericolosi o che, tenuto conto dell'importanza e delle condizioni di gestione dell'albergo, abbiano valore eccessivo o natura ingombrante (art. 1784, 2° co., cod. civ.).

Inoltre, l'albergatore è responsabile senza limiti quando il deterioramento, la distruzione o la sottrazione delle cose portate dal cliente in albergo siano dovuti a colpa sua, dei membri della sua famiglia o dei suoi ausiliari (art. 1785-*bis* cod. civ.).

In nessun caso, invece, la responsabilità dell'albergatore sussiste quando il deterioramento, la distruzione o la sottrazione siano dovuti: (1) al cliente, alle persone che l'accompagnano, che sono al suo servizio o che gli rendono visita; (2) a forza maggiore; (3) alla natura della cosa (art. 1785 cod. civ.). In pratica, l'albergatore non è responsabile quando l'impossibilità sopravvenuta della prestazione di custodia non sia a lui imputabile (art. 1218 cod. civ.).

Le norme previste dalla sezione del codice sul deposito in albergo si applicano anche agli imprenditori di case di cura, stabilimenti di pubblici spettacoli, stabilimenti balneari, pensioni, trattorie, carrozze letto e simili (art. 1786 cod. civ.).

Una serie di disposizioni, infine, è dedicata al deposito nei **magazzini generali** (artt. 1787-1797 cod. civ.): si tratta di imprese di custodia di merci autorizzate dal Ministero. I magazzini generali sono responsabili della conservazione delle merci depositate, a meno che si provi che la perdita, il calo o l'avaria è derivata da caso fortuito, dalla natura delle merci ovvero da vizi di esse o dell'imballaggio (art. 1787 cod. civ.).

294. Il comodato.

Il **comodato** è un contratto con cui una parte consegna all'altra una cosa mobile o immobile, affinché se ne serva per un tempo o per un uso determinato, con l'obbligo di restituire la stessa cosa ricevuta (art. 1803, 1° co., cod. civ.). Il contratto si perfeziona con la consegna del bene (App. Lecce, 10.12.2021).

Esempio. Presto la mia abitazione, per sei mesi, ad un lontano cugino, che deve venire a Milano per partecipare ad un concorso. Concludiamo un contratto di comodato.

La consegna della cosa non è oggetto di un'obbligazione ma integra un requisito necessario per il perfezionamento del contratto: la legge, è evidente, tutela l'interesse del comodante ad ottenere la restituzione della cosa (è questa, infatti, la principale obbligazione prevista) e non l'interesse del comodatario a riceverla in prestito.

Il comodato è essenzialmente **gratuito** (art. 1803, 2° co., cod. civ.). Può accadere che la causa del contratto sia lo spirito di liberalità; non va escluso che il prestito gratuito sia giustificato da rapporti di affari intercorrenti tra le parti.

Esempio. Un imprenditore dà in comodato ad un altro imprenditore un capannone: il primo ha l'interesse che il secondo abbia un luogo in cui svolgere la sua attività imprenditoriale (componentistica per le automobili, prodotte dal comodante).

All'interno della figura del comodato gratuito, pertanto, si dovrà distinguere il comodato con causa di liberalità (che realizza un interesse non patrimoniale del comodante) dal comodato con causa non liberale (che realizza un interesse patrimoniale del comodante).

La gratuità del comodato distingue il contratto in esame della locazione. Gli interpreti ritengono compatibile con il comodato la previsione, a carico del comodatario, di una prestazione a titolo di onere (ciò in analogia con quanto è previsto per la donazione, ai sensi dell'art. 793 cod. civ.). Si deve trattare, peraltro, di una prestazione che non sia in grado di "snaturare il rapporto": il carattere di essenziale gratuità, spiegano i giudici di legittimità, "non viene meno se si inserisce un *modus* posto a carico del comodatario, mentre cessa se il vantaggio fornito da questi si pone come corrispettivo del godimento della cosa" (Cass., 2.4.1984, n. 2151; di tale avviso anche Cass., 7.10.2019, n. 24970).

Il **comodatario** è tenuto a **custodire** la cosa con la diligenza del buon padre di famiglia. Egli non può servirsene che per l'uso determinato dal contratto o dalla natura della cosa. Non può concedere ad un terzo il godimento della cosa senza il consenso del comodante. Se il comodatario non adempie a queste obbligazioni, il comodante può chiedere l'immediata restituzione della cosa, oltre al risarcimento del danno (art. 1804 cod. civ.). Se, invece, la cosa si deteriora per solo effetto dell'uso per cui è stata consegnata e senza colpa del comodatario, questi non risponde del deterioramento (art. 1807 cod. civ.; sulle spese per l'uso della cosa si veda l'art. 1808 cod. civ.).

Quanto al **perimento della cosa**, il comodatario è responsabile se la cosa perisce per un caso fortuito a cui poteva sottrarla sostituendola con la cosa propria, o se, potendo salvare una delle due cose, ha preferito la propria. Il comodatario che impiega la cosa per un uso diverso o per un tempo più lungo di quello a lui consentito, è responsabile della perdita avvenuta per causa a lui non imputabile, qualora non provi che la cosa sarebbe perita anche se non l'avesse impiegata per l'uso diverso o l'avesse restituita a tempo debito (art. 1805 cod. civ.).

Quando la cosa è **stimata** al tempo del contratto, il suo perimento è a carico del comodatario, anche se avvenuto per causa a lui non imputabile (art. 1806 cod. civ.). Si è in presenza, qui, di una vera e propria obbligazione di garanzia.

Il comodatario è obbligato a **restituire** la cosa alla scadenza del termine convenuto o, in mancanza del termine, quando se ne è servito in conformità del contratto. Se però, durante il termine convenuto o prima che il comodatario abbia cessato di servirsi della cosa, sopravviene un urgente e impreveduto bisogno al comodante, questi può esigerne la restituzione immediata (art. 1809 cod. civ.).

Particolarmente delicata è la problematica del comodato concesso ai fini di abitazione di un nucleo familiare. La Cassazione ha stabilito che il comodato di un immobile adibito, per volontà dei contraenti, ad abitazione di un nucleo familiare, non può essere sciolto in virtù della mera manifestazione di volontà *ad nutum*, espressa dal comodante. Ciò perché deve ritenersi impresso al contratto un vincolo di destinazione alle esigenze abitative familiari, idoneo a conferire all'uso cui la cosa è destinata il carattere implicito della durata del rapporto, oltre la crisi familiare tra i conviventi. Ne consegue che il rilascio di un immobile, finché non cessano le esigenze abitative familiari cui esso è stato destinato, può essere richiesto, ai sensi dell'art. 1809, 2° co., solo nell'ipotesi di un bisogno contrassegnato dall'urgenza e dall'imprevedibilità (Cass., 21.6.2011, n. 13592; Cass., Sez. Un., 21.7.2004, n. 13603; Cass., 10.2.2017, n. 3553; Trib. Nola, 25.9.2019). Quando le esigenze connesse all'uso familiare dell'immobile concesso in comodato vengono meno, il comodante ha diritto di esigere la restituzione del bene *ad nutum* (Cass., 29.8.2019, n. 21785). La *regula iuris* affermatasi trova oggi applicazione anche per la coppia convivente non coniugata (Cass., 30.11.2018, n. 27437).

Il codice disciplina anche il c.d. **comodato precario**: se non è stato convenuto un termine né questo risulta dall'uso a cui la cosa doveva essere destinata, il comodatario è tenuto a restituirla non appena il comodante la richiede (art. 1810 cod. civ.). Il termine finale del comodato può risultare anche per implicito dalla destinazione d'uso del bene (Cass., Sez. Un., 9.2.2011, n. 3168).

In caso di **morte** del **comodatario**, il comodante, benché sia stato convenuto un termine, può esigere dagli eredi l'immediata restituzione della cosa (art. 1811 cod. civ.; per la diversa regola, in tema di locazione, si confronti l'art. 1599 cod. civ.).

Se la cosa data in comodato ha vizi tali che rechino danno a chi se ne serve, il **comodante** è tenuto al **risarcimento** del danno qualora, conoscendo i vizi della cosa, non ne abbia avvertito il comodatario (art. 1812 cod. civ.).

295. Il mutuo.

Il **mutuo** è il contratto con cui una parte consegna all'altra una determinata quantità di denaro o di altre cose fungibili, e l'altra si obbliga a restituire altrettante cose della stessa specie e qualità (art. 1813 cod. civ.). Le cose date a mutuo passano in proprietà al mutuatario (art. 1814 cod. civ.).

Va peraltro precisato come nel mutuo di denaro vi sia la prassi della "consegna non materiale" (la somma di denaro, infatti, viene accreditata su un conto intestato al mutuatario, o depositata su un conto vincolato in attesa di essere svincolata una volta iscritta l'ipoteca concessa a garanzia del mutuo: Cass., 22.7.2019, n. 19654); con l'accredito il mutuatario non diviene subito proprietario della somma, ma è titolare del diritto di credito alla riscossione (avvenuta la quale si verificherà l'acquisto della proprietà).

Deve dirsi, altresì, che la disciplina del codice prevede la **promessa di mutuo**: "chi ha promesso di dare a mutuo può rifiutare l'adempimento della sua obbligazione, se le condizioni patrimoniali dell'altro contraente sono divenuti tali da rendere notevolmente difficile la restituzione, e non gli sono offerte idonee garanzie" (art. 1822 cod. civ.).

Se nel mutuo reale la legge protegge l'interesse del mutuante alla restituzione della somma (posto che questa è l'unica obbligazione prevista), dal tenore dell'art. 1822 cod. civ. si ricava che nella promessa di mutuo viene tutelato sia l'interesse del mutuante sia quello del mutuatario a ricevere la somma.

Il mutuo senza la consegna del denaro (materiale o non) presenta due varianti: il contratto può configurarsi come un vero e proprio **mutuo consensuale** (ossia come un contratto definitivo) oppure come un **contratto preliminare di mutuo** (soltanto il definitivo, dunque, è un contratto reale di mutuo).

La differenza fra le due figure è evidente: nel primo caso nasce direttamente l'obbligazione di consegnare la somma mutuata e, qualora ciò non avvenga, il mutuatario può agire giudizialmente per ottenere la condanna del mutuante al pagamento della somma; nel secondo caso vi è soltanto l'obbligo di concludere il contratto definitivo di mutuo (e, in caso di inadempimento, non si ritiene praticabile l'attuazione in forma specifica ai sensi dell'art. 2932 cod. civ., potendo il promissario mutuatario domandare soltanto il risarcimento del danno).

Esempio. Dopo aver concluso un contratto preliminare di mutuo, la banca si rifiuta di erogare la somma di denaro al mutuatario (in assenza delle condizioni che, *ex* art. 1822 cod. civ., legittimerebbero il rifiuto dell'erogazione). Il mutuatario deve ricorrere ad altro finanziamento: questo comporta l'obbligo di corrispondere tassi di interesse maggiori rispetto a quelli che aveva concordato in precedenza. La differenza tra i tassi di interesse costituisce la somma che potrà essere domandata dal mutuatario, a titolo di risarcimento, nei confronti dell'istituto di credito cui per primo si è rivolto.

Nella prassi bancaria, va detto, prevale l'idea che quello iniziale vada considerato come un "contratto preliminare di mutuo" (questa è la formula spesso utilizzata) mentre l'atto giuridico successivo sia un "atto definitivo di erogazione di mutuo".

A meno che le parti non abbiano espressamente previsto la gratuità, il mutuo è di regola **oneroso** (il mutuo consensuale, peraltro, è considerato da parte di alcuni interpreti valido soltanto se oneroso). È previsto che salvo diversa volontà delle parti, il mutuatario deve corrispondere gli interessi al mutuante (art. 1815 cod. civ.). Essi sono dovuti secondo il tasso legale o, come avviene di solito, secondo un più elevato tasso, che però deve essere pattuito per iscritto (art. 1284, 3° co., cod. civ.). Il mutuatario, in questi casi, è tenuto ad adempiere ad una duplice obbligazione: quella di restituire la somma (il capitale) e quella di corrispondere gli interessi (sui termini per la restituzione si vedano gli artt. 1816 e 1817 cod. civ.).

Se sono convenuti **interessi usurari** (§ 120.1), la clausola è nulla e non sono dovuti interessi (art. 1815, 2° co., cod. civ.; tale disposizione si applica a tutti i contratti che mettono a disposizione denaro dietro remunerazione: Cass., 17.8.2016, n. 17150). La precedente disciplina, invece, stabiliva che gli interessi usurari fossero sostituiti da quelli legali: è evidente che la nuova versione della disposizione del codice tende a sanzionare con particolare severità l'usuraio, che non potrà contare neanche sulla corresponsione degli interessi nella misura prevista dalla legge.

Se è stata convenuta (come di solito accade) la **restituzione rateale** delle cose mutuate ed il mutuatario non adempie l'obbligo del pagamento anche di una sola rata, il mutuante può chiedere, secondo le circostanze, l'immediata restituzione dell'intero (art. 1819 cod. civ.). Si tratta di un potere di recesso esercitabile a seguito dell'inadempimento previsto dalla norma. È da ritenere, dunque, che non occorra il requisito della non scarsa importanza dell'inadempimento, ai sensi dell'art. 1455 cod. civ., per l'esercizio del potere di recesso, ma il semplice mancato pagamento di una sola rata.

Inoltre, se il mutuatario non adempie l'obbligo del pagamento degli interessi, il mutuante può chiedere la risoluzione del contratto (art. 1820 cod. civ.).

Se sono state mutuate cose diverse dal denaro, e la restituzione è impossibile o notevolmente difficile per causa non imputabile al debitore, questi è tenuto a pagarne il valore, avuto riguardo al tempo e al luogo in cui la restituzione si doveva eseguire (art. 1818 cod. civ.). Ed ancora, il mutuante è responsabile del danno cagionato al mutuatario per i vizi delle cose date a prestito, se non prova di averli ignorati senza colpa. Se il mutuo è gratuito, il mutuante è responsabile solo nel caso in cui, conoscendo i vizi, non ne abbia avvertito il mutuatario (art. 1821 cod. civ.).

Va aggiunto che il mutuo fondiario, stipulato ai sensi dell'art. 38, 2° co., TUB, presenta quale limite massimo di finanziabilità l'80% del valore dei beni immobili ipotecati. Tale limite di finanziabilità è elemento essenziale per la valida qualificazione del contratto di mutuo come fondiario e, quindi, per l'applicabilità della relativa disciplina di privilegio, sostanziale e processuale, a favore del creditore. Pertanto, il superamento di tale limite determina la nullità del contratto stesso, salva la conversione *ex* art. 1424 cod. civ. in mutuo ordinario (di tale avviso, Cass., 3.10.2018, n. 24138; Cass., 28.6.2019, n. 17439; Cass., 27.11.2019, n. 31057; Cass., 21.1.2020, n. 1193). Converrà spiegare cosa sia il mutuo fondiario: si tratta di un finanziamento a medio o a lungo termine che può essere chiesto soltanto per alcune finalità specifiche. Tra queste vi è l'acquisto di un immobile, la ristrutturazione di un'abitazione destinata a uso privato, la nuova costruzione. Il mutuo fondiario viene concesso soltanto dietro sottoscrizione di una garanzia di tipo ipotecario.

La disciplina codicistica deve essere integrata, in materia di estinzione del mutuo, avendo riguardo all'art. 120-*ter* TUB (sull'**estinzione anticipata** dei **mutui immobiliari**) nonché all'art. 120-*quater* del TUB (sulla c.d. **portabilità** dei **mutui**).

È stabilito, in particolare, che è nullo qualunque patto o clausola, anche posteriore alla conclusione del contratto, con il quale si convenga che il mutuatario sia tenuto al pagamento di un compenso o penale o ad altra prestazione a favore del soggetto mutuante per l'estinzione anticipata o parziale dei mutui stipulati o accollati a seguito di frazionamento, per l'acquisto o per la ristrutturazione di unità immobiliari adibite ad abitazione ovvero allo svolgimento della propria attività economica o professionale da parte di persone fisiche. La nullità del patto o della clausola opera di diritto e non comporta la nullità del contratto (art. 120-*ter*, 1° co., TUB).

La successiva disposizione è diretta a consentire a coloro che abbiano contratto un debito con una banca di rivolgersi ad altri finanziatori in grado di offrire condizioni migliori, attraverso la surrogazione del nuovo mutuante a quello originario ("portabilità" del mutuo). In particolare, in caso di contratti di finanziamento conclusi da intermediari bancari e finanziari, l'esercizio da parte del debitore della facoltà di surrogazione di cui all'art. 1202 cod. civ. non è precluso dalla non esigibilità del credito o dalla pattuizione di un termine a favore del creditore. Per effetto della surrogazione il mutuante surrogato subentra nelle garanzie, personali e reali, accessorie al credito cui la surrogazione si riferisce (art. 120-*quater*, 1° e 2° co., TUB; Cass., 23.2.2021, n. 4841).

La surrogazione comporta il trasferimento del contratto, alle condizioni stipulate tra il cliente e l'intermediario subentrante, con esclusione di penali o altri oneri di qualsiasi natura (art. 120-*quater*, 3° co., TUB). Non possono essere imposte al cliente spese o commissioni per la concessione del nuovo finanziamento, per l'istruttoria e per gli accertamenti catastali, che si svolgono secondo procedure di collaborazione tra intermediari improntate a criteri di massima riduzione dei tempi, degli adempimenti e dei costi connessi. In ogni caso, gli intermediari non applicano alla clientela costi di alcun genere, neanche in forma indiretta, per l'esecuzione delle formalità connesse alle operazioni di surrogazione (art. 120-*quater*, 4° co., TUB).

È nullo ogni patto, anche posteriore alla stipulazione del contratto, con il quale si impedisca o si renda oneroso per il debitore l'esercizio della ricordata facoltà di surrogazione. La nullità del patto non comporta la nullità del contratto (art. 120-*quater*, 6° co., TUB). La surrogazione deve perfezionarsi entro il termine di trenta giorni lavorativi dalla data in cui il cliente chiede al mutuante surrogato di acquisire dal finanziatore originario l'esatto importo del proprio debito residuo. Nel caso in cui la surrogazione non si perfezioni entro il termine di trenta giorni lavorativi, per cause dovute al finanziatore originario, quest'ultimo è comunque tenuto a risarcire il cliente in misura pari all'1 per cento del valore del finanziamento per ciascun mese o frazione di mese di ritardo. Resta ferma la possibilità per il finanziatore originario di rivalersi sul mutuante surrogato, nel caso in cui il ritardo sia dovuto a cause allo stesso imputabili (art. 120-*quater*, 7° co., TUB).

Nelle operazioni di portabilità dei mutui sopra descritte, la quietanza di pagamento (quale documento essenziale per l'efficacia della surrogazione) deve essere autenticata dal notaio ai sensi dell'art. 2835 cod. civ. e presentata al conservatore ai fini dell'annotazione nei registri immobiliari (così Cass., 19.2.2021, n. 4526).

Con la l. n. 44/2015 (entrata in vigore il 6.5.2015) è stato ulteriormente disciplinato il c.d. **prestito vitalizio ipotecario**, già introdotto dal d.l. n. 203/2005, convertito nella l. n. 248/2005. Con tale istituto viene data la possibilità al proprietario di un immobile residenziale, che abbia compiuto sessant'anni, di richiedere ad una banca o ad una società finanziaria una somma di denaro rispetto alla quale il richiedente potrà non pagare, per tutta la sua vita, alcuna rata o interesse (o potrà scegliere di rimborsare soltanto gli interessi: art. 11-*quaterdecies*, 12° co.-*bis*, d.l. n. 203/2005). La somma dovrà essere garantita con un'ipoteca di primo grado sulla casa oggetto del contratto o su altro immobile di proprietà non ancora ipotecato. Trattandosi di prestito non finalizzato (§ 295.1), il richiedente potrà servirsene come crede.

Alla morte del proprietario gli eredi possono restituire il debito attraverso la vendita dell'immobile. Qualora il ricavato della vendita sia inferiore rispetto a quanto dovuto alla banca, la "perdita" è a carico dell'istituto, che non può rivalersi per l'eccedenza sugli eredi. Quest'ultimi hanno un anno di tempo per alienare il bene; successivamente la banca può far valere l'ipoteca e procedere all'alienazione forzata (il valore di perizia dell'immobile si abbassa del 15% ogni anno trascorso senza che sia stato trovato un compratore: art. 11-*quaterdecies*, 12° co.-*quater*, d.l. n. 203/2005). Gli eredi, ovviamente, possono anche non ricorrere alla vendita dell'immobile per pagare il debito, decidendo di saldare direttamente il debito nei confronti della banca. Pure il contraente originario, d'altra parte, ha la possibilità di restituire la somma dovuta in qualsiasi momento, anche attraverso la cessione del suo immobile.

Il prestito vitalizio ipotecario, va detto, presenta non poche criticità per il proprietario dell'immobile. Si tratta, infatti, di una forma di finanziamento per il quale è consentita, ai sensi dell'art. 11-*quaterdecies*, 12° co.-*quater*, d.l. n. 203/2005, la maturazione degli interessi sugli interessi (**anatocismo**: § 120.3). L'effetto è quello di un aumento esponenziale del debito da corrispondere, che gli eredi rischiano di non essere in grado di onorare. Si aggiunga che, nelle applicazioni pratiche dell'istituto, i tassi di interesse applicati non sono in linea con quelli previsti per i mutui, ma con quelli applicati sui "prestiti personali". Un decreto del Ministero dello sviluppo economico ha introdotto alcuni obblighi in capo alle banche (d.m. 22.12.2015): il finanziatore, fra l'altro, ha l'obbligo di consegnare, almeno 15 giorni prima del contratto, un prospetto informativo con l'indicazione della somma che sarà erogata al netto delle imposte, il valore dell'immobile risultante dalla perizia, tutti i costi dell'operazione. Inoltre, dovranno essere forniti due prospetti esemplificativi che illustrano il possibile andamento del debito nel tempo (evidenziando, separatamente, la voce relativa al capitale e quella relativa agli interessi).

Il d.lgs. 21.4.2016, n. 72, infine, ha dato attuazione alla direttiva comunitaria 2014/17/UE del 4.2.2014 sui contratti di **credito ai consumatori relativi a beni immobili residenziali**.

Il decreto (che ha introdotto nuovi articoli nel d.lgs. n. 385/1993: artt. 120-*quinquies* ss. TUB) si applica ai mutui aventi ad oggetto la concessione di credito garantito da ipoteca su un immobile residenziale nonché ai mutui finalizzati all'acquisto ed alla conservazione del diritto di proprietà su un terreno o su un immobile edificato o progettato.

Nello specifico il legislatore ha previsto che, al momento della conclusione del contratto, le parti (non devono ma) possono convenire, con una clausola espressa, che nel caso di mancato pagamento da parte del consumatore di diciotto rate di mutuo si possa procedere alla vendita diretta dell'immobile senza dover necessariamente procedere alla vendita all'asta. I proventi della vendita del bene estinguono l'intero debito, benché il valore dello stesso o il ricavato della vendita siano inferiori al debito residuo. Qualora, invece, il ricavato della vendita dell'immobile sia superiore al debito residuo, il consumatore, nel rispetto del divieto del patto commissorio di cui all'art. 2744 cod. civ., ha in ogni caso diritto alla restituzione dell'eccedenza. La valutazione del bene messo in vendita dalla banca deve essere effettuata da un perito indipendente (scelto dalla banca e dal mutuatario di comune accordo, oppure, in caso di mancato accordo, dal presidente del tribunale territorialmente competente).

L'inserimento della descritta **clausola di inadempimento** è certamente facoltativo: d'altra parte, complice anche la diversa forza contrattuale intercorrente tra il consumatore e l'istituto bancario, è difficilmente ipotizzabile il nulla osta di quest'ultimo all'erogazione di un mutuo in assenza della ricordata pattuizione. L'art. 120-*quinquiesdecies* TUB prevede che il cliente abbia il diritto di farsi assistere da un consulente per valutare la convenienza dell'inserimento, nel contratto di mutuo, della clausola di inadempimento. Quello del diritto all'assistenza è uno strumento sicuramente innovativo, di cui si potrebbe prospettare (soprattutto *de iure condendo*) la capacità espansiva in quelle fattispecie caratterizzate da un eccessivo squilibrio contrattuale fra due parti del contratto.

La disciplina appena ricordata (che prevede, fra l'altro, una serie di obblighi nella pubblicità dei contratti di credito, nonché obblighi precontrattuali dei finanziatori o degli intermediari e la necessità di verificare "il merito creditizio" prima della conclusione del contratto di credito: si vedano gli artt. 120-*octies*, 120-*novies*, 120-*decies*, 120-*undecies* TUB) trova applicazione soltanto per i contratti sottoscritti successivamente all'entrata in vigore della legge, senza possibilità di estensione ai finanziamenti erogati precedentemente all'approvazione del testo.

Resta ferma la possibilità di accedere al **Fondo di solidarietà per l'acquisto della prima casa**, il quale consente a determinate categorie di mutuatari (si pensi a coloro che abbiano perso il posto di lavoro o a coloro che siano interessati da un sopraggiunto handicap grave o condizione di non autosufficienza) di sospendere il pagamento delle rate per diciotto mesi (l. n. 244/2007; l. n. 92/2012; d.m. 22.2.2013, n. 37).

In relazione all'emergenza legata alla diffusione del Covid-19, sono stati emanati nel corso del tempo alcuni provvedimenti specifici (d.l. n. 9/2020; d.l. n. 18/2020). Inoltre, per tutto il 2022, con la l. 30.12.2021, n. 234 (legge di bilancio per il 2022) si è stabilito di prorogare le misure di sostegno per le famiglie, lavoratori autonomi e liberi professionisti previste per fronteggiare le difficoltà economiche derivanti dalla diffusione della pandemia. In particolare, è stata prorogata la possibilità di sospendere il pagamento delle rate del mutuo accedendo al Fondo di Solidarietà per i mutui ipotecari per l'acquisto della prima casa (c.d. Fondo Gasparrini).

295.1. *Il mutuo di scopo.*

Con l'espressione **mutuo di scopo** si suole indicare, nella prassi, un finanziamento bancario erogato in vista della realizzazione di specifici obiettivi da parte del mutuatario (si pensi all'acquisto di una casa di abitazione o alla costruzione o all'allargamento di stabilimenti industriali). È nullo quel mutuo di scopo stipulato con l'accordo, tra l'istituto di credito e il mutuatario, di utilizzare la provvista per una finalità diversa da quella espressa nell'atto, ivi compresa quella di estinguere debiti in precedenza contratti con l'istituto mutuante (Cass., 19.10.2017, n. 24699; Trib. Foggia, 24.9.2019).

Il mutuo di scopo può essere **convenzionale** oppure rinvenire la propria fonte in una norma di legge (si pensi alle leggi speciali nel settore edilizio o alberghiero). Si è visto, in precedenza, come il mutuo ordinario si configuri come un contratto restitutorio: il mutuatario dovrà restituire la somma prestata, maggiorata degli interessi. Nel mutuo di scopo, invece, il mutuatario non ha soltanto l'obbligo restitutorio, ma anche quello di impiegare le somme secondo le speciali finalità indicate. Per questa ragione, si sottolinea fra gli interpreti come il contratto di mutuo di scopo possa essere risolto per inadempimento allorché la somma di denaro sia stata utilizzata per finalità differenti rispetto a quelle convenute; si potrà avere, inoltre, la risoluzione per impossibilità sopravvenuta allorché lo scopo speciale non sia più realizzabile.

Ed ancora, la risoluzione dell'atto giuridico negoziale collegato (come, ad esempio, la compravendita immobiliare) determina pure la risoluzione dell'atto di mutuo (sul collegamento negoziale, in materia, si veda Cass., 19.7.2012, n. 12454).

Per i giudici di legittimità il mutuo di scopo costituisce un contratto consensuale, oneroso ed atipico, diretto ad assolvere ad una funzione creditizia; in esso, la consegna di una determinata quantità di denaro costituisce l'obbligazione del finanziatore, anziché elemento costitutivo del contratto (Cass., 3.12.2007, n. 25180; si veda anche App. Bari, 17.1.2022).

Capitolo 46
I CONTRATTI ALEATORI

296. La rendita perpetua.

I **contratti aleatori**, lo si è già visto, sono quei contratti in cui l'entità o l'esistenza di alcune prestazioni dipendono da un elemento incerto: il rischio contrattuale, dunque, entra nella causa del contratto. Sono contratti aleatori la rendita vitalizia, il contratto di assicurazione, il giuoco e la scommessa. Non è aleatoria la rendita perpetua, che pure è trattata, in questa sede, per la sua vicinanza alla rendita vitalizia.

L'espressione rendita, in una prima accezione, indica il contratto da cui il rapporto di rendita deriva (artt. 1861-1881 cod. civ., relativi alla "rendita perpetua" e alla "rendita vitalizia"). In una seconda e più ampia accezione, la rendita indica qualunque prestazione periodica avente per oggetto denaro o cose fungibili, che può avere origine anche da titoli diversi dal contratto.

Venendo alla disciplina contrattuale, si abbia riguardo, in primo luogo, alla **definizione** di **rendita perpetua**. Per il codice civile con il contratto di rendita perpetua una parte conferisce all'altra il diritto di esigere in **perpetuo** la prestazione periodica di una somma di denaro o di una certa quantità di altre cose fungibili, quale corrispettivo dell'alienazione di un immobile o della cessione di un capitale (art. 1861, 1° co., cod. civ.).

Esempio. Due parti concludono un contratto di rendita perpetua. Si stabilisce che una parte trasferisca un immobile all'altra: la parte che acquista la titolarità dell'immobile, invece di corrispondere direttamente una somma di denaro, si obbliga a pagare in perpetuo una somma di denaro alla controparte o ai suoi eredi.

La rendita perpetua si dice **fondiaria** se consiste nell'alienazione di un immobile; si dice **semplice** se viene ceduto un capitale (art. 1863 cod. civ.). La rendita semplice deve essere garantita con ipoteca sopra un immobile; altrimenti il capitale è ripetibile (art. 1864 cod. civ.).

La rendita perpetua è un'obbligazione senza limite di tempo. Il codice, dunque, attribuisce il **diritto di riscatto** della rendita perpetua: essa è redimibile a volontà del debitore (questa è l'espressione utilizzata dal codice), nonostante qualunque convenzione contraria (art. 1865, 1° co., cod. civ.). Le parti possono tuttavia convenire che il riscatto non possa eseguirsi durante la vita del beneficiario o prima di un certo termine, il quale non può eccedere i dieci anni nella rendita semplice e i trenta anni nella rendita fondiaria (art. 1865, 2° co., cod. civ.). Può anche stipularsi che il debitore non esegua il riscatto senza averne dato preavviso al beneficiario. Il termine di preavviso non può eccedere l'anno (art. 1865, 3° co., cod. civ.). Se sono convenuti termini più lunghi, essi si riducono nei limiti sopra indicati (art. 1865, 4° co., cod. civ.).

Il riscatto della rendita semplice e della rendita fondiaria si effettua mediante il pagamento della somma che risulta dalla capitalizzazione della rendita annua sulla base dell'interesse legale (art. 1866, 1° co., cod. civ.). Le modalità del riscatto sono stabilite dalle leggi speciali (art. 1866, 2° co., cod. civ.).

Il **riscatto volontario** viene definito come un "negozio giuridico reale": esso, infatti, non si perfeziona con la sola dichiarazione, richiedendo anche la dazione effettiva del capitale del riscatto.

Altre disposizioni, invece, prevedono il **riscatto forzoso**. Il debitore di una rendita perpetua può essere costretto al riscatto: (1) se è in mora nel pagamento di due annualità di rendita; (2) se non ha dato al creditore le garanzie promesse, o se, venendo a mancare quelle già date, non ne sostituisce altre di uguale sicurezza; (3) se, per effetto di alienazione o divisione, il fondo su cui è garantita la rendita è diviso fra più di tre persone (art. 1867 cod. civ.). Si fa pure luogo al riscatto forzoso della rendita nel caso d'insolvenza del debitore, salvo che, essendo stato alienato il fondo su cui era garantita la rendita, l'acquirente se ne sia assunto il debito o si dichiari pronto ad assumerlo (art. 1868 cod. civ.).

Mentre nel riscatto volontario la dichiarazione del debitore non produce alcun effetto, se non accompagnata dal pagamento, nel riscatto forzoso la dichiarazione del debitore produce una modifica del contenuto del rapporto: a seguito di essa sorge l'obbligo del debitore di pagare la somma di denaro risultante dalla predetta capitalizzazione.

È previsto, infine, che il debitore della rendita o di ogni altra prestazione annua che debba o possa durare oltre i dieci anni, deve fornire a proprie spese al titolare, se questo lo richiede, un nuovo documento, trascorsi nove anni dalla data del precedente (art. 1870 cod. civ.).

L'atto ricognitivo è un atto di accertamento giacché il debitore conferma la situazione giuridica preesistente. La ricognizione serve a provare l'esistenza del rapporto (art. 2720 cod. civ.), facilitando in questo modo la realizzazione del credito nelle successive generazioni; interrompe, inoltre, il decorso della prescrizione (art. 2944 cod. civ.). A quest'ultimo proposito va sottolineato come la rendita sia soggetta a due termini di prescrizione: la prescrizione decennale ordinaria (art. 2946 cod. civ.), che riguarda il diritto alla rendita capitale; la prescrizione quinquennale (art. 2948, 1° co., cod. civ.), che riguarda le singole prestazioni.

296.1. *La rendita vitalizia.*

La **rendita vitalizia**, la quale può avere diverse fonti, è quel rapporto che ha per oggetto la prestazione periodica di una somma di denaro o di una determinata quantità di cose fungibili, per un periodo di tempo che non è certo: la prestazione è infatti legata alla morte di una persona determinata. Qui si avrà riguardo alla rendita vitalizia che nasce da contratto oneroso (essa, peraltro, può derivare anche da donazione o da testamento: in questo caso si osservano le norme stabilite dalla legge per tali atti: art. 1872, 2° co., cod. civ.).

La rendita vitalizia può essere costituita a titolo oneroso mediante alienazione di un bene mobile, di un bene immobile o mediante cessione di capitale (art. 1872, 1° co., cod. civ.). Il codice civile non specifica l'oggetto della prestazione, ma esso si ricava dalla disciplina della rendita perpetua (art. 1861 cod. civ., che fa riferimento ad una somma di denaro o ad una certa quantità di altre cose fungibili).

I soggetti del rapporto sono il c.d. **vitaliziante** (il debitore di una prestazione periodica) ed il c.d. **vitaliziato** (il creditore della prestazione), sulla cui vita è commisurato di solito (ma non necessariamente) il limite temporale del rapporto in esame. È previsto che la rendita vitalizia possa costituirsi per la durata della vita del beneficiario o di altra persona (art. 1873, 1° co., cod. civ.). Essa può costituirsi anche per la durata della vita di più persone (art. 1873, 2° co., cod. civ.). Se la rendita è costituita a favore di più persone, la parte spettante al creditore premorto si accresce a favore degli altri, salvo patto contrario (art. 1874 cod. civ.). La rendita vitalizia costituita a favore di un terzo, ancorché comporti per questo una liberalità, non richiede le forme stabilite per la donazione (art. 1875 cod. civ.). Il contratto è nullo se la rendita è costituita per la durata della vita di una persona che, al tempo del contratto, aveva già cessato di vivere (art. 1876 cod. civ.).

La disciplina della risoluzione del contratto di vitalizio deroga, sotto due aspetti, a quella generale (artt. 1453 ss. cod. civ.: §§ 244 ss.).

È previsto, in primo luogo, che il creditore di una rendita vitalizia costituita a titolo oneroso possa chiedere la risoluzione del contratto se il promittente non gli dà o diminuisce le garanzie pattuite (art. 1877 cod. civ.). Non si applica, qui, la regola della non scarsa importanza dell'inadempimento (art. 1455 cod. civ.).

In secondo luogo, è stabilito che in caso di mancato pagamento delle rate di rendita scadute, il creditore della rendita, anche se è lo stesso stipulante, non possa domandare la risoluzione del contratto, ma possa far sequestrare e vendere i beni del suo debitore, affinché con il ricavato della vendita "si faccia l'impiego di una somma sufficiente ad assicurare il pagamento della rendita" (art. 1878 cod. civ.).

La norma si spiega considerando la **funzione** prevalentemente **previdenziale** della rendita vitalizia: quanto previsto dal contratto in considerazione, in sostanza, rappresenta per il vitaliziato il solo mezzo per il suo sostentamento; pertanto, la risoluzione e la conseguente restituzione di ciò che è stato già percepito potrebbe costituire, per lo stesso, un pregiudizio eccessivo.

Nella rendita vitalizia è vietato, salvo patto contrario, il riscatto (art. 1879, 1° co., cod. civ.). Il debitore, anzi, è tenuto a pagare la rendita per tutto il tempo per il quale è stata costituita, per quanto gravosa sia divenuta la prestazione (art. 1879, 2° co., cod. civ.).

Quanto alle modalità di pagamento della rendita, è previsto che la rendita vitalizia costituita mediante contratto sia dovuta al creditore in proporzione del numero dei giorni vissuti da colui sulla vita del quale è costituita (art. 1880, 1° co., cod. civ.). Se però è stato convenuto di pagarla a rate anticipate, ciascuna rata si acquista dal giorno in cui è scaduta (art. 1880, 2° co., cod. civ.).

Infine, quando la rendita vitalizia sia costituita a titolo gratuito, si può disporre che essa non sia soggetta a pignoramento o a sequestro, entro i limiti del bisogno alimentare del creditore (art. 1881 cod. civ.).

297. Il contratto di assicurazione. Nozione e funzione.

Il contratto di **assicurazione** ha **origini** antiche. Già alla fine dell'XI secolo erano diffuse, nel commercio, alcune clausole riguardanti il "rischio marino". La merce destinata alla navigazione era assicurata attraverso la clausola "salvi in terra"; non vi era, invece, alcuna assunzione di rischio se il contratto conteneva la clausola "a rischio, pericolo e fortuna di mare e di genti".

Non mancavano, però, le frodi: si finiva per assicurare le navi vuote, asserendo che erano piene; si assicuravano, ancora, navi vecchie, considerandole nuove. L'esito del viaggio diventava una vera e propria scommessa. Si cominciò ben presto ad avvertire l'esigenza di reprimere le frodi e di delineare meglio la figura dell'assicurazione, anche per distinguerla dalla scommessa.

Ben presto, dunque, venne stabilita la forma scritta della polizza assicurativa, la sua sottoposizione ad un controllo pubblico ufficiale, il pagamento del premio anticipato, la nullità dei contratti assicurativi successivi al primo. Le esigenze del commercio e la necessità di reprimere le frodi consigliarono di regolamentare la figura dell'assicurazione.

Nel corso del tempo è stata sempre più avvertita la necessità di disciplinare, in maniera puntuale, il contratto di assicurazione: ciò vale soprattutto nei tempi moderni, in relazione alle esigenze ed alle istanze dei sistemi industriali e post-industriali. Nel nostro sistema il contratto di assicurazione è un tipico contratto aleatorio, regolato dal codice civile (artt. 1882-1932 cod. civ.) nonché dal "Codice delle assicurazioni private" (d.lgs. 7.9.2005, n. 209 e successive modificazioni).

Si cominci dalla **definizione**. L'assicurazione è il contratto con cui una parte (**assicuratore**), verso il pagamento di un premio, si obbliga a rivalere un'altra parte (l'**assicurato**), entro i limiti convenuti, del danno ad esso prodotto da un sinistro, ovvero a pagare un **capitale** o una rendita al verificarsi di un evento attinente alla vita umana (art. 1882 cod. civ.).

Si tratta di un'operazione con cui, attraverso i contributi di soggetti esposti ad eventi economicamente sfavorevoli, si raccoglie del denaro da mettere a loro disposizione per il caso in cui tali eventi si verifichino. Il carattere fondamentale dell'assicurazione è, dunque, la **copertura** del **rischio**, che caratterizza tale figura non solo da un punto di vista economico ma anche da quello giuridico.

L'assicuratore trae un lucro dalla conclusione del contratto di assicurazione: è vero, infatti, che sarà chiamato a corrispondere un capitale o una rendita al verificarsi di un determinato evento; è altrettanto vero, però, che lo stesso riceve periodicamente il pagamento di una somma da parte dell'assicurato (i premi). I premi ricevuti tendono a superare l'ammontare delle somme che l'assicurazione deve corrispondere al verificarsi del rischio assicurato.

L'importanza sociale ed economica del contratto di assicurazione (un atto di previdenza per l'assicurato; un'operazione economica per l'assicuratore), ha indotto il legislatore a consentire l'esercizio dell'attività assicurativa soltanto a determinati soggetti (un istituto di diritto pubblico, una società per azioni, una mutua assicuratrice: artt. 1883 e 1884 cod. civ.). Le assicurazioni, inoltre, sono soggette ad un'autorità di vigilanza: l'IVASS (Istituto per la vigilanza sulle Assicurazioni), succeduto all'ISVAP a partire al 1° gennaio 2013.

Ciascuna impresa di assicurazione, autorizzata ad esercitare il ramo "responsabilità civile autoveicoli terrestri", è tenuta a trasmettere all'autorità di vigilanza, con cadenza annuale, una relazione dettagliata circa il numero dei sinistri per i quali si è ritenuto di svolgere approfondimenti in relazione al rischio di frodi, il numero delle querele o denunce presentate all'autorità giudiziaria, l'esito dei conseguenti procedimenti penali, nonché in ordine alle misure organizzative interne adottate o promosse per contrastare le frodi (art. 30, 1° co., d.l. n. 1/2012, comma modificato dall'art. 1, 1° co., l. n. 27/2012, in sede di conversione).

È bene precisare che, nel prosieguo del discorso, ci si riferirà esclusivamente alle **assicurazioni private** e non alle assicurazioni sociali (quelle, cioè, che attuano obbligatoriamente una forma di previdenza del lavoratore, contro l'invalidità, le malattie, la vecchiaia e così via).

297.1. *La stipula del contratto di assicurazione. Il suo contenuto.*

Il contratto di assicurazione richiede la forma scritta *ad probationem* (art. 1888 cod. civ.: Trib. Taranto, 5.4.2022). L'assicuratore è tenuto a consegnare all'assicurato un documento, la **polizza**, che può essere all'ordine o al portatore (art. 1889 cod. civ.).

Occorre considerare, inoltre, che di regola le **condizioni generali** del **contratto** sono predisposte, unilateralmente, dall'assicuratore: trova applicazione, allora, la disciplina codicistica sui contratti per adesione (artt. 1341, 1342 cod. civ.) nonché quella del Codice del Consumo (artt. 33 ss. Cod. Cons.), allorché **l'assicurato** sia un **consumatore**.

Quanto al contenuto del contratto, va ricordato che il rischio è l'elemento essenziale della figura in esame e che l'assicuratore, di solito, non può procurarsi direttamente le notizie necessarie per la stima del rischio. Si deve rimettere, in sostanza, alla lealtà dell'altro contraente.

Il legislatore, pertanto, ha avvertito la necessità di tutelare l'assicuratore contro la possibilità di dichiarazioni inesatte o di reticenze dell'assicurato.

Occorre distinguere tra **dichiarazioni inesatte** e **reticenze** con dolo o colpa grave (art. 1892 cod. civ.) e dichiarazioni inesatte e reticenze senza dolo o colpa grave (art. 1893 cod. civ.).

È previsto che le dichiarazioni inesatte e le reticenze del contraente, relative a situazioni tali che l'assicuratore non avrebbe dato il suo consenso o non lo avrebbe dato alle medesime condizioni se avesse conosciuto il vero stato delle cose, sono causa di annullamento del contratto quando il contraente ha agito con dolo o con colpa grave (art. 1892, 1° co., cod. civ.).

Esempio. Viene stipulata un'assicurazione contro l'incendio di un immobile. Una clausola del contratto di assicurazione (*false or incomplete disclosure*) prevede che tutte le strutture dell'immobile debbano essere di materiale incombustibile. Nel sottoscrivere il contratto, peraltro, l'assicurato tace volutamente l'esistenza di strutture di legno. Il contratto è annullabile.

L'assicuratore decade dal diritto di impugnare il contratto se, entro tre mesi dal giorno in cui ha conosciuto l'inesattezza della dichiarazione o la reticenza, non dichiara al contraente di volere esercitare l'impugnazione (art. 1892, 2° co., cod. civ.; Cass., 21.1.2020, n. 1166).

L'assicuratore ha diritto ai premi relativi al periodo di assicurazione in corso al momento in cui ha domandato l'annullamento e, in ogni caso, al premio convenuto per il primo anno. Se il sinistro si verifica prima che sia decorso il termine indicato, egli non è tenuto a pagare la somma assicurata (art. 1892, 3°co., cod. civ.).

Se l'assicurazione riguarda più persone o più cose, il contratto è valido per quelle persone o per quelle cose alle quali non si riferisce la dichiarazione inesatta o la reticenza (art. 1892, 4° co., cod. civ.).

Si considerino, invece, le dichiarazioni inesatte e le reticenze senza dolo o colpa grave. Se il contraente ha agito senza dolo o colpa grave, le dichiarazioni inesatte e le reticenze non sono causa di annullamento del contratto, ma l'assicuratore può recedere dal contratto stesso, mediante dichiarazione da farsi all'assicurato nei tre mesi dal giorno in cui ha conosciuto l'inesattezza della dichiarazione o la reticenza (art. 1893, 1° co., cod. civ.).

Se il sinistro si verifica prima che l'inesattezza della dichiarazione o la reticenza sia conosciuta dall'assicuratore, o prima che questi abbia dichiarato di recedere dal contratto, la somma dovuta è ridotta in proporzione della differenza tra il premio convenuto e quello che sarebbe stato applicato se si fosse conosciuto il vero stato delle cose (art. 1893, 2° co., cod. civ.).

Il codice collega specifiche conseguenze alla comunicazione, da parte del contraente, della diminuzione o dell'aggravamento del rischio durante lo svolgimento del rapporto contrattuale (artt. 1897 e 1898 cod. civ.). In particolare, la comunicazione dell'aggravamento del rischio (tale che, se il nuovo stato di cose fosse esistito e fosse stato conosciuto dall'assicuratore al momento della conclusione del contratto, quest'ultimo non avrebbe consentita l'assicurazione o l'avrebbe consentita per un premio più elevato), attribuisce all'assicuratore il diritto di recedere dal contratto (art. 1898, 1° e 2° co., cod. civ.). Il contratto di assicurazione, invece, si scioglie se il rischio cessa di esistere dopo la conclusione del contratto.

297.2. *La durata dell'assicurazione.*

Il codice regola la **durata** del contratto di assicurazione (art. 1899 cod. civ., il cui terzo comma prevede che tale disposizione non si applica alle assicurazioni sulla vita).

L'assicurazione ha effetto dalle ore ventiquattro del giorno della conclusione del contratto alle ore ventiquattro dell'ultimo giorno della durata stabilita nel contratto stesso. L'assicuratore, in alternativa ad una copertura di durata annuale, può proporre una copertura di durata poliennale a fronte di una riduzione del premio rispetto a quello previsto per la stessa copertura dal contratto annuale. In questo caso, se il contratto supera i cinque anni, l'assicurato, trascorso il quinquennio, ha facoltà di recedere dal contratto con preavviso di sessanta giorni e con effetto dalla fine dell'annualità nel corso della quale la facoltà di recesso è stata esercitata (art. 1899, 1° co., cod. civ.).

Il contratto può essere tacitamente prorogato una o più volte, ma ciascuna proroga tacita non può avere una durata superiore a due anni (art. 1899, 2° co., cod. civ.).

Se il sinistro si verifica prima della stipula del contratto assicurativo, la compagnia non può essere condannata al risarcimento dei danni; ciò vale anche nel caso in cui la polizza risulti retrodatata, posto che la mancanza del rischio per il periodo precedente alla stipula del contratto rende nullo il contratto per tale periodo (così Cass., 30.6.2011, n. 14410).

297.3. *I diversi tipi di assicurazione: classificazione.*

Sulla base dell'art. 1882 cod. civ. si ritiene che possano individuarsi due categorie di assicurazioni: l'**assicurazione contro i danni** e quella **sulla vita**.

Rientrano nell'assicurazione contro i danni quelle assicurazioni in cui l'assicuratore si obbliga a risarcire un danno subìto dall'assicurato in relazione alla perdita o anche al deterioramento di un bene; sono comprese nella categoria, ancora, quelle assicurazioni in cui l'assicuratore si obbliga a risarcire un danno che l'assicurato subisce in quanto incorre in responsabilità civile o contrattuale verso un terzo. All'assicurazione contro i danni si applica il c.d. **principio indennitario**: "l'assicuratore è tenuto a risarcire, nei modi e nei limiti stabiliti dal contratto, il danno sofferto dall'assicurato in conseguenza del sinistro" (art. 1905, 1° co., cod. civ.). Il principio indennitario è inderogabile dalle parti, in quanto espressione, a sua volta, di un principio di ordine pubblico: non è dunque possibile che la realizzazione dell'evento assicurato comporti un vantaggio economico per l'assicurato (Cass., 20.6.2019, n. 16580; Cass., Sez. Un., 22.5.2018, n. 12565).

Rientrano, invece, nell'assicurazione sulla vita quei contratti in cui la prestazione dell'assicuratore sia subordinata al verificarsi della fine della vita umana (assicurazione per il caso di morte) o al raggiungimento di una determinata età (assicurazione per il caso di vita). Quando le due assicurazioni appena ricordate si combinano si ha la c.d. assicurazione mista.

Ci si occuperà, in primo luogo, dell'assicurazione contro i danni; successivamente si studierà quella sulla vita.

297.4. *L'assicurazione contro i danni.*

L'assicurazione contro i danni, si è detto, è retta dal principio indennitario. Sono diverse le disposizioni codicistiche che costituiscono l'applicazione di questo principio.

Viene in rilievo, in primo luogo, il già ricordato art. 1905, 1° co., cod. civ. Inoltre, è previsto che nell'accertare il danno non si possa attribuire alle **cose perite** o **danneggiate** un valore superiore a quello che aveva al tempo del sinistro (art. 1908, 1° co., cod. civ.). Il valore delle cose assicurate può essere tuttavia stabilito al tempo della conclusione del contratto, attraverso una stima accettata per iscritto dalle parti (art. 1908, 2° co., cod. civ.).

L'assicurazione per una somma che eccede il valore reale della cosa assicurata non è valida, se vi è stato dolo da parte dell'assicurato; l'assicuratore, se è in buona fede, ha diritto ai premi del periodo di assicurazione in corso (art. 1909, 1° co., cod. civ.). Se non vi è stato dolo da parte del contraente, il contratto ha effetto fino alla concorrenza del valore reale della cosa assicurata, e il contraente ha diritto di ottenere per l'avvenire una proporzionale riduzione del premio (art. 1909, 2° co., cod. civ.).

Se per il medesimo rischio sono contratte separatamente più assicurazioni presso diversi assicuratori, l'assicurato deve dare avviso di tutte le assicurazioni a ciascun assicuratore (art. 1910, 1° co., cod. civ.). Se l'assicurato omette dolosamente di dare l'avviso, gli assicuratori non sono tenuti a pagare l'indennità (art. 1910, 2° co., cod. civ.). Nel caso di sinistro, l'assicurato deve darne avviso a tutti gli altri assicuratori, indicando a ciascuno il nome degli altri. L'assicurato può chiedere a ciascun assicuratore l'indennità dovuta secondo il rispettivo contratto, purché le somme complessivamente riscosse non superino l'ammontare del danno (art. 1910, 3° co., cod. civ.).

L'assicuratore che ha pagato l'indennità è surrogato, fino alla concorrenza dell'ammontare di essa, nei diritti dell'assicurato verso i terzi responsabili (art. 1916, 1° co., cod. civ.; Cass., 5.3.2019, n. 6315). È un caso, questo, di **surrogazione legale**.

Il contratto di assicurazione contro i danni è **nullo** se, nel momento in cui l'assicurazione deve avere inizio, non esiste un interesse dell'assicurato al risarcimento del danno (art. 1904 cod. civ.).

Esempio. Viene concluso, da parte del Sig. Rossi, un contratto di assicurazione per i danni ad un bene del Sig. Bianchi, la cui perdita o il deterioramento è del tutto indifferente per il patrimonio del Sig. Rossi. Il contratto è nullo ai sensi dell'art. 1904 cod. civ.

Sono inoltre nulli i contratti di assicurazione che hanno per oggetto il trasferimento del rischio di pagamento delle sanzioni amministrative e quelli che riguardano il prezzo del riscatto in caso di sequestro di persona (art. 12, 1° co., Cod. delle Assicurazioni).

297.5. *La c.d. assicurazione della responsabilità civile.*

Rientra nella categoria delle assicurazioni contro i danni anche la c.d. **assicurazione della responsabilità civile**. Si tratta di un contratto con cui l'assicuratore si obbliga a tenere indenne l'assicurato di quanto questi, in conseguenza di un fatto accaduto durante il tempo dell'assicurazione, debba pagare ad un terzo in dipendenza della responsabilità dedotta nel contratto. Sono esclusi i danni derivanti da fatti dolosi (art. 1917, 1° co., cod. civ.).

L'assicuratore ha facoltà, previa comunicazione all'assicurato, di pagare direttamente al terzo danneggiato l'indennità dovuta, ed è obbligato al pagamento diretto se l'assicurato lo richiede (art. 1917, 2° co., cod. civ.). L'assicurato, convenuto dal danneggiato, può chiamare in causa l'assicuratore (art. 1917, 4° co., cod. civ.; sulle spese per resistere all'azione del danneggiato contro l'assicurato si veda l'art. 1917, 3° co., cod. civ.).

L'obbligo dell'assicuratore è contenuto entro un limite previsto nel contratto stesso (il c.d. "**massimale**"), che di solito è commisurato all'entità del rischio e all'ammontare del premio pagato. Il massimale contrattualmente stabilito rappresenta un elemento costitutivo della pretesa fatta valere dall'assicurato, con la conseguenza che dell'esistenza di esso è onere dell'assicurato dare la prova (Cass., 17.5.2011, n. 10811).

In alcuni casi previsti dal legislatore l'assicurazione non è una libera scelta dell'assicurato ma è obbligatoria: si fa riferimento, in particolare, **all'assicurazione obbligatoria** della responsabilità derivante dalla **circolazione** dei **veicoli a motore e dei natanti** (l. 24.12.1969, n. 990; oggi le relative norme, frutto di modifiche nel corso del tempo, sono contenute nel Codice delle assicurazioni private: artt. 122 ss.).

In sintesi, per poter mettere legittimamente in circolazione un veicolo a motore è necessario, previamente, stipulare un contratto di assicurazione che garantisca il risarcimento dei danni che il veicolo dovesse causare a terzi. La violazione di questa prescrizione è sanzionata anche penalmente. Il contratto di assicurazione obbligatoria ha durata annuale (o, su richiesta dell'assicurato, di anno più frazione). Si risolve automaticamente alla sua scadenza naturale e non può essere tacitamente rinnovato (art. 170-*bis*, 1° co., Cod. delle Assicurazioni). Si deve precisare che l'assicurazione della responsabilità civile autoveicoli opera anche quando il sinistro e il relativo danno dall'uso dell'auto si verificano su strade che non siano pubbliche o di uso pubblico, ma "private": ci si riferisce, in quest'ultimo caso, a quegli spazi in cui il veicolo può essere utilizzato in modo conforme alla sua funzione abituale (Cass., Sez. Un., 30.7.2021, n. 21983).

Il danneggiato per sinistro causato dalla circolazione di un veicolo o natante, per i quali vi è obbligo di assicurazione, ha **azione diretta** per il risarcimento del danno nei confronti dell'impresa di assicurazione del responsabile civile, entro i limiti delle somme per le quali è stata stipulata l'assicurazione (art. 144 Cod. delle Assicurazioni; sulla procedura di risarcimento si veda l'art. 148 Cod. delle Assicurazioni).

Si tratta di una deroga alla regola generale secondo cui l'assicurazione contro la responsabilità civile è un contratto stipulato per conto dello stesso responsabile e non per conto del terzo danneggiato; gli effetti giuridici dell'assicurazione, dunque, sono limitati alla sfera dell'assicuratore e dell'assicurato.

Nel Codice delle assicurazioni private è attualmente previsto anche il c.d. **risarcimento diretto** (art. 149 Cod. delle Assicurazioni; si veda pure il d.p.r. 18.7.2006, n. 254, recante la "disciplina sul risarcimento dei danni derivanti dalla circolazione stradale, a norma dell'art. 150 del d.lgs. 7.9.2005, n. 209").

Tale procedura si applica ai sinistri avvenuti nel territorio dello Stato, tra due veicoli a motore, non immatricolati all'estero, identificati e assicurati per la responsabilità civile obbligatoria, dalla quale siano derivati danni al veicolo o lesioni di lieve entità ai loro conducenti (danno biologico fino al 9%), senza il coinvolgimento di altri veicoli responsabili.

Il danneggiato, in questi casi, ha la possibilità (e non l'obbligo: Corte cost., n. 180/2009) di rivolgersi alla propria compagnia assicuratrice; questa, "a seguito della presentazione della richiesta di risarcimento diretto, è obbligata a provvedere alla liquidazione dei danni per conto dell'impresa di assicurazione del veicolo responsabile, ferma la successiva regolazione dei rapporti tra le imprese medesime" (art. 149, 3° co., Cod. delle Assicurazioni). Il danneggiato, qualora la compagnia abbia respinto la domanda di risarcimento del danno, oppure la stessa non abbia comunicato l'offerta o vi sia stato il diniego dell'offerta nei termini previsti o, ancora, non si sia giunti ad un accordo, può esperire azione nei soli confronti della propria impresa di assicurazione. Tuttavia, la compagnia di assicurazione del veicolo responsabile può chiedere di intervenire nel giudizio e può estromettere l'altra impresa, riconoscendo la responsabilità del proprio assicurato, ferma restando la successiva regolazione dei rapporti tra le imprese (art. 149, 6° co., Cod. delle Assicurazioni).

Nella procedura di risarcimento diretto appena ricordata, promossa dal danneggiato nei confronti del proprio assicuratore, sussiste litisconsorzio necessario rispetto al danneggiante responsabile (Cass., 4.4.2022, n. 10763).

È costituito un "**Fondo** per le **vittime della strada**", che ha lo scopo di provvedere al risarcimento dei danni causati da veicoli o natanti non identificati o non assicurati, veicoli o natanti assicurati con imprese poste in liquidazione coatta amministrativa, veicoli posti in circolazione contro la volontà del proprietario (art. 283 Cod. delle Assicurazioni).

Il danneggiato che promuove richiesta di risarcimento nei confronti del Fondo, sul presupposto che il sinistro sia stato cagionato da veicolo o natante non identificato, ha l'onere di provare sia che il sinistro si è verificato per condotta dolosa o colposa del conducente di un altro veicolo o natante, sia che questo è rimasto sconosciuto (Cass., 13.7.2011, n. 15367). L'omessa denuncia dell'accaduto all'autorità di polizia o inquirente non è sufficiente, in sé, a rigettare la domanda di risarcimento proposta nei confronti dell'impresa designata dal Fondo; allo stesso modo, la presentazione di denuncia o querela contro ignoti non vale, di per sé, a dimostrare che il sinistro sia senz'altro accaduto. Entrambe le circostanze possono, al più, costituire meri indizi dell'effettivo avveramento del sinistro (Cass., 11.4.2022, n. 11656).

La legge 4 agosto 2017, n. 124 ha apportato alcune significative modifiche ed aggiunte al Codice delle Assicurazioni. Ai fini che qui interessano va ricordato il nuovo art. 145-*bis*, rubricato "Valore probatorio delle c.d. '**scatole nere**' e di altri dispositivi elettronici". Prevede, il primo commo di tale disposizione, che quando uno dei veicoli coinvolti in un incidente risulti dotato di un dispositivo elettronico che presenta determinate caratteristiche previste dalla legge, "le risultanze del dispositivo formano piena prova, nei procedimenti civili, dei fatti a cui essi si riferiscono, salvo che la parte contro la quale sono state prodotte dimostri il mancato funzionamento o la manomissione del predetto dispositivo".

Ed ancora, nel tentativo si scoraggiare i sempre più frequenti **fenomeni fraudolenti**, l'impresa di assicurazione del responsabile civile provvede alla consultazione dell'archivio informatico al fine di rilevare la possibile esistenza di "indici di anomalia". Indicatori di frode possono ricavarsi anche dai ricordati dispositivi elettronici o, in sede di perizia, allorché risulti documentata l'incongruenza del danno dichiarato dal richiedente. In tutti questi casi l'impresa di assicurazione può decidere di non fare offerta di risarcimento, motivando tale decisione con la necessità di condurre ulteriori approfondimenti in relazione al sinistro. L'azione in giudizio, prevista dall'art. 145 del Codice (su cui Cass., 31.5.2019, n. 14873), è proponibile solo dopo la ricezione delle determinazioni conclusive dell'impresa o, in mancanza, allo spirare del termine di sessanta giorni di sospensione della procedura (art. 148, 2° co.-*bis*, Cod. delle Assicurazioni).

297.6. *L'assicurazione sulla vita.*

Con il contratto di **assicurazione sulla vita propria** l'assicuratore, in relazione agli eventi della vita dell'assicurato (morte, raggiungimento di una certa età), assume l'obbligo di corrispondere un capitale o una rendita al contraente o ad un terzo, dietro corrispettivo di un premio unico o periodico.

Avendo riguardo alla natura del rischio, si distingue, in primo luogo, l'assicurazione per il caso di morte da quella per il caso di sopravvivenza. Nella prima la morte determina la prestazione dell'assicuratore.

Esempio. Il Sig. Rossi conclude con l'assicuratore un contratto di assicurazione. In esso si stabilisce che l'impresa assicuratrice dovrà corrispondere una determinata somma alla moglie del Sig. Rossi, per il caso di morte del marito.

Nella seconda assicurazione, l'assicuratore è tenuto alla prestazione se, ad un'epoca stabilita, risulta la sopravvivenza dell'assicurato.

Nell'assicurazione mista, invece, l'assicuratore si obbliga ad eseguire la prestazione all'epoca stabilita, se l'assicurato sarà ancora in vita; oppure alla sua morte, qualora l'evento intervenga prima del termine stabilito, è tenuto alla prestazione se, ad un'epoca stabilita, risulta la sopravvivenza dell'assicurato.

I cambiamenti di professione o di attività dell'assicurato non fanno cessare gli effetti dell'assicurazione, qualora non aggravino il rischio in modo tale che, se il nuovo stato di cose fosse esistito al tempo del contratto, l'assicuratore non avrebbe consentito l'assicurazione (art. 1926, 1° co., cod. civ.). Qualora i cambiamenti siano di tale natura che, se il nuovo stato di cose fosse esistito al tempo del contratto, l'assicuratore avrebbe consentito l'assicurazione per un premio più elevato, il pagamento della somma assicurata è ridotto in proporzione del minor premio convenuto in confronto di quello che sarebbe stato stabilito (art. 1926, 2° co., cod. civ.).

Se l'assicurato dà notizia dei suddetti cambiamenti all'assicuratore, questi, entro quindici giorni, deve dichiarare se intende far cessare gli effetti del contratto ovvero ridurre la somma assicurata o elevare il premio (art. 1926, 3° co., cod. civ.). Se l'assicuratore dichiara di voler modificare il contratto in uno dei due sensi indicati, l'assicurato, entro quindici giorni successivi, deve dichiarare se intende accettare la proposta (art. 1926, 4° co., cod. civ.). Se l'assicurato dichiara di non accettare, il contratto è risolto, salvo il diritto dell'assicuratore al premio relativo al periodo di assicurazione in corso e salvo il diritto dell'assicurato al riscatto. Il silenzio dell'assicurato vale come adesione alla proposta dell'assicuratore (art. 1926, 5° co., cod. civ.).

In caso di **suicidio** dell'assicurato, avvenuto prima che siano decorsi due anni dalla stipulazione del contratto, l'assicuratore non è tenuto al pagamento delle somme assicurate, salvo patto contrario (art. 1927, 1° co., cod. civ.).

L'**assicurazione** può essere stipulata sulla vita propria o su quella **di un terzo** (art. 1919, 1° co., cod. civ.). L'assicurazione contratta per il caso di morte di un terzo non è valida, tuttavia, se questi o il suo legale rappresentante non dà il consenso alla conclusione del contratto. Il consenso deve essere provato per iscritto (art. 1919, 2° co., cod. civ.). La ragione del consenso del terzo è evidente: il legislatore, in tal modo, ha voluto evitare che l'assicurazione sulla vita del terzo finisca per diventare un incentivo al compimento di un'attività delittuosa (al fine specifico di ottenere un guadagno).

È valida l'assicurazione sulla vita a **favore di un terzo** (art. 1920, 1° co., cod. civ.), con cui l'assicurato destina non a se stesso ma ad un terzo il diritto alla prestazione dell'assicuratore: la figura, dunque, ha la struttura del contratto a favore del terzo.

La designazione del beneficiario può essere fatta nel contratto di assicurazione o con successiva dichiarazione scritta comunicata all'assicuratore, o per testamento (art. 1920, 2° co., cod. civ.). Per effetto della designazione il terzo acquista un diritto proprio ai vantaggi dell'assicurazione (art. 1920, 3° co., cod. civ.). La designazione del beneficiario è revocabile con le stesse forme con cui si effettua la designazione. La revoca non può però farsi dagli eredi dopo la morte del contraente, né dopo che, verificatosi l'evento, il beneficiario abbia dichiarato di voler profittare del beneficio (art. 1921, 1° co., cod. civ.). Gli credi, infatti, non hanno alcun diritto sulle somme assicurate, giacché esse costituiscono un credito acquistato originariamente dal beneficiario; semmai gli eredi possono vantare una pretesa al pagamento delle somme assicurate.

Se il contraente ha rinunciato per iscritto al potere di revoca, questa non ha effetto dopo che il beneficiario ha dichiarato al contraente di voler profittare del beneficio. La rinuncia del contraente e la dichiarazione del beneficiario devono essere comunicate per iscritto all'assicuratore (art. 1921, 2° co., cod. civ.).

Il terzo decade dal beneficio qualora attenti alla vita dell'assicurato, anche se la designazione è irrevocabile (art. 1922, 1° co., cod. civ.). Inoltre, può essere revocata la designazione irrevocabile fatta a titolo di liberalità per ingratitudine e sopravvenienza dei figli (art. 1922, 2° co., cod. civ., che richiama l'art. 800 cod. civ.).

Le somme dovute dall'assicuratore al contraente o al beneficiario non possono essere sottoposte ad azione esecutiva o cautelare (art. 1923, 1° co., cod. civ.); tale regime di impignorabilità non è escluso dalla natura di prodotto finanziario attribuibile ad una polizza vita (Trib. Verona, 17.4.2019).

297.7. *La riassicurazione.*

Il contratto di **riassicurazione** è quel contratto con cui un'impresa assicuratrice (**riassicurato**) paga un premio al fine di coprire, presso un'altra impresa (**riassicuratore**), il rischio assunto nei confronti dei propri assicurati (artt. 1928-1931 cod. civ.). In caso di verificazione dell'evento assicurato, il riassicurato corrisponderà agli assicurati la somma pattuita; tuttavia, lo stesso avrà diritto ad ottenere dal riassicuratore il rimborso, nei limiti di quanto è stato riassicurato.

Nella prassi, peraltro, accade che la riassicurazione venga stipulata dal riassicurato non di volta in volta ma con **trattati** generali, che si riferiscono a tutte (o ad alcune) assicurazioni che il riassicurato stipulerà in futuro.

La riassicurazione è una nuova assicurazione distinta da quella stipulata dal riassicurato con il cliente. D'altra parte, il presupposto della riassicurazione è l'esistenza di un valido contratto di assicurazione stipulato dal riassicurato, da cui nasce il rischio. Pertanto, tutte le vicende che riguardano il contratto di assicurazione (nullità, risoluzione, delimitazioni temporali, e così via) incidono sul contratto di riassicurazione.

298. Il giuoco e la scommessa.

Occorre distinguere, preliminarmente, la **nozione** di **giuoco** da quella di **scommessa**. Il giuoco è una competizione con finalità più o meno creativa, che ha un suo esito nella vittoria di un singolo o di una pluralità di singoli, in applicazione di determinate regole non giuridiche.

La scommessa, invece, è la promessa di una somma di denaro o di altri beni, che saranno attribuiti a colui o a coloro che abbiano previsto esattamente un determinato evento futuro ed incerto (tale evento può essere anche un gioco: ad esempio, la scommessa sulla corsa dei cavalli). Nella scommessa la somma di denaro o altri beni è dovuta al vincitore soltanto per il fatto di aver indovinato l'esito dell'evento e non per aver partecipato vittoriosamente al giuoco.

Si tratta di figure fortemente caratterizzate dall'elemento della aleatorietà.

Il giuoco e la scommessa possono essere distinti in tre **categorie**: il giuoco e la scommessa difesi con azione civile; il giuoco e la scommessa proibiti; il giuoco e la scommessa che danno vita ad un'obbligazione naturale.

Nella prima categoria rientrano le "competizioni sportive". La disciplina codicistica, in particolare, riconosce **azione civile** per il pagamento di un debito di gioco o scommessa, quando il debito si riferisce al risultato di un gioco che addestra al maneggio delle armi, al risultato delle corse di ogni specie e ad ogni altra competizione sportiva (art. 1934, 1° co., cod. civ.).

La maggior parte delle scommesse sportive attualmente esistenti, va detto, si svolgono in forma organizzata e secondo una disciplina speciale che richiede una particolare autorizzazione per il suo svolgimento. Sicché alle scommesse sportive organizzate non si applica la disposizione codicistica, secondo cui "il giudice può rigettare o ridurre la domanda, qualora ritenga la posta eccessiva" (art. 1934, 2° co., cod. civ.; la norma, semmai, si riferisce alle c.d. scommesse "semplici", oggi da considerarsi residuali).

Anche le lotterie attribuiscono azione in giudizio, "qualora siano state legalmente autorizzate" (art. 1935 cod. civ.).

Venendo alla seconda categoria, sono puniti con la sanzione penale, al di là dei casi di autorizzazione previsti dalla legge, i "giochi d'azzardo": quelli in cui ricorre il fine di lucro e la vincita o la perdita dipendono esclusivamente dalla sorte (art. 721 cod. pen.).

Si discute se, nel caso di **gioco** o **scommessa proibiti**, la prestazione eseguita sia irripetibile. La dottrina prevalente ritiene che, anche nelle figure in esame (come in quelle di cui si dirà), trovi applicazione la *soluti retentio*: il perdente non può ripetere quanto abbia spontaneamente pagato dopo l'esito di un gioco o di una scommessa proibiti.

La terza categoria da prendere in considerazione, infine, è quella dei **giochi** e delle **scommesse tollerati** (si pensi ai giochi "familiari", in cui di solito non è da ravvisare un vero e proprio fine di lucro). Per essi non è prevista, in caso di vincita, un'azione civile; tuttavia, si è in presenza di obbligazioni naturali che escludono la ripetizione allorché ci sia stato un adempimento spontaneo (*nulla actio, nulla soluti condictio*).

È previsto, in particolare, che non compete azione per il pagamento di un debito di giuoco o scommessa, anche se si tratta di giuoco o scommessa non proibiti (art. 1933, 1° co., cod. civ.). Il perdente non può però ripetere quanto abbia spontaneamente pagato dopo l'esito di un giuoco o di una scommessa in cui non vi sia stata alcuna frode. La ripetizione è ammessa in ogni caso se il perdente è un incapace (art. 1933, 2° co., cod. civ.).

Affinché sorga l'obbligazione naturale, dunque, il gioco deve essere condotto con onestà. Per frode, qui, deve intendersi ogni imbroglio o irregolarità, provocati artificiosamente, che influiscono sull'esito del gioco, in modo da eliminare o modificare il rischio in favore dell'una o dell'altra parte (si pensi all'utilizzo fraudolento di un mazzo di carte incompleto o della tombola mancante di qualche numero).

Prima dell'esito del gioco, va precisato, non sussiste alcun vincolo giuridico: pertanto, anche quando il giocatore effettui un versamento anticipato della posta, tale pagamento è ripetibile.

Capitolo 47
I CONTRATTI CHE COSTITUISCONO UNA GARANZIA

299. La fideiussione. Cenni generali sul rapporto fideiussorio e sul contratto di fideiussione.

Il codice civile stabilisce che il fideiussore, "obbligandosi personalmente verso il creditore, garantisce l'adempimento di una obbligazione altrui" (art. 1936, 1° co., cod. civ.).

Sebbene la fonte più importante della fideiussione sia quella contrattuale (artt. 1936-1957 cod. civ.), il rapporto fideiussorio può avere anche un titolo diverso. Si ritiene, in dottrina, che un'ipotesi di atto fideiussorio unilaterale si rinvenga nell'art. 119 cod. proc. civ., secondo cui "il giudice, nel provvedimento col quale impone una cauzione, deve indicare l'oggetto di essa, il modo di prestarla e il termine entro il quale la prestazione deve avvenire": la cauzione, dunque, può assumere anche la forma della fideiussione. È ammissibile, poi, il legato di contratto, con cui si impone un obbligo a carico dell'erede (o del legatario) di stipulare il contratto di fideiussione con un determinato creditore, che assumerà la figura del legatario (o del sublegatario). Un'ipotesi di fideiussione *ex lege*, ancora, viene ravvisata nell'art. 38 cod. civ., relativo alla responsabilità personale e solidale, per le obbligazioni di un'associazione non riconosciuta, a carico di chi abbia agito in rappresentanza dell'ente (Cass., 4.10.2019, n. 24874).

Limitando, qui, il discorso alla **nozione** di **contratto di fideiussione**, va detto che esso è un contratto **bilaterale** fra il **fideiussore** (il garante) ed il **creditore**, attraverso cui il primo garantisce l'adempimento dell'obbligazione del debitore. Al contratto di fideiussione è estraneo il debitore principale, anche se lo stesso ne trae vantaggio. La disciplina codicistica, del resto, stabilisce espressamente che "la fideiussione è efficace anche se il debitore non ne ha conoscenza" (art. 1936, 2° co., cod. civ.).

Esempio. Il Sig. Mario Bianchi intende ottenere un prestito da una banca, la quale richiede, per la sua concessione, la prestazione di una garanzia personale di un terzo. Viene allora concluso un contratto di fideiussione fra il Sig. Giuseppe Bianchi e l'istituto di credito. Quest'ultimo, in tal modo, è garantito: se il Sig. Mario Bianchi non sarà in grado di restituire il prestito, un altro debitore (il fideiussore) sarà tenuto in solido al pagamento.

La fideiussione è un contratto naturalmente gratuito, anche se è possibile prevedere una controprestazione a carico del creditore (fideiussione onerosa). Si consideri che il contratto di fideiussione rimane gratuito anche quando il compenso sia corrisposto non dal creditore ma dal debitore: si tratta, in effetti, di un compenso che attiene ad un rapporto interno fra fideiussore e debitore e non incide sulla struttura del contratto.

La fideiussione, infine, è un contratto collegato: anche se è strutturalmente autonomo, dipende dal contratto che dà luogo all'obbligazione principale. Ciò è confermato dalla disciplina del codice, secondo cui "la fideiussione non è valida se non è valida l'obbligazione principale, salvo che sia prestata per un'obbligazione assunta da un incapace" (art. 1939 cod. civ.).

Sulla diversa figura del contratto autonomo di garanzia si rimanda all'analisi svolta nel capitolo relativo ai contratti atipici (Cap. 51, § 314).

299.1. *Caratteri dell'obbligazione fideiussoria.*

Con il contratto di fideiussione, si è visto, nasce un'**obbligazione fideiussoria** in capo al fideiussore. Alcuni caratteri di tale obbligazione vanno evidenziati.

Essa è, in primo luogo, un'obbligazione **naturalmente solidale** (ciò a differenza di quello che era stabilito nella legislazione previgente: art. 1907 cod. civ. del 1865). È previsto, infatti, che "il fideiussore è obbligato in solido col debitore principale al pagamento del debito" (art. 1944, 1° co., cod. civ.).

Semmai le parti possono convenire il c.d. *beneficium excussionis*, stabilendo che il fideiussore non sia tenuto a pagare prima dell'escussione del debitore principale (art. 1944, 2° co., cod. civ.).

La solidarietà può essere esclusa dalla legge (è il caso del fideiussore del fideiussore: art. 1948 cod. civ.) o dalla natura della garanzia (si pensi alla c.d. fideiussione di indennità: § 299.2).

La natura solidale dell'obbligazione fideiussoria comporta che il creditore possa rivolgersi, indifferentemente, al debitore principale o al fideiussore; inoltre, il pagamento del fideiussore libera il debitore nei confronti del creditore (sulla surroga nei diritti del creditore soddisfatto e sul regresso contro il debitore § 299.4).

L'obbligazione fideiussoria è un'**obbligazione accessoria**: essa non è valida se non lo è quella principale, salvo che sia prestata per un'obbligazione assunta da un'incapace (art. 1939 cod. civ.). In realtà, al di là della lettera della disposizione, non viene in considerazione soltanto l'ipotesi di invalidità (nullità o annullamento) dell'obbligazione principale: tutte le cause che estinguono l'obbligazione principale si riverberano su quella accessoria (la rescissione del contratto da cui deriva l'obbligazione, ad esempio, priva di efficacia anche l'obbligazione accessoria). L'accessorietà dell'obbligazione fideiussoria emerge anche da un'altra norma del codice: la fideiussione non può eccedere ciò che è dovuto dal debitore, né può essere prestata a condizioni più onerose (art. 1941, 1° co., cod. civ.).

Salvo patto contrario, la fideiussione si estende a tutti gli accessori del debito principale, nonché alle spese per la denuncia al fideiussore della causa promossa contro il debitore principale e alle spese successive (art. 1942 cod. civ.).

Deve essere considerato "consumatore" il fideiussore persona fisica che, pur svolgendo una propria attività professionale, stipuli il contratto di garanzia per finalità non inerenti allo svolgimento di tale attività (Cass., 16.1.2020, n. 742).

299.2. *Gli elementi del contratto di fideiussione.*

Va svolto qualche cenno sugli **elementi** del **contratto di fideiussione**. Quanto all'**accordo**, è previsto che la volontà di prestare fideiussione debba essere espressa (art. 1937 cod. civ.). A costituire il rapporto fideiussorio, dunque, non valgono le dichiarazioni generiche di assunzione di responsabilità, quelle di garanzia del positivo risultato di un'altrui opera, di controllo del debitore, e così via.

La **causa** del contratto di fideiussione è rappresentata, come già emerso, dalla garanzia dell'adempimento del debito altrui o, come pure può dirsi, dal rafforzamento della tutela del creditore all'attuazione del suo credito.

L'**oggetto** del contratto consiste nell'esecuzione di una prestazione identica a quella del debitore principale. Va pertanto considerato come contratto atipico la c.d. ***fideiussio indemnitatis***, con cui il fideiussore si obbliga ad eseguire una prestazione diversa da quella del debitore principale.

Esempio. Una banca (nella qualità di fideiussore) conclude un contratto di fideiussione con l'appaltatore, con cui la prima si obbliga a risarcire il danno derivante dalla mancata esecuzione, da parte dell'appaltatore, del contratto di appalto.

È evidente che ricorre la figura in esame tutte le volte in cui la garanzia sia prestata in favore di un'obbligazione altrui non fungibile, oppure quando il creditore abbia un interesse apprezzabile a che il debitore esegua personalmente la prestazione.

Si ritiene che l'obbligazione fideiussoria possa essere non soltanto un'obbligazione pecuniaria (come di solito avviene) ma anche un'altra obbligazione soggettivamente fungibile. Si ammette, così, la fideiussione avente ad oggetto la consegna di una cosa fungibile o un fare fungibile (a condizione che il creditore non abbia un interesse apprezzabile a che la prestazione venga eseguita personalmente dal debitore).

La fideiussione può essere prestata anche per un'**obbligazione** condizionale o **futura**; occorre prevedere, in quest'ultimo caso, l'importo massimo garantito (art. 1938 cod. civ., risultante dalla modifica apportata dall'art. 10 l. 17.2.1992, n. 154).

La norma fa riferimento alla c.d. **fideiussione *omnibus***: all'impegno, cioè, assunto da un soggetto verso un altro (di solito una banca), con cui si garantisce l'adempimento di tutti i debiti, anche quelli successivi al rilascio della fideiussione. Alla disposizione appena ricordata si riconosce carattere imperativo: dovrà considerarsi nulla, pertanto, la fideiussione per obbligazioni future senza la previsione della somma garantita.

La Corte costituzionale ha precisato che le fideiussioni stipulate prima dell'entrata in vigore della l. n. 154/1992 devono considerarsi efficaci per le sole obbligazioni principali già sorte alla data di entrata in vigore del divieto di prestare garanzie *omnibus* illimitate (Corte cost., 27.6.1997, n. 204). Per il periodo successivo, invece, il contratto deve considerarsi nullo per sopravvenuta indeterminatezza dell'oggetto; la nullità può essere rilevata d'ufficio dal giudice (così Cass., 14.7.2010, n. 16561).

Il fideiussore per un'obbligazione futura è liberato se il creditore, senza speciale autorizzazione del fideiussore (su cui Cass., 22.2.2022, n. 5766), ha fatto credito al terzo, pur conoscendo che le condizioni patrimoniali di questo erano divenute tali da rendere notevolmente più difficile il soddisfacimento del credito (art. 1956, 1° co., cod. civ.; Cass., 13.12.2019, n. 32774). Non è valida la preventiva rinuncia del fideiussore ad avvalersi della liberazione (art. 1956, 2° co., cod. civ., aggiunto dall'art. 10 l. n. 154/1992).

Negli ultimi anni sono sorti dubbi in ordine alla validità delle fideiussioni *omnibus* a garanzia di operazioni bancarie, emesse sulla base dello schema standard predisposto nel 2003 dall'ABI, che contiene alcune clausole la cui contrarietà al diritto della concorrenza è stata accertata con provvedimento n. 55/2005 della Banca d'Italia, come garante, prima del passaggio dei poteri all'AGCOM. Le Sezioni Unite, alla fine del 2021, hanno stabilito che sono parzialmente nulli *ex* art. 1419 cod. civ. i contratti di fideiussione a valle di intese dichiarate in parte nulle dall'*Authority* perché in contrasto con le norme *antitrust* interne e dell'Unione europea (art. 2, 2° co., lett. a, l. n. 187/1990, art. 101 del Trattato sul funzionamento dell'Unione europea). Trattasi di nullità limitata alle singole clausole le quali riproducono lo schema unilaterale costituente l'intesa vietata, salvo che dal contratto sia possibile desumere, o sia altrimenti provata, una diversa volontà delle parti (Cass., Sez. Un., 30.12.2021, n. 41994; sulla scia, Trib. Torino, 4.2.2022; Trib. Terni, 10.1.2022).

Infine, la legge non prevede alcun requisito di **forma** per la conclusione del contratto di fideiussione: è dunque ammissibile la manifestazione di volontà orale delle parti (non è però ammessa una manifestazione di volontà indiretta o implicita: art. 1937 cod. civ.).

299.3. *I rapporti tra creditore e fideiussore.*

Avendo riguardo ai **rapporti** tra **creditore** e **fideiussore**, il codice prevede che il fideiussore è obbligato in solido con il debitore principale al pagamento del debito (art. 1944, 1° co., cod. civ.).

Le parti, peraltro, possono stabilire il **beneficio** della **preventiva escussione**: ciò vuol dire che il fideiussore non sarà tenuto a pagare prima dell'escussione del debitore principale. Il fideiussore che sia convenuto in giudizio dal creditore ed intenda valersi del beneficio dell'escussione deve indicare i beni del debitore principale da sottoporre ad esecuzione (art. 1944, 2° co., cod. civ.).

Esempio. Si conclude un contratto di fideiussione con cui è stabilito il beneficio della preventiva escussione del debitore principale. Sennonché il creditore cita in giudizio, direttamente, il fideiussore per il pagamento del debito garantito. Il fideiussore non è in grado di indicare i beni del debitore principale da sottoporre ad esecuzione. La mancata indicazione determina l'inoperatività dell'eccezione di preventiva escussione.

Se più persone hanno prestato fideiussione (**confideiussione**) per un medesimo debitore e a garanzia del medesimo debito, ciascuna di esse è obbligata per l'intero debito (art. 1946 cod. civ.). I confideiussori possono, tuttavia, convenire il c.d. **beneficio della divisione**: ogni fideiussore che sia convenuto per il pagamento dell'intero debito può esigere che il creditore riduca l'azione alla parte a lui dovuta (art. 1947, 1° co., cod. civ.). Se alcuno dei fideiussori era insolvente al tempo in cui un altro ha fatto valere il beneficio della divisione, questi è obbligato per tale insolvenza in proporzione della sua quota, ma non risponde delle insolvenze sopravvenute (art. 1947, 2° co., cod. civ.).

Quanto alle **eccezioni** opponibili dal fideiussore, lo stesso può opporre contro il creditore tutte le eccezioni che spettano al debitore principale, salva quella derivante dall'incapacità (art. 1945 cod. civ.).

299.4. *I rapporti fra fideiussore e debitore principale.*

Fra il fideiussore ed il debitore principale esistono una serie di rapporti, che vanno analizzati separatamente.

Si abbia riguardo, in primo luogo, alla **surrogazione del fideiussore**: quest'ultimo, dopo che ha pagato il debito, è surrogato nei diritti che il creditore aveva contro il debitore (art. 1949 cod. civ.). Si tratta di una surrogazione legale, la quale determina una forma di successione nel credito. Ciò vuol dire che il credito si trasferisce con le stesse caratteristiche e garanzie che aveva quando era nel patrimonio del precedente creditore: il debitore, in particolare, potrà opporre al nuovo creditore le eccezioni che poteva opporre al precedente.

Inoltre, il fideiussore che ha pagato ha **regresso** contro il debitore principale, benché questi non fosse consapevole della prestata fideiussione (art. 1950, 1° co., cod. civ.). Il regresso comprende il capitale, gli interessi e le spese che il fideiussore ha fatto dopo che ha denunziato al debitore principale le istanze proposte contro di lui (art. 1950, 2° co., cod. civ.). Il fideiussore ha diritto, inoltre, agli interessi legali sulle somme pagate dal giorno del pagamento. Se il debito principale produceva interessi in misura superiore al saggio legale, il fideiussore ha diritto a questi fino al rimborso del capitale (art. 1950, 3° co., cod. civ.). Se il debitore è incapace, il regresso del fideiussore è ammesso solo nei limiti di ciò che sia stato rivolto a suo vantaggio (art. 1950, 4° co., cod. civ.).

Il fondamento dell'azione di regresso può essere rinvenuto nel principio dell'arricchimento in senso ampio: per effetto del pagamento da parte del fideiussore, infatti, il debitore principale consegue la liberazione dalla sua obbligazione.

Peraltro, il fideiussore non ha regresso contro il debitore principale se, per aver omesso di denunciargli il pagamento fatto, il debitore ha pagato ugualmente il debito (art. 1952, 1° co., cod. civ.). Inoltre, se il fideiussore ha pagato senza averne dato avviso al debitore principale, questo può opporgli le eccezioni che avrebbe potuto opporre al creditore principale all'atto del pagamento (art. 1952, 2° co., cod. civ.). In entrambi i casi è fatta salva al fideiussore l'azione per la ripetizione contro il creditore (art. 1952, 3° co., cod. civ.).

È previsto, inoltre, l'istituto del **rilievo del fideiussore** (art. 1953 cod. civ.). Quest'ultimo, anche prima di aver pagato, può agire contro il debitore perché questi gli procuri la liberazione o, in mancanza, presti le garanzie necessarie per assicurargli il soddisfacimento delle eventuali ragioni di regresso, nei seguenti casi: (1) quando è convenuto in giudizio per il pagamento; (2) quando il debitore è divenuto insolvente; (3) quando il debitore si è obbligato a liberarlo dalla fideiussione entro un tempo determinato; (4) quando il debito è divenuto esigibile per la scadenza del termine; (5) quando sono decorsi cinque anni, e l'obbligazione principale non ha un termine, purché essa non sia di tal natura da non potersi estinguere prima di un tempo determinato.

299.5. *Le cause di estinzione della fideiussione.*

È necessario distinguere fra cause generali e cause speciali di estinzione della fideiussione.

Sono **cause generali** di **estinzione** della fideiussione: (a) l'adempimento da parte del debitore o del fideiussore; (b) la novazione della fideiussione (il fideiussore, in pratica, assume un'altra obbligazione in sostituzione di quella di garanzia); (c) la confusione (quando, cioè, nella stessa persona si riuniscono la qualità di creditore e quella di fideiussore); (d) la compensazione fra il debito del fideiussore nei confronti del creditore garantito ed il debito di quest'ultimo verso lo stesso fideiussore; (e) la rinuncia della garanzia da parte del creditore; (f) la prescrizione estintiva (la prescrizione dell'obbligazione principale determina l'estinzione dell'obbligazione fideiussoria).

Il codice civile, poi, indica alcune **cause speciali** di estinzione della fideiussione. La fideiussione si estingue quando, per fatto del creditore, non può avere effetto la surrogazione del fideiussore nei diritti, nel pegno, nelle ipoteche e nei privilegi del creditore (art. 1955 cod. civ.). Altra causa speciale di estinzione è quella di cui all'art. 1956 cod. civ. ("liberazione del fideiussore per obbligazione futura"), di cui si è già detto in precedenza (§ 299.2). Il fideiussore è pure liberato se il soggetto garantito non adempie ai propri obblighi di buona fede (così Cass., 12.12.2019, n. 32478).

Il fideiussore rimane obbligato anche dopo la scadenza dell'obbligazione principale, purché il creditore entro sei mesi abbia proposto le sue istanze contro il debitore e le abbia con diligenza continuate (art. 1957, 1° co., cod. civ.). La ragione della disposizione va ravvisata nell'esigenza di indurre il creditore ad un sollecito esercizio dei suoi diritti nei confronti del debitore principale, in modo da non compromettere la posizione del fideiussore, che potrebbe essere costretto ad una lunga attesa (prima di adempiere) dopo la scadenza dell'obbligazione garantita.

300. Il mandato di credito.

Il codice detta due norme sul contratto di **mandato di credito** (artt. 1958-1959 cod. civ.).

Si tratta di un contratto con cui una parte si obbliga verso l'altra, che le ha conferito l'incarico, a fare credito ad un terzo, in nome e per conto proprio. La parte che ha dato l'incarico risponde come fideiussore di un debito futuro (art. 1958, 1° co., cod. civ.).

Il contratto di mandato di credito ha, come la fideiussione, una funzione di garanzia (anche se vi è chi discute di funzione di finanziamento). Fra i due istituti, tuttavia, vi sono delle significative differenze: la figura in esame, infatti, presuppone necessariamente un rapporto tra il mandante ed il terzo (mentre tale rapporto non è affatto necessario nella fideiussione); inoltre, il mandato di credito ha ad oggetto, necessariamente, un'obbligazione futura (la qual cosa, invece, è eventuale nella fideiussione).

Colui che ha accettato l'incarico non può rinunciarvi, ma chi l'ha conferito può revocarlo, salvo l'obbligo di risarcire il danno all'altra parte (art. 1958, 2° co., cod. civ.).

Se, dopo l'accettazione dell'incarico, le condizioni patrimoniali di colui che lo ha conferito o del terzo sono divenute tali da rendere notevolmente più difficile il soddisfacimento del credito, colui che ha accettato l'incarico non può essere costretto ad eseguirlo (art. 1959, 1° co., cod. civ.). Si applica, inoltre, la disposizione dell'art. 1956 cod. civ. (art. 1959, 2° co., cod. civ.; sull'art. 1956 cod. civ. § 299.2).

301. L'anticresi.

L'**anticresi** è il "contratto col quale il debitore o un terzo si obbliga a consegnare un immobile al creditore a garanzia del credito, affinché ne percepisca i frutti, imputandoli agli interessi, se dovuti, e quindi al capitale" (art. 1960 cod. civ.).

Esempio. Il Sig. Debitis deve al Sig. Vantis 100.000 euro, oltre ad interessi del 10% sul capitale. Il primo, allora, si obbliga a consegnare al secondo il proprio fondo a titolo di anticresi. Trascorre un anno ed i frutti percepiti dal Sig. Vantis ammontano a 20.000 euro: egli dovrà imputarli in primo luogo a saldo completo degli interessi (per 10.000 euro) e per la rimanente somma in diminuzione del capitale. In tal modo, all'inizio del secondo anno il debito ammonterà a 90.000 euro; e così via, fino all'estinzione dell'obbligazione del Sig. Debitis nei confronti del Sig. Vantis.

Quella appena ricordata viene denominata anticresi **satisfattoria**. Il legislatore, peraltro, prevede un'altra figura di anticresi, detta **compensativa** (art. 1964 cod. civ.). Con essa le parti convengono che i frutti si compensino con gli interessi, in tutto o in parte. In tal caso il debitore può in ogni tempo estinguere il suo debito e rientrare nel possesso dell'immobile (Cass., 12.3.1983, n. 1866).

Al di là della denominazione utilizzata, l'anticresi ha sempre funzione estintiva: nel primo caso si estingue tutto il debito; nel secondo l'estinzione riguarda gli interessi.

Il creditore, se non è stato convenuto diversamente, è obbligato a pagare i tributi ed i pesi annui dell'immobile ricevuto in anticresi (art. 1961, 1° co., cod. civ.). Egli ha l'obbligo di conservare, amministrare e coltivare il fondo da "buon padre di famiglia". Le spese relative devono essere prelevate dai frutti (art. 1961, 2° co., cod. civ.). Il creditore, se vuole liberarsi da tali obblighi, può, in ogni tempo, restituire l'immobile al debitore, purché non abbia rinunciato a tale facoltà (art. 1961, 3° co., cod. civ.).

È nullo qualunque patto, anche posteriore alla conclusione del contratto, con cui si conviene che la proprietà dell'immobile passi al creditore nel caso di mancato pagamento del debito (art. 1963 cod. civ.).

L'anticresi dura finché il creditore sia stato interamente soddisfatto del suo credito, anche se il credito o l'immobile dato in anticresi sia divisibile, salvo che sia stata stabilita la durata (art. 1962, 1° co., cod. civ.). In ogni caso l'anticresi non può avere durata superiore a dieci anni (art. 1962, 2° co., cod. civ.).

È evidente la differenza fra l'anticresi, da un lato, e l'ipoteca ed il pegno dall'altro: quest'ultimi istituti hanno soltanto funzione di garanzia; l'anticresi ha anche funzione di adempimento. L'anticresi si distingue anche dalla prestazione in luogo di adempimento: la *datio in solutum*, infatti, ha effetti immediatamente solutori; nell'anticresi, invece, il debito si estingue completamente soltanto alla fine del rapporto anticretico.

Capitolo 48

I CONTRATTI CHE DIRIMONO UNA CONTROVERSIA

302. La transazione: nozione e presupposti.

La **transazione** (artt. 1965-1976 cod. civ.) è il contratto con cui le parti, facendosi reciproche concessioni, pongono fine ad una lite già iniziata o prevengono una lite che può insorgere tra loro (art. 1965 cod. civ.).

Esempio. Il Sig. Rossi afferma di vantare nei confronti del Sig. Bianchi un credito per una somma pari a 50.000 euro. Quest'ultimo ritiene che la somma da corrispondere sia soltanto pari a 10.000 euro. Al fine di evitare che la controversia sia sottoposta al giudice, le parti concludono un contratto di transazione, in cui si stabilisce che il Sig. Bianchi dovrà corrispondere al Sig. Rossi una somma pari a 30.000 euro. Sono evidenti le reciproche concessioni fra le parti: il Sig. Rossi si accontenterà di ricevere una somma inferiore rispetto a quella originariamente vantata; il Sig. Bianchi pagherà una somma superiore rispetto a quella che inizialmente voleva corrispondere. La transazione, peraltro, giova sia al Sig. Rossi sia al Sig. Bianchi, in quanto previene una lite giudiziale, giudicata non conveniente da parte di entrambi.

Dalla definizione codicistica emerge come i due presupposti del contratto di transazione siano la "**lite**" e le "**reciproche concessioni**".

La lite va intesa come un "conflitto giuridico", che nasce allorché una parte afferma un proprio diritto e l'altra sostiene l'esistenza di un proprio diritto contrapposto (o, comunque, nega il diritto della controparte: Cass., 17.10.2019, n. 26528). Le formule "lite già cominciata" o "lite che può sorgere" vanno intese come processo che sia già iniziato o che possa iniziare. In questo senso, il concetto cui far riferimento è quello di **lite giudiziale**.

È necessario, poi, che ci siano le "reciproche concessioni", ossia il reciproco sacrificio delle parti.

Si distingue la "transazione generale" dalla "transazione speciale". Con la prima le parti chiudono definitivamente ogni contestazione su tutti i loro pregressi rapporti; con la seconda l'accordo ha ad oggetto un affare determinato (Cass., 5.7.2019, n. 18219).

La **forma scritta** per la transazione è prevista soltanto ai fini probatori e non per l'esistenza della transazione (art. 1967 cod. civ.). Qualora, invece, si tratti di ipotesi previste dall'art. 1350, n. 12, cod. civ., la forma scritta è richiesta *ad substantiam*.

302.1. *Le diverse figure di transazione.*

È possibile individuare diverse figure di transazione: la transazione semplice e quella complessa; la transazione novativa e quella non novativa.

Si ha transazione **semplice** (detta anche pura) quando il contratto di transazione ha ad oggetto, unicamente, la lite (è il caso dell'esempio proposto in precedenza); si ha transazione **complessa** (o mista) quando il contratto che pone termine alla lite ha un oggetto più ampio della lite stessa.

Quest'ultima figura è prevista espressamente dal codice civile, secondo cui "con le reciproche concessioni si possono creare, modificare o estinguere anche rapporti diversi da quello che ha formato oggetto della pretesa e della contestazione delle parti" (art. 1965, 2° co., cod. civ.).

Esempio. Il Sig. Fundis ed il Sig. Terrenis sono in lite, ormai da tempo, su chi sia il proprietario di una porzione di terreno che si trova in un fondo più ampio. Le parti decidono di porre fine alla lite, concludendo un contratto con cui l'intero fondo viene venduto ad una delle parti: nella determinazione del corrispettivo da pagare le parti tengono conto anche della controversia in corso. Hanno concluso, dunque, una transazione complessa.

Nella transazione complessa una parte della dottrina rinviene un contratto con causa mista: il che pone il problema su quale sia la disciplina da applicare alla figura in esame.

Secondo una prima ricostruzione occorrerà applicare, in primo luogo, la disciplina sul contratto di transazione; in via subordinata si potrà invocare lo schema causale concorrente con la causa transattiva. In caso di contrasto sarà la causa transattiva a prevalere (il che porta a non poter invocare l'applicazione del rimedio della rescissione per lesione, escluso in tema di transazione dall'art. 1970 cod. civ.).

È preferibile, tuttavia, la tesi che mira ad accertare di volta in volta quale peso abbia assunto, nell'economia del contratto, la causa transattiva. Gli interpreti che muovono da questi rilievi svolgono, talvolta, il seguente esempio.

Esempio. Si immagini una controversia su una somma di denaro che trovi una soluzione attraverso una transazione: con il contratto transattivo, in particolare, si stabilisce che una parte rinunci per intero alle proprie pretese. La parte rinunciante, quale controprestazione, riceve un immobile, il cui valore supera del doppio quello dell'ammontare della somma oggetto di lite. Qui non può trovare applicazione il divieto previsto dall'art. 1970 cod. civ. (esclusione del rimedio della rescissione per lesione), poiché il contratto di transazione ha assunto efficacia traslativa rispetto ai beni ed ai diritti estranei alla lite.

La transazione, poi, può essere novativa o non novativa. La possibilità di concludere una transazione **novativa** è riconosciuta dal codice, secondo cui "la risoluzione della transazione per inadempimento non può essere richiesta se il rapporto preesistente è stato estinto per novazione, salvo che il diritto alla risoluzione sia stato espressamente stipulato" (art. 1976 cod. civ.; Cass., 20.2.2020, n. 4451; Cass., 13.3.2019, n. 7194). In quest'ultimo caso, il rapporto originario non si estingue per effetto dell'accordo transattivo, ma entra in uno stato di quiescenza sino all'effettivo adempimento della transazione (Cass., 9.12.2019, n. 32109).

Per la giurisprudenza di legittimità si può discutere di transazione novativa soltanto quando, attraverso l'interpretazione della volontà delle parti, risulti che la transazione sia incompatibile con alcune delle obbligazioni che caratterizzavano il precedente rapporto. Dalla transazione, in sostanza, deve sorgere un'obbligazione oggettivamente diversa da quella preesistente, di modo che si verifichi quel tipico effetto estintivo-creativo, proprio della novazione (Cass., 18.5.1999, n. 4811; Cass., Sez. Un., 1.10.1999, n. 710).

302.2. *L'oggetto della transazione. La transazione su diritti indisponibili e la transazione relativa ad un contratto illecito.*

In qualche occasione si è ritenuto che la stessa *res litigiosa* costituirebbe l'**oggetto** della transazione (Cass., 6.10.1999, n. 11117).

La Suprema Corte, peraltro, ha più di recente affermato che "oggetto della transazione non è la lite in atto o che può sorgere (in quanto la lite ne è solo il presupposto ed in quanto ad essa non possono riferirsi i requisiti di cui all'art. 1346 cod. civ.), ma è la **situazione giuridica controversa**, cioè la cosa o il comportamento su cui vertono la pretesa o la contestazione delle parti con la precisazione che, poiché la transazione non importa una volizione retrospettiva, come invece nel contratto di accertamento, essa va considerata essenzialmente sul piano della situazione che alla transazione medesima consegue" (Cass., 3.4.2003, n. 5139).

Non mancano ulteriori ricostruzioni, come quella secondo cui l'oggetto della transazione sarebbero le reciproche concessioni, o quella che ravvisa l'oggetto del contratto sia nelle reciproche concessioni sia nella lite.

La transazione non può avere per oggetto diritti indisponibili (art. 1966, 2° co., cod. civ.) e deve essere conclusa da chi abbia la capacità di disporre dei propri diritti (art. 1966, 1° co., cod. civ.). Non si può, ad esempio, concludere un contratto di transazione relativo ad una lite riguardante lo *status* familiare. L'indisponibilità del diritto, ancora, sussiste in tutti quei casi in cui l'ordinamento giuridico richiede che l'applicazione della legge avvenga con l'intervento obbligatorio del pubblico ministero; il che può aversi soltanto davanti ai giudici e non agli arbitri. Un'ipotesi in cui la transazione è esclusa, per espressa previsione legislativa, è quella che ha per oggetto "diritti del prestatore di lavoro derivanti da disposizione di legge, da contratti o da accordi collettivi" (art. 2113, 1° co., cod. civ.).

È nulla, inoltre, la transazione relativa ad un contratto illecito (art. 1972, 1° co., cod. civ.; per Trib. Brescia, 1.2.2022 è nulla la transazione che abbia ad oggetto abusi edilizi. La nullità in questi casi è rilevabile d'ufficio: App. Roma, 24.12.2021). Diversamente, la transazione relativa a rapporti derivanti da un contratto nullo ma non illecito è annullabile solo per iniziativa della parte che ignorava la causa di nullità (art. 1972, 2° co., cod. civ.).

302.3. *Impugnabilità e non impugnabilità del contratto di transazione.*

Non si può impugnare il contratto di transazione facendo valere un **errore di diritto** relativo a questioni che sono state oggetto di controversia tra le parti (art. 1969 cod. civ.). La ragione è semplice: la lite è caratterizzata dalla *res dubia*, ossia dal contrasto tra le reciproche posizioni. Pertanto, una volta che essa sia stata appianata con la transazione, una parte non può rimetterla in discussione sostenendo che non aveva la conoscenza o aveva erroneamente valutato elementi giuridici relativi alla sua posizione nei confronti della controparte.

Peraltro, se una delle parti era consapevole della temerarietà della sua pretesa, l'altra può chiedere l'**annullamento** della transazione (art. 1971 cod. civ.). Si è più volte affermato, in giurisprudenza, che presupposto per l'applicazione di questa norma sia l'elemento oggettivo della consapevolezza di una delle parti della temerarietà della pretesa (ossia la sua assoluta infondatezza) e l'elemento soggettivo del dolo (Cass., 13.4.2022, n. 12058; Cass., 3.4.2003, n. 5139).

È possibile, inoltre, domandare l'annullamento della transazione allorché la stessa sia stata stipulata sulla base di documenti che, successivamente, sono stati riconosciuti in tutto o in parte come falsi (art. 1973 cod. civ.); oppure, avendo riguardo alla transazione su un affare determinato, si abbia la successiva conoscenza di documenti sconosciuti nel momento del perfezionamento della transazione, con cui si prova che una delle parti non aveva alcun diritto (art. 1975, 2° co., cod. civ.).

È espressamente esclusa, infine, la possibilità di impugnare il contratto di transazione per **causa di lesione** (art. 1970 cod. civ.). La *ratio* del divieto, secondo alcuni interpreti, va ravvisata nella particolare funzione della transazione, che è quella di superare la lite, anche se ciò comporti un sacrificio oneroso per una delle due parti. D'altra parte, per poter invocare la lesione occorrerebbe previamente accertare la situazione giuridica in contestazione; la transazione, invece, mira proprio a superare tale accertamento.

302.4. *La differenza fra il contratto di transazione ed il contratto di accertamento.*

Le considerazioni sin qui svolte permettono di rinvenire un criterio distintivo tra il contratto di **transazione** ed il **contratto di accertamento**.

Con il contratto di accertamento le parti mirano a rimuovere l'incertezza circa la situazione giuridica precedente, attraverso la fissazione del contenuto di quest'ultima;

con la transazione, invece, le parti mirano a sostituire o modificare la precedente situazione giuridica.

303. La cessione dei beni ai creditori.

La **cessione** dei **beni ai creditori** (artt. 1977-1986 cod. civ.) è il contratto con cui il debitore incarica i suoi creditori o alcuni di essi di alienare tutti o alcuni suoi beni e di ripartirne fra loro il ricavato, consentendo così il soddisfacimento dei loro crediti.

Il contratto deve essere concluso, a pena di nullità, con l'adozione della forma scritta (art. 1978 cod. civ.).

Si può compiere, per comprendere la figura in esame, un accostamento con la transazione: mentre quest'ultima mira ad evitare l'inizio o la prosecuzione del giudizio di cognizione (che sfocia con la sentenza del giudice), la cessione dei beni ai creditori è diretta ad evitare la procedura esecutiva, cui il creditore o i creditori danno corso grazie ad un titolo esecutivo (costituito, ad esempio, dalla sentenza).

Si discute su quale sia la **natura giuridica** del contratto di cessione dei beni ai creditori. Dottrina e giurisprudenza, quasi unanimemente, affermano che tale figura integri un **mandato irrevocabile** conferito *in rem propriam*, in quanto conferito anche nell'interesse dei mandatari, ossia dei creditori (Cass., n. 5306/1999; Cass., n. 709/1993).

Accanto a quelli del mandato, la cessione dei beni ai creditori presenta caratteri propri, che emergono dalla disciplina codicistica, su cui subito si dirà. Né va dimenticato che, mentre nel mandato in generale si rinviene una funzione di cooperazione gestoria, nella cessione dei beni si rinviene, principalmente, una funzione satisfattoria e di garanzia.

Allorché il contratto sia concluso tra il debitore e soltanto uno dei creditori, è da ritenere (si vedano, in particolare, gli artt. 1981 e 1985, 1° co., cod. civ.) che gli altri creditori possano aderirvi successivamente. Tuttavia, l'adesione incontra un limite temporale nell'operazione di riparto delle somme ricavate (art. 1982 cod. civ.): in quel momento, infatti, il contratto ha avuto definitivamente attuazione.

Per le considerazioni appena svolte il contratto di cessione dei beni ai creditori viene inquadrato, dagli interpreti, nel novero dei **contratti aperti** (art. 1332 cod. civ.): quei contratti, cioè, che si formano tra contraenti originari ma che consentono, successivamente, l'adesione da parte di altri soggetti interessati. È da ritenere che per le successive adesioni, da parte dei creditori, non sia necessaria la previsione di un'apposita clausola di adesione contenuta nel contratto: tale carattere emerge dalla disciplina civilistica del contratto in considerazione.

Il debitore può cedere "tutte o alcune attività" (art. 1977 cod. civ.). In quest'ultimo caso è necessario che il debitore indichi i singoli beni ceduti. Soltanto in questo modo sarà possibile l'applicazione della norma sull'annullamento del contratto di cessione, di cui si dirà tra breve (art. 1986, 1° co., cod. civ.). Pertanto, nel caso di cessione di una parte del patrimonio, occorrerà che il debitore indichi i singoli beni (l'immobile di Roma, il fondo di Napoli) e non una frazione del patrimonio (un terzo, un quarto).

La **cessione** dei beni ai creditori, salvo patto contrario, si intende ***pro solvendo***: il debitore è liberato verso i creditori soltanto dal giorno in cui gli stessi ricevono la parte loro spettante sul ricavato della liquidazione e nei limiti di quanto hanno ricevuto (art. 1984 cod. civ.).

Il debitore, con la cessione, perde la disponibilità dei beni ceduti (art. 1980, 1° co., cod. civ.). Lo stesso, tuttavia, ha il diritto di esercitare il controllo sulla gestione (art. 1983 cod. civ.) e di ottenere l'eventuale residuo della liquidazione (art. 1982 cod. civ.). Il codice non specifica come vada effettuato il rendiconto; è da ritenere che esso debba essere accompagnato, almeno, dai documenti giustificativi relativi alle operazioni compiute.

È previsto che il debitore possa recedere dal contratto offrendo il pagamento del capitale e degli interessi a coloro con i quali ha contrattato o che hanno aderito alla cessione (art. 1985, 1° co., cod. civ.). Mentre con il comune recesso accade che una parte contrattuale non esegue la prestazione (sottraendosi all'esecuzione della stessa), nell'ipotesi in esame il **recesso** ha **valore di adempimento**. A parte questa distinzione, si reputa che il recesso previsto dall'art. 1985 cod. civ. produca effetti *ex nunc* (così come è previsto dalla fattispecie di cui all'art. 1373 cod. civ.).

La cessione può essere annullata allorché il debitore, avendo dichiarato di cedere tutti i suoi beni, abbia dissimulato parte notevole di essi, ovvero se abbia occultato passività o simulato passività inesistenti (art. 1986, 1° co., cod. civ.).

Esistono gli estremi della dissimulazione non soltanto quando si verifichi un occultamento materiale, ma anche quando si sia in presenza di un occultamento giuridico (si pensi, in proposito, ad una intestazione fittizia di immobili in capo a terzi compiacenti). La dissimulazione deve essere "notevole": espressione, quest'ultima, con cui si fa riferimento non tanto al numero delle cose che formano oggetto della cessione, ma al loro valore.

L'azione di **annullamento** in esame si inquadra nella disciplina dell'annullamento del contratto per dolo (art. 1439 cod. civ.). La cessione può essere risolta, per inadempimento, secondo le regole generali (art. 1986, 2° co., cod. civ.).

Capitolo 49

I CONTRATTI AGRARI

SOMMARIO: 304. L'affitto di fondi rustici. – 305. La mezzadria. La colonia parziaria. La soccida. La conversione dei contratti associativi in affitto.

304. L'affitto di fondi rustici.

Si definiscono **contratti agrari** quei contratti che, per mezzo del conferimento di un fondo (o di un bestiame), determinano la nascita di un'impresa agricola e ne disciplinano l'attività. Da un lato vi è l'affitto di fondi rustici, che è un contratto di scambio; dall'altro i contratti di mezzadria, colonia parziaria, soccida, riconducibili (nel senso che tra breve si comprenderà) alla categoria dei contratti associativi.

Si cominci dalla disciplina dell'**affitto di fondi rustici** (artt. 1628-1646 cod. civ.). Deve farsi riferimento, in primo luogo, alla figura dell'**imprenditore agricolo**. È tale, per il codice, chi esercita una delle seguenti attività: coltivazione del fondo, selvicoltura, allevamento di animali ed attività "connesse". Per coltivazione del fondo, per selvicoltura e per allevamento di animali si intendono le attività dirette alla cura ed allo sviluppo di un ciclo biologico o di una fase necessaria del ciclo stesso, di carattere vegetale o animale, che utilizzano o possono utilizzare il fondo, il bosco o le acque dolci, salmastre o marine (art. 2135, 1° e 2° co., cod. civ.).

Si intendono comunque "connesse" le attività, esercitate dal medesimo imprenditore agricolo, dirette alla manipolazione, conservazione, trasformazione, commercializzazione e valorizzazione che abbiano ad oggetto prodotti ottenuti prevalentemente dalla coltivazione del fondo o del bosco o dall'allevamento di animali, nonché le attività dirette alla fornitura di beni o servizi mediante l'utilizzazione prevalente di attrezzature o risorse dell'azienda normalmente impiegate nell'attività agricola esercitata, ivi comprese le attività di valorizzazione del territorio e del patrimonio rurale e forestale, ovvero di ricezione ed ospitalità come definite dalla legge (art. 2135, 3° co., cod. civ.).

Con il contratto di affitto di fondi rustici l'imprenditore agricolo non proprietario ha diritto, verso corrispettivo in denaro, di utilizzare il fondo altrui, per trarne i frutti e tutte le altre utilità da esso derivanti. L'affitto può comprendere anche le "**scorte morte**" (art. 1640 cod. civ.: le macchine, gli attrezzi, i foraggi, e così via), oppure le "**scorte vive**" (art. 1641 cod. civ.: si pensi al bestiame).

Una sottospecie dell'affitto di fondi rustici è l'affitto a **coltivatore diretto** (artt. 1647-1654 cod. civ.). Qui la particolarità sta nel fatto che l'affittuario è colui che coltiva il fondo con il lavoro proprio e della propria famiglia, purché tale forza lavorativa costituisca almeno un terzo di quella che occorre per le normali necessità di coltivazione del fondo (art. 6 l. n. 203/1982).

La disciplina dell'affitto di fondi rustici, peraltro, non può comprendersi nei suoi aspetti fondamentali se non si fa riferimento alla legislazione speciale che, più volte, è intervenuta in materia (spesso in maniera innovativa rispetto alle disposizioni del codice).

È previsto, in particolare, che "ciascuna delle **parti** può eseguire **opere di miglioramento fondiario**, addizioni e trasformazioni degli ordinamenti produttivi e dei fabbricati rurali" (art. 16, 1° co., l. 3.5.1982, n. 203). Qualora manchi l'accordo tra le parti, interviene l'ispettorato provinciale dell'agricoltura, che ha anche il potere di indicare eventuali modificazioni tecniche al progetto presentato (art. 16, 2° co., l. n. 203/1982). Il che non vuol dire che l'affittante si trasformi in un coimprenditore, come pure è stato sostenuto: il rischio dell'impresa, infatti, ricade sempre sull'affittuario, mentre l'affittante ha diritto ad un corrispettivo fisso (diritto che non viene meno se l'impresa agricola risulta essere in perdita).

La **durata minima** dell'affitto a coltivatore diretto è di quindici anni (art. 1, 2° co., l. n. 203/1982). Il locatore può domandare al giudice la risoluzione del contratto in caso di grave inadempimento della controparte (art. 5, 2° co., l. n. 203/1982). Si pensi al mancato pagamento del canone, alla non osservanza degli obblighi di manutenzione e conservazione, a quelli relativi alla razionale conduzione del fondo; l'affittuario, invece, può sempre recedere dal contratto (art. 5, 1° co., l. n. 203/1982).

Nel caso in cui l'affitto non sia a coltivatore diretto, l'art. 22 della l. n. 203/1982 prevede sempre la durata minima di quindici anni; il successivo art. 23, poi, formula un ampio rinvio alle norme che regolano l'affitto a coltivatore diretto.

Il **canone** è stabilito dalla legge, che fa riferimento ad alcuni specifici parametri. È prevista la possibilità che le parti stabiliscano accordi in deroga all'"equo canone", purché le intese siano siglate con l'assistenza delle rispettive organizzazioni professionali agricole (art. 23 l. n. 11/1971, così come risultante dalla modifica apportata dall'art. 45 l. n. 203/1982). La Corte costituzionale ha peraltro dichiarato illegittime le norme che prescrivevano la determinazione del canone (Corte cost., 5.7.1982, n. 318). Sulla scorta di questa pronuncia, i giudici di legittimità hanno stabilito che il canone applicabile, in assenza di un intervento legislativo, sia quello stabilito liberamente dalle parti (Cass., 12.4.2011, n. 84139).

L'affittuario ha un **diritto di prelazione**, a parità di condizioni, qualora il locatore decida di trasferire il fondo a titolo oneroso (art. 8 l. n. 590/1965; Cass., 8.1.2020, n. 123). La prelazione, inoltre, spetta al coltivatore diretto proprietario di terreni confinanti con i fondi offerti in vendita, purché sugli stessi non siano insediati affittuari (art. 7 l. n. 817/1971). La prelazione legale ha carattere reale: ciò vuol dire che l'affittuario potrà, in caso di violazione del diritto di prelazione, esercitare il retratto anche contro l'acquirente. La prelazione dell'affittuario, infine, si ha anche in caso di nuovo affitto del fondo (art. 4-*bis*, l. n. 203/1982).

305. La mezzadria. La colonia parziaria. La soccida. La conversione dei contratti associativi in affitto.

La mezzadria, la colonia parziaria e la soccida (artt. 2141 ss. cod. civ.) sono **contratti associativi**: con essi, infatti, l'impresa agricola diventa collettiva, comune alle parti.

Con la **mezzadria**, in particolare, il proprietario (il concedente) conferisce il godimento di un podere (sulla cui nozione tra breve si dirà); il coltivatore (il mezzadro) conferisce il proprio lavoro e quello della famiglia (la famiglia colonica), e gli utili dell'impresa agricola vengono divisi fra le parti.

L'iniziale impostazione del codice civile prevedeva dei limiti particolarmente stringenti per il mezzadro: la direzione dell'impresa era in capo al concedente; il mezzadro non poteva modificare la composizione della famiglia colonica senza il consenso del concedente; inoltre, gli utili dovevano essere divisi in parti uguali.

Le leggi speciali avevano finito per delineare un quadro diverso: la direzione dell'impresa era comune alle parti; il mezzadro poteva modificare, anche senza il consenso del concedente, la composizione della famiglia colonica (a condizione che non risultasse compromessa la normale destinazione del fondo); al mezzadro, infine, spettava il 58 per cento degli utili (l. n. 756/1964).

In base all'impianto originario del codice, la mezzadria era destinata a rinnovarsi di anno in anno (artt. 2143 e 2144 cod. civ.).

La **colonia parziaria** differisce dalla mezzadria per due aspetti: in primo luogo ha per oggetto un fondo (art. 2164 cod. civ.), mentre la mezzadria ha per oggetto un podere (art. 2141 cod. civ.). Quest'ultimo consiste in un appezzamento di terreno, caratterizzato da colture di diversi tipi, edifici e scorte (tutti elementi in grado di fornire il reddito necessario alla famiglia che lo coltiva); il fondo, invece, è un terreno privo delle predette caratteristiche. Inoltre, ecco la seconda differenza, nella colonia parziaria manca la figura della famiglia colonica.

La colonia parziaria era contratta per il tempo necessario affinché il colono potesse svolgere e portare a compimento un ciclo normale di rotazione delle colture previste nel fondo (art. 2165, 1° co., cod. civ.; sulla sorte, a seguito dell'avvicendamento legislativo, sia della mezzadria sia della colonia parziaria, si veda la parte finale di questo paragrafo).

Va detto, infine, della **soccida**, in cui il soccidante ed il soccidario si associano per l'allevamento e lo sfruttamento di una certa quantità di **bestiame** e per l'esercizio delle attività connesse, al fine di ripartire l'accrescimento del bestiame e gli altri prodotti e utili che ne derivano (art. 2170 cod. civ.).

La soccida può essere semplice, parziaria o con conferimento in pascolo. Nella soccida **semplice** il bestiame è conferito dal soccidante (art. 2171, 1° co., cod. civ.); in quella **parziaria** il bestiame è conferito da entrambi i contraenti nelle proporzioni convenute. Essi divengono comproprietari del bestiame in proporzione del rispettivo conferimento (art. 2182 cod. civ.). Si ha rapporto di soccida anche quando il bestiame sia conferito dal soccidario e il soccidante conferisca il terreno per il **pascolo** (art. 2186, 1° co., cod. civ.).

Quanto alla **durata** del contratto, se in esso non è stabilito un termine, la soccida ha la durata di tre anni. Alla scadenza del termine il contratto non cessa di diritto, e la parte che non intende rinnovarlo deve darne disdetta almeno sei mesi prima della scadenza o nel maggior termine fissato dalle convenzioni o dagli usi. Se non è data disdetta, il contratto s'intende rinnovato di anno in anno (art. 2172 cod. civ.; la norma, dettata per la soccida semplice, si applica anche alla soccida parziaria, per il rinvio operato dall'art. 2185 cod. civ.).

A partire dagli anni Sessanta del secolo scorso sono state **vietate** le **stipulazioni** di nuovi contratti di mezzadria e colonia parziaria, in quanto ritenuti non più rispondenti alle esigenze agricole ed economiche del Paese. Per i contratti di mezzadria e di colonia parziaria stipulati in violazione di tale divieto è stata prevista la sanzione della nullità; tuttavia, ha stabilito in un primo momento il legislatore, questa non produceva effetto per il periodo in cui il rapporto ha avuto esecuzione (l. n. 756/1964).

Nonostante il divieto, dunque, sono stati conclusi nuovi contratti, la cui esecuzione si protrae fino a quando una delle parti non ne eccepisca la nullità.

Si spiega, così, perché è stata avvertita la necessità di una nuova disciplina. Gli artt. 25 ss. della l. 3.5.1982, n. 203 hanno introdotto la **conversione** dei contratti associativi in **affitto** (la conversione, in particolare, riguarda la mezzadria; la colonia parziaria; la soccida con conferimento di pascolo e la soccida parziaria ove vi sia conferimento di pascolo, quando l'apporto del bestiame da parte del soccidante è inferiore al venti per cento del valore dell'intero bestiame conferito dalle parti). La legge ha stabilito che la conversione si doveva attuare, entro quattro anni dalla sua entrata in vigore (art. 25, 1° co., l. n. 203/1982), a domanda di una delle parti: se era richiesta dal concedente, era necessario il consenso dell'altra parte (mancando il consenso, il contratto si risolveva); il concessionario, invece, poteva attuare la conversione attraverso un atto unilaterale di volontà, anche se vi era il dissenso del concedente.

La Corte costituzionale, peraltro, due anni dopo l'entrata in vigore della legge, è intervenuta con una sentenza parzialmente abrogativa, stabilendo che la conversione per atto unilaterale poteva avvenire soltanto se il concedente si disinteressasse della gestione del fondo, e non quando lo stesso avesse dato "un adeguato apporto alla conduzione dell'impresa" (Corte cost., 7.5.1984, n. 138).

Qualche anno dopo l'intervento dei giudici delle leggi, il legislatore è tornato ad occuparsi della materia, escludendo la conversione allorché il concedente abbia dato, da almeno due anni prima dell'entrata in vigore della l. n. 203/1982, un "adeguato apporto" alla conduzione dell'impresa agricola (l. n. 29/1990).

Per i contratti associativi previsti dall'art. 25 della l. n. 203/1982, non trasformati in affitto, si è comunque stabilita una durata limitata (si veda l'art. 34 l. n. 203/1982). La l. n. 203/1982 ha ribadito, all'art. 45, il divieto di stipulare, nemmeno con l'assistenza delle organizzazioni professionali, nuovi contratti di mezzadria e di colonia parziaria.

Va ricordato, da ultimo, che le norme regolatrici dell'affitto dei fondi rustici si applicano a tutti i **contratti agrari**, stipulati dopo l'entrata in vigore della l. n. 203/1982, aventi ad oggetto la **concessione di fondi rustici** o fra le cui prestazioni vi sia il conferimento di fondi rustici (art. 27 l. n. 203/1982). Per questi contratti agrari, dunque, è prevista la conversione legale in affitto.

Capitolo 50

I CONTRATTI BANCARI

306. Le banche, l'attività bancaria ed alcune regole generali.

Un'apposita disciplina, nel codice civile, è dedicata ai contratti bancari (artt. 1834-1860 cod. civ.). Occorre premettere alcune considerazioni generali sulle banche, ancorché la materia, nell'attuale disciplina degli studi universitari, costituisca l'oggetto del corso di diritto commerciale e di quello bancario.

Le **banche** sono, per previsione di legge, società per azioni o società cooperative per azioni che, ottenute le richieste autorizzazioni e iscritte in un apposito Albo curato dalla Banca d'Italia, esercitano l'**attività bancaria**. Con quest'ultima espressione si intende, in primo luogo, la raccolta del risparmio tra il pubblico e l'esercizio della concessione di credito (i prestiti che vengono erogati alle imprese o ai privati).

Quella ricordata, in realtà, è la nozione tradizionale di attività bancaria. Nell'attuale sistema, infatti, le banche sono solite svolgere una **pluralità di servizi**: negoziazioni di titoli per conto dei clienti, consulenza finanziaria, operazioni di *leasing*, *factoring*, servizi di pagamento, attività di emissione e gestione di carte di credito, rilascio di fideiussioni ed altre garanzie, emissioni di assegni, cambiali, certificati di deposito, gestione di patrimoni, custodia e amministrazione di valori mobiliari, locazioni di cassette di sicurezza.

Fra le numerose leggi che hanno interessato il mondo bancario va ricordato il d.lgs. 1.9.1993, n. 385, recante il Testo Unico Bancario (TUB).

Le banche sono tenute a fornire la **pubblicità**, secondo le modalità prescritte, relativa agli elementi economici dei servizi e dei prodotti offerti alla clientela, come gli interessi praticati, i prezzi, le spese, e così via (art. 116 TUB).

È previsto che i **contratti** debbano essere conclusi **per iscritto**, a pena di nullità, ed una copia sia consegnata al cliente. I contratti devono **contenere** la previsione del tasso degli interessi praticati e l'indicazione di ogni altra condizione economica; sono nulle e si considerano non apposte le clausole che fanno rinvio agli usi o quelle che stabiliscono per il cliente condizioni più sfavorevoli a quelle pubblicizzate (art. 117 TUB).

Periodicamente, inoltre, le banche devono effettuare comunicazioni ai clienti al fine di informarli sull'andamento del loro rapporto contrattuale (art. 119 TUB).

I contratti bancari di durata, sovente, prevedono il c.d. ***ius variandi*** in capo alla banca (ossia il potere di modificare unilateralmente le condizioni contrattuali).

Il Testo Unico Bancario, peraltro, stabilisce alcune limitazioni alle modifiche contrattuali della banca: esse, infatti, sono subordinate alla sussistenza di un **giustificato motivo**. Non solo: è previsto che la banca, per effettuare le modifiche, debba inviare al cliente una "proposta" (così si esprime la legge) "di modifica unilaterale del contratto", con un preavviso minimo di due mesi; il cliente ha dunque la facoltà di recedere dal contratto (senza oneri di spese) entro la data prevista per l'applicazione delle nuove condizioni contrattuali (art. 118 TUB). L'art. 118 TUB è stato più volte modificato dal legislatore. L'attuale versione, di cui si è appena detto, non mette capo ad un vero e proprio diritto potestativo della banca (come avviene, invece, nello *ius variandi* vero e proprio: § 224). Si tratta, piuttosto, di una proposta di modifica del contratto da parte dell'istituto bancario, che si intende "approvata" qualora il cliente non receda entro il termine prescritto. Non può sfuggire, d'altra parte, come la forza contrattuale della banca, nonché le conseguenze giuridiche in caso di mancata accettazione della proposta (lo scioglimento del rapporto), permettano di rinvenire nella figura in esame una posizione di "soggezione" in capo a chi riceve la "proposta di modifica" delle condizioni già concordate.

In ogni caso, nei contratti a tempo indeterminato il cliente può sempre recedere dal contratto concluso, senza penalità e senza spese di chiusura (art. 120-*bis* TUB).

Per lungo tempo la vigilanza sulle banche è stata di competenza esclusiva della Banca d'Italia. Attualmente deve aversi riguardo all'Unione Bancaria Europea che si fonda, principalmente, sul **Meccanismo di vigilanza unico** (Regolamenti 1024/2013/UE e 468/2014/BCE) e sul **Meccanismo unico di risoluzione delle crisi** (Direttiva 2014/59/UE e Regolamento 806/2014/UE, attuati con i d.lgs. nn. 180 e 181 del 2015). Il Meccanismo di vigilanza unico attribuisce alla Banca Centrale Europea (BCE) il compito di supervisione e di vigilanza delle c.d. "banche sistemiche". In questo quadro le autorità nazionali (e fra queste vi è la Banca d'Italia) hanno compiti meramente istruttori (mentre hanno compiti di vigilanza verso le banche non sistemiche). Il Meccanismo unico di risoluzione della crisi (la cui attivazione spetta alla BCE e ad un "Comitato di risoluzione" unico) gestisce le diverse fasi della crisi della banca attraverso quattro modalità: (1) "vendita delle attività di impresa" (*sale of business*); (2) "separazione delle attività" (*bad bank*); (3) costituzione di un "ente ponte" (*bridge-bank*); (4) "adozione del *bail in*".

307. Il conto corrente bancario.

Occorre distinguere il contratto di **conto corrente ordinario** dal contratto di conto corrente bancario. Il codice civile detta una disciplina del conto corrente ordinario agli artt. 1823-1833 cod. civ. Nel capo relativo ai contratti bancari, invece, sono disciplinate le operazioni bancarie in conto corrente (artt. 1852-1857 cod. civ.), cui si applicano alcune norme previste per il conto corrente ordinario.

Si cominci da quest'ultimo: si tratta di un contratto con cui le parti si obbligano ad annotare in un conto i crediti derivanti da reciproche rimesse, considerandoli inesigibili ed indisponibili fino alla chiusura del conto. Il saldo del conto è esigibile alla scadenza stabilita. Se non è richiesto il pagamento, il saldo si considera quale prima rimessa di un nuovo conto e il contratto si intende rinnovato a tempo indeterminato (art. 1823 cod. civ.).

L'inclusione di un credito nel conto corrente non esclude l'**esercizio** delle **azioni** ed **eccezioni** relative all'atto da cui il credito deriva. Se l'atto è dichiarato nullo, annullato, rescisso o risoluto, la relativa partita si elimina dal conto (art. 1827 cod. civ.).

La **chiusura del conto** con la liquidazione del saldo è fatta alle scadenze stabilite dal contratto o dagli usi e, in mancanza, al termine di ogni semestre, computabile dalla data del contratto (art. 1831 cod. civ.).

Se il contratto è a tempo indeterminato, ciascuna delle parti può **recedere** dal **contratto** a ogni chiusura del conto, dandone preavviso almeno dieci giorni prima. In caso d'interdizione, d'inabilitazione, d'insolvenza o di morte di una delle parti, ciascuna di queste o gli eredi hanno diritto di recedere dal contratto. Lo scioglimento del contratto impedisce l'inclusione nel conto di nuove partite, ma il pagamento del saldo non può richiedersi che alla scadenza del periodo stabilito dall'art. 1831 cod. civ. (art. 1833 cod. civ.).

Si giunge, così, al **conto corrente bancario**. Si tratta di un contratto accessorio ad altre operazioni poste in essere dalla banca e dal cliente (ad esempio l'apertura di credito, deposito), con cui si stabilisce di far confluire in un unico conto gli accrediti e gli addebiti.

La differenza fondamentale, rispetto al conto corrente ordinario, sta nella **immediata esigibilità**, da parte del correntista, dei crediti risultanti dalle operazioni bancarie in conto corrente. È previsto, infatti, che qualora il deposito, l'apertura di credito o altre operazioni bancarie siano regolate in conto corrente, il correntista può disporre in qualsiasi momento delle somme risultanti a suo credito, salva l'osservanza del termine di preavviso eventualmente previsto (art. 1852 cod. civ.).

Esempio. Nel mio conto corrente bancario c'è un attivo di 5.000 euro. Posso prelevare quando voglio la somma di denaro che mi serve.

La banca risponde secondo le regole del mandato per l'esecuzione di incarichi ricevuti (art. 1856, 1° co., cod. civ.): si pensi al mandato di pagamento, al cambio di valute, agli ordini di acquisto.

Se l'operazione regolata in conto corrente è a tempo indeterminato, ciascuna delle parti può **recedere** dal contratto, dandone preavviso nel termine stabilito dagli usi o, in mancanza, entro quindici giorni (art. 1855 cod. civ.).

Alle operazioni regolate in conto corrente bancario si applicano gli artt. 1826, 1829 e 1832 cod. civ. (art. 1857 cod. civ.). L'art. 1832 cod. civ., in particolare, stabilisce che l'**estratto conto**, trasmesso da un correntista all'altro, si intende approvato se non è contestato nel termine pattuito o in quello usuale, o altrimenti nel termine che può ritenersi congruo secondo le circostanze. L'approvazione del conto non preclude il diritto di impugnarlo per errori di scritturazione o di calcolo, per omissioni o per duplicazioni. L'impugnazione deve essere proposta, sotto pena di decadenza, entro sei mesi dalla data di ricezione dell'estratto conto relativo alla liquidazione di chiusura, che deve essere spedito per mezzo di raccomandata.

Nel contratto di conto corrente bancario, la clausola relativa agli interessi deve contenere la puntuale indicazione del tasso praticato e, ove esso sia convenuto come variabile, ai fini della sua esatta individuazione concreta è necessario il riferimento a parametri che consentano la sua precisa determinazione. Non sono dunque sufficienti generici riferimenti, come ad esempio i c.d. usi di piazza, dai quali non emerga con chiarezza quale previsione le parti abbiano inteso richiamare con la loro pattuizione (Cass., 2.3.2022, n. 6868).

308. Il deposito bancario.

Nel **deposito** di una somma di denaro presso una **banca**, questa ne acquista la proprietà ed è obbligata a restituirla nella stessa specie monetaria, alla scadenza del termine convenuto ovvero a richiesta del depositante, con l'osservanza del periodo di preavviso stabilito dalle parti o dagli usi (art. 1834, 1° co., cod. civ.).

Esempio. Ho ricevuto una somma ingente, a titolo di eredità. Non voglio tenere in casa il denaro: lo deposito in banca e riceverò anche il pagamento degli interessi sul denaro depositato.

Si è in presenza di un deposito irregolare, posto che il depositario ne diventa proprietario, con facoltà di servirsene (art. 1782 cod. civ.). Il contratto ha una duplice funzione: per il cliente, di custodia, come in ogni contratto di deposito (art. 1766 cod. civ.); per la banca, una funzione di credito, giacché dal deposito la banca ottiene disponibilità di denaro per effettuare i propri finanziamenti.

Sulle somme depositate dal cliente la banca deve corrispondergli gli **interessi** (si veda l'art. 1782, 2° co., che rinvia alle norme sul mutuo e, fra queste, all'art. 1815 cod. civ.). Gli interessi di solito praticati dalle banche per i depositi liberi sono molto bassi (inferiori, addirittura, al tasso legale); più elevati, invece, sono per i depositi vincolati.

Rispetto al comune deposito irregolare, peraltro, il deposito bancario presenta un'importante differenza, come si ricava dalla norma del codice secondo cui "salvo patto contrario, i **versamenti** ed i **prelevamenti** si eseguono alla sede della banca presso la quale si è costituito il rapporto" (art. 1834, 2° co., cod. civ.).

La disposizione discute di versamenti e di prelevamenti; il che evidenzia come il deposito bancario sia un contratto in conto corrente. La banca, in pratica, apre un conto intestato al cliente: l'apertura del conto attribuisce al deposito bancario il carattere di un contratto ad esecuzione continuata, nel corso del quale possono essere effettuati versamenti e prelevamenti, i quali vengono annotati sul conto.

È evidente, dunque, la differenza rispetto ad un comune contratto di deposito irregolare: in quest'ultimo caso il depositante, dopo che ha depositato la somma di denaro prevista contrattualmente, se vuole depositarne un'altra, è tenuto a concludere un nuovo contratto; nel deposito bancario, invece, il depositante può effettuare, in esecuzione sempre del medesimo contratto, una pluralità di versamenti e di prelevamenti (quest'ultimi vanno considerati come altrettanti adempimenti parziali dell'obbligazione di restituzione da parte della banca depositaria).

Se la banca rilascia un **libretto di deposito** a risparmio, i versamenti e i prelevamenti si devono annotare sul libretto. Le annotazioni sul libretto, firmate dall'impiegato della banca addetto al servizio, fanno piena prova nei rapporti fra banca e depositante. È nullo ogni patto contrario (art. 1835 cod. civ.).

Se il libretto di deposito è pagabile al portatore, la banca che senza dolo o colpa grave adempia la prestazione nei confronti del possessore è liberata, anche se questi non è il depositante. La stessa disposizione si applica nel caso in cui il libretto di deposito pagabile al portatore sia intestato a nome di una determinata persona o in altro modo contrassegnato. Sono salve le disposizioni delle leggi speciali (art. 1836 cod. civ.; sul deposito di titoli in amministrazione si veda l'art. 1838 cod. civ.).

Nel deposito bancario, l'obbligo restitutorio della banca sorge, salvo il caso di previsione di un termine convenzionale di scadenza del contratto, solo a seguito della richiesta del cliente, quale condizione di esigibilità del credito del medesimo. Ne consegue che la prescrizione del diritto del depositante a ottenere la restituzione delle somme depositate non inizia a decorrere prima che il cliente abbia richiesto la somma in restituzione, facendo in tal modo sorgere la corrispondente obbligazione dell'istituto di credito (Cass., 31.3.2021, n. 8998).

309. L'apertura di credito.

L'**apertura di credito bancario** (nella prassi si utilizza l'espressione "**fido**" o "**castelletto**") è un contratto (artt. 1842-1845 cod. civ.) con cui la banca si obbliga a tenere a disposizione dell'altra parte una somma di denaro per un dato periodo di tempo o a tempo indeterminato (art. 1842 cod. civ.; sui profili probatori si veda Cass., 28.2.2020, n. 5610; Trib. Palermo, 2.2.2022).

Rispetto al **mutuo**, che pure rappresenta uno strumento largamente utilizzato per la concessione del credito, esistono delle **differenze** rilevanti: il mutuo è (o può essere) un contratto reale, mentre l'apertura di credito è un contratto consensuale (ciò vuol dire che si perfeziona per effetto del consenso, senza la necessità della consegna del denaro). Il mutuo, inoltre, è un contratto con effetto reale (trasferisce, cioè, la proprietà delle somme mutuate), diversamente dall'apertura di credito, la quale produce soltanto **effetti obbligatori**: da un lato, infatti, il cliente diventa creditore della banca del diritto ad utilizzare il credito concessogli; dall'altro, nella misura in cui la somma viene utilizzata, sorge in capo al cliente l'obbligazione di restituire la stessa, oltre agli interessi stabiliti.

Il cliente, in particolare, adempie l'obbligazione **di restituzione**, per quanto riguarda il capitale, al momento dello scioglimento del contratto: ciò avviene, se l'apertura di credito è a tempo indeterminato, quando una delle parti, previo preavviso, dichiari di recedere dal contratto (art. 1845, 3° co., cod. civ.); se l'apertura di credito è a tempo determinato, alla scadenza convenuta (salva la facoltà di recedere, da parte della banca, per giusta causa: art. 1845, 1° co., cod. civ.). Gli interessi, invece, sono addebitati sul conto del cliente a scadenze trimestrali, semestrali o annuali, in base a quanto previsto dal contratto.

L'apertura del credito è, normalmente, in conto corrente: il che comporta che l'accreditato può utilizzare in più volte il credito, secondo le forme di uso, e può con successivi versamenti ripristinare la sua disponibilità (art. 1843 cod. civ.).

Se per l'apertura di credito è data una **garanzia** reale o personale, questa non si estingue prima della fine del rapporto per il solo fatto che l'accreditato cessa di essere debitore della banca. Se la garanzia diviene insufficiente, la banca può chiedere un supplemento di garanzia o la sostituzione del garante. Se l'accreditato non ottempera alla richiesta, la banca può ridurre il credito proporzionalmente al diminuito valore della garanzia o recedere dal contratto (art. 1844 cod. civ.).

Il prolungato inadempimento del correntista all'obbligo di rientrare dall'esposizione debitoria legittima la banca alla segnalazione alla Centrale rischi del suo credito come "in sofferenza" (Cass., 6.12.2019, n. 31921).

L'onere di allegazione gravante sull'istituto di credito che, convenuto in giudizio, voglia opporre l'eccezione di prescrizione al correntista che abbia esperito l'azione di ripetizione di somme indebitamente pagate nel corso del rapporto di conto corrente assistito da un'apertura di credito, è soddisfatto con l'affermazione dell'inerzia del titolare del diritto, e la dichiarazione di volerne approfittare, senza che sia anche necessaria l'indicazione di specifiche rimesse solutorie (Cass., Sez. Un., 13.6.2019, n. 15895).

310. L'anticipazione bancaria.

L'**anticipazione bancaria** (artt. 1846-1851 cod. civ.) è una sottospecie dell'apertura di credito: si caratterizza, rispetto a quest'ultima, per il fatto che la garanzia offerta alla banca è costituita da **pegno di titoli** o di **merci**; è previsto che la banca non possa disporre delle cose ricevute in pegno, se ha rilasciato un documento nel quale le cose stesse sono individuate. Il patto contrario deve essere provato per iscritto (art. 1846 cod. civ.).

Esempio. Il produttore di merci, fino a quando non abbia trovato i compratori, dà in pegno alla banca i titoli rappresentativi delle merci (come la fede di deposito dei magazzini generali); in cambio riceve in anticipo quanto confida di riscuotere dai compratori.

La banca, oltre al **corrispettivo** dovutole, ha diritto al rimborso delle spese occorse per la custodia delle merci e dei titoli, salvo che ne abbia acquistato la disponibilità (art. 1848 cod. civ.).

Può succedere che le merci ed i titoli dati in pegno alla banca non siano stati individuati e, dunque, la banca ne sia diventata proprietaria; in altri casi, pur essendo avvenuta l'individuazione, la banca si può riservare la facoltà di disporre delle cose ricevute in pegno; infine, è prevista la possibilità che, a garanzia dell'anticipazione, siano vincolati depositi di denaro (il c.d. denaro contro denaro). In tutte queste ipotesi i rapporti tra banca e cliente sono destinati ad essere regolati attraverso conguaglio, tenendo conto del valore dei titoli o delle merci al momento della scadenza del credito (art. 1851 cod. civ.).

311. Lo sconto bancario.

Lo **sconto bancario** (artt. 1858-1860 cod. civ.) è il contratto con cui la banca, previa deduzione dell'interesse, anticipa al cliente l'importo di un credito verso terzi non ancora scaduto, mediante la cessione, salvo buon fine, del credito stesso (art. 1858 cod. civ.).

Se lo sconto avviene mediante girata di cambiale o di assegno bancario, la banca, nel caso di mancato pagamento, oltre ai diritti derivanti dal titolo, ha anche diritto alla restituzione della somma anticipata (art. 1859, 1° co., cod. civ.; il secondo comma fa salve le norme delle leggi speciali). La banca, in sostanza, oltre a poter esercitare (come ogni possessore di titolo cambiario) le azioni cambiarie, può esercitare l'azione causale, fondata sul rapporto sottostante che ha originato la trasmissione del titolo.

Diverse dallo sconto bancario sono le **ricevute bancarie**, ossia le quietanze di pagamento firmate dal creditore prima della scadenza del debito e consegnate all'istituto bancario; quest'ultimo, poi, invita il debitore ad effettuare il pagamento, avvertendolo che al momento del saldo gli verrà rilasciata la ricevuta.

Si discute di **sconto di ricevute bancarie** quando la banca, nel ricevere dal creditore la quietanza di cui si è appena detto, apre a favore del creditore stesso un credito in conto corrente. La convenzione prevede che la banca abbia il mandato ad incassare le somme, con accredito nel conto corrente del cliente; è previsto, altresì, che il debito della banca sia estinto per compensazione.

Nello sconto di ricevute bancarie il cliente (a differenza di quello che si è appena detto a proposito dello sconto bancario) non cede il proprio credito alla banca; l'operazione, pertanto, può realizzarsi anche quando il credito, per convenzione tra il creditore ed il debitore, sia dichiarato incedibile.

312. Le cassette di sicurezza.

Fra i servizi accessori svolti dalla banca a favore del cliente va ricordato quello delle **cassette di sicurezza** (artt. 1839-1841 cod. civ.).

Non si tratta di un contratto di deposito ma, come spesso rileva la dottrina, di un **contratto** di **locazione**: la banca, infatti, non si obbliga nei confronti del cliente a custodire gli oggetti che lo stesso immette nella cassetta di sicurezza (anzi, la banca non sa quale sia il contenuto della cassetta, potendo la stessa essere anche vuota); si obbliga, invece, a consentire l'utilizzo della cosa locata e a mantenerla in modo idoneo all'uso (l'obbligazione, sotto questo aspetto, consiste nella custodia nei locali, i c.d. *caveau*, dove sono riposte le cassette di sicurezza).

Si spiega, pertanto, la disposizione del codice secondo cui la banca risponde verso l'utente per l'idoneità e la custodia dei locali e l'integrità della cassetta di sicurezza, salvo il caso fortuito (art. 1839 cod. civ.). Va pure ricordata, peraltro, la tesi che rinviene nel servizio di cassette di sicurezza un contratto misto, in cui convivono elementi del contratto di locazione ed elementi del contratto di deposito (la custodia del locale).

Se la cassetta è intestata a **più persone**, l'apertura della stessa è consentita singolarmente a ciascuno degli intestatari, salvo diversa pattuizione. In caso di morte dell'intestatario o di uno degli intestatari, la banca che ne abbia ricevuto comunicazione non può consentire l'apertura della cassetta se non con l'accordo di tutti gli aventi diritto o secondo le modalità stabilite dall'autorità giudiziaria (art. 1840 cod. civ.).

Quando il contratto è scaduto, la banca, previa intimazione all'intestatario e decorsi sei mesi dalla data della medesima, può chiedere al tribunale l'autorizzazione ad **aprire** la cassetta. L'intimazione può farsi anche mediante raccomandata con avviso di ricevimento. L'apertura si esegue con l'assistenza di un notaio all'uopo designato e con le cautele che il tribunale ritiene opportune. Il tribunale può dare le disposizioni necessarie per la conservazione degli oggetti rinvenuti e può ordinare la vendita di quella parte di essi che occorra al soddisfacimento di quanto è dovuto alla banca per canoni e spese (art. 1841 cod. civ.).

Per la giurisprudenza di legittimità, la **clausola** che **limiti** il **valore** del **risarcimento** del danno da parte della banca, senza che sia preventivamente evidenziato il divieto per il cliente di custodirvi valori eccedenti il pattuito, non delimita l'oggetto del contratto, ma integra un patto di esonero da responsabilità; essa, dunque, è **nulla** ai sensi dell'art. 1229, 1° co., cod. civ., nell'ipotesi in cui il danno derivi da colpa grave della banca (Cass., 22.12.2011, n. 28314; Cass., 30.9.2009, n. 20948; App. Reggio Calabria, 21.1.2019).

Quanto alla **prova** del **danno**, si deve muovere dalla constatazione che il contenuto di una cassetta di sicurezza costituisce una circostanza di fatto generalmente non divulgata. Ne consegue che, ai fini della prova, la parte può ricorrere alle deposizioni degli stretti familiari ed il giudice è tenuto a non sottovalutare o ignorare, se coerenti con l'insieme dei riscontri probatori, elementi di fatto quali la denuncia penale (così Cass., 4.6.2012, n. 8945).

Capitolo 51

I CONTRATTI ATIPICI

313. Il *leasing* (la locazione finanziaria)

Pur essendo una figura contrattuale assai diffusa, il *leasing* (o locazione finanziaria) non è stato oggetto, fino ai tempi recenti, di una disciplina *ad hoc*. Come si vedrà alla fine del paragrafo, peraltro, la qualifica di contratto atipico attualmente deve essere ripensata alla luce del sopraggiungere di nuove discipline legislative (si veda anche § 313.1). È invece da tempo regolato il *leasing* internazionale (quello in cui le due parti del contratto operano in Stati diversi): vale, in questo caso, la Convenzione di Ottawa del 1988, ratificata in Italia con la l. n. 259/1993.

Ci si occupi della **definizione** di *leasing*. Si tratta di un contratto con cui una parte, detta **concedente**, attribuisce all'altra, detta **utilizzatore**, l'utilizzo del bene per un determinato periodo, dietro il pagamento di canoni periodici. All'utilizzatore è attribuita l'opzione di acquisto del bene alla fine del rapporto contrattuale. Può essere convenuta, inoltre, la possibilità di prorogare il contratto: il che comporta l'obbligazione, per l'utilizzatore, di proseguire nel pagamento dei canoni.

L'utilizzatore mira a diventare proprietario soprattutto quando il bene conservi ancora, all'esito dell'utilizzo, un significativo valore residuo, superiore al prezzo dell'opzione.

Il *leasing* ha, principalmente, una **funzione** di "**finanziamento**" nei confronti dell'utilizzatore. Ciò si comprende ponendo l'attenzione sui seguenti aspetti. Al *leasing* ricorre, principalmente, un imprenditore o un professionista: il bene oggetto della locazione è strumentale rispetto alla sua attività (imprenditoriale o professionale). Esso non è, di solito, di proprietà del concedente, ma di un altro soggetto (il fornitore): il concedente, dunque, lo acquista proprio per darlo in *leasing* all'utilizzatore (talvolta, anzi, è lo stesso utilizzatore che individua il bene, che poi il concedente acquista).

È così chiarita la funzione di finanziamento del *leasing*: l'utilizzatore non versa, immediatamente, la somma necessaria per l'acquisto del bene. Questo, infatti, è acquistato al suo posto dal concedente (si tratta di "società di *leasing*"), che recupera il capitale attraverso il pagamento dei canoni; gli stessi sono comprensivi anche del suo profitto per l'attività realizzata. Il concedente, inoltre, trae il suo profitto nel prezzo fissato per l'opzione di acquisto del bene.

Il concedente ha la garanzia che, se l'utilizzatore del bene non paga i canoni convenuti, non ha comunque perduto la proprietà del bene. Le società di *leasing*, proprio per la natura finanziaria della loro attività, sono soggette ad una particolare disciplina, che contempla diversi controlli pubblici.

Allorché il locatore sia, esso stesso, il produttore del bene, si discute nella prassi di *leasing* "**operativo**" e non di *leasing* "**finanziario**": nella prima figura si è in presenza di un contratto bilaterale; nella seconda di un contratto trilaterale (i soggetti coinvolti sono il produttore, l'utilizzatore ed il finanziatore) o, secondo una diversa (prevalente) tesi, di un collegamento negoziale tra due distinti contratti, senza che si possa configurare un rapporto trilaterale (Cass., n. 8101/2012; Cass., n. 20592/2007).

In tema di vizi della cosa concessa in *leasing* finanziario che la rendano inidonea all'uso, occorre distinguere l'ipotesi in cui gli stessi siano emersi prima della consegna (rifiutata dall'utilizzatore) da quella in cui siano emersi successivamente alla stessa perché nascosti o taciuti in mala fede dal fornitore. Il primo caso va assimilato a quello della mancata consegna, con la conseguenza che il concedente, in forza del principio di buona fede, una volta informato della rifiutata consegna, ha il dovere di sospendere il pagamento del prezzo in favore del fornitore e, ricorrendone i presupposti, di agire verso quest'ultimo per la risoluzione del contratto di fornitura o per la riduzione del prezzo. Nel secondo caso, l'utilizzatore ha azione diretta verso il fornitore per l'eliminazione dei vizi o la sostituzione della cosa, mentre il concedente, una volta informato, ha i medesimi doveri previsti per il precedente caso. In ogni ipotesi, l'utilizzatore può agire contro il fornitore per il risarcimento dei danni, compresa la restituzione della somma corrispondente ai canoni già eventualmente pagati al concedente (così Cass., Sez. Un., 5.10.2015, n. 19785).

Ai fini della disciplina da applicare la giurisprudenza ha finito per distinguere due principali figure di *leasing*: il ***leasing* di godimento** e il ***leasing* traslativo**. Nel primo è prevalente l'interesse dell'utilizzatore al godimento del bene per un determinato periodo; nel secondo, invece, prevale l'interesse all'acquisto del bene, alla scadenza convenuta, attraverso l'esercizio del diritto di opzione (Cass., 23.5.2019, n. 13965; Cass., 30.9.2021, n. 26531).

Nel *leasing* di godimento i canoni sono commisurati, sostanzialmente, al godimento del bene e non incorporano quote del suo valore capitale. La Suprema Corte ha ritenuto assimilabile il *leasing* di godimento al contratto di locazione (Cass., Sez. Un., 7.1.1993, n. 65). Pertanto, in caso di inadempimento da parte dell'utilizzatore (il quale non paghi i canoni pattuiti), trova applicazione l'art. 1458, 1° co., seconda parte, cod. civ.: l'utilizzatore non ha diritto alla restituzione dei canoni pagati durante la vigenza del rapporto.

Diverso discorso deve compiersi per il *leasing* traslativo. Qui i canoni previsti dal contratto costituiscono, sostanzialmente, le quote del prezzo del bene, pagate di volta in volta in vista dell'acquisto finale, che avverrà con l'esercizio del diritto di opzione.

In questo caso la giurisprudenza ha ritenuto applicabile non l'art. 1458, 1° co., cod. civ., ma l'art. 1526 cod. civ., in tema di vendita con riserva di proprietà (Cass., 20.9.2017, n. 21895): pertanto, in caso di risoluzione del contratto per inadempimento dell'utilizzatore, il concedente deve restituire i canoni nel frattempo percepiti (Cass., 24.1.2020, n. 1581); tuttavia, in ossequio alla norma codicistica da ultimo citata, ha diritto ad un "equo compenso" per l'utilizzo del bene da parte dell'utilizzatore (oltre al risarcimento dei danni subìti).

Del resto, precisa la Suprema Corte, se al concedente fosse consentito mantenere i canoni maturati e la proprietà del bene, si configurerebbe un "indebito vantaggio derivante da un cumulo di utilità" (Cass., 27.9.2011, n. 19732) o una penale manifestamente eccessiva (Cass., 5.5.2020, n. 8470); ciò in contrasto con l'art. 1526 cod. civ., che deve considerarsi norma inderogabile (Cass., 24.1.2020, n. 1581).

Per i giudici di legittimità, inoltre, alla fattispecie contrattuale del *leasing* traslativo sono applicabili le regole dettate per il caso di vendita con riserva di proprietà (Cass., 10.9.2010, n. 19287; Cass., 10.4.2010, n. 9257; Cass., 8.1.2010, n. 73). Nel contratto di *leasing* traslativo, il patto di deduzione costruito attraverso l'attribuzione al concedente del potere di quantificare in via autonoma l'importo da defalcare non è nullo per contrarietà all'ordine pubblico economico, posto che la mancanza di criteri è supplita dalla generale clausola di buona fede che impedisce valutazioni inique (così Cass., 11.10.2021, nn. 28022 e 28023).

Qualche elemento di diversità, rispetto al *leasing*, presenta il ***sale and lease back*** (detto anche, per brevità, *lease back*). Accade, qui, che il bene, di proprietà dell'utilizzatore, viene trasferito in proprietà al concedente; da quest'ultimo, poi, l'utilizzatore ne acquista il godimento a titolo di *leasing*. L'utilizzatore ha la facoltà, alla scadenza del termine, di riacquistare la proprietà del bene dietro pagamento di un prezzo finale; oppure può prorogare il contratto e continuare a pagare i canoni previsti. Altra possibilità è quella di consegnare definitivamente il bene al concedente.

Si è sottolineata, talvolta, la contiguità del *lease back* con la fattispecie del patto commissorio (Cass., 22.3.2007 n. 6969): non sono mancati, del resto, casi in cui si è rilevata l'illiceità del contratto per violazione dell'art. 2744 cod. civ. (Cass., 10.5.2017, n. 11449; Cass., 6.7.2017, n. 16646; App. Milano, 29.3.2021; Trib. Bari, 13.3.2019).

Si diceva, all'inizio del discorso, di recenti interventi del legislatore in tema di *leasing*. In particolare, la "legge annuale per il mercato e la concorrenza" del 2017 (l. 4.8.2017, n. 124) ha introdotto una serie di disposizioni (commi 136-140 dell'art. 1) che finiscono per attribuire alla figura disciplinata tratti di tipicità. Per **locazione finanziaria** si intende il contratto con il quale la **banca** o **l'intermediario finanziario**, iscritto nell'albo di cui all'art. 106 TUB, si obbliga ad acquistare o a far costruire un bene su scelta e secondo le indicazioni dell'utilizzatore, che ne assume tutti i rischi, anche di perimento, e lo fa mettere a disposizione per un dato tempo verso un corrispettivo che tiene conto del prezzo di acquisto o di costruzione e della durata del contratto. Alla scadenza del contratto l'utilizzatore ha diritto di acquistare la proprietà del bene ad un prezzo prestabilito ovvero, in caso di mancato esercizio del diritto, ha l'obbligo di restituirlo (art. 1, 136° co., l. n. 124/2017).

Costituisce grave inadempimento dell'utilizzatore il mancato pagamento di almeno sei canoni mensili o due canoni trimestrali anche non consecutivi o un importo equivalente per i *leasing* immobiliari, ovvero di quattro canoni mensili anche non consecutivi o un importo equivalente per gli altri contratti di locazione finanziaria (art. 1, 137° co., l. n. 124/2017).

In caso di risoluzione del contratto per l'inadempimento dell'utilizzatore ai sensi del comma 137, il concedente ha diritto alla restituzione del bene ed è tenuto a corrispondere all'utilizzatore quanto ricavato dalla vendita o da altra collocazione del bene, effettuata ai valori di mercato, dedotte la somma pari all'ammontare dei canoni scaduti e non pagati fino alla data della risoluzione, dei canoni a scadere, solo in linea capitale, e del prezzo pattuito per l'esercizio dell'opzione finale di acquisto, nonché le spese anticipate per il recupero del bene, la stima e la sua conservazione per il tempo necessario alla vendita. Resta fermo, nella misura residua, il diritto di credito del concedente nei confronti dell'utilizzatore, quando il valore realizzato con la vendita o altra collocazione del bene sia inferiore all'ammontare dell'importo dovuto dall'utilizzatore a norma del periodo precedente (art. 1, 138° co., l. n. 124/2017).

Ai fini di cui al comma 138, il concedente procede alla vendita o ricollocazione del bene sulla base dei valori risultanti da pubbliche rilevazioni di mercato elaborate da soggetti specializzati. Quando non è possibile far riferimento ai predetti valori, procede alla vendita sulla base di una stima effettuata da un perito scelto dalle parti di comune accordo nei venti giorni successivi alla risoluzione del contratto o, in caso di mancato accordo nel predetto termine, da un perito indipendente scelto dal concedente in una rosa di almeno tre operatori esperti, previamente comunicati all'utilizzatore, che può esprimere la sua preferenza vincolante ai fini della nomina entro dieci giorni dal ricevimento della predetta comunicazione. Il perito è indipendente quando non sia legato al concedente da rapporti di natura personale o di lavoro tali da compromettere l'indipendenza di giudizio. Nella procedura di vendita o ricollocazione il concedente si attiene a criteri di celerità, trasparenza e pubblicità adottando modalità tali da consentire l'individuazione del migliore offerente possibile, con obbligo di informazione dell'utilizzatore (art. 1, 139° co., l. n. 124/2017).

L'art. 1, 140° co., l. n. 124/2017, infine, stabilisce che si applica, in caso di immobili da adibire ad abitazione principale, l'art. 1, 76° co. e ss., l. 28.12.2015, n. 208 (§ 313.1).

Si osserva in dottrina come la disciplina di cui alla l. n. 124/2017 intervenga in una materia già da tempo oggetto di un'imponente elaborazione dottrinale e giurisprudenziale: le opinioni dei dottori e le decisioni dei tribunali, dunque, nella misura in cui non devono considerarsi superati dalla novella, conservano tendenzialmente intatta la loro valenza.

Un riferimento alla locazione finanziaria si rinviene anche nella disciplina del credito al consumo (art. 125-*quinquies*, 3° co., TUB), di cui ci si occupa in altra parte del Corso (§ 262-*bis*).

313.1. *Il* leasing *immobiliare abitativo*

Il ***leasing* immobiliare abitativo** è una particolare tipologia di *leasing*, prevista dalla legge di stabilità del 2016 (l. 28.12.2015, n. 208), avente ad oggetto un bene immobile da adibire ad abitazione principale (art. 1, 76° co., l. n. 208/2015).

Concedente può essere soltanto una banca ovvero un intermediario finanziario iscritto nell'albo di cui all'art. 160 TUB (d.lgs. n. 385/1993). Utilizzatore, invece, è la persona fisica che decide di destinare l'immobile da acquistare o da costruire a propria abitazione principale.

Il concedente si obbliga ad acquistare o a far acquistare l'immobile secondo le indicazioni dell'utilizzatore e lo mette a disposizione di quest'ultimo per un dato periodo di tempo, a fronte del pagamento di un corrispettivo che tenga conto del prezzo di acquisto o di costruzione e della durata del contratto.

L'utilizzatore, pur non essendo proprietario, si assume tutti i rischi, compresi quelli di perimento; alla scadenza del contratto ha la facoltà di acquistare la proprietà del bene ad un prezzo stabilito.

Nel caso di risoluzione del contratto di locazione finanziaria per inadempimento dell'utilizzatore, il concedente ha diritto alla restituzione del bene; ha inoltre la facoltà, per il rilascio dell'immobile, di dare corso al procedimento di convalida di sfratto.

Successivamente, il concedente deve procedere alla vendita o alla ricollocazione del bene. Dopo la vendita o il ricollocamento la società di *leasing* deve corrispondere all'utilizzatore quanto ricavato dalla vendita o da altra collocazione del bene avvenute a valori di mercato al netto delle somme indicate dall'art. 1, 76° co., l. n. 208/2015 (fra cui i canoni scaduti e non pagati fino alla data della risoluzione).

314. Il contratto autonomo di garanzia.

Si è visto come nella disciplina della fideiussione sussista uno stretto vincolo fra il contratto di fideiussione ed il rapporto obbligatorio principale, ossia quello intercorrente tra il debitore garantito ed il creditore. Tale vincolo, a ben vedere, non realizza sempre le pretese del creditore, il quale ha, in non pochi casi, l'esigenza di soddisfare celermente il credito vantato (esigenza che viene frustrata dalla possibilità, per il fideiussore, di opporre al creditore le eccezioni fondate sui rapporti intercorrenti fra lo stesso ed il debitore).

La prassi ha da tempo elaborato la figura del **contratto autonomo di garanzia**. Si tratta di un contratto atipico con cui viene costituita una garanzia priva del carattere dell'accessorietà rispetto all'obbligazione principale. Ciò perché la prestazione che il garante si impegna ad eseguire al garantito (di solito su "ordine" del debitore principale) non è uguale a quella del debitore della prestazione principale, obbligandosi il primo a pagare una determinata somma di denaro al verificarsi di un evento predeterminato dalle parti.

L'autonomia della garanzia prestata non permette al garante di opporre al creditore le eccezioni di validità e di efficacia del rapporto obbligatorio principale (Cass.,

19.2.2019, n. 4717). Il creditore, in definitiva, può esigere l'**immediato pagamento** da parte del garante, senza dover dimostrare la fondatezza del suo diritto.

Si tratta di rilievi che, oggi, sono acquisiti dalla giurisprudenza della Suprema Corte (Cass., Sez. Un., 18.2.2010, n. 3947; Cass., 5.3.2020, n. 6177; si veda anche Trib. Roma, 17.2.2020; Trib. Rovigo, 28.1.2020), secondo cui la differenza fra fideiussione e polizza fideiussoria (che è un contratto autonomo di garanzia) risiede proprio nella diversa natura delle obbligazioni contratte dal fideiussore (con il contratto di fideiussione) e dal garante del debitore (con il contratto autonomo di garanzia).

Il debitore, come emerge di sovente, può essere un appaltatore. Ebbene, mentre l'obbligazione del fideiussore coincide sempre con quella del debitore principale (consistendo esclusivamente in un *dare* ovvero in un *facere* infungibile), l'obbligazione assunta dal garante dell'appaltatore è qualitativamente differente rispetto a quella dell'appaltatore, consistendo nel pagamento di una somma di denaro predeterminata a titolo di indennizzo della mancata o inesatta prestazione dell'appaltatore.

Diversa è dunque la causa delle due figure contrattuali: la causa della fideiussione risiede nella garanzia dell'inadempimento dell'obbligazione; la causa del contratto autonomo di garanzia risiede nel trasferimento del rischio economico (si veda, per la differenza fra le due fattispecie, Trib. Bergamo, 10.1.2022; Trib. Torino, 22.11.2021).

Al contratto autonomo di garanzia non è applicabile la disciplina legale delle eccezioni previste dalla disciplina della fideiussione (artt. 1944 ss. cod. civ.). Il creditore garantito, inoltre, non è tenuto a far valere tempestivamente le sue eccezioni nei confronti del debitore principale, secondo quanto previsto dall'art. 1957 cod. civ.; tale disposizione, infatti, presuppone un'accessorietà fra l'obbligazione del garante e quella del garantito, che manca nel contratto autonomo di garanzia.

Si abbia riguardo alle **conseguenze del pagamento** effettuato dal garante in base ad un contratto autonomo di garanzia. Colui che ha prestato la garanzia può rivalersi nei confronti del suo mandante; quest'ultimo, se risulta che il pagamento non era dovuto, avrà azione di ripetizione nei confronti del creditore che abbia preteso il pagamento da parte del garante senza averne diritto.

Nella prassi, peraltro, ci si è accorti che la figura del contratto autonomo di garanzia può dar luogo ad **abusi** da parte **del creditore**, il quale pretende il pagamento dal garante senza esserne legittimato. Si è ammesso, così, che il mandante (il debitore della prestazione principale) possa ottenere dal giudice la sospensione del pagamento, allorché fornisca prove evidenti del fatto che il beneficiario della garanzia ne sta abusando.

Tale possibilità, riconosciuta in capo al debitore della prestazione principale, costituisce un'applicazione del principio generale dell'*exceptio doli generalis* (§ 254): è consentito sempre formulare eccezioni fondate sul comportamento scorretto, ossia in mala fede, dell'altra parte (Cass., 22.11.2019, n. 30509, secondo cui l'abusività della richiesta di garanzia deve risultare *prima facie* o comunque essere di pronta soluzione).

315. La lettera di *patronage*.

La pratica degli affari, soprattutto nel settore bancario, ha elaborato la c.d. **lettera di *patronage*** (o lettera "di patrocinio" o di "gradimento"). Si tratta di una dichiarazione con cui un soggetto (di solito una società controllante) presenta ad un istituto di credito un aspirante mutuatario (che di solito è una società controllata), fornendo notizie e, spesso, anche opinioni in ordine alla serietà ed alla solidità finanziaria ed economica del possibile futuro cliente della banca.

È possibile distinguere due tipologie di lettere di *patronage*: quella c.d. debole e quella c.d. forte (Trib. Pesaro, 3.5.2021)

Si ha lettera di *patronage* **debole** quando la dichiarazione del *patronnant* ha un contenuto meramente informativo circa le condizioni economiche e finanziarie del patrocinato, la posizione di influenza di colui che firma la dichiarazione, l'eventuale futura dismissione di partecipazioni azionarie. In questo caso si ritiene che la lettera non abbia natura negoziale vincolante.

Semmai un'eventuale responsabilità del *patronnant* può affermarsi in base alle regole di cui agli artt. 1337 e 1338 cod. civ., che disciplinano la responsabilità precontrattuale. Il patrocinante, infatti, si trova ad operare nella fase delle trattative con un ruolo attivo: il suo scopo è di agevolare la conclusione del contratto e di rafforzare il convincimento del creditore. Con la dichiarazione, dunque, si crea una ragionevole aspettativa sul buon esito dell'operazione; ciò è sufficiente per l'applicazione delle regole della buona fede nello svolgimento delle trattative (Cass., 27.9.1995, n. 10235).

La lettera di *patronage* **forte**, invece, ha contenuto non soltanto informativo ma anche "impegnativo". Con essa il patrocinante assume dei veri e propri impegni: ad esempio, quello di salvaguardare la solvibilità della società controllata o di mantenere la propria partecipazione azionaria nella stessa. Si crea, così, un'obbligazione avente ad oggetto un *facere* che non è una promessa del fatto del terzo, in quanto il *patronnant* assume in proprio l'obbligazione con finalità di garanzia (Cass., n. 10235/1995).

Né si è in presenza di una fideiussione, poiché la dichiarazione non contiene la manifestazione della volontà espressa di costituirsi debitore a garanzia del debito di un altro soggetto (Cass., 9.12.2019, n. 32026).

La dichiarazione del *patronnant* è diretta a rafforzare la protezione dei diritti del creditore e, quindi, realizza interessi certamente meritevoli di tutela secondo l'ordinamento giuridico, ai sensi dell'art. 1322, 2° co., cod. civ.

La giurisprudenza riconduce la lettera di *patronage* forte nello schema previsto dall'art. 1333 cod. civ. Pertanto, la violazione dell'impegno assunto dal patrocinante nei confronti del destinatario della lettera integra un inadempimento contrattuale (Cass., 3.4.2001, n. 4888; Cass., 25.9.2001, n. 11987).

316. Il contratto di *engineering*.

La figura del **contratto di *engineering*** è frutto dell'evoluzione tecnologica e scientifica degli ultimi anni. Si tratta di un contratto con cui il committente, il quale intenda realizzare un complesso intervento di tipo urbanistico, idraulico, industriale o agricolo, affida ad un'impresa (detta di *engineering*) il compito di progettarne l'installazione, di eseguire tutta la fase dei lavori, di avviarne e seguirne il funzionamento. Nell'opera realizzata, in sostanza, l'impresa di *engineering* trasferisce il proprio *know how*.

La prassi permette di ricondurre nell'alveo del contratto di *engineering* quattro tipi di attività dell'impresa incaricata: (a) la consulenza preliminare sulla fattibilità dell'opera, sulla disponibilità delle risorse e degli enti da coinvolgere; (b) la progettazione; (c) la gestione e l'organizzazione; (d) la realizzazione dell'opera con la formula "chiavi in mano" ovvero "chiavi alla porta" (in tal caso l'impresa, con l'assunzione dei rischi contrattuali, si impegna a consegnare al committente l'opera terminata).

Quanto alla qualificazione del contratto di *engineering*, non sono mancati accostamenti di questa figura al contratto di appalto di servizi *ex* art. 1677 cod. civ. (App. Milano, 10.10.1980) o al contratto di prestazione d'opera. Altre volte si è discusso di contratto di compravendita di *know how*.

È preferibile la tesi che sottolinea l'atipicità del contratto in esame, il quale, per quanti risulti dalla combinazione di più contratti tipici, presenta, nel complesso, una propria autonoma causa: si tratta, infatti, di una figura che risponde alle esigenze di adeguare gli strumenti negoziali alle aspettative di un mercato dinamico ed alla complessità di vicende economiche e tecniche, che richiedono un'elevata specializzazione e competenza (tutte esigenze, queste, meritevoli di tutela ai sensi dell'art. 1322, 2° co., cod. civ.).

317. Il contratto di sponsorizzazione.

Il **contratto di sponsorizzazione**, diffusosi a partire dagli anni Ottanta del secolo scorso, è un contratto stipulato fra il c.d. sponsor ed il c.d. sponsorizzato, grazie al quale viene finanziata un'attività sportiva, uno spettacolo o una qualsiasi manifestazione artistica e culturale. Con la sponsorizzazione, peraltro, si trasmette in via indiretta il messaggio pubblicitario dello sponsor (di solito un imprenditore).

In pratica, mentre con la pubblicità tradizionale il prodotto che costituisce l'oggetto dell'attività promozionale viene reclamizzato in via immediata, nella sponsorizzazione il messaggio pubblicitario viene inserito in un diverso ed autonomo evento (la competizione sportiva, lo spettacolo artistico e culturale); evento che viene considerato un significativo strumento per aumentare la conoscenza del prodotto dello sponsor.

Esempio. L'organizzatore di un torneo di tennis riceve la sponsorizzazione da parte di una società che produce bottiglie di acqua minerale. Nel contratto di sponsorizzazione si prevede che la marca delle bottiglie dovrà comparire, durante tutto il torneo, nei pannelli attaccati alla rete che si trovano ai lati del campo da tennis, in modo da poter essere inquadrati anche dalle telecamere televisive. In cambio lo sponsor paga una somma di denaro all'organizzatore del torneo di tennis, che servirà ad affrontare le spese previste per l'evento sportivo.

La giurisprudenza tende a qualificare il contratto in esame come un contratto oneroso. L'obbligo dello sponsorizzato, dunque, costituisce il corrispettivo del pagamento della somma di denaro (Cass., 28.3.2006, n. 7083; Cass., 29.5.2006, n. 12801).

Qualora non sia determinato il corrispettivo spettante allo sponsor, si potrà far riferimento alla norma del codice civile sul contratto d'opera, per la quale "il corrispettivo, se non è convenuto dalle parti e non può essere determinato secondo le tariffe professionali o gli usi, è stabilito dal giudice in relazione al risultato ottenuto ed al lavoro normalmente necessario per ottenerlo" (art. 2225 cod. civ.).

Lo sponsorizzato assume un'obbligazione di mezzi e non di risultato: egli, infatti, è tenuto soltanto a svolgere quelle attività previste dal contratto (l'affissione, ad esempio, dei cartelloni pubblicitari lungo il perimetro del campo da tennis), senza assicurare un ritorno pubblicitario allo sponsor.

318. Il contratto di *merchandising*.

Il **contratto** di ***merchandising*** è un contratto atipico con cui una parte, titolare di un marchio celebre, consente dietro compenso l'utilizzo dello stesso ad un'altra parte, affinché quest'ultima lo sfrutti nella commercializzazione di beni o servizi diversi.

Esempio. Un imprenditore è titolare di un marchio di una famosa casa automobilistica. Concede ad un'altra parte il diritto di utilizzare il marchio per stamparlo su magliette e su accendini che poi saranno venduti.

Non si è in presenza di una licenza d'uso ma di un contratto di scambio atipico, in cui la concessione prevista si riferisce ad un settore merceologico diverso da quello del concedente.

319. I contratti relativi all'utilizzo del *computer*.

È noto come il computer possa essere considerato la risultante di due elementi: ***l'hardware*** ed il ***software***. L'*hardware* è un'invenzione industriale e, dunque, può essere brevettato. Il *software*, invece, è il "programma" per l'elaboratore, che serve per il funzionamento dello stesso.

L'*hardware* (l'invenzione industriale) può essere acquistato dal compratore, ma non è escluso che quest'ultimo lo prenda in locazione o in *leasing*. Il *software* (il programma) non viene alienato ma concesso in licenza d'uso (sia quando il programma venga già caricato nell'elaboratore, sia quando venga ricaricato in un momento successivo). L'utente, allora, può utilizzare il programma alle condizioni specificate nella licenza d'uso (non può, ad esempio, duplicare il programma o concederlo in utilizzo ad altri soggetti).

L'utilizzatore del *computer* ha spesso bisogno di ottenere anche la manutenzione dell'apparecchio e l'assistenza nell'utilizzo: ciò attraverso un accordo che garantisca questi servizi.

I giudici di legittimità hanno individuato nel **contratto** relativo **all'utilizzo** del **computer** un contratto atipico: "la fornitura di un sistema computerizzato, comprensivo di *software* e *hardware*, con garanzia, per un determinato tempo, di compatibilità e funzionalità, può configurare un contratto atipico e complesso, a causa mista, costituito dal concorso del contratto di vendita (del sistema) e di appalto (prestazione di assistenza tecnica necessaria alla garanzia, obbligo di risultato), disciplinato dalle norme sulla vendita purché sia il contratto prevalente" (Cass., 22.3.1999, n. 2661).

320. Il contratto di *rent to buy*

La crisi economica e la stagnazione del mercato immobiliare hanno fatte emergere nuove esigenze nella prassi mercantile e, giocoforza, anche nuovi schemi negoziali per il trasferimento della proprietà di beni immobili.

Al giorno d'oggi, infatti, una fascia sempre più ampia della popolazione si trova priva della liquidità necessaria per l'acquisto della proprietà immobiliare, nonché delle garanzie sufficienti per l'ottenimento di un finanziamento bancario a ciò finalizzato. Dall'altro lato, numerosi costruttori trovano sempre maggiori difficoltà nell'individuare potenziali acquirenti, e sono sovente costretti ad alienare le unità immobiliari al di sotto del loro valore di mercato.

In risposta a questa situazione, con sempre maggiore frequenza gli operatori giuridici hanno iniziato ad utilizzare schemi contrattuali finalizzati all'acquisto graduale della proprietà immobiliare, senza intervento di intermediari finanziatori, e precisamente: (a) contratti tipici adattati a tale scopo (vendita di immobili con riserva della proprietà, locazione con clausola di trasferimento automatico della proprietà *ex* art. 1526, 3° co., cod. civ., preliminare di vendita con effetti anticipati); (b) contratti misti (locazione mista a preliminare di vendita) e contratti collegati (locazione collegata a preliminare di vendita, locazione collegata ad opzione di acquisto), meglio conosciuti con la denominazione di contratti di ***rent to buy***.

Il *rent to buy*, nel 2014, è stato disciplinato dal legislatore (con la denominazione di contratto di godimento in funzione della successiva alienazione di immobile): si ha riguardo al contratto (diverso dal *leasing*) che prevede l'immediata concessione del godimento di un immobile, con diritto per il conduttore di acquistarlo entro un termine determinato, imputando al corrispettivo del trasferimento la parte di canone indicata nel contratto (art. 23, 1° co., d.l. 12.9.2014, n. 133, convertito con l. 12.9.2014, n. 164). L'esercizio del diritto di acquisto non determina l'immediato trasferimento dell'acquirente: sarà necessario realizzare un ulteriore atto traslativo. La legge infatti prevede l'applicazione l'art. 2932 cod. civ. (art. 23, 3° co., d.l. n. 133/2014), secondo il quale si può ottenere una sentenza costitutiva che trasferisca la proprietà dell'immobile.

Le parti definiscono, in sede contrattuale, la quota dei canoni imputata al corrispettivo che il concedente deve restituire in caso di mancato esercizio del diritto di acquistare la proprietà dell'immobile entro il termine stabilito (art. 23, 1° co.-*bis*, d.l. n. 133/2014). Ciò vuol dire che le prestazioni periodiche eseguite dal conduttore non compensano *tout court* il godimento del bene, giacché una parte delle somme pagate deve essere restituita.

Il contratto si risolve in caso di mancato pagamento, anche non consecutivo, di un numero minimo di canoni, determinato dalle parti, non inferiore ad un ventesimo del loro numero complessivo (art. 23, 2° co., d.l. n. 133/2014).

Il contratto può essere trascritto ai sensi dell'art. 2645-*bis* cod. civ. (art. 23, 1° co., d.l. n. 133/2014). Il termine triennale previsto dal terzo comma dell'art. 2645-*bis* cod. civ. è elevato a tutta la durata del contratto e comunque ad un periodo non superiore a dieci anni (art. 23, 3° co., d.l. n. 133/2014).

La disciplina sul *rent to buy*, infine, assicura una particolare tutela in capo al conduttore per il caso di fallimento del concedente: il contratto concluso prosegue (art. 23, 6° co., d.l. n. 133/2014). Si è in presenza di una deroga alla regola generale per la quale il curatore del fallimento può "sciogliersi" dai contratti conclusi dal fallito.

320-*bis*. Cenni ad altri contratti atipici emersi nella prassi.

La prassi del commercio permette di individuare una moltitudine di **altri contratti atipici**, in grado di realizzare gli interessi perseguiti in concreto dalle parti in maniera più efficace rispetto all'adozione di schemi di operazione già disciplinati dal legislatore. L'elenco è molto ampio e si arricchisce quotidianamente di nuove figure.

Da tempo si conosce la figura del **portierato**, che presenta i caratteri sia della locazione sia del contratto di lavoro. Tale figura, che sembrava negli ultimi anni desueta, ha trovato diffusione nei super condomìni, in cui è maggiormente avvertita l'esigenza della presenza di una persona, la quale costituisca il punto di riferimento quotidiano per i condómini che vivono in stabili diversi ma collegati tra loro.

Negli ultimi tempi si è diffuso un particolare contratto di **mantenimento**, con cui una parte si impegna ad assistere la controparte per tutta la durata della vita di quest'ultima, in cambio dell'alienazione di un bene o della corresponsione di un capitale. Si tratta di un contratto di durata (Cass., 31.10.2019, n. 28017), essenzialmente caratterizzato dall'aleatorietà (Cass., 23.11.2016, n. 23895). Si discute anche di: (a) vitalizio alimentare nel caso in cui vi sia solo o prevalentemente un obbligo agli alimenti (trattasi di contratto atipico *intuitu personae*: Cass., 20.1.2020; sulla distinzione con la rendita vitalizia, si veda Trib. Firenze, 6.6.2018); (b) vitalizio assistenziale, nel caso in cui l'assistenza sia puramente morale-spirituale.

Le esigenze del commercio e del mercato finanziario hanno determinato lo sviluppo di una serie di contratti atipici: si pensi al contratto di **informazione**, con cui si dà incarico ad una persona (di solito con particolari competenze nel settore) di verificare la solvibilità e, in genere, l'attendibilità di un futuro *partner* commerciale; al contratto per il **finanziamento dell'impresa**; ai contratti **derivati**; ai contratti di **investimento** in **valori mobiliari**; al contratto ***future***; al **mutuo di scopo** (§ 295.1).

Risponde alle esigenze delle imprese di disporre di un'immediata liquidità il contratto di ***forfaiting***, figura con cui l'imprenditore esportatore riesce a tradurre immediatamente in denaro gli importi futuri derivanti dal contratto stipulato, trasformando una vendita a credito in una vendita per contanti. Affinché ciò avvenga è necessario che si realizzi una complessa operazione economica: (a) un contratto di fornitura internazionale, intercorrente fra l'esportatore e l'importatore, in virtù del quale quest'ultimo emette alcuni pagherò cambiario (o accetta le tratte); (b) il contratto di cessione *a forfait* dei titoli da parte dell'esportatore al c.d. *forfaiter* cessionario (l'importatore rimane estraneo a questo contratto); (c) la garanzia prestata dalla banca internazionale a favore dell'esportatore (senza la quale il *forfaiter* non potrebbe correre il rischio di accettare titoli *without recourse*).

Con apposito contratto atipico, il **patto di postergazione**, il creditore può accettare di essere soddisfatto dopo altri.

L'ambito assicurativo, oggi, conosce diverse figure contrattuali che si discostano, sotto alcuni aspetti, dalla disciplina codificata. Una di queste è il contratto di **assicurazione con clausola *claims made*.** Con questa pattuizione si prevede che il sinistro si attivi dalla richiesta di risarcimento che l'assicurato riceve e che, dunque, le relative garanzie operino soltanto dal momento del ricevimento di tale richiesta.

La differenza tra la polizza in assicurativa in esame ed una in regime di *loss occurrence* è evidente nella responsabilità civile professionale (nella quale, tra il momento della commissione dell'errore da parte del professionista e quello in cui il cliente ha percezione dell'errore, può trascorrere un considerevole lasso di tempo). Ebbene, nella polizza *loss occurrence* la copertura assicurativa sussiste allorché il danneggiante sia assicurato al momento della commissione dell'errore professionale; nella polizza di assicurazione con clausola *claims made* il professionista può avere copertura assicurativa anche senza che sia assicurato al momento della commissione dell'errore: è necessario, però, che sia assicurato al momento della richiesta di risarcimento dei danni.

Per la Suprema Corte "non è vessatoria la clausola che nel contratto di assicurazione della responsabilità civile subordina l'operatività della copertura assicurativa alla circostanza che tanto il fatto illecito quanto la richiesta risarcitoria intervengano entro il periodo di efficacia del contratto o, comunque, entro determinati periodi di tempo, preventivamente individuati" (Cass., Sez. Un., 6.5.2016, n. 9140).

Già nella precedente edizione del Corso di privato non si conveniva con chi, in dottrina e in giurisprudenza, affermava che la deroga in parola costituisce un'alterazione della struttura del contratto, dando vita ad un contratto atipico: la clausola *claims made*, invero, non modifica la natura aleatoria del contratto di assicurazione, né l'oggetto della garanzia, che continua ad essere rappresentato dal fatto illecito previsto nella polizza. A queste conclusioni sembrano essere giunti, oggi, i giudici di legittimità, per i quali il modello dell'assicurazione della responsabilità civile con clausole *claims made* (quale deroga convenzionale all'art. 1917, 1° co., cod. civ.) è riconducibile al tipo dell'assicurazione contro i danni. Si è di fronte ad un contratto, dunque, non soggetto al controllo di meritevolezza ai sensi dell'art. 1322, 2° co., cod. civ.; piuttosto l'indagine riguarderà la causa concreta del contratto, sotto l'aspetto della liceità e dell'adeguatezza dell'assetto sinallagmatico rispetto agli specifici interessi perseguiti dalle parti (Cass., Sez. Un., 24.9.2018, n. 22437). I giudici di legittimità oggi aggiungono che l'eventuale dichiarazione di nullità della clausola *claims made*, inserita in un contratto di assicurazione della responsabilità civile, non può comportare l'automatica sostituzione della relativa polizza con il modello *loss occurrence* di cui all'art. 1917, 1° co., cod. civ., trattandosi dello statuto negoziale che le parti hanno espressamente voluto emendare. Il giudice di merito, dunque, deve integrare il contratto individuando, tra i differenti modelli di clausola *claims made* rinvenibili nell'ordinamento, quello maggiormente compatibile con gli interessi dei contraenti, così riadeguando le condizioni di polizza in funzione della causa concreta (Cass., 25.2.2021, n. 5259).

Nel settore della formazione, della ricerca, dell'approfondimento del sapere si trova, poi, il contratto di **ricerca** (con cui si dà l'incarico ad una o più persone, anche in *équipe*, di intraprendere una ricerca intesa alla scoperta di nuove tecnologie e, più in generale, di nuovi risultati nell'ambito di determinati settori); il contratto di **consulenza**; il contratto di **iscrizione scolastica**; il contratto di **insegnamento a domicilio**; il contratto di **scuola guida**.

Uno strumento contrattuale della diffusione della conoscenza e del sapere è il **contratto di edizione**, con cui l'autore di un libro, ai fini della sua commercializzazione, attribuisce ad un editore il diritto di riprodurre lo stesso in più copie. All'autore è destinata, come guadagno, una percentuale determinata in base al prezzo di copertina.

Nel campo immobiliare, poi, si conoscono il contratto di **trasferimento** di **cubatura** (con cui il proprietario di un terreno edificabile trasferisce a favore di un altro proprietario la capacità edificatoria del suo fondo); il contratto di concessione ***ad aedificandum***; il contratto di **assegnazione** di **alloggio** in godimento a socio di cooperativa edilizia; il contratto di **posizionamento** precario di **tubature** su fondo altrui; il contratto relativo allo **sfruttamento** di **cave**; il contratto di **scambio** tra **terreno** ed **edificio** da costruire; il contratto di **locazione con patto** di **futura** vendita; il contratto di **mediazione atipico** (§ 291). Anche il **contratto** di **albergo**, pur ricevendo una parziale regolamentazione nel codice civile, è considerato una figura atipica (Cass., 22.1.2002, n. 707).

Ed ancora, per la giurisprudenza della Suprema Corte, il contratto con il quale il proprietario di un terreno ne trasferisca la disponibilità a terzi per la sua **destinazione** a **discarica** di **rifiuti**, secondo modalità negozialmente predeterminate e del tutto peculiari (ad esempio, escavazione del terreno per consentire lo smaltimento dei rifiuti con il sistema dello stoccaggio definitivo; corrispettivo stabilito in ragione dei metri cubi di riempimento dello scavo; previsione di opere di bonifica a carico del conduttore anche dopo la chiusura della discarica), integra gli estremi di un contratto atipico (Cass., 1.4.2011, n. 7557; Cass., 26.11.2002, n. 16679). A tale contratto, per i giudici di legittimità, sono applicabili in via analogica le norme sulla locazione.

Il contratto di ***catering*** fa nascere l'obbligo di una parte, dietro pagamento, di somministrare bevande e alimenti presso il domicilio del consumatore (una casa privata, un'azienda, una sede congressuale). L'attività detta di ***banqueting***, invece, consiste non soltanto nel fornire pasti e bevande a domicilio, ma anche nella preparazione del *buffet* e, in generale, nella predisposizione di posateria, stoviglie e quanto necessario per l'erogazione del servizio (sono di solito compresi, fra gli obblighi del somministrante, anche quelli del successivo riordino e riassetto: si veda Trib. Roma, 8.1.2020).

Il **contratto di prossenetico** è il contratto di mediazione matrimoniale: una parte, dietro pagamento di una somma di denaro, svolge un'attività finalizzata a fare incontrare due persone in vista di un possibile e futuro matrimonio.

In ambito sportivo si conosce il contratto di "**cessione di giocatore di calcio**" da una squadra all'altra (ma il discorso può valere anche per altri sport): si tratta, come ha precisato la dottrina, di un contratto di cessione del rapporto contrattuale che lega il giocatore alla squadra (artt. 1406 ss. cod. civ.). Il contratto di **ingaggio**, ancora, è quello con cui si assume un pilota (o altro sportivo) per la partecipazione ad una gara o ad una corsa (la stessa fattispecie può riguardare gli artisti). Si è di fronte ad una figura contrattuale atipica, che pure presenta dei punti di contatto con il contratto d'opera.

La giurisprudenza ammette, ancora, la possibilità di concludere **contratti atipici gratuiti**, con il solo limite della realizzazione di interessi meritevoli di tutela secondo l'ordinamento giuridico (Cass., 28.1.2002, n. 982; Trib. Marsala, 26.11.2005).

Di derivazione dottrinale è il **contratto di affidamento fiduciario**: si tratta di un contratto con cui una parte (l'affidante) concorda con l'altra (l'affidatario-fiduciario) di destinare i "beni affidati" a vantaggio di uno o più soggetti, i beneficiari; ciò in forza di un programma la cui attuazione è rimessa all'affidatario-fiduciario. Al termine del programma i beneficiari riceveranno i beni liberi da vincoli. Si è in presenza, dunque, di un contratto che ha per oggetto un trasferimento *inter vivos*. Sebbene la l. n. 112/2016 (legge sul "**Dopo di noi**") contempli il contratto di affidamento fiduciario (prevedendo che per poter accedere ai benefici fiscali previsti il contratto debba presentare determinati requisiti), non può dirsi che la figura in esame sia oggetto di una disciplina legislativa *ad hoc*. Le questioni aperte, dunque, non sono poche. Particolarmente delicato è il tema dell'opponibilità ai terzi del programma fiduciario. Fra le diverse soluzioni proposte, vi è chi suggerisce quanto segue: il contratto che prevede il trasferimento della proprietà di eventuali beni immobili o beni mobili iscritti in pubblici registri deve essere trascritto contro il fiduciante e a favore del fiduciario. Ed ancora, il vincolo di destinazione, ai sensi dell'art. 2645-*ter* cod. civ., deve essere trascritto contro il fiduciario. Si tratta di una soluzione, è evidente, che mira ad ovviare all'assenza di una disciplina specifica sulla "separazione patrimoniale" dei beni intestati al fiduciario. Una siffatta mancanza rappresenta l'aspetto più critico, attualmente, del contratto di affidamento fiduciario.

Un contratto atipico di **spedalità** o di **assistenza sanitaria** si rinviene nel rapporto tra paziente e struttura sanitaria (pubblica o privata).

Infine, la pratica conosce il contratto di **avvalimento**: si tratta di una figura, di derivazione comunitaria, che consente all'operatore economico, privo dei requisiti necessari per partecipare ad una gara, di soddisfare le condizioni richieste dalla stazione appaltante; ciò avvalendosi di risorse, strumenti e mezzi di altri operatori economici. L'avvalimento è un contratto atipico in cui coesistono elementi proprio del mandato, dell'appalto di servizi ed anche aspetti di garanzia (così Cons. Stat., 20.12.2019, n. 8655).

Parte sesta

LE OBBLIGAZIONI NASCENTI DAGLI ATTI UNILATERALI

Capitolo 52

PROMESSA AL PUBBLICO, PROMESSA DI PAGAMENTO, RICONOSCIMENTO DI DEBITO

321. La promessa al pubblico.

L'art. 1987 cod. civ. prevede che la **promessa unilaterale** di una prestazione non produce effetti obbligatori fuori dei casi ammessi dalla legge. Da questa norma si suole ricavare il principio della **tipicità** delle promesse unilaterali: mentre le parti sono libere di concludere contratti non previsti dalla legge, le promesse unilaterali vincolanti non possono che essere tipiche.

Semmai, precisa la Suprema Corte, gli atti unilaterali atipici possono produrre (ove vi siano i presupposti) un'obbligazione naturale (Cass., 12.7.2011, n. 15301).

Un'ipotesi tipica di promessa unilaterale è la **promessa al pubblico** (artt. 1989-1990 cod. civ.). Colui che, rivolgendosi al pubblico, promette una prestazione a favore di chi si trovi in una determinata **situazione** o compia una determinata **azione**, è vincolato alla promessa non appena questa è resa pubblica (art. 1989, 1° co., cod. civ.).

La mera dichiarazione unilaterale è fonte di obbligazione, a prescindere da elementi ulteriori (quali, ad esempio, il consenso del destinatario della promessa).

Le modalità della pubblicità possono essere diverse: radio, giornali, televisione, *internet*, e così via.

Esempio. Una fondazione pubblica un bando e promette, nel 2020, il conferimento di una borsa di studio a cinque studenti laureatisi in un Ateneo milanese, i quali avranno discusso una tesi in diritto privato e risulteranno aver conseguito la laurea in giurisprudenza con la media dei voti più alta.

Esempio. La Sig.ra Faina promette una ricompensa di 300 euro a chi ritroverà il suo amato gatto persiano.

Se alla promessa non è apposto un termine, o questo non risulta dalla natura o dallo scopo della medesima, il vincolo del promittente cessa qualora entro l'anno dalla promessa non gli sia stato comunicato l'avveramento della situazione o il compimento dell'azione prevista nella promessa (art. 1989, 2° co., cod. civ.).

Se l'azione è stata compiuta da più persone separatamente, oppure se la situazione è comune a più persone, la prestazione promessa, quando è unica, spetta a colui che per primo ne ha dato notizia al promittente (art. 1991 cod. civ.; sulla diversa fattispecie dell'offerta al pubblico si veda § 169.1).

La promessa può essere revocata prima della scadenza del termine solo per **giusta causa**, purché la revoca sia resa pubblica nella stessa forma della promessa o in forma equivalente (art. 1990, 1° co., cod. civ.).

In nessun caso la revoca può avere effetto se la situazione prevista nella promessa si è già verificata o se l'azione è già stata compiuta (art. 1990, 2° co., cod. civ.).

322. La promessa di pagamento ed il riconoscimento di debito.

La promessa al pubblico, si è visto, è un atto unilaterale tipico con cui il promittente assume un debito che prima era inesistente (si discute di promessa *de futuro*).

La **promessa di pagamento**, invece, è atto con cui il promittente manifesta l'intenzione di adempiere un debito già esistente (promessa *de praeterito*). La consapevolezza di un debito già esistente sussiste anche nel **riconoscimento di debito** che, per questo, è accomunata alla promessa di pagamento (sul riconoscimento del debito da parte della Pubblica amministrazione si veda Cass., 25.1.2022, n. 2091).

Prevede l'art. 1988 cod. civ. che la promessa di pagamento o la ricognizione di debito dispensa colui a favore del quale è fatta dall'onere di provare il rapporto fondamentale. L'esistenza di questo si presume fino a prova contraria.

La norma è coerente con il principio causalistico, che caratterizza il nostro ordinamento: la promessa di pagamento o il semplice riconoscimento di debito determinano semplicemente un'**inversione** dell'**onere** della **prova**; esse hanno soltanto rilevanza sul piano processuale, nel senso che il destinatario di queste dichiarazioni è esonerato dall'onere di provare il rapporto fondamentale (il fatto, cioè, che costituisce il fondamento del diritto di credito).

Vi è dunque la possibilità, per il promittente o per colui che rende la dichiarazione, di provare che il rapporto fondamentale non esisteva o si è estinto: in tal modo la prestazione oggetto della promessa o del riconoscimento non dovrà essere eseguita (Cass., 25.1.2022, n. 2091, che discute di un'astrazione meramente processuale della *causa debendi*).

La promessa di pagamento o il riconoscimento di debito possono essere **puri** (o astratti) o **titolati**.

Nel primo caso la dichiarazione riguarda soltanto l'asseverazione del debito, senza alcuna menzione del rapporto fondamentale.

Esempio. Riconosco che sono debitore, nei tuoi confronti, della somma di 10.000 euro.

Avendo riguardo alla dichiarazione pura, la giurisprudenza svolge la seguente precisazione. Colui che risulta essere il destinatario della dichiarazione, qualora intenda avvalersene, deve allegare la *causa debendi*, anche se non deve fornire la prova della stessa. Di contro, la persona che ha reso la dichiarazione o effettuato il riconoscimento, deve provare non l'inesistenza (o l'estinzione o l'invalidità) di qualsiasi debito nei confronti della controparte, ma soltanto di quello allegato da colui che assume essere creditore (Cass., 14.4.2010, n. 8891; Cass., 7.9.2016, n. 17713).

La dichiarazione è invece titolata quando fa riferimento alla *causa debendi*.

Esempio. Prometto il pagamento di 100.000 euro, che ti devo quale pagamento per il contratto di compravendita.

Il dichiarante, per non essere costretto ad eseguire la prestazione, dovrà provare l'inesistenza (o l'estinzione o l'invalidità) del rapporto riconducibile al tipo menzionato nella dichiarazione.

Vi possono essere dei casi, infine, in cui la dichiarazione titolata, oltre ad enunciare la *causa debendi*, faccia riferimento anche al fatto costitutivo del debito.

Esempio. Riconosco di doverti restituire 100.000 euro, che mi hai prestato a titolo di mutuo il giorno 14.2.2015.

Vi è, in questo caso, la **confessione** del fatto costitutivo del debito, la quale può essere vinta, ai sensi dell'art. 2732 cod. civ., soltanto provando l'errore di fatto o la violenza che ha determinato la dichiarazione (Cass., 31.7.2012, n. 13689; Cass., 5.10.2017, n. 23246).

Per la Suprema Corte il riconoscimento di debito non richiede formule speciali e può anche risultare, implicitamente, da un atto compiuto dal debitore per una finalità diversa da quella di riconoscere l'esistenza di un diritto (Cass., 12.4.2018, n. 9097).

Si riconduce alla promessa di pagamento *ex* art. 1988 cod. civ., oggi, la dichiarazione unilaterale scritta del fiduciario ricognitiva dell'intestazione fiduciaria dell'immobile e promissiva del ritrasferimento al fiduciante (§ 193); il che esonera il fiduciante dall'onere della prova del rapporto fondamentale, che si presume fino a prova contraria (Cass., Sez. Un., 6.3.2020, n. 6459).

Capitolo 53

I TITOLI DI CREDITO

323. I titoli di credito: nozione e caratteri.

Nel 1699 Lord Holt, in Inghilterra, enunciò una regola che avrebbe avuto una importanza fondamentale nel mondo del commercio: "*a bona fide transferre for value can acquire a good title from a mere finder*". Negli stessi anni, il genovese Giuseppe Casaregis (1670-1737) inventava la cambiale.

L'idea di fondo era questa: il pezzo di carta, su cui è menzionato un credito, è una cosa mobile, così come qualsiasi altra merce. Il credito, pertanto, ben può circolare secondo le regole che disciplinano la circolazione delle merci. Il possessore in buona fede del documento, in tal modo, acquista il credito a titolo originario, al riparo delle eccezioni opponibili al debitore ceduto, quand'anche a girargli il titolo sia un ladro.

Attraverso la tutela del possessore in buona fede si aprivano orizzonti nuovi per i traffici: per la prima volta la "ricchezza" si poteva vendere e comperare come una merce; inoltre, la "ricchezza futura" poteva circolare come ricchezza presente. La rivoluzione post-industriale, se si riflette, non si sarebbe potuta avere senza questi presupposti: nel mercato finanziario si negoziano come merci i "prodotti finanziari", che sono pezzi di carta rappresentativi di ricchezza futura.

Questo strumento giuridico, che nel corso del tempo ebbe ingresso nella legislazione di diversi Paesi, si ritrova nel codice civile italiano. La **cambiale**, **l'assegno**, l'azione societaria sono, nella loro materialità, pezzi di carta, ossia **beni mobili** (art. 812, 3° co., cod. civ.). Il diritto menzionato nel documento è "incorporato" nel bene mobile, che funziona come "veicolo" del diritto stesso. La circolazione del diritto, dunque, avviene secondo le regole della circolazione dei beni mobili.

Fra le diverse figure di titoli di credito prevalgono (ed anzi finiscono per dare il nome all'intera categoria) quelle in cui il documento (il pezzo di carta) menziona un diritto di credito e, in particolare, il diritto al pagamento di una somma di denaro: è quello che accade nella cambiale, nell'assegno, nelle obbligazioni delle società, nei titoli del debito pubblico. Vi sono titoli, peraltro, che rappresentano una situazione giuridica più complessa: è il caso delle **azioni** di **società**, che designano la qualità di socio (la posizione di parte nel contratto societario).

Si diceva che per i titoli di credito (artt. 1992-2027 cod. civ.) valgono le regole di circolazione per i beni mobili: la titolarità del diritto si consegue attraverso l'acquisto della proprietà del bene.

Come è noto, la proprietà del bene mobile si acquista, oltre che a titolo derivativo, anche a titolo originario, grazie alla regola del possesso vale titolo (art. 1153 cod. civ.: per un approfondimento § 418). La disposizione da ultimo ricordata ha la funzione di rendere sicura la circolazione dei beni mobili, tutelando l'acquisto di colui che è in buona fede contro il rischio che l'alienante non fosse il proprietario (la buona fede, si ricordi, si presume: art. 1147, 3° co., cod. civ.).

Il principio vale anche per i titoli di credito: l'art. 1994 cod. civ., infatti, prevede che "chi ha **acquistato** in **buona fede** il **possesso** di un **titolo di credito**, in conformità delle norme che ne disciplinano la circolazione, non è soggetto a rivendicazione".

È legislativamente previsto, dunque, che il conseguimento del possesso in buona fede del titolo (in conformità alle norme sulla circolazione) determina l'acquisto della proprietà a titolo originario (a prescindere dal fatto che il precedente possessore fosse proprietario); si ricava dalla norma, poi, che l'acquisto della proprietà del titolo comporta anche l'acquisto del diritto in esso menzionato: si tratta di un acquisto a titolo originario.

Emerge, così, l'**autonomia** della posizione di ogni successivo possessore del titolo: il diritto menzionato nel titolo di credito sorge, in capo a ciascuno di essi, come diritto autonomo rispetto a quello dei precedenti possessori. Il carattere dell'autonomia risulta, ancor più chiaramente, dalla lettura dell'art. 1993, 1° co., cod. civ. (rubricato **eccezioni opponibili**): "il debitore può opporre al possessore del titolo soltanto le eccezioni a questo personali, le eccezioni di forma, quelle che sono fondate sul contesto letterale del titolo, nonché quelle che dipendono da falsità della propria firma, da difetto di capacità o di rappresentanza al momento dell'emissione, o dalla mancanza delle condizioni necessarie per l'esercizio dell'azione".

Ci si soffermi su tale disposizione: essa evidenzia (in applicazione del principio di "autonomia", di cui si è appena detto) che il debitore non può opporre al possessore del titolo eccezioni fondate sui rapporti personali con i precedenti possessori (salva l'ipotesi, di cui tra breve si dirà, prevista dall'art. 1993, 2° co., cod. civ.).

Esempio. Il debitore, nei confronti del precedente possessore, poteva vantare in compensazione un proprio credito, in grado di estinguere per intero il suo debito. La compensazione, però, non può essere eccepita nei confronti del nuovo possessore.

L'art. 1993, 1° co., cod. civ., invece, consente al debitore di opporre soltanto le seguenti eccezioni: (a) le eccezioni personali al possessore; (b) le eccezioni c.d. reali.

Si abbia riguardo ai due tipi di eccezione. Il debitore può opporre al possessore le **eccezioni personali al possessore**.

Esempio. Il debitore eccepisce al possessore del titolo che quest'ultimo, a sua volta, non ha eseguito la controprestazione.

Esempio. Il debitore eccepisce al possessore del titolo il fatto che ha conseguito il possesso in mala fede, potendolo dimostrare.

Con l'espressione **eccezioni reali**, invece, si comprendono quelle eccezioni che il debitore può opporre a qualsiasi possessore (non, dunque, a quel determinato possessore, cui semmai si possono opporre le eccezioni personali). Si pensi alle eccezioni di forma (nella cambiale non è indicata la dicitura "cambiale", come prescrive la legge); alle eccezioni che escludono la provenienza del titolo dal debitore (la firma sull'assegno è falsa); alle eccezioni che attengono alla mancanza delle condizioni per l'esercizio dell'azione (un debito prescritto). Rientrano nelle eccezioni reali anche quelle fondate sul **contesto letterale** del titolo (è quest'ultimo che determina la quantità, la qualità e le modalità del diritto in capo al possessore legittimo del documento).

L'art. 1993, 2° co., cod. civ., infine, prevede che "il debitore può opporre al possessore del titolo le eccezioni fondate sui rapporti personali con i precedenti possessori, soltanto se, nell'acquistare il titolo, il possessore ha agito intenzionalmente a danno del debitore medesimo" (si discute anche di eccezione di dolo generale).

Esempio. Il possessore del titolo sa che il debitore gli potrà opporre in compensazione il proprio credito. Per evitare questo gira il titolo ad una persona compiacente, verso la quale il debitore non potrà eccepire alcuna compensazione.

324. La circolazione dei titoli di credito.

Nello studio dei titoli di credito una nozione fondamentale è quella di legittimazione. Si è visto, in precedenza, che la titolarità del diritto è attribuita al proprietario del titolo.

Il passaggio successivo da compiere è il seguente: la proprietà si presume in capo a colui che dimostri di essere possessore (possessore puro e semplice o possessore qualificato: su tali concetti si tornerà tra poco). La presunzione di proprietà del titolo (e, quindi, di titolarità del diritto) si definisce **legittimazione**.

Quanto appena rilevato si ritrova nell'art. 1992, 1° co., cod. civ., secondo cui "il possessore di un titolo di credito ha diritto alla prestazione in esso indicata verso presentazione del titolo, purché sia legittimato nelle forme prescritte dalla legge".

Colui che è possessore nelle forme prescritte dalla legge si presume proprietario, e chi si presume proprietario ha diritto alla prestazione indicata nel titolo di credito. La presunzione di proprietà, si noti, deve considerarsi applicazione della regola di presunzione di buona fede del possessore (art. 1147, 3° co., cod. civ.); la prova contraria consiste nella dimostrazione della mala fede del possessore, ossia della sua coscienza di ledere l'altrui diritto (art. 1147, 1° co., cod. civ.).

Ai sensi dell'art. 1992, 2° co., cod. civ "il debitore, che senza dolo o colpa grave adempie la prestazione nei confronti del possessore, è liberato anche se questi non è titolare del diritto".

In quest'ultima norma sono implicite una serie di regole: (a) il debitore deve rifiutare di adempiere la prestazione al possessore del titolo se è a conoscenza del fatto che quest'ultimo è in mala fede (ciò accade, ad esempio, se il possessore ha rubato il titolo oppure sa di averlo acquistato da un non proprietario). Se invece adempie, lo fa con dolo e non conseguirà la liberazione; (b) il debitore deve utilizzare un minimo di diligenza nel verificare la buona fede del possessore (se così non fa, verserà in uno stato di colpa grave, e non sarà liberato: Cass., 5.4.2016, n. 6563); (c) il debitore è liberato anche quando adempie nei confronti del possessore non titolare, allorché non poteva sapere o scoprire (utilizzando la diligenza dovuta) che il possessore del titolo era in mala fede.

Si torni ora al primo comma dell'art. 1992 cod. civ., per il quale il possessore del titolo di credito ha diritto alla prestazione allorché sia legittimato nelle "forme prescritte dalla legge". La legge prevede tre modalità di legittimazione del titolo (necessarie a identificare il soggetto legittimato a chiedere il pagamento) e tre rispettive modalità di circolazione del titolo (necessarie a regolare la modalità di trasferimento del documento). Sulla base di dette forme di legittimazione e di circolazione, gli interpreti sono soliti classificare i titoli di credito in "titoli al portatore", "titoli all'ordine" e "titoli nominativi".

325. I titoli al portatore, all'ordine, nominativi.

I **titoli al portatore** si trasmettono con la consegna pura e semplice (artt. 1994, 2003, 1° co., cod. civ.). Inoltre, il possessore è legittimato ad esercitare il diritto menzionato in essi sulla base della presentazione del titolo al debitore (artt. 1993, 2003, 2° co., cod. civ.). La legittimazione e la circolazione del titolo al portatore richiedono rispettivamente il mero possesso e la mera consegna. Sono titoli al portatore, ad esempio, i titoli del debito pubblico, le azioni al portatore e le obbligazioni al portatore della società.

Il titolo di credito contenente l'obbligazione di pagare una somma di denaro non può essere emesso al portatore se non nei casi stabiliti dalla legge (art. 2004 cod. civ.). Il divieto si spiega considerando che la funzione di circolazione di questi titoli è analoga a quella del denaro, la cui emissione è riservata all'autorità pubblica.

Diversa è la circolazione dei **titoli all'ordine**: essa avviene, da un possessore all'altro, attraverso girata; il possessore, a sua volta, è legittimato all'esercizio del diritto menzionato nel titolo sulla base di una serie non interrotta di girate (art. 2008 cod. civ.). Nel novero dei titoli all'ordine rientrano la cambiale e l'assegno, il duplicato della lettera di vettura e la polizza di carico, nonché i titoli connessi ad operazioni di credito individuali.

La **girata** è l'ordine di eseguire la prestazione al soggetto indicato; essa è trascritta sul retro del titolo ed è rivolta dal girante (ossia il trasmittente, attuale possessore) al debitore a favore del giratario (ossia il nuovo prenditore del titolo). Si distingue la **girata piena** o **in bianco**. La prima contiene il riferimento al giratario.

Esempio. Per me, Mario Rossi, pagate al Sig. Giuseppe Bianchi.

Nella girata in bianco, invece, vi è la firma del girante ma il giratario non è indicato. In questo caso, è evidente, il titolo può circolare come se fosse un titolo al portatore; il possessore potrà sempre riempire la girata con il proprio nome o con quello di altra persona (art. 2011, 2° co., cod. civ.). In relazione alla finalità, si distinguono due tipi di girata: la girata per incasso e la girata per garanzia.

La **girata per incasso** si effettua apponendo la formula "girata per incasso" o "girata per procura" e comporta una limitazione della legittimazione del giratario prenditore, il quale non può disporre del titolo, bensì ne può solo esercitare il diritto. Il giratario, in tal modo, è incaricato di ricevere la prestazione per conto del girante e non può girare il titolo, fuorché per procura (art. 2013, 1° co., cod. civ.).

La **girata per garanzia** attribuisce al giratario un diritto di pegno sul titolo di credito: il giratario, nuovo possessore del documento, assume il ruolo di garantito rispetto a un rapporto sottostante. Il giratario in garanzia può esercitare i diritti derivanti dal titolo di credito (riscuotendo la somma e restituendo il denaro che risulti in eccedenza rispetto al suo credito); non può girare il titolo, fuorché per procura (art. 2014, 1° co., cod. civ.).

Si giunge, così, ai **titoli nominativi**, così chiamati perché il nominativo, la c.d. intestazione, deve essere annotato sia sul titolo sia sul registro dell'emittente. Se per il titolo all'ordine è sufficiente l'intestazione sul titolo, per il titolo nominativo è richiesta anche l'intestazione nel registro. Sono tali, ad esempio, le azioni di società (possono esserlo anche i titoli di debito pubblico o i certificati dei fondi comuni, anche se più spesso questi sono titoli al portatore).

Il trasferimento dei titoli nominativi, dunque, richiede oltre alla consegna del titolo un doppio adempimento (art. 2022, 1° co., cod. civ.): l'annotazione dell'acquirente sul titolo (oppure l'emissione di un nuovo titolo con l'intestazione dell'acquirente); l'annotazione nel registro dell'emittente.

I titoli nominativi possono essere trasferiti anche mediante girata, ma soltanto nel rispetto di determinati requisiti di forma e di contenuto ed entro alcuni limiti di efficacia indicati dal codice civile (art. 2023 cod. civ.).

I titoli di credito possono smarrirsi, essere sottratti o distrutti. Per i titoli di credito all'ordine o nominativi è prevista una procedura che conduce a sostituire alla legittimazione basata sul possesso qualificato una legittimazione basata su un provvedimento giudiziario (artt. 2016 ss. cod. civ.).

A seguito del ricorso del denunciante (ossia di colui che ha perso il possesso del titolo), il presidente del tribunale dove il titolo è pagabile emette un decreto di **ammortamento**, che viene notificato al debitore e pubblicato in Gazzetta Ufficiale. Qualora, entro trenta giorni dalla pubblicazione, l'eventuale detentore del titolo non manifesti la sua opposizione, il titolo perde efficacia; la legittimazione attiva, allora, spetta soltanto a chi ha ottenuto il decreto di ammortamento.

La procedura in esame incide anche sulla legittimazione passiva: il debitore, infatti, non è liberato qualora, dopo aver ricevuto la notifica del decreto di ammortamento, esegua la prestazione nelle mani del possessore del titolo (si vedano gli artt. 2016 ss. e 2027 cod. civ.).

La procedura di ammortamento non si applica per i titoli al portatore. Allorché il titolo sia distrutto, il possessore può ottenere dall'emittente un duplicato (art. 2007 cod. civ.). Quando, invece, il titolo è smarrito o sottratto, il possessore può farne denuncia all'emittente.

La conseguenza della denuncia è la seguente: l'emittente non è liberato qualora esegua la prestazione a favore del portatore del titolo. Quanto alla legittimazione attiva, occorre attendere la scadenza del termine di prescrizione del titolo: se a quella data non vi è stata la richiesta di adempimento, il denunciate è legittimato a pretenderlo anche se privo del titolo (art. 2006 cod. civ.).

326. Documenti di legittimazione e titoli impropri.

Da non confondere con i titoli di credito sono i documenti di legittimazione ed i titoli impropri.

I **documenti di legittimazione** non sono destinati alla circolazione, ma servono ad identificare colui che ha diritto ad una prestazione (art. 2002 cod. civ.): si pensi al biglietto del cinema o del teatro, allo scontrino in discoteca grazie al quale si riesce a ritirare il soprabito depositato. Sono documenti di legittimazione anche i libretti di risparmio pagabili al portatore e le carte di credito.

I documenti di legittimazione, osserva la dottrina, hanno in comune con i titoli di credito soltanto la legittimazione passiva (svolgono, cioè, una funzione giuridicamente rilevante a favore del debitore).

Esempio. Totò e Peppino depositano il loro soprabito presso il guardaroba di un ristorante: il documento di legittimazione serve al debitore, giacché lo stesso si libera se, senza dolo o colpa grave, esegue la prestazione a favore del possessore del documento (si confronti l'art. 1992, 2° co., cod. civ.). Il diritto alla restituzione dei soprabiti dei simpatici Totò e Peppino non è "incorporato" nel documento di legittimazione; pertanto, in caso di smarrimento di quest'ultimo, gli stessi potranno pretendere la prestazione restitutoria, provando in altro modo la titolarità.

Assai diffusa è, attualmente, la **carta di credito**, che pure va considerata come un documento di legittimazione, ancorché oggetto di una specifica disciplina pattizia. Il funzionamento della carta di credito, nella sua essenza, si fonda sui seguenti presupposti: (1) un rapporto di provvista (come l'apertura di credito) fra la banca emittente ed il titolare della carta; (2) un accordo fra la banca emittente ed il soggetto che fornisce beni o servizi; grazie a tale convenzione colui che fornisce beni o servizi si obbliga nei confronti della banca ad eseguire le prestazioni che sono richieste dal titolare della carta. La banca, a sua volta, si obbliga nei confronti del secondo a pagare il corrispettivo del bene o del servizio.

Il titolare della carta, al momento in cui contrae con il fornitore, firma un documento, detto nota di spesa. La nota di spesa è una delegazione di pagamento: il titolare della carta (delegante) ordina alla banca (delegato) di pagare al fornitore (delegatario).

I **titoli impropri**, invece, sono destinati alla circolazione ed hanno in comune con i titoli di credito le modalità di circolazione.

La loro funzione (è questo l'aspetto che consente di definirli titoli impropri) sta nel consentire il trasferimento del credito senza l'osservanza delle forme proprie della cessione (art. 2002 cod. civ.). Si badi: non si osservano le forme della cessione, ma si verificano gli effetti della cessione.

Si pensi, ad esempio, ad una polizza di assicurazione (titolo improprio), che può essere emessa all'ordine o al portatore: il credito nei confronti dell'assicuratore circola nelle forme del trasferimento dei titoli di credito, non essendo necessaria la notificazione al debitore. Gli effetti, però, sono quelli della cessione (art. 1889, 1° co., cod. civ.): si applicano, in particolare, le norme che nella cessione del credito regolano le eccezioni opponibili.

Così come previsto per i titoli di credito (art. 1992, 2° co., cod. civ.), il debitore che senza dolo o colpa grave adempia la prestazione nei confronti di chi gli presenta il documento (il titolo improprio), è liberato anche se questi non è il vero titolare del diritto (si veda, per la polizza di assicurazione, l'art. 1889, 2° co., cod. civ.).

327. Titoli di credito causali e astratti.

I **titoli** di credito possono essere causali (o titolati) o astratti. Sono **causali** quelli che fanno menzione del rapporto fondamentale; leggendo questi titoli, per intendersi, si comprende la causa della loro emissione. Sono titoli causali, ad esempio, l'azione societaria o la polizza di carico.

Il **rapporto fondamentale** può avere sempre rilevanza rispetto al **rapporto cartolare**, anche quando attraverso la circolazione il titolo sia acquistato da un terzo acquirente.

Esempio. Il vettore emette una polizza di carico, concludendo un contratto di trasporto. Accade che la merce da consegnare venga distrutta in occasione di un caso fortuito (il che libera il vettore dalle sue obbligazioni). Stando così le cose, il vettore può respingere la pretesa di riconsegna della merce, anche se l'azione cartolare venga esercitata non dal caricatore (ossia dalla parte contrattuale cui è stata rilasciata la polizza), ma da un terzo acquirente del titolo.

Il principio della letteralità (di cui si è fatto cenno a proposito delle eccezioni proponibili) comporta, peraltro, che l'emittente della polizza di carico non possa opporre ai terzi acquirenti del titolo specifiche clausole concordate con la sua parte contrattuale, che però non risultano essere riprodotte (o quanto meno richiamate) nel titolo.

I **titoli astratti**, invece, sono quelli che non fanno menzione del rapporto fondamentale.

Esempio. Viene rilasciata una cambiale, in cui risulta che il Sig. Rossi deve pagare la somma di 4.000 euro. Non è specificato se la somma va pagata perché il Sig. Rossi ha acquistato, presso un negozio, un televisore, oppure se si tratta di un prestito o di una somma che l'emittente la cambiale deve pagare ad altro titolo.

Per i titoli astratti vale la regola per cui il rapporto fondamentale non ha rilevanza, rispetto al rapporto cartolare, quando entrano in gioco i terzi. L'esempio che segue spiega il concetto.

Esempio. Viene rilasciata una cambiale dal Sig. Rossi (emittente) al Sig. Verdi. Il Sig. Verdi gira al Sig. Bianchi la cambiale emessa dal Sig. Rossi (in relazione alla vendita che è avvenuta tra il Sig. Rossi ed il Sig. Verdi). Il Sig. Bianchi chiede il pagamento al Sig. Rossi: ebbene, quest'ultimo non può rifiutare il pagamento eccependo che il contratto di compravendita concluso (quello tra Rossi e Verdi) è nullo.

Semmai l'eccezione appena ricordata nell'esempio può essere fatta valere dal Sig. Rossi al Sig. Verdi, qualora sia quest'ultimo a presentare la cambiale per il pagamento (si confronti, fra le disposizioni generali sui titoli di credito, l'art. 1993, 1° co., secondo cui il debitore può opporre al possessore del titolo le eccezioni a questo personali).

Si discute ampiamente, in dottrina, se i titoli astratti introducano una deroga al **principio causalistico** che caratterizza il nostro ordinamento: si tratta di quel principio in base al quale sono inammissibili atti giuridici negoziali astratti (diretti, cioè, a produrre effetti in virtù soltanto della volontà delle parti, indipendentemente dall'esistenza di una causa).

Costituisce applicazione di questo principio, lo si è già ricordato, l'art. 1988 cod. civ., secondo cui la semplice **promessa di pagamento** o il **riconoscimento del debito** sono dichiarazioni unilaterali astratte, da cui non emerge la causa in virtù della quale è stata fatta la promessa o il riconoscimento. Proprio per questo, dunque, tali dichiarazioni unilaterali hanno efficacia solo processuale: esse dispensano colui a favore del quale sono fatte dall'onere di provare il rapporto fondamentale.

Pur essendo la materia oggetto di diverse ricostruzioni, va ribadito come siano meritevoli di adesione quelle ricostruzioni secondo cui la disciplina dei titoli di credito astratti non determinerebbe una vera e propria deroga al principio causalistico.

Sotto un primo aspetto l'opponibilità della mancanza di causa da parte del debitore cambiario al primo prenditore del titolo costituisce un'applicazione dell'art. 1988 cod. civ.

Sotto un secondo aspetto, il terzo possessore (per rimanere al nostro esempio: il Sig. Bianchi) non esige dal debitore cambiario l'adempimento di una promessa; egli esercita un diritto creato da altri e da lui acquistato a titolo originario. Si tratta di un titolo, come si è studiato, che lo rende immune da ogni eccezione che l'emittente avrebbe potuto opporre al primo prenditore (sull'astrattezza della cambiale, inoltre, § 329.1).

328. La dematerializzazione dei titoli di credito. Cenni.

Nuovi recenti sviluppi, nella materia dei titoli di credito, vanno sotto il nome di **dematerializzazione**. È il fenomeno per cui l'emissione di titoli di serie destinati a circolare nei mercati regolamentati (ma il discorso vale anche per l'emissione di strumenti finanziari diffusi presso il pubblico) non si realizza attraverso la produzione del documento cartaceo, in cui è incorporato il diritto.

Si procede, invece, alla **registrazione informatica** dell'emissione presso una società di gestione, dove vi è il "conto" dell'emittente. Non occorre, dunque, la consegna materiale del titolo per le operazioni di acquisto e di vendita, essendo sufficiente la registrazione informatica delle operazioni. La registrazione è effettuata, per conto degli interessati, da parte di intermediari autorizzati.

La dematerializzazione ha ad oggetto titoli di credito che costituiscono strumenti finanziari: alla luce della natura dei titoli, la procedura è disciplinata nel Testo Unico della Finanza (artt. 82 ss. d.lgs. n. 58/1998, così come aggiornati dal d.lgs. n. 176/2016) e nel provvedimento congiunto Consob-Banca d'Italia del 13.8.2018. Sul fenomeno recente, che pure interessa i titoli di credito, della c.d. cartolarizzazione, ci si è soffermati in altra parte del Corso (§ 139).

329. La nozione di cambiale. La tratta ed il vaglia cambiario.

Si è detto, in precedenza, della disciplina dei titoli di credito prevista dal codice civile. Avendo riguardo, più da vicino, alla **cambiale**, occorre far riferimento al r.d. 14.12.1933, n. 1669 ("L. cambiaria"), con cui è stata data attuazione alla Convenzione di Ginevra del 7.6.1930.

La cambiale è un titolo di credito all'ordine, astratto, che contiene l'obbligazione di pagare (o di far pagare) una somma di denaro indicata nel titolo, nel luogo ed alla scadenza indicati nel titolo stesso. La **scadenza** può essere indicata "a data fissa" (il 10.10.2021); "a certo tempo data" (ad esempio dodici mesi dal momento dell'emissione); "a vista" (in questo caso la cambiale è pagabile nel momento in cui il portatore la presenta per il pagamento); "a certo tempo vista" (entro un certo periodo dalla presentazione). Qualora non vi sia alcuna scadenza, la cambiale si considera pagabile a vista (art. 2, 2° co., L. cambiaria).

La cambiale, qualora sin dall'inizio sia in regola con il bollo, vale come **titolo ese-**

cutivo: ciò vuol dire che il creditore, senza dover ottenere una sentenza di condanna (che richiede lo svolgimento di una causa, non sempre di breve durata), può direttamente avviare la procedura esecutiva sui beni del debitore.

Due sono le figure principali di cambiale: la tratta ed il vaglia cambiario.

La **tratta** (detta anche "cambiale in senso stretto") è così strutturata: vi è l'ordine di una persona (che si chiama traente) ad un'altra (trattario) di pagare una somma di denaro ad un terzo soggetto (prenditore).

Il trattario, di solito, è debitore del traente (**rapporto di provvista**); il traente, a sua volta, è debitore del prenditore, cui la cambiale viene rilasciata (**rapporto di valuta**). Lo schema è stato già studiato (sulla delegazione § 140 ss.): la cambiale viene presentata al trattario; se il trattario accetta l'ordine impartitogli, firma per accettazione e così diventa obbligato cambiario; se il trattario non accetta, la cambiale è valida, ma l'obbligato cambiario è il traente che ha firmato.

Il **vaglia cambiario** (definito anche "pagherò cambiario") contiene, invece, la promessa di una persona (l'emittente) di pagare una somma di denaro nelle mani del prenditore.

Può succedere che l'emittente non sempre abbia un debito nei confronti del debitore (né intenda assumerlo): accade, semmai, che la cambiale venga rilasciata soltanto al fine di permettere al prenditore di "spendere" la cambiale con qualche terzo (per consentirgli, ad esempio, di concludere un contratto di compravendita, in occasione del quale la cambiale viene girata al venditore).

L'intesa fra emittente e prenditore viene definita **convenzione di favore**, con le conseguenze che si sono già studiate a proposito dei titoli di credito astratti: se il prenditore gira la cambiale ad un terzo, questi potrà esigere il pagamento nei confronti dell'emittente, il quale non potrà eccepire la convenzione di favore; diversamente, il prenditore, se si rivolge direttamente all'emittente, potrà vedersi opposta la convenzione di favore, che costituisce un'eccezione a lui personale.

La regola fondamentale, in materia cambiaria, è che chi effettua la sottoscrizione assume l'obbligazione indicata dalla stessa (a meno che la firma sia apposta da un rappresentante che abbia il potere). Va considerato, inoltre, che la cambiale è un titolo all'ordine che circola attraverso una serie di successive girate (§ 329.4): ciascun girante, apponendo la firma di girata sulla cambiale, è un obbligato cambiario (si distingue, peraltro, fra obbligato principale ed obbligato di regresso: § 329.3). Il creditore, dunque, potrà avere a disposizione una pluralità di obbligati da cui ottenere il pagamento.

Per sottoscrivere la cambiale occorre la **capacità di agire**. Nel caso di incapacità assoluta, l'emittente è sostituito da un rappresentante legale; qualora vi sia un'incapacità relativa (è il caso dell'inabilitazione), l'emittente deve essere assistito dal curatore (l'emissione della cambiale, infatti, è un atto di straordinaria amministrazione).

La cambiale può essere sottoscritta anche da un rappresentante volontario: in tal caso l'obbligato cambiario è il rappresentato. Qualora la cambiale sia sottoscritta da un *falsus procurator*, la disciplina cambiaria prevede che quest'ultimo sia obbligato cambiario (per la diversa regola prevista nella disciplina generale del contratto, a proposito del falso rappresentante, si rimanda al § 215.2).

329.1. *L'astrattezza della cambiale.*

L'**astrattezza** della cambiale è stata già indagata, nei suoi aspetti principali, in precedenza (§ 327).

Qui va evidenziato un aspetto dell'astrattezza, che può cogliersi attraverso un esempio.

Esempio. Il compratore rilascia al venditore una cambiale, per la somma di 200.000 euro, come prezzo della vendita. Il venditore gira ad un terzo la cambiale. Accade nel frattempo che il contratto venga annullato per vizio del consenso: il compratore emittente, richiesto del pagamento, non può opporre al terzo l'eccezione di invalidità del contratto. Pagherà la cambiale; tuttavia (ed è questo il punto che si vuole sottolineare) potrà poi rivolgersi verso la controparte facendo valere l'invalidità del contratto (ossia il difetto del rapporto fondamentale). In tal modo potrà recuperare i 200.000 euro che ha dovuto pagare al terzo che gli ha presentato la cambiale.

La dottrina suole ricordare, muovendo dall'ipotesi appena esemplificata, che il carattere dell'astrattezza non vuol dire (come si tenderebbe a pensare) che il **rapporto fondamentale** perda ogni rilevanza: significa, più correttamente, che esso viene **sospeso** (o, come pure si dice, messo tra parentesi), in modo tale che non venga pregiudicata la posizione dei terzi acquirenti del titolo.

329.2. *I requisiti della cambiale.*

La cambiale, per poter produrre i suoi effetti, deve avere requisiti di forma e di sostanza.

Quanto alla **forma**, è richiesto in primo luogo che la dichiarazione cambiaria venga resa per iscritto. Non solo. La dichiarazione deve essere resa su apposito modulo in filigrana, che viene acquistato per un prezzo, il quale comprende l'imposta di bollo (sulla rilevanza del bollo nella cambiale si è già detto in precedenza).

Si deve aver riguardo, poi, ai requisiti di **sostanza** (art. 1 L. cambiaria). Il documento deve contenere (a) la dizione "cambiale" (tale formalismo si spiega con la considerazione che chi sottoscrive il documento deve essere ben consapevole delle conseguenze che ne derivano); (b) la scadenza; (c) il luogo e la data di emissione (d) l'ordine (nel caso di tratta) o la promessa (nel caso di pagherò cambiario) di pagare una somma determinata (l'ordine e la promessa devono essere incondizionati); (e) il nome del prenditore; (f) il nome del trattario (se è una tratta); (g) il luogo del pagamento, che può essere diverso dal domicilio del trattario o dell'emittente (sarà quello, ad esempio, della banca: c.d. cambiale domiciliata); (h) la sottoscrizione dell'emittente o del traente.

Qualora il documento manchi di uno dei requisiti appena ricordati non vale come cambiale (art. 2, 1° co., L. cambiaria); può valere, semmai, come promessa di pagamento. È ammessa, peraltro, l'emissione di una **cambiale in bianco**: una cambiale, cioè, in cui vi sia la firma dell'emittente o del traente (diversamente la cambiale è inesistente), mentre gli altri elementi andranno inseriti successivamente da parte del prenditore, in base alla c.d. convenzione di riempimento.

Esempio. In un contratto si stabilisce quanto segue: il fornitore dovrà effettuare le forniture secondo le esigenze che, di volta in volta, saranno comunicate dalla controparte. Il committente, allora, rilascia una cambiale in bianco, con l'intesa che il fornitore, terminate le forniture, riempirà la cambiale indicando un prezzo corrispondente al materiale fornito.

La cambiale in bianco deve essere riempita, a pena di decadenza, entro il termine di tre anni dall'emissione (art. 14, 2° co., L. cambiaria).

Qualora la convenzione di riempimento sia violata (nell'esempio fatto, il fornitore inserisce nella cambiale una somma superiore al valore dei beni forniti), l'emittente potrà formulare al prenditore un'eccezione personale (denominata di abusivo riempimento). Si tratta di un'eccezione che non può essere fatta valere, invece, qualora la cambiale venga presentata per il pagamento da un terzo acquirente (viene fatto salvo il caso in cui quest'ultimo abbia acquistato la cambiale in mala fede o con colpa grave: art. 14, 1° co., L. cambiaria).

329.3. *Gli obbligati principali e gli obbligati di regresso.*

Nella disciplina della cambiale si distinguono due categorie di obbligati cambiari: gli obbligati principali e gli obbligati di regresso. Gli obbligati appartenenti alla medesima categoria sono obbligati in solido tra loro.

Gli **obbligati principali** sono coloro cui il prenditore si deve rivolgere, in prima battuta, per ottenere il pagamento della somma prevista nella cambiale. Si tratta: (a) dell'emittente (nel pagherò cambiario); (b) del trattario accettante (nella tratta), che sottoscrive per "accettazione" (se non accetta non è obbligato principale). Si ricordi che l'accettazione deve essere incondizionata ma può essere parziale, ossia riguardare soltanto una parte della somma indicata in cambiale; (c) degli avallanti dell'emittente o dell'accettante.

Sulla figura dell'**avallo** ci si deve brevemente intrattenere. Si tratta della garanzia che un soggetto (l'avallante) presta per un altro obbligato cambiario (l'avallato). La garanzia deve essere scritta nella cambiale.

Esempio. Nella cambiale si trova scritta la seguente formula: "per avallo a favore di Mario Rossi": firmato Giuseppe Bianchi.

Qualora l'avallante non indichi per chi viene dato l'avallo, questo si intende a favore dell'emittente o del traente (art. 36, 4° co., L. cambiaria). L'avallo può essere anche parziale, coprendo così soltanto una somma prevista nella cambiale (art. 35, 1° co., L. cambiaria).

Se vi è l'avallo, l'avallante diventa un obbligato cambiario; lo diventa, precisa la legge, "nello stesso modo di colui per il quale l'avallo è stato dato" (art. 37, 1° co., L. cambiaria). Pertanto, se l'avallato è un obbligato principale, anche l'avallante diventa obbligato principale.

Si noti come l'obbligazione cambiaria dell'avallante sia valida anche se è invalida l'obbligazione dell'avallato (a meno che l'invalidità di quest'ultima sia dovuta a difetti di forma: art. 37, 2° co., L. cambiaria).

L'avallante che sia costretto a pagare subentra nei diritti cambiari del creditore (contro l'avallato e contro coloro che risultano essere obbligati verso quest'ultimo: art. 37, 3° co., L. cambiaria).

Si torni, ora, alla seconda categoria degli obbligati cambiari, gli **obbligati di regresso**, ossia quegli obbligati cui il prenditore può rivolgersi soltanto quando non sia riuscito ad ottenere il pagamento da parte degli obbligati principali.

Sono obbligati di regresso: (a) il traente (nella cambiale tratta), che risponde se il trattario non accetta o, avendo accettato, non esegue il pagamento; (b) i giranti (coloro che girano la cambiale); (c) gli avallanti del traente e dei giranti.

329.4. *La girata.*

La cambiale si trasferisce attraverso la **girata** (artt. 15 ss. L. cambiaria): si tratta di un ordine che il girante (il prenditore) rivolge al debitore (emittente o trattario) di pagare la somma indicata nella cambiale al nuovo creditore (giratario).

La girata deve essere incondizionata; qualsiasi condizione si ha per non apposta. La girata parziale è nulla. Quanto alla forma, essa deve essere scritta sul documento o su un foglio ad essa attaccato (allungamento) e va sottoscritta dal girante. Si può apporre sulla faccia anteriore o a tergo del titolo (se è in bianco, deve essere scritta a tergo o sull'allungamento).

La cambiale è un titolo all'ordine: essa, dunque, circola attraverso la girata, a meno che il traente inserisca nel documento la **clausola "non all'ordine"** (od altra espressione equivalente): in questo caso il titolo è trasferibile con la forma e gli effetti della cessione del credito.

Nella girata, inoltre, si può indicare la **clausola "senza garanzia"**: in questo modo il girante non diventa obbligato (di regresso) nei confronti di tutti i successivi giratari. È escluso che il **girante** diventi obbligato di regresso anche quando **vieti la girata successiva**: in base alla legge cambiaria, infatti, se il giratario non ottempera al divieto e gira ulteriormente la cambiale, il girante non risponde nei confronti dei successivi giratari (art. 19 L. cambiaria).

La girata può essere piena o in bianco. Nella **girata piena** è contenuta la seguente formula: "e per me pagate a ..." (segue la firma del girante); nella **girata in bianco**, invece, sul titolo risulta soltanto la firma del girante. In quest'ultimo caso il giratario può riempire la girata con il proprio nome o quello di un'altra persona; può, ancora, girare la cambiale di nuovo in bianco o a favore di una persona determinata.

È stabilito che "il detentore della cambiale è considerato portatore legittimo se giustifica il suo diritto con una serie continua di girate" (art. 20 L. cambiaria; è escluso il caso della girata in bianco).

Esempio. Ecco una serie continua di girate: e per me pagate al Sig. Bruscatelli, firmato Sig. Posalaquaglia; e per me pagate al Sig. Bisogni, firmato Sig. Bruscatelli. Qualora il Sig. Bisogni non voglia, a sua volta, girare il titolo, presenterà la cambiale al debitore per riscuotere la somma indicata nella cambiale.

Il debitore che paghi a favore del portatore che risulta legittimato in base ad una serie continua di girate (nell'esempio appena fatto, il Sig. Bisogni) è liberato: a tal fine dovrà soltanto verificare l'apparenza esteriore costituita dalla continuità delle girate (e non anche verificare l'autenticità delle firme). Il debitore, pertanto, si libera anche se paga a chi non è legittimato titolare, a meno che fosse in dolo o colpa grave (art. 46, 3° co., L. cambiaria).

329.5. *Il pagamento e le azioni cambiarie.*

Qualora il pagamento della cambiale non sia spontaneo, possono essere esercitate, nei confronti degli obbligati cambiari, alcune "azioni cambiarie".

Si consideri in primo luogo, però, il **pagamento spontaneo**. Va detto che il portatore non può rifiutare un pagamento parziale (art. 45, 2° e 3° co., L. cambiaria); ciò in deroga alla regola generale, studiata in materia di obbligazioni, secondo cui il creditore può rifiutare il pagamento parziale (art. 1181 cod. civ.). La deroga si spiega con il rilievo che il pagamento della cambiale libera anche gli obbligati di regresso: si è voluto prendere in considerazione, pertanto, l'interesse di quest'ultimi ad essere liberati (ancorché parzialmente).

Il pagamento fatto dall'**obbligato principale** estingue la cambiale.

Diverso discorso, invece, deve farsi qualora il pagamento venga fatto dall'**obbligato di regresso**, giacché a quest'ultimo è consentito di recuperare quanto ha pagato al posto dell'obbligato principale. In particolare, l'obbligato di regresso che paga è surrogato nei diritti del portatore: può quindi agire nei confronti dell'obbligato principale e, qualora questi non paghi, agire nei confronti di coloro che sono obbligati in via di regresso nei confronti dell'obbligato principale.

L'azione giudiziale del portatore della cambiale può essere esecutiva (si è visto che la cambiale, se in regola con l'imposta di bollo, è un titolo esecutivo); il portatore, inoltre, può promuovere un ordinario giudizio di cognizione o chiedere l'emissione di un decreto ingiuntivo. L'azione cambiaria (nelle diverse vesti appena indicate) è di due specie (art. 49 L. cambiaria): (a) **azione diretta**, rivolta contro gli obbligati principali. Essa è soggetta ad un termine di prescrizione di tre anni; (b) **azione di regresso**, contro gli obbligati di regresso (tale azione presuppone, come subito si specificherà, che l'obbligato principale non abbia pagato). Essa può essere esercitata soltanto dopo la scadenza, in caso di mancato pagamento; prima della scadenza, invece, può essere esercitata per rifiuto (totale o parziale) dell'accettazione (oltre che negli altri casi previsti dalla legge: art. 50 L cambiaria). L'azione di regresso è soggetta a termini di prescrizione più brevi (a seconda dei casi, un anno o sei mesi: si veda l'art. 94, 3° co., L. cambiaria).

L'azione di regresso è subordinata ad un preciso onere: il creditore deve fare elevare **protesto** (entro termini brevi di decadenza previsti dall'art. 60 L. cambiaria): si tratta di un atto pubblico con cui un pubblico ufficiale (notaio o ufficiale giudiziario) accerta, secondo le modalità previste dalla legge, che la cambiale non è stata pagata dall'obbligato principale (si discute di protesto **per mancato pagamen-**

to) oppure che la cambiale tratta non è stata accettata (è, questo, il protesto **per mancata accettazione**).

Il protesto non è necessario (nelle due varianti appena ricordate) allorché sia apposta una clausola "senza spese" o "senza protesto" o altra clausola equivalente (art. 58 L. cambiaria).

L'elenco dei protesti è reso pubblico presso le camere di commercio, che attualmente vi provvedono attraverso il "registro informatico dei protesti". La notizia di ciascun protesto è conservata per cinque anni, che decorrono dalla data di registrazione (art. 3-*bis*, 1° co., d.l. n. 381/1995). Il debitore che effettui il pagamento (ed i relativi accessori) entro dodici mesi dalla levata del protesto ha diritto di ottenere la cancellazione del proprio nome dal registro (art. 4 l. n. 77/1955).

Diverso dal protesto è l'obbligo dell'**avviso di mancato pagamento**: il portatore ha l'obbligo di avvisare il proprio girante (e gli eventuali avallanti) della mancata accettazione o del mancato pagamento; ogni girante, a sua volta, deve avvisare il precedente (art. 52 L. cambiaria, che regola le modalità di avviso ed i termini entro cui gli stessi devono essere fatti). In tal modo gli obbligati in via di regresso sono informati che la cambiale non è stata pagata, al fine di potersi predisporre a pagare.

L'omissione dell'avviso può dar luogo soltanto al risarcimento dei danni eventualmente arrecati (art. 52, 6° co., L. cambiaria; il mancato protesto, invece, determina la decadenza dall'azione di regresso).

329.6. *L'azione causale e l'azione di arricchimento.*

L'**emissione** e la **girata** della **cambiale** hanno una causa, ossia il **rapporto sottostante**, che non risulta dal documento. Il che non vuol dire, come già si è visto, che il rapporto sottostante venga meno: il portatore della cambiale può agire nei confronti della sua controparte (ossia contro il suo obbligato cambiario) con l'azione causale, anziché con quella cambiaria, di cui si è detto.

Il portatore, per poter esercitare l'azione causale, deve assolvere a due oneri: (a) quello di elevare il protesto (art. 66, 2° co., L. cambiaria); (b) quello di offrire la restituzione della cambiale, attraverso il deposito in cancelleria (art. 66, 3° co., L. cambiaria). Se non si effettuasse il deposito la cambiale potrebbe girare ancora, costringendo il debitore a pagare anche in base al rapporto cambiario.

La legge cambiaria, peraltro, contempla la possibilità che il portatore non possa esercitare né l'azione cambiaria (perché, ad esempio, non è stato elevato il protesto) né quella causale (in quanto prescritta).

In tal caso il debitore può esercitare un'azione residua, quella di arricchimento senza causa, contro l'emittente, l'accettante o il girante (art. 67 L. cambiaria): la condizione è che quest'ultimi si siano arricchiti ed il primo si sia impoverito (sui presupposti dell'azione di arricchimento senza causa § 335).

330. L'assegno: funzioni e caratteristiche.

La cambiale è uno strumento di credito; l'**assegno**, invece, è uno **strumento di pagamento**: esso è l'ordine (nel caso dell'assegno bancario) o la promessa (nel caso dell'assegno circolare) di pagare una somma di denaro. L'ordine, in particolare, è dato ad una banca; la promessa è fatta da una banca.

Va ricordato che, in base alla **normativa antiriciclaggio**, è vietato il trasferimento di denaro contante o di libretti di deposito bancari o postali al portatore o di titoli al portatore in euro o in valuta estera, effettuato a qualsiasi titolo tra soggetti diversi, quando il valore oggetto del trasferimento è complessivamente pari o superiore a 2.000 euro, sino al 31.12.2021, e, successivamente, a 1.000 euro. Il trasferimento è vietato anche quando è effettuato con più pagamenti inferiori alla soglia che appaiono artificiosamente frazionati. Il trasferimento può tuttavia essere eseguito tramite banche, Poste italiane S.p.A., istituti di moneta elettronica ed istituti di pagamento (art. 49, 1° co., d.lgs. n. 231/2007 e successive modifiche) Gli assegni bancari e postali emessi per importi pari o superiore a 1.000 euro devono recare l'indicazione del nome o della ragione sociale del beneficiario e la clausola di non trasferibilità (art. 49, 5° co., d.lgs. n. 231/2007).

Gli assegni circolari, vaglia postali e cambiari sono emessi con l'indicazione del nome o della ragione sociale del beneficiario e la clausola di non trasferibilità (art. 49, 7° co., d.lgs. n. 231/2007). Il rilascio di assegni circolari, vaglia postali e cambiari di importo inferiore a 1.000 euro può essere richiesto, per iscritto, dal cliente senza la clausola di non trasferibilità (art. 49, 8° co., d.lgs. n. 231/2007).

Per ciascun modulo di assegno bancario o postale richiesto in forma libera ovvero per ciascun assegno circolare o vaglia postale o cambiario rilasciato in forma libera è dovuta dal richiedente, a titolo di imposta di bollo, la somma di 1,50 euro (art. 49, 10° co., d.lgs. n. 231/2007).

330.1. *L'assegno bancario.*

L'**assegno bancario** (un documento stampato dalla banca e consegnato al cliente) ha la stessa struttura della cambiale-tratta, di cui ci si è già occupati; anche per esso, inoltre, è prevista un'apposita disciplina (r.d. 21.12.1933, n. 1736, per brevità chiamata "L. assegni").

L'assegno bancario è un ordine incondizionato che l'emittente (o "**traente**") rivolge alla **banca** ("**trattaria**") di pagare una somma di denaro al beneficiario, indicato nel titolo (art. 1 L. assegni).

Per poter emettere un assegno occorre aver stipulato con la banca una "convenzione di assegni", grazie alla quale l'istituto di credito consegna al cliente un "libretto" di assegni (ossia una serie di moduli prestampati).

L'emissione dell'assegno, peraltro, presuppone che il cliente della banca abbia una "**provvista**", da cui la banca possa prelevare la somma da pagare al beneficiario dell'assegno (art. 3, 2° co., L. assegni). A seconda dei casi, la provvista si forma attraverso un deposito bancario da parte del cliente, l'apertura di credito o la conclusione di altri contratti bancari.

Qualora il traente emetta un **assegno "scoperto"** (ossia privo della sufficiente provvista), lo stesso è tenuto a pagare al portatore la somma indicata nel titolo, oltre ad un'ulteriore somma, a titolo di penale, pari al dieci per cento (art. 3, 1° co., l. n. 386/1990). L'assegno bancario ha gli effetti di titolo esecutivo anche per la somma rappresentante la penale (art. 3, 2° co., l. n. 386/1990). È prevista, inoltre, una sanzione amministrativa pecuniaria (art. 2 l. n. 386/1990).

In caso di mancato pagamento, in tutto o in parte, di un assegno per mancanza di autorizzazione o di provvista, il trattario iscrive il nominativo del traente nell'"**archivio informatizzato** degli assegni bancari e postali e delle carte di pagamento", istituito presso la Banca d'Italia (art. 9, 1° co., l. n. 386/1990).

L'iscrizione nell'archivio determina la revoca di ogni autorizzazione ad emettere assegni. Una nuova autorizzazione non può essere data prima che sia trascorso il termine di sei mesi dall'iscrizione del nominativo nell'archivio (art. 9, 3° co., l. n. 386/1990). La revoca comporta il divieto, della durata di sei mesi, per qualunque banca e ufficio postale di stipulare nuove convenzioni di assegno con il traente e di pagare gli assegni tratti dal medesimo dopo l'iscrizione nell'archivio, anche se emessi nei limiti della provvista (art. 9, 4° co., l. n. 386/1990).

Il trattario che ometta o ritardi l'iscrizione nell'archivio ovvero che autorizzi il rilascio di moduli di assegni in favore di persona il cui nominativo risulta iscritto nell'archivio, è obbligato in solido con il traente a pagare gli assegni emessi dallo stesso traente nel periodo in cui avrebbe dovuto operare la revoca, anche se manca o è insufficiente la provvista, nel limite di euro 10.329,13 per ogni assegno (art. 10, 1° co., l. n. 386/1990).

La banca risponde nei confronti dell'emittente per gli eventuali danni che lo stesso abbia subìto qualora, colpevolmente, paghi un soggetto non legittimato (artt. 38 e 43 L. assegni).

L'assegno pagabile ad una persona determinata si **trasferisce** attraverso la girata (art. 17 L. assegni); quello al portatore attraverso la consegna dello stesso.

Un problema particolarmente avvertito è quello della falsificazione dell'assegno.

Esempio. Il titolare del libretto degli assegni viene derubato dello stesso. Il ladro appone una firma falsa sul titolo al fine di ottenere il pagamento dell'assegno. La banca effettua il pagamento nei confronti del falso prenditore, che ha presentato il titolo falsificato. La banca è liberata dall'obbligazione cartolare?

La regola generale si rinviene nell'art. 1992, 2° co., cod. civ., ai sensi del quale il debitore (la banca negoziatrice) è liberato se adempie in buona fede (soggettiva) la prestazione nei confronti del possessore, anche se quest'ultimo non è titolare del diritto. Questa norma riflette la regola sul pagamento al creditore apparente che opera in materia di obbligazioni (art. 1189 cod. civ.: § 108).

Il caso in esame ha posto alcuni problemi in riferimento all'assegno bancario con **clausola "non trasferibile"**, il quale può essere pagato solo al prenditore (il cui nome è scritto sul documento) e non può essere girato se non ad un banchiere per l'incasso. L'art. 43, 2° co., L. assegni deroga alla regola sopra vista e prevede che "colui che paga un assegno non trasferibile a persona diversa dal prenditore o dal banchiere giratario per l'incasso risponde del pagamento": quindi, non si realizza l'effetto liberatorio nei confronti della banca negoziatrice, la quale sarà obbligata a pagare l'importo dell'assegno anche all'effettivo creditore.

Peraltro, secondo la giurisprudenza più recente la banca può ottenere la liberazione provando di aver assolto alla propria obbligazione con la diligenza richiesta *ex* art. 1176, 2° co., cod. civ. (la Suprema Corte fa riferimento alla diligenza del buon banchiere: Cass., Sez. Un., 21.5.2018, n. 12477). La banca, in sostanza, non sarà tenuta a pagare nuovamente al giusto creditore se prova il proprio diligente adempimento (ad esempio, l'aver verificato la correttezza della firma, poi rivelatasi falsa).

330.2. *L'assegno circolare.*

L'assegno circolare può essere emesso soltanto da una banca che, a sua volta, deve essere stata autorizzata in tal senso dalla Banca d'Italia (art. 49 d.lgs. n. 385/1993).

Esso viene emesso dalla banca su richiesta del cliente, il quale versa il relativo importo, ovvero attraverso l'addebito a suo carico dell'importo per cui il titolo viene emesso.

È previsto che l'emissione debba essere fatta con l'indicazione di uno specifico nominativo (art. 89 L. assegni): il nominativo può essere quello di un terzo, cui il cliente consegnerà l'assegno dopo averlo ritirato; può essere anche quello del cliente, che incasserà l'assegno altrove o, se consentito, lo girerà a favore dei terzi.

L'assegno circolare ha la stessa struttura del pagherò cambiario; ciò spiega perché le regole della circolazione e del pagamento dell'assegno circolare obbediscono a principî analoghi a quelli studiati per il pagherò cambiario.

331. I nuovi mezzi di pagamento.

Nell'economia moderna sono diversi i nuovi mezzi di pagamento improntati alla c.d. smaterializzazione del trasferimento della ricchezza. L'ordinamento si occupa di disciplinare ogni aspetto relativo a questi mezzi alternativi al contante, a partire dalla fase di emissione dello strumento da parte di soggetti autorizzati sino al suo utilizzo, nel rispetto di esigenze di trasparenza e sicurezza dei dati nonché di efficienza dei sistemi di pagamento. Il quadro normativo sui mezzi di pagamento è complesso poiché si compone di una disciplina sia nazionale sia europea.

Sin dall'introduzione dell'euro, l'Unione Europea si è occupata di progettare e implementare la SEPA, ossia l'Area Unica dei Pagamenti in euro, all'interno della quale ogni persona fisica o giuridica può effettuare pagamenti, anche transfrontalieri, secondo regole e procedure uniformi. Inoltre, l'Unione Europea ha approvato una direttiva sui servizi di pagamento (2007/64, denominata PSD), recepita con il d.lgs. n. 11/2010, e recentemente sostituita dalla direttiva 2015/2366, denominata PSD2, recepita con il d.lgs. n. 218/2017.

Si è già detto, in precedenza, della carta di credito, che propriamente non è un titolo di credito ma un documento di legittimazione.

In molte occasioni si utilizza il **bonifico bancario**. Si tratta di un'operazione bancaria che permette il trasferimento di denaro da un conto corrente all'altro: il debitore ordina alla propria banca (presso la quale ha una provvista) di trasferire la somma di denaro sul conto bancario del creditore o comunque del beneficiario della somma (si può trattare, ad esempio, del figlio che riceve del denaro dal padre).

Per effettuare il bonifico ci si reca materialmente in banca e si compilano i moduli previsti per effettuare quest'operazione; è diffusa, peraltro, la possibilità di effettuare bonifici *on line*.

Il bonifico è **permanente** quando il cliente decide di effettuare pagamenti ricorrenti con questa modalità: si pensi ai canoni di locazione o al pagamento delle utenze telefoniche, del gas o della luce.

Altro mezzo usuale di pagamento è, ormai, il **bancomat**, con cui si realizza il **trasferimento elettronico dei fondi**. Il pagamento attraverso il bancomat funziona in questo modo: per l'acquisto di beni e servizi basta inserire una carta magnetizzata in un apposito terminale; quindi, si procede a digitare il codice del titolare e la somma da pagare. Ciò è sufficiente affinché la somma si trasferisca dal conto del debitore (ancora una volta, dunque, occorre una provvista) a quello del creditore. Lo stesso meccanismo è alla base di altre forme di trasferimento elettronico di fondi (si pensi alle "ricariche del cellulare").

Deve farsi riferimento anche alla c.d. "**moneta elettronica**", ossia alla carta ricaricabile (o non ricaricabile), emessa dalle banche, dagli altri istituti autorizzati (Istituti di Moneta Elettronica), ma anche dallo Stato. La carta è ricaricata con un versamento ed è utilizzata, nei limiti del saldo disponibile, presso gli esercenti convenzionati. La moneta elettronica non va confusa con le c.d. "carte prepagate", le quali si possono spendere presso un unico fornitore di beni e servizi e, per questo, non possono essere considerati mezzi di pagamento (è il caso, ad esempio, delle carte telefoniche).

Dal 30.6.2014, i soggetti che effettuano l'attività di vendita di prodotti e di prestazione di servizi, anche professionali, sono tenuti ad accettare pagamenti effettuati attraverso carte di credito e di debito; tale obbligo non trova applicazione nel caso di oggettiva impossibilità tecnica (art. 15 d.l. n. 179/2012, che detta il nuovo art. 5 d.lgs. n. 82/2005, recante il "Codice dell'amministrazione digitale).

Inoltre, la l. n. 208/2015 (Legge di stabilità del 2016) ha previsto, fra l'altro, che le commissioni siano strettamente correlate e proporzionali ai costi sostenuti dai prestatori di servizi di pagamento e dai gestori di circuiti e di schemi di pagamento.

Sarà sempre più diffuso, dunque, il c.d. **POS** (*point of sale*), ossia il dispositivo collegato con il centro di elaborazione della banca, che consente di accettare pagamenti in formato elettronico attraverso l'addebito sul conto corrente del soggetto abilitato e l'accredito sul conto dell'esercente.

La direttiva europea PSD2 ha introdotto un nuovo servizio di pagamento, denominato **Payment Initiation Service**: la persona fisica, titolare di un conto presso una banca o altro soggetto autorizzato, ordina di effettuare il pagamento con le somme presenti nella provvista, destinando l'ordine non alla banca (come avviene, ad esempio, con la carta di credito) ma ad un operatore terzo (TPP), il quale è autorizzato per legge a utilizzare il conto per eseguire detto pagamento.

Altre forme di pagamento, attualmente prive di una specifica regolamentazione, si stanno diffondendo grazie all'utilizzo della rete *internet*: è il caso del fenomeno del ***bit coin*** e più in generale, delle **criptovalute**. Si tratta di "beni digitali" che vengono utilizzati come modalità di scambio attraverso la crittografia, al fine di rendere sicuri i pagamenti e controllare la creazione di nuova valuta.

Parte settima

GLI ALTRI FATTI IDONEI A PRODURRE OBBLIGAZIONI

Capitolo 54

LA GESTIONE DI AFFARI ALTRUI, L'INDEBITO, L'INGIUSTIFICATO ARRICCHIMENTO

332. Premessa.

Si è osservato, a suo tempo, come le obbligazioni derivino da contratto, da fatto illecito e da ogni altro atto o fatto idoneo a produrle in conformità dell'ordinamento giuridico (art. 1173 cod. civ.: § 88).

Si sono studiate, in precedenza, gli "atti idonei" a creare obbligazioni: le promesse unilaterali ed i titoli di credito (Parte Sesta).

Ci si deve occupare, ora, di altre fonti di obbligazioni che il codice disciplina unitariamente subito dopo il contratto e prima del fatto illecito: la gestione di affari altrui (la c.d. *negotiorum gestio*), la ripetizione d'indebito, l'ingiustificato arricchimento. Si tratta di "fatti" che il codice civile del 1865 definiva "quasi contratti" (ad indicare che essi, pur non essendo contratti, avevano in comune con quest'ultimi la circostanza di essere eventi leciti che creano obbligazioni).

Non si devono confondere, peraltro, i "fatti idonei" a produrre obbligazioni, di cui qui si discute, con i "fatti giuridici in senso stretto", studiati in altra parte del Corso (§ 42). I "fatti idonei" altro non sono che presupposti di fatto, al cui verificarsi la legge riconnette la nascita del rapporto obbligatorio. Si spiega, così, perché nella manualistica tradizionale le figure in considerazione vengano, per comodità espositiva, ricondotte alla categoria delle "obbligazioni nascenti dalla legge".

Va ricordato che ulteriori "obbligazioni nascenti dalla legge" si trovano in altre parti del codice civile (e di esse si dà conto, di volta in volta, trattando i diversi istituti del diritto privato: per una ricognizione § 88.1).

La giurisprudenza della Suprema Corte, infine, rinviene spesso nel "contatto sociale" un "fatto" idoneo a produrre obbligazioni in conformità dell'ordinamento giuridico (§ 88.1).

333. La gestione di affari altrui.

Si ha **gestione di affari altrui** (artt. 2028-2032 cod. civ.) quando un soggetto, senza esservi obbligato, assume scientemente la gestione di uno o più affari di un altro soggetto, che non è in grado di provvedervi.

Esempio. Il Sig. Viaggis, di Perugia, parte per alcune zone sperdute dell'Australia, con l'intenzione di passarvi qualche mese della sua vita. Il vicino di casa, Sig. Premurosis, si accorge che l'edificio di proprietà del Sig. Viaggis presenta delle crepe, le quali progressivamente si allargano, anche a causa di un terremoto che ha rovinato diverse abitazioni. Il Sig. Premurosis, allora, decide di assumere la "gestione di affari altrui" (pur non essendovi obbligato): conclude un contratto di appalto, con cui incarica un'impresa di costruzione di effettuare le riparazioni necessarie al fine di evitare il crollo dell'immobile.

A seconda dei casi, il gestore di affari altrui può compiere atti giuridici (la conclusione di un contratto, come nell'esempio appena ricordato) o atti materiali (lo stesso gestore, avendone le capacità, provvede alla riparazione dell'immobile).

Al fine di rappresentare il quadro di tutte le obbligazioni che derivano dalla gestione degli affari altrui, è necessario aver riguardo, analiticamente, alla figura del gerito (ossia del *dominus*) e a quella del gestore.

Si cominci dal **gerito**. L'interessato non deve essere in grado di provvedere ai propri affari (c.d. *absentia domini*): non importa se l'impedimento derivi da cause contingenti o da cause persistenti. Secondo un'interpretazione estensiva dell'istituto, l'*absentia domini* sussiste sia in caso di impossibilità oggettiva o soggettiva (ad esempio, l'incapacità naturale del gerito) sia in caso di mancanza di opposizione o divieto del dominus alla gestione (Cass., 3.11.2016, n. 22302).

Il gerito deve adempiere agli obblighi che derivano dalla gestione ed indennizzare il gestore delle spese (non compensare, giacché non vi è stato alcun incarico): ciò sia quando la gestione gli sia stata utile sia quando non gli abbia portato vantaggi ma sia stata "utilmente iniziata" (c.d. *utiliter coeptum*) dal gestore (art. 2031, 1° co., cod. civ.).

Si venga, ora, alla posizione del **gestore** (il quale deve avere la capacità di contrattare: art. 2029 cod. civ.). Egli deve essere a conoscenza di gestire un affare altrui. Se, infatti, riteneva di agire per un affare proprio, gli effetti della gestione si producono soltanto quando intervenga la ratifica del gerito (art. 2032 cod. civ.).

Inoltre, una volta iniziata la gestione, il gestore è obbligato a portarla a termine, finché l'interessato non sia in grado di provvedervi da se stesso (art. 2028, 1° co., cod. civ.). L'obbligo di continuare la gestione sussiste anche se l'interessato muoia prima che l'affare sia terminato, finché l'erede possa provvedere direttamente (art. 2028, 2° co., cod. civ.).

Il gestore è soggetto alle stesse obbligazioni che deriverebbero da un mandato (art. 2030, 1° co., cod. civ.). Egli, in sostanza, è equiparato ad un mandatario (con la conseguenza che troveranno applicazione, nei suoi confronti, le norme previste dagli artt. 1705-1707 cod. civ.). Tuttavia, il giudice, in considerazione delle circostanze che hanno indotto il gestore ad assumere la gestione, può moderare il risarcimento dei danni ai quali questi sarebbe tenuto per effetto della sua colpa (art. 2030, 2° co., cod. civ.).

La gestione d'affare altrui, come prevede espressamente il codice (art. 2031, 1° co., cod. civ.), può essere una **gestione rappresentativa** o non **rappresentativa**. Nel primo caso il gestore agisce in nome (e non soltanto nell'interesse) del gerito. Si applicano le norme relative alla rappresentanza richiamate all'art. 1704 cod. civ. (gli effetti del contratto concluso dal gestore, dunque, ricadranno immediatamente nella sfera giuridica del *dominus*). Con la gestione non rappresentativa, invece, il gestore agisce per conto del gerito ma non in nome suo.

Per i giudici di legittimità "la locazione della cosa comune da parte di uno dei comproprietari rientra nell'ambito della gestione di affari ed è soggetta alle regole di tale istituto, tra le quali quella di cui all'art. 2032 cod. civ., sicché, nel caso di gestione non rappresentativa, il comproprietario non locatore può ratificare l'operato del gestore" (Cass., Sez. Un., 4.7.2012, n. 11135).

Considerazioni a parte debbono farsi per il rapporto fra il privato e la Pubblica Amministrazione: alla luce dei principi in materia di azione amministrativa, la semplice inerzia dell'ente pubblico (o la sua non opposizione) non legittima l'ingerenza del privato nella sfera giuridica dell'autorità pubblica. (Cass., 3.2.2017, n. 2944).

334. La ripetizione d'indebito. Indebito oggettivo ed indebito soggettivo.

La ripetizione d'indebito (artt. 2033-2040 cod. civ.) è l'azione diretta alla restituzione di quanto adempiuto da un soggetto a favore di un altro soggetto, allorché tale adempimento non era dovuto. È necessario distinguere l'indebito oggettivo dall'indebito soggettivo.

Si ha **indebito oggettivo** (art. 2033 cod. civ.) allorché si esegua un pagamento di un debito che non esiste né per il soggetto che esegue il pagamento né per altri soggetti.

Esempio. Viene concluso dalle parti un contratto nullo. Le prestazioni nel frattempo eseguite si rivelano prive di causa, ossia di una giustificazione. Le parti avranno diritto alla restituzione di quanto eseguito.

L'esempio evidenzia come dia luogo alla ripetizione non soltanto il pagamento sin dall'inizio non dovuto, ma anche quello che sia diventato tale successivamente (come quando il contratto sia annullato, risolto, rescisso: Cass., Sez. Un., 9.3.2009, n. 5624; Cass., 19.4.2016, n. 7749; Cass., 31.1.2019, n. 2993).

Peraltro, si tende ad assimilare all'indebito oggettivo anche la situazione in cui colui che esegue la prestazione abbia effettivamente un debito non nei confronti dell'*accipiens* ma nei confronti di un altro soggetto (si discute, qui, di indebito "soggettivo" *ex latere creditoris*). L'assimilazione si spiega con il fatto che, anche nell'ipotesi in esame, all'*accipiens* nulla era dovuto.

Per la giurisprudenza amministrativa sono tenuti alla restituzione dell'indebito anche i dipendenti pubblici che abbiano ricevuto somme di denaro a carattere retributivo in misura superiore a quelle spettanti loro per legge (Cons. St., 5.6.2013, n. 3099; Cons. St., 26.2.2019, n. 1322).

Si ha, invece, **indebito soggettivo** (art. 2036 cod. civ.) allorché si paga un debito altrui: il soggetto, in sostanza, esegue un adempimento ritenendosi debitore in base ad un errore scusabile.

Esempio. Il Sig. Ritenevis, credendosi proprietario di un appartamento condominiale, paga all'amministratore del condominio la sua quota per la realizzazione di opere di straordinaria amministrazione relative al rifacimento della facciata dell'edificio. Il Sig. Ritenevis viene citato in giudizio dal Sig. Effettivis: all'esito della causa il giudice accerta che la proprietà dell'immobile è del Sig. Effettivis. Il Sig. Ritenevis ha pagato all'amministratore un debito che esisteva ma non era il suo: egli ha diritto di ripetere ciò che ha pagato.

Chi ha ricevuto il pagamento è obbligato a restituire quanto ha ricevuto. Le regole relative alla restituzione, tuttavia, sono diverse a seconda che si tratti di indebito oggettivo o di indebito soggettivo.

Si consideri, in primo luogo, l'indebito oggettivo. In questo caso chi ha eseguito un pagamento non dovuto ha diritto di ripetere ciò che ha pagato. Ha inoltre diritto ai frutti e agli interessi dal giorno del pagamento, se chi lo ha ricevuto era in **mala fede**, oppure, se questi era in **buona fede**, dal giorno della domanda (art. 2033 cod. civ.). Per domanda deve intendersi sia quella giudiziale sia quella stragiudiziale (Cass., Sez. Un., 13.6.2019, n. 15895).

Il diritto di ripetere quanto è stato indebitamente pagato viene meno in due ipotesi: (a) quando la prestazione sia stata eseguita in esecuzione di un'obbligazione naturale; (b) quando le prestazioni siano contrarie al buon costume.

È infatti previsto che non è ammessa la ripetizione di quanto è stato spontaneamente prestato in esecuzione dei doveri morali e sociali, salvo che la prestazione sia stata eseguita da un incapace (art. 2034 cod. civ.).

Esempio. Il Sig. Onoris paga un debito prescritto. Tale pagamento avviene non in esecuzione di un obbligo giuridico (il debito si è estinto), ma in esecuzione di un dovere morale e sociale. Il Sig. Onoris, se cambia idea, non potrà ottenere la restituzione di quanto pagato.

Esempio. Il Sig. Onoris paga un debito di gioco: esegue una prestazione in esecuzione di un dovere morale e sociale.

Si venga, ora, all'indebito soggettivo. Qui la ripetizione è consentita soltanto se l'errore in cui sia caduto colui che ha pagato è scusabile (nell'esempio fatto, si avrà ripetizione soltanto se si accerterà che l'errore del Sig. Ritenevis fosse scusabile). Qualora ricorra la scusabilità, sussiste l'obbligo di restituzione, con i frutti e gli interessi, secondo le stesse modalità previste per l'indebito oggettivo: ciò, però, a condizione che il creditore non si sia privato in buona fede del titolo e delle garanzie del credito (art. 2036, 1° e 2° co., cod. civ.). Quando la ripetizione non è ammessa, colui che ha pagato subentra nei diritti del creditore (art. 2036, 3° co., cod. civ.).

Inoltre, chi ha eseguito una prestazione per uno scopo che, anche da parte sua, costituisca offesa al buon costume, non può ripetere quanto pagato (art. 2035 cod. civ.: *in pari causa turpitudinis melio est condicio possidentis*). Si è già evidenziato come il contratto contrario al buon costume sia nullo e non attribuisca azione in giudizio per ottenere l'adempimento (§ 187.2): chi, tuttavia, in esecuzione del contratto abbia eseguito la prestazione, non può ottenere la restituzione di ciò che ha pagato.

Ci si deve occupare, infine, della posizione di colui che riceve la richiesta della restituzione della prestazione eseguita indebitamente.

Chi ha ricevuto indebitamente una cosa determinata è tenuto a restituirla (art. 2037, 1° co., cod. civ.). Se la cosa è perita, anche per caso fortuito, chi l'ha ricevuta in mala fede è tenuto a corrisponderne il valore; se la cosa è soltanto deteriorata, colui che l'ha data può chiedere l'equivalente, oppure la restituzione ed un'indennità per la diminuzione di valore (art. 2037, 2° co., cod. civ.). Chi ha ricevuto la cosa in buona fede non risponde del perimento o del deterioramento di essa, ancorché dipenda da fatto proprio, se non nei limiti del suo arricchimento (art. 2037, 3° co., cod. civ.).

È pure possibile che chi abbia ricevuto indebitamente una cosa l'abbia alienata. Il codice, occupandosi di questa eventualità, distingue due situazioni.

Chi, avendo ricevuto la cosa in buona fede, l'ha alienata prima di conoscere l'obbligo di restituirla, è tenuto a restituire il corrispettivo conseguito. Se questo è ancora dovuto, colui che ha pagato l'indebito subentra nel diritto dell'alienante. Nel caso di alienazione a titolo gratuito, il terzo acquirente è obbligato, nei limiti del suo arricchimento, verso colui che ha pagato l'indebito (art. 2038, 1° co., cod. civ.).

Chi invece ha alienato la cosa ricevuta in mala fede, o dopo aver conosciuto l'obbligo di restituirla, è obbligato a restituirla in natura o a corrisponderne il valore. Colui che ha pagato l'indebito può però esigere il corrispettivo dell'alienazione e può anche agire direttamente per conseguirlo. Se l'alienazione è stata fatta gratuitamente, l'acquirente, qualora l'alienante sia stato inutilmente escusso, è obbligato, nei limiti dell'arricchimento, verso colui che ha pagato l'indebito (art. 2038, 2° co., cod. civ.).

Una regola particolare vale per l'indebito ricevuto dall'**incapace**: questi, anche se in mala fede, non è tenuto che nei limiti in cui ciò che ha ricevuto è stato rivolto a suo vantaggio (art. 2039 cod. civ.).

Colui al quale viene restituita la cosa è tenuto a rimborsare il possessore delle spese e dei miglioramenti, secondo le regole in tema di possesso (art. 2040 cod. civ., che richiama gli artt. 1149, 1150, 1151 e 1152 cod. civ.).

335. L'ingiustificato arricchimento.

Già i latini affermavano che "*iure naturae aequum est neminem cum alterius detrimento et iniuria fieri locupletiorem*" ("per diritto di natura è equo che nessuno possa arricchirsi a danno di un altro e in difformità del diritto").

L'istituto dell'**ingiustificato arricchimento** (l'"**arricchimento senza causa**", per utilizzare l'espressione adoperata dal codice) è disciplinato soltanto da due articoli (artt. 2041-2042 cod. civ.).

Chi, senza una giusta causa, si è arricchito a danno di un'altra persona è tenuto, nei limiti dell'arricchimento, ad indennizzare quest'ultima della correlativa diminuzione patrimoniale (art. 2041, 1° co., cod. civ.). La regola vale sia per i soggetti privati sia per gli enti pubblici (Cass., Sez. Un., 26.5.2015, n. 10798).

La nozione evidenzia come il fatto che genera l'obbligazione di indennizzo sia costituito da un lato dall'arricchimento di un soggetto, dall'altro dalla correlativa diminuzione patrimoniale di un altro soggetto (per Cass., Sez. Un., 8.10.2008, n. 24772, è necessaria l'**unicità del fatto** da cui siano derivati gli effetti patrimoniali di arricchimento e di impoverimento).

Tale situazione, del resto, si verifica spesso nei rapporti giuridici fra i soggetti: nella donazione di un bene, ad esempio, si ha il passaggio di proprietà del bene dal donante al donatario; se è stato commesso un fatto illecito, la vittima otterrà un risarcimento del danno che determina una diminuzione patrimoniale in capo all'autore del fatto.

Nei casi appena elencati, tuttavia, c'è una causa che provoca lo spostamento patrimoniale: è l'ordinamento giuridico, in sostanza, che prevede la ragione dello spostamento patrimoniale. Nell'arricchimento senza causa, invece, non c'è una valida giustificazione giuridica in grado di sorreggere lo stesso.

Non essendoci una giustificazione dello spostamento patrimoniale nasce il diritto di agire per la restituzione. Sono richieste, in sintesi, le seguenti **condizioni**:

(a) l'arricchimento di un soggetto e la correlativa diminuzione patrimoniale di un altro soggetto, che devono dipendere da uno stesso fatto causativo e non devono dipendere da alcuna causa giustificativa (Cass., 7.8.2009, n. 18099; Cass., 10.10.2018, n. 25044); (b) l'**azione** di ingiustificato arricchimento, inoltre, deve avere **carattere "residuale"**: è previsto infatti che "l'azione di arricchimento non è proponibile quando il danneggiato può esercitare un'altra azione per farsi indennizzare del pregiudizio subito" (art. 2042 cod. civ.). L'azione, dunque, è proponibile soltanto quando il danneggiato non possa esperire un'altra azione per rimuovere il pregiudizio, tanto contro l'arricchito che nei confronti di un diverso soggetto (Cass., Sez. Un., 28.4.2011, n. 9441; Cass., Sez. Un., 25.11.2008, n. 28042; Cass., 20.11.2018, n. 29988).

Esempio. Vengono consegnate per errore delle casse di vino ad una persona, che le consuma. La fornitura però era rivolta ad un'altra persona. Si è verificato un ingiustificato arricchimento di un soggetto ed un correlativo impoverimento dell'altro. Qui ricorrono tutti gli estremi per l'azione di ingiustificato arricchimento.

Qualche precisazione va compiuta sulle condizioni appena indicate. L'arricchimento può consistere sia in un incremento patrimoniale conseguente ad una attribuzione traslativa, sia in un risparmio di spesa: si pensi, ad esempio, al caso in cui il soggetto arricchito abbia fruito di servizi prestati senza corrispettivo o abbia altrimenti evitato una diminuzione patrimoniale.

Tenendo conto, poi, del carattere "residuale" dell'azione di ingiustificato arricchimento, può dirsi che le ipotesi in cui più frequentemente l'azione stessa viene in considerazione sono quelle in cui l'arricchimento derivi da:

(1) un atto dell'arricchito, il quale tuttavia non sia da ricondurre ad un'ipotesi di fatto illecito, mancando in capo all'autore del fatto i requisiti del dolo o della colpa (§ 339.1).

Esempio. Due studenti di un collegio universitario pavese utilizzano in comune un frigorifero. Uno di essi consuma il vino dell'altro per un errore scusabile (non ricorre, cioè, il requisito della colpa). Lo studente che ha bevuto il vino non risponde ai sensi dell'art. 2043 cod. civ. (risarcimento per fatto illecito), ma è tenuto all'indennizzo a favore del compagno in base all'art. 2041 cod. civ.

(2) Un atto dell'impoverito, il quale esegue una prestazione non dovuta, rispetto alla quale non si può ricorrere al rimedio della ripetizione di indebito (§ 334) né invocare altro rimedio.

Esempio. Viene concluso un contratto di locazione, che successivamente viene annullato. Il locatore è obbligato a restituire i canoni ricevuti. Il locatore, peraltro, non può domandare la restituzione in natura del godimento: semmai può agire con l'azione di arricchimento per farsi indennizzare della diminuzione patrimoniale subìta.

La giurisprudenza ha ritenuto invocabile il rimedio in esame, da parte del condominio, per ottenere il pagamento delle (maggiori) spese dovute da un condòmino, a fronte dell'errore riportato da tabelle millesimali che non tenevano conto degli ampliamenti della proprietà esclusiva. La modificazione delle tabelle vigenti, si è in proposito osservato, può valere soltanto ad assicurare la corresponsione di maggiori importi per il futuro: da qui la possibilità di ricorrere al rimedio residuale dell'azione di ingiustificato arricchimento (Cass., 10.3.2011, n. 5690; Cass., 24.2.2017, n. 4844).

Ed ancora, si è qualificato come ingiusto l'arricchimento da parte di un convivente *more uxorio* nei confronti dell'altro, quando le prestazioni a vantaggio di uno dei conviventi non rientrino nell'adempimento delle obbligazioni naturali nascenti dal rapporto di convivenza, perché eccedenti i limiti di proporzionalità ed adeguatezza (Cass., 3.2.2020, n. 2392).

Occorre occuparsi, ora, degli **effetti** dell'ingiustificato arricchimento. È previsto l'**obbligo di indennizzare** la controparte della diminuzione patrimoniale subìta (art. 2041, 1° co., cod. civ.). Qualora l'arricchimento abbia per oggetto una cosa determinata, colui che l'ha ricevuta è tenuto a restituirla in natura, se sussiste al tempo della domanda (art. 2041, 2° co., cod. civ.).

L'obbligo di indennizzo, si rileva, è soggetto ad un **doppio limite** (conformemente alla funzione di riequilibrio dei due patrimoni, cui mira l'istituto in considerazione): non può superare l'entità dell'arricchimento e non può superare l'entità dell'impoverimento.

I giudici di legittimità si sono occupati, più volte, della quantificazione dell'obbligo di indennizzo dovuto a favore di chi abbia effettuato una prestazione di fare in assenza di un contratto valido: conformemente al limite appena indicato, si è stabilito che è necessario tener conto non di quanto la persona che ha eseguito la prestazione avrebbe guadagnato se il contratto fosse stato valido, ma soltanto del detrimento effettivamente subìto dall'impoverito (Cass., Sez. Un., 27.1.2009, n. 1875; Cass., Sez. Un., 11.9.2008, n. 23385).

Va da ultimo ricordato come il codice civile detti, specificamente, alcune applicazioni della regola generale sull'ingiustificato arricchimento: si pensi alle norme che prevedono obblighi di compensazione in capo a colui che subisca un pregiudizio a seguito dell'operatività del principio dell'accessione (artt. 935, 1° co., 936, 2° co., 937, 2° co., cod. civ.); a quelle che impongono a chi fa propri i frutti di rimborsare il soggetto che abbia fatto le spese per la produzione e per il raccolto (art. 821, 2° co., cod. civ.); a quelle, infine, che prevedono l'obbligo del proprietario, che si vede restituita la cosa a seguito dell'accoglimento dell'azione di rivendicazione, di rimborsare il possessore per le spese fatte sulla cosa stessa (artt. 1149, 1150 cod. civ.).

Parte ottava

IL FATTO ILLECITO

Capitolo 55

LA STRUTTURA DEL FATTO ILLECITO

336. La responsabilità civile: cenni introduttivi.

Si è detto che le obbligazioni possono derivare anche da **fatto illecito** (art. 1173 cod. civ.). Esse, in questo caso, non nascono da contratto: è per questo che si discute, tradizionalmente, di responsabilità extracontrattuale o, con espressione equivalente, di **responsabilità civile** (per distinguerla dalla responsabilità penale) o **aquiliana** (il termine, in quest'ultimo caso, si giustifica con il fatto che nel diritto romano la materia era disciplinata dalla *Lex Aquilia* del III secolo a.c.).

Le norme codicistiche sulla responsabilità extracontrattuale non sono molte: il titolo XI del quarto Libro del codice civile ("Dei fatti illeciti") comprende gli artt. 2043-2059 cod. civ. Tali disposizioni non hanno ricevuto sostanziali modifiche, nel tempo, rispetto alla loro originaria formulazione: è cambiata, semmai, la loro interpretazione, soprattutto ad opera della giurisprudenza, che mai come in questo campo ha assunto un ruolo fondamentale nel delineare il nuovo volto della responsabilità civile.

Alla disciplina del codice civile, poi, si affiancano una serie di leggi speciali, che hanno acquistato una particolare rilevanza negli ultimi anni; di esse, pure, si dirà (Cap. 60).

Ove si accerti la commissione di un fatto illecito, l'autore dello stesso (o, in alcuni casi, un soggetto diverso: §§ 352 ss.) è obbligato a risarcire il danno a favore della vittima. Il fatto illecito, oltre a cagionare un danno patrimoniale, può determinare un danno non patrimoniale.

337. Le funzioni della responsabilità civile.

La responsabilità civile ha, principalmente, una **funzione compensativa**: la possibilità di ottenere il risarcimento del danno, a seguito della commissione del fatto illecito, consente di compensare il danneggiato per la perdita subìta.

Esempio. Un pedone viene investito da un automobilista, che in quel momento sta parlando al telefono con la sua fidanzata. L'incidente non è senza conseguenze in quanto la vittima dovrà sopportare delle cure mediche e per un mese non potrà svolgere la sua attività lavorativa. Se si accerta che le cure mediche hanno avuto un costo di 10.000 euro e il mancato guadagno (per la degenza ospedaliera) ammonta a 2.000 euro, la vittima del fatto illecito potrà chiedere il risarcimento del danno per una somma pari a 12.000 euro.

Sebbene quella compensativa sia la finalità più evidente (e desiderabile) della responsabilità civile, è ormai innegabile la **polifunzionalità** della medesima.

Non può negarsi come, nel contempo, la responsabilità civile abbia una **funzione preventiva**, la quale non ha riguardo agli interessi del singolo individuo ma a quelli dell'intera società. Le norme sulla responsabilità civile, in sostanza, costituiscono un deterrente nei confronti dei possibili autori del fatto illecito: questi, infatti, sanno sin dall'inizio che potranno andare incontro a conseguenze per loro spiacevoli (il risarcimento del danno, per rimanere nell'ambito civilistico). Ed è per questo che i consociati molte volte si astengono dal commettere fatti illeciti: essi sono scoraggiati dalle conseguenze che l'ordinamento prevede per il loro comportamento.

Secondo la tradizionale concezione, alla responsabilità civile va riconosciuta anche una **funzione sanzionatoria**: quella, cioè, di punire il responsabile per un comportamento riprovevole. Come si vedrà, peraltro, in alcuni casi tale funzione non si riesce a prospettare neanche in astratto: si pensi alla responsabilità oggettiva, in cui al soggetto civilmente responsabile non si può muovere alcun rimprovero.

Di recente i giudici di legittimità hanno affermato che è ammissibile il provvedimento di condanna al pagamento di una somma che si accresce con il protrarsi dell'inadempimento, impartito da un giudice al fine di coazione all'adempimento di un obbligo infungibile (Cass., n. 7613/2015, che rileva come il nostro ordinamento già conosca misure dirette ad ottenere l'adempimento di un obbligo: si confrontino gli artt. 614-*bis* e 709 cod. proc. civ., sui cui anche § 355). La misura comminata, si afferma, non può considerarsi contraria all'ordine pubblico, ma "tutela il diritto del creditore alla prestazione principale accertata con provvedimento giudiziale; dunque, mira ad assicurare il rispetto di fondamentali e condivisi princìpî, quali il giusto processo civile, inteso come attuazione in tempi ragionevoli e con effettività delle situazioni di vantaggio, ed il diritto alla libera iniziativa economica". Si tratterebbe, aggiunge ancora la Suprema Corte, di una misura non riconducibile ai **danni punitivi**, giacché con essa si "mira a convincere all'adempimento". È pur vero, però, che ove l'inadempimento permanga il pagamento della somma di denaro assume il carattere di una "punizione" nei confronti del debitore. Nel 2017, con una sentenza a Sezioni

Unite oggetto di un acceso dibattito, i giudici di legittimità hanno affermato che non è ontologicamente incompatibile con l'ordinamento italiano l'istituto di origine statunitense dei risarcimenti punitivi. Il riconoscimento di una sentenza straniera che contenga una pronuncia di tal genere deve però corrispondere alla condizione che essa sia stata resa nell'ordinamento straniero su basi normative che garantiscano la tipicità delle ipotesi di condanna, la prevedibilità della stessa ed i limiti quantitativi, dovendosi avere riguardo, in sede di delibazione, unicamente agli effetti dell'atto straniero e alla loro compatibilità con l'ordine pubblico (Cass., Sez. Un., 5.7.2017, n. 16601).

Infine, secondo una prospettiva giuseconomica, si può affermare che le regole di responsabilità civile assolvono una **funzione organizzativa** (o di *regulation*), comportando costi che possono essere traslati dai danneggianti potenziali su altri soggetti, tipicamente tramite meccanismi di mercato. Esse, pertanto, tendono a produrre effetti redistributivi.

338. La clausola generale prevista dall'art. 2043 cod. civ.: la struttura del fatto illecito. Cenni sulla differenza fra responsabilità contrattuale e responsabilità extracontrattuale.

Converrà muovere il discorso dall'art. 2043 cod. civ., per il quale "qualunque fatto doloso o colposo, che cagiona ad altri un danno ingiusto, obbliga colui che ha commesso il fatto a risarcire il danno".

La norma permette di individuare alcuni elementi del fatto illecito che saranno trattati analiticamente nel prosieguo: il fatto (doloso o colposo); il danno ingiusto; il nesso causale. La struttura del fatto illecito si completa con il riferimento ad altri due elementi che si rinvengono al di fuori dell'art. 2043 cod. civ.: l'assenza di cause di giustificazione e l'imputabilità.

Sicché può dirsi che la struttura del fatto illecito sia la seguente: (a) il fatto doloso o colposo; (b) il danno ingiusto; (c) l'assenza di cause di giustificazione; (d) l'imputabilità; (e) il nesso causale.

Si afferma, comunemente, che l'art. 2043 cod. civ. integri una **clausola generale**. Il concetto sarà ben compreso quando ci si occuperà di uno degli elementi della disposizione: il danno ingiusto (§§ 340 ss.). Già da ora basti evidenziare che la norma non fa riferimento a comportamenti tipici, verificatisi i quali consegue la sanzione risarcitoria.

La tecnica di **tipizzazione** dell'**illecito** è propria del **diritto penale**; nel sistema della responsabilità civile, diversamente, spetta all'interprete verificare se un determinato comportamento sia idoneo a far sorgere la sanzione del risarcimento del danno.

Prima di analizzare i singoli elementi del fatto illecito, converrà ricordare sinteticamente le differenze fra responsabilità contrattuale e responsabilità extracontrattuale: (a) dal punto di vista degli oneri probatori, nella responsabilità contrattuale il creditore che agisce per il risarcimento è tenuto a dimostrare il titolo ed il danno patito, limitandosi ad allegare l'inadempimento; dovrà essere il debitore, semmai, a dimostrare che la prestazione è stata eseguita o che l'inadempimento è stato determinato da impossibilità della prestazione derivante da causa a lui non imputabile (sugli oneri probatori nella responsabilità contrattuale, più diffusamente, § 59.1; sulla prova liberatoria del debitore *ex* art. 1218 cod. civ. § 121.1). Nella responsabilità extracontrattuale, invece, il danneggiato ha l'onere di provare la colpa o il dolo (tranne i casi in cui la legge non li richiedano), il danno, il nesso causale fra il danno e il fatto illecito (quest'ultimo, dunque, deve essere provato, non semplicemente allegato); (b) salve le eccezioni previste dalla legge, il diritto al risarcimento del danno da inadempimento si prescrive in dieci anni (art. 2946 cod. civ.); il diritto al risarcimento del danno da fatto illecito, salve eccezioni, si prescrive in cinque anni (art. 2947, 1° co., cod. civ.; § 335); (c) nella responsabilità extracontrattuale sono risarcibili sia i danni prevedibili sia i danni non prevedibili (§ 356), mentre in quella contrattuale solo i danni prevedibili, a meno che si verta in un'ipotesi di dolo del debitore (art. 1225 cod. civ.; § 125); (d) la responsabilità aquiliana richiede l'imputabilità del fatto dannoso, ossia la capacità di intendere e di volere al momento della commissione del fatto (art. 2046 cod. civ.; § 342); diversa dalla capacità delittuale è la capacità contrattuale, che presuppone la capacità di agire (§ 70). Peraltro, l'adempimento dell'obbligazione, in quanto atto dovuto, non richiede la capacità di intendere e di volere del debitore (art. 1191 cod. civ.; § 45.2).

Si ricordi che la responsabilità precontrattuale oggi tende ad essere ascritta, anche se non pacificamente, alla responsabilità contrattuale (§ 165); lo stesso deve dirsi per la responsabilità che nasce dal "contatto sociale" (§ 88.1).

Si è detto, in precedenza, che nella responsabilità aquiliana chi invoca il risarcimento del danno ha l'onere di provare, fra l'altro, il nesso causale fra fatto e danno ingiusto. La Cassazione, nel 2018, offre però un importante spunto di riflessione (che qui può essere solo accennato, trattandosi di un corso istituzionale): quel che comunemente viene chiamato "nesso di causa" non è un fatto materiale, ma un giudizio. La causalità in quanto tale è una relazione stabilita dall'uomo a posteriori tra due fatti, e non una categoria a priori, oggettivamente accertabile. Ne consegue che l'espressione "prova del nesso causale", largamente diffusa nel lessico giudiziario e forense, costituisce in realtà una "metonimia" (è, quest'ultima, una figura retorica consistente nell'uso di un termine in un significato diverso da quello usuale): il nesso di causa costituisce l'oggetto d'un ragionamento deduttivo, non un fatto materiale (Cass., n. 4024/2018). Semmai, si può aggiungere, la prova potrà riguardare quei fatti in grado di fondare il ragionamento deduttivo.

Un medesimo fatto può costituire, nello stesso tempo, sia un fatto illecito sia un inadempimento contrattuale (si pensi al trasportato che si ferisca nell'esecuzione del contratto di trasporto: potrà lamentare l'inadempimento contrattuale o di essere vittima di un fatto illecito). È ammesso dalla nostra giurisprudenza il **concorso** (o **cumulo**) fra responsabilità contrattuale e responsabilità aquiliana: ciò vuol dire che si potrà agire facendo valere l'una o l'altra responsabilità (Cass., 23.3.2016, n. 5781; Cass., 16.2.2015, n. 3081; per il vero Cass., Sez. Un., 11.11.2008, n. 26972, evidenzia come il principio del concorso evidenzi un "dubbio fondamento dogmatico"). Sia inteso che l'esercizio di un'azione non determina la rinuncia all'altra: non è escluso, così, che dopo il rigetto della domanda proposta ai sensi degli artt. 2043 ss. cod. civ. il danneggiato proponga una domanda facendo valere la responsabilità contrattuale della controparte (Cass., 19.9.2016, n. 18299). Allorché non risulti chiaro a che titolo sia stata proposta una domanda di risarcimento dei danni, i giudici di legittimità propendono per l'azione di responsabilità extracontrattuale (Cass., 13.11.2014, n. 24197).

339. Gli elementi del fatto illecito: (*a*) il fatto.

Il fatto di cui discute l'art. 2043 cod. civ. è un **comportamento** umano: esso può essere **commissivo** (fare qualcosa) oppure **omissivo** (non fare qualcosa).

Non ogni comportamento omissivo, però, costituisce "fatto" ai sensi dell'art. 2043 cod. civ., ma soltanto quello che costituisce la violazione di un obbligo giuridico di intervenire imposto dall'ordinamento.

Esempio. Il Sig. Rossi si accorge che l'abitazione del suo vicino è pericolante: c'è una crepa sul muro. Egli, però, non dice nulla. Qualche tempo dopo il vicino subisce un grave danno alla sua salute, provocato dal crollo della casa. Nessuna norma del nostro ordinamento impone al Sig. Rossi di attivarsi per comunicare al suo vicino l'esistenza di un pericolo di crollo.

Esempio. Mentre cammina per strada con la sua automobile il Sig. Rossi si accorge che per terra si trova, quasi privo di vita, un motociclista coinvolto in un precedente incidente. Il nostro ordinamento impone al Sig. Rossi di attivarsi per soccorre il motociclista. La violazione dell'obbligo di soccorso (comportamento omissivo) è sanzionata penalmente (art. 593, 2° co., cod. pen.).

Negli ultimi anni la giurisprudenza ha rilevato come la condotta omissiva possa dare luogo ad una richiesta risarcitoria quando si traduca nella violazione delle regole di diligenza e correttezza imposte dal principio solidaristico di cui all'art. 2 Cost. e dall'art. 1175 cod. civ. (Cass., Sez. Un., 21.11.2011, n. 24406; Cass., 22.10.2014, n. 22344).

In alcune ipotesi di responsabilità speciale, si vedrà, per fatto deve intendersi, più in generale, la **vicenda** che causa il danno ingiusto (la quale può essere diversa dall'azione umana).

339.1. *Il comportamento "colposo" o "doloso".*

Il comportamento, di cui discute l'art. 2043 cod. civ., deve essere "doloso" o "colposo". Nella struttura del fatto illecito questi due elementi integrano, tradizionalmente, i c.d. presupposti soggettivi.

Si abbia riguardo, in primo luogo, al **dolo**. Si ha un comportamento doloso quando un soggetto realizza una condotta proprio al fine di determinare l'evento lesivo (c.d. **dolo diretto**). La giurisprudenza talvolta discute di comportamento doloso anche quando il soggetto ponga in essere una condotta rappresentandosi l'evento dannoso come possibile conseguenza del suo agire (c.d. **dolo eventuale**).

Esempio. Un giornalista, per screditare un personaggio politico, scrive sul giornale articoli chiaramente diffamatori, intendendo ledere la sua dignità, il suo onore ed il suo decoro. In questo caso si è in presenza del c.d. dolo diretto.

Ai fini della responsabilità risarcitoria, di solito, non è necessario accertare la sussistenza del dolo, essendo indifferente se il comportamento sia stato doloso o colposo.

Ci sono dei casi, tuttavia, in cui il fatto illecito può aversi solo a titolo doloso: si pensi al concorso del terzo nell'altrui inadempimento, che richiede il dolo (necessariamente sotto la specie del dolo diretto); alla presentazione di una denuncia infondata (Cass., 10.6.2016, n. 11898); al c.d. *mobbing* lavorativo (Cass., 8.1.2016, n. 158; Cass., 5.3.2019, n. 6346).

In alcune fattispecie, poi, è il legislatore a prendere specificamente in considerazione, a diversi fini, il comportamento doloso: in materia di assicurazione, ad esempio, è previsto che "l'assicuratore non è obbligato per i sinistri cagionati da dolo o da colpa grave del contraente, dell'assicurato o del beneficiario, salvo patto contrario per i casi di colpa grave" (art. 1900, 1° co., cod. civ.; si veda anche l'art. 1917, 1° co., cod. civ.). Sono illeciti essenzialmente dolosi pure gli atti emulativi (art. 833 cod. civ.).

La **colpa**, invece, va intesa come mancanza di **diligenza,** di **prudenza**, di **perizia** richieste; o, ancora, come **inosservanza di leggi, regolamenti**, **ordini o discipline** (art. 43, 1° co., cod. pen.). Si discute, in quest'ultimo caso, di "colpa specifica".

Ci si occupi della prima parte della definizione della colpa: la negligenza, imprudenza, imperizia ("colpa generica").

Per **negligenza** si intende la mancanza dell'attenzione richiesta in una determinata situazione; per **imprudenza** l'assenza delle misure necessarie di cautela; per **imperizia** l'inosservanza delle regole tecniche proprie di una determinata attività.

Esempio: Un contadino accende un fuoco per bruciare, nell'orario consentito, le sterpaglie del suo campo. Sennonché, dopo l'accensione si allontana senza preoccuparsi del fuoco che sta bruciando: le fiamme, dopo poco, si propagano nel terreno del vicino, provocando un danno alla sua abitazione. In questo caso il contadino potrà essere chiamato a rispondere dei danni cagionati, in quanto imprudentemente si è assentato.

Nella valutazione della colpa occorre far riferimento al c.d. *bonus pater familias*, ossia alla diligenza, prudenza, perizia concretamente esigibili, in base alle circostanze concrete, dalla persona accorta, preparata, coscienziosa. Un discorso diverso va fatto, invece, con riguardo alle responsabilità professionali: si pensi al medico, al notaio, al commercialista ecc. In tali casi si parla di diligenza "qualificata": il termine di paragone ideale non è il buon padre di famiglia, ma il professionista mediamente accorto della categoria (per Cass., 16.3.2021, n. 7283, ad esempio, vìola il dovere di informazione e consiglio, ed è tenuto al risarcimento dei danni, il notaio che, officiato di un atto di vendita di un immobile, omette di segnalare all'acquirente l'inaffidabilità del titolo di provenienza; si confronti anche App. Milano, 23.7.2021; Cass., 8.1.2021, n. 100, in relazione al geometra che abbia svolto progetti con calcoli relativi a strutture in cemento armato, riservati alla competenza degli ingegneri).

Quanto all'inosservanza di leggi, regolamenti, ordini e discipline va compiuta la seguente precisazione. La semplice loro violazione integra, di per sé, la colpa. D'altra parte, l'osservanza dei regolamenti, degli ordini e delle discipline non esclude la possibilità di formulare un giudizio di colpa quando, in concreto, risulti l'assenza di diligenza, di prudenza, di perizia (Cass., 11.5.2017, n. 11702; Cass., 22.7.2021, n. 21145, sulla responsabilità del Ministero della salute per patologie derivanti da trasfusioni di sangue infetto).

Il grado della colpa (colpa lieve o grave) è di solito irrilevante ai fini della responsabilità risarcitoria.

In alcuni casi, però, l'entità della colpa acquista rilevanza: si pensi, ad esempio, ai rapporti interni fra i coautori dell'illecito, in sede di azione di regresso (art. 2055, 2° co., cod. civ.; Cass., 11.11.2019, n. 28897); ed ancora, i pubblici funzionari o impiegati non rispondono dei danni cagionati ai privati per colpa lieve (art. 28 Cost.).

Quanto all'**onere della prova** della colpa e del dolo, va detto che esso spetta al danneggiato: in ciò si manifesta una delle differenze tra responsabilità extracontrattuale e responsabilità contrattuale ove, invece, spetta al debitore dimostrare di essersi comportato diligentemente (art. 1218 cod. civ.: §§ 121 ss.).

340. (*b*) Il danno ingiusto: i punti fermi della giurisprudenza fino agli anni Settanta del secolo scorso.

Il comportamento di cui sopra si è detto fa nascere l'obbligazione di risarcire i danni soltanto se cagiona un **danno ingiusto**. Su tale nozione, ora, ci si deve intrattenere.

In via preliminare conviene svolgere qualche precisazione terminologica: il comportamento che determina un "danno ingiusto" viene chiamato "**atto illecito**" o comportamento "**antigiuridico**" (si veda anche, sull'esclusione dell'antigiuridicità, § 341). Il "danno ingiusto" viene definito anche "**danno-evento**" (o, con espressioni equivalenti, "**evento lesivo**" o "**evento dannoso**").

Talvolta è lo stesso legislatore a precisare quando un danno sia ingiusto: il proprietario che ha subìto un danno per via della violazione di una norma edilizia, ad esempio, può chiederne il risarcimento (art. 872, 2° co., cod. civ.).

Ancora, è previsto che "se gli atti di concorrenza sleale sono compiuti con dolo o colpa, l'autore è tenuto al risarcimento del danno" (art. 2600, 1° co., cod. civ.). Anche in questa fattispecie l'interprete non si deve porre il problema dell'ingiustizia del danno: è la norma del codice a sottolineare come gli atti di concorrenza sleale integrino un danno ingiusto, consentendo a chi li subisce di domandare il risarcimento del danno.

Peraltro, i casi in cui il legislatore prevede espressamente l'ingiustizia del danno sono pochi: ciò non vuol dire che soltanto nelle fattispecie come quelle appena ricordate si debba ritenere sussistente l'ingiustizia del danno.

In base all'art. 2043 cod. civ., infatti, non è possibile individuare tassativamente i casi in cui vi sia un danno ingiusto; e ciò a differenza di quello che accade nel **diritto penale**, dove campeggia il **principio di tipicità**, per cui nessuno può essere punito se non in forza di una legge che sia entrata in vigore prima del fatto commesso (art. 25, 2° co, Cost.; art. 1 cod. pen.).

Il discorso, però, non può dirsi concluso. Se ormai è chiaro che il concetto di danno ingiusto mette capo ad una clausola generale, non ci si può esimere dallo studiare come si deve comportare l'interprete per comprendere se un determinato fatto abbia o meno cagionato un danno ingiusto.

È utile, allora, proporre una **definizione** di **danno ingiusto**: esso è da intendersi come la lesione di un interesse giuridicamente rilevante.

La nozione sarà più chiara ove si proceda per gradi, muovendo innanzitutto dalle aree in cui, pacificamente, si riconosce la lesione di un interesse giuridicamente rilevante. Sin dall'inizio dell'entrata in vigore del codice civile del '42 non si è mai dubitato del fatto che la **lesione di diritti assoluti** integri la lesione di un interesse giuridicamente rilevante. La lesione di un diritto reale o la lesione di un diritto della personalità cagiona, pertanto, un danno ingiusto.

Esempio. Mentre effettua lavori di ristrutturazione della propria abitazione, il Sig. Inespertis fa crollare il muro dell'abitazione del suo vicino. Lede il diritto di proprietà di quest'ultimo o, come pure può dirsi, cagiona un danno ingiusto. È obbligato, pertanto, a risarcire i danni.

Esempio. Un rapinatore, mentre fugge con la refurtiva, spara e colpisce un passante, che viene ferito. La lesione del diritto all'integrità fisica del malcapitato obbliga l'autore del fatto al risarcimento del danno.

La giurisprudenza ammette anche il risarcimento del danno da trascrizione effettuata consapevolmente a danno del primo acquirente. La situazione è questa: il venditore aliena l'immobile prima a Tizio e poi a Caio. Caio acquista per secondo ma trascrive per primo in mala fede, ossia conoscendo la circostanza che il bene era già stato alienato al primo acquirente.

In questo caso, pur rimanendo ferma la titolarità della proprietà di colui che per primo ha trascritto, sussiste una responsabilità risarcitoria per lesione del diritto (di proprietà) di colui che ha acquistato, ma non ha tempestivamente effettuato la trascrizione.

Non si è mai dubitato, poi, sul fatto che la **lesione di diritti riguardanti lo *status* di una persona** determini un danno ingiusto: si fa riferimento, cioè, alla lesione dei diritti che spettano ad un soggetto in quanto titolare di uno *status* (di coniuge, di figlio, di parente).

Esempio. Un incidente stradale provoca la morte di un uomo sposato. Viene leso, fra l'altro, il diritto al mantenimento spettante alla moglie, la quale può agire per il risarcimento dei danni subìti.

Fin qui si è discusso di punti fermi. Occorre procedere oltre, affrontando quelle che Francesco Galgano ha efficacemente definito "le mobili frontiere del danno ingiusto".

340.1. *I successivi orientamenti sul danno ingiusto: la risarcibilità per lesione del diritto di credito (e non solo per lesione dei diritti assoluti).*

Fino agli anni Settanta si è ritenuta non risarcibile la lesione di un diritto di credito (sulla nozione di rapporto obbligatorio § 89).

Negli anni Cinquanta fece "scuola" il caso "Superga". Il 4 maggio del 1949 un aereo, che trasportava i giocatori della squadra di calcio del Torino, ebbe un incidente sulle colline di Superga; i componenti della squadra morirono. La società calcistica, allora, chiese il risarcimento del danno alla compagnia aerea ed all'assicurazione, affermando la lesione del diritto di credito: i giocatori di calcio, fu il rilievo svolto, a causa di quel fatto non potevano più eseguire la prestazione a favore del *club.*

La domanda di risarcimento venne però respinta, sulla base della considerazione, invero priva di un aggancio normativo, che nella responsabilità civile soltanto la lesione di un diritto assoluto può dar luogo al risarcimento del danno (Cass., n. 2085/1953).

Le cose cambiarono, però, a partire dagli anni Settanta, a seguito di una vicenda che, per i ricorsi insoliti della Storia, coinvolse ancora una volta la società Torino Calcio. Accadde che un giocatore di questa squadra, Gigi Meroni, venne investito da un'automobile. A seguito dell'incidente il giocatore perse la vita. Per nulla sconfortato dalla precedente pronuncia dei giudici, il Torino Calcio fece causa all'investitore, chiedendogli i danni derivanti dalla lesione definitiva del diritto di credito: la squadra, infatti, non poteva più giovarsi delle prestazioni del calciatore defunto.

I giudici di legittimità, questa volta, riconobbero il diritto al risarcimento dei danni (Cass., n. 174/1971), non sussistendo alcun plausibile motivo per limitare il risarcimento dei danni alla lesione dei diritti assoluti (si aggiunga, peraltro, che il successivo giudice di rinvio escluse che il creditore, ossia il Torino Calcio, avesse in concreto subìto un danno. La Corte d'Appello, in particolare, pose l'accento sui buoni risultati agonistici della squadra e sui record di incassi conseguiti: App. Genova, 11.6.1973). A partire da questo precedente il risarcimento dei danni per lesione del diritto di credito è sempre stato riconosciuto dai nostri tribunali (TAR Milano, 2.9.2019, n. 1938).

Ciò anche quando la lesione del diritto di credito sia parziale e non definitiva.

Esempio. Un operaio specializzato si sta recando a lavoro. Viene investito da un'automobile e, a causa delle ferite riportate, non può eseguire le sue prestazioni lavorative per quindici giorni. Sussiste, qui, una lesione parziale del diritto di credito del datore di lavoro, che consente a quest'ultimo di domandare il risarcimento dei danni nei confronti dell'investitore. Il datore di lavoro dovrà remunerare l'operaio, che però non può svolgere per un determinato periodo l'attività lavorativa. È possibile, anzi, che si veda costretto ad assumere un altro operaio per il tempo in cui il precedente lavoratore è inabilitato.

La risarcibilità della lesione del diritto di credito si fonda su una considerazione molto semplice, destinata ad avere ai nostri giorni delle importanti implicazioni (§ 340.1): si è in presenza della lesione di una **situazione giuridica protetta**, che dunque non può rimanere priva di tutela risarcitoria.

Fa nascere l'obbligazione risarcitoria, per i nostri giudici, anche l'induzione del terzo all'inadempimento e la complicità nell'inadempimento del debitore (l'autore del fatto illecito, ad esempio, acquista un bene pur sapendo che sullo stesso esiste un diritto di prelazione a favore di un determinato soggetto: Cass., 7.10.2016, n. 20251).

Si rifletta su queste due fattispecie: la lesione del diritto di credito, qui, è determinata dal debitore, ossia dalla controparte del creditore. Tuttavia, vi è un altro soggetto, l'autore del fatto illecito, che contribuisce a ledere la situazione giuridica protetta (il diritto di credito) e, per questo, viene chiamato a rispondere dei danni causati.

340.2. *L'attuale posizione della giurisprudenza: la risarcibilità degli interessi, diversi dai diritti soggettivi, tutelati dall'ordinamento giuridico.*

Le situazioni sin qui ricordate hanno, a ben vedere, un comune denominatore: si tratta della lesione di diritti soggettivi (diritti assoluti o diritti di credito).

Oggi, peraltro, la giurisprudenza afferma con certezza come il diritto assoluto o il diritto di credito non siano le uniche situazioni giuridiche in grado di far nascere il diritto al risarcimento del danno. Si è evidenziato, in sostanza, come ogni **lesione di un interesse tutelato dall'ordinamento giuridico** possa dar luogo alla responsabilità risarcitoria (Cass., Sez. Un., 15.1.2009, n. 794).

Si esaminino, per aree, le ulteriori situazioni giuridiche tutelate dal sistema e, dunque, suscettibili di far sorgere un'obbligazione risarcitoria in caso di loro lesione.

(a) Nei confronti della Pubblica amministrazione il privato può essere titolare di un **interesse legittimo** (§ 31). Ebbene, la lesione dell'interesse legittimo comporta l'obbligo di risarcire il danno (Cass., Sez. Un., 22.7.1999, n. 500; Cass., Sez. Un., 3.2.2016, n. 2050). In applicazione di questo principio la giurisprudenza di legittimità ha affermato la responsabilità risarcitoria della CONSOB (Commissione nazionale società e borsa) nei confronti dei risparmiatori lesi dal negligente controllo, da parte dello stesso organismo, di un prospetto informativo (Cass., n. 367/1992; Cass., n. 3132/2001; Cass., n. 6719/2003). L'art. 7 del d.lgs. n. 104/2010 (Codice del processo amministrativo) rimette espressamente al giudice amministrativo la competenza per le controversie riguardanti il risarcimento dei danni per lesione di interessi legittimi. L'azione di risarcimento, inoltre, è svincolata dal giudizio di annullamento dell'atto amministrativo (illegittimo) presupposto. Ciò significa che il danneggiato potrà scegliere liberamente il rimedio che predilige: tutela demolitoria, risarcitoria o entrambe. Ancora, si consideri che l'ingiustizia del danno non può essere considerata *in re ipsa*, quale conseguenza automatica dell'illegittimo esercizio della funzione amministrativa, dovendo il giudice procedere all'accertamento di tutti gli elementi del fatto illecito (Cass., 20.6.2018, n. 16196). Recentemente la Suprema Corte ha stabilito che rientra nel paradigma aquiliano anche la controversia avente ad oggetto il risarcimento dei danni subìti da un privato che abbia fatto incolpevole affidamento sopra un provvedimento amministrativo, ampliativo della propria sfera giuridica, legittimamente annullato. Per le Sezioni Unite viene qui in rilievo il diritto soggettivo (alla conservazione dell'integrità del patrimonio) pregiudicato dalle scelte compiute dal privato confidando sull'originaria legittimità del provvedimento amministrativo poi caducato (nella specie: licenza edilizia revocata dall'Ente, in sede di autotutela, a seguito dell'adozione di un nuovo Piano Regolatore: Cass., Sez. Un., 25.5.2021, n. 14324).

(b) Ecco, poi, una serie di **lesioni di interessi** tutelati dall'ordinamento, **diversi dai diritti soggettivi e dagli interessi legittimi**, da cui deriva il diritto di domandare il risarcimento dei danni: la **turbativa delle trattative contrattuali** (le quali sono prese in considerazione dall'ordinamento: si confrontino, in particolare, gli artt. 1337-1338, 1398, 1439-1440 cod. civ.). È il caso di informazioni errate che, proprio per la posizione autorevole di chi le rende, inducono una parte a concludere un contratto che, altrimenti, non avrebbe concluso o, comunque, avrebbe concluso a condizioni diverse; si pensi, ancora, a false informazioni che determinano un soggetto a non concludere un contratto (Cass., n. 2765/1982, relativo al c.d. "falso De Chirico"; Cass., Sez. Un., 8.4.2011, n. 8034).

Una delle applicazioni più significative di "turbativa" nelle trattative contrattuali va sotto il nome di "**concessione abusiva** del **credito**" (Cass., n. 343/1993; Cass., n. 12368/2001; Cass., 14.5.2018, n. 11695; Cass., 30.6.2021, n. 18610), che può essere così rappresentata.

Esempio. Una banca, non interrompendo il finanziamento ad una società insolvente (giacché si ritiene comunque tutelata dalle garanzie personali o reali dei soci), ingenera nel mercato il falso convincimento che la società sia solvibile e che con essa si possa tranquillamente contrattare. Coloro che risultano ingannati da tale situazione (avendo contrattato con la società considerata solvibile) possono chiedere alla banca il risarcimento dei danni derivante dall'inadempimento del *partner* contrattuale insolvente.

Ed ancora, l'**ingiustificata turbativa dell'attività di impresa** può dare luogo a responsabilità risarcitoria (per i riferimenti normativi si vedano gli artt. 2598 ss. cod. civ., l'art. 623 cod. pen.): è il caso, ad esempio, della rivelazione al mercato di false informazioni su prodotti finanziari o industriali; dell'erronea pubblicazione di protesti cambiari (Cass., 14.2.2014, n. 3467); dell'interruzione abusiva del credito bancario; della rivelazione del patrimonio di conoscenze tecniche di un'impresa (il c.d. *know-how*); della pretestuosa presentazione di un'istanza di fallimento.

Si è in presenza, poi, di un fatto illecito di fronte ad un comportamento che determina la **lesione dell'interesse del consumatore all'autodeterminazione** circa le scelte del prodotto od il servizio da acquistare (Cass., Sez. Un., 15.1.2009, n. 794).

Le situazioni giuridiche tutelate, come si vede, sono molteplici: nuove aperture alla risarcibilità giungono anche dal diritto UE e dalla Corte di Giustizia dell'Unione europea, che ha affermato la **responsabilità dello Stato** nei confronti dei privati; ciò quando questi abbiano subìto dei danni **per l'omessa attuazione di una direttiva comunitaria**, cui è conseguito il mancato riconoscimento di diritti previsti a loro favore dalla direttiva (Corte di Giustizia CE, 19.11.1991: c.d. caso *Francovich*).

La responsabilità dello Stato, si è pure affermato in seguito, sussiste quando si sia di fronte ad una scorretta trasposizione o applicazione del diritto comunitario che abbia determinato la lesione di un diritto riconosciuto al singolo dalla norma sovranazionale (Corte di Giustizia CE, 5.3.1996).

La giurisprudenza di legittimità, peraltro, ha finito per affermare che sul piano dell'ordinamento interno il diritto al risarcimento nei confronti dello Stato trova la fonte in un "fatto" che costituisce violazione di un'obbligazione *ex lege* (viene in considerazione, in particolare, la violazione dell'art. 4 TUE – già art. 10 del Trattato che ha istituito la Comunità europea – che impone il dovere di leale cooperazione agli Stati membri, nonché dell'art. 288 TFUE, che sottolinea il carattere vincolante degli atti normativi comunitari).

La responsabilità dello Stato per inadempimento di una direttiva comunitaria, si è così spiegato, dà luogo ad una fattispecie di "responsabilità contrattuale". La qualificazione contrattuale, si noti, non allude ad una responsabilità da contratto, ma ad una responsabilità risarcitoria che non nasce da un fatto illecito alla stregua dell'art. 2043 cod. civ., ma è dall'ordinamento ricollegata direttamente alla violazione di un obbligo precedente (così Cass., 17.5.2011, n. 10813, che si ricollega a Cass., Sez. Un., 17.4.2009, n. 9147; successivamente, fa riferimento all'inadempimento di un'obbligazione *ex lege* Cass., n. 3279/2013).

In modo non del tutto coerente rispetto all'indirizzo dei giudici di legittimità, il legislatore ha previsto che "la prescrizione del diritto al risarcimento del danno derivante da mancato recepimento nell'ordinamento dello Stato di direttive o altri provvedimenti obbligatori comunitari soggiace, in ogni caso, alla disciplina di cui all'articolo 2947 del codice civile e decorre dalla data in cui il fatto, dal quale sarebbero derivati i diritti se la direttiva fosse stata tempestivamente recepita, si è effettivamente verificato" (art. 4, 43° co., l. 12.11.2011, n. 183).

Di recente il d.lgs. n. 3/2017 ha recepito in Italia la Direttiva 2014/104/UE in materia di **danno da c.d. illecito *antitrust***. In sintesi, sono oggi esperibili sia azioni individuali sia azioni collettive (*class action*) aventi ad oggetto il risarcimento del danno causato da una violazione del diritto della concorrenza UE o nazionale in materia di intese anti competitive o di abuso di posizione dominante (la relativa disciplina è particolarmente interessante anche sul piano processuale, poiché contiene disposizioni più incisive in materia di esibizione delle prove rispetto a quelle ordinarie contenute nel codice di rito).

Infine, l'Amministrazione è tenuta al risarcimento del danno ingiusto cagionato dall'**inosservanza** colposa o dolosa del **termine di conclusione del procedimento amministrativo** (TAR Milano, 1.7.2019, n. 1517).

(c) Sono considerate risarcibili le lesioni di **situazioni di fatto**, a condizione che per esse si rinvenga una tutela giuridica da parte dell'ordinamento.

La giurisprudenza, in particolare, ritiene esperibile l'azione di risarcimento dei danni da parte di colui che subisca lo spoglio o turbative nel **possesso** o nella **detenzione qualificata** (Cass., 29.11.2006, n. 25241; Cass., 16.2.2015, n. 3082): è necessario e sufficiente, per la Suprema Corte, che sia configurabile "un rapporto con il bene" (ancorché di fatto), tutelabile in virtù delle norme sulla tutela del possesso o della detenzione. In sostanza, occorre che l'interesse alla continuazione di quel rapporto (o alla continuazione senza molestie) sia meritevole di tutela secondo l'ordinamento giuridico.

Altra situazione di fatto che, per la giurisprudenza, riceve una tutela risarcitoria, è quella del familiare all'interno della **famiglia di fatto**: si pensi al caso in cui, all'interno di una convivenza *more uxorio*, la compagna veda lesa una situazione di fatto consistente nel mantenimento che riceveva dal compagno: tale lesione dà diritto al risarcimento del danno, patrimoniale e non patrimoniale (Cass., 2.1.2014, n. 7; Cass., 7.3.2016, n. 4386).

Decisiva appare la considerazione che la famiglia di fatto va considerata una "formazione sociale", cui pure fa riferimento la nostra Carta costituzionale (art. 2 Cost.): le vicende che accadono all'interno della stessa, dunque, non possono considerarsi estranee all'ordinamento giuridico. La legge sulle unioni civili e sulle convivenze di fatto, come si vedrà, ha recepito l'indirizzo affermatosi nell'ambito della giurisprudenza di legittimità (§§ 470 e 470.1).

341. (c) Le cause di giustificazione.

La responsabilità risarcitoria è esclusa quando sussistano alcune "**cause di giustificazione**" che fanno venir meno l'antigiuridicità della condotta e, così, l'ingiustizia del danno. Il che può dirsi, in sintesi, in questo modo: il fatto illecito non sussiste se ci sono delle cause di giustificazione.

Le cause di giustificazione sono: (a) l'esercizio del diritto; (b) l'adempimento di un dovere; (c) la legittima difesa; (d) il consenso dell'avente diritto (e) lo stato di necessità. Per qualche interprete, poi, anche la partecipazione ad un'attività pericolosa, allorché sia lecita, integra un'autonoma causa di giustificazione (ma si vedano i rilievi svolti alla fine di questo paragrafo).

Ci si occupi, in primo luogo, dell'**esercizio del diritto** (che esclude la punibilità ai sensi dell'art. 51, 1° co., cod. pen.). Il danno cagionato nell'esercizio del diritto (si dice danno causato *iure* o *secundum ius*) non è risarcibile. È risarcibile, invece, il danno cagionato *non iure*.

Esempio. Durante un concerto pubblico un fotografo scatta una fotografia, ritraendo in primo piano il Sig. Rossi, mentre è abbracciato ad una ragazza, che non è sua moglie. Quest'ultima apprende dalla lettura del giornale che suo marito non si trovava ad una riunione di lavoro, come le era stato detto, ma era in dolce compagnia durante un concerto. La Sig.ra Rossi chiede la separazione giudiziale: turbato da tale richiesta il Sig. Rossi perde il lavoro e cade in depressione. Il Sig. Rossi non può chiedere alcuna forma di risarcimento al giornalista ed al giornale che hanno pubblicato la fotografia: la pubblicazione, nel caso di specie, costituisce l'esercizio di un diritto.

È il caso, ancora, dell'informazione giornalistica (garantita dall'art. 21 Cost.). Essa, se fornita correttamente, non può dar luogo a responsabilità risarcitoria, anche se la persona interessata dalla notizia lamenti un pregiudizio. Diversamente, l'esercizio del diritto, se non è contenuto nei limiti consentiti, non ha efficacia scriminante. In particolare, devono essere rispettati i limiti di continenza verbale, verità dei fatti attribuiti alla persona offesa e interesse pubblico alla conoscenza dei fatti oggetto di critica (Cass., n. 9458/2013; Cass., 3.12.2021, n. 38215).

L'**adempimento del dovere** è una seconda causa di giustificazione. Prevede, ancora, l'art. 51, 1° co., cod. pen., che non è punibile chi realizza il fatto nell'adempimento di un dovere derivante da norma giuridica o da un ordine legittimo della pubblica autorità.

Esempio. La polizia esegue un arresto in adempimento di un ordine di cattura spiccato dal magistrato, nei limiti e con le modalità previste dalla legge. L'arrestato non potrà chiedere il risarcimento dei danni per la restrizione alla sua libertà personale.

Vi è, poi, la **legittima difesa**, espressamente prevista dal codice civile (si veda anche l'art. 52 cod. pen.). Dispone l'art. 2044, 1° co., cod. civ. che "non è responsabile chi cagiona il danno per legittima difesa di sé o di altri".

Esempio. Un ladro si introduce nottetempo in una abitazione. Scoperto dal proprietario, il malvivente punta la pistola nei suoi confronti e si accinge a premere il grilletto. Sennonché il proprietario è pronto di riflessi e, con una spinta, lo getta a terra, disarmandolo. A seguito della spinta il ladro riporta una grave lussazione alla spalla, ed impiegherà tempo e denaro per guarire. Il ladro, in questo caso, non potrà chiedere il risarcimento dei danni al proprietario dell'abitazione, che ha agito per legittima difesa.

Affinché operi la legittima difesa come causa di giustificazione sono richiesti alcuni presupposti (Cass., 28.8.2009, n. 18799): (a) vi deve essere un'illegittima aggressione (alla persona o al patrimonio). Non è tale, ad esempio, il comportamento compiuto nell'adempimento di un dovere; (b) il pericolo deve essere attuale (né passato, né futuro); (c) il pericolo deve essere inevitabile. Non ricorre quest'ultima eventualità quando l'aggredito ha, concretamente, la possibilità di fuggire. Semmai, va precisato, egli si può astenere dal fuggire soltanto quando la fuga esporrebbe sé o altri ad un probabile danno, uguale o superiore a quello che deriverebbe dall'azione difensiva; (d) la difesa deve essere strumentale. È tale quella difesa volta a neutralizzare l'aggressore: situazione che non ricorre quando, ad esempio, il gioielliere rincorre il ladro che ha già lasciato il bottino e, una volta raggiunto, decide di ferirlo; (e) deve sussistere la proporzionalità tra difesa ed offesa (in argomento, Cass. pen., 7.10.2014, n. 50909).

Il codice civile non dice nulla a proposito della legittima difesa putativa (che si ha quando si arrechi un danno dietro l'erronea ma scusabile convinzione di agire in difesa dell'altrui, inesistente, aggressione). La giurisprudenza è orientata nel ricondurre tale figura nell'alveo dell'art. 2045 cod. civ.: nel caso di danno cagionato nell'erronea e scusabile convinzione di trovarsi in stato di pericolo, al soggetto leso è dovuto un indennizzo e non il risarcimento (Cass. pen., 28.6.2012, n. 33178; Cass., 12.9.1991, n. 8772).

La l. 26.4.2019, n. 36 ha aggiunto due commi all'art. 2044 cod. civ.: "nei casi di cui all'articolo 52, commi secondo, terzo, quarto, del codice penale, la responsabilità di chi ha compiuto il fatto è esclusa" (2° co.). Questa previsione (che si riferisce alla c.d. legittima difesa "domiciliare") pare ridondante, dal momento che già il primo comma della disposizione del codice civile richiama generalmente la legittima difesa, senza distinzione fra le varie ipotesi. Ed ancora: "nel caso di cui all'articolo 55, secondo comma, del codice penale, al danneggiato è dovuta una indennità la cui misura è rimessa all'equo apprezzamento del giudice, tenuto altresì conto della gravità, delle modalità realizzative e del contributo causale della condotta posta in essere dal danneggiato" (3° co.). In sostanza, quando l'agente non sia punibile ma vi sia un "eccesso" di legittima difesa, al danneggiato spetta un'indennità.

Altra causa di giustificazione è il **consenso dell'avente diritto**. Prevede, l'art. 50 cod. pen., che non è punibile chi lede o pone in pericolo un diritto, con il consenso della persona che può validamente disporne.

Occorre, naturalmente, che il diritto in questione sia disponibile e che il consenso provenga da colui che abbia la capacità di disporne. È necessario, inoltre, che il consenso sia spontaneo (prestato, cioè, in assenza di errore, violenza e dolo) ed attuale (prestato, cioè, al momento del fatto).

Nello svolgimento dell'attività medico-chirurgica, la necessità del consenso si ricava, in particolare, dagli artt. 13 e 32 Cost.

Esempio. Una persona si deve sottoporre ad un intervento chirurgico. Il medico è tenuto ad esporre le caratteristiche dell'intervento e le possibili conseguenze derivanti dall'operazione. Se il paziente presta il proprio consenso, lo stesso non potrà chiedere il risarcimento del danno qualora, eseguito l'intervento correttamente e secondo le regole dell'arte medica, si verifichi una lesione all'integrità fisica del paziente, rappresentata come possibile dal chirurgo in sede di informazioni pre-operatorie (si confronti Cass., 16.5.2013, n. 11950).

Proseguendo, viene in considerazione lo **stato di necessità**, ancorché non manchino ricostruzioni che, in questo caso, discutono di una semplice esimente da responsabilità per un atto che, comunque, rimarrebbe illecito.

In base all'art. 2045 cod. civ. "quando chi ha compiuto il fatto dannoso vi è stato costretto dalla necessità di salvare sé o altri dal pericolo attuale di un danno grave alla persona, e il pericolo non è stato da lui volontariamente causato né era altrimenti evitabile, al danneggiato è dovuta un'indennità, la cui misura è rimessa all'equo apprezzamento del giudice".

Per il codice penale (art. 54 cod. pen.) lo stato di necessità esclude la punibilità; diversamente, per la disciplina del codice civile, ancorché non sia configurabile un fatto illecito, al danneggiato è comunque dovuta un'indennità (non, dunque, l'integrale ristoro del pregiudizio subìto), rimessa all'equo apprezzamento del giudice.

Esempio. Durante un'escursione in montagna, due alpinisti sono colti da un'improvvisa tormenta di neve. Essi sono legati da una medesima cordata. L'alpinista di testa ha solo una possibilità per salvarsi la vita: tagliare la corda e condannare a morte sicura quello che segue. Cagiona l'evento dannoso per uno stato di necessità, che esclude la sua responsabilità risarcitoria.

I requisiti affinché sussista lo stato di necessità si ricavano, per lo più, dalla stessa disposizione del codice civile ricordata: l'incombenza di un pericolo attuale di un danno grave alla persona (la norma non discute di possibile danno alle cose); l'involontarietà del pericolo e la inevitabilità (Cass., 22.2.2016, n. 3428). È richiesta, inoltre, la proporzionalità fra il fatto dannoso ed il pericolo (art. 54 cod. pen.).

In base ad un orientamento di merito, lo stato di necessità può consistere, oltre che in lesioni della vita o dell'integrità fisica, nella compromissione di un diritto fondamentale della persona come il diritto all'abitazione, sempre che ricorrano, per tutto il tempo dell'illecita occupazione, gli altri elementi costitutivi, fra cui l'assoluta necessità della condotta e l'inevitabilità del pericolo (Trib. Bologna, 27.3.2007; TAR Milano, 20.12.2010, n. 7602).

Infine, ancorché non metta capo ad un'ipotesi espressamente codificata, si ritiene, da parte di qualche interprete, che integri una causa di giustificazione la "**partecipazione volontaria ad un'attività pericolosa lecita**", come accade per alcuni sport che espongono i partecipanti a possibili conseguenze pregiudizievoli.

Esempio. Durante un incontro di box, alla seconda ripresa un gancio sinistro di un pugile mette al tappeto l'avversario, provocandogli un grave trauma cranico. L'infortunato non può chiedere il risarcimento per i danni subìti, giacché il fatto dannoso è stato cagionato nell'ambito di un'attività sportiva che può definirsi (potenzialmente) pericolosa, ma comunque è svolta sulla base di regole conosciute e condivise dai partecipanti alla competizione.

Può dirsi, peraltro, che la partecipazione volontaria ad un'attività pericolosa lecita non faccia nascere obblighi risarcitori in quanto è svolta nell'esercizio del diritto riconosciuto (il diritto di partecipare ad una competizione sportiva, che ha determinate regole). Se è così, allora, quella che potrebbe essere considerata un'autonoma causa di giustificazione va ricondotta nell'alveo della causa di esclusione dell'antigiuridicità che va sotto il nome di "esercizio del diritto". Diverso è il caso in cui il pregiudizio sia arrecato, con dolo o colpa grave, con modalità che risultino incompatibili con il rischio tipico dell'attività svolta e con il contesto nel quale essa viene esercitata (Cass., 8.4.2016, n. 6844, che in questo caso si pronuncia per la risarcibilità del danno cagionato).

342. (*d*) L'imputabilità del fatto dannoso.

A norma dell'art. 2046 cod. civ., "non risponde delle conseguenze del fatto dannoso chi non aveva la capacità di intendere o di volere al momento in cui lo ha commesso, a meno che lo stato di incapacità derivi da sua colpa".

È ormai chiaro, arrivati a questo punto del discorso, che il fatto illecito è (a voler utilizzare una metafora) un prisma composto da una serie di facce: una di queste è l'imputabilità, di cui ora occorre occuparsi.

La disposizione codicistica in esame permette di compiere una netta distinzione fra capacità contrattuale e capacità di cagionare il fatto illecito (con un'espressione di sintesi, si discute di "**capacità delittuale**").

La capacità contrattuale è la capacità di agire che, come studiato, richiede il compimento del diciottesimo anno di età e l'insussistenza di una sentenza o un decreto ablativo o limitativo della capacità di agire (sull'annullabilità degli atti compiuti da una persona incapace di intendere e volere si veda l'art. 428 cod. civ.; si ricordi, peraltro, che ai sensi dell'art. 1191 cod. civ. il debitore che ha eseguito la prestazione dovuta non può impugnare il pagamento a causa della propria incapacità).

La capacità delittuale, invece, si configura quando, al momento della commissione del fatto, sussista in concreto la **capacità di intendere e di volere**, ossia quel minimo di capacità psichica che consenta al soggetto di comprendere il disvalore sociale dell'atto che sta per compiere, permettendogli nel contempo di scegliere il comportamento da tenere.

Anche il minore, allora, può essere chiamato a rispondere di un fatto illecito che abbia cagionato un danno alla vittima; ciò quando si accerti l'esistenza della capacità di intendere e di volere al momento del compimento del fatto.

Lo stesso vale per il fatto compiuto dall'interdetto, dall'inabilitato o dalla persona che risulti beneficiaria dell'amministrazione di sostegno. I provvedimenti giudiziali nei confronti di quest'ultimi, infatti, non costituiscono la "certificazione" dell'assenza, in assoluto, dell'incapacità di intendere e di volere: a seconda dei casi, dunque, si può dimostrare che un interdetto (il quale presenta una grave infermità mentale, che giustifica la sentenza di interdizione) ha commesso il fatto illecito in un momento di lucidità tale da comportare la sua responsabilità risarcitoria.

Se è vero che, di volta in volta, occorre procedere all'accertamento della capacità di intendere e volere, siffatta verifica potrà dirsi in alcuni casi molto semplice (e difficilmente contestabile). Si pensi al caso del bambino di due anni che, con un movimento inconsulto di un braccio, cagioni la rottura del setto nasale di un signore avvicinatosi per salutarlo.

In ogni caso, per la Suprema Corte, poiché lo stato di incapacità di intendere e volere integra un'esimente della responsabilità, grava sul danneggiante l'onere della prova circa lo stato di incapacità al tempo del compimento dell'illecito (Cass., n. 16661/2017).

L'art. 2046 cod. civ., poi, va indagato sotto un ulteriore aspetto. L'autore del fatto, ancorché nel momento del compimento dell'atto sia in una situazione di incapacità di intendere o volere, risponde del danno cagionato allorché lo stato di **incapacità** derivi da sua **colpa** (si parla, in tal caso, di ***actiones liberae in causa***).

Esempio. Dopo essersi ubriacato, Tizio investe con la sua automobile un passante. Si accerta che, nel momento dell'investimento, egli non aveva alcuna capacità di intendere e di volere, a causa dell'elevato tasso alcolico riscontrato. Ciò nonostante, risponderà del danno cagionato, giacché l'incapacità è derivata da sua colpa. Qui c'è stata un'azione "libera" (l'assunzione di alcool) che si pone come immediato antecedente causale rispetto al danno cagionato.

In caso di danno cagionato da persona incapace di intendere o di volere, il **risarcimento** è dovuto da colui che è tenuto alla **sorveglianza dell'incapace**, salvo che provi di non aver potuto impedire il fatto (art. 2047, 1° co., cod. civ.).

Nel caso in cui il danneggiato non abbia potuto ottenere il risarcimento da chi è tenuto alla sorveglianza, il giudice, in considerazione delle condizioni economiche delle parti, può condannare l'autore del danno ad un'equa indennità (art. 2047, 2° co., cod. civ.).

Quest'ultima disposizione introduce una limitazione al principio generale (di cui all'art. 2046 cod. civ.) dell'irresponsabilità dell'incapace: si tratta di una limitazione ispirata ad esigenze di **solidarietà sociale**, che consente una riparazione a favore della vittima incolpevole all'esito di una valutazione comparativa delle condizioni economiche delle parti.

La prassi, d'altra parte, evidenzia come la disciplina in esame abbia avuto scarse applicazioni, per una serie di ragioni concorrenti: (a) il regime particolarmente rigoroso di responsabilità previsto per i genitori e per i sorveglianti (§ 346); (b) il *favor* manifestato dai giudici verso gli incapaci; (c) le condizioni economiche non agiate in cui, sovente, si trovano gli incapaci per infermità di mente ed i minori.

343. (e) Il nesso causale.

Nell'analisi della struttura del fatto illecito ci si deve occupare, ora, del **nesso causale** fra il comportamento e il danno cagionato. L'art. 2043 cod. civ. stabilisce che, affinché sussista la responsabilità risarcitoria, il danno ingiusto deve essere "cagionato" (ossia causato) dal fatto doloso o colposo.

Converrà svolgere due premesse. La prima è la seguente. La materia è particolarmente complessa ed è oggetto di ripetuti interventi, sia della dottrina sia della giurisprudenza. Ora, non sempre le interpretazioni collimano, ma soprattutto, non sempre alcune espressioni (come "causalità materiale" e "causalità giuridica") vengono utilizzate con lo stesso significato. Il che, soprattutto in uno studio istituzionale della materia, finisce per creare non poche difficoltà. Nel prosieguo del discorso, allora, si ritiene preferibile operare un "allineamento" con l'utilizzo che i giudici (in particolar modo quelli di legittimità) fanno di certi termini, soprattutto negli ultimi anni.

Vi è una seconda premessa da svolgere. Il discorso sul nesso causale nell'ambito della responsabilità civile è ben diverso da quello che si fa nell'ambito della responsabilità penale. Essi non coincidono affatto, pur essendo comuni i dati normativi da cui si parte. In entrambi i settori della responsabilità, infatti, i ragionamenti muovono quasi sempre dagli artt. 40 e 41 cod. pen. Poi ogni settore si caratterizza per la sua specificità.

Fatte queste premesse, converrà iniziare dalle disposizioni da ultimo citate. L'art. 40 cod. pen. stabilisce che nessuno può essere punito per un fatto se l'evento non è conseguenza della sua azione od omissione. L'art. 41, 1° co., cod. pen., dispone che il concorso di cause preesistenti, simultanee o sopravvenute, anche indipendenti dall'azione o dall'omissione del colpevole, non esclude il rapporto di causalità fra l'azione od omissione e l'evento. Infine, l'art. 42, 2° co., cod. pen. prevede che le cause sopravvenute escludono il rapporto di causalità quando sono state da sole sufficienti a determinare l'evento.

L'art. 40 cod. pen. è certamente importante (l'evento deve essere la conseguenza del fatto), ma non esaustivo. Il primo comma dell'art. 41 cod. pen. fissa il principio della presunzione dell'equivalenza delle cause: qualsiasi comportamento dell'agente, che costituisca o si ponga come un precedente logico nell'accadimento, si considera come concausa dell'evento. Non si tratta, però, di un principio assoluto (diversamente, si assisterebbe a conseguenze aberranti: investo una persona che subisce un semplice colpo di frusta; questa va in ospedale e la sera muore a seguito di un incendio. Solo perché il mio iniziale comportamento è l'antecedente dell'accadimento dovrò rispondere dei danni per la morte della persona?).

La deroga al principio della presunzione dell'equivalenza delle cause si trova nel secondo comma dell'art. 41 cod. pen. Questa disposizione, nell'ambito della responsabilità civile, finisce per essere così interpretata: un comportamento viene considerato causa dell'evento se lo stesso comportamento, in base ad un giudizio *ex ante*, è normalmente adeguato a cagionare quel determinato evento dannoso.

Così impostato il discorso, risulta più agevole comprendere il significato di numerose massime dei giudici di legittimità, che si esprimono in questi termini: per la **causalità materiale** (o **fondativa**), che si fonda sulle disposizioni del codice penale (in particolare, sull'art. 41, 2° co., cod. pen.), opera il criterio del **più probabile che non** (Cass., 8.1.2020, n. 122; Cass., 11.11.2019, n. 28985; Cass., 19.2.2019, n. 23328). Diversamente, nel processo penale vale la regola della prova "oltre il ragionevole dubbio" (e non quella, propria del processo civile, del "più probabile che non").

In particolare, tornando alla responsabilità civile, l'azione è causa dell'evento quando, secondo le migliori conoscenze statistiche e/o scientifiche, l'evento sia la conseguenza certa o ragionevolmente probabile dell'azione stessa. Talché, sono soliti affermare i giudici, l'evento appare come la conseguenza prevedibile ed evitabile di quel fatto (Cass., Sez. Un., 11.1.2008, n. 581; Cass., n. 7997/2005).

Si potrà far riferimento, peraltro, al criterio della logica (la c.d. *evidence and inference* dei sistemi anglosassoni) quando non appare praticabile, o insufficientemente praticabile, il ricorso a leggi scientifiche e/o statistiche di copertura (Cass., Sez. Un., n. 581/2008; Trib. Roma, 20.6.2011). Questo punto è rimarcato dalla più recente giurisprudenza della Suprema Corte, secondo cui la "ragionevole probabilità" che quella causa abbia provato quell'evento va intesa non in base a regole astratte, ma in base alle circostanze concrete (Cass., 20.2.2018, n. 4024). Ciò vuol dire che, utilizzando proprio il criterio logico, anche in una causa statisticamente improbabile può ravvisarsi la genesi del danno, se tutte le altre possibili cause siano ancor più improbabili e non siano concepibili altre possibili cause. Un corollario importante, tenendo ferma questa ricostruzione, è il seguente: "in presenza di più possibili e diverse concause di un medesimo fatto, nessuna delle quali appaia né del tutto inverosimile né risulti con evidenza avere avuto efficacia esclusiva rispetto all'evento, è compito del giudice valutare quale di esse appaia '**più probabile che non**' rispetto alle altre nella determinazione dell'evento, e non già negare l'esistenza della prova del nesso causale, per il solo fatto che il danno sia teoricamente ascrivibile a varie alternative ipotesi" (Cass., n. 4024/2018).

Sulla scorta dei rilievi sin qui svolti è possibile affrontare alcuni esempi.

Esempio. Tizio sfiora Caio con la propria automobile; quest'ultimo subisce una ferita al braccio. Sopraggiunge l'ambulanza che si affretta a trasportare il ferito all'ospedale. Durante il tragitto l'ambulanza ha un tragico incidente: viene centrata in pieno da un folle, che conduceva la propria automobile, in città, a velocità altissima. A seguito di quest'ultimo incidente Caio muore. Ora, l'evento deve essere attribuito esclusivamente all'autore della condotta sopravvenuta.

Esempio. Un cacciatore disattento, mirando verso una preda, ferisce ad una mano una persona che si trovava in campagna per una passeggiata. Lo sventurato viene portato in ospedale ed il medico gli benda la mano, rassicurandolo sul fatto che la guarigione avverrà entro pochi giorni. Tuttavia, poiché la persona è alquanto scossa per l'accaduto, viene convinta a rimanere per una giornata in ospedale. La notte si verifica un cortocircuito nella struttura, che le successive indagini imputano alla scarsa manutenzione degli impianti elettrici. A causa del cortocircuito il letto del degente prende fuoco e lo stesso subisce delle fortissime ustioni. Di quest'ultime non sarà chiamato a rispondere il cacciatore.

Il criterio del "più probabile che non" opera anche quando l'interprete è chiamato ad effettuare il **giudizio controfattuale**. Vediamo di cosa si tratta. La verifica del nesso causale fra **condotta omissiva** e fatto dannoso si sostanzia nell'accertamento della probabilità positiva o negativa del conseguimento del risultato idoneo ad evitare il rischio specifico di danno, riconosciuta alla condotta omessa, da compiersi mediante un giudizio controfattuale, che pone al posto dell'omissione il comportamento dovuto. Tale giudizio deve essere effettuato sulla scorta del criterio del "più probabile che non", conformandosi ad un criterio di certezza probabilistica, che, in materia civile, va verificato riconducendone il grado di fondatezza nell'ambito degli elementi di conferma disponibili nel caso concreto (Cass., 31.10.2019, n. 27985; Cass. 8.1.2020, n. 122; Cass., 29.9.2021, n. 26304 ha chiarito che il criterio del "più probabile che non" costituisce il modello di ricostruzione del solo nesso di causalità, "mentre la valutazione del compendio probatorio è informata al criterio della attendibilità - ovvero della più elevata idoneità rappresentativa e congruità logica degli elementi di prova assunti - ed è rimessa al discrezionale apprezzamento del giudice di merito").

Quanto sin qui ricordato costituisce, per le decisioni più recenti della Suprema Corte, soltanto un primo passo nel discorso sul nesso causale. L'accoglimento della domanda di risarcimento del danno, infatti, richiede l'accertamento di due nessi di causalità: (a) il nesso tra la condotta e l'evento di danno (inteso come lesione di un interesse giuridicamente rilevante), o nesso di causalità materiale; (b) il nesso tra l'evento di danno e le conseguenze dannose risarcibili, o nesso di **causalità giuridica**. L'accertamento del primo dei suddetti nessi causali è necessario per stabilire se vi sia responsabilità e a chi vada imputata; l'accertamento del secondo nesso serve a stabilire la misura del risarcimento (Cass., 11.11.2019, n. 28986). Per la causalità giuridica il riferimento normativo è costituito dall'art. 1223 cod. civ., per il quale è risarcibile il danno che sia soltanto la conseguenza immediata e diretta del fatto. Pure in questo caso dalla disposizione si trae la necessità di un giudizio probabilistico: occorrerà, in sostanza, valutare se tra tutte le cause astrattamente idonee a produrre il danno, l'evento lesivo rappresenti il meno improbabile (Cass., 11.11.2019, n. 28986). Buon gioco, soprattutto nella responsabilità medica, potranno avere i principi della logica: in particolare, quanto più il danno appare contiguo (spazialmente e temporalmente) rispetto alla lesione, tanto più si giustifica la sua riferibilità all'evento lesivo.

Si deve aggiungere che, nei giudizi risarcitori da responsabilità sanitaria, i giudici di legittimità hanno fatto ricorso anche alla regola della "**preponderanza dell'evidenza**", dove confluiscono la regola del "più probabile che non" e quella della "prevalenza relativa" della probabilità (Cass., 6.7.2020, n. 13872). In sintesi, nel caso di multifattorialità nella produzione di un evento dannoso, ovvero quando all'ipotesi formulata dall'attore in ordine all'eziologia dell'evento possano affiancarsene altre e tutte abbiano trovato un riscontro probatorio, il giudice sceglierà come "vero" l'enunciato che abbia ricevuto il grado relativamente maggiore di conferma sulla base delle prove disponibili (regola, appunto, della "prevalenza relativa" della probabilità).

Resta da compiere qualche ulteriore considerazione sul tema del nesso causale. Ci sono casi in cui l'autore del comportamento che costituisce la causa remota e l'autore del comportamento che costituisce la causa prossima sono tenuti, entrambi, a rispondere del danno cagionato.

Esempio. Un giornalista, non rispettoso delle regole cui è tenuto nello scrivere (si pensi a quelle sulla continenza) scrive un articolo diffamatorio. L'articolo è portato al direttore del giornale, il quale omette di compiere quei controlli cui è tenuto per legge (quei controlli che, se correttamente esercitati, avrebbero condotto il direttore a non pubblicare l'articolo). A seguito della pubblicazione il diffamato chiede il risarcimento dei danni subìti sia al giornalista sia al direttore del giornale.

In casi come questi sussiste una responsabilità solidale di due distinti soggetti. Trova applicazione, allora, l'art. 2055, 1° co., cod. civ., secondo cui "se il fatto dannoso è imputabile a più persone, tutte sono obbligate in solido al risarcimento del danno". Il danneggiato, dunque, è libero di scegliere verso quale danneggiante rivolgersi, pur non potendo conseguire, complessivamente, una somma superiore all'entità del risarcimento dovuto (Cass., 25.6.2013, n. 15882; Cass., 27.8.2012, n. 14650). Per una deroga all'art. 2055 cod. civ. si veda, oggi, l'art. 9 d.lgs. n. 3/2017, sulla responsabilità delle imprese per violazione del diritto della concorrenza.

Ai sensi dell'art. 2055, 2° co., cod. civ., "colui che ha risarcito il danno ha regresso contro ciascuno degli altri, nella misura determinata dalla gravità della rispettiva colpa e dall'entità delle conseguenze che ne sono derivate" (art. 2055, 2° co., cod. civ.). Nel dubbio, le singole colpe si presumono uguali (art. 2055, 3° co., cod. civ.).

343.1. *Il concorso del fatto colposo del danneggiato.*

Lo studio del nesso causale deve essere completato facendo riferimento alla figura del danneggiato che può concorrere, con l'autore del fatto illecito, nella verificazione dell'evento dannoso.

Trova applicazione, in materia, il già ricordato art. 1227, 1° co., cod. civ. (richiamato espressamente dall'art. 2056 cod. civ.), secondo cui "il risarcimento è diminuito secondo la gravità della colpa" del danneggiato e "l'entità delle conseguenze che ne sono derivate". La colpa cui fa riferimento la disposizione deve essere intesa come sinonimo di comportamento oggettivamente in contrasto con una regola di condotta imposta da un vincolo negoziale, da norme di legge o dalla comune prudenza (si pensi al caso dell'investitore che consegni a un promotore finanziario una rilevante somma di danaro in contanti, non rispettando i divieti di legge, e che subisca un danno patrimoniale a causa della condotta del promotore poi condannato per truffa. Si rinviene il concorso colposo del danneggiato per aver agevolato, quanto meno con consapevole acquiescenza, la produzione del danno: Cass, 28.7.2021, n. 21643; cfr. anche Cass., 20.4.2022, n. 12636).

Esempio. Un automobilista marcia ad alta velocità ed investe un pedone, il quale, pur trovandosi sulle strisce pedonali, improvvisamente ha aumentato l'andatura e si è messo a correre, finendo per essere investito dall'automobilista che aveva calcolato di poter passare per primo senza investire alcuno. Il risarcimento, in questo caso, è diminuito, sussistendo il concorso del fatto colposo del creditore.

Spetta al danneggiante provare il concorso del fatto del danneggiato (Cass., 4.4.2017, n. 8663; Cass., Sez. Un., 13.1.2005, n. 564).

Infine, il risarcimento non è dovuto per i danni che il creditore avrebbe potuto evitare usando l'ordinaria diligenza (art. 1227, 2° co., cod. civ.).

Capitolo 56

IPOTESI PARTICOLARI DI RESPONSABILITÀ CON PROVA LIBERATORIA, FRA PRESUNZIONE DI COLPA E RESPONSABILITÀ OGGETTIVA

344. Le particolari fattispecie di responsabilità con prova liberatoria.

Si è analizzata, in precedenza, la struttura del fatto illecito e si sono studiati i suoi singoli elementi. Ora va aggiunto che talvolta il legislatore, per ragioni di politica legislativa, apporta delle modifiche (anche significative) alla struttura del fatto illecito.

In alcuni casi, cui tra breve si avrà riguardo, la posizione del danneggiato viene tutelata più intensamente: come pure si può dire, la posizione del danneggiante è aggravata. Prima di occuparci dei singoli casi previsti dal codice, conviene precisare in cosa consista l'aggravamento della posizione del danneggiante.

Sotto un primo aspetto va evidenziato che sussiste un'inversione dell'onere probatorio, giacché non spetta al danneggiato dare la prova della colpa del danneggiante. I casi che di seguito si analizzeranno sono accomunati da un fatto: colui che è tenuto al risarcimento ha l'onere di fornire la c.d. "prova liberatoria". Si discute, tradizionalmente, di "presunzione di colpa", che perdura, appunto, fino a che non venga fornita la prova contraria.

Sotto un secondo aspetto va aggiunto che la prova richiesta al danneggiante è particolarmente complessa: nelle diverse fattispecie legislative, infatti, gli viene domandata una specifica dimostrazione in assenza della quale conseguirà la sanzione del risarcimento dei danni.

Una precisazione, a quest'ultimo proposito, si impone.

In alcune fattispecie di **responsabilità aggravata** la prova liberatoria finisce per essere, anche sulla scorta dell'interpretazione giurisprudenziale emersa, una prova difficile (se non impossibile): la responsabilità per colpa presunta, dunque, assume i caratteri di responsabilità oggettiva (si confronti § 346). Alle stesse conclusioni deve giungersi di fronte a quelle ipotesi in cui la giurisprudenza richieda, quale prova liberatoria, la dimostrazione di una specifica causa esterna in grado di interrompere il nesso causale fra il fatto e l'evento dannoso (§ 347; si veda anche § 351).

In altre fattispecie, poi, è la stessa tecnica di formulazione utilizzata a proposito della prova liberatoria che impedisce di discutere di responsabilità per colpa presunta, configurandosi una vera e propria responsabilità oggettiva (§§ 348, 349, 350, 351).

345. La responsabilità di chi è tenuto alla sorveglianza dell'incapace.

A norma dell'art. 2047, 1° co., cod. civ., "in caso di danno cagionato da persona incapace di intendere e di volere, il risarcimento è dovuto da chi è tenuto alla **sorveglianza dell'incapace**, salvo che provi di non aver potuto impedire il fatto".

La disposizione, innanzitutto, si ricollega a quella precedente, secondo cui non risponde delle conseguenze del fatto dannoso chi non aveva la capacità di intendere e di volere al momento del fatto (art. 2046 cod. civ.).

Esclusa la responsabilità risarcitoria dell'incapace di intendere e di volere, è chiamato a risarcire i danni colui che risulta essere preposto alla sorveglianza dell'incapace, salvo che provi di non aver potuto impedire il fatto. Occorre, quindi, che da un lato sussista un fatto obiettivamente dannoso (di cui l'autore non può essere chiamato a rispondere perché è incapace); dall'altro l'esistenza di un soggetto tenuto alla "sorveglianza" dell'incapace.

Una parte della dottrina individua nell'art. 2047 cod. civ. un'ipotesi di responsabilità per fatto altrui: chi è condannato al risarcimento del danno, si afferma, non è l'autore materiale dell'evento dannoso. È preferibile, tuttavia, l'opinione che individua una **responsabilità per fatto proprio** in capo al sorvegliante: decisiva è la considerazione che la responsabilità di quest'ultimo sussiste per non aver impedito il fatto dannoso.

La disposizione in esame va esaminata sotto due profili: (a) ci si deve chiedere chi siano coloro che sono tenuti alla sorveglianza; (b) occorre indagare, poi, quale sia la prova liberatoria che i sorveglianti debbano offrire per non essere chiamati a risarcire il danno cagionato dagli incapaci.

Quanto ai **soggetti tenuti alla sorveglianza**, si tratta di coloro che per ragioni di ufficio, per la specifica attività professionale o per un titolo contrattuale si trovino ad avere la custodia del soggetto incapace.

Esempio. Un infermo di mente, che si trova nella propria abitazione con i genitori, ha una crisi particolarmente acuta. In casi come questi i genitori sono soliti condurre il figlio nel reparto psichiatrico dell'ospedale, affinché sia sottoposto agli opportuni accertamenti ed alla somministrazione dei farmaci necessari. Giunti in ospedale i genitori affidano il figlio al personale infermieristico e si allontanano. Poiché il medico preposto alla visita tarda ad arrivare, gli infermieri lasciano da solo in una stanza dell'ospedale, per un'ora, l'infermo di mente. Approfittando della mancanza di sorveglianza l'infermo, in una situazione di assoluta incapacità di intendere e volere, esce dalla sua stanza e si reca nella corsia dell'ospedale, dove ferisce gravemente alcune persone (si confronti Cass., 16.6.2005, n. 12965).

Vengono in considerazione, in particolare, le figure dei **medici**, del **personale sanitario**, degli **infermieri**.

La materia, tuttavia, richiede qualche precisazione. Secondo una ricostruzione dottrinale, avendo riguardo agli infermi di mente si deve tenere in considerazione il fatto che, dopo l'entrata in vigore della l. 13.5.1978, n. 180 (che ha abrogato la legge sui manicomi del 1904), i medici ed il personale infermieristico non hanno più il ruolo di sorveglianti dei ricoverati. Si rileva, in proposito, che sono state abrogate le disposizioni che sanzionavano il medico per la mancata custodia, per la omessa denuncia dell'avvenuto ricovero o della dimissione del malato. Si aggiunge, poi, che il malato di mente non è più un soggetto "ospedalizzato": il suo ricovero, infatti, o è considerato un fatto eccezionale o costituisce il frutto di una libera scelta.

Queste considerazioni portano a concludere che sarebbe venuta meno la possibilità di imputare la responsabilità ai medici, non avendo più quest'ultimi la veste di custodi e di sorveglianti. Semmai, si argomenta, la responsabilità degli operatori sanitari (nei confronti dei terzi che subiscono danni derivanti dal comportamento degli infermi di mente) dovrebbe essere invocata alla luce della clausola generale di cui all'art. 2043 cod. civ.

Vanno peraltro condivisi i rilievi di chi osserva come, nonostante l'abrogazione di alcune specifiche norme che stabilivano l'obbligo di sorveglianza, il principio dell'**affidamento al medico** non sia scomparso, anche se per certi aspetti è più circoscritto. Da ciò discende che può considerarsi applicabile l'art. 2047 cod. civ. al personale medico, a quello infermieristico, alle strutture ed ai presidi sanitari, allorché l'infermo di mente sia stato posto nelle condizioni di cagionare un danno ai terzi.

La Suprema Corte, seguendo questa impostazione, ha statuito che nei confronti di una persona ospite di un ospedale psichiatrico, non interdetta né sottoposta al trattamento sanitario obbligatorio previsto dalla l. n. 180/1978, si configura un dovere di sorveglianza a carico del personale sanitario addetto al reparto; da qui la responsabilità risarcitoria di quest'ultimo, ai sensi dell'art. 2047 cod. civ., per i danni cagionati dal ricoverato che si trovi in uno stato di incapacità di intendere e di volere (Cass., n. 12965/2005).

La responsabilità di cui discute la disposizione in esame può anche essere l'effetto di una scelta liberamente compiuta da una persona che accoglie l'incapace nella sua sfera personale e familiare, assumendo spontaneamente il compito di sorveglianza. Si spiega, pertanto, perché la qualifica di sorvegliante sia stata attribuita anche al convivente *more uxorio* per il danno cagionato dal figlio del compagno (Cass., n. 3142/1981).

I **genitori**, poi, sono chiamati a rispondere *ex* art. 2047 cod. civ. dei danni cagionati dai minori, allorché quest'ultimi siano privi della capacità di intendere e di volere (a causa della giovane età o per la presenza di disturbi psichici o malattie mentali: Cass.,

26.1.2016, n. 1321). In questo caso, dunque, i genitori andranno esenti dalla responsabilità risarcitoria con la sola dimostrazione di non aver potuto impedire il fatto, non dovendo dimostrare di aver impartito una sana ed adeguata educazione (così come invece precisa la giurisprudenza a proposito dall'art. 2048 cod. civ., su cui § 346, che viene in considerazione allorché i minori, che pongono in essere il fatto illecito, siano in grado di intendere e di volere).

La giurisprudenza, inoltre, ha ritenuto responsabili ai sensi dell'art. 2047 cod. civ. i genitori di un figlio maggiorenne, autore di un grave delitto e ritenuto in sede penale incapace di intendere e di volere (Cass., n. 5306/1994).

La **prova liberatoria** consiste nella dimostrazione di **non** aver potuto **impedire il fatto**. Occorre dimostrare, come suole ripetere la giurisprudenza, di aver adottato tutte le cautele normalmente adeguate in relazione alle circostanze di tempo, luogo, ambiente, pericolo che, anche in relazione alla natura ed al grado di incapacità del soggetto sorvegliato, possono consentire o facilitare il compimento di atti lesivi (Cass., n. 4633/1997).

Da ciò si deduce che, a seconda delle circostanze, l'obbligo di sorveglianza del personale sanitario dovrà essere più o meno intenso (le cautele saranno particolarmente rigorose ove la persona sia un soggetto infermo di mente che, per il suo stato, può avere la tendenza a commettere atti inconsulti: Trib. Monza, 4.7.1996).

Ai genitori, poi, è richiesta la prova di aver vigilato sulla condotta del minore in modo adeguato all'ambiente in cui vive, alle sue abitudini, al suo carattere.

È da ritenere che integri l'impossibilità di impedire l'evento il legittimo impedimento del sorvegliante, purché questo sia oggettivo: l'impedimento, comunque, non determina impossibilità se il soggetto preposto alla sorveglianza avrebbe potuto farsi sostituire nell'esecuzione dell'incarico (Cass., 20.1.2005, n. 1148; Cass., n. 1008/1970).

Come già ricordato, allorché il danneggiato non abbia potuto ottenere il risarcimento da chi è tenuto alla sorveglianza, il giudice, in considerazione delle condizioni economiche delle parti, può condannare l'autore del danno a un'equa indennità (art. 2047, 2° co., cod. civ.).

346. La responsabilità dei genitori, dei tutori, dei precettori e dei maestri d'arte.

Prevede l'art. 2048, 1° co., cod. civ. che "il padre e la madre o il tutore sono responsabili del danno cagionato dal fatto illecito dei figli minori non emancipati o delle persone soggette alla tutela, che abitano con essi. La stessa disposizione si applica all'affiliante".

Va evidenziato come l'art. 77 l. n. 184/1983 abbia soppresso la figura dell'affiliante: la responsabilità risarcitoria in parola, per effetto della modifica legislativa sopravvenuta, va riferita semmai all'affidatario per gli illeciti commessi dal minore affidato.

Inoltre, "i precettori e coloro che insegnano un mestiere o un'arte sono responsabili del danno cagionato dal fatto illecito dei loro allievi e apprendisti nel tempo in cui sono sotto la loro vigilanza" (art. 2048, 2° co., cod. civ.).

Le persone indicate nel primo e secondo comma "sono liberate dalla responsabilità soltanto se provano di non aver potuto impedire il fatto" (art. 2048, 3° co., cod. civ.).

Il presupposto per l'applicazione della disposizione in esame è la **capacità di intendere e di volere dei minori**; qualora i minori non siano imputabili, i genitori, il precettore, il tutore possono rispondere ugualmente ma nella veste di sorveglianti, ai sensi dell'art. 2047 cod. civ.

La responsabilità dei genitori e quella dei soggetti indicati nell'art. 2048, 2° co., cod. civ. non sono tra loro alternative: l'affidamento del minore alla custodia dei terzi, infatti, esonera i genitori dalla "presunzione di colpa" *in vigilando*, ma non anche da quella *in educando*; gli stessi, di fronte al fatto compiuto dal minore nel momento in cui lo stesso era sotto la vigilanza di terzi, per andare esenti da responsabilità risarcitoria dovranno comunque dimostrare di avere impartito al minore un'educazione adeguata a prevenire comportamenti illeciti (Trib. Monza, 12.6.2006).

Ci si occupi, innanzitutto, dei soggetti di cui al primo comma dell'art. 2048 cod. civ. (**genitori**, **tutore** e, oggi, **affidatario**). La tassatività dell'elenco esclude che la disciplina in commento possa estendersi al curatore del minore emancipato o dell'inabilitato, nonché all'amministratore di sostegno.

Sono chiamati a rispondere (solidalmente tra loro) sia i genitori di sangue sia quelli adottivi. Quanto al tutore, egli risponde del fatto illecito del soggetto interdetto allorché lo stesso sia stato compiuto, come è ben possibile, in un lucido intervallo di coscienza.

Si giunge, così, al tema della **prova liberatoria**. Nonostante la lettera del terzo comma ("non aver potuto impedire il fatto"), è prevalsa, con riferimento ai genitori, una lettura che intende la prova liberatoria come la dimostrazione di aver impartito l'educazione e l'istruzione consone alle condizioni sociali e familiari e di aver vigilato sulla condotta in misura adeguata all'ambiente, alle abitudini ed al carattere del minorenne (Cass., n. 20322/2005; Cass., n. 3088/1997; Cass., n. 13424/1992; con riferimento al mancato controllo dei genitori sull'accesso, da parte dei figli, a *facebook*, Trib. Teramo, 16.1.2012). La precoce emancipazione dei minori, frutto del costume sociale, non esclude né attenua la responsabilità dei genitori, i quali hanno l'onere di impartire alla prole l'educazione necessaria per non arrecare danno ai terzi (Cass., 4.10.2019, n. 24907; Cass., 10.9.2019, n. 22541). La responsabilità, peraltro, è subordinata al requisito della coabitazione, perché solo la convivenza può consentire l'adozione di una serie di misure di sorveglianza ed educazione (Cass., 24.4.2019, n. 11198).

Un siffatto orientamento, in effetti, è strettamente connesso al ruolo dei genitori, quale risulta dagli artt. 143, 147, 315, 315-*bis* cod. civ., nonché dagli artt. 30 e 31 Cost.: il dovere dei genitori di impedire il compimento di fatto illeciti da parte dei figli trova fondamento nei compiti che la legge impone agli stessi, in via primaria nell'interesse della prole, ma anche a salvaguardia dei terzi.

Peraltro, l'analisi dei repertori giurisprudenziali evidenzia come il contenuto della prova liberatoria si atteggi in maniera diversa, a seconda delle modalità stesse con cui è avvenuto il fatto.

Ed infatti, nel caso di illecito particolarmente grave ed increscioso, l'inadeguatezza dell'educazione impartita e della vigilanza esercitata finisce per essere ricavata proprio dalle circostanze con cui si è verificato l'evento (Cass., n. 7270/2001; Cass., n. 10357/2000; Cass., n. 6741/1998).

La prova liberatoria, in questi casi, risulta assai difficile (se non impossibile), considerando che spesso l'assunzione della prova testimoniale, richiesta dai genitori, viene considerata ininfluente (Cass., n. 12501/2000). Ed è per questo che si finisce per affermare, di fatto, una sorta di responsabilità oggettiva, giacché i genitori sono chiamati a rispondere dei danni subìti in virtù del loro *status* genitoriale.

Diverse valutazioni, invece, devono compiersi allorché l'illecito del minore non sia particolarmente grave (si pensi ad un incidente verificatosi durante un'attività di gioco). In questi casi i genitori possono liberarsi dalla responsabilità risarcitoria fornendo qualsiasi prova che attesti la sufficienza dell'educazione impartita al minore e della vigilanza sugli atti compiuti dallo stesso. La dimostrazione della corretta educazione può trarsi anche dal *curriculum* scolastico e lavorativo del ragazzo (Cass., n. 831/2006).

In caso di interdizione la prova liberatoria per il tutore consiste nella dimostrazione di aver eseguito un'idonea vigilanza sulla persona dell'incapace, non venendo in considerazione qui la dimostrazione di avere convenientemente educato l'interdetto.

Si abbia riguardo, ora, ai soggetti indicati nel secondo comma dell'art. 2048 cod. civ. (**i precettori** e coloro che **insegnano un mestiere** o **un'arte**).

L'espressione "precettori" è ormai desueta: oggi va aggiornata con quella di insegnanti, istruttori, assistenti. Vengono in considerazione, in particolare, gli insegnanti di scuole pubbliche (sui cui si vedano Cass., Sez. Un., n. 9346/2002; Cass., n. 2839/2005; Cass., 19.11.2019, n. 29947, nonché l'art. 574 d.lgs. n. 297/1994) e di scuole private; gli istruttori sportivi; gli organizzatori della settimana bianca; gli assistenti di colonie per le vacanze dei minori.

Essi rispondono del fatto illecito commesso dagli allievi soltanto nel periodo in cui quest'ultimi risultano essere sotto la loro vigilanza. Il periodo di vigilanza, ovviamente, non comprende solo il momento delle lezioni, ma si riferisce anche alla ricreazione, alle gite scolastiche, ai momenti di svago nei locali della scuola o di pertinenza dell'istituto, fino al momento della riconsegna ai genitori.

Ai precettori sono equiparati coloro che insegnano un mestiere o un'arte, per gli illeciti commessi dagli "apprendisti", nel tempo in cui sono sotto la loro sorveglianza. È apprendista colui che impara un'arte o un mestiere, indipendentemente dalla qualifica del rapporto di lavoro instaurato. In materia, oggi, esiste una specifica disciplina sull'apprendistato e sul contratto di formazione e lavoro.

La prova liberatoria dei precettori e di coloro che insegnano un mestiere o un'arte ha ad oggetto il dovere di vigilanza cui gli stessi sono tenuti. Non viene in considerazione l'intero sistema educativo (Cass., 10.4.2019, n. 9983).

Per la giurisprudenza la prova liberatoria non può dirsi raggiunta attraverso la sola dimostrazione di non essere stati in grado di compiere un intervento correttivo o repressivo. Occorre dimostrare, in primo luogo, di aver adottato idonee misure organizzative o disciplinari in grado di evitare le situazioni di pericolo (Cass., 27.11.2018, n. 30602); ma non basta: è richiesta l'ulteriore dimostrazione che la vigilanza sia stata esercitata nella misura dovuta (ad esempio con la presenza fisica costante) e che, nonostante l'adempimento di tale dovere, il fatto dannoso sia avvenuto repentinamente ed imprevedibilmente (Cass., 9.5.2016, n. 9337; Cass., 26.1.2016, n. 1322; Cass., n. 2657/2003).

Si comprende come, in questo modo, la responsabilità in esame possieda i tratti di una responsabilità oggettiva, a causa della difficoltà a fornire la prova liberatoria da parte del danneggiante.

Da ultimo, va ricordato come la responsabilità dei genitori e degli altri soggetti indicati dall'art. 2048 cod. civ. si aggiunga a quella del minore capace di intendere e di volere (ai sensi dell'art. 2043 cod. civ.): si ha, dunque, una **responsabilità solidale**, che comporta la possibilità di domandare il risarcimento dei danni sia ai genitori (e agli altri soggetti di cui all'art. 2048 cod. civ.) sia ai minori autori dell'illecito.

Può prospettarsi, inoltre, una responsabilità solidale dei genitori e dei precettori, giacché la responsabilità di quest'ultimi non esclude, in assoluto, che il fatto debba considerarsi la conseguenza di un'omessa educazione da parte del genitore.

Va aggiunto, infine, che a partire dal 2002, con un'importante pronuncia delle Sezioni Unite della Suprema Corte, è stata affermata l'inapplicabilità dell'art. 2048 cod. civ. alle ipotesi di danno cagionato dall'allievo a se stesso, che invece sono state ricondotte nell'alveo della "responsabilità contrattuale" degli insegnanti (Cass., Sez. Un., 27.6.2002, n. 9346; Cass., 11.5.2007, n. 10830).

Una disciplina *ad hoc* vale per i danni apportati ai terzi dagli alunni di scuola statale in caso di omessa o carente vigilanza da parte del personale docente e non docente: chi ha subìto il fatto illecito deve rivolgersi, per il risarcimento, verso lo Stato; semmai quest'ultimo può far valere la responsabilità interna in via di rivalsa, ma solo quando l'omessa vigilanza sia frutto di dolo o colpa grave (art. 61, l. 11.7.1980, n. 312).

347. La responsabilità per l'esercizio di attività pericolose.

A norma dell'art. 2050 cod. civ. "chiunque cagiona **danno** ad altri nello **svolgimento** di un'**attività pericolosa**, per sua natura o per la natura dei mezzi adoperati, è tenuto al risarcimento, se non prova di aver adottato tutte le misure idonee ad evitare il danno".

La norma richiede di compiere una duplice indagine su: (a) che cosa sia l'attività pericolosa; (b) quale sia la prova liberatoria che consente di andare esenti dalla responsabilità risarcitoria.

Per attività pericolose non si intendono soltanto quelle previste come tali dalla legge (c.d. attività pericolose tipiche: artt. 46 ss. r.d. 18.6.1931, n. 773, recante il "Testo unico delle leggi di pubblica sicurezza"); vengono in considerazione, infatti, anche quelle non previste dalla legge che, per la loro chiara potenzialità offensiva, comportino un'elevata possibilità di cagionare danno ai terzi.

Esempio. Il Sig. Neri acquista all'ingrosso bombole che, poi, rivende. Nel suo deposito ci sono più di trecento bombole: un giorno una di esse scoppia, innescando un incendio che ustiona un passante. Il Sig. Neri sarà tenuto a risarcire i danni subìti dal passante, a meno che dimostri di aver adottato tutte le misure idonee ad evitare il danno.

Non soltanto l'attività di produzione, distribuzione e gestione di gas, carburante o energia elettrica costituiscono attività pericolose. L'attività edilizia, soprattutto quando comporta importanti opere di trasformazione o di spostamento di masse terrose, va considerata attività pericolosa; lo stesso vale per le attività di fabbricazione, importazione e distribuzione di farmaci o di cosmetici (ove questi contengano una componente medicinale in grado di alterarne la natura: Cass., 19.7.2018, n. 19180).

Ed ancora, nella ricca casistica, si ritengono pericolose: l'utilizzo di una gru; lo smontaggio di un banco di vendita; l'esercizio di attività minerarie; le operazioni di carico e scarico di una nave cisterna; il carico e scarico di confezioni spray; il commercio di bevande gassose; l'attività di trebbiatura; la gestione di una sauna all'interno di un centro benessere. Pure un impianto sciistico può costituire attività pericolosa ai sensi dell'art. 2050 cod. civ. (così Cass. pen., 30.9.2008, n. 37090).

La giurisprudenza di legittimità ha chiarito che, dal momento in cui una cosa, in sé pericolosa, sia dal fabbricante consegnata ad altra persona, questa assume un distinto potere di disposizione ed un autonomo dovere di sorveglianza; sicché, ogni svolgimento di attività da parte del produttore cessa e la presunzione di colpa non grava più su di lui, ma si trasferiscono a carico del consegnatario gli oneri di custodia, di sorveglianza e di prudenza e, con essi, la presunzione di responsabilità *ex* art. 2050 cod. civ. (Cass., 28.9.2021, n. 26236).

La disposizione in questione, inoltre, è stata invocata per affermare la responsabilità delle ditte farmaceutiche produttrici o distributrici degli **emoderivati infetti**, per i danni provocati dall'assunzione degli stessi (Cass., 1.2.1995, n. 1138; Cass., 20.7.1993, n. 8069). L'art. 2050 cod. civ., invece, non è stato considerato applicabile al Ministero della salute: occorre non confondere, hanno rilevato i giudici, l'attività di produzione, commercializzazione ed effettiva trasfusione sui pazienti degli emoderivati (attività pericolosa), con l'attività ministeriale, la cui funzione è soltanto quella di controllare e vigilare a tutela della salute pubblica. Ne consegue che l'eventuale responsabilità del Ministero della salute per danni conseguenti ad infezione da HIV e da epatite, contratta da persone emotrasfuse per omessa vigilanza da parte dell'Amministrazione, è inquadrabile nella violazione della clausola generale di cui all'art. 2043 cod. civ. (sul problema della responsabilità del Ministero della salute per danni derivanti da vaccinazione si veda Cass., 20.3.2018, n. 6846).

Quanto alla **prova liberatoria**, per la giurisprudenza non è sufficiente la dimostrazione di aver adottato tutte le cautele adeguate alla specifica attività esercitata e di aver rispettato le norme legislative e regolamentari in materia. Occorre, infatti, dare la prova positiva di una causa esterna (un fatto naturale, del terzo, dello stesso danneggiato) che sfugge completamente alla capacità di controllo del danneggiante: ciò accade quando la causa esterna presenti i caratteri della imprevedibilità, inevitabilità, eccezionalità (Cass., n. 27544/2017; Cass., n. 7298/2003; Cass., n. 5484/1998; Cass., n. 4710/1991). In pratica, la dimostrazione della causa esterna produce effetti liberatori soltanto se, per la sua incidenza e per la sua rilevanza, sia tale da escludere il nesso causale tra l'attività pericolosa e l'evento.

L'interpretazione invalsa a proposito della prova liberatoria giustifica la riconduzione della fattispecie in esame nell'alveo della responsabilità oggettiva (in questo senso, esplicitamente, Cass., 4.5.2004, n. 8457).

Assai discusso è se la produzione e la vendita dei **tabacchi** costituisca attività pericolosa ai sensi dell'art. 2050 cod. civ.: in senso positivo, in un'occasione, si sono pronunciati i giudici di merito, affermando che i tabacchi, "avendo quale unica destinazione il consumo mediante fumo, contengono in sé, per la loro stessa natura e per la loro composizione bio-chimica, una potenziale carica di nocività, potendo dal fumo derivare danno alla salute e, in molti casi, il peggiore dei mali, il cancro ai polmoni" (App. Roma, 7.3.2005; in senso diverso Trib. Roma, 4.4.2005).

Vi è, in dottrina, chi affaccia la possibilità che anche le agenzie di *rating* possano essere chiamate a rispondere dei danni cagionati per esercizio di attività pericolosa.

348. La responsabilità per il danno cagionato da cose in custodia.

Prevede l'art. 2051 cod. civ. che "ciascuno è responsabile del **danno cagionato** dalle **cose** che ha **in custodia**, salvo che provi il caso fortuito".

La disposizione richiede di chiarire: (a) cosa significhi avere delle cose in custodia; (b) in cosa consista la prova liberatoria.

Sotto il primo aspetto deve convenirsi con la ricostruzione che individua nella custodia una particolare **relazione tra** un **soggetto** e la *res* (cosa mobile, immobile, inanimata, pericolosa o non): si tratta di una relazione che attribuisce un potere di escludere qualsiasi terzo dall'ingerirsi sulla cosa al momento in cui si è prodotto il danno.

Ad esempio, rileva la relazione esistente tra la Pubblica amministrazione (solitamente proprietaria) e l'infrastruttura stradale (Cass., n. 10916/2017). Anche il condominio, nella sua qualità di ente di gestione, è stato considerato custode dei beni e dei servizi comuni ed obbligato, quindi, ad adottare tutte le misure necessarie ai sensi della norma in esame (Cass., n. 29662/2017, ha ritenuto configurabile la responsabilità del condominio e del suo amministratore, *ex* art. 2051 cod. civ., per la caduta di un minore dal lucernaio; similmente, nell'ipotesi di sinistro mortale verificatosi in una piscina di pertinenza condominiale è stata riconosciuta la responsabilità del condominio *ex* art. 2051 cod. civ. per l'omessa vigilanza e custodia della struttura: Cass., 19.5.2021, n. 13595; si veda anche Cass., 21.2.2006, n. 3676).

L'art. 2051 cod. civ., dunque, non si riferisce alla custodia nel senso contrattuale del termine ma, ad un "effettivo potere fisico" sulla cosa, che implica il **dovere** di custodire la stessa, cioè di **vigilarla** e **di mantenerne** il **controllo** in modo da impedire che, per sua natura o per particolari contingenze, produca danni (Cass., n. 22839/2017; Cass., n. 1948/2003). Il potere sulla cosa può essere un potere di diritto (si pensi al proprietario) o di fatto (compreso il possessore illegittimo).

Esempio. Il Sig. De Vigilis è proprietario di un appartamento. Un giorno si verifica una fuoriuscita di acqua dai suoi impianti sanitari, che produce un allagamento nell'appartamento di proprietà di un altro condòmino. Quest'ultimo può domandare il risarcimento dei danni al Sig. De Vigilis ai sensi dell'art. 2051 cod. civ.

La **prova liberatoria** consiste nella dimostrazione del **caso fortuito**. La formulazione utilizzata permette di non avallare quell'interpretazione, peraltro in passato prevalente, secondo cui nella fattispecie si sarebbe in presenza di una responsabilità per colpa presunta, il cui fondamento sarebbe costituito dal fatto dell'uomo (ossia del custode), venuto meno al suo dovere di controllo e di vigilanza. Il fatto è che il custode non può liberarsi da responsabilità dimostrando di aver adottato tutte le precauzioni e cautele del caso, ma soltanto attraverso la specifica dimostrazione del caso fortuito (Cass., n. 12027/2017). Quest'ultimo libera da responsabilità il custode ogni qualvolta sia dotato di un autonomo impulso causale: quando, cioè, il danno che si è verificato sia riconducibile all'elemento esterno anziché alla cosa (Cass., n. 6826/2021; Cass., n. 26533/2017; Cass., n. 5796/1998).

Il danneggiato, in definitiva, è gravato soltanto dall'onere di dimostrare l'esistenza del rapporto eziologico tra la cosa e l'evento di danno, mentre al convenuto spetta provare l'esistenza di un fattore, estraneo alla sua sfera soggettiva, idoneo ad interrompere quel nesso causale. Le cause ignote, dunque, restano a carico del custode (Cass., 25.6.2013, n. 15882; Cass., 20.5. 2009, n. 11695).

La condotta della vittima costituisce un "caso fortuito" soltanto ove sia colposa e integri gli estremi dell'imprevedibilità; o, comunque, quando il danneggiato abbia fatto un uso della cosa improprio o anomalo (Cass., n. 25837/2017; Cass., n. 25838/2017).

349. La responsabilità per danno cagionato da animali.

La responsabilità per **danno cagionato da animali** è prevista dall'art. 2052 cod. civ.: "il proprietario di un animale o chi se ne serve per il tempo in cui lo ha in uso, è responsabile dei danni cagionati dall'animale, sia che fosse sotto la sua custodia, sia che fosse smarrito o fuggito, salvo che provi il caso fortuito".

Esempio. Un cane, custodito in un recinto, esce dallo stesso senza che si riesca a spiegare come abbia fatto a fuggire. Recatosi nell'aia del vicino ferisce alcuni animali da cortile, causando un danno al proprietario degli stessi. Quest'ultimo può chiedere i danni al proprietario del cane ai sensi dell'art. 2052 cod. civ.

Non è richiesto che l'animale appartenga ad una determinata specie oppure abbia una particolare aggressività: la norma non opera alcuna precisazione in tal senso, permettendo di far riferimento ad animali domestici, feroci, e domati.

In punto di imputazione di responsabilità, però, la Cassazione suole compiere alcune precisazioni per gli animali selvatici e randagi. Nel primo caso risponde l'ente cui sia affidato *ex lege* il compito di gestione della fauna insediata sul territorio (per Cass., 20.4.2020, n. 7969, il soggetto pubblico responsabile *ex* art. 2052 cod. civ. va individuato nella Regione); nel caso degli animali randagi, invece, risponde l'ente al quale sia imposto il dovere di prevenire il pericolo specifico per l'incolumità della popolazione: tipicamente, il Comune (Cass., n. 31957/2018, ove la precisazione che per questa categoria di animali la responsabilità è disciplinata dalle regole generali di cui all'art. 2043 cod. civ.).

Quanto alla prova liberatoria e alla natura della responsabilità oggettiva della fattispecie in esame, valgono le considerazioni già svolte a proposito della responsabilità per danno cagionato da cose in custodia. A nulla rileva, dunque, il fatto che il proprietario o l'utilizzatore dell'animale sia in grado di dimostrare di avere diligentemente custodito l'animale (Cass., 15.12.2015, n. 25223; Cass., 19.5.2009, n. 11570).

L'analisi dei repertori evidenzia come, in molti casi, i tribunali abbiano escluso la ricorrenza del caso fortuito nonostante quanto asserito dal proprietario di animali: non si è riconosciuto, ad esempio, il caso fortuito in un impulso improvviso di un animale, a nulla valendo la considerazione che lo stesso avesse un abituale carattere mansueto (Cass., n. 75/1983). Ed ancora, nel caso di danno cagionato dal morso di un cane ad un passante, non è stata considerata prova liberatoria il fatto che il proprietario aveva intimato il danneggiato di "non dargli confidenza" (Pret. Città di Castello, 24.10.1994). Infine, non configura il caso fortuito il fatto che il cavallo è uscito dal recinto, trattandosi di circostanza imputabile ad inadeguata vigilanza e controllo del proprietario (Cass., 3.5.2019, n. 11598). In questo modo si finisce per addossare *tout court* la responsabilità al proprietario di animali, secondo il meccanismo tipico della responsabilità oggettiva (Cass., 7.3.2016, n. 4373).

350. La responsabilità per rovina di edificio.

Ai sensi dell'art. 2053 cod. civ. "il proprietario **di un edificio** o di altra costruzione è responsabile dei danni cagionati dalla loro **rovina**, salvo che provi che questa non è dovuta a difetto di manutenzione o a vizio di costruzione".

Il presupposto per poter invocare la responsabilità del proprietario è la "rovina" dell'edificio o di altra costruzione: la nozione di rovina non deve far pensare soltanto al crollo degli stessi. La responsabilità in parola, infatti, viene invocata di fronte ad ogni disgregazione, anche se limitata, dell'edificio o di elementi o manufatti accessori in esso stabilmente incorporati.

Esempio. Da un edificio si staccano alcune tegole di un tetto, colpendo un passante che in quel momento si trovava sotto lo stabile. Quest'ultimo può chiedere i danni al proprietario dell'edificio ai sensi dell'art. 2053 cod. civ.

La lettura, nel senso suddetto, della nozione di "rovina", porta ad allargare le possibilità di applicazione della disposizione: essa, infatti, è stata invocata di fronte alla rottura di un tubo che ha cagionato infiltrazioni; ad una lastra di vetro staccatasi dalla finestra; alla rottura della trave di un solaio, della ringhiera di protezione di un pianerottolo, di un tabellone pubblicitario, di una canna fumaria.

Quanto alla **prova liberatoria**, non ha alcun rilievo la dimostrazione dell'assenza di colpa del proprietario (Trib. Lucca, 20.2.2020): anche se il caso fortuito non è espressamente previsto dall'art. 2053 cod. civ., è da ritenere che esso operi come causa di esonero della responsabilità.

Tale responsabilità del proprietario verso i terzi è poi da coordinare con quella dell'appaltatore *ex* art. 1669 cod. civ., per rovina e gravi difetti di immobili, entro il primo decennio dal compimento dell'opera (v. Cass., Sez. Un., 27.3.2017, n. 7756; Cass., 4.10.2018, n. 24230). In pratica, nel primo decennio dalla costruzione di una nuova opera, il proprietario sarà sempre responsabile dei danni da rovina cagionati a terzi ai sensi della norma in commento, ma avrà un'azione contro l'appaltatore. Il terzo danneggiato, invece, per il completo risarcimento del danno patito avrà azione sia verso il proprietario, *ex* art. 2053 cod. civ., sia verso l'appaltatore, *ex* art. 1669 cod. civ. (si veda Cass., Sez. Un., 3.2.2014, n. 2284).

Particolarmente discussa è la questione del caso fortuito meteorologico: ci si chiede, in sostanza, se possano costituire prova liberatoria le condizioni atmosferiche esistenti al momento della rovina dell'edificio. Decisiva può essere la valutazione comparativa delle conseguenze cagionate dagli eventi atmosferici: occorre in sostanza valutare quali effetti la pioggia, il vento, il nubifragio abbiano provocato sugli immobili adiacenti a quello che, crollato, ha cagionato un danno ai terzi.

351. La responsabilità del conducente per la circolazione di veicoli.

L'art. 2054 cod. civ., rubricato **circolazione di veicoli**, contiene diverse fattispecie che vanno studiate analiticamente dopo aver ricordato, per intero, la norma. Si premetta, però, che il concetto di circolazione stradale, per i giudici di legittimità, deve comprendere anche la c.d. "circolazione statica", e cioè anche i momenti di quiete dei veicoli che si trovano sulla strada (Cass., 28.3.2022, n. 9948; Cass., n. 27759/2017; Cass., Sez. Un., 29.4.2015, n. 8620).

In base al primo comma dell'art. 2054 cod. civ. "il conducente di un veicolo senza guida di rotaie è obbligato a risarcire il danno prodotto a persone o a cose dalla circolazione del veicolo, se non prova di aver fatto tutto il possibile per evitare il danno".

Per il secondo comma, "nel caso di scontro tra veicoli si presume, fino a prova contraria, che ciascuno dei conducenti abbia concorso ugualmente a produrre il danno subìto dai singoli veicoli".

Il terzo comma prevede un'ipotesi di responsabilità solidale: "il proprietario del veicolo o, in sua vece, l'usufruttuario o l'acquirente con patto di riservato dominio, è responsabile in solido con il conducente, se non prova che la circolazione del veicolo è avvenuta contro la sua volontà".

Infine, dispone il quarto comma che "in ogni caso le persone indicate dai commi precedenti sono responsabili dei danni derivati da vizi di costruzione o da difetto di manutenzione del veicolo".

Va isolata, subito, una fattispecie di responsabilità senza prova liberatoria: quella del conducente (o del proprietario e degli altri soggetti tassativamente indicati) per il vizio di costruzione o di manutenzione del veicolo (art. 2054, 4° co., cod. civ.): di questa disposizione ci si occuperà di seguito (§ 354).

La prima fattispecie da esaminare è quella del conducente di un veicolo senza guida di rotaie, che è obbligato a risarcire il danno prodotto a persone o a cose dalla circolazione del veicolo; per andare esente da responsabilità deve provare di aver fatto tutto il possibile per evitare il danno (art. 2054, 1° co., cod. civ.; Cass., 27.5.2019, n. 14379).

Occorre indagare la norma sotto tre aspetti: (a) nozione di veicolo senza guida di rotaie; (b) individuazione delle persone che subiscono danni; (c) prova liberatoria.

Con l'espressione **veicolo senza guida di rotaie** si intende qualsiasi veicolo su strada che non sia incanalato in rotaie con percorso predefinito (si pensi, in particolare, al tram). Nella nozione di veicolo, così individuata, sono compresi sia i veicoli a motore sia quelli a trazione animale o muscolare, come le biciclette (a quest'ultime sono state equiparati i monopattini elettrici: art. 33-*bis* d.l. 30.12.2019, n. 162, convertito in l. 28.2.2020, n. 8). La responsabilità, dunque, grava su coloro che risultano essere conducenti del veicolo e su coloro che, conducendo il veicolo, lo abbiano lasciato in sosta.

Esempio. Il Sig. Nuvoletta è alla guida della sua automobile, che parcheggia momentaneamente per recarsi a comprare una bibita. Il parcheggio è in discesa, cosicché l'auto scivola verso il basso urtando due passanti. Sussiste la responsabilità risarcitoria ex art. 2054, 1° co., cod. civ., del Sig. Nuvoletta, a meno che lo stesso fornisca la prova liberatoria prevista.

Si giunge al secondo elemento della disposizione su cui soffermarsi. Per lungo tempo si è ritenuto che i **soggetti trasportati** non potessero invocare la responsabilità risarcitoria del conducente: si muoveva dal rilievo che chi viene trasportato accetta, in qualche modo, il rischio per il trasporto.

Si tratta di un'impostazione che va disattesa, fondandosi su un ragionamento che tradisce la lettera (nonché la *ratio*) della disposizione: qualsiasi persona (e quindi anche il trasportato) che subisce un danno causalmente riconducibile alla circolazione del veicolo, può domandare il risarcimento dei danni al conducente.

Pertanto, sia il trasportato a titolo amichevole sia il trasportato a titolo contrattuale possono ricorrere al sistema più favorevole di cui all'art. 2054, 1° co., cod. civ. (Cass., n. 15313/2017; Cass., n. 4022/2001; Cass., n. 681/2000).

Quanto alla **prova liberatoria**, consistente nella dimostrazione di "**aver fatto tutto il possibile per evitare il danno**", l'orientamento affermatosi vuole che per liberarsi dalla responsabilità non basta dare la prova di aver condotto il veicolo diligentemente, osservando tutte le prescrizioni del codice della strada, comprese quelle di adeguare l'andatura del mezzo alle condizioni di tempo e di luogo della rete viaria.

È necessario, infatti, fornire l'indicazione di una causa esterna alla sfera di comportamento del conducente che sia inevitabile ed imprevedibile; tale causa esterna può anche risultare dall'accertamento che il comportamento della vittima sia stato l'esclusivo fattore causale dell'evento dannoso, non evitabile da parte del conducente (Cass., n. 8663/2017; Cass., n. 12039/1998; Cass., n. 3309/1997; per questa dimostrazione è utilizzabile qualsiasi tipo di prova, ivi compresa la presunzione semplice *ex* art. 2729 cod. civ.: Cass., n. 18259/2017).

L'interpretazione affermatasi, sulla scorta della lettera della norma, convince del fatto che la responsabilità del conducente ha natura oggettiva: l'aver fatto tutto il possibile per evitare il danno significa che questo si è verificato indipendentemente dal comportamento soggettivo dell'agente, essendo imputabile al caso fortuito o ad altra causa efficiente nel processo causale.

La fattispecie contenuta nell'art. 2054, 2° co., cod. civ., invece, ruota attorno ad una **presunzione di colpa**: la presunzione, cioè, che in caso di **scontro fra veicoli** ciascuno dei conducenti abbia concorso ugualmente a produrre i danni subìti dai singoli veicoli (una presunzione analoga vale, ai sensi dell'art. 19 l. n. 363/2003, per lo scontro fra sciatori).

La disposizione mira a risolvere la questione, spesso assai complessa, della responsabilità in caso di scontro, eliminando le difficoltà della prova circa la ricostruzione delle precise cause dell'incidente (Cass., 12.3.2020, n. 7061). Inoltre, la presunzione in parola è applicabile estensivamente anche ai veicoli coinvolti nell'incidente ma rimasti estranei alla collisione, sempre che sia accertato, in concreto, l'effettivo contributo causale nella produzione dell'evento dannoso (cfr. Cass., 12.2.2021, n. 3764).

Spetta all'attore danneggiato vincere la presunzione di colpa in pari grado. L'accertamento della **colpa esclusiva** di uno dei conducenti e della regolare condotta dell'attore, libera quest'ultimo dalla presunzione di concorrente responsabilità, nonché dall'onere di provare di aver fatto tutto il possibile per evitare il danno (Cass., n. 4130/2017; Cass., n. 4648/1999; è il caso di specificare che la presunzione di pari colpa non opera ove uno degli automobilisti abbia violato norme di condotta specifiche, come quella relativa alla distanza di sicurezza: così Cass., n. 13703/2017).

L'art. 2054, 3° co., cod. civ., infine, riguarda la **responsabilità solidale del proprietario** (o, in sua vece, dell'usufruttuario, o dell'acquirente con patto di riservato dominio) con il conducente del veicolo. La responsabilità solidale non sussiste soltanto se il proprietario, o gli altri soggetti tassativamente indicati, riescano a dare la prova che la circolazione è avvenuta contro la loro volontà.

La fattispecie in esame mette capo ad un'ipotesi di responsabilità oggettiva: qualora il proprietario consenta la circolazione del veicolo (si pensi al padre che presta l'automobile al figlio), nessun giudizio di colpa potrà essere mosso per il danno cagionato, in concreto, da un terzo (ad esempio, dal figlio). Una volta che il veicolo è in circolazione, esso è al di fuori da qualsiasi controllo da parte del proprietario.

Quest'ultimo, d'altra parte, se vuol evitare di assumere la responsabilità oggettiva per fatto altrui, può manifestare la volontà contraria a che qualcun altro utilizzi il suo veicolo. È questa la "prova liberatoria" richiesta per evitare di assumere la responsabilità solidale: non si tratta di una prova che incide sulle modalità di accadimento del sinistro, ma tende ad escludere la volontà del proprietario di assumere la responsabilità oggettiva per la circolazione del veicolo da parte di terzi.

I repertori della giurisprudenza, d'altra parte, evidenziano come non siano molti i margini per la prova liberatoria. Il proprietario, infatti, non si libera da responsabilità dimostrando che la circolazione è avvenuta senza il suo consenso (*invito domino*), ma è necessario che la stessa circolazione sia avvenuta contro la sua volontà (*prohibente domino*). Occorre la prova, in sostanza, di un comportamento specificamente idoneo ad impedire la circolazione del veicolo (Cass., n. 22449/2017; Cass., n. 8461/1994). La responsabilità del proprietario, pertanto, sussiste anche nel caso di furto del veicolo da parte di un ladro che abbia causato un incidente; ciò quando risulti che il proprietario non abbia adottato le misure e le cautele idonee ad ostacolare materialmente l'azione del ladro e la successiva circolazione (Cass., n. 11471/2004; Cass., n. 3038/1982).

Va aggiunto che nessun **veicolo a motore** può essere legittimamente messo in circolazione senza la previa conclusione di un contratto di assicurazione, in grado di garantire il risarcimento eventualmente cagionato ai terzi dal veicolo (si parla di **assicurazione obbligatoria**: le norme sulla r.c.a., previste inizialmente dalla l. 24.12.1969, n. 990, oggi sono confluite negli artt. 122 ss. d.lgs. 7.9.2005, n. 209, recante il "Codice delle assicurazioni private"). L'assicurazione obbligatoria è stata prevista dal legislatore, essenzialmente, in nome della primaria esigenza di tutela di ogni danneggiato, tanto che si riconosce il diritto del terzo al risarcimento anche nel caso di investimento doloso, ossia quando il veicolo sia stato adoperato come un'arma (Cass., n. 19368/2017). La violazione dell'obbligo di assicurazione costituisce anche un illecito penale.

Da ultimo, si consideri che la progettazione, l'attività di prova e, soprattutto, la imminente messa in commercio e circolazione di **veicoli connessi e a guida autonoma** (c.d. *self-driving vehicles*), richiederanno un ripensamento delle tradizionali regole giuridiche esaminate in precedenza, forgiate sulla centralità della figura del conducente/proprietario. Ciò poiché non pare equo imputare al conducente senza colpa la responsabilità di un danno derivante da una "libera" scelta del *software* posto ad ausilio della guida. Di conseguenza, sembra ragionevole ritenere che in tale settore la giurisprudenza o il legislatore (a seconda della celerità d'intervento) prenderanno spunto dal paradigma della c.d. responsabilità da prodotto (§ 364; si veda la Risoluzione del Parlamento europeo del 16.2.2017, recante raccomandazioni alla Commissione concernenti "Norme di diritto civile sulla robotica"; nonché il decreto del 28.2.2018 del Ministero delle infrastrutture e dei trasporti, c.d. *smart roads*, che ha fissato le modalità attuative e gli strumenti operativi della sperimentazione su strada dei veicoli connessi e a guida autonoma, disciplinando, fra l'altro, gli aspetti assicurativi e prevedendo una quadruplicazione degli ordinari massimali).

Capitolo 57

IPOTESI PARTICOLARI DI RESPONSABILITÀ SENZA PROVA LIBERATORIA

SOMMARIO: 352. Le fattispecie particolari di responsabilità senza prova liberatoria. La funzione della responsabilità oggettiva. – 353. La responsabilità dei padroni e dei committenti. – 354. La responsabilità del conducente e del proprietario per i danni derivanti da vizi di costruzione o da difetto di manutenzione.

352. Le fattispecie particolari di responsabilità senza prova liberatoria. La funzione della responsabilità oggettiva.

Accanto alle fattispecie di responsabilità con prova liberatoria, che si sono esaminate in precedenza, esistono altre fattispecie particolari di responsabilità che non ammettono prova contraria.

Mentre nelle fattispecie con prova liberatoria occorre compiere, di volta in volta, un'indagine circa la natura della responsabilità (responsabilità con colpa presunta o responsabilità oggettiva), non vi è dubbio che in quelle appartenenti alla seconda categoria la responsabilità sia oggettiva: si prescinde, cioè, da un giudizio di colpa.

Poiché, dunque, la **responsabilità oggettiva** attraversa, trasversalmente, sia le fattispecie con prova liberatoria sia quelle senza prova liberatoria, ci si deve soffermare brevemente sulla sua attuale **funzione** nell'economia moderna.

Un'accreditata ricostruzione osserva come la responsabilità oggettiva si fondi sul **rischio**: il responsabile esercita un'attività rischiosa per la società, che nel contempo è uno strumento irrinunciabile di progresso (sarebbe antistorico ed antieconomico vietare *tout court* le attività pericolose). È giusto e razionale, qui, un sistema di responsabilità che prescinde da un giudizio di colpa sulla condotta dell'agente.

A sostegno di questa conclusione si adducono una serie di giustificazioni: (a) chi svolge un'attività rischiosa, in diversi casi lo fa nel proprio interesse; realizza, cioè, un profitto. Il rischio assunto è, come si dice, un rischio di impresa; (b) chi esercita un'attività rischiosa può sopportare più facilmente il peso del risarcimento, specie quando l'attività in questione sia assistita da un'assicurazione obbligatoria (è il caso della circolazione stradale dei veicoli a motore); (c) infine, chi svolge un'attività pericolosa, organizza e controlla tale attività: ciò vuol dire che, almeno potenzialmente, è in grado di assicurare le migliori tutele e garanzie per lo svolgimento dell'attività.

Si noti come l'ampia presenza, nella disciplina civilistica, della responsabilità oggettiva, determina un'importante differenza fra il sistema della responsabilità penale e quello della responsabilità civile.

La responsabilità penale è personale (art. 27, 1° co., Cost.); essa presuppone sempre l'accertamento, in capo all'autore del fatto che costituisce reato, del dolo o della colpa. La responsabilità civile, invece, può essere fondata sulla colpa (o sul dolo) o essere oggettiva.

353. La responsabilità dei padroni e dei committenti.

L'art. 2049 cod. civ., rubricato "**responsabilità** dei **padroni** e dei **committenti**", prevede che "i padroni e i committenti sono responsabili per i danni arrecati dal fatto illecito dei loro domestici e commessi nell'esercizio delle incombenze cui sono adibiti".

Il linguaggio della disposizione in esame è alquanto vetusto e, dunque, va aggiornato (anche perché le occasioni di applicazione dell'art. 2049 cod. civ. sono tutt'altro che infrequenti). Occorre indagare, preliminarmente, chi siano "i padroni ed i committenti", da un lato, ed i "domestici" e "commessi", dall'altro. Successivamente andrà compiuta qualche osservazione sui presupposti che costituiscono il fondamento della domanda risarcitoria nei confronti dei padroni e dei committenti i quali, come emerge dalla piana lettura della disposizione, sono sforniti di prova liberatoria.

È evidente che la disposizione si riferisce, principalmente, al **rapporto di lavoro subordinato** (per il ruolo datoriale del Ministero dell'istruzione si veda Cass., n. 21593/2017; nonché Cass., n. 22058/2017, per la responsabilità dell'ASL nel caso di abusi sessuali commessi dal medico dipendente nell'ambito della struttura sanitaria e durante lo svolgimento dell'incarico affidatogli). Tuttavia, l'ambito di applicazione dell'art. 2049 cod. civ. si estende anche a rapporti che non implicano una stretta subordinazione.

Il fondamento della responsabilità in parola, infatti, va ricercato non nella formale esistenza di un rapporto di lavoro, ma nel rapporto effettuale (si discute di "**rapporto di preposizione**") che si istituisce quando per volontà di un soggetto (il committente) un altro soggetto (il commesso) esplichi in fatto un'attività per conto e sotto il potere del primo (Cass., 12.10.2018, n. 25373).

Se ne ricava che il rapporto di preposizione può derivare anche da una relazione di fatto, non essendo essenziali né la continuità né l'onerosità del rapporto. È sufficiente, inoltre, la possibilità astratta di esercitare un potere di supremazia e direzione, non essendo necessario l'esercizio effettivo di quel potere.

Esempio. Una domestica si trova nell'appartamento dei datori di lavoro per svolgere le sue incombenze quotidiane. Mentre ordina le piante che si trovano sul balcone, fa cadere un vaso che colpisce un passante, ferendolo. Quest'ultimo potrà agire in giudizio per il risarcimento dei danni subìti ai sensi dell'art. 2049 cod. civ. A nulla rileva il fatto che tra la domestica ed i datori di lavoro non sia stato stipulato alcun contratto di lavoro (la domestica, come si dice, lavora "in nero").

In giurisprudenza si registra la tendenza ad applicare l'art. 2049 cod. civ. anche a quei casi in cui di fatto sono limitati i poteri di controllo del preponente nei confronti del preposto (Cass., 15.6.2016, n. 12283; Cass., 4.11.2014, n. 23448).

La responsabilità del committente, si noti, sussiste allorché il fatto illecito sia compiuto dal commesso nell'esercizio delle sue incombenze (come si è visto nell'esempio sopra riportato).

È necessario e sufficiente, dunque, che vi sia una connessione (non anomala e casuale, precisa la giurisprudenza: Cass., 9.6.2016, n. 11816) fra l'esercizio delle incombenze ed il fatto dannoso. Si pensi al lavoratore di un'impresa di pulizie che si reca presso uno stabile per svolgere la sua attività e, in quell'occasione, sequestra una persona. Il sequestrato non potrà chiedere il risarcimento dei danni al datore di lavoro ai sensi dell'art. 2049 cod. civ.

Non vi è invece connessione "anomala", per la giurisprudenza, nel caso di truffe compiute dai dipendenti delle banche: si è così affermata la responsabilità di un istituto di credito per il comportamento illecito di un suo funzionario, il quale aveva indotto un risparmiatore ad affidargli il denaro al fine di curarne, per conto della banca stessa, la gestione personalizzata, salvo poi appropriarsi indebitamente di una parte delle somme ricevute (Cass., n. 11375/2006). In casi come questi vi è la c.d. "**occasionalità necessaria**", nel senso che le incombenze del commesso determinano una situazione tale da agevolare e rendere possibile l'evento dannoso. In via generale, può affermarsi che la responsabilità del datore o del committente non sussiste qualora il preposto abbia agito per finalità esclusivamente personali e del tutto avulse dalle incombenze assegnate o da quelle che sarebbe legittimo attendersi nell'ambito dell'incarico affidatogli, poiché in tal caso viene meno il nesso di occasionalità necessario tra le suddette incombenze e l'illecito (Cass., n. 10757/2016; Cass., n. 11816/2016).

Queste acquisizioni della giurisprudenza valgono anche per la responsabilità dell'Ente pubblico in relazione al fatto illecito commesso dal suo dipendente: l'Ente, infatti, risponderà anche quando il dipendente abbia agito per scopi personali estranei ai fini dell'Amministrazione, purché l'azione sia legata da un nesso di occasionalità necessaria con le funzioni svolte dal lavoratore; tanto che l'azione non sarebbe stata possibile senza l'esercizio del ruolo, per quanto svolto in modo illecito (Cass., Sez. Un., 16.5.2019, n. 13246).

La responsabilità del committente non è una responsabilità esclusiva, concorrendo con quella del commesso: l'art. 2049 cod. civ., dunque, mette capo ad un'ipotesi di **responsabilità solidale**. Il preponente, pertanto, può essere chiamato a risarcire il danno subìto per intero: lo stesso, poi, ha azione di regresso nei confronti del preposto per l'intera somma sborsata (salvi i casi in cui sussista un concorso del primo nella determinazione dell'evento dannoso).

Il committente, come accennato, non è ammesso a fornire una prova liberatoria. Talvolta si è cercato di rinvenire il fondamento della fattispecie in parola nella presunzione assoluta di *culpa in eligendo* o *culpa in vigilando* del preponente. In realtà, discutere di presunzione assoluta di colpa, che non consente la prova contraria, equivale a riconoscere l'irrilevanza della colpa in *eligendo* o *in vigilando*. Deve concludersi, allora, che la responsabilità del preponente è una responsabilità oggettiva, in quanto prescinde da ogni giudizio di colpa nei suoi confronti.

La giustificazione della responsabilità oggettiva del committente viene, attualmente, fatta risalire alla struttura del rapporto di lavoro o, più in generale, del rapporto di preposizione: il lavoratore o il commesso mettono a disposizione del datore di lavoro o del preponente le loro energie lavorative. Quest'ultimi, invece, fanno propri i risultati del lavoro altrui e, quindi, devono assumerne i rischi, come quello del possibile fatto illecito cagionato dai preposti durante l'esercizio delle loro incombenze (qui si osserva una differenza con la contigua fattispecie della responsabilità contrattuale per fatto degli ausiliari *ex* art. 1228 cod. civ.: la giurisprudenza di legittimità la qualifica come "responsabilità soggettiva per fatto proprio" del debitore, che trova fondamento nell'assunzione del rischio per i danni che al creditore possono derivare dall'uso di terzi nell'adempimento della propria obbligazione contrattuale: Cass., 20.10.2021, n. 29001). Valgono, in materia, alcune acquisizioni cui è giunta l'analisi economica del diritto: la responsabilità civile, quanto meno nei casi di responsabilità d'impresa, costituisce un meccanismo di traslazione dei rischi derivanti da determinate attività sui soggetti che meglio possono sopportare tali rischi (e internalizzare i relativi costi).

L'art. 2049 cod. civ. ha ispirato l'art. 31, 3° co., d.lgs. 24.2.1998, n. 58, il quale, nel disciplinare i rapporti fra società di intermediazione, promotore finanziario e cliente, prevede che "il soggetto abilitato che conferisce l'incarico è responsabile in solido dei danni arrecati a terzi dal promotore finanziario, anche se tali danni siano conseguenti a responsabilità accertata in sede penale" (in materia, si veda Cass., 17.1.2020, n. 857; peraltro, la Suprema Corte ha affermato che, al di là dell'esistenza di uno specifico rapporto contrattuale, sussiste la responsabilità indiretta dell'intermediario – banca – qualora la promozione sia svolta con modalità tali da ingenerare negli investitori l'incolpevole affidamento su uno stabile inserimento del promotore nell'attività dell'istituto di credito: Cass., n. 18928/2017).

354. La responsabilità del conducente e del proprietario per i danni derivanti da vizi di costruzione o da difetto di manutenzione.

Un'altra fattispecie codicistica di responsabilità particolare senza prova liberatoria si trova nell'art. 2054, 4° co., cod. civ., per il quale "le persone indicate dai commi precedenti sono responsabili dei danni derivati da vizi di costruzione o da difetto di manutenzione del veicolo".

Si tratta di una fattispecie di **responsabilità oggettiva**. Sotto il primo aspetto ("difetto di costruzione") è evidente che al conducente, al proprietario o agli altri soggetti indicati nell'art. 2054 cod. civ. non possa certo muoversi alcun addebito per un eventuale difetto di costruzione del veicolo che ha cagionato l'incidente.

Quanto al "difetto di manutenzione" potrebbe pensarsi che al conducente o agli altri soggetti previsti dalla disposizione venga rimproverata una colpa per difetto di manutenzione del veicolo. In realtà valgono i rilievi già svolti a proposito della responsabilità dei padroni e committenti: discutere di presunzione assoluta di colpa e poi escludere ogni possibilità di prova liberatoria vuol dire negare la rilevanza del giudizio di colpa.

Esempio. Il Sig. Puntualis si reca ogni tre mesi presso un meccanico per far verificare il buono stato della sua automobile. L'ultimo controllo però, viene male effettuato dal meccanico, che non pone rimedio ad un grave difetto del motore. Ritirata l'automobile, il Sig. Puntualis cagiona un incidente a causa della rottura del motore. La vittima potrà invocare la responsabilità oggettiva del Sig. Puntualis ai sensi dell'art. 2054, 4° co., cod. civ.

Capitolo 58

IL RISARCIMENTO DEI DANNI. IL DANNO PATRIMONIALE

355. Il risarcimento del danno: “danno evento” e “danno conseguenza”.

Il fatto illecito è fonte di obbligazioni: si tratta di obbligazioni risarcitorie in cui vi è un debitore (il danneggiante) ed un creditore (il danneggiato).

Il diritto al risarcimento del danno, nella responsabilità civile, si prescrive nel termine di cinque anni (art. 2947, 1° co., cod. civ.) o in quello di due anni se il danno è causato dalla circolazione di “veicoli di ogni specie” (art. 2947, 2° co., cod. civ.). Se però il fatto dannoso costituisce reato, rispetto al quale la legge prevede una prescrizione più lunga, la stessa si applica anche all’azione civile per il risarcimento (art. 2947, 3° co., cod. civ.). Sul *dies a quo* della prescrizione § 49.4.

È necessario premettere alcune precisazioni terminologiche al tema del risarcimento (patrimoniale e non patrimoniale). Quando si discute di “danno-evento” si fa riferimento alla lesione di un interesse giuridicamente rilevante: si pensi, ad esempio, alla lesione al diritto all’immagine di una persona. Con il termine “danno-conseguenza”, diversamente, si intende il pregiudizio subìto in concreto dalla vittima in conseguenza del verificarsi del “danno evento”. Un’efficace definizione individua nel danno conseguenza qualsiasi alterazione negativa della situazione del soggetto, rispetto a quella che ci sarebbe stata se non si fosse verificato il fatto illecito. E così, la lesione al diritto all’immagine può aver cagionato la perdita del posto di lavoro (“danno conseguenza”) della persona la cui fotografia è stata illecitamente pubblicata.

Risulta evidente, dunque, che il “danno evento” è un elemento strutturale del fatto illecito. L’oggetto del risarcimento cade, invece, sul “danno conseguenza”. Se non si accerta l’esistenza di questo, la vittima non può legittimamente chiedere, pur in presenza di un illecito, alcun risarcimento (il che vale anche quando il fatto illecito integra gli estremi del reato: così Cass., 10.5.2018, n. 11269). Pertanto, in via ordinaria, il nostro ordinamento ripudia la categoria concettuale del danno *in re ipsa* per la semplice violazione dell'interesse protetto, richiedendosi quindi all'attore di allegare e provare le conseguenze pregiudizievoli prodottesi per effetto di tale violazione. Si dirà in seguito, peraltro, del (discusso) danno da perdita di vita, rispetto al quale pare non sussistere la prospettata distinzione fra danno-evento e danno-conseguenza (§ 362). Un altro caso in cui, per la Suprema Corte, l'accertamento del danno-evento fa sorgere, di per sé, il diritto al risarcimento del danno, è stato analizzato in altra parte del Corso (§ 78.12): si fa riferimento al ritardo, da parte del medico, nella comunicazione di una diagnosi infausta e alla lesione del diritto del paziente di determinarsi liberamente nei propri (ultimi) percorsi esistenziali. La vittima, in sostanza, viene privata della possibilità di vivere le ultime fasi della sua vita nella cosciente e consapevole accettazione della sofferenza e del dolore fisico (Cass., 23.3.2018, n. 7260). Ancora, si discute se il danno da illegittima occupazione di immobile possa desumersi dalla mera perdita della disponibilità del bene, quasi una sorta di danno *in re ipsa*, ovvero richieda la prova – da fornirsi anche per presunzioni – della concreta intenzione del proprietario di mettere a frutto l'immobile (la questione, proprio per la sua importanza sistematica, è stata rimessa al Primo Presidente della Cassazione perché ne valuti l'assegnazione alle Sezioni Unite: Cass., 17.1.2022, n. 1162). In queste fattispecie esiste una particolarità: il danno-conseguenza risulta essere attratto nell'orbita del danno-evento, fino a diventarne una componente strutturale.

Tradizionalmente si ritiene che, nel nostro sistema, non siano ammessi i c.d. danni punitivi, ossia quelle prestazioni cui un soggetto è tenuto non per il danno patito dalla vittima, ma perché si vuole infliggere una "punizione" all'autore di un comportamento illecito e ottenere, al contempo, un effetto deterrente nei confronti di altri potenziali trasgressori (Cass., 17.10.2019, n. 26296; questo non vuol dire che l'istituto dei danni punitivi, così come affermatosi nel diritto statunitense, sia ontologicamente incompatibile con il nostro ordinamento: Cass., Sez. Un., n. 16601/2017, sui cui § 337).

Esistono, però, alcune eccezioni normative: si pensi, in particolare, all'art. 96, 3° co., cod. proc. civ., secondo cui se risulta che la parte soccombente in un giudizio civile ha agito o resistito nella causa con mala fede o colpa grave, il giudice (anche d'ufficio) può condannare la parte, oltre al risarcimento del danno, al pagamento a favore dell'altra di una somma determinata in via equitativa; all'art. 12 della l. 8.2.1948, n. 47, per il quale "nel caso di diffamazione commessa col mezzo della stampa, la persona offesa può chiedere, oltre al risarcimento di danni ai sensi dell'art. 185 del codice penale, una somma a titolo di riparazione; la somma è determinata in relazione alla gravità dell'offesa ed alla diffusione dello stampato". Alcuni interpreti rinvengono una funzione punitiva pure nell'art. 614-*bis* cod. proc. civ. (secondo cui quando il giudice pronuncia un provvedimento di condanna all'adempimento di obblighi diversi dal pagamento di una somma di denaro, può fissare *ex ante* "la somma di denaro dovuta dall'obbligato per ogni violazione o inosservanza successiva, ovvero per ogni ritardo nell'esecuzione del provvedimento"), nonché nell'art. 709-*ter*, 2° co., n. 2 (che abilita il giudice a disporre il "risarcimento dei danni, a carico di uno dei genitori, nei confronti del minore", e a "disporre il risarcimento dei danni a carico di uno dei genitori nei confronti dell'altro anche individuando la somma giornaliera dovuta per ciascun giorno di violazione o di inosservanza di provvedimenti assunti dal giudice": nuova formulazione introdotta dall'art. 1, 33° co., l. n. 206/2021).

Inoltre, la gravità della condotta viene talvolta utilizzata dai giudici – in maniera espressa o crittotipica – come parametro di commisurazione del *quantum debeatur*. Ciò è stato riconosciuto espressamente dalla giurisprudenza di legittimità nel 2018, la quale esorta il giudice civile a tenere in considerazione, nella valutazione e liquidazione del *quantum debeatur*, il contesto in cui si è manifestata la condotta dannosa e la funzione deterrente della responsabilità civile; la giurisdizione, si argomenta, non si colloca in un "asettico territorio di pensiero avulso dal reale", ma deve essere, piuttosto, sensibile ai mutamenti sociali e culturali in cui viene esercitata (Cass., n. 9059/2018).

356. Il danno patrimoniale. Il richiamo, da parte dell'art. 2056 cod. civ., alla disciplina delle obbligazioni in generale.

Sono risarcibili sia i danni patrimoniali sia i danni non patrimoniali. Ci si occuperà, in primo luogo, dei danni patrimoniali; successivamente saranno presi in considerazione i danni non patrimoniali.

I **danni patrimoniali** sono quelli che si traducono in un **pregiudizio economico** per il danneggiato: nella lesione, cioè, del suo patrimonio inteso in senso strettamente economico. Ecco perché si dice che i danni patrimoniali sono "traducibili" economicamente: sono liquidabili direttamente in una somma di denaro.

Viene in considerazione, in materia, l'art. 2056, 1° co., cod. civ., per il quale "il risarcimento dovuto al danneggiato si deve determinare secondo le disposizioni degli articoli 1223, 1226 e 1227". Per il secondo comma della disposizione "il lucro cessante è valutato dal giudice con equo apprezzamento delle circostanze del caso".

Valgono, anche in tema di responsabilità civile, le disposizioni già studiate (§ 125): l'art. 1223 cod. civ. ("il risarcimento del danno per l'inadempimento o per il ritardo deve comprendere così la perdita subìta dal creditore come il mancato guadagno, in quanto ne siano conseguenza immediata e diretta"); l'art. 1226 cod. civ. ("se il danno non può essere provato nel suo preciso ammontare, è liquidato dal giudice con valutazione equitativa"); l'art. 1227, 1° e 2° co., cod. civ. ("se il fatto colposo del creditore ha concorso a cagionare il danno, il risarcimento è diminuito secondo la gravità della colpa e l'entità delle conseguenze che ne sono derivate./ Il risarcimento non è dovuto per i danni che il creditore avrebbe potuto evitare usando l'ordinaria diligenza"). L'onere della prova del concorso del fatto del danneggiato è in capo al danneggiante (Cass., Sez. Un., 13.1.2005, n. 564).

Si noti come l'art. 2056, 1° co., cod. civ. non richiama l'art. 1225 cod. civ. ("se l'inadempimento o il ritardo non dipende dal dolo del debitore, il risarcimento è limitato al danno che poteva prevedersi nel tempo in cui è sorta l'obbligazione").

Ciò comporta che a fronte della commissione del fatto illecito, il responsabile sarà tenuto a risarcire non solo il danno prevedibile (come avviene in caso di inadempimento contrattuale, a meno che questo sia doloso), ma anche quello imprevedibile al momento in cui si verifica il fatto che fa sorgere la responsabilità civile.

Il risarcimento comprende sia il **danno** già **sofferto** (si pensi alle spese per i medicinali che la vittima ha dovuto comprare per curarsi a seguito dell'investimento ad opera del danneggiante), sia il **danno futuro** (è il caso di un incidente particolarmente grave, che richiede interventi e spese per tutta la vita e che pregiudica alcuni possibili guadagni della vittima dell'illecito; si veda Cass., n. 10499/2017, sui criteri per la liquidazione del danno patrimoniale futuro da perdita della capacità lavorativa).

Il lucro cessante, prevede l'art. 2056, 2° co., cod. civ., è valutato dal giudice con equo apprezzamento delle circostanze del caso. La norma, in tema di danno alla persona, va coordinata, oggi, con l'art. 137 del "Codice sulle assicurazioni private" (su cui § 357).

Infine, ancorché la materia sia oggetto, tuttora, di un acceso dibattito dottrinale, la Suprema Corte ha considerato risarcibile il **danno da perdita di *chance***, ossia il danno consistente nella perdita di un'occasione favorevole di conseguire un risultato giuridicamente rilevante, allorché vi sia la lesione di un interesse tutelato dall'ordinamento. Si pensi, ad esempio, all'illegittima esclusione di un candidato da un concorso; alla perdita di occasione, da parte di un impiegato, di avanzamento della carriera, determinata dalla degenza in ospedale cagionata da un incidente stradale.

Il danno che consegue alla lesione di un interesse tutelato dall'ordinamento, in questo caso, consiste nella procurata perdita di *chance*, intesa quale bene autonomo già facente parte del soggetto nel momento in cui si presenta l'occasione propizia, a prescindere dallo sperato risultato finale (così Cass., 4.3.2004, n. 4400, che dunque aderisce alla c.d. **tesi ontologica**, ossia della *chance* quale danno emergente). Spetta al danneggiato l'onere dimostrare, anche presuntivamente, l'esistenza di una probabilità, non trascurabile, di conseguire il risultato utile (Cons. Stato, 4.9.2013, n. 4408; Cass., 13.4.2017, n. 9571; Cass., 14.5.2013, n. 11548). Deve escludersi il danno da perdita di *chance* laddove si abbia o si possa avere contezza del fatto che il vantaggio economico perseguito sia per sé comunque conseguito o conseguibile o, al contrario, non lo sia per effetto del fatto dannoso (Cass., 12.4.2018, n. 9063).

Si ammette, oggi, il risarcimento del danno da perdita di *chance* non patrimoniale (Cass., 11.11.2019, n. 28993). Ricorre, in particolare, questa figura quando la condotta colposa del medico ha, come conseguenza, la lesione del diritto alla salute sotto la specie del sacrificio di un "possibile" risultato migliore (in termini di maggiore durata della vita e di minori sofferenze della persona). Il risultato migliore, si badi, viene considerato soltanto "possibile" alla luce delle conoscenze scientifiche e delle metodologie di cura del tempo (ed è per questo che si discute di *chance*). Qualora dalla possibilità perduta derivino conseguenze pregiudizievoli (ossia ripercussioni sulla sfera non patrimoniale del paziente) che presentino le necessarie dimensioni di apprezzabilità, serietà e consistenza, esse saranno risarcibili dal giudice con valutazione di tipo equitativo.

357. Il danno da perdita o diminuzione della capacità lavorativa e reddituale del danneggiato (art. 137 del d.lgs. 7.9.2005, n. 209).

Un tema particolarmente delicato è quello della quantificazione del **danno** da **lucro cessante** che deriva da **perdita** o **diminuzione** (definitiva o temporanea) **della capacità lavorativa** e **reddituale** del danneggiato.

Al fine di dettare alcune linee guida sulla quantificazione del danno, l'art. 137, 1° co., del d.lgs. 7.9.2005, n. 209 (recante il "Codice sulle assicurazioni private") prevede, presuntivamente, che "nel caso di danno alla persona, quando agli effetti del risarcimento si debba considerare l'incidenza dell'inabilità temporanea o dell'invalidità permanente su un reddito di lavoro comunque qualificabile, tale reddito si determina, per il lavoro dipendente, sulla base del reddito di lavoro, maggiorato dei redditi esenti e al lordo delle detrazioni e delle ritenute di legge, che risulta il più elevato tra quelli degli ultimi tre anni e, per il lavoro autonomo, sulla base del reddito netto che risulta il più elevato fra quelli dichiarati dal danneggiato ai fini dell'imposta sul reddito delle persone fisiche negli ultimi tre anni ovvero, nei casi previsti dalla legge, dall'apposita certificazione rilasciata dal datore di lavoro ai sensi delle norme di legge". È ammessa, in ogni caso, la "prova contraria", diretta a provare il reddito effettivo (art. 137, 2° co., d.lgs. n. 209/2005).

Può succedere che il danneggiato non abbia un reddito di lavoro (e ciò perché si tratta di una persona ancora in giovane età oppure la persona sia disoccupata o, ancora, il reddito sia tale da escludere ogni possibilità di assumerlo come base di calcolo). In questi casi è previsto che il "reddito che occorre considerare ai fini del risarcimento del danno non può essere inferiore a tre volte l'ammontare annuo della pensione sociale" (art. 137, 3° co., d.lgs. n. 209/2005).

Avendo riguardo alla posizione della persona giovane che non svolga alcuna attività lavorativa, la quantificazione del danno richiede di compiere una prognosi circa la sua occupazione futura: a tal fine devono essere tenuti in considerazione alcuni indici, come il tipo di studio intrapreso, la posizione economica e sociale della famiglia, la presunta futura attività lavorativa del ragazzo (Cass., 13.10.2016, n. 20630).

L'art. 137 del d.lgs. n. 509/2005 non contempla la figura del pensionato. Si è peraltro rilevato che l'età avanzata e la condizione di pensionato della vittima di un fatto illecito non escludono la possibilità che lo stesso svolga, in concreto, un'attività lavorativa. Il giudice, pertanto, deve valutare le prove offerte dalle parti sull'attività redditizia svolta dal danneggiato e commisurare sulla stessa la concreta incidenza patrimoniale dell'illecito (Cass., n. 8744/2000; Cass., n. 2008/1993).

Va ricordato, infine, che il **nascituro** può essere titolare del diritto al risarcimento dei danni patrimoniali e non patrimoniali, purché si verifichi la nascita (e a decorrere da questo momento o da quello, successivo, in cui si verifichi l'evento dannoso).

Nella determinazione del risarcimento del danno patrimoniale per lesioni subìte dal nascituro al momento del parto occorre tenere conto del danno conseguente all'impossibilità (o alla possibilità ridotta) di svolgimento di qualsiasi forma di attività economicamente redditizia e del denaro che in futuro dovrà essere speso per la necessaria assistenza da parte di persone specializzate.

358. Le ulteriori norme codicistiche, in tema di responsabilità civile, sul risarcimento del danno patrimoniale.

A norma dell'art. 2057 cod. civ. "quando il danno alle persone ha carattere permanente la liquidazione può essere fatta dal giudice, tenuto conto delle condizioni delle parti e della natura del danno, sotto forma di una rendita vitalizia. In tal caso il giudice dispone le opportune cautele". La norma, tuttavia, viene disapplicata dai nostri tribunali.

Applicazioni pratiche, invece, ha l'art. 2058, 1° co., cod. civ., per il quale "il danneggiato può chiedere la **reintegrazione in forma specifica**, qualora sia in tutto o in parte possibile". In base però al secondo comma, "il giudice può disporre che il risarcimento avvenga solo per equivalente, se la reintegrazione in forma specifica risulta eccessivamente onerosa per il debitore".

La disposizione, preliminarmente, permette di svolgere un'osservazione generale sui criteri di risarcimento utilizzabili nel giudizio di responsabilità civile: **risarcimento per equivalente** e risarcimento in forma specifica. Il primo consiste nella corresponsione al danneggiato di una somma di denaro che riesca a compensarlo del pregiudizio subìto; il secondo consiste nella rimozione diretta del pregiudizio verificatosi.

Esempio. Il Sig. Muratoris, svolgendo alcuni lavori di ristrutturazione della sua abitazione, rompe con una gru la staccionata del vicino, provocandogli un danno patrimoniale. Il Sig. Muratoris si impegna ad effettuare un risarcimento in forma specifica: provvederà personalmente (magari aiutato da personale specializzato) a riparare integralmente la staccionata.

Non può escludersi che il risarcimento del danno avvenga in parte per equivalente ed in parte in forma specifica.

Il limite dell'eccessiva onerosità, di cui discute il secondo comma dell'art. 2058 cod. civ., sussiste quando il sacrificio economico necessario per il risarcimento in forma specifica superi, in maniera eccessiva, il valore da corrispondere in base al risarcimento per equivalente.

Al fine di individuare il limite della eccessiva onerosità, è necessario considerare le circostanze oggettive (differenza tra il costo e l'utilità prodotta) e quelle soggettive (le condizioni economiche del debitore). Soltanto tale valutazione comparativa consente di evitare la condanna del debitore ad un'attività sproporzionata rispetto all'utilità prestata alla vittima.

Sia nel caso di risarcimento in forma specifica sia in quello di risarcimento per equivalente, nella determinazione del danno risarcibile occorre tenere conto degli effetti eventualmente positivi che si sono prodotti, nella sfera del danneggiato, quale conseguenza immediata e diretta del medesimo fatto illecito. Tale principio, sovente ripetuto dalla giurisprudenza, va sotto il nome di ***compensatio lucri cum damno*** (Cass., Sez. Un., 5.3.2009, n. 5287; Cass., Sez. Un., 25.11.2008, n. 28056; Cass., Sez. Un., 22.5.2018, n. 12565; Cass., Sez. Un., 22.5.2018, n. 12567). Il danno da fatto illecito, in particolare, deve essere liquidato sottraendo dall'ammontare del danno risarcibile l'importo dell'indennità assicurativa derivante da assicurazione contro i danni che il danneggiato-assicurato abbia riscosso in conseguenza di quel fatto (Cass., Sez. Un., n. 12565/2018). Il **criterio di selezione** in base al quale ammettere o negare il cumulo tra risarcimento del danno e somme percepite a titolo di beneficio collaterale è rappresentato dalla **funzione svolta dalle singole attribuzioni**. Decisiva è la considerazione, per i giudici di legittimità, che nell'assicurazione contro i danni l'indennità assicurativa è erogata proprio in funzione di risarcimento del pregiudizio subìto dall'assicurato in conseguenza del verificarsi dell'evento dannoso: essa soddisfa, neutralizzandola in tutto o in parte, la medesima perdita al cui integrale ristoro mira la disciplina della responsabilità risarcitoria del terzo autore del fatto illecito. Ne discende che quando si verifica un sinistro per il quale sussiste la responsabilità di un terzo, al danneggiato che si era assicurato per tale eventualità competono due distinti diritti di credito che, pur avendo fonte e titolo diversi, tendono ad un medesimo fine: il risarcimento del danno provocato dal sinistro all'assicurato-danneggiato. Nel solco di questa impostazione, la Suprema Corte ha affermato che dall'ammontare del danno subìto da un neonato in una fattispecie di colpa medica (consistente nelle spese da sostenere vita natural durante per l'assistenza personale), deve sottrarsi il valore capitalizzato dell'indennità di accompagnamento che la vittima abbia comunque ottenuto dall'Inps in conseguenza di quel fatto (Cass., Sez. Un., n. 12567/2018). Per contro, si ritiene che il risarcimento del danno non patrimoniale possa cumularsi con il valore capitale della pensione di reversibilità accordata dall'Inps al familiare superstite, giacché la funzione di tale emolumento non è risarcitoria ma solidaristica (Cass., Sez. Un., n. 12564/2018).

Il risarcimento in forma specifica è previsto espressamente dal legislatore in tema di responsabilità civile. Non sono poche, tuttavia, le pronunce che fanno riferimento alla possibilità di ottenere il risarcimento in forma specifica nel caso di inadempimento contrattuale (Cass., n. 7529/2003; Cass., n. 2569/2001; Cass., n. 6985/1997; Cass., 17.6.2015, n. 12582).

Si è stabilito, ad esempio, che il locatore, nel caso di costruzioni abusive da parte del conduttore, abbia diritto, ai sensi degli artt. 1590 e 2058 cod. civ., al ripristino della situazione originaria con l'eliminazione, da parte del conduttore, delle opere abusive costruite (Cass., n. 3386/1988).

L'analisi dei repertori, d'altra parte, permette di condividere il rilievo di chi afferma come la possibilità di estendere alla materia contrattuale il principio di cui all'art. 2058 cod. civ. rappresenti un *obiter dictum*; non costituisce quasi mai, cioè, la vera *ratio decidendi* delle pronunce.

Nella maggior parte dei precedenti, anzi, l'espressione risarcimento in forma specifica è utilizzata per indicare l'azione di esatto adempimento o di esecuzione in forma specifica. È di tutta evidenza, però, che l'adempimento coatto ed il risarcimento in forma specifica non sono equiparabili: il primo opera sul piano dell'adempimento, consentendo al creditore di ottenere la medesima prestazione che formava oggetto dell'obbligazione; il risarcimento in forma specifica, invece, provvede ad eliminare le conseguenze di un danno.

Capitolo 59

IL DANNO NON PATRIMONIALE

359. Il danno non patrimoniale. La lettura tradizionale dell'art. 2059 cod. civ.

L'unica norma che, nel codice civile, si occupa del danno non patrimoniale è l'art. 2059 cod. civ., per il quale "il danno non patrimoniale deve essere risarcito solo nei casi determinati dalla legge".

In linea generale può dirsi che il **danno non patrimoniale** consiste in un **pregiudizio non economico**. Il danno non patrimoniale, in altri termini, è quello che non può essere direttamente tradotto o liquidato in una somma di denaro.

La **lettura tradizionale** della disposizione ha, per molti decenni, sottolineato due aspetti:

(a) l'unico "caso previsto dalla legge" (o, comunque, l'unico caso da prendere davvero in considerazione) era quello di cui all'art. 185, 2° co., cod. pen., per il quale "ogni reato, che abbia cagionato un danno patrimoniale o non patrimoniale, obbliga al risarcimento". La vittima di un reato, dunque, può chiedere anche il risarcimento del danno non patrimoniale (è però necessario, precisano i giudici di legittimità, che ai fini del risarcimento si proceda ad una valutazione del danno in termini di "non futilità": Cass., Sez. Un., 25.2.2016, n. 3727, che fa riferimento al principio solidaristico di cui all'art. 2 Cost.).

Esempio. Una persona viene sequestrata e tenuta prigioniera, nel covo dei rapitori, per qualche settimana. Fortunatamente riesce a liberarsi. I rapitori vengono rinvenuti e processati per sequestro di persona. La vittima del reato può domandare, oltre al risarcimento dei danni patrimoniali, anche il risarcimento di quelli non patrimoniali.

(b) Il danno non patrimoniale, inoltre, veniva ricondotto al c.d. "**danno morale soggettivo**" (ed infatti, secondo l'espressione in voga, il danno non patrimoniale era definito danno morale): ci si riferiva, in particolare, alla sofferenza contingente, al turbamento transitorio dell'animo, al dolore, ai patemi subìti. Ciò giustificava l'espressione latina per definire il danno morale soggettivo: ***pretium doloris*** o ***pecunia doloris***.

Tale modo di intendere il danno non patrimoniale ben si collegava con l'art. 185, 2° co., cod. pen.: chi subisce un reato nutre un sentimento di dolore, spavento, ansia; questi sentimenti vanno risarciti, ovviamente in via equitativa, dal giudice. Maggiore è la gravità del reato (come nel caso del sequestro di persona), maggiore è la somma che potrà essere liquidata alla vittima.

Per poter ottenere il risarcimento del danno morale soggettivo, ci si è chiesti, occorre attendere una sentenza penale di condanna o basta l'accertamento, da parte del giudice civile, della sussistenza del reato? Quest'ultima soluzione si è andata affermando a partire dagli anni Ottanta del secolo scorso (Cass., 6.12.1982, n. 6651).

Il giudice civile, in sostanza, pur non essendo abilitato a pronunciare una sentenza di condanna penale, può accertare l'esistenza del fatto come reato al fine di pronunciare una sentenza civile di condanna al risarcimento del danno non patrimoniale.

Questa possibilità ha comportato delle significative conseguenze. La vittima del reato può adire direttamente il giudice civile, senza dover sottostare ai brevi termini per la proposizione della querela; inoltre, può attaccare direttamente il patrimonio dell'autore del reato, senza che abbiano rilievo la prescrizione del reato o la concessione di un provvedimento di clemenza.

Come si vedrà tra breve, i due capisaldi su cui per lungo tempo si è fondata la lettura dell'art. 2059 cod. civ. (il riferimento univoco all'art. 185, 2° co., cod. pen.; la nozione di danno non patrimoniale come "danno morale soggettivo") sono stati messi in discussione e superati negli ultimi decenni.

Va aggiunto, prima di proseguire l'indagine, che il danno non patrimoniale è, secondo l'opinione preferibile, risarcibile anche in caso di **inadempimento contrattuale** (e non solo a seguito della commissione del fatto illecito). Se la forma minima di tutela accordabile ai diritti inviolabili è quella risarcitoria, si è rilevato, la stessa non può essere negata nell'ipotesi in cui la fonte della responsabilità abbia natura contrattuale (Cass., Sez. Un., 11.11.2008, nn. 26972, 26973, 26974 e 26975; tale soluzione è accolta anche nella prospettiva di un edificando diritto comune europeo, nonché nelle principali fonti di cognizione della *lex mercatoria*: si confronti l'art. III.-3:701, 3° co.), *Draft Common Frame of Reference* (DCFR), che dispone: "*'loss' includes economic and non-economic loss (…) 'Non-economic loss' includes pain and suffering and impairment of the quality of life*"; nonché l'art. 9:501 PECL e l'art. 7.4.2. dei Principî Unidroit).

Per i giudici di legittimità decisiva è la considerazione che la prestazione contrattuale può realizzare interessi anche non patrimoniali (art. 1174 cod. civ.), come quelli inviolabili della persona: l'inadempimento di siffatta prestazione, dunque, consente di domandare il risarcimento dei danni non patrimoniali (in questo senso, nella giurisprudenza di merito, anche Trib. Prato, 1.12.2012, Trib. Matera, 23.9.2015; Trib. L'Aquila, 13.6.2019). L'accertamento della sussistenza di interessi non patrimoniali, lesi dall'inadempimento, richiede di valutare di volta in volta la "causa concreta", ossia la funzione economico-individuale che la stipulazione mirava a realizzare.

L'indagine caso per caso, tuttavia, non è necessaria allorché il perseguimento di interessi non aventi natura economica sia imposto direttamente dalla legge (si pensi, ad esempio, all'art. 2087 cod. civ., che prescrive al datore di lavoro, nell'ambito del contratto di lavoro subordinato, di tutelare l'integrità fisica e la personalità morale dei lavoratori; sul danno non patrimoniale da demansionamento si veda Cass., 19.8.2019, n. 21467).

360. I vari "casi previsti dalla legge", cui rimanda la nozione di cui all'art. 2059 cod. civ.

Una nuova consapevolezza, peraltro, è maturata nel tempo. Non è affatto vero che l'unico caso previsto dalla legge (o, comunque, l'unico da tenere in considerazione) sia quello previsto dall'art. 185, 2° co., cod. pen.

Un'indagine completa del sistema, anzi, dimostra come siano **diverse** le **fattispecie legislative** che consentono il risarcimento del danno non patrimoniale.

L'art. 89, 2° co., cod. proc. civ., prevede che "il giudice, in ogni stato dell'istruzione, può disporre con ordinanza che si cancellino le espressioni sconvenienti od offensive, e, con la sentenza che decide la causa, può inoltre assegnare alla persona offesa una somma a titolo di risarcimento del danno anche non patrimoniale sofferto, quando le espressioni offensive non riguardano l'oggetto della causa".

Ed ancora, stabilisce l'art. 598, 2° co., cod. pen. che "il giudice, pronunciando nella causa, può, oltre ai provvedimenti disciplinari, ordinare la soppressione o la cancellazione, in tutto o in parte, delle scritture offensive, e assegnare alla persona offesa una somma a titolo di risarcimento del danno non patrimoniale".

Dagli anni Ottanta, poi, è possibile registrare un significativo aumento delle fattispecie legislative che riconoscono la possibilità di domandare il risarcimento del danno non patrimoniale.

Basterà ricordare le seguenti disposizioni legislative: l'art. 2, 2° co., della l. 13.4.1988, n. 117, relativo ai danni da privazione della libertà personale cagionati da atti, provvedimenti o comportamenti causati, con dolo o colpa grave, dal magistrato nell'esercizio delle sue funzioni, ovvero ai danni determinati da diniego di giustizia; l'art. 44, 7° co., del d.lgs. 25.7.1998, n. 286 e successive modifiche, in tema di danni determinati da **comportamenti discriminatori**, per motivi razziali, etnici, nazionali o religiosi; l'art. 28, 5° co., d.lgs. n. 150/2011, sulle controversie in materia di discriminazione.

Esempio. L'esercente di un bar si rifiuta di preparare due caffè a dei cittadini nord africani, dichiarando espressamente di non volere servire persone extracomunitarie.

Quello appena ricordato è un comportamento discriminatorio, che permette alla vittima di domandare il risarcimento dei danni non patrimoniali (Cass., 21.12.2005, n. 46783).

Il risarcimento del danno non patrimoniale, ancora, è previsto dall'art. 2, 1° co., della l. 24.3.2001, n. 89, sul mancato rispetto del termine ragionevole della durata dei processi (c.d. "legge Pinto"; si veda, per un'applicazione giurisprudenziale, Corte europea dei diritti dell'Uomo, 14.1.2016, relativa all'eccessiva durata dei giudizi civili di risarcimento dei danni per "sangue infetto"); dall'art. 82 del Reg. UE 2016/679 del Parlamento e del Consiglio (GDPR), sui danni cagionati dall'illegittimo trattamento dei dati personali (nella stessa direzione si muoveva già l'art. 15, 2° co., d.lgs. 30.6.2003, n. 196). L'art. 41 del d.lgs. 18.5.2018, n. 51 consente il risarcimento dei danni non patrimoniali cagionati da illegittimo trattamento dei dati personali da parte delle Autorità preposte, fra l'altro, alle attività di indagine, prevenzione, accertamento di reati. Lo stesso ristoro è previsto dagli artt. 37, 4° co., e 38, 1° co., d.lgs. 11.4.2006, n. 198 (Codice delle pari opportunità tra uomo e donna) per il pregiudizio patito da una persona vittima di atti discriminatori fondati sul sesso.

Ed ancora, fa riferimento al risarcimento del danno morale e biologico il d.p.r. n. 181/2009, sulle vittime del terrorismo e delle stragi di tale matrice. La legge, in questo caso, definisce il danno morale come "il pregiudizio non patrimoniale costituito dalla sofferenza soggettiva cagionata dal fatto lesivo in sé considerato" (art. 1, d.p.r. n. 181/2009; sui criteri di accertamento del danno biologico e morale si veda il successivo art. 2). Il danno morale ed il danno biologico sono pure previsti dall'art. 1082 del d.p.r. n. 90/2010, in materia di ordinamento militare. Infine, nel Codice delle Assicurazioni private (d.lgs. n. 209/2005, su cui § 362), si rinviene una definizione di danno biologico suscettibile di generale applicazione (Trib. Brindisi, 9.3.2020).

361. La lettura "costituzionale" dell'art. 2059 cod. civ.

Può dirsi, peraltro, che la vera "rivoluzione copernicana", a proposito dell'art. 2059 cod. civ., si sia affermata nel tempo attraverso la lettura "costituzionale" della stessa disposizione.

La Cassazione, infatti, nelle note sentenze a Sezioni Unite del 2008 (le c.d. "**sentenze gemelle di San Martino**") afferma solennemente che la risarcibilità del **danno non patrimoniale** sussiste in tutti i casi di "**lesione di diritti inviolabili della persona** riconosciuti dalla Costituzione" (Cass., Sez. Un., 11.11.2008, nn. 26972; 26793, 26794, 26795). Con tali sentenze, inoltre, la Suprema Corte aveva: i) disegnato uno statuto risarcitorio del danno alla salute centrato sulla categoria del danno biologico – s'è parlato, in proposito, di "biologizzazione della sofferenza" – ritenendo il danno morale, in presenza di una lesione medicalmente accertabile, incluso nel primo, come sua necessaria componente. Come a dire: se si rinviene una degenerazione patologica si deve liquidare soltanto il danno biologico, che "assorbe" anche la sofferenza interiore derivante dalla lesione stessa; ii) negato al "danno esistenziale" la dignità di autonoma sottocategoria del danno non patrimoniale, relegandolo al ruolo di "sintesi descrittiva" di una delle possibili manifestazioni di quest'ultimo.

Già da qualche anno la Suprema Corte aveva affermato che "il rinvio ai casi in cui la legge consente la riparazione del danno non patrimoniale ben può essere riferito, dopo l'entrata in vigore della Costituzione, anche alla previsione della legge fondamentale, atteso che il riconoscimento nella Costituzione dei diritti inviolabili inerenti alla persona non aventi natura economica implicitamente, ma necessariamente, ne esige la tutela, ed in tal modo configura un caso determinato dalla legge, al massimo livello, di riparazione del danno non patrimoniale" (Cass., 31.5.2003, nn. 8827 e 8828).

Ricordano i giudici di legittimità che "la tutela non è ristretta ai casi di diritti inviolabili della persona espressamente riconosciuti dalla Costituzione nel presente momento storico, ma, in virtù dell'apertura dell'art. 2 Cost. ad un processo evolutivo, deve ritenersi consentito all'interprete rinvenire nel complesso sistema costituzionale indici che siano idonei a valutare se nuovi interessi emersi nella realtà sociale siano, non genericamente rilevanti per l'ordinamento, ma di rango costituzionale attenendo a posizioni inviolabili della persona umana" (Cass., Sez. Un., n. 26972/2008).

Le parole della Cassazione richiedono di essere concretizzate. Quali sono, attualmente, gli interessi di rango costituzionale che attengono a posizioni inviolabili della persona?

Il catalogo è quanto mai vario. Ecco i principali diritti costituzionalmente garantiti: (a) il **diritto alla salute** (artt. 2 e 32 Cost.).

Esempio. Una persona riceve alcune percosse ad opera di un esagitato, subendo varie ferite. Essendo stato leso il suo diritto all'integrità psico-fisica, potrà chiedere il risarcimento dei danni patrimoniali e dei danni non patrimoniali, dimostrando il pregiudizio patito.

Il diritto alla salute, secondo l'accezione più diffusa, va inteso come diritto all'integrità psico-fisica. Peraltro, la giurisprudenza di legittimità riconosce pure il diritto a non venire esposti a fattori di rischio per la salute, pena la risarcibilità del "danno da paura di ammalarsi" (Cass., 17.10.2017, n. 27324); riconosce, altresì, il diritto del paziente a non subire ingerenze inutili nella propria sfera psico-fisica (Cass., 19.5.2017, n. 12597, ove il riferimento ad un intervento chirurgico del tutto inutile, ancorché condotto a regola d'arte e senza alcuna lesione dell'integrità fisica del paziente). Contiguo al diritto alla salute, sebbene dotato di una sua autonomia concettuale e risarcitoria, è poi il diritto al consenso informato in ambito terapeutico, oggi riconosciuto a chiare lettere dall'art. 1 l. n. 219/2017 (Cass., 11.11.2019, n. 28985; Cass., 4.11.2020, n. 24471; n argomento si veda § 78.12).

(b) Gli altri **diritti della personalità** (art. 2 Cost).

Esempio. Un giornalista scrive un articolo diffamatorio nei confronti di una persona che, a seguito della pubblicazione, modifica sensibilmente la sua vita di relazione (§ 362). Dimostrata la circostanza, la vittima potrà chiedere il risarcimento dei danni non patrimoniali (sotto la specie, in questo caso, di danni "esistenziali").

Il danno non patrimoniale potrà essere domandato anche quando il fatto non costituisce reato (Cass., 12.2.2020, n. 3371).

Vengono in considerazione, qui, non soltanto i tradizionali diritti della personalità, ma anche quelli di nuova emersione (si veda § 78.12). Si discute, in particolare, di **diritto all'intangibilità della sfera degli affetti reciproci** e, per utilizzare le parole della Cassazione (Cass., Sez. Un., n. 26972/2008; Cass., 19.11.2018, n. 29784), della **scambievole solidarietà nell'ambito della famiglia** (qui i riferimenti costituzionali sono offerti dagli artt. 2, 29, 30 Cost.).

Esempio. Un automobilista travolge e uccide colposamente una persona, che lascia moglie e figli. Questi, oltre a domandare il risarcimento del danno patrimoniale, possono anche chiedere il risarcimento del danno non patrimoniale.

Per la Suprema Corte pure i **nonni** sono legittimati a chiedere *iure proprio* il risarcimento dei danni non patrimoniali, sofferti per la **perdita del rapporto parentale** (Cass. pen., n. 1736/2013; Cass., n. 14655/2017 ha affermato che, in caso di illecito plurioffensivo, ciascun familiare superstite è titolare di un autonomo diritto all'integrale risarcimento del pregiudizio patito, in proporzione alla durata e intensità del vissuto con il *de cuius*, nonché alla composizione del restante nucleo familiare).

Particolare rilievo, poi, viene dato al **diritto alle "potenzialità interrelazionali del rapporto genitori/figli"** (Cass., nn. 8827/2003 e 8828/2003; Trib. Prato, 1.12.2012). Anche in questo caso non mancano i riferimenti costituzionali (artt. 2, 29 e 30 Cost.).

Esempio. Un ragazzo subisce un fatto illecito altrui, che lo costringe ad uno stato vegetativo permanente. I genitori sono costretti, per aiutare il figlio, a sconvolgere completamente le loro abitudini di vita: hanno dunque diritto al risarcimento del danno non patrimoniale (sotto la specie di danno "esistenziale").

Le considerazioni appena svolte permettono di compiere due osservazioni. In primo luogo, la lettura "costituzionale" emersa in questi ultimi anni esclude che, al di fuori dei casi espressamente previsti dalla legge, possano essere risarciti pregiudizi non patrimoniali i quali non derivino dalla lesione di un diritto alla persona costituzionalmente garantito (Cass., 4.6.2009, n. 12885; Cass., 9.4.2009, n. 8703; Cass., 8.2.2019, n. 3720).

Viene così censurato l'indirizzo di alcuni giudici di merito (in particolar modo dei giudici di pace) che avevano ammesso la risarcibilità dei c.d. **danni bagatellari**. Si tratta di pregiudizi di lieve entità derivanti da lesioni prive di copertura costituzionale: ripetuti inoltri, da parte della Rai, di lettere in cui si invita l'utente a regolare la posizione con riferimento al canone, che invece è stato già pagato; invio di cartelle esattoriali "pazze" contenenti la diffida al pagamento di somme non dovute (o non dovute nella misura esorbitante indicata); sospensione non programmata della fornitura di energia, che impedisce ad alcune persone di assistere alla trasmissione televisiva della partita di calcio; attesa lunghissima in aeroporto; cattivo funzionamento di un ufficio pubblico; perdita da parte del fotografo delle immagini del matrimonio, che non lede alcun diritto costituzionale alla "memoria" o "al ricordo" (per quest'ultima fattispecie si veda Cass., 29.6.2018, n. 13370, la quale semmai riconosce il diritto al risarcimento del danno per inadempimento contrattuale); perdita dell'animale di affezione.

Sulla **perdita** dell'**animale** di **affezione**, semmai, è possibile compiere qualche osservazione aggiuntiva. Non si rinviene, nella Costituzione, una norma che tuteli il diritto alla potenzialità interrelazionale uomo/animale (a voler mutuare il linguaggio della Suprema Corte utilizzato per indicare il legame fra genitori e figli: Cass., n. 8827/2003; per Cass., n. 26972/2008, i limiti fissati dall'art. 2059 cod. civ. non possono essere superati neanche dal giudice di pace, quando decida secondo equità; *contra*, su quest'ultimo aspetto, Cass., 25.2.2009, n. 4493). Si è così affermato, in un precedente, che "la perdita del cavallo, come animale da affezione, non sembra riconducibile sotto la specie di un danno esistenziale consequenziale alla lesione di un interesse della persona umana alla conservazione di una sfera di integrità affettiva costituzionalmente protetta" (Cass., 27.6.2007, n. 14846; si veda anche Cass., 23.10.2018, n. 26770, che esclude il risarcimento del danno esistenziale per ferimento dell'animale d'affezione; semmai il risarcimento viene ammesso quando concorrano gli estremi del reato: Trib. Parma, 2.5.2018).

In difformità rispetto a questo indirizzo, non mancano precedenti dei giudici di merito che riconoscono il risarcimento del danno non patrimoniale per perdita dell'animale (Trib. Rovereto, 18.10.2009, sulla scorta della considerazione che il "sentimento di affezione" troverebbe, fra l'altro, un riferimento normativo nella l. n. 281/1991, recante la legge quadro in materia di animali di affezione e prevenzione del randagismo; Trib. Reggio Calabria, 6.6.2013; Trib. Firenze, 14.6.2013; tale orientamento sembra oggi trarre nuova linfa dal novellato art. 9 Cost. che impegna la Repubblica a disciplinare con legge "i modi e le forme di tutela degli animali").

È indubbio, peraltro, che in alcuni casi il rapporto fra persona ed animale sia molto stretto e caratterizzato da un sentimento di autentico e profondo affetto. Non va escluso, allora, che il fatto illecito altrui (si pensi ad un veterinario che esegua maldestramente un'operazione chirurgica su un cane, facendolo morire), possa cagionare in capo al proprietario una vera e propria lesione del diritto alla salute, il quale ha rilevanza costituzionale (art. 32 Cost.).

Occorre, va sottolineato, che si accerti l'esistenza di tutti gli altri elementi del fatto illecito e, fra questi, il fatto (doloso o colposo, quando si verta nella fattispecie di cui all'art. 2043 cod. civ.) nonché il nesso causale fra il fatto ed il danno-evento.

Vi è poi una seconda considerazione da compiere. Sin dagli esordi della lettura costituzionale dell'art. 2059 cod. civ., gli interpreti si sono chiesti in che modo vada ridisegnata la nozione di "danno non patrimoniale". In passato, si è detto, il danno non patrimoniale era inteso come il danno morale soggettivo, ossia lo spavento, il turbamento d'animo, il dolore transeunte. Superata questa lettura angusta dell'art. 2059 cod. civ., va ridisegnata, in modo composito, l'architettura del danno non patrimoniale.

362. L'attuale nozione di danno non patrimoniale.

Da tempo si discute sulla **nozione del danno non patrimoniale** (talvolta con repentini e non sempre coerenti cambi di giurisprudenza che non hanno giovato ad un'ordinata sistemazione della materia). Vi è chi sostiene che il danno non patrimoniale costituirebbe una categoria unitaria; altri, invece, osservano che andrebbero distinte specifiche **voci** o **figure** di danno non patrimoniale. Può convenirsi con quanto affermano, di recente, alcuni precedenti dei giudici di legittimità: il carattere "unitario" della categoria va inteso nel senso che il giudice ha l'obbligo di tener conto di tutte le conseguenze pregiudizievoli, non suscettibili di valutazione economica, derivanti dall'evento lesivo (Cass., 31.1.2019, n. 2788). Con un preciso limite: quello di **evitare duplicazioni risarcitorie**, attribuendo nomi diversi a pregiudizi identici. D'altra parte, non può disconoscersi l'esistenza di diverse tipologie di danno **ontologicamente** differenti ed egualmente rilevanti (Cass., 13.12.2019, n. 23787). Anzi, soltanto attraverso un'attenta considerazione delle diverse figure di danno si è in grado di assicurare al danneggiato un pieno ristoro per i pregiudizi subìti.

In via generale, infatti, muovendo dalla realtà fenomenologica del danno alla persona in quelle vicende in cui l'illecito incide un diritto costituzionalmente protetto, si può osservare (ordinariamente e con una certa regolarità statistica) una duplice manifestazione: la sofferenza interiore della vittima e le dinamiche relazionali di una vita che cambia in conseguenza del torto. L'osservazione, peraltro, è confermata dalle più recenti acquisizioni della psichiatria e della psicologia. Talché "il danno biologico (la lesione della salute), quello morale (la sofferenza interiore) e quello dinamico-relazionale (altrimenti definibile esistenziale, e consistente nel peggioramento delle condizioni di vita quotidiana, risarcibile nel caso in cui l'illecito abbia violato diritti fondamentali della persona) costituiscono pregiudizi non patrimoniali **ontologicamente diversi** e tutti risarcibili" (Cass., 19.2.2013, n. 4033; Cass., 3.10.2013, n. 22585; Cass., 11.10.2013, n. 23147).

Si consideri che è stato lo stesso legislatore, nella disciplina di settore, a distinguere fra danno biologico e danno morale (si vedano, ad esempio, il già citato art. 1 del d.p.r. n. 181/2009, sulle "vittime del terrorismo e delle stragi di tale matrice"; l'art. 1082 del d.p.r. n. 90/2010, in materia di ordinamento militare; si abbia ancora riguardo, per una distinzione fra danno biologico e danno morale, all'art. 5 del d.p.r. 3.3.2009, n. 37, recante il "Regolamento per la disciplina dei termini e delle modalità di riconoscimento di particolari infermità da cause di servizio per il personale impiegato nelle missioni all'estero, nei conflitti e nelle basi militari nazionali"). Si vedrà, inoltre, che il Codice delle Assicurazioni private, nel delineare una nozione generale di danno biologico, distingue pure fra danno dinamico-relazionale e danno morale (§ 363).

Il danno non patrimoniale, in primo luogo, può avere il volto del **danno morale soggettivo**, di cui ci si è già occupati, anche sotto il profilo della sua definizione (§ 359). Si aggiunga, peraltro, che oggi la Suprema Corte svolge la seguente precisazione: il danno morale va inteso non soltanto come patema d'animo (o sofferenza interiore o perturbamento psichico), ma anche come lesione alla dignità o integrità morale, quale massima espressione della dignità umana (Cass., n. 1361/2014).

Nell'ambito del danno morale soggettivo rientra anche il c.d. **danno catastrofico**: si fa riferimento a quei casi in cui, poco tempo dopo la commissione del fatto illecito, discende la morte della vittima (Cass., 30.8.2019, n. 21837).

Per la giurisprudenza della Cassazione "deve essere riconosciuto (ove in sostanza allegato e provato) il danno morale, a ristoro della sofferenza psichica provata dalla vittima di lesioni fisiche, alle quali sia seguita dopo breve tempo la morte, che sia rimasta lucida durante l'agonia in consapevole attesa della fine. Si tratta di un danno tanatologico che viene ricondotto nella dimensione del danno morale inteso nella sua più ampia accezione, come sofferenza della vittima che lucidamente assiste allo spegnersi della propria vita" (Cass., 7.6.2010, n. 13672). Anche l'intervallo di tempo di tre giorni fra l'incidente ed il decesso permette di parlare di danno tanatologico (Cass., n. 458/2009).

La vittima ha una propria sofferenza e, pertanto, dopo la morte, gli eredi sono legittimati *iure successionis* ad agire per il risarcimento del danno morale soggettivo subìto dal defunto (Cass., 10.5.2018, n. 11250, che ribadisce come il danno catastrofico, definito anche "catastrofale", può essere riconosciuto agli eredi, a titolo di danno morale, solo a condizione che sia entrato a far parte del patrimonio della vittima al momento della morte: occorre pertanto la prova "della sussistenza di uno stato di coscienza della persona nel breve intervallo tra il sinistro e la morte". Da ultimo, Cass., 23.10.2018, n. 26727 ha precisato l'irrilevanza, a fini risarcitori, del lasso di tempo intercorso tra la lesione subìta e il decesso nel caso in cui la persona sia rimasta "manifestamente lucida").

Il danno non patrimoniale, inoltre, può consistere nel c.d. **danno biologico**, di cui oggi esiste una definizione legislativa di carattere generale. Ai sensi degli artt. 138, 2° co., e 139, 2° co., del d.lgs. n. 209/2005 (Codice delle Assicurazioni private) per danno biologico si intende "la lesione temporanea o permanente dell'integrità psico-fisica della persona suscettibile di accertamento medico legale che esplica un'incidenza negativa sulle attività quotidiane e sugli aspetti dinamico-relazionali della vita del danneggiato, indipendentemente da eventuali ripercussioni sulla sua capacità di produrre reddito". In ogni caso, le lesioni di lieve entità, che non siano suscettibili di accertamento clinico strumentale obiettivo, non possono dar luogo a risarcimento per danno biologico permanente (parte finale dell'art. 139, 2° co., d.lgs. n. 209/2005). Sulla base del dato normativo può dirsi che la compromissione dell'integrità psico-fisica rappresenta la lesione dell'interesse protetto; le rinunce concrete che ne conseguono il danno risarcibile: in altre parole, la prima è la lesione di un diritto, ma non necessariamente un danno; sono le menomazioni e le forzose rinunce da essa indotte a rappresentare il vero e proprio danno in senso giuridico (Cass., 11.11.2019, n. 28986).

La disciplina appena ricordata permette di considerare acquisito, oggi, un dato: la lesione all'integrità psico-fisica (art. 32 Cost.) va risarcita indipendentemente dal risarcimento dovuto a titolo patrimoniale, che pure può sussistere.

Esempio. Una modella, a seguito di un incidente, non riesce più a camminare correttamente. Non potrà più svolgere le sfilate già programmate e dovrà rinunciare al suo lavoro. Sussiste, qui, un danno patrimoniale. La lesione all'integrità fisica, del resto, legittima la stessa (anche) alla richiesta del risarcimento del danno non patrimoniale.

Esempio. Un pensionato subisce un incidente che gli procura un lieve difetto nel camminare. Qui, salva prova contraria, non è rinvenibile un danno patrimoniale. Il pensionato, tuttavia, potrà chiedere il risarcimento per il danno biologico, invocando i criteri di legge per la liquidazione del danno subìto.

Si discute, ancora, di "danno biologico terminale" nel caso in cui tra la lesione dell'integrità psicofisica e la morte vi sia un periodo di tempo apprezzabile, in base ad una valutazione rimessa al prudente apprezzamento del giudice.

Un'ulteriore manifestazione del danno non patrimoniale è costituita dal **danno dinamico-relazionale**, anche noto come **danno "esistenziale"**: esso va inteso come una compromissione della dimensione esistenziale di una persona, un non poter più fare "areddituale" a seguito della commissione di un fatto illecito (Cass., 9.11.2018, n. 28742; Cass., 29.1.2018, n. 2056).

Quest'ultimo, in sostanza, modifica in peggio il tenore di vita esistenziale della vittima, stravolgendo le sue pregresse abitudini di vita e incidendo sulle sue possibili relazioni sociali.

Esempio. Un ragazzo ha un incidente gravissimo, che lo costringe per tutta la vita a rimanere sdraiato su un letto, bisognoso di continue cure. I genitori si dedicano anima e corpo al figlio, rinunciando ai loro viaggi annuali, alle relazioni sociali, alla frequentazione di amici, ai passatempi. A parte il risarcimento che potrà chiedere il ragazzo, anch'essi hanno diritto a domandare il risarcimento del danno non patrimoniale per il peggioramento della loro qualità di vita (rimane ferma, ovviamente, la possibilità di domandare il risarcimento dei danni patrimoniali).

La risarcibilità del danno esistenziale trova un fondamento normativo nell'art. 1223 cod. civ. (richiamato dall'art. 2056, 1° co., cod. civ.), che consente alla vittima del fatto illecito di domandare, come risarcimento, sia il danno emergente sia il lucro cessante. Il danno esistenziale non è altro che un mancato guadagno non patrimoniale, ossia una rinuncia forzata ad un'attività realizzatrice della persona umana; la vittima, in sostanza, guadagna di meno in termini esistenziali o di qualità di vita (non a caso un'accorta dottrina discute di "lucro cessante esistenziale").

Ove la lesione inferta sia "grave", è possibile che anche il danno conseguenza non consista in un mero disagio o fastidio (non risarcibili), ma in una effettiva compromissione della dimensione esistenziale della persona. Decisive, peraltro, sono le prove che la vittima è in grado di fornire rispetto alla fattispecie concreta.

La Cassazione, di recente, ha fatto riferimento all'art. 8 della Convenzione europea dei diritti umani (sul diritto al rispetto della vita privata e familiare) al fine di accordare il risarcimento dei danni esistenziali conseguenti all'accertamento di immissioni intollerabili: "a seguito della 'comunitarizzazione' della Cedu, conseguente all'approvazione del Trattato di Lisbona, il giudice interno che abbia a trattare casi di immissioni non può non conformarsi anche ai criteri elaborati in seno al sistema giuridico della Convenzione. In ragione di tale nuova prospettiva giuridica di riferimento esce rafforzata dal fondamento normativo costituito dall'art. 8 Cedu la risarcibilità del danno non patrimoniale conseguente ad immissioni illecite anche a prescindere dalla sussistenza di un danno biologico documentato" (Cass., n. 20927/2015; orientamento confermato da Cass., Sez. Un., 1.2.2017, n. 2611).

Un punto va ribadito. Il quadro legislativo e giurisprudenziale, di cui si è dato conto, esclude inammissibili duplicazioni di richieste risarcitorie: domande di risarcimento del danno non patrimoniale, cioè, aventi lo stesso oggetto, sebbene formulate sotto un *nomen iuris* diverso.

Si pensi, ad esempio, al caso di chi, a seguito di un fatto illecito, subisce alcune ferite. Ebbene, la lesione della salute di cui agli artt. 138, 2° co., 139, 2° co., d.lgs. n. 209/2005 (articoli così sostituiti dall'art. 1, 17° co., l. 4.8.2017, n. 124) in null'altro consiste, dice oggi la Cassazione (§ 363), che nella compromissione delle abilità della vittima nello svolgimento delle attività quotidiane, nessuna esclusa: dal fare, all'essere, all'apparire (si ricordi, infatti, la nozione legislativa di danno biologico: "la lesione temporanea o permanente dell'**integrità psico-fisica** della persona, suscettibile di accertamento medico legale, che esplica un'incidenza negativa sulle attività quotidiane e sugli **aspetti dinamico-relazionali della vita del danneggiato**, indipendentemente da eventuali ripercussioni sulla sua capacità di produrre reddito"). In presenza d'un danno permanente alla salute, dunque, costituisce duplicazione risarcitoria la congiunta attribuzione d'una somma di denaro a titolo di risarcimento del danno biologico, e l'attribuzione d'una ulteriore somma a titolo di risarcimento dei pregiudizi di cui è già espressione il grado percentuale di invalidità permanente (Cass., 11.11.2019, n. 28989).

Peraltro, di fronte ad un danno biologico per lesioni di non lieve entità (su cui anche § 363), è previsto che "qualora la menomazione accertata incida in maniera rilevante su specifici aspetti dinamico-relazionali personali documentati e obiettivamente accertati, l'ammontare dal risarcimento del danno, calcolato secondo quanto previsto dalla tabella unica nazionale di cui al comma 2, può essere aumentato dal giudice, con equo e motivato apprezzamento delle condizioni soggettive del danneggiato, sino al 30 per cento" (art. 138, 3° co., d.lgs. n. 209/2005). Di fronte, invece, ad un danno biologico per lesioni di lieve entità, derivanti dalla circolazione di veicoli a motore e di natanti (su cui anche § 363), è stabilito che "qualora la menomazione accertata incida in maniera rilevante su specifici aspetti dinamico-relazionali personali documentati e obiettivamente accertati ovvero causi o abbia causato una sofferenza psico-fisica di particolare intensità, l'ammontare del risarcimento del danno, calcolato secondo quanto previsto dalla tabella di cui al comma 4, può essere aumentato dal giudice, con equo e motivato apprezzamento delle condizioni soggettive del danneggiato, fino al 20 per cento. L'ammontare complessivo del risarcimento riconosciuto ai sensi del presente articolo è esaustivo del risarcimento del danno non patrimoniale conseguente a lesioni fisiche" (art. 139, 3° co., d.lgs. n. 209/2005).

Si noti come quest'ultima disposizione faccia riferimento alla possibilità per il giudice di personalizzare il danno, fra l'altro, qualora la menomazione causi o abbia causato una "sofferenza psico-fisica di particolare intensità". Vi è spazio, dunque, per il danno morale. Allo stesso modo, di fronte ad una lesione di non lieve entità, "al fine di considerare la componente del danno morale da lesione all'integrità fisica, la quota corrispondente al danno biologico stabilita in applicazione dei criteri di cui alle lettere da a) e d) è incrementata in via percentuale e progressiva per punto, individuando la percentuale di aumento di tali valori per la personalizzazione complessiva della liquidazione" (art. 138, 2° co., lett. e, d.lgs. n. 209/2005). Il giudice, in sostanza, tenendo conto della componente corrispondente al danno morale, è abilitato ad aumentare la quota corrispondente al danno biologico.

La Suprema Corte, ancora, mira ad evitare inammissibili sovrapposizioni risarcitorie quando afferma che al prossimo congiunto di una persona defunta non può essere liquidato sia il danno da perdita del rapporto parentale, sia il danno esistenziale, che ne costituisce una componente intrinseca (così Cass., 11.11.2019, n. 28989).

In tempi recenti, infine, con una pronuncia innovativa la Cassazione ha riconosciuto che "costituisce danno non patrimoniale altresì il **danno da perdita di vita**, quale bene supremo dell'individuo, oggetto di un diritto assoluto e inviolabile garantito in via primaria da parte dell'ordinamento, anche sul piano della tutela civilistica" (Cass., 23.1.2014, n. 1361; si veda, in senso contrario, nella giurisprudenza costituzionale, Corte cost., 27.10.1994, n. 372). Il danno da perdita di vita, osservano i giudici di legittimità, è altra cosa (in considerazione del diverso bene tutelato) dal danno alla salute, e si acquista dalla vittima istantaneamente al momento della lesione mortale.

Il danno da perdita di vita, viene rilevato, costituisce una "imprescindibile eccezione al principio dell'irrisarcibilità del danno-evento e della risarcibilità dei soli danni-conseguenza, giacché la morte ha per conseguenza la perdita non già solo di qualcosa bensì di tutto; non solamente di uno dei molteplici beni, ma del bene supremo della vita; non già di qualche effetto o conseguenza, bensì di tutti gli effetti e conseguenze, di tutto ciò di cui consta(va) la vita della (di quella determinata) vittima e che avrebbe continuato a dispiegarsi in tutti i molteplici effetti suoi propri se l'illecito non ne avesse causato la soppressione".

Il ristoro del danno da perdita della vita, si conclude, ha funzione compensativa ed il relativo diritto (o ragione di credito) è **trasmissibile *iure hereditatis***.

Il dibattito, in materia, non può considerarsi esaurito. Si consideri, infatti, che una successiva pronuncia delle Sezioni Unite della Suprema Corte, discostandosi dalla decisione appena ricordata, ha ritenuto che la perdita immediata (o pressoché immediata) della vita non consente il risarcimento del danno *iure hereditatis*: affinché una perdita costituisca un danno risarcibile, si argomenta, è necessario che la stessa sia riferibile ad un soggetto legittimato a far valere il credito risarcitorio; nel caso di morte verificatasi immediatamente (o dopo un brevissimo lasso di tempo dalle lesioni personali) la non risarcibilità discende dall'assenza di un soggetto al quale ricollegare la perdita conseguita. Manca, dunque, un patrimonio cui possa essere acquisito il relativo credito (così Cass., Sez. Un., 22.7.2015, n. 15350; nello stesso senso Cass., 22.6.2016, n. 12870; Cass., n. 22451/2017). Si avverte la presenza, in queste conclusioni, delle parole di Epicuro, rievocate dagli stessi giudici di legittimità in tutta la loro drammaticità: "quindi il più terribile dei mali, la morte, non è nulla per noi, perché quando ci siamo noi non c'è la morte, quando c'è la morte non ci siamo più noi. La morte quindi è nulla, per i vivi come per i morti: perché per i vivi essa non c'è ancora, mentre per quanto riguarda i morti, sono essi stessi a non esserci" ("Lettera sulla felicità a Meneceo").

363. La prova e la liquidazione del danno non patrimoniale.

Il **danno non patrimoniale** deve essere allegato e provato, al pari dei pregiudizi di natura economica. Un indispensabile ausilio è costituito dal ricorso alla **prova presuntiva**. Essa consente, ad esempio, di risalire dal fatto noto della lesione di un diritto fondamentale della persona al fatto ignoto delle conseguenze pregiudizievoli che ne siano derivate sulla sua sfera personale e relazionale, alla stregua dell'*id quod plerumque accidit* (Cass., 24.4.2019, n. 11212; Trib. Milano, 19.11.2019). A proposito della prova presuntiva, la Suprema Corte ha insegnato, di recente, che "l'uccisione di una persona fa presumere da sola, *ex* art. 2727 cod. civ., una conseguente sofferenza morale in capo ai genitori, al coniuge, ai figli o fratelli della vittima, a nulla rilevando né che la vittima ed il superstite non convivessero né che fossero distanti" (Cass., 15.2.2018, n. 3767).

La **liquidazione** del danno non patrimoniale risulta non semplice: occorre tradurre, in termini monetari, la lesione di interessi per loro natura non suscettibili di misurazione in termini economici.

L'art. 2056 cod. civ., opportunamente, rinvia all'art. 1226 cod. civ., che prevede la **valutazione equitativa** del giudice quando il danno non possa essere provato nel suo preciso ammontare. L'esercizio di tale potere, però, postula che sia stata fornita un'adeguata prova dell'esistenza del danno (l'*an* della fattispecie) e che, appunto, sia impossibile o estremamente ardua una traduzione esatta del pregiudizio in moneta corrente. Il che, lo si ribadisce, rappresenta l'essenza e, a un tempo, la sfida del danno non patrimoniale. In altre parole, la liquidazione del danno non patrimoniale si svolge nel regno dell'equità. Essa veicola istanze di **proporzionalità** e **adeguatezza**, le quali, se non riescono a restituire una misurazione oggettivamente corrispondente all'effettiva entità del pregiudizio (essendo artificiale, o stipulativa, l'equivalenza tra lacrime e denaro), consentono di evitare disparità di trattamento e di modulare il *quantum* risarcitorio sulle peculiarità del caso concreto. Peraltro, il momento della liquidazione è inevitabilmente influenzato dalle funzioni che si scelga di assegnare, a monte, al risarcimento del danno non patrimoniale: sbiadita, qui, la funzione compensativa (tipica del danno patrimoniale, cfr. § 337) emergono, principalmente, le funzioni "consolatorio-satisfattiva" e "individual-deterrente": si pensi ai casi in cui il risarcimento del danno morale viene incrementato in considerazione della natura dolosa e/o della particolare efferatezza dell'illecito (Cass., 12.4.2018, n. 9059; Cass., 13.12.2019, n. 32787: nel caso di specie, la vittima, durante una partita di calcio amatoriale, aggredita alle spalle, subiva un morso "di selvaggia ferocia" che gli provocava il distacco parziale dell'orecchio sinistro: lesione volontaria che, secondo la Cassazione, non era stata adeguatamente valorizzata in termini risarcitori).

Inoltre, il canone della valutazione equitativa, che non può essere valutazione totalmente discrezionale o arbitraria, spiega un riflesso importante sull'onere di motivazione del giudice, il quale è chiamato a prendere in considerazione tutte le circostanze acquisite al processo, all'esito del dispiegarsi degli oneri di allegazione e prova delle parti, e, infine, a dare conto, nella motivazione, dell'*iter* logico seguito e del peso riconosciuto a ciascuna circostanza nell'economia complessiva della fattispecie (Cass., 5.5.2021, n. 11724, la quale chiarisce che l'art. 1226 cod. civ. "dà luogo non già ad un giudizio di equità, ma ad un giudizio di diritto caratterizzato dalla cosiddetta equità giudiziale correttiva od integrativa").

In definitiva, la parabola del danno alla persona si è sviluppata, negli ultimi decenni, alla ricerca di parametri di liquidazione sempre più precisi, che consentissero di evitare la c.d. "equità pura". E ciò per una pluralità di ragioni desiderabili: non creare discriminazioni tra i danneggiati (in sinistri analoghi); pervenire a una monetizzazione del danno la più fedele possibile alle irripetibili circostanze del caso concreto; ottenere una tendenziale prevedibilità delle decisioni, con i conseguenti effetti di general-deterrenza e deflazione del contenzioso: un orizzonte risarcitorio chiaro, infatti, favorisce le soluzioni stragiudiziali delle liti.

Il **metodo** privilegiato che si è affermato per tendere verso la omogeneizzazione delle liquidazioni è quello della "**comparazione ponderata coi precedenti**": si tratta dell'estrazione di parametri di giudizio e valori monetari dal diritto casistico, al fine di riprodurre la quantificazione concretamente adottata in casi che presentino il maggior numero di elementi in comune con quello in esame (un'operazione simile, per certi versi, a quella dei *Restatements of law* del diritto nordamericano, specie se si considera il valore para-normativo assegnato dalla Cassazione alle "Tabelle di Milano", di cui si dirà innanzi). Il metodo descritto è stato adoperato per la compilazione delle c.d. "tabelle", diffusesi in diversi uffici giudiziari, dalla metà degli anni Novanta, per l'iniziativa di organismi informali, i c.d. Osservatori, nati dalla virtuosa collaborazione tra i diversi soggetti abitanti il pianeta dell'illecito: professori universitari di diritto, magistrati, avvocati, medici legali. Tali tabelle, le più note delle quali sono quelle elaborate presso i Tribunali di Milano e Roma, originariamente concepite soltanto per la liquidazione del danno biologico, si sono via via arricchite di criteri per la conversione di altri tipi di pregiudizi non patrimoniali (tra cui spicca, per rilevanza, la perdita del rapporto parentale). Con riferimento alla lesione della salute, un apporto fondamentale è stato conferito dalla scienza medico-legale, la quale consente di convertire un dato descrittivo di una lesione in un valore numerico convenzionale: la percentuale di invalidità permanente. In caso di lesione di diritti della personalità diversi dalla salute, invece, non è possibile utilizzare criteri medico-legali, non essendo presente un substrato organico da indagare; sicché, le tabelle, hanno cristallizzato e sistemato (estraendoli dai precedenti) indici omogenei per orientare la liquidazione equitativa del magistrato: *inter alia*, il tipo di interesse leso, le condizioni soggettive dei danneggiati, la gravità dell'offesa.

Avendo riguardo al **danno biologico** per **lesioni di non lieve entità** (c.d. **macropermanenti**), il legislatore è poi intervenuto prevedendo la predisposizione di una "tabella" unica nazionale, destinata a valere per tutto il territorio italiano, grazie alla quale procedere alla quantificazione in termini monetari delle menomazioni all'integrità psico-fisica (artt. 138, 1° co., d.lgs. n. 209/2005). La tabella, da adottarsi con decreto del Presidente della Repubblica, riguarda le menomazioni di rilevante entità ("menomazioni all'integrità psicofisica comprese tra dieci e cento punti"). Il criterio è quello per cui si attribuisce un valore pecuniario ad ogni singolo punto di invalidità, in funzione dell'età del soggetto e del grado di invalidità.

Come ricordato, il giudice ha il potere ("con equo e motivato apprezzamento delle condizioni soggettive del danneggiato") di discostarsi dal risultato che discenderebbe dall'applicazione delle "tabelle", aumentandolo fino al trenta per cento (art. 138, 3° co., d.lgs. n. 209/2005; si veda anche, al fine di tenere in considerazione la componente del danno morale da lesione all'integrità fisica, l'art. 138, 2° co., lett. e).

Il legislatore, infine, ha previsto direttamente alcuni criteri da applicare per la quantificazione del risarcimento dei danni da lesioni c.d. "**micro-permanenti**" (menomazioni alla integrità psico-fisica comprese tra uno e nove punti di invalidità): si tratta di lesioni di lieve entità derivanti da sinistri occorsi a seguito della circolazione dei veicoli a motore e dei natanti (art. 139, 1° co., d.lgs. n. 209/2005). Anche in questo caso l'ammontare del danno biologico può essere aumentato dal giudice fino al 20 per cento, con equo e motivato apprezzamento (tale disciplina è stata estesa anche ai danni da lesioni di lieve entità derivanti da esercizio della professione medica: art. 3, 3° co., d.l. n. 158/2012, convertito con la l. n. 189/2012; successivamente, si veda l'art. 7, 4° co., l. 8.3.2017, n. 24, sui cui § 365-*bis*). Ancorché per le lesioni di lieve entità siano già fissati *ex lege* i criteri di risarcimento, con decreto del Presidente della Repubblica si provvede "alla predisposizione di una specifica tabella delle menomazioni dell'integrità psicofisica comprese tra 1 e 9 punti di invalidità" (art. 139, 4° co., d.lgs. n. 209/2005).

Va detto che la tabella unica nazionale per le lesioni di non lieve entità, dopo ben diciassette anni, non è stata ancora adottata, sebbene se ne prefiguri l'imminente emanazione. A fronte della mancata adozione di tale tabella, la Suprema Corte ha stabilito (Cass., 7.6.2011, n. 12408) che: (a) i criteri di quantificazione del danno non patrimoniale da "micro-permanenti", previsti dal legislatore, si applicano solo se le stesse derivano da sinistri stradali (oppure da *medical malpractice*: § 365-*bis*); (b) in tutte le altre ipotesi, il danno non patrimoniale si liquida secondo i criteri indicati nella **tabella** approvata il 25.6.2009 dall'Osservatorio sulla giustizia civile **del Tribunale di Milano**. La tabella milanese, secondo un'espressione in voga, è stata "nazionalizzata", considerandosene la "vocazione nazionale", desunta dal suo capillare utilizzo in numerosi altri tribunali italiani anche di grandi dimensioni. Essa, nel corso del tempo, ha avuto diversi aggiornamenti, fino a quello del 2021 (sulle condizioni per poter ricorrere in Cassazione allorché il giudice di merito abbia liquidato il danno biologico senza rifarsi alla tabella di Milano si veda, oggi, Cass., 6.5.2020, n. 8508; Cass., 17.10.2019, n. 26308 chiarisce, tuttavia, che il mero scostamento della liquidazione dai parametri tabellari non integra, di per sé, un vizio di legittimità della sentenza, potendo dipendere dalla "rilevazione nel caso concreto di fatti straordinari specializzanti che rendono necessario un diverso adeguamento del *quantum*"; così come l'utilizzo di tabelle diverse da quelle milanesi non è in sé precluso, "purché non si arrivi a risultanze che si pongono in patente ed ingiustificato contrasto con quelle che sarebbero derivate in caso di applicazione delle tabelle milanesi, ovvero qualora al danneggiato sia riconosciuto senza una idonea giustificazione un importo non compreso nel '*range*' previsto dalle tabelle milanesi in uso all'epoca della decisione": Cass., 10.6.2022, n. 18840).

Sulla base dell'attuale quadro normativo, la Corte di cassazione, nel 2018, ha redatto un vero e proprio "decalogo" del danno non patrimoniale e dei criteri per la sua liquidazione (Cass., 27.3.2018, n. 7513; ma si veda già Cass., 17.1.2018, n. 901), che ha inaugurato un "nuovo corso", rimarcando, con forza, l'autonomia concettuale e risarcitoria del "danno morale".

Vediamolo in sintesi. Per i giudici di legittimità deve essere correttamente intesa l'espressione "danni dinamico-relazionali (i "danni alla vita di relazione") in presenza di una lesione alla salute. Ebbene, "la lesione della salute risarcibile in null'altro consiste (...) che nella compromissione delle abilità della vittima nello svolgimento delle attività quotidiane tutte, nessuna esclusa: dal fare, all'essere, all'apparire". Non dovrà dirsi, dunque, che il danno alla salute "comprende" i pregiudizi dinamico-relazionali, "ma piuttosto che il danno alla salute è un danno dinamico-relazionale. Se non avesse conseguenze dinamico-relazionali, la lesione della salute non sarebbe nemmeno un danno medico legalmente apprezzabile e giuridicamente risarcibile".

La perduta possibilità di continuare a svolgere una qualsiasi attività, in conseguenza d'una lesione della salute, non esce dall'alternativa: "è conseguenza 'normale' del danno (cioè indefettibile per tutti i soggetti che abbiano patito una menomazione identica), ed allora si terrà per pagata con la liquidazione del danno biologico; ovvero è una conseguenza peculiare, ed allora dovrà essere risarcita, adeguatamente aumentando la stima del danno biologico". Le circostanze di fatto che giustificano la personalizzazione del risarcimento del danno non patrimoniale integrano un "fatto costitutivo" della pretesa e devono essere allegate in modo circostanziato e provate dall'attore con ogni mezzo di prova, comprese le presunzioni e le massime d'esperienza.

Si ponga l'attenzione sul successivo passaggio del "decalogo": "in presenza d'un danno alla salute, non costituisce duplicazione risarcitoria la congiunta attribuzione d'una somma di denaro a titolo di risarcimento del danno biologico, e d'una ulteriore somma a titolo di risarcimento dei pregiudizi che non hanno fondamento medico-legale, perché non aventi base organica ed estranei alla determinazione medico-legale del grado percentuale di invalidità permanente, rappresentati dalla sofferenza interiore (quali, ad esempio, il dolore dell'animo, la vergogna, la disistima di sé, la paura, la disperazione)". Ove sia correttamente dedotta ed adeguatamente provata l'esistenza di uno di tali pregiudizi non aventi base medico-legale, "essi dovranno formare oggetto di separata valutazione e liquidazione (come è confermato, oggi, dal testo degli 138 e 139 Cod. – modificati dalla l. 4.8.2017, n. 124, art. 1, comma 17 – nella parte in cui, sotto l'unitaria definizione di 'danno non patrimoniale', distinguono il danno dinamico relazionale causato dalle lesioni da quello 'morale')". **Il dolore interiore, allora, va concettualmente distinto dall'alterazione della vita quotidiana** (si veda anche

Cass., n. 901/2018; Cass., 31.1.2019, n. 2788). In questo quadro si spiegano le parole della Suprema Corte, secondo cui "qualora la lesione alla persona derivi da un fatto illecito violento, di natura dolosa, viene integrata una delle ipotesi particolari che giustificano, nella valutazione del danno morale, uno sconfinamento oltre i limiti previsti dalle tabelle milanesi" (Cass., 13.12.2019, n. 32787).

Infine, precisano i giudici di legittimità con il loro decalogo, "il danno non patrimoniale non derivante da una lesione della salute, ma conseguente alla lesione di altri interessi costituzionalmente tutelati, va liquidato, non diversamente che nel caso di danno biologico, tenendo conto tanto dei pregiudizi patiti dalla vittima nella relazione con se stessa (la sofferenza interiore e il sentimento di afflizione in tutte le sue possibili forme, *id est* il danno morale interiore), quanto di quelli relativi alla dimensione dinamico-relazionale della vita del soggetto leso".

Tale **nuovo orientamento della Cassazione**, da un lato, tende a superare la concezione unitaria e onnicomprensiva del danno non patrimoniale come predicata dalle sentenze di San Martino del 2008 (non più quindi unitarietà sul piano fenomenologico) e, d'altro canto, **ha messo in crisi il modello di liquidazione accolto nella Tabella di Milano dal 2009** in avanti, che "incorporava" il danno morale nel valore del punto di invalidità. Infatti, all'epoca, per uniformarsi all'orientamento c.d. di San Martino, l'Osservatorio milanese aveva proposto criteri di liquidazione congiunti del c.d. danno biologico standard, della personalizzazione del danno biologico (per particolari condizioni soggettive) e del danno morale.

Ma se il danno morale deve mantenere autonomia concettuale, e non è conglobabile nel danno biologico, ove allegato e provato "sarà meritevole di un compenso aggiuntivo al di là della personalizzazione prevista per gli aspetti dinamici compromessi". Sicché, la Suprema Corte ha censurato l'edizione 2018 delle Tabelle di Milano perché "pervengono – non correttamente – all'indicazione di un valore monetario complessivo costituito dalla somma aritmetica di entrambe le voci di danno" (biologico e morale). Ancora, poiché la componente morale del danno, da accertare caso per caso, non dovrebbe essere considerata presente di *default*, si censura la sussistenza di un erroneo automatismo nella liquidazione (Cass., 10.11.2020, n. 25164; Cass., 17.5.2022, n. 15733).

Pertanto, la versione 2021 della Tabella di Milano per la lesione del bene salute, adeguandosi, sul punto, al nuovo orientamento della Cassazione, ha separato i valori relativi al danno biologico da quelli riferiti al danno morale, in modo da consentire all'interprete un'autonoma valorizzazione di quest'ultima voce di danno.

Qualche ultima considerazione sulla **quantificazione del danno (morale) per perdita del rapporto parentale**. Anch'esso, da un punto di vista fenomenologico, può manifestarsi nel duplice aspetto interno (sofferenza) e/o esterno (sconvolgimento delle abitudini e delle aspettative di vita dei superstiti); talvolta, poi, in conseguenza del lutto il danneggiato sviluppa una vera e propria patologia (di norma psichica) medicalmente accertabile.

Ora, la tabella milanese, ai fini della quantificazione del danno morale per perdita del rapporto parentale, indica un *range* fra il minimo e massimo. In questi casi, peraltro, la liquidazione deve essere necessariamente equitativa; il che consente al giudice di merito di liquidare una somma anche superiore al massimo tabellare, quando le circostanze concrete lo richiedano (Cass., 17.4.2013, n. 9231, la quale esclude una meccanicistica liquidazione del danno morale, pari ad una frazione dell'importo liquidabile a titolo di danno biologico, come qualche volta, invece, i tribunali prevedono: così Trib. Palermo, 3.6.2009).

È vero che l'edizione 2021 della tabella milanese indica all'interprete di considerare tutte le circostanze del caso concreto al fine di pervenire alla migliore liquidazione nell'ambito della "forchetta" tabellare. Tuttavia, considerando il "nuovo corso" impresso dalla Cassazione al danno non patrimoniale, si è ritenuto il metodo milanese – quello della "forchetta" tra un minimo e un massimo – eccessivamente discrezionale. **Anche il danno da perdita di rapporto parentale**, dunque, **deve essere liquidato secondo una tabella basata sul "sistema a punti"**, al fine di coniugare un'adeguata valutazione delle circostanze del caso concreto con l'uniformità di giudizio in casi analoghi (Cass., 21.4.2021, n. 10579, aggiunge che tale tabella deve prevedere "oltre all'adozione del criterio a punto, l'estrazione del valore medio del punto dai precedenti, la modularità e l'elencazione delle circostanze di fatto rilevanti, tra le quali, indefettibilmente, l'età della vittima, l'età del superstite, il grado di parentela e la convivenza, nonché l'indicazione dei relativi punteggi, con la possibilità di applicare sull'importo finale dei correttivi in ragione della particolarità della situazione, salvo che l'eccezionalità del caso non imponga, fornendone adeguata motivazione, una liquidazione del danno senza fare ricorso a tale tabella"; si veda anche Cass., 29.9.2021, n. 26300).

Pertanto, ad oggi, e con riferimento al danno da perdita del rapporto parentale, è la tabella romana quella più aderente alle indicazioni della Cassazione. Infatti, nella sua ultima edizione, essa prevede proprio un sistema a punti. Le circostanze valorizzate a fini risarcitori sono simili a quelle considerate nella "concorrente" tabella milanese; tuttavia, alle stesse viene assegnato un punteggio che consente di pervenire ad una quantificazione "analitica" e non già "sintetica". In altre parole, il Tribunale di Roma ha esportato il sistema tabellare a punti tipico del danno biologico e lo ha adattato alle peculiarità del danno parentale, come strumento per favorire una maggiore standardizzazione (e dunque prevedibilità) delle decisioni.

Un'ultima nota in chiusura. Nell'ambito che ci occupa proprio non si vede l'esigenza di una lotta tra campanili giudiziari. L'evoluzione degli ultimi anni mostra l'urgenza dell'adozione di una tabella legale che possa portare ordine in una materia delicatissima – quella del danno alla persona – che da decenni vede consumarsi duri e poco edificanti scontri, talvolta legati a mere questioni nominalistiche, tra i diversi formanti dell'ordinamento e le diverse corti (di merito e legittimità) sulla pelle dei danneggiati. Almeno dopo l'illecito, la vittima merita rispetto e l'ordinamento deve fare tutto il possibile per evitare di aggiungere al danno la beffa di tempi lunghi e decisioni imprevedibili.

Capitolo 60
LA RESPONSABILITÀ CIVILE NELLA LEGGE SPECIALE

364. La responsabilità per danno da prodotto difettoso. Nozione di "prodotto difettoso" e di "produttore".

Non si pensi che le ipotesi di responsabilità civile previste nelle leggi speciali abbiano margini di applicazione circoscritti (una portata specifica, semmai, presenta l'art. 15 della l. 31.12.1962, n. 1860, sulla responsabilità oggettiva dell'esercente un impianto nucleare).

Nell'attuale sistema della responsabilità civile un'importanza cruciale, in particolare, riveste la direttiva comunitaria del 25.7.1985, n. 374, in materia di "responsabilità per danno da prodotti difettosi", attuata in Italia con il d.p.r. 24.5.1988, n. 224, poi confluito nel Codice del consumo.

Prevede l'art. 114 Cod. Cons. che "il produttore è responsabile del danno cagionato da difetti del suo prodotto". Il prodotto è difettoso, aggiunge l'art. 117 Cod. Cons., "quando non offre la sicurezza che ci si può legittimamente attendere tenuto conto di tutte le circostanze" (si veda Cass., 20.11.2018, n. 29828).

La qualità del prodotto appena ricordata (la sua "sicurezza") è cosa diversa dall'idoneità dei prodotti industriali allo specifico utilizzo cui sono destinati.

Lo dicono bene i "considerando" della direttiva n. 374/1985: "per proteggere il consumatore nella sua integrità fisica e nei suoi beni è necessario che il carattere difettoso di un prodotto sia determinato non già in base alla carenza del prodotto dal punto di vista del suo uso, bensì in base alla mancanza della sicurezza che il grande pubblico può legittimamente attendersi".

Esempio. I coniugi Neris decidono di acquistare, a Natale, una macchina per il caffè, che posizionano in cucina. Al primo utilizzo la macchina scoppia ferendo la Sig.ra Neris, che pregustava di bere, di lì a poco, il primo caffè.

Un prodotto, però, non si considera difettoso allorché lo stato delle conoscenze scientifiche sia tale, al momento della sua messa in circolazione, da consentire di ritenerlo sicuro (art. 118, 1° co., lett. e, Cod. Cons.). È il caso del prodotto farmaceutico che produce un effetto collaterale indesiderato, non conosciuto né conoscibile al momento in cui viene messo in commercio.

Per **prodotto** si intende ogni bene mobile, anche se incorporato in altro bene mobile o immobile (art. 115, 1° co., Cod. Cons.). È compresa nella nozione pure l'elettricità (art. 115, 2° co., Cod. Cons.).

All'origine erano esclusi dalla disciplina i prodotti agricoli del suolo, dell'allevamento, i prodotti della pesca e della caccia. Successivamente all'allarme, diffusosi in tutta Europa, cagionato dal diffondersi dell'epidemia di encefalopatia spongiforme (il c.d. morbo della "mucca pazza"), anche i suddetti prodotti sono stati compresi nella disciplina in esame (d.lgs. 2.2.2001, n. 25, in attuazione della direttiva comunitaria n. 34/1999).

Con il termine **produttore** deve farsi riferimento non soltanto a colui che fabbrica un prodotto finito o una sua componente o la materia prima (art. 3, lett. d, Cod. Cons.); è produttore, ai sensi del Codice del Consumo, anche il soggetto diverso dal fabbricante, ma che si presenti come produttore apponendo il proprio nome o il proprio marchio (o altro segno distintivo) sul prodotto o sulla sua confezione (art. 3, lett. d, Cod. Cons.).

Al produttore sono equiparati, ai fini della responsabilità in parola, l'importatore dei prodotti nel territorio dell'Unione europea (art. 3, lett. d, Cod. Cons.) e, quando il produttore non sia individuato, il fornitore di prodotti, il quale non abbia comunicato al danneggiato, nel termine di tre mesi dalla richiesta, l'identità del produttore o di chi gli ha fornito il prodotto (art. 114 Cod. Cons.).

364.1. *La "prova liberatoria" del produttore.*

Il danneggiato ha l'onere di provare il difetto, il danno e la connessione causale fra il difetto ed il danno (art. 120, 1° co., Cod. Cons.).

Il produttore è ammesso ad offrire la **prova liberatoria**: sono proprio i caratteri di quest'ultima, tuttavia, ad evidenziare come la responsabilità in parola vada intesa come responsabilità oggettiva (Trib. Milano, 27.1.2020; discute invece di responsabilità presunta Cass., 20.11.2018, n. 29828).

La prova liberatoria, infatti, non ha ad oggetto la dimostrazione, da parte del produttore, di non essere stato in colpa. Si tratta, per lo più, di prove che mirano ad escludere il rapporto di causalità (art. 118 Cod. Cons.; Cass., 20.11.2018, n. 29828), oppure ad esonerare il produttore da responsabilità in quanto non ha fabbricato il prodotto per scopo professionale e lo ha fabbricato al di fuori dell'esercizio di un'attività professionale. Neppure la mera avvertenza generica circa la non sicurezza del prodotto esclude la responsabilità del produttore (Cass., 10.5.2021, n. 12225, che affronta, in particolare, la responsabilità del produttore farmaceutico e le avvertenze rese nel c.d. bugiardino).

Nello specifico il produttore, per andare esente da responsabilità, dovrà provare: (a) di non aver messo in circolazione il prodotto; (b) che il difetto che ha determinato il danno non esisteva allorché il prodotto è stato messo in circolazione; (c) che il prodotto non è stato fabbricato ai fini della vendita o ai fini della distribuzione a titolo oneroso, né è stato fabbricato o distribuito nell'esercizio dell'attività professionale del produttore; (d) che il difetto è collegabile alla conformità del prodotto ad una norma giuridica imperativa o ad un provvedimento vincolante; (e) che lo stato delle conoscenze scientifiche e tecniche, esistenti al momento della messa in circolazione del prodotto, non consentiva ancora di ritenere difettoso il prodotto; (f) che, trattandosi di produzione di una parte componente o di una materia prima, il difetto è riconducibile per intero alla concezione del prodotto in cui è stata incorporata la parte o la materia prima o alla conformità di questa alle istruzioni fornite dal produttore che l'ha utilizzata.

È nullo qualsiasi patto che escluda o limiti preventivamente, nei confronti del danneggiato, la responsabilità prevista dal Codice del Consumo (art. 124 Cod. Cons.).

364.2. *Il danno risarcibile.*

La responsabilità risarcitoria del produttore non è illimitata. È risarcibile il **danno alla persona**, determinato dalla morte o lesioni personali (art. 123, 1° co., lett. a, Cod. del Cons.).

È poi risarcibile la **distruzione o il deterioramento** di una **cosa** diversa dal prodotto difettoso, purché di tipo normalmente destinato all'uso o consumo privato e così principalmente utilizzata dal danneggiato (art. 123, 1° co., lett. b, Cod. Cons.; il comma successivo stabilisce che il danno a cose è risarcibile solo nella misura che ecceda la somma di 387 euro).

La responsabilità risarcitoria prevista dal Codice del Consumo, dunque, non potrà essere invocata dall'imprenditore che abbia subìto un danno per la propria azienda o per i propri prodotti a causa di un prodotto difettoso acquistato. In questo caso, semmai, l'imprenditore potrà invocare l'art. 1494, 2° co., cod. civ. ed ottenere, così, il risarcimento dei danni subìti.

Qualora ci siano più persone responsabili, esse sono obbligate solidalmente al risarcimento del danno (art. 121, 1° co., Cod. Cons.). Colui che è stato chiamato a risarcire il danno per intero ha diritto di regresso nei confronti degli altri, nella misura corrispondente alle dimensioni del rischio riferibile a ciascuno, alle gravità delle eventuali colpe e alle conseguenze che ne sono derivate. Nel dubbio, però, la ripartizione è in parti uguali (art. 121, 2° co., Cod. Cons.). Si registra, in materia, una conformità alle regole di diritto comune (artt. 2055 e 1227 cod. civ.).

Il risarcimento non è dovuto se il danneggiato è consapevole dei difetti e del pericolo e, ciononostante, vi si sia volontariamente esposto (art. 122, 2° co., Cod. Cons.).

La disciplina speciale dettata dal Codice del Consumo non esclude né limita i diritti attribuiti al danneggiato da altre leggi (art. 127, 1° co., Cod. Cons.). La normativa appena ricordata, del resto, non copre tutte le possibili fattispecie di danno da prodotti: allorché il consumatore non rinvenga la protezione della disciplina consumeristica, potrà far valere i "diritti che siano attribuiti al danneggiato da altre leggi".

Quanto considerato risulta di particolare importanza con riguardo a quei prodotti sofisticati e "famiglie di tecnologie" che utilizzano forme di **Intelligenza Artificiale** (IA). Infatti, per tali prodotti sembra ormai necessario un aggiornamento della direttiva del 1985 richiamata sopra, al fine di adattarla all'attuale era digitale e affrontare le sfide poste dalle tecnologie emergenti. Questa esigenza è riconosciuta anche dalle istituzioni UE. Infatti, da un lato, il Parlamento "è convinto che non sia necessaria una revisione completa dei regimi di responsabilità correttamente funzionanti, ma che la complessità, la connettività, l'opacità, la vulnerabilità, la capacità di modifica mediante aggiornamenti, l'autoapprendimento e la potenziale autonomia dei sistemi di IA, come pure la molteplicità degli attori coinvolti nel settore rappresentino comunque una sfida significativa per l'efficacia dei quadri normativi dell'Unione e nazionali in materia di responsabilità; ritiene che occorrano adeguamenti specifici e coordinati dei regimi di responsabilità per evitare una situazione in cui le persone che subiscono pregiudizi o danni al patrimonio non ottengano un risarcimento" (Risoluzione del Parlamento europeo del 20.10.2020 recante raccomandazioni alla Commissione su un regime di responsabilità civile per l'intelligenza artificiale, art. 6). Dall'altro lato, si discute già una proposta di Regolamento europeo con regole armonizzate sull'Intelligenza Artificiale (c.d. *Artificial Intelligence Act* del 21.4.2021, che propone, peraltro, una definizione normativa di IA). In ogni caso, e nelle more dell'adozione di una specifica normativa, è possibile adattare in via interpretativa alcune norme codicistiche (si pensi all'art. 2050 cod. civ.) per governare i rischi associati alle nuove forme di IA.

364.3. *Prescrizione e decadenza.*

Il diritto al risarcimento del danno si prescrive in tre anni dal giorno in cui il danneggiato ha avuto o avrebbe potuto avere conoscenza del danno, del difetto del prodotto e dell'identità del responsabile (art. 125 Cod. Cons.).

Nel caso di aggravamento del danno, la **prescrizione** non comincia a decorrere prima del giorno in cui il danneggiato ha avuto o avrebbe dovuto avere conoscenza di un danno di gravità sufficiente a giustificare l'esercizio di un'azione giudiziaria (art. 125 Cod. Cons.).

Il diritto al risarcimento del danno deve comunque essere azionato nel termine di dieci anni (termine di **decadenza**) dal giorno in cui il produttore o l'importatore nell'Unione europea hanno messo in circolazione il prodotto che ha determinato il danno. L'atto che impedisce la decadenza nei confronti di uno dei responsabili non ha effetto riguardo agli altri (art. 126 Cod. Cons.).

365. La responsabilità per danno ambientale.

Sin dagli anni Ottanta del secolo scorso la materia del **danno all'ambiente** è stata oggetto di una specifica considerazione normativa.

Prevedeva l'art. 18 della l. 8.7.1986, n. 349 che "qualunque fatto doloso o colposo in violazione di disposizioni di legge o di provvedimenti adottati in base a legge che comprometta l'ambiente, ad esso arrecando danno, alterandolo, deteriorandolo o distruggendolo in tutto o in parte, obbliga l'autore del fatto al risarcimento nei confronti dello Stato".

L'attuale disciplina è dettata, invece, dal **Codice dell'Ambiente** (artt. 311 ss. d.lgs. 3.4.2006, n. 152, e successive modifiche). Il Ministro dell'ambiente e della tutela del territorio agisce, anche esercitando l'azione civile in sede penale, per il risarcimento del danno ambientale in forma specifica e, se necessario, per equivalente patrimoniale (art. 311, 1° co., d.lgs. n. 152/2006).

È danno ambientale, prevede il Codice dell'Ambiente, qualsiasi deterioramento significativo e misurabile, diretto o indiretto, di una risorsa naturale o dell'utilità assicurata da quest'ultima (art. 300, 1° co., d.lgs. n. 152/2006; per un'ulteriore specificazione si veda il secondo comma, che considera danno ambientale il deterioramento provocato alla specie e agli habitat naturali protetti, alle acque interne e costiere, al terreno; in giurisprudenza, Cass., n. 8662/2017).

Quando si verifichi un danno ambientale cagionato dagli "operatori" (le cui attività sono elencate nell'allegato 5 della parte VI del Codice dell'ambiente: gestione di rifiuti, interramento di sostanze pericolose, trasporto di merci pericolose o inquinanti, e così via), gli stessi sono obbligati all'adozione delle **misure di riparazione** secondo i criteri ed i termini previsti dallo stesso Codice dell'Ambiente. La responsabilità prevista per gli operatori è di tipo oggettivo. È escluso il risarcimento per equivalente (App. Reggio Calabria, 5.8.2019).

Ai medesimi obblighi è tenuto chiunque altro cagioni un danno ambientale con dolo o colpa.

Solo quando l'adozione delle misure di riparazione anzidette risulti in tutto o in parte omessa, o comunque realizzata in modo incompleto o difforme dai termini e modalità prescritti, il Ministro dell'ambiente e della tutela del territorio e del mare determina i costi delle attività necessarie a conseguirne la completa e corretta attuazione e agisce nei confronti del soggetto obbligato per ottenere il pagamento delle somme corrispondenti (art. 311, 2° co., d.lgs. n. 152/2006). Per ottenere il pagamento di queste somme il Ministero dovrà agire giudizialmente.

Esiste, peraltro, uno strumento alternativo all'azione giudiziale per il risarcimento del danno ambientale. Il Ministero, con **ordinanza immediatamente esecutiva**, ingiunge a coloro che siano responsabili del fatto il ripristino ambientale a titolo di risarcimento in forma specifica entro un termine fissato (art. 313, 1° co., d.lgs. n. 152/2006). Qualora il responsabile del fatto che ha provocato il danno ambientale non provveda in tutto o in parte al ripristino nel termine ingiunto o all'adozione delle misure di riparazione nei termini e modalità prescritti, il Ministero determina i costi delle attività necessarie a conseguire la completa attuazione delle misure anzidette e, al fine di procedere alla realizzazione delle stesse, con ordinanza ingiunge il pagamento entro il termine di sessanta giorni dalla notifica delle somme corrispondenti (art. 313, 2° co., d.lgs. n. 152/2006). Contro l'ordinanza il trasgressore può ricorrere al tribunale amministrativo regionale entro il termine di sessanta giorni dalla comunicazione dell'ordinanza (art. 316, 1° co., d.lgs. n. 152/2006).

Il Codice dell'Ambiente vieta espressamente l'**abbandono** ed il **deposito** di **rifiuti**, nonché l'immissione di rifiuti di qualsiasi genere nelle acque superficiali e sotterranee. Chiunque viola tali divieti è tenuto a procedere alla rimozione, al recupero o allo smaltimento dei rifiuti ed al ripristino dello stato dei luoghi in solido con il proprietario e con i titolari di diritti reali o personali di godimento sull'area, ai quali tale violazione sia imputabile a titolo di dolo o colpa, in base agli accertamenti effettuati, in contraddittorio con gli interessati, dai soggetti preposti al controllo. Il Sindaco dispone con ordinanza le operazioni a tal fine necessarie ed il termine entro cui provvedere, decorso il quale procede all'esecuzione in danno dei soggetti obbligati ed al recupero delle somme anticipate (art. 192 d.lgs. n. 152/2006).

Resta in ogni caso fermo il diritto dei soggetti danneggiati dal fatto produttivo di danno ambientale di agire in giudizio nei confronti del responsabile, a tutela dei diritti e degli interessi lesi (art. 313, 7° co., d.lgs. n. 152/2006).

365-*bis*. La responsabilità degli esercenti le professioni sanitarie.

Dopo cinque anni dalla c.d. legge "Balduzzi" (d.l. n. 158/2012, convertito nella l. n. 189/2012: § 88.1), il legislatore è tornato nuovamente ad occuparsi della responsabilità sanitaria. Lo ha fatto con la l. 8 marzo 2017, n. 24 (detta "**Gelli-Bianco**", dal nome dei suoi relatori), recante "Disposizioni in materia di sicurezza delle cure e della persona assistita, nonché in materia di responsabilità professionale degli esercenti le professioni sanitarie".

La legge è composta da 18 articoli che toccano diversi profili della ***medical malpractice***. Prima di occuparsi, più specificamente, del tema della responsabilità civile medica, si ricordino alcune importanti statuizioni contenute nella legge (sulla disciplina applicabile ai fatti antecedenti la Legge Gelli-Bianco si veda Cass., 11.11.2019, n. 28994; Cass., 11.11.2019, n. 28890):

(a) al fine di garantire una maggiore "trasparenza dei dati", si prevede l'obbligo delle strutture ospedaliere di fornire la documentazione sanitaria relativa al paziente entro un breve termine e di pubblicare nel proprio sito *internet* i dati relativi a tutti i risarcimenti erogati nell'ultimo quinquennio (art. 4 l. n. 24/2017). In particolare, la documentazione sanitaria relativa al paziente, preferibilmente in formato elettronico, deve essere fornita entro 7 giorni dalla richiesta; eventuali integrazioni sono fornite entro il termine di 30 giorni dalla suddetta richiesta;

(b) la domanda giudiziale di risarcimento del danno da parte del paziente è sottoposta alla condizione di procedibilità costituita dal preventivo espletamento di una consulenza tecnica preventiva *ex* art. 696-*bis* cod. proc. civ. o, in alternativa, del procedimento di mediazione previsto dal d.lgs. 4.3.2010, n. 28 (art. 8 l. n. 24/2017);

(c) le strutture sanitarie (pubbliche o private) sono obbligate a dotarsi di un'idonea copertura assicurativa (o di altre misure analoghe) per la responsabilità civile verso i terzi, anche per i danni cagionati dal personale operante nelle strutture a qualsiasi titolo (art. 10, 1° co., l. n. 24/2017);

(d) il danneggiato può agire con la c.d. "azione diretta" nei confronti della compagnia di assicurazione (art. 12. 1° co., l. n. 24/2017);

(e) la struttura sanitaria, una volta risarcito il danno, ha diritto di rivalsa nei confronti dell'esercente la professione sanitaria, ma solo in caso di suo dolo o colpa grave (art. 9, 1° co., l. n. 24/2017). L'azione di rivalsa, peraltro, può essere esercitata soltanto successivamente al risarcimento avvenuto ed è soggetta al termine di decadenza di un anno dall'avvenuto pagamento (art. 9, 2° co., l. n. 24/2017). Nell'azione di rivalsa, ai fini della quantificazione di quanto dovuto dall'esercente la professione sanitaria, "si tiene conto delle situazioni di fatto di particolare difficoltà, anche di natura organizzativa, della struttura sanitaria o sociosanitaria pubblica, in cui l'esercente la professione sanitaria ha operato" (art. 9, 5° co., l. n. 24/2017);

(f) viene istituito presso il Ministero della salute un "Fondo di garanzia per i danni derivanti da responsabilità sanitaria". Esso servirà al risarcimento di quei danni che non siano stati corrisposti a causa di mancata copertura assicurativa (o quando la compagnia assicuratrice sia insolvente); al Fondo, inoltre, ci si potrà rivolgere allorché il danno sia superiore ai massimali previsti dai contratti di assicurazione (art. 14 l. n. 24/2017).

Si venga, però, all'art. 7 della l. n. 24/2017, che si occupa della responsabilità civile degli esercenti le professioni sanitarie (medici e paramedici) e della responsabilità delle strutture sanitarie (pubbliche o private).

È previsto che "la struttura sanitaria o sociosanitaria pubblica o privata che, nell'adempimento della propria obbligazione, si avvalga dell'opera di esercenti la professione sanitaria, anche se scelti dal paziente e ancorché non dipendenti della struttura stessa, risponde, ai sensi degli artt. 1218 e 1228 cod. civ., delle loro condotte dolose o colpose" (art. 7, 1° co., l. n. 24/2017; il successivo comma precisa che tali previsioni si applicano anche alle prestazioni sanitarie svolte in regime di libera professione intramuraria, nell'àmbito di attività di sperimentazione e di ricerca clinica, in regime di convenzione con il SSN nonché attraverso la telemedicina).

Come in passato, dunque, la **struttura ospedaliera** risponde **a titolo contrattuale**, ai sensi dell'art. 1228 cod. civ., per le condotte dolose o colpose degli esercenti le professioni sanitarie. Ancorché la legge non ne faccia cenno, va ricordato che la struttura ospedaliera (con cui il paziente conclude un contratto atipico di "spedalità" o di "assistenza sanitaria") può essere chiamata a rispondere a titolo contrattuale pure per le condotte proprie: si pensi ai casi in cui siano rimproverabili all'ente sanitario carenze strutturali e organizzative.

L'**esercente la professione sanitaria**, invece, "risponde del proprio operato ai sensi dell'art. 2043 cod. civ., salvo che abbia agito nell'adempimento di un'obbligazione contrattuale assunta con il paziente" (art. 7, 3° co., l. n. 24/2017).

In virtù di questa norma deve considerarsi superato il problema della qualificazione della responsabilità del medico non legato al paziente da un contratto d'opera professionale; problema che l'incerta formulazione contenuta nell'art. 3, 1° co., della legge Balduzzi (la quale rinviava "all'obbligo di cui all'art. 2043 del codice civile") non aveva affatto risolto. Si erano così prospettate, come già ricordato, due diverse ricostruzioni: alcuni interpreti erano propensi ad affermare che il legislatore, con il chiaro intento di combattere la c.d. **medicina difensiva**, avesse voluto ricondurre la responsabilità medica nell'ambito della responsabilità extracontrattuale (superando così l'impostazione che ne affermava la natura "contrattuale" sulla base della teoria del "contatto sociale": § 88.1). Di diverso avviso erano coloro che interpretavano il "rinvio" operato dalla legge Balduzzi come un semplice riferimento alla sussistenza del generico dovere di risarcire il danno cagionato dal medico, anche nei casi di non sussistenza della responsabilità penale. La teoria del "contatto sociale" (era il senso del discorso) non poteva considerarsi superata dall'intervento del legislatore.

Quest'ultima tesi, tuttavia, oggi non può più essere sostenuta, posto che con la legge Gelli-Bianco si è voluto ricondurre consapevolmente nell'ambito della **responsabilità extracontrattuale** la responsabilità del sanitario che non operi sulla base di un rapporto contrattuale con il paziente.

Si configura, così, il c.d. **cumulo improprio** tra responsabilità contrattuale della struttura sanitaria e responsabilità aquiliana dell'esercente la professione sanitaria, di cui già si discuteva prima che fosse recepita in giurisprudenza la teoria del contatto sociale.

I fautori della nuova legge rilevano come il sistema delineato, che richiede di mettere capo a regole diverse fra i due regimi di responsabilità (si pensi alla prescrizione decennale per la responsabilità contrattuale ed alla prescrizione quinquennale per la responsabilità extracontrattuale; più in generale, per altre differenze si rimanda al § 338), avrebbe l'effetto positivo di convogliare le azioni risarcitorie dei danneggiati sulla struttura ospedaliera; ciò permetterebbe ai medici di lavorare con maggiore tranquillità e di contrastare, di conseguenza, il fenomeno della c.d. **medicina difensiva**. Espressione, quest'ultima, con cui si fa riferimento: (a) alle condotte positive del medico, come la prescrizione di medicinali non strettamente necessari o la prescrizione di visite specialistiche non indispensabili, poste in essere al fine di evitare, in futuro, possibili accuse di non avere adottato tutti i trattamenti sanitari disponibili (medicina difensiva positiva); (b) all'astensione dalla cura nei confronti di pazienti che debbono essere sottoposti ad interventi ritenuti ad alto rischio, annullando così la possibilità che si verifichino esiti negativi imputabili al medico (medicina difensiva negativa).

Non è mancata, peraltro, all'indomani dell'entrata in vigore della l. n. 24/2017, una diversa lettura del "doppio binario" della responsabilità contrattuale ed extracontrattuale. Si è ipotizzato che un probabile sbilanciamento delle azioni di responsabilità verso le strutture sanitarie potrebbe non essere gradito a quest'ultime (le quali finirebbero per perdere un coobbligato in solido). Potrebbe allora accadere che il ricorso alla medicina difensiva sia sollecitato dalle stesse aziende ospedaliere, timorose di dover far fronte da sole alle (aumentate) pretese risarcitorie, a fronte dell'attenuazione del contenzioso giudiziale nei confronti dei singoli esercenti la professione sanitaria.

Al di là della prognosi sul funzionamento della legge, un fatto è certo: l'esperienza passata (ci si riferisce al periodo antecedente all'affermazione della teoria del contatto sociale), dimostra come dovranno essere tenute in adeguata considerazione le applicazioni giurisprudenziali del ricordato cumulo improprio. Va infatti ricordato che in non pochi casi i giudici, trovandosi a decidere della stessa fattispecie sotto il duplice e concorrente profilo della responsabilità contrattuale e della responsabilità aquiliana, abbiano finito per applicare indifferentemente le regole previste per un regime all'altro regime. Il che ha comportato la creazione di un regime "speciale" di responsabilità valido solo per gli esercenti la professione sanitaria, definito in dottrina come un "sottosistema della responsabilità civile"; un sottosistema caratterizzato da un'osmosi di regole proprie della responsabilità contrattuale e di regole proprie di quella aquiliana.

La possibilità che, in concreto, si riproponga nelle aule giudiziarie un regime transtipico, che superi i confini classici dei due comparti della responsabilità, non deve essere considerata in assoluto come un'evenienza negativa. È vero che la legge è nata con l'intento di arginare l'esplosione del contenzioso in tema di responsabilità medica e di razionalizzare, più in generale, i costi della sanità: non sembra, però, che tutto ciò possa andare a discapito dei pazienti, imponendo loro una prova del danno subìto assai gravosa, se non in alcuni casi impossibile.

La legge Gelli-Bianco introduce altre importanti novità a proposito delle **linee guida** e delle **buone pratiche clinico-assistenziali** nei giudizi di responsabilità del medico.

È previsto che "gli esercenti le professioni sanitarie, nell'esecuzione delle prestazioni sanitarie con finalità preventive, diagnostiche, terapeutiche, palliative, riabilitative e di medicina legale, si attengono, salve le specificità del caso concreto, alle raccomandazioni previste dalle linee guida pubblicate ai sensi del comma 3 ed elaborate da enti e istituzioni pubblici e privati nonché dalle società scientifiche e dalle associazioni tecnico-scientifiche delle professioni sanitarie iscritte in apposito elenco istituito e regolamentato con decreto del Ministro della salute, da emanare entro novanta giorni dalla data di entrata in vigore della presente legge, e da aggiornare con cadenza biennale. In mancanza delle suddette raccomandazioni, gli esercenti le professioni sanitarie si attengono alle buone pratiche clinico-assistenziali" (art. 5, 1° co., l. n. 24/2017).

L'inciso contenuto nella norma ("salve le specificità del caso concreto") impone all'esercente la professione sanitaria di discostarsi, quando occorre, dalle linee guida. Pertanto, sulla scorta di un consolidato orientamento giurisprudenziale, deve concludersi che la verifica dell'osservanza delle linee guida (o delle buone pratiche) costituisce soltanto un aspetto (non esclusivo né esaustivo) del giudizio sulla colpa o sulla diligenza del medico: quest'ultimo potrà non essere automaticamente condannato per il solo fatto di non averle osservate; né potrà formularsi un giudizio di esenzione da responsabilità per il solo fatto che sia stato ossequioso ad esse.

Occorre però studiare più da vicino quale sia il ruolo, nella l. n. 24/2017, delle linee guida e delle buone pratiche nei giudizi di responsabilità civile del medico. Un importante punto di partenza è costituito dall'art. 3 della legge Balduzzi, che attribuiva al giudice il compito di tenere debitamente conto del comportamento del medico conforme alle linee guida o alle buone pratiche accreditate dalla comunità scientifica "*anche* nella determinazione del risarcimento del danno". L'interpretazione prevalente della norma era stata la seguente: le linee guida e le buone pratiche erano state elevate al rango di elemento di valutazione non solo (com'era avvenuto prima dell'entrata in vigore della legge del 2012) dell'*an* della responsabilità civile del medito, ma pure del *quantum* della responsabilità stessa. L'ottica era quella del c.d. diritto premiale, posto che il giudice poteva diminuire l'entità del risarcimento in relazione alla lievità della colpa del medico il quale, pur avendo commesso un errore fonte di responsabilità, si fosse comunque attenuto alle linee guida e alle buone pratiche.

Si torni ora all'attuale legge vigente, la Gelli-Bianco. L'art. 7, 3° co., ultimo periodo, impone al giudice di tener conto della condotta dell'esercente la professione sanitaria ai sensi dell'articolo 5 nonché dell'art. 590-*sexies* cod. pen. (semplicemente) "nella determinazione del risarcimento del danno". Non vi è l'inciso *anche*, contenuto nella legge Balduzzi: dal che si potrebbe ritenere, in prima battuta, che le linee guida e le buone pratiche siano tornate ad avere il tradizionale ruolo di parametro di valutazione dell'*an* della responsabilità del medico, non incidendo invece sul profilo del *quantum* risarcitorio.

Si tratta di una ricostruzione che va disattesa. Se ad essa si desse credito si dovrebbe concludere che l'art. 7, 3° co., ultimo periodo, è una norma sostanzialmente inutile (le conclusioni che da essa si vorrebbero trarre, infatti, già appartengono ai principî generali sulla responsabilità professionale). Richiamandosi allora al principio di conservazione (esso è esplicitamente previsto nella materia contrattuale dall'art. 1367 cod. civ., ma vale, per autorevole dottrina, anche per la legge), deve dirsi che la nuova disposizione in esame consente di diminuire (come prevedeva la legge Balduzzi) il *quantum* risarcitorio avendo riguardo alla lieve entità della colpa del medico, il quale sia stato rispettoso delle linee guida e delle buone pratiche. D'altro canto, la norma in esame – con il secco riferimento alla condotta – consente pure di aumentare l'entità del risarcimento nei casi di colpa grave o dolo eventuale dell'agente (si pensi al medico che con gravissima trascuratezza non si aggiorni da decenni o al soggetto che nell'esercizio abusivo della professione medica cagioni un danno ad altri); ciò in accordo con le funzioni di deterrenza e di *regulation* assolte dalla responsabilità civile (§ 337).

Valorizzato, in tal modo, l'art. 7, 3° co., l. n. 24/2017, un breve approfondimento va fatto per quella parte della disposizione secondo cui il giudice, nella determinazione del risarcimento del danno, deve tenere conto della condotta dell'esercente la professione sanitaria non soltanto ai sensi del precedente art. 5, ma anche in base all'art. 590-*sexies* cod. pen., introdotto dall'art. 6 della stessa legge. Prevede il 2° comma della nuova norma penale (rubricata "Responsabilità colposa per morte o lesioni personali in ambito sanitario") che "qualora l'evento si sia verificato a causa di imperizia, la punibilità è esclusa quando sono rispettate le raccomandazioni previste dalle linee guida come definite e pubblicate ai sensi della legge, ovvero, in mancanza di queste, le buone pratiche clinico-assistenziali, sempre che le raccomandazioni previste dalle predette linee risultino adeguate alle specificità del caso concreto".

Secondo la lettura data alla nuova fattispecie penale dalle Sezioni Unite della Corte di cassazione, l'esercente la professione sanitaria risponde, a titolo di colpa, per morte o lesioni personali derivanti dall'esercizio di attività medico-chirurgica: (a) se l'evento si è verificato per colpa (anche "lieve") da negligenza o imprudenza; (b) se l'evento si è verificato per colpa (anche "lieve") da imperizia quando il caso concreto non è regolato dalle raccomandazioni delle linee-guida o dalle buone pratiche clinico-assistenziali; (c) se l'evento si è verificato per colpa (anche "lieve") da imperizia nella individuazione e nella scelta di linee-guida o di buone pratiche che non risultino adeguate alla specificità del caso concreto; (d) se l'evento si è verificato per colpa "grave" da imperizia nell'esecuzione di raccomandazioni, di linee-guida o buone pratiche clinico-assistenziali adeguate, tenendo conto del grado di rischio da gestire e delle specifiche difficoltà tecniche dell'atto medico (così Cass., Sez. Un. pen., 22.2.2018, n. 8770).

Rimane da dire dei criteri previsti dalla legge sul *quantum* risarcitorio, sia nell'ipotesi di responsabilità della struttura sanitaria sia in quella di responsabilità dell'esercente la professione sanitaria. L'art. 7, 4° co., l. n. 24/2017 stabilisce che il danno va risarcito in base alle tabelle per la liquidazione del danno biologico di cui agli artt. 138 e 139 del Codice delle assicurazioni private. Si tratta di articoli che rimandano, ai fini della predisposizioni delle tabelle stesse, ad una successiva regolamentazione ministeriale cui si è giunti, attualmente, soltanto per l'art. 139, che si riferisce alle lesioni di lieve entità; per le lesioni di non lieve entità, previste dall'art. 138, continuano invece ad applicarsi le tabelle giudiziali elaborate dal Tribunale di Milano e "nazionalizzate" dai giudici di legittimità (§ 363; si veda Cass., 11.11.2019, n. 28988 in tema di liquidazione del danno non patrimoniale da colpa sanitaria e personalizzazione).

Parte nona

I DIRITTI REALI, IL POSSESSO, LA COMUNIONE, IL CONDOMINIO

Capitolo 61

I BENI MATERIALI

366. I beni materiali: nozione.

Il terzo Libro del codice civile, di cui ci si occupa in questa parte del Corso, riguarda i diritti reali, il possesso, la comunione, il condominio. Si tratta di istituti che presuppongono, necessariamente, il chiarimento della **nozione** di **bene materiale**.

Devono riprendersi, preliminarmente, alcune nozioni che sono state trattate nella parte generale (§ 40), allorché si è ricordato che il diritto mira a tutelare un **interesse** delle persone. L'interesse, lo si è pure detto, è la **relazione** (disciplinata dalle norme giuridiche) **fra** il **soggetto** e l'**entità idonea a soddisfare i bisogni** delle persone.

Questa entità è l'oggetto del rapporto giuridico, ossia il bene (in senso lato) su cui il soggetto, nel suo interesse, esercita i poteri della situazione giuridica di cui è titolare.

Nei rapporti giuridici in cui vi è un diritto assoluto ed una situazione giuridica passiva corrispondente al dovere, l'oggetto del rapporto giuridico è costituito dai beni immateriali (§ 40) e dai beni materiali. Su quest'ultimi è necessario compiere un approfondimento.

Si cominci dalla **nozione di beni** fornita dal codice civile: i beni sono le cose che possono formare oggetto di diritti (art. 810 cod. civ.).

Si ha, dunque, un bene in senso giuridico: quando si è in presenza di una **cosa**; quando la cosa può formare oggetto di diritti. Si analizzino i due elementi della definizione legislativa:

(a) in prima battuta va detto che le cose sono **porzioni della materia**. Secondo la concezione tradizionale (ormai superata), si considerano porzioni della materia quelle entità che si possono percepire con i sensi (in particolar modo con la vista e con il tatto). Le acquisizioni più moderne della scienza, invece, impongono di considerare materia anche quelle entità che non sono immediatamente tangibili e visibili: è il caso dell'energia, che non a caso, come tra breve si vedrà, il codice considera un bene. Gli sviluppi degli ultimi anni (soprattutto nella materia della fisica quantistica) inducono a ritenere che il concetto di materia sia destinato ad essere ulteriormente aggiornato.

(b) Il bene materiale è soltanto quello che ha l'attitudine a formare oggetto di diritti. Secondo un'accreditata ricostruzione, può formare oggetto di diritto soltanto ciò su cui sia prospettabile un **conflitto di interessi**.

Esempio. L'oro costituisce sicuramente un "bene" materiale, sorgendo su di esso conflitto per la sua appropriazione. Il conflitto non nascerebbe se l'oro si trovasse in sovrabbondanza in natura: qualsiasi persona, allora, potrebbe procurarsene facilmente in misura superiore alle sue necessità. Questo metallo prezioso, invece, si trova in misura limitata sul mercato, tanto che per procurarselo occorre pagare un prezzo molto elevato. Quando una cosa ha un valore di mercato, significa che esso è un bene materiale in senso giuridico (nel senso previsto dall'art. 810 cod. civ.).

L'oro, di cui si è detto nell'esempio, è un bene che si trova in natura (come altri minerali, o come il grano, la frutta, e così via). Sono beni materiali anche i beni costruiti dall'uomo (quelli, cioè, che non esistono in natura).

Pure le **energie naturali**, se "hanno valore economico", si considerano beni (art. 814 cod. civ.). Le energie naturali, è evidente, hanno valore economico quando su di esse può nascere un conflitto di interessi.

L'energia elettrica, ad esempio, è un bene giuridico, così come lo sono le energie geotermiche o quella radio-elettrica (che dà luogo alle frequenze radiotelevisive).

Il riferimento codicistico alle energie naturali deve essere valorizzato: si è detto, poc'anzi, che si è di fronte ad un bene giuridico quando su di esso sussiste un conflitto di interessi; il codice specifica che l'energia naturale è un bene giuridico quando abbia una valutazione economica. Si può allora dire che sono **beni in senso giuridico** soltanto quelle cose **suscettibili di valutazione economica.**

Ci sono delle cose che non fanno nascere conflitti di interessi (o, che è lo stesso, non sono soggetti a valutazione economica): è il caso dell'aria o dell'acqua del mare, che dunque non sono beni giuridici (si tratta, secondo un'espressione diffusa, di "**cose comuni a tutti**" o, come pure si dice, di cose "che non appartengono ad alcuno").

367. I diversi criteri classificatori dei beni materiali.

Il bene giuridico materiale è suscettibile di diverse **classificazioni**, di cui nei prossimi paragrafi ci si occuperà. Già ora, peraltro, alcuni criteri distintivi devono considerarsi acquisiti. I **beni materiali**, previsti nel terzo Libro del codice civile, si distinguono dai **beni immateriali** (entità diverse dalle cose ma suscettibili di essere utili all'uomo e, quindi, di creare conflitti di interessi, come ad esempio i marchi ed i brevetti: § 40). Si è fatto pure riferimento ai **beni** esistenti **in natura** e a quelli **costruiti** dall'uomo.

Altre classificazioni si impongono. Si muoverà, in primo luogo, da quella che riguarda i beni pubblici ed i beni privati (§ 368); si distingueranno, poi, i beni divisibili da quelli indivisibili (§ 369), i beni consumabili da quelli inconsumabili (§ 370), i beni fungibili da quelli infungibili (§ 371).

Un'importante distinzione, poi, dovrà essere compiuta tra beni immobili e beni mobili (§ 372); infine, si avrà riguardo ai beni principali e ai beni accessori che danno vita al rapporto pertinenziale (§ 373), nonché ai beni fruttiferi e ai frutti (§ 374).

Ulteriori approfondimenti interessano, più direttamente, l'economia. Si pensi, ad esempio, alla distinzione fra i **beni aventi** un **valore d'uso**, in quanto sono utilizzati per soddisfare direttamente i bisogni dell'uomo, e i **beni aventi valore di scambio**, i quali sono barattati con altri beni (sul denaro, si veda il Cap. 15); o a quella fra **beni di consumo** e **beni strumentali**: i primi non sono destinati ad un processo di produzione; i secondi invece sono strumentali a quest'ultimo.

368. Beni privati e beni pubblici.

La distinzione tra **beni privati** e **beni pubblici** deve muovere dalla individuazione dei caratteri di quest'ultimi; per esclusione, poi, possono rinvenirsi i caratteri dei beni privati.

I beni pubblici, per essere tali, devono avere due caratteristiche concorrenti: (a) essere di proprietà dello Stato o di un altro ente pubblico (**requisito soggettivo**); (b) essere destinati a soddisfare interessi generali della collettività (**requisito oggettivo**).

I beni che non appartengono allo Stato o agli altri enti pubblici o che, pur appartenendo ad essi, non hanno la suddetta destinazione, sono beni privati.

I beni pubblici sono soggetti ad un regime speciale, le cui regole sono analiticamente studiate nel corso di diritto amministrativo. Qui basterà fare qualche cenno ai beni demaniali e ai beni patrimoniali indisponibili, con la precisazione che la disciplina di riferimento si rinviene non soltanto nelle norme del codice (artt. 822 ss. cod. civ.), ma anche nelle leggi speciali di diritto pubblico.

I **beni demaniali** sono caratterizzati dal fatto di essere "**inalienabili**" (art. 823 cod. civ.). Essi, dunque, non possono essere trasferiti ad un soggetto diverso dal proprietario, non possono essere oggetto di pignoramento, di usucapione, di ipoteca. Si vuol affermare, in questo modo, l'esigenza di non sottrarre alcuni beni al soddisfacimento dell'interesse generale. Il divieto di alienazione non attiene solo all'area negoziale, ma comprende anche i trasferimenti forzati (espropriazione per pubblica utilità o occupazione d'urgenza). Sono beni demaniali, ad esempio, i porti, gli aeroporti, le strade, i fiumi, i laghi, i beni di pregio artistico, le spiagge, gli acquedotti (art. 822 cod. civ.).

L'Unione europea, con la c.d. Direttiva Bolkestein sulla concorrenza (2006/123/CE), ha fissato alcuni obblighi per le concessioni demaniali. Le spiagge, in particolare, devono essere aperte alla libera concorrenza ed assegnate con un'asta pubblica.

Con la l. n. 281/1970 è stato previsto il trasferimento alle Regioni degli acquedotti, dei porti lacuali, delle foreste, delle cave e torbiere, nonché delle acque minerali e termali (c.d. demanio regionale).

Qualora il bene abbia perduto la sua destinazione ad uso pubblico, si verifica la c.d. sdemanializzazione tacita (Cass., Sez. Un., 7.4.2020, n. 7739).

I **beni patrimoniali indisponibili**, invece, sono caratterizzati da un "**vincolo di de-**

stinazione", giacché "non possono essere sottratti alla loro destinazione, se non nei modi stabiliti dalle leggi che li riguardano" (art. 828, 2° co., cod. civ.). Si tratta, come sottolinea la dottrina, di un vincolo meno pesante rispetto a quello previsto per i beni demaniali. Affinché un bene non appartenente al demanio possa rivestire il carattere pubblico proprio dei beni patrimoniali indisponibili, deve sussistere sia il requisito della manifestazione della volontà dell'ente titolare del diritto reale pubblico, sia quello dell'effettiva e attuale destinazione del bene al pubblico servizio (così Cass., 25.3.2016, n. 6019). Sono beni patrimoniali indisponibili, ad esempio, le caserme, gli aerei militari, le navi da guerra, gli edifici destinati a servizi pubblici.

L'ente pubblico può essere proprietario anche di **beni patrimoniali disponibili**. Si tratta di beni non destinati direttamente ed immediatamente al perseguimento di fini pubblici e non soggetti ad un regime giuridico speciale. Sono dunque sottoposti alle regole di diritto comune che valgono per i beni privati (possono essere venduti, ad esempio, o dati in locazione).

Esempio. La Sig.ra Sconsolata De Solis, proprietaria di un appartamento, muore senza aver fatto testamento. Non si rinviene, peraltro, alcun parente entro il sesto grado. Lo Stato acquista per successione l'immobile della donna, che potrà essere venduto o dato in locazione al fine di trarne un reddito.

I beni patrimoniali disponibili, inoltre, sono espropriabili e soggetti ad usucapione.

Un particolare regime è dettato per i **beni culturali** privati, ossia le cose, immobili e mobili, che presentano interesse artistico, storico, archeologico, etno-antropologico, archivistico, bibliografico o che, comunque, costituiscono testimonianze aventi valore di civiltà (art. 2, 2°, 10° e 11° co., d.lgs. 22.1.2004, n. 42, recante il "Codice dei beni culturali e del paesaggio"). Sussistono, in questo caso, limitazioni al potere di godimento e di disposizione: si pensi, nel primo caso, al divieto di distruggere e di deteriorare i beni culturali (art. 20, 1° co., d.lgs. n. 42/2004); nel secondo caso, all'obbligo di denunciare al Soprintendente gli atti che trasferiscono, in tutto o in parte, a qualsiasi titolo, la proprietà o la detenzione dei beni culturali (art. 59 d.lgs. n. 42/2004; il successivo art. 60 prevede il diritto di prelazione degli enti pubblici in caso di alienazione a titolo oneroso di beni culturali o conferimento in società). I beni culturali, inoltre, possono essere espropriati per causa di pubblica utilità (art. 95 d.lgs. n. 42/2004).

369. Beni divisibili e beni indivisibili.

I beni **divisibili** sono quei beni suscettibili di essere divisi, fisicamente, in più porzioni, ciascuna delle quali è in grado di mantenere la funzione economica iniziale, anche se inferiore. Un bene divisibile, pertanto, può essere diviso senza perdere l'utilità che lo caratterizza. Sono beni **indivisibili**, invece, quelli in cui la suddivisione non è possibile, materialmente o economicamente.

Esempio. Un terreno, che appartiene inizialmente ad un solo proprietario, è acquistato da diverse persone, ciascuna delle quali provvede alla coltivazione autonomamente. Il bene è sicuramente divisibile.

Esempio. Un'automobile non è divisibile: non si può pensare di togliere da essa le ruote o il motore. Del pari non è divisibile un orologio.

La distinzione fra beni divisibili e beni indivisibili è rilevante sotto diversi aspetti (si veda, a proposito della comproprietà di un bene da dividere, § 400; quanto alle obbligazioni divisibili ed indivisibili, § 99). L'indivisibilità, oltre che derivare dalla natura del bene, può essere prevista dalla legge o, convenzionalmente, dalle parti.

Non sono divisibili, ovviamente, gli animali. Una recente decisione del Tribunale di Milano, peraltro, rileva come gli **animali** non possano essere considerati come "cose", bensì come "**esseri senzienti**" (Trib. Milano, decreto 13.3.2013). Anche in considerazione della l. 4.11.2010, n. 201, di ratifica ed esecuzione della Convenzione europea per la protezione degli animali da compagnia, adottata a Strasburgo il 13.11.1987, si afferma che gli animali non possono più essere collocati nell'area semantica delle "cose". Essendo l'animale un essere senziente, concludono i giudici meneghini, è legittima la facoltà dei coniugi, in sede di separazione, di regolarne la permanenza presso l'una o l'altra abitazione.

370. Beni consumabili e beni non consumabili.

Il bene è **consumabile** quando, a seguito dell'utilizzazione, si verifichi la sua consumazione, la sua distruzione, il suo esaurimento. Si suole affermare che tale carattere si rinviene allorché il bene possa essere utilizzato una sola ed unica volta. È **inconsumabile** il bene suscettibile di ripetuta utilizzabilità.

La distinzione non poggia su un concetto puramente fisico (se così fosse dovremmo concludere che tutti i beni, in realtà, sono consumabili). Si deve avere riguardo, invece, alla possibilità di ripetuto utilizzo del bene.

Sono consumabili, ad esempio, i beni commestibili o il carburante. Non consumabili sono i vestiti e le automobili (pur essendo sicuramente deteriorabili).

L'importanza della distinzione emerge ove si abbia riguardo, fra l'altro, all'istituto del mutuo (§ 295), dell'usufrutto (§ 392), del comodato (§ 294).

371. Beni fungibili e beni infungibili.

I **beni fungibili** (o beni di genere) sono quelli che, all'interno dello stesso genere, possono essere sostituiti con altri beni identici. Il denaro, ad esempio, è un bene fungibile, così come i libri e le automobili di serie. I **beni infungibili** (o beni di specie), invece, sono quelli non sostituibili indifferentemente con altri beni, ancorché appartengano allo stesso genere. I beni rientranti in questa categoria, dunque, presentano alcuni particolari qualitativi che li rendono unici (il quadro di un pittore è un bene infungibile; lo è pure un'auto usata, che ha comunque la sua individualità, come è evidente dal suo pregresso utilizzo).

La fungibilità, normalmente, dipende dalla natura dei beni (il denaro è oggettivamente fungibile). Tale valutazione, tuttavia, può dipendere dalla considerazione che le parti, convenzionalmente, abbiano di un determinato bene: una cosa, in sostanza, potrebbe essere per sua natura fungibile, ma avere per i contraenti una valenza determinata, finendo per essere un bene specifico ed insostituibile (si pensi a quei libri appartenenti alla persona cara).

I beni fungibili sono presi in considerazione in relazione al peso, al numero, alla misura (cinque tonnellate di ferro; duecento libri; due chilometri di cavi d'acciaio); quelli infungibili in relazione alla loro identità.

I beni immobili sono, generalmente, infungibili; ciò vale anche per gli appartamenti in un condominio (ognuno di essi, infatti, ha diversi confini ed una diversa esposizione, tali da renderli unici). Si ammette, peraltro, la vendita di lotti di immobili "equivalenti": si fa riferimento, in questo caso, alle parti di un fondo esattamente determinate ed uguali l'una all'altra, giacché le operazioni di misurazione sono state già effettuate al momento in cui il contratto di compravendita è concluso.

La distinzione fra beni fungibili e beni infungibili è rilevante sotto diversi aspetti: si pensi all'effetto traslativo della proprietà e alla sorte dei beni distrutti prima della consegna all'acquirente (§§ 178 ss.); oppure ai criteri di identificazione del contratto di mutuo (§ 295) e del deposito irregolare (§ 293).

372. Beni mobili e beni immobili.

Una delle distinzioni più importanti è quella fra beni mobili e beni immobili. Il codice fornisce una definizione di **beni immobili**: sono tali il suolo, le sorgenti e i corsi d'acqua, gli alberi, gli edifici e le altre costruzioni, anche se unite al suolo a scopo transitorio, e in genere tutto ciò che naturalmente o artificialmente è incorporato al suolo (art. 812, 1° co., cod. civ.; Cass., 5.1.2017, n. 152). Sono, questi, i c.d. beni immobili **per natura**.

Esempio. Sono beni immobili le case, gli alberghi, i palazzi e le caserme (gli "edifici"). Sono beni immobili, ancora, le "altre costruzioni" (come i serbatoi, le cisterne, i silos, le pale eoliche), comprese quelle transitorie (è il caso del chiosco per la rivendita dei giornali) e ciò che è naturalmente incorporato nel territorio, o artificialmente (i ripetitori televisivi, quelli per la telefonia, i tralicci dell'alta tensione).

Sono reputati immobili i mulini, i bagni e gli altri edifici galleggianti quando sono saldamente assicurati alla riva o all'alveo e sono destinati ad esserlo in modo permanente per la loro utilizzazione (art. 812, 2° co., cod. civ.). Sono, questi, i beni immobili **per destinazione**.

Sono mobili, per esclusione, tutti gli altri beni (art. 812, 3° co., cod. civ.). Tra i beni mobili, lo si è ricordato in precedenza, rientrano anche le energie naturali (art. 814 cod. civ.).

Il **trattamento giuridico** dei beni immobili è assai diverso da quello dei beni mobili:

(a) per i beni immobili (e soltanto per essi), esiste il **catasto**, ossia un'organizzazione pubblica per l'accertamento e la documentazione della loro esistenza: nel catasto, tenuto dagli uffici tecnici erariali, si rinvengono le mappe che descrivono gli immobili rustici e quelli urbani;

(b) le formalità di circolazione dei beni immobili sono più rigorose rispetto a quelle previste per i beni mobili (si veda, a proposito della necessità dell'adozione della forma scritta a pena di nullità, l'art. 1350 cod. civ.);

(c) i beni immobili (e soltanto i beni immobili, salvo quanto si dirà tra breve per i mobili registrati) sono soggetti ad un regime di pubblicità (si veda la disciplina sulla trascrizione nei pubblici registri immobiliari, di cui ci si occupa nella Parte Tredicesima);

(d) il codice contempla la possibilità che un bene mobile (a prescindere dal suo valore) possa non appartenere ad alcuna persona. Tale possibilità, invece, non è prevista per i beni immobili: questi, se non sono di proprietà di alcuno, spettano al patrimonio dello Stato (art. 827 cod. civ.). Si ritiene infatti non conveniente, per il sistema economico-sociale, che i beni immobili siano senza proprietario.

Una particolare categoria di beni mobili è rappresentata dai **beni mobili registrati**: si tratta degli autoveicoli, delle navi (il termine deve intendersi esteso ad ogni imbarcazione), degli aeromobili. Per questi beni, vista la loro rilevanza nell'economia moderna, è prevista l'iscrizione in pubblici registri e la sottoposizione a specifiche disposizioni che li riguardano; in mancanza di tali disposizioni, si applicano quelle relative ai beni mobili (art. 815 cod. civ.). Tra i beni mobili registrati oggi è possibile annoverare anche la **quota di società a responsabilità limitata**, la cui natura di bene mobile è confermata dalla giurisprudenza di merito. Il Tribunale di Milano, infatti, riconoscendo la quota di S.r.l. come cosa mobile iscritta in pubblici registri (Registro delle Imprese), ha ammesso l'applicabilità dell'art. 1161 cod. civ. (§ 419, in materia di usucapione), relativo all'acquisto della proprietà dei beni mobili mediante possesso continuato per dieci anni, in buona fede (Trib. Milano, 13.3.2015).

Il discorso sui beni mobili introduce, ulteriormente, quello sulla **universalità di beni mobili**: si fa riferimento ad un **complesso di beni** che appartengono ad una **stessa persona** ed hanno una **destinazione unitaria** (art. 816, 1° co., cod. civ.). Si pensi alla collezione di quadri, al gregge di pecore, alla biblioteca. La definizione appena fornita evidenzia tre elementi, la cui sussistenza è necessaria affinché si possa discutere di universalità di beni mobili: (a) la pluralità di cose mobili; (b) la destinazione unitaria (ancorché le cose che compongono l'universalità abbiano un distinto valore economico, come i singoli libri della biblioteca); (c) l'appartenenza alla stessa persona.

Le singole cose che compongono l'universalità non perdono la loro autonomia; ciò vuol dire che possono formare oggetto di separati atti e rapporti giuridici (art. 816, 2° co., cod. civ.). A parte questo, va sottolineato come sia possibile disporre dell'universalità dei beni mobili con un unico atto.

Esempio. Un fortunato collezionista acquista la biblioteca di Albert Einstein. Con un unico atto di compravendita acquista tutti i libri del Nobel per la fisica che compongono la sua biblioteca.

Dalla universalità di beni va tenuta distinta l'**universalità di diritto**, in cui è la legge (e non il titolare dei beni) a considerare unitariamente una serie di rapporti giuridici. Si pensi, ad esempio, all'eredità, in cui l'unità degli elementi che la compongono deriva da un'esigenza giuridica (che è quella di considerare il patrimonio come un "insieme" ai fini della successione). Si può anche ricordare l'**azienda**, che secondo la giurisprudenza prevalente (Cass., 29.1.2016, n. 1720) deve essere qualificata come *universitas iuris* comprensiva, oltre che dei beni materiali o immateriali in senso stretto, anche dei rapporti giuridici attivi e passivi.

373. Le pertinenze.

Nelle **pertinenze** viene in considerazione il rapporto fra una **cosa accessoria** ed una **cosa principale**: in particolare, quando una cosa è posta al servizio o all'ornamento di un'altra senza diventarne parte integrante o indefettibile, si ha la pertinenza (art. 817 cod. civ.; Cass., 16.5.2018, n. 11970). La cosa accessoria deve presentare un'utilità per quella principale e non per il proprietario di quest'ultima; l'accessorietà, inoltre, deve dare vita ad un rapporto durevole e non essere soltanto occasionale (Cass., 2.2.2017, n. 2804, chiarisce che il rapporto tra cosa principale e pertinenza non attiene ad una connessione materiale o strutturale, ma si configura come un rapporto di strumentalità e complementarietà "funzionale", sicché il vincolo pertinenziale può sussistere anche tra opere dotate di autonomia strutturale).

Affinché possa sorgere un rapporto pertinenziale sono necessari due presupposti (Cass., 14.5.2019, n. 12731): un elemento oggettivo, costituito dal vincolo di strumentalità funzionale che lega la cosa accessoria a quella principale, ed un elemento soggettivo, costituito dall'effettiva volontà del proprietario della cosa principale (o di chi ha un diritto reale sulla medesima) di destinare una cosa al servizio o all'ornamento dell'altra.

Vi è differenza fra rapporto pertinenziale e cosa composta: in quest'ultimo caso la combinazione delle cose dà vita ad un bene caratterizzato da un'utilità diversa rispetto alla considerazione delle cose che compongono il bene stesso (ad esempio, un'autovettura, che è composta da carrozzeria, motore e così via). Nella pertinenza, invece, il rapporto di accessorietà di una cosa rispetto all'altra non fa venir meno l'individualità delle singole cose.

Esempio. Le statue che si trovano in un giardino sono pertinenze della casa. Le scialuppe di una nave sono pertinenze della stessa.

Qualche dubbio può nascere in relazione ad alcuni beni, come l'**ascensore** o l'**impianto di riscaldamento**: in prima battuta, infatti, si potrebbe ritenere che essi siano "pertinenze" e non parti di una cosa composta. In dottrina, però, si afferma che quando la loro costruzione non sia aggiunta ma integrata nella struttura dell'immobile (come generalmente accade), vanno considerati parti del fabbricato.

La pertinenza può essere di diversi tipi: (a) d'immobile ad immobile (il posto auto o il garage destinati al servizio di un'abitazione; il pozzo per l'irrigazione di un fondo); (b) di mobile ad immobile (l'attrezzatura di un terreno); (c) di mobile a mobile (le scialuppe della nave; il paracadute di un aereo).

Gli atti ed i rapporti giuridici che hanno per oggetto la cosa principale comprendono anche le pertinenze, qualora non sia diversamente disposto (art. 818, 1° co., cod. civ.). Pertanto, allorché venga alienata la cosa principale, sussistendo il silenzio delle parti deve ritenersi che venga ceduta anche la cosa accessoria.

Esempio. Decido di vendere il mio albergo, in cui ci sono diverse pertinenze. Nel contratto di compravendita non è detto nulla circa gli arredi in esso esistenti: essi si intendono trasferiti con l'immobile.

La destinazione di una cosa al servizio o all'ornamento di un'altra non pregiudica i diritti preesistenti su di essa a favore di terzi. Tali diritti non possono essere opposti ai terzi di buona fede se non risultano da scrittura avente data certa anteriore, quando la cosa principale è un bene immobile o un bene mobile iscritto in pubblici registri (art. 819 cod. civ.).

La regolamentazione dei **parcheggi** a favore dei proprietari delle unità immobiliari è affidata alla disciplina speciale (si veda, in particolare il nuovo art. 41, 2° co., l. n. 1150/1942, modificato dalla l. n. 246/2005, che ha eliminato il vincolo pertinenziale e reso possibile la cessione dei posti auto; sul regime urbanistico-edilizio si confronti l'art. 41-*sexies* della l. n. 1150/1942).

374. I frutti.

I **beni fruttiferi** sono quelli che producono altri beni, chiamati **frutti**. Occorre distinguere i frutti naturali da quelli civili.

I **frutti naturali** sono "quelli che provengono direttamente dalla cosa, vi concorra o non l'opera dell'uomo" (art. 820, 1° co., cod. civ.). La norma considera frutti naturali i prodotti agricoli, la legna, i parti degli animali, i prodotti delle miniere, le cave e le torbiere. Si noti che facendo riferimento ai "parti degli animali", il codice del 1942 considera gli stessi animali come dei beni giuridici (sulla nuova sensibilità "animalista" si veda però § 369). Perché si possa parlare di frutti occorre che la produzione abbia carattere periodico e non incida né sulla sostanza né sulla destinazione economica della cosa madre.

Finché non avviene la separazione, i frutti formano parte della cosa. Si può tuttavia disporre di essi come di cosa mobile futura (art. 820, 2° co., cod. civ.).

I **frutti civili** sono quelli che si ritraggono dalla cosa come corrispettivo del godimento che altri ne abbia. Tali sono gli interessi dei capitali, i canoni enfiteutici, le rendite vitalizie e ogni altra rendita, il corrispettivo delle locazioni (art. 820, 3° co., cod. civ.).

Quanto all'**acquisto dei frutti**, occorre distinguere fra frutti naturali e frutti civili. I frutti naturali appartengono al proprietario della cosa che li produce, salvo che la loro proprietà sia attribuita ad altri. In quest'ultimo caso la proprietà si acquista con la separazione (art. 821, 1° co., cod. civ.). Chi fa propri i frutti deve, nei limiti del loro valore, rimborsare colui che abbia fatto spese per la produzione e il raccolto (art. 821, 2° co., cod. civ.). I frutti civili, invece, si acquistano giorno per giorno, in ragione della durata del diritto (art. 821, 3° co., cod. civ.).

Un'apposita disciplina sui frutti è dettata, dal codice, a proposito della restituzione della cosa posseduta da altri (§ 415). Sulle norme relative agli interessi ci si è già intrattenuti nella materia delle obbligazioni (§§ 120 ss.).

Capitolo 62

I DIRITTI REALI IN GENERALE

375. I diritti reali ed il principio di tipicità.

Lo studio dei singoli diritti reali va affrontato muovendo dal diritto di proprietà; di seguito si prenderanno in considerazione gli altri diritti reali minori (l'usufrutto, l'uso, l'abitazione, la superficie, l'enfiteusi, la servitù). Quest'ultimi diritti sono detti parziari e gravano su beni di proprietà altrui. In altra parte del testo, invece, si considera la figura della multiproprietà (§ 262).

I diritti reali sono predeterminati dalla **legge** (essi costituiscono, si dice, un ***numerus clausus***): le parti, infatti, non sono libere di costituire diritti reali diversi da quelli previsti dalla legge (Cass., 18.1.2019, n. 1254).

Oltre al principio del numero chiuso vi è quello, connesso, della **tipicità dei diritti reali**: esso comporta che l'autonomia privata non può, sostanzialmente, modificare la disciplina legale dei singoli diritti reali.

Il principio di tipicità reca un'immediata conseguenza rispetto agli accordi delle parti. Esse, quando decidono di stipulare un contratto costitutivo di un diritto reale, non possono derogare alla disciplina codicistica in modo tale da stravolgerne la portata.

Tali principî sono stati ribaditi dalla fondamentale sentenza 17.12.2020, n. 28972 della Corte di Cassazione a Sezioni Unite, con cui è si è vietato all'autonomia privata di costituire un diritto reale di uso esclusivo su di una parte comune dell'edificio in favore di un condomino, in quanto tale pattuizione viola i principi della **tipicità del contenuto** e del ***numerus clausus*** dei diritti reali. Nel diritto vigente, infatti, non c'è una regola generale che faccia discendere dalla **trascrizione** (Cap. 86) l'efficacia *erga omnes* di un diritto che non abbia già in sé, per espressa previsione legislativa, i caratteri della **realità**.

Queste scelte legislative sono spiegate in vario modo dalla dottrina. Vi è, peraltro, unanime condivisione su un punto: i principî in parola esprimono un *favor* nei confronti dell'istituto della proprietà. Ogni diritto altrui, che riduce le facoltà del proprietario, viene considerato un'eccezione alla regola e, dunque, va contenuto entro i limiti previsti dalla legge.

La ragione del favore nei confronti della proprietà si può spiegare in questo modo: il nostro ordinamento e, più in generale, quelli liberali, intendono assicurare il più intenso sfruttamento della ricchezza e la sua massima circolazione. Più circola la ricchezza, è il *leit motiv*, più l'economia ne beneficia.

Ci si avvicina, così, al punto centrale della questione: come si fa ad assicurare la migliore circolazione possibile di un bene? Non vi è dubbio che una condizione essenziale sia costituita dalla libera e piena disponibilità dello stesso.

Esempio. Su un terreno, che il Sig. Rossi vuole comprare, vi è un diritto di servitù. Non solo, vi è anche un diritto di usufrutto che, come si vedrà, attribuisce al suo titolare poteri molto ampi. La presenza di questi due diritti reali minori su cosa altrui potrebbe indurre il Sig. Rossi a non comprare il terreno.

Il bene gravato da uno o più diritti reali minori può ugualmente circolare (non vi è, per intenderci, un ostacolo alla sua vendita); tuttavia la presenza di tali diritti può **rallentare** di fatto la sua **circolazione**.

Da qui il numero chiuso dei diritti reali: le parti non possono crearne nuovi (non possono, come pure può dirsi, creare ulteriori intralci alla circolazione della ricchezza).

Si spiega, così, perché la legge preveda la temporaneità di alcuni diritti reali minori o, comunque, favorisca il superamento della situazione in cui più diritti reali esistano sulla cosa.

Si aggiunga, infine, che mentre il diritto di proprietà è imprescrittibile, i diritti reali su cosa altrui si **estinguono per il non utilizzo**, essendo stabilito un termine di **prescrizione ventennale** (artt. 954, 970, 1014, 1073 cod. civ.); anche sotto questo aspetto si manifesta il favore del legislatore per la piena espansione delle facoltà del proprietario.

Quando, per qualsiasi causa, il diritto reale su cosa altrui si estingue, il diritto di proprietà si espande in tutta la sua potenzialità (il proprietario, in sostanza, può esercitare per intero le sue facoltà, senza le limitazioni impostegli dall'esistenza di diritti reali minori). Si discute, in questi casi, di **consolidazione**: la consolidazione dell'usufrutto, ad esempio, vuol dire che, venuto meno questo diritto reale parziale, il proprietario acquista il pieno godimento della cosa.

Il fenomeno può essere spiegato mettendo capo al c.d. **principio di elasticità** della proprietà: le facoltà del proprietario non vengono meno allorché sul bene si costituiscano diritti reali minori, ma risultano semplicemente compresse; esse riacquistano nuovamente una piena espansione a seguito della cessazione del diritto di usufrutto, uso, abitazione, servitù, e così via.

Deve aggiungersi, peraltro, come negli ultimi anni il principio del numero chiuso e quello di tipicità siano stati di sovente messi in discussione, specie di fronte ai nuovi scenari della realtà economica e sociale.

Qui basterà svolgere soltanto due brevi considerazioni. È evidente, da un lato, come il principio di tipicità si sia affermato in un'economia in cui gli immobili costituivano la principale fonte di circolazione della ricchezza. Nell'epoca attuale la ricchezza conosce diversificate forme di circolazione (si pensi, ad esempio, alla vendita di partecipazioni sociali e, più in generale, agli strumenti finanziari dell'economia moderna). Già soltanto questo rilievo permette di affermare come la tipicità non debba essere considerata, attualmente, un vero e proprio dogma.

Sotto un altro aspetto va osservato come, nella realtà, accada che talvolta terreni ed edifici, ai fini di una più razionale ed efficiente utilizzazione, siano sottoposti a vincoli "reali" sconosciuti in passato.

Si consideri, ad esempio, il **regolamento "contrattuale" di condominio** predisposto dal costruttore (originario proprietario) e fatto approvare dagli acquirenti al momento della compravendita delle singole unità immobiliari. Ebbene, il regolamento che abbia ad oggetto limitazioni a carico delle rispettive proprietà esclusive e sia trascritto nei pubblici registri immobiliari, risulta opponibile anche nei confronti dei successivi acquirenti dei singoli appartamenti (Cass., 19.3.2018, n. 6769, secondo cui il regolamento andrà allegato o richiamato; sul regolamento contrattuale di condominio si veda anche § 408).

Si abbia riguardo, poi, alla figura della **cessione di cubatura**, che è il contratto con cui il proprietario di un fondo determinato cede, totalmente o parzialmente, ad un'altra persona (di solito proprietaria di un fondo vicino) la facoltà di edificare connessa al proprio fondo, affinché il proprietario acquirente possa servirsi della volumetria sufficiente per ottenere dal Comune il permesso di costruire. La costruzione, dunque, avverrà su una volumetria maggiorata rispetto a quella prevista originariamente per il fondo (Cass., 17.7.2016, n. 12631; Cass., 10.10.2018, n. 24948).

La cessione di cubatura è quindi un **atto traslativo** di un diritto edificatorio di natura **non reale** a contenuto patrimoniale, **trascrivibile** ai sensi dell'art. 2643, 1° co., n. 2-*bis*, c.c. (Cass., Sez. Un., 9.6.2021, n. 16080). Gli effetti che derivano dal contratto di cessione di cubatura trascritto, secondo la giurisprudenza, hanno carattere definitivo: integrano, cioè, una qualità oggettiva dei terreni (Cass., 30.4.2009, n. 21177).

I vincoli appena descritti riguardano la *res* e sono opponibili ai terzi: presentano i caratteri dei diritti reali. Il punto è che siffatti vincoli difficilmente possono ricondursi agli schemi tipici dei diritti reali. Ed allora, se si afferma che tali figure (cui si riconosce "meritevolezza" nel nostro sistema) non siano riconducibili alla disciplina codicistica, si finisce per ammettere l'esistenza di **diritti reali atipici** (diritti reali, cioè, creati dai privati, ma caratterizzati pur sempre da quei requisiti di realità e di sequela necessari per la realizzazione delle finalità perseguite dalle parti).

A proposito della cessione di cubatura, peraltro, va detto che il legislatore ha previsto, con il d.l. n. 70/2011, che gli atti produttivi di vicende circolatorie su diritti edificatori siano soggetti a trascrizione ai sensi dell'art. 2643, n. 2-*bis*, cod. civ.: in tal modo, si è osservato in dottrina, il legislatore ha inteso disciplinare anche il profilo sostanziale dell'istituto.

Discussa, infine, è anche la natura della **multiproprietà** (su cui § 262).

376. L'immediatezza dei diritti reali.

Nei diritti reali si rinviene, di solito, il carattere della **immediatezza**. Il titolare di essi, infatti, può trarre le utilità che corrispondono al diritto reale attraverso un rapporto immediato e diretto con la *res*; non vi è la necessità della intermediazione di un altro soggetto, come invece accade per i diritti di credito (se vendo un bene, per ottenere la soddisfazione del mio interesse creditorio occorre che l'acquirente mi paghi la somma di denaro pattuita).

L'immediatezza, dunque, permette in molti casi di distinguere i diritti reali (che non richiedono alcuna intermediazione) dai diritti di credito (che sono caratterizzati dalla collaborazione del debitore con il creditore).

Non sempre, però, le cose stanno in questi termini. Basti svolgere due esempi.

Esempio. Il proprietario di un fondo dominante, che ha acquistato un diritto di servitù negativa, ha bisogno della cooperazione di un altro soggetto (del titolare, cioè, del fondo servente). Quest'ultimo è obbligato a non edificare.

Se poi si considera un diritto reale di garanzia, come l'ipoteca (§§ 152 ss.), ci si accorge che il titolare del diritto può trarre l'utilità dal bene ipotecato senza mai avere avuto alcuna relazione materiale con il bene (potrebbe anche non averlo mai visto, come in effetti di sovente accade).

In alcuni casi, viceversa, il diritto di credito si realizza in parte con la collaborazione del debitore e in parte attraverso l'utilizzazione diretta della *res* da parte del creditore.

Esempio. Il locatore ed il conduttore concludono un contratto in base al quale quest'ultimo riceve in consegna l'immobile da parte del locatore; una volta che lo ha ricevuto in consegna, il godimento non passa attraverso ulteriori intermediazioni (ancorché il locatore abbia l'obbligo di assicurare il pacifico godimento del bene e di intervenire quando tale godimento sia messo in discussione).

Il criterio dell'immediatezza, può dirsi in sintesi, serve a distinguere agevolmente, in diversi casi, i diritti reali dai diritti di credito. Esso, tuttavia, non vale sempre: quella dei diritti reali è una categoria complessa, giacché richiede di considerare unitariamente una serie di caratteri (quello della tipicità, dell'immediatezza e, lo si chiarirà subito, della opponibilità ai terzi: § 377).

377. I caratteri dei diritti reali su cosa altrui. La diversa categoria dei diritti personali di godimento.

Sul bene oggetto di proprietà possono coesistere anche altri diritti reali. Si utilizza anche l'espressione **diritti reali su cosa altrui** (i romani dicevano *iura in re aliena*), che si distinguono in **diritti reali di godimento** (usufrutto, uso, abitazione, enfiteusi, superficie e servitù: Cap. 64) e **diritti reali di garanzia** (pegno ed ipoteca: Cap. 21).

Va ora studiata, più da vicino, la natura dei diritti reali di godimento: essi hanno per oggetto il bene e permangono (proprio perché sono diritti sulla cosa) anche quando muta la persona del proprietario.

In particolare, se il proprietario vende il suo bene o, morendo, lo lascia in eredità (si sta discutendo, qui, di acquisti a titolo derivativo), il diritto reale su cosa altrui segue il bene nella sua circolazione. Ecco perché si afferma che i diritti reali su cosa altrui hanno **diritto di seguito** (o di sequela) o, che è lo stesso, sono **diritti** sulla cosa **opponibili** a tutti i successivi proprietari.

Esempio. Il Sig. Primus costituisce, sul suo fondo, una servitù di carattere negativo a favore del fondo contiguo. La servitù permane anche se il fondo servente viene venduto dal Sig. Primus al Sig. Secundus.

Il carattere dei diritti reali su cosa altrui può pure esprimersi affermando che essi sono **diritti assoluti,** nel senso che possono essere esercitati nei confronti di chiunque. L'assolutezza, va rilevato, caratterizza tutti i diritti reali: non solo, dunque, i diritti reali minori ma anche il diritto di proprietà. Il proprietario, infatti, può esigere che tutti si astengano dal danneggiare o impedire l'esercizio del suo diritto.

Si torni, però, ai diritti reali su cosa altrui. Sarebbe sbagliato ritenere che il diritto di seguito caratterizza unicamente i diritti reali. Si deve osservare che il **diritto di sequela** è proprio anche dei diritti personali di godimento.

Se, ad esempio, viene venduto un bene dato in locazione, il nuovo proprietario, sussistendo determinate condizioni, è tenuto a rispettare il diritto del locatario di godere l'immobile (art. 1599 cod. civ.).

Ci si chiede, allora, quale sia la **differenza** tra **diritti reali** e **diritti personali di godimento** (come, appunto, il diritto di locazione). Si cominci col dire, innanzitutto, che la sequela (in dottrina, talvolta, si dice anche "inerenza passiva") è ammissibile nei rapporti obbligatori soltanto nei casi in cui sia stata eccezionalmente prevista (si veda, appunto, l'art. 1599 cod. civ.: *emptio non tollit locatum*).

Va precisato, inoltre, che i diritti reali su cosa altrui (come del resto la proprietà) sono suscettibili di **possesso** (e, quindi, di acquisto a titolo originario). Può così dirsi che la differenza fra i diritti personali di godimento e i diritti reali su cosa altrui va individuata nella diversa legge di circolazione (il punto risulterà chiaro dopo aver studiato la figura del possesso: Cap. 67).

Essendo i diritti reali suscettibili di possesso, gli stessi sono protetti dall'ordinamento (a differenza dei diritti personali di godimento) con alcune azioni che spettano, appunto, al possessore: si tratta delle azioni possessorie, che successivamente saranno analizzate (§§ 416 ss.).

La possibile interferenza fra i diritti reali ed i diritti personali di godimento mette in crisi, talvolta, il principio dell'assolutezza dei diritti reali: chi acquista, ad esempio, la proprietà di un bene sul quale il conduttore ha un diritto personale di godimento, non può esercitare la sua facoltà di esclusione (che è propria del diritto di proprietà).

378. Le azioni a tutela della proprietà e a tutela degli altri diritti reali minori. Cenni e rinvio.

Al proprietario la legge attribuisce una serie di azioni a tutela del bene (§§ 391 ss.). Si tratta di quattro **azioni** (definite **petitorie**): azione di rivendicazione, negatoria, di regolamento dei confini, di apposizione dei termini. Ad esse va aggiunta l'azione di accertamento della proprietà (§ 391.4).

I titolari di diritti reali minori, invece, hanno a loro disposizione un'azione, denominata **confessoria** (prevista, specificamente, dall'art. 1079 cod. civ., in tema di servitù). L'azione confessoria ha diverse finalità: (a) mira, in primo luogo, al riconoscimento del proprio diritto sulla cosa altrui contro chiunque (proprietario o terzo); (b) mira, inoltre, ad ottenere la cessazione di eventuali molestie o turbative sulla cosa (quei comportamenti del proprietario che impediscono l'esercizio del diritto reale minore); (c) se necessario, mira alla c.d. riduzione in pristino (si pensi all'ordine del giudice di abbattere un'abitazione, costruita in violazione della servitù di non edificare).

Come si vedrà in seguito (quando si parlerà del possesso), il proprietario ed i titolari di diritti reali su cosa altrui non hanno soltanto a disposizione, rispettivamente, le azioni petitorie e l'azione confessoria.

Il potere di fatto della cosa, ossia il possesso del bene, attribuisce loro anche una tutela che si esplica attraverso le azioni possessorie (§§ 416 ss.). Ad esempio, il proprietario che si vede sottratto il bene, può agire con la tipica azione petitoria che va sotto il nome di azione di rivendicazione (e dovrà, in primo luogo, dimostrare di essere proprietario del bene per ottenere una sentenza di condanna alla restituzione della cosa). Se, però, nel momento della sottrazione del bene aveva il possesso dello stesso, può agire con un'azione possessoria (l'azione di reintegrazione) per ottenere il medesimo risultato, ossia la restituzione del bene. In questo caso dovrà soltanto dimostrare di essere stato privato del possesso del bene (e non di essere proprietario della cosa): il che, in non pochi casi, risulterà più agevole da dimostrare.

Le azioni possessorie possono essere esercitate anche da chi non è proprietario o titolare di altri diritti reali minori: si può essere possessore, si vedrà, anche se non si è titolare di un diritto reale. Questo vuol dire che la legge tutela il possesso in quanto tale, a prescindere dal fatto che il possessore possa vantarsi di essere proprietario, titolare del diritto di usufrutto, uso, abitazione, enfiteusi, superficie, servitù.

Emerge, già da questi cenni, l'importanza di individuare i caratteri del possesso (§ 409).

In alcuni casi, infine, l'azione possessoria può essere esercitata da chi ha la disponibilità del bene ma non viene qualificato come possessore bensì come detentore (§ 410).

Un'ultima considerazione va fatta a proposito del **rapporto** tra **azioni reali** ed azioni **personali**: le prime tutelano i diritti reali; le seconde i diritti personali (è un'azione personale, ad esempio, quella del conduttore ai sensi dell'art. 1586, 1° co., cod. civ., secondo cui "se i terzi, che arrecano molestie, pretendono di avere diritti sulla cosa locata, il conduttore è tenuto a darne pronto avviso al locatore, sotto pena del risarcimento del danno").

Non è detto, peraltro, che il titolare del diritto reale, per tutelare la *res* su cui esercita il diritto, debba ricorrere necessariamente ad un'azione reale. Potrebbe promuovere, ove ne ricorrano i presupposti, anche un'azione personale.

Esempio. Il locatore dà in locazione al conduttore un immobile, per il periodo di quattro anni. Alla scadenza del contratto il conduttore si rifiuta di restituire l'immobile. Il locatore, allora, può esercitare un'azione reale, quella di rivendicazione, che spetta al proprietario. Il locatore, peraltro, può anche esercitare un'azione personale (l'**azione di restituzione**), dando una prova molto semplice (più semplice di quella di essere proprietario): la prova che, in base al contratto, la locazione è scaduta, facendo nascere l'obbligazione del conduttore di restituire l'immobile. L'azione di restituzione è un'azione personale, giacché con essa si fa valere un diritto fondato su un titolo che dà luogo ad un rapporto obbligatorio.

379. Le obbligazioni reali.

In una situazione intermedia fra le situazioni personali (in cui campeggia il rapporto fra debitore e creditore) e le situazioni che si riconducono allo schema dei diritti reali, si trovano le **obbligazioni reali** (dette anche obbligazioni *propter rem*).

Esse possono definirsi come rapporti obbligatori caratterizzati dal fatto che l'individuazione del creditore e del debitore avviene, *per relationem*, in base alla titolarità del bene (obbligato *propter rem* può essere il proprietario, ma anche il titolare di un diritto reale minore o il possessore).

Le obbligazioni reali sono caratterizzate, oltre che dalla **accessorietà** (nel senso appena spiegato) anche dalla **ambulatorietà**: quest'ultima espressione significa che il trasferimento del bene comporta l'automatico trasferimento dell'obbligo giuridico, a prescindere dalla conoscenza e dal consenso manifestato dal dante causa. Da qui il nome, talvolta utilizzato in dottrina, di **obbligazioni ambulatorie**.

Non esiste, nel nostro codice, la categoria generale delle obbligazioni reali: si ritiene, però, che queste ultime possano rinvenirsi in una serie di disposizioni del codice civile (si vedano, ad esempio, gli artt. 882, 1004, 1006, 1008, 1009, 1010, 1030, 1104, 1118, 1123 cod. civ.).

Assai dibattuto è il problema dell'ammissibilità di obbligazioni reali atipiche. Vi è chi tenta una mediazione tra la tesi negativa e quella positiva: si afferma, in particolare, che le obbligazioni reali pattizie potrebbero essere ammesse se congruenti con la funzione sociale della proprietà. In effetti le ipotesi di obbligazioni reali previste dalla legge hanno fondamento nel dovere di cooperazione tra i proprietari o in esigenze di carattere generale (la difesa del suolo, i miglioramenti fondiari, e così via). Sarebbero così ammissibili, si conclude, quelle figure che rispondono alle medesime esigenze fondamentali, essendo dirette ad assecondare istanze di cooperazione o di tutela di interessi generali.

In dottrina si distinguono dalle obbligazioni reali gli **oneri reali**, in virtù dei quali il creditore, per il pagamento di una somma di denaro o altre cose generiche da prestarsi in relazione ad un bene immobile, può soddisfarsi sul bene stesso; ciò a prescindere da chi sia il proprietario o da chi acquisti i diritti reali di godimento o di garanzia (si pensi ai contributi consorziali di cui all'art. 864 cod. civ.; Cass., 25.1.2021, n. 1468). Si ritiene che i privati non possano costituire oneri reali al di fuori di quelli previsti dalla legge (oltre alla ricordata disposizione codicistica si veda, nella legislazione speciale, l'art. 253 d.lgs. 3.4.2006, n. 152; art. 10 l. 30.4.1976, n. 386; art. 21 r.d. 13.2.1933 n. 215).

Capitolo 63
IL DIRITTO DI PROPRIETÀ

380. Il diritto di proprietà. Definizione e nozioni fondamentali.

L'art. 832 cod. civ. (rubricato "contenuto del diritto") stabilisce che il **proprietario** ha diritto di godere e disporre delle cose in modo pieno ed esclusivo, entro i limiti e con l'osservanza degli obblighi stabiliti dall'ordinamento.

Si studieranno, nel prosieguo, i singoli elementi che compongono tale definizione: la facoltà di godimento e di disposizione; la "pienezza" e la "esclusività", le quali indicano le facoltà del proprietario; i "limiti" e gli "obblighi" del proprietario medesimo, che costituiscono i correttivi al carattere della pienezza ed esclusività.

La proprietà, tradizionalmente, si ritiene caratterizzata da: (a) **elasticità**, in quanto i poteri che competono al proprietario in situazioni normali possono essere compressi in virtù della coesistenza sullo stesso bene di altri diritti reali (come ad esempio la servitù) o di vincoli di carattere pubblicistico; (b) **imprescrittibilità**, in quanto la proprietà non può essere persa per non uso, ma soltanto per usucapione che altri abbiano perfezionato a proprio favore; (c) **perpetuità**, perché non può esistere una proprietà "a tempo".

La Costituzione italiana proclama, a sua volta, che "la **proprietà privata** è **riconosciuta** e **garantita** dalla legge, che ne determina i modi di acquisto, di godimento e i limiti allo scopo di assicurare la **funzione sociale** e di renderla accessibile a tutti" (art. 42, 2° co. Cost.).

La norma costituzionale va apprezzata sotto due profili: (a) da un lato la proprietà privata non può essere soppressa dal legislatore ordinario (si veda anche l'art. 17 della "Carta dei diritti fondamentali dell'Unione europea", per il quale "ogni persona ha il diritto di godere della proprietà dei beni che ha acquistato legalmente, di usarli, di disporne e di lasciarli in eredità"; nonché l'art. 1 del primo protocollo addizionale CEDU, secondo cui "ogni persona fisica o giuridica ha diritto al rispetto dei suoi beni"); (b) dall'altro, lo stesso legislatore può **conformare il contenuto della proprietà** al fine di garantire che il suo esercizio realizzi una "finalità sociale" (ancorché il singolo proprietario miri, in concreto, a perseguire finalità egoistiche).

Si afferma così l'esigenza, come stabilito dall'art. 44 della Costituzione, di realizzare uno sfruttamento razionale dei beni e di dare vita ad equi rapporti sociali.

Alla luce della rilevanza, nella nostra Carta fondamentale, del diritto di proprietà, destano non pochi dubbi di legittimità costituzionale i d.lgs. n. 180 e n. 181 del 16.11.2015 (emanati al fine di recepire la Direttiva 2014/59/UE ed il Regolamento UE n. 806/2014; il d.lgs. n. 180/2015 ha successivamente subìto alcune modifiche ad opera del d.lgs. 15.2.2016, n. 30) con cui si è previsto che, al manifestarsi di un dissesto o anche solo di un "rischio" di dissesto della banca, l'autorità di "risoluzione" possa adottare provvedimenti con i quali i diritti soggettivi dei soci e quelli di alcune categorie di creditori sono "ridotti o convertiti" (mediante il c.d. ***bail in***: artt. 17, 51 e 52 del d.lgs. n. 180/2015). Nell'attesa di un eventuale pronunciamento del nostro giudice delle leggi, va ricordato che la Corte costituzionale austriaca, con sentenza del 3.7.2015, ha perentoriamente affermato che una legge la quale, in un periodo di crisi economica, estingua il diritto degli obbligazionisti subordinati di una banca o azzeri le garanzie prestate in loro favore, è contraria ai fondamentali principi (nazionali e comunitari) sul diritto di proprietà; essa, dunque, deve essere abrogata (nella specie è stata cancellata la legge sulle misure di risanamento della Hypo Alpe Adria Bank International AG, che prevedeva l'azzeramento del valore delle obbligazioni subordinate e l'estinzione della garanzia fideiussoria prestata dal Land della Carinzia).

381. La facoltà di godimento e di disposizione.

Il **proprietario** ha la facoltà di "**godere**" delle **cose**: ha, cioè, la facoltà di utilizzarle o meno, di decidere come usarle, di trasformarle e, pure, di distruggerle.

La facoltà di godimento implica, per le **cose fruttifere**, il diritto di fare propri i frutti della cosa, siano frutti naturali o frutti civili.

La facoltà di godimento è la facoltà di **disposizione materiale** del bene: ad essa si contrappone la **facoltà di disposizione**, da intendersi come **disposizione giuridica**.

Il proprietario, ad esempio, ha la facoltà di vendere o non vendere il bene, donarlo o non donarlo, lasciarlo per testamento, costituire diritti reali minori a favore di altri. Il proprietario, inoltre, ha la facoltà di costituire sulle cose di sua proprietà i diritti reali di garanzia, come il pegno e l'ipoteca.

382. La pienezza del diritto di proprietà.

Il proprietario può godere e disporre delle cose in modo "pieno": può farne tutto ciò che non sia espressamente vietato.

Il concetto di **pienezza** vuol dire che per sapere se il proprietario può fare o non fare qualcosa con il bene non occorre rintracciare una norma specifica; semmai, è necessaria una norma di legge che gli imponga di fare o di non fare qualcosa.

Il proprietario, ad esempio, è libero di vendere o non vendere il bene: ciò deriva dal fatto che la sua facoltà di disposizione è "piena"; ci vorrà, semmai, una disposizione di legge che imponga al proprietario di vendere (si pensi agli obblighi di vendere imposti al monopolista: § 175).

La pienezza del diritto di proprietà si affievolisce allorché sul bene si costituisca un diritto reale altrui: si suole dire che la proprietà non è più piena ed il proprietario è un **nudo proprietario**. Anche in questi casi, peraltro, non può dirsi che il carattere della pienezza venga meno: basti considerare, infatti, che nel momento in cui il diritto reale minore si estingue, il diritto di proprietà si espande e riacquista il carattere della pienezza (c.d. **elasticità della proprietà**).

Esempio. Sul fondo di proprietà del Sig. Rossini viene costituito un diritto di servitù a favore del Sig. Terenzi. Il Sig. Rossini non potrà utilizzare il terreno come vuole: non potrà, in particolare, impedire il passaggio del Sig. Terenzi. Tuttavia, nel momento in cui il diritto reale minore si estingue, il diritto di proprietà del Sig. Rossini avrà nuovamente il carattere della pienezza (quest'ultimo, allora, ben potrà costruire un muro lungo il tragitto su cui si esercitava il diritto di passaggio del vicino).

383. L'esclusività del diritto di proprietà.

Il proprietario può escludere chiunque altro dal godimento e dalla disposizione delle cose di cui è proprietario. Il carattere dell'**esclusività** si manifesta, ad esempio, nell'art. 841 cod. civ., secondo cui il proprietario può chiudere in qualunque tempo il fondo. Le delimitazioni possono assumere anche la forma di ***offendicula*** (si pensi al filo spinato a delimitazione della proprietà), purché siano visibili e non si traducano in pericolosi tranelli.

La proprietà è protetta sia con norme di diritto penale sia con norme del codice civile: si pensi, avendo riguardo al codice penale, alle disposizioni che puniscono il reato di furto, di appropriazione indebita, di violazione di domicilio. Il proprietario, inoltre, ha a sua disposizione una serie di azioni civili (azioni petitorie, possessorie e di nunciazione), di cui ci si occuperà in seguito.

384. I limiti al diritto di proprietà: considerazioni generali.

L'art. 832 cod. civ., attraverso la previsione di limiti al diritto di proprietà e di obblighi in capo al proprietario, intende porre alcuni **correttivi** al carattere della **pienezza** e della **esclusività**, di cui si è detto.

È evidente l'intenzione del legislatore di mediare tra due **interessi contrapposti**: quello del proprietario di godere e disporre del bene secondo la sua personale convenienza e vantaggio; quello della collettività a che la ricchezza non sia impiegata in pregiudizio dei singoli consociati.

Per realizzare la composizione tra questi due interessi vengono utilizzate le seguenti tecniche: la previsione di limiti alla proprietà e l'imposizione di obblighi al proprietario. Si noti come la nozione di proprietà sia sempre la medesima, sin dal 1942; il concetto di proprietà, tuttavia, è storicamente mutevole proprio in relazione ai limiti ed agli obblighi che, di volta in volta, sono previsti dal legislatore.

Si cominci dai **limiti** alla facoltà di godere e di disporre della cosa. Essi si rinvengono sia nella disciplina del codice sia in leggi speciali.

Si suole distinguere fra limiti previsti per ragioni di pubblico interesse (§ 385) e limiti previsti per la salvaguardia di concorrenti diritti di altri soggetti (§ 386).

Una norma generale, di cui subito occorre occuparsi, è quella che vieta gli **atti di emulazione**: il proprietario non può compiere atti i quali non abbiano altro scopo che quello di nuocere o recare molestia ad altri (art. 833 cod. civ.). La disposizione istituisce un limite all'esercizio del diritto di proprietà (a tutela sia di interessi privati sia di interessi pubblici).

I requisiti dell'attività emulativa sono: (a) un atto di esercizio della proprietà; (b) lo scopo di arrecare un pregiudizio, quale unica finalità che anima il soggetto; (c) l'inutilità dell'atto (sull'assenza di utilità si veda Cass., 22.1.2016, n. 1209; Cass., 31.10.2018, n. 27916 afferma che nel caso in cui sia ravvisabile nell'atto qualche utilità per chi lo compie, va escluso il carattere emulativo dell'atto medesimo, ancorché l'utilità sia di gran lunga minore della molestia o del danno prodotto).

Esempio. Due proprietari di fondi vicini hanno cattivi rapporti. Il proprietario del fondo A, proprio a causa dell'inimicizia con il proprietario del fondo B, decide di erigere sul suo terreno un muro che ostruisce la vista. Il muro ha l'unica finalità di arrecare disturbo al vicino, non essendo utile in alcun modo per il proprietario che lo costruisce.

Si è ritenuto, in dottrina, che la *ratio* del divieto possa essere rinvenuta nell'**abuso del diritto**: si tratta, come già ricordato, di una figura non codificata nel codice civile italiano, ma ricavabile dalla concezione del diritto soggettivo come diritto tutelato per il raggiungimento di interessi ritenuti meritevoli di apprezzamento (§ 253.2).

L'atto emulativo è considerato illecito: ad esso consegue la sanzione del risarcimento del danno (si vedano gli artt. 2043 e 2058 cod. civ.).

385. Limiti previsti per ragioni di pubblico interesse: (*a*) l'espropriazione; (*b*) la requisizione.

Un importante limite al diritto di proprietà, per ragioni di pubblico interesse, si rinviene nella norma civilistica sull'**espropriazione**: nessuno può essere privato in tutto o in parte dei beni di sua proprietà se non per causa di pubblico interesse legalmente dichiarata, e contro il pagamento di una giusta indennità (art. 834, 1° co., cod. civ.; TAR Piemonte, 28.3.2018, n. 368).

La disposizione codicistica va completata con il riferimento alla norma della Costituzione, secondo cui "la proprietà privata può essere, nei casi previsti dalla legge, e salvo indennizzo, espropriata per motivi d'interesse generale" (art. 42, 3° co., Cost.).

La proprietà, dunque, può essere espropriata soltanto quando: (a) vi sia un interesse generale (sarà pertanto necessaria una dichiarazione di pubblico interesse, attestante che l'opera risponde ad un preminente interesse della collettività); (b) una norma di legge lo consenta (si è in presenza di una "riserva di legge"); (c) sia assicurato al proprietario un indennizzo.

Deve chiarirsi, preliminarmente, cosa si intende per espropriazione: non si ha riguardo, soltanto, alla c.d. **espropriazione traslativa** (il trasferimento della titolarità del bene dall'espropriato al beneficiario, che può essere un soggetto privato o un soggetto pubblico).

Nel concetto di espropriazione, infatti, rientrano anche quelle limitazioni che, pur non comportando per il proprietario la perdita del diritto, sono "comunque tali da svuotare di contenuto il diritto di proprietà, incidendo sul godimento del bene tanto profondamente da renderlo inutilizzabile in rapporto alla destinazione inerente alla natura del bene stesso o determinando il venir meno o una penetrante incisione del suo valore di scambio" (Corte cost., 20.1.1966, n. 6, che fa riferimento ai c.d. "limiti espropriativi").

Questi concetti sono stati recepiti anche dal legislatore: il "Testo unico delle disposizioni legislative e regolamentari in materia di espropriazione per pubblica utilità" prevede che nella nozione di espropriazione rientri non soltanto l'ipotesi di passaggio del diritto di proprietà dall'espropriato al beneficiario, ma anche quella del "vincolo sostanzialmente espropriativo", che è l'ipotesi in cui il fondo "sia gravato da una servitù o subisca una permanente diminuzione di valore per la perdita o la ridotta possibilità di esercizio del diritto di proprietà" (art. 44, 1° co., d.p.r. n. 327/2001).

Non vanno ricompresi nei **limiti espropriativi** (per i quali è previsto l'indennizzo a favore del proprietario) i c.d. "interventi di conformazione", che si riferiscono ad alcune categorie di beni: si pensi, ad esempio, alle disposizioni che prevedono restrizioni, anche significative, ai poteri di godimento e di disposizione in capo a tutti i proprietari dei c.d. beni culturali (d.lgs. 22.1.2004, n. 42).

La questione dell'indennizzo a favore dell'espropriato è stata ampiamente dibattuta nel corso degli anni. Qui si può soltanto fare cenno ad alcuni punti fermi cui si è giunti grazie a ripetuti interventi della Corte costituzionale e del legislatore.

I giudici delle leggi escludono che l'indennizzo possa essere "simbolico" o "irrisorio", dovendo invece sostanziarsi in un "serio ristoro del pregiudizio subìto dal proprietario a seguito dell'espropriazione" (Corte cost., 13.5.2022, n. 0120; Corte cost., 22.4.2016, n. 90; Corte cost., 10.6.2011, n. 181).

Ciò posto, è necessario aver riguardo, ai fini della quantificazione dell'indennizzo, alla diversa destinazione delle aree espropriate. In particolare:

(a) quando è espropriata un'**area non edificabile coltivata**, l'indennizzo viene commisurato al valore agricolo del terreno, tenuto conto delle colture effettivamente praticate e del valore dei manufatti legittimamente realizzati (art. 40, 1° co., d.p.r. n. 327/2001). Al proprietario che sia coltivatore diretto o imprenditore agricolo a titolo principale è attribuita un'ulteriore indennità (art. 40, 4° co., d.p.r. n. 327/2001);

(b) quando è espropriata un'**area edificabile**, l'indennizzo è pari al suo **valore venale** (ossia di mercato); peraltro, se l'espropriazione è diretta a realizzare interventi di riforma economico-sociale, l'indennità è ridotta fino al 25% (art. 38, 1° co., d.p.r. n. 327/2001);

(c) quando si è di fronte ad un **limite espropriativo**, l'indennizzo è determinato in relazione all'entità del danno effettivamente cagionato (art. 39, 1° co., d.p.r. n. 327/2001).

La legge contempla anche la possibilità che il destinatario dell'espropriazione effettui una cessione "volontaria" (Cass., 22.1.2018, n. 1534): il che permette di non arrivare al decreto formale di espropriazione. Per incentivare la "cessione volontaria" è previsto un indennizzo maggiore (per l'area edificabile, ad esempio, l'indennizzo è aumentato del 10%: artt. 37, 2° co., e 45, 2° co., d.p.r. n. 327/2001).

Assai dibattuto, infine, è il problema delle sorti dell'occupazione di un fondo senza alcun preventivo provvedimento espropriativo (si pensi, ad esempio, alla costruzione di alloggi popolari, su un terreno, senza decreto di espropriazione).

Vige, attualmente, l'art. 42-*bis* del d.p.r. n. 327/2001 (rubricato "utilizzazione senza titolo di un bene per scopi di interesse pubblico"), che regola la c.d. **acquisizione sanante**. Si prevede, fra l'altro, che "valutati gli interessi in conflitto, l'autorità che utilizza un bene immobile per scopi di interesse pubblico, modificato in assenza di un valido ed efficace provvedimento di esproprio o dichiarativo della pubblica utilità, può disporre che esso sia acquisito, non retroattivamente, al suo patrimonio indisponibile e che al proprietario sia corrisposto un indennizzo per il pregiudizio patrimoniale e non patrimoniale, quest'ultimo forfettariamente liquidato nella misura del dieci per cento del valore venale del bene". I giudici di legittimità chiariscono che tale norma operi in caso di concrete, eccezionali e motivate ragioni d'interesse pubblico e prevede, a presupposto della possibilità per la Pubblica amministrazione di acquisire il bene per scopi di interesse pubblico, l'assenza di "ragionevoli alternative" all'acquisizione coattiva del bene, quali sono la restituzione dello stesso al proprietario o la sua acquisizione consensuale (Cass., Sez. Un., 25.3.2016, n. 6017).

La competenza sulle controversie in materia di determinazione e corresponsione dell'indennizzo *ex* art. 42-*bis* del d.p.r. n. 327/2001, data la natura intrinsecamente indennitaria del credito vantato dal proprietario del bene, inteso dal legislatore come un *unicum* non scomponibile nelle diverse voci, spetta al giudice ordinario (Cass., 20.7.2021, n. 20691).

Spettano altresì alla giurisdizione del giudice ordinario le controversie aventi ad oggetto comportamenti posti in essere in carenza di potere, ovvero in via di mero fatto, dalla Pubblica amministrazione (Cass., Sez. Un., 16.12.2013, n. 27994).

Altro limite al diritto di proprietà, previsto nell'interesse pubblico, è rappresentato dalla **requisizione**: quando ricorrono gravi e urgenti necessità pubbliche, militari o civili, può essere disposta la requisizione dei beni mobili o immobili, dietro corresponsione, al proprietario, di una giusta indennità. Le norme relative alle requisizioni sono determinate da leggi speciali (art. 835 cod. civ.). La requisizione di beni immobili ha carattere temporaneo, mentre quella dei beni mobili può anche condurre alla perdita della proprietà del bene requisito.

385.1. (c) *I limiti alla proprietà edilizia.*

Va detto, infine, dei **limiti alla proprietà edilizia**. La disciplina codicistica (artt. 869 ss. cod. civ.) deve necessariamente intrecciarsi con quella dettata dal legislatore speciale.

La materia è alquanto complessa e va affrontata, in questa sede, soltanto attraverso un inquadramento generale. Il **piano regolatore generale** è lo strumento principale della pianificazione urbanistica comunale (l. 17.8.1942, n. 1150, detta "Legge urbanistica"). Esistono, peraltro, anche piani particolareggiati redatti per specifiche porzioni del territorio comunale al fine di addivenire ad una più conveniente sistemazione urbanistica.

Sulla base dell'accertamento compiuto e delle previsioni di sviluppo del Comune nel periodo di validità del piano, esso prevede la destinazione d'uso delle aree, la possibilità di sfruttamento edificatorio, gli interventi realizzabili sul patrimonio edilizio esistente, le aree da destinare a servizi pubblici.

Le norme di indirizzo per la formazione dei piani regolatori e le relative norme procedurali sono dettate dalle leggi regionali (si noti che la materia del "governo del territorio" è oggetto della potestà legislativa concorrente tra Stato e Regioni: art. 117, 3° co., Cost.).

Quanto all'attività edilizia, il "Testo unico delle disposizioni legislative e regolamentari in materia edilizia" (d.p.r. 6.6.2001, n. 380 e successive modifiche) prevede una serie di adempimenti:

(a) gli interventi di nuova costruzione e quelli di ristrutturazione urbanistica possono essere compiuti in presenza di un "**permesso di costruire**" da parte dell'autorità comunale (art. 10, 1° co., d.p.r. n. 380/2001), che viene rilasciato soltanto se l'intervento da realizzare risulti conforme alla legislazione urbanistica vigente. Il permesso di costruzione, di regola, richiede il pagamento a favore del Comune di un contributo di costruzione (artt. 16 ss. d.p.r. n. 380/2001).

(b) In alcuni casi, invece, è richiesta la **segnalazione certificata di inizio di attività (SCIA)** all'autorità comunale (art. 22 d.p.r. n. 380/2001). Si tratta di una dichiarazione autocertificata accompagnata da una relazione firmata dal progettista, che attesta la conformità delle opere che si intendono realizzare agli strumenti urbanistici.

Sono soggetti alla semplice segnalazione, ad esempio, gli interventi di restauro e di risanamento conservativo nonché le varianti a permessi di costruire che non incidono sui parametri urbanistici e sulle volumetrie.

L'autorità competente deve accertare, nel termine previsto dalla legge, il possesso e la veridicità dei requisiti dichiarati, adottando, in caso negativo, i provvedimenti necessari per vietare la prosecuzione dell'attività; possono essere anche irrogate sanzioni nei confronti di chi ha reso dichiarazioni mendaci.

(c) Alcuni interventi possono essere eseguiti senza alcun titolo abilitativo (c.d. **attività edilizia libera**: art. 6, 1° co., d.p.r. n. 380/2001). Si pensi agli interventi volti all'eliminazione di barriere architettoniche che non comportano la realizzazione di ascensori esterni o alle opere di pavimentazione e di finitura di spazi esterni (si veda anche il d.m. 2.3.2018, recante l'approvazione del glossario contenente l'elenco non esaustivo delle principali opere edilizie realizzabili in attività di edilizia libera, ai sensi dell'art. 1, 2° co., d.lgs. n. 222/2016).

(d) Gli interventi non riconducibili ad attività di edilizia libera, non soggetti a permesso di costruire o a segnalazione certificata di inizio di attività, sono realizzabili previa **comunicazione**, anche per via telematica, dell'**inizio dei lavori** da parte dell'interessato all'amministrazione competente (così l'art. 6-*bis*, d.p.r. n. 380/2001).

Va ricordato come le Regioni attualmente abbiano ampi poteri di modificare i titoli abilitativi richiesti per la realizzazione degli interventi edilizi.

Contro l'**abusivismo edilizio** il legislatore prevede diverse **sanzioni civili**. Una di esse si rinviene nel codice civile: colui che per effetto della violazione ha subìto un danno deve esserne risarcito, salva la facoltà di chiedere la riduzione in pristino quando si tratta della violazione delle norme sulle distanze (art. 872, 2° co., cod. civ.; Cass., 31.8.2018, n. 21501).

Altre sanzioni si rinvengono nel Testo unico in materia edilizia: è previsto, in particolare, che gli atti tra vivi, sia in forma pubblica sia in forma privata, aventi ad oggetto il trasferimento o la costituzione o lo scioglimento della comunione di diritti reali relativi a **terreni**, sono **nulli** e non possono essere stipulati né trascritti nei pubblici registri immobiliari ove agli atti stessi non sia allegato il **certificato di destinazione urbanistica**, vigente, contenente le prescrizioni urbanistiche riguardanti l'area interessata (art. 30, 2° co., d.p.r. n. 380/2001, rubricato **lottizzazione abusiva**).

Peraltro, gli atti ai quali non siano stati allegati certificati di destinazione urbanistica possono essere **confermati** o integrati anche da una sola delle parti o dai suoi aventi causa, mediante atto pubblico o autenticato, al quale sia allegato un certificato contenente le prescrizioni urbanistiche riguardanti le aree interessate (art. 30, 4° co.-*bis*, d.p.r. n. 380/2001).

Inoltre, gli atti tra vivi, sia in forma pubblica, sia in forma privata, aventi per oggetto il trasferimento o la costituzione o lo scioglimento della comunione di diritti reali, relativi ad edifici, o loro parti, la cui costruzione sia iniziata dopo il 17 marzo 1985, sono **nulli** e non possono essere stipulati ove da essi non risultino, per dichiarazione dell'alienante, gli estremi del **permesso di costruire** o del **permesso in sanatoria**; tali disposizioni non si applicano agli atti costitutivi, modificativi o estintivi di diritti reali di garanzia o di servitù (art. 46, 1° co., d.p.r. n. 380/2001). Se la mancata indicazione nell'atto degli estremi non sia dipesa dalla insussistenza del permesso di costruire al tempo in cui gli atti medesimi sono stati stipulati, essi possono essere **con-**

fermati anche da una sola delle parti mediante atto successivo, redatto nella stessa forma del precedente, che contenga la menzione omessa (art. 46, 4° co., d.p.r. n. 380/2001; si veda anche, per un'ulteriore sanzione, l'art. 48 d.p.r. n. 380/2001).

Le disposizioni dell'art. 46 d.p.r. n. 380/2001 si applicano anche agli interventi edilizi realizzati mediante segnalazione certificata di inizio attività, qualora nell'atto non siano indicati gli estremi della stessa (art. 46, 5° co.-*bis*, d.p.r. n. 380/2001).

La sanzione della nullità che colpisce le vicende negoziali relative ad immobili privi della necessaria concessione edificatoria trova applicazione nei soli contratti traslativi e non anche nei contratti preliminari di vendita, ben potendo la regolarizzazione avvenire all'atto della stipulazione del contratto definitivo, oppure durante il giudizio promosso ai sensi dell'art. 2932 cod. civ. (Cass., 9.5.2016, n. 9318).

386. Limiti al diritto di proprietà previsti per salvaguardare i concorrenti diritti di altri soggetti: (*a*) le distanze legali.

Numerosi limiti sono previsti dal codice per salvaguardare i concorrenti diritti di altri soggetti. Di essi va fatto un breve cenno. Un primo limite è quello costituito dalle **distanze nelle costruzioni** (artt. 873-899 cod. civ.). Il proprietario di un fondo, ricevuti i permessi previsti dalle leggi urbanistiche, può costruire sul proprio terreno. Ci si deve chiedere, però, quali siano i confini da rispettare con riguardo alle costruzioni realizzate sui fondi confinanti (per Cass., 2.10.2018, n. 23856, con il termine **costruzione** si deve fare riferimento a qualsiasi opera edilizia stabilmente infissa al suolo).

Il codice prevede che le **costruzioni** sui **fondi finitimi**, se non sono unite o aderenti, devono essere tenute a distanza non minore di tre metri (art. 873 cod. civ.; Cass., 26.2.2019, n. 5607; sulle modalità di calcolo delle distanze Cass., 16.4.2019, n. 10580).

È evidente che, in questo modo, risulta favorito, fra due proprietari confinanti, quello che costruisce per primo (principio della **prevenzione temporale**; Cass., 29.12.2020, n. 29746; Cass., 22.2.2019, n. 5146).

Esempio. Il proprietario di un terreno costruisce, per primo, a meno di un metro e mezzo dal confine. L'altro proprietario, se intende costruire, dovrà arretrare il fronte della propria costruzione al fine di rispettare la distanza di legge (è fatta salva la disciplina dei muri di confine, di cui si farà cenno tra breve).

La disciplina delle distanze tra le costruzioni poste sui fondi finitimi si applica anche alle **sopraelevazioni**, che rappresentano a tutti gli effetti delle nuove costruzioni, anche se di modesta entità (Cass., 29.5.2019, n. 14705 con specifico riferimento al principio di prevenzione; Cass., 5.3.2018, n. 5049; Cass., 23.10.2018, n. 26783).

Qualora le distanze non siano rispettate, il vicino può agire per la rimozione della costruzione realizzata abusivamente, oltre che per il risarcimento del danno (art. 872, 2° co., cod. civ.; Cass., 14.10.2021, n. 28030 con cui la Corte di legittimità ammette la condanna generica al risarcimento del danno, ove sia già stata pronunciata una sen tenza di condanna al risarcimento del danno in forma specifica; Cass, 21.9.2021., n. 25495; Cass., 12.12.2016, n. 25342).

Inoltre, la Suprema Corte ha affermato che l'obbligo di rispettare le **distanze legali** tra le costruzioni prescinde dalla dimostrazione da parte del titolare del diritto dominicale leso della sussistenza di un concreto pregiudizio della sua posizione giuridica. Infatti, il legislatore, in relazione anche ad esigenze di sicurezza ed igiene, ha compiuto una astratta e generale valutazione dell'illegittimità della violazione delle distanze stesse. Lo stesso può dirsi qualora le distanze tra le costruzioni siano prescritte da un **regolamento edilizio** integrativo del codice civile; nessuna indagine deve essere invero svolta per accertare se dalla violazione della norma regolamentare sia derivato o meno un danno al fondo del vicino (Cass., 6.12.2021, n. 38640).

L'art. 873 cod. civ., peraltro, fa salva la previsione, da parte degli **strumenti urbanistici**, di una distanza superiore a tre metri (Cass., 25.7.2019, n. 20188; Cass., 13.7.2018, n. 18588; Cass, 11.9.2018, n. 22054). In questo caso, allora, occorre distinguere: (a) qualora lo strumento urbanistico disciplini proprio la distanza fra le costruzioni nei rapporti tra i privati, la violazione della distanza legale legittima il proprietario del fondo alla richiesta di rimozione e di risarcimento del danno (Cass., 19.3.2021, n. 7857; Cass., 29.10.2018, n. 27364); (b) qualora, invece, lo strumento urbanistico preveda le distanze fra le costruzioni, ma nell'ambito di una disciplina volta a tutelare **interessi generali** (si pensi alle disposizioni sulla tutela dell'ambiente, sull'igiene o sulla viabilità), la violazione delle distanze legittima il proprietario soltanto ad agire per il risarcimento dei danni (Cass., 27.3.2013, n. 7752; Cass., 18.10.2018, n. 26270; Cass., 26.2.2019, n. 5605).

Un'articolata disciplina è prevista dal codice per i **muri** che si trovano sul confine o nei pressi del confine fra due proprietà limitrofe (artt. 874-878 cod. civ.). Il proprietario del fondo confinante ha diritto di acquisire la comproprietà del muro che si trovi **sul confine**, pagando la metà del valore del muro, o della parte di muro resa comune, e la metà del valore del suolo su cui il muro è costruito (art. 874 cod. civ.). Qualora il proprietario del muro non vi consenta, può ricorrere in giudizio ed ottenere una sentenza costitutiva che attribuisca la comproprietà del muro.

Si ricordi che il muro di divisione tra edifici si presume comune (art. 880 cod. civ.), a meno che venga provata l'esclusiva proprietà. Il comproprietario di un muro comune può fabbricare appoggiandovi le sue costruzioni (art. 884, 1°co., cod. civ.). Ciascuno dei comproprietari del muro di confine può sopraelevarlo; il vicino ha comunque diritto di rendere comune anche la sopraelevazione (art. 885 cod. civ.; Cass., 30.3.2018, n. 8000).

Altra norma riguarda la comunione forzosa del muro che **non** è **sul confine**. Quando il muro si trovi ad una distanza dal confine minore di un metro e mezzo (ovvero a distanza minore della metà di quella stabilita dai regolamenti locali), il vicino può chiedere la comunione del muro soltanto allo scopo di fabbricare contro il muro stesso, pagando, oltre il valore della metà del muro, il valore del suolo da occupare con la nuova fabbrica, salvo che il proprietario preferisca estendere il suo muro sino al confine (art. 875, 1° co., cod. civ.). Il vicino che intende domandare la comunione deve interpellare preventivamente il proprietario, al fine di verificare se preferisca estendere il muro al confine o procedere alla sua demolizione. Questi deve manifestare la propria volontà entro il termine di quindici giorni e deve procedere alla costruzione o demolizione entro sei mesi dal giorno in cui ha comunicato la risposta (art. 875, 2° co., cod. civ.).

Come si vede, il principio della prevenzione temporale, di cui si è detto, trova una significativa attenuazione attraverso l'iniziativa del proprietario del fondo che si avvalga della disciplina codicistica appena ricordata.

Sempre in tema di distanze dal confine, infine, il codice prevede che i pozzi, le cisterne, le fosse ed i tubi (art. 889 cod. civ.), nonché le fabbriche ed i depositi pericolosi o nocivi (art. 890 cod. civ.) debbano avere una certa distanza dal confine. Distanze minime dal confine, poi, sono fissate per fossi e canali (art. 891 cod. civ.), per le piantagioni (artt. 892 ss. cod. civ.), per gli apiari (art. 896-*bis* cod. civ.).

Tutte le norme relative alle distanze legali, ovviamente, presuppongono che le **proprietà** dei terreni siano **delimitate**. La delimitazione **orizzontale** è di tipo geometrico: il fondo ha dei confini che segnano il limite del diritto del proprietario; quest'ultimo, pertanto, ha la facoltà di recintare in qualsiasi momento il proprio fondo e di impedirne l'accesso a chiunque.

In senso **verticale** non vale più l'antico brocardo medioevale, secondo cui la proprietà di estenderebbe *usque ad sidera, usque ad inferos*. Vale, invece, la previsione del codice (che costituisce, a ben guardare, un'ulteriore limitazione al diritto di proprietà): il proprietario del suolo non può opporsi ad attività di terzi che si svolgano a tale profondità nel sottosuolo o a tale altezza nello spazio sovrastante, che egli non abbia interesse ad escluderle (art. 840, 2° co., cod. civ.; Cass., 28.2.2018, n. 4664; per la precisazione che lo spazio sottostante il suolo di un edificio condominiale va considerato di proprietà comune, in mancanza di un titolo che ne attribuisca la proprietà esclusiva ad uno dei condòmini, si veda Cass., 16.12.2019, n. 33163; Cass., 30.3.2016, n. 6154; Cass., 24.3.2015, n. 5895).

Il criterio di delimitazione in senso verticale, dunque, è di tipo economico: la proprietà si estende fino a dove il proprietario del terreno abbia interesse ad esercitare in via esclusiva il suo diritto (si pensi agli aerei che passano sopra un terreno: il proprietario non potrà impedirne il passaggio se essi sono ad una quota tale da escludere pericolose vibrazioni dell'abitazione che si trova sul suolo).

Si esclude che il proprietario del fondo possa vendere, separatamente da quest'ultimo, l'area sovrastante (Cass., 26.10.2018, n. 27256).

386.1. (b) *Luci e vedute.*

Su un muro contiguo ad un fondo si distinguono le vedute e le luci. Le **luci** permettono il passaggio della luce e dell'aria, non consentendo però l'affaccio sul fondo del vicino. Le **vedute** (dette anche prospetti) permettono di affacciarsi e di guardare di fronte, obliquamente o lateralmente (art. 900 cod. civ.; Cass., 29.10.2020, n. 23952; Cass., 10.2.2020, n. 3043).

L'apertura sul fondo del vicino, quindi, costituisce veduta quando consenta di affacciarsi e di guardare secondo una valutazione rapportata a criteri di comodità, sicurezza e normalità (in questo senso si sono espressi i giudici di legittimità anche con riferimento ad un'apertura munita di inferriata: Cass., 29.10.2020; si veda anche Cass., 10.5.2018, n. 11319).

Il codice civile prevede, per le luci che si aprono sul fondo del vicino, determinate **caratteristiche** (specificate dall'art. 901 cod. civ.). Il vicino ha sempre il diritto di esigere che la luce irregolare sia resa conforme alle prescrizioni del codice civile (art. 902, 2° co., cod. civ.; Cass., 17.11.2021; Cass., 4.1.2017, n. 113). Nel caso di domanda di regolarizzazione di luci irregolari, il giudice che accolga la domanda può ingiungere al confinante di rendere le luci conformi alle prescrizioni di cui all'art. 901 cod. civ., ovvero di chiuderle ripristinando lo *status quo* (Cass., 16.9.2014, n. 19480; Cass., n. 2368/1988). Qualora il giudice abbia ordinato la regolarizzazione dell'apertura delle luci sul fondo del vicino, il proprietario delle stesse ha sempre la facoltà di provvedere alla totale eliminazione invece di procedere al loro adeguamento (Cass., n. 1312/1984).

Nel caso di lastrico solare posto anche a servizio di copertura dell'immobile sito all'ultimo piano dell'edificio in cui si trova, spetta al proprietario dell'immobile medesimo rendere l'eventuale luce irregolare conforme alla legge (Cass., 4.1.2017, n. 113).

Per le vedute esistono alcune prescrizioni che riguardano le **distanze** rispetto al fondo vicino (si veda l'art. 905 cod. civ.). Una norma, infine, regola la distanza delle costruzioni da fabbricare dalle vedute (art. 907 cod. civ.; Cass., 4.11.2021, n. 31640; Cass., 27.2.2019, n. 5732). Il diritto al rispetto delle distanze delle vedute è stato riconosciuto di natura assoluta, indipendentemente dal fatto che si tratti di costruzioni in appoggio o di costruzioni in aderenza (Cass., 23.11.2021, n. 36122). Nel caso di apertura di vedute a distanza illegale dal confine, il proprietario leso può reagire, in via petitoria, proponendo un'"*actio negatoria servitutis*" (§ 391.1).

386.2. (c) *Lo stillicidio e le acque.*

Il proprietario di un fondo deve fare in modo che le acque piovane, le quali cadono dai suoi tetti, non scolino nel fondo del vicino (art. 908 cod. civ.) È il fenomeno dello **stillicidio**: se esistono pubblici colatoi, aggiunge la norma, il proprietario deve provvedere affinché le acque piovane vi siano immesse con gronde o canali. Si osservano in ogni caso i regolamenti locali e le leggi sulla polizia idraulica.

Tutte le **acque** costituiscono, attualmente, un **bene pubblico** (art. 1 della l. n. 36/1994): l'utilizzazione di acque che scorrono sul terreno di proprietà privata (o sgorgano da esso) è, in linea di principio, oggetto di concessione amministrativa.

La legge però consente l'utilizzazione di acque sotterranee per finalità domestiche, comprese l'innaffiamento di orti e giardini e l'abbeveraggio del bestiame; è consentita, altresì, la raccolta delle acque piovane (art. 28 l. n. 36/1994).

Sulla base di questa premessa, può dirsi che le norme del codice civile che regolano il diritto del proprietario del suolo sulle acque (artt. 909-913 cod. civ.), sopravvivono alla **riforma** del 1994 soltanto nei limiti del ricordato art. 28 l. n. 36/1994 o in quanto dirette a regolare l'esercizio dei diritti che nascono dalla concessione amministrativa.

È previsto, in particolare, che il proprietario del fondo abbia diritto di utilizzare le acque e possa anche disporne a favore di altri (si pensi alla costituzione di una servitù di attingere l'acqua); tuttavia, dopo essersene servito, non può sviare le acque a danno degli altri fondi (art. 909 cod. civ.).

Il proprietario, ancora, può utilizzare le acque che attraversano o costeggiano il suo fondo per l'irrigazione dei campi e per gli utilizzi domestici. Il proprietario di un fondo che si trovi a valle, invece, non può rifiutarsi di ricevere le acque che normalmente defluiscono dai fondi che si trovano a monte (art. 913 cod. civ.).

Se sorge una **controversia** tra i proprietari sull'utilizzo delle acque, l'autorità giudiziaria deve valutare l'interesse dei singoli proprietari nei loro rapporti e rispetto ai vantaggi che possono derivare all'agricoltura o all'industria dall'uso a cui l'acqua è destinata o si vuole destinare. L'autorità giudiziaria può assegnare un'indennità ai proprietari che sopportino diminuzione del proprio diritto (art. 912 cod. civ.).

386.3. (d) *Il divieto di immissioni.*

Il proprietario di un fondo non può impedire le **immissioni** di fumo o di calore, le esalazioni, i rumori, gli scuotimenti e simili propagazioni derivanti dal fondo del vicino, se non superano la **normale tollerabilità**, avuto anche riguardo alla condizione dei luoghi (art. 844, 1° co., cod. civ.; Cass., 3.9.2018, n. 21554). L'elenco previsto dall'art. 844 cod. civ. è esemplificativo (si devono comprendere, pertanto, anche le vibrazioni elettromagnetiche).

Sono consentite le immissioni che non superino la normale tollerabilità: la tollerabilità, cioè, desunta non dalla normale attività che la origina, bensì dagli effetti che produce su di una persona media, valutata alla stregua della coscienza sociale (Cass., Sez. Un., 27.2.2013, n. 4848; Cass., 5.11.2018, n. 28201; Cass., 1.10.2018, n. 23754).

Esempio. Le immissioni di rumori e di gas provocati dall'uso del garage da parte dei condòmini, e che derivano dalla sosta dei veicoli in caso di incrocio e dall'utilizzo in salita della rampa, non possono ritenersi tali da risultare intollerabili, attesa la non frequenza delle immissioni e la velocità comunque moderata dei veicoli imposta dallo stato dei luoghi (esempio tratto da Cass., 5.6.2012, n. 9094).

Il criterio della normale tollerabilità, aggiunge la norma, va rapportato alla **condizione dei luoghi**. Si fa riferimento, qui, alla morfologia del luogo nonché alla destinazione urbanistica e sociale dello stesso.

Esempio. Si pensi a colpi di martello pneumatico su un terreno roccioso, che agevola notevolmente (in relazione alla sua struttura anelastica) la propagazione delle vibrazioni. In questo caso la caratteristica geomorfologica del terreno porta ad incrementare la soglia della normale tollerabilità.

Esempio. Si pensi, ancora, ad una determinata attività svolta da un'impresa in una zona industriale, in cui le esalazioni di fumo sono naturalmente più elevate rispetto a quelle che si riscontrano in una zona residenziale. La normale tollerabilità delle esalazioni, in sostanza, è più elevata nella zona deputata all'insediamento delle fabbriche.

Se è vero che la normale tollerabilità va verificata caso per caso, per la giurisprudenza di legittimità deve ritenersi, di regola, che il superamento dei limiti previsti da leggi e regolamenti dettati a tutela di interessi di carattere generale determina l'intollerabilità dell'immissione anche nei rapporti di vicinato (Cass., 1.10.2018, n. 24754; Cass., 28.1.2017, n. 1069). Un limite legislativo si rinviene, ad esempio, nell'art. 1, 746° co., l. 30.12.2018, n. 145, secondo cui "nell'accertare la normale tollerabilità delle immissioni e delle emissioni acustiche" si applicano, a decorrere dall'1.1.2019, i criteri di "accettabilità di livello del rumore" indicati nella "legge quadro sull'inquinamento acustico" (l. 26.10.1995, n. 447).

Per quanto riguarda l'azione esperibile nel caso di immissioni che superino la normale tollerabilità, essa può avere **natura reale**, quando sia rivolta nei confronti del proprietario dell'immobile da cui esse originano. In tal modo è possibile far accertare l'illegittimità delle stesse ed ottenere la realizzazione delle modifiche strutturali necessarie del bene al fine di farle cessare.

Tale azione è comunque distinta, ma cumulabile con l'azione di **natura personale**, con cui si vuole ottenere il **risarcimento del danno ai sensi dell'art. 2043 cod. civ.**, rivolta nei confronti di colui che ha concretamente causato il danno.

Esempio. Si pensi all'ipotesi di un immobile che il proprietario ha locato ad un terzo, il quale l'ha adibito a bar. Dal locale originano immissioni sonore che superano la normale tollerabilità, causate non dall'immobile in sé, ma dall'uso non corretto dello stesso da parte del conduttore.

La responsabilità del proprietario ai sensi dell'art. 2043 cod. civ. può essere affermata solo se quest'ultimo abbia concorso e fornito apporto causale alla realizzazione del fatto dannoso, ma non per il solo fatto di essere titolare del bene, ancorché consapevole (Cass., 4.7.2017, n. 16407; Cass., 27.1.2022). Nella fattispecie sopra indicata, quindi, la responsabilità sarà ascrivibile al proprietario in quanto ha contribuito alla realizzazione del fatto dannoso.

L'autorità giudiziaria, inoltre, "può tener conto della priorità di un determinato uso" (art. 844, 2° co., cod. civ.). Se una persona decide di costruire la propria abitazione in adiacenza ad un'officina meccanica, le potrà essere richiesta una soglia di tolleranza superiore rispetto a chi costruisce in una zona dove non vi siano, nelle immediate vicinanze, meccanici. Si tratta, è bene precisarlo, di un criterio di valutazione soltanto facoltativo.

L'art. 844, 2° co., cod. civ., inoltre, stabilisce che nell'applicare il primo comma della disposizione "l'autorità giudiziaria deve contemperare le **ragioni della produzione** con le **ragioni della proprietà**".

Il criterio, in questo caso, non è facoltativo; pertanto, le immissioni che superino la normale tollerabilità, ma che siano giustificate da "esigenze di produzione" (si pensi ad impianti industriali), non consentono a chi le subisce di farle cessare. Le esigenze della produzione, del resto, attengono di sovente ad interessi collettivi: in questi casi, semmai, chi subisce le immissioni può ottenere un "indennizzo" per il pregiudizio eventualmente subìto.

La materia, negli ultimi anni, si è arricchita di alcune pronunce della Suprema Corte, con cui è stata approfondita la lettura "costituzionale" dell'art. 844, 2° co., cod. civ. Si deve tenere conto del fatto, spiegano i giudici di legittimità, che il limite della tutela della salute (art. 32 Cost.) è superiore rispetto alle esigenze della produzione (così Cass., 17.1.2011, n. 939; Cass., 8.3.2010, n. 5564; Cass., 11.4.2006, n. 8420).

Può dirsi, allora, che le immissioni superiori alla normale tollerabilità, le quali attentino al diritto alla salute, non sono consentite, anche se derivano da "esigenze produttive" (Cass., 12.7.2016, n. 14180; Cass., 31.8.2018, n. 21504, afferma che il limite della tutela della salute è da considerarsi ormai intrinseco nell'attività di produzione oltre che nei rapporti di vicinato, alla luce di un'interpretazione costituzionalmente orientata). Il giudice, in tal caso, dovrà disporre l'adozione di **accorgimenti tecnici** in grado di far venir meno il pericolo per la salute e l'ambiente; in caso contrario, disporre la cessazione dell'attività produttiva.

Sul punto la Suprema Corte, con riferimento alla l. 26.10.1995, n. 447, ha addirittura affermato che il mancato superamento dei minimi previsti dalla stessa legge non ne implica senz'altro la liceità, dovendo il giudizio sulla loro tollerabilità essere effettuato alla stregua del caso concreto, anche in prospettiva della tutela del bene salute. Dunque, se esso è messo in pericolo, sarà necessario inibire le attività emissive benché a discapito delle esigenze produttive dell'emittente (Cass., 11.3.2019, n. 6906).

È fatto comunque salvo il diritto al **risarcimento del danno** subìto (su cui, in materia, Cass., Sez. Un., 27.2.2013, n. 4848; Cass., 2.9.2018, n. 21554; Cass., Sez. Un., 1.2.2017, n. 2611 specifica che l'assenza di un danno biologico documentato non osta al risarcimento del danno non patrimoniale conseguente da immissioni illecite, allorché siano stati lesi il diritto al normale svolgimento della vita familiare nella propria abitazione ed il diritto alla libera e piena esplicazione delle proprie abitudini di vita quotidiana; nello stesso senso anche Cass., 28.7.2021, n. 21649). Inoltre, è pienamente legittima la condanna al risarcimento del danno di una società per le immissioni non tollerabili, anche se la quantità emessa non supera i limiti di legge (Cass., 24.11.2020, n. 26715).

Si noti come l'azione volta ad eliminare le cause di immissioni possieda carattere negatorio e, dunque, sia imprescrittibile. L'azione per il risarcimento del danno, invece, è soggetta alla prescrizione quinquennale.

I problemi aperti, come è facile intendere, sono ancora molti. Negli ultimi anni alcune vicende della produzione industriale in Italia dimostrano come spesso i valori di rilevanza costituzionale in campo siano diversi: il diritto alla salute (art. 32 Cost.); il diritto alla libera iniziativa economica (art. 41 Cost.); il diritto al lavoro (art. 4 Cost.). Non è facile, evidentemente, coordinare le opposte esigenze e rivendicazioni: è certo, peraltro, che la salute della collettività costituisce una precondizione, senza la quale non è possibile neanche immaginare un ordinato e coerente sviluppo industriale ed occupazionale di un Paese.

387. Gli obblighi del proprietario.

Gli **obblighi** del proprietario sono previsti dal codice civile nonché dalle leggi speciali. L'art. 843 cod. civ., ad esempio, impone al proprietario di consentire l'altrui **accesso** e **passaggio** sul proprio fondo, sempre che ne venga riconosciuta la necessità, al fine di costruire o riparare un muro o altra opera propria del vicino oppure comune. Se l'accesso cagiona danno, è dovuta un'indennità. Il proprietario deve parimenti permettere l'accesso a chi vuole riprendere la cosa sua che vi si trovi accidentalmente o l'animale che vi sia riparato sfuggendo alla custodia. Il proprietario può impedire l'accesso consegnando la cosa o l'animale.

Il proprietario, inoltre, è tenuto a pagare le imposte su alcuni tipi di beni (si pensi, ad esempio, alle **imposte sulla casa**).

388. I modi di acquisto della proprietà. Premessa.

Si può diventare **proprietari** nei **modi previsti dalla legge**. La norma di riferimento è costituita dall'art. 922 cod. civ., che enuncia nove modi di acquisti della proprietà e fa riferimento ad altri "modi stabiliti dalla legge" (ad esempio, il proprietario ed il possessore in buona fede fanno propri i frutti della cosa e ne diventano proprietari a titolo originario: artt. 821 e 1148 cod. civ.).

I nove modi di acquisti della proprietà, previsti dalla citata disposizione del codice, vanno divisi in due categorie: **modi di acquisto a titolo a titolo derivativo** (contratti e successioni a causa di morte); **modi di acquisto a titolo originario** (occupazione, invenzione, accessione, specificazione, unione, commistione, usucapione, espropriazione per pubblica utilità).

L'**acquisto** della **proprietà a titolo derivativo** si ha quando si diventa proprietario del bene già spettante al precedente proprietario. Con il contratto di compravendita, ad esempio, il bene è trasferito dal venditore al compratore; con la morte del *de cuius*, ancora, i beni che fanno parte del suo patrimonio diventano di proprietà di altri soggetti (gli eredi o i legatari).

La caratteristica dell'acquisto della proprietà a titolo derivativo sta in ciò: l'avente causa acquista la proprietà della cosa **solo** e **solo come** il **dante causa** ne **era proprietario**. Pertanto, gli eventuali vizi che inficiavano il titolo del precedente proprietario si ripercuoteranno anche sul successore.

Esempio. Se viene venduto un bene e, successivamente, il vero proprietario esercita l'azione di rivendicazione (art. 948 cod. civ.), il contratto di compravendita non è in grado di trasmettere la proprietà del bene. Il compratore, semmai, se ricorrono le condizioni di legge, potrà dire di essere diventato proprietario a titolo originario.

Esempio. Il bene venduto è gravato da un diritto reale di garanzia (pegno o ipoteca) o da un diritto reale minore (la servitù). Il compratore diventa proprietario di un bene pignorato o ipotecato o gravato da un diritto reale parziario.

L'**acquisto a titolo originario**, invece, comporta che l'acquisto del diritto di proprietà sia indipendente dal diritto di un precedente proprietario. Il che accade non soltanto quando il bene sia abbandonato e, dunque, non sia di nessuno (si ha riguardo, allora, al modo di acquisto della proprietà che va sotto il nome di occupazione), ma anche quando il precedente proprietario esisteva e, tuttavia, il diritto di quest'ultimo sia destinato a soccombere di fronte a colui che acquista il diritto di proprietà a titolo originario.

La **conseguenza** dell'acquisto a titolo originario è la seguente: la proprietà che si acquista con tale modalità libera il bene del precedente proprietario da tutti gli eventuali diritti altrui da cui era gravato. Il concetto può esprimersi dicendo che l'acquisto a titolo originario determina non soltanto l'estinzione del diritto del precedente proprietario, ma anche dei diritti reali minori su cosa altrui e dei diritti reali di garanzia che eventualmente gravavano il bene del precedente proprietario.

Considerati gli effetti degli acquisti a titolo originario, è possibile ricomprendere in questa modalità anche **l'espropriazione per pubblica utilità**. Si tratta infatti di un istituto di frequente applicazione (già trattato al § 385) che, secondo quanto espressamente affermato dall'art. 25, 1° co., Testo unico espropri (d.p.r. n. 327/2001) "comporta l'estinzione automatica di tutti gli altri diritti reali o personali, gravanti sul bene espropriato, salvo quelli compatibili con i fini cui l'espropriazione è preordinata". Il terzo comma del medesimo articolo inoltre afferma che "dopo la trascrizione del decreto di esproprio, tutti i diritti relativi al bene espropriato possono essere fatti valere unicamente sull'indennità" (in giurisprudenza, Cass., 18.6.2009, n. 14205; Cass., 14.6.2016, n. 12230).

Il discorso, di seguito, riguarderà i seguenti modi di acquisto della proprietà: occupazione, invenzione, accessione, unione, specificazione. L'usucapione (anch'essa prevista dall'art. 922 cod. civ.) consiste nel possesso prolungato ed indisturbato di un bene mobile ed immobile. La nozione di usucapione, dunque, si basa sul concetto di possesso, su cui ci si intratterrà, più diffusamente, in un autonomo capitolo (Cap. 67). In quella sede, peraltro, si studierà la regola del "possesso vale titolo", che costituisce un altro importante modo di acquisto della proprietà dei beni mobili a titolo originario.

389. L'occupazione e l'invenzione.

Le **cose mobili** che non sono di proprietà di alcuno si acquistano con l'**occupazione** (art. 923, 1° co., cod. civ.). La norma fa riferimento ai beni mobili: è escluso che si possa diventare proprietari di beni immobili per occupazione, anche perché se questi ultimi non sono di proprietà di alcuno spettano al patrimonio dello Stato (art. 827 cod. civ.).

Non sono di proprietà di alcuno le **cose che non sono mai appartenute a nessuno** (*res nullius*), le **cose abbandonate** (*res derelictae*) e gli animali che formano oggetto di **caccia e pesca** (art. 923, 2° co., cod. civ.).

Sono cose abbandonate, ad esempio, i beni che vengono gettati (come i rifiuti o le cose che non si intendono utilizzare e vengono dismesse dal proprietario). Dalle circostanze di tempo e di luogo occorre che emerga l'intenzione di spogliarsi del bene: in caso contrario non può aversi acquisto della proprietà a titolo originario per occupazione.

Esempio. La Sig.ra Maria, iniziando la primavera, intende pulire a fondo il proprio appartamento. Mette gran parte del mobilio fuori dall'uscio di casa, sul limitare della strada, per avere più spazio a disposizione. Un passante nota un comodino che starebbe bene nella sua stanza da letto: lo prende e se lo porta via. Non diventa proprietario per occupazione.

L'occupazione del bene abbandonato (e quindi l'acquisto della proprietà) avviene con l'**impossessamento**, ossia con l'appropriazione materiale.

Quanto alla caccia ed alla pesca, occorre avere riguardo alla legislazione speciale. Per la caccia, ad esempio, è previsto che "la fauna selvatica abbattuta durante l'esercizio venatorio nel rispetto delle disposizioni della presente legge appartiene a colui che l'ha cacciata" (art. 12, 6° co., l. 11.2.1992, n. 157).

Si venga, ora, all'acquisto della proprietà attraverso l'**invenzione**. Il termine va chiarito sulla scorta della disciplina del codice. Chi trova una **cosa mobile** deve restituirla al proprietario, e, se non lo conosce, deve consegnarla senza ritardo al **sindaco** del luogo in cui l'ha trovata, indicando le circostanze del ritrovamento (art. 927 cod. civ.).

Non si fa riferimento, qui, ai beni abbandonati (per i quali può trovare applicazione la norma sull'occupazione): i **beni**, nell'istituto in esame, sono stati **smarriti**; il che emerge dalla natura del bene e dalle circostanze di tempo e di luogo del ritrovamento.

Esempio. Un portafoglio che contiene denaro e documenti deve considerarsi smarrito.

Il sindaco rende nota la consegna, da parte del ritrovatore, attraverso la pubblicazione nell'albo pretorio del Comune, da farsi per due domeniche successive e da restare affissa per tre giorni ogni volta (art. 928 cod. civ.). Trascorso un anno dall'ultimo giorno della pubblicazione senza che si presenti il proprietario, la cosa oppure il suo prezzo, se le circostanze ne hanno richiesto la vendita, appartiene a chi l'ha ritrovata. Così il proprietario come il ritrovatore, riprendendo la cosa o ricevendo il prezzo, devono pagare le spese occorse (art. 929 cod. civ.).

Il proprietario deve pagare a titolo di **premio** al ritrovatore, se questi lo richiede, il decimo della somma o del prezzo della cosa ritrovata. Se tale somma o prezzo eccede euro 5,16, il premio per il sovrappiù è solo del ventesimo. Se la cosa non ha valore commerciale, la misura del premio è fissata dal giudice secondo il suo prudente apprezzamento (art. 930 cod. civ.).

Una disciplina particolare è prevista per il **tesoro** (art. 932 cod. civ.), ossia per qualunque cosa mobile di pregio, nascosta o sotterrata, di cui nessuno può provare di essere proprietario. Il tesoro appartiene al proprietario del fondo in cui si trova. Se il tesoro è trovato nel fondo altrui, purché sia stato scoperto per solo effetto del caso, spetta per metà al proprietario del fondo e per metà al ritrovatore. La stessa disposizione si applica se il tesoro è scoperto in una cosa mobile altrui.

Per il ritrovamento degli oggetti d'interesse storico, archeologico, paletnologico, paleontologico ed artistico, si osservano le disposizioni delle leggi speciali (artt. 88 ss. del d.lgs. 22.1.2004, n. 42, recante il "Codice dei beni culturali e del paesaggio"). In pratica i "beni culturali" appartengono allo Stato, mentre al proprietario dell'immobile dove è avvenuto il ritrovamento ed allo scopritore fortuito spetta un premio.

390. L'accessione.

Secondo un antico e consolidato principio, che trova accoglimento anche nel codice civile, la proprietà di una **cosa** qualificabile come **principale** fa acquistare la proprietà delle **cose** che sono **accessorie** a quella principale.

Vi sono tre modi di acquisto della proprietà per **accessione**: (a) **accessione di cosa mobile a cosa immobile**; (b) **accessione di cosa immobile a cosa immobile**; (c) **accessione di cosa mobile a cosa mobile**.

Si consideri, in primo luogo, l'**accessione di cosa mobile a cosa immobile**: la regola è che ogni cosa materialmente unita ad un bene immobile diventa di proprietà del proprietario del bene immobile (accede alla sua proprietà; Cass., 29.10.2018, n. 27412).

In questo senso va letto l'art. 934 cod. civ., per il quale "qualunque piantagione, costruzione od opera sopra o sotto il suolo appartiene al proprietario di questo, salvo quanto disposto dagli articoli 935, 936, 937 e 938 e salvo che risulti diversamente dal titolo o dalla legge" (Cass., 16.1.2019, n. 904).

Esempio. Il proprietario di un terreno dà incarico ad un'impresa di costruzioni di edificare una casa. A mano a mano che il materiale di costruzione viene unito al suolo, il proprietario del terreno ne diviene proprietario a titolo originario.

La costruzione eseguita dal comproprietario sul suolo comune diviene, per accessione, ai sensi dell'art. 934 cod. civ., di proprietà comune agli altri comproprietari dell'immobile, salvo contrario accordo traslativo della proprietà del terreno o costitutivo di un diritto reale su di esso, che deve rivestire la forma scritta *ad substantiam* (Cass., Sez. Un., 16.2.2018, n. 3873).

Può accadere che (a differenza di quello che si è visto nell'esempio appena svolto) qualcuno **costruisca**, **con il proprio materiale**, **sul suolo altrui**, **senza che il proprietario del fondo sappia** quanto sta avvenendo. L'ipotesi non deve considerarsi di scuola: si pensi a colui che, per un errore compiuto nella lettura dei confini sulle mappe catastali, ritiene di costruire sul proprio terreno e di non invadere quello del suo vicino. Allo stesso modo, può capitare che vengano piantati alberi sul suolo altrui, ignorando l'errore che si sta compiendo. È previsto che il proprietario del fondo, se preferisce tenere le piantagioni, le costruzioni od opere fatte dal terzo con i suoi materiali, abbia l'onere di pagare a sua scelta il valore dei materiali ed il prezzo della mano d'opera oppure l'aumento di valore recato al fondo (art. 936, 2° co., cod. civ.).

Altra possibilità è quella di chiedere la rimozione, che deve essere compiuta a spese di chi ha fatto le piantagioni, le costruzioni o le opere; colui che ha invaso il fondo altrui può anche essere condannato al risarcimento dei danni (art. 936, 3° co., cod. civ.; Cass., 30.9.2021, n. 26595; Cass., 9.2.2017, n. 3523). La rimozione non può essere domandata trascorsi sei mesi dal giorno in cui il proprietario ha avuto notizia dell'incorporazione (art. 936, 5° co., cod. civ.).

Il proprietario, invece, non può obbligare il terzo a togliere le piantagioni, costruzioni o le opere, quando sono state fatte "a **sua scienza** e **senza opposizione** o quando siano state fatte dal **terzo in buona fede**" (art. 936, 4° co., cod. civ.).

Esempio. Viene stipulato un contratto di compravendita, con cui l'acquirente risulta essere il proprietario del fondo "La Ginestra". Il compratore inizia a piantare diversi alberi da frutto: sennonché dopo qualche tempo il venditore impugna il contratto, chiedendo al giudice che sia dichiarato nullo. Il giudice accoglie la domanda del venditore e la sentenza ha effetto retroattivo: risulterà, allora, che il compratore ha piantato gli alberi da frutto su terreno non suo; per il principio di accessione, il proprietario degli alberi è il venditore (che è proprietario del terreno). Quest'ultimo non può pretendere di domandare la rimozione, ma dovrà corrispondere alla controparte o il costo della piantagione o il valore della stessa.

Un'eccezione alla regola generale dell'accessione di cosa mobile a cosa immobile si rinviene nella regola della c.d. **accessione invertita** (art. 938 cod. civ.): se nella costruzione di un edificio si occupa in buona fede una porzione del fondo contiguo, e il proprietario di questo non fa opposizione entro tre mesi dal giorno in cui ebbe inizio la costruzione, l'autorità giudiziaria, tenuto conto delle circostanze, può attribuire al costruttore la proprietà dell'edificio e del suolo occupato (Cass., 30.7.2020, n. 16331). Affinché si realizzi l'accessione invertita è necessaria una sentenza **costitutiva** (Cass., 13.4.2022, n. 12033). Il costruttore è tenuto a pagare al proprietario del suolo il doppio del valore della superficie occupata, oltre il risarcimento dei danni.

Vi sono, poi, alcune ipotesi di **accessione** di **cosa immobile a** cosa **immobile** (alluvione e avulsione). Si consideri, in primo luogo, l'**alluvione** (art. 941 cod. civ.; Cass., 17.2.2020, n. 3854; Cass., 13.6.2017, n. 14645): le unioni di terra e gli incrementi, che si formano successivamente e **impercettibilmente** nei fondi posti lungo le rive dei fiumi o torrenti, appartengono al proprietario del fondo, salvo quanto è stabilito dalle leggi speciali.

Diverso è il fenomeno dell'**avulsione** (art. 944 cod. civ.): se un fiume o torrente stacca per **forza istantanea** una **parte considerevole** e **riconoscibile** di un fondo contiguo al suo corso e la trasporta verso un fondo inferiore o verso l'opposta riva, il proprietario del fondo al quale si è unita la parte staccata ne acquista la proprietà. Deve però pagare all'altro proprietario un'indennità nei limiti del maggior valore recato al fondo dall'avulsione.

In alcuni casi la proprietà del bene immobile spetta al demanio pubblico. I terreni abbandonati dalle acque correnti, che insensibilmente si ritirano da una delle rive portandosi sull'altra, appartengono al demanio pubblico, senza che il confinante della riva opposta possa reclamare il terreno perduto (art. 942, 1° co., cod. civ.). Quanto stabilito vale anche per i terreni abbandonati dal mare, dai laghi, dalle lagune e dagli stagni appartenenti al demanio pubblico (art. 942, 3° co., cod. civ.; l'art. 942, nella sua attuale formulazione, è stato così sostituito dall'art. 1 l. 5.1.1994, n. 37, recante "Norme per la tutela ambientale delle acque pubbliche").

Le isole e le unioni di terra che si formano nel letto dei fiumi o torrenti appartengono al demanio pubblico (art. 945, 1° co., cod. civ.).

Vengono in considerazione, infine, le ipotesi di **accessione** di **cosa mobile** a **cosa mobile**: l'unione e commistione e la specificazione.

Nell'**unione** e **commistione** (art. 939 cod. civ.) trova applicazione, a certe condizioni, la regola generale ricordata all'inizio, secondo cui il proprietario del bene principale diventa proprietario del bene che si incorpora ad esso.

Qualora le cose mobili di proprietà di diversi soggetti siano unite ("**unione**") o mescolate ("**commistione**") in modo da formare un tutt'uno inseparabile, il proprietario della cosa principale (da determinarsi anche in relazione al valore dei beni) diventa proprietario del tutto (art. 939, 1° co., cod. civ.). Egli, peraltro, ha l'obbligo di pagare all'altro il valore della cosa che vi è unita o mescolata.

Esempio. Il proprietario di una casa utilizza la vernice di un negoziante per dipingere casa sua: è obbligato a pagare al negoziante il valore della vernice.

Se l'unione o la mescolanza è avvenuta, senza il consenso del proprietario della cosa principale, ad opera del proprietario di quella accessoria, il primo non è obbligato a corrispondere che la somma minore tra l'aumento di valore apportato alla cosa principale ed il valore della cosa accessoria. È inoltre dovuto il risarcimento del danno in caso di colpa grave (art. 939, 2° e 3° co., cod. civ.).

Può succedere che nessuna delle cose unite o mescolate possa considerarsi principale.

Esempio. Una determinata quantità di ferro viene fusa con il carbonio: la fusione determina la formazione di una partita di acciaio.

In questi casi occorre distinguere: qualora la cosa che risulta dalla unione o commistione possa formare oggetto di separazione senza notevole deterioramento, "ciascuno conserva la proprietà della cosa ed ha diritto di ottenere la separazione"; in caso contrario, si ha la comproprietà della cosa risultante dall'unione o dalla commistione in proporzione del valore delle cose spettanti a ciascuno (art. 939, 1° co., cod. civ.).

Diversa è la **specificazione** (art. 940 cod. civ.). Se taluno ha adoperato una materia che non gli apparteneva per formare una nuova cosa, possa o non possa la materia riprendere la sua prima forma, ne acquista le proprietà pagando al proprietario il prezzo della materia.

Esempio. Uno scultore adopera il legno per dar vita alla sua creazione artistica. La statua è di proprietà dello scultore, che è tenuto a corrispondere una somma di denaro a chi gli ha fornito il legno.

La norma del codice fa salva l'ipotesi in cui il valore della materia sorpassi notevolmente quello della mano d'opera. In questo caso la cosa spetta al proprietario della materia, il quale deve pagare il prezzo della mano d'opera.

Esempio. Se si porta un rubino e dell'oro all'orefice, per creare un monile, quest'ultimo è di proprietà di chi ha fornito la materia prima. All'orefice va pagato il prezzo della mano d'opera.

391. Le azioni a tutela della proprietà: (*a*) l'azione di rivendicazione.

Il proprietario ha a disposizione una serie di azioni per tutelare il suo diritto di proprietà: si tratta dell'azione di rivendicazione, negatoria, di regolamento dei confini, di apposizione dei termini, di mero accertamento della proprietà. Le azioni che spettano al proprietario si denominano **petitorie** (sono possessorie, invece, le azioni che spettano al possessore).

Si cominci con l'**azione di rivendicazione** (art. 948 cod. civ.): essa è l'azione che spetta a chi, dichiarandosi proprietario, vuole da un lato che si accerti questa sua qualità, e dall'altro che la cosa sia recuperata nei confronti di chi la detiene o la possiede (sul possesso § 409; sulla detenzione § 410).

Esempio. Il proprietario agisce in giudizio per chiedere la restituzione del bene che ha dato in locazione, ma che la sua controparte contrattuale si rifiuta di restituirgli.

L'azione è **imprescrittibile** (come è imprescrittibile il diritto di proprietà): essa, dunque, può essere esercitata senza limiti di tempo da parte di chi si dichiari proprietario, ma ha perso o non è mai riuscito a conseguire il possesso del bene. Peraltro, il proprietario potrebbe non riuscire a raggiungere il suo scopo, qualora chi ha posseduto a lungo il bene possa vantare l'acquisto del diritto di proprietà a titolo di usucapione (art. 948, 3° co., cod. civ.: sull'usucapione § 419).

Dal punto di vista processuale, va ricordata la seguente regola: il proprietario che agisce con l'azione di rivendicazione può proseguire la sua azione anche se chi la possiede o la detiene non ha più la cosa. Accade allora che il convenuto, ossia l'ex possessore o detentore, debba recuperare la cosa o corrisponderne il valore, oltre al risarcimento del danno (art. 948, 1° co., cod. civ.).

Il proprietario, se consegue direttamente dal nuovo possessore o detentore la restituzione della cosa, è tenuto a restituire al precedente possessore o detentore la somma ricevuta in luogo di essa (art. 948, 2° co., cod. civ.).

L'azione di rivendicazione, lo si è detto all'inizio, richiede che l'attore dimostri il suo **diritto di proprietà** (Cass., 24.4.2018, n. 10066). L'**onere della prova** non sempre può considerarsi agevole. Si pensi, in particolare, all'acquisto della proprietà a titolo derivativo attraverso il contratto: non basta che l'attore produca in giudizio il suo titolo di acquisto. Potrebbe risultare, infatti, che l'alienante non fosse il proprietario del bene; ciò vuol dire che la compravendita non è stata in grado di trasferire la proprietà a titolo derivativo. Proprio per questo l'attore dovrebbe dare la prova del titolo di acquisto dell'alienante, ma anche dei titoli di acquisto dei precedenti danti causa.

Di fronte ad una prova così difficile entrano in soccorso due istituti che semplificano notevolmente la prova che l'attore, nel giudizio di rivendicazione, ha l'onere di fornire.

Per i **beni mobili** è sufficiente da parte dell'attore la prova che (quand'anche il suo acquisto a titolo derivativo fosse stato *a non domino*, ossia non dal legittimo proprietario) avrebbe comunque acquistato la proprietà a titolo originario, ossia in base alla regola del "possesso vale titolo" (§ 418; Cass., 28.2.2019, n. 6007). L'acquisto a titolo derivativo potrebbe non essere in grado di trasmettere la proprietà, è vero: ma questo non impedisce che l'attore sia diventato proprietario ad altro titolo (il che lo legittima ad agire con l'azione di rivendicazione).

Per i **beni immobili** (e per i beni mobili rispetto ai quali non sussistono i presupposti per l'applicazione della regola del possesso vale titolo), è sufficiente fornire un'altra prova: quella che (quand'anche il suo acquisto a titolo derivativo fosse stato *a non domino*) avrebbe comunque acquistato la proprietà a titolo originario, ossia in base alla regola dell'usucapione. La prova, in questo caso, verte sul fatto che l'avente causa (direttamente o attraverso il possesso dei suoi danti causa) abbia posseduto il bene per un tempo sufficientemente lungo da consentirgli l'acquisto per usucapione (Cass., 7.6.2018, n. 14734).

Qualora il convenuto dell'azione di rivendicazione invochi l'acquisto a carattere originario mediante usucapione, il rigore probatorio a carico del rivendicante non è attenuato. Quest'ultimo, infatti, anche in caso di mancato raggiungimento della prova dell'usucapione, non è esonerato dal dover provare il proprio diritto risalendo anche attraverso i propri danti causa fino ad un acquisto a titolo originario o dimostrando che egli stesso o alcuno dei suoi danti causa abbia posseduto il bene per il tempo necessario ad usucapirlo. Tuttavia, l'onere della prova risulta attenuato quando il convenuto, nell'opporre l'usucapione, abbia comunque riconosciuto, seppure implicitamente o non abbia specificamente contestato, l'appartenenza del bene al rivendicante o uno dei suoi danti causa all'epoca in cui assume di avere iniziato a possedere (Cass., 25.2.2022, n. 6324; Cass., 19.10.2021, n. 28865).

L'azione di rivendicazione, di cui si è sin qui detto, non va confusa con l'**azione di restituzione**: la prima ha carattere reale e richiede che il suo titolare dimostri di essere proprietario del bene rivendicato; la seconda, invece, ha carattere personale e presuppone che il titolare vanti un diritto alla restituzione, che si basa su un titolo contrattuale (Cass., 6.12.2021, n. 38642; Cass., 10.10.2018, n. 25052).

Esempio. Tizio ha il *computer* rotto. Il titolare del negozio di *computer* si obbliga a ripararlo. Viene concluso un contratto d'opera in base al quale l'esperto in informatica si obbliga ad eseguire un intervento riparatore sul *computer* e a restituirlo a Tizio, dietro pagamento di un compenso. Il titolare del negozio si rifiuta di restituire il *computer* a Tizio. Quest'ultimo può agire in giudizio dimostrando di aver concluso un contratto d'opera.

L'azione di restituzione si può basare anche sulla scadenza o sulla risoluzione del contratto (Cass., 10.10.2018, n. 25052).

391.1. (b) *L'azione negatoria (*negatoria servitutis*).*

Il proprietario può agire per far dichiarare l'inesistenza di diritti affermati sulla cosa, quando ha motivo di temere pregiudizio (art. 949, 1° co., cod. civ.).

Se sussistono turbative o molestie, il proprietario può chiedere che se ne ordini la cessazione, oltre la condanna al risarcimento del danno (art. 949, 2° co., cod. civ.; Cass., 7.7.2021, n. 19249; Cass., 5.12.2018, n. 31382).

Esempio. Sul fondo del Sig. Rossi, il Sig. Neri pretende di avere una servitù di passaggio. La controversia dura a lungo, fino a quando il sig. Rossi decide di agire in giudizio e chiede che venga dichiarata l'inesistenza del diritto reale minore vantato dal Sig. Neri.

L'azione negatoria è **imprescrittibile**, essendo a tutela del diritto di proprietà: il convenuto, peraltro, può ottenere il rigetto dell'azione qualora dimostri di essere diventato titolare del diritto vantato a titolo di usucapione.

Si noti che l'oggetto dell'azione negatoria non è, come nell'azione di rivendicazione, la dimostrazione della qualità di proprietario in capo all'attore: è sufficiente che l'attore dia la prova di un valido titolo di acquisto, anche con presunzioni (sull'utilizzabilità delle presunzioni Cass., 12.1.2022, n. 803; si vedano inoltre Cass., 11.1.2017, n. 472; Cass., 28.3.2019, n. 8694).

Il convenuto, invece, se vuole ottenere il rigetto della domanda dell'attore, ha l'onere di dimostrare l'esistenza del suo diritto (nell'esempio svolto, il diritto di servitù).

391.2. (c) *L'azione di regolamento di confini.*

Quando il confine fra due fondi sia incerto, ciascuno dei due proprietari può chiedere che sia stabilito giudizialmente. L'**azione di regolamento di confini** è, anch'essa, **imprescrittibile**, in quanto diretta a tutelare il diritto di proprietà (art. 950 cod. civ.).

Esempio. Il Sig. Sergio Invadis e Gaetano Ristretto discutono perché il primo intende delimitare i confini della sua proprietà con una staccionata, costruita la quale le querce secolari risulteranno far parte del perimetro delimitato. Il Sig. Ristretto protesta perché ritiene che le querce rientrino nei suoi confini. Il Sig. Invadis, allora, decide di ricorrere al giudice con l'azione di regolamento di confini.

Presupposto dell'azione non è l'incertezza sui titoli di proprietà ma **sull'estensio-**

ne della proprietà: essa mira ad ottenere una sentenza che accerti, giudizialmente, il confine tra i due fondi e, eventualmente, la restituzione di quella parte di terreno che, all'esito della fissazione della linea di confine, sia posseduta da chi non è proprietario (Cass., 16.10.2020, n. 22590; Cass., 13.10.2020, n. 22095; Cass., 25.9.2018, n. 22645).

Qualsiasi **prova** può essere fornita ai fini dell'individuazione della linea di confine (Cass., 23.6.2020, n. 12322): mancando ogni altro elemento, il giudice farà riferimento alle **mappe catastali** (Cass., 30.12.2009, n. 28103; Cass., 6.6.2017, n. 14020).

391.3. (d) *L'azione per l'apposizione dei termini.*

Se i termini fra fondi contigui manchino o siano diventati irriconoscibili, ciascuno dei proprietari ha diritto di chiedere che essi siano apposti o ristabiliti a spese comuni (art. 951 cod. civ.).

L'**azione per l'apposizione dei termini**, a differenza dell'azione di regolamento di confini, non muove dal presupposto che i confini siano incerti: questi sono certi, ma non sussistono i segni lapidei che delimitano i due fondi oppure essi sono diventati irriconoscibili. L'azione, dunque, mira ad ottenere l'apposizione dei termini a **spese comuni**, e non solo a carico del ricorrente.

391.4. (e) *L'azione di mero accertamento della proprietà.*

La giurisprudenza, pacificamente, riconosce la possibilità di promuovere un'**azione di mero accertamento della proprietà**: un'azione, cioè, spettante a colui che abbia interesse ad ottenere una sentenza passata in giudicato, la quale affermi il diritto di proprietà sopra un determinato bene.

L'azione non mira ad ottenere la restituzione del bene (questo, infatti, può già essere nel possesso dell'attore), ma a rimuovere la situazione di incertezza che sussiste (o può sussistere) in ordine alla proprietà di un bene. L'accertamento, così, mira a prevenire possibili liti in ordine alla proprietà o al possesso del bene.

L'attore ha l'onere di provare il titolo di proprietà (Cass., 18.1.2017, n. 1210; Cass., 6.5.2019, n. 11767), a meno che si trovi nel legittimo possesso del bene: in questo caso è tenuto a dimostrare soltanto il proprio titolo di acquisto (Cass., 16.5.2016, n. 9959).

Capitolo 64

I DIRITTI REALI MINORI

392. L'usufrutto.

L'**usufrutto** (artt. 978-1020 cod. civ.) è un diritto reale minore che attribuisce al suo titolare, l'usufruttuario, il potere di godere della cosa, con l'obbligo di rispettarne la destinazione economica. Egli può trarre dalla cosa ogni utilità, fermi i limiti stabiliti dalle disposizioni codicistiche (art. 981 cod. civ.): il che fa subito comprendere come il diritto di usufrutto comprima notevolmente le facoltà del proprietario.

Oggetto dell'usufrutto possono essere beni immobili, beni mobili, titoli di credito, ma anche le aziende, le universalità di beni ed i prodotti dell'ingegno. Di solito l'usufrutto riguarda beni inconsumabili (poiché quelli consumabili, se utilizzati, perdono la loro individualità e non possono essere restituiti al proprietario alla cessazione dell'usufrutto); il codice, tuttavia, prevede anche l'usufrutto di beni consumabili, denominato in dottrina "**quasi usufrutto**" (art. 995 cod. civ.). In tal caso l'usufruttuario ha diritto di servirsi dei beni e ha l'obbligo di pagarne il valore al termine dell'usufrutto secondo la stima convenuta. Mancando la stima, è in facoltà dell'usufruttuario di pagare le cose secondo il valore che hanno al tempo in cui finisce l'usufrutto o di restituirne altre in eguale qualità e quantità.

L'usufrutto può costituirsi per **sentenza**, per **legge** o per **volontà dell'uomo**.

Innanzitutto, ai sensi dell'art. 194, 2° co., cod. civ., "il giudice, in relazione alle necessità della prole e all'affidamento di essa, può costituire a favore di uno dei coniugi l'usufrutto su una parte dei beni spettanti all'altro coniuge". L'usufrutto è dunque costituito per **provvedimento giudiziale**.

L'art. 978 cod. civ. invece prevede che la **costituzione** dell'usufrutto avvenga per **legge** o per **volontà dell'uomo**.

L'ipotesi tipica di **usufrutto per legge** è individuata dall'art. 324 cod. civ. che regolamenta l'usufrutto legale dei genitori sui beni dei figli minori.

L'usufrutto, inoltre, può costituirsi per **volontà dell'uomo**: (a) per **atto tra vivi** (se il contratto ha ad oggetto beni immobili è richiesta la forma scritta a pena di nullità *ex* art. 1350, n. 2, cod. civ.); (b) per **testamento**. In materia testamentaria, peraltro, non è ammesso, ai sensi dell'art. 698 cod. civ., il c.d. usufrutto successivo (ossia quello attribuito a più soggetti in via successiva alla morte dell'usufruttuario precedente), mentre è consentito l'usufrutto congiuntivo a favore di più persone (art. 678 cod. civ.). L'usufrutto, in questo caso, durerà fino alla morte di quello, fra gli usufruttuari, che sarà sopravvissuto agli altri per accrescimento e pertanto non vi sarà consolidazione dell'usufrutto con la nuda proprietà fino a quando rimarrà in vita l'ultimo dei contitolari originari (Cass., 2.9.2020, n. 18211, con specifico riferimento all'istituto dell'imputazione in caso di donazione con riserva di usufrutto congiuntivo).

Infine, l'usufrutto può costituirsi per **usucapione** (art. 1158 cod. civ.): è, questa, una modalità di costituzione che vale per tutti i diritti reali.

La **durata** dell'usufrutto non può eccedere la **vita** dell'usufruttuario. L'usufrutto costituito a favore di una persona giuridica non può durare più di **trent'anni** (art. 979 cod. civ.; Cass., 9.1.2020, n. 193). La norma conferma la preoccupazione del legislatore in ordine ad un'eccessiva limitazione del diritto di proprietà. Non è detto che la durata dell'usufrutto debba corrispondere alla durata vita della persona o, se si tratta di persone giuridiche, al termine di trent'anni: è possibile, infatti, che sia pattuito un usufrutto per un **termine minore**.

Sia l'usufruttuario sia il proprietario sono titolari di **diritti** ed **obblighi**.

L'**usufruttuario** (lo si è visto già dalla definizione iniziale) ha il diritto di godere della cosa, ossia di utilizzarla nel modo che ritiene più opportuno e trarne tutte le utilità, ma non può mutarne la **destinazione economica** (art. 981 cod. civ.). Resta inteso che l'usufruttuario non può vendere il bene oggetto del diritto di usufrutto, non essendo proprietario dello stesso.

Esempio. Con un contratto costitutivo di usufrutto l'usufruttuario ha diritto di godere di un'azienda agricola. Non può, però, trasformare l'azienda agricola in impresa industriale.

L'usufruttuario ha diritto a conseguire il possesso del bene oggetto del diritto reale minore (art. 982 cod. civ.); deve, però, fare prima l'inventario (a meno che non sia dispensato dal farlo) e prestare idonea garanzia al proprietario. Dalla prestazione della garanzia sono dispensati i genitori che hanno l'usufrutto legale sui beni dei loro figli minori. Sono anche dispensati il venditore e il donante con riserva di usufrutto, ma qualora questi cedano l'usufrutto, il cessionario è tenuto a prestare garanzia (art. 1002 cod. civ.).

L'usufruttuario, ancora, ha diritto di fare suoi i frutti naturali e civili del bene (si veda l'art. 984 cod. civ.) e può cedere il suo diritto di usufrutto (art. 980 cod. civ.), a meno che la cessione non sia vietata dal titolo costitutivo. Una regola particolare vale per i frutti dei fondi rustici: se il proprietario e l'usufruttario si succedono nel godimento della cosa entro l'anno agrario o nel corso di un periodo produttivo di maggiore durata, l'insieme di tutti i frutti si ripartisce fra l'uno e l'altro in proporzione della durata del rispettivo diritto nel periodo stesso (art. 984, 2° co., cod. civ.).

Esempio. L'anno agrario ha avuto inizio il 1° novembre del 2017 e l'usufrutto è durato fino al 30 aprile del 2018: i frutti dell'anno agrario spettano per metà all'usufruttuario e per metà al proprietario del fondo.

L'usufruttuario può locare il bene o costituirvi ipoteca. La locazione dura anche dopo la cessazione dell'usufrutto, ma solo se stipulata per atto pubblico o per scrittura privata con data certa anteriore a detta cessazione (art. 999 cod. civ.; Cass., 30.9.2019, n. 24222).

L'usufruttuario ha la facoltà, infine, di apportare miglioramenti alla cosa (art. 985 cod. civ.), nonché di eseguire addizioni (art. 986 cod. civ.).

Quanto agli obblighi dell'usufruttuario (oltre a quello di rispettare la destinazione economica del bene), è previsto che questi, nel godimento del bene, debba utilizzare la diligenza del buon padre di famiglia (art. 1001 cod. civ.). Ciò vuol dire che l'usufruttuario dovrà restituire il bene dopo averlo utilizzato con la necessaria diligenza; se questa è rispettata, il proprietario non può certo protestare delle condizioni in cui il bene è stato restituito.

L'usufruttuario, ancora, è obbligato ad affrontare le spese per la manutenzione ordinaria, la custodia e l'amministrazione del bene (art. 1004 cod. civ.).

È tenuto, infine, per la durata del suo diritto, ai carichi annuali, come le imposte, i canoni, le rendite fondiarie e gli altri pesi che gravano sul **reddito** (art. 1008 cod. civ.). Diversamente, al pagamento dei carichi imposti sulla **proprietà** durante l'usufrutto, salvo diverse disposizioni di legge, è tenuto il proprietario (art. 1009 cod. civ.).

Si consideri, ora, il **proprietario**: questi, lo si è già spiegato, ha la facoltà di alienare la "nuda proprietà"; inoltre (anche se l'ipotesi è di difficile verificazione) ha diritto sul tesoro ritrovato sul fondo (art. 988 cod. civ.).

Le sue obbligazioni sono le seguenti: è tenuto ad effettuare le riparazioni straordinarie (sono tali, per espressa previsione legislativa, quelle necessarie ad assicurare la stabilità dei muri maestri e delle volte, la sostituzione delle travi, il rinnovamento, per intero o per una parte notevole, dei tetti, solai, scale, argini, acquedotti, muri di sostegno o di cinta: art. 1005 cod. civ.; Cass., 6.5.2021, n. 11839; Cass., 12.9.2019, n. 22797). Il proprietario, inoltre, è tenuto a pagare le imposte ed i pesi che gravano sulla proprietà (si veda il già ricordato art. 1009 cod. civ.).

Le cause di **cessazione** dell'**usufrutto** sono diverse (artt. 1014 ss. cod. civ.). Esso si estingue: (a) per la **morte** dell'usufruttuario o per la **scadenza** del termine trentennale, se si tratta di persona giudica; (b) per **scadenza** del termine convenuto; (c) per **totale perimento della cosa** su cui è costituito l'usufrutto; (d) per **prescrizione estintiva**, derivante dal non uso ventennale; (e) per **grave abuso** del diritto da parte dell'usufruttuario (art. 1015 cod. civ.). Si ha abuso del diritto quando l'usufruttuario alieni i beni o li deteriori o li lasci andare in perimento per mancanza delle ordinarie riparazioni.

Il diritto di usufrutto è suscettibile di **pignoramento** (Cass., 15.10.2018, n. 25687), mentre si ritengono non pignorabili, nonostante qualche opinione di segno opposto, i diritti di abitazione e di uso, in cui prevale l'elemento personalistico.

Applicando analogicamente l'art. 796 cod. civ., rubricato "riserva di usufrutto" ("è permesso al donante di riservare l'usufrutto dei beni donati a proprio vantaggio, e dopo di lui a vantaggio di un'altra persona o anche di più persone, ma non successivamente"), si ritiene ammissibile il c.d. "usufrutto successivo improprio": accade qui che l'alienante di un bene a titolo oneroso si riserva l'usufrutto, con la previsione che alla sua morte lo stesso spetterà ad un terzo o a più terzi congiuntamente, ma non successivamente (Cass., 19.4.2016, n. 7710).

393. L'uso e l'abitazione.

Sia l'uso sia l'abitazione (artt. 1021-1026 cod. civ.) hanno un contenuto più limitato rispetto al diritto di usufrutto. Il diritto di **uso** è un diritto reale minore che attribuisce al suo titolare il potere di servirsi del bene e, qualora questo sia fruttifero, di raccoglierne i frutti, limitatamente però ai suoi bisogni ed a quelli della sua famiglia. I bisogni si devono valutare secondo la condizione sociale del titolare del diritto (art. 1021 cod. civ.).

Chi ha, invece, il diritto di **abitazione** di una casa può abitarla limitatamente ai bisogni suoi e della sua famiglia (art. 1022 cod. civ.). Il diritto di abitazione è ancora più circoscritto di quello di uso, giacché è limitato soltanto all'abitazione della casa.

Nella famiglia si comprendono anche i figli nati dopo che è cominciato il diritto di uso o di abitazione, quantunque nel tempo in cui il diritto è sorto la persona non avesse contratto matrimonio. Si comprendono inoltre i figli adottivi e i figli riconosciuti, anche se l'adozione o il riconoscimento siano seguiti dopo che il diritto era già sorto. Si comprendono, infine, le persone che convivono con il titolare del diritto per prestare a lui o alla sua famiglia i loro servizi (art. 1023 cod. civ.).

Considerata la natura strettamente personale dei diritti di uso e di abitazione, si spiegano i divieti e gli obblighi spettanti ai loro titolari. I diritti in esame, infatti, non si possono **cedere** o dare in **locazione** (art. 1024 cod. civ.). Il divieto, però, non è di ordine pubblico; pertanto, può essere oggetto di deroga, ove espressamente convenuta tra le parti (Cass., 27.4.2015, n. 8507).

Una norma, poi, regola le obbligazioni dei titolari dei diritti reali minori in esame: chi ha l'uso di un fondo e ne raccoglie i frutti o chi ha il diritto di abitazione e occupa tutta la casa è tenuto alle spese di coltura, alle riparazioni ordinarie e al pagamento dei tributi come l'usufruttuario. Se non raccoglie che una parte dei frutti o non occupa che una parte della casa, contribuisce in proporzione di ciò che gode (art. 1025 cod. civ.).

Una disposizione finale prevede che le norme relative all'usufrutto si applichino, in quanto compatibili, all'uso e all'abitazione (art. 1026 cod. civ.). Ad esempio, si considera applicabile al diritto di uso l'art. 979 cod. civ., in materia di durata di usufrutto. Se quindi il titolare del diritto d'uso è una persona fisica, la durata di questo non può eccedere la vita dell'usuario (art. 979, 1° co., cod. civ.; Cass., 12.10.2012, n. 17491); se invece il diritto d'uso spetta ad una persona giuridica, la durata massima sarà pari a trent'anni (art. 979, 2° co., cod. civ.; Cass., 9.1.2020, n. 193).

Un **diritto di abitazione e di uso** ***ex lege*** è previsto per il coniuge del *de cuius*: al coniuge, anche quando concorra con altri chiamati, sono riservati i diritti di abitazione sulla casa adibita a residenza familiare e di uso sui mobili che la corredano, se di proprietà del defunto o comuni. Tali diritti gravano sulla porzione disponibile e, qualora questa non sia sufficiente, per il rimanente sulla quota di riserva del coniuge ed eventualmente sulla quota riservata ai figli (art. 540, 2° co., cod. civ.). La disposizione deve riferirsi, oggi, anche al contraente l'unione civile (art. 1, 21° co., l. n. 76/2016).

La dottrina ritiene che la *ratio* ispiratrice della norma successoria (la protezione di interessi etici ed affettivi) impedisca l'applicazione degli artt. 1021 e 1022 cod. civ., nella parte in cui limitano la misura dei diritti in esame ai bisogni del titolare e della sua famiglia: il coniuge, in sostanza, non può essere costretto a modificare l'esercizio del suo diritto sulla casa già adibita a residenza familiare, limitandolo soltanto alla parte necessaria a soddisfare il suo interesse abitativo. Si considera non applicabile, inoltre, l'art. 1026 cod. civ., nella parte in cui, nel rinviare alle norme sull'usufrutto (in quanto compatibili), finisce con il richiamare le cause di estinzione dell'usufrutto: non sono invocabili, in particolare, le cause di estinzione rappresentate dalla prescrizione ventennale e dall'abuso.

394. L'enfiteusi.

L'**enfiteusi** (artt. 957-977 cod. civ.) è un diritto reale che attribuisce al suo titolare, l'enfiteuta, il diritto di godimento di un fondo dietro l'obbligo di pagare un canone e di migliorare il bene.

Si tratta di un istituto ormai in disuso che, soprattutto nel 1800, ha avuto una certa diffusione soprattutto nell'Italia meridionale, dove assai estesi erano i latifondi: attraverso le norme sull'enfiteusi i proprietari terrieri non erano costretti a coltivare il fondo, che però veniva migliorato da parte dell'enfiteuta (il contadino), il quale era obbligato a pagare un canone. L'enfiteuta, a sua volta, finiva per essere "quasi proprietario" del terreno, il quale però non diventava formalmente di sua proprietà, se non con l'affrancazione, di cui si dirà tra breve.

La **costituzione** dell'enfiteusi può avvenire attraverso **contratto**, **testamento** o **usucapione** (come avviene per tutti i diritti reali).

Si considerino, separatamente, la posizione dell'enfiteuta e quella del proprietario. L'**enfiteuta** ha gli stessi diritti che avrebbe il proprietario sui frutti del fondo, sul tesoro e relativamente alle utilizzazioni del sottosuolo. Il diritto dell'enfiteuta si estende alle accessioni (art. 959 cod. civ.).

L'enfiteuta può disporre del proprio diritto sia per atto tra vivi sia per testamento (si vedano gli artt. 965 e 967 cod. civ.). La forma scritta è richiesta *ad substantiam* (art. 1350, n. 2, cod. civ.).

L'enfiteuta, ancora, ha il diritto potestativo di **affrancazione**, ossia di diventare proprietario del fondo pagando una somma pari a 15 volte il canone annuo (art. 1, 4° co., l. n. 607/1966; art. 971 cod. civ.).

Quanto alle obbligazioni, l'enfiteuta ha l'obbligo di migliorare il fondo e di pagare al concedente un canone periodico. Questo può consistere in una somma di danaro ovvero in una quantità fissa di prodotti naturali. L'enfiteuta non può pretendere remissione o riduzione del canone per qualunque insolita sterilità del fondo o perdita di frutti (art. 960 cod. civ.).

Non è ammessa la subenfiteusi (art. 968 cod. civ.).

Il **proprietario**, invece, può chiedere la **devoluzione** del fondo enfiteutico (ossia la liberazione: art. 972 cod. civ.; Cass., 19.10.2018, n. 26520): (1) se l'enfiteuta deteriora il fondo o non adempie all'obbligo di migliorarlo; (2) se l'enfiteuta è in mora nel pagamento di due annualità di canone. La devoluzione non ha luogo se l'enfiteuta ha effettuato il pagamento dei canoni maturati prima che sia intervenuta nel giudizio sentenza, ancorché di primo grado, che abbia accolto la domanda. La domanda di devoluzione non preclude all'enfiteuta il diritto di affrancare, sempre che ricorrano le condizioni previste dalla legge.

Il concedente, inoltre, può richiedere la **ricognizione** del proprio diritto da chi si trova nel possesso del fondo enfiteutico, un anno prima del compimento del ventennio (art. 969 cod. civ.). La norma è prevista nell'interesse del proprietario, mirando ad impedire ogni eventuale usucapione della piena proprietà. L'atto di ricognizione può considerarsi una dichiarazione di scienza, con cui il possessore del fondo riconosce il diritto di proprietà del concedente. Vi è anche chi, peraltro, discute di un "atto di accertamento", avente la funzione di dare certezza giuridica ad un rapporto già in corso e consacrato in un precedente atto giuridico negoziale.

Il proprietario, inoltre, quando cessa l'enfiteusi, è tenuto a rimborsare l'enfiteuta dei miglioramenti e delle addizioni effettuate (art. 975 cod. civ.).

Quanto alla **durata** dell'enfiteusi, è previsto che essa possa essere perpetua (a differenza, quindi, dei diritti di usufrutto, uso e abitazione precedentemente analizzati) o a tempo. L'enfiteusi temporanea non può essere costituita per una durata inferiore ai venti anni (art. 958 cod. civ.).

Il diritto di enfiteusi si **estingue** per decorso del termine eventualmente stabilito; per affrancazione; per devoluzione. Una causa generale di estinzione è la **prescrizione ventennale**.

L'enfiteusi, infine, si estingue per **perimento totale del fondo**. Se è perita una parte notevole del fondo e il canone risulta sproporzionato al valore della parte residua, l'enfiteuta, secondo le circostanze, può chiedere una congrua riduzione del canone, o rinunziare al suo diritto, restituendo il fondo al concedente, salvo il dritto al rimborso dei miglioramenti sulla parte residua (art. 963 cod. civ.).

395. La superficie.

Il proprietario può costituire il diritto di fare e mantenere al di sopra del suolo una costruzione a favore di altri, che ne acquista la proprietà (art. 952, 1° co., cod. civ.).

Del pari può alienare la proprietà della costruzione già esistente, separatamente dalla proprietà del suolo (art. 952, 2° co., cod. civ.). In questo caso l'alienazione determina l'acquisto della proprietà superficiaria.

Esempio. Il Sig. Bruzzone ha costruito una casa sul suo terreno al mare, in Liguria. Decide di vendere la casa al Sig. Benedetti ma di rimanere proprietario del terreno. Il Sig. Benedetti, acquistando la casa, diventa titolare della proprietà superficiaria. Se la costruzione dovesse perire, il superficiario avrebbe diritto di ricostruirla (si confronti l'art. 954, 3° co., cod. civ.).

Per espressa previsione normativa, peraltro, non può essere costituita o trasferita la proprietà delle piantagioni separatamente dalla proprietà del suolo (art. 956 cod. civ.).

Il contratto costitutivo del diritto di superficie (e quello che lo modifica o lo trasferisce) richiede la forma scritta ad *substantiam* (Cass., Sez. Un., 16.2.2018, n. 3873).

La costituzione del **diritto superficie** (artt. 952-956 cod. civ.) sospende l'operatività del già studiato principio di accessione, per il quale ogni opera esistente sopra o sotto il suolo appartiene al proprietario del suolo (art. 934 cod. civ.). Il titolare del diritto di superficie, infatti, è proprietario della costruzione (è, si dice, **proprietario superficiario**), mentre non è proprietario del suolo.

Attraverso il diritto di superficie è possibile diventare proprietari superficiari non soltanto di costruzioni adibite ad abitazione, ma anche di chioschi, di stazioni di distribuzione di carburante, e così via. Il diritto di superficie, inoltre, può riguardare la sopraelevazione di un preesistente edificio: la proprietà superficiaria, in questo caso, riguarda soltanto la parte superiore della costruzione.

Se la costituzione del diritto è stata fatta per un **tempo determinato**, allo scadere del termine il diritto di superficie si estingue ed il proprietario del suolo diventa proprietario della costruzione (art. 953 cod. civ.): viene meno, dunque, la sospensione dell'operatività del principio di accessione. Dal tenore della norma si ricava che la costituzione del diritto di superficie può essere anche **perpetua**.

In genere, al diritto di superficie a tempo determinato si ricorre per eseguire opere destinate a durare non troppo a lungo: il superficiario, in tali casi, acquista il suo diritto ad un prezzo minore rispetto a quello che dovrebbe sborsare se diventasse proprietario definitivamente.

Si considerino, ora, le conseguenze **dell'estinzione del diritto di superficie** (che può avvenire, a norma dell'art. 954 cod. civ., per scadenza del termine, per confusione, per rinunzia e per prescrizione ventennale). L'estinzione del diritto per scadenza del termine comporta l'estinzione dei diritti reali imposti dal superficiario. I diritti gravanti sul suolo si estendono, invece, alla costruzione, salvo, per le ipoteche, il disposto di cui all'art. 2816, 1° co., cod. civ. (art. 954, 1° co., cod. civ.). I contratti di locazione, che hanno per oggetto la costruzione, non durano se non per l'anno in corso alla scadenza del termine (art. 954, 2° co., cod. civ.). Il perimento della costruzione non importa, salvo patto contrario, l'estinzione del diritto di superficie (art. 954, 3° co., cod. civ.). Così come accade per ogni diritto reale su cosa altrui, il diritto di fare la costruzione sul suolo altrui si estingue per prescrizione a causa del non uso protratto per venti anni (art. 954, 4° co., cod. civ.).

Esempio. A seguito di un incendio il Sig. Benedetti, proprietario superficiario in perpetuo di un immobile sul suolo di proprietà del Sig. Bruzzone, non ha più la sua abitazione, completamente distrutta. Per ventidue anni non fa nulla per ricostruirla: quando, all'inizio del ventitreesimo anno, chiama un'impresa per iniziare i lavori, il suo diritto di superficie è già prescritto.

Il diritto di superficie conosce diverse applicazioni pratiche: negli immobili di edilizia economico-popolare, ad esempio, è previsto che la proprietà del suolo spetti al patrimonio indisponibile della Pubblica amministrazione, mentre le singole unità immobiliari appartengano, in via esclusiva, ai proprietari per un periodo massimo di novantanove anni (art. 35 l. n. 865/1971). Si pensi, ancora, ai parcheggi costruiti sotto il suolo pubblico di proprietà della Pubblica amministrazione: si stabilisce, in questo caso, che la proprietà dell'autosilo costruito sia del privato per un determinato periodo. Quest'ultimo, attraverso la gestione e la messa a reddito dell'autosilo costruito, sarà in grado di recuperare l'investimento effettuato.

396. Le servitù: nozione e caratteri.

Le **servitù prediali** (artt. 1027-1099 cod. civ.) consistono nel peso imposto sopra un fondo per l'utilità di un altro fondo appartenente a diverso proprietario (art. 1027 cod. civ.).

Il "peso imposto" è la limitazione di una o più facoltà del proprietario di un fondo (il *praedium*). Si deve distinguere, dunque, il **fondo servente** (il fondo che sopporta il peso in favore dell'altro fondo) dal **fondo dominante** (il fondo che, in virtù del peso imposto al fondo servente, ne trae vantaggio).

Esempio. Il proprietario di un fondo (fondo dominante) stipula con il proprietario di un fondo vicino (fondo servente) un contratto costitutivo di servitù, che consente al primo proprietario di attraversare con l'auto il terreno di proprietà del secondo. È, questa, una servitù di passaggio: il "peso" che grava sul proprietario del fondo servente consiste nella limitazione del diritto del proprietario di impedire l'accesso ad altri sul suo fondo.

Non necessariamente i fondi devono essere contigui fra loro: si pensi, ad esempio, ad una servitù di acquedotto, la quale può coinvolgere una pluralità di fondi che si trovano fra il fondo dominante e la sorgente d'acqua (Cass., 6.6.2018, n. 14503).

L'**utilità**, prevede il codice, può essere inerente alla destinazione industriale del fondo (art. 1028 cod. civ.). Si deve però sempre trattare dell'utilità di **un fondo** e non dell'utilità personale del proprietario oltre i limiti dell'obiettiva utilità del fondo.

Esempio. Il proprietario di un fondo industriale ha la servitù di attingere acqua sul terreno del vicino: potrà attingere acqua per i bisogni della sua fabbrica e non per bisogni personali (o per bisogni di altri suoi stabilimenti industriali che non sono in quel fondo).

Il vantaggio può essere anche futuro (art. 1029 cod. civ.): è ammessa, infatti, la costituzione di una servitù per assicurare ad un fondo un vantaggio futuro. È consentita altresì la costituzione di una servitù a favore o a carico di un edificio da costruire o di un fondo da acquistare; in questo caso, però, la costituzione non ha effetto se non dal giorno in cui l'edificio è costruito o il fondo è acquistato (Cass., 3.5.2018, n. 10486).

Pure il diritto di parcheggio può essere strutturato secondo lo schema della servitù; ciò quando esso si sostanzi in un vantaggio per il fondo dominante (Cass., 18.3.2019, n. 7561) o, secondo l'orientamento del Consiglio Nazionale del Notariato, quando si riferisca a posti auto qualificati come "diritti di uso esclusivo". Come si dirà meglio nei prossimi paragrafi, infatti, la Corte di cassazione a Sezioni Unite, con la sentenza n. 28972/2020, ha negato l'esistenza di tali diritti, facendo dunque emergere la necessità di riqualificare gli istituti così denominati.

Si ammettono, anche se non sono espressamente previste dal codice civile, le c.d. **servitù reciproche** (Cass., 27.7.2021, n. 21478; Cass., 10.4.2018, n. 8817). Accade, in questo caso, che diversi proprietari di aree edificabili costituiscano reciprocamente servitù di identico contenuto (generalmente si tratta di limitazioni al diritto di costruire, giacché comportano l'obbligo di rispettare determinate dimensioni, requisiti di edificazione, distanze). In tal modo ciascun fondo assume la duplice veste di fondo servente e di fondo dominante: come fondo servente, infatti, è gravato dalle limitazioni al diritto di costruire; come fondo dominante, invece, riceve l'utilità consistente nella limitazione al diritto di costruire che grava sugli altri terreni.

Al di fuori della disciplina del codice civile si rinvengono fattispecie di servitù a carico di un fondo servente in assenza di un fondo dominante. Si fa riferimento alle c.d. "servitù di uso pubblico", le quali consistono in un peso (di natura reale) che grava su un immobile privato non a favore di un altro fondo dominante, ma della collettività di cui è ente esponenziale il Comune. Si pensi, in particolare, alle strade vicinali, il cui uso è pubblico in quanto il transito (per il pubblico interesse alla circolazione) è consentito alla collettività. La servitù in esame si costituisce attraverso il transito per il periodo di almeno vent'anni (tempo necessario al maturarsi dell'usucapione) o per mezzo di un atto formale fra il privato ed il Comune (Cass., 19.10.2021, n. 28869; Cass., 29.11.2017, n. 28632; TAR, Lombardia, Milano, 11.2.2011, n. 466).

Per quanto riguarda la "ambulatorietà" delle servitù, caratteristica tipica di quelle **prediali** – diverse dalle **servitù c.d. personali**, che non instaurano una relazione tra due fondi ma sono prestate a favore di una persona (Cass., 26.2.2019, n. 5603) – l'alienazione del fondo dominante comporta anche il trasferimento delle servitù attive ad esso inerenti. Tale trasferimento avviene in maniera automatica, anche se nell'atto di acquisto non viene disposto nulla a riguardo e non viene effettuata la relativa trascrizione, dal momento che le servitù attive consistono in un diritto accessorio. Al contrario, l'acquisto della servitù passiva, per essere opponibile all'avente causa dell'originario proprietario del fondo servente, deve essere trascritto o espressamente menzionato nell'atto di trasferimento del fondo al terzo, rimanendo altrimenti vincolante solo tra le parti (Cass., 22.5.2019, n. 13817).

396.1. *I tipi di servitù.*

Si distinguono le **servitù negative** dalle **servitù affermative (o positive)**. La distinzione, che si basa sulle caratteristiche del vincolo imposto al titolare del fondo servente, assume una particolare importanza allorché si abbia riguardo alla prescrizione del diritto di servitù. Si vedrà, tra breve, che un ulteriore criterio classificatorio si basa sulle modalità di esercizio delle servitù.

Le **servitù negative** vincolano il titolare del fondo servente ad astenersi dal compimento di attività che, in mancanza del diritto di servitù, avrebbe facoltà di compiere. Il titolare del fondo dominante, invece, ha diritto a che la controparte non tenga quei comportamenti. Sono servitù negative, ad esempio, quella di non concorrenza, di non edificare, di non sopraelevare.

Sulla servitù di non concorrenza, peraltro, occorre intendersi.

Esempio. È considerata ammissibile la servitù di non concorrenza, in base alla quale si stabilisce un divieto di concorrenza, a carico di un fondo sul quale si esercita una determinata attività imprenditoriale, a favore di un altro fondo, in cui si svolge un'attività concorrente.

Questi patti sono considerati servitù allorché l'obbligo di *non facere* sia imposto al soggetto passivo non come persona, ma come proprietario del fondo servente; l'*utilitas*, in sostanza, deve riguardare necessariamente un fondo inteso come fattore produttivo. Se i patti di non concorrenza sono previsti a vantaggio dell'azienda in quanto tale (a prescindere dal fondo in cui la stessa ha sede), non può discutersi di servitù: il patto di non concorrenza, in questo caso, ha effetti meramente obbligatori ed è valido nei limiti previsti dal codice (art. 2596 cod. civ.; Cass., 17.11.2017, n. 27321).

Le **servitù affermative** vincolano il titolare del fondo servente a sopportare che sul suo fondo si svolgano attività, da parte del titolare del fondo dominante, che in mancanza del diritto di servitù avrebbe facoltà di impedire. Il titolare del fondo dominante, invece, può compiere azioni positive: è quello che accade nelle servitù di passaggio, di attingere acqua, e così via.

Avendo riguardo alle modalità di esercizio delle servitù, si distinguono le **servitù apparenti** dalle **servitù non apparenti** (sulla rilevanza di questa distinzione § 396.3).

Le **servitù apparenti** sono quelle che si esercitano attraverso opere visibili e permanenti, le quali devono considerarsi un presupposto essenziale per l'esercizio del diritto reale minore (Cass., 20.1.2022, n. 1794 che afferma che il requisito dell'apparenza della servitù è soddisfatto dalla presenza sul fondo servente di opere permanenti inequivocabilmente destinate al suo esercizio; Cass., 6.5.2021, n. 11834). Si pensi, ad esempio, ad una servitù di elettrodotto, che richiede l'esistenza di un traliccio. Occorre che le opere rendano manifesta la soggezione alla servitù, per evitare che quest'ultima sorga in base a manifestazioni poco chiare ed equivoche le quali, non incidendo sensibilmente nella sfera altrui, possono essere state anche solo momentaneamente tollerate (Cass., Sez. Un., 16.2.2016, n. 2949).

Le **servitù non apparenti** sono quelle che si esercitano senza opere visibili e permanenti (art. 1061, 2° co., cod. civ.): è il caso della servitù di passaggio, ove la stessa venga esercitata senza la costruzione di opere visibili e permanenti (ad esempio un ponte o una strada).

Avendo riguardo, ancora, alle modalità di esercizio della servitù, si è soliti distinguere le **servitù continue** da quelle **discontinue**: le **servitù** sono **continue** quando per il loro esercizio non è necessario il fatto dell'uomo (la servitù di non edificare non richiede un comportamento attivo del titolare della servitù). L'attività dell'uomo può pure esserci, nelle servitù continue, ma è antecedente l'esercizio della servitù (è il caso della servitù di acquedotto, in cui è presente, è vero, l'attività dell'uomo; tuttavia, lo scorrimento dell'acqua avviene in virtù di una legge della fisica). Le **servitù** sono **discontinue** quando è necessario il comportamento attivo del titolare della servitù (come accade nella servitù di passaggio: Cass., 16.10.2020, n. 22579).

396.2. *Le prestazioni accessorie del titolare del fondo servente.*

Sulla base della classificazione sin qui compiuta è possibile osservare come un carattere costante delle servitù sia il seguente: esse non consistono mai in un dare o in un fare da parte del titolare del fondo servente; consistono, semmai, in un **non fare** o in un **sopportare**. Il che si ricava, espressamente, dall'art. 1030 cod. civ., per il quale "il proprietario del fondo servente non è tenuto a compiere alcun atto per rendere possibile l'esercizio della servitù da parte del titolare".

La stessa norma aggiunge il seguente inciso: "salvo che la legge o il titolo non disponga altrimenti". Si fa riferimento alle **prestazioni accessorie** alla servitù, consistenti in un fare o in un dare che il contratto o la legge impongono al proprietario del fondo servente (Cass., 24.4.2018, n. 10046).

Le prestazioni accessorie sono strumentali all'esercizio della servitù.

Esempio. Si stipula un contratto costitutivo della servitù, con cui si prevede che il proprietario del fondo servente debba provvedere, periodicamente, a tagliare l'erba sulla strada di passaggio (la strada dove viene esercitata la servitù).

Un caso di prestazione accessoria si rinviene nell'art. 1091 cod. civ. (rubricato "obblighi del concedente fino al luogo di consegna dell'acqua"): se il titolo non dispone diversamente, il concedente dell'acqua di una fonte o di un canale è tenuto verso gli utenti a eseguire, fra l'altro, le opere ordinarie e straordinarie per la derivazione e condotta dell'acqua fino al punto in cui ne fa la consegna, a mantenere in buono stato gli edifici, a conservare l'alveo e le sponde della fonte o del canale.

Le spese necessarie per l'uso e la conservazione della servitù sono a carico, a meno che non sia previsto diversamente, del proprietario del fondo dominante (art. 1069, 2° co., cod. civ.; Cass., 15.3.2017, n. 6653). Se però le opere giovano anche al fondo servente, le spese sono sostenute in proporzione dei rispettivi vantaggi (art. 1069, 3° co., cod. civ.).

396.3. *Le modalità di costituzione delle servitù.*

Le servitù possono costituirsi per **contratto** o per **testamento** (art. 1058 cod. civ.). Il contratto costitutivo della servitù, avendo ad oggetto un immobile, deve farsi per iscritto, a pena di nullità (art. 1350, n. 4, cod. civ.; per Cass., 19.10.2018, n. 26516, non è necessaria l'analitica descrizione del fondo servente e dominante, essendo sufficiente che i predetti elementi siano comunque desumibili dal contenuto dell'atto). Nel caso, invece, di servitù costituita per testamento, l'accettazione di eredità che importi l'acquisto di una servitù è soggetta a trascrizione (art. 2648 cod. civ.).

Le servitù, poi, possono costituirsi **coattivamente** (sulle servitù "coattive" § 396.4).

Le servitù, come tutti i diritti reali, si possono acquistare per **usucapione**, ossia con l'esercizio di fatto, per un certo periodo stabilito dalla legge, del diritto di servitù su cosa altrui.

A proposito dell'usucapione torna utile una delle distinzioni di cui ci si è occupati in precedenza. È previsto, infatti, che le servitù non apparenti non possono acquistarsi per usucapione (art. 1061, 1° co., cod. civ.; Cass., 6.5.2021, n. 11834). La norma aggiunge anche che le servitù non apparenti non possono acquistarsi per **destinazione del padre di famiglia** (art. 1061, 1° co., cod. civ., Cass., 8.9.2021, n. 24183).

Si fa riferimento, con tale espressione, al rapporto di servizio fra due fondi appartenenti ad un medesimo proprietario. Qualora uno dei due fondi cessi di appartenere allo stesso proprietario, il precedente rapporto di servizio si trasforma, automaticamente, in una servitù di un fondo a favore dell'altro (Cass., 20.12.2021, n. 40824; Cass., 12.12.2020, n. 32684). Peraltro, è necessario che nell'atto che determina la divisione dei fondi non vi sia una dichiarazione contraria: se così fosse, la nascita della servitù sarebbe preclusa (Cass., 8.9.2021, n. 24183). Questo modo di acquisto della servitù vale soltanto per le servitù apparenti.

Esempio. Il Sig. Dotti di Como è proprietario di due fondi: in uno di essi c'è una sorgente d'acqua. Per consentire l'approvvigionamento idrico anche nell'altro fondo, il Sig. Dotti costruisce un acquedotto. Qualche tempo dopo il proprietario vende uno dei suoi due terreni: il preesistente rapporto di servizio si trasforma, automaticamente, in una servitù di acquedotto.

Ai fini della costituzione della servitù di una presa d'acqua per destinazione del padre di famiglia, occorre che l'originario unico proprietario abbia impresso un'oggettiva situazione di subordinazione o servizio tra i fondi (Cass., 16.2.2016, n. 2949).

Il diritto di servitù, comunque, comprende tutto ciò che è necessario per usarne (art. 1064, 1° co., cod. civ.; Cass., 30.7.2020, n. 16322). Il diritto di attingere acqua, ad esempio, comprende quello di passaggio sul fondo in cui si trova la fonte.

396.4. *Le servitù coattive (o legali).*

In alcuni casi la legge consente al titolare di un fondo il diritto di ottenere l'imposizione della servitù sul fondo altrui: si muove dal presupposto che in determinate situazioni la mancanza di una servitù costituisca un pregiudizio eccessivo per il titolare di un fondo; da qui la previsione delle **servitù coattive** o **legali**.

Occorre studiare, in primo luogo, come si costituiscano le servitù coattive. Prevede il codice che quando, in forza di legge, il proprietario di un fondo ha diritto di ottenere da parte del proprietario di un altro fondo la costituzione di una servitù, questa, in mancanza di contratto, è costituita con sentenza. Può anche essere costituita, con atto dell'autorità amministrativa, nei casi previsti dalla legge (art. 1032, 1° co., cod. civ.). Il proprietario del fondo servente avrà diritto ad un'indennità commisurata al danno sofferto (per Cass., 11.3.2022, n. 7972, essa dovrà essere comprensiva sia del valore della superficie di terreno assoggettata alla servitù sia di ogni altro pregiudizio subìto dal fondo servente in relazione alla sua destinazione).

Le servitù coattive, in sostanza, possono costituirsi:

(a) attraverso un **contratto**, allorché il proprietario del fondo servente acconsenta bonariamente a riconoscere il diritto del titolare del fondo dominante (Cass., 4.9.2020, n. 18465). Va precisato che anche quando si stipula un contratto, la servitù è considerata "coattiva", nella misura in cui l'accordo delle parti costituisca un "adempimento" dell'obbligo legale (Cass., 23.9.2015, n. 18770);

(b) attraverso una **sentenza costitutiva**, che fa nascere il diritto di servitù, stabilendo le modalità di esercizio e l'indennità dovuta da parte del titolare del fondo dominante (art. 1032, 1° e 2° co., cod. civ.; Cass. 17.10.2019, n. 26437). Prima del pagamento dell'indennità, il proprietario del fondo servente può opporsi all'esercizio della servitù;

(c) attraverso un **atto** dell'**autorità amministrativa**, ossia della Pubblica amministrazione, nei casi specialmente determinati dalla legge (art. 1032, 1° co., cod. civ.). Si pensi, ad esempio, alla servitù di elettrodotto (disciplinata dagli artt. 119 ss. del r.d. 11.12.1933, n. 1775; si veda anche la l. 28.6.1986, n. 339; in materia Cass., 23.2.2021, n. 4839).

Quando vengano meno i presupposti che avevano giustificato la nascita della servitù coattiva, è possibile domandare giudizialmente **l'estinzione** della stessa, anche quando la costituzione sia avvenuta convenzionalmente. L'estinzione si determina con la pronuncia di una sentenza costitutiva, su richiesta della parte interessata (Cass., 22.5.2009, n. 11955).

Le servitù coattive sono tipiche, in quanto previste dalla legge.

Si consideri, in primo luogo, la **servitù di passaggio coattivo** (artt. 1051 ss. cod. civ.). Essa può essere costituita coattivamente, sul fondo altrui, quando ricorra una delle seguenti situazioni:

(a) il **fondo** è **intercluso**. Il proprietario, il cui fondo è circondato da fondi altrui, e che non ha uscita sulla via pubblica, né può procurarsela senza eccessivo dispendio o disagio, ha diritto di ottenere il passaggio sul fondo vicino per la coltivazione e il conveniente uso del proprio fondo (art. 1051, 1° co., cod. civ.). Come si vede, il codice non fissa una concezione rigida di interclusione, ma tiene conto delle ragionevoli esigenze riguardanti l'utilizzo del fondo (Cass., 31.5.2021, n. 15116; Cass., 3.1.2020, n. 14; Cass., 7.2.2017, n. 3232).

Il passaggio si deve stabilire in quella parte per cui l'accesso alla pubblica via è più breve e riesce di minore danno al fondo sul quale è consentito. Esso può essere stabilito anche mediante sottopassaggio, qualora ciò sia preferibile, avuto riguardo al vantaggio del fondo dominante e al pregiudizio del fondo servente (art. 1051, 2° co., cod. civ.; Cass., 12.5.2020, n. 8779).

Esempio. Il Sig. Rossi è proprietario di un terreno che è circondato da montagne impervie. L'accesso alla pubblica via richiede di passare sul fondo del vicino. Il Sig. Rossi potrebbe, in astratto, procurarsi l'accesso alla pubblica via scalando la montagna o costruendo una funivia. È evidente, peraltro, che ciò comporterebbe un "eccessivo dispendio o disagio" (tanto da considerarsi un'ipotesi di fatto impraticabile).

La via breve, precisano i giudici di legittimità, deve essere preferita in quanto sia anche la meno dannosa; qualora, però, arrechi un danno sensibilmente maggiore rispetto ad una più lunga, al criterio della brevità deve essere preferito quello del minor danno (Cass., 5.10.2009, n. 21255).

Esempio. Per raggiungere la pubblica via, la strada più breve è di passare in mezzo ad un roseto pregiatissimo. In questo caso il criterio della brevità non va preferito e la servitù sarà esercitata passando attraverso la via più lunga.

(b) Dal fondo alla strada esiste un **accesso**, che però è **insufficiente per** il **transito** dei **veicoli** anche a trazione meccanica: se l'accesso si può allargare, sconfinando nel fondo del vicino, il proprietario di quest'ultimo deve permetterlo concedendo la costituzione della servitù (art. 1051, 3° co., cod. civ.).

(c) Il proprietario del fondo ha un **accesso** alla via pubblica, ma questo è **inadatto o insufficiente ai bisogni del fondo e non può essere ampliato** (art. 1052, 1° co., cod. civ.). Il passaggio può essere concesso dall'autorità giudiziaria solo quando questa riconosca che la domanda risponde alle esigenze dell'agricoltura o dell'industria (art. 1052, 2° co., cod. civ.). Si consideri che la Corte costituzionale ha dichiarato l'illegittimità costituzionale di questa norma "nella parte in cui non prevede che il passaggio coattivo di cui al primo comma possa essere concesso dall'autorità giudiziaria quando questa riconosca che la domanda risponde alle esigenze di accessibilità (di cui alla legislazione relativa ai portatori di *handicap*) degli edifici destinati ad uso abitativo" (Corte cost., 10.5.1999, n. 167; si veda anche Cass., 6.6.2018, n. 14447).

Altre servitù coattive sono quella di **acquedotto coattivo** (artt. 1033 ss. cod. civ.), di **elettrodotto coattivo** (art. 1056 cod. civ.; artt. 119 ss. r.d. 11.12.1933, n. 1775; l. 28.6.1986, n. 339), di **passaggio coattivo di linee teleferiche** (art. 1057 cod. civ.; l. 13.7.1907, n. 403, modificata con d.p.r. 28.6.1955, n. 771).

Qualche cenno va fatto alla disciplina codicistica della servitù di acquedotto coattivo (per le servitù di elettrodotto coattivo e di passaggio coattivo di linee teleferiche, invece, valgono le leggi speciali).

Il proprietario è tenuto a dare passaggio per i suoi fondi alle acque di ogni specie che si vogliono condurre da parte di chi ha, anche solo temporaneamente, il diritto di utilizzarle per i bisogni della vita o per usi agrari o industriali (art. 1033 cod. civ.).

Chi ha diritto di condurre acque per il fondo altrui, deve costruire il necessario acquedotto, ma non può far defluire le acque negli acquedotti già esistenti e destinati al corso di altre acque (art. 1034, 1° co., cod. civ.) Il proprietario del fondo soggetto alla servitù può tuttavia impedire la costruzione, consentendo il passaggio nei propri acquedotti già esistenti, qualora ciò non arrechi notevole pregiudizio alla condotta che si domanda. In tal caso al proprietario dell'acquedotto è dovuta un'indennità (art. 1034, 2° co., cod. civ.).

Prima di intraprendere la costruzione dell'acquedotto, chi vuol condurre acqua per il fondo altrui deve pagare il valore, secondo la stima, dei terreni da occupare, senza detrazione delle imposte e degli altri carichi inerenti al fondo, oltre l'indennità per i danni, ivi compresi quelli derivanti dalla separazione in due o più parti o da altro deterioramento del fondo da intersecare (art. 1038, 2° co., cod. civ.).

Qualora il passaggio delle acque sia domandato per un tempo non maggiore di nove anni, il pagamento dei valori e delle indennità indicati dall'art. 1038 cod. civ. è ristretto alla sola metà, ma con l'obbligo, scaduto il termine, di rimettere le cose nel primitivo stadio (art. 1039, 1° co., cod. civ.).

396.5. *Le cause di estinzione della servitù.*

Le **cause di estinzione** della servitù sono:

(a) la scadenza del termine, se si tratta di servitù temporanea;

(b) la confusione: il che accade quando il proprietario del fondo dominante diventi proprietario di quello servente, o viceversa (art. 1072 cod. civ.);

(c) la rinuncia da parte del titolare, comunicata per iscritto (si confronti l'art. 1350, n. 5, cod. civ.);

(d) il non uso, ossia per prescrizione estintiva ventennale (art. 1073 cod. civ.; Cass., 18.3.2019, n. 7562).

In quest'ultimo caso, peraltro, occorre chiarire quale sia il momento iniziale in cui inizia a decorrere la prescrizione. Tornano utili le studiate differenze fra servitù negativa e servitù positiva e, ancora, fra servitù continue e servitù discontinue.

Qualora la servitù sia negativa, il termine di prescrizione inizia a decorrere allorché il proprietario del fondo servente abbia violato il divieto.

Esempio. Viene costituita una servitù di non edificare. Il proprietario del fondo servente, il giorno 20 agosto 2020, costruisce. In quel giorno inizia a decorrere il termine prescrizionale.

Quando la servitù sia affermativa, occorre distinguere fra servitù continua e servitù discontinua. In caso di servitù continua il *dies a quo* inizia allorché si sia verificato un fatto contrario all'esercizio della servitù (l'acquedotto, ad esempio, risulta bloccato).

Quando la servitù sia discontinua, la prescrizione inizia a decorrere dall'ultimo atto di esercizio della servitù (il *dies a quo*, ad esempio, coincide con l'ultimo giorno in cui il proprietario del fondo dominante è passato su quello del fondo servente).

Non inizia a decorrere alcun termine prescrizionale, invece, se la servitù è esercitata, anche se non con quella pienezza prevista nel titolo: è quanto stabilisce il codice, secondo cui "la servitù esercitata in modo tale da trarne un'utilità minore di quella indicata dal titolo si conserva per intero" (art. 1075 cod. civ.).

Capitolo 65
LA COMUNIONE

SOMMARIO: 397. Nozione e fonti della comunione. – 398. La titolarità *pro quota* del diritto sull'intero bene. – 399. Le facoltà di godimento dei partecipanti alla comunione. – 400. Lo scioglimento della comunione.

397. Nozione e fonti della comunione.

Si ha **comunione**, per il codice civile, quando la titolarità di un diritto reale spetta a più persone (art. 1100 cod. civ.). Soltanto quando la contitolarità abbia per oggetto un diritto reale si discute di comunione (artt. 1100-1116 cod. civ.). Non si può definire in questo modo, invece, la situazione di più titolari di un diritto di credito: si è di fronte, in tal caso, a un'ipotesi di esercizio in comune del diritto. Se la comunione ha per oggetto il diritto di proprietà, i comunisti (tali sono i contitolari dello stesso diritto reale) si definiscono comproprietari; se ha per oggetto l'usufrutto si definiscono cousufruttuari; se ha per oggetto l'enfiteusi sono coenfiteuti, e così via.

La comunione può essere volontaria, incidentale, forzosa. Si deve preliminarmente fare un'avvertenza: la distinzione fra i diversi tipi di comunione che ci si accinge a compiere è prettamente dottrinale. Non è raro, dunque, imbattersi in approcci di diverso tenore.

Ferma questa premessa, si può dire che la comunione **volontaria** è quella che dipende dalla volontà dei partecipanti alla comunione.

Esempio. Due persone decidono di comprare insieme, al 50%, un'abitazione. Stipulando il contratto diventano comproprietarie, in pari quota, dell'immobile.

È **incidentale** quella comunione che non dipende dalla volontà dei partecipanti (e tuttavia ci si può sottrarre ad essa).

Esempio. Grazia e Rosaria, sorelle, ricevono in eredità una casa. Sono comproprietarie della casa, anche se la situazione di contitolarità, a differenza di quello che accade nella comunione volontaria, non è da loro voluta.

La comunione **forzosa** è quella cui non ci si può sottrarre. Ne costituisce un esempio il condominio, di cui ci si occuperà tra breve (si veda anche § 386, sulla comunione forzosa del muro). Tra la comunione incidentale e quella forzosa la differenza, più esattamente, è questa: la prima nasce senza che i partecipanti l'abbiano voluta; tuttavia, gli stessi, con le modalità previste dalla legge, possono sciogliere la comunione. Nella comunione forzosa, invece, a seconda dei casi è possibile affermare che almeno alcuni dei partecipanti abbiano voluto la comunione (nella comunione forzosa del muro sicuramente c'è l'iniziativa di uno dei proprietari; nel condominio, diversamente, i singoli condòmini manifestano solo la volontà esplicita di acquistare un'unità immobiliare, ancorché si ritrovino comproprietari di alcuni parti dell'edificio). D'altra parte, ed è questo il dato saliente, i partecipanti alla comunione forzosa non possono scioglierla per iniziativa unilaterale.

Secondo una diversa (e diffusa) ricostruzione, la comunione è incidentale quando sorge per circostanze fortuite (si fa riferimento alla comunione successoria); è forzosa (o legale) se il suo titolo è nella legge (l'esempio è quello del muro forzoso). Questa distinzione presenta qualche criticità, posto che anche i casi che vengono ricondotti alla comunione incidentale, in effetti, finiscono per essere oggetto di un'apposita disciplina di legge (è il caso della comunione ereditaria).

La comunione prevista dagli artt. 1100 ss. cod. civ., di cui si dirà nel prosieguo, è definita **ordinaria**; comunioni **speciali** sono quella ereditaria, quella legale fra i coniugi, il condominio. Nelle comunioni speciali le norme della comunione ordinaria trovano applicazione in quanto compatibili.

Si aggiunga che le norme sulla comunione ordinaria possono essere derogate dal titolo (ad esempio dal contratto o dal testamento). Si deve aver riguardo, pertanto, all'eventuale disciplina derivante dall'autonomia privata, in mancanza della quale trovano applicazione le regole legali qui oggetto di studio.

398. La titolarità *pro quota* del diritto sull'intero bene.

Ci si chiede come, su una stessa cosa, possano convivere più diritti reali dello stesso tipo (più diritti di proprietà, di usufrutto, uso, abitazione, e via dicendo).

Il fenomeno si spiega in questo modo: ciascun partecipante alla comunione è titolare del diritto reale sull'intero bene (non vi è, dunque, una parte del bene di proprietà di Tizio, una parte del bene di proprietà di Caio ed un'altra di proprietà di Sempronio).

Ciascun partecipante alla comunione, tuttavia, è titolare ***pro quota*** del diritto sull'intero bene (Cass., 17.1.2020, n. 845; Cass., 28.1.2015, n. 1650): la quota è una frazione ideale, determinata aritmeticamente, che segna la misura di partecipazione di ciascuno alla comunione (la proporzione, cioè, secondo cui ciascun partecipante concorre nei vantaggi e nei pesi riguardanti la cosa: art. 1101, 2° co., cod. civ.).

Quando la proprietà (o altro diritto reale) spetti in comune a più persone, se il titolo o la legge non dispongono diversamente, le **quote** dei partecipanti alla comunione si presumono **uguali** (art. 1101, 1° co., cod. civ.).

Esempio. Tre amici decidono di acquistare in comproprietà un immobile. Nel rogito non è indicato quale debba essere la suddivisione delle quote. Pertanto, ciascuno dei tre acquirenti è proprietario per quote uguali (1/3) dell'immobile: ciò anche se uno degli amici avesse pagato un prezzo superiore a quello versato dagli altri due al momento della compravendita.

La comunione ordinaria (in cui si può disporre delle quote ideali, di appartenenza individuale) si richiama alla **comunione romanistica**; diversamente la comunione legale tra i coniugi (in cui il coniuge non può cedere a terzi di una quota) si ricollega alla **comunione germanistica** (detta "a mani riunite", di tipo collettivistico, senza determinazione di quote).

399. Le facoltà di godimento dei partecipanti alla comunione.

Ai partecipanti alla comunione spettano alcune facoltà di godimento e di disposizione: si noterà come queste facoltà spettino ai comunisti in modo per certi aspetti "individuale" e per altri aspetti "collettivo".

Si cominci dalle **facoltà di godimento**, che sono quelle di uso della cosa comune e di amministrazione della cosa comune.

L'**uso della cosa comune** spetta separatamente, in linea di principio, a ciascun partecipante alla comunione: è previsto, infatti, che il partecipante possa servirsi della cosa comune, purché non ne alteri la destinazione e non impedisca agli altri partecipanti di farne parimenti uso secondo il loro diritto (art. 1102, 1° co., cod. civ.; Cass., 11.3.2022, n. 8032; Cass., 16.5.2019, n. 13213; Cass., 10.3.2017, n. 6253).

Esempio. Due agricoltori sono comproprietari di un piccolo piazzale, adibito al parcheggio dei loro macchinari agricoli. Ciascuno di essi può sistemare il proprio trattore nel piazzale; uno di essi, però, non può parcheggiare il mezzo in maniera tale da impedire all'altro di utilizzare l'area adibita a parcheggio.

Esempio. Uno dei due agricoltori decide di alterare la destinazione del terreno adibito a parcheggio, iniziando a coltivarlo. L'alterazione della destinazione non è consentita se non con una decisione presa secondo le maggioranze previste dalla legge.

Non sempre è possibile, peraltro, l'utilizzo individuale del bene. Si pensi ad un appartamento che due persone hanno in comproprietà. Se i partecipanti alla comunione non intendono abitarlo insieme, il godimento in comune seguirà altre strade: si potrà stabilire, ad esempio, di dare in locazione il bene immobile a terzi e di ripartire il canone secondo le rispettive quote.

Per godere della cosa comune, il singolo contitolare può apportarvi le modificazioni che ritiene necessarie, purché ciò non alteri la destinazione del bene, non impedisca il diritto di godimento degli altri partecipanti e se ne accolli le spese (Cass., 29.1.2021, n. 2126; Cass., 18.3.2019, n. 7618). Può altresì percepire i frutti della cosa in proporzione alla sua quota; deve partecipare nella medesima proporzione alle spese per la sua gestione (art. 1104; Cass, 14.2.2022, n. 4709) e deve contribuire al pagamento delle imposte.

L'altra facoltà di godimento consiste nella **amministrazione della cosa comune**: essa spetta, collettivamente, ai partecipanti alla comunione (art. 1105, 1° co., cod. civ.).

Occorre chiarire, preliminarmente, che il principio maggioritario, in base al quale si prendono le decisioni relative all'amministrazione della cosa comune, fa riferimento alla maggioranza delle quote (e non alla maggioranza del numero di persone). Una singola persona, pertanto, che abbia più del cinquanta per cento delle quote, può imporre la sua volontà agli altri. L'atto con cui si esprime la volontà della maggioranza dei partecipanti alla comunione si chiama **deliberazione**. Per la validità delle deliberazioni della maggioranza si richiede che tutti i partecipanti siano stati informati sull'oggetto della deliberazione (art. 1105, 3° co., cod. civ.).

Il calcolo della maggioranza richiede di distinguere fra atti di ordinaria ed atti di straordinaria amministrazione.

Per gli **atti di ordinaria amministrazione** (quelli, cioè, diretti alla conservazione, alla normale utilizzazione ed al miglior godimento della cosa comune) è sufficiente il consenso di tanti contitolari le cui quote rappresentino più della metà del valore complessivo della cosa comune (art. 1105, 2° co., cod. civ.). Il calcolo, pertanto, non può eseguirsi se il valore della quota degli assenti è superiore a quello della quota dei presenti. Si ha deliberazione a maggioranza anche nel caso di decisione di un singolo condòmino che detenga la maggioranza delle quote. Può anche essere formato un **regolamento** per l'ordinaria amministrazione e per il miglior godimento della cosa comune (art. 1106 cod. civ., che si richiama, per l'adozione del regolamento, alle maggioranze previste dall'art. 1105 cod. civ.).

Diverso calcolo, invece, deve farsi per gli **atti di straordinaria amministrazione** e per le **innovazioni** dirette al miglioramento della cosa o a renderne più comodo o redditizio il godimento (si precisa, in dottrina, che gli atti di straordinaria amministrazione costituiscono una categoria residuale, che abbraccia tutta l'attività la quale non costituisca ordinaria amministrazione e non coincida con il concetto di innovazione). In questi casi occorre una **maggioranza qualificata**: la deliberazione, cioè, di tanti contitolari le cui quote rappresentino almeno due terzi del valore complessivo della cosa comune (art. 1108 cod. civ.). Sia gli atti di straordinaria amministrazione sia le innovazioni non possono comunque pregiudicare il godimento di alcuno dei partecipanti o importare una spesa eccessivamente gravosa (art. 1108, 1° e 2° co., cod. civ.; Cass., 11.1.2022, n. 514; Cass., Sez. Un., 30.4.2020, n. 8434).

Ciascuno dei componenti la minoranza dissenziente può **impugnare** davanti all'autorità giudiziaria le **deliberazioni** della **maggioranza** (art. 1109, 1° co., cod. civ.):

(1) nel caso previsto dall'art. 1105, 2° co., cod. civ. (norma che si riferisce agli atti di ordinaria amministrazione), se la deliberazione è gravemente pregiudizievole alla cosa comune;

(2) se non è stata osservata la disposizione dell'art. 1105, 3° co., cod. civ. (relativa alla preventiva informazione dei partecipanti alla comunione dell'oggetto della deliberazione);

(3) se la deliberazione relativa ad innovazioni o ad altri atti eccedenti l'ordinaria amministrazione è in contrasto con le norme del primo e secondo comma dell'art. 1108 cod. civ.

L'impugnazione deve essere proposta, sotto pena di decadenza, entro trenta giorni dalla deliberazione. Per gli assenti il termine decorre dal giorno in cui è stata loro comunicata la deliberazione. In pendenza del giudizio, l'autorità giudiziaria può ordinare la sospensione del provvedimento deliberato (art. 1109, 2° co., cod. civ.).

Il singolo partecipante alla comunione, qualora non vengano deliberati interventi necessari alla conservazione della cosa comune, può provvedervi direttamente, dopo avere interpellato gli altri compartecipi rimasti inerti. In tal caso ha diritto al rimborso delle spese sostenute (art. 1110 cod. civ.; Cass., 18.2.2022, n. 5465).

400. Lo scioglimento della comunione.

Ciascuno dei partecipanti ha diritto a domandare lo **scioglimento** della **comunione**; l'autorità giudiziaria può stabilire una congrua **dilazione**, in ogni caso non superiore a cinque anni, se l'immediato scioglimento può pregiudicare gli interessi degli altri (art. 1111, 1° co., cod. civ.).

Il legislatore considera con sfavore il **patto di indivisibilità** (esso, infatti, deve considerarsi ostativo alla libera circolazione del bene): è previsto, pertanto, che il patto di rimanere in comunione per un tempo non maggiore di dieci anni è valido e ha effetto anche per gli aventi causa dei partecipanti. Se il patto è stipulato per un termine maggiore, questo si riduce a dieci anni (art. 1111, 2° co., cod. civ.). Se gravi circostanze lo richiedono, l'autorità giudiziaria può ordinare lo scioglimento della comunione prima del tempo convenuto (art. 1111, 3° co., cod. civ.).

La **divisione** ha luogo **in natura**, se la cosa può essere comodamente divisa in parti corrispondenti alle quote dei partecipanti (art. 1114 cod. civ.; sull'intervento nella divisione e sull'opposizione dei creditori e degli aventi causa si veda l'art. 1113 cod. civ.). Si procede, in pratica, alla trasformazione delle quote ideali in parti fisiche della cosa comune.

Esempio. Chi, in un terreno di trenta ettari, ha una quota pari ad un terzo, avrà, all'esito della divisione, la proprietà esclusiva di un terreno di 10 ettari.

Qualora la divisione in natura non sia possibile o, comunque, sia scomoda (si pensi alle difficoltà di dividere un appartamento), lo scioglimento della comunione non è precluso, ma si dovranno seguire altre strade (si confronti l'art. 720 cod. civ.): il bene sarà assegnato in proprietà esclusiva ad uno dei compartecipanti (che verserà agli altri il valore in denaro della loro quota); oppure si procederà a vendere il bene ed il ricavato sarà diviso fra i partecipanti, proporzionalmente alla loro quota.

Ciascun partecipante può esigere che siano estinte le **obbligazioni in solido** contratte **per la cosa comune**, le quali siano scadute o scadano entro l'anno dalla domanda di divisione. La somma per estinguere le obbligazioni si preleva dal prezzo di vendita della cosa comune e, se la divisione ha luogo in natura, si procede alla vendita di una congrua frazione della cosa, salvo diverso accordo tra i condividenti (art. 1115, 1° e 2° co., cod. civ.). Il partecipante che abbia pagato il debito in solido e non abbia ottenuto rimborso concorre nella divisione per una maggiore quota corrispondente al suo diritto verso gli altri condividenti (art. 1115, 3° co., cod. civ.).

Con una **norma di chiusura**, è previsto che alla divisione delle cose comuni si applicano le norme sulla divisione dell'eredità (artt. 713 ss. cod. civ.), in quanto non siano in contrasto con quelle sulla comunione ordinaria (art. 1116 cod. civ.). In tema di scioglimento della comunione, ad esempio, trova applicazione il citato art. 720 cod. civ., dettato in materia successoria.

Capitolo 66
IL CONDOMINIO DEGLI EDIFICI

401. Il condominio negli edifici. Nozione ed ambito di applicazione della disciplina.

Il titolo VII del Libro terzo del codice civile è intitolato "Della comunione". Il capo I del titolo VII è dedicato alla "comunione in generale" (Cap. 65), mentre il capo II disciplina il "**condominio negli edifici**" (artt. 1117 ss. cod. civ.: con la l. 11.12.2012, n. 220, entrata in vigore il 18.6.2013, la disciplina codicistica è stata ampiamente modificata con la tecnica della "novella"). Si aggiunga che una norma di chiusura della disciplina del condominio prevede che "per quanto non è espressamente previsto da questo capo si osservano le norme sulla comunione in generale" (art. 1139 cod. civ.).

Già da queste notazioni è agevole comprendere che il condominio va definito come una particolare forma di **comunione su** di un **bene immobile**. Si tratta, in particolare, di una comunione in cui coesistono parti di proprietà esclusiva accanto a parti di proprietà comune.

Questa situazione si verifica negli **edifici composti** da una pluralità di appartamenti, formati ciascuno da un piano o da una porzione di piano, che appartengono a proprietari diversi. Pertanto: (1) i singoli appartamenti sono oggetto di proprietà esclusiva dei singoli proprietari; (2) vi sono alcune parti di proprietà comune.

Sono oggetto di **proprietà comune** dei proprietari delle singole unità immobiliari dell'edificio, anche se aventi diritto a godimento periodico e se non risulta il contrario dal titolo (Cass., 9.9.2019, n. 22442): (1) tutte le parti dell'edificio necessarie all'uso comune, come il suolo su cui sorge l'edificio (per suolo deve intendersi la porzione di terreno sulla quale poggia l'intero edificio ed immediatamente la parte infima di esso: Cass., 25.9.2018, n. 22720), le fondazioni, i muri maestri, i pilastri e le travi portanti, i tetti e i lastrici solari, le scale, i portoni di ingresso, i vestiboli, gli anditi, i portici, i cortili e le facciate; (2) le aree destinate a parcheggio nonché i locali per i servizi in comune, come la portineria, incluso l'alloggio del portiere, la lavanderia, gli stenditoi e i sottotetti destinati, per le caratteristiche strutturali e funzionali, all'uso comune; (3) le opere, le installazioni, i manufatti di qualunque genere destinati all'uso comune, come gli ascensori, i pozzi, le cisterne, gli impianti idrici e fognari, i sistemi centralizzati di distribuzione e di trasmissione per il gas, per l'energia elettrica, per il riscaldamento ed il condizionamento dell'aria, per la ricezione radiotelevisiva e per l'accesso a qualunque altro genere di flusso informativo, anche da satellite o via cavo, e i relativi collegamenti fino al punto di diramazione ai locali di proprietà individuale dei singoli condòmini, ovvero, in caso di impianti unitari, fino al punto di utenza, salvo quanto disposto dalle normative di settore in materia di reti pubbliche (art. 1117 cod. civ.; Cass., 4.2.2021). Non ha natura condominiale lo spazio vuoto esistente tra il solaio ed il controsoffitto, il quale appartiene al proprietario dell'appartamento sottostante (Cass., 31.7.2019, n. 20716).

È comunque **vietato** per i condòmini costituire un **diritto reale di uso esclusivo** su una **porzione di cortile condominiale**, essendo quest'ultimo parte comune dell'edificio. Così facendo, infatti, si assisterebbe alla creazione di una figura atipica di diritto reale limitato, tale da incidere negativamente sul nucleo essenziale del diritto dei condòmini di uso paritario della cosa comune sancito dall'art. 1102 cod. civ. Il divieto è spiegato alla luce del **principio** insisto nel sistema codicistico **del *numerus clausus* dei diritti reali e della tipicità di essi** (Cass., Sez. Un., 17.12.2020, n. 28972).

Si ammette, pacificamente, il c.d. **condominio parziale**: tale fattispecie rinviene il proprio fondamento normativo nell'art. 1123, 3° co., cod. civ. ed è automaticamente configurabile *ex lege* tutte le volte che un bene risulti, per le sue caratteristiche strutturali e funzionali, destinato oggettivamente al servizio e/o godimento, in modo esclusivo, di una parte soltanto dell'edificio in condominio (Cass., 16.1.2020, n. 791).

Il **diritto** di **ciascun condòmino** sulle parti comuni, salvo che il titolo non disponga altrimenti (Cass., 2.3.2017, n. 5336), è **proporzionale al valore dell'unità immobiliare** che gli appartiene (art. 1118 cod. civ.; sul valore di ciascuna unità immobiliare § 408).

Quanto all'ambito di applicazione delle norme del condominio, è previsto che "le disposizioni del presente capo si applicano, in quanto compatibili, in tutti i casi in cui più unità immobiliari o più edifici ovvero più condominii di unità immobiliari o di edifici abbiano parti comuni ai sensi dell'articolo 1117" (art. 1117-*bis* cod. civ.). La norma fa riferimento non solo all'edificio composto da una pluralità di unità immobiliari, ma anche al c.d. "supercondominio" e al c.d. "condominio orizzontale".

Si ha il **supercondominio** quando due o più edifici, che autonomamente costituiscono singoli condominii, hanno tra loro alcune cose in comune, le quali hanno la caratteristica della accessorietà rispetto ai singoli condominii (Cass., 10.12.2019, n. 32237).

Esempio. Il Condominio Rosa, il Condominio Betulla e il Condominio Ginestra hanno in comune il servizio di sicurezza e le aiuole che si trovano tra i tre edifici.

Il **condominio orizzontale**, invece, indica un complesso residenziale costituito da più edifici autonomi, di proprietà individuale, che fruiscono di aree, strutture, manufatti in comune; indica, ancora, la situazione in cui più unità immobiliari di proprietà individuale hanno parti comuni (Cass., 29.12.2016, n. 27360).

Esempio. Nel territorio della Valpolicella, in provincia di Verona, una serie di villette a schiera hanno in comune un giardino ed un cortile, adibito al parcheggio delle auto dei proprietari. Uno dei proprietari della villetta a schiera, però, inizia ad impedire agli altri il godimento dello spazio comune. Le norme del condominio permettono di dirimere la questione sorta.

402. La regola della "indivisibilità delle parti comuni".

Le **parti comuni** sono strumentali ad un razionale e miglior sfruttamento delle unità immobiliari di proprietà individuale. Di regola, quindi, esse **non possono essere divise**. La divisione delle parti comuni può avvenire soltanto a due condizioni: (a) che la stessa possa compiersi senza rendere più incomodo l'uso della cosa a ciascun condòmino; (b) che vi sia il consenso di tutti i partecipanti al condominio (art. 1119 cod. civ.).

403. I diritti dei condòmini.

I singoli condòmini hanno, rispetto alle parti comuni, diritti ed obbligazioni. Essi, inoltre, sono destinatari di alcuni divieti.

Si cominci dai **diritti**, rispetto ai quali vale la regola generale secondo cui il diritto di ciascun condòmino sulle parti comuni, salvo che il titolo non disponga altrimenti, è proporzionale al valore dell'unità immobiliare che gli appartiene (art. 1118, 1° co., cod. civ.). Nel cortile condominiale, ad esempio, i posti auto sono assegnati in proporzione al valore della singola unità immobiliare. Si proceda con ordine.

(1) Il singolo condòmino può **utilizzare le parti comuni**, nei limiti in cui non ponga in essere attività che incidono negativamente ed in modo sostanziale sulla loro destinazione d'uso (art. 1117-*quater* cod. civ.; Cass., 21.2.2019, n. 5132).

Esempio. In un cortile condominiale, destinato al parcheggio delle auto dei condòmini, un singolo condòmino inizia a parcheggiare la sua betoniera. Accade, inoltre, che ogni notte la betoniera lascia nel cortile un liquame nero e maleodorante, che rende inutilizzabile il cortile per qualche giorno. Il comportamento del condòmino si pone in contrasto con l'art. 1117-*quater* cod. civ.

In caso di attività che incidono negativamente e in modo sostanziale sulle destinazioni d'uso delle parti comuni, l'amministratore o i condòmini, anche singolarmente, possono diffidare l'esecutore e chiedere la convocazione dell'assemblea per far cessare la violazione, anche mediante azioni giudiziarie. L'assemblea delibera in merito alla cessazione di tali attività con la maggioranza prevista dall'art. 1136, 2° co., cod. civ. (art. 1117-*quater*, cod. civ.; sull'art. 1136 cod. civ. § 406.1).

Trova applicazione, inoltre, la norma prevista dal codice in materia di comunione ordinaria sull'uso comune della cosa (art. 1102, 1° co., cod. civ.): ciascun partecipante può servirsi della cosa comune, purché non ne alteri la destinazione e non impedisca agli altri partecipanti di farne parimenti uso secondo il loro diritto.

(2) Il condòmino può **installare impianti non centralizzati** per la **ricezione radiotelevisiva** e per l'accesso a qualunque altro genere di flusso informativo, anche da satellite o via cavo, e i relativi collegamenti fino al punto di diramazione per le singole utenze; le installazioni sono realizzate in modo da recare il minor pregiudizio alle parti comuni e alle unità immobiliari di proprietà individuale, preservando in ogni caso il decoro architettonico dell'edificio (art. 1122-*bis*, 1° co., cod. civ.). È consentita, inoltre, l'installazione di **impianti** per la **produzione** di **energia da fonti rinnovabili** destinati al servizio di singole unità del condominio sul lastrico solare (Cass., Sez Un., 30.4.2020, n. 8434), su ogni altra idonea superficie comune e sulle parti di proprietà individuale dell'interessato (art. 1122-*bis*, 2° co., cod. civ.; si veda anche l'art. 1122-*bis*, 3° e 4° co., cod. civ.).

(3) Il **proprietario** dell'**ultimo piano** dell'edificio **può costruirvi sopra**, salvo che risulti altrimenti dal titolo. La sopraelevazione non è ammessa se le condizioni statiche dell'edificio non la consentono. I condòmini possono altresì opporsi alla sopraelevazione, se questa pregiudica l'aspetto architettonico dell'edificio ovvero diminuisce notevolmente l'aria o la luce dei piani sottostanti. Chi fa la sopraelevazione deve corrispondere agli altri condòmini un'indennità pari al valore attuale dell'area da occuparsi con la nuova fabbrica; è tenuto, inoltre, a ricostruire il lastrico solare che tutti o parte dei condòmini avevano il diritto di usare (art. 1127 cod. civ.). Il diritto di sopraelevazione può essere oggetto di autonomo negozio di trasferimento a favore di altro condomino o di terzi (Cass., 18.3.2019, n. 7563; Cass., 29.3.2019, n. 8943).

La sopraelevazione, inoltre, si configura non solo in caso di realizzazione di nuovi piani o nuove fabbriche, ma altresì nei casi in cui il proprietario dell'ultimo piano trasformi i locali preesistenti mediante l'incremento di superfici e delle volumetrie, indipendentemente dall'altezza del fabbricato. Per quanto riguarda l'indennità prevista dall'art. 1127 cod. civ., essa trae fondamento dall'aumento proporzionale del diritto di comproprietà sulle parti comuni conseguente all'incremento della porzione di proprietà esclusiva (Cass., 14.4.2022, n. 12202).

La giurisprudenza di legittimità ha altresì affermato che la disciplina di sopraelevazione non si applica al supercondominio (Cass., 16.2.2022, n. 5023).

(4) Il condòmino **può rinunciare** all'**impianto centralizzato di riscaldamento** o di condizionamento, se dal suo distacco non derivano notevoli squilibri di funzionamento o aggravi di spesa per gli altri condòmini. In tal caso il rinunziante resta tenuto a concorrere al pagamento delle sole spese per la manutenzione straordinaria dell'impianto e per la sua conservazione e messa a norma (art. 1118, 4° co., cod. civ.; Cass., 9.11.2021, n. 32806).

404. Le obbligazioni dei condòmini ed i divieti loro imposti.

Si considerino, ora, le obbligazioni dei condòmini ed i divieti loro imposti.

(1) Il condòmino è obbligato al pagamento delle **spese** necessarie per la **conservazione** e per il **godimento** delle parti comuni dell'edificio, per la prestazione dei servizi nell'interesse comune e per le **innovazioni** deliberate dalla maggioranza dei condòmini. Le spese sono sostenute dai condòmini in misura proporzionale al valore della proprietà di ciascuno, salva diversa convenzione (art. 1123, 1° co., cod. civ.; Cass., 8.9.2021, n. 24166).

Se si tratta di cose destinate a servire i condòmini in misura diversa, le spese sono ripartite in proporzione dell'uso che ciascuno può farne (art. 1123, 2° co., cod. civ.; Cass. 8.9.2021, n. 24166; Cass., 10.5.2019, n. 12573; Cass., 28.2.2019, n. 6010). Qualora un edificio abbia più scale, cortili, lastrici solari, opere o impianti destinati a servire una parte dell'intero fabbricato, le spese relative alla loro manutenzione sono a carico del gruppo di condòmini che ne trae utilità (art. 1123, 3° co., cod. civ.).

Una specifica disciplina è dettata per la manutenzione e sostituzione delle scale e degli ascensori (art. 1124 cod. civ.; la normativa pregressa, va ricordato, non si occupava degli ascensori). Le scale e gli ascensori sono mantenuti e sostituiti dai proprietari delle unità immobiliari a cui servono. La spesa relativa è ripartita tra essi, per metà in ragione del valore delle singole unità immobiliari e per l'altra metà esclusivamente in misura proporzionale all'altezza di ciascun piano dal suolo.

È possibile far valere le ragioni creditorie relative al **pagamento** degli **oneri condominiali** esclusivamente nei confronti del condòmino e non nei confronti del **conduttore** o comunque di chi occupi l'appartamento senza esserne il proprietario, non essendoci nei suoi confronti azione diretta (Cass., 24.6.2008, n. 17201; si veda, peraltro, a proposito dei conduttori, la parte iniziale del § 406).

Qualora il condòmino sia in ritardo nel pagamento delle spese per un periodo superiore a sei mesi, allo stesso può essere sospesa la fruizione dei servizi comuni suscettibili di godimento separato (art. 63, 3° co., disp. att. cod. civ.).

Problema assai dibattuto è se per gli oneri condominiali i singoli condòmini siano obbligati in solido o parziariamente: se, in sostanza, uno dei condòmini non paga la sua quota di spese, ci si domanda se il creditore del condominio (ad esempio un'impresa di costruzione) possa rivolgersi per il pagamento ad un altro condòmino o quest'ultimo possa eccepire che l'obbligazione condominiale è parziaria (e dunque ciascuno è tenuto nei limiti della propria quota).

Gli orientamenti della giurisprudenza in materia sono stati, a lungo, oscillanti.

Un importante precedente delle Sezioni Unite della Suprema Corte, tuttavia, ha stabilito che le obbligazioni contratte dall'amministratore di condominio nell'interesse di tutti i condòmini non sono soggette alla regola della solidarietà passiva degli stessi condómini, atteso che ciascuno deve rispondere solo ed esclusivamente per la propria quota (Cass., Sez. Un., 8.4.2008, n. 9148; si veda, anche, nello stesso senso, Cass., 20.2.2013, n. 4238; Cass., 11.8.2017, n. 20073; Cass., 9.6.2017, n. 14530; Cass., 9.1.2017, n. 199; *contra* App. Roma, 23.6.2010).

Per la riscossione dei contributi in base allo stato di ripartizione approvato dall'assemblea (art. 1123 cod. civ.), l'amministratore, senza bisogno di autorizzazione di questa, può ottenere un decreto di ingiunzione immediatamente esecutivo, nonostante opposizione, ed è tenuto a comunicare ai creditori non ancora soddisfatti che lo interpellino i dati dei condòmini morosi (art. 63, 1° co., disp. att. cod. civ., articolo così introdotto dalla l. n. 220/2012).

I creditori non possono agire nei confronti degli obbligati in regola con i pagamenti, se non dopo l'escussione degli altri condòmini (art. 63, 2°co., disp. att. cod. civ.). Viene introdotto, così, un **beneficio** di **preventiva escussione** dei condòmini morosi, a favore di coloro che risultano in regola con i pagamenti.

Secondo l'interpretazione preferibile, emersa successivamente all'entrata in vigore della Riforma, il creditore che voglia ottenere il pagamento da parte del condominio nei cui confronti abbia già eseguito la prestazione, dovrà agire prima nei confronti dello stesso condominio (ottenendo, così, un titolo esecutivo idoneo a soddisfare coattivamente le proprie ragioni creditorie). Qualora, però, le condizioni patrimoniali del condominio debitore non consentano la soddisfazione del credito (perché, ad esempio, il conto corrente previsto dall'art. 1129, 7° co., cod. civ. non contenga le provviste necessarie o perché i condòmini non abbiano tempestivamente costituito il fondo obbligatorio per un importo pari ai lavori deliberati), troverà applicazione l'art. 63, 2° co., disp. att. cod. civ.: il creditore dovrà rivolgersi in primo luogo nei confronti dei condòmini morosi, i cui nominativi gli dovranno essere comunicati ai sensi dell'art. 63, 1° co., disp. att. cod. civ.

Il tenore del nuovo art. 63 disp. att. cod. civ., peraltro, ha riproposto un quesito che sarebbe stato compito del legislatore risolvere senza incertezze: a dispetto dell'indirizzo giurisprudenziale che si è formato negli ultimi anni (si ricordi che le sentenze della Suprema Corte sopra ricordate riguardano fattispecie sorte prima dell'entrata in vigore della l. n. 220/2012), può dirsi che sia stato introdotto il regime della solidarietà per le obbligazioni condominiali? Vi è chi, in dottrina, si è espresso in quest'ultimo senso. Non sembra che la lettera dell'art. 63 disp. att. cod. civ. contenga l'esplicita affermazione del principio di solidarietà (un'indicazione espressa, del resto, sarebbe stata necessaria, considerando l'ormai consolidato indirizzo della Suprema Corte a favore della parziarietà dei debiti condominiali). Può dunque concludersi che l'attuale sistema prevede, è vero, un beneficio di preventiva escussione dei condòmini morosi; una volta che essa sia avvenuta, tuttavia, i condòmini in regola con i pagamenti potranno essere chiamati a corrispondere soltanto la propria quota di debito (e non l'intero ammontare).

Un altro problema particolarmente avvertito è introdotto con il seguente esempio.

Esempio. Un condòmino è tenuto a versare dei contributi al condominio. In pendenza di questa situazione debitoria decide di vendere il suo appartamento ad un terzo, che diventa il nuovo proprietario. Ci si chiede se, in questi casi, vi sia un'obbligazione solidale.

In base all'art. 63, 4° co., disp. att. cod. civ., "chi subentra nei diritti di un condòmino è obbligato solidalmente con questo al pagamento dei contributi relativi all'anno in corso e a quello precedente". L'acquirente, semmai, ha diritto di rivalersi di quanto pagato al condominio (Cass., 9.10.2020, n. 21860). La responsabilità solidale è limitata al periodo temporale appena ricordato, trovando applicazione la citata disposizione di attuazione del codice civile e non l'art. 1104 cod. civ.; ai sensi dell'art. 1139 cod. civ., infatti, le norme sulla comunione in generale si applicano al condominio solo in mancanza di apposita disciplina.

(2) Il **condòmino** non può **rinunziare al suo diritto sulle parti comuni** (art. 1118, 2° co., cod. civ.). Non soltanto non può disporre delle parti comuni del condominio (non può costituire ipoteca su di esse, né alienarle); gli è pure fatto divieto di disporre della propria quota, se non insieme alla porzione immobiliare della sua proprietà esclusiva. In pratica, soltanto alienando l'immobile di sua proprietà il condòmino trasmette questa qualità all'acquirente.

(3) Il **condòmino non può sottrarsi all'obbligo di contribuire alle spese** per la conservazione delle parti comuni, neanche modificando la destinazione d'uso della propria unità immobiliare, salvo quanto disposto da leggi speciali (art. 1118, 3° co., cod. civ.).

(4) In capo al **condòmino**, infine, sono previste alcune **limitazioni** in ordine al **compimento** di **opere** su parti **di proprietà o uso individuale** (art. 1122 cod. civ.). Nell'unità immobiliare di sua proprietà ovvero nelle parti normalmente destinate all'uso comune, che siano attribuite in proprietà esclusiva o destinate all'uso individuale, il condòmino non può eseguire opere che rechino danno alle parti comuni ovvero determinino pregiudizio alla stabilità, alla sicurezza o al decoro architettonico dell'edificio.

405. La natura giuridica del condominio ed i suoi organi.

Gli organi del condominio sono l'**assemblea** e l'**amministratore**. Quest'ultima figura è obbligatoria soltanto quando i condòmini siano più di otto. È previsto che in tal caso, se l'assemblea non provvede a nominare un amministratore, la nomina sia fatta dall'autorità giudiziaria su ricorso di uno o più condòmini o dell'amministratore dimissionario (art. 1129, 1° co., cod. civ.).

Prima di occuparsi dell'organo assembleare e di quello amministrativo, è necessario svolgere qualche cenno sulla complessa problematica della **natura giuridica** del **condominio**. Tradizionalmente si afferma che il condominio è un "ente di gestione" privo di soggettività giuridica: si fa leva, in particolare, sul difetto di autonomia patrimoniale e sul fatto che l'operato dell'amministratore è riconducibile al mandato ed alla rappresentanza dei singoli condòmini.

Negli ultimi tempi, peraltro, i giudici di legittimità hanno rilevato come al condominio sia da riconoscere una limitata autonomia patrimoniale (Cass., 11.11.2011, n. 23693; Cass., Sez. Un., 18.9.2014, n. 19663).

Non si può negare, inoltre, che la riforma della disciplina del condominio, unitamente ad altre novità legislative, abbia accentuato l'indipendenza del condominio rispetto ai singoli comproprietari.

Si consideri, in particolare, l'art. 2659, n. 2, cod. civ. (così come risultante dalla modifica introdotta dalla l. 11.12.2012, n. 220), secondo cui, ai fini della trascrizione, "per i condominii devono essere indicati l'eventuale denominazione, l'ubicazione e il codice fiscale".

Si aggiunga, in materia condominiale, la norma che impone all'amministratore di far transitare le somme ricevute a qualsiasi titolo dai condòmini o terzi, nonché quelle a qualsiasi titolo erogate per conto del condominio, su uno specifico conto corrente (postale o bancario) intestato al condominio (art. 1129, 7° co., cod. civ.). Va menzionata, ancora, la norma che discute di un "fondo" di cui dispone l'amministratore (art. 70 disp. att. cod. civ.) o quella che fa riferimento alla lite tra "condòmini e condominio" (art. 23, 2° co., cod. proc. civ., come modificato dall'art. 31 l. n. 220/2012).

Il che non vuol dire, si badi, che attualmente si possa discutere di una vera e propria personalità giuridica del condominio (così Cass., Sez. Un., 18.4.2019, n. 10934, che riconosce la legittimazione concorrente, in giudizio, del singolo condòmino, salvo che per le azioni inerenti alla mera gestione).

Recentemente, la giurisprudenza amministrativa ha confermato la tesi per cui il "il condominio essendo un **mero ente di gestione**, **privo di personalità giuridica**, non può essere destinatario di provvedimenti sanzionatori di abusi edilizi, pur se relativi a parti comuni degli edifici". Il presente orientamento, quindi, **esclude la personalità giuridica condominiale** anche dopo le modifiche introdotte nel codice civile con la sopra citata l. n. 220/2012, poiché essa, pur avendo attribuito un attenuato grado di soggettività al condominio, non lo ha comunque fatto assurgere al rango di ente dotato di vera e propria personalità giuridica (TAR Campania, Napoli, n. 1207/2022).

406. L'assemblea del condominio: competenze.

All'assemblea dei **condòmini** hanno diritto di partecipare tutti i condòmini, eventualmente attraverso un rappresentante che sia munito di delega (art. 67, 1° co., disp. att. cod. civ.). Va ricordato che nelle deliberazioni aventi ad oggetto le spese e le modalità di gestione dei servizi di riscaldamento e di condizionamento d'aria, il diritto di voto nell'assemblea spetta non al proprietario dell'unità immobiliare concessa in locazione ma al conduttore (art. 10, 1° co., l. n. 392/1978). Ciò si spiega con il fatto che a quest'ultimo spetta pagare i relativi oneri, salvo patto contrario (art. 9, 1° co., l. n. 392/1978).

Le principali **competenze** dell'assemblea sono le seguenti (Cass., 29.8.2019, n. 21342):

(1) **nomina** e **revoca** dell'**amministratore** (art. 1129, 1° e 11° co., cod. civ.), sua conferma (art. 1135, 1° co., n. 1, cod. civ.) e specifica indicazione della sua retribuzione, a pena di nullità (art. 1120, 14° co., cod. civ.; Cass., 22.4.2022, n. 12927);

(2) facoltà di **nomina** di un **consiglio di condominio**, composto da almeno tre con-

dòmini negli edifici di almeno dodici unità immobiliari. Il consiglio ha funzioni consultive e di controllo (art. 1130-*bis*, 2° co., cod. civ.);

(3) **nomina** di un **revisore** che verifichi la contabilità del condominio (art. 1130-*bis*, 1° co., cod. civ.);

(4) **adozione** del **regolamento condominiale** (art. 1138, 3° co., cod. civ.);

(5) **approvazione** del **preventivo** delle **spese** occorrenti durante l'anno e ripartizione tra i condòmini (art. 1135, 1° co., n. 2, cod. civ.);

(6) **approvazione** del **rendiconto annuale** dell'amministratore e deliberazione in ordine al residuo attivo della gestione (art. 1135, 1° co., n. 3, cod. civ.);

(7) **deliberazione** in ordine alle opere di **manutenzione straordinaria** e alle **innovazioni**, attraverso la costituzione obbligatoria di un fondo speciale di importo pari all'ammontare dei lavori. Se i lavori devono essere eseguiti in base ad un contratto che ne prevede il pagamento graduale in funzione del loro progressivo stato di avanzamento, il fondo può essere costituito in relazione ai singoli pagamenti dovuti (art. 1135, 1° co., n. 4, cod. civ.). L'amministratore non può ordinare lavori di manutenzione straordinaria, salvo che rivestano carattere urgente, ma in questo caso deve riferirne nella prima assemblea (art. 1135, 2° co., cod. civ.). Sono da considerare opere di manutenzione straordinaria, ad esempio, quelle riguardanti la manutenzione non abituale di impianti e delle cose comuni in generale nonché quelle volte a ricostruirne la struttura;

(8) **modifica della destinazione d'uso** delle **parti comuni** (art. 1117-*ter*, 1° co., cod. civ.), solo se sussistano esigenze di interesse condominiale e sempre che non venga recato pregiudizio alla stabilità o alla sicurezza del fabbricato, non venga alterato il decoro architettonico e non si rendano tali parti comuni inservibili all'uso ed al godimento di anche solo un condòmino. Sul punto, la giurisprudenza ritiene che costituisce innovazione vietata l'assegnazione, in via esclusiva e per un tempo indefinito, di posti auto all'interno di un'area condominiale, produttiva di una limitazione dell'uso e del godimento che gli altri condòmini hanno diritto di esercitare sul bene comune (Cass., n. 11034/2016) A tal proposito, è opportuno ribadirlo, la sentenza della **Cassazione a Sezioni Unite del 17.12.2020 n. 28972** ha riconosciuto l'invalidità dei nuovi contratti **costitutivi di diritti di uso esclusivo** sui posti auto allestiti nel cortile condominiale. Ha infatti spiegato che il diritto di uso esclusivo non può essere considerato un diritto reale in forza del **principio di *numerus clausus*** e di **tipicità del contenuto** dei diritti reali. Pertanto, il diritto che si origina da quel tipo di contratto deve essere diversamente qualificato in atto come diritto di usufrutto, uso, servitù prediale o anche come una limitazione del diritto d'uso di ciascun condòmino (nello stesso senso Cass., 21.3.2022, n. 9069; CNN studio n. 30-2021/C);

(9) **promozione** di **azioni giudiziarie** o **deliberazione** di **resistere** ad un **giudizio** intrapreso contro il condominio (art. 1132 cod. civ.). In questi casi, peraltro, il condòmino dissenziente può, con atto notificato all'amministratore, separare la propria responsabilità in ordine alle conseguenze della lite per il caso di soccombenza. Il condòmino dissenziente ha diritto di rivalsa per ciò che abbia dovuto pagare alla parte vittoriosa. Se l'esito della lite è stato favorevole al condominio, il condòmino dis-

senziente che ne abbia tratto vantaggio è tenuto a concorrere nelle spese di giudizio che non sia stato possibile ripetere dalla parte soccombente;

(10) **autorizzazione** all'**amministratore di condominio** a **stipulare** una **polizza assicurativa** per la **tutela legale**, volta a coprire le spese processuali per tutte le azioni concernenti le parti comuni dell'edificio, promosse da o nei confronti del condominio e al fine di evitare pregiudizi economici ai condòmini. La spesa per la conclusione del predetto contratto è ripartita tra i condòmini (Cass., 7.4.2022, n. 11349; Cass., 20.8.2021, n. 23254).

406.1. *I* quorum *costitutivi e deliberativi dell'assemblea.*

L'**assemblea** è **convocata dall'amministratore** con avviso comunicato almeno cinque giorni prima della data fissata per l'adunanza e contenente l'indicazione del luogo e dell'ora della riunione, con specificazione anche dell'ordine del giorno (art. 66, 3° co., disp. att. cod. civ.; Cass., 20.12.2021, n. 40827; Cass., 25.3.2019, n. 8275).

Quando la delibera dell'assemblea riguardi la modificazione delle destinazioni d'uso delle parti comuni, la convocazione dell'assemblea deve essere affissa per non meno di trenta giorni consecutivi nei locali di maggior uso comune o negli spazi a tal fine destinati, e deve effettuarsi mediante lettera raccomandata o equipollenti mezzi telematici, in modo da pervenire almeno venti giorni prima della data di convocazione (art. 1117-*ter*, 2° co., cod. civ.).

L'amministratore è tenuto a convocare l'assemblea entro trenta giorni dalla richiesta anche di un solo condòmino interessato all'adozione delle deliberazioni aventi ad oggetto le innovazioni dirette al miglioramento o all'uso più comodo o al maggior rendimento delle cose comuni. La richiesta deve contenere l'indicazione del contenuto specifico e delle modalità di esecuzione degli interventi proposti. In mancanza, l'amministratore deve invitare senza indugio il condòmino proponente a fornire le necessarie integrazioni (art. 1120, 3° co., cod. civ.).

L'assemblea è validamente costituita se vi è il c.d. ***quorum*** **costitutivo** previsto dalla legge: devono essere presenti tanti condòmini che rappresentano i due terzi del valore dell'intero edificio e la maggioranza dei partecipanti al condominio (art. 1136, 1° co., cod. civ.).

Non sono rari i casi in cui l'assemblea, in prima convocazione, non possa deliberare per mancanza di raggiungimento del *quorum* costitutivo. L'assemblea in seconda convocazione, allora, delibera in un giorno successivo a quello della prima e, in ogni caso, non oltre dieci giorni dalla medesima. L'assemblea in seconda convocazione è regolarmente costituita con l'intervento di tanti condòmini che rappresentino almeno un terzo del valore dell'intero edificio e un terzo dei partecipanti al condominio (art. 1136, 3° co., cod. civ.).

Accertata l'esistenza del *quorum* costitutivo (in prima o seconda convocazione), le deliberazioni possono essere assunte se vi sono le maggioranze previste dal c.d. ***quorum*** **deliberativo**. In prima convocazione sono valide le deliberazioni approvate con un numero di voti che rappresenti la maggioranza degli intervenuti e almeno la metà del valore dell'edificio (art. 1136, 2° co., cod. civ.; Cass., 25.10.2018, n. 27159; Trib. Roma, 1.7.2021). In seconda convocazione la deliberazione è valida se approvata dalla maggioranza degli intervenuti con un numero di voti che rappresenti almeno un terzo del valore dell'edificio (art. 1136, 3° co., cod. civ.).

Esempio. Si consideri il *quorum* deliberativo in prima convocazione. Nell'assemblea sono presenti 15 condòmini. La deliberazione è presa da 9 condòmini che rappresentano 700/1000: essa, dunque, è valida.

In alcuni casi, peraltro, la legge richiede ***quorum*** deliberativi **più elevati** rispetto a quelli appena ricordati. In particolare:

(a) le deliberazioni che concernono la nomina e la revoca dell'amministratore o le liti attive e passive relative a materie che esorbitano dalle attribuzioni dell'amministratore medesimo, le deliberazioni che concernono la ricostruzione dell'edificio o riparazioni straordinarie di notevole entità e altre deliberazioni indicate dalla legge (artt. 1117-*quater*, 1120, 2° co., 1122-*ter*, 1135, 3° co., cod. civ.), devono essere sempre approvate, per la loro validità, con la seguente maggioranza: un numero di voti che rappresenti la maggioranza degli intervenuti e almeno la metà del valore dell'edificio (art. 1136, 4° co., cod. civ.);

(b) le deliberazioni di cui all'art. 1120, 1° co. (innovazioni) e all'art. 1122-*bis*, 3° co., cod. civ. (modificazioni parti comuni) devono essere approvate dall'assemblea con un numero di voti che rappresenti la maggioranza degli intervenuti ed almeno i due terzi del valore dell'edificio (art. 1136, 5° co., cod. civ.).

Quorum deliberativi specifici sono richiesti da altre disposizioni del codice civile (artt. 1117-*ter*, 1° co.; 1122-*bis*, 3° co.; 1138, 3° co., cod. civ.) o da norme extracodicistiche (art. 3, 5° co.-*bis*, d.l. n. 39/2009, comma inserito dall'art. 1, 1° co., l. n. 77/2009). Sulle modifiche e rettifiche delle tabelle millesimali § 408.

L'art. 10, 9° co., del d.l. n. 32/2019 (convertito nella l. n. 55/2019) ha previsto che "in deroga agli articoli 1120, 1121, 1136, quarto e quinto comma, del codice civile, gli interventi di recupero relativi ad un unico immobile composto da più unità immobiliari possono essere disposti dalla maggioranza dei condòmini che comunque rappresenti almeno la metà del valore dell'edificio e gli interventi ivi previsti devono essere approvati con un numero di voti che rappresenti la maggioranza degli intervenuti e almeno un terzo del valore dell'edificio".

406.2. *Impugnazione delle deliberazioni assembleari.*

Le deliberazioni dell'assemblea dei condòmini sono oggetto di un **processo verbale**, da trascriversi in un **registro** tenuto dall'amministratore (art. 1136, 7° co., cod. civ.). Nel registro vanno indicati i partecipanti all'assemblea, i nomi dei condòmini assenzienti, dissenzienti, astenuti, con le relative quote millesimali (su cui § 408).

Peraltro, non è annullabile la deliberazione il cui verbale, ancorché non riporti l'indicazione nominativa dei condòmini che hanno votato a favore, contenga l'elenco di tutti i condòmini presenti, con i relativi millesimi, e nel contempo rechi l'indicazione dei condòmini che si sono astenuti e che hanno votato contro e del valore complessivo delle quote millesimali; tali dati, infatti, consentono di stabilire con sicurezza, per differenza, quanti e quali condòmini hanno espresso voto favorevole ed il valore dell'edificio da essi rappresentato, nonché di verificare che la deliberazione stessa abbia in effetti superato il *quorum* richiesto dall'art. 1136 cod. civ. (Cass., 19.11.2009, n. 24456).

Si è appena fatto riferimento alla "deliberazione annullabile", su cui ora occorre intrattenersi. Si deve muovere dalla premessa che le nozioni di delibera annullabile e delibera nulla non fanno riferimento ai concetti di nullità e di annullamento che si sono studiati nella materia contrattuale.

Infatti, in tema di condominio, l'azione di annullamento delle delibere assembleari costituisce la regola generale, ai sensi dell'art. 1137, 2° co., cod. civ., come modificato dall'art. 15 l. n. 220/2012, mentre la categoria della nullità ha un'estensione residuale (Cass., Sez. Un., 14.4.2021, n. 9839).

Per quanto riguarda le **deliberazioni annullabili**, è previsto che "contro le deliberazioni **contrarie alla legge o al regolamento di condominio** ogni condòmino assente, dissenziente o astenuto può adire l'autorità giudiziaria chiedendone l'**annullamento** nel termine perentorio di trenta giorni, che decorre dalla data della deliberazione per i dissenzienti o astenuti e dalla data di comunicazione della deliberazione per gli assenti" (art. 1137, 2° co., cod. civ.). L'azione di annullamento spetta anche ai condòmini dissenzienti o assenti perché non ritualmente convocati, rispetto a quelle deliberazioni assunte dall'assemblea in cui risulti omessa, tardiva od incompleta la convocazione degli aventi diritto (art. 66, 3° co., disp. att. cod. civ.). L'azione di annullamento non sospende l'esecuzione della deliberazione, salvo che la sospensione sia ordinata dall'autorità giudiziaria (art. 1137, 3° co., cod. civ.).

Dalle deliberazioni annullabili occorre distinguere le **deliberazioni nulle**. Sono tali, pur in mancanza di un'espressa previsione codicistica, le deliberazioni prive degli elementi essenziali (Cass. Sez. Un., 14.4.2021, n. 9839), quelle con oggetto impossibile o illecito, quelle che hanno un oggetto che non rientra nelle competenze dell'assemblea. Sono nulle, ancora, le deliberazioni che incidono sui diritti individuali dei condòmini sulle cose o servizi comuni (Cass., Sez. Un., 14.4.2021, n. 9839; Cass., 26.9.2018, n. 23076).

Esempio. Una deliberazione assembleare stabilisce che i condòmini stranieri di uno stabile possono utilizzare alcuni servizi comuni soltanto in alcuni giorni o in alcuni momenti. Si tratta di una delibera nulla.

L'azione di nullità può essere promossa da chiunque vi abbia interesse e non è soggetta a termini di prescrizione o di decadenza.

L'impugnazione delle delibere di assemblea va proposta con atto di citazione e non con ricorso (Cass., Sez. Un., 14.4.2011, n. 8491). La domanda di declaratoria di invalidità di una delibera per uno specifico motivo non consente al giudice di annullarla per una ragione diversa da quella in questione (Cass., 25.6.2018, n. 16675).

407. L'amministratore del condominio.

L'**amministratore**, lo si è detto, è nominato dall'assemblea (artt. 1129, 1° co., 1135, 1° co., n. 1, cod. civ.); dura in carica un anno (art. 1129, 10° co., cod. civ.), ma può essere revocato dall'assemblea dei condòmini in ogni momento (art. 1129, 11° co., cod. civ.; Cass., 19.3.2019, n. 7699: nel caso in cui la delibera di nomina sia revocata o annullata, l'amministratore continua ad esercitare i poteri di rappresentanza fino alla nomina di un sostituto). L'assemblea può subordinare la nomina dell'amministratore alla presentazione ai condòmini di una polizza individuale di assicurazione per la responsabilità civile relativa agli atti compiuti nell'esercizio del mandato. L'amministratore è tenuto altresì ad adeguare i massimali della polizza se nel periodo del suo incarico l'assemblea deliberi lavori straordinari (art. 1129, 3° e 4° co., cod. civ.).

Amministratore può essere non soltanto una persona fisica, ma anche una società lucrativa, di persone o di capitali (art. 71-*bis*, 3° co., disp. att. cod. civ.).

Salvo che sia stato espressamente dispensato dall'assemblea, l'amministratore è tenuto ad **agire per la riscossione forzosa delle somme** dovute dagli obbligati entro sei mesi dalla chiusura dell'esercizio nel quale il credito esigibile è compreso, anche ai sensi dell'art. 63, 1° co., disp. att. cod. civ. (art. 1129, 9° co., cod. civ.).

Alla cessazione dell'incarico l'amministratore è tenuto alla consegna di tutta la documentazione in suo possesso afferente al condominio e ai singoli condòmini e ad eseguire le attività urgenti al fine di evitare pregiudizi agli interessi comuni senza diritto ad ulteriori compensi (art. 1129, 8° co., cod. civ.; Cass., 15.12.2021, n. 40134).

Oltre ad adempiere alle obbligazioni previste dall'art. 1129 cod. civ., l'amministratore deve (art. 1130 cod. civ.):

(1) **eseguire** le **deliberazioni** dell'**assemblea**, convocarla annualmente per l'approvazione del rendiconto condominiale di cui all'art. 1130-*bis* cod. civ. e curare l'osservanza del regolamento di condominio (§ 408);

(2) **disciplinare l'uso delle cose comuni** e la fruizione dei servizi nell'interesse comune, in modo che ne sia assicurato il miglior godimento a ciascuno dei condòmini;

(3) **riscuotere i contributi ed erogare le spese** occorrenti per la manutenzione ordinaria delle parti comuni dell'edificio e per l'esercizio dei servizi comuni;

(4) **compiere gli atti conservativi** relativi alle parti comuni dell'edificio;

(5) eseguire gli **adempimenti fiscali**;

(6) **curare** la **tenuta** del **registro** di **anagrafe condominiale** contenente le generalità dei singoli proprietari e dei titolari di diritti reali e di diritti personali di godimento. L'amministratore, in caso di inerzia, mancanza o incompletezza delle comunicazioni, richiede con lettera raccomandata le informazioni necessarie alla tenuta del registro di anagrafe. Decorsi trenta giorni, in caso di omessa o incompleta risposta, l'amministratore acquisisce le informazioni necessarie, addebitandone il costo ai responsabili;

(7) **curare** la **tenuta** del **registro** dei **verbali** delle **assemblee**, del registro di nomina e revoca dell'amministratore e del registro di contabilità. Nel registro dei verbali delle assemblee sono altresì annotate: le eventuali mancate costituzioni dell'assemblea, le

deliberazioni nonché le brevi dichiarazioni rese dai condòmini che ne hanno fatto richiesta; allo stesso registro è allegato il regolamento di condominio, ove adottato;

(8) **conservare** tutta la **documentazione** riguardante la **propria gestione**, riferibile sia al rapporto con i condòmini sia allo stato tecnico-amministrativo dell'edificio e del condominio;

(9) **fornire** al condòmino che ne faccia richiesta **attestazione** relativa allo **stato** dei **pagamenti** degli oneri condominiali e delle eventuali liti in corso;

(10) **redigere** il **rendiconto condominiale** annuale della gestione e convocare l'assemblea per la relativa approvazione entro centottanta giorni.

L'amministratore ha la **rappresentanza** del **condominio** e può agire in giudizio sia contro i condòmini sia contro i terzi (art. 1131, 1° co., cod. civ.). Può essere convenuto in giudizio per qualunque azione concernente le parti comuni dell'edificio; a lui sono notificati i provvedimenti dell'autorità amministrativa che si riferiscono allo stesso oggetto. Qualora la citazione o il provvedimento abbia un contenuto che esorbita dalle attribuzioni dell'amministratore, questi è tenuto (a pena di risarcimento del danno e di revoca dall'incarico) a darne senza indugio notizia all'assemblea dei condòmini (art. 1131, 2°, 3° e 4° co., cod. civ.).

I provvedimenti presi dall'amministratore nell'ambito dei suoi poteri sono obbligatori per i condòmini. **Contro** i **provvedimenti** dell'**amministratore** è ammesso ricorso all'assemblea, senza pregiudizio del **ricorso all'autorità giudiziaria** nei casi e nel termine previsti dall'art. 1137 cod. civ. (art. 1133 cod. civ.).

408. Il regolamento condominiale.

L'assemblea può approvare un **regolamento condominiale**, ossia un atto collettivo che deve avere, *ad substantiam*, la forma scritta (Cass., 7.6.2011, n. 12291; Trib. Roma, 17.9.2019). L'approvazione del regolamento condominiale è obbligatoria quando i condòmini siano più di dieci (art. 1138, 1° co., cod. civ.).

Le maggioranze richieste per l'**approvazione** del regolamento condominiale (detto anche "regolamento assembleare") sono quelle richieste per le deliberazioni in prima convocazione (artt. 1138, 3° co., e 1136, 2° co., cod. civ.). Ciascun condòmino può prendere l'iniziativa per la formazione del regolamento di condominio o per la revisione di quello esistente (art. 1138, 2° co., cod. civ.).

Il regolamento condominiale **contiene** le norme circa l'uso delle cose comuni (Cass., 8.4.2022, n. 11502) e la ripartizione delle spese, secondo i diritti e gli obblighi spettanti a ciascun condòmino, nonché le norme per la tutela del decoro dell'edificio e quelle relative all'amministrazione (art. 1138, 1° co., cod. civ.). Le norme del regolamento non possono vietare di possedere o detenere animali domestici (art. 1138, 5° co., cod. civ.).

Per le infrazioni al regolamento di condominio può essere stabilito, a titolo di sanzione, il pagamento di una somma fino ad euro 200 e, in caso di recidiva, fino ad euro 800. La somma è devoluta al fondo di cui l'amministratore dispone per le spese ordinarie (art. 70, disp. att. cod. civ.).

Alla luce dell'art. 70 disp. att. cod. civ. il regolamento condominiale non può prevedere sanzioni diverse da quelle pecuniarie, poiché ciò sarebbe in contrasto con i princìpî generali dell'ordinamento, che non conferiscono al privato, se non eccezionalmente, il diritto di autotutela (così Cass., 16.1.2014, n. 820).

Ove non sia precisato nel titolo, il valore proporzionale di ciascuna unità immobiliare è espresso, in millesimi, in apposita tabella **allegata al regolamento di condominio** (art. 68, 1° co., disp. att. cod. civ.; Cass., 15.10.2019, n. 26042). La c.d. **tabella millesimale** esprime, in frazione millesimale, il rapporto tra il valore di ogni unità immobiliare di proprietà esclusiva ed il valore dell'intero edificio. Grazie al computo dei valori millesimali di ciascuna unità immobiliare è possibile ripartire le spese condominiali ed effettuare il computo dei *quorum* costitutivi e deliberativi.

Esempio. Le spese condominiali da ripartire sono pari a 12.000 euro. I millesimi dell'appartamento del Sig. Gambardella, abitante a Roma, sono pari a 125,00. Considerando che nella tabella vi sono "1000 millesimi", il Sig. Gambardella dovrà pagare 1.500 euro (12.000: 1000 x 125).

I valori proporzionali delle singole unità immobiliari espressi nella tabella millesimale possono essere rettificati o modificati all'**unanimità** (art. 69, 1° co., disp. att. cod. civ.; Cass., 14.12.2016, n. 25790; Cass., 10.3.2020, n, 6735). È previsto, inoltre, che tali valori possano essere rettificati o modificati, anche nell'interesse di un solo condòmino, con la maggioranza prevista dall'art. 1136, 2° co., cod. civ. (§ 406.1), nei seguenti casi: (1) quando risulta che siano conseguenza di un errore; (2) quando, per le mutate condizioni di una parte dell'edificio, in conseguenza di sopraelevazione, di incremento di superfici o di incremento o diminuzione delle unità immobiliari, è alterato per più di un quinto il valore proporzionale dell'unità immobiliare, anche di un solo condòmino. In tal caso il relativo costo è sostenuto da chi ha dato luogo alla variazione (art. 69, 1° co., disp. att. cod. civ.).

Ai soli fini della revisione dei valori proporzionali espressi nella tabella millesimale, può essere convenuto in giudizio unicamente il condominio in persona dell'amministratore. Questi è tenuto a darne senza indugio notizia all'assemblea dei condòmini. L'amministratore che non adempie a quest'obbligo può essere revocato ed è tenuto al risarcimento degli eventuali danni (art. 69, 2° co., disp. att. cod. civ.).

Le norme del regolamento non possono in alcun modo menomare i diritti di ciascun condòmino, quali risultano dagli atti di acquisto e dalle convenzioni, e in nessun caso possono derogare ad alcune disposizioni del codice, come gli artt. 1118, 2° co., 1119, 1120, 1129, 1131, 1132, 1136 e 1137 (art. 1138, 4° co., cod. civ.).

Sono ammessi i **regolamenti contrattuali** (adottati all'unanimità) che stabiliscano, ad esempio, limitazioni a carico della proprietà esclusiva o che attribuiscano ad alcuni condòmini diritti maggiori o minori rispetto a quelli che spetterebbero loro in base alle norme del codice civile (Cass., 11.2.2022, n. 4529; Cass., 12.12.2019, n. 32685).

Equiparato al regolamento contrattuale concordato all'unanimità da tutti i condòmini è il regolamento contrattuale redatto dal costruttore (originario proprietario) e fatto approvare dagli acquirenti al momento della compravendita delle singole unità immobiliari (§ 375).

Una precisazione si impone, sulla scorta della giurisprudenza formatasi in materia. Di fronte al regolamento contrattuale approvato all'unanimità dai condòmini o al regolamento contrattuale predisposto dal costruttore, si ritiene che abbiano natura "contrattuale" soltanto le clausole che limitano i diritti dei condòmini sulle proprietà esclusive o comuni, oppure quelle clausole che attribuiscono ai condòmini diritti maggiori o minori rispetto a quelli previsti dalla legge. Le conseguenze non tardano a giungere: mentre queste ultime pattuizioni possono essere modificate con il consenso unanime di tutti i condòmini, quelle che riguardano l'utilizzo dei beni comuni possono essere modificate con la maggioranza stabilita dall'art. 1136, 2° co., cod. civ. E questo ancorché la precedente delibera sia stata adottata all'unanimità (Cass., 4.6.2010, n. 13632; Cass., Sez. Un., 30.12.1999, n. 943).

Capitolo 67

IL POSSESSO

409. La nozione di possesso. Le "ragioni" della rilevanza giuridica del possesso.

La proprietà va distinta dal possesso (artt. 1140-1170 cod. civ.), anche se nel linguaggio comune di sovente le due situazioni finiscono per sovrapporsi ("lo zio ci ha fatto vedere, ieri, i suoi possedimenti").

Giuridicamente, però, questo non deve accadere: **il possesso è definito dal codice civile come "il potere sulla cosa** che si manifesta in un'attività corrispondente all'esercizio della proprietà o di altro diritto reale" (art. 1140, 1° co., cod. civ.).

Il possesso, dunque, è una **situazione di fatto** consistente nell'esercizio sulla cosa di un potere che (a prescindere dalla titolarità o meno di un diritto sulla *res*) abbia le caratteristiche della proprietà o di altro diritto reale. In dottrina, peraltro, si precisa che non va confuso il possesso con il diritto di possedere (*ius possidendi*), che è una delle facoltà che spettano al proprietario; tanto che quest'ultimo, avendo perso il possesso della sua cosa, può agire in giudizio per rivendicarlo.

Il possesso, pur consistendo in un potere di fatto (un'attività "corrispondente" a quella svolta normalmente dal titolare di uno dei diritti reali) è una situazione giuridicamente rilevante, come si avrà occasione di precisare tra breve (§§ 415 ss.; ma si veda anche quanto osservato alla fine di questo paragrafo).

Nel prosieguo, per comodità espositiva, ci si riferirà principalmente a quel possesso che ha le caratteristiche della proprietà: non si scordi, però, che vi può essere possesso corrispondente ad altri diritti reali minori: usufrutto, superficie, servitù e così via (si discute, in questi casi, di **possesso minore**).

Quando ci si trova ad esercitare il potere di fatto sulla cosa? Il più delle volte accade che il possessore sia il proprietario: il potere di fatto sul bene è esercitato da colui che ha la qualifica di proprietario.

Non sempre, tuttavia, vi è coincidenza tra possesso e proprietà. Valgano due esempi.

Esempio. Il proprietario di una bicicletta subisce un furto. È il ladro, ora, ad essere il possessore. Quest'ultimo si comporta da proprietario: utilizza la bicicletta, compie su di essa quelle riparazioni che si rendono necessarie, la chiude con un lucchetto (per paura che qualche suo "collega" ladro gli rubi, a sua volta, il mezzo). Il ladro si comporta da proprietario (pur non essendolo).

Esempio. Viene stipulato un contratto di compravendita di un fondo. A seguito del contratto il compratore inizia ad avere la piena disponibilità del terreno: lo delimita, lo coltiva, decide di darlo in affitto. Si comporta da proprietario (anzi, il compratore è convinto di esserlo). Sennonché il contratto di compravendita è nullo (il terreno, infatti, non è affatto specificato nell'accordo e, dunque, sussiste la nullità per indeterminatezza dell'oggetto).

Nei casi in cui vi sia una dissociazione fra proprietà e possesso (un soggetto è titolare del diritto di proprietà, l'altro si comporta di fatto come proprietario), l'ordinamento giuridico prevede un'**autonoma tutela in capo al possessore** (a prescindere, appunto, dal fatto che egli sia proprietario o meno). Anche il ladro, lo si vedrà, può difendere il suo "possesso".

Ci si deve chiedere, allora, perché l'ordinamento giuridico dia rilevanza al possesso. Qui può farsi solo un cenno alle molteplici **ragioni** che giustificano la **rilevanza giuridica** del **possesso** e la tutela del possessore (esse, poi, risulteranno più chiare all'esito della ricognizione che ci si accinge a compiere).

Sussistono, in primo luogo, **esigenze** di **un'ordinata e pacifica convivenza** (qualcuno, in sintesi, discute di ragioni di "ordine pubblico"). Si immagini cosa potrebbe accadere se ogni consociato fosse autorizzato a farsi giustizia da sé per reagire allo "spossessamento": se qualcuno ruba il mio computer, posso nottetempo intrufolarmi in casa del ladro per recuperarlo, accompagnato da un energumeno che darà una bella lezione al malfattore? Se così fosse la funzione del diritto, che si è studiata sin dalle prime pagine, verrebbe meno. Occorrerà, allora, promuovere un giudizio (a seconda dei casi, potrà essere un'azione "possessoria" o "petitoria") per ottenere giustizia: il che si traduce nella salvaguardia della situazione di fatto dell'attuale possessore (o detentore § 410).

Vi è un'altra ragione che sta alla base della rilevanza giuridica del possesso. Il codice detta alcune specifiche regole a favore del possessore spogliato del bene (§§ 416 ss.). Ebbene, il possessore, per il recupero del bene, è tenuto ad assolvere ad un onere probatorio alquanto semplice: deve dimostrare che aveva il potere di fatto sulla cosa e che questo potere è venuto meno a seguito dello spossessamento. Ha, dunque, un onere probatorio limitato a "fotografare" la situazione di fatto esistente al momento dello spoglio; non ha, invece, quell'onere probatorio più complesso che si richiede in capo a chi agisce facendo valere la sua qualità di proprietario (§ 391).

Il proprietario, allora, può essere indotto, ai fini di una **tutela rapida** ed **efficace**, ad agire con un'azione possessoria (facendo valere la sua qualifica di possessore) e non con un'azione petitoria (che richiede la prova, spesso difficile, che l'attore sia proprietario del bene).

La tutela rapida ed efficace delle proprie ragioni, in definitiva, giustifica la previsione legislativa delle norme codicistiche sulla tutela del possesso.

Ulteriori ragioni, poi, attengono alla necessità (particolarmente avvertita in ogni ordinamento giuridico) di arrivare ad un **adeguamento** fra la **situazione di fatto** e la **situazione di diritto**. Il possessore, si è detto, potrebbe non essere proprietario: tale discrasia non può durare all'infinito, giacché andrebbe contro le esigenze di certezza dei rapporti giuridici e, in ultima analisi, contro la funzione del diritto. L'ordinamento, pertanto, quando sia trascorso un certo numero di anni (concorrendo ulteriori requisiti), permette al possessore di diventare titolare del diritto reale corrispondente al possesso esercitato per lungo tempo. Il possessore, ad esempio, attraverso il possesso prolungato del bene può diventare proprietario dello stesso (l'usucapione, peraltro, riguarda anche altri diritti reali di godimento).

Infine, la tutela del possessore in buona fede (§ 414) mira ad assicurare una più **intensa circolazione della ricchezza** che, come noto, costituisce un valore importante cui gli ordinamenti di stampo liberale costantemente si ispirano.

410. Il possesso e la detenzione.

Muovendo dall'iniziale definizione di possesso, si potrebbe pensare di circoscrivere la nozione fornita ad un "potere di fatto sulla cosa", ad una disponibilità materiale della cosa.

Questa nozione "limitata" di possesso, in realtà, non può essere adottata, poiché non permette di distinguere fra possesso e detenzione, in cui pure si discute di una situazione di fatto (il soggetto detentore ha la disponibilità materiale della cosa).

Esempio. Da una settimana vivo in una casa al mare ad Andora, in Liguria: sono possessore o detentore? Sto preparando l'esame di diritto privato: sono possessore del libro o sono detentore? Utilizzo ogni giorno l'automobile per andare al lavoro: sono possessore della stessa o detentore?

La differenza non è di poco conto, ove si consideri che il codice, è vero, si occupa della detenzione e della tutela del detentore: quest'ultimo, tuttavia, non gode degli stessi vantaggi e delle stesse tutele che l'ordinamento assicura al possessore.

Occorre, allora, riprendere la nozione sopra ricordata di possesso: è possessore colui che si comporta come il titolare di un diritto reale; è detentore, invece, chi si comporta come il titolare di un diritto personale di godimento. In entrambi i casi si prescinde dalla circostanza che il soggetto sia effettivamente titolare del diritto.

Occorre mettere capo, dunque, ad un comportamento "oggettivamente" rilevante e non ad un criterio "soggettivo" o psicologico, come qualche volta si tende ad affermare (allorché si dice che va indagato l'*animus* per comprendere se vi sia l'*animus possidendi* o l'*animus detinendi*).

Di solito la detenzione viene esercitata in base ad un "**titolo**" (ad esempio, un contratto): il comportamento si conforma, allora, a quel titolo.

Esempio. Viene concluso un contratto di locazione, in base al quale il conduttore (o locatario) è obbligato a pagare un canone mensile al locatore. Questo comportamento è proprio del titolare di un diritto personale di godimento. Si noti che il possessore non paga un canone: il possessore si comporta da proprietario o da titolare di un altro diritto reale minore.

Il comportamento, peraltro, potrebbe non conformarsi al titolo: in tal caso, a determinate condizioni, la detenzione può trasformarsi in possesso (sulla c.d. *interversio possessionis* § 413).

Quando il titolo manchi (si pensi ad una persona che di sua iniziativa abbia instaurato il rapporto con il bene, senza concludere il contratto), occorre indagare, in concreto, il comportamento di chi ha il potere di fatto sulla cosa. Va aggiunto, ancora, che il legislatore prevede determinate regole che introducono, per ragioni di semplificazione, alcune presunzioni (§ 412).

411. Possesso diretto e possesso indiretto.

Il codice prevede che "si può possedere direttamente o per mezzo di altra persona, che ha la detenzione della cosa" (art. 1140, 2° co., cod. civ.).

Il **possesso** è **diretto** quando il possessore ha l'immediato potere sulla cosa; è **indiretto** quando avviene attraverso un'altra persona che ha la detenzione della cosa.

Esempio. Viene concluso un contratto di locazione: il conduttore, che si conforma al titolo, è detentore. Il proprietario, solo per il fatto che il conduttore ha la disponibilità materiale del bene, non perde il suo possesso. Il proprietario, ad esempio, potrà agire con l'azione possessoria per tutelare il bene di cui ha il possesso "indiretto".

La situazione descritta nell'esempio può verificarsi anche quando il possessore non sia proprietario: si pensi a colui che si "arroghi" di fatto i diritti del proprietario e riscuota i canoni di locazione.

412. Le c.d. presunzioni possessorie.

Se è vero che il possesso va distinto dalla detenzione, secondo i criteri che si sono studiati, in concreto il legislatore ha voluto dettare una regola presuntiva la quale semplifica l'accertamento concreto sul tipo di potere di fatto che si ha sul bene.

È previsto, infatti, che "**si presume** il **possesso** in colui che esercita il potere di fatto, quando non si prova che ha cominciato a esercitarlo semplicemente come detenzione" (art. 1141, 1° co., cod. civ.).

In sostanza, colui che esercita un potere sul bene, avendone conseguito la materiale disponibilità, è esonerato dal provare che tale potere corrisponde all'esercizio della proprietà o di altro diritto reale (Cass., 25.10.2019, n. 27411); nel contempo, può invocare l'applicazione delle norme che il codice detta sul possesso (come, ad esempio, le azioni possessorie: § 416). Semmai, chi ha un interesse contrario ha l'onere di dimostrare che si è di fronte ad una mera detenzione.

Quella appena ricordata non è l'unica regola presuntiva prevista dal codice in materia di possesso. È da ricordare pure la **presunzione di possesso intermedio** (art. 1142 cod. civ.): il possessore attuale che ha posseduto in tempo più remoto si presume che abbia posseduto anche nel tempo intermedio. La regola acquista rilevanza, lo si vedrà, in tema di usucapione (§§ 419 ss.). Sarebbe difficile (se non impossibile) dover dimostrare che si è posseduto un bene immobile, continuamente, per più di venti anni. La presunzione ricordata soccorre, pertanto, chi vuol acquistare la proprietà per usucapione.

Esempio. Basterà provare di avere il possesso attuale e di avere avuto il possesso in un tempo più remoto (nell'anno 1998): la prova offerta (non difficile, giacché circoscritta ad un preciso dato temporale) fa presumere il possesso anche nel tempo intermedio (ad esempio, dal 1998 al 2018).

È onere di chi vuole sostenere il contrario dimostrare il suo assunto (Cass., 9.2.2017, n. 3517; Cass., 6.2.2019, n. 3487). Vale, inoltre, la regola della **presunzione di possesso anteriore** (art. 1143 cod. civ.). Il possesso attuale non fa presumere il possesso anteriore, salvo che il possessore abbia un titolo a fondamento del suo possesso; in questo caso si presume che egli abbia posseduto dalla data del titolo (ad esempio, dalla data del contratto di acquisto dell'immobile).

Un'altra presunzione, su cui peraltro ci si soffermerà successivamente, è quella del possesso in buona fede (art. 1147, 3° co., cod. civ.: § 414).

413. La trasformazione della detenzione in possesso (la c.d. *interversio possessionis*).

Il semplice detentore può trasformarsi in possessore: non basta, però, un semplice atteggiamento psicologico, ossia la semplice intenzione di cominciare a comportarsi da possessore.

Il codice consente la c.d. ***interversio possessionis*** (ossia il mutamento della detenzione in possesso) soltanto in due casi. È previsto che chi ha cominciato ad avere la detenzione non può acquistare il possesso finché il **titolo** non venga **mutato** (a) per **causa proveniente da un terzo**; (b) in forza di **opposizione** fatta dall'iniziale detentore contro il possessore. Ciò vale anche per i successori a titolo universale (art. 1141, 2° co., cod. civ.; Cass., 9.10.2020, n. 21854; Cass., 17.5.2018, n. 12080; Cass., 11.4.2019, n. 10186).

Si consideri un esempio di mutamento del titolo per causa proveniente da un terzo.

Esempio. In base ad un contratto di locazione, il Sig. Brambilla è detentore di un immobile. Accade che il locatore, durante il rapporto di locazione, venda al Sig. Brambilla l'immobile. Quest'ultimo diventa possessore (oltre che proprietario, se la vendita è valida) del bene su cui in precedenza aveva solo la detenzione.

Nell'esempio svolto, l'acquirente diventa possessore anche se il terzo, che gli ha venduto l'immobile, si è soltanto arrogato il diritto di essere proprietario, pur non essendolo: dal momento del mutamento del titolo, l'acquirente (a prescindere dal fatto che possa essere considerato il nuovo proprietario) ha cominciato a possedere la cosa.

L'interversione del possesso può avvenire, lo si è detto, anche in forza di opposizione fatta dal detentore al possessore: si ha opposizione quando il detentore si vanti apertamente proprietario del bene e faccia constare al possessore, attraverso una esplicita dichiarazione (opposizione esplicita) o con comportamenti concludenti (opposizione tacita), che è sua intenzione tenere la cosa come propria.

Esempio. L'affittuario di un fondo, fino all'estate del 2020, ha sempre pagato il canone di affitto del terreno. A partire dall'autunno, però, non paga più il canone al concedente, gli impedisce l'accesso al fondo (delimitandolo con filo spinato) e si rifiuta di consegnare il fondo al proprietario.

L'opposizione deve essere rivolta specificamente contro il possessore, in maniera che questi sia in grado di rendersi conto dell'avvenuto mutamento. A tal fine sono inidonei gli atti che si traducano nell'inottemperanza alle pattuizioni in forza delle quali la detenzione era costituita. Si è in presenza, in questi casi, di un'ordinaria ipotesi di inadempimento contrattuale (Cass., 17.5.2018, n. 12080; Cass., 20.12.2016, n. 26327).

414. Il possesso di buona fede e di malafede.

Il possesso è giuridicamente protetto a prescindere dalla buona fede: si può essere possessori anche in mala fede.

Il possesso in buona fede, peraltro, riceve una protezione giuridica maggiore rispetto a quello di mala fede (§§ 415 ss.).

È **possessore di buona fede** colui che possiede ignorando di ledere l'altrui diritto (art. 1147, 1° co., cod. civ.).

Esempio. Per il compleanno di sua moglie Francesca, Giovanni compra un gioiello, recandosi nella gioielleria del suo paese. Poco dopo viene a sapere che il bene acquistato è stato rubato dal gioielliere. Giovanni ignorava di ledere il diritto del proprietario derubato: era in buona fede (ciò gli consente di considerarsi proprietario a titolo originario: § 418).

Lo stato di buona fede è escluso dalla **colpa grave** (art. 1147, 2° co., cod. civ.; Cass., 25.10.2019, n. 27411). Ciò vuol dire che deve considerarsi in mala fede colui che ignorava il fatto che la cosa fosse di proprietà altrui, ma avrebbe potuto e dovuto averne conoscenza utilizzando un minimo di diligenza.

Esempio. Giovanni acquista un gioiello per il compleanno di sua moglie in un quartiere di periferia di una grande città, di notte, ad un prezzo basso. Si tratta di circostanze che devono far nascere il sospetto che il venditore è un ladro o un ricettatore.

Il codice, peraltro, introduce un'importante presunzione: il possessore si presume in buona fede, salvo prova contraria (art. 1147, 3° co., cod. civ.; Cass., 2.10.2018, n. 23853). Ciò vuol dire che è soggetto alla più ampia protezione prevista per il possessore in buona fede anche il possessore di cui non si riesca a provare la malafede. Inoltre, affinché il possesso sia considerato in buona fede, è sufficiente che esso sia iniziato come possesso in buona fede, anche se in seguito il possessore abbia acquistato coscienza dell'altruità della cosa (art. 1147, 3° co., cod. civ.). È quanto accade al protagonista del penultimo esempio svolto (che dunque rimane possessore in buona fede).

Agli effetti della qualificazione del possesso (in buona fede o in mala fede) e della durata del possesso, vale la regola per cui il possesso continua nell'erede con effetto dall'apertura della successione (art. 1146, 1° co., cod. civ.: regola della **successione nel possesso**). Il possesso dell'erede, in sostanza, continua quello del defunto (ed i due periodi si sommano) mantenendo l'originaria qualificazione (di buona fede o di mala fede).

Esempio. Il defunto ha avuto il possesso in buona fede del bene immobile per 18 anni. L'erede continua a possedere il bene immobile per altri due anni: raggiunti i venti anni di possesso in buona fede (i due possessi, si è detto, si sommano), l'erede può dire di avere acquistato il bene immobile per usucapione. A nulla valgono, allora, eventuali contestazioni circa la nullità del contratto di compravendita stipulato a suo tempo dal *de cuius*: se il terreno non può dirsi acquistato a titolo derivativo, lo sarà comunque a titolo originario (per usucapione).

Nella successione a titolo particolare, invece, non c'è automatica continuazione del possesso: il nuovo possesso è qualitativamente diverso da quello precedente (art. 1146, 2° co., cod. civ.: regola dell'**accessione nel possesso**; Cass., 8.9.2021, n. 24175). L'acquirente, se gli conviene, può sommare al proprio possesso quello dell'alienante; l'accessione nel possesso potrebbe non giovargli se il possesso dell'alienante era in malafede. Affinché possa venire in gioco la disciplina di cui all'art. 1146, 2° co., cod. civ., è necessario che il trasferimento trovi la propria giustificazione in un titolo astrattamente idoneo a trasferire la proprietà o altro diritto reale sul bene (Cass., 13.8.2018, n. 20715).

Nella successione del possesso, in definitiva, vi è un unico possesso che continua; nell'accessione, due possessi che possono sommarsi.

415. La restituzione dei beni al proprietario ed i diritti del possessore.

Si è detto, sin dall'inizio, che il possesso è una situazione di fatto cui l'ordinamento riconosce effetti giuridici: su tali effetti occorre intrattenersi, con l'intesa che successivamente si studieranno ulteriori effetti giuridici del possesso (sull'acquisto della proprietà §§ 418 ss.).

La situazione da studiare è, ora, la seguente: il possessore può non essere proprietario; quest'ultimo esercita l'azione di rivendicazione e, dimostrato il suo titolo, ottiene la restituzione del bene (art. 948 cod. civ.: § 391).

Il bene, nel frattempo, ha prodotto **frutti** e il possessore li ha percepiti (il terreno ha prodotto mele e pere; l'immobile ha prodotto frutti civili, come il canone di locazione). Ci si chiede a chi spettino questi beni. Secondo il principio generale, previsto dall'art. 821 cod. civ., i frutti maturati spetterebbero al proprietario.

Il legislatore, peraltro, ha considerato che la rigida applicazione di questo principio sarebbe ingiusta nei confronti del possessore in buona fede (il quale ignorava di ledere l'altrui diritto). Da qui la seguente regola codicistica: il possessore di buona fede fa suoi i frutti naturali separati fino al giorno della domanda giudiziale e i frutti civili maturati fino allo stesso giorno. Egli, fino alla restituzione della cosa, risponde verso il rivendicante dei frutti percepiti dopo la domanda giudiziale e di quelli che avrebbe potuto percepire dopo tale data, usando la diligenza del buon padre di famiglia (art. 1148 cod. civ.; Cass., 19.7.2019, n. 19502).

La norma, dunque, non si riferisce al **possessore** di **mala fede**, che è tenuto a restituire i frutti (o, se ciò non è possibile, a restituire l'equivalente in denaro). Al proprietario, tuttavia, non è consentito trarre un indebito guadagno dagli investimenti altrui: pertanto, al possessore in mala fede che debba restituire i frutti è dovuto il rimborso delle spese sostenute per la produzione ed il raccolto (art. 1149 cod. civ.).

A parte la questione dei frutti, di cui si è appena detto, il codice si occupa anche dell'eventualità che il possessore, il quale è tenuto a restituire il bene al proprietario, abbia eseguito **riparazioni** sul bene o vi abbia apportato **miglioramenti** (art. 1150 cod. civ.). Il possessore, anche se di mala fede, ha diritto al rimborso delle spese fatte per le riparazioni straordinarie. Ha anche diritto ad un'indennità per i miglioramenti recati alla cosa, purché sussistano al tempo della restituzione (Cass., 14.12.2021, n. 39917). L'indennità si deve corrispondere nella misura dell'aumento del valore conseguito dalla cosa per effetto dei miglioramenti, se il possessore è di buona fede; se il possessore è di mala fede, nella minor somma tra l'importo della spesa e l'aumento di valore. L'autorità giudiziaria, avuto riguardo alle circostanze, può disporre che il pagamento delle indennità sia fatto ratealmente, ordinando, in questo caso, le opportune garanzie (art. 1151 cod. civ.).

Infine, il possessore di buona fede (e non quello di mala fede), può **ritenere** la cosa, finché non gli siano corrisposte le indennità dovute, purché queste siano state domandate nel corso del giudizio di rivendicazione e sia stata fornita una prova generica della sussistenza delle riparazioni e dei miglioramenti (art. 1152 cod. civ.).

416. Le azioni possessorie. Generalità.

Le azioni petitorie, su cui in precedenza ci si è intrattenuti, sono le azioni a difesa della proprietà (§§ 391 ss.). Le azioni possessorie, invece, sono quelle a tutela del possesso: ecco un altro profilo di rilevanza giuridica del possesso.

Il possessore (a prescindere dal fatto che sia proprietario o meno), il quale sia stato da altri spossessato del bene o sia stato molestato nel suo possesso, può rivolgersi al giudice, ottenendo un provvedimento che ordini la reintegrazione del possesso o la cessazione delle molestie.

Le azioni possessorie sono: (a) l'azione di reintegrazione o di spoglio (art. 1168 cod. civ.); (b) l'azione di manutenzione (art. 1170 cod. civ.). Di esse ci si deve occupare analiticamente (sull'esercizio, da parte del possessore, anche dell'azione di nunciazione § 417).

416.1. *L'azione di reintegrazione o di spoglio.*

L'**azione di reintegrazione** o **di spoglio** (art. 1168 cod. civ.) spetta al possessore che sia stato **violentemente** o **occultamente** spossessato di un bene mobile o di un bene immobile (Cass., 31.1.2019, n. 2991; Cass., 28.7.2021, n. 21613).

Lo spoglio violento è quello effettuato con l'uso della forza o della minaccia; lo spoglio occulto (o clandestino) è quello effettuato di nascosto dal possessore (è il caso del ladro che si intrufola nottetempo nell'appartamento di una persona e gli sottrae un quadro). La giurisprudenza, in realtà, adotta una nozione ampia di violenza: qualifica in tal modo, infatti, qualsiasi azione che produca la privazione totale o parziale del possesso contro la volontà del possessore (Cass., 7.12.2012, n. 22174; Cass., 2.12.2013, n. 26985).

L'azione può essere esercitata entro un anno: il termine annuale decorre dal giorno dello spoglio o, se è avvenuto clandestinamente, da quello della sua scoperta.

L'azione mira, sulla base della semplice notorietà del fatto dello spoglio (Cass., 21.1.2019, n. 2032), ad ottenere la reintegrazione del possesso (ossia l'ordine del giudice all'autore dello spoglio di restituire la cosa al possessore). Qualora sia trascorso un anno, il possesso si consolida in capo a chi ha effettuato lo spoglio: in questo caso la restituzione del bene potrà essere ottenuta attraverso l'azione di rivendicazione, che richiede l'accertamento della qualità di proprietario in capo a colui che agisce in giudizio.

La reintegrazione si può domandare anche contro chi è nel possesso in virtù di acquisto a titolo particolare, fatto con la conoscenza dell'avvenuto spoglio (art. 1169 cod. civ.).

416.2. *L'azione di manutenzione.*

Chi è stato molestato nel possesso di un **immobile**, di un **diritto reale** sopra un **immobile** o di un'**universalità di mobili** può, entro l'anno dalla turbativa, chiedere la manutenzione del possesso medesimo (art. 1170, 1° co., cod. civ.).

La "molestia" nel possesso (si utilizza anche l'espressione "turbativa") indica un comportamento altrui che impedisce o ostacola il possesso del bene (Cass, 23.10.2018, n. 26787; Cass., 5.2.2016, n. 2291, che fa riferimento anche al serio o concreto pericolo che l'attività altrui possa recare un apprezzabile disturbo al possessore). L'azione mira ad ottenere dal giudice un provvedimento che ordini la cessazione della molestia.

Esempio. Le immissioni provenienti dall'altrui fondo, dove vi è uno stabilimento industriale, superano i limiti consentiti dalla legge. Il possessore del fondo che subisce le immissioni può ricorrere al giudice con l'azione di manutenzione.

L'azione è esercitabile se il possesso dura da oltre un anno, continuo e non interrotto, e non è stato acquistato violentemente o clandestinamente. Qualora il possesso sia stato acquistato in modo violento o clandestino, l'azione può esercitarsi, ma dopo che sia decorso un anno dal giorno in cui la violenza o clandestinità sia cessata (art. 1170, 2° co., cod. civ.).

Esempio. Un ladro ha rubato un gregge di pecore (universalità di beni mobili). Può esercitare l'azione di manutenzione (ai sensi dell'art. 1170, 2° co., cod. civ.) solo dopo aver posseduto l'universalità per almeno un anno alla luce del sole, comportandosi agli occhi di tutti come proprietario.

Anche colui che ha subìto uno spoglio non violento o clandestino può chiedere di essere rimesso nel possesso, se ricorrono le condizioni indicate nell'art. 1170, 2° co., cod. civ. (così l'art. 1170, 3° co., cod. civ.). L'azione mira ad ottenere dal giudice un provvedimento che ordini la restituzione della cosa.

La giurisprudenza precisa che l'azione di manutenzione (così come del resto l'azione di spoglio) deve considerarsi esperibile soltanto quando si sia in presenza del c.d. *animus turbandi*: quando, cioè, l'agente sia mosso dalla consapevolezza di recare un pregiudizio al possesso altrui (Cass., 14.2.2017, n. 3901, che però dà ampio rilievo all'elemento presuntivo in presenza della turbativa; Cass., 25.9.2019, n. 23940).

416.3. *L'esercizio delle azioni possessorie (i soggetti legittimati).*

Le azioni possessorie spettano al **possessore** del bene, anche qualora **non** sia **proprietario**; possono essere esercitate, peraltro, anche dal possessore che sia proprietario, il quale spesso preferirà ricorrere alle azioni possessorie avendo oneri probatori più agevoli di quelli che dovrebbe assolvere se agisse con l'azione di rivendicazione.

L'azione possessoria può essere esercitata anche **nei confronti del proprietario** del bene. Lo si ricava dall'art. 705, 1° co., cod. proc. civ., secondo cui "il convenuto nel giudizio possessorio non può proporre giudizio petitorio, finché il primo giudizio non sia definito e la decisione non sia stata eseguita".

La Corte costituzionale, peraltro, ha dichiarato l'illegittimità di questo comma, nella parte in cui "subordina la proposizione del giudizio petitorio alla definizione della controversia possessoria o all'esecuzione della decisione nel caso che ne derivi o possa derivarne un pregiudizio irreparabile al convenuto" (Corte cost., 3.2.1992, n. 25). Pertanto, oggi alla norma va aggiunta la frase "salvo che ne derivi o possa derivarne un pregiudizio irreparabile al convenuto".

In effetti vi era il rischio, prima della pronuncia del giudice delle leggi, che il possessore, avuto ragione nel giudizio possessorio, facesse sparire il bene, privando il proprietario della possibilità di recuperarlo con il successivo giudizio di rivendicazione. La riserva introdotta dalla Corte costituzionale, pertanto, consente al proprietario, convenuto in un giudizio possessorio, di dimostrare un irreparabile pregiudizio e di domandare un sequestro giudiziario del bene.

Il convenuto nel giudizio possessorio, inoltre, può proporre il giudizio petitorio quando dimostri che l'esecuzione del provvedimento non può compiersi per fatto dell'attore (art. 705, 2° co., cod. proc. civ.).

L'**azione di reintegrazione** (non quella di manutenzione) spetta anche a chi abbia la **detenzione qualificata** della cosa, ossia colui che manifesti *animus detinendi* nell'interesse proprio. Pertanto, tale azione non potrà essere esperita da chi detenga il bene per ragioni di servizio o di ospitalità (art. 1168, 2° co., cod. civ.). Ha detenzione per ragioni di servizio, ad esempio, chi detiene gli strumenti di lavoro o il meccanico che detiene la vettura da riparare; ha detenzione per ragioni di ospitalità, invece, chi abiti un immobile (una villa) in quanto ospite del proprietario (il che esclude il rapporto di stabilità e, dunque, la possibilità di promuovere l'azione di reintegrazione).

Il detentore, nei limiti appena visti, gode di una protezione autonoma rispetto al possesso: egli, infatti, può esercitare l'azione di reintegrazione anche nei confronti del possessore (l'inquilino, per intenderci, può esercitare l'azione nei confronti del locatore che lo abbia cacciato di casa facendosi giustizia da sé).

I giudici di legittimità hanno riconosciuto al convivente *more uxorio*, che sia stato estromesso in modo violento o clandestino dalla casa di abitazione, la legittimazione ad esercitare l'azione di spoglio; il potere di fatto esercitato dal convivente sull'immobile altrui non può essere assimilato a quello proprio dell'ospite, ma integra una detenzione qualificata (Cass., 2.1.2014, n. 7; Cass., 27.4.2017, n. 10377).

417. Le azioni di nunciazione.

Le azioni di nunciazione, di cui ci si è già occupati (§ 54), spettano al possessore (senza che debba provare di essere proprietario), al proprietario non possessore e al titolare di un altro diritto reale. Si distingue la denunzia di nuova opera dalla denunzia di danno temuto (entrambe hanno finalità cautelare, in quanto mirano a prevenire un pregiudizio o un danno che può derivare da una nuova opera o dalla cosa altrui, nell'attesa che si accerti il diritto alla loro proibizione).

Si cominci con la **denunzia di nuova opera** (art. 1171 cod. civ.; si vedano anche gli artt. 688 ss. cod. proc. civ.). Il proprietario, il titolare di altro diritto reale di godimento o il possessore, il quale ha ragione di temere che da una nuova opera, da altri intrapresa sul proprio come sull'altrui fondo, stia per derivare danno alla cosa che forma l'oggetto del suo diritto o del suo possesso, può denunziare all'autorità giudiziaria la nuova opera, purché questa non sia terminata e non sia trascorso un anno dal suo inizio. L'autorità giudiziaria, assunta una sommaria cognizione del fatto, può vietare la continuazione dell'opera, ovvero permetterla ordinando le opportune cautele: nel primo caso per il risarcimento del danno prodotto dalla sospensione dell'opera, qualora le opposizioni al suo proseguimento risultino infondate nella decisione del merito; nel secondo caso per la demolizione o riduzione dell'opera e per il risarcimento del danno che possa soffrirne il denunziante, se questi ottiene sentenza favorevole, nonostante la permessa continuazione.

Vi è, poi, la **denunzia di danno temuto** (art. 1172 cod. civ.; si vedano anche gli artt. 688 ss. cod. proc. civ.). Il proprietario, il titolare di altro diritto reale di godimento o il possessore, il quale ha ragione di temere che da qualsiasi edificio, albero o altra cosa derivi pericolo di un danno grave e prossimo alla cosa che forma l'oggetto del suo diritto o del suo possesso, può denunziare il fatto all'autorità giudiziaria e ottenere, secondo le circostanze, che si provveda per ovviare al pericolo. L'autorità giudiziaria, qualora ne sia il caso, dispone idonea garanzia per i danni eventuali.

418. Il possesso come modo di acquisto della proprietà. La regola del possesso vale titolo.

Nella parte introduttiva del Corso si è studiato un principio fondamentale: quello per cui chi acquista un bene da chi non è proprietario (c.d. **acquisto *a non domino***) non può diventare proprietario.

Un'importante eccezione si rinviene nell'art. 1153 cod. civ. (regola del **possesso vale titolo**). È previsto che colui al quale sono alienati beni mobili da parte di chi non è proprietario, ne **acquista** la **proprietà** mediante il possesso, purché sia in buona fede al momento della consegna e sussista un titolo idoneo al trasferimento della proprietà (Cass., 4.2.2021, n. 2612; Cass., 28.2.2019, n. 6007). La proprietà si acquista libera da diritti altrui sulla cosa, se questi non risultano dal titolo e vi è la buona fede dell'acquirente. Nello stesso modo si acquistano i diritti di usufrutto, di uso e di pegno. Se si verificano le condizioni previste dall'art. 1153 cod. civ., dunque, l'acquirente diventerà proprietario a titolo originario e non a titolo derivativo (per un esempio §§ 47.1, 414).

Le **condizioni** che devono concorrere affinché ciò accada sono le seguenti: (a) possesso della cosa attraverso la consegna da parte del dante causa; (b) buone fede al momento della consegna: l'acquirente, cioè, deve ignorare che il dante causa non è il proprietario. È previsto, peraltro, che a colui che ha acquistato conoscendo l'illegittima provenienza della cosa non giovi l'erronea credenza che il suo autore o un precedente possessore ne sia divenuto proprietario (art. 1154 cod. civ.); (c) l'acquisto deve fondarsi su un titolo "astrattamente" idoneo (il titolo, "in concreto", è non idoneo in quanto non si può diventare proprietario di un bene acquistandolo *a non domino*).

È un titolo astrattamente idoneo, ad esempio, la compravendita; non lo è, invece, la locazione (che consente al conduttore di avere il godimento del bene, ma non è titolo idoneo al trasferimento della proprietà).

La regola del possesso vale titolo asseconda esigenze di circolazione della ricchezza che, come si è rilevato in più occasioni, sono particolarmente avvertite dai codici di ispirazione liberale, come quello italiano. Se non operasse la regola del possesso vale titolo (in grado di rendere l'acquisto inattaccabile, alle condizioni previste dalla norma), sicuramente vi potrebbero essere delle remore alla contrattazione in capo agli acquirenti.

Esempio. Devo acquistare un *computer* in un negozio: forse sarebbe meglio non acquistarlo (e prenderlo in locazione) se fossi esposto al rischio di perdere la proprietà del bene, ancorché al momento della compravendita ero in buona fede. So però che, nella concorrenza delle tre condizioni indicate dalla legge, avrò acquistato definitivamente il *computer* (anche se ignoravo che il mio venditore era un ladro patentato).

La regola del possesso vale titolo non opera per i beni immobili, né per l'universalità di beni mobili e per i beni mobili iscritti nei pubblici registri (su quest'ultimi si veda, espressamente, l'art. 1156 cod. civ.; Cass., n. 12860/2018): in questi casi la conoscibilità del diritto del dante causa è facilmente accertabile.

Ancorché il collegamento tra i due articoli sia oggetto di un certo dibattito dottrinale, merita condivisione quella ricostruzione che individua nell'art. 1155 cod. civ. un'applicazione dell'art. 1153 cod. civ.

L'art. 1155 cod. civ. (**acquisto di buona fede e precedente alienazione ad altri**) stabilisce quanto segue: se taluno, con successivi contratti, aliena a più persone un bene mobile, quella tra esse che ne ha acquistato in buona fede il possesso è preferita alle altre, anche se il suo titolo è di data posteriore.

La norma, dunque, regola un possibile conflitto tra più acquirenti di beni mobili: ad essere preferito non è colui che per primo ha stipulato il contratto, ma colui che per primo ha ricevuto la consegna del bene.

Esempio. Viene venduto un gioiello ad un primo acquirente, Aldo, che però si ripromette di passare a prenderlo in consegna più tardi. Il gioielliere, successivamente, vende lo stesso gioiello a Giovanni, il quale pure non prende in consegna il bene mobile, intendendo passare a ritirarlo dopo qualche giorno. Infine, il gioiello viene venduto ad un terzo acquirente, Giacomo, il quale non soltanto paga il gioiello, ma lo prende subito in consegna: è quest'ultimo ad essere proprietario del bene mobile.

In effetti il terzo acquirente acquista *a non domino* (il gioielliere, con la prima compravendita ad Aldo, non è più proprietario): tuttavia, essendoci un titolo astrattamente idoneo (la compravendita) nonché la consegna del bene e la buona fede al momento della consegna, è il Sig. Giacomo a diventare proprietario del bene. Ecco perché l'art. 1155 cod. civ. può considerarsi un'applicazione dell'art. 1153 cod. civ.

Rimane da spiegare, dal punto di vista teorico, come faccia il primo acquirente (Aldo) a perdere la proprietà del bene a favore del successivo acquirente (Giacomo): non si dimentichi che il primo acquirente, per effetto del principio consensualistico, deve considerarsi proprietario a tutti gli effetti (non servendo la consegna a perfezionare l'acquisto).

Per coordinare il principio consensualistico con la regola di cui all'art. 1153 cod. civ. può mettersi capo alla seguente ricostruzione: l'acquisto senza consegna del primo acquirente è sottoposto alla condizione risolutiva di un successivo acquisto, caratterizzato dalla presa in consegna e dalla buona fede del successivo acquirente (verificandosi, in sostanza, questi eventi incerti e futuri, il primo acquisto è destinato a venire meno).

419. L'usucapione: definizione e fondamento.

Si è studiata, nelle pagine precedenti, la possibile **dissociazione** fra **proprietà** e **possesso** di un bene: è vero che si può essere proprietari e possessori di un bene (compro una casa di campagna nel Montefeltro, vicino ad Urbino, e ci abito con la mia famiglia); può anche accadere, però, che le due situazioni non coincidano (compro una casa a Viareggio e non la abito: mi disinteresso di essa, tanto che dopo qualche tempo qualcuno comincia ad abitarla, come se fosse proprietario).

Quando la dissociazione fra proprietà e possesso continua per il periodo di tempo indicato dalla legge, il proprietario non possessore perde la proprietà del bene ed il possessore non proprietario ne diventa proprietario per **usucapione**. Attraverso il possesso, peraltro, si può usucapire non soltanto la proprietà ma anche altri diritti reali di godimento.

Vi sono abbastanza elementi per fornire una **definizione** di usucapione: essa è un modo di acquisto a titolo originario della proprietà e degli altri diritti reali di godimento, basato sul possesso.

Se ci si ferma a riflettere, l'usucapione è un istituto opposto alla prescrizione estintiva: con quest'ultima, infatti, il non esercizio del diritto determina l'estinzione del diritto; con l'usucapione, invece, chi non è titolare di un diritto, ma esercita poteri corrispondenti (attraverso il possesso), acquista il diritto; ecco perché si suole indicare l'usucapione in termini di **prescrizione acquisitiva**. Va rilevato, peraltro, che in linea generale tutti i diritti soggettivi (tranne quelli imprescrittibili) sono soggetti a prescrizione estintiva; diversamente, possono acquistarsi per usucapione soltanto i diritti reali di godimento (non si ha prescrizione acquisitiva, per intendersi, dei diritti di credito o dei diritti reali di garanzia). Non sono usucapibili, inoltre, i beni pubblici.

Le **ragioni** dell'usucapione rimandano ad esigenze di certezza dei rapporti giuridici, che consigliano (trascorso un certo lasso di tempo) di far coincidere lo stato di diritto con lo stato di fatto. La coincidenza viene realizzata a favore di colui che è considerato più meritevole (colui, cioè, che ha mostrato l'attitudine ad un impiego produttivo delle risorse).

L'usucapione, inoltre, asseconda esigenze di circolazione della ricchezza: si pensi ad un acquirente di una casa il quale, per essere certo di essere diventato proprietario (in assenza dell'istituto dell'usucapione), dovrebbe dimostrare che il suo alienante era proprietario dell'immobile, ma anche il precedente alienante, e così via, risalendo fino all'iniziale alienante (c.d. *probatio diabolica* della proprietà). L'usucapione, invece, rende più agevole la prova della proprietà da parte dell'acquirente (che, in definitiva, è più stimolato a stipulare il contratto di compravendita): quest'ultimo sa che, anche se non sarà diventato proprietario a titolo derivativo, lo sarà diventato a titolo originario (potendo contare, eventualmente, non soltanto sul proprio possesso ma anche su quello del suo alienante).

Un punto va chiarito. L'acquisto per usucapione si verifica automaticamente, per effetto del possesso continuato e qualificato a seguito del decorso del tempo necessario. Pertanto, l'eventuale sentenza di accertamento ha natura dichiarativa e non costitutiva del diritto esistente (Cass., n. 13973/2000). Ne discende, allora, che non può ritenersi nullo il trasferimento di un immobile sul quale il venditore abbia esercitato il possesso per il tempo sufficiente al compimento dell'usucapione, ancorché l'acquisto della proprietà non sia stato giudizialmente accertato in contraddittorio con il precedente proprietario (Cass., 29.3.2018, n. 7853; Cass., 5.2.2007, n. 2485). Diversamente argomentando, si verificherebbe la situazione per cui "chi ha usucapito sarebbe proprietario, ma non potrebbe disporre validamente del bene fino a quando il suo acquisto non fosse accertato giudizialmente" (Cass., n. 2485/2007). Nella pratica, d'altra parte, si evidenza la necessità che in sede di stipula dell'atto di compravendita l'acquirente sia reso edotto dal notaio circa il rischio che assume con l'acquisto, per aver fondato l'alienante la sua proprietà sulla maturata usucapione non ancora accertata giudizialmente (Cass., n. 7853/2018). Non sono usucapibili i beni *extra commercium*, ossia i beni demaniali ed i beni patrimoniali indisponibili.

419.1. *Le caratteristiche del possesso ai fini dell'usucapione.*

Ai fini dell'usucapione, il **possesso** deve presentare alcune **caratteristiche**, di cui ci si deve occupare. Il possesso non deve essere stato acquistato con violenza o con clandestinità (si dice che il **possesso non** deve essere **vizioso**; Cass., 28.1.2022, n.

2682). Lo stabilisce il codice, per il quale "il possesso acquistato in modo violento o clandestino non giova per l'usucapione se non dal momento in cui la violenza o la clandestinità è cessata" (art. 1163 cod. civ.). Soltanto dal momento in cui si inizia a possedere "alla luce del sole", dunque, inizia a decorrere il termine per la prescrizione acquisitiva (la ragione è ovvia: solo da quel momento il titolare del diritto reale può reagire contro il possesso altrui).

Da non confondere con il possesso vizioso è il possesso in mala fede: quest'ultimo possesso non impedisce l'inizio del decorso del termine per l'usucapione (semmai, lo si vedrà tra poco, il possessore in mala fede non potrà giovarsi dell'usucapione abbreviata).

Sempre ai fini dell'usucapione, inoltre, il **possesso** deve essere **continuo**, ossia non deve essere interrotto (l'art. 1142 cod. civ. prevede, a tal proposito, la presunzione del possesso intermedio: spetterà a chi eventualmente sostenga il contrario dimostrarlo, come ribadito da Cass., n. 3517/2017; sulla possibilità di ricorrere alla prova testimoniale per provare il possesso *ad usucapionem* si veda Cass., n. 2977/2019; sulla continuità dell'usucapione si veda anche: Cass., 8.10.2021, n. 27376). In base all'art. 1165 cod. civ., le disposizioni generali sulla prescrizione, quelle relative alle cause di sospensione e d'interruzione e al computo dei termini si osservano, "in quanto applicabili", rispetto all'usucapione (sull'interruzione della prescrizione estintiva § 49.2). La giurisprudenza precisa che la domanda giudiziale volta a privare il possessore del bene (si pensi ad un'azione di rivendicazione o ad un'azione di spoglio) presenta un'efficacia interruttiva, mentre non è sufficiente una semplice richiesta per iscritto di rilascio dell'immobile (Cass., 28.2.2019, n. 6029). L'interruzione dell'usucapione si ha anche quando il possessore abbia effettuato il riconoscimento del diritto del titolare (Cass., 26.10.2018, n. 27). L'**usucapione**, inoltre, è **interrotta** quando il possessore è stato privato del possesso per oltre un anno (art. 1167, 1° co., cod. civ.). Peraltro, l'interruzione si ha come non avvenuta se è stata proposta l'azione diretta a recuperare il possesso e questo è stato recuperato (art. 1167, 2° co., cod. civ.).

Una volta avvenuta l'interruzione del possesso, se il possesso continua, inizia a decorrere un nuovo termine ai fini dell'usucapione.

La giurisprudenza di legittimità ha inoltre affermato che, visto il rinvio dell'art. 1165 cod. civ. all'art. 2943 cod. civ., gli atti interruttivi del possesso ai fini dell'usucapione sono tassativamente elencati. Non è quindi consentito attribuire efficacia interruttiva ad atti diversi da quelli stabiliti dalla legge (Cass., 8.9.2021, n. 24176).

L'usucapione può essere **sospesa** per le stesse cause previste per la prescrizione estintiva (art. 1165 cod. civ.; sulla sospensione della prescrizione estintiva § 49.2). Gli effetti della sospensione sono i seguenti: durante il periodo di sospensione vi è un "congelamento" del decorso del termine (mentre il periodo di tempo già maturato non si cancella); venuta meno la causa di sospensione, inizierà nuovamente a decorrere il termine per l'usucapione, che si unirà a quello che nel frattempo è già decorso.

419.2. *I termini ai fini dell'usucapione (usucapione ordinaria e usucapione abbreviata).*

Il **tempo necessario** per poter usucapire un bene varia, innanzitutto, in base alla specie di beni: in genere, la proprietà dei **beni immobili** e gli altri diritti reali di godimento sui beni medesimi si acquistano in virtù del possesso continuato per venti anni (art. 1158 cod. civ.).

L'usucapione di un'**universalità di mobili** o di diritti reali di godimento sopra la medesima si compie in virtù del possesso continuato per venti anni (art. 1160, 1° co., cod. civ.).

L'usucapione dei **beni mobili registrati** si compie in virtù del possesso continuato per dieci anni (art. 1162, 2° co., cod. civ.).

I **termini**, però, possono essere più **brevi**. Colui che acquista in buona fede da chi non è proprietario di un immobile, in forza di un titolo che sia idoneo a trasferire la proprietà e che sia stato debitamente trascritto, ne compie l'usucapione in suo favore col decorso di dieci anni dalla data della trascrizione (art. 1159 cod. civ.; Cass., 17.6.2019, n. 16152).

Quando la situazione appena ricordata si verifica per i beni mobili registrati, bastano tre anni dalla trascrizione (art. 1162, 1° co., cod. civ.).

L'**usucapione** vale anche per i **beni mobili**, quando non ricorrono le condizioni per l'acquisto immediato della proprietà, secondo la regola del possesso vale titolo. Quando non vi sia il titolo idoneo, ma sussista il possesso in buona fede, occorrono dieci anni per usucapire il bene mobile; qualora, invece, vi sia il possesso in mala fede occorrono venti anni (art. 1161 cod. civ.).

La giurisprudenza di legittimità ha stabilito che, ai fini dell'usucapione, l'azienda, quale complesso dei beni organizzati per l'esercizio dell'impresa, deve essere considerata come un bene distinto dai singoli componenti: essa, dunque, è suscettibile di essere unitariamente posseduta e, nel concorso degli elementi previsti dalla legge, usucapita (Cass., Sez. Un., 5.3.2014, n. 5087).

Un'**usucapione speciale** vale per la **piccola proprietà rurale** (art. 1159-*bis* cod. civ.; Cass., 30.7.2018, n. 20068): la proprietà dei fondi rustici con annessi fabbricati situati in comuni classificati montani dalla legge si acquista in virtù del possesso continuato per quindici anni. Colui che acquista in buona fede da chi non è proprietario in forza di un titolo che sia idoneo a trasferire la proprietà e che sia debitamente trascritto, un fondo rustico con annessi fabbricati, situati in comuni classificati montani dalla legge, ne compie l'usucapione in suo favore col decorso di cinque anni dalla data di trascrizione.

Parte decima

LA FAMIGLIA

Capitolo 68
PRINCIPI E NOZIONI

SOMMARIO: 420. La famiglia: evoluzione dell'istituto. – 421. La famiglia e i princìpî ispiratori della Carta costituzionale. – 422. La nozione di parentela ed affinità.

420. La famiglia: evoluzione dell'istituto.

La famiglia ha origini antichissime, fino a perdersi nella notte dei tempi. Una delle testimonianze più risalenti di nucleo familiare si rinviene nella "famiglia di Eulau" (Sassonia): si tratta di una tomba, datata 4.600 anni fa, che contiene i resti di un uomo e di una donna, di circa trent'anni; assieme a loro si trovano le sembianze di due bambini, cui è stata attribuita l'età di 5 e 9 anni. Lo studio del loro DNA ha confermato l'esistenza di un legame sanguigno fra i genitori e i figli; il vincolo familiare, del resto, si ricava anche dalla peculiarità della sepoltura: i corpi vennero ritrovati tutti abbracciati.

Il nucleo familiare accompagna da sempre la vita dell'uomo, come testimoniato da numerosi miti, leggende, documenti storici e religiosi, che narrano continuamente dell'esistenza di questo modello sociale. Nelle rappresentazioni geroglifiche dell'antico Egitto l'uomo viene di sovente accompagnato, nelle sue azioni, dalla moglie e dai figli. La raffigurazione delle storie d'amore di Ramses II e Nefertari, o di Tutankamon e Ankhsenama costituiscono degli spaccati significativi di come si svolgeva, all'epoca, la vita familiare.

Non si può comprendere la storia della Roma Antica, del resto, se non si conosce l'istituto della famiglia. Essa, creata con l'unione tra l'uomo e la donna, era costituita dall'insieme dei beni e delle persone soggetti alla potestà del *pater familias*. La famiglia romana non era soltanto un'istituzione sociale privata, ma anche pubblica, poiché tutte le attività più importanti si svolgevano all'interno del nucleo familiare: non solo la procreazione e l'istruzione dei figli, ma anche le cerimonie religiose e le attività economiche.

Il marito aveva tutti i poteri (la *potestas*) sui beni e sulle persone che facevano parte della famiglia: comprava e vendeva, si occupava dell'educazione dei figli, compiva i sacrifici e dirigeva le cerimonie religiose. Poteva uccidere la moglie, in caso di tradimento, senza dover subire un processo. Qualora a tradire fosse stato l'uomo, lo stesso poteva subire una condanna non in quanto traditore della moglie, ma poiché aveva insidiato la moglie di un altro uomo. Fra i suoi poteri vi era anche quello di vendere i figli come schiavi, se lo avesse ritenuto necessario. Tale assetto conobbe un'evoluzione nel corso del tempo, specie con la diffusione del cristianesimo, che coincise con un'attenuazione dei poteri assoluti del *pater familias*.

Se la **famiglia**, dunque, è il **nucleo essenziale** e fondante di ogni **comunità umana**, il suo ruolo e la sua struttura sono soggetti a cambiamenti, anche radicali, nel corso del tempo. Basti pensare ai tempi presenti, caratterizzati spesso da un modello di **famiglia nucleare**, formata cioè da un nucleo essenziale di componenti (genitori e figli).

Ancora agli inizi del Novecento era predominante la **famiglia estesa**, allargata a fratelli e sorelle del padre, cugini, nonni. Le esigenze della **società agricola**, infatti, imponevano un'ampia comunità di familiari in grado di dispiegare una rilevante forza lavoro, con a capo un *pater familias* che decidesse i compiti da distribuire.

Il codice civile del 1865 ben tradusse queste istanze sociali ed economiche. Il marito veniva considerato il capo della famiglia e, in quanto tale, aveva il dovere di proteggere la moglie e di tenerla con sé. La moglie assumeva il cognome del marito ed aveva l'obbligo di accompagnarlo dovunque egli ritenesse opportuno fissare la residenza. Non poteva, inoltre, compiere atti giuridici di una certa rilevanza se non con l'autorizzazione del marito.

In caso di decesso del padre, la potestà passava alla madre, la quale però doveva essere affiancata da un consiglio di famiglia, formato dagli ascendenti, dai fratelli e dagli zii di sesso maschile dell'orfano; il consiglio era chiamato ad esercitare funzioni consultive e di autorizzazione.

L'adulterio della moglie era considerato un reato e legittimava la pronuncia della separazione. Il tradimento del marito, invece, per condurre ad una pronuncia di separazione, doveva assumere le caratteristiche di una relazione adulterina scandalosa (il che accadeva, ad esempio, allorché la concubina fosse stata accolta nella casa coniugale).

Quanto al rapporto con i figli, basti considerare che il padre, pur non potendo far incarcerare il figlio disubbidiente (come prevedeva il codice napoleonico), poteva collocarlo in una casa di correzione.

I figli "naturali", poi, oltre ad avere una condizione di inferiorità rispetto ai figli "legittimi", non potevano essere riconosciuti se uno dei genitori fosse stato legato ad un vincolo matrimoniale al momento del concepimento (si vedrà, di seguito, come l'attuale legislazione imponga di superare la tradizionale terminologia di "figli naturali" e "figli legittimi").

Emerge, da questi brevi cenni, come il codice del 1865 avesse in mente l'idea di una famiglia istituzionale e decisamente maschilista, restia ad accettare interferenze esterne: tanto che lo Stato era chiamato soltanto ad offrire il suo "braccio secolare" per condurre in carcere la moglie adultera o il figlio disobbediente.

L'idea della preminenza dell'uomo, all'interno della famiglia, è rimasta anche nel codice civile del 1942: qui, però, lo Stato autoritario non accetta più di fermarsi alle soglie della famiglia, conformemente all'idea, in voga in quel tempo, secondo cui "l'individuo non esiste se non in quanto è nello Stato". Quest'ultimo, in sostanza, ritiene che sia suo compito proteggere alcuni soggetti più deboli all'interno della famiglia; da qui la previsione di leggi che affidino ai magistrati il potere di intervenire (anche d'ufficio) per risolvere i problemi relativi agli interessi materiali e spirituali dei minori. In quest'ottica si spiega la creazione del tribunale per i minorenni (nel 1934) e del giudice tutelare (nel 1939).

421. La famiglia e i principî ispiratori della Carta costituzionale.

L'entrata in vigore della Costituzione italiana ha portato un'importante ventata di novità anche nel diritto di famiglia.

Tre sono gli articoli che, specificamente, si occupano della materia. Per l'art. 29 Cost., "la Repubblica riconosce i diritti della famiglia come società naturale fondata sul matrimonio (1° co.). Il matrimonio è ordinato sull'**eguaglianza morale e giuridica dei coniugi**, con i limiti stabiliti dalla legge a garanzia dell'unità familiare (2° co.)". Viene sancito il principio fondamentale della parità tra i coniugi, che troverà una piena consacrazione con la Riforma del diritto di famiglia del 1975.

L'art. 30 Cost., poi, stabilisce che "è **dovere** e **diritto** dei **genitori mantenere**, **istruire** ed **educare** i figli, anche se nati fuori dal matrimonio (1° co.). Nei casi di incapacità dei genitori, la legge provvede a che siano assolti i loro compiti (2° co.). La legge assicura ai **figli nati fuori dal matrimonio** ogni tutela giuridica e sociale, compatibile con i diritti dei membri della famiglia legittima (3° co.). La legge detta le norme ed i limiti per la ricerca della paternità (4° co.)".

L'innovazione è evidente: il matrimonio è fondato sull'eguaglianza morale e giuridica dei coniugi. Viene inoltre assicurata ai figli "naturali" ogni tutela giuridica e morale, compatibilmente con i diritti dei componenti della famiglia legittima. Si noti come, sotto quest'ultimo aspetto, la legge costituzionale istituisca una gerarchia fra la famiglia "legittima" (cui è accordata preminenza) e la famiglia "naturale"; attualmente, però, non è più possibile discutere di famiglia "legittima" e, dunque, deve considerarsi superata la gerarchia prospettata dalla Costituzione.

Infine, l'art. 31 Cost. proclama che "la **Repubblica agevola** con misure economiche e altre provvidenze **la formazione della famiglia** e l'adempimento dei compiti relativi, con particolare riguardo alle famiglie numerose (1° co.). Protegge la maternità, l'infanzia e la gioventù, favorendo gli istituti necessari a tale scopo (2° co.)". La Costituzione, in questo modo, ammonisce il legislatore affinché assicuri una protezione alla madre, che va dal momento del concepimento a quello dei primi mesi del bambino. La madre lavoratrice, in particolare, è destinataria di una triplice forma di tutela: tutela dell'occupazione (che impedisce il licenziamento della donna dall'inizio della gestazione fino al compimento di un anno di età); tutela fisica (che impone limiti quantitativi e qualitativi del lavoro durante il periodo della gravidanza e dell'allattamento); tutela economica (che si traduce, fra l'altro, nella previsione di indennità a favore della madre lavoratrice nel periodo di astensione dal lavoro).

La protezione dell'infanzia e della gioventù, invece, è realizzata attraverso molteplici istituti, intesi ad assicurare, ad esempio, il diritto all'educazione e all'istruzione, dalla scuola d'infanzia fino alla scuola dell'obbligo. Nella direzione prospettata dalla norma costituzionale, poi, si muovono quegli interventi legislativi diretti a favorire l'avviamento professionale e l'attività ricreativa e sportiva dei giovani. La l. 12.7.2011, n. 112 ha istituito l'**Autorità garante per l'infanzia e l'adolescenza**. Il Garante è un organo monocratico, con poteri autonomi di organizzazione e senza vincoli di subordinazione gerarchica. Il titolare ha una serie di funzioni di promozione, collaborazione, garanzia, consultive. Può essere chiamato ad esprimere pareri su disegni di legge e sugli atti del Governo riguardanti la tutela dei diritti dell'infanzia e dell'adolescenza.

I principî costituzionali sulla famiglia, d'altra parte, non ebbero un'attuazione immediata: soltanto a partire dalla fine degli anni Sessanta del secolo scorso si affermò un indirizzo (normativo e giurisprudenziale) volto a rendere operante il dettato costituzionale all'interno della famiglia.

In particolare, nel 1968 la Corte costituzionale dichiarò l'illegittimità delle norme che, in tema di separazione, consideravano diversamente l'adulterio del marito rispetto a quello della moglie (Corte cost., n. 127/1968). Con una precedente pronuncia era stata dichiarata illegittima la diversa configurazione dei reati di adulterio commessi dall'uomo o dalla donna (Corte cost., n. 126/1968; con la sentenza n. 147/1969 lo stesso reato di adulterio venne cancellato).

Nel 1970, ancora, la Corte costituzionale dichiarò illegittimo il differente trattamento normativo tra marito e moglie separati, nella parte in cui si affermava che il marito fosse sempre obbligato al mantenimento, mentre la moglie soltanto se il marito non avesse i mezzi sufficienti per provvedervi (Corte cost., n. 133/1970). Ed ancora, vennero eliminate alcune discriminazioni fra figli "legittimi" e "naturali" in materia successoria (Corte cost., n. 205/1970, n. 79/1969).

Anche il legislatore, in quegli anni, ebbe un ruolo fondamentale: nel 1970 venne introdotta la legge sul divorzio (l. 1.12.1970, n. 898, e successive modifiche); nel 1975, poi, si ebbe una **Riforma** organica di larghi settori **del diritto di famiglia** (l. 19.5.1975, n. 151).

Queste furono le principali innovazioni introdotte dal legislatore nel 1975, alcune delle quali saranno riprese nel prosieguo del discorso: innalzamento dell'età necessaria per contrarre matrimonio; rivisitazione delle cause di invalidità del matrimonio; piena parificazione tra uomo e donna nella gestione della famiglia e nell'esercizio della potestà (attualmente si dice responsabilità genitoriale); abolizione della separazione per "colpa", che oggi può essere pronunciata con "addebito" a carico di un coniuge; introduzione della comunione degli "acquisti" quale regime patrimoniale legale tra i coniugi; sostanziale (anche se non completa) equiparazione fra i figli "naturali" e figli "legittimi"; riconoscimento anche in capo alla madre ed al figlio dell'azione di disconoscimento della paternità.

La Riforma del 1975, naturalmente, pur segnando un momento fondamentale nella storia del diritto di famiglia, non ha esaurito l'attenzione del legislatore per la materia. Il che non deve sorprendere, considerando la continua evoluzione dell'istituto della famiglia.

Basti ricordare alcune "tappe", successive alla Riforma del diritto di famiglia: la l.

n. 74/1987, che ha modificato la disciplina sul divorzio; la modifica, a più riprese, dell'originaria legge sull'adozione (l. n. 431/1967), avvenuta con la l. n. 184/1983 e, successivamente, con la l. n. 149/2001; la legge per combattere la violenza all'interno della famiglia (l. 4.4.2001, n. 154); la legge sulla procreazione medicalmente assistita (l. 19.2.2004, n. 40); la legge sull'affidamento condiviso (l. 8.2.2006, n. 54).

Ed ancora, la l. 10.12.2012, n. 219, recante "Disposizioni in materia di riconoscimento dei figli naturali", ha affermato definitivamente il principio di uguaglianza giuridica di tutti i figli, a prescindere dalla loro nascita dentro o fuori dal rapporto matrimoniale (l'art. 1 della l. n. 219/2012 prevede espressamente la sostituzione delle parole "figli legittimi" e "figli naturali", ovunque ricorrano nel codice civile, con la parola "figli"; il nuovo art. 315 cod. civ. stabilisce che "tutti i figli hanno lo stesso stato giuridico").

La l. n. 219/2012 ha modificato in più parti il codice civile (art. 1 l. n. 219/2012); ha sottratto al tribunale per i minorenni la competenza rispetto ad una serie di provvedimenti in tema di affidamento e mantenimento dei figli, che sono stati assegnati al tribunale ordinario (art. 3 l. n. 219/2012); ha delegato il Governo a modificare le disposizioni vigenti in materia di filiazione e dichiarazione dello stato di adottabilità, al fine di eliminare ogni residua discriminazione tra figli legittimi, naturali ed adottivi (art. 2 l. n. 219/2012).

La delega è stata attuata con il d.lgs. 28.12.2013, n. 154, il quale ha ridisegnato alcuni istituti del diritto di famiglia. Qualche interprete non ha esitato ad affermare che il d.lgs. n. 154/2013, per novità ed intensità, superi la forza innovativa che, a suo tempo, aveva avuto la Riforma del 1975. Nelle prossime pagine, dunque, si farà riferimento alla disciplina codicistica, così come risultante dalle recenti novelle legislative.

Altre novità si attendono in futuro: la l. 26.11.2021, n. 206, in particolare, contiene una delega al Governo per la riforma, tra l'altro, dei procedimenti in materia di diritti delle persone e della famiglia.

I riferimenti costituzionali alla famiglia debbono essere completati con la menzione dell'art. 2 Cost., per il quale la Repubblica riconosce e garantisce i diritti inviolabili dell'uomo, sia come singolo sia nelle **formazioni sociali** in cui si svolge la sua personalità. La disposizione costituzionale, nel far riferimento alle "formazioni sociali", non ha riguardo soltanto alla famiglia tradizionale, ossia a quella fondata sul matrimonio. Non esisteva, fino ad oggi, uno statuto generale della famiglia non matrimoniale. Dopo un lungo e travagliato percorso il legislatore ha approvato, di recente, la l. 20.5.2016, n. 76 recante la "regolamentazione delle unioni civili tra persone dello stesso sesso" e la "disciplina delle convivenze". Su tale importante legge ci si intratterrà nel prosieguo del discorso.

422. La nozione di parentela ed affinità.

Sulla base delle premesse svolte, il discorso sarà in primo luogo incentrato sulla disciplina che riguarda la famiglia fondata sul matrimonio.

Occorre però partire da alcune definizioni fondamentali che servono per orientarsi all'interno della famiglia: ci si riferisce alle nozioni di parentela ed affinità.

La **parentela** è il vincolo tra le persone che discendono da uno stesso **stipite**, sia nel caso in cui la filiazione è avvenuta all'interno del matrimonio, sia nel caso in cui è avvenuta al di fuori di esso, sia nel caso in cui il figlio è adottivo. Il vincolo di parentela non sorge nei casi di adozione di persone di maggiore età (art. 74 cod. civ., così sostituito dall'art. 1, 1° co., l. n. 219/2012).

La nuova formula dell'art. 74 cod. civ. consente la creazione di rapporti di parentela fra il figlio nato fuori dal matrimonio e la famiglia del genitore (tra il figlio non matrimoniale ed i parenti del genitore; tra il figlio non matrimoniale ed il figlio matrimoniale; tra i diversi figli nati fuori dal matrimonio). Risponde alle medesime finalità il nuovo art. 258, 1° co., cod. civ., secondo cui "il riconoscimento produce effetti riguardo al genitore da cui fu fatto e riguardo ai parenti di esso".

Il completo inserimento del figlio adottivo nella famiglia non è limitato all'ipotesi di ordinaria adozione dei minori, ma riguarda anche l'adozione "in casi particolari" (§ 452).

Il carattere fortemente innovativo della nuova disciplina ha consigliato il legislatore di dettare una specifica disposizione sul **diritto transitorio**: l'art. 104 del d.lgs. n. 154/2013 prevede che, fermi restando gli effetti del giudicato, la nuova disciplina sulla filiazione sia applicabile anche alle successioni già aperte.

Si distingue la parentela **in linea** retta da quella **collaterale**: sono parenti in linea retta le persone di cui l'una discende dall'altra; in linea collaterale quelle che, pur avendo uno stipite comune, non discendono l'una dall'altra (art. 75 cod. civ.). Un esempio di parentela in linea retta è rappresentato dal rapporto che intercorre tra genitori e figli o fra nonno e nipote; il rapporto fra fratelli o fra zio e nipote costituisce, invece, un esempio di parentela in linea collaterale.

Il **grado di parentela** è l'intervallo generazionale che separa tra loro due o più soggetti: nella linea retta si computano altrettanti gradi quante sono le generazioni, escluso lo stipite (art. 76, 1° co., cod. civ.); nella linea collaterale i gradi si computano dalle generazioni, salendo da uno dei parenti fino allo stipite comune e da questo discendendo all'altro parente, sempre restando escluso lo stipite (art. 76, 2° co., cod. civ.). I latini, in proposito, dicevano: *tot sunt gradus quot personae, dempto stipite.*

Esempio. Tenendo a mente la disposizione codicistica (art. 76 cod. civ.) può dirsi che zio e nipote sono parenti in linea collaterale di terzo grado; i cugini sono parenti collaterali di quarto grado; il padre ed il figlio sono parenti in linea retta di primo grado; nipote ed avo sono parenti in linea retta di secondo grado.

La legge non riconosce il vincolo di parentela oltre il sesto grado, salvo che per alcuni effetti specialmente determinati (art. 77 cod. civ.). L'art. 87, 1° co., n. 1, cod. civ., in particolare, prevede l'impedimento al matrimonio tra parenti in linea retta all'infinito ("non possono contrarre matrimonio, fra loro, gli ascendenti e i discendenti in linea retta").

In alcuni casi, peraltro, il legislatore limita la rilevanza della parentela entro un grado inferiore al sesto: ad esempio sono legittimati a promuovere il giudizio di interdizione o di inabilitazione i parenti entro il quarto grado (§§ 73 ss.).

Quanto ai fratelli, che sono parenti in linea collaterale di secondo grado, si distinguono i **fratelli germani** dai **fratelli unilaterali**. I fratelli e le sorelle che discendono dagli stessi genitori si chiamano fratelli germani; i fratelli e le sorelle che hanno in comune un solo genitore ricevono l'appellativo di fratelli unilaterali (uterini, se hanno in comune la madre; consanguinei, se hanno in comune il padre). La differenza rileva ai fini dell'obbligo alimentare (art. 433, n. 6, cod. civ.) nonché della successione ereditaria (art. 570, 2° co., cod. civ.).

L'**affinità**, invece, è il vincolo tra un coniuge ed i parenti dell'altro coniuge (art. 78, 1° co., cod. civ.). Essa si costituisce, automaticamente, per effetto del matrimonio.

Esempio. Comunemente si dice che sono parente di mia suocera: giuridicamente, però, ho un rapporto di affinità con la madre di mia moglie.

Nella linea e nel grado in cui taluno è parente di uno dei coniugi, è affine dell'altro coniuge (art. 78, 2° co., cod. civ.). La norma vuol dire questo: anche il rapporto di affinità si distingue per linea (retta o collaterale) e per grado. Questi caratteri, però, sono determinati attraverso il riferimento al rapporto di parentela che vi è con uno dei coniugi. Pertanto, se una persona è parente di secondo grado in linea retta di uno dei coniugi, è affine nella stessa linea e grado dell'altro coniuge.

Va ricordato, infine, che il rapporto di affinità si costituisce soltanto fra un coniuge ed i parenti dell'altro coniuge. Ciò vuol dire che gli affini di ciascun coniuge non sono affini tra loro (*adfines inter se non sunt adfines*).

Capitolo 69
IL MATRIMONIO

423. La promessa di matrimonio.

Il matrimonio crea un vincolo giuridico (§§ 430 ss.). Occorre chiedersi, peraltro, quale rilievo abbia la **promessa** che i **nubendi** (ossia i futuri sposi) fanno **di sposarsi** (promessa che può essere formulata da entrambi i futuri sposi o da soltanto uno di essi).

Il codice prevede che la promessa di matrimonio ("prometto solennemente che l'anno prossimo, dopo che mi sarò laureato, ti sposerò") non obbliga a contrarlo né ad eseguire ciò che si fosse convenuto per il caso di non adempimento (art. 79 cod. civ.).

Esempio. Due ragazzi decidono di sposarsi dopo sei mesi. Mettono per iscritto il loro impegno, aggiungendo che, qualora uno dei due si rifiutasse di contrarre matrimonio, pagherà all'altro una somma di denaro a titolo di penale. Il loro impegno non potrà essere suscettibile di esecuzione coattiva; la penale, a sua volta, non ha effetto.

Qualora il matrimonio non sia stato celebrato, il promittente può semmai domandare la restituzione dei **doni fatti a causa della promessa di matrimonio** (art. 80, 1° co., cod. civ.). L'interpretazione letterale della norma permette di affermare che l'obbligo di restituzione dei doni sussiste indipendentemente dall'imputabilità, ad uno o all'altro dei nubendi, delle cause che hanno portato alla rottura del fidanzamento.

Un dono fatto in vista della promessa di matrimonio è l'anello di fidanzamento o il soprammobile destinato ad arredare la futura casa, che i nubendi intendono acquistare per abitarci una volta sposati. Tra questi doni può annoverarsi anche l'acquisto di un appartamento, da parte di uno dei nubendi, finanziato con il denaro dell'altro, in previsione del matrimonio: si tratta di una donazione indiretta che, ove non venga celebrato il matrimonio, risulta priva della *causa donandi* (Cass., 25.10.2021, n. 29980).

La domanda di restituzione non è proponibile dopo un anno dal giorno in cui s'è avuto il rifiuto di celebrare il matrimonio o dal giorno della morte di uno dei promittenti (art. 80, 2° co., cod. civ.).

La promessa di matrimonio fatta vicendevolmente per **atto pubblico** o per **scrittura privata** da una persona maggiore di età o dal minore ammesso a contrarre matrimonio, oppure risultante dalla richiesta della **pubblicazione**, obbliga il promittente che **senza giusto motivo** ricusi di eseguirla a risarcire il danno cagionato all'altra parte per le spese fatte e per le obbligazioni contratte a causa di quella promessa. Il danno è risarcito entro il limite in cui le spese e le obbligazioni corrispondono alle condizioni delle parti (art. 81, 1° co., cod. civ.). La precisazione sui limiti alla richiesta di risarcimento esclude la possibilità di domandare il risarcimento dei danni morali (App. Bari, 25.7.2019).

Lo stesso risarcimento è dovuto dal promittente che con la propria colpa abbia dato giusto motivo al rifiuto dell'altro (art. 81, 2° co., cod. civ.). La domanda, però, non è proponibile dopo un anno dal giorno di rifiuto di celebrazione del matrimonio (art. 81, 3° co., cod. civ.).

424. Il matrimonio celebrato davanti a ministri di culto cattolico.

Il codice civile, dopo aver disciplinato, nel capo I del titolo VI del primo Libro, la promessa di matrimonio (artt. 79-81 cod. civ.), così intitola il successivo capo II: "Del matrimonio celebrato davanti a ministri del culto cattolico e del matrimonio celebrato davanti a ministri dei culti ammessi nello Stato". Soltanto nel successivo capo III si occupa del matrimonio celebrato davanti all'ufficiale dello stato civile.

L'atto di matrimonio può essere celebrato, per il nostro ordinamento: (a) davanti ad un **ministro del culto cattolico**; (b) davanti ad un **ministro di un culto diverso da quello cattolico** (ammesso dallo Stato); (c) davanti ad un **ufficiale dello stato civile**.

Occorre però capire perché il codice civile (che detta norme di diritto italiano) preveda la possibilità di celebrare il matrimonio davanti ad un sacerdote cattolico o davanti ad un diverso ministro di culto ammesso dallo Stato italiano.

Il discorso non può che muovere dalla storia. Per secoli in molti Paesi, fra cui il nostro, la Chiesa ha avuto la prerogativa esclusiva nella disciplina del matrimonio. Soltanto con la Rivoluzione francese (1789-1799) fu introdotto il matrimonio civile, peraltro abolito con la Restaurazione (1815-1848).

Successivamente all'unificazione dell'Italia, con il codice civile del 1865 e fino al 1929, la sola forma attraverso cui si poteva costituire una società coniugale era quella del matrimonio civile. D'altra parte, il sentimento religioso che ispirava tantissime coppie induceva le stesse a celebrare due matrimoni: quello civile, che creava il vincolo giuridico per lo Stato italiano; quello religioso, che permetteva alle stesse di formulare la loro promessa di matrimonio davanti a Dio.

Tale sistema, tuttavia, fu radicalmente modificato con i **Patti Lateranensi**, ossia l'accordo (c.d. **Concordato**) dell'11.2.1929 fra Stato e Chiesa cattolica (le successive modifiche al Concordato del 1929 sono state apportate dal c.d. **Nuovo Concordato**, ossia l'accordo di Villa Madama del 18.2.1984, ratificato con la l. 25.3.1985, n. 121).

Il Concordato regola i rapporti fra lo Stato e la Chiesa cattolica: in particolare, si afferma il libero esercizio del potere spirituale da parte della Chiesa e si riconosce la sua giurisdizione in materia ecclesiastica (con riferimento, ad esempio, alla posizione giuridica dei vescovi e del clero).

Quanto alla materia che qui interessa, il Concordato riconosce ai cittadini la libertà di scelta tra due forme di celebrazione: il **matrimonio civile**, celebrato davanti all'ufficiale dello stato civile; il **matrimonio concordatario**, celebrato davanti al ministro del culto cattolico e trascritto nei registri dello stato civile. Il matrimonio celebrato in Chiesa secondo le norme di quest'ultima (le norme del codice di diritto canonico) è idoneo a produrre nell'ordinamento dello Stato effetti civili (gli stessi effetti civili che si producono allorché il matrimonio venga celebrato davanti all'ufficiale di stato civile).

424.1. *Il matrimonio canonico e le modalità per il riconoscimento della sua efficacia civile.*

I Patti Lateranensi, di cui si è appena detto, spiegano perché il codice civile preveda che "il matrimonio celebrato davanti ad un ministro del culto cattolico è regolato in conformità del Concordato con la Santa Sede e delle leggi speciali sulla materia" (art. 82 cod. civ.).

La celebrazione è preceduta dalle **pubblicazioni** sulla porta della chiesa parrocchiale: si tratta dell'avviso del prossimo matrimonio, contenente le generalità dei nubendi. Il parroco non procede alle pubblicazioni allorché constati che esistono degli impedimenti matrimoniali.

Occorre anche la pubblicazione sull'albo pretorio on-line, in base alle leggi sull'ordinamento dello stato civile.

Alle pubblicazioni segue la celebrazione del matrimonio, secondo le norme del codice di diritto canonico. La celebrazione, peraltro, richiede l'adempimento di alcune formalità: (a) il parroco (o un suo delegato) deve spiegare ai contraenti gli effetti civili del matrimonio, dando **lettura**, in particolare, di alcuni **articoli** del **codice civile** (artt. 143, 144, 147 cod. civ.); (b) il celebrante redige due originali dell'atto di matrimonio; (c) il celebrante deve trasmettere, entro cinque giorni dalla celebrazione, uno degli originali dell'atto di matrimonio all'ufficiale dello stato civile, affinché questi proceda alla **trascrizione** nei registri dello stato civile.

Qualora, per qualsiasi motivo, la trascrizione non venga richiesta nei termini appena ricordati, può essere domandata la trascrizione "tardiva" da entrambi i coniugi (oppure soltanto da uno di essi, purché l'altro ne sia a conoscenza e non faccia opposizione: art. 8.1, ult. co., Accordo di revisione del Concordato).

Per la dottrina prevalente la mancata lettura, da parte del sacerdote, delle norme del codice civile non costituisce un vizio tale da comportare l'impossibilità di trascrivere l'atto di matrimonio. Una circolare del Ministero di grazia e giustizia del 26 febbraio 1986 prevede che in tal caso si può procedere alla trascrizione, purché lo si faccia con la forma della trascrizione tardiva. L'ufficiale dello stato civile richiesto, prima di effettuarla e "ove possibile", spiega agli sposi gli effetti civili del matrimonio, dando lettura degli artt. 143, 144, 147 cod. civ.

Anche l'omessa pubblicazione non preclude la trascrizione dell'atto di matrimonio; essa, però, sarà differita, dovendo l'ufficiale dello stato civile procedere alla verifica dell'inesistenza di cause ostative alla trascrizione.

La mancata trascrizione del matrimonio canonico comporta che esso non abbia alcuna efficacia per l'ordinamento dello Stato italiano, rimanendo un atto puramente religioso. Ciò vuol dire, dunque, che la trascrizione ha **carattere costitutivo**, permettendo al matrimonio religioso di acquistare effetti civili. Tali effetti non decorrono dal giorno della trascrizione, ma da quello della celebrazione del matrimonio: sotto questo aspetto la trascrizione ha **carattere retroattivo** (art. 8.1, 5° co., Accordo di revisione del Concordato).

Il matrimonio canonico non può essere trascritto nei registri dello stato civile nei seguenti casi (art. 8.1, 2° co., Accordo di revisione del Concordato): (a) quando gli sposi non abbiano l'età prevista dalla legge italiana per sposarsi; (b) quando sussista tra gli sposi un impedimento considerato inderogabile: l'interdizione per infermità di mente di uno dei due sposi; il difetto di libertà di stato; un impedimento da delitto o affinità in linea retta (così il Protocollo addizionale).

424.2. *La giurisdizione sul matrimonio cattolico.*

Lo Stato italiano accetta che il matrimonio concordatario sia regolato dal diritto della Chiesa, ossia dal codice di diritto canonico; è a quest'ultime norme che occorre far riferimento per accertare se l'atto di matrimonio cattolico sia valido o invalido.

Il codice di diritto canonico è il diritto della Chiesa: sono i tribunali ecclesiastici (le autorità giurisdizionali della Chiesa) ad applicare tali norme.

Qualora per il codice di diritto canonico esista una causa di nullità del matrimonio (canoni 1073 ss.), gli sposi possono rivolgersi ad un tribunale ecclesiastico per ottenere la nullità ai sensi dell'ordinamento canonico: ottenendo la pronuncia di invalidità davanti ad un tribunale ecclesiastico, gli sposi non sono più tali davanti alla Chiesa. Per il diritto canonico, ad esempio, la mancanza del battesimo in capo ad uno degli sposi è causa di nullità del matrimonio (canone 1086).

Qual è, a questo punto, la loro posizione davanti allo Stato? Per cessare di essere coniugi anche di fronte all'ordinamento italiano, occorre che essi sottopongano la sentenza canonica di nullità a verifica presso un giudice italiano: tecnicamente si parla di **procedimento di delibazione davanti al giudice italiano**. Qualora la delibazione abbia esito positivo il giudice italiano dichiara **esecutiva in Italia la sentenza ecclesiastica di nullità** del matrimonio canonico.

In base a quanto prevede l'Accordo di revisione del Concordato del 1984, occorre che il giudice italiano (individuato nella corte di appello competente per territorio) accerti: (a) che il tribunale ecclesiastico sia stato competente a trattare la causa di invalidità del matrimonio concordatario; (b) che nel corso della causa davanti al tribunale ecclesiastico siano stati assicurati alle parti il diritto di agire e di resistere in modo non difforme dai principî previsti nell'ordinamento italiano; (c) che sussistano le altre condizioni previste dalla legislazione italiana per la dichiarazione di efficacia delle sentenze straniere.

Quest'ultimo punto va brevemente approfondito. La corte di appello, infatti, potrà negare l'esecutività in Italia della sentenza ecclesiastica di nullità del matrimonio canonico quando questa sia contraria ai principî del nostro **ordine pubblico**.

Esempio. Si ritiene che, nel nostro ordinamento, sia un principio di ordine pubblico "l'affidamento del coniuge sulla serietà della volontà manifestata dall'altro e sull'efficacia del vincolo". Pertanto, si è affermato che non possa essere dichiarata esecutiva una sentenza ecclesiastica che abbia dichiarato l'invalidità del matrimonio (in ossequio al diritto canonico) sul rilievo della unilaterale e non espressa intenzione di uno dei coniugi (c.d. riserva mentale) di escludere il *bonum sacramenti* o il *bonum prolis* (Cass., 25.6.2019, n. 17036).

Esempio. Non costituiscono, invece, regole di ordine pubblico, per la Suprema Corte, i termini di decadenza previsti dalla legge civile per l'impugnazione del matrimonio. Da ciò deriva che è suscettibile di acquistare efficacia nell'ordinamento italiano una sentenza ecclesiastica che dichiari nullo per simulazione un matrimonio pur dopo il decorso dei termini previsti dall'art. 123 cod. civ.

Esempio. Fermo il principio sancito nel secondo esempio, la prolungata convivenza tra i coniugi rappresenta condizione ostativa, per l'ordine pubblico italiano, alla delibazione della sentenza ecclesiastica di nullità del matrimonio concordatario. In breve, quando i coniugi mantengono il rapporto e questo si è tradotto in un vero e proprio *consortium vitae* caratterizzato da *affectio familiae*, corrispondente alla durata del matrimonio o comunque ad un periodo di tempo considerevole dopo la celebrazione del matrimonio, la conseguente scadenza del termine per l'impugnativa del matrimonio-atto esprime la volontà di accettazione del rapporto proseguito, confliggente con l'esercizio della facoltà di rimetterlo in discussione. Pertanto, una simile situazione è idonea a superare il vizio genetico del matrimonio accertato e dichiarato dal giudice ecclesiastico (così Cass., Sez. Un., 17.7.2014, n. 16379; si veda anche Cass., Sez. Un., 18.7.2008, n. 19809; Cass., 15.5.2018, n. 11808; Cass., 26.11.2019, n. 30900 e Cass., 17.9.2020, n. 19329 che fanno riferimento ad un periodo di convivenza protratta per un periodo superiore a tre anni).

Esempio. Tuttavia, la situazione illustrata nel precedente esempio, quand'anche protrattasi per un decennio o comunque per un periodo superiore al triennio, non rappresenta condizione ostativa alla delibazione della sentenza straniera allorquando la parte ometta di rilevare l'eccezione del limite di ordine pubblico in giudizio: "l'eccezione relativa alla convivenza triennale come coniugi, ostativa alla positiva delibazione della sentenza ecclesiastica di nullità del matrimonio, rientra tra quelle che l'ordinamento riserva alla disponibilità della parte interessata" e non rilevabili d'ufficio. Per tale motivo è stata consentita la delibazione della sentenza del tribunale ecclesiastico dichiarativa della nullità del matrimonio per vizio del consenso del coniuge omosessuale (Cass., n. 7925/2020).

Gli ultimi esempi sono utili per comprendere che non ogni difformità, tra disciplina canonica e disciplina civilistica, vale ad impedire la dichiarazione di esecutività della sentenza ecclesiastica di nullità del matrimonio, ma soltanto la violazione di quei principî essenziali per il nostro ordinamento, che si ritiene non possano essere derogati neanche da una pronuncia di una autorità diversa da quella italiana. Tra questi, le corti italiane includono il principio fondamentale della tutela della buona fede e dell'affidamento incolpevole (Cass., 9.12.2019, n. 32027). Di conseguenza, la declaratoria di esecutività della sentenza ecclesiastica dichiarativa della nullità per esclusione di uno o più *bona matrimonii* postula un accertamento rigoroso attorno alla conoscenza o alla oggettiva conoscibilità dell'esclusione. La prova della mancanza di negligenza deve essere particolarmente rigorosa e fondarsi su circostanze oggettive univocamente interpretabili (Cass., 25.6.2019, n. 17098).

La competenza dei tribunali ecclesiastici, va ribadito, riguarda l'invalidità del matrimonio inteso come "atto di matrimonio": ciò vuol dire che rimane ferma la giurisdizione del giudice italiano per i provvedimenti riguardanti la separazione tra i coniugi e la cessazione degli effetti civili prodotti dal matrimonio canonico trascritto. D'altra parte, i provvedimenti del giudice italiano di separazione o di divorzio non producono effetti per **l'ordinamento canonico**, che è improntato al principio religioso della **indissolubilità** del **vincolo matrimoniale**.

Si aggiunga che anche gli altri aspetti del "**rapporto matrimoniale**" sono soggetti alla disciplina e alla giurisdizione esclusiva dello Stato italiano: occorre avere riguardo alla legge italiana per comprendere quali siano i diritti e doveri dei coniugi, i loro rapporti patrimoniali, i rapporti con i figli.

Proprio in ragione dell'illustrata distinzione, si deve dire che quando il giudice italiano dichiara la cessazione degli effetti civili del matrimonio concordatario, la successiva nullità del matrimonio, dichiarata con sentenza ecclesiastica e successivamente delibata dalla Corte d'Appello, non modifica il giudicato civile (Cass., n. 12671/1999).

Va pure precisato che la delibazione della sentenza canonica di nullità del matrimonio concordatario, intervenuta dopo il passaggio in giudicato della pronuncia di cessazione degli effetti civili, ma prima che sia divenuta definitiva la decisione in ordine alle relative conseguenze economiche (questo accade, ad esempio, nelle sentenze parziali di divorzio), non comporta la cessazione della materia del contendere; cosicché il giudizio civile può proseguire ai fini dell'accertamento della spettanza e della liquidazione dell'assegno divorzile (così Cass., Sez. Un., 31.3.2021, n. 9004). A questa conclusione i giudici di legittimità giungono sulla base della considerazione che i due giudizi sono indipendenti l'uno dall'altro: quello di cessazione degli effetti civili del matrimonio, in particolare, ha ad oggetto il matrimonio-rapporto. Si aggiunga che il presupposto dell'assegno divorzile non è la validità del matrimonio, bensì "l'impossibilità della ricostituzione della comunione tra i coniugi" e la persistenza del dovere di solidarietà previsto a vantaggio dell'ex coniuge più debole.

Rimane da verificare una questione: ci si chiede se il matrimonio concordatario (o, meglio, l'atto di matrimonio) possa essere impugnato direttamente presso il giudice italiano o, invece, debba essere adito direttamente il giudice ecclesiastico.

Il Concordato del 1929 conteneva una risposta precisa, giacché prevedeva un'espressa "riserva" a favore della competenza esclusiva dei tribunali ecclesiastici per le questioni relative alla validità dei matrimoni concordatari (art. 34 del Concordato). In base a tale previsione, dunque, i coniugi che avevano contratto matrimonio in Chiesa dovevano ricorrere all'autorità giurisdizionale della Chiesa per ottenere la nullità del matrimonio, mentre non potevano rivolgersi direttamente al giudice italiano.

Peraltro, la giurisprudenza della Suprema Corte ha giocato, in materia, un ruolo decisivo nell'affermare che, dopo l'Accordo di revisione del 1984 (il quale non riproduce più l'art. 34 del Concordato) non sussisterebbe più la **giurisdizione esclusiva** dei **tribunali ecclesiastici**. In altri termini, i giudici di legittimità ritengono che il matrimonio concordatario possa essere impugnato anche davanti al giudice italiano, il quale può dichiararlo nullo qualora sia invalido in base alle norme del diritto italiano (Cass., Sez. Un., 13.2.1993, n. 1824).

425. Il matrimonio celebrato davanti ad un ministro di culto diverso da quello cattolico.

L'art. 83 cod. civ. prevede che "il matrimonio celebrato davanti a ministri dei culti ammessi nello Stato è regolato dalle disposizioni del capo seguente, salvo quanto è stabilito nella legge speciale concernente tale matrimonio".

La disposizione evidenzia che: (a) ci sono alcuni **culti**, diversi da quello cattolico, che sono "**ammessi**" nello Stato italiano; (b) l'atto di matrimonio celebrato davanti ad un ministro di un culto "ammesso" è regolato per intero dalle norme del codice civile (ossia dal capo II del titolo VI del primo Libro del codice civile).

Occorre approfondire la materia. I coniugi che (abbracciando una religione diversa da quella cattolica) intendano sposarsi attraverso un celebrante che sia il rappresentante di quella diversa religione debbono chiedere ed ottenere **l'autorizzazione dell'ufficiale** dello **stato civile** (artt. 7 ss. l. 24.6.1929, n. 1159). La regola è stata ribadita dalla giurisprudenza: il matrimonio celebrato in Italia davanti a un ministro di un culto diverso dalla religione cattolica e con il quale l'Italia non ha stipulato intese, come il culto della "Watch Tower Bible and Tract Society of Pennsylvania", produce effetti civili a condizione che la nomina di tale ministro di culto sia stata approvata con decreto dal Ministro dell'interno, e che l'ufficiale dello stato civile, previo adempimento delle formalità previste, abbia rilasciato l'autorizzazione scritta alla celebrazione del matrimonio (Cass., 9.3.2020, n. 6511).

Ottenuta l'autorizzazione, l'atto di matrimonio può essere celebrato davanti al ministro di culto della religione di appartenenza dei nubendi. Peraltro, a differenza di quello che si è visto per la celebrazione del matrimonio cattolico, in questo caso il matrimonio è per intero regolato dal codice civile, anche per quel che concerne i suoi requisiti di validità.

Per avere efficacia civile il matrimonio acattolico deve essere trascritto nei registri dello stato civile (**efficacia costitutiva**); è però esclusa, a differenza di quello che si è visto per il matrimonio concordatario, l'ammissibilità della trascrizione tardiva, in assenza di una specifica norma che la preveda.

Il sistema, così come delineato, suscita alcune perplessità, ove lo si compari con il matrimonio concordatario: per poter celebrare un matrimonio acattolico occorre una "autorizzazione" dello Stato italiano; inoltre, l'atto di celebrazione del matrimonio diverso da quello cattolico è disciplinato per intero dalle norme dell'ordinamento civile. La disparità ha origini storiche e culturali, spiegandosi con il peso preponderante che, nei secoli, ha sempre avuto la Chiesa cattolica nello Stato italiano.

Deve aggiungersi che sempre più spesso, negli ultimi anni, numerose confessioni religiose diverse da quelle cattoliche hanno stipulato **intese** con lo **Stato italiano** (da approvare con legge ai sensi dell'art. 8, 3° co., Cost.): va ricordata l'intesa fra lo Stato e la Tavola Valdese (l. n. 449/1984), l'Unione cristiana delle Chiese avventiste (l. n. 516/1988 e l. n. 636/1996), le Assemblee di Dio (l. n. 517/1988), l'Unione delle Comunità Ebraiche in Italia (l. n. 101/1989 e l. n. 638/1996), l'Unione Cristiana Evangelica Battista (l. n. 116/1995 e l. n. 34/2012), la Chiesa Evangelica Luterana (l. n. 520/1995), l'Unione Buddhista italiana (l. n. 245/2012), l'Unione Induista italiana (l. n. 246/2012), la Chiesa di Gesù Cristo dei Santi degli ultimi giorni (l. n. 127/2012), la Sacra Arcidiocesi ortodossa d'Italia ed Esarcato per l'Europa Meridionale (l. n. 126/2012).

Coloro che appartengono a confessioni religiose che non hanno stipulato intese sono soggetti, quanto alla legge di celebrazione del matrimonio, alla disciplina prevista nel 1929; coloro che, invece, appartengono a religioni che hanno stipulato intese, sono sottoposti ad un regime parzialmente diverso: viene riconosciuta, infatti, una piena autonomia alle confessioni religiose nella designazione dei ministri di culto, che sono legittimati a celebrare il matrimonio senza l'autorizzazione dell'autorità statale.

Anche in quest'ultimo caso, peraltro, permangono significative differenze rispetto al matrimonio concordatario: il matrimonio celebrato davanti al ministro di culto acattolico è disciplinato per intero dalla legge civile (anche se il rito religioso si svolge secondo le formalità di ciascuna confessione). Pertanto, il giudizio sulla validità del matrimonio acattolico è demandato, per intero, alla giurisdizione italiana.

426. Il matrimonio celebrato davanti all'ufficiale dello stato civile: le formalità precedenti il matrimonio civile.

Dopo aver esaminato i tratti essenziali del matrimonio concordatario e quello contratto davanti ad un ministro di culto acattolico, il discorso riguarderà ora il matrimonio davanti all'ufficiale dello stato civile, di cui si occupa il codice civile.

Prima della celebrazione del matrimonio occorre espletare una formalità: la **pubblicazione** (artt. 94 ss. cod. civ.; artt. 50 ss. d.p.r. n. 396/2000).

Essa deve essere richiesta all'ufficiale dello stato civile del Comune dove uno degli sposi ha la residenza ed è fatta nei Comuni di residenza degli sposi (art. 94, 1° co., cod. civ.). Qualora gli sposi abbiano la residenza in Comuni diversi, l'ufficiale dello stato civile cui viene domandata la pubblicazione provvede a richiederla anche all'ufficiale dello stato civile del Comune in cui risiede l'altro sposo.

La **richiesta** della **pubblicazione** deve farsi da ambedue gli sposi o da persona che ne ha da essi ricevuto speciale incarico (art. 96 cod. civ.). Chi domanda la pubblicazione deve dichiarare: il nome, il cognome, la data ed il luogo di nascita; la cittadinanza degli sposi; il luogo di residenza; la loro libertà di stato; se tra gli sposi esista qualche impedimento di parentela, di affinità, di adozione; se gli sposi abbiano già contratto matrimonio; se uno degli sposi si trovi in una delle condizioni previste negli artt. 85 e 88 cod. civ.

All'ufficiale di stato civile spetta il compito di verificare l'esattezza di tali dichiarazioni, anche attraverso l'acquisizione d'ufficio dei documenti che ritenga necessari per provare l'esistenza di impedimenti alla celebrazione del matrimonio.

L'ufficiale dello stato civile che non crede di poter procedere alla pubblicazione rilascia un certificato con l'indicazione dei motivi di rifiuto. Contro il rifiuto è ammesso, in base all'art. 98 cod. civ., ricorso al tribunale, che provvede in camera di consiglio (art. 737 cod. proc. civ.), sentito il pubblico ministero.

L'atto di pubblicazione resta sull'albo pretorio online almeno per **otto giorni** (art. 50 del d.p.r. n. 396/2000).

Il matrimonio non può essere celebrato prima del quarto giorno dopo che sia compiuta la pubblicazione. Se il matrimonio non è celebrato nei centottanta giorni successivi, la pubblicazione si considera come non avvenuta (art. 99 cod. civ.).

Il tribunale, su istanza degli interessati, con decreto non impugnabile emesso in camera di consiglio, sentito il pubblico ministero, può ridurre, per gravi motivi, il termine della pubblicazione. In questo caso la riduzione del termine è dichiarata nella pubblicazione (art. 100, 1° co., cod. civ.).

Può anche autorizzare, con le stesse modalità, per cause gravissime, l'omissione della pubblicazione, quando gli sposi davanti al cancelliere dichiarano sotto la propria responsabilità che nessuno degli impedimenti stabiliti dagli artt. 85, 86, 87, 88 e 89 cod. civ. si oppone al matrimonio (art. 100, 2° co., cod. civ.). Il cancelliere deve far precedere alla dichiarazione la lettura di detti articoli e ammonire i dichiaranti sull'importanza della loro attestazione e sulla gravità delle possibili conseguenze (art. 100, 3° co., cod. civ.).

Infine, nel caso di imminente pericolo di vita di uno degli sposi, l'ufficiale dello stato civile del luogo può procedere alla celebrazione del matrimonio senza pubblicazione, purché gli sposi prima giurino che non esistono tra loro impedimenti non suscettibili di dispensa (art. 101, 1° co., cod. civ.). L'ufficiale dello stato civile dichiara nell'atto di matrimonio il modo con cui ha accertato l'imminente pericolo di vita (art. 101, 2° co., cod. civ.).

Il significato delle pubblicazioni del matrimonio (c.d. **pubblicità notizia**) si comprende ove si abbia riguardo all'istituto dell'opposizione (artt. 102-104 cod. civ.). I genitori e, in mancanza loro, gli altri ascendenti e i collaterali entro il terzo grado possono fare **opposizione al matrimonio** dei loro parenti per qualunque causa che osti alla sua celebrazione (art. 102, 1° co., cod. civ.). Come si vedrà, le cause che impediscono la celebrazione del matrimonio sono previste dagli artt. 84-90 cod. civ.

L'opposizione deve essere proposta, con ricorso, al presidente del tribunale del luogo dove è stata effettuata la pubblicazione; questi fissa con decreto la comparizione delle parti davanti al collegio. L'atto di opposizione deve dichiarare la qualità che attribuisce all'opponente il diritto di farla, le cause dell'opposizione e contenere l'elezione di domicilio nel Comune dove siede il tribunale nel cui territorio si deve celebrare il matrimonio (art. 103 cod. civ.). Il tribunale, dopo aver sentito le parti ed acquisito tutti gli elementi necessari, decide con decreto motivato avente immediata efficacia.

Allorché l'opposizione sia stata proposta da chi ne abbia la facoltà, il presidente del tribunale, ove ne ravvisi l'opportunità, con proprio decreto, può sospendere la celebrazione del matrimonio. Qualora invece il matrimonio venga celebrato nonostante il giudizio di opposizione, l'ufficiale di stato civile ne sospende la trascrizione all'esito della definizione del procedimento di opposizione (artt. 59-62 d.p.r. n. 396/2000).

Se uno degli sposi è soggetto a tutela (artt. 343 ss. cod. civ.) o a curatela (artt. 390 ss. cod. civ.), il diritto di fare opposizione spetta anche al tutore o al curatore (art. 102, 2° co., cod. civ.). Il diritto di opposizione compete anche al coniuge della persona che vuole contrarre altro matrimonio (art. 102, 3° co., cod. civ.).

Quando il matrimonio sia contratto in contravvenzione all'art. 89 cod. civ. (divieto temporaneo di nuove nozze della donna: § 428), il diritto all'opposizione spetta, anche se il precedente matrimonio è stato sciolto, ai parenti del precedente marito e, se il matrimonio è stato dichiarato nullo, a colui col quale il matrimonio era stato contratto e ai parenti di lui (art. 102, 4° co., cod. civ.).

Il pubblico ministero deve sempre fare opposizione al matrimonio se sa che vi osta un impedimento o se gli consta l'infermità di mente di uno degli sposi, nei confronti del quale, a causa dell'età, non possa essere promossa l'interdizione (art. 102, 4° co., cod. civ.).

Se l'opposizione è respinta, l'opponente, che non sia un ascendente o il pubblico ministero, può essere condannato al risarcimento dei danni (art. 104 cod. civ.). La disposizione costituisce un deterrente contro opposizioni infondate o, comunque, motivate soltanto da ragioni di risentimento personale.

L'**omissione delle pubblicazioni** non determina invalidità del matrimonio ma semplicemente la sua irregolarità. In particolare, sono puniti con la **sanzione amministrativa** da 41 euro a 206 euro gli sposi e l'ufficiale dello stato civile che abbia celebrato il matrimonio senza che questo sia stato anticipato dalla prescritta pubblicazione (art. 134 cod. civ.). Altre sanzioni amministrative colpiscono l'ufficiale di stato civile quando celebri il matrimonio senza i documenti prescritti (art. 135 cod. civ.);

quando proceda alla celebrazione del matrimonio in presenza di un impedimento o divieto di cui ha notizia (art. 136 cod. civ.); quando, ancora, sia incompetente alla celebrazione del matrimonio (art. 137 cod. civ.).

La legge prevede che le funzioni di ufficiale dello stato civile possano essere delegate dal sindaco ai dipendenti a tempo indeterminato del Comune, al presidente della circoscrizione, ad un consigliere comunale che esercita le funzioni nei quartieri o nelle frazioni, o al segretario comunale. Per il ricevimento del giuramento e per la celebrazione del matrimonio, "le funzioni di ufficiale dello stato civile possono essere delegate anche a uno o più consiglieri o assessori comunali o a cittadini italiani che hanno i requisiti per la elezione a consigliere comunale" (art. 1, 3° co., d.p.r. n. 396/2000).

427. L'atto di matrimonio come "atto complesso": luogo e forma della celebrazione.

Il matrimonio viene preso in considerazione dal codice civile nel suo duplice significato di "atto" e di "rapporto". Ci si deve occupare, ora, del matrimonio come "atto" (sezione IV del titolo VI del Libro primo del codice civile: artt. 106 ss. cod. civ.); successivamente verranno prese in considerazione le conseguenze che nascono dalla celebrazione dell'atto di matrimonio (il rapporto matrimoniale: Cap. 70 ss.).

Quando si discute di "atto" si fa riferimento sia all'atto di celebrazione sia alla redazione del documento materiale dopo la celebrazione stessa.

Il matrimonio deve essere celebrato pubblicamente nella casa comunale davanti all'ufficiale dello stato civile al quale è stata fatta la richiesta di pubblicazione (art. 106 cod. civ.). Si esprime, con tale disposizione, una regola generale che può essere derogata soltanto nei casi previsti dalla legge: è previsto, ad esempio, che se uno degli sposi, per infermità o per altro impedimento giustificato all'ufficio dello stato civile, sia nell'impossibilità di recarsi nella casa comunale, l'ufficiale si trasferisce col segretario nel luogo in cui si trova lo sposo impedito e ivi, alla presenza di quattro testimoni, procede alla celebrazione del matrimonio (art. 110 cod. civ.; si veda anche l'art. 109 cod. civ.).

Nel giorno indicato dalle parti l'ufficiale dello stato civile, alla presenza di due testimoni, anche se parenti, dà lettura agli sposi degli artt. 143, 144 e 147 cod. civ.; riceve da ciascuna delle parti, personalmente, l'una dopo l'altra, la dichiarazione che esse si vogliono prendere rispettivamente in marito e moglie, e di seguito dichiara che esse sono unite in matrimonio (art. 107, 1° co., cod. civ.).

L'eventuale assenza di testimoni o l'omissione della lettura degli articoli del codice civile (relativi ai diritti e doveri dei coniugi; all'indirizzo della vita familiare; ai doveri dei coniugi verso i figli) non determinano l'invalidità del matrimonio, comportando soltanto una sanzione amministrativa a carico dell'ufficiale dello stato civile (artt. 137 e 138 cod. civ.).

L'atto di matrimonio deve essere compilato immediatamente dopo la celebrazione (art. 107, 2° co., cod. civ.). Materialmente l'atto di matrimonio è un documento formato dall'ufficiale dello stato civile ed inserito nei registri dello stato civile. È vero che la redazione e la registrazione dell'atto di matrimonio vengono ritenuti adempimenti estranei alla costituzione del vincolo. Essi, però, sono necessari a costituire una valida prova della celebrazione del matrimonio e dello stato coniugale tra le parti: ciò è espresso da una norma del codice civile, secondo cui "nessuno può reclamare il titolo di coniuge e gli effetti del matrimonio, se non presenta l'atto di celebrazione estratto dai registri dello stato civile" (art. 130, 1° co., cod. civ.). Se l'atto di matrimonio presenta dei difetti di forma, questi sono sanati dal corrispondente possesso di stato (art. 131 cod. civ.): si ha possesso di stato coniugale, in particolare, quando le persone portino lo stesso cognome, si considerino reciprocamente come coniugi e vengano considerati tali dall'ambiente sociale di riferimento.

Sono ammesse, peraltro, delle attenuazioni alla rigida regola probatoria poc'anzi ricordata: in particolare, nel caso di distruzione o di smarrimento dei registri dello stato civile, l'esistenza del matrimonio può essere provata con qualsiasi mezzo valutabile dal giudice (art. 132, 1° co., cod. civ.; si veda anche l'art. 133 cod. civ.).

Qualche considerazione va compiuta sulla **natura giuridica** dell'**atto di matrimonio**. È da ritenere che esso non sia da assimilare ad un contratto, facendo sorgere vincoli di natura personale (i quali, semmai, hanno riflessi patrimoniali: Cap. 71); si aggiunga, poi, che l'atto di matrimonio non costituisce, quanto al suo contenuto, espressione dell'autonomia delle parti, come accade appunto per il contratto. In quest'ultimo la libertà negoziale riguarda l'*an*, il *quantum* e il *quomodo*; nel matrimonio, invece, la libertà dei nubendi è limitata all'*an*.

Ciò spiega, del resto, perché l'atto di matrimonio (a differenza del contratto) non tolleri l'apposizione di termini o di condizioni (c.d. **atto puro**); l'ufficiale dello stato civile non può procedere, in tal caso, alla celebrazione del matrimonio. Se, ciò nonostante, il matrimonio è celebrato, il termine e la condizione si hanno per non apposti (art. 108, 1° e 2° co., cod. civ.).

Né è ammessa, nel matrimonio, la rappresentanza, ma soltanto la possibilità di ricorrere ad un *nuncius*, ossia un semplice portavoce, nei casi espressamente previsti dalla legge: i militari e le persone che per ragioni di servizio si trovano al seguito delle forze armate possono, in tempo di guerra, celebrare il matrimonio "per procura" (art. 111, 1° co., cod. civ.); ed ancora, la celebrazione del matrimonio per procura può anche farsi se uno degli sposi risiede all'estero e concorrono gravi motivi da valutarsi dal tribunale nella cui circoscrizione risiede l'altro sposo. L'autorizzazione è concessa con decreto non impugnabile emesso in camera di consiglio, sentito il pubblico ministero (art. 111, 2° co., cod. civ.).

Il matrimonio, dunque, rifiutata l'etichetta di contratto, può essere definito un **atto giuridico complesso**. Ed infatti la disciplina giuridica (art. 107 cod. civ.) evidenzia come l'ufficiale di stato civile, raccolto il consenso degli sposi (il fatidico sì), dichiara che essi sono uniti in matrimonio. La **dichiarazione dell'ufficiale** di **stato civile**, pertanto, ha l'efficacia di un **accertamento costitutivo**: essa, in sostanza, fa in modo che dalla dichiarazione di volontà dei nubendi possano derivare gli effetti tipici del matrimonio.

Da ciò si ricava che i promessi sposi diventano coniugi esattamente nel momento in cui l'ufficiale dello stato civile li dichiara uniti in matrimonio.

Esempio. I due nubendi pronunciano, l'uno dopo l'altro, il consenso al matrimonio; qualche attimo prima che l'ufficiale di stato civile li dichiari uniti in matrimonio, l'uomo, colto da un improvviso infarto, muore. I due nubendi, che pure si erano scambiati il sì, non potranno considerarsi legati da un rapporto di coniugio. Il che avrà degli effetti importanti anche dal punto di vista successorio: la donna non erediterà nulla dal fidanzato (perché tale è rimasto) defunto.

Si considera celebrato davanti all'ufficiale dello stato civile il matrimonio che sia stato celebrato dinanzi a persona la quale, senza avere la qualità di ufficiale dello stato civile, ne esercita pubblicamente le funzioni, a meno che entrambi gli sposi, al momento della celebrazione, abbiano saputo che la detta persona non aveva tale qualità (art. 113 cod. civ., rubricato "matrimonio celebrato davanti a un **apparente ufficiale** dello **stato civile**").

428. Gli impedimenti matrimoniali.

Si definiscono **impedimenti matrimoniali** quelle condizioni soggettive che precludono la possibilità di contrarre **matrimonio**. Il codice chiama gli impedimenti "**condizioni necessarie per contrarre matrimonio**" (sezione I del capo III del titolo VI del Libro primo del codice civile: artt. 84-90 cod. civ.).

Gli impedimenti, però, non hanno tutti le stesse caratteristiche, essendo classificabili in questo modo: (a) impedimenti **assoluti**; (b) impedimenti **relativi**; (c) impedimenti **dispensabili**; (d) impedimenti **non dispensabili**.

Gli impedimenti assoluti sono quelli che precludono al soggetto di sposarsi con chiunque; quelli relativi, invece, costituiscono un impedimento del soggetto a sposarsi con una determinata persona. Gli impedimenti dispensabili sono quelli che, a determinate condizioni, possono essere superati; se non sussiste la possibilità di superare l'impedimento, questo si definisce non dispensabile.

Ci si deve soffermare, ora, sulla distinzione tra impedimenti assoluti ed impedimenti relativi; ci si accorgerà come all'interno di ciascuna delle due categorie si trovino casi di impedimenti dispensabili e casi di impedimenti non dispensabili.

Seguendo l'ordine del codice, il primo caso di impedimento assoluto è quello relativo alla **età**: **i minori di età** non possono contrarre matrimonio (art. 84, 1° co., cod. civ.). L'impedimento, però, è dispensabile: il tribunale, su istanza dell'interessato, accertata la sua maturità psicofisica e la fondatezza delle ragioni addotte, sentito il pubblico ministero, i genitori o il tutore, può con decreto emesso in camera di consiglio ammettere per gravi motivi al matrimonio chi abbia compiuto i sedici anni (art. 84, 2° co., cod. civ.). Il decreto è reclamabile con ricorso alla corte di appello nel termine di dieci giorni dalla comunicazione (art. 84, 4° co., cod. civ.).

Non può essere considerato "grave motivo", come talvolta si è cercato di sostenere, la predisposizione della casa coniugale e l'acquisto di tutti gli arredi; parimenti, oggi si ritiene che lo stato di gravidanza della donna non possa, di per sé, considerarsi sufficiente per ottenere la dispensa ai fini del c.d. "matrimonio riparatore": occorre pur sempre accertare la maturità psico-fisica del minore.

Il secondo caso di impedimento assoluto è l'**interdizione per infermità di mente** (art. 85, 1° co., cod. civ.). Se l'istanza di interdizione è soltanto promossa, il pubblico ministero può chiedere che si sospenda la celebrazione del matrimonio: in tal caso la celebrazione non può avere luogo finché la sentenza che ha pronunciato sull'istanza non sia passata in giudicato (art. 85, 2° co., cod. civ.). Il "passaggio in giudicato", si ricordi, sta a significare che la sentenza del giudice non può più essere modificata giacché tutti i mezzi di impugnazione previsti dalla legge sono stati esperiti o non sono più esperibili, essendo decorsi i termini per l'impugnazione stessa.

Non esiste, invece, una norma che preclude al beneficiario dell'amministrazione di sostegno di sposarsi (Cass., 11.5.2017, n. 11536). La giurisprudenza, semmai, ha ritenuto ammissibile la nomina del parroco quale amministratore di sostegno, al fine di assistere una giovane oligofrenica e di verificarne la "consapevolezza" rispetto all'istituto del matrimonio (Trib. Trieste, 28.9.2007). L'amministratore di sostegno, si è pure stabilito, non può impedire al beneficiario disabile di sposarsi quando il decreto di nomina gli riconosca soltanto alcuni poteri specifici, come quello di riscossione della pensione e di prestare il consenso rispetto ad alcuni trattamenti sanitari (Trib. Modena, 18.12.2013).

Il terzo caso di impedimento assoluto è costituito dal vincolo di **matrimonio precedente** (art. 86 cod. civ.): un matrimonio, cioè, che abbia effetti civili.

Esempio. Due persone si sposano con rito religioso. Il matrimonio, però, non viene trascritto. Tempo dopo una delle due decide di sposarsi in Comune con un'altra persona. In questo caso non potrà dirsi di essere in presenza di un impedimento matrimoniale, giacché il precedente matrimonio (in quanto non trascritto) non aveva effetti civili.

La nuova formulazione dell'art. 86 cod. civ., dopo l'entrata in vigore della legge sulle unioni civili, è peraltro la seguente: "non può contrarre matrimonio chi è vincolato da un matrimonio o da un'unione civile tra persone dello stesso sesso precedente" (si veda l'art. 1, 32° co., l. n. 76/2016).

Il quarto caso di impedimento assoluto è quello che riguarda il divieto temporaneo di nuove nozze per la donna (c.d. **lutto vedovile**): non può contrarre matrimonio la donna, se non dopo trecento giorni dallo scioglimento, dall'annullamento o dalla cessazione degli effetti civili del precedente matrimonio. Sono esclusi dal divieto i casi in cui lo scioglimento o la cessazione degli effetti civili del precedente matrimonio siano stati pronunciati a seguito della sentenza dichiarativa della separazione dei coniugi o quando non vi sia stata consumazione, nonché nei casi in cui il matrimonio sia stato dichiarato nullo per impotenza, anche soltanto a generare, di uno dei coniugi (art. 89, 1° co., cod. civ.). Il tribunale, con decreto emesso in camera di consiglio, sentito il pubblico ministero, può autorizzare il matrimonio quando è inequivocabilmente escluso lo stato di gravidanza o se risulta da sentenza passata in giudicato che il marito non ha convissuto con la moglie nei trecento giorni precedenti lo scioglimento, l'annullamento o la cessazione degli effetti civili del matrimonio (art. 89, 2° co., cod. civ.).

La *ratio* della norma è la seguente: il legislatore vuole evitare incertezze in ordine alla paternità dei figli nati dopo uno degli eventi che determinano lo scioglimento del matrimonio. Si tratta di un impedimento che determina una mera irregolarità del matrimonio: la donna che contrae matrimonio contro il divieto in questione, l'ufficiale che lo celebra e l'altro coniuge sono puniti con una sanzione amministrativa (art. 140 cod. civ.).

Può dirsi, in sintesi, che il c.d. lutto vedovile dia luogo ad una mera irregolarità del matrimonio (c.d. impedimento impediente); gli altri impedimenti qui studiati, invece, sono causa di invalidità del matrimonio (c.d. impedimenti dirimenti).

Si giunge, infine, ad un primo caso di impedimento relativo: non possono contrarre matrimonio tra loro le persone delle quali l'una sia stata condannata per **omicidio consumato** o **tentato** sul coniuge dell'altra (art. 88, 1° co., cod. civ.). Non basta, quindi, che ci sia stata la consumazione del delitto, essendo richiesta anche una sentenza di condanna. Peraltro, se c'è stato soltanto rinvio a giudizio o è stata ordinata la cattura, la celebrazione del matrimonio va sospesa fino a quando non sia stata pronunciata la sentenza di proscioglimento (art. 88, 2° co., cod. civ.). Il rinvio a giudizio (si confronti l'art. 417 cod. proc. pen.) è il provvedimento con cui il pubblico ministero chiede ad un giudice per le indagini preliminari (g.i.p.) che l'imputato sia sottoposto al giudizio penale, affinché venga riconosciuta e dichiarata la sua colpevolezza.

Un altro caso di impedimento relativo è rappresentato dall'esistenza di vincoli di **parentela**, **affinità**, **adozione** fra le persone che intendono sposarsi (art. 87 cod. civ.). In particolare, non possono contrarre matrimonio fra loro: (1) gli ascendenti e discendenti in linea retta; (2) i fratelli e le sorelle germani, consanguinei o uterini; (3) lo zio e la nipote, la zia ed il nipote; (4) gli affini in linea retta; (5) gli affini in linea collaterale in secondo grado; (6) l'adottante, l'adottato ed i suoi discendenti; (7) i figli adottivi della stessa persona; (8) l'adottato ed i figli dell'adottante; (9) l'adottato ed il coniuge dell'adottante, l'adottante ed il coniuge dell'adottato (art. 87, 1° co., cod. civ.).

Alcuni di questi impedimenti sono dispensabili: il tribunale, su ricorso degli interessati, con decreto emesso in camera di consiglio, sentito il pubblico ministero, può autorizzare il matrimonio nei casi indicati dai numeri (3) e (5), anche se si tratti di affiliazione. L'autorizzazione può essere accordata anche nel caso indicato dal numero (4), quando l'affinità deriva da matrimonio dichiarato nullo (art. 87, 4° co., cod. civ.).

La disposizione appena ricordata fa riferimento, fra l'altro, ai fratelli e sorelle germani, consanguinei o uterini. Va ricordato che i fratelli si dicono germani (o bilaterali) quando condividono entrambi i genitori; si dicono, invece, unilaterali, quando condividono soltanto un genitore. Se condividono solo il padre si chiamano consanguinei; se condividono solo la madre di chiamano uterini. In gergo, i fratelli unilaterali si chiamano **fratellastri**.

429. L'invalidità del matrimonio: gli impedimenti dirimenti e le altre cause di invalidità.

Se si celebra un matrimonio in una situazione di impedimento dirimente, rispetto al quale non si è verificata una dispensa, il matrimonio è invalido (con le conseguenze che tra breve si approfondiranno: §§ 429.1 ss.). Si ricordi che non sono cause di invalidità del matrimonio quegli impedimenti che, per espressa previsione legislativa, costituiscono mere irregolarità (c.d. impedimenti impedienti).

Gli impedimenti dirimenti, tuttavia, non costituiscono le uniche cause di invalidità del matrimonio: ad essi occorre aggiungere la incapacità naturale di un coniuge, l'esistenza di un vizio del consenso, la simulazione.

Viene in considerazione, in primo luogo, l'**incapacità di intendere e di volere**: il matrimonio può essere impugnato da quello dei coniugi che, quantunque non interdetto, provi di essere stato incapace di intendere e di volere, per qualunque causa, anche transitoria, al momento della celebrazione del matrimonio (art. 120, 1° co., cod. civ.). L'invalidità sussiste allorché si dimostri una diminuzione della sfera intellettiva e volitiva tale da impedire un pieno discernimento dell'atto che si compie. Si ritiene, in giurisprudenza, che la nullità non possa essere pronunciata sulla base di un semplice certificato medico e neanche sulla base delle dichiarazioni congiunte dei coniugi: occorrerà l'espletamento di una consulenza tecnica d'ufficio disposta dal tribunale.

Va studiata, poi, la disciplina sui vizi del consenso che possono sussistere, in capo ad un coniuge, nel momento della celebrazione del matrimonio. È previsto, in primo luogo, che il matrimonio possa essere impugnato da quello dei coniugi il cui consenso sia estorto con **violenza** o determinato da **timore di eccezionale gravità** derivante da "cause esterne allo sposo" (art. 122, 1° co., cod. civ.).

La violenza di cui si discute è quella **morale** (la minaccia) e non quella fisica. Nel caso in cui vi sia la violenza fisica (accompagnamento forzoso o sotto ipnosi), così come in tutti i casi in cui non sia presente l'elemento della volontà, si può considerare privo di efficacia il matrimonio per mancanza di uno dei suoi requisiti essenziali (si confronti l'art. 107 cod. civ.).

Quanto alla minaccia, essa deve avere le caratteristiche previste dall'art. 1435 cod. civ. per i contratti annullabili in presenza di violenza morale (§ 183): si deve trattare di una minaccia in grado di far ritenere ad una persona di media sensatezza di poter ricevere per sé, per i suoi beni, per i suoi prossimi congiunti o per i loro beni un male ingiusto e notevole; ciò, ovviamente, tenendo conto dell'età, del sesso e delle condizioni della persona.

L'equiparazione con la minaccia contrattuale non deve essere assoluta: anche la minaccia pura e semplice di far valere un diritto può condurre all'invalidità del matrimonio. Decisiva è la constatazione che l'atto di matrimonio coinvolge la libertà della persona; la minaccia comunque diretta ad estorcere il consenso, dunque, possiede il carattere dell'ingiustizia.

Avendo riguardo al **timore di eccezionale gravità**, può essere utile ricordare la genesi di tale previsione. La Riforma del diritto di famiglia del 1975 ha voluto prendere in considerazione i matrimoni contratti dalle donne ebree, durante il secondo conflitto mondiale, soltanto per assumere il cognome di una persona non ebrea: in tal modo esse potevano sperare di evitare la deportazione nei campi di sterminio nazisti. Ebbene, dopo il conflitto bellico, molte donne che avevano contratto il matrimonio per il motivo appena descritto si affrettarono a chiedere una sentenza di nullità del loro matrimonio; la loro domanda però venne respinta, in quanto la circostanza addotta non rientrava nei casi previsti dalla legge (non si poteva discutere, infatti, di un consenso estorto con l'altrui violenza).

La Riforma del diritto di famiglia, così, ha introdotto questa nuova causa di invalidità del matrimonio, il timore di eccezionale gravità per "cause esterne allo sposo": è proprio l'origine della norma a giustificare il riferimento alla donna, quale vittima del timore (nella fattispecie storica appena descritta, il terrore di essere condotte in campi di sterminio).

Naturalmente la disposizione in esame potrà trovare applicazione anche al di là della fattispecie per la quale era stata introdotta (ed in questi casi, a ben guardare, il riferimento alle "cause esterne allo sposo" non è corretto, in quanto palesemente discriminatorio). Si pensi ad un timore di eccezionale gravità derivante da intimidazioni familiari, da persecuzioni politiche, religiose, razziali, guerre. Nelle ipotesi in questione il matrimonio non viene imposto con la minaccia (altrimenti si sarebbe di fronte alla violenza morale): tuttavia appare al nubendo o alla nubenda come l'unica strada per sottrarsi ad una situazione di oggettivo pericolo.

Si è però stabilito che non può essere accolta la domanda di annullamento di matrimonio contratto nell'ambito di un programma televisivo, qualora si lamenti che la scelta del vincolo matrimoniale sia dipesa dalla "minaccia" rappresentata dalle somme eventualmente dovute, a titolo risarcitorio, alla casa di produzione del programma nel caso in cui, a seguito della sottoscrizione del contratto, non fosse stato contratto matrimonio (Trib. Pavia, 4.4.2019).

Il matrimonio è invalido in presenza di un altro vizio del consenso, l'"**errore** di uno dei nubendi **sull'identità della persona**" (art. 122, 2° co., cod. civ.). L'ipotesi non è di facile verificazione: è, per intenderci, quella dello scambio di persona, da non confondere con il matrimonio contratto sotto falso nome, che dà luogo alla rettifica dell'atto di matrimonio.

Altra e più importante ipotesi è l'"**errore essenziale su qualità personali** dell'altro coniuge" (art. 122, 2° co., cod. civ.).

È lo stesso codice civile a specificare quando si sia in presenza di un errore di tal fatta (art. 122, 3° co., cod. civ.). L'errore sulle qualità personali è essenziale qualora, tenute presenti le condizioni dell'altro coniuge, si accerti che lo stesso non avrebbe prestato il suo consenso se le avesse esattamente conosciute e purché l'errore riguardi: (1) l'esistenza di una malattia fisica o psichica o di un'anomalia o deviazione sessuale, tali da impedire lo svolgimento della vita coniugale; (2) l'esistenza di una sentenza di condanna per un delitto non colposo alla reclusione non inferiore a cinque anni, salvo il caso di intervenuta riabilitazione (artt. 178-181 cod. pen.) prima della celebrazione del matrimonio. L'azione di annullamento non può essere proposta prima che la sentenza sia divenuta irrevocabile (artt. 648 e 650 cod. proc. pen.); (3) la dichiarazione di delinquenza abituale o professionale (artt. 102, 103 e 105 cod. pen.); (4) la circostanza che l'altro coniuge sia stato condannato per delitti concernenti la prostituzione a pena non inferiore a due anni. L'azione di annullamento non può essere proposta prima che la condanna sia divenuta irrevocabile; (5) lo stato di gravidanza causato da persona diversa dal soggetto caduto in errore, purché vi sia stato disconoscimento della paternità, se la gravidanza è stata portata a termine.

L'azione di impugnazione, prevista nei casi appena ricordati, non può essere proposta se vi sia stata coabitazione per un anno dopo che siano cessate la violenza o le cause che hanno determinato il timore ovvero sia stato scoperto l'errore (art. 122, 4° co., cod. civ.).

Un breve approfondimento meritano alcune cause di impugnazione per errore sulle qualità personali. Il matrimonio può essere impugnato allorché sia contratto in presenza di una "malattia" esistente al momento della sua celebrazione e non conosciuta dall'altro coniuge; la malattia non conosciuta (che va, peraltro, adeguatamente documentata) deve essere tale, ad insindacabile giudizio del tribunale, da impedire lo svolgimento della vita coniugale: a tal fine il giudice deve valutare, in concreto, le normali aspettative del coniuge in errore, tenuto conto delle sue condizioni e di ogni altra circostanza obiettiva emergente dagli atti.

Ciò vuol dire che mentre in alcuni casi l'esistenza di una malattia come la sclerosi multipla a placche (o la psicopatia dissociativa o la psicosi maniaco-depressiva) può condurre alla sentenza di nullità del matrimonio, in altri la non conoscenza di tale malattia potrebbe non avere alcuna influenza sullo svolgimento della vita coniugale.

Il coniuge che intende impugnare il matrimonio per errore, ai sensi dell'art. 122 cod. civ., è tenuto a provare tanto l'esistenza della malattia fisica o psichica dell'altro coniuge, quanto la mancata conoscenza della stessa prima della celebrazione del matrimonio. Non solo: occorre provare anche l'influenza della mancata conoscenza della patologia sulla manifestazione del proprio consenso. Spetta poi al giudice valutare l'incidenza dell'infermità sull'ordinario svolgimento della vita familiare. Per questo motivo, non può essere dichiarato invalido il matrimonio quando il marito sia stato dichiarato affetto dalla malattia solo in costanza di matrimonio (Cass., 13.2.2017, n. 3742).

Le stesse valutazioni devono essere ripetute di fronte alle "anomalie o deviazioni sessuali", che possono condurre alla sentenza di nullità del matrimonio soltanto quando esse si pongano come causa ostativa dello svolgimento della vita coniugale. Le due espressioni utilizzate dal codice, peraltro, vanno distinte: le deviazioni sessuali fanno riferimento a comportamenti sessuali di uno dei coniugi (ad esempio il sadomasochismo), che ripugnano all'altro. Le anomalie, invece, vanno riferite all'impotenza sessuale, da intendersi sia come incapacità di riproduzione (la sterilità), sia come inattitudine ad avere rapporti sessuali.

Una riflessione conclusiva va svolta. Il matrimonio è perfettamente valido qualora uno dei coniugi conosca, prima della celebrazione del matrimonio, l'impotenza sessuale di uno dei due (impotenza *coeundi* e impotenza *generandi*): ciò significa che il matrimonio civile non è fondato sulla procreazione, potendo i nubendi sposarsi nella piena consapevolezza che non avranno mai figli di sangue.

Deve dirsi, infine, della **simulazione di matrimonio**. Il matrimonio può essere impugnato da ciascuno dei coniugi quando gli stessi abbiano convenuto di non adempiere agli **obblighi** e di non **esercitare i diritti** da esso discendenti (art. 123, 1° co., c.d.). La disposizione non si riferisce a tutti i possibili effetti derivanti dal rapporto coniugale, ma soltanto ai reciproci diritti ed obblighi fra gli sposi.

Esempio. Uno straniero intende ottenere la cittadinanza italiana. A tal fine si mette d'accordo con una cittadina italiana: essi si sposeranno proprio per tale finalità, convenendo di non adempiere gli obblighi e di non esercitare i diritti discendenti dal matrimonio.

È evidente la differenza tra la simulazione e la c.d. **riserva mentale**, che non inficia la validità dell'atto. Ricorre quest'ultima figura quando, ad esempio, uno dei coniugi abbia l'intenzione di non adempiere gli obblighi e di esercitare i diritti derivanti dal matrimonio, non esplicitando però il suo pensiero e non raccogliendo il consenso dell'altro coniuge.

È previsto che l'azione di simulazione non possa essere proposta decorso un anno dalla celebrazione del matrimonio ovvero nel caso in cui i contraenti, anche per un breve periodo, abbiano convissuto come coniugi successivamente alla celebrazione del matrimonio (art. 123, 2° co., cod. civ.). Il che rende assai difficile l'impugnazione del matrimonio per simulazione.

429.1. *La disciplina delle nullità matrimoniali: invalidità assoluta, relativa, sanabile, insanabile.*

La rubrica della sezione VI del capo III del Libro primo del codice civile qualifica l'invalidità del matrimonio in termini di **nullità**. Nell'utilizzo di tale espressione si rinviene l'influenza del diritto canonico, che conosce soltanto la figura della nullità del matrimonio (il matrimonio, per il diritto della Chiesa, o è valido o non è valido: non sussistono spazi per ipotesi di "annullamento").

Il codice civile, d'altra parte, non è sempre fedele a tale termine: talvolta alcune norme del codice discutono di annullamento (art. 89 cod. civ.); altre volte, più genericamente, si fa riferimento alla impugnabilità.

Il punto va chiarito: il matrimonio invalido è nullo, annullabile, o va adoperata un'altra terminologia? Come è facile immaginare, la questione ha appassionato più di un interprete. Ai fini della ricostruzione istituzionale della materia, basterà dire questo: si può pure utilizzare, genericamente, il termine "nullità", a proposito del matrimonio invalido, a patto di non pretendere di applicare alla materia le categorie contrattuali che, in tema di invalidità, distinguono la nullità dall'annullamento.

Non potendo utilizzare la nozione di nullità contrattuale, il sistema delle invalidità matrimoniali va ricostruito muovendo dalla distinzione, in primo luogo, fra **invalidità**

assoluta e **invalidità relativa**; in secondo luogo, fra **invalidità insanabile** e **invalidità sanabile**.

La prima classificazione ruota attorno alla legittimazione a far valere l'invalidità. Si discute di invalidità assoluta quando la cerchia dei soggetti legittimati a far valere l'invalidità del matrimonio è quanto mai ampia: la legittimazione, dunque, non spetta soltanto ai coniugi.

In particolare: (a) il matrimonio contratto in violazione degli artt. 86, 87 e 88 cod. civ. può essere impugnato "dai coniugi, dagli ascendenti prossimi, dal pubblico ministero e da tutti coloro che abbiano per impugnarlo un interesse legittimo e attuale" (art. 117, 1° co., cod. civ.). La disposizione fa riferimento alle ipotesi di preesistente vincolo matrimoniale (art. 86 cod. civ.), di parentela, affinità, adozione tra gli sposi (art. 87 cod. civ.), di delitto (art. 88 cod. civ.); (b) il matrimonio contratto in violazione dell'art. 84 cod. civ. può essere impugnato "dai coniugi, da ciascuno dei genitori e dal pubblico ministero. La relativa azione di annullamento può essere proposta personalmente dal minore non oltre un anno dal raggiungimento della maggiore età" (art. 117, 2° co., cod. civ.). Qui si fa riferimento (art. 84 cod. civ.) all'ipotesi del matrimonio contratto dal minorenne il quale non sia stato autorizzato; (c) il matrimonio di chi è stato interdetto per infermità di mente (art. 85 cod. civ.) "può essere impugnato dal tutore, dal pubblico ministero e da tutti coloro che abbiano un interesse legittimo" (art. 119, 1° co., cod. civ.).

L'invalidità relativa, invece, comporta che legittimati ad impugnare il matrimonio siano soltanto i coniugi, secondo le modalità previste dalla legge (§ 429). In particolare: (a) i coniugi possono impugnare il matrimonio simulato (art. 123, 1° co., cod. civ.); (b) il matrimonio, inoltre, può essere impugnato da quello dei coniugi il cui consenso è stato estorto con violenza o determinato da timore di eccezionale gravità derivante da cause esterne allo sposo (art. 122, 1° co., cod. civ.); (c) infine, il matrimonio può essere altresì impugnato da quello dei coniugi il cui consenso è stato dato per effetto di errore sull'identità della persona, o di errore essenziale su qualità personali dell'altro coniuge (art. 122, 2° co., cod. civ.).

Si giunge alla distinzione tra invalidità sanabile ed invalidità insanabile: nel primo caso il matrimonio può essere sanato; nel secondo la sanatoria è preclusa.

Ecco i casi di invalidità insanabile: (a) l'assenza di libertà di stato (art. 86 cod. civ.); (b) l'esistenza di vincoli di parentela, affinità e adozione (art. 87, 1° co., cod. civ.; si veda, però, l'art. 87, 4° co., cod. civ., che ammette, con riferimento ad alcuni vincoli, la possibilità di sanare il matrimonio: § 429).

Più numerosi sono i casi di invalidità sanabile: (a) il matrimonio di chi è stato interdetto per infermità di mente non può essere impugnato se, dopo che è stata revocata l'interdizione, vi è stata coabitazione per un anno (art. 119, 2° co., cod. civ.); (b) il matrimonio contratto da chi era incapace di intendere e volere non può essere impugnato se vi è stata coabitazione per un anno, dopo che il coniuge incapace ha recuperato la pienezza delle facoltà mentali (art. 120, 2° co., cod. civ.); (c) il matrimonio contratto in una situazione di errore o violenza non può essere impugnato se vi è stata coabitazione per un anno dopo che siano cessate la violenza o le cause che hanno determinato il timore ovvero sia stato scoperto l'errore (art. 122, 4° co., cod. civ.); (d) il matrimonio simulato non può essere impugnato decorso un anno dalla celebrazione del matrimonio ovvero nel caso in cui i contraenti abbiano convissuto come coniugi successivamente alla celebrazione medesima (art. 123, 2° co., cod. civ.); (e) il matrimonio contratto dal minore non autorizzato non può essere impugnato dallo stesso oltre un anno dal raggiungimento della maggiore età. La domanda, proposta dal genitore o dal pubblico ministero, deve essere respinta ove, anche in pendenza di giudizio, il minore abbia raggiunto la maggiore età ovvero ci sia stato concepimento o procreazione e in ogni caso sia stata accertata la volontà del minore di mantenere in vita il vincolo matrimoniale (art. 117, 2° co., cod. civ.).

429.2. *Gli effetti del matrimonio nullo. Il matrimonio putativo.*

La sentenza che dichiara la nullità colpisce l'atto matrimoniale, ossia il momento genetico del matrimonio: i coniugi, pertanto, devono considerarsi come se non fossero mai stati sposati.

Il legislatore, peraltro, ha avvertito la necessità di temperare tale principio attraverso una norma del codice civile, rubricata "**matrimonio putativo**" (art. 128 cod. civ.). Si vedrà tra breve che tale disposizione non si occupa soltanto del matrimonio putativo, ma anche del matrimonio in cui il consenso sia stato estorto con violenza o determinato da timore di eccezionale gravità derivante da cause esterne agli sposi.

Ecco quali sono le eccezioni al principio appena ricordato: "se il matrimonio è dichiarato nullo, gli effetti del matrimonio valido si producono, in favore dei coniugi, fino alla sentenza che pronuncia la nullità, quando i coniugi stessi lo hanno contratto in **buona fede**" (art. 128, 1° co., cod. civ.).

Contrarre il matrimonio in buona fede vuol dire ignorare una causa di invalidità dello stesso. È sufficiente, affinché si abbia matrimonio putativo (dal latino *putare*, ossia ritenere) che la buona fede, nel senso appena specificato, sussista nel momento della celebrazione del matrimonio; non è richiesto, invece, che l'ignoranza sussista anche nel momento successivo.

Ma come fare a provare la buona fede o la malafede? Non è certo una dimostrazione facile; ecco perché deve ritenersi applicabile la presunzione di cui discute l'art. 1147, 3° co., cod. civ.: la buona fede è presunta (occorre, dunque, fornire una specifica prova per dimostrare la malafede: Cass., 11.11.2021, n. 33409).

La disposizione sul matrimonio putativo ha, come è facile immaginare, delle conseguenze assai importanti.

Esempio. Due coniugi sono sposati, ignorando l'esistenza di una causa di invalidità del matrimonio, ossia il rapporto di parentela fra loro esistente (art. 87 cod. civ.). Verificata l'esistenza dell'invalidità, i coniugi promuovono il giudizio per ottenere la sentenza di nullità del loro matrimonio. Prima della sentenza dichiarativa della nullità, però, uno dei coniugi muore. Il coniuge sopravvissuto sarà chiamato all'eredità. Gli effetti del matrimonio putativo, infatti, perdurano fino alla sentenza che pronuncia la nullità.

Il matrimonio dichiarato nullo ha gli effetti del matrimonio valido rispetto ai figli (art. 128, 2° co., cod. civ.). La nullità del matrimonio, in particolare, non fa venire meno la presunzione di paternità (§ 444).

Se la buona fede sussiste soltanto in capo ad uno dei coniugi, gli effetti del matrimonio putativo valgono soltanto nei suoi confronti e nei confronti dei figli (art. 128, 3° co., cod. civ.).

Il matrimonio dichiarato nullo, contratto in mala fede da entrambi i coniugi, ha gli effetti del matrimonio valido rispetto ai figli nati o concepiti durante lo stesso, salvo che la nullità dipenda da incesto (art. 128, 4° co., cod. civ.). Nell'ipotesi da ultimo ricordata, rispetto ai figli si applica l'art. 251 cod. civ., relativo alla "autorizzazione al riconoscimento" (art. 128, 5° co., cod. civ.; sul riconoscimento §§ 448 ss.).

Le regole in tema di matrimonio putativo trovano applicazione anche quando il consenso sia stato estorto con violenza o determinato da timore di eccezionale gravità derivante da cause esterne agli sposi (art. 128, 1° co., cod. civ.). L'applicazione estensiva delle norme in tema di matrimonio putativo trova giustificazione nel fatto che, nelle ipotesi appena ricordate, la volontà del coniuge non è stata libera.

Quando le condizioni del matrimonio putativo si verificano rispetto ad ambedue i coniugi, il giudice può disporre a carico di uno di essi l'obbligo di corrispondere somme periodiche di denaro, per un periodo non superiore a tre anni, in proporzione alle sue sostanze, a favore dell'altro, ove questi non abbia adeguati redditi propri e non sia passato a nuove nozze (art. 129, 1° co., cod. civ.). Il giudice adotta i provvedimenti nei confronti dei figli in applicazione dell'art. 337-*ter* cod. civ. (art. 129, 2° co., cod. civ.; il rinvio, operato dalla norma, all'art. 155 cod. civ., deve considerarsi superato, a favore del rimando all'art. 337-*ter* cod. civ.).

È pure previsto che il coniuge cui sia imputabile la nullità del matrimonio sia tenuto a corrispondere all'altro coniuge in buona fede, qualora il matrimonio sia annullato, una congrua indennità, anche in mancanza del danno sofferto. L'indennità deve comunque comprendere una somma corrispondente al mantenimento per tre anni. Il coniuge al quale sia imputabile la nullità è pure tenuto a corrispondere gli alimenti al coniuge in buona fede, sempre che non vi siano altri obbligati (art. 129-*bis*, 1° co., cod. civ.). Il terzo cui sia imputabile la nullità del matrimonio è tenuto a corrispondere al coniuge in buona fede, se il matrimonio è annullato, la menzionata indennità (art. 129-*bis*, 2° co., cod. civ.). In ogni caso il terzo che abbia concorso con uno dei coniugi nel determinare la nullità del matrimonio è solidalmente responsabile con lo stesso per il pagamento dell'indennità (art. 129-*bis*, 3° co., cod. civ.).

Capitolo 70

I RAPPORTI FRA I CONIUGI DERIVANTI DAL MATRIMONIO

430. I rapporti fra i coniugi derivanti dal matrimonio: il principio di eguaglianza.

L'atto di matrimonio genera il **rapporto coniugale**, il quale va studiato sotto tre profili: (a) il rapporto personale fra i coniugi, costituito da posizioni soggettive di contenuto non economico; (b) il rapporto patrimoniale, che si articola nella previsione di diritti e di obblighi di natura economica; (c) il rapporto tra i coniugi, da porre in relazione all'esercizio della "responsabilità genitoriale" nei confronti dei figli minori.

Vanno presi in considerazione, in primo luogo, i rapporti personali e patrimoniali che nascono dall'atto di matrimonio (si veda anche, oltre a quanto detto in questa sede, il Cap. 71). Preliminarmente, però, va posto l'accento su un principio che permea ogni tipo di rapporto coniugale: il **principio di uguaglianza**. Esso è stabilito dall'art. 143, 1° co., cod. civ., così come risultante dalla Riforma del diritto di famiglia del 1975, secondo cui "con il matrimonio il marito e la moglie acquistano gli stessi diritti ed assumono i medesimi doveri" (si confronti anche il già ricordato art. 29 Cost.: § 421).

Il principio di uguaglianza fra i coniugi ispira tutto il diritto di famiglia, come è testimoniato dalla disciplina dell'"accordo" dei coniugi sull'indirizzo della vita familiare e sulla residenza della famiglia (art. 144 cod. civ.).

Quanto al **cognome**, basterà ricordare che a norma dell'art. 143-*bis* cod. civ. (aggiunto dalla Riforma del diritto di famiglia del 1975) "la moglie aggiunge al proprio cognome quello del marito e lo conserva durante lo stato vedovile, fino a che passi a nuove nozze" (sul cognome dell'unione civile si veda l'art. 1, 10° co., l. n. 76/2016).

La disposizione non prevede, dunque, come accadeva in passato, che la donna perda il proprio cognome in favore di quello del marito (il che costituirebbe l'affermazione di una inammissibile disparità fra i coniugi); è previsto, invece, che la donna aggiunga al proprio cognome quello del marito. L'aggiunta del cognome non solo è un diritto ma anche un dovere per la moglie; i nostri tribunali, peraltro, sono inclini a consentire alla donna di non aggiungere il cognome del marito nei rapporti professionali e sociali che la stessa intrattiene: ciò, soprattutto, quando il cognome della donna corrisponda ad una sorta di avviamento nell'attività lavorativa svolta già dalla stessa prima della celebrazione del matrimonio.

Il codice civile, va pur detto, non stabilisce che sia il marito a dover aggiungere al proprio cognome quello della moglie; sotto questo profilo non sussiste un'assoluta parità tra uomo e donna (sul cognome materno, alla luce di recenti pronunce giurisprudenziali, si rimanda tuttavia al § 67).

431. L'obbligo di fedeltà.

Vanno analizzati, ora, i "diritti e i doveri" personali e patrimoniali che nascono dal matrimonio. Dopo aver affermato, espressamente, il principio di uguaglianza, l'art. 143, 2° co., cod. civ., specifica che "dal matrimonio deriva l'obbligo reciproco alla fedeltà, all'assistenza morale e materiale, alla collaborazione nell'interesse della famiglia, e alla coabitazione". Inoltre, "entrambi i coniugi sono tenuti, ciascuno in relazione alle proprie sostanze e alla propria capacità di lavoro professionale o casalingo, a contribuire ai bisogni della famiglia" (art. 143, 2° co., cod. civ.).

Si tratta di previsioni che meritano di essere studiate analiticamente. Preliminarmente, però, va affrontata una questione terminologica: quando si fa riferimento ai rapporti personali tra i coniugi, è giusto esprimersi in termini di doveri reciproci o di obblighi reciproci?

Il codice non detta una risposta precisa: la rubrica dell'art. 143 cod. civ. si esprime in termini di "doveri"; lo stesso dicasi per il primo comma dell'art. 143 cod. civ.; il secondo comma, invece, discute di "obblighi"; il terzo comma non pare prendere posizione, affermando che i coniugi sono "tenuti" a porre in essere determinati comportamenti.

Tornano utili, allora, alcune riflessioni che si sono compiute nella parte introduttiva del Corso (§ 34): il termine obbligo (obbligazione, quando si ha riguardo unicamente ad interessi patrimoniali) indica il vincolo che lega un soggetto nei confronti dell'altro. Sembra più corretto, allora, utilizzare l'espressione "obbligo" nella materia che qui interessa, posto che il dovere si riferisce ad una situazione giuridica passiva di un soggetto nei confronti di una generalità di persone (e non, dunque, di un soggetto determinato, come accade nei rapporti personali fra i coniugi).

Ancora in via preliminare, va aggiunto che gli obblighi in questione non costituiscono ammonimenti di carattere morale del legislatore: si tratta di obblighi giuridici, come tali accompagnati da sanzioni in caso di loro violazione (si confrontino, ad esempio, gli artt. 146, 1° e 3° co., 151, 2° co., cod. civ.).

Si cominci dall'**obbligo di fedeltà**. Per la giurisprudenza attuale, nonché per diversi interpreti, l'obbligo in questione può considerarsi violato non soltanto quando si intrattengano rapporti sessuali extraconiugali: la "fedeltà", si afferma, comporta l'impegno di ciascun coniuge di non trasgredire il rapporto di dedizione fisica e spirituale, nonché la fiducia reciproca. Il che vuol dire che anche una frequentazione extraconiugale, senza tradimento sessuale, può costituire motivo di addebito nella separazione giudiziale, quando avvenga con modalità tali da offendere il decoro e la dignità dell'altro coniuge. È stato così considerato fedifrago il comportamento del marito in cerca di incontri amorosi sul web (Cass., 16.4.2018, n. 9384).

La violazione dell'obbligo di fedeltà, così come la violazione degli altri obblighi coniugali, trova la sua sanzione nelle misure tipiche previste dal diritto di famiglia; ciononostante può dare luogo al risarcimento del danno patito, sussistendo gli estremi dell'illecito civile (§§ 336 ss.). Per quello che qui interessa, può configurarsi il c.d. **danno da tradimento** quando risulta accertata la lesione della dignità o della salute per effetto delle modalità e delle circostanze con cui è stata posta in essere la condotta fedifraga del coniuge (Cass., 7.3.2019, n. 6598). Quella risarcitoria è una domanda autonoma che non richiede il suo esperimento nell'ambito del giudizio di separazione (Cass., n. 4470/2018; Cass., n. 18853/2011).

431.1. *L'obbligo di assistenza morale e materiale.*

L'**obbligo di assistenza morale** può essere definito come un reciproco obbligo di sostegno spirituale, i cui termini sono rimessi, per lo più, all'accordo tra i coniugi e variano in base alle condizioni culturali ed ambientali in cui la famiglia vive.

Pur con questa precisazione, ecco alcuni esempi, tratti dalla giurisprudenza, in cui si è pronunciata una sentenza di separazione giudiziale con addebito per violazione dell'obbligo di assistenza morale.

Si è ritenuto che non adempia l'obbligo in questione il marito che tenga nei confronti della moglie (malata di sclerosi multipla) un comportamento sprezzante ed insensibile, rifiutando di prestarle ogni adeguato conforto spirituale a seguito del peggioramento delle condizioni di salute della stessa. La fattispecie in esame merita qualche precisazione: la stessa giurisprudenza di legittimità sottolinea che ai fini della pronuncia dell'addebito a carico di un coniuge è necessario verificare se la condotta posta in essere rappresenti un rifiuto dell'impegno solidaristico assunto con il matrimonio o una presa di coscienza della già maturata situazione di incompatibilità della convivenza.

È censurabile, altresì, il comportamento del marito, il quale ometta di fornire aiuto e conforto spirituale alla moglie, attraverso la volontaria aggressione verso la sua personalità, al fine di annientarla e deprimerla.

Ancora, vi è violazione dell'obbligo di assistenza morale da parte della moglie, allorché la stessa ometta qualsiasi manifestazione di affetto verso il marito, consentendo a sua madre di ingerirsi nella vita familiare e continuando ad assillare il marito con pressanti e spropositate richieste di denaro.

L'obbligo di assistenza morale, si è pure affermato, è disatteso allorché un coniuge rifiuti in maniera persistente (e senza giustificazione) di intrattenere rapporti affettivi e sessuali con l'altro: è questo, infatti, un atteggiamento che può provocare frustrazione e disagio nonché, in alcuni casi, danni sul piano dell'equilibrio psicofisico.

Quanto all'**obbligo di assistenza materiale**, esso consiste nell'obbligo di conferire le risorse economiche indispensabili al mantenimento di un **adeguato tenore di vita**, comune ad entrambi i coniugi, al di là della consistenza del patrimonio e della capacità di contribuzione di ognuno. La violazione dell'obbligo in questione può integrare anche una fattispecie di reato (art. 570 cod. pen.).

Il **diritto all'assistenza morale e materiale** è **sospeso** nei confronti del coniuge che, allontanatosi senza giusta causa dalla residenza familiare, rifiuti di tornarvi (art. 146, 1° co., cod. civ.). La proposizione della domanda di separazione, di annullamento, di scioglimento o di cessazione degli effetti civili del matrimonio costituisce giusta causa di allontanamento dalla residenza familiare (art. 146, 2° co., cod. civ.).

431.2. *L'obbligo di collaborazione nell'interesse della famiglia.*

Il codice civile tiene distinto l'obbligo di assistenza da quello di collaborazione nell'interesse della famiglia. Mentre l'obbligo di assistenza riguarda i rapporti reciproci fra i coniugi e la soddisfazione dei loro bisogni, quello di collaborazione è rivolto alla dimensione "comunitaria" della famiglia, ai bisogni comuni della stessa.

La collaborazione, in particolare, concerne l'indirizzo della vita familiare, la scelta della residenza della famiglia (art. 144 cod. civ.), nonché le modalità di adempimento degli obblighi nei confronti dei figli (art. 147 cod. civ.). Trasgredisce l'obbligo di collaborazione, pertanto, il coniuge che non partecipi con l'altro nelle scelte sull'indirizzo familiare e sulla residenza familiare e nella determinazione, in concreto, delle modalità di mantenimento, istruzione, educazione della prole (art. 147 cod. civ.).

La non collaborazione può esplicarsi, da un lato, nella volontà autoritaria di un coniuge, che pretende di effettuare unilateralmente alcune scelte familiari senza collaborare in alcun modo con l'altro coniuge; può consistere, dall'altro, nel disinteresse assoluto di un coniuge, che si rifiuta di apportare ogni contributo ai bisogni della famiglia.

Con riferimento alla prima delle declinazioni illustrate, è bene specificare che non è ostativa al riscontro della violazione dell'obbligo e alla conseguente dichiarazione dell'addebito della separazione la permanenza, in alcune aree sociali, del ruolo del marito come gerarchicamente sovraordinato all'interno del nucleo familiare, né tantomeno la passata tolleranza da parte della moglie di condotte dispotiche e lesive della propria dignità e dell'uguaglianza nelle relazioni familiari. Queste circostanze, infatti, non possono rendere "disponibili" valori e diritti di rango costituzionale (Cass., 21.4.2015, n. 8094).

431.3. *L'obbligo di coabitazione.*

I coniugi hanno l'obbligo di coabitare, ossia di "abitare sotto lo stesso tetto". Il volontario abbandono del domicilio familiare da parte di uno dei coniugi, costituendo violazione dell'obbligo in esame, è di per sé sufficiente a giustificare l'addebito della separazione personale, a meno che non risulti provato che esso è stato determinato dal comportamento dell'altro coniuge o sia intervenuto in un momento in cui la prosecuzione della convivenza era già divenuta intollerabile (Cass., 15.1.2020, n. 648).

La previsione di tale obbligo, tuttavia, non è assoluta: basti porre mente, in primo luogo, all'art. 45 cod. civ., che permette a ciascun coniuge di avere un proprio domicilio autonomo rispetto alla residenza familiare; deve considerarsi, in secondo luogo, che la residenza familiare è sottoposta al principio dell'accordo tra i coniugi (§ 431.5).

Non si può escludere, anzi, che un coniuge sia costretto a dimorare stabilmente nel luogo dove ha eletto domicilio, allontanandosi dalla residenza comune. Accade, in questo caso, che i coniugi abbiano due residenze distinte, mancando quella familiare in senso proprio. Il che, però, non mette in discussione l'unità della famiglia allorché permanga l'intento di non disgregarla.

La convivenza fisica fra i coniugi, pertanto, pur essendo normalmente rilevante, non deve considerarsi fondamentale per l'esistenza della comunione coniugale. Un argomento letterale in tal senso si ricava dall'art. 146, 1° co., cod. civ., che prevede la possibilità di comminare una sanzione in caso di allontanamento "ingiustificato" dalla casa coniugale: la sospensione del diritto all'assistenza morale e materiale. Da ciò si ricava, dunque, che è consentito l'allontanamento "giustificato".

L'emergenza sanitaria, nel 2020, legata alla diffusione del Covid-19 (**coronavirus**), ha evidenziato come in non pochi casi i coniugi siano stati costretti, per un periodo più o meno lungo, a vivere separatamente.

431.4. *L'obbligo di contribuzione ai bisogni della famiglia.*

L'ultimo comma dell'art. 143 cod. civ. prevede, come già rilevato, che i coniugi siano obbligati, ciascuno in relazione alle proprie sostanze e alla propria capacità di lavoro professionale o casalingo, a contribuire ai bisogni della famiglia.

Si è già discusso, in precedenza, di un obbligo di collaborazione nell'interesse della famiglia (§ 431.2). Che tratto specifico presenta, allora, **l'obbligo di contribuzione** ai **bisogni della famiglia**?

L'analisi della disposizione in questione evidenzia che l'obbligo di contribuzione presenta uno specifico risvolto patrimoniale: i bisogni della famiglia a cui si fa riferimento sono quelli economici.

La determinazione di questi bisogni dipende da una serie di fattori: le condizioni economiche dei componenti della famiglia, la loro capacità di lavoro, ma anche l'autonoma decisione dei coniugi (§ 431.5), ai quali è rimessa la determinazione del concreto tenore di vita della famiglia.

Quanto alla misura di contribuzione ai bisogni della famiglia, vale il criterio inderogabile della **ripartizione proporzionale**: ciascuno deve contribuire in relazione alle proprie sostanze ed alla propria capacità di lavoro professionale o casalingo.

L'espressione "sostanze" deve intendersi comprensiva di tutti i beni, compresi quelli non produttivi.

Il riferimento alla "capacità di lavoro professionale e casalingo", invece, merita due considerazioni. In primo luogo, risulta valorizzata l'attività domestica, esercitata generalmente (anche se sempre meno, rispetto al passato) dalla donna: lo svolgimento del lavoro casalingo consente alla donna (o all'uomo) di adempiere all'obbligo di contribuzione.

Sotto un secondo aspetto si dà rilievo alla "capacità" di lavoro (sia professionale o casalingo), ossia all'**attitudine** al lavoro. In pratica, un coniuge che non effettui alcuna prestazione lavorativa (pur avendone la capacità), potrebbe essere costretto ad impiegare i propri beni personali per adempiere l'obbligo in questione.

Per l'adempimento degli obblighi di contribuzione (non solo quelli previsti dalla norma in commento, ma anche quelli di cui discute l'art. 147 cod. civ.: § 441) il giudice può ordinare il **sequestro dei beni** del coniuge allontanatosi dalla residenza familiare (art. 146, 3° co., cod. civ.).

431.5. *Gli accordi fra i coniugi. Le eventuali divergenze e l'intervento del giudice.*

I coniugi concordano, in posizione di parità, "**l'indirizzo** della **vita familiare** e fissano la **residenza della famiglia** secondo le esigenze di entrambi e quelle preminenti della famiglia stessa" (art. 144, 1° co., cod. civ.). Il potere di attuare l'indirizzo concordato spetta a ciascuno dei coniugi (art. 144, 2° co., cod. civ.).

Una parte della dottrina ha sottolineato come la disposizione in commento introduca un ulteriore e specifico obbligo, rispetto a quelli espressamente previsti dall'art. 143 cod. civ.: quello di cercare l'accordo nello svolgimento della vita coniugale.

L'accordo deve riguardare non soltanto la residenza familiare, ma anche il tipo ed il tenore di vita che i coniugi intendono condurre, le modalità di prestazione degli obblighi coniugali, la distribuzione dei compiti familiari.

Ci si chiede se sia ammissibile un accordo che preveda l'**esonero** (da parte di un coniuge o di tutti e due) da qualche **obbligo coniugale**. L'opinione prevalente tende a considerare inderogabili, almeno nel loro nucleo essenziale, gli obblighi coniugali (si vedano, in particolare, gli artt. 108, 123, 160 cod. civ.). Devono però registrarsi alcune opinioni favorevoli ad ammettere un accordo che deroghi, ad esempio, all'obbligo di "esclusività sessuale": si rileva, in proposito, che i rapporti personali sono improntati al principio di disponibilità.

Ove si ammetta l'efficacia di tali intese, deve comunque aggiungersi che le stesse sono subordinate al permanere del consenso dei coniugi, potendo una revoca sopraggiunta porre nel nulla il precedente accordo.

Il dato ha assunto rinnovata importanza in tema di sottrazione internazionale di minori. In particolare, è stato osservato che l'accordo dei genitori di vivere all'estero, cui, tuttavia, i coniugi non hanno mai dato attuazione per sopravvenute circostanze che avevano portato al trasferimento in Italia in forma stabile e senza soluzione di continuità, non può essere invocato a propria giustificazione dal coniuge che abbia sottratto il minore, né tantomeno fondare la residenza abituale del minore (Cass., 14.12.2017, n. 30123).

In caso di **disaccordo** ciascuno dei coniugi può chiedere, senza formalità, **l'intervento** del **giudice**: questi, sentite le loro opinioni e, quando se ne ravvisi l'opportunità, dei figli conviventi che abbiano raggiunto il sedicesimo anno di età, tenta di raggiungere una soluzione concordata (art. 145, 1° co., cod. civ.). In questa prima fase, dunque, l'intervento del giudice ha natura conciliativa.

Ove però la soluzione concordata non sia possibile ed il disaccordo riguardi la fissazione della residenza o altri "affari essenziali", il giudice, qualora venga fatta espressa e congiunta richiesta da parte dei coniugi, adotta con provvedimento non impugnabile la soluzione che ritiene più adeguata alle esigenze dell'unità e della vita della famiglia (art. 145, 2° co., cod. civ.). Da tale disposizione si comprende perché i casi in cui il giudice possa adottare i provvedimenti più adeguati nell'interesse della famiglia siano, statisticamente, alquanto limitati: è necessario, infatti, che si formuli espressa e congiunta richiesta (e ciò avviene ben difficilmente, ove si consideri il dissidio in atto, che rende poco concilianti i coniugi).

Si è evidenziato, in dottrina, come sia possibile notare un'interferenza fra la disciplina esaminata e quella di cui all'art. 316 cod. civ., riguardante la "responsabilità genitoriale" (§ 443). Una linea distintiva sembra essere la seguente: l'intervento del giudice ai sensi dell'art. 145 cod. civ. attiene agli aspetti più generali riguardanti la vita familiare; il ricorso all'art. 316 cod. civ., invece, riguarda esclusivamente i problemi relativi all'esercizio della responsabilità genitoriale ed i profili di "particolare importanza" relativi alla stessa.

432. Gli ordini di protezione contro gli abusi familiari.

Il legislatore moderno è consapevole del fatto che spesso le peggiori violenze sono quelle perpetrate all'interno della famiglia. Gli strumenti approntati in passato per reprimere gli abusi familiari sono stati considerati insufficienti; ecco perché la l. n. 154/2001 ha introdotto, tra gli altri, gli artt. 342-*bis* e 342-*ter* cod. civ. Importanti previsioni, peraltro, sono state dettate anche nel codice di procedura civile e nel codice di procedura penale.

Quando la condotta del coniuge o di altro convivente sia causa di grave pregiudizio all'integrità fisica o morale ovvero alla libertà dell'altro coniuge o convivente, il giudice, su istanza di parte, può adottare con decreto uno o più dei provvedimenti di cui all'art. 342-*ter* cod. civ. (art. 342-*bis* cod. civ., rubricato **ordine di protezione contro gli abusi familiari**).

In particolare, il giudice ordina con decreto al coniuge o convivente, che ha tenuto la **condotta** pregiudizievole, la **cessazione** della stessa e dispone il suo **allontanamento** dalla **casa familiare**; gli prescrive, altresì, ove occorra, di non avvicinarsi ai luoghi abitualmente frequentati dall'istante, ed in particolare al luogo di lavoro, al domicilio della famiglia d'origine, ovvero al domicilio di altri prossimi congiunti o di altre persone ed in prossimità dei luoghi di istruzione dei figli della coppia, salvo che questi non debba frequentare i medesimi luoghi per esigenze di lavoro (art. 342-*ter,* 1° co., cod. civ.). La convivenza non è presupposto applicativo dell'ordine di protezione, atteso che le condotte pregiudizievoli potrebbero essere perpetrare anche fuori dalla casa familiare (Trib. Perugia, 7.8.2020).

Il giudice può inoltre disporre, ove occorra, l'intervento dei **servizi sociali** o di un centro di **mediazione familiare**, nonché di altre associazioni non lucrative che si occupino di queste problematiche; può stabilire, inoltre, il **pagamento periodico** di un **assegno** a favore delle persone conviventi che, per effetto dei provvedimenti presi, rimangano prive dei mezzi adeguati, fissando modalità e termini di versamento e prescrivendo, se del caso, che la somma sia versata direttamente all'avente diritto dal datore di lavoro dell'obbligato, detraendola dalla retribuzione allo stesso spettante (art. 342-*ter*, 2° co., cod. civ.).

Con il decreto il giudice stabilisce la **durata** dell'**ordine di protezione**, che decorre dal giorno dell'avvenuta esecuzione dello stesso. Questo non può essere superiore ad un anno e può essere prorogato, su istanza di parte, soltanto se ricorrano gravi motivi per il tempo strettamente necessario (art. 342-*ter*, 3° co., cod. civ.).

Il giudice, infine, stabilisce con il decreto le **modalità di attuazione** dell'ordine di protezione. Qualora si verifichino difficoltà o contestazioni in ordine all'esecuzione, lo stesso giudice provvede con decreto ad emanare i provvedimenti più opportuni per l'attuazione, ivi compreso l'ausilio della forza pubblica e dell'ufficiale sanitario (art. 342-*ter*, 4° co., cod. civ.). L'elusione degli ordini di protezione costituisce reato (art. 388 cod. pen.).

Capitolo 71
IL REGIME DEGLI ACQUISTI PATRIMONIALI

433. Il regime degli acquisti patrimoniali. Considerazioni generali: regime legale e regime convenzionale.

Si sono studiati, in precedenza, gli obblighi contributivi dei coniugi che compongono il c.d. regime patrimoniale primario della famiglia. I rapporti patrimoniali, però, comprendono anche il **regime degli acquisti patrimoniali** (c.d. regime patrimoniale secondario), su cui ora occorre soffermarsi.

Le norme sul regime degli acquisti rispondono, principalmente, ai seguenti quesiti: chi diventa proprietario dei beni acquistati durante il matrimonio? Vi è una situazione di comproprietà dei beni o essi possono spettare individualmente a ciascun coniuge? Come si amministrano tali beni? Possono i coniugi adottare un regime degli acquisti più rispondente alle loro esigenze e bisogni?

L'analisi della disciplina relativa agli acquisti patrimoniali non esaurisce il tema dei rapporti patrimoniali all'interno della famiglia, dovendo poi aversi riguardo al trattamento del lavoro prestato all'interno della famiglia secondo le regole dell'impresa familiare (§ 440).

Qui ci si deve occupare del regime degli acquisti patrimoniali. Nel momento in cui i coniugi si sposano sono soggetti, qualora non manifestino alcuna volontà specifica, al **regime legale** degli acquisti: al regime, cioè, che disciplina automaticamente gli acquisti dei coniugi, in mancanza di un accordo diverso.

I coniugi, però, possono adottare un regime in deroga a quello legale: scelgono, così, un **regime convenzionale** degli acquisti.

Compiuta questa *summa divisio* va subito detto che il regime legale è quello della **comunione legale** (§ 434), mentre il regime convenzionale (che richiede una scelta dei coniugi) è quello della **separazione dei beni** e della **comunione convenzionale** (§ 438).

Il **fondo patrimoniale** (§ 439) comporta un particolare assetto dei rapporti economici all'interno della famiglia, non introducendo un nuovo regime patrimoniale: esso, infatti, può costituirsi all'interno di famiglie che vivono nell'ambito del regime legale degli acquisti, della comunione convenzionale, della separazione dei beni.

434. Il regime della comunione legale.

Il regime patrimoniale legale della famiglia, in mancanza di diversa convenzione, è quello della **comunione legale** dei beni, regolata, in particolare, dagli artt. 177, 178, 179 cod. civ. (art. 159 cod. civ.).

Il regime della comunione legale trova la propria *ratio* nell'esigenza di realizzare la comunione di vita tra gli sposi anche sotto il profilo patrimoniale, permettendo così l'eguale partecipazione alle ricchezze realizzate durante lo svolgimento della vita coniugale. Prima del 1975, peraltro, in mancanza di scelta dei coniugi il regime patrimoniale degli acquisti era quello della separazione dei beni: il legislatore della Riforma, dunque, ha diametralmente rovesciato la prospettiva rispetto al passato (sulla disciplina transitoria si veda l'art. 228 della l. n. 151/1975; Cass., 27.5.2013, n. 13089).

Converrà cominciare l'esame della disciplina muovendo dall'art. 177, 1° co., cod. civ., per il quale costituiscono oggetto della comunione:

(a) gli **acquisti compiuti** dai due coniugi insieme o separatamente durante il matrimonio, ad esclusione di quelli relativi ai beni personali;

(b) i **frutti** dei beni propri di ciascuno dei coniugi, percepiti e non consumati allo scioglimento della comunione;

(c) i **proventi dell'attività separata** di ciascuno dei coniugi se, allo scioglimento della comunione, non sono stati consumati;

(d) **le aziende gestite** da entrambi i coniugi e costituite dopo il matrimonio.

Qualora si tratti di aziende appartenenti ad uno dei coniugi anteriormente al matrimonio ma gestite da entrambi, la comunione concerne solo gli utili e gli incrementi (art. 177, 2° co., cod. civ.).

Occorre compiere un breve cenno su ciascuna delle lettere che compongono il primo comma dell'art. 177 cod. civ.

Lettera (a). Cadono in comunione gli acquisti compiuti dai coniugi, insieme o separatamente, ad esclusione di quelli relativi ai beni personali.

Esempio. Due coniugi milanesi sono in regime di comunione legale. Il marito si trova in trasferta a Roma per lavoro. Finita la sua incombenza lavorativa si reca in Piazza Navona, dove acquista un bellissimo vaso di terracotta. Il vaso è in comproprietà tra i coniugi (al 50%), pur avendolo acquistato soltanto il marito. L'altro coniuge ne diventa *ex lege* contitolare.

La lettera in esame ispira la denominazione "comunione degli acquisti", che spesso si dà alla comunione legale. Occorre intendersi, però, sul significato di "acquisti".

La dottrina e la giurisprudenza maggioritaria riferiscono il concetto di acquisto a quello di "bene", escludendo tutti gli acquisti che non abbiano ad oggetto diritti reali. Per una tesi minoritaria, invece, il concetto di acquisto va riferito al diritto (comprensivo anche del diritto di credito). Vi è, infine, una posizione intermedia, secondo cui nel concetto di acquisto rientra ogni diritto, a condizione che rappresenti un investimento in grado di arricchire in modo stabile il patrimonio.

Il codice non distingue fra acquisti a titolo originario e acquisti a titolo derivativo. I giudici di legittimità hanno così affermato che gli acquisti per usucapione di beni immobili, effettuati da uno solo dei coniugi durante il matrimonio, in vigenza del regime patrimoniale della comunione legale, entrano a far parte della stessa comunione (Cass., 11.8.2016, n. 17033).

Occorre, tuttavia, una precisazione in ordine agli acquisti mediante accessione. Si è andato delineando un orientamento per cui il principio generale dell'accessione di cui art. 934 cod. civ., in base al quale il proprietario del suolo acquista *ipso iure*, al momento dell'incorporazione, la proprietà della costruzione su di esso edificata, non trova deroga nella disciplina della comunione legale tra coniugi. Conseguentemente, la costruzione realizzata in costanza di matrimonio da entrambi i coniugi sul terreno di proprietà personale esclusiva di uno di essi rientra nella proprietà personale ed esclusiva di quest'ultimo (Cass., 4.11.2019, n. 28258; Cass., 29.10.2018, n. 27412). Sicché la tutela del coniuge, in caso di scioglimento della comunione, consiste nel diritto di ripetere nei confronti dell'altro coniuge le spese affrontate per la costruzione medesima e, dunque, ci si pone fuori dal perimetro dell'art. 177 cod. civ., senza alcun automatismo dell'acquisizione dell'opera alla comunione legale (Cass., 24.2.2020, n. 4794).

La disposizione in esame avverte che non cadono in comunione gli acquisti relativi ai "**beni personali**". Per l'art. 179, 1° co., cod. civ. non costituiscono oggetto della comunione e sono beni personali: (a) i beni di cui, prima del matrimonio, il coniuge era proprietario o rispetto ai quali era titolare di un diritto reale di godimento; (b) i beni acquistati successivamente al matrimonio per effetto di donazione o successione, quando nell'atto di liberalità o nel testamento non è specificato che essi sono attribuiti alla comunione; (c) i beni di uso strettamente personale di ciascun coniuge ed i loro accessori (si pensi, ad esempio, agli occhiali, all'abbigliamento, ad uno strumento musicale); (d) i beni che servono all'esercizio della professione del coniuge, tranne quelli destinati alla conduzione di un'azienda facente parte della comunione; (e) i beni ottenuti a titolo di risarcimento del danno nonché la pensione attinente alla perdita parziale o totale della capacità lavorativa; (f) i beni acquistati con il prezzo del trasferimento dei beni personali sopraelencati o col loro scambio, purché ciò sia espressamente dichiarato nell'atto di acquisto.

Inoltre, l'acquisto di beni immobili o di beni mobili elencati nell'art. 2683 cod. civ. (navi, aeromobili, autoveicoli), effettuato dopo il matrimonio, è escluso dalla comunione, ai sensi delle lett. c, d ed f, quando tale esclusione risulti dall'atto di acquisto se di esso sia stato parte anche l'altro coniuge (art. 179, 2° co., cod. civ.).

La portata di quest'ultima disposizione va chiarita, in quanto l'acquisto, come beni personali, di beni immobili e beni mobili registrati, è assoggettato ad una particolare disciplina: il legislatore ha voluto assecondare l'esigenza di consentire all'altro coniuge il controllo sui beni di maggior valore, i quali sono destinati a non entrare nel patrimonio della comunione legale.

La norma in commento fa riferimento alle ipotesi in cui un coniuge, che si trova in regime di comunione legale, acquisti un bene immobile o un bene mobile registrato, destinato ad uso individuale (art. 179, 1° co., lett. c) oppure destinato all'esercizio della professione (art. 179, 1° co., lett. d); si riferisce, ancora, ai beni acquistati con il prezzo del trasferimento dei beni personali o con il loro scambio (art. 179, 1° co., lett. f). Affinché i beni in questione non cadano nella comunione legale, è richiesto l'adempimento delle ricordate formalità: in primo luogo il coniuge acquirente dovrà rendere dichiarazione relativa alla personalità del bene; è necessario, poi, che all'atto partecipi anche il coniuge non acquirente.

Peraltro, la giurisprudenza della Suprema Corte ha precisato che la partecipazione all'atto dell'altro coniuge non acquirente, prevista dall'art. 179, 2° co., cod. civ., si pone come condizione necessaria, ma non sufficiente, per l'esclusione del bene dalla comunione, occorrendo a tal fine non solo il concorde riconoscimento, da parte dei coniugi, della natura personale del bene medesimo, ma anche l'effettiva sussistenza di una delle cause di esclusione dalla comunione, tassativamente indicate dall'art. 179, 1° co., lett. c, d ed f, cod. civ. (Cass., 16.12.2021, n. 40423). Ne consegue che l'eventuale inesistenza di tali presupposti può essere fatta valere con una successiva azione di accertamento, non risultando preclusa tale domanda dal fatto che il coniuge non acquirente sia intervenuto nel contratto per aderirvi (Cass., 12.3.2019, n. 7027).

Può accadere, però, che il coniuge manifesti il suo rifiuto di partecipare all'atto, ancorché ricorrano i presupposti previsti dalle lett. c, d e f dell'art. 179, 1° co., cod. civ. In tali casi si ritiene che il compratore, prima di acquistare il bene, sia tenuto a promuovere un giudizio di accertamento: ciò al fine di ottenere una sentenza che dichiari l'esistenza dei presupposti per la personalità dell'acquisto. Alcuni autori, peraltro, ritengono che l'accertamento possa avvenire anche in un momento successivo all'acquisto, potendo procedervi con apposito atto lo stesso coniuge non acquirente.

Lettere (b) e (c). Qui vengono in considerazione i casi di **comunione *de residuo*.** Con tale espressione si fa riferimento a quei beni che entrano nel patrimonio comune allo scioglimento della comunione legale (§ 437), soltanto se non siano stati consumati. Appartengono a tale categoria i frutti dei beni di ciascuno dei coniugi (art. 177, 1° co., lett. b) nonché i proventi dell'attività separata di ciascuno dei coniugi (art. 177, 1° co., lett. c). Inoltre, in base all'art. 178 cod. civ., i beni destinati all'esercizio dell'impresa di uno dei coniugi costituita dopo il matrimonio e gli incrementi dell'impresa costituita anche precedentemente si considerano oggetto della comunione solo se sussistono al momento dello scioglimento di questa.

Esempio. Il Sig. Recupero, avvocato, è sposato in regime di comunione degli acquisti. La professione gli procura diversi guadagni, che l'avvocato in parte riversa a beneficio della famiglia ed in parte consuma per il suo *hobby*, assai costoso, delle barche a vela. I viaggi per mare finiscono per distogliere il Sig. Recupero dagli affetti coniugali, tanto che la moglie decide di chiedere la separazione. Al momento dello scioglimento della comunione non si rinviene (non residua, cioè) alcun reddito professionale in capo all'avvocato. Essendo in presenza di un caso di *comunione de residuo*, non si potrà discutere di comunione dei beni a proposito dei proventi (attualmente inesistenti) dell'avvocato.

Secondo una parte della dottrina, al momento dello scioglimento della comunione non si instaurerebbe una vera e propria contitolarità sui beni *de residuo*, ma un diritto di credito a favore del coniuge non titolare nei confronti dell'altro. Non sarebbe ragionevole, infatti, ritenere che i beni ritenuti di titolarità esclusiva di un coniuge finché dura la comunione legale, divengano comuni soltanto nel momento del suo scioglimento.

Lettera (d). L'azienda gestita da entrambi i coniugi e costituita dopo il matrimonio è oggetto, per intero, della comunione legale. Diversamente, l'art. 177, 2° co., cod. civ., considera l'ipotesi che l'azienda sia gestita da entrambi i coniugi ma creata, prima del matrimonio, soltanto da uno di essi. In tal caso entrano nel patrimonio comune soltanto gli utili e gli incrementi, mentre gli altri beni aziendali conservano natura personale.

Al di là della puntuale indicazione da parte del legislatore può non essere facile, in concreto, comprendere quando un bene entri o meno nella comunione legale, specie quando si tratti di un bene mobile. Proprio per questo il codice civile introduce una presunzione: in mancanza di prova contraria si presume che i beni mobili facciano parte della comunione (art. 195 cod. civ.).

435. L'amministrazione dei beni della comunione.

Occorre studiare, ora, come e da parte di chi siano amministrati i beni della comunione legale. La materia è improntata al principio della parità tra i coniugi: è previsto, infatti, che l'**amministrazione** dei **beni** della **comunione** e la **rappresentanza in giudizio** per gli atti ad essa relativi spettino **disgiuntamente** ad entrambi i coniugi (art. 180, 1° co., cod. civ.). In questi casi, dunque, un coniuge non deve preoccuparsi di raccogliere il consenso dell'altro.

Diversamente, il compimento degli **atti eccedenti** l'**ordinaria amministrazione**, nonché la stipula dei contratti con cui si concedono o si acquistano diritti personali di godimento (si pensi alla locazione) e la rappresentanza in giudizio per le relative azioni, spettano congiuntamente ad entrambi i coniugi (art. 180, 2° co., cod. civ.).

Decisiva, allora, è la **distinzione** fra atti di ordinaria ed atti di straordinaria amministrazione. Può definirsi, in generale, atto di straordinaria amministrazione quello che travalica una finalità meramente conservativa del patrimonio nel suo insieme: in giurisprudenza sono stati considerati tali la divisione di un bene comune allorché i due coniugi ne siano comproprietari insieme ad altri; l'atto di conferimento di un bene oggetto di comunione in società; la concessione in comodato di un immobile comune.

Può succedere che uno dei coniugi si **rifiuti** di **prestare** il **consenso** per la stipulazione di un atto di straordinaria amministrazione o per gli altri atti per cui il consenso congiunto è richiesto: in tali casi, allora, l'altro coniuge può rivolgersi al giudice per ottenere l'autorizzazione, nel caso in cui la stipulazione dell'atto sia necessaria nell'interesse della famiglia o dell'azienda che, a norma della lett. d dell'art. 177 cod. civ., fa parte della comunione (art. 181 cod. civ.).

Si è ragionato, sin qui, sul presupposto che entrambi i coniugi siano in grado di provvedere all'amministrazione dei beni della comunione: le circostanze della vita, però, possono comportare che uno dei due sposi sia impedito ad attendere alla loro amministrazione. Si prevede, allora, che in caso di **lontananza** o di altro **impedimento** di uno dei coniugi l'altro, in mancanza di procura (che deve risultare da atto pubblico o scrittura privata autenticata), possa compiere, previa autorizzazione del giudice e con le cautele previste dallo stesso, gli atti necessari per i quali è richiesto, a norma dell'art. 180 cod. civ., il consenso di entrambi i coniugi (art. 182, 1° co., cod. civ.). Nel caso di gestione comune di azienda, uno dei coniugi può essere delegato dall'altro al compimento di tutti gli atti necessari all'attività di impresa (art. 182, 2° co., cod. civ.).

Per lontananza deve intendersi un reale e duraturo allontanamento del coniuge: in tale nozione vi rientra, sicuramente, la scomparsa (art. 48 cod. civ.), ma anche l'assenza determinata da eccezionali motivi di lavoro e di cura.

L'impedimento può essere sia fisico sia giuridico: si verifica, ad esempio, in caso di grave e perdurante malattia, di incapacità di intendere e di volere, di inabilitazione, di detenzione, di latitanza, di abbandono della residenza familiare, di separazione di fatto.

Può presentarsi la necessità di **escludere** uno dei coniugi **dall'amministrazione dei beni della comunione**: se uno dei coniugi sia minore o non possa amministrare ovvero se abbia male amministrato, l'altro coniuge può chiedere al giudice di escluderlo dall'amministrazione (art. 183, 1° co., cod. civ.). Qualche chiarimento va compiuto in ordine all'esclusione giudiziale per impossibilità ad amministrare: coordinando tale disposizione con quella di cui all'art. 182 cod. civ., può dirsi che l'esclusione potrà essere domandata quando si sia in presenza di un impedimento a carattere permanente (o tendenzialmente permanente): si pensi alla scomparsa, agli stati patologici prolungati, allo stato non transitorio di incapacità naturale.

Il coniuge privato dell'amministrazione può chiedere al giudice di esservi reintegrato, se sono venuti meno i motivi che hanno determinato l'esclusione (art. 183, 2° co., cod. civ.).

L'esclusione, comunque, opera di diritto riguardo al coniuge interdetto e permane fino a quando non sia cessato lo stato di interdizione (art. 183, 3° co., cod. civ.).

Gli atti compiuti da un coniuge senza il **necessario consenso** dell'altro coniuge e da questo non convalidati sono **annullabili** se riguardano beni immobili o beni mobili registrati di cui all'art. 2683 cod. civ. (art. 184, 1° co., cod. civ.; Cass., 23.8.2019, n. 21650). La convalida consiste nella manifestazione, rivolta al terzo, successivamente al contratto, della volontà di approvarlo.

Esistono limiti alquanto stretti all'azione di annullamento: essa, infatti, può essere proposta dal coniuge il cui consenso era necessario entro un anno dalla data in cui ha avuto conoscenza dell'atto e in ogni caso entro un anno dalla data di trascrizione. Se l'atto non sia stato trascritto e quando il coniuge non ne abbia avuto conoscenza prima dello scioglimento della comunione, l'azione non può essere proposta oltre l'anno dello scioglimento stesso (art. 184, 2° co., cod. civ.). In tali casi non è stabilita alcuna sanzione di annullabilità o inefficacia dell'atto (Cass., 13.5.2016, n. 9888).

I termini ridotti per l'annullamento sono giustificati dalla preoccupazione del legislatore di non creare un eccessivo intralcio al traffico giuridico, assicurando nel contempo le esigenze di tutela del coniuge pretermesso e, più in generale, della famiglia.

Se gli atti riguardano beni mobili diversi da quelli indicati precedentemente, il coniuge che li ha compiuti senza il consenso dell'altro è obbligato, su istanza di quest'ultimo, a **ricostituire la comunione** nello stato in cui era prima del compimento dell'atto o, qualora ciò non sia possibile, al **pagamento dell'equivalente** secondo i valori correnti all'epoca della ricostituzione della comunione (art. 184, 3° co., cod. civ.).

Tale disposizione non prevede un termine entro cui il coniuge pretermesso possa pretendere la ricostituzione della comunione: la lacuna, tuttavia, può essere superata individuando come termine ultimo quello dello scioglimento della comunione (si confronti l'art. 192, 4° co., cod. civ.). L'obbligo del rimborso è da ritenere escluso allorché l'atto di straordinaria amministrazione compiuto separatamente da parte di uno dei due coniugi sia stato vantaggioso per la comunione o comunque abbia soddisfatto una necessità della famiglia.

Infine, **all'amministrazione dei beni che non rientrano nella comunione** o nel fondo patrimoniale si applicano le disposizioni dell'art. 217, 2°, 3° e 4° co., cod. civ. (art. 185 cod. civ.). Pertanto, se ad uno dei coniugi sia stata conferita la procura ad amministrare i beni dell'altro con l'obbligo di rendere conto dei frutti, egli è tenuto verso l'altro coniuge secondo le regole del mandato (art. 217, 2° co., cod. civ.). Se uno dei coniugi abbia amministrato i beni dell'altro con procura senza l'obbligo di rendere conto dei frutti, egli ed i suoi eredi, a richiesta dell'altro coniuge o allo scioglimento o alla cessazione degli effetti del matrimonio, sono tenuti a consegnare i frutti esistenti e non rispondono per quelli consumati (art. 217, 3° co., cod. civ.). Se uno dei coniugi, nonostante l'opposizione dell'altro, amministri i beni di questo o comunque compia atti relativi a detti beni risponde dei danni e della mancata percezione dei frutti (art. 217, 4° co., cod. civ.).

436. I beni della comunione legale e le obbligazioni assunte da parte dei coniugi.

Occorre chiedersi, a questo punto, in che misura i **beni** che costituiscono la **comunione legale** rispondano delle **obbligazioni assunte dai coniugi**.

Non è possibile fornire una risposta univoca, giacché il codice civile richiede di distinguere due distinte situazioni: le **obbligazioni familiari** e le **obbligazioni personali**.

Sono obbligazioni familiari: (a) quelle contratte congiuntamente dai coniugi; (b) quelle assunte soltanto da uno dei coniugi ma nell'interesse della famiglia; (c) quelle che comunque sono relative ai beni della comunione. Ebbene, rispetto a siffatte obbligazioni rispondono i beni della comunione (art. 186 cod. civ.). Tuttavia, se questi non sono sufficienti, viene in considerazione la responsabilità sussidiaria di ciascun coniuge con i suoi beni personali: tale responsabilità è limitata soltanto alla metà del credito (art. 190 cod. civ.).

Sono obbligazioni personali, invece: (a) quelle contratte da ogni coniuge separatamente per motivi estranei all'interesse della famiglia; (b) quelle assunte da ciascuno dei coniugi già prima del matrimonio. Rispetto alle obbligazioni personali vale questa regola: il coniuge obbligato risponde con i suoi beni personali. Qualora questi siano insufficienti, vengono in considerazione i beni della comunione, che però potranno essere aggrediti nei limiti della quota dell'obbligato (artt. 187 e 188 cod. civ.).

437. Lo scioglimento della comunione legale.

Il regime della comunione degli acquisti si scioglie per le **cause** previste dalla legge (art. 191 cod. civ., 1° co., cod. civ.): (1) per la dichiarazione di assenza o morte presunta di uno dei coniugi; (2) per l'annullamento del matrimonio: si ha riguardo, qui, non solo all'annullamento pronunciato dal tribunale civile, ma anche a quello che derivi dalla decisione del tribunale ecclesiastico (o di organi giurisdizionali stranieri) riconosciuta nel nostro ordinamento; (3) per lo scioglimento o per la cessazione degli effetti civili del matrimonio (§ 463); (4) per la separazione personale dei coniugi, giudiziale o consensuale (§§ 456 ss.); (5) per la separazione giudiziale dei beni (nei casi previsti dall'art. 193 cod. civ.); (6) per mutamento convenzionale del regime patrimoniale (§ 438); (6) per il fallimento di uno dei coniugi.

Nel caso di separazione personale, la comunione tra i coniugi si scioglie nel momento in cui il presidente del tribunale autorizza i coniugi a vivere separati, ovvero alla data di sottoscrizione del processo verbale di separazione consensuale dei coniugi dinanzi al presidente, purché omologato. L'ordinanza con la quale i coniugi sono autorizzati a vivere separati è comunicata all'ufficiale dello stato civile ai fini dell'annotazione dello scioglimento della comunione (art. 191, 2° co., cod. civ.; il comma è stato inserito dall'art. 2, 1° co., l. n. 55/2015).

Il codice civile non lo dice esplicitamente, ma è ovvio che la morte naturale di uno dei coniugi costituisce una causa irreversibile di cessazione della comunione legale.

Nel caso di azienda di cui alla lett. d dell'art. 177 cod. civ. (§ 434), lo scioglimento della comunione può essere deciso, per accordo dei coniugi, osservata la forma dell'atto pubblico di cui all'art. 162 cod. civ. (art. 191, 3° co., cod. civ.).

Gli **effetti** dello **scioglimento** consistono nella sottrazione dei beni al regime della comunione legale: ciò comporta, ad esempio, che i beni acquistati separatamente sono di proprietà esclusiva; che per le obbligazioni assunte ciascuno assume la responsabilità esclusiva, e così via.

Con la cessazione della comunione si ritiene che trovino applicazione le regole relative alla comunione ordinaria (Cass., 5.4.2017, n. 8803).

Ciascuno dei coniugi, infine, acquista il diritto a chiedere la divisione della massa comune. Prima di ciò, però, occorre determinare la consistenza del patrimonio. Ed è per questo che i coniugi sono tenuti ad effettuare, a favore della comunione, una serie di **rimborsi** e di **restituzioni** (art. 192 cod. civ.): in particolare, ciascuno di essi deve rimborsare alla comunione le somme prelevate dal patrimonio comune per fini diversi dall'adempimento delle obbligazioni relative ai beni comuni (art. 192, 1° co., cod. civ.); ciascuno dei coniugi, ancora, può chiedere la restituzione delle somme prelevate dal patrimonio personale ed impiegate in spese ed investimenti del patrimonio comune (art. 192, 3° co., cod. civ.).

I rimborsi e le restituzioni si effettuano al momento dello scioglimento della comunione; tuttavia, il giudice può autorizzarli in un momento anteriore se l'interesse della famiglia lo esige o lo consente (art. 193, 4° co., cod. civ.).

Si giunge, così, alla **divisione**: essa si effettua ripartendo in parti uguali l'attivo ed il passivo (art. 194, 1° co., cod. civ.). Il giudice, in relazione alle necessità della prole e all'affidamento di essa, può costituire a favore di uno dei coniugi l'usufrutto su una parte dei beni spettante all'altro coniuge (art. 194, 2° co., cod. civ.). Si discute, in questo caso, di **usufrutto giudiziale**, cui si applicheranno, in quanto compatibili, le norme sull'usufrutto ordinario, come quella sul rispetto della destinazione economica del bene (art. 981 cod. civ.).

L'usufrutto giudiziale cessa, oltre che per il decesso del figlio, allorché venga meno la "necessità della prole": si pensi al caso in cui il figlio sia beneficiario di una donazione.

Nella divisione i coniugi o i loro eredi hanno **diritto di prelevare i beni mobili** che appartenevano ai coniugi stessi prima della comunione o che sono ad essi pervenuti durante la medesima per successione o donazione. In mancanza di prova contraria si presume che i beni mobili facciano parte della comunione (art. 195 cod. civ.).

Se non si trovano i beni mobili che il coniuge o i suoi eredi hanno diritto di prelevare, gli stessi possono ripeterne il valore, provandone l'ammontare anche per notorietà, salvo che la mancanza di quei beni sia dovuta a consumazione per uso o perimento o per altra causa non imputabile all'altro coniuge (art. 196 cod. civ.). Tuttavia, il prelevamento non può farsi, a pregiudizio dei terzi, qualora la proprietà individuale dei beni non risulti da atto avente data certa (art. 197 cod. civ.).

438. Le convenzioni matrimoniali.

Con la **convenzione matrimoniale** i coniugi possono instaurare fra loro un regime diverso da quello legale. Tale scelta può essere effettuata all'atto di celebrazione del matrimonio oppure con la **forma** dell'atto pubblico, adottato in ogni momento (art. 162, 1°, 2° e 3° co., cod. civ.). Le convenzioni possono essere oggetto di modifica (art. 163 cod. civ.).

Esiste una specifica **pubblicità** per le convenzioni matrimoniali: esse non possono essere opposte ai terzi quando a margine dell'atto di matrimonio non risultino annotati la data del contratto, il notaio rogante e le generalità dei contraenti, ovvero la scelta adottata al momento della celebrazione del matrimonio (art. 162, 4° co., cod. civ.).

Ci si chiede se le convenzioni che abbiano per oggetto un immobile o un mobile registrato siano soggette, ai fini dell'opponibilità ai terzi, alla trascrizione. La giurisprudenza ha affermato, in proposito, il principio dell'assorbimento: l'annotazione, cioè, rende non necessaria la pubblicità attraverso la trascrizione.

Si noti che non è prevista, invece, l'annotazione del regime di comunione dei beni: essa, infatti, si costituisce *ex lege* ed è dunque opponibile ai terzi senza che sia necessaria l'annotazione. I terzi interessati hanno l'onere di recarsi presso gli uffici del Comune di celebrazione del matrimonio per avere conoscenza di come siano stati regolati i rapporti patrimoniali tra i coniugi (Cass., 16.6.2021, n. 17207).

Discussa è la **natura giuridica** delle convenzioni matrimoniali: può dirsi, in sintesi, che si tratta di contratti (si confronti la dizione utilizzata dall'art. 162, 4° co., cod. civ.) rientranti nella nozione di cui all'art. 1321 cod. civ., ancorché sottoposti ad una particolare disciplina: talché ad essi si applicheranno sussidiariamente, ma in via diretta, le norme sui contratti in generale.

La specificità della disciplina sulle convenzioni matrimoniali si coglie, in particolare, sotto due aspetti: innanzitutto i coniugi non possono liberamente adottare il regime convenzionale che vogliono, ma soltanto scegliere se adottare o meno un regime convenzionale già previsto dalla legge (comunione convenzionale o separazione dei beni). Vi è dunque, in questa materia, un principio di **tipicità**, mentre in base alla disciplina generale dei contratti le parti sono libere di stipulare contratti atipici o innominati, purché meritevoli di tutela secondo l'ordinamento giuridico (art. 1322, 2° co., cod. civ.).

Sotto un secondo aspetto i coniugi, allorché decidano di adottare il regime della comunione convenzionale o della separazione dei beni, non sono del tutto liberi di determinare il contenuto delle loro convenzioni matrimoniali. Ecco i limiti cui vanno incontro:

(a) il regime patrimoniale convenzionale non può contrastare con il c.d. regime patrimoniale primario, ossia con la disciplina che prevede gli obblighi di contribuzione. Non è ammesso, ad esempio, un accordo in cui il marito risulti esentato da qualsiasi obbligo di contribuire ai bisogni della famiglia. L'obbligo in questione, infatti, non è derogabile, come risulta dall'art. 160 cod. civ., per il quale "gli sposi non possono derogare né ai diritti né ai doveri previsti dalla legge per effetto del matrimonio".

(b) Il regime patrimoniale convenzionale non può essere in contrasto con le norme inderogabili che regolano il regime adottato. Si prevede espressamente che "non sono derogabili le norme sulla comunione legale relative all'amministrazione dei beni della comunione e all'uguaglianza delle quote limitatamente ai beni che formerebbero oggetto della comunione legale" (art. 210, 3° co., cod. civ.).

(c) Infine, è previsto che i coniugi non possano pattuire in modo generico che i loro rapporti siano in tutto o in parte regolati da leggi alle quali non sono sottoposti o dagli usi, ma devono enunciare in modo concreto il contenuto dei patti con i quali intendono regolare questi loro rapporti (art. 161 cod. civ.). Le "leggi" cui si riferisce la norma sono: quelle straniere (se i coniugi sono cittadini italiani); le leggi diverse da quelle dello Stato di appartenenza (se i coniugi hanno la stessa cittadinanza straniera); le leggi diverse da quelle dello Stato in cui la vita matrimoniale è prevalentemente localizzata, se i coniugi hanno una cittadinanza diversa o più cittadinanze. Si noti che la disposizione in commento non è ostativa all'applicazione della legge straniera o dell'uso: tuttavia, è richiesto che i coniugi specifichino nella convenzione il testo della legge o verbalizzino l'uso richiamato. Ai coniugi è data la facoltà di adottare il regime della legge dello Stato di cui uno di essi è cittadino o nel quale uno dei due risieda (art. 30 l. n. 218/1995). Sul tema è recentemente intervenuto il Regolamento UE n. 1102 del 24.6.2016 (in vigore dal gennaio 2019).

Quanto al contenuto dei regimi convenzionali matrimoniali, si distingue la separazione dei beni dalla comunione convenzionale.

Con la **separazione convenzionale** (che può essere adottata con una semplice dichiarazione al momento della celebrazione del matrimonio: art. 162, 2° co., cod. civ.) si stabilisce che ciascun coniuge diventi proprietario esclusivo dei beni acquistati durante il matrimonio (art. 215 cod. civ.). In caso di morte, peraltro, il coniuge superstite ha i diritti successori sui beni del defunto.

La convenzione in esame può essere espressa in positivo, allorché i coniugi dichiarino di voler adottare il regime della separazione; oppure in negativo, quando si esclude il regime della comunione legale fra loro. Si ritiene non ammissibile una separazione parziale, attraverso la quale si preveda che soltanto determinate categorie di beni rientrano nel regime della separazione.

Ciascun coniuge ha il godimento e l'amministrazione dei beni di cui è titolare esclusivo (art. 217, 1° co., cod. civ.). Il coniuge che gode dei beni dell'altro è soggetto a tutte le obbligazioni dell'usufruttuario (art. 218 cod. civ.).

Il coniuge può provare con ogni mezzo nei confronti dell'altro la proprietà esclusiva di un bene (art. 219, 1° co., cod. civ.). I beni di cui nessuno dei coniugi può dimostrare la proprietà esclusiva sono di proprietà indivisa per pari quota di entrambi i coniugi (art. 219, 2° co., cod. civ.).

Con il regime della **comunione convenzionale**, invece, i coniugi apportano consensualmente delle modifiche alla comunione legale (art. 210 cod. civ.). Ciò vuol dire che gli stessi potranno prevedere che alcuni acquisti restino di proprietà esclusiva, ancorché il regime legale li ricondurrebbe alla comunione; oppure possono stabilire che alcuni beni siano soggetti alla comunione, mentre in base al regime legale non rientrerebbero in una situazione di contitolarità.

Esempio. I coniugi decidono di adottare il regime della comunione convenzionale, per effetto del quale si stabilisce (derogando all'art. 177, lett. d, cod. civ.) che le aziende costituite da entrambi dopo il matrimonio siano nella titolarità soltanto di uno di due (magari di colui che ha effettuato il maggior apporto economico per la loro costituzione).

Non si possono ricomprendere nella comunione i beni di utilizzo strettamente personale né quelli destinati alla professione ed i risarcimenti dei danni (art. 210, 2° co., cod. civ.).

439. Il fondo patrimoniale.

Come già accennato, l'istituto del fondo patrimoniale non può essere considerato un vero e proprio "regime" patrimoniale, poiché non vengono in considerazione tutti i futuri acquisti dei coniugi, ma soltanto alcuni beni determinati; si tratta, inoltre, di beni che appartengono soltanto alle seguenti categorie: beni immobili, beni mobili registrati e titoli di credito (art. 167, 1° co., cod. civ.).

Il fondo patrimoniale, dunque, non sostituisce ma si affianca al regime patrimoniale adottato dai coniugi (la comunione, la separazione, la comunione convenzionale).

Quanto alla disciplina, è previsto che **ciascuno** o **ambedue** i **coniugi**, per **atto pubblico**, o un **terzo**, anche per testamento, possano costituire un fondo patrimoniale, destinando determinati beni, immobili o mobili iscritti in pubblici registri, o titoli di credito, a far fronte ai **bisogni della famiglia** (art. 167, 1° co., cod. civ.).

La costituzione del fondo patrimoniale per atto tra vivi, effettuata dal terzo, si perfeziona con l'accettazione dei coniugi. L'accettazione può essere fatta con atto pubblico posteriore (art. 167, 2° co., cod. civ.).

La costituzione può essere fatta anche durante il matrimonio (art. 167, 3° co., cod. civ.).

La costituzione del fondo patrimoniale è opponibile ai terzi esclusivamente a partire dalla data dell'annotazione a margine dell'atto di matrimonio nei registri dello stato civile (art. 162, 4° co., cod. civ.). Per questo motivo, il notaio che, dopo avere costituito un fondo patrimoniale, omette di curare la relativa annotazione a margine dell'atto di matrimonio, risponde nei confronti dei proprietari dei beni del danno patito in conseguenza dell'inopponibilità del vincolo di destinazione ai creditori (Cass., 24.3.2016, n. 5889). La trascrizione nei pubblici registri immobiliari non sopperisce all'omessa annotazione a margine dell'atto di matrimonio. Difatti, il fondo costituito ma non annotato, quand'anche trascritto, non rende l'atto di destinazione dei beni opponibile al creditore ipotecario, ai sensi dell'art. 2647 c.c.; la trascrizione resta degradata a mera forma di pubblicità-notizia e non sopperisce al difetto di annotazione nei registri dello stato civile, che non ammette deroghe o equipollenti. Del pari è irrilevante l'eventuale conoscenza che i terzi abbiano acquisito altrimenti della costituzione del fondo (Cass., 10.5.2019, n. 12545).

Rientrano nei "**bisogni della famiglia**" le esigenze primarie della stessa, quali il mantenimento, l'abitazione, l'educazione della prole, le cure mediche. La giurisprudenza ha variamente declinato i bisogni della famiglia, includendovi anche le esigenze volte al pieno mantenimento e all'armonico sviluppo della famiglia nonché al potenziamento della capacità lavorativa. Ciononostante, non possono essere incluse le attività che solo indirettamente sono destinate alla soddisfazione delle esigenze familiari: si pensi ai debiti derivanti dalla attività professionale da cui uno dei coniugi ricava il reddito per il mantenimento della propria famiglia (Cass., 27.4.2020, n. 8201).

Coerenti con le finalità del fondo patrimoniale sono le successive norme che regolano l'istituto: **i frutti dei beni del fondo patrimoniale** (la cui proprietà spetta ad entrambi i coniugi, salvo che sia diversamente stabilito nell'atto di costituzione) sono impiegati per i bisogni della famiglia (art. 168, 1° e 2° co., cod. civ.). I coniugi amministrano i beni del fondo patrimoniale secondo le norme relative all'amministrazione della comunione legale (art. 168, 3° co., cod. civ.).

Se non è stato espressamente previsto nell'atto di costituzione, non si possono alienare, ipotecare, dare in pegno o comunque vincolare beni del fondo patrimoniale, se non con il consenso di entrambi i coniugi e, se vi sono figli minori, con l'autorizzazione concessa dal giudice, con provvedimento emesso in camera di consiglio, nei soli casi di necessità od utilità evidente (art. 169 cod. civ.).

Inoltre, **l'esecuzione sui beni del fondo e sui frutti** di essi non può aver luogo per debiti che il creditore conosceva essere stati contratti per scopi estranei ai bisogni della famiglia (art. 170 cod. civ.).

La norma, in sostanza, consente di opporre, nei confronti del creditore procedente, la costituzione di alcuni beni in fondo patrimoniale e la loro non espropriabilità: l'esecuzione, infatti, può avvenire solo per debiti contratti per i bisogni della famiglia.

Esempio. Due coniugi, impiegati statali, destinano un immobile, avente il valore di 200.000 euro, a fondo patrimoniale. Il marito, un giorno, acquista una barca a vela, specificando al venditore di voler fare, da solo, il giro del mondo via mare. Viene versato un acconto di 100.000 euro (i risparmi di una vita) mentre la somma rimanente dovrà essere versata dopo 3 mesi. Il venditore, però, non riceve il saldo: per soddisfare il suo credito, tuttavia, non può instaurare una procedura esecutiva nei confronti dell'immobile, giacché si tratta di un bene destinato ai bisogni della famiglia.

Non si può nascondere come la disposizione in esame, nelle applicazioni pratiche, abbia finito per dar luogo ad **abusi**: si costituiscono sovente fondi patrimoniali non tanto per soddisfare i bisogni della famiglia, quanto per sottrarre determinati beni di uno dei coniugi (specie se imprenditore) alle pretese dei creditori.

Ciò spiega perché, secondo l'indirizzo andatosi affermando in giurisprudenza, il conferimento di beni in un fondo patrimoniale, se realizza una **frode ai creditori**, sia sottoposto all'azione revocatoria, secondo il regime previsto per gli atti a titolo gratuito (Cass., 30.1.2020, n. 2077).

Inoltre, si ritiene simulato (e inefficace) il fondo patrimoniale nel cui atto costitutivo sia previsto che i coniugi, pur in presenza di figli minorenni, abbiano il diritto di vendere liberamente o di ipotecare i beni vincolati (Cass., 2.3.2018, n. 4916).

440. L'impresa familiare.

Si è al di fuori del regime patrimoniale della famiglia allorché si discute di **impresa familiare** (art. 230-*bis*, cod. civ.). L'istituto è stato introdotto, in occasione della Riforma del diritto di famiglia del 1975, con l'intento di tutelare quei rapporti di lavoro sorti nell'ambito della famiglia che in passato venivano ricondotti ad una ***causa affectionis vel benevolentiae*** o, comunque, ad un contratto atipico di lavoro gratuito; ciò escludeva la possibilità di avanzare pretese nei confronti del familiare imprenditore, beneficiario delle prestazioni.

Nell'impresa familiare collaborano "il coniuge, i parenti entro il terzo grado, gli affini entro il secondo" (art. 230-*bis*, 3° co., cod. civ.). All'elenco va pure aggiunto l'unito civilmente, trovando applicazione nei suoi confronti l'intera disciplina dettata dall'art. 230-*bis* cod. civ., atteso il rinvio formale all'intero capo VI del titolo VI del Libro primo del codice civile operato dall'art. 1, 46° co. ss., l. n. 76/2016, recante la Regolamentazione delle unioni civili tra persone dello stesso sesso e delle convivenze di fatto.

A meno che non sussista un vero e proprio contratto di lavoro subordinato o un contratto di società ("salvo che sia configurabile un diverso rapporto"), il familiare che presta in modo continuativo (non dunque saltuariamente) la sua attività lavorativa nella famiglia o nell'impresa familiare, ha i seguenti **diritti patrimoniali**: (a) diritto al mantenimento secondo la condizione patrimoniale della famiglia; (b) diritto alla partecipazione agli utili dell'impresa familiare ed ai beni acquistati con essi; (c) diritto agli incrementi dell'azienda, anche in ordine all'avviamento; ciò in proporzione alla quantità e qualità del lavoro prestato (art. 230-*bis*, 1° co., cod. civ.).

La disciplina in esame fa riferimento al familiare che presta in modo continuativo la sua attività "nella famiglia o nell'impresa familiare". Cosa vuol dire prestare l'attività lavorativa nella famiglia? Certamente non ha rilievo la mera attività domestica svolta dal coniuge in esecuzione del generico dovere di collaborazione (si confronti l'art. 143, ult. co., cod. civ.). Deve farsi riferimento, allora, a quella attività che permette agli altri familiari, secondo una tipica regola imprenditoriale di "divisione del lavoro", di dedicarsi completamente alla conduzione dell'impresa.

Esempio. In un'impresa di ristorazione familiare, il nonno assume stabilmente e a tempo pieno il compito di cura dei nipoti di minore età. In questo modo i figli ed i rispettivi coniugi sono liberi di dedicarsi completamente all'attività imprenditoriale. Qui può dirsi di essere in presenza di un'impresa familiare, in cui il nonno ha i diritti riconosciutogli dall'art. 230-*bis* cod. civ.

Esempio. In una farmacia gestita in regime di impresa familiare, l'attività di studio della moglie per conseguire il diploma di laurea in farmacia integra il requisito della partecipazione all'impresa. Se solo con il conseguimento della qualifica professionale di farmacista è possibile vendere farmaci, allora è evidente che si tratta di un investimento nella formazione professionale economicamente valutabile, volto ad evitare il ricorso alle prestazioni di dipendenti farmacisti (Cass., 15.11.2017, n. 7108).

I familiari che partecipano all'impresa, inoltre, hanno **diritti di partecipazione** (secondo il criterio di maggioranza), che riguardano: (a) l'impiego degli utili e degli incrementi; (b) la gestione straordinaria; (c) gli indirizzi produttivi; (d) la cessazione dell'impresa (art. 230-*bis*, 1° co., cod. civ.).

I diritti di partecipazione in questione, tuttavia, non trasformano l'impresa familiare in "**società di fatto**" (intendendosi, con tale espressione, una società in cui alcuni soggetti si comportano come se una società fosse effettivamente costituita tra loro, pur mancando un espresso accordo in tal senso). Nell'impresa familiare, infatti, il diritto di partecipazione si traduce in un consenso (a maggioranza) dei familiari a decisioni che soltanto l'imprenditore è legittimato ad assumere; pertanto, l'atto relativo alla gestione dell'impresa familiare, compiuto in assenza o contro la volontà maggioritaria dei familiari, resta comunque valido ed efficace nei confronti dei terzi. Semmai, esso sarà fonte di una responsabilità dell'imprenditore nei confronti dei familiari partecipanti all'impresa.

Il diritto di partecipazione in questione **non** è **trasferibile**, salvo che il trasferimento avvenga a favore di uno dei familiari con il consenso di tutti i partecipanti. Il diritto di partecipazione può essere liquidato in denaro alla cessazione (per qualsiasi causa) della prestazione di lavoro, nonché in caso di alienazione dell'azienda (art. 230-*bis*, 4° co., cod. civ.).

In caso di divisione ereditaria o di trasferimento dell'azienda, i partecipanti all'impresa familiare hanno diritto di prelazione sull'azienda; trova applicazione, in quanto compatibile, la regola sulla prelazione legale ereditaria, di cui all'art. 732 cod. civ. (art. 230-*bis*, 5° co., cod. civ.). Peraltro, la *ratio* della norma è quella di tutelare il familiare estromesso dalla vicenda traslativa. Dunque, è sufficiente che vi sia stato un trasferimento dell'azienda mentre non rileva che la cessione non abbia inciso sul ruolo dominante del titolare dell'azienda (Cass., 21.4.2017, n. 10147).

I partecipanti all'impresa familiare hanno il **diritto di riscatto**: possono, cioè, riscattare l'azienda direttamente verso il terzo, qualora il titolare dell'impresa l'abbia alienata senza la preventiva *denuntiatio* ai familiari, violando così lo *ius praelationis* di cui questi sono titolari (Cass., n. 27475/2008).

Infine, ai familiari che collaborano nell'impresa familiare va estesa la tutela assicurativa contro gli infortuni sul lavoro e le malattie professionali, quando il titolare dell'impresa abbia omesso di predisporre le necessarie misure di sicurezza (Cass., 25.8.2017, n. 20406).

Capitolo 72
I RAPPORTI FRA GENITORI E FIGLI

441. I rapporti tra i genitori e i figli: gli obblighi nei confronti dei figli minorenni.

Come già visto, l'art. 30, 1° co., Cost., prevede che i **genitori** hanno il **dovere** di "mantenere, istruire, educare i figli". Già prima dell'entrata in vigore della Carta costituzionale l'art. 147 cod. civ. stabiliva che "il matrimonio impone ad ambedue i coniugi l'obbligo di mantenere, istruire ed educare la prole tenendo conto delle capacità, dell'inclinazione naturale e delle aspirazioni dei figli". L'attuale formulazione dell'art. 147 cod. civ. (modificato dal d.lgs. n. 154/2013) prevede che "il matrimonio impone ad ambedue i coniugi l'obbligo di mantenere, istruire, educare e assistere moralmente i figli, nel rispetto delle loro capacità, inclinazioni naturali e aspirazioni, secondo quanto previsto dall'art. 315-*bis*".

L'adempimento degli obblighi dei genitori, dunque, impone a quest'ultimi di tenere in adeguata considerazione i **diritti** del **figlio** (a prescindere, si badi, dalla sua nascita nel matrimonio o al di fuori di esso): questi ha diritto di essere mantenuto, educato, istruito e assistito moralmente dai genitori, nel rispetto delle sue capacità, delle sue inclinazioni e delle sue aspirazioni (art. 315-*bis*, 1° co., cod. civ.).

Il figlio ha diritto di crescere in famiglia e di mantenere rapporti significativi con i parenti (art. 315-*bis*, 2° co., cod. civ.; si veda anche l'art. 317-*bis* cod. civ.).

Il figlio minore che abbia compiuto gli anni dodici, e anche di età inferiore ove capace di discernimento, ha diritto di essere ascoltato in tutte le questioni e le procedure che lo riguardano (art. 315-*bis*, 3° co., cod. civ.).

Il figlio deve peraltro rispettare i genitori e deve contribuire, in relazione alle proprie capacità, alle proprie sostanze e al proprio reddito, al mantenimento della famiglia finché convive con essa (art. 315-*bis*, 4° co., cod. civ.).

Vanno analizzati, analiticamente, gli obblighi dei genitori previsti dall'art. 147 cod. civ. (e dall'art. 315-*bis*, 1° co., cod. civ.): obbligo di mantenimento, di assistenza morale, di istruzione, di educazione della prole.

L'**obbligo di mantenimento** comprende le spese per il vitto e per un'abitazione adeguata, quelle scolastiche, sanitarie, ricreative, sportive, per le relazioni sociali e, in genere, quelle che rispondono alla necessità di cura dei figli (Cass., n. 3974/2002).

Il diritto dei figli al mantenimento, precisano i giudici di legittimità, comprende anche quello ad avere un tenore di vita adeguato alle sostanze della famiglia (Cass., 18.9.2013, n. 21273).

Nei confronti dei figli minori (o nei confronti dei figli maggiorenni che ancora non abbiano redditi propri), l'obbligo di mantenimento è adempiuto, in parte, consentendo al figlio di convivere nella residenza familiare.

Sul *quantum* dovuto dai genitori (valutato con riferimento alla disponibilità economica degli stessi), incide l'eventuale obbligo del figlio convivente di contribuire, in relazione alle proprie sostanze ed al reddito effettivamente percepito, al mantenimento della famiglia (art. 315-*bis*, 4° co., cod. civ.).

La giurisprudenza qualifica il diritto di mantenimento non come mero diritto patrimoniale, ma come **diritto fondamentale della persona** costituzionalmente garantito (Cass., n. 7713/2000). Pertanto, la sua violazione può costituire il presupposto per una richiesta di risarcimento del danno non patrimoniale, secondo la lettura che oggi è invalsa dell'art. 2059 cod. civ. (§ 361). Come recentemente affermato, l'obbligo sorge sin dal momento della nascita, anche se la procreazione sia stata accertata successivamente con sentenza (Cass., 12.5.2022, n. 15148).

L'**obbligo di assistenza morale** è oggi previsto specificamente nella nuova versione dell'art. 147 cod. civ.: esso consacra il diritto dei figli ad essere amati dai genitori, ossia a ricevere da loro cure amorevoli.

L'**obbligo di istruzione** non è limitato al ciclo di istruzione obbligatoria: esso, infatti, in relazione alle capacità, inclinazioni ed aspirazioni del giovane, e compatibilmente con le risorse economiche della famiglia, può perdurare fino a quando il figlio non abbia completato la propria preparazione professionale (si veda anche § 442).

L'obbligo in esame comprende quello di sostenere le spese scolastiche, di operare scelte in sostituzione dei figli, di rappresentarli nelle iscrizioni e negli atti successivi, di vigilare sulla loro frequenza e sul loro profitto scolastico.

L'**obbligo di educazione** consiste in un'attività di indirizzo, tesa ad offrire al figlio, nel rispetto delle aspirazioni e valutazioni dello stesso, dei validi esempi di vita: pertanto una condotta scellerata dei genitori, che abbia una funzione educativa antisociale, potrebbe portare ad una limitazione o anche ad una privazione della responsabilità genitoriale sulla prole.

La funzione educativa deve ritenersi libera da interferenze, sia da parte di terzi sia da parte dello Stato: i genitori, dunque, possono trasmettere alla prole le proprie convinzioni, religiose e politiche. La discrezionalità dei genitori, tuttavia, non può considerarsi assoluta, giacché la funzione educativa deve essere comunque conforme ai principî fondamentali della Costituzione, riflessi nella disciplina codicistica.

Il genitore, poi, non può abusare delle proprie funzioni: l'abuso dei mezzi di correzione costituisce un reato (art. 571 cod. pen.) ed è sanzionato con la limitazione o decadenza della responsabilità genitoriale.

Accanto agli obblighi appena visti, espressamente previsti dal codice civile, si ritiene in dottrina che vi sia in capo ai genitori un altro obbligo, strettamente connesso alla funzione educativa e di istruzione: l'**obbligo di protezione**. Esso si sostanzia, in particolare, nel potere dei genitori di vietare ai minori la frequentazione di determinate persone.

I coniugi devono adempiere gli obblighi di cui all'art. 147 cod. civ. secondo quanto previsto dall'art. 316-*bis*, rubricato "**concorso** nel **mantenimento**". In particolare, i **genitori** devono adempiere i loro obblighi nei confronti dei figli in proporzione alle rispettive sostanze e secondo la loro capacità di lavoro professionale o casalingo. Quando i genitori non hanno mezzi sufficienti, gli altri ascendenti, in ordine di prossimità, sono tenuti a fornire ai genitori stessi i mezzi necessari affinché possano adempiere ai loro doveri nei confronti dei figli (art. 316-*bis*, 1° co., cod. civ.).

In caso di inadempimento il presidente del tribunale, su istanza di chiunque vi ha interesse, sentito l'inadempiente ed assunte informazioni, può ordinare con decreto che una quota dei redditi dell'obbligato, in proporzione agli stessi, sia versata direttamente all'altro genitore o a chi sopporta le spese per il mantenimento, l'istruzione e l'educazione della prole (art. 316-*bis*, 2° co., cod. civ.).

Il decreto, notificato agli interessati ed al terzo debitore, costituisce titolo esecutivo, ma le parti ed il terzo debitore possono proporre opposizione nel termine di venti giorni dalla notifica. Le parti ed il terzo debitore possono sempre chiedere la modificazione e la revoca del provvedimento (art. 316-*bis*, 3°, 4° e 5° co., cod. civ.).

La disposizione appena ricordata, nella sua nuova formulazione, dà attuazione al principio di unificazione delle disposizioni che regolano i diritti e gli obblighi dei genitori nei confronti dei figli nati nel matrimonio e dei figli nati fuori dal matrimonio; di conseguenza l'art. 316-*bis* cod. civ. prevede l'obbligo del concorso del mantenimento dei figli in capo ai genitori e non più (come previsto dalla vecchia versione dell'art. 148 cod. civ.) in capo ai coniugi.

442. L'obbligo di contribuzione nei confronti dei figli maggiorenni.

L'attuale formulazione del codice prevede espressamente l'obbligo di mantenimento dei genitori nei confronti dei figli maggiorenni (art. 337-*septies* cod. civ.; in precedenza si veda l'art. 155-*quinquies*, così come aggiunto dall'art. 1, l. 8.2.2006, n. 54).

L'orientamento prevalente, prima della riforma legislativa del 2006, era nel senso di affermare la sussistenza dell'obbligo di contribuzione non solo fino alla maggiore età, ma fino a quando il figlio stesso non potesse ritenersi economicamente autosufficiente (quando, cioè, lo stesso non fosse in grado di procurarsi autonomamente un proprio reddito). L'obbligo, peraltro, non si riteneva sussistente allorché vi fosse una **colpa** del **figlio** per la mancanza di autosufficienza economica (Cass., n. 4765/2002; Cass., n. 2289/2001).

Oggi esiste una precisa disciplina legislativa: "il giudice, valutate le circostanze, può disporre in favore dei figli maggiorenni non indipendenti economicamente il pagamento di un assegno periodico. Tale assegno, salva diversa determinazione del giudice, è versato direttamente all'avente diritto" (art. 337-*septies*, 1° co., cod. civ.).

Anche nella vigenza della nuova disciplina la giurisprudenza conferma il suo precedente indirizzo, secondo cui l'obbligo cessa allorché venga provata la colpa del figlio maggiorenne nel raggiungimento della sua autosufficienza economica (Cass., n. 18531/2017).

Esempio. Il figlio dei signori Rossi è iscritto al corso di laurea in medicina da quindici anni. Durante questo lungo periodo il figlio ha sostenuto soltanto quattro esami, preferendo dedicarsi ai suoi molteplici interessi, agli sport, ad uscire a cena con gli amici e le ragazze. I genitori, ad un certo punto, decidono di sospendere il versamento di denaro, comunicando al figlio che se intende proseguire i suoi studi dovrà provvedervi da solo. Lo studente (si fa per dire) decide di adire il tribunale, invocando l'art. 337-*septies* cod. civ. In questo caso, il giudice darà torto al ricorrente, e ragione ai genitori, che inutilmente hanno speso soldi per il proseguimento degli studi del figlio.

Il figlio maggiorenne che abbia iniziato un'attività lavorativa, dimostrando con ciò di aver raggiunto un'adeguata capacità lavorativa, non può pretendere dai genitori un assegno di contribuzione, ancorché risulti momentaneamente privo di mezzi economici di sostentamento (Cass., n. 1585/2014; Trib. Milano, 29.3.2016, che fanno riferimento alla possibilità, sussistendone i presupposti, di domandare la corresponsione degli alimenti). Il mantenimento del maggiorenne non può essere preteso oltre ragionevoli limiti di tempo e di misura, pena l'instaurazione di un controproducente assistenzialismo (Cass., 14.8.2020, n. 17183). Inoltre, nel solco dell'indirizzo restrittivo appena ricordato, la giurisprudenza ha escluso il diritto al mantenimento del figlio maggiorenne in ragione della sopravvenienza di istituti giuridici di dimensione sociale, idonei a garantire al giovane una vita dignitosa, questi sì con dichiarata funzione assistenziale, tra cui il Reddito di Cittadinanza (Cass., 3.12.2021, n. 38366). Non è neppure prevista la reviviscenza del diritto allorché si verifichi la perdita dell'occupazione o il negativo andamento della stessa, purché sia stata raggiunta l'adeguata capacità lavorativa (Cass., n. 6509/2017; Cass., 13.2.2020, n. 3659).

Per converso, la giurisprudenza ha riconosciuto al figlio maggiorenne, con un'adeguata capacità lavorativa ma, al contempo, con l'aspirazione di ottenere una collocazione sul mercato del lavoro adeguata alle proprie aspettative ed al proprio percorso formativo, il diritto all'assegno di mantenimento. La Suprema Corte, infatti, pronunciandosi sul ricorso proposto dal padre contro il riconoscimento dell'assegno di mantenimento nei confronti del figlio, dottorando di ricerca, ha tenuto conto della precarietà dell'indipendenza economica raggiunta dallo studente mediante la borsa di studio corrisposta dall'università (Cass., n. 11467/2017).

Per quanto concerne la quantificazione dell'assegno, gli attuali parametri normativi impongono di determinare il contributo di mantenimento avendo riguardo ai tempi di permanenza presso ciascun genitore, al tenore di vita goduto dal figlio in costanza di convivenza con la madre e il padre, alla valenza economica dei compiti domestici e di cura assunti da entrambi, alle attuali esigenze del ragazzo (Cass., 13.3.2020, n. 7134).

Molto opportunamente l'art. 337-*septies*, 2° co., cod. civ. prevede che "ai figli maggiorenni portatori di handicap grave si applicano integralmente le disposizioni previste in favore dei figli minori".

443. La responsabilità genitoriale dei genitori sui figli minorenni ed il controllo giudiziale.

Il titolo IX del Libro primo del codice civile è oggi intitolato "Della responsabilità genitoriale e dei diritti e doveri del figlio". Il capo I è intitolato "Dei diritti e doveri del figlio" (artt. 315-337 cod. civ.); il capo II, invece, "Esercizio della responsabilità genitoriale a seguito di separazione, scioglimento, cessazione degli effetti civili, annullamento, nullità del matrimonio ovvero all'esito di procedimenti relativi ai figli nati fuori del matrimonio" (artt. 337-*bis*-337-*octies* cod. civ.).

Entrambi i genitori hanno la **responsabilità genitoriale** sul figlio, che è esercitata di comune accordo tenendo conto della capacità, delle inclinazioni naturali e delle aspirazioni dello stesso. I genitori di comune accordo stabiliscono la residenza abituale del minore (art. 316, 1° co., cod. civ., nella nuova formula risultante dal d.lgs. n. 154/2013).

Il figlio, **sino alla maggiore** età o all'emancipazione, non può abbandonare la casa dei genitori o del genitore che esercita su di lui la responsabilità genitoriale né la dimora da essi assegnatagli. Qualora se ne allontani senza permesso, i genitori possono richiamarlo ricorrendo, se necessario, al giudice tutelare (art. 318 cod. civ.).

La responsabilità genitoriale non cessa a seguito di separazione, scioglimento, cessazione degli effetti civili, annullamento, nullità del matrimonio; il suo esercizio, in tali casi, è regolato dal capo II del titolo IX del primo Libro del codice civile (art. 317, 2° co., cod. civ.: sulla responsabilità genitoriale nella "crisi della famiglia" §§ 460 ss.).

Nel caso di lontananza, incapacità o di altro impedimento che renda impossibile ad uno dei genitori l'esercizio della responsabilità genitoriale, questa è esercitata in modo esclusivo dall'altro (art. 317, 1° co., cod. civ.).

L'espressione "responsabilità genitoriale" sostituisce la nozione "potestà dei genitori", oggi scomparsa dal codice civile. Seguendo la scelta del legislatore del 1942, che non ha specificato la nozione di "potestà genitoriale", anche la recente Riforma non definisce la "responsabilità genitoriale", "in modo che tale nozione possa essere riempita di contenuti a seconda dell'evoluzione socio-culturale dei rapporti genitori-figli e possa essere in grado di adattarsi alle future evoluzioni" (così la Relazione di accompagnamento al d.lgs. n. 154/2013).

La responsabilità genitoriale, comunque, comprende il complesso dei poteri attribuiti ai genitori per l'adempimento dei loro obblighi: vengono in considerazione, in particolare, il potere disciplinare (si pensi alla prescrizione di regole di condotta) e quello rappresentativo dei genitori. Si tratta di poteri esercitati nell'interesse dei figli e non nell'interesse proprio (si discute, in proposito di un potere-dovere: § 37).

Così ricostruito, il concetto di responsabilità genitoriale non pare discostarsi, sostanzialmente, da quello di "potestà" utilizzato dal codice civile prima dell'innovazione legislativa: semmai la nuova formula sembra valorizzare la personalità del figlio minorenne, di cui vanno riconosciute le capacità, le inclinazioni naturali e le aspirazioni. La responsabilità genitoriale, si aggiunga, comporta l'impegno dei genitori ad assicurare il mantenimento di "rapporti significativi" fra i propri figli e gli **ascendenti**, i quali vantano un vero e proprio diritto a tale relazione (art. 317-*bis*, 1° co., cod. civ.). L'ascendente al quale sia impedito l'esercizio di tale diritto può ricorrere al giudice del luogo di residenza abituale del minore affinché siano adottati i provvedimenti più idonei nell'esclusivo interesse del minore (art. 317-*bis*, 2° co., cod. civ.). L'introduzione di questa norma sembra permettere un intervento *ad adiuvandum*, ai sensi dell'art. 105, 2° co., cod. proc. civ., degli ascendenti nel processo di separazione o divorzio in atto tra i genitori.

In caso di **contrasto** su **questioni** di **particolare importanza** ciascuno dei genitori può ricorrere senza formalità al giudice, indicando i provvedimenti che ritiene più idonei (art. 316, 2° co., cod. civ.).

Il giudice, sentiti i genitori e disposto l'ascolto del figlio che abbia compiuto gli anni dodici e anche di età inferiore ove capace di discernimento, suggerisce le determinazioni che ritiene più utili nell'interesse del figlio e dell'unità familiare. Se il contrasto permane il giudice attribuisce il potere di decisione a quello dei genitori che, nel singolo caso, ritiene il più idoneo a curare l'interesse del figlio (art. 316, 3° co., cod. civ.). Si pensi, ad esempio, al contrasto tra i genitori in ordine alla somministrazione del vaccino anti Covid-19 al figlio minorenne: la giurisprudenza di merito, chiamata a individuare la determinazione più utile nell'interesse del figlio, ha affermato che il rifiuto opposto dal genitore all'altro coniuge e al figlio appare in contrasto con la volontà del minore ma anche in violazione della salvaguardia della salute fisica e psichica del figlio, la cui mancanza di copertura vaccinale, soprattutto in presenza di varianti sempre più contagiose, espone a un concreto rischio di contrarre la malattia, oltre a costringerlo a pregiudizievoli limitazioni alla vita di relazione negli ambiti scolastico, sportivo, ricreativo e, più in generale, sociale (Trib. Bologna, 13.10.2021; in senso conforme, Trib. Milano, 22.11.2021; Trib. Milano, 13.9.2021).

Con la Novella del d.lgs. n. 154/2013 scompare la disposizione secondo cui, se fosse sussistito un incombente pericolo di un grave pregiudizio per il figlio, il padre avrebbe potuto adottare i provvedimenti urgenti indifferibili.

La responsabilità genitoriale dei **genitori non sposati** è oggi disciplinata in questo modo: il genitore che ha riconosciuto il figlio esercita la responsabilità genitoriale su di lui. Se il riconoscimento del figlio, nato fuori dal matrimonio, è fatto dai genitori, l'esercizio della responsabilità genitoriale spetta ad entrambi (art. 316, 4° co., cod. civ.).

Il genitore che non esercita la responsabilità genitoriale vigila sull'istruzione, sull'educazione e sulle condizioni di vita del figlio (art. 316, 5° co., cod. civ.).

Si sono già ricordati, in altra parte del Corso, i poteri di rappresentanza da parte dei genitori (§ 71).

Occorre ora occuparsi dei **controlli** che il **tribunale** è chiamato a compiere sulla responsabilità genitoriale. Prescindendo dai profili processuali riguardanti il riparto delle competenze (su cui si veda l'art. 38 disp. att. cod. civ., come risultante dalle modifiche apportate dall'art. 1, 28° co., l. n. 206/2021), si cominci dalla **sfera patrimoniale**: quando il patrimonio del minorenne sia male amministrato, il tribunale può stabilire le condizioni a cui i genitori devono attenersi nell'amministrazione; nei casi più gravi, può rimuovere entrambi o uno di essi dall'amministrazione e privarli, in tutto o in parte, dell'usufrutto legale (art. 334, 1° co., cod. civ.). L'**amministrazione** è affidata ad un **curatore**, se è disposta la rimozione di entrambi i genitori (art. 334, 2° co., cod. civ.).

Il genitore rimosso dall'amministrazione o privato dell'usufrutto legale può essere riammesso nell'esercizio della prima e nel godimento del secondo quando risultano cessati i motivi che hanno determinato il provvedimento (art. 335 cod. civ.).

Quanto al profilo relativo alla **cura** della **persona** del **minorenne**, il giudice può pronunciare la **decadenza** dalla **responsabilità genitoriale** quando il genitore viola o trascura i doveri ad essa inerenti o abusa dei relativi poteri con grave pregiudizio del figlio (art. 330, 1° co., cod. civ.). In tal caso, sussistendo gravi motivi, il giudice può ordinare l'allontanamento del figlio dalla residenza familiare ovvero l'allontanamento del genitore o convivente che maltratta o abusa del minore (art. 330, 2° co., cod. civ.: si veda anche, sull'ordine di protezione, § 432). A differenza di quello che è previsto dal codice penale, dove la decadenza può derivare solo da condotte tipiche, il codice civile non enumera le condotte pregiudizievoli. L'abuso della responsabilità genitoriale soggiace allora ad un metodo casistico, il cui principio ordinatore è rappresentato dal superiore interesse del minore.

Il giudice può reintegrare nella responsabilità genitoriale il genitore che ne è decaduto, quando, venute meno le ragioni per le quali la decadenza è stata pronunciata, è escluso ogni pericolo di pregiudizio per il figlio (art. 332 cod. civ.).

Il proscioglimento, in sede penale, per fatti gravi che hanno dato luogo alla decadenza della responsabilità (si pensi ad esempio ad abusi o violenza sessuale) non è tale da determinare l'automatica reintegrazione nel ruolo genitoriale; occorre, infatti, avere riguardo all'interesse concreto del minore a riacquistare i rapporti con quel genitore (App. Venezia, 13.1.1998; Trib. min. Bologna, 12.6.2002).

Quando la condotta di uno o di entrambi i genitori non sia tale da dare luogo alla pronuncia di decadenza ma appare comunque pregiudizievole al figlio, il giudice, secondo le circostanze, può adottare i provvedimenti convenienti e può anche disporre l'allontanamento di lui dalla residenza familiare ovvero l'allontanamento del genitore o convivente che maltratta o abusa del minore. Tali provvedimenti sono revocabili in qualsiasi momento (art. 333 cod. civ.).

Nel prendere le decisioni ricordate è previsto l'**ascolto** del **minore** che abbia compiuto gli anni dodici e anche di età inferiore, ove capace di discernimento (art. 336, 1° co., cod. civ.). L'ascolto dei fanciulli è un adempimento necessario nelle procedure giudiziarie che riguardano i minori, la cui omissione senza alcuna adeguata motivazione è causa di nullità della sentenza (Cass., 7.5.2019, n. 12018; Cass., 16.5.2019, n. 13274). Nel caso in cui emerga, a seguito dell'audizione del giudice, che il minore aveva già chiaramente riferito la propria volontà ai genitori ed uno di questi l'abbia di fatto ignorata provocando un conflitto giudiziale, il tribunale deve prendere atto del comportamento censurabile del genitore e tenerne conto ai fini dell'esercizio della responsabilità genitoriale (Trib. Milano, 3.6.2016). Va precisato che quanto riferito dal minore non è giuridicamente vincolante quando sussistono elementi di prova "forti" in grado di far ritenere che la scelta contraria a quella espressa dal minore realizza il suo preminente interesse (Trib. Milano, 22.11.2016).

L'audizione del minore, comunque, è circondata da particolari cautele (art. 336-*bis* cod. civ.; si veda anche l'art. 38-*bis* disp. att. cod. civ.).

Si ricordi che se entrambi i genitori sono morti o per altre cause non possono esercitare la responsabilità genitoriale, si apre la tutela (artt. 343 ss. cod. civ.). Il tutore ha la cura della persona del minore, lo rappresenta in tutti gli atti civili e ne amministra i beni secondo le modalità analiticamente stabilite dal codice (artt. 357 ss. cod. civ.).

In alcuni casi emerge la necessità di **intervenire tempestivamente** al fine di **tutelare il minorenne** che si trovi **esposto**, in famiglia, a **gravi pregiudizi** o **pericoli per la sua incolumità**. Viene in soccorso, allora, l'art. 403 cod. civ., modificato di recente dall'art. 1, 27° co., l. n. 206/2021 (la disposizione codicistica, nella nuova formulazione, entra in vigore il 22.6.2022).

Quando il minore è moralmente o materialmente abbandonato o si trova esposto, nell'ambiente familiare, a grave pregiudizio e pericolo per la sua incolumità psicofisica e vi è dunque emergenza di provvedere, la pubblica utilità, a mezzo degli organi di protezione dell'infanzia, lo colloca in luogo sicuro, sino a quando si possa provvedere in modo definitivo alla sua protezione (art. 403, 1° co., cod. civ.).

La pubblica autorità che ha adottato il provvedimento ne dà immediato avviso orale al pubblico ministero presso il tribunale per i minorenni, nella cui circoscrizione il minore ha la residenza abituale; entro le ventiquattro ore successive al collocamento del minore in sicurezza, con l'allontanamento da uno o da entrambi i genitori o dai soggetti esercenti la responsabilità genitoriale, trasmette al pubblico ministero il provvedimento corredato di ogni documentazione utile e di sintetica relazione che descrive i motivi dell'intervento a tutela del minore (art. 403, 2° co., cod. civ.). Il pubblico ministero, entro le successive settantadue ore, se non dispone la revoca del collocamento, chiede al tribunale per i minorenni la convalida del provvedimento; a tal fine può assumere sommarie informazioni e disporre eventuali accertamenti. Con il medesimo ricorso il pubblico ministero può formulare richieste ai sensi degli artt. 330 ss. cod. civ. (art. 403, 3° co., cod. civ.). Entro le successive quarantotto ore il tribunale per i minorenni, provvede sulla richiesta di convalida del provvedimento, nomina il curatore speciale del minore e il giudice relatore; fissando l'udienza di comparizione delle parti entro il termine di quindici giorni (art. 403, 4° co., cod. civ.).

All'udienza il giudice relatore interroga liberamente le parti e può assumere informazioni; procede inoltre all'ascolto del minore direttamente e, ove ritenuto necessario, con l'ausilio di un esperto (art. 403, 5° co., cod. civ.). Entro i quindici giorni successivi il tribunale per i minorenni pronuncia decreto con cui conferma, modifica o revoca il decreto di convalida; può adottare provvedimenti nell'interesse del minore e qualora siano state proposte istanze ai sensi degli artt. 330 ss. cod. civ. dà le disposizioni per l'ulteriore corso del procedimento (art. 403, 6° co., cod. civ.).

Il provvedimento emesso dalla pubblica autorità perde efficacia se la trasmissione degli atti da parte della pubblica autorità, la richiesta di convalida da parte del pubblico ministero e i decreti del tribunale per i minorenni non intervengono entro i termini previsti. In questo caso il tribunale per i minorenni adotta i provvedimenti temporanei e urgenti nell'interesse del minore (art. 403, 8° co., cod. civ.).

443-*bis*. Il coordinatore familiare.

La coordinazione familiare è una forma di composizione dei contrasti tra i genitori, tesa a garantire il benessere psicologico dei minori nonché il loro interesse al mantenimento di rapporti continuativi con entrambe le figure parentali.

L'istituto del **coordinatore familiare** non trova riconoscimento nella legge; ciononostante, la sua applicazione da parte della giurisprudenza ne sta progressivamente definendo i contorni (Trib. Civitavecchia, 20.5.2015; Trib. Milano, 29.7.2016, Trib. Mantova, 5.5.2017).

Le origini della *Parenting Coordination* si individuano oltre oceano. In particolare, l'istituto si è sviluppato negli Stati Uniti a partire dagli anni Novanta, quale forma di *Alternative Dispute Resolution* (ADR) per la gestione di situazioni di conflitto familiare, talmente numerose da congestionare i tribunali.

L'istituto, sebbene ancora alla sua fase di sperimentazione nelle applicazioni dei giudici di merito, mira alla deflazione del contenzioso civile, in quanto sollecita la coppia a risolvere le situazioni conflittuali attraverso forme di collaborazione.

Ecco come funziona. Il coordinatore viene scelto dai genitori nella persona di un professionista, ad esempio un pedagogista. La nomina si perfeziona con il provvedimento del giudice, che definisce i compiti del coordinatore familiare nominato.

Controversi sono i limiti delle sue attribuzioni. Secondo alcune pronunce, il coordinatore dovrebbe limitarsi ad aiutare i genitori a comunicare l'uno con l'altro e con la prole, al fine di far riemergere le capacità genitoriali. In approdi più recenti, invece, si è aperta la strada ad un potere decisionale del coordinatore. In questo quadro, si è rilevato che se tra i genitori insorge un conflitto in ordine alla decisione assunta dal coordinatore, sulla relativa questione agli stessi è precluso adire l'autorità giudiziaria (Trib. Pordenone, 30.5.2019).

Il coordinatore familiare, in quanto nominato dai genitori in conflitto, è remunerato per la propria attività direttamente da questi ultimi (Trib. Mantova, 5.5.2017).

Capitolo 73

LA FILIAZIONE, L'ADOZIONE, LA PROCREAZIONE MEDICALMENTE ASSISTITA

444. La paternità del marito e la presunzione di concepimento.

L'accertamento della **paternità** del **marito** è regolato da specifiche norme. La regola fondamentale, che si fonda su una presunzione, è questa: "il marito è il padre del figlio concepito o nato durante il matrimonio" (art. 231 cod. civ.). È fatta salva l'azione per il disconoscimento del figlio, ossia per fare accertare che questo non è stato concepito dal marito della madre (§ 446).

Quando il figlio è concepito durante il matrimonio? Ecco una seconda presunzione: si presume concepito durante il matrimonio il figlio nato quando non sono ancora trascorsi trecento giorni dalla data dell'annullamento, dello scioglimento o della cessazione degli effetti civili del matrimonio" (art. 232, 1° co., cod. civ.).

La presunzione, invece, non opera quando siano decorsi trecento giorni dalla pronuncia di separazione giudiziale o dalla omologazione di separazione consensuale, ovvero dalla data della comparizione dei coniugi avanti il giudice, quando gli stessi sono stati autorizzati a vivere separatamente nelle more del giudizio di separazione, di annullamento, di scioglimento o cessazione degli effetti civili del matrimonio (art. 232, 2° co., cod. civ.).

Coerente con il sistema delle presunzioni, stabilito dal codice civile, è la disposizione sulla formazione dell'atto di nascita: qualora la partoriente sia coniugata e non esprima la volontà di non essere nominata (§ 451.1), nell'atto di nascita vengono indicate le sue generalità e quelle del marito (art. 30 d.p.r. n. 396/2000).

Ciascuno dei coniugi e i loro eredi possono provare che il figlio, nato dopo i trecento giorni dall'annullamento, dallo scioglimento o dalla cessazione degli effetti civili del matrimonio è stato concepito durante il matrimonio (art. 234, 1° co., cod. civ.). Possono analogamente provare il concepimento durante la convivenza quando il figlio sia nato dopo i trecento giorni dalla pronuncia di separazione giudiziale o dalla omologazione di separazione consensuale, ovvero dalla data di comparizione dei coniugi avanti al giudice quando gli stessi sono stati autorizzati a vivere separatamente nelle more del giudizio di separazione o dei giudizi previsti nel comma precedente (art. 234, 2° co., cod. civ.). In ogni caso il figlio può provare di essere stato concepito durante il matrimonio (art. 234, 3° co., cod. civ.).

L'art. 234 cod. civ. è ispirato al principio del *favor veritatis*, consentendo la prova di una gestazione che abbia avuto una durata eccezionale, addirittura superiore ai trecento giorni; ciò permette l'operatività della presunzione prevista dall'art. 231 cod. civ., la quale potrà essere rimossa soltanto attraverso l'azione di disconoscimento, di cui ora ci si deve occupare.

Si può esperire l'azione di **disconoscimento di paternità** del figlio nato nel matrimonio; l'azione può essere esercitata dal marito, dalla madre e dal figlio medesimo (art. 243-*bis*, 1° co., cod. civ.; è esclusa la legittimazione di altri soggetti: Trib. Nola, 26.9.2019).

Chi esercita l'azione è ammesso a provare che non sussiste rapporto di filiazione tra il figlio e il presunto padre (art. 243-*bis*, 2° co., cod. civ.). La sola dichiarazione della madre non esclude la paternità (art. 243-*bis*, 3° co., cod. civ.). Occorre, dunque, fornire la prova che il figlio abbia caratteristiche genetiche o del gruppo sanguigno incompatibili con quelle del presunto padre (o, comunque, altre prove idonee a dimostrare che il concepimento non è avvenuto da parte del marito della madre).

Si noti come, a differenza di quanto era previsto prima della Novella apportata con il d.lgs. n. 154/2013, non è più richiesta la sussistenza di specifici presupposti (come l'adulterio, l'impotenza, la non coabitazione) per l'esercizio dell'azione di disconoscimento della paternità. Questo corrisponde ad una visione più moderna dell'istituto, cui si può ricorrere anche in casi che, in passato, erano sconosciuti (basti pensare che è stata ammessa, nei nostri tribunali, l'azione di disconoscimento della paternità nel caso in cui la fecondazione eterologa sia avvenuta all'insaputa del marito: Cass., 11.7.2012, n. 11644; Cass., 28.3.2017, n. 7965).

Il legislatore della Novella ha apportato modifiche anche per quanto riguarda i **termini** per l'azione di disconoscimento. L'azione di disconoscimento della paternità da parte della **madre** deve essere proposta nel termine di sei mesi dalla nascita del figlio ovvero dal giorno in cui è venuta a conoscenza dell'impotenza di generare del marito al tempo del concepimento (art. 244, 1° co., cod. civ.). Il **marito** può disconoscere il figlio nel termine di un anno, che decorre dal giorno della nascita quando egli si trovava al tempo di questa nel luogo in cui è nato il figlio; se prova di aver ignorato la propria impotenza di generare ovvero l'adulterio della moglie al tempo del concepimento, il termine decorre dal giorno in cui ne ha avuto conoscenza (art. 244, 2° co., cod. civ.). Se il marito non si trovava nel luogo in cui è nato il figlio il giorno della nascita, il termine previsto dall'art. 244, 2° co., cod. civ. decorre dal giorno del suo ritorno o dal giorno del ritorno nella residenza familiare se egli ne era lontano. In ogni caso, se egli prova di non aver avuto notizia della nascita in detti giorni, il termine decorre dal giorno in cui ne ha avuto notizia (art. 244, 3° co., cod. civ.). Nelle filiazioni originate da fecondazione artificiale il termine decorre dal momento in cui è stata acquisita la certezza del ricorso alle tecniche.

Nei casi previsti dal primo e dal secondo comma dell'art. 244 cod. civ., l'azione non può essere, comunque, proposta oltre cinque anni dal giorno della nascita (art. 244, 4° co., cod. civ.). La fissazione di questo termine per l'impugnazione, si è spiegato in dottrina, tiene in considerazione l'interesse del figlio ad ottenere una situazione di stabilità, dopo che sia trascorso un certo lasso di tempo.

L'azione di disconoscimento della paternità può essere proposta dal **figlio** che ha raggiunto la maggiore età. L'azione, in questo caso, è imprescrittibile (art. 244, 5° co., cod. civ.). L'azione può essere altresì promossa da un curatore speciale nominato dal giudice, assunte sommarie informazioni, su istanza del figlio minore che ha compiuto i quattordici anni ovvero del pubblico ministero o dell'altro genitore quando si tratti di figlio di età inferiore (art. 244, 6° co., cod. civ.).

È pure previsto che quando il figlio si trovi in stato di interdizione ovvero versi in condizioni di abituale grave infermità di mente, che lo renda incapace di provvedere ai propri interessi, l'azione può essere promossa da un curatore speciale (art. 245, 2° co., cod. civ.). Tale norma va salutata positivamente, considerando che la sua *ratio* è di evitare che l'infermità si traduca in privazione di una situazione giuridica attiva.

L'imprescrittibilità dell'azione di disconoscimento della paternità riguardo al figlio costituisce la conferma del fatto che oggi il *favor veritatis* è ormai riconosciuto, nella legislazione vigente e nella coscienza sociale, come un principio giuridico essenziale in materia di stati personali (Cass., 21.2.2018, n. 4194). Con un'importante precisazione, però, da parte della giurisprudenza più recente: in tema di disconoscimento della paternità, non si può istituire una rigida prevalenza del *favor veritatis* sul *favor minoris*. Occorre procedere, invece, ad un bilanciamento fra il diritto all'identità personale (legato all'affermazione della verità biologica) e l'interesse alla certezza degli *status* ed alla stabilità dei rapporti familiari. Tale bilanciamento non può costituire il risultato di una valutazione astratta, essendo necessario un accertamento concreto dell'interesse superiore del minore nelle vicende che lo riguardano, con particolare riferimento agli effetti del provvedimento richiesto in relazione all'esigenza di uno sviluppo armonico dal punto di vista psicologico, affettivo, educativo e sociale (Cass., 6.3.2019, n. 6517; si veda anche Corte cost., 18.12.2017, n. 272).

Altre regole sono dettate dal codice civile in tema di sospensione del termine per esercitare l'azione di disconoscimento (art. 245, 1° co., cod. civ.), di trasmissibilità dell'azione di disconoscimento (art. 246 cod. civ.), di legittimazione passiva nell'azione di disconoscimento (art. 247 cod. civ.).

445. L'atto di nascita, il possesso di stato, la prova della filiazione.

La **filiazione** si **prova** con l'atto di nascita iscritto nei **registri** dello **stato civile** (art. 236, 1° co., cod. civ.). L'ufficiale dello stato civile raccoglie la dichiarazione di coloro che sono tenuti ad effettuare la dichiarazione (§ 67) e verifica che la nascita sia avvenuta realmente, attraverso l'attestazione della struttura sanitaria in cui è avvenuto il parto o del personale sanitario che vi ha assistito.

La legge prevede che chi compie la dichiarazione debba rispettare la volontà della madre di non essere nominata (art. 30 d.p.r. n. 396/2000). Il bambino, in tal caso, sarà iscritto come "figlio di donna che non vuole essere nominata": non opereranno, in questo caso, le presunzioni di paternità in capo al marito della madre (per un approfondimento del tema si veda § 451.1).

Ci si deve chiedere, ora, cosa succede allorché la donna coniugata sia consapevole che il figlio sia stato generato con un uomo diverso dal marito e voglia, nel contempo, che ciò risulti (qualora voglia celare la cosa, ovviamente, varrà la presunzione studiata nel § 444, salva la successiva prova di disconoscimento di paternità).

Secondo una prima ricostruzione tale situazione può emergere nei registri dello stato civile soltanto se il vero padre riconosca il bambino, assieme alla madre, come figlio (sul riconoscimento § 448). Qualora ciò non accada, non si potrà impedire la presunzione di legge, in base alla quale risulterà nei registri dello stato civile che il padre del bambino è il marito della donna.

Una diversa soluzione al problema, invece, ritiene che la madre sposata possa dichiarare all'ufficiale dello stato civile che il bambino non è figlio del marito (Cass., 8059/1997; Cass., 3194/1996): se si ammette questa possibilità, nell'atto dello stato civile risulterà lo *status* di figlio riconosciuto dalla madre. Affinché tale dichiarazione sia lecita (e non integri il reato di alterazione dello stato) occorre che la dichiarazione della madre sia veritiera.

Qualora manchi l'atto di nascita (eventualità di solito remota) la prova della filiazione può essere data attraverso il **possesso di stato** del **figlio** (art. 236, 2° co., cod. civ.).

Il possesso di stato risulta da una serie di fatti che, nel loro complesso, valgano a dimostrare le relazioni di filiazione e di parentela fra una persona e la famiglia a cui essa pretende di appartenere (art. 237, 1° co., cod. civ.). In ogni caso devono concorrere i seguenti fatti (art. 237, 2° co., cod. civ.): (1) che il genitore abbia trattato la persona come figlio ed abbia provveduto in questa qualità al mantenimento, all'educazione e al collocamento di essa; (2) che la persona sia stata costantemente considerata come tale nei rapporti sociali; (3) che sia stata riconosciuta in detta qualità dalla famiglia.

Quando manchi l'atto di nascita ed il possesso di stato, la **prova** della filiazione può darsi in giudizio **con ogni mezzo** (art. 241 cod. civ.).

446. Le azioni di stato che mirano a modificare le risultanze dell'atto di nascita.

L'atto di nascita, da cui risulta la filiazione, ha una particolare forza probatoria: le sue risultanze, infatti, possono essere contestate solo nei casi tassativamente indicati dalla legge.

La contestazione, dunque, può avvenire attraverso le **azioni di stato** previste dal codice, che mirano a modificare, attraverso la pronuncia giudiziale, ciò che risulta nell'atto di nascita, in quanto non veritiero.

Sull'**azione di disconoscimento della paternità** ci si è già intrattenuti in precedenza (§ 444): qualora l'azione abbia esito positivo, la persona è considerata riconosciuta soltanto dalla madre. Qui si dirà dell'azione di reclamo dello stato di figlio e dell'azione di contestazione dello stato di figlio. Successivamente si studieranno altre azioni di stato: l'azione di impugnazione del riconoscimento del figlio extramatrimoniale (che pure serve a contestare le risultanze dell'atto di nascita: § 448.1); la dichiarazione giudiziale di paternità e di maternità (la quale serve a colmare le lacune dell'atto di nascita, al fine di affermare una filiazione che non risulti da questo: § 449). Sono state abrogate le norme sulla legittimazione dei figli naturali (artt. 280-290 cod. civ., cancellati dall'art. 1, 10° co., l. n. 219/2012).

Quanto all'**azione di reclamo dello stato di figlio**, viene in considerazione il nuovo testo dell'art. 239 cod. civ.: "qualora si tratti di supposizione di parto o di sostituzione di neonato, il figlio può reclamare uno stato diverso" (art. 239, 1° co., cod. civ.).

Si ha supposizione di parto tutte le volte in cui si attribuisce ad un nato, quale madre, una donna che in realtà non ha partorito; ricorre, invece, la figura della sostituzione di neonato quando un nato, partorito da una madre diversa, viene attribuito ad una donna che ha partorito un altro neonato.

Esempio. Una madre partorisce in una clinica dove, alla nascita del suo bambino, il personale sanitario commette un errore: dopo le cure del caso il neonato viene consegnato ad un'altra donna, mentre alla madre viene consegnato un diverso bambino, nato anch'egli nelle stesse ore in quell'ospedale. Si ha, in questo caso, la sostituzione di neonato.

Esempio. Subito dopo la nascita di un bambino, una coppia, che non ha mai avuto figli, prende in consegna il neonato e lo fa risultare come proprio figlio. Il bambino, in questo caso, è attribuito ad una donna che non ha partorito. Ricorre, allora, la supposizione di parto.

L'azione di reclamo dello stato di figlio può essere esercitata anche da chi è nato nel matrimonio ma fu iscritto come figlio di ignoti, salvo che sia intervenuta sentenza di adozione (art. 239, 2° co., cod. civ.). La norma fa riferimento all'ipotesi in cui il figlio sia stato abbandonato da genitori non identificati o a quella in cui la madre si sia avvalsa della facoltà di non essere nominata nell'atto di nascita (§ 451.1).

L'azione può inoltre essere esercitata per reclamare uno stato di figlio conforme alla presunzione di paternità da chi è stato riconosciuto in contrasto con tale presunzione e da chi fu iscritto in conformità di altra presunzione di paternità (art. 239, 3°

co., cod. civ.). Nella prima parte della disposizione viene in considerazione il reclamo dello stato di figlio conforme alla presunzione di paternità, allorché vi sia stato il riconoscimento da parte di altro sedicente genitore in contrasto con tale presunzione (il riconoscimento, in sostanza, è avvenuto prima della formazione dell'atto di nascita e dell'acquisto dello stato di figlio nato nel matrimonio). L'ultima parte della disposizione, invece, contempla un possibile conflitto di presunzione di paternità (si pensi al caso in cui la donna contragga nuove nozze prima che siano passati trecento giorni dallo scioglimento del precedente matrimonio, in violazione dell'art. 89 cod. civ.).

L'azione può, altresì, essere esercitata per reclamare un diverso stato di figlio quando il precedente sia stato comunque rimosso (art. 239, 4° co., cod. civ.).

L'azione per reclamare lo stato di figlio spetta al medesimo ed è imprescrittibile (art. 249, 1° e 2° co., cod. civ.) Nel giudizio devono essere chiamati entrambi i genitori (art. 249, 4° co., cod. civ.).

Lo **stato di figlio**, infine, può essere **contestato** nei casi di cui al primo e secondo comma dell'art. 239 cod. civ. (così il nuovo art. 240 cod. civ., rubricato "contestazione dello stato di figlio", su cui si veda Cass., 21.2.2018, n. 4194). L'azione di contestazione dello stato di figlio spetta a chi dall'atto di nascita risulti suo genitore e a chiunque vi abbia interesse ed è imprescrittibile (art. 248, 1° e 2° co., cod. civ.). Nel giudizio devono essere chiamati entrambi i genitori (art. 248, 4° co., cod. civ.).

Non si può ricorrere all'azione di contestazione dello stato di figlio nell'ipotesi in cui il nato sia denunciato come figlio del presunto padre ma, in realtà, sia concepito da persona diversa dal marito della madre. In questo caso, semmai, si può ricorrere all'azione di disconoscimento della paternità. Ed ancora, nel caso di riconoscimento non veridico, per rimuovere lo stato di figlio risultante dall'atto di nascita si deve ricorrere all'azione di impugnazione del riconoscimento per mancanza di veridicità.

447. I figli nati fuori dal matrimonio.

La l. n. 219/2012 ed il d.lgs. n. 154/2013 affermano, definitivamente, la parità fra figli nati nel matrimonio e figli nati fuori dal matrimonio. Il discorso su quest'ultimi, peraltro, va ulteriormente approfondito.

Il rapporto giuridico fra genitori non sposati e figlio si crea attraverso un atto solenne, denominato "riconoscimento del figlio nato" (§ 448), o attraverso un'azione di stato che incide sulla filiazione non matrimoniale: la dichiarazione giudiziale di paternità e maternità (§ 449; un'altra azione di stato che incide sulla filiazione fuori dal matrimonio è l'impugnazione del riconoscimento del figlio: § 448.1).

Per la **creazione** del **rapporto giuridico**, dunque, occorre una iniziativa personale: dei genitori, in caso di riconoscimento del figlio; del figlio, o degli altri soggetti abilitati in caso dichiarazione giudiziale di paternità e maternità. Ci si occuperà, in seguito, della filiazione non riconosciuta né dichiarata (art. 279 cod. civ.: § 449).

448. Il riconoscimento dei figli nati fuori del matrimonio.

La Costituzione, si è detto, proclama che i genitori hanno il diritto ed il dovere di mantenere, istruire ed educare i figli, anche se nati fuori dal matrimonio (art. 30, 1° co., Cost.). Attraverso il riconoscimento coloro che hanno generato figli fuori dal matrimonio si assumono tali doveri (Trib. Milano, 12.9.2006).

La materia risulta assai modificata a seguito della l. n. 219/2012 e del d.lgs. n. 154/2013. Permane, anche dopo la Riforma, l'aspetto della volontarietà dell'atto di riconoscimento, che secondo qualche interprete pare sempre più in contrasto con l'incondizionato diritto e dovere dei genitori di mantenere, istruire, assistere moralmente ed educare i figli, nonché di assicurare loro il diritto a crescere in famiglia e di mantenere rapporti significativi con i parenti.

Si cominci col dire che il **riconoscimento del figlio** è l'atto solenne attraverso il quale entrambi i genitori (congiuntamente o separatamente) o soltanto uno di essi trasformano il fatto della procreazione (non in grado di dar luogo ad un vero e proprio rapporto giuridico) in uno stato di filiazione pienamente rilevante per il diritto. Il riconoscimento può avvenire anche se la madre o il padre sono già uniti in matrimonio con altra persona all'epoca del concepimento (art. 250, 1° co., cod. civ.; sulla natura dell'atto di riconoscimento § 45).

Il genitore o i genitori che effettuano il riconoscimento hanno la **responsabilità genitoriale** sul figlio (art. 316, 5° co., cod. civ.: § 443).

Va sottolineato come il riconoscimento, attualmente, produca **effetti** riguardo al **genitore** da cui fu fatto e riguardo ai **parenti** di esso (art. 258, 1° co., cod. civ.).

Esempio. Anna Rossi riconosce il figlio Ugo, nato fuori dal matrimonio. A seguito del riconoscimento, il padre di Anna Rossi, Federico Rossi, è il nonno di Ugo.

Dal punto di vista dei diritti successori, è venuta meno oggi la discriminazione nei confronti dei figli non nati nel matrimonio, prevista dall'abrogato art. 537, 3° co., cod. civ., che prevedeva in capo ai figli "legittimi" il diritto di commutazione nei confronti di quelli naturali che non si opponevano (si rimanda, in materia, al § 478.2).

Il figlio assume il **cognome** del genitore che per primo lo ha riconosciuto. Se il riconoscimento è stato effettuato contemporaneamente da entrambi i genitori il figlio assume il cognome degli stessi, salvo diverso accordo (art. 262, 1° co., cod. civ., letto alla luce della sentenza della Corte cost. n. 131/2022: § 67). Se la filiazione nei confronti del padre è stata accertata o riconosciuta successivamente al riconoscimento da parte della madre, il figlio può assumere il cognome del padre aggiungendolo, anteponendolo o sostituendolo a quello della madre (art. 262, 2° co., cod. civ.; il legislatore, chiamato a intervenire in materia a seguito della sentenza n. 131/2022 dei giudici delle leggi, dovrà riformulare pure questa disposizione).

Se la filiazione nei confronti del genitore è stata accertata o riconosciuta successivamente all'attribuzione del cognome da parte dell'ufficiale dello stato civile, si applica il primo e secondo comma dell'art. 262; il figlio può mantenere il cognome precedentemente attribuitogli, ove tale cognome sia diventato autonomo segno della sua identità personale, aggiungendolo, anteponendolo o sostituendolo al cognome del genitore che per primo lo ha riconosciuto o al cognome dei genitori in caso di riconoscimento da parte di entrambi (art. 262, 3° co., cod. civ.). La norma fa riferimento al minore non riconosciuto da alcuno dei genitori o trovato in stato di abbandono (art. 38 d.p.r. n. 396/2000, che attribuisce all'ufficiale dello stato civile il potere di attribuire nome e cognome).

Nel caso di minore età del figlio, il giudice decide circa l'assunzione del cognome del genitore (nelle fattispecie di cui all'art. 262, 2° e 3° co., cod. civ.), previo ascolto del figlio minore, che abbia compiuto gli anni dodici e anche di età inferiore ove capace di discernimento (art. 262, 4° co., cod. civ.). Il giudice, in questo caso, dovrà avere riguardo all'interesse del figlio, che è quello di evitare un danno alla sua identità personale (Cass., 27.7.2013, n. 16271; Cass., 1.6.2017, n. 13880).

Le **caratteristiche** dell'atto di riconoscimento sono le seguenti: (a) è un atto unilaterale facoltativo (ancorché possa essere compiuto da entrambi i genitori); (b) è un atto personalissimo (non tollera, dunque, il ricorso alla rappresentanza); (c) è un atto irrevocabile (art. 256 cod. civ.); (d) è un atto che non tollera l'apposizione di condizioni o di termini (art. 257 cod. civ.); (e) è un atto che non tollera l'indicazione relativa all'identità dell'altro genitore, qualora il riconoscimento sia compiuto soltanto da uno di questi. Queste indicazioni, qualora siano fatte, sono senza effetto (art. 258, 2° co., cod. civ.). Il pubblico ufficiale che le riceve e l'ufficiale dello stato civile che le riproduce sui registri dello stato civile sono puniti con un'ammenda. Le indicazioni stesse devono essere cancellate (art. 258, 3° co., cod. civ.).

Il riconoscimento è un **atto a forma vincolata**: esso è fatto nell'atto di nascita, oppure con una apposita dichiarazione, posteriore alla nascita o al concepimento, davanti ad un ufficiale dello stato civile o in un atto pubblico o in un testamento, qualunque sia la forma di questo (art. 254, 1° co., cod. civ.; sull'assunzione della qualità di legittimario del figlio, per il semplice fatto dell'indicazione del suo nome nell'atto di nascita, si veda Cass., 25.9.2018, n. 22729). Quando è contenuto in un testamento, ha effetto dal giorno della morte del testatore, anche se il testamento è stato revocato (art. 256 cod. civ.). Il riconoscimento del figlio da parte della madre che, al momento della nascita, si era avvalsa della facoltà di non essere nominata, non è precluso neppure dalla sopravvenuta pronuncia di adottabilità del bambino, cui non abbia ancora fatto seguito l'affidamento preadottivo (Cass., 3.12.2018, n. 31196).

Circa la **capacità a riconoscere**, è previsto che il riconoscimento non possa essere fatto dai genitori che non abbiano compiuto il sedicesimo anno di età, salvo che il giudice li autorizzi, valutate le circostanze e avuto riguardo all'interesse del figlio (art. 250, 5° co., cod. civ.).

Nel riconoscimento occorre inoltre tenere in considerazione anche l'**età del figlio**. Il riconoscimento del figlio che ha compiuto i quattordici anni non produce effetto senza il suo assenso (art. 250, 2° co., cod. civ.). Il riconoscimento del figlio che non ha compiuto i quattordici anni non può avvenire senza il **consenso dell'altro genitore** che abbia già effettuato il riconoscimento (art. 250, 3° co., cod. civ.).

Il consenso non può essere rifiutato se risponde all'interesse del figlio. Il genitore che vuole riconoscere il figlio, qualora il consenso dell'altro genitore sia rifiutato, ricorre al giudice competente, che fissa un termine per la notifica del ricorso all'altro genitore. Se non viene proposta opposizione entro trenta giorni dalla notifica, il giudice decide con sentenza che tiene luogo del consenso mancante; se viene proposta opposizione, il giudice, assunta ogni opportuna informazione, dispone l'audizione del figlio minore che abbia compiuto i dodici anni, o anche di età inferiore, ove capace di discernimento, e assume eventuali provvedimenti provvisori e urgenti al fine di instaurare la relazione, salvo che l'opposizione non sia palesemente fondata. Con la sentenza che tiene luogo del consenso mancante, il giudice assume i provvedimenti opportuni in relazione all'affidamento e al mantenimento del minore ai sensi dell'art. 315-*bis* e al suo cognome ai sensi dell'art. 262 cod. civ. (art. 250, 4° co., cod. civ.).

Il comportamento ostativo di un genitore al riconoscimento, ove sia ingiustificato, può dar luogo ad una sanzione risarcitoria, ai sensi dell'art. 2059 cod. civ., per il provocato "danno da privazione del rapporto genitoriale" (Trib. Milano, 5.10.2016; Trib. Bergamo, 17.1.2020).

L'assenso ed il consenso devono ritenersi atti giuridici unilaterali integrativi, costituenti condizioni legali di efficacia del riconoscimento. Quanto all'interesse del figlio al riconoscimento, di cui discute l'art. 250, 4° co., cod. civ., la giurisprudenza di legittimità ha affermato talvolta che esso non sussiste in quelle situazioni in cui, se vi fosse stato riconoscimento, si sarebbe dovuta dichiarare la decadenza della potestà parentale o, come oggi si deve dire, dalla responsabilità genitoriale (Cass., n. 8413/1996; Cass., n. 1444/1996; Cass., 14.2.2019, n. 4526).

La Novella ha apportato importanti modifiche a proposito del riconoscimento dei **figli incestuosi**. Superando una serie di limiti che erano previsti in passato, è oggi previsto che il figlio nato da persone tra le quali esiste un vincolo di parentela in linea retta all'infinito o in linea collaterale nel secondo grado, ovvero un vincolo di affinità in linea retta, può essere riconosciuto previa autorizzazione del giudice, avuto riguardo all'interesse del figlio e alla necessità di evitare allo stesso qualsiasi pregiudizio (art. 251, 1° co., cod. civ.).

In nessun caso è ammesso un riconoscimento in contrasto con lo stato di figlio in cui la persona si trova (art. 253 cod. civ.). Al fine di poter riconoscere una persona, dunque, occorre prima di tutto che si rimuova lo stato personale di cui essa già goda. Il fondamento della disposizione va rinvenuto nell'effetto preclusivo che deriva dall'accertamento di stato.

Il riconoscimento del figlio pone la questione dell'**affidamento** del figlio nato fuori dal matrimonio e del suo **inserimento** nella **famiglia** del **genitore**. In linea generale, il codice stabilisce che qualora il figlio nato fuori dal matrimonio sia riconosciuto durante il matrimonio il giudice, valutate le circostanze, decide in ordine all'affidamento del minore ed adotta ogni altro provvedimento a tutela del suo interesse morale e materiale (art. 252, 1° co., cod. civ.; si vedano, più specificamente, i successivi commi della disposizione).

La legge prevede che in caso di riconoscimento, da parte di una persona sposata, di un figlio non riconosciuto dall'altro genitore, l'ufficiale dello stato civile informi il tribunale per i minorenni, il quale svolgerà le necessarie indagini al fine di accertare la veridicità del riconoscimento (art. 74 l. n. 184/1983). L'intento è quello di prevenire (e comunque sventare) i falsi riconoscimenti, che potrebbero costituire un mezzo per eludere le norme in tema di adozione.

448.1. *L'impugnazione del riconoscimento.*

Un'azione di stato che incide sulla filiazione avvenuta fuori dal matrimonio è quella con cui si impugna il riconoscimento del figlio (artt. 263 ss. cod. civ.); l'altra azione di stato, che pure riguarda la filiazione avvenuta fuori dal matrimonio, è la dichiarazione giudiziale di paternità e maternità (§ 449).

Il **riconoscimento**, in primo luogo, può essere **impugnato per difetto di veridicità**: legittimati all'impugnazione sono l'autore del riconoscimento, colui che è stato riconosciuto (si veda, però, l'art. 264 cod. civ., sull'impugnazione da parte del minore), chiunque vi abbia interesse (art. 263, 1° co., cod. civ.). Un soggetto interessato, ad esempio, potrà essere il successibile di chi ha effettuato il riconoscimento (Cass., 14.2.2017, n. 3834). Il terzo può essere mosso anche da un interesse di natura morale. Quando l'azione è esperita da un terzo interessato, con riferimento al riconoscimento del figlio già maggiorenne, pienamente consapevole e responsabile del proprio agire, oltre che economicamente indipendente, al momento della instaurazione del giudizio l'altro genitore non è litisconsorte necessario, perché l'eventuale pronuncia caducatoria dello *status filiationis* non produce effetti sulla responsabilità genitoriale, così come è priva di impatto sugli obblighi morali di crescita, educazione ed istruzione e di quelli materiali al mantenimento del figlio, ormai non più ipotizzabili (Cass., 2.2.2022, n. 3252).

L'azione è imprescrittibile riguardo al figlio (art. 263, 3° co., cod. civ.; sui termini per l'azione di impugnazione da parte dell'autore del riconoscimento e degli altri legittimati si vedano, invece, il quarto e quinto comma dell'art. 263 cod. civ.).

La **funzione** della norma che prevede l'impugnazione per difetto di veridicità è quella di far cadere il riconoscimento non rispondente al vero. Per la giurisprudenza di legittimità chi agisce deve dimostrare l'inesistenza del rapporto biologico fra colui che ha effettuato il riconoscimento ed il soggetto che è stato riconosciuto: la prova dell'inesistenza del rapporto biologico può conseguire ad indagini ematologiche ed immunogenetiche sul DNA (Cass., 24.2.2020, n. 4791; Cass., n. 14462/2008). L'assoluta impossibilità del rapporto biologico potrà essere ottenuta anche attraverso il ricorso alle presunzioni (Cass., n. 3976/2002).

La Corte costituzionale, peraltro, ha chiarito come sia sempre necessario effettuare un bilanciamento fra il *favor veritatis* (l'accertamento cioè della verità biologica) e la tutela dell'interesse del minore in relazione al provvedimento richiesto. Ebbene, tra gli elementi che il giudice deve tenere in considerazione ai fini del bilanciamento vi è la durata del rapporto instauratosi fra il minore ed il genitore contestato, le modalità di concepimento e della gestazione, nonché la presenza di strumenti legali che consentano la costituzione di un legame giuridico col genitore contestato, quale è l'adozione (Corte cost., n. 272/2017; per una piena adesione si veda Cass., n. 4791/2020).

Genera un danno risarcibile la condotta costituita dal falso riconoscimento di un figlio nato fuori dal matrimonio, cui segue l'azione di impugnazione del riconoscimento per difetto di veridicità (Trib. Milano, 27.4.2017).

Il riconoscimento del figlio, inoltre, può essere impugnato **per violenza** dall'autore del riconoscimento, entro un anno dal giorno in cui la violenza è cessata. Se l'autore del riconoscimento è minore, l'azione può essere promossa entro un anno dal conseguimento della maggiore età (art. 265 cod. civ.). Al riconoscimento compiuto sotto la pressione dell'altrui violenza deve ritenersi applicabile la disciplina prevista per la violenza contrattuale (§ 183).

Si prevede, infine, l'impugnazione del riconoscimento **per effetto di interdizione giudiziale**: il riconoscimento può essere impugnato per l'incapacità che deriva da interdizione giudiziale dal rappresentante dell'interdetto e, dopo la revoca dell'interdizione, dall'autore del riconoscimento, entro un anno dalla data della revoca (art. 266 cod. civ.). La *ratio* della disposizione va individuata nell'incompatibilità di due contrastanti certezze formali: quella della filiazione, contenuta nel riconoscimento, e quella dell'incapacità, contenuta nella sentenza di interdizione.

Fra gli interpreti si è affermata più volte la tesi della possibilità di impugnare il riconoscimento del figlio compiuto in stato di incapacità naturale, ancorché tale stato non sia espressamente contemplato dalla disposizione esaminata.

Nei casi indicati negli artt. 265 e 266 cod. civ., se l'autore del riconoscimento è morto senza aver promosso l'azione, ma prima che sia scaduto il termine, l'azione può essere promossa dai discendenti, dagli ascendenti o dagli eredi (art. 267, 1° co., cod. civ.; si vedano anche i successivi quattro commi, introdotti dal d.lgs. n. 154/2013).

Quando è impugnato il riconoscimento, il giudice può dare, in pendenza del giudizio, i provvedimenti che ritenga opportuni nell'interesse del figlio (art. 268 cod. civ.). La disposizione mira a tutelare l'interesse del figlio di fronte ad ogni tipo di impugnazione del riconoscimento: il giudice, ad esempio, può disporre in ordine all'esercizio della responsabilità genitoriale o alla convivenza; è previsto espressamente, altresì, che egli possa ordinare la sospensione dell'annotazione del riconoscimento impugnato (art. 46, 4° co., d.p.r. n. 396/2000).

449. La dichiarazione giudiziale di paternità e maternità.

La legge prevede un'azione di stato che consente di instaurare un rapporto giuridico fra genitori e figli, nei casi in cui il riconoscimento sia ammesso (art. 269, 1° co., cod. civ.): si tratta dell'**azione per la dichiarazione giudiziale di paternità e maternità**.

L'azione in questione può essere promossa dal figlio ed è imprescrittibile (art. 270, 1° co., cod. civ.). Se il figlio muore prima di aver iniziato l'azione, questa può essere promossa dai discendenti, entro due anni dalla morte (art. 270, 2° co., cod. civ.).

L'azione, inoltre, può essere promossa nell'interesse (anche morale) del minore dal genitore che esercita la responsabilità genitoriale o dal tutore. Il tutore però deve chiedere l'autorizzazione del giudice, il quale può anche nominare un curatore speciale (art. 273, 1° co., cod. civ.). Si richiede il consenso del figlio per promuovere o per proseguire l'azione se egli ha compiuto l'età di quattordici anni (art. 273, 2° co., cod. civ.). Per l'interdetto l'azione può essere promossa dal tutore previa autorizzazione del giudice (art. 273, 3° co., cod. civ.).

Allorché l'azione sia esercitata dal genitore del figlio minore (di solito dalla madre), si pone il problema di accertare se, effettivamente, la dichiarazione giudiziale di paternità corrisponda all'interesse del figlio. La Cassazione, in proposito, ha statuito che la contrarietà all'interesse del minore può sussistere allorché consti una condotta del preteso padre tale da giustificare una dichiarazione di decadenza dalla responsabilità genitoriale; oppure allorché si abbia la prova dell'esistenza di gravi rischi per l'equilibrio affettivo e psicologico del minore e per la sua collocazione sociale (Cass., 21.6.2018, n. 16356).

La domanda per la dichiarazione di paternità o di maternità deve essere proposta nei confronti del presunto genitore o, in mancanza, nei confronti dei suoi eredi (art. 276, 1° co., cod. civ.). Alla domanda può contraddire chiunque vi abbia interesse (art. 276, 2° co., cod. civ.).

Per poter ottenere la dichiarazione giudiziale di paternità e maternità naturale occorre dimostrare di essere stato generato dall'uomo o dalla donna nei cui confronti si agisce. La prova della paternità e della maternità può essere data con ogni mezzo (art. 269, 2° co., cod. civ.). La maternità è dimostrata provando l'identità di colui che si pretende essere figlio e di colui che fu partorito dalla donna, la quale si assume essere madre (art. 269, 3° co., cod. civ.). La sola dichiarazione della madre e la sola esistenza di rapporti tra la madre ed il preteso padre all'epoca del concepimento non costituiscono prova della paternità (art. 269, 4° co., cod. civ.).

Particolare importanza, oggi, assumono le prove ematologiche e genetiche, che richiedono l'esperimento di una consulenza tecnica d'ufficio (Cass., 1.6.2017, n. 13880). Si tratta di accertamenti che possono essere eseguiti, con particolari cautele, anche dopo la morte del soggetto di cui si vuole accertare la paternità (Trib. Milano, 31.5.2016). Va anche detto, però, che non è sufficiente la sola compatibilità biologica tra il presunto genitore ed il presunto figlio per dichiarare la paternità, giacché le conclusioni che derivano da tali indagini sono soggette ad errore, anche utilizzando gli strumenti più sofisticati. Pertanto, il dato deve essere integrato con ulteriori elementi, anche presuntivi: la frequentazione o l'accertamento di una relazione tra il presunto padre e la madre nel periodo utile per il concepimento, la presenza partecipativa del presunto padre alla gestazione, il suo coinvolgimento nella scelta del nome del bambino, le sue preoccupazioni per le condizioni di salute del minore (così Cass., 20.6.2017, n. 15201). Tra le indagini immuno-ematologiche e la prova storica degli indici enumerati non esiste un rapporto di subordinazione, in forza del principio di libertà di prova (Cass., 13.1.2017, n. 783).

La parte resta libera di sottrarsi ai prelievi necessari per l'esperimento probatorio;

tuttavia, dalle motivazioni di tale rifiuto il giudice potrà trarre elementi di prova per la sua decisione (Cass., 29.11.2016, n. 24292; Cass., 25.3.2015, n. 6025).

Il giudice delle leggi ha dichiarato l'incostituzionalità dell'art. 274 cod. civ., che distingueva due fasi processuali: la prima, preliminare, in cui il giudice valutava sommariamente la fondatezza dell'azione, potendo anche respingere la domanda; la seconda in cui si svolgeva il vero e proprio giudizio di merito (Corte cost., n. 50/2006).

La sentenza che dichiara la filiazione produce gli effetti del riconoscimento (art. 277, 1° co., cod. civ.: sugli effetti del riconoscimento § 448). Il giudice può anche dare i provvedimenti che stima utili per l'affidamento, il mantenimento, l'istruzione e l'educazione del figlio e per la tutela degli interessi patrimoniali di lui (art. 277, 2° co., cod. civ.). Peraltro, considerata l'ampia formula della disposizione, è da ritenere che i provvedimenti possano avere ad oggetto anche il rimborso *pro quota* delle spese di mantenimento precedentemente sostenute, per intero, dall'altro genitore (Cass., n. 5586/2000).

La Novella detta novità anche in tema di dichiarazione giudiziale di paternità e di maternità dei figli incestuosi (art. 278 cod. civ.). Nei casi di figlio nato da persone, tra le quali esiste un vincolo di parentela in linea retta all'infinito o in linea collaterale nel secondo grado, ovvero un vincolo di affinità in linea retta, l'azione per ottenere che sia giudizialmente dichiarata la paternità o la maternità non può essere promossa senza previa autorizzazione ai sensi dell'art. 251 cod. civ. (art. 278 cod. civ.).

Una norma di chiusura prevede che in ogni caso in cui non può proporsi l'azione per la dichiarazione giudiziale di paternità o di maternità, il figlio nato fuori dal matrimonio può agire per ottenere il mantenimento, l'istruzione e l'educazione. Il figlio nato fuori del matrimonio se maggiorenne e in stato di bisogno può agire per gli alimenti a condizione che il diritto al mantenimento di cui all'art. 315-*bis* cod. civ. sia venuto meno (art. 279, 1° co.; la disposizione è intitolata "responsabilità per il mantenimento e l'educazione"). L'azione è ammessa previa autorizzazione del giudice ai sensi dell'art. 251 cod. civ. (art. 279, 2° co., cod. civ.). L'azione può essere promossa nell'interesse del figlio minore da un curatore speciale nominato dal giudice su richiesta del pubblico ministero o del genitore che esercita la responsabilità genitoriale (art. 279, 3° co., cod. civ.). Inoltre, a condizione che sia provato il rapporto di filiazione con il defunto, nei confronti degli eredi del genitore biologico potranno essere avanzate le pretese successorie previste dagli artt. 580 e 594 cod. civ. (§§ 477 e 499).

450. L'adozione di persone di maggiore età.

Si è visto come, studiando la disciplina in tema di figli nati nel matrimonio o al di fuori di esso, riconosciuti o giudizialmente accertati, fra genitori e figli esista sempre un legame di sangue.

Un legame di sangue, invece, non esiste rispetto ai **figli adottivi**, su cui ora occorre intrattenersi. Occorre esaminare distintamente la disciplina relativa all'adozione di persone di maggiore età e quella relativa all'adozione di persone minorenni. Un cenno, poi, andrà fatto all'adozione in casi particolari e all'adozione internazionale.

L'adozione di persone di maggiore età è prevista dagli artt. 291 ss. cod. civ. (introdotti a seguito della l. 4.5.1983, n. 184, recante la disciplina dell'adozione e dell'affidamento dei minori, ampiamente rivista ed aggiornata dalla l. n. 149/2001). Essa ha, essenzialmente, la **funzione** di rendere possibile una discendenza elettiva, che attribuisce il **cognome** e la qualità di **erede** dell'adottante.

L'adozione è permessa alle persone che abbiano compiuto gli anni trentacinque e che superano almeno di diciotto anni l'età di coloro che intendono adottare (art. 291 cod. civ.). La Corte costituzionale ha dichiarato la parziale illegittimità dell'art. 291 cod. civ., nella parte in cui non consente l'adozione a persone che abbiano discendenti maggiorenni e consenzienti (Corte cost., n. 557/1988). In aggiunta, la Cassazione ha sollecitato una rivisitazione storico-sistematica dell'istituto, che, avuto riguardo alle circostanze del singolo caso in esame, consenta una ragionevole riduzione di tale divario di età, al fine di tutelare le situazioni familiari consolidatesi da lungo tempo e fondate su una comprovata *affectio familiaris* (Cass., 3.4.2020, n. 7667).

I figli non possono essere adottati dai loro genitori (art. 293 cod. civ.).

Per l'adozione si richiede il **consenso** dell'**adottante** e dell'**adottando** (art. 296 cod. civ.). Recentemente, valorizzando una lettura solidaristica dell'istituto, si è affermata la validità del consenso all'adozione da parte del rappresentante legale del maggiorenne interdetto giudiziale (Cass., 3.3.2022, n. 3462). Per l'adozione, inoltre, è necessario l'assenso dei genitori dell'adottando e l'assenso del coniuge dell'adottante e dell'adottando, se coniugati e non legalmente separati (art. 297, 1° co., cod. civ.). Quando si è negato l'assenso previsto dal primo comma, il tribunale, sentiti gli interessati, su istanza dell'adottante, può, ove ritenga il rifiuto ingiustificato o contrario all'interesse dell'adottando, pronunziare ugualmente l'adozione, salvo che si tratti dell'assenso dei genitori esercenti la responsabilità genitoriale o del coniuge, se convivente, dell'adottante o dell'adottando. Parimenti il tribunale può pronunziare l'adozione quando è impossibile ottenere l'assenso per incapacità o irreperibilità delle persone chiamate ad esprimerlo (art. 297, 2° co., cod. civ.). Ancorché tale disposizione sia stata toccata dalla Novella, permane una sua errata formulazione, frutto di un mancato coordinamento con la l. n. 184/1983: essa, infatti, fa ancora riferimento all'assenso dei genitori esercenti la responsabilità genitoriale mentre è evidente che, discutendosi di adozione di persona maggiorenne, non sussiste più la responsabilità genitoriale.

In ogni caso il tribunale, assunte le opportune informazioni, verifica non soltanto il rispetto delle condizioni di legge ma anche se "l'adozione conviene all'adottando" (art. 312 cod. civ.). Il giudizio sulla convenienza non deve essere circoscritto alla valutazione di vantaggi economici; esso deve riguardare, più in generale, le conseguenze sul mutamento di *status* e del nome, in relazione alle condizioni della famiglia d'origine e di quella propria dell'adottante. Oggetto di accertamento deve essere, ad esempio, la reputazione e la posizione sociale dei diretti interessati. Particolare rilievo sarà dato all'esistenza di un durevole rapporto tra adottante e adottato, connotato da una frequentazione quotidiana (Trib. Milano, 10.7.2019).

Il tribunale, in camera di consiglio, sentito il pubblico ministero e omessa ogni altra formalità di procedura, provvede con sentenza decidendo di far luogo o non far luogo all'adozione (art. 313, 1° co., cod. civ.).

Come già accennato, gli effetti dell'adozione (che decorre dalla data della sentenza che la pronuncia: art. 298 cod. civ.) sono circoscritti all'assunzione del cognome e della qualità di erede dell'adottante.

L'adottato assume il cognome dell'adottante e lo antepone al proprio (art. 299, 1° co., cod. civ.).

Esempio. Il Sig. Mario Rossi, trentacinquenne, viene adottato dal Sig. Francesco Bianchi, settantenne. Dal giorno in cui viene pronunciata la sentenza di adozione, il Sig. Mario Rossi firmerà i suoi documenti in questo modo: Sig. Mario Bianchi-Rossi.

Nella giurisprudenza di merito, peraltro, si è in un'occasione sottolineato che una lettura costituzionalmente orientata dell'istituto dell'adozione del maggiorenne, volta a valorizzare l'identità della persona, consentirebbe la postposizione del cognome dell'adottante a quello dell'adottato, nonostante il tenore letterale dell'art. 299 cod. civ. (Trib. Parma, 27.2.2019).

Nel caso in cui la filiazione sia stata accertata o riconosciuta successivamente all'adozione, si applica il primo comma dell'art. 299 cod. civ. (art. 299, 2° co., cod. civ.). Se l'adozione è compiuta dai coniugi, l'adottato assumeva il cognome del marito (art. 299, 3° co., cod. civ.): tuttavia, anche questa disposizione è stata recentemente sottoposta a censura dalla Corte costituzionale e dichiarata illegittima, in quanto reca l'automatica attribuzione del cognome paterno in violazione degli artt. 2, 3, 117 Cost., nonché 8 e 14 CEDU (Corte cost., 27.4.2022, n. 131). Dovrà dirsi, dunque, che l'adottato assume il cognome di entrambi i coniugi, salvo diverso accordo.

Nonostante l'assunzione del cognome, l'adottato conserva tutti i **diritti** e tutti i **doveri** nei confronti della **famiglia di origine** (art. 300, 1° co., cod. civ.). Si pensi alle obbligazioni alimentari nei confronti dei genitori biologici o dei fratelli.

L'adozione in esame, inoltre, non comporta alcun rapporto giuridico tra l'adottante e la famiglia dell'adottato, né tra l'adottato ed i parenti dell'adottante, salve le eccezioni stabilite dalla legge (art. 300, 2° co., cod. civ.). Un'eccezione, ad esempio, consiste nel divieto di contrarre matrimonio fra i figli adottivi della stessa persona con il coniuge e il figlio dell'adottante (art. 86, nn. 7, 8, 9, cod. civ.).

Si giunge ai **diritti di successione**. L'adozione non attribuisce all'adottante alcun diritto di successione (art. 304, 1° co., cod. civ.). Nulla vieta, naturalmente, che l'adottato, con testamento, istituisca erede l'adottante, fatte salve le quote spettanti ai legittimari.

I diritti dell'adottato nella successione dell'adottante sono regolati dalle norme contenute nel Libro secondo del codice civile (art. 304, 2° co., cod. civ.).

La disposizione appena ricordata, dunque, rinvia alle norme contenute nel libro sulle successioni, equiparando il figlio adottivo, rispetto all'adottante, ai figli avuti nel matrimonio e fuori dal matrimonio (si confrontino, in particolare, gli artt. 536 e 567 cod. civ.). L'equiparazione, inoltre, comporta l'applicazione del principio della rappresentazione, di cui si dirà in materia successoria (§ 495).

L'adozione di persone di maggiore età può essere revocata nei casi espressamente previsti. Eccoli:

(a) **revoca per indegnità dell'adottato**. La revoca dell'adozione può essere pronunciata dal tribunale su domanda dell'adottante, quando l'adottato abbia attentato alla vita di lui o del suo coniuge, dei suoi discendenti o ascendenti, ovvero si sia reso colpevole verso loro di delitto punibile con pena restrittiva della libertà personale non inferiore nel minimo a tre anni (art. 306, 1° co., cod. civ.). Se l'adottante muore in conseguenza dell'attentato, la revoca dell'adozione può essere chiesta da coloro ai quali si devolverebbe l'eredità in mancanza dell'adottato e dei suoi discendenti (art. 306, 2° co., cod. civ.);

(b) **revoca per indegnità dell'adottante**. Quando i fatti previsti dall'art. 306 cod. civ. sono stati compiuti dall'adottante contro l'adottato, oppure contro il coniuge o i discendenti o gli ascendenti di lui, la revoca può essere pronunciata su domanda dell'adottato (art. 307 cod. civ.).

Non è nulla né è revocabile l'adozione del maggiorenne per sopravvenienza di figli, sicché l'interesse dell'adottato non può essere sacrificato, in questo caso, con la revoca dell'adozione *ex tunc* e la perdita del cognome acquisito (Trib. Roma, 17.7.2020).

451. L'adozione di persone di minore età.

L'adozione di persone di minore età ha una funzione ben diversa dall'adozione di persone di maggiore età, su cui ci si è intrattenuti. La legge sull'adozione (l. n. 184/1983, modificata dalla l. n. 149/2001 e, da ultimo, dal d.lgs. n. 154/2013) muove da un fondamentale presupposto: "il minore ha diritto di crescere ed essere educato nell'ambito della propria famiglia".

Vi è la consapevolezza, dunque, che la famiglia sia il luogo in cui meglio si può provvedere ai bisogni del figlio, assecondando i suoi desideri, le sue attitudini e la sua personalità. A tal fine è previsto che il giudice segnali ai comuni "le situazioni di indigenza dei nuclei familiari che richiedono interventi di sostegno per consentire al minore di essere educato nell'ambito della propria famiglia" (art. 79-*bis* l. n. 184/1983, inserito dal d.lgs. n. 155/2013). I servizi sociali devono porre in essere interventi di sostegno del nucleo familiare per consentire al minore di restare nella famiglia d'origine (qualora la famiglia rifiuti il sostegno offerto, non può poi invocare la "forza maggiore" per opporsi alla dichiarazione di adottabilità).

Nel contempo, il legislatore prende atto che, talvolta, la famiglia non sia in grado di svolgere (nonostante il sostegno pubblico: art. 31, 1° co., Cost.) alcun ruolo di mantenimento, assistenza, educazione ed istruzione nei confronti del figlio. Ciò può dipendere da molteplici fattori: assenza dei genitori e dei parenti, gravi malattie e disturbi in capo agli stessi, problemi materiali ed economici, arretratezza culturale, e così via.

Verificandosi queste circostanze, l'istituto dell'adozione dei minorenni intende supplire all'impossibilità e/o alla incapacità educativa della famiglia d'origine, inserendo il minorenne nella sua nuova famiglia.

La disciplina sull'adozione è in linea con il dettato della Costituzione, secondo cui "nei casi di incapacità dei genitori, la legge provvede a che siano assolti i loro compiti" (art. 30, 2° co., Cost.). Ed ancora: la Repubblica "protegge (...) l'infanzia e la gioventù, favorendo gli istituti necessari a tale scopo" (art. 31, 2° co., Cost.).

L'adozione, allora, viene disposta per supplire **all'incapacità permanente e definitiva della famiglia** a svolgere la sua **funzione educativa** (Cass., 13.2.2020, n. 3643, che considera l'adozione come l'*extrema ratio*): al bambino o all'adolescente viene data una nuova famiglia, mentre il legame con quella originaria viene reciso. Viene meno, in particolare, il rapporto di filiazione fra il minore ed il genitore, mentre si crea un nuovo rapporto di filiazione (**filiazione adottiva**) con i genitori adottivi. La procedura di adozione esclude che possa scegliersi uno specifico bambino da adottare.

Proprio per la sua funzione, l'adozione richiede che gli **adottanti** siano fisicamente e moralmente idonei ad educare, istruire, mantenere il minore abbandonato: abbiano, cioè, determinati **requisiti** (art. 6 l. n. 184/1983). L'adozione è consentita ai coniugi (a) che siano uniti in matrimonio da almeno tre anni. Tra i coniugi non deve sussistere e non deve aver avuto luogo negli ultimi tre anni separazione personale, neppure di fatto; (b) che abbiano uno scarto di età, nei confronti del minore da adottare, compreso tra un minimo di 18 anni ed un massimo di 45 (tale scarto temporale, comunque, può essere derogato in alcuni casi specifici, e comunque tutte le volte in cui la mancata adozione causerebbe un grave danno al minore); (c) che siano "effettivamente idonei e capaci di educare, istruire e mantenere i minori che intendono adottare".

A proposito dei requisiti per adottare, considerato che l'attuale sistema ha reso "unico" lo stato di figlio matrimoniale e figlio non matrimoniale, non pare più giustificata la previsione legislativa che ancora oggi riserva soltanto ai coniugi (e non anche ai conviventi) la capacità di adottare. Attualmente, infatti, il matrimonio fra gli adottanti non ha più l'attitudine a qualificare il rapporto di filiazione (se non per quel che riguarda le modalità di attribuzione dello stato).

In questo senso depone pure il crescente riconoscimento di sentenze straniere attestanti lo *status* filiale dei minori adottati all'estero da parte di coppie dello stesso sesso italiane. La famiglia prescinde dal rapporto di coniugio e dal mero dato della discendenza genetica: pertanto, verificata la sussistenza dei requisiti di legge previsti dall'ordinamento straniero per l'adozione, preme assicurare al minore la pienezza della tutela assicurata dall'adozione "legittimante" rispetto a quella prevista "in casi particolari" (Cass., 30.9.2016, n. 19599; App. Trento, 23.2.2017; Trib. Firenze, 7.3.2017). Lo hanno confermato, di recente, le Sezioni Unite della Suprema Corte, quando hanno stabilito che può riconoscersi efficacia al provvedimento giurisdizionale straniero (nella specie, dello Stato di New York) di adozione di un minore da parte di una coppia omoaffettiva maschile (entrambi cittadini americani, uno anche cittadino italiano), il quale attribuisce uno *status* genitoriale corrispondente all'adozione piena o legittimante (Cass., Sez. Un., 31.3.2021, n. 9006).

Si torni al diritto interno. Questi sono i **requisiti** che deve avere l'adottato (artt. 7-8 l. n. 184/1983): (a) età inferiore ai diciotto anni; (b) essere stato dichiarato **in stato di adottabilità**, che può essere pronunciato allorché il minorenne si trovi in uno stato di abbandono. Si ha **stato di abbandono** allorché: (1) il minore sia privo di assistenza materiale e morale da parte dei genitori e dei parenti tenuti a provvedervi; (2) l'impossibilità di provvedere all'assistenza materiale e morale non dipenda da cause di forza maggiore di carattere transitorio. La causa di forza maggiore non sussiste se i genitori o i parenti rifiutano le misure di sostegno offerte dai servizi sociali e tale rifiuto viene ritenuto ingiustificato dal giudice. Nella casistica giurisprudenziale vengono in considerazione i gravi maltrattamenti nei confronti del minore, l'induzione all'accattonaggio, gli abusi sessuali, la malnutrizione, la tossicodipendenza, l'alcolismo (Cass., 6.11.2019, n. 28522), la malattia mentale dei genitori (Cass., 31.10.2019, n. 28207). Pure lo stato di detenzione dei genitori può dar luogo allo stato di abbandono (Cass., 10.1.2020, n. 319). Il giudice è sempre chiamato a verificare la gravità e l'irreversibilità della condizione del minore, considerando il possibile percorso di recupero dei genitori (Cass., 23.2.2018, n. 4493; Cass., 11.12.2019, n. 32412). La giurisprudenza ha recentemente escluso lo stato di abbandono del figlio di fronte all'assoggettamento psicologico della madre al padre per ragioni culturali e di maltrattamenti, nonché in presenza di gravi e reiterate violenze di quest'ultimo all'indirizzo della prima: incardinare un giudizio al solo scopo di fare dichiarare in stato di abbandono il figlio di una madre maltrattata dal coniuge costituisce una forma di "vittimizzazione secondaria" (Cass., Sez. Un., 17.11.2021, n. 35110).

Vi è pure stato di abbandono quando i genitori e i parenti siano ignoti o deceduti.

I "parenti tenuti a provvedere" al minore sono, per orientamento consolidato, i parenti entro il quarto grado; ciò sulla base del rilievo che la legge sull'adozione si riferisce ripetutamente a questa categoria di soggetti (si vedano, ad esempio, gli artt. 10, 1° co.; 11, 1° co.; 12, 1° co., l. n. 184/1983). Per i giudici di legittimità "lo stato di abbandono del minore deve ritenersi escluso in presenza di parenti entro il quarto grado, che si dichiarino disponibili a prendersene cura, pur in assenza di pregressi rapporti tra gli stessi ed il minore" (Cass., 28.1.2011, n. 2102). La mancanza dei rapporti significativi pregressi può non essere assunta come elemento di valutazione dell'idoneità o meno dei parenti ad assicurare l'assistenza e la crescita del minore in modo adeguato, quando quest'ultimo sia stato allontanato subito dopo la nascita e la richiesta dei parenti sia stata ragionevolmente tempestiva (Cass., 11.4.2018, n. 9021). La figura parentale indicata dalla legge, si noti, non può essere sostituita da soggetti terzi non legati al minore da alcun vincolo parentale (Cass., 9.1.2020, n. 274).

L'adottando, qualora abbia compiuto dodici anni di età, deve essere sempre sentito; l'audizione può essere disposta, a prescindere dall'età del minore, in relazione alla sua capacità di discernimento. Per l'adozione, invece, è richiesto il consenso dell'adottando, qualora questi abbia compiuto quattordici anni di età (art. 25, 1° co., l. n. 184/1983; si veda anche l'art. 12 della Convenzione di New York del 1989 sulla volontà del fanciullo). Qualora la domanda venga proposta da coniugi che abbiano discendenti, questi, se maggiori di anni dodici, debbono essere sentiti (art. 25, 2° co., l. n. 184/1983).

Il **procedimento di adozione** si svolge in tre fasi. La prima fase culmina con la sentenza di **dichiarazione di adottabilità** (artt. 8-21 l. n. 184/1983).

Il tribunale per i minorenni, dopo aver compiuto tutte le verifiche del caso (anche con l'ausilio dei servizi sociali), dichiara lo stato di adottabilità dei minori che si trovano in stato di abbandono. L'adottabilità può essere dichiarata non solo se i genitori non adempiono alle prescrizioni del giudice "volte a garantire l'assistenza morale, il mantenimento, l'istruzione e l'educazione del minore" (art. 12 l. n. 184/1983), ma anche quando sia provata "l'irrecuperabilità delle capacità dei genitori per un tempo ragionevole" (art. 15 l. n. 184/1983, come modificato dal d.lgs. n. 154/2013). La sentenza che dichiara l'adottabilità del minore può essere impugnata dai familiari (art. 15, 2° co., l. n. 184/1983) e può essere revocata qualora, in un momento successivo, venga meno lo stato di abbandono (Cass., 3.10.2019, n. 24790).

La seconda fase è quella dell'**affidamento preadottivo** (artt. 22-24 l. n. 184/1983). Fra tutte le coppie che abbiano presentato domanda, il tribunale per i minorenni, in presenza di un minore abbandonato, sceglie quelle che, dimostrando di possedere i requisiti di legge, siano considerate le più idonee. Nel giudizio di idoneità, che è formulato con l'aiuto dei servizi sociali, sono prese in considerazione le condizioni personali, professionali, economiche, di salute della coppia, nonché l'ambiente familiare e le attitudini psicologiche.

La coppia prescelta riceve il minorenne in affidamento preadottivo: l'adottando viene accolto dall'uomo e dalla donna, che iniziano un periodo di convivenza, destinato a verificare se la nuova situazione di vita del minorenne sia idonea ad un suo sano e corretto sviluppo.

Il periodo di affidamento preadottivo dura un anno, che può essere prorogato di un altro anno. Qualora nel corso di questo periodo sorgano difficoltà e problemi insuperabili, il tribunale revoca l'affidamento e si inizia la ricerca di un'altra coppia, che a sua volta riceve l'affidamento preadottivo del minore.

Qualora il periodo di affidamento abbia un esito positivo (l'ambiente familiare è sereno ed il minore è destinato a trovare un ambiente idoneo per la crescita) si apre l'ultima fase del procedimento: il tribunale, con sentenza pronuncia la **dichiarazione di adozione** (artt. 25-26 l. n. 184/1983), che va trascritta nei registri dello stato civile (per Cass., 31.5.2018, n. 14007 può essere annotata anche la sentenza di adozione pronunciata all'estero).

Si considerino, ora, gli **effetti dell'adozione**. L'adottato **acquista lo stato di figlio degli adottanti** (art. 27, 1° co., l. n. 184/1983). I genitori adottanti, dunque, hanno la responsabilità genitoriale sul figlio adottato, che prende il cognome dei genitori ed ha nuovi fratelli, zii, nonni, cugini. L'adottato, in quanto figlio, ha i diritti successori che la legge prevede per tutti gli altri figli.

Viene reciso, invece, ogni legame con la famiglia d'origine: i genitori di sangue non sono più padre e madre; lo stesso dicasi per i nonni di sangue, per i fratelli di sangue e così via. Continuano a sussistere, semplicemente, gli impedimenti matrimoniali fra i consanguinei (art. 27, 3° co., l. n. 184/1983).

Esempio. Due genitori, a causa di gravi problemi psicologici ed economici, legati anche all'abuso di sostanze stupefacenti, lasciano in completo stato di abbandono un figlio minorenne. Il tribunale per i minorenni, valutate tutte le circostanze, anche attraverso l'ausilio dei servizi sociali, dichiara lo stato di adottabilità. Di seguito, attraverso la fase dell'affidamento preadottivo, si giunge alla sentenza che dichiara l'adozione. Passa qualche anno ed i genitori di sangue migliorano sensibilmente la loro condizione psicologica. Non sono più dediti all'assunzione di sostanze stupefacenti ed hanno trovato entrambi un lavoro fisso, che consente loro di avere un tenore di vita agiato. In breve, si considerano pronti a riprendere il bambino: nel frattempo hanno avuto un altro figlio, che potrebbe crescere in compagnia di quello adottato. Un'eventuale domanda rivolta al tribunale, intesa a riavere in casa il bambino adottato, è destinata ad essere rigettata: l'adozione recide per sempre ogni legame giuridico con la famiglia d'origine, a prescindere dalla dimostrazione che i genitori di sangue abbiano maturato, nel frattempo, la piena idoneità ad essere genitori.

La legge sull'adozione, peraltro, prevede che i genitori diano le informazioni al figlio sulla sua condizione di figlio adottivo, nei modi e nei termini che ritengono opportuni (art. 28, 1° co., l. n. 184/1983). I genitori adottivi hanno imparato a conoscere la sensibilità e le inclinazioni del loro figlio: sono pertanto in grado di trovare il momento e le modalità per metterlo a parte dell'esistenza e dell'identità dei genitori di sangue.

L'adottato, raggiunta l'età di venticinque anni, può accedere ad informazioni che riguardano la sua origine e l'identità dei suoi genitori biologici. Può farlo anche raggiunta la maggiore età, se sussistono gravi e comprovati motivi attinenti alla sua salute psicofisica. L'istanza deve essere presentata al tribunale per i minorenni del luogo di residenza (art. 28, 5° co., l. n. 184/1983).

Prima del compimento del diciottesimo anno di età, le informazioni concernenti l'identità dei genitori biologici possono essere fornite ai genitori adottivi, quali esercenti la responsabilità genitoriale, su autorizzazione del tribunale per i minorenni, solo se sussistono gravi e comprovati motivi (art. 28, 4° co., l. n. 184/1983).

Esempio. Un figlio adottivo, all'età di quindici anni, sviluppa una rara malattia, pressoché sconosciuta nella letteratura medica. I medici che assistono il ragazzo informano i genitori che forse ci sarebbero maggiori probabilità di salvare il figlio ottenendo informazioni sui consanguinei di quest'ultimo. I genitori adottivi, allora, hanno diritto ad ottenere, presso i genitori di sangue, tutte le informazioni utili a curare la salute del ragazzo.

451.1. *Il diritto a conoscere le proprie origini.*

Come visto, l'art. 30 del d.p.r. n. 396/2000 tutela la madre che dichiara di non voler essere nominata sull'atto di nascita. Riconoscendo il diritto all'anonimato il legislatore ha voluto, principalmente, contrastare la scelta abortiva della donna, quale unica alternativa per evitare le conseguenze negative dell'abbandono del minore. Ne consegue un limite alla conoscenza delle proprie origini in capo al figlio adottato. Si aggiunga, ancora, che in base alla legge l'anonimato deve essere assicurato per ben cento anni dalla formazione del certificato di assistenza al parto o della cartella clinica (art. 93, 2° e 3° co., d.lgs. n. 196/2003). Termine, quest'ultimo, fissato allo scopo di evitare la diffusione delle informazioni durante la vita della madre.

Allo scopo di tutelare il diritto a conoscere le proprie origini in capo al nato, la Corte costituzionale ha dichiarato costituzionalmente illegittimo l'art. 28, 7° co., l. n. 184/1983, nella parte in cui, di fronte alla madre che abbia dichiarato di non voler essere interpellata ai sensi dell'art. 30, co. 1°, d.p.r. n. 396/2000, non prevede la possibilità per il giudice di sentire la madre stessa, su richiesta del figlio, attraverso un procedimento stabilito dalla legge che assicuri la massima riservatezza ai fini di un'eventuale revoca di tale dichiarazione (Corte cost., 22.11.2013, n. 278; sul solco della Corte EDU, 25.9.2012, Godelli c. Italia). L'art. 28 della l. n. 184/1983, in effetti, non prevede un bilanciamento del **diritto** del figlio adottivo **a conoscere le proprie origini** ed il diritto della madre al rispetto della propria scelta di anonimato, mancando un meccanismo come il c.d. **interpello riservato**, da parte del giudice, nel pieno rispetto della riservatezza della madre.

Riscontrata la lacuna per l'esercizio del diritto a conoscere le proprie origini, la giurisprudenza è pervenuta a una soluzione in via interpretativa (Cass., Sez. Un., 25.1.2017, n. 1946; si veda anche Cass., 7.2.2018, n. 3004; Trib. min. Genova, 23.5.2019): le caratteristiche del procedimento di interpello riservato vengono ricavate dalla disciplina generale sul tema (art. 28, 5° e 6° co., l. n. 184/1983), dalla normativa in materia di procedimenti in camera di consiglio e di protezione dei dati personali, nonché sulla base delle linee guida e dei protocolli diffusi dalle corti di merito all'indomani della pronuncia della Corte costituzionale.

Il procedimento viene svolto in camera di consiglio, su istanza del figlio ultraventicinquenne, dinanzi al tribunale per i minorenni del luogo di residenza. Il figlio richiede al giudice l'autorizzazione alle ricerche ed al successivo interpello della madre biologica; ciò al preciso scopo di verificare se sussiste ancora la volontà di mantenere fermo l'anonimato. Ricevuto il ricorso del figlio e formato il fascicolo del procedimento, quest'ultimo viene secretato fino alla conclusione. La polizia giudiziaria viene delegata all'esecuzione delle ricerche: mediante un ordine di esibizione è possibile acquisire la cartella clinica custodita presso l'ospedale della nascita ed ogni altra informazione utile al procedimento.

Una volta individuata la madre occorre verificare se la stessa sia in vita o meno:

(a) quando la madre risulta in vita, il giudice incarica i servizi sociali del luogo di residenza di recapitare, esclusivamente a mani proprie dell'interessata, una lettera di convocazione per "comunicazioni orali", indicando diverse date possibili nelle quali le comunicazioni verranno effettuate, senza però specificare i motivi del colloquio. In occasione di quest'ultimo la madre viene informata del desiderio del figlio di conoscere la sua identità. Qualora la donna acconsenta, il ricorrente accede al nominativo materno; tuttavia, il diritto all'oblio della madre prevale allorquando la medesima è in vita ma incapace, volendosi evitare un aggravamento delle condizioni psichiche attraverso la rievocazione di eventi del passato (Cass., n. 7093/2022; Cass., n. 22497/2021);

(b) se la madre non è più in vita, il diritto dell'adottato ad accedere alle informazioni concernenti la propria origine e l'identità della madre biologica sussiste ed è concretamente esercitato anche se non è più possibile procedere alla verifica della perdurante attualità della scelta di conservare il segreto. In questo caso non rileva più il mancato decorso del termine di cento anni: si verifica un affievolimento, se non la scomparsa, di quelle ragioni di protezione che l'ordinamento ha ritenuto meritevoli di tutela per tutto il corso della vita della madre (Cass., n. 14162/2017).

I giudici di legittimità hanno di recente compiuto un passo in avanti: l'adottato ha diritto, nei casi di cui all'art. 28, 5° co., l. n. 184 del 1983, di conoscere le proprie origini accedendo alle informazioni concernenti non solo l'identità dei propri genitori biologici ma anche quella delle sorelle e fratelli biologici adulti; occorrerà, anche in questi casi, un previo interpello mediante procedimento giurisdizionale idoneo ad assicurare la massima riservatezza ed il massimo rispetto della dignità dei soggetti da interpellare. Sarà possibile, così, acquisire il consenso all'accesso alle informazioni richieste o constatarne il diniego, da ritenersi impeditivo dell'esercizio del diritto (Cass., 20.3.2018, n. 6963).

Dal diritto a conoscere le proprie origini occorre tenere separato il diritto ad accedere alle informazioni sanitarie sullo stato di salute della madre, al fine di accertare l'esistenza di malattie geneticamente trasmissibili. L'accesso alle informazioni sanitarie può essere esercitato in qualsiasi momento, indipendentemente dalla volontà della donna, anche prima della sua morte, purché sia garantito l'anonimato della madre *erga omnes*, dunque nei confronti di tutti, ivi compreso il figlio (Cass., 9.8.2021, n. 22497).

452. L'adozione in casi particolari.

La legge sull'adozione prevede **la "adozione in casi particolari"** (così è rubricato il titolo IV della legge).

L'art. 44, 1° co., della l. n. 184/1983, stabilisce che i minori possano essere adottati anche quando non ricorrono le condizioni di cui all'art. 7, 1° co., l. n. 184/1983 (norma che si riferisce allo "stato di adottabilità"):

(a) da persone unite al minore da vincolo di parentela fino al sesto grado o da preesistente rapporto stabile e duraturo, anche maturato nell'ambito di un prolungato periodo di affidamento, quando il minore sia orfano di padre e di madre (lettera così modificata dall'art. 4, 1° co., l. n. 173/2015);

(b) dal coniuge nel caso in cui il minore sia figlio anche adottivo dell'altro coniuge;

(c) quando il minore si trovi nelle condizioni indicate dall'art. 3, 1° co., della l. n. 104/1992, n. 104 e sia orfano di padre e di madre. La legge appena citata fornisce la nozione di ***handicap***: "è persona handicappata colui che presenta una minorazione fisica, psichica o sensoriale, stabilizzata o progressiva, che è causa di difficoltà di apprendimento, di relazione o di integrazione lavorativa e tale da determinare un processo di svantaggio sociale o di emarginazione";

(d) quando vi sia la constatata impossibilità di affidamento preadottivo.

Ai fini della pronuncia della sentenza di adozione, il tribunale non soltanto è tenuto a verificare la sussistenza dei presupposti di cui all'art. 44 della l. n. 184/1983; verifica anche che l'adozione corrisponda all'interesse del minore (art. 57 l. n. 184/1983).

Nei casi di cui alle lettere (a), (c) e (d) l'adozione è consentita, oltre che ai coniugi, anche a chi non è coniugato. Se l'adottante è persona coniugata e non separata, l'adozione può essere tuttavia disposta solo a seguito di richiesta da parte di entrambi i coniugi (art. 44, 3° co., l. n. 184/1983). Nei casi di cui alle lettere (a) e (d) l'età dell'adottante deve superare di almeno diciotto anni quella di coloro che egli intende adottare (art. 44, 4° co., l. n. 184/1983).

Le nuove legge sulle unioni civili, lo si vedrà, non consente l'adozione "piena" in capo ai contraenti l'unione civile (§ 470). Da qualche tempo però alcuni tribunali italiani consentono l'adozione alle **coppie omosessuali** in applicazione dell'art. 44, 1° co., lett. (d) della l. n. 184/1983. Un caso sottoposto al Tribunale di Roma, nel 2014, presentava le seguenti caratteristiche: una bambina di cinque anni era stata concepita in Spagna nell'ambito di un progetto procreativo di una coppia formata da due donne omosessuali. La minore risultava geneticamente figlia soltanto di una delle donne (la più giovane, in grado di garantire meno rischi per la gravidanza). Trattandosi di un'ipotesi non riconducibile all'art. 44, 1° co., lett. (b), l. n. 184/1983 (c.d. ***stepchild adoption***), che presuppone un rapporto di *coniugio* fra adottante e genitore dell'adottato, la richiesta di adozione della madre non biologica è stata motivata sulla base della lett. (d) del medesimo articolo. È bene ricordare che, in un primo momento, la giurisprudenza aveva interpretato la "impossibilità di affidamento preadottivo" come un'impossibilità di fatto: di essa si sarebbe dovuto discutere, in sostanza, nei casi in cui non fosse stato possibile dare in affidamento il minore, già dichiarato in stato di abbandono, a causa delle sue precarie condizioni di salute o per l'indisponibilità di una famiglia ad accoglierlo (Trib. min. Ancona, 15.1.1998; Trib. min. Potenza, 15.6.1984). Il Tribunale di Roma, invece, ha seguito un diverso orientamento (più rispondente ai bisogni del minorenne): ha interpretato la constatata impossibilità di affidamento preadottivo come impossibilità non solo di fatto, ma anche di diritto. In tal modo si può applicare l'art. 44, 1° co., lett. (d) anche ai casi, come quello deciso, in cui il minorenne, in quanto accudito, non può essere dichiarato in stato di abbandono e, conseguentemente, posto in affidamento preadottivo (così Trib. min. Roma, 30.7.2014, confermata da App. min. Roma, 23.12.2015; nello stesso senso Trib. min. Roma, 22.10.2015; Trib. min. Roma, 23.12.2015; Trib. min. Roma, 30.12.2015; App. Torino, 27.5.2016; Trib. min. Genova, 3.7.2019. Si veda anche, sull'espressione "constatata impossibilità di affidamento preadottivo", Corte cost., n. 198/1986, richiamata dai giudici romani).

L'indirizzo della giurisprudenza di merito è stato recepito, nel 2016, anche dalla Suprema Corte: "in tema di adozione in casi particolari, l'art. 44, 1° co., lett. (d), della l. n. 183/1984, integra una clausola di chiusura del sistema, intesa a consentire l'adozione tutte le volte in cui è necessario salvaguardare la continuità affettiva ed educativa della relazione tra adottante ed adottando, come elemento caratterizzante del concreto interesse del minore a vedere riconosciuti i legami sviluppatisi con altri soggetti che se ne prendono cura, con l'unica previsione della *condicio legis* della 'constatata impossibilità di affidamento preadottivo', che va intesa, in coerenza con lo stato dell'evoluzione del sistema della tutela dei minori e dei rapporti di filiazione biologica ed adottiva, come impossibilità 'di diritto' di procedere all'affidamento preadottivo e non di impossibilità 'di fatto', derivante da una situazione di abbandono (o di semi abbandono) del minore in senso tecnico-giuridico. La mancata specificazione di requisiti soggettivi di adottante ed adottando, inoltre, implica che l'accesso a tale forma di adozione non legittimante è consentito alle persone singole ed alle coppie di fatto, senza che l'esame delle condizioni e dei requisiti imposti dalla legge, sia in astratto (l'impossibilità dell'affidamento preadottivo) che in concreto (l'indagine sull'interesse del minore), possa svolgersi dando rilievo, anche indirettamente, all'orientamento sessuale del richiedente ed alla conseguente relazione da questo stabilita con il proprio partner" (Cass., 22.6.2016, n. 12962; Cass., 26.6.2019, n. 17100). L'adozione ai sensi dell'art. 44, 1° co., lett. (d), si aggiunge oggi, è consentita anche se tra l'adottante (o gli adottanti) e l'adottato intercorra una consistente differenza di età, e anche a prescindere dal consenso dei genitori biologici, qualora questi siano decaduti dalla responsabilità genitoriale (Cass., 26.2.2019, n. 17100).

Si torni, ora, alla disciplina sull'adozione in casi particolari. Se il minore è adottato da due coniugi, o dal coniuge di uno di uno dei genitori, la responsabilità genitoriale sull'adottato ed il relativo esercizio spettano ad entrambi (art. 48, 1° co., l. n. 184/1983; sul rapporto fra adottante e adottato, nell'adozione in esame, si veda Corte cost., 9.3.2021, n. 33).

L'**adottante** ha **l'obbligo** di mantenere l'adottato, istruirlo, educarlo ed assisterlo moralmente, conformemente a quanto prevede il nuovo art. 147 cod. civ. (art. 48, 2° co., l. n. 184/1983, che peraltro non è stato aggiornato rispetto alla nuova dizione dell'art. 147 cod. civ.). Non costituisce ostacolo all'adozione in casi particolari del minore, da parte del coniuge di uno dei genitori con lui convivente, la circostanza che il minore mantenga comunque rapporti con l'altro genitore, impossibilitato a far fronte al mantenimento; anzi, in questi casi l'adozione realizza appieno l'interesse del fanciullo, che è perfettamente inserito nel nuovo ambiente familiare e vede riconosciuti i legami parentali con la famiglia dell'adottante, senza che siano esclusi quelli con la famiglia del genitore biologico (Cass., 5.4.2022, n. 10989, che fa riferimento alla c.d. adozione mite).

Se l'adottato ha **beni** propri, l'**amministrazione** di essi, durante la minore età, spetta all'adottante, il quale non ne ha l'usufrutto legale, ma può impiegarne le rendite per le spese di mantenimento, istruzione ed educazione del minore, con l'obbligo di investirne l'eccedenza in modo fruttifero (art. 48, 3° co., l. n. 184/1983).

Qualora l'esercizio della **responsabilità genitoriale**, da parte dell'adottante, cessi, è previsto che il tribunale per i minorenni, su istanza dell'adottato, di suoi parenti o affini o del pubblico ministero, o anche d'ufficio, possa emettere i provvedimenti opportuni circa la cura della persona dell'adottato e dei suoi beni, "anche se ritiene conveniente che l'esercizio della responsabilità genitoriale sia ripreso dai genitori" (art. 50 l. n. 184/1983).

L'adozione in casi particolari, secondo l'impianto originario, non determinava l'acquisto di un legame giuridicamente rilevante con i figli dell'adottante e i suoi ascendenti: sul punto, tuttavia, è recentemente intervenuta una pronuncia dei giudici delle leggi, la quale ha affermato l'illegittimità dell'art. 55 l. n. 184/1983, nella parte in cui, attraverso l'invio all'art. 300, 2° co., cod. civ., prevede che l'adozione in casi particolari non fa nascere alcun rapporto civile tra l'adottato e i parenti dell'adottante (Corte cost., 28.3.2022, n. 79). Cancellata la disposizione in esame, rimane fermo il rinvio, da parte dell'art. 55 l. n. 184/1983, agli artt. 293, 294, 295, 299, 300, 1° co., 304 cod. civ. (in base al primo comma di quest'ultima disposizione, "la adozione non attribuisce all'adottante alcun diritto di successione").

L'"adozione in casi particolari" può essere revocata (a differenza dell'adozione dei minori di cui agli artt. 6 ss. l. n. 184/1983, caratterizzata dall'irrevocabilità).

La **revoca** dell'adozione può essere promossa dal pubblico ministero in conseguenza della violazione dei doveri incombenti agli adottanti (art. 53, 1° co., l. n. 184/1983).

Inoltre, la revoca dell'adozione può essere pronunciata dal tribunale su domanda dell'adottante, quando l'adottato maggiore di quattordici anni abbia attentato alla vita di lui o del suo coniuge, dei suoi discendenti o ascendenti, ovvero si sia reso colpevole verso di loro di delitto punibile con pena restrittiva della libertà personale non inferiore nel minimo a tre anni (art. 51, 1° co., l. n. 184/1983).

Quando i fatti previsti dall'art. 51 della l. n. 184/1983 siano stati compiuti dall'adottante contro l'adottato, oppure contro il coniuge o i discendenti o gli ascendenti di lui, la revoca può essere pronunciata su domanda dell'adottato o su istanza del pubblico ministero (art. 51, 1° co., l. n. 184/1983).

Si applicano, nel caso di revoca, gli artt. 330 ss. cod. civ. (artt. 51, 5° co., 52, 4° co., 53, 2° co., l. n. 184/1983).

453. L'adozione internazionale.

L'adozione di bambini stranieri è, attualmente, prevista dal capo I del titolo III della l. n. 184/1983 (artt. 29 ss.), così sostituito dalla l. 31.12.1998, n. 476, che ha dato attuazione alla Convenzione per la tutela dei minori e la cooperazione in materia internazionale, firmata all'Aja il 19 maggio 1993.

La legge **sull'adozione internazionale** è improntata al **principio di sussidiarietà:** l'adozione di bambini stranieri, in sostanza, è praticabile soltanto quando non sia raggiungibile una soluzione locale, cui mirano gli interventi di cooperazione internazionale, diretti a favorire la permanenza dei minori nei Paesi d'origine.

In tal modo si vuole da un lato eliminare l'odioso mercato delle adozioni, dall'altro mettere in primo piano gli interessi del minore straniero, cui deve essere consentito, nei limiti del possibile, di permanere nel Paese dove si stanno formando le sue abitudini sociali e relazionali.

Le coppie che intendono adottare un bambino straniero devono ottenere l'idoneità all'adozione, così come accade per l'adozione nazionale dei minorenni. Il tribunale per i minorenni, a seguito della presentazione della domanda da parte dei genitori (la "dichiarazione di disponibilità" ai sensi dell'art. 29-*bis* della l. n. 184/1983), compie gli opportuni accertamenti, servendosi anche di una relazione dei servizi sociali. Dopo aver sentito coloro che aspirano all'adozione, emette, in caso di giudizio positivo, un decreto di **idoneità all'adozione**.

Per i giudici di legittimità è contrario alle finalità della normativa sull'adozione internazionale il rilascio del certificato di idoneità ad aspiranti genitori che dichiarino la volontà di adottare precisando da quali Paesi dovrebbe provenire o non provenire il minore, e, soprattutto, subordinando la propria disponibilità all'adozione al possesso o alla mancanza, nel minore adottando, di determinate caratteristiche psicologiche, genetiche e razziali collegate all'appartenenza del minore stesso ad una o più delle etnie segnalate (Cass., Sez. Un., 1.6.2010, n. 13332).

L'idoneità all'adozione, però, rappresenta soltanto un primo passo. Ottenuto il decreto di idoneità, i genitori devono conferire l'incarico ad uno degli **enti autorizzati** a curare la procedura di adozione: l'elenco di tali enti non lucrativi è tenuto dalla **Commissione per le adozioni internazionali**, costituita presso la Presidenza del Consiglio dei Ministri (d.p.r. 1.12.1999, n. 492). La Commissione ha varie funzioni, fra cui quella di curare i rapporti con i Paesi stranieri e di controllo degli enti autorizzati (artt. 38 ss. l. n. 184/1983).

L'ente autorizzato, ricevuto l'incarico, svolge le pratiche presso il Paese straniero, organizza l'incontro del minore con gli aspiranti genitori ed il disbrigo di tutte le formalità necessarie per l'ingresso del minore in Italia.

Si noti che l'**adottabilità** del minore deve essere **dichiarata** sempre dall'**Autorità** del **Paese d'origine**, chiamato a verificare che essa corrisponda all'interesse del minorenne.

Le principali situazioni che possono verificarsi, nella procedura di adozione internazionale, sono le seguenti:

(a) lo Stato straniero ha già pronunciato il provvedimento di adozione del bambino, prima dell'ingresso di questo in Italia. In questo caso il tribunale per i minorenni italiano è chiamato a verificare, ai fini dell'efficacia del provvedimento, che lo stesso corrisponda ai requisiti previsti dall'art. 4 della Convenzione dell'Aja. Va verificato, tra l'altro, che le persone il cui consenso è richiesto per l'adozione siano state assistite con la necessaria consulenza e siano state debitamente informate sulle conseguenze del loro consenso; che tali persone, inoltre, abbiano prestato il consenso liberamente e che non vi sia stato pagamento o contropartita di alcun genere. Qualora il controllo sia positivo, il tribunale per i minorenni ordina l'iscrizione del provvedimento nei registri dello stato civile.

(b) Diversa è la situazione allorché l'adozione debba pronunciarsi dopo l'ingresso del minorenne in Italia: in questo caso si apre un periodo di affidamento preadottivo di un anno, decorso il quale il tribunale per i minorenni, sussistendone le condizioni, pronuncia l'adozione, con gli stessi effetti di quella del minore italiano. La sentenza di adozione è trascritta nei registri dello stato civile.

Può capitare che un minore si trovi in Italia in uno stato di abbandono. In questo caso trova applicazione la legge italiana in materia di adozione e affidamento (art. 37-*bis* l. n. 184/1983).

In giurisprudenza è stato ammesso il riconoscimento della sentenza straniera di adozione legittimante del minore da parte di una persona singola; ciò sulla base del rilievo per cui deve essere prioritariamente considerato il principio della continuità transnazionale degli *status* familiari e data assoluta preminenza all'interesse del minore (Trib. Genova, 8.9.2017; Trib. Bologna, 17.4.2013).

454. L'affidamento dei minori.

Istituto diverso dall'adozione è l'**affidamento dei minori**: si tratta di un rimedio di carattere temporaneo, disposto a favore del minore il quale, nonostante gli interventi pubblici a favore della famiglia, sia **temporaneamente** "**privo** di un **ambiente familiare idoneo**" ad assicurargli il mantenimento, l'educazione, l'istruzione e le relazioni affettive di cui ha bisogno (art. 2, 1° co., l. n. 184/1983, come introdotto dalla l. n. 149/2001).

In presenza di una situazione di incapacità o impossibilità soltanto temporanea, in sostanza, il minore viene affidato ad una famiglia che si prende cura di lui; non vengono però recisi i legami con la famiglia d'origine, a differenza di quello che si è visto per l'adozione dei minori di cui agli artt. 6 ss. della l. n. 184/1983.

Esempio. I signori Bianchi sono sposati. Il marito subisce un processo penale, all'esito del quale dovrà scontare una pena detentiva di tre anni. Accade che, nello stesso periodo, la signora Bianchi si ammali e debba subire un delicato intervento chirurgico, che la costringe ad una lunga degenza, prima ospedaliera e poi a casa: i medici indicano un tempo di due/tre anni per la sua ripresa. I coniugi Bianchi non hanno alcun parente. Possono sussistere, in questo caso, i presupposti per l'affidamento familiare.

I **soggetti affidatari** del minore, che sia temporaneamente privo di un ambiente familiare idoneo, possono essere "una famiglia con figli minori" o anche una persona singola. L'art. 2, 4° co., della l. n. 184/1983 ha previsto l'eliminazione, quali soggetti affidatari, degli istituti di assistenza: si muove dal rilievo che l'affidamento a famiglie o persone determinate sia più idoneo a ricreare quell'ambiente domestico più favorevole per lo sviluppo del minore. Semmai, in mancanza dei soggetti indicati, si può ricorrere ad una "comunità di tipo familiare".

Non vi deve essere, in linea di principio, alcuna preclusione all'affidamento a favore di una persona che abbia una convivenza omosessuale con un'altra (così Cass., n. 601/2013).

L'affidamento è disposto dal servizio sociale del Comune, e diviene esecutivo con **decreto del giudice tutelare**. Occorre che consti il consenso dei genitori che esercitano la responsabilità genitoriale; il minore che ha compiuto dodici anni di età, inoltre, deve essere sottoposto ad audizione. Nel decreto vanno indicati i motivi per cui si è giunti all'affidamento, la sua durata presumibile, le modalità con cui l'affidatario deve esercitare i suoi poteri, le modalità con cui devono essere mantenuti i rapporti con la famiglia, il servizio sociale responsabile del programma di assistenza, che deve presentare al tribunale delle relazioni periodiche (art. 4 l. n. 184/1983).

I soggetti affidatari devono provvedere a mantenere, istruire, educare il minore ed assisterlo moralmente, rispettando le prescrizioni contenute nel decreto del giudice tutelare e, eventualmente, le indicazioni dei genitori. Le indicazioni, peraltro, non devono essere prese in considerazione allorché il padre e la madre abbiano subìto provvedimenti limitativi o ablativi della responsabilità genitoriale (ai sensi degli artt. 330 e 333 cod. civ.). L'affidamento è sottoposto alla sorveglianza ed al sostegno dei servizi sociali, i quali devono informare il tribunale per i minorenni circa l'andamento dell'affidamento che, stante il suo carattere temporaneo, deve essere ispirato a favorire i rapporti con la famiglia di provenienza ed il rientro del minore presso quest'ultima (art. 5 l. n. 184/1983).

L'affidamento non può avere una **durata** superiore ai due anni. Terminato questo periodo il tribunale per i minorenni, valutate tutte le circostanze, può disporre il rientro del minore nella famiglia d'origine, se le difficoltà iniziali dei genitori ad esercitare la responsabilità genitoriale siano nel frattempo cessate. In caso diverso, il tribunale prende ogni provvedimento utile nell'interesse dei figli; può anche stabilire di iniziare le procedure per arrivare all'adozione del minore (artt. 4-6 l. n. 184/1983).

Un'importante innovazione legislativa, in tema di affidamento dei minori, è stata introdotta con la l. 19.10.2015, n. 173, recante "Modifiche alla legge 4 maggio 1983, n. 184, sul diritto alla continuità affettiva dei bambini e delle bambine in affido familiare". Il nuovo art. 4, 5° co.-*bis* della l. n. 184/1983 prevede che qualora, durante un prolungato periodo di affidamento, il minore sia dichiarato adottabile e qualora, sussistendo i requisiti di legge, la famiglia affidataria chieda di poterlo adottare, il tribunale per i minorenni, nel decidere sull'adozione, "tiene conto dei legami affettivi significativi e del rapporto stabile e duraturo consolidatosi tra il minore e la famiglia affidataria".

455. La procreazione medicalmente assistita.

Nella società moderna il rapporto di filiazione si crea non soltanto attraverso il normale concepimento fra uomo e donna o attraverso il ricorso all'adozione.

Occorre tenere in considerazione anche le tecniche di procreazione assistita (o, come si usa dire nel linguaggio corrente, di **fecondazione artificiale**), che la moderna scienza medica mette a disposizione per ovviare a situazioni di infertilità e di sterilità.

Le tecniche di fecondazione artificiale sono diverse. Se ne possono ricordare due: (a) l'**inseminazione artificiale** della donna; (b) la **fecondazione in vitro**: in questo caso l'embrione, già formato, viene successivamente impiantato nell'utero della donna, che inizia così la gravidanza.

Di fronte a queste tecniche il codice civile non può bastare a regolare la materia. Scontando un ritardo rispetto a tutti gli altri Paesi europei, anche in Italia è intervenuta una specifica disciplina in materia (l. 19.2.2004, n. 40), che limita e regola i casi di procreazione assistita. Come osservato dalla recente giurisprudenza, la disciplina della filiazione da procreazione medicalmente assistita configura un sistema alternativo rispetto a quello codicistico (Cass., n. 13000/2019; Trib. S.M. Capua Vetere, 25.11.2020).

La PMA è una pratica medica atta a favorire la soluzione dei problemi riproduttivi derivanti dalla sterilità o dall'infertilità umana qualora non vi siano altri metodi efficaci per rimuovere le cause di sterilità o di infertilità. Le tecniche impiegate consentono di combinare i gameti, dei pazienti o di donatori, per la formazione dell'embrione e per l'impianto di questa cellula specializzata in utero e l'avvio della gravidanza.

Per la parte che qui interessa, questi sono i **casi** in cui può darsi corso alla fecondazione assistita:

(a) occorre un documento medico che attesti una situazione di **sterilità** o **infertilità**. Si noti, peraltro, che la Corte europea per i diritti dell'uomo, con sentenza del 28.8.2012, ha stabilito che la l. n. 40/2004, nella parte in cui non consente l'accesso alla fecondazione medicalmente assistita anche alle coppie fertili ma affette da patologie gravi geneticamente trasmissibili, si pone in violazione con l'art. 8 della Convenzione europea per la salvaguardia dei diritti dell'uomo e delle libertà fondamentali. Facendo applicazione di questi princìpî il Tribunale di Roma, con la sentenza del 26.9.2013, ha stabilito il diritto di una coppia fertile, ma portatrice sana di fibrosi cistica, di accedere al trattamento di fecondazione assistita.

Più di recente, la Corte costituzionale ha stabilito che "sono costituzionalmente illegittimi gli artt. 1, 1° e 2° co., e 4, 1° co., l. n. 40/2004, nella parte in cui non consentono il ricorso alle tecniche di procreazione medicalmente assistita alle coppie fertili portatrici di malattie genetiche trasmissibili, rispondenti ai criteri di gravità di cui all'art. 6, 1° co., lett. b, l. 22.5.1978, n. 194, accertate da apposite strutture pubbliche. È infatti irragionevole l'indiscriminato divieto all'accesso alla PMA, con diagnosi reimpianto, da parte di coppie fertili affette (anche come portatrici sane) da gravi patologie genetiche ereditarie, suscettibili (secondo le evidenze scientifiche) di trasmettere al nascituro rilevanti anomalie o malformazioni. Ciò in quanto, con palese antinomia normativa, il nostro ordinamento consente, comunque, a tali coppie di perseguire l'obiettivo di procreare un figlio non affetto dalla specifica patologia ereditaria di cui sono portatrici, attraverso la, innegabilmente più traumatica, modalità della interruzione volontaria (anche reiterata) di gravidanze naturali, quale consentita dall'art. 6, 1° co., lett. b, l. n. 194/1978" (Corte cost., 5.6.2015, n. 96).

(b) Possono accedere alla tecnica di fecondazione prevista dalla legge soltanto le **coppie maggiorenni**, **sposate** o **conviventi**, in età potenzialmente fertile (art. 5 l. n. 40/2004). Viene esclusa, quindi, la possibilità di ricorrere alla procreazione assistita per le persone singole, per le coppie omosessuali, per le persone che abbiano un'età incompatibile con la procreazione naturale, per le persone decedute. La Corte costituzionale ha dichiarato inammissibile la questione di incostituzionalità, fra l'altro, dell'art. 5 della legge, nella parte in cui limita l'accesso alle tecniche di procreazione medicalmente assistita soltanto alle coppie di sesso diverso. La *ratio* della legge, osservano i giudici delle leggi, è quella di predisporre un rimedio contro la sterilità o l'infertilità umana, e non quella di approntare uno strumento per la realizzazione del desiderio di genitorialità in generale (Corte cost., 23.10.2019, n. 221). Peraltro, la violazione dei requisiti soggettivi di accesso e, in particolare, l'esecuzione delle tecniche di fecondazione artificiale in favore di coppie dello stesso sesso determina l'impossibilità di attribuire lo *status* di genitore in favore di chi non condivide il proprio patrimonio genetico con il nato. La relazione può, semmai, essere giuridicamente tutelata attraverso l'applicazione dell'adozione in casi particolari (Cass., 4.4.2022, n. 10844; Cass., 25.2.2022, n. 6383).

(c) L'impianto originario della legge prevedeva soltanto la **fecondazione omologa**: la fecondazione, cioè, che avviene esclusivamente ricorrendo ai gameti appartenenti alla coppia; il legislatore italiano, dunque, aveva vietato la fecondazione eterologa (art. 4, 3° co., l. n. 40/2004), che richiede l'impiego, in forma anonima. gratuita e volontaria, di uno o di entrambi i gameti (c.d. eterologa doppia) di soggetti estranei alla coppia dei futuri genitori.

La Corte costituzionale, tuttavia, ha dichiarato l'illegittimità costituzionale degli artt. 4, 3° co., 9, 1° e 3° co. e 12, 1° co., della l. n. 40/2004, relativi al divieto di fecondazione eterologa medicalmente assistita (Corte cost., 10.6.2014, n. 162): "la determinazione di avere o meno un figlio, anche per la coppia assolutamente sterile", osservano i giudici delle leggi, riguarda "la sfera più intima ed intangibile della persona umana" e quindi "non può che essere incoercibile". Il divieto, in effetti, presentava evidenti profili di incostituzionalità per violazione degli artt. 2, 3, 13, 32 Cost., in linea con quanto affermato dalla Corte di Strasburgo, secondo cui tale disciplina si poneva in contrasto con gli artt. 8 (diritto al rispetto della vita privata e familiare) e 14 (divieto di discriminazione) della CEDU. Il ricorso alla fecondazione eterologa, precisa la Corte costituzionale, è subordinato al presupposto che sia accertata da parte del medico l'esistenza di una patologia che sia causa irreversibile di sterilità o di infertilità assolute. Nonostante la declaratoria, la donazione delle cellule da parte di terzi, funzionale alle tecniche di fecondazione eterologa, ha trovato regolamentazione solo recentemente con il d.p.r. 23.8.2019, n. 131.

La procedura per la fecondazione assistita si articola nei seguenti passaggi: (1) la volontà della coppia va manifestata per iscritto sulla base di un "consenso informato" (art. 6 l. n. 40/2004), datato e sottoscritto alla presenza del medico responsabile del centro PMA autorizzato in cui è previsto l'intervento, mediante il ricorso ai moduli predisposti dal Ministero della Salute; (2) tra l'espressione del consenso e l'intervento medico devono trascorrere almeno sette giorni; (3) il consenso può essere revocato "fino al momento della fecondazione dell'ovulo" (art. 6, 2° co., l. n. 40/2004). Le fasi appena ricordate fanno comprendere perché la procedura in questione venga chiamata "procreazione medicalmente assistita".

Dopo la fecondazione dell'ovulo a nulla vale la **revoca** del **consenso** da parte **dell'uomo**: la **donna** può accettare l'innesto dell'ovulo fecondato (Cass., 18.12.2017, n. 30294). Si ritiene, invece, che qualora la revoca tardiva avvenga da parte della donna, quest'ultima ponga un ostacolo di fatto insormontabile alla prosecuzione del trattamento sanitario: ancorché sia avvenuta la fecondazione, non si può prospettare il trasferimento coattivo dell'ovulo fecondato (si confronti l'art. 32, 2° co., Cost.).

Sulle modalità di prestazione del consenso informato e responsabilmente prestato, si deve avere riguardo al d.m. 28.12.2016, n. 265, recante il Regolamento delle norme in materia di manifestazione della volontà di accedere alle tecniche di procreazione medicalmente assistita.

Quanto allo ***status*** del **figlio nato** a seguito della procedura di procreazione assistita, qualora i genitori siano sposati, il figlio è nato nel matrimonio; qualora i genitori siano conviventi, il nato è figlio riconosciuto (art. 8 l. n. 40/2004). Quest'ultimo *status*, si badi, si acquista per il solo fatto della nascita, non già a seguito di un espresso riconoscimento da parte di ciascun genitore, come invece previsto dalle regole del codice civile. Qualora si ricorra a tecniche di procreazione medicalmente assistita di tipo eterologo, il coniuge o il convivente il cui consenso è ricavabile da atti concludenti non può esercitare l'azione di disconoscimento di paternità né l'impugnazione di cui all'art. 263 cod. civ. (art. 9, 1° co., l. n. 40/2004).

Per la giurisprudenza di legittimità, l'art. 8 della l. n. 40/2004, recante lo *status* giuridico del nato, si applica anche al caso di fecondazione *post mortem* avvenuta in Spagna, secondo le leggi locali (che a differenza del nostro ordinamento disciplinano questa tecnica di fecondazione). Il predetto art. 8 della legge italiana, in sostanza, è riferibile anche all'ipotesi di fecondazione omologa *post mortem* avvenuta mediante utilizzo del seme crioconservato di colui che, dopo aver prestato (congiuntamente alla moglie o alla convivente) il consenso all'accesso alle tecniche di procreazione medicalmente assistita (ai sensi dell'art. 6 l. n. 40/2004), sia poi deceduto prima della formazione dell'embrione, avendo altresì autorizzato, per dopo la propria morte, la moglie o la convivente all'utilizzo suddetto (Cass., 15.5.2019, n. 13000; in applicazione di questo principio, la Corte ha ritenuto che, nell'atto di nascita, alla figlia minore della ricorrente, nata a seguito di inseminazione medicalmente assistita *post mortem*, possa essere attribuito lo *status* di figlia del marito deceduto).

La madre non può dichiarare la volontà di non essere nominata nell'atto di nascita (art. 9, 2° co, l. n. 40/2004). L'eventuale donatore del seme, in caso di inseminazione eterologa, "non acquisisce alcuna relazione giuridica parentale con il nato e non può far valere nei suoi confronti alcun diritto né essere titolare di obblighi" (art. 9, 3° co., l. n. 40/2004).

Va fatto riferimento, infine, alla **tutela dell'embrione**. Prima di studiare quanto prevede la legge in esame, converrà avvertire come il dibattito in materia sia particolarmente complesso: nel campo della scienza e nella speculazione filosofica si discute se l'embrione possa essere già considerato una persona umana (nelle discussioni religiose sembrano esserci maggiori sicurezze, allorché si afferma la sacralità della vita umana sin dal momento del concepimento).

Per converso, la giurisprudenza italiana e quella europea non sono pervenute neppure ad un inquadramento dello statuto giuridico dell'embrione: negata la natura di bene in senso giuridico, la Corte costituzionale, sui passi della Corte europea per la salvaguardia dei diritti dell'uomo, discute di "soggettività" sottoposta ad una qualche tutela da parte dell'ordinamento italiano (Corte cost., 13.4.2016, n. 84). Tuttavia, in un recente caso relativo al *blackout* in una bio-banca per la crioconservazione degli embrioni, il giudice ha affermato una responsabilità contrattuale della clinica per l'inadempimento dell'obbligo di custodia e ha riconosciuto il risarcimento dei danni patrimoniali e non patrimoniali patiti dai pazienti, quantificando le spese sostenute per il trattamento di fecondazione artificiale e liquidando in via equitativa la sofferenza dei pazienti. Non è stato risarcito invece un danno al diritto di proprietà né un danno per la perdita di un figlio (Trib. Milano, 21.5.2013).

Queste sono le principali soluzioni approntate dalla legge a tutela dell'embrione (art. 13 l. n. 40/2004): (a) è vietato produrre o utilizzare embrioni per fini di ricerca e sperimentazione; (b) è vietato compiere sugli embrioni interventi di selezione eugenetica, di manipolazione del patrimonio, di clonazione. Tuttavia, per i giudici delle leggi, "è costituzionalmente illegittimo il divieto di selezione eugenetica degli embrioni, di cui all'art. 13, 3° co., lett. b, e 4° co., della l. n. 40/2004, nella parte in cui contempla come ipotesi di reato la condotta di selezione degli embrioni anche nei casi in cui questa sia esclusivamente finalizzata ad evitare l'impianto nell'utero della donna di embrioni affetti da malattie genetiche trasmissibili, rispondenti ai criteri di gravità di cui all'art. 6, 1° co., lett. b, l. n. 194/1978" (Corte cost., 11.11.2015, n. 229).

In base all'assetto originario della disciplina, è vietato sopprimere gli embrioni ed effettuare il loro congelamento (c.d. crioconservazione). Soltanto nei casi in cui le condizioni della donna vengano ritenute tali da impedire il trasferimento degli embrioni nell'utero è consentita la crioconservazione; ciò fino alla data del trasferimento "da realizzare non appena possibile" (art. 14, 3° co., l. n. 40/2004).

La legge, inoltre, sempre nella sua versione iniziale, prevede che per realizzare l'intervento di procreazione assistita debba essere creato un numero di embrioni non superiore a quello "strettamente necessario" ad un unico e contemporaneo impianto, e comunque non superiore a tre (art. 14, 2° co., l. n. 40/2004).

Su queste ultime due norme è intervenuta la Corte costituzionale, affermando l'illegittimità costituzionale della disciplina nella parte in cui prevede la produzione di non più di tre embrioni per volta, da impiantare contemporaneamente, e nella parte in cui non prevede che il trasferimento degli embrioni, da realizzare "non appena possibile", debba essere effettuato senza pregiudizio della salute della donna (Corte cost., 8.5.2009, n. 151). Conformemente, è stato recentemente affermato che il diritto alla vita dell'embrione potrà essere sacrificato solo a fronte del rischio di lesione di diritti di pari rango (come la salute della donna) ritenuti prevalenti perché facenti ca po a soggetti già viventi (Trib. S.M. Capua Vetere, 27.1.2021).

455.1. *La surrogazione della maternità.*

La surrogazione della maternità, anche detta gestazione per altri, è un procedimento che consente ad una persona terza, estranea alla coppia di pazienti che intendono diventare genitori, di condurre la gravidanza, poiché colei che intende assumere la responsabilità genitoriale del nato non è in grado di portare a compimento la gestazione. Per l'esecuzione della procedura è possibile ricorrere ai gameti della coppia, oppure a cellule donate e, inoltre, utilizzare un ovulo donato dalla gestante.

Ogni forma di **maternità surrogata** è espressamente vietata dall'art. 12, 6° co., l. n. 40/2004: il divieto, come è stato precisato dalla giurisprudenza, è predisposto a tutela della dignità umana della gestante, a tutela della disciplina delle adozioni e in ossequio al *favor veritatis*.

Occorre chiedersi, qui, chi sia la madre in base alle vigenti disposizioni: colei che ha fornito l'ovulo fecondato o colei che ha ospitato l'embrione o, ancora, colei che ricorre alla surrogazione per assumere la responsabilità genitoriale sul nato? L'art. 269, 3° co., cod. civ., stabilisce in via generale che **è madre colei che ha partorito (madre uterina o gestazionale)**: non, dunque, la madre c.d. sociale o intenzionale, né la donatrice dell'ovulo anche nel caso in cui sia la committente della surrogazione (Corte cost., 18.12.2017, n. 272; Trib. Roma, 10.5.2016).

La materia, peraltro, è soggetta a intensa attività interpretativa da parte della giurisprudenza.

In un primo momento, è stato affermato, nel celebre caso del "**figlio di due madri**", che sussiste lo *status filiationis* sia nei confronti della madre donatrice dell'ovulo sia nei confronti della madre uterina, compagne di vita ed aderenti a tecniche di procreazione assistita mediante l'utilizzo di un gamete maschile di donatore anonimo. Ciò in quanto la tecnica è stata equiparata ad una forma di fecondazione eterologa, c.d. ROPA (*Reception of Oocytes from Partner*), che non è più vietata dalla legge (Cass., 30.9.2016, n. 19599; Cass., 15.6.2017, n. 14878; App. Trento, 23.2.2017; Trib. Firenze, 8.3.2017).

Successivamente, si sono pronunciate le Sezioni Unite, nell'altrettanto famoso caso del **"figlio di due padri"**. Nell'occasione la Cassazione ha circoscritto i principi sanciti nel caso precedente, affermando che non è ammesso il riconoscimento dello *status filiationis* tra il figlio nato da gestazione per altri e il genitore sociale privo di legame biologico, poiché il rapporto verrebbe instaurato in violazione del reato di surrogazione della maternità, ai sensi dell'art. 12, 6° co., l. n. 40/2004, posto a tutela della dignità della donna gestante e a presidio della disciplina delle adozioni (unica disciplina predisposta per la instaurazione di un legame parentale tra soggetti privi di un patrimonio genetico condiviso). Per tale motivo, il riconoscimento del rapporto parentale contrasta con un principio di ordine pubblico posto a tutela di valori fondamentali; e simili valori, secondo le Sezioni Unite, sono da ritenere non irragionevolmente prevalenti sull'interesse del minore, nell'ambito di un bilanciamento effettuato direttamente dal legislatore. Cionondimeno, la Corte non esclude la possibilità di conferire comunque un rilievo al rapporto tra genitore sociale e figlio, mediante il ricorso ad altri strumenti giuridici, quali l'adozione in casi particolari, prevista dall'art. 44, 1° co., lett. d, l. n. 184/1983 (Cass., Sez. Un., 8.5.2019, n. 12193).

Tuttavia, poco tempo dopo la Corte costituzionale ha affermato che lo strumento della adozione in casi particolari, "costituisce una forma di tutela degli interessi del minore certo significativa, ma ancora non del tutto adeguata al metro dei principi costituzionali e sovranazionali rammentati. L'adozione in casi particolari, in primo luogo, non attribuisce la genitorialità all'adottante (...). È ancora controverso – stante il perdurante richiamo operato dall'art. 55 della legge n. 184 del 1983 all'art. 330 cod. civ. – se anche l'adozione in casi particolari consenta di stabilire vincoli di parentela tra il bambino e coloro che appaiono socialmente, e lui stesso percepisce, come i propri nonni, zii, ovvero addirittura fratelli e sorelle, nel caso in cui l'adottante abbia già altri figli propri. Essa richiede. inoltre, per il suo perfezionamento, il necessario assenso del genitore 'biologico'" (Corte cost., 9.3.2021, n. 33). Solo uno dei tre rilievi critici individuati dalla Consulta sono stati risolti: recentemente è stata dichiarata illegittima la disciplina dell'adozione in casi particolari laddove non consente al minore l'instaurazione di un legame giuridicamente rilevante con la famiglia dell'adottante (Corte cost., 28.3.2022, n. 79).

Si segnalano poi ulteriori decisioni della Corte costituzionale: in una recente pronuncia essa ha rigettato i dubbi di legittimità costituzionale degli artt. 5 e 12, 2°, 9° e 10° co., della l. n. 40/2004, nella parte in cui queste disposizioni precludono l'accesso alle tecniche di procreazione medicalmente assistita alle sole coppie dello stesso sesso e sanzionano chiunque applichi le procedure in discorso alle coppie omoaffettive. In specie, la normativa vigente non è stata ritenuta in contrasto con il principio di uguaglianza e con il diritto alla salute, in quanto la tutela costituzionale della "salute" non può essere estesa fino a imporre la soddisfazione di qualsiasi aspirazione soggettiva o bisogno che una coppia reputi essenziale, così da rendere incompatibile con l'evocato parametro ogni ostacolo normativo frapposto alla sua realizzazione (Corte cost., 23.10.2019, n. 221; si veda anche Corte cost., 15.11.2019, n. 237).

Alla Consulta, infine, è stato sottoposto nuovamente il vaglio dell'art. 12, 6° co., l. n. 40/2004 e degli artt. 18 ss. d.p.r. n. 396/2000 e 64, 1° co., lett. g, l. 218/1995, nella parte in cui non consentono che possa essere riconosciuto e dichiarato esecutivo, per contrasto all'ordine pubblico, il provvedimento giudiziario straniero relativo all'inserimento nell'atto di Stato civile di un minore procreato con la maternità surrogata del cosiddetto genitore di intenzione non biologico, per contrasto con gli artt. 2, 3, 30, 31, 117, 1° co., Cost., dell'art. 8 CEDU, degli art. 2, 3, 7, 8, 9 e 18 della convenzione sui diritti dei minori e per la violazione dell'art. 24 della Carta dei diritti fondamentali dell'Unione europea (Cass., 29.4.2020, n. 8325). La Corte costituzionale ha adottato una pronuncia di inammissibilità: è stato affermato che l'attuale assetto ordinamentale non tutela adeguatamente il nato; i giudici delle leggi, tuttavia, hanno ritenuto di non poter intervenire, nel doveroso rispetto della discrezionalità legislativa (Corte cost., 9.3.2021, nn. 32-33).

In attesa di un intervento del legislatore, la Cassazione ha recentemente proposto una differente ricostruzione esegetica, richiedendo nuovamente l'intervento delle Sezioni Unite sulla questione. In difetto di una normativa adeguata, si propone di considerare ciascuna surrogazione della maternità eseguita all'estero caso per caso, valutando se sussiste effettivamente la violazione dell'ordine pubblico e, in particolare, l'effettiva lesione della dignità della gestante, l'elusione della disciplina delle adozioni da parte dei soggetti che aderiscono al programma di surrogazione (Cass., 22.1.2022,

n. 1842). Tale pronuncia si colloca nel solco della recente decisione della Corte di Giustizia dell'Unione europea, in base alla quale i limiti di ordine pubblico interno al riconoscimento dello *status filiationis* del nato in favore delle coppie dello stesso sesso non possono essere impiegati per ostacolare il godimento dei diritti fondamentali della persona; si sollecita, così, un impiego restrittivo della clausola generale di ordine pubblico (Corte di Giustizia dell'Unione europea, Grande Sezione, 14.12.2021, C-490/20).

In generale, con riferimento al tema della compatibilità con la clausola generale di ordine pubblico, nell'ambito del riconoscimento di atti e sentenze straniere, occorre svolgere qualche precisazione. In ossequio alla l. n. 218/1995, il giudice non deve operare un nuovo accertamento nel merito, essendo richiesta l'esecuzione di un *test* in alcuni passaggi, che qui possono solo essere accennati. In primo luogo, in caso di sentenza straniera, è richiesta la verifica del rispetto del diritto di difesa e della integrazione del contraddittorio tra le parti nel procedimento in cui la decisione è stata emessa. Inoltre, tanto per atti quanto per le sentenze, ai sensi dell'art. 16 l. n. 218/1995, "la legge straniera non è applicata se i suoi effetti sono contrari all'ordine pubblico": dunque, occorre aver riguardo agli effetti che derivano dalla legge straniera applicata e non all'istituto da cui i citati effetti promanano. Nel caso della surrogazione della maternità eseguita all'estero da genitori italiani, occorre considerare gli effetti che derivano dalla procedura ossia il rapporto di filiazione e non la gestazione per altri, da cui gli effetti sono derivati.

Capitolo 74
LA SEPARAZIONE E IL DIVORZIO

456. La separazione e il divorzio: concetti.

Quando si discute di separazione e di divorzio di una coppia sposata si fa riferimento alla c.d. "**crisi della famiglia**". I due concetti, giuridicamente, vanno tenuti distinti, ancorché nel linguaggio comune, talvolta, finiscono per essere sovrapposti.

Si può essere separati e non essere divorziati (e non addivenire mai allo scioglimento o alla cessazione degli effetti civili del matrimonio); si può essere divorziati anche senza passare attraverso la fase della separazione. Le diverse varianti saranno analizzate nel prosieguo.

In via generale può dirsi che la **separazione** non determina lo scioglimento del **rapporto coniugale**, ma soltanto un'**attenuazione** dello stesso; il **divorzio**, invece, comporta lo **scioglimento del rapporto coniugale**. In entrambi i casi la sentenza è annotata nell'atto di matrimonio a cura dell'ufficiale dello stato civile.

Gli effetti della separazione vera e propria si hanno a seguito della **separazione legale**, che richiede l'intervento del giudice. La **separazione di fatto**, tuttavia, non è priva di qualche **rilevanza giuridica**.

Vanno ricordate alcune conseguenze giuridiche derivanti dalla separazione di fatto: (a) qualora uno dei coniugi si allontani dalla casa coniugale ingiustificatamente, e si rifiuti di tornarci, perde il diritto all'assistenza morale e materiale dell'altro coniuge *ex* art. 146, 1° co., cod. civ.; (b) la disciplina sull'adozione dei minorenni equipara la separazione giudiziale a quella di fatto: entrambe impediscono l'adozione, considerando che la stessa è diretta ad offrire all'adottato l'inserimento in un ambiente familiare unito (art. 6 l. n. 149/2001); (c) per la giurisprudenza, infine, qualora la separazione di fatto fra i coniugi si protragga per lungo tempo, la violazione dei doveri coniugali è valutata con minor rigore.

Va detto che, di recente, il legislatore ha introdotto modalità “semplificate” per giungere alla separazione o al divorzio. Su questi nuovi procedimenti ci si dovrà intrattenere successivamente (Cap. 75).

457. La separazione consensuale.

La separazione legale può essere sia consensuale sia giudiziale (art. 150 cod. civ.).

I due tipi di separazione vanno analizzati separatamente. La **separazione consensuale** ha, come punto di partenza, un **accordo** tra i coniugi: questi intendono separarsi, per le ragioni più disparate, ma riescono a trovare un’intesa sulle **condizioni della separazione**.

I punti salienti dell’accordo sono i seguenti: previsione di un assegno di mantenimento a favore di un coniuge, avente un ammontare determinato consensualmente (è però irrilevante la clausola che escluda o limiti il diritto di chiedere, in futuro, la revisione dell’assegno, essendo la quantificazione di questo condizionata al presupposto *rebus sic stantibus*: Cass., n. 1800/1990); diritto del marito o della moglie a rimanere nella casa coniugale; affidamento dei figli ad entrambi o ad uno di loro; previsione dei tempi e dei luoghi in cui il coniuge non affidatario potrà vedere i figli; determinazione della somma che ciascuno dei coniugi dovrà versare per il loro mantenimento.

Nell’accordo di separazione coesistono un **contenuto necessario** (l’intesa sull’interruzione della convivenza e le pattuizioni strettamente connesse, come l’assegno di mantenimento, quello per i figli minori) ed un **contenuto eventuale** (comprendente alcuni atti di diritto familiare, come la rinuncia all’azione di disconoscimento della paternità, o altri atti ordinari di diritto privato, come gli accolli di debiti, la divisione dei beni comuni). Anche gli accordi attuativi di un trasferimento immobiliare sono pienamente ammissibili e, in quanto inseriti nel verbale d’udienza redatto dall’ausiliario del giudice, assumono veste di atto pubblico; dopo l’omologazione, costituiscono titolo efficace per la trascrizione. Non occorre, allo scopo, la funzione certificatoria del notaio, essendo equiparabile a questi qualunque pubblico ufficiale a ciò autorizzato (Cass., Sez. Un., 29.7.2021, n. 21761). Gli accordi patrimoniali sono negozi, ancorché recepiti nella sentenza del giudice; dunque, sono soggetti ai rimedi contrattuali (Cass., 12.5.2022, n. 15169).

Come è facile intendere, l’accordo su tutti questi punti non è facile da raggiungere. Ecco perché si dice che la separazione consensuale non è una “separazione litigiosa”: al di là dei motivi che hanno indotto i coniugi a separarsi (che possono essere anche gravi), al momento della separazione si riesce a raggiungere un’intesa, che sicuramente serve ad abbreviare i tempi ed i costi del giudizio davanti al tribunale.

L’accordo sulle condizioni della separazione, però, costituisce soltanto una prima fase della separazione consensuale. L’*iter* non è finito e prosegue in questo modo. L’accordo è messo per iscritto in un ricorso, che è depositato in tribunale. Inizia così la seconda fase, che mira all’**omologazione dell’accordo di separazione**, secondo le modalità previste dal codice di procedura civile.

In sintesi, alla prima udienza il presidente del tribunale tenta la conciliazione dei coniugi: chiede, in sostanza, se vi siano margini per recuperare l'intesa fra marito e moglie. Chi frequenta le aule dei tribunali sa però che questo tentativo molte volte è soltanto formale. Del resto, non c'è da meravigliarsi troppo: se i coniugi hanno deciso di separarsi davvero (e non di fatto), fino a giungere a depositare un ricorso in tribunale, non sarà certo un giudice a far cambiare loro idea.

Successivamente il giudice entra, come si dice, nel merito della vicenda: controlla che le condizioni concordate non siano in contrasto con l'interesse dei figli, "relativamente all'affidamento e al mantenimento" (art. 158, 1° co., cod. civ.).

Qualora il controllo sia positivo, il tribunale con **decreto** provvede ad omologare la separazione: questa produce i suoi effetti soltanto con l'omologazione (art. 711, 4° co., cod. proc. civ.). Nell'omologazione va ravvisato un atto di controllo che attribuisce efficacia all'accordo dei coniugi, senza operare alcuna integrazione della volontà delle parti (Cass., n. 10932/2008).

Può succedere che il controllo non sia positivo, avendo il tribunale verificato l'esistenza di qualche condizione contraria all'interesse dei figli. In tal caso la legge non abilita il giudice a modificare quelle parti censurate della separazione: occorrerà, invece, indicare ai coniugi le **modifiche necessarie**. Qualora queste non vengano apportate, l'omologazione verrà negata; nella diversa ipotesi in cui le modifiche vengano apportate e rispettino il successivo controllo del giudice, verrà pronunciato il decreto di omologazione (art. 158, 2° co., cod. civ.).

Contro il decreto di omologazione, o di diniego di omologazione, i coniugi possono proporre reclamo alla corte di appello, nei termini e con le modalità previste dal codice di procedura civile.

Come visto, non si ha separazione consensuale se manchi l'accordo dei coniugi, ossia un **atto giuridico bilaterale**. Quest'ultimo deve corrispondere alla volontà del marito e della moglie: non deve essere un **finto accordo** e la **volontà** espressa nel ricorso non deve essere **viziata**.

Occorre studiare cosa accade qualora la volontà sia viziata o l'accordo soltanto simulato. L'orientamento tradizionale dei giudici di merito suole affermare che non si potrebbero applicare all'accordo di separazione consensuale le norme sui vizi del consenso nei contratti (artt. 1427 ss. cod. civ.), poiché l'intervento del presidente del tribunale, all'udienza di comparizione personale delle parti, sarebbe idoneo ad accertare l'esistenza o meno della libertà del volere dei coniugi (Trib. Roma, 14.12.1998; Trib. Roma, 11.4.1996; Trib. Napoli, 16.10.1996; *contra*, però, App. Milano, 18.2.1997; App. Bologna, 17.5.2000).

Di diverso avviso, però, si è mostrata in alcuni precedenti la giurisprudenza di legittimità, che ha dichiarato applicabile l'azione di annullamento (artt. 1427 ss. cod. civ.) o l'azione di simulazione all'accordo dei coniugi in sede di separazione consensuale omologata (Cass., 30.8.2019, n. 21839; Cass., n. 10932/2008; Cass., n. 7450/2008; si veda anche Trib. Milano, 18.10.2016). Questo indirizzo merita adesione, soprattutto nell'ottica di una migliore garanzia circa l'autenticità della volontà espressa dai coniugi in sede di ricorso per separazione consensuale.

Un cenno, infine, va fatto ai c.d. **patti non omologati**: si tratta di accordi tra le parti precedenti, coevi o successivi alla separazione consensuale, non sottoposti al giudice dell'omologazione, aventi spesso una funzione integrativa delle condizioni sottoposte al vaglio del giudice. Il rischio è che essi introducano una disciplina modificativa o derogatoria rispetto all'accordo omologato dal tribunale.

Proprio per questo deve ritenersi che tali patti siano validi ed efficaci allorché non riguardino i figli e non interferiscano con l'accordo omologato, ma ne specifichino il contenuto nel rispetto dell'art. 160 cod. civ. (Cass., n. 20290/2005; Cass., n. 24021/2016; Trib. Savona, 1.3.2018). Sono pure da considerarsi validi quei patti in cui un determinato interesse risulti tutelato in maniera migliore rispetto a quanto previsto nell'accordo omologato (Cass., 8.11.2006, n. 23801). Infine, si riconosce validità all'accordo transattivo raggiunto fra i coniugi e non sottoposto al giudice per l'omologazione (Cass., 3.12.2015, n. 24621; Trib. Arezzo, 9.1.2020).

458. La separazione giudiziale.

Non sempre la separazione può avvenire consensualmente; se non c'è l'accordo fra i coniugi non rimane che la strada della **separazione giudiziale**. Accade, in questo tipo di separazione legale, che l'iniziativa è presa, con "ricorso per separazione", da uno dei coniugi, che prospetta le sue "ragioni". L'altro coniuge si costituisce in giudizio con una comparsa attraverso la quale, di solito, contesta le ragioni e le richieste del coniuge che ha preso l'iniziativa.

Qualora uno dei coniugi non voglia separarsi e, ricevuta la notifica, non si presenti in tribunale, rimane **contumace**. La separazione va avanti, senza che la persona che abbia deciso di rimanere assente possa esporre la sua versione dei fatti. Non ci si può opporre, in definitiva, all'iniziativa giudiziale di un coniuge che chieda la separazione.

Occorre, naturalmente, che sussistano i **presupposti** per poter pronunciare la sentenza di separazione giudiziale (sentenza che può essere impugnata presso la corte di appello nei termini e con le modalità previste dal codice di procedura civile).

Il presupposto è che si siano verificati "fatti tali da rendere **intollerabile** la **prosecuzione** della **convivenza** o da recare grave **pregiudizio all'educazione** della **prole**" (art. 151, 1° co., cod. civ.).

La formula della disposizione è talmente generica (soprattutto nella parte in cui discute di "fatti tali da rendere intollerabile la prosecuzione della convivenza"), che il fatto stesso della proposizione del ricorso finisce per integrare il presupposto richiesto.

Del resto, per i giudici di legittimità il concetto di intollerabilità "si presta ad una interpretazione aperta a valorizzare anche elementi di carattere soggettivo, costituendo un fatto psicologico squisitamente individuale, riferibile alla formazione culturale, alla sensibilità e al contesto interno della vita dei coniugi" (Cass., 9.10.2007, n. 2183 che discute di un "diritto costituzionale" alla separazione; successivamente, Cass., 30.1.2013, n. 2183). Sicché anche chi ha provocato l'intollerabilità della convivenza o la situazione pregiudizievole per la prole è legittimato a chiedere la separazione (Cass., 29.4.2015, n. 8713).

Anche il previsto tentativo di conciliazione da parte del presidente del tribunale, durante la prima udienza di comparizione, si risolve molte volte in una formalità, per le ragioni già spiegate a proposito della separazione consensuale.

L'art. 151, 1° co., cod. civ. contiene un inciso su cui conviene soffermarsi al fine di comprendere il volto attuale della separazione giudiziale: l'intollerabilità della convivenza può determinarsi "anche indipendentemente dalla volontà di uno o di entrambi i coniugi". La norma è frutto della Riforma del diritto di famiglia del 1975: fino a quella data la **separazione** poteva avvenire solo **per colpa** di uno dei coniugi (per violazione, cioè, di uno degli obblighi coniugali). Oggi non è più così, posto che la "intollerabilità" può prescindere dal fatto che uno dei coniugi abbia tradito l'altro, abbia omesso assistenza spirituale e materiale, e così via. La separazione, dunque, non è più una **sanzione** per la violazione degli obblighi coniugali, ma un **rimedio** per una situazione obiettivamente insopportabile.

Esempio. Due persone si sposano a diciotto anni. Negli anni crescono in modo diametralmente opposto. Hanno idee diverse su tutto: sulla famiglia, sulla politica, sulla società, sull'educazione da dare ai figli, sul modo di intendere il lavoro. In virtù di ciò i coniugi hanno maturato un'invincibile avversione reciproca. Ad un certo punto, preso atto della situazione, il marito ricorre in tribunale con ricorso per separazione giudiziale (non si riesce ad addivenire alla separazione consensuale, giacché manca l'accordo con la moglie circa l'assegno di mantenimento e l'affidamento dei figli). Il tribunale, in questo caso, verifica il presupposto della "intollerabilità" della prosecuzione della convivenza, pur non accertando la violazione degli obblighi coniugali in capo alla moglie o al marito.

Va aggiunto che l'eventuale violazione degli obblighi coniugali non è senza rilievo. Lo evidenzia l'art. 151, 2° co., cod. civ.: "il giudice, pronunziando la separazione, dichiara, ove ne ricorrano le circostanze e ne sia richiesto, a quale dei coniugi sia addebitabile la separazione, in considerazione del suo comportamento contrario ai doveri che derivano dal matrimonio". Il giudice, pertanto, può pronunciare, se ricorrono i presupposti, la **sentenza con addebito** a carico di uno dei coniugi.

La **Suprema Corte** detta, in materia, alcune importanti **linee guida**:

(a) l'esame delle singole violazioni deve essere fatto nel contesto del contegno globale di entrambi i coniugi: occorre, cioè, effettuare una **valutazione comparativa** del comportamento delle parti, al fine di verificare se l'uno non possa trovare piena giustificazione nelle provocazioni poste in essere dall'altro (Cass., n. 16859/2016; Cass., n. 6970/2003; si veda anche Trib. Bergamo, 4.9.2019). Peraltro, un comportamento oggettivamente riprovevole di un coniuge non può considerarsi giustificato dalla provocazione dell'altro, allorché si traduca nella violazione di norme imperative di condotta e di norme morali di particolare rilevanza sociale: è il caso dell'aggressione all'incolumità e alla integrità fisica, morale e sociale (Cass., n. 15101/2004);

(b) la pronuncia di addebito richiede, in concreto, l'accertamento che il comportamento contrario agli obblighi coniugali abbia causato l'intollerabilità della prosecuzione della convivenza (Cass., 10.2.2022, n. 4327; Cass., 30.10.2019, n. 27777; Cass., n.

1867/2016; Cass., n. 929/2014; Cass., n. 14042/2008). Ne consegue, ad esempio, che non si può addebitare la separazione sulla base di comportamenti posti in essere successivamente alla cessazione della convivenza (Cass., n. 23885/2008; Cass., n. 19214/2003), a meno gli stessi siano la conferma di atteggiamenti pregressi (Cass., n. 14042/2008); e non si può addebitare la separazione in caso di mancata prova, da parte di chi richiede l'addebito in capo all'altro coniuge, della eziologia tra la violazione e la intollerabilità della prosecuzione della convivenza (Trib. Monza, 21.1.2022; Trib. Trani, 6.1.2022);

(c) occorre che vi sia l'imputabilità: il comportamento del coniuge, in sostanza, deve essere volontario e cosciente, animato da capacità di intendere e di volere (Cass., n. 4639/1985; si veda anche Trib. Siracusa, 2.1.2018; Cass., 20.12.2021, n. 40795). Non può essere addebitata la separazione al coniuge che abbia posto in essere comportamenti contrari agli obblighi coniugali a causa di uno stato di malattia mentale (Cass., n. 2806/1983).

458.1. *La separazione con addebito: casistica.*

La casistica della separazione con addebito, avendo riguardo alla violazione dei singoli obblighi coniugali, può così ordinarsi.

(a) **Violazione dell'obbligo di fedeltà**. L'obbligo di fedeltà, si è visto, si traduce nell'impegno di ciascun coniuge a non tradire la fiducia dell'altro, ossia il rapporto di dedizione spirituale e fisica che si instaura tra la coppia. Questo vuol dire che può sussistere la violazione dell'obbligo in esame (e quindi l'addebito della separazione) pur in assenza di relazioni sessuali extraconiugali, essendo sufficiente l'esternazione di comportamenti tali da ledere la sensibilità e la dignità di un coniuge (Cass., n. 15557/2008; Cass., n. 6834/2008; Cass., 8.1.2020, n. 1136; Cass., 24.2.2020, n. 4899; Cass., 17.3.2022, n. 8750, si accontenta del "plausibile sospetto"; nella giurisprudenza di merito App. Roma, 15.10.2004, in tema di "infedeltà apparente", nonché App. Perugia, 28.9.1994, che fa riferimento ad una "relazione platonica").

Il tradimento di un coniuge non basta, di per sé, a giustificare la pronuncia della sentenza di separazione con addebito. Occorre, infatti, considerare i comportamenti reciproci dei coniugi (Cass., n. 9472/1999), le modalità e la frequenza dei fatti, il tipo di ambiente in cui si sono verificati gli adulteri e la sensibilità morale dei soggetti interessati (Cass., n. 2494/1982; Trib. Monza, 9.12.2015, n. 3031).

Inoltre, neppure una stabile relazione extraconiugale giustifica l'addebito, allorché non sia accertata l'esistenza del nesso causale fra il tradimento e la crisi coniugale (Cass., n. 4290/2005).

Grava sulla parte che richiede l'addebito della separazione all'altro coniuge, per l'inosservanza dell'obbligo di fedeltà, l'onere di provare la relativa condotta e la sua efficacia causale nel rendere intollerabile la prosecuzione della convivenza (Cass., 30.10.2019, n. 27777; Cass., 19.2.2018, n. 3923). L'onere della prova circa l'insussistenza del nesso causale fra infedeltà e intollerabilità della convivenza grava sull'autore della violazione del relativo obbligo coniugale (Cass., 25.5.2016, n. 10823).

(b) **Violazione dell'obbligo di coabitazione**. L'allontanamento dalla casa familiare è di per sé sufficiente a giustificare l'addebito della separazione, a meno che il coniuge allontanato non dimostri l'esistenza di una "giusta causa": è necessaria, in sostanza, la prova che l'allontanamento sia stato determinato dalla condotta dell'altro coniuge oppure sia intervenuto in un momento in cui la prosecuzione della convivenza era già divenuta intollerabile (Cass., 5.5.2021, n. 11792). Va precisato che non può pronunciarsi l'addebito per violazione dell'obbligo di coabitazione qualora i coniugi non abbiano preventivamente fissato una stabile residenza familiare (Cass., n. 24574/20089). Una situazione assai frequente, nella vita odierna, è la seguente: due coniugi, in deroga all'obbligo di coabitazione, decidono di vivere, per ragioni lavorative, in città diverse. Si vedono, così, soltanto i fine settimana. Per la Suprema Corte tale accordo è legittimo e non giustifica la richiesta di separazione con addebito da parte di uno dei coniugi (Cass., n. 4558/2000).

(c) **Violazione dell'obbligo di assistenza e di collaborazione**. Per la giurisprudenza sono motivi di addebito, fra gli altri, i seguenti comportamenti di un coniuge: le aggressioni all'integrità fisica, morale e sociale dell'altro coniuge (Cass., n. 5397/1989). Sono comprese anche le condotte di aggressione e denigrazione compiute attraverso i *social network* (Trib. Como, 8.3.2021), nonché il rifiuto di assistere il coniuge che si trovi in una situazione di infermità di mente (App. Perugia, 23.9.1989). In quest'ultimo caso, però, occorre compiere una precisazione: è necessario, infatti, accertare se la condotta del coniuge costituisca un rifiuto dell'impegno solidaristico assunto con il matrimonio o, invece, sia una presa d'atto della già avvenuta impossibilità della convivenza. Soltanto nella prima ipotesi si configurano i presupposti per l'addebito.

Quest'ultimo, ancora, potrà essere pronunciato allorché si accertino: l'impossibilità per un coniuge di avere rapporti con la propria famiglia d'origine, a causa del divieto perentorio dell'altro coniuge (Trib. Catania, 31.12.1992); l'atteggiamento continuamente e fortemente autoritario di un coniuge nei confronti dell'altro (Cass., n. 25/1991); i comportamenti riconducibili alla nozione di *mobbing* (App. Torino, 21.2.2000). Non costituisce, invece, causa di addebito della separazione il non completo svolgimento dei "compiti di gestione materiale della casa", posto che i coniugi assumono nel matrimonio gli stessi diritti e gli stessi doveri e sono tenuti alla collaborazione nell'interesse della famiglia su un piano del tutto paritario (Trib. Foggia, 5.5.2021).

(d) **Violazione dell'obbligo di contribuzione**. Si ritiene che la violazione dell'obbligo di contribuzione (con conseguente pronuncia di separazione con addebito) si verifichi allorché la mancanza di contribuzione sia totale o, ancora, quando si tenga un comportamento volontario diretto a porre l'altro coniuge nelle condizioni di non potervi ottemperare. In giurisprudenza si è affermato che non costituisce motivo di addebito il comportamento di un coniuge che, contribuendo ai bisogni familiari, abbia (senza darne notizia all'altro) acquistato un immobile (Trib. Genova, 11.11.1980).

A prescindere dalla violazione degli obblighi previsti nell'art. 143 cod. civ., si afferma di sovente come, dal principio costituzionale dell'uguaglianza morale e giuridica dei coniugi (art. 29 Cost.), discenda la possibilità di pronunciare la sentenza di separazione con addebito per i comportamenti di un coniuge che ostacola l'altro nello svolgimento della sua personalità e nell'esercizio dei diritti costituzionalmente garantiti.

La giurisprudenza, applicando tale principio alla **libertà religiosa** (art. 19 Cost.), ha rinvenuto i presupposti dell'addebito della separazione nel comportamento di un coniuge che abbia imposto all'altro ed ai suoi figli, in modo oppressivo, i dettami della propria religione (Cass., n. 8013/1990) o abbia manifestato assoluta intolleranza nei confronti delle convinzioni religiose dell'altro (Trib. Patti, 10.12.1980), mentre è di per sé insufficiente per l'addebito il solo mutamento della religione, laddove non sussista alcuna incompatibilità con gli obblighi coniugali (Cass., n. 14728/2017). Recentemente, è stata ritenuta lesiva della dignità dell'altro coniuge anche la pubblicazione dello *status* di *single* sui *social network*, nella misura in cui con queste modalità venga rappresentato un modo di essere dell'individuo incompatibile con il leale rapporto di coniugio (Trib. Palmi, 7.1.2021).

459. Gli effetti della separazione tra i coniugi.

Dalla separazione derivano una serie di effetti, sia nei rapporti fra i coniugi sia in quelli fra i genitori e figli. Va indagato, ora, come la separazione incida nei rapporti fra la coppia sposata.

In via preliminare, lo si è già accennato, la separazione non fa venir meno il rapporto di coniugio: quando il marito, separato, definisce la propria sposa la "sua ex moglie", rende un'affermazione giuridicamente inesatta.

La separazione, più propriamente, attenua il **rapporto coniugale**, che comunque rimane. Tanto è vero che, a seguito della separazione, la moglie conserva il **cognome** del marito: semmai, "il giudice può vietare alla moglie l'uso del cognome del marito quando tale uso sia a lui gravemente pregiudizievole, e può parimenti autorizzare la moglie a non usare il cognome stesso, qualora dall'uso possa derivarle grave pregiudizio" (art. 156-*bis* cod. civ.).

Il concetto di "**attenuazione**" del rapporto coniugale va approfondito.

Si cominci con l'**obbligo di fedeltà** che, in quanto connesso strettamente alla coabitazione (di cui tra breve si dirà), viene meno con la cessazione di quest'ultima (Cass., n. 7566/1999; Cass., n. 6566/1997). Occorre però essere avvertiti che in alcune pronunce la separazione è stata addebitata al marito qualora questi abbia dato luogo ad una pubblica convivenza con altra donna a ridosso della cessazione della coabitazione con la moglie, ledendo così l'onore ed il decoro di quest'ultima (Cass., n. 4623/1997). Per questa ragione, da parte di alcuni interpreti, si afferma che l'obbligo di fedeltà si trasforma in obbligo di rispetto. L'infedeltà coniugale attribuisce al coniuge tradito il diritto di domandare il ristoro dei danni non patrimoniali, ove si riscontri che la stessa, per le sue modalità e in relazione alla specificità della fattispecie, abbia dato luogo alla lesione della salute del coniuge, ovvero l'infedeltà si sia estrinsecata in atti specificamente lesivi della dignità della persona (Cass., 15.9.2011, n. 18853; Cass., 7.3.2019, n. 6598: § 431).

L'**obbligo di coabitazione** cessa ancor prima della pronuncia della sentenza di separazione: è previsto, infatti, che la proposizione della domanda di separazione o di annullamento o di scioglimento o di cessazione degli effetti civili del matrimonio costituisce giusta causa di allontanamento dalla residenza familiare (art. 146, 2° co., cod. civ.). In particolare, all'udienza di comparizione il presidente del tribunale, fallito il tentativo di conciliazione, autorizza i coniugi a vivere separatamente (art. 708 cod. proc. civ.).

Anche l'**obbligo di assistenza morale**, in quanto strettamente correlato con quello di coabitazione, cessa con il venir meno di quest'ultima (Cass. pen., 14.6.1996, n. 8897). Si è tuttavia affermato che i comportamenti dei coniugi, successivi all'inizio del giudizio di separazione, possono essere rilevanti ai fini dell'addebito della separazione per violazione dell'obbligo di assistenza morale; ciò accade quando un coniuge ponga in essere fatti in grado di mettere l'altro coniuge in una situazione di pericolo per le sue essenziali esigenze di vita (Cass., n. 5813/1987; Cass., n. 5948/1985; Trib. Cassino, 3.7.2007).

Dal momento in cui viene meno l'obbligo di coabitazione, è da ritenere che l'obbligo di **collaborazione** continui con riguardo ai figli (ancorché con modalità diverse, fissate dal giudice della separazione: § 460).

Infine, a partire dai provvedimenti provvisori del giudice della separazione, l'**obbligo** di **assistenza materiale** e quello di **contribuzione** sono sostituiti dall'obbligo di mantenimento.

Si cominci con l'obbligo di un coniuge di corrispondere a favore dell'altro il c.d. **assegno di mantenimento** (sul mantenimento nei confronti dei figli si veda § 460).

Qualora la separazione sia consensuale, l'ammontare dell'assegno di mantenimento è determinato d'accordo dalle parti. In caso di separazione giudiziale, invece, è previsto che "il giudice, pronunziando la separazione, stabilisce a vantaggio del coniuge cui non sia addebitabile la separazione il diritto di ricevere dall'altro coniuge quanto è necessario al suo **mantenimento**, qualora egli non abbia adeguati redditi propri" (art. 156, 1° co., cod. civ.; per Cass., 20.3.2018, n. 6886, la prova dell'esistenza dei presupposti per l'assegno spetta al richiedente); "l'entità di tale somministrazione è determinata in relazione alle circostanze e ai redditi dell'obbligato" (art. 156, 2° co., cod. civ.). Occorre sempre procedere, dunque, ad una valutazione comparativa delle rispettive sostanze (Cass., 11.11.2013, n. 25923; Trib. Perugia, 21.1.2020).

L'espressione "mantenimento" comporta che l'assenza di redditi "adeguati" non vada intesa come stato di bisogno, ma come mancanza di sufficienti redditi in grado di assicurare al coniuge il **medesimo tenore di vita goduto in costanza di matrimonio** (Cass., 28.2.2020, n. 5605; App. Milano, 2.3.2020). La Suprema Corte, anzi, precisa che il tenore di vita cui commisurare il giudizio di adeguatezza è costituito dalle potenzialità economiche del coniuge tenuto al mantenimento (non si ha riguardo, così, al tenore più modesto eventualmente concordato, subìto o tollerato durante la vita matrimoniale). Ciononostante, con riferimento al tenore di vita goduto dalla famiglia, il giudice non può tenere conto dei redditi per i quali sia stata accertata la fonte illecita, anche se il nucleo familiare ne ha potuto beneficiare (Trib. Milano, 22.2.2016, Trib.

Milano, 24.10.2016). Non sembrano coerenti con l'indirizzo sin qui ricordato due recenti pronunce dei giudici di legittimità in materia di separazione fra i coniugi. Esse muovono da una (discutibile) assimilazione dell'assegno di mantenimento nella separazione con quello di divorzio (§ 464). Quindi rilevano che la funzione dell'assegno, in realtà, non sarebbe quella di ripristinare il tenore di vita goduto dai coniugi durante la vita matrimoniale, ma quella di assicurare un contributo volto a consentire, al coniuge richiedente, il raggiungimento in concreto di un livello reddituale adeguato al contributo fornito nella realizzazione della vita familiare (Cass., 19.6.2019, n. 16405; Cass., 15.10.2019, n. 26084).

Si torni alla disciplina codicistica: occorre precisare le conseguenze dell'addebito della separazione. **Non ha diritto all'assegno**, precisa l'art. 156, 1° co., cod. civ., quel **coniuge cui sia addebitabile la separazione**.

Esempio. I coniugi Rossi si sono appena separati: la separazione è stata addebitata al marito, il quale ha picchiato a lungo la moglie, l'ha continuamente offesa e l'ha tradita pubblicamente, ferendo in modo grave la sua dignità ed il suo decoro. Non vi sono dubbi, in sostanza, su quale siano state le ragioni della separazione. Ora, la sig.ra Rossi è una ricca proprietaria terriera mentre il sig. Rossi è operaio, da poco licenziato per giusta causa. Quest'ultimo formula una richiesta al tribunale per ottenere un assegno di mantenimento, a carico della moglie, ai sensi dell'art. 156 cod. civ. Il giudice, considerato l'addebito della separazione nei confronti del marito, respingerà la richiesta.

Il coniuge cui sia addebitata la separazione ha semmai diritto agli alimenti (Cap. 76), qualora ne sussistano i presupposti (art. 156, 3° co., cod. civ.; artt. 433 ss. cod. civ.). Inoltre, il coniuge cui la **separazione sia stata addebitata non ha diritti successori** nei confronti dell'altro coniuge; semmai, può avere diritto soltanto ad un assegno vitalizio a carico dell'eredità, se al momento dell'apertura della successione godeva degli alimenti a carico dell'altro coniuge (artt. 548 e 585, 2° co., cod. civ.).

Proseguendo nell'analisi dell'art. 156 cod. civ., va ricordato come gli ulteriori criteri per aver diritto all'assegno di mantenimento siano i seguenti: colui che riceve l'assegno deve essere privo di "adeguati redditi propri" a conservare il precedente tenore di vita; il coniuge tenuto al versamento deve avere mezzi idonei a far fronte al pagamento dell'assegno.

Al fine di valutare l'adeguatezza dei redditi propri del beneficiario occorre prendere in considerazione una serie di parametri: i suoi attuali redditi, le concrete possibilità di lavoro (tenuto conto delle sue attitudini, della sua personalità, della necessità di accudire i figli), gli eventuali aiuti di carattere economico corrisposti in maniera continuativa dai genitori, i cespiti patrimoniali e, più in generale, ogni attività economicamente valutabile, per sé improduttiva di reddito immediato. Nella nozione di reddito occorre considerare anche l'eventuale percezione del Reddito o della Pensione di cittadinanza, introdotti nell'ordinamento italiano con il d.l. 28.1.2019, n. 4, convertito nella l. 28.3.2019, n. 26.

La quantificazione dell'assegno è commisurata anche alla durata del matrimonio e al contributo di un coniuge alla formazione del patrimonio dell'altro (Cass., n.

25618/2007). La breve durata del matrimonio non ha efficacia preclusiva del diritto all'assegno di mantenimento (Cass., n. 1162/2017), a meno che esso sia durato per un numero così esiguo di giorni da far ritenere che fra i coniugi non si sia instaurata alcuna comunione spirituale e materiale (Cass., 10.1.2018, n. 402, che analizza il caso di una separazione dopo 28 giorni di matrimonio).

Nella valutazione complessiva, si legge nelle pronunce dei giudici di legittimità, occorre anche tener conto della disponibilità, in capo al beneficiario dell'assegno, della casa coniugale, che certamente costituisce un'utilità valutabile dal punto di vista patrimoniale (Cass., n. 4203/2006). Questo orientamento è stato recepito dal legislatore: è previsto, infatti, che il giudice tenga conto dell'assegnazione della casa familiare nella regolamentazione dei rapporti economici fra i coniugi (art. 337-*sexies* cod. civ.: § 461).

La nuova convivenza *more uxorio* del beneficiario dell'assegno non comporta, automaticamente, il venir meno dell'obbligo di mantenimento in capo all'altro: tuttavia, la relazione instaurata può assumere rilievo (sotto il profilo del *quantum* ma anche sotto quello dell'*an* del mantenimento) allorché incida positivamente sulla concreta situazione economica del coniuge, costituendo di fatto una fonte effettiva e costante di redditi (Cass., 27.6.2018, n. 16982, secondo cui sussistono i presupposti per la revoca quando la nuova convivenza sia caratterizzata da "stabilità, continuità ed effettiva progettualità di vita"; diversamente, la convivenza poco seria, instabile e temporanea, ancorché idonea a infondere nuove entrate nel *menage* familiare, non fa venire meno l'obbligo di mantenimento: Cass., 10.2.2022, n. 4327).

Circa le modalità di adempimento dell'obbligo di mantenimento, è previsto che il giudice della separazione possa imporre al coniuge di prestare idonea garanzia reale o personale se esiste pericolo che egli possa sottrarsi all'adempimento dei suoi obblighi (art. 156, 4° co., cod. civ.; si vedano anche il 5° e il 6° co.).

La natura e la funzione dei provvedimenti diretti a regolare il regime di separazione, così come anche i rapporti economici tra i coniugi in conseguenza del divorzio, postulano la possibilità di adeguare l'ammontare del contributo al variare delle condizioni patrimoniali e reddituali. Ciò significa che l'eventuale evoluzione delle condizioni delle parti può condurre il giudice del successivo grado a modificare il *quantum debeatur*, nel rispetto del principio generale della domanda (Cass., 4.4.2019, n. 9533).

Si ricordi, infine, che la **comunione legale** fra i coniugi non si scioglie con la sentenza di separazione o con il decreto di omologa: essa si scioglie nel momento in cui il presidente del tribunale autorizza i coniugi a vivere separati, ovvero alla data di sottoscrizione del processo verbale di separazione consensuale dei coniugi dinanzi al presidente, purché omologato (art. 191, 2° co., cod. civ.: § 434).

460. Gli effetti della separazione nei confronti dei figli.

Uno dei problemi più delicati che nasce dalla separazione riguarda l'**affidamento** dei **figli minori**. Il sistema è stato profondamente innovato dalla l. 8.2.2006, n. 54 (recante "disposizioni in materia di separazione dei genitori e affidamento condiviso dei figli"), che ha introdotto una nuova versione dell'art. 155 cod. civ. e previsto nuovi articoli in materia (dall'art. 155-*bis* cod. civ. fino all'art. 155-*sexies* cod. civ.).

Successivamente, però, è intervenuto il d.lgs. n. 154/2013, che ha modificato l'art. 155 cod. civ. e, dopo aver abrogato gli artt. 155-*bis*-155-*sexies* cod. civ., ha spostato il contenuto degli stessi, pur con alcune modifiche, negli artt. 337-*ter*-337-*octies* cod. civ.

La più recente versione dell'art. 155 cod. civ. è una semplice norma di rimando, in quanto stabilisce che "in caso di separazione, riguardo ai figli si applicano le disposizioni contenute nel capo II del titolo IX".

Il capo II del titolo IX del Libro primo del codice civile ha un ambito di applicazione non limitato alla separazione. La norma di esordio, infatti, chiarisce che "in caso di separazione, scioglimento, cessazione degli effetti civili, annullamento, nullità del matrimonio e nei procedimenti relativi ai figli nati fuori del matrimonio, si applicano le disposizioni del presente capo" (art. 337-*bis* cod. civ.). La nuova intitolazione del capo II, del resto, è "esercizio della responsabilità genitoriale a seguito di separazione, scioglimento, cessazione degli effetti civili, annullamento, nullità del matrimonio ovvero all'esito di procedimenti relativi ai figli nati fuori del matrimonio".

Per meglio comprendere l'attuale sistema conviene fare un cenno a quello anteriore al 2006. Il giudice, nel pronunciare la separazione, doveva stabilire a quale genitore spettasse l'affidamento (affidamento esclusivo: art. 155, 1° co., cod. civ., vigente prima del 2006). La scelta cadeva quasi sempre sulla madre, con cui i figli minorenni abitavano, con esercizio esclusivo della potestà.

Il concetto che si è affermato, a partire dal 2006, è quello della "**bigenitorialità**": i genitori continuano ad essere due, anche dopo alcune vicende (la separazione, il divorzio, la rottura della convivenza, e così via) che modificano il precedente assetto familiare.

Ciò è ribadito, oggi, dall'art. 337-*ter*, 1° co., cod. civ.: "il figlio minore ha il diritto di mantenere un rapporto equilibrato e continuativo con ciascuno dei genitori, di ricevere cura, educazione ed istruzione e assistenza morale da entrambi e di conservare rapporti significativi con gli ascendenti e con i parenti di ciascun ramo genitoriale".

Come fare per assicurare il mantenimento di un rapporto equilibrato e continuativo con entrambi i genitori? Il legislatore affida una bussola all'interprete: l'**interesse** materiale e morale **dei minori**: "per realizzare la finalità indicata dal primo comma, nei procedimenti di cui all'art. 337-*bis*, il giudice adotta i provvedimenti relativi alla prole con esclusivo riferimento all'interesse morale e materiale di essa" (art. 337-*ter*, 2° co., cod. civ.).

Subito dopo, però, la norma aggiunge che, salva la valutazione di tutte le circostanze del caso concreto, l'interesse del minore può realizzarsi assumendo come **regola generale** quella dell'affidamento condiviso: il giudice, infatti, "valuta **prioritariamente** la possibilità che i figli minori restino **affidati a entrambi i genitori** oppure stabilisce a quale di essi i figli sono affidati, determina i tempi e le modalità della loro presenza presso ciascun genitore, fissando altresì la misura ed il modo con cui ciascuno di essi deve contribuire al mantenimento, alla cura, all'istruzione e all'educazione dei figli. Prende atto, se non contrari all'interesse dei figli, degli accordi intervenuti fra i genitori. Adotta ogni altro provvedimento relativo alla prole, ivi compreso, in caso di temporanea impossibilità di affidare il minore ad uno dei genitori, l'affidamento familiare" (art. 337-*ter*, 2° co., cod. civ., il quale aggiunge che all'attuazione dei provvedimenti relativi all'affidamento provvede il giudice del merito e, nel caso di affidamento familiare, anche d'ufficio).

Il giudice, prima dell'emanazione dei provvedimenti, anche provvisori, oltre ad assumere (d'ufficio o su istanza di parte) mezzi di prova, può disporre l'audizione del figlio minore che abbia compiuto gli anni dodici e anche di età inferiore, "ove capace di discernimento". Nei procedimenti in cui si omologa o si prende atto di un accordo dei genitori, relativo alle condizioni di affidamento dei figli, il giudice non procede all'ascolto se in contrasto con l'interesse del minore o manifestamente superfluo (art. 337-*octies*, 1° co., cod. civ.). La manifesta superfluità dell'ascolto, ad esempio, potrà sussistere nei seguenti casi: il minore è già stato ascoltato; l'accordo dei genitori è pienamente rispettoso della c.d. bigenitorialità; il minore non vuole essere ascoltato; il procedimento deve essere definito attraverso la decisione su una questione formale; le circostanze di cui si discute sono accertate e non contestate.

L'audizione deve avvenire in modo tale da garantire l'esercizio effettivo del diritto del minore di esprimere liberamente la propria opinione (Cass., 15.5.2013, n. 11687).

Qualora ne ravvisi l'opportunità, il giudice, sentite le parti ed ottenuto il loro consenso, può rinviare l'adozione dei provvedimenti di cui all'art. 337-*ter* cod. civ. per consentire che i coniugi, avvalendosi di esperti, tentino una **mediazione** per raggiungere un **accordo**, con particolare riferimento alla tutela dell'interesse morale e materiale dei figli (art. 337-*octies*, 2° co., cod. civ.).

La lettera della legge ha ricevuto una sicura attuazione da parte dei nostri giudici, i quali sono soliti esprimersi in questi termini: l'affidamento condiviso rappresenta la regola (Cass., 6.3.2019, n. 6535; Trib. Milano, 30.1.2020; Trib. Monza, 11.12.2018); l'affidamento esclusivo un'eccezione. Il regime ordinario dell'affidamento condiviso non è impedito neppure dalla esistenza di una conflittualità tra i genitori; condizione che, semmai, può giustificare la nomina di un coordinatore familiare (§ 443.1). Tuttavia, il dissidio può essere ostativo all'applicazione del regime in esame ove si traduca in forme atte ad alterare e a porre in serio pericolo l'equilibrio e lo sviluppo psicofisico dei figli (Cass., 28.2.2020, n. 5604; Cass., 3.1.2017, n. 27).

Il giudice "può disporre l'affidamento dei figli ad uno solo dei genitori qualora ritenga con provvedimento motivato che l'affidamento all'altro sia contrario all'interesse del minore" (art. 337-*quater*, 1° co., cod. civ.). È la bussola di cui poc'anzi si discuteva a orientare sempre la scelta del giudice.

Inoltre, ciascuno dei genitori può, in qualsiasi momento, chiedere l'affidamento esclusivo quando sussistono le condizioni indicate nel primo comma. Il giudice, se accoglie la domanda, dispone l'affidamento esclusivo al genitore istante, facendo salvi, per quanto possibile, i diritti del minore previsti dal primo comma dell'art. 337-*ter* cod. civ. (art. 337-*quater*, 2° co., cod. civ.). Si consideri quest'ultimo inciso: per il legislatore, anche quando dovesse essere disposto l'affidamento esclusivo, ci si deve impegnare (nei limiti in cui ciò sia possibile) a non escludere il genitore non affidatario dalla vita del figlio minorenne. Un aiuto in tal senso giunge da una corretta applicazione dell'art. 337-*ter*, 2° co., cod. civ., che impone di specificare, fra l'altro, la misura ed il modo con cui ciascun genitore deve contribuire al mantenimento, alla cura, all'istruzione e all'educazione dei figli (e ciò non soltanto in caso di affidamento condiviso ma anche in quello di affidamento esclusivo).

Il codice sembra scoraggiare le richieste pretestuose di affidamento esclusivo e, dunque, non rispondenti alle reali esigenze dei figli minori: "se la domanda risulta manifestamente infondata, il giudice può considerare il comportamento del genitore istante ai fini della determinazione dei provvedimenti da adottare nell'interesse dei figli, rimanendo ferma l'applicazione dell'art. 96 del codice di procedura civile" (art. 337-*quater*, 2° co., cod. civ.). La norma del codice di rito appena ricordata prevede la condanna al risarcimento del danno qualora vengano promosse "liti temerarie".

Rimane da chiarire, a questo punto, come si attua, in concreto, l'**affidamento condiviso**. Debbono essere considerati due aspetti: quello del collocamento del minore e quello della responsabilità genitoriale.

Sotto il primo aspetto non si può escludere, in astratto, che si proceda ad un "affidamento alternato" (sei mesi dal padre, sei mesi dalla madre, quindici giorni dall'uno, quindici giorni dall'altro): in concreto, peraltro, ciò accade difficilmente. La prassi affermatasi è, invece, la seguente: il giudice dispone l'affidamento condiviso dei figli, precisando nello stesso tempo presso quale dei genitori gli stessi sono "**collocati**", ossia vivono stabilmente. Si potrà stabilire, ad esempio, che il bambino vivrà stabilmente presso la madre (o il padre). Ma l'altro genitore (anch'egli affidatario) terrà presso sé i figli nei tempi e nei modi previsti dal giudice (ad esempio, i fini settimana, un giorno in mezzo alla settimana, le feste alternate di Pasqua e di Natale, e così via). La compartecipazione attiva ed effettiva del genitore non "collocatario" nella vita del figlio costituisce un aspetto fondamentale dell'istituto dell'affidamento condiviso.

La prassi ha evidenziato un progressivo superamento della c.d. *maternal preference*: l'unico criterio utilizzabile per l'individuazione del genitore collocatario prevalente è rappresentato dall'interesse morale e materiale del minore. La giurisprudenza ha pure affermato che nel caso in cui, dalle risultanze della C.T.U., emerga che i genitori siano dotati di pari capacità genitoriale e predisposizione a favorire il rapporto tra il minore e l'altro genitore, il minore deve permanere prevalentemente presso il genitore che ha "maggiore tempo a disposizione" rispetto all'altro (Cass., 20.11.2019, n. 30191; Trib. Milano, 19.10.2016; Trib. Bari, 23.1.2020).

Il diritto alla bigenitorialità ha ricevuto presidio anche durante l'emergenza sanitaria del 2020, e segnatamente nelle disposizioni per il contenimento del virus Covid-19: i decreti della Presidenza del Consiglio dei Ministri del 9.3.2020 e 22.3.2020 hanno consentito ai genitori non collocatari gli spostamenti finalizzati alla visita del minore, nonostante il divieto di allontanarsi dal proprio comune (Trib. Busto Arsizio, 3.4.2020; Trib. Vasto, 2.4.2020; Trib. Roma, 7.4.2020).

Il mantenimento dei rapporti significativi con la prole, tuttavia, non ammette coercizione: non può essere compulsato, dunque, con le penalità di mora (Cass., 6.3.2020, n. 6471).

Al fine di prevenire il fenomeno della c.d. "**alienazione genitoriale**", consistente nella marginalizzazione della figura del genitore non collocatario (Trib. Milano, 11.3.2017; Cass., 14.9.2016, n. 18087), è stato teorizzato un modello di **affidamento condiviso "rigidamente paritetico"** (Linee Guida del Tribunale di Brindisi del 30.3.2017). Si tratta di un sistema di "**doppia domiciliazione del minore**", che prescinde dalla individuazione di un genitore collocatario. In pratica: (a) il figlio dovrebbe essere domiciliato presso entrambi i genitori, escludendo la necessità della assegnazione della casa familiare al genitore collocatario (Trib. Salerno, 18.4.2017), (b) la residenza del figlio avrebbe una valenza anagrafica, al solo scopo di individuare il tribunale territorialmente competente. Si tratta, però, di un'impostazione minoritaria, contraddetta dalla giurisprudenza di legittimità prevalente che ha decisamente respinto la teoria della sindrome da alienazione genitoriale (PAS) o "sindrome della madre malevola", poiché priva di fondamento scientifico (Cass., 24.3.2022, n. 9691; Cass., 20.9.2021, n. 25339; Cass., 12.9.2018, n. 22219; Cass., n. 26060/2014; Cass., n. 977/2017; Cass., n. 2620/2017). Questa teoria è stata avversata sin da subito pure dalla dottrina, ben ancorata al collocamento prevalente del minore presso un genitore, sulla scorta dell'art. 316, 1° co., cod. civ. (§ 461). In concreto, l'affidamento alternato costituisce una soluzione educativa di limitata applicazione. Il modello proposto assicura buoni risultati unicamente allorché sussista un preciso accordo tra i genitori e richiede che tutti i soggetti coinvolti, compreso il figlio, condividano il programma che deriva dall'affidamento alternato. Resta il fatto che la modifica continua della propria casa di abitazione può avere un effetto destabilizzante per molti minori (così Cass., 15.2.2017, n. 4060).

Non manca qualche pronuncia in cui si prevede che il minore sia collocato nella casa familiare e vi sia una "turnazione" periodica dei genitori come collocatari.

La **responsabilità genitoriale** "è esercitata da **entrambi i genitori**. Le **decisioni di maggiore interesse** per i figli relative all'istruzione, all'educazione, alla salute e alla scelta della residenza abituale del minore sono assunte di comune accordo tenendo conto delle capacità, dell'inclinazione naturale e delle aspirazioni dei figli. In caso di disaccordo la decisione è rimessa al giudice. Limitatamente alle decisioni su questioni di ordinaria amministrazione, il giudice può stabilire che i genitori esercitino la responsabilità genitoriale separatamente. Qualora il genitore non si attenga alle condizioni dettate, il giudice valuterà detto comportamento anche al fine della modifica delle modalità di affidamento" (art. 337-*ter*, 3° co., cod. civ.).

Per la giurisprudenza, fra le decisioni di maggiore interesse rientrano la scelta della scuola e dell'indirizzo scolastico; la scelta del tipo di lavoro cui avviare il figlio; la decisione in ordine ad un intervento operatorio; il trasferimento del minore in un altro Paese.

Il codice stabilisce che "il **genitore** cui sono **affidati i figli in via esclusiva**, salva diversa disposizione del giudice, ha l'**esercizio esclusivo** della **responsabilità genitoriale** su di essi; egli deve attenersi alle condizioni determinate dal giudice. Salvo che non sia diversamente stabilito, le decisioni di maggiore interesse per i figli sono adottate da entrambi i genitori. Il genitore cui i figli non sono affidati ha il diritto ed il dovere di vigilare sulla loro istruzione ed educazione e può ricorrere al giudice quando ritenga che siano state assunte decisioni pregiudizievoli al loro interesse" (art. 337-*quater*, 3° co., cod. civ.). L'eventuale pronuncia di affidamento esclusivo, in quanto deroga al regime ordinario, dovrà costituire l'esito di una motivazione declinata in positivo, in ordine alla maggiore idoneità del genitore affidatario, e in negativo, avendo riguardo alla carenza manifestata dall'altro genitore rispetto al ruolo ed ai compiti educativi. Non può ritenersi precluso, invece, l'affidamento condiviso di fronte all'oggettiva distanza esistente tra i luoghi di residenza dei genitori e di fronte alle difficoltà del genitore non collocatario a rispettare i tempi e le modalità di incontro, a meno che l'accertata reiterazione della mancata frequentazione indichi la inidoneità a far fronte ai maggiori oneri derivanti dall'affido condiviso (Cass., 27.1.2022, n. 2485; Cass., 11.1.2022, n. 667).

Si è precisato, da parte di qualche interprete, che sussistendo il regime dell'affidamento condiviso le scelte importanti vanno assunte con un accordo (occorre, cioè, che i genitori giungano ad una conclusione conforme, scambiandosi una comune volontà). In presenza, invece, dell'affidamento esclusivo le decisioni di maggiore interesse sono adottate da entrambi i genitori, ma in questo senso: il genitore affidatario deve comunque coinvolgere nella decisione presa quello non affidatario; in caso contrario, quest'ultimo potrà rivolgersi al giudice, rappresentando l'unilateralità della scelta.

Qualche precisazione richiede il tema dell'affidamento e dell'esercizio della responsabilità genitoriale dei figli nati fuori dal matrimonio (cui si applica, per espressa previsione legislativa, il capo II del titolo IX: art. 337-*bis* cod. civ.).

Si è visto, in precedenza, come la responsabilità genitoriale spetti al genitore che ha riconosciuto il figlio. Se il riconoscimento del figlio, nato fuori del matrimonio, è fatto dai genitori, l'esercizio della responsabilità genitoriale spetta ad entrambi (art. 316, 4° co., cod. civ.).

In caso di litigio fra una coppia non sposata, a meno che non vi siano motivi che consiglino al giudice di disporre l'affidamento esclusivo (art. 337-*quater* cod. civ.), la regola generale sarà l'affidamento condiviso: questo vuol dire che entrambi i genitori (i quali abbiano, si intende, effettuato il riconoscimento del figlio) continueranno ad esercitare la responsabilità genitoriale.

Occorre occuparsi, da ultimo, della questione del **mantenimento dei figli**: "salvo accordi diversi liberamente sottoscritti dalle parti, ciascuno dei genitori provvede al mantenimento dei figli in misura proporzionale al proprio reddito; il giudice stabilisce, ove necessario, la corresponsione di un assegno periodico al fine di realizzare il principio di proporzionalità, da determinarsi considerando: 1) le attuali esigenze del figlio; 2) il tenore di vita goduto dal figlio in costanza di convivenza con entrambi i genitori; 3) i tempi di permanenza presso ciascun genitore; 4) le risorse economiche di entrambi i genitori; 5) la valenza economica dei compiti domestici e di cura assunti da ciascun genitore" (art. 337-*ter*, 4° co., cod. civ.; si veda anche il sesto comma, sulle informazioni di carattere economico che i genitori devono fornire). L'assegno è automaticamente adeguato agli indici Istat, in difetto di altro parametro indicato dalle parti o dal giudice (art. 337-*ter*, 5° co., cod. civ.).

Può dirsi, a commento della disposizione appena ricordata, come il **mantenimento "diretto"** sia la regola, ma non debba essere inteso come una conseguenza automatica dell'affidamento condiviso. Il giudice, infatti, può disporre un contributo a carico dell'altro genitore non convivente. In ogni caso la prole, nei limiti del possibile, ha diritto ad un mantenimento, nelle vicende della crisi della famiglia, tale da garantire un tenore di vita corrispondente a quello goduto in precedenza (Cass., 23.1.2020, n. 1562; Cass., 19.3.2020, n. 1562).

Deve ritenersi che i criteri dettati dall'art. 337-*ter*, 4° co., cod. civ. trovino applicazione anche nelle ipotesi di affidamento esclusivo, non essendo la disposizione dettata specificamente per un tipo di affidamento.

Al fine di ridurre in via preventiva il contenzioso sul mantenimento dei figli minori o maggiorenni non economicamente indipendenti, il Consiglio Nazionale Forense ha adottato le Linee Guida (29.11.2017) per la regolamentazione delle modalità di mantenimento dei figli nelle cause di diritto familiare (si vedano anche le Linee guida sulle "spese extra assegno di mantenimento per figli minori e figli maggiorenni non economicamente indipendenti", sottoscritte il 14.11.2017 presso il Tribunale di Milano).

461. L'assegnazione della casa familiare e le prescrizioni in tema di residenza.

La l. n. 54/2006 si è preoccupata anche di dettare una nuova disciplina in tema di **assegnazione** della **casa familiare** e di **residenza**. Attualmente, però, occorre tener conto delle disposizioni del codice civile, quali risultanti dalla Novella apportata dal d.lgs. n. 154/2013.

Il godimento della casa familiare è attribuito tenendo prioritariamente conto dell'interesse dei figli a conservare l'*habitat* domestico: il giudice deve perciò valutare l'esistenza di uno stabile legame fra il minore e l'immobile già adibito a casa familiare (Cass., 13.10.2021, n. 27907). Dell'assegnazione il giudice tiene conto nella regolazione dei rapporti economici tra i genitori, considerato l'eventuale **titolo di proprietà** (art. 337-*sexies*, 1° co., cod. civ.).

Esempio. Una coppia decide di separarsi. Il giudice valuta conveniente, nell'interesse del figlio, il regime dell'affidamento condiviso. Il figlio è collocato presso la madre, nell'abitazione in cui la coppia ha svolto la vita coniugale. La casa è di proprietà del marito: questi non perde il suo diritto di proprietà (ancorché non assegnatario del bene immobile). Tuttavia, deve cercarsi un'altra abitazione in cui vivere e, quindi, conclude un contratto di locazione. Tale circostanza va tenuta in considerazione dal giudice nella "regolazione dei rapporti economici tra i coniugi".

Il diritto al godimento della casa familiare viene meno nel caso in cui l'assegnatario non abiti o cessi di abitare stabilmente nella casa familiare o conviva *more uxorio* o contragga nuovo matrimonio (art. 337-*sexies*, 1° co., cod. civ.; Cass., 16.4.2018, n. 9372). L'art. 155- *quater*, 1° co., cod. civ. (oggi trasfuso nell'art. 337-*sexies*, 1° co., cod. civ.) deve essere interpretato nel senso che la revoca dell'assegnazione della casa non consegue automaticamente alla instaurazione di un nuovo matrimonio o di una convivenza di fatto da parte del genitore affidatario o domiciliatario, ma all'accertamento che la perdita del beneficio non abbia a ledere in alcun modo gli interessi materiali, psicologici e morali della prole (così Corte cost., 30.7.2008, n. 308). Il provvedimento di assegnazione e quello di revoca sono trascrivibili e opponibili ai terzi ai sensi dell'art. 2643 cod. civ. (art. 337-*sexies*, 1° co., cod. civ.). I giudici di legittimità, peraltro, hanno stabilito che il provvedimento di assegnazione della casa coniugale, ancorché non trascritto, è opponibile ai terzi per un novennio (Cass., 12.7.2012, n. 12466, che mira a tutelare l'interesse della famiglia rispetto a quello della circolazione dei beni).

In presenza di figli minori, ciascuno dei genitori è obbligato a comunicare all'altro, entro il termine perentorio di trenta giorni, l'avvenuto cambiamento di **residenza** o **domicilio**. La mancata comunicazione obbliga al **risarcimento** del **danno** eventualmente verificatosi a carico del coniuge o dei figli per la difficoltà di reperire il soggetto (art. 337-*sexies*, 2° co., cod. civ.; sull'abitazione nella casa familiare nel procedimento di divorzio si veda l'art. 6, 12° co., l. n. 898/1970).

462. La modifica delle condizioni di separazione. La riconciliazione.

Dopo la separazione dei coniugi possono intervenire circostanze tali da giustificare la **modifica** delle **precedenti condizioni**. Quanto ai provvedimenti relativi ai **figli**, è previsto che i genitori abbiano diritto a domandare, in ogni tempo, la revisione delle disposizioni concernenti l'affidamento dei figli, l'attribuzione dell'esercizio della responsabilità genitoriale su di essi e delle eventuali disposizioni relative alla misura e alla modalità del contributo (art. 337-*quinquies*, cod. civ.). La norma, si ricordi, trova applicazione non soltanto di fronte a due coniugi separati (sull'ambito di applicazione delle disposizioni del capo II del titolo IX del codice civile si veda § 460).

La lettera dell'art. 337-*quinquies* cod. civ. non subordina la revisione in esame al verificarsi di novità rilevanti. Un intervento modificativo, allora, sembra potersi prospettare non soltanto in presenza di nuovi elementi, ma anche all'esito di un riesame e di una diversa valutazione delle originali risultanze (Cass., n. 8495/1997, con riferimento alla vecchia versione dell'art. 155, 8° co., cod. civ., cui ha fatto seguito l'art. 155-*ter* cod. civ. e, attualmente, il ricordato art. 337-*quinquies* cod. civ.).

Quanto ai **rapporti patrimoniali** fra i coniugi, è previsto che qualora sopravvengano giustificati motivi il giudice, su istanza di parte, può disporre la revoca o la modifica dei provvedimenti in precedenza presi (art. 156, 7° co., cod. civ.).

Tale previsione, che costituisce una rilevante eccezione agli effetti preclusivi del giudicato, deriva dal principio generale secondo cui tutte le statuizioni accessorie relative alla separazione dei coniugi sono soggette alla **clausola *rebus sic stantibus***: ciò vuol dire che i provvedimenti presi in precedenza possono essere modificati o revocati allorché si verifichi, in un momento successivo, un mutamento delle circostanze di fatto esistenti al momento della pronuncia.

Il **giudice** ha inoltre il **potere** di modificare i provvedimenti di separazione "in caso di gravi inadempienze o di atti che comunque arrechino pregiudizio al minore od ostacolino il corretto svolgimento delle modalità di affidamento" (art. 709-*ter*, cod. proc. civ.).

Gli effetti della separazione possono cessare attraverso la **riconciliazione**. I coniugi, è previsto, possono di comune accordo far cessare gli effetti della sentenza di separazione, senza che sia necessario l'intervento del giudice, con una espressa dichiarazione o con un comportamento non equivoco che sia incompatibile con lo stato di separazione (art. 157, 1° co., cod. civ.).

La normativa sull'ordinamento dello stato civile prevede l'annotazione, nell'atto di matrimonio, delle dichiarazioni con cui i coniugi separati manifestano la loro riconciliazione (art. 69, lett. f, d.p.r. n. 396/2000). In difetto, la riconciliazione non è opponibile ai terzi di buona fede che abbiano acquistato dal coniuge il quale risultava unico esclusivo titolare dell'immobile o del bene mobile registrato alienato.

La giurisprudenza sottolinea che, affinché si producano gli effetti della riconciliazione, non è sufficiente la dichiarazione dei coniugi di volersi riconciliare, occorrendo invece il ripristino della comunione materiale e spirituale dei coniugi (Cass., n. 4161/2001; Cass., n. 3744/2001; Cass., 26.7.2019, n. 20323).

A seguito della riconciliazione viene meno, *ex nunc*, lo stato di separazione instauratasi legalmente fra i coniugi a seguito della sentenza di separazione giudiziale o dell'omologazione del decreto di separazione consensuale. L'effetto *ex nunc* comporta che gli eventuali atti traslativi compiuti dai coniugi in occasione della separazione rimarranno fermi.

La riconciliazione comporta il ripristino del regime di comunione venuto meno a seguito del provvedimento di separazione (Cass., n. 11418/1998). Si interrompe, inoltre, il periodo richiesto per poter formulare il ricorso di divorzio (§ 463).

La riconciliazione, ancora, rende di nuovo operante la presunzione di paternità del padre durante il matrimonio (§ 444), venuta meno a seguito della separazione legale.

Va ricordato, infine, che a seguito della riconciliazione i coniugi non possono far valere, in un nuovo giudizio di separazione, fatti e comportamenti intervenuti prima della riconciliazione stessa (art. 157, 2° co., cod. civ.).

Diversa è la riconciliazione fra i coniugi prima della sentenza di separazione: essa determina l'abbandono della domanda di separazione già proposta (art. 154 cod. civ.).

La l. 26.11.2021, n. 206, recante la delega per la riforma del processo di famiglia, prevede la possibilità che l'udienza per la riconciliazione si svolga con lo scambio di note scritte delle parti, con cui dichiarano reciprocamente di non riconciliarsi (art. 1, 23° co., lett. hh).

463. Il divorzio: le cause.

Il divorzio determina la fine del matrimonio: la disciplina che lo regolamenta (l. n. 898/1970, modificata dalla l. n. 74/1987 e, da ultimo, dal d.lgs. n. 154/2013) discute di **scioglimento** degli **effetti civili del matrimonio** o di **cessazione** degli **effetti civili del matrimonio** (mai di "divorzio").

Le due espressioni, conviene precisarlo, vogliono dire la stessa cosa, ma vanno utilizzate in contesti diversi: quando due persone, sposate con rito canonico, "divorziano", si dice che cessano gli effetti civili del matrimonio; quando "divorziano" due persone che sono sposate soltanto con il rito civile, si afferma che si sciolgono gli effetti civili del matrimonio.

Perché il legislatore ha inteso utilizzare queste diverse formule? Si tratta di un "omaggio" alla Chiesa cattolica, per la quale il vincolo matrimoniale è sacro e, dunque, indissolubile: affermare che cessano gli effetti civili del matrimonio vuol sottendere che permangono, comunque, i suoi effetti sacri. Il matrimonio come atto celebrato in Chiesa è soggetto alla legge ecclesiastica.

Il giudice non può pronunciare sentenza di divorzio senza aver esperito, prima, il **tentativo** di **conciliazione**: il più delle volte si tratta, come già ricordato a proposito della separazione, di una mera formalità.

Il giudice può prendere, subito, provvedimenti temporanei e urgenti che reputa opportuni nell'interesse dei coniugi e della prole, sentiti i coniugi e i rispettivi difensori e disposto l'ascolto del figlio minore che abbia compiuto gli anni dodici e anche di età inferiore, ove capace di discernimento (art. 4, 8° co., l. n. 1970/898).

Quindi deve accertare che si è verificata una **rottura irreversibile del matrimonio**, perché "la comunione spirituale e materiale fra i coniugi non può essere mantenuta o ricostituita" (art. 1 l. n. 898/1970). In particolare, deve accertare che la comunione spirituale e materiale tra i coniugi non possa essere mantenuta o ricostituita per l'esistenza di una delle cause previste dalla legge (art. 3 l. n. 898/1970):

(1) **separazione legale** (sia essa consensuale o giudiziale). Per la proposizione della domanda di scioglimento o di cessazione degli effetti civili del matrimonio, "le separazioni devono essersi protratte ininterrottamente da almeno **dodici mesi** dall'avvenuta comparizione dei coniugi innanzi al presidente del tribunale nella procedura di separazione personale contenziosa, e da **sei mesi** nel caso di separazione consensuale, anche quando il giudizio contenzioso si sia trasformato in consensuale, ovvero dalla data certificata nell'accordo di separazione raggiunto a seguito di convenzione di negoziazione assistita da un avvocato ovvero dalla data dell'atto contenente l'accordo di separazione concluso innanzi all'ufficiale dello stato civile. L'eventuale interruzione della separazione deve essere eccepita dalla parte convenuta (l'art. 3, 1° co., n. 2, lett. b della l. n. 898/1970 è stato così modificato dall'art. 1, 1° co., l. n. 6.5.2015, n. 55). L'innovazione legislativa ha introdotto quello che, in gergo, si suole definire **divorzio breve** (il precedente lasso temporale, sia per le separazioni consensuali sia per quelle giudiziali, era di tre anni);

(2) **condanna penale** o **altro provvedimento** nei confronti di uno dei coniugi. In particolare: (a) condanna penale del coniuge, con sentenza passata in giudicato dopo il matrimonio, all'ergastolo ovvero ad una pena superiore a 15 anni di reclusione per uno o più delitti non colposi, tranne che per i delitti politici e per quelli in cui ricorra l'attenuante di particolare valore morale e sociale; (b) condanna penale del coniuge,

con sentenza passata in giudicato dopo il matrimonio, a qualsiasi pena per il delitto di incesto e per quelli contro la libertà sessuale, ovvero per induzione, costrizione, sfruttamento o favoreggiamento della prostituzione; (c) condanna penale del coniuge, con sentenza passata in giudicato dopo il matrimonio, a qualsiasi pena per omicidio volontario in danno di un figlio o per tentato omicidio in danno di un figlio o del coniuge; (d) condanna penale del coniuge, con due o più sentenze passate in giudicato dopo il matrimonio, per i delitti di lesioni personali gravissime, violazione degli obblighi di assistenza familiare, maltrattamenti o circonvenzione d'incapace in danno dell'altro coniuge o di un figlio; (e) assoluzione per vizio totale di mente dagli anzidetti delitti di incesto, contro la libertà sessuale, omicidio e tentato omicidio, quando il giudice accerta l'inidoneità del convenuto a mantenere o ricostituire la convivenza familiare; ovvero, in caso di estinzione del procedimento penale, se il giudice civile accerti che i fatti commessi integrano gli estremi di tali delitti; ovvero, per il delitto di incesto, nel caso di assoluzione per mancanza di pubblico scandalo;

(3) **provvedimenti ottenuti all'estero da parte di un coniuge**: è il caso in cui, in un Paese estero, il coniuge ottenga l'annullamento o lo scioglimento del matrimonio o, ancora, celebri un nuovo matrimonio;

(4) **non consumazione del matrimonio** (è il c.d. matrimonio bianco). Non si fa riferimento, qui, alla non procreazione, ma all'assenza di ogni rapporto sessuale, a prescindere dal concepimento. Ai fini della prova, non facile, della mancata consumazione del matrimonio, possono aver rilievo, ad esempio, le prove testimoniali circa l'assenza assoluta di coabitazione dei coniugi. Anche la redazione di verbali, da parte di un consultorio (cui un coniuge si sia rivolto), può costituire un elemento di prova da presentare al giudice del divorzio;

(5) **sentenza di rettifica del sesso**, passata in giudicato. L'attuale legislazione prevede che la "sentenza di rettificazione di attribuzione di sesso non ha effetto retroattivo. Essa determina lo scioglimento del matrimonio o la cessazione degli effetti civili conseguenti alla trascrizione del matrimonio celebrato con rito religioso. Si applicano le disposizioni del codice civile e della l. 1.12.1970, n. 898" (art. 4 l. n. 164/1982; si veda anche l'art. 31, 6° co., d.lgs. n. 150/2011).

La Corte costituzionale aveva dichiarato l'illegittimità costituzionale degli artt. 2 e 4 della l. 14.4.1982, n. 164, con riferimento all'art. 2 Cost., nella parte in cui non prevedono che la sentenza di rettificazione dell'attribuzione di sesso di uno dei coniugi, che comporta lo scioglimento del matrimonio, consenta, comunque, ove entrambi lo richiedano, di mantenere in vita un rapporto di coppia giuridicamente regolato con altra forma di convivenza registrata, che tuteli adeguatamente i diritti ed obblighi della coppia medesima (Corte cost., 11.6.2014, n. 170).

Non era però possibile, si concludeva, una pronuncia manipolativa che sostituisse il divorzio automatico (c.d. **divorzio imposto**) con un divorzio a domanda: era quindi compito del legislatore introdurre una forma alternativa (e diversa dal matrimonio) che consentisse ai due coniugi di evitare il passaggio da uno stato di massima protezione giuridica ad una condizione di assoluta indeterminatezza. In attesa dell'intervento del legislatore, la Suprema Corte, intervenuta sulla questione, aveva stabilito che, in virtù della sentenza della Corte costituzionale, "è costituzionalmente necessario conservare alla coppia il riconoscimento dei diritti e dei doveri conseguenti al matrimonio" (Cass., 21.4.2015, n. 8097).

La decisione della Cassazione, è evidente, suppliva ad un vuoto normativo che, finalmente, è stato colmato con la l. 20.5.2016, n. 76 sulle unioni civili e sulle convivenze di fatto. È previsto che "alla rettificazione anagrafica di sesso, ove i coniugi abbiano manifestato la volontà di non sciogliere il matrimonio o di non cessarne gli effetti civili, consegue l'automatica instaurazione dell'unione civile tra persone dello stesso sesso" (art. 1, 27° co., l. n. 76/2016). Nel giudizio che sfocia con la rettificazione di attribuzione del sesso i coniugi hanno l'onere di manifestare la volontà positiva di costituire l'unione civile; ciò al fine di ottenere una sentenza che non soltanto rettifichi l'attribuzione del sesso, ma che disponga anche la rettifica degli atti dello stato civile e l'instaurazione dell'unione civile (art. 31, 4° co.-*bis*, d.lgs. n. 150/2011, introdotto dall'art. 7 del d.lgs. n. 5/2017).

Già nelle scorse edizioni di questo Corso si è considerato criticamente il fatto che il legislatore non abbia previsto una norma speculare per l'eventualità che il transessualismo riguardi una persona che abbia contratto l'unione civile. In questo caso, infatti, viene stabilito soltanto che "la sentenza di rettificazione di attribuzione di sesso determina lo scioglimento dell'unione civile tra persone dello stesso sesso" (art. 1, 26° co., l. n. 76/2016). Per tale ragione, è stata sollevata questione di legittimità costituzionale della disposizione menzionata nella parte in cui prevede l'automatismo estintivo dell'unione civile (Trib. Lucca, 14.1.2022).

Prescindendo dall'ipotesi relativa alla rettificazione del sesso, ci si chiede se, accertata l'esistenza di una delle cause tassative, il giudice possa respingere la domanda di divorzio ritenendo che non sussista la "rottura irreversibile" del matrimonio. In linea teorica il giudice potrebbe non ravvisare alcuna rottura irreversibile del matrimonio, in presenza di una delle cause appena ricordate. Nella pratica dei tribunali, peraltro, accade che la dimostrazione di una delle cause di divorzio venga considerata di per sé sufficiente per ottenere il divorzio.

Il giudice non può pronunciare il divorzio se non c'è il ricorso di uno dei coniugi (a seguito del quale l'altro coniuge si costituirà in giudizio, con una sua comparsa, per far valere le sue ragioni; una particolare disciplina, si è appena visto, vale per la rettifica di attribuzione del sesso).

È possibile presentare **domanda di divorzio congiunta** (art. 4, 16° co., l. n. 898/1970): ciò accade allorché fra i coniugi non esista un elevato livello di conflittualità, avendo gli stessi raggiungo un'intesa di massima sulle condizioni del divorzio. In questo caso i coniugi devono indicare esattamente, nel loro ricorso, "le condizioni inerenti alla prole e ai rapporti economici". Quindi il giudice, verificata la sussistenza di una delle cause tassative, pronuncia il divorzio, tenendo conto delle condizioni indicate dai coniugi. La revoca unilaterale del consenso alla domanda di divorzio congiunta non determina l'improcedibilità della domanda (Cass. 7.7.2021, n. 19348).

La legge consente una rapida pronuncia della sentenza di divorzio anche quando le questioni economiche siano particolarmente complesse e dibattute fra le parti: il giudice, su richiesta delle parti può pronunciare subito la sentenza di divorzio (con gli effetti che si vedranno: § 464), e rimettere al seguito il procedimento per la definizione degli effetti economici (art. 4, 12° co., l. n. 898/1970).

La l. 26.11.2021, n. 206, recante la delega per la riforma del processo di famiglia, prevede la possibilità di cumulare in un medesimo processo le domande di separazione e di divorzio, proponendo la domanda di divorzio nel giudizio di separazione già instaurato oppure disponendo la riunione dei due giudizi (art. 1, 23° co., lett. bb).

464. Gli effetti del divorzio.

La separazione determina l'attenuazione del rapporto coniugale; il divorzio lo scioglimento dello stesso.

Vanno studiati gli **effetti** che derivano dal **divorzio**. Marito e moglie cessano di avere lo *status* di coniugi: possono pertanto **risposarsi** (mentre ciò non è possibile con la separazione legale).

La moglie perde il diritto ad utilizzare il **cognome** del **marito**, ancorché possa essere autorizzata dal tribunale a conservarlo per un legittimo interesse (art. 5, 2°, 3° e 4° co., l. n. 898/1970): può trattarsi di un interesse proprio della moglie o dei figli meritevole di tutela (Cass., 11.1.2022, n. 654; Cass., 12.2.2020, n. 3454). La Suprema Corte ha sottolineato che la possibilità di consentire la conservazione del cognome maritale, accanto al proprio, costituisce "ipotesi straordinaria"; ciò in quanto "non vi è più, come avveniva in passato, la perdita del cognome personale della donna – che, pertanto, continua quindi ad individuarla –, ma solo l'aggiunta del cognome maritale". La circostanza straordinaria che consente la conservazione del cognome del marito non si identifica "con il mero desiderio di conservare come tratto identitario il riferimento a una relazione familiare ormai chiusa quanto alla sua rilevanza giuridica", né tantomeno è sufficiente l'interesse a preservare la notorietà garantita dal cognome maritale. Anzi "non può escludersi che il perdurante uso del cognome maritale possa costituire un pregiudizio per il coniuge che non vi acconsente e che intenda ricreare un nuovo nucleo familiare che sia riconoscibile, come legame familiare attuale, anche nei rapporti sociali e in quelli rilevanti giuridicamente" (Cass., 12.2.2020, n. 3454).

Vengono meno i **diritti successori**, che invece permangono in caso di separazione (salvi gli effetti della separazione con addebito: § 458; sulla possibilità di ottenere la corresponsione di un assegno a carico dell'eredità si veda però *infra*, in questo paragrafo).

Qualora, poi, ricorrano i presupposti, può essere stabilito l'obbligo dell'ex marito o della ex moglie di corrispondere periodicamente all'altro un **assegno di divorzio**.

In particolare, la legge sul divorzio stabilisce che "con la sentenza che pronuncia lo scioglimento o la cessazione degli effetti civili del matrimonio, il tribunale, tenuto conto delle condizioni dei coniugi, delle ragioni della decisione, del contributo personale ed economico dato da ciascuno alla conduzione familiare ed alla formazione del patrimonio di ciascuno o di quello comune, del reddito di entrambi, e valutati tutti i suddetti elementi anche in rapporto alla durata del matrimonio, dispone l'obbligo per un coniuge di somministrare periodicamente a favore dell'altro un assegno quando quest'ultimo non ha mezzi adeguati o comunque non può procurarseli per ragioni soggettive" (art. 5, 6° co., l. n. 898/1970).

Si esclude, oggi, che l'assegno divorzile debba consentire a chi lo percepisce di conservare un tenore di vita analogo a quello avuto in costanza di matrimonio.

Una pronuncia a Sezioni Unite del 2018 scrive, in materia, una nuova pagina sul tema dell'*an* e del *quantum* dell'assegno di divorzio. Tutto deve muovere dalla valorizzazione delle plurime funzioni dell'assegno di divorzio: una **funzione assistenziale** ed in pari misura **compensativa** e **perequativa** (Cass., Sez. Un., 11.7.2018, n. 18287).

In pratica, al fine di stabilire se, ed eventualmente in quale entità, debba essere riconosciuto l'invocato assegno divorzile, il giudice: (a) procede alla comparazione delle condizioni economico-patrimoniali delle parti; (b) qualora risulti l'inadeguatezza dei mezzi del richiedente o, comunque, l'impossibilità di procurarseli per ragioni obiettive, deve accertarne rigorosamente le cause alla stregua dei parametri indicati dall'art. 5, 6° co., l. n. 898/1970, prima parte; deve accertare, in particolare, se quella sperequazione sia o meno la conseguenza del contributo fornito dal richiedente medesimo alla conduzione familiare ed alla formazione del patrimonio comune e personale di ciascuno dei due, con sacrificio delle proprie aspettative professionali e reddituali, in relazione all'età dello stesso e alla durata del matrimonio; (c) quantifica l'assegno rapportandolo non al pregresso tenore di vita familiare, né al parametro dell'autosufficienza economica, ma in misura tale da garantire all'avente diritto un livello reddituale adeguato al sopra detto contributo (Cass., Sez. Un., n. 18287/2018; Cass., 23.4.2019, n. 11178).

Si tratta di un giudizio bifasico: il giudice deve accertare gli elementi di cui alle lett. a) e b) per verificare se il coniuge abbia diritto all'assegno; solo dopo l'esito positivo della prima fase il giudice può accertare gli elementi di cui alla lett. c) per quantificare il diritto all'assegno. In senso difforme, e sacrificando il giudizio bifasico appena illustrato, recentemente la Cassazione ha affermato che anche se all'esito della verifica dei mezzi del richiedente il coniuge risulti nella disponibilità di un reddito adeguato, ciononostante deve essere corrisposto l'assegno al fine di compensare gli anni di matrimonio dedicati alla cura della famiglia, con rinuncia delle proprie aspirazioni e chance di carriera (Cass., 9.5.2022, n. 14582).

Sulla base di questi presupposti, può dirsi che la determinazione dell'assegno divorzile in favore dell'ex coniuge in misura superiore a quella prevista in sede di separazione personale (in assenza di mutamento delle condizioni economiche delle parti), non è conforme alla natura giuridica dell'obbligo: l'assegno di separazione si fonda sul rapporto coniugale, che è ancora in essere; rapporto che invece viene meno con la sentenza di divorzio (Cass., 28.2.2020, n. 5605).

Nella sentenza di divorzio il giudice deve stabilire un criterio di adeguamento automatico e periodico dell'assegno, con riferimento agli indici di rivalutazione monetaria (art. 5, 7° co., l. n. 898/1970).

Su accordo delle parti, e a seguito di valutazione di congruità da parte del tribunale, può essere stabilito che la corresponsione (consistente di solito in una corresponsione periodica) avvenga in un'unica soluzione (art. 5, 8° co., l. n. 898/1970). In tal caso il beneficiario non può pretendere altri contributi economici, anche se nel frattempo siano sopravvenute esigenze economiche (Cass., 30.1.2017, n. 2224). Non si esclude che oltre all'assegno, nel definire i rapporti patrimoniali già tra loro pendenti e le conseguenti eventuali ragioni di debito-credito, i coniugi abbiano tra loro pattuito la corresponsione di un assegno da versare "vita-natural-durante". In tal caso, il giudice dovrà procedere alla qualificazione dell'accordo che ha per oggetto la rendita, precisando se risulti costituita "in occasione" della crisi della famiglia e se risulti estranea alla disciplina inderogabile dei rapporti patrimoniali tra i coniugi in materia familiare, in quanto giustificata da altra causa; quindi, è chiamato a verificare se sussistono i presupposti per il riconoscimento del diritto all'assegno divorzile, che trova causa nella crisi familiare (Cass., 26.4.2021, n. 11012).

Peraltro, colui che non goda di altre forme di assistenza sanitaria, mantiene il diritto nei confronti dell'ente mutualistico da cui l'altro ex coniuge è assistito.

Il **diritto all'assegno di divorzio cessa** allorché il coniuge beneficiario si sposi nuovamente (art. 5, 10° co., l. n. 898/1970). La disposizione, invece, non si riferisce alle altre formazioni sociali: occorre dunque chiedersi quale effetto possa avere l'instaurazione di una convivenza *more uxorio*. Si muova dalle funzioni dell'assegno divorzile: l'istituto, come detto, ha finalità assistenziale ma anche e prevalentemente compensativa perequativa. Per questa ragione, è stato sostenuto dalla giurisprudenza, l'instaurazione da parte dell'ex coniuge di una stabile e seria convivenza di fatto, giudizialmente accertata, incide sul diritto al riconoscimento di un assegno di divorzio nella componente assistenziale dell'assegno; tuttavia, non determina necessariamente la perdita automatica ed integrale del diritto all'assegno nella parte in cui esso assolve ad una funzione compensativa (Cass., Sez. Un., 5.11.2021, n. 32198). Questo indirizzo interpretativo, recentemente adottato dalle Sezioni Unite, non solo pone fine a un dibattito sorto dopo il 2018, ma fa dubitare della legittimità costituzionale della norma che determina l'estinzione automatica dell'assegno, quantomeno nella sua componente compensativa, in caso di nuove nozze.

Il diritto all'assegno, ancora, cessa allorché colui che è obbligato muore. In caso di decesso, è previsto che a determinate condizioni il titolare dell'assegno possa vantare alcuni diritti collegati alla pensione dell'ex coniuge (art. 9, 2°, 3°, 4° e 5° co., l. n. 898/1970). Occorre poi aggiungere che qualora il titolare versi in uno "stato di bisogno", può essergli attribuito un assegno periodico a carico dell'eredità (art. 9-*bis* l. n. 898/1970).

Quanto agli **effetti** del **divorzio nei confronti dei figli**, valgono le prescrizioni già studiate (§ 460). L'obbligo, ai sensi degli artt. 315-*bis* e 316-*bis* cod. civ., di mantenere, educare ed istruire i figli nati o adottati durante il matrimonio di cui sia stato pronunciato lo scioglimento o la cessazione degli effetti civili, permane anche nel caso di passaggio a nuove nozze di uno o entrambi i genitori (art. 6, 1° co., l. n. 898/1970).

Sono considerati con sfavore, nel nostro ordinamento, i c.d. **accordi prematrimo-**

niali diretti a regolare, in relazione ad un possibile e futuro divorzio, la questione della corresponsione dell'assegno. Tali accordi sono reputati nulli, in particolare, per illiceità della causa, avuto riguardo alla natura assistenziale dell'assegno divorzile (previsto a tutela del coniuge più debole), che rende indisponibile il diritto a richiederlo (Cass., 10.3.2006, n. 5302; Cass., 12.2.2003, n. 2076; Cass., 30.1.2017, n. 2224). È stato recentemente affermato che la scrittura privata sottoscritta dai coniugi (sia se qualificabile alla stregua di patto matrimoniale sia se inquadrabile come contratto preliminare di donazione condizionato sospensivamente all'evento della separazione legale delle parti o come atto ricognitivo di debito), in cui si pattuisce la dazione di una ingente somma di denaro da parte dell'uno all'altro nella duplice eventualità della separazione personale dei coniugi e della capacità economica dell'obbligato a fare fronte alla obbligazione, è comunque nulla, immeritevole di tutela ed improduttiva di effetti (Cass., 13.4.2022, n. 11923). Viene ritenuto lecito, invece, l'accordo concluso prima del matrimonio con cui si prevede che, in caso di fallimento dell'unione matrimoniale, un coniuge cederà all'altro un immobile di sua proprietà, quale indennizzo delle spese sostenute dal secondo per la ristrutturazione di altro immobile di proprietà del primo, adibito a casa coniugale. Il fallimento del vincolo matrimoniale, in questo caso, non viene considerato come la causa genetica dell'accordo, ma un mero evento condizionale dello stesso (Cass., 21.12.2012, n. 23713).

Capitolo 75

LE NUOVE DISCIPLINE DELLA SEPARAZIONE E DEL DIVORZIO

465. L'accordo davanti all'ufficiale dello stato civile.

Il legislatore ha introdotto, di recente, alcune procedure dirette a semplificare la separazione, il divorzio, nonché le modifiche delle condizioni della separazione e del divorzio. Si cominci dalla **separazione** e dal **divorzio** davanti all'**ufficiale dello stato civile**. L'art. 12 del d.l. 12.9.2014, n. 132, così come risultante dalle modifiche apportate dalla legge di conversione del 10.11.2014, n. 162, è rubricato "separazione consensuale, richiesta congiunta di scioglimento o di cessazione degli effetti civili del matrimonio e modifica delle condizioni di separazione e di divorzio innanzi all'ufficiale dello stato civile". La norma introduce, a determinate condizioni, la possibilità per i coniugi di separarsi, di divorziare, di modificare le condizioni di separazione o di divorzio senza ricorrere al tribunale e senza l'assistenza dell'avvocato, che è solo facoltativa.

È previsto che "i coniugi possono concludere, innanzi al sindaco, quale ufficiale dello stato civile a norma dell'articolo 1 del d.p.r. 3.11.2000, n. 396, del Comune di residenza di uno di loro o del Comune presso cui è iscritto o trascritto l'atto di matrimonio, con l'assistenza facoltativa di un avvocato, un accordo di separazione personale ovvero, nei casi di cui all'art. 3, primo comma, numero 2) lettera b), della l. 1.12.1970, n. 898, di scioglimento o di cessazione degli effetti civili del matrimonio, nonché di modifica delle condizioni di separazione o di divorzio" (art. 12, 1° co., d.l. n. 132/2014).

A prescindere dalla presenza o meno di uno o più avvocati, l'ufficiale dello stato civile davanti al quale si presentano i coniugi deve, in primo luogo, accertare l'identità delle parti. È quindi tenuto a verificare che esse non siano palesemente incapaci, non potendo ricevere il consenso di persone che versino in uno stato di incapacità naturale; né può dare corso a dichiarazioni di un coniuge che appaia sottoposto a violenza o costrizione. Nel caso di divorzio, infine, l'ufficiale dello stato civile è tenuto a verificare la sussistenza di uno dei presupposti di cui all'art. 3, 1° co., lett. b, della l. 1.12.1970, n. 898 (la sussistenza, cioè, di una precedente sentenza di separazione giudiziale o di un'omologa di separazione consensuale).

Le disposizioni dell'art. 12 del d.l. n. 132/2014 non si applicano in presenza di figli minori, di figli maggiorenni incapaci o portatori di handicap grave ai sensi dell'art. 3, 3° co., l. n. 104/1992, ovvero economicamente non autosufficienti (art. 12, 2° co., d.l. n. 132/2014).

È noto come nelle vicende di separazione e di divorzio caratterizzate dalla presenza di **figli minori**, gli accordi dei coniugi siano sottoposti ad un controllo, che la legge ha voluto rimettere all'esclusivo accertamento da parte del giudice (art. 337-*ter* cod. civ.). È escluso, dunque, che l'ufficiale dello stato civile abbia un potere valutativo in ordine ad accordi negoziali che interessano i minori. Ai figli maggiorenni portatori di handicap grave si applicano integralmente le disposizioni previste in favore dei figli minori (art. 337-*septies*, 2° co., cod. civ.). L'art. 12 del d.l. n. 132/2014, inoltre, non trova applicazione allorché i coniugi abbiano **figli maggiorenni incapaci** ovvero **economicamente non autosufficienti**. In entrambi i casi i genitori sono (o possono essere) titolari di obblighi nei confronti dei figli, che rendono necessario un controllo nell'interesse degli stessi. Il che spiega perché il legislatore non abbia ritenuto, in questi casi, di rimettere gli accordi di separazione o di divorzio alla libera disponibilità delle parti.

Se l'accertamento, da parte dell'ufficiale dello stato civile, della minore età, dell'esistenza di un provvedimento di amministrazione di sostegno, di inabilitazione, di interdizione, di uno stato di handicap grave del figlio, non sembra prospettare particolari problematiche, più complesso è il tema del controllo in ordine alla autosufficienza economica dei figli maggiorenni. È da ritenere che, in questo caso, i coniugi dovranno rendere una dichiarazione di autosufficienza economica del figlio, ai sensi del d.p.r. n. 445/2000. Della falsa dichiarazione i coniugi sono chiamati a rispondere penalmente.

L'ufficiale dello stato civile riceve da ciascuna delle parti, personalmente, con l'assistenza facoltativa di un avvocato, la dichiarazione che esse vogliono separarsi ovvero far cessare gli effetti civili del matrimonio o ottenere lo scioglimento secondo condizioni tra di esse concordate. Allo stesso modo si procede per la modifica delle condizioni di separazione o di divorzio. L'accordo non può contenere patti di trasferimento patrimoniale. L'atto contenente l'accordo è compilato e sottoscritto immediatamente dopo il ricevimento delle dichiarazioni. L'accordo tiene luogo dei provvedimenti giudiziali che definiscono i procedimenti di separazione personale, di cessazione degli effetti civili del matrimonio, di scioglimento del matrimonio e di modifica delle condizioni di separazione o di divorzio. Nei soli casi di separazione personale, ovvero di cessazione degli effetti civili del matrimonio o di scioglimento del matrimonio secondo le condizioni concordate, l'ufficiale dello stato civile, quando riceve le dichiarazioni dei coniugi, li invita a comparire di fronte a sé non prima di trenta giorni dalla ricezione per la conferma dell'accordo, anche ai fini degli adempimenti richiesti dalla legge. La mancanza comparizione equivale a mancata conferma dell'accordo (art. 12, 3° co., d.l. n. 132/2014).

Quando i coniugi perfezionano l'accordo di separazione davanti all'ufficiale di stato civile, la domanda di divorzio può essere proposta decorsi sei mesi, quale effetto tipico *ex lege* della separazione consensuale. Il termine in questione decorre dalla data dell'atto che racchiude l'accordo e ciò vale anche per quanto riguarda la negoziazione assistita (Trib. Milano, 9.3.2016).

Una delle questioni più controverse, nel procedimento previsto dall'art. 12 del d.l. n. 132/2014, nasce da un inciso contenuto nell'appena ricordato terzo comma, per il quale l'accordo dei coniugi non può contenere "**patti di trasferimento patrimoniale**". Ci si è chiesti, sin dall'entrata in vigore della norma, cosa si debba intendere con questa espressione.

Secondo una prima ricostruzione, legata essenzialmente alla lettera della legge, gli accordi negoziali non potrebbero prevedere alcun trasferimento patrimoniale: né assegni di separazione o di divorzio né effetti traslativi ai sensi dell'art. 1376 cod. civ. Le parti, allora, dovrebbero limitarsi a domandare lo scioglimento del vincolo senza prevedere ulteriori condizioni. Si tratta di un'interpretazione non condivisibile, smentita dalla lettura complessiva dell'art. 12 del d.l. n. 132/2014, il cui 1° co. prevede che le parti possano concludere, davanti all'ufficiale dello stato civile, accordi di modifica delle condizioni di separazione e di divorzio; inoltre, il 3° co. prevede che l'accordo di separazione o di divorzio possa raggiungersi "secondo condizioni" stabilite dai coniugi.

Modificando decisamente il suo precedente orientamento, il Ministero dell'interno, con la Circolare del 24 aprile 2015, ha precisato che il divieto di "patti di trasferimento patrimoniale" va inteso come divieto di accordi produttivi di effetti traslativi di diritti reali. Sono consentiti, invece, accordi che prevedono la corresponsione di assegni di mantenimento (nella separazione o nel divorzio), la loro revisione o revoca. L'indirizzo appena ricordato merita condivisione, nell'ambito però di un ragionamento più articolato, diretto a comprendere i motivi che hanno indotto il legislatore a prevedere siffatti limiti agli accordi dei coniugi (limiti che non si rinvengono nella procedura della negoziazione assistita ai sensi dell'art. 6 del d.l. n. 132/2014: § 466). Ebbene, la *ratio* di tale scelta sembra potersi individuare nella necessità di evitare che all'ufficiale dello stato civile vengano attribuiti poteri valutativi, i quali non si addicono alle sue funzioni ed alle sue competenze.

Si muova da un riferimento normativo: l'art. 5, 8° co., l. n. 898/1970 prevede che, su accordo delle parti, la corresponsione dell'assegno di divorzio "può avvenire in unica soluzione ove questa sia ritenuta equa dal tribunale. In tal caso non può essere proposta alcuna successiva domanda di contenuto economico". In un'unica soluzione, quindi, può essere prevista la dazione di una somma di denaro o, come di frequente accade, un trasferimento immobiliare: affinché, però, tali intese abbiano l'effetto di precludere ulteriori pretese economiche, è richiesto un controllo equitativo, il quale non può che essere rimesso al giudice.

È da ritenere che nell'utilizzo dell'espressione "patti di trasferimento patrimoniale", prevista dall'art. 12, 3° co., d.l. n. 132/2014, il legislatore sia stato guidato proprio dalla previsione contenuta nella norma poc'anzi ricordata: all'ufficiale dello stato civile, così, sono inibiti poteri di controllo valutativi che, per espressa disposizione di legge, sono previsti in caso di accordi di divorzio *una tantum* aventi efficacia preclusiva.

Si può dunque concludere che, attualmente, sono consentiti quegli accordi delle parti, davanti all'ufficiale dello stato civile, che riguardano la previsione di un assegno di separazione o di divorzio, la loro modifica o la loro rinuncia (lo stesso vale per i contraenti l'unione civile, limitatamente alle vicende relative allo scioglimento dell'unione); non sono ammessi, invece, gli accordi sugli assegni *una tantum*, nonché gli accordi traslativi aventi ad oggetto beni mobili o beni immobili. La ricostruzione appena riferita è stata recentemente fatta propria dalla giurisprudenza del Consiglio di Stato (Cons. Stato, 26.10.2016, n. 4478).

466. La negoziazione assistita matrimoniale.

L'art. 6 del d.l. n. 132/2014 disciplina la "**convenzione di negoziazione assistita** da uno o più avvocati per le soluzioni consensuali di separazione personale, di cessazione degli effetti civili o di scioglimento del matrimonio, di modifica delle condizioni di separazione o di divorzio". Il procedimento richiede l'iniziativa di una parte, che fa pervenire all'altra un invito a stipulare una convenzione di negoziazione assistita ossia, per utilizzare la definizione di cui all'art. 2 del d.l. n. 132/2014, un accordo con cui esse convengono di cooperare in buona fede e con lealtà per risolvere in via amichevole la controversia, attraverso l'assistenza di avvocati iscritti all'albo.

L'invito è formulato dall'avvocato, ma è sottoscritto personalmente dalla parte, la cui firma viene autenticata dal difensore (art. 4, 2° co., d.l. n. 132/2014). L'invito a stipulare la convenzione deve indicare l'oggetto della controversia e contenere l'avvertimento che la mancata risposta all'invito entro trenta giorni dalla ricezione o un suo rifiuto può essere valutato dal giudice ai fini delle spese del giudizio e di quanto previsto dagli artt. 96 e 642, 1° co., cod. proc. civ. (art. 4, 1° co., d.l. n. 132/2014).

Quanto al **contenuto**, la convenzione di negoziazione assistita da almeno un avvocato per parte può essere conclusa tra i coniugi al fine di raggiungere una soluzione consensuale di separazione personale, di cessazione degli effetti civili del matrimonio, di scioglimento del matrimonio nei casi di cui all'art. 3, 1° co., n. 2, lett. b, l. n. 898/1970, di modifica delle condizioni di separazione e di divorzio (art. 6, 1° co., d.l. n. 132/2014).

La convenzione di negoziazione assistita da almeno un avvocato per parte può essere conclusa tra i genitori al fine di raggiungere una soluzione consensuale per la disciplina delle modalità di affidamento e mantenimento dei figli minori nati fuori del matrimonio, nonché per la disciplina delle modalità di mantenimento dei figli maggiorenni non economicamente autosufficienti nati fuori del matrimonio e per la modifica delle condizioni già determinate. Può altresì essere conclusa tra le parti per raggiungere una soluzione consensuale per la determinazione dell'assegno di mantenimento richiesto ai genitori dal figlio maggiorenne economicamente non autosufficiente e per la determinazione degli alimenti, ai sensi dell'art. 433 cod. civ., e per la modifica di tali determinazioni (art. 6, 1° co.-*bis*, d.l. n. 132/2014, comma inserito dall'art. 1, 35° co., lett. b, l. 26.11.2021, n. 206).

In mancanza di figli minori, di figli maggiorenni incapaci o portatori di handicap grave ai sensi della l. n. 104/1992, ovvero economicamente non autosufficienti, l'accordo raggiunto a seguito di convenzione di negoziazione assistita è trasmesso al **procuratore della Repubblica** presso il tribunale competente il quale, quando non ravvisa irregolarità, comunica agli avvocati il nullaosta per gli adempimenti ai sensi del 3° co. dell'art. 6 (di cui si dirà tra breve). In presenza di **figli minori**, di **figli maggiorenni incapaci o portatori di handicap grave** ovvero **economicamente non autosufficienti**, l'accordo raggiunto a seguito di convenzione di negoziazione assistita deve essere trasmesso entro il termine di dieci giorni al procuratore della Repubblica presso il tribunale competente, il quale, quando ritiene che l'accordo risponda all'interesse dei figli, lo autorizza. Quando ritiene che l'accordo non risponda all'interesse dei figli, il procuratore della Repubblica lo trasmette, entro cinque giorni, al **presidente del tribunale**, che fissa, entro i successivi trenta giorni, la comparizione delle parti e provvede senza ritardo (art. 6, 2° co., d.l. n. 132/2014).

Il controllo di "regolarità" che è chiamato a compiere il pubblico ministero riguarda i presupposti di negoziazione assistita, i requisiti formali per la validità dell'accordo, nonché il rispetto delle norme imperative e dell'ordine pubblico.

L'accordo raggiunto a seguito della convenzione produce gli effetti e tiene luogo dei provvedimenti giudiziali che definiscono, nei casi di cui ai commi 1 e 1-*bis*, i procedimenti di separazione personale, di cessazione degli effetti civili del matrimonio, di scioglimento del matrimonio e di modifica delle condizioni di separazione o di divorzio. Nell'accordo si dà atto che gli avvocati hanno tentato di conciliare le parti e le hanno informate della possibilità di esperire la mediazione familiare e che gli avvocati hanno informato le parti dell'importanza per il minore di trascorrere tempi adeguati con ciascuno dei genitori. L'avvocato della parte è obbligato a trasmettere, entro il termine di dieci giorni, all'ufficiale dello stato civile del Comune in cui il matrimonio fu iscritto o trascritto, copia, autenticata dallo stesso, dell'accordo munito delle certificazioni di cui all'art. 5, di affidamento e di mantenimento dei figli minori nati fuori del matrimonio, nonché i procedimenti per la disciplina delle modalità di mantenimento dei figli maggiorenni non economicamente autosufficienti e per la modifica delle condizioni già determinate, per la determinazione degli alimenti e per la loro modifica (art. 6, 3° co., d.l. n. 132/2014, comma modificato dall'art. 1, 35° co., l. 26.11.2021, n. 206).

A differenza di quanto studiato con riferimento alla separazione dinanzi all'ufficiale di stato civile, la giurisprudenza più recente ammette che l'accordo stabilito tra i coniugi in sede di negoziazione assistita possa avere ad oggetto anche il trasferimento di uno o più diritti di proprietà su beni immobili, purché sia intervenuta l'autenticazione del verbale da parte dell'ufficiale a ciò autorizzato a norma dell'art. 5, 3° co., d.l. n. 132/2014 (Cass., 21.1.2020, n. 1202).

Capitolo 76

GLI ALIMENTI

SOMMARIO: 467. Il diritto agli alimenti. Presupposti. – 468. I soggetti tenuti a prestare gli alimenti. – 468.1. Le modalità di corresponsione degli alimenti.

467. Il diritto agli alimenti. Presupposti.

Nel diritto di famiglia hanno rilievo anche i rapporti giuridici che si instaurano nella "**famiglia in senso ampio**". Lo conferma l'istituto degli **alimenti** (artt. 433 ss. cod. civ.).

Essi possono essere chiesti solo da chi versa in uno **stato di bisogno** e non è in grado di provvedere al **proprio mantenimento** (art. 438, 1° co., cod. civ.).

Per avere diritto agli alimenti, dunque, la persona deve trovarsi in una situazione di reale difficoltà. Ma non basta: non deve essere in grado di provvedere al proprio mantenimento. Da ciò si ricava che una persona povera, la quale però abbia la possibilità in concreto di svolgere un lavoro (grazie al quale sarebbe in grado di provvedere al proprio mantenimento) non ha diritto agli alimenti (Cass., 8.2.2017, n. 3318).

Gli alimenti devono essere assegnati in proporzione del bisogno di chi li domanda e delle condizioni economiche di chi deve somministrarli. Non devono tuttavia superare quanto sia necessario per la **vita** dell'**alimentando**, avuto però riguardo alla sua posizione sociale (art. 438, 2° co., cod. civ.).

Il codice civile, quindi, fornisce un'indicazione precisa: gli alimenti devono essere commisurati a quanto sia necessario alla vita dell'alimentando e non devono tradursi in una forma di mantenimento per assicurargli un tenore di vita che in ipotesi conduceva in passato.

Gli alimenti comprendono le necessità del vitto, del vestiario, dell'abitazione, le cure sanitarie.

Il diritto agli alimenti spetta a prescindere dalle cause che hanno determinato lo stato di bisogno dell'alimentando: sono dovuti, ad esempio, anche a colui che, in precedenza ricchissimo, abbia buttato tutte le sue fortune giocando alle carte. Semmai, è previsto che gli alimenti possano essere ridotti dall'autorità giudiziaria "per la condotta disordinata o riprovevole dell'alimentato" (art. 440, 1° co., cod. civ.).

La giurisprudenza si è recentemente confrontata in ordine alla compatibilità tra la corresponsione di alimenti da parte dei familiari ed il conseguimento del Reddito o Pensione di cittadinanza (RdC). Il beneficio in esame è stato introdotto, nell'ordinamento italiano, dal d.l. 28.1.2019, n. 4, convertito nella l. n. 26/2019, quale nuovo strumento di sostegno al reddito per le famiglie bisognose che si trovino al di sotto della soglia di povertà e siano in possesso di determinati requisiti. Come previsto dall'art. 1, si tratta di una "misura fondamentale di politica attiva del lavoro a garanzia del diritto al lavoro, di contrasto alla povertà, alla disuguaglianza e all'esclusione sociale, nonché diretta a favorire il diritto all'informazione, all'istruzione, alla formazione e alla cultura attraverso politiche volte al sostegno economico e all'inserimento sociale dei soggetti a rischio di emarginazione nella società e nel mondo del lavoro". A differenza degli alimenti, è lo Stato a provvedere alla corresponsione del RdC in favore del nucleo familiare, con cadenza mensile, per diciotto mesi, suscettibili di rinnovo. Ora, la parziale coincidenza della funzione e dei presupposti per il conseguimento di tale beneficio hanno fatto dubitare circa l'alternatività o la cumulatività di alimenti e RdC.

Il dubbio è stato risolto dalla giurisprudenza di merito nel senso della alternatività tra gli istituti, entrambi tesi a garantire all'individuo il necessario per una vita dignitosa. In specie, è stato affermato che il conseguimento del Reddito di Cittadinanza conferma sì lo stato di bisogno in cui versa il soggetto, ossia la mancanza di attività lavorativa e di redditi sufficienti a consentire l'autosufficienza economica; tuttavia, l'erogazione del beneficio fa venire meno le condizioni giustificatrici dell'obbligazione alimentare a carico dei familiari (Trib. Monza, 3.12.2019; App. L'Aquila, 7.9.2021, n. 1285; Trib. Alessandria, 30.9.2021, n. 743). Peraltro, una parte della giurisprudenza non ha escluso l'eventuale cumulo di alimenti e RdC, atteso che la seconda misura soggiace a presupposti soggettivi e oggettivi più stringenti della prima e, inoltre, il Reddito di Cittadinanza risulta corrisposto in favore dell'intero nucleo familiare; al giudice sarebbe dunque demandata la verifica in concreto della necessità di prevedere in aggiunta l'assegno alimentare da parte dei soggetti a ciò obbligati (Trib. Bologna, 2.4.2021, n. 847; in senso conforme, Trib. Roma, 13.5.2020; Cass., 3.12.2021, n. 38366).

468. I soggetti tenuti a prestare gli alimenti.

La famiglia in senso ampio, si è detto, è tenuta a prestare gli alimenti a favore della persona che si trova in stato di bisogno.

L'art. 433 cod. civ. indica i **familiari** che sono **tenuti** a prestare gli alimenti, secondo un ordine preciso: (1) il coniuge (qualora non sia tenuto a corrispondere il mantenimento in base alla sentenza di separazione); (2) i figli, anche adottivi e, in loro mancanza, i discendenti prossimi (come i nipoti); (3) i genitori e, in loro mancanza, gli ascendenti prossimi (i nonni); gli adottanti; (4) i generi e le nuore; (5) il suocero e la suocera; (6) il fratello e le sorelle germani o unilaterali, con precedenza dei germani sugli unilaterali. Tra fratelli e sorelle gli alimenti sono dovuti nella misura dello "stretto necessario" (così l'art. 439, 1° co., cod. civ.), ma se si tratta di minore sono comprese anche le spese per l'educazione e l'istruzione (art. 439, 2° co., cod. civ.). Attualmente, nell'elenco previsto dal codice civile debbono ricomprendersi, nella stessa posizione dei coniugi, i contraenti l'unione civile (§ 470).

L'obbligazione alimentare del suocero e della suocera e quella del genero e della nuora (gli affini) vengono meno: (a) quando la persona che ha diritto agli alimenti sia passata a nuove nozze; (b) quando il coniuge, da cui deriva l'affinità, e i figli nati dalla sua unione con l'altro coniuge e i loro discendenti siano morti (art. 434 cod. civ.).

Dimostrando la "impossibilità economica", i familiari possono sottrarsi all'obbligo di corrispondere gli alimenti: si scende nella lista, allora, per verificare se altri familiari siano in grado di provvedere a versare gli alimenti (ad esempio, qualora il coniuge dell'alimentando non sia in grado economicamente di provvedere all'aiuto, si interpellano i figli, e così via).

La lista degli obbligati, peraltro, deve essere completata facendo riferimento al **donatario**. Può succedere che l'alimentando abbia, in precedenza, effettuato delle donazioni. Verificandosi questa circostanza, il codice prevede che il donatario sia tenuto, in precedenza su ogni altro obbligato, a prestare gli alimenti al donante, a meno che si tratti di donazione fatta in riguardo di un matrimonio o di una donazione remuneratoria (art. 437 cod. civ.). Il donatario non è tenuto oltre il valore della donazione tuttora esistente nel suo patrimonio (art. 438, 3° co., cod. civ.).

Il fondamento dell'obbligo del donatario viene ravvisato da un lato nell'obbligo di riconoscenza che nasce dal contratto di donazione; dall'altro invocando ragioni di equità: sarebbe ingiusto, infatti, che l'alimentando si rivolgesse alla famiglia in senso ampio quando, in realtà, vi è una persona che in passato ha ottenuto un beneficio patrimoniale (di cui potrebbe continuare a godere, senza venire incontro al donante che si trova in una situazione di difficoltà).

Il figlio, anche adottivo, e, in mancanza, i discendenti prossimi non sono tenuti all'adempimento dell'obbligo di prestare gli alimenti al genitore nei confronti del quale è stata pronunciata la **decadenza** dalla **responsabilità genitoriale** e, per i fatti che non integrano i casi di indegnità di cui all'art. 463 cod. civ., possono escluderlo dalla successione (art. 448-*bis* cod. civ., aggiunto dall'art. 1, 9° co., l. n. 219/2012).

468.1. *Le modalità di corresponsione degli alimenti.*

Il codice detta una disciplina specifica per le **modalità** di **somministrazione** degli **alimenti**. Chi deve somministrarli ha la scelta di adempiere l'obbligazione relativa o mediante assegno alimentare, corrisposto in periodi anticipati, o accogliendo e mantenendo nella propria casa colui che vi ha diritto (art. 443, 1° co., cod. civ.).

L'**obbligazione**, dunque, si configura come **alternativa**; la scelta spetta al debitore. L'autorità giudiziaria, tuttavia, può, secondo le circostanze, determinare il modo di somministrazione (art. 443, 2° co., cod. civ.).

Se più persone sono obbligate nello stesso grado alla prestazione degli alimenti, tutte devono concorrere alla prestazione stessa, ciascuna in proporzione delle proprie condizioni economiche (art. 441, 1° co., cod. civ.). Si configura, in questa ipotesi, un'**obbligazione parziaria**. Se le persone chiamate in grado anteriore alla prestazione non sono in condizioni di sopportare l'onere in tutto o in parte, l'obbligazione stessa è posta in tutto o in parte a carico delle persone chiamate in grado posteriore (art. 441, 2° co., cod. civ.). Se gli obbligati non sono concordi sulla misura, sulla distribuzione e sul modo di somministrazione degli alimenti, provvede l'autorità giudiziaria secondo le circostanze (art. 441, 3° co., cod. civ.). Il giudice non deve ripartire l'assegno a carico dei coobbligati in uguale misura, dovendo porre a carico di ciascuno di essi una parte della prestazione in proporzione alla sua capacità economica (Cass., n. 1767/1986).

In caso di urgente necessità l'autorità giudiziaria può porre temporaneamente l'obbligazione degli alimenti a carico di uno solo tra quelli che vi sono obbligati, salvo il regresso verso gli altri (art. 443, 3° co., cod. civ.). La norma introduce una **deroga** provvisoria al principio della **parziarietà** dell'**obbligazione**, giustificata dalla necessità di soddisfare celermente i bisogni di vita della persona che si trova in stato di bisogno.

Può succedere che più persone abbiano diritto agli alimenti nei confronti di un medesimo obbligato, e questi non sia in grado di provvedere ai bisogni di ciascuna di esse. In tal caso l'autorità giudiziaria dà i provvedimenti opportuni, tenendo conto della prossimità della parentela e dei rispettivi bisogni, e anche della possibilità che taluno degli aventi diritto abbia di conseguire gli alimenti da obbligati di grado ulteriore (art. 442 cod. civ.).

Il credito alimentare non può essere ceduto (art. 447, 1° co., cod. civ.). L'obbligato agli alimenti non può opporre all'altra parte la compensazione, neppure quando si tratta di prestazioni arretrate (art. 447, 2° co., cod. civ.).

L'obbligo degli alimenti cessa con la morte dell'obbligato, anche se questi li ha somministrati in esecuzione di sentenza (art. 448 cod. civ.).

Capitolo 77
L'UNIONE CIVILE E LA CONVIVENZA DI FATTO

469. L'unione civile. La costituzione del vincolo.

A lungo ci si si è chiesti se, nel nostro Paese, due persone omosessuali potessero sposarsi. La Corte costituzionale ha dichiarato inammissibile ed infondata la questione di legittimità costituzionale, prospettata dai giudici di merito veneti, degli artt. 93, 96, 98, 107, 108, 143, 143-*bis*, 156-*bis* cod. civ., con riferimento (fra gli altri) agli artt. 2, 3, 29 Cost. (Corte cost., n. 138/2010). I giudici delle leggi non hanno disconosciuto affatto la liceità delle coppie omosessuali, ma hanno affermato che rientra nella discrezionalità del legislatore disciplinare e tutelare il vincolo fra coppie omosessuali.

Il 21 luglio del 2015, peraltro, la Corte europea dei diritti dell'uomo ha condannato l'Italia, a seguito del ricorso di tre cittadini (cui è stato riconosciuto il risarcimento dei danni), per violazione dell'art. 8 della Convenzione ("ogni persona ha diritto al rispetto della propria vita privata e familiare, del proprio domicilio e della propria corrispondenza"). Per la Corte, "la tutela legale" fino a quel momento disponibile, nel nostro Paese, per le **coppie omosessuali**, non solo falliva "nel provvedere ai bisogni chiave di due persone impegnate in una relazione stabile", ma non era nemmeno "sufficientemente stabile" (si veda anche Corte di Giustizia, Grande Sezione, 5.6.2018, causa C-673/16).

Il legislatore italiano, in tal modo, era chiamato a regolamentare, nel più breve tempo possibile, le unioni fra persone dello stesso sesso. Il vuoto normativo è stato colmato, all'esito di un acceso e tormentato dibattito (non solo nel Parlamento ma anche nella società civile), dalla l. 20.5.2016, n. 76 recante la "Regolamentazione delle unioni civili tra persone dello stesso sesso e disciplina delle convivenze". La prima parte della legge si occupa delle unioni civili, che presentano notevoli similitudini con il matrimonio; tuttavia, nonostante la somiglianza, non è possibile istituire una sovrapposizione tra i due istituti. Del resto per le unioni civili è stato istituito un apposito registro, parallelo a quello dedicato all'iscrizione degli atti di matrimonio: il registro delle unioni civili (Capo VI-*bis*, r.d. 9.7.1939, n. 1238).

La seconda parte della legge, invece, si occupa delle "convivenze di fatto", ossia di quelle forme di convivenza (fra coppie eterosessuali o omosessuali) che non sfociano nel matrimonio o nell'unione civile, ma sono caratterizzate da un legame affettivo e di reciproca assistenza morale e materiale, tanto da meritare una disciplina diretta a garantire ai conviventi alcune tutele che già la nostra giurisprudenza (almeno in parte) si era, fino ad oggi, preoccupata di assicurare. L'ordine di trattazione, nel prosieguo, è quello dettato dalla l. n. 76/2016.

Va detto, preliminarmente, che di fronte all'idea, talvolta ventilata, di sottoporre la nuova legge ad un *referendum* abrogativo, vale la pena ricordare un passo della decisione della **Corte Suprema degli Stati Uniti**, del 26.6.2015, per la quale "occorre sottrarre certe materie dalle vicissitudini della lotta politica, per porle oltre la portata delle maggioranze e dei funzionari, per costituirle come principi giuridici (...). Questa è la ragione per cui i diritti fondamentali non possono essere sottoposti a voto: non dipendono dal risultato di alcuna elezione".

L'**unione civile**, fra **persone maggiorenni** dello **stesso sesso**, si costituisce mediante una dichiarazione di fronte all'ufficiale dello stato civile ed alla presenza di due testimoni (art. 1, 2° co., l. n. 76/2016). Il procedimento si svolge in **tre fasi** (si confronti il titolo VIII-*bis* del d.p.r. n. 396/2000, introdotto dal d.lgs. 19.1.2017 n. 5): (a) la **richiesta** per la costituzione dell'unione; (b) l'**istruttoria** del pubblico ufficiale in ordine ai presupposti per la costituzione ed agli eventuali impedimenti; (c) la **dichiarazione delle parti** di voler costituire l'unione.

In breve, decorsi 30 giorni dalla richiesta per la costituzione dell'unione all'ufficio dello stato civile **scelto dalle parti** (art. 70-*ter*, 1° co., d.p.r. n. 396/2000), esse, "nel giorno prescelto, **si presentano e rendono personalmente e congiuntamente**, alla presenza di due testimoni, all'ufficiale dello stato civile del comune dove è stata presentata la richiesta, la **dichiarazione di voler costituire unione civile**" (art. 70-*octies*, 3° co., d.p.r. n. 396/2000). In questo momento possono scegliere il regime della separazione dei beni, nonché assumere un cognome comune, scegliendolo tra i loro cognomi. Dichiarata la scelta, il cognome comune sarà anteposto o posposto al proprio, purché diverso. Dopo la **lettura degli obblighi** cui sono tenuti i contraenti (art. 1, 11° e 12° co., l. n. 76/2016, che, come si dirà tra breve, riproducono solo in parte gli obblighi di cui agli artt. 143 e 144 cod. civ.), l'atto viene letto e sottoscritto dalle parti, dai testimoni e dall'ufficiale dello stato civile, ed iscritto nel registro delle unioni civili. All'unione può fare opposizione esclusivamente il pubblico ministero.

Il legislatore recente ha utilizzato una formula diversa rispetto a quella impiegata per la costituzione del vincolo matrimoniale.

L'art. 107, 1° co., cod. civ., relativo alla forma della celebrazione del matrimonio, stabilisce che "nel giorno indicato dalle parti l'ufficiale dello stato civile, alla presenza di due testimoni, anche se parenti, dà lettura agli sposi degli articoli 143, 144 e 147; riceve da ciascuna delle parti personalmente, l'una dopo l'altra, la dichiarazione che esse si vogliono prendere rispettivamente in marito e in moglie, e di seguito dichiara che esse sono unite in matrimonio".

Si abbia riguardo, in primo luogo, all'ultima parte della norma: essa sancisce che l'atto di matrimonio si perfeziona con la dichiarazione dell'ufficiale dello stato civile che le parti sono unite in matrimonio; dichiarazione che è successiva a quella, di ciascuno dei nubendi, di volersi prendere rispettivamente in marito e moglie.

Ci si deve chiedere, allora, quale sia il **momento** del **perfezionamento** dell'unione civile, considerando che la norma di recente conio non fa riferimento, espressamente, alla dichiarazione conclusiva dell'ufficiale dello stato civile (§ 427). L'unico riferimento alla dichiarazione dell'ufficiale va individuato in un atto di rango secondario, il d.m. 27.2.2017, Allegato n. 2, recante le regole per la tenuta dei registri delle unioni civili tra persone dello stesso sesso e le relative formule per la redazione degli atti dello stato civile. Avendo riguardo alle attività che l'ufficiale dello stato civile è chiamato a compiere, nel modulo si legge: "ho dichiarato che è costituita l'unione civile tra i medesimi".

Sembra opportuno, allora, affrontare sin da subito una questione cruciale nello studio della disciplina in esame: quella dell'**applicabilità analogica** della **disciplina matrimoniale**, prevista dal codice civile, all'istituto dell'unione civile. Il tema, come si avrà modo di constatare nel prosieguo, è destinato a riproporsi con una certa frequenza. La problematica non può certo dirsi superata a seguito dell'entrata in vigore dei decreti attuativi delle unioni civili (d.lgs. 19.1.2017, nn. 5, 6 e 7). Difatti, il d.lgs. n. 5/2017 ha utilizzato una tecnica composita nell'adeguamento delle disposizioni dell'ordinamento dello stato civile in materia di iscrizioni, trascrizioni e annotazioni, consistente, da una parte, in singoli innesti legislativi all'interno delle norme riguardanti il matrimonio e, dall'altra, nel raggruppamento di alcune norme riguardanti le unioni civili in un apposito titolo (VIII-*bis* del r.d. 9.7.1939, n. 1238) dedicato alle fasi di costituzione dell'unione. Il d.lgs. n. 6/2017 ha provveduto, invece, alla modifica ed integrazione del contenuto delle norme di diritto internazionale privato riferite al matrimonio, mentre la modifica delle disposizioni del codice penale e del codice di procedura penale costituiscono l'oggetto del d.lgs. n. 7/2017.

Ebbene, l'art. 1, 20° co., l. n. 76/2016 prescrive che "al solo fine di assicurare l'effettività della tutela dei diritti ed il pieno adempimento degli obblighi derivanti dall'unione civile tra persone dello stesso sesso, le disposizioni che si riferiscono al matrimonio e le disposizioni contenenti le parole 'coniuge', 'coniugi' o termini equivalenti, ovunque ricorrano nelle leggi, negli atti aventi forza di legge, nei regolamenti nonché negli atti amministrativi e nei contratti collettivi, si applicano anche ad ognuna delle parti dell'unione civile tra persone dello stesso sesso. La disposizione di cui al periodo precedente non si applica alle norme del codice civile non richiamate espressamente nella presente legge, nonché alle disposizioni di cui alla l. 4.5.1983, n. 184. Resta fermo quanto previsto e consentito in materia di adozione dalle norme vigenti".

La norma, va detto preliminarmente, costituisce uno dei momenti di maggiore emersione dei **diritti** delle coppie omosessuali, che da anni reclamavano effettive forme di tutela e garanzie. I contraenti l'unione civile, ad esempio, possono beneficiare della pensione di reversibilità; il contraente può succedere nel contratto di locazione intestato all'altro componente dell'unione; i contraenti possono accedere alle graduatorie per l'assegnazione degli alloggi popolari. Tali diritti sono riconosciuti a far data dalla entrata in vigore della l. n. 76/2016, che non ha efficacia retroattiva (Cass., 14.3.2022, n. 8241).

Riconosciuto l'aspetto positivo della norma, non tardano ad emergere considerazioni meno benevole. L'art. 1, 20° co., l. n. 76/2016, muove dal presupposto "irragionevole" che la "effettività della tutela dei diritti ed il pieno adempimento degli obblighi derivanti dall'unione civile" discenda soltanto dall'applicazione, anche ai componenti dell'unione civile, delle leggi extra codicistiche fino ad ora dettate per i coniugi; diversamente, le norme codicistiche "non richiamate espressamente nella presente legge" si porrebbero al di fuori da quel sistema di tutela che si è voluto affermare per i contraenti l'unione civile. Così non è, ove si rifletta sul fatto che lo "statuto" generale dei diritti e degli obblighi dei coniugi si rinviene proprio nella legge del 1942 e non già nella disciplina esogena, che pure si occupa di alcuni aspetti della vita matrimoniale (importanti, ma pur sempre settoriali).

Valgano, inoltre, le seguenti considerazioni. Nonostante l'irragionevole limitazione, quanto ai richiami, prevista dall'art. 1, 20° co., l. n. 76/2016, è la stessa nuova legge a sottoporre, a più riprese, l'istituto dell'unione civile alla disciplina matrimoniale. Le norme codicistiche, in particolare, sono richiamate quando si tratta di assicurare la migliore protezione delle parti in ordine all'atto negoziale e, successivamente, al rapporto che da esso scaturisce (si veda l'art. 1, 4° co., lett. c, 5°, 6°, 7°, 13°, 14°, 17°, 19°, 21° co., l. n. 76/2016). Il legislatore, dunque, considera le norme del codice civile come lo strumento giuridico per assicurare la tutela effettiva delle coppie che contraggono l'unione civile.

Sulla scorta di quanto appena osservato, e ragionando sull'ordinamento vigente, non sembra che sia preclusa la possibilità di applicare, in via analogica, la disciplina del codice civile sul matrimonio non espressamente richiamata dalla legge sulle unioni civili. L'art. 1, 20° co., l. n. 76/2016, infatti, si limita a prevedere che "... la disposizione di cui al periodo precedente non si applica alle norme del codice civile non richiamate espressamente nella presente legge": è esclusa, cioè, la possibilità di applicare direttamente le norme non espressamente richiamate, ma non vi sono ostacoli per l'applicazione analogica ai sensi dell'art. 12, 2° co., disp. prel., cod. civ., per il quale "se una controversia non può essere decisa con una precisa disposizione, si ha riguardo alle disposizioni che regolano casi simili o materie analoghe" (§ 25). Diversamente ragionando, si dovrebbe concludere che l'art. 1, 20° co., l. n. 76/2016 contenga un ordine all'interprete di non dar corso al procedimento analogico in quei casi in cui, effettivamente, sussistono i presupposti per invocare la citata norma delle preleggi.

Il ricorso al procedimento analogico, invece, non pare potersi prospettare per la legge sull'**adozione**, come si ricava dalla lettura della parte finale dell'art. 1, 20° co., l.

n. 76/2016, secondo cui la disposizione contenuta nel periodo iniziale, fra l'altro, non si applica "alle disposizioni di cui alla l. 4.5.1983, n. 184. *Resta fermo quanto previsto e consentito in materia di adozione dalle norme vigenti*". A quest'ultima frase va attribuito un duplice significato: in primo luogo si è voluto affermare che la legge sull'adozione continua ad applicarsi nel suo attuale tenore (talché all'adozione "piena" possono ricorrere soltanto le coppie unite in matrimonio); in secondo luogo, e qui il significato è sottinteso (ma ben emerge dal dibattito che ha preceduto l'approvazione della legge), si è inteso prendere atto di quell'interpretazione, seguita in particolar modo dalla giurisprudenza romana e, oggi, dalla Suprema Corte, favorevole all'adozione "in casi particolari" da parte di un componente della coppia omosessuale (§ 452).

L'impostazione appena riferita, già espressa nelle precedenti edizioni di questo Corso all'indomani dell'uscita della nuova legge, è stata condivisa successivamente da alcuni interpreti. Non può dirsi, però, che la tesi dell'applicazione analogica delle norme del matrimonio costituisca una *communis opinio*. Si tende a sostenere, anzi, che la scelta compiuta dal legislatore non consentirebbe di affermare che le norme del codice civile sul matrimonio trovino applicazione analogica all'unione civile sulla base dell'assimilazione dei due istituti.

Ove però si tenga ferma la ricostruzione sopra proposta, è possibile tornare alla questione prospettata inizialmente, originata dalla scarna previsione dell'art. 1, 2° co., l. n. 76/2016 che, nel disciplinare l'atto costitutivo dell'unione civile, prescrive soltanto "la dichiarazione di fronte all'ufficiale di stato civile" di fronte a due testimoni. Applicando, analogicamente, l'art. 107, 1° co., cod. civ., che disciplina compiutamente l'atto negoziale di matrimonio, dovrà dirsi che ciascuno dei componenti dell'unione civile è chiamato a rendere dichiarazione che vuole contrarre l'unione civile; di seguito l'ufficiale dello stato civile dichiarerà che le parti sono unite nel vincolo.

Si deve concludere, in questo come in altri casi, che il mancato richiamato diretto, da parte della legge sulle unioni civili, ad alcune norme del codice sul matrimonio risponde alla preoccupazione (avvertita come decisiva, da parte di alcune forze politiche, durante il dibattito parlamentare) di tenere distinti, a partire dalla denominazione, l'istituto del matrimonio da quello delle unioni civili. Se non all'applicazione diretta, è possibile ricorrere, di volta in volta, a quella analogica. Potrà trovare applicazione analogica, ad esempio, l'art. 111 cod. civ., che consente la celebrazione del matrimonio per procura soltanto nei casi previsti dalla norma, o l'art. 84 cod. civ., sull'autorizzazione dei **minorenni** che abbiano compiuto sedici anni di età a contrarre matrimonio (artt. 390 ss. cod. civ. sull'emancipazione).

All'unione civile si applica, fra l'altro, l'art. 116, 1° co., cod. civ. (art. 1, 19° co., l. n. 76/2016). Prevede, la norma del codice civile, che "lo straniero che vuole contrarre matrimonio nella Repubblica deve presentare all'ufficiale dello stato civile una dichiarazione dell'autorità competente del proprio paese, dalla quale risulti che giusta le leggi a cui è sottoposto nulla osta al matrimonio".

Stabilisce, l'art. 1, 10° co., l. n. 76/2016 che "mediante dichiarazione all'ufficiale dello stato civile le parti possono stabilire di assumere, per la durata dell'unione civile tra persone dello stesso sesso, un **cognome comune** scegliendolo tra i loro cognomi. La parte può anteporre o posporre al cognome comune il proprio cognome, se diverso, facendone dichiarazione all'ufficiale dello stato civile". Quest'ultima possibilità, ovviamente, sussiste soltanto se i componenti dell'unione civile hanno un diverso cognome.

Si tratta, come hanno precisato i giudici delle leggi, di un "cognome d'uso", che non determina la modificazione anagrafica del cognome originario, così come del resto accade per la moglie quando aggiunge al proprio cognome quello del marito (Corte cost., 22.11.2018, n. 212).

469.1. *Le cause impeditive per la costituzione dell'unione civile e le altre cause di nullità.*

Sono **cause impeditive** per la **costituzione** dell'**unione civile** (art. 1, 4° co., l. n. 76/2016): (a) la sussistenza, per una delle parti, di un vincolo matrimoniale o di un'unione civile tra persone dello stesso sesso; (b) l'interdizione di una delle parti per infermità di mente; se l'istanza di interdizione è soltanto promossa, il pubblico ministero può chiedere che si sospenda la costituzione dell'unione civile; in tal caso il procedimento non può aver luogo finché la sentenza che ha pronunziato sull'istanza non sia passata in giudicato; (c) la sussistenza tra le parti dei rapporti di parentela di cui all'art. 87, 1° co., cod. civ.; non possono altresì contrarre unione civile tra persone dello stesso sesso lo zio e il nipote e la zia e la nipote. Si applicano le disposizioni di cui al medesimo art. 87 cod. civ.; (d) la condanna definitiva di un contraente per omicidio consumato e tentato nei confronti di chi sia coniugato o unito civilmente con l'altra parte; se è stato disposto soltanto rinvio a giudizio ovvero sentenza di condanna di primo o secondo grado ovvero una misura cautelare, la costituzione dell'unione civile tra persone dello stesso sesso è sospesa sino a quando non è pronunziata sentenza di proscioglimento.

L'unione civile costituita in violazione di una delle cause impeditive di cui all'art. 1, 4° co., l. n. 76/2016 può essere **impugnata** da ciascuna delle parti dell'unione civile, dagli ascendenti prossimi, dal pubblico ministero e da tutti coloro che abbiano per impugnarla un interesse legittimo ed attuale. L'unione civile costituita da una parte durante l'assenza dell'altra non può essere impugnata finché dura l'assenza (art. 1, 6° co., l. n. 76/2016). La norma ricordata corrisponde al contenuto dell'art. 117, 1° co. e 3° co., cod. civ. ("il matrimonio contratto con violazione degli articoli 86, 87 e 88 può essere impugnato dai coniugi, dagli ascendenti prossimi, dal pubblico ministero e da tutti coloro che abbiano un interesse legittimo ed attuale"; "il matrimonio contratto dal coniuge dell'assente non può essere impugnato finché dura l'assenza").

Sono previste, poi, **altre cause di nullità** dell'unione civile. L'art. 1, 6° co., l. n. 76/2016 stabilisce, ancora, che l'unione civile costituita in violazione dell'art. 68 cod. civ. può essere impugnata da ciascuna delle parti dell'unione civile, dagli ascendenti prossimi, dal pubblico ministero e da tutti coloro che abbiano per impugnarla un interesse legittimo ed attuale. L'unione civile costituita da una parte durante l'assenza dell'altra non può essere impugnata finché dura l'assenza.

L'unione civile può essere impugnata dalla parte il cui consenso è stato estorto con **violenza** o determinato da **timore** di **eccezionale gravità** determinato da cause esterne alla parte stessa (art. 1, 7° co., l. n. 76/2016). La norma ricalca, alla lettera, la previsione dell'art. 122, 1° co., cod. civ., per il quale "il matrimonio può essere impugnato da quello dei coniugi il cui consenso è stato estorto con violenza o determinato da timore di eccezionale gravità derivante da cause esterne allo sposo".

L'unione civile, inoltre, può essere impugnata dalla parte il cui consenso è stato dato per effetto di errore sull'identità della persona o di **errore essenziale** su qualità personali dell'altra parte. L'errore sulle qualità personali è essenziale qualora, tenute presenti le condizioni dell'altra parte, si accerti che la stessa non avrebbe prestato il suo consenso se le avesse esattamente conosciute e purché l'errore riguardi: (a) l'esistenza di una malattia fisica o psichica, tale da impedire lo svolgimento della vita comune; (b) le circostanze di cui all'art. 122, 3° co., n. 2, 3 e 4, cod. civ. (così l'art. 1, 7° co., l. n. 76/2016).

La legge sulle unioni civili non richiama, dunque, l'art. 122, 3° co., n. 1, cod. civ., nella parte in cui si fa riferimento alla "anomalia o deviazione sessuale", tale da impedire lo svolgimento della vita coniugale; non richiama, inoltre, l'art. 122, 3° co., n. 5, cod. civ. ("lo stato di gravidanza causato da persona diversa dal soggetto caduto in errore"). L'omesso rimando, in quest'ultimo caso, è spiegabile con la considerazione che la coppia omosessuale non può, naturalmente, procreare un figlio. Desta qualche perplessità, invece, l'omissione dell'inciso poc'anzi ricordato. La norma del codice, come si è sottolineato più volte da parte della dottrina, fa riferimento, fra l'altro, a quei comportamenti psichici o sessuali patologicamente anomali, come ad esempio il sadismo, il masochismo, la ninfomania. Non si vede perché questi comportamenti debbano essere privi di rilevanza nell'ambito dell'unione civile: a meno che, come purtroppo sembra, non si sia voluto affermare l'idea per cui in una coppia omosessuale siano "normali" i casi di anomalia e deviazione sessuale, tanto da non poter essere ricondotti in una delle fattispecie di errore essenziale. Interpretata in questo modo, però, la norma si espone ad una censura di incostituzionalità, stante il suo carattere discriminatorio.

L'azione non può essere proposta se vi è stata coabitazione per un anno dopo che è cessata la violenza o le cause che hanno determinato il timore ovvero sia stato scoperto l'errore (art. 1, 7° co., l. n. 76/2016).

Quanto alle situazioni di **incapacità** a **contrarre** il vincolo, è previsto che all'unione civile tra persone dello stesso sesso si applicano le disposizioni di cui agli artt. 119 e 120 cod. civ. (art. 1, 5° co., l. n. 76/2016).

All'unione civile fra persone dello stesso sesso si applica l'art. 123 cod. civ., sulla **simulazione** del matrimonio (art. 1, 5° co., l. n. 76/2016).

All'unione civile si applicano gli artt. 125, 126, 127, 128, 129 e 129-*bis* cod. civ. (art. 1, 6° co., l. n. 76/2016).

469.2. *Gli obblighi dei contraenti l'unione civile.*

Con la costituzione dell'unione civile tra persone dello stesso sesso **le parti** acquistano gli stessi diritti e assumono i medesimi doveri; dall'unione civile deriva l'obbligo reciproco all'assistenza morale e materiale e alla coabitazione. Entrambe le parti **sono tenute**, ciascuna in relazione alle proprie sostanze e alla propria capacità di lavoro professionale e casalingo, **a contribuire ai bisogni comuni** (art. 1, 11° co., l. n. 76/2016).

Il tema degli obblighi reciproci dei contraenti l'unione civile è stato fra i più dibattuti, durante i lavori preparatori, assieme a quello dell'adozione. Va subito evidenziato come la norma appena ricordata non riproduca, esattamente, l'art. 143 cod. civ. ("diritti e doveri reciproci dei coniugi"), il cui secondo comma prevede che "dal matrimonio deriva l'obbligo reciproco alla fedeltà, all'assistenza morale e materiale, alla collaborazione nell'interesse della famiglia e alla coabitazione".

Le parti dell'unione civile, dunque, non sono tenute all'obbligo di fedeltà ed all'obbligo di collaborazione nell'interesse della famiglia. Le ragioni di tali omissioni saranno tra breve approfondite.

Per ora va evidenziato come il legislatore abbia stabilito, anche per l'unione civile, che "entrambe le parti sono tenute, ciascuna in relazione alle proprie sostanze e alla propria capacità di lavoro professionale e casalingo, a contribuire ai bisogni comuni". La norma corrispondente, nel codice civile, discute di "bisogni della famiglia" (art. 143, 3° co., cod. civ.) e non di "bisogni comuni".

Peraltro, l'art. 1, 12° co., l. n. 76/2016 fa riferimento all'unione civile come ad un vincolo che costituisce una "vita familiare": "le parti **concordano** tra loro l'**indirizzo** della **vita familiare** e fissano la residenza comune; a ciascuna delle parti spetta il potere di attuare l'indirizzo concordato".

All'unione civile si applica, in virtù del richiamo compiuto dall'art. 1, 19° co., l. n. 76/2016, l'art. 146 cod. civ. Anche per i componenti l'unione civile, pertanto, vale la regola per cui il diritto all'assistenza morale e materiale, previsto dall'art. 143 cod. civ., è sospeso nei confronti della parte che, allontanatasi senza giusta causa dalla residenza familiare, rifiuta di tornarvi (si confronti l'art. 146, 1° co., cod. civ.). La proposizione della domanda di annullamento o di scioglimento dell'unione civile costituisce giusta causa di allontanamento dalla residenza familiare (si confronti l'art. 146, 2° co., cod. civ.). Il giudice può, secondo le circostanze, ordinare il sequestro dei beni della parte allontanatasi, nella misura atta a garantire l'adempimento degli obblighi previsti dall'art. 143 cod. civ. (si confronti l'art. 146, 3° co., cod. civ.).

All'unione civile fra persone dello stesso sesso si applicano, come previsto dall'art. 1, 19° co., l. n. 76/2016 le disposizioni di cui al titolo XIII del Libro primo del codice civile ("Degli **alimenti**": artt. 433-448-*bis* cod. civ.). Nell'ordine delle persone obbligate, in virtù del vincolo di solidarietà familiare, il coniuge ed il contraente l'unione civile si trovano in posizione primaria (art. 433 cod. civ.): il che conferma come di famiglia debba discutersi, senza alcuna incertezza, anche quando si è di fronte ad un'unione civile.

È sulla base della **solidarietà familiare**, del resto, che si giustifica la sospensione della prescrizione fra le parti dell'unione civile (art. 1, 18° co., l. n. 76/2016); allo stesso modo, il riconoscimento dell'esistenza di un forte legame familiare (che si perpetua anche, e soprattutto, nel momento di difficoltà della coppia) sta alla base della norma per cui "nella scelta dell'amministratore di sostegno il giudice tutelare preferisce, ove possibile, la parte dell'unione civile tra persone dello stesso sesso. L'interdizione o l'inabilitazione possono essere promosse anche dalla parte dell'unione civile, la quale può presentare istanza di revoca quando ne cessa la causa" (art. 1, 16° co., l. n. 76/2016).

In caso di **abusi familiari** (ad utilizzare l'espressione contenuta nella rubrica dell'art. 342-*bis*, cod. civ.), è possibile ricorrere al giudice per domandare la pronuncia di un ordine di protezione. Stabilisce, infatti, l'art. 1, 14° co., l. n. 76/2016, che "quando la condotta della parte dell'unione civile è causa di un grave pregiudizio all'integrità fisica o morale ovvero alla libertà dell'altra parte, il giudice, su istanza di parte, può adottare con decreto uno o più dei provvedimenti di cui all'articolo 342-*ter* del codice civile".

469.3. *La non previsione, nell'unione civile, dell'obbligo di fedeltà.*

Non può considerarsi una svista del legislatore la **mancata previsione**, nell'unione civile, dell'**obbligo di fedeltà**. Le ragioni di tale omissione non sono mai state esplicitate, direttamente, nei giorni che hanno preceduto l'approvazione della nuova legge.

Nel **disegno di legge "Cirinnà"**, poi oggetto degli emendamenti che hanno condotto al testo definitivo, era previsto sia l'obbligo di fedeltà sia la possibilità, per i contraenti, di ricorrere all'adozione "in casi particolari". L'art. 5 del citato disegno di legge stabiliva che "all'art. 44, lett. (b), l. 4.5.1983, n. 184, dopo la parola 'coniuge' sono inserite le parole 'o dalla parte dell'unione civile tra persone dello stesso sesso'".

All'eliminazione della ***stepchild adoption***, nel testo finale, si è accompagnata la cancellazione dell'obbligo di fedeltà. Si è così voluta far passare l'idea per cui, fra le varie ragioni che giustificherebbero il diniego all'adozione da parte delle coppie omosessuali, vi sarebbe anche quella per cui a quest'ultime non si addice l'obbligo di fedeltà, essendo le relazioni tra persone dello stesso sesso improntate ad una maggiore precarietà e promiscuità. Il che andrebbe contro le ragioni e gli interessi dei minorenni, cui va assicurato un ambiente familiare caratterizzato da una certa stabilità.

Si tratta di un assunto palesemente discriminatorio, che espone l'art. 1, 11° co., l. n. 76/2016, nella parte in cui non prevede l'obbligo di fedeltà anche per le parti che contraggono l'unione civile, ad una censura di incostituzionalità. Durante i lavori preparatori, peraltro, alcuni senatori hanno proposto un ulteriore emendamento (poi stralciato) diretto ad eliminare, anche nel matrimonio, l'obbligo di fedeltà, che dovrebbe ormai considerarsi un "retaggio" del passato. Debbono svolgersi, sul punto, almeno due osservazioni.

Sotto un primo aspetto, negli ultimi tempi non è dato registrare, nel Parlamento e nel Paese, un vero dibattito sul tema, di cui invece si è discusso soltanto a ridosso dell'eliminazione dell'obbligo di fedeltà nell'ambito delle unioni civili. L'impressione è che l'iniziativa oggetto dell'emendamento abbia voluto giustificare una (controversa) scelta, compiuta per le unioni civili, facendola passare per un "approdo" avanzato, nella legislazione del diritto di famiglia, cui dovrebbe adeguarsi anche l'istituto del matrimonio.

Sotto un secondo aspetto deve osservarsi come il **concetto** di **fedeltà**, nell'ambito del matrimonio, abbia avuto una tale **evoluzione**, nella **coscienza sociale**, da mettere in dubbio la tesi di chi, in maniera affrettata, ne propugna il pensionamento. Ove si ponga attenzione a questo aspetto, anzi, si può concludere che la nozione di fedeltà, così come ci viene restituita dalle aule dei tribunali, merita di essere riproposta non solo per il matrimonio ma anche per l'unione civile.

Sfogliando i repertori di giurisprudenza, ci si accorge come sia angusta, e non più aderente alla realtà, la nozione di fedeltà intesa soltanto come obbligo di esclusività sessuale (§ 431). I giudici di legittimità, in più occasioni, fanno riferimento al concetto di lealtà: "la nozione di fedeltà coniugale va avvicinata a quella di **lealtà**, la quale impone di sacrificare gli interessi e le scelte individuali di ciascun coniuge che si rivelino in conflitto con gli impegni e le prospettive della vita comune. In questo quadro la fedeltà affettiva diventa componente di una fedeltà più ampia che si traduce nella capacità di sacrificare le proprie scelte personali a quelle imposte dal legame di coppia e dal sodalizio che si di esso si fonda" (Cass., n. 15557/2008).

La Cassazione declina la lealtà come "capacità di sacrificio". Si può pensare, però, ad una nozione di lealtà che ne illumini la sua componente *construens*: essa va intesa come rispetto del coniuge, come tutela dell'affidamento che lo stesso ha riposto sulla "comunione spirituale e materiale" nascente dal matrimonio.

Pertanto, va considerato sleale quel comportamento del coniuge che, tradendo la comunione della vita familiare, intrattenga una relazione sessuale con un'altra persona. Allo stesso modo, l'infedeltà sentimentale e quella apparente possono integrare la violazione dell'obbligo coniugale, ancorché non si concretino in un tradimento sessuale.

Più in generale, l'obbligo di lealtà è comprensivo di una serie di obblighi di informazione, a carico dei coniugi, che la giurisprudenza ha talvolta posto a carico degli stessi persino nella fase precedente il matrimonio.

Se, dunque, l'obbligo di fedeltà va intenso nell'ampia accezione appena riferita, non si vede come esso possa essere considerato un reperto di archeologia familiare, da espungere dall'istituto del matrimonio. Si consideri, del resto, che attualmente il nostro ordinamento consente già alle coppie di fatto (eterosessuali e omosessuali) di ricevere un'adeguata tutela ed alcune garanzie minime, anche in vista del venire meno della convivenza. Al matrimonio, allora, si addicono impegni rilevanti (fra cui l'obbligo di lealtà) che i coniugi assumono al fine di costituire una qualificata comunione di vita materiale e spirituale.

In una prospettiva *de iure condendo* occorrerebbe aggiornare il catalogo degli obblighi coniugali, e sostituire l'obbligo di fedeltà con quello di lealtà (il quale già comprende la doverosità del comportamento degli sposi sotto il profilo sentimentale e sessuale); l'obbligo di lealtà dovrebbe altresì essere previsto per i contraenti l'unione civile, riportando così su un piano di uguaglianza il catalogo degli obblighi previsti per i due istituti.

Allo stato, tuttavia, la disparità rimane: non sussistendo l'obbligo di fedeltà per i contraenti l'unione civile, non può conseguire, in punto di stretto diritto, una sanzione per il "tradimento" di uno dei componenti della coppia omosessuale. Il tema, peraltro, non può considerarsi esaurito, ove si ponga mente al fatto che ormai da qualche decennio la famiglia, per aggiornare la metafora di Jemolo, è diventata un arcipelago che il mare del diritto, nelle sue varie articolazioni, tocca con intensità ora lieve ora più decisa. Né la famiglia matrimoniale né quella omosessuale, dunque, sono immuni dalle norme sulla responsabilità civile.

In questa prospettiva, un comportamento fedifrago di un componente l'unione civile, se è vero che non costituisce, di per sé, violazione di un (inesistente) obbligo di fedeltà, potrebbe porsi quale fatto che cagiona un danno ingiusto, sì da obbligare a risarcire i danni, patrimoniali o non patrimoniali, che da esso conseguono.

469.4. *La non previsione, nell'unione civile, dell'obbligo di collaborazione nell'interesse della famiglia.*

La nuova legge sulle unioni civili non annovera, fra gli **obblighi** della coppia, quello **di collaborazione nell'interesse della famiglia**, come invece è previsto per il matrimonio. Pure in questo caso l'omissione non trova una plausibile giustificazione, obbedendo semmai al disegno di facciata del legislatore di ritagliare, qua e là, un lessico familiare diverso per i due istituti.

Sul piano pratico le **conseguenze della non previsione** esplicita dell'obbligo di collaborazione nell'interesse della famiglia potrebbero essere poco rilevanti, per chi aderisca all'orientamento dottrinale secondo cui l'obbligo in esame, già nel matrimonio, non abbia un contenuto autonomo, essendo soltanto un criterio riassuntivo degli altri impegni imposti alle parti.

Altre ricostruzioni attribuiscono all'obbligo di collaborazione un distinto contenuto, attenendo esso alle esigenze ed ai bisogni dell'unità familiare: si pensi all'obbligo di collaborazione per sorvegliare i figli, all'impegno comune profuso per la loro istruzione ed educazione, alla cura dei rapporti esterni della famiglia, all'attenzione e dedizione verso i parenti anziani e, più in generale, al compimento di tutte quelle attività e programmi che riguardano la famiglia.

Si tratta di adempimenti che ben si addicono alla vita familiare costituita con l'unione civile: talché l'art. 1, 11° co., l. n. 76/2016 finisce per rivelare il suo carattere discriminatorio. Nell'attesa che giudice delle leggi o il legislatore intervengano anche su questa norma, non sembra che costituisca un'eccessiva forzatura ricondurre l'obbligo di collaborazione nell'alveo dell'**obbligo di assistenza morale** (questo sì previsto anche per le unioni civili), il quale pure tende alla realizzazione dei valori del "gruppo familiare".

469.5. *Il regime patrimoniale dell'unione civile.*

Il **regime patrimoniale** dell'**unione civile** tra persone dello stesso sesso, in mancanza di diversa convenzione patrimoniale, è costituito dalla comunione dei beni (art. 1, 13° co., l. n. 76/2016). La norma riproduce il contenuto dell'art. 159 cod. civ. ("Del regime patrimoniale legale tra i coniugi"), per il quale "il regime patrimoniale legale della famiglia, in mancanza di diversa convenzione stipulata a norma dell'art. 162, è costituito dalla comunione dei beni, regolata dalla sezione III del presente capo".

In materia di forma, modifica, simulazione e capacità per la stipula delle convenzioni patrimoniali si applicano gli artt. 162, 163, 164 e 166 cod. civ. (art. 1, 13° co., l. n. 76/2016).

In virtù del richiamo alle suddette norme del codice civile, si ha che le convenzioni dell'unione civile debbono essere stipulate per **atto pubblico** sotto pena di nullità (si confronti l'art. 162, 1° co., cod. civ.). La **scelta** del **regime** di separazione può anche essere dichiarata nell'atto di costituzione dell'unione civile (art. 162, 2° co., cod. civ.; art. 70-*octies*, 3° co., d.p.r. n. 396/2000). Le convenzioni possono essere stipulate in ogni tempo, ferme restando le disposizioni dell'art. 194 cod. civ. (art. 162, 3° co., cod. civ.). Le convenzioni dell'unione civile non possono essere opposte ai terzi quando a margine dell'atto dell'unione civile non risultano annotati la data del contratto, il notaio rogante e le generalità dei contraenti, ovvero la scelta di cui al 2° co. (art. 162, 4° co., cod. civ.).

Le **modifiche** delle **convenzioni** dell'unione civile, anteriori o successive all'unione stessa, non hanno effetto se l'atto pubblico non è stipulato col consenso di tutte le persone che sono state parti nelle convenzioni medesime, o dei loro eredi (art. 163, 1° co., cod. civ.). Se uno dei contraenti l'unione civile muore dopo aver consentito con atto pubblico alla modifica delle convenzioni, questa produce i suoi effetti se le altre parti esprimono anche successivamente il loro consenso, salva l'omologazione del giudice. L'omologazione può essere chiesta da tutte le persone che hanno partecipato alla modificazione delle convenzioni o dai loro eredi (art. 163, 2° co., cod. civ.). Le modifiche convenute e la sentenza di omologazione hanno effetto rispetto ai terzi solo se ne è fatta annotazione in margine all'atto di costituzione dell'unione civile (art. 163, 3° co., cod. civ.). L'annotazione deve inoltre essere fatta a margine della trascrizione delle convenzioni dell'unione civile ove questa sia richiesta a norma degli artt. 2643 ss. cod. civ. (l'art. 163, 4° co., cod. civ.).

È consentita ai terzi la **prova** della **simulazione** delle convenzioni dell'unione civile (art. 164, 1° co., cod. civ.). Le controdichiarazioni scritte possono aver effetto nei confronti di coloro tra i quali sono intervenute, solo se fatte con la presenza ed il simultaneo consenso di tutte le persone che sono state parti nelle convenzioni dell'unione civile (art. 164, 2° co., cod. civ.).

Per la validità delle stipulazioni e delle donazioni, fatte nell'unione civile dall'inabilitato o da colui contro il quale è stato promosso giudizio di inabilitazione, è necessaria l'assistenza del curatore già nominato. Se questi non è stato ancora nominato, si prevede alla nomina di un curatore speciale (art. 166 cod. civ.).

Al regime patrimoniale dell'unione civile si applicano le disposizioni di cui alle sezioni II, III, IV, V e VI del capo VI del titolo VI del Libro primo del codice civile (art. 1, 13° co., l. n. 76/2016). Si ha riguardo alla disciplina codicistica sul **fondo patrimoniale** (sez. II), sulla **comunione legale** (sez. III), sulla **comunione convenzionale** (sez. IV), sulla **separazione** dei beni (sez. V), sull'**impresa familiare** (sez. VI).

All'unione civile tra persone dello stesso sesso si applicano gli artt. 2647, 2653, 1° co., n. 4, 2659 cod. civ. (art. 1, 19° co., l. n. 76/2016).

469.6. *Lo scioglimento dell'unione civile per morte o dichiarazione di morte presunta di una delle parti. I diritti successori.*

La **morte** o la **dichiarazione di morte presunta** di una delle parti dell'unione civile ne determina lo **scioglimento** (art. 1, 22° co., l. n. 76/2016).

In caso di morte del **prestatore di lavoro**, le **indennità** indicate dagli artt. 2118 e 2120 cod. civ. devono corrispondersi anche alla parte dell'unione civile (art. 1, 17° co., l. n. 76/2016).

Alle parti dell'unione civile tra persone dello stesso sesso si applicano le disposizioni previste dal capo III e dal capo X del titolo I, dal titolo II e dal capo II e dal capo V *bis* del titolo IV del Libro secondo del codice civile (art. 1, 21° co., l. n. 76/2016). Si applicano, dunque, le norme sull'indegnità a succedere (artt. 463 ss. cod. civ.), sui legittimari (artt. 536 ss. cod. civ.), sulle successioni legittime (artt. 565 ss. cod. civ.), sulla collazione (artt. 737 ss. cod. civ.), sul patto di famiglia (artt. 768-*bis* ss. cod. civ.). Le parti dell'unione civile, in sostanza, sono titolari di tutti i **diritti ereditari** di cui godono i coniugi.

469.7. *La volontà di sciogliere l'unione civile manifestata davanti all'ufficiale dello stato civile e la successiva domanda di scioglimento (decorsi tre mesi dalla manifestazione di volontà).*

L'unione civile si scioglie, inoltre, quando le parti hanno **manifestato** anche disgiuntamente la **volontà** di **scioglimento davanti** all'**ufficiale** dello **stato civile**. In tal caso la domanda di scioglimento dell'unione civile è proposta decorsi tre mesi dalla data della manifestazione di volontà di scioglimento dell'unione (art. 1, 24° co., l. n. 76/2016).

La disposizione va così interpretata: anche uno solo dei contraenti l'unione civile può rivolgersi all'ufficiale dello stato civile e manifestare la sua volontà di sciogliere l'unione civile (senza dover addurre alcuna motivazione). La nuova causa di scioglimento derivante dalla **dichiarazione unilaterale della volontà di sciogliere** l'unione richiede che quanto dichiarato all'ufficiale dello stato civile sia **comunicato all'altro contraente**, mediante lettera raccomandata o altro mezzo idoneo alla residenza anagrafica o all'ultimo indirizzo noto (art. 63, lett. g-*quinquies*, d.lgs. n. 5/2017).

Il **termine** di **tre mesi**, previsto dall'art. 1, 24° co., l. n. 76/2016 ai fini della procedibilità della domanda, va inteso come un periodo di eventuale "**ripensamento**" rispetto alla volontà, manifestata all'ufficiale dello stato civile, di iniziare la procedura di scioglimento dell'unione civile (Trib. Milano, 15.9.2021). Il lasso di tempo previsto è assai breve, sicché può ben dirsi che il legislatore abbia introdotto, nel nostro ordinamento, il "divorzio" lampo, che pure era stato (ed è talvolta) caldeggiato per il matrimonio.

Mentre la separazione di sei o dodici mesi (a seconda del suo carattere consensuale o giudiziale) è il periodo richiesto, nel matrimonio, per giungere alla domanda di divorzio, nell'unione civile il tempo necessario fra l'iniziale manifestazione di volontà e la domanda di scioglimento è soltanto di tre mesi.

Similmente a quello che accade nel matrimonio (in cui la decorrenza del termine di sei mesi o di un anno viene in considerazione soltanto quando non esista una causa diretta di divorzio), deve ritenersi che anche nell'unione civile il rispetto del termine di tre mesi (decorrente dalla data dell'iniziale manifestazione di volontà) sia dovuto soltanto quando non esista un'autonoma causa di scioglimento dell'unione. Va ricordato, infatti, che ai sensi dell'art. 1, 23° co., l. n. 76/2016 "l'unione civile si scioglie altresì nei casi previsti dall'art. 3, numero 1) e numero 2), lettere a), c), d) ed e) della legge 1.12.1970, n. 898" (§ 463). Quelle appena indicate, è evidente, sono cause autonome di divorzio e, attualmente, di scioglimento dell'unione civile; invocando una di esse, davanti al tribunale competente, non occorrerà dimostrare, da parte dei coniugi, che vi sia stato un precedente periodo di separazione; né, da parte dei contraenti l'unione civile, che sia decorso il periodo di tre mesi previsto dall'art. 1, 24° co., l. n. 76/2016.

Ferma la precisazione che si è appena compiuta, si può dire, in sintesi, che solamente dopo la dichiarazione di volontà iniziale ed il decorso del termine di tre mesi sarà possibile percorrere una delle strade di scioglimento dell'unione civile previste dal legislatore: quella stragiudiziale (scioglimento davanti all'ufficiale dello stato civile o negoziazione assistita: § 469.8) e quella giudiziale (§ 469.9).

469.8. *L'accordo sullo scioglimento dell'unione civile raggiunto davanti all'ufficiale dello stato civile. La negoziazione assistita.*

Le parti possono raggiungere un accordo di **scioglimento davanti** allo stesso **ufficiale** dello **stato civile**.

Occorre avere riguardo, a tal fine, all'art. 1, 25° co., l. n. 76/2016, il quale prevede che si applichino, "in quanto compatibili", una serie di norme, fra le quali (per quello che qui interessa) l'art. 12 del d.l. 12.9.2014, n. 132. Si studi il contenuto di quest'ultima disposizione nell'ottica della sua "compatibilità" con lo scioglimento dell'unione civile.

I contraenti l'unione civile possono concludere dinnanzi al sindaco, quale ufficiale dello stato civile, con l'assistenza facoltativa di un avvocato, un accordo di scioglimento dell'unione civile, nonché di modifica delle condizioni dello scioglimento (si confronti l'art. 12, 1° co., d.l. n. 132/2014).

Le disposizioni di cui all'art. 12 del d.l. n. 132/2014 non si applicano in presenza di figli minori, di figli maggiorenni incapaci o portatori di handicap grave ai sensi dell'art. 3, 3° co., l. 5.2.1992, n. 104, ovvero economicamente non autosufficienti (si confronti l'art. 12, 2° co., l. n. 132/2014).

L'ufficiale dello stato civile riceve da una sola o da ciascuna delle parti personalmente, con l'assistenza facoltativa di un avvocato, la dichiarazione che esse vogliono sciogliere l'unione civile secondo le condizioni tra di esse concordate. Allo stesso modo si procede per la modifica delle condizioni dello scioglimento dell'unione civile. L'accordo non può contenere patti di trasferimento patrimoniale. L'atto contenente l'accordo è compilato e sottoscritto immediatamente dopo il ricevimento delle dichiarazioni. L'accordo tiene luogo dei provvedimenti giudiziali che definiscono i procedimenti di scioglimento dell'unione civile e di modifica delle condizioni dello scioglimento. Nel caso di scioglimento dell'unione civile secondo le condizioni concordate, l'ufficiale dello stato civile, quando riceve le dichiarazioni delle parti, le invita a comparire di fronte a sé non prima di trenta giorni dalla ricezione per la conferma dell'accordo anche ai fini degli adempimenti previsti dalla legge. La mancata comparizione equivale a mancata conferma dell'accordo (si confronti l'art. 12, 3° co., d.l. n. 132/2014).

I **limiti previsti dalla legge** alla possibilità di raggiungere, davanti all'ufficiale dello stato civile, un accordo di definizione della crisi coniugale (o una modifica dello stesso), sussistono anche per la coppia che abbia contratto l'unione civile (§ 465).

Il **rifiuto** dell'ufficiale di stato civile **di ricevere** le **dichiarazioni** delle parti di scioglimento del vincolo deve essere motivato; il diniego immotivato è impugnabile dinnanzi al tribunale, in camera di consiglio, ai sensi degli artt. 95 e 96 d.p.r. n. 396/2000.

Fra le norme che l'art. 1, 25° co., della l. n. 76/2016 ritiene applicabili, in quanto compatibili, allo scioglimento dell'unione civile, vi è l'art. 6 del d.l. n. 132/2014, recante la "convenzione di **negoziazione assistita** da uno o più avvocati per le soluzioni consensuali di separazione personale, di cessazione degli effetti civili o di scioglimento del matrimonio, di modifica delle condizioni di separazione o di divorzio". Le parti, quindi, hanno a disposizione lo strumento della negoziazione assistita per raggiungere lo scioglimento della loro unione (§ 466).

469.9. *Lo scioglimento dell'unione civile davanti al tribunale.*

Le parti dell'unione civile, lo si è visto, possono ricorrere agli strumenti di cui agli artt. 6 e 12 del d.l. n. 132/2014 per giungere allo **scioglimento** dell'**unione civile**. Si tratta, è evidente, soltanto di una facoltà, ben potendo le stesse adire il **tribunale** per ottenere una sentenza che raggiunga lo stesso risultato cui mirano gli istituti introdotti di recente dal legislatore (Trib. Bologna, 25.3.2019). Il ricorso al tribunale, anzi, costituirà l'unica strada allorché non vi siano i presupposti per poter sciogliere il matrimonio davanti all'ufficiale dello stato civile o per poter ricorrere alla negoziazione assistita.

L'art. 1, 25° co., l. n. 76/2016 prevede che all'unione civile si applicano, in quanto compatibili, gli artt. 4, 5, 1° co. e dal 5° all'11° co., gli artt. 8, 9, 9-*bis*, 10, 12-*bis*, 12-*ter*, 12-*quinquies* e 12-*sexies* della l. 1.12.1970, n. 898 (§§ 463), nonché le disposizioni di cui al titolo II del Libro quarto del codice di procedura civile.

Con un'altra disposizione, poi, è previsto che l'unione civile si scioglie altresì nei casi previsti dall'art. 3, n. 1 e n. 2, lett. a, d ed e, l. 1.12.1970, n. 898 (art. 1, 23° co., l. n. 76/2016). Di questo articolo della legge sul divorzio, dunque, non si applica soltanto la lett. b del n. 2, che fa riferimento, per le coppie sposate, alla separazione protratta ininterrottamente da almeno dodici mesi (o sei mesi, in caso di separazione consensuale); non si applica, ancora, la lett. f del n. 2, che individua una causa di divorzio nella non consumazione del matrimonio, nonché la lett. g del n. 2, che fa riferimento al passaggio in giudicato della sentenza di rettificazione di attribuzione del sesso, ai sensi della l. n. 164/1982.

A proposito del **transessualismo**, un'apposita norma della legge sulle unioni civili prevede che "alla rettificazione anagrafica di sesso, ove i coniugi abbiano manifestato la volontà di non sciogliere il matrimonio o di non cessare gli effetti civili, consegue l'automatica instaurazione dell'unione civile tra persone dello stesso sesso" (art. 1, 27° co., l. n. 76/2016). L'art. 7 d.lgs. n. 5/2017 introduce nell'art. 31 d.lgs. n. 150/2011, il nuovo 4° co.-*bis*, secondo cui i coniugi devono **manifestare la volontà positiva di costituire l'unione civile al giudice** durante il procedimento per la rettificazione di attribuzione del sesso, fino al momento della precisazione delle conclusioni. Successivamente il tribunale, con la sentenza che accoglie la domanda, ordina all'ufficiale di stato civile del Comune di celebrazione del matrimonio (o di trascrizione se avvenuto all'estero), di iscrivere l'unione nel registro delle unioni civili e di annotare le eventuali dichiarazioni rese dalle parti relative alla scelta del cognome e al regime patrimoniale.

La legge, come già ricordato, non contempla l'ipotesi inversa: quella per cui la rettificazione del sesso avvenga da parte di chi abbia contratto l'unione civile. Parte della dottrina sostiene che ciò dipende dal fatto che lo stesso sesso costituisce un presupposto implicito per l'instaurazione dell'unione civile (art. 1, 2° co., l. n. 76/2016), la quale viene meno allorché non vi sia più il suddetto presupposto. Resta il fatto, però, che la sentenza di rettificazione del sesso determina lo scioglimento dell'unione tra persone dello stesso sesso (art. 1, co. 26°, l. n. 76/2016), lasciando sprovviste di tutela le parti dell'unione civile che non possono beneficiare dell'instaurazione del matrimonio mediante una manifestazione di volontà in tal senso al giudice. Recentemente, è stata sollevata una questione di legittimità costituzionale con riferimento alla disposizione che prevede l'automatismo estintivo dell'unione civile, senza automatica instaurazione di un rapporto coniugale, in caso di accoglimento della domanda di rettificazione del sesso, per la ritenuta violazione degli artt. 8 e 114 CEDU (Trib. Lucca, 14.1.2022).

Un recente arresto della Suprema Corte ha affermato che, a seguito della disposta rettificazione dell'attribuzione di sesso, il prenome non va necessariamente convertito nel genere scaturente dalla rettificazione, dovendo il giudice tener conto del nuovo prenome, indicato dalla persona, ove tale indicazione sia legittima e conforme al nuovo stato (Cass., 17.2.2020, n. 3877).

A parte alcune differenze ed incongruità, va evidenziata la **forte assimilazione**, nella fase dello scioglimento del vincolo, fra il **matrimonio** e l'**unione civile**. Pure per quest'ultima, ad esempio, è prevista la corresponsione di un **assegno divorzile**, secondo gli stessi presupposti e le stesse modalità previste per lo scioglimento del matrimonio (Trib. Pordenone, 13.3.2019, secondo cui si deve mettere capo alle stesse argomentazioni interpretative espresse dalle Sezioni Unite con la sentenza n. 18287/2018). L'equiparazione istituita, sotto il profilo appena ricordato, va rimarcata almeno sotto due aspetti.

In primo luogo, trova conferma il fatto che anche l'unione civile dà vita ad una

comunità di **tipo solidaristico** (una "comunione di tipo spirituale e materiale", per dirla con il linguaggio del legislatore del divorzio), i cui effetti sono destinati a perpetuarsi, almeno sotto alcuni profili patrimoniali, dopo lo scioglimento del vincolo. Ne consegue, tra l'altro, che alle parti dell'unione non può riconoscersi un'incondizionata disponibilità sull'assegno divorzile.

In secondo luogo, l'applicazione, anche per l'unione civile, dei criteri di liquidazione dell'assegno divorzile consente di affermare come nel giudizio di scioglimento dell'unione possano essere apprezzate le conseguenze dell'eventuale violazione di uno o più obblighi delle parti. Si è studiato come, nel matrimonio, la trasgressione degli obblighi coniugali sia valutata, per lo più, dal giudice della separazione, ai fini della pronuncia della sentenza di addebito (pronuncia che fa perdere al coniuge cui sia addebitata la separazione i diritti successori). Nell'unione civile, invece, il legislatore non ha disciplinato la separazione fra le parti, sicché la crisi della famiglia può sfociare, direttamente, nella fase dello scioglimento.

Questo non significa, peraltro, che la violazione degli obblighi dei contraenti l'unione civile sia priva di conseguenze sanzionatorie. Si è già visto, sotto un profilo più generale, come sia attualmente possibile invocare la responsabilità risarcitoria per la violazione di quegli obblighi coniugali che cagionano un danno ingiusto, secondo il parametro di cui all'art. 2043 cod. civ. Si aggiunga, ora, che l'art. 5, 6° co., l. n. 898/1970, nella parte in cui fa riferimento alle "**ragioni della decisione**", richiede di considerare, fra l'altro, l'eventuale violazione degli obblighi delle parti ai fini della quantificazione dell'assegno divorzile. Talché la misura dell'assegno potrà essere ridimensionata allorché consti la gravità dei comportamenti di una parte durante lo svolgimento del vincolo familiare, a partire dalla costituzione dell'unione fino alla pronuncia di scioglimento. Può anzi ipotizzarsi un tendenziale azzeramento dell'assegno divorzile allorché l'esistenza di alcuni dei criteri di quantificazione, previsti dall'art. 5, 6° co., l. n. 898/1970, sia in realtà rivelatrice, secondo un attento apprezzamento del giudice, dell'assenza della comunione spirituale e materiale durante tutta la durata della vita matrimoniale o dell'unione civile: ciò che può accadere, ad esempio, allorché la durata del vincolo sia assai breve, in una situazione in cui una delle parti ha sistematicamente disatteso gli obblighi familiari.

Il nuovo art. 570-*bis* cod. pen., letto in combinato disposto con l'art. 574-*ter* cod. pen., sanziona anche il contraente dell'unione civile che si sottrae alla corresponsione dell'assegno divorzile.

470. La convivenza di fatto.

La **convivenza di fatto** (di coppie eterosessuali o omosessuali) è prevista attualmente dal legislatore attraverso un'analitica disciplina. Sono, innanzitutto, conviventi di fatto due persone maggiorenni unite stabilmente da **legami affettivi** di coppia e di reciproca assistenza morale e materiale, non vincolate da rapporti di parentela, affinità o adozione, da matrimonio o da un'unione civile (art. 1, 36° co., l. n. 76/2016).

Due cugine anziane, ad esempio, che decidono di convivere insieme per ragioni di comodità e per farsi compagnia, non sono "conviventi di fatto" per la legge in commento. Ferma restando la sussistenza dei presupposti appena ricordati, per l'accertamento della stabile convivenza si deve fare riferimento alla "**dichiarazione anagrafica**", prevista e disciplinata dall'art. 4 e 13, 1° co., lett. b, d.p.r. n. 223/1989 (art. 1, 37° co., l. n. 76/2016).

Va precisato, in linea con quanto si era già sostenuto nelle precedenti edizioni di questo Corso, che la dichiarazione anagrafica (e quindi la coabitazione) dei soggetti conviventi costituisce elemento funzionale all'accertamento da compiere; d'altra parte, tenuto conto anche del mutato assetto della società e della famiglia, non ci si può "appiattire" (come invece accade nella prassi dei Comuni) sul mero dato della coabitazione. Pertanto, elementi costitutivi della convivenza di fatto sono esclusivamente i legami affettivi di coppia ed il rapporto fondato sulla reciproca assistenza morale e materiale (in questo senso, oggi, Cass., 13.4.2018, n. 9178; nella giurisprudenza di merito si veda Trib. Como, 12.4.2018, secondo cui si può discutere di "famiglia di fatto" anche senza il requisito della coabitazione).

Durante il dibattito che ha preceduto l'approvazione della legge, una parte della dottrina ha sostenuto che esigenze di certezza avrebbero dovuto indurre il legislatore a far dipendere la costituzione della convivenza soltanto dalla dichiarazione resa davanti all'ufficio dell'anagrafe. In tal modo, però, non si sarebbe potuto distinguere una convivenza *more uxorio* da una semplice coabitazione fondata su altre ragioni (la convenienza economica, il rapporto amicale, e così via). Il fatto è che la convivenza di fatto si fonda sul consenso, quotidianamente "rinnovato", ad una sorta di comunione spirituale e materiale. Si può dire, è vero, che nella convivenza *more uxorio* non esistono obblighi come quelli dei coniugi; tuttavia, l'accertamento del venir meno di determinati comportamenti "di tipo coniugale" (che costituiscono la normale manifestazione della comunione spirituale e materiale) può determinare la cessazione della convivenza di fatto.

La legge, poi, si occupa di estendere ai conviventi di fatto alcuni **diritti** previsti dalla legge per i coniugi (e, oggi, anche per i contraenti l'unione civile). I conviventi di fatto hanno gli stessi diritti spettanti al coniuge ed al contraente l'unione civile nei casi previsti dall'ordinamento penitenziario (art. 1, 38° co., l. n. 76/2016). In caso di malattia o di ricovero, i conviventi di fatto hanno diritto reciproco di visita, di assistenza nonché di accesso alle informazioni personali, secondo le regole di organizzazione delle strutture ospedaliere o di assistenza pubbliche, private o convenzionate, previste per i coniugi, i contraenti l'unione civile ed i familiari (art. 1, 39° co., l. n. 76/2016). Nel caso in cui l'appartenenza ad un nucleo familiare costituisca titolo o causa di preferenza nelle graduatorie per l'assegnazione di alloggi di edilizia popolare, di tale titolo o causa di preferenza possono godere, a parità di condizioni, i conviventi di fatto (art. 1, 45° co., l. n. 76/2016).

Una particolare attenzione il legislatore presta al tema della **rappresentanza**. Ciascun convivente può designare l'altro quale suo rappresentante con poteri pieni o limitati: (a) in caso di malattia che comporta incapacità di intendere e di volere, per le decisioni in materia di salute; (b) in caso di morte, per quanto riguarda la donazione di organi, le modalità di trattamento del corpo e le celebrazioni funerarie (art. 1, 40° co., l. n. 76/2016). La designazione è effettuata in forma scritta e autografa oppure, in caso di impossibilità di redigerla, alla presenza di un testimone (art. 1, 41° co., l. n. 76/2016). Il convivente di fatto, inoltre, può essere nominato tutore, curatore o amministratore di sostegno, qualora l'altra parte sia dichiarata interdetta o inabilitata ai sensi delle norme vigenti ovvero ricorrano i presupposti di cui all'art. 404 cod. civ. (art. 1, 48° co., l. n. 76/2016). Peraltro, con decorrenza dalla entrata in vigore della l. 22.12.2017, n. 219 ("Norme in materia di consenso informato e di disposizioni anticipate di trattamento": § 78.3), devono ritenersi tacitamente abrogati i commi 40 e 41, appena illustrati, fatta eccezione per l'art. 1, 40° co., lett. b.

Una disposizione alquanto innovativa (ed un po' macchinosa) viene dettata per la sorte della **casa di comune residenza**. In caso di morte del proprietario della casa di comune residenza, il convivente di fatto superstite ha diritto di **continuare ad abitare** nella stessa per due anni o per un periodo pari alla convivenza se superiore a due anni e comunque non oltre i cinque anni. Ove nella stessa coabitino figli minori o figli disabili del convivente superstite, il medesimo ha diritto di continuare ad abitare nella casa di comune residenza per un periodo non inferiore a tre anni (art. 1, 42° co., l. n. 76/2016). La norma appena ricordata, nel suo *incipit,* fa salvo quanto previsto dall'art. 337-*sexies* cod. civ.: nella crisi della famiglia, cioè, il godimento della casa familiare è attribuito tenendo prioritariamente conto dell'interesse dei figli.

Il diritto di abitazione, comunque, viene meno nel caso in cui il convivente superstite cessi di abitare stabilmente nella casa di comune residenza o in caso di matrimonio, di unione civile o di nuova convivenza di fatto (art. 1, 43° co., l. n. 76/2016).

Meno innovative (costituendo in larga parte il consolidamento, nel diritto positivo, di un indirizzo giurisprudenziale affermatosi) sono altre due disposizioni: quella secondo cui nei casi di **morte** del **conduttore** o di suo **recesso** dal contratto di locazione della casa di comune residenza, il convivente di fatto ha la facoltà di succedergli nel contratto (art. 1, 44° co., l. n. 76/2016); quella per la quale in caso di **decesso** del **convivente** di fatto, derivante da fatto illecito di un terzo, nell'individuazione del **danno risarcibile** alla parte superstite si applicano i criteri individuati per il risarcimento del danno al coniuge superstite (art. 1, 49° co., l. n. 76/2016). Con quest'ultima norma, in particolare, si è inteso recepire un indirizzo giurisprudenziale che si poggia su una piena valorizzazione delle norme sulla responsabilità civile (artt. 2043 e 2059 cod. civ.) alla luce dei principî costituzionali (si veda, di recente, Cass., 13.4.2018, n. 9178, nonché Cass., 21.4.2016, n. 25845, per la risarcibilità del danno a seguito della morte del figlio del convivente).

In due casi il legislatore ha utilizzato la tecnica dell'aggiunta o della modifica di norme del codice civile e del codice di procedura civile. Avendo riguardo, in particolare, al codice civile (per la modifica dell'art. 712 cod. proc. civ. si veda, invece, l'art. 1, 47° co., l. n. 76/2016), è previsto dall'art. 1, 46° co., l. n. 76/2016 che dopo l'art. 230-*bis* cod. civ. sia inserito l'art. 230-*ter* cod. civ.: "al convivente di fatto che presti stabilmente la propria opera all'interno dell'impresa dell'altro convivente spetta una partecipazione agli utili dell'**impresa familiare** ed ai beni acquistati con essi nonché agli incrementi dell'azienda, anche in ordine all'avviamento, commisurata al lavoro prestato. Il diritto di partecipazione non spetta qualora tra i conviventi esista un rapporto di società o di lavoro subordinato".

Nulla si dice nei commi illustrati circa lo scioglimento del rapporto. La giurisprudenza è recentemente intervenuta sull'esperibilità della generale azione di arricchimento a norma dell'art. 2041 cod. civ. per le prestazioni a vantaggio del convivente *more uxorio*. Muovendo dall'insegnamento secondo cui l'azione generale di arricchimento ha come presupposto la locupletazione di un soggetto a danno dell'altro che sia avvenuta senza giusta causa, è possibile configurare l'ingiustizia dell'arricchimento da parte di un convivente *more uxorio*, nei confronti dell'altro, in presenza di prestazioni che esulano dall'adempimento delle obbligazioni nascenti dal rapporto di convivenza e travalicano i limiti di proporzionalità e adeguatezza. Ciononostante, il contenuto di tali prestazioni va parametrato sulle condizioni sociali e patrimoniali dei componenti della famiglia di fatto (Cass., 7.6.2018, n. 14732).

470.1. *I contratti di convivenza*

I conviventi di fatto possono disciplinare i **rapporti patrimoniali** relativi alla loro vita in comune con la sottoscrizione di un **contratto di convivenza** (art. 1, 50° co., l. n. 76/2016). Il contratto non può essere sottoposto a termine o a condizione; qualora questi elementi accidentali siano presenti, si hanno per non apposti (art. 1, 56° co., l. n. 76/2016).

Il contratto di convivenza, le sue modifiche e la sua risoluzione (ossia il suo scioglimento) sono redatti in **forma** scritta (atto pubblico o scrittura privata), con sottoscrizione autenticata da un notaio o da un avvocato che ne attestano la conformità alle norme imperative ed all'ordine pubblico (art. 1, 51° co., l. n. 76/2016). Ai fini della **opponibilità ai terzi**, il professionista deve provvedere nei successivi dieci giorni a trasmettere copia dell'atto al Comune di residenza dei conviventi per l'iscrizione all'anagrafe (art. 1, 52° co., l. n. 76/2016).

Il contratto di convivenza può avere il seguente **contenuto** (art. 1, 53° co., l. n. 76/2016): (a) l'indicazione della residenza; (b) le modalità di contribuzione alle necessità della vita in comune, in relazione alle sostanze di ciascuno e alle capacità di lavoro professionale o casalingo; (c) il regime patrimoniale della comunione dei beni, di cui alla sezione III del capo VI del titolo VI del Libro primo del codice civile. Quest'ultimo riferimento normativo sta a significare che le parti possono adottare il regime della comunione legale (artt. 177-197 cod. civ.). Il regime patrimoniale scelto può essere modificato in qualunque momento nel corso della convivenza, ricorrendo alla forma di cui al comma 51 (art. 1, 54° co., l. n. 76/2016).

Il contratto di convivenza è **nullo** se concluso (art. 1, 57° co., l. n. 76/2016): (a) in presenza di un vincolo matrimoniale, dell'unione civile o di altro contratto di convivenza; (b) in violazione del 36° co., che indica i presupposti sostanziali per l'esistenza di una convivenza di fatto (§ 470); (c) da una persona di minore età (si ricordi invece che, come regola generale, l'incapacità a contrarre, come quella dei minorenni, determina l'annullamento dell'atto giuridico negoziale); (d) da persona interdetta giudizialmente (valgono le considerazioni appena svolte a proposito dell'impugnazione dell'atto giuridico negoziale compiuto da un incapace); (e) in caso di condanna per il delitto di cui all'art. 88 cod. civ.: ciò vuol dire che è nullo il contratto di convivenza in caso di condanna per omicidio consumato o tentato nei confronti del coniuge della persona con cui poi si conclude il contratto stesso.

Il contratto di convivenza si **risolve** per (art. 1, 59° co., l. n. 76/2016): (a) accordo delle parti; (b) recesso unilaterale; (c) matrimonio o unione civile tra i conviventi o tra un convivente ed un'altra persona; (d) morte di uno dei contraenti.

La risoluzione per accordo delle parti o per recesso unilaterale deve essere redatta nelle forme previste dall'art. 51 della l. n. 76/2016. Con la risoluzione del contratto si scioglie l'eventuale comunione dei beni e trovano applicazione, in quanto compatibili, gli artt. 177 ss. cod. civ. (art. 1, 60° co., l. n. 76/2016).

Nel caso di recesso unilaterale da un contratto di convivenza, il professionista che riceve o che autentica l'atto è tenuto, oltre alla comunicazione presso il Comune di residenza dei conviventi, a notificare copia all'altro contraente all'indirizzo risultante dal contratto. Nel caso in cui la casa familiare sia nella disponibilità esclusiva del recedente, la dichiarazione di recesso, a pena di nullità, deve contenere il termine, non inferiore a novanta giorni, concesso al convivente per lasciare l'abitazione (art. 1, 61° co., l. n. 76/2016).

Nel caso di cui alla lett. c del 59° co., il contraente che ha contratto matrimonio o unione civile deve notificare all'altro contraente, nonché al professionista che ha ricevuto o autenticato il contratto di convivenza, l'estratto di matrimonio o di unione civile (art. 1, 62° co., l. n. 76/2016).

Nel caso di cui alla lett. d del 59° co., il contraente superstite o gli eredi del contraente deceduto devono notificare al professionista che ha ricevuto o autenticato il contratto di convivenza l'estratto dell'atto di morte affinché provveda ad annotare a margine del contratto di convivenza l'avvenuta risoluzione del contratto e a notificarlo all'anagrafe del Comune di residenza (art. 1, 63° co., l. n. 76/2016).

In caso di cessazione della convivenza di fatto, il giudice stabilisce il diritto del convivente di ricevere dall'altro convivente gli **alimenti** qualora versi in stato di bisogno e non sia in grado di provvedere al proprio mantenimento. In tali casi, gli alimenti sono assegnati per un periodo proporzionale alla durata della convivenza e nella misura determinata ai sensi dell'art. 438, 2° co., cod. civ. ("essi devono essere assegnati in proporzione del bisogno di chi li domanda e delle condizioni economiche di chi deve somministrarli. Non devono tuttavia superare quanto sia necessario per la vita dell'alimentando, avuto però riguardo alla sua posizione sociale"). Ai fini della determinazione dell'ordine degli obbligati ai sensi dell'art. 433 cod. civ., l'obbligo alimentare del convivente è adempiuto con precedenza sui fratelli e sulle sorelle (art. 1, 65° co., l. n. 76/2016).

Parte undicesima

LE SUCCESSIONI

Capitolo 78
PRINCIPI GENERALI

SOMMARIO: 471. Nozione di diritto successorio. Rapporti trasmissibili a causa di morte. – 472. Eredità e legato: primi concetti. – 473. Il procedimento successorio: apertura della successione e delazione. – 474. Le cause di delazione dell'eredità. Il divieto di patti successori. – 475. I presupposti della delazione.

471. Nozione di diritto successorio. Rapporti trasmissibili a causa di morte.

Si è già detto, in altra parte del Corso, del concetto di successione (§ 136). Qui si deve avere riguardo al fenomeno delle **successioni a causa di morte**, disciplinate nel Libro secondo del codice civile (artt. 456 ss. cod. civ.). **In senso oggettivo** il diritto successorio va inteso come un complesso di norme in base alle quali, alla morte di una persona, il suo patrimonio si trasmette ad altre persone (eredi e legatari). **In senso soggettivo** il diritto successorio indica il diritto degli eredi e dei legatari a succedere nei rapporti patrimoniali del defunto.

La regola generale è che sono trasmissibili i **diritti patrimoniali** del defunto (come confermato, peraltro, da diverse norme del diritto successorio: si veda, ad esempio, l'art. 588 cod. civ., ove si discute di "quota dei beni"; l'art. 587 cod. civ., in cui si indica il testamento come l'atto revocabile con cui taluno dispone di "tutte le proprie sostanze o di parte di esse").

È trasmissibile anche il diritto di accettare l'eredità (art. 479 cod. civ.).

Eccezionalmente, alcuni rapporti patrimoniali non sono trasmissibili: è il caso, solo a titolo di esempio, dei diritti di usufrutto, di uso e di abitazione, che sono legati alla vita del titolare. Ove però questi siano oggetto di legato, e il legatario deceda senza averli accettati o rinunciati, l'erede acquisisce la medesima posizione del dante causa (con riferimento all'usufrutto, Cass., 27.8.2020, n. 17861). Parimenti, non si ha trasmissibilità per i rapporti patrimoniali *intuitu personae*: si pensi al mandato, alla qualità di socio nella società semplice, al rapporto di lavoro. Anche il contratto di appalto si scioglie al momento della morte dell'appaltatore, se la considerazione della sua persona sia stata motivo determinante del contratto (art. 1674 cod. civ.). Non si trasmettono, ancora, i rapporti patrimoniali legati ad uno *status* familiare.

Se la regola generale è la trasmissibilità dei rapporti patrimoniali (con le eccezioni di cui si è detto), non sono invece trasmissibili i **diritti della personalità**: il diritto alla vita, all'onore, all'integrità fisica, all'immagine, e così via.

Quanto al diritto di autore, è necessario distinguere. Il diritto patrimoniale d'autore (che è il potere di realizzare l'opera dell'ingegno e di sfruttarla economicamente) può trasmettersi a causa di morte. Il diritto morale d'autore (il diritto, cioè, a proteggere la paternità e l'integrità dell'opera) non si trasmette: alla morte del suo autore, la tutela di tale diritto spetta ad alcuni diretti congiunti (il coniuge ed i figli) indipendentemente dalla loro qualità di eredi.

472. Eredità e legato: primi concetti.

L'**eredità**, in senso oggettivo, è il patrimonio del defunto (comprendente sia l'attivo sia il passivo: § 40) nel momento in cui si trasmette ai suoi successori.

L'**erede** è sia colui che subentra in tutti i rapporti del defunto sia colui che vi succede in una parte (ad esempio nella metà, un terzo, un quarto); in quest'ultimo caso, è ovvio, si hanno più eredi (i coeredi). L'erede è successore universale a causa di morte (subentra, dunque, in tutto il patrimonio o in una quota del patrimonio del defunto).

Accanto alla successione universale vi è la successione a titolo particolare, costituita dal **legato**: se oggetto della eredità (della successione ereditaria, si dice anche) è l'intero patrimonio del defunto o una sua frazione matematica, oggetto del legato è l'attribuzione di un diritto su un bene, una condotta obbligatoria da parte dell'onerato oppure un beneficio consistente nella liberazione da un'obbligazione.

La distinzione ha fonte legislativa: è previsto che "le disposizioni testamentarie, qualunque sia l'espressione o la denominazione usata dal testatore, sono a titolo universale e attribuiscono la qualità di erede, se comprendono l'universalità o una quota dei beni del testatore. Le altre disposizioni sono a titolo particolare e attribuiscono la qualità di legatario" (art. 588, 1° co., cod. civ.).

Il codice istituisce la differenza tra eredità e legato quando si occupa della successione testamentaria (art. 588 cod. civ.). Va peraltro tenuto presente, sin da ora, il seguente rilievo: è vero che normalmente il legato nasce da una disposizione testamentaria. Esso, però, può nascere anche dalla legge (legato *ex lege*): si pensi al caso del coniuge superstite cui vengono attribuiti diritti di abitazione o di uso (art. 540, 2° co., cod. civ.: § 477).

Riassumendo: l'erede è successore a titolo universale; il legatario a titolo particolare; l'oggetto, nelle due successioni, è diverso.

Deve ora aggiungersi che diverso è anche il trattamento giuridico, come si avrà modo di approfondire nel prosieguo: l'erede, subentrando nel patrimonio del *de cuius* (costituito da attività e da passività) subentra anche nei debiti di questo (l'espressione *de cuius* deriva dal latino: *is de cuius hereditate agitur*). I debiti del defunto, in sostanza, diventano debiti dell'erede, che è chiamato a rispondere nei confronti dei creditori con tutto il suo patrimonio (anche *ultra vires*, ossia oltre l'attivo ereditario; deve essere fatta salva l'ipotesi dell'accettazione con beneficio d'inventario: §§ 514 ss.). Il legatario, invece, non risponde personalmente dei debiti ereditari (art. 756 cod. civ.);

inoltre, il legatario è tenuto all'adempimento del legato e di ogni altro onere a lui imposto entro i limiti del valore della cosa legata (art. 671 cod. civ.).

Qualora si rinvengano successivamente dei beni del *de cuius* (di cui non si conosceva l'esistenza o non indicati nel testamento), essi sono automaticamente attribuiti all'erede e non al legatario.

Ed ancora, chi è designato erede acquista l'eredità attraverso l'accettazione dell'eredità (§ 506), mentre il legatario acquista il legato in maniera automatica, senza bisogno di accettazione (semmai potrà rinunciarvi: §§ 494 ss.).

Infine, la designazione dell'erede non può assoggettarsi a termine, mentre l'efficacia del legato può essere assoggettata ad un termine (iniziale o finale) posto dal testatore.

Come si vede, è di fondamentale importanza distinguere fra eredità e legato. A tal fine va tenuta in considerazione un'ulteriore norma: "l'indicazione di beni determinati o di un complesso di beni non esclude che la disposizione sia a titolo universale, quando risulta che il testatore ha inteso assegnare quei beni come quota del patrimonio" (art. 588, 2° co., cod. civ.: ***institutio ex re certa***).

Ciò vuol dire che l'indicazione di beni determinati o di un complesso di beni non esclude che la disposizione sia a titolo universale, qualora risulti che il testatore abbia voluto assegnare quei beni come quota del patrimonio (Cass., 5.3.2020, n. 6125).

Esempio. Nel testamento è indicato che il testatore lascia tutti i suoi beni immobili ad Antonio e tutti suoi beni mobili a Luca. Antonio e Luca potranno essere considerati eredi.

Esempio. Nel testamento è previsto che il testatore lascia i beni situati nel Comune di Ancona ad Antonio, i beni situati nel Comune di Jesi a Luca. Anche in questo caso, all'esito dell'attività ermeneutica, si potrà concludere che Antonio e Luca sono eredi.

Per poter discutere di *institutio ex re certa* occorrerà che l'interprete accerti la volontà del testatore di assegnare i beni come quota del patrimonio. Indici significativi, in tale accertamento, si rinvengono nel fatto che nel testamento si sia fatto riferimento ai "beni immobili" e ai "beni mobili"; oppure ai beni situati in quella città e ai beni situati in quell'altra città. Ogni altro elemento delle disposizioni testamentarie dovrà essere passato al vaglio dell'interprete: ad esempio, l'esaurimento o meno dei beni dell'asse ereditario, attraverso i lasciti, è un'altra importante verifica da compiere (sulla forza espansiva dell'*institutio ex re certa* rispetto ai beni ignorati dal testatore o sopravvenuti si vedano Cass., 3.7.2019, n. 17868 e Cass., 9.4.2021, n. 9487; laddove invece la chiamata non copra l'intero patrimonio, e non si verta in una ipotesi di beni ignorati o sopravvenuti, opererà la successione legittima).

Va precisato che eredità e legato possono coesistere giacché l'erede o i coeredi non devono necessariamente subentrare in tutti i beni del defunto; devono subentrare, invece, nel patrimonio considerato come un tutto, ossia come universalità giuridica (che soltanto potenzialmente comprende tutti i beni in senso materiale). Qualora il legatario rinunci al legato a suo favore, l'oggetto del legato rimane in proprietà degli eredi.

Il 17 agosto 2015, con l'entrata in vigore del Regolamento UE n. 650/2012 (relativo alla riforma del diritto internazionale privato in materia di successioni a causa di morte), è stato introdotto, pure nell'ordinamento italiano, il **certificato successorio europeo** (CSE). Esso è stato previsto al fine di essere utilizzato: (1) dagli eredi e dai legatari i quali, in uno degli Stati dell'Unione europea, abbiano la necessità di far valere diritti successori; (2) dagli esecutori testamentari o dagli amministratori dell'eredità i quali, sempre in uno degli Stati dell'Unione, abbiano la necessità di far valere i loro poteri. Il Certificato successorio europeo è rilasciato da un notaio italiano se, ad esempio, la residenza abituale o la cittadinanza del defunto è in Italia al momento della morte.

Contro le risultanze del certificato notarile è ammesso reclamo davanti al tribunale del luogo in cui è residente il notaio certificante (art. 32, 2° co., l. n. 161/2014, che ha dato attuazione al Regolamento UE n. 650/2012).

È auspicabile che il legislatore introduca il certificato successorio anche per quelle successioni che non abbiano profili di "internazionalità", come previsto dal Regolamento UE n. 650/2012 (anche perché la dichiarazione sostitutiva di atto di notorietà, oggi utilizzata nella prassi, non basta per provare la qualifica di erede di un soggetto: Cass., 22.5.2019, n. 13713). Si è più volte affermato, del resto, che l'armonizzazione a livello europeo non può costituire una "discriminazione alla rovescia" per i cittadini del Paese che opera questa armonizzazione (Corte cost., n. 443/1997; Corte cost., n. 341/2007; Corte di Giustizia UE, 16.6.1994).

473. Il procedimento successorio: apertura della successione e delazione.

Occorre iniziare a studiare i concetti di apertura della successione e delazione, attraverso cui si svolge il procedimento successorio.

Per il codice civile "la **successione si apre** al momento della morte, nel luogo dell'ultimo domicilio del defunto" (art. 456 cod. civ.). Il fenomeno successorio è determinato dalla morte del *de cuius*: da questo momento trovano applicazione le norme del Libro secondo del codice civile.

La **delazione** (o devoluzione) indica la destinazione del patrimonio o di specifiche situazioni giuridiche, già appartenenti all'ereditando, ad uno o più soggetti. In caso di successione a titolo universale il chiamato potrà compiere immediatamente un atto di accettazione (il patrimonio, dunque, è "destinato" alla successione, ma ancora non si sa se e quali eredi accetteranno); nel caso di successione a titolo particolare si produrrà l'effetto acquisitivo del lascito a titolo particolare (art. 649 cod. civ.).

In aderenza al linguaggio del codice, conviene designare con il termine **chiamato** colui che può accettare subito l'eredità alla morte del *de cuius* (la delazione, si dice, è "attuale"); con il termine **istituito**, invece, si indica colui che ancora non vanta questo diritto (si pensi, ad esempio, al soggetto istituito sotto condizione sospensiva o al nascituro). In quest'ultimo caso vi è chi, discostandosi dal codice, parla di "vocato" senza delazione.

Talvolta, nel linguaggio giuridico, si discute di "**vocazione**" anche per indicare il titolo (la legge o il testamento) in base al quale si succede. Per alcuni interpreti, però, in questo modo l'utilizzo dei termini "vocazione" e "delazione" comporterebbe la duplicazione dello stesso concetto.

Se si aggiunge che il codice civile non fa mai riferimento alla vocazione (il che alimenta le diverse ricostruzioni dottrinali in materia), almeno a livello di corso istituzionale ci si può limitare ad impiegare, nel prosieguo, il termine "delazione" nel senso poc'anzi chiarito (nonché i termini "chiamato" ed "istituito" che compaiono, questi sì, nel codice civile: artt. 460, 480, 641, 688, 692 cod. civ.).

474. *Le cause di delazione dell'eredità. Il divieto di patti successori.*

A norma dell'art. 457, 1° co., cod. civ. (rubricato **delazione** dell'**eredità**), l'eredità si devolve per legge o per testamento. La successione legittima si basa sui rapporti di famiglia, la successione testamentaria sulla volontà del defunto.

Non si fa luogo alla **successione legittima** se non quando manchi, in tutto o in parte, quella **testamentaria** (art. 457, 2° co., cod. civ.). Se non vi è testamento (perché il *de cuius* non aveva alcuna intenzione di farlo o perché non ha fatto in tempo a provvedervi) vengono in considerazione le norme sulla successione legittima; queste ultime, peraltro, trovano applicazione anche quando vi sia testamento ma questo non si è occupato, per intero, di tutto il patrimonio del *de cuius* (il testatore, ad esempio, ha disposto soltanto della sua casa in campagna oppure si è dimenticato di indicare nel testamento alcuni suoi beni).

La volontà testamentaria, va aggiunto, deve mantenersi entro certi limiti previsti dalla legge: il codice, pertanto, indipendentemente e anche contro la volontà del testatore, assicura ai più stretti congiunti dello stesso una parte del suo patrimonio a titolo di porzione legittima (o riserva): si tratta del coniuge, dei figli e degli ascendenti. A favore dei discendenti dei figli, i quali vengono alla successione in luogo di questi, la legge riserva gli stessi diritti che sono riservati ai figli. Si è, in questi casi, di fronte alla c.d. **successione necessaria**. Al coniuge è equiparato, ai fini successori, il contraente l'unione civile (art. 1, 21° co., l. n. 76/2016).

La successione necessaria, si badi, è pur sempre una successione legittima; essa limita, però, quella testamentaria, nei casi in cui il testatore abbia lasciato tutto il suo patrimonio (o gran parte di esso) ai terzi, in pregiudizio dei familiari più stretti (in casi particolari, si aggiunga, la successione necessaria potrà operare anche come correttivo della successione legittima laddove, in presenza di donazioni effettuate in vita dal *de cuius*, le quote attribuite per successione legittima risultino lesive della quota di riserva spettante al legittimario).

Come si legge in alcune trattazioni, la successione legittima si presenta come una sorta di diritto "suppletivo", che si applica in assenza di una contraria volontà del testatore; la successione necessaria, invece, come un diritto imperativo, inderogabile dalla volontà del testatore.

L'autonomia privata, in materia, si esplica attraverso il testamento, con cui il testatore dispone a proprio piacimento del patrimonio, per il tempo in cui avrà cessato di vivere (con i limiti previsti dalla disciplina legislativa in materia di successione necessaria: Cap. 81).

Non è possibile ricorrere a strumenti dell'autonomia privata diversi dal testamento. Da qui il **divieto** e la **nullità** dei **patti successori**. È previsto "che fatto salvo quanto disposto dagli artt. 768-*bis* e seguenti, è nulla ogni convenzione con cui taluno dispone della propria successione. È del pari nullo ogni atto con il quale taluno dispone dei diritti che gli possono spettare su una successione non ancora aperta, o rinunzia ai medesimi" (art. 458 cod. civ.).

La norma fa riferimento ad una serie di patti o atti unilaterali (che propriamente non possono definirsi "patti"), suscettibili della seguente classificazione:

(a) **patti istitutivi**, con cui l'ereditando dispone della propria futura successione. Si tratta, quindi, di contratto *mortis causa* (gratuito o oneroso), all'interno del quale ci si obbliga ad effettuare una istituzione di eredità o un legato (non integra invece un patto vietato la mera promessa verbale di istituire qualcuno come beneficiario del proprio testamento, non determinando quest'ultima alcuna limitazione alla libertà del testatore: Cass., 21.2.2022, n. 5555).

Esempio. Tizio si accorda con Caio e Sempronio, convenendo con loro che nominerà erede Caio, e legherà a Sempronio un bene specifico.

Esempio. Viene concluso un accordo con cui A si obbliga a lavorare per B, che in cambio si obbliga a nominarlo erede.

(b) **Patti dispositivi**, con cui un soggetto attribuisce, ad un'altra persona, diritti che potrebbe ottenere a titolo ereditario. Si tratta di atti *inter vivos*. I patti dispositivi hanno generalmente natura contrattuale.

Esempio. Con una scrittura Andrea vende a Michele la casa di Anzio che lo stesso Andrea presume di ricevere da Gino in qualità di suo erede.

(c) **Patti rinunciativi**, con cui in anticipo si rinuncia ad eventuali diritti ereditari. Si è di fronte, anche in questo caso, ad atti *inter vivos*.

Esempio. Rinuncio ai due immobili di Parma che mio padre dovrebbe lasciarmi al momento della sua morte.

Esempio. Rinuncio, fin da ora, all'azione di riduzione, con la quale potrei impugnare le donazioni effettuate da mio padre, ove queste si dimostrassero lesive della mia quota di legittima.

Si ritiene che la rinuncia di cui all'art. 458 cod. civ. possa assumere la forma della rinuncia unilaterale o della rinuncia contrattuale. Quest'ultima può essere stipulata con colui al quale il rinunciante dovrebbe succedere oppure con i soggetti che trarrebbero beneficio dalla rinuncia (ad esempio, il coerede con diritto di accrescimento:

§ 495.3). La rinuncia, si vedrà, è invece consentita dopo l'apertura della successione, che si ha al momento della morte del *de cuius*.

La ***ratio* del divieto** va studiata in relazione ai diversi tipi di patto successorio. Per i patti istitutivi si può ritenere che il legislatore abbia inteso salvaguardare la libertà testamentaria: se mi impegno con un contratto a nominare Caio mio erede, quali saranno le conseguenze di un mio ripensamento? La libertà testamentaria, peraltro, è tutelata dal legislatore non soltanto con la norma in esame, ma anche attraverso altre regole codicistiche (si pensi, ad esempio, alla disciplina sulla revoca del testamento e a quella sulla "revoca della revoca": § 497).

Negli altri due patti esaminati la ragione del divieto si spiega in altro modo: vi è, qui, l'esigenza di non legare scelte giuridiche-economiche (che coinvolgono, necessariamente, anche terzi) a presupposti non certi e suscettibili di essere modificati attraverso le scelte del *de cuius*. L'oggetto dei patti dispositivi e rinunciativi, a ben vedere, sono aspettative di fatto. Alcuni interpreti, va aggiunto, ritengono che la ragione del divieto dei patti dispositivi e rinunciativi vada individuata nella ripugnanza sociale verso atti di speculazione sull'eredità di persona ancora viva.

Attualmente, peraltro, il divieto dei patti successori non può più essere considerato un dogma: l'art. 458 cod. civ., nella formulazione introdotta con la l. n. 55/2006, fa salvo quanto disposto dagli artt. 768-*bis* ss. cod. civ. sui patti di famiglia, di cui si dirà nel prosieguo (§ 529).

È considerato valido il c.d. *mandatum post mortem exequendum*, con cui si dà incarico ad un mandatario, al momento della morte, di eseguire materialmente l'attribuzione di beni di cui si è già disposto (si pensi alle disposizioni sulla sepoltura). Tale figura è diversa dal c.d. mandato *mortis causa*, che è l'incarico, contenuto nel testamento, di svolgere un'attività giuridica alla morte del mandante (si pensi alla figura dell'esecutore testamentario: § 496). È illecito, invece, il mandato *post mortem*, con cui si incarica il mandatario, dopo la morte, di disporre di beni del patrimonio del mandante. Non configura, invece, un patto successorio il *trust* istituito per trasmettere un patrimonio ai beneficiari alla morte del disponente, trattandosi di atto tra vivi riconducibile nell'ambito della categoria delle liberalità non donative (Cass., Sez. Un., 12.7.2019, n. 18831); né violerà il divieto di cui all'art. 458 cod. civ. quella promessa di pagamento avente quale termine iniziale di esigibilità la morte del creditore, configurando in tal caso la successione un mero "criterio temporale di efficacia della dichiarazione di volontà" (Cass., 23.3.2022, n. 9415).

I **patti successori**, attualmente, devono essere studiati anche alla luce del Regolamento UE n. 650/2012, che definisce gli stessi come accordi che conferiscono, modificano o revocano, con o senza corrispettivo, diritti nella successione futura di una o più persone parti degli accordi (art. 1, par. 1, Reg. n. 650/2012). Il Regolamento si occupa anche della questione della validità e della legge regolatrice dei patti successori. È previsto che: (a) il patto destinato a regolare la successione di una sola persona è disciplinato, per ammissibilità, validità sostanziale ed effetti vincolanti, dalla legge che sarebbe stata applicabile in forza del Regolamento alla successione di questa persona, se la stessa fosse deceduta il giorno in cui il patto è stato concluso (art. 25, par. 1,

Reg. n. 650/2012); (b) il patto destinato a regolare la successione di più persone deve essere ammissibile secondo tutte le leggi che avrebbero regolato le successioni di ciascuna delle persone interessate ed è regolato, in quanto a validità ed effetti, dalla legge con la quale presenta il collegamento più stretto (art. 25, par. 2, Reg. n. 650/2012); (c) le parti possono **scegliere** la **legge regolatrice** del loro patto successorio, nei termini consentiti dall'art. 22, tra quelle che la persona o anche una soltanto delle persone della cui successione si tratta avrebbe potuto scegliere (art. 25, par. 3, Reg. n. 650/2012). In pratica, in base a quest'ultima disposizione, nel caso di patti successori tra un cittadino di un Paese in cui i patti successori sono ammessi ed un italiano (per il quale sono, in generale, vietati), è sufficiente scegliere la legge che ammette il patto affinché esso sia valido.

475. I presupposti della delazione.

I presupposti della delazione sono: (a) la morte di colui della cui eredità si tratta; (b) la sopravvivenza dell'erede o del legatario; (c) la capacità di succedere.

Viventis nulla hereditas, dicevano i latini. Anche coloro cui spetta il diritto di legittima o di riserva (§§ 498 ss.) acquistano tale diritto con la morte del ***de cuius***.

L'**erede** o il **legatario devono sopravvivere** al momento della delazione. Ove, al contrario, l'erede designato, vivente al momento della disposizione testamentaria, risultasse morto al momento dell'apertura della successione, la disposizione testamentaria sarà considerata come non scritta (fatta salva l'operatività degli istituti della sostituzione, rappresentazione, e accrescimento: § 495; oppure della trasmissione del diritto di accettare di cui all'art. 479 cod. civ. in caso di morte successiva alla delazione).

L'erede o il legatario, inoltre, devono essere **capaci di succedere** (l'azione per far dichiarare l'incapacità di succedere è imprescrittibile).

Sono capaci di succedere tutti coloro che sono nati o concepiti al tempo dell'apertura della successione (art. 462, 1° co., cod. civ.). Salvo prova contraria, si presume concepito al tempo dell'apertura della successione chi è nato entro i trecento giorni dalla morte della persona della cui successione si tratta (art. 462, 2° co., cod. civ.). Se è chiamato un concepito, l'amministrazione spetta al padre e alla madre (art. 643, 2° co., cod. civ.). Possono inoltre ricevere per testamento i figli di una determinata persona vivente al tempo della morte del testatore, benché non ancora concepiti (art. 462, 3° co., cod. civ.).

Hanno la capacità di succedere per testamento le organizzazioni di ogni genere (non esistono più, per gli enti non lucrativi, le limitazioni che esistevano in passato).

Alcuni soggetti, poi, presentano un'incapacità di succedere in relazione alla particolare situazione in cui si trovano: si fa riferimento alla indegnità a succedere e alla incompatibilità (su quest'ultimo istituto, che, riguarda la successione testamentaria, § 485).

È escluso dalla successione come **indegno** (art. 463 cod. civ.): (1) chi ha volontariamente ucciso o tentato di uccidere la persona della cui successione si tratta, o il coniuge, o un discendente, o un ascendente della medesima, purché non ricorra alcuna delle cause che escludono la punibilità a norma della legge penale; (2) chi ha commesso, in danno di una di tali persone, un fatto al quale la legge dichiara applicabili le disposizioni dell'omicidio (artt. 579 e 580 cod. pen.); (3) chi ha denunziato una di tali persone per reato punibile con l'ergastolo o con la reclusione per un tempo non inferiore nel minimo di tre anni, se la denunzia è stata dichiarata calunniosa in giudizio penale; ovvero ha testimoniato contro le persone medesime imputate dei predetti reati, se la testimonianza è stata dichiarata, nei confronti di lui, falsa in giudizio penale; (3-*bis*) chi, essendo decaduto dalla responsabilità genitoriale nei confronti della persona della cui successione si tratta a norma dell'art. 330 cod. civ., non è stato reintegrato nella responsabilità genitoriale dalla data di apertura della successione medesima; (4) chi ha indotto con dolo o violenza la persona, della cui successione si tratta, a fare, revocare o mutare il testamento, o ne l'ha impedita; (5) chi ha soppresso, celato o alterato il testamento dal quale la successione sarebbe stata regolata; (6) chi ha formato un testamento falso o ne ha fatto scientemente uso. Le ipotesi di indegnità ora indicate devono ritenersi tassative: ne deriva che non può ritenersi in esse ricompreso il delitto di abbandono dell'incapace (Cass., 28.4.2022, n. 13266).

L'art. 609-*novies* cod. pen., inoltre, prevede che la condanna per determinati reati a sfondo sessuale determini "l'esclusione dalla successione della persona offesa".

L'indegno è obbligato a restituire i frutti che gli sono pervenuti dopo l'apertura della successione (art. 464 cod. civ.).

Chi sia escluso per indegnità dalla successione non ha sui beni della medesima, che siano devoluti ai suoi figli in virtù del meccanismo successorio, i diritti di usufrutto o di amministrazione che la legge accorda ai genitori (art. 464 cod. civ.). Si vuole evitare che l'indegno riceva un vantaggio, ancorché indiretto, dalla successione.

L'indegno, peraltro, può essere riabilitato, con **riabilitazione espressa** o **tacita**. Ecco cosa prevede il codice (art. 466 cod. civ.): chi è incorso nell'indegnità, è ammesso a succedere quando la persona, della cui successione si tratta, lo ha espressamente abilitato con atto pubblico o testamento. Tuttavia, l'indegno non espressamente abilitato, se è stato contemplato nel testamento quando il testatore conosceva la causa dell'indegnità, è ammesso a succedere nei limiti della disposizione testamentaria.

Ancorché debba ritenersi più aderente al dettato ed al fondamento dell'art. 463 cod. civ. la tesi che rinviene nell'indegnità una forma di incapacità a succedere, tende a prevalere, soprattutto in giurisprudenza, l'idea che ravvisa nell'indegnità una causa di esclusione, la quale opererebbe in forza di una pronuncia del giudice, avente carattere costitutivo (Cass., 5.3.2009, n. 5402; i latini dicevano che *indignus potest capere, sed non retinere*). Questa impostazione comporta che senza l'iniziativa di un interessato, diretta a far dichiarare l'indegnità, l'indegno conserva i suoi diritti successori; quest'ultimi, anzi, possono essere conservati definitivamente quando l'azione sia prescritta (l'azione di indegnità, viene rilevato, si prescrive nel termine ordinario di dieci anni). Con l. n. 4/2018 è stato introdotto il nuovo art. 463-*bis* cod. civ., il quale prevede la **sospensione dalla successione**, fino al decreto di archiviazione o alla sentenza definitiva di proscioglimento, per il coniuge o la parte dell'unione civile indagati per l'omicidio volontario o tentato nei confronti dell'altro coniuge o dell'altra parte dell'unione civile (oppure nei confronti di uno o entrambi i genitori, del fratello o della sorella).

Diversa è invece la **diseredazione**: si tratta di una disposizione testamentaria negativa, da cui si ricava la volontà del testatore di escludere un successibile, senza che peraltro possa individuarsi la volontà positiva (ancorché implicita) di chiamare altri alla sua successione.

La diseredazione si distingue dalla **preterizione**: con essa il testatore dispone di tutte le proprie sostanze a favore dei determinati soggetti, omettendo volontariamente un successibile *ex lege* non legittimario, il quale finisce per essere escluso indirettamente dal testamento. A differenza del diseredato, però, colui che sia stato pretermesso potrebbe comunque essere chiamato all'eredità in caso di eventuale apertura della successione legittima.

L'ammissibilità di una clausola di diseredazione continua ad essere discussa (in senso positivo, si veda Cass., 25.5.2012, n. 8352). Non potranno in ogni caso essere diseredati i legittimari, ad eccezione di quanto prevede l'art. 448-*bis* per il genitore decaduto dalla responsabilità genitoriale. Nella pratica, piuttosto che confezionare una clausola di diseredazione (posto che l'argomento circa la sua validità è alquanto dibattuto), si fa generalmente ricorso alla preterizione: inoltre, per evitare che la delazione testamentaria non vada a buon fine (nel caso in cui l'erede istituito non voglia o non possa accettare) e sia chiamata alla successione proprio la persona che si voleva escludere, si prevede una preterizione con la contestuale previsione di una molteplicità di sostituzioni ovvero di una sostituzione plurima ai sensi dell'art. 689 cod. civ. (§ 495.1).

Capitolo 79
LA SUCCESSIONE LEGITTIMA

476. La successione legittima: nozione e presupposti di applicabilità.

Ai sensi dell'art. 457, 1° co., cod. civ. "l'**eredità** si devolve per **legge** o per **testamento**". Ciò vuol dire che la designazione dei soggetti chiamati all'eredità nonché la determinazione dell'oggetto di tali diritti possono rinvenirsi in norme di legge (eredità che si devolve per legge) oppure in disposizioni contenute in un testamento (eredità che si devolve per testamento).

Il titolo II del Libro sulle successioni (artt. 565-586 cod. civ.) è intitolato "Delle successioni legittime" e contiene un corpo di norme che stabiliscono i criteri di devoluzione dell'eredità in favore di determinati soggetti, detti **successibili** (art. 565 cod. civ.).

Si distingue, così, tra successione legittima, che ha titolo nella legge, e successione testamentaria, che ha titolo nel testamento. Occorre, però, tenere presente l'esatto significato di questa distinzione; infatti, sia in un caso (successione legittima) sia nell'altro (successione testamentaria) è sempre la legge a prevedere e regolare i presupposti e gli effetti della successione: è il codice civile a stabilire inderogabilmente quando e a che condizioni si apra la successione (art. 456 cod. civ.), così come è il codice stesso a prevedere che l'eredità possa devolversi secondo un modello prefigurato dal legislatore ovvero in conformità a quanto stabilito nel testamento (art. 457 cod. civ.). La distinzione tra successione legittima e successione testamentaria si coglie allora in ciò: nella prima, i destinatari della delazione ed il suo contenuto (misura e natura dei diritti ad essi spettanti) sono stabiliti direttamente dalla legge; nella seconda, dal testatore.

Si tratta allora di stabilire quando trovino applicazione le norme sulla successione legittima. Ebbene, è lo stesso art. 457, 2° co., cod. civ. a fornire una prima risposta: "non si fa luogo alla successione legittima se non quando manca, in tutto o in parte, quella testamentaria". Al momento dell'apertura della successione, dunque, occorre preliminarmente verificare se il *de cuius* sia morto senza lasciare testamento ovvero se abbia disposto, per via testamentaria, delle proprie sostanze. Nel primo caso le norme sulla successione legittima trovano piena applicazione ed il patrimonio ereditario viene devoluto interamente facendo ricorso ad esse; per usare le parole del codice, in detta fattispecie si fa luogo alla successione legittima in quanto manca in tutto quella testamentaria.

In presenza, invece, di un testamento valido ed efficace, è necessario verificare se con esso il testatore abbia disposto, a titolo universale, di tutte le proprie sostanze ovvero soltanto di una parte di esse (art. 587 cod. civ.). Allorché il testatore abbia disposto, con una o più istituzioni di erede, dell'intero suo patrimonio, le norme sulla successione legittima non trovano applicazione, e la devoluzione del patrimonio avviene secondo quanto stabilito nel testamento.

Esempio. Si immagini un testamento del seguente tenore: "nomino erede universale del mio patrimonio mio figlio Caio". Ed ancora: "nomino eredi mio figlio Tizio, mio nipote Caio ed il mio migliore amico Sempronio, lasciando a ciascuno di essi un terzo del mio patrimonio".

Negli esempi svolti le norme sulla successione legittima non operano, in quanto il testatore ha disposto a titolo universale dell'intero suo patrimonio (nel primo caso a favore di un unico soggetto; nel secondo caso in favore di più soggetti): il patrimonio viene interamente devoluto ai beneficiari indicati in testamento, nella misura e con le proporzioni stabilite dallo stesso (salvo che non si riscontri una violazione dei diritti riservati ai legittimari, nel qual caso occorre coordinarsi con le norme dettate in tema di successione necessaria: Cap. 81).

È importante evidenziare come l'esclusione della successione legittima operi solo allorquando il testatore disponga dell'intero suo patrimonio **a titolo universale**, cioè mediante una o più istituzioni di erede: qualora infatti il testatore disponesse di tutti i suoi beni mediante una pluralità di legati, si aprirà comunque la successione legittima la quale, come è evidente, avrà per oggetto un'eredità senza beni e eventualmente, in presenza di debiti, passiva.

Esempio. Ipotizzando che il patrimonio del testatore sia costituito solo di un'autovettura, un orologio antico ed un fondo rustico, si immagini un simile testamento: "lego la mia autovettura a mio figlio Tizio, il mio orologio antico a mio nipote Caio, il fondo rustico al mio amico Sempronio".

In questo esempio il testatore ha disposto dell'intero suo patrimonio, ma non a titolo universale bensì attraverso una pluralità di legati, cioè a titolo particolare: si apre, quindi, la successione legittima ed i successibili sono chiamati a succedere in un'eredità priva di beni; in caso di accettazione, poi, risponderanno dei pesi e dei debiti ereditari anche con il loro patrimonio personale (a meno che, si intende, accettino con beneficio di inventario: §§ 514 ss.).

Non si deve, infatti, ritenere che nella successione legittima (ma il discorso vale anche per quella testamentaria) il titolo di erede sia necessariamente correlato all'acquisto di beni: il conseguimento di un utile economico non è giuridicamente necessario ai fini della successione ereditaria; diversamente impostato è il meccanismo della successione necessaria, la quale, come si vedrà meglio in seguito, è volta essenzialmente a consentire al legittimario leso l'acquisto di beni.

Proseguendo, si ipotizzi che il *de cuius*, nel fare testamento, disponga solo di una parte del proprio patrimonio: in tal caso le norme sulla successione legittima trovano applicazione solo per quella parte ignorata dal testatore.

Esempio. Il testatore così dispone: "lascio un quinto del mio patrimonio al mio caro amico Sempronio". Oppure: "nomino eredi mio figlio Tizio e mio nipote Caio, lasciando a ciascuno di essi un terzo del mio patrimonio".

In entrambi i casi, le norme sulla successione legittima trovano applicazione in quanto il testatore ha disposto solo di una parte del proprio patrimonio (nel primo caso ha disposto di un quinto; nel secondo dei soli due terzi): la parte di patrimonio per la quale il testatore non ha disposto viene devoluta in favore dei soggetti designati dalle norme sulla successione legittima.

Per usare, ancora una volta, le parole del codice, in detta fattispecie si fa luogo alla successione legittima in quanto manca in parte quella testamentaria.

Da quanto detto emerge come le norme sulla successione legittima ricolleghino l'effetto giuridico della devoluzione del patrimonio ereditario, in favore dei c.d. successibili, a tutte quelle fattispecie in cui manchi, in tutto o in parte, un testamento, nel senso sopra precisato: esse, per ciò, hanno natura dispositiva (sono **norme giuridiche dispositive**).

Si comprende, allora, la ragione per cui la successione legittima è detta anche **successione *ab intestato*** (dal latino: da chi non ha fatto testamento) o, semplicemente, **intestata**.

L'argomento merita ancora qualche precisazione di carattere generale. Occorre considerare che, pur essendoci un testamento, esso potrebbe non produrre i suoi effetti in quanto invalido o, comunque, inefficace.

È possibile, così, come meglio si vedrà più avanti, che il testamento sia nullo, oppure che venga annullato o revocato, o ancora che non produca i suoi effetti in quanto non si sia verificata la condizione sospensiva ad esso apposta o, al contrario, che cessi di produrre effetti per il verificarsi di una condizione risolutiva prevista dal testatore o per risoluzione dipendente dall'inadempimento di un onere.

Può darsi, ancora, che alla delazione non consegua l'accettazione da parte del chiamato (il quale potrebbe avere rinunciato all'eredità) o che il suo diritto si sia prescritto o estinto per decadenza, oppure che intervenga una pronuncia di indegnità a succedere.

Qui, è vero, potrebbero trovare applicazione i meccanismi della delazione successiva, di cui si dirà (§§ 495 ss.); tuttavia, qualora non ne ricorressero i presupposti, le relative disposizioni testamentarie rimarrebbero prive di effetti.

È possibile, infine, che il nascituro, cui il testatore ha devoluto l'eredità, non venga ad esistenza.

Ebbene, in tutti questi casi di inefficacia del testamento, originaria o sopravvenuta, si verificano le stesse conseguenze che la legge ricollega alla sua mancanza: il patrimonio ereditario viene devoluto secondo le norme sulla successione legittima; si fa luogo alla successione legittima in tutto o in parte, a seconda che l'inefficacia colpisca l'intero negozio testamentario ovvero solo alcune sue disposizioni.

477. Natura dei diritti devoluti ai successibili.

Attraverso le norme sulla **successione legittima** si devolvono, in favore dei successibili, quote di eredità: nei loro confronti, dunque, opera una **successione a titolo universale**.

In alcuni casi particolari però vengono attribuiti, in aggiunta alla chiamata ereditaria o autonomamente da essa, diritti specifici, reali o di credito: siffatte attribuzioni vengono definite "legati *ex lege*" o "legati legittimi" e realizzano, nella successione legittima, una **successione a titolo particolare**.

Il legato, come si è accennato e come meglio si avrà modo di spiegare trattando la successione testamentaria, si caratterizza per il fatto di essere contenuto in una disposizione negoziale di ultima volontà, mentre solo in alcuni casi trova la sua fonte diretta nella legge. Il legato legittimo, allora, non è un vero e proprio legato ma, risolvendosi nell'attribuzione di uno specifico diritto, realizza un acquisto simile al legato: ciò comporta che ad esso potranno applicarsi, se pure solo per analogia, le norme dettate specificamente per i legati, tra le quali, in particolare, quella per cui il legato si acquista senza bisogno di accettazione, salva la facoltà di rinunziare (art. 649 cod. civ.).

Si fanno rientrare nella categoria dei legati *ex lege* le seguenti attribuzioni: il diritto di abitazione sulla casa adibita a residenza familiare ed il diritto di uso sui mobili che la corredano, previsti in favore del coniuge superstite (art. 540, 2° co., cod. civ.); il diritto all'assegno vitalizio che spetta al coniuge separato ed al quale la separazione sia stata addebitata (artt. 585, 548 cod. civ.); il diritto all'assegno periodico previsto in favore del coniuge divorziato (art. 9-*bis* l. n. 898/1970); il diritto all'assegno vitalizio previsto in favore dei figli nati fuori dal matrimonio non riconoscibili (art. 580 cod. civ.).

Va ricordato, infine, che nella successione legittima trovano applicazione le regole generali sulle modalità di acquisto dei diritti di natura ereditaria: l'acquisto dell'eredità richiede l'accettazione da parte del delato (che, perfezionatosi l'acquisto, diviene erede); il conseguimento del legato, come si è visto, non necessita di accettazione, salva, per il beneficiario, la facoltà di rinunziare ad esso. Con un'eccezione: allorquando l'eredità sia devoluta allo Stato, l'acquisto si perfeziona di diritto, senza bisogno di accettazione e non può farsi luogo a rinunzia (art. 586 cod. civ.).

478. Le categorie dei successibili.

L'art. 565 cod. civ. indica le categorie dei successibili, cioè dei soggetti ai quali, apertasi la successione legittima, sono attribuiti diritti sull'eredità del *de cuius*: "nella successione legittima l'eredità si devolve al coniuge, ai discendenti, agli ascendenti, ai collaterali, agli altri parenti e allo Stato, nell'ordine e secondo le regole stabilite nel presente titolo".

Il titolo di cui parla la norma è il titolo II del Libro delle successioni (artt. 565-586 cod. civ.), il quale è a sua volta suddiviso in tre capi: il capo I è dedicato alla successione dei parenti (intendendosi per tali, ai nostri fini, i figli nati nel matrimonio, fuori del matrimonio e i figli adottivi; i genitori e gli altri ascendenti; i fratelli e le sorelle; gli altri parenti fino al sesto grado); il capo II disciplina la successione del coniuge; il capo III quella dello Stato.

Occorre precisare che l'attuale apparato normativo è frutto dell'importante riforma legislativa intervenuta con la l. 19.5.1975, n. 151, che ha notevolmente modificato la disciplina del diritto di famiglia, introducendo rilevanti modifiche anche in campo successorio. La disciplina sulle successioni, inoltre, è stata toccata, nel corso degli anni, da alcuni interventi della Corte costituzionale, che ha sancito importanti principî e regole applicative alla luce delle norme costituzionali. Deve ricordarsi, poi, il già menzionato d.lgs. n. 154/2013, che in più parti è intervenuto a modificare il codice civile, anche in materia successoria; da ultimo, la l. n. 76/2016 ha introdotto la figura delle unioni civili tra persone dello stesso sesso, i cui contraenti hanno gli stessi diritti successori dei coniugi.

In genere, prescindendo dalla posizione del coniuge (il quale, quando è presente, impone di richiamare alcune specifiche regole: § 478.1) e considerando la categoria dei soli parenti, si distinguono tre **ordini successori** sequenziali: (a) i figli; (b) gli ascendenti con i fratelli e le sorelle; (c) gli altri parenti in linea collaterale sino al sesto grado.

Ora, nella successione dei suddetti parenti, per l'individuazione dei soggetti chiamati all'eredità valgono due principî generali: ciascun ordine successorio esclude il successivo e, all'interno di ciascun ordine, il grado più prossimo, di regola, esclude quello più lontano.

In applicazione della prima regola, la presenza di figli (appartenenti al primo ordine) impedisce la chiamata all'eredità degli ascendenti, dei fratelli e delle sorelle, e degli altri parenti sino al sesto grado (appartenenti agli ordini successivi).

Esempio. Tizio muore senza lasciare testamento e lascia in vita il suo unico figlio Tizietto, il padre Caio ed il fratello Sempronio.

Nell'esempio fatto, l'unico soggetto chiamato all'eredità è il figlio del *de cuius* (Tizietto), il quale appartiene al primo ordine e impedisce la chiamata sia del padre (Caio) sia del fratello (Sempronio) del defunto, appartenenti al secondo ordine.

In applicazione del secondo principio, invece, si ha che, all'interno del secondo ordine successorio, la presenza dei genitori (parenti di primo grado) esclude la chiamata dei nonni (parenti di secondo grado); e così via all'interno di ciascun ordine (si veda, però, § 478.2).

La chiamata, talvolta, coinvolge più parenti dello stesso ordine e dello stesso grado: si parla, in tal caso, di concorso fra successibili, nel quale, di regola, i chiamati concorrono all'eredità in parti uguali (per alcune precisazioni, però, § 478.2).

Esempio. Tizio muore senza lasciare testamento e lascia in vita soltanto i suoi due figli, Tizietto e Caio.

In questo esempio i figli del *de cuius* (Tizietto e Caio), appartenenti allo stesso ordine ed aventi lo stesso grado di parentela, sono chiamati a succedere in parti uguali: a ciascuno è devoluta metà dell'eredità (art. 566 cod. civ.).

È importante evidenziare che le regole in materia di successione legittima devono essere coordinate con quelle relative alla **rappresentazione** (§§ 495 ss.), la quale, nell'individuazione dei successibili, può comportare rilevanti eccezioni ed impedire la stessa applicazione dei principî e dei meccanismi di devoluzione propri della successione intestata.

Esempio. Tizio muore nell'anno 2000, senza redigere testamento, lasciando in vita soltanto suo fratello Caio e suo nipote Sempronio, figlio di un altro suo fratello, Mevio, morto nel 1998.

Nell'esempio fatto, la rigida applicazione dei principî operanti in materia di successione legittima porterebbe alla devoluzione dell'intero patrimonio in favore del fratello del *de cuius* (Caio), parente in linea collaterale di secondo grado: il principio per cui all'interno di ciascun ordine il grado più prossimo esclude quello più lontano, escluderebbe, infatti, dalla successione il nipote del defunto (Sempronio), parente in linea collaterale di terzo grado. Nel caso di specie, però, ricorrono tutti i presupposti per l'applicazione dell'istituto della rappresentazione: il fratello del *de cuius* (Mevio), primo chiamato, non può succedergli in quanto a lui premorto; esiste, però, un discendente del primo chiamato (Sempronio) in favore del quale opera la chiamata per rappresentazione (artt. 467 e 468 cod. civ.). Ne consegue che l'eredità viene devoluta per metà al fratello del *de cuius* (Caio) e per l'altra metà al nipote (Sempronio).

478.1. *La successione del coniuge.*

Secondo la disciplina originaria del codice del 1942, al coniuge del *de cuius* che concorreva con figli "legittimi" spettava l'usufrutto di una quota di eredità (l'usufrutto era della metà dell'eredità, se alla successione concorreva un solo figlio, di un terzo negli altri casi). Inoltre, l'eredità si devolveva interamente al coniuge solo in mancanza di parenti successibili entro il quarto grado.

La Riforma del diritto di famiglia del 1975 ha modificato radicalmente l'impianto originario del codice, privilegiando la posizione del coniuge, al quale, nella successione legittima, è sempre devoluta una quota di eredità non inferiore al terzo. Si studino, dunque, quali sono le regole attuali (tenendo conto, peraltro, del d.lgs. n. 154/2013).

Se al *de cuius* non sopravvivono figli, ascendenti, fratelli o sorelle, al **coniuge** si devolve tutta l'eredità (art. 583 cod. civ.).

In **presenza**, invece, di figli, ascendenti o fratelli e sorelle, il coniuge concorre con questi alla successione e gli viene devoluta una quota di eredità che varia a seconda del grado di parentela e del numero dei parenti superstiti.

In particolare, se il coniuge concorre con un solo figlio del *de cuius*, egli ha diritto alla metà dell'eredità, mentre l'altra metà spetta al **figlio** superstite; se concorre con più **figli**, ha diritto ad un terzo dell'eredità, mentre nei residui due terzi succedono, in parti uguali, i figli superstiti (art. 581 cod. civ.).

Il **concorso** del **coniuge** con uno o più **figli**, allora, **esclude** dalla chiamata **gli altri parenti** del *de cuius*, cioè gli ascendenti, i fratelli e le sorelle, con i quali concorre in **assenza di figli**. In quest'ultimo caso, al coniuge sono devoluti i due terzi dell'eredità, mentre il residuo terzo è devoluto agli ascendenti, ai fratelli e alle sorelle (anche se unilaterali) che concorrono col coniuge stesso (art. 582 cod. civ.).

Si dirà, in altra parte del Corso (§ 499), che l'art. 540, 2° co., cod. civ., dettato in tema di successione necessaria, riserva in favore del coniuge, anche quando questi concorra con altri chiamati, il **diritto di abitazione** sulla casa adibita a residenza familiare ed il diritto d'uso sui mobili che la corredano, se tali beni erano di proprietà del defunto ovvero di proprietà comune dei coniugi.

La norma non è riprodotta in sede di successione legittima ed è richiamata espressamente solo dall'art. 584 cod. civ., che disciplina la successione del coniuge putativo. Ciò nondimeno, si ritiene che gli stessi diritti di abitazione sulla casa familiare e di uso sui mobili che la corredano spettino al coniuge che succeda *ex lege*, anche quando non vi sia una lesione della legittima (sull'argomento è intervenuta la Corte costituzionale con una decisione interpretativa: Corte cost., ord., 5.5.1988, n. 527; si veda anche Cass., 6.4.2000, n. 4329).

La Suprema Corte, risolvendo un contrasto interpretativo alquanto acceso, ha chiarito che i diritti in questione del coniuge vengono "nella successione legittima in aggiunta alla quota a lui spettante ai sensi degli artt. 581 e 582 cod. civ." (Cass., Sez. Un., 27.2.2013, n. 4847). Il principio di diritto formulato dai giudici di legittimità è il seguente: "nella successione legittima spettano al coniuge del *de cuius* i diritti di abitazione sulla casa adibita a residenza familiare e di uso sui mobili che la corredano, previsti dall'art. 540, 2° co., cod. civ.; il valore capitale di tali diritti deve essere stralciato dall'asse ereditario, onde procedere poi alla divisione di quest'ultimo fra tutti i coeredi alla stregua delle norme sulla successione legittima e non tenendosi conto dell'attribuzione dei suddetti diritti, secondo un meccanismo assimilabile al prelegato" (sul prelegato § 494.1).

Tutti i diritti successori sopra descritti spettano anche al **coniuge separato**, a condizione che la separazione non gli sia stata addebitata. Nei confronti del coniuge al quale, con sentenza passata in giudicato, sia stata addebitata la separazione, trova applicazione la disposizione di cui all'art. 548, 2° co., cod. civ. (dettato in tema di successione necessaria ma richiamato, per la successione legittima, dall'art. 585 cod. civ.): il coniuge, in tal caso, ha diritto soltanto ad un assegno vitalizio se al momento dell'apertura della successione godeva degli alimenti a carico del coniuge deceduto. La norma precisa che l'ammontare dell'assegno è "commisurato alle sostanze ereditarie e alla qualità e al numero degli eredi legittimi, e non è comunque di entità superiore a quella della prestazione alimentare goduta". La stessa regola si applica se la separazione è stata addebitata ad entrambi i coniugi.

In caso di **divorzio** vengono meno i diritti successori di un coniuge verso l'altro; l'art. 9-*bis* della legge sul divorzio (l. n. 898/1970) prevede, però, che il tribunale possa attribuire, in favore dell'ex coniuge superstite, che già godeva di un assegno divorzile, e che dopo il decesso dell'obbligato si trovi in stato di bisogno, un assegno periodico a carico dell'eredità. Nel determinare l'importo dell'assegno, il giudice dovrà tenere conto di diversi elementi: l'entità dell'assegno divorzile e la gravità dello stato di bisogno, l'eventuale pensione di reversibilità, le sostanze ereditarie, il numero e la qualità degli eredi e le loro condizioni economiche; su accordo delle parti, l'assegno può essere corrisposto in un'unica soluzione. Il diritto all'assegno si estingue se il beneficiario passa a nuove nozze o viene meno il suo stato di bisogno. Se però quest'ultimo risorge, l'assegno può essere nuovamente attribuito.

I diritti di abitazione e di uso sopra considerati, il diritto all'assegno vitalizio in favore del coniuge separato con addebito ed il diritto all'assegno periodico del coniuge divorziato, rappresentano, come si è visto, altrettante forme di legati *ex lege*.

478.2. *La successione dei parenti.*

I parenti del *de cuius*, si è detto, possono dividersi in tre ordini: (a) figli; (b) ascendenti, fratelli e sorelle; (c) altri parenti collaterali dal terzo al sesto grado. Qualche ulteriore precisazione, in materia, è necessaria.

(a) Per quanto concerne i **figli**, deve anzitutto precisarsi che l'ordine comprende i figli nati nel matrimonio e fuori dal matrimonio (riconosciuti o dichiarati giudizialmente); ai figli sono equiparati i figli adottivi. A quest'ultimo proposito va precisato che la piena equiparazione fra figli e figli adottivi è stata attuata, per quel che riguarda l'adozione piena (§ 451), dall'art. 27 della l. n. 184/1983. È da ritenere, allora, che la nuova formulazione dell'art. 567, 1° co., cod. civ., così come risultante dal d.lgs. n. 154/2013 ("ai figli sono equiparati gli adottivi") si riferisca agli adottati di maggiore età *ex* artt. 291 ss. cod. civ. (§ 450) e agli adottati "in casi particolari" *ex* artt. 44 ss. l. n. 184/1983 (§ 452).

Nell'adozione delle persone di maggiore età, i figli adottivi sono estranei alla successione dei parenti dell'adottante (si confronti la nuova versione dell'art. 74 cod. civ. e l'art. 567, 2° co., cod. civ.). Vi è chi afferma, peraltro, che l'estraneità alla successione dei parenti dell'adottante dovrebbe riguardare anche i figli adottivi nell'adozione in casi particolari (si rimanda, sul punto, ai §§ 422 e 452).

Nel regime precedente, anche nella successione intestata spettava, ai figli "legittimi", il diritto di commutazione, che consentiva loro di estromettere, a certe condizioni, dalla comunione ereditaria, i figli "naturali" (artt. 566, 2° co., cod. civ. e 537, 3° co., cod. civ.). Tali disposizioni, oggi, sono state abrogate dal d.lgs. n. 154/2013.

I figli succedono, al padre ed alla madre, in parti uguali (art. 566 cod. civ.) e conseguono l'intera eredità in assenza del coniuge del *de cuius*: in presenza del coniuge, invece, concorrono alla successione con questi, nei termini di cui si è già detto (§ 478.1).

Si deve dire dei figli nati fuori del matrimonio non riconoscibili: ad essi spetta unicamente un assegno vitalizio pari all'ammontare della rendita della quota di eredità alla quale avrebbero diritto se la filiazione fosse stata dichiarata o riconosciuta. I beneficiari di detto assegno possono richiederne la capitalizzazione; possono cioè domandare di essere soddisfatti in un'unica soluzione in denaro oppure, a scelta degli eredi legittimi, in beni ereditari (art. 580 cod. civ.). Si tratta, come si è visto, di un'ipotesi di legato *ex lege*.

(b) I soggetti appartenenti al secondo ordine, cioè gli **ascendenti**, i **fratelli** e le **sorelle** del *de cuius*, succedono soltanto in assenza di figli.

La legge stabilisce che se il *de cuius* muore senza lasciare figli né fratelli o sorelle o loro discendenti, gli succedono il padre e la madre in eguali porzioni o il genitore che sopravvive (art. 568 cod. civ.).

Se poi mancano anche i genitori, al *de cuius* succedono per una metà gli ascendenti della linea paterna, per l'altra metà gli ascendenti della linea materna (art. 569 cod. civ.).

I fratelli e le sorelle succedono in parti uguali in assenza di figli, di genitori e ascendenti; con una precisazione in merito alla posizione dei fratelli e delle sorelle unilaterali, intendendosi per tali i fratelli o le sorelle che hanno in comune un solo genitore (**consanguinei**, se sono figli dello stesso padre, ma hanno madre diversa; **uterini**, se sono figli della stessa madre, ma hanno padre diverso): ebbene, gli unilaterali conseguono la metà della quota che conseguono i fratelli o le sorelle germani (intendendosi per tali i fratelli o le sorelle che hanno in comune entrambi i genitori: art. 570 cod. civ.).

In presenza di genitori (o uno soltanto di essi) e di fratelli e sorelle germani del defunto, opera il concorso tra i medesimi: tutti sono ammessi alla successione "per capi", cioè in quote uguali per ciascun soggetto, ma la quota da destinarsi ai genitori non può essere inferiore alla metà (art. 571, 1° co., cod. civ.). Anche in questo caso, la quota destinata ai fratelli ed alle sorelle unilaterali è pari alla metà della quota che consegue ciascuno dei germani o dei genitori.

(c) Al terzo ordine appartengono gli altri **parenti collaterali**, diversi da quelli sopra considerati, fino al sesto grado: ad essi, in assenza di figli, genitori, altri ascendenti, fratelli o sorelle e loro discendenti, si devolve l'eredità, senza distinzione di linea. Qui si applica la regola per cui il parente di grado più vicino esclude il successivo, mentre i parenti di pari grado concorrono per quote uguali.

La successione non ha luogo tra i parenti oltre il sesto grado (art. 572 cod. civ.).

478.3. *La posizione del convivente* more uxorio.

La legge non menziona il **convivente *more uxorio*** nella categoria dei successibili; non è ammessa, dunque, una generale assimilazione della posizione di quest'ultimo con quella del coniuge.

Sul punto è intervenuta la Corte costituzionale (Corte cost., 26.5.1989, n. 310), la quale ha affermato che gli artt. 565 e 582 cod. civ. non possono considerarsi incostituzionali (ed in particolare in contrasto con gli artt. 2 e 3 Cost.) per il fatto di non includere fra i successibili il convivente *more uxorio*. Il **diritto successorio**, precisa la Corte, esige che le categorie dei successibili siano individuate in base a rapporti giuridici certi ed incontestati, i quali possono scaturire unicamente dalla famiglia fondata sul matrimonio (ancora non si discuteva di unioni civili), posto che solo da esso nascono quei reciproci diritti e doveri che conferiscono al consorzio familiare caratteri di stabilità e certezza. Al contrario, la convivenza *more uxorio*, che è fondata su un rapporto di fatto, non si inquadra in un contesto di diritti ed obblighi reciproci, per cui, per sua stessa natura, non si presterebbe a fungere da titolo di vocazione legittima all'eredità (anche considerando che, per i giudici delle leggi, il diritto di successione *mortis causa* non può annoverarsi tra i diritti inviolabili di cui all'art. 2 Cost.).

Un parziale riconoscimento dei diritti del convivente si è avuto, con un intervento della Corte costituzionale, in materia di **locazione** (Corte cost., 7.4.1988, n. 104; si confronti ora la disciplina delle convivenze di fatto: § 470.1). L'art. 6 della l. n. 392/1978 stabilisce, al 1° co., che "in caso di morte del conduttore, gli succedono nel contratto il coniuge, gli eredi ed i parenti ed affini con lui abitualmente conviventi". Come si può notare, la norma non annovera tra i soggetti beneficiari della successione il convivente *more uxorio*, ma la Corte è intervenuta a riconoscere a quest'ultimo il diritto a succedere nel contratto di locazione, affermando che, in questo caso, si tratta di tutelare il diritto inviolabile della persona (art. 2 Cost.) a non rimanere priva di abitazione; tale diritto deve riconoscersi in capo al convivente prescindendo sia dalla sua qualità di erede sia dalla sua qualità di coniuge. In tema di alloggi di edilizia residenziale pubblica, al contrario, non viene riconosciuto ai familiari dell'assegnatario il subentro nel rapporto di locazione e nel titolo di assegnazione dell'alloggio (Cass., 22.4.2021, n. 10587).

Inoltre, con l. 20.5.2016, n. 76, si è riconosciuto ai "conviventi di fatto", all'art. 1, 42° co., il diritto di continuare ad abitare nella casa di comune residenza per due anni o per un periodo pari alla convivenza se superiore a due anni e comunque non oltre i cinque anni; ove però vi coabitino anche figli minori o disabili del convivente superstite, il diritto di continuare ad abitare nella casa non potrà essere inferiore a tre anni.

Pieni diritti successori, invece, spettano ai contraenti l'unione civile, di cui si occupa la prima parte della legge appena menzionata.

478.4. *La successione dello Stato.*

In mancanza di altri successibili, siano essi legittimi o testamentari, l'eredità è devoluta allo **Stato** (art. 586 cod. civ.).

La norma trova la sua ragione nella necessità di evitare che l'**eredità resti vacante**, ossia che il patrimonio del defunto rimanga senza titolare, con il rischio che i suoi beni e, più in generale, i rapporti giuridici a lui facenti capo, si disperdano: essa tutela, quindi, l'interesse generale alla conservazione dei beni del *de cuius* ed alla continuità dei rapporti giuridici.

Si comprende, quindi, come l'acquisto dell'eredità, da parte dello Stato, operi di diritto, senza bisogno di accettazione e senza possibilità di rinunzia. Si tratta di un'eccezione a due regole fondamentali del diritto ereditario: quella per cui l'eredità si acquista con l'accettazione (art. 459 cod. civ.) e quella per cui il chiamato ha facoltà di rinunziare (art. 519 cod. civ.).

In questo senso, può affermarsi che lo Stato, che succede al *de cuius ex lege*, è "**erede necessario**": se pure con particolari modalità acquisitive, esso deve necessariamente succedere al defunto. Lo Stato, tuttavia, non risponde dei **debiti ereditari** e dei legati oltre il valore dei beni acquistati (art. 586, 2° co., cod. civ.): si evita così che l'acquisto necessario sia pregiudizievole per lo Stato successore.

L'acquisto, come si è detto, è legato alla mancanza di successibili e, più precisamente, alla mancanza di una qualsiasi delazione legale o testamentaria in loro favore; ma, a tal riguardo, occorre distinguere.

È possibile, anzitutto, che il *de cuius* muoia senza lasciare chiamati per legge o per testamento: in tal caso, lo Stato acquista l'eredità al momento dell'apertura della successione; se, successivamente, si scopre l'esistenza di altri successibili e non si sia prescritto il loro diritto di accettare l'eredità (ad esempio, si rinviene un testamento di cui si ignorava l'esistenza o viene esperita vittoriosamente un'azione di stato che accerti una filiazione) la delazione in favore dello Stato viene meno e con essa l'acquisto dell'eredità.

In secondo luogo, è possibile che al momento dell'apertura della successione esistano dei successibili, ma che la rispettiva delazione venga meno per indegnità, rinunzia o prescrizione del diritto di accettazione: in tal caso, l'acquisto da parte dello Stato si perfeziona nel momento in cui venga meno definitivamente la delazione in favore degli altri chiamati, anche se l'acquisto, secondo le regole generali (art. 459 cod. civ.), opererà retroattivamente, cioè con effetto dal momento dell'apertura della successione.

È bene precisare che le modalità di acquisto appena ricordate operano solo allorquando lo Stato succeda al *de cuius* per legge, cioè per successione legittima (dunque in assenza di testamento ed in mancanza delle categorie di successibili che lo precedono, nella sequenza studiata). Qualora, invece, lo Stato venisse nominato erede per testamento, la sua condizione sarebbe analoga a quella di qualsiasi altro chiamato per testamento: l'acquisto sarebbe così subordinato all'accettazione dell'eredità (che dovrebbe comunque avvenire col beneficio di inventario: art. 473 cod. civ.) e sarebbe consentita la rinuncia.

479. Successione legittima e successione necessaria.

È importante tenere distinta la successione legittima da quella necessaria; ed è parimenti importante non confondere la categoria degli **eredi legittimi** con quella dei **legittimari**.

Al di là dell'assonanza dei termini (legittimi e legittimari) dette categorie esprimono posizioni assai diverse tra loro ed accedono a differenti discipline.

La successione legittima, come si è appena visto, opera allorquando non vi sia un valido ed efficace testamento ovvero quando il testatore abbia disposto solo di parte delle proprie sostanze, con la conseguenza ch'essa troverà applicazione per la parte di patrimonio per la quale il testatore non abbia disposto.

I presupposti per l'applicazione delle norme sulla successione necessaria, invece, sono ben diversi: essa trova applicazione solo quando, ad esito delle operazioni contabili e di imputazione, sia riscontrabile una lesione della c.d. quota legittima (Cap. 81).

Non importa se il testatore abbia disposto con testamento di tutte le proprie sostanze o di parte di esse: se il successore necessario ha conseguito meno di quanto la legge gli riserva, troveranno applicazione le regole sulla successione riservata ai legittimari (con cui si individuano, appunto, i successori necessari). Ciò vale anche in assenza di testamento, allorquando la lesione della legittima sia conseguenza di donazioni fatte in vita dal *de cuius*.

Gli eredi legittimi (o, meglio, i successibili *ex lege*) possono così definirsi come quei soggetti ai quali viene devoluta l'eredità allorquando manchi in tutto o in parte la successione testamentaria (art. 457 cod. civ.).

I legittimari possono definirsi come quei soggetti ai quali la legge riserva, anche contro la volontà del *de cuius*, una quota di eredità o altri diritti nella successione di una data persona (art. 536 cod. civ.).

Deve rilevarsi, inoltre, che la categoria degli eredi legittimi è più ampia di quella dei legittimari: la prima comprende il coniuge ed i parenti del *de cuius* sino al sesto grado nonché, in ultima istanza, lo Stato; la seconda è limitata al coniuge, ai figli e agli ascendenti.

480. Il concorso tra delazione legittima e delazione testamentaria.

Si è visto che, ai sensi dell'art. 457, 2° co., cod. civ., la successione legittima ha luogo quando manchi in tutto o in parte quella testamentaria.

E si è studiato anche che, allorquando il testatore disponga di solo una parte dei propri beni, in relazione a questi si aprirà la successione testamentaria, con conseguente applicazione della relativa disciplina (artt. 587-712 cod. civ.); per la devoluzione della parte di patrimonio per la quale il testatore non abbia disposto opererà la successione legittima (artt. 565-586 cod. civ.).

Quando si verifichi una siffatta circostanza, cioè allorquando sul patrimonio relitto di un soggetto si apra sia la successione legittima sia quella testamentaria, si parla di **concorso** tra le due forme di **delazione**, per l'appunto la **legittima** e la **testamentaria**.

Ora, può accadere che il testatore disponga di una parte del proprio patrimonio in favore di soggetti che non rientrano nella categoria dei successibili e, comunque, diversi da coloro che risultino chiamati per legge. In tal caso non emergono particolari problemi: il chiamato per testamento deciderà se accettare o meno l'eredità, e così anche il chiamato *ex lege*, senza che le decisioni dell'uno influiscano sulla posizione dell'altro.

Esempio. Tizio, per testamento, devolve un sesto del suo patrimonio in favore del suo amico Caio, nulla disponendo in ordine ai residui cinque sesti. Alla morte di Tizio rimangono in vita sua moglie Sempronia ed il suo unico figlio Tizietto.

In questo esempio, Caio non rientra nella categoria dei successibili, per cui, per la quota devoluta in suo favore (un sesto), si apre solo ed unicamente la successione testamentaria, ed il beneficiario è libero di accettare o meno l'eredità; per la residua parte di patrimonio (cinque sesti) si apre la successione legittima e la quota viene devoluta, in applicazione delle relative norme (art. 581 cod. civ.), per metà alla moglie (Sempronia) e per l'altra metà al figlio del *de cuius* (Tizietto).

Può accadere, però, che uno stesso soggetto venga chiamato a succedere a titolo universale sia per legge sia per testamento, con conseguente concorso di delazione in capo alla medesima persona.

Esempio. Tizio, per testamento, devolve un sesto del suo patrimonio in favore del suo unico figlio Tizietto, nulla disponendo in ordine ai residui cinque sesti. Alla morte di Tizio, rimangono in vita sua moglie Sempronia e Tizietto stesso.

Come si può notare, questo caso è diverso dal precedente: qui, il soggetto chiamato all'eredità per testamento (Tizietto, per la quota di un sesto), in quanto figlio del *de cuius*, rientra nella categoria dei successibili e, di conseguenza, risulta anche chiamato *ex lege* sulla residua quota di cinque sesti, in concorso con la madre Sempronia (salvo che dall'interpretazione del testamento non emerga che il testatore intendesse implicitamente istituire nella quota residua – cinque sesti – il successibile non indicato in testamento, cioè Sempronia stessa: in tal caso, non si avrebbe un'ipotesi di concorso, in quanto, per tutta l'eredità, si aprirebbe la successione testamentaria, da coordinarsi con le norme sulla successione necessaria in caso di lesione della legittima).

Si pone, allora, il problema di determinare se, in favore del **chiamato a doppio titolo** (per legge e per testamento) operino, formalmente, due distinte delazioni ovvero un'unica delazione fondata su titoli diversi. Il problema non è di poco conto, in quanto se si ritiene che in favore del chiamato operino due distinte delazioni, dovrà per coerenza riconoscersi la possibilità, per il chiamato stesso, di accettare l'una e rinunziare all'altra (o viceversa): nell'esempio da ultimo considerato, Tizietto potrebbe accettare l'eredità *ex* testamento e rinunziare all'eredità devolutagli per legge; o, al contrario, potrebbe accettare quest'ultima e rinunziare al primo. Se, invece, si ritiene che operi un'unica e sola delazione, dovrà sostenersi che il chiamato non possa accettare l'una e rifiutare l'altra, poiché in tal caso si avrebbe un'accettazione parziale, che l'art. 475, 3° co., cod. civ. dichiara nulla (ovvero una rinunzia parziale, parimenti nulla ai sensi dell'art. 520 cod. civ.).

In dottrina sono state sostenute entrambe le tesi, e cioè sia che si tratti di un'ipotesi di doppia delazione, sia che ricorra un'unica **delazione complessa** (fondata su titoli diversi); oggi sembra prevalere il secondo orientamento, sostenuto anche dalla giurisprudenza. Proprio quest'ultima, in applicazione del principio per cui, in simili fattispecie, opera una sola ed unica delazione, afferma che, allorquando il chiamato abbia accettato l'eredità a lui devoluta per legge e, successivamente, si scopra l'esistenza di un testamento, prima ignorato, che lo istituisce erede, l'accettazione dell'eredità a lui devoluta *ex lege* si estende anche alla delazione testamentaria, senza possibilità per il delato di potere accettare o rinunziare a quest'ultima in modo autonomo dalla prima (Cass., 22.9.2000, n. 12575; Cass., 16.2.1993, n. 1933; Cass., 18.10.1988, n. 5666. In senso contrario, però, Cass., 1.7.2002, n. 9513).

Ciò vale, precisano i giudici, sia nell'ipotesi in cui il testamento sia più favorevole al chiamato (perché, ad esempio, gli attribuisce una quota maggiore rispetto a quella devoluta per legge ovvero beni ulteriori) sia nell'ipotesi opposta, in cui il testamento peggiori (qualitativamente o quantitativamente) la sua posizione (così, in particolare, Cass., 18.10.1988, n. 5666).

Il chiamato, d'altronde, non potrebbe, in quest'ultimo caso, sostenere di essere incorso in errore e che, se avesse saputo dell'esistenza di un testamento, non avrebbe accettato l'eredità: l'art. 483 cod. civ. stabilisce, infatti, che "l'accettazione dell'eredità non si può impugnare se è viziata per errore". Opera, tuttavia, una speciale limitazione di responsabilità per la soddisfazione dei legati disposti nel testamento scoperto successivamente: l'erede non è tenuto a soddisfare detti legati oltre il valore dell'eredità o con pregiudizio della porzione di legittima che gli è dovuta (art. 483, 2° co., cod. civ.).

Altro corollario della regola dell'unicità della delazione è che, ai fini della prescrizione del diritto di accettare l'eredità, non è dato configurare due diversi termini di prescrizione: per entrambe le delazioni il diritto si prescrive nel termine di dieci anni, decorrente, di regola, dal giorno dell'apertura della successione (artt. 480, 456 cod. civ.).

Sull'argomento occorre fare ancora due precisazioni. La prima è che l'ipotesi di concorso tra delazioni presuppone che coesistano due delazioni ereditarie, cioè due chiamate a titolo universale fondate su due diversi titoli: la legge ed il testamento. Allorquando, invece, una **delazione a titolo universale concorra** con una **delazione a titolo particolare**, le due delazioni sono indipendenti; per cui, se il testatore ha lasciato un legato in favore di un soggetto che è anche successibile *ex lege*, il legatario beneficiato, successore a titolo particolare, partecipa anche alla successione legittima, ma può rinunziare al legato ed accettare l'eredità o, al contrario, può rinunziare a quest'ultima e conseguire il legato. La seconda precisazione è che, anche in ipotesi di concorso tra delazioni, occorre sempre avere riguardo alla possibilità che gli eredi chiamati ed i successibili rivestano anche la qualità di legittimari: in tal caso, le regole sopra viste dovranno coordinarsi con la disciplina prevista dalla legge per la tutela dei diritti ad essi riservati (artt. 536-564 cod. civ.).

481. La coincidenza tra delazione legittima e delazione testamentaria.

Diversa dall'ipotesi del concorso tra la **delazione legittima** e quella **testamentaria** è la c.d. **coincidenza** tra queste due forme di delazione. Essa si verifica allorquando il *de cuius*, con testamento, designi eredi dei soggetti che siano anche suoi legittimi successibili, nelle stesse identiche quote che la legge devolverebbe loro in assenza di testamento.

Esempio. Tizio, per testamento, devolve la metà del suo patrimonio in favore del suo unico figlio Tizietto e l'altra metà in favore della moglie Sempronia.

Come si può notare, nell'esempio fatto il testatore riproduce nel testamento la stessa modalità di devoluzione che avrebbe operato qualora il testamento stesso non fosse esistito: in assenza del testamento, si sarebbe aperta la successione legittima e l'eredità si sarebbe devoluta per metà al figlio del *de cuius* e per l'altra metà alla moglie (art. 581 cod. civ.).

Ci si chiede allora se, in questi casi, operi la delazione legittima oppure quella testamentaria. Si noti che, con il sostenere una tesi o l'altra, non viene a mutare l'oggetto della delazione: ai beneficiari verrebbe, comunque, devoluta la quota indicata in testamento, che coincide con quella che verrebbe offerta loro *ex lege*. Tuttavia, occorre rilevare che le due forme di successione in questione sono disciplinate, nello specifico, da due diversi corpi normativi: la successione legittima dalle norme di cui al titolo II del Libro dedicato alle successioni (artt. 565-586 cod. civ.); la successione testamentaria dalle norme del titolo III del medesimo Libro (artt. 587-712 cod. civ.). Ne deriva che la disciplina dell'una non coincide perfettamente con quella dell'altra.

V'è da dire che, anche in questo caso, sono state sostenute entrambe le teorie: alcuni autori, partendo dalla premessa per cui un testamento che riproduca norme di legge sarebbe inutile e, quindi, privo di effetti, hanno sostenuto che in simili casi si aprirebbe la successione legittima; la dottrina più recente, invece, facendo leva su quanto dispone l'art. 457, 2° co., cod. civ. (per il quale si fa luogo alla successione legittima solo in assenza di un valido testamento), sostiene che nella fattispecie si faccia luogo ad una successione testamentaria, con applicazione delle relative regole.

Altri problemi pone un'ulteriore fattispecie, quella in cui il *de cuius* si limiti a dichiarare, in testamento, di volere che i suoi beni vengano ripartiti secondo quanto previsto dalla legge.

Esempio. Si immagini un testamento del seguente tenore: "voglio che l'intero mio patrimonio venga devoluto secondo quanto stabilito dalla legge". O ancora: "voglio che i miei beni vengano ripartiti come per legge".

Pure di fronte a questa fattispecie vi sono ricostruzioni diverse. Da un lato, si è sostenuto che, così facendo, il testatore non esprimerebbe una volontà dispositiva, ma si rimetterebbe alla volontà del legislatore, per cui si aprirebbe la successione legittima; dall'altro, si è detto che una siffatta dichiarazione integrerebbe, pur sempre, una manifestazione di volontà promanante dal *de cuius*, per cui la vocazione dovrebbe considerarsi testamentaria.

L'accoglimento dell'una o dell'altra tesi rileva nelle ipotesi in cui le norme disciplinanti la successione mutino nel periodo intercorrente tra la data del testamento e l'apertura della successione: se si ritiene che si tratti di delazione legale, si applicherebbe senz'altro la legge in vigore al momento della morte del *de cuius*; se si ritiene che si tratti di vocazione testamentaria, occorrerebbe procedere ad un'interpretazione della volontà del testatore ed indagare se intendesse riferirsi alle norme vigenti al tempo della redazione del testamento ovvero a quelle in vigore al tempo della sua morte.

482. Successioni anomale ed acquisti *iure proprio*.

Nel nostro ordinamento la destinazione del patrimonio del defunto si determina secondo una disciplina unitaria ed omogenea, contenuta, per lo più, nel Libro secondo del codice civile (si parla, in tal senso, di principio di **unità** della **successione** o di **unità** del **regime successorio**).

In alcuni casi, però, la legge dispone la trasmissione per causa di morte di particolari diritti o rapporti giuridici in favore di determinati soggetti, seguendo criteri di devoluzione diversi da quelli ordinari, discostandosi così dai principî generali che caratterizzano il diritto successorio. Si parla in questi casi di **successioni anomale**, a significare, per l'appunto, che l'attribuzione di diritti, a favore di certi soggetti, avviene in deroga ai principî generali della materia; a loro volta, poi, dette successioni non rispondono a regole o principî comuni, ma si risolvono in figure eterogenee che si ispirano a principî diversi cui si applicano regimi particolari.

In pratica, tutto ciò che accomuna siffatte successioni è che esse, per il contenuto dell'attribuzione o per la qualità dei beneficiari, si discostano dal regime unitario ordinario: si tratta quasi sempre di successioni a titolo particolare contenute in leggi speciali, le cui norme sono considerate di carattere imperativo, dunque inderogabili da parte del *de cuius*.

Rientra nella categoria, almeno secondo una parte della dottrina, l'attribuzione dell'**indennità** per **mancato preavviso** e del trattamento di **fine rapporto** in favore dei congiunti del prestatore di **lavoro**, in caso di morte di quest'ultimo (art. 2122 cod. civ.): in questo caso è agevole notare come l'individuazione dei soggetti beneficiari dell'attribuzione avvenga secondo parametri assai diversi da quelli indicati dalle norme sulla successione legittima (si veda, in particolare, il primo comma della disposizione). Altri interpreti, invece, affermano che non dovrebbe discutersi di successione anomala ma di acquisto *iure proprio*: si rileva, in proposito, che in vita il defunto non può disporre delle indennità e che alla propria morte esse sorgono direttamente in capo ai beneficiari.

Alle successioni anomale è da ricondurre anche l'ipotesi di **successione** nel **contratto** di **locazione** di immobili urbani adibiti ad uso di abitazione, prevista dall'art. 6 della l. n. 392/1978, di cui si è già detto nel considerare la posizione del convivente *more uxorio* (§ 478.3). Ad essa si affianca quella prevista dall'art. 37, 1° e 3° co., della stessa legge, per l'ipotesi di morte del conduttore di immobile urbano adibito ad uso diverso da quello di abitazione.

Altre ipotesi di successioni anomale sono previste in materia di diritto agrario (art.

49 della l. n. 203/1982): si tratta di forme di successione volte ad evitare che dal **frazionamento** dei **fondi rustici**, che potrebbe conseguire alla successione di più soggetti al proprietario dei fondi stessi, possa derivare un pregiudizio all'attività agricola esercitata; sono così attribuiti diritti particolari a quegli eredi che, al momento dell'apertura della successione, risultino avere esercitato e continuino ad esercitare su tali fondi un'attività agricola.

Va ricordata anche la particolare fattispecie della **successione** nel **maso chiuso**: si tratta di una particolare forma di successione contemplata dalla legislazione provinciale (ora dalla legge della Provincia Bolzano del 28.11.2001), per la quale il c.d. maso chiuso (cioè una particolare forma di azienda agricola costituita da una casa di abitazione e rustici pertinenti) deve essere attribuito necessariamente ad un solo ed unico erede o legatario (c.d. *Anerbe*: assuntore del maso), il quale può essere scelto dal *de cuius* anche escludendovi tutti i legittimari (ricorre, anche qui, l'intento di evitare il frazionamento della proprietà agricola).

Dalle successioni anomale devono distinguersi i c.d. **acquisti *iure proprio***, cioè quelle forme di acquisto di diritti che si producono in capo a determinati soggetti nel momento in cui una persona muore, ma che prescindono dalla qualità di successore del defunto.

Ad esempio, se una persona muore e della sua morte deve ritenersi responsabile un certo soggetto, ai parenti della vittima spetta il diritto al risarcimento del danno non patrimoniale verso il responsabile stesso: ebbene, detto diritto non ha natura successoria, in quanto esso spetta ai danneggiati, di per sé, in quanto congiunti del *de cuius*, non in quanto suoi successori; il diritto sorge *ex novo* in capo ai congiunti e non era già presente nel patrimonio del *de cuius*.

Un altro esempio di acquisto connesso alla morte di una persona, ma non integrante un'ipotesi di successione, è rappresentato dal diritto al capitale che può sorgere in favore del beneficiario di una polizza assicurativa, la quale preveda l'erogazione del capitale stesso in caso di morte dell'assicurato (art. 1919 cod. civ.); nel caso in cui il beneficiario premuoia al disponente, in assenza di diversa disposizione la prestazione deve essere eseguita in favore degli eredi di quest'ultimo (Cass., 15.4.2021, n. 9948). La designazione generica degli "eredi" come beneficiari di un contratto di assicurazione sulla vita, in difetto di diversa disposizione, determina in loro favore una ripartizione dell'indennizzo in pari quote, e non nelle quote di spettanza dei beni caduti in successione (in questo senso, Cass., Sez. Un., 30.4.2021, n. 11421).

Detti acquisti, non costituendo ipotesi di successione in senso tecnico, non sono soggetti alla relativa disciplina, per cui per il loro perfezionamento non è necessaria un'accettazione.

Capitolo 80
LA SUCCESSIONE TESTAMENTARIA

483. Il testamento: nozione e caratteri.

Il **testamento** "è l'atto revocabile con il quale taluno dispone, per il tempo in cui avrà cessato di vivere, di tutte le proprie sostanze o di parte di esse" (art. 587 cod. civ.).

Esso è un atto gratuito a causa di morte, revocabile e unilaterale. Su quest'ultimi due caratteri ci si deve intrattenere, ad iniziare dalla revocabilità. Il testamento è l'espressione dell'ultima volontà del testatore: per essere tale, tuttavia, deve essere **revocabile** ad arbitrio dello stesso.

Il ragionamento da compiere, infatti, è il seguente: va considerato atto di ultima volontà del defunto soltanto quello che, manifestato in qualsiasi momento della vita, può essere sempre revocato dal testatore. La mancanza di revoca sta ad indicare che il testatore ha perseverato nella sua ultima volontà, fino al momento della morte. La revocabilità è un carattere essenziale del testamento: neanche il testatore può, in qualsiasi momento, rinunciare alla libertà di revoca (art. 679 cod. civ.).

Si ricordi, peraltro, che il riconoscimento di un figlio ha effetto dal giorno della morte del testatore, anche se il testamento è stato revocato (art. 256 cod. civ.). Il riconoscimento contenuto nel testamento è un atto *post mortem* e non *mortis causa*.

Il testamento, inoltre, è un atto essenzialmente **unipersonale**. È nullo il testamento collettivo (detto anche comune), ossia quello fatto da due o più persone in un unico atto: a vantaggio di un terzo (**testamento congiuntivo**) o per disposizione reciproca (**testamento mutuo**). È quanto prevede espressamente il codice: "non si può fare testamento da due o più persone nel medesimo atto, né a vantaggio di un terzo, né con disposizione reciproca" (art. 589 cod. civ.). Se il testamento collettivo fosse valido, occorrerebbe pretendere il rispetto dell'accordo raggiunto: ma se così fosse la libertà di revoca del testatore finirebbe per essere frustrata. Di converso, sono validi i testamenti simultanei, ovvero i testamenti redatti nello stesso momento dai testatori, ma con atti separati: ove però le disposizioni testamentarie, pur essendo contenute in schede testamentarie distinte, siano esecutive di un accordo antecedente tra i testatori, si avrà un patto successorio vietato ai sensi dell'art. 458 cod. civ. (Cass., 2.9.2020, n. 18197; si veda anche Cass., 27.4.1982, n. 2623).

Il testamento è un atto giuridico negoziale unilaterale e non recettizio, giacché i suoi effetti non dipendono dal fatto che esso sia comunicato a determinati soggetti. L'accettazione da parte del chiamato, invece, svolge tutt'altra funzione (quella di acquistare il diritto successorio).

L'**interpretazione** del testamento deve essere improntata al rispetto della volontà del testatore. Per i giudici di legittimità, la volontà di quest'ultimo va individuata con riferimento ad elementi intrinseci alla scheda testamentaria (ovvero i fogli su cui sono scritte le volontà del testatore), sulla base dell'esame globale della scheda stessa; ove dal testo non emerga con certezza l'effettiva intenzione del *de cuius*, si può fare ricorso ad elementi estrinseci al testamento (pur sempre riferibili al testatore), quali la personalità, la mentalità, la cultura, la condizione sociale, l'ambiente di vita, i rapporti pregressi con i soggetti menzionati nella scheda (Cass., 12.3.2019, n. 7025).

È dunque invocabile il principio generale di ermeneutica enunciato dall'art. 1362 cod. civ., applicabile, con gli opportuni adattamenti, anche in materia testamentaria (Cass., 11.4.2013, n. 8899, secondo cui occorre mettere capo anche al principio di conservazione del negozio giuridico; si abbia riguardo anche a Cass., 28.7.2020, n. 16079).

Alcune regole interpretative o integrative, qualora determinate disposizioni testamentarie siano dubbie od incomplete, sono dettate specificamente dalla disciplina successoria (si vedano, ad esempio, gli artt. 629 e 630 cod. civ.: § 493.1).

484. Oggetto delle disposizioni testamentarie.

Oggetto del testamento sono il complesso dei rapporti patrimoniali facenti capo al testatore (sui rapporti non trasmissibili per successione a causa di morte § 471). Il testatore può decidere di disporre di tutte le sue sostanze o di parte di esse; i beni del testatore non ricompresi nel testamento, si è detto, sono devoluti per successione legittima. La successione testamentaria può designare eredi e/o legatari. A differenza di quello che era previsto nel diritto romano, peraltro, non è più essenziale, per aversi testamento, l'istituzione di erede: un atto di ultima volontà, pertanto, è un testamento anche se contenga soltanto legati.

Quello appena ricordato è l'oggetto "tipico" del testamento. Il testamento può avere anche un **contenuto atipico**: il che accade quando esso abbia ad oggetto disposizioni a contenuto non patrimoniale, come il riconoscimento di un figlio, la designazione del tutore, le disposizioni per i funerali, e così via.

485. Capacità di testare e di ricevere per testamento.

Il testamento deve essere fatto da persona capace di testare, altrimenti è annullabile. L'impugnazione può essere fatta valere da chiunque vi abbia interesse; l'azione si prescrive nel termine di cinque anni dal giorno in cui è stata data esecuzione alle disposizioni testamentarie (art. 591, 3° co., cod. civ.).

La **capacità di testare** deve essere presente al momento in cui è fatto il testamento; non rileva la sopravvenuta incapacità del testatore. Allo stesso modo, la sopraggiunta capacità non convalida il testamento dell'incapace. Si tenga presente che, anche in tema di testamento pubblico, lo stato di sanità mentale del testatore, seppur "ritenuto e dichiarato dal notaio per la mancanza di segni apparenti di incapacità del testatore medesimo, può essere contestato con ogni mezzo di prova, senza necessità di proporre querela di falso" (Cass., 28.8.2020, n. 18042). Inoltre, la condotta di chi approfitta della incapacità psichica di un soggetto, facendosi nominare erede, configura il reato di circonvenzione d'incapace anche prima dell'apertura della successione del soggetto (Cass. pen., 24.5.2019, n. 23098); ove però il testatore presentava solo un lieve deficit cognitivo, la prova della induzione non può essere desunta in via presuntiva (Cass., 22.1.2021, n. 2727).

Sono incapaci di testare (art. 591, 2° co., cod. civ.): (1) coloro che non hanno compiuto la maggiore età; (2) gli interdetti per infermità di mente; (3) quelli che, sebbene non interdetti, si provi essere stati, per qualsiasi causa, anche transitoria, incapaci di intendere e di volere nel momento in cui hanno fatto testamento. Il maggiorenne inabilitato (o sottoposto all'amministrazione di sostegno) è invece capace di testare: essendo il testamento un atto personalissimo, il testamento può essere fatto senza l'intervento del curatore (o dell'amministratore di sostegno).

Le disposizioni testamentarie, poi, devono essere fatte a favore di una persona capace di ricevere. All'**incapacità di ricevere per testamento** si applicano le regole dell'incapacità di succedere (§ 475), con la particolarità che possono ricevere i figli di una determinata persona vivente al tempo della morte del testatore, anche se in quel momento non siano ancora concepiti (art. 462, 3 ° co., cod. civ.).

Vi sono, poi, alcune **incapacità relative**. Sono nulle le disposizioni testamentarie della persona sottoposta a tutela in favore del tutore, se fatte dopo la nomina di questo. La norma si applica anche al protutore, se il testamento è fatto nel tempo in cui egli sostituiva il tutore (art. 596, 1° co., cod. civ.). Sono però valide le disposizioni fatte in favore del tutore o del protutore che è ascendente, discendente, fratello, sorella o coniuge del testatore (art. 596, 2° co., cod. civ.). Deve ritenersi incapace a succedere anche l'amministratore di sostegno nel caso in cui svolga una funzione sostitutiva simile a quella del tutore (Cass., 4.3.2020, n. 6079).

Sono nulle, inoltre, le disposizioni a favore della persona che abbia scritto il testamento segreto (§ 489), salvo che siano approvate di mano dello stesso testatore o nell'atto della consegna. Sono pure nulle le disposizioni a favore del notaio a cui il testamento segreto è stato consegnato in plico non sigillato (art. 598 cod. civ.).

Infine, avendo riguardo all'incapacità relativa, ogni disposizione testamentaria a favore di persone incapaci è nulla anche quando sia fatta sotto nome di interposta persona (art. 599, 1° co., cod. civ.). Per presunzione assoluta si considerano interposti il padre, la madre, i discendenti e il coniuge dell'incapace, anche se chiamati congiuntamente con l'incapace (art. 599, 2° co., cod. civ.).

L'incapacità comporta l'inidoneità radicale del soggetto all'acquisto dei diritti ereditari: l'inefficacia dell'eventuale atto di accettazione dell'incapace può essere eccepita in ogni tempo.

Questi casi, che si definiscono di **incompatibilità**, hanno un regime diverso dall'indegnità (che pure mette capo ad un'ipotesi di incapacità relativa): l'indegnità esclude sia la successione testamentaria sia quella legittima; l'incompatibilità soltanto quella testamentaria. L'indegnità, si è visto, può essere superata attraverso la riabilitazione; ciò non è possibile quando si è di fronte ad un caso di incompatibilità.

486. Le forme del testamento.

Quando si discute di forma del testamento, occorre muovere dalla fondamentale distinzione fra **testamenti ordinari** e testamenti **speciali**.

I testamenti ordinari sono il testamento olografo e quello notarile (art. 601, 1° co., cod. civ.); quest'ultimo, poi, si distingue in testamento pubblico e testamento segreto (art. 601, 2° co., cod. civ.).

I testamenti speciali, invece, costituiscono forme semplificate del testamento pubblico, consentiti in determinate circostanze (quando, cioè, non si possa aver riguardo al complesso delle formalità previste per i testamenti ordinari).

Ci si occuperà, in primo luogo, dei testamenti ordinari, per poi fare un cenno a quelli speciali. In via di premessa va detto che il testamento deve essere necessariamente redatto per iscritto: il testamento verbale (il c.d. testamento **nuncupativo**) è giuridicamente inesistente.

487. Il testamento olografo.

Il **testamento olografo** deve essere scritto per intero, datato e **sottoscritto** di **mano** del **testatore** (art. 602, 1° co., cod. civ.). La scrittura per intero, da parte del testatore, si spiega con il fatto che in questo caso non è previsto alcun intervento di un pubblico ufficiale: la scrittura, in sostanza, costituisce l'unica prova dell'autenticità del testamento. Qualora la mano del testatore sia stata "guidata" da altri, è da escludere l'autografia del testamento (Cass., 6.11.2013, n. 24882; Trib. Reggio Emilia, 8.7.2019; Trib. Forlì, 16.11.2020, n. 931).

Non è necessario che sia indicato il luogo: il testamento olografo, dunque, può essere scritto anche in viaggio. Dovrà però essere espressa "una volontà definitiva dell'autore, compiutamente e incondizionatamente formata, diretta a disporre attualmente, in tutto o in parte, dei propri beni per il tempo successivo alla morte" (Cass., 24.9.2021, n. 25936; sulla irrilevanza giuridica della manifestazione di una intenzione o desiderio, Cass., 28.5.2012, n. 8490).

La sottoscrizione deve essere posta alla fine delle disposizioni. Le disposizioni che seguono la sottoscrizione sono inefficaci, anche se non annullano il testamento. Se la sottoscrizione non è fatta indicando nome e cognome, è tuttavia valida quando designa con certezza la persona del testatore (art. 602, 2° co., cod. civ.).

Esempio. Mario Rossi, che abita ad Acqualagna (in provincia di Pesaro-Urbino), è conosciuto da tutti con lo pseudonimo di "Mario il Segugio". Nel fare testamento olografo si firma in questo modo. Il suo testamento è valido.

La data deve contenere l'indicazione del giorno, del mese e dell'anno. La prova della non verità della data è ammessa soltanto quando si tratti di giudicare della capacità del testatore, della priorità di data tra più testamenti o di altra questione da decidersi in base al tempo del testamento (art. 603, 3° co., cod. civ.). La mancanza di data è causa di annullamento del testamento (ciò avviene anche laddove la data sia apposta sulla busta che conteneva il testamento, e non sulla scheda testamentaria: Cass., 21.5.2020, n. 9364). Diversamente, qualora la data sia stata apposta da terzi il testamento è nullo giacché viene meno il requisito della autografia (Cass., 29.10.2018, n. 27414).

Il testamento olografo può essere scritto con la penna stilografica, con il pennarello, con la penna ad inchiostro, con la matita, con il sangue. È indifferente anche il tipo di substrato su cui il testamento viene scritto: un foglio, una tovaglia, il legno, un muro.

Chi sa e riesce a scrivere, dunque, può fare testamento olografo; chi non sa scrivere, invece, ma sa leggere, può fare testamento segreto (Cass., n. 7783/2001). Tutti, poi, possono fare testamento pubblico.

Un inconveniente, non trascurabile, del testamento olografo sta nel fatto che esso, non essendo custodito dal notaio (la cui consegna è facoltativa), è soggetto a smarrimento o a possibile distruzione (magari da parte di chi, dopo la morte del testatore, lo reperisce fra le carte di quest'ultimo).

Ove una persona contesti l'autenticità del testamento olografo, la stessa è tenuta a proporre domanda di accertamento negativo della provenienza della scrittura; su di essa grava l'onere della relativa prova (così Cass., Sez. Un., 15.6.2015, n. 12307; Cass., 28.7.2017, n. 18893; Cass., 19.3.2021, n. 7873). Il fatto che l'imputato sia l'unico beneficiario del testamento falso ha valenza indiziaria, ma da solo non è sufficiente a fondare una affermazione di responsabilità di quest'ultimo (Cass. pen., 15.9.2020, n. 29877).

488. Il testamento pubblico.

Il testamento notarile, si è detto, può essere pubblico o segreto. Nel primo caso il notaio riceve direttamente le dichiarazioni di volontà dal testatore e le mette per iscritto; nel secondo caso il notaio riceve solamente la scheda in cui il testatore dichiara che è contenuto il suo testamento. Circa le formalità dell'atto, va detto che le disposizioni dettate dalla legge notarile (artt. 60 ss. l. 16.2.1913, n. 89, e successive modifiche) si applicano alla redazione dei testamenti in quanto non siano contrarie alle norme del codice civile, ma le completino.

Ci si occupi, in primo luogo, del **testamento pubblico**, che deve essere ricevuto dal **notaio** in presenza di due **testimoni** (art. 603, 1° co., cod. civ.).

Il testatore, in presenza dei testimoni, dichiara al notaio la sua volontà, la quale è ridotta in iscritto a cura del notaio stesso. Questi dà lettura del testamento al testatore in presenza dei testimoni. Di ciascuna di tali formalità è fatta menzione nel testamento (art. 603, 2° co., cod. civ.).

Il testamento deve indicare il luogo, la data del ricevimento, l'ora della sottoscrizione, ed essere sottoscritto dal testatore, dai testimoni e dal notaio. Se il testatore non può sottoscrivere, o può farlo solo con grave difficoltà, deve dichiararne la causa, e il notaio deve menzionare questa dichiarazione prima della lettura dell'atto (art. 603, 3° co., cod. civ.).

Per il testamento del muto e del sordo si osservano le norme stabilite dalla legge notarile per gli atti pubblici di quelle persone. Qualora il testatore sia incapace anche di leggere, devono intervenire quattro testimoni (art. 603, 4° co., cod. civ.).

489. Il testamento segreto.

Il **testamento segreto** (una volta si utilizzava anche l'espressione "testamento mistico") può essere scritto dal testatore o da un terzo. Se è scritto dal testatore, deve essere sottoscritto da lui alla fine delle disposizioni; se è scritto in tutto o in parte da altri, o se è scritto con mezzi meccanici, deve portare la sottoscrizione del testatore anche in ciascun mezzo foglio, unito o separato (art. 604, 1° co., cod. civ.).

Il testatore che sa leggere ma non sa scrivere, o che non ha potuto apporre la sottoscrizione quando faceva scrivere le proprie disposizioni, deve altresì dichiarare al notaio, che riceve il testamento, di averlo letto ed aggiungere la causa che gli ha impedito di sottoscriverlo; di ciò si fa menzione nell'atto di ricevimento (art. 604, 2° co., cod. civ.).

La segretezza del testamento sta nel fatto che "la carta su cui sono stese le disposizioni o quella che serve da involto deve essere sigillata con un'impronta, in guisa che il testamento non si possa aprire né estrarre senza rottura o alterazione" (art. 605, 1° co., cod. civ.).

Vi sono, poi, altre **formalità**, contemplate dal codice civile (art. 605 cod. civ.). Esse, in sintesi, sono le seguenti: il testatore, in presenza di due testimoni, consegna personalmente al notaio la carta così sigillata, o la fa sigillare in presenza del notaio e dei testimoni, e dichiara che in questa carta è contenuto il suo testamento.

Sulla carta in cui dal testatore è scritto o involto il testamento, o su un ulteriore involto predisposto dal notaio e da lui debitamente sigillato, si scrive l'atto di ricevimento nel quale si indicano il fatto della consegna e la dichiarazione del testatore, il numero e l'impronta del sigillo, e l'assistenza dei testimoni a tutte le formalità. L'atto deve essere sottoscritto dal testatore, dai testimoni e dal notaio.

Il testamento segreto ed il testamento olografo che è stato depositato (in quest'ultimo caso la formalità del deposito non è essenziale) possono dal testatore essere ritirati in ogni tempo dalle mani del notaio presso il quale si trovano (art. 606, 1° co., cod. civ.).

490. Pubblicazione del testamento olografo e del testamento segreto. Comunicazione agli eredi e legatari.

Dopo la morte del testatore, il **testamento olografo** e quello **segreto** vanno **pubblicati** (artt. 620-623 cod. civ.). La pubblicazione non va intesa come un requisito di validità o di efficacia del testamento: essa, tuttavia, è indispensabile allorché se ne voglia pretendere il rispetto e, ove occorra, produrlo in giudizio (Cass., 23.6.2005, n. 13487, che definisce la pubblicazione un "atto preparatorio esterno necessario per la sua coattiva esecuzione").

Chiunque sia in possesso di un testamento olografo deve presentarlo ad un notaio, per la pubblicazione, appena ha avuto notizia della morte del testatore (art. 620, 1° co., cod. civ.).

Il testamento segreto, invece, deve essere aperto e pubblicato dal notaio appena gli perviene la notizia della morte del testatore (art. 621, 1° co., cod. civ.).

Si procede, in pratica, alla stesura di un verbale notarile che riproduce il contenuto del testamento, il quale va inviato al tribunale del luogo di apertura della successione (artt. 620 ss. cod. civ.).

Il notaio che ha ricevuto un testamento pubblico, appena gli è nota la morte del testatore, o, nel caso di testamento olografo o segreto, dopo la pubblicazione, **comunica** la esistenza del testamento **agli eredi e legatari** di cui conosce il domicilio o la residenza (art. 623 cod. civ.).

491. Testamenti speciali.

I **testamenti speciali**, si è accennato, sono forme di testamento pubblico, caratterizzati da una particolare semplificazione che riguarda sia l'abilitazione a riceverlo sia le formalità essenziali previste (artt. 609-619 cod. civ.).

Sono previsti tre tipi di testamenti speciali:

(a) il testamento redatto in presenza di **malattie contagiose**, **calamità pubbliche** o

infortuni: in questi casi, quando il testatore non può valersi delle forme ordinarie, il testamento è valido se ricevuto da un notaio, dal conciliatore del luogo, dal sindaco o da chi ne fa le veci, o da un ministro di culto, in presenza di due testimoni di età non inferiore a sedici anni (art. 609, 1° co., cod. civ.). Il testamento è redatto e sottoscritto da chi lo riceve; è sottoscritto anche dal testatore e dai testimoni (art. 609, 2° co., cod. civ.). Il testamento speciale in esame, peraltro, perde efficacia entro tre mesi dopo la cessazione della causa che ha impedito al testatore di valersi delle forme ordinarie (art. 610, 1° co., cod. civ.).

(b) Durante il viaggio per mare il testamento può essere ricevuto **a bordo della nave** dal suo comandante (art. 611 cod. civ.). Il testamento è redatto in duplice copia con le modalità previste dal codice civile (art. 612 cod. civ.). Al ritorno della nave nello Stato, i due originali del testamento (o comunque quello non consegnato prima all'autorità consolare) devono essere consegnati all'autorità marittima locale (art. 613, 2° co., cod. civ.). Il testamento fatto durante il viaggio per mare perde la sua efficacia tre mesi dopo lo sbarco del testatore in un luogo dove è possibile fare testamento nelle forme ordinarie (art. 614 cod. civ.). Le stesse norme, sostanzialmente, valgono per il testamento fatto **a bordo di un aeromobile** (art. 616 cod. civ.).

(c) Il **testamento dei militari** e delle persone al seguito delle forze armate dello Stato può essere ricevuto da un ufficiale, da un cappellano militare o da un ufficiale della Croce Rossa, in presenza di testimoni, con le modalità previste dal codice (art. 617 cod. civ.). Possono testare, nelle forme previste per i testamenti militari, soltanto coloro i quali, appartenendo a corpi o servizi mobilitati o comunque impegnati in guerra, si trovano in zona di operazioni belliche o sono prigionieri presso il nemico, e coloro che sono acquartierati o di presidio fuori dello Stato o in luoghi dove siano interrotte le comunicazioni (art. 618, 1° co., cod. civ.). Il testamento perde efficacia dopo il ritorno del testatore in un luogo dove è possibile far testamento nelle forme ordinarie (art. 618, 2° co., cod. civ.).

492. Nullità e annullabilità del testamento per difetto di forma.

I concetti di nullità e di annullamento del testamento non sono esattamente sovrapponibili, sotto gli aspetti che si vedranno, con quelli che si sono studiati nella materia contrattuale.

Il **testamento** è **nullo** quando manchi l'autografia o la sottoscrizione nel caso di testamento olografo, ovvero manchi la redazione per iscritto, da parte del notaio, delle dichiarazioni del testatore o la sottoscrizione dell'uno o dell'altro, nel caso di testamento per atto di notaio (art. 606, 1° co., cod. civ.). È ammessa la c.d. conversione formale in un'ipotesi specificamente indicata: il testamento segreto, che manca di qualche requisito suo proprio, ha effetto come testamento olografo, qualora di questo abbia i requisiti (art. 607 cod. civ.). Altre cause di nullità del testamento diverse dai difetti di forma sono state analizzate (§ 485) e saranno analizzate nel prosieguo del discorso (§§ 493.1, 493.3, 494.2).

Si ricordi, come regola generale, che quando il testamento è nullo non produce alcun effetto giuridico; l'**azione** di nullità spetta a chiunque vi abbia interesse ed è **imprescrittibile**, fatti salvi gli effetti dell'usucapione e della prescrizione dell'azione di ripetizione.

Per ogni altro difetto di forma il testamento può essere annullato su istanza di chiunque vi abbia interesse (art. 606, 2° co., cod. civ.): si noti, qui, una rilevante differenza rispetto all'impugnativa del contratto annullabile. L'**azione** di **annullamento** si **prescrive** nel termine di **cinque anni** dal giorno in cui è stata data esecuzione alle disposizioni testamentarie (art. 606, 2° co., cod. civ.).

Altre cause di annullamento del testamento derivano dall'incapacità del testatore (§ 485) o dai vizi della volontà (§ 493.2).

493. Il contenuto del testamento: regole comuni all'eredità ed al legato.

Avendo riguardo al **contenuto** del **testamento** (alla c.d. **forma intrinseca**, per distinguerla dalla forma estrinseca, di cui si è detto in precedenza: §§ 486 ss.), deve ricordarsi come una serie di **norme** del codice siano **comuni** all'eredità ed al legato: quelle sulla designazione dell'erede e del legatario (§ 493.1), sul motivo delle disposizioni testamentarie (§ 493.2), sugli elementi accidentali (§ 493.3).

493.1. *La designazione dell'erede o del legatario.*

La **persona** dell'**erede** o del **legatario** deve esser **designata con certezza**: è nulla, pertanto, ogni disposizione fatta a favore di persona che sia indicata in modo da non poter essere determinata (art. 628 cod. civ.). Se invece la persona dell'erede o del legatario è stata erroneamente indicata, la disposizione ha effetto quando dal contesto del testamento o altrimenti risulti in modo non equivoco quale persona il testatore voleva nominare (art. 625, 1° co., cod. civ.).

Le **disposizioni a favore dell'anima**, in deroga al principio appena ricordato, sono valide qualora siano determinati i beni o possa essere determinata la somma da impiegarsi a tal fine (art. 629, 1° co., cod. civ.).

Esempio. Lascio la somma di 10.000 euro per la celebrazione di messe mensili in mia memoria.

Esse si considerano un onere (§ 493.3) a carico dell'erede o del legatario (art. 629, 2° co., cod. civ.); per l'adempimento dell'onere può agire qualsiasi interessato o colui che il testatore abbia designato per curare l'esecuzione della disposizione (art. 648 cod. civ.).

Anche le **disposizioni a favore dei poveri** e altre simili (art. 630, 1° co., cod. civ.), espresse genericamente, senza che si determini l'uso o il pubblico istituto a cui il beneficiario sono fatte, sono valide e s'intendono fatte in favore dei poveri del luogo in cui il testatore aveva domicilio al tempo della sua morte, e i beni sono devoluti al relativo Comune (e non più all'ente comunale di assistenza, per via della sua abrogazione ai sensi dell'art. 25 d.lgs. n. 616/1977).

Il codice civile, poi, considera con sfavore le **disposizioni rimesse all'arbitrio del terzo** (art. 631 cod. civ.). È nulla ogni disposizione testamentaria con cui si fa dipendere dall'arbitrio del terzo l'indicazione dell'erede o del legatario, ovvero la determinazione della quota di eredità. È valida, tuttavia, la disposizione a titolo particolare in favore di persona da scegliersi dall'onerato o da un terzo tra più persone determinate dal testatore o appartenenti a famiglie o categorie di persone da lui determinate; è pure valida la disposizione a titolo particolare a favore di uno tra più enti determinati dal testatore. Se sono indicate più persone in modo alternativo e non è stabilito chi deve fare la scelta, questa si considera lasciata all'onerato.

È nulla, inoltre, la disposizione che lascia al mero arbitrio dell'onerato o di un terzo di determinare l'oggetto o la quantità del legato (art. 632, 1° co., cod. civ.). Sono però validi i legati fatti a titolo di rimunerazione per i servizi prestati al testatore, anche se non ne sia indicato l'oggetto o la quantità (art. 632, 2° co., cod. civ.).

Vi è, poi, il c.d. **divieto di prova della fiducia**. Allorché da parte del testatore sia nominata la persona dell'erede o del legatario, non è ammessa la prova del fatto che fra il testatore e la persona nominata sia stato fatto un accordo segreto: l'accordo in base al quale il "fiduciario" ha assunto l'incarico di essere il portatore della volontà del testatore, obbligandosi a far pervenire l'eredità o il legato ad un'altra persona, indicatale in via confidenziale dal testatore (il vero erede o legatario, chiamato **fedecommissario**). La suddetta prova non è ammessa anche se le espressioni del testamento possono indicare o far presumere che si tratta di persona interposta (art. 627, 1° co., cod. civ.).

Esempio. "Nomino erede Tizio che conosce i miei segreti voleri". Nonostante questa indicazione, non è ammessa la prova del fatto che fra il testatore e la persona nominata si sia formato un accordo segreto.

La persona dichiarata nel testamento, se ha spontaneamente eseguito la disposizione fiduciaria trasferendo i beni alla persona voluta dal testatore, non può agire per la ripetizione, salvo che sia un incapace (art. 627, 2° co., cod. civ.). La disposizione (ad evitare possibili frodi delle norme sulle incapacità di ricevere per testamento) non si applica al caso in cui l'istituzione o il legato sono impugnati come fatti per interposta persona a favore d'incapaci a ricevere (art. 627, 3° co., cod. civ.).

493.2. *I motivi della disposizione ed i vizi della volontà.*

Le ragioni soggettive che hanno indotto il testatore a designare un erede o un legatario non hanno, di solito, giuridica rilevanza (*ratio legandi non cohaeret*). Tuttavia, il **motivo illecito** rende nulla la disposizione testamentaria quando risulti dal testamento ed è il solo che abbia determinato il testatore a disporre (art. 626 cod. civ.).

Esempio. "Attribuisco in eredità al Sig. Nardoni la casa di Roma, avendogliela promessa con precedente patto stipulato con lui due anni fa". Il patto di cui si discute nella disposizione testamentaria è un patto successorio.

Il motivo illecito riguarda la singola disposizione cui si riferisce. Peraltro, esso può condurre alla nullità dell'intero testamento quando questo si esaurisca nell'unica disposizione viziata (o, comunque, quando il motivo sia riferibile all'intero contenuto dell'atto di ultima volontà).

La disposizione testamentaria può essere impugnata da chiunque vi abbia interesse quando è l'effetto di **errore**, **violenza** o di **dolo** (art. 624, 1° co., cod. civ.). Si ritiene che, rispetto alla materia contrattuale, le caratteristiche della minaccia debbano essere valutate in senso meno rigoroso; lo stesso vale per il dolo, che può comprendere anche la c.d. **captazione**, ossia il comportamento diretto a suggestionare il testatore, in modo da convincerlo a disporre in un certo modo. La Corte di cassazione ha però precisato che si deve essere di fronte ad elementi fraudolenti (avuto riguardo all'età, allo stato di salute, alle condizioni di spirito della persona) in grado di trarre in inganno il testatore, suscitando in lui false rappresentazioni ed orientando la sua volontà in un senso in cui non si sarebbe spontaneamente indirizzata (Cass., 11.4.2017, n. 9309).

Inoltre, l'**errore sul motivo**, sia esso in fatto ed in diritto, è causa di annullamento della disposizione testamentaria quando il motivo risulti dal testamento ed è il solo che abbia determinato il testatore a disporre (art. 624, 2° co., cod. civ.; sull'errore ostativo si veda già, *retro*, inizio del § 493.1).

L'azione si prescrive in cinque anni dal giorno in cui si è avuta notizia della violenza, del dolo o dell'errore (art. 624, 3° co., cod. civ.).

493.3. *Gli elementi accidentali.*

Ci si deve occupare di due elementi accidentali alle disposizioni testamentarie: la condizione e l'onere.

Ogni disposizione testamentaria a titolo universale o a titolo particolare può farsi sotto **condizione sospensiva** o **risolutiva** (artt. 633-646 cod. civ.). Si pensi, ad esempio, alla istituzione di erede soggetta alla condizione di prestare assistenza al testatore fino alla sua morte (Cass., 6.11.2018, n. 28272).

Il codice detta alcune norme relative alla fase della **pendenza della condizione** (artt. 639-644 cod. civ.). È previsto, in particolare, che se la disposizione testamentaria sia sottoposta a condizione risolutiva, l'autorità giudiziaria, qualora ne ravvisi l'opportunità, può imporre all'erede o al legatario di prestare idonea garanzia a favore di coloro ai quali l'eredità o il legato dovrebbe devolversi nel caso che la condizione si avverasse (art. 639 cod. civ.). Inoltre, qualora l'erede sia istituito sotto condizione sospensiva, finché questa condizione non si verifica o non è certo che non si può verificare, è dato all'eredità un amministratore (art. 641, 1° co., cod. civ.).

Vale il principio della **retroattività della condizione** (art. 646 cod. civ.): l'adempimento della condizione ha effetto retroattivo, ma l'erede o il legatario, nel caso di condizione risolutiva, non sono tenuti a restituire i frutti se non dal giorno in cui la condizione si è verificata. L'azione per la restituzione dei frutti si prescrive in cinque anni.

La **condizione** è **illecita** se contraria a norme imperative, all'ordine pubblico e al buon costume. Inoltre, sono espressamente considerate illecite: (a) la "condizione di reciprocità", ossia la disposizione a titolo universale o particolare fatta dal testatore a condizione di essere a sua volta avvantaggiato nel testamento dell'erede o del legatario (art. 635 cod. civ.), poiché contraria alla libertà testamentaria; (b) la condizione che impedisce le prime nozze o le ulteriori (art. 636, 1° co., cod. civ.). La condizione, in questo caso, è contraria alla libertà matrimoniale.

Esempio. Istituisco erede Rosa, sotto condizione che non si sposi mai.

Il trattamento delle **condizioni illecite** o **impossibili** è diverso da quello che si è studiato nella materia contrattuale. Nelle disposizioni testamentarie si considerano non apposte le condizioni impossibili e quelle contrarie a norme imperative, all'ordine pubblico o al buon costume (art. 634 cod. civ.). La stessa norma, peraltro, fa salvo quanto stabilito dall'art. 626 cod. civ. (§ 493.2): ciò vuol dire che le condizioni illecite o impossibili rendono nulla la disposizione soltanto se costituiscono l'unico motivo determinante della disposizione.

L'**onere** (o *modus*) è un obbligo imposto dal testatore all'erede o al legatario, che comporta la limitazione dell'arricchimento determinato a loro favore dall'eredità o dal legato. La **disposizione**, in questo caso, si dice **modale**.

Esempio. Nomino erede Giancarlo Generosis, con l'onere di finanziare l'edificazione di un ospedale pediatrico in Tanzania.

L'onere impossibile o illecito si considera non apposto; rende tuttavia nulla la disposizione, se ha costituito il solo motivo determinante (art. 647, 3° co., cod. civ.).

Si osserva, in dottrina, come l'onere presenti alcuni punti di somiglianza con il legato; da quest'ultimo, però, si differenzia poiché il beneficiario risulta indeterminato (mentre il legatario deve essere determinato).

Per l'**adempimento dell'onere** può agire qualsiasi interessato (art. 648, 1° co., cod. civ.). Nel caso di inadempimento dell'onere l'autorità giudiziaria può pronunziare la risoluzione, se la risoluzione è stata prevista dal testatore, o se l'adempimento dell'onere ha costituito il solo motivo determinante della disposizione (art. 648, 2° co., cod. civ.).

494. Il contenuto del testamento: regole particolari che riguardano i legati.

Il legato, lo si è già ricordato, indica qualunque attribuzione testamentaria di natura patrimoniale che non comporti la designazione di erede (art. 588 cod. civ.).

Di regola il **legato** costituisce un **atto di liberalità**. Esiste però un'importante differenza rispetto alla donazione, in cui è essenziale un arricchimento effettivo del donatario (§ 530): il legato, infatti, è tale anche quando ad esso siano imposti oneri e condizioni che determinano, in capo al legatario, un sacrificio non inferiore al guadagno.

Qui di seguito, avendo riguardo al contenuto del testamento, ci si deve occupare di alcune regole particolari che riguardano i legati.

494.1. *I soggetti del legato.*

Nel legato entrano in gioco tre soggetti: quello che ordina il legato (il testatore); quello che lo riceve (il **legatario** o **onorato**); e quello che lo deve prestare (l'**onerato** o **gravato**). Si considerino, analiticamente, i tre diversi protagonisti dell'istituto del legato.

Chiunque abbia la capacità di testare può ordinare legati. Il testatore, come ricordato, può disporre in legati anche di tutte le sue sostanze, lasciando all'erede soltanto tale qualità.

Onorato del legato può essere chiunque abbia la capacità di ricevere per testamento. Il legato a favore di uno dei coeredi e a carico di tutta l'eredità si considera come legato per l'intero ammontare (art. 661 cod. civ.). Si discute, in questo caso, di **prelegato**. Ricorre l'istituto quando il legatario, che sia anche erede: (a) ha diritto di conseguire per l'intero quanto previsto a suo favore dalla disposizione a titolo particolare, in prededuzione; (b) in aggiunta, ha diritto alla propria quota ereditaria (pervenutagli per testamento o per legge). Va chiarito che si ha prelegato solo quando la disposizione risulti a carico dell'eredità, mentre in tutte le altre ipotesi si configura un legato ordinario.

Esempio. Il testatore che voglia prevedere un prelegato potrà dire: "mi saranno eredi in pari misura, Tizio, Tizietto e Tizione. A quest'ultimo lego, a carico di tutti, 100.000 euro".

Ecco come funziona, in concreto, la prededuzione, di cui si discuteva poc'anzi.

Esempio. Il testatore muore con un patrimonio di 850 mila euro, che lascia in parti uguali agli eredi X e Y. A quest'ultimo però lascia in legato un bene del valore di 50 mila euro. Si preleva innanzitutto il prelegato di 50 mila euro e si divide il residuo. All'esito del conteggio si ha che Y avrà 450.000 euro (400 mila + 50 mila), mentre X 400.000 euro.

L'onerato del legato è, ordinariamente, l'erede. Il testatore, peraltro, può espressamente imporre la prestazione anche ad uno o più legatari (**sublegato**). Quando il testatore non ha disposto, alla prestazione sono tenuti gli eredi (art. 662, 1° co., cod. civ.). Su ciascuno dei diversi onerati il legato grava in proporzione della rispettiva quota ereditaria o del legato, se il testatore non ha diversamente disposto (art. 662, 2° co., cod. civ.). Se l'obbligo di adempiere il legato è stato particolarmente imposto ad uno degli eredi, questi soltanto è tenuto a soddisfarlo (art. 663, 1° co., cod. civ.). Se è stata legata una cosa propria di un coerede, i coeredi sono tenuti a compensarlo del valore di essa con denaro o con i beni ereditari, in proporzione della propria quota ereditaria, quando non consti una contraria volontà del testatore (art. 663, 2° co., cod. civ.).

494.2. *I diversi tipi di legato.*

L'**oggetto** del legato, lo si è detto, è un diritto su un bene, una condotta obbligatoria oppure un beneficio consistente nella liberazione da un'obbligazione.

Si è pure studiato che il **legato** è **nullo** quando la cosa sia incerta; tuttavia, se la cosa è stata soltanto erroneamente indicata o descritta il legato è valido, allorché dall'intenzione del testatore risulti quale sia la cosa di cui lo stesso abbia inteso disporre (art. 625 cod. civ.). Il legato, inoltre, è nullo quando sia lasciata all'arbitrio dell'onerato o di un terzo la determinazione dell'oggetto o la quantità del legato (art. 632, 1° co., cod. civ.).

Si distinguono diversi tipi di legato. Viene in considerazione, in primo luogo, la distinzione tra legato di specie e legato di genere.

Il **legato di specie** attribuisce il diritto di proprietà su una cosa determinata o un altro diritto (può essere anche un diritto di credito) esistente nel patrimonio del testatore. In questo caso il diritto di proprietà o un altro diritto si trasmettono immediatamente al legatario con la morte del testatore. L'onerato ha l'obbligo di consegnare la cosa o il documento del credito al legatario (art. 649, 2° co., cod. civ.). Quando il legato riguarda la costituzione di un diritto reale minore su un bene ereditario (si pensi alla servitù), l'acquisto a favore del legatario ha carattere derivativo-costitutivo (il diritto sorge *ex novo*).

La cosa legata, con tutte le sue pertinenze, deve essere prestata al legatario nello stato in cui si trova al tempo della morte del testatore (art. 667, 1° co., cod. civ.). Se è stato legato un fondo, sono comprese nel legato anche le costruzioni fatte nel fondo, sia che esistessero già al tempo della confezione del testamento, sia che non esistessero (art. 667, 2° co., cod. civ.). Non è necessaria l'indicazione dei dati catastali degli immobili, ove questi siano comunque identificabili senza possibilità di confusione (Cass., 23.1.2017, n. 1649).

Occorre distinguere, peraltro, i casi in cui la cosa legata appartenga in parte al testatore o ad altre persone. Si cominci dal **legato** di cosa **solo in parte del testatore** (art. 652 cod. civ.). Se al testatore appartiene una parte della cosa legata o un diritto sulla medesima, il legato è valido solo relativamente a questa parte o a questo diritto, salvo che risulti la volontà del testatore di legare la cosa per intero.

Viene in considerazione, poi, il **legato di cosa dell'onerato** o **di un terzo** (art. 651 cod. civ.). Esso è nullo, salvo che dal testamento o da altra dichiarazione scritta del testatore risulti che questi sapeva che la cosa legata apparteneva all'onerato o al terzo. In questo ultimo caso l'onerato è obbligato ad acquistare la proprietà della cosa dal terzo e a trasferirla al legatario, ma è in sua facoltà di pagarne al legatario il giusto prezzo. Se la cosa legata, pur appartenendo ad altri al tempo del testamento, si trova in proprietà del testatore al momento della sua morte, il legato è valido (si deve ritenere, infatti, che il testatore abbia legato la cosa in previsione dell'acquisto).

Si torni alla distinzione fra legato di specie e legato di genere. Se, nel primo caso, si verifica un immediato effetto traslativo, ciò non accade nel **legato di genere**, che ha ad oggetto una somma di denaro o una quantità di cose fungibili, esistenti o non esistenti nel patrimonio del *de cuius* (art. 653 cod. civ.). In questo caso si produce un effetto obbligatorio, nel senso che l'onerato è obbligato a prelevare o procurarsi il denaro o le altre cose fungibili al fine di attribuirle al legatario (il quale ha un diritto di credito alla prestazione). Qualora il testatore abbia indicato che la somma di denaro o le cose fungibili debbano prendersi nel suo patrimonio, che però non le contiene, il legato non ha effetto (art. 654 cod. civ.).

Il legatario, con il diritto sulla cosa legata, acquista anche il **diritto ai frutti** naturali e civili (art. 669 cod. civ.). Se oggetto del legato è una cosa fruttifera, appartenente al testatore al momento della sua morte, i frutti o gli interessi sono dovuti al legatario da questo momento. Se la cosa appartiene all'onerato o a un terzo, ovvero se si tratta di cosa determinata per genere o quantità, i frutti o gli interessi sono dovuti dal giorno della domanda giudiziale o dal giorno in cui la prestazione del legato è stata promessa, salvo che il testatore abbia disposto diversamente.

Va detto, infine, di qualche altro tipo di legato. Nel **legato alternativo** la scelta spetta all'onerato, a meno che il testatore l'abbia lasciata al legatario o ad un terzo (art. 665 cod. civ.).

Il **legato di credito** è il legato con cui il testatore lascia un credito che lo stesso (o il suo erede, o altro onorato) ha verso il terzo: il legato è valido soltanto se il credito sussiste, e per la parte che sussiste, al momento della sua morte (art. 658 cod. civ.). La stessa disciplina si applica per il **legato di liberazione del debito**: il legato, cioè, con cui il testatore libera il legatario da un debito che questi ha verso di lui (o verso l'erede o altro onerato); il legato, dunque, ha effetto soltanto se il debito sussiste, e per la parte che sussiste, al momento della sua morte.

Un'apposita disciplina è dedicata anche al **legato a favore del creditore** (art. 659 cod. civ.): se il testatore, senza fare menzione del debito, fa un legato al suo creditore, il legato non si presume fatto per soddisfare il legatario del suo credito.

Le spese per la prestazione del legato sono a carico dell'onerato (art. 672 cod. civ.).

494.3. *La revoca e l'estinzione del legato.*

Il legato si estingue per le cause generali di revoca del testamento e delle disposizioni testamentarie (§ 497).

Esistono, peraltro, altre cause specifiche di **revoca** del **legato** (art. 686 cod. civ.). L'**alienazione** che il testatore faccia della **cosa legata** o di parte di essa, anche mediante vendita con patto di riscatto, revoca il legato riguardo a ciò che è stato alienato, anche quando l'alienazione è annullabile per cause diverse dai vizi del consenso, ovvero la cosa ritorni in proprietà del testatore. Lo stesso avviene se il testatore abbia **trasformato** la cosa legata in un'altra, in modo tale che quella abbia perduto la precedente forma e la iniziale denominazione. È ammessa la prova di una diversa volontà del testatore.

Il legato di una cosa certa e determinata si **estingue** a seguito del perimento totale della cosa, avvenuto mentre il testatore era in vita, o anche dopo la sua morte, purché in quest'ultimo caso il perimento sia avvenuto per causa estranea non imputabile all'onerato (art. 673 cod. civ.).

495. La sostituzione, la rappresentazione ed il diritto di accrescimento: primo inquadramento.

Può succedere che l'erede o il legatario **non possano** o **non vogliano raccogliere** l'**eredità** o il **legato**. Che disciplina si applica? In prima battuta sembrerebbe logico pensare alle norme sulla successione legittima.

Non è questa, però, la strada scelta dal legislatore. Le norme sulla successione legittima, infatti, vengono in considerazione, ma soltanto quando non sia possibile dare corso ad altri tre criteri previsti dal codice civile.

Si deve aver riguardo, dunque, agli istituti della sostituzione, della rappresentazione e dell'accrescimento, che compongono, nel complesso, il meccanismo della c.d. **delazione successiva**.

495.1. *La sostituzione.*

Occorre subito evidenziare la distinzione tra **sostituzione diretta** (detta anche **volgare**) e sostituzione **indiretta** (detta anche **fedecommissaria**).

La sostituzione diretta si ha quando il testatore, dopo aver designato l'**erede**, si preoccupa di nominare un'altra persona, per il caso in cui il nominato non possa o non voglia accettare l'eredità (art. 688, 1° co., cod. civ.).

La sostituzione in considerazione può definirsi come un'**istituzione condizionale**, ed è sempre ammessa in tutti quei casi in cui l'erede non possa (ad esempio per premorienza, per incapacità di ricevere, per indegnità, per scomparsa, assenza) o non voglia (per rinuncia) accettare l'eredità.

Possono sostituirsi più persone a una sola, e una sola a più (art. 689, 1° co., cod. civ.).

Esempio. Nomino come mio erede il Sig. Ottorino Dotti di Como. Qualora questi non possa o non voglia accettare l'eredità, essa andrà ai Sig.ri Giacomo Mantero e Giulia Ubizzoni di Como.

La sostituzione può anche essere reciproca tra i coeredi istituiti. Se essi sono stati istituiti in parti disuguali, la proporzione fra le quote fissate nella prima istituzione si presume ripetuta anche nella sostituzione. Se nella sostituzione insieme con gli istituiti è chiamata un'altra persona, la quota vacante viene divisa in parti uguali tra tutti i sostituiti (art. 689, 2° co., cod. civ.). I sostituiti devono adempiere alle obbligazioni imposte agli istituiti, a meno che una diversa volontà sia stata espressa dal testatore o si tratti di obblighi di carattere personale (art. 690 cod. civ.). È possibile la sostituzione testamentaria anche per il **legato**; a tale sostituzione si applicano le norme appena ricordate per l'eredità (art. 691 cod. civ.).

Diversa è la **sostituzione fedecommissaria**, che comporta due successioni in sequenza fra loro: con essa il testatore ordina al primo erede di conservare e di trasmettere, alla sua morte, tutti o parte dei beni ereditari ad altra persona, il sostituito. Sono richieste tre condizioni affinché si abbia la sostituzione in considerazione: (a) una duplice successione (*ordo successivus*); (b) l'imposizione all'erede, da parte del testatore, di conservare e di trasmettere i beni ad altra persona (non è sufficiente un semplice consiglio o una raccomandazione); (c) la previsione che il trasferimento avvenga alla morte del primo erede.

La sostituzione fedecommissaria, prevista e disciplinata nel diritto romano, ebbe una larghissima diffusione nel medioevo, costituendo uno strumento privilegiato per assicurare la discendenza a favore dei figli maschi. L'istituto, invece, fu osteggiato dalla Rivoluzione francese, tanto che (sulla scia di quest'ultimo) il codice civile del 1865 lo aveva abolito.

L'originaria disciplina del codice civile del 1942 previde la sostituzione fedecommissaria, ma entro limiti circoscritti; tali limiti, peraltro, vennero accentuati dalla Riforma del diritto di famiglia del 1975, che ha delineato l'attuale volto della sostituzione indiretta.

È previsto, infatti, che: (a) l'istituito possa essere soltanto un figlio, un discendente, o il coniuge, il quale si trovi ad essere interdetto; ovvero, nel caso di un minore di età, che si trovi in uno stato di abituale infermità di mente, tale da far ritenere che interverrà una pronuncia di interdizione. Pertanto, qualora non intervenga l'interdizione o qualora intervenga una pronuncia di revoca dell'interdizione, la sostituzione è senza effetto; (b) i sostituiti siano la persona o gli enti che, sotto la vigilanza del tutore, hanno avuto cura dell'interdetto (art. 692 cod. civ.).

Se le persone o gli enti che hanno avuto cura dell'incapace muoiono o si estinguono prima della morte di lui, i beni o la porzione dei beni che spetterebbe loro è devoluta ai successori legittimi dell'incapace (art. 696, 2° co., cod. civ.).

Sui beni che formano oggetto della sostituzione l'istituito ha una **proprietà** che la dottrina definisce **vincolata**, i cui contorni sono delineati dalla stessa disciplina del codice: l'istituito ha il godimento e la libera amministrazione dei beni che formano oggetto della sostituzione, e può stare in giudizio per tutte le azioni relative ai beni medesimi. Egli può altresì compiere tutte le innovazioni dirette ad una migliore utilizzazione dei beni (art. 693, 1° co., cod. civ.).

All'istituito sono comuni, in quanto applicabili, le norme che riguardano l'usufruttuario (art. 693, 2° co.). È consentita, però, al proprietario vincolato, l'alienazione dei beni (facoltà che non è riconosciuta all'usufruttuario ordinario): in particolare, l'autorità giudiziaria può consentire l'alienazione dei beni che formano oggetto della sostituzione in caso di utilità evidente, disponendo il reimpiego delle somme ricavate. Può anche essere consentita, con le necessarie cautele, la costituzione di ipoteche sui beni medesimi a garanzia di crediti destinati a miglioramenti e trasformazioni fondiarie (art. 694 cod. civ.).

Le norme appena ricordate valgono anche per la sostituzione fedecommissaria dei **legati** (art. 697 cod. civ.).

Si ritiene che, nel caso di premorienza dell'istituito fedecommissariamente, la sostituzione fedecommissaria si converte in sostituzione ordinaria, con conservazione di tutti i suoi effetti verso i sostituti (si confronti Cass., 28.6.2004, n. 11968; la dottrina discute in questo caso di sostituzione "compendiosa").

È vietato, invece, l'usufrutto successivo (art. 698 cod. civ.), mentre è valida la disposizione testamentaria avente per oggetto l'erogazione periodica, in perpetuo o a tempo, di somme determinate per premi di nuzialità o di natalità, sussidi per l'avviamento a una professione o a un'arte, opere di assistenza, o per altri fini di pubblica utilità, a favore di persone da scegliersi entro una determinata categoria o tra i discendenti di determinate famiglie. Tali annualità possono riscattarsi secondo le norme previste in materia di rendita (art. 699 cod. civ.).

495.2. *La successione per rappresentazione.*

Le norme sulla successione diretta possono non essere sufficienti a risolvere il problema della **delazione successiva**: ciò accade quando non vi sia testamento (il primo erede, dunque, è tale in applicazione delle norme sulla successione legittima); oppure il testamento c'è, ma il testatore non abbia previsto alcun meccanismo di successione successiva. Ulteriore eventualità è che il testamento ci sia e siano anche indicati i meccanismi di delazione successiva, ma il sostituito non voglia o non possa accettare.

In tutti questi casi occorre accertare se sussistano i presupposti della **successione per rappresentazione**. È richiesto, in particolare, (a) che vi siano determinati **rapporti di parentela** fra il *de cuius* e il primo chiamato: si deve trattare del figlio (anche adottivo) o del fratello del *de cuius* (art. 468, 1° co., cod. civ.); (b) che sussistano determinati rapporti di parentela fra il primo chiamato ed i soggetti che succedono per rappresentazione al suo posto: si deve trattare dei discendenti del primo chiamato (art. 467, 1° co., cod. civ.). L'indicazione dei soggetti deve considerarsi tassativa: l'istituto, infatti, non opererà nei confronti dei discendenti del nipote *ex filio* (Cass., 28.10.2009, n. 22840).

Esempio. Luigi De Carolis è erede, unitamente alla madre, del patrimonio del padre. A causa di dissapori con il padre, tuttavia, Luigi De Carolis non intende accettare l'eredità. I figli Luigi jr. e Marco subentrano nella sua posizione, diventando eredi.

Quando vi è rappresentazione, la divisione si fa per stirpi (art. 469, 3° co., cod. civ.). Questo significa, con riferimento all'esempio appena fatto, che la moglie e i figli di Luigi De Carolis si distribuiscono in tal modo l'eredità: metà alla moglie e l'altra metà ai due figli Luigi jr. e Marco.

La successione per rappresentazione opera anche con il legato, allorché il legatario non possa o non voglia conseguirlo (e non vi sia il meccanismo, sopra descritto, della sostituzione): occorre, però, che non si tratti di un legato di usufrutto o di altro diritto di natura personale (art. 467, 2° co., cod. civ.).

495.3. *L'accrescimento.*

Il discorso non può considerarsi terminato. È evidente, infatti, che non soltanto possono mancare i presupposti per la sostituzione diretta, ma anche quelli per la rappresentazione. Si pensi, ad esempio, al caso in cui non vi sia il soggetto che, per legge, sia chiamato a succedere per rappresentazione (oppure che la rappresentazione sia espressamente esclusa dal testatore: Trib. Verona, 26.1.2022). È necessario verificare, allora, se vi siano i presupposti per l'istituto dell'**accrescimento**. Il primo presupposto è che il soggetto da sostituire sia stato chiamato all'eredità non da solo, ma assieme ad altri **coeredi**. In questo caso la quota del coerede da sostituire viene attribuita (da qui l'espressione accrescimento) agli altri coeredi.

Esempio. Tizio, Caio e Sempronio sono eredi di Mevio. Tizio non accetta l'eredità e non può darsi luogo ai meccanismi di sostituzione testamentaria e di rappresentazione. Il terzo di eredità di Tizio viene distribuito fra Caio e Sempronio, che in questo modo vedono accresciuta la loro quota di eredità da un terzo a metà del patrimonio di Mevio.

La presenza di coeredi è soltanto il primo presupposto per poter applicare l'istituto dell'accrescimento. Altre condizioni devono sussistere (art. 674, 1° co., cod. civ.): (a) occorre che i coeredi siano stati chiamati all'eredità per quote uguali (con un'espressione latina, si dice che deve sussistere la ***coniunctio re***); (b) tutti i coeredi devono essere chiamati con lo stesso testamento (***coniunctio verbis***). Quest'ultima condizione, è inteso, vale soltanto per la successione testamentaria e non per quella legittima.

L'accrescimento ha luogo anche tra più legatari cui sia stato legato uno stesso oggetto (**collegatari**), salvo che dal testamento risulti una diversa volontà e salvo sempre il diritto di rappresentazione (art. 675 cod. civ.). L'acquisto per accrescimento ha luogo di diritto (art. 676, 1° co., cod. civ.). I coeredi o i legatari, a favore dei quali si verifica l'accrescimento, subentrano negli obblighi cui era sottoposto l'erede o il legatario mancante, salvo che si tratti di obblighi di carattere personale (art. 676, 2° co., cod. civ.).

495.4. *L'applicazione delle regole sulla successione legittima.*

Si è appena visto che le regole dell'accrescimento operano in presenza di presupposti ben precisi, che nella fattispecie concreta potrebbero mancare.

Il **sistema**, peraltro, deve avere una **chiusura** che permetta di assicurare la sorte della successione (art. 677 cod. civ.). Se non ha luogo l'accrescimento, la porzione dell'eredità mancante si devolve agli **eredi legittimi** (secondo le norme della successione legittima), e la porzione del legatario mancante va a profitto dell'**onerato** (ossia dell'erede o del legatario a carico del quale è stato posto il legato). Gli eredi legittimi e l'onerato subentrano negli obblighi che gravano sull'erede o sul legatario mancante, salvo che si tratti di obblighi di carattere personale.

Le stesse disposizioni si applicano anche nel caso di risoluzione di disposizioni testamentarie per inadempimento dell'onere.

496. L'esecutore testamentario.

L'esecutore naturale della volontà del testatore è l'erede. Il testatore, a prescindere dal fatto che abbia designato l'erede, può nominare uno o più **esecutori testamentari**, e può anche autorizzare l'esecutore testamentario a sostituire altri a se stesso, qualora non possa continuare nell'ufficio (art. 700 cod. civ.).

Non possono essere nominati esecutori testamentari coloro che non abbiano la piena capacità di obbligarsi. Anche un erede o un legatario possono essere nominati esecutori testamentari (art. 701 cod. civ.).

L'esecutore testamentario "deve curare che siano esattamente eseguite le disposizioni di ultima volontà del defunto" (art. 703, 1° co., cod. civ.). Egli, dunque, vigila affinché il testamento sia eseguito, anche in quelle disposizioni che non riguardano i beni ereditari (si pensi alle indicazioni sui funerali, sulla sepoltura, sulla cremazione). A tal fine, salvo contraria volontà del testatore, deve **amministrare** la massa ereditaria, prendendo possesso dei beni che ne formano parte (art. 703, 2° co., cod. civ.). Il possesso non può durare più di un anno dalla dichiarazione di accettazione, salvo che l'autorità giudiziaria, per motivi di evidente necessità, sentiti gli eredi, ne prolunghi la durata, che non potrà mai superare un altro anno (art. 703, 3° co., cod. civ.). L'esecutore deve amministrare **come** un **buon padre di famiglia** e può compiere tutti gli atti di gestione occorrenti. Quando è necessario alienare beni dell'eredità, ne chiede l'autorizzazione all'autorità giudiziaria, che provvede sentiti gli eredi (art. 703, 4° co., cod. civ.).

Il testatore può disporre che l'esecutore testamentario, quando non sia un erede o un legatario, proceda alla **divisione** tra gli eredi dei **beni dell'eredità**. Prima di procedere alla divisione l'esecutore testamentario deve sentire gli eredi (art. 706 cod. civ.).

L'esecutore testamentario deve **rendere** il **conto** della sua **gestione** al **termine** della stessa, e anche spirato l'anno dalla morte del testatore, se la gestione si prolunga oltre l'anno (il rendiconto è dovuto anche se l'esecutore testamentario cessi dalla carica entro l'anno dal decesso del testatore: Cass., 16.4.2019, n. 10594). In caso di colpa, è tenuto al risarcimento dei danni verso gli eredi e verso i legatari (art. 709 cod. civ.).

L'ufficio dell'esecutore testamentario è gratuito. Tuttavia, il testatore può stabilire una retribuzione a carico dell'eredità (art. 711 cod. civ.). Le spese fatte dall'esecutore testamentario per l'esercizio del suo ufficio sono a carico dell'eredità (art. 712 cod. civ.).

497. La revocazione del testamento.

Il **testamento**, lo si è detto sin dall'inizio del discorso sulle successioni testamentarie, è **revocabile**. Il testatore non può in alcun modo (neanche attraverso una promessa giurata) rinunciare alla libertà di revocare o mutare le disposizioni fatte per testamento (art. 679 cod. civ.). La revoca avviene, di solito, per volontà del testatore: a seconda dei casi, la volontà di revoca può essere espressa o tacita; il codice, peraltro, prevede anche una revoca (presunta) di diritto.

La **revoca espressa** (totale o parziale, pura o condizionata) può avvenire con un testamento posteriore o con uno speciale atto notarile.

La revocazione fatta con **testamento posteriore** conserva la sua efficacia anche quando questo rimanga senza effetto perché l'erede istituito o il legatario è premorto al testatore, o è incapace o indegno, ovvero ha rinunciato all'eredità o al legato (art. 683 cod. civ.).

L'**atto speciale di revoca** è ricevuto dal notaio in presenza di due testimoni: in questo caso il testatore dichiara di revocare, in tutto o in parte, la disposizione anteriore (art. 680 cod. civ.).

La **revoca tacita** avviene in tre casi: (a) quando il testamento posteriore, pure non revocando in modo espresso il precedente, contenga alcune disposizioni incompatibili con quello precedente (art. 682 cod. civ.); (b) quando il testatore ritiri dalle mani del notaio (o dall'archivio notarile presso cui è stato depositato) il testamento segreto. Qualora, però, la scheda testamentaria possa valere come testamento olografo, il ritiro non determina la revoca del testamento. Il ritiro, invece, del testamento olografo che sia eventualmente depositato, non determina la revoca allorché il testatore, successivamente, lo conservi (si confronti l'art. 698 cod. civ.); (c) quando il testatore abbia distrutto, lacerato o cancellato il testamento olografo, a meno che si provi che fu distrutto, lacerato o cancellato da persone diverse dal testatore, ovvero si provi che il testatore non aveva l'intenzione di revocarlo (Cass., 21.3.2019, n. 8031). Il testamento olografo distrutto, lacerato o cancellato soltanto in parte si considera revocato parzialmente (art. 684 cod. civ.).

La giurisprudenza specifica che la cancellazione di un testamento equivale alla revoca tacita del medesimo; per cui se il testamento cancellato conteneva la revoca di quello precedente, rivivono le vecchie disposizioni testamentarie (Cass., 21.3.2019, n. 8031). Si parla, in questo senso, di **revocazione della revocazione**, disciplinata nel codice civile dall'art. 681 cod. civ.: precisamente, la revocazione totale o parziale di un testamento può essere a sua volta revocata con le forme di cui all'art. 680 cod. civ., ovvero con un nuovo testamento o con un atto ricevuto da notaio (Cass., 15.6.2020, n. 11472, chiarisce che la revoca della revoca può avvenire, oltre che in modo espresso, anche in forma tacita, ma solo mediante testamento posteriore con disposizioni incompatibili con il precedente). In tal caso rivivono le disposizioni revocate (art. 681 cod. civ.).

Il codice, infine, prevede alcune ipotesi di **revoca di diritto** (art. 687 cod. civ.). Le disposizioni a titolo universale o particolare, fatte da chi al tempo del testamento non aveva o ignorava di avere figli o discendenti, sono revocate di diritto per l'esistenza o la sopravvenienza di un figlio o discendente del testatore, benché postumo, anche adottivo, ovvero per il riconoscimento di un figlio nato fuori del matrimonio (art. 687, 1° co., cod. civ.; l'articolo è stato modificato dal d.lgs. n. 154/2013). La revocazione ha luogo anche se il figlio è stato concepito al tempo del testamento (art. 687, 2° co., cod. civ.). Per la giurisprudenza di legittimità la revocazione di diritto sussiste anche quando il testatore non ha riconosciuto il figlio (pur essendo a conoscenza della sua esistenza) e, successivamente alla sua morte, sia intervenuta la dichiarazione giudiziale di paternità (Cass., 5.1.2018, n. 169; Cass., 25.5.2019, n. 13680).

Il codice presume in via assoluta la volontà del testatore di operare la revoca (non è prevista la possibilità di prova contraria): in virtù di questa presunzione il testamento è revocato *ipso iure*, non essendo necessaria alcuna dichiarazione da parte dell'autorità giudiziaria (a differenza della revocazione della donazione per sopravvenienza di figli, di cui agli artt. 803-804 cod. civ.).

La revocazione non ha luogo qualora il testatore abbia provveduto all'eventualità che esistessero o sopravvenissero figli o discendenti da essi (art. 687, 3° co., cod. civ.). Se i figli o i discendenti non vengono alla successione e non si fa luogo a rappresentazione, la disposizione ha il suo effetto (art. 687, 4° co., cod. civ.). Quest'ultima disposizione vuole dire questo: qualora i figli o i discendenti non possano venire alla successione (per premorienza, assenza, indegnità, e così via), la revocazione non opera, essendo venuta meno la ragione pratica che la giustificava (consentire ad essi di essere chiamati alla successione).

Capitolo 81
LA SUCCESSIONE NECESSARIA

498. Introduzione. Il concetto di legittima e di porzione disponibile.

Il discorso sulla **successione necessaria** deve partire dal chiarimento di alcuni concetti fondamentali. Il codice muove dalla considerazione dell'assoluta rilevanza, anche ai fini successori, del vincolo familiare: al coniuge, ai figli e agli ascendenti, anche contro la volontà dell'ereditando, è devoluta una parte del suo patrimonio.

Si qualifica porzione legittima (o semplicemente **legittima**) la parte che spetta ad essi anche contro la volontà dell'ereditando; si discute anche di **porzione indisponibile** quando, mettendosi dalla parte dell'ereditando, si evidenzia come una parte del patrimonio sia sottratta alla sua disponibilità.

Coloro che hanno diritto alla legittima si chiamano **legittimari**: il loro diritto, come si vedrà in seguito, non cade soltanto sui beni lasciati dal defunto alla sua morte, ma anche su quelli che siano stati donati precedentemente (per la parte, ovviamente, che sia uscita dal patrimonio del defunto in misura eccedente rispetto alla porzione disponibile).

La successione in esame si definisce anche **successione necessaria**, mentre i legittimari vengono pure indicati con l'espressione "**successori necessari**": si vuol indicare, cioè, che la successione opera per previsione legislativa, anche contro la volontà del testatore. La successione necessaria, dunque, è pur sempre una successione legittima, soggetta ai principî previsti per essa (per un richiamo esplicito, peraltro, si vedano gli artt. 538 e 569 cod. civ.).

La garanzia del diritto alla quota di riserva si rinviene nell'**azione di riduzione**: le disposizioni testamentarie, ma anche le donazioni fatte già dall'ereditando vivente, quando al momento della sua morte risultino superiori alla disponibile (e lesive della riserva), vanno ridotte (§§ 501 ss.).

La legittima non può assoggettarsi dal testatore ad alcun peso o condizione (art.

549 cod. civ.). È ammessa, invece, la **cautela sociniana**, dal nome del giureconsulto, Mariano Socino il giovane (1492-1556 d.C.), che la elaborò in occasione di un parere fornito ad un nobile fiorentino.

Esempio. Per affrontare l'esempio occorre anticipare, come meglio si vedrà in seguito, che se il *de cuius* muore lasciando soltanto un figlio (senza coniuge), la quota legittima del figlio è pari al 50% del patrimonio (art. 537, 1° co., cod. civ.). Ebbene, si consideri che il Sig. De Fundis muoia con un patrimonio di 200.000 euro, legando ad un estraneo, il Sig. Fedele, l'usufrutto di un fondo del valore di 140.000 euro. Il figlio ha una quota di legittima pari al 50% del valore del patrimonio (ossia 100.000 euro); in presenza del legato di cui si è detto, invece, acquista il diritto ad un reddito inferiore. D'altra parte, come nuda proprietà ottiene una parte maggiore di quella che gli spetterebbe come legittimario. Ora, per verificare se vi è stata lesione di legittima, occorrerebbe capitalizzare l'usufrutto: operazione, invero, alquanto difficile, considerato che la durata dell'usufrutto è commisurata alla vita dell'usufruttario. Proprio per questo motivo il codice (art. 550 cod. civ.) esclude che il legittimario (nel nostro esempio, il figlio del Sig. Fedele) possa esperire l'azione di riduzione; allo stesso è consentita la scelta fra: (a) eseguire la disposizione (e prendere in tal modo la nuda proprietà dell'intero patrimonio); (b) ottenere la piena proprietà della quota di riserva, abbandonando a favore del legatario l'altra metà (quella disponibile).

Può comprendersi meglio, in tal modo, la norma del codice civile, secondo cui "quando il testatore dispone di un usufrutto o di una rendita vitalizia il cui reddito eccede quello della proporzione disponibile, i legittimari, ai quali è stata assegnata la nuda proprietà della disponibile o di parte di essa, hanno la scelta o di eseguire tale disposizione o di abbandonare la nuda proprietà della porzione disponibile. Nel secondo caso il legatario, conseguendo la disponibile abbandonata, non acquista la qualità di erede" (art. 550, 1° co., cod. civ.).

499. I legittimari.

I **legittimari** sono il **coniuge**, i **figli** e gli **ascendenti** (art. 536, 1° co., cod. civ.).

Al fine di verificare l'ammontare della loro legittima, conviene esaminare separatamente le diverse varianti che possono verificarsi, cominciando da quella in cui si ha la c.d. successione solitaria di una singola categoria di legittimari, senza il concorso con altri.

Si cominci dal **coniuge** (oggi anche il contraente l'unione civile) **che non abbia altri concorrenti**: questi ha diritto a **metà del patrimonio** (art. 540, 1° co., cod. civ.); la stessa legittima spetta al coniuge separato, cui non sia stata addebitata la separazione (art. 548, 1° co., cod. civ.).

Diversamente, il coniuge separato cui sia stata addebitata la separazione ed il coniuge divorziato non hanno diritti successori, se non un eventuale assegno alimentare a carico dell'eredità (art. 548, 2° co., cod. civ.; art. 9-*bis* l. n. 898/1970): a questi soggetti, in particolare, spetta un assegno vitalizio, nel caso in cui al momento dell'apertura della successione godessero degli alimenti a carico del coniuge deceduto. L'assegno, che comunque non può essere di entità superiore a quello degli alimenti, è rapportato alle sostanze ereditarie, nonché alla qualità e al numero degli eredi legittimi (art. 458 cod. civ.).

Al coniuge superstite, peraltro, oltre alla quota legittima (nella misura appena indicata o in quella diversa che dovesse risultare con il concorso di altri legittimari), sono riservati i diritti di abitazione sulla casa adibita a residenza familiare e di uso sui mobili che la corredano, se di proprietà del defunto o comuni (art. 540, 2° co., cod. civ.); tali diritti non spetteranno nell'ipotesi in cui la casa familiare sia in comunione tra il coniuge defunto ed un soggetto terzo (Cass., 28.5.2021, n. 15000; Cass., 20.10.2021, n. 29162).

Si passi, ora, ai **figli** (considerati, anch'essi, senza la possibile concorrenza di altre categorie di legittimari). Se il genitore lascia un figlio solo, non importa se nato nel matrimonio o al di fuori di esso, a questi è riservata la metà del patrimonio (art. 537, 1° co., cod. civ.). Se i figli sono più, è loro riservata la quota dei due terzi, da dividersi in parti uguali tra tutti i figli, nati nel matrimonio o al di fuori di esso (art. 537, 2° co., cod. civ.).

È stata abrogata la disposizione sul **diritto di commutazione**, secondo cui i figli nati all'interno del matrimonio (quelli che il codice indicava come i "figli legittimi") potevano soddisfare in denaro o in beni immobili ereditari la porzione spettante ai figli "naturali", sempre che quest'ultimi non si opponessero. Nel caso di opposizione decideva il giudice, valutate le circostanze personali e patrimoniali (art. 537, 3° co., cod. civ., ora abrogato). I figli nati fuori dal matrimonio non riconoscibili hanno il diritto ad un assegno vitalizio (artt. 580, 594 cod. civ.).

Si giunge, così, alla riserva a favore degli **ascendenti**. Se chi muore non lascia figli, in favore degli ascendenti è riservato un terzo del patrimonio (art. 538, 1° co., cod. civ.). Sono fatti salvi i casi in cui vi è un concorso fra diverse categorie di legittimari. In caso di pluralità di ascendenti, la riserva è ripartita tra i medesimi secondo i criteri previsti dall'art. 569 cod. civ. (art. 538, 2° co., cod. civ.). In pratica, una metà della riserva è ripartita agli ascendenti della linea paterna e una metà agli ascendenti della linea materna.

Occorre vedere, ora, cosa accada nel caso di **concorso** fra diverse **categorie di legittimari**. Si cominci con il concorso **fra il coniuge e i figli**: se chi muore lascia, oltre al coniuge, un solo figlio, a quest'ultimo è riservato un terzo del patrimonio ed un altro terzo spetta al coniuge (art. 542, 1° co., cod. civ.). Quando i figli sono più di uno, ad essi è complessivamente riservata la metà del patrimonio e al coniuge spetta un quarto del patrimonio del defunto. La divisione tra tutti i figli è effettuata in parti uguali (art. 542, 2° co., cod. civ.).

Vi è, poi, il possibile **concorso fra il coniuge e gli ascendenti**. Quando chi muore non lascia figli, ma ascendenti ed il coniuge, a quest'ultimo è riservata la metà del patrimonio, ed agli ascendenti un quarto (art. 544, 1° co., cod. civ.). In caso di pluralità di ascendenti, la quota di riserva ad essi attribuita è ripartita secondo i criteri previsti dall'art. 569 cod. civ. (art. 544, 2° co., cod. civ.).

È escluso, invece, il concorso fra figli e ascendenti: quest'ultimi, in presenza di figli, non hanno diritto alla legittima (art. 538, 1° co., cod. civ.).

500. Il calcolo della legittima.

Non si può affermare che la **legittima** sia stata lesa (e non si è in grado di dare corso ai rimedi previsti dal codice) se non si conosce esattamente l'entità della stessa.

Il **calcolo** deve considerare anche le eventuali donazioni fatte in vita dal *de cuius* (art. 556 cod. civ.). Il procedimento da compiere è il seguente: (a) si determina in primo luogo il *relictum*, ossia il valore patrimoniale netto lasciato dal *de cuius*; (b) da esso si toglie il valore delle passività certe ed attuali (il debito derivante da fideiussione prestata dal *de cuius* è detraibile se e nella misura in cui sia dimostrata l'insolvibilità del debitore garantito o l'impossibilità di esercitare l'azione di regresso: Cass., 9.11.2021, n. 32804); (c) si sommano, infine, le donazioni fatte eventualmente dal *de cuius in vita* (il valore è attualizzato al tempo della morte).

In sintesi, si dice che al ***relictum*** (detratti i debiti) vada aggiunto il ***donatum***. L'operazione compiuta è definita **riunione fittizia**, poiché viene compiuta virtualmente (semplicemente sommando i valori dei beni).

Il valore che costituisce la risultante della riunione fittizia costituisce la base di calcolo: ad essa, in sostanza, si applica la frazione che spetta al legittimario o alla categoria dei legittimari. Dal confronto con quanto effettivamente è stato lasciato al legittimario sarà possibile, in definitiva, verificare l'eventuale lesione della legittima. Al legittimario che agisce in riduzione, però, non sarà richiesto di precisare l'esatta entità monetaria della lesione, quanto di fornire una rappresentazione del patrimonio del *de cuius* tale da rendere verosimile, anche sulla base di elementi presuntivi, la sussistenza della lesione di legittima (Cass., 27.8.2020, n. 17926).

Esempio. Il testatore muore e risulta che vi è soltanto un legittimario (non vi sono altri concorrenti). Al figlio è stata lasciata una casa del valore di 300.000 euro. Occorre accertare se il figlio possa lamentare la lesione della legittima. Si procede nel modo anzidetto. Si considera, in primo luogo, l'insieme di tutti i beni di cui il defunto era titolare al momento della sua morte e se ne calcola il relativo valore. Il valore è 1.100.000 euro. Da tale valore bisogna detrarre i debiti del defunto, pari a 100.000 euro. Al risultato così ottenuto (1.000.000 euro) si aggiunge il valore dei beni di cui il *de cuius* abbia disposto per donazione, calcolato al momento dell'apertura della successione (200.000 euro). Sul totale (1.200.000) si calcola la quota prevista dal codice civile (50%). Per non aversi lesione di legittima, il figlio avrebbe dovuto ricevere in eredità beni per un valore pari a 600.000 euro (1.200.000: 2). La lesione di legittima, qui, ammonta a euro 300.000 (600.000 – 300.000).

Può accadere, peraltro, che le donazioni in vita siano fatte dal *de cuius* proprio al legittimario (cosa abbastanza frequente, specie quando si ha riguardo alla figura del figlio). In questo caso la **donazione** si considera un'**anticipazione** della **legittima**: il valore della donazione, pertanto, va idealmente sommato a quanto il legittimario riceve per successione (si parla di **imputazione** ***ex se***: art. 553 cod. civ., ultima parte).

Esempio. Immaginiamo che la donazione per un valore di 200.000 euro, di cui si è detto nel precedente esempio, sia stata fatta proprio al figlio. In questo caso, al valore del bene ricevuto dal figlio con testamento (300.000 euro) va aggiunto il valore di quanto ha ricevuto per donazione (200.000 euro). La base di calcolo, qui, è pari a 500.000 euro. Il figlio potrà lamentare, anche in questo caso, la lesione della legittima, ma soltanto per 100.000 euro (600.000-500.000).

L'imputazione *ex se*, va aggiunto, non riguarda soltanto le donazioni ricevute dal legittimario durante la vita del *de cuius*; essa, infatti, riguarda anche i legati attribuiti al legittimario per testamento. L'imputazione *ex se*, peraltro, non opera qualora il legittimario sia stato espressamente dispensato dal *de cuius* (art. 564, 2° co., cod. civ.).

Il legittimario che succede per rappresentazione deve anche imputare le donazioni ed i legati fatti, senza espressa dispensa, al suo ascendente (art. 564, 3° co., cod. civ.). La regola si spiega con la considerazione che la rappresentazione fa subentrare il rappresentante nel luogo e nel grado dell'ascendente (art. 467 cod. civ.).

Ai fini dell'individuazione della quota di riserva spettante alle singole categorie di legittimari (ed ai singoli legittimari nella stessa categoria), bisogna far riferimento alla **situazione esistente** al **momento** dell'**apertura** della **successione**; non va tenuta in considerazione, dunque, quella diversa situazione che può venirsi a creare a seguito del mancato esperimento (ad esempio per rinuncia o prescrizione) dell'azione di riduzione da parte di qualche legittimario (Cass., Sez. Un., 9.6.2006, n. 13429; Cass., Sez. Un., 12.6.2006, n. 13524).

501. L'azione di riduzione per lesione della legittima. I soggetti.

Qualora, attraverso il criterio di calcolo che si è studiato, il legittimario lamenti la lesione della sua legittima, può agire per la riduzione delle disposizioni testamentarie e, se serve, delle donazioni: ha a disposizione, cioè, l'**azione di riduzione** (la quale, se ha per oggetto beni immobili o mobili registrati, è soggetta a trascrizione: artt. 2652, n. 8, 2690, n. 5 cod. civ.).

Secondo una ricostruzione, l'azione di riduzione comporta la risoluzione (totale o parziale) dell'acquisto compiuto dal beneficiario del testamento o dal donatario. Ciò vuol dire, si aggiunge, che le disposizioni lesive della legittima non sono nulle ma soltanto impugnabili (finché l'azione di riduzione non sia stata fatta valere, esse conservano la loro efficacia). Altri, più correttamente, rinvengono nella riduzione un'azione di inefficacia relativa, totale o parziale, dell'atto di disposizione, operante, così, nei soli confronti del legittimario impugnante (l'azione di riduzione ha infatti carattere individuale, non comportando alcun litisconsorzio necessario tra i legittimari: Cass., 23.7.2020, n. 15706).

Si cominci con l'occuparsi dei **soggetti che possono chiedere la riduzione** e quelli che non possono chiederla (art. 557 cod. civ.). La riduzione delle donazioni e delle disposizioni lesive della porzione di legittima non può essere domandata che dai legittimari o dai loro eredi o aventi causa (potranno agire in riduzione, in via surrogatoria, anche i creditori dei legittimari pretermessi che siano rimasti del tutto inerti: Cass., 20.6.2019, n. 16623). Essi non possono rinunciare a questo diritto, finché vive il donante, né con dichiarazione espressa, né prestando il loro assenso alla donazione. I donatari e i legatari non possono chiedere la riduzione, né approfittarne. Non possono chiederla né approfittarne nemmeno i creditori del defunto, se il legittimario avente diritto alla riduzione abbia accettato con il beneficio d'inventario (§ 514).

Qualora il legittimario agisca contro estranei (ossia non coeredi) per la riduzione di donazioni o legati, ha un espresso onere per l'esperimento dell'azione: è tenuto ad accettare l'eredità con beneficio d'inventario (art. 564, 1° co., cod. civ.).

501.1. *L'ordine dell'azione di riduzione.*

Esiste un **ordine** per l'azione di riduzione: sono **colpite**, in primo luogo, le **quote legali *ab intestato***, eventualmente lesive della quota di legittima, ai sensi dell'art. 553 cod. civ.; saranno poi colpite le **disposizioni testamentarie** (istituzioni di erede e legato), le quali vengono diminuite **proporzionalmente**, a meno che il testatore abbia dichiarato che una sua disposizione debba avere effetto a preferenza delle altre (in questo caso la disposizione non si riduce, se non in quanto il valore delle altre non sia sufficiente ad integrare la quota riservata ai legittimari: art. 558, 2° co., cod. civ.).

Qualora la riduzione delle disposizioni testamentarie non basti ad integrare la legittima (ma può anche accadere che le stesse non sussistano proprio e la lesione sia da addebitare esclusivamente a disposizioni liberali compiute in vita), si procede alla riduzione **delle donazioni**, "**cominciando dall'ultima** e risalendo via via alle anteriori" (art. 559 cod. civ.).

Esempio. L'azione di riduzione riguarderà la donazione effettuata nel 2020; poi si colpirà quella del 2017, poi quella del 2014, e così via.

La provenienza donativa di un immobile, pertanto, mette a repentaglio la sicurezza dei traffici giuridici (se il promittente venditore non rende nota al promissario acquirente la provenienza donativa del bene oggetto dell'affare, quest'ultimo può rifiutarsi di stipulare il contratto definitivo: Cass., 12.12.2019, n. 32694).

A proposito dell'azione di riduzione che riguarda le donazioni, va compiuta una precisazione. Può accadere che in vita il *de cuius* abbia fatto delle donazioni dissimulate, facendo apparire un atto a titolo oneroso. In questo caso il legittimario non potrà agire direttamente con l'azione di riduzione; preliminarmente, infatti, dovrà esperire l'azione di simulazione relativa. Si noti che il legittimario, rispetto al contratto simulato, è un terzo: pertanto, come prevede la disciplina codicistica (art. 1417 cod. civ.), potrà provare la simulazione anche mediante testimoni o per presunzioni (Cass., 9.5.2019, n. 12317). Ove l'azione per la dichiarazione della simulazione non sia finalizzata alla riduzione della liberalità dissimulata, l'accettazione beneficiata dell'eredità non sarà condizione di procedibilità della domanda (Cass., 31.7.2020, n. 16515).

501.2. *La prescrizione dell'azione di riduzione.*

L'azione di riduzione è soggetta al termine di prescrizione ordinario di dieci anni, non esistendo norme specifiche in materia. Discusso è il problema del *dies a quo*: sulla scorta della giurisprudenza della Suprema Corte può dirsi che, per le disposizioni testamentarie lesive della legittima, il termine inizia a decorrere dal momento dell'accettazione di colui che è stato chiamato all'eredità con il testamento, lesivo della riserva (Cass., Sez. Un., 25.10.2004, n. 20644). Qualora la lesione sia avvenuta attraverso legati (che si acquistano automaticamente) o attraverso donazioni, il *dies a quo* va individuato con l'apertura della successione.

Va ricordato, infine, che ai sensi dell'art. 2652, n. 8, cod. civ., se la trascrizione della domanda di riduzione delle donazioni e delle disposizioni testamentarie per lesione di legittima è eseguita dopo dieci anni dall'apertura della successione, la sentenza che accoglie la domanda non pregiudica i terzi che hanno acquistato a titolo oneroso diritti in base ad un atto trascritto o iscritto anteriormente alla trascrizione della domanda.

501.3. *Gli effetti dell'accoglimento dell'azione di riduzione.*

Qualora l'azione di riduzione e la correlata azione di restituzione siano accolte, il beneficiario della disposizione testamentaria o il donatario è tenuto a restituire, in tutto o in parte, il bene. Gli immobili restituiti in conseguenza dell'azione di riduzione sono liberi da ogni peso o ipoteca di cui il legatario o il donatario dovessero averli gravati (salvo il disposto dell'art. 2652, n. 8, cod. civ.). Peraltro, i pesi e le ipoteche restano efficaci se la riduzione sia domandata dopo venti anni dalla trascrizione della donazione, salvo in questo caso l'obbligo del donatario di compensare in denaro i legittimari in ragione del minor valore del bene, purché la domanda sia proposta entro dieci anni dalla apertura della successione. Le stesse disposizioni si applicano per i mobili iscritti in pubblici registri (art. 561 cod. civ.).

Una disciplina specifica è dettata dal codice per la **riduzione del legato e della donazione di immobili** (art. 560 cod. civ.). In questi casi la riduzione si fa separando dall'immobile stesso la parte per integrare la quota riservata, se ciò può avvenire comodamente. Se la separazione non può farsi comodamente e il legatario o il donatario ha nell'immobile un'eccedenza maggiore del quarto della porzione disponibile, l'immobile si deve lasciare per intero all'eredità, salvo il diritto di conseguire il valore della porzione disponibile. Se l'eccedenza non supera il quarto, il legatario o il donatario può ritenere tutto l'immobile, compensando in denaro i legittimari. Il legatario o il donatario che è legittimario può ritenere tutto l'immobile, purché il valore di esso non superi l'importo della porzione disponibile e della quota che gli spetta come legittimario.

Entro i limiti stabiliti dal codice, la **restituzione** può essere chiesta anche nei confronti degli **aventi causa dai donatari soggetti a riduzione**. In particolare, se i donatari contro i quali è stata pronunciata la riduzione hanno alienato ai terzi gli immobili donati e non sono trascorsi venti anni dalla trascrizione della donazione, il legittimario, premessa l'escussione dei beni del donatario, può chiedere, ai successivi acquirenti, la restituzione degli immobili (art. 563, 1° co., cod. civ.). Contro i terzi acquirenti può anche essere richiesta, entro il termine di cui al primo comma, la restituzione dei beni mobili, oggetto della donazione, salvi gli effetti del possesso di buona fede (art. 563, 2° co., cod. civ.).

La disciplina appena ricordata è stata modificata nel 2005 (l. 14.5.2005, n. 80; l. 28.12.2005, n. 263). L'introduzione dei ricordati limiti temporali ha inteso porre un freno alla (giustificata) diffidenza di chi acquistava un bene pervenuto al venditore a titolo di donazione.

Esempio. Colui che voleva acquistare un bene immobile e, preliminarmente, effettuava una visura presso i registri immobiliari, poteva avvedersi del fatto che l'immobile era giunto al potenziale venditore in virtù di una donazione. Il potenziale acquirente, dunque, sapeva già che dopo la morte del donante i legittimari dello stesso avrebbero potuto esperire l'azione di riduzione. Non solo: qualora il patrimonio del potenziale venditore non fosse stato sufficiente, i legittimari si sarebbero potuti rivolgere nei confronti del potenziale acquirente del bene immobile, chiedendone la restituzione. Il che comportava un forte ostacolo alla circolazione di beni oggetti di donazione.

Se è vero, peraltro, che la modifica legislativa ha circoscritto, entro i limiti temporali indicati, l'azione di riduzione da parte dei legittimari, l'ultimo comma dell'art. 563 cod. civ. attribuisce un diritto specifico al **coniuge** ed ai parenti in linea retta del donante: salvo il disposto dell'art. 2652, n. 8, cod. civ., gli stessi possono notificare e trascrivere, nei confronti del donatario e degli aventi causa, un **atto di opposizione alla donazione**, il cui effetto è quello di sospendere nei loro confronti il decorso del termine ventennale di cui si è detto. La ragione della disposizione si spiega con il seguente esempio.

Esempio. Si immagini che il donante, all'età di 50 anni, faccia una donazione. I legittimari, ovviamente, non possono esperire l'azione di riduzione durante la vita del donante. Il donante è ancora abbastanza giovane: se vive ancora per più di venti anni, i legittimari rimarrebbero privi di qualsiasi possibilità di tutela contro l'acquirente del bene donato. Da qui la ragione dell'atto di opposizione alla donazione.

L'atto di opposizione deve essere trascritto nei pubblici registri immobiliari, in modo tale che di esso (e del suo effetto sospensivo) siano informati i potenziali acquirenti del bene immobile oggetto di donazione. L'opposizione va rinnovata prima che siano trascorsi venti anni dalla sua trascrizione, altrimenti perde di efficacia. Il diritto dell'opponente, specifica l'ultimo comma dell'art. 563 cod. civ., è "personale e rinunziabile": esso, quindi, non può essere esercitato dai terzi con l'azione surrogatoria ai sensi dell'art. 2900 cod. civ.

Al **terzo acquirente** è attribuita la **facoltà** di **liberarsi dall'obbligo di restituire** in natura **le cose donate** pagando l'equivalente in denaro (art. 563, 3° co., cod. civ.).

502. Il legato in sostituzione di legittima ed il legato in conto di legittima.

Deve esaminarsi l'ipotesi in cui il **legittimario** sia **beneficiario** di un **legato**: la posizione del beneficiario è diversa a seconda che il legato sia in sostituzione o in conto di legittima.

Il **legato in sostituzione di legittima** è quello che il testatore attribuisce al legittimario, dichiarando che viene attribuito al posto (in sostituzione) della legittima. In questo caso il legittimario si trova di fronte alla seguente scelta: (a) può rinunciare al legato e chiedere la legittima (art. 551, 1° co., cod. civ.); (b) se, però, preferisce conseguire il legato, perde il diritto di chiedere il supplemento, nel caso che il valore del legato sia inferiore a quello della legittima, e non acquista la qualità di erede (Cass., Sez. Un., 29.3.2011, n. 7098). Questa disposizione non si applica quando il testatore abbia espressamente attribuito al legittimario la facoltà di chiedere il supplemento (art. 551, 2° co., cod. civ.).

Esempio. Il padre ha un patrimonio di 1.000.000 di euro ed un unico figlio. Con il testamento il padre lega al figlio un bene per il valore di 400.000 euro; si tratta di un legato in sostituzione di legittima. Il figlio può "accontentarsi" del legato, ritenendo conveniente per lui ottenere quel bene immobile, anche se di valore inferiore alla sua quota legittima (che è pari a 500.000 euro). Oppure può rinunciare al legato e chiedere la legittima.

La mancata rinuncia al lascito integra un atto di gestione del rapporto successorio da parte del beneficiario, confermativo *ex lege* della già realizzata attribuzione patrimoniale. Si spiega, dunque, perché i giudici di legittimità si siano pronunciati per l'inammissibilità dell'azione surrogatoria proposta dal creditore dell'istituito per ottenere la legittima: tale azione, infatti, presuppone l'inerzia del debitore, che va esclusa in presenza di un qualsivoglia comportamento positivo, ancorché pregiudizievole per le ragioni creditorie, attraverso cui il debitore manifesti la volontà di gestire il proprio patrimonio (Cass., 2.2.2016, n. 1996).

Ai fini della configurabilità del legato in sostituzione di legittima, occorre che dal complessivo contenuto delle disposizioni testamentarie risulti l'inequivoca volontà del *de cuius* di tacitare il legittimario con l'attribuzione di determinati beni (Cass., 19.11.2019, n. 30082).

Il legato **in conto di legittima**, invece, è quello che il testatore attribuisce al legatario, ma senza che questo venga messo in alternativa alla legittima. In questo caso il legatario può conservare il legato e, in più, chiedere la legittima: peraltro, in base alle regole della imputazione *ex se* (§ 500), può chiedere soltanto la differenza fra il valore della legittima ed il valore del legato.

503. Possibile assenza della qualità di erede in capo ai legittimari.

Quanto sin qui ricordato, a proposito dei legittimari, consente di osservare come non sempre gli stessi abbiano la qualità di eredi.

È possibile, in sintesi, ricordare diverse varianti:

(a) il **legittimario** è **pretermesso** (ossia non viene affatto considerato nel testamento). Soltanto attraverso l'esito positivo dell'azione di riduzione, il legittimario pretermesso acquista la qualità di erede (Cass., 7.2.2020, n. 2914);

(b) il testatore nomina erede, con il testamento, il legittimario: questi, allora, è **erede testamentario** (quand'anche sia stato leso nel suo diritto alla legittima, che comunque potrà reintegrare con l'azione di riduzione);

(c) al legittimario, ancora, viene attribuito solo un legato, che può essere in sostituzione di legittima: se lo accetta, il legittimario resta soltanto **legatario** (succede soltanto a titolo particolare);

(d) può succedere, infine, che il legittimario **non diventi erede** ma neppure **successore a titolo particolare**: ciò accade, in particolare, quando la sua legittima sia pienamente soddisfatta attraverso le donazioni ricevute in vita (è evidente che, in questo caso, il legittimario non potrà avanzare alcuna pretesa verso l'asse ereditario).

Capitolo 82

L'ACQUISTO DELL'EREDITÀ

SOMMARIO: 504. La gestione conservativa dell'eredità. – 505. L'eredità giacente. – 506. L'accettazione dell'eredità. Caratteri dell'accettazione. – 507. La capacità richiesta per accettare. – 508. La forma dell'accettazione pura e semplice. L'acquisto legale dell'eredità. – 509. Gli effetti dell'accettazione pura e semplice. – 510. La rinuncia all'eredità. – 510.1. Gli effetti della rinuncia all'eredità.

504. La gestione conservativa dell'eredità.

La regola generale, di cui si è già detto e su cui ci si intratterrà anche nel prosieguo, è che il patrimonio del *de cuius* si trasmette nella persona dell'erede con l'accettazione (art. 459 cod. civ.).

Il chiamato, peraltro, ha un'**aspettativa giuridicamente protetta**. In base all'art. 460 cod. civ., infatti, può esercitare le **azioni possessorie** a tutela dei beni ereditari, senza bisogno di materiale apprensione. Può, inoltre, compiere **atti conservativi** di vigilanza e di amministrazione temporanea e farsi autorizzare dall'autorità giudiziaria a **vendere i beni** che non si possono conservare o la cui conservazione importa grave dispendio. Gli atti conservativi descritti non possono essere compiuti quando si è provveduto alla nomina di un curatore dell'eredità a norma dell'art. 528 cod. civ. (§ 505).

Inoltre, il chiamato all'eredità che, a qualsiasi titolo, sia nel possesso reale dei beni, può essere convenuto in giudizio per rappresentare l'eredità e rispondere alle istanze proposte contro la medesima (art. 486 cod. civ.).

Si tratta di atti, è bene precisarlo, che se autorizzati non comportano l'accettazione dell'eredità e, dunque, non precludono la facoltà di accettare l'eredità o di rinunciarvi.

505. L'eredità giacente.

L'**eredità** che sia stata devoluta e non ancora accettata si dice **giacente**; si dice, invece, **vacante** quando manchi qualsiasi erede legittimo o testamentario e, quindi, va devoluta allo Stato.

L'eredità giacente, insegna la dottrina, si presenta come un patrimonio avente la sua individualità nei confronti degli altri soggetti di diritto: essa, dunque, tiene raggruppati attorno a sé i rapporti giuridici che facevano capo al defunto; inoltre, può aggiungere nuovi rapporti giuridici, come l'obbligazione di rimborsare le spese funerarie (art. 2751, n. 1, cod. civ.) ed i diritti e le obbligazioni che sorgono da un'eventuale gestione di affari altrui (art. 2028 cod. civ.).

Quando il chiamato non abbia accettato l'eredità e non sia nel possesso di beni ereditari, il tribunale del circondario in cui è aperta la successione, su istanza delle persone interessate o anche d'ufficio, nomina un **curatore dell'eredità** (art. 528, 1° co., cod. civ.).

Il curatore è tenuto a procedere all'inventario dell'eredità, a esercitarne e promuoverne le ragioni, a rispondere alle istanze proposte contro la medesima, ad amministrarla, a depositare presso le casse postali e presso un istituto di credito designato dal tribunale il denaro che si trova nell'eredità o si ritrae dalla vendita dei mobili o degli immobili e, da ultimo, a rendere conto della propria amministrazione (art. 529 cod. civ.).

Il curatore può provvedere al pagamento dei debiti ereditari e dei legati, previa autorizzazione del tribunale (art. 530, 1° co., cod. civ.). Se però alcuno dei creditori o dei legatari faccia opposizione, il curatore non può procedere ad alcun pagamento, ma deve provvedere alla liquidazione dell'eredità secondo le norme di cui agli artt. 498 ss. cod. civ. (art. 530, 2° co., cod. civ.).

Il curatore cessa dalle sue funzioni quando l'eredità sia stata accettata (art. 532 cod. civ.).

506. L'accettazione dell'eredità. Caratteri dell'accettazione.

L'eredità può essere accettata puramente e semplicemente o con beneficio di inventario. Gli effetti giuridici delle due forme di accettazione sono assai diversi fra loro (§§ 509 ss. e 516).

Esistono, tuttavia, alcuni caratteri comuni alle due forme di accettazione, su cui ci si deve intrattenere.

La **facoltà di accettare** l'**eredità** si prescrive con il decorso di dieci anni (art. 480 cod. civ.): il termine decorre dal giorno dell'apertura della successione. Peraltro, se il primo chiamato ha accettato l'eredità e, per svariati motivi, il suo acquisto sia venuto meno (si pensi all'impugnazione del testamento, alla dichiarazione di indegnità, e così via), il termine per accettare decorre, per le ulteriori persone cui è devoluta l'eredità, da quando hanno cominciato ad avere la possibilità giuridica di accettare la stessa. Nel caso di istituzione condizionale, il termine decorre da quando si è verificata la condizione. In caso di accertamento giudiziale della filiazione il termine decorre dal passaggio in giudicato della sentenza che accerta la filiazione stessa.

Chiunque vi ha interesse può chiedere che l'**autorità giudiziaria fissi** un **termine** entro il quale il chiamato dichiari se accetta o rinunzia (c.d. *actio interrogatoria*). Trascorso questo termine senza che abbia effetto la dichiarazione, il chiamato perde il diritto di accettare (art. 481 cod. civ.). La norma consente di abbreviare il termine per accettare l'eredità, essendo alquanto lungo quello previsto dalla legge.

Si considerino, ora, i caratteri dell'accettazione dell'eredità (anche se fatta con beneficio d'inventario). L'accettazione dell'eredità è:

(a) **pura** (non può essere, cioè, sottoposta né a condizione né a termine: art. 475 cod. civ.);

(b) **irrevocabile** (*semel heres semper heres*, dicevano i latini);

(c) **indivisibile**, comprendendo virtualmente tutta l'universalità ereditaria (per intero o *pro quota*). È quanto stabilito dal codice civile, secondo cui è nulla la dichiarazione di accettazione parziale di eredità (art. 475, 3° co., cod. civ.);

(d) **assoluta** (la qualità di erede si acquista verso tutti e non soltanto verso alcuni soggetti);

(e) **retroattiva**. È previsto, infatti, che l'effetto dell'accettazione risalga al momento nel quale è aperta la successione (art. 459 cod. civ.). L'erede può accettare l'eredità dopo diverso tempo dall'apertura della successione: l'accettazione, tuttavia, si produce dal momento dell'apertura della successione.

L'accettazione dell'eredità si può impugnare quando sia effetto di **violenza** o di **dolo**. L'azione si prescrive in cinque anni dal giorno in cui è cessata la violenza o è stato scoperto il dolo (art. 482 cod. civ.). L'accettazione dell'eredità non si può impugnare se è viziata da **errore**. L'erede, infatti, può giovarsi dell'inventario per accettare l'eredità: si ritiene, allora, che l'errore debba considerarsi imputabile a lui.

Se si scopre un testamento del quale non si aveva notizia al tempo dell'accettazione, l'erede non è tenuto a soddisfare i legati scritti in esso oltre il valore dell'eredità, o con pregiudizio della porzione legittima che gli è dovuta (Cass., 23.7.2020, n. 15659). Se i beni ereditari non bastano a soddisfare tali legati, si riducono proporzionalmente anche i legati scritti in altri testamenti. Se alcuni legatari sono stati già soddisfatti per intero, contro di loro è data azione di regresso. L'onere di provare il valore dell'eredità incombe all'erede (art. 483 cod. civ.).

507. La capacità richiesta per accettare.

Per accettare occorre la **capacità di agire**; ciò si spiega con la considerazione che l'accettazione dell'eredità non comporta soltanto l'acquisto di diritto, ma anche l'assunzione di obbligazioni.

Non si possono accettare le eredità devolute ai **minori** (non emancipati) e agli **interdetti**, se non col beneficio d'inventario, osservate le disposizioni degli artt. 321 e 374 cod. civ. (art. 471 cod. civ.): l'eredità, in sostanza, è accettata (con beneficio d'inventario) in loro nome dai genitori che esercitano la responsabilità genitoriale (art. 321 cod. civ.) o dal tutore con l'autorizzazione del giudice tutelare.

I **minori emancipati** e gli **inabilitati** non possono accettare le eredità, se non con il beneficio d'inventario, osservate le disposizioni dell'art. 394 cod. civ. (art. 472 cod. civ.): in questi casi, dunque, occorre il consenso del curatore.

508. La forma dell'accettazione pura e semplice. L'acquisto legale dell'eredità.

L'accettazione pura e semplice può essere espressa o tacita. Si può essere, inoltre, eredi puri e semplici al ricorrere di alcuni elementi previsti dalla legge.

L'**accettazione** è **espressa** quando, in un atto pubblico o in una scrittura privata, la persona ha dichiarato di accettare o ha assunto il titolo di erede (art. 475, 1° co., cod. civ.).

Si ha, invece, **accettazione tacita** quando il chiamato all'eredità compie un atto che necessariamente comporta la volontà di accettare l'eredità e che non avrebbe il diritto di fare se non nella qualità di erede (art. 476 cod. civ.; Cass., 19.2.2019, n. 4843).

Di volta in volta occorrerà verificare quando un atto implichi un'accettazione tacita. Si pensi, ad esempio, alla sottoposizione ad ipoteca dei beni ereditari o al pagamento dei debiti ereditari. Vi deve essere, comunque, un'attività personale del chiamato tale da integrare gli estremi dell'atto gestorio, incompatibile con la volontà di rinunciare (Cass., 9.10.2013, n. 22977). Costituisce accettazione tacita la rottamazione dell'automobile del defunto da parte dei chiamati all'eredità (Cass., 23.7.2020, n. 15663). Ancora, determina accettazione tacita la corrispondenza tra i coeredi volta ad addivenire, in via amichevole, alla divisione ereditaria (Cass., 23.7.2019, n. 19833). La voltura catastale dell'immobile caduto in successione, da parte di chi vi abitava alla morte del *de cuius*, comporta l'accettazione tacita (Cass., 14.4.2022, n. 12259); ciò a differenza della denuncia di successione, che costituisce mero adempimento fiscale (Cass., 22.1.2020, n. 1438).

Non comportano accettazione dell'eredità gli atti conservativi autorizzati (come quello di vigilanza o di amministrazione temporanea): si tratta, infatti, di "poteri del chiamato prima dell'accettazione" (così l'art. 460 cod. civ., su cui Cass., 26.9.2016, n. 18830).

Il legislatore, peraltro, consapevole dei dubbi cui potrebbero dar luogo determinati atti del successibile, tipizza alcune fattispecie, prevedendo quanto segue: (a) la donazione, la vendita o la cessione, che lo stesso faccia dei suoi diritti di successione ad un estraneo o a tutti gli altri coeredi o ad alcuno di questi, importa accettazione dell'eredità (art. 477 cod. civ.); (b) la rinuncia ai diritti di successione, qualora sia fatta verso corrispettivo o a favore di alcuni soltanto dei coeredi, importa accettazione (art. 478 cod. civ.).

L'**accettazione pura** e **semplice** è **presunta** (per utilizzare un'espressione utilizzata da alcuni interpreti) in alcuni casi indicati dalla legge. Si tratta, ad esempio, dell'ipotesi in cui il **chiamato** all'**eredità** resti nel **possesso** dei **beni ereditari** e non faccia l'**inventario**; oppure, avendo redatto l'inventario, non dichiara entro il termine previsto dalla legge se intende accettare o rinunciare (sugli artt. 485 e 486 cod. civ. si rimanda al § 515). Merita di essere ricordata quella dottrina secondo cui, in queste ipotesi, non sarebbe corretto rinvenire ipotesi di accettazione pura e semplice presunta (non è ammessa la prova di una diversa volontà del chiamato). È preferibile, così, discutere di **acquisto legale** dell'**eredità** (acquisto, cioè, legato al ricorrere di determinati elementi previsti dalla legge).

Allo stesso modo, può discutersi di acquisto legale dell'eredità in un'altra fattispecie prevista dal codice: coloro cui è devoluta l'eredità, i quali abbiano **sottratto** o **nascosto beni spettanti all'eredità** stessa, decadono dalla facoltà di rinunciarvi e si considerano eredi puri e semplici, nonostante la loro rinuncia (art. 527 cod. civ.).

509. Gli effetti dell'accettazione pura e semplice.

Con l'accettazione dell'eredità pura e semplice il patrimonio dell'erede si fonde con quello del defunto. Si studi, più da vicino, cosa comporta la **fusione** dei **due patrimoni**.

I diritti reali del *de cuius* sui beni dell'erede o i diritti reali dell'erede sui beni del defunto si estinguono per **consolidazione**.

Le obbligazioni intercorrenti fra il defunto e l'erede si estinguono per **confusione** in proporzione della quota che spetta all'erede.

L'erede, inoltre, risponde dei **debiti ereditari** personalmente con tutti i suoi beni, nei confronti dei creditori del defunto e dei legatari, anche **oltre l'attivo dell'eredità** (*ultra vires*). Se vi sono più eredi, ciascuno risponde dei debiti ereditari in proporzione della sua quota (art. 754 cod. civ.). L'erede dovrà precisare al creditore la sua posizione di coobbligato nei limiti della propria quota, poiché, in mancanza, sarà tenuto al pagamento per l'intero (Cass., 4.1.2020, n. 450).

Ulteriore effetto dell'unificazione del patrimonio è il seguente: i **creditori del defunto** diventano **creditori dell'erede** e, dunque, concorrono con i creditori di quest'ultimo sul patrimonio unificato (a meno che, come si vedrà in seguito, i creditori del defunto abbiano domandato la separazione del patrimonio del defunto: § 519).

L'**erede legittimario**, infine, che accetta puramente e semplicemente l'eredità, perde il diritto di far ridurre le donazioni o i legati fatti ai suoi coeredi (art. 564 cod. civ.).

510. La rinuncia all'eredità.

La **rinuncia all'eredità** (detta anche **rinuncia abdicativa**) è l'atto con cui il chiamato dichiara di respingere puramente e semplicemente tale qualità, senza influire con tale atto sull'ulteriore destinazione dell'eredità in favore di altre persone.

Per rinunciare all'eredità occorre la capacità di agire: nel caso di eredità devoluta al minore, quindi, è il genitore a rinunciare all'eredità a nome del figlio, previa autorizzazione del giudice tutelare (art. 320 cod. civ.); in caso di devoluzione all'interdetto, il tutore può rinunciarvi con l'autorizzazione del giudice tutelare. Il minore emancipato ed il maggiorenne inabilitato, invece, possono rinunciare all'eredità con l'assistenza del curatore e con l'autorizzazione del giudice tutelare (artt. 394, 424 cod. civ.).

La rinuncia all'eredità deve farsi con **dichiarazione** ricevuta da un notaio o dal cancelliere del tribunale del circondario in cui si è aperta la successione ed inserita nel registro delle successioni (art. 519, 1° co., cod. civ.). Soltanto in un caso la rinuncia si presume: quando nei confronti dell'erede, a seguito della richiesta di coloro che hanno interesse nei confronti dell'eredità (come i creditori del defunto ed i legatari, oppure il chiamato ulteriore), il tribunale abbia fissato un termine per la dichiarazione di accettazione o di rinuncia: decorso questo termine, senza che il successibile abbia manifestato alcuna volontà, l'eredità si intende rinunciata (art. 481 cod. civ.).

I **caratteri** della rinuncia dell'eredità ricalcano, in gran parte, quelli dell'accettazione dell'eredità (ma si vedrà, tra poco, un'importante differenza). La rinuncia, dunque, è **pura**, **assoluta** ed **indivisibile**. L'indivisibilità riguarda sia l'oggetto sia il titolo (come chiarito nell'esempio che segue).

Esempio. L'erede legittimario vorrebbe rifiutare l'eredità deferitagli per testamento ed accettarla solo in quanto gli è deferita per legge a titolo di successione intestata. Non può farlo, essendo la rinuncia all'eredità indivisibile.

La rinuncia, peraltro, a differenza dell'accettazione, **non** è **sempre irrevocabile**: fino a che il diritto di accettare l'eredità non sia prescritto nei confronti di coloro che vi hanno rinunciato, questi possono sempre accettarla, se non è già stata acquistata da altri successibili, senza pregiudizio delle ragioni acquistate dai terzi sopra i beni dell'eredità (art. 525 cod. civ.).

La rinuncia all'eredità si può impugnare soltanto se è l'effetto di violenza o di dolo. L'azione si prescrive in cinque anni dal giorno in cui è cessata la violenza o è stato scoperto il dolo (art. 526 cod. civ.). In dottrina si ammette l'impugnazione della rinuncia per errore ostativo, che esclude completamente la volontà dell'autore dell'atto.

Diversa dalla rinuncia abdicativa è la c.d. rinuncia traslativa: si tratta di un atto negoziale di disposizione, attraverso il quale il chiamato dispone del proprio diritto successorio al fine di conseguire un prezzo o per beneficiare alcuni destinatari. La rinuncia traslativa comporta accettazione dell'eredità (art. 478 cod. civ.).

510.1. *Gli effetti della rinuncia all'eredità.*

La **rinuncia** all'eredità opera **retroattivamente**: "chi rinunzia all'eredità è considerato come se non vi fosse mai stato chiamato" (art. 520, 1° co., cod. civ.). Il rinunciante può tuttavia ritenere la donazione o domandare il legato a lui fatto sino alla concorrenza della porzione disponibile (art. 520, 2° co., cod. civ., che fa salve le disposizioni degli artt. 551 e 552 cod. civ.). La donazione ed il legato, infatti, non implicano necessariamente la qualità di erede.

Nelle **successioni legittime**, la **parte di colui che rinuncia** si accresce a coloro che avrebbero concorso con il rinunciante, salvo il diritto di rappresentazione. Se il rinunciante è solo, l'eredità si devolve a coloro ai quali spetterebbe nel caso che egli mancasse (art. 522 cod. civ.).

Nelle **successioni testamentarie**, se il testatore non ha disposto una sostituzione e se non ha luogo il diritto di rappresentazione, la parte del rinunciante si accresce ai coeredi, ovvero si devolve agli eredi legittimi (art. 523 cod. civ.).

Il **chiamato all'eredità nel possesso di beni ereditari** può rinunciare all'eredità entro tre mesi dall'apertura della successione, previa redazione dell'inventario (così Cass., 11.5.2021, n. 12437); questa sarà invece inefficace ove effettuata una volta decorso tale termine, ed il rinunciante dovrà considerarsi erede puro e semplice (Cass., 10.3.2017, n. 6275).

Se taluno rinuncia, anche senza frode, ad un'eredità con danno dei suoi **creditori**, questi possono **farsi autorizzare** dal giudice **ad accettare l'eredità** in nome e luogo del rinunciante, ma soltanto allo scopo di soddisfarsi sui beni ereditari fino alla concorrenza dei loro crediti (tale azione può essere esperita anche a seguito della decadenza dal diritto di accettare del chiamato all'eredità: Cass., 23.7.2020, n. 15664). Il diritto dei creditori si prescrive in cinque anni dalla rinuncia (art. 524 cod. civ.). I terzi, che, anteriormente alla trascrizione della domanda giudiziale, hanno acquistato diritti sugli immobili da colui al quale l'eredità è pervenuta in seguito alla rinuncia, non sono pregiudicati dall'azione dei creditori (art. 2652, n. 1, cod. civ.).

Capitolo 83

I RAPPORTI TRA L'EREDE E I TERZI

511. Premessa. L'erede ed i terzi.

I **rapporti fra l'erede e i terzi** vanno inquadrati secondo la seguente suddivisione: quelli fra gli eredi ed i possessori dei beni ereditari; quelli fra gli eredi ed i creditori dell'eredità (e i legatari). In quest'ultimo caso vengono in considerazione gli istituti dell'accettazione dell'eredità con beneficio d'inventario e della separazione del patrimonio del defunto da quello dell'erede (si vedano, rispettivamente, § 514 e § 519).

In primo luogo, occorre occuparsi dell'azione concessa all'erede nei confronti di chi possiede i beni ereditari e si rifiuti di consegnarli.

512. La petizione di eredità.

I diritti dell'erede possono essere lesi da colui che possieda i beni ereditari e si rifiuti di consegnarli all'erede stesso: ciò accade, ad esempio, quando il possessore ritenga di avere titolo per trattenere i beni, ritenendosi lui il vero erede.

In questi casi l'erede ha a disposizione la **petizione di eredità**: egli può chiedere il riconoscimento giudiziale della sua qualità ereditaria contro chiunque possieda tutti o parte dei beni ereditari a titolo di erede o senza titolo alcuno, allo scopo di ottenere la restituzione dei beni medesimi (art. 533, 1° co., cod. civ.).

È importante sottolineare che la petizione è consentita nei confronti di colui che possieda (tutti o parte dei beni ereditari) a "titolo di erede" o "senza alcun titolo". Se così non è, eventualmente l'erede potrà esperire la diversa azione di rivendicazione, di cui si è parlato a proposito del diritto di proprietà.

Esempio. Il possessore afferma che le sue ragioni si fondano sul fatto che il bene gli è stato venduto dal defunto. Qualora l'erede intenda contestare il possesso del presunto acquirente del bene, dovrà esercitare l'azione di rivendicazione e non la petizione di eredità: in questo caso il possesso contestato non è "a titolo di erede" e neanche "senza titolo".

La petizione ereditaria presenta alcuni tratti comuni con l'**azione di rivendicazione**: essa è imprescrittibile (salvi gli effetti dell'usucapione rispetto ai singoli beni: art. 533, 2° co., cod. civ.) e ha carattere reale e non personale.

Peraltro, rispetto all'azione di rivendicazione la petizione di eredità presenta un'importante differenza: chi agisce in giudizio, infatti, deve dimostrare la propria qualità di erede (Cass., 7.1.2019, n. 123) e la natura ereditaria del bene ereditario di cui si chiede la restituzione (mentre chi agisce con l'azione di rivendicazione, lo si ricorderà, deve provare di essere proprietario del bene).

Qualora l'azione venga accolta, il convenuto deve **restituire** il bene o i beni ereditari. Le disposizioni in materia di possesso si applicano anche al possessore di beni ereditari, per quanto riguarda la restituzione dei frutti, le spese, i miglioramenti e le addizioni (art. 535, 1° co., cod. civ.: § 415).

513. L'erede apparente.

Il discorso sulla petizione di eredità non può considerarsi concluso, giacché occorre prendere in considerazione la figura dell'**erede apparente**.

Si cominci con il dire che di regola l'**erede** può rivolgere la sua azione anche **contro i terzi** (art. 534, 1° co., cod. civ., secondo cui "l'erede può agire anche contro gli aventi causa da chi possiede a titolo di erede o senza titolo").

In alcuni casi, tuttavia, il codice civile protegge l'affidamento del terzo acquirente. Il suo acquisto, in sostanza, viene fatto salvo, allorché (art. 534, 2° e 3° co., cod. civ.): (a) abbia **acquistato** a titolo oneroso; (b) abbia acquistato **da** un **erede apparente**, ossia da una persona che, in base ad indici esteriori, si presentava credibilmente (anche se falsamente) come l'erede; (c) abbia acquistato in buona fede, ignorando cioè di non acquistare da un erede vero ma soltanto da un erede apparente; (d) abbia acquistato beni mobili non registrati o, se si tratta di beni immobili o mobili registrati, sia rispettata una determinata priorità di trascrizioni. In particolare, non vi è salvezza del diritto "se l'acquisto a titolo di erede e l'acquisto dall'erede apparente non sono stati trascritti anteriormente alla trascrizione dell'acquisto da parte dell'erede o del legatario vero, o alla trascrizione della domanda giudiziale contro l'erede apparente" (art. 534, 3° co., cod. civ.).

Esempio. Una persona muore senza aver fatto testamento (almeno così sembra all'inizio). L'unico familiare riceve "in eredità", in base alla legge, un gioiello del *de cuius,* che qualche mese dopo vende ad un soggetto terzo (con atto a titolo oneroso). Successivamente viene ritrovato un testamento, nel quale il testatore aveva designato come suo erede una persona diversa dal familiare. L'acquisto del gioiello da parte del terzo può considerarsi un acquisto avvenuto nei confronti di un erede apparente.

Se ricorrono, congiuntamente, le suddette condizioni, l'acquisto del terzo nei confronti dell'erede apparente è salvo: ciò vuol dire che l'erede non potrà ottenere la restituzione del bene.

Il possessore in buona fede, che ha alienato pure in buona fede una cosa dell'eredità, è solo obbligato a restituire all'erede il prezzo o il corrispettivo ricevuto. Se il prezzo o il corrispettivo è ancora dovuto, l'erede subentra nel diritto di conseguirlo (art. 535, 2° co., cod. civ.). È possessore di buona fede colui che ha acquistato il possesso dei beni ereditari, ritenendo per errore di essere erede. La buona fede non giova se l'errore dipende da colpa grave (art. 535, 3° co., cod. civ.).

514. L'accettazione con beneficio di inventario: considerazioni generali.

Si è visto, in precedenza, quali siano le conseguenze dell'accettazione pura e semplice dell'eredità (§ 509). La legge però consente al chiamato di **accettare con beneficio di inventario**: in tal modo egli sarà tenuto al pagamento dei debiti del defunto nei limiti dell'attivo patrimoniale (non è tenuto, in sostanza, a pagare i debiti del patrimonio ereditario anche con il proprio patrimonio: §§ 516 ss.).

Il chiamato ha la facoltà di accettare puramente o semplicemente o con beneficio d'inventario: tuttavia, le eredità devolute ai **minori**, agli **interdetti**, agli **inabilitati**, alle **persone giuridiche** o **associazioni**, **fondazioni** ed **enti non riconosciuti** non possono essere accettate se non con beneficio d'inventario (artt. 471, 472, 473 cod. civ.; si confronti anche, sugli incapaci, l'art. 489 cod. civ.). Inoltre, il legittimario che non abbia accettato l'eredità con beneficio d'inventario non può chiedere la riduzione delle donazioni e dei legati, salvo che le donazioni ed i legati siano stati fatti a persone chiamate come coeredi, ancorché abbiano rinunciato all'eredità (art. 564, 1° co., cod. civ.; Cass., 7.2.2020, n. 2914).

La facoltà di accettare con beneficio di inventario spetta sia all'erede legittimo sia a quello testamentario. L'accettazione con il beneficio d'inventario può farsi nonostante qualunque divieto del testatore (art. 470, 2° co., cod. civ.).

515. Formalità essenziali per l'accettazione con beneficio d'inventario.

Il codice prevede alcune **formalità essenziali** per l'accettazione con beneficio d'inventario (art. 484 cod. civ.). Essa si fa attraverso dichiarazione, ricevuta da un notaio o dal cancelliere del tribunale del circondario in cui si è aperta la successione e inserita nel registro delle successioni, conservato nello stesso tribunale. Entro un mese dall'inserzione, la dichiarazione deve essere trascritta, a cura del cancelliere, presso l'ufficio dei registri immobiliari del luogo in cui si è aperta la successione.

La dichiarazione deve essere preceduta o seguita dall'inventario, nelle forme prescritte dal codice di procedura civile (artt. 769 ss. cod. proc. civ.). L'inventario, in pratica, è un'operazione di tipo contabile, che permette di determinare l'attivo e il passivo del patrimonio ereditario. È necessario distinguere, peraltro, fra il chiamato all'eredità che sia nel possesso dei beni ereditari (art. 485 cod. civ.) ed il chiamato all'eredità che non sia nel possesso degli stessi (art. 487 cod. civ.). Nel primo caso, come subito si vedrà, i termini per accettare l'eredità con beneficio d'inventario sono più stretti (ciò si collega alla necessità di evitare che chi abbia la disponibilità dei beni possa alterare lo stato del patrimonio ereditario).

È previsto, dunque, che il **chiamato all'eredità**, quando a qualsiasi titolo sia **nel possesso dei beni ereditari** (art. 485 cod. civ.), debba fare l'inventario entro tre mesi dal giorno dell'apertura della successione o della notizia della devoluta eredità (il termine di tre mesi trova applicazione anche nell'ipotesi in cui il chiamato venga immesso nel possesso dei beni ereditari in un momento successivo all'apertura della successione, con la peculiarità che esso decorrerà dal momento della immissione nel possesso: Cass., 23.7.2020, n. 15690). Se entro questo termine lo ha cominciato ma non è stato in grado di completarlo, può ottenere dal tribunale del luogo in cui si è aperta la successione una proroga che, salvo gravi circostanze, non deve eccedere i tre mesi.

Trascorso tale termine senza che l'inventario sia stato compiuto, il chiamato all'eredità è considerato erede puro e semplice. Compiuto l'inventario, il chiamato che non abbia ancora fatto la dichiarazione a norma dell'art. 484 cod. civ. ha un termine di quaranta giorni da quello del compimento dell'inventario per deliberare se accetta o rinuncia all'eredità. Trascorso questo termine senza che abbia deliberato, è considerato erede puro e semplice.

Durante i termini per fare l'inventario il chiamato, oltre ad esercitare i poteri previsti dall'art. 460 cod. civ. (§ 504), può stare in giudizio come convenuto per rappresentare l'eredità. Se non compare, l'autorità giudiziaria nomina un curatore all'eredità affinché lo rappresenti in giudizio (art. 486 cod. civ.).

Si giunge, così, al **chiamato all'eredità che non sia nel possesso dei beni ereditari** (art. 487 cod. civ.): egli può fare dichiarazione di accettare con beneficio d'inventario fino a che il diritto di accettare non sia prescritto.

Quando ha fatto la dichiarazione, deve compiere l'inventario nel termine di tre mesi dalla dichiarazione, salva la proroga accordata dall'autorità giudiziaria, di cui si è detto in precedenza; in mancanza, è considerato erede puro e semplice.

Quando ha fatto l'inventario non preceduto da dichiarazione di accettazione, questa deve essere fatta nei quaranta giorni successivi al compimento dell'inventario; in mancanza, il chiamato perde il diritto di accettare l'eredità.

Il chiamato all'eredità che non sia nel possesso dei beni ereditari, qualora gli sia stato assegnato un termine a norma dell'art. 481 cod. civ. (§ 506), deve, entro detto termine, compiere anche l'inventario; se fa la dichiarazione e non l'inventario, è considerato erede puro e semplice. L'autorità giudiziaria può accordare una dilazione (art. 488 cod. civ.).

516. Effetti dell'accettazione con beneficio d'inventario.

L'accettazione con beneficio d'inventario, si è detto in precedenza, altro non è che una modalità di accettazione dell'eredità; come nell'accettazione pura e semplice, l'erede che accetta secondo le modalità in esame può, ad esempio, agire con la petizione di eredità, in riduzione, esigere la collazione o essere soggetto alla stessa (sulla collazione § 528).

L'effetto specifico del beneficio d'inventario (art. 490 cod. civ.) consiste nel tener **distinto** il **patrimonio del defunto da quello dell'erede**. Conseguentemente:

(1) l'erede conserva verso l'eredità tutti i diritti e tutti gli obblighi che aveva verso il defunto, tranne quelli che si sono estinti per effetto della morte;

(2) l'erede non è tenuto al pagamento dei debiti ereditari e dei legati oltre il valore dei beni a lui pervenuti;

(3) i creditori dell'eredità e i legatari hanno preferenza sul patrimonio ereditario di fronte ai creditori dell'erede. Essi però non sono dispensati dall'onere di domandare la separazione dei beni, secondo le norme che di seguito si studieranno (§ 519), se vogliono conservare questa preferenza anche nel caso in cui l'erede decada dal beneficio d'inventario.

517. L'amministrazione dei beni ereditari. Le garanzie. La decadenza dal beneficio d'inventario.

L'erede con beneficio d'inventario ha l'obbligo di **amministrare** i **beni ereditari** e di pagare, fino alla concorrenza del loro valore, i creditori ed i legatari (sulle modalità di pagamento § 518). L'erede con beneficio d'inventario non risponde dell'amministrazione dei beni ereditari se non per colpa grave (art. 491 cod. civ.).

L'erede **decade dal beneficio d'inventario** se aliena o sottopone a pegno o ipoteca beni ereditari, o transige relativamente a questi beni senza l'autorizzazione giudiziaria e senza osservare le forme previste dal codice di procedura civile. Per i beni mobili l'autorizzazione non è necessaria trascorsi cinque anni dalla dichiarazione di accettare con beneficio d'inventario (art. 493 cod. civ.; si vedano, nel codice di rito, gli artt. 747 ss. cod. proc. civ.). Dal beneficio d'inventario, inoltre, decade l'erede che ha omesso in mala fede di denunciare nell'inventario beni appartenenti all'eredità, o che ha denunciato in mala fede, nell'inventario stesso, passività non esistenti (art. 494 cod. civ.).

518. Il pagamento dei debiti ereditari e dei legati da parte dell'erede che abbia accettato con beneficio d'inventario.

Una delle operazioni principali, che segue **l'accettazione con beneficio d'inventario**, è quella del **pagamento** dei **creditori ereditari** (intendendo, con tale espressione, sia i creditori del *de cuius* sia i legatari). Per il pagamento l'erede ha a disposizione tre possibili strade.

Si cominci con la prima. Trascorso un mese dalla trascrizione prevista dall'art. 484 cod. civ. o dalla annotazione prevista dallo stesso articolo per il caso che l'inventario sia posteriore alla dichiarazione, l'erede, quando i **creditori o i legatari non si oppongono**, ed egli non intende promuovere la liquidazione dei beni ereditari (di cui si dirà), paga i creditori ed i legatari **a misura che si presentano**, salvi i loro diritti di poziorità, ossia le prelazioni derivanti da privilegi, pegni ed ipoteche (art. 495, 1° co., cod. civ.).

Qualora all'erede venga notificata opposizione da parte dei creditori o dei legatari, egli non può eseguire i pagamenti ma deve provvedere alla **liquidazione dell'eredità**, nell'interesse di tutti i creditori e legatari. A tal fine, non oltre un mese dalla notificazione dell'opposizione, a mezzo di un notaio del luogo dell'aperta successione, deve invitare i creditori ed i legatari a presentare, entro un termine stabilito dal notaio stesso e non inferiore a trenta giorni, le dichiarazioni di credito (art. 498 cod. civ.; sulla perentorietà del termine si veda Cass., 20.11.2019, n. 30247).

La procedura di liquidazione (prevista dagli artt. 499 ss. cod. civ.) mira ad assicurare una tendenziale parità di trattamento: è prevista, infatti, la vendita dei beni ereditari, dietro autorizzazione del giudice. Sul ricavato si soddisfano prima i creditori del *de cuius* in proporzione tra loro (sono fatte salve le cause di prelazione); successivamente, si soddisfano i legatari.

Anche quando non vi è opposizione di creditori o di legatari, l'erede può valersi della procedura di liquidazione (art. 503, 1° co., cod. civ.).

Ultima possibilità, infine, è quella di rilasciare i beni ereditari ai creditori e legatari (artt. 507 ss. cod. civ.): il che permette la nomina di un curatore dei beni stessi, il quale procede alla loro liquidazione ed ai pagamenti secondo quanto appena ricordato a proposito della procedura liquidatoria.

519. La separazione del patrimonio del defunto da quello dell'erede.

I creditori dell'eredità ed i legatari hanno il diritto di **far separare** il **patrimonio del defunto** da quello **dell'erede**, al fine di soddisfarsi sul patrimonio del *de cuius* con preferenza rispetto ai creditori del patrimonio dell'erede (art. 512 cod. civ.).

È evidente, qui, l'analogia con l'accettazione dell'eredità con beneficio di inventario (o, meglio, con i suoi effetti): in entrambi i casi si verifica, nei confronti dei creditori separatisti, una separazione del patrimonio (quello dell'erede da quello del defunto).

Si immagini, in particolare, che l'erede sia oberato di debiti: la regola dell'unificazione del patrimonio (in assenza di accettazione di beneficio d'inventario) comporta sicuramente uno svantaggio per i creditori dell'eredità ed i legatari, che subiscono la concorrenza dei creditori dell'erede. Per evitare il concorso, dunque, si attribuisce ai primi il beneficio della **separazione**.

Si potrebbe pensare che l'iniziativa della separazione, con le diverse modalità che tra poco si preciseranno, sia inutile nei casi in cui l'erede abbia accettato con beneficio d'inventario; deve rilevarsi, peraltro, come quest'ultima modalità di accettazione non sempre assicuri ai creditori separatisti la possibilità di soddisfarsi con prevalenza rispetto a quelli dell'erede: non si dimentichi, infatti, che l'erede che accetta con beneficio di inventario potrebbe decadere dal beneficio stesso.

La separazione corrisponde a **ragioni di giustizia**: è equo che l'erede, prima dei creditori suoi, soddisfi con quanto ricevuto dal *de cuius* il peso dei debiti e dei legati inerenti al patrimonio ereditario.

Il **diritto alla separazione** deve essere esercitato **entro** il termine di **tre mesi dall'apertura della successione** (art. 516 cod. civ.). L'erede può impedire o far cessare la separazione pagando i creditori e i legatari, e dando cauzione per il pagamento di quelli il cui diritto è sospeso da condizione o sottoposto a termine, oppure contestato (art. 515 cod. civ.).

L'**oggetto** della separazione non è l'intero patrimonio ereditario, ma singoli beni determinati che lo compongono. Occorre distinguere, in particolare, la separazione che ha per oggetto i beni mobili e quella che riguarda i beni immobili.

Il diritto alla separazione dei **mobili** si esercita mediante domanda giudiziale. La domanda si propone con ricorso al tribunale del luogo dell'aperta successione, il quale ordina l'inventario, se ancora non è fatto, e dà le disposizioni necessarie per la conservazione dei beni stessi. Per i mobili già alienati dall'erede, il diritto alla separazione comprende soltanto il prezzo non ancora pagato (art. 517 cod. civ.).

Quanto agli **immobili** e agli altri beni capaci d'ipoteca, il diritto alla separazione si esercita mediante l'iscrizione del credito o del legato sopra ciascuno dei beni stessi. L'iscrizione si esegue nei modi stabiliti per iscrivere le ipoteche, indicando il nome del defunto e quello dell'erede, se è conosciuto, e dichiarando che l'iscrizione stessa viene presa a titolo di separazione dei beni. Per tale iscrizione non è necessario esibire il titolo. Le iscrizioni a titolo di separazione, anche se eseguite in tempi diversi, prendono tutte il grado della prima e prevalgono sulle trascrizioni ed iscrizioni contro l'erede o il legatario, anche se anteriori. Alle iscrizioni a titolo di separazione sono applicabili le norme sulle ipoteche (art. 518 cod. civ.).

La separazione dei beni del defunto da quelli dell'erede assicura il **soddisfacimento**, con i beni del **defunto**, **dei creditori** di lui e dei legatari che l'hanno esercitata, **a preferenza dei creditori dell'erede** (art. 512 cod. civ.).

Si noti, infine, come **restano ferme le conseguenze dell'unificazione dei patrimoni**. In particolare: (a) i creditori dell'erede possono soddisfarsi su beni ereditari (tuttavia, lo possono fare soltanto dopo l'integrale soddisfazione dei creditori del defunto); (b) i creditori separatisti, oltre a potersi soddisfare sui beni ereditari separati, possono concorrere con i creditori dell'erede sui beni personali di quest'ultimo (a meno che, ovviamente, l'erede non abbia accettato con beneficio d'inventario).

Quando la separazione è esercitata dai creditori e dai legatari, i creditori sono preferiti ai legatari (art. 514, 3° co., cod. civ.).

Capitolo 84

I RAPPORTI TRA I COEREDI

SOMMARIO: 520. La comunione incidentale fra i coeredi. I debiti ereditari. I crediti dell'eredità. – 521. Il diritto di prelazione dei coeredi. – 522. La facoltà di domandare la divisione. Impedimenti e sospensione della divisione. – 523. I tipi di divisione: la "divisione" ad opera del testatore. – 524. La divisione contrattuale. – 525. La divisione giudiziale. – 526. Natura ed effetti della divisione. – 527. La garanzia tra i coeredi. – 528. La collazione. – 529. Il patto di famiglia.

520. La comunione incidentale fra i coeredi. I debiti ereditari. I crediti dell'eredità.

Fra i **coeredi** si instaura, rispetto ai **beni** della **eredità**, una **comunione incidentale** (sulle varie forme di comunione § 397). Tale comunione perdura fino a quando non si addivenga alla divisione ereditaria (§§ 522 ss.).

La comunione, però, non riguarda i **debiti ereditari**: questi **si dividono automaticamente** fra gli eredi in proporzione delle quote ereditarie. Il principio della divisione di diritto vale sia per i rapporti interni fra i coeredi sia per quelli esterni (quelli, cioè, nei confronti dei creditori dell'eredità).

Nei **rapporti interni**, infatti, vale la regola per cui i coeredi contribuiscono fra loro al pagamento dei debiti e pesi ereditari in proporzione delle loro quote ereditarie, salvo che il testatore abbia altrimenti disposto (art. 752 cod. civ.).

Nei **rapporti esterni**, invece, ciascuno dei coeredi può essere costretto a pagare soltanto la parte del suo debito ai creditori dell'eredità (si confronti però l'art. 1315 cod. civ. e l'art. 754, 1° co., cod. civ.).

Il **coerede** che sia **creditore del *de cuius*** conserva la facoltà di chiedere il pagamento del credito a lui personale e garantito da ipoteca, non diversamente da ogni altro creditore, detratta la parte che deve sopportare come coerede (art. 754, 2° co., cod. civ.).

Quanto al **coerede debitore del *de cuius***, al fine di assolvere la propria obbligazione, lo stesso deve imputare alla sua quota le somme di cui era debitore verso il defunto (art. 724, 2° co., cod. civ.).

Una considerazione a parte va fatta per i **crediti dell'eredità**. I giudici di legittimità hanno stabilito che i crediti del *de cuius* non si dividono automaticamente fra gli eredi (in proporzione delle rispettive quote), ma entrano nella comunione ereditaria

(Cass., Sez. Un., 28.11.2007, n. 24657, che rileva come la regola di cui all'art. 752 cod. civ. trovi applicazione unicamente rispetto ai debiti). Ciascun coerede può agire direttamente verso il debitore per ottenere il pagamento dell'intero oppure della porzione corrispondente alla sua quota, senza la necessità di integrare il contraddittorio nei confronti degli altri coeredi (Cass., Sez. Un., n. 24657/2007; Trib. Nola, 16.7.2019). La non necessaria presenza di tutti i coeredi all'azione promossa contro i debitori del *de cuius* si spiega, per i giudici di legittimità, in considerazione di un principio generale: quello per cui ciascun partecipante alla comunione può esercitare singolarmente le azioni a vantaggio della cosa comune, senza la necessità di integrare il contraddittorio nei confronti di tutti gli altri partecipanti. Il diritto esercitato, in sostanza, investe la cosa nella sua interezza.

La **donazione** del coerede avente ad oggetto la quota di un **bene indiviso** compreso nella massa ereditaria è nulla, atteso che, prima della divisione, quello specifico bene non fa parte del patrimonio del coerede donante; tuttavia, qualora nell'atto di donazione sia affermato che il donante è consapevole dell'altruità della cosa, la donazione vale come donazione obbligatoria di dare (così Cass., 15.3.2016, n. 5068). Invece, la **vendita** del coerede, sempre avente ad oggetto la quota di un **bene indiviso** facente parte della più ampia massa ereditaria, ha natura obbligatoria, e deve considerarsi inefficace, con effetto traslativo sospeso all'attribuzione in sede di futura divisione (Cass., 23.2.2018, n. 4428); se però è presente un solo bene nella massa ereditaria, la vendita della quota dello stesso integra una vendita della quota ereditaria (Cass., 1.7.2002, n. 9543; Cass., 10.12.2014, n. 26051).

521. Il diritto di prelazione dei coeredi.

I **coeredi** sono titolari del **diritto di prelazione** (art. 732 cod. civ.). Ognuno di essi, quando voglia alienare ad un estraneo (ad un non coerede) la sua quota o parte di essa, deve notificare la proposta di alienazione (c.d. *denuntiatio*), indicandone il prezzo agli altri coeredi, i quali hanno diritto di prelazione. Il discendente rappresentante, il quale subentri nel luogo e nel grado dell'ascendente rappresentato che non possa o non voglia accettare l'eredità, possiede la qualità di coerede ai sensi dell'art. 732 cod. civ. (Cass., 2.2.2016, n. 1987).

Esempio. Mario e Francesco sono due fratelli che hanno ereditato il patrimonio paterno. Mario vuole alienare la sua quota ereditaria ad un cugino, anche perché ha un cattivo rapporto con il fratello. La legge, peraltro, gli impone di notificare prima la proposta al fratello Francesco, indicando il prezzo dell'alienazione della sua quota.

Il diritto di prelazione deve essere esercitato nel termine di due mesi dall'ultima delle notificazioni. In mancanza della notificazione, i coeredi hanno diritto di riscattare la quota dell'acquirente e da ogni successivo avente causa, finché dura lo stato di comunione ereditaria (si discute di **retratto successorio**, avente **natura reale**, posto che può essere esercitato anche nei confronti dei terzi acquirenti).

Non è soggetta a prelazione ed al retratto successorio l'alienazione del c.d. **esito divisionale**: si fa riferimento, qui, all'alienazione di un determinato bene a condizione che lo stesso sia **attribuito**, **all'esito della divisione ereditaria**, al soggetto alienante.

Il diritto di prelazione può essere rinunziato dal coerede anche prima della *denuntiatio* (Cass., 4.8.2016, n. 16314).

L'alienazione di quota effettuata non dal coerede, compartecipe della comunione ereditaria, bensì dal suo successore a titolo universale, non è passibile di retratto successorio, giacché l'istituto in esame costituisce una deroga alla libera disponibilità della quota in costanza di comunione e, pertanto, la relativa previsione va intesa in senso letterale (Cass., 22.1.2019, n. 1654).

522. La facoltà di domandare la divisione. Impedimenti e sospensione della divisione.

I coeredi possono sempre domandare la **divisione** dell'**eredità** (art. 713 cod. civ.). Quando, però, tutti gli eredi designati o alcuni di essi siano minori di età, il **testatore** può disporre che la **divisione non abbia luogo** prima che sia trascorso un anno dalla maggiore età dell'ultimo nato. Egli può anche disporre che la divisione dell'eredità o di alcuni beni di essa non abbia luogo prima che sia trascorso dalla sua morte un termine non eccedente il quinquennio. In entrambi i casi, tuttavia, l'autorità giudiziaria, qualora gravi circostanze lo richiedano, può su istanza di uno o più coeredi consentire che la divisione si effettui senza indugio o dopo un termine minore di quello stabilito dal testatore.

Vi sono dei casi di **impedimento alla divisione** (art. 715 cod. civ.). In particolare, se tra i chiamati alla successione vi è un concepito, la divisione non può aver luogo prima della nascita del medesimo. Allo stesso modo, la divisione non può aver luogo durante la pendenza di un giudizio sulla filiazione di colui che, in caso di esito favorevole del giudizio, sarebbe chiamato a succedere. L'autorità giudiziaria può però autorizzare la divisione, fissando le opportune cautele (si veda anche l'art. 715, 3° e 4° co., cod. civ.).

Una regola specifica è prevista per il diritto d'autore (art. 115, l. 22.4.1941, n. 633, e successive modifiche): quando l'autore non abbia disposto in senso diverso, il diritto di utilizzazione dell'opera deve rimanere indiviso tra gli eredi per tre anni dalla morte dell'autore.

Vi è, poi, un caso di **sospensione della divisione** per ordine del giudice (art. 717 cod. civ.). L'autorità giudiziaria, su istanza di uno dei coeredi, può sospendere, per un periodo di tempo non eccedente i cinque anni, la divisione dell'eredità o di alcuni beni, qualora l'immediata sua esecuzione possa recare notevole pregiudizio al patrimonio ereditario.

Si ricordi infine che, in base alla disciplina generale della comunione, il patto di rimanere in comunione per un tempo non maggiore di dieci anni è valido ed ha effetto anche per gli aventi causa dai partecipanti. Se è stato stipulato per un termine maggiore, questo si riduce a dieci anni (art. 1111, 2° co., cod. civ.).

523. I tipi di divisione: la "divisione" ad opera del testatore.

La divisione può essere convenzionale o giudiziale (§§ 524, 525). Tradizionalmente si affianca a questi tipi di **divisione** anche quella **ad opera del testatore** (art. 734, 1° co., cod. civ., secondo cui "il testatore può dividere i suoi beni tra gli eredi comprendendo nella divisione anche la parte non disponibile"; Cass., 17.4.2019, n. 10761).

La "divisione" con cui il testatore non abbia compreso qualcuno dei legittimari o degli eredi istituiti è nulla (art. 735, 1° co., cod. civ.: preterizione di eredi).

Il coerede che, con siffatta "divisione", sia stato leso nella quota di riserva può esercitare l'azione di riduzione contro gli altri coeredi (art. 735, 2° co., cod. civ.).

Va rilevato, peraltro, come in questi casi sia improprio discutere di divisione da parte del testatore: la disposizione, infatti, ha effetto attributivo diretto, nel senso che i beni assegnati ai coeredi entrano in modo esclusivo nel loro patrimonio all'apertura della successione. Il che porta ad escludere che si possa configurare, in questi casi, una vera e propria comunione ereditaria destinata a sciogliersi attraverso la divisione (Cass., 17.4.2019, n. 10761).

Il testatore, inoltre, può dare **direttive sulla divisione** (c.d. divisione ad effetti obbligatori) stabilendo particolari norme per formare le porzioni: si tratta di norme vincolanti per gli eredi (qualcuno, in dottrina, ha discusso di legato obbligatorio, altri di onere), salvo che l'effettivo valore dei beni non corrisponda alle quote stabilite dal testatore (art. 733, 1° co., cod. civ.); le norme date dal testatore dovranno essere disattese nel caso in cui, in esecuzione delle stesse, non si possa addivenire ad una divisione rispettosa della quota di diritto spettante a ciascun condividente (Cass., 12.2.2021, n. 3675). Ed ancora, il testatore può disporre che la divisione si effettui secondo la stima di persona da lui designata che non sia erede o legatario: la divisione proposta da questa persona non vincola gli eredi, se l'autorità giudiziaria, su istanza di taluno di essi, la riconosce contraria alla volontà del testatore o manifestamente iniqua (art. 733, 2° co., cod. civ.).

È evidente che, di fronte alle ricordate direttive del testatore, l'effetto giuridico della divisione non discende dalla disposizione testamentaria, la quale si riferisce soltanto ad una possibile, futura, divisione.

Si aggiunga che il testatore può disporre che l'esecutore testamentario, quando non sia un erede o un legatario, proceda alla divisione tra gli eredi dei beni dell'eredità. In questo caso si osserva il disposto dell'art. 733 cod. civ. (art. 706, 1° co., cod. civ.).

524. La divisione contrattuale.

L'accordo fra i coeredi per dividere l'eredità è un vero e proprio **contratto di divisione**: esso richiede la forma scritta *ad substantiam* quando ha ad oggetto beni immobili (art. 1350, n. 11, cod. civ.); inoltre, se riguarda beni immobili o mobili registrati, è soggetto alla trascrizione (artt. 2646 e 2685 cod. civ.). L'omissione di uno o più beni dall'eredità non dà luogo a nullità della divisione, ma soltanto ad un supplemento della divisione stessa (art. 762 cod. civ.).

Gli atti di scioglimento della comunione ereditaria sono soggetti alla sanzione della nullità, prevista dall'art. 46, 1° co., d.p.r. 6.6.2001, n. 380, e dall'art. 40, 2° co., l. 28.2.1985, n. 47, per gli atti tra vivi aventi per oggetto diritti reali relativi ad edifici o a loro parti dai quali non risultino gli estremi della licenza o della concessione ad edificare o della concessione rilasciata in sanatoria (Cass., Sez. Un., 7.10.2019, n. 25021)

Il contratto di divisione è soggetto, in linea di principio, alla disciplina generale del contratto. Presenta, però, alcune particolarità:

(a) la divisione può essere **annullata** quando è l'effetto di **violenza** o di **dolo**. L'azione si prescrive in cinque anni dal giorno in cui è cessata la violenza o in cui il dolo è stato scoperto (art. 761 cod. civ.). La norma non prevede l'annullamento per errore.

(b) La divisione può essere **rescissa** quando taluno dei coeredi provi di essere stato **leso oltre il quarto**. La rescissione è ammessa anche nel caso di divisione fatta dal testatore, quando il valore dei beni assegnati ad alcuno dei coeredi è inferiore di oltre un quarto all'entità della quota ad esso spettante (art. 763 cod. civ.). Per conoscere se vi sia lesione, si procede alla **stima dei beni** secondo il loro stato e valore al tempo della divisione (art. 766 cod. civ.).

Le parti, nell'ambito di comune accordo, possono dare mandato ad un **notaio** affinché predisponga un **progetto divisionale**, completo di formazione delle quote e di assegnazione alle stesse a ciascun condividente (art. 730, 1° co., cod. civ., che, nel prevedere il deferimento al notaio, richiama "le operazioni indicate negli articoli precedenti"). Un tale progetto, in assenza di contestazione delle parti, realizza gli effetti finali della divisione, senza che sia necessaria alcuna omologazione.

La nomina del notaio, in mancanza di accordo, è fatta con decreto del tribunale del luogo dell'apertura della successione. Qualora sorgano contestazioni nel corso delle operazioni, esse sono riservate e rimesse tutte insieme alla cognizione dell'autorità giudiziaria competente, che decide con unica sentenza (art. 730, 2° co., cod. civ.).

525. La divisione giudiziale.

Mancando un accordo fra i coeredi, gli stessi possono ricorrere alla **divisione giudiziale**: possono, cioè, domandare al giudice un provvedimento di divisione (se però viene successivamente accertata la presenza di un testamento, il procedimento di divisione non può essere portato a termine: Cass., 27.9.2019, n. 24184). La domanda di divisione ereditaria deve essere proposta nei confronti di tutti gli eredi (art. 784 cod. proc. civ.): si tratta di un caso di litisconsorzio necessario.

È necessario procedere (a) alla **stima dei beni** (ai fini della determinazione del valore di mercato di un immobile, non bisogna tenere in considerazione dell'eventuale assegnazione della casa familiare ad uno dei coniugi: Cass., 20.12.2018, n. 33069) e (b) alla **formazione delle porzioni** (art. 726 cod. civ.).

Ciascun coerede può chiedere la sua parte in natura dei beni e immobili dell'eredità (art. 718 cod. civ.). Ciò, però, non è sempre possibile, esistendo beni non divisibili o per loro natura o perché la loro divisione non è opportuna nell'interesse "della pubblica economia o dell'igiene" (art. 720 cod. civ.); la legge, ancora, può dichiarare indivisibili alcuni beni nell'"interesse della produzione nazionale" (art. 722 cod. civ.). In questi casi i beni, se non possono essere compresi nella porzione di uno dei coeredi o di più coeredi disposti a continuare rispetto ad essi la comunione, vengono venduti con la procedura all'incanto; con il ricavato si procederà alla divisione tra i coeredi (art. 720 cod. civ.; Cass., 6.2.2019, n. 3497). Per alcune precisazioni sulla divisione tra *ex* coniugi della casa adibita a residenza familiare, in caso di assegnazione della stessa al coniuge già abitatore (in quanto collocatario della prole) oppure al coniuge non abitatore, si veda Cass., Sez. Un., 9.6.2022, n. 18641.

Le porzioni devono essere formate (salvo quanto è disposto dagli artt. 720 e 722 cod. civ.) comprendendo una quantità di mobili, immobili e crediti di eguale natura e qualità, in proporzione dell'entità di ciascuna quota (art. 727, 1° co., cod. civ.).

L'ineguaglianza in natura nelle quote ereditarie si compensa con un equivalente in denaro, ossia con un **conguaglio** (art. 728 cod. civ.). A garanzia del pagamento del conguaglio, l'art. 2817, n. 2, cod. civ., concede un'ipoteca legale (la c.d. **ipoteca legale del condividente**): essa è iscritta d'ufficio dal conservatore dei registri immobiliari nel momento in cui si provvede alla trascrizione dell'atto di divisione, contrattuale o giudiziale (art. 2834 cod. civ.).

Le porzioni sono formate secondo un progetto predisposto dal **giudice** oppure dal **notaio delegato dal giudice** al compimento delle operazioni di divisione (o da un esperto, sotto la guida del giudice o del notaio): quindi si procede all'assegnazione attraverso estrazione a sorte, se le quote sono uguali; altrimenti si provvede all'attribuzione, se sono disuguali (art. 729 cod. civ.).

Va precisato che la delega al notaio, nella divisione giudiziale, non richiede il consenso unanime dei condividenti: si tratta, infatti, di uno strumento offerto al giudice per rendere più celere l'*iter* della divisione (si veda, in particolare, l'art. 68, 1° co., cod. proc. civ.: "il giudice può commettere al notaio il compimento di determinati atti nei casi previsti dalla legge").

Nell'ipotesi in cui fra i beni costituenti l'asse ereditario vi siano edifici abusivi, ogni coerede ha diritto di chiedere ed ottenere lo scioglimento giudiziale della comunione ereditaria per l'intero complesso degli altri beni ereditari, con la sola esclusione degli edifici abusivi, anche ove non vi sia il consenso degli altri condividenti (Cass., Sez. Un., 7.10.2019, n. 25021; Cass., 30.9.2021, n. 26563).

Una volta proposta in primo grado la domanda di divisione dell'eredità basata sulla prospettazione di una successione legittima, non costituisce "domanda nuova" ed è, pertanto, ammissibile in appello, quella diretta ad ottenere la divisione in forza di un testamento olografo successivamente ritrovato, atteso che il titolo regolatore della successione prevale sulla disciplina legale in materia; inoltre, la sua deduzione non altera gli elementi essenziali del *petitum*, relativo ai beni ereditari da dividere, e della *causa petendi*, fondata sull'esistenza della comunione del diritto di proprietà in dipendenza della successione *mortis causa* (Cass., 27.9.2019, n. 24184).

526. Natura ed effetti della divisione.

La **natura** e gli **effetti della divisione** si rinvengono, secondo l'interpretazione prevalente, nell'art. 757 cod. civ., secondo cui "ogni coerede è reputato solo e immediato successore in tutti i beni componenti la sua quota o a lui pervenuti dalla successione, anche per acquisto all'incanto, e si considera come se non avesse mai avuto la proprietà degli altri beni ereditari".

La divisione, dunque, ha effetto **retroattivo** (Cass., 29.3.2006, n. 7231; Cass., 29.4.2003, n. 6653).

Il che permette di risolvere alcune questioni che sorgono in ordine alla divisione.

Esempio. Uno dei coeredi, durante la comunione ereditaria, aliena determinati beni dell'eredità. L'alienazione rimane senza effetto ove successivamente, nella divisione, i beni assegnati cadano nella quota assegnata ad altro coerede.

La natura della divisione, però, a seguito del *revirement* della Cassazione (Sez. Un., 7.10.2019, n. 21025), deve considerarsi costitutiva e traslativa.

Alcune regole particolari, poi, valgono per la **costituzione d'ipoteca sui beni indivisi** (art. 2825 cod. civ.). Si cominci dall'ipotesi in cui uno dei coeredi abbia, sulla propria quota, costituito un'ipoteca: ebbene, siffatta ipoteca produce direttamente effetto sui beni (o sulla porzione dei beni) che siano stati assegnati a quel coerede con la divisione. Qualora, invece, il coerede abbia costituito l'ipoteca su uno specifico bene ereditario (non sulla quota) e, con la divisione, gli siano stati assegnati beni non ipotecati, si ha il c.d. **trasporto di ipoteca**: l'ipoteca, in sostanza, si trasferisce sui beni effettivamente assegnati al coerede con il grado derivante dall'iscrizione originaria e nei limiti del valore del bene ipotecato inizialmente.

527. La garanzia tra i coeredi.

I coeredi si devono vicendevole **garanzia per** le sole **molestie** ed **evizioni** derivanti da causa anteriore alla divisione. La garanzia non ha luogo se è stata esclusa con clausola espressa nell'atto di divisione, o se il coerede soffre l'evizione per propria colpa (art. 758 cod. civ.).

Se alcuno dei coeredi subisce l'evizione, il **valore** del **bene evitto**, calcolato al momento dell'evizione, deve essere **ripartito tra tutti i coeredi** in proporzione del valore che i beni attribuiti a ciascuno di essi hanno al tempo dell'evizione e tenuto conto dello stato in cui si trovano nel tempo della divisione (art. 759, 1° co., cod. civ.). Se uno dei coeredi è insolvente, la parte per cui è obbligato deve essere egualmente ripartita tra l'erede che ha sofferto l'evizione e tutti gli eredi solventi (art. 759, 2° co., cod. civ.).

Non è dovuta la garanzia per l'insolvenza del debitore di un credito assegnato ad uno dei coeredi, se l'insolvenza è sopravvenuta soltanto dopo che è stata fatta la divisione (art. 760, 1° co., cod. civ.).

528. La collazione.

L'istituto della **collazione** deve essere studiato partendo da una preliminare considerazione. Accade di sovente che il ***de cuius***, durante la vita, abbia fatto alcune **donazioni** ai più stretti congiunti, come il **coniuge** ed i **discendenti**. In questo quadro la legge presume che le donazioni ai familiari più stretti costituiscano un'anticipazione della quota spettante agli stessi.

Se non si tenesse conto di questa anticipazione nel momento della divisione, le quote spettanti ai congiunti più vicini al *de cuius* finirebbero per essere alterate rispetto allo schema presumibilmente prospettato dal defunto.

Per questi motivi la legge prevede l'obbligo di **collazione** (che vuol dire conferimento): i figli ed i loro discendenti ed il coniuge che concorrono alla successione devono conferire ai coeredi tutto ciò che hanno ricevuto dal defunto per donazione direttamente o indirettamente, salvo che il defunto non li abbia a ciò dispensati (art. 737, 1° co., cod. civ.).

Si discute, in quest'ultimo caso, di **dispensa dalla collazione**. La dispensa può essere fatta o nell'atto di donazione o in un atto separato che abbia la forma del testamento. Si consideri che, anche se è fatta nella donazione, la dispensa è sempre revocabile, non essendo una clausola contrattuale ma una parte della volontà testamentaria del donante. La dispensa non produce effetto se non nei limiti della quota disponibile (art. 737, 2° co., cod. civ.). Il donatario, in sostanza, non può ritenere la donazione se non fino a concorrenza della quota disponibile, e sarà tenuto a conferire alla massa l'eccedente (non come collazione ma come effetto della riduzione). Si noti che la dispensa dalla collazione non comporta dispensa dall'imputazione delle donazioni nell'azione di riduzione: infatti, "la dispensa da collazione sottrae il donatario dal conferimento ma non importa l'esclusione del bene donato dalla riunione fittizia ai fini della determinazione della porzione disponibile" (Cass., 5.5.2022, n. 14193). Per poter esercitare il diritto di legittima senza imputare le donazioni ricevute, il legittimario deve essere autorizzato espressamente (art. 564, 2° co., cod. civ.).

Va chiarito chi siano i **soggetti che hanno il diritto ad esigere la collazione**: il soggetto attivo della collazione è soltanto quel coerede che, essendo anche lui figlio o discendente o il coniuge dell'ereditando donante, sarebbe tenuto egli stesso a prestarla (art. 737, 1° co., cod. civ.). Il diritto, dunque, non spetta né ad altri coeredi né ai creditori ereditari né ai legatari. Peraltro, poiché quello di esigere la collazione è un diritto di carattere patrimoniale, i creditori del coerede cui spetti possono esercitarla con l'azione surrogatoria.

Oggetto della collazione sono sia le donazioni dirette sia quelle indirette (anche la rinuncia ad agire in regresso da parte del coobbligato costituisce una liberalità nei confronti del beneficiario, oggetto di obbligo di collazione: Cass., 18.9.2019, n. 23260). Sono soggette a collazione le spese che il defunto ha sostenuto a favore dei suoi discendenti per assegnazioni fatte a causa di matrimonio, per avviarli all'esercizio di una attività produttiva o professionale, per soddisfare premi relativi a contratti di assicurazione sulla vita a loro favore o per pagare debiti (art. 741 cod. civ.). Non sono invece soggette a collazione le spese di mantenimento e di educazione e quelle sostenute per malattia, né quello ordinarie fatte per abbigliamento o nozze. Le spese per il corredo nuziale e quelle per l'istruzione artistica o professionale sono soggette a collazione solo per quanto eccedono notevolmente la misura ordinaria, tenuto conto delle condizioni economiche del defunto (art. 742 cod. civ.). Sono soggette a collazione le donazioni di modico valore, ad eccezione di quelle fatte al coniuge *ex* art. 738 cod. civ. (Cass., 30.1.2019, n. 2700).

Quanto ai **modi di esecuzione della collazione**, essa si fa o **in natura** o **per imputazione**. Nella collazione in natura accade che il coerede donatario restituisce alla massa ereditaria, da dividersi, gli stessi beni che gli sono stati donati; quest'ultimi possono, all'esito della divisione, spettare anche ad altri coeredi.

Nella collazione per imputazione, invece, il coerede donatario non è tenuto a restituire i beni donatigli: egli, dunque, conserva i beni che gli sono stati donati; tuttavia, prende dalla massa meno beni, in ragione del valore di quelli già ricevuti a titolo di donazione.

La collazione di un **bene immobile** si fa o in natura o per imputazione, a scelta di chi conferisce (il donante non può in alcun modo vincolare la scelta del donatario-erede di conferire in natura l'immobile ricevuto o di effettuare la collazione per imputazione: Cass., 20.3.2015, n. 5659). Si ha riguardo al valore dell'immobile al tempo dell'aperta successione (art. 747 cod. civ.). Se l'immobile è stato alienato o ipotecato, la collazione si fa soltanto con l'imputazione (art. 746 cod. civ.). Ove vi sia donazione con riserva di usufrutto (il quale cessa alla morte dell'usufruttuario), la collazione per imputazione va effettuata con riferimento al valore corrispondente alla piena proprietà così come acquisita dal donatario al momento dell'apertura della successione (nel caso in cui però l'usufrutto sia congiuntivo, e un contitolare sia ancora in vita, dovrà imputarsi solo il valore pari alla nuda proprietà: Cass., 2.9.2020, n. 18211).

La collazione di **mobili** si fa soltanto per imputazione, sulla base del valore che essi avevano al tempo dell'aperta successione (art. 750 cod. civ.).

Un problema a lungo dibattuto in giurisprudenza è rappresentato dal seguente esempio.

Esempio. Un genitore intende aiutare uno dei figli: quest'ultimo ha comprato una casa ma il prezzo è stato versato dal padre. Si realizza, così, una donazione indiretta. Qualche anno dopo il padre muore e gli altri figli intendono esercitare il diritto alla collazione. La questione preliminare da risolvere, qui, è la seguente: oggetto della donazione è il denaro pagato per l'acquisto dell'immobile o il denaro stesso?

Il problema delle **donazioni indirette di immobili** presenta, come è facile intendere, rilevanti conseguenze pratiche: se si ritiene che oggetto della donazione sia il bene immobile, il donatario deve imputare alla propria quota il valore del bene al momento dell'apertura della successione; se, diversamente, si opta per la tesi che oggetto della donazione sia il denaro, il coerede è tenuto a conferire soltanto l'importo ricevuto: si tratta di un debito di valuta, esposto alla svalutazione monetaria (è evidente che questa seconda tesi sarà particolarmente conveniente, per il conferente, quando la donazione indiretta risalga a diversi anni addietro).

L'orientamento che oggi è emerso (a partire da Cass., 5.8.1992, n. 9282), è il seguente: se si accerta che il genitore ha messo a disposizione del figlio una somma di denaro, affinché la impieghi per acquistare l'immobile, l'oggetto della donazione deve considerarsi il denaro; se, invece, si accerta che il genitore ha voluto donare quel determinato immobile, pagando il prezzo con denaro proprio, l'oggetto della donazione deve considerarsi l'immobile.

Le considerazioni sin qui svolte fanno emergere la **differenza tra collazione e riduzione** (sulle differenze tra i due istituti, Cass., 10.12.2020, n. 28196). La collazione opera soltanto tra i coeredi discendenti ed il coniuge; essa, inoltre, ha lo scopo di stabilire tra siffatti soggetti l'uguaglianza di trattamento. Da qui la differenza con l'azione di riduzione, che colpisce (oltre alle disposizioni testamentarie, che non sono oggetto della collazione) tutte le donazioni, comprese quelle non fatte ai coeredi discendenti o al coniuge; inoltre, lo si è già rilevato, l'azione di riduzione ha soltanto la finalità di salvare la quota legittima, non di ristabilire l'uguaglianza di trattamento nella ripartizione del patrimonio ereditario.

529. Il patto di famiglia.

Il **patto di famiglia** è stato introdotto, nel *corpus* del codice civile, con la l. 14.2.2006, n. 55, al fine di permettere al titolare dell'impresa di anticipare il momento del trasferimento dell'azienda o delle partecipazioni sociali a quel discendente o a quei discendenti che abbiano dimostrato di essere maggiormente meritevoli o con più attitudini alla gestione dell'impresa (artt. 768-*bis* ss. cod. civ.).

Se ne discute qui, giacché la comprensione dell'istituto richiede di aver già studiato i principali istituti del diritto successorio (come, ad esempio, il divieto dei patti successori, l'azione di riduzione, la collazione).

Esempio. Un imprenditore vedovo ha due figli, Ugo e Massimiliano. Il primo figlio ha dimostrato, sin dalla giovane età, la propensione a seguire le orme paterne; Massimiliano, invece, è stato sempre attratto dalle discipline orientali, tanto da decidere di partire per un lungo viaggio in India. Non è da escludere, però, che Massimiliano, un giorno, quando il padre non ci sarà più, possa vantare i suoi diritti di erede (magari tornando repentinamente dall'India). Si stipula, allora, un contratto (il patto di famiglia), fra il padre e i due figli: Ugo sarà il destinatario dell'azienda paterna, mentre Massimiliano riceverà il pagamento di una somma di denaro.

Il patto di famiglia, da un lato, consente di assegnare il complesso dei beni aziendali a soggetti ritenuti idonei ad assicurare la continuità gestionale (evitando nel contempo la disgregazione dell'impresa o delle partecipazioni societarie); dall'altro lato, permette di prevenire liti giudiziali aventi ad oggetto l'eredità.

Una tale possibilità era in radice negata, alle parti, sussistendo nel nostro sistema il divieto di patti successori (art. 458 cod. civ., che fa salvo, oggi, il disposto di cui agli artt. 768-*bis* ss. cod. civ.). La deroga introdotta con l'istituto del patto di famiglia, dunque, riguarda sia l'atto dispositivo posto in essere dall'imprenditore sia la rinuncia dei legittimari che sono tenuti a partecipare alla conclusione del contratto.

Si cominci, in primo luogo, dalla **definizione** di patto di famiglia, prevista dall'art. 768-*bis* cod. civ.: esso è "il contratto con cui, compatibilmente con le disposizioni in materia di impresa familiare e nel rispetto delle differenti tipologie societarie, l'imprenditore trasferisce, in tutto o in parte, l'azienda, e il titolare di partecipazioni societarie trasferisce, in tutto o in parte, le proprie quote, ad uno o più **discendenti**".

Il contratto deve essere redatto per atto pubblico, a pena di nullità (art. 768-*ter* cod. civ.).

Sul concetto di **partecipazioni sociali**, di cui discute la norma del codice civile, le interpretazioni sono diverse. Per alcuni autori il patto di famiglia dovrebbe applicarsi a qualsiasi tipo di trasferimento di partecipazione sociale, non rilevando il fatto che l'operazione comporti un controllo o una direzione dell'impresa. Una diversa ricostruzione, invece, ritiene che il patto di famiglia si dovrebbe applicare al trasferimento delle partecipazioni sociali che permettono di assicurare al destinatario l'acquisizione di un potere di controllo e di direzione dell'attività dell'impresa. Quest'ultima pare essere l'interpretazione preferibile, posto che la finalità della disciplina è quella di garantire la continuità dell'impresa (in tal senso depone anche la disciplina fiscale, la quale riconosce un'espressa esenzione dall'imposta sulle successioni e donazioni solo ove passi anche il controllo dell'impresa; si veda anche Cass., 19.12.2018, n. 32923).

Gli **assegnatari**, per espressa previsione legislativa, possono essere soltanto i discendenti (sono esclusi, quindi, il coniuge, gli altri parenti e, ovviamente, gli estranei).

Occorre considerare, però, i diritti dei legittimari (nell'esempio fatto, il figlio Massimiliano): questi ultimi, infatti, secondo le regole generali potrebbero lamentare la lesione della loro quota legittima e, quindi, mettere in discussione l'assegnazione dell'azienda o delle partecipazioni societarie soltanto ad un discendente (per rimanere ancora all'esempio, il figlio Ugo).

Per questo la legge prevede che **al contratto debbono partecipare** anche il **coniuge** e tutti coloro che sarebbero **legittimari** se in quel momento si aprisse la successione nel patrimonio dell'imprenditore (art. 768-*quater* cod. civ.).

Secondo la ricostruzione preferibile, la **non partecipazione al contratto** dei soggetti indicati dalla legge determina la **nullità** dello stesso. Non mancano, va detto, diverse opinioni, secondo cui l'atto sarebbe comunque valido, essendo possibili successive adesioni da parte dei legittimari pretermessi. Coloro che non abbiano partecipato al patto né manifestato la loro successiva adesione conserverebbero il diritto di esercitare il diritto di riduzione (in tal modo, però, la finalità dell'istituto finirebbe per essere compromessa).

Si studino, ora, i possibili scenari derivanti dalla partecipazione dei legittimari al contratto (art. 768-*quater* cod. civ.). È possibile che quest'ultimi **rinuncino** al pagamento di una somma corrispondente al valore delle quote di cui agli artt. 536 ss. cod. civ.

Ecco un esempio di clausola del patto di famiglia contenente la rinuncia dei legittimari.

Esempio. I sig.ri ..., figlia e coniuge del disponente, rinunciano, come previsto dall'art. 768-*quater*, 2° co., cod. civ., al diritto di credito agli stessi spettante quale valore della quota di riserva, ai sensi dell'art. 768-*quater*, calcolato sul valore complessivo della quota, pari ad euro ... ciascuno.

Qualora non vi sia la **rinuncia**, i **partecipanti** al contratto che **non** siano **assegnatari** hanno **diritto di essere "liquidati"** dagli assegnatari con il pagamento di una somma di denaro corrispondente al valore delle quote di cui agli artt. 536 ss. cod. civ. calcolate sul valore dell'azienda o delle partecipazioni assegnate.

La **liquidazione** può avvenire anche **in natura** (alienando, ad esempio, un cespite aziendale ritenuto non indispensabile); ed ancora, gli assegnatari possono ottenere un finanziamento, offrendo in garanzia i beni dell'azienda: il denaro ricevuto all'esito del finanziamento viene impiegato per soddisfare i diritti dei familiari (c.d. "***family buy out***").

Può succedere, infine, che con il patto il **disponente**, oltre ad occuparsi dell'assegnazione dell'azienda familiare, **assegni** agli altri partecipanti **determinati beni**, secondo il valore attribuito in contratto; tali beni sono imputati alle quote di legittima spettanti agli stessi partecipanti. Una siffatta assegnazione di beni può essere disposta anche con successivo contratto che sia espressamente dichiarato collegato al primo, purché vi intervengano i medesimi soggetti che hanno partecipato al primo contratto o coloro che li abbiano sostituiti.

Ciò che è convenuto nel patto di famiglia finisce per essere "cristallizzato": il codice, infatti, prevede che "quanto ricevuto dai contraenti non è soggetto a **collazione** o a **riduzione**" (art. 768-*quater*, 4° co., cod. civ.).

Ai sensi dell'art. 768-*sexies*, 1° co., cod. civ., all'apertura della successione dell'imprenditore, il coniuge e gli altri legittimari che non abbiano partecipato al contratto possono chiedere ai **beneficiari** del contratto stesso il pagamento della somma prevista dall'art. 768-*quater*, 2° co., cod. civ., aumentata degli interessi (la somma, cioè, che gli assegnatari dell'azienda o delle partecipazioni sociali devono versare in misura corrispondente al valore delle quote previsto dagli artt. 536 ss. cod. civ.).

Il significato della norma va spiegato. Si è visto, in precedenza, che a pena di nullità al patto di famiglia devono partecipare il coniuge e tutti coloro che sarebbero legittimari se in quel momento si aprisse la successione. È da ritenere, allora, che l'art. 768-*sexies*, 1° co., cod. civ. si riferisca ai **legittimari sopravvenuti**, quali, ad esempio, la seconda moglie dell'imprenditore, i figli sopravvenuti, gli ascendenti, in caso di premorte dei figli del disponente (sul punto, però, si veda Cass., 18.10.2018, n. 32823, la quale considera l'articolo applicabile anche ai legittimari pretermessi).

L'inosservanza della norma appena ricordata costituisce motivo di **impugnazione** del contratto ai sensi dell'art. 768-*quinquies* cod. civ. (art. 768-*sexies*, 2° co., cod. civ.). Prevede, l'art. 768-*quinquies*, 1° co., cod. civ. (rubricato "**vizi del consenso**"), che il contratto possa essere impugnato dai partecipanti ai sensi degli artt. 1427 ss. cod. civ. Per l'art. 768-*quinquies*, 2° co., cod. civ., l'azione si prescrive nel termine di un anno.

Il **patto** di famiglia può essere **sciolto** o modificato dalle medesime persone che abbiano stipulato il contratto, nei modi seguenti (art. 768-*septies*): (1) mediante diverso contratto; (2) mediante **recesso**, se espressamente previsto nel contratto stesso e, necessariamente, attraverso dichiarazione agli altri contraenti certificata da un notaio.

Parte dodicesima

LE LIBERALITÀ

Capitolo 85

LA DONAZIONE E LE LIBERALITÀ NON DONATIVE

530. Il contratto di donazione. Criteri distintivi fra atto gratuito, liberalità, donazione.

La **donazione** è il contratto con cui, per **spirito di liberalità**, una parte arricchisce l'altra, disponendo a favore di questa di un suo diritto o assumendo verso la stessa un'obbligazione (art. 769 cod. civ.).

Il donante può riservarsi l'usufrutto dei beni donati; può altresì riservare l'usufrutto, dopo di lui, ad altra persona o anche a più persone, ma non successivamente (art. 796 cod. civ.).

Esempio. Il giorno ... in ... davanti a me, notaio iscritto al Collegio Notarile di ..., residente in ... con la presenza dei testimoni a me noti ...., sono presenti i Sig.ri ... Detti comparenti, della cui identità personale io notaio sono certo, mi richiedono di ricevere il presente atto con il quale: il Sig. ... dona alla Sig.ra ..., che accetta e acquista, il diritto di **nuda proprietà**, riservando per sé e dopo di sé al coniuge Sig.ra ..., che accetta, il diritto di usufrutto vitalizio, ai sensi dell'art. 796 cod. civ., sul seguente immobile ...

Si noti come la donazione, pur essendo un **contratto** (che richiede l'accettazione del donatario, a meno che non sia una donazione obnuziale ai sensi dell'art. 785 cod. civ.: § 534) è disciplinata nel secondo Libro del codice civile, subito dopo la disciplina delle successioni. Una tale collocazione non deve sorprendere, posto che il contratto in esame presenta diverse affinità con le successioni a causa di morte: basti considerare che, in entrambi i casi, si è al di fuori della logica dell'"affare", mentre assume rilievo la personalità dei soggetti coinvolti.

Né si dimentichi, come si è avuto modo di verificare, che in diversi casi la disciplina successoria si occupa delle eventuali donazioni fatte in vita dal *de cuius* (si pensi alle regole sulla riunione fittizia, sull'imputazione *ex se*, sulla collazione).

Il che giustifica, in diversi punti, un allineamento fra la disciplina successoria e quella delle donazioni (le "sostituzioni", ad esempio, sono consentite nelle donazioni nei casi e nei limiti degli atti di ultima volontà: art. 795 cod. civ., che richiama gli artt. 688 ss. cod. civ.; nel prosieguo, peraltro, si vedranno altri punti di contatto tra i due sistemi di regole).

Si torni alla definizione codicistica: essa avverte che una parte "arricchisce" l'altra; il beneficiario non è tenuto ad alcun corrispettivo. L'arricchimento, inoltre, avviene per spirito di liberalità.

Ci sono abbastanza elementi per iniziare a discutere del rapporto fra atto gratuito (in cui pure non c'è corrispettivo) e donazione. Occorre pure chiedersi, poi, se la categoria della donazione esaurisca quella delle liberalità o se, invece, esistano anche liberalità non donative.

Si cominci con il dire che non ogni atto gratuito è una liberalità, e non ogni atto di liberalità è una donazione. Il discorso va affrontato proprio riprendendo la definizione di donazione, che fa emergere la causa di tale contratto (ogni contratto, per il principio causalistico, ha una sua causa): essa è lo **spirito di liberalità**.

Tutto sta a comprendere, dunque, quale sia il significato di **liberalità**. Essa, in primo luogo, esprime l'assenza di costrizione giuridica o anche solo morale in chi, senza corrispettivo, dispone a favore di altri di un proprio diritto (come un diritto reale, ma anche di credito) o si obbliga nei suoi confronti ad una prestazione di dare.

La liberalità non consiste soltanto nello spirito umanitario o caritativo della persona: essa, infatti, sussiste anche quando il donante (è la fattispecie della **donazione rimuneratoria**: art. 770, 1° co., cod. civ.) sia spinto da riconoscenza o mosso dalla considerazione dei meriti del donatario. Ecco due esempi di donazione rimuneratoria.

Esempio. Ti dono la biblioteca, ricordando la tua premura per avermi aiutato nel difficile periodo della mia malattia.

Esempio. Dono la mia casa al Comune di Imperia, città cui sono grato per avermi dato i natali.

La donazione rimuneratoria è un atto di liberalità giacché il donante è libero nel compimento del suo gesto (non è tenuto alla donazione, cioè, in base ad un vincolo giuridico o soltanto morale: Cass., 24.10.2002, n. 14981). Diversamente, non si può discutere di liberalità allorché una prestazione venga resa in adempimento di un'obbligazione naturale (art. 2034 cod. civ.); in questo caso è presente un dovere morale e sociale.

Così impostato il discorso, risulta agevole escludere dal novero delle liberalità le **elargizioni** che si fanno in **conformità agli usi** (i regali fra i familiari in occasione del Natale), anche se si tratta di elargizioni rese in occasione di servizi resi (art. 770, 2° co., cod. civ.).

Esempio. In un ristorante di lusso, vi è l'usanza di lasciare la mancia al cameriere. Si tratta di un'elargizione fatta in conformità agli usi.

È proprio la conformistica **ubbidienza agli usi** ad escludere, in questi casi, lo spirito di liberalità.

Un passo in avanti, a questo punto, va compiuto. Le donazioni, di cui si è appena studiato il profilo funzionale, non esauriscono la **categoria** delle **liberalità**. La causa di liberalità può essere presente, infatti, in una serie di **atti unilaterali** (si pensi, ad esempio, alla remissione del debito) o di **altri contratti** (è il caso della fideiussione prestata per "liberalità" verso il debitore principale o del contratto a favore del terzo).

Anche il *negotium mixtum cum donatione*, per una accreditata dottrina, realizza una liberalità: quest'ultima, si afferma, si rinviene nella parte di valore del bene non remunerato dal prezzo pattuito (e, pertanto, "donato" dall'alienante all'acquirente). Ai fini del negozio misto a donazione non occorre soltanto la sproporzione tra le due prestazioni; è necessario che la sproporzione sia voluta da chi abbia subito l'impoverimento.

Siffatte liberalità (caratterizzate tutte dall'assenza di una costrizione giuridica o anche solo morale) vengono qualificate come **liberalità non donative** (o **donazioni indirette**). Qualche volta si discute anche di **liberalità atipiche**: quest'ultima espressione non fa riferimento all'esistenza di contratti atipici ai sensi dell'art. 1322, 2° co., cod. civ.; piuttosto, vuole intendere che esistono liberalità diverse dal tipo della donazione.

Le liberalità non donative sono equiparate dal legislatore alla donazione sotto due specifici effetti: sono assoggettate (a) all'azione di riduzione (la quale, però, potrà operare solo per recuperare il controvalore in denaro del bene: Cass., 12.5.2010, n. 11496), e (b) alla disciplina della revocazione (art. 809, 1° co., cod. civ.; nel 2° co. si aggiunge che "questa disposizione non si applica alle liberalità previste dal secondo comma dell'art. 770 e a quelle che a norma dell'art. 742 non sono soggette a collazione": su quest'ultima norma § 528). Ad esse, inoltre, si applicano le norme sulla collazione (art. 737 cod. civ.).

È inteso che all'atto giuridico negoziale indirettamente utilizzato per fini di liberalità non si applica il requisito della forma richiesto per la donazione diretta (art. 782 cod. civ.: § 533): la donazione indiretta, dunque, è valida anche quando non sia adottata la forma dell'atto pubblico, purché sia rispettata la forma propria del tipo contrattuale adottato (Cass., Sez. Un., 12.6.2006, n. 13524; Cass., 29.2.2012, n. 3134; Trib. Massa, 2.1.2020).

Non è, invece, una donazione indiretta, ma una vera e propria donazione, la vendita *numno uno* (quella, cioè, fatta con un valore simbolico o irrisorio): in questo caso manca l'elemento del prezzo anche se, esteriormente, il contratto ha la veste della compravendita.

Ci si chiede se il trasferimento per spirito di liberalità di strumenti finanziari dal conto di deposito titoli del beneficiante a quello del beneficiario (realizzato con ordine impartito dal disponente) costituisca una donazione indiretta o, piuttosto, una donazione diretta ad esecuzione indiretta, che presuppone l'atto pubblico, salvo che ricorra l'ipotesi del modico valore. La Suprema Corte, chiamata a pronunciarsi nella solennità delle Sezioni Unite, ha stabilito che "in tema di atti di liberalità, il trasferimento, attraverso un ordine di bancogiro del disponente, di strumenti finanziari dal conto di deposito titoli del beneficiante a quello del beneficiario non rientra tra le donazioni indirette, ma configura una donazione tipica ad esecuzione indiretta, soggetta alla forma dell'atto pubblico, salvo che sia di modico valore, poiché realizzato non tramite un'operazione triangolare di intermediazione giuridica, ma mediante un'intermediazione gestoria dell'ente creditizio" (Cass., Sez. Un., 27.7.2017, n. 18725). In effetti, soltanto l'accordo negoziale fra donante e donatario realizza il passaggio immediato di valori da un patrimonio all'altro, come dimostrato dal fatto che il beneficiario non acquista alcun diritto verso l'istituto di credito in seguito al contratto intercorso fra quest'ultimo e l'ordinante.

Diversamente, la cointestazione, con firma e disponibilità disgiunte, di una somma di denaro depositata presso un istituto di credito, è qualificabile come donazione indiretta qualora detta somma, all'atto della cointestazione, risulti essere appartenuta ad uno solo dei cointestatari. Deve rilevarsi, infatti, che in tal caso con il mezzo del contratto di deposito bancario si realizza l'arricchimento senza corrispettivo dell'altro cointestatario: a condizione, però, che sia verificata l'esistenza *dell'animus donandi*, consistente nell'accertamento che il proprietario del denaro non aveva, nel momento della cointestazione, altro scopo che quello della liberalità (Cass., 28.2.2018, n. 4682).

Tutti gli **atti di liberalità**, è evidente, sono atti gratuiti (manca, cioè, qualsiasi corrispettivo). Non è vero, però, il contrario: non tutti gli **atti gratuiti** sono atti di liberalità.

Per comprendere questo punto occorre mettere capo ad un criterio, più volte affermato dalla giurisprudenza: è determinante la natura dell'interesse (patrimoniale o non patrimoniale) che il soggetto disponente persegue.

Esempio. Una persona decide di rinunciare al suo credito verso la società di cui lo stesso creditore è socio.

Siamo in presenza, qui, di un atto gratuito o di un atto di liberalità? Occorre avere riguardo all'interesse del disponente: ci si accorge, allora, che il socio ha un interesse patrimoniale a ridurre i debiti della società (egli stesso si avvantaggerà dalla rinuncia al credito). È questo il motivo per cui i nostri tribunali sottraggono la remissione del socio al trattamento fiscale degli atti di liberalità.

Il seguente esempio evidenzia ancora che il disponente ha un interesse patrimoniale (il che esclude la possibilità di qualificare il suo atto gratuito come atto di liberalità).

Esempio. La società controllante presta una fideiussione a favore della società controllata. La prima non è animata da uno spirito di liberalità, mirando a soddisfare un interesse di evidente natura economica. Tanto è vero che la fideiussione a favore della controllata non è considerata un atto estraneo all'oggetto sociale della controllante (Trib. Milano, 20.6.1991; Cass., 20.10.1969, n. 907).

Utilizzando questo criterio è possibile, dunque, stabilire quando un deposito, oppure un mandato gratuito o un comodato siano da considerare o meno atti di liberalità.

In questo quadro vanno studiate pure le cessioni di aree al Comune per opere di urbanizzazione (strade, parcheggi, verde pubblico) effettuate a titolo gratuito da privati nell'ambito di procedimenti urbanistici e/o edilizi volti all'approvazione di piani di lottizzazione o al rilascio di titoli abilitativi edilizi. La giurisprudenza ha escluso che tali atti siano "liberalità", facendoli rientrare, invece, tra le c.d. convenzioni urbanistiche, sussistendo l'interesse di natura patrimoniale del privato all'approvazione del piano di lottizzazione o al rilascio di titoli abilitativi edilizi (Cons. Stat., 26.2.2019, n. 1341; TAR Campania, Napoli, n. 2776/2007).

Si possono, a questo punto, tirare le fila del discorso. **Due** sono gli **elementi** che contraddistinguono gli **atti di liberalità**: (a) l'assenza di costrizione (giuridica, morale e sociale) che muove il disponente (per il rilievo che la donazione non ammette il "preliminare", si veda Cass., 4.3.2020, n. 6080). In questo modo, lo si è visto, è possibile distinguere gli atti di liberalità dalla c.d. liberalità d'uso, ma anche gli atti di liberalità dagli atti gratuiti posti in essere in esecuzione di un'obbligazione civile o dall'adempimento di un'obbligazione naturale; (b) la natura non patrimoniale dell'interesse del disponente. Tale elemento consente di distinguere gli atti di liberalità dagli atti gratuiti privi della causa di liberalità, ancorché posti in essere in maniera del tutto spontanea (in assenza, cioè, di una qualsiasi costrizione giuridica o morale).

531. Le disposizioni generali sulla donazione.

Gli artt. 769-773 cod. civ. (capo I del titolo V del Libro secondo del codice civile) riguardano le **disposizioni generali** sulle donazioni (il capo II riguarda la capacità di disporre e di ricevere per donazioni; il capo III la forma e gli effetti della donazione; il capo IV la revocazione delle donazioni).

Si sono già studiate due norme previste nella parte generale sulle donazioni: quella sulla definizione del contratto di donazione (art. 769 cod. civ.) e quella sulle donazioni rimuneratorie (art. 770 cod. civ.).

Si considerino, ora, altre disposizioni, cominciando da quella relativa alla **donazione di beni futuri** (art. 771 cod. civ.): la donazione non può comprendere che i beni presenti del donante. Se comprende beni futuri è **nulla** rispetto a questi, salvo che si tratti di frutti non ancora separati. Quando oggetto della donazione sia un'**universalità di cose** e il donante ne conservi il godimento trattenendola presso di sé, si considerano comprese nella donazione anche le cose che vi si aggiungono successivamente, salvo che dall'atto risulti una diversa volontà.

Per la Cassazione è nulla la donazione di un **bene altrui** (anche solo parzialmente); ciò non in virtù del ricordato art. 771 cod. civ., ma perché manca in questa ipotesi la causa donativa (Cass., Sez. Un., 15.3.2016, n. 5068). Pertanto, se il bene si trova nel patrimonio del donante al momento della stipula del contratto, la donazione, in quanto dispositiva, è valida ed efficace; al contrario, se la cosa non è di proprietà del donante, questi deve assumere espressamente e formalmente nell'atto l'obbligazione di procurare l'acquisto dal terzo al donatario. In conclusione, affinché la donazione di bene altrui possa dar vita ad una donazione obbligatoria di dare (si confronti l'art. 769 cod. civ.), occorre che l'altruità sia conosciuta dal donante e tale consapevolezza risulti da un'espressa affermazione nell'atto di donazione. Il principio di diritto affermato dai giudici di legittimità è il seguente: "la donazione di un bene altrui, benché non espressamente vietata, deve ritenersi nulla per difetto di causa, a meno che nell'atto si affermi espressamente che il donante sia consapevole dell'attuale non appartenenza del bene al suo patrimonio".

La donazione che ha per oggetto **prestazioni periodiche** si estingue alla morte del donante, salvo che risulti dall'atto una diversa volontà (art. 772 cod. civ.).

La donazione fatta congiuntamente **a favore di più donatari** s'intende fatta per parti uguali, salvo che dall'atto risulti una diversa volontà. È valida la clausola con cui il donante dispone che, se uno dei donatari non può o non vuole accettare, la sua parte si accresca agli altri (art. 773 cod. civ.).

532. La capacità di disporre e di ricevere per donazione.

Si abbia riguardo alla **capacità di donare** (art. 774 cod. civ.). Non possono fare donazione coloro che non hanno la **piena capacità di disporre dei propri beni** (il beneficiario di amministrazione di sostegno, però, salvo contraria disposizione del giudice tutelare, conserva la sua capacità di donare: Corte cost., 10.5.2019, n. 114). È tuttavia valida la disposizione fatta dal minore e dall'inabilitato nel loro negozio di matrimonio a norma degli artt. 165 e 166 cod. civ.

La **donazione fatta da persona** che, sebbene non interdetta, si provi essere stata per qualsiasi causa, anche transitoria, **incapace** d'intendere o di volere al momento in cui la donazione è stata fatta, può essere annullata su istanza del donante, dei suoi eredi o aventi causa. L'azione si prescrive in cinque anni dal giorno in cui la donazione è stata fatta (art. 775 cod. civ.).

Una particolare disciplina viene dettata per la **donazione fatta dall'inabilitato** (art. 776 cod. civ.). Tale donazione, anche se anteriore alla sentenza di inabilitazione o alla nomina del curatore provvisorio, può essere annullata se fatta dopo che è stato promosso il giudizio d'inabilitazione. Il curatore dell'inabilitato per prodigalità può chiedere l'annullamento della donazione, anche se fatta nei sei mesi anteriori all'inizio del giudizio di inabilitazione.

I **genitori** ed i **tutori** non possono fare **donazioni** per la persona incapace da essi rappresentata. Sono però consentite, con le forme abilitative richieste (art. 375 cod. civ.), le liberalità in occasione di nozze a favore dei discendenti dell'interdetto o dell'inabilitato (art. 777 cod. civ.; sul rapporto tra l'articolo citato e le liberalità indirette, Cass., 18.7.2019, n. 19400).

Poiché la donazione è un atto personale, è nullo il **mandato a donare** (art. 778 cod. civ.), ossia l'atto con cui si attribuisce ad altri la facoltà di designare la persona del donatario o di determinare l'oggetto della donazione. È peraltro valida la donazione in favore di persona che un terzo sceglierà tra più persone designate dal donante o appartenenti a determinate categorie, o a favore di una persona giuridica tra quelle indicate dal donante stesso. È pure valida la donazione che ha per oggetto una cosa che un terzo determinerà tra più cose indicate dal donante o entro i limiti di valore dal donante stesso stabiliti.

È **nulla** la **donazione a favore di** chi è stato **tutore** o **protutore** del donante, se fatta prima che sia stato approvato il conto o sia estinta l'azione per il rendimento del conto medesimo (art. 779 cod. civ.). Si vuol evitare, con tale disposizione, che vi sia una tutela "interessata" (motivata, cioè, dall'intento di ricevere una donazione da parte della persona che si aiuta). Sono però valide le disposizioni testamentarie e le convenzioni in favore dell'amministratore di sostegno che sia parente entro il quarto grado del beneficiario, ovvero che sia coniuge o persona che sia stata chiamata alla funzione in quanto con lui stabilmente convivente (art. 411, 3° co., cod. civ.).

Quanto alla **capacità di ricevere per donazione**, si rinvengono alcune significative somiglianze con la capacità di ricevere per testamento (§ 485).

La **donazione** può essere fatta anche **a favore di chi è soltanto concepito**, ovvero a favore dei **figli** di una determinata persona vivente al tempo della donazione, benché **non ancora concepiti** (art. 784, 1° co., cod. civ.; il 2° co. della norma richiama gli artt. 320 e 321 cod. civ. per quanto riguarda l'accettazione della donazione a favore di nascituri, benché non concepiti).

Capaci di ricevere per donazioni sono anche le **persone giuridiche**. Attualmente è venuto meno l'obbligo per le persone giuridiche di chiedere la preventiva autorizzazione per accettare le donazioni (l'art. 17 cod. civ. è stato abrogato); né gli enti non riconosciuti debbono ottenere il riconoscimento della personalità giuridica per poter ottenere la donazione (l'art. 786 cod. civ. è stato abrogato).

533. La forma della donazione.

La donazione richiede una particolare **forma** (art. 782, 1° co., cod. civ.). Essa deve essere fatta per **atto pubblico**, a pena di nullità (ai sensi dell'art. 48 della l. n. 89/1913 e successive modifiche, inoltre, è richiesta la presenza di **due testimoni**: si veda l'esempio svolto nel § 530). Se ha per oggetto cose mobili, la donazione non è valida che per quelle specificate con indicazione del loro valore nell'atto medesimo della donazione, ovvero in una nota a parte sottoscritta dal donante, dal donatario e dal notaio.

L'accettazione può essere fatta nell'atto stesso o con atto pubblico posteriore. In questo caso la donazione non è perfetta se non dal momento in cui l'atto di accettazione è notificato al donante (tanto che, fino a tale momento, in capo all'*accipiens* può riconoscersi il solo *animus detinendi*, e non l'*animus possidendi*: Cass., 21.3.2022, n. 9133). Prima che la donazione sia perfetta, tanto il donante quanto il donatario possono revocare la loro dichiarazione (art. 782, 2° co., cod. civ.). Per il principio di simmetria delle forme, inoltre, dovrà rivestire la medesima forma anche il negozio accessorio con il quale due coniugi, in sede di separazione, decidano di risolvere la donazione di immobile per mutuo consenso (Cass., 3.3.2020, n. 5937).

Il formalismo previsto dalla legge intende assicurare al donante una giusta ponderazione sugli effetti giuridici che realizza (il suo impoverimento, per spirito di liberalità, ed il corrispondente arricchimento del donatario).

La donazione, dunque, deve essere provata per iscritto, con l'atto pubblico di donazione, ai sensi dell'art. 2725 cod. civ., ammettendosi soltanto in caso di perdita incolpevole del documento la prova testimoniale ai sensi dell'art. 2724 cod. civ. o per presunzioni semplici *ex* art. 2729 cod. civ. (Cass., 15.3.2006, n. 5786).

Per le **donazioni di modico valore** che hanno ad oggetto beni mobili, non è richiesto l'atto pubblico (art. 783 cod. civ.): esse sono valide, purché vi sia la ***traditio***, ossia la consegna del bene. La modicità deve essere valutata anche in rapporto alle condizioni economiche del donante (Cass., 17.2.2020, n. 3858).

534. Condizioni ed oneri nella donazione.

La **donazione** può essere sottoposta a **condizione**. Una particolare disciplina è prevista per la c.d. **donazione obnuziale** (art. 785 cod. civ., rubricato donazione in riguardo di matrimonio): la donazione fatta in riguardo di un futuro matrimonio, sia dagli sposi tra loro sia da altri a favore di uno o entrambi gli sposi o dei figli nascituri da questi (si pensi alle donazioni fatte dai genitori), si perfeziona senza bisogno che sia accettata, ma non produce effetto finché non segua il matrimonio. L'annullamento del matrimonio importa la nullità della donazione. Restano tuttavia salvi i diritti acquistati dai terzi di buona fede tra il giorno del matrimonio ed il passaggio in giudicato della sentenza che dichiara la nullità del matrimonio. Il coniuge di buona fede non è tenuto a restituire i frutti percepiti anteriormente alla domanda di annullamento del matrimonio. La donazione in favore di figli nascituri rimane efficace per i figli rispetto ai quali si verificano gli effetti del matrimonio putativo.

Secondo una dottrina minoritaria, la donazione obnuziale si perfezionerebbe con un'accettazione implicita da parte del donatario al momento della celebrazione del matrimonio. È preferibile, però, la tesi maggioritaria, secondo cui si è in presenza di un atto giuridico negoziale recettizio.

Altra condizione si rinviene nel c.d. **patto di ritorno** (art. 791 cod. civ., rubricato **condizione di riversibilità**): con esso, in sostanza, si stabilisce che i beni ritornino al donante allorché il donatario (o i suoi discendenti) muoiano prima del donante medesimo.

La donazione può essere gravata da un onere o modo (art. 793 cod. civ., rubricato **donazione modale**). Il donatario è tenuto all'adempimento dell'onere entro i limiti del valore della cosa donata. Per l'adempimento dell'onere può agire, oltre il donante, qualsiasi interessato, anche durante la vita del donante stesso. La risoluzione per inadempimento dell'onere, se prevista nell'atto di donazione, può essere domandata dal donante o dai suoi eredi.

L'**onere illecito** o **impossibile** si considera non apposto; rende però nulla la donazione se ha costituito il solo motivo determinante (art. 794 cod. civ.).

535. Inadempimento del donante e garanzia per evizione e vizi.

L'inadempimento del **donante** è sottoposto a regole meno stringenti rispetto a quelle previste nella disciplina generale del contratto: questi, in caso di **inadempimento** o di ritardo nell'eseguire la prestazione, è **responsabile** soltanto per **dolo** o **colpa grave** (art. 789 cod. civ.).

Anche la disciplina della **garanzia per evizione**, nella donazione, è meno gravosa rispetto a quella prevista per la vendita. Il donante è tenuto a garanzia verso il donatario, per l'evizione che questi può soffrire delle cose donate, nei seguenti casi (art. 797 cod. civ.): (1) se ha espressamente promesso la garanzia; (2) se l'evizione dipende dal dolo o dal fatto personale di lui; (3) se si tratta di donazione che impone un onere al donatario, o di donazione rimuneratoria, nei quali casi la garanzia è dovuta fino alla concorrenza dell'ammontare degli oneri o dell'entità delle prestazioni ricevute dal donante.

Salvo patto speciale, la garanzia del donante non si estende ai **vizi della cosa**, a meno che il donante sia stato in dolo (art. 798 cod. civ.).

536. Invalidità della donazione.

La disciplina dell'**invalidità della donazione** si avvicina a quella prevista per il testamento. Ciò è confermato da una serie di norme, a cominciare da quella relativa all'**errore sul motivo della donazione** (art. 787 cod. civ.; si confronti l'art. 624, 2° co., cod. civ.). La donazione, è previsto, può essere impugnata per errore sul motivo, sia esso di fatto o di diritto, quando il motivo risulta dall'atto ed è il solo che ha determinato il donante a compiere la liberalità.

Il motivo illecito, inoltre, rende nulla la donazione quando risulti dall'atto ed è il solo che ha determinato il donante alla liberalità (art. 788 cod. civ.; si confronti l'art. 626 cod. civ.).

Ulteriore avvicinamento rispetto alle disposizioni testamentarie (in deroga alla regola generale) si rinviene nell'art. 799 cod. civ., relativo alla **conferma ed esecuzione volontaria di donazioni nulle** (si confronti, nella materia testamentaria, l'art. 590 cod. civ., il quale consente la conferma della disposizione testamentaria nulla; si veda però Cass., 28.5.2020, n. 10065, secondo la quale una conferma della nullità non potrà operare in caso di scheda testamentaria falsa): la nullità della donazione, da qualunque causa dipenda, non può essere fatta valere dagli eredi o aventi causa dal donante che, conoscendo la causa della nullità, hanno, dopo la morte di lui, confermato la donazione o vi hanno dato volontaria esecuzione.

537. La revocazione della donazione.

La **donazione** può essere revocata per ingratitudine o per sopravvenienza dei figli (art. 800 cod. civ.). Non è valida, peraltro, la rinuncia preventiva alla revocazione della donazione per ingratitudine o per sopravvenienza di figli (art. 806 cod. civ.).

La revocazione ha carattere personale: essa, dunque, non può essere esercitata dai creditori del donante in sostituzione del donante stesso (sull'azione surrogatoria, *ex* art. 2900 cod. civ., § 145).

La **domanda di revocazione per ingratitudine** non può essere proposta che quando il donatario abbia commesso uno dei fatti previsti dall'art. 463, nn. 1, 2, 3 (§ 475), ovvero si sia reso colpevole d'ingiuria grave verso il donante o abbia dolosamente arrecato grave pregiudizio al patrimonio di lui o gli abbia rifiutato indebitamente gli alimenti dovuti ai sensi degli artt. 433 ss. cod. civ. (art. 801 cod. civ.).

Gli elementi sintomatici dell'ingratitudine possono essere individuati nella relazione adulterina del beneficiario, così come nella mancanza di qualsiasi solidarietà e riconoscenza, da parte sua, nei confronti del donante, tale da manifestare un malanimo che si traduce in ingiuria grave (Cass., 4.11.2011, n. 22936; Cass., 31.10.2016, n. 22013; Cass., 29.4.2022, n. 13544).

Quanto ai **termini** e **alla legittimazione ad agire** (art. 802 cod. civ.), la domanda di revocazione per causa d'ingratitudine deve essere proposta dal donante o dai suoi eredi, contro il donatario o i suoi eredi, entro l'anno dal giorno in cui il donante è venuto a conoscenza del fatto che consente la revocazione. Se il donatario si è reso responsabile di omicidio volontario in persona del donante o gli ha dolosamente impedito di revocare la donazione, il termine per proporre l'azione è di un anno dal giorno in cui gli eredi hanno avuto notizia della causa di revocazione.

Le donazioni, compiute da chi non aveva o ignorava di avere figli o discendenti al tempo della donazione, possono essere revocate per la **sopravvenienza di figli** o l'**esistenza** di un figlio o discendente del donante. Possono essere revocate per il riconoscimento di un figlio, salvo che si provi che al tempo della donazione il donante aveva notizia dell'esistenza del figlio. La revocazione può essere domandata anche se il figlio del donante era già concepito al tempo della donazione (art. 803 cod. civ., così come risultante dall'innovazione apportata dal d.lgs. n. 154/2013).

La revocazione in commento risponde all'esigenza di consentire al donante una rivalutazione dell'opportunità della donazione di fronte al fatto sopravvenuto della nascita o conoscenza dell'esistenza di figli o discendenti (Cass., 1.3.1994, n. 2031).

L'azione di revocazione per sopravvenienza di figli deve essere proposta entro il **termine** di cinque anni dal giorno della nascita dell'ultimo figlio nato nel matrimonio o discendente ovvero dalla notizia dell'esistenza del figlio o discendente, ovvero dall'avvenuto riconoscimento del figlio nato fuori del matrimonio. Il donante non può proporre o proseguire l'azione dopo la morte del figlio o del discendente (art. 804 cod. civ., modificato dal d.lgs. n. 154/2013).

Due norme sono dedicate agli **effetti della revocazione**. Revocata la donazione per ingratitudine o sopravvenienza di figli, il donatario deve restituire i beni in natura, se essi esistono ancora, e i frutti relativi, ma soltanto a partire dal giorno della domanda. Se il donatario ha alienato i beni, deve restituirne il valore, avuto riguardo al tempo della domanda, e i frutti relativi, a partire dal giorno della domanda stessa (art. 807 cod. civ.).

Quanto ai **terzi**, la revocazione per ingratitudine o per sopravvenienza di figli non pregiudica i terzi che hanno acquistato diritti anteriormente alla domanda, salvi gli effetti della trascrizione di questa (sulla trascrizione della domanda giudiziale si veda l'art. 2652, n. 1, cod. civ.). Il donatario, che prima della trascrizione della domanda di revocazione abbia costituito sui beni donati diritti reali che ne diminuiscono il valore, deve indennizzare il donante della diminuzione del valore sofferta dai beni stessi (art. 808 cod. civ.).

In alcuni casi la **donazione** è **irrevocabile**. Non possono revocarsi per causa d'ingratitudine, né per sopravvenienza di figli, le donazioni rimuneratorie e quelle fatte in riguardo di un determinato matrimonio (art. 805 cod. civ.).

Parte tredicesima

LA PUBBLICITÀ IMMOBILIARE

Capitolo 86
LA TRASCRIZIONE

538. La funzione della trascrizione in relazione al principio consensualistico.

Si è già fatto riferimento, all'inizio del Corso, ai diversi sistemi di pubblicità (pubblicità-notizia, pubblicità-dichiarativa, pubblicità-costitutiva: § 48). Ci si deve ora occupare, in maniera più approfondita, della trascrizione (artt. 2643-2696 cod. civ.). Se ne parla nell'ultima parte del testo non perché l'argomento abbia scarsa importanza, ma in quanto è necessario aver assimilato alcune nozioni e principî essenziali rispetto allo studio che ci si accinge a compiere.

La prima funzione della trascrizione, del resto, va esaminata in relazione al principio consensualistico, su cui in più occasioni ci si è intrattenuti (in particolare, § 178). Si cominci con il ricordare che **alcuni** atti **soggetti** a **trascrizione** (ossia ad un formale procedimento di pubblicità) hanno la **caratteristica comune** di produrre **effetti costitutivi**, **modificativi**, **traslativi** o **estintivi** della **proprietà** o di altri **diritti relativi** a **beni immobili**.

Fra gli **atti soggetti** a **trascrizione** vi sono (art. 2643 cod. civ.): i contratti che trasferiscono la proprietà di beni immobili; i contratti che costituiscono, trasferiscono o modificano il diritto di usufrutto su beni immobili, il diritto di superficie, i diritti del concedente e dell'enfiteuta; i contratti che trasferiscono, costituiscono o modificano i diritti edificatori comunque denominati, previsti da normative statali o regionali, ovvero da strumenti di pianificazione territoriale; i contratti che costituiscono la comunione dei diritti sopra menzionati; i contratti che costituiscono o modificano servitù prediali, il diritto di uso sopra beni immobili, il diritto di abitazione; gli accordi di mediazione che accertano l'usucapione con la sottoscrizione del processo verbale autenticata da un pubblico ufficiale a ciò autorizzato; i provvedimenti con i quali nell'esecuzione forzata si trasferiscono la proprietà di beni immobili o altri diritti reali immobiliari; i contratti di locazione di beni immobili che hanno durata superiore a nove anni; i contratti di società e di associazione con i quali si conferisce il godimento di beni immobili o di altri diritti reali immobiliari, quando la durata della società o dell'associazione eccede i nove anni o è indeterminata; le transazioni che hanno per oggetto controversie sui diritti in precedenza menzionati; le sentenze che operano la costituzione, il trasferimento o la modificazione di uno dei diritti menzionati in precedenza.

Si noterà come nell'elenco previsto dall'art. 2643 cod. civ. rientri anche la trascrizione dei contratti di locazione di beni immobili superiori a nove anni: si è in presenza, qui, di una situazione giuridica la quale, pur non rientrando nella categoria dei diritti reali, incide sulla proprietà altrui in misura assai rilevante, al pari di un qualsiasi diritto reale minore (sul trasferimento a titolo particolare della cosa locata si veda l'art. 1599, 1° e 3° co., cod. civ.).

La trascrizione di questi atti ha funzione di **pubblicità dichiarativa**. L'atto soggetto a trascrizione, infatti, è perfettamente valido anche se non si provvede alla sua pubblicità: se essa si realizza, tuttavia, l'atto è opponibile ai terzi (nel senso che tra breve sarà specificato).

Occorre considerare che nel nostro ordinamento vige il **principio consensualistico** (art. 1376 cod. civ.), che si coordina con la disciplina codicistica della trascrizione in questo modo: basta l'accordo (il consenso) per il perfezionamento del contratto. Peraltro, fino a quando la trascrizione non sia stata eseguita, il diritto acquistato (che fa già parte del patrimonio dell'acquirente) soccombe rispetto ad eventuali diritti (incompatibili) che dovessero essere nel frattempo acquistati da altri soggetti con atti trascritti precedentemente.

È quanto prevede, espressamente, l'art. 2644, 1° co., cod. civ., secondo cui "gli atti enunciati nell'articolo precedente non hanno effetto riguardo ai terzi che a qualunque titolo hanno acquistato diritti sugli immobili in base a un atto trascritto o iscritto anteriormente alla trascrizione degli atti medesimi".

Non conta, dunque, la priorità temporale dell'acquisto, ma la data della trascrizione: "seguita la trascrizione, non può avere effetto contro colui che ha trascritto alcuna trascrizione o iscrizione di diritti acquistati verso il suo autore, quantunque l'acquisto risalga a data anteriore" (art. 2644, 2° co., cod. civ.).

Esempio. Il Sig. Primus vende al Sig. Secundus un immobile. Successivamente il Sig. Primus vende lo stesso immobile al Sig. Tertius, che si affretta subito a trascrivere il contratto di compravendita (mentre Secundus non vi aveva provveduto). Il proprietario dell'immobile è Tertius.

Esempio. Il Sig. Primus vende al Sig. Secundus un fondo. Successivamente, il Sig. Primus costituisce un diritto di servitù a favore di Tertius, che trascrive il contratto costitutivo di servitù prima della trascrizione del contratto di compravendita. Il Sig. Secundus, quindi, sarà proprietario di un fondo gravato dal diritto di servitù.

Può essere utile svolgere un esempio sulla trascrizione del contratto di transazione (cui si riferisce il numero 13 dell'art. 2643 cod. civ.).

Esempio. Il Sig. Bianchi ed il Sig. Neri da tempo litigano su chi sia il proprietario di un terreno. Finalmente le parti concludono una transazione con cui il bene immobile viene attribuito al Sig. Bianchi. Prima della trascrizione del contratto di transazione però il Sig. Neri vende il suo diritto al Sig. Verdi, che subito trascrive l'acquisto: quest'ultimo prevale grazie alla tempestività della trascrizione.

A nulla rileva l'esistenza o meno della buona fede in capo all'acquirente. La ***ratio*** delle norme appena ricordate è presto spiegata. Qualora vigesse la diversa regola secondo cui prevale chi ha acquistato per primo (*prior in tempore potior in iure*), la circolazione dei beni risulterebbe fortemente pregiudicata: nessuno, in assenza di un idoneo sistema di pubblicità, potrebbe essere sicuro di essere il primo acquirente.

Va pure aggiunto, d'altra parte, che il primo acquirente non è privo di qualsiasi tutela: egli, infatti, potrà agire nei confronti del suo dante causa per ottenere il risarcimento del danno, in quanto quest'ultimo ha alienato due volte il diritto sul medesimo bene, incorrendo in responsabilità contrattuale. La giurisprudenza, anzi, ammette che il primo acquirente possa agire in giudizio per ottenere il risarcimento dei danni anche nei confronti del secondo acquirente (primo trascrivente): ciò, però, quando lo stesso sia in mala fede. In questo caso viene fatta valere la responsabilità extracontrattuale del "terzo" (il primo trascrivente) che ha cooperato nell'inadempimento del dante causa.

Rimane da spiegare come sia possibile **conciliare** il **principio consensualistico** con le **regole** della **trascrizione**, considerato che con il primo contratto il diritto si è già trasferito e, dunque, il dante causa avrebbe perduto il potere di disposizione di tale diritto.

Si è sostenuto, da parte di alcuni interpreti, che l'apparente contraddizione sarebbe superabile considerando che l'acquisto del primo acquirente dovrebbe considerarsi sottoposto alla condizione risolutiva della priorità della trascrizione a favore del contraente successivo. La trascrizione del secondo acquirente (ma che sia primo trascrivente) risolverebbe *ex tunc* l'atto di acquisto del primo acquirente (secondo trascrivente): il secondo acquisto, così, dovrebbe considerarsi a titolo derivativo (per una diversa ricostruzione, § 48).

Ha natura di pubblicità notizia, invece, la trascrizione delle sentenze da cui risulta acquistato un diritto per usucapione, o per uno degli altri modi di acquisto a titolo originario, nonché di quelle da cui risulta estinto per prescrizione un diritto reale (art. 2651 cod. civ.).

538.1. *I c.d. atti integrativi.*

Prevede, l'art. 2645 cod. civ., che sono soggetti a trascrizione, "agli effetti previsti dall'articolo precedente, ogni altro atto o provvedimento che produce in relazione ai beni immobili o a diritti immobiliari taluno degli effetti dei contratti menzionati nell'art. 2643, salvo che dalla legge risulti che la trascrizione non è richiesta o è richiesta a effetti diversi".

La norma fa riferimento ai c.d. **atti integrativi** (integrativi rispetto agli atti indicati all'art. 2643 cod. civ.).

L'art. 2645 cod. civ., affermano gli interpreti, fa venire meno la tassatività delle ipotesi di cui all'art. 2643 cod. civ., comprendendo atti che producono gli stessi effetti degli atti previsti da quest'ultima disposizione. Viene mantenuto, però, il principio della **tassatività** degli **effetti** degli **atti soggetti a trascrizione**.

Non sono molti, peraltro, gli atti soggetti a trascrizione in virtù dell'art. 2645 cod. civ.: vi rientrano i provvedimenti relativi alla vendita dei beni dei minori (art. 733 cod. proc. civ.), dei beni ereditari (art. 748 cod. proc. civ.), dei beni in comunione (art. 788 cod. proc. civ.). Si pensi, inoltre, ai provvedimenti con cui vengono devoluti, ai sensi dell'art. 32 cod. civ., in caso di trasformazione o scioglimento di un ente, ad altre persone giuridiche aventi fini analoghi, i beni donati o lasciati con destinazione a scopo diverso da quello proprio dell'ente. Si abbia riguardo, ancora, ai provvedimenti con cui vengono restituiti all'espropriato gli immobili non più idonei ai fini di pubblica utilità.

La dottrina ritiene trascrivibile, ai sensi dell'art. 2645 cod. civ., anche la cessione del contratto di trasferimento immobiliare. Si deve convenire con questa impostazione, ritenendo difficile inquadrare la cessione del contratto (ai fini della trascrizione *ex* art. 2643 cod. civ.) come trasferimento di proprietà condizionato.

539. La trascrizione dei contratti preliminari.

Ci si deve occupare di un'ipotesi di trascrizione che, per utilizzare un'espressione corrente nel linguaggio dei giuristi, possiede un **effetto prenotativo**: la **trascrizione** del **contratto preliminare**, limitatamente, però, ai preliminari traslativi o costitutivi o modificativi di diritti reali sui beni immobili (art. 2645-*bis* cod. civ.).

La trascrizione del contratto preliminare permette alla successiva trascrizione del contratto definitivo (o della sentenza che accoglie la domanda giudiziale di esecuzione in forma specifica *ex* art. 2932 cod. civ.) di prevalere sulle trascrizioni ed iscrizioni eseguite contro il promittente alienante dopo la trascrizione del contratto preliminare (art. 2645-*bis*, 2° co., cod. civ.).

Esempio. Si stipula un contratto preliminare di un immobile. All'atto del preliminare il promissario acquirente paga già una somma pari a 100.000 euro (il prezzo totale è di 500.000 euro). Il preliminare viene trascritto, ancorché non attribuisca ancora la proprietà al promissario acquirente, che diventerà tale soltanto al momento del rogito definitivo. Accade però che il promittente venditore trovi un nuovo acquirente, che offre un prezzo maggiore (700.000 euro): viene allora stipulato un contratto di compravendita (questa volta definitivo) e l'acquirente trascrive il contratto. A questo punto la situazione, avendo riguardo ai registri immobiliari, è la seguente: vi è la trascrizione del contratto preliminare e la trascrizione del contratto definitivo. Chi prevale? Il promissario acquirente, se però riuscirà a stipulare il contratto definitivo (e a trascriverlo): la cosa non è molto probabile, considerando che il venditore ha già stipulato il definitivo con colui che ha offerto un prezzo maggiore. Il promissario acquirente, allora, potrà percorrere la strada giudiziale ed ottenere una sentenza costitutiva ai sensi dell'art. 2932 cod. civ., che tenga luogo del contratto definitivo che la controparte si è rifiutata di trascrivere; procederà, dunque, a trascrivere la sentenza, i cui effetti retroagiranno al momento della trascrizione del preliminare. Ecco spiegato l'effetto "prenotativo" della trascrizione preliminare e perché la trascrizione dello stesso sia destinata a prevalere su tutte le trascrizioni successive.

L'effetto prenotativo, peraltro, viene meno qualora entro un anno dalla data convenuta nel preliminare per la conclusione del contratto definitivo e, comunque, entro tre anni dalla trascrizione del preliminare, non sia eseguita la trascrizione del definitivo o della sentenza che accoglie la domanda giudiziale di esecuzione in forma specifica (art. 2645-*bis*, 3° co., cod. civ.).

Deve ricordarsi un altro effetto derivante dalla trascrizione del contratto preliminare: qualora non venga eseguito il contratto, i crediti del promissario acquirente relativi alla restituzione del prezzo pagato in anticipo "hanno privilegio speciale sul bene immobile oggetto del contratto preliminare", a condizione che la risoluzione del preliminare sia ottenuta o domandata al giudice prima del triennio di efficacia della trascrizione del preliminare, come previsto dall'art. 2645-*bis* cod. civ. (art. 2775-*bis* cod. civ.).

Una recente disciplina legislativa, inoltre, ha previsto che i contratti di godimento in funzione della successiva alienazione di immobili (meglio conosciuti come contratti di *rent to buy*) siano trascritti ai sensi dell'art. 2645-*bis* cod. civ., ma con un effetto prenotativo dalla durata prolungata (fino ad un massimo di dieci anni). Con riguardo ai contratti citati, la trascrizione produrrà anche i medesimi effetti di quella di cui all'art. 2643, 1° co., n. 8, cod. civ. (art. 23, 1° co., d.l. 12.9.2014, n. 133, c.d. decreto "sblocca Italia").

540. La trascrizione di "atti di destinazione" per la realizzazione di interessi meritevoli di tutela.

Assai discussa è, in dottrina, una norma introdotta da qualche anno, rubricata "**trascrizione** di **atti di destinazione** per la **realizzazione** di **interessi meritevoli di tutela** riferibili a persone con disabilità, a pubbliche amministrazioni, o ad altri enti o persone fisiche" (art. 2645-*ter* cod. civ., inserito dall'art. 39-*novies* d.l. 30.12.2005, n. 273, convertito nella l. 23.2.2006, n. 51).

Prevede, l'art. 2645-*ter* cod. civ., che gli atti in forma pubblica con cui beni immobili o beni mobili iscritti in pubblici registri sono destinati, per un periodo non superiore a novanta anni o per la durata della vita della persona fisica beneficiaria, alla realizzazione di interessi meritevoli di tutela riferibili a persone con disabilità, a pubbliche amministrazioni, o ad altri enti o persone fisiche ai sensi dell'art. 1322, 2° co., cod. civ., possono essere **trascritti** al fine di rendere **opponibile ai terzi il vincolo**

di destinazione. Per la realizzazione di tali interessi può agire, oltre al conferente, qualsiasi interessato anche durante la vita del conferente stesso. I beni conferiti e i loro frutti possono essere impiegati solo per la realizzazione del fine di destinazione e possono costituire oggetto di esecuzione, salvo quanto previsto dall'art. 2915, 1° co., solo per debiti contratti per tale scopo.

La norma, per come è stata formulata, non descrive una precisa struttura negoziale, discutendo di atti di destinazione ed occupandosi soltanto di alcuni tratti di disciplina. Non è pure chiarito, espressamente, cosa debba intendersi per interessi meritevoli di tutela. Si tratta di aspetti che il legislatore avrebbe dovuto esplicitare meglio, considerato che l'inopponibilità ai terzi del vincolo di destinazione determina la sottrazione del patrimonio del conferente ai suoi creditori generici, in deroga ad un principio generale che si è avuto modo di studiare in altra parte del Corso (art. 2740 cod. civ.).

L'atto negoziale di destinazione del patrimonio ai sensi dell'art. 2645-*ter* cod. civ. ha trovato applicazione nella famiglia di fatto e negli accordi patrimoniali in vista della separazione e del divorzio (si confronti, a proposito della separazione, Trib. Bologna, 5.12.2009).

Una parte della dottrina ritiene che fra gli "atti di destinazione", soggetti a trascrizione ai sensi dell'art. 2645-*ter* cod. civ., vi sarebbe anche il ***trust*** (§ 193.1). Si ragiona sul fatto che gli effetti del *trust* consistono nel destinare alcuni beni ad una finalità determinata, con vincolo per il *trustee* di rispettarla; nel contempo i beni del *trust* non si confondono con il patrimonio del *trustee*: ciò vuol dire che essi non potranno essere aggrediti dai creditori di quest'ultimo, non cadranno nella sua successione e non potranno essere alienati per uno scopo diverso da quello previsto dal *trust*. È proprio la trascrizione, si chiosa, che renderebbe possibili tali effetti.

L'accoglimento di tale impostazione consentirebbe di superare il dibattito sull'ammissibilità o meno nel nostro ordinamento del *trust*. I termini della discussione possono solo essere accennati, muovendo dalla ratifica della Convenzione dell'Aja del 1° luglio 1985 (avvenuta con la l. 16.10.1989, n. 364), stipulata per regolare il riconoscimento, da parte di Paesi la cui legislazione non conosce il *trust*, dei *trust* costituiti nei Paesi anglosassoni (dove l'istituto è previsto e regolato).

L'art. 12 della Convenzione stabilisce che i beni del *trust* costituito in base a leggi di Paesi dove l'istituto è disciplinato possano essere "registrati" (si utilizza proprio questa espressione) a nome del *trustee*. La Convenzione fa riferimento ai c.d. *trust* stranieri (in cui non tutti gli elementi strutturali sono italiani): si pensi ad un cittadino straniero che conferisca in un *trust*, costituito secondo la legge del suo Paese, beni situati in Italia.

Nulla viene detto a proposito dei *trust* domestici (quelli, cioè, i cui elementi strutturali siano italiani): si pensi ad un *trust* costituito da parte di cittadini italiani, avente ad oggetto beni che si trovano in Italia. Si è osservato, da parte di diversi autori, che il *trust* interno dovrebbe considerarsi ammissibile proprio in base alla Convenzione dell'Aja (anche perché, diversamente, si avrebbe una disparità di trattamento tra il *trust* interno e quello straniero). È questa la tesi ormai prevalente, confortata dalla prassi applicativa. L'opposta opinione, invece, si fonda sulla regola della tassatività degli atti trascrivibili. Si ritiene di poter superare quest'ultima obiezione proprio facendo riferimento all'art. 2645-*ter* cod. civ. Il dibattito, peraltro, non può considerarsi esaurito, non mancando qualche ricostruzione che critica la possibilità di rinvenire nell'art. 2645-*ter* cod. civ. la disposizione che costituisca il viatico per il pieno riconoscimento, nel nostro ordinamento, della figura del *trust*.

L'ammissibilità, in astratto, del *trust* interno nel nostro ordinamento, non esclude la possibilità che esso possa essere dichiarato nullo allorché gli interessi perseguiti non siano considerati meritevoli di tutela (Cass., 9.5.2014, n. 10105).

541. La trascrizione di vincoli di uso pubblico.

Il legislatore, da qualche tempo, è intervenuto per disciplinare la **trascrizione** di **vincoli** di **uso pubblico** (art. 2645-*quater* cod. civ.).

Si è stabilito che si devono trascrivere, se hanno per oggetto beni immobili, gli atti di diritto privato, i contratti e gli altri atti di diritto privato, anche unilaterali, nonché le convenzioni e i contratti con i quali vengono costituiti a favore dello Stato, della Regione, degli altri enti pubblici territoriali ovvero di enti svolgenti un servizio di interesse pubblico, vincoli di uso pubblico o comunque ogni altro vincolo a qualsiasi fine richiesto dalle normative statali e regionali, dagli strumenti urbanistici comunali nonché dai conseguenti strumenti di pianificazione territoriale e dalle convenzioni urbanistiche ad essi relative.

Deve ritenersi che la trascrizione prevista dall'art. 2645-*quater* abbia **efficacia** di **pubblicità notizia**. A questa conclusione può giungersi ove si consideri il tenore letterale della norma: manca qualsiasi previsione circa l'effetto dell'opponibilità collegabile alla trascrizione (ciò a differenza di quello che prevede il precedente art. 2645-*ter*, cod. civ.: § 540).

Lo scopo della disposizione, pertanto, è quello di far conoscere ai terzi, coinvolti nella circolazione degli immobili, l'esistenza di vincoli di uso pubblico; si tratta di vincoli che, indubbiamente, incidono sul contenuto della proprietà immobiliare (non a caso gli interpreti li definiscono "limitazioni legali del diritto di proprietà").

542. La trascrizione delle divisioni.

Prevede, l'art. 2646, 1° co., cod. civ., che sono soggette a **trascrizione** le **divisioni** che hanno per oggetto beni immobili, come pure i provvedimenti di aggiudicazione degli immobili divisi mediante incanto, i provvedimenti di attribuzione delle quote tra condividenti ed i verbali di estrazione a sorte delle quote.

Il fatto che la trascrizione delle divisioni non sia inserita nell'elenco di cui all'art. 2643 cod. civ. è presto spiegato: la sua funzione non è quella prevista dall'art. 2644 cod. civ. (che si riferisce all'eventuale conflitto fra più acquirenti da un comune dante causa); la trascrizione, semmai, è prevista in ossequio al **principio** della **continuità** delle **trascrizioni** (di cui si dirà al § 546).

Aggiunge, l'art. 2646, 2° co., cod. civ., che sono soggetti a trascrizione pure la domanda di divisione giudiziale e l'atto di opposizione indicato dall'art. 1113 cod. civ. (rubricato "intervento nella divisione e opposizione"), il cui 1° co. prevede che "i creditori e gli aventi causa da un partecipante, possono intervenire nella divisione a proprie spese ...".

Il senso dell'art. 1113 cod. civ. va spiegato. I creditori del partecipante alla comunione rischiano di essere pregiudicati dalla divisione, allorché questa attribuisca al loro debitore beni che abbiano un valore insufficiente rispetto ai crediti vantati. Può rinvenirsi un interesse, inoltre, anche in capo agli aventi causa di un partecipante alla comunione: allorché quest'ultimo venda uno dei beni in comunione, la vendita avrà effetto soltanto se, al momento della divisione, quel bene effettivamente venga attribuito a quel partecipante.

Per tutelare questi ed altri interessi vi sono i rimedi di carattere generale: ad esempio l'azione revocatoria (che mira a contrastare un'eventuale divisione fraudolenta), oppure l'azione surrogatoria (allorché il partecipante non si avvalga dei rimedi previsti dalla legge contro una divisione ingiusta). A questi rimedi generali se ne aggiunge uno specifico: i creditori e gli aventi causa hanno la possibilità di intervenire nella divisione (art. 1113, 1° co., cod. civ.). Peraltro, se hanno trascritto il proprio acquisto (o se hanno notificato e trascritto una speciale richiesta prima che sia trascritto l'atto di divisione o la domanda di divisione giudiziale) "devono" essere chiamati ad intervenire; diversamente, la divisione è inefficace nei loro confronti (art. 1113, 3° co., cod. civ.).

543. La pubblicità dei rapporti patrimoniali fra coniugi.

A norma dell'art. 2647, 1° co., cod. civ., "devono essere trascritti, se hanno per oggetto beni immobili, la costituzione del fondo patrimoniale, le convenzioni matrimoniali che escludono i beni medesimi dalla comunione tra i coniugi, gli atti e i provvedimenti di scioglimento della comunione, gli atti di acquisto di beni personali a norma delle lett. (c), (d) ed (f) dell'art. 179 cod. civ., a carico, rispettivamente, dei coniugi titolari del fondo patrimoniale o del coniuge titolare del bene escluso o che cessa di far parte della comunione" (si veda anche l'art. 2647, 2° co., cod. civ.).

Va fatto un cenno alle diverse ipotesi previste dalla norma. Si deve muovere dalla premessa che la **pubblicità**, in materia di **rapporti patrimoniali** tra i coniugi, avviene attraverso due sistemi: l'annotazione nei registri dello stato civile a margine dell'atto di matrimonio (se si è di fronte all'unione civile, l'annotazione avverrà nei relativi registri); la trascrizione nei registri immobiliari (o mobiliari). Una parte della dottrina ritiene che entrambe le forme di **pubblicità** abbiano natura **dichiarativa**, svolgendo la funzione di rendere opponibili ai terzi gli atti relativi ai rapporti patrimoniali tra i coniugi. Secondo una diversa ricostruzione, che tende a prevalere, la trascrizione, in questi casi, avrebbe gli effetti di una "**pubblicità notizia**", posto che l'opponibilità ai terzi deriva dalla pubblicità attuata mediante i registri dello stato civile (Cass., 23.9.2013, n. 21725). Si registrano, infine, opinioni che ritengono di dover distinguere, ai fini di individuare la natura della pubblicità, le diverse ipotesi previste dalla norma in commento.

Sono soggetti a trascrizione gli atti di **acquisto** dei seguenti **beni immobili**: beni di uso strettamente personale, beni che servono all'esercizio della professione del coniuge titolare, beni acquistati con il prezzo del trasferimento e dello scambio di beni personali (art. 179, 1° co., lett c, d, f, cod. civ.).

La ragione della trascrizione si spiega osservando che l'esclusione dei beni appena ricordati dalla comunione non si ricava dal titolo di acquisto, né dall'epoca dell'acquisto o dalla natura obiettiva del bene; tanto che è richiesta la dichiarazione dell'altro coniuge (art. 179, 2° co., cod. civ.).

Esempio. L'Avv. Rossi acquista un appartamento da adibire a suo studio legale. Lo stabile non ha alcuna caratteristica diversa da ogni altro immobile: la sua qualifica di bene destinato alla professione, allora, risulterà dalla dichiarazione dell'altro coniuge contenuta nel contratto di compravendita.

Si venga, poi, allo **scioglimento** della **comunione legale** (art. 191 cod. civ.; si veda, con riferimento all'annotazione, l'art. 162, 4° co. e l'art. 193, 5° co., cod. civ., norme ritenute, da parte di alcuni interpreti, applicabili analogicamente alle ipotesi in cui il legislatore non si pronunci in ordine all'annotazione). È previsto che debbano essere trascritti "gli atti ed i provvedimenti di scioglimento della comunione" qualora abbiano ad oggetto beni immobili (nonché i beni mobili registrati, in virtù del richiamo effettuato dall'art. 2685 cod. civ.).

Si tende a preferire un'interpretazione estensiva della disposizione: la trascrizione, in sostanza, va effettuata anche quando i beni immobili (o quelli mobili registrati) costituiscano l'oggetto soltanto indiretto dell'atto o del provvedimento. Si pensi, ad esempio, all'annullamento del matrimonio, al divorzio, al fallimento, alla separazione personale, al mutamento convenzionale del regime patrimoniale. Resterebbe fuori dalla previsione della disposizione, dunque, solo lo scioglimento della comunione per morte di uno dei coniugi (qui non si è in presenza né di un atto né di un provvedimento): in questi casi è sufficiente l'annotazione nei registri dello stato civile.

Procedendo oltre, sono soggette a trascrizione le **convenzioni matrimoniali** che escludono i beni immobili dalla comunione fra i coniugi.

Esempio. Antonio e Rosa, sposati in regime di comunione legale, convengono di escludere dal regime della comunione i terreni agricoli. La convenzione viene annotata ai sensi dell'art. 162, 4° co., cod. civ. Qualche tempo dopo Antonio acquista il terreno agricolo "Il querceto": trascrive, in quest'occasione, l'atto di acquisto citando nella nota la convenzione già annotata. Nel momento in cui Antonio venderà "Il querceto", l'acquirente, leggendo la nota di trascrizione, apprenderà che Antonio può disporre liberamente del bene, senza il consenso di Rosa.

È previsto, infine, che anche la costituzione del **fondo patrimoniale** sia soggetta a trascrizione. La trascrizione del vincolo derivante dal fondo patrimoniale costituito per testamento deve essere eseguita d'ufficio dal conservatore contemporaneamente alla trascrizione dell'acquisto a causa di morte (art. 2647, 3° co., cod. civ.).

Quelle appena ricordate non sono le uniche trascrizioni delle vicende familiari: si pensi, ad esempio, alla trascrizione dell'"atto di opposizione" del coniuge e dei parenti del donante, prevista dall'art. 563, ult. co., cod. civ. (con gli effetti previsti dalla stessa norma); oppure al provvedimento di assegnazione della casa familiare al coniuge, *ex* coniuge o convivente, pronunciato dal giudice in presenza di figli e nel loro interesse (art. 337-*sexies*, 1° co., cod. civ.).

544. La trascrizione dell'accettazione dell'eredità e dell'acquisto del legato.

L'art. 2648 cod. civ. prevede la **trascrizione** dell'**accettazione** dell'**eredità**, che determina l'acquisto di uno dei diritti previsti dall'art. 2643 cod. civ., nonché dell'**acquisto** dei **legati**, che abbiano lo stesso oggetto.

Quest'ultimi, lo si è visto nello studio delle successioni, si conseguono automaticamente, non essendo prevista l'accettazione (art. 649 cod. civ.): la trascrizione, dunque, riguarda un "estratto autentico del testamento".

Quanto all'accettazione, occorre distinguere tra accettazione espressa ed accettazione tacita. Nel primo caso sarà trascritto l'atto di accettazione (in forma pubblica o di scrittura privata con sottoscrizione autenticata o accertata giudizialmente); nel secondo caso, invece, deve trascriversi l'atto da cui l'accettazione tacita risulti (si pensi, ad esempio, alla trascrizione dell'atto di trasferimento del bene ereditario).

Va chiarito che la funzione della trascrizione in esame non è quella di cui all'art. 2644 cod. civ.: gli eventuali conflitti tra più acquirenti, infatti, andranno risolti in base all'accertamento del titolo della delazione o della disposizione del legato. Si dovrà aver riguardo, in sostanza, alla disciplina della successione.

Esempio. Alla morte del testatore risultano tre testamenti. In base alle norme sulla successione, sarà necessario individuare quale sia il testamento più recente; si dovrà accertare se il testamento precedente contenga alcune disposizioni che non siano state revocate da quello più recente, e così via.

Può dirsi, allora, che la trascrizione in esame assolve alla **funzione** di assicurare la **continuità** delle **trascrizioni** (sul principio ci si intratterrà nel § 546). È da ritenere, pertanto, che colui che abbia acquistato dall'erede possa rendere opponibile il proprio acquisto nei confronti dei terzi qualora sia stato trascritto anche l'acquisto *mortis causa* del suo autore.

545. La trascrizione della cessione dei beni ai creditori.

L'art. 2649 cod. civ. prevede che "deve essere **trascritta**, qualora comprenda beni immobili, la **cessione** che il debitore fa **dei** suoi **beni** ai creditori, perché questi procedano alla liquidazione dei medesimi ed alla ripartizione del ricavato. Non hanno effetto, rispetto ai creditori, le trascrizioni od iscrizioni dei diritti acquistati verso il debitore, se eseguite dopo che la cessione è stata trascritta".

La cessione dei beni ai creditori è il contratto con cui il debitore incarica i suoi creditori o alcuni di essi di liquidare tutte o alcune sue attività e di ripartirne tra loro il ricavato in soddisfacimento dei loro crediti (art. 1977 cod. civ.). L'istituto può essere ricondotto ad un mandato irrevocabile, in quanto è conferito anche nell'interesse dei mandatari, ossia dei creditori (si confronti l'art. 1723, 2° co., cod. civ.).

Si è di fronte, dunque, ad una trascrizione che la dottrina considera atipica, giacché non vi è il trasferimento di proprietà o la costituzione di diritti reali a favore dei creditori cessionari. La trascrizione si giustifica giacché, attraverso la cessione, viene costituto sui beni oggetto del contratto un **vincolo di indisponibilità** che, proprio grazie alla trascrizione, viene **opposto ai terzi**.

546. La regola della continuità delle trascrizioni.

In ossequio ad un'**esigenza** di **ordine pubblico economico**, i registri immobiliari (sul cui funzionamento si farà qualche cenno nel § 549) assolvono alla funzione generale di offrire un quadro completo della situazione giuridica dei beni immobili.
Proprio per questo, il codice stabilisce il principio della **continuità delle trascrizioni**. Si consideri, innanzitutto, l'art. 2650 cod. civ.: nei casi in cui, per le disposizioni precedenti, un atto di acquisto è soggetto a trascrizione, le successive trascrizioni o iscrizioni a carico dell'acquirente non producono effetto, se non è stato trascritto l'atto anteriore di acquisto (1° co.). Quando l'atto anteriore di acquisto è stato trascritto, le successive trascrizioni o iscrizioni producono effetto secondo il loro ordine rispettivo, salvo il disposto dell'art. 2644 cod. civ. (2° co.). L'ipoteca legale a favore dell'alienante e quella a favore del condividente, iscritte contemporaneamente alla trascrizione del titolo di acquisto o della divisione, prevalgono sulle trascrizioni o iscrizioni eseguite anteriormente contro l'acquirente o il condividente tenuto al conguaglio (3° co.).

La norma vuol dire questo: ad ogni **trascrizione "contro"** una persona, deve corrispondere una **trascrizione "a favore"** della stessa persona.

Esempio. Il Sig. Coppola vende un immobile al Sig. Giordano. Qualora il Sig. Giordano voglia rendere opponibile ai terzi il contratto con cui il Sig. Coppola gli ha venduto l'immobile, non è sufficiente che provveda alla trascrizione del suo acquisto contro il Sig. Coppola. Deve anche provvedere, se non vi ha provveduto il suo dante causa, alla trascrizione del precedente atto di acquisto a favore del Sig. Coppola (il contratto con cui il Sig. Sorrentino gli ha venduto l'immobile). Fino a quando non è compiuta quest'ultima trascrizione, non è efficace la trascrizione dell'ultimo acquisto.

La regola della continuità della trascrizione è coerente con l'impostazione a base personale dei registri immobiliari.

Esempio. Si torni ai protagonisti dell'esempio precedente. Se il Sig. Coppola aveva acquistato dal Sig. Sorrentino, il quale aveva venduto sia a lui sia al Sig. Russo, è chiaro che il Sig. Giordano non può, con la trascrizione isolata del suo acquisto contro il Sig. Coppola, opporre questo acquisto al Sig. Russo, il quale ha la legale conoscenza soltanto degli acquisti trascritti contro il Sig. Sorrentino e non può conoscere del trasferimento, non trascritto, dal Sig. Sorrentino al Sig. Coppola.

Allorché, con la trascrizione del precedente atto di acquisto, sia stata ripristinata la continuità delle trascrizioni, "le successive trascrizioni o iscrizioni producono effetto secondo il loro ordine rispettivo, salvo il disposto dell'art. 2644" (art. 2650, 2° co., cod. civ.).

Esempio. Si riprenda, ancora, l'esempio fra i tre signori napoletani. Il Sig. Giordano trascrive prima il proprio acquisto contro il Sig. Coppola; successivamente, per realizzare la continuità delle trascrizioni, trascrive il precedente acquisto a favore del Sig. Coppola. La trascrizione dell'acquisto del Sig. Giordano è inefficace fino a quando non sia stato trascritto il precedente acquisto del Sig. Coppola. Quest'ultima trascrizione, ancorché successiva, consentirà alla trascrizione dell'acquisto del Sig. Giordano di diventare efficace dalla data in cui è avvenuta. Il che vuol dire che il Sig. Giordano potrà opporre il proprio acquisto al Sig. Russo, ormai in grado di avere la conoscenza legale del trasferimento dal Sig. Sorrentino al Sig. Coppola.

Viene fatto salvo, però, "il disposto dell'art. 2644" cod. civ.

Esempio. Se il Sig. Russo ha trascritto il proprio acquisto dal Sig. Sorrentino prima che il Sig. Giordano abbia trascritto il trasferimento dal Sig. Sorrentino al Sig. Coppola, il Sig. Russo prevale sul Sig. Giordano.

Il che vuol dire, in definitiva, che si può acquistare un immobile in tutta sicurezza allorché risultino, partendo dall'ultimo dante causa ed andando indietro nel tempo, una serie continua di trascrizioni. Si dovrà procedere a ritroso fino ad un dante causa a vantaggio del quale possa considerarsi compiuto l'acquisto per usucapione.

Quanto detto in relazione al principio della continuità delle trascrizioni, spiega perché il codice preveda che la trascrizione può essere chiesta non soltanto dall'autore dell'atto ma anche da "qualunque interessato" (art. 2666 cod. civ.).

547. La pubblicità sanante.

La trascrizione di un contratto nullo o annullabile, di regola, non sana il vizio da cui il contratto sia affetto. Del pari, se viene venduto un bene immobile da parte di chi non è proprietario, la trascrizione del contratto di compravendita non preclude l'azione di rivendicazione del bene, ai sensi dell'art. 948 cod. civ., da parte di chi sia effettivamente proprietario.

In sostanza, si afferma che, come regola generale, la trascrizione non ha effetto sanante. Soltanto in alcuni casi la **trascrizione** ha **effetto sanante** o, come meglio deve dirsi, concorre a rendere non opponibili gli effetti della sentenza che accoglie la domanda di impugnazione dell'atto. L'espressione utilizzata abitualmente nel linguaggio giuridico ("efficacia sanante" della trascrizione) deve considerarsi impropria: la trascrizione non rimuove affatto i vizi del contratto o dell'atto giuridico negoziale; più correttamente, deve dirsi che la trascrizione ed il decorso del tempo impediscono di opporre ai terzi gli effetti della sentenza.

Si considerino i casi principali di **pubblicità sanante**:

(1) studiando l'azione di **nullità** e di annullamento, si è visto come la prima azione sia imprescrittibile; inoltre, l'accoglimento della domanda di nullità è in grado, almeno potenzialmente, di travolgere tutti gli atti dipendenti da quello dichiarato nullo. L'azione di annullamento, invece, è soggetta a prescrizione quinquennale; l'accoglimento della domanda di **annullamento per incapacità legale** è suscettibile di travolgere i diritti dei terzi aventi causa (§ 241).

Peraltro, prevede l'art. 2652, n. 6, cod. civ., con riferimento alle suddette azioni, che qualora la domanda giudiziale sia trascritta "dopo cinque anni dalla data della trascrizione dell'atto impugnato", la sentenza che accoglie la domanda stessa non pregiudica i diritti acquistati a qualsiasi titolo (non importa, dunque, se a titolo oneroso o gratuito) da terzi "in buona fede" in base ad un atto trascritto anteriormente alla trascrizione della domanda;

(2) il **contratto** può essere **annullato per cause diverse dall'incapacità legale** (di cui ci si è occupati *sub* 1): in questi casi, anche se la domanda giudiziale è trascritta prima che siano decorsi cinque anni dalla trascrizione dell'acquisto del terzo, quest'ultimo è fatto salvo (deve trattarsi, però, di acquisto a titolo oneroso: artt. 2652, n. 6 e 1445 cod. civ.);

(3) un'ulteriore ipotesi di pubblicità sanante è prevista dall'art. 2652, n. 7, cod. civ., che fa riferimento alle domande con cui si contesta il fondamento di un **acquisto a causa di morte**: se la trascrizione della domanda è eseguita dopo cinque anni dalla data della trascrizione dell'acquisto, la sentenza che accoglie la domanda non pregiudica i terzi di buona fede che, in base ad un atto trascritto o iscritto anteriormente alla trascrizione della domanda, hanno a qualunque titolo acquistato diritti da chi appare erede o legatario. Devono essere fatti salvi, peraltro, gli acquisti compiuti dall'erede apparente *ex* art. 534 cod. civ. (§ 513);

(4) si abbia riguardo, infine, alla domanda di **riduzione** delle **donazioni** e delle **disposizioni testamentarie per lesione** della **legittima** (art. 2652, n. 8, cod. civ.). Se la trascrizione è eseguita dopo dieci anni dall'apertura della successione, la sentenza che accoglie la domanda non pregiudica i terzi che hanno acquistato a titolo oneroso diritti in base ad un atto trascritto o iscritto anteriormente alla trascrizione della domanda.

548. La trascrizione delle domande giudiziali.

L'onere della **trascrizione** riguarda anche le **domande giudiziali**, con un **effetto prenotativo** di cui si è già avuto modo di discutere allorché ci si è occupati della trascrizione del contratto preliminare (§ 539): qualora la domanda giudiziale trascritta venga successivamente accolta, la sentenza di accoglimento sarà considerata opponibile nei confronti dei terzi aventi causa del convenuto. I terzi, dunque, attraverso il sistema di pubblicità della trascrizione delle domande giudiziali sono in grado di conoscere che, in relazione ad un determinato bene, è stata proposta una domanda giudiziale, il cui accoglimento sarà opponibile agli aventi causa del convenuto.

Alla domanda giudiziale è equiparato l'atto introduttivo di un giudizio arbitrale (art. 2652, 2° co., cod. civ.).

Si spiega, così, perché nella prassi quotidiana siano molto frequenti i casi di trascrizione della domanda giudiziale: l'attore, infatti, se non vuole correre il rischio di ottenere una sentenza che, anche in caso di accoglimento, non sarà in grado di soddisfare il suo diritto, trascrive la domanda giudiziale; il che vuol dire che eventuali atti di disposizione del bene oggetto di lite, avvenuti proprio durante la causa, saranno opponibili ai terzi acquirenti di diritti sul bene.

Qualora, invece, i terzi trascrivano il loro titolo di acquisto prima della trascrizione della domanda giudiziale, la sentenza di accoglimento della domanda dell'attore non potrà pregiudicarli.

Sono soggette a trascrizione, qualora si riferiscano ai diritti menzionati nell'art. 2643 cod. civ., una serie di domande giudiziali (indicate dall'art. 2652, 1° co., cod. civ.), fra cui possono ricordarsi:

(a) le **domande** di **risoluzione** dei **contratti**, le **domande di rescissione**, le **domande** di **revocazione** delle **donazioni**. Le sentenze che accolgono tali domande non pregiudicano i diritti acquistati dai terzi in base ad un atto trascritto o iscritto anteriormente alla trascrizione della domanda;

(b) le **domande** dirette ad **ottenere l'esecuzione in forma specifica** dell'**obbligo a contrarre**. La trascrizione della sentenza che accoglie la domanda prevale sulle trascrizioni e iscrizioni eseguite contro il convenuto dopo la trascrizione della domanda;

(c) le **domande** dirette all'**accertamento** della **simulazione** di atti soggetti a trascrizione. La sentenza che accoglie la domanda non pregiudica i diritti acquistati dai terzi di buona fede in base ad un atto trascritto o iscritto anteriormente alla trascrizione della domanda. È legittima sia la trascrizione della domanda volta ad accertare la simulazione assoluta sia quella diretta ad accertare la simulazione relativa (Cass., 24.1.2018, n. 1752);

(d) le **domande** di **revoca** degli **atti** soggetti a trascrizione, che siano compiuti **in pregiudizio** dei **creditori** (art. 2901 cod. civ.). La sentenza che accoglie la domanda non pregiudica i diritti acquistati a titolo oneroso dai terzi di buona fede in base ad un atto trascritto o iscritto anteriormente alla trascrizione della domanda;

(e) le **domande dirette a far dichiarare la nullità** o a **far pronunciare l'annullamento** di atti soggetti a trascrizione e le domande dirette ad impugnare la validità della trascrizione (sulla pubblicità sanante, in queste ipotesi, si veda § 547, dove si sono studiati altri casi di trascrizione di domande giudiziali, in cui pure opera la trascrizione sanante).

Sono, inoltre, soggetti a trascrizione (art. 2653 cod. civ., rubricato "altre domande e atti soggetti a trascrizione a diversi effetti", cui si rimanda per un elenco completo):

(a) le **domande dirette a rivendicare la proprietà** o altri diritti reali di godimento su beni immobili e le domande dirette all'accertamento dei diritti stessi. La sentenza pronunciata contro il convenuto indicato nella trascrizione della domanda ha effetto anche contro coloro che hanno acquistato diritti dal medesimo in base a un atto trascritto dopo la trascrizione della domanda;

(b) le **domande** e le **dichiarazioni di riscatto** nella vendita di beni immobili. Se la trascrizione di tali domande o dichiarazioni è eseguita dopo sessanta giorni dalla scadenza del termine per l'esercizio del riscatto, restano salvi i diritti acquistati dai terzi dopo la scadenza del termine medesimo in base a un atto trascritto o iscritto anteriormente alla trascrizione della domanda o della dichiarazione;

(c) le **domande** di **scioglimento** della **comunione** tra i coniugi avente per oggetto beni immobili. La sentenza che pronuncia lo scioglimento non ha effetto a danno dei terzi che, anteriormente alla trascrizione della domanda, abbiano validamente acquistato diritti relativi a beni della comunione;

(d) gli **atti** e le **domande** che **interrompono** il **corso dell'usucapione** di beni immobili. L'interruzione non ha effetto riguardo ai terzi che abbiano acquistato diritti dal possessore in base ad un atto trascritto o iscritto, se non dalla data della trascrizione dell'atto o della domanda.

La trascrizione delle domande giudiziali permette ai terzi di venire a conoscenza dell'effetto prenotativo della stessa trascrizione. Deve aggiungersi, peraltro, come la trascrizione, ove si prolunghi per molti anni, finisca per creare una situazione di incertezza e, dunque, di ostacolo alla circolazione dei beni. Si spiega, allora, perché nel *corpus* delle norme del codice è stato inserito l'art. 2668-*bis* cod. civ., il cui primo comma prevede che "la **trascrizione** della **domanda giudiziale** conserva il suo **effetto** per venti anni dalla sua data. L'effetto cessa se la trascrizione non è rinnovata prima che scada detto termine".

Le disposizioni dell'art. 2668-*bis* cod. civ. si applicano anche nel caso di trascrizione del pignoramento immobiliare e del sequestro conservativo sugli immobili (art. 2668-*ter* cod. civ.).

549. Le modalità di funzionamento dei registri immobiliari.

Nel presente capitolo si sta discutendo dei registri immobiliari, di cui subito si analizzerà, ancorché per sommi capi, il funzionamento. Va ricordato, peraltro, come siano numerosi, nel nostro ordinamento, i mezzi predisposti per dare pubblicità ad una serie di fatti giuridici.

Si considerino, in particolare: (a) i **registri dello Stato civile**, che permettono di conoscere le vicende delle persone fisiche (come la nascita, la morte, la cittadinanza, il matrimonio, l'unione civile, il regime patrimoniale tra i coniugi, e così via); (b) **il registro delle persone giuridiche**, che permette la pubblicità delle principali vicende di associazioni e fondazioni (al quale si è oggi aggiunto il registro unico nazionale del Terzo settore); (c) il **registro delle imprese** (artt. 2188 ss. cod. civ.), in cui sono rese pubbliche le principali vicende degli imprenditori e delle società commerciali.

Vi sono, poi, altri registri, che realizzano la pubblicità di alcune vicende giuridiche previste dalla legge: (d) il **registro delle tutele** (art. 389 cod. civ.); (e) il **registro delle adozioni** (art. 314 cod. civ.); (f) il **registro delle successioni** (art. 52 disp. att. cod. civ.); (g) il **pubblico registro automobilistico** (P.R.A.).

In questa sede si stanno studiano i **registri immobiliari**. Si cominci con il dire che quest'ultimi, nel nostro ordinamento, sono ordinati **su base personale** (e non reale): essi si riferiscono alle persone (e non ai beni), essendo ordinati in base all'indice alfabetico (e non in base all'inventario dei beni).

Esempio. Il Sig. Gasparini offre di vendere al Sig. Montanari un appartamento a Rimini. Il notaio incaricato della stipula ricercherà nel registro immobiliare della città riminese le trascrizioni a favore del Sig. Gasparini (accerterà, in particolare, che ve ne sia una avente ad oggetto il bene cui si riferisce la compravendita). Qualora la trovi, risalirà al dante causa del Sig. Gasparini ed ancora a ritroso, fino a completare un ventennio (che è il termine per l'usucapione ordinaria). La verifica non è ancora terminata. Occorre accertare, infatti, che il Sig. Gasparini non abbia nel frattempo alienato ad altri l'immobile o che non abbia costituito ipoteche. Sempre attraverso la ricerca per nome, quindi, bisognerà verificare che non vi siano trascrizioni contro il Sig. Gasparini (quel che interessa, in particolare, è che le trascrizioni "contro" non riguardino quell'immobile).

Non deve essere confuso con i registri immobiliari il **catasto**, che raccoglie l'inventario generale dei beni immobili presenti nello Stato in base al rilevamento topografico del territorio. Il catasto (diviso in catasto dei terreni e catasto edilizio urbano) ha avuto, inizialmente, una funzione essenzialmente fiscale, ancorché nel tempo abbia acquisito altre funzioni (ai fini statistici ed urbanistici).

I dati catastali sono utilizzati per identificare gli immobili oggetto di contratti traslativi o costitutivi di diritti reali. In un contratto di compravendita, ad esempio, si dice che viene venduto l'immobile censito nel catasto edilizio della città di Padova, alla partita ..., foglio ..., mappale ...

Attualmente, il riferimento ai dati catastali ed alle planimetrie catastali è richiesto, a pena di nullità, nei trasferimenti immobiliari: prevede l'art. 29, 1° co.-*bis* della l. n. 52/1986 che gli atti di trasferimento immobiliare devono contenere "per le unità immobiliari urbane, a pena di nullità, oltre all'identificazione catastale, il riferimento alle planimetrie depositate in catasto e la dichiarazione, resa in atto dagli intestatari, della conformità allo stato di fatto dei dati catastali e delle planimetrie".

I trapassi di proprietà devono essere denunciati all'ufficio del catasto, che esegue la c.d. voltura. Gli interessati possono ottenere dall'ufficio un certificato storicocatastale, che descrive le vicende del bene immobile inventariato nel catasto. Il confine dei fondi, in mancanza di altri elementi di prova, può essere ricavato dalla mappa catastale (art. 950, 2° co., cod. civ.).

Si torni ai registri immobiliari, organizzati, si è detto, su base personale. La trascrizione deve essere fatta presso ciascun ufficio dei registri immobiliari (l'**Agenzia del Territorio**) nella cui circoscrizione sono situati i beni (art. 2663 cod. civ.).

Occorre un **titolo per la trascrizione** (art. 2657 cod. civ.): essa, infatti, non si può eseguire se non in forza di sentenza, di atto pubblico, o di scrittura privata autenticata o accertata giudizialmente. Il notaio o altro pubblico ufficiale che ha ricevuto o autenticato l'atto soggetto a trascrizione ha l'obbligo di curare che questa venga eseguita nel più breve tempo possibile (art. 2671 cod. civ.). Alcune norme del codice, poi, sono rivolte specificamente a disciplinare gli obblighi del conservatore dei registri immobiliari (artt. 2673 ss. cod. civ.).

Chi domanda la trascrizione di un atto tra vivi deve presentare al conservatore dei registri immobiliari, insieme con la copia del titolo, una **nota di iscrizione** in doppio originale, nella quale vi devono essere una serie di indicazioni (art. 2659 cod. civ.).

Le formalità della trascrizione o dell'iscrizione possono subire variazioni a seguito di accordo delle parti o in relazione ad una sentenza del giudice (art. 2655 cod. civ.). Queste variazioni si definiscono **annotazioni**: esse consistono in note che vengono apposte a fianco della trascrizione o della iscrizione originarie.

La **cancellazione** della **trascrizione** è assistita da particolari cautele, considerando l'importanza degli effetti giuridici che possono discendere dal venir meno della trascrizione. È previsto, in particolare, che la cancellazione della trascrizione delle domande giudiziali e delle relative annotazioni si esegue quando è debitamente consentita dalle parti interessate ovvero è ordinata giudizialmente con sentenza passata in giudicato (art. 2668, 1° co., cod. civ.). Deve essere giudizialmente ordinata qualora la domanda sia rigettata o il processo sia estinto per rinuncia o inattività delle parti (art. 2668, 2° co., cod. civ.).

Va dato conto, infine, di una particolarità nel sistema italiano. A base reale è il **sistema tavolare** proprio delle province già appartenenti all'Impero austro-ungarico e annesse all'Italia dopo la Prima guerra mondiale (si pensi, alle province di Trieste, Trento, Gorizia, Bolzano e ad alcuni Comuni della provincia di Udine). Sui territori *ex* austriaci, infatti, vigeva il Catasto fondiario austriaco, che si basava sull'istituto della *Landtafel* (da *Tafel*, tavola), risalente al XIII secolo.

Si legge in una circolare amministrativa del Ministero delle finanze del 13.10.1932, n. 9016: "poiché nelle Terre Redente vige l'Istituto del Libro Fondiario (tavolare) che non esiste nelle altre province del Regno e poiché il Catasto vi è strettamente collegato e ne forma anzi un necessario completamento, la conservazione del catasto, nelle terre Redente, deve essere fatta seguendo la legislazione *ex* austriaca".

Per indicare l'iscrizione nei libri fondiari si utilizza l'espressione **intavolazione**: essa ha valore di pubblicità costitutiva, nel senso che l'atto non ha alcuna efficacia (neppure tra le parti) fino a quando non viene realizzata l'iscrizione.

550. La trascrizione dei beni mobili registrati.

La **trascrizione** dei **beni mobili registrati** è disciplinata dagli artt. 2683-2696 cod. civ.: si fa riferimento alle navi ed ai galleggianti iscritti nei registri indicati dal codice della navigazione (artt. 146 ss. cod. nav.); agli aeromobili iscritti nei registri indicati dal codice della navigazione (artt. 753 ss. cod. nav.); agli autoveicoli iscritti nel pubblico registro automobilistico (r.d. 15.3.1927, n. 436; r.d. 29.7.1927, n. 1814; art. 94 d.lgs. 30.4.1992, n. 285, come sostituito dall'art. 17 l. 27.12.1997, n. 449).

Per gli effetti di cui all'art. 2644 cod. civ., sono **soggetti a trascrizione**, fra gli altri (art. 2684 cod. civ.): i **contratti** che trasferiscono la proprietà o costituiscono la comunione; i contratti che costituiscono o modificano diritti di usufrutto o di uso o che trasferiscono il diritto di usufrutto; le transazioni che hanno per oggetto, fra l'altro, controversie sui diritti appena indicati; le sentenze che operano il trasferimento, la modificazione o il trasferimento di uno dei diritti precedenti.

Inoltre, sono soggetti a trascrizione (art. 2685 cod. civ., rubricato "**altri atti soggetti a trascrizione**"): le divisioni e gli altri atti menzionati nell'art. 2646 cod. civ., la costituzione del fondo patrimoniale e gli altri atti menzionati nell'art. 2647 cod. civ. (§ 543), l'accettazione dell'eredità e l'acquisto del legato che importano l'acquisto di uno dei diritti indicati dai numeri 1 e 2 dell'art. 2684 cod. civ. o liberazione dai medesimi. La trascrizione ha gli effetti stabiliti per i beni immobili.

È prevista, inoltre, la trascrizione delle **domande giudiziali** (artt. 2690-2691 cod. civ.) e degli atti di sequestro e di pignoramento (art. 2693 cod. civ.).

Il principio di continuità delle trascrizioni vale anche per i beni mobili registrati (art. 2688 cod. civ.).

Le **forme** e le **modalità** delle trascrizioni dei beni mobili registrati sono regolate dal codice della navigazione, per quanto riguarda le navi e gli aeromobili, e dalla legge speciale per quanto riguarda gli autoveicoli. In mancanza, si osservando le norme concernenti la trascrizione degli atti relativi a beni immobili, in quanto applicabili (art. 2695 cod. civ.).

551. Il "concorso" della trascrizione nella costituzione del diritto.

In alcuni casi eccezionali la **trascrizione** non costituisce una forma di pubblicità dichiarativa né una forma di pubblicità notizia; essa, invece, **concorre** con altri elementi a **costituire** il **diritto**.

Si pensi all'art. 1159, 1° co., cod. civ. (rubricato "**usucapione decennale**"), secondo cui colui che acquista in buona fede da chi non è proprietario un immobile, in forza di un titolo che sia stato idoneo a trasferire la proprietà e che si sia stato debitamente trascritto, ne compie l'usucapione in suo favore col decorso di dieci anni dalla data di trascrizione.

In base, inoltre, all'art. 1162, 1° co., cod. civ. (rubricato "**usucapione di beni mobili iscritti in pubblici registri**"), colui che acquista in buona fede da chi non è proprietario un bene iscritto in pubblici registri, in forza di un titolo che sia idoneo a trasferire la proprietà e che sia stato debitamente trascritto, ne compie in suo favore l'usucapione col decorso di tre anni dalla data della trascrizione.

La trascrizione, in questi casi, è un elemento della fattispecie complessa che permette l'acquisto per usucapione (ossia l'acquisto della proprietà a titolo originario).

Carattere costitutivo, come si è visto in altra parte, va riconosciuto anche all'**iscrizione** dell'**ipoteca** (§§ 152 ss.): essa, infatti, si costituisce attraverso l'iscrizione nei registri immobiliari (art. 2808, 2° co., cod. civ.).

INDICE DEGLI ESEMPI

INDICE ANALITICO

Finito di stampare nel mese di luglio 2022
nella Stampatre s.r.l. di Torino – Via Bologna, 220